제9판

채무자 회생법

전대규

제2권

파산절차
개인회생절차
국제도산
종합편

法文社

채무자 회생법

제 5 판
파산절차
개인회생절차
국제도산
파탄종

박 영 사

차 례

제 4 편 개인회생절차

제 1 장 개인회생절차 개관 ·· 1857

제 1 절 개인회생절차 개요 ·· 1858

제 5 편　국제도산

제3편

파산절차

파산절차 개관

　　파산신청을 하는 이유는 신청인이 개인이냐 법인이냐에 따라 차이가 있다. 개인의 경우 파산신청을 하는 것은 면책을 통해 새로운 출발(fresh start)을 얻기 위함이다. 도산법제(면책제도)가 없다면, 채무를 변제할 수 없는 채무자는(채무가 시효 등으로 모두 소멸되지 않는 한) 평생 그 채무의 부담을 계속 지는 것이다. 채무자가 장래 수입을 얻어도(압류가 가능한 범위에서) 전부 채권자의 회수에 충당되는 것이다. 그러면 채무자의 경제적 회생의 의욕은 생기지 않는다. 그리고 이것은 사회전체적으로 불이익을 가져온다. 그의 경제활동이 사회적으로도 유익하다고 하여도 개인이 한번의 경제적 실패로 그 활동을 영구히 금지당하기 때문이다. 개인의 장래소득은 파산재단에 포함되지 않고(파산선고 당시의 재산만이 파산재단이 되고 변제재원으로 사용된다) 새로운 출발을 하기 위한 재원으로 사용된다. 반면 법인은 면책이 인정되지 않고(엄밀히는 면책제도를 두지 않은 것이다) 장래소득도 파산재단에 포함된다. 그렇다면 법인은 왜 파산을 신청하는 것일까. 법인이 파산을 신청하는 목적은 채권자들에게 재산을 배당하려고 하는 것보다는 추적할만한 가치가 있는 재산이 전혀 없다는 것을 채권자들에게 확인하게 하는 것이라고 할 수 있다. 파산절차는 지속적으로 채권추심을 받고 있는 회사(법인)의 경영진이 회사(법인)는 재산이 전혀 없고 소송을 해보았자 소용이 없다는 점을 회사(법인)의 채권자에게 알리는 가장 쉬운 방법이다. 파산절차의 진행은 채무자의 전반적인 재무건전성에 대한 엄격한 심사를 제공하는데, 이것은 개별채권자들이 수행하기에는 어려운 점이 있다.[1]

I　파산절차의 의의

　　개인이나 법인 등이 경제적 활동을 하다 보면 의도치 않게 재정적 어려움에 직면하게 되는 경우가 있다. 개인이나 법인 등이 재정적 파탄에 직면할 경우 채무자는 스스로 채권자들을 만나 협상을 시도할 수 있다. 그러나 스스로 해결하려고 아무리 노력한다고 하더라도 이해관계

---

1) Douglas G. Baird, 18쪽. 파산절차의 목적적인 측면에서 보면, 법인파산은 채무자의 재산을 환가하여 채권자들에게 배당하는 것이므로 채권자를 위한 절차라고 할 수 있다. 반면 개인파산은 면책을 통하여(개인의 경우는 환가하여 배당할 재산이 없는 경우가 대부분이다) 채무자의 경제적 갱생을 주된 목적으로 하는 것이라고 할 수 있다.

가 서로 다른 채권자들 사이에 합의나 양보를 도출하기 위해서는 많은 시간과 노력이 필요하고, 경우에 따라서는 별다른 효과가 없을 수도 있다. 이처럼 사적인 해결시스템은 한계가 있을 수 있기 때문에 채무자회생법은 회생과 파산이라는 법적절차(court-process)를 두어 채무자를 구제하고 있음은 앞에서 본 바와 같다.

파산절차란 채무자에게 파산의 원인(지급불능, 채무초과)이 있을 때 파산선고를 하고 파산재단[2]을 매각하여 금전으로 만든 다음(환가), 파산절차 내에서 채권조사를 거쳐 확정된 채권의 우선순위와 채권액에 따라 환가한 돈을 분배(배당)하는 재판상의 절차를 말한다. 파산절차는 국가권력에 의한 채권의 강제적 실현이라는 점에서 강제집행의 일종이다. 다만 일반의 강제집행(민사집행법상의 강제집행)이 채무자의 (개별)재산을 대상으로 하여 개개의 채권의 실현을 도모하는 개별적인 집행인데 반하여, 파산절차는 채무자의 모든 재산[3]을 대상으로 하여 총채권자의 공평한 만족을 얻게 하는 포괄적 집행이라는 데에 그 특징이 있다.

파산절차에는 개인파산절차와 법인파산절차가 있다. 그리고 특수한 형태의 파산절차로 상속재산파산(상속인에 대한 파산과 유증을 받은 자에 대한 파산을 포함한다)절차와 유한책임신탁재산파산절차가 있다.

1. 개인파산절차

개인파산절차란 개인(자연인)인 채무자가 지급불능 상태에 빠지게 된 경우 채권자 또는 채무자의 신청으로 파산선고가 이루어지고 파산채권의 확정과 파산재단의 관리·환가절차를 거쳐 면책과 복권에 이르는 일련의 과정을 말한다.

개인파산절차는 채권자의 개별적인 채권 행사를 금지하고(제424조) 파산재단에 대한 관리처분권을 (개인)파산관재인에게 전속하게 하여(제384조) 채무자의 재산[4]을 공정하게 환가·배당함으로써 채권자들 사이의 적정하고 공평한 만족을 도모하고(제1조 참조), 파산절차에서 배당되지 아니한 잔여 채권에 관하여는 채무자의 책임을 면제하여 채무자에게 새로운 출발(fresh start)의 기회를 부여하고자 하는 데에 그 목적이 있다. 파산선고에 따라 해산되는[5] 법인과 달리 파산선고로 개인(자연인)의 인격이 소멸할 수는 없는 것이므로(인간은 해체할 수도 없고 해체되어서도 안 된다), 잔여재산의 청산을 목적으로 하는 것이 아니라 잔존채무에 대한 법원의 면책결정을 받아 경제적으로 재기하는 것을 목적으로 한다. 이러한 점에서 개인파산절차는 청산형절차이면서도 채무자의 회생을 고려하고 있다고 볼 수 있다.

---

2) 채무자의 재산과는 다른 개념이다. 파산절차에서는 고정주의를 취하여 파산선고 당시에 채무자가 가진 모든 재산을 파산재단이라고 하고(제382조 제1항), 파산재단만이 파산절차의 대상이 된다. 이 점이 팽창주의를 취하고 있는 회생절차 및 개인회생절차와 다른 점이다.
3) 엄밀한 의미에서는 파산선고 당시의 채무자의 모든 재산, 즉 파산재단이다.
4) 제1조는 파산절차에 관한 부분에서 '채무자의 재산'이라는 용어를 사용하고 있다. '파산선고 당시의 채무자의 재산(파산재단)'으로 이해하여야 할 것이다.
5) 민법 제77조 제1항, 상법 제227조 제5호, 제269조, 제287조의38 제1호, 제517조 제1호, 제609조 제1호 등.

2. 법인파산절차

법인파산절차란 개인(자연인)을 제외한 법인(法人), 예컨대 주식회사, 민법상 법인, 특별법상 법인 등을 대상으로 하는 파산절차를 말한다. 여기서 법인은 법인격이 없는 사단 또는 재단은 물론 민법상의 조합도 포함한다.[6]

법인파산절차도 채권자의 개별적인 채권 행사를 금지하고(제424조) 파산재단에 대한 관리처분권을 파산관재인에게 전속하게 하여 채무자 재산을 공정하게 환가·배당함으로써 채권자들 사이의 적정하고 공평한 만족을 도모하고자 하는 데 그 목적이 있다(제1조 참조).

법인파산절차에는 개인파산절차에서와 달리 면책절차가 존재하지 않고,[7] 파산선고에 따라 채권자들에게 환가된 금액을 배당한 후 파산절차가 종료됨으로써 법인격이 소멸하며 이에 따라 사실상 면책의 효과가 발생하게 되는 것일 뿐이다.

3. 상속재산파산절차

상속재산파산이란 상속재산으로 상속채권자(피상속인의 채권자) 및 유증을 받은 자에 대한 채무를 완제할 수 없을 때(채무초과상태) 상속채권자 및 유증을 받은 자와 상속인의 (고유)채권자의 이익을 조정할 목적으로 상속재산과 상속인의 고유재산을 분리하여 상속재산에 대해 청산을 하는 파산절차를 말한다(제307조 참조).

채무자회생법은 개인인 상속인이나 유증을 받은 자에 대한 파산과 별도로 상속채권자나 유증을 받은 자가 그 권리에 따라 공평하고 평등한 변제를 받을 수 있도록 상속재산 그 자체에 대한 엄격한 파산절차를 두고 있다. 상속재산파산절차는 상속재산을 상속인의 고유재산에서 따로 떼어내어 한정승인이나 재산분리보다도 엄격한 절차로 공평하게 청산하기 위한 제도이다.[8]

4. 유한책임신탁재산파산절차

유한책임신탁재산파산이란 유한책임신탁재산이 지급불능 또는 채무초과의 상태에 있는 경우 수탁자의 고유재산과는 독립한 유한책임신탁재산에 대하여 신탁채권 및 수익채권 등에 대하여 청산을 하는 제도를 말한다(제3편 제9장).[9]

---

6) 조합에 대하여 파산능력을 인정할 것인지에 관하여 논쟁이 있을 수 있다. 그러나 아래(본서 1200쪽)에서 보는 바와 같이 법인격 없는 사단과 민법상의 조합을 구별하는 것은 실제로 곤란하고, 또한 민법은 조합의 청산절차를 예정하고 있는데(민법 제721조 이하), 이는 조합 고유의 재산 및 채무에 대한 공평한 청산이 필요하다는 것을 나타내고 있다는 점에서 민법상 조합의 파산능력을 긍정하여야 할 것이다. 조합의 파산에 관하여는 〈제3장 제2절 Ⅲ.2. 자.(1)〉(본서 1291쪽)을 참조할 것.

7) 대법원 2016. 8. 25. 선고 2016다211774 판결 참조.

8) 상속재산파산에 관한 자세한 내용은 〈제12장〉(본서 1720쪽)을 참조할 것. 이하 설명하는 내용 중 별도의 언급이 없는 경우는 상속재산파산은 포함되지 않는다.

9) 유한책임신탁재산파산에 관한 자세한 내용은 〈제13장 제1절〉(본서 1775쪽)을 참조할 것. 이하 설명하는 내용 중 별도의 언급이 없는 경우는 유한책임신탁재산파산은 포함되지 않는다.

가상자산[10]사업자[가상자산거래소]의 파산

Ⅰ. 가상자산, 가상자산사업자(가상자산거래소)의 의의

가상자산사업자[11]란 가상자산을 매매, 교환, 보관하는 행위 등을 영업으로 하는 사업자를 말한다(특금법[12] 제2조 제1호 하목, 가상자산 이용자 보호에 관한 법률 제2조 제2호). 일반적으로 가산자산거래소라 부른다. 가상자산(virtual asset)이란 경제적 가치를 지닌 것으로서 전자적으로 거래 또는 이전될 수 있는 전자적 증표(그에 관한 일체의 권리를 포함한다)를 말한다(특금법 제2조 제3호, 가상자산 이용자 보호에 관한 법률 제2조 제1호 본문). 가상자산은 재산적 가치가 있는 무형의 재산이다.[13] 가상자산은 지급수단으로서의 금전과 화폐, 유통수단으로서의 유가증권, 거래대상으로서의 상품, 투자대상으로서의 금융투자 상품, 가치의 저장대상으로 재산의 성격을 모두 가지고 있는 복합적 상품이다.[14] 가상자산이용자란 가상자산사업자를 통하여 가상자산을 매매, 교환 또는 보관·관리하는 자를 말한다(가상자산 이용자 보호에 관한 법률 제2조 제3호).

Ⅱ. 가상자산거래소의 파산

1. 가상자산 거래의 위험성

가상자산은 디지털 금이자 네트워크 혁명으로 기대를 모으고 있는 반면, 가격변동성이 크고 내재가치가 없으며 가상자산사업자(가상자산거래소)가 해킹에 취약할 뿐만 아니라 CDBC(중앙은행 발행 디지털 화폐)가 본격적으로 발행되면 가상자산은 소멸될 것이라는 우려도 있다. 2021년 상반기 국내 20개 가상자산거래소에서 상장 폐지된 가상자산은 200개가 넘는 것으로 추정되고 있다. 여기에 2021년 9월 24일 가상자산사업자(가상자산거래소)의 신고기한을 앞두고[15] 거래소의 줄폐업이 예상된다는 보도가 잇따르고 있다.[16] 이는 곧 가상자산사업자(가상자산거래소)의 파산 사건이 법원에 접수될 것이라는 의미이다.

실제로 2019년 서울회생법원에 가상자산사업자(가상자산거래소)에 대한 파산신청이 처음으로 접수되었다. A사업자는 가상자산사업자의 전자지갑(wallet)을 관리하던 임원이 사업자 전자지갑

---

10) 가상자산을 가상화폐(virtual currency), 암호화폐, 가상통화 등으로 부르고 있지만(대법원도 아래 2018도3619 판결에서 가상화폐라는 용어를 사용하고 있다), '화폐'나 '통화'가 붙은 것은 경제학적으로나 법률적으로 화폐나 통화가 아닌 것을 화폐나 통화라고 부름으로써 의도하지 않은 피해가 초래될 수 있다는 점에서 적절하지 않다. 따라서 가상자산이라고 부르는 것이 타당하다. 현재 비트코인, 이더리움, 리플, 비트코인캐시 등 수천 개가 있다. 비트코인 이외의 가상자산을 알트코인(altcoin) 또는 잡코인이라고 부른다.

11) 업비트(두나무 주식회사), 코인원, 빗썸코리아, 코빗, 고팍스 등.

12) 특정 금융거래정보의 보고 및 이용 등에 관한 법률, 이하 같다.

13) 대법원 2018. 5. 30. 선고 2018도3619 판결 참조. 가상자산은 자본시장법상 증권이나 파생상품 중 어느 하나에 해당한다고 볼 수 없기 때문에 자본시장법이 적용되는 금융투자상품에 해당한다고 보기는 어렵다(임재연, 전게서, 44~46쪽).

14) 박영호, "가상화폐와 강제집행", 재판자료 제141집, 민사집행법 실무연구(Ⅴ), 법원도서관(2021), 389쪽.

15) 특금법 제7조, 부칙(법률 제17113호) 제5조, 같은 법 시행령 제10조의11. 특금법은 가상자산사업자에게 자금세탁방지(AML anti-money laundering)의무를 지우고 있다. 가상자산거래소 사업은 금융정보분석원(FIU)에 신고한 곳만 할 수 있다. 신고를 하려면 갖추어야 할 요건이 만만치 않다. 이용자에게 실명계좌를 발급해줄 은행(1금융권)을 구해야 하고, 한국인터넷진흥원(KISA)에서 정보보호관리체계(ISMS) 인증도 받아야 한다. 정부가 신고를 받아주지 않으면 불법 업체가 되기 때문에 사실상 허가제인 셈이다.

16) https://www.mk.co.kr/news/economy/view/2021/08/755497/{[단독] 코인투자자 60만 명, 9월이 두렵다(2021. 8. 5. 자 매일경제)}.

개인키(private key)를 분실하여 당시 사업자의 전자지갑에 있던 비트코인 520개에 대한 반환이 불가능해지면서 파산신청을 하였다. A사업자는 파산선고를 받았고 현재 파산절차가 진행 중이다 (서울회생법원 2019하합29). B사업자는 가상자산사업자의 이용자 중 일부가 집금계좌를 보이스 피싱 범행에 이용한 후 가상자산을 인출해 감으로써 계좌의 거래가 정지되었고, 가상자산 잔고의 오류가 지속적으로 발생하여 더 이상 거래소 운영을 할 수 없는 상태가 되어 파산신청을 하였다 (서울회생법원 2019하합100335).

2. 가상자산거래소 파산과 관련된 법률적 쟁점

이용자의 가상자산이 가상자산사업자에게 위탁 보관되어 있었는데,[17] 가상자산사업자가 파산 한 경우 사업자가 보유하고 있는 가상자산이 파산재단에 포함되는지, 이용자가 가상자산에 대하 여 가지고 있는 가상자산반환청구권의 성질이 무엇인지(가상자산반환청구권에 기하여 환취권을 주장할 수 있는지 아니면 단순히 파산채권에 불과한 것이지) 등이 문제된다.

가상자산사업자가 파산한 경우 사업자가 보유하고 있는 가상자산은 재산적 가치가 있는 재산 이므로 파산재단을 구성한다(제382조). 분별관리(특금법 제8조 참조)[18]에 관한 규제나 이용자의 우선변제권에 관한 규정이 없는 현 상황에서는 사업자 고유의 가상자산이든 이용자로부터 이전 받은 가상자산이든 모두 파산재단에 포함된다고 할 것이다.

이용자의 가상자산에 대한 권리가 환취권(제407조)의 대상이 되는가. 일본의 경우 이용자가 파산한 가상자산(비트코인) 거래소(사업자) 마운트 곡스[19]의 파산관재인을 상대로 그가 맡겼던 가상자산의 인도를 청구한 사건에서, 가상자산은 유체물이라고 할 수 없고 배타적 지배가능성도 없어 민법상 소유권의 객체가 될 수 없다는 이유로 환취권을 부정하였다.[20] 우리의 경우도 물건 이란 유체물 및 전기 기타 관리할 수 있는 자연력을 의미하는데(민법 제98조), 가상자산은 유체 물도 전기 기타 관리할 수 있는 자연력에도 해당하지 않아 환취권은 인정되기 어려울 것이다. 결 국 이용자는 채권적 청구권으로서 가상자산반환청구권이라는 비금전채권을 가진 파산채권자로 취급될 것이다.[21]

---

17) 이용자가 가상자산사업자에 대하여 가상자산을 위탁하고 가상자산사업자를 통하여 가상자산 거래를 행하는 경우 이용자는 가상자산사업자에게 가상자산의 매매, 교환, 보관 또는 관리, 이전 등에 관한 계약(그 실질은 이용자가 가 상자산사업자로부터 특금법 제2조 제1호 하목에 정해진 행위에 관한 서비스를 받는 것을 내용으로 하는 계약이다. 실제로는 서비스이용약관을 통해 체결되고 있다)에 기하여 그 위탁한 가상자산의 반환청구권을 갖고 있다고 할 수 있다. 가상자산반환청구권은 계약에 기한 것이므로 민사 실체법상으로 그 법적 성질은 채권적 청구권이라고 할 수 있다(서울중앙지방법원, "가상자산에 관한 민사절차법상의 문제 – 민사집행절차를 중심으로 –", 코트넷 지식마당 – 신청·집행, 7쪽).
　한편 이용자의 가상자산이 이용자의 개인지갑에 보관되어 있는 경우, 민사집행법과의 관계에서는 '그 밖의 재산권'을 취급하고 있다(서울중앙지방법원, 전게 "가상자산에 관한 민사절차법상의 문제 – 민사집행절차를 중심으로 –", 3쪽).
18) 가상자산 이용자별로 거래내역을 분리하여 관리하는 것을 말한다. 통상의 거래소는 고유의 가상자산과 이용자들의 가상자산만을 구분하여 별도의 전자지갑에 보관할 뿐, 이용자별 가상자산 전자지갑은 마련하고 있지 않다.
19) 가상자산인 비트코인 거래를 위해 2010. 7. 7. 세계 최초로 일본에 설립된 거래소이다. 세계 최대의 비트코인 거래 소이었던 마운트 곡스는 약 4,600억 원 상당의 비트코인을 해킹당하여 대량의 비트코인이 소실되었고, 예금잔고에 대량 부족 사태가 발생하였다. 이로 인하여 2014. 2. 26. 동경지방재판소에 파산신청을 하였다. 현재는 일부채권자 들의 민사재생절차개시신청에 따라 2018. 6. 22. 민사재생절차개시결정이 있었고, 이에 따라 파산절차는 중지되어 있는 상태이다.
20) 박영호, 전게 "가상화폐와 강제집행", 384쪽.
21) 탈중앙화 거래 체계인 디파이(DeFi, decentralized finance) 플랫폼에서의 가상자산 거래는 탈법거래, 주먹구구식

위 2019하합29 사건에서 파산관재인은 가상자산이 파산재단을 구성한다는 전제하에 환가작업을 진행하였다. 이용자의 사업자에 가상자산반환청구권은 파산채권임을 전제로 채권조사를 하였다.

Ⅲ 파산절차와 다른 도산절차와의 차이점

1. 개인회생절차와의 차이점[22]

개인회생절차는 파산의 원인인 사실이 있거나 그러한 사실이 생길 염려가 있는 자로서 일정액 이하의 채무를 부담하는 급여소득자 또는 영업소득자가 장래 계속적, 반복적으로 수입을 얻을 가능성이 있는 경우 그 수입에서 생계에 필요하다고 인정되는 비용을 제외한 나머지 가용소득으로 원칙적으로 3년간 채권자들에게 변제를 하고, 변제하지 못한 나머지 채무에 대하여 면책을 받을 수 있는 절차이다.

개인파산절차는 파산선고 당시 채무자가 소유하고 있는 재산(파산재단)을 처분하여 이를 변제재원으로 함(청산형)에 반하여, 개인회생절차는 원칙적으로 채무자의 장래소득을 변제재원으로 한다(회생형). 개인회생절차는 파산선고에 따르는 신분상의 제약이나 사회적 불명예를 피할 수 있는 장점이 있다. 다만 정기적인 수입을 인정받기 어렵거나 가용소득이 확보되지 않는 채무자는 이용하기 어렵다.

한편 개인파산절차는 개인회생절차보다 유리한 점이 있다. 개인회생절차에서는 3년(5년) 동안 그가 얻게 될 가용소득을 채권자들에게 변제하여야 하고 그렇지 못할 경우 원칙적으로 면책을 받을 수 없다. 그러나 개인파산절차에서는 채무자가 그의 장래소득을 채권자들에게 지급하지 않고 즉시 면책을 받을 수 있다. 또한 개인회생절차는 채무의 일부를 변제한 후 면책을

상장과 폐지 등으로 인한 피해가 이용자에게 전가되어 사회·경제적 파장이 클 것으로 예상됨에도 이용자 보호에 대한 공백이 크다. 가상자산사업자(가상자산거래소)의 파산으로부터 이용자를 보호하기 위해, 분별관리하는 이용자의 가상자산에 대하여는 이용자에게 우선변제권을 인정하는 등 입법적 보완이 필요해 보인다. 일본「자금결제에 관한 법률(資金決済に関する法律)」제63조의19의2는 이러한 취지의 우선변제권을 규정하고 있다. 만약 분별관리와 우선변제규정이 제도화된다면, 가상자산사업자의 파산절차에서 별제권으로 인정될 수 있을 것이다.

현재 가상자산 이용자 보호에 관한 법률(2024. 7. 19. 시행)에 이용자 보호를 위한 세부적인 내용이 들어 있다. 이용자 보호와 관련한 위 법률의 주요 내용은 다음과 같다(제2장). 예치금보호(제6조): ① 가상자산사업자는 이용자의 예치금(이용자로부터 가상자산의 매매, 매매의 중개, 그 밖의 영업행위와 관련하여 예치받은 금전을 말한다. 이하 같다)을 고유재산과 분리하여「은행법」에 따른 은행 등 대통령령으로 정하는 공신력 있는 기관(이하 "관리기관"이라 한다)에 대통령령으로 정하는 방법에 따라 예치 또는 신탁하여 관리하여야 한다. ② 가상자산사업자는 관리기관에 이용자의 예치금을 예치 또는 신탁하는 경우에는 그 예치금이 이용자의 재산이라는 뜻을 밝혀야 한다. ③ 누구든지 관리기관에 예치 또는 신탁한 예치금을 상계·압류(가압류를 포함한다)하지 못하며, 예치금을 예치 또는 신탁한 가상자산사업자는 대통령령으로 정하는 경우 외에는 관리기관에 예치 또는 신탁한 예치금을 양도하거나 담보로 제공하여서는 아니된다. ④ 관리기관은 가상자산사업자가 파산선고를 받은 때 등의 경우에는 이용자의 청구에 따라 예치 또는 신탁된 예치금을 대통령령으로 정하는 방법과 절차에 따라 그 이용자에게 우선하여 지급하여야 한다. 이외에 가상자산보관(제7조), 보험의 가입 등(제8조), 거래기록의 생성·보존 및 파기(제9조)에 관하여도 규정하고 있다.

22) 자세한 내용은 〈제4편 제1장 제1절 Ⅲ.1.〉(본서 1864쪽)을 참조할 것.

제1장 파산절차 개관 **1183**

받음에 반하여, 개인파산절차는 전혀 변제를 하지 아니하고 면책을 받는다(일부면책을 긍정하는 견해는 제외). 이로 인해 개인파산절차를 남용할 우려가 있다. 그래서 채무자회생법은 파산신청이 파산절차의 남용에 해당한다고 인정되는 때에는 심문을 거쳐 파산신청을 기각할 수 있도록 하고 있다(제309조 제2항).[23]

관련 내용은 〈제4편 제1장 제1절 Ⅲ.1.〉(본서 1864쪽)을 참조할 것.

2. 일반회생절차와의 차이점

일반회생절차도 장래의 소득(수입)으로 회생채권 등을 변제한다는 점에서 파산절차와 다르다.[24] 일반회생절차는 개인을 대상으로 한다는 점에서 개인파산절차와 같지만 법인파산절차와 다르다.

또한 실질적으로 일반회생절차는 개인회생절차를 이용할 수 없는 개인채무자[25]가 이용하는 절차라는 점에서 이러한 제한이 없는 파산절차와 다르다.

면책의 시점에 있어서도 차이가 있다. 일반회생절차의 경우는 회생계획인가결정으로 면책의 효력이 발생하지만(제251조),[26] 개인파산절차의 경우 면책결정이 확정되어야 면책의 효력이 발생한다(제565조).

이외에도 절차개시의 원인, 관리처분권의 주체(관리인 또는 파산관재인), 담보권자의 권리행사 제한 여부(담보권의 취급), 이해관계인의 권리변동의 방법(아래 〈3.〉 참조) 등에 있어 차이가 있다.

3. 회생절차와의 차이점

회생절차나 파산절차 모두 개인과 법인을 대상으로 한다는 점에서 동일하다. 그러나 회생절차는 채무자의 회생을 목적으로 하는 회생형 절차이고, 파산절차는 채무자의 모든 재산을 현금화하여 변제하는 것을 목적으로 하는 청산형 절차이다.

회생절차와 파산절차는 이해관계인의 권리변동의 방법에 있어 차이가 있다. 파산에 있어서는 배당재단, 즉 배당하여야 할 금전이 권리의 순위에 따라 배당되고, 특별한 경우를 제외하고 배당에 있어 이해관계인의 의사를 묻는 것이 예정되어 있지 않다. 이에 대하여 회생절차는 계속기업가치 중 이해관계인에게 분배될 부분 및 분배방법 등에 대하여 관리인이 회생계획을 작

---

23) 미국 연방도산법 §707(b)도 개인채무자가 파산절차를 남용한 경우 신청을 기각하도록 규정하고 있다.

24) 개인을 대상으로 한다는 점에서 일반회생, 개인회생, 개인파산은 공통점이 있다.

25) 개인회생절차는 유치권·질권·저당권·양도담보권·가등기담보권·「동산·채권 등의 담보에 관한 법률」에 따른 담보권·전세권 또는 우선특권으로 담보된 개인회생채권이 15억 원 이하, 그 이외의 개인회생채권은 10억 원 이하인 경우에만 신청할 수 있고(제579조 제1호), 위 금액을 넘는 경우에는 개인회생절차를 이용할 수 없다.

26) 다만 실무적으로는 회생계획에 회생계획을 이행한 이후에 면책이 되는 것으로 규정하고 있고(기재례: 면제대상 채권액에 대해서는 채권자별로 이 회생계획안에 의한 변제가 완료되는 날의 다음날에 면제되는 것으로 합니다), 이런 경우에는 회생계획을 이행하여야 면책이 된다고 할 것이다. 하지만 이러한 실무는 면책주의 이념에 정면으로 반하는 등 문제가 있다(본서 976쪽 각주 85) 참조).

성하고, 이것에 대하여 권리의 성질 등에 따라 분류된 관계인집회에서 가부를 묻는다. 파산과 달리 회생절차에서는 분배의 대상으로 할 것인지, 계속기업가치 즉 채무자의 장래수익 중 어느 정도를 이해관계인에게 분배할 것인지, 또는 분배의 방법으로 금전으로 할 것인지 주식으로 할 것인지 등에 대하여 이해관계인의 의견을 묻지 않으면 안 된다. 관계인집회에서의 회생계획안 결의는 이것을 의미한다.[27]

파산절차에서 담보권자는 원칙적으로 절차의 구속을 받지 않고 자유롭게 권리행사가 가능하다. 저당권 등 담보권자는 별제권으로 되어 파산절차 밖에서 환가하여 우선적으로 변제받을 수 있다. 하지만 회생절차에서 담보권은 권리의 만족을 얻기 위하여는 회생절차에의 참가가 강제된다. 채무자가 회생절차 밖에서 변제하는 것이 허용되지 않을 뿐만 아니라 채권자의 담보권 실행도 인정되지 않는다.

양자의 차이점에 관하여는 〈제1편 제2장 Ⅱ.1.나.〉(본서 63쪽)를 참조할 것.

4. 청산절차와의 차이점

자연인이 사망으로 인격이 소멸하는 것과 마찬가지로 법인은 해산에 따라 인격이 소멸한다. 법인의 해산사유로는 ① 존립기간의 만료 기타 정관에 정한 해산사유의 발생, ② 해산결의, ③ 사원의 부존재, ④ 회사해산명령·판결, ⑤ 휴면회사의 해산의제, ⑥ 파산, ⑦ 합병, ⑧ 회사의 분할 또는 분할합병, ⑨ 주주총회의 특별결의 등이 있다(민법 제77조, 상법 제227조, 제285조, 제287조의38, 제517조, 제520조의2, 제609조). 파산도 해산사유 중 하나이다.

법인이 해산한 경우 채권 추심, 채무 변제 등 잔여 법률관계를 처리해야 하는데, 파산에 의한 해산의 경우에는 법인파산절차에 따라, 파산 또는 합병·분할·분할합병 이외의 사유에 의한 해산의 경우에는 청산절차에 따른다(합병·분할·분할합병의 경우는 합병·분할·분할합병절차가 개시된다). 해산은 원칙적으로 청산절차개시사유가 되지만, 파산의 경우는 청산절차가 개시되지 않는다(민법 제82조, 상법 제531조 참조).[28] 결국 청산이란 법인이 합병·분할·분할합병이나 파산 이외의 원인으로 해산한 경우 법인의 법률관계를 종국적으로 처리하고 잔여재산을 분

---

27) 破産法·民事再生法, 42쪽.
28) 파산절차의 임무에 청산은 포함되지 않는다는 견해이다. 파산절차는 재산환가만을 위한 순수한 전체집행절차라는 것이다(제1조 참조). 그 근거로 ① 단체법적 청산은 채권자들에게 추가비용부담을 발생시킨다. ② 파산관재인은 파산재단으로부터 가치가 없는 재산을 분리시키기 위해 파산재단을 포기할 권한을 갖고 있다. 위 견해에 따르면 파산절차가 종료되더라도 아직 단체의 청산은 완료되지 않는다. 파산관재인이 포기한 재산을 채무자인 단체가 여전히 보유하고 있기 때문이다. 파산절차 종료 후 이 재산에 대하여 청산절차가 추가로 필요하다.
　한편 위와 같은 견해에 대하여 유력한 반론이 있다. 파산선고에 의해 시작된 청산은 파산관재인의 임무이다. 단체의 파산은 전체집행절차일 뿐만 아니라 파산관재인이 청산인의 임무도 수행하는 도산법적이고 동시에 단체법적인 청산절차이다. 파산관재인은 단체의 재산을 환가하여 환가대금으로부터 채권자들에게 변제할 의무뿐만 아니라 등록 말소되기에 충분한 상태에 이를 때까지 단체를 완전히 청산하는 의무까지 부담한다. 따라서 파산관재인은 파산재단의 재산을 포기할 수 없다(자유재산이 있으면 안 된다). 파산절차는 환가대금의 분배를 끝으로 종료하는 것이 아니라 단체의 소멸을 통해 비로소 종료한다는 것을 의미한다(Reinhard Bork, 85~87쪽). 위 견해에 의하면 단체의 파산 시 파산관재인은 파산재단의 재산을 포기할 수 없고, 환가하기 어려운 적극재산의 처리방법에 대해서도 파산절차 내에서 결정해야 한다.

배함을 목적으로 하는 절차이다.[29]

청산절차에서는 청산인이 법인 재산을 환가하여 채무를 변제하고 잔여재산을 주주, 사원 등에게 분배하는데, 이때 법인의 채무가 재산을 상회하여 파산의 원인(채무초과)이 있다고 확인되면, 청산인은 파산신청을 할 의무가 있고(민법 제93조 제1항, 상법 제254조 제4항, 제542조 제1항 등),[30] 그 이후 절차는 파산절차에 따르게 된다.

법인의 청산절차는 법인이 보유한 총재산을 환가하여 채권자와 그 구성원에게 나누어준다는 점에서 포괄집행의 성격을 띠고, 이러한 점에서 파산절차와 본질이 같다. 채권자는 채권신고를 하여야 하고, 채권신고를 하지 아니할 경우 변제를 받지 못할 수도 있다는 점도(민법 제88조, 상법 제535조 제1항, 제613조 제1항) 파산절차와 같다.

반면 차이점도 있다. 적용대상에 있어 청산절차는 법인으로 제한되나, 파산절차는 법인뿐만 아니라 개인도 포함된다. 파산은 지급불능, 지급정지, 채무초과 등 경제적 원인에 한정되지만, 청산은 주주의 자발적 해산, 회사의 위법행위로 인한 휴업 지속, 재산의 부당한 관리에 따른 해산에도 적용된다.

파산 이외의 사유로 청산중인 법인이 채무초과의 사실을 발견할 때에는 청산인은 지체없이 파산선고의 신청을 하도록 하고 있어(민법 제93조 제1항, 상법 제254조 제4항 등) 파산절차가 청산절차에 우선하도록 하고 있다. 이는 채무초과의 경우 엄격한 청산절차인 파산절차로 전환시켜 각 채권자가 공정하게 변제를 받게 할 필요가 있기 때문이다. 관련 내용은 〈제2장 제1절 Ⅱ.3.〉(본서 1215쪽)을 참조할 것.

5. 민사집행법에 의한 강제집행절차와의 차이점

파산절차에서 권리를 행사하려는 파산채권자는 절차에 참가할 것이 요구되고(제424조), 원칙적으로 평등하게 배당받는다. 채권자의 권리실현방법이지만 민사집행법에 의한 강제집행과 파산절차는 차이가 있다. ① 강제집행은 민사집행법이 기본원칙으로 평등주의를 채택하고 있기 때문에 파산절차와 유사하다고 할 수 있다. 그러나 강제집행에서 말하는 평등배당은 법정의 자격, 즉 집행권원 등을 가진 개개 채권자의 자발적인 절차참여를 전제로 함에 반하여, 파산절차에서는 파산선고에 의하여 개별적인 권리행사가 금지되고, 권리의 실현을 하려는 모든 파산채권자의 참가가 요구(강제)된다는 점에서 큰 차이가 있다.[31] 다시 말해 강제집행은 절차에

---

29) **파산에 의한 해산법인과 해산법인의 파산** 법인은 일반적으로 파산(파산선고)에 의해 해산된다(민법 제77조 제1항, 상법 제227조 제5호 등). 또한 파산 이외의 해산사유로 인한 경우에도 청산인에게 청산중의 '법인이 채무를 완제하지 못한 때(채무초과)'에는 파산신청의무를 부과하고 있다(민법 제93조, 본서 1217쪽 참조). 제298조도 법인에 대하여는 그 해산 후에도 잔여재산의 인도 또는 분배가 종료하지 아니한 동안은 파산신청을 할 수 있다는 것을 인정하고 있다. 이는 파산절차에 의한 청산이 통상의 청산절차보다 우선한다는 것을 의미한다. 다만 파산선고 후에도 ① 재산과 관련이 없는 권한(회사조직에 관한 행위 등), ② 파산재단에 속하지 않는 재산(자유재산 등)에 관한 권한 등은 법인에게 남아 있는 것이다.

30) 이 경우 청산인은 파산신청 대신 회생절차개시신청을 할 수도 있다. 관련 내용은 〈제2편 제3장 제3절 Ⅲ.〉(본서 183쪽)을 참조할 것.

참가하는 채권자에 대하여 평등한 변제가 실현됨에 반하여, 파산절차는 총채권자에 대하여 평등한 변제의 실현을 목적으로 한다는 것이 특징이다(제1조 참조). 따라서 파산신청권자로서는 독점적인 만족을 얻는 것을 기대할 수 없다. ② 강제집행을 신청하기 위해서는 집행권원이 필요하지만, 파산절차를 신청하기 위해서는 어떠한 집행권원도 요구하지 않는다.[32] 집행권원에 기한 강제집행에 대하여 집행정지결정이 된 경우에도 파산신청을 하는데 아무런 영향이 없다. ③ 강제집행의 대상은 채무자의 개별재산에 한정됨에 반하여(개별집행), 파산에서는 채무자의 모든 재산이 채권자의 만족에 충당된다(일반집행). ④ 파산에서는 채권자의 이익을 극대화하기 위해서 파산관재인은 사해행위나 편파행위를 부인하여 파산재단을 증식할 수 있는 권능이 인정된다. 반면 강제집행절차에서는 이러한 권능이 인정되지 않는다. ⑤ 절차개시의 전제가 다르다. 파산절차는 채무자의 파산원인의 존재가 전제되어야 하지만, 강제집행절차는 채무자가 개별 채무에 대하여 적시에 변제하지 않을 것을 조건으로 한다. ⑥ 신청주체도 다르다. 파산절차는 채권자나 채무자 모두 신청할 수 있지만, 강제집행절차는 채권자만이 신청할 수 있다. 다만 강제집행절차는 채권자 단독으로는 물론이고 공동으로도 신청할 수 있다. 이것과 상응하여 강제집행절차에 참여하거나 배당받는 채권자는 모든 채권자일 필요는 없다. ⑦ 집행의 효과에 있어서도 차이가 있다. 개인파산의 경우 절차가 종료된 후에는 면책을 통하여 만족을 받지 못한 채권이 소멸되기도 하지만, 강제집행절차에서는 나머지 채무에 대하여 면책의 효과는 존재하지 않는다. ⑧ 파산절차는 모든 채권자가 채무자의 모든 재산에 대하여 집행을 하는 것으로 집단적·포괄적 집행절차이다. 반면 강제집행절차는 특정채권자가 채무자의 특정재산에 대하여 개별적으로 집행하는 절차이다(주체와 객체의 개별성). 채권자는 재산마다 별도의 강제집행을 해야 한다. ⑨ 강제집행은 원칙적으로 본래적 집행이나(배당에 참가할 수 있는 것은 금전채권에 한정되고, 채권이 현재화·금전화되는 것이 아니며 그 내용에 따라 실현될 따름이다), 파산절차에서는 모든 재산적 청구권을 금전으로 변환하여 집행하기 때문에(제426조, 제427조) 대상적 집행의 성질을 띤다.[33]

관련 내용은 〈제1편 제1장 제1절 Ⅱ.〉(본서 29쪽)를 참조할 것.

---

31) 강제집행절차와 파산절차 모두 배당을 받기 위해서는 배당요구(강제집행절차)나 채권신고(파산절차)를 하여야 한다. 그러나 배당요구나 채권신고를 하지 않는다고 하여 해당 채권이 실권되는 것은 아니고 단지 배당을 받지 못할 뿐이다. 이 점에서 회생절차와 다르다.
32) 체납처분(강제징수)의 경우도 집행권원을 요구하지 않는다.
33) 법원실무제요 민사집행Ⅰ -집행총론-, 사법연수원(2020), 13쪽.

Ⅲ 파산절차의 통상적인 진행 과정

1. 파산·면책신청

가. 파산신청

(1) 파산신청서 기재사항

채권자 또는 채무자는 파산을 신청할 수 있다(제294조 제1항). 연혁적으로 파산절차는 채권자의 신청으로부터 시작되었지만(비자발적 신청), 현재는 보기 힘들고[34] 대부분 채무자가 신청하고 있다(자발적 신청). 파산신청은 서면으로 하여야 한다. 파산신청서에는 ① 신청인 및 그 법정대리인의 성명 및 주소, ② 채무자가 개인인 경우에는 채무자의 성명·주민등록번호 및 주소, ③ 채무자가 개인이 아닌 경우에는 채무자의 상호, 주된 사무소 또는 영업소의 소재지, 대표자의 성명, ④ 신청의 취지, ⑤ 신청의 원인, ⑥ 채무자의 사업목적과 업무의 상황, ⑦ 채무자의 발행주식 또는 출자지분의 총수, 자본의 액과 자산, 부채 그 밖의 재산상태, ⑧ 채무자의 재산에 관한 다른 절차 또는 처분으로서 신청인이 알고 있는 것, ⑨ 채권자가 파산신청을 하는 때에는 그가 가진 채권의 액과 원인, ⑩ 주주·지분권자가 파산신청을 하는 때에는 그가 가진 주식 또는 출자지분의 수 또는 액[35]을 기재하여야 한다(제302조 제1항).

(2) 파산신청서 첨부 서류

파산신청서에는 ① 채권자목록, ② 재산목록, ③ 채무자의 수입 및 지출에 관한 목록, ④ 그 밖에 대법원규칙(제72조)에서 정하는 서류[36]를 첨부하여야 한다.[37] 다만 신청과 동시에 첨부할 수 없는 때에는 그 사유를 소명하고 그 후에 지체 없이 제출하여야 한다(제302조 제2항).

채권자목록을 첨부하도록 한 취지는 법원으로 하여금 파산선고를 할 것인지, 절차진행의 가능성을 판단하기 위한 채무자의 부채 상황을 확인하기 위함과 동시에 파산선고가 있는 경우 송달을 요하는 채권자(제313조 제2항)를 파악할 필요가 있기 때문이다.[38] 한편 파산신청 시에

---

34) 실무적으로 채권자의 파산신청은 채무자에 대하여 채무변제를 압박하기 위한 경우가 많다. 의사, 변호사 등 파산선고로 신분상의 불이익(법률적이든 사실적이든)을 받을 위치에 있는 자를 상대로 신청하는 경우가 그렇다. 또한 상장법인의 경우 파산신청으로 아래{〈제2장 제1절 Ⅳ.1.〉(본서 1220쪽)}에서 보는 바와 같이 거래정지의 위험이 있기 때문에 채무자에 대한 압박용으로 파산신청을 이용하는 경우가 더러 있다.

35) 제302조 제1항 제10호는 '주주·지분권자가 파산신청을 하는 때'의 신청서 기재사항을 규정하고 있다. 그런데 주주·지분권자에게 파산신청권이 있는가. 주주·지분권자는 회생절차개시신청권(제34조 제2항)이 있는 것과 달리 파산신청권은 없다(제294조, 제295조 참조). 따라서 제302조 제1항 제10호는 입법적 오류로 보인다.

36) 파산신청에 관한 이사회 의사록의 첨부에 관하여는 〈제2편 제3장 제3절 Ⅳ.4.〉(본서 186쪽)를 참조할 것.

37) 개인파산 신청에 대한 접근성 강화로 경제적 위기에 처한 채무자의 재기를 지원하기 위하여 2020. 1. 20.부터 개인파산 및 면책 신청시 제출할 신청서 등 서류양식을 간소화하고, 표준양식을 규정하여 신청서류의 전국적 통일성을 꾀하고 있다. 이와 더불어 2022. 9. 1.부터 개인파산 및 면책신청의 편의를 증대하고자 관련 법리 및 실무에 맞게 자료제출목록을 정비하는 등 서류제출을 간소화하였다(개인파산예규 제1조의2).

38) 파산신청과 동시에 채권자목록을 첨부하지 않은 경우 신청 후 지체 없이 제출하도록 하면 충분하다(제302조 제2항 단

채권자목록을 제출한 경우 간주면책신청(제556조 제3항)에 있어 채권자목록을 제출할 것으로 본다(제556조 제7항).

(가) 부채증명서 발급의뢰와 시효중단

채무자가 파산 및 면책신청을 하기 위하여 채권자에게 부채증명서 발급을 의뢰한 경우 소멸시효가 중단되는가. 소멸시효 중단사유가 되는 채무승인은 시효이익을 받는 당사자인 채무자가 소멸시효 완성으로 채권을 상실하게 될 상대방에 대하여 상대방의 권리 또는 자신의 채무가 있음을 알고 있다는 뜻을 표시함으로써 성립하는 이른바 관념의 통지로서, 시효 완성 후 시효이익의 포기와 달리 어떠한 효과의사가 필요하지 않다.[39] 채무자가 채권자에게 부채증명서 발급을 의뢰한 행위를, 채무자가 자신의 채무 또는 채권자의 권리가 있음을 알고 있다는 뜻을 채권자에게 표시한 행위로 볼 수 있다면, 설령 채무자가 그 채무를 면하기 위하여 부채증명서 발급을 의뢰하였다고 하더라도, 위 발급 의뢰 행위는 소멸시효 중단사유가 되는 채무승인에 해당한다.[40]

(나) 채권자목록 제출과 시효중단

채무자의 채권자목록 제출이 채무승인(민법 제168조 제3호)으로서 시효중단의 효력이 있는가. ① 앞에서 본 바와 같이 채무승인의 상대방은 시효의 완성으로 인하여 권리를 잃게 될 자임에 반하여, 채권자목록은 법적의무에 따라 법원에 제출하는 것인 점, ② 시효중단 사유로서의 '채무승인'은 채권자의 수령을 필요로 하는 준법률행위이나, 채권자목록은 법원의 파산심사 편의성과 신속성, 파산채권자의 이의신청권을 보장하기 위한 목적으로 파산신청서에 첨부하도록 한 서류로써 그 제출행위는 법원에 대한 행위인 점, ③ 채무승인은 채무자의 행위로 채무의 존속을 신뢰한 채권자에게 권리행사를 게을리하였다고 탓할 수 없는 점에서 이를 시효중단사유로서 인정한 것이나, 파산절차에서의 채권자목록은 채무의 면책(개인파산의 경우), 즉 책임의 소멸을 전제로 한 것이어서 채권자에게 채무의 존속을 신뢰케 할 만한 채무자의 행위라고 볼 수 없는 점 등을 종합해 보면, 파산절차에서 채무자가 채권자목록을 제출한 행위가 시효중단 사유로서의 채무승인에 해당한다고 보기는 어려울 것이다.[41]

서). 채권자목록을 첨부하지 아니한 채 파산신청을 한 경우 법원으로서는 첨부하지 못한 사유를 확인하고, 그 사유가 타당하다고 인정되는 때에는 신청을 접수하여야 한다. 또한 채권자목록이 제출되지 않는 단계에서도 신청서나 첨부서류 등에 의하여 파산선고의 원인사실이 인정되어 파산선고가 가능하다는 심증이 형성된 경우에는 파산선고를 하여야 한다.

39) 대법원 2013. 2. 28. 선고 2011다21556 판결 참조.
40) 대법원 2018. 2. 13. 선고 2017다265556 판결.
41) 부산고등법원 2018. 3. 29. 선고 2017나57120 판결{2018. 7. 12. 대법원(2018다227739)에서 심리불속행기각되어 확정됨} 참조. 한편 제32조는 회생채권자목록과 개인회생채권자목록 제출이 각 시효중단의 사유가 됨을 분명하게 하고 있는 반면, 파산절차에서의 시효중단 사유를 규정한 제2호는 단순히 '파산절차참가'라고만 규정하고 있어 파산절차에서 채권자목록의 제출은 '회생절차 및 개인회생절차'에서의 그것과 달리 시효중단 사유가 되지 않음을 명확히 하고 있다. 채무자회생법이 시효중단사유와 관련하여 위와 같이 회생절차, 개인회생절차와 파산절차에 관하여 달리 규정하는 이유는, 파산절차가 채무자를 둘러싼 법률관계의 청산과 채무자의 면책을 목적으로 하는 반면, 회생절차와 개인회생절차는 채무자의 채무 조정과 적정한 변제계획 수립을 통하여 채무변제력을 회복한 채무자의 자발적인 채무 이행을 목적으로 하고 있어 각 절차의 목적과 성격 및 해당 채무자의 의사(소멸시효기간이 진행되는 채무를 부담하는 채무자가 파산절차에서 채권자목록을 제출하는 행위를 자신에게 불리하고 채권자에게 유리한 소멸시효 중단을 초래하는 취지로 한 것으로 볼 수는 없다)를 고려한 것으로 보인다.

(3) 파산원인사실의 소명[42]

채권자가 파산신청을 하는 때에는 그 채권의 존재 및 파산의 원인인 사실을 소명하여야 한다(제294조 제2항). 파산신청은 다른 채권자나 채무자에게 미치는 영향이 크므로 신청의 남용을 방지하기 위하여 둔 규정이다.

법인의 이사, 무한책임사원 또는 청산인 전원이 아닌 일부가 파산신청을 하는 경우에도 파산의 원인인 사실을 소명하여야 한다. 제295조의 규정에 의한 법인 외의 법인과 법인 아닌 사단 또는 재단으로서 대표자 또는 관리자가 있는 경우에도 마찬가지이다(제296조, 제297조).[43] 서로 의견의 차이나 이해의 대립이 있어서 다른 신청권자에 대하여 자기에게 유리한 해결을 이끌어 내기 위하여 파산신청을 이용하는 것을 방지하기 위함이다.

나. 면책신청

개인파산의 경우에는 면책제도가 있다. 배당을 통해 채무는 배당비율만큼 소멸한다. 채무자가 자신의 채무로부터 완전히 벗어나고 싶다면 면책신청을 해야 한다. 면책신청은 파산신청일로부터 파산선고가 확정된 날 이후 1개월 이내에 할 수 있다(제556조 제1항). 면책신청에는 동시신청, 간주면책신청, 이시신청이 있다.

(1) 동시신청

개인파산 및 면책신청사건은 대부분 동시에 신청하고 있다. 파산신청을 할 때 면책신청까지 하는 것을 동시신청이라 한다.

(2) 간주면책신청

채무자가 파산신청을 한 경우 반대의 의사표시를 하지 않는 한 파산신청과 동시에 면책신청을 한 것으로 간주된다(제556조 제3항). 면책절차의 신속한 진행을 위한 것이다. 파산절차가 종료되어도 채무가 남은 경우, 채권이 남은 채권자는 파산절차에서 확정된 파산채권자표의 기재에 의하여 채무자에 대하여 강제집행을 할 수 있다(제535조 제2항, 제548조 제1항). 즉 원칙적으로 파산신청과 동시에 면책을 신청한 것으로 간주되지 않는다면 채무자는 파산하여도 채무를 추급당하기 때문에 이를 방지하기 위해 파산신청과 동시에 면책도 신청한 것으로 보는 것이다(제557조 제1항 참조).[44]

---

42) 파산신청을 함에 있어서는 파산원인사실의 소명으로 족하지만, 파산선고를 할 때는 파산원인사실이 확실히 존재하여야 하므로 증명이 필요하다.

43) 제295조에는 유한책임회사가 포함되어 있지 않지만, 유한책임회사도 제295조에서 규정하는 법인으로 보아야 하고, 유한책임회사의 업무집행자 전원이 아닌 일부가 파산신청을 하는 경우 파산원인사실을 소명하여야 할 것이다.

44) 면책신청이 있다고 하여 강제집행 등이 중지·금지되는 것은 아니다. 이로 인해 면책절차가 진행되는 동안 채권자가 강제집행 등을 할 수 있다. 이럴 경우 나중에 면책결정이 되더라도 채무자는 새로운 출발을 하기 위한 재원을 모두 잃게 된다. 그래서 면책신청이 있는 경우 강제집행 등을 할 수 없도록 특별 규정을 둔 것이다(제557조, 본서 1650쪽 참조). 결과적으로 면책신청이나 간주면책신청이 있는 경우 채권자의 강제집행 등을 방지할 수 있다.

파산신청의 면책신청간주는 채무자가 파산신청을 한 경우에만 적용되고, 채권자가 파산신청을 한 경우에는 적용되지 않는다.

한편 파산선고를 받지 아니한 채무자[45]에 대하여 회생절차개시신청 또는 간이회생절차개시신청의 기각결정(제293조의5 제2항 제2호 가목의 회생절차개시결정이 있는 경우는 제외한다), 회생계획인가 전 회생절차폐지결정 또는 간이회생절차폐지결정(제293조의5 제3항에 따른 간이회생절차폐지결정 시 같은 조 제4항에 따라 회생절차가 속행된 경우는 제외한다), 회생계획불인가결정이 확정된 경우(임의적 파산선고) 및 회생계획인가가 있은 후 회생절차폐지결정이 확정된 경우(필요적 파산선고)에 파산이 선고되면, 회생절차개시신청 또는 간이회생절차개시신청을 파산의 신청으로 보게 되고(제6조 제4항), 간주면책제도에 의하여 채무자의 반대의 의사표시가 없는 한 면책신청도 있는 것으로 간주되어 면책절차에 들어간다.

(3) 이시신청

채권자가 개인파산을 신청한 사건이나, 채무자가 면책신청의 효과를 법률상 부여되는 것을 원하지 않는다는 의사표시를 하여 파산신청을 한 사건에서 나중에 파산신청과 별도로 면책신청을 하는 것을 이시신청이라 한다.

이시신청이라도 파산신청일로부터 파산선고가 확정된 날 이후 1개월 이내에 하여야 한다(제556조 제1항).[46] 면책신청기간을 둔 취지는 실질적으로 긴밀한 관련이 있는 파산절차와 면책절차를 별개로 운영함으로써 발생하는 폐해를 줄이고자 함에 있다. 다만 채무자가 책임 없는 사유로 인하여 면책신청기간 내에 면책신청을 하지 못한 때에는 그 사유가 종료된 후 30일 이내에 면책신청을 할 수 있다(제556조 제2항).

'채무자가 책임질 수 없는 사유'란 채무자가 면책신청을 하기 위하여 일반적으로 하여야 할 주의를 다하였음에도 그 기간을 준수할 수 없었던 경우를 말한다. 면책신청기간의 제한은 정책적인 목적에서 정한 것이므로 완화하여 해석하여야 할 것이다.[47]

2. 채무자(대표자) 심문[48]

파산신청이 있는 경우 채무자(법인인 경우 대표자)에 대하여 심문을 실시한다.[49] 채무자가 신

---

45) 여기서 채무자는 일반회생절차를 이용한 개인을 의미한다. 개인회생절차의 경우에는 제6조 제1항, 제2항의 사유가 있다고 하더라도 필요적 또는 임의적으로 파산선고를 할 수 없다. 또한 개인회생절차에는 제6조 제8항과 같은 필요적 파산선고 규정도 없다. 개인회생절차에서는 변제계획인가결정으로 파산절차가 효력을 잃고(제615조 제3항) 그 후 개인회생절차폐지결정이 확정되더라도 파산절차의 실효가 번복되지 않는다(제621조 제2항). 따라서 파산절차를 밟기 위해서는 채무자 등이 파산신청을 다시 하여야 한다.

46) 간주면책신청이 인정되는 현행법 아래에서 이시신청은 거의 있을 수 없다. 다만 실무적으로 가끔 파산선고나 파산폐지가 된 이후 면책신청을 취하하는 경우가 있다. 이러한 경우에는 면책신청이 없는 것으로 보아 면책신청에 대해 이시신청의 적법 여부를 판단해주고 있다.

47) 파산선고는 관보에 게재하는 등으로 공고하는데(제9조 제1항), 이러한 방식에 의한 공고가 주지성이 낮다는 것은 공지의 사실이므로, 법원으로부터 파산선고사실을 통지(제313조 제2항)받지 못한 경우 파산선고사실을 알지 못하였다고 하여도 채무자에게 책임을 지울 수는 없다.

48) 회생절차개시의 신청이 있는 때에는 채무자나 그 대표자를 심문하여야 하지만(제41조 제1항), 파산절차에서 심문은

청한 사건의 경우 파산선고 전에 보전처분을 명하지는 아니하고 파산선고를 조기에 하는 방식으로 실무를 운용하고 있다.[50] 채권자가 신청한 경우에는 채무자에 대한 송달 등을 고려하여 통상 접수일로부터 3주 이후에 채무자(대표자) 심문절차가 진행된다.[51]

채무자 신청사건에서 채무자 심문은 주로 파산선고 후 파산관재인의 업무를 위한 자료를 수집하고 법원에서 파산관재인의 업무 감독을 위하여 채무자에 관한 개요를 파악하고자 하는 데 있다. 따라서 재무상태표상 자산 항목을 위주로 심문절차가 이루어지고, 추가로 긴급처리사항의 유무, 영업의 계속 여부, 부인권 행사의 대상이 있는지 등을 심문한다.

채권자 신청사건의 경우 채권자에게도 심문기일을 통지하고 채무자 심문기일에 참여할 수 있도록 하고 있다. 채무자가 채권자의 채권의 존재 또는 파산원인사실 등을 다투는 경우 채권자가 이를 소명하여야 한다(제294조 제2항).

3. 보정명령과 예납명령

채무자에 대한 심문을 마치면 신청서 기재 내용, 심문 내용에 비추어 미비한 사항에 대한 보정명령과 예납명령을 한다. 예납금은 파산절차비용으로 사용될 최소한의 금원으로 주로 공고·송달비용, 파산관재인 보수, 재단의 관리·환가비용 등 파산절차비용[52]으로 사용되나, 파산 재단이 수집되지 않은 상태에서는 추후 조세·임금 등의 재단채권의 변제 재원이 되기도 한다.[53]

신청인은 예납금[54]의 납부의무가 있고(제303조),[55] 예납명령을 받고도 이에 응하지 않는 경

법원의 재량사항이다.

49) 개인파산사건의 경우에는 실무적으로 특별한 사정이 없는 한 채무자에 대한 심문을 하지 않는다. 그 이유는 개인파산사건의 경우에도 원칙적으로 개인파산관재인을 선임하여 개인파산관재인으로 하여금 채무자를 면담하고 파산관재인보고서를 제출하도록 하는 형태로 실무가 운영되고 있기 때문이다.

50) 채무자에 대한 심문을 할 경우 신청서를 제출하면 기록조제, 전자기록화 등에 약 1주간의 시간이 소요되는 것을 고려하여 통상 접수일로부터 1 내지 2주 이내에 채무자(대표자) 심문절차를 진행한다. 이후 파산선고는 특별한 사정이 없는 한 심문절차에서 발령된 보정명령 및 예납명령을 이행하는 즉시 이루어진다.

51) 보통 심문기일은 1회로 종료되나 대표자가 채무자의 자산·부채의 세부 내역을 제대로 파악하지 못하고 있는 경우, 채권자가 신청한 사건에서는 심문기일이 속행되기도 한다.

52) 원래 이러한 비용은 파산채권자가 공동으로 부담하여야 하는 것이므로 재단채권으로서 파산재단에서 우선적으로 지급되어야 하는 것이지만, 현실적으로 파산관재인이 재산을 관리하기 전에는 지급이 불가능하고, 재단의 규모 자체가 비용을 상환하기에 충분한 것인지 판단하기도 어렵다. 그래서 채무자회생법은 이러한 비용에 충당하기 위한 재원을 파산신청인에게 일시에 납부할 것을 요구하고 있다. 한편 개별적 소송행위에 대한 비용의 예납은 민사소송법 제116조에서 정하고 있지만, 총채권자를 위하여 채무자의 재산을 환가하여 배당하는 파산절차의 특성을 고려하여 포괄적으로 예납을 명하고 있는 것이다.

53) 채권자 신청사건에 있어 예납금의 취급은 다르다. 채권자 신청사건의 예납금은 파산관재인의 보수 등 절차비용을 확보하기 위하여 신청채권자에게 예납시키는 것이고, 배당재원으로 사용하는 것은 아니다. 즉 위와 같은 절차비용을 확보할 필요가 없는 경우 신청채권자는 파산재단에 대하여 예납금의 반환을 청구할 수 있고, 이것은 재단채권(제473조 제1호)에 해당한다. 따라서 파산선고 후 파산관재인 보수를 충당할 정도의 파산재단이 형성된 경우에는 신속하게 예납금을 신청채권자에게 반환할 필요가 있다. 이시폐지가 예상되는 사건에서 조세 등을 먼저 변제할 경우에는 예납금을 반환할 수 없는 염려가 있기 때문에 주의가 필요하다.

54) 예납금은 법인의 경우 가장 최근에 작성된 채무자의 재무상태표에 기재된 부채총액을 기준으로 원칙적으로 아래 표에 따라 결정되며, 예상되는 파산재단의 규모, 파산절차의 예상 소요시간, 재단 수집의 난이도, 채권자의 수 등을 일부 고려한다.

우 파산신청을 기각할 수 있다(제309조 제1항 제1호).

한편 ① 파산신청인이 채권자가 아닌 때, ② 예납금이 부족하게 된 때, 법원이 직권으로 파산선고를 한 때 또는 파산신청인이 채권자인 경우 미리 비용을 납부하지 아니하였음에도 불구하고 법원이 파산선고를 한 때에는 파산절차의 비용을 국고에서 가지급할 수 있다(제304조).

파산절차비용이 국고로부터 가지급된 경우에는 신청인의 예납금 납부의무는 없다. 국고에서 가지급이 된 경우에는 파산절차의 진행을 위한 비용은 가지급된 금원으로부터 지급되기 때문이다.

4. 파산선고 및 파산관재인 선임

파산선고를 위한 심리는 신속성의 요청으로부터 구두변론을 개최하지 아니할 뿐만 아니라(제12조 제1항), 당사자의 증명에만 의존하지 아니하고 법원은 직권으로 파산원인에 관하여 필요한 조사를 한다(제12조 제2항). 실무적으로 신청인 및 채무자에 대한 심문을 행하는 것이 일반적이다. 심리결과 파산원인의 존재가 판명되면 통상적으로 파산선고를 한다. 신청권의 남용이 인정되는 때 등의 경우에는 신청을 기각하기도 한다(제309조).

가. 파산선고

채권자 또는 채무자의 신청이 있고 채무자가 지급불능 또는 채무초과의 상태에 있다고 인정되면 파산선고를 한다. 회생절차폐지의 결정이 확정된 경우 등과 같이 직권으로 파산선고를 하는 경우도 있다(제6조). 주의할 것은 개인회생절차가 폐지된 경우에는 직권으로 파산선고를 할 수 없다는 것이다. 따라서 개인회생절차가 폐지된 경우 파산절차를 이용하려면 별도로 파산신청을 하여야 한다.

부채총액	예납기준액
동시폐지사건	불필요(인터넷공고 시)
100억 원 미만	500만 원
100억 원 이상 300억 원 미만	1,000만 원
300억 원 이상	1,500만 원 이상

개인의 경우에는 동시폐지를 하지 아니하는 때의 예납금은 파산재단의 규모, 부인권 대상 행위의 존부와 수, 파산절차의 예상 소요기간, 재단수집의 난이도, 채권자의 수 등을 고려하여 정하되, 특별한 사정이 없는 한 500만 원을 넘을 수 없다(개인파산예규 제2조의4), 실무적으로 특별한 사정이 없는 한 파산관재인 보수로 40만 원을 예납시키고 있다{서울회생법원 실무준칙 제361호(개인파산 예납금 납부기준) 제2조 제1항}.

55) 실무적으로 금융위원회가 공익적 지위에서 파산신청을 하는 경우{〈제2장 제1절 Ⅱ.4.〉(본서 1218쪽)}에는 금융위원회는 채권자라고 할 수 없으므로 채무자에게 예납을 명하고 있다. 한편 실무적으로 종종 대한민국이 부실채권을 정리하기 위하여 파산신청을 하는 경우가 있다(서울회생법원 2019하합10072). 이 경우에는 원칙적으로 예납을 명하여야 하겠지만, 대부분 채무자가 절차비용도 부담할 재산이 없는 경우가 많으므로 예납을 명하지 않고 동시폐지사건으로 처리함이 상당하다.

나. 파산관재인의 선임

파산사건의 구체적 절차를 수행하기 위하여 필수적이고 가장 중요한 기관이 파산관재인이다. 파산관재인은 파산선고와 동시에 선임되고(제312조 제1항),[56] 법원(감사위원이 설치되어 있는 경우에는 감사위원[57])의 감독을 받으며 파산재단을 관리하고 처분할 권한을 가진다(제384조).

파산관재인은 파산채권자 전체의 이익을 위하여 선량한 관리자의 주의로써 직무를 행하고(제361조 제1항), 중립의무 및 충실의무를 부담한다.

파산관재인은 취임 직후 압류금지물건 이외의 재산을 점유 관리하고, 필요한 경우 봉인을 하며, 채무자로부터 장부 등을 인도받아 검토하고, 재산목록 및 재무상태표를 작성한다. 채무자로부터의 설명, 채권자와의 협의, 채무자의 우편물 관리 등을 통하여 파산관재업무에 필요한 정보를 얻는다. 또 점유 관리에 의하여 파산재단의 현상을 파악한 후 즉시 환가에 착수한다.

5. 제1회 채권자집회 및 의견청취기일 [면책심문기일]

파산선고일로부터 4개월 이내에 제1회 채권자집회를 개최하여(제312조 제1항 제2호) 파산관재인의 업무보고를 받고, 감사위원의 설치가 필요하다는 제안이 있는 경우에는 그 설치 여부 및 감사위원의 수를 의결할 수 있으며, 영업의 폐지 또는 계속, 고가품의 보관방법에 관하여 결의를 할 수 있다.

법인파산사건의 경우 채권조사기일이 추후로 지정되는 경우를 제외하고 원칙적으로 제1회 채권자집회와 아래에서 설명하는 채권조사기일을 병합하여 진행하고 있다.

개인파산사건의 경우에는 제1회 채권자집회기일에 이시폐지에 관한 의견청취를 위한 채권자집회(제545조 제1항), 파산관재인 임무종료에 의한 계산보고집회(제529조)와 면책심문기일(제558조 제1항), 의견청취기일(제563조)을 모두 병합하여 진행하고 있다(제558조 제5항).

6. 채권조사

장래 배당의 기초가 될 채권액을 확정하는 절차이다. 채권신고기간 내에 신고된 파산채권[58]

---

56) 현재 실무는 개인파산의 경우에도 동시폐지방식은 예외적으로 운영하고 있다. 동시폐지는 채무자가 파산관재인 선임을 위한 절차비용을 납부하기 어려운 경우로서 ① 기초생활수급대상자인 경우, ② 고령, 질병, 신체장애 등으로 현재 소득활동이 불가능하고, 오랜 기간 정상적인 소득활동을 하지 못하고 있으며, 채무도 오래전에 발생한 경우, ③ 환가 가능한 재산이 없는 경우 등의 경우에 적용한다. 이러한 경우를 제외하고는 원칙적으로 (개인)파산관재인을 선임하고 있다.
   기존에는 파산관재인을 선임하지 않고 법원이 직권으로 채무자의 재산과 소득을 조사한 후 동시폐지를 하였다. 그러나 이럴 경우 채권자 일반의 이익을 위하여 절차에 관여하는 사람이 없게 되는 문제가 있었다. 이러한 문제점을 인식하고 공정하고 효율적인 사건 처리를 위하여 파산관재인 비용을 낮추어(통상은 40만 원) 원칙적으로 모든 개인파산사건에서 파산관재인을 선임하고 있다. 한편 원칙적으로 파산관재인을 선임하다 보니 경우에 따라서는 파산관재인 비용을 납부할 능력이 없는 채무자가 발생하게 되었다. 이에 대법원은 「소송구조제도의 운영에 관한 예규(재일 2002-2)(재판예규 제1667호)」를 개정하여 2018. 1. 1.부터 개인파산관재인 선임을 위한 비용도 소송구조 대상에 포함시켰다(위 예규 제22조 제2항).

57) 실무적으로 감사위원을 두고 있지 않다.

및 그 이후 신고된 것이라도 일반조사기일에서 함께 조사하는 데 이의가 없는 파산채권은 모두 일반조사기일에서 조사하고, 채권신고기간 이후 신고된 파산채권으로서 이의가 있는 파산채권과 일반조사기일 이후에 신고된 파산채권은 특별조사기일을 정하여 조사한다.

채권조사기일에서 파산관재인 또는 채권자가 이의를 하면 파산채권은 확정되지 않고 별도의 파산채권확정절차를 거쳐야 한다. 이의를 하지 않으면 파산채권은 즉시 확정되고 파산채권자표에 그 결과가 기재됨으로써 파산채권자 전원에 대하여 확정판결과 동일한 효력을 가진다.

7. 환　가

파산관재인은 파산재단의 현상을 파악한 후 즉시 파산재단 소속 재산의 환가에 착수하여야 한다. 동산은 산일 또는 가격 하락의 우려가 많으므로 신속히 매각하여야 한다. 부동산은 대부분 담보가 설정되어 있으므로 담보권자와 협의하여 매각을 시도하기도 한다.

8. 배　당

환가와 채권조사를 마치면 환가 대금을 채권자에게 배당한다(중간배당). 배당은 1회에 끝나기도 하지만 경우에 따라 최후배당, 추가배당을 실시하기도 한다.

9. 종　료

파산절차의 종료 사유로는 종결과 폐지가 있다.

가. 종　결

파산절차의 종결이란 파산재단을 환가·배당한 후 파산절차를 마치는 것을 말한다. 이 경우에는 배당을 위해 채권조사절차가 진행된다. 배당을 마치면 채권자집회를 열어 계산보고를 하고, 이 집회에서 채권자의 이의가 없으면 법원이 파산종결 결정을 한다. 법인은 종결에 의하여 소멸한다. 반면 개인의 경우에는 면책절차가 진행된다.

나. 폐　지

파산절차의 폐지란 파산재단으로 파산절차의 비용을 충당하기에 부족한 경우에 파산절차를 마치는 것을 말한다. 파산선고와 동시에 폐지하는 '동시폐지'와 파산선고를 하고 파산관재인을 선임하여 조사를 마친 후에 폐지하는 '이시폐지'로 나누어진다. 파산절차를 폐지하는 경우에는 채권조사절차가 필요 없다.[59] 채권자의 동의가 있는 경우에도 파산을 폐지할 수 있다. 이를 '동의폐지'라 한다.

---

58) 파산절차에서는 파산채권만이 파산재단이 환가된 후 배당의 대상이 되기 때문에 파산채권을 조사하여 확정할 필요가 있다.

59) 법인파산사건의 경우 파산선고와 동시에 채권신고기간 및 채권조사기일을 지정하는 반면, 개인파산사건에서는 파산선고시에 채권신고기간 및 채권조사기일을 추정하였다가 파산재단을 환가하여 배당할 가능성이 있는 경우에만 채권조사를 실시

[법인파산절차 흐름도]

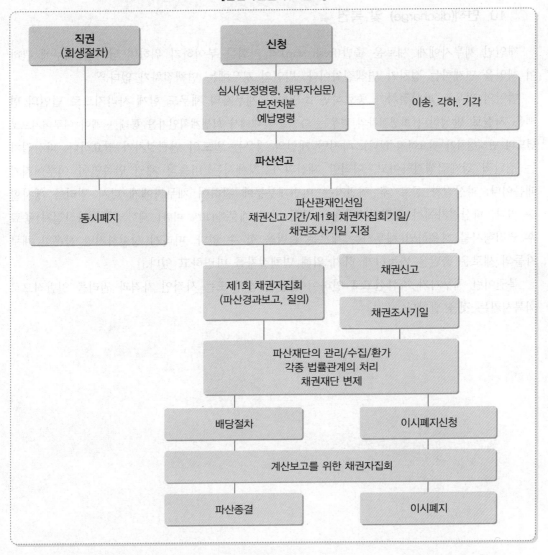

한다. 그러나 최근 법인파산사건의 신속, 적정한 처리를 도모하기 위하여 2013년부터 이시폐지가 명백히 예상되는 사건을 선별하여 채권조사를 생략하는 이른바 간이화절차(Fast Track)를 실시하고 있다. 위 절차에 따르는 경우 파산선고 이후 파산관재인의 신청에 따라 채권조사기일이 추정되어 파산선고시 지정된 기일에는 제1회 채권자집회만 개최하고 있다.

그런데 이러한 간이화절차 운영으로 몇 가지 문제가 발생하고 있다. ① 먼저 진행 중인 민사소송절차에서 해당 파산채권에 대한 채권조사(시부인)가 되지 않아 재판을 진행할 수 없는 상황이 발생하고 있다{〈제15장 제2절 I.2.나.(1)(나)〉(본서 1810쪽) 참조}. 이는 회생절차와 달리 파산절차에서는 서면에 의한 채권조사를 할 수 없고 채권조사기일을 진행하여야 한다는 점에 기인한다. 이러한 경우 파산사건 담당 재판부는 채권조사기일을 개최하여 채권조사를 진행하여야 할 것이다. 저자가 서울회생법원에서 법인파산업무를 수행할 때는 파산선고 전에 파산채권과 관련한 소송이 이미 제기된 경우로서 짧은 기간에 이시폐지가 예상되는 경우에는 채권조사기일을 추정하고, 이시폐지에 상당한 기간이 소요될 것으로 예상되는 경우에는 채권조사기일을 진행하였다. 채권조사기일에서 모든 채권을 조사하지는 않고 소송이 제기된 해당 채권만을 조사하였다. ② 채권신고기간이 추정된 경우에는 파산절차참가로 인한 시효중단(제32조 제2호)의 기회가 박탈될 수 있다. 따라서 채권자로서는 채권신고기간이 정해지지 않더라도 시효중단을 위해 파산선고 이후에는 법원에 채권신고를 하여야 할 것이다. 관련 내용은 〈제7장 제1절 I.2.〉(본서 1535쪽)를 참조할 것.

10. 면책(discharge) 및 복권

개인인 채무자에게 새로운 출발(fresh start)의 기회를 부여하기 위하여 남겨진 채무에 관하여 책임을 면제하는 절차가 면책절차이다. 법인의 경우에는 면책절차가 없다.[60]

법인의 경우는 파산절차가 종료하면 소멸하고 채무자의 채무도 함께 사라지므로 법인의 면책은 저절로 발생한다(회생절차의 경우는 회생절차 내에서 회생계획인가를 통해 면책이 이루어지므로 별도의 면책절차가 필요하지 않다). 하지만 개인의 경우는 별도의 면책절차가 필요하다. 파산절차는 집단적 강제집행절차이고, 이러한 재산환가절차에서는 비율적 채권 만족만이 이루어지기 때문이다. 파산절차 종료 후 채권자는 미변제부분에 관하여 채무자에게 다시 권리를 행사할 수 있다. 파산절차에서 채권변제비율은 극히 낮기 때문에(10% 미만) 제한 없이 파산절차 종료 후 권리행사를 허용하면 채무자는 새로운 출발을 할 수 없다. 따라서 성실하지만 불운한 채무자들의 새로운 출발을 가능하게 하기 위해 면책절차를 마련하고 있다.

복권이란 채무자가 파산선고로 인하여 제한된 공적 또는 사적인 자격과 권리를 일반적으로 회복시키는 것을 말한다.

---

60) 대법원 2016. 8. 25. 선고 2016다211774 판결 참조.

[개인파산절차 흐름도]

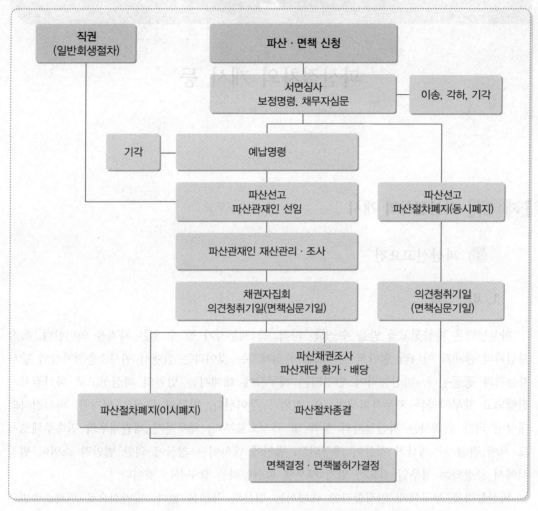

제 2 장

파산절차의 개시 등

제1절 파산절차의 개시

Ⅰ 파산선고요건

1. 파산능력

　파산능력은 파산선고를 받을 수 있는 자격, 즉 채무자가 될 수 있는 자격을 의미한다. 특정 사건과의 관계가 아니라 일반적 자격으로서 정해지는 것이라는 점에서 민사소송절차상의 당사자능력과 공통된다. 파산능력이 인정되는 채무자에 대해서는 법원의 파산선고로 파산절차가 진행되고 채무자라는 채무자회생법상의 지위가 부여된다. 명문의 규정은 없지만, 파산절차의 대상이 되기 위해서는 파산절차의 성격 및 목적으로부터, 채무자가 채권채무의 귀속주체로서 그 자에 관한 한 재산적 청산이 예정되고, 법인에 대하여는 청산에 의한 법인격 소멸이 법질서에서 긍정되는 경우일 필요가 있기 때문에 파산능력을 요구하는 것이다.[1]

　파산능력을 누구에게 인정할지에 대해서는 명문의 규정은 없다. 일반적으로 민사소송법의 당사자능력에 관한 규정에 따라 개인(자연인), 사법인 및 법인 아닌 사단 또는 재단[2]에 파산능력이 인정된다.[3] 나아가 채무자회생법상 특별히 파산능력을 인정할 수 있는 것으로서 상속재산과 유한책임신탁재산이 있다.

　파산능력은 누구에게 파산적 청산을 인정할 것인가를 분명하게 하기 위한 개념으로 고도의 정책적 고려가 필요하다는 점에서 파산제도의 목적 내지는 기능과 밀접하게 관련된다.[4] 신청

---

1) 條解 破産法, 232쪽.
2) 법인 아닌 사단 또는 재단에 대하여 파산능력이 인정된다(제33조, 민소법 제52조). 다만 당사자능력이나 파산능력이 인정된다고 하여도 법인 아닌 사단 또는 재단은 실체법상의 권리능력이 인정되지 않기 때문에(권리능력이 인정된다는 견해도 있다) 파산재단에 속한 재산은 채무자인 사단 등의 재산은 아니고 그 구성원 등 제3자에게 귀속하는 것이다. 또한 파산채권에 있어서도 사단 등이 아니라 구성원 등 제3자를 채무자로 한 채권이 그 내용이 된다. 이 점에 있어서는 상속재산파산 및 유한책임신탁재산의 경우와 마찬가지이다. 법인 아닌 사단 등이 되기 위해서는 대표자 또는 관리인이 있어야 하고(민소법 제52조), 파산관재인은 이런 자를 대신하여 관리처분권을 행사한다.
3) 법인에 대하여는, 그 해산 후에도, 잔여재산의 인도 또는 분배가 종료될 때까지는 파산신청을 할 수 있다고 할 것이다. 일본 파산법(제19조 제5항), 독일 도산법(§11(3))은 이를 명확히 규정하고 있다.

대상인 채무자가 파산능력을 갖는 것은 파산선고의 요건이므로 파산능력이 없는 경우 파산신청은 부적법한 것으로 각하된다.

가. 공법인

공법인에 대하여 파산능력을 인정할 수 있느냐에 관하여는 다툼이 있다. ① 공법인이라는 것만으로 파산능력을 부정하여서는 안 되지만, 사업의 공익적 기능과 파산적 청산을 통하여 그 법인격을 해체·소멸시키는 것이 공공의 이익을 희생하게 되는 공법인에 대하여는 파산능력을 부정하여야 한다는 견해가 있다. ② 반면 공법인에 관하여는 일반적으로 파산능력을 인정하기 어려우나, 공법인인 것만을 이유로 파산능력을 부정해서는 안 되고, 당해 법인의 공공적 성격의 강약에 의하여 개별적으로 판단하여야 한다는 견해도 있다.[5] 이 견해는 국가나 지방자치단체는 본래 통치단체이고 파산은 그 통치기능을 저해하기 때문에 파산능력이 인정되지 않고, 공공기업체(국민연금공단, 한국도로공사, 한국전력공사 등)는 고도의 공공성을 가지는 특별법상의 법인이고 국가의 행정권 행사의 특수형태라는 점에서 파산능력이 없으나, 공공조합(수산업협동조합, 농업협동조합, 산림조합 등)은 파산능력이 인정된다고 본다.[6] ③ 또한 공법인에 대하여 파산능력을 인정하는 것과 실제로 파산선고를 하여 사업을 해체·청산시키는 것은 별개의 문제로 보고, 국가 및 지방자치단체를 제외한 공법인 전부에 대하여 일단 파산능력 그 자체는 인정하면서, 다만 파산선고를 할 것인지 여부, 즉 파산원인의 판단기준으로 그 경제적 기초뿐만 아니라 행하는 사업의 공공성이나 사업의 계속에 지장을 초래할 것인가 등과 같은 고려를 기울이는 방향이 타당하다는 견해도 있다.[7]

요컨대 파산능력을 확대하는 것은 세계적인 추세이다. 그렇다고 파산능력을 무한정으로 확대하는 것이 반드시 바람직하다고는 할 수 없다. 국가나 지방자치단체는 공공성이 강할 뿐만 아니라 통치기능이 그 본질적인 것이므로 파산능력을 인정하기 어렵겠지만,[8] 나머지 공법인의 경우에는 국민생활에 필요하다는 공공성의 강약에 따라 파산능력 여부를 판단하여야 할 것이다.

---

4) 중국 <기업파산법>은 개인(자연인)에 대하여는 파산능력을 인정하지 않는다(제2조 참조). 다만 2019년 개인도산 제도의 도입을 결정하고 실무적으로 실시하고 있음은 앞에서 본 바와 같다.

5) 박기동, "파산절차개시의 요건과 파산선고의 효과", 파산법의 제문제(상), 법원도서관(1999), 64~65쪽.

6) 수산업협동조합(수산업협동조합법 제85조), 농업협동조합(농업협동조합법 제83조), 산림조합(산림조합법 제68조)은 명문의 규정에 의하여 파산능력이 인정되고 있다.

7) 전병서, 39쪽.

8) 경제적인 측면에서 국가(지방자치단체의 경우 일정 부분)는 조세징수권을 가지고 있기 때문에 파산을 생각하기 어렵다. 이런 점에서 국가의 부채는 국민의 자기채무에 불과하다. 물론 국가가 외국 또는 국제단체로부터 외화를 차입하고 모라토리엄을 선언한 경우 국가파산으로 볼 여지는 있지만, 주권국가라는 점에서 일반적인 의미에서의 파산의 개념과는 다르다. 또한 파산절차는 청산(해체)을 목적으로 하는데, 이들 단체가 소멸한다는 것은 상정하기 어렵고, 또한 파산관재인·법원에 의한 감독을 통치기능을 손상시키는 것이다. 일본 최고재판소도 지방자치단체의 파산능력을 부정하고 있다{倒産法(加藤哲夫), 36쪽}.

나. 민법상의 조합

민법상의 조합에 민사소송법 제52조가 적용되는지(당사자능력이 있는지)에 관하여 학설로는 긍정설과 부정설의 대립이 있고, 대법원 판례[9]는 부정적이다. 파산능력에 관하여도 부정설이 있을 수 있다(조합 자체가 아닌 조합원 개인에 대하여 파산선고를 하여야 한다). 하지만 ① 법인 아닌 사단과 민법상의 조합은 이론상 그 구별이 명확한 것이 아니고 사회적 실재로서도 양자가 항상 준별되는 것은 아닌 점, ② 민법은 조합을 단위로 한 청산절차를 예정하고 있는데(민법 제721조 이하), 이는 조합 고유의 재산 및 채무에 대한 공평한 청산이 필요하다는 것을 나타내고 있는 것인 점, ③ 청산인의 직무 권한에 대하여 법인의 청산인에 관한 규정을 준용하고 있는 점(민법 제724조 제1항), ④ 채권자가 파산신청을 함에 있어 조합인지 법인 아닌 사단인지 판단하는 책임을 부담한다는 것은 합리적이지 않다는 점 등을 고려하면, 민법상의 조합에 파산능력을 긍정하는 것이 타당하다.[10]

2. 파산원인

가. 파산원인에 대한 각국의 입법례

파산원인이란 법원이 파산절차를 개시하는(파산선고를 하는) 법률사실로 파산절차를 개시하게 하는 원인이다. 영미법계 국가에서는 파산행위라 부르고, 중국에서는 파산한계(破産界限)라 부른다. 각국의 파산입법에서 채무자의 실질적인 파산원인은 변제능력의 상실(지급불능)이다. 변제능력의 상실을 어떻게 확인하고 파산의 경계를 획정할 것인가. 이에 대하여 각국 파산입법은 두 가지 규정방식을 취하고 있다. 하나는 열거주의이고 다른 하나는 개괄주의이다.

(1) 열거주의

열거주의는 법률에 채무자가 변제능력을 상실하였음을 표명하거나 채무자의 변제능력에 영향을 미치는 채권자의 이익에 손해가 되는 몇 가지 행위를 열거하여 규정하고, 이러한 행위를 한 자는 파산원인이 발생한 것으로 인정한다. 이러한 행위를 파산행위라 부른다. 이러한 방식은 주로 영미법계 국가(영국, 캐나다, 인도 등)에서 채택하고 있다.

열거주의는 입법형식에서 일찍이 파산범죄 입법사상의 영향을 받아, 착안점을 채무자가 구체적으로 행하는 부당행위에 두었던 관계로 열거하는 항목은 점점 더 증가하였다. 장점은 규정이 구체적이고 명확하여 당사자의 증명과 법원의 인정에 편리하다는 점이다. 반면 단점은 유연성이 없고, 변화하는 실제 상황에 따라 융통성 있고 구체적인 적용이 어렵다는 것이다.

---

9) 대법원 1991. 6. 25. 선고 88다카6358 판결.
10) 條解 破産法, 239쪽, 破産法・民事再生法, 106쪽, 전병서, 40쪽, 노영보, 58쪽. 민사소송법 학계에서도 현재는 민법상 조합에 대하여 당사자능력을 인정하자는 긍정설이 유력하다. 일본의 경우 이전에는 파산능력을 부정하는 견해가 일반적(통설)이었으나, 현재는 긍정설이 유력하다(條解 破産法, 239~240쪽).

(2) 개괄주의

개괄주의는 파산원인에 대해 법학이론으로부터 추상적인 개념을 만들어내고, 그것이 중점을 두는 것은 파산발생의 일반원인이지 구체적인 행위가 아니다. 일반적으로 입법에서 3가지 파산원인을 개괄적으로 규정한다(① 지급불능, ② 채무초과, ③ 지급정지). 이러한 입법방식은 대륙법계 국가(독일,[11] 이탈리아, 일본, 프랑스 등)에서 채용하고 있다.

현재 세계 각국의 파산원인에 대한 입법은 개괄주의로 전환하는 추세이고, 원래 열거주의를 취하였던 국가도 개괄주의로 개정하기도 하였다. 예컨대 미국의 1898년 연방도산법은 열거주의를 채택하였으나 1978년 개정된 연방도산법은 개괄주의를 채택하였다. 최근 <기업파산법>을 제정한 중국도 개괄주의를 채택하고 있고, 우리나라도 마찬가지이다.

나. 채무자회생법상의 파산원인[12]

채무자에 대하여 파산선고를 하기 위해서는 파산원인이 존재하여야 한다. 파산원인이란 파산선고가 필요하다고 인정되는 채무자의 일정한 재산 상태를 말한다. 채무자회생법은 원칙적으로 채무자가 지급할 수 없을 때(지급불능)에 파산원인이 있는 것으로 보고 있으나(제305조 제1항), 법인(존립 중인 합명회사 및 합자회사 제외)에 대하여는 채무초과도 파산원인으로 보고 있다(제306조 제1항). 채무자가 지급을 정지한 때에는 지급불능이 된 것으로 추정한다(제305조 제2항).[13]

(1) 지급불능

지급불능이란 채무자가 변제능력이 부족하여 즉시 변제하여야 할 채무를 일반적·계속적으

---

11) 독일 도산법은 도산절차개시원인으로 지급불능, 지급불능의 염려, 채무초과를 들고 있다(§17~§19).

12) 중국 <기업파산법>상의 파산원인은 ① 지급불능이고 채무초과일 것, ② 지급불능이고 지급능력이 명확히 결여될 것(제2조 제1항)으로 우리와 다소 다르다. <기업파산법> 초안에서는 파산원인에 대해 지급불능을 일반적인 파산원인으로, 채무초과를 청산중의 기업에 적용되는 특수한 파산원인으로, 지급정지를 파산원인을 추정하는 것으로 하였다. 그러나 심의과정에서 지급불능을 파산원인으로 할 경우 파산기업의 수가 대량으로 증가할 우려가 있으므로 파산원인을 제한하여야 한다는 비판이 있었다. 이러한 비판과 <기업파산법(시행)> 시행 기간의 재판실무경험을 반영하여 파산원인을 '지급불능이고 채무초과'로 수정하였다. 그러나 이 역시 타당하지 않다는 비판이 있었다. ① 채권자가 채무자의 채무초과를 알기 어렵고 증명할 방법이 없을 뿐만 아니라 추정규정으로 해결할 수도 없다. 만약 이 규정을 엄격히 집행하면 채권자는 채무자의 채무초과라는 파산원인을 증명할 방법이 없어 실제적으로 파산신청권을 박탈하는 결과가 된다. ② 법원이 파산사건을 수리할 것인지를 심사할 때, 적시에 채무자에게 파산원인이 있는지 명확히 조사하여 밝힐 방법이 없다. 일부 기업의 경우 재무관리가 엉망이고 회계처리에 분식이 많아 형식적인 자산부채표(재무상태표)만으로는 부채가 자산을 초과하는지를 판단하는 것은 쉽지 않다. 그래서 법원이 법으로 정해진 사건 수리 기간 내에 수리 여부를 결정하는 것이 어렵다. 이러한 논쟁을 거쳐 파산원인을 최종적으로 '지급불능이고 채무초과 또는 변제능력의 명확한 결여'로 규정하였다. 파산원인을 두 가지 상황으로 규정한 것이다. '지급불능이고 채무초과'와 '지급불능이고 변제능력의 명확한 결여'가 그것이다. 채무자가 '변제능력이 명확히 결여'되었는지는 원칙적으로 법원이 재량으로 결정하는 것이기 때문에 수리기간의 지연이라는 문제를 해결할 수 있다. 또한 채권자가 파산을 신청할 때 채무자의 채무초과를 증명할 필요가 없기 때문에 그의 파산신청권에도 영향을 미치지 않는다.

13) 상속재산파산의 경우에는 채무초과만이 파산원인이다(제307조). 유한책임신탁재산에 대한 파산원인은 ① 유한책임신탁재산으로 지급을 할 수 없는 경우(지급불능)나 ② 유한책임신탁재산으로 신탁채권자 또는 수익자에 대한 채무를 전부 변제할 수 없는 경우(채무초과)이다(제578조의4 제1항, 제3항). 수탁자가 신탁채권자 또는 수익자에 대하여 지급을 정지한 경우에는 지급불능이 추정된다(제578조의4 제2항).

로 변제할 수 없는 객관적 상태를 말한다.[14] 따라서 지급불능인지를 판단하기 위해서는 변제능력과 변제기가 도래한 채무를 비교하는 것이 필요하다. 세부적으로는 ① 변제능력이 부족하고, ② 변제능력 여부는 객관적으로 판단하며, ③ 변제능력 부족은 일반적·계속적이어야 하고, ④ 변제능력 판단에 있어 고려되는 것은 변제기가 도래한 채무로 제한된다는 것이다.

(가) 변제능력

지급불능으로 인정되려면 변제능력이 부족하여야 한다. 채무자가 개인인 경우 지급불능이 있다고 하려면 채무자의 연령, 직업 및 경력, 자격 또는 기술, 노동능력, 가족관계, 재산·부채의 내역 및 규모 등을 종합적으로 고려하여, 채무자의 재산·신용·수입에 의하더라도 채무의 일반적·계속적 변제가 불가능하다고 객관적으로 판단되어야 하고,[15] 단지 채무자가 현재 보유하고 있는 자산보다 부채가 많다는 사실로부터 쉽사리 추단되어서는 안 된다. 한편 채무자가 개인인 경우 그가 현재 보유하고 있는 자산보다 부채가 많음에도 불구하고 지급불능 상태가 아니라고 판단하기 위하여는, 채무자의 연령, 직업 및 경력, 자격 또는 기술, 노동능력 등을 고려하여 채무자가 향후 구체적으로 얻을 수 있는 장래 소득을 산정하고, 이러한 장래 소득에서 채무자가 필수적으로 지출하여야 하는 생계비 등을 공제하여 가용소득을 산출한 다음, 채무자가 보유 자산 및 가용소득으로 즉시 변제하여야 할 채무의 대부분을 계속적으로 변제할 수 있는 객관적 상태에 있다고 평가할 수 있어야 한다. 이와 같이 부채초과 상태에 있는 개인 채무자의 변제능력에 관하여 구체적·객관적인 평가 과정을 거치지 아니하고, 단지 그가 젊고 건강하다거나 장래 소득으로 채무를 일부라도 변제할 수 있을 것으로 보인다는 등의 추상적·주관적인 사정에 근거하여 함부로 그 채무자가 지급불능 상태에 있지 않다고 단정하여서는 아니 된다.[16] 이처럼 지급불능은 자산만을 기준으로 하는 것이 아니라는 점에서 채무초과와 다르다.

---

14) 대법원 2012. 3. 20. 자 2010마224 결정, 대법원 1999. 8. 16. 자 99마2084 결정. 일본 파산법 제2조 제11항은 '지급불능'의 개념을 입법적으로 규정하고 있다. 즉 「이 법률에서 '지급불능'이란 채무자가 지급능력이 없어 그 채무 중 변제기에 있는 것에 대하여, 일반적이고 계속적으로 변제할 수 없는 상태를 말한다.」라고 규정하고 있다. 우리나라 판례와 동일하게 보고 있다.

지급불능을 위와 같이 보는 것은 파산선고의 주된 효과인 채무자의 재산에 대한 관리처분권 상실 및 파산채권의 개별적 권리행사금지와 관계가 있다. 먼저 채무자는 채무의 이행기가 도래할 때까지 경제활동에 따른 수익으로 채무를 변제하며 경제활동을 계속할 이익이 있기 때문에 이행기에 채무를 변제할 가능성이 일반적·계속적으로 소멸하는 시점까지는 채무자로부터 재산의 관리처분권을 박탈하는 것은 정당화할 수 없다. 반대로 이행기에 채무를 변제할 가능성이 일반적·계속적으로 소멸하면, 채권자에 대한 평등변제의 재원을 확보할 필요가 현실화되기 때문에, 채무자 자신에 의한 변제나 은닉 등의 처분을 방지하기 위하여, 재산의 관리처분권을 박탈할 필요가 있다. 다음으로 채권자는 한편으로는 자신의 채권을 실현하기 위하여 개별적인 권리행사를 할 수 있는 것이 평시의 원칙인데, 채무자가 일반적·계속적으로 이행기에 있는 채무를 변제할 수 없게 되면, '부지런한 승자'에 의해 채권자 사이의 불평등을 방지하기 위해 개별적인 권리행사를 방지할 필요가 있다. 다른 한편으로는 '부지런한 승자'의 개별적인 행사에서 게으른 채권자가 평등변제를 요구하는 것을 정당화하는 것은, 채무자가 이행기에 있는 채무를 일반적·계속적으로 변제할 수 없기 때문에 현재의 재산을 평등하게 분배할 필요가 있다는 사정이다(條解 破産法, 123쪽).

15) 대법원 2009. 3. 2. 자 2008마1651 결정 등 참조. 지급불능은 객관적인 상태를 가리킨다. 즉 채무자가 주관적으로 '아직 변제할 수 있다'고 인식하여도, 객관적으로 변제능력을 흠결한 상태가 되면 지급불능이 되는 것이다. 여기서 '객관적'이라는 것은 외부로부터의 지각 가능성을 의미하는 것이 아니라, 이른바 신(神)의 시점에서 보아 어떻다는 것을 말한다.

16) 대법원 2011. 10. 28. 자 2011마961 결정, 대법원 2010. 9. 20. 자 2010마868 결정, 대법원 2010. 8. 11. 자 2010마

또한 채무자가 특히 면책신청의 전제로 자기파산의 선고를 구하면서 이러한 지급불능의 상태를 스스로 주장하는 경우에는, 채무자의 재산 및 신용의 상태 등이 채무자에게 고유한 사정으로서 일반적으로 채권자를 비롯한 제3자로서는 쉽사리 접근하여 알 수 있는 바가 아니므로, 채무자가 제출한 관련 자료 등에 대한 증거법적 평가 및 지급불능상태에 있는지 여부의 판단에 있어서 신중한 접근이 요구된다.[17)]

(나) 변제기 있는 채무

1) 즉시 변제하여야 할 채무를 변제할 수 없어야 한다. 지급불능은 이행기가 도래하여 채권자가 이행을 청구하고 있는 채무를 변제할 수 없는 상태를 말한다. 여기서 이행기의 도래는 본래의 변제기에 의한 것이나 기한의 이익의 상실에 의한 것이나 마찬가지이다. 이에 반하여 장래의 채무불이행이 확실히 예측된다고 하여도 이것을 가지고 지급불능이라고 할 수는 없다.

2) 한편 변제기 있는 채무여야 한다는 요건과 관련하여 유연하게 해석하여야 한다는 견해가 있다.[18)] 이른바 지급불능과 동일시되는 상태이다. 먼저 ① 변제기에 있는 채무를 지급할 수 있어도 지급불능을 인정할 수 있다는 견해이다. 즉 지급불능은 객관적인 개념이므로, 표면적으로는 변제능력이 유지되어도, 변제재원이 급매(염가매각)나 상환가능성이 없는 차입 등에 의하여 마련되는 경우에는 지급불능을 인정할 수 있다는 것이다. 사업자를 예로 들면, 채무의 변제능력은 정상적인 사업활동의 성과로 얻은 수입이나 자산의 환가로 지급하여야 하는 것이고, 사업의 계속을 곤란하게 하는 차입금이나 재산의 처분에 의하여 얻는 자금에 의한 지급은 이른바, 호도된 지급능력에 기인한 것으로, 외면적인 지급에도 불구하고 실질적으로는 지급불능 상태에 있다고 평가할 수 있는 것이다.[19)] 나아가 ② 변제기가 도래하지 않는 채무도 고려하여야 한다는 견해도 있다. 즉 ①에 의하여 변제기에 있는 채무를 변제할 수 있어도 지급불능이 인정되는 이상, 채무가 변제기에 있어야 한다고 제한할 의미가 없고, 또한 지급불능이 객관적인 관념이라면 보다 실질적으로, 변제기가 도래하지 않는 채무도 추가하여 지급불능 여부를 판단하여야 한다는 것이다. 예컨대 이행기가 도래한 채무에 대하여 지급불능이 되기 직전 채무자가 합리적인 기초를 결한 재건계획에 의해 기한의 유예를 받았어도, 그것은 실질적으로 채무의 이행기를 조정한 의미가 인정되지 않고, 이른바 호도된 이행기에 지나지 않기 때문에,

---

888 결정, 대법원 2009. 9. 11. 자 2009마1205, 1206 결정 등 참조.

17) 대법원 2010. 1. 25. 자 2009마2183 결정. 위 결정은 「채무자의 총 채무액이 8,708,510원에 불과하고, 그 구체적 내역도 그 채무의 대부분이 채무자의 전 배우자가 채무자 명의로 할부 구입한 차량에 대한 할부금채무라는 것이고, 그 할부금채무를 제외한 나머지 채무 909,440원은 채무자의 이동전화단말기 내지 이동전화사용료 미납금에 불과한 점, 채무자는 48세의 건강한 여성으로서 현재 월 100만 원 정도의 소득을 올리고 있는 점, 채무자는 부양가족으로 현재의 배우자 및 자녀 3명이 있다고 하나 자녀 3명이 모두 성인으로서 그 노력 여하에 따라 얼마든지 경제능력이 있는 것으로 보이는 점, 채무자는 자신의 주거에 관하여 임대차보증금 500만 원에 월차임 32만 원을 지급하고 있으며 위에서 본 소득 중 월 136,050원의 보험료를 납입하고 있는 점 등 채무의 내역 및 규모, 채무자의 연령, 수입 정도, 가동능력, 가족관계 등을 종합적으로 고려하여 보면, 채무자가 파산원인인 지급불능의 상태에 있다고 인정되지 아니한다」고 판시하였다.

18) 倒産法(加藤哲夫등), 38쪽.

19) 條解 破産法, 42쪽.

지급불능으로 인정하여야 한다는 것이다.[20)]

> **사례** A사는 2024년 경영난에 빠졌다. 3월 1일 추정해 보건대, 3월말에 변제기가 도래한 채무에 대하여는 변제를 할 수 있지만, 4월말에 변제기가 도래한 채무에 대하여는 도저히 변제할 수 없을 것으로 예상되었다. 이후 예상대로 3월말 변제는 했지만, 4월말 변제는 통상적인 영업을 하는 것이 불가능하였기 때문에, 전년도에 도입한 제조설비를 급매(염가매각)하여 자금을 마련 4월말에 변제하였다. 최신설비를 매각한 A사의 경영은 더욱 악화되어 5월말에 변제기가 도래한 채무를 변제할 수 없었고 6월말에 회생법원으로부터 파산선고를 받았다.
> 1)설에 의하면 5월말까지는 지급불능이 인정되지 않는다. 2)①설에 의하면 4월말에 한 변제는 그 재원이 제조설비의 급매(염가매각)에 의한 것이므로 늦어도 같은 날에 지급불능이 있었던 것으로 인정된다. 2)②설에 의하면 4월말의 변제가 곤란하다는 것이 예상되는 3월 1일에 지급불능이 인정된다.

(다) 일반적·계속성

일반적·계속적으로 채무를 변제할 수 없어야 한다. 일반적이란 변제기가 도래한 채무 일반을 변제할 수 없는 상태여야 한다. 특정한 채무에 대하여 불이행이 있다는 것만으로 지급불능이 되는 것은 아니다. 계속적이란 우발적으로 발생한 일로 자력을 잃은 것이 아니라는 의미이다. 따라서 천재지변에 의한 일시적 유동성 부족은 변제능력의 계속적 결여가 아니다. 어느 정도 계속성을 요구하는가는 지급불능을 발생시킨 사실의 성질 등을 고려하여 개별 사안에 따라 판단하여야 할 것이다.

채무를 일반적·계속적으로 변제할 수 없어야 하기 때문에 채무자가 개개의 채무를 다투어 변제하지 않는 것은 지급불능이라 볼 수 없다. 반면에 채무자가 임금, 일상경비 등 일정한 채무를 계속 변제하고 있더라도 채무의 중요부분 내지 근본적 부분을 계속적으로 변제할 수 없는 상태라면 지급불능으로 된다.

(라) 객관적 상태

파산원인이 되는 지급불능은 일시적인 자금의 경색으로 변제하지 못한 것만으로는 되지 않고 객관적으로 판단하여 채무를 변제할 수 없는 경제적 상태에 이른 경우를 말한다. 이러한 점에서 채무자의 주관적 행위인 지급정지와 다르다.

(마) 비금전채무, 미확정채무

지급불능은 비금전채무도 포함하여 판단하여야 한다.[21)] 비금전채권이라도 파산채권으로 될 수 있는 한 실질적으로 금전채무를 변제할 수 없는 경우와 구별할 이유가 없기 때문이다. 비금전채권이라도 불이행에 의해 금전채권으로 전환될 수도 있는 것이다.

미확정채무, 예컨대 불법행위에 기한 손해배상채무와 같이 그 발생이나 금액이 미확정인 것이라도 발생원인이 인정될 수 있는 경우에는, 법원의 평가액이 지급불능 판단시에 채무로서

---

20) 기한이익상실조항에 따라 채무자가 기한의 이익을 상실하였다면, 이행기가 도래한 채무에 대한 지급불능이 발생하게 된다. 특히 주거래은행과의 관계에서 기한의 이익을 상실한 때에는 더욱 그러하다.
21) 倒産法(加藤哲夫등), 37쪽, 박기동, 전게 "파산절차개시의 요건과 파산선고의 효과", 70~71쪽, 전병서, 49쪽.

고려될 수 있을 것이다.

(바) 지급불능은 개인, 법인 모두에 대하여 적용되는 파산원인이다. 또한 유한책임신탁재산
의 파산원인이기도 하다.

(사) 지급불능의 판단시점은 신청시점이 아니라 파산선고시이다.

(2) 지급정지[22]

지급정지는 변제능력이 부족하여 변제기에 도래한 채무를 일반적 및 계속적으로 변제할 수
없는 것(지급불능)을 명시적으로 또는 묵시적으로 외부에 표명하는 채무자의 행위를 말한다. 영
업폐지의 선언이나 어음의 부도가 가장 전형적인 경우이다.[23] 지급정지는 지급불능의 뜻을 외
부에 표명하는 것이 필요하다. 지급을 정지한 이유가 동시이행항변권의 행사나 시효소멸 등
정당한 것인 경우에는 지급불능의 뜻을 외부에 표명한 것으로 되지 않는다.[24]

지급정지는 그 자체로 파산원인이 아니지만(지급정지는 징표일 뿐 독립된 파산원인이 아니다)
지급정지가 있으면 지급불능으로 추정된다(제305조 제2항). 즉 지급불능을 법률상 추정할 때 전
제사실이 된다. 지급불능은 지급을 할 수 없는 객관적 상태임에 반하여, 지급정지는 채무자의
주관적 인식을 외부에 표시하는 행위이다. 지급정지는 외부에 표시하는 행위이므로 내부적으

---

22) 지급정지는 파산원인의 추정사실이 되는 것 이외에 위기부인의 부인권의 성립요건(제391조 제2호, 제3호) 및 상계
권 행사의 금지요건(제422조 제2호, 제4호)이기도 하다. 각 규정에서 지급정지는 같은 내용이므로 파산관재인은 지
급정지만 증명하면 되고, 상대방이 지속성이 없거나 인과관계가 없음을 증명하여야 한다는 것이 일반적인 견해이
다. 이에 대해 파산원인의 추정사실로서의 지급정지는 채무자의 주관적 행위이지만, 위기부인 또는 상계금지의 요
건으로서 지급정지는 파산선고시까지의 계속적인 객관적 지급불능이라고 양자를 구별하는 견해가 유력하다(破産
法・民事再生法, 112쪽). 유력설은 부인이나 상계금지의 기초로서의 위기 시기는 객관적이어야 하고, 채무자의 주
관적 행위로서의 지급정지만을 부인이나 상계금지의 요건으로 보면 거래 상대방에게 불측의 손해를 입힐 가능성이
있다는 점을 강조한다. 그러나 부인 등의 요건으로 객관적인 지급불능을 요구하는 것은 오히려 파산관재인의 부담
을 가중시키는 결과로 되고(유력설에 의하면 부인이나 상계금지를 주장하는 자는 지급정지라는 요건사실의 내용으
로 채무자의 지급정지행위뿐만 아니라 파산선고시까지 계속적인 객관적 지급불능을 증명하지 않으면 안 된다), 입
법자의 의도에도 부합하지 않다. 따라서 부인 등의 요건으로서 지급정지도 파산원인의 추정사실의 경우와 마찬가지
로 보아야 할 것이다.
23) 독일 판례가 인정하고 있는 것: 파산선고 전까지 더 이상 변제할 수 없는 상당한 채권의 존재, 연체원리금의 비약
적 증가, 변제기가 도래한 채무를 지급할 수 없다는 채무자 자신의 의사표시, 영업소의 폐쇄, 채무자가 큰 금액의
채권자에 대하여만 변제를 하지 못하고 있는 경우, 채권자들로부터의 도피, 수표의 지급거절, 압류명령의 누적, 분
할지급합의의 미준수, 임금 및 보수 또는 세금의 지연 지급 등(Reinhard Bork, 54~55쪽).
　일본 판례가 인정하고 있는 것: ① 다수의 소액채무에 대한 지급은 가능하지만, 자력이 흠결되어 다른 하나의 거
액의 채무를 지급할 수 없고 그 뜻을 표시한 경우는 지급정지가 있다. ② 채무자가 지급불능의 뜻을 표시한 경우에
는 그 후 다소 지급을 하였어도 여전히 지급정지로 인정될 수 있다(條解 破産法, 124쪽).
24) 條解 破産法, 124쪽. 채무자가 변호사와 채무정리를 위해 파산신청을 하기로 한 것만으로는 지급정지라고 말할 수
는 없을 것이다.
　채무자가 기촉법에 의한 공동관리절차(관리절차)를 신청하거나 신용회복위원회에 채무조정을 신청하는 것과 같이
사적정리에 의한 채무면제나 잠정적인 변제유예를 신청하는 것이 지급정지에 해당하는가. 운전자금이나 생계비를
줄여 변제에 충당하여야 하는 상황에 처한 것이므로 채무자가 금융기관이나 신용회복위원회에 서면으로 채무조정
을 신청하는 것은 지급정지에 해당한다고 볼 여지도 있다. 하지만 변제유예나 면제를 구하는 행위가 있더라도, 합
리적인 기업구조개선계획이나 변제방침을 채권자에게 표시하고, 이것을 채권자가 받아들일 개연성이 있다고 인정된
경우에는 일반적・계속적으로 채무를 변제할 수 없다는 뜻을 외부에 표시한 것으로 볼 수 없어 지급정지에 해당하
지 않는다고 할 것이다. 나아가 사적정리신청을 지급정지로 보게 되면 사적정리제도의 이용이 감소될 우려가 있고,
이는 신속한 채무조정을 목적으로 하는 사적정리제도의 존재이유에 반하게 된다.

로 지급정지의 방침을 정하였어도, 그것만으로 지급정지가 되는 것은 아니다.

지급정지는 반드시 지급불능을 수반하는 것은 아니나 실제적으로 지급정지를 한 이상 지급 불능의 상태에 빠진 것으로 인식되는 것이 보통이므로 지급정지가 된 경우 지급불능이 있는 것으로 추정하는 것이다. 지급정지는 일종의 '상태'로 지속성이 요구되므로 파산선고 시점에 지급정지가 유지되어야 한다.[25] 일단 지급정지가 있었어도 그 후 채무자가 채무면제와 변제유예를 받아 일반적으로 지급을 재개한 때에는 지급불능을 추정할 수 없다.

법원은 파산신청에 의하여 지급정지가 증명된 경우에는 채무자 등이 지급불능의 부존재를 증명하지 않는 한(지급불능을 다투는 자가 추정을 깨뜨려야 한다) 파산원인의 존재를 인정하지 않을 수 없다. 특히 채권자가 파산신청을 한 경우 채무자의 지급불능상태를 증명하기는 쉽지 않다. 그래서 상대적으로 증명이 쉬운 지급정지에 의한 법률상의 추정(본래적인 요건에 대하여 증명책임의 전환이다)을 둠으로써 채권자의 파산원인 증명을 용이하게 하고 있다. 파산신청에 대한 심리에 있어 통상적인 소송과 같은 의미에서 당사자대립구조를 관념하기는 어렵지만, 신청인은 지급불능을 직접 증명하거나 추정의 전제사실인 지급정지를 증명하면 된다는 의미에서 증명주제의 선택을 허용한 것이다.

〈지급불능과 지급정지의 관계〉

지급정지	지급불능
주관적 행위	객관적 상태
증명이 용이하고 명확	증명이 곤란하고 평가적 요소를 포함
불확실한 증빙	재산 파탄의 확실한 지표
파산원인의 완화된 요건	파산원인의 본래적 요건

(3) 채무초과(부채초과)

(가) 의미 및 적용대상

채무자가 법인인 경우 채무초과도 파산원인이다. 채무초과란 채무자가 그 재산으로써 채무를 완제할 수 없는 객관적 상태에 있는 것을 말하며, 채무자의 부채와 자산을 비교하여 부채가 자산을 초과하는 경우를 말한다.[26] 법인도 신용·수익을 관념할 수 있지만, 그의 인격은 의

---

25) 이에 대하여 지급정지는 파산선고 전 일정 시점에서의 채무자의 '행위'이기 때문에 지속성을 요구할 필요는 없다는 견해가 있다(破産法·民事再生法, 111쪽). 위 견해는 지급을 재개한 것은 지급불능의 부존재가 증명된 것으로 추정이 깨져 파산선고를 할 수 없다고 설명한다. 즉 지급의 재개는 지급불능의 추정을 깨는 간접사실이라는 것이다.

26) 여기서 부채 및 자산의 개념은 반드시 회계학상의 개념과 일치하는 것은 아니므로, 재무상태표상 부채가 자산을 초과한다고 해서 바로 채무초과라고 할 수는 없다. 법인이 채무초과 상태에 있는지 여부는 법인이 실제 부담하는 채무의 총액과 실제 가치로 평가한 자산의 총액을 기준으로 판단하는 것이다(대법원 2007. 11. 15. 자 2007마887 결정, 서울회생법원 2020. 11. 30. 자 2020하합100204 결정 등 참조). 따라서 법인의 회계처리기준 등에 관하여 규율하는 개별 법령에서 법인이 당해 사업연도에서 순손실이 발생하였더라도 자기자본이 감소된 것으로 처리하지 않고 다음 회계연도에서 자기자본이 감소한 것으로 처리하도록 규정하고 있다는 등의 사정은 그 법인이 실제 부담하는 채무의 총액이나 실제 가치로 평가한 자산의 총액에 아무런 영향을 미칠 수 없는 이상, 법인이 채무초과 상태에 있

제적인 것에 지나지 않고, 최종적으로는 자산만이 채권자에 대한 변제재원이 된다는 것을 고려하지 않을 수 없다. 따라서 부채액이 자산액을 초과하는 시점에 파산선고를 할 수 있도록 한 것이다.

채무초과는 어느 정도 지속성을 가진 객관적 상태를 의미하므로 지진 등 돌발적 원인으로 일시적 채무초과에 빠져도 회복이 예상되는 때에는 파산원인이 되지 않는다. 채무초과를 판단함에 있어서는 변제기가 도래한 채무뿐만 아니라 기한이 도래하지 아니한 채무도 채무액에 계상되고(이 점에서 지급불능과 다르다), 손해배상채무와 같이 당사자 사이에 다툼이 있는 것에 대하여는 법원이 그 존부나 액을 판단해야 한다.[27] 법인채무자가 부담하는 채무에 대하여 대표자 등으로부터 보증·담보 등이 제공되었어도, 법인채무자의 채무초과 인정에 있어서 관련 사정은 고려의 대상이 아니다.

채무초과는 지급불능과 다르게 신용이나 노력 등 채무자의 주관적 능력을 참작하지 아니하고 오로지 재산만을 표준으로 하는 객관적 관념이다. 또한 변제기가 도래하지 아니한 채무도 계산에 포함된다는 점에서도 지급불능과 다르다. 채무초과는 법인(존립 중인 합명회사 및 합자회사 제외), 상속재산 및 유한책임신탁재산에 대한 파산원인으로만 인정되고,[28] 개인의 경우에는 파산원인이 되지 아니한다.

법인(존립 중인 합명회사 및 합자회사 제외)에 관하여 채무초과도 파산원인으로 한 것은 주식회사와 같은 물적회사에 있어서는 법인의 재산만이 채권자에 대한 담보가 되고 채무초과의 상태인 채로 사업을 계속하면 채권자의 손실이 점점 증대되기 때문이다.[29] 또한 법인의 채무는 법인의 재산만으로 책임을 지고 개인은 책임을 부담하지 않는다는 점도 고려한 것이다. 반면 존립중인 합명회사·합자회사(인적회사)에 관하여는 회사의 채무에 관하여 무한책임사원이 있고 그 사원의 재산·신용·노력에 의하여 변제가 될 가능성이 있으므로 채무초과는 파산원인이 되지 아니한다(제306조 제2항).[30]

존립중인 합명회사·합자회사는 채무초과가 파산원인이 되지 않지만 합명회사·합자회사도 해산되면 채무초과가 파산원인이 된다. 청산회사가 채무초과 상태이면 통상의 청산절차가 아닌 파산절차에 의하는 편이 타당하기 때문이다. 민법상 법인을 청산하는 도중에 채무초과임이

는지 여부를 판단하는 데 고려하여야 할 사유가 될 수 없다.

27) 비금전채무는 금액에 의한 액면을 가지고 있지 않기 때문에 채무초과를 판단할 때 고려할 필요는 없다. 파산선고를 하여야 하는지 판단하는 시점에 채무불이행에 의한 손해배상채무로 전환된 경우 그때 고려될 수 있을 것이다.

28) 상속재산파산의 경우 채무초과가 유일한 파산원인이다(제307조).

29) 법인에 대하여 파산원인을 앞당긴 것이다. 지급불능에 이르지 않아 채권자 평등을 강제할 현실적 필요가 생기지 않았지만 채무자는 재산을 기초로 한 법인이기 때문에, 채무자에게 채무초과의 경우에도 파산선고를 할 수 있도록 하여, 재산상태의 악화 나아가 배당률의 저하를 방지하고자, 법인의 경우 지급불능에 빠지지 않았어도 채무초과라면 파산선고를 할 수 있도록 한 것이다.

30) 채무초과가 인적회사의 파산원인이 되지 않는 이유는 이 경우 사업은 사업자 개인의 능력으로부터 상당한 이익을 얻을 수 있는데, 사업자 개인의 능력은 가치평가를 하기 어렵기 때문이다. 이 경우 실질적 의미에서 '자본'은 사업자의 급부능력이고, 이는 재무상태표에 포함될 수 없다. 따라서 법인이 아닌 다른 채무자에 대해서는 장부상의 채무초과를 파산원인으로 인정하는 것이 타당하지 않다(Reinhard Bork, 58쪽).

밝혀지면 청산인은 파산을 신청하여야 한다(민법 제93조).

(나) 자산의 평가

채무초과의 판단 기초가 되는 자산의 평가에 관하여는 청산가치를 기준으로 해야 한다는 견해와 계속기업가치를 기준으로 하여야 한다는 견해가 있을 수 있다. 채무초과가 파산원인이 되는 이유가 채권자의 도산리스크를 배려한 것이므로 자산평가는 채권자가 책임재산으로 무엇을 충당하려 하는가라는 관점에서 판단하여야 한다. 사업활동을 계속하고 있는 경우에는 채무변제는 사업수익으로 하는 것이기 때문에 채무초과 여부는 계속기업가치를 기준으로 하여야 하고, 이미 사업활동을 정지하고 청산절차로 이행한 경우에는 변제는 자산의 매각에 의하여 행하여지는 것이기 때문에 청산가치를 기준으로 채무초과 여부를 판단할 수밖에 없다.

(다) 채무초과의 판단시점

채무초과의 판단시점은 파산신청에 대한 결정시점이다.

〈파산원인에 대한 정리표〉

	적용대상	성질	판단방법
지급불능	개인·법인	객관적 상태	지급능력과 변제기가 도래한 채무의 비교
(지급정지)	개인·법인	주관적 인식	채무자의 지급정지 행위의 존부에 따름
채무초과	법인	객관적 상태	자산과 부채의 비교

3. 파산장애사유의 부존재

파산장애사유란 파산능력 및 파산원인이 있다고 하더라도 파산신청 또는 파산선고를 할 수 없거나 파산절차를 계속 진행할 수 없는 사유를 말한다. 따라서 파산절차를 진행하기 위해서는 파산장애사유가 존재하지 않아야 한다.

파산신청이 허용되지 않는 경우로는 ① 회생절차개시결정이 있는 경우(제58조 제1항 제1호) 및 개인회생절차개시결정이 있는 경우(제600조 제1항 제1호)가 있다. 이는 회생형 절차가 파산절차보다 우선함을 의미한다.[31] 또한 이러한 절차(결정)는 파산장애사유가 될 뿐만 아니라, 파산절차가 개시된 후라면 파산절차가 중지되는 원인이 된다(제58조 제2항 제1호, 제600조 제1항 제1호). 나아가 (개인)회생절차개시결정이 있으면 파산선고를 할 수 없으므로(제58조 제2항 제1호, 제600조 제1항 제1호) 파산장애사유가 된다. ② (개인)회생절차개시신청 후 파산절차(파산신청)에 대한 중지명령이 있는 경우도 파산장애사유에 해당한다. (개인)회생절차개시신청과 파산신청이 경합하는 경우 (개인)회생절차가 파산절차보다 우선하므로 법원은 파산절차(파산신청)에 관하여 중지명령을 할 수 있다(제44조 제1항 제1호, 제593조 제1항 제1호). ③ 2인 이상의 채권자가 필요

---

31) 채무자회생법은 파산절차보다 회생절차 및 개인회생절차를, 회생절차보다 개인회생절차를 우선시하고 있다.

한가. 파산절차는 다수채권자의 평등하고 공평한 만족을 목적으로 하기 때문에 2인 이상의 채권자가 필요하다는 견해가 있을 수 있다. 하지만 채무자회생법은 다수채권자의 경합을 파산선고의 요건으로 규정하고 있지 않고, 채권자가 1인이라도 채무자회생법에 따른 파산절차를 진행하는 데 지장이 없으며, 파산선고가 되면 부인권의 행사에 의해 이익을 받을 수 있고, 채권자가 1인인 경우 파산선고를 할 수 없다면 채무자의 면책의 기회를 갖지 못하여 채권자가 다수인 경우와 형평에 맞지 않으며, 채권은 분할할 수 있으므로 파산선고 시점에 채권자가 1인일지라도 파산선고 후에 다수의 채권자가 존재할 수 있을 뿐만 아니라 그 반대의 경우도 가능하기 때문에, 파산선고시에는 채권자가 다수일 필요는 없다. 나아가 파산선고 시점에서 채권자 수는 신청인의 주장이나 자료에 따라 유동적일 수밖에 없고, 채권자가 1인이라도 지급불능인 채무자가 있을 수 있어 파산청산이 필요하며, 제1조는 채무자의 재산을 공정하게 환가·배당하는 것을 목적으로 하고 있기 때문에 채권자가 1인인 경우 파산선고를 거절한다면 그 목적에 반한다는 점에서도 그렇다.[32] ④ 채권자의 신청권을 제한하는 계약이 있는 경우는 어떤가. 채무자와 채권자 사이에, 채권자가 파산신청을 하지 않겠다는 취지의 합의를 하였음에도 파산신청을 한 경우 그 효력을 어떻게 취급하여야 하는가(그 합의가 파산장애사유가 되는가). 채권자가 미리 채무자에 대한 파산신청권을 포기할 수 있는지에 관하여, 항소권의 포기가 인정되는 것과 마찬가지로(민소법 제394조) 파산신청권도 포기할 수 있다고 해석되므로, 채무자는 위 합의의 존재를 주장하여 파산신청의 각하를 구할 수 있다고 할 것이다.[33][34]

파산선고를 받은 채무자를 위하여 개시한 책임제한절차의 폐지결정이 있는 때에는 그 결정이 확정될 때까지 파산절차는 당연 정지된다(제326조). 회생절차개시의 신청이 있는 경우 필요하다고 인정하는 때에는 이해관계인의 신청에 의하거나 직권으로 회생절차개시신청에 대한 결정이 있을 때까지 파산절차의 중지를 명할 수 있다(제44조 제1항 제1호). 또한 개인회생절차개

---

32) 條解 破産法, 250～251쪽.

33) 이에 대하여 원칙적으로 채권자의 파산신청권을 제한하는 계약의 효력을 인정하면서도, 예외적으로 충분한 판단능력을 갖지 않은 채권자에게 약관 등에 따라 일률적으로 파산신청권을 포기하게 하는 경우에는 공서양속위반으로 무효로 볼 여지가 있다는 견해도 있다(條解 破産法, 137쪽).

34) **파산신청에 있어 사전협의 조항의 효력** 채무자의 파산신청권을 제한하는 경우는 어떤가. 채무자와 일부 채권자 사이에 파산신청을 할 때에는 사전에 협의하기로 하는 취지의 약정이 있음에도, 채무자가 사전협의를 거치지 않고 파산신청을 한 경우, 위 일부 채권자에 대하여 채무불이행이 되는 것과는 별개로 그 파산신청을 위법·무효라고 할 수는 없다. 그 이유는 파산절차는 총채권자에 대한 채무를 완제할 수 없는 상태에 있을 때, 강제적으로 채무자의 모든 재산을 환가하여 총채권자에게 공평한 금전적 만족을 목적으로 하는 재판상 절차로, 이른바 총채권자의 이익을 위한 것이므로 일부 채권자와의 사이의 합의에 의해 그 신청을 제한하는 것은 상당하지 않기 때문이다(條解 破産法, 136쪽).

일부 채권자가 아닌 모든 채권자와 사이의 합의에 의해 채무자가 파산신청권을 포기한 경우는 어떤가. 채무자의 신청권 포기에 대해 모든 채권자와 사이에 합의한 경우에는 채무자의 신청권에 대한 모든 채권자의 이익은 포기한 것으로 간주되고, 그러한 신청권의 포기는 더 이상 모든 채권자의 이익을 해하는 것은 아니므로 이것을 이유로 유효성이 부정되는 것은 아니라고 생각된다. 그러나 신청권의 포기가 채무자의 신청권에 대한 채무자의 이익을 부당하게 해치는 방식으로 이루어진 경우, 예컨대 채무자에 대한 지배적인 채권자로부터 신청권 포기의 요청을 받은 상황에서 이루어진 포기의 합의는, 모든 채권자와 사이에서의 합의와 관계없이 공서양속에 반하여 무효라고 볼 여지가 있다.

시의 신청이 있는 경우에는 법원은 필요하다고 인정하는 때에는 이해관계인의 신청에 의하거나 직권으로 개인회생절차개시신청에 대한 결정시까지 파산절차의 중지 또는 금지를 명할 수 있다(제593조 제1항 제1호).

한편 채무초과 상태에 있는 주식회사의 계속기업가치가 청산가치보다 높다는 등 주식회사에게 회생가능성이 있다는 사정은 회생절차개시요건에 해당함은 별론으로 하고, 그러한 사정이 파산원인이 존재하는 주식회사에 대하여 파산선고를 하는 데 장애사유가 된다고 할 수 없다.[35]

Ⅱ 신청권자

파산선고는 신청에 의하여 이루어지는 것이 원칙이다{제305조 제1항, 예외적으로 법원의 직권으로 파산선고가 된 경우로 회생절차폐지 등에 의한 견련파산의 경우가 있다(제6조 제1항, 제2항, 제8항)}.[36] 파산선고는 채권자 또는 채무자의 신청에 의하는 것이 보통이나 예외적으로 법원이 직권으로 파산선고를 하는 경우가 있다(제6조).[37] 채무자가 개인(자연인)일 때에는 그가 사망할 때까지 언제든지 파산신청을 할 수 있고, 존속하고 있는 법인에 대하여는 해산 전은 물론 해산 후[38]라도 잔여재산의 인도 및 분배가 종료하지 않은 동안에는 파산신청을 할 수 있다. 주주·지분권자에게는 파산신청권이 없다.[39]

채무자회생법 이외에 특별법(금융산업의 구조개선에 관한 법률)에서 채무자의 재산상황을 파악할 수 있는 감독기관(금융위원회)에게 파산신청권을 인정하고 있다. 그 입법취지는 부실금융기관의 경우 채권자는 결국 다수의 예금자라 할 것이고, 예금자는 그 비용을 예납하면서까지 파산신청을 할 것을 기대하기 어려우므로, 공익을 위하여 금융위원회에게 파산신청권을 부여한 것이다. 금융위원회는 파산신청권만을 가질 뿐 준채무자{아래 〈3.〉(본서 1215쪽) 참조} 및 상속재산파산에서의 상속재산관리인 등{〈제12장 제2절 Ⅰ.4.〉(본서 1737쪽) 참조}과 달리 파산신청의무가 있는 것은 아니다.[40]

---

35) 대법원 2007. 11. 15. 자 2007마887 결정 참조.
36) 법인의 대표자가 사망하여 이사가 없는 경우 파산신청은 어떻게 하는가. 실무적으로 채권자가 이러한 법인에 대하여 파산신청을 하는 경우가 종종 있다. 이 경우 법원으로서는 대표자를 심문할 수 없는 등 절차진행에 문제가 발생한다. 이러한 경우는 ① 목적달성 불능으로 해산사유가 발생하였고(민법 제77조) 청산인이 없는 것으로 보아 법원에 청산인 선임을 청구하여(민법 제83조) 파산절차를 진행하거나, ② 법원으로부터 임시이사의 선임을 받아(민법 제63조) 파산절차를 진행할 수도 있을 것이다. 채무자가 회사인 경우에는 목적달성 불능은 해산사유가 아니므로 ②의 방법이 더 적절해 보인다(상법 제227조 참조).
37) 지역농협이나 지구별수협이 그 채무를 다 갚을 수 없게 된 경우에도 법원이 직권으로 파산을 선고할 수 있다(농업협동조합법 제83조, 수산업협동조합법 제85조). 공익상의 필요를 고려한 것이다.
38) 제328조에서 "해산한 법인은 파산의 목적의 범위 내에서는 아직 존속하는 것으로 본다"고 규정하여 해산한 법인에 대하여도 파산을 신청할 수 있음을 명문으로 인정하고 있다.
39) 반면 회생절차에서 회생절차개시신청권은 있다(제34조 제2항).
40) **파산신청의 경합** 아래에서 보는 바와 같이 신청권자가 다양하기 때문에 파산신청이 경합할 수 있다(예컨대 채무자에 의한 신청과 채권자에 의한 신청의 경합, 채권자 A의 신청과 채권자 B의 신청의 경합). 다른 법원에 신청된 경우에는 이송(같은 법원에 신청된 경우에는 재배당)한 후 병합하여 결정한다. 1개의 사건에 대하여 이미 파산선고가 된 경우 다른 사건은 신청의 이익이 없어 각하한다. 관련 내용은 〈제3장 제3절 Ⅳ.5.〉(본서 188쪽)를 참조할 것.

1. 채 권 자

가. 일반론

채권자[41]는 채무자에 대하여 파산신청을 할 수 있다(제294조 제1항). 파산절차는 기본적으로 채무자 재산의 환가와 배당을 통하여 채권자의 권리를 공평하게 실현하는 것을 목적으로 하는 절차이다(제1조). 채무자에게 파산원인이 있는 경우에 채권자는 파산절차를 통하여 자신의 권리를 실현하는 것이 원칙이다.

채권자에 의한 파산신청을 비자발적 파산신청(involuntary petition)이라 한다. 파산신청을 채무자에게만 맡겨 둔다면 파산원인이 있는데도 채무자가 파산을 신청하지 않아 파산절차에 따른 채권자의 잠재적 이익이 상실될 수 있다. 그리하여 채권자 스스로 적당한 시점에서 파산절차를 개시할 수 있도록 채권자도 파산신청을 할 수 있다는 명시적 규정을 둔 것이다.[42]

회생절차와 달리(제34조 제2항 제1호 가목, 제2호 가목 참조) 신청권의 기초가 되는 채권에는 어떠한 금액의 제한도 없기 때문에 소액의 채권을 가진 채권자도 신청권을 가진다.[43] 인원수에 관한 요건도 없기 때문에 채권자 1인도 신청할 수 있다. 채권자는 금전의 지급을 목적으로 하지 않는 채권자, 우선권 있는 채권자, 후순위 채권자는 물론 기한미도래 채권자, 장래의 채권자, 정지조건 성취 전의 채권자도 포함한다. 채권자는 미리 집행권원을 가지고 있을 필요는 없다.[44]

별제권자도 별제권의 포기와 상관없이 파산을 신청할 수 있다. 별제권자도 별제권의 행사에 의하여 변제를 받을 수 없는 채권액(예정부족액) 또는 별제권을 포기한 채권액에 관하여는 파산채권자로서 권리를 행사할 수 있기 때문이다(제413조).

파산선고시에는 신청인의 채권이 존재하여야 하지만, 그 후에는 소멸하여도 무방하다.[45] 파

---

41) 후순위 파산채권자도 그가 파산절차에서 배당(채권만족)을 받을 수 있는지 여부와 무관하게 신청권이 있다. 파산신청 단계에서는 후순위 파산채권자와 일반 파산채권자는 동일하게 취급하여야 한다. 채무자의 채무초과나 지급불능을 판단함에 있어서도 똑같이 취급된다.

42) 대법원 2017. 12. 5. 자 2017마5687 결정. 벌금이나 조세채권 등과 같이 공법상의 채권을 가진 국가나 지방자치단체도 파산신청을 할 수 있다.
   자연채권(자연채무)자에게도 파산신청권이 있는가. 자연채무란 채무로서 성립하고 있지만, 채무자가 임의로 이행을 하지 않는 경우 채권자가 그 이행의 강제를 소로써 구하지 못하는 채무를 말한다. 부제소의 합의가 있는 경우, 채권은 존재하고 있는데도 채권자의 패소판결이 확정된 경우, 파산절차나 개인회생절차에서 면책되거나 회생절차에서 채무가 면제된 경우 등이 자연채무에 해당한다. 자연채무는 소구력을 전제로 하는 집행력도 갖지 못하고 자연채권자에게 파산신청권을 인정하면 사실상 채무의 이행을 강제하는 것이므로 파산신청권도 없다고 할 것이다. 나아가 파산절차에서 자연채권은 파산채권으로 인정될 수 없으므로 신청권을 인정할 필요가 없다.

43) 채권자와 채무자가 합의에 의하여 사전에 채권자의 파산신청권을 포기한 경우(채권자의 파산신청권을 제한하는 계약이 있는 경우) 그 합의(계약)의 효력이 인정되는가. 신청권은 채권자의 이익실현을 위한 것이기 때문에 채권자의 무지에 편승한 것이라거나 예정된 자산분배절차가 기능하지 않는 등 특단의 사정이 존재하는 경우를 제외하고 합의(계약)의 효력은 인정된다. 합의(계약)에 반하여 파산신청을 한 경우 합의(계약)의 존재를 주장·증명한다면 그 신청은 각하된다(條解 破産法, 136~137쪽, 破産法·民事再生法, 122쪽 각주 106)).

44) 이 점에서 집행권원이 필요한 민사집행과 다르다.

45) 채권자의 신청에 의하여 채무자에 대하여 파산이 선고되면 그 선고한 때로부터 모든 채권자를 위하여 그 효력이 생기므로(제311조), 다른 채권자의 채권신고가 모두 취하되거나 그 채권이 모두 소멸하는 등의 특별한 사정이 없는 한, 파산선고 결정에 대한 즉시항고가 제기된 이후 항고심에서 신청채권자가 신청을 취하하거나 신청채권자의 채권

산절차가 개시된 이상 신청한 채권자뿐만 아니라 총채권자의 이익을 위하여 파산절차가 수행되기 때문이다. 반면 채권자가 파산신청을 하고 그 후 그의 채권이 채무자나 제3자에 의해 변제된 경우에는 채권자가 신청권을 잃는다고 할 것이다(결국 신청은 부적법하게 된다).[46]

채무자회생법은 외국인을 차별하지 않는 내외국인 평등주의를 표명하고 있으므로(제2조) 외국인 또는 외국법인인 채권자는 상호주의 요건의 충족 여부와 관계없이 내국인에 대하여 파산신청을 할 수 있다.

재단채권자도 신청권이 있다.[47] 제294조는 채권자는 파산을 신청할 수 있다고 규정하고 있을 뿐 다른 제한을 두고 있지 않을 뿐만 아니라 임금·퇴직금 등의 채권자(재단채권자)에게도 채무자에게 파산의 원인인 사실이 생길 염려가 있는 경우에는 파산절차를 통하여 채무자의 재산을 공정하게 환가·배당을 도모할 이익이 있고, 개별적인 강제집행절차 대신 파산절차를 이용하는 것이 비용과 시간 면에서 효과적일 수 있다. 또한 재단채권은 파산절차에 의하지 아니하고 수시로 변제함이 원칙이나 파산재단이 재단채권 전부를 변제하기에도 부족한 것이 분명한 경우에는 채권액 비율에 따라 평등하게 변제하여야 하는데(제477조 제1항), 이러한 평등변제는 파산절차를 통하여 실현될 수 있다. 따라서 주식회사인 채무자에 대한 임금·퇴직금 등의 채권자도 파산을 신청할 수 있고, 이는 임금 등의 채권이 파산절차에 의하지 아니하고 수시로 변제해야 하는 재단채권이라고 하여 달리 볼 수 없기 때문이다.[48]

한편 채무자에 대한 직접적 채권자가 아니라도 채권자대위권(민법 제404조)의 행사가 인정되는 채권자(채권에 대한 추심권을 갖고 있다)도 파산신청권이 인정된다. 채권에 대한 추심권을 가진 채권질권자의 경우도 마찬가지이다(민법 제353조). 채권추심명령을 받은 압류채권자도 제3채무자에 대한 파산신청권이 인정된다.[49] 전부명령을 받은 압류채권자도 마찬가지이다. 반면 채권이 채권질의 목적이 된 경우 채권질의 설정자인 채권자는 그 채권을 가지고 파산신청을 할 수 없다.[50] 질권의 목적으로 된 채권에 대하여는 원칙적으로 질권설정자는 추심할 수 없기 때

이 변제, 면제, 그 밖의 사유로 소멸하였다는 사정만으로는 항고법원이 제1심의 파산선고 결정을 취소할 수 없다 (대법원 2012. 3. 20. 자 2010마224 결정).

한편 파산선고와 동시에 지정된 채권신고기간에 신고채권자가 1인도 없는 경우는 어떻게 취급하여야 하는가. 파산선고에 대하여 즉시항고가 신청되고, 항고심 계속 중에 채권신고기간이 경과하였으며, 신고채권자가 1인도 없는 경우에는, 파산선고결정을 취소하고, 파산원인이 존재하지 않는 것으로 보아 신청을 기각하여야 할 것이다. 반면 일단 파산선고결정이 확정된 경우라면 신고채권자가 존재하지 않아도 파산선고결정의 취소는 문제되지 않고, 동의에 의한 파산폐지(제538조) 규정의 유추적용이 고려될 수 있는 것에 지나지 않는다.

46) Reinhard Bork, 50쪽.
47) 조세채권자가 신청한 사례로 「서울회생법원 2020하합100477」이 있다. 반면 재단채권은 파산절차에 의하지 않고 수시로 우선적으로 변제받을 수 있다는 것을 이유로 재단채권자는 파산신청권이 없다는 견해도 있다(전병서, 56쪽, 박기동, 전게 "파산절차개시의 요건과 파산선고의 효과", 87쪽).
48) 대법원 2014. 4. 29. 자 2014마244 결정 참조.
49) 전병서, 56쪽, 박기동, 전게 "파산절차개시의 요건과 파산선고의 효과", 87쪽.
50) 倒産判例百選, 22~23쪽. 채권이 질권의 목적으로 된 경우, 질권설정자는 질권자의 동의가 있는 등 특별한 사정이 없는 한(민법 제352조 참조), 해당 채권에 기하여 채무자에 대한 파산신청을 할 수 없다. 질권의 목적으로 된 채권에 대하여는, 원칙적으로 질권설정자는 이것을 추심할 수 없고, 질권자가 전적으로 추심권을 갖는다고 해석되는데(민법 제353조), 해당 채권의 채무자의 파산은, 질권자에 대하여, 파산절차 외에서 해당 채권의 추심을 할 수 없게

문에(민법 제353조 참조) 질권자가 파산신청권을 가진다고 할 것이다.[51]

나. 채권과 파산원인사실의 소명

채권자가 파산신청을 하는 때에는 그 채권이 있다는 사실과 파산의 원인이 있다는 사실을 소명[52]하여야 한다(제294조 제2항).[53] 이는 채권이 존재하지 않는다면 채권자는 권리자가 아님에도 파산신청을 하는 것인데, 파산신청이 다른 채권자나 채무자에게 미치는 영향이 큰 것을 고려하여 파산신청의 남용을 방지하기 위함이다.[54]

파산신청 당시 채무자에 대하여 이미 외국에서 파산선고가 있은 때는 파산의 원인이 존재하는 것으로 추정한다(제301조).[55] 일반적으로 파산선고의 원인인 사실로서 지급불능의 존재가 추정된다. 채무자가 존립 중인 합명회사 및 합자회사 이외의 법인인 경우에는 채무초과가 있는 것으로 추정된다. 법률상의 추정을 뒤집어 파산선고를 막기 위해서는 채무자가 지급불능 및 채무초과가 아니라는 취지를 증명하여야 한다.

하는 제약을 부담시키고(제424조), 또한 채무자가 법인인 경우에는 법인의 해산사유가 되며(민법 제77조 제1항, 상법 제227조 제5호, 제517조 제1호 등), 질권자는 파산절차에 의한 배당에 의해 만족을 받지 못한 잔액에 대하여는 통상 그 이행을 구할 수 없게 되는 사태를 초래하는 등 질권자의 추심권 행사에 중대한 영향을 미치기 때문이다.

51) 條解 破産法, 133쪽.
52) 소명이란 증명의 정도에 이르지 아니하였지만 법관이 일응 확실하다는 심증을 얻은 상태 또는 이러한 심증을 형성시키기 위하여 당사자가 행하는 활동을 말한다.
53) 채권자가 채권이 있다는 사실을 소명하는 것은 문제가 없을 것이다. 그런데 파산원인이 있다는 사실은 어떻게 소명하여야 하는가. 채권자는 채무자의 재산상태에 관한 자료를 거의 갖고 있지 않기 때문에 소명이 쉽지 않다. 회생절차에서는 채무자에게 경영 및 재산상태에 관한 자료를 제출할 것을 명하는 제도를 두고 있지만(제34조 제3항), 파산절차에서는 이러한 규정이 없다. 입법적 미비로 보인다. 파산절차에서도 그 신청이 남용에 해당되지 않는 한 회생절차와 마찬가지로 법원이 채무자에게 경영 및 재산상태에 관한 자료를 제출하도록 명할 수 있다고 할 것이다(제34조 제3항 유추적용, 제12조에 의한 직권조사). 독일 도산법은 "신청이 적법한 경우 채무자는 도산법원에 그 신청에 관한 재판을 위해 필요한 정보를 제공하여야 하며, 그 직무집행에 있어서 법원에 협력하여야 한다"고 규정함으로써, 개시절차에서 채무자에게 정보제공의무와 협력의무를 부과하고 있다(§20(1)).
54) 채권자가 신청한 경우에는 채권의 존재 및 파산의 원인에 대한 소명이 필요하고 이는 신청의 적법요건이다. 소명이 되지 않는 경우는 신청이 부적법하여 각하된다. 한편 파산선고를 함에 있어서는 파산의 원인에 대하여 소명에 그치지 않고 증명이 필요하다. 파산의 원인에 대한 소명이 필요하지 않는 채무자가 신청한 경우에도 마찬가지이다. 채권의 존재에 대하여는 다툼이 있다. 소명으로 족하다는 견해와 채무자의 이익보호를 위하여 증명이 필요하다는 견해가 그것이다(破産法・民事再生法, 136쪽). 전자는 파산원인이 존재하는 이상 파산선고를 하는 것이 원칙이라는 점을 근거로 한다. 그러나 파산신청의 적법요건에 대하여도 증명이 필요하다고 해석되기 때문에 신청권의 기초인 사실로서 채권의 존재도 증명이 필요하다고 볼 것이다.
55) 회생절차와 관련하여 제38조 제1항 후문에 유사한 규정을 두고 있다. 여기서 '외국에서 파산선고'는 파산선고뿐만 아니라 외국에서 개시된 절차로서 우리나라의 파산절차에 상당한 것으로 이해하여야 할 것이다. 각 나라마다 도산사건을 처리하는 절차가 다양하여 '외국에서 파산선고'를 일의적으로 정의할 수는 없기 때문이다. 다음과 같은 여러 가지 점을 고려하여 해당 여부를 판단하여야 할 것이다. ① 해당 절차가 채무자의 모든 재산을 대상으로 하고, 채무자에 대한 모든 채권의 변제를 목적으로 한 것이어야 한다. 반드시 법원이 관여하는 절차일 필요는 없고, 행정청 등이 행하는 절차도 일률적으로 배제할 것은 아니다(제628조 제1호 참조). ② 원칙적으로 채무자의 종전 경제활동을 해체하여 모든 재산을 청산하는 절차일 것이 필요하다. 절차 내에서 환가의 일환으로 영업양도 등을 한 사업이 존속한다고 하여도, 채무자의 법인격이 소멸하는 한 포함된다고 볼 것이다. ③ 우리나라에서 파산신청을 할 때 외국에서 개시될 필요는 없고, 우리나라에서 파산신청에 관한 재판을 할 때 외국에서 개시되면 충분하다. ④ 외국도산절차에 대한 승인이 있어야 하는 것은 아니다. 오히려 외국도산절차에 대한 승인이 없이 우리나라에서 병행도산절차를 행할 때 본조는 의미가 있다(條解 破産法, 129~130쪽).

다. 채권자의 파산신청 목적

집행권원이 필요 없고, 개별재산이 아니라 채무자의 모든 재산이 파산재단을 구성하며, 재산이 은닉되거나 편파변제가 된 경우 파산관재인에 의해 조사권·쌍방미이행 쌍무계약에 따른 해제권·부인권의 행사에 의해 파산재단의 증가를 도모할 수 있다는 점 등에서 파산신청은 일반적인 강제집행과 비교하여 큰 장점이 될 수 있다. 또한 도산상태에 이른 과정에서 회사경영진에게 임무해태나 부정이 있다는 것이 의심되는 경우에도 채권자신청을 선택할 의미가 있다.

반면 채권자의 신청에 의한 파산은 여러 가지 어려운 점도 있다. 상대방이 법인인 경우 채무초과에 대한 증명이 곤란할 수 있고, 상당액의 예납금을 부담하여야 하며, 파산배당은 평등하여야 하므로 강제집행과 같은 독점적인 만족을 얻을 수는 없다.

따라서 채권자로서는 장·단점을 비교하여 신청을 결정하여야 할 것이다. 또한 편파변제를 구하기 위한 압박용으로 신청하는 것처럼 부당한 목적이 있는 경우 파산절차의 남용에 해당할 수 있다는 점도 주의하여야 한다(본서 1227쪽 참조).

2. 채 무 자

채무자도 파산신청을 할 수 있다(제294조 제1항).[56] 채무자가 파산을 신청할 경우에는 파산원인을 소명할 필요가 없다(제294조 제2항 참조). 채권자와 달리 채무자 스스로가 파산신청을 하는 것 자체가 파산절차에 따른 불이익을 받겠다는 의사를 가지고 있기 때문이다. 채무자는 개인과 법인[57]이 모두 포함된다.

외국인이나 외국법인인 채무자도 파산신청을 할 수 있다(제2조).

채무자에게 파산신청을 할 수 있도록 한 것(채무자에게 파산신청권을 부여한 취지)은 개별 채권자로부터 강제집행을 막고 면책(개인의 경우) 등을 통해 경제적인 회생을 도모할 수 있다고 하는 채무자 자신의 이익과 함께, 공동담보의 감소를 방지하고 그 재산을 공평하게 총채권자에게 분배하는 길을 열어둘 필요가 있다는 공익적 관점도 고려한 것이다. 채무자가 파산신청 의무를 부담하지 않는다는 것이 이러한 공익성을 부정하는 근거가 될 수는 없다.

개인, 법인 또는 법인 아닌 사단 또는 재단 어느 것도 채무자가 파산신청을 하기 위해서는 그 취지의 의사결정을 하고, 신청의 형식으로 그 의사를 법원에 대하여 표시할 필요가 있다.

---

56) 이를 자기파산 또는 자발적 파산신청(voluntary petition)이라 한다. 최근 대부분의 파산신청은 자발적 파산신청이다. 개인의 경우에는 면책을 받기 위하여 신청하는 사건이 증가하고, 기업(법인)의 경우는 회생의 가능성이 없는 채무자가 스스로 파산신청을 하는 경우가 점차 늘고 있기 때문이다. 이로 인해 예전에는 파산절차남용이 채권자가 채무자를 압박하기 위하여 신청하는 것을 방지하기 위한 측면에서 논의되었지만, 지금은 채무자의 파산신청에서도 문제되고 있다.

57) 한편 법인의 경우 파산이 일반 국민이나 다수 채권자의 이익에 영향을 미칠 수 있기 때문에 파산신청에 일정한 제한을 가할 필요가 있다. 미국 연방도산법은 은행, 보험, 철도기업의 파산에 대하여 일정한 제한을 가하고 있다{§109(b)}. 중국 <기업파산법>도 상업은행, 증권회사, 보험회사 등 특수한 시장주체에 대하여 파산신청을 제한하고 있다(제134조).

법인에 있어서는 내부적으로 적법한 의사결정절차를 거쳐 법인의 외부적인 대표기관이 법원에 파산신청을 하여야 한다. 법인 대표기관의 파산신청이 채무자의 파산신청으로 취급되기 위해서는 대표기관이 정해진 절차에 따라 파산신청을 할 필요가 있다. 예컨대 사단법인의 경우 이사는 각자 법인을 대표할 권한을 갖지만(민법 제59조 제1항), 이사회를 둔 경우에는[58] 그 전제로 이사회 결의가 필요하다. 따라서 이러한 절차를 거치지 않고 이사가 법인의 대표기관으로서 파산신청을 한 경우에는 제295조의 파산신청이 되는 것은 별론으로 하고 적법한 채무자의 파산신청으로 인정되지는 않는다.[59] 마찬가지로 주식회사에서 채무자의 파산신청이 인정되기 위해서는 대표이사가 이사회의 결의를 거쳐 신청을 한 경우로 제한된다(본서 186쪽 참조).[60] 그러나 자본금 총액이 10억 원 미만으로 이사가 1명 또는 2명인 소규모 주식회사에서는 대표이사가 특별한 사정이 없는 한 이사회 결의를 거칠 필요 없이 파산신청을 할 수 있다. 소규모 주식회사는 각 이사(정관에 따라 대표이사를 정한 경우에는 그 대표이사를 말한다)가 회사를 대표하고 상법 제393조 제1항에 따른 이사회의 기능을 담당하기 때문이다(상법 제383조 제6항, 제1항 단서).[61]

3. 준채무자

채무자가 민법 기타 다른 법률에 의하여 설립된 법인인 경우에는 그 이사가, 합명회사 또는 합자회사에 대하여는 무한책임사원이, 주식회사 또는 유한회사에 대하여는 이사가,[62] 청산

---

58) 주식회사에서는 이사회가 법정기관으로 되어 있지만(상법 제390조 이하) 민법은 이를 따로 정하지 않고 있다(결국 정관에 맡기고 있다). 실무적으로 대부분의 법인의 정관에는 이사회에 관한 규정을 두어, 파산신청을 비롯한 법인의 중요한 사무에 관하여는 이사회의 결의에 의하도록 정하고 있다.

59) 공동대표이사인 경우 그중 1인이 파산신청을 할 때는 제295조의 파산신청이 될 수는 있지만, 공동으로 소송행위를 하여야 하는 점에서 신청적격이 부적법하여 각하될 것이다. 관련 내용은 아래 〈Ⅵ.1.〉(본서 1223쪽)을 참조할 것.

60) 그 이유는 다음과 같다. 상법 제393조 제1항은 '중요한 자산의 처분 및 양도, 대규모 재산의 차입 등 회사의 업무집행은 이사회의 결의로 한다.'고 정함으로써 주식회사의 이사회는 회사의 업무집행에 관한 의사결정권한이 있음을 명시하고 있다. 주식회사가 중요한 자산을 처분하거나 대규모 재산을 차입하는 등의 업무집행을 할 경우에 이사회가 직접 결의하지 않고 대표이사에게 일임할 수 없다. 즉, 이사가 일반적·구체적으로 대표이사에게 위임하지 않은 업무로서 일상 업무에 속하지 않은 중요한 업무의 집행은 반드시 이사회의 결의가 있어야 한다(대법원 2021. 2. 18. 선고 2015다45451 전원합의체 판결 참조). 파산신청은 주식회사의 운영과 존립에 중대한 영향을 미친다. 주식회사가 파산신청을 한 경우 파산선고 전이라도 법원은 채무자의 재산에 대하여 필요한 보전처분을 할 수 있다(제323조). 주식회사가 파산선고를 받으면 채무자가 가진 모든 재산은 파산재단에 속하고, 파산관재인이 파산재단에 대한 관리·처분권을 갖고 일정한 행위를 하려면 법원의 허가를 받아야 한다(제382조, 제384조, 제492조). 주식회사는 파산으로 인하여 해산한다(상법 제517조 제1호, 제227조 제5호). 위와 같은 주식회사 이사회의 역할, 파산이 주식회사에 미치는 영향, 회생절차 개시신청과의 균형(대법원 2019. 8. 14. 선고 2019다204463 판결 참조), 파산신청권자에 대한 규정(제294조 제1항, 제2항, 제295조 제1항, 제296조)의 문언과 취지 등에 비추어 보면, 주식회사의 대표이사가 회사를 대표하여 파산신청을 할 경우 대표이사의 업무권한인 일상 업무에 속하지 않는 중요한 업무에 해당하여 이사회 결의가 필요하다고 보아야 하고, 이사에게 별도의 파산신청권이 인정된다(제295조 제1항)고 해서 달리 볼 수 없다(대법원 2021. 8. 26. 자 2020마5520 결정).
   이 때문에 실무적으로 파산신청서에 파산신청에 관한 이사회 회의록을 첨부하도록 하고 있다.

61) 대법원 2021. 8. 26. 자 2020마5520 결정(☞ 주식회사의 대표이사가 파산을 신청하여 파산이 선고되었는데 채권자가 이사회 결의를 거치지 않아 파산신청이 부적법하다고 주장한 사안에서, 주식회사의 대표이사가 파산신청을 하려면 이사회 결의를 거쳐야 하지만 소규모 주식회사이므로 이사회 결의를 거치지 않고 파산을 신청한 것이 적법하다고 보아 재항고를 기각함).

62) 유한책임회사의 경우는 업무집행자(상법 제287조의3 제4호, 제287조의12 제1항, 제287조의19 제1항)가 파산신청을

중인 법인에 대하여는 청산인[63]이,[64] 그 밖의 법인 또는 법인 아닌 사단 또는 재단으로서 대표자 또는 관리자가 있는 경우에는 그 대표자 또는 관리인이 파산신청을 할 수 있다(제295조, 제297조).[65] 다만 이사, 무한책임사원 또는 청산인, 대표자 또는 관리자 전원이 아닌 일부가 파산신청을 하는 경우에는 파산원인의 소명이 필요하다(제296조, 제297조). 법인의 경우 파산은 해산사유가 되기 때문이다(본서 1308쪽 참조). 법인의 경우 이사회 의사록을 보고 이사 전원이 파산신청에 찬성하였는지 여부를 확인하여야 한다. 파산신청 당시 채무자에 대하여 이미 외국에서 파산선고가 있는 때에는 파산원인사실이 존재하는 것으로 추정한다(제301조).

법인인 채무자에 대하여 이사는 대표권을 가지고 있지 않지만, 이사로서의 자격에서 파산신청을 할 수 있도록 하되, 대신 파산원인을 소명하도록 한 것이다. 이사로서의 신청권은 법인이 채무초과(존립 중인 합명회사 및 합자회사 제외) 또는 지급불능된 경우 대표권이 없는 이사도 그 자격으로 법인의 파산신청을 할 수 있도록 함으로써 가능한 한 신속하게 해당 법인에 대하여 파산선고를 가능하게 하려는 취지이다. 회생절차에서는 이러한 규정이 없다.

한편 법인의 이사나 청산인(민법 제79조, 제93조 제1항), 회사의 청산인(상법 제254조 제4항, 제287조의4, 제542조 제1항, 제613조)은 신청권이 있을 뿐만 아니라 채무를 완제하지 못하게 된 때에는 파산신청의무도 있다.[66] 이러한 자들에 대하여는 파산절차에 의해 공평하고 투명한 청산을 주도할 직무상의 의무가 인정되고 있기 때문이다. 이사나 청산인이 파산신청을 게을리 할 때는 500만 원 이하의 과태료에 처하게 된다(민법 제97조 제6호, 상법 제635조 제1항 제12호). 파산신청의무가 있는 청산인은 파산신청을 하지 아니하고 회생절차개시의 신청을 할 수도 있다(제35조 제1항).[67] 회생절차개시신청에 의해 청산인의 파산신청의무는 면제되는 것이다.

할 수 있다고 할 것이다.

63) 1인 주주인 이사가 사망한 경우와 같이 채무자인 법인 스스로 파산신청을 할 수 없으면 파산신청을 어떻게 하여야 하는가. 이사가 없으므로 법인이 스스로 파산신청을 할 수는 없다. 이 경우 먼저 법원에 청산인 선임신청을 하고(민법 제82조, 제83조, 상법 제252조, 제542조 제1항, 제613조 제1항), 법원이 청산인을 선임하면 청산인이 파산신청을 하면 된다(제295조 제2항).

64) 중국 회사법(公司法) 제188조는 "청산조(淸算組)는 회사의 재산을 정리하고 자산부채표 및 재산목록을 작성한 후 회사재산이 채무를 상환하기에 부족하다는 것을 발견한 경우, 법에 따라 인민법원에 파산선고(宣告破產)를 신청하여야 한다. 회사가 인민법원으로부터 파선고의 재정(裁定)을 받으면, 청산조는 청산사무를 인민법원에 넘겨야 한다"고 규정하고 있다. 따라서 중국에서는 일정한 조건하에 청산조가 준채무자로서 파산신청권을 가지고 있음과 아울러 파산신청의무를 부담한다. 청산조는 중국법이 규정하는 청산조직(淸算組織) 중 하나이다. 청산조직의 법률상의 성질과 지위는 대내적으로 청산사무를 처리하고, 대외적으로 원래의 기업을 대표한다. 우리나라의 '청산인'에 해당한다.

65) 지역농협의 경우 조합장이 파산신청을 할 수 있다(농업협동조합법 제83조).

66) 상법은 청산인의 파산신청의무를 규정한 민법 제93조는 준용하고 있지만, 이사의 파산신청의무를 규정한 민법 제79조는 준용하고 있지 않다. 청산 중에 파산선고가 있으면 파산재단에 관해서는 파산관재인이 직무권한을 가지고, 그 밖의 청산사무에 관해서는 청산인이 직무권한을 가진다. 따라서 파산재단에 관한 권리의무에 속하는 사항에 한해 파산관재인에게 그 사무를 인계함으로써 청산인의 임무가 종료된다(민법 제93조 제2항, 상법 제254조 제4항, 제287조의45, 제542조 제1항, 제613조).

67) 관련 내용은 〈제2편 제3장 제3절 Ⅲ.〉(본서 183쪽)을 참조할 것.

청산중인 법인의 파산

법인이 파산 이외의 사유로 해산하여 청산절차를 진행하는 중에 법인의 재산으로써는 법인의 채무를 완제할 수 없음이 분명하게 된 경우에는 각 채권자는 그 채권의 전액에 대한 변제를 받을 수 없게 되므로 엄격한 청산절차인 파산절차로 전환시켜 각 채권자가 공정하게 변제를 받게 할 필요가 있다. 따라서 청산중인 법인이 채무초과의 사실을 발견할 때에는 청산인은 지체없이 파산선고의 신청을 하도록 하고 있다(민법 제93조 제1항, 상법 제254조 제4항 등).

I. 파산신청과 공고

법인은 해산함으로써 모든 권리능력을 상실하는 것이 아니라 그 권리능력은 청산의 목적 범위 내로 축소될 뿐이다(제328조, 민법 제81조). 청산법인도 파산능력이 있고 해산 후에도 파산선고를 할 수 있다.

법인에 대하여는 그 해산 후에도 잔여재산의 인도 또는 분배가 종료하지 아니한 동안은 파산신청을 할 수 있다(제298조).[68] 파산원인의 존재가 판명되면 부족한 재산을 파산절차를 통하여 권리의 우선순위에 따라 또는 같은 순위의 채권자 사이에서는 평등하게 분배할 필요가 있다. 그래서 잔여재산의 인도 또는 분배가 종료할 때까지 사이에는 신청권자는 파산신청을 할 수 있도록 한 것이다. 법인에 대한 청산종료등기가 되어 있어도 잔여재산의 인도나 분배가 현실적으로 종료되지 아니한 경우에는 파산신청을 할 수 있다.

파산신청은 청산법인은 물론 채권자도 할 수 있고(제294조 제1항), 청산인도 할 수 있다(제295조 제2항). 청산인은 채무초과의 경우 파산신청을 할 의무가 있다(민법 제93조 제1항). 청산인은 단독으로 신청할 수 있으나, 전원이 아닌 경우 파산원인사실을 소명하여야 한다(제296조).

청산법인에 대한 파산절차는 해산 전의 법인에 대한 파산절차와 동일하나, 청산법인이 파산한 경우에는 엄격한 청산절차를 밟아야 하므로 이해관계인에게 주의를 환기시키기 위하여 파산신청을 공고하여야 한다(민법 제93조 제1항).

II. 파산원인

파산원인은 청산법인의 재산이 그 법인의 채무를 완제하기에 부족함이 분명한 것이다. 즉 채무초과이다(민법 제93조 제1항). 법인이 해산 후 청산중인 때에는 채권자의 보호를 위해 인적회사를 포함한 모든 법인에게 있어 채무초과는 파산원인이 된다(민법 제79조 참조).

III. 파산관재인과 청산인의 임무

파산선고가 되면 파산관재인이 선임된다(제312조 제1항). 파산관재인이 선임되더라도 청산인의 지위와 권한이 상실되는 것은 아니다. 청산인은 파산관재인에게 그 사무를 인계함으로써 그 임무가 종료한다(민법 제93조 제2항). 청산인의 임무가 종료한다는 것은 파산재단에 관한 권리의무에 속하는 사항에 한하고 그 밖의 사무에 대해서는 청산인의 임무가 존속하여 여전히 이를 집행하고 청산법인을 대표한다. 예컨대 파산재단에 속하지 아니한 재산(자유재산)이 있는 경우에는 청산인이 이에 관한 사무를 처리한다. 결국 파산관재인과 청산인은 각기 고유의 직무권한의 범위

---

68) 유한책임신탁재산파산에 대하여도 같은 취지의 규정이 있다(제578조의3 제4항).

내에서 병존한다.

Ⅳ. 청산법인의 파산과 파산재단

파산재단은 청산법인이 파산선고 당시에 가진 모든 재산이다(제382조 제1항). 따라서 해산 후 파산선고 전에 채권자에게 변제한 재산은 파산선고 당시 그 재산은 파산재단에 속하지 않으므로 파산재단에 속하지 않는다. 다만 제391조의 부인의 대상이 될 여지가 있을 뿐이다. 파산재단의 구체적인 범위는 일반파산의 경우와 같다.

4. 금융위원회

「금융산업의 구조개선에 관한 법률」 제2조 제1호[69]에서 정하는 금융기관에 대하여는 금융위원회가 파산을 신청할 수 있다(위 법률 제16조).[70] 금융기관의 채권자들이 비용과 시간을 들여가면서까지 파산신청을 하기 어렵다는 점에서 공익을 위한다는 측면이 있을 뿐만 아니라 금융위원회는 금융기관의 감독기관으로서 채무자인 금융기관의 재산상황(또는 정보)을 잘 파악할 수 있는 위치에 있기 때문이다.

금융위원회의 파산신청이 항고소송의 대상이 되는가. 금융위원회의 부실금융기관에 대한 파산신청은 그 성격이 법원에 대한 재판상 청구로서 그 자체가 국민의 권리·의무에 어떤 영향을 미치는 것이 아닐 뿐만 아니라, 위 파산신청으로 인하여 당해 부실금융기관이 파산절차 내에서 여러 가지 법률상 불이익을 입는다 할지라도 파산계속법원이 관할하는 파산절차 내에

---

69) **제2조(정의)** 이 법에서 사용하는 용어의 뜻은 다음과 같다.
1. "금융기관"이란 다음 각 목의 어느 하나에 해당하는 것을 말한다.
  가. 「은행법」에 따라 설립된 은행
  나. 「중소기업은행법」에 따른 중소기업은행
  다. 「자본시장과 금융투자업에 관한 법률」에 따른 투자매매업자·투자중개업자
  라. 「자본시장과 금융투자업에 관한 법률」에 따른 집합투자업자, 투자자문업자 또는 투자일임업자
  마. 「보험업법」에 따른 보험회사
  바. 「상호저축은행법」에 따른 상호저축은행
  사. 「자본시장과 금융투자업에 관한 법률」에 따른 신탁업자
  아. 「자본시장과 금융투자업에 관한 법률」에 따른 종합금융회사
  자. 「금융지주회사법」에 따른 금융지주회사
  차. 그 밖의 법률에 따라 금융업무를 하는 기관으로서 대통령령으로 정하는 기관
70) 농업협동조합의 경우는 농림축산식품부장관(농업협동조합의 구조개선에 관한 법률 제9조), 산림조합에 대하여는 산림청장(산림조합의 구조개선에 관한 법률 제13조), 수산업협동조합에 대하여는 해양수산부장관(수산업협동조합의 구조개선에 관한 법률 제14조), 새마을금고의 경우 주무부장관(행정안전부장관)(새마을금고법 제80조의5, 제28조 제1항 제8호)에게 각 파산신청권이 있다. 한편 금융위원회는 경영관리(신용협동조합법 제86조)를 받는 신용협동조합에 대한 재산실사 결과 해당 조합의 재산으로 채무를 완전히 변제할 수 없는 경우로서 ① 해당 조합을 합병하려는 조합이 없어 조합원을 보호하기 곤란한 경우나 ② 신용협동조합중앙회가 해당 조합에 자금을 대출하더라도 3년 이내에 경영정상화가 곤란하다고 인정되는 경우 또는 계약이전의 결정(같은 법 제86조의4 제1항)에 따라 부실조합의 계약이전이 이루어진 경우에는 조합의 주사무소 소재지를 관할하는 회생법원에 파산을 신청할 수 있다(신용협동조합법 제88조).

서 그 신청의 적법 여부 등을 다투어야 할 것이므로, 위와 같은 금융위원회의 파산신청은 행정소송법상 취소소송의 대상이 되는 행정처분이라 할 수 없다.[71]

5. 상속채권자, 유증을 받은 자, 상속인, 상속재산관리인 및 유언집행자

상속재산에 대하여는 상속채권자, 유증을 받은 자, 상속인, 상속재산관리인 및 유언집행자가 파산을 신청할 수 있다(제299조 제1항).

자세한 내용은 〈제12장 제2절 Ⅰ.3.〉(본서 1734쪽)을 참조할 것.

6. 신탁채권자, 수익자, 수탁자, 신탁재산관리인 또는 청산수탁자

유한책임신탁재산에 대하여는 신탁채권자, 수익자, 수탁자, 신탁재산관리인 또는 청산수탁자가 파산을 신청할 수 있다(제578조의3 제1항).

자세한 내용은 〈제13장 제1절 Ⅱ.2.〉(본서 1778쪽)를 참조할 것.

Ⅲ 관　　할[72]

1. 토지관할

파산사건은 ① 채무자의 보통재판적이 있는 곳 또는 ② 채무자의 주된 사무소나 영업소가 있는 곳 또는 채무자가 계속하여 근무하는 사무소나 영업소가 있는 곳을 관할하는 회생법원의 관할에 전속한다. 위와 같은 곳이 없는 경우에는 채무자의 재산이 있는 곳(채권의 경우에는 재판상의 청구를 할 수 있는 곳을 말한다)을 관할하는 회생법원의 관할에 전속한다(제3조 제1항).

한편 채무자의 주된 사무소 또는 영업소의 소재지를 관할하는 고등법원 소재지의 회생법원에도 신청할 수 있다(제3조 제2항). 또한 개인파산의 경우 채무자의 보통재판적 소재지가 강릉시·동해시·삼척시·속초시·양양군·고성군인 경우에 그 개인채무자에 대한 파산선고의 신청은 춘천지방법원 강릉지원에도 할 수 있고(제3조 제10항), 채무자의 보통재판적 등의 소재지가 울산광역시나 경상남도인 경우 부산회생법원에도 파산사건을 신청할 수 있다(제3조 제11항).

채권자 수가 300인 이상으로서 500억 원 이상의 채무를 부담하는 법인 채무자의 파산사건은 서울회생법원에도 신청할 수 있다(제3조 제4항, 시행령 제1조의2).

2. 사물관할

개인파산사건은 단독판사 관할이고, 법인파산사건은 합의부 관할이다(제3조 제5항). 상속재

---

71) 대법원 2006. 7. 28. 선고 2004두13219 판결 참조.
72) 관할에 관한 좀 더 구체적인 내용에 관하여는 〈제2편 제2장 제1절 Ⅰ.〉(본서 129쪽)을 참조할 것.

산파산사건 및 유한책임신탁재산파산사건은 단독판사가 관할한다.

3. 전속관할

파산사건에 관한 관할은 전속관할이다. 따라서 합의관할이나 변론관할은 있을 수 없다. 관할이 없는 경우에는 관할법원으로 이송하여야 한다. 관할권이 있느냐는 파산을 신청한 때를 기준으로 한다.

4. 면책사건의 경우

개인파산에서는 면책절차가 있다. 파산절차에서 면책신청은 파산사건과 별도로 사건부호(하면)와 사건번호가 부여된다.[73] 면책사건은 파산선고를 한 회생법원(파산계속법원)이 전속관할한다(제556조 제1항).[74] 파산선고 후나 파산신청 후 채무자의 주소가 변동되더라도 관할에는 아무런 영향을 미치지 않는다

5. 관할의 표준이 되는 시기

파산사건의 토지관할의 존부는 파산신청시를 기준으로 한다(제33조 단서, 민소법 제33조). 파산신청 후 채무자의 주소가 변동되더라도 관할에는 아무런 영향을 미치지 않는다(본서 135쪽 참조).

면책사건의 경우에는 앞(〈4.〉)에서 본 바와 같이 파산선고를 한 회생법원에 전속관할권이 있으므로 특별히 문제될 것이 없다.

Ⅳ 파산신청의 효과[75]

1. 시효중단 등

채권자에게 파산신청권을 인정한 것은 파산절차가 강제집행절차와 함께 배당절차를 통하여 채권자의 권리실현을 목적으로 하는 점에 있다. 따라서 채권자의 파산신청은 재판상의 청구로서 시효중단사유가 된다.[76][77] 다만 파산신청이 각하 또는 취하된 경우에는 시효중단의 효력이

---

73) 개인회생절차에서의 면책은 채무자의 신청 또는 직권으로 하고, 사건부호와 사건번호가 별도로 부여되지 않는다.

74) 제556조 제1항은 단순히 '법원'이라고 하고 있지만, 입법론적으로는 '파산계속법원'이라고 이를 명확히 할 필요가 있다.

75) 공정거래법은 경쟁제한적인 기업결합을 원칙적으로 금지하지만, 회생이 불가능한 회사와의 기업결합으로서 일정한 요건을 갖춘 경우 이를 허용하고 있다(공정거래법 제9조 제2항, 본서 925쪽 각주 227) 참조). 파산신청은 채무자(사업자)가 회생이 불가능한 회사인지를 판단하는 요소 중 하나이다{기업결합 심사기준(공정거래위원회 고시 제2021−25호, 2021. 12. 30.) Ⅷ.2.가.(3)}.

76) 대법원 2023. 11. 9. 자 2023마6582 결정. 그 구체적인 이유는 다음과 같다. 시효중단 사유로서 재판상의 청구에는 소멸시효 대상인 그 권리 자체의 이행청구나 확인청구를 하는 경우만이 아니라, 그 권리가 발생한 기본적 법률관계를 기초로 하여 재판의 형식으로 주장하는 경우 또는 그 권리를 기초로 하거나 그것을 포함하여 형성된 후속 법률

없다(민법 제168조 제1호, 제170조 제1항 참조). 파산신청이 기각되거나 파산이 취소된 경우에도 시효중단의 효력이 없다. 다만 최고로서의 효력은 인정된다(민법 제170조, 제174조 참조). 시효가 중단되는 채권의 범위는 파산신청서에 기재된 채권만이 아니고 소명자료로서 제출한 채권이나 계산서에 기재된 채권도 일종의 재판상의 청구로서 파산신청과 같이 시효중단의 효력이 있다 할 것이다.

채무자의 파산신청은 그 자체만으로는 시효중단의 효력이 없고, 채권자가 파산절차에 참가함으로써 시효중단의 효력이 발생한다(제32조 제2호 본문, 민법 제171조). 파산절차의 참가란 채권자가 파산절차에 참가하기 위하여 채권을 신고하는 것을 말한다(제447조). 파산절차의 참가는 일종의 재판상 청구로 볼 수 있다. 따라서 채권자가 그 신고를 취하(취소)하거나 그 신고가 각하된 때에는 시효중단의 효력이 없다(제32조 제2호 단서, 민법 제171조).

파산신청은 부인권 행사(제391조)와 상계금지(제422조)의 요건이 되기도 한다. 한편 채무자에 대해 파산신청이 되어 있다는 사정만으로는 집행장애사유가 된다고 할 수 없다.[78]

한편 상장법인에 대해 파산이 신청되면 내부규정에 의해 그 보통주권은 관리종목으로 지정되거나 매매거래정지 또는 상장폐지가 될 수 있다.[79] 자회사의 파산신청 사실은 자본시장법 제

관계에 관한 청구를 하는 경우에도 그로써 권리 실행의 의사를 표명한 것으로 볼 수 있을 때에는 이에 포함된다(대법원 2016. 10. 27. 선고 2016다25140 판결, 대법원 2011. 7. 14. 선고 2011다19737 판결, 대법원 1992. 3. 31. 선고 91다32053 전원합의체 판결 등 참조).

채무자에게 파산원인이 있는 경우 채권자는 제294조에 따라 채무자에 대한 파산신청을 할 수 있다. 이는 파산채무자의 재산을 보전하여 공평하게 채권의 변제를 받는 재판절차를 실시하여 달라는 것으로서 제32조에서 규정하고 있는 파산채권신고 등에 의한 파산절차참가와 유사한 재판상 권리 실행방법에 해당한다. 따라서 제294조에 따른 채권자의 파산신청은 민법 제168조 제1호에서 정한 시효중단 사유인 재판상의 '청구'에 해당한다고 보아야 한다.

77) 채무자가 신용회복위원회에 신용회복지원을 신청한 것을 소멸시효이익의 포기로 볼 수 있는가. 채무자가 신용회복위원회에 신용회복지원을 신청한 것만으로는 채무자가 소멸시효이익을 포기하였다고 보기는 어려우나(서울중앙지방법원 2015. 5. 13. 선고 2014가소6485304 판결 참조), 이후 신용회복위원회로부터 신용회복지원에 관한 승인을 받아 일부 금원을 변제한 경우에는 소멸시효이익을 포기하였다고 볼 것이다. 한편 채무자가 신용회복위원회에 채무조정신청을 하여 채무자의 의사를 반영한 채무조정안을 확정시킨 행위만으로도 소멸시효의 이익을 포기하는 행위로 볼 수 있다는 사례가 있고(창원지방법원 2016. 9. 28. 선고 2016나1674 판결 참조), 채무조정안이 확정되지 아니한 상태에서 채무자가 채무조정안을 수락했다는 사정만으로는 채무자가 채무승인의 뜻을 확정적으로 표시한 것이라고 보기 어려우므로 소멸시효의 포기를 인정하지 아니한 사례도 있다(서울남부지방법원 2013. 6. 12. 선고 2013가소324141 참조).

78) 대법원 1999. 8. 13. 자 99마2198,2199 결정. 이러한 이유로 위 결정은 「파산신청을 하여 현재 그 절차가 진행 중이므로 특정 채권자에 대하여만 변제하는 결과에 이르는 전부명령은 모든 채권자에게 공평한 만족을 도모하여야 하는 파산절차의 제도적 취지에 어긋나는 것으로서 허용되어서는 아니된다」는 주장을 배척하였다.

79) 유가증권시장 상장규정 제47조 제1항 제10호(다만 공익실현과 투자자 보호 등을 고려하여 관리종목지정이 필요하지 않다고 한국거래소가 인정하는 경우는 제외한다), 제48조 제1항 제10호, 코스닥시장 상장규정 제53조 제1항 제11호, 제18조, 관리종목으로 지정된 후 파산신청 기각결정이 있은 때에는 관리종목지정을 해제한다(유가증권시장 상장규정 제47조 제2항 제2호). 나아가 상장법인에 대하여 파산신청이 있을 때에는 파산신청 당일에 한국거래소에 파산신청 사실을 신고하여야 한다(유가증권시장 공시규정 제7조 제1항 제3호 나목(2)(나), 코스닥시장 공시규정 제6조 제1항 제3호 나목(2)(마), 코넥스시장 공시규정 제6조 제7호 나목(5), 법원으로부터 파산선고 또는 파산신청에 대한 기각결정 사실을 통보받은 때에도 마찬가지이다).

실무적으로 상장법인은 위와 같이 파산신청으로 관리종목으로 지정되는 등 불이익이 있다는 점을 악용하여 채권자가 채무자에 대한 압박용으로 파산을 신청하는 경우가 있다. 이 경우 법원은 파산절차남용으로 보아 신속하게 파산신청을 기각하고 있다. 한편 채권자가 파산신청을 한 경우로서 ① 파산신청일 기준 6개월 이내 파산신청 채권액의 합계액이 자기자본의 100분의 10(대규모법인은 100분의 5로 한다) 미만이면서 20억 원 미만인 경우, ② 보통주

178조 제1항 제2호에서 규정하는 투자자 보호를 위하여 공시하여야 하는 '중요사항'에 해당한다.[80] 파산을 신청한 기업을 대상으로 한 기업재무안정 사모집합투자기구에 대하여는 자본시장법(제249조의22)에서 여러 가지 특례를 인정하고 있다.

2. 민사집행법 제287조의 본안소송 해당 여부

채권자의 파산신청이 민사집행법 제287조의 본안의 소에 해당하는가. 이에 관하여 임시의 지위를 정하는 가처분의 경우에 한하여 이를 적극적으로 해석하는 견해가 있다.[81] 그러나 채권자가 파산의 신청을 하는 때에는 자기의 채권의 존재를 소명하여야 하므로(제294조 제2항) 채권자의 신청에 의한 파산절차에 있어서는 그 채권의 존부에 관한 일응의 판단이 행하여지지만 이는 신청의 적부의 문제로서 판단되는데 지나지 않기 때문에 아무런 실체적 확정력을 가지지 못하고, 그 채권이 파산채권으로서 확정되기 위해서는 파산선고 후 다시 채권자가 그 채권을 신고하여 채권조사기일에 파산관재인 및 파산채권자의 이의가 없어야 하며, 그렇지 않으면 다시 채권조사확정재판신청 등 채권조사확정절차를 거쳐야 하므로 결국 파산신청은 피보전권리 자체에 관하여 그 존부를 확정하는 절차의 개시라고 볼 수 없고, 따라서 보전처분으로 인한 채무자의 부동상태를 제거할 수도 없어 파산신청을 본안의 소제기와 같이 볼 수는 없다.[82]

Ⓥ 파산신청의 취하

1. 취하의 시적 제한

회생절차나 개인회생절차와 달리[83] 파산신청의 취하에는 특별한 제한이 없으므로 원칙적으로 언제든지 파산신청을 취하할 수 있다. 그러나 파산선고가 있으면 총채권자를 위하여 파산선고의 효력이 생겨(제311조) 집단적 채권채무처리절차인 파산절차에서 채무자의 관리처분권이

식 상장법인이 파산신청일 기준 6개월 이내 파산신청 채권액의 합계액을 법원에 모두 공탁한 것이 확인되는 경우로서 관리종목 지정의 필요성이 낮다고 거래소가 인정하는 때나 그 밖에 파산신청과 관련한 권리남용 여부, 채권·채무관계 등을 고려할 때 공익과 투자자보호를 해칠 우려가 적다고 거래소가 인정하는 경우에는 파산신청이 있다고 하더라도 관리종목을 지정하지 않을 수 있다(코스닥시장 상장규정 시행세칙 제56조).

80) 대법원 2018. 12. 13. 선고 2018도13689 판결 참조.

81) 김상원·정지형, 가압류·가처분, 한국사법행정학회(1995), 315쪽. 위 견해는 보전처분이 임시의 지위를 정하는 가처분인 경우에는 채무자에게 파산원인이 있고, 그 재산을 은닉하고 또는 도망하려는 위험이 있는 경우에는 먼저 위급으로 임시의 지위를 정하는 가처분을 하고 뒤이어 파산신청을 함으로써 또는 제322조에 의하여 구인을 명하게 하고, 또는 제323조에 의하여 채무자의 재산에 대하여 보전처분을 명하게 함이 적당하며, 이때 파산원인의 유무는 그 파산절차에 있어서 확정되어 질 수 있으며 파산원인이 없음이 확정된 경우에도 위 가처분의 피보전권리의 부존재가 확정된다는 점을 이유로 들고 있다.

82) 우성만, "제소명령과 본안소송", 재판자료 제46집, 법원도서관(1989), 480쪽, 법원실무제요 민사집행(Ⅴ)-보전처분-, 사법연수원(2020), 204쪽.

83) 회생절차나 개인회생절차는 보전처분, 중지명령 등의 결정이 있은 후에는 법원의 허가를 받아야 개시신청을 취하할 수 있다(제48조 제2항, 제594조).

나 파산채권자의 권리행사에 대한 제약이 생기기 때문에 그 후에 파산신청의 취하를 인정하는 것은 불합리하다.

따라서 파산신청의 취하는 신청인의 자유에 맡길 수 없고 파산선고 전에 한하여 허용된다고 할 것이다. 청산인과 같이 법률상 파산신청의무가 있는 자에 의한 신청(본서 183쪽)도 취하할 수 있다. 파산선고 후에는 그 확정 전이라고 하더라도 신청취하는 허용되지 않는다. 보전처분 등이 있은 후에는 회생절차와 마찬가지로 법원의 허가를 받아야 하는가. 명문의 규정이 없으므로 파산선고 전이면 자유롭게 파산신청을 취하할 수 있다고 볼 수도 있지만,[84] 회생절차와 마찬가지로 보전처분 등이 있은 후에는 법원의 허가를 받아야 파산신청을 취하할 수 있다고 할 것이다(유추적용).

채권자의 신청에 의한 경우에도 소의 취하와 달리(민소법 제266조 제2항) 신청을 취할 때 상대방의 동의는 필요하지 않다. 이는 파산신청을 기각하는 결정이 확정되어도 파산원인의 부존재 등에 대하여 기판력이 발생하지 않고, 같은 채권자가 다시 파산신청을 하는 것을 방해하는 효과도 없으므로, 채무자의 동의를 연결시킬 필요성이 없기 때문이다.

2. 취하의 효력

파산신청이 취하된 경우 파산절차는 소급적으로 효력을 잃고 종료된다. 파산신청이 취하된 경우에는 시효완성의 유예효과만이 있고 시효의 갱신효과는 발생하지 않는다. 관련 내용은 〈제2편 제5장 제1절〉(본서 251쪽)을 참조할 것.

Ⅵ 파산신청에 대한 재판

1. 각   하

적법한 신청권자에 의한 신청이 아니거나 파산신청 이전에 회생절차개시결정이 있어 파산신청을 할 수 없는 경우(제58조 제1항 제1호)[85] 각하결정을 한다. 또한 재도의 파산신청은 부적법하므로 각하[86]한다.[87]

---

84) 파산절차도 회생절차와 달리 볼 이유가 없으므로 입법론적으로는 보전처분 등이 있은 후에는 법원의 허가를 받아 취하할 수 있도록 할 필요가 있다. 일본 파산법은 파산절차개시결정 전에 한하여 파산절차개시신청을 취하할 수 있고, 보전처분 등이 있은 후에는 법원의 허가를 받도록 하고 있다(일본 파산법 제29조).

85) 서울회생법원 2020. 1. 29. 자 2020하합100021 결정.

86) 실무적으로는 기각을 하기도 한다.

87) 면책신청기간을 도과하여 면책신청이 각하된 채무자가 면책결정을 받기 위한 목적으로 하는 재도의 파산신청(대법원 2006. 12. 21. 자 2006마877 결정), 파산결정을 받았으나 면책기각결정 또는 면책불허가결정을 받아 확정된 후 오로지 면책을 받기 위하여 동일한 파산원인으로 재차 한 파산신청(대법원 2009. 11. 6. 자 2009마1583 결정, 대법원 2011. 8. 16. 자 2011마1071 결정)은 모두 부적법하다. 다만 파산면책제도의 취지 등을 고려하면 재도의 파산신청이라고 하더라도 새로운 파산원인을 넓게 해석하여 파산선고를 하고 면책 여부를 심리하여야 할 것이다. 재도의 파산신청에 관하여는 〈제11장 제1절 Ⅳ.5.〉(본서 1681쪽)를 참조할 것.

채권자가 신청한 사건에서 파산신청 당시에는 채권이 있었지만 이후 변제 등의 사유로 파산선고 전에 채권이 소멸한 경우에도 부적법하므로 각하한다.[88]

주식회사인 채권자가 공동대표이사로 등기되어 있음에도 그중 1인이 파산신청을 하는 경우가 있다. 공동대표의 정함이 있는 경우에 공동대표이사 중 1인이 다른 공동대표이사의 의사와 관계없이 단독으로 회사를 대표하여 행한 행위는 회사에 대하여 그 효력이 없고,[89] 이는 소송행위의 경우에도 마찬가지이다. 따라서 공동대표이사로 등기되어 있는 경우 전원이 파산신청을 하여야 하고, 그렇지 않을 경우 대표권에 흠이 있어 채권자의 파산신청은 각하하여야 한다(비록 제295조에 의한 파산신청이 될 수는 있지만).[90]

2. 기 각

법원은 다음과 같은 경우 파산신청을 기각할 수 있다(제309조 제1항).

가. 신청인이 절차의 비용을 미리 납부하지 아니한 때 (제1호)

인지, 송달료, 파산관재인 선임비용을 납부하지 않은 경우이다. 채권자가 신청한 사건에서는 채권자가 절차비용의 납부의무를 부담한다. 예납은 신청의 적법성과 관계되는 것이므로 입법론적으로는 신청을 각하하는 것이 타당하다.

나. 법원에 회생절차 또는 개인회생절차가 계속되어 있고[91] 그 절차에 의함이 채권자 일반의 이익에 부합하는 때 (제2호)

파산절차보다 회생절차나 개인회생절차가 우선하기 때문에 회생절차나 개인회생절차가 계속되어 있고 그 절차에 의함이 채권자 일반의 이익에 부합한 때는 파산신청을 기각한다. 법원에 회생절차나 개인회생절차가 계속되어 있다는 것만으로 기각할 수는 없고, 나아가 그 절차에 의함이 채권자 일반의 이익에 부합하여야 한다. '이익'과 '일반의 이익'이 무엇인지에 관하여는 〈제2편 제5장 제2절 Ⅰ.2.다.〉(본서 255쪽)를 참조할 것.

'계속'되어 있는 다른 절차(회생절차 또는 개인회생절차)란 이러한 절차가 신청되어 있는 것으로 족하고, 반드시 절차가 개시될 것까지 요구하는 것은 아니다. 파산신청 후 다른 절차가 신청된 경우에도 마찬가지이다.

다. 채무자에게 파산원인이 존재하지 아니한 때 (제3호)

파산원인은 채무자가 지급을 할 수 없는 때이고, 채무자가 지급을 정지한 때에는 지급을

---

88) 서울회생법원 2019. 10. 24. 자 2018하합100479 결정 참조.

89) 대법원 2000. 5. 29. 자 2000마934 결정.

90) 서울회생법원 2020. 3. 18. 자 2020하합100093 결정.

91) 회생절차나 개인회생절차에서는 다른 절차가 이미 법원에 계속 중임을 요하고 있지 않다(제42조 제3호, 제595조 제6호).

할 수 없는 것으로 추정한다(제305조). 존립 중인 합명회사 및 합자회사를 제외한 법인의 경우에는 채무초과도 파산원인이 된다(제306조 제1항). 파산원인에 관한 자세한 내용은 〈제1절 Ⅰ.2.나.〉(본서 1201쪽)를 참조할 것.

채무자의 배우자가 재산이나 수입이 있더라도, 그 배우자가 채무자에 대하여 보증인의 지위에 있다거나 채무자의 채무를 스스로 이행할 의사를 보이는 등의 특별한 사정이 없는 한, 채무자의 파산원인 판단에 고려할 수는 없다.[92]

라. 신청인이 소재불명인 때 (제4호)

신청인이 소재불명이어야 하므로, 채권자가 파산신청을 하였는데 채무자가 소재불명인 경우에는 해당하지 않는다. 파산절차에서는 파산관재인이 전부를 장악하므로 채무자의 행방불명은 파산장애사유가 되지 않는다.

마. 그 밖에 신청이 성실하지 아니한 때 (제5호)[93][94]

'신청이 성실하지 아니한 때'라 함은 채무자가 제302조 제1항에 정한 신청서의 기재사항을 누락하였거나, 제302조 제2항 및 규칙 제72조에 정한 첨부서류를 제출하지 아니하였고, 이에 대하여 법원이 보정을 촉구하였음에도 채무자가 정당한 사유 없이 응하지 아니한 경우를 말한다.[95] 따라서 법원이 보정을 명한 사항이 위와 같이 법령상 요구되지 않는 내용에 관한 것이라면 채무자가 그 사항을 이행하지 못하였다 하더라도 이를 이유로 파산신청을 기각하는 것은 허용되지 않고,[96] 채무자가 법원의 보정 요구에 일단 응한 경우에는 그 내용이 법원의 요구사항을 충족시키지 못하였다 하더라도 법원이 추가적인 보정 요구나 심문 등을 통하여 이를 시정할 기회를 제공하지 아니한 채 곧바로 파산신청을 기각하는 것은 허용되지 않는다.[97]

신청인이 법원이 지정한 기일에 정당한 사유 없이 수회 불출석한 경우에는 파산신청의 진

---

92) 대법원 2008. 9. 25. 자 2008마1070 결정.
93) 회생절차개시신청의 기각사유이기도 하고(제42조 제2호)(본서 254쪽) 개인회생절차개시신청의 기각사유이기도 하다(제595조 제7호)(본서 1927쪽). 다만 파산절차에서는 파산절차남용을 별도의 파산신청기각사유로 규정하고 있다(제309조 제2항). 회생절차나 개인회생절차는 신청남용을 신청이 성실하지 아니한 때에 해당한다고 보아 기각하여야 할 것이다. 절차별로 달리 규정할 합리적인 이유가 없으므로 통일적으로 규정할 필요가 있다. 일본의 경우처럼 '신청이 부당한 경우, 그 밖에 신청이 성실하게 된 것이 아닌 때'와 같이 하나로 묶어서 규정하는 것도 고려할 만하다(일본 회사갱생법 제41조 제1항 제4호, 민사재생법 제25조 제4호, 파산법 제30조 제1항 제2호).
94) 실무적으로 법원의 보정명령을 이행하지 않거나 첨부서류를 제출하지 않아 신청이 성실하지 않다는 이유로 파산신청을 기각하는 사례가 많다. 이 경우 채무자가 즉시항고를 하고 항고심에서 보정을 이행하는 등으로 성실하지 않다는 이유가 없다고 판단된 경우, 항고심은 원심결정을 취소하고 원심법원으로 환송하여야 한다(제316조 제5항).
95) 대법원 2008. 9. 25. 자 2008마1070 결정. 실무적으로 신청인이 파산심문 기일통지를 송달받고도 정당한 사유 없이 2회 이상 심문기일에 출석하지 아니한 경우 신청이 성실하지 아니한 것으로 본다.
96) 채무자 처 명의의 아파트 분양대금의 출처에 관한 사항은 법령이 요구하는 사항이 아니므로 이에 관한 소명자료를 제출하지 않았다고 하더라도 파산신청을 기각할 수 없다(대법원 2011. 10. 28. 자 2011마961 결정). 친족의 재산에 관한 사항(대법원 2009. 11. 6. 자 2009마1464,1465 결정), 채권자에 대한 부채증빙자료(대법원 2008. 9. 25. 자 2008마1070 결정)도 법령상 요구되는 신청서의 기재사항이나 첨부서류에 해당하지 않는다.
97) 대법원 2011. 7. 28. 자 2011마958 결정. 채권자목록에 송달 가능한 주소지가 기재되지 않았다는 이유만으로 파산신청이 불성실한 경우로 단정할 수 없다는 사례로 「대구지방법원 2019. 6. 3. 자 2018라276 결정(확정)」이 있다.

의가 없거나 신의칙에 반한다고 보이므로 신청이 성실하지 아니한 때로 볼 수 있을 것이다.[98]

바. 파산절차남용 (제309조 제2항)[99]

채무자에게 파산원인이 존재한다고 하더라도 파산신청이 파산절차의 남용에 해당하는 경우에는 파산신청을 기각할 수 있다(제309조 제2항). 이는 아래에서 보는 바와 같이 민법 제2조 제2항에서 정한 권리남용금지원칙의 한 모습이라고 할 수 있다.[100] 다만 파산절차의 남용이라고 하고 있을 뿐 그 요건이나 효과에 대하여 구체적으로 정하고 있지 않다. 이러한 일반조항으로서의 성격상 개별적인 사안에서 구체적 타당성을 실현할 수 있지만, 반대로 자의적으로 적용될 소지가 있어 법적 안정성을 해칠 수도 있다. 결국 파산절차남용에 해당하는지는 실무에서 사례의 축적을 통하여 구체적인 판단기준을 설정해 나갈 수밖에 없을 것이다.

(1) 개인파산신청 및 채무자가 파산신청을 한 경우[101]

(가) 파산절차의 남용은 권리남용금지원칙의 한 표현으로서, 파산신청이 '파산절차의 남용'에 해당하는지 여부는 다른 일반조항에서와 마찬가지로 파산절차로 말미암아 채권자와 채무자를 비롯한 이해관계인에게 생기는 이익과 불이익 등 그 권리의 행사에 관련되는 제반 사정을 종합적으로 고려하여 판단되어야 한다.[102] 특히 법 규정의 입법 연혁이나 문언 및 규정 체계 등에 비추어 보면, 정직하고 성실한 채무자의 새로운 출발을 도모하면서도 채권자에게 보다 공평한 만족을 보장하려는 파산제도 기타 도산제도의 본래적 기능이 정상적으로 발휘될 수 있도록 하기 위하여, 채무자의 현재 및 장래의 변제능력이 무겁게 고려됨은 물론이고, 그 외에도 파산신청의 동기와 그에 이른 경위, 지급불능의 원인 및 그에 관련한 이해관계인들의 행태, 파산절차와 관련하여 제공되는 각종 정보의 정확성, 채무자가 예정하는 지출 등의 낭비적 요소

---

98) 실무적으로 일부 법원에서 도박, 주식, 비트코인 등 사행성이 의심되는 채무가 있는 경우나 신청 무렵 채무가 많은 경우 해당 금액을 청산가치에 반영하도록 하고 이에 응하지 않으면 '신청이 성실하지 아니한 때'로 보아 기각하는 사례(개인파산사건)가 있다. 하지만 이는 문제가 있다. 위와 같은 채무를 청산가치에 반영하여야 한다는 법적 근거가 없고(애당초 청산가치에 포함되지도 않는 것이다), 이러한 사정이 있다고 하더라도 이는 면책불허가사유가 될 수 있을 뿐 신청이 불성실한 때에 해당하지는 않는다. 면책여부에 대한 심리를 마치고 이러한 사유가 있더라도 재량면책을 할 수도 있다는 점에서 실무는 개선되어야 한다.

99) 미국 연방도산법 제707조는 개인채무자의 파산신청을 규율하기 위하여 파산절차의 남용에 해당하는 것으로 ① 파산신청이 신의성실에 반하는 경우, ② 채무자에 대한 재산심사를 통하여 남용이 추정되는 경우를 들고 있다. 또한 미국 연방도산법 제303조(b)는 채권자의 파산신청을 통한 절차의 남용을 방지하기 위해 ① 파산신청을 한 채권자들의 무담보 채권액 합계가 $15,775 이상이어야 하고, ② 파산신청을 한 채권자가 보유하고 있는 채권이 우발채권이 아니며, ③ 채권자가 12명 이상인 경우에는 3명 이상의 채권자 신청이 필요하고, 12명 미만인 경우는 1명의 채권자 신청으로 가능하도록 규정하고 있다.

100) 민법상의 권리남용론과 파산절차 남용에서의 적용 및 변용에 관하여는 「이무룡, "법인파산절차 남용에 관한 연구－판례의 동향, 일본의 연구와 판례, 권리남용금지원칙에 기초하여", 저스티스 통권 176호(2020.2.), 한국법학원, 265쪽 이하」를 참조할 것.

101) 개인에 대하여 채권자가 파산신청을 하는 경우가 가끔 있다. 예컨대 채무자가 의사나 변호사와 같이 전문직인 경우 채권자들이 채권회수를 위한 압박용으로 개인파산을 신청한다. 이런 사건의 경우 대부분 파산선고 이전에 합의가 되거나 파산절차남용으로 기각되는 경우가 많다.

102) 대법원 2017. 12. 5. 자 2017마5687 결정, 대법원 2011. 1. 25. 자 2010마1554,1555 결정 등 참조.

유무 등이 문제될 수 있다. 또한 파산신청이 종국적으로 채무자의 면책을 얻기 위한 목적으로 행하여지는 경우에 채무자에게 법이 정한 면책불허가사유의 존재가 인정된다면 이러한 사정도 파산절차의 남용을 긍정하는 요소로 평가될 수 있음은 물론이다. 한편 그에 있어서는 면책불허가사유가 존재하더라도 법원이 파산에 이르게 된 경위 등을 참작하여 재량으로 면책을 허가할 수 있는 점 등에 비추어, 채무자가 위와 같은 재량면책을 받을 수 있는 기회를 부당하게 상실하는 것이 아닌지 하는 점에도 유념할 것이다.[103]

(나) 파산면책제도의 목적과 다른 도산절차와의 관계, 제309조 제2항의 입법 연혁과 조문 체계 등에 비추어 보면, 채무자가 개인인 경우, '파산신청이 파산절차의 남용에 해당한다'는 것은 채무자가 현재는 지급불능 상태이지만 계속적으로 또는 반복하여 일정한 소득을 얻고 있고, 이러한 소득에서 필수적으로 지출하여야 하는 생계비, 조세 등을 공제한 가용소득으로 채무의 상당 부분을 계속적으로 변제할 수 있기 때문에 회생절차 · 개인회생절차 등을 통하여 충분히 회생을 도모할 수 있다고 인정되는 경우를 주로 의미한다. 따라서 채무자가 회생절차 · 개인회생절차를 신청한다면 그 절차를 통하여 충분히 회생을 도모할 수 있는 상태에 있는지 여부를 전혀 심리하여 보지도 아니한 상태에서 채무자에게 장래 소득이 예상된다는 사정만에 터잡아 함부로 채무자의 파산신청이 파산절차의 남용에 해당한다고 단정하여서는 아니 된다.[104]

(2) 법인파산신청 및 채권자가 파산신청을 한 경우[105]

실무적으로는 주로 채권자가 파산신청을 하는 경우 파산절차남용이 많이 문제된다.[106] 파산

---

103) 대법원 2011. 1. 25. 자 2010마1554,1555 결정. 실무적으로 비면책채권에 대한 면책을 받기 위하여 파산을 신청하는 경우가 있는데, 이러한 경우 파산절차남용을 이유로 기각하고 있다. 한편 채무자의 증여행위를 사해행위에 해당한다는 이유로 그 취소를 구하는 사해행위취소소송이 기각된 경우 파산절차남용을 인정할 수 없다는 사례로 「대법원 2009. 11. 26. 자 2009마1283 결정」이 있다.

104) 대법원 2013. 8. 30. 자 2013마1070,2013마1071 결정, 대법원 2009. 9. 11. 자 2009마1205,1206 결정, 대법원 2009. 5. 28. 자 2008마1904,1905 결정.

105) 이외 법인파산신청과 관련하여 파산절차남용을 긍정한 사례와 부정한 사례는 다음과 같다.
    ○ 파산절차남용을 긍정한 사례: 대전지방법원 2017. 8. 9. 자 2017하합7023 결정(확정), 대전지방법원 2017. 12. 26. 자 2017하합7098 결정(확정), 서울중앙지방법원 2008. 3. 6. 자 2007하합72 결정(확정)
    ○ 파산절차남용을 부정한 사례: 대전지방법원 2016. 11. 4. 자 2016하합5014, 2016하합5024(병합) 결정(확정) 부산지방법원 2017. 1. 2. 자 2016하합1027 결정(확정), 서울고등법원 2017. 11. 28. 자 2017라21030 결정(확정), 서울고등법원 2014. 10. 27. 자 2014라454 결정(확정), 서울고등법원 2013. 6. 5. 자 2012라1818 결정(확정), 서울고등법원 2013. 10. 10. 자 2012라1041 결정(확정), 서울회생법원 2018. 1. 31. 자 2017하합100001, 100039(병합), 100040(병합) 결정(확정), 서울회생법원 2017. 8. 11. 자 2017하합100062 결정(확정).

106) 채권자가 도산(파산)신청을 한 경우, 채무자의 신용이 훼손되고, 사업에도 악영향이 미치기 때문에, 남용적 채권자 신청을 억제하고, 채무자를 보호하기 위하여, 도산신청을 기각하는 것 이상의 대책이 필요하다. 이와 관련하여 미국 연방도산법상의 부당한 채권자 신청에 대한 제재제도를 참고할 필요가 있다.
    연방도산법은 채권자 신청의 성실성(good faith)을 요구하지 않지만, §303(ⅰ)(2)는 악의(bad faith)에 의한 채권자 신청에 대한 제재를 규정하고 있으므로, 일반적으로 채권자 신청을 함에 있어서는 성실성이 필요하다고 하고 있다. 어떠한 경우 악의의 신청이 되는지에 대하여는 신청인의 신청 동기를 판단기준으로 한다는 주관적 테스트, 신청채권자가 합리적인 인간이라면 어떻게 행동하였을 것인지를 판단기준으로 하는 객관적 테스트, 주관적 테스트와 객관적 테스트를 병용하는 것이 있다.
    부당한 채권자 신청에 대하여 제재가 부과되고 있다. 법원은 채권자 신청 사건을 기각할 경우, 신청인에 대하여 비용 및 변호사비용을 지급할 것을 명하는 판결을 할 수 있다(§303(ⅰ)(1)). 다만 ① 신청인과 채무자의 동의에 따

절차의 남용은 권리남용금지 원칙의 일종으로서, 파산신청이 '파산절차의 남용'에 해당하는지는 파산절차로 말미암아 채권자와 채무자를 비롯한 이해관계인에게 생기는 이익과 불이익 등 여러 사정을 종합적으로 고려하여 판단하여야 한다. 가령 채권자가 파산절차를 통하여 배당받을 가능성이 전혀 없거나 그 배당액이 극히 미미할 것이 예상되는 상황에서 부당한 이익을 얻기 위하여 채무자에 대한 위협의 수단으로 파산신청을 하는 경우에는 채권자가 파산절차를 남용한 것에 해당한다. 이처럼 파산절차에 따른 정당한 이익이 없는데도 파산신청을 하는 것은 파산제도의 목적이나 기능을 벗어난 것으로 파산절차를 남용한 것이라고 볼 수 있다. 이때 채권자에게 파산절차에 따른 정당한 이익이 있는지를 판단하는 데에는 파산신청을 한 채권자가 보유하고 있는 채권의 성질과 액수, 전체 채권자들 중에서 파산신청을 한 채권자가 차지하는 비중, 채무자의 재산상황 등을 고려하되, 채무자에 대하여 파산절차가 개시되면 파산관재인에 의한 부인권 행사, 채무자의 이사 등에 대한 책임추궁 등을 통하여 파산재단이 증가할 수 있다는 사정도 감안하여야 한다. 이와 함께 채권자가 파산신청을 통해 궁극적으로 달성하고자 하는 목적 역시 중요한 고려 요소가 될 수 있다.[107]

(3) 필요적 심문

법원은 파산절차의 남용을 이유로 파산신청을 기각하려면 반드시 심문을 거쳐야 한다(제309조 제2항).

라 기각한 경우나 ② 채무자가 그 권리를 포기한 경우에는 채무자를 보호할 필요가 없기 때문에 그러한 판결을 할 수 없다(§303(i)). 또한 신청인이 악의에 의해 채권자 신청을 한 것으로 인정된 경우에는, 법원은 신청과 상당인과관계를 가진 모든 손해 및 징벌적 배상을 지급할 것을 명하는 판결을 할 수 있다(§303(i)(2)).

미국에서는 이러한 제재가 있기 때문에 편파행위나 사해적 양도의 부인이 가능한 경우나 재산은닉을 저지하기 위해 경영진을 배제하여 관재인이 대신하는 경우 등 명확히 이점이 있는 경우를 제외하고는, 채권자 신청은 신중히 이루어지고 있다고 한다.

> ○ U.S.C. 11 §303. Involuntary cases
>   (i) If the court dismisses a petition under this section other than on consent of all petitioners and the debtor, and if the debtor does not waive the right to judgment under this subsection, the court may grant judgment —
>   (1) against the petitioners and in favor of the debtor for —
>   (A) costs; or
>   (B) a reasonable attorney's fee; or
>   (2) against any petitioner that filed the petition in bad faith, for —
>   (A) any damages proximately caused by such filing; or
>   (B) punitive damages.

107) 대법원 2017. 12. 5. 자 2017마5687 결정(채권자의 파산신청은 채권회수를 위한 압박의 수단으로 파산신청을 이용한 것에 불과하다는 원심결정을 파기한 사례). 약 12,000명의 피해자들을 상대로 약 1조원에 달하는 투자금을 편취한 사기범죄를 저지른 개인채무자에 대하여 일부 채권자들이 파산신청을 한 사건에서(서울회생법원 2018하합100005), 파산절차의 남용을 부정하였다{서울고등법원 2018. 8. 6. 자 2018라20398 결정(확정)}.

미국 연방도산법상의 변호사에 대한 규제 및 제재[108]

미국 연방도산법은 채무자의 신청대리인인 변호사에게 몇 가지 충실의무(due diligence obligation)를 부과하고 있다. 채무자의 변호사가 이러한 의무를 이행하지 않을 경우 제재를 가할 수 있다. 이러한 의무는 제7장 파산절차와 관련하여 부과되고 있다.

변호사가 법원에 제출하는 서류에는 변호사가 서명할 것이 요구된다. 변호사는 서명에 의해, 변호사가 합리적인 조사를 수행하였고, 신청·답변·서면동의는 사실에 근거하고 법률 및 이론에 따른 근거를 두고 결정한 것임을 증명한다(제707조(b)(4)(C)). 또한 변호사는 신청서에 서명함으로써, 변호사가 관련 조사를 한 후 신청서에 첨부된 일람표의 내용이 부정확하다는 것을 알았던 사실도 없다는 것을 증명한다(제707조(b)(4)(D)).

나아가 관재인이 파산신청의 기각 또는 이행의 신청을 하고, 법원이 관재인의 신청을 인정하며, 신청대리인 변호사가 연방규칙(Federal Rules of Bankruptcy Procedure, Bankruptcy Rule) 제9011조[109]에 위반하였다고 판단한 경우에는, 같은 조의 절차에 따라, 직권 또는 이해관계인의 신청에 의해, 그 변호사에 대하여, 합리적인 모든 비용을 관재인에게 지급할 것을 명할 수 있다(제707조(b)(4)(A)). 또한 법원은 직권 또는 이해관계인의 신청에 의해, 신청대리인 변호사에게 적절한 민사벌(civil penalty)을 부과하고, 그 벌금(penalty)을 관재인, 연방관재인 등에게 지급할 것을 명할 수 있다(제707조(b)(4)(B)).

이러한 의무는 2005년에 신설되었다. 이는 파산절차남용에 대한 대책의 일환으로 도입된 것이다(변호사가 조사하고 향후 민사벌에 대한 위험이 있으므로 신청비용이 증가할 것이고 그러면 무분별한 파산신청을 막을 수 있을 것이다). 변호사에 대하여 다양한 의무를 부과하고 제재 규정을 둠으로써 변호사는 파산신청에 있어 커다란 책임을 부담할 가능성이 있다.

3. 이　　송[110]

파산사건은 전속관할이므로 관할이 없는 경우에는 관할 법원으로 이송하여야 한다(제33조, 민소법 제34조 제1항). 법원은 현저한 손해 또는 지연을 피하기 위하여 필요하다고 인정하는 때에는 직권으로 파산사건을 채무자의 다른 영업소 또는 사무소나 채무자 재산의 소재지를 관할하는 회생법원으로 이송할 수 있다(제4조).

4. 파산선고

법원은 파산원인 사실이 인정되고[111] 파산장애사유가 존재하지 않으면 파산선고를 한다. 한

---

108) Jeffrey T. Ferriell · Edward J. Janger, 180~182쪽.
109) 연방규칙 제9011조는 부적절한 목적의 소송활동, 법률상의 근거 없는 주장에 대한 제재를 정하고 있다.
110) 이송에 관한 나머지 사항에 관하여는 〈제2편 제2장 제1절 Ⅱ.1.〉(본서 136쪽)를 참조할 것.
111) 파산원인사실에 관하여 소명으로 충분한가 아니면 증명이 필요한가. 파산원인의 존재는 파산선고결정의 확정에 의하여 확정되는 것이고, 위 결정은 채무자뿐만 아니라 채권자 기타 이해관계인에게 중대한 영향을 미치기 때문에, 법원은 심리결과 확신에 이른 경우에 비로소 파산선고결정을 할 수 있다는 증명설이 타당하다(條解 破産法, 253쪽, 본서 258쪽 각주 24) 참조).

편 회생절차, 개인회생절차에서는 그 절차의 신속성 등을 보장하기 위해 절차개시의 결정기한을 신청일로부터 1개월로 명시해 두고 있음(제49조 제1항, 제596조 제1항)에 반하여, 파산절차에서는 이와 같은 규정이 없다. 따라서 입법론적으로 회생절차나 개인회생절차와 형평에 어긋나는 점을 바로잡고 파산절차의 신속을 도모하기 위해 회생절차, 개인회생절차와 같이 채무자가 파산을 신청한 날로부터 1개월 이내에 법원이 파산의 선고 여부를 결정하도록 명시할 필요가 있다.

파산장애사유란 파산능력 및 파산원인이 있어도 파산선고를 할 수 없는 사유이다. 파산신청기각사유(위 〈2.〉)가 여기에 해당한다. 또한 채권자 일반의 이익에 부합하는 경우로서 회생절차개시의 신청(제44조 제1항 제1호) 또는 결정(제58조 제1항 제1호), 개인회생절차개시의 신청(제593조 제1항 제1호) 또는 결정(제600조 제1항 제1호)이 있는 경우 파산절차의 진행이 저지될 수 있다.

파산선고와 관련한 자세한 내용은 〈제3장 제1절〉(본서 1242쪽)을 참조할 것.

5. 파산신청에 관한 재판에 대한 불복

파산신청에 관한 재판에 대하여는 이해관계인이 즉시항고의 방법으로 불복할 수 있다(제13조 제1항, 제316조 제1항). 즉시항고기간은 파산선고의 경우에는 공고가 있는 날로부터 14일 이내에 하여야 하고(제13조 제2항), 공고가 없는 재판에 대하여는 재판의 고지를 받은 날로부터 1주간이다(제33조, 민소법 제444조 제1항). 파산신청에 관한 재판에 대한 즉시항고에는 집행정지의 효력이 없다(제316조 제3항).

가. 불복할 수 있는 이해관계인의 범위

불복을 할 수 있는 이해관계인의 범위는 재판의 내용에 따라 다르지만, 재판에 대한 법률상의 이해관계를 기준으로 판단하여야 할 것이다.[112]

(1) 각하결정의 경우

채권자가 신청한 것이라면 채무자는 불이익이 없기 때문에 불복신청권이 부정되고, 다른 채권자의 신청권도 법률상 영향을 받지 않기 때문에 다른 채권자의 불복신청권도 부정된다고 할 것이다. 따라서 부적법하다고 인정된 신청권자만이 불복신청을 할 수 있다고 할 것이다.

채무자 등이 신청한 경우에도 마찬가지의 이유로 다른 신청권자는 불복신청권이 부정되고,

한편 채권자 신청 사건에서 신청의 적법요건인 채권의 존재(제294조 제2항)에 관하여 소명으로 충분한지 증명이 필요한지 다툼이 있다. 파산채권의 존재는 파산선고결정에 의하여 확정되는 것은 아니므로 소명으로 충분하다는 견해가 있다(條解 破産法, 254쪽). 하지만 신청인의 채권이 채무자에 대한 채권의 대부분을 차지하고, 그 불이행을 주요한 근거로 하여 지급불능을 인정하는 경우에는 신청인의 채권에 대한 증명이 필요하다는 점, 채권의 존재는 원칙적으로 다른 적법요건(파산능력, 소송능력 등)과 같은 지위에 있고, 채무자의 이익을 보호하기 위해서도 신청인의 신청자격은 신중하게 판단할 필요가 있는 점 등을 고려하면, 증명설이 타당하다고 할 것이다.

112) 破産法·民事再生法, 181~182쪽.

신청인에게만 불복신청이 허용된다고 할 것이다.

(2) 기각결정의 경우

채권자가 신청한 것이라면 신청채권자 이외에 다른 채권자에게도 불복신청권이 인정된다. 신청이 적법하다는 것을 전제로 부인권이나 상계금지와의 관계에서 다른 채권자도 당해 신청에 의해 파산선고가 되는 것에 대하여 법률상 이해관계를 가지기 때문이다.

채무자 등이 신청한 것이라면 신청인 외에 파산채권자로 될 자에게 불복신청권이 인정된다.

(3) 파산선고결정의 경우

파산선고결정에 대한 불복(즉시항고)에 대하여는 아래 〈제3장 제3절 Ⅰ.〉(본서 1315쪽)을 참조할 것.

나. 항고법원의 조치

즉시항고가 있는 경우 항고법원은 이를 어떻게 처리하여야 하는가. 항고법원은 즉시항고의 절차가 법률에 위반되거나 즉시항고가 이유 없다고 인정하는 때에는 결정으로 즉시항고를 각하 또는 기각하여야 하고, 즉시항고가 이유 있다고 인정하는 때에는 원래의 결정을 취소하고 사건을 원심법원에 환송하여야 한다(제316조 제4항 제5항).

파산신청 기각결정에 대하여는 즉시항고의 경우 파산원인이 있는지 여부는 항고에 대한 결정 시점을 기준으로 판단한다. 파산선고에 대하여 즉시항고가 된 경우 파산선고의 적법성은 파산선고시점을 기준으로 판단한다.

Ⅶ 면제재산신청에 대한 재판

1. 면제재산의 의의

면제재산(Exemptions[113])이란 개인채무자가 파산선고 시에 가진 재산으로서 원래 파산재단에 속하여야 하나, 법원의 결정에 의하여 일정한 범위 내에서 파산재단에 속하는 것을 면제받아 자유재산으로 변경된 재산을 말한다(제383조 제2항). 개인채무자 파산의 경우 자유재산이 많지 않으면 생활도 곤란하고 새로운 출발을 도모할 수도 없다. 이에 개인인 채무자의 새로운 출발을 위하여 필요한 최소한도의 기본적인 생활수단을 계속 채무자에게 보유케 하자는 취지에서 면제재산제도를 도입하였다.[114]

---

113) 미국 연방도산법에서 "Exemptions"은 엄밀히 말하면 채무자회생법상의 면제재산뿐만 아니라 압류금지재산 등도 포함하는 것으로(ANDREW BALBUS, 217~222쪽) 오히려 자유재산이라는 개념에 더 가깝다.

114) 이 제도는 미국 연방도산법 §522(d)에서 규정하는 면제재산인 Homestead Exemption, Wildcard Exemption, Specific Exemption를 수계한 것이다. Homestead Exemption은 채무자의 주거안정을 위한 것으로서 주택임차인이건 주택소유자이건 불문하고 일정액을 보장하고 있는 제도인 반면 우리나라의 경우에는 그 범위를 주택임차인의 보증금 중 일정액으로 규정하고 있는 점에서 차이가 있다. Wildcard Exemption은 주택에 대한 면제액이 법정의 액에 미달하

개인파산절차에서 채무자들은 채무에 대한 면책을 받는 대신 그들의 재산(파산재단)을 모두 포기하는 것을 예정하고 있다. 그러나 채무자들은 그들의 모든 재산을 포기할 것을 요구받고 있는 것은 아니다. 채무자들은 면제재산 등과 같은 방법으로 개인파산절차에서도 전부는 아니지만 상당한 부분의 재산에 대한 관리처분권을 가질 수 있다.

개인인 채무자는 파산선고 전이나 후에 면제재산을 신청할 수 있다. 면제재산은 개인채무자만이 이용할 수 있다. 법인(기업)은 그러한 권리가 없다. 면제재산신청은 파산신청일 이후 파산선고 후 14일 이내에 면제재산목록 및 소명에 필요한 자료를 첨부한 서면으로 하여야 한다. 파산선고 전에 신청이 있는 경우 법원은 파산선고와 동시에, 파산선고 후에 신청한 경우에는 신청일로부터 14일 이내에 면제 여부 및 그 범위를 결정하여야 한다(제383조 제3항, 제4항).

면제재산결정이 있는 때에는 법원은 채무자 및 알고 있는 채권자에게 그 결정서를 송달하여야 한다(제383조 제5항). 면제재산결정에 대하여는 즉시항고를 할 수 있지만, 집행정지의 효력은 없다(제383조 제6항, 제7항).

파산선고와 동시에 파산절차를 폐지(동시폐지)할 경우에는 파산재단이 구성되지 않으므로 면제재산결정을 할 필요가 없다. 파산선고 전에 면제재산신청이 있는 경우 채무자의 신청 또는 직권으로 파산선고가 있을 때까지 면제재산에 대하여 파산채권에 기한 강제집행, 가압류 또는 가처분의 중지 또는 금지를 명할 수 있다(제383조 제8항). 면재재산결정이 확정된 경우에는 중지한 절차는 그 효력을 잃는다(제383조 제9항). 관련 내용은 〈제15장 제1절 Ⅱ.1.〉(본서 1798쪽)을 참조할 것.

면제재산의 범위 등에 관한 내용은 〈제4편 제5장 제1절 Ⅲ.〉(본서 1947쪽)을 참조할 것.

2. 면제재산결정의 효력

면제재산으로 결정된 재산은 파산재단에서 제외되는 자유재산이므로 채무자가 자유롭게 처

는 경우 다른 자산에 해당 금액을 전용하여 면제재산으로 인정받을 수 있는 것을 말한다. Specific Exemption는 주로 채무자의 추억이나 애정이 담긴 물건의 보유를 보장해 주려는 데 기인한 것으로서 일정 가액 이하의 자동차 혹은 가족이 사용하는 가구, 가정용품, 의류, 기구, 서적, 동물, 곡물 또는 악기 등이 대표적이다. 그러나 우리나라의 경우에는 이러한 특정재산도 생계비에 사용될 재산이어야 한다고 한정하고 있는 점에서 차이가 있으므로 어떠한 재산이 이에 해당되는지를 미리 파악하기는 어렵고 채무자의 개별적인 신청을 통하여 판단될 수밖에 없다.

우리나라 면제재산제도가 미국 연방도산법의 Exemption를 수계한 것이라고 하지만, 많은 차이가 있다. 미국의 면제재산제도는 우리의 제도보다 그 범위가 넓고, 새로운 출발의 이익을 누리도록 하는데 초점을 두고 있다. 반면 우리나라는 인간다운 생활을 보장한다는 측면에서는 어느 정도 타당할지는 몰라도 새로운 출발이라는 관점에서는 매우 부족하다. 또한 미국의 면제재산제도는 대체로 주택과 차량을 면제재산에 포함시키고, 전반적으로 채무자의 회생에 중점을 두고 있어 채권자 보다는 채무자 측에 좀 더 비중을 두고 있다. 특히 Homestead Exemption과 Wildcard Exemption을 통해 주택 소유 여부에 따른 형평성을 제고하고, Wildcard Exemption은 상당한 정도의 비면제재산을 면제재산으로 보호함으로써 채무자의 회생을 적극적으로 지원하고 있다. 절차적으로도 면제재산 포기 약정의 효력을 제한하는 등 면제재산을 대상으로 한 채무자의 적극적인 권리를 보장하고 있다{윤덕주, "개인파산제도에 있어 면제재산 제도의 적정성 제고 방안", 인권과 정의(제467호), 대한변호사협회(2017), 110, 122쪽}.

면제재산의 범위가 지나치게 좁고, 개인파산이나 개인회생이 채무자의 새로운 출발을 목적으로 한다는 점 등을 고려하면, 입법론적으로 면제재산의 범위는 확대될 필요가 있다. 이러한 점에서 미국 연방도산법의 면제재산 규정은 참고할 만하다.

분할 수 있다. 면제재산에 대하여는 면책신청을 할 수 있는 기한까지는 파산채권에 기한 강제 집행, 가압류 또는 가처분을 할 수 없다(제383조 제10항).[115] 파산절차가 종료되더라도 면책절차 가 계속 중인 경우에는 면책신청에 관한 재판이 확정될 때까지 면제재산을 포함한 채무자의 재산에 대하여 강제집행 등을 할 수 없고, 파산선고 전에 이미 행하여지고 있던 강제집행 등 은 중지된다(제557조 제1항).

제2절 파산선고 전의 조치

Ⅰ 파산선고 전의 구인

채무자는 파산신청 후 파산선고 전에 도주할 우려가 있다. 이에 법원은 파산선고 전이라도 직권으로 채무자와 채무자의 법정대리인, 이사, 지배인의 구인을 명할 수 있다(제322조, 제319 조). 이를 인적 보전처분이라고도 한다.

채무자 등을 구인할 경우 이해관계인에게 신청권이 없다. 이해관계인이 신청을 하더라도 법원의 직권발동을 촉구하는 의미밖에 없다.

Ⅱ 보전처분[116]

1. 보전처분의 필요성

파산신청이 있어도 파산선고까지 시간이 걸리고 채무자에게 여전히 재산에 대한 관리처분 권이 존속하므로 채무자는 재산을 은닉하거나 일부 채권자에게 편파변제를 하는 등으로 재산 을 산일시킬 수 있다. 또한 일부 채권자들이 채무자에게 변제를 요구하거나 강제집행 등에 의 하여 개별적으로 채권을 추심할 우려도 있다.[117] 파산선고 전의 보전처분은 장래의 파산집행이 라는 포괄집행을 보전하기 위하여 파산재단에 대하여 이루어진다.

법원은 파산선고 전이라도 채무자가 재산을 은닉 또는 훼손할 염려가 있는 때에 이해관계

---

115) 파산신청만 있고 간주면책신청이 적용되지 않는 사건(채권자가 파산신청을 한 경우)에서 파산절차가 동시폐지로 종 료되는 경우와 같이 파산절차가 종료되었으나 미처 면책신청이 이루어지지 못한 예외적인 경우에는 파산채권자가 면제재산에 대하여 강제집행을 하는 것을 막을 수 없어 면제재산제도의 실효성을 저하시킬 우려가 있어 둔 것이다.
116) 물적 보전처분 또는 재산 보전처분을 말한다. 실무적으로 파산절차에서는 보전처분을 거의 하고 있지 않다. 대신 신속하게 파산선고를 하고 파산관재인으로 하여금 점유에 착수하도록 하고 있다.
117) 회생절차나 개인회생절차에서 보전처분은 채무자의 행위만을 제한(채권자의 행위를 제한할 경우에는 중지·금지명 령이나 포괄적 금지명령을 한다)함에 반하여, 파산절차에서의 보전처분은 채권자의 행위를 제한하는데도 사용된다. 그 이유는 파산절차에는 중지·금지명령이나 포괄적 금지명령제도가 없고, 뒤에서 보는 것처럼 보전처분의 내용인 '그 밖에 필요한 처분'에 중지·금지명령이 포함되는 것으로 이해하고 있기 때문이다. 파산절차에 포괄적 금지명령 을 도입하지 않은 이유는 파산절차는 청산을 목적으로 하므로 채무자의 재산보전을 목표로 하는 포괄적 금지명령 의 필요성이 상대적으로 적다고 보았기 때문이라고 한다(법무부 해설서, 98쪽).

인의 신청이나 직권으로 채무자의 재산에 대하여 가압류, 가처분 기타 필요한 보전처분을 할수 있다. 법원이 직권으로 파산을 선고하는 경우에도 마찬가지이다(제323조). 다만 파산절차의 목적을 달성하기 위하여 필요하다고 해도 파산선고 후에 인정될 수 없는 내용을 목적으로 하는 보전처분(예컨대 담보권실행금지가처분)은 허용될 수 없다.

동시폐지 사건에서는 보전할 재산이 없으므로(동시폐지의 경우에는 파산재단이 성립하지 않기 때문이다) 보전처분을 할 여지가 없다. 또한 개인파산의 경우에도 대부분 채무자의 재산이 없기 때문에 보전처분을 하고 있지 않다.

2. 절 차

보전처분은 이해관계인이 신청할 수 있다. 법원은 직권으로 보전처분을 할 수도 있다. 이해관계인에는 파산채권자, 재단채권자, 별제권자, 이사 등 채무자 법인의 임원, 종업원 등도 포함된다.[118] 신청인인 채권자의 보전처분신청에 대하여는 채권자가 채무자에 대하여 채권회수를 위한 압박용으로 이용할 수 있으므로 신중을 기할 필요가 있다.

신청인은 보전의 필요성을 소명하여야 하지만, 채권자가 신청한 경우에는 파산신청을 할때 이미 파산원인을 소명하였으므로(제294조 제2항) 보전처분의 요건으로서 다시 파산원인에 대한 소명은 필요하지 않다.[119]

법원은 보전처분을 변경하거나 취소할 수 있다(제323조 제2항). 보전처분이나 보전처분을 변경하거나 취소하는 결정에 대하여는 즉시항고를 할 수 있다(제323조 제4항). 즉시항고를 하더라도 집행정지의 효력은 없다(제323조 제5항).

3. 내 용

법원은 채무자의 재산에 대하여 가압류, 가처분 그 밖에 필요한 보전처분을 명할 수 있다(제323조 제1항).

가. 가압류, 가처분

실무적으로 채권가압류, 변제금지 · 처분금지 · 차재금지가처분 등이 주로 이용되고 있다. 이러한 보전처분은 채무자의 행위만을 제한할 뿐 채권자의 강제집행 등을 제한하는 것은 아니다.[120]

---

118) 채무자의 재산에 대한 보전처분의 신청권자로서 이해관계인에 채무자가 포함되는가. 포함된다는 견해가 있으나(법인파산실무, 48쪽), 채무자의 보전처분신청은 직권발동을 촉구하는 성격이 강하고, 강제집행중지가처분 등과 달리 채무자 자신에 대한 일정한 행위를 제한하는 것이므로 이해관계인에 채무자는 포함되지 않는다고 할 것이다. 반면 채권자를 상대로 한 강제집행중지가처분 등의 경우에는 채무자도 이해관계인에 포함된다고 할 것이다.

119) 채권자가 파산신청을 하려면, 파산원인을 소명하여야 하지만, 파산선고를 함에 있어서는 누가 신청하였는지에 관계 없이 파산원인에 관한 증명이 필요하다고 할 것이고, 파산보전처분은 파산선고가 있을 것을 전제로 하여 그 재단보전을 위하여 행하여지는 것이라는 점, 파산보전처분이 채무자에게 가하는 타격이 매우 크다는 점에 비추어 볼 때 파산선고가 있을 개연성이 높다는 정도의 파산원인에 관한 소명이 있어야 할 것이라는 견해도 있다(이진만, 전게 "파산선고 전의 보전처분", 143~144쪽).

보전처분에 반하여 한 채무자의 행위의 효력은 어떻게 되는가. 상대방이 보전처분이 내려 졌다는 것을 몰랐던 경우(선의)에는 유효하지만, 알았던 경우(악의)에는 무효라고 보아야 할 것이다(제61조 제3항 참조).[121] 악의의 증명책임은 변제 등의 무효를 주장하는 측이 부담한다.

나. 그 밖에 필요한 보전처분[122]

회생절차(제44조, 제45조)나 개인회생절차(제593조 제1항, 제5항)와 달리 파산절차에서는 파산 채권에 기한 강제집행 등의 중지·금지명령이나 포괄적 금지명령제도가 없다.[123] 이에 '그 밖에 필요한 처분'에 이러한 내용 등이 포함될 수 있는지가 문제된다.[124]

(1) 강제집행중지가처분

파산선고에 의하여 강제집행은 실효되고(제348조 제1항) 파산선고 직전의 집행행위는 부인의 대상으로 되는 점, 파산이라고 하는 포괄집행의 직전에 이러한 개별집행을 인정하는 것은 총 채권자의 공평의 견지에서 타당하지 않은 점, 제323조 제1항이 가압류, 가처분뿐만 아니라 '그 밖에 필요한 보전처분'도 할 수 있다고 규정하고 있는 점 등을 고려해 보면, 파산채권자가 신 청한 강제집행절차를 중지하는 내용의 보전처분이 허용된다고 볼 것이다.[125]

파산선고가 되면 재단채권에 기한 강제집행이 허용되지 않으므로 임금채권 등 재단채권에 기한 강제집행절차도 강제집행중지가처분의 대상이 된다. 그러나 파산선고 전에 파산재단에 속하는 재산에 대하여 국세징수법 또는 지방세징수법에 의하여 징수할 수 있는 청구권(국세징 수의 예에 의하여 징수할 수 있는 청구권으로서 그 징수우선순위가 일반 파산채권보다 우선하는 것을 포함한다)에 기한 체납처분(강제징수)을 한 때에는 파산선고는 그 처분의 속행을 방해하지 아니 하므로(제349조 제1항) 체납처분(강제징수)의 중지를 명하는 보전처분은 허용되지 않는다.

---

120) 자세한 내용은 〈**제2편 제4장 제1절 Ⅲ.1.**〉(본서 207쪽)을 참조할 것.
121) 항상 유효라고 하면 보전처분의 실효성이 없고, 항상 무효라고 하면 보전처분은 공시되지 않아 합리적이지 못하기 때문이다. 일본 파산법 제28조 제1항은 이를 명시적으로 규정하고 있다.
122) 실무상 부인권 행사를 위한 보전처분이 인정되고 있다. 또한 인적 보전처분으로 파산선고를 받은 채무자의 구인이 인정된다(제319조).
123) 입법론적으로는 회생절차와 마찬가지로 중지명령, 포괄적 금지명령제도를 둘 필요가 있다(일본 파산법 제24조는 중 지명령을, 제25조는 포괄적 금지명령을 규정하고 있다). 실무적으로 보전처분(가압류·가처분)은 물론 아래에서 인 정되는 채권자들의 권리행사를 제한하는 가처분도 거의 발령되고 있지 않다. 이로 인해 파산신청 후 파산선고 전에 채무자가 재산을 처분한 경우도 있고, 채권자가 채무자의 재산에 대하여 강제집행 등을 하는 경우도 있다. 물론 파 산선고로 강제집행 등이 실효될 수 있지만(제348조 제1항 본문), 과세관청이 체납처분(강제징수)을 한 경우에는 체 납처분이 속행될 수 있어(제349조 제1항) 곤란한 상황이 발생할 수 있다. 임의매각으로 부동산을 취득하는 매수인 으로서는 파산신청 후 파산선고 전까지 사이에 체납처분(강제징수)이 되어 있는지를 반드시 확인하여야 한다(파산 관재인으로서 주의를 요한다).
124) 다만 파산선고 전에 면제재산신청이 있는 경우 채무자의 신청 또는 직권으로 파산선고가 있을 때까지 면제재산에 대하여 파산채권에 기한 강제집행, 가압류 또는 가처분의 중지 또는 금지를 명할 수 있다(제383조 제8항).
125) 다만 이러한 강제집행중지가처분은 채무자회생법상 중지명령이 아니고 민사집행법상의 가처분이므로 매수인이 매 각대금을 내기 전까지 결정문 정본을 제출하여야 한다(민사집행규칙 제50조 제1항).

(2) 강제집행금지가처분

채권자가 채무자의 재산을 압류하는 것만으로는 파산재단에 아무런 불이익이 없을 뿐만 아니라 오히려 파산재단의 산일을 방지하게 되므로 압류명령을 금지하는 가처분은 허용되지 않는다. 그러나 압류에서 더 나아가 환가·추심까지 진행하는 것은 개별적인 채권만족을 목적으로 하는 것으로서 총채권자의 공평을 저해할 우려가 있으므로 이를 금지하는 가처분은 허용된다. 따라서 채권에 대한 전부명령이나 추심명령을 금지하는 보전처분은 허용된다.

(3) 담보권실행금지 또는 정지가처분

파산절차에서 담보권은 별제권이고 파산절차와 관계없이 행사할 수 있으므로(제412조), 파산절차에 부수되는 보전처분에 의해 이를 금지, 정지하는 것은 허용되지 않는다.

(4) 포괄적 금지명령

파산절차는 청산을 목적으로 하므로 채무자의 재산보전을 목표로 하는 포괄적 금지명령의 필요성이 상대적으로 적다고 보이므로 허용되지 않는다고 할 것이다.

(5) 보전관리인에 의한 보전관리명령의 가부

회생형절차인 회생절차에서는 계속기업가치의 유지를 위하여 보전관리명령이 필요하지만, 청산형절차인 파산절차는 채무자의 모든 재산(파산재단)을 환가하여 채권자의 공평한 만족을 목적으로 하고 회생절차와 달리(제43조 제3항) 채무자회생법에는 이에 관한 명확한 규정이 없어 파산절차에서 보전관리명령을 할 수 있는지에 관하여 다툼이 있다.

이에 대해 파산절차는 회생절차와 목적이 다르고 명확한 규정이 없어 회생절차에 관한 규정을 준용하기도 어렵다는 이유로 부정적인 견해도 있지만,[126] 파산절차에서도 채무자에 의한 재산관리가 부당한 경우가 있을 수 있고, 개별적인 재산보전처분에 의해서는 파산재단으로 되어야 할 재산을 보전할 수 없는 경우가 있으며, 파산절차나 회생절차 모두 채권자들의 이익을 보호하기 위한 제도라는 공통점이 있다는 점에서 파산절차에서도 보전관리명령이 가능하다고 할 것이다(유추적용).

---

126) 이진만, 전게 "파산선고 전의 보전처분", 162~163쪽. 위 견해도 모든 재산의 신탁회사보관이라는 보전처분도 허용된다는 점, 또 파산보전처분이 이해관계인의 이익을 크게 해치지 않는 범위 내에서 파산이 선고된 것과 같은 효과를 미리 발생시킴으로써 파산재단을 보전하고 이를 충실하게 하기 위한 제도라는 점에 비추어 보면, 보전관리인에 의한 채무자의 모든 재산의 점유, 관리제도의 도입도 전향적으로 검토하여야 한다고 하고 있다. 일본 파산법은 보전관리명령의 필요성이 있다고 판단하여 보전관리명령에 대하여 명확한 규정을 두고 있다(제91조 내지 제96조).

Ⅲ 책임제한절차의 정지명령[127]

1. 책임제한절차의 의의

상법은 해상기업 활동과 관련하여 제3자에게 특정한 인적·물적 손해가 발생한 경우에 선박소유자가 자신의 배상책임을 일정한 한도로 제한할 수 있도록 하고, 용선자·선박관리인·선박운항자 등도 이와 동일하게 그 책임을 제한할 수 있도록 규정하고 있다(상법 제769조, 제774조, 제775조 등). 이에 관한 절차를 선박소유자 등의 책임제한절차라 한다.

책임제한제도는 해상기업의 경우 그 위험성과 사고에 따른 손해액이 크고, 선장이 광범위한 대리권을 가지고 있지만, 선박소유자는 선장과 달리 선원을 직접 지휘·감독할 수 없다는 점을 고려하여 해운업을 육성하기 위해 도입된 것으로, 선박소유자 등은 여객의 정원, 선박의 톤수 등 일정한 기준에 따라 산정된 한도에서만 배상책임을 부담한다. 이처럼 일정한 기준에 따라 산정된 한도까지만 배상책임을 부담하면 제한채권과 관련된 모든 책임을 면하게 되므로 총체적 책임제한(global limitation)의 성격을 지니고 있다.

현재 책임제한제도는 상법(해상편), 「선박소유자 등의 책임제한절차에 관한 법률」, 「유류오염손해배상 보장법」[128]에서 규정하고 있다. 상법(해상편), 「유류오염손해배상 보장법」이 선박소유자 등의 책임한도액, 제한채권(책임을 제한할 수 있는 채권, 「선박소유자 등의 책임제한절차에 관한 법률」 제2조, 상법 제769조 참조), 책임제한이 배제되는 범위 등을 규정함으로써 책임제한제도의 실체법으로서 역할을 하는 반면, 「선박소유자 등의 책임제한절차에 관한 법률」은 그 절차법의 지위에 있다.

선박소유자 등의 책임제한절차는 ① 책임제한절차의 개시신청 → ② 책임제한절차의 개시결정[129] → ③ 제한채권자 등의 책임제한절차에의 참가(제한채권의 신고) → ④ 제한채권의 조사 및 확정[130] → ⑤ 배당 → ⑥ 종결 또는 폐지의 절차로 진행된다.[131]

---

127) 관련 내용은 〈제2편 제4장 제3절〉(본서 249쪽)을 참조할 것.
128) 위 법은 유조선 등에 의한 유류오염손해의 발생이라는 객관적 요건의 충족만으로 선박소유자에게 손해배상책임을 부담하게 하는 무과실책임(제5조 제1항 등)을 규정하여 피해자를 보호하는 한편, 책임제한제도(제7조 제1항)를 두어서 무과실책임을 부담하는 선박소유자 등을 보호하고 있다. 한편 위 법 제41조는 그 책임제한절차에 관하여 「선박소유자 등의 책임제한절차에 관한 법률」을 준용하도록 하고 있다.
129) 법원은 책임제한개시결정과 동시에 관리인을 선임하고, 제한채권의 신고기간 및 조사기일을 정하여야 한다(선박소유자 등의 책임제한절차에 관한 법률 제20조). 책임제한절차는 그 개시의 결정이 있는 때부터 그 효력이 생긴다(위 법률 제19조).
130) 제한채권은 조사기일에서 관리인 등의 이의가 없는 경우에는 확정된다(선박소유자 등의 책임제한절차에 관한 법률 제56조). 이의가 있는 채권은 사정의 재판을 하고(위 법률 제57조), 사정의 재판에 불복이 있는 경우에는 사정의 재판에 대한 이의의 소를 제기할 수 있다(위 법률 제59조). 여기서 '사정재판'은 채권조사확정재판에 해당한다.
131) 책임제한절차의 구체적인 내용에 관하여는 「권덕진, "유류오염사고와 종업원의 손해―허베이 스피리트호 유류오염사고의 경우", 경기법조(2018년, 제25호), 504~516쪽」을 참조할 것.

2. 책임제한절차와 도산절차의 관계

책임제한절차는 비록 제한채권자들 사이에서만 진행되고 그 배당재원도 책임한도액 상당의 금원으로 한정되는 것이기는 하지만, 채무자의 특유재산(책임제한기금)에 대한 집행을 공동으로 하는 집단적인 채권채무처리절차의 하나라는 점에서 채무자회생법상의 도산절차(회생절차, 파산 절차, 개인회생절차)와 그 성격이 유사하다. 책임제한절차는 책임한도액 상당의 현금을 공탁하거 나 공탁보증서를 제출하기만 하면 신청인이 당해 선박을 가지고 해상기업 활동을 계속 유지할 수 있도록 한다는 점에서 '회생절차(개인회생절차)'와, 공탁된 금원을 제한채권자들에게 배당하 고 나면 신청인 및 수익채무자가 책임제한절차 외에서 해당 제한채권에 관하여 면책된다는 점 에서 '파산절차'와 기본적인 입장을 같이 한다.

반면 ① 책임제한절차에서 관리인의 주된 업무는 신고된 채권에 대한 이의신청, 공탁된 금 원의 배당실시 등이므로 회생절차에서의 관리인 및 파산절차에서의 파산관재인과 달리 신청인 의 업무수행권과 재산의 관리처분권을 갖지 못하고, ② 따라서 신청인이 일방당사자로서 진행 중이던 제한채권에 관한 소송은 회생절차에서의 채무자의 재산에 관한 소송(제59조 제1항), 파 산절차에서의 파산재단과 관계있는 소송(민소법 제239조)과 달리 원칙적으로 중단되지 않는다 (수계도 문제되지 않는다)는 점, ③ 신청인 또는 수익채무자가 자신이 알고 있는 제한채권자를 법원에 신고하지 아니하여 그 채권이 책임제한절차에서 제척되었을 경우에는 회생절차에서 이 에 대한 배상규정을 명시적으로 두고 있지는 않은 것과 달리 동인들에게 실권으로 인하여 채 권자가 입은 손해에 대한 배상책임을 분명하게 지우고 있는 점(선박소유자 등의 책임제한절차에 관한 법률 제79조), ④ 한편 공탁된 금원만을 가지고 배당을 실시하므로 도산절차에서처럼 별도 로 배당재원을 마련하는 사업의 재구축 내지 환가절차를 거칠 필요가 없다는 점, ⑤ 제한채권 의 확정절차를 거쳐 배당까지 실시하면 모든 절차가 종결되므로 책임제한법원의 사후 감독{회 생절차·개인회생절차에서의 회생(변제)계획의 수행에 대한 관리 등}이 별도로 필요 없다는 점 등 여러 가지 차이점이 있다.

3. 파산절차와 책임제한절차의 충돌

책임제한절차는 집단적 채무처리절차라는 점에서 도산절차와 그 본질이 유사하다는 점은 앞에서 본 바와 같다. 그런데 경우에 따라서는 책임제한절차가 진행되는 도중에 신청인, 제한 채권자 등 이해관계인에 대한 파산절차가 개시되는 경우가 발생할 수 있어서 양 절차 사이의 조화로운 해석이 요구된다.[132] '제한채권자'에 대한 파산절차가 개시되는 경우에는 그 채권자의 재산관리·처분권한을 이전받은 파산관재인이 회생법원의 허가를 얻어서 책임제한절차에 참가

---

132) 양 절차의 신청이 동시에 되거나 시간을 선후하여 절차의 개시가 있는 경우, 어떻게 조정할 것인지에 대하여는, 복 수의 선택지(동시에 진행시킬 것인지, 어떠한 절차에 우선권을 인정할 것인지)가 있을 수 있다.

하면 되지만, 신청인에 대한 파산절차가 개시되는 경우에는 제한된 변제자원을 둘러싸고 파산 채권자들과 제한채권자들의 이해관계가 충돌하는 등 복잡한 문제가 발생하기 때문이다.

이에 「선박소유자 등의 책임제한절차에 관한 법률」과 채무자회생법은 책임제한절차와 파산 절차가 중첩적으로 진행되는 경우에 양 절차 간의 관계에 대해 명시적 규정을 두고 있다.

가. 책임제한절차개시결정 전에 이미 신청인이 파산선고를 받은 경우

법원은 이미 '신청인'이 파산선고를 받은 상태인 경우에는 그 파산선고가 책임제한절차 개 시신청 이전에 있었던지 이후에 있었던지 관계없이, 책임제한절차개시의 신청을 각하하여야 한다(선박소유자 등의 책임제한절차에 관한 법률 제17조 제2호). 이는 이미 신청인이 보유한 일반재 산에 대한 청산절차인 파산절차가 개시되어 속행되고 있는 한 별도의 책임제한기금을 조성하 여 특유재산에 대한 청산절차(부분적인 청산절차, 적극재산은 기금이 되고 소득재산은 제한채권이 된 다)를 중복하여 진행할 필요가 없고(일반재산에 대한 청산절차인 파산절차를 우선시키기 때문에 책임 제한절차는 각하된다), 오히려 책임제한절차를 개시하면 기금의 유출에 의하여 파산절차에서의 배당재원이 감소하여 실체적으로 두텁게 보호되어야 할 비제한채권자들에 대한 배당률이 낮아 지기 때문인 것으로 보인다.

나. 책임제한절차개시신청 후 신청인에 대하여 파산신청이 된 경우

(1) 책임제한절차개시결정 전(파산신청과 책임제한절차개시신청이 동시에 계속되어 있는 경우)

법원은 파산신청이 있는 경우 필요하다고 인정하는 때에는 이해관계인의 신청에 의하거나 직권으로 파산신청에 대한 결정이 있을 때까지 상법 제5편(해상) 및 「선박소유자 등의 책임제한 절차에 관한 법률」에 의한 책임제한절차의 정지를 명할 수 있다(제324조 제1항 본문).

상법 등 법률에 의한 선박소유자 등의 책임제한절차개시신청은 어디까지나 신청인의 책임 한도액을 확정하여 책임제한절차의 개시를 구하는 신청으로, 책임제한절차가 개시된 경우에는 제한채권자들이 「선박소유자 등의 책임제한절차에 관한 법률」의 규정에 의하여 공탁된 금전 및 이에 대한 이자의 합계액에서 같은 법이 정하는 바에 따라 배상을 받을 수 있다.[133] 이는 결과적으로 채무자의 재산의 일부에 대한 파산절차라고 할 수 있는 효과가 생기는 것이므로, 이에 의해 파산재단이 감소하는 결과로 될 수 있기 때문에 정지를 명할 수 있게 한 것이다.

법원은 책임제한절차정지결정을 취소할 수 있다(제324조 제2항).

책임제한절차가 정지된 사이에 파산선고가 된 때에는 파산절차가 선행하는 위 〈가.〉의 경 우가 되므로 책임제한절차개시신청은 각하된다고 할 것이다. 반대로 파산신청이 기각 내지 각 하된 때에는 정지명령은 당연히 실효되고, 책임제한절차는 개시결정을 할 수 있는 상태로 된 다. 또한 정지명령이 되지 않고 파산선고가 되기 전에 책임제한절차개시결정이 된 때에는, 책

---

133) 대법원 1998. 4. 9. 자 97마832 결정.

임제한절차가 선행하는 아래 (2)의 경우가 되고, 양 절차는 별도로 진행하게 된다.

(2) 책임제한절차개시결정에 의해 절차가 개시된 경우

(가) 책임제한절차의 폐지

파산신청이 있다고 하더라도 이미 책임제한절차개시의 결정에 의해 절차가 개시된 때에는 책임제한절차의 정지를 명할 수 없다(제324조 제1항 단서). 한편 책임제한절차가 개시되어 정지를 할 수 없더라도 신청인에게 파산원인이 있으면 파산선고를 할 수 있다. 파산선고가 되더라도 책임제한절차에 아무런 영향이 없다. 이때에는 파산절차와 책임제한절차가 병행하게 될 것이나,[134] 책임제한절차를 속행하는 것이 파산채권자를 현저히 해할 염려가 있다고 인정되는 때[135]에는 법원은 파산관재인의 신청에 의하여 책임제한절차폐지[136]의 결정을 하여야 한다(선박소유자 등의 책임 제한 절차에 관한 법률 제82조 본문).[137] 채무자가 파산절차에 들어간 경우에는 해상기업의 유지·보호를 위한 책임제한절차를 더 이상 진행할 의미가 없기 때문이다. 폐지결정이 된 경우에는 적극·소극재산은 모두 동시에 진행되고 있는 파산절차에 흡수되고, 그 수계를 위한 절차적인 수단으로 제326조 및 제327조를 두고 있다.

(나) 파산절차의 정지

파산선고를 받은 채무자를 위하여 개시한 책임제한절차의 폐지결정이 있는 때에는 그 결정이 확정될 때까지 파산절차를 정지한다(제326조). 왜냐하면 폐지결정은 확정됨으로써 비로소 그 효력이 발생하므로(선박소유자 등의 책임제한절차에 관한 법률 제86조), 그 사이에 파산절차가 진행되어 제한채권자가 파산절차에 참가하지 못할 수 있는 상황을 방지할 필요가 있기 때문이다. 파산절차가 정지되면 파산절차는 현재 상태대로 동결되어 진행을 할 수 없게 된다. 이에 반하여 절차를 속행하여도 무효이다. 다만 아래에서 보는 바와 같이 책임제한절차의 폐지결정 시부터 확정시까지 약 30일의 기간이 필요하고, 책임제한절차의 폐지결정이 확정될 때까지 기다려야 할 뿐이며, 절차적인 낭비를 피한다는 취지에서 보면 그 실질을 '절차적 정지'로 엄격하게 해석할 필요성은 높지 않다. 따라서 파산관재인이 수동적인 파산재단의 관리처분(대여금이나

---

134) 이때 양 절차는 원칙적으로 각각 별개로 진행되는데, 제한채권자들은 책임제한절차를 통해 절차 내에서 조성된 기금으로부터, 파산채권자들은 파산절차를 통해 파산재단(공탁된 책임한도액 제외)으로부터 각각 배당을 받게 된다.

135) 이는 파산채권자의 이익을 보호하기 위해서는 책임제한절차의 진행을 중지하고, 파산절차에 흡수할 필요가 있는 경우를 말한다. 구체적으로 ① 책임제한절차를 속행한 경우의 파산배당률과 책임제한절차를 폐지하여 기금을 파산재단에 흡수한다고 가정할 경우의 파산배당률을 비교하여, 전자의 배당률이 후자의 배당률보다 현저히 낮다고 인정되는 경우, ② 파산절차에 의한 배당과 책임제한절차에 의한 배당에 차이가 있고, 기금을 파산재단으로 편입하면 파산채권자에 대한 배당액이 상당히 높아지는 경우 등을 들 수 있다(條解 破産法, 1753~1754쪽).

136) 책임제한절차가 폐지되는 경우에 관하여는 선박소유자 등의 책임제한절차에 관한 법률 제80조 내지 제82조를 참조할 것.

137) 그러나 파산선고에 의한 폐지에는 시기적 제한이 있다. 이때에도 책임제한절차와 파산절차가 상당히 진행되어 이미 배당단계에 이른 경우에는 책임제한절차를 폐지하여 그 기금을 파산재단으로 흡수하는 것이 어렵기 때문에, 「선박소유자 등의 책임제한절차에 관한 법률」은 절차상의 배당표를 인가하는 공고가 있거나 파산절차에서 이미 배당공고를 한 경우에는 책임제한절차의 진행이 파산채권자를 현저히 해할 염려가 있다고 하더라도 책임제한절차를 폐지할 수 없도록 규정하고 있다(위 법률 제82조 단서).

임대료의 수령, 해제의 의사표시의 수취)을 하는 것은 당연히 허용된다. 나아가 긴급한 필요가 있는 경우 파산관재인에 의한 파산재단에 속한 재산에 대한 보존행위도 제326조의 취지에 반하지 않는 내용이라면, 인정된다고 할 것이다.[138]

(다) 책임제한절차폐지결정의 공고 등

법원이 책임제한절차를 폐지하는 결정을 하였을 때에는 지체 없이 그 주문 및 이유의 요지를 공고하여야 한다(선박소유자 등의 책임제한절차에 관한 법률 제83조 제1항). 법원은 관리인, 신청인과 알고 있는 제한채권자 및 수익채무자에 대하여 공고에 관한 사항을 적은 서면을 송달하여야 한다(선박소유자 등의 책임제한절차에 관한 법률 제83조 제2항, 제25조 제2항).

책임제한절차를 폐지하는 결정에 대하여는 즉시항고를 할 수 있다(선박소유자 등의 책임제한절차에 관한 법률 제84조). 즉시항고기간은 공고가 있는 날로부터 30일이고(선박소유자 등의 책임제한절차에 관한 법률 제6조 제2항), 위 즉시항고기간이 지나고 나면 책임제한절차의 폐지결정은 확정된다.

(라) 책임제한절차폐지의 경우 조치

법원은 폐지결정이 확정된 때에 제한채권자를 위하여 새로이 채권조사기간과 채권조사기일을 정하고 이에 관한 공고 및 송달절차를 진행해야 한다(제327조). 구체적으로 파산선고를 받은 채무자를 위하여 개시된 책임제한절차의 폐지결정이 확정된 때에는 법원은 제한채권자를 위하여 채권신고기간, 채권조사기일을 정하고, 이를 공고하여야 한다(제327조 제1항, 제2항). 법원은 알고 있는 채권자에 대하여 위 기간 및 기일과 파산결정의 주문, 파산관재인의 성명 및 주소 또는 사무소를 기재한 서면을 송달하여야 한다(제327조 제3항). 법원은 파산관재인, 파산선고를 받은 채무자, 신고한 파산채권자에게 위 기간 및 기일을 기재한 서면을 송달하여야 한다(제327조 제4항).

4. 책임제한절차 정지명령제도의 활용 필요성

책임제한절차는 채무자의 재산 일부에 대한 청산절차로서 개시결정이 내려질 경우 전체 파산재단 중 일부가 이탈됨으로써 제한채권자 이외의 다른 모든 파산채권자들의 이익을 해할 우려가 있다. 또한 앞에서 본 바와 같이 책임제한절차가 개시되기 전에 그 채무자에게 파산이 선고되면 책임제한절차개시신청 역시 각하되는 점을 감안하면(선박소유자 등의 책임제한절차에 관한 법률 제17조 제2호), 이해관계인으로서는 책임제한절차의 재원으로 사용될 재산을 전체 채권자를 위한 파산재단으로 사용하기 위해 보전처분의 일종인 책임제한절차의 정지명령제도를 활용할 필요성이 있다.

---

138) 條解 破産法, 1755~1756쪽.

제 3 장

파산선고와 그 효과

제1절 파산선고

Ⅰ 파산선고결정

1. 파산선고의 내용

법원은 파산신청이 적법하고 이유가 있을 때에는 결정으로 채무자에게 파산을 선고한다.[1] 파산선고결정서에는 연월일뿐만 아니라 시각까지 기재하여야 한다(제310조). 이것은 파산선고의 효과가 그 결정의 확정을 기다리지 않고 선고를 한 때[2]부터 효력이 발생하므로(제311조) 그 시점을 명확히 할 필요가 있기 때문이다. 또한 파산선고의 효과가 중대하고 그 효력발생시점이 여러 가지 문제를 처리하는 기준이 되기 때문에(제329조, 제382조 등) 파산선고의 효력발생시점을 파산선고결정서 자체의 내용으로 명시함으로써 분쟁을 예방하고자 함이다.

2. 파산선고와 동시에 정하여야 할 사항

아래 〈Ⅱ.1.〉을 참조할 것.

3. 파산선고 후의 후속조치

법원은 파산선고가 되면 아래와 같은 부수처분을 하여야 한다. 부수처분이란 파산선고를 한 경우 그것과 동시에 할 필요는 없지만, 파산선고 후 즉시 하여야 하는 처분을 말한다(제313조 제1항).

---

1) 파산절차에서는 회생절차와 개인회생절차와 달리 '파산선고'라는 용어를 사용하고 있다. 파산선고가 부정적이며 정적인 의미를 가지고 회생절차 등과의 용어의 통일상 입법론적으로 '파산절차개시'라는 용어를 사용하는 것이 적절해 보인다. 한편 제3편 제1장의 제목에 '파산절차의 개시'라는 용어를 사용하고 있는데, 이는 파산신청을 포함한 파산절차의 시작이라는 의미로 쓰인 것으로 보인다.

2) 회생절차나 개인회생절차에서는 「그 결정시」(제49조 제3항, 제596조 제5항)에 효력이 발생하는 것으로 규정하고 있으므로, 파산절차의 경우에도 「선고를 한 때」가 아닌 「그 결정시」에 효력이 발생하는 것으로 개정할 필요가 있다.

가. 공 고

법원이 파산선고를 하였을 때에는 다음과 같은 사항을 공고하여야 한다(제313조).

① 파산결정의 주문

② 파산관재인의 성명 및 주소 또는 사무소

③ 채권신고기간, 제1회 채권자집회의 기일, 채권조사기일(제312조)

④ 파산선고를 받은 채무자[3]의 채무자와 파산재단에 속하는 재산의 소유자는 파산선고를 받은 채무자에게 변제를 하거나 그 재산을 교부하여서는 아니된다는 뜻의 명령

⑤ 파산선고를 받은 채무자의 채무자와 파산재단에 속하는 재산의 소유자에 대하여 ⓐ 채무를 부담하고 있다는 것, ⓑ 재산을 소지하고 있다는 것, ⓒ 소지자가 별제권을 가지고 있는 때에는 그 채권을 가지고 있다는 것을 일정한 기간 안에 파산관재인에게 신고[4]하여야 한다는 뜻의 명령

위 사항은 관보에의 게재 또는 대법원규칙이 정하는 방법에 의하여 공고한다. 위 공고는 관보에 게재된 날의 다음 날 또는 대법원규칙이 정하는 방법[5]에 의한 공고가 있은 날의 다음 날에 효력이 생긴다. 그리고 특별한 규정이 없는 한 위 공고가 있는 때에는 모든 관계인에 대하여 그 재판의 고지가 있은 것으로 본다(제9조). 법률관계의 일률적 처리를 위한 것이다.

나. 송 달

법원은 알고 있는 채권자·채무자 및 재산소지자에게 위 공고 사항을 기재한 서면을 송달하여야 한다(제313조 제2항).[6] 파산선고의 중요성에 비추어 공고뿐만 아니라 송달도 요구하는 것이다. 이 경우 송달은 서류를 우편으로 발송하여 할 수 있다(제11조 제1항). 공고와 송달을 모두 요구하고 있으므로 송달에 있어서는 간이한 방법을 인정한 것이다.[7]

---

3) 채무자회생법은 '파산선고를 받은 채무자'이든 파산선고를 받기 이전의 채무자이든 모두 '채무자'라고 부르고 있다. 이는 종전에 파산선고를 받은 채무자를 파산자라고 불렀는데, 파산자가 부정적인 의미를 가지고 있다는 고려에서 채무자로 변경한 것으로 보인다. 일본이나 중국은 파산절차개시(파산선고)결정을 받은 자를 파산자라 부르고 있다 (일본 파산법 제2조 제4호, 중국 기업파산법 제107조 제2항). '파산선고를 받은 채무자'와 '채무자'는 엄밀한 의미에서 다른 개념이므로 '파산선고를 받은 채무자'를 지칭하는 별도의 법률용어가 필요해 보인다.
   관련 내용은 〈제1편 제1장 제1절 Ⅰ. 각주 6)〉(본서 26쪽)을 참조할 것.
4) 신고를 게을리한 자는 이로 인하여 파산재단에 생긴 손해를 배상하여야 한다(제313조 제4항).
5) **규칙 제6조(공고)** ① 법 제9조 제1항에 규정된 "대법원규칙이 정하는 방법"은 다음 각 호의 어느 하나에 해당하는 방법을 말한다.
   1. 법원이 지정하는 일간신문에 게재
   2. 전자통신매체를 이용한 공고
   ② 법 제9조 제1항의 규정에 따른 공고를 하는 경우에 필요하다고 인정하는 때에는 적당한 방법으로 공고사항의 요지를 공시할 수 있다.
   ③ 법원서기관·법원사무관·법원주사 또는 법원주사보(이하 "법원사무관등"이라 한다)는 공고한 날짜와 방법을 기록에 표시하여야 한다.
6) 법원이 금융기관에 대하여 파산선고를 할 경우에는 파산참가기관(예금보험공사 또는 금융감독원)에 송달하여야 한다(금융산업의 구조개선에 관한 법률 제17조).
7) 실무적으로 다단계 사기나 전자화폐(비트코인 등) 투자와 같이 파산채권자의 수가 수천 명 내지 수만 명에 이르는

또한 송달의 효력이 각 이해관계인에 대하여 달라지는 불합리를 피하기 위하여 공고를 기준으로 모든 이해관계인에게 송달의 효력이 있는 것으로 보고 있다(제11조 제2항).

다. 관계기관에 대한 통지

(1) 검사에 대한 통지

법원이 파산선고를 한 때 필요하다고 인정하는 경우에는 파산계속법원에 대응하는 지방검찰청의 검사에게 파산선고한 사실을 통지할 수 있다(제315조). 이는 파산사건에 관한 파산범죄(사기파산죄 등)에 관한 수사의 단서를 제공하기 위해서이다.

검사에 대한 통지는 파산을 범죄로 인식하던 시절의 유산으로 이로 인하여 면책을 통한 새로운 출발의 시작인 파산신청을 주저하게 만드는 원인이 될 수도 있다. 따라서 입법적으로 폐지하는 것이 타당하고 실무적으로도 통지하지 않는 것이 바람직하다.

(2) 주무관청에 대한 통지

법원은 법인에 대하여 파산선고를 한 경우에 그 법인의 설립 또는 목적인 사업에 대하여 관청의 인·허가가 있는 것인 때에는 파산의 선고가 있는 뜻을 주무관청에 통지하여야 한다(제314조 제1항).[8]

(3) 파산참가기관·관리기관에의 통지

금융기관의 경우 「금융산업의 구조개선에 관한 법률」 제17조[9]에 따라 파산참가기관(예금보험공사나 금융감독원)에게 송달의 방법으로 통지한다. 농업협동조합의 경우 농업협동조합중앙회, 산림조합의 경우 산림조합중앙회, 수산업협동조합의 경우 수산업협동조합중앙회에 각 송달한다.

라. 파산등기·등록의 촉탁

법인인 채무자에 대하여 파산선고를 한 때에는 법원사무관 등은 직권으로 지체없이 촉탁서에 결정서의 등본 또는 초본 등 관련 서류를 첨부하여 채무자의 각 사무소와 영업소 소재지의 등기소에 그 등기를 촉탁하여야 한다(제23조 제1항 제1호).[10]

사건들이 등장하고 있다. 이 경우 모든 채권자들에게 송달하는 것은 비용도 많이 들 뿐만 아니라 법원의 사무처리 부담도 크다. 또한 송달을 한다고 하여도 이해관계인에 대한 정보제공·주의환기의 기능은 거의 없다. 이러한 점을 고려하면 송달은 상당한 방법에 의한 통지로 개정할 필요가 있다. 나아가 입법론적으로 파산채권자의 수가 수천 명 내지 수만 명에 이를 경우 통지비용을 절감하고 사무 처리 부담을 덜며 다수 채권자를 수용할 수 있는 장소를 섭외하는 것이 쉽지 않다는 점에서 송달을 생략할 수 있도록 할 필요가 있다. 일본은 알고 있는 파산채권자의 수가 1,000명 이상인 대규모 파산사건에서 상당하다고 인정되는 경우, 법원은 파산채권자에 대한 통지(일본은 송달을 하지 않고 통지로 한다)를 하지 않고, 나아가 채권신고를 한 파산채권자에 대하여는 채권자집회 기일에 소환하지 않는다고 결정하는 것을 인정하고 있다(일본 파산법 제31조 제5항).

8) 파산취소 또는 파산폐지의 결정이 확정되거나 파산종결의 결정이 있는 경우에도 주무관청에 통지하여야 한다(제314조 제2항).

9) **제17조(파산선고의 송달)** 법원은 금융기관에 파산선고를 한 때에는 법 제313조 제1항에 정한 사항을 기재한 서면을 파산참가기관에 송달하여야 한다.

10) 파산취소·파산폐지 또는 파산종결의 결정이 있는 경우나 파산관재인의 선임(변경)이 있는 경우(제23조 제2항, 제3

법인이 아닌 채무자(개인)가 파산선고를 받은 때에는 법원사무관 등은 ① 채무자에 관한 등기(지배인 등기 등)가 있는 것을 안 때나 ② 파산재단에 속하는 권리로서 등기(부동산 등)·등록(자동차 등)된 것이 있음을 안 때, ③ 채무자의 재산에 속하는 권리로서 등기된 것에 관하여 제323조 제1항의 규정에 의한 보전처분이 있는 때, ④ 등기된 권리에 관하여 제351조 제1항 또는 제3항의 규정에 의한 보전처분이 있는 때, ⑤ ③ 또는④의 보전처분이 변경 또는 취소되거나 효력을 상실한 때에는 직권으로 지체없이 파산등기촉탁서에 파산선고결정문의 등본을 첨부하여 파산등기·등록을 촉탁하여야 한다(제24조 제3항, 제27조). ②의 경우 법인은 법인등기부에 파산선고사실이 등기되고 그것으로 공시의 효과를 충분히 거둘 수 있으므로 개인인 경우에만 파산등기를 촉탁하도록 하고 있는 것이다.

법원사무관 등이 파산절차와 관련하여 등기·등록을 촉탁하는 경우 등록면허세 및 등기신청수수료, 지방교육세는 납부하지 않아도 된다(본서 159, 2207쪽 참조).

마. 체신관서 등에의 통신제한 촉탁

법원은 체신관서·운송인 그 밖의 자에 대하여 채무자에게 보내는 우편물·전보 그 밖의 운송물을 파산관재인에게 배달할 뜻을 촉탁할 수 있다(제484조 제1항).

Ⅱ 파산선고와 동시에 하여야 할 결정

1. 동시처분

법원은 파산선고와 동시에 파산관재인을 선임하고 채권신고의 기간, 제1회 채권자집회기일, 채권조사의 기일을 정하여야 한다.[11] 채권신고기간은 파산선고를 한 날부터 2주 이상 3월 이하이어야 한다. 제1회 채권자집회의 기일은 파산선고를 한 날부터 4월 이내이어야 한다. 채권조사기일은 채권신고기간의 말일과의 사이에는 1주 이상 1월 이하의 기간이 있어야 한다. 제1회 채권자집회기일과 채권조사기일은 병합할 수 있다(제312조). 실무적으로도 병합하여 진행하고 있다(다만 개인파산의 경우는 채권조사기일을 추정하고 있고, 법인파산의 경우는 배당할 재원이 없는 때에는 사후적으로 채권조사기일을 추정하고 있어 채권조사기일은 진행하는 경우는 많지 않다).

또한 파산선고 전에 면제재산의 신청이 있는 경우에는 파산선고와 동시에 면제 여부 및 그 범위를 결정하여야 한다(제383조 제4항). 법원은 채무자 및 알고 있는 채권자에게 그 결정서를 송달하여야 한다(제383조 제5항). 관련 내용은 〈제2장 제1절 Ⅶ.1.〉(본서 1231쪽)을 참조할 것.

항)에도 마찬가지이다(제23조 제1항 제5호).
11) 법원이 금융기관에 대하여 파산선고를 하면서 채권신고기간과 채권조사의 기일을 정할 때에는 파산참가기관(예금보험공사 또는 금융감독원)의 의견을 들어야 한다(금융산업의 구조 개선에 관한 법률 제18조, 제2조 제4호).

2. 간이파산

가. 의 의

파산재단에 속하는 재산액이 5억 원 미만이라고 인정되는 때에는 파산선고와 동시에 간이 파산을 결정하여야 한다. 이 경우 법원은 제313조 제1항 각호의 사항 외에 간이파산결정의 주 문을 공고하고, 이를 기재한 서면을 법원이 알고 있는 채권자·채무자 및 재산소지자에게 송 달하여야 한다(제549조).

한편 파산절차 진행 중에 파산재단에 속하는 재산액이 5억 원 미만임이 발견된 때에는 법 원은 이해관계인의 신청에 의하거나 직권으로 간이파산의 결정을 할 수 있다. 이 경우 법원은 결정의 주문을 공고하고 파산관재인 및 감사위원과 알고 있는 채권자 및 채무자에게 그 결정의 주문을 기재한 서면을 송달하여야 한다(제550조).

나. 특 칙

간이파산의 경우에는 몇 가지 특칙이 인정된다. ① 간이파산절차의 경우 제1회 채권자집회 의 기일과 채권조사의 기일은 부득이한 사유가 있는 때를 제외하고는 이를 병합하여야 한다 (제552조). ② 간이파산의 경우에는 감사위원을 두지 아니한다(제553조). ③ 간이파산절차의 경 우 제1회 채권자집회의 결의와 채권조사 및 계산보고를 위한 채권자집회의 결의를 제외하고는 법원의 결정으로 채권자집회의 결의에 갈음한다(제554조). ④ 간이파산절차의 경우 배당은 1회 로 하며, 최후배당에 관한 규정에 의한다. 다만 추가배당을 할 수 있다(제555조).

다. 간이파산의 취소

간이파산절차 진행 중 파산재단에 속하는 재산액이 5억 원 이상임이 발견된 때에는 법원은 이해관계인의 신청에 의하거나 직권으로 간이파산취소의 결정을 할 수 있다. 이 경우 법원은 결정의 주문을 공고하고 파산관재인 및 감사위원과 알고 있는 채권자 및 채무자에게 그 결정 의 주문을 기재한 서면을 송달하여야 한다(제551조, 제550조 제2항).

Ⅲ 동시폐지

파산선고시에 파산재단으로 파산절차의 비용을 충당하기에 충분하지 않다고 인정되는 경우 에는 파산선고와 동시에 파산폐지의 결정을 한다(제317조 제1항). 이것을 동시폐지라 한다.

이에 관한 자세한 내용은 〈제10장 제2절 Ⅰ.2.가.〉(본서 1631쪽)를 참조할 것.

제2절 파산선고의 효과

I 채무자의 재산에 대한 효과

1. 파산재단[12]의 성립[13]

파산선고에 의하여 채무자가 파산선고 당시에 가진 모든 재산은 파산재단을 구성한다(제382조 제1항). 파산절차에서는 회생절차 및 개인회생절차와 달리 파산재단이 파산선고 당시의 모든 재산으로 범위가 확정되는 고정주의를 취하고 있다. 따라서 이후 파산절차는 파산재단에 속하는 재산을 대상으로 이루어진다.

파산재단에 속하는 재산이란 파산선고 당시에 채무자에 속한 적극재산으로서 압류가 가능한 것을 말한다. 채무자가 개인(자연인)인 파산사건에서는 압류금지재산, 면제재산, 채무자가 파산선고 후에 새로이 취득한 재산(신득재산)은 파산재단에 속하지 않고 자유재산에 해당한다. 법인의 경우에도 자유재산의 개념을 인정할 수 있는지에 관하여 견해의 대립이 있다.[14]

한편 수탁자가 파산한 경우 신탁재산은 수탁자의 파산재단을 구성하지 않는다(신탁법 제24조).

2. 관리처분권의 이전

파산선고결정의 가장 중요한 효과는 파산재단의 압류이다.[15] 이는 명시적인 규정은 없지만 제384조로부터 직접 도출된다. 압류는 파산재단에 대하여만 이루어진다. 파산선고가 되면 파산재단은 파산관재인에 의하여 관리·처분이 행하여지게 된다(제384조). 채무자는 관리처분권을 상실하고 이에 따라 소송수행권도 상실한다. 따라서 채무자가 파산선고 후 파산재단에 속하는 재산에 관한 처분은 파산채권자에게 대항할 수 없다(제329조 제1항).[16] 다만 파산선고가 있더라도 파산재단에 대한 실체법상의 권리(재산의 귀속주체가 되는 지위)는 여전히 채무자에게 남아

---

12) 파산재단에 관한 자세한 내용은 〈제5장 제1절〉(본서 1357쪽)을 참조할 것.

13) **파산재단을 둘러싼 재산관계의 정리** 파산관재인이 파산청산을 하기 위해서는 그 전제로 파산선고 전에 채무자가 법 주체로서 형성한 법률관계를 정리하고, 법률관계로부터 파생된 상대방의 권리를 파산채권이나 재단채권으로, 또는 채무자의 권리를 파산재단 소속 재산으로 확정할 필요가 있다.

　이러한 실체적인 법률관계의 정리는 원래 민법이나 상법 등 실체법의 규율에 따라 행해져야 하는 것이다. 민법 제674조 등은 파산의 경우를 상정한 규정이다, 그러나 신속한 파산청산을 실행할 필요성 또는 파산채권자와 제3자와의 이익을 공평하게 조정할 필요성으로부터, 채무자회생법은 실체법 규범을 보충하거나 수정하는 특례규정을 두고 있다. 이것이 이른바 파산실체법의 규정이고, 파산관재인에 의한 법률관계의 정리는 민법 및 상법 등의 실체법에 더하여 파산실체법에 따라 행해진다(破産法·民事再生法, 325쪽).

14) 자유재산에 관한 자세한 내용은 〈제5장 제1절 I.2.나.〉(본서 1363쪽)를 참조할 것.

15) 파산채권자들에 대하여 압류는 그들의 집단적 채권만족을 위해 파산재단이 그들에게 책임법적으로 귀속되었다는 것을 뜻한다.

16) 그러나 채무자는 새롭게 채무를 부담할 수 있다. 이 경우 새로 발생한 채권에 대하여는 파산재단이 아니라 자유재산으로 책임을 지고, 파산재단에 대하여 새로운 채권자는 권리 행사를 할 수 없다.

있다. 채무자는 파산선고시에 소유하는 재산에 대한 관리처분권을 상실하고,[17] 파산절차가 종료될 때까지 회복되지 않는다.[18] 그 결과 채무자가 파산선고 후에 파산재단에 속하는 재산에 관한 법률행위를 하여도 파산관재인에게 대항할 수 없다(제329조 제1항). 상대방의 선의·악의를 묻지 않는다.

소송의 당사자적격도 파산관재인에게 있게 된다(제359조).

가. 채권자대위권 행사의 허용 여부

(1) 파산채권자의 경우

파산재단에 대한 관리처분권이 파산관재인에게 속하고 파산채권은 파산절차에 의하지 아니하고는 행사할 수 없으므로(제424조) 파산채권자가 채무자에 대한 채권을 보전하기 위하여 파산재단에 관하여 파산관재인에 속하는 권리를 대위하여 행사하는 것은 법률상 허용되지 않는다.[19]

관련 내용은 〈제15장 제2절 Ⅰ.1.라.(2)(가)〉(본서 1802쪽)를 참조할 것.

(2) 재단채권자의 경우

반면 비금전채권을 가진 재단채권자의 경우(피보전채권이 비금전채권인 경우) 그것이 파산관재인의 직무 수행에 부당한 간섭이 되지 않는 등 파산절차의 원만한 진행에 지장을 초래하지 아니하고, 재단채권 간의 우선순위에 따른 변제 및 동순위 재단채권 간의 평등한 변제와 무관하여 다른 재단채권자 등 이해관계인의 이익을 해치지 않는다면, 재단채권자의 채권자대위권 행사는 법률상 허용된다.[20] 그러나 금전채권을 가진 재단채권자의 경우(피보전채권이 금전채권의 경우)에는 파산재단에 대한 관리처분권을 파산관재인에게 맡긴 채무자회생법의 취지 등을 고려하면 허용되지 않는다고 할 것이다.

관련 내용은 〈제15장 제2절 Ⅰ.1.라.(2)(나)〉(본서 1803쪽)를 참조할 것.

나. 근로기준법 및 근로자퇴직급여보장법위반 여부

사용자는 근로자가 사망 또는 퇴직한 경우에는 그 지급사유가 발생한 날로부터 14일 이내에 임금, 퇴직금 등을 지급하여야 하고, 이를 위반할 경우 형사처벌된다(근로기준법 제109조 제1항, 제36조, 근로자퇴직급여 보장법 제44조 제1호, 제9조).[21] 채무자에 대하여 파산선고가 된 경우에

---

17) 무권대표행위의 추인권도 특별한 사정이 없는 한 파산관재인만이 행사할 수 있다(대법원 2014. 1. 15. 선고 2003다 56625 판결, 대법원 2004. 3. 25. 선고 2003다63227 판결).

18) 채무자는 자신의 재산에 대한 관리처분권을 상실하는 반면, 파산선고 후에는 파산채권자로부터 개별적인 추급을 면하고, 파산선고 전이라도 변제금지나 강제집행중지를 명하는 보전처분에 의하여 마찬가지의 효과를 기대할 수 있다. 나아가 파산절차 종료 후 면책이 된다면 파산채권자의 일체의 추급에서 해방된다.

19) 대법원 2002. 8. 23. 선고 2002다28050 판결, 대법원 2000. 12. 22. 선고 2000다39780 판결.

20) 대법원 2016. 4. 15. 선고 2013다211803 판결.

21) 월급을 정해진 날에 지급하지 아니한 경우에도 마찬가지이다(근로기준법 제109조 제1항, 제43조). 이 경우에는 아래에서 보는 법리에 따라 월급 지급일 전에 파산선고가 된 때에는 형사처벌되지 아니하나(무죄), 월급 지급일 이후에 파산선고가 된 때에는 형사처벌을 받게 된다(유죄).

도 사용자는 근로기준법위반이나 근로자퇴직급여보장법위반으로 처벌되는가.

채무자가 파산선고 당시에 가진 모든 재산은 파산재단에 속하게 되고, 파산선고에 의하여 채무자는 파산재단을 구성하는 재산에 관한 관리처분권을 잃는다. 관리처분권은 파산관재인에게 전속하게 되고, 근로자의 임금·퇴직금 및 재해보상금은 그 발생시기가 파산선고 전후인지 여부를 불문하고 모두 재단채권이 되며(제473조 제10호), 재단채권은 파산절차에 의하지 않고 파산관재인이 수시로 변제하여야 한다(제475조). 따라서 주식회사인 채무자가 파산선고를 받게 되면 채무자 회사의 대표이사는 그때부터 재단채권인 임금, 퇴직금 등의 지급권한을 상실하게 되고 파산관재인에게 그 권한이 전속하므로 채무자인 주식회사의 대표이사에게 근로기준법(제109조 제1항) 및 근로자퇴직급여 보장법(제44조 제1호)상의 죄책을 물을 수 없다.[22][23]

결국 근로자가 퇴직한 후 14일 이전에 채무자에 대하여 파산선고가 되면 주식회사의 대표이사는 근로기준법위반죄 등으로 처벌받지 않으나(무죄), 14일 이후에 파산선고를 받게 되면 근로기준법위반죄 등으로 처벌받게 된다(유죄).

다. 부정수표단속법위반 여부

파산선고 후 수표에 대한 지급제시가 이루어진 경우 파산선고에 의하여 파산채권의 개별행사는 금지되므로, 파산선고 후 채무자 발행 수표의 지급을 위탁받은 은행은 예금이 있는지의 여부에 관계없이 파산선고를 이유로 당연히 지급거절을 하여야 한다. 따라서 비록 금융기관이 거래정지나 예금부족으로 지급거절을 하였다고 하더라도 그 지급거절 당시에 법에 의하여 가해진 지급제한 사유가 있었던 이상 그 수표의 발행 행위는 부정수표단속법 제2조 제2항 위반의 범죄를 구성하지 않는다.[24]

라. 민법상의 제한능력제도와의 비교

파산은 채무자의 재산에 대한 관리처분권의 제한을 수반한다는 점에서, 민법상의 제한능력제도와 유사하다. 자연인과 법인의 파산효과는 다르다. 자연인의 파산은 민법상의 제한능력제

---

22) 대법원 2020. 1. 16. 선고 2019도10818 판결, 대법원 2010. 5. 27. 선고 2009도7722 판결(근로기준법 제36조는 사용자는 근로자가 사망 또는 퇴직한 경우에는 그 지급사유가 발생한 때부터 14일 이내에 임금, 보상금 기타 일체의 금품을 지급하도록 규정함으로써, 퇴직근로자 등의 생활안정을 도모하기 위하여 법률관계를 조기에 청산하도록 강제하는 한편, 사용자측에 대하여 그 청산에 소요되는 기간을 유예하여 주고 있으므로, 위 퇴직금 등 체불로 인한 근로기준법 제109조 제1항 위반죄는 지급사유 발생일로부터 14일이 경과하는 때에 성립하고, 따라서 사업주가 법인일 경우에는 위 14일이 경과할 당시에 퇴직금 등의 지급권한을 갖는 대표자가 그 체불로 인한 죄책을 짐이 원칙이고, 14일이 경과하기 전에 그 지급권한을 상실하게 된 대표자는 특별한 사정이 없는 한 그 죄책을 지지 않는다. 여기서 퇴직금 등의 지급권한 상실의 원인에는 해임, 사임 등 법인과의 고용계약 종료에 기한 것은 물론 법령에 의한 지급권한 상실 또한 포함된다).

23) 파산선고 전에 (변제금지)보전처분이 내려진 경우에도 동일한 법리가 적용될 것이다. 왜냐하면 변제금지보전처분이 내려지면 채무자인 주식회사의 대표이사는 법원의 허가 없이는 임금 등을 지급할 수 없기 때문이다.

24) 춘천지방법원 2017. 8. 30. 선고 2016노25 판결{2019. 11. 14. 상고 기각되어 확정(대법원 2017도14773)}. 파산선고 전에 변제금지 보전처분이 내려진 후 금융기관이 그 보전처분에 따른 지급제한에 따라 수표를 부도처리한 경우에도 부정수표단속법상의 처벌대상이 되지 아니한다.

도와 아래와 같은 점에서 유사하지만, 법인의 파산은 파산이 종료될 때까지 파산의 목적 범위에서 법인격이 존속하는 것이고(제328조 참조), 권리능력·행위능력도 그 범위로 한정된다는 점에서 오히려 청산법인과 유사하다.

민법상의 제한능력제도는 제한능력자가 재산관리권(관리행위뿐만 아니라 처분행위도 포함한다)에 대하여 일정한 제한을 받는 반면, 법정대리인(친권자, 후견인)이 그 범위에서 재산관리권을 취득한다. 이러한 관계는 채무자가 파산선고에 의해 자유재산을 제외한 자기의 재산에 대하여 관리처분권을 상실하고, 파산관재인이 그 범위에서 관리처분권을 취득하는 파산제도와 유사하다.

이에 대하여 제도의 목적이 다르다는 반론이 있다. 제한능력제도의 목적은 제한능력자 본인의 보호에 있음에 반하여, 파산의 목적은 채권자 사이에 평등이라는 채권자보호에 있기 때문이라는 것이다. 그러나 자유재산이 채권자로부터의 추급을 면하고, 채무자의 최저한의 생활을 보장하여 경제적 갱생을 도모함으로써, 파산에서도 채무자의 보호라는 측면이 있다. 나아가 최근 자연인(개인)의 파산 대부분은, 파산절차종료 후 면책을 얻어 채무자가 모든 채무를 면하는 것이 목적이고, 면책목적의 파산에서는 채무자 보호가 전면에 등장하기 때문에, 제도 목적의 측면에서도 제한능력자제도와 어느 정도 유사하다.[25]

3. 조세채권에 미치는 영향

가. 양도소득에 대한 비과세

개인이나 법인이 토지 및 건물(건물에 부속된 시설물과 구축물을 포함한다) 등을 양도한 경우 그 양도소득에 대하여 소득세 또는 법인세를 납부하여야 한다(소득세법 제3조, 제4조 제3호, 법인세법 제55조의2 제1항). 그러나 개인 또는 법인의 '파산선고로 인한 처분'을 한 경우에는 양도소득에 대하여 소득세나 법인세를 부담하지 않는다(소득세법 제89조 제1항 제1호, 법인세법 제55조의2 제4항 제1호). 다만 미등기 양도자산을 양도한 경우에는 과세된다(소득세법 제91조 제1항, 법인세법 제55조의2 제4항 제1호 단서).

파산선고가 되면 채무자는 자신의 의사와 관계없이 그 재산(파산재단)에 대한 관리처분권을 상실하고, 채권자도 채무자에 대하여 권리를 행사할 수 없게 되며, 법원이 선임한 파산관재인이 채무자의 재산을 관리·환가하여 채권자에게 분배하여 주기 때문에 '파산선고로 인한 처분'의 경우에는 양도소득에 대한 소득세나 법인세를 비과세하는 것이다. 따라서 별제권자의 별제권 행사로(제412조) 임의경매에 의하여 토지 등이 양도된 경우에는 '파산선고로 인한 처분'으로 볼 수 없으므로[26] 과세대상이 된다.

---

25) 小林秀之, 破産から新民法がみえる－民法の盲点と破産法入門, 日本評論社(2018), 96～97쪽.
26) 대구지방법원 2018. 4. 11. 선고 2017구합2556 판결(확정) 참조.

나. 파산선고 후 채무자가 사망한 경우 상속인에 대한 취득세 과세 여부

실무적으로 채무자가 파산선고를 받은 이후 사망한 경우가 있다. 이 경우 파산절차는 상속재산에 대하여 속행되고(제308조) 상속인은 한정승인을 한 것으로 간주된다(제389조 제3항). 이 때 상속인이 취득세 납세의무를 부담하는가. 한정승인을 한 경우에도 상속인에게 취득세 납세의무가 있는가.

취득세의 부과에 있어서 사물을 보는 관점은 과연 그 납세자가 취득세의 과세대상이 되는 목적물을 '취득'하였는가 하는 것이다. 여기서 '취득'이란 매매, 교환, 상속, 증여, 기부, 법인에 대한 현물출자, 건축, 개수, 공유수면의 매립, 간척에 의한 토지의 조성 등과 그 밖에 이와 유사한 취득으로서 원시취득(수용재결로 취득한 경우 등 과세대상이 이미 존재하는 상태에서 취득하는 경우는 제외한다), 승계취득 또는 유상·무상의 모든 취득을 말한다(지방세법 제6조 제1호).[27] 상속(또는 유증)으로 인한 취득의 경우에는 상속(또는 유증)개시일에 취득한 것으로 본다(지방세법 시행령 제20조 제1항).

취득세는 재화의 이전이라는 사실 자체를 포착하여 거기에 담세력을 인정하고 부과하는 유통세의 일종으로서 취득자가 재화를 사용·수익·처분함으로써 얻어질 이익을 포착하여 부과하는 것이 아니므로 취득이란 취득자가 실질적으로 완전한 내용의 소유권을 취득하는지 여부와 관계없이 소유권 이전의 형식에 의한 취득의 모든 경우를 포함하는 것으로 해석된다.[28] 또한 채무초과상태에 있는 상속인도 일단 적극재산에 대한 소유권을 취득하는 것이다. 한정승인자라 하여도 상속재산에 대하여 실질적 권리를 취득하는 것이고,[29] 다만 상속채무에 대한 책임이 한정됨에 불과한 것이므로 담세력의 실질이 없다고 볼 수 없다.[30]

따라서 채무자가 파산선고를 받은 이후 사망한 경우에도 상속인은 상속개시일(사망일)에 취득세의 납세의무를 부담한다고 할 것이다. 결국 상속인이 취득세를 납부하지 않으려면 상속포기를 하는 수밖에 없다.

다. 중소기업의 결손금 소급공제에 따른 환급

채무자가 중소기업에 해당하고, 파산선고 직전 사업연도에 소득이 있어 법인세를 납부하였

---

27) 대법원 2020. 1. 30. 선고 2018두32927 판결 참조. 그런데 해제권의 행사에 따라 부동산매매계약이 적법하게 해제되면 계약의 이행으로 변동되었던 물권은 당연히 계약이 없었던 상태로 복귀하는 것이므로 매도인이 비록 원상회복의 방법으로 소유권이전등기의 방식을 취하였다 하더라도 특별한 사정이 없는 이상 이는 매매 등과 유사한 새로운 취득으로 볼 수 없어 취득세 과세대상이 되는 부동산 취득에 해당하지 않는다(위 2018두32927 판결).

28) 대법원 2007. 4. 12. 선고 2005두9491 판결 참조.

29) 한정승인을 한 상속인이라도 그 역시 상속이 개시된 때로부터 피상속인의 재산에 관한 권리의무를 포괄적으로 승계하여 해당 부동산의 소유자가 된다는 점에서는 단순승인을 한 상속인과 다르지 않다(대법원 2012. 9. 13. 선고 2010두13630 판결). '상속'은 취득세의 과세요건으로서 '취득'의 원인이 되고, 한편 '상속'에는 '한정승인'도 포함되는 이상, 상속재산에 대하여 한정승인을 한 자는 상속을 포기한 자와는 달리 그 부동산에 대한 등기 없이도 상속인의 사망일에 피상속인의 재산에 취득세 납세의무를 부담하게 된다{대법원 2017. 4. 13. 선고 2017두30740 판결(서울행정법원 2016. 7. 8. 선고 2016구합1585 판결), 대법원 2007. 4. 12. 선고 2005두9491 판결, 민법 제1031조 참조}.

30) 헌법재판소 2006. 2. 23. 선고 2004헌바43 전원재판부 결정.

지만, 파산선고 후 최초 도래하는 사업연도(파산선고 등기에 따른 의제사업연도를 포함한다)에 결손금(deficit)이 발생한 경우, 파산관재인은 결손금 소급공제에 따른 환급을 신청하여 파산선고 직전 사업연도에 납부한 법인세를 환급받을 수 있다(법인세법 제72조). 개인파산에 있어서 거주자가 중소기업을 경영하는 경우에도 결손금소급공제에 의한 환급을 인정하고 있다(소득세법 제85조의2).

환급은 신청을 전제로 한다. 즉 신청이 있어야 환급이 가능하다. 법인세액을 환급받으려면 법인세법 제60조에 따른 신고기한(사업연도의 종료일이 속하는 달의 말일부터 3개월)까지 납세지 관할 세무서장에게 신청하여야 한다(법인세법 제72조 제2항).[31] 소득세액의 환급을 받으려면 과세표준확정신고기한까지 납세지 관할 세무서장에게 신청하여야 한다(소득세법 제85조의2 제2항).

라. 원천징수의무자로서의 형사처벌 여부

조세의 원천징수의무자가 정당한 사유 없이 징수한 세금을 납부하지 아니한 때에는 형사처벌을 받는데(조세범 처벌법 제13조 제2항), 파산선고는 조세범 처벌법 제13조 제2항의 '정당한 사유'에 해당하기 때문에 채무자가 파산선고 후 원천징수한 세금을 납부하지 않더라도 형사처벌을 받지 않을 수 있다.[32] 파산선고 후 파산관재인이 선임되고, 파산관재인이 원천징수의무자로서 징수한 세금을 파산재단이 부족하여 납부하지 아니한 경우에도 마찬가지이다.

마. 사업연도의 의제

법인이 사업연도 중에 파산선고를 받은 경우 ① 그 사업연도 개시일로부터 파산등기일까지의 기간과 ② 파산등기일의 다음 날부터 그 사업연도 종료일까지의 기간을 각각 1사업연도로 본다. 또한 ③ 청산 중에 있는 내국법인의 잔여재산의 가액이 사업연도기간 중에 확정된 경우에는 그 사업연도 개시일부터 잔여재산의 가액이 확정된 날까지의 기간을 1사업연도로 본다(법인세법 제8조 제1항, 제4항 제1호). 관련 내용은 **〈제6편 제3장 제3절 V.2.가.(1)〉**(본서 2235쪽)을 참조할 것.

---

31) 신고기한까지 결손금 소급공제에 의한 환급을 신청하지 아니한 경우에는 당해 법인이 경정청구 절차에 의하여 환급신청서를 제출한 경우에도 당해 결손금소급공제에 의한 환급을 받을 수 없다. 개인의 경우도 마찬가지이다.
　　법인세법 기본통칙 72−110…1 【결손금 소급공제에 의한 환급신청대상 법인의 범위】「조세특례제한법 시행령」 제2조의 규정에 의한 중소기업에 해당하는 법인이 합병으로 인하여 소멸하거나 폐업한 경우에도 그 합병등기일 또는 폐업일이 속하는 사업연도에 발생한 결손금에 대하여 법 제72조 규정의 결손금 소급공제에 의한 환급신청을 할 수 있다.
　　법인세법 기본통칙 72−110…2 【소급공제를 신청하지 아니한 결손금의 처리】법인세법 제60조의 규정에 의한 신고기한 내에 "소급공제 법인세액환급신청서"를 제출하지 아니한 경우의 결손금은 영 제10조의 규정에 따라 공제하는 것으로서 「국세기본법」 제45조의 2의 규정에 의한 경정 등의 청구에 의하여 소급공제하지 아니 한다.
32) 대법원 2009. 10. 29. 선고 2009도6614 판결, 대법원 2008. 10. 9. 선고 2008도7318 판결, 대법원 2000. 10. 27. 선고 2000도2858 판결 등 참조.

바. 자산평가손실의 손금산입

내국법인이 보유하는 자산의 평가손실은 각 사업연도의 소득금액을 계산할 때 손금에 산입하지 아니한다(법인세법 제22조 본문). 다만 대통령령으로 정하는 주식등으로서 해당 주식등의 발행법인이 파산한 경우 주식등의 장부가액을 감액할 수 있는데(법인세법 제42조 제3항 제3호 라목, 법인세법 시행령 제78조 제2항 제2호), 이 경우 발생한 평가손실은 손금에 산입할 수 있다(법인세법 제22조 단서).

사. 파산선고와 조세채권의 납기

(1) 국 세(납부기한 전 징수)

세무서장은 납세자가 파산선고를 받은 경우 이미 납세의무가 확정된 국세는 납부기한 전이라도 이를 징수할 수 있다(국세징수법 제9조 제1항 제2호, 같은 법 시행령 제2조 제1항).

조세채권의 신속한 확보를 위하여[33] 파산선고를 받은 경우 납부기한 전 징수를 할 수 있도록 하고 있다.

(2) 지방세(납기 전 징수)

지방자치단체의 장은 납세자가 파산선고를 받은 경우 이미 납세의무가 성립된 지방세를 확정하여 납기 전이라도 지방자치단체의 징수금을 징수할 수 있다(지방세징수법 제22조 제1항 제2호). 조세채권의 신속한 확보를 위함이다. 납기 전에 징수할 수 있는 지방세로는 ① 신고납부를 하거나 납세의 고지를 하는 지방세, ② 특별징수하는 지방세, ③ 납세조합이 징수한 지방세로서 납부기한까지 기다려서는 해당 지방세를 징수할 수 없다고 인정하는 것으로 한정한다(지방세징수법 시행령 제27조).

한편 징수를 유예받은 자가 파산선고를 받은 경우 이로 인하여 그 유예한 기한까지 유예에 관계되는 지방자치단체의 징수금 또는 체납액의 전액을 징수할 수 없다고 인정되는 때에는 지방자치단체 장은 그 징수유예를 취소하고, 유예에 관계되는 지방자치단체의 징수금 또는 체납액을 한꺼번에 징수할 수 있다(지방세징수법 제29조 제1항 제4호).

(3) 관 세

관세의 분할납부를 승인받은 자가 파산선고를 받은 경우에는 그 파산관재인이 관세를 납부하여야 하고(관세법 제107조 제7항), 파산관재인은 지체 없이 그 사유를 세관장에게 신고하여야 한다(같은 조 제4항). 세관장은 파산선고를 받은 경우 즉시 납부하지 아니한 관세의 전액을 징

---

33) 납부기한은 납세자의 이익을 위한 것으로(민법 제153조) 납부기한이 도래하기 전까지는 조세채권을 실현하기 위한 절차를 밟을 수 없지만, 납세자에게 자력상실이나 신용실추 등과 같은 법정사유(납부기한 전 징수사유)가 있어 당초의 납부기한까지 기다려서는 납세자가 납부하여야 할 세금의 징수를 확보할 수 없다고 인정되는 때에는 납세자가 가지는 기한의 이익을 박탈하여 징수의 확보를 도모하는 것이 납부기한 전 징수이다.

수한다(같은 조 제9항 제3호).

아. 수시부과사유에 따른 조세납세의무

수시부과란 과세기간 종료 전에 일정한 사유가 생겨 조세(소득세, 법인세, 개인지방소득세, 법인지방소득세)를 포탈할 우려가 있다고 인정되는 경우 그 과세표준신고서를 받기 전에 우선 수시부과사유 발생 당시까지의 과세표준과 세액을 결정·고지하는 것을 말한다(소득세법 제82조 제1항, 법인세법 제69조 제1항, 같은 법 시행령 제108조 제1항, 지방세법 제98조 제1항, 제103조의26 제1항, 같은 법 시행령 제100조의17 제1항).

파산선고와 관련된 일정한 사유로 '사업부진이나 그 밖의 사유로 장기간 휴업 또는 폐업 상태에 있는 때'로서 (개인지방·법인지방)소득세나 법인세를 포탈할 우려가 있다고 인정되는 경우(소득세법 제82조 제1항 제1호, 지방세법 제98조 제1항 제1호, 법인세법 시행령 제108조 제1항 제2호, 지방세법 시행령 제100조의17 제1항)가 있다.

수시부과에 의하여 징수하는 조세의 납세의무는 수시부과할 사유가 발생하는 때에 성립한다(국세기본법 제21조 제2항 제4호, 지방세기본법 제34조 제2항 제2호). 파산상태에 이른 채무자의 경우 대부분 파산선고 전후에 걸쳐 폐업신고를 하는데, 파산선고 이전에 폐업신고를 하고 파산선고 이후에 부과처분이 되었다고 하여도 폐업신고일까지 기간에 대한 조세는 재단채권이다. 예컨대 채무자가 2022. 2. 17. 폐업신고를 하고 2022. 3. 5. 파산선고를 받은 경우라도 2022. 2. 17.까지의 조세는 재단채권이다. 왜냐하면 납세의무가 파산선고 전에 성립되었기 때문이다(제473조 제2호 참조).

Ⅱ 파산선고 후 채무자 행위 등의 효력[34]

1. 법인의 존속 의제

해산한 법인은 파산의 목적의 범위[35] 안에서는 아직 존속하는 것으로 본다(제328조). 법인이 법률의 규정에 의하여 파산선고에 의하여 해산한 경우(민법 제77조 제1항, 상법 제227조 제5호, 제517조 제1호 등)나 해산한 법인에 대하여 파산선고가 된 경우 곧바로 법인격이 소멸하는 것이 아니라 파산절차에 의해 청산이 종료할 때까지는 그 목적 범위 안에서 법인격이 존속하는 것으로 간주된다.

파산선고에 의해 파산재단에 속한 재산의 관리처분권을 파산법인으로부터 박탈하여 파산관재인에 의한 엄격한 청산을 하도록 하고 있지만, 다른 한편으론 재산의 소유권자, 파산채권의

---

34) 아래에서 설명하는 규정의 취지는 회생절차와 같다. 이에 대한 자세한 내용은 〈제2편 제5장 제3절 Ⅳ.2.〉(본서 270쪽)를 참조할 것.
35) 채무자회생법은 '파산'의 목적의 범위라고 하고 있으나 민법 제81조('청산'의 목적범위 내)의 규정, 파산절차도 청산을 목적으로 하는 것인 점 등에 비추어 보면 '청산'의 목적의 범위라고 통일하는 것이 바람직해 보인다.

채무자로서의 법인격(권리의무의 귀속주체)은 그 필요가 있는 범위 안에서 파산절차종료시까지 존속하는 것으로 하였다.[36]

가. 파산의 목적의 범위 안

파산절차 중에도 법인격은 존속하지만, 파산의 목적 범위 안으로 제한된다. 현존 업무의 종결, 재산의 환가, 재단채권의 변제, 파산채권의 배당은 그 범위 안에 포함된다. 영업의 계속은 본래 파산의 목적 범위 안은 아니지만, 영업의 양도도 환가의 범위에 포함되므로(제492조 제3호) 법원의 허가를 얻어 영업을 계속할 수도 있다(제486조).

회생절차개시신청은 그 목적 범위 내에 포함된다. 회생절차개시신청은 법원의 허가가 필요하겠지만 주주총회의 특별결의는 필요하지 않다. 법인 스스로 파산선고에 대하여 즉시항고가 인정되는 점, 파산선고 후에도 법인조직에 관련된 행위를 할 권한은 법인에게 남겨져 있고 법인을 회생시키는 것은 그 권한에 포함된다고 볼 수 있는 점, 법인 자신의 청산보다 회생을 바라는 의사는 존중하여야 한다는 점 등을 고려하면 법인 자신도 회생절차개시신청을 할 수 있다고 할 것이다.[37]

나. 파산절차 종료시까지 존속

법인 존속의 의제는 파산절차 종료시까지라고 할 것이다. 파산절차의 종료시란 동시파산폐지결정시(제317조 제1항), 파산선고취소결정의 확정시(제316조), 이시폐지·동의폐지결정의 확정시(제538조, 제545조), 파산종결결정시(제530조)까지를 말한다. 이때는 파산법인의 법인격도 원칙적으로 소멸하고, 법인이 부담하고 있던 채무도 소멸한다.

2. 채무자의 파산선고 후의 법률행위의 효력[38]

파산선고를 받은 채무자가 파산선고 후 파산재단에 속하는 재산에 관하여 한 법률행위는 파산채권자에게 대항할 수 없다(제329조 제1항). 파산재단에 속하는 재산은 파산채권자의 공동의 만족에 제공되어야 할 재산이므로 파산선고 후 채무자의 법률행위에 의하여 이와 같은 목적이 방해받지 않도록 하고자 한 것이다. 따라서 자유재산에 대한 채무자의 처분, 채무자 및 채무자의 자유재산에 대하여만 관련이 있는 의무부담행위는 유효하다.

---

36) 법인이 해산한 경우에도 즉시 법인격이 소멸하는 것이 아니라 청산의 목적 범위 내에서 권리가 있고 의무를 부담한다는 다른 법률(민법 제81조)의 규정도 같은 취지의 규정이다.

37) 條解 破産法, 319~320쪽.

38) 제64조도 동일한 취지의 규정을 하고 있다. 다만 제64조에서는 '회생절차와의 관계에 있어서는 그 효력을 주장하지 못한다'고 규정하고 있음에 반하여, 제329조 제1항은 '파산채권자에게 대항할 수 없다'고 규정하고 있다. 동일한 내용을 규정함에 있어 표현을 통일할 필요가 있고 파산채권자에게 대항할 수 없다는 표현이 명확하지 않다는 점에서 '파산절차와의 관계에 있어서는 그 효력을 주장하지 못한다'로 개정함이 타당하다(일본 파산법 제47조 제1항 참조). 제330조 내지 제332조의 경우도 마찬가지이다(일본 파산법 제48조 내지 제50조 참조). 조문의 제목도 제64조는 '회생절차개시 후의 채무자의 행위'라고 하고 있고, 제329조는 '채무자의 파산선고 후의 법률행위'라고 하고 있다. 역시 통일이 필요하다.

파산재단에 대한 관리처분권이 파산관재인에게 전속한다고 하여 채무자가 파산재단에 대한 귀속주체로서의 지위를 잃는 것은 아니다. '파산채권자에게 대항할 수 없다'는 것은 법률행위의 상대방이 파산관재인에게 그 법률행위의 효력을 주장할 수 없다는 의미이다(상대적 무효).[39] 반대로 파산관재인이 그 법률행위의 효력을 주장하는 것은 무방하다. 제329조 제1항의 취지는 파산재단의 감소를 방지하는 데 있기 때문이다. 상대방은 파산선고의 사실에 대하여 선의·악의를 불문하고 파산관재인에게 대항할 수 없다.

여기서 말하는 법률행위는 협의의 법률행위, 즉 계약 및 상계나 면제 등의 단독행위만이 아니라 물건의 인도, 등기 또는 등록, 채권양도의 통지 또는 승낙, 채무의 승인, 변제의 수령 등 권리의무의 발생, 이전, 소멸에 관한 일체의 행위를 말한다. 다만 이러한 행위가 파산재단에 속하는 재산에 한하기 때문에 자유재산에 관한 행위나 혼인·이혼·인지 등 신분상의 법률관계에 관한 행위는 어떠한 제한도 받지 않는다.

제한되는 것은 파산선고 후의 행위이지만, 채무자가 파산선고일에 한 법률행위는 파산선고 후에 한 것으로 추정한다(제329조 제2항). 파산선고 전의 행위는 보전처분에 의한 처분금지 등이 발령되어 있지 않는 한 파산관재인에게 대항할 수 있고(파산관재인의 제3자성이 문제될 수 있다), 다만 부인의 대상이 될 여지가 있을 뿐이다.

한편 상대방이 채무자로부터 동산을 양수한 경우에 제329조 제1항과 민법 제249조와의 관계가 문제된다. 즉 상대방이 채무자로부터 동산을 양수한 경우에 민법 제249조가 적용되는가이다. 채무자가 권리귀속주체이기는 하지만 목적물의 처분권을 상실하였고, 상대방이 이 점에 관하여 선의였다면 선의취득의 성립 가능성이 있다. 그러나 제329조 제1항이 상대방의 선의·악의를 묻지 않고 권리취득을 대항할 수 없도록 한 취지는 거래안전보다 파산재단을 충실히 하기 위하여 선의취득을 배제하는 특별규정을 두기 위한 것으로 볼 수 있다. 따라서 선의취득의 요건이 충족되어도 파산선고 후 채무자의 행위에 의해 상대방은 파산재단에 속한 재산에 대하여 권리를 취득할 수 없다. 물론 상대방이 그 동산을 다시 전득자에게 양도한 경우에는 민법의 일반원칙에 따라 선의취득이 성립할 수 있다.[40]

상대방(취득자)이 이미 반대급부를 제공한 경우, 그는 파산재단이 반대급부로 인해 이익을 얻은 한도에서 파산재단으로부터 반환을 청구할 수 있을 것이다.[41] 부당이득반환청구권은 재단채권이다(제473조 제5호).

---

39) 무효는 파산절차의 목적달성을 위한 범위 내에서 한정되는 것이므로 채무자가 처분한 물건에 대하여 나중에 파산관재인이 이를 포기하거나 파산절차가 폐지된 경우(채무자는 다시 처분권을 회복한다) 그 처분은 장래를 향하여 유효하게 된다. 파산채권자에게 대항할 수 없을 뿐이고 이미 파산절차가 종료되어 파산절차에 의하여 보호하여야 할 이익은 없어졌기 때문이기도 하다. 따라서 상대방은 채무자에게 법률행위의 효력을 주장하여 채무자의 의무의 이행을 구할 수 있다.

40) 破産法·民事再生法, 337~338쪽, Reinhard Bork, 88쪽.

41) 독일 도산법 제81조 제1항 제3문: 도산재단이 상대방의 반대급부에 의해 이익을 얻은 경우에는 그 반대급부를 도산재단으로부터 상대방에게 반환하여야 한다.

3. 파산선고 후의 권리취득의 효력[42]

가. 의 의

파산선고 후에 파산재단에 속하는 재산에 관하여 채무자의 법률행위에 의하지 아니하고 권리를 취득한 경우에도 그 취득은 파산채권자에게 대항할 수 없다.[43] 그 재산의 취득이 파산선고일에 한 경우에는 파산선고 후에 한 것으로 추정한다(제330조). 제3자의 행위라도 파산재단의 감소를 초래하고, 파산채권자를 해하는 것에는 변함이 없기 때문에 파산채권자에게 대항할 수 없도록 한 것이다. 예컨대 파산채권자인 대리상이 파산선고 후 파산재단에 속하여야 할 유가증권을 제3자로부터 수취한 경우 원래는 상사유치권(상법 제91조)을 취득하여야 하지만, 제330조 제1항의 적용으로 상사유치권은 파산채권자(파산관재인)에게 대항할 수 없는 것이다.[44] 파산선고 후 파산재단에 속한 재산에 관하여 제3자가 권리를 취득한 경우 중 그 권리의 취득이 채무자의 법률행위에 의하지 않는 경우의 효과로서 제329조와 마찬가지로 상대적 무효를 규정한 것이다. 또한 파산절차가 진행 중인 동안에만 효력이 있는 권리취득이 금지되는 것이다. 파산관재인이 해당 재산을 포기하거나 파산절차가 종료되면 사후적으로 유효하게 된다.

권리를 취득한 자의 파산선고 사실에 대한 선의·악의는 묻지 않는다.

나. 적용범위에 관한 논쟁

제330조 제1항의 적용범위와 관련하여 다툼이 있다. ① 제330조 제1항은 회생절차와 달리(제65조 제1항) 파산채권자의 권리취득만을 대상으로 하는 것은 아니지만, 제329조와 마찬가지로 파산재단에 속하는 재산에 관하여 채무자가 관리처분권을 가지지 않는 것을 전제로 하는 것이므로 본래 채무자의 관리처분권의 유무와 관련이 없는 권리취득은 적용대상이 아니라는 견해이다. 예컨대 시효취득(민법 제245조 제2항, 제246조), 채무자 이외의 자로부터의 선의취득

---

42) 제65조도 동일한 취지의 규정을 하고 있다(본서 274쪽).

43) 규정 형식상 회생절차(제65조 제1항)와 달리 권리취득의 주체가 파산채권자로 한정되어 있지 않고, 권리취득의 태양이 파산채권에 관한 것에 제한되지 않고 있다. 파산절차에서 담보권은 별제권으로서 절차 밖에서 행사되는 것이므로 제330조의 적용대상이 되지 않는 것은 당연하다.

회생절차(제65조 제1항)	파산절차(제330조 제1항)
회생절차개시 이후 회생채권 또는 회생담보권에 관하여 채무자의 재산에 대한 권리를 채무자의 행위에 의하지 아니하고 취득한 때에도 회생절차와의 관계에 있어서는 그 효력을 주장하지 못한다.	파산선고 후에 파산재단에 속하는 재산에 관하여 채무자의 법률행위에 의하지 아니하고 권리를 취득한 경우에도 그 취득은 파산채권자에게 대항할 수 없다.

44) 파산재단에 속한 재산에 관한 사무관리, 부당이득으로 취득한 채권은 재단채권에 해당하기 때문에(제473조 제5호), 이러한 채권의 취득은 항상 유효하고 제330조 제1항의 적용대상이 아니다. 또한 파산선고 시점에서 채무자 소유 부동산에 대해 대항력 있는 임차권(전대를 할 수 있는 특약이 있다)의 부담이 존재하는 경우, 파산선고 후 해당 부동산이 전대된 경우에도, 전차인의 전차권 취득은 제330조 제1항이 규정하는 채무자의 법률행위에 의하지 않는 권리취득에 해당하지 않는다. 즉 전차권 취득은 파산관재인에게 대항할 수 있다. 왜냐하면 제330조 제1항의 취지는 파산재단의 감소를 방지하는 것이므로 파산재단의 가치를 손상시키지 않는 권리취득은 적용대상에서 제외되는 것인데, 전대차에 의해 파산재단의 교환가치가 감소된 것은 아니기 때문이다(條解 破産法, 391쪽).

(민법 제249조)이나 부합(민법 제256조, 제257조), 혼화(민법 제258조), 가공(민법 제259조)은 채무자의 처분권 유무와 관계가 없이 성립하는 권리취득방식이므로 그 적용대상이 아니다.[45][46] ② 독일 도산법 제91조 제1항[47]은 제330조 제1항과 유사한 규정을 두고 있는데, 그 취지는 일부 파산채권자가 제3자의 우연한 행위에 의하여 파산재단 소속 재산에 대하여 담보권을 취득하여 다른 채권자와의 형평을 해하는 것을 방지하기 위한 것이다. 이러한 입법 연혁에서 보면, 제330조 제1항에 의해 권리취득이 부정되는 자는 파산선고 전부터 채무자에 대하여 채권을 가지고 있던 파산채권자이고, 그 자가 제3자의 행위에 의해 파산재단 소속 재산에 대하여 담보권이나 급부의 목적물에 대하여 소유권을 취득하여도 그것을 파산관재인에 대하여 주장할 수 없다는 견해이다.[48] ③ 제330조 제1항은 제329조 제1항을 이어받아, 함께 파산재단 소속 재산이 파산절차에서 파산채권자의 공동 만족에 제공하는 것을 확보하기 위한 것이고, 책임실현의 공여를 방해하는 권리취득을 배제하는 것이 목적이다.[49] 채무자 이외의 자로부터 선의취득은 거래안전의 요청에 의해 책임재산으로부터 제외를 용인하는 것이므로 제330조 제1항은 적용되지 않는다. 부합 등의 경우에는 파산재단 소속 재산 자체가 독립된 처분대상이 아니므로 본 조의 적용은 없다는 견해이다.

요컨대 ①은 상사유치권의 경우에도 채무자의 재산관리처분권의 상실과는 무관한 것으로 적용범위를 결정하는 기준이 되기는 어렵고, ③의 경우는 시효취득을 제330조 제1항의 적용대상으로 하는 것에 의문이 있을 뿐만 아니라 목적을 위와 같이 이해하는 것이 정당한 것인지도 의문이다. 여기에 평시 법률관계는 법적 안정성을 위해 도산상황이라도 가급적 최소한으로 개입하여야 한다는 점과 같은 취지를 규정하고 있는 제65조 제1항을 고려하면, ②와 같이 제한적으로 해석함이 타당하다.[50] 즉 제330조 제1항의 적용범위와 관련하여 채무자의 법률행위에 의하지 않는 권리취득 모두를 포함한다고 볼 수는 없고, 파산채권자의 권리취득만을 대상으로 한다. 나아가 파산채권자에 의한 권리취득이라도 파산채권과 관련이 없는 것은 제330조 제1항이 적용되지 않는다. 예컨대 시효취득(민법 제245조 제2항,[51] 제246조)의 경우 목적물이 파산재단에 속한다고 하여 법률상의 소유권 취득원인인 시효취득이 배제되는 것이라고 할 이유는 없

45) 倒産處理法入門, 98~99쪽, 노영보, 149쪽, 전병서, 199쪽.
46) 제330조 제1항이 적용되는 예로 파산선고 후에 채무자가 사망한 경우(이 경우 상속인은 파산재단에 대하여 그 권리를 주장할 수 없다)를 드는 견해가 있다(전병서, 199쪽). 그러나 파산선고 후 채무자가 사망한 경우에는 상속재산에 대하여 파산절차가 속행되기 때문에(제308조) 권리주체인 상속인이 그 권리를 파산채권자에 대하여 주장할 여지는 없다는 점에서 의문이다.
47) 도산재단의 목적물에 대한 권리는 채무자의 처분에 기하지 않고 또한 도산채권자를 위한 강제집행에 기하지 않은 경우에도 이를 도산절차의 개시 후에 유효하게 취득할 수 없다.
48) 破産法・民事再生法, 339쪽.
49) 條解 破産法, 392쪽.
50) 파산선고 전에 채무자로부터 채권을 양수하고, 채무자의 파산선고 후에 제3채무자의 승낙에 의한 대항요건을 갖춘 경우 ①의 견해에 의하면, 채권취득(채권양도의 효력)을 파산관재인에게 주장할 수 없지만(전병서, 199쪽), ②의 견해에 의하면 제330조 제1항의 적용대상이 아니다.
51) 등기를 함으로써 소유권을 취득하는 점유취득시효(민법 제245조 제1항)의 경우는 회생절차에서와 같이 달리 취급하여야 한다(대법원 2008. 2. 1. 선고 2006다32187 판결 참조).

고, 소유권 취득이 유효하다고 보는 것은 당연하다. 선의취득(민법 제249조)이나 부합(민법 제256조, 제257조), 혼화(민법 제258조), 가공(민법 제259조)에 대하여도 마찬가지이다.[52]

다. 파산관재인의 행위에 의한 경우

물론 파산관재인이 파산재단에 속한 재산의 소유권을 제3자에게 이전하거나 재단채권에 대하여 담보권을 설정하거나 또는 별제권의 실행(제412조)의 결과 파산재단에 속한 재산에 대하여 매수인이 권리를 취득하는 경우에도 형식적으로는 제330조 제1항에 해당하는 것처럼 보이지만, 이것은 채무자회생법이 예정하고 있는 권리의 이전이고 나아가 파산채권자의 이익을 해하는 것과 관계가 없으므로 파산채권자에게 대항할 수 있다.

4. 선의거래의 보호

파산선고 후 채무자의 법률행위는 파산관재인에 대하여 무효이고, 이에 기한 제3자의 권리취득도 파산관재인에게 대항할 수 없다는 원칙을 관철하게 되면 제3자에게 불측의 손해를 주고 거래의 안전을 해친다. 이러한 불합리를 방지하기 위하여 채무자회생법은 일정한 경우 선의의 제3자를 보호하는 규정을 두고 있다. 이에 대한 전제로 파산선고의 공고 전에 한 경우에는 선의로 추정하고, 공고 후에 한 경우에는 악의로 추정한다(제334조).

가. 파산선고 후의 등기·등록 등의 효력[53]

(1) 선의의 등기권리자의 보호

부동산 또는 선박에 관하여 파산선고 전에 생긴 채무의 이행으로서 파산선고 후에 한 등기 또는 가등기는 파산채권자에게 대항할 수 없다.[54] 다만 등기권리자가 파산선고의 사실을 알지 못하고 한 등기[55]에 관하여는 그러하지 아니하다. 권리의 설정·이전 또는 변경에 관한 등록 또는 가등록의 경우도 마찬가지이다(제331조).

파산선고의 공고 전에는 그 사실을 알지 못한 것으로 추정하고, 공고 후에는 그 사실을 안 것으로 추정한다(제334조).

파산선고 후에 한 부동산 또는 선박에 관한 등기·가등기로써 '파산채권자'에게 대항할 수

---

52) 破産法·民事再生法, 339쪽. 이에 대하여 회생절차개시 후 부정되는 권리취득의 주체를 '회생채권자나 회생담보권자'로 제한하고 있는 회생절차(제65조)와 달리 파산절차에서는 제한이 없으므로 제3자는 선의취득이나 시효취득을 할 수 없다는 견해가 있다(이화여자대학교 산학협력단, 도산제도의 현대적 과제 연구(Ⅰ)-도산실체법의 개선방안-, 206~207쪽). 다만 그렇다고 하더라도 제3자의 부합, 혼화, 가공에 의한 취득은 부정할 수 없고, 이 경우 파산재단은 제3자에 대하여 부당이득반환청구권을 행사할 여지가 있다고 본다(민법 제261조).
53) 제66조도 동일한 취지의 규정을 하고 있다.
54) 파산선고 후에 채무자가 제3자에게 등기 또는 가등기를 마쳐주었어도 제329조 제1항에 따라 무효라는 것을 확인한 것이다.
55) 회생절차에서와 마찬가지로 등기에는 가등기를 제외하여야 할 이유가 없으므로 가등기를 포함하는 의미로 해석하여야 할 것이다. 일본 파산법 제49조 제1항 참조.

없다고 함은 파산채권자 전체의 공동의 이익을 위하여 선량한 관리자의 주의로써 그 직무를 수행하는 '파산관재인'에게 대항할 수 없음을 뜻하고, 이는 파산관재인이 단순히 채무자의 포괄승계인으로서 채무자의 부동산 또는 선박에 관한 등기·가등기의무를 그대로 승계한 지위에 있는 것이 아니라, 파산선고와 동시에 채무자와 독립하여 파산재단에 속하는 재산에 관하여 이해관계를 가지게 된 제3자로서의 지위를 가지고 있음을 전제로 하여 파산선고 후에 한 부동산 또는 선박에 관한 등기·가등기를 파산관재인에게 대항할 수 없도록 한 것이라고 해석된다.[56]

(2) 파산선고 전 가등기에 기한 본등기를 파산관재인에게 청구할 수 있는지[57]

파산선고 전에 가등기를 마친 제3자가 파산선고 후에 채무자의 협력을 얻어 본등기를 한 경우 파산관재인에게 대항할 수 있는가, 가등기권리자가 파산관재인에 대하여 본등기의 청구를 할 수 있는가.

순위보전을 위한 가등기에 관한 것은 〈제2편 제5장 제3절 Ⅳ.2.다.(1)(나)〉(본서 277쪽)를 참조할 것.

담보가등기의 경우에 관하여 본다. 가등기담보는 파산절차에서 별제권이므로(가등기담보에 관한 법률 제17조 제1항) 가등기담보권자가 별제권의 행사로서 본등기청구를 하면 파산관재인은 이에 응하지 않을 수 없을 것이다.

나. 파산선고 후 채무자에 대한 변제의 효력[58]

파산선고 후에 그 사실을 알지 못하고 채무자에게 한 변제는 이로써 파산채권자에게 대항할 수 있다. 파산선고 후에 그 사실을 알고 채무자에게 한 변제는 파산재단이 받은 이익의 한도 안에서만 파산채권자에게 대항할 수 있다(제332조).

변제에는 상계도 포함된다.[59] 파산채권자에게 대항하려면 파산선고사실에 대하여 선의여야

---

56) 대법원 2008. 2. 1. 선고 2006다32187 판결 참조. 파산선고 전에 부동산에 대한 점유취득시효가 완성되었으나 파산선고시까지 이를 원인으로 한 소유권이전등기를 마치지 아니한 자는, 그 부동산의 소유자에 대한 파산선고와 동시에 파산채권자 전체의 공동의 이익을 위하여 파산재단에 속하는 그 부동산에 관하여 이해관계를 갖는 제3자의 지위에 있는 파산관재인이 선임된 이상, 파산관재인을 상대로 파산선고 전의 점유취득시효 완성을 원인으로 한 소유권이전등기절차의 이행을 청구할 수 없다. 또한, 그 부동산의 관리처분권을 상실한 채무자가 파산선고를 전후하여 그 부동산의 법률상 소유자로 남아 있음을 이유로 점유취득시효의 기산점을 임의로 선택하여 파산선고 후에 점유취득시효가 완성된 것으로 주장하여 파산관재인에게 소유권이전등기절차의 이행을 청구할 수도 없다. 이 경우 법률적 성질이 채권적 청구권인 점유취득시효 완성을 원인으로 한 소유권이전등기청구권은 채무자에 대하여 파산선고 전의 원인으로 생긴 재산상의 청구권으로서 파산채권에 해당하므로 파산절차에 의하여서만 그 권리를 행사할 수 있다(위 2006다32187 판결 참조). 반면 취득시효기간 중 점유 부동산의 등기명의자에 대하여 회생절차가 개시되어 관리인이 선임된 사실이 있다고 하더라도 점유자가 취득시효 완성을 주장하는 시점에서 회생절차가 이미 종결된 상태라면 등기명의자에 대하여 회생절차상 관리인이 선임된 적이 있다는 사정은 취득시효기간 중 점유 부동산에 관하여 등기명의자가 변경된 것에 해당하지 아니하므로, 점유자는 그가 승계를 주장하는 점유를 포함한 점유기간 중 임의의 시점을 취득시효의 기산점으로 삼아 취득시효 완성을 주장할 수 있다(대법원 2015. 9. 10. 선고 2014다68884 판결 참조).

57) 會社更生法, 279~281쪽, 도산법, 233~235쪽.

58) 제67조도 동일한 취지의 규정을 하고 있다. 파산재단에 속한 채권의 관리처분권은 파산관재인에게 전속되므로(제384조) 파산관재인만이 변제의 수령권한이 있다. 따라서 채무자에 대하여 채무를 부담하는 자(이하 '변제자'라 한

하고, 과실 유무는 묻지 않는다. 파산선고의 공고 전에는 그 사실을 알지 못한 것으로 추정하고, 공고 후에는 그 사실을 안 것으로 추정한다(제334조). 결국 누가 증명책임을 부담하는지는 제3채무자의 급부가 언제 이루어지는지에 달려 있다. 제3채무자가 파산선고의 공고 전에 변제한 경우에는 파산선고 사실을 알지 못한 것으로 추정되므로 이중지급을 요구하는 파산관재인이 이 추정을 깨고 제3채무자의 악의를 증명하여야 한다. 제3채무자가 파산선고 공고 후에 급부한 경우에는 그가 자신의 선의를 증명해야 한다.

채무자에 대한 변제가 유효한 경우, 변제의 목적물은 파산재단에 속하는 것이기 때문에 파산관재인은 변제를 수령한 채무자에게 그 인도를 청구할 수 있다. 채무자에 대하여 채무를 부담하는 자가 선의를 주장하거나 증명하지 못한 경우에는 파산관재인에게 다시 변제하지 않으면 안 된다. 반면 채무자에의 변제가 무효인 경우 변제한 것에 대하여 채무자를 상대로 부당이득반환청구를 할 수 있다. 이러한 청구권은 채무자의 자유재산으로 반환하여야 한다.

다. 파산선고 후의 어음의 인수 또는 지급의 효력

환어음의 발행인 또는 배서인이 파산선고를 받은 경우 지급인 또는 예비지급인이 그 사실을 알지 못하고 인수 또는 지급을 한 때에는 이로 인하여 생긴 채권에 관하여 파산채권자로서 그 권리를 행사 할 수 있다. 수표와 금전 그 밖의 물건이나 유가증권의 급부를 목적으로 하는 유가증권의 경우에도 마찬가지이다(제333조).

환어음의 발행인 등에 대한 파산선고 후 지급인 등이 선의로 지급 등을 한 경우 그로 인하여 발생한 구상권(또는 자금관계상의 청구권)은 파산선고 후에 발생한 것이므로 파산채권이 아니어서(제423조 참조, 그렇다고 재단채권도 아니다) 파산재단에 대하여 아무런 권리행사를 할 수 없다. 이렇게 되면 지급인 등은 인수나 지급시에 항상 발행인 등이 파산선고를 받았는지 여부에 대하여 조사를 하여야 하므로 어음거래가 원활하지 못하게 된다. 그래서 지급인 등의 선의를 조건으로 파산채권자로서[60] 권리를 행사하도록 특칙을 마련한 것이다.[61]

다)가 파산선고 후에 채무자에 대하여 한 변제는 파산관재인에게 대항할 수 없다(제329조 제1항). 그 결과 변제자는 이중으로 변제를 하게 될 수 있다. 변제자는 파산선고를 받은 채무자에게 변제하여서는 아니 된다는 뜻을 파산선고의 공고에도 경고하고 있다(제313조 제1항 제4호). 그러나 일반적으로 채권자는 변제자의 신용상태에 대하여 관심을 가지고 있지만, 변제자는 채권자의 재산 상태에 대하여 별다른 관심이 없다. 따라서 변제수령권자가 파산선고를 받았는지에 대하여 주의를 요구하는 것은 변제자에게 부당한 부담을 주는 것이다. 그래서 제332조 제1항은 제329조 제1항의 예외로서 파산선고사실에 대하여 선의인 변제자의 채무자에 대한 변제는 파산채권자에게 대항할 수 있도록 하였다. 그 결과 변제자는 파산관재인에게 다시 변제를 할 필요가 없다. 또한 변제자가 파산선고사실에 대하여 악의인 경우에도 제329조 제1항의 원칙에 따르면 변제는 (상대적으로) 무효가 되지만, 변제의 목적물이 파산재단에 귀속한 경우라면 파산재단에 불이익이 발생하지 않기 때문에 제332조 제2항은 파산재단이 받은 이익의 한도 안에서 변제로 파산채권자에게 대항할 수 있도록 한 것이다(條解 破産法, 398~399쪽).

59) 다만 상계의 경우에는 원칙적으로 인정되고, 나아가 민법에서보다 넓게 인정된다. 그러나 일정한 경우에는 제한되기도 한다(제416조 이하).

60) 지급인 등이 갖는 구상권은 파산선고의 효과에 기한 법률관계의 변동의 결과로서 계약의 상대방이 갖는 청구권이다. 이 청구권은 파산재단에 관한 계약관계를 정리하고, 나아가 법률관계를 변경한 결과로 발생한 것이므로 파산절차를 수행함에 따라 발생하는 비용에 속한 것으로 보아 이것을 재단채권으로 하는 것도 생각할 수 있다. 하지만 이는 파산재단의 부담을 가중시키고 결국은 파산절차의 목적 실현을 곤란하게 하기 때문에, 상대방과의 공평에 반하

파산선고의 공고 전에는 그 사실을 알지 못한 것으로 추정하고, 공고 후에는 그 사실을 안 것으로 추정한다(제334조).

Ⅲ 종래의 법률관계(계약관계)에 미치는 영향

파산선고가 되면 채무자의 재산관계는 청산되지만, 파산이 선고되더라도 파산관재인이 파산재단에 관한 종전 법률관계를 승계하고, 그 법률관계의 내용은 변동되지 않는 것이 원칙이다. 왜냐하면 상대방은 자신과 아무런 관계가 없는 채무자의 파산선고로 자신의 지위가 불이익하게 변경될 이유가 없기 때문이다.

다만 관리처분권이 파산관재인에게 이전되기 때문에 채무자를 당사자 일방으로 하는 파산선고 전부터의 재산관계에 관한 계약 기타 법률관계를 처리할 필요가 있다.[62] 그 처리방법에 관하여 민법, 상법 등에 규정된 것도 있지만, 채무자회생법은 당사자 사이의 공평과 파산절차의 신속한 진행을 도모하기 위하여 몇 가지 특칙을 두고 있다.[63]

구체적으로 종래의 법률관계(계약관계)를 정리함에 있어서는 통상의 실체법(민법 등 평시 실체법)의 기준에 따라 처리하는 것이 원칙이겠지만, 파산의 경우 적당하지 않은 것이 발생한다. 그래서 채무자회생법은 평시 실체법을 어느 정도 수정하여, 파산절차 중에만 통용되는 고유의 실체법 규정을 두고 있다(이것을 파산실체법이라 부를 수 있을 것이다). 이러한 파산실체법 중에는 파산절차의 목적을 보다 잘 달성하기 위한 것도 있고, 파산선고 전 거래관계의 안정 등 채무자와의 사이에 경제활동을 펼친 제3자의 이익을 보호하는 것도 충분히 고려한 것도 있다. 파산절차라는 미시적 세계에서는 적절한 해결책으로 보이더라도, 파산선고 전도 시야에 넣은 거시적 세계에서는 그것이 채무자의 경제적·생활상의 활동에 큰 장애가 될 가능성도 있기 때문에, 항상 거시적 시야도 갖춘 관점에서 파산처리제도를 볼 필요가 있다.

지 않는다고 생각되는 것에 대해 파산채권으로 인정한 것이다(條解 破産法, 724쪽 참조).

61) 파산채권자로서 보호된다는 점에서 파산채권의 범위에 관한 제423조의 특칙(파산채권의 범위 확장)으로도 볼 수 있다. 회생절차에서는 회생채권의 확장 측면에서 규정하고 있다(제123조)(본서 562쪽). 파산선고 후의 선의거래를 보호한다는 점에서는 제331조, 제332조와 공통된다.

62) 파산선고 전에 채무자가 제3자와 계약관계를 체결한 경우, 계약상의 의무가 이미 파산선고 전에 이행이 되었다면 계약관계는 소멸하고, 의무이행에 대한 부인권을 행사하는 것은 별론으로 하고, 파산관재인이 계약관계의 정리에 관여할 여지는 없다. 그러나 채무자나 상대방의 의무 또는 쌍방의 의무가 남아 있는 경우에는, 채무자는 그 의무를 이행할 수 없고(제329조 제1항, 제384조, 제424조), 상대방도 원칙적으로 채무자에 대하여 의무를 이행할 수 없다(제332조 제1항 등). 따라서 파산관재인은 계약관계 및 이에 기한 의무가 실체법상 존재한다는 것을 전제로 파산절차의 목적을 실현하기 위하여 이것을 정리할 필요가 있다.

63) 파산선고가 되면 파산재단에 속한 채무자의 계약관계에 미칠 가능성은 세 가지이다. 계약관계가 종료(제338조 제1항, 민법 제690조 전문)하거나 존속(제340조 제4항)할 수 있다. 또는 파산관재인의 선택에 달려 있다(제335조).

1. 쌍방미이행 쌍무계약에 관한 특칙[64]

쌍무계약은 쌍방 당사자가 상호 대등한 대가관계에 있는 채무를 부담하는 계약이다. 여기서 쌍무계약은 파산선고 당시 유효하게 성립되어 있어야 한다. '쌍방미이행'이란 채무자와 상대방 모두에게 채무의 전부 또는 일부가 남아있는 것을 말한다. 따라서 쌍방 모두 이행을 완료하였거나 일방이 모두 이행한 경우는 여기에 해당하지 않는다.

건축공사의 도급계약에 있어서는 이미 그 공사가 완성되었다면 특별한 사정이 있는 경우를 제외하고는 이제 더 이상 공사도급계약을 해제할 수는 없다고 할 것인바, 수급인이 파산선고를 받기 전에 이미 건물을 완공하여 인도함으로써 건축공사 도급계약을 해제할 수 없게 되었다면 도급인에 대한 도급계약상의 채무를 전부 이행한 것으로 보아야 하고, 그 도급계약은 파산선고 당시에 쌍방미이행의 쌍무계약이라고 할 수 없다.[65]

쌍무계약의 특질을 가진 공법적 법률관계에도 쌍방미이행 쌍무계약의 해지에 관한 채무자회생법 제335조 제1항이 적용 또는 유추적용될 수 있다. 따라서 공법상 법률관계가 잔존 급부의 대가성과 의존성, 견련성 등 쌍무계약 요건을 충족하면 위 조항이 적용되지만, 이러한 요건을 충족하지 못하면 적용할 수 없다. 이 때 쌍방미이행 쌍무계약으로 해지권을 행사할 수 있는지 여부를 판단함에 있어서 공법적 법률관계의 근거가 된 법령의 입법취지와 그 공법적 특수성, 파산선고 당시 공법상 계약의 진행 정도, 파산선고 당시 당사자들에게 남아 있는 구체적인 권리와 의무의 내용과 그 관계 등을 종합하여 판단하여야 한다.[66]

---

64) 쌍방미이행 쌍무계약에 관한 자세한 내용은 〈제2편 제5장 제3절 Ⅳ.3.다.〉(본서 281쪽)를 참조. 여기서는 내용에 있어 별도의 설명이 필요하거나 차이가 있는 부분을 중심으로 서술하기로 한다.

65) 대법원 2001. 10. 9. 선고 2001다24174,24181 판결.

66) 대법원 2021. 5. 6. 선고 2017다273441 전원합의체 판결. 【위 전원합의체 판결의 개략적인 개요 및 판단 근거】대전시는 2011년 7월 A사와 '대전 노은역 지하주차장 운영 등을 위한 실시협약'(이 사건 실시협약)을 체결했다. 대전시가 주차장 시설에 대한 소유권을 갖고 관리운영권은 A사가 갖는다는 내용이었다. A사는 주차장 관리운영권에 188억 원의 근저당권을 설정하고 보험사인 B사로부터 145억 원을 대출 받았다. 그런데 2013년 11월 B사(그린손해보험 주식회사)가 파산한데 이어, A사까지 2014년 6월 파산했다. A사 파산관재인인 C씨는 제335조 제1항에 따라 대전시에 실시협약 해지의 의사표시를 했다. 한편 B사 파산관재인인 예금보험공사는 2015년 3월 채무자를 'A사 파산관재인(C씨)', 제3채무자를 '대전시'로 해 A사 파산관재인의 대전시에 대한 해지시지급금채권에 관한 압류 및 전부명령을 받았고, 이후 위 명령은 확정되었다. 예금보험공사는 이를 근거로 대전시에 "해지시지급금 중 50억 원을 지급하라"는 소송을 냈다. 이에 대해 대전시는 "실시협약이 해지되지 않았으므로, A사 파산관재인에게 지급할 해지시지급금채무가 존재하지 않으므로 예금보험공사에 줄 돈도 없다"고 맞섰다.
　　대법원은 이 사건 실시협약은 쌍방미이행 쌍무계약에 해당하지 않는다고 보았다. 그 이유는 다음과 같다. A사는 파산선고 당시 실시협약에 따라 '노은역 주차장을 유지·관리 및 운영할 의무와 운영실적 및 운영계획을 대전시에게 제출할 의무' 등이 남아 있었고, 대전시에게는 'A사가 노은역 주차장 부지 및 시설을 무상으로 사용·수익하도록 하고, 불가항력사유 등이 발생하였을 때 총 사업비를 변경하는 등 절차에 협조하며, 주차단속을 실시해야 할 의무' 등이 남아 있지만, 이와 같은 법률관계는 상호 대등한 대가관계에 있는 법률관계라고 할 수 없고, 성립·이행·존속상 법률적·경제적으로 견련성도 없으며, 대전시가 A사 파산선고 이전에 이미 관리운영권을 설정해 줌으로써 '서로 담보로서 기능하는 채무'의 이행을 완료했다고 보아야 한다. 대전시가 지는 의무들은 기본적으로 물권인 A사의 관리운영권을 방해하지 않을 소극적 의무로서의 의미만 가지고, A사의 의무인 주차장 등의 유지관리의무는 A사가 대전시와 함께 일반 국민에 대해 부담하는 의무로 봐야하기 때문에 서로 대가관계 있는 법률관계라고 할 수 없다. 또한 이와 같은 주차장 등 사회기반시설의 관리·운영 단계에 정해진 쌍방의 법률관계는 관리·운영 단계에 쌍무계약에서 쌍방의 채무가 법률적·경제적으로 상호 관련성을 가지고, 원칙적으로 서로 담보의 기능을 하고 있는 데 비추어, 쌍방미이행 쌍무계약의 당사자 일방이 파산한 경우 파산 관재인에게 그 계약을 해제(해지)하거나 상대방의 채무의 이행을 청구하는 선택권을 인정함으로써 파산재단의 이익을 지키고, 동시에 파산관재인이 한 선택에 대응한 상대방을 보호하기 위한 취지에서 쌍방미이행 쌍무계약에 관하여 특칙을 두고 있다.[67]

서 쌍방이 부담하는 의무가 존재하더라도, 이를 대등한 대가관계가 있다고 인정하기 어려울 뿐 아니라 서로 견련성이 있다고 보기도 어렵다.

[별개의견] A사의 파산은 대전시의 귀책사유 없이 사업시행자 측의 사정으로 발생한 것인데도 A사의 파산관재인이 파산을 이유로 제335조 1항에 따라 실시협약을 해지하고, 거액의 해지 시 지급금을 일시불로 청구할 수 있다는 것은 민간투자사업 실시협약의 목적에도 부합하지 않고 「사회기반시설에 대한 민간투자법」의 근본 취지에도 어긋난다며 파산관재인의 해지권을 인정하는 것은 공익에 중대한 침해를 초래하므로 이 사건 실시협약에는 제335조 1항이 유추적용될 수 없다.

[반대의견] 실시협약에 따라 사회기반시설을 준공해 소유권을 주무관청에 귀속시키고 이를 운영할 사업시행자의 의무와 사업시행자에게 관리운영권을 설정해 주고 이를 운영을 할 수 있도록 해줄 주무관청의 의무는, 건설기간과 운영기간을 통틀어 서로 목적적 의존관계에 있는 채무를 부담한다는 점에서 쌍무계약의 특질을 가지고 있어 이 사건 실시협약에도 제335조 제1항이 적용돼야 한다. 파산 당시 사업시행자가 주차장을 유지·관리하며 운영할 의무, 그리고 주무관청이 사업시행자로 하여금 부지를 무상으로 사용하고 주차요금 조정 등에 협력하며 주차단속 등을 실시할 의무는 모두 이 사건 실시협약에 따른 채무로서 이행이 완료되지 않았다. 또한 이와 같은 의무가 부수적 채무에 불과하다고 볼 수도 없다. 따라서 A사 파산관재인이 파산계속법원의 허가를 받아 쌍방미이행 쌍무계약에 해당하는 이 사건 실시협약을 해지한 것은 적법하다.

67) 대법원 2001. 10. 9. 선고 2001다24174,24181 판결. 원래 상대방의 채권은 파산채권이 되므로 배당에서 일부 만족을 받을 수밖에 없다. 반면 자기의 채무는 전부 이행하도록 한다면, 동시이행관계에서 양자가 서로 담보로 간주되는 것에 부합하지 않아 양자 사이의 공평에 반한다. 또한 파산절차의 원활한 진행을 위해 조기에 관계를 청산할 필요도 있다. 이러한 이유로 파산관재인에게 이행할 것인지 해제할 것인지 선택권을 부여함과 동시에 공평의 견지에서 이행선택의 경우에는 상대방의 청구권을 재단채권으로 격상시킨 것이다. 마찬가지 이유에서 해제를 선택한 경우 상대방이 이행한 때로서 현존하면 반환을 청구할 권리를 인정하고, 현존하지 않으면 가액에 관하여 재단채권으로 보호함과 동시에 해제로 인한 손해배상도 원래 후순위 파산채권(제446조 제1항 제2호)에서 파산채권으로 격상하여 보호하고 있다.

제335조의 입법취지에 관한 위와 같은 통설적 견해에 대하여는 비판이 있다(小林秀之, 138~140쪽). ① 파산관재인에게 해제권을 부여하여 파산의 경우 쌍방미이행계약의 처리를 파산관재인에게 유리하게 변경한 것이다. 이행선택의 경우 상대방의 채권을 재단채권으로 취급하는 것은, 동시이행항변권이라는 일종의 담보권을 파산절차에서도 존중하지 않으면 안 된다는 당연한 결과이다. 마찬가지 이유로 해제권 선택의 경우 일부 이행한 상대방의 권리를 현물반환 내지 재단채권으로 보호하는 것이고, 손해배상채권도 파산관재인의 행위에 의해 발생한 것이므로 재단채권으로 할 수도 있지만, 파산관재인이 해제권 행사를 쉽게 하도록 하기 위하여 파산채권으로 한 것이다. 즉 파산재단의 이익을 꾀하기 위해, 파산재단에 유리한 쌍무계약에 대하여만 효력을 인정하고, 불리한 것은 계약의 구속력으로부터 벗어날 수 있도록 하기 위한 것이다. ② 제335조가 없다면 상대방의 권리는 동시이행항변권이 붙은 파산채권이 된다. 그래서 파산관재인의 상대방에 대한 청구는 동시이행항변권에 의해 저지되고, 상대방의 채권도 파산채권으로서 제약을 받기 때문에, 양쪽 모두 진퇴양난이다. 이런 상태를 타파하고 청산하기 위하여 둔 것이 제335조다. 파산관재인의 이행청구나 해제권 행사에 의해 상대방의 불이익을 감소시킬 필요가 있다. 즉 이행선택은 파산재단을 실질적으로 증가시키기 때문에, 상대방을 부당하게 해하지 않도록 동시이행항변권이 붙은 파산채권을 재단채권으로 변경시켜 특별취급을 하는 것이다. 마찬가지로 해제권 행사로 인한 상대방의 불이익을 감소시키기 위해, 부동산매매에서 매수인이 이전등기를 받았지만 인도를 받지 아니한 상태에서 매도인이 파산한 경우에도, 매수인이 대금을 지급한다면 파산관재인의 해제권 행사를 저지할 수 있도록 한 것이다.

요컨대 제335조가 없다면 상대방의 채권은 파산채권이 된다는 것은 파산의 대원칙(모든 채권을 파산채권으로 하여 파산절차에서 비례적으로 배당된다)으로부터 당연하다고 하여도, 명문의 규정 없이 담보적 색채가 강한 동시이행항변권까지 부정하는 것은 무리이다. 반면 상대방의 동시이행항변권의 행사를 자유롭게 인정한다면 신속한 청산적 처리를 도모할 수 없으므로 파산절차를 신속하게 진행할 수 있도록 제335조에서 파산관재인에게 해제와 이행의 선택권을 인정한 것이라고 할 것이다. 다만 제335조가 존재하는 한 입법취지에 대한 견해의 대립은 설명의 차이에 불과하다.

가. 파산관재인의 선택권[68]

매매계약 등 쌍무계약을 체결한 경우로서 채무자 및 상대방이 파산선고 당시 쌍방 모두 그 이행을 완료하지 아니한 때에는, 파산관재인은 그 선택에 따라 계약을 해제 또는 해지하거나 채무자의 채무를 이행하고 상대방의 채무이행을 함께 청구할 수 있다(제335조 제1항).[69] 예컨대 매매계약에 있어서 매수인과 매도인의 쌍방이 함께 자기의 채무의 이행을 완료하지 않은 상태에서 매수인이 파산한 경우에는 동시이행관계에 있지만, 파산관재인이 매매계약을 해제하거나 또는 매도인에게 대금을 지급하고 목적물의 인도를 구하는 것을 선택할 수 있게 된다.

다만 지급결제제도, 청산결제제도, 적격금융거래에 대하여는 파산관재인에게 선택권이 없다(제336조, 제120조).

선택권을 행사하는 방식이나 시기에는 제한이 없다.

나. 해제(해지)를 선택한 경우[70]

해제가 선택되면 계약관계는 소멸하고, 원상으로 회복하는 것이 일반원칙이다(민법 제548조 제1항). 따라서 채무자가 이미 그 의무의 일부를 이행한 때에는 상대방으로부터 그 반환을 구하고, 반대로 상대방이 일부의 의무이행을 한 때에는 파산재단으로부터 상대방에게 원상회복을 하지 않으면 안 된다.

계약이 해제된 경우 상대방에게 손해가 생기면 그 손해배상청구권[71]은 파산채권이 된다(제337조 제1항). 손해배상청구권도 파산관재인의 해제에 의하여 상대방에게 발생한 것이므로 재단채권으로 볼 여지도 있지만(제473조 제4호 참조), 파산채권으로 한 것은 손해배상청구권을 재단채권으로 한다면, 그 부담이 중대한 것으로 되고, 파산관재인에게 특별한 권능으로 해제권을 부여한 취지가 몰각되기 때문이다.

상대방이 이미 일부를 이행하여 그 급부의 목적물이 파산재단 중에 현존하는 때에는 그 반환을 청구할 수 있고(환취권), 현존하지 않는 때에는 목적물의 가액에 관하여 재단채권자로서

---

68) 파산관재인에게 선택권을 인정하고 있는 것은 회생절차와 같지만, 회생절차와 달리 계속적 공급의무를 부담하는 쌍무계약과 관련하여 파산신청 전의 채무불이행을 이유로 파산신청 후의 상대방의 이행거절권을 제한하는 규정이 없고(제122조 참조), 파산신청 후 파산선고 전의 상대방의 채권을 재단채권으로 보호하는 특칙이 없다(제179조 제1항 제8호 참조).

69) 반면 지방자치단체의 장 또는 계약담당자는 계약상대자가 파산선고를 받은 경우 낙찰자 결정을 취소하거나 계약을 해제 또는 해지할 수 있다(지방자치단체를 당사자로 하는 계약에 관한 법률 제30조의2 제1항 제6호).

70) 실무적으로 파산선고 당시 분양대금의 일부를 납부하지 않고 소유권이전등기가 되어 있지 않은 경우, 파산관재인이 쌍방미이행 쌍무계약의 법리에 따라 분양계약을 해제하고 이미 지급한 분양대금의 반환을 청구하는 사례가 있다{서울고등법원 2014. 9. 26. 선고 2013나23503(본소),2013나23510(반소) 판결(대법원 심리불속행 기각으로 확정)}. 위 판결은 파산관재인이 제335조 제1항에 따라 분양계약을 해제한 것은 적법하다고 인정한 다음, 시행사가 지출한 중도금 대출이자 상당액을 제473조 제4호(파산재단에 관하여 파산관재인이 한 행위로 인하여 생긴 청구권)에서 정한 재단채권에 해당한다고 보아 시행사의 상계항변을 받아들였다.

71) 이 손해배상채권은 민법상의 해제에 따른 손해배상청구권(민법 제551조)과 달리, 파산관재인의 해제권 행사에 의한 특별한 것이다.

권리를 행사할 수 있다(제337조 제2항). 상대방이 가지는 원상회복청구권은 파산관재인이 특별한 권능인 해제권을 행사한 결과이므로, 공평을 고려하여 환취권 또는 재단채권으로 한 것이다. 이때 파산관재인은 법원으로부터 환취권 또는 재단채권의 승인을 허가받아야 하며, 감사위원이 설치되어 있는 경우에는 감사위원의 동의를 얻어야 한다(제492조 제13호). 이러한 환취권 또는 재단채권과 파산관재인의 상대방에 대한 원상회복청구권은 동시이행관계에 있다(민법 제549조 참조).

파산관재인이 해제권을 선택하여 행사할 경우 원칙적으로 법원의 허가를 받을 필요는 없다(제492조 제9호 참조). 파산은 청산을 전제로 하는 절차이므로 계약을 해제하는 것이 원칙적인 모습이기 때문이다. 이 점이 회생을 목적으로 하는 회생절차에서 관리인이 해제권을 선택할 경우 법원의 허가를 받도록 한 것과 다르다.

해제권을 행사함에 있어서 계약당사자의 일방 또는 쌍방이 수인인 경우 해제·해지에 관한 민법 제547조의 제한을 받지 아니한다.[72]

한편 매매계약에서 정한 위약금약정은 파산관재인이 제335조 제1항에 따라 매매계약의 해제권을 선택하여 해제한 경우에도 적용된다.[73]

파산관재인이나 파산채권자가 채권조사절차에서 한 행위를 계약해제로 볼 수 있는가. 파산채권에 대한 신고 및 조사는 파산채권의 존재와 그 채권액, 우선권 등을 확정함으로써 채권자가 파산절차에 참여하여 채권자집회에서 의결권을 행사하고 채권의 순위, 채권액에 따라 배당을 수령할 수 있도록 하기 위한 것이므로, 그 절차의 진행과정에서 파산관재인이 시부인을 한 것에 대하여 미이행쌍무계약의 해제의 의사표시를 한 것으로 보거나, 채권자가 채권신고를 통하여 매매계약 해제의 의사표시를 한 것으로 보려면 채권자가 채권신고에 이르게 된 동기 및 경위, 채권신고서에 기재된 채권의 내용 및 원인, 파산관재인의 시부인 경위 등을 종합적으로 고려하여 볼 때 계약해제의 의사를 표시한 것으로 추단할만한 객관적 사정이 인정되어야 한다.[74]

파산관재인에 의한 해제의 선택도 무제한적인 것은 아니다. 파산관재인의 계약해제에 의해 상대방에게 현저하게 불공평한 상황이 발생한 경우에는, 해제권 행사는 허용되지 않는다고 할 것이다. 예컨대 해제에 의하여 채무자나 이해관계인에게 이익이 발생할 것이 기대되는 경우에도, 상대방에게 현저하게 불공평한 결과가 발생할 우려가 있다면 해제권행사는 허용되지 않는

---

72) 대법원 2003. 5. 16. 선고 2000다54659 판결.
73) 대법원 2013. 11. 28. 선고 2013다204652 판결, 대법원 2013. 11. 28. 선고 2013다33423 판결(부동산매매계약에서 "소외 회사의 책임 있는 사유로 이 계약이 해제될 경우 계약금 전액은 피고에게 귀속한다"로 정하였다. 그 후 소외 회사가 파산하여 파산관재인이 위 매매계약을 해제하였다. 그런데 제335조 제1항에 의한 위 파산관재인의 해제는 소외 회사가 파산상태에 이른 것을 원인으로 하므로 이는 소외 회사의 책임 있는 사유로 계약이 해제된 경우의 하나로 볼 수 있고, 이때 파산관재인의 해제로 피고에게 발생하는 손해는 소외 회사의 채무불이행으로 인한 해제 시의 손해와 큰 차이가 없을 것으로 보이므로, 이 사건 매매계약 제10조 제2항은 제335조 제1항에 의한 파산관재인의 해제로 인해 발생하는 손해까지도 포함하는 위약금 약정이라고 해석함이 합리적이다. 그렇다면 위 파산관재인이 법 제335조 제1항에 의하여 이 사건 매매계약을 해제한 경우에도 이 사건 매매계약 제10조 제2항 후문이 적용되어 소외 회사가 지급한 계약금 상당의 위약금은 피고에게 귀속된다고 봄이 타당하다).
74) 대법원 2010. 2. 25. 선고 2007다85980 판결.

다.[75] '상대방에게 현저히 불공평을 발생'하는지는 해제에 의해 계약당사자 쌍방이 원상회복 등으로 해야 하는 급부내용이 균형을 이루고 있는지, 제337조 등의 규정에 의한 상대방의 불이익이 어느 정도 회복될 수 있는지, 채무자의 미이행채무가 쌍무계약에 있어 본질적·핵심적인 것인지 아니면 부수적인 것에 지나지 않는 것인지 제반 사정을 종합적으로 고려하여 결정하여야 할 것이다.[76]

파산관재인이 해제권을 행사한 후 파산절차의 폐지 또는 종결이나 항고심에서 파산선고가 취소된 경우에도 상대방의 신뢰를 보호하기 위해 해제의 효력은 영향을 받지 않는다고 할 것이다.

한편 회생절차에서 이행이 선택된 후 파산절차로 이행된 경우(견련파산)로서 해당 계약이 여전히 쌍방미이행 쌍무계약인 때 파산관재인은 선택권을 행사할 수 있는가. 도산절차의 일체성을 강조하거나 상대방의 보호를 중시한다면 선택권을 부정하여야 할 것이다. 하지만 파산절차의 목적 수행을 위해 제335조가 갖는 의미를 고려하면 원칙적으로 선택권을 긍정하여야 할 것이다. 회생절차개시로 파산절차가 중지된 경우로서 회생절차가 진행 중인 경우에도 마찬가지이다.

다. 이행을 선택한 경우

파산관재인이 이행을 선택한 경우 종래의 계약관계에 있어 상대방의 지위, 즉 동시이행항변권(민법 제536조)은 인정되어야 한다. 담보적 기능을 하는 동시이행항변권은 계약관계가 존속하는 한 파산관재인에 대하여도 인정되는 것이다. 따라서 상대방은 파산관재인이 자신의 채무를 계약의 내용에 따라 이행하는 것과 상환으로, 파산관재인에 대하여 그 채무를 이행하는 것으로 충분하다.

파산관재인이 이행을 선택한 경우 상대방이 가지는 청구권은 재단채권이 되고, 원칙적으로 완전한 이행을 받는다(제473조 제7호). 파산관재인이 상대방에 대한 이행을 지체한 경우 그로

---

75) 破産法·民事再生法, 355쪽, 전병서, 211쪽(파산관재인의 해제권 행사에 있어서 양쪽의 미이행 부분이 균형을 잃은 경우나 해제권 행사가 남용이 되는 경우 허용되지 않는다).

76) 倒産判例百選, 164쪽. 일본 최고재판소는 골프회원이 파산한 후 만기 전 해제에 의한 예탁금반환을 구한 사안에서, 이와 같은 법리를 전제로 이는 골프장에 현저히 불공평을 발생시키는 것으로, 파산관재인의 해제 선택권을 인정하지 않았다(小林秀之, 145쪽).
   파산관재인의 해제권 행사를 인정하지 않는 이유는 다음과 같다. 예탁금제골프장의 회원이 파산하고, 이것을 이유로 파산관재인이 채무자의 회원계약을 해제할 수 있다면, 골프장 경영회사는 골프장 시설을 이용할 수 있는 상태로 유지하여야 하는 상황에 어떠한 변화가 없음에도, 당초부터 골프장 시설의 정비에 충당할 예정인 예탁금을 즉시 반환하도록 강요당하는 결과로 된다. 한편 파산재단의 측에서는 골프장시설이용권을 잃을 뿐이고, 고의적인 해제에 따른 재산적 출연은 필요하지 않는 것이어서, 심각하게 양자의 균형을 잃은 것이라고 하지 않을 수 없다. 골프장 경영회사가 회원계약의 해제에 따라 발생하는 위와 같은 현저한 불이익을 손해배상청구권으로 구성하여 제121조 제1항에 의해 파산채권으로 행사한다고 하여도 이에 의하여 회복되는 것은 일반적으로는 곤란하다고 할 것이다. 또한 회원에게 연회비지급의무가 있어도, 그 의무는 회원계약의 본질적·핵심적인 것은 아니고, 부수적인 것에 지나지 않는다. 파산관재인으로서는 파산재단의 감소를 방지하기 위하여 연회비의 지급을 면할 필요가 있지만, 이를 위해 회원계약을 해제하지 않고 회칙의 정함에 따라 탈퇴절차를 밟는 것으로 충분하다.

인하여 발생한 손해배상청구권도 재단채권이 된다.[77]

파산관재인이 이행을 선택할 경우 법원의 허가를 받아야 한다(제492조 제9호). 파산은 회생절차와 달리 청산을 목적으로 하므로 이행청구를 제한하는 것이다.[78]

파산관재인이 이행을 선택하여도 상대방은 민법상의 일반법리인 불안의 항변권이나 파산선고 전의 채무불이행을 이유로 한 해제권을 행사할 수 있다. 다만 도산해제조항에 의한 해제권의 행사는 할 수 없다. 이에 관한 내용은 〈**제2편 제5장 제3절 Ⅳ.3.다.(1)(마)**〉(본서 297쪽)를 참조할 것.[79]

라. 상대방의 최고권

(1) 최고권을 행사한 경우

상대방은 계약을 이행하여 파산관재인의 해제권을 배제할 수 없고, 파산만을 이유로 쌍방미이행 쌍무계약을 해제할 수도 없어 불안정한 지위에 놓이게 된다. 이에 채무자회생법은 상대방에게 최고권을 인정하여 불안정한 지위에서 벗어날 수 있도록 하였다. 즉 파산관재인이 그 선택을 하지 아니하는 경우에는 상대방은 파산관재인에 대하여 상당한 기간을 정하여 그 기간 내에 계약을 해제할 것인가 또는 채무이행을 할 것인가의 최고를 할 수 있다. 만약 그 기간 내에 확답이 없을 때에는 계약을 해제 또는 해지한 것으로 본다(제335조 제2항). 파산절차는 회생절차와 달리 청산절차이기 때문에 해제 또는 해지를 간주하고 있다.[80]

(2) 최고권을 행사하지 않은 경우

파산관재인이 선택권을 행사하지 않고 계약상대방도 최고를 하지 않은 채 파산절차가 종료된 경우 계약상대방의 채권은 면책되는가. 회생절차의 경우 관리인은 회생계획안 심리를 위한 관계인집회가 끝난 후에는 계약을 해제 또는 해지할 수 없고(제119조 제1항 단서), 이 경우 관리인의 이행선택이 간주되고 계약상대방의 채권은 공익채권이 된다(본서 292쪽). 따라서 회생절차의 경우는 면책이 불가능하다.

파산절차의 경우는 비면책채권{채무자가 악의로 채권자목록에 기재하지 아니한 청구권, 다만 채권자가 파산선고가 있음을 안 때에는 그러하지 아니하다(제566조 단서 제7호)}에 해당하지

---

77) 대법원 2004. 11. 12. 선고 2002다53865 판결.
78) 회생절차에서는 반대로 관리인이 계약을 해제 또는 해지를 할 경우 법원의 허가를 받아야 한다(제61조 제1항 제4호).
79) 파산선고 자체를 이유로 상대방에게 계약해제권을 인정할 수 있는가. 일방당사자에 대한 파산선고로 원만한 계약이행이 불투명해지므로 상대방은 그 불안한 지위를 해소하기 위하여 계약의 해제를 바랄 수도 있다. 그러나 ① 상대방은 민법의 일반이론에 따라 불안의 항변권을 주장하여 이행의무를 거절할 수 있고, ② 파산선고가 있으면 채무자는 변제를 할 수 없으므로 채무자가 채무를 이행하지 않는 것은 채무자의 귀책사유에 의한 것이 아니므로 파산선고로 인한 이행지체(지연)를 이유로 계약을 해제하는 것은 인정되지 않으며, ③ 파산관재인에게 이행이나 해제의 선택권을 부여한 취지에 비추어 상대방은 파산관재인의 선택을 기다릴 수밖에 없다고 봄이 상당하다는 점에서, 개별계약에서 특수사정이 있는 경우를 제외하고 당사자 일방의 파산선고만을 이유로 일반적으로 계약해제권을 인정할 수는 없다고 할 것이다.
80) 회생절차에서는 관리인이 최고를 받은 후 30일 이내에 확답을 하지 않으면 해제·해지권을 포기한 것으로 본다(제119조 제2항).

않는 한 면책된다.

마. 계속적 공급계약의 경우

회생절차(제122조)와 달리 파산절차에서는 계속적 급부를 목적으로 하는 쌍무계약에 관하여 특별한 규정을 두고 있지 않다. 이는 파산절차에서는 일반적으로 채무자의 경제적 활동을 정지하고 사업도 해체되므로 공급자가 이행을 거절하는 것은 어쩔 수 없고, 그다지 불합리한 것도 아니라고 보기 때문이다.[81] 따라서 파산절차에서는 전기·가스·수도·전화 등의 계속적 공급계약에 대하여도 이는 쌍방미이행 쌍무계약에 해당하므로 제335조 등이 적용된다고 할 것이다.[82] 주로 계속적 공급계약 도중에 수요자가 파산한 경우가 문제된다.

(1) 이행을 선택한 경우

파산선고 후의 공급에 대한 사용대금청구권은 재단채권이다(제473조 제7호). 파산선고 전의 공급에 대한 사용대금청구권은 파산선고 전의 원인으로 생긴 것이므로 파산채권이다(제423조).

(2) 해제(해지)를 선택한 경우

파산관재인이 해제(해지)를 선택한 경우 파산선고 전의 공급으로 인한 사용대금청구권 및 해제(해지)로 인한 손해배상청구권은 파산채권이다(제337조 제1항). 파산선고 후 해제(해지)까지의 공급으로 인한 사용대금청구권은 재단채권이다(제473조 제8호).

바. 매매예약의 경우

파산선고 당시에 매매계약을 체결할 권리(매매예약완결권)가 존재하였고 파산선고가 된 후에 비로소 상대방의 권리행사에 의하여 매매계약이 성립하거나 장차 매매계약이 성립할 수 있어 아직 쌍방의 채무가 이행되지 아니한 경우에도 제335조가 유추적용된다.[83] 따라서 파산관재인이 이행을 선택하면 상대방은 매매계약에 따른 급부를 재단채권으로 청구할 수 있다. 하지만 해제(해지)를 선택하면 그로 인한 손해배상청구권을 파산채권으로 신고할 수 있을 뿐 매매계약에 따른 급부를 파산채권으로 신고할 수는 없다.

---

81) 그러나 입법론적으로 청산을 목적으로 하는 경우에도 파산선고 후 일정기간에 있어서는 파산관재인이 업무를 처리하기 위해서 전기·가스 등의 공급을 받을 필요가 있는 경우도 있으므로 회생절차(제122조)에서와 같이 이행거절권을 제한하는 특칙을 둘 필요가 있다(일본 파산법 제55조 참조).

82) 이에 대하여 파산절차의 경우 회생절차에 관한 제122조를 유추적용하자는 견해가 있다(노영보, 239쪽). 파산관재인이 이행의 청구(제335조)를 한 경우에는 공급자는 동시이행항변권을 행사하여 공급을 정지할 수 없다. 파산선고 후 공급분은 재단채권이 되지만 그 적용법조는 제473조 제7호가 아니라 제3호 내지 제4호이다. 다만 신청 후 공급분에 대한 규정(제179조 제1항 제8호)은 적용되지 않고 파산채권에 불과하다.
　결론에 있어 파산선고 후 공급분 대가가 재단채권으로 되는 근거 규정을 제외하고 제335조 등을 적용하는 것과 차이가 없다.

83) 대법원 2007. 9. 6. 선고 2005다38263 판결 참조.

2. 각종 계약 등에 관한 특칙

가. 지급결제제도 등에 관한 특칙

지급결제제도, 청산결제제도, 적격금융거래와 같이 일정한 내부적 결제체계 하에서 청산과 지급이 이루어지는 경우에, 당사자는 그러한 결제체계를 신뢰하고 거래를 하게 된다. 이처럼 지급결제제도 또는 청산결제제도의 참가자, 적격금융거래의 당사자 일방에 대하여 파산선고가 있는 경우 결제제도 자체가 붕괴되는 것을 막기 위하여 쌍방미이행 쌍무계약에 관한 선택 등에 대하여 그 적용을 배제하는 특칙을 두고 있다(제336조, 제120조).

이에 관한 내용은 〈**제2편 제5장 제3절 Ⅳ.5.**〉(본서 344쪽)를 참조할 것.

나. 거래소의 시세 있는 상품의 정기매매

거래소의 시세 있는 상품의 매매에 관하여, 거래소에서 달리 규정한 것이 없고 일정한 일시 또는 일정한 기간 안에 이행을 하지 아니하면 계약의 목적을 달성하지 못하는 경우, 그 시기가 파산선고 후에 도래하는 때에는 계약의 해제가 있은 것으로 본다.[84][85] 이 경우 손해배상액은 이행지에서 동종의 거래가 동일한 시기에 이행되는 때의 시세와 매매대가와의 차액에 의하여 정한다(제338조 제1항). 물론 거래소에서 달리 규정한 것이 있으면 그 규정에 따른다(제338조 제3항).

(1) 취 지

한국거래소에서 거래되는 유가증권이나 상품거래소에서 거래되는 상품이 대표적인 것이다. 거래의 성질상 일정한 일시 또는 기간 안에 이행을 하지 않으면 계약의 목적을 달성하지 못한다. 이들 거래는 해당 상품 등의 가격이 시시각각 형성되거나 변화하기 때문에 매수인이나 매도인에게도 정해진 시기의 거래에 따라 경제적 이익을 얻는 것을 목적으로 한다. 그럼에도 파

---

84) **민법 제545조 및 상법 제68조와의 관계** 민법 제545조는 정기행위의 이행지체에 대하여 상대방의 최고 없는 해제권을 인정하고(해제의 의사표시는 필요하다), 상법 제68조는 정기매매의 이행지체에 대하여 한걸음 더 나아가 해제의 의사표시 없이 계약해제의 의제를 규정하고 있다. 민법의 경우에는 정기행위에 있어 상대방이 해제를 하지 아니하고 이행기 이후에 본래의 급부를 그대로 원할 수도 있다는 점을 고려한 것임에 반하여, 상법에서는 상사상의 정기매매에 관한 매도인의 이익과 상거래의 신속한 처리를 위하여 계약해제를 의제하는 것으로 민법의 특칙을 둔 것이다.

채무자회생법 제338조 제1항이나 민법 제545조 및 상법 제68조는 모두 신속한 거래관계의 종료라는 취지에 있어 공통점이 있다. 하지만 상법 제68조가 적용되는 장면은 <u>상대방의 해제권</u> 행사가 문제되는 것임에 반하여, 채무자회생법 제338조 제1항은 <u>파산관재인의 해제권</u> 행사가 문제된다. 상법의 규정은 상대방이 아니라 이행지체를 한 당사자의 보호를 목적으로 하는 반면, 채무자회생법은 상대방의 보호를 목적으로 한다는 점에서 그 취지를 달리한다(條解 破産法, 458쪽). 이에 대하여 상대방 보호를 위하여 정기행위나 정기매매에 대하여 이행지체를 이유로 해제권 행사 또는 해제 효과를 인정하는 것이 민법이나 상법의 규정이고, 파산선고에 기한 해제의 효과를 규정한 것이 채무자회생법이라고 보는 견해도 있다(破産法·民事再生法, 382쪽).

85) 예컨대 시세 있는 상품에 대하여 매도인 甲, 매수인 乙로 하여 2024년 3월 1일 단위 당 10,000원으로 1,000단위를 매도하기로 하는 거래가 성립한 경우, 2024년 3월 1일 甲에 대하여 파산선고가 되었다면 본 계약은 당연히 해제된다.

산절차에 의한 파산관재인의 선택권에 계약의 추이를 맡긴다면 거래 상대방은 불안정한 지위에 있게 되는 결과가 된다. 요컨대 이러한 거래는 신속한 처리가 필요하고 현물거래보다는 시세 변동에 의한 이익여부가 중요하여 제335조를 적용하는 것이 적당하지 않기 때문에 이러한 특칙을 둔 것이다. 물론 쌍방미이행 쌍무계약의 경우에도 파산관재인이 선택권을 행사할 때까지 상대방의 지위는 불안정하지만, 거래소의 시세 있는 상품의 정기매매는 그 성질상 상대방을 불안정한 지위에 두는 것이 불합리하다는 판단에서 특별히 규정한 것이다.

(2) 계약해제의 의제

계약해제가 의제되기 위해서는 ① 시세 있는 상품, ② 정기매매, ③ 파산선고 후 이행기 도래라는 요건을 갖추어야 한다. 여기서 매매는 예시적인 것으로 상품의 귀속이 이전되는 행위이면 충분하고, 스왑거래라 부르는 교환계약이나 이것과 유사한 파상상품거래 등도 포함된다.

(3) 손해배상액의 산정 및 파산채권 행사

손해배상액은 이행지에서 동종의 거래가 동일한 시기에 이행되는 때의 시세와 매매대가와의 차액에 의하여 정한다(제338조 제1항 제2문). 해제로 인하여 발생한 손해배상채권은 파산채권이다(제338조 제2항). 해제로 인하여 발생하는 파산재단의 부담을 줄이기 위하여 파산채권으로 규정한 것이다.

다. 임대차계약

(1) 임차인이 파산한 경우

임차인이 파산선고를 받은 경우에는 임대차기간의 약정이 있는 때에도 임대인 또는 파산관재인은 민법 제635조의 규정에 의하여 계약해지를 통고할 수 있고, 법정의 고지기간의 경과에 의하여 임대차는 종료한다(민법 제637조 제1항).[86] 임대차계약은 쌍방미이행의 쌍무계약이지만 임차인의 파산은 법률관계의 신뢰를 깨뜨리는 것이므로 제335조에 대한 특칙을 둔 것이다. 각 당사자는 상대방에 대하여 계약해지로 인하여 생긴 손해의 배상을 청구하지 못한다(민법 제637조 제2항).[87][88]

---

86) 민법 제637조는 존속기간이 정하여져 있는 임대차에 관하여만 적용된다. 존속기간이 정하여져 있지 아니한 임대차의 경우에는 민법 제635조에 의하여 언제든지 해지통고가 가능하기 때문이다.

87) 민법 제637조 제2항(이하 '심판대상조항'이라 한다)이 헌법에 위반되는지 여부에 대하여 헌법재판소는 다음과 같은 이유로 합헌결정을 하였다(헌법재판소 2016. 9. 29. 선고 2014헌바292 전원재판부 결정).
  1. 재산권 침해 여부(소극)
  • 목적의 정당성 및 수단의 적절성
    심판대상조항은 파산절차를 신속하게 진행함으로써 파산채권자 전체의 이익을 도모하고, 임차인을 보호하기 위한 것으로 이러한 입법목적에는 정당성이 인정되며, 임차인의 파산관재인이 임대차계약의 해지통고를 한 경우에 임대인의 손해배상청구를 제한하는 것은 이러한 목적을 달성하기 위한 적절한 수단이다.
  • 침해의 최소성
    심판대상조항에 의하여 배상청구가 제한되는 손해는 임대차계약의 해지 그 자체로 인하여 발생하는 손해에 국한되므로, 심판대상조항에 의하여 임대인의 손해배상청구가 제한된다고 할지라도 이로 인하여 임대인이 입임차인이 파산선고를 받게 되면 임대인의 차임채권은 별제권으로 보호받을 수 없기 때문에 임대인의 이익이 침해될 수 있다. 따라서 비록 임대차계약기간의 약정이 있다고 하더라도 임대인에게 해지의 권리를 인정할 필요가 있다. 한편 임차인의 입장에서도 임대차를 종료시킴으로써 차임지급의무를 면하는 것이 그 자신으로나 그의 채권자들을 위하여 이익이 될 수 있다.[89]

임차인이 파산한 경우에는 파산관재인뿐만 아니라 임대인도 계약을 해지할 수 있다. 이 경우 임대인 또는 파산관재인 중 일방이 계약을 해제 또는 해지할 것인가의 여부에 관하여 기간을 정하여 확답할 것을 최고할 수 있고, 그 기간 내에 확답이 없으면 계약을 해제 또는 해지한 것으로 본다(제339조, 제335조 제2항). 이와 같이 해제 또는 해지된 경우에는 파산선고 전의 연체임료 등은 단순한 파산채권이 되나, 파산선고일부터 계약종료 때까지의 임료는 재단채권으로 행사할 수 있다(제473조 제8호).

입법론적으로는 민법 제637조를 삭제하는 것이 타당하다. 민법 제637조를 둔 취지는 임차인이 파산한 경우 임대인은 차임을 징수할 수 있을 것인지에 대한 불안감이 있을 것이고, 반면 파산재단을 계약에 구속시킬 필요가 없다는 점을 고려하여 임대인·파산관재인 쌍방에게 계약해지권을 부여한 것이다. 하지만 임차권 중에는 상당한 재산적 가치를 갖는 것이 있음에도 파산에 의해 이것을 상실하게 하는 것은 부당하고, 임대인의 차임채권은 재단채권(제473조

게 되는 불이익을 크다고 보기 어렵고, 민법 제637조 전체를 그 취지와 함께 고려하면 임대인으로서는 임차인에게 차임의 지급을 기대할 수 없는 경우 임차인과 마찬가지로 손해배상책임의 부담 없이 임대차계약을 해지할 수 있는 권한을 부여받는 대신, 임차인의 파산관재인이 해지권을 행사한 경우에는 임차인에게 목적물을 사용·수익하게 할 의무를 면하되 다만 해지 자체로 인하여 발생하는 손해의 배상을 구할 수 없는 것이어서 심판대상조항이 임대인에게 특별한 불이익을 감수하도록 하는 조항이라고 보기도 어렵다. 또한, 임대인의 손해배상청구를 허용하게 되면 절차의 지연이 불가피하고 파산한 임차인이 절차의 지연으로 인한 불이익을 감수하여야 하므로, 손해배상청구 자체는 허용하되 손해배상액을 제한하는 방법으로는 심판대상조항의 입법목적을 달성할 수 없다.

　이처럼 입법목적을 달성하면서 덜 침익적인 수단을 발견할 수 없고, 심판대상조항에 의하여 배상청구가 제한되는 손해가 임대차계약 해지 자체로 인하여 발생한 손해로 국한되어 실제로 임대인이 입게 되는 불이익은 크다고 보이지 않는 이상, 심판대상조항은 침해의 최소성 요건을 갖춘 것이다.
- 법익의 균형성
　파산절차를 신속하게 진행함으로써 파산채권자 전체의 이익을 도모한다는 공익은 파산제도의 목적을 달성하기 위한 가장 본질적인 것이고, 임대차계약 해지권을 실질적으로 보장함으로써 임차인을 보호한다는 공익 역시 매우 중대한 것이므로, 심판대상조항은 법익의 균형성을 갖춘 것이다.
- 따라서 심판대상조항은 청구인의 재산권을 침해하지 아니한다.
2. 평등원칙 위배 여부(소극)
- 임차인에 대하여 파산절차가 아닌 회생절차가 개시된 경우에는 민법 제637조 제1항 및 제2항이 적용되지 아니하므로, 임차인에게 회생절차가 개시되었는지 파산절차가 개시되었는지에 따라 임대인이 계약해지로 인해 발생한 손해의 배상을 구할 수 있는지 여부가 달라진다.
- 심판대상조항이 회생절차가 개시된 경우와 달리 임차인이 파산한 경우에만 임대인의 손해배상청구권을 제한하는 것은 파산절차가 회생절차에 비하여 절차의 신속성을 더욱 절실하게 요구한다는 점을 고려한 것으로, 이러한 차별취급에는 합리적인 이유가 있다.
- 따라서 심판대상조항은 평등원칙에 위배되지 아니한다.

88) 도급인 파산의 경우의 제674조 제2항, 사용자 파산의 경우의 제663조 제2항도 같은 취지의 규정이 있다. 한편 임대인이 해지한 경우 파산선고를 받은 채무자(임차인)가 손해배상을 구할 수 없는 것은 자신의 귀책사유로 인한 것이므로 당연하나, 임차인(파산관재인)이 해지한 경우에는 임대인이 손해배상을 구할 수 없다는 것은 합리적인 근거가 없다.
89) 편집대표 곽윤직, 민법주해(XV), 박영사(1992), 135쪽.

제7호)으로 보호하면 충분하기 때문에 임대인의 해지권을 제한할 필요가 있다. 따라서 민법 제 637조를 삭제하고 임차인이 파산한 경우 제335조 제1항의 일반원칙에 따라 파산관재인에게만 임대차계약을 이행할 것인지 해지할 것인지를 선택하게 하면 된다.

사례 임차인 A는 임대인 B와 B소유의 甲건물에 대하여 임대차계약을 체결하였다. 甲건물을 인도 받은 후, A는 B의 승낙없이 甲건물에 페인트로 낙서를 하였고, 독특한 조명기구(부속물)를 설치하였 다. 그 후 A에 대하여 파산선고가 되었고, 파산관재인 C가 선임되었다.[90]

이 경우 임대인 B가 가지는 채권 중 임료채권에 대하여는 파산선고 전에 발생한 것은 파산채권이고, 파산선고 후에 발생한 것은 재단채권이다. 목적물의 반환에 대하여 임대인 B는 환취권에 의하여 이 것을 실현할 수 있다.

1. 파산선고 전 A · B사이의 임대차기간이 만료되어 임대차계약이 종료된 경우

파산선고 전에 임대차계약이 종료되었음에도 A가 철거(수거) 및 원상회복을 하지 않아(민법 제654 조, 제615조 참조), B가 철거 및 원상회복을 한 경우, 철거비용청구권 및 원상회복비용청구권은 파산 선고 전 원인에 기하여 발생한 것으로 파산채권이 된다.

파산선고시에 철거 및 원상회복이 완료되지 않았고, B가 C에 대하여 철거 및 원상회복을 구한 경 우는 어떻게 되는가. B의 철거청구권 중 적어도 자기 물건의 철거를 구하는 부분은 B의 甲건물의 소 유권에 기한 환취권 행사에 포함되는 것이다. 또한 A가 부담하는 철거의무는, 어디까지나 임대차계약 에 기한 것으로 채권적 의무이므로, 환취권에는 해당하지 않는다고 볼 여지도 있지만, 제407조는 「파 산재단으로부터 환취하는 권리」라고 규정하고 있을 뿐 해당 권리가 물권인지 채권인지 묻지 않고 있 으므로 임대인의 권리는 환취권으로 보아야 한다. 따라서 B는 환취권 행사의 일환으로 C에 대하여 조명기구의 철거를 청구할 수 있고, 파산관재인 C가 이에 응하지 않을 경우 B가 철거를 하고 그 비 용을 재단채권으로 청구할 수 있다.

한편 원상회복청구권은 환취권에 포함되지 않고 A의 손상행위에 기하여 발생하는 임대차계약상의 권리이다. 손상행위는 파산선고 전에 행하여진 것이므로 B는 파산채권으로 원상회복청구권을 행사할 수 있다. B가 원상회복을 한 경우 원상회복비용청구권은 파산채권으로 행사할 수 있다.

2. 파산선고 후 A · B사이의 임대차기간이 만료되어 임대차계약이 종료된 경우

철거청구권은 1.에서 본 바와 같이 환취권에 포함되고, B는 C에 대하여 조명기구의 철거를 청구할 수 있다. C가 이에 응하지 않는 경우 B가 철거를 하고 그 비용을 재단채권으로 청구할 수 있다.

한편 원상회복청구권 및 원상회복비용청구권은 파산선고 후 청구가 가능하게 된 것이지만, 각각 A의 손상행위가 원인으로 되어 발생한 권리이다. 본건 손상행위는 파산선고 전에 행한 것이므로 B의 원 상회복청구권은 파산채권이다.

⇒ 임대차기간의 만료가 파산선고 전인지 후인지라는 우연한 사정에 따라, 파산재단의 부담이 변하 여 불안정한 결론은 피할 수 없다.

3. 파산관재인 C가 제335조 제1항에 따라 임대차계약을 해지한 경우

철거청구권에 대하여 환취권에 포함된 것으로 해석되기 때문에, B는 C에 대하여 환취권 행사의 일

---

90) 民法と倒産法, 632~635쪽 참조.

환으로 조명기구의 철거를 청구할 수 있다. C가 이에 응하지 않는 경우 B가 철거를 하고, 그 비용을 재단채권으로 청구할 수 있다.

문제가 되는 것은 원상회복청구권 및 원상회복비용청구권이다. 제337조 제2항은 문언상 파산관재인의 해제에 의하여 발생하는 원상회복에 대하여 재단채권으로 보고 있다.[91] 하지만 위 1.과 2.의 경우 파산채권으로 처리하였던 원상회복청구권이, 파산관재인이 임대차계약을 해제하였다고 하여 갑자기 재단채권화하는 것은 문제이다.

살피건대 임대차계약에서 원상회복청구권은 어디까지나 파산선고 전 임차인의 행위(손상행위)에 의하여 발생한 것이고, 파산관재인이 해제하여도 발생하는 것에는 변함이 없다. 해제로 인한 상대방의 권리를 재단채권으로 인정하는 이유는 공평을 고려하여 상대방을 보호하기 위한 것인데, 파산선고 전 원상회복청구권이 파산채권임에도 파산선고 후 파산관재인이 해제하였다는 것을 이유로 갑자기 재단채권으로 하는 것은 공평의 관점에서 상대방을 보호하려는 범위를 넘는 것이다. 따라서 파산관재인의 해제로 인하여 발생하는 원상회복청구권도 파산채권으로 보아야 할 것이다.

요컨대 파산관재인에 의해 해제된 경우에도 1., 2.와 마찬가지로 원상회복청구권 및 원상회복비용청구권은 파산채권이라고 이해해야 할 것이다.

(2) 임대인이 파산한 경우[92]

임차인이 파산한 경우에 대하여는 앞에서 본 바와 같이 민법에 특별규정이 있지만, 임대인이 파산한 경우에 대하여는 특별한 규정이 없다. 따라서 임대인이 파산한 경우는 채무자회생법의 규정에 따라 해결하여야 한다.

임대차계약은 임대차기간 중에는 남은 기간 동안 목적물을 사용·수익하게 할 의무와 차임을 지급할 의무가 남아 있으므로 전형적인 쌍방미이행 쌍무계약에 해당하여 임대인이 파산한 경우 파산관재인은 계약의 해지 또는 이행을 선택하여 계약관계를 처리하는 것이 원칙이다(제335조 제1항). 다만 채무자회생법은 임대인이 파산선고를 받은 경우 ① 임차인이 「주택임대차보호법」 제3조 제1항 또는 ② 「상가건물 임대차보호법」 제3조(대항력)의 대항요건을 갖춘 때에는 제335조의 규정을 적용하지 아니한다(제340조 제4항)고 규정하여 임차인을 보호하고 있다.[93] 따라서 위와 같이 임차인이 대항력을 갖춘 경우를 제외하고는 파산관재인이 해지와 이행청구를 선택하여 행사할 수 있다.

파산관재인이 대항력을 구비하지 못한 임대차계약을 해지하는 경우 민법 제637조의 반대해석상 해지의 효력은 민법 제635조의 기간 경과를 기다리지 않고 즉시 발생한다는 견해가 있다.[94] 그러나 민법 제637조는 '민법 제635조의 규정에 의하여 계약해지의 통고'를 할 수 있다고

---

91) 대상이론(代償理論)에 따라 원상회복청구권을 재단채권으로 보는 견해도 있다. 대상이론이란 쌍방미이행 쌍무계약에 대하여 파산관재인에게 인정되는 해제권을 특권적인 것으로 보고, 파산관재인의 해제에 의해 손해를 입게 되는 상대방에 대하여, 해제의 대가(보상)로 원상회복청구권의 재단채권화를 인정하는 사고방식이다. 임대차계약에 있어 원상회복청구권은 해제의 소급효에 의하여 발생하는 통상의 원상회복청구권과는 다른 것이므로, 제337조 제2항이 아니라 제473조 제4호, 제8호를 근거로 재단채권이 된다고 한다(民法と倒産法, 633~634쪽).

92) 전대차계약의 취급에 관하여는 〈제2편 제5장 Ⅳ.3.마.(1)(나)③〉(본서 316쪽)을 참조할 것.

93) 임차인은 자기와 아무런 관계도 없는 임대인의 파산에 의해 임차권을 상실하게 되고, 임차인은 자기가 파산한 경우보다 불리한 입장에 놓이게 된다.

규정하고 있을 뿐 해지의 효력에 관하여 규정한 것이 아니므로 임차인이 파산한 경우와 마찬가지로 민법 제635조의 기간 경과로 임대차계약 해지의 효력이 발생한다고 보아야 할 것이다.[95]

임대인이 파산선고를 받은 때에는 차임의 선급 또는 차임채권의 처분은 파산선고시의 당기(當期) 및 차기(次期)에 관한 것을 제외하고는 파산채권자에게 대항할 수 없다(제340조 제1항). 입법취지는 임대인, 임차인 및 제3자가 통모하여 파산재단에 귀속하여야할 임료수입을 사전에 유출시키는 것을 방지하고, 파산재단이 갖는 차임채권을 확보함으로써 총채권자에게 배당할 재산을 증가시키려는 데 있다. 따라서 차기 이후의 임대료는 파산재단의 수입으로 확보되는데, 이로써 파산채권자 사이의 형평을 유지할 수 있다.[96] 이와 같이 파산채권자에게 대항할 수 없음으로 인하여 손해를 받은 자는 그 손해배상에 관하여 파산채권자로서 권리를 행사할 수 있다(제340조 제2항).[97]

라. 도급계약

도급계약의 경우 수급인은 일의 완성의무를 부담하고, 도급인은 그 일의 대가에 대하여 보수의 지급의무를 부담한다(민법 제664조). 일의 완성 전이나 보수의 전액이 지급되기 전에 도급인과 수급인 가운데 어느 한쪽에 대하여 파산선고가 되면 쌍방미이행 쌍무계약에 해당한다.[98]

(1) 도급인의 파산

일반적으로 쌍무계약의 일방당사자가 파산선고를 받은 경우에 관하여는 제335조의 규정이 있으나, 도급인이 파산한 경우에는 민법 제674조의 특칙이 적용된다.[99] 제674조는 도급계약에 기한 채무가 아직 미이행의 상태에 있는 동안 도급인이 파산선고를 받은 경우에 도급계약상의 미해결의 권리관계에 관한 처리방법에 관하여 규정한 것이다.

도급인이 파산한 경우 수급인[100] 또는 파산관재인[101]이 계약을 해제[102]할 수 있다(민법 제

---

94) 법인파산실무, 203쪽.
95) 편집대표 곽윤직, 민법주해(XV) – 채권(8), 박영사(1992), 137쪽.
96) 이에 대하여 임대료채권의 유동화 내지는 자금조달의 편리를 위하여 이와 같은 제한에 대해 합리적인 이유를 찾아볼 수 없다는 비판적 견해가 있다(전병서, 223쪽). 한편 자산보유자가 파산한 경우 유동화자산 중 차임채권에 관하여는 제340조가 적용되지 않는다(자산유동화에 관한 법률 제15조). 입법론적으로는 장래채권의 양도 등의 효력이 민법이나 민사집행법에서 널리 인정되고 있는 것과 균형에 맞지 않고, 또한 차임채권의 유동화·증권화에도 장애가 되기 때문에 제340조 제1항은 폐지하는 것이 타당하다.
97) 이는 지상권에 관하여 준용한다(제340조 제3항).
98) 공동수급체와 관련한 파산에 관하여는 <공동수급체와 도산(본서 320쪽)>을 참조할 것.
99) 대법원 2017. 6. 29. 선고 2016다221887 판결(도급인이 파산선고를 받은 경우에는 민법 제674조 제1항에 의하여 수급인 또는 파산관재인이 계약을 해제할 수 있고, 이 경우 수급인은 일의 완성된 부분에 대한 보수와 보수에 포함되지 아니한 비용에 대하여 파산재단의 배당에 가입할 수 있다. 위와 같은 도급계약의 해제는 해석상 장래에 향하여 도급의 효력을 소멸시키는 것을 의미하고 원상회복은 허용되지 아니하므로, 당사자 쌍방이 이행을 완료하지 아니한 쌍무계약의 해제 또는 이행에 관한 제337조가 적용될 여지가 없다), 대법원 2002. 8. 27. 선고 2001다13624 판결 참조.
100) 민법 제674조가 수급인에게 해제권을 인정한 이유는, 수급인의 일의 완성의무가 선이행이므로 도급인이 위기의 상황에 빠져도 수급인이 일을 완성하지 않으면 보수를 얻을 수 없는 큰 위험이 있는데, 이것을 회피할 필요가 있기 때문이다.

674조 제1항 전문). 도급계약의 특수한 종료원인으로 파산선고에 의한 해제권을 규정한 것이다. 파산선고를 받아야 하고 파산의 상태 또는 단순한 사실상의 파산상태에 빠진 것만으로는 부족하다.

계약이 해제된 경우 수급인의 일의 완성된 부분에 대한 보수 및 보수에 포함되지 아니하는 비용은 파산채권이 된다(민법 제674조 제1항 후문).[103] 도급인이 파산선고를 받은 경우 아직 일을 완성하지 못한 이상 수급인은 어떠한 보수도 청구할 수 없다(도급은 일의 완성을 목적으로 하고, 일이 완성되지 않는 한 보수는 그 일부조차도 청구하지 못하는 것이 원칙이다)고 하면, 도급계약에 기하여 어느 정도 일을 진행시킨 수급인에게는 가혹한 것이 된다. 그래서 수급인에게 계약이 해제된 경우에도 '일의 완성된 부분에 대한 보수 및 보수에 포함되지 아니하는 비용'에 대하여 '파산재단의 배당에 가입', 즉 파산채권으로 인정함으로써 수급인의 보호를 도모하고 있다. 반면에 이미 완성된 공사의 부분(미완성 건물 등)은 파산재단에 귀속된다. 수급인은 유치권을 행사하여 미지급공사대금채권을 확보할 수도 있다.

수급인과 파산관재인은 상대방에 대하여 이행 또는 해지의 선택을 상당 기간 내에 확답하여야 한다는 취지의 최고를 할 수 있고, 그 기간 내에 상대방의 확답이 없으면 해지된 것으로 간주된다(제339조, 제335조 제2항).

수급인이나 파산관재인이 도급계약을 해제한 경우 각 당사자는 계약해제로 인한 손해의 배상을 청구할 수 없다(민법 제674조 제2항). 반면 파산관재인이 제335조에 따라 도급계약을 해제한 경우에는 수급인이 손해배상청구권(파산채권)을 행사할 수 있다(제337조 제1항).[104] 한편 수급

---

101) **제335조와 민법 제674조의 관계** 제335조는 파산관재인만 해제를 할 수 있도록 규정하고 있으나, 민법 제674조는 파산관재인뿐만 아니라 수급인도 해제를 할 수 있도록 규정하고 있다. 쌍방미이행 쌍무계약의 경우, 제335조는 일반원칙이고 민법 제674조는 그 특칙이다. 그 결과 도급인이 파산한 경우 파산관재인뿐만 아니라 수급인도 도급계약을 해제할 수 있다. 수급인은 이미 한 일에 보수와 비용에 대하여는 파산채권자로서 권리를 행사할 수 있다. 그러나 손해배상청구는 파산관재인이 제335조에 따라 해제한 경우에만 파산채권자로서 권리를 행사할 수 있다(제337조 제1항).
　　파산의 경우에만 민법 제674조에 의해 처리하면, 회생절차의 경우는 민법 제674조의 적용이 없기 때문에, 도급인의 도산이 파산인지 여부에 따라 달리 처리되는데, 이는 도산제도 전체의 균형에 있어 문제가 있다. 민법 제674조가 파산의 경우에만 규정하고 있기 때문에, 회생절차에서는 제119조에 의하여 처리하는데, 파산의 경우만 수급인을 우대하여 해제권을 부여할 필요는 없다. 또한 일이 완성된 경우에는 수급인에게 해제권을 인정할 실익이 없다. 따라서 민법 제674조를 개정하여 수급인에 대한 해제권 인정은 일이 완성되지 아니한 기간으로 제한할 필요가 있다.
102) '해제'라는 용어를 사용하고 있으나, 장래에 향하여 도급의 효력을 소멸시키는 것을 의미한다고 보아야 한다(대법원 2017. 6. 29. 선고 2016다221887 판결 참조). 따라서 수급인은 이미 행한 일에 대하여 보수청구권을 갖는 것이 당연하고, 이미 행한 일의 목적물은 파산재단에 귀속하는 것이므로 도급인의 파산관재인에게 인도하여야 한다.
103) 채무자(도급인)가 수급인에게 보수를 지급하지 아니한 경우 수급인이 한 일의 결과에 대한 평가액(기성고)과 선급금은 정산이 이루어져야 한다. ① 기성고가 3억 원이고 선급금이 1억 원인 경우 기성고가 선급금을 상회한 2억 원에 대하여 수급인은 보수를 수취하지 않은 것이므로, 수급인은 이것을 파산채권으로 권리행사를 할 수 있다. ② 기성고가 1억 원이고 선급금이 3억 원인 경우 선급금이 기성고를 상회한 2억 원은 수급인이 부당이득을 한 것이므로 수급인은 이것을 파산관재인에게 반환하여야 한다.
104) 파산관재인이 민법 제674조에 따라 도급계약을 해제한 경우에는 수급인은 손해배상청구를 할 수 없다(제2항). 파산관재인이 동일한 도급계약을 해제하였음에도 어떤 규정을 근거로 해제하느냐에 따라 수급인에게 손해배상청구의 인정 여부가 달라진다는 것은 문제다. 파산관재인이 어떤 규정을 근거로 해제하였건 수급인에게 손해배상청구를 인정하여야 할 것이다. 입법적 해결이 필요하다.

인이 완성하여야 할 공사는 원칙적으로 불가분이므로 파산관재인이 계약의 이행을 선택함에 따라[105] 파산선고 후에 공사가 완성될 경우에는 완성된 공사의 결과는 파산재단에 귀속되고 수급인의 보수청구권은 전액 재단채권이 된다(제473조 제7호). 수급인이 일을 완성할 의무는 불가분이기 때문에 파산선고 전에 완성된 부분에 대한 보수청구권도 재단채권으로 보아야 한다(본서 317쪽 참조).

(2) 수급인의 파산[106]

일의 완성을 목적으로 하는 도급계약의 특수성으로 인하여 수급인이 파산한 경우에 제335조가 적용될 수 있는지 문제이다. 수급인이 파산선고를 받은 경우에 도급계약에 관하여 제335조의 적용을 제외하는 취지의 규정이 없는 이상, 당해 도급계약의 목적인 일의 성질상 파산관재인이 채무자의 채무의 이행을 선택할 여지가 없는 때가 아닌 한 제335조의 적용을 제외하여야 할 실질적인 이유가 없다. 따라서 제335조는 수급인이 파산선고를 받은 경우에도 당해 도급계약의 목적인 일이 채무자 이외의 사람이 완성할 수 없는 성질의 것이기 때문에 파산관재인이 채무자의 채무이행을 선택할 여지가 없는 때가 아닌 한 도급계약에도 적용된다(이분설).[107] 즉 일의 성질상 채무자 이외의 사람에 의하여도 완성될 수 있으면(내용상 대체성이 있거나 수급인이 법인인 경우) 제335조를 적용할 수 있고, 도급계약의 목적인 일이 채무자 이외의 사

---

105) 파산관재인이 이행을 선택하더라도 수급인이 민법 제674조에 의하여 해제를 할 수 있으므로 파산관재인과 수급인 모두 이행을 선택한 경우라고 보아야 한다. 파산관재인이 제335조에 따라 이행을 선택하더라도 수급인이 민법 제674조에 따라 해제를 할 수 있고, 이 경우에는 민법 제674조가 적용된다고 보아야 하기 때문이다.

106) 수급사업자(하도급자)를 시켜 도급계약을 이행한 수급인(원사업자)이 파산한 경우, 수급사업자의 지위보장과 건설공사의 충실한 이행을 위하여 도급인(발주자)은 하도급대금을 수급사업자에게 직접 지급하여야 하고, 수급사업자에게 지급한 한도에서 수급인에 대한 채무는 소멸한다(하도급거래 공정화에 관한 법률 제14조 제1항 제1호, 제2항). 다만 특별한 사정이 없는 한 발주자는 원사업자에 대한 대금지급의무의 범위 안에서만 하도급대금 직접지급의무를 부담할 뿐이다(대법원 2009. 7. 9. 선고 2008다21303 판결, 대법원 2005. 7. 28. 선고 2004다64050 판결).

원사업자의 파산으로 발생한 직접 지급 청구권은 파산절차폐지결정으로 소멸하지 않는다(위 2004다64050 판결, 하도급거래 공정화에 관한 법률 제14조 제2항 참조). 직접지급청구권자의 지위를 사후적인 사정으로 불안정하게 구성하는 것은 직접 지급 청구권 제도에 부합하지 않는다는 점을 고려한 것이다{정재훈, 하도급법 연구이론과 실무, 이화여자대학교출판원(2022), 369쪽}. 예컨대 수급사업자가 원사업자의 파산선고를 이유로 발주자에 대하여 하도급대금의 지급을 구하는 소송을 제기한 후, 원사업자의 파산절차가 폐지되었다고 하더라도 발주자의 하도급대금지급의무는 소멸하지 않는다.

하도급거래 공정화에 관한 법률 제13조 제8항 소정의 '원사업자가 하도급대금을 목적물등의 수령일부터 60일을 초과하여 지급하는 경우에는 그 초과기간에 대하여 공정거래위원회가 정하여 고시하는 이자율에 의한 이자를 지급하여야 한다'는 규정은, 원사업자가 수급사업자에 대하여 하도급대금을 지급하는 경우에 관한 규정이어서, 발주자가 원사업자의 파산 등으로 수급사업자에게 하도급대금을 직접 지급하는 경우에는 적용될 수 없다(위 2004다64050 판결 참조).

107) 대법원 2001. 10. 9. 선고 2001다24174,24181 판결. 이에 대하여 도급의 목적인 공사는 수급인의 노무제공에 의하여 이루어지는 것이므로 원칙적으로 고용계약에 있어서 근로자의 파산(민법 제663조)과 같이 제335조의 적용이 없고, 도급계약은 아무런 영향을 받지 않는다는 견해(적용부정설)가 있다(사법연수원, 261쪽). 또한 도급계약을 통상의 쌍무계약과 마찬가지로 취급하여 쌍방의 채무가 이행미완료의 상태에서 수급인이 파산한 경우 민법에 특별한 규정이 없으므로 제335조를 적용하여야 한다는 견해(전면적용설)도 있다. 이러한 견해들에 대한 자세한 내용은 「이균용, "수급인의 파산과 파산법 제50조의 적용 여부", 대법원판례해설(제38호, 2001년 하반기), 법원도서관(2002), 491～497쪽」을 참조할 것. 한편 2005년 시행된 일본 파산법은 우리나라 제341조에 해당하는 조문을 삭제한 후, 수급인의 파산에 관하여 특별한 규정을 두지 않고 해석에 맡기고 있다.

람이 완성할 수 없는 성질이라면 제335조를 적용할 수 없다. 도급계약의 목적인 일이 채무자만이 완성할 수 있는 비대체적인 경우에 제335조의 적용을 긍정하여 파산관재인이 일방적으로 해제할 수 있다고 한다면, 도급인으로서는 일이 완성되지 못한 상태로 중단되어 달리 계약의 목적을 달성할 방법이 없게 되어 부당하기 때문에 제335조의 적용을 배제하는 것이다.[108]

(가) 도급계약의 내용이 대체성이 있어 제335조가 적용되는 경우

대부분의 도급계약은 수급인 본인만이 할 수 있는 비대체적인 일의 완성을 목적으로 하는 계약이 아니므로 도급계약에는 원칙적으로 제335조가 적용된다고 할 것이다.

파산관재인은 계약의 해제와 이행 중 하나를 선택할 수 있고 어느 경우이든 권리의무관계는 도급인과 파산관재인 사이에 존재한다.

① 파산관재인이 이행을 선택한 경우

파산관재인이 이행을 선택한 경우 파산관재인은 원래의 수급인에 갈음하여 자신이 직접 도급계약상의 의무(예컨대 건설공사)를 이행하게 된다. 그 외에도 파산관재인이 이행을 선택한 경우 특칙을 두고 있다. 즉 계약이 채무자가 도급계약에 의하여 일을 하여야 하는 의무가 있는 때에는 파산관재인은 이행의 선택에 따라 또는 파산재단의 이익을 위한 개입권의 행사로서 채무자에게 일의 완성을 구하거나 또는 그 일이 채무자 자신이 함을 필요로 하지 아니한 때에는 제3자로 하여금 이를 완성하게 할 수 있다(제341조 제1항). 채무자가 그 상대방으로부터 받을 위 완성에 의한 보수청구권은 파산재단에 속하고(제341조 제2항), 일을 한 채무자 또는 제3자의 보수채권은 재단채권이 된다(제473조 제4호). 제341조의 규정은 이행이 선택된 경우의 이행방법을 예시하는 것에 불과하다.

한편 파산한 수급인이 일을 완성하기 전이라면, 도급인은 수급인의 손해를 배상하고 도급계약을 해제할 수 있다(민법 제673조). 이 조항은 도급계약에 관한 특칙으로서 제335조에 우선하여 적용된다고 보아야 하므로 이 범위 내에서는 파산관재인의 이행선택권이 제한된다고 볼 수 있다.[109]

② 파산관재인이 해제를 선택한 경우

수급인의 파산관재인이 도급계약을 해제하면 이미 완성된 부분은 도급인에게 귀속되고, 도급인은 파산관재인에게 그에 상응하는 보수를 지급하여야 한다.

파산관재인이 해제를 선택한 경우 이로 인하여 손해를 입은 도급인의 손해배상청구권은 파산채권이고(제337조 제1항), 도급인이 공사에 제공한 재료나 채무자에게 교부한 선급금[110]이 있

---

108) 전병서, 237쪽.
109) 윤재윤, 건설분쟁관계법[제8판(개정증보판), 박영사(2021), 692~693쪽.
110) 제335조가 적용되어 파산관재인이 해제를 선택한 경우 계약관계의 청산은 원칙적으로 선급금과 기성고 금액의 차액을 정산하는 형태로 진행된다(대법원 1992. 3. 31. 선고 91다42630 판결 참조). 이 때 선급금 금액이 많음으로 인해 도급인이 가지는 선급금반환청구권이 재단채권인지 파산채권인지가 문제된다. 도급계약의 해제의 경우 선급금반환청구권은 해제로 인한 원상회복청구권의 변형으로 이해될 수 있으므로 재단채권으로 볼 것이다(제337조 제2항).

으면 도급인은 그 반환을 구하거나 그 가액에 관하여 재단채권으로서 청구할 수 있다(제337조 제2항).

(나) 도급계약의 내용이 비대체성이 있어 제335조가 적용되지 않는 경우

도급계약관계는 파산재단에 인계되지 않고 채무자와 도급인 사이에 그대로 존속한다. 다만 파산재단을 위하여 제341조가 파산관재인에게 개입권을 부여하고 있으므로 그 권리의 행사가 있으면 그 때 비로소 기존의 도급계약관계가 도급인과 파산관재인 사이의 권리의무관계로 전환된다. 이에 따라 채무자가 그 상대방으로부터 받을 일의 완성에 대한 보수청구권은 파산재단에 속하고(제341조 제2항), 일을 한 채무자 또는 제3자의 보수채권은 재단채권이 된다(제473조 제4호).

마. 위임계약[111]

(1) 위임자[112]가 파산한 경우

(가) 위임계약의 종료

위임자가 파산한 경우 위임계약은 당연히 종료한다(민법 제690조 전문). 위임계약의 종료는 장래에 향하여 위임의 효력을 소멸시키는 것을 의미한다.[113] 위임계약에 기하여 수임자에게 대리권이 수여되어 있는 경우에는 위임계약의 종료로 그 대리권도 소멸한다(민법 제128조). 따라서 파산재단에 관하여 소송 등이 진행되고 있는 경우 파산선고를 받은 채무자와 대리인 사이에 체결되어 있는 위임계약도 당연히 종료하므로 파산관재인은 파산선고 후 위임계약을 계속할 필요가 있다고 판단되면 다시 위임계약을 체결하여야 한다.[114]

---

111) 파산선고와 대리수령의 관계에 관하여는 〈제2편 제5장 제3절 Ⅳ.3.마.(6)〉(본서 326쪽)을 참조할 것.
112) 민법에서는 '위임인, 수임인'이라는 용어를 사용하고 있으나, 채무자회생법은 '위임자, 수임자'라는 용어를 사용하고 있다. 용어의 통일이 필요해 보인다.
113) 대법원 2002. 8. 27. 선고 2001다13624 판결. 콘도미니엄 시설의 공유제 회원과 콘도미니엄 시설 전체를 관리 운영하는 시설경영기업 사이의 시설이용계약은 회원이 계약에서 정한 바에 따라 콘도미니엄 시설 전체를 이용하는 것을 주된 목적으로 하는 것으로서, 공유제 회원이 시설경영기업과 사이에 시설이용계약을 체결하면서 시설경영기업에 대하여 자신이 공유지분을 가진 객실에 대한 관리를 위탁하고 그에 소요되는 관리비와 회원들 상호간에 콘도미니엄 시설의 이용을 조정하는 사무처리에 소요되는 비용을 지급하였다고 하더라도 이는 회원이 콘도미니엄 시설 전체를 이용하는 데에 전제가 되거나 그에 부수되는 것으로서 이로써 공유제 회원과 시설경영기업과 사이의 시설이용계약이 민법상의 위임계약에 해당된다고 할 수는 없고, 따라서 시설경영기업이 파산선고를 받는다고 하여 회원과 시설경영기업 사이의 시설이용계약이 당연히 종료된다고 할 수 없다(대법원 2005. 1. 13. 선고 2003다63043 판결).
114) **소송위임의 경우** 변호사가 수임자로서 소송대리인인 경우에는 어떻게 되는가. ① 위임자가 파산한 경우에는 소송위임관계가 종료되어(민법 제690조) 대리권이 소멸한다. 진행 중인 소송이 파산재단에 관한 것이라면 소송절차는 중단되고(민소법 제239조) 파산관재인이 이를 수계한다(제349조 제1항). 파산관재인은 소송을 위임하려면 다시 변호사와 소송위임계약을 체결하여야 한다. 실무적으로 파산선고 전에 변호사를 선임하는 계약을 체결한 후 파산선고가 되더라도 다시 선임계약을 체결하지 않는 사례가 많다. 주의를 요한다.
　이에 반하여 해당 소송이 파산재단에 관한 것이 아니고, 채무자의 신분상의 법률관계 등에 관한 것인 경우에는, 소송은 중단되지 않지만 소송위임관계는 종료한다. 다만 위임자의 파산을 소송종료사유로 하지 않는다는 특약이 있다면, 소송위임관계는 종료되지 않는다. 변호사의 보수청구권 등은 채무자가 스스로 부담한다.
　한편 소송위임의 내용이 자기파산신청(채무자에 의한 파산신청)인 경우 파산선고에 의하여 위임관계가 종료되는가. 자기파산신청은 위임자의 고유한 사항이고, 위임계약에 파산선고를 종료사유로 하지 않는다는 특약이 포함되어 있는 것으로 구성하여, 위임관계의 종료를 부정하고, 신청대리인인 변호사는 파산선고 후에도 채권자집회의 참석이나 파산채권의 인부 등을 할 수 있다는 견해가 있을 수 있다. 생각건대 채무자의 대리인인 지위는 파산재단과 구별

위임자가 파산한 경우 재산에 대한 관리처분권이 파산관재인에게 전속하므로 위임자가 파산하면 당연히 위임은 종료한다. 그러므로 위임자가 파산하더라도 위임을 종료시키지 않고 수임자에게 사무의 처리를 계속시키는 뜻의 특약은 무효이다. 그러나 위임사무의 내용이 재산과 관계없는 경우는 그렇지 않다.

(나) 위임사무처리에 기한 수임자의 채권

위임자의 파산에 의한 위임계약의 종료는 수임자에 대하여 파산의 사실을 통지하거나 수임자가 그 사실을 안 때가 아니면 이로써 수임자에게 대항하지 못한다(민법 제692조).[115] 위임자가 파산선고를 받은 경우 수임자가 파산선고의 통지를 받지 아니하고 파산선고의 사실도 알지 못하고 위임사무를 처리한 때에는 이로 인하여 파산선고를 받은 자에게 생긴 채권[116]에 관하여 수임자는 파산채권자로서 그 권리를 행사할 수 있다(제342조).[117] 이러한 채권은 위임사무처리가 파산선고 후에 있었던 것을 고려하면 파산채권에 해당한다고 할 수 없고, 파산절차 밖에서 채무자에 대하여 행사하도록 하는 것도 생각할 수 있지만, 이는 합리성을 결한 것이므로 이러한 채권을 파산채권으로 인정한 것이다.[118]

되는 것이고, 채무자의 합리적인 의사로부터도 위임관계의 존재를 인정하는 것이 바람직하므로 위임관계는 종료되지 않는다고 보는 것이 타당하다. 변호사의 보수청구권 등은 채무자 스스로가 부담한다(條解 破産法, 450쪽).

   ② 수임자인 변호사가 파산선고를 받으면 위임관계가 종료된다(민법 제690조){이에 대하여 변호사의 자격이 상실되어(변호사법 제5조 제8호) 그 위임관계는 이행불능으로 실효된다는 견해도 있다(條解 破産法, 450쪽). 이 견해는 위임계약은 민법 제690조에 따라 당연히 종료되는 것이 아니라, 위임자의 해지(민법 제689조 제1항)에 의하여 실효된다고 본다}. 변호사는 소송대리인인 자격을 상실하였으므로(민소법 제87조) 본인을 위한 대리인으로서의 소송행위를 할 수 없다. 변호사의 보수청구권 등은 파산재단에 속한다. 파산선고를 받은 변호사가 즉시항고를 한 경우 변호사법 제5조 제8호에 의한 자격상실의 효력은 발생하지 않지만, 소송위임관계의 종료는 발생한다고 볼 것이다.

115) 위임종료 사유(여기서는 파산)를 당사자 일방만이 알고 상대방은 모르는 경우가 있고, 그에 따라 상대방이 불측의 손해를 입을 소지가 있어 민법(제692조)은 위임종료의 사유를 상대방에게 통지하거나 상대방이 이를 안 때에만 위임의 종료를 상대방에게 대항할 수 있는 것으로 하고 있다. 당사자 쌍방에게 이를 인정하고 있다. 수임자가 파산한 경우에는 아래 (2)를 참조할 것.

116) 비용상환청구권(민법 제688조)이나 유상위임이라면 보수청구권(민법 제686조).

117) ① 중국 <기업파산법> 제54조도 같은 취지의 규정을 하고 있다. 나아가 어음·수표 지급인 또는 인수인의 합법적인 권리를 보호하고 어음·수표의 유통성을 보장하기 위하여, 채무자가 어음·수표의 발행인이고 그 파산사건(우리나라의 회생사건, 파산사건을 포함하는 개념이다)이 수리되었음에도, 그 어음·수표의 지급인이 계속 지급하거나 인수한 경우, 그 지급인의 이로 인하여 발생한 청구권은 파산채권(회생채권)임을 명확히 규정하고 있다(제55조). 어음·수표는 유통증권으로 배서 후 끊임없이 양도(유통)되고, 그리하여 채무자는 특정되어 있으나 채권자는 불확정적이다. 어음·수표소지인이 채권자이다. 어음·수표소지인이 지급인에 대하여 지급이나 인수를 요구할 때 지급인은 지급 또는 인수의무가 있다. 어음·수표발행인의 파산사건을 수리한 후, 지급인이 계속적으로 지급 또는 인수하고, 이로 인하여 발생한 채권이 파산채권(회생채권)으로 될 수 없다면, 지급인은 손해를 입게 된다. 이러한 상황을 피하기 위해 지급인에게 지급 또는 인수할 때 어음·수표에 대하여 엄격한 심사를 할 것을 요구하면 필연적으로 어음·수표의 지급이 지연되고 심지어 지급이 거절될 수도 있다. 결과적으로 그 유통성에 영향을 미치게 된다. 이러한 이유로 지급인의 채권을 파산채권(회생채권)으로 규정한 것이다(王欣新, 269쪽). 우리나라 채무자회생법 제123조 제1항, 제333조 제1항과 같은 취지이다.

   ② 일본 파산법 제57조도 같은 취지의 규정을 두고 있다.

118) 수임인의 비용상환청구권이나 보수청구권은 파산선고의 효과에 기한 법률관계(위임계약)의 변동의 결과로서 계약의 상대방이 갖는 청구권이다. 이 청구권은 파산재단에 관한 계약관계를 정리하고, 나아가 법률관계를 변경한 결과로 발생한 것이므로 파산절차를 수행함에 따라 발생하는 비용에 속한 것으로 보아 이것을 재단채권으로 하는 것도 생각할 수 있다. 하지만 이는 파산재단의 부담을 가중시키고 결국은 파산절차의 목적 실현을 곤란하게 하기 때문에, 상대방과의 공평에 반하지 않는다고 생각되는 것에 대해 파산채권으로 인정한 것이다(條解 破産法, 724쪽).

다만 수임자에 의한 위임사무처리가 파산재단의 이익을 위하여 한 것인 때에는 사무관리가 있는 것으로서 이러한 채권은 재단채권이 된다(제473조 제5호). 또한 통지 등에 의하여 위임관계의 종료가 수임자에게 대항할 수 있게 된 후에 한 위임사무처리에 기한 채권에 대하여도, 그것이 파산재단의 이익을 위한 것인 때에는 재단채권으로 될 가능성이 있다.[119]

(다) 법인 또는 회사가 파산한 경우 이사[120]의 지위

법인 또는 회사와 이사는 위임관계이므로(민법 제680조, 상법 제382조 제2항 참조) 법인 또는 회사가 파산하면 위임관계는 당연히 종료한다(민법 제690조).[121] 반면 법인 또는 회사가 파산하더라도 법인 등의 기관의 권한이 당연히 없어지는 것은 아니다. 그렇다면 파산선고 당시 이사였던 자의 지위는 어떻게 되는가.[122]

① 자격상실설. 파산선고로 위임의 규정에 따라(민법 제690조) 이사의 지위는 상실된다는 견해이다. 회사나 법인의 파산에 책임이 있는 이사의 지위를 유지시키는 것은 부적절하고, 신뢰관계가 파괴된 이상 민법 제690조에 반하여 이사의 지위를 인정해야 할 이유가 없기 때문이다.

② 자격유지설. 파산재단의 관리처분권과 관련이 없는 조직법상의 활동(예컨대 주주총회 소집, 회사설립무효의 소에 대한 응소 등)을 파산관재인의 임무로 한다면 파산관재인의 부담이 가중된다. 그래서 파산법인의 경우 파산재단과 관련이 없는 사항에 대하여는 이사가 그러한 활동을 할 수 있게 해야 한다. 따라서 파산재단과 관련이 없는 사항에 대하여는 이사의 지위가 존속하는 것이다. 물론 조직법상의 소송에 있어서도 재산관계에 영향을 미치는 것에 관하여는 파산관재인이 수계하기 때문에(제347조) 이사가 관여할 여지는 없다.[123]

살피건대 법인 또는 회사가 파산한 경우 파산재단에 속한 재산에 대하여는 모두 파산관재인의 관리처분권에 속한다(제384조). 하지만 조직법상의 사항을 수행할 필요가 있어 새로이 이사를 선임하는 것은 사실상 불가능하므로 위임관계 소멸의 효과를 제한하는 것도 합리적인 이유가 있고, 위임자가 파산한 경우 위임계약이 종료한다는 것은 파산선고에 의해 위임자가 스스로 할 수 없는 재산의 관리 또는 처분에 관한 행위는 수임자도 할 수 없기 때문에, 위임자

---

119) 條解 破産法, 449쪽.
120) 상장회사는 자산 규모 등을 고려하여 이사 총수의 4분의 1 이상을 사외이사로 하여야 한다. 그렇지만 파산선고를 받은 상장회사는 이러한 제한을 받지 않는다(상법 제542조의8 제1항 본문, 상법 시행령 제34조 제1항 제2호).
121) 대법원 2002. 8. 27. 선고 2001다13624 판결. 아래의 각 견해는 파산선고로 법인과 이사 사이에 위임관계가 종료된다는 점에 있어서는 차이가 없다. 다만 재산의 관리처분권 이외에 법인의 조직법상의 활동에 관한 사항에 대하여 이사가 그 권한을 행사할 수 있는지만 차이가 있다.
122) 이는 파산절차종료 후 누가 청산인이 되는지와도 관련된 문제이다. 이에 관하여는 〈제10장 제1절 Ⅱ.1.〉(본서 1623쪽)을 참조할 것.
    한편 파산한 법인의 기관의 권한은 어떻게 되는가. 파산선고가 되면 파산재단에 속한 재산의 관리처분권이 파산관재인에게 전속하지만(제384조), 이에 따라 법인의 기관의 권한이 당연히 없어지는 것은 아니다. 채무자회생법도 파산선고 후 채무자 자신이 할 수 있는 사항을 규정한 것(제451조 제1항, 제484조 제3항, 제485조 제1항 등)이 있다는 것을 고려하면, 법인의 대표자가 이러한 행위를 할 수 있다고 생각된다. 또한 재산관계를 제외하고 회사의 조직에 관한 권한은 종전과 같이 기관에 남아있다고 하여야 할 뿐만 아니라, 파산선고결정에 대하여 회사가 즉시항고를 할 필요가 있는 경우도 있다(倒産法, 129~130쪽). 관련 내용은 아래 〈Ⅴ.6.〉(본서 1309쪽)을 참조할 것.
123) 破産法·民事再生法, 389쪽.

의 재산에 관한 행위를 내용으로 하는 통상의 위임은 목적을 달성할 수 없어 종료한다는 것으로 해석하여야 한다. 따라서 파산재단의 관리처분권과 무관한 조직법상의 행위는 파산관재인의 권한에 속한다고 할 수 없고 채무자인 회사가 스스로 행사하는 것이므로(본서 1309쪽) 파산선고 당시 이사는 파산선고에 의해 그 지위를 당연히 상실하는 것은 아니고, 조직법상의 행위에 대하여는 이사로서 권한을 행사할 수 있다고 할 것이다(위임관계 소멸의 효과 제한). 요컨대 민법 제690조의 적용을 위임자의 재산(파산재단)에 관한 행위에 한정하고, 이사의 선임 또는 해임 등과 같이 파산재단에 관한 관리처분권과 무관한 조직에 관한 행위는 파산관재인이 아니라 채무자인 법인 또는 회사가 스스로 할 수 있다고 할 것이다.[124]

다만 채무자 회사(파산법인)의 재산에 관한 권한은 이사에 있다고 볼 수 없으므로 파산절차 중에 파산재단에서 포기된 재산 및 파산종료 후 재산에 대한 관리처분권은 청산인에게 있다고 보아야 한다. 따라서 파산절차 진행 중에 파산재단에서 포기된 재산을 처분하기 위해서는 따로 청산인을 선임하여야 하는데, 청산인을 선임하면 파산선고 이후에도 유지되었던 이사(기관)는 없어지고 청산인이 조직법적 사단활동에 관해서까지 채무자 회사의 업무를 집행하고 대표하게 된다. 한편 채무자 회사가 이미 파산 이외의 사유에 의하여 해산하고 그 청산 중에 파산선고를 받은 경우에는 이미 취임한 청산인이 파산재단과 관계없는 채무자 회사의 행위에 관하여 청산법인의 집행 및 대표기관의 역할을 수행하므로 이사(기관)는 유지되지 않는다(상업등기선례 제1-268호 참조).[125]

(2) 수임자가 파산한 경우

(가) 위임계약의 종료

수임자가 파산한 경우에도 위임계약은 당연히 종료한다(민법 제690조 전문). 위임계약에 기하여 수임자에게 수여되어 있던 대리권도 소멸한다(민법 제127조 제2호). 다만 위임자가 파산한 경우와 달리 수임자가 파산하더라도 계약을 종료하지 않는다는 특약은 유효하다. 파산선고를 받은 수임자라 하더라도 타인의 사무를 처리할 수 있으므로 수임자의 파산 이후에도 위임자가

---

124) 따라서 ① 주식회사의 이사의 해임 또는 선임을 내용으로 하는 주주총회결의부존재확인의 소의 계속 중에 해당 주식회사에 대하여 파산선고가 된 경우에도 위 소송에 대하여 소의 이익은 당연히는 소멸하는 것이 아니다(倒産判例百選, 30쪽). 그 밖에 일본 최고재판소 판례로 다음과 같은 것이 있다. ② 동시폐지사건에서 잔여재산에 대한 청산절차에 있어 종전의 이사가 당연히 청산인이 되는 것이 아니라 법원이 이해관계인의 청구에 따라 청산인을 선임하여야 한다. ③ 유한회사에 대한 파산선고사건에서 이사가 화재보험계약약관의 면책조항에서 말하는 이사에 해당하는지가 문제된 사안에서, 파산선고로 이사의 지위가 당연히 상실하지 않고 이사로서의 권한을 행사할 수 있다고 하였다. ④ 주식회사의 파산재단으로부터 포기된 별제권 목적재산에 대한 별제권 포기 의사표시를 하여야 하는 상대방이 누구인지가 문제된 사안에서, 종전의 이사가 아니라 이해관계인의 청구에 의해 선임된 청산인에게 하여야 한다고 하였다{도산법(加藤哲夫등), 238~239쪽}.
　　현재 실무는 자격유지설의 입장에서 파산선고 이후 채권자집회기일 및 채권조사기일 등에 있어 법인의 종전 이사를 채무자의 대표자로 보고 해당 기일조서에 그 출석 여부를 기재하고 있다. 상업등기실무도 파산법인의 비재산적 영역에 속하는 사항인 본점이전 또는 신임이사의 취임등기를 대표권이 있는 이사(대표이사)가 신청하는 것으로 해석하고 있다(상업등기선례 제1-264호, 제1-266호).
125) 법원행정처, 상업등기실무(Ⅱ)(2017), 566쪽.

신뢰한다면 위임사무의 처리가 가능하기 때문이다.[126]

수임자의 파산에 의한 위임계약의 종료는 위임자에 대하여 파산의 사실을 통지하거나 위임자가 그 사실을 안 때가 아니면 이로써 위임자에게 대항하지 못한다(민법 제692조).

(나) 이사에 대하여 파산선고가 된 경우

법인과 이사의 관계는 위임관계이고(상법 제382조 제2항, 제567조 참조), 이사 자신에 대하여 파산선고가 된 경우에는 이사로서의 지위가 상실된다(당연퇴임).

그렇다면 파산선고를 받은 자를 새로이 이사에 선임할 수 있는가. 이에 관하여는 복권될 때까지 이사에 취임할 수 없다는 견해가 있다.[127] 파산하여 자신의 재산에 대한 관리처분권도 없는 자에게 회사 재산에 대한 관리처분권을 위임하는 것은 상당하지 않다는 것을 이유로 한다. 그러나 명문의 규정도 없고 차별적 취급의 금지(제32조의2)에도 반한다. 또한 채무자에게 다시 한 번 경제적으로 재기할 수 있는 기회를 조기에 부여하는 것은 국민경제적으로 유익하다. 중소기업이 파산한 경우 경영자가 회사의 채무에 대하여 개인보증을 한 결과 경영자 자신도 파산에 이르는 사례가 많은데, 이때 경영자는 부동산 등이 있어 면책결정을 받기까지는 상당한 시간이 필요한 경우가 적지 않기 때문에, 조기에 회사의 이사로서 경제적 회생의 기회를 얻을 필요성이 크다. 따라서 파산선고를 받은 자를 이사로 선임할 것인지는 주주총회의 판단에 맡기는 것이 타당하다(상법 제382조 제1항). 예컨대 파산선고로 이사의 지위를 얻은 자를 주주총회를 개최하여 다시 이사로 선임하는 것도 가능하다.

(3) 대리권

(가) 대리인이 파산한 경우

파산선고를 받은 자를 대리인으로 함에는 아무런 제한이 없다. 하지만 대리인이 파산한 경우 대리권은 법정대리인지 임의대리인지 묻지 않고 파산에 의하여 당연소멸한다(민법 제127조 제2호). 대리관계는 본인, 대리인 사이의 인적 관계와 대리인의 경제적 신용에 기초를 두는 것이 일반적인 것이므로, 법정대리인의 적격에 변동이 생기고, 임의대리인에 대한 수권 당시의 신용이 상실된 상황이 발생한 때에는 그 대리권을 소멸시키는 것이 타당하기 때문이다. 다만 친권의 경우는 파산선고가 대리권의 당연소멸사유가 아닌바, 아래(〈4.〉)에서 서술하기로 한다(본서 1301쪽 참조).

(나) 본인이 파산한 경우

본인이 파산한 경우 대리권은 임의대리의 경우 소멸한다(민법 제128조, 제690조). 위 〈마.(1) (가)〉를 참조할 것.

---

126) 수임자가 파산하면 위임관계는 원칙적으로 종료하는 것이므로, 수임자의 파산관재인이 수탁물을 매각하여 파산재단을 위하여 취득한 이익은 부당이득이 된다.

127) 법인파산실무, 217쪽.

바. 고용계약[128]

(1) 사용자의 파산[129]

사용자가 파산한 경우에도 당시까지 계속된 고용계약(근로계약)이 당연히 소멸하지 않고 근로자나 파산관재인의 해지에 의하여 소멸한다.[130] 사용자가 파산선고를 받은 경우에는 고용기간의 정함이 있는지 여부를 불문하고 근로자 또는 파산관재인은 계약을 해지할 수 있고, 각 당사자는 계약해지로 인한 손해배상을 청구할 수 없다(민법 제663조).[131] 이 경우 근로자 또는

---

128) 채무자(사용자)의 파산이 집단적 근로관계에 어떠한 영향을 미치는가. ① **단체협약** 회생절차(제119조 제4항)와 달리 파산절차에 관하여는 단체협약에 제335조의 적용을 배제하는 규정이 없다. 하지만 파산선고가 있더라도 법인에 대한 해산과 청산절차가 진행되지만 이를 종료하기 전까지는 권리능력을 상실하지 않고, 단체협약은 채무자가 해산하면 그 청산의 종료시에 실효되므로 파산선고로 당연히 종료하지 않는다는 점에서 파산선고가 있더라도 단체협약의 효력은 그대로 유지된다고 할 것이다. ② **단체협약에 규정된 파산신청에 관한 사전협의·동의조항의 효력** 채무자와 노동조합 사이의 단체협약에 채무자가 파산신청을 할 때 노동조합과 사전협의나 동의 없이 이를 일방적으로 신청하지 못한다는 규정이 있고, 이를 위반하여 파산신청을 할 경우 파산절차의 효력이 문제될 수 있다. 파산절차는 회생이 어려운 채무자의 재산을 공정하게 환가하여 이해관계인에게 배당하는 것이 목적이고(제1조 참조), 채무자뿐만 아니라 채권자도 파산신청을 할 수 있으며, 파산절차는 총채권자의 이익을 위한 제도이므로 일부 권리자와의 합의에 의하여 그 신청을 제한할 수 없고{선재성, "파산과 노동관계", 재판자료 제82집: 파산법의 제문제(상), 법원도서관(1999), 521쪽}, 노동조합의 사전협의나 동의를 필요로 한다면 파산절차의 목적에 반할 뿐만 아니라 신청의 신속성을 저해한다(이로 인해 이해관계인의 권리를 침해할 수 있다)는 점에서 사전 동의 없이 파산신청을 하였더라도 파산절차에는 영향이 없다고 할 것이다(倒産判例百選, 14쪽, 본서 302쪽 참조). ③ **도산상태에서 체결된 단체협약이 부인권의 대상이 되는지** 채무자가 지급정지나 파산신청이 있은 후 또는 그 전 60일 이내에 노동조합과 퇴직금의 지급액을 대폭 인상하는 등의 단체협약을 체결한 경우 파산재단의 감소를 초래하여 파산채권자의 권리를 침해하게 되므로 이러한 단체협약은 부인권의 대상이 될 수 있다(본서 302쪽 참조).

129) 사고로 사망한 피해자가 근무하던 회사가 사고 후 폐업(도산)한 경우 망인의 일실수입은 어떻게 산정하는가. 피해자가 근무하던 회사가 사고 후 부도로 폐업하였다면, 피해자의 사망 때문에 회사가 도산되었다는 등 특별한 사정이 없는 한, 피해자가 회사에 폐업 이후 정년시까지 계속 근무할 수 있는 것을 전제로 하여 그 기간 중의 일실수입을 산정할 수는 없고, 이러한 경우에는 피해자의 연령, 교육정도, 종전 직업의 성질, 직업경력, 기능 숙련정도 및 유사 직종이나 다른 직종에의 전업 가능성과 확률, 그 밖의 사회적, 경제적 조건과 경험칙에 비추어 장차 피해자가 종사 가능하다고 보여지는 직업과 그 소득을 조사 심리하여야 할 것이며, 장차 피해자가 종사 가능하다고 보여지는 직업에서 얻는 수입이 일반노동임금보다 소액이라는 등의 특별한 사정이 없는 한 일반노동에 종사하여 얻을 수 있는 수입을 기준으로 피해자의 회사 폐업 이후의 일실수입을 산정할 수는 없다(대법원 2013. 11. 14. 선고 2011다82063,82070 판결, 대법원 1997. 4. 25. 선고 97다5367 판결).

130) 독일 도산법 제108조 제1항은 도산절차가 개시된 경우 채무자의 고용관계는 도산재단에 대하여 유효하게 존속한다고 규정하고 있다.

131) **제335조와 민법 제663조의 관계** 사용자가 파산한 경우 제335조는 파산관재인에게만 고용계약의 해지권을 인정하고 있지만, 민법 제663조는 파산관재인 및 근로자(노무자) 모두에게 해지권을 인정하고 있다. 민법 제663조에 의해 고용계약을 해지할 경우 상대방의 손해배상청구권이 배제되지만, 제335조에 의해 고용계약을 해지할 경우 배제되지 않는다(제337조). 따라서 파산관재인이 어떤 조항에 따라 고용계약을 해지하느냐에 따라 상대방(근로자)의 손해배상청구권 인정 여부가 결정된다. 파산선고가 된 경우 원칙적으로 채무자회생법이 우선 적용되고, 채무자회생법에 특별한 규정이 없는 경우 민법 등이 적용된다고 할 것이다. 따라서 사용자가 파산선고를 받은 경우 파산관재인은 제335조에 의하여 고용계약을 해지할 수 있지만, 상대방(근로자)은 손해배상채권을 파산채권으로 행사할 수 있다(제337조)고 할 것이다. 반면 근로자는 민법 제663조에 의하여 고용계약을 해지할 수 있지만, 사용자의 손해배상청구권은 배제된다고 할 것이다. 요컨대 사용자가 파산한 경우 민법 제663조는 근로자의 해지의 경우에만 제한적으로 적용된다고 할 것이다.

　이에 대하여 제337조가 적용되는 것은 파산관재인이 제335조에 따라 해지권을 행사한 경우에 한정되고, 사용자가 파산한 경우에는 제337조가 적용되지 않으며, 따라서 사용자가 파산한 경우 민법 제663조에 따라 근로자도 손해배상청구권을 행사할 수 없다는 견해도 있다(條解 破産法, 430쪽).

파산관재인은 상대방에게 해지할 것인가 여부의 확답을 최고할 수 있고, 그 기간 내에 상대방의 확답이 없으면 해지된 것으로 간주된다(제339조, 제335조 제2항).

사용자가 파산하였음에도 근로자에게 고용관계를 유지하도록 하는 것은 비록 임금채권이 재단채권으로 인정된다고 하여도 근로자 보호라는 관점에서 바람직하지 않다. 따라서 근로자에게 해지권을 인정하면서 사용자의 손해배상청구권을 부정함으로써 근로자의 해지의 자유를 보장하고 있다. 파산관재인은 파산재단을 충실하게 관리할 의무가 있고 그 결과 재단채권을 발생(증대)시키는 근로자와의 고용계약을 신속히 종료시킬 필요가 있어 해지권을 인정하고 있다. 사용자의 파산선고는 민법 제661조가 규정하고 있는 부득이한 사유에 해당한다.

파산관재인이 해지하거나 해지당한 경우 근로자에 대하여 손해배상을 청구할 수 없음은 당연하다. 근로자가 해지한 경우 사용자의 손해배상청구권을 부정하는 것은 근로자의 해지의 자유를 보장하기 위한 것임은 앞에서 본 바와 같다. 반면 근로자가 해지를 당한 경우 사용자에 대하여 손해배상을 청구할 수 없도록 한 것은 입법론적으로 문제가 있다. 다만 아래에서 보는 바와 같이 근로자에게 해고예고수당을 인정할 경우에는 이를 통해 근로자의 해지로 인한 손해를 보전할 수 있다는 점에서 수긍이 가는 면도 있다.

채무자가 파산선고를 받아 사업의 폐지를 위하여 근로자를 해고하는 것은 정리해고[132]가 아닌 통상해고에 해당한다.[133] 따라서 정리해고에 관한 근로기준법 규정이 적용될 여지가 없

---

132) 노동법학계에서는 해고를 정리해고(근로기준법 제24조 참조), 통상해고, 징계해고(근로기준법 제23조 참조) 3가지로 분류한다. 정리해고(경영상해고)는 긴급한 경영상의 필요에 의하여 기업에 종사하는 인원을 줄이기 위하여 일정한 요건 아래 근로자를 해고하는 것으로서 기업의 유지·존속을 전제로 그 소속 근로자들 중 일부를 해고하는 것을 가리킨다(대법원 2003. 4. 25. 선고 2003다7005 판결). 통상해고(일반해고, 일신상해고)는 일신상·행태상의 사유로 인하여 근로계약의 의무를 이행하지 못하고 장래에도 근로관계를 유지하지 못하여 이루어지는 해고를 말한다.

133) 대법원 2004. 2. 27. 선고 2003두902판결, 대법원 2003. 4. 25. 선고 2003다7005 판결, 대법원 2001. 11. 13. 선고 2001다27975 판결 등 참조. 위 2003두902 판결은 그 이유로 「제335조는 파산관재인에게 쌍무계약에 대한 계약해제권을 인정하고 있고, 민법 제663조는 사용자가 파산선고를 받은 때에는 파산관재인은 고용기간의 약정이 있는 경우에도 고용계약을 해지할 수 있으며 이때 계약해지로 인한 손해배상을 청구하지 못한다고 규정하여 파산관재인에게 광범위한 근로계약의 해지권을 인정하고 있는바, 이는 근로계약관계가 기업의 존속을 전제로 하는 것임에 반하여 파산은 사업의 폐지와 청산을 목적으로 하는 것이어서 파산이 선고된 경우 파산관재인은 재산관리업무를 수행하는 데 필요한 한도 내에서 채무자와 제3자 사이의 법률관계를 청산하여야 할 직무상의 권한과 의무를 갖고 또 파산재단을 충실하게 관리하여야 할 의무를 부담하는 등 파산의 본질은 기본적으로 기업의 청산이고 파산관재인이 그 직무수행의 일환으로 행하는 근로계약의 해지는 근로관계가 계속되는 기업에서 행하여지는 해고와는 그 본질을 달리하는 것이어서 파산관재인에 의한 근로계약해지는 파산선고의 존재 자체가 정당한 해고사유가 되는 것이므로 결국 근로기준법 소정의 부당해고에 관한 규정은 그 적용이 없다고 보아야 할 것이고, 또한 부당노동행위제도는 근로자 또는 노동조합의 단결권을 보장하기 위한 것인데 반하여 파산은 경영주체가 상실되어 단결권 등이 기능하여야 할 노사간 힘의 불균형상태가 존재하지 아니하게 된 점, 파산관재인은 이해관계인의 이익을 조정하여야 할 일반적인 강제집행기관에 불과한 점 등을 고려하여 보면 파산제도는, 불이익취급을 방지하여 단결권 등을 보장하려는 부당노동행위제도와는 그 본질을 달리하는 것이어서 결국 파산관재인에 의한 근로계약의 해지에는 부당노동행위 또한 성립할 여지가 없다고 보아야 할 것이며, 파산기업이 파산선고를 받은 후 모든 사업을 즉시 폐지하지 아니하고 파산재단의 충실을 기하기 위하여 기존의 영업을 일부 계속하면서 사업장의 일부를 그대로 존치함에 따라 근로자를 계속하여 보조인으로 사용하는 경우, 파산기업이 기존의 사업장을 유지하는 것은 파산재단을 충실하게 하기 위한 잠정적인 조치이며 사업이 완료됨에 따라 사업장은 점차 축소되어 마침내는 전부 소멸하게 될 것이라는 점, 사업장이 축소됨에 따라 그때그때 수시로 정리해고를 할 경우 그 정리해고의 정당성을 둘러싼 분쟁으로 인하여 파산절차의 신속한 진행이 어려워지고 임금채권이 과다하게 발생하는 등으로 인하여 종국적으로는 파산재단의 건전성이 해쳐질 염려가 있는 점, 현행 파산 관계법이 제335와 민법 제663조 이외에 일정한 경우 정리해고의 기준을

고, 또한 파산관재인의 근로계약 해지는 해고만을 목적으로 한 위장파산이나 노동조합의 단결권 등을 방해하기 위한 위장폐업이 아닌 한 원칙적으로 부당노동행위에 해당하지 아니한다. 다만 파산선고가 있더라도 병원의 운영 등과 같이 일정기간 이를 계속할 사회적 필요성이 있거나 사업을 타인에게 양도하여 환가하기 위해 사업을 계속하는 경우에는 부당노동행위의 법리가 적용된다고 할 것이다.[134)]

파산관재인이 고용계약을 해지한 경우 그 효력은 즉시 발생한다. 근로기준법이 적용되는 경우(근로기준법 제11조)에는 해고예고를 하여 30일의 해고예고기간 경과로 해고의 효력이 발생하게 하거나, 30일분 이상의 통상임금 상당인 해고예고수당을 지급하고 즉시 해고할 수 있다(근로기준법 제26조 본문).[135)] 이와 관련하여 파산선고로 인한 고용계약의 해지는 근로기준법 제26조 단서 제2호의 '부득이한 사유로 사업을 계속하기 불가능한 경우'에 해당하여 해고예고의무가 없다(즉시해고가 되고 30일분 이상의 해고예고수당도 지급할 필요도 없다)는 견해가 있을 수 있다.[136)] 그러나 근로기준법 제26조 본문이 해고예고의무를 부과하는 취지가 해고 후 근로자의 생활에 대한 불안을 해소시키고 다른 직장을 구할 여유를 주어 인적자본(human capital)인 노동력을 유지시키려는 데 있고, 파산이라는 사태는 일반적으로 경영상의 형편에 의하여 생기므로 생활의 전부를 채무자로부터의 임금에 의존하고 있는 근로자와 일반 파산채권자는 그 입장의 차이가 있다. 이러한 점에서 파산선고로 파산관재인이 고용계약을 해지하는 경우 예고기간의 임금 또는 해고예고수당을 지급하도록 하는 것이 불합리하다고 보여지지 아니한다. 또한 근로기준법은 민법의 특별법으로 근로자를 보호하기 위한 규정은 엄격하게 해석할 필요가 있고(근로자 보호의 필요성은 통상의 해고와 다를 것이 없다), 이런 점을 고려하면 파산선고는 근로기준법 제26조 단서 제2호의 '부득이한 사유'에 해당하지 않는다고 할 것이다. 따라서 파산관재인이 해고권을 행사하는 경우에도 해고예고기간 및 해고예고수당에 관한 근로기준법 제26조가 그대로 적용된다. 이 경우 해고예고수당은 제473조 제8호에 따라 재단채권이다(본서 1512쪽).

근로자의 임금·퇴직금·재해보상금은 파산선고 전후를 묻지 않고 재단채권으로 보장된다(제473호 제10호). 또한 근로자는 사용주에 대하여 파선선고의 결정이 있는 경우 근로복지공단으로부터 대지급금(최종 3개월분의 임금, 최종 3년간의 퇴직급여 등, 최종 3개월분의 휴업수당)을 지급받을 수 있다(임금채권보장법 제7조).[137)]

적용하여 근로계약을 해지하여야 한다는 예외적인 조항을 두지 않고 있는 점 등에 비추어 보면, 파산법인이 청산절차와 병행하여 기존의 사업을 계속한다고 하더라도 파산관재인에게 근로관계의 해지에 관한 광범위한 재량을 부여하여 탄력적으로 근로관계를 유지하도록 함으로써 파산절차의 신속과 파산재단의 충실을 기하도록 하는 것이 바람직하다고 할 것이므로 결국 근로기준법 제24조 소정의 정리해고에 관한 규정의 적용도 배제된다」고 판시하고 있다.

134) 반면 회생절차의 경우에는 통상적인 부당노동행위 법리가 그대로 적용된다(본서 299쪽).

135) 실무적으로 파산관재인이 파산선고 전의 근로자를 보조인으로 고용한 경우가 많다. 이 경우 파산관재인과 보조인 사이의 근로계약은 종전의 근로계약과는 단절된다{인천지방법원 2000. 7. 14. 선고 2000나1662 판결(확정)}.

136) 부도로 인한 사실상의 도산이라는 돌발적이고 불가항력인 사유로 인하여 사업계속이 불가능한 경우에는 근로기준법 제26조 단서 제2호 '부득이한 사유로 사업을 계속하기 불가능한 경우'에 해당되어 해고예고수당을 지급할 의무는 없다{https://minwon.moel.go.kr/minwon2008/faq/faq_open_view.do(2021. 6. 7. 최종 방문)}.

137) 임금채권에 대한 지연손해금은 연 20%의 비율에 의한다(근로기준법 제37조 제1항, 같은 법 시행령 제17조). 그러

한편 고용계약이 유지되는 경우 파산관재인은 고용계약(근로계약)상의 사용자로 보는 것이 타당하다. 파산관재인은 채무자의 법률적 지위에 관한 포괄승계인과 같은 지위를 갖고(제384조, 제359조 등), 임금 등은 재단채권으로 파산관재인이 이를 근로자에게 지급할 의무가 있기 때문이다(본서 302쪽 참조).

파견근로자 보호 등에 관한 법률 제6조의2 제2항(같은 시행령 제2조의2 제1호, 임금채권보장법 제7조 제1항 제2호)에 따라 사용사업주에 대한 파산선고가 있은 후에는 직접고용청구권은 발생하지 않고, 파산선고 전에 직접고용청구권이 발생한 경우에도 파산선고결정으로 인하여 직접고용청구권이 소멸하는 것으로 봄이 타당하다.[138]

(2) 근로자의 파산

근로자가 파산한 경우에 관하여 민법과 채무자회생법은 특별한 규정을 두고 있지 않다. 누구든지 파산절차 중에 있다는 이유로 정당한 사유 없이 취업의 제한이나 해고 등 불이익한 처우를 받지 아니한다(제32조의2). 또한 근로계약은 근로자의 자유의사에 의하여 체결 또는 계속되어야지 파산관재인이 이행 또는 해지를 선택하는 것은 허용될 수 없으므로 제335조는 적용되지 아니하고, 근로자가 파산선고를 받았더라도 고용관계에는 영향이 없다. 파산선고 후의 근로자의 임금은 파산재단에 속하지 아니하고 자유재산이 된다. 이는 향후 면책이 될 경우 새로운 출발을 위한 원천이 된다.

근로자가 파산한 경우 퇴직금의 중간정산을 받을 수 있다. 사용자는 퇴직금 중간정산을 신청한 날로부터 역산하여 5년 이내에 근로자(채무자)가 파산선고를 받은 경우에는 근로자가 퇴직하기 전에 퇴직금을 미리 정산하여 지급할 수 있다(근로자퇴직급여 보장법 제8조 제1항, 같은 법 시행령 제3조 제1항 제4호).

사. 보험계약

(1) 보험자(보험회사)의 파산

보험자(보험회사)가 파산한 경우에는 보험계약자는 계약을 해지할 수 있다. 보험계약자에 의한 해지가 이루어지지 않는 경우에도 파산선고 후 3개월이 경과하면 보험계약은 법률상 당연히 효력을 잃는다(상법 제654조). 따라서 보험자가 파산한 경우에는 제335조는 적용되지 않고, 파산관재인에 의한 해지는 인정되지 않는다.

이는 보험계약자의 이익을 보호하고 보험계약의 간이·신속한 처리를 위하여 둔 특칙이다.

(2) 보험계약자의 파산

보험계약자가 파산한 경우에 관하여는 특별한 규정이 없으므로 제335조가 적용된다. 따라

나 파산선고 이후에는 위와 같은 이자율이 적용되지 않는다(근로기준법 제37조 제2항, 같은 법 시행령 제18조 제1호, 임금채권보장법 제7조 제1항 제2호).

138) 대법원 2023. 4. 27. 선고 2021다229601 판결 참조.

서 파산관재인은 보험계약을 해지하고 그 해약환급금을 파산재단에 포함시킬 수 있다.

채무자를 보험금수령인으로 한 보험계약에서, 파산선고 후 해당 보험계약에서 정한 보험사고가 발생한 경우, 이에 의해 구체적으로 발생한 보험금청구권이 파산재단에 속하는지에 관하여 다툼이 있다. 파산선고 전에 성립한 보험계약에 기한 추상적 보험금청구권은 '파산선고 전에 생긴 원인으로 장래에 행사할 청구권'(제382조 제2항)으로, 파산선고에 의해 '파산재단에 속하는 재산'에 해당한다고 할 것이다.[139] 관련 내용은 〈**제5장 제1절 I.1. 각주 7)**〉(본서 1359쪽)을 참조할 것.

아. 상호계산 · 소비대차계약 · 사용대차계약 · 리스계약 · 임치계약

(1) 상호계산

(가) 의 의

상호계산이란 상인 사이 또는 상인과 비상인 사이에 상시 거래관계가 있는 경우에 일정한 기간 동안의 거래로 인한 채권채무의 총액에 관하여 상계하고 남는 잔액에 관하여 지급할 것을 내용으로 하는 계약이다(상법 제72조).

상호계산은 상호간의 신용(신뢰)을 기초로 하는 것이기 때문에 당사자 중 일방이 파산선고를 받은 때에는 당연히 종료한다. 이 경우 각 당사자는 계산을 폐쇄하고 잔액의 지급을 청구할 수 있다. 이에 따른 청구권을 채무자가 가지는 때에는 파산재단에 속하고, 상대방이 가지는 때에는 파산채권이 된다(제343조).[140]

파산선고로 당연히 종료되도록 한 것은 상대방으로 하여금 상호계산으로부터 이탈할 수 있는 이익을 보호하기 위함이 주된 목적이다. 따라서 당사자 사이에 종료하지 않는 것으로 특약을 한 경우에는 그 효력을 부정할 이유가 없다. 또한 상호계산의 종료효는 파산선고를 한 때에 발생하기 때문에 그 후 당사자 사이에 거래한 결과로 발생한 채권채무는 상호계산의 대상이 되지 않는다.

(나) 상계금지와의 관계

상호계산의 종료에 따른 계산의 폐쇄로 한 상계에 대하여, ① 수동채권, 즉 상대방의 채무자에 대한 채무가 지급정지 또는 파산신청이 있었음을 알고 채무자에 대하여 채무를 부담한 것

---

139) 다만 보험사고가 파산선고 후에 발생한 경우뿐만 아니라 파산선고 전에 발생한 경우에도, 이로 인해 발생한 보험금청구권의 전부 또는 일부는 파산선고 후 신득재산으로 파산재단에 속하지 않는다고 해석하여야 하는 경우가 있다. 예컨대 사고 피해자인 채무자가 수령하는 치료비나 위자료, 후유장애에 따른 일실이익과 관련된 손해보험금, 개호비 등에 대하여는, 보험금 일부는 파산선고 후의 개호와 관련된 비용을 전보하는 것이고, 이 부분에 대하여는 보험사고 발생의 시기를 묻지 않고, 신득재산으로 채무자의 손에 남겨져야 하는 것이며, 파산채권자의 책임재산이라고 해석하여서는 안 된다. 채무자의 경제생활 재건도 그 기초로 하는 채무자회생법상의 고정주의 취지로부터도 그러하다(現代型契約と倒産法, 280쪽).

140) 본 조는 계약당사자의 일방에 대하여 파산선고가 된 효과로서, 상호계산의 종료 및 계산의 폐쇄, 즉 그 때까지 쌍방의 채권채무를 상계한 후 잔액지급청구권이 발생한다는 것을 정한 것이다(제343조 제1항). 그 결과로 발생한 잔액지급청구권이 채무자의 것이라면 파산재단에 속하고, 상대방의 것이라면 파산채권으로 된다는 것을 명확히 하고 있다(제343조 제2항).

이라면, 제422조 제2호에 의한 상계금지가, 또는 ② 자동채권, 즉 상대방의 채무자에 대한 채권이 지급정지나 파산신청 후에 취득한 것이라면, 제422조 제4호에 의한 상계금지가 문제된다.[141]

그러나 어느 경우라도 상호계산계약의 존재는 합리적 상계기대의 기초가 된다는 것이 인정되는 것이기 때문에, 제422조 제2호, 제4호의 각 단서에서 말하는 '지급정지나 파산신청이 있었음을 알기 전에 생긴 원인'에 해당하여 상계가 허용된다고 할 것이다.

(2) 소비대차계약

소비대차계약은 대주가 목적물을 차주에게 인도하기 전에 당사자 일방이 파산선고를 받으면 당연히 실효된다(민법 제599조). 소비대차계약은 낙성계약이므로 목적물을 교부하지 않더라도 당사자 사이의 합의만 있으면 유효하게 성립한다. 그러나 목적물이 인도되기 전에 당사자의 일방이 파산한 경우에는 당사자간의 신뢰관계가 깨어져 당초의 계약관계를 유지하는 것이 타당하지 아니하므로 소비대차는 효력을 잃는다고 규정한 것이다.[142] 사정변경의 원칙이 적용되는 이례이다.

파산선고가 있었다는 것을 알지 못하고 목적물을 교부한 자는 비채변제를 이유로 파산관재인에 대하여 부당이득반환을 청구할 수 있다.

(3) 사용대차계약

사용대차계약에서 차주가 파산선고를 받은 때에는 대주는 계약을 해지할 수 있다(민법 제614조). 사용대차계약은 무상이며 대주·차주 상호간의 신뢰관계를 기초로 하여 성립하는 것이므로 차주가 파산선고를 받을 때에는 굳이 계약관계를 유지시킬 필요가 없으므로 대주에게 해지권을 부여하고 있다.[143] 대주가 계약관계를 유지하려고 할 수도 있으므로 소비대차계약과 달

---

141) 條解 破産法, 467쪽.

142) 대주가 파산선고를 받은 경우 차주는 파산채권자로서 배당절차에 참가할 수 있지만, 약정한 금액의 금전이나 대체물을 지급받는다는 보장이 없다. 따라서 계약의 이행이 실질적으로 불가능하여 차주는 계약의 목적을 달성할 수 없게 된다. 그리고 차주가 파산선고를 받은 경우 대주의 반환청구권은 실질적으로 그 실현이 불가능하게 된다. 이에 당사자 일방시 파산선고를 받은 경우에는 대주 또는 차주의 특별한 의사표시가 없더라도 소비대차는 효력을 잃는다고 규정한 것이다(이정렬, 계약법중해(각론), 피데스(2019), 261~262쪽).

143) 이에 대하여는 입법론적 비판이 있다. 차주가 파산선고를 받았다고 해서 사용대차계약의 당사자들 사이에 인적신뢰관계가 훼손되었다고 의제하는 것은, 도산절차의 낙인효과를 법으로 승인하는 측면이 있어 부적절하다. 차주가 파산선고를 받았다고 해서 차주의 의무(목적물을 정해진 용법에 따라 사용수익할 의무, 계약종료 시 원상회복의무 등) 이행이 위태로워진다고 단정하기 어렵기 때문이다. 차주의 파산으로 인해 대주와 차주 사이에 신뢰관계가 파괴되었다고 인정할 만한 '객관적이고 구체적인 사정'(차주가 목적물을 제 때 반환하지 않을 위험, 차주가 목적물을 함부로 사용할 위험 등)이 인정되는 경우에 한해 신의칙 또는 민법 제613조 제2항 단서 유추를 근거로 대주의 계약해지를 인정함이 타당하다.

　　그러나 사용대차는 무상이며 대주·차주 상호간의 대인적 신뢰관계를 기초로 하여 성립하는 것이므로 파산선고를 받은 경우 굳이 계약관계를 유지할 필요가 없는 점, 차주가 파산선고를 받은 경우 사용대차계약을 당연히 종료시키는 것이 아니라 대주에게 해지권을 부여한 것에 불과한 점(따라서 대주가 사용대차계약의 유지 여부를 선택할 수 있는 것이다), 사용대차계약이 체결된 사정에 따라서는 해석에 의해 대주가 차주의 파산선고를 이유로 계약을 해지할 수 없는 것으로 하여 제614조의 적용을 배제할 수도 있는 점(대법원 1993. 11. 26. 선고 93다36806 판결 참조), 파산선고로 인한 해지의 적법성 여부에 대한 다툼이 있을 경우 신속한 파산절차 진행에 어려움이 있는 점 등에 비추어 보면 위 입법론적 비판은 받아들이기 어렵다.

리 당연히 종료되는 것으로 하지 아니하고 해지권만을 부여하였다.

대주가 파산선고를 받은 경우에 관하여는 규정하지 않았으나, 특별한 사정이 없는 한 사용대차의 존속에 영향이 없다 할 것이다.

(4) 리스계약

리스에는 금융리스와 운용리스가 있다. 운용리스는 실질에 있어 임대차와 같으므로 앞에서 살펴본 임대차계약과 같이 처리하면 된다. 여기서는 금융리스(상법 제168조의2)에 관하여 살펴보기로 한다.[144]

① 리스계약에도 쌍방미이행 쌍무계약에 관한 제335조가 적용되는가.

리스계약이 체결된 후 리스물건이 금융리스이용자에게 인도되기 전에 금융리스이용자가 파산선고를 받은 경우 제335조가 적용된다는 점에 관하여는 다툼이 없다.

리스물건이 인도된 후에는 어떻게 되는가. 금융리스업자는 이미 리스물건을 금융리스이용자에게 인도하였으므로 더 이상 잔존의무가 남아있지 않아 쌍방미이행 쌍무계약이라고 보기 어렵고, 리스물건의 사용과 월 사용료의 지급 사이에는 대가관계가 있다고 볼 수 없으므로 제335조는 적용이 없다고 할 것이다.[145] 이때 금융리스업자가 금융리스이용자에 대하여 가지고 있는 리스료채권은 파산채권이 된다.

② 금융리스업자가 파산한 경우

리스물건 인도 전에는 쌍방미이행 쌍무계약으로서 제335조가 적용된다. 리스물건 인도 후에는 다음과 같이 처리된다.

㉮ 금융리스이용자와의 관계

제335조가 적용되지 않으므로 파산선고 후에도 리스계약은 그대로 유지된다. 파산관재인은 리스계약상의 지위와 리스물건을 양도하는 방식으로 환가하여야 할 것이다.

---

144) 관련 내용은 〈제2편 제8장 제2절 Ⅲ.9.가.〉(본서 642쪽)를 참조할 것. 금융리스(Finance Lease)는 리스이용자가 지정하는 물건 또는 시설(이하 리스물건이라 한다)을 리스회사(금융리스업자)가 공급자로부터 구입하여 리스이용자에게 대여하고 그 대여기간 중 지급받는 리스료에 의하여 리스물건에 대한 취득자금과 그 이자, 기타 비용을 회수하는 거래관계로서 그 본질적 기능은 리스이용자에게 리스물건 취득자금에 대한 금융편의를 제공하는 데에 있다(대법원 1992. 7. 14. 선고 91다25598 판결 참조). 법률구성에서는 목적물의 소유자인 리스회사가 리스물건을 리스이용자에게 사용시키고 리스료를 받는 것으로 보면 임대차계약에 유사하다. 그러나 경제적 실질은 리스이용자에게 리스물건의 취득자금에 대한 금융의 편의를 제공하는 것이다. 이처럼 법률구성과 경제적 실질 사이에 차이가 존재함으로써 리스계약이 쌍방미이행 쌍무계약인지에 관한 다툼이 발생한다.

145) 이에 대하여 ① 리스료와 목적물(리스물건)의 사용 사이에 엄밀한 대가관계가 있는 것은 아니지만, 사용에 의해 발생하는 목적물의 감가를 보상하는 성질을 리스료가 가지고 있는 점, ② 리스계약의 내용을 존중하는 한, 리스기간이 시작될 때 리스이용자가 조건부소유권을 취득하고, 기간 종료시에 확정적으로 소유권이 리스이용자에게 귀속하는 구성이 어려운 점, ③ 리스회사가 리스이용자의 사용권 위에 권리질을 설정하는 것으로 보는 것도 계약당사자의 의사에 부합하지 않는 점, ④ 파산채권자가 목적물의 사용에 의해 이익을 받는 경우에는, 리스료를 재단채권으로 파산채권자에게 부담시키는 것이 공평에 합치된다는 점에서 제335조가 적용된다는 견해가 있다(破産法・民事再生法, 374쪽).

④ 리스물건공급자와의 관계

통상의 매매계약과 마찬가지로 처리되고, 리스물건공급자의 매매대금채권은 파산채권이 된다.

③ 금융리스이용자가 파산한 경우

금융리스업자는 담보권자(별제권자)의 지위에 있다고 볼 수 있다.[146] 따라서 금융리스업자는 담보권실행을 위하여 파산관재인에게 리스물건의 인도를 구하여 이를 환가한 후 그 매각대금에서 리스료채권 등을 충당한다. 부족하면 그 부족액을 증명하여 파산채권으로 배당에 참가할 수 있다.

한편 금융리스이용자는 중대한 사정변경으로 인하여 금융리스물건을 계속 사용할 수 없는 경우에는 3개월 전에 예고하고 금융리스계약을 해지할 수 있다(상법 제168조의5 제3항). 금융리스이용자에게 파산선고가 된 것은 중대한 사정변경으로 볼 수 있다. 따라서 파산관재인은 예고를 한 후 금융리스계약을 해지할 수 있을 것이다. 다만 이 경우 계약의 해지로 인하여 금융리스업자에게 발생한 손해를 배상하여야 한다(상법 제168조의5 제3항 단서).

(5) 임치계약

임치기간의 약정이 있는 유상임치의 경우 임치인이 파산한 경우 수치인이 임치계약을 해지할 수 있는가. 긍정하는 견해도 있으나,[147] 임치인의 파산관재인 입장에서는 관재업무의 사정상 수치인에게 해당 물건을 보관시키는 것이 유리할 수도 있고, 임치에는 위임에 관한 다수의 규정이 준용되고 있지만(민법 제701조) 당사자 한쪽의 파산은 임치의 종료원인으로 준용하고 있지 않으므로 부정하여야 할 것이다.

자. 조합계약[148]

조합계약에 관하여는 조합의 파산과 조합원의 파산이 있다.

(1) 조합의 파산

조합에 대하여 파산능력이 있음은 앞에서 본 바와 같다(본서 1179쪽).[149] 조합의 채무에 대

---

146) 이에 대하여 ① 리스물건 소유자는 대외적으로도 금융리스업자에게 있다는 것을 전제로 법적 절차가 진행되는 경우가 많다는 점, ② 리스기간 만료 후 리스물건을 금융리스업자에게 반환하여야 한다는 것은 계약상 명백하고, 실제로 재계약이 되는 경우도 많다는 점 등을 근거로 환취권으로 보는 견해도 있다(新破産實務, 273쪽).

147) 지원림, 민법강의(제8판), 홍문사(2009), 1562쪽.

148) **사단관계의 경우** 합명회사의 사원이 파산한 경우 퇴사한다(상법 제218조 제5호). 합자회사의 무한책임사원도 마찬가지이다(상법 제269조). 인적회사는 사원의 재산적 신용을 기초로 하기 때문에 사원의 파산을 퇴사원인으로 한 것이다. 다만 합명회사, 합자회사의 사원이 회사해산 후 또는 동시에 파산선고를 받은 경우, 회사는 오로지 청산 목적의 범위 내에서 존속하는 것이므로, 퇴사원인이 되는 것은 아니라고 할 것이다(新破産實務, 123쪽).
　　주식회사의 경우 주주가 파산하여도 회사는 직접적으로 어떠한 영향도 받지 않고, 주주도 당연히 자격을 잃는 것은 아니다. 파산관재인은 파산선고를 받은 주주의 주식을 환가하면 된다.

149) 한편 조합채무가 조합원 전원을 위하여 상행위가 되는 행위로 인하여 부담하게 된 것이라면, 그 채무에 대하여는 조합원들이 연대책임을 부담하기 때문에(대법원 2016. 7. 14. 선고 2015다233098 판결, 대법원 2015. 3. 26. 선고 2012다25432 판결, 대법원 1992. 11. 27. 선고 92다30405 판결 등 참조), 조합 자체가 파산하는 상황은 생각하기 어려울 것이다(본서 326쪽).

하여는 조합원이 책임을 부담하기 때문에(민법 제712조), 조합의 파산원인에 대하여는 합명회사 및 합자회사의 경우에서와 마찬가지로 부채초과(채무초과)는 파산원인이 될 수 없고(제306조 제2항 유추적용), 지급불능만이 파산원인이 될 수 있다고 할 것이다.

상법상 익명조합[150]은 영업자 또는 익명조합원의 파산이 있으면 조합계약이 종료한다(상법 제84조 제3호). 익명조합은 출자자인 익명조합원의 출자재산이 영업자에게 귀속되고, 영업자와 투자자 사이에서는 단지 계산을 위한 채권채무관계만이 인정된다. 따라서 영업자에 대하여 파산선고가 된 경우 익명조합원은 출자가액반환청구권을 행사할 수 있지만(상법 제85조 본문),[151] 다른 일반채권자와 동일한 지위에서 그 권리를 행사할 수 있을 뿐 환취권이 인정되는 것은 아니다. 다만 익명조합원이 특정재산의 사용권만을 출자한 경우에는 물건의 소유권이 영업자에게 귀속하는 것은 아니므로 그 물건에 관하여 환취권을 행사할 수 있다(제407조).

(2) 조합원의 파산[152]

조합계약의 당사자, 즉 민법상 조합의 조합원이 파산선고를 받은 경우에는 그 조합원은 당연히 조합으로부터 탈퇴한다(민법 제717조 제2호).[153] 이는 파산한 조합원의 파산관재인이 그 지분을 파산재단에 투입하기 위한 지분의 반환청구권 행사를 용이하게 하고자 하는 취지이다. 따라서 제335조는 적용되지 않고(파산관재인이 조합계약에 대하여 이행이나 해지의 선택권을 행사할 여지는 없다),[154] 민법 제717조 제2호는 조합원의 채권자를 보호하기 위한 강행규정이다.[155] 파

---

150) 익명조합이란 당사자의 일방(익명조합원)이 상대방(영업자)의 영업을 위하여 출자하고, 상대방은 그 영업으로 인한 이익을 분배할 것을 약정하는 계약을 의미한다(상법 제78조). 익명조합은 실질적으로는 익명조합원과 영업자의 동업계약이지만 대외적으로 영업자만이 활동하는 까닭에 영업자의 개인기업으로 취급된다. 익명조합원의 자격에는 법률상 제한이 없으나, 영업자는 성질상 상인이어야 한다.

151) 익명조합원이 손실을 분담한 특약을 한 경우에는 납입된 출자가 손실로 인하여 감소된 때에는 감소된 잔액을 반환하면 된다(상법 제85조 단서). 손실분담액이 출자한 가액을 초과하는 경우에는 아직 출자하지 않은 부분을 익명조합원이 영업자에게 지급하여야 한다. 채무자회생법은 이를 명문화하여 익명조합계약이 영업자의 파산으로 인하여 종료된 때에는 파산관재인은 익명조합원이 부담할 손실액을 한도로 하여 출자를 하게 할 수 있다고 규정하고 있다(제502조).

152) 공동수급체의 구성원 중 일부에 대하여 파산이 선고된 경우에 관하여는 <본서 320쪽>을 참조할 것.

153) 다만 공동수급체의 경우 파산한 구성원이 제3자와의 공동사업을 계속하기 위하여 그 공동수급체에 잔류하는 것이 파산한 구성원의 채권자들에게 불리하지 아니하여 파산한 구성원의 채권자들의 동의를 얻어 파산관재인이 공동수급체에 잔류할 것을 선택한 경우까지 구성원이 파산하여도 공동수급체로부터 탈퇴하지 않는다고 하는 구성원들 사이의 탈퇴금지의 약정이 무효라고 할 것은 아니다(대법원 2004. 9. 13. 선고 2003다26020 판결 참조).

154) 現代型契約と倒産法, 165쪽. 다만 공동수급체와 관련된 공동도급계약에는 제335조가 적용된다고 할 것이다(본서 320쪽, 現代型契約と倒産法, 166~167쪽).
   한편 조합의 법적 성질과 관련하여, 동시이행항변권, 위험부담, 담보책임, 해제 등의 적용을 둘러싸고 학설상으로 쌍무계약설과 합동행위설이 대립한다. 합동행위설에 의할 경우 제335조의 적용은 부정된다.

155) **익명조합(계약)과 파산** 익명조합(계약)이란 당사자의 일방이 상대방의 영업을 위하여 출자하고 상대방은 그 영업으로 인한 이익을 분배할 것을 약정함으로써 그 효력이 생기게 하는 계약을 말한다(상법 제78조). 익명조합계약의 경우 영업자나 익명조합원의 파산은 계약의 종료사유가 된다(상법 제84조 제4호).
   ① 영업자가 파산한 경우 익명조합원은 채무자인 영업자의 파산관재인에게 출자가액반환청구권과 이익분배청구권을 파산채권으로 신고할 수 있다(김정호, 상법총칙·상행위법[제3판], 법문사(2020), 293쪽 참조). 영업자의 파산관재인은 익명조합원에게 그 손실액을 한도로 하여 출자를 하게 할 수 있다(제502조, 일본 파산법 제183조, 본서 1598쪽 참조). 영업자의 파산을 당연종료사유에서 배제하는 특약은 상법 제84조 제4호의 취지(총채권자와 관계에 있어 채권채무를 신속하고 전면적으로 결산할 필요가 있다), 총채권자의 이익을 고려하여야 하는 점(익명조합계약

산관재인은 파산선고로 인한 탈퇴 당시 조합의 적극재산이 소극재산을 넘은 경우 그 차액에 대하여 지분반환청구권을 행사할 수 있고(민법 제719조 제1항, 제2항), 아직 완결되지 아니한 사항에 대하여는 완결 이후에 계산한다(민법 제719조 제3항).

한편 동일한 이유로 합명회사나 합자회사에 있어서도 사원의 파산은 퇴사사유가 되고, 지분의 반환청구권이 파산재단의 일부를 구성하게 된다(상법 제218조 제5호, 제222조, 제269조).[156]

차. 부집행의 합의[157]

부집행의 합의(부집행계약)란 당사자가 특정의 강제집행에 있어서 집행을 하지 아니한다는 합의를 한 것을 말한다. 부집행의 합의는 실체상의 청구의 실현에 관련하여 이루어지는 사법상의 채권계약이라고 봄이 상당하고, 이것에 위반하는 집행은 실체상 부당한 집행이라고 할 수 있으므로 청구이의의 사유가 된다.[158]

부집행의 합의가 성립된 후 채무자가 파산한 경우 합의의 효력은 그대로 유지되는가. 채권자와 채무자 사이의 부집행의 합의는 개별집행에 관한 것이고 파산절차에서의 집행은 일반집행으로 보아야 하므로 양자는 성질이 다르다. 부집행의 합의 효과로서 집행법상의 효과를 인정하더라도 이것을 파산절차에 있어서까지 연장하는 것은 이론적으로 맞지 않다. 따라서 채무자의 파산 이후에는 부집행합의는 효력을 상실한다고 할 것이다.

카. 신탁계약[159]

신탁계약이란 신탁을 설정하는 자(위탁자)와 신탁을 인수하는 자(수탁자) 간의 신임관계에 기하여 위탁자가 수탁자에게 특정의 재산(영업이나 저작재산권의 일부를 포함한다)을 이전하거나 담보권의 설정 또는 그 밖의 처분을 하고 수탁자로 하여금 일정한 자(수익자)의 이익 또는 특정의 목적을 위하여 그 재산의 관리, 처분, 운용, 개발, 그 밖에 신탁 목적의 달성을 위하여 필요한 행위를 하여야 한다는 취지의 계약을 말한다(신탁법 제2조). 신탁의 경우 위탁자가 파산한

을 종료시키지 않아 익명조합재산의 신속한 환가 등이 이루어지지 않는다면, 영업자의 파산절차가 원활하게 진행되지 않기 때문에 채권자의 이익을 해한다) 및 그 강행규정성에 비추어 효력이 없고 익명조합계약은 종료된다고 할 것이다(現代型契約と倒産法, 220쪽).

② 익명조합원이 파산한 경우 익명조합원의 파산관재인은 영업자에게 출자가액반환청구권을 행사한다(상법 제85조). 익명조합원이 출자를 미이행한 경우 영업자는 출자이행청구권을 파산채권으로 신고할 수 있다. 파산관재인은 출자가액을 반환받아 파산재단에 귀속시킨다. 익명조합원의 파산을 당연종료사유에서 배제하는 특약은 상법 제84조 제4호가 강행규정이라는 점에서 효력이 없고 익명조합계약은 종료된다고 할 것이다(現代型契約と倒産法, 235쪽). 한편 영업자가 파산한 경우와 달리, 익명조합원이 파산한 경우에 있어서는, 그 지위의 양도가능성이 있다는 것을 전제로 한다면(익명조합원은 영업자의 동의 없이는 자신의 지위를 제3자에게 양도하지 못한다), 당사자 사이의 특약에 의하여, 계약관계의 존속을 인정할 여지도 있을 것이라는 견해도 있다(破産法・民事再生法, 386쪽 각주 132)).

156) 주식회사의 사원에 대한 파산에 있어서는 탈퇴에 의한 반환 가능성이 없기 때문에, 파산관재인은 주식을 제3자에게 양도하는 방식으로 환가한다.

157) 파산선고 전 채무자가 체결한 부제소합의의 효력은 파산관재인이 부인권을 행사하는 데에는 미치지 않는다(대법원 2020. 3. 12. 선고 2016다203759 판결 참조).

158) 대법원 1996. 7. 26. 선고 95다19072 판결, 대법원 1993. 12. 10. 선고 93다42979 판결.

159) 관련 내용은 〈제2편 제2절 Ⅲ.9.다.〉(본서 647쪽) 및 〈제13장 제2절〉(본서 1784쪽)을 참조할 것.

경우와 수탁자가 파산한 경우가 문제된다.

(1) 위탁자가 파산한 경우

(가) 위탁자로부터 신탁재산의 분리

신탁이 되면 신탁재산은 위탁자로부터 수탁자로 이전되므로 신탁재산은 위탁자의 채권자의 책임재산이 아니다.[160] 따라서 위탁자의 채권자는 신탁재산에 대하여 강제집행, 가압류, 가처분을 할 수 없다(신탁법 제22조 제1항). 위탁자에 대하여 파산선고가 되기 전에 위탁자의 재산이 신탁된 경우, 당해 재산은 파산재단을 구성하지 아니한다. 다만 이것을 제3자에게 대항하기 위해서는 대항요건을 갖추어야 한다(신탁법 제4조).

또한 위탁자에 대한 파산선고 후, 위탁자의 파산재단에 속하여야 할 재산에 관하여 신탁을 설정하는 계약을 하여도, 파산채권자에게 대항할 수 없다(제329조 제1항).

이와 같이 신탁은 위탁자로부터 신탁재산을 분리함으로써 위탁자의 파산위험으로부터 신탁재산을 격리할 수 있는 기능을 한다(도산절연 또는 도산격리).

(나) 신탁계약의 해제

신탁계약은 위탁자가 파산선고를 받았다고 하더라도 법률상 당연히 해제가 되는 것은 아니지만, 신탁계약에서 위탁자의 파산을 해제사유로 정할 수 있다(신탁법 제98조 제6호).

(2) 수탁자가 파산한 경우

신탁에 의해 위탁자로부터 수탁자로 이전된 신탁재산은 수탁자의 고유재산으로부터 독립되고, 수탁자에 대하여 파산선고가 되더라도 파산재산을 구성하지 않는다(신탁법 제24조). 따라서 파산관재인은 신탁재산에 대하여 관리처분권을 행사할 수 없다.

하. 스왑·파생상품계약[161]

사업체가 자금조달을 하려는 경우, 각 사업체에 필요한 통화 또는 유리하다고 생각되는 금리지급방법과 현실적으로 이용 가능한 통화나 금리지급방법이 일치하지 않는 때가 있다. 이러한 경우 다른 사업체가 조달하는 통화나 이용하는 금리지급방법과 자기가 이용할 수 있는 통화나 금리지급방법을 교환하는 것에 의해, 보다 유리한 조건으로 자금조달을 꾀하려는 목적,

---

160) 반면 위탁자가 부동산에 관하여 신탁을 한 경우, 그 신탁부동산에 대하여 위탁자가 가지고 있는 신탁계약상의 수익권은 위탁자의 일반채권자들에게 공동담보로 제공되는 책임재산에 해당한다(대법원 2016. 11. 25. 선고 2016다20732 판결 참조). 신탁이 존속하는 동안 위탁자가 언제든지 신탁계약을 종료시키고 신탁계약에서 정한 절차에 따라 위탁자 앞으로 소유권이전등기를 마칠 수 있다는 것이 합리적으로 긍정되는 경우에는 위탁자의 신탁부동산에 관한 소유권이전등기청구권이 위탁자의 일반채권자들에게 공동담보로 제공되는 책임재산에 해당된다고 볼 여지가 있다. 그러나 신탁계약상 신탁부동산을 처분하는 데 수익권자의 동의를 받도록 정해진 경우에는 그 처분에 관하여 수익권자의 동의를 받거나 받을 수 있다는 등의 특별한 사정이 없는 한 위탁자가 신탁을 종료시키고 위탁자 앞으로 신탁부동산에 관한 소유권이전등기를 마치는 것은 허용되지 않는다. 이러한 경우에는 위탁자의 신탁부동산에 관한 소유권이전등기청구권은 실질적으로 재산적 가치가 없어 채권의 공동담보로서의 역할을 할 수 없으므로 그 소유권이전등기청구권을 위탁자의 적극재산에 포함시킬 수 없다(대법원 2021. 6. 10. 선고 2017다254891 판결).

161) 破産法・民事再生法, 384~385쪽.

즉 통화나 금리교환의 목적을 달성하기 위하여, 서로 금전지급을 하는 계약을 일반적으로 스 왑(Swap)계약이라 부른다. 스왑계약은 이러한 목적을 달성하기 위하여 쌍방당사자가 일정한 기 간, 정기적으로 일정한 조건으로 상호 금전의 지급을 약정하는 것이기 때문에, 그 성질로 보 면, 제335조에서 말하는 쌍방미이행 쌍무계약이지만, 논란이 되는 몇 가지 문제가 있다.

첫째 계약 중에 일방당사자에 대하여 파산신청 등을 원인으로 당사자 사이에 계약관계가 당연히 종료된다는 취지의 조항이 포함된 경우이다. 파생상품(Derivatives)이라 부르는 금융거래 에 있어서도 동일하게 규정하는 것이 일반적이다. 쌍방미이행 쌍무계약 일반에 관하여 말하자 면, 이러한 조항은 제335조에 의한 파산관재인의 선택권을 형해화시키는 결과를 초래하기 때 문에 무효이지만(아래 〈5.〉 참조), 스왑계약 등 대다수는 쌍방당사자의 신용을 기초로 기본계약 에 따라 일정기간 거래를 하는 것이고, 거래소의 시세가 있는 상품의 거래에 포함될 수 있어, 파산선고와 함께 계약관계의 종료가 인정되는 것이므로(제338조 제1항), 파산신청 등을 이유로 하는 계약종료조항을 인정하는 것도 가능할 것이다.

둘째 문제는 계약의 일방당사자에 대하여 파산신청 등의 사실이 발생한 경우, 그 시점에 있어 양 당사자 사이의 채권채무가 있고, 이행기나 통화 등을 포함하여, 변제기를 도래시켜 시 가에 의하여 일괄적으로 청산하는 조항, 이른바 일괄청산조항의 유효성이다. 파생상품에 있어 서도 동일한 문제가 발생한다. 일괄청산은 그 성질에서 보면, 상계와 다르지 않기 때문에 상계 금지와의 관계에서 문제가 있지만, 원활한 거래의 종료에 대한 계약당사자의 신뢰, 거래의 성 질 등을 고려하여 일괄청산조항의 효력을 인정하여야 할 것이다.

셋째 기본계약에 기하여 상호간에 발생하는 채권채무의 순차 결제에서 나아가, 새로운 채 권채무로 치환한다는 취지의 합의에 대하여도, 상호계산에 유사한 성질이 인정되기 때문에, 상 호계산의 종료에 관하여 정한 규정(제343조)의 취지를 고려하여 이러한 조항의 효력을 인정하 여야 할 것이다.

프랜차이즈(franchise)계약과 도산

맥도날드, 스타벅스, 미스터피자, 비비큐 등 프랜차이즈(가맹사업, 가맹업)는 현대사회에 있어 성장과 대량소비를 이끌고 있는 중요한 사업기법이다. 경영노하우가 없는 자영업자들이 쉽게 창 업할 수 있고, 소비자들에게 익숙한 브랜드로 매출을 꾸준히 올릴 수 있다는 점에서 프랜차이즈 는 일상화되었다. 반면 부실한 가맹업자(가맹본부)와 급격히 증가하는 가맹상(가맹점)으로 인해 프랜차이즈 관련자들의 도산이 현실화되고 있다.

프랜차이즈는 비교적 최근 등장한 계약 유형으로 도산이 발생할 경우 이를 둘러싼 분쟁을 어 떻게 해결할 것인지 문제이다. 이에 관하여 아직 충분한 연구가 축적되어 있지 않지만, 도산과 관련한 몇 가지 쟁점을 간략하게 살펴보기로 한다.

I. 프랜차이즈계약의 정의 및 법적 성질

1. 프랜차이즈계약의 정의

현재 프랜차이즈와 관련된 규정을 두고 있는 법으로 상법과 「가맹사업거래의 공정화에 관한 법률」(가맹사업법), 「가맹사업 진흥에 관한 법률」(가맹사업진흥법)이 있다. 2002년 제정된 가맹사업법은 가맹사업의 공정한 거래질서를 확립하고 소비자를 보호하기 위하여 제정된 것으로 가맹사업 당사자들의 거래에 따른 법률관계를 규율하기 위한 규정으로는 미흡한 점이 있었다. 이에 2010년 상법은 프랜차이즈를 기본적 상행위(가맹업)의 일종으로 규정하면서 가맹사업 당사자들 사이의 법률관계를 규율하기 위한 5개 조항(제168조의6 내지 제168조의10)을 신설하였다.

상법은 '자신의 상호·상표 등(이하 "상호등"이라 한다)을 제공하는 것을 영업으로 하는 자[이하 "가맹업자"(加盟業者)라 한다]로부터 그의 상호등을 사용할 것을 허락받아 가맹업자가 지정하는 품질기준이나 영업방식에 따라 영업을 하는 자를 가맹상(加盟商)이라 한다(상법 제168조의6)'고 규정하고 있다.

가맹사업법은 "가맹사업"이라 함은 가맹본부가 가맹점사업자로 하여금 자기의 상표·서비스표·상호·간판 그 밖의 영업표지(이하 "영업표지"라 한다)를 사용하여 일정한 품질기준이나 영업방식에 따라 상품(원재료 및 부재료를 포함한다) 또는 용역을 판매하도록 함과 아울러 이에 따른 경영 및 영업활동 등에 대한 지원·교육과 통제를 하며, 가맹점사업자는 영업표지의 사용과 경영 및 영업활동 등에 대한 지원·교육의 대가로 가맹본부에 가맹금[162]을 지급하는 계속적인 거래관계를 말한다고 규정하고 있다(제2조 제1호). 가맹사업진흥법도 마찬가지로 규정하고 있다(제2조 제1호).

요컨대 프랜차이즈계약(가맹계약)이란 가맹업자(가맹본부, franchisor)가 다수의 가맹상(가맹점)을 모집하여 자기의 상호·상표·서비스표 등 영업을 상징하는 표지와 자신이 개발한 노하우를 이용하여 일정 사업을 하게 하고, 가맹상(가맹점사업자, franchisee)은 그 반대급부로 가맹금(가맹업사용료, franchise fee, royalty)을 지급하는 계약을 말한다. 가맹사업은 가맹업자와 가맹상 사이의 상호의존적 사업방식으로서 신뢰관계를 바탕으로 가맹상의 개별적인 이익보호와 가맹업자를 포함한 전체적인 가맹조직의 유지발전이라는 공동의 이해관계를 가진다.[163]

프랜차이즈(계약) 관련 용어에 관하여 상법과 가맹사업법 등이 달리 사용하고 있다. 여기서는

---

162) "가맹금"이란 명칭이나 지급형태가 어떻든 간에 다음 각 목의 어느 하나에 해당하는 대가를 말한다. 다만, 가맹본부에 귀속되지 아니하는 것으로서 대통령령으로 정하는 대가를 제외한다(가맹사업법 제2조 제6호).

　가. 가입비·입회비·가맹비·교육비 또는 계약금 등 가맹점사업자가 영업표지의 사용허락 등 가맹점운영권이나 영업활동에 대한 지원·교육 등을 받기 위하여 가맹본부에 지급하는 대가

　나. 가맹점사업자가 가맹본부로부터 공급받는 상품의 대금 등에 관한 채무액이나 손해배상액의 지급을 담보하기 위하여 가맹본부에 지급하는 대가

　다. 가맹점사업자가 가맹점운영권을 부여받을 당시에 가맹사업을 착수하기 위하여 가맹본부로부터 공급받는 정착물·설비·상품의 가격 또는 부동산의 임차료 명목으로 가맹본부에 지급하는 대가

　라. 가맹점사업자가 가맹본부와의 계약에 의하여 허락받은 영업표지의 사용과 영업활동 등에 관한 지원·교육, 그 밖의 사항에 대하여 가맹본부에 정기적으로 또는 비정기적으로 지급하는 대가로서 대통령령으로 정하는 것

　마. 그 밖에 가맹희망자나 가맹점사업자가 가맹점운영권을 취득하거나 유지하기 위하여 가맹본부에 지급하는 모든 대가

163) 대법원 2005. 6. 9. 선고 2003두7484 판결.

상법에서 사용하고 있는 용어인 가맹업자, 가맹상(가맹점)을 사용하되, 경우에 따라 병기하기로 한다.

2. 프랜차이즈계약의 법적 성질

가. 혼합계약설

프랜차이즈계약은 전형적인 틀을 벗어난 특수계약으로서 혼합계약적 성격을 갖는다. 우선 상호나 상표 또는 기술의 이용을 허락하는 임대차(라이센스)계약의 요소가 들어 있고, 경영지도나 기술지도 등을 해주므로 위임계약적 요소가 포함되며, 일정 상품의 공급이 이루어지면 계속적인 상품공급관계(매매계약)가 추가될 것이다. 결론적으로 프랜차이즈 계약의 법적 성질은 특수형태의 혼합계약으로 보아야 한다.[164] 구체적으로 프랜차이즈계약은 '임대차계약적 요소 및 위임적 요소를 핵심으로, 부수적으로 계속적 매매의 요소를 포함한 계속적 쌍무계약인 혼합계약이다. 이는 민법상의 전형계약을 가지고 설명하는 견해이다(다수설).

나. 독자적 계약유사설

프랜차이즈계약은 민법상의 전형계약으로 설명할 수 없다는 견해이다. 프랜차이즈계약은 전형계약 중 하나도 아니고, 이들을 조합한 혼합계약이라고도 할 수 없는 독자적인 계약유사의 것이라는 것이다. 프랜차이즈계약에 매매, 임대차 등 민·상법에 규정되어 있는 계약 유형의 일부가 포함되어 있을지 모르지만, 그것은 지엽말단적인 측면이고, 본질은 민·상법의 전형적인 계약으로 파악할 수 없는 독자적인 계약유형이라는 것이다.[165]

Ⅱ. 가맹상(가맹점사업자, franchisee)의 도산

가맹상에 대하여 도산절차가 개시된 경우, 가맹상의 파산관재인 등으로서는 파산재단의 증식을 위하여 프랜차이즈권을 양도하거나, 회생을 위하여 프랜차이즈계약을 유지하는 것을 고려할 것이다.

프랜차이즈계약에는 가맹상에게 도산절차의 신청 등을 원인으로 한 해지조항의 특약이나 프랜차이즈권의 양도금지특약을 정하는 것이 일반적이다. 이들 규정은 파산관재인 등에 의한 파산재단의 증식이나 회생을 위한 행동을 저해시킬 가능성이 있다. 한편 이들 논의의 전제로 프랜차이즈계약이 위임계약으로서의 성격을 갖는다고 할 경우, 가맹상이 파산선고를 받음에 따라 프랜차이즈계약은 당연히 종료되는지도 의문이 있다.

1. 민법 제690조의 적용(유추적용) 여부[166]

가. 혼합계약설의 경우

혼합계약설은 위임계약으로서의 성질이 프랜차이즈계약의 핵심적 요소라고 보기 때문에, '당사자 한쪽의 파산으로 종료된다'고 규정한 민법 제690조의 적용(유추적용)이 있는지가 문제될 수 있다.

---

164) 김정호, 상법총칙·상행위법(제3판), 법문사(2020), 468~469쪽, 유시창, 상법총칙·상행위법, 법문사(2015), 283쪽, 장덕조, 상법강의, 법문사(2015), 211쪽.
165) 現代型契約と倒産法, 245쪽.
166) 現代型契約と倒産法, 246~248쪽.

계약에 어떤 전형계약이 포함된다는 것을 인정하고, 전형계약에 관한 규정을 적용할 때에는 다른 특별한 사정이 없는 한 그 계약에 관한 규정 전부의 적용을 긍정하여야 하고, 그 규정의 일부를 적용하고 다른 일부의 적용을 부정하기 위해서는 이를 수긍할 만한 합리적인 근거를 밝히는 것이 필요하다. 즉 프랜차이즈계약에 위임계약이 포함되었다고 주장하는 이상, 위임계약의 규정인 민법 제690조 규정의 적용을 부정할 경우, 그 적용을 부정하는 것에 '수긍할 만한 합리적인 근거'가 필요하다.

민법 제690조가 계약 일반의 공통적인 종료사유 이외에 위임의 특별한 종료사유로 파산을 특별히 규정한 이유는 '위임관계는 신뢰관계를 특별히 중시'하기 때문이다. 가맹업자(가맹본부, franchisor)는 가맹상(가맹점)으로부터 가맹금(보증금)으로 일정한 로얄티의 미지급을 담보하는 것이 일반적이고, 가맹상(가맹점)이 도산하였다고 하여 당사자 사이의 신뢰관계가 파괴되었다고는 생각하기 어렵다.

또한 프랜차이즈계약에 있어서는 가맹상(가맹점)이 가맹업자에 대하여 가맹금을 지급하거나 예치하고(가맹사업법 제6조), 별도의 로얄티를 지급하는 것이 일반적이다. 이러한 금전의 흐름을 보면, 임대차계약의 그것(권리금과 임대차보증금을 지급하고, 별도로 임료를 지급한다)과 유사하고, 신뢰관계의 기초가 되는 계속적 계약이라는 점도 공통된다. 임대차계약에서 임차인에게 도산절차가 개시되었다는 것을 당연종료사유로 규정한 예는 없으므로, 프랜차이즈계약에 있어서도 임대차계약과 동일하게 규율할 필요가 있다.

나아가 위임계약의 해지권(민법 제689조)과 관련하여 '다른 계약관계의 일부로서 위임이 있는 경우에는 단순한 위임이 아니라 일종의 무명계약의 한 내용으로서 위임이 있는 것이다. 따라서 위임도 계약관계의 종료와 운명을 같이 하는 것으로, 해지권에 관한 위임의 규정에 의할 수는 없다. 이는 위임계약의 해지뿐만 아니라 위임계약의 법정종료의 경우에도 마찬가지이다.

결국 프랜차이즈계약에 위임계약이 포함된다는 것을 인정하면서 위임계약의 규정인 민법 제690조의 적용을 부정하는 것에 수긍할 만한 합리적 근거가 있다고 생각된다.

나. 독자적 계약유사설의 경우

위임의 주의의무나 종료관계의 규정은 참고가 될 수는 있어도 프랜차이즈계약에 그대로 적용되거나 준용되는 것은 아니다. 따라서 민법 제690조의 적용은 문제되지 않는다.

2. 프랜차이즈계약에서 정한 도산해지조항의 유효성

쌍방미이행 쌍무계약의 선택권을 파산관재인에게 부여한 취지를 고려하여 도산해지조항의 유효성을 평가하여야 한다. 파산관재인이 프랜차이즈권의 양도로 파산재단의 증식을 도모하는 것을 방해할 개연성이 있는 이상, 파산절차에서 프랜차이즈계약에서의 도산해지조항은 무효라고 해석하여야 할 것이다.

회생절차에서 프랜차이즈계약에서 정한 도산해지조항에 대하여도 다르지 않다. 마찬가지로 무효라고 보아야 한다.

3. 프랜차이즈권 양도금지특약에 대하여

프랜차이즈계약 중에는 가맹업자(가맹본부)의 동의 없이는 프랜차이즈 가맹상(가맹점) 지위의 양도나 제3자에의 임대나 담보권설정 등을 금지하고 있는 것은 물론이고, 영업의 위탁이나 권한의 대행 등도 금지하는 규정을 두는 경우가 많다.

프랜차이즈권 양도금지특약은 유효한가. 프랜차이즈권 양도는 법적으로는 가맹상의 계약상 지위의 이전이다(계약인수). 계약상 지위의 이전은 상대방의 승낙이 필요하다고 해석하는 것이 일반적이다.[167] 프랜차이즈권 양도금지특약의 유효 여부와 관계없이(프랜차이즈권 양도금지특약이 정해져 있는지와 상관없이), 가맹상(가맹점)이 프랜차이즈권을 양도하기 위해서는 가맹업자(가맹본부)의 승낙이 필요하다.[168]

Ⅲ. 가맹업자(가맹본부)의 도산

1. 가맹금반환청구권의 유무 및 범위

프랜차이즈계약에서는 일반적으로 계약체결시에 가맹상(가맹점)이 가맹업자(가맹본부)에 대하여 가맹금(권리금이라고 하는 경우도 있다) 명목으로 일정한 금전을 지급한다. 프랜차이즈 가맹상이 가맹업자에게 지급한 가맹금을 프랜차이즈계약 해지시 반환을 청구할 수 있는가.

가. 가맹금의 성질 및 반환범위

가맹금의 이름으로 지급한 금전의 내용을 어떻게 정할지는 계약자유의 원칙상 당사자의 자유에 맡겨져 있다. 프랜차이즈계약의 체결시에 프랜차이즈 가맹업자에게 지급하는 금전을 가맹금이나 보증금 등 무엇으로 부를 것인지도 역시 당사자의 자유이다. 그리하여 문제는 프랜차이즈계약 체결시에 지급한 금전이 무엇에 대한 대가로 지급한 것이냐에 있다.

가맹금으로 지급한 금전이 프랜차이즈 가맹상(가맹점)이 개점에 앞서 연수를 받는 대가였다면, 이는 이미 사용하여 없어진 것이 되므로 프랜차이즈계약 해지의 경우 프랜차이즈 가맹업자가 반환할 의무를 부담하지 아니한다. 또한 권리금 및 현수막 사용권리금 등에 대해서도 반환청구권은 발생하지 않는다. 반면 이러한 금전이 프랜차이즈 가맹상(가맹점)이 가맹업자의 영업표지를 사용하는 것에 대한 대가(로얄티에 대한 선급)였다면, 영업표지의 사용에 대한 이익은 기간에 따라 균등한 비율로 상대방에게 귀속하는 것이 원칙이므로 프랜차이즈계약 해지시에 잔여기간에 해당하는 부분은 반환하여야 할 것이다.

나. 불반환특약에 대하여

프랜차이즈계약(약관) 중에는 계약 종료시 가맹금을 어떠한 경우에도 반환하지 않는다는 규정을 두고 있는 경우가 있다. 이러한 불반환특약은 공서양속에 반하여 무효이다.

유효라고 하여도 가맹업자의 일방적인 사정으로 사업이 중지된 경우에는 형평상 불반환특약의 대상에는 포함되지 않는다고 할 것이다. 가맹업자의 일방적인 사정에 의하여 해지된 경우까지 불반환특약에 의한 이익을 가맹업자가 향수한다는 것은 상당하지 않기 때문이다. 예컨대 가맹업자의 파산관재인이 제335조에 따라 프랜차이즈계약을 해지한 경우, 가맹업자(가맹본부)의 일반적

---

167) 계약 당사자로서의 지위의 승계를 목적으로 하는 계약의 인수는 계약으로부터 발생하는 채권채무의 이전 외에 그 계약관계로부터 생기는 해제권 등 포괄적인 권리의무의 양도를 포함하는 것이므로 그 계약은 양도인과 양수인 및 잔류 당사자의 동시적인 합의에 의한 3면계약으로 이루어지는 것이 통상적이라고 할 것이지만, 계약 관계자 3인 중 2인의 합의와 나머지 당사자의 동의 내지 승낙의 방법으로도 가능하다(대법원 1992. 3. 13. 선고 91다32534 판결).
168) 가맹상은 가맹업자의 동의를 받아 그 영업을 양도할 수 있고, 가맹업자는 특별한 사유가 없으면 영업양도에 동의하여야 한다(상법 제168조의9).

인 사정에 의하여 해지된 것이므로 불반환특약은 적용되지 않는다고 볼 것이다.

한편 프랜차이즈계약의 종료 원인 및 전후 사정을 구분하지 않고, 나아가 가맹업자의 귀책사유에 기인하는 경우도 있을 수 있음에도 이를 고려함이 없이 일률적으로 가맹업자는 일단 납부된 가맹금은 어떠한 경우에도 반환하지 않는다고 규정하고 있는 조항은 프랜차이즈계약의 해지로 인한 가맹상(가맹점)의 원상회복의무를 상당한 이유 없이 과중하게 부담시키거나 원상회복청구권을 부당하게 포기하도록 하는 조항으로 약관의 규제에 관한 법률 제9조 제3호에 해당하여 무효가 될 여지가 있다.

2. 가맹업자 도산에 있어 쌍방미이행 쌍무계약

프랜차이즈계약에 제119조나 제335조가 적용되는가. 이는 프랜차이즈계약이 쌍방미이행 쌍무계약에 해당하는지의 문제로 귀결된다.

프랜차이즈계약에 있어 가맹상은 가맹업자의 통제와 조력에 대하여 대가를 지급하여야 하고, 가맹업자는 영업표지 등의 사용허락 및 가맹상의 영업을 지도·통제하여야 하므로 쌍무계약이다.[169] 프랜차이즈계약에 있어 가맹업자는 노하우 등을 개선하면서 제공할 의무를 지고, 가맹상은 개선된 노하우 등을 제공받을 권리를 가진다. 또한 상표 등은 가맹업자로부터 가맹상에게 지속적으로 제공되는 것이기 때문에 장래 상표 등 사용에 대하여는 아직 이행이 이루어지지 않는 것으로 해석될 수 있다.

따라서 프랜차이즈계약은 쌍방미이행 쌍무계약에 해당되고, 제119조나 제335조의 적용을 받는다.

3. 공유자에 대한 파산선고

공유자 중에 파산선고를 받은 자가 있는 때에는 분할하지 아니한다는 약정이 있는 때에도 파산절차에 의하지 아니하고 그 분할을 할 수 있다. 이 경우 파산선고를 받은 자가 아닌 다른 공유자는 상당한 대가를 지급하고 그 파산선고를 받은 자의 지분을 취득할 수 있다(제344조).

공유자 가운데 일부가 파산선고를 받은 경우 파산선고를 받은 채무자의 공유지분은 파산재단에 속하고, 파산관재인은 그것을 환가하여야 하는데, 그 전제로 공유지분의 분할이 필요하다. 따라서 분할하지 아니한다는 약정이 있는 경우에도 분할할 수 있도록 한 것이다.

분할절차는 공유의 성질에 대응하는 공유물분할의 일반적인 절차에 따른다(민법 제269조, 제1013조).

관련 내용은 〈제2편 제5장 제3절 Ⅳ.3.가.〉(본서 280쪽)를 참조할 것.

회생절차의 경우에도 마찬가지의 규정이 있지만 분할청구의 주체를 명시적으로 관리인으로 한정하고 있다(제69조). 하지만 제344조 제1항은 분할청구의 주체에 관하여 명시적으로 규정하고 있지 않아 해석상 다툼이 있다. ① 먼저 파산관재인뿐만 아니라 다른 공유자도 분할청구를

---

169) 유시창, 전게서, 283쪽.

할 수 있다는 견해가 있다.[170] 그 이유로 파산절차는 모든 재산의 신속한 환가처분을 목적으로 하고, 다른 공유자가 파산재단에 속한 공유지분을 환가하기 위하여 제3자에게 양도하기 전에 공유관계를 해소하는 것이 이익이라고 판단할 수도 있으며, 회생절차는 파산절차만큼 재산을 환가·처분할 필요성이 크지 않기 때문에 분할청구의 주체를 관리인에 한정하고 있다는 점을 들고 있다. ② 다음으로 제334조 제1항의 취지는 파산재단의 환가를 용이하게 하기 위함에 있기 때문에 분할청구는 파산관재인만이 할 수 있고 다른 공유자는 할 수 없다는 견해도 있다.[171] 살피건대 회생절차에서 분할청구의 주체를 관리인에 한정하고 있고, 파산이라는 사정에 의하여 다른 공유자에게 민법이 인정하지 않는 분할청구권을 부여할 특별한 이유가 없으며, 분할청구를 인정하는 취지가 파산재단의 환가를 용이하게 하기 위함에 있다는 점에서 파산관재인만이 분할청구의 주체가 된다고 할 것이다.

4. 배우자·친권자의 재산관리[172]

가. 배우자의 재산관리

부부재산계약에 의하여 배우자의 한쪽이 다른 쪽의 재산관리권을 가지는 경우에 부적당한 관리로 인하여 그 재산을 위태하게 한 때에는 다른 쪽의 배우자는 법원에 관리권의 이전을 청구할 수 있고, 그 재산이 부부의 공유인 때에는 재산의 분할을 청구할 수 있다(민법 제829조 제3항). 배우자의 재산을 관리하는 자가 파산선고를 받은 경우에도 재산관리에 지장이 있으므로 다른 쪽의 배우자는 관리권의 이전이나 공유재산의 분할을 청구할 수 있다(제345조).

나. 친권자의 재산관리

파산선고를 받은 자도 특별한 제한이 없는 한 법정대리인이 될 수 있다. 하지만 정상인으로서 대리인이 된 자가 후에 파산선고를 받은 경우에는 그 대리권이 자동적으로 소멸된다(제127조 제2호). 한편 법정대리의 경우 지정권자의 지정이나 법원의 선임에 의한 것이 아니라 일정한 지위에 의하여 당연히 법정대리인이 되는 때로서 파산이 취임의 장애사유가 되지 않는 경우에는, 법정대리인 취임 후 파산선고를 받았다고 하더라도 당연퇴임사유로는 되지 않는다. 친권자가 파산선고를 받은 경우가 여기에 해당한다.

부 또는 모가 친권을 남용하거나 현저한 비행 기타 친권을 행사시킬 수 없는 중대한 사유가 있는 때에는 자의 친족 또는 검사는 법원에 그 친권의 상실을 청구할 수 있다(민법 제924조). 친권을 행사하는 자가 파산선고를 받은 경우에도 자의 친족 등은 친권의 상실을 청구할 수 있다(제345조).

---

170) 倒産法(加藤哲夫등), 241쪽.
171) 條解 破産法, 402쪽.
172) 파산선고를 받은 자가 다른 사람의 재산을 관리하는 것은 적절하지 않다는 고려에서 둔 특칙으로, 회생절차에서는 이러한 규정은 없고 종전의 법률관계가 그대로 존속한다.

5. 도산해지조항

관련 내용은 〈제2편 제5장 제3절 Ⅳ.3.바.〉(본서 330쪽)를 참조할 것.[173]

회생형인 회생절차에 관하여 도산해지조항의 효력을 부정한다고 하여도, 청산형인 파산절차에서도 그 효력을 부정하여야 하는가. 효력을 부정하여야 한다는 견해가 일반적이지만, 청산형인 파산절차에 대하여는 도산해지조항의 효력을 긍정하여야 한다는 견해도 있다.[174] 청산을 통한 공평한 배당을 목적으로 하는 파산절차의 목적, 도산해지조항의 효력을 긍정함으로 인하여 발생하는 문제는 신의칙이나 권리남용의 일반원칙에 따라 해제권 행사를 배제할 수 있다는 점 등을 고려하면 수긍이 가는 측면도 있다. 하지만 도산해지조항의 효력을 긍정할 경우 파산신청이라는 사실이 발생한 시점에 계약은 해제되고 파산관재인의 이행 또는 해제의 선택권을 상실하게 되며(선택권의 부여는 강행법규이고 이른바 도산법적 공서에 해당한다), 이를 규정한 제335조 제1항은 강행규정이라는 점에서 파산절차에서도 도산해지조항의 효력은 부정하여야 할 것이다.

6. 근저당권 및 근질권의 피담보채권의 확정

채무자나 물상보증인에 대하여 파산선고가 내려진 경우 피담보채권은 확정된다.[175] 채무자에 대하여 파산선고가 내려진 경우 채무자는 거래능력을 잃게 되어 더 이상 피담보채권이 발생할 가능성은 소멸하고 근저당권의 피담보채권은 확정된다. 물상보증인에 대하여 파산선고가 내려진 경우 파산은 채무자의 모든 재산에 대한 일괄적 환가절차이기 때문에 당해 목적물에 대하여 경매의 신청이 있는 경우와 같으므로[176] 근저당권의 피담보채권이 확정된다고 보아야 한다. 또한 제330조의 해석상 파산선고 후에는 근저당권자가 근저당권의 피담보채권을 취득하더라도 파산채권자에게 대항할 수 없어 파산선고 후에는 피담보채권이 발생할 여지가 없다는 점에서도 파산선고시에 근저당권의 피담보채권이 확정된다고 보아야 한다.[177]

---

173) 파산신청만으로 기한이익을 상실한다는 조항은 효력이 있는가. 회생절차개시신청만으로 기한이익을 상실한다는 조항의 효력에 관하여 견해의 대립이 있을 수 있지만, 회생절차의 취지 등에 비추어 부정하는 것이 타당하다(본서 330쪽 각주 270)). 회생절차에서 효력을 부정하는 주된 논거 중 하나는 회생절차에서는 담보권자가 회생담보권자로서 회생절차에 따라야 하는 채권자로서 취급되는 것과 균형상 상계권을 제약할 필요가 있다는 점에 있다. 하지만 파산절차에서 담보권자는 별제권자로서 파산절차의 제약을 받지 않으므로 파산신청만으로 기한이익을 상실한다는 조항의 효력을 부정할 이유가 없다. 개인회생절차신청의 경우에도 마찬가지이다.

174) 會社更生法, 294쪽 각주 71), 條解 破産法, 414쪽 참조.

175) 대법원 2017. 9. 21. 선고 2015다50637 판결 참조.

176) 근저당권자가 그 피담보채무의 불이행을 이유로 경매를 신청할 경우 경매신청시에 피담보채권이 확정된다(대법원 2007. 4. 26. 선고 2005다38300 판결, 대법원 1989. 11. 28. 선고 89다카15601 판결 등). 근저당권자가 아닌 제3자가 경매를 신청한 경우에는 매수인이 매각대금을 완납한 때 피담보채권이 확정된다(대법원 1999. 9. 21. 선고 99다26085 판결 참조).

177) 일본민법은 채무자나 근저당권설정자가 파산절차개시결정(우리나라의 파산선고)을 받은 때 근저당권의 피담보채권이 확정되는 것으로 규정하고 있다(제398조의20 제1항 제4호).

근질권의 경우도 근저당권과 달리 볼 이유가 없으므로 파산선고시에 근질권의 피담보채권이 확정된다고 할 것이다.

7. 파산선고가 제3자 채권침해에서 손해배상액 산정에 고려할 요소인지

불법행위에 따른 재산상 손해는 위법한 가해행위로 발생한 재산상 불이익, 즉 그 위법행위가 없었더라면 존재하였을 재산 상태와 위법행위가 가해진 현재의 재산상태의 차이를 말하고, 손해액은 원칙적으로 불법행위 시를 기준으로 산정한다.[178]

제3자가 채무자의 재산을 은닉하는 방법으로 채권자의 채권을 침해하는 불법행위를 한 경우, 그 손해는 불법행위 시를 기준으로 제3자의 채권침해가 없었다면 채권자가 채무자로부터 회수할 수 있었던 채권 금액 상당이다. 이때의 회수 가능성은 불법행위 시에 존재하는 채무자의 책임재산 가액과 채무자가 부담하는 채무의 액수를 비교하는 방법으로 판단할 수 있다. 불법행위 당시에 이미 이행기가 도래한 채무는 채권자가 종국적으로 권리를 행사하지 아니할 것이 확실하다는 특별한 사정이 없는 한 비교대상이 되는 채무자 부담의 채무에 포함된다. 양자를 비교한 결과 채무자가 다액의 채무를 부담하고 있었던 사정 등으로 제3자의 채권침해가 없었더라도 채권자가 채무자로부터 일정 금액 이상으로는 채권을 회수할 가능성이 없었다면, 일정 금액을 초과하는 손해와 제3자의 채권침해행위 사이에는 상당인과관계를 인정할 수 없다.[179]

한편 책임재산 감소 유형의 제3자 채권침해에서 손해배상액을 산정함에 있어, 불법행위 이후 채무자에 대한 파산선고가 이루어져 채무자에 대하여 파산절차에 의해서만 권리행사를 할 수 있다거나 파산관재인이 부인권을 행사할 여지가 있다는 사정은 손해배상액 산정에 영향을 미치지 않는다.[180]

Ⅳ 계속 중인 소송절차 등에 미치는 영향

실체법률관계와 마찬가지로 절차법률관계에서도 파산재단의 관리처분권자인 파산관재인에 의해 정리된다. 그 과정에서 파산관재인의 지위도 실체법률관계의 경우 마찬가지로, 기본적으로 파산관재인은 채무자를 대신하여 관리처분권을 행사하는 자로서, 채무자와 동일한 절차상의 지위를 가진다. 파산재단에 속한 재산에 관하여 중단된 소송을 파산관재인이 수계하는 것이 그 예이다. 동시에 파산관재인은 파산채권자 전체의 이익을 대표하는 절차상의 지위도 인

---

178) 대법원 2010. 4. 29. 선고 2009다91828 판결, 대법원 1992. 6. 23. 선고 91다33070 전원합의체 판결 등 참조.
179) 대법원 2019. 5. 10. 선고 2017다239311 판결 참조.
180) 대법원 2022. 5. 26. 선고 2017다229338 판결(☞ 피고가 채무자에게 자신 명의의 계좌를 제공하여 채무자로 하여금 자금을 입금하도록 함으로써 책임재산을 감소케 한 행위는 원고의 채권을 침해하는 불법행위에 해당한다. 피고의 불법행위로 손해배상채무가 이미 성립한 이후 채무자에 대한 파산선고가 이루어졌다. 위와 같은 법리에 따라 손해배상액은 불법행위 당시를 기준으로 산정해야 하고, 불법행위 성립 이후에 발생한 채무자의 파산선고 등의 사정은 손해배상액 산정에 영향을 미치지 못한다).

정된다. 파산채권에 관한 소송의 취급(제464조), 채권자대위소송 및 채권자취소소송의 중단·수계(제406조) 또는 강제집행의 속행(제348조 제1항 단서) 등이 그 예이다.

1. 소송절차 및 집행절차에 미치는 영향

파산선고가 되면 소송절차는 중단·수계된다. 파산선고는 강제집행의 집행장애사유가 된다.
파산선고가 되면 새로운 강제집행 등을 할 수 없고(제424조 참조), 파산채권에 기하여 파산재단에 속하는 재산에 대하여 행하여진 강제집행·가압류 또는 가처분은 파산재단에 대하여는 그 효력을 잃는다(제348조 제1항 본문). 이는 이시폐지로 종료된 사건이 적지 않다는 것을 전제로, 재단부족으로 재단채권을 전액 지급할 수 없다는 것을 예정하여 재단부족의 경우에 있어 재단채권자 사이의 평등을 배려한 결과이다(제477조 제1항 참조).[181]

이에 관한 내용은 〈제15장 제2절〉(본서 1799쪽)을 참조할 것.

2. 공동관리절차에 미치는 영향

기업구조조정 촉진법에 의한 (공동)관리절차가 개시된 뒤에도 해당 기업 또는 금융채권자는 채무자회생법에 따른 파산절차를 신청할 수 있다. 이 경우 해당 기업에 대하여 파산선고가 있으면 (공동)관리절차는 중단된 것으로 본다(기촉법 제11조 제5항, 제21조 제2항, 본서 2334쪽).

3. 비송사건절차에 미치는 영향

계속 중인 비송사건의 신청인에 대하여 파산선고가 되어도, 해당 비송사건의 목적이 파산재단에 속하지 않는 한 신청인은 그대로 사건의 수행권능을 갖고, 절차는 어떠한 영향도 받지 않는다. 사건의 목적이 파산재단에 속한 경우, 소송절차의 경우에 준하여 절차의 중단이 발생하고, 파산관재인이 수계할 수 있다고 할 것이다.[182] 구체적인 내용은 〈제6편 제2장〉을 참조할 것.

Ⅴ 채무자의 신분 등에 미치는 효과[183]

1. 구　인

법원은 필요하다고 인정할 때에는 파산선고를 받은 채무자, 그의 법정대리인, 이사, 지배인의 구인을 명할 수 있다. 채무자 등의 구인에 관하여는 형사소송법의 구인에 관한 규정이 준용된다(제319조 제1항, 제2항, 제320조). 구인결정에 대하여는 즉시항고를 할 수 있다(제319조 제

---

181) 倒産法(加藤哲夫등), 57쪽.
182) 新破産實務, 131쪽.
183) **양육비 미지급으로 인한 명단공개와 파산선고**　여성가족부장관은 양육비 채무자가 양육비 채무불이행으로 인하여 감치명령 결정(가사소송법 제68조제1항 제1호 또는 제3호)을 받았음에도 불구하고 양육비 채무를 이행하지 아니하

3항).

2. 설명의무

채무자는 파산선고 전의 파산재단에 대한 관리, 처분을 하고 거래를 하는 주체였으므로 파산에 관한 사항에 대하여는 가장 잘 알고 있다. 따라서 파산절차를 원만하게 수행하려고 하면 채무자의 설명이 필요하다. 채무자는 파산관재인이나 감사위원 또는 채권자집회의 요청에 의하여 파산에 관하여 필요한 설명을 하여야 할 의무가 있다(제321조).

여기서 파산에 관하여 필요한 설명이란 파산재단, 파산채권, 별제권, 환취권, 재단채권과 부인권 등에 관한 필요한 설명을 의미한다. 설명은 구두 진술뿐만 아니라 그 취지를 명확히 하기 위한 서류 등의 제시나 제출도 포함된다.

설명의무는 채무자뿐만 아니라 채무자와 함께 사정에 정통하다고 생각되는 채무자의 대리인과 채무자의 이사 및 지배인도 부담한다(제321조 제1항 제1호 내지 제3호). 나아가 파산선고 전에 위와 같은 자격을 가졌던 자도 설명의무를 진다(제321조 제2항).

이 설명의무는 채무자의 재산이나 내용, 파산에 이르게 된 경위 등에 관한 정보를 제공하고, 파산관재인의 관재업무수행의 자료가 되며, 파산채권자로 하여금 관재업무에 대한 감독을 하기 위한 자료를 제공한다. 설명의무를 위반한 경우 형사처벌을 받고(제658조), 개인의 경우 면책불허가사유가 된다(제564조 제1호).

상속재산에 대한 파산의 경우 상속인, 그 대리인, 상속재산관리인 및 유언집행자도 동일한 의무를 부담한다(제321조 제1항 제4호).[184]

3. 통신비밀의 제한

파산재단의 발견 및 그 상태를 알기 위한 편의로 법원은 파산선고와 동시에 직권으로 체신관서·운송인 그 밖의 자에 대하여 채무자에게 보내는 우편물 또는 전보를 파산관재인에게 배달할 것을 촉탁할 수 있으며, 파산관재인은 그가 수령한 우편물·전보 그 밖의 운송물을 열어볼 수 있다(제484조 제1항, 제2항). 위 범위 내에서 채무자의 통신비밀의 자유가 제한된다(통신비밀보호법 제3조 제1항 제4호). 다만 채무자는 파산관재인에 대하여 우편물·전보 그 밖의 운송물의 열람을 요구하거나 파산재단과 관계없는 것의 교부를 요구할 수 있다(제484조 제3항).

4. 파산선고에 의한 차별적 취급의 금지와 그 예외

가. 차별적 취급의 금지

누구든지 파산절차 중에 있다는 이유로 정당한 사유 없이 취업의 제한이나 해고 등 불이익

---

184) 관련 내용은 〈제12장 제4절 Ⅱ.4.〉(본서 1762쪽)를 참조할 것.

한 처우를 받지 아니한다(제32조의2).[185] 정당한 사유에 대한 증명책임은 이를 주장하는 자가 부담한다.

관련 내용은 〈제1편 제1장 제1절 Ⅴ.〉(본서 40쪽)를 참조할 것.

나. 각종 법률에 의한 제한[186]

파산선고를 받은 채무자는 각종 법률에 의하여 자격 등의 제한을 받는다. 채무자회생법이 파산절차 중에 있다는 것을 이유로 한 차별적 취급의 금지를 규정하고 있지만 각종 법률은 각각의 정책적 목적에서 파산선고를 받은 채무자에 대하여 자격제한을 규정하고 있다. 각종 자격제한은 파산절차남용을 방지하는 효과도 있다. 다만 복권이 되면 그러한 불이익은 없어진다. 한편 권리능력은 제한받지 아니하며, 대통령, 국회의원, 지방의회의원, 지방자치단체장의 선거권 및 피선거권은 상실되지 아니한다(공직선거법 제15조, 제16조 참조).

(1) 민법상의 불이익

파산선고를 받은 사람은 후견인이나 유언집행자가 될 수 없다(민법 제937조 제3호, 제1098조).

(2) 각종 직업상의 결격사유

파산선고를 받고 복권되지 아니한 사람은 변호사(변호사법 제5조 제8호), 일반직·특정직·별정직 공무원(국가공무원법 제33조 제2호, 제2조 제1항), 지방공무원(지방공무원법 제31조 제2호), 경찰공무원(경찰공무원법 제7조 제4호), 교육공무원(교육공무원법 제10조의4 제1호), 사립학교교원(사립학교법 제52조), 법무사(법무사법 제6조 제2호), 상장회사의 사외이사(상법 제542조의8 제2항 제2호), 금융상품직접판매업자, 금융상품자문업자 또는 법인인 금융상품판매대리·중개업자의 임원(금융소비자 보호에 관한 법률 제12조 제4항 제1호 나목, 제2호 가목), 금융회사의 임원(금융회사의 지배구조에 관한 법률 제5조 제1항 제2호), 경비업을 영위하는 법인의 임원(경비업법 제5조 제2호), 경비지도사 또는 경비원(경비업법 제10조 제1항 제2호, 제2항 제3호), 대부업자 등의 대표자·임원 또는 업무총괄 사용인(대부업 등의 등록 및 금융이용자 보호에 관한 법률 제4조 제1항 제2호), 의료법인의 임원(의료법 제48조의2 제4항 제3호)이 될 수 없다.

이러한 자격 제한은 파산선고를 받은 자의 인격에 대한 불신(예컨대 경비원은 도둑을 지키는 것이 아니라 안내하지 않을까 등)을 근거로 한 것으로 보이지만, 현재 파산이라는 현상은 일반적으로 채무자의 인격 문제에서 비롯되는 것은 아니고, 경제상황의 변동에 기하여 불가피하게

는 경우에는 양육비 채권자의 신청에 의하여 양육비이행심의위원회의 심의·의결을 거쳐 양육비 채무자의 성명 등의 정보를 공개할 수 있다. 다만 양육비 채무자가 파산선고를 받은 경우에는 명단을 공개하지 않는다(양육비 이행확보 및 지원에 관한 법률 제21조의5 제1항, 같은 법 시행령 제17조의4 제2항 제3호).

185) 직원이 파산선고를 받는 경우에 예외 없이 당연퇴직한다고 정하고 있는 지방공기업의 인사규정은 그 필요성과 취지에 불구하고 차별적 취급의 금지를 규정한 제32조의2 규정의 취지에 명시적으로 반하여 무효이다(서울중앙지방법원 2006. 7. 14. 선고 2006가합17954 판결 참조).

186) 민간임대주택의 건설·공급 및 관리와 민간 주택임대사업자 육성 등에 관한 사항을 정함으로써 민간임대주택의 공급을 촉진하고 국민의 주거생활을 안정시키는 것을 목적으로 「민간임대주택에 관한 특별법」(민간임대주택법)을 제

발생하는 것이므로 파산선고를 받은 자라는 이유만으로 광범위한 자격제한을 하는 것은 문제가 있다.

한편 일반직·특정직·별정직 공무원(국가공무원법 제69조 제1호 본문), 지방공무원(지방공무원법 제61조 제1호 본문), 경찰공무원(경찰공무원법 제27조 본문), 사립학교교원(사립학교법 제57조)의 경우 파산선고는 당연퇴직사유에 해당하므로,[187)188)] 파산선고가 확정되면 당연히 퇴직하고 후에 면책을 받아 복권되더라도 퇴직이 무효로 되거나 다시 복직되는 것은 아니다.

(3) 각종 사업의 제한

파산선고를 받고 복권되지 아니한 사람은 일정한 사업에 대한 허가·등록이나 영업의 결격사유가 된다. 파산선고를 받고 복권되지 아니한 사람은 가축분뇨관련영업허가(가축분뇨의 관리 및 이용에 관한 법률 제31조 제2호), 건설업등록(건설산업기본법 제13조 제1항 제1호), 대부업·대부중개업등록(대부업 등의 등록 및 금융이용자 보호에 관한 법률 제3조의5 제1항 제5호 나목), 세무사등록(세무사법 제4조 제3호)을 할 수 없다.

법인의 임원이 파산선고를 받고 복권되지 아니한 경우 법인의 사업이 제한되는 경우도 있다. 예컨대 법인의 임원 중 파산선고를 받고 복권되지 아니한 사람이 있는 법인은 철도사업의 면허를 받을 수 없다(철도사업법 제7조 제1호 나목). 철도사업자(법인)의 임원 중 파산선고를 받고 복권되지 아니한 자가 있는 경우 3개월 이내에 그 임원을 바꾸어 임명하는 경우를 제외하고 면허는 취소된다(철도사업법 제16조 제1항 단서 제7호).

나아가 자연인과 법인 모두에 대하여 사업이 제한되는 경우도 있다. 파산선고를 받고 복권되지 아니한 사람 및 임원 중에 파산선고를 받고 복권되지 아니한 사람이 있는 법인에게는 국내항공운송사업 또는 국제항공운송사업의 면허를 해서는 아니 된다(항공사업법 제9조 제2호, 제6

정하여, 민간임대주택의 임대사업자에게 취득세 감면 등 여러 가지 특혜를 부여하고 있다(지방세특례제한법 제31조). 반면 임대사업자는 임대의무기간 동안 민간임대주택을 계속 임대하여야 하며 그 기간이 지나지 아니하면 이를 양도할 수 없다(민간임대주택법 제43조 제1항). 다만 임대의무기간 중이라도 임대사업자가 파산한 경우에는 시장 등의 허가를 받아 임대사업자가 아닌 자에게 민간임대주택을 양도할 수 있다(민간임대주택법 제43조 제4항 제1호).

187) 국가공무원, 지방공무원, 경찰공무원의 경우에는 면책신청기한 내에 면책신청을 하지 아니하였거나 면책불허가결정 또는 면책취소결정이 확정된 경우에 한한다(국가공무원법 제69조 제1호 단서, 지방공무원법 제61조 제1호 단서, 경찰공무원법 제27조 단서).

188) 파산선고를 받은 사립학교 교원에 대하여 당연퇴직이라는 신분상 불이익을 가하는 이 사건 법률조항(사립학교법 제57조)은 교원의 사회적 책임 및 교직에 대한 국민의 신뢰를 제고하고, 교원으로서의 성실하고 공정한 직무수행을 담보하기 위한 법적 조치로서 그 입법목적의 정당성이 인정되고, 파산선고를 받은 교원을 교직에서 배제하도록 한 것은 위와 같은 입법목적을 달성하기 위한 효과적이고 적절한 수단이다. 파산선고를 받은 사립학교 교원이 교직을 계속 수행할 경우 공평무사하게 학생들을 교육하는 본업에 전념할 수 있을지에 관하여는 회의적일 뿐만 아니라 피교육자나 그 학부모 등 사회공동체의 구성원들이 당해 교원의 신뢰성에 근본적인 의문을 가지게 될 개연성이 대단히 높고, 위와 같은 입법목적을 효과적으로 달성할 수 있으면서도 제약이 덜한 대체적인 입법수단의 존재가 명백하지 아니하며, 파산선고에 따른 자격제한을 없앨 경우 파산신청의 남용이 우려되는 점, 파산선고를 받은 교원의 지위가 박탈된다고 하여도 그것이 교원의 사회적 책임과 교직에 대한 국민의 신뢰를 제고한다는 공익에 비해 더 비중이 크다고는 볼 수 없는 점 등을 종합하면, 이 사건 법률조항이 침해의 최소성이나 법익의 균형성을 위반하였다고 볼 수 없다. 따라서 이 사건 법률조항은 청구인의 직업선택의 자유를 침해하지 아니한다(헌법재판소 2008. 11. 27. 선고 2005헌가21 전원재판부 결정).

호). 항공운송사업자가 파산선고를 받고 복권되지 아니한 경우 면허가 취소된다. 법인의 임원 중 파산선고를 받고 복권되지 아니한 자가 있는 경우 3개월 이내에 그 임원을 바꾸어 임명하는 경우를 제외하고 면허는 취소된다(항공사업법 제28조 제1항 제4호).

(4) 신탁법상의 수탁능력

파산선고를 받은 자는 수탁자가 될 수 없다(신탁법 제11조). 수탁자는 신탁을 대표하여 수익자를 위하여 신탁재산을 관리하는 자이다. 수탁자는 신탁채권자에 대하여 고유재산(파산재단)으로 책임을 지며 의무위반시에 그로 인한 손해를 전보할 경제적 능력이 있어야 하는데, 경제적 능력이 부족하여 파산선고를 받은 자에게서는 신탁재산의 관리는 물론 수익자의 보호를 기대할 수 없다. 또한 파산선고를 받은 자는 재산적 제한능력자로서 재산상 신뢰가 없는 자이므로 신탁의 수탁자가 될 수 없도록 한 것이다. 그러나 입법론적으로 채무자가 파산재단에 속하지 않는 재산의 관리처분권까지 상실하는 것은 아니고, 파산선고를 받았다는 것만으로 신뢰를 상실하였다고 보기 어려우며, 파산선고를 받은 자를 수탁자로 정하더라도 위탁자나 수익자는 수탁자를 해임(신탁법 제16조)할 수 있다는 점에서 파산선고를 받은 자에게 수탁능력을 부정할 이유는 없다고 할 것이다.[189]

5. 각종 법인 등의 해산 등

민법상 법인(민법 제77조), 상법상의 회사(상법 제227조 제5호, 제269조, 제517조 제1호, 제609조 제1항 제1호)뿐만 아니라 상공회의소(상공회의소법 제9조 제2호), 회계법인(공인회계사법 제37조 제1항 5호), 법무법인(변호사법 제54조 제1항 제4호), 법무사합동법인(법무사법 제44조 제1항 제4호), 노무법인(공인노무사법 제7조의5 제1항 제4호), 신용협동조합(신용협동조합법 제54조 제1항 제3호), 새마을금고(새마을금고법 제36조 제3호), 보험회사(보험업법 제137조 제1항 제5호), 중소기업협동조합(중소기업협동조합법 제73조 제1항 제3호), 염업조합(염업조합법 제48조 제1항 제2호), 해운조합(한국해운조합법 제42조 제1항 제5호), 선주상호보험조합(선주상호보험조합법 제46조 제1항 제3호), 유동화전문회사(자산유동화에 관한 법률 제24조 제1항 제3호), 투자회사(자본시장과 금융투자업에 관한 법률 제202조 제1항 제4호) 등은 파산선고에 의하여 해산한다. 해산 후에는 청산절차를 진행하지 않고 파산절차가 청산절차를 대체한다. 즉 해산 후의 법인에 대하여 파산선고가 되면 그 후의 청산절차는 파산절차가 대체한다.

따라서 파산선고를 받은 법인은 해산의 전후를 묻지 않고 파산절차로 인한 청산의 범위에서 파산절차가 종료할 때까지 존속한다(제328조 참조). 법인에 대한 파산절차가 잔여재산 없이

---

189) 회생절차나 개인회생절차가 개시된 자의 경우에도 수탁능력이 없는가. 개인회생절차에서는 파산절차와 달리 채무자에게 관리처분권이 있고(제580조 제2항), 경제적 능력을 회복하기 위한 법적 보호를 받고 있으며, 이들을 수탁자로 정한 당사자의 의사를 존중할 필요가 있다. 또한 신탁법 제11조는 파산선고를 받은 자만을 수탁자가 될 수 없다고 명시하고 있다. 따라서 회생절차나 개인회생절차가 개시된 자에게는 수탁능력이 있다고 할 것이다. 기촉법상 공동관리절차가 진행 중인 자의 경우에도 마찬가지이다.

종료되면 청산종결의 경우와 마찬가지로 그 인격이 소멸한다고 할 것이나, 아직도 적극재산이 잔존하고 있다면(전형적인 예로는 파산관재인이 파산재단으로부터 포기한 재산이 있는 경우나 파산절차종료 후에 새로운 재산이 발견된 경우를 들 수 있다) 법인은 그 재산에 관한 청산목적의 범위 내에서는 존속한다.[190] 이러한 경우 파산법인이 다시 청산절차를 진행하지 않으면 안 된다.[191]

한편 파산선고사실이 등기된 경우에는 외부감사를 받지 않아도 된다(주식회사 등의 외부감사에 관한 법률 제4조 제2항, 제2호, 같은 법 시행령 제5조 제3항 제2호 바목).

6. 법인의 조직법적 사단활동에 미치는 영향

가. 이 사

파산절차 중에도 파산법인의 법인격은 청산의 목적 범위 내에서 존속한다(제328조, 민법 제81조, 상법 제245조). 나아가 파산절차와의 관계에 있어서도 파산선고에 대한 즉시항고나 회생절차개시신청을 하는 주체로서의 법인은 존속하여야 하고 그 대표자도 존재하여야 한다. 따라서 법인이 파산선고를 받게 되면 파산법인은 파산재단에 속하게 된 자신의 재산에 관하여 관리처분권을 상실하지만, 법인의 비재산적 활동범위에 속하는 사항, 즉 법인의 조직법적 사단활동에 관하여는 영향을 미치지 않으므로 여전히 그 권한은 법인(법인의 대표자)에게 있다. 실질적으로 보더라도 파산채권자의 이익을 실현하는 것을 직무로 하는 파산관재인에 대하여 이러한 활동을 요구하는 것은 불합리하다.[192]

관련 내용은 위 〈Ⅲ.2.마.(1)〉(본서 1279쪽)을 참조할 것.

나. 주주총회 및 감사

파산절차 진행 중에도 회사의 기관으로 주주총회와 감사는 유지된다. 주주총회는 파산절차 진행 중에 이사 또는 청산인, 감사를 임면할 수 있고, 동의에 의한 파산폐지를 위하여 회사계속의 결의를 할 수 있으며(제540조), 파산의 목적에 반하지 않는 범위 내에서 정관의 변경 기타 각종 결의를 할 수 있다.

소규모 주식회사로서 감사를 선임하지 않아도 되는 회사가 아니라면(상법 제409조 제4항) 파

---

190) 대법원 1989. 11. 24. 선고 89다카2483 판결 참조.

191) 청산인은 누가 되는가. 파산선고로 이사의 지위가 어떻게 되는가에 관하여 자격상실설과 자격유지설의 다툼이 있다는 것은 앞에서 본 바와 같다. 자격상실설에 의하면 종전 이사는 청산인이 되지 못하고, 이해관계인 등의 신청에 따라 법원이 청산인을 선임하여야 한다(민법 제83조, 상법 제531조 제2항 등). 자격유지설에 의하더라도 마찬가지이다. 왜냐하면 자격유지설도 파산재단의 관리처분권 외의 조직법상의 사무에 관하여만 이사의 권한이 유지된다고 보기 때문이다. 관련 내용은 〈제10장 제1절 Ⅱ.1.〉(본서 1623쪽)을 참조할 것.

192) 회사설립무효 확인의 소, 결의무효 확인의 소 등에 대한 소송수행(피고적격)은 파산법인의 이사나 대표이사 등이 하는 것이므로 파산관재인의 권한에 포함되지 않는 사항에 대하여는 민법 제690조와 관계없이 법인과 이사 사이의 위임관계는 종료되지 않는다. 다만 결의무효 확인의 소가 파산재단에 관계되는 경우에는 회사의 기관이 아니라 파산관재인이 당사자적격을 갖는다고 할 것이므로 경우에 따라서는 소의 내용에 따라 당사자적격을 판단하여야 할 것이다.

산한 회사도 감독기관으로 감사를 두어야 한다.

7. 기업집단으로부터의 제외

기업집단이란 동일인이 사실상 그 사업내용을 지배하는 회사의 집단을 말한다. 동일인이란 2개 이상의 회사의 집단을 사실상 지배하고 있는 자를 말한다. 따라서 기업집단이란 동일인이 회사인 경우에는 그 동일인과 그 동일인이 지배하는 하나 이상의 회사의 집단을 말하고, 동일인이 회사가 아닌 경우(자연인인 경우) 그 동일인이 지배하는 둘 이상의 회사의 집단을 말한다(공정거래법 제2조 제11호).

공정거래위원회는 파산선고를 받아 파산절차가 진행 중인 회사로서, 동일인이 그 사업내용을 지배하지 아니한다고 인정되는 경우에는 이해관계자의 요청에 의하여 당해 회사를 동일인이 지배하는 기업집단의 범위에서 제외할 수 있다(공정거래법 시행령 제5조 제1항 제4호).[193]

Ⅵ 파산채권자에 대한 효과

1. 개별집행의 금지[194]

가. 파산채권의 행사-파산절차에 따른 권리행사

파산선고에 의하여 파산채권자는 개별적인 권리행사가 금지되고, 파산절차에 참가하여서만 그 만족을 얻을 수 있다(제424조). 즉 파산채권자는 그 채권을 일정기간 내에 법원에 신고한 후, 채권조사기일에서의 조사를 거쳐 확정된 액 및 순위에 따라 배당을 받아야 하고, 채무자의 자유재산에 대하여도 강제집행을 할 수 없다.[195] 파산채권자가 채권자취소소송을 제기하거나 파산관재인에 속하는 권리를 대위하여 행사하는 것도 허용되지 않는다.

제424조는 포괄집행 또는 집단적 권리행사로서의 파산절차에 관한 기본적 규율로서의 의미를 갖는다. 즉 파산제도는 파산선고시를 기준으로 채무자의 총재산과 총부채를 파산관재인에 의해 청산하는 것을 목적으로 하는 것인바(제1조 참조), 그 목적을 실현하기 위해서는 파산채권자에 의한 개별적 권리행사를 억제하고, 파산재단을 기초로 한 배당에서 그 권리를 실현할 것을 위임한 것이다.

채권의 본래적 효력에 따르면 법원에 강제이행을 청구하는 권능이 있고, 집행권원을 얻으면, 채권자는 강제집행을 실시할 수 있는 것이 본질이지만, 제424조는 이러한 집행청구권을 배제할 뿐만 아니라 파산채권자가 개별적으로 소를 제기하여 권리의 확정이나 이행명령을 얻을

---

193) 반대로 공정거래위원회는 파산절차가 종료된 경우 직권 또는 이해관계자의 요청에 따라 그 제외 결정을 취소할 수 있다(공정거래법 시행령 제5조 제3항).
194) 관련 내용은 〈제15장 제2절 Ⅱ.〉(본서 1823쪽)를 참조할 것.
195) 개별 도산채권자의 강제집행은 도산절차가 진행 중에는 도산재단에 대해서뿐만 아니라 그 밖의 채무자의 재산에 대해서도 이를 할 수 없다(독일 도산법 §89(1)).

가능성도 부정한다.

파산선고가 되면 파산재단에 속한 재산에 대한 강제집행, 가압류, 가처분은 금지되고,[196] 이미 개시되어 있는 강제집행, 가압류, 가처분은 파산재단에 대하여는 실효된다(제348조 제1항 본문).

그러나 채무자의 보증인 또는 물상보증인에 대하여는 파산선고의 효력이 미치지 않으므로 이들에 대한 추심 또는 집행에는 아무런 영향이 없다(제430조 제1항, 제3항 참조). 또한 어음소지인은 만기 전에는 인수를 위한 어음의 제시를 금지한 어음의 발행인이 파산한 경우 상환청구권을 행사할 수 있다(어음법 제43조 제3호).

나. 파산절차에 의하지 않는 파산채권의 행사

파산절차에 의하지 아니하고 파산채권을 행사할 수 있는 경우가 있다. 법률의 규정에 의한 것으로 조세채권에 기한 체납처분(강제징수)의 속행(제349조 제1항)이 있다. 또한 파산관재인에 의한 상계를 인정하는 견해(본서 1443쪽 참조)도 상계에 의해 파산채권자의 채권이 전부 또는 일부 소멸된다는 점에서 보면, 파산절차에 의하지 아니하고 파산채권을 행사하는 것으로 볼 수 있다. 이들은 각각 그 근거가 다르지만, 파산채권의 기초로 되는 권리의 성질에서 보면, 파산절차에 의하지 않는 권리행사를 인정하여도, 파산채권자의 일반적인 이익을 해하지 않는다는 점에서는 공통된다.[197]

2. 파산채권의 균질화(등질화)

파산절차는 채무자의 모든 재산을 환가하여 그 환가대금으로 파산채권에 대하여 금전에 의한 배당을 함으로써 채권자의 공평하고 평등한 만족을 도모한 절차이다(제1조). 이를 위하여 파산선고가 있으면 금전에 의한 배당이 가능하도록 비금전채권은 금전으로 평가하고(금전화, 제426조), 파산선고시에 변제기가 도래하지 않는 채권은 일률적으로 변제기가 도래한 것으로 취급한다(현재화, 제425조). 나아가 조건부채권은 조건이 없는 것으로 취급한다(제427조).

관련 내용은 〈제6장 제1절 Ⅱ.2.〉(본서 1471쪽)를 참조할 것.

3. 조세부담의 경감

가. 대손금의 필요경비(손금)산입: 소득세 또는 법인세

개인이 보유하고 있는 채권 중 채무자의 파산[198]으로 회수할 수 없는 채권의 금액(대손금)이

---

196) 입법론적으로는 이를 명확히 할 필요가 있다. 일본 파산법 제42조 제1항은 이를 명확히 규정하고 있다.

197) 條解 破産法, 743쪽.

198) 파산선고가 있으면 채무자가 파산선고시에 가진 모든 재산은 파산재단을 구성하고, 파산채권자는 그 채권을 일정한 기간 내에 법원에 신고한 후 채권조사기일에서의 조사를 거쳐 확정된 금액 및 순위에 따라 배당을 받게 되므로, 파산선고 사실 자체만으로 당연히 그 채권을 회수할 수 없게 되었다고 볼 수 없고, 파산재단의 배당이 확정되어 파산채권자에 대한 구체적인 배당액이 결정되었을 때 비로소 회수할 수 없는 채권액이 확정되는 것이다(서울고등법원 2006. 9. 27. 선고 2006누2581 판결(심리불속행기각)). 다만 실무에서는 채무자의 파산을 파산계속법원이 파산폐지

나 면책결정으로 회수불능으로 확정된 채권은 해당 과세기간의 사업소득을 계산함에 있어 필요경비에 산입한다(소득세법 제19조 제2항, 같은 법 시행령 제55조 제1항 제16호, 제2항, 법인세법 시행령 제19조의2 제1항 제5호, 제8호).

법인이 보유하고 있는 채권 중 채무자의 파산으로 회수할 수 없는 채권의 금액(대손금)은 해당 사업연도의 소득금액을 계산할 때 손금에 산입한다(법인세법 제19조의2 제1항, 같은 법 시행령 제19조의2 제1항 제8호).

이처럼 개인이나 법인이 채무자의 파산으로 회수할 수 없는 금액(대손금)을 필요경비나 손금에 산입함으로써 그만큼 세 부담이 줄어들 수 있다.

나. 대손세액공제: 부가가치세

부가가치세법은 매출대금의 실제 수령 여부와 관계없이 매출채권이 확정되면 납세의무가 성립하는 권리(의무)확정주의를 채택하고 있다. 따라서 공급자가 거래상대방의 파산 등으로 외상매출금을 회수할 수 없게 된 경우 공급자는 실질적으로 상대방으로부터 부가가치세를 징수하지 못하였음에도 불구하고 부가가치세를 납부하여야 하고, 이에 비하여 상대방은 매입세액을 공제받았으면서도 부가가치세를 납부하지 아니하게 되는 불합리가 생기게 된다. 이러한 문제점을 해결하기 위하여 부가가치세법은 대손세액공제제도를 두고 있다.

사업자가 부가가치세가 과세되는 재화 또는 용역을 공급하고 외상매출금이나 그 밖의 매출채권(부가가치세를 포함한다)의 전부 또는 일부가 공급을 받은 자의 파산으로 대손되어 회수할 수 없는 경우에는 대손세액(=대손금액 × 110분의 10)을 그 대손이 확정된 날[199]이 속하는 과세기간의 매출세액에서 뺄 수 있다(부가가치세법 제45조 제1항 본문, 같은 법 시행령 제87조 제1항).[200]

결정을 하거나 파산종결결정을 하여 공고한 경우로 보고 있다. 나아가 법원의 파산폐지 또는 파산종결 공고일 이전에 파산절차 진행과정에서 관계서류 등에 의해 해당 채권자가 배당받을 금액이 채권금액에 미달하는 사실이 객관적으로 확인되는 경우, 그 미달하는 금액은 회수할 수 없는 채권으로 보아 대손금으로 손금에 산입할 수 있다(법인세 기본통칙 19의 2−19의 2⋯1).

199) 파산선고를 받은 것만으로 대손이 확정되었다고 볼 수 없다는 하급심 재판례가 있다(부산고등법원 2004. 1. 30. 선고 2003누3222 판결(확정)}. 파산선고가 있으면 채무자가 파산선고시에 가진 모든 재산은 파산재단을 구성하고, 파산채권자는 그 채권을 일정한 기간 내에 파산계속법원에 신고한 후 채권조사기일에서의 조사를 거쳐 확정된 금액 및 순위에 따라 배당을 받게 되므로, 파산선고 자체만 가지고 당연히 그 채권을 회수할 수 없는 경우에 해당한다고 볼 수는 없고, 파산관재인이 최후 배당액을 결정, 통지함으로써 배당이 확정될 때 채권액에 대하여 전혀 배당이 없든가 그 중 일부만이 배당되었을 경우에 비로소 회수할 수 없는 채권액으로 확정된다고 봄이 상당하다.

200) 반대로 대손세액공제의 대상이 되는 재화 또는 용역을 공급받은 자(파산선고를 받은 채무자)로부터 대손세액 상당액을 추징한다. 대손세액공제의 대상이 되는 재화 또는 용역을 공급받은 사업자가 대손세액에 해당하는 금액의 전부 또는 일부를 제38조에 따라 매입세액으로 공제받은 경우로서 그 사업자가 폐업하기 전에 재화 또는 용역을 공급하는 자가 대손세액공제를 받은 경우에는 그 재화 또는 용역을 공급받은 사업자는 관련 대손세액에 해당하는 금액을 대손이 확정된 날이 속하는 과세기간에 자신의 매입세액에서 뺀다. 다만 그 공급을 받은 사업자가 대손세액에 해당하는 금액을 빼지 아니한 경우에는 대통령령으로 정하는 바에 따라 그 사업자의 관할 세무서장이 빼야 할 매입세액을 결정 또는 경정(更正)하여야 한다(부가가치세법 제45조 제3항). 공급자는 대손세액을 공제받고 공급받는 자는 매입세액을 공제받는다면 대손세액 상당액이 이중으로 공제되는 결과가 되어 부당하기 때문이다.

파산선고를 받은 채무자로부터 부가가치세를 추징할 경우 이를 재단채권으로 볼 수 있는가. 대손세액공제의 대상이 된 재화 또는 용역의 공급은 파산선고 이전이지만, 추징사유가 발생한 것은 파산선고 이후이므로 파산선고 이전의 원인으로 생긴 조세채권이라고 보기 어렵고, 파산재단에 관하여 생긴 채권이라고 할 수도 없으므로(제473조 제2

다. 후발적 경정청구로 인한 조세환급

(1) 후발적 경정청구제도(국세기본법 제45조의2 제2항, 지방세기본법 제50조 제2항)는 납세의무의 성립 후 일정한 후발적 사유의 발생으로 말미암아 과세표준 및 세액의 산정기초에 변동이 생긴 경우 납세자로 하여금 그 사실을 증명하여 감액을 청구할 수 있도록 함으로써 납세자의 권리구제를 확대하고자 둔 것이다.[201]

한편 소득세법상 소득의 귀속시기를 정하는 원칙인 권리확정주의는 소득의 원인이 되는 권리의 확정시기와 소득의 실현시기와의 사이에 시간적 간격이 있는 경우에는 과세상 소득이 실현된 때가 아닌 권리가 확정적으로 발생한 때를 기준으로 하여 그때 소득이 있는 것으로 보고 당해 과세연도의 소득을 계산하는 방식으로, 실질적으로는 불확실한 소득에 대하여 장래 그것이 실현될 것을 전제로 하여 미리 과세하는 것을 허용하는 것이다. 이러한 권리확정주의는 납세자의 자의에 의하여 과세연도의 소득이 좌우되는 것을 방지함으로써 과세의 공평을 기함과 함께 징세기술상 소득을 획일적으로 파악하려는 데 그 취지가 있을 뿐 소득이 종국적으로 실현되지 아니한 경우에도 그 원인이 되는 권리가 확정적으로 발생한 적이 있기만 하면 무조건 납세의무를 지우겠다는 취지에서 도입된 것이 아니다.[202]

위와 같은 후발적 경정청구제도의 취지, 권리확정주의의 의의와 기능 및 한계 등에 비추어 보면, 소득의 원인이 되는 권리가 확정적으로 발생하여 과세요건이 충족됨으로써 일단 납세의무가 성립하였다 하더라도 그 후 일정한 후발적 사유의 발생으로 말미암아 소득이 실현되지 아니하는 것으로 확정됨으로써 당초 성립하였던 납세의무가 그 전제를 잃게 되었다면, 〈가.〉항에서 본 바와 같이 사업소득에서의 대손금 등처럼 소득세법이나 관련 법령에서 특정한 후발적 사유의 발생으로 말미암아 실현되지 아니한 소득금액을 그 후발적 사유가 발생한 사업연도의 소득금액에 대한 차감사유로 별도로 규정하고 있다는 등의 특별한 사정이 없는 한 납세자는 국세기본법 제45조의2 제2항 등이 규정한 후발적 경정청구를 하여 그 납세의무의 부담에서 벗어날 수 있다.

따라서 납세의무의 성립 후 소득의 원인이 된 채권이 채무자의 파산 등으로 인하여 회수불능이 되어 장래 그 소득이 실현될 가능성이 전혀 없게 된 것이 객관적으로 명백하게 되었다면, 이는 국세기본법 시행령 제25조의2 제2호에 준하는 사유로서 특별한 사정이 없는 한 국세기본법 시행령 제25조의2 제4호가 규정한 후발적 경정청구사유에 해당한다고 보아야 할 것이다.[203]

(2) 반면 물상보증인이 담보로 제공한 부동산이 경매절차에서 매각된 다음 채무자의 파산 등으로 물상보증인의 구상권 행사가 불가능하게 되었더라도, 이는 목적부동산의 매각에 따른 물상보증인의 양도소득이 성립하는지 여부에는 아무런 영향을 미치지 않는다. 따라서 위와 같

호 단서) 재단채권이라 할 수도 없다. 결국 파산채권도 재단채권도 아닌 기타채권이다(본서 1531쪽을 참조할 것).
201) 대법원 2011. 7. 28. 선고 2009두22379 판결 등 참조.
202) 대법원 2003. 12. 26. 선고 2001두7176 판결, 대법원 1984. 3. 13. 선고 83누720 판결 등 참조.
203) 대법원 2014. 1. 29. 선고 2013두18810 판결 참조.

은 사정이 발생하더라도 양도소득세 과세표준과 세액을 산정하는 근거가 된 사항에 변동을 가져오지 않으므로, 국세기본법 제45조의2 제2항, 같은 법 시행령 제25조의2가 정한 후발적 경정청구사유에 해당한다고 볼 수 없다.[204]

Ⅶ 채권자에 대한 파산선고와 채권자취소권의 행사

1. 채권자가 취소원인을 알고 있던 중 파산선고가 된 경우

채권자가 사해행위의 취소원인을 알게 되어 채권자취소소송의 제척기간(민법 제406조 제2항)이 진행되던 도중 채권자가 파산하여 파산관재인이 선임된 경우라도 그 제척기간은 파산관재인이 사해행위의 취소원인을 안 때부터 새로 진행되어야 하는 것은 아니다.[205] 왜냐하면 채무자회생법이 파산관재인이 파산재단에 관한 소에 있어 원고 또는 피고가 된다고 한 것은 소송법상의 법기술적인 요청에서 당사자적격을 인정한 것뿐이지, 자기의 이름으로 소송행위를 한다고 하여도 파산관재인 스스로 실체법상이나 소송법상의 효과를 받는 것은 아니고 어디까지나 채무자의 권리를 기초로 하여 실질적으로는 이를 대리 내지 대표하는 것에 지나지 않는 것이므로,[206] 채무자의 채권에 기한 사해행위취소의 소에서 채무자들의 사해행위 사실을 알았는지 여부는 채권자(파산선고를 받은 채무자)를 기준으로 하여야 할 것이기 때문이다.

따라서 채권자가 파산선고를 받기 전에 채무자의 사해행위를 알고 있던 중 파산선고를 받아 채권자를 위하여 파산관재인이 선임되고, 그 선임시로부터 1년 이내에 채권자취소소송이 제기되었다고 하더라도 그 소제기가 채권자가 사해행위를 알았던 때로부터 1년이 경과하였다면 그 소는 부적법하다.

2. 채권자가 취소원인을 모르고 있던 중 파산선고가 된 경우

채무자의 채권에 기한 사해행위취소의 소에서 채무자의 사해행위를 알았는지 여부는 앞에서 본 바와 같이 채권자(파산선고를 받은 채무자)를 기준으로 판단하여야 할 것이나, 채권자가 사해행위의 취소 원인을 알지 못한 상태에서 파산관재인이 선임되었다면, 그 후로는 민법 제

---

204) 대법원 2021. 4. 8. 선고 2020두53699 판결. 근저당권 실행을 위한 경매는 담보권의 내용을 실현하는 환가행위로서 매수인은 목적부동산의 소유권을 승계취득하는 것이므로 양도소득세의 과세대상인 '양도'(소득세법 제88조 제1호 1문)에 해당한다(대법원 1984. 2. 28. 선고 83누269 판결 참조). 경매의 기초가 된 근저당권이 제3자의 채무에 대한 물상보증을 한 것이라고 하더라도 그 양도인은 물상보증인이고 매각대금은 경매목적 부동산의 소유자인 물상보증인의 양도소득으로 귀속된다. 또한 물상보증인의 채무자에 대한 구상권은 매각대금이 채무자가 부담하고 있는 피담보채무의 변제에 충당됨으로써 대위변제의 효과로서 발생하는 것이지 경매의 대가라는 성질을 가지는 것은 아니다. 따라서 채무자의 무자력으로 물상보증인이 채무자에게 구상권을 사실상 행사할 수 없더라도 그러한 사정은 양도소득의 성립 여부에 아무런 영향이 없다(대법원 2002. 7. 26. 선고 2002두2758 판결, 대법원 1986. 3. 25. 선고 85누968 판결 참조).
205) 대법원 2006. 8. 25. 선고 2004다24144 판결.
206) 대법원 1990. 11. 13. 선고 88다카26987 판결 참조.

406조 제2항 소정의 채권자가 채무자의 사해행위를 알았는지 여부는 파산관재인을 기준으로 판단하여야 할 것이다. 나아가 동일인이 복수의 채권자의 파산관재인으로 선임되었다고 하더라도 채무자의 사해행위 취소원인을 알았는지 여부는 파산선고를 받은 채권자별로 따로 판단하여야 한다.[207]

▌제3절▐ 파산선고에 대한 불복

Ⅰ 즉시항고

1. 즉시항고권자

파산선고에 대하여는 즉시항고를 할 수 있다(제316조 제1항). 동시폐지의 경우에는 동시폐지결정에 대하여만 즉시항고를 할 수도 있다(제317조 제3항). 즉시항고는 서면으로 하여야 한다(제14조). 법률상 이해관계를 가진 자는 즉시항고를 할 수 있다(제13조 제1항 참조). 사실상의 이해관계로는 충분하지 않다. 채권자가 파산신청을 한 경우에는 채무자 및 다른 채권자에게, 채무자가 신청한 경우에는 채권자에게 불복신청권이 인정된다고 할 것이다. 채무자는 파산선고에 의하여 관리처분권을 박탈당하므로 법률상 이해관계가 있다고 할 수 있고, 채권자도 개별적 권리행사가 제한되므로 스스로 신청인이 된 경우 외에도 파산선고결정에 대하여 법률상 이해관계를 가진다고 할 수 있다.[208] 법인의 준채무자가 신청한 경우에는 신청인 이외의 이사 등 및 채권자가 즉시항고를 할 수 있다.

가. 주 주

법인에 대하여 파산선고가 된 경우 주주가 즉시항고를 할 수 있는가. 파산선고는 회사의 해산사유이고(상법 제227조 제5호), 해산에 의하여 주주의 지위에 영향을 미친다는 이유로 긍정하여야 한다는 견해가 있다.[209] 그러나 파산선고로 주주의 지위에 직접적인 영향을 미치는 어떠한 규정도 존재하지 않고, 파산선고로 주주권이 소멸하거나 주주권의 내용인 자익권이나

---

207) 대법원 2008. 4. 24. 선고 2006다57001 판결(☞ 예금보험공사가 채권자 甲의 파산관재인으로서 채무자 乙의 증여행위에 대한 사해행위취소권을 피보전권리로 하여 처분금지가처분결정을 받은 후, 乙의 또 다른 채권자인 丙의 파산관재인으로도 선임된 경우, 예금보험공사가 위 가처분결정을 받음으로써 乙의 증여행위가 丙에 대하여도 사해행위가 된다는 사실을 알았다고 볼 수 없다고 한 사례).

208) 상속재산파산에 대하여는 파산선고에 의해 관리처분권 또는 권리행사가 제한되는 자, 즉 신청인 이외의 상속채권자, 유증을 받은 자, 상속인, 상속재산관리인 및 유언집행자에게 즉시항고권이 인정된다. 유한책임신탁재산파산에 대하여도 마찬가지의 이유로 신탁채권자, 수익자, 수탁자 등에게 즉시항고권이 인정된다. 어느 경우에나 즉시항고에 따른 집행정지의 효력은 인정되지 않는다(제316조 제3항).

209) 노영보, 97쪽, 오수근, 244쪽(사단관계를 소멸시키는 재판에 대해 사단의 구성원에게 즉시항고의 기회를 주는 것이 옳으므로 주주 역시 즉시항고를 할 수 있다).

공익권에 변동이 발생하지 않는다. 또한 주주는 이해관계의 직접성이 높지 않을 뿐만 아니라 (주주에 대하여는 배당가능성은 없어 이른바 무가치한 권리에 불과하다) 채무자의 관리처분권의 박탈이나 채권자의 권리행사제한 등에 비교하여 이러한 효과는 확실히 법률상의 것이지만 부차적인 것에 지나지 않고, 파산선고결정에 대한 불복신청권의 기초가 될 만큼 중대한 것이라고는 생각되지 않으므로 부정하여야 할 것이다.[210] 주주에 관하여 하급심은 즉시항고권을 부정하고 있다.[211]

나. 이 사

법인에 대하여 파산선고가 된 경우 이사에게 즉시항고권이 인정되는가. 이에 관하여 파산선고로 위임관계가 종료되기 때문에 법률상의 이해관계가 있으므로 긍정하여야 한다는 견해[212]와 채무자의 관리처분권의 박탈이나 채권자의 권리행사제한 등과 비교하면 이러한 효과는 확실히 법률상의 것이지만 부차적인 것에 지나지 않으므로 부정하여야 한다는 견해[213]가 있다. 살피건대 이사에 대하여는 파산신청권이 인정되고(제295조 제1항), 파산선고로 파산관재인이 선임되어도 재산관계를 제외한 조직법적인 행위에 대하여는 이사에게 여전히 권한이 있다고 보아야 하며(본서 1280~1281쪽),[214] 이사의 즉시항고권을 부정하면 법인측이 파산선고의 당부를 다투는 길을 막아버리는 결과가 되고, 이사는 업무집행의 중심기관으로 직접적인 이해관계가 있기 때문에 즉시항고권을 긍정하여야 할 것이다.

2. 즉시항고기간

즉시항고기간은 파산절차가 다수의 이해관계인에 대하여 집단적 처리가 요구되는 것이므로 획일적으로 정하는 것이 바람직하다. 즉시항고는 파산선고 공고의 효력이 발생한 날부터 14일 이내에 제기하여야 한다(제13조 제2항, 제9조 제2항). 신속한 절차진행을 위해[215] 즉시항고에는

---

210) 破産法·民事再生法, 182~183쪽 각주 280), 전병서, 76쪽. 주주에 대하여 즉시항고권을 부정한 것으로 「倒産判例百選, 26쪽」이 있다(그 이유는 아래 각주 211) 하급심 판례의 것과 같다). 반면 회생절차개시결정에 대하여는 주주에게 즉시항고권이 인정된다(본서 259쪽).

211) 주식회사의 파산은 회사의 해산사유가 될 뿐(상법 제517조 제1호, 제227조 제5호), 파산선고 즉시 회사의 법인격이 소멸하거나 주주가 그 지위를 상실하게 되는 것은 아니므로 주식회사의 주주의 경우에는 회사의 파산선고에 대하여 구체적이고 직접적인 이해관계가 있다고 할 수 없다. 따라서 주식회사의 주주에게는 파산선고에 대한 즉시항고권이 인정되지 아니한다고 할 것이다{서울고등법원 2011. 8. 30. 자 2009라2671 결정(확정)}. 축산업협동조합의 조합원이나 직원은 사실상 또는 경제상의 이해관계를 가지는 것은 별론으로 하고, 파산선고로 인하여 그 법률상 지위가 영향을 받는다고 볼 수 없다는 이유로 즉시항고권을 부정한 사례로 「서울고등법원 2005. 5. 9. 자 2004라590 결정(확정)」이 있다.

212) 條解 破産法, 288쪽, 倒産法, 101쪽.

213) 破産法·民事再生法, 182쪽 각주 280).

214) 파산선고로 이사의 지위가 상실된다고 하더라도, 파산선고결정에 대한 즉시항고가 인정되는 것과 관계에서 이사의 지위가 상실되는 것은 파산선고결정이 확정된 때라고 보아야 한다(破産法·民事再生法, 388쪽 각주 135)). 따라서 파산선고결정이 확정되기 전에는 이사의 지위가 유지되고 즉시항고를 할 수 있다고 할 것이다.

215) 법원은 파산선고와 동시에 파산관재인을 선임하고(제312조), 파산관재인은 취임 직후 파산재단에 속하는 재산의 점유관리에 착수하여야 하기 때문이다(제479조).

집행정지의 효력을 인정하고 있지 않다(제316조 제3항).

Ⅱ 파산의 취소

1. 의 의

파산취소는 파산선고에 대한 불복신청에 의하여 파산선고가 취소되는 것을 말한다. 파산취소는 파산선고에 대한 이해관계인의 즉시항고에 의해 항고심의 재판에서 취소하는 경우와 즉시항고를 계기로 원법원(파산계속법원)이 재도의 고안에 의하여(민소법 제446조) 스스로 파산선고를 취소하는 경우가 있다.

채권자의 신청에 의하여 채무자에 대하여 파산이 선고되면 선고한 때로부터 모든 채권자를 위하여 그 효력이 생기므로(제311조), 다른 채권자의 채권신고가 모두 취하되거나 그 채권이 모두 소멸하는 등의 특별한 사정이 없는 한, 파산선고 결정에 대한 즉시항고가 제기된 이후 항고심에서 신청채권자가 신청을 취하하거나 신청채권자의 채권이 변제, 면제, 그 밖의 사유로 소멸하였다는 사정만으로는 항고법원이 파산선고 결정을 취소할 수 없다.[216]

파산취소의 결정이 확정된 때에는 법원은 그 주문을 공고하여야 한다(제325조 제1항). 또한 알고 있는 채권자, 채무자 및 재산소지자에게 파산취소결정의 주문을 기재한 서면을 송달하여야 하고, 검사에게도 통지할 수 있다(제325조 제2항, 제313조 제2항, 제315조).[217] 이는 아래에서 보는 바와 같이 파산취소의 효과가 이해관계인들에게 중대한 영향을 미치기 때문에 이해관계인에게 이를 알릴 필요가 있기 때문이다.

2. 효 과

파산취소의 결정이 확정되면 파산선고의 효과는 원칙적으로 소급하여 소멸한다. 따라서 채무자, 파산채권자에 대한 제한과 파산관재인의 권한은 모두 소멸한다.

가. 채무자에 대한 효과

파산선고를 받은 채무자는 신분상의 각종 제약에서 벗어나고, 공법상·사법상의 자격은 상실하지 않았던 것이 된다. 재산에 대한 관리처분권도 회복된다. 법원은 체신관서, 운송인 그

---

216) 대법원 2012. 3. 20. 자 2010마224 결정.
217) 파산의 취소는 회생절차개시결정의 취소나 개인회생절차개시결정의 취소와 규정하고 있는 위치나 법조문의 제목이 서로 다르다. 회생절차나 개인회생절차에서는 '회생절차개시결정의 취소'(제54조)나 '개인회생절차개시결정의 취소'(제599조)라는 제목으로 개시신청재판에 대한 즉시항고(제53조, 제598조) 바로 다음에서 규정하고 있다. 반면 파산절차에서는 '파산취소의 공고 및 송달'(제325조)이라는 제목으로 파산신청에 관한 재판에 대한 즉시항고(제316조) 바로 다음에서 규정하고 있지 않다. 동일한 내용을 서로 다른 제목으로 서로 다른 위치에 둘 이유가 없으므로 파산절차의 경우에도 회생절차나 개인회생절차와 같은 형태로 규정할 필요가 있다. (회생/파산/개인회생)신청재판에 대한 즉시항고와 (회생절차개시/파산선고/개인회생절차개시)결정의 취소는 서로 연관되어 있기 때문이다.

밖의 자에 대하여 채무자에 대하여 보내는 우편물 또는 전보를 파산관재인에게 배달할 것을 촉탁한 것을 취소하여야 한다(제485조 제2항).

채무자가 파산선고 후에 한 파산재단에 속한 재산에 관하여 한 법률행위는 파산채권자에게 대항할 수 있게 된다.

나. 파산관재인에 대한 효과

파산관재인은 파산취소에 의하여 그 지위를 상실한다. 다만 파산관재인이 이미 파산재단의 관리처분권에 기하여 한 행위의 효력은 소멸하지 아니하므로 재단채권이 발생하고 파산관재인은 파산재단을 채무자에게 인도하기 전에 이를 변제하여야 한다. 이의있는[218] 재단채권에 관하여는 채권자를 위하여 공탁하여야 한다(제325조 제2항, 제547조).[219]

파산의 취소에 의하여 부인권은 발생하지 않았던 것이 된다.

다. 파산채권자에 대한 효과

파산채권자는 그 권리 행사에 아무런 제한을 받지 않게 된다. 파산절차에서의 채권조사 결과는 아무런 효과가 없고 파산채권자표에 기재되었다고 하여도 확정판결과 같은 효력은 없다.

파산채권신고에 의한 시효중단의 효력은 어떻게 되는가. 파산채권신고에 의한 시효중단의 효력은 파산취소에 의하여 영향을 받지 않는다는 견해가 있으나,[220] 파산선고가 취소되면 파산선고는 소급적으로 효력을 잃기 때문에 파산채권신고는 파산선고취소결정의 확정시까지 재판상 최고로서의 효력만이 인정된다고 할 것이다(민법 제171조 참조).[221]

라. 소송절차 및 집행절차에 대한 효과

파산선고로 중단된 파산재단에 관한 소송으로서 파산관재인에게 수계된 것은 채무자에게

---

218) 여기서 '이의'는 원칙적으로 ① 파산선고결정 후 발생한 재단채권에 대하여는 파산관재인과 재단채권자 사이의 다툼을, ② 파산선고결정 전 발생하였지만 정책적인 이유로 재단채권으로 된 것(임금, 조세채권 등)에 대하여는 채무자와 재단채권자 사이의 다툼을 말한다. 그 다툼의 해결은 ①의 경우는 파산관재인이, ②의 경우는 채무자가 각각 당사자로 되어 하는 것이 상당하다. 따라서 공탁증서도 ①의 경우는 파산관재인이, ②의 경우는 채무자가 보관하는 것이 바람직하다.

219) **파산취소결정 또는 파산절차폐지결정 확정 후 파산관재인의 재단채권 변제 의무** 파산관재인의 임무가 종료된 경우 중 최후배당 등에 의해 종료된 때는 본래적인 종료의 형태로 재단채권에 대한 변제는 완료된 상태이다. 파산절차실효에 의한 경우도 파산절차 내에서 원래의 재단채권에 대한 변제는 완료된다. 파산관재인의 해임, 사임, 사망 또는 법인파산관재인의 합병에 의한 소멸로 임무가 종료된 경우, 파산절차는 종료되지 않기 때문에 후임 파산관재인이 재단채권을 변제하게 되므로 문제는 없다.

　하지만 파산취소결정 또는 파산절차폐지(동시폐지는 제외)결정의 확정으로 임무가 종료된 경우에는 변칙적인 종료이므로 재단채권의 변제가 완료되지 않는 사태가 발생할 수 있다. 그래서 위와 같은 경우에는 파산관재인에게 재단채권에 대한 변제 또는 공탁의무를 부과하고 있는 것이다(제325조 제2항, 제547조). 파산선고 후 발생하는 것이 대부분일 것으로 생각되는 재단채권에 대한 변제를 확보하고, 파산절차에 대한 신뢰성을 확보하기 위한 것이다(條解 破産法, 692쪽).

220) 법인파산실무, 668쪽. 파산선고취소결정은 이미 발생한 시효중단의 효력에는 영향이 없고, 이 때에는 취소된 때부터 새로이 소멸시효가 진행할 뿐이라는 견해도 있다{편집대표 곽윤직, 민법주해(Ⅲ), 박영사(1992), 513쪽}.

221) 條解 破産法, 299쪽, 破産法·民事再生法, 184쪽.

다시 수계되기 위하여 중단된다. 파산관재인에게 수계되기 전인 경우에는 채무자가 당연히 수계한다(민소법 제240조). 파산선고 후에 파산관재인이 원고로서 제기한 소송이나 파산관재인을 피고로 하여 제기된 소송은 모두 중단되고 채무자가 수계한다(민소법 제237조 제1항). 채권조사확정재판은 더 이상 진행할 실익이 없으므로 당연히 종료한다.

파산취소결정은 소급하여 파산의 효과를 소멸시키고 채무자는 처음부터 파산선고를 받지 아니한 것이 된다. 따라서 파산선고 전의 강제집행, 가압류 또는 가처분의 실효(제348조 제1항)는 소급적으로 소멸하고(실효된 강제집행 등의 효력은 부활한다), 파산관재인의 관리처분행위에 의하여 사실상 회복이 불가능한 경우를 제외하고 파산선고시의 상태를 기준으로 부활하며, 신청권자 등은 당해 절차를 속행할 수 있다.[222] 다만 거래의 안전을 위하여 파산선고시부터 취소시까지 사이에 파산관재인의 권한에 의하여 행하여진 행위의 효력은 그대로 유효하다. 따라서 강제집행 등이 개시된 후 파산선고가 있었다가 파산취소결정이 있는 때에는 그 취소결정 전에 집행취소절차가 이루어지지 않은 경우에 한하여 그 효력을 회복하여 절차를 속행할 수 있다고 본다.

▌제4절▐ 법인의 이사 등의 책임

회생절차에서와 마찬가지로 파산절차에서도 법인인 채무자에 대하여 파산선고가 있는 경우 법인의 이사 등에 대하여 책임을 추급하는 특별한 규정을 두고 있다.[223]

Ⅰ 법인의 이사 등의 재산에 대한 보전처분

법원은 법인인 채무자에 대하여 파산선고가 있는 경우[224] 필요하다고 인정하는 때에는 파

---

222) 條解 破産法, 299쪽, 破産法·民事再生法, 184쪽. 소송절차의 중단(민소법 제239조)도 소급적으로 소멸한다는 견해가 있으나(破産法·民事再生法, 184쪽), 절차의 안정을 위해 중단의 효력이 소급하여 소멸하는 것이 아니고 그 취소시부터 중단되었던 소송절차가 속행된다고 할 것이다[주석 민사소송법(Ⅲ), 한국사법행정학회(2012), 496쪽].

223) 자세한 내용은 〈제2편 제7장 제4절〉(본서 503쪽)을 참고할 것. 파산절차가 진행 중인 회사의 주주가 회사의 이사 또는 감사를 상대로 대표소송을 제기할 수 있는가. 상법 제399조, 제414조에 따라 회사가 이사 또는 감사에 대하여 그들이 선량한 관리자의 주의의무를 다하지 못하였음을 이유로 손해배상책임을 구하는 소는 회사의 재산관계에 관한 소로서 회사에 대한 파산선고가 있으면 파산관재인이 당사자 적격을 가진다고 할 것이고, 파산절차에 있어서 회사의 재산을 관리·처분하는 권리는 파산관재인에게 속하며, 파산관재인은 법원의 감독하에 선량한 관리자의 주의로써 그 직무를 수행할 책무를 부담하고 그러한 주의를 해태한 경우에는 이해관계인에 대하여 책임을 부담하게 되기 때문에 이사 또는 감사에 대한 책임을 추궁하는 소에 있어서도 이를 제기할 것인지의 여부는 파산관재인의 판단에 위임되어 있다고 해석하여야 할 것이고, 따라서 회사가 이사 또는 감사에 대한 책임추궁을 게을리 할 것을 예상하여 마련된 주주의 대표소송제도는 파산절차가 진행 중인 경우에는 그 적용이 없고, 주주가 파산관재인에 대하여 이사 또는 감사에 대한 책임을 추궁할 것을 청구하였는데 파산관재인이 이를 거부하였다고 하더라도 주주가 상법 제403조, 제415조에 근거하여 대표소송으로서 이사 또는 감사의 책임을 추궁하는 소를 제기할 수 없다고 보아야 할 것이며, 이러한 이치는 주주가 회사에 대하여 책임추궁의 소의 제기를 청구하였지만 회사가 소를 제기하지 않고 있는 사이에 회사에 대하여 파산선고가 있은 경우에도 마찬가지이다(대법원 2002. 7. 12. 선고 2001다2617 판결).

224) 파산선고 전에도 이사 등의 재산에 대하여 보전처분이 가능하다고 할 것이다(본서 248쪽).

산관재인의 신청에 의하거나 직권으로 채무자의 발기인·이사(상법 제401조의21의 규정에 의하여 이사로 보는 자를 포함한다), 감사·검사인 또는 청산인(이하 "이사 등"이라 한다)에 대한 출자이행청구권 또는 이사 등의 책임에 기한 손해배상청구권을 보전하기 위하여 이사 등의 재산에 대한 보전처분을 할 수 있다. 파산관재인은 위와 같은 청구권이 있음을 알게 된 때에는 법원에 보전처분을 신청하여야 한다(제351조 제1항, 제2항). 법원은 긴급한 필요가 있다고 인정하는 때에는 파산선고 전이라도 채무자의 신청에 의하거나 직권으로 보전처분을 할 수 있다(제351조 제3항).

법원은 관리위원회의 의견을 들어 보전처분을 변경하거나 취소할 수 있다(제351조 제4항). 법원의 보전처분결정이나 그 변경 또는 취소결정에 대하여는 즉시항고를 할 수 있다. 다만 즉시항고에는 집행정지의 효력이 없다(제351조 제5항, 제6항).

Ⅱ 손해배상청구권 등의 조사확정재판

1. 의   의

법원은 법인인 채무자에 대하여 파산선고가 있는 경우 필요하다고 인정하는 때에는 파산관재인의 신청에 의하거나 직권으로 이사 등에 대한 출자이행청구권이나 이사 등의 책임에 기한 손해배상청구권의 존부와 그 내용을 조사확정하는 재판을 할 수 있다(제352조 제1항).

법인인 채무자가 파산한 경우 이사 등의 위법행위에 의하여 채무자인 법인이나 파산채권자가 손해를 입는 경우가 많다. 이러한 경우 파산재단의 확충을 위해 파산절차 중에 간이·신속하게 이사 등의 법인에 대한 손해배상책임을 추급할 필요가 있다. 그런데 민사소송으로 처리하는 데에는 시간이나 비용이 많이 든다는 문제가 있어 조사확정재판제도를 둔 것이다. 조사확정재판은 변론절차가 아닌 결정절차로 신속하게 재판을 진행할 수 있다. 이사 등에 대한 출자이행청구권도 마찬가지이다.

파산관재인은 위와 같은 청구권이 있음을 알게 된 때에는 법원에 조사확정재판을 신청하여야 한다(제352조 제2항). 파산관재인이 조사확정재판을 신청을 하는 때에는 그 원인되는 사실을 소명하여야 한다(제352조 제3항). 법원이 직권으로 조사확정절차를 개시하는 때에는 그 취지의 결정을 하여야 한다(제352조 제4항).

조사확정재판의 신청이 있거나 법원에 의한 조사확정절차개시결정이 있은 때에는 시효의 중단에 관하여는 재판상의 청구가 있은 것으로 본다(제352조 제5항). 조사확정재판과 조사확정의 신청을 기각하는 재판은 이해관계인을 심문한 후 이유를 붙인 결정으로 하여야 한다(제352조 제6항, 제7항).

조사확정절차는 조사확정결정이 있는 경우를 제외하고 파산절차가 종료한 때에는 종료한다(제352조 제8항). 조사확정결정이 있는 때에는 그 결정서를 당사자에게 송달하여야 한다(제352조

제9항).

관련 내용은 〈제2편 제7장 제4절 Ⅲ.2.〉(본서 509쪽)를 참조할 것.

2. 확정된 조사확정재판의 효력

조사확정재판에 대한 이의의 소가 결정을 송달받은 날부터 1월 이내에 제기되지 않거나 취하된 때 또는 각하된 때에는 조사확정재판은 확정된다. 이 경우 조사확정재판은 이행을 명한 확정판결과 동일한 효력이 있다(제354조). 따라서 기판력(다른 견해 있음)과 집행력이 인정된다. 파산관재인은 이것을 집행권원으로 하여(민집법 제56조 제5호) 당해 이사 등의 개인재산에 대하여 강제집행을 할 수 있다.

Ⅲ 조사확정재판에 대한 이의의 소

조사확정재판에 불복이 있는 자는 결정을 송달받은 날부터 1월 이내에 이의의 소를 제기할 수 있다(제353조 제1항). 이의의 소는 이를 제기하는 자가 이사 등인 때에는 파산관재인을, 파산관재인인 때에는 이사 등을 각각 피고로 하여야 한다(제353조 제3항).

법인의 이사 등에 대한 손해배상청구권 등의 유무 및 내용에 대하여 간이한 절차에 의해 신속하게 판단을 하기 위하여 채무자회생법은 손해배상청구권 등의 확정재판제도를 둔 것이다. 다른 한편으론 사안의 성질은 실체권인 손해배상청구권 등의 존부와 관련되기 때문에 판결절차에 의한 판단을 구할 기회를 보장할 필요가 있다. 그래서 조사확정재판에 대한 이의의 소를 허용한 것이다.

이의의 소의 대상이 되는 '조사확정의 재판'이란 이사 등에게 일부라도 손해배상 등을 명하는 재판을 말한다(제352조 제6항 참조). 전부를 기각한 재판에 대하여는 파산관재인이 별도의 민사소송을 제기할 수밖에 없다.

이의의 소는 파산계속법원의 전속관할이고, 변론은 결정을 송달받은 날로부터 1월의 기간을 경과한 후에 개시하여야 한다(제353조 제4항). 파산계속법원은 파산사건이 계속되어 있는 회생법원을 말한다. 여러 개의 소가 동시에 계속되어 있는 때에는 법원은 변론을 병합하여야 한다(제353조 제5항). 이의의 소에 대한 판결에서는 부적법하여 각하하는 때를 제외하고 결정을 인가·변경 또는 취소한다(제353조 제6항).

조사확정의 결정을 인가하거나 변경하는 판결은 강제집행에 관하여는 이행을 명한 판결과 동일한 효력이 있다(제353조 제7항). 집행력에 대하여 규정하고 있으나 그 판결이 확정되면 기판력도 인정된다.

제 4 장

파산절차의 기관

제1절 관리위원회

파산사건은 일반적인 재판업무와 다른 특수성을 가지고 있고, 그 업무처리에 있어 경영학적, 경제학적인 전문성도 필요한 분야이다. 그런데 파산업무를 담당하고 있는 법관이 이러한 전문성을 갖추는 데는 한계가 있다. 그리하여 법관의 업무 부담을 덜어주고 해당 분야의 전문성을 보완하기 위하여 관리위원회를 두고 있다.

이에 관한 자세한 내용은 〈제2편 제6장 제1절〉(본서 355쪽)을 참조할 것.

실무적으로 회생절차와 달리 파산절차에서는 관리위원회의 역할이 거의 없다. 파산절차는 청산이 목적이고 주로 법률적 쟁점이 많아 관리위원회의 업무와는 큰 관련성이 없기 때문으로 보인다. 파산절차에서 관리위원회를 둘 필요가 있는지 검토가 필요해 보인다.

제2절 파산관재인

I 파산관재인의 선임

파산관재인은 법원이 관리위원회의 의견을 들어 파산선고와 동시에 선임한다(제312조 제1항, 제355조 제1항). 파산선고가 있게 되면 동시폐지의 경우를 제외하고 파산관재인을 선임하여야 한다.[1] 파산관재인은 원칙적으로 1인을 선임하지만, 필요하다고 인정할 때에는 수인을 선임할 수도 있다(제356조). 그리고 자연인뿐만 아니라 법인도 파산관재인이 될 수 있다.[2] 법인이 파산관재인인 경우 그 법인은 이사 중에서 파산관재인의 직무를 행할 자를 지명하고 법원에 신고

---

[1] 현재 법원 실무는 기록상 명백히 나타나는 파산신청 각하·기각사유를 검토하고 '파산의 원인인 사실'의 소명 여부만을 심리한 후, 파산관재인 선임을 위한 비용의 예납명령을 하고, 예납금이 납부되면 신속히 파산선고결정을 하면서 그와 동시에 파산관재인을 선임하고 있다. 동시폐지방식은 예외적으로 운영하고 있다.

[2] 금융기관 등 대형 기업의 파산이 이어지면서 예금보험공사 등이 파산관재인이 될 필요성이 높아졌고, 실제로 「공적자금관리 특별법」에서 예금보험공사를 파산관재인으로 한다고 명시적으로 규정하고 있다(제20조).

하여야 한다(제355조 제2항).

파산관재인이 수인인 때에는 직무집행은 공동으로 하는 것이 원칙이나, 법원의 허가를 얻어 직무를 분장할 수 있다.[3] 이 경우 제3자는 그중 1인에 대하여 의사표시를 하면 된다(제360조).[4] 파산관재인이 여럿인 경우 소송절차에서 송달은 그 가운데 한 사람에게 하면 된다(제33조, 민소법 제180조).

파산관재인의 자격에는 특별한 제한이 없다.[5] 다만 공적자금이 지원되는 부보금융회사가 파산한 경우 공적자금의 효율적인 회수가 필요한 때나 예금보험공사가 보험금 지급 또는 자금지원을 하는 부보금융회사가 파산한 경우 지원자금 등을 효율적으로 회수할 필요가 있을 때에는 예금보험공사 또는 그 임직원을 파산관재인으로 선임하도록 하고 있다[6](공적자금관리 특별법 제20조 제1항,[7] 예금자보호법 제35조의8 제1항).[8] 한편 금융위원회는 금융기관이 파산한 경우에는

---

3) 파산재단에 속하는 재산의 관리처분권은 채무자로부터 이탈하여 파산관재인에게 전속하게 되고, 파산관재인이 여럿인 경우에는 법원의 허가를 얻어 직무를 분장하였다는 등의 특별한 사정이 없는 한 그 여럿의 파산관재인 전원에게 파산재단의 관리처분권이 있기 때문에 파산관재인 전원이 소송당사자가 되어야 하므로 그 소송은 필수적 공동소송에 해당한다(대법원 2008. 4. 24. 선고 2006다14363 판결 참조). 따라서 파산관재인이 여럿임에도 파산관재인 중 일부만이 당사자로 된 판결은 당사자적격을 간과한 것으로서 파산재단에 대하여 효력이 미치지 아니한다(대법원 2009. 9. 10. 선고 2008다62533 판결).

4) 관련 내용은 〈제2편 제6장 제2절 Ⅳ.1.〉(본서 372쪽)을 참조할 것.

5) 법원은 특별한 사정이 없으면 변호사를 파산관재인으로 선임하고 있다. 그 이유는 ① 파산관재업무는 법률지식이 반드시 필요하고, ② 비용을 절감하고 절차를 신속히 처리할 수 있으며, ③ 공정하고 중립적인 업무수행이 필요하기 때문이다.

6) 예금보험공사 등이 채무자에 대한 채권을 피보전채권으로 하여 채무자의 법률행위를 대상으로 채권자취소권을 행사하는 경우, 제척기간의 기산점과 관련하여 예금보험공사 등이 취소원인을 알았는지 여부는 특별한 사정이 없는 한 피보전채권의 추심 및 보전 등에 관한 업무를 담당하는 직원의 인식을 기준으로 판단하여야 하므로, 그 담당직원이 채무자의 재산 처분행위 사실뿐만 아니라 구체적인 사해행위의 존재와 채무자에게 사해의 의사가 있었다는 사실까지 인식하였다면 이로써 예금보험공사 등도 그 시점에 취소원인을 알았다고 볼 수 있다. 이러한 법리는 예금보험공사가 파산관재인으로서 대리인을 선임하였다 하더라도 피보전채권의 추심 및 보전에 관하여 직접 조사하여 법적조치를 지시하는 경우에는 마찬가지로 적용된다(대법원 2018. 7. 20. 선고 2018다222747 판결, 대법원 2017. 6. 15. 선고 2015다247707 판결 참조).

 ☞ 원고 예금보험공사 재산조사실의 직원이 금융기관1과 금융기관2에 채무자에 대한 금융거래정보를 요구하여 이를 제공받았고, 그중 금융기관1과 관련된 송금에 관하여 사해행위취소소송이 제기되었는데, 뒤늦게 금융기관2와 관련된 송금도 사해행위에 해당한다는 자금흐름조사결과가 원고의 대리인에게 통보되고 이에 따라 청구취지가 변경된 사안에서, 금융기관2와 관련된 송금에 관한 사해행위취소소송 제척기간의 기산시점은 자금흐름조사결과가 통보된 시점이 아닌 원고의 직원이 취소의 원인이 있음을 안 날로서 늦어도 당초 소가 제기된 시점이라고 보아 원심판결을 파기한 사례

7) 부보금융기관이 파산할 때 법원으로 하여금 예금보험공사나 그 임직원을 의무적으로 파산관재인으로 선임하도록 한 공적자금관리 특별법 제20조가 사법권, 평등원칙, 적법절차를 침해하여 위헌인지에 대하여 헌법재판소는 다음과 같은 이유로 합헌 결정하였다(헌법재판소 2001. 3. 15. 선고 2001헌가1,2,3(병합) 전원재판부 결정).

 1. '파산관재인의 선임 및 직무감독에 관한 사항'은 대립당사자간의 법적 분쟁을 사법적 절차를 통하여 해결하는 전형적인 사법권의 본질에 속하는 사항이 아니며, 따라서 입법자에 의한 개입여지가 넓으므로, 그러한 입법형성권 행사가 자의적이거나 비합리적이 아닌 한 사법권을 침해한다고 할 수 없다.

 이 사건 조항(공적자금관리 특별법 제20조 제1항을 말한다)은 현재의 경제상황에서 금융기관의 도산이 갖는 경제적 파급효과의 심각성 및 금융기관에 투입된, 국민의 부담이거나 부담으로 귀결될 수 있는 수많은 공적자금의 신속하고 효율적인 회수의 필요성이 인정되므로 정당한 입법목적을 지니며, 예금보험공사측을 금융기관에 대한 파산관재인으로 선임하면, 예금보험공사가 지닌 금융경제질서의 안정을 위한 공적 기능의 과제와 그 의사결정과 업무수행에 관한 정부의 참여와 감독을 고려할 때, 보다 효율적이고 신속한 공적자금의 회수에 기여할 것이라고 인정될 수 있다. 그러므로 이 사건 조항은 객관적으로 자의적인 것이라거나 비합리적인 것이라 볼 수 없다.

금융전문가[9] 또는 예금보험공사의 임직원 중에서 1명을 파산관재인으로 추천할 수 있으며,[10] 법원은 금융위원회가 추천한 사람이 금융 관련 업무지식이 풍부하며 파산관재인의 직무를 효율적으로 수행하기에 적합하다고 인정되면 파산관재인으로 선임하여야 한다(금융산업의 구조개선에 관한 법률 제15조 제1항).[11][12][13]

한편 입법자는 입법과정에서 "공적자금의 효율적 회수가 필요한 때"라는 요건을 추가하여 법원의 재량 여지를 두었을 뿐만 아니라 5년간 한시적으로 적용하게 하였다.

또한 이 사건 조항이 예금보험공사가 파산관재인이 될 경우 채무자회생법상의 법원의 해임권 등을 배제하고 있으나, 예금자보호법상 예금보험공사의 의사결정과정, 파산관리절차에 관한 지휘체계, 예금보험공사에 대한 국가기관의 감독장치, 이 사건 조항의 입법목적과 내용 등을 고려할 때, 그러한 감독권 배제가 자의적이거나 불합리하게 법원의 사법권을 제한한 것이라 보기 어렵다.

2. 이 사건 조항이 채권자간 혹은 파산관재인간에 차별을 가져왔다고 하더라도 이는 헌법이 금지하고 있거나 관련 기본권에 대한 중대한 제한을 초래하는 차별이라고 할 수 없으므로, 그 차별을 정당화할 수 있는 합리적 이유가 있다면 위헌으로 선언할 수 없다.

예금보험공사의 법적 지위 내지 공적 기능을 볼 때, 예금보험공사는 금융기관에 대한 채권자이면서 동시에 금융경제질서의 안정을 위한 적극적인 공공복리를 위한 역할을 수행하며, 파산관재인으로서 그 역할을 공정하게 수행하도록 하기 위한 채무자회생법과 예금자보호법 등에 의한 절차적 장치가 마련되어 있다고 볼 것이므로, 채권자의 1인인 예금보험공사를 파산관재인으로 선임하도록 하였다고 해서 다른 채권자와의 관계에서 비합리적인 차별취급을 한 것이라 볼 수 없다. 또한 예금보험공사가 파산관재인인 경우 채무자회생법상의 감독규정을 일부 배제한 것은, 공적자금을 보다 효율적으로 신속하게 회수하기 위한 것이고, 그러한 배제에도 불구하고 파산관재인으로서 공정한 역할을 수행하기 위한 법적 장치가 마련되어 있다고 보는 이상, 다른 파산관재인과의 관계에서 차별을 가져온다고 해도 자의적이라거나 불합리한 것이라 할 수 없다.

3. 적법절차의 원칙은 형식적인 절차뿐만 아니라 실체적 법률내용이 합리성과 정당성을 갖춘 것이어야 한다는 실질적 의미를 포함한다. 그런데 위 조항들은 그 입법목적과 그 실현수단의 적정성, 부보금융기관과 관련한 예금보험공사의 법적 지위와 전문성, 공적 지위 등을 고려할 때, 합리성과 정당성을 갖춘 것이라 할 것이므로 적법절차의 원칙에 위배되지 않는다.

8) 공적자금관리 특별법이나 예금자보호법에 따라 선임된 파산관재인에 대하여는 제364조(법원의 해임권), 제492조(법원의 허가를 받아야 하는 행위)의 적용이 배제된다.

9) 금융전문가란 ① 금융기관에서 5년 이상 근무한 경력이 있는 자, ② 금융위원회·금융감독원 등 금융감독기관에서 5년 이상 근무한 경력이 있는 자, ③ 금융위원회가 정하는 금융관련단체에서 5년 이상 근무한 경력이 있는 자, ④ 금융기관의 관리인·청산인 또는 파산관재인으로 선임된 경력이 있는 자, ⑤ 그 밖에 금융에 관한 지식과 경험이 풍부하다고 금융위원회가 인정하는 자를 말한다(금융산업의 구조개선에 관한 법률 시행령 제5조의7 제2항).

10) 신용협동조합이 파산한 경우에도 금융위원회가 법원에 파산관재인을 추천할 수 있다(신용협동조합법 제88조의2). 새마을금고가 파산한 경우에는 주무부장관이 법원에 파산관재인을 추천할 수 있다(새마을금고법 제80의5). 농업협동조합, 수산업협동조합, 산림조합이 파산한 경우에는 중앙회가 파산관재인을 추천할 수 있다(농업협동조합의 구조개선에 관한 법률 제10조 제2항, 수산업협동조합의 구조개선에 관한 법률 제15조 제2항, 산림조합의 구조개선에 관한 법률 제14조 제2항). 위와 같은 경우에는 추천권한만을 규정하고 있으므로 법원이 그 추천에 구속되는 것은 아니다.

11) 위 규정에 따라 선임된 파산관재인은 공적자금관리 특별법이나 예금자보호법에 따라 선임된 파산관재인에 대한 특례가 적용되지 않으므로 제492조 사항에 관한 법원의 허가를 누락하지 않도록 주의하여야 한다.

12) 금융기관은 일반 기업보다 보유자산의 규모가 크고 그 내용이 복잡하여 관리에 상당한 전문성이 요구된다. 특히 채권회수를 위해서는 여신 및 담보취득, 자산운용, 채권회수기업 등 금융 업무에 대한 전문지식이 필요하다. 금융기관의 파산은 금융뿐만 아니라 경제 전반에 심각한 파급효과를 미치며 예금보험공사의 지원 자금이 회수되지 않을 경우 국가의 재정 부담으로 귀결될 수 있으므로 일반 파산절차보다 더 신속하고 효율적인 처리가 필요하다. 금융기관의 부채는 대부분 예금이므로 예금자에 대한 보험금 지급 등을 통해 채권을 양수받은 예금보험공사가 최대채권자가 된다. 예금보험공사의 지원 자금 회수를 극대화하기 위해서는 파산재단 자산의 조속한 정리 및 관리비용 절감 등 파산재단의 효율적인 관리가 중요하다. 따라서 금융기관이 파산한 경우 예금보험공사나 그 임직원을 파산관재인으로 선임할 필요가 있다.

13) 실무적으로 금융기관이 파산한 경우 채권자가 다수이고 자금회수의 전문성 등을 고려하여 예금보험공사를 파산관재인으로 선임하는 경우가 있다{서울회생법원 2015하합100010(한맥투자증권 주식회사), 2022하합3(라임자산운용 주식회사) 등}.

법원은 파산관재인에게 그 선임을 증명하는 서면(자격증명서)을 교부하여야 하고, 파산관재인은 그 직무를 행함에 있어서 이해관계인의 청구가 있을 때에는 위 서면을 제시하여야 한다(제357조).

파산관재인은 법원의 감독을 받는다(제358조). 파산관재인은 법원이 정한 액수의 비용의 선급 및 보수를 받을 수 있다(제30조). 이 비용은 재단채권으로서 파산재단으로부터 지급된다.

Ⅱ 파산관재인의 법적 지위[14]

1. 파산관재인의 법적 지위를 둘러싼 3가지 기준

파산관재인은 선임되어 파산의 종료에 이르기까지 다양하게 설명되는 법적 지위에서 여러 가지 직무권한을 행사한다.[15] 실체법률관계에 따른 파산관재인의 법적 지위는 법률관계의 성질에 따라 3가지 기준이 적용된다.[16]

(1) 채무자와 동일시되는 파산관재인이다. 채무자가 파산선고 시에 가진 모든 재산은 파산재단을 구성하고 파산재단을 관리·처분할 권한은 파산관재인에게 속하므로(제384조) 파산관재인은 채무자의 포괄(일반)승계인과 유사한 지위를 가지게 된다.[17]

---

14) 파산관재인의 법적 지위와 관련하여 ① 대리설(채무자대리설, 채권자대리설), ② 직무설, ③ 파산재단대표설, ④ 관리기구인격설이 주장되고 있다. 이에 대한 자세한 내용은 「전병서, 106~107쪽, 윤남근, "파산관재인－그 법률상 지위와 권한을 중심으로－", 파산법의 제문제(상), 재판자료 제82집, 법원도서관, 182~190쪽」을 참조할 것. 파산관재인의 법적 지위에 관한 논쟁은 파산재단의 법적 성격, 재단채권의 채무자는 누구인가를 어떻게 설명할 것인지, 청탁금지법의 적용대상인지(직무설을 취할 경우 적용대상이 될 소지가 크나, 나머지 견해들을 취할 경우 적용대상이 아니라고 볼 여지가 크다)와 관련하여 실익이 있다. 채무자대리설은 파산관재인의 행위의 효과가 채무자의 재산에 미치는 점을, 직무설은 파산재단에 관한 소송에서 파산관재인이 당사자가 된다(제359조)는 것을 잘 설명한다.
　대법원은 「파산관재인은 파산자(현행 채무자)나 파산채권자 등의 대리인이라거나 그 이해관계인 단체의 대표자라 할 수 없고 파산절차에서 법원에 의하여 선임되어 법률상의 직무로서 파산재단에 관한 관리처분의 권능을 자기의 이름으로 행사하는 지위에 있는 자라고 풀이한 것인바, 파산법(현행 채무자회생법)이 파산관재인에게 파산재단에 관한 소에 있어 원고 또는 피고가 된다고 한 것은 소송법상의 법기술적인 요청에서 당사자적격을 인정한 것뿐이지, 자기의 이름으로 소송행위를 한다고 하여도 파산관재인 스스로 실체법상이나 소송법상의 효과를 받은 것은 아니고 어디까지나 타인의 권리를 기초로 하여 실질적으로는 이것을 대리 내지 대표하는 것에 지나지 않는 것인바, 파산관재인이 건물명도단행가처분신청을 하였다가 재판상 화해를 함에 있어 법원에 허가신청을 하였으나 그 신청이 불허가 되었음에도 불구하고 감사위원의 동의나 채권자집회의 결의도 없이 피신청인과의 사이에 재판상 화해를 하였다면 이는 소송행위를 함에 필요한 수권의 흠결이 있는 것으로서 민사소송법 제451조 제1항 제3호 소정의 재심사유에 해당한다」(대법원 1990. 11. 13. 선고 88다카26987 판결)고 판시함으로써 기본적으로 직무설을 취한 듯한데, 대리설로 보는 견해도 있다(윤남근, 전게 "파산관재인－그 법률상 지위와 권한을 중심으로－", 189쪽).
15) 대법원 2006. 11. 10. 선고 2004다10299 판결.
16) 관련 내용은 〈제3편 제6장 제2절 Ⅱ.2.가.〉(본서 361쪽)를 참조할 것.
17) 의뢰인으로부터 회생절차개시신청을 위임받은 변호사가 의뢰인이 파산한 후 파산관재인이 제기한 소송에서 피고의 소송대리인으로 되는 것이 변호사법 제31조 제1항 제1호(당사자 한쪽으로부터 상의를 받아 그 수임을 승낙한 사건의 상대방이 위임하는 사건)에 위반되는가. ① 파산관재인과 외부의 제3자와의 법률관계는 파산선고에 의하여 파산재단 소속 재산의 귀속이 변동되는 것이 아닌 이상 기본적으로 파산관재인을 채무자 자신과 동일시하거나 일반승계인으로서 규율된다는 점(채무자와 파산관재인은 동일시된다는 점), ② 회생채무자 대리인은 회생절차개시 신청의 준비에서, 절차개시 후의 각종 업무 수행과 회생계획안의 작성, 회생계획인가 후 수행에 이르기까지 절차 과정에서 지도적·중심적인 역할을 담당하고 있는데, 이러한 회생신청 대리인의 광범위한 역할에서 보면, 신청대리인이 된 변호사는 회생절차를 주도하고 의뢰인을 지도하는 과정에서 필연적으로 의뢰인의 경영과 거래 전반에 걸친 내부사

(2) 파산채권자의 이익대표자로서 파산관재인이다. 파산이 선고되면 파산채권자는 파산절차에 의하지 아니하고는 파산채권을 행사할 수 없고, 파산관재인에게 파산재단에 속한 재산에 대한 배타적인 관리처분권이 인정된다. 파산관재인이 파산채권자 전체의 공동의 이익을 위하여 선량한 관리자의 주의로써 직무를 행하고, 파산선고는 파산채권자 전체를 위한 압류로서의 성격이 있으므로 파산재단 소속 재산에 대한 압류채권자로서의(또는 그와 유사한) 지위를 가지게 된다. 이로 인해 실체법상 압류채권자가 보호되는 것이 정당하다면 파산관재인도 압류채권자와 동등한 권리를 주장할 수 있는 것이다.

(3) 나아가 채무자회생법 및 다른 법률이 파산관재인에게 특별한 지위를 인정한 경우{쌍방 미이행 쌍무계약에서 파산관재인에게 이행이나 해제 또는 해지의 선택권을 부여한 것(제335조 제1항), 부인권의 행사를 인정하는 것(제391조)}에는 그러한 지위를 가진다.

(1)부터 (3)까지 기준의 상호관계는 다음과 같이 정리된다. 파산관재인과 외부의 제3자와의 법률관계는 파산선고에 의하여 파산재단의 귀속이 변동되는 것이 아닌 이상 기본적으로 (1)의 기준, 즉 파산관재인을 채무자와 동일시하는 것으로 규율된다. 그렇지만 실체법이 어떤 법률관계에 대하여 압류채권자에게 특별한 지위를 부여한 경우에는, 파산선고에 기하여 파산관재인도 동일한 지위가 부여된다. 이것이 (2)의 기준이다. 나아가 채무자회생법 및 다른 법률이 파산관재인에게 특별한 지위를 인정한 경우에는 이것이 (3)의 기준이 된다.[18]

2. 파산관재인의 제3자성

민법 등 실체법은 선의의 제3자 또는 제3자를 거래의 안전 등을 이유로 보호하는 규정을 두고 있다(민법 제107조, 제108조 등). 그래서 채무자가 파산선고 전에 일정한 법률관계에 개입된 경우, 해당 법률관계의 상대방과의 관계에서 파산관재인을 제3자로 볼 수 있는지가 문제된다. 이것이 파산관재인의 제3자성 문제이다. 파산관재인이 실체법에서 규정하고 있는 제3자에 해당하는지는 파산절차의 주된 수익자인 파산채권자와 외부의 제3자 사이에 공평이라는 관점에서 결정하여야 할 것이다.

파산관재인은 통정허위표시(민법 제108조),[19] 착오로 인한 의사표시(민법 제109조), 사기,[20] 강

정을 알 수 있는 지위에 있다고 할 수 있는 점, ③ 이익 상반을 금지하여 먼저 의뢰한 자의 이익을 지킨다는 변호사법 제31조 제1호의 취지 등에 비추어 보면, 의뢰인으로부터 회생절차개시신청에 관하여 위임을 받은 변호사가 의뢰인이 파산한 후 파산관재인이 제기한 소송에서 피고의 소송대리인으로서 소송행위를 하는 것은 변호사법 제31조 제1호에 위반된다고 할 것이다(判例タイムズ No.1444 2018. 2., 104~112쪽).

18) 破産法・民事再生法, 329쪽.

19) 대법원 2010. 4. 29. 선고 2009다96083 판결, 대법원 2006. 12. 7. 선고 2006다59199판결, 대법원 2005. 5. 12. 선고 2004다68366 판결, 대법원 2003. 12. 26. 선고 2003다50078,50085 판결(파산관재인은 특별한 사정이 없는 한 선의로 추정할 것이므로 파산관재인이 악의라는 사실의 주장증명책임은 그 허위표시의 무효를 주장하는 자에게 있다), 대법원 2003. 6. 24. 선고 2002다48214 판결. 한편 위 2004다68366 판결은 파산관재인의 제3자성을 인정하면서도, 「민법 제108조 제2항과 같은 특별한 제한이 있는 경우를 제외하고는 채무의 소멸 등 파산 전에 채무자와 상대방 사이에 형성된 모든 법률관계에 관하여 파산관재인에게 대항할 수 없는 것은 아니라 할 것이며, 그 경우 채무자와 상대방 사이에 일정한 법률효과가 발생하였는지 여부에 대하여는 파산관재인의 입장에서 형식적으로 판단할

박에 의한 의사표시(민법 제110조), 채권양도의 제3자에 대한 대항요건(민법 제450조),[21] 계약해제의 제3자에 대한 효과(민법 제548조),[22] 이사회 결의가 없는 거래행위,[23] 취득시효,[24] 이사의 제3자에 대한 책임(상법 제401조 제1항)[25] 등에 있어서 제3자에 해당된다.[26] 파산관재인이 위와

것이 아니라 채무자와 상대방 사이의 실질적 법률관계를 기초로 판단하여야 한다」고 판시함으로써 제3자성을 부정하기도 하고 있다.

20) 대법원 2010. 4. 29. 선고 2009다96083 판결.

21) 채권자가 파산하면 채무자 소유의 집행가능한 재산은 파산재단이 되어 파산관재인의 관리처분에 속하고 파산채권자 전체를 위하여 압류한 것과 같다고 할 수 있으므로 파산관재인은 양도채권의 압류채권자와 같은 입장에 서 있다고 할 수 있고, 따라서 파산관재인은 채무자가 채권자로서 한 채권양도에 관하여 채권양수인과 양립할 수 없는 법률적 지위를 취득한 자라고 할 수 있으므로 제3자에 해당한다. 즉 지명채권의 양도를 받은 자는 양도인이 파산한 경우 파산선고 전에 그 양도의 대항요건을 구비하지 않는 한 위 채권의 양수로써 파산관재인에게 대항할 수 없다고 할 것이다〔윤남근, "파산관재인 -그 법률상 지위와 권한을 중심으로-", 파산법상의 제문제(상), 재판자료 제82집, 법원도서관(1999), 193쪽}. 대구지방법원 2004. 4. 30. 선고 2003가단52460 판결(확정).

22) 대법원 2014. 6. 26. 선고 2012다9386 판결(채무자가 부동산에 관하여 상대방과 체결한 계약에 따라 채무자 앞으로 소유권이전등기를 마친 후 그 계약이 해제되었으나 원상회복등기가 이루어지기 전에 채무자에 대해 파산이 선고되었다면 그 부동산은 일단 파산재단에 속하게 되고, 파산관재인은 파산선고에 따라 채무자와 독립한 지위에서 파산채권자 전체의 공동의 이익을 위하여 선량한 관리자의 주의로써 직무를 행하게 되는 것이므로, 파산관재인은 민법 제548조 제1항 단서에서 말하는 계약 당사자와 양립하지 아니하는 법률관계를 갖게 된 제3자의 지위에 있게 된다. 그리고 여기에서 계약 해제 사실에 대한 파산관재인의 선의·악의는 파산관재인 개인의 선의·악의를 기준으로 할 수는 없고, 총파산채권자를 기준으로 하여 파산채권자 모두가 악의로 되지 않는 한 파산관재인은 선의의 제3자라고 할 수밖에 없다).

23) 대법원 2014. 8. 20. 선고 2014다206563 판결(채무자가 상대방 회사와 그 회사의 이사회의 결의가 없는 거래행위를 하였다가 파산이 선고된 경우 특별한 사정이 없는 한 파산관재인은 이사회의 결의를 거치지 아니하고 이루어진 상대방 회사와의 거래행위에 따라 형성된 법률관계를 토대로 실질적으로 새로운 법률상 이해관계를 가지게 된 제3자에 해당한다).

24) 대법원 2008. 2. 1. 선고 2006다32187 판결(파산선고 전에 부동산에 대한 점유취득시효가 완성되었으나 파산선고시까지 이를 원인으로 한 소유권이전등기를 마치지 아니한 자는, 그 부동산의 소유자에 대한 파산선고와 동시에 파산채권자 전체의 공동의 이익을 위하여 파산재단에 속하는 그 부동산에 관하여 이해관계를 갖는 제3자의 지위에 있는 파산관재인이 선임된 이상, 파산관재인을 상대로 파산선고 전의 점유취득시효 완성을 원인으로 한 소유권이전등기절차의 이행을 청구할 수 없다. 또한, 그 부동산의 관리처분권을 상실한 채무자가 파산선고를 전후하여 그 부동산의 법률상 소유자로 남아 있음을 이유로 점유취득시효의 기산점을 임의로 선택하여 파산선고 후에 점유취득시효가 완성된 것으로 주장하여 파산관재인에게 소유권이전등기절차의 이행을 청구할 수도 없다. 이 경우 법률적 성질이 채권적 청구권인 점유취득시효 완성을 원인으로 한 소유권이전등기청구권은 채무자에 대하여 파산선고 전의 원인으로 생긴 재산상의 청구권으로서 파산채권에 해당하므로 파산절차에 의하여서만 그 권리를 행사할 수 있다.)

25) ツコリトNo 1591, 2023년 12월, 130~133쪽 참조. 여기에 실린 일본 하급심 재판례의 개략적 내용은 다음과 같다. 채무자(A)의 채권자 회사(Y1, 대표이사 Y2)에 대한 편파변제에 대하여, 파산관재인(X)이 Y1에 대하여 부인의 의사표시를 한 후 부인의 소제기 허가를 받아 Y1,Y2를 상대로 부당이득반환 및 불법행위에 기한 손해배상을, Y2를 상대로 상법 제401조 제1항에 기한 손해배상청구를 하였다. 법원은 ① 채무자의 Y1에 대한 변제는 편파변제로서 부인대상이 된다고 인정하면서(Y1에 대한 부당이득반환청구를 인용하였다), ② Y1 및 Y2의 불법행위책임은 부정하였다(채권자에게 권리를 남용하였다거나 다른 채권자를 해할 의도에서 고의로 변제를 받았다는 특단의 사정이 있는 경우를 제외하고, 변제를 수령한 것 자체가 바로 위법성이 있는 불법행위를 구성한다고 해석하는 것은 상당하지 않다). 하지만 ③ Y2에 대해 편파변제에 따른 수령을 하도록 하지 않았어야 할 임무를 게을리 하였음을 이유로 제3자에 대한 손해배상책임을 인정하였다. 임무를 게을리하였다는 것을 인정한 근거는, 편파변제가 부인권 행사의 대상이라면 다른 채권자와의 관계에서 채무자회생법을 위반한 행위라는 평가를 부정할 수 없고, X가 부인권을 행사하여 반환을 구하면 부당이득으로 반환을 할 수밖에 없는데, 이 경우 소송 등 대응을 위한 비용이 필요할 뿐만 아니라 악의의 수익자로서 법정이자를 지급할 여지도 있으므로, Y1의 대표이사인 Y2로서는, Y1으로 하여금 부인권의 대상인 행위를 하지 않도록 하여야 할 선관주의의무를 부담한다는 것이다. 그러나 부인권 행사의 대상이 되는 변제를 수령한 채권회사의 경영자에 대하여 해당 수령행위를 이유로 상법 제401조 제1항에 기한 제3자 책임을 인정한 것은 의문이다. 채권회수에 불안이 있는 회사로부터 조기에 채권을 회수하는 것은, 채권관리의 방법으로서 합리적인 것이기 때문이다. 채무자가 지급불능상태에 있다고 하더라도, 채무자가 파산신청을 준비하고 있다는 사정을 알고 있었다는 등의 사정이 없는 한, 채권자회사 경영자의 채권회수 판단은 존중되어야 한다.

26) 파산관재인은 총채권자의 공평한 채권 만족을 위하여 파산업무를 수행하고 파산선고는 파산채권자 전체를 위한 압

같이 제3자로 인정될 경우 위 하자 있는 의사표시에 있어서 그 상대방이 파산한 경우 하자 있는 의사표시를 한 자는 더 이상 그 법률행위의 무효나 취소를 주장할 수 없게 되고, 채권양도의 대항요건을 갖추지 않은 상태에서 채권의 양도인이 파산하면 채권양도의 효력은 부정되며, 계약해제에 있어서 해제권 행사의 상대방이 파산한 경우 해제권자는 원상회복을 청구할 수 없다[27]는 결과가 된다.[28]

파산관재인이 제3자에 해당한다고 할 경우 누구를 기준으로 선의·악의를 판단하여야 하는지가 문제이다. 파산관재인의 선의·악의는 파산관재인 개인의 선의·악의를 기준으로 할 수는 없고, 총파산채권자를 기준으로 하여 파산채권자 모두가 악의로 되지 않는 한 파산관재인은 선의의 제3자라고 할 수밖에 없다(파산채권자 중 1인이라도 선의이면 선의인 것으로 취급된다).[29] 그 이유는 다음과 같다. 파산관재인 개인을 기준으로 선의·악의를 판단할 경우 법적 안정성을 흠결한다. 극단적으로 파산채권자 모두가 악의인 경우에도 파산관재인 자신이 선의라는 이유로 무효의 주장을 인정하지 않는 것은 공평에 반한다. 반대로 우연히 파산관재인 자신이 악의라도 파산채권자 중 선의인 자가 존재한다면, 무효의 주장을 할 수 있도록 하는 것은 상대방에게 부당한 이익을 주는 결과가 된다. 파산재단의 공평한 분배라는 파산절차의 성질로부터 파산채권자 중 1인이라도 선의인 자가 있다면, 파산관재인이 그 지위를 원용할 수 있도록 하는 것이 합리적이다. 따라서 파산선고시를 기준으로 파산관재인이 파산채권자 중 1명이라도 선의라는 것을 증명하면 무효 등의 주장을 배척할 수 있다.[30]

류로서의 성격이 있으므로 파산재단 소속 재산에 대한 압류채권자로서의 지위를 가지고 있는 것이다. 따라서 실체법상 압류채권자가 제3자로서 보호되는 것이 정당하다면 파산관재인도 압류채권자와 동등한 권리를 주장할 수 있는 것이다. 결국 파산관재인은 채무자의 포괄승계인이라는 측면과 제3자라는 측면을 겸유하고 있는데, 구체적 문제의 해결에 있어서 일응의 기준은 일차적으로 파산관재인을 채무자의 포괄승계인으로 보되 실체법이 법률관계의 처리에 있어서 압류채권자를 특별히 보호하고 있다고 인정되는 경우에 한하여 제3자성을 인정할 수 있을 것이다(윤남근, 전게 논문, 191쪽).

27) 매도인이 매수인에게 토지를 양도하였고(이전등기), 이후 매수인이 파산선고를 받아 파산관재인이 선임되었다. 매도인은 파산선고 전의 매매대금 미지급을 이유로 계약을 해제하였다. 하지만 파산관재인은 파산선고로 압류채권자의 지위를 취득하였고, 압류채권자는 제548조 단서의 제3자에 해당한다(대법원 2005. 1. 14. 선고 2003다33004 판결, 대법원 2000. 1. 14. 선고 99다40937 판결 등 참조). 따라서 매도인은 파산관재인에 대하여 원상회복으로 토지의 반환청구를 할 수 없다.

28) 명의신탁약정 및 이에 따라 행하여진 등기에 의한 부동산의 물권변동은 무효로 되나(부동산 실권리자명의 등기에 관한 법률 제4조 제1항, 제2항 본문), 그 무효는 제3자에게 대항하지 못하는바(위 법률 제4조 제3항), 제3자에 파산관재인이 포함되는가. 여기서 '제3자'란 명의신탁 약정의 당사자 및 포괄승계인 이외의 자로서 수탁자가 물권자임을 기초로 그와의 사이에 새로운 이해관계를 맺는 자를 말하므로(대법원 2005. 11. 10. 선고 2005다34667,34674 판결, 대법원 2004. 8. 30. 선고 2002다48771 판결, 대법원 2000. 3. 28. 선고 99다56529 판결) 파산관재인은 제3자에 포함되지 않는다고 할 것이다.

29) 대법원 2014. 8. 20. 선고 2014다206563 판결, 대법원 2014. 6. 26. 선고 2012다9386 판결, 대법원 2010. 4. 29. 선고 2009다96083 판결, 대법원 2006. 11. 10. 선고 2004다10299 판결.

30) 주주는 회사의 사원으로 압류채권자라고 할 수 없기 때문에 주주의 선의·악의는 문제되지 않는다.

Ⅲ 파산관재인의 권한

1. 파산재단의 관리

파산관재인은 파산재단에 대한 관리처분권을 갖는다(제384조). 따라서 파산관재인은 파산절차에서 부인권을 행사하여 파산재단을 증식하고 파산재단 소속 재산을 관리·처분하여 금전으로 환가하거나, 채권조사에 있어서 부당한 파산채권의 주장에 대하여 이의를 진술하고, 정당하게 배당에 참가할 자격이 있는 채권자에 대하여는 파산재단의 환가금을 배당하는 등의 권한을 갖는다.

가. 파산재단에 속한 재산

파산관재인에게 속하는 권한은 파산재단에 속하는 것에 한하고, 자유재산에 대한 관리·처분, 조직법적 활동 등 그 밖의 사항에 대하여는 미치지 않는다. 여기서 파산재단이란 법정재단(제382조)을 말한다. 다만 법정재단에 속하지 않은 재산이라도, 채무자가 점유·관리하고 있는 재산(환취권의 대상인 재산)의 점유관리권(반환할 의무)은 채무자로부터 박탈되어 파산관재인에게 전속하는 것이 상당하다. 이러한 한도에서 현유재단에 속한 재산도 여기서 말하는 파산재단에 포함된다고 할 것이다.

파산재단에 관하여는 〈제5장 제1절 Ⅰ.〉(본서 1358쪽)을 참조할 것.

나. 관리 및 처분하는 권한

파산관재인에게 전속하는 것은 재산에 대한 관리처분권뿐이다. 재산의 소유자인 지위는 채무자(법인의 경우는 청산법인)에게 남는다. 채무자는 파산재단에 속한 재산에 대하여 아무런 권한이 없는 것이 아니다. 채무자가 파산선고 후 파산재단에 속한 재산에 대하여 법률행위를 한 경우 절대적으로 무효인 행위는 아니고, 파산채권자에게 대항할 수 없을 뿐이다(제329조 제1항, 상대적 무효).

재산에 대한 관리처분권의 핵심은 재산의 환가권이고, 그 범위는 넓고 법원의 허가가 필요한 영업의 계속도 포함된다(제486조). 종업원의 고용 또는 해고 및 소송수행권도 포함된다(제359조). 주주로서 주주총회에서 의결권을 행사하는 행위,[31] 인도 등의 사실행위, 재산의 존속·귀속·내용의 변경에 영향을 미치는 행위[32]를 할 권한도 포함된다. 파산재단에 속한 부동산에

---

31) 주주가 파산선고를 받은 경우 주주총회소집통지는 파산관재인에게 하여야 할 것이다.

32) 채무자의 상대방에 대하여 회생절차가 개시된 경우, 채권자로서 의결권도 파산관재인이 행사할 수 있는가. 채무자의 상대방에 대한 채권은 파산재단에 속하고, 회생절차에서 의결권을 행사하는 것도 파산재단에 대한 관리처분권이라고 할 것이므로 의결권은 파산관재인이 행사할 수 있다고 할 것이다. 서울회생법원에서 甲 주식회사에 대한 회생절차가 개시된 후(2018하합100253), 甲 주식회사에 대하여 총 채권액의 20% 상당을 가지고 있는 乙 주식회사에 대하여 파산신청이 되었다(2019하합43). 乙 주식회사에 대하여 파산선고가 될 경우 甲 주식회사의 관계인집회에서 누

관한 경매가 실행된 경우 인도의무의 이행도 파산관재인의 관리처분권에 포함된다. 부동산 인도명령(민집법 제136조)의 상대방도 파산관재인이고[33] 현실적으로 점유하고 있는 채무자는 아니다. 파산채권·담보권 등을 포기하는 의사표시를 수령할 권한도 포함된다. 채무자가 주주인 회사에 대한 해산명령신청(상법 제176조 제1항)도 채무자의 파산관재인이 할 수 있다.[34]

다. 파산관재인에의 전속

파산재단에 속한 재산에 대한 관리처분권이 파산관재인에게 전속한 이후에는, 채무자는 파산절차와의 관계에서 같은 재산에 대하여 관리처분 행위를 할 수 없다.

재산의 관리처분권이 파산관재인에게 전속하는 근거는 주식회사가 영업의 전부 또는 중요한 일부를 양도하는 경우[35] 주주총회의 결의가 필요하지만(상법 제374조 제1항 제1호), 주식회사에 대하여 파산선고가 된 이후에는, 파산관재인은 주주총회 결의 없이 양도를 할 수 있다는데 있다(아래에서 보는 바와 같이 법원의 허가사항으로 될 수는 있다). 회생절차에서는 법원의 허가를 얻어 한 관리인에 의한 주식회사 영업의 전부 또는 일부의 양도의 경우 상법의 규정을 적용하지 않는다고 명시적으로 규정하고 있지만(제62조), 파산절차에서는 명문의 규정이 없다.

또한 파산관재인의 관리처분권도 별제권의 행사보다는 뒤진다. 별제권자가 적법하게 목적물에 대하여 경매 등을 한 경우 파산관재인의 관리처분권은 상실된다.

라. 당사자적격

(1) 파산재단에 관한 소송

파산재단에 관한 소송에서는 파산관재인이 당사자가 된다(제359조).[36] 파산재단에 관한 소송에는 파산재단에 속한 재산에 관한 소송, 파산채권에 관한 소송[37] 및 재단채권에 관한 소송이 포함된다(본서 1800쪽). 파산관재인에게 파산재단에 관한 소에 있어 당사자(원고 또는 피고)가 된다고 한 것은 소송법상의 법기술적인 요청에서 당사자적격을 인정한 것뿐이지, 자기의 이름으로 소송행위를 한다고 하여도 파산관재인 스스로 실체법상이나 소송법상의 효과를 받은 것은

가 의결권을 행사하여야 하는지가 문제되었다. 다만 甲 주식회사에 대한 관계인집회가 개최될 때까지 乙 주식회사에 대한 파산선고가 되지 않아 문제가 현실화되지는 않았다.

33) 채무자의 일반승계인도 인도명령의 대상이 된다(대법원 1973. 11. 30. 자 73마734 결정 참조).

34) 수원지방법원 성남지원 2011. 12. 2. 자 2011비합57 결정 참조. 파산관재인을 회사의 이해관계인으로 본 것이다. 서울회생법원 2018하합100005 사건에서, 2020. 9. 14. 파산관재인의 채무자가 사원인 유한회사에 대한 해산명령신청을 허가하였다.

35) 영업양도와 이를 구성하는 영업용재산의 양도는 엄격히 구별되지만, 주식회사의 영업 그 자체가 아닌 영업용재산의 처분이라 하더라도 그로 인하여 회사의 영업전부 또는 중요한 일부를 양도하거나 폐지하는 것과 같은 결과를 가져오는 경우에는 그 처분행위에 상법 제374조 제1호 소정의 주주총회의 특별결의를 요한다(대법원 1987. 4. 28. 선고 86다카553 판결).

36) 한편 합병무효의 소(상법 제236조 제1항, 제529조 제1항), 감자무효의 소(상법 제445조), 분할무효의 소(제530조의 11 제1항) 등 회사 관계 소송에서 파산관재인은 당사자적격(원고적격)이 인정된다. 또한 보전처분의 이의신청권자 및 취소신청권자가 될 수도 있다{법원실무제요 민사집행(Ⅴ), 사법연수원(2020), 156, 191쪽}.

37) 다만 파산채권에 대하여는 채무자회생법이 독자적인 신고·조사·확정절차를 두고 있기 때문에 채권자는 우선 이러한 절차를 밟아야 한다.

아니고 어디까지나 타인의 권리를 기초로 하여 실질적으로는 이것을 대리 내지 대표하는 것에 지나지 않는 것이다.[38]

파산재단에 관한 소의 경우, 채무자는 판결의 효력이 미치는 자로서(민소법 제78조) 공동소송적 보조참가는 인정되지만, 공동소송참가는 인정되지 않는다.[39]

파산관재인이 해임이나 사임 등으로 그 자격을 잃거나 죽을 때에는 소송절차는 중단되고, 새롭게 선임된 파산관재인이 소송절차를 수계하여야 한다(제33조, 민소법 제237조 제1항). 다만 소송대리인이 있는 경우에는 중단되지 아니한다(제33조, 민소법 제238조).

파산재단에 속하는 재산이 자유재산인지에 관하여 다툼이 있는 경우에는 파산재단에 속한다고 주장하는 파산관재인도, 자유재산이라고 주장하는 채무자도 당사자적격이 인정된다고 할 것이다. 채무자는 특정재산을 자유재산이라고 주장하면서 파산관재인을 상대로 하여 원고로서 소를 제기할 수도 있고, 제3자가 파산관재인을 상대로 인도청구를 하는 소송에 독립당사자참가(민소법 제79조)를 할 수도 있다.

(2) 파산재단에 관한 소송이 아닌 소송

파산재단에 관한 소송이 아닌 소송은 파산관재인에게 당사자적격이 없다. 이러한 소는 파산선고로 중단되지도 않고 채무자가 소송수행을 계속한다. 파선선고 후에 소를 제기한 경우에도 파산관재인이 당사자가 되지 않고, 채무자가 당사자가 된다.

개인의 경우 인격권, 신분상의 권리에 관한 소송(이혼청구권, 인지청구권 등), 자유재산에 관한 소송, 형사처벌을 받는 소송이 여기에 해당한다.

법인의 경우 개인의 신분상의 권리에 대응하는 것으로 회사조직에 관한 행위 등(설립·조직변경·회사분할·이사의 선임 등)에 대한 소송은 파산관재인에게 피고적격이 없다.[40] 마찬가지로 회사의 조직에 관한 소에 있어 원고적격이 있는 주주가 파산한 경우, 회사의 조직에 관한 소에 있어서 원고적격은 주주에게 있을 뿐 파산관재인에게는 원고적격이 없다.[41]

---

38) 대법원 1990. 11. 13. 선고 88다카26987 판결.
39) 條解 破産法, 649쪽.
40) 이에 대하여 적어도 법인의 재산관계를 직접 변동시키는 효과를 가지는 조직법적 법률관계에 관한 소송(합병, 영업양도, 배당, 신주발행 등)에 대하여는 파산관재인의 관리처분권의 대상이 되고, 파산관재인이 당사자(피고)적격을 가진다는 견해도 있다(條解 破産法, 647쪽).
41) 파산관재인의 관리처분권은 어디까지나 파산재단에 속한 재산을 환가처분하기 위하여 부여된 것으로, 회사의 조직에 관한 사항까지는 관리처분권이 미치지 아니하기 때문에(채무자 회사 자신이 한 주주총회소집, 이사의 선임 또는 해임과 같은 임원의 변경 등 회사조직에 관한 행위는 자연인의 인격권이나 신분상의 권리에 상응하는 것으로, 관리처분권이 파산관재인에게 이전되지 않고 채무자 회사가 행하는 것으로 해석하여야 한다), 회사의 조직에 관한 소는 제359조에서 말하는 '파산재단에 관한 소송'에 해당하지 않는다고 해석함이 상당하다. 회사 조직에 관한 소가 파산재단에 미치는 영향은 회사 조직에 관한 행위(예컨대 신주발행)가 무효 또는 취소로 되는 것에 의해 반사적으로 발생하는 것에 지나지 않는다. 회사의 조직에 관한 사항에 직접적인 이해를 갖고 관련 사항에 대한 판단을 하는 적격을 가진 자는 주주라고 해야 할 것인데, 만약 그 소에 관한 원고적격을 파산관재인에게 귀속시킨다면, 주주의 원고적격은 박탈되고, 그 권리행사가 봉쇄되는바, 이렇게 해석하여야 할 법령상의 근거는 찾기 어렵다. 또한 회사의 조직에 관한 소를 규정한 상법 각 규정의 문언상으로도 '주주 등'에 파산관재인이 포함된다고 해석하기는 곤란하다. 따라서 제소권자인 주주가 파산한 경우에도 회사의 조직에 관한 소에 있어 원고적격은 주주에게만 있을 뿐 파산관

파산의 경우 청산인이 필요 없는가

○ **민법**

제79조(파산신청) 법인이 채무를 완제하지 못하게 된 때에는 이사는 지체없이 파산신청을 하여야 한다.

제82조(청산인) 법인이 해산한 때에는 파산의 경우를 제하고는 이사가 청산인이 된다.

○ **상법**

제531조(청산인의 결정) ① 회사가 해산한 때에는 합병·분할·분할합병 또는 파산의 경우 외에는 이사가 청산인이 된다.

민법이나 상법에는 자연인(개인)이 파산한 경우의 효과에 관하여는 규정이 없어도, 법인·회사가 파산한 경우의 효과에 관하여는 일응 규정이 있다. 그러나 법인·회사가 파산하여 최종적으로 해산에 의해 소멸하여도 그 사이의 법적 관계에 대하여는 그다지 명확하지 않다. 예컨대 법인·회사가 해산한 경우에는 파산의 경우를 제외하고 이사가 청산인이 된다(민법 제82조 본문, 상법 제531조 제1항 본문)고 되어 있는데, 그렇다면 파산의 경우는 청산인이 필요 없는가.

파산 이외의 사유로 법인·회사가 해산되고, 청산 중에 채무가 법인·회사가 채무를 완제하지 못하게 된 때에는 청산인(=이사)은 파산신청을 하고, 파산관재인이 그 사무를 인수받은 때 그 임무를 종료하는 것으로 한다면, 파산관재인이 청산인의 직무를 행하는 것으로도 해석할 수 있다. 그러나 파산관재인의 직무는 파산재단에 관한 권리의무에 제한되기 때문에, 그 이외의 사항에 대하여는 청산인이 필요한 것으로 해석된다. 따라서 사단(주주)총회결의무효의 소의 피고로 되는 것은 파산관재인이 아니라 청산인이라고 할 것이다.[42]

2. 파산관재인의 관리행위의 제한

파산관재인은 앞에서 설명한 여러 가지 행위뿐만 아니라 시효중단조치, 채권추심 등 개별 행위를 원칙적으로 재량에 의하여 한다. 하지만 일정한 행위에 대하여는 법원의 허가를 받도록 하는 등 관리행위의 제한을 받기도 한다.

회생절차에도 상응하는 규정이 있다(제61조 제1항).[43] 회생절차의 관리인에게는 재산에 대한 관리처분권뿐만 아니라 업무수행권까지 전속하고(제56조 제1항) 법원의 허가를 받아야 할 사항은 법원이 재량으로 정하도록 되어 있다(제61조 제1항, 본서 378쪽 참조). 반면 파산관재인에게는 파

재인에게는 없다고 할 것이다(ジュリスト, 2023. 6.월호(No 1585), 有斐閣, 2~3쪽 참조). 마찬가지로 주식회사의 이사 또는 감사의 해임 또는 선임을 내용을 하는 주주총회결의부존재확인의 소 계속 중에 해당 주식회사가 파산선고를 받아도 위 소송에 대한 소의 이익이 당연히 소멸되는 것은 아니라고 보아야 한다.

42) 小林秀之, 92~93쪽.

43) 개인회생절차에는 아무런 규정이 없다. 하지만 개인회생절차에도 제61조 제1항을 유추적용하여야 할 것이다.

산재단에 대한 관리처분권만 있고(제384조), 원칙적으로 일정한 행위에 대하여는 법원의 허가를 받아야 한다(제492조). 또한 회생절차에는 채무자의 의견진술(제493조)에 관한 규정이 없다.

가. 법원의 허가를 받아야 하는 행위

파산관재인이 다음에 해당하는 행위를 하고자 하는 경우에는 법원의 허가를 받아야 한다. 감사위원이 설치되어 있는 때에는 감사위원의 동의를 얻어야 한다. 다만 ⑦ 내지 ⑮에 해당하는 경우 중 그 가액이 1천만 원 미만으로서 법원이 정하는 금액[44] 미만인 때에는 허가나 동의를 받지 않아도 된다(제492조).[45] 파산관재인의 직무행위 중 특히 중요한 사항에 대하여 부정행위를 막고 파산재단에 불이익이 없도록 감독을 확실히 하기 위하여 둔 것이다.[46] 여기서 허가는 법원의 감독권 발동의 일환으로 파산관재인이나 상대방도 불복할 수 없다. 허가는 조건부로 할 수도 있고 일정한 기준을 정하여 포괄적으로 할 수도 있다.

① 부동산에 관한 물권이나 등기하여야 하는 국내선박 및 외국선박의 임의매각

파산관재인이 임의매각에 의한 환가를 한 경우 이는 사적인 매매계약관계에 해당하므로 사적 자치와 계약자유의 원칙 등 사법의 원리가 적용된다.[47] 임의매각을 실시함에 있어서 설령 경쟁입찰방식에 따라 최고가격을 제시한 매수자를 선정하기로 하여 입찰보증금을 제공받고 입찰공고를 시행하는 등 민사집행법상의 경매절차와 유사한 과정을 거쳤다고 하더라도 그 본질은 여전히 사적인 매매계약관계로 보아야 한다.[48]

② 광업권·어업권·양식업권·특허권·실용신안권·의장권·상표권·서비스표권 및 저작권의 임의매각

③ 영업[49]의 양도

영업을 양도하기 위해서는 파산관재인은 먼저 제486조에 따라 영업의 계속에 관한 허가를 받고, 나아가 기업가치를 유지하는 것이 필요하다.

파산재단에 대한 환가방법으로 영업양도를 긍정적으로 검토할 필요가 있다. 파산에 빠진 이상 채무자는 사업에 실패한 것이 일반적이고, 본업은 잘 되고 있음에도 불구하고 부업으로 한 부동산·주식투자 등에서 큰 손해를 입어 파탄에 이른 때나 일부 사업은 잘 되고 있으나 부차적인 사업에 발목이 잡혀 도산에 이른 때 등의 경우에는 잘 되는 사업부분을 분리하여 그 것을 일체로 양도하는 것이 개개의 재산을 분리하여 환가하는 것보다 고가로 매각할 수 있기 때문이다.

회생절차와 달리(제62조) 파산절차에서는 영업양도에 대하여 특별한 절차를 두지 않고, 법

---

44) 실무적으로는 법원마다 다소 차이는 있으나 특별한 사정이 없는 한 300만 원~500만 원으로 정하고 있다.
45) 다만 이러한 경우에도 임치금반환에 대하여는 법원의 허가를 받아야 한다(제500조 제1항). 허가를 받아야 할 금액과 관련한 구체적인 내용은 아래 ⑬ 및 〈제6장 제2절 Ⅲ.1.가. 각주 195)〉(본서 1520쪽)를 참조할 것.
46) 대법원 1990. 11. 13. 선고 88다카26987 판결.
47) 대법원 2010. 11. 11. 선고 2010다56265 판결 참조.
48) 대법원 2013. 6. 14. 자 2010마1719 결정, 대법원 2006. 1. 20. 자 2005그60 결정 참조.
49) 제62조 제1항은 '영업 또는 사업'이라고 하고 있다. 통일적 규정이 필요하다.

원에 허가에 의한 양도를 인정하고 있다. 따라서 회생절차에 비하여 채권자협의회 등의 의견을 듣지 않아도 되므로, 오히려 실제적으로는 신속한 양도가 가능하고, 영업양도를 목적으로 파산절차를 이용하는 경우도 있을 수 있게 되었다.

영업의 양도를 위해 상법상 주주총회의 특별결의가 필요한가(상법 제374조 제1항 제1호). 파산재단에 대한 관리처분권이 파산관재인에게 전속하기 때문에 주주총회의 결의는 필요하지 않다고 할 것이다.[50]

④ 상품의 일괄매각

재산의 환가는 개별매각이 원칙이다. 그러나 상품의 경우는 양을 조절하거나 품종을 조절하거나 모두를 정리하여 일괄하여 매각하는 것이 비용이나 시간 등의 측면에서 파산재단에 유리한 경우가 있다.

⑤ 자금의 차입 등 차재

금전의 차입은 물론 이것에 준하는 것으로 어음의 할인도 포함된다. 차재로 인한 채권은 재단채권(제473조)으로 되지만, 변제할 수 없는 사태가 발생한다면 파산제도에 대한 신용이 훼손될 수 있다. 따라서 변제가 확실한 경우가 아니라면 차재를 하여서는 아니 되고, 허가하여서도 안 될 것이다.

⑥ 상속포기의 승인(제386조 제2항), 포괄적 유증의 포기의 승인(제387조)과 특정유증의 포기(제388조)

파산선고 전에 채무자(상속인)에 대하여 상속개시가 있고, 그 채무자에게 파산선고가 있는 경우, 그 채무자가 파산선고 전에 상속의 승인 또는 상속의 포기를 한 경우에는 파산채권자의 이익을 해하는 경우라도 그 효력은 파산선고에 의하여 영향을 받지 않는다. 관련 내용은 〈**제12장 제7절 Ⅰ.1.가.**〉(본서 1770쪽)를 참조할 것.

상속인(개인)이 상속·포괄적 유증에 관하여 단순승인·한정승인·포기를 하지 않은 채 파산선고를 받고, 파산선고 후 단순승인 또는 상속포기를 한 경우에는{신분법상의 권리이기 때문에 파산관재인이 아니라 채무자(상속인)가 하는 것이다}, 파산재단에 관하여는 한정승인을 한 것으로 된다(제385조, 제386조 제1항). 관련 내용은 〈**제12장 제7절 Ⅰ.1.나.(1)**〉(본서 1771쪽)을 참조할 것. 그러나 채무초과(부채초과)가 명백한 경우에는 상속포기의 효력을 인정하는 것이 관재업무 간소화 등의 관점에서 유리하다. 그래서 법원의 허가를 조건으로 파산관재인이 상속포기의 효력을 인정할 수 있도록 하였다(제386조 제2항 전문). 이 경우 파산관재인은 포기가 있은 것을 안 날로부터 3월 이내에 그 뜻을 법원에 신고하여야 한다(제386조 제2항 후문). 포괄적 유증의 포기의 경우에도 마찬가지이다(제387조).

수증자가 특정유증에 관한 승인·포기를 하지 아니한 채 파산선고를 받은 경우, 그 승인 또는 포기를 하는 권한은 원래 신분법상의 권리 또는 일신전속권이지만, 실질은 재산의 관리

---

50) 회생절차에서는 채무초과의 경우 법원의 결정으로 주주총회의 특별결의에 갈음할 수 있다고 명시적으로 규정하고 있다(제62조 제4항).

처분권이기 때문에, 채무자회생법은 파산관재인이 채무자를 대위하여 승인 또는 포기를 할 수 있도록 하였다(제388조 제1항). 그중 특정유증의 포기에 대하여는 파산재단에 유리한지 여부의 판단이 어렵기 때문에 법원의 허가를 받도록 한 것이다.

⑦ 동산의 임의매각

⑧ 채권 및 유가증권의 양도

⑨ 쌍방미이행 쌍무계약에서의 이행의 청구(제335조 제1항)

제335조는 파산관재인에게 쌍방미이행 쌍무계약에 관하여 정리(해제 또는 해지나 이행선택)하는 권한을 인정하고 있다. 해제(해지)를 하건 이행의 선택을 하건 공평의 관점으로부터 상대방에 대하여 재단채권을 부담하기 때문에(제337조 제2항, 제473조 제7호) 어느 것을 선택할 것인지는 신중한 판단이 필요하다. 파산절차의 경우에는 해제(해지)가 원칙인 것으로 생각되기 때문에 예외적 조치인 이행을 선택할 경우에만 법원의 허가를 받도록 하고 있다.[51]

⑩ 소의 제기(가처분 및 가압류의 신청을 제외한다)

㉮ 법원의 허가를 받아야 하는 소의 범위

민사소송의 제기가 전형적인 것이겠지만, 지급명령신청, 반소, 소송참가, 재심의 소도 포함된다. 행정상의 불복신청에도 유추적용된다고 할 것이다. 보전처분의 신청은 제외된다.[52] 부인의 청구[53]나 이사 등의 책임에 관한 조사확정재판신청도 법원의 허가가 필요하다. 항소·상고의 제기도 포함된다.

반면 이미 계속되어 있는 소송의 수계(제347조), 소의 변경, 제3자가 파산관재인에게 제기한 소송의 응소, 형사처벌을 구하는 고소·고발은 '소의 제기'라고 할 수 없으므로 포함되지 않는다. 강제집행의 신청이나 담보권 실행의 신청도 '소의 제기'라고 볼 수 없으므로 포함되지 않는다. 파산신청이 포함된다는 견해도 있지만,[54] 파산선고를 구하는 신청에 지나지 않고 '소의 제기'라고 볼 수 없으므로 포함되지 않는다고 볼 것이다.[55]

법원의 허가는 소제기의 적법요건이므로 허가 없는 소는 부적법하여 각하된다.[56] 한편 법원이 파산관재인의 소제기에 대해 회생법원의 허가를 받지 않은 것을 알지 못한 채 본안판결(조정 포함)을 한 경우 그 판결은 당연무효라고 할 수는 없고, 상소나 재심(준재심)에 의하여 다툴 수 있을 뿐이다.[57]

---

51) 반대로 회생절차에서는 이행의 선택이 원칙적인 것으로 생각되기 때문에 계약 해제(해지)를 할 경우에만 법원의 허가를 받도록 하고 있다(제61조 제1항 제4호).

52) 보전처분의 신청을 법원의 허가사항에서 제외한 것은 의문이다. 회생절차에서는 법원의 허가사항에서 제외하고 있지 않다(제61조 제1항 제5호).

53) 부인의 청구사건은 파산선고를 한 재판부에서 담당하고 있으므로 부인의 청구는 법원의 허가를 받을 필요가 없다는 견해도 있다(법인파산실무, 455쪽).

54) 법인파산실무, 454쪽.

55) 條解 破産法, 635쪽.

56) 대법원 1990. 11. 13. 선고 88다카26987 판결.

57) 대법원 1990. 11. 13. 선고 88다카26987 판결 참조.

㉯ 소의 제기나 보전처분신청을 하여야 할 경우

파산재단의 환가나 채권조사 등 관재업무를 수행하다 보면 소의 제기나 보전처분을 신청하여야 할 경우가 있다. 어떤 경우에 소의 제기나 보전처분을 하여야 하는가는 기본적으로 통상의 민사소송의 제기나 민사보전신청 등에 관한 판단과 다르지 않지만, 파산사건 특유의 고려요소도 있다.

구체적으로 ⓐ 승소 또는 화해성립의 가능성이 있는지, ⓑ 청구액과 소제기에 들어가는 비용을 비교한 경우 경제적 합리성(소송절차 등에 소요되는 기간, 이것에 의해 회수될 것으로 예상되는 금액, 소송절차 등을 통한 회수로 채권자에게 배당할 파산재단의 수집이 가능한지, 소송 등을 진행할 파산재단이 있는지 등) 등을 고려하여, 신중하게 판단할 필요가 있다. 판단이 어려운 경우는 법원과 협의를 하거나 채권자집회 등에서 파산채권자의 의향을 확인하는 것도 하나의 방법이다.[58]

파산재단이 부족함에도 불구하고 소의 제기 등이 필요한 경우에는 소송비용에 대하여 소송구조제도(민소법 제128조)를 활용할 필요도 있다.

⑪ 화해

화해에는 재판상화해, 즉 소송상화해는 물론 제소전화해(민소법 제385조)도 포함된다.

중재에 관하여는 명문의 규정이 없으나, 파산관재인이 중재계약을 체결하거나 중재신청을 할 때에도 법원의 허가를 받아야 한다고 할 것이다(제61조 제1항 제6호 유추).

⑫ 권리의 포기

실체법상의 권리의 절대적 포기(채무면제, 공유지분권의 포기, 소유권의 포기 등)뿐만 아니라 관리처분권의 포기, 소송법상의 권리포기(청구의 포기, 상소의 포기, 소의 취하, 상소의 취하, 화해권고결정·강제조정결정에 대한 이의의 포기 등)도 포함된다. 또한 파산재단으로부터의 포기도 포함된다. 파산재단으로부터의 권리의 포기란 파산관재인이 파산재단에 속하는 재산에 관한 관리처분권을 포기하여 채무자의 관리처분에 돌리는 행위를 말한다. 환가의 포기라고도 한다.

관련 내용은 〈제9장 제2절 Ⅳ.〉(본서 1598쪽)를 참조할 것.

권리의 포기는 그 가액이 1,000만 원 이상이거나 1,000만 원 미만으로서 법원이 정한 금액 이상인 경우에는 법원의 허가(또는 감사위원의 동의)를 받아야 한다(제492조 제12호). 파산채권자의 후순위 파산채권 중 일부에 관한 소멸시효이익의 포기는 권리의 포기에 해당하지 않아 법원의 허가를 받을 필요가 없다.[59] 다만 법원의 허가는 파산관재인 행위의 효력발생요건에 불과하므로[60] 법원의 허가가 있다 하더라도 파산관재인의 행위가 있어야 포기의 효력이 발생한다.

⑬ 재단채권·환취권 및 별제권의 승인

여기서 승인은 법원의 감독권 행사이기 때문에 승인에 의해 재단채권성 등이 확정되는 것은 아니다. 재단채권인지에 대한 다툼이 있는 경우에는 채권자로부터의 이행소송이나 재단채

---

58) 破産管財の手引, 224쪽.
59) 대법원 2014. 1. 29. 선고 2012다109507 판결, 대법원 2014. 1. 23. 선고 2012다44785 판결.
60) 대법원 1990. 11. 13. 선고 88다카26987 판결.

권성에 대한 적극적 확인소송 또는 파산관재인으로부터 소극적 확인소송에 의하여 해결하여야 한다. 별제권인지에 대하여 다툼이 있는 경우에는 담보권존재확인소송, 소유권유보나 양도담보 등에 대하여는 목적물인도청구소송에 의하여 해결하여야 할 것이다.

재단채권을 승인하는 경우 법원이 정한 금액 이상이라면 앞에서 본 바와 같이 법원의 허가를 받아야 한다. 법원이 정한 금액이 300만 원일 경우 300만 원은 해당 재단채권자에게 변제하는 금액이 아니라 당해 재단채권액을 말한다. 요컨대 400만 원의 재단채권을 승인한 경우에는 실제 그 재단채권자에게 변제하는 금액이 10만 원이라고 하여도 법원의 허가가 필요하다. 이 경우 법원에 승인허가신청을 하지 않으면 안 된다.

⑭ 별제권의 목적의 환수

환수란 파산관재인이 피담보채권을 전액 변제하여 목적물에 대한 담보권을 소멸시키는 것을 의미한다(민법 제321조, 제343조, 제355조, 제370조 참조).

관련 내용은 〈제5장 제4절 Ⅲ.2.다.〉(본서 1430쪽)를 참조할 것.

별제권의 실행에 맡기는 것보다 목적물을 일단 환수하여 파산관재인이 직접 환가(임의매각 등)하는 것이 유리한 경우에 활용된다.

⑮ 파산재단의 부담을 수반하는 계약의 체결

⑯ 그 밖에 법원이 지정하는 행위

법원의 허가사항을 탄력적으로 운영하기 위하여 둔 것이다.

나. 허가를 받지 않은 행위의 효력

제492조는 앞에서 본 바와 같이 파산관재인의 직무행위 중 특히 중요한 사항에 대하여 부정행위를 막고 파산재단에 불이익이 없도록 감독을 확실히 하기 위하여 둔 규정이다. 따라서 위 규정에 의한 법원의 허가나 감사위원의 동의는 제492조 소정의 파산관재인의 행위의 효력발생요건으로서 이에 위반한 행위는 원칙적으로 무효가 된다. 다만 선의의 제3자에게는 대항할 수 없다(제495조).[61]

관련 내용은 〈제2편 제2절 Ⅴ.1.나.(3)〉(본서 380쪽)을 참조할 것.

특히 파산관재인이 소를 제기하거나(〈가.〉의 ⑩) 재판상 화해를 함(〈가.〉의 ⑪)에 있어서는 법원의 허가 등은 민사소송법 제51조 소정의 소송행위에 필요한 수권에 해당하여 제소의 적법요건이 된다고 보아야 한다.[62]

파산재단 포기(〈가.〉의 ⑫)의 경우 채무자는 제3자라고 보기 어렵다. 따라서 채무자가 허가되지 않은 포기에 대하여, 허가되지 않는 것에 대하여 선의이기 때문에 포기는 유효하다는 주장은 할 수 없다.

61) 제3자에는 파산관재인의 행위의 상대방뿐만 아니라 전득자도 포함된다. 직접 상대방이 악의이더라도 전득자가 선의인 경우 전득자는 유효성을 주장할 수 있다.
62) 대법원 1990. 11. 13. 선고 88다카26987 판결 참조.

다. 채무자의 의견진술

채무자는 법원이 위와 같은 행위를 허가하거나 감사위원이 동의한 경우 파산관재인에게 의견을 진술할 수 있다(제493조).[63] 파산관재인이 감사위원의 동의를 얻어 위와 같은 행위를 할 때, 법원은 채무자의 신청에 의하여 그 행위의 중지를 명하거나, 그 행위에 관한 결의를 하기 위하여 채권자집회를 소집할 수 있다(제494조). 법원의 중지명령에 위반한 행위는 무효이지만, 선의의 제3자에게는 대항할 수 없다(제495조).

의견을 진술하는 방법은 정하여지지 않았기 때문에 구두이든 서면이든 모두 가능하다.

라. 법원의 허가를 받지 않아도 되는 경우

제492조 제7호 내지 제15호에 해당하는 경우 중 그 가액이 1천만 원 미만으로서 법원이 정하는 금액 미만인 때에는 법원의 허가를 받을 필요가 없다(제492조 단서).

공적자금관리 특별법이나 예금자보호법에 따라 선임된 파산관재인이 제492조에 해당하는 행위를 할 경우에는 법원의 허가를 받을 필요가 없다(공적자금관리 특별법 제20조 제2항, 예금자보호법 제35조의8 제2항).[64]

3. 파산선고 후 채무자에게 남은 권한

앞에서 본 바와 같이 ① 채무자의 재산에 대한 것이 아닌 권한(신분상의 권한, 회사조직에 관한 행위 등), ② 파산재단에 속하지 않는 재산(자유재산)에 관한 권한은 채무자에게 남아 있다.

채무자(개인·법인)가 파산선고 전의 원인으로 형사처벌을 받는 경우가 있는데, 이 경우 형사절차에 관한 방어권은 채무자에게 남고, 파산관재인에게 전속하지 않는다고 할 것이다. 벌금형이 부과되는 경우에 있어서도 이는 위 ①의 일종으로 보인다.

위 ①과 ② 이외에 채무자회생법은 주로 절차적인 사항에 관하여 채무자에게 일정한 권한을 부여하고 있다. 파산선고결정에 대한 즉시항고(제316조), 설명의무(제321조), 임무종료로 인한 계산보고에 대한 이의(제365조), 채권조사기일에서의 의견진술(제451조), 우편물의 교부요구(제484조 제3항), 파산관재인의 환가처분에 대한 의견진술(제493조), 면책신청(제556조) 등이 그것이다. 또한 파산선고를 받은 채무자는 회생절차개시신청을 할 수도 있다(제35조 제2항 참조).

---

63) 채무자의 의견청취는 회생절차에는 없는 규정이다. 파산절차에서 채무자는 개인이건 법인이건 파산선고 후에도 파산재단에 속한 재산의 소유자이다. 또한 파산채권에 대한 배당액이 어느 정도인지에 관하여도 이해관계가 크다. 파산재단의 실정에 대하여도 가장 잘 알고 있기도 하다. 그래서 파산관재인이 법원의 허가를 얻은 행위를 함에 있어서는 채무자의 의견을 청취하여야 할 것이다.

64) 주의할 것은 금융산업의 구조개선에 관한 법률 제15조 제1항에 따라 파산관재인을 선임한 경우, 파산관재인이 제492조에 해당하는 행위를 함에 있어서는 법원의 허가를 받아야 한다는 것이다.

4. 파산관재인의 채무승인과 시효중단[65]

승인(민법 제168조 제3호)은 시효의 이익을 받을 자가 시효에 의해 권리를 상실할 자에 대하여 그 권리의 존재에 대한 인식을 표시하는 것이다. 승인은 이미 가지고 있는 권리를 포기하는 것과 같이 새로운 처분행위를 하는 것은 아니므로 승인을 함에 있어서는 상대방의 권리에 대한 처분권한을 가질 것을 요하지 않는다(민법 제177조). 다만 시효중단이라는 불이익이 발생하기 때문에 반대해석상 관리권한을 가져야 한다고 할 것이다.

시효의 이익을 받을 본인(소멸시효의 경우에는 채무자) 이외의 자가 시효중단효력을 발생시키는 승인을 하기 위해서는, 해당 채무자의 재산에 대한 처분권한을 가질 것을 요하지 않지만, 해당 채무자의 재산을 관리하는 권한은 가져야 한다. 파산관재인은 채무자의 재산(파산재단)에 대하여 관리처분권을 가지고 있기 때문에 채무승인을 할 수 있다. 다만 파산관재인이 한 행위가 채무승인으로서 시효중단효력이 발생하기 위해서는 해당 행위가 파산관재인의 직무수행 범위에 속하는 것이어야 한다. 파산관재인의 직무는 파산재단을 처리하는 것이고, 파산관재인의 파산재단에 속한 재산에 대한 관리처분권도 그 권한 한도에서 부여되는 것이기 때문이다.

파산관재인이 별제권의 목적인 부동산의 환수(제492조 제14호)를 함에 있어 별제권자와 교섭할 때, 별제권자에 대하여 파산자(파산선고를 받은 채무자)를 채무자로 하는 별제권에 관계된 담보권의 피담보채권을 승인한 경우 피담보채권의 소멸시효를 중단시키는 효력이 있다고 할 것이다. 별제권자와 사이에 임의매각을 위한 환수를 위한 조건 등을 교섭할 때, 별제권의 피담보채권의 존부는 교섭의 방향성을 크게 좌우하는 요소인 이상, 파산관재인이 별제권자에 대하여 별제권에 관계된 담보권의 피담보채권의 존부에 관한 자기의 인식을 표시하는 것은 채무자회생법이 당연히 예정하는 것이므로, 이는 파산관재인의 직무수행의 범위에 속한다고 할 수 있기 때문이다.

반면 파산관재인이 파산절차를 간이하게 종료시키기 위해 이의를 진술한 파산채권에 대하여 이의철회의 절차를 거치지 않고 해당 파산채권에 대하여 채무승인을 한 경우, 이때 파산관재인이 한 채무승인은 직무의 수행방법으로서 정당한 것이라고 할 수 없기 때문에 시효중단의 효력은 없다고 할 것이다.

Ⅳ 파산관재인의 의무

1. 선관주의의무, 공정중립의무 및 충실의무

가. 선관주의의무

파산관재인은 선량한 관리자의 주의로써 그 직무를 행하여야 한다(제361조 제1항). 따라서

---

65) 倒産法(加藤哲夫등), 172~173쪽, ツコリト No 1591, 2023년 12월, 112~114쪽.

파산관재인은 직무를 신속·적정하게 집행하고, 파산관재인으로서 일반적·평균적으로 요구되는 주의의무를 다하지 않으면 안 된다. 파산관재인은 ① 파산재단의 관리, 회수, 처분, ② 파산채권의 조사, 확정, 배당, ③ 재단채권의 변제에 있어서 각각 선관주의의무를 부담한다.

선관주의의무를 위반한 예로는 ① 파산재단에 속한 채권의 회수를 게을리 하여 소멸시효가 경과되도록 한 경우, ② 파산채권에 대하여 채무자로부터 이의가 진술되었음에도 파산관재인이 조사를 다하지 않고 채권조사기일에 만연히 채권을 인정한 경우, ③ 조세채권에 대한 교부청구를 받았음에도 변제를 게을리한 경우, ④ 대출금채권을 담보하기 위하여 3인 공유토지에 대하여 저당권을 설정하였다가 토지가 분필되면서 공유물분할약정에 따라 1인 단독소유로 된 토지에 대하여 저당권을 해지하여 줌으로써 채권의 일부만 회수된 경우[66] 등을 들 수 있다.

이러한 주의의무를 게을리 하면 이해관계인에 대하여 손해를 배상할 책임이 있다. 파산관재인이 여럿 있는 때에는 연대하여 손해배상책임을 지게 된다(제361조). 이러한 책임을 부담함에 있어 선관주의의무 수준은 어느 정도인가. 선관주의의무위반으로 인한 책임은 파산관재인으로서의 지위에서 일반적으로 요구되는 평균적인 주의의무를 위반한 경우에 발생한다고 할 것이다.

나. 공정중립의무

파산관재인은 채무자, 채권자 등 다수의 이해관계인의 이해관계를 조정하면서 절차를 수행하는 공적·상설기관이기 때문에 직무집행에 있어 모든 이해관계인에 대하여 공정·중립을 유지하여야 하고, 공정·중립에 대한 이해관계인의 신뢰를 훼손하여서는 안 되는 의무를 부담한다.

다. 충실의무

파산관재인은 이해관계인 또는 파산재단과 자기거래(파산관재인이 직접 또는 친족이나 대리인을 통하여 파산재단에 속한 재산의 환가처분의 상대방이 되는 것) 등 이해가 상반되는 관계에 서면 안 된다.

2. 보고의무

가. 통상적인 경우

파산관재인은 파산선고에 이르게 된 사정과 채무자 및 파산재단에 관한 경과 및 현상에 관하여 제1회 채권자집회에 보고하여야 한다(제488조).

나. 임무가 종료된 경우

(1) 파산관재인의 임무가 종료한 때에는 파산관재인 또는 그 상속인[67]은 지체 없이 채권자

---

66) 서울고등법원 2005. 3. 18. 선고 2004나53588 판결(확정).

집회에 계산의 보고를 하여야 한다(제365조 제1항).

(2) (가) 채무자, 파산채권자 또는 후임의 파산관재인은 채권자집회에서 계산에 대하여 이의를 진술할 수 있다(제365조 제2항 참조). 이의권자로부터 이의가 진술된 경우, 파산관재인은 설명 및 증거서류의 제출 등을 하여 승인을 얻을 수 있도록 노력하여야 한다. 채권자집회에서는 다수결에 의한 승인결의는 하지 않는다. 이의진술의 기회를 보장함과 동시에 그 기일에 이의를 집중시키기 위한 채권자집회에 지나지 않는다. 이의가 있어도 그 적부를 심리하지 않고, 조서에 기재할 뿐이다. 이의진술이 있거나 없거나 채권자집회는 종료한다. 이의진술이 있어도 파산절차종결결정에는 방해가 되지 않는다.

(나) 채무자, 파산채권자 또는 후임의 파산관재인이 채권자집회에서 계산에 대하여 이의를 진술하지 아니한 때에는 이를 승인한 것으로 본다(제365조 제2항). 이의권자가 아닌 재단채권자에 대하여는 이러한 효과가 발생하지 않는다.

계산에 대한 간주승인의 실체법상의 효과는, ① 파산관재인의 이의권자에 대하여, 보고한 사항에 관한[68] 책임(손해배상책임, 부당이득반환의무 등)이 면제된다, ② 다만 파산관재인의 직무집행에 부정행위(횡령 등)가 있는 경우, 계산의 승인을 얻기 위해 부정행위(협박 등)가 있었던 경우에는 책임면제의 효과가 발생하지 않는다고 할 것이다.[69]

요컨대 간주승인조항은 파산관재인의 책임을 합리적인 범위에서 경감하고, 파산관재인의 입장을 합리적인 범위에서 안정시키려는 입법정책적인 규정이라고 할 수 있다.

(3) 파산관재인은 이해관계인의 열람을 위하여 계산보고서와 그 계산보고서에 관한 감사위원의 의견서를 채권자집회일 3일 전까지 법원에 제출하여야 한다(제365조 제3항).

다. 파산관재인 보고서 제출

법원은 파산관재인에 대한 일반적 감독권을 가지고 있으므로(제358조) 그 감독의 전제로서 법원의 명에 따라 관재업무 수행 상황에 대한 파산관재인 보고서를 법원에 제출하여야 한다.[70]

---

67) 파산관재인의 상속인에게 보고의무를 지우는 것은 의문이다. 파산절차에 관한 전문적인 지식이나 경험이 없는 상속인에게 보고의무를 지우는 것은 적절하지 않다. 신속하게 새로운 파산관재인을 선임하는 방식으로 해결하여야 할 것이다(일본 파산법 제88조 제2항은 후임 파산관재인에게 보고의무를 지우고 있다). 특히 파산관재인이 법인인 경우와 형평에 맞지 않다.
    한편 회생절차에서는 '승계인'에게 계산보고의무를 지우고 있다(제84조 제1항).
68) 보고되지 않은 사항 및 계산보고서로부터 알 수 없는 사항에 대하여는 책임이 면제되지 않는다.
69) 條解 破産法, 685쪽. 참고로 상법 제540조는 '청산인은 청산사무가 종결한 때에는 지체없이 결산보고서를 작성하고 이를 주주총회에 제출하여 승인을 얻어야 한다. 승인이 있는 때에는 청산인에 대하여 그 책임을 해제한 것으로 본다. 그러나 청산인의 부정행위에 대하여는 그러하지 아니하다'고 규정하고 있다.
70) 파산선고 시점에 불법행위가 성립한 경우 그 이후에 파산관재인이 작성하여 법원에 제출한 보고서도 파산선고 시점을 기준으로 한 손해액 산정의 자료가 될 수 있다{대법원 2016. 9. 30. 선고 2015다19117(본소),2015다19124(반소) 판결}.

3. 임무종료시의 긴급처분

파산관재인의 임무가 종료한 경우 급박한 사정이 있는 때에는 파산관재인 또는 그 상속인[71]은 후임의 파산관재인 또는 채무자가 재산을 관리할 수 있게 될 때까지 필요한 처분을 하여야 한다(제366조).[72] 민법 제691조에도 같은 취지의 규정이 있다.

가. 긴급처분의무자: 파산관재인 또는 그 상속인

의무주체가 파산관재인인 경우는 위 처분의무는 파산관재인의 직무 중 하나이기 때문에, 선량한 관리자의 주의로써 행하지 않으면 안 되고(제361조 제1항), 그 주의를 게을리 한 때에는 손해배상책임을 부담한다(제361조 제2항). 처분행위가 법원의 허가를 받아야 하는 것(제492조)이면 법원의 허가를 받아야 한다. 의무주체가 상속인인 경우, 상속인에 의한 이행은 파산관재인의 직무는 아니므로 선량한 관리자의 주의의무도 부담하지 않고 의무위반으로 인한 손해배상책임도 발생하지 않는다. 다만 민법 제691조, 제681조에 준하여 손해배상책임이 발생할 수 있다. 처분행위가 법원의 허가를 요하는 것이라도 법원의 허가를 받을 필요는 없다.[73]

상속인에게 긴급처분의무를 지우는 것은 합리성을 결한 것으로 입법론적으로 적절하지 않다(본서 384쪽 참조).

나. 급박한 사정

급박한 사정이란 파산관재인의 임무가 종료되는 시기에 즈음하여 파산재단에 속하는 채권의 소멸시효가 완성되는 것과 같이 즉시 어떠한 조치(소멸시효 중단조치)를 취하지 않으면 파산재단을 감소시키는 결과를 초래하는 경우를 말한다.

다. 파산관재인의 임무 종료

파산관재인의 직무는 파산절차의 종료, 파산관재인의 사망·사임·해임에 의하여 종료한다. 회생절차개시결정으로 파산절차는 중지되고(제58조 제2항 제1호) 회생계획인가결정으로 파산절차는 실효된다(제256조 제1항). 따라서 회생절차개시결정으로 파산관재인의 임무는 사실상 종결되나, 파산절차는 중지되는 데 불과하므로 개시결정이 취소되거나 회생계획불인가결정이 있는 때에는 종전의 파산관재인이 당연히 그 지위를 회복한다고 볼 것이다.

---

71) 회생절차(제84조 제2항)와 같이 '승계인'으로 하는 것이 타당하다. 상속인이라고 함으로써 법인이 파산관재인인 경우(제355조 제2항) 그 법인이 합병으로 소멸하는 때의 긴급처분의무를 포함시키지 못하고 있다.

72) 파산관재인의 임무종료에 따른 재산관리로 긴급처분 외에 파산취소결정 또는 파산절차폐지가 확정된 경우 재단채권에 대한 변제가 있다(제325조 제2항, 제547조, 본서 1318, 1635쪽). 회생절차에도 같은 취지의 규정이 있다(제84조 제2항, 본서 384쪽).

73) 다만 그러한 중요한 행위가 필요한 사안이라면, 후임 파산관재인을 신속하게 선임하여 그 자로 하여금 하게 하는 것이 바람직하다.

라. 필요한 처분

급박한 사정이 있는 때 인수할 재산에 대한 손해가 발생하지 않도록 하는 처분이다. 필요 최소한의 긴급조치로 충분하다. 앞에서 본 바와 같이 소멸시효의 중단조치(청구 등), 공작물의 하자에 대한 응급조치 등이다.

4. 원천징수의무

원천징수란 세법에서 정하는 원천징수의무자가 납세의무자인 거래상대방(원천납세의무자)에게 일정한 소득금액을 지급할 때에 원천납세의무자로부터 세액을 징수하여 과세관청에 납부하는 과세제도이다.[74] 소득세, 법인세 및 농어촌특별세에 대하여 인정되고 있다(소득세법 제127조 이하, 법인세법 제73조, 제98조, 농어촌특별세법 제7조 제3항).

파산관재인이 원천징수의무를 부담하는 '소득을 지급하는 자'(소득세법 제127조 제1항)에 해당하는지는 개별적으로 따져보아야 한다. 파산관재인의 보수에 대하여는 원천징수의무가 있고(본서 1347쪽),[75] 파산선고 전 발생한 임금 등을 지급할 경우에는 원천징수의무가 없다고 할 것이다.

관련 내용은 〈제6편 제3장 제3절 Ⅴ.7.〉(본서 2248쪽)을 참조할 것.

5. 공익적 지위의 인정 여부

파산관재인은 파산절차상의 기관으로서 파산절차의 목적인 파산채권자의 이익 극대화를 도모할 의무를 부담한다. 다만 파산관재인이 파산채권자의 이익만을 지향하는 것이 바람직한 것인지 의문이 있는 경우가 있다. 예컨대 산업폐기물이 묻혀있거나 토양이 오염된 부동산이 파산재단에 속한 경우 이들을 매각하려고 해도 매수자가 없을 것이고, 해당 산업폐기물을 제거하거나 오염된 토양을 정화하는 공사를 하여야 하지만, 그 공사비용이 많이 들고, 그 비용이 공사 후 매각대금을 상회한다고 가정해 보자. 이 경우 파산채권자의 이익을 고려하면, 해당 부동산을 파산재단으로부터 포기하는 것이 파산관재인으로서는 최선의 선택이다. 그러나 이렇게 되면 산업폐기물이 묻혀있거나 오염된 토지는 실질적으로 누구의 관리도 받지 않고, 방치된다. 이러한 경우에는 파산관재인에게는 파산채권자의 이익을 해할 우려가 있어도, 공익적인 입장에서 산업폐기물을 제거하거나 오염된 토양을 정화하는 공사를 하여야 할 의무가 있는 것은 아닐까.

관련 내용은 〈제9장 제2절 Ⅳ.2.〉(본서 1599쪽)를 참조할 것.

---

74) 원천징수에 관한 자세한 내용은 「소순무·윤지현, 조세소송, 조세통람(2020), 610~634쪽」을 참조할 것.
75) 변호사인 파산관재인은 보수를 지급할 때 소득세를 원천징수하여 국가에 납부할 의무를 부담한다. 파산관재인의 보수와 관련된 원천징수소득세의 채권은 파산재단의 관리에 관한 비용으로(제473조 제3호){또는 파산재단에 관하여 생긴 것으로(제473조 제2호 단서)} 재단채권이다(條解 破産法, 1004쪽 참조).

Ⅴ 파산관재인의 사임과 해임

파산관재인으로 선임된 자는 정당한 사유가 없으면 사임할 수 없다. 정당한 사유가 있어 사임하려고 할 때에도 법원의 허가를 받아야 한다(제363조).

법원은 채권자집회의 결의, 감사위원의 신청에 의하거나 직권으로 파산관재인을 해임할 수 있다. 이 경우 법원은 그 파산관재인을 심문하여야 한다(제364조 제1항). 해임결정에 대하여는 즉시항고를 할 수 있으나 집행정지의 효력은 없다(제364조 제2항, 제3항). 한편 공적자금관리 특별법이나 예금자보호법에 따라 선임된 파산관재인에 대하여는 법원의 해임권이 배제된다(공적자금관리 특별법 제20조 제2항, 예금자보호법 제35조의8 제2항).[76]

Ⅵ 파산관재인대리[77]와 보조인

1. 파산관재인대리[78]

가. 의 의

파산관재인은 필요한 때에는 그 직무를 행하게 하기 위하여 자기의 책임으로 법원의 허가를 받아 대리인을 선임할 수 있다(제362조 제1항, 제2항). 자기의 책임이란 대리인이 대리행위를 하는 때에 제3자에게 손해를 입힌 경우에는 파산관재인이 그 선임감독에 과실이 없더라도 대리인에게 과실이 있는 한 파산관재인도 책임을 피할 수 없다는 것을 의미한다.[79]

회생절차에도 마찬가지의 규정이 있다(제76조).

나. 선 임

파산관재인은 그 책임으로 파산관재인대리를 선임하기 때문에 일반적으로 파산관재인과 파산관재인대리 사이에는 위임계약이 체결된다.

파산관재인대리가 되기 위한 자격에는 법률상 제한이 없지만, 파산관재인대리는 포괄적인 대리권을 갖고 파산관재인에 갈음하여 법률행위를 하여야 하기 때문에, 그 직무를 행하기에

---

76) 금융산업의 구조개선에 관한 법률 제15조 제1항에 따라 파산관재인을 선임한 경우에는 법원의 해임권이 배제되지 않는다.

77) '파산관재인대리인'인가 '파산관재인대리'인가. 제30조 제1항 제1호와 제362조의 제목에서는 '파산관재인대리'라는 용어를 사용하고 있음에 반하여, 제362조 제1항과 제2항의 본문에서는 '파산관재인대리인'이라는 용어를 사용하고 있다. 회생절차에서 관리인대리를 규정한 제76조는 제목이나 본문에서 모두 관리인대리라는 용어를 사용하고 있고 제30조 제1항 제1호에서도 마찬가지이다. 이러한 점을 종합하여 보면 '파산관재인대리'가 맞는 표현으로 볼 수 있다. 입법론적으로는 용어의 혼선을 피하기 위해 제363조의 본문의 대리인을 '파산관재인대리'로 개정하여야 할 것이다.

78) 규모가 큰 파산사건에서 운용의 필요성이 있어 둔 것이나 실무에서는 거의 활용되지 못하고 있다. 비용문제도 있고 대리인을 두는 것보다 복수의 파산관재인을 선임하거나 보조인을 이용하면 되기 때문이다. 실무적으로 금융기관파산에서 예금보험공사가 파산관재인이 되는 경우 파산관재인대리를 선임하고 있다.

79) 전병서, 106쪽.

적합한 자일 것이 필요하다. 파산관재인의 피선임자격과 거의 마찬가지의 제한이 있다고 해석된다.

법인은 파산관재인대리가 될 수 없다고 할 것이다. 왜냐하면 파산관재인대리에 대하여는 법인을 파산관재인으로 선임할 수 있다고 정한 제355조 제2항과 같은 규정이 없고, 법인을 파산관재인대리로 선임할 필요성도 그다지 크지 않기 때문이다.

파산관재인대리의 선임에는 법원의 허가를 받아야 한다.[80] 파산관재인대리는 인원수의 제한이 없고 복수여도 된다(제76조 제1항 참조). 이 경우 각자가 파산관재인을 대리한다.

다. 권한 및 보수

파산관재인 대리인은 파산관재인에 갈음하여 재판상 또는 재판 외의 모든 행위를 할 수 있다(제362조 제4항). 파산관재인대리는 파산관재인의 직무권한을 전체적 및 포괄적으로 대리하고, 그 행위는 파산관재인의 행위와 동일한 효력을 갖는다. 파산재단에 관한 소송에서는 파산관재인만이 당사자적격을 갖고(제359조), 파산관재인대리는 당사자적격이 없다.

파산관재인대리도 파산관재인과 마찬가지로 비용을 미리 받거나 법원이 정한 보수 또는 특별상여금을 받을 수 있다(제30조 제1항 제1호).

라. 책 임

파산관재인대리는 파산관재인의 감독을 받지만, 법원의 직접적인 감독 하에 있는 것은 아니다. 법원에 대한 보고의무도 파산관재인대리가 아니라 파산관재인이 부담한다.

파산관재인대리도 파산관재인과 마찬가지로 선관주의의무(제361조)가 있다고 할 것이다. 파산관재인대리의 선임에는 법원의 허가가 필요하고, 권한도 법정되어 있으며, 보수도 개별적으로 지급된다는 점에서 일종의 기관성이 인정되기 때문이다.[81] 따라서 부적절한 직무집행을 한 경우에는 불법행위에 기한 손해배상책임뿐만 아니라 제361조 제2항의 유추적용에 따라 임무위배에 따른 손해배상책임을 부담한다고 할 것이다.

마. 사임 및 해임

파산관재인대리는 파산관재인의 책임으로 선임하고, 선임에 법원의 허가가 필요하지만, 사임에 있어서는 정당한 이유(제363조와 대비된다)나 허가는 필요하지 않다. 파산관재인대리가 사임하여도 재단에 대한 관리책임 등은 파산관재인이 부담하기 때문이다.

파산관재인은 파산관재인대리를 법원의 허가 없이 해임할 수 있다. 그 법률관계는 통상의 민법의 위임의 법리에 의해 규율된다(제364조와 대비된다). 물론 파산관재인대리가 부적절한 행

---

80) 서울회생법원 2019하합100389 사건에서, 파산관재인(변호사)은 2020. 6. 18. 당시 세계적으로 유행한 신종 코로나바이러스 감염증(코로나19)으로 채권자집회 출석이 어렵게 되자 법원의 허가를 받아 다른 변호사를 파산관재인대리로 선임하였다.
81) 條解 破産法, 618쪽.

위를 하였음에도 파산관재인이 해임하지 않는 경우 법원은 제362조 제2항의 허가를 취소할 수 있다. 파산관재인대리의 기관성을 고려하면 허가의 취소에 의해 파산관재인대리는 그 지위를 잃는다고 해석된다.

파산관재인대리의 사임, 해임, 사망(민법 제690조 참조)에 의해 파산관재인대리의 권한도 상실된다. 파산관재인과 파산관재인대리의 관계는 위임관계로 해석될 뿐만 아니라 파산관재인대리에 기관성이 있다고 하여도 파산관재인대리에 대한 신뢰는 파산관재인에 대한 신뢰 위에 존재한다고 생각되기 때문이다.

2. 보 조 인

파산관재인은 그 직무상 필요에 따라 파산재단의 비용으로 보조인을 고용할 수 있다.[82] 파산관재인은 일반적으로 변호사로 선임하는데 다른 업무를 수행하면서 파산관재인을 맡고 있으므로 관재업무에만 전념하기 어렵고, 규모가 큰 파산사건이나 법률관계가 복잡한 경우에는 파산관재인 혼자 업무를 감당하기 어렵기 때문이다.

사업주가 파산선고를 받은 이후에 파산관재인이 영업의 일부를 계속하고 이를 위하여 파산선고를 이유로 해고한 직원 중 일부를 다시 보조자로 선임하여 근로를 제공받는 경우에, 보조자들의 임금채권은 재단채권의 하나에 해당되어 파산절차에 의하지 아니하고 수시로 변제받을 뿐 아니라(제475조) 파산채권 등에 비하여 우선변제를 받을 여지가 많아서(제476조) 체불될 가능성이 비교적 낮다고 할 수는 있으나, 임금 체불의 가능성이 전혀 없다고 단정할 수는 없는 것이어서, 도산 등 사실인정의 사유가 발생할 가능성, 즉 계속되는 사업활동이 다시 경영악화로 인하여 정지되고 사업의 재개전망이 없으며 임금 및 퇴직금을 지급할 능력이 없거나 지급이 현저히 곤란한 상태에 있게 될 가능성은 여전히 있다고 보아야 하고, 이러한 사정이 발생하면 근로자의 신청에 따라 지방노동관서의 장의 도산 등 사실인정을 받을 수 있고, 이는 기존의 파산선고와는 별도의 대지급금 지급사유가 되는 것이므로(임금채권보장법 제7조), 파산선고가 있은 후에라도 파산관재인으로서는 임금채권 부담금을 납부할 의무가 있다.[83]

Ⅶ 파산관재인의 보수

1. 보수의 지급

파산관재인은 파산관재 업무 수행에 따라 법원으로부터 보수를 지급받는다(제30조 제1항 제1

---

82) 실무상 규모가 큰 파산사건에서 가끔 이용되고 있다. 비용문제로 인해 파산재단의 규모가 큰 경우나 자산이 전국적으로 흩어져 있어 파산관재인 혼자서는 감당하기 어려운 경우 등과 같은 경우에 한하여 보조인 고용을 허가하고 있다. 보조인의 고용을 허가하더라도 계약기간은 3개월 이내로 정하여 재계약의 필요성을 계속 소명하도록 하여 허가 여부를 결정하고 있다.

83) 대법원 2001. 2. 23. 선고 2000두2723 판결 참조.

호).[84] 실무적으로 각 법원은 파산관재인의 보수에 관한 실무 준칙을 제정하여 보수를 지급하고 있다.

보수는 직무와 책임에 상응하는 것이어야 한다(제30조 제2항). 법원의 보수 결정에 대하여는 즉시항고를 할 수 있다(제30조 제3항). 결정의 당사자인 파산관재인은 물론 결정의 이해관계인인 파산채권자, 채무자, 재단채권자도 즉시항고를 할 수 있다.

2. 보수에 대한 과세 문제

가. 부가가치세

일반적으로 변호사가 제공하는 법률서비스는 부가가치세법상 일반과세자로서 사업자등록이 되므로 부가가치세가 과세된다. 즉 변호사가 제공하는 법률서비스는 용역의 공급에 해당되어 부가가치세가 과세된다(부가가치세법 제11조). 그러나 변호사가 법원으로부터 파산관재인으로 선임되어 파산관재인의 직무를 수행하고 그 보수를 받은 경우 해당 직무수행 용역은 개인이 독립적으로 일의 성과에 따라 보수를 받은 '인적용역제공'으로 부가가치세가 면제된다(부가가치세법 제26조 제1항 제15호, 같은 법 시행령 제42조).

나. 소득세

(1) 기타소득

변호사가 파산관재인으로 선임된 후 받은 보수는 원칙적으로 인적용역에 대한 대가로 기타소득에 해당한다(소득세법 제21조 제1항 제19호 다목). 기타소득에 대해서는 거주자가 받은 금액의 100분의 60에 상당하는 금액을 필요경비로 한다(소득세법 시행령 제87조 제1의2호). 또한 파산관재인의 보수에 대하여는 원천징수를 하여야 한다(소득세법 제127조 제1항 제6호).[85]

(2) 사업소득

파산관재인이 파산관재 업무를 수행하고 지급받은 보수가 경우에 따라서는 소득세법상 사업소득에 해당할 수 있다. 소득세법에서 규정하는 사업소득은 영리를 목적으로 독립된 지위에서 계속·반복적으로 하는 사회적 활동인 사업에서 발생하는 소득을 뜻한다. 어떠한 소득이 사업소득에 해당하는지 아니면 일시소득인 기타소득에 해당하는지는 그 소득이 발생한 납세의무자의 활동 내용, 기간, 횟수, 태양 그 밖에 활동 전후의 모든 사정을 고려하여 그것이 수익

---

84) 물론 비용을 미리 받거나 법원이 정한 특별보상금도 받을 수 있다(제30조 제1항). 여기서 비용이란 파산관재인이 직무를 수행하는 데 필요한 비용을 말한다. 비용은 원래 제473조 제1호 또는 제3호에 해당하고, 재단부족의 경우 파산재단으로부터 우선적으로 변제받는다(제477조 제2항).

85) 원천징수세율은 100분의 20이다(소득세법 제129조 제1항 제6호 라목). 원천징수와 동시에 개인지방소득세로 원천징수하는 소득세의 100분의 10에 해당하는 금액을 특별징수하여야 한다(지방세법 제103조의13 제1항). 결과적으로 파산관재인이 기타소득으로 보수를 지급받을 경우에는 8.8%에 해당하는 금액을 원천징수 또는 특별징수하여 납부하여야 한다.

을 목적으로 하고 있는지, 계속성·반복성이 있는지 등을 사회통념에 따라 판단하여야 한다.[86] 법원의 결정에 따라 파산관재인으로 선임되었고 그 업무가 공익적 성격이 강하다고 할지라도, 파산관재 업무를 수행해 온 기간과 그로 인한 수익의 규모가 상당하다면 그 영리목적성이나 계속성·반복성을 부인하기 어려울 것이다.[87]

제3절 ▎ 채권자집회

파산절차는 누구를 위한 것인가. 그것은 원칙적으로 (파산)채권자를 위한 것이라고 하지 않을 수 없다(물론 개인파산의 경우에는 채무자의 면책이라는 다른 고려요소도 있다). 그런 의미에서 파산절차의 진행에 있어 절차의 이익 주체인 파산채권자의 의사를 반영시키는 것은 이론적으로 필요불가결한 요청이라고 할 수 있다. 그래서 채무자회생법은 파산절차상의 조직으로 채권자집회를 두어 중요한 절차상의 사항에 대하여 일정한 의결권을 부여하는 시스템을 채택하였다.

I 채권자집회의 의의

채권자집회는 파산채권자의 의견을 파산절차에 반영시키기 위하여 법원이 소집하고 법원의 지휘 아래 개최되어 법이 정한 사항을 결의하거나 파산관재인 및 채무자 또는 이에 준하는 자로부터 보고나 설명을 듣는 등의 권한을 가진 파산채권자의 집회이다.[88] 채권자집회는 ① 파산채권자에게 정보를 제공하고, ② 파산채권자가 제공받은 정보를 기초로 파산관재인을 감독하며, ③ 파산채권자가 모여 의결권을 행사함으로써 관재업무에 관하여 의사를 표명하는 기능을 한다.

채권자집회는 제1회 채권자집회(제312조 제1항 제2호),[89] 감사위원의 동의에 갈음하는 결의를 위한 채권자집회(제374조 제1항), 파산관재인의 임무종료에 따른 계산보고를 위한 채권자집회(제365조 제1항), 재단부족에 의한 폐지의 의견을 듣기 위한 채권자집회(제545조 제1항)가 있다.

---

86) 대법원 2017. 7. 11. 선고 2017두36885 판결, 대법원 2010. 9. 9. 선고 2010두8430 판결, 대법원 2001. 6. 15. 선고 2000두5210 판결 등 참조.

87) 대법원 2017. 7. 11. 선고 2017두36885 판결 참조. 위 판결은 「법인 파산관재 업무를 수행하고 지급받은 보수가 그 활동 기간과 횟수(이 사건 처분의 귀속연도인 2009년부터 2013년까지 11개 파산법인에 대하여 파산관재 업무를 수행하였고, 파산관재 업무를 시작한 2002년부터 2014년까지 총 40개의 파산법인에 대하여 파산관재 업무를 수행), 수익의 규모(과세대상 보수가 925,908,900원, 2002년부터 2014년까지 파산관재 업무에 대한 보수가 약 25억 원) 등에 의할 때 영리목적성, 계속성·반복성이 인정되므로 사업소득에 해당한다고 판단하면서, 다만 사업소득으로 과세될 수 있는지에 관하여 단순한 법률의 부지를 넘어 세법해석상으로 견해의 대립이 있었으므로 파산관재인이 보수를 사업소득으로 신고 납부하지 않았더라도 그 의무를 게을리하였다고 비난할 수 없는 정당한 사유가 인정된다는 이유로 가산세 부과처분에 관한 부분은 위법하다」고 판시하였다.

88) 회생절차에서는 회생채권자뿐만 아니라 회생담보권자와 주주 등도 권리의 변경 등에 영향을 받으므로 이들이 참석할 수 있는 집회를 개최하고, 이를 관계인집회라고 부른다.

89) 제1회 채권자집회에 관하여는 〈제8장〉을 참조할 것.

법정된 채권자집회 이외에 파산관재인이나 감사위원 일정액의 파산채권을 가진 자의 신청이 있는 경우에 소집하는 일반적인 채권자집회가 있다(제367조 참조).[90]

채권자집회는 상설적인 것은 아니지만 법원의 소집에 의하여 기일마다 성립하는 기관이다. 즉, 채권자집회는 단체로서 파산채권자에 의해 구성되는 파산절차의 기관이다.[91]

입법론적으로 채권자집회의 개최를 필수적으로 할 필요가 있는지는 의문이다. 실무적으로 채권자집회에 참가하는 파산채권자는 많지 않고(대부분 거의 참가하지 않는다) 의결권을 적극적으로 행사하는 경우는 드물다. 파산채권자 수가 많은 대규모 사건의 경우 물리적으로 집회장소를 확보하기 곤란하고, 소규모 사건이 대부분을 점하지만 파산채권자는 출석을 거의 하지 않는다. 이러한 현실을 고려하면 채권자집회의 개최를 필수적으로 하는 것은 합리적이지 못하다. 회생절차에서 관리인 보고를 위한 관계인집회를 임의화한 것과 마찬가지로 파산관재인이 작성한 보고서를 열람할 수 있도록 적당한 장소에 비치하거나 파산채권자들에게 송달하는 등 대체방법으로 대신할 수 있도록 채무자회생법을 개정할 필요가 있다.

Ⅱ 채권자집회의 소집 및 지휘

1. 채권자집회의 소집

법원은 파산관재인 또는 감사위원의 신청에 의하거나 직권으로 채권자집회를 소집한다. 신고를 한 총채권에 관하여 법원이 평가한 액의 5분의 1이상에 해당하는 파산채권자의 신청에 의하여도 소집된다(제367조). 채권자집회의 소집권자는 법원에게만 있다.

채권자집회의 소집비용은 파산채권자 등의 소집청구에 의한 것이라도 재단채권이다(제473조 제1호).

채권자집회의 소집결정이나 소집신청에 대한 각하결정에 관한 이해관계인의 불복은 허용되지 않는다.

제1회 채권자집회는 파산선고일로부터 4월 이내에 소집하여야 하나(제312조 제1항 제2호),[92] 그 밖의 채권자집회의 경우에는 달리 기일에 관한 규정이 없다.

법원은 채권자집회의 기일과 회의의 목적사항을 공고하여야 한다. 채권자집회의 연기 또는 속행에 관하여 선고가 있는 때에는 송달 또는 공고를 하지 아니할 수 있다(제368조).

---

90) 영업 또는 사업의 양도, 화해, 중요한 재산의 처분 등에 관하여 의견을 청취하기 위하여 개최하는 경우가 있다. 다만 이러한 채권자집회에서 법정된 의결사항 이외의 사항이 의결되어도 법원을 구속하지는 않는다.

91) 이에 대하여 채권자집회는 기일마다 성립하는 사실상의 집합체라는 견해도 있다(破産法・民事再生法, 216쪽). 그 이유는 파산채권자의 이해가 항상 공통되는 것은 아니기 때문에 이익의 공통성을 전제로 한 채권자단체의 관념이 성립되지 않기 때문이다. 이론적으로는 수긍이 가는 바가 있지만, 채무자회생법은 채권자집회를 파산절차 기관의 하나로 명시적으로 규정하고 있다(제3편 제2장 제2절). 참고로 일본 파산법(제3장)은 파산절차의 기관으로 파산관재인과 보전관리인을 규정하고 있다.

92) 다만 위 기간에 관한 규정은 훈시규정이다.

제1회 채권자집회에 있어서는 법원은 알고 있는 채권자·채무자 및 재산소지자에게는 기일 등을 기재한 서면을 송달하여야 한다(제313조 제2항, 제1항). 그 밖의 채권자집회에 관하여는 송달에 관한 특별한 규정이 없고, 파산절차의 진행이 현저하게 지연될 우려가 있으므로 소집결정을 공고로 갈음하고 있다(제10조 제1항, 규칙 제7조 제1호).

2. 채권자집회의 지휘

가. 지휘의 주체

채권자집회는 법원이 지휘한다(제369조). 채권자집회는 다수의 채권자가 모이고, 이해관계도 서로 대립되어 있기 때문에, 이것을 질서 있게 운영하는 것이 중요하다. 이러한 이유로 법원에 지휘권이 위임되어 있는 것이다. 합의부의 경우에는 재판장이 사실상 지휘한다.

나. 집회의 성립

(1) 의결권을 가진 파산채권자가 참석하지 아니한 경우

결의를 위한 채권자집회에서 의결권을 가진 파산채권자가 한 사람도 참석하지 아니한 경우 의결을 할 수 없다. 이 경우 기일을 연기할 수밖에 없다(물론 결의와 상관없는 파산관재인의 보고 등 절차는 진행할 수 있을 것이다). 결의를 요하지 않는 채권자집회의 경우에는 파산채권자의 출석이 없어도 채권자집회는 성립한다.

(2) 파산관재인 및 채무자의 출석

파산관재인의 출석은 채권자집회가 성립하기 위한 요건은 아니지만, 파산관재인은 파산절차의 유일한 집행기관일 뿐만 아니라 파산재단의 관리·운영사항에 관하여 설명하여야 하기 때문에, 파산관재인이 출석하지 아니할 경우 일반적으로 채권자집회를 연기 또는 속행한다.[93]

채무자의 출석은 채권자집회의 성립요건은 아니고, 채무자가 출석하지 않더라도 집회의 성립에는 영향이 없다.

Ⅲ 채권자집회의 권한

채권자집회는 파산관재인의 해임(제364조), 감사위원의 설치·선임·해임(제376조, 제377조, 제380조 제1항), 감사위원의 동의에 갈음하는 결의(제374조 제1항, 제500조 제1항), 영업의 폐지 또는 계속, 고가품의 보관방법의 결의(제489조), 환가되지 못한 재산의 처분(제529조)에 관하여 결의를 할 수 있다.

채권자집회는 채무자 등으로부터 필요한 설명을 듣고(제321조 제1항), 파산관재인으로부터

---

93) 실무적으로 법정에 참석한 다른 파산관재인을 즉석에서 파산관재인으로 선임하여 진행하기도 한다.

파산에 이르게 된 사정, 채무자 및 파산재단에 관한 경과와 현상 등에 관하여 보고를 받으며 (제488조), 파산관재인의 임무종료의 경우 파산관재인으로부터 계산보고를 받을 권한이 있다(제 365조 제1항). 또한 채권자집회는 재단부족에 의한 파산폐지에 관하여 의견을 표명할 권한이 있 다(제545조 제1항).

감사위원의 동의는 채권자집회의 결의로써 갈음할 수 있다. 채권자집회의 결의가 감사위원 의 의견과 다른 때에는 그 결의에 따른다(제374조).

Ⅳ 채권자집회의 결의

1. 의결권자

파산채권자의 이해의 크기는 기본적으로 파산채권의 금액에 따라 결정되는 것이므로 채권 자집회에서의 의결권은 채권확정절차와 밀접한 관련이 있다. 그래서 원칙적으로 채권자집회에 서 행사하여야 할 의결권액은 채권확정절차와 연계되어 있다. 하지만 채권확정절차에 의하여 도 이의가 있는 미확정채권이나 별제권의 부족액과 같이 확정절차를 거쳐도 담보목적물이 환 가될 때까지는 확정되지 않는 채권도 있기 때문에, 의결권액을 결정하는 방법이 채권확정절차 와 별도로 정해질 필요가 있다.[94]

가. 파산채권확정절차에 따라 확정된 파산채권자

파산채권자는 확정채권액에 따라 의결권을 행사할 수 있다(제373조 제1항). 신고한 파산채권 에 대하여 이의가 없는 경우에는 채권이 확정되고 그 채권액에 따라 의결권을 행사할 수 있 다. 채권조사확정재판에서 확정된 경우에도 마찬가지이다. 채권조사 및 확정절차를 통하여 파 산채권액이 0으로 확정된 자는 의결권이 없다.

확정된 파산채권에 대하여 파산관재인이나 다른 파산채권자는 채권자집회에서 의결권에 대 하여 이의를 할 수 없다.[95]

나. 미확정채권, 정지조건부채권 및 장래의 청구권

미확정채권, 정지조건부채권 및 장래의 청구권에 관하여 채권자집회기일에서 파산관재인 또는 파산채권자의 이의가 없으면 미확정채권 등으로 신고한 액 그대로 의결권을 행사할 수 있다. 파산관재인 또는 파산채권자의 이의가 있는 때에는 법원은 의결권을 행사하게 할 것인 가의 여부와 의결권을 행사할 금액을 결정한다.[96]

---

94) 條解 破産法, 961쪽.
95) 회생절차에서는 이를 명확히 규정하고 있다(제187조 단서).
96) 의결권액은 법원의 자유로운 판단에 의하여 결정된다. 정지조건부채권, 장래의 청구권은 조건성취나 현실화 가능성 을 참작하게 될 것이다. 아래 별제권의 경우는 별제권의 목적물 가액이 문제될 것이다. 의결권의 결정은 어디까 지나 의결권액만을 결정하는 것이고, 이것이 있다고 하여 파산채권액의 평가에 영향이 있는 것은 아니다. 실무적으

의결권액 결정에 대하여는 불복할 수 없지만(제13조 제1항 참조), 법원은 이해관계인의 신청에 의하여[97] 언제든지 변경할 수 있다(제373조 제2항 내지 제3항). 의결권액의 결정은 법원의 재량이기 때문이다. 의결권액의 변경결정이 있었다고 하여 그때까지 인정된 의결권의 행사 및 그에 기한 의결의 효력에는 영향이 없다는 것은 당연하다. 변경결정에 대하여도 불복할 수 없다.

다. 별제권자(준별제권자)

별제권자(준별제권자)에 대하여는 부족액책임주의의 제한이 있으므로, 별제권 등의 행사에 의하여 변제받을 수 없는 채권액에 대하여만 파산채권자로서 권리행사를 할 수 있다. 부족액이 확정되기 전에 채권자집회가 개최된 경우 별제권자는 예정부족액(제447조 제2항)을 기준으로 의결권을 행사할 수 있다고 할 것이다.

채권자집회기일에서 파산관재인 또는 파산채권자의 이의가 없으면 예정부족액으로 신고한 액 그대로 의결권을 행사할 수 있다. 파산관재인 또는 파산채권자의 이의가 있는 때에는 법원은 의결권을 행사하게 할 것인가의 여부와 의결권을 행사할 금액을 결정한다(제373조 제2항). 법원은 이해관계인의 신청에 의하여 언제든지 의결권액을 변경할 수 있다(제373조 제3항).

라. 후순위 파산채권자

후순위 파산채권자는 의결권이 없다(제373조 제5항).[98] 후순위 파산채권은 파산채권이긴 하지만, 일반 파산채권이 모두 변제된 후 남은 것이 있으면 변제를 받을 수 있는 채권이다(제446조). 후순위 파산채권은 파산재단으로부터 배당받을 가능성이 지극히 낮아 채권자집회의 결의에 대한 이해관계도 거의 없다. 후순위인 이상 파산절차와의 이해관계도 희박하다. 따라서 후순위 파산채권에 대하여는 의결권을 인정하지 않는 것이 절차의 간소화 및 원활화를 위해 타당하다.

2. 의결권의 행사

가. 본인 또는 대리인에 의한 행사

의결권은 파산채권자 본인이 행사하여야 하지만, 대리인에 의하여 그 의결권을 행사하게 할 수 있다. 이 경우 대리인은 대리권을 증명하는 서면을 제출하여야 한다(제372조 제1항).

파산채권자가 대리인을 선임할 수 있는 경우로 채권자집회에서의 의결권 행사 외에 채권조사기일에 출석하여 의견을 진술하는 것(제451조), 파산채권의 신고(규칙 제73조 참조) 등이 있다. 이러한 경우에는 변호사대리원칙이 적용되지 않는다. 변호사대리원칙을 어느 범위에서 관철시

로 채권자집회기일에 의결권액에 대한 이의가 있게 되므로 의결권액의 고지는 법정에서 바로 이루어진다.

97) 법원은 직권으로도 변경할 수 있다고 할 것이다. 회생절차에서는 '직권으로' 변경결정을 할 수 있다고 규정하고 있다는 점에서(제188조 제3항) 입법적 정비가 필요하다.

98) 일본 파산법 제142조 제1항 참조.

킬 것인지는 입법정책의 문제이고, 파산절차에서는 배당액이 높은 경우가 드문데다가 위와 같은 행위는 재량의 범위가 적고 전문성·기술성도 그다지 높지 않기 때문이다. 오히려 이러한 경우까지 변호사 자격을 가진 자만이 대리인이 될 수 있다고 하면 파산채권자의 절차관여에 있어 저해요인이 될 수 있다(본서 937쪽 참조). 하지만 파산절차의 신청, 즉시항고의 신청에 있어서는 변호사만이 대리인이 될 수 있다고 할 것이다.

나. 의결권의 불통일 행사

파산채권자는 의결권을 통일하지 아니하고 행사할 수 있다. 이 경우 채권자집회 7일 전까지 법원에 그 취지를 서면으로 신고하여야 한다(제371조). 대리인이 위임받은 의결권을 통일하지 아니하고 행사하는 경우에도 마찬가지이다(제372조 제2항).

다. 특별이해관계인의 의결권 배제

채권자집회의 결의에 관하여 특별한 이해관계를 가진 자는 그 의결권을 행사할 수 없다(제370조 제2항). 특별한 이해관계를 가진 자란 당해 결의사항에 관한 결의에 참가하는 것이 공정을 해칠 우려가 있는 자를 말한다. 특별한 이해관계를 가진 자에 대하여는 공정한 의결권 행사를 기대할 수 없기 때문에 의결권 행사를 제한한 것이다.

3. 결의의 성립요건

채권자집회의 결의에는 의결권을 행사할 수 있는 출석 파산채권자의 총채권액의 2분의 1을 초과하는 채권을 가진 자의 동의가 있어야 한다(제370조 제1항).

의결권 액의 계산에 있어서는 주된 채권뿐만 아니라 이자·지연손해금 등으로서 파산채권으로 되는 부대채권도 포함된다.

4. 결의집행의 금지

적법하게 성립한 결의는 그 결의에 동의하지 않은 채권자, 출석하지 않은 파산채권자, 파산관재인에 대하여도 효력이 있다.[99] 그러나 적법하게 성립한 결의라고 하더라도 채권자집회의 결의가 파산채권자 일반의 이익에 반하는 때에는 법원은 파산관재인·감사위원 또는 파산채권자의 신청에 의하거나 직권으로 그 결의의 집행을 금지할 수 있다(제375조 제1항). 이 결정에 대하여는 즉시항고를 할 수 있다(제375조 제4항).

의결권이 없었던 파산채권자가 결의의 집행을 금지하는 신청을 하는 때에는 파산채권자임

---

99) 결의절차에 하자가 있어도 그것이 경미한 경우에는, 결의의 효력에는 영향이 없다고 할 것이다. 반면 절차에 중대한 하자(결의가 부정한 방법으로 이루어지거나 의결권을 가진 채권자의 유효한 동의를 얻지 못하는 때 등)가 있는 경우에는, 파산채권자 등 이해관계인은 파산관재인을 피고로 하여, 결의무효확인의 소를 제기할 수 있다고 할 것이다(條解 破産法, 955쪽).

을 소명하여야 한다(제375조 제2항). 결의집행을 금지하는 결정의 선고가 있는 때에는 송달을 하지 아니할 수 있다(제375조 제3항).

제4절 ┃ 감사위원

Ⅰ 감사위원의 의의

감사위원이란 파산절차에서 파산채권자 전체의 권리를 보호하기 위하여 채권자집회에서 선임되어 파산관재인의 직무집행을 감시하고 보조하는 것을 임무로 하는 합의제 기관이다. 파산관재인과 달리 반드시 설치하여야 하는 기관은 아니고 채권자집회에서 그 설치가 필요하다는 제안이 있는 경우에 결의로 설치 여부를 결정한다(제376조).[100]

Ⅱ 감사위원의 설치

감사위원은 제1회 채권자집회에서 설치가 필요하다고 제안이 있는 경우에 그 설치 여부 및 감사위원의 수를 의결한다. 다만 위 결의는 제1회 채권자집회 후의 채권자집회에서 변경할 수 있다(제376조).

법원은 감사위원을 설치하는 취지의 채권자집회의 결의가 오히려 파산채권자 일반의 이익에 반한다고 인정되는 경우 그 결의의 집행을 금지할 수 있다(제375조).

Ⅲ 감사위원의 선임과 직무집행

1. 감사위원의 선임

감사위원은 채권자집회에서 선임한다. 감사위원은 법률이나 경영에 관한 전문가로서 파산절차에 이해관계가 없는 자이어야 한다. 감사위원 선임의 결의는 법원의 인가를 받아야 한다(제377조).

2. 감사위원의 직무집행

감사위원이 3인 이상 있는 경우에 감사위원의 직무집행은 그 과반수의 찬성으로 결정한다.

---

100) 실무는 감사위원을 설치하지 않는 것으로 운영하고 있다. 이는 감사위원의 보수를 지급하기 위해서는 배당액의 감소를 초래하고, 파산관재인이 감사위원의 동의를 받기 위해서는 시간이 소요되며, 감사위원 간 의견대립이 발생한 경우에는 원활한 관재업무가 지연되고, 감사위원이 설치되면 파산관재인에 대한 법원의 직접적·일반적 감독권 행사가 어려워져 파산관재업무에 대한 적정성이 담보될 수 없기 때문이다.

특별한 이해관계가 있는 감사위원은 표결에 참가할 수 없다(제378조).

Ⅳ 감사위원의 권한과 의무

1. 감사위원의 권한

감사위원은 파산관재인의 직무집행을 감사한다. 감사위원은 언제든지 파산관재인에게 파산재단에 관한 보고를 요구하거나, 파산재단의 상황을 조사할 수 있다(제379조 제1항, 제2항). 또한 파산관재인의 계산보고에 관하여 의견서를 제출하고(제365조 제2항), 파산관재인의 해임을 신청할 수 있다(제364조 제1항). 그리고 파산관재인이 법원의 허가를 받아야 하는 행위를 하고자 하는 경우에는 감사위원의 동의를 얻어야 하고(제492조) 배당에 대한 동의권을 가진다(제506조).

그 밖에 채무자 등에 대한 파산에 관한 설명의 요구(제321조), 채권자집회의 소집 신청(제367조), 채권자집회에 있어서 결의의 집행금지신청(제375조) 등의 권한이 있다.

2. 감사위원의 의무

감사위원은 선량한 관리자의 주의로 직무를 행하여야 한다. 이를 게을리 하여 이해관계인에게 손해를 가한 때에는 손해를 배상할 책임이 있다. 감사위원이 여럿 있는 때에는 연대하여 손해배상책임을 진다(제381조, 제361조).

Ⅴ 감사위원의 보수

감사위원은 비용을 미리 받거나 법원이 정하는 바에 따라 보수 또는 특별보상금을 지급받을 수 있다(제381조, 제30조). 그러나 실무상 감사위원에 대하여는 따로 비용을 지급하지 아니하고 있다.

Ⅵ 감사위원의 임무종료

감사위원의 임무는 파산절차의 종료, 감사위원의 사망, 사임, 해임에 의하여 종료한다.

감사위원은 언제든지 사임할 수 있다. 파산관재인과 달리 법원의 허가를 필요로 하지 않는다.

채권자집회의 해임결의가 있으면 감사위원은 해임된다(제380조 제1항). 또한 법원은 상당한 이유가 있는 때에는 이해관계인의 신청에 의하여 감사위원을 해임할 수 있다(제380조 제2항).

제5절 채권자협의회

파산절차에서 가장 큰 이해관계를 가지고 있는 자가 채권자이다. 파산절차에서 채권자의 의사를 실효적으로 반영하기 위하여 채권자협의회를 두었다. 채권자협의회는 채권자들에게 절차에 대한 자료 및 정보의 제공을 제도화하고, 동시에 채권자들의 의사반영 기회를 확대하여 채권자들의 절차에 대한 참여를 보장함으로써 파산절차의 공정한 수행을 확보하고자 하는데 그 목적이 있다.

이에 관한 자세한 내용은 〈제2편 제6장 제3절〉(본서 386쪽)을 참조할 것.

실무적으로는 회생절차와 달리 채권자협의회를 구성하지 않고 있다.

제 5 장

파산재단의 구성 및 확정

파산절차는 채무자의 재산을 환가하여 채권자들에게 공정하게 배당하는 것을 목적으로 한다(제1조 참조). 따라서 파산절차에서는 누가(who) 무엇(what)을 가져갈 것인지를 확정해야 한다. 가져갈 사람이 누구인지를 확정하는 것은 제7장에서 살펴보게 될 파산채권의 확정문제이다. 가지고 갈 무엇을 확정하는 것은 파산재단[1]의 문제로 본 장에서 다룬다. 두 가지 문제는 모두 채무자회생법이 아닌 실체법에서 시작한다. 채권자들은 파산절차 밖에서 의지했던 채무자 소유 재산에 대하여 파산절차 내에서도 의지할 수 있고, 이 모든 재산이 파산재단이 된다.

파산재단은 일반적 의미에서의 재산과 비교하여 몇 가지 특징이 있다. ① 파산재단의 목적성. 파산재단은 일종의 특수한 재산으로 파산절차에 따라 환가하여 모든 채권자들에게 배당을 목적으로 하는 채무자의 재산이다. ② 파산재단의 법정성. 파산재단의 범위는 법률이 명문으로 규정하고 있다. 영미법계에서는 열거주의를(11 U.S.C. §541 참조), 대륙법계는 개괄주의를 채택하고 있다. ③ 파산재단의 독립성. 파산재단은 원래 채무자가 재산권을 누리는 재산으로 채무자의 점유, 관리 및 지배를 받는다. 그러나 파산선고 후에는 채무자의 지배에서 벗어나 파산관재인에게 관리처분권이 있는 상대적인 독립성을 갖는다.

제1절 파산재단의 구성

파산선고가 내려지면 채무자의 모든 재산은 파산적 청산을 위한 목적재산이 되어(파산선고로 파산재단이 창설된다[2]) 파산관재인이라는 독립된 관리기구에 의해 관리·환가된 후 파산채권자

---

1) **파산재단과 파산재산 파산재단에 관한 정의** 규정인 제382조 제1항에 의하면 "재단"과 "재산"의 차이를 알 수 있다. 파산재산은 구체적인 범위이고, 파산재단은 집합적인 범위이다. 전자는 현실적, 개별적인 측면에서 분산성과 직관성의 특징을 갖는다. 반면 후자는 추상적, 개괄적인 측면에서 광범성과 집합성의 특징을 갖는다. 파산재산은 파산재단의 구성요소로서, 파산재단은 파산재산이 모인 자연스런 결과물이다. 우리나라, 일본(일본파산법 제34조 제1항)을 비롯한 대륙법계에서는 파산재단이라는 용어를, 미국 등을 비롯한 영미법계에서는 파산재산(Property of the estate)이라는 용어를 사용하고 있다. 중국 <기업파산법>은 '파산재산'이라는 용어를 사용하고 있다(제107조 제2항).
2) 파산선고는 사망(death)과 유사하게 그로 인하여 파산재단이 성립하게 된다. 사망으로 상속재산이 성립하는 경우와 같다. 다만 통상적인 상속재산에는 소극재산(채무)이 포함됨에 반하여 파산재단에는 소극재산이 포함되지 않는다.

에게 공평하게 배당되어 만족을 주게 된다. 이러한 채무자 재산의 집합체를 파산재단[3]이라 한다.[4][5]

채무자회생법은 파산재단이라는 개념을 설정하여 채무자의 재산에 대한 채무자와 채권자의 관여를 배제하고, 파산재단의 재산이 모든 채권자들을 위하여 공평하게 사용되도록 하고 있다. 파산재단의 가치는 채권자가 변제받을 수 있는 최저한이다. 파산재단은 파산선고 당시 채무자의 모든 재산으로 구성되지만, 파산관재인의 부인권 행사로 인하여 회복된 재산 등도 포함된다.

Ⅰ 파산재단의 의의

파산재단이란 파산선고 당시 채무자가 가진 모든 재산을 말한다(제382조 제1항). 파산재단은 파산채권에 대한 변제에 충당하기 위하여 조직되고 관리되는 채무자의 모든 재산이고, 채무자가 파산선고시에 가지는 압류할 수 있는 일체의 재산으로 구성된다. 파산선고 전에 생긴 원인으로 장래에 행사할 청구권도 파산재단에 속한다(제382조 제2항). 채무자의 재산인 한 국내외의 모든 재산을 포함한다(제640조 참조).[6]

상속재산파산에서의 상속재산에도 소극재산은 포함되지 않는다.

3) 파산재단의 법적 성격(파산재단에 법인격을 인정할 것인가)에 대하여 ① 파산재단법주체설(긍정설)과 ② 관리기구인격설(부정설)의 대립이 있다. 이에 대한 자세한 내용은「전병서, 122쪽」을 참조할 것. 법인격은 실정법에 의해서만 인정되는 것인데 파산재단에 법인격을 인정하는 명문의 규정이 없다는 점에서 ①설은 받아들일 수 없다. 따라서 파산재단은 관리기구로서 파산관재인에게 귀속하는 관리처분권의 객체가 되는 재산의 집합체로 보는 ②설이 타당하다.

4) 회생절차에서는 채무자의 재산이 청산되지 않고 채무자가 계속 존속하는 것을 전제로 하므로 채무자와 재단을 분리할 필요가 없다. 따라서 회생절차에서는 별도로 회생재단이라는 개념을 두고 있지 않다. 다만 개인회생절차에서는 개인회생재단이라는 개념을 두고 있다(제580조).

5) 파산재단은 절차의 개시, 진행, 종료라는 각 단계 중 어느 단계에서의 파산재단을 문제 삼는가에 따라 법정재단, 현유재단, 배당재단으로 나뉜다. 법정재단은 파산재단의 구성에 관하여 법이 예정하고 있는 객관적으로 범위가 정하여진 파산재단을 말한다. 제382조 제1항에서 말하는 파산재단이 여기에 속한다. 현유재단은 파산절차개시 후에 파산관재인이 현실적으로 점유·관리하고 있는 재산에 의하여 구성되는 재단을 말한다. 환취권이 행사된 경우 법정재단은 감소하고 부인권 행사에 의하여 반환된 경우 법정재단은 증가하며 이러한 절차를 거쳐 변동하는 현실의 재단이 현유재단이다. 배당재단이란 배당 단계에서 재단채권의 변제 등을 한 후 현실로 파산채권자에게 배당의 재원에 충당할 수 있는 재산을 말한다. 제505조에서 말하는 '배당하기에 적당한 금전'은 배당재단이 되는 것이다{倒産法(加藤哲夫등), 82쪽, 전병서, 120~121쪽}.

현유재단[＋부인권 행사로 반환된 재산－환취권 행사]＝**법정재단**[－재단채권 등 변제]＝**배당재단**

파산관재인의 관리가 미치는 자산(현유재단)과 파산재단을 구성하는 자산(법정재단)이 일치하지 않는 경우가 빈번하게 발생한다. 본래 파산재단에 속하는 자산이 파산관재인의 관리가 아니라 채무자에게 있는 경우 또는 파산관재인·채무자 이외의 제3자에게 있는 경우나, 반대로 파산관재인의 관리에 있는 자산에 대해 제3자가 소유권을 주장하거나 채무자(자연인의 경우)가 자유재산에 속한다고 주장하며 인도를 구하는 경우이다. 이러한 경우 파산관재인으로서는 해당 자산이 파산재단에 귀속하는지 여부를 확인함에 의하여 해결을 함으로써 점차 관리가 미치는 자산과 파산재단을 구성하는 자산이 일치하게 된다. 그러나 제3자 사이에서 해결이 곤란한 경우에는 소송으로 발전하게 된다.

6) 일본 파산법은 명시적으로「재산이 일본 내에 있는지를 묻지 않는다」고 하고 있다(제34조 제1항).

1. 채무자가 가진 재산

여기서 말하는 재산은 금전적 가치가 있는 적극재산을 말한다. 채무는 포함되지 아니한다. 부동산이나 동산은 물론 제한물권이나 채권,[7] 지식재산권 등 법률상 권리 및 사실관계로 불리는 영업권이나 노하우 등 금전적(재산적) 가치가 있어 파산채권자의 배당재원으로 될 수 있는 모든 재산을 포함한다. 파산선고 후 금전적 가치가 없다고 판명되어도 일반적으로 재산으로 볼 수 있는 것은 파산재단을 구성하고, 후에 포기 등 파산관재인에 의해 처리가 위임된다. 반면 처음부터 금전적 가치가 인정되지 않는 인격권이나 신분상의 권리는 파산재단에 포함되지 않는다.[8] 이혼으로 인한 재산분할청구권은 그 행사 여부가 청구인의 인격적 이익을 위하여 그의 자유로운 의사결정에 전적으로 맡겨진 권리로서 행사상의 일신전속성을 가지므로 협의 또는 심판에 의하여 그 구체적 내용이 형성되기 전까지는 파산재단에도 속하지 않는다(본서 2169쪽).[9] 명예훼손으로 인한 위자료청구권[10]과 같이 주관성이 강한 일신전속적인 권리는 소제기로 행사의 의사가 표시되었다고 하여도 그 성격이 변하지 않으므로 파산재단을 구성하지 않는다.

---

7) ① 장래의 양육비청구권은 파산선고 후에 구체화되는 것이므로(파산선고 후의 기간에 대응하는 것은 신득재산으로 자유재산이다) 파산재단에 속하는 것은 아니다(본서 2171쪽 참조). ② 파산선고 후 보험사고가 발생한 경우 보험금청구권이 파산재단에 속하는가. 견해의 대립이 있을 수 있다. 보험사고의 발생이 원인이라고 본다면, 즉 보험금청구권이 보험사고의 발생에 의해 비로소 발생하는 권리라고 본다면, 파산선고 후의 보험사고에 기하여 발생한 보험금청구권은 파산재단에 속하지 않는다(자유재산에 속한다). 반면 보험계약의 성립을 원인으로 한 정지조건부 권리라는 측면을 고려하면 파산재단에 속한다고 할 것이다. 요컨대 보험금청구권은 보험계약의 성립과 동시에 보험사고의 발생 등을 정지조건으로 하는 추상적 보험금청구권이 발생하고(대법원 2000. 11. 13. 선고 2007다19624 판결 참조), 나아가 처분·압류가 가능하기 때문에(파산선고가 채무자의 재산에 대하여 포괄적 압류의 성질을 갖는다는 것을 고려하면 파산선고의 효력이 추상적 보험금청구권에 미치지 않는다고 해석할 이유는 없다) '파산선고 전에 생긴 원인으로 장래에 행사할 청구권'(제382조 제2항)에 해당한다고 판단되므로 파산재단에 속한다고 볼 것이다(現代型契約と倒産法, 275쪽).
8) 상속의 승인이나 포기에 관한 결정권은 고도의 인격적 특성으로 인해 오직 채무자만이 할 수 있다(독일 도산법 제83조 제1항 참조). 그러나 승인된 상속권은 파산재단에 포함된다(Reinhard Bork, 76쪽).
9) 대법원 2023. 9. 21. 선고 2023므10861, 10878 판결, 대법원 2023. 7. 14. 자 2023마5758 결정, 대법원 2022. 7. 28. 자 2022스613 결정. 구체적인 이유는 다음과 같다. 이혼으로 인한 재산분할청구권은 이혼을 한 당사자의 일방이 다른 일방에 대하여 재산분할을 청구할 수 있는 권리로서 청구인의 재산에 영향을 미치지만, 순전한 재산법적 행위와 같이 볼 수는 없다. 오히려 이혼을 한 경우 당사자는 배우자, 자녀 등과의 관계 등을 종합적으로 고려하여 재산분할청구권 행사 여부를 결정하게 되고, 법원은 청산적 요소뿐만 아니라 이혼 후의 부양적 요소, 정신적 손해(위자료)를 배상하기 위한 급부로서의 성질 등도 고려하여 재산을 분할하게 된다(대법원 2021. 6. 24. 선고 2018다243089 판결, 대법원 2006. 6. 29. 선고 2005다73105 판결 등 참조). 또한 재산분할청구권은 협의 또는 심판에 의하여 그 구체적 내용이 형성되기까지는 그 범위 및 내용이 불명확·불확정하기 때문에 구체적으로 권리가 발생하였다고 할 수 없어 채무자의 책임재산에 해당한다고 보기 어렵고(대법원 2013. 10. 11. 선고 2013다7936 판결 등 참조), 채권자의 입장에서는 채무자의 재산분할청구권 불행사가 그의 기대를 저버리는 측면이 있다고 하더라도 채무자의 재산을 현재의 상태보다 악화시키지 아니한다.
　　따라서 부부 일방인 채무자에 대하여 파산선고가 되어 파산관재인이 선임된 경우, 파산선고를 받은 채무자의 파산관재인이 상대방을 상대로 재산분할심판청구를 한 경우 그 심판청구는 당사자적격이 없어 부적법하다(각하).
10) 명예를 침해하였다는 것을 이유로 한 피해자의 가해자에 대한 위자료청구권은 금전지급을 목적으로 하는 채권인 점에 있어서는 일반의 금전채권과 다른 것이 없지만, 본래 재산적 가치 그 자체의 취득을 목적으로 하는 것은 아니고, 명예라는 피해자의 인격적 가치를 훼손시킨 것에 대한 손해의 회복 방법으로, 피해자가 받은 정신적 고통을 금전으로 평가하여 이것을 가해자에게 지급시키기 위한 것을 목적으로 한 것이다. 따라서 이것을 행사할 것인지는 전적으로 피해자 자신의 의사에 따라 결정되는 것이라고 해석하여야 한다.

하지만 채무자가 파산선고 후 사망한 경우에는 일신전속성은 상실되어 파산재단에 편입된다고 할 것이다.[11]

채무자의 재산에 속하는지 여부는 민법 등과 같은 사법의 일반원칙에 의하여 정해진다.[12] 채무자가 파산선고 전에 취득한 재산이라면 반드시 대항요건을 갖추어야 하는 것은 아니다. 반면 채무자가 파산선고 당시에 이미 채권을 양도한 경우에는 파산재단을 구성하지 않는 것이 원칙이지만, 양수인이 대항요건을 갖추지 못한 때에는 해당 양도를 제3자인 파산관재인에게 대항할 수 없으므로, 파산관재인은 양수인에 대하여 해당 재산이 파산재단을 구성한다고 주장할 수 있다.[13]

수탁자가 파산한 경우에 신탁재산은 파산재단을 구성하지 아니하므로(신탁법 제24조) 신탁사무의 처리상 발생한 채권을 가지고 있는 채권자는 수탁자가 그 후 파산하였다 하더라도 신탁

---

11) 小林秀之, 99쪽, 倒産判例百選, 48~49쪽. 그 이유는 다음과 같다. 명예를 침해하였다는 것을 이유로 한 피해자의 가해자에 대한 위자료청구권의 본래 성질(위 각주 10))에 그것의 구체적인 금액 자체도 성립과 동시에 객관적으로 명확한 것은 아니고, 피해자의 정신적 고통의 정도, 주관적 의식 내지 감정, 가해자의 태도 기타 불확정적인 요소에 의한 여러 사정을 종합하여 결정된다는 성질의 것이라는 점을 고려하면, 피해자(채무자)가 위자료청구권을 행사하는 의사표시를 하였을 뿐 아직 구체적인 금액이 당사자 사이에 객관적으로 확정되지 않은 사이에는, 피해자가 여전히 그 청구의사를 관철할 것인지를 피해자의 자율적 판단에 맡기는 것이 상당하므로, 위 권리는 여전히 일신전속성을 가진 것이라고 할 수 있고, 피해자의 채권자는 이것을 압류의 대상으로 하거나 채권자대위의 목적으로 할 수는 없다고 할 것이다. 그러나 다른 한편 가해자가 피해자에 대하여 일정액의 위자료를 지급할 것을 내용으로 하는 합의 또는 관련된 지급을 명하는 집행권원이 성립하는 등 구체적인 금액의 위자료청구권이 당사자 사이에 객관적으로 확정된 때에는, 위 청구권에 대하여는 단지 가해자의 현실적인 이행만이 남았을 뿐이므로 그 수령에 대하여까지 피해자의 자율적 판단에 맡겨야 할 특별한 이유가 없다. 또한 피해자가 그 이전 단계에서 사망한 때에도 위 위자료청구권의 승계취득자에 대하여까지 위와 같은 행사상의 일신전속성을 인정하여야 할 이유는 없다. 이러한 경우 위자료청구권은 피해자의 주관적 의사로부터 독립한 객관적 존재로서 금전채권으로 되고, 피해자의 채권자에 의하여 압류할 수 있고, 또한 채권자대위의 목적으로 될 수 있다고 할 것이다.
   사례 X는 공무원 재직시 뇌물을 수수하였다는 이유로 뇌물수수죄로 기소되었지만, 대법원에서 최종적으로 무죄 판결을 받아 확정되었다. 이후 X는 파산선고를 받았다. X는 위 공소제기로 명예훼손을 입었다는 이유로 국가를 상대로 위자료 2,000만 원을 청구하는 소를 제기하였다. (1) X는 위 위자료청구의 소에 있어 당사자적격이 있는가 아니면 파산관재인에게 당사자적격이 있는가. X가 소제기로 위자료청구권을 행사하는 의사를 표시한 것만으로는 아직 위 권리에 대한 행사상의 일신전속성이 상실된 것은 아니므로 본 소송에서 당사자적격이 없다고 하여야 할 이유는 없다. 따라서 X에게 당사자적격이 인정된다. (2) 소송계속 중 X가 사망한 경우 위자료청구권은 X의 상속인에게 귀속되는가 아니면 파산재단에 귀속되는가. 앞에서 본 바와 같이 위자료청구권은 당연히 상속되지만, 피해자(채무자)가 사망하여 상속이 발생한 경우에는 일신전속성을 상실하고, 위자료청구권은 파산재단에 편입된다고 할 것이다. (3) 만약 X가 파산종결결정 이후 사망하였다면 위자료청구권은 추가배당의 재원이 되는가. 파산종결결정 후에 행사상의 일신전속성이 상실된 위자료청구권에 대하여는 제531조 제1항 후문이 적용되지 않다고 보는 것이 상당하므로(즉 추가배상에 충당할 재산에 포함되지 않는다) 파산재단에 귀속될 여지는 없고(본서 1619쪽 참조), 본건 소송은 상속인이 X를 승계하여야 할 것이다.

12) 최근 금융투자자를 보호하기 위한 여러 가지 제도들이 도입되고 있다. 투자자예탁금 별도예치제도가 대표적이다. 투자매매업자 또는 투자중개업자는 투자자예탁금(투자자로부터 금융투자상품의 매매, 그 밖의 거래와 관련하여 예탁받은 금전을 말한다)을 고유재산과 구분하여 증권금융회사에 예치 또는 신탁하여야 한다(자본시장법 제74조 제1항). 예치금융투자업자가 파산선고를 받은 경우에는 예치기관에 예치 또는 신탁한 투자자예탁금을 인출하여 투자자에게 우선하여 지급하여야 한다(자본시장법 제74조 제5항 제3호). 금융투자업자가 파산한 경우 고객(금융투자자)에게 우선 지급하라는 규정을 둠으로써 고객이 우선적으로 변제받을 수 있도록 하고 있다. 예치기관이 파산선고 된 경우에는 예치기관은 예치금융투자업자에게 예치 또는 신탁받은 투자자예탁금을 우선하여 지급하여야 한다(자본시장법 제74조 제6항).

13) 新破産實務, 102쪽.

재산에 대하여는 강제집행을 할 수 있다.[14) 같은 이유에서 유동화자산은 자산관리자의 파산재단을 구성하지 않는다(자산유동화에 관한 법률 제12조 제1항).[15) 또한 온라인투자연계금융업자가 파산한 경우 온라인투자연계금융업자의 연계대출채권은 온라인투자연계금융업자의 파산재단을 구성하지 아니한다(온라인투자연계금융업 및 이용자 보호에 관한 법률 제28조 제1항). 하도급거래 공정화에 관한 법률 제14조 제1항 제1호가 발주자가 수급사업자에게 직접 지급하는 사유로 '파산'을 명시하고 있으므로 직접 지급 청구권이 인정되는 대금채권액 부분은 파산재단에서 제외되어 우선적으로 만족되어야 한다고 보이고, 위 법률 제14조 제2항은 직접 지급 사유가 발생한 경우 원사업자에 대한 발주자의 대금지급채무가 소멸한다고 규정하고 있으므로 직접 지급 청구권이 인정되는 대금채권액 부분은 파산선고 당시 채무자에 속한 재산으로 볼 수 없다.[16)

한편 부인권 행사에 의하여 파산관재인이 반환받게 되는 재산은 파산재단에 포함된다.[17)

2. 파산선고 당시의 재산

파산재단을 구성하는 것은 채무자가 파산선고 당시에 가진 재산이다. 채무자회생법은 파산재단의 범위를 파산선고 당시의 재산에 한정시키는 고정주의를 채택하였다.[18) 따라서 파산선고 후에 취득한 재산(新得財産)은 파산재단에서 제외된다.[19)

고정주의를 채택한 것은 ① 파산채권의 범위가 파산선고 전의 원인에 기하여 생긴 것에 한정되는 것(제423조)과 조화되고, ② 파산채권자와 파산선고 후의 채권자와의 사이에 공평을 기하며(파산선고 전의 채권자는 파산선고 당시의 채무자 재산으로 충당할 수 있고, 파산선고 후의 채권자는 새로 취득한 재산으로 충당할 수 있다), ③ 파산재단의 범위가 파산선고 당시로 확정되므로 파산절차가 신속히 진행될 수 있고(파산선고 당시의 채권자에 대하여 파산선고 당시의 채무자의 재산을 평등하게 배당하는 것이므로 절차가 간명해진다), ④ 개인인 채무자는 파산선고 후에 취득한 재

---

14) 대법원 2014. 10. 21. 자 2014마1238 결정(☞ 甲이, 乙 주식회사와 토지, 건물 등에 관한 권리를 신탁재산으로 하여 이를 분양하는 토지신탁계약을 체결한 丙 주식회사와 상가 분양계약을 체결하였다가 丙 회사를 상대로 매매대금반환소송을 제기하여 승소판결이 확정된 후 丙 회사가 파산하고 丁이 파산관재인으로 선임되자, 위 판결에 기한 채권을 청구채권으로 하여 丁의 예금채권에 대하여 채권압류 및 전부명령을 신청한 사안에서, 위 청구채권은 신탁사무의 처리상 발생한 채권이고, 甲이 위 청구채권으로써 파산한 수탁자 丙 회사의 고유재산이 아닌 신탁재산에 대하여 강제집행을 하는 것은 수탁자의 파산에 관계없이 허용됨에도, 예금채권 전부가 파산재단에 속한다고 단정하여 채권압류 및 전부명령 신청을 기각한 원심결정에 법리오해 등의 위법이 있다고 한 사례).

15) 주택저당채권은 한국주택금융공사나 채권관리자의 파산재단을 구성하지 아니한다(한국주택금융공사법 제30조 제2항, 제45조 제4항). 자산관리회사가 위탁받은 자산은 자산관리회사의 파산재단을 구성하지 아니한다(기업구조조정투자회사법 제47조 제2항).

16) 서울중앙지방법원 2019. 11. 15. 선고 2019가단5055459 판결 참조.

17) 미국 연방도산법 §541(a)(3) 참조.

18) 파산선고 후에 채무자가 새롭게 취득한 재산도 순차적으로 파산재단에 포함시키는 것을 팽창주의라 한다. 회생절차에서의 채무자의 재산은 팽창주의를 취하고 있다. 또한 개인회생절차에서도 절차개시 후에 채무자가 취득한 재산 및 소득도 개인회생재단에 포함된다는 점에서 팽창주의를 취하고 있다.

19) 개인의 경우를 말한다. 개인의 경우 장래소득은 새로운 출발(fresh start)을 하기 위한 원천으로 사용하여야 한다는 점을 고려한 것이다. 피와 살이 있는 개인에게 과거의 채무로부터 자유로운 미래의 소득을 누릴 권리를 부여한 것이다. 반면 법인의 경우에는 뒤에서 보는 바와 같이 파산선고 후 새롭게 취득한 재산도 파산재단에 속한다.

산(新得財産)을 기초로 하여 생활이나 사업의 재출발을 도모할 수 있으며(채무자의 경제적 재기),[20] ⑤ ④를 전제로 채무자에게 조기에 자기파산을 신청하도록 촉진하는 역할을 할 수 있다는 것을 고려한 것이다.[21]

법인파산의 경우에는 파산으로 법인이 해산되고 그 활동이 종료되기 때문에 고정주의와 팽창주의의 구별은 별로 의미가 없다. 다만 법인의 경우에 있어서도 파산관재인이 일정기간 사업을 계속하여(제486조)[22] 그 후에 영업을 양도하는 경우(그 사이에 발생한 수익은 파산재단에 속한다) 등을 생각하면 팽창주의적 요소가 전혀 없다고는 할 수 없다.[23] 양자의 구별이 실제적으로 큰 의미가 있는 것은 개인파산의 경우이다.[24] 개인파산에 있어서는 위 ⑤의 이유에서 고정주의가 우수하다.[25]

가. 장래의 청구권

채무자가 파산선고 전에 생긴 원인으로 장래에 행사할 청구권도 파산재단에 속하게 된다(제382조 제2항).[26] 장래의 청구권이란 정지조건부채권이나 기한부채권으로 파산선고 당시에는 아직 조건의 성취나 기한의 도래가 인정되지 않는 것을 말한다. 연대채무자나 보증인은 물론 물상보증인의 구상권도 마찬가지이다. 정지조건부채권, 기한부채권, 구상권의 경우, 채권은 파산선고 시점에는 아직 발생한 것은 아니지만, 파산선고시를 기준으로 모두 청구권의 발생원인이 파산선고 전에 있었고, 미발생의 권리도 기대권으로서 취급을 받기(민법 제149조) 때문에,

---

20) 팽창주의는 채무자가 새로운 재산을 취득하여도 모두 파산재단에 편입되기 때문에, 채무자는 경제적 재기를 도모할 수 없고, 자포자기에 빠질 우려가 있다.

21) 고정주의로 인해 제2파산의 문제가 발생할 수 있다. 관련 내용은 〈제5장 제4절 Ⅳ.2.나.〉(본서 1438쪽)를 참조할 것.

22) 파산의 목적은 청산이기 때문에 영업이 폐지되는 것이 일반적이다. 그러나 즉시 영업을 폐지할 수 없는 경우, 반제품이 많고 그 자체로는 가치가 없는 경우, 수익부동산이 많고 임차인을 모집하여 환가하는 것이 고액으로 처분할 수 있는 경우에는 법원의 허가를 얻어 영업을 계속할 수 있다(제486조). 영업의 계속 중에 채무자의 회생가능성이 있고, 파산절차에 의하는 것보다 회생절차에 의하는 것이 채권자 일반의 이익에 부합하다고 인정되는 경우, 파산관재인은 법원의 허가를 얻어 회생절차개시를 신청할 수 있다(제58조 제1항, 제2항 참조).

23) 법인의 경우 파산선고에 따라 법인이 해산하고, 파산관재인에 의해 청산절차를 대체하여 파산절차가 진행되므로 그 과정에서 새롭게 재산을 취득하여도 채무자가 취득한 것이 아니다. 따라서 팽창주의적이기는 하지만 팽창주의는 아니다.

24) 개인파산에서는 파산선고시를 기준으로 종래의 재산관계는 파산관재인에게 넘어가고, 파산선고 후의 재산관계는 개인채무자가 파산절차와는 관계없이 독자적으로 구축할 수 있다. 그리하여 동일인을 둘러싼 재산관계가 파산선고를 계기로 둘로 분리된다. 이러한 현상은 회생이나 법인파산에서는 찾아볼 수 없다.

25) 條解 破産法, 303쪽.

26) 제3자를 위한 보험계약의 성립 후 보험사고가 발생하기 전에 보험금 수익자에 대하여 파산선고가 된 경우 당해 보험계약에 근거한 보험금청구권이 제382조 제2항의 장래의 청구권에 해당하는가. 제3자를 위한 보험계약의 수익자는 보험계약이 성립됨에 따라 당해 계약에서 정한 기간 내에 보험사고(생명보험계약의 경우 피보험자의 사망 등)가 발생할 것을 정지조건으로 하는 보험금청구권을 취득하고, 위 청구권은 보험사고가 발생하기 전에도 처분이 가능하며, 일반채권자에 의한 압류도 가능하여 일정한 재산적 가치를 가지고 있다는 점을 부정할 수 없다. 따라서 보험금 수익자가 갖는 위와 같은 보험금청구권은 제382조 제2항의 장래의 청구권에 속한다고 볼 것이다(最高裁判所 第一小法廷 平成28年4月28日 平成27年(受)第330号 判決 참조).

파산선고 전의 교통사고 등에 기한 손해배상청구권 중 장래의 일실수익에 관련된 것과 장래의 개호비에 관련된 것에 대하여도 다툼이 있을 수 있다. 제383조 제2항의 문언을 중시하여 파산재단에 속한다는 견해가 있을 수도 있지만, 자유재산의 확장이 필요하고 파산선고 후의 기간과 관련된 손해라는 점에서 신득재산이라고 보는 것이 타당하다. 사안에 따라 유연한 해결이 바람직하다는 견해도 있다(條解 破産法, 309쪽).

채무자회생법은 고정주의 취지를 명확히 하기 위하여, 이러한 청구권도 파산재단에 속한다는 것을 확인하고 있다. 어음·수표법상의 상환청구권도 마찬가지이다(어음법 제43조, 제77조 제4호, 수표법 제39조).

(1) 퇴직금채권

장래의 청구권과 관련하여 실무적으로 문제가 되는 것이 퇴직금채권이다. 퇴직금을 임금의 후불지급으로서의 성질을 갖는 것으로 본다면 파산선고 당시에 채무자의 퇴직금채권은 파산선고 전 노동의 대가이고, 퇴직이라는 장래의 사실로 현실화되는 권리로 장래의 청구권에 해당한다. 따라서 파산관재인으로서는 퇴직금채권을 환가할 필요가 있다. 그런데 이렇게 하기 위해서는 채무자의 퇴직을 전제로 하는 것이므로 채무자가 자발적으로 퇴직을 하지 않는 경우에는 파산관재인이 고용계약을 해지하고(제335조), 퇴직금을 수령할 수밖에 없다. 그러나 고용계약은 쌍방미이행 쌍무계약의 일종이지만 제335조는 적용되지 않고, 채무자의 일신전속적인 법률관계이므로 파산관재인에게 해지권을 인정할 수 없다. 또한 파산관재인이 채무자에게 퇴직을 권고하는 것은 파산절차 종료 후에 있어 채무자의 경제적 재기를 고려할 경우 문제가 있다.

결국 퇴직금채권은 압류금지부분을 제외하고 장래의 청구권으로서 파산재단에 속한다고 할 것이다. 다만 파산관재인은 고용계약을 해지하여서는 아니되고, 채무자의 자발적인 퇴직을 기다리거나, 퇴직금과 동일한 금액의 자유재산을 파산재단에 편입하고 파산관재인이 퇴직금채권을 포기(제492조 제12호)하는 방식으로 처리하는 것이 바람직하다.

(2) 양육비청구권

개인파산에서 채무자가 가지고 있는 장래의 양육비청구권에 대하여 협의·심판 등에 의하여, 장래 계속적으로 청구할 수 있는 것으로 확정되었다고 하더라도, 날마다 발생하는 권리라고 보는 것이 합리적이기 때문에, 파산선고 후 기간에 대응하는 것은 신득재산으로 파산재단에 속하지 않고, 채무자의 자유재산으로 된다고 할 것이다(본서 2171~2172쪽 참조).

나. 자유재산

자유재산이란 채무자의 재산 중 파산재단에 속하지 않는 재산으로 채무자가 자유롭게 관리·처분할 수 있는 재산을 말한다.[27] 자유재산이라는 개념을 인정하는 취지는 채무자에 대하여 헌법 제34조 제1항이 규정하는 '인간다운 생활을 할 권리'를 보장하는데 있다. 따라서 그 범위는 인간다운 생활을 할 수 있을 정도로 충분한 것이어야 한다. 자유재산은 파산선고 이후에도 채무자가 계속 유지(소유)할 수 있는 재산이다.

자유재산으로 되는 것에는 주로 4가지가 있다. 압류금지재산, 면제재산, 파산선고 후 개인

---

27) 자유재산은 모든 도산절차에서 중요한 역할을 한다. 파산절차에서 자유재산은 채무자가 어떤 재산을 유지할 수 있는지를 결정하는 데 도움을 준다. 개인회생절차에서는 무담보채권자들에게 어느 정도를 지급하여야 하는지를 결정하는 데 도움을 준다.

인 채무자가 새롭게 취득한 재산(新得財産),[28] 파산관재인이 채무자를 위하여 파산재단으로부터 포기한 재산(제492조 제12호)(본서 1598쪽)이 그것이다. 파산선고 후에 채무자가 상속한 상속재산도 신득재산이다.[29] 파산채권자는 파산절차에서 개별적인 권리행사를 할 수 없으므로 자유재산에 대하여도 강제집행을 할 수는 없다. 자유재산은 파산선고 후에 채무자나 그 가족의 생계를 유지하고 경제적 재기의 기초가 될 뿐만 아니라[30] 파산선고 후의 새로운 채권자를 위한 책임재산이 된다.[31]

성질상 압류의 대상이 될 수 없는 권리도 압류금지재산의 일종으로서 자유재산이 된다. 즉 귀속상의 일신전속권은 채권의 성질상 양도성이 없어 현금화할 수 없고, 행사상의 일신전속권은 압류채권자가 채무자를 대위하여 환가할 수 없다. 따라서 일신전속권은 원칙적으로 압류의 대상이 될 수 없고 파산재단에 속하지 않는다.[32]

---

28) 개인이 파산신청을 한 경우 파산선고 후 취득한 수입(earnings)은 파산재단에서 제외된다. 파산선고 후의 수입은 채무자가 자유롭게 처분(소유)할 수 있다. 이것은 채무자회생법의 새로운 출발 정책(fresh start policy)에 기인한 것이다. 미국 연방도산법 §541(a)(6)은 이를 명확히 하고 있다. 다만 미국의 경우는 파산신청(사건개시, commencement of the case)을 기준으로 한다(미국은 신청과 동시에 파산절차가 개시되기 때문이다).

채무자가 2020. 1. 20. 개인파산선고를 받은 경우 파산선고일 이후의 용역(services) 제공으로 인한 수입은 파산재단에 포함되지 않는다. 파산선고일 이전의 용역 제공에 대한 대가로 2020. 3. 30. 만기인 수표를 받았다고 하더라도 수표금은 파산재단에 포함된다. 수표금은 파산선고일 이전의 용역에 대한 대가이기 때문이다.

중요한 것은 대가가 지급된 용역이 언제 제공되었는지이다. 용역이 파산선고 전에 제공되었다면 수표금은 파산재단에 속한다. 용역이 파산선고 후에 제공되었다면 채무자는 어떠한 제한을 받지 않은(파산재단에 포함되지 않은) 재산을 소유하게 된다.

채무자가 받은 대가가 일부는 파산선고 전의 것이고 일부는 파산선고 후의 것인 경우는 어떻게 처리하여야 하는가. 이러한 경우는 법원은 대가로 지급받은 금원을 파산선고 전과 파산선고 후의 일에 대한 것으로 분배하여야 한다. 전자는 파산재단의 재산이고 후자는 채무자에게 속한다.

결국 개인파산사건에서 수입이 파산재단에 포함되는 것인지는 수입이 채무자의 파산선고 전 또는 파산선고 후 용역의 제공에서 발생한 것인지에 달려 있다고 할 것이다.

29) 예컨대 피상속인이 사망한 후 보험회사로부터 받게 되는 보험금 등.

30) 이러한 점에서 개인 채무자의 경우 자유재산(면제재산)의 범위를 확장하여야 한다는 주장이 있다. 일본 파산법은 「법원은 파산절차개시결정(우리나라의 '파산선고'에 해당한다)이 있는 때부터 해당 결정이 확정된 이후 1월을 경과하기까지 사이에 파산자(우리나라의 '채무자'에 해당한다)의 신청에 의하거나 직권으로 파산자의 생활상황, 파산절차개시시의 파산자가 가지고 있는 재산의 종류 및 액, 파산자의 수입의 전망 그 밖의 사정을 고려하여 결정으로 파산재단에 속하지 않는 재산의 범위를 확장할 수 있다」고 규정하고 있다(제34조 제4항).

법정의 자유재산은 채무자나 그 가족의 최저생활을 획일적으로 보장하는 취지에서 둔 것임에 반하여, 재량에 의한 자유재산의 확장은 채무자의 생활상황 등을 감안 구체적 필요성을 고려하여 그 범위를 확장하려는 것이다. 예컨대 생명보험해약환급금청구권은 최저생활보장이라는 의미에서는 자유재산에 포함되지 않지만, 생명보험계약의 존속이 채무자나 가족에게 불가결한 것이고, 나아가 환급금액을 보더라도 파산채권자의 이익을 부당하게 해하지 않는 것이라고 인정되는 경우에는 해당 청구권을 자유재산에 포함시킬 수 있다는 것이다(條解 破産法, 314쪽). 또한 자유재산이 많지 않으면 채무자는 생활에 곤란이 생기고, 질병, 실직 등에 따른 갑작스럽게 발생한 필요한 지출도 할 수 없으므로 새로운 출발을 도모할 수도 없다.

현재 개별집행에서는 자유재산의 범위를 확대하거나 축소하는 방법을 채택하고 있지만(민집법 제196조 제1항, 제246조 제3항), 포괄집행인 파산절차에서는 제383조 제2항 제2호[민사집행법 제195조 제2호, 제3호에 따른 채무자 등의 생활에 필요한 2월간의 식료품 등 및 1개월간 생계비{185만 원(민집법 시행령 제2조)을 6개월간 생계비로 증액할 수 있도록 하였다)]를 제외하고는 이에 관한 명시적인 규정이 없다.

입법론적으로 파산절차에서 자유재산 축소는 바람직하지 않고, 채무자의 상황은 천차만별이므로 일본처럼 여러 사정을 고려하여 자유재산을 확대할 필요가 있다. 앞에서 본 일본의 입법례는 참고가 될 것이다. 실무적으로 보험계약 등을 해지하도록 하고 있는데, 이것이 과연 타당하지는 의문이다.

31) 파산선고 후 채무자가 부담한 채무는 파산절차, 파산재단과 관계가 없으므로 채무자 자신이 변제하지 않으면 안 된다.

(1) 채무자의 승낙을 조건으로 자유재산을 파산재단에 편입할 수 있는지

채무자가 승낙한 경우 자유재산을 파산재단에 편입할 수 있는가. 면책불허가사유가 존재하는 것으로 의심이 되는 채무자에 대하여 자유재산 중 일부를 파산재단에 편입하는 것을 조건으로 면책결정을 운용할 수 있는 여지가 있기 때문이다. 채무자의 승낙을 조건으로 자유재산을 파산재단에 편입할 수 있는 법적 근거도 없고, 자유재산은 기본적으로 채무자의 생계를 유지하고 경제적 재기의 기초를 위해서 존재하는 것이며, 효과에 있어 일부면책을 허용하는 결과가 된다는 점에서 앞에서 본 퇴직금채권처럼 부득이한 경우를 제외하고 원칙적으로 허용되지 않는다고 할 것이다.

(2) 채무자가 자유재산으로 파산채권을 임의변제할 수 있는지

채무자가 파산채권자에 대하여 자유재산으로 임의변제를 한 경우 그 효력은 어떻게 되는가. 이에 대하여 채권자평등을 원칙으로 하는 파산절차의 성질에 비추어 허용되지 않는다는 견해가 있다.[33] 그러나 채무자가 진정한 의사에 의하여 자유재산으로 변제하는 것은 본래 제424조의 규율대상이 아니므로 가능하다고 할 것이다.[34] 다만 허용된다고 하더라도 진정한 의사에 의한 변제인가는 엄격히 판단하여야 하고 그것이 흠결된 경우에는 파산채권자의 부당이득이 성립한다고 할 것이다.[35]

(3) 법인의 자유재산 인정 여부

개인의 경우 생활보호의 필요가 있고 파산선고 후에도 경제생활은 계속되어야 하기 때문에 그 기초로서 자유재산을 인정하는 것에 대하여는 의문의 여지가 없다. 새로운 출발정책(fresh start policy)은 장래소득을 파산재단에서 제외하고 면제재산을 채무자가 파산재단으로부터 가지고 갈 수 있도록 허용한다.

반면 법인의 경우에도 자유재산을 인정할 수 있는지에 대하여는 다툼이 있다. 실무는 파산재단에 속하는 재산이라도 포기에 의하여 자유재산이 되고, 법인파산에 있어서도 파산재단의 포기를 인정하는 것이 옳다(제492조 제12호)는 이유로 법인에 대하여도 자유재산의 개념을 긍정하는 것이 타당하다고 한다.[36]

그러나 법인은 생활보호의 필요도 없고 파산은 법인의 해산사유이기 때문에 자유재산을 인정할 이유가 존재하지 않는다. 또한 법인에게 자유재산을 인정하면 불공평한 결과가 발생하므로 인정하여서는 안 된다. 본래 파산법인의 재산은 파산채권자에 대한 배당재원으로 되는 것

---

32) 破産法・民事再生法, 242쪽.
33) 김경욱, "파산재단의 범위에 관한 연구-파산법 제6조를 중심으로-", 비교사법 8권 1호(상)(통권14호), 한국비교사법학회(2001), 506쪽.
34) 상계의 경우도 마찬가지이다. 자유재산으로 재단채권과 상계하는 것도 가능하다. 관련 내용은 〈제5장 제5절 Ⅰ.2. 라., 바.〉(본서 1445, 1446쪽)를 참조할 것.
35) 破産法・民事再生法, 246쪽, 條解 破産法, 745~746쪽, 倒産判例百選, 92~93쪽.
36) 서울행정법원 2005. 7. 7. 선고 2005구합6904 판결.

인데, 이것을 자유재산으로 한다면 파산채권자가 아닌 사원 등의 잔여재산분배청구권의 대상이 된다. 이것은 실질적으로 파산채권자보다 사원 등의 권리를 우선하는 것이 되어 채무자회생법의 기본원리에 반한다.[37] 법인의 경우 면제재산의 규정은 적용될 수 없고, 압류금지재산은 관련 규정을 형식적으로 적용할 것이 아니라 채무자가 법인이라는 특수성을 고려하여 그 취지가 개인채무자의 최저생활을 보장하는 것인 경우뿐만 아니라(제383조 제1항의 규정에 불구하고) 모두 파산재단에 속하는 것으로 보아야 한다. 또한 파산선고 후에 새롭게 취득한 재산은 자유재산이 아니라 파산재단에 속한다.[38] 다만 파산관재인의 파산재단 포기(제492조 제12호)에 의한 경우에는 법인에 대하여도 자유재산으로 인정된다고 할 것이다(관리처분권은 청산법인이 갖는다).[39]

다. 양도금지 관련 규정과의 관계

파산선고 당시 채무자에게 속하는 재산이 파산재단을 구성하는 것이라면, 관념적으로는 그 재산은 파산선고 당시 채무자로부터 재단으로 이전한다고 생각할 수 있다. 그런데 법령 또는 계약에서 재산의 양도가 금지된 경우, 채무자로부터 파산재단으로 재산의 이전이 관련 법령이나 계약에 기하여 금지되는지가 문제된다.

법령이나 계약에 기하여 양도가 금지된 재산이라 하더라도 해당 재산이 파산재단으로 이전하는데 어떠한 영향도 없다고 할 것이다. 예컨대 「주류 면허 등에 관한 법률」이 주류 제조면허나 주류 판매면허의 양도를 금지한다고 하여도(위 법률 제13조 제1항 제14호, 제14조의2 제1항 제11호 참조) 채무자에 대한 파산선고에 의해 위 각 면허는 파산재단을 구성한다.

참고로 미국 연방도산법은 이를 명시적으로 규정하고 있다(제541조(c)(1)(A)).

3. 압류할 수 있는 재산일 것

압류할 수 없는 재산은 파산재단에 속하지 아니하고 채무자의 자유재산에 속한다(제383조 제1항). 압류할 수 없는 재산에는 압류가 금지되는 물건(민집법 제195조)과 압류금지채권(민집법 제246조)이 있다.[40] 파산절차는 집행절차로서의 성격을 가지고 있으므로 민사집행법에서 압류

---

37) 破産法·民事再生法, 181쪽, 條解 破産法, 311쪽.

38) Doulas G. Baird, 14쪽.

39) 다만 실무적으로 파산재단포기는 흔하지 않다. 환가비용이 많이 들거나 경제적 가치가 없거나 환가에 오랜 시간이 필요하여 환가의 실익(경제성)이 없는 경우 등에 제한적으로 허용되고 있다. 관련 내용은 〈제9장 제2절 Ⅳ.〉(본서 1598쪽)를 참조할 것.

40) 압류할 수 없는 재산에 관한 자세한 내용은 〈제4편 제5장 제1절 Ⅱ.〉(본서 1942쪽)를 참조할 것. 민사집행법 제196조 제1항, 제246조 제3항에 의하여 압류가 허용된 재산(물건, 채권)의 경우 파산재단에 귀속되는가. 파산선고 전에 개별집행에 의한 압류가 허용되지만, 파산선고로 강제집행 등이 실효(제348조 제1항)됨과 동시에 자유재산으로 된다고 할 것이다.

　파산선고 후에 압류할 수 있게 된 재산은 파산재단에 포함되는가. 파산선고 전에 공표되지 아니한 저작 또는 발명에 관한 물건(민집법 제195조 제12호)이 파산선고 후에 공표된 경우, 파산선고 후에는 압류가 가능한 재산이 된다. 이 경우 압류금지재산이 아니고 파산재단에 귀속된다고 할 것이다. 채무자의 지적인 노력의 산출물을 최대한

가 금지되고 있는 입법취지가 파산절차에서 구현된 것이다. 포괄적 집행절차로서 파산절차는 채권자들에게 개별집행절차에서 채권자들이 처분할 수 있는 책임재산보다 더 많은 책임재산을 만들어 줄 수는 없다. 또한 압류금지에 대한 규정들은 채무자의 최소한의 생존을 보장해 주고 이는 파산절차에서도 마찬가지로 유효하다.

파산재단에 속하는 재산은 압류할 수 있는 재산이어야 하므로 채무자가 파산선고 전에 취득한 재산이라도 압류할 수 없는 재산은 파산재단을 구성하지 않는다.

주의할 것은 압류금지채권의 목적물이 채무자의 예금계좌에 입금된 경우에는 그 예금채권에 대하여 더 이상 압류금지의 효력이 미치지 아니하므로, 그 예금은 압류금지채권에 해당하지 아니한다는 것이다.[41] 따라서 압류금지채권을 채무자의 계좌로 지급받은 이상 이는 더 이상 압류금지 재산에 해당하지 않아 파산재단을 구성하게 된다.[42] 예컨대 채무자가 퇴직금 채권 중 1/2 부분(민집법 제246조 제1항 제4호에 의한 압류금지채권이다)을 자신의 계좌로 지급받은 이상 이는 더 이상 압류금지재산에 해당하지 않아 파산재단을 구성하게 된다.

성질상 압류의 대상이 되지 않는 권리(일신전속권 등)도 앞에서 본 바와 같이 압류금지재산의 일종으로 자유재산이다. 실무적으로 위자료청구권이 문제된다. 위자료청구권은 행사상의 일신전속권으로[43] 압류의 대상이 되지 않지만, 피해자의 사망 등의 사유에 의하여 일신전속성이 상실된다면[44] 파산재단에 포함될 수 있다.

보호하려고 공표되지 아니한 저작 등을 압류금지물건으로 한 것이지만, 파산선고 당시 이미 존재한 물건이었고(단지 공표만 하지 않았을 뿐이다) 파산선고 이후에는 위와 같이 채무자를 보호할 필요성이 없다고 보이기 때문이다. 일본 파산법 제34조 제3항 제2호 단서는 이를 명시적으로 규정하고 있다.

41) 대법원 2014. 7. 10. 선고 2013다25552 판결.

42) 서울북부지방법원 2019. 7. 12. 선고 2018노2131 판결{2019. 10. 31. 상고 기각되어 확정(대법원 2019도11248)}.

43) 대법원 1993. 5. 27. 선고 92므143 판결(이혼위자료청구권에 관한 사안), 지원림, 민법강의(제8판), 홍문사(2009), 42쪽. 한편 위자료청구권을 일신전속권이라고 보면서 파산선고 당시에 이미 금전으로 채무자의 수중에 존재하여 파산재단에 혼입되어 있는 경우가 아니라면 파산재단을 구성하지 않는다는 견해도 있고(전병서, 128쪽), 인격권침해로 인한 위자료청구권은 불법행위로 인한 손해배상청구권의 하나이고, 그 손해배상은 금전으로 하는 것이 원칙이므로(민법 제394조, 제763조) 일신전속권이라 할 수 없다는 견해도 있다{오수원, "채권자대위권에 있어서 채무자의 일신전속권", 저스티스통권 제146-1호(2015. 2.), 207쪽}.

44) 어떠한 경우에 행사상의 일신전속성을 잃는 것인지에 대하여는, ① 피해자가 청구권행사의 의사를 소송제기 등에 의하여 명시적으로 표시한 때, ② 가해자와 합의나 집행권원의 성립에 의하여 금액이 객관적으로 확정된 때로 보는 것이 있을 수 있다. 현재 민법학자들이나 대법원은 ①의 견해에 따르고 있는 것으로 보인다{지원림, 민법강의(제8판), 홍문사(2009), 42쪽, 대법원 1993. 5. 27. 선고 92므143 판결, 대법원 1976. 4. 13. 선고 75다396 판결 등 참조}. 이혼과 약혼해제에 따른 위자료청구권에 관하여는 민법 제843조, 제806조 제3항에서 이를 명시적으로 규정하고 있다. 다만 피해자의 사망은 그 자체로 일신전속성의 상실사유로 보고 있다(대법원 1969. 10. 23. 선고 69다1380 판결, 대법원 1969. 4. 15. 선고 69다268 판결 등 참조). 관련 내용은 〈종합편 제2장 Ⅳ.2.가.(2)〉(본서 2171쪽)를 참조할 것.

한편 일본의 경우 위자료청구권은 행사상의 일신전속권(원칙적으로 압류금지재산)임을 전제로, 구체적인 금액이 당사자 사이에 확정될 때까지는 위자료청구의 의사를 관철할 것인지는 여전히 피해자의 자율적 판단에 맡기는 것이 상당하다고 하여 ②의 견해를 채택하여, 가해자와 합의나 집행권원의 성립에 의한 금액의 확정을 일신전속성의 상실사유로 보고 있다(破産法・民事再生法, 243쪽). 나아가 피해자가 사망한 경우도 상실사유로 인정하고 있다(倒産判例百選, 48~49쪽 참조).

4. 법원의 파산재단 면제결정이 없을 것

개인파산의 경우 채무자의 재산은 파산재단에 속하여 채무의 변제에 사용되어야 하지만, 법원은 개인인 채무자의 신청에 의하여 아래의 어느 하나에 해당하는 재산을 파산재단에서 면제할 수 있다(제383조 제2항). 이를 면제재산이라 한다.[45] 면제재산은 면책과 더불어 개인채무자에게 새로운 출발을 위한 유용한 도구이다.

① 채무자 또는 그 부양자의 주거용으로 사용되고 있는 건물에 관한 임차보증금반환청구권으로서 주택임대차보호법 제8조(보증금 중 일정액의 보호)의 규정에 의하여 우선변제를 받을 수 있는 금액의 범위 안에서 대통령령(시행령 제16조 제1항, 주택임대차보호법 시행령 제10조 제1항)이 정하는 금액을 초과하지 아니하는 부분

② 채무자 및 그 피부양자의 생활에 필요한 6월간의 생계비에 사용할 특정한 재산으로서 대통령령(시행령 제16조 제2항)이 정하는 금액{「국민기초생활 보장법」 제2조 제11호에 따른 4인 가구 기준 중위소득(파산선고 당시를 기준으로 한다)의 100분의 40에 6을 곱한 금액[46]}을 초과하지 아니하는 부분

Ⅱ 파산재단의 관리

1. 점유 · 관리의 착수

파산선고와 동시에 파산재단에 대한 관리처분권은 파산관재인에게 속한다(제384조). 따라서 파산관재인은 취임 후 즉시 파산재단에 속하는 재산의 점유 및 관리에 착수하여야 한다(제479조). 이것은 파산선고 후 시간이 경과할 경우 재산이나 장부 등이 산일되어 파산재단의 관리가 곤란하게 되는 것을 방지하기 위해서이다. 관리란 재산의 가치를 보전하기 위한 일체의 행위(점유를 확보하는 것, 이를 위하여 관리체계를 구축하는 것, 관리를 위해 필요한 정보를 파악하는 것 등)를 의미한다. 따라서 관리의 직접 대상이 되는 것은 현유재단이지만, 넓은 의미에서의 관리에는 부인권의 행사 등을 포함하기 때문에 법정재단도 대상이 된다.

관리해야 할 재산에 대하여 채무자가 점유하고 있는 경우, 파산관재인이 채무자로부터 인도를 받으면 된다. 만약 채무자가 임의의 인도를 거절한 경우에는 어떻게 하여야 하는가. 파산선고결정을 집행권원으로 하여(민집법 제56조 제1호 참조) 인도집행을 할 수 있다는 견해가 있을 수 있다. 그러나 파산선고에는 파산재단에 속하는 재산(집행의 대상이 되는 재산)이 특정되지 않

---

45) 면제재산에 관한 자세한 내용은 〈제2장 제1절 Ⅶ.〉(본서 1231쪽) 및 〈제4편 제5장 제1절 Ⅲ.〉(본서 1947쪽)을 참조할 것.

46) 2024년 기준 13,751,792원. 2024년 6월 파산재단 또는 개인회생재단으로부터 제외할 수 있는 6월간의 생계비 상한을 정액(1,110만 원)에서 정률로 개정하였다. 채무자의 최소 생계를 안정적으로 보장하기 위해 물가변동 상황을 적시에 반영할 수 있도록 하기 위함이다.

는 등 집행권원으로서의 적격성이 흠결되었다고 볼 수 있다. 따라서 원칙대로 파산관재인이 채무자를 상대로 통상의 소송절차에 따라 집행권원을 얻어 강제집행을 할 수밖에 없다. 결국 제3자가 점유하고 있는 재산에 대해 임의의 인도를 하지 않는 경우, 파산관재인은 제3자를 상대로 인도소송을 제기하여 개별적으로 집행권원을 얻어야 한다.[47]

2. 봉   인

파산관재인은 필요하다고 인정하는 때에는 법원사무관 등·집행관 또는 공증인으로 하여금 파산재단에 속하는 재산에 봉인을 하게 할 수 있다(제480조 제1항). 파산관재인의 점유는 현실의 소지를 수반하는 이외에는 관념적인 것에 불과하므로 이를 공시하기 위해서는 봉인이 필요하다.

3. 재산장부의 폐쇄

파산관재인은 파산선고 후 지체 없이 채무자의 재산에 관한 장부를 폐쇄하고 그 취지를 기재한 후 기명날인하여야 한다(제481조). 장부의 현상을 유지하여 파산관재인의 점유·관리처분을 쉽게 하기 위함이다.

4. 재산가액의 평가

파산관재인은 지체 없이 파산재단에 속하는 모든 재산의 파산선고 당시의 가액을 평가하여야 한다.[48] 이 경우 채무자를 참여하게 할 수 있다(제482조). 파산관재인에 의한 재산평가시 채무자가 참여할 수 있도록 규정한 것은 재산평가의 공정성을 확보하려는 취지에서 나온 것이므로 파산관재인에 의한 재산평가가 적정, 타당하다고 인정된다면 그 재산평가시에 채무자의 참여가 없었다는 이유만으로 그 평가의 효력을 부정할 수 없다.[49]

재산가액 평가의 목적은 배당재단의 규모 및 예상배당률에 대한 자료를 얻기 위함이다. 평가의 대상이 되는 재산은 파산재단에 속하는 모든 재산이다. 별제권의 목적물이라도 파산재단에 귀속하여야 할 잉여가치의 파악, 별제권의 목적의 환수(제492조 제14호) 등을 판단하기 위하여 평가의 대상이 된다.

평가의 기준은 회생절차에서 계속기업가치를 기준으로 하는 것과 달리 청산을 전제로 한

---

47) 그러나 이렇게 되면 파산관재인의 파산재단에 대한 신속한 점유는 어렵다. 따라서 해석론상의 다툼을 없애고 간단한 절차로 집행권원을 얻을 수 있도록 하기 위하여 채무자에 대하여 파산관재인에게 해당 재산을 인도할 것을 명하는 인도명령제도를 도입할 필요가 있다(일본 파산법 제156조 제1항 참조). 독일 도산법도 "관리인(우리나라의 관리인이나 파산관재인에 해당한다)은 개시결정의 집행력 있는 정본에 근거하여 채무자가 보관하고 있는 물건의 인도를 강제집행의 방법으로 실현할 수 있다"고 규정하고 있다(§148(2)).

48) 재산가액평가의 주체는 파산관재인이지만, 실무적으로는 감정평가법인의 도움을 받아 평가를 한다. 이 경우 감정평가비용은 재단채권이다(제473조 제3호).

49) 대법원 1991. 5. 28. 자 90마954 결정 참조.

목적물의 처분가치(청산가치)이다. 평가기준일은 파산선고일이다.

평가시기에 대하여는 '지체 없이'라고 되어 있지만, 파산채권자에 대한 배당에 관한 정보를 제공하기 위해서는 제1회 채권자집회 전에 평가가 마쳐지는 것이 바람직하다.

5. 재산목록 및 대차대조표의 작성

파산관재인은 재산목록 및 대차대조표(재무상태표)를 작성하여야 한다.[50] 파산관재인은 재산목록 및 대차대조표의 등본에 기명날인하고 이를 법원에 제출하여야 한다. 이해관계인은 재산목록 및 대차대조표의 열람을 청구할 수 있다(제483조).

재산평가를 기초로 작성된 재산목록 및 대차대조표를 청산재산목록 및 청산대차대조표라 한다. 이것은 파산관재인이 재산관리를 위한 기초자료가 됨과 동시에 제1회 채권자집회의 보고자료로서 파산채권자에게 제공하는 중요한 정보로서 의미를 가진다. 물론 일단 작성된 재산목록 등도 이후 관리의 진행에 따라 수정될 수도 있다. 평가기준은 앞에서 본 바와 같이 청산가치로 파산절차에 있어 환가예상액이고, 종래의 기업회계상의 평가기준(상법 제29조 제2항)과는 연속성이 없는 것이라는 점에 주의할 필요가 있다.

6. 우편물의 관리 및 해제

법원은 체신관서·운송인 그 밖의 자에 대하여 채무자에게 보내는 우편물·전보 그 밖의 운송물을 파산관재인에게 배달할 것을 촉탁할 수 있다. 파산관재인은 그가 수령한 우편물·전보 그 밖의 운송물을 열어 볼 수 있다. 채무자는 파산관재인이 수령한 우편물·전보 그 밖의 운송물의 열람을 요구할 수 있으며, 파산재단과 관련이 없는 것의 교부를 요구할 수 있다(제484조).

한편 법원은 채무자 또는 파산관재인의 신청에 의하여 체신관서 등에 대한 우편물 등에 관한 배달 촉탁을 취소하거나 변경할 수 있다. 파산취소나 파산폐지의 결정이 확정되거나 파산종결의 결정이 있은 때에는 촉탁을 취소하여야 한다(제485조).

7. 영업의 계속

가. 영업의 의의

파산관재인은 법원의 허가를 받아 채무자의 영업[51]을 계속할 수 있다(제486조). 또한 채권자

---

50) 이외에 파산관재인은 파산선고에 의한 사업연도의 종료(사업연도의 의제, 법인세법 제8조 제1항 참조)에 따라 법인세의 납부나 환급 등 관련 조세문제를 정리하는 데 필요한 파산선고일 기준 손익계산서도 작성하여야 한다.

51) 제1조에는 '사업'이라는 용어를 사용하고 있고, 제62조 제1항에서는 영업과 구별하여 사업이라는 용어를 사용하고 있는 점, '영업'이라는 용어는 상인파산주의를 채택하고 있다는 인상을 줄 수 있는 점, 사회복지법인, 병원, 학교법인 등을 영위하는 것은 포함되지 않을 염려가 있는 점, 나아가 개인상인의 영업도 포함시킬 넓은 개념이 필요하다는 점 등에 비추어 '영업'보다는 넓은 의미를 포섭할 수 있는 '사업'이라는 용어로 개정함이 타당하다.

집회는 영업의 폐지 또는 계속에 관하여 결의를 할 수 있다(제489조 제1호). 여기서 '영업'이란 개인·법인, 영리·비영리를 묻지 않지만, 파산재단에 속하는 재산에 관한 영업일 필요가 있다. 따라서 오로지 채무자의 일신전속적인 능력에 기한 기술적·학문적 급부를 목적으로 하는 변호사나 예술가의 업무, 주선업 등 채무자 자신의 행위를 기본으로 하는 업무는 여기서 말하는 영업에 해당하지 않는다. 또한 파산관재인 자신이 행하는 영업일 것이 필요하다.[52]

나. 영업의 계속을 할 수 있는 경우

영업의 계속은 파산선고를 전제로 하여 파산재단의 증식[53]이나 유지[54] 등 파산재단을 유리하게 환가하기 위한 하나의 방법으로서 일정한 범위에서 예외적으로 허용되는 것이다. 따라서 신규 영업은 원칙적으로 허용되지 아니하고, 단기간에 확실한 이익을 얻을 것이 예상되는 경우 등에 한하여 허용된다. 물론 파산재단의 증식이나 유지가 예상되지 않는 경우라도 다수의 입원환자가 있는 병원의 파산, 다수의 학생이 재학 중인 학교의 파산 등과 같이 영업을 폐지할 경우 사회적 영향이 큰 경우나 영업을 폐지하면 고객이나 거래 상대방에게 커다란 손해가 발생할 가능성이 큰 경우에는 영업을 계속할 수 있을 것이다.

다. 단기의 계속기간

파산절차에서 영업의 계속은 회생을 목적으로 하는 것이 아니고 어디까지나 청산을 위한 것이기 때문에, 회생절차에서와 같이 회생을 목적으로 하는 영구적인 상태의 영업을 할 수 있는 것은 아니다. 따라서 비교적 단기간의 계속기간을 정할 필요가 있다.

8. 고가품의 보관방법

화폐, 유가증권 그 밖의 고가품의 보관방법은 법원이 정한다(제487조). 또한 채권자집회에서 고가품의 보관방법을 결의할 수 있다(제489조 제2호).

일반적으로 화폐(현금) 등 고가품은 은행 등에 임치한다. 파산관재인이 임치한 화폐·유가증권 그 밖의 고가품의 반환을 요구하고자 하는 때에는 감사위원의 동의를 얻어야 하며, 감사위원이 없는 때에는 법원의 허가를 받아야 한다(파산채권자에게 손해가 생길 수 있다는 점을 고려한 것이다). 다만 채권자집회에서 다른 결의를 한 때에는 그 결의에 의한다. 파산관재인이 이를 위반한 경우 수치인이 선의이고 과실이 없는 때에는 그 변제는 효력이 있다(제500조 제1항, 제2항). 파산관재인이 수치인으로 하여금 지급 그 밖의 급부를 하게 하기 위하여 증권을 발행하는 경우에도 마찬가지이다(제500조 제3항).

---

52) 破産管財の手引, 221~222쪽.
53) 예컨대 채무자가 건설회사나 제조업자로서 건설 중인 공사나 반제품이 있고 이들을 단기간에 완성시키는 것이 가능하며 완성품을 유리하게 환가할 수 있는 경우.
54) 예컨대 영업을 폐지할 경우 손해배상이나 위약금 지급의무가 발생한 경우.

Ⅲ 재산조회

채무자가 은닉한 재산이 없다는 것은 모든 도산절차에서 도덕적 정당성을 확보하기 위한 기본적 요구이다. 그러나 실제에 있어서는 채무자에 대한 재산자료의 확보가 어렵다. 이러한 문제를 해결하기 위하여 채무자회생법은 민사집행법상의 재산조회제도를 도입하였다.

파산관재인이 채무자가 도망하거나 임직원이 모두 퇴사하여 파산재단에 속하는 재산의 파악에 어려움이 있는 경우, 법원은 파산관재인 그 밖의 이해관계인의 신청에 의하거나 직권으로 채무자의 재산 및 신용에 관한 전산망을 관리하는 공공기관·금융기관·단체 등에 채무자 명의의 재산에 관하여 조회할 수 있다(제29조 제1항).[55] 관련 내용은 〈**제2편 제2장 제6절**〉(본서 164쪽)을 참조할 것.

제2절 부인권[56]

파산선고의 효과에 기하여 실체 및 절차법률관계가 확정되어도 여전히 외부의 제3자나 파산절차의 이해관계인의 파산선고 후 권리행사에 따라 파산재단에 관한 법률관계가 변동될 가능성이 있다. 제3자측으로부터의 권리행사에 대하여 보면, 파산재단에 관한 환취권(제407조)의 행사, 별제권(제411조)의 행사, 상계권(제416조)의 행사를 들 수 있다. 이에 대하여 파산절차의 기관측으로부터의 권리행사에 대하여는 부인권 행사(제391조), 법인의 이사 등의 책임 추급(제351조)이 있다.

Ⅰ 부인권의 의의

부인권이란 채무자가 파산선고 전에 파산채권자들을 해하는 행위를 한 경우 그 효력을 부인하여 일탈된 재산을 파산재단으로 회복시키기 위하여 행사하는 권리를 말한다. 부인권은 파산채권자를 해하는 채무자의 행위를 부인하여 일탈된 재산을 다시 회복함으로써 파산재단의 충실을 기하기 위하여 인정된 제도이다.

파산절차에서의 부인권과 회생절차에서의 부인권은 입법목적과 규정방법이 거의 동일하다. 그러나 양자는 차이가 있다.[57] ① 회생절차상의 부인권은 법인 등의 회생을 위한 채무자의 수

---

55) 회생절차의 경우에도 마찬가지이다(제29조).
56) 부인권에 관한 자세한 내용은 〈**제2편 제7장 제3절**〉(본서 418쪽)을 참조할 것. 여기서는 회생절차와 다른 점을 중심으로 살펴보기로 한다. 한편 회생절차에서는 채무자회생법의 조문 순서에 따라 환취권, 부인권, 상계권의 순서로 서술하였다. 파산절차에서도 조문 순서에 따라 부인권, 환취권, 상계권의 순서로 서술하기로 한다. 동일한 법에서 도산절차마다 순서를 달리해서 규정하고 있는데, 정비할 필요가 있어 보인다.

익력 내지 기업가치의 회복을 목적으로 하고, 회복한 재산을 반드시 환가하여야 하는 것은 아니다. 반면 파산절차에서의 부인권은 일탈된 재산을 회복하고 이를 환가하여 파산채권자들에게 더 많은 배당을 하는 것을 주된 목적으로 한다. ② 회생절차에서는 담보권자도 권리행사의 제한을 받게 되므로 회생절차개시 전의 담보권의 실행 또는 담보권자에 대한 변제도 부인의 대상이 될 수 있다. 그러나 파산절차에서는 담보권자는 별제권자로서 개별적인 권리행사가 가능하므로(제412조) 파산선고 전에 담보권을 실행하거나 담보권자에게 변제하더라도 부인의 대상이 되지 않는다. ③ 회생절차에서는 회생채권에 해당하는 회생절차개시 전의 벌금·과료·형사소송비용·추징금·과태료채권과 국세징수법 또는 지방세징수법에 의하여 징수할 수 있는 청구권(국세징수의 예에 의하여 징수할 수 있는 청구권으로서 그 징수우선순위가 일반 회생채권보다 우선하는 것을 포함한다)에 관하여 그 징수권한을 가진 자에 대하여 한 담보의 제공 또는 채무의 소멸에 관한 행위는 부인할 수 없으나(제100조 제2항), 파산절차에서는 이와 같은 규정이 없다.[58]

파산절차상의 부인권과 채권자취소권(민법 제406조)은 채권자를 해하는 행위의 효력을 부인(취소)하고 일탈된 공동담보의 회복을 도모하여 채권자들을 보호한다는 점에서 제도적 취지가 동일하다. 그러나 채권자취소권은 채권자에게 인정되는 권리로서 사해행위 당시 채무초과의 상태에 있어야 하고, 취소대상행위나 행사방법이 매우 제한적이다. 반면 파산절차상의 부인권은 파산관재인에게 인정되는 권리로서 부인의 대상행위가 채무초과상태에서 이루어져야 할 필요도 없고,[59] 부인대상행위[60]나 행사방법[61] 등이 완화된 권리라는 점에서 차이가 있다. 또한 부인권을 행사하기 위해서는 채무자의 사해의사가 필요하지 않는 경우(위기부인, 무상부인 등)가 있으나 채권자취소권에 있어서는 사해의사가 필수적이다.

Ⅲ 부인권의 유형

부인권은 부인할 행위의 내용, 부인대상행위를 한 시기, 사해의사 여부, 의무에 속하는 사항인지, 무상인지 등에 따라 크게 3가지로 나눌 수 있다(제391조).

---

57) 법인파산실무, 507~508쪽.
58) 관련 내용은 〈제2편 제7장 제3절 Ⅲ.1.다.(3)〉(본서 443쪽)을 참조할 것.
59) 대법원 2016. 5. 12. 선고 2016다5788 판결(채무자의 일반재산의 유지·확보를 주된 목적으로 하는 채권자취소권의 경우와 달리, 이른바 편파행위까지 규제 대상으로 하는 채무자회생법상의 부인권 제도에 있어서는 반드시 그 행위 당시 부채의 총액이 자산의 총액을 초과하는 상태에 있어야만 부인권을 행사할 수 있다고 볼 필요가 없다. 행위 당시 자산 초과 상태였다 하여도 장차 파산절차에서 배당재원이 재단채권과 파산채권을 전부 만족시킬 수 없는 이상, 그리고 그러한 개연성이 존재하는 이상, 일부 특정 채권자에게만 변제를 한다거나 담보를 제공하는 것은 다른 채권자들이 파산절차에서 배당받아야 할 배당액을 감소시키는 행위로서 부인권 행사의 대상이 된다.).
60) 부인권에서는 사해행위뿐만 아니라 편파행위도 포함되지만, 채권자취소권에서는 사해행위에 한정된다(통설, 판례).
61) 채권자취소권은 소송상 공격방어방법으로 주장할 수 없다(대법원 1998. 3. 13. 선고 95다48599, 48605 판결 등). 그러나 부인권은 항변으로도 행사할 수 있다(제396조 제1항).

1. 고의부인

채무자가 파산채권자를 해한다는 사실을 알면서 한 행위에 대하여 부인하는 것을 고의부인이라 한다(제391조 제1호). 다만 이로 인하여 이익을 받은 자가 그 행위 당시에 파산채권자를 해하게 되는 사실을 알지 못할 때에는 부인권을 행사할 수 없다(제391조 제1호 단서). 고의부인은 채무자의 사해의사에 부인의 중점을 두고 있다. 사해행위의 시기에는 제한이 없다.

2. 위기부인

채무자가 지급정지 또는 파산신청 등 위기의 시기에 한 파산채권자를 해하는 행위와 담보의 제공, 채무소멸에 관한 행위를 채무자의 사해의사의 존부와 관계없이 부인하는 것을 위기부인이라 한다.

위기부인에는 본지위기부인과 비본지위기부인이 있다.

가. 본지위기부인

채무자가 지급정지 또는 파산신청(이하 '지급정지 등'이라 한다)이 있은 후에 한 파산채권자를 해하는 행위와 담보의 제공 또는 채무소멸에 관한 행위를 부인하는 것이다. 다만 이로 인하여 이익을 받은 자가 그 행위당시에 지급정지 등이 있는 것을 알지 못한 때에는 부인권을 행사할 수 없다(제391조 제2호).

〈부인권의 유형〉

		행위시기	행위대상	주관적요건		특수관계인에 관한 특칙
				채무자	수익자	
고의부인		파산선고 전 제한 없음	사해행위 (편파행위 포함)	사해의사 (파산관재인이 증명)	사해의사 (수익자가 선의 증명)	해당사항 없음
위기 부인	본지위기 부인	지급정지 또는 파산신청 후	의무있는 편파행위 (사해행위)	×	위기시기 (파산관재인이 악의 증명)	위기시기에 대한 수익자의 악의 추정
	비본지위 기부인	지급정지나 파산신청 후 또는 그 전 60일 이내	의무없는 편파행위	×	위기시기 또는 사해성 (수익자가 선의 증명)	지급정지나 파산신청 후 또는 그 전 1년 이내로 행위시기 연장
무상부인		지급정지나 파산신청 후 또는 그 전 6월 이내	무상행위	×	×	지급정지나 파산신청 후 또는 그 전 1년 이내로 행위시기 연장

나. 비본지위기부인

채무자가 지급정지 등이 있은 후 또는 그 전 60일 내에 한 담보의 제공 또는 채무소멸에 관한 행위로서 채무자의 의무에 속하지 아니하거나 그 방법 또는 시기가 채무자의 의무에 속하지 아니 하는 것을 부인하는 것이다. 다만 채권자가 행위 당시에 지급정지 등이 있는 것 또는 파산채권자를 해하게 되는 사실을 알지 못한 때에는 부인권을 행사할 수 없다(제391조 제3호).

3. 무상부인

채무자가 지급정지 등이 있은 후 또는 그 전 6월 이내에 한 무상행위 및 이와 동일시하여야 할 유상행위를 부인하는 것이다(제391조 제4호). 이와 같은 무상행위가 재산상태가 위기에 처해 있는 시기에 이루어진 경우 채권자가 해를 입을 것은 명백하고, 상대방도 어떠한 대가 없이 이익을 얻고 있는 것이므로 보호할 가치가 없다. 따라서 채무자의 의사나 수익자의 인식에 관계없고, 나아가 상당한 시기까지 소급하여 부인을 인정하고 있다.

Ⅲ 부인권의 성립요건

1. 일반적 성립요건

채무자회생법의 부인규정은 대상행위의 유형마다 시적 요건이나 주관적 요건에 대하여는 개별적으로 규정하고 있다. 여기에 각 부인유형에 공통되는 것으로 최대공약수를 추출한 부인의 일반적 성립요건인 것이 있다. 부인의 일반적 성립요건으로서 행위의 유해성과 부당성 및 채무자의 행위에 한정되는지 여부가 문제된다.

가. 행위의 유해성

부인의 대상이 되는 행위는 파산채권자에게 해를 끼치는 행위이어야 한다. 파산채권자에게 해를 끼치는 행위에는 채무자의 일반재산을 절대적으로 감소시키는 사해행위뿐만 아니라 채권자 사이의 평등을 저해하는 편파행위도 포함된다.[62] 즉 총 채권자의 공동담보가 되는 채무자의 일반재산을 파산재단으로부터 일탈시킴으로써 파산재단을 감소시키는 행위뿐만 아니라, 특정한 채권자에 대한 변제나 담보의 제공과 같이 그 행위가 채무자의 재산관계에 영향을 미쳐 특정한 채권자를 배당에서 유리하게 하고 이로 인하여 파산채권자들 사이의 평등한 배당을 저해하는 이른바 편파행위도 포함된다.[63]

한편 담보권자는 파산절차에 의하지 아니하고 별제권을 행사할 수 있을 뿐만 아니라 피담

---

62) 대법원 2002. 8. 23. 선고 2001다78898 판결.
63) 대법원 2018. 10. 25. 선고 2017다287648, 287655 판결, 대법원 2011. 10. 13. 선고 2011다56637, 56644 판결 등 참조.

보채권의 범위 내에서는 일반 채권자의 공동담보가 되는 재산이 아니기 때문에 담보권설정행위 자체가 부인되지 아니하는 한 담보권자에 대한 변제나 대물변제는 피담보채권액과 변제 가액이 균형을 유지하는 한 원칙적으로 부인의 대상이 될 수 없으며[64] 담보권의 실행행위 또한 부인의 대상으로 되지 않는다.[65] 채무자가 지급불능 상태에서 특정 채권자에게 담보를 제공하였다고 하더라도 이것이 신규차입과 동시에 교환적으로 행하여졌고,[66] 그 차입금과 담보 목적물의 가격 사이에 합리적인 균형을 인정할 수 있으며, 이로써 채무자가 차입금을 은닉하거나 증여하는 등 파산채권자를 해하는 처분을 할 우려를 생기게 하는 것이 아니라면 이러한 담보제공행위는 파산채권자를 해하는 행위로 볼 수 없다.[67] 또한 채무자가 지급불능 상태에서 특정 채권자에 대한 변제 등 채무소멸에 관한 행위를 하였다고 하더라도, 이것이 새로운 물품공급이나 역무제공 등과 동시에 교환적으로 행하여졌고, 채무자가 받은 급부의 가액과 당해 행위에 의하여 소멸한 채무액 사이에 합리적인 균형을 인정할 수 있다면 특별한 사정이 없는 한 이러한 채무소멸행위는 파산채권자를 해하는 행위로 볼 수 없어 제391조 제1호에 따라 부인할 수 있는 행위에 해당하지 않는다.[68]

---

64) 대법원 2024. 9. 12. 선고 2022다294084 판결. 전세권의 경우도 마찬가지이다.

65) 개인회생절차에서도 마찬가지이다. 반면 회생절차에서는 담보권자도 회생절차에 따른 권리행사의 제약을 받게 되므로(제141조) 담보권설정행위나 실행행위가 부인의 대상이 될 수 있다.

66) 미국 연방도산법 §547(c)(1)은 채무자와 채권자 사이에 재산권 등의 이전행위가 채무자에게 주어지는 새로운 가치(new value)와 동시교환적으로 행하여질 것이 의도되었고, 실질적으로도 동시교환적으로 행하여진 것이라면 이에 대해서는 부인할 수 없다고 규정하고 있다(예컨대 물품 및 서비스 구입, 신규차입에 대한 담보제공 등). 그 이유는 부인권의 성립요건으로서 부인의 대상이 되는 이전행위는 기존의 채무에 대하여 이루어진 것이어야 한다는 점에서 찾을 수 있다. 또한 이러한 행위에 의해서는 나머지 채권자들이 불공정하게 해를 입게 되지 않고 오히려 이를 허용하지 않으면 채무자는 유효하게 재정적 거래를 할 수 있는 방법이 전혀 없게 되어 부당하다.

　　일본 파산법도 편파행위의 부인을 사해행위의 부인과 구별하여 이에 관하여 별도로 제162조에서 규정하고 있는데, 부인의 대상인 행위를 기존채무에 대하여 한 담보의 제공에 한정하고 있다.

　　이처럼 미국 연방도산법이나 일본 파산법은 신규차입과 동시에 또는 이와 실질적으로 동일시 할 수 있는 상황하에서 이루어진 담보제공은 기존채권자들 사이의 불공평을 초래한다고 볼 수 없기 때문에 원칙적으로 편파행위에 해당하지 않는다고 보고 있다. 이는 기본적으로 부인할 수 있는 편파행위를 기존채무에 대하여 행하여진 것으로 보고 있기 때문이다.

67) 대법원 2017. 9. 21. 선고 2015다240447 판결(☞ 채무자가 금융감독원으로부터 영업정지 등의 처분을 피하기 위해 유상증자에 사용할 가장납입금을 차용하면서 채무자 명의의 예금에 질권을 설정하거나 양도성예금증서를 담보로 교부해 준 사안에서, 채무자의 담보권 설정이 신규자금을 차용하는 것과 동시에 교환적으로 이루어졌고, 이로 인하여 파산채권자의 공동담보가 감소되었다거나 파산채권자들에게 손해가 야기되었다고 볼 수 없다고 판단하였다. 신규자금차입과 동시에 이루어진 담보권설정행위가 부인대상행위가 되는지에 대하여 그 동안 '사업계속을 위한 사회적 상당성 있는 행위'에 해당하는가라는 문제를 중심으로 논의되어 왔으나, 이 판결은 이와는 다른 차원에서 미국과 일본이 채택하고 있는 '동시교환적행위이론'을 받아들인 것으로 평가할 수 있다는 데에 의미가 있다).

68) 대법원 2018. 10. 25. 선고 2017다287648, 287655 판결(채무자가 파산선고 전에 지급불능 상태에서 피고와 부가가치세 경정거부처분에 대한 심판청구 및 행정소송에 대한 사무처리를 위임하는 계약을 체결하면서 위임사무가 성공하는 것을 정지조건으로 하여 환급금채권 중 성공보수금 상당액을 피고에게 양도하고 이에 따라 국세환급금양도요구서를 작성, 교부한 사안에서, ① 국세환급금양도요구서가 작성, 교부된 시점에 부인의 대상이 되는 행위가 있었으므로, 파산채권자를 해하는 행위인지 여부도 위 시점을 기준으로 판단하여야 하고, ② 국세환급금양도요구서 작성, 교부 당시 채무자가 이미 지급불능 상태에 있었으나, 피고에게 위 채권을 양도한 행위는 피고의 역무제공과 실질적으로 동시교환적으로 행하여진 것으로 볼 수 있고, 그러한 역무제공과 채권양도금액 사이에 합리적인 균형을 인정할 수 있으므로 파산채권자를 해하는 행위로 볼 수 없어, 행위의 상당성 유무를 따져볼 필요 없이 제391조 제1호에 따라 부인할 수 있는 행위에 해당하지 않는다고 판단하여 상고기각한 사례).

일체로 이루어진 행위에 대한 부인권 행사의 요건으로서의 유해성은 그 행위 전체가 파산 채권자에게 미치는 영향을 두고 판단되어야 할 것이며, 그 전체를 통틀어 판단할 때 파산채권 자에게 불이익을 주는 것이 아니라면 개별약정만을 따로 분리하여 그것만을 가지고 유해성이 있다고 판단하여서는 안 된다.[69]

재산적 가치를 저하시키는 적극재산을 감소시키는 행위나 소극재산을 증가시키는 행위는 유해성이 있다고 할 수 있지만, 재산적 가치를 저하시키지 않는 행위라면 파산채권자를 해한 다고 할 수 없다. 따라서 단순히 적극재산의 증가를 방해하는 데 지나지 않은 행위(증여의 거 절, 상속의 포기, 유증의 포기[70])는 여기에 해당하지 않는다.

회생절차(제100조 제2항)와 달리 파산절차에서는 명문의 규정은 없지만, 담보의 제공이나 채 무의 소멸에 관한 행위가 조세 등 청구권(제140조 제2항) 및 벌금 등 청구권(제140조 제1항)에 대한 징수권자에 대하여 한 경우에는 회생절차에서와 마찬가지의 이유로 부인은 성립하지 않 는다고 할 것이다.[71]

한편, 부인의 대상이 되는 행위가 파산채권자를 해하는 행위인지 여부는 그 행위 당시를 기준으로 판단하여야 한다. 이는 특별한 사정이 없는 한 그 행위가 정지조건부인 경우라 하더 라도 마찬가지이다.[72]

나. 행위의 부당성

파산절차상 부인의 대상이 되는 행위가 파산채권자에게 유해하다고 하더라도 행위 당시의 개별적·구체적 사정에 따라서는 당해 행위가 사회적으로 필요하고 상당하였다거나 불가피하 였다고 인정되어 일반 파산채권자가 파산재단의 감소나 불공평을 감수하여야 한다고 볼 수 있 는 경우가 있을 수 있고, 그와 같은 예외적인 경우에는 채권자 평등, 채무자의 보호와 이해관 계의 조정이라는 법의 지도이념이나 정의 관념에 비추어 부인권 행사의 대상이 될 수 없다고 보아야 한다.[73]

여기서 그 행위의 상당성 여부는 행위 당시의 채무자의 재산 및 영업 상태, 행위의 목적· 의도와 동기 등 채무자의 주관적 상태를 고려함은 물론, 변제행위에 있어서는 변제자금의 원 천, 채무자와 채권자와의 관계, 채권자가 채무자와 통모하거나 동인에게 변제를 강요하는 등의 영향력을 행사하였는지 여부 등을 기준으로 하여 신의칙과 공평의 이념에 비추어 구체적으로

참고로 위 2015다240447 판결은 채무자가 지급불능 상태에서 신규차입과 동시교환적으로 특정 채권자에 대한 담보 제공행위를 한 사안이었던 반면, 위 2017다287648, 287655 판결은 역무제공과 채무소멸행위가 동시교환적으 로 이루어진 사안이다.

69) 대법원 2002. 9. 24. 선고 2001다39473 판결.
70) 대법원 2019. 1. 17. 선고 2018다260855 판결.
71) 여기서 대상이 되는 것은 파산채권인 조세 등 청구권 및 벌금 등 청구권에 대한 변제이고, 재단채권인 조세 등 청 구권에 대한 변제는 일반적으로 편파행위로 인한 부인의 대상이 되지 않는다.
72) 대법원 2018. 10. 25. 선고 2017다287648, 287655 판결, 대법원 2013. 6. 28. 선고 2013다8564 판결, 대법원 2002. 11. 8. 선고 2002다41589 판결 등 참조.
73) 대법원 2016. 5. 12. 선고 2016다5788 판결.

판단하여야 한다. 종업원의 임금을 지급하기 위하여 자산을 매각하거나 양도담보를 설정하는 경우, 사업을 계속하기 위한 자금을 조달하기 위하여 부동산을 매각하는 경우[74] 등은 부당성이 부인될 것이다. 실무적으로 상당성이 인정된 사례는 대부분 채무자가 재건, 회생을 위하여 담보권을 설정하거나 운영자금을 차입한 경우이고, 그러한 합리적인 목적에 근거하여 다른 파산채권자들이 파산재단의 감소나 불평등을 감수하여야 하는 상당성을 인정한 것이다.[75]

그리고 그와 같은 부당성의 요건을 흠결하였다는 사정은 부인권 발생의 조각사유 내지 장애사유로 볼 수 있으므로 이에 대한 주장·증명책임은 상대방인 수익자에게 있다고 할 것이다.[76]

다. 채무자의 행위에 한정되는지

제391조의 각 호는 행위의 주체를 채무자라고 하고 있어 부인권의 대상이 되는 행위는 채무자의 행위에 한정되는지가 문제될 수 있다. 부인대상이 되는 행위는 원칙적으로 채무자의 행위라고 할 것이나, 제3자의 행위라도 채무자의 행위와 동일시할 수 있는 경우에는 예외적으로 제3자의 행위도 부인의 대상이 될 수 있다 할 것이다.[77]

부인의 대상이 되는 행위로는 부동산·동산의 매각, 증여, 채권양도, 채무면제 등과 같은 협의의 법률행위에 한하지 않고, 변제, 채무승인, 법정추인, 채권양도의 통지·승낙, 등기·등록, 동산의 인도 등과 같은 법률효과를 발생시키는 일체의 행위를 포함한다. 또한 사법상의 행위에 한하지 않고 소송법상의 행위인 재판상의 자백, 청구의 포기 및 인낙, 재판상의 화해, 소·상소의 취하, 상소권의 포기, 공정증서의 작성, 염가의 경매 등도 부인의 대상이 되고, 공법상의 행위도 부인의 대상이 된다. 반면 담보권은 별제권으로 개별적 권리행사가 가능하므로 (제412조) 담보권의 실행은 부인권의 대상이 아니다.[78]

채무자의 부작위도 부인의 대상이 된다. 따라서 시효중단을 게을리 한 것, 변론기일에의 불

---

74) 앞에서 본 바와 같이 동시교환적행위이론에 의해 행위의 유해성이 인정되지 않을 여지도 있다.

75) ○ 행위의 상당성을 인정한 사례: 채권회수조치 유보대가로 재고자산에 대한 양도담보를 설정하여 준 경우(대법원 2007. 9. 21. 선고 2005다22398 판결), 일시적 유동성 부족 해결을 위하여 아파트 분양을 계속하기 위한 의사에서 한 대물변제 행위(대법원 2012. 6. 28. 선고 2012다30427 판결), 금융기관의 영업을 위한 연합회비 납부행위(대법원 2004. 7. 9. 선고 2004다22124 판결)
○ 행위의 상당성을 부정한 사례: 기존채무에 관하여 변제기를 연장하면서 근저당권설정을 하여 준 행위(대법원 2005. 11. 10. 선고 2003다271 판결), 기존채무 변제를 위한 수표교부행위(대법원 2011. 5. 13. 선고 2009다75291 판결), 기존채무에 관한 변제기 연장과 함께 담보로 채권을 양도한 행위(대법원 2011. 10. 13. 선고 2011다 56637,56644 판결), 금융기관의 예금변제행위(대법원 2015. 12. 10. 선고 2015다235582 판결)

76) 대법원 2014. 9. 25. 선고 2014다214885 판결, 대법원 2011. 10. 13. 선고 2011다56637,56644 판결, 대법원 2004. 3. 26. 선고 2003다65049 판결 등 참조.

77) 대법원 2018. 7. 24. 선고 2018다204008 판결, 대법원 2011. 10. 13. 선고 2011다56637,56644 판결 참조. 이에 대하여 고의부인은 채무자의 사해의사를 요건으로 하고 있으므로 채무자의 행위가 필요하고, 위기부인은 채무자의 주관적 요건은 문제되지 않으므로 반드시 채무자의 행위일 필요가 없다는 견해가 있다(전병서, 275쪽).

78) 대법원 2009. 5. 28. 선고 2005다56865 판결. 위 판결은 나아가 질권설정행위를 부인하여 그 효력이 상실된 경우에는 그에 기하여 발생한 질권도 소급적으로 존재하지 않게 되고, 질권이 소급적으로 존재하지 아니하게 된 이상 그에 기초한 질권실행행위도 그 효력을 상실하였다고 봄이 상당하며, 채무자회생법상 담보권의 실행에 대하여는 별도로 부인권을 행사할 수도 없는 것이므로, 파산관재인이 별도로 질권실행행위를 부인하여야만 원상회복의 효과를 얻을 수 있는 것은 아니라고 판시하였다.

출석, 공격방어방법의 부제출 등도 부인될 수 있다.

반면 부인권은 재산권을 목적으로 하지 않는 법률행위, 즉 결혼, 이혼, 입양, 파양, 상속의 승인 등은 그것이 간접적으로 채무자 재산의 감소를 가져오는 행위라고 하더라도 부인대상으로는 되지 않는다. 그러나 이혼에 수반한 재산분할은 신분관계의 설정이나 폐지와 직접 관계 없는 재산처분행위이므로 부인대상이 될 수 있다.[79] 주의할 것은 이혼 후 재산분할을 청구하지 않는 것은 부인권의 대상이 되지 않는다는 것이다. 그 이유는 이혼으로 인한 재산분할청구권은 그 행사 여부가 청구인의 인격적 이익을 위하여 그의 자유로운 의사결정에 전적으로 맡겨진 권리로서 행사상의 일신전속성을 가지므로 파산재단에도 속하지 않는다고 보아야 하기 때문이다.[80]

2. 개별적 성립요건

가. 고의부인 (제391조 제1호)

고의부인의 성립요건은 ① 객관적 요건으로서 파산채권자를 해하는 행위가 있어야 하고(사해행위), ② 주관적 요건으로서 채무자가 행위 당시 그 행위에 의하여 파산채권자를 해한다는 사실을 알고 있어야 한다(사해의사).

파산채권자를 해하는 행위에는 사해행위뿐만 아니라 특정 파산채권자에 대한 변제나 담보의 제공과 같이 특정 파산채권자에게 유리하고 다른 파산채권자에게 불리한 편파행위도 포함한다.[81] 고의부인이 인정되기 위해서는 주관적 요건으로서 채무자가 파산채권자를 해하는 것을 알았어야 하는데(사해의사), 사해의사란 채무자가 자신의 행위로 인하여 파산채권자에게 손해를 생기게 한 원인인 사실에 대한 인식이 있으면 족하고(인식설), 더 나아가 파산채권자에 대한 적극적인 가해의 의사 내지 의욕까지 필요한 것은 아니다.[82] 다만 채무자에게 요구되는 인식의 내용은 부인의 대상이 되는 행위의 성질에 따라 달리 하여야 할 것이다. 즉 사해행위의 경우에는 현재 자신의 변제자력이 부족하다는 사실과 그 행위로 인하여 채무자의 일반재산이 감소한다는 사실에 대한 인식만으로 충분하나, 편파행위의 경우는 채무자회생법이 정한 부인대상 행위 유형화의 취지를 몰각시키는 것을 방지하고 거래 안전과의 균형을 도모하기 위해서는, 파산절차가 개시되는 경우에 적용되는 채권자평등의 원칙을 회피하기 위하여 특정채권자에게 만 변제 혹은 담보를 제공한다는 인식이 필요하다고 보아야 한다.[83] 만약 채무자 본인이 아니

---

79) 대법원 2000. 7. 28. 선고 2000다14101 판결 참조.
80) 대법원 2022. 7. 28. 자 2022스613 결정. 이에 대하여 부인권의 대상이 될 여지가 있다는 견해도 있다(개인파산·회생실무, 70쪽).
81) 대법원 2013. 4. 11. 선고 2012다211 판결(채무자가 강제집행을 회피할 목적으로 자기의 사실상 유일한 재산을 제3자에게 무상으로 양도한 행위는 다른 파산채권자들과의 관계에서 사해행위가 되고, 그 제3자가 양수채권을 추심하여 그 돈을 채무자에게 주었다고 하더라도 그 금액 상당을 원상회복이나 가액반환의 범위에서 공제할 것은 아니다).
82) 대법원 2016. 1. 14. 선고 2014다18131 판결, 대법원 2006. 6. 15. 선고 2004다46519 판결, 대법원 2009. 3. 26. 선고 2007다63102 판결 등 참조.
83) 대법원 2015. 12. 10. 선고 2015다235582 판결, 대법원 2005. 11. 10. 선고 2003다271 판결.

라 그 대리인이 행위한 때에는 대리인을 기준으로 사해의사를 판단한다.

한편 부인의 대상이 되는 행위인 '채무자가 파산채권자를 해함을 알고 한 행위'는 채무자가 총채권자의 공동담보가 되는 채무자의 일반재산을 절대적으로 감소시키는 사해행위를 의미하고, 이는 파산관재인이 파산재단을 위하여 채무자의 사해행위를 부인함으로써 파산재단으로부터 일탈한 재산을 파산재단에 회복시키고 파산재단의 충실을 도모하여 파산채권자에 대한 배당을 증가시키고자 하는 취지의 제도이므로, 채무자의 행위의 대상이 되는 재산이 애초부터 파산재단에 속하지 않아 파산관재인이 부인권을 행사하더라도 그 재산을 파산재단으로 회복할 수 없는 경우에는 채무자가 총채권자의 공동담보가 되는 일반재산을 절대적으로 감소시키는 사해행위를 하였다고 볼 수 없어 부인의 대상이 될 수 없다.[84]

사해행위와 사해의사에 대한 증명책임은 부인권을 행사하는 파산관재인이 부담한다.

사해의사는 채무자뿐만 아니라 수익자[85]에게도 있어야 한다. 다만 파산관재인이 수익자의 사해의사를 증명할 필요는 없다. 수익자가 행위 당시 파산채권자를 해하게 되는 사실을 알지 못한 경우에는 부인을 면할 수 있다(제391조 제1호 단서). 수익자의 악의는 추정되므로 선의에 대한 증명책임은 수익자에게 있다.[86] 선의인 이상 과실이 있는지 여부는 묻지 않는다.[87]

나. 위기부인

위기부인은 위기시기에 한정하여 채무자의 사해의사와 관계없이 일정한 행위를 부인하는 것이다. 고의부인의 경우와 달리 사해의사를 요건으로 하지 않는 것은 위기시기에 한 행위는 채무자가 파산채권자를 해하는 것을 알고 있다고 보는 것이 일반적이기 때문이다.

---

84) 대법원 2010. 3. 11. 선고 2007다71271 판결 참조.

85) 수익자는 부인대상이 된 행위의 상대방을 말한다. 채무자의 부작위가 부인된 때에는 그 부작위에 의하여 직접적으로 이익을 받는 자를 말한다. 예컨대 시효중단을 게을리한 행위가 부인된 때에는 취득시효에 의하여 권리를 취득한 자가 수익자이다.

86) 대법원 2023. 9. 21. 선고 2023다234553 판결(☞ 甲이 乙에게 자신이 소유한 유일한 부동산을 매도한 후 파산선고를 받았는데, 甲의 파산관재인이 위 매매계약이 채무자 회생 및 파산에 관한 법률 제391조 제1호의 '채무자가 파산채권자를 해하는 것을 알고 한 행위'에 해당한다고 주장하며 부인의 소를 제기한 사안에서, 甲과 乙이 일면식도 없는 사이였다가 乙의 광고를 통하여 알게 된 관계인 점, 매매계약을 체결하게 된 경위 및 이를 뒷받침하는 거래내역, 乙이 부동산 매수 후 취한 행동 등 제반 사정에 비추어, 乙은 매매계약 당시 파산채권자를 해하게 되는 사실을 알지 못하였다고 볼 여지가 충분하고, 통상 급매물의 경우 시세보다 낮은 가격에 거래되는 점, 매매대금으로 위 부동산에 설정된 근저당권들의 피담보채무를 충분히 변제할 수 있었던 점, 위 부동산에는 근저당권 외에 甲이 다른 채무를 부담하고 있었다고 의심할 아무런 근거도 없었던 점 등을 고려한다면 乙이 甲으로부터 부동산을 시세보다 저렴하게 구매한 사정만으로는 乙의 선의 인정에 방해가 되지 않는데도, 乙의 선의 항변을 배척한 원심판결에 심리미진 등의 잘못이 있다고 한 사례).

87) 사해행위취소소송에서 수익자의 선의 여부는 채무자와 수익자의 관계, 채무자와 수익자 사이의 처분행위의 내용과 그에 이르게 된 경위 또는 동기, 처분행위의 거래조건이 정상적이고 이를 의심할 만한 특별한 사정이 없으며 정상적인 거래관계임을 뒷받침할 만한 객관적인 자료가 있는지 여부, 처분행위 이후의 정황 등 여러 사정을 종합적으로 고려하여 논리칙·경험칙에 비추어 합리적으로 판단하여야 한다. 또한 사해행위취소소송에서는 수익자의 선의 여부만이 문제되고 수익자의 선의에 과실이 있는지 여부는 묻지 않는다. 이와 같은 법리는 사해행위취소소송과 실질을 같이하는 제391조 제1호에서 정한 고의부인의 행사에 관하여도 마찬가지로 적용될 수 있다(대법원 2023. 9. 21. 선고 2023다234553 판결).

(1) 본지행위에 대한 위기부인 (제391조 제2호)

본지행위에 대한 위기부인은 채무자의 의무에 속한 행위를 부인의 대상으로 한다. 여기에 서 '채무자의 의무에 속한다' 함은 일반적·추상적 의무로는 부족하고 구체적 의무를 부담하여 채권자가 그 구체적 의무의 이행을 청구할 권리를 가지는 경우를 의미한다.[88]

본지행위에 대한 위기부인의 성립요건은 ① 객관적 요건으로 파산채권자를 해하는 행위와 담보의 제공 또는 채무의 소멸에 관한 행위라야 하고, ② 시기적 요건으로 채무자가 지급의 정지 또는 파산신청이 있은 후에 한 행위라야 하며, ③ 주관적 요건으로 수익자가 행위 당시 지급정지 또는 파산신청이 있는 것을 알고 있을 것이다.

위 세 가지 요건에 대한 증명책임은 모두 파산관재인이 부담한다.

지급의 정지란 채무자가 변제기에 있는 채무를 자력(지급능력)의 결핍으로 인하여 일반적, 계속적으로 변제할 수 없다는 것을 명시적, 묵시적으로 외부에 표시하는 것을 말한다(본서 446 쪽 참조). 예컨대 채무자 A(단순히 급여소득자이고 사업을 운영하는 사람은 아니다)가 스스로 채무지 급의 유예 또는 감면 등에 대한 사무인 채무정리를 법률사무의 전문가인 변호사에게 위임하였 고, A의 대리인인 해당 변호사는 채권자들에게 채무자에 대한 연락 및 추심행위의 중지를 구 하는 등 A의 채무에 대한 통일적이고 공평한 변제를 도모한다는 취지를 통지하였다. 위 통지 에는 A가 개인파산을 예정하고 있다는 취지가 명시되어 있지는 않아도, A가 자력(지급능력)을 흠결하여 일반적, 계속적으로 채무의 지급을 할 수 없다는 것이 적어도 묵시적으로는 외부에 표시된 것으로 보는 것이 상당하다. 그렇다면 채무자의 대리인인 변호사가 채권자들에게 채무 정리개시통지를 한 행위는 지급의 정지에 해당한다.

(2) 비본지행위에 대한 위기부인 (제391조 제3호)

비본지행위에 대한 위기부인은 채무자의 의무에 속하지 아니하는 행위를 부인의 대상으로 한다. "채무자의 의무에 속한다"라고 함은 일반적·추상적 의무로는 부족하고 구체적 의무를 부담하여 채권자가 그 구체적 의무의 이행을 청구할 권리를 가지는 경우를 의미한다.[89]

본지행위에 대한 위기부인보다 시기적 요건을 완화하여 부인대상을 지급정지 또는 파산신 청이 있기 이전 60일 이내에 이루어진 행위까지 확대하고, 선의의 증명책임도 수익자에게 부 담시키고 있다.

비본지행위에 대한 위기부인의 성립요건은, ① 객관적 요건으로 담보의 제공 또는 채무의 소멸에 관한 행위로서 그 행위 자체나 방법 또는 시기가 채무자의 의무에 속하지 아니하는 행 위라야 하고, ② 시기적 요건으로 채무자가 지급정지 등이 있은 후 또는 그 전 60일 이내에

---

88) 대법원 2002. 2. 8. 선고 2001다55116 판결, 대법원 2000. 12. 8. 선고 2000다26067 판결 등 참조.

89) 대법원 2002. 2. 8. 선고 2001다55116 판결(파산선고 전 회사가 자금을 융통하면서 '채권보전상 필요하다고 인정되 는 때에는 청구에 의하여 곧 채권자가 승인하는 담보나 추가담보를 제공하겠으며, 보증인을 추가로 세우겠음. 일정 한 예치금을 담보로 제공하겠음'이라고 약정하였더라도 이에 기한 담보제공은 '채무자의 의무에 속하는 행위'라고 볼 수 없다고 한 사례) 참조.

한 행위라야 한다. 성립요건에 대한 증명책임은 파산관재인이 부담한다.

수익자는 그 행위 당시 지급의 정지 등이 있은 것 또는 파산채권자를 해하게 되는 사실을 알지 못한 경우임을 증명하여[90] 선의자로서 보호받을 수 있다.[91]

다. 무상부인 (제391조 제4호)

무상부인은 그 대상인 채무자의 행위가 대가를 수반하지 않는 것으로 사업의 수익력과 채권자 일반의 이익을 해할 위험이 특히 현저하기 때문에 채무자 및 수익자의 주관적 요건을 고려하지 아니하고 오로지 행위의 내용 및 시기에 착안하여 특수한 부인 유형으로서 인정되는 것이다.

무상부인의 성립요건은 ① 객관적 요건으로 채무자의 행위가 무상행위 또는 이와 동일시할 수 있는 유상행위라야 하고, ② 시기적 요건으로 채무자가 지급정지 등이 있은 후 또는 그 전 6개월 이내에 한 행위라야 한다. 성립요건에 대한 증명책임은 파산관재인이 부담한다. 무상부인은 그 내용 및 시기에 착안한 특수한 부인유형을 인정한 것이므로 무상행위를 할 당시나 무상행위로 인하여 채무초과일 것을 요구하지는 않는다.

채무자가 직접적이고 현실적인 경제적 이익을 대가로 얻지 않고 계열회사 내지 가족회사를 위하여 한 보증행위 또는 담보제공행위는 무상행위에 해당한다.[92]

라. 특수관계인을 상대방으로 한 행위에 대한 특칙 (제392조)

(1) 본지행위에 대한 위기부인의 특칙

본지행위에 대한 위기부인(제391조 제2호)의 단서 규정을 적용함에 있어서 이익을 받는 자가 특수관계인인 경우에는 그 특수관계인이 행위 당시 지급정지 등이 있은 것을 알고 있었던 것으로 추정한다(제392조 제1항).[93] 따라서 지급정지 또는 파산신청이 있는 것에 대하여 선의라는 증명책임은 상대방이 부담한다.

이는 밀접한 관계로부터 일반적으로 특수관계인은 채무자의 경제상태를 잘 알고 있으므로 특별히 정보입수의 가능성을 가지는 것, 채무자와 특수관계인 사이에는 편파행위가 있을 위험성이 큰 것, 특수관계인이 채무자의 재정적 파탄에 있어서 무엇인가의 책임이 있는 경우가 많은 것 등에서 추정규정을 통하여 증명책임을 전환한 것이라고 할 수 있다.[94]

---

90) 부인의 대상이 되는 행위라고 하더라도 이로 인하여 이익을 받은 자가 그 행위 당시 파산채권자를 해하게 되는 사실을 알지 못한 경우에는 부인할 수 없으나, 그와 같은 수익자의 악의는 추정되므로 수익자 자신이 그 선의에 대한 증명책임을 부담한다(대법원 2011. 11. 10. 선고 2011다55504 판결).

91) 수익자가 증명하여야 할 내용이 회생절차(제100조 제1항 제3호)와 다르다. 지급의 정지 등이 있은 후에 행한 것인 때에는 지급의 정지 등이 있은 것도 알지 못한 경우에 한정하여야 할 것이다(제392조 제2항 참조). 회생절차와 달리 보아야 할 이유가 없기 때문이다. 입법론적으로 통일이 필요해 보인다.

92) 대법원 2009. 5. 28. 선고 2005다56865 판결.

93) 회생절차(제101조 제1항)와 달리 볼 이유가 없으므로 '파산채권자를 해하는 사실도 알고 있었던 것'으로 추정된다고 할 것이다. 입법적 통일이 필요하다.

94) 전병서, 285쪽.

(2) 비본지행위에 대한 위기부인의 특칙

비본지행위에 대한 위기부인(제391조 제3호)의 규정을 적용하는 경우 특수관계인을 상대방으로 하는 행위에 대하여는 시기적 요건을 완화하여 부인대상을 지급정지 등이 있기 이전 1년 이내에 이루어진 행위까지 확대하고, 단서 규정을 적용함에 있어서도 그 특수관계인이 그 행위 당시 지급정지 등이 있은 것과 파산채권자를 해하는 사실을 알고 있었던 것으로 추정한다 (제392조 제2항).[95]

(3) 무상부인에 대한 특칙

무상행위에 대한 부인(제391조 제4호)에 있어서도 특수관계인을 상대방으로 하는 행위에 대하여는 부인대상을 지급정지 등이 있기 이전 1년 이내에 이루어진 행위로 확대하고 있다(제392조 제3항).

Ⅳ 부인권의 특수한 유형

1. 어음채무의 지급에 관한 부인의 예외[96]

채무자로부터 어음의 지급을 받은 자가 그 지급을 받지 아니하였으면 채무자의 1인 또는 수인에 대한 어음상의 권리를 상실하게 되었을 경우에는 부인할 수 없다(제393조 제1항).

어음소지인이 적시에 지급제시를 하지 않으면 상환청구권을 상실할 위험이 있기 때문에 어음소지인을 보호하기 위하여 둔 것이다. 여기서 어음상의 권리는 상환청구권을 의미하고, 어음의 지급은 약속어음의 발행인, 환어음의 인수인·지급인, 수표의 지급인에 의한 지급을 의미한다. 다만 거절증서작성이 면제된 어음과 같이 상환청구권을 상실할 상황이 발생할 수 없는 경우에는 적용이 없다.

다만 특정채권자가 어음의 지급에 관한 부인의 예외를 악용하는 것을 방지하기 위하여, 최종의 상환의무자 또는 어음의 발행을 위탁한 자가 그 발행 당시 지급정지 또는 파산신청이 있었음을 알았거나 과실로 알지 못한 때에는 파산관재인은 그로 하여금 채무자가 지급한 금액을 상환하게 할 수 있도록 하였다(제393조 제2항).

2. 권리변동의 성립요건 또는 대항요건의 부인[97]

성립요건 또는 대항요건(이하 '대항요건 등'이라 한다)의 구비행위를 권리변동의 원인행위와

---

95) 다만 단서를 적용함에 있어 추정규정을 둔 것은 본래부터 선의의 증명책임은 수익자(상대방)가 부담하는 것이므로 불필요한 규정이거나 주의적 규정에 불과하다고 할 것이다.
96) 관련 내용은 〈제2편 제7장 제3절 Ⅳ.1.〉(본서 450쪽)을 참조할 것.
97) 관련 내용은 〈제2편 제7장 제3절 Ⅳ.2.〉(본서 451쪽)를 참조할 것. 회생절차(제103조)와 규정상 차이가 있다. 회생절차는 대항요건부인이 먼저 규정되어 있음에 반하여 파산절차에서는 성립요건부인이 먼저 규정되어 있다. 또한

분리하여 그 원인행위를 부인할 수 없는 경우에도 독자적으로 대항요건 등의 구비행위를 부인할 수 있다(제394조). 대항요건 등의 구비행위에 대한 부인을 인정하는 취지는 원인행위가 있었음에도 상당기간 대항요건 등의 구비행위를 하지 않고 있다가 지급정지 등이 있은 후에 그 구비행위를 한다는 것은 파산채권자들에게 예상치 못한 손해를 주기 때문에 이를 부인할 수 있게 한 것이다.

가. 성립요건의 부인

지급정지 또는 파산신청이 있은 후에 권리의 설정·이전 또는 변경의 효력을 생기게 하는 등기 또는 등록이 행하여진 경우 그 등기 또는 등록이 그 원인인 채무부담행위가 있은 날부터 15일을 경과한 후에 지급정지 또는 파산신청이 있음을 알고 행한 것인 때에는 이를 부인할 수 있다. 다만 가등기 또는 가등록을 한 후 이에 의하여 본등기 또는 본등록을 한 때에는 그러하지 아니하다(제394조 제1항).

여기서 '지급정지'란 채무자가 변제기에 있는 채무를 자력의 결핍으로 인하여 일반적, 계속적으로 변제할 수 없다는 것을 명시적, 묵시적으로 외부에 표시하는 것을 말한다.[98]

나. 대항요건의 부인

지급정지 또는 파산신청이 있은 후에 권리의 설정·이전 또는 변경을 제3자에게 대항하기 위하여 필요한 행위를 한 경우 그 행위가 권리의 설정·이전 또는 변경이 있은 날부터 15일을 경과한 후에 지급정지 또는 파산신청이 있음을 알고 행한 것인 때에도 부인할 수 있다(제394조 제2항).

다. 제391조와의 관계

대항요건 등의 구비행위에 대하여 제394조에 의하여 부인할 수 없는 경우라도 부인에 관한 일반규정인 제391조를 적용하여 부인할 수 있는가. 대항요건 등 자체를 독자적인 부인의 대상으로 규정하고 있는 취지는 대항요건 등 구비행위도 본래 제391조의 일반 규정에 의한 부인의 대상이 되어야 하지만, 권리변동의 원인이 되는 행위를 부인할 수 없는 경우에는 가능한 한 대항요건 등을 구비시켜 당사자가 의도한 목적을 달성시키면서 제394조 소정의 엄격한 요건을 충족시키는 경우에만 특별히 이를 부인할 수 있도록 한 것이라고 해석된다. 따라서 권리변동의 대항요건 등을 구비하는 행위는 제394조 소정의 엄격한 요건을 충족시키는 경우에만 부인의 대상이 될 뿐 이와 별도로 같은 제391조에 의한 부인의 대상이 될 수는 없다고 할 것이다.[99]

'다만, 가등기 또는 가등록을 한 후 이에 의하여 본등기 또는 본등록을 한 때에는 그러하지 아니하다.'는 예외조항을 회생절차에서는 대항요건부분에서 규정하고 있음에 반하여, 파산절차에서는 성립요건부인에서 규정하고 있다. 입법적 정비가 필요하다.

98) 대법원 2018. 7. 12. 선고 2014다13983 판결.
99) 대법원 2004. 2. 12. 선고 2003다53497 판결 참조.

3. 집행행위의 부인[100]

집행행위의 부인이란 부인하고자 하는 행위에 관하여 상대방이 이미 집행권원을 가지고 있거나 그 행위가 집행행위[101]로서 이루어진 것이더라도 부인하는 것을 말한다(제395조). 사해행위나 편파행위가 각각 부인의 대상이 되고, 동일한 행위가 집행권원을 가진 채권자를 수익자로 하여 행하여진 경우 또는 집행기관의 집행행위를 통하여 된 경우에도 파산채권자에 대한 유해성의 점에서는 차이가 없다. 따라서 부인행위의 대상이 집행권원에 기한 것이거나 집행행위에 의하여 이루어진 것이라고 하더라도 부인권을 행사하는 데 방해가 되지 않는다.

한편 집행행위의 부인과 관련하여서는 채무자의 행위가 필요한지, 제391조 각 호의 요건을 갖추어야 하는지에 대한 논의가 있다. 관련 내용은 〈제2편 제7장 제3절 Ⅳ.3.다. 및 라.〉(본서 457~459쪽)를 참조할 것. 이와 관련하여 대법원은 다음과 같이 판시하고 있다. 제391조 각 호에서 부인권의 행사 대상인 행위의 주체를 채무자로 규정한 것과 달리 제395조에서는 아무런 제한을 두지 않고 있다. 부인하고자 하는 행위가 '집행행위에 의한 것인 때'는 집행법원 등 집행기관에 의한 집행절차상의 결정에 의한 경우를 당연히 예정하고 있는데, 그러한 경우에는 채무자의 행위가 개입할 여지가 없기 때문이다. 그러므로 집행행위를 제391조 각 호에 의하여 부인함에는 반드시 그것을 채무자의 행위와 같이 볼만한 특별한 사정이 있을 것을 요하지 아니한다고 볼 것이다.[102] 다만, 집행행위에 대하여 부인권을 행사할 경우에도 행위주체의 점을 제외하고는 제391조 각 호 중 어느 하나에 해당하는 요건을 갖추어야 한다. 따라서 집행행위를 제391조 제1호에 의하여 부인할 때에는, 채무자의 주관적 요건을 필요로 하는 고의부인의 성질상 채무자가 파산채권자들을 해함을 알면서도 채권자의 집행행위를 적극적으로 유도하는 등 그 집행행위가 '채무자가 파산채권자들을 해함을 알면서도 변제한 것'과 사실상 동일하다고 볼 수 있는 특별한 사정이 요구된다.[103] 위와 같은 특별한 사정이 있다는 점에 대하여는 고의

100) 관련 내용은 〈제2편 제7장 제3절 Ⅳ.3.〉(본서 453쪽)을 참조할 것.
101) 여기서 집행행위는 원칙적으로 집행기관의 행위를 가리키는 것으로 집행권원에 의하여 채권의 만족적 실현을 직접적인 목적으로 하는 행위를 의미한다(대법원 2011. 11. 24. 선고 2009다76362 판결 참조). 다만 파산절차에서 담보권자는 파산절차에서 의하지 아니하고 별제권을 행사할 수 있으므로 담보권실행 등을 위한 경매는 집행행위에 포함되지 않는다(條解 破産法, 1122쪽).
102) 헌법재판소 2019. 2. 28. 선고 2017헌바106 전원재판부 결정.
103) 대법원 2018. 7. 24. 선고 2018다204008 판결(피고가 채무자에 대한 집행권원에 기하여 채무자의 공탁금회수청구권에 관하여 채권압류 및 추심명령을 받아 그 배당절차에서 배당금을 수령한 사안에서, 집행행위에 대하여 제391조 제1호에서 정한 고의부인이 인정되기 위해서는 위와 같은 특별한 사정이 요구됨을 전제로, 채무자가 사해의사를 가지고 피고의 집행행위를 적극적으로 유도하였다거나 피고의 배당금 수령행위가 채무자가 사해의사를 가지고 변제한 것과 사실상 동일하다고 볼 수 있는 특별한 사정이 있다고 인정할 증거가 부족하다는 이유로, 배당금 수령행위에 대한 원고의 고의부인 주장을 배척한 사례). 그 이유는 이렇게 해석하지 않을 경우, 일반채권을 가진 채권자에게 파산채무자가 임의변제한 경우에는 파산관재인이 채무자의 사해의사를 증명하여야 부인할 수 있음에 반하여, 집행권원을 가진 채권자가 집행절차에서 변제받은 경우에는 채무자의 사해의사 존부와 관계없이 부인된다는 부당한 결과에 이르게 되는 점, 채권자가 지급정지 등 위기 시에 강제집행을 한 경우에는 '본지행위에 대한 위기부인'에 해당하여 객관적 요건으로서 사해행위 요건 및 주관적 요건으로서 수익자가 행위 당시 지급정지 등의 사실을 알고 있을 것이 요구되는데, 오히려 지급정지 등의 사유가 없는 시점에 채권자가 강제집행을 하여 고의부인을 이유로 할

부인을 주장하는 파산관재인에게 증명책임이 있다.[104]

4. 전득자에 대한 부인[105]

부인의 효과는 상대적인 것이어서 수익자에 대하여 부인을 하더라도 전득자에게는 부인의 효과가 미치지 않는다. 그러나 경우에 따라 전득자에게 부인의 효과를 미치게 할 필요가 있다. 반면 전득자에 대한 부인을 넓게 인정하면 거래의 안전을 해하게 된다.

이러한 점을 고려하여 채무자회생법은 ① 전득자가 전득 당시 각각 그 전자에 대하여 부인의 원인이 있음을 안 때,[106] ② 전득자가 특수관계자인 때(다만 전득 당시 각각 그 전자에 대한 부인의 원인이 있음을 알지 못한 때는 제외), ③ 전득자가 무상행위 또는 이와 동일시할 수 있는 유상행위로 인하여 전득한 때, 각각 그 전자에 대하여 부인의 원인이 있는 경우에 한하여 전득자에 대하여도 부인권을 행사할 수 있도록 하고 있다(제403조).

①의 경우 악의의 증명책임은 파산관재인에게 있고, ②의 경우 전득자가 특수관계인이라면 전득자가 자기의 선의에 대하여 증명책임을 부담한다. ③의 경우 전득자의 악의는 요구되지 않는다.

전득자에 대한 부인은 채무자와 수익자 사이의 행위를 전득자에 대하여 부인하는 것을 말한다. 수익자와 전득자 사이의 행위를 부인하는 것이 아니다.

Ⅴ 부인권의 행사

1. 행사주체

부인권의 행사주체는 파산관재인이다(제396조 제1항). 따라서 파산채권자는 부인권을 대위하여 행사할 수 없지만,[107] 보조참가는 할 수 있다. 법원은 파산채권자의 신청에 의하거나 직권으로 파산관재인에게 부인권의 행사를 명할 수 있다(제396조 제2항).

파산관재인은 채무자가 한 행위의 상대방(수익자) 또는 전득자를 상대로 부인권을 행사한다. 채무자는 부인권 행사의 상대방이 되지 못한다.

부인권은 파산채권자의 보호를 위하여 채무자의 행위를 부인함으로써 파산재단의 충실을 도모함에 그 제도의 취지가 있는 것으로서 채무자와 그 상대방 간의 이해를 조절하기 위한 것이 아니므로, 원칙적으로 무상성, 유해성, 부당성 등 부인권행사의 요건이 충족되는 한 파산관

경우 사해행위 요건 충족만으로 부인의 대상이 된다는 부당한 결과에 이르게 되는 점 등의 문제가 있기 때문이다 (서울고등법원 2017. 12. 15. 선고 2017다2041949 판결).
104) 대법원 2018. 7. 24. 선고 2018다210348 판결 참조.
105) 관련 내용은 〈제2편 제7장 제3절 Ⅳ.4.〉(본서 459쪽)를 참조할 것.
106) 부인요건의 존재란 부인의 요건사실을 의미하기 때문에, 고의부인(제391조 제1호)의 경우라면, 파산관재인은 사해행위 및 사해의사의 존재와 이에 대한 전득자의 악의를 주장·증명하여야 한다. 수익자의 악의는 전득자가 수익자의 선의에 대한 증명책임을 부담한다고 할 것이다(본서 461쪽 각주 196) 참조).
107) 대법원 2002. 9. 10. 선고 2002다9189 판결.

재인의 부인권행사가 부인권 제도의 본질에 반한다거나 신의칙 위반 또는 권리남용에 해당한다고 볼 수 없다.[108]

파산선고 전에 채무자가 체결한 부제소합의의 효력이 파산관재인이 부인권을 행사하는 데 효력이 미치는가. 파산관재인은 채무자의 재산(파산재단)에 대한 관리·처분권을 갖는 한편, 파산채권자 전체의 이익을 위하여 파산재단을 관리할 지위에서 채무자회생법이 부여한 권한을 행사할 수 있다. 부인권의 행사 및 이에 따르는 법률관계의 확인은 채무자가 기존에 형성한 법률관계에 따른 관리·처분권을 행사하는 것이 아니라, 파산채권자의 공동의 이익을 위하여 선임된 관리자로서 채무자와는 독립된 지위에서 채무자회생법이 부여한 권한을 행사하는 것에 해당한다. 이는 부인권과 유사한 권리인 채권자취소권이 채무자가 아닌 채권자에게 귀속되어 있는 점에 비추어 보아도 명백하다. 따라서 부제소합의의 효력은 파산관재인이 부인권을 행사하고 그 법률관계의 확인을 구하는 소에는 미치지 않는다.[109]

2. 행사방법

부인권은 소, 부인의 청구 또는 항변에 의하여 행사한다(제396조 제1항).[110]

가. 부인의 소에 의한 행사[111]

부인권을 소에 의하여 행사한다는 것은, 부인의 대상이 되는 행위가 그 효력을 소급적으로 상실하게 됨으로써 발생하는 법률적인 효과에 따라 원상회복의무의 이행을 구하는 소를 제기하거나, 그 법률관계의 존재 또는 부존재 확인을 구하는 소를 제기하는 방법에 의할 수도 있다는 의미이다. 이와 같이 부인권행사의 결과로 생기는 권리관계의 변동에 따라 그 이행 또는 확인의 소를 제기하는 경우에는 시효중단의 효력이 생긴다.[112]

파산관재인이 부인의 소를 제기하려면 법원의 허가를 얻어야 한다(제492조 제10호). 파산관재인은 법원의 허가를 얻어 소를 취하하거나 소송상 화해, 청구의 포기도 할 수 있다.

---

108) 대법원 2009. 5. 28. 선고 2005다56865 판결.
109) 대법원 2020. 3. 12. 선고 2016다203759 판결 참조.
110) 채무자회생법은 부인권이 재판상 행사될 것을 요구하고 있다. 그렇다면 재판 밖에서 부인권을 행사할 수 없는 것인가. 부인권이 재판상 행사될 것을 요구하는 취지는 부인권 행사가 상대방의 지위에 중대한 영향을 주는 것을 감안하여 부인의 요건 유무, 부인의 효과를 법원에게 확정적으로 판단시키기 위한 것으로 볼 수 있고, 일반적 분쟁에서도 권리행사 내지 그 효과에 다툼이 있는 경우 최종적으로 법원이 판단하는 것일 뿐이고, 특히 부인권 행사에 대하여만 법원의 판단이 없다면 부인권 행사로 인정될 수 없다고 볼 필요까지는 없으므로 부인권을 재판 밖에서 행사할 수 있다고 할 것이다(新破産實務, 211쪽, 전병서, 306쪽). 따라서 파산관재인이 부인의 상대방과 소송상의 화해를 통해 부인권을 행사한 것과 마찬가지의 효과를 얻는 것이 허용되고, 재판 외 화해계약을 통해 소송에 의하지 않고 목적을 달성하는 것도 가능하다. 실무적으로도 파산관재인이 내용증명우편에 의한 부인권 행사의 통지에 의해, 채권양도의 양수인으로 하여금 양도의 철회 통지를 제3채무자에게 발송하도록 하는 등 부인권의 행사를 배경으로 상대방과 교섭하여 부인권 행사의 효과를 실현시키는 예도 많다.
111) 파산선고 전에도 제3자를 상대로 부인권 행사를 위한 보전처분도 가능하다고 할 것이다(본서 248쪽).
112) 대법원 2009. 5. 28. 선고 2005다56865 판결.

(1) 상대방

부인권은 수익자 또는 전득자 중 어느 일방 또는 쌍방을 상대로 하여 행사할 수 있다. 전득자를 상대로 행사하더라도 부인의 대상은 채무자와 수익자 사이의 행위이고 전득행위가 아니다. 수익자와 전득자 쌍방을 상대로 소를 제기하는 경우라도 필수적공동소송이 아니라 통상공동소송이다.

수익자를 피고로 하는 부인소송의 계속 중 전득자가 발생한 경우에는 소송승계가 되고(민소법 제81조 내지 제82조), 변론을 종결한 뒤의 전득자에 대하여는 수익자에 대한 판결의 기판력이 확장된다(민소법 제218조 제1항).[113]

(2) 전속관할

(가) 부인의 소는 파산계속법원(파산사건이 계속되어 있는 회생법원)의 전속관할에 속한다(제396조 제3항). 부인의 소 등을 파산계속법원의 전속관할로 규정한 이유는 부인권 행사와 관련이 있는 사건을 파산계속법원에 집중시켜 파산절차의 신속하고 적정한 진행을 도모하고자 하는데 있다.[114] 파산채권자가 제기한 채권자취소소송이 파산선고 당시 법원에 계속되어 있는 경우 그 소송절차는 중단되고 파산관재인 또는 상대방이 이를 수계할 수 있다(제406조 제1항, 제2항, 제347조 제1항). 이에 따라 파산관재인이 파산채권자가 제기한 채권자취소소송을 수계하여 청구변경의 방법으로 부인권을 행사하는 경우에, 채권자취소소송이 계속 중인 법원이 파산계속법원이 아니라면 그 법원은 관할법원인 파산계속법원으로 사건을 이송하여야 한다.[115][116]

(나) 배당이의의 소는 배당을 실시한 집행법원이 속한 지방법원의 관할에 전속한다(민집법

---

113) 관련 내용은 아래 〈3.가.(1) 각주 124)(1)〉(본서 1392쪽)을 참조할 것. 변론을 종결한 뒤의 전득자에 대해 집행력이 확장될 수 있는가. ① 승계집행문을 얻기 위해서는 제403조의 요건의 증명도 거칠 필요가 있다는 견해, ② 부인의 효과가 상대적이고 전득자 부인에 대하여 특별한 요건을 규정하고 있으므로 승계집행문 절차에 의한 집행력의 확장을 인정할 수 없다는 견해가 있을 수 있다. 변론을 종결한 뒤의 승계인 지위가 인정되므로 파산관재인은 전득자에 대하여 승계집행문을 받아 집행할 수 있다고 할 것이다.

114) 대법원 2017. 5. 30. 선고 2017다205073 판결.

115) 대법원 2017. 5. 30. 선고 2017다205073 판결.

116) 파산관재인이 항소심에서 채권자취소소송을 수계하여 청구변경의 방법으로 부인권을 행사한 경우 전속관할 위반을 이유로 부인소송을 파산계속법원에 이송하여야 하는가. 제396조 제3항 관할 규정의 문언과 취지, 채권자취소소송과 부인소송의 관계, 소송의 진행정도에 따라 기대가능한 절차상의 편익 등을 종합해 보면, 파산채권자가 제기한 채권자취소소송이 항소심에 계속된 후에는 파산관재인이 소송을 수계하여 부인권을 행사하더라도 제396조 제3항이 적용되지 않고 그 항소심법원이 소송을 심리·판단할 권한을 계속 가진다고 보는 것이 타당하다. 그 상세한 이유는 다음과 같다. ① 채무자회생법에서 부인의 소 등을 파산계속법원의 전속관할로 규정한 이유는 부인권 행사와 관련이 있는 사건을 파산계속법원에 집중시켜 파산절차의 신속하고 적정한 진행을 도모하고자 하는 데 있다. ② 파산관재인은 채권자취소소송을 수계함으로써 파산채권자의 소송상 지위를 승계한다. 채권자취소소송과 부인소송은 채권자에게 손해를 입힐 수 있는 행위를 취소 또는 부인함으로써 채무자의 책임재산을 보전한다는 점에서 그 본질과 기능이 유사하고, 동일한 민사소송절차에 따라 심리·판단된다. ③ 분쟁의 적정한 해결과 전체적인 소송경제의 측면에서 소송을 파산계속법원에 이송함으로써 얻을 수 있는 절차상의 편익은 소송의 진행정도에 따라 달라진다(대법원 2017. 5. 30. 선고 2017다205073 판결).

☞ 채무자회생법에 따르면 부인의 소와 부인의 청구사건은 파산계속법원에 전속관할이 있지만, 파산관재인이 항소심에서 채권자취소소송을 수계하여 청구변경의 방법으로 부인권을 행사하는 경우에는 부인소송을 파산계속법원에 이송할 필요가 없다고 본 사례

제21조, 제156조 제1항). 한편 부인의 소(부인의 청구 사건도 마찬가지이다)는 앞에서 본 바와 같이 파산계속법원의 관할에 전속한다(제396조 제3항, 제1항). 그렇다면 파산관재인이 부인권을 행사하면서 그 원상회복으로서 배당이의의 소를 제기한 경우 전속관할 법원이 배당을 실시한 집행법원이 속한 지방법원인가 아니면 파산계속법원인가.

대법원은 민사집행법과 채무자회생법의 위 관할 규정의 문언과 취지, 배당이의의 소와 부인의 소의 본질과 관계, 당사자간의 공평이나 편의, 예측가능성, 배당이의의 소와 부인의 소가 배당을 실시한 집행법원이 속한 지방법원이나 파산계속법원에서 진행될 때 기대가능한 재판의 적정, 신속, 판결의 실효성 등을 고려하면, 파산관재인이 부인권을 행사하면서 그 원상회복으로서 배당이의의 소를 제기한 경우에는 제396조 제3항이 적용되지 않고, 민사집행법 제156조 제1항, 제21조에 따라 배당을 실시한 집행법원이 속한 지방법원에 전속관할이 있다고 보는 것이 타당하다고 한다.[117] 구체적인 이유는 다음과 같다. ① 민사집행법과 채무자회생법이 규범 체계상 일반법과 특별법의 관계에 있다고 보기 어렵다. 따라서 민사집행법과 채무자회생법의 각 전속관할에 관한 규정은 각 법률의 체계와 당사자간의 공평, 재판의 적정, 신속이라는 민사소송의 기본이념에 비추어 체계적으로 해석되어야 한다. ② 배당이의의 소를 배당을 실시한 집행법원이 속한 지방법원의 전속관할로 규정한 이유는, 배당절차가 진행되는 집행법원이 속한 지방법원에서 배당이의의 소를 일률적으로 처리함으로써 이해관계인의 이의권을 실질적으로 보장하고, 관할 집중을 통하여 다툼이 있는 배당액 부분에 대하여 상호 모순·저촉되는 결과가 발생할 가능성을 최소화함으로써 후속 배당절차가 신속·원활하게 진행될 수 있도록 하는 데 있다. 나아가 민사집행법 제156조 제2항은 여러 개의 배당이의의 소가 제기된 경우에 한 개의 소를 합의부가 관할하는 때에는 단독판사의 관할에 속하는 다른 사건도 함께 관할한다고 정한다. 이는 동일한 배당사건을 둘러싼 배당이의의 소를 여러 다른 법원에서 심판하게 되면 상호간에 모순·저촉되는 결과가 발생할 수 있어 바람직하지 않기 때문에 이러한 경우에는 합의부가 단독판사의 관할에 속하는 다른 사건도 함께 관할하게 한 것이다. ③ 채무자회생법에서 부인의 소 등을 파산계속법원의 전속관할로 규정한 이유는 부인권 행사와 관련이 있는 사건을 파산계속법원에 집중시켜 파산절차의 신속하고 적정한 진행을 도모하고자 하는 데 있다.[118] 그러나 부인권 행사와 관련이 있는 사건을 파산계속법원에 집중시켜 얻을 수 있는 절차상의 편익은 소송의 종류나 진행 정도에 따라 달라질 수 있다. 파산관재인이 채권자를 상대로 부인권을 행사하면서 그 원상회복으로서 배당이의의 소를 제기한 경우 법원으로서는 채무자회

---

117) 대법원 2021. 2. 16. 자 2019마6102 결정{파산관재인(재항고인)이 A 소유 부동산에 대한 피고들의 근저당권설정행위가 부인 대상이라는 이유로 서울북부지방법원에서 진행 중인 부동산임의경매의 배당절차에서 이의를 제기하고 서울북부지방법원에 배당이의의 소를 제기하자, 제1심 법원이 위 소송을 파산계속법원인 서울회생법원으로 이송하는 결정을 하였고, 재항고인이 즉시항고를 제기하였으나 원심 법원도 위 항고를 기각한 사건에서, 파산관재인이 부인권을 행사하며 제기한 위 소송은 배당이의의 소로서 집행법원이 속한 지방법원인 서울북부지방법원에 전속관할이 있다는 이유로, 원심결정을 파기하고 자판하여 제1심 결정을 취소한 사안}.

118) 대법원 2017. 5. 30. 선고 2017다205073 판결.

생법 제391조 등에서 정한 부인권 행사의 요건을 충족하는지 여부를 심리, 판단해야 하지만, 경매절차에서 배당표의 경정 또는 재작성을 목표로 하는 배당이의의 소의 성격상 동일한 배당액에 대한 다툼이 있는 부분에 관하여 여러 배당이의의 소가 제기될 경우 그 결과가 상호 모순되거나 저촉되지 않도록 함으로써 후속 배당절차의 원활을 기할 필요가 있다는 점에서는 여느 배당이의의 소와 다르지 않다. 특히 파산관재인이 부인권 행사의 일환으로 제기한 배당이의의 소를 받아들이는 경우 이의하지 않은 다른 우선변제권자나 파산재단으로의 귀속을 위해서 배당표를 경정해야 한다(민사집행법 제161조 제2항). 그런데 만일 위 사건에 대한 관할이 파산계속법원에 전속된다면 동일한 배당액에 관하여 다른 채권자가 제기한 배당이의의 소의 수소법원은 파산관재인이 제기한 배당이의의 소의 존재를 알기 어렵고, 원칙적으로 이의한 채권자만을 위하여 상대적으로 배당액을 경정하는 내용의 판결을 하게 되는 결과 모순·저촉이 발생할 수 있다. 이 경우 집행법원으로서는 이들 판결의 주문 그대로를 모두 만족하는 재배당 또는 추가배당을 할 수 없게 되어 집행이 지연되는 문제가 발생할 수 있다. ④ 파산관재인은 애초에는 부인권을 행사하지 않고 배당이의의 소를 제기하였다가 이후 부인권을 행사하거나, 처음에는 부인권을 행사하였다가 철회하는 등 하나의 배당이의의 소에서 공격·방어방법을 변경할 수 있다. 이러한 경우 부인권을 행사하면서 그 원상회복으로서 배당이의의 소를 제기한 경우에도 파산계속법원의 전속관할 규정을 우선시하게 되면 배당이의 소송 중간에 파산계속법원의 전속관할이 생기거나 사라지는 등의 문제가 발생할 수도 있다. 반면, 분쟁의 적정한 해결과 전체적인 소송경제의 측면에서 위와 같은 문제를 감수하면서까지 파산관재인이 부인권을 행사하며 제기한 배당이의의 소 부분만을 별도로 파산계속법원에 전속시킴으로써 얻을 수 있는 파산절차상의 이익은 크지 않다. ⑤ 위와 같은 점들을 종합적으로 살펴보면, 파산관재인이 부인권 행사를 내용으로 제기한 배당이의의 소가 배당을 실시한 집행법원이 속한 지방법원의 관할에 전속되도록 하는 것이 위 각 법률에서 전속관할을 정한 취지에 가장 부합한다.

살피건대 민사집행법이 채무자회생법에 우선하는 것도 아니고(반대의 경우도 마찬가지이다), 전속관할이 충돌할 경우 어느 법원이 우선한다는 명문의 규정이 없으며, 대법원이 근거로 들고 있는 것들은 배당을 실시한 집행법원이 속한 지방법원에서 배당이의의 소를 관할하는 것이 바람직하다는 것이지 결코 파산계속법원의 관할을 배제하는 사유라고 보기는 어렵고, 관할이 경합할 경우 어느 법원에도 소를 제기할 수 있다는 측면에서 어느 법원에나 소를 제기할 수 있다고 할 것이다(본서 423~425쪽 참조). 또한 부인의 청구사건은 파산계속법원에만 전속관할이 있는데(집행법원이 속한 지방법원에는 관할이 없다), 파산관재인이 부인의 소가 아닌 부인의 청구를 신청할 경우 부인의 소를 집행법원이 속한 지방법원의 전속관할로 할 실익이 없고, 부인의 청구를 인용하는 결정에 대한 이의의 소의 관할을 파산계속법원의 전속관할로 하고 있는 것(제396조 제4항, 제107조 제3항)과 배치되는 점(부인의 청구가 기각된 경우 대법원의 견해에 따르면 집행법원이 속한 지방법원에 부인의 소를 제기하여야 하는데, 부인의 청구사건과 부인의 소의 관할법원이 달라진다)에서도 위 대법원의 견해는 받아들이기 어렵다.[119]

사례 채무자는 파산선고를 받기 직전인 2020. 2. 20. 甲에 대하여 가지고 있던 물품대금채권 1억 원 중 7,000만 원을 乙에게 양도하였다. 한편 채권자 A는 2020. 3. 20. 청구금액을 5,000만 원으로 하여 위 물품대금채권을 가압류하였다. 이에 甲은 2020. 4. 1. 서울서부지방법원에 피공탁자를 채무자 또는 乙로 하여 물품대금채권금액 전부(1억 원)에 대하여 혼합공탁을 하였다. 서울회생법원은 2020. 4. 17. 채무자에 대하여 파산선고를 하였다. 이 경우 파산관재인은 공탁금을 회수하기 위하여 어떠한 조치를 취하여야 하는가.

파산관재인은 먼저 위 가압류는 파산선고로 실효되었으므로(제348조 제1항) 집행법원에 집행취소신청을 하여 가압류를 해제하여야 한다. 다음으로 파산관재인(원고, 신청인)은 乙(피고, 상대방)을 상대로 제391조 제1호(채무자가 파산채권자를 해하는 것을 알고 한 행위)에 따라 부인의 소를 제기하거나 부인의 청구를 신청한다. 부인의 소를 제기한 경우 청구취지는 다음과 같다.

원고와 피고 사이에, 甲이 2020. 4. 1. 서울서부지방법원 2020년 금 제200호로 공탁한 공탁금 1억 원 중 7,000만 원에 대한 출급청구권은 원고에게 있음을 확인한다.

한편 위와 같은 내용의 판결만으로는 파산관재인이 공탁금 전액을 출급할 수는 없으므로(실무적으로 그렇다) 판결 이유에 가압류는 실효되고 채권양도는 부인되어 공탁금 '전체'에 대한 출급청구권이 원고에게 있다는 내용을 기재해 줄 필요가 있다.[120]

나. 부인의 청구에 의한 행사

부인의 청구는 파산계속법원(파산사건이 계속되어 있는 회생법원)의 전속관할에 속한다(제396조 제3항). 부인의 청구의 경우 법원은 심문을 거쳐 이유를 붙인 결정으로 부인의 청구를 인용하거나 기각한다. 결정을 하기 전에 상대방을 반드시 심문하여야 하고 결정서를 당사자에게 송달하여야 한다(제396조 제4항, 제106조). 부인의 청구를 기각하는 결정에 대하여는 불복할 수 없다. 별도로 부인의 소를 제기하면 족하기 때문이다. 그러나 부인의 청구를 인용하는 결정에 대하여 불복이 있는 자는 결정문을 송달받은 날로부터 1월 이내에 이의의 소를 제기할 수 있다. 이의의 소는 파산사건이 계속되어 있는 파산계속법원의 관할에 전속한다(제396조 제4항, 제107조 제1항, 제3항).

부인의 청구에는 중복된 소제기의 금지 원칙(민소법 제259조)이 적용되지 않는다[121]는 점은 회생절차에서와 같다(본서 474쪽).

---

119) 현실적인 어려움도 있다. 일반적으로 파산관재인이 위와 같은 대법원 판례를 간과한 채 채무자회생법에 따라 파산계속법원에 부인의 소를 제기하고 수소법원도 이를 발견하지 못하여 계속 진행하다 상급심에서 관할위반을 발견할 경우, 사건이 파기되어 이송될 수밖에 없는데, 이 경우 이전의 소송절차는 무용한 것이 되고(상당한 시간을 허비한 것이다) 당사자는 다시 처음부터 소송절차를 진행하여야 하는 불편함도 있다.

120) 서울회생법원 2020. 6. 16. 자 2019하기100525 결정, 서울회생법원 2020. 6. 18. 자 2019하기100526 결정 참조. 만약 물품대금채권 전액(1억 원)이 양도되었다면 파산관재인은 乙을 상대로 1억 원에 대한 출급청구권이 파산관재인에게 있음의 확인을 구하는 판결과 A의 채권가압류의 효력이 실효되었음을 증명하는 서면(가압류해제증명원)을 첨부하여 공탁금 출급청구를 할 수 있다.

121) 서울회생법원 2021. 4. 21. 선고 2020가합101909 판결{확정(항소기각, 대법원 심리불속행기각)}.

다. 부인의 항변에 의한 행사

부인권은 항변의 방법으로도 행사할 수 있는데,[122] 이 경우 항변은 재항변, 재재항변 등을 포함한다. 부인의 항변은 소가 아니어서 파산계속법원의 전속관할에 관한 규정이 적용되지 않으므로 부인의 항변을 하더라도 이송을 하여서는 안 된다.

3. 부인권 행사의 효과

가. 원상회복

(1) 파산재단의 원상회복

부인권의 행사는 파산재단을 원상으로 회복시킨다(제397조 제1항).[123] 부인권 행사의 효과는 물권적으로 발생하고, 부인권 행사에 의하여 일탈되었던 재산은 상대방의 행위를 기다리지 않고 당연히 채무자에 복귀한다(물권적 효과설). 다만 그 효과는 채무자와 상대방(수익자 또는 전득자) 사이에서만 생기고[124] 제3자에 대해서는 효력이 미치지 않을 뿐만 아니라 파산절차와의 관계에서만 발생[125]한다(상대적 무효설).

---

122) 채권자취소권이 소에 의하여만 행사할 수 있는 것과 차이가 있다.

123) 채무자가 강제집행을 회피할 목적으로 자기의 사실상 유일한 재산을 제3자에게 무상으로 양도한 행위는 다른 파산채권자들과의 관계에서 사해행위가 되고, 그 제3자가 양수채권을 추심하여 그 돈을 채무자에게 주었다고 하더라도 그 금액 상당을 원상회복이나 가액반환의 범위에서 공제할 것은 아니다(대법원 2014. 5. 29. 선고 2014다3924 판결, 대법원 2013. 4. 11. 선고 2012다211 판결).

124) 이를 개별 이해관계인과의 관계에서 효과의 상대성이라고 한다. 부인의 대상이 매매계약이고 목적재산이 전매된 경우를 전제로 본다. (1) 파산관재인이 매수인인 수익자에 대하여 부인권을 행사하여도, 그 효과는 전득자에게 미치지 않는다. 따라서 전득자에 대하여도 부인권을 행사한다면 몰라도, 그렇지 않으면 수익자에 대하여는 가액상환청구권을 주장할 수밖에 없다. 이와 관련하여 매수인인 수익자에 대한 부인소송 계속 중 목적재산을 취득한 전득자가 소송승계에 의해 부인소송의 당사자로 될 수 있는가. 부인소송의 변론종결 후 목적재산을 취득한 전득자는 '변론을 종결한 뒤의 승계인'(민소법 제218조 제1항)으로 보아 기판력이 미치는가. 부정설은 파산관재인은 부인권행사의 상대방으로 되지 않는 자에 대하여는 일탈재산을 파산재단으로 복귀시키는 주장을 할 수 없다는 것을 근거로 한다. 긍정설은 상대성의 논리로부터 소송승계나 기판력확장을 부정하는 것은 비약이라는 것이다. 살피건대 부인소송의 계속 중 전득자는 부인으로 인한 목적재산의 파산재단으로 복귀를 둘러싼 '분쟁의 주체인 지위...를 승계한 것이라고 할 수 있고, 파산관재인은 전득자에 대하여 전득자부인의 주장을 해당 소송에서 추가할 수 있으므로 소송승계를 긍정하여야 할 것이다. 구체적으로 파산관재인은 전득자에 대하여 소송인수(민소법 제82조 제1항)를 신청하여 전득자부인에 관계된 청구를 정립할 수 있고, 전득자는 소송승계(민소법 제81조)를 할 수 있다. 변론종결 후 승계인에 관한 일반적 견해인 이른바 형식설에 따르는 한 기판력은 확장된다. (2) 전득자에 대한 부인권을 행사한 경우, 부인대상행위는 채무자와 매수인 사이의 매매계약이다. 부인의 효과는 전득자와 사이에 발생하며 파산관재인과 매수인 사이에서는 발생하지 않는다. 따라서 전득자 부인만을 한 경우에는 매수인에 대하여 목적재산의 반환이나 가액상환을 구할 수 없다. (3) 전득자에 대한 부인권을 행사한 경우 매수인과 전득자 사이의 전매계약의 효력에는 영향이 없다. 그러나 전매계약의 효력에 영향이 없다는 실질적인 근거는 부인의 효과를 파산재단의 원상회복을 위한 필요한 범위에 그쳐야 하고, 거래안전을 보호하기 위한 것으로, 전득자가 부인권 행사에 의해 목적재산을 잃는다는 사실을 매수인에 대하여 주장하는 것까지 상대성에 의해 차단되는 것은 아니다. 따라서 전득자는 매수인에 대하여 담보책임을 추급할 수 있다(민법 제569조, 제574조 유추적용).

125) 부인권은 파산절차에 있어서 파산재단의 충실이나 파산채권자 사이의 평등을 확보하기 위한 권리이기 때문에, 파산절차가 종료하여, 그들의 목적 달성을 위한 부인권행사의 효과가 필요 없는 경우에는, 부인권의 효과를 남겨둘 의미가 없다. 그래서 부인의 효과는 파산절차와의 관계에서 상대적이라고 한다. 관련 내용은 아래 〈4.가.(3)〉(본서 1398쪽)을 참조할 것.

부인권 행사에 따른 원상회복은 부인된 행위가 없었던 원상태로 회복되게 하는 것을 말하므로, 채무자의 채권자에 대한 변제행위가 부인된 결과 채권자가 변제받은 금액을 반환하는 경우 변제받은 날부터 발생한 법정이자 역시 과실로서 함께 반환되어야 하고, 한편 소로써 부인권을 행사함과 아울러 원상회복으로 금전의 반환을 구하는 경우 채무자는 그 소장 부본을 송달받은 다음날부터 반환의무의 이행지체로 인한 지체책임을 진다고 할 것이다.[126]

채권자가 보증인의 파산선고 전에 보증인으로부터 제공받은 담보목적물에 대한 담보권을 실행하여 채권 변제에 충당하였는데, 그 후 파산선고를 받은 보증인의 파산관재인이 위 채권변제가 유효함을 전제로 채권자를 대위하여 주채무자에게 이행청구를 하고 이에 따라 주채무자가 보증인의 파산관재인에게 선의·무과실로 변제한 경우에는, 비록 보증인의 파산관재인이 채권자를 상대로 제기한 부인권 소송 등에서 위 담보제공행위가 부인됨으로써 채권자의 위 담보권 실행에 따른 채권 변제가 무효로 되고, 그에 따라 보증인의 파산관재인이 대위변제자로서 갖는 권리가 소급적으로 소멸한 것으로 밝혀졌다 하더라도, 주채무자의 위 변제는 채권의 준점유자에 대한 변제로서 유효하고, 보증인의 파산관재인은 주채무자로부터 변제받은 금원을 주채무자에게 반환할 의무가 없다. 그런데 채권자는 위 담보제공행위가 부인됨에 따라 보증인의 파산관재인에게 원상회복의무를 부담하게 되는바, 채권자가 이 의무를 전부 이행한다 하더라도, 채권자의 주채무자에 대한 채권 중 보증인의 파산관재인이 채권자를 대위하여 주채무자로부터 변제받았던 채권 부분은 위와 같은 이유로 소멸한 채 그 나머지 채권 부분만이 부활하게 되므로, 채권자는 주채무자에 대한 채권을 일부 상실하게 되고 만다. 이러한 경우에도 채권자로 하여금 보증인의 파산관재인에게 원상회복의무를 전부 이행하도록 하는 것은 공평의 원칙에 반하므로, 보증인의 파산관재인은 그가 채권자를 대위하여 주채무자로부터 변제받아 이득을 취함으로써 상실시킨 채권자의 일부 채권액의 한도에서는 부인권행사를 이유로 채권자에게 원상회복을 구할 수 없다고 봄이 상당하다.[127]

원상회복은 원물반환이 원칙이나, 원물반환이 불가능한 경우 가액배상을 청구할 수도 있다. 파산채권자가 제기한 채권자취소소송을 파산관재인이 수계하여 부인소송으로 변경하고, 법원이 파산관재인의 부인 주장을 받아들이면서 가액배상에 의한 원상회복을 인정하는 경우, 가액배상의 범위가 채권자취소의 소를 제기한 채권자의 채권액으로 제한된다고 볼 수 없다(본서 425쪽 참조).[128] 구체적인 이유는 다음과 같다. ① 부인권은 파산재단을 관리하고 그에 속하는

---

126) 대법원 2014. 9. 25. 선고 2014다214885 판결, 대법원 2007. 10. 11. 선고 2005다43999 판결 참조.

127) 대법원 2009. 5. 28. 선고 2005다56865 판결. 위 판결은 나아가 「파산절차의 채권조사기일에서 신고채권이 이의 없이 확정되어 파산채권자표에 기재된 때에는 확정판결과 동일한 효력이 발생하는바, 그와 같이 확정된 파산채권을 갖고 있는 자가 자신의 파산채권 취득원인인 대위변제가 부인 대상 행위에 해당된다며 대위변제를 받은 원채권자를 상대로 부인권 소송 등을 제기한 사정이 있다 하더라도, 그 승소 여부가 불분명한 상태에서는 그러한 사정만으로 파산관재인이 그 파산채권자의 확정된 파산채권에 대한 배당을 거절할 권한이나 의무가 있다고 볼 수 없고, 원채권자가 그 파산채권자의 부인권행사에 응하여 실제로 원상회복의무를 이행하고 원채권이 부활하였음을 증명하면서 자신을 파산채권자로 취급해 줄 것을 요구하지 않는 한 파산관재인이 원채권자를 파산채권자로 취급할 수도 없는 것이므로, 파산관재인이 위와 같은 상태에서 파산채권자표 등에 기초하여 당해 파산채권자의 확정된 파산채권에 대하여 실시한 배당은 채권의 준점유자에 대한 변제로서 유효하다」고 판시하고 있다.

재산을 처분하는 권한을 가진 파산관재인이 부인대상 행위로 인해 채무자로부터 일탈된 재산을 원상회복시켜 파산재단의 충실을 도모할 목적으로 직무상 행사하는 것이다. 따라서 부인권 행사 범위는 원칙적으로 공동담보에 해당하는 재산 전부라고 보는 것이 제도의 취지에 부합한다. ② 파산선고 후에는 파산관재인이 총채권자에 대한 평등변제를 목적으로 부인권을 행사하여야 하고, 파산관재인은 일반채권자들의 공동담보에 제공된 책임재산에 대하여 파산재단을 위하여 부인권을 행사할 수 있다. 한편 파산절차에 의하지 않고는 파산채권을 행사할 수 없는 파산채권자는 개별적 강제집행을 전제로 개별 채권에 대한 책임재산을 보전하기 위한 채권자취소의 소를 제기할 수 없다. 이러한 부인권과 채권자취소권의 관계, 부인권 행사에 따른 효과 등에 비추어 볼 때, 파산관재인이 기존 채권자취소소송을 수계하고 부인의 소로 변경하여 부인권을 행사한 경우, 파산채권자의 채권자취소소송을 통한 개별적인 권리행사는 파산채권자 전체의 공동의 이익을 위하여 직무를 행하는 파산관재인의 부인권 행사라는 파산재단의 증식의 형태로 흡수된다고 보아야 한다. 파산관재인이 기존 채권자취소소송을 수계하여 부인소송으로 변경하였다면 이는 부인권의 행사로서, 그 범위가 채권자취소의 소를 제기한 개별 채권자의 채권액 범위로 제한되는 것은 아니다.

(2) 담보설정과 원상회복 – 순위상승원칙과의 관계[129)

어떤 부동산에 복수의 저당권이 설정되어 있는 사안에서, 선순위저당권 설정행위가 부인된 경우, 순위상승원칙에 따라 후순위저당권자의 순위가 상승하는 것으로 취급된다면, 목적물의 교환가치를 수취하는 자가 원래의 선순위저당권자(부인의 상대방)에서 순위상승된 후순위저당권자로 변경된다. 후순위저당권의 피담보채권액이 목적부동산의 가치를 상회하는 경우 부인권을 행사하여도 파산채권자에의 배당재원은 증가하지 않게 되는데, 이때에는 파산재단의 측면에서는 부인권을 행사할 실익이 없게 된다.

물론 부인에 의한 원상회복이라는 효과는 파산재단에 복귀하는 목적재산의 가치가 파산선고에 의해 포괄압류의 목적물로 되는 것이기 때문에, 선순위저당권에 대하여는 파산채권자의 권리의 목적(민법 제191조 제1항 단서)에 준하여 취급하여 소멸하지 않고, 파산재단이 그 주체에 대체되는 것으로 간주하여, 후순위저당권의 순위는 상승하지 않는다고 보는 견해도 있을 수 있다. 이 견해에 의할 경우 담보권이 실행되어 배당할 경우, 선순위저당권에 대한 부인의 등기를 파산재단의 권리의 공시로 취급하여, 파산관재인이 선순위저당권의 배당을 수령한다.

나. 무상부인과 선의자의 보호

무상부인(제391조 제4호)의 경우에는 상대방의 선의·악의를 묻지 않으므로 상대방에게 가혹한 결과를 초래할 수 있다. 따라서 부인의 대상이 된 행위가 무상행위인 경우 그 행위의 상

---

128) 대법원 2024. 5. 9. 선고 2023다290492 판결.
129) 條解 破産法, 1132쪽.

대방이 선의이었을 때에는 그를 보호하기 위하여 반환의 범위를 경감하여 현존이익으로 제한하고 있다(제397조 제2항).

이와 같이 반환범위를 제한하는 취지는, 무상으로 이익을 받은 선의의 수익자가 당해 이익을 소비·상실하여 버린 경우까지 완전한 원상회복의무를 부담시키는 것은 가혹하기 때문이다.

여기에서 '선의'라 함은 수익자가 채무자와 나중에 부인의 대상이 될 행위를 할 당시에 그 행위가 파산채권자를 해친다는 것과 채무자에 대하여 지급정지 또는 파산신청이 이루어진 사실을 알지 못한 것을 말한다.[130]

전득자에 대해서도 전득 당시 선의이었다면 역시 이익이 현존하는 범위 내에서 상환하도록 하고 있다(제403조 제2항).

다. 상대방의 지위

(1) 반대급부의 반환청구[131]

부인권의 목적은 파산재단을 부인의 대상이 되는 행위 이전의 상태로 원상회복을 시키는 데 있지 파산재단이 부당하게 이득하는 것까지 인정하는 것은 아니다. 따라서 채무자의 행위가 부인된 경우 채무자의 급부에 대하여 한 상대방의 반대이행은 파산재단으로부터 반환되어야 한다.

만약 상대방이 한 반대급부가 파산재단 중에 현존하고 있다면 상대방은 그 반환을 청구할 수 있고(제398조 제1항 전단, 환취권), 부인권의 행사에 의해 상대방은 한편으론 파산재단에 대하여 원상회복의무를 부담하고(제397조 제1항), 다른 한편으론 위와 같이 반환청구권을 가지는바, 양자는 동시이행관계에 있으므로 상대방은 파산관재인이 반대급부의 이행을 제공할 때까지 파산재단에 대한 원상회복을 거절할 수 있다.

반대급부 자체는 현존하지 않으나 그 반대급부로 인하여 생긴 이익이 현존하고 있다면 상대방은 이익이 현존하는 한도 내에서 재단채권자로서 상환을 청구할 수 있다(제398조 제1항 후단). 여기서 '반대급부'라 함은 부인의 목적인 채무자의 행위의 대가로 채무자가 얻은 급부를 말한다.[132] 반대급부로 인한 이익이 현존하지 아니한 때에는 상대방은 그 가액의 상환에 관하여 파산채권자로서 권리를 행사할 수 있다. 반대급부의 가액이 현존이익보다 큰 경우 그 차액에 관하여도 같다(제398조 제2항).[133] 반대급부로 인하여 생긴 이익이 현존하는지 여부에 따라

---

130) 대법원 2009. 5. 28. 선고 2005다56865 판결.
131) 입법론적으로 제398조는 제108조 제2항에 맞추어 규정할 필요가 있다(형식측면에서). 나아가 신속한 파산절차의 진행을 위해, 상대방의 반환청구에 대하여, 부인권 행사로 상대방이 파산재단에 회복시켜야 할 재산에 갈음하여, 회복시켜야 할 재산에서 반대급부의 가액 또는 재단채권으로 되는 액면과의 차액을 상환 청구할 수 있도록 하는 선택권을 파산관재인에게 인정할 필요가 있다(일본 파산법 제168조 제4항 참조).
132) 대법원 2009. 5. 28. 선고 2005다56865 판결. 파산재단에 속하여야 하는 재산이 매각된 경우 매각대금이나 부담부 증여의 경우 부담이 그 예이다. 또한 채무자의 재산의 매각이 부인된 경우 매도인의 매매대금채권 담보를 위하여 매수인(상대방)의 재산에 설정된 저당권이나, 저당권이 설정되어 있는 부동산의 매각이 부인된 경우 매수인(상대방)이 저당채무에 대하여 한 채무인수에 관련된 채무도 반대급부이다.
133) 채무자가 시가 1억 원의 부동산을 3,000만 원에 매각한 경우, 3,000만 원으로 인하여 생긴 이익이 파산재단에 현존

재단채권 또는 파산채권으로 다르게 인정한 취지는 부인대상행위에 관여한 상대방에 대한 제재로서의 의미가 들어있다고 생각된다.[134]

(2) 상대방의 채권의 회복

채무자의 이행행위가 부인된 경우 상대방이 그 받은 이익을 반환하거나 그 가액을 상환한 때 상대방의 채권이 부활한다(제399조). 상대방이 급부의 일부만을 반환한 경우에는 그 비율에 상응하여 채권이 부활한다. 상대방의 선이행의무를 명시하고 있는데, 이는 상대방의 의무를 선이행시켜 먼저 파산재단을 현실적으로 원상회복시킨 후에야 비로소 상대방의 채권을 부활시키겠다는 것이다. 따라서 상대방은 부활한 채권을 자동채권으로 하여 반환채무와 상계할 수도 없다. 부활한 채권은 일반적으로 파산채권이 되고, 파산채권으로 신고하지 않으면 배당을 받을 수 없다.[135]

상대방의 채권이 부활하면 그에 따른 물적담보나 인적담보도 부활한다. 한편 부인권의 행사에 의해 상대방의 주채무에 관한 채권이 부활한 후의 소송절차에서 보증인 등이 부인권의 성립을 부정하여 보증채무 등의 부활을 다툴 가능성이 있는지가 문제이다. 부인청구를 인용하는 판결(형성권인 부인권의 행사를 전제로 하는 이행판결인 경우가 일반적이다)의 효력은 당연히 제3자인 보증인 등에게는 미치지 않는다. 따라서 보증인 등이 보조참가를 하거나 보증인 등에게 소송고지를 한 경우를 제외하고, 보증인 등은 후소에서 주채무변제에 관한 부인요건이 존재하지 않는다는 것을 주장하여 보증채무 등의 부활 효과를 부정할 수 있다. 이 경우 상대방은 보증인·물상보증인에 대한 관계에서 부인권의 존재를 증명할 필요가 있다(본서 493쪽 참조).[136]

> **사례** X는 A에 대하여 5,000만 원을 대여하였고, Y는 위 채무에 대하여 연대보증을 하였다. X는 변제기 전에 A로부터 위 대여금 전액을 변제받았지만, 이후 A는 파산선고를 받았다. 파산관재인은 X를 상대로 부인의 소를 제기하였고, 법원은 전부 인용하는 판결을 선고하였다. 위 판결이 확정되자 X

하고 있다면 부동산을 파산재단에 반환한 매수인은 3,000만 원의 재단채권을 가짐에 반하여, 3,000만 원에 의하여 생긴 이익이 파산재단에 현존하지 않는 경우 매수인은 3,000만 원의 파산채권을 가지는 것에 지나지 않고, 배당률이 10%인 경우에는 300만 원만 반환받게 된다. 결과적으로 파산재단은 원상을 넘는 이익을 취득하는 것이 된다.

134) 이러한 차별적 취급은 부인의 상대방에게 과도한 희생을 강제하는 것일 뿐만 아니라 거래안전을 해하는 경우도 많다. 또한 반대급부로 인하여 생긴 이익이 부인권 행사시에 파산재단에 현존하는지 여부는 상대방이 관여할 수 있는 것도 아니다. 그럼에도 상대방의 지위(재단채권인지 파산채권인지)에 큰 차이가 발생한다. 입법론적으로는 재검토가 필요하다.

135) 新破産實務, 215쪽.

136) **구상의무 이행 후 연대채무자의 지위** 인적담보 등의 부활을 긍정할 경우 보증인 등의 실체적·절차적인 이익보호가 문제될 수 있어 일정한 경우 부활효를 제한할 필요가 있다. 채권자 C에 대해 연대채무자 A, B가 있다. A가 채권 전액을 변제하였다. 연대채무자 A의 채권자 C에 대한 변제를 전제로, 다른 연대채무자 B는 부담부분을 A에게 상환하였다. 이후 A에 대해 파산선고가 되었고, 파산관재인은 연대채무자 A의 채권자 C에 대한 변제를 부인하는 소를 제기하였다. A의 변제가 부인될 경우 C의 채권 부활에 의해 B는 이행을 완료한 구상의무에 더하여 채권 전액을 변제하지 않으면 안 된다. 이는 불합리하다. 그래서 부활의 범위를 채권 전액이 아니라 파산재단이 B로부터 상환을 받은 부분을 제외한 부분으로 제한할 필요가 있다. 변제의 부인에 의해 B에 대한 채무 전액이 부활하고, B의 이익은 파산절차에서 부당이득반환청구권의 행사에 맡긴다(A에게 변제한 경우는 파산채권이다)는 것은 B에게 가혹하다. 따라서 부인의 범위(즉 부활하는 B의 채무)를 한정하는 것이 합리적이다. 다만 부인의 범위에서 제외되는 것은 B의 지급에 의해 파산재단이 현실적으로 받은 이익액에 한정되어야 한다(그 금액은 부인소송에서는 C가, 부인 후 C로부터 B에 대해 지급청구를 구하는 소송에서는 B가, 항변으로 주장·증명하여야 한다)(倒産判例百選, 87쪽).

는 A로부터 수령한 5,000만 원을 파산관재인에게 반환하였다. 그 결과 대여금채권은 부활하였고, X
는 부활한 대여금채권을 파산채권으로 신고하여 2,000만 원을 배당받았다.

X에 대한 Y의 연대보증채무는 A의 변제에 의해 일단 소멸하였지만, 이후 변제의 부인에 의해 주채
무와 함께 부활하였다. X는 Y에 대하여 대여금채권 일부로서 파산배당금으로 충당하고 남은 대여금
3,000만 원과 지연손해금을 청구할 수 있다.

4. 부인권의 소멸과 제한

가. 부인권의 소멸

(1) 부인권 행사기간(제척기간)의 도과

부인권은 파산선고가 있는 날부터 2년간 이를 행사하지 아니하면 행사할 수 없다. 또한 부
인의 대상이 되는 행위가 있던 날부터 10년을 경과한 경우에도 마찬가지이다(제405조).[137] 채권
자취소권과 달리[138] 파산관재인이 부인의 원인을 언제 알았는지와 상관없이 파산선고일로부터
진행한다. 조속한 법률관계의 확정을 통하여 거래안전을 확보하기 위하여 단기간의 제척기간
을 둔 것이다.

한편 파산관재인이 개별 채권자가 제기한 채권자취소소송을 수계하여 부인권을 행사하는
경우 부인권 행사의 제척기간 준수 여부의 기준시점이 문제된다. 파산채권자가 제기한 채권자
취소소송의 중단 및 파산관재인의 소송수계를 규정한 채무자회생법(제406조)의 규정취지 등에
비추어 보면, 파산채권자가 파산채무자에 대한 파산선고 이전에 적법하게 제기한 채권자취소
소송을 파산관재인이 수계하면, 파산채권자가 제기한 채권자취소소송의 소송상 효과는 파산관
재인에게 그대로 승계되므로, 파산관재인이 채권자취소소송을 수계한 후 이를 승계한 한도에
서 청구변경의 방법으로 부인권 행사를 한 경우, 특별한 사정이 없는 한, 그 제척기간의 준수
여부는 중단 전 채권자취소소송이 법원에 처음 계속된 때를 기준으로 판단하여야 한다.[139]

견련파산의 경우 2년의 제척기간은 다시 파산선고일로부터 기산하는가. 만약 파산선고일로
부터 다시 기산한다면 수익자 등은 다시 부인의 가능성에 복종하여야 하므로 수익자 등의 지
위가 과도하게 불안정하게 되므로 회생절차개시결정일로부터 2년(제112조)이 경과한 경우에는
파산관재인은 부인권을 행사할 수 없다고 할 것이다.[140]

---

137) 개인회생절차에 선행하여 파산선고가 된 경우 기산점 등의 문제에 관하여는 〈제4편 제5장 제2절 Ⅴ.4.가.(1)(나)〉
 (본서 1962쪽)를 참조할 것.
138) 채권자취소권은 채권자가 취소원인을 안 날로부터 진행한다(민법 제406조).
139) 대법원 2016. 7. 29. 선고 2015다33656 판결(① 파산채권자 2010. 10. 11. 채무자를 상대로 채권자취소소송 제기,
 ② 2012. 7. 31. 파산선고, ③ 원고 2014. 10. 1. 소송수계, ④ 2014. 11. 11. 부인의 소로 청구취지 변경 ☞ 원고의
 부인권 행사는 중단 전 채권자취소소송이 법원에 처음 계속된 때를 기준으로 할 때 그 제척기간을 준수하였다고
 봄이 타당하다. 따라서 원고가 파산선고가 있은 날부터 2년이 경과한 때에 위와 같이 청구변경을 하였다고 하더라
 도, 원고의 부인의 소가 제척기간의 경과로 부적법하다고 볼 수 없다고 한 사례).
140) 條解 破産法, 1183쪽. 일본의 회사갱생법 제254조 제1항 제1호, 민사재생법 제252조 제2항도 같은 취지의 내용을
 규정하고 있다.

채권자취소권의 제척기간이 도과한 경우 부인권을 행사할 수 없는가. 채권자취소권의 행사주체는 채권자임에 반하여, 부인권의 행사주체는 파산관재인으로 양자는 별개의 제도이다. 따라서 채권자취소권의 제척기간이 도과하였는지 여부와 상관없이 파산관재인은 부인권을 행사할 수 있다고 할 것이다.

(2) 포 기

파산관재인은 법원의 허가를 얻어 부인권을 포기할 수 있다(제492조 제12호). 이 경우에도 부인권은 소멸한다.

(3) 파산절차의 해지

부인권은 파산절차의 목적을 실현하기 위해서 파산절차가 진행 중임을 전제로 한 권리이므로 파산절차가 취소, 폐지, 종결 등의 사유로 파산절차가 해지[141]된 경우에는 부인권을 행사할 수 없다. 동시에 부인권 행사에 의해 회복된 재산이 파산재단에 남아있다면, 부인의 상대방에게 반환하여야 한다(파산절차와의 관계에서 상대성).[142] 예컨대 채무자가 매도인인 매매계약이 부인된 경우, 파산절차가 종료된 때에는, 부인권 행사에 의해 파산재단으로 회복된 매매목적재산은 부인의 상대방인 매수인에게 복귀하게 된다.

배당에 의해 파산절차가 종결된 경우에도 상대방에게 재산을 반환하여야 하는가. 배당에 의해 파산절차가 종결된 경우에는, 부인이 그 목적을 달성한 이상, 효과의 상대성을 논할 실익은 없다. 그러나 배당에 의하여 파산절차가 종료된 경우 부인권 행사에 의해 파산재단으로 복귀한 재산이 여전히 파산재단에 남아있는 때에는, 파산절차폐지에 의한 종료의 경우와 마찬가지로, 해당 재산은 상대방에게 반환하여야 한다. 부인권 행사에 의해 파산재단에 복귀한 재산은 배당재원으로 사용되지 않았기 때문에, 부인권은 그 목적이 달성되지 않았다고 보아야 하고, 100% 배당된 파산절차의 종결 후에, 부인권행사의 결과 회복된 재산의 가치를 채무자 본인(채무자가 개인인 경우) 또는 주체(채무자가 주식회사의 경우)에 귀속시키는 것은 적절하지 않다고 생각되기 때문이다.[143]

파산종결 또는 파산폐지결정으로 파산절차가 종료되면 부인권은 행사할 수 없고 제397조에 따른 파산부인권적 원상회복청구권은 추가배당을 받는 방법에 의해서만 실현할 수 있다(제531조).[144]

나. 부인의 제한

(1) 취 지

지급정지의 사실을 안 것을 이유로 하여 부인하는 경우에는 파산선고가 있는 날[145]로부터

---

141) 민소법 제239조, 제240조 참조.
142) 新破産實務, 211쪽.
143) 條解 破産法, 1134쪽.
144) 회생절차의 경우 회생절차가 종료되면 제108조에 따른 회생부인권적 원상회복청구 절차는 없다.
145) 파산신청시부터 파산선고시까지 필요한 기간에 따라 부인의 성부가 좌우되는 것은 합리적이지 않는 점, 제391조

1년 전에 행하여진 행위는 부인할 수 없다(제404조). '지급정지의 사실을 안 것을 이유로 하여 부인'이란 위기부인(제391조 제2호, 제3호)이나 권리변동의 성립요건 또는 대항요건의 부인(제394조)을 말한다. 부인권의 행사에 시간적 제약을 가함으로써 거래관계자(수익자)의 신뢰를 보호하기 위한 것이다. 파산선고시로부터 합리적인 범위를 넘어 부인의 가능성을 거슬러 올라가는 것을 인정하는 것은 거래안전을 해하는 결과가 된다. 또한 지급정지로부터 1년 이상 경과한 후 파산선고가 되었다면 지급정지와 파산선고 사이에 인과관계가 있다고 보기 어렵다는 점도 고려한 것이다. 한편 지급정지 후에 회생절차를 거쳐 파산선고가 된 경우에는 회생절차의 진행으로 인하여 법률상 파산선고를 할 수 없는 기간은 형평의 원칙상 위 행사기간에 산입하여서는 아니 된다.[146]

(2) 지급불능에 대한 유추적용 가능성

상계금지에 관한 제422조 제2호 다목, 제4호(제2호 다목)는 파산선고가 있은 날부터 1년 전에 생긴 원인에 기한 채권과 채무의 상계를 허용하고 있다. 이에 비추어 파산선고 1년 전에 한 행위라면 지급불능의 사실을 안 경우에도 부인의 성립을 부정할 수 있는가.

이에 관하여는 다툼이 있다. 부인과 상계금지는 그 취지에 있어 공통점이 있다는 인식을 기초로 파산선고 1년 전에 한 행위라면 지급정지의 사실을 알고 한 경우뿐만 아니라 지급불능의 사실을 알고 한 경우에도 부인의 성립을 부정하여야 한다는 견해가 있다.[147] 그러나 지급불능은 채무자의 재산상태가 결정적으로 파탄한 상태를 나타내는 것으로 부인권 요건과의 관계에서 지급정지와는 그 경중이 다른 점, 상계금지와 부인이 완전히 동질적인 제도라고 할 수는 없는 점,[148] 파산선고의 원인이 되는 지급불능과 그 증빙(추정)에 그치는 지급정지를 부인권 행사의 국면에서 당연히 동일하게 취급하여야 하는 것은 아니라는 점,[149] 지급불능과 달리 지급정지는 채무자의 계속적인 경제 상태가 아니라 1회적인 행위라는 점 등을 고려해 보면, 지급불능에까지 유추적용하여야 할 이유는 없다고 할 것이다.

5. 부인의 등기

파산관재인은 등기원인행위가 부인되거나 등기가 부인된 때에는 부인의 등기를 신청하여야

제2호 내지 제3호는 지급정지 후의 행위인 것을 이유로 부인을 인정하고 있는 점, 지급정지에 대한 인식뿐만 아니라 지급정지 후의 행위에 대하여도 기간 제한을 둘 필요가 있는 점 등을 고려하면, 제404조는 다음과 같이 개정할 필요가 있다(일본 파산법 제166조, 민사재생법 제131조, 회사갱생법 제90조 참조).

「파산신청일로부터 1년 전에 한 행위는 지급의 정지가 있은 후에 한 것 또는 지급정지의 사실을 안 것을 이유로 부인할 수 없다.」

146) 대법원 2019. 1. 31. 선고 2015다240041 판결, 대법원 2004. 3. 26. 선고 2003다65049 판결.

147) 條解 破産法, 1128쪽 참조.

148) 條解 破産法, 1128쪽 참조.

149) 倒産法と要件事實, 113쪽. 지급정지는 ① 주관적 행위이고, ② 증명이 쉽고 명확하며, ③ 불확실한 증빙이고, ④ 완화된 파산신청요건이다. 반면 지급불능은 ① 객관적 상태이고, ② 증명이 어렵고 평가적 요소가 포함되며, ③ 재정파탄의 확실한 증표이고, ④ 본래적 파산신청요건이다.

한다(제26조 제1항). 관련 내용은 〈제2편 제7장 제3절 V.5.〉(본서 497쪽)를 참조할 것.

부인등기가 마쳐진 이후 파산선고 취소결정이 확정되거나 임의매각 등에 의하여(제26조 제4항) 제3자에게 이전등기를 하지 아니한 채 파산폐지결정이 확정된 때 또는 파산종결결정이 있는 때에는 부인의 효과는 상실되므로, 등기상 이해관계 있는 제3자가 있는 경우를 제외하고는, 부인의 등기는 법원의 촉탁에 의하여 이를 말소할 수 있다.[150]

6. 총파산채권의 소멸과 부인권 행사

부인권 행사의 상대방이 부인된 행위가 있은 후 채무자에 대한 채권이 모두 소멸하여 총파산채권이 현존하지 않는다는 것을 주장하여 부인권 행사의 효과를 부정할 수 있는가. 파산절차는 채무자에게 총채권자의 채권을 변제할 능력이 없기 때문에, 채무자의 모든 재산을 가지고 총채권자의 공평한 만족을 도모하는 것으로(일괄집행), 법원이 채무자에게 파산원인이 있다고 인정하여 파산선고를 함에 따라 그 절차가 개시되고, 배당에 참가할 수 있는 파산채권은 채권신고, 채권조사, 채권조사확정재판 등 절차에 따라 확정된다. 또한 채권신고 기한 내에 신고를 하지 않은 파산채권자도 배당으로부터 제외될 뿐 파산채권이 실효되는 것은 아니고, 기한 후 신고도 허용된다. 최후배당에 있어서는 그 공고일로부터 일정한 배당제외기간(제521조) 등 특히 신중한 절차가 요구되고 있다. 이러한 파산절차의 특징에 비추어 보면, 파산관재인이 그 직무를 수행함에 있어 파산채권자에게 배당하여야 할 파산재단의 확보를 위한 필요에서 부인권을 행사하는 이상, 그 상대방으로서는 총파산채권의 부존재를 주장하여 부인권 행사의 효과를 부정하는 것은 위와 같은 파산절차의 성격에 부합하지 않는 것으로 허용되지 않는다고 할 것이다. 나아가 파산채권은 파산선고를 할 때 발생하지 않았어도 그 원인이 파산선고 전에 존재하면 인정되므로 부인권 행사 시점에 파산채권의 부존재는 확정될 수는 없는 것이고, 파산채권의 존재 가능성이 잠재적으로라도 있으면 부정할 수 없는 이상, 총파산채권자를 위한 파산관재인의 부인권 행사는 부정될 수 없다.[151]

Ⅵ 신탁행위의 부인에 관한 특칙

위탁자인 채무자에 대하여 파산이 선고된 경우 해당 채무자가 신탁법에 따라 한 신탁행위의 부인에 관하여도 회생절차와 마찬가지로 특칙을 두고 있다(제406조의2). 이에 관하여는 〈제2편 제7장 제3절 Ⅶ.〉(본서 500쪽)을 참조할 것.

---

150) 부동산등기사무처리지침 제24조.
151) 倒産判例百選, 60~61쪽.

┃제3절┃ 환 취 권[152)

Ⅰ 의   의

환취권이란 제3자가 파산재단에 속하지 않는다는 것을 주장하여 파산관재인으로부터 그 재산을 돌려받거나 인도 요구를 거절할 수 있는 권리를 말한다. 즉 파산재단(현유재단)에 속하지 않는 어떤 재산에 대하여 파산관재인의 지배나 지배 요구를 배제할 수 있는 권리이다.

파산재단(법정재단)은 파산선고 당시에 채무자가 가진 재산만으로 구성되어야 한다(제382조). 파산선고와 동시에 선임된 파산관재인은 재산의 일탈을 막기 위해 곧바로 파산재단에 속하는 재산을 점유·관리하기 시작한다(제479조). 그런데 파산관재인이 점유하는 재산(현유재단) 중에는 파산재단(법정재단)에 속하지 않는 재산이 섞여 있을 수 있다. 이때 파산재단(법정재단)에 속하지 않는(채무자에게 속하지 않는) 재산에 대하여 권리를 주장하는 제3자는 파산관재인을 상대로 파산재단(현유재단)으로부터 이를 환취하는 것이 허용된다. 제407조는 이것을 '영향을 미치지 아니한다'고 확인적으로 규정하고 있다.

환취권은 그 목적물이 파산재단에 속하지 않는다는 것을 주장하는 권리를 의미하지만, 회생절차와 마찬가지로 실체법상 권리에서 비롯된 것과 채무자회생법이 인정한 것이 있다. 전자를 일반환취권, 후자를 특별환취권이라 부른다.

환취권은 제3자 이의의 소와 유사한 형태이나, 그 권리가 제3자에게 귀속되는지 여부가 문제되는 것으로 제3자의 재산에 대하여 한 압류의 효력을 다투는 제3자 이의의 소와는 성질이 다르다.

환취권은 특정재산이 파산재단에 속하지 않는 것을 전제로 이를 환취하는 권리인 반면, 파산재단에 속하는 것을 전제로 그 재산으로부터 우선적으로 피담보채권을 변제받는 권리인 별제권과 다르다.

> **사례** Y는 甲의 동산에 대하여 가압류를 하였다. 이후 甲에 대하여 파산선고가 되었다. 甲의 처인 X는 위 동산이 본인의 소유라고 주장하며 Y를 상대로 제3자 이의의 소를 제기하였다. 제3자 이의의 소는 적법한가.
> 위 동산은 제348조 제1항의 파산재단에 속하는 재산에 해당하므로 가압류는 같은 항에 따라 실효되었다. 이후 위 가압류집행의 효력의 배제를 구하여 제기된(집행의 불허를 구하는) 제3자 이의의 소는 소의 이익이 없어 부적법하다(각하). X로서는 동산의 소유권을 주장하여 반환을 구하기 위해서는 파산관재인을 상대로 환취권(제407조)을 행사하여야 한다.[153)

---

152) 여기서는 파산절차의 이해에 필요한 환취권에 관한 개괄적인 내용만을 소개한다. 환취권에 관한 전체적인 내용은 〈제2편 제7장 제2절〉(본서 407쪽)을 참고할 것.

153) 倒産判例百選, 211쪽. 한편 동산이 X의 소유가 확인된 경우에는, 甲에 대하여 파산선고가 되었다고 하여도 그것만으로 동산이 제348조 제1항의 파산재단에 속하는 재산이라고 볼 근거가 될 수 없으므로 제3자 이의의 소를 인용할 여지도 있다.

Ⅱ 일반환취권

1. 일 반 론

가. 개 요

파산선고는 채무자에 속하지 아니하는 재산을 파산재단으로부터 환취하는 권리에 영향을 미치지 아니한다(제407조).[154]

환취권은 원칙적으로 채무자회생법에 의하여 창설된 권리가 아니고 실체법상 권리의 당연한 효과에 불과하므로 어떠한 권리가 환취권의 기초가 되는지는 민법, 상법 그 밖의 실체법에 의하여 결정된다. 파산절차에서 환취권으로 취급되기 위해서는 파산선고 전에 성립요건이나 대항요건을 갖추고 있어야 한다.

파산선고가 영향을 미치지 아니한다고만 하고 있을 뿐이므로, 파산관재인이 대항할 수 없는 제3자(민법 제108조 등)인 경우에는 이러한 이유로 실체법상 권리행사가 제한될 수 있다(파산관재인의 제3자성 문제).

나. 환취권의 기초가 되는 권리

환취권의 기초가 되는 대표적인 것은 소유권이지만, 소유권 이외의 무체재산권, 용익물권, 점유를 수반하는 담보물권(질권 및 유치권)이나 점유권도 환취권의 기초가 될 수 있다.[155] 사해행위취소권도 사해행위로 이루어진 채무자의 재산처분행위를 취소하고 사해행위에 의해 일탈된 채무자의 책임재산을 수익자 또는 전득자로부터 채무자에게 복귀시키기 위한 것이므로 환취권의 기초가 될 수 있다.[156] 파산관재인의 부인권 행사로 인한 상대방의 반환청구권도 환취권으로 볼 수 있다(제398조 제1항 전단).

채권이 환취권의 기초가 되는지는 그 권리의 성질에 따른다. 채권이라도 파산관재인의 지배권을 부정하고 자기에게 인도를 구하는 내용의 권리인 경우에는 채권이라도 환취권의 기초가 된다. 반면 어떤 재산이 파산재단에 속하고 파산관재인의 관리처분권에 복종한다는 것을 전제로 그 급부를 구하는 채권을 주장하는 자는 파산채권자로서 취급되고 환취권자의 지위는 부여되지 않는다. 예컨대 임대인은 소유자가 아니라도 계약상의 반환청구권에 기하여 환취권자가 될 수 있으나(파산재단에 속하지 않는다는 것을 주장하여 채권의 내용으로 임대목적물의 반환을 구하는 경우), 매매계약상의 매수인은 환취권자가 될 수 없고 단순히 파산채권자에 불과하다.

---

154) 채무자에게 속한 재산이지만 파산재단에 속하지 않는 재산으로 자유재산이 있다. 문언상으로 자유재산은 환취권의 대상이 아니다. 하지만 실체법상 채무자에게 자유재산을 환취할 권리가 있다. 따라서 채무자도 자유재산인지 여부가 문제되는 한 환취권의 주체가 되고, 제3자와 동일시된다고 할 것이다.

155) 자세한 내용은 〈제2편 제7장 제2절 Ⅱ.1.〉(본서 408쪽)을 참조할 것.

156) 대법원 2014. 9. 4. 선고 2014다36771 판결.

소유권유보부매매도 별도의 담보권실행절차가 마련되어 있지 않아 담보권실행을 할 수 없으므로 담보권자가 아닌 소유자로 보고 환취권을 인정하여야 한다는 견해가 있으나, 회생절차와의 균형상 담보권으로 보아야 할 것이다.[157]

양도담보권자가 파산한 경우의 환취권에 관하여는 아래 〈제4절 Ⅱ.2.나. 각주 186〉(본서 1414쪽)를 참조할 것. 리스계약과 환취권에 관하여는 〈제3장 제2절 Ⅲ.2.아.(4)〉(본서 1290쪽)를 참조할 것.

이혼에 따라 배우자의 일방이 상대방에 대하여 갖는 재산분할청구권(민법 제839조의2, 제843조)이 재산분할의무자가 파산한 경우 환취권의 기초가 될 수 있는지는 재산분할청구권의 내용에 따라 다르다.[158] (1) 먼저 재산분할이 확정된 후 파산선고가 된 경우를 본다. 재산분할청구권 중 ① 위자료 및 부양의 성질을 갖는 부분은 채무자에 대한 채권에 지나지 않아 환취권이 아니라 파산채권이다. ② 청산의 성질을 갖는 부분도 재산분할의무자에 속하는 재산의 '청산'에 지나지 않고, 분할권리자가 물권적인 권리를 갖는다고 말할 수 없으므로 분할의무자가 파산한 후 특정물에 대한 환취권을 가진다고 할 수 없다. 따라서 청산적 재산분할로서 특정물(지분을 포함한다)의 이전이 상당한 경우에도, 분할의무자가 파산한 경우 분할청구권자는 파산채권으로서 금전청구를 할 수밖에 없게 된다.[159] (2) 다음으로 파산선고 후 재산분할이 행하여지는 경우를 본다. 재산분할에 관한 협의가 되기 전이나 협의에 대신한 가정법원의 심판이 확정되기 전(협의 또는 심판에 의하여 재산분할청구권이 구체화되기 전)[160]에 파산선고가 된 경우에는 파산재단에 속한 재산인 한 채무자가 관리처분권을 상실하고 파산관재인에게 전속하므로, 재산분할의 협의나 심판은 파산관재인을 당사자로 하여야 한다. 이미 심판절차가 진행 중인 경우에는 파산관재인이 심판절차를 수계하여 재산분할절차가 진행된다(제464조 유추, 본서 2169~2171쪽 참조).

---

157) 자세한 내용은 〈제4절 Ⅱ.2.다.〉(본서 1415쪽)를 참조할 것. 회생절차에서는 소유권유보부매매를 회생담보권으로 취급하여 환취권을 인정하지 않는다(대법원 2014. 4. 10. 선고 2013다61190 판결 및 〈제2편 제2절 Ⅱ.3.나.〉(본서 412쪽)를 참조할 것).

158) 재산분할청구권이란 이혼한 부부의 일방이 타방배우자에 대하여 혼인 중 취득한 재산의 분할을 청구하는 권리이다. 재산분할청구권은 ① 부부가 혼인 중에 취득한 실질적인 공동재산을 청산·분배하는 청산적 요소와 ② 이혼 후 경제적 자립능력 없는 배우자에 대하여 자력 있는 타방이 부양한다는 부양적 요소가 들어있다는 점에 관하여는 다툼이 없다(통설 또는 다수설). ③ 반면 위자료적 요소가 포함되는가에 관하여는 다툼이 있다. 위자료는 상대방의 유책한 행위에 의해 이혼하게 됨으로써 정신적 고통을 당한 것에 대한 손해배상청구권이고, 재산분할은 상대방의 유책성과 상관없이 유책배우자라도 상대 배우자에게 청구할 수 있는 권리이므로, 재산분할은 위자료를 포함할 수 없고, 그러한 위자료적 요소를 재산분할에서 참작할 것도 아니라는 견해가 실무의 다수 입장이다(법원행정처, 법원실무제요 가사(Ⅱ)(2010), 498쪽). 그러나 대법원은 재산분할을 함에 있어 혼인 중 형성한 재산의 청산적 요소와 이혼 후의 부양적 요소 외에 정신적 손해(위자료)를 배상하기 위한 급부로서의 성질까지 포함하여 분할할 수 있는 권리라고 보고 있다(대법원 2006. 6. 29. 선고 2005다73105 판결 등 참조). 관련 내용은 〈제6편 제2장 Ⅳ.〉(본서 2167쪽)를 참조할 것.

159) 條解 破産法, 485~486쪽. 이에 반하여 부부공유재산의 청산으로서의 재산분할청구권은 배우자 일방이 목적물에 대하여 가지는 물권적 지배권을 구체화한 것으로 볼 수 있으므로 환취권이 인정된다는 견해도 있다(破産法·民事再生法, 422~423쪽).

160) 재산분할을 할 것인지 여부와 그 액수 및 방법은 우선 당사자가 협의 또는 조정에 의하여 정하게 된다(가사소송법 제2조 제1항 제2호 나.4), 제50조). 이러한 협의가 되지 않거나 협의를 할 수 없는 때에는 당사자의 청구에 의하여 가정법원이 '당사자 쌍방의 협력으로 이룩한 재산의 액수 기타 사정을 참작하여 분할의 액수와 방법을 정하는' 심판을 한다(민법 제839조의2 제2항).

2. 수탁자에 대한 파산절차에서의 특칙

신탁관계상의 권리도 환취권의 기초가 될 수 있다. 어떤 재산이 신탁재산으로 된 경우, 수탁자에 대하여 파산선고가 되어도 신탁재산은 채무자의 재산에 속하지 않는다(신탁법 제24조). 따라서 파산선고가 되어 수탁자의 임무가 종료되고(신탁법 제12조 제1항 제3호), 신수탁자가 선정되거나(신탁법 제21조 제1항) 신탁재산관리인이 선임되면(신탁법 제18조 제1항), 신수탁자 또는 신탁재산관리인은 수탁자의 파산관재인에 대하여 신탁재산에 관한 환취권을 행사할 수 있다(제407조의2 제1항).

신탁이 종료된 경우에는 신탁재산이 귀속된 자(수익자, 귀속권리자, 위탁자와 그 상속인, 국가)가 환취권을 행사한다(제407조의2 제2항, 신탁법 제101조).[161]

3. 환취권의 행사

환취권은 파산절차와 관계없이 행사할 수 있으므로 행사의 방법이나 절차에 대하여 특별한 제한이 없다. 환취권은 파산재단에 대하여 관리처분권을 갖는 파산관재인에 대하여 재판상 또는 재판외의 방법에 의하여 행사한다. 소송 또는 항변에 의하여도 주장할 수 있다. 반대로 파산관재인으로부터 제3자가 점유하는 목적물에 대하여 그 인도를 구하는 소송이 제기된 경우, 제3자는 환취권을 항변으로 주장할 수 있다. 행사시기에 제한도 없다.

파산관재인이 법원의 허가를 얻어 환취권을 승인(제492조 제13호)할 수도 있고, 임의로 이행하는 경우도 있다.

4. 위탁매매인의 파산

위탁매매인이 위탁자를 위하여 취득한 권리를 위탁자에게 이전하기 이전에 파산한 경우(예컨대 증권회사에 대금을 예탁하여 주식 매입을 위탁하고, 증권회사가 위 위탁에 근거하여 주식을 매입하여 보관하던 중 파산선고가 된 경우)에도, 위탁매매인이 매입 위탁을 받은 물품은 경제적으로 위탁자의 물건이고, 위탁매매인의 채권자는 위탁매매인과 일체로 간주되며, 이것을 책임재산으로 기대하는 것은 아니므로, 위탁자가 매입대금을 모두 위탁매매인에게 지급한 경우에는 환취권이 인정된다고 할 것이다.

한편 위탁매매인이 판매위탁을 받은 물품을 아직 판매하지 아니한 사이에 파산선고를 받은 경우에는, 위탁자는 그 물품에 대하여 환취권을 가진다.

---

161) 자산관리자가 파산한 경우 위탁 관리하던 유동화자산은 자산관리자의 파산재단을 구성하지 아니하고, 유동화전문회사 등이 환취권을 갖는다(자산유동화에 관한 법률 제12조 제1항).

Ⅲ 특별환취권

채무자회생법은 이해관계자 사이의 공평을 도모한다는 점을 고려하여 위에서 본 바와 같이 실체법에 인정하는 것 이외에 몇 가지 환취권을 인정하고 있다.

1. 운송 중인 매도물의 환취

매도인이 매매의 목적인 물건을 매수인에게 발송하였으나 매수인이 그 대금의 전액을 변제하지 아니하고, 도달지에서 그 물건을 수령하지 아니한 상태에서 매수인이 파산선고를 받은 때에는 매도인은 그 물건을 환취할 수 있다. 다만, 채무자가 대금전액을 지급하고 그 물건의 인도를 청구한 때에는 환취권을 행사할 수 없다(제408조 제1항).[162]

2. 위탁매매인의 환취권

물품매수의 위탁을 받은 위탁매매인이 그 물품을 위탁자에게 발송한 후, 위탁자가 이미 대금의 전액을 변제하지 아니하고 또 도달지에 있어서 그 물품을 수령하지 아니하는 동안에 위탁자가 파산선고를 받은 때에는 위탁매매인은 운송 중인 물품의 매도인에 준하여 환취권을 가진다(제409조).

Ⅳ 대체적 환취권

채무자 또는 파산관재인이 환취권의 목적인 재산을 처분하여 파산재단 중에 현존하지 않는 경우 그 재산 자체를 환취할 수 없다. 이때 원칙적으로 환취권자는 채무자가 파산선고 전에 처분한 경우에는 부당이득반환청구권을 파산채권으로 행사할 수밖에 없고(제423조), 파산관재인이 처분한 경우에는 부당이득반환청구권을 재단채권으로 행사할 수 있으나(제473조 제5호) 파산재단이 부족한 때에는 재단채권이라도 완전한 만족을 얻을 수 없다. 이에 환취권자를 보호하기 위하여 환취권자가 양도된 환취권의 목적인 재산에 관한 반대급부 이행청구권의 이전 또는 반대급부로 받은 재산의 반환을 청구할 수 있는 권리를 인정하는데, 이를 대체적 환취권이라 한다.

채무자가 파산선고 전에 환취권의 목적인 재산을 양도한 때에는 환취권자는 반대급부의 이행청구권의 이전을 청구할 수 있다. 파산관재인이 환취권의 목적인 재산을 양도한 때에도 마찬가지이다. 이 경우 채무자[163]가 반대급부의 이행을 받은 때에는 환취권자는 채무자가 반대급

---

162) 운송 도중에는 매도인이 운송인에 대하여 운송중지와 목적물의 반환을 구할 수 있으므로(상법 제139조) 별다른 실익이 없다.

163) '파산관재인'으로 개정하여야 한다(제73조 제2항 참조). 반대급부 청구권의 상대방이 파산선고 후 채무자에게 급부

부로 받은 재산의 반환을 청구할 수 있다(제410조).[164] 무상으로 양도된 경우에는 반대급부가 없기 때문에 대체적 환취권이 인정되지 않는다. 양도된 결과 환취권자가 목적재산을 환취할 수 없는 경우뿐만 아니라 환취권 행사가 가능한 경우(양도는 되었지만 목적재산이 인도되지 않아 파산재단에 남아있는 경우)에도 환취권자의 선택에 따라 대체적 환취권을 행사할 수 있다. 반대급부의 이행청구권은 목적재산의 대위물임이 명확하고 다른 재산과 구별되어 있기 때문에 대체적 환취권을 인정하여도 파산채권자를 해하는 것은 아니다.

위탁매매인이 위탁자로부터 받은 물건 또는 유가증권이나 위탁매매로 인하여 취득한 물건, 유가증권 또는 채권은 위탁자와 위탁매매인 또는 위탁매매인의 채권자 간의 관계에서는 이를 위탁자의 소유 또는 채권으로 보므로(상법 제103조), 위탁매매인이 위탁자로부터 물건 또는 유가증권을 받은 후 파산한 경우에는 위탁자는 위 물건 또는 유가증권을 환취할 권리가 있고(제407조), 위탁매매의 반대급부로 위탁매매인이 취득한 물건, 유가증권 또는 채권에 대하여는 대상적 환취권(대체적 환취권)으로 그 이전을 구할 수 있다(제410조).[165]

대체적 환취권과 제3자의 권리, 특별환취권과의 관계에 관하여는 〈**제2편 제7장 제2절 Ⅳ.3., 4.**〉(본서 417쪽)를 참조할 것.

대체적 환취권을 행사하여도 여전히 환취권자에게 손해가 남은 경우에는, 양도가 채무자에 의하여 된 때에는 파산채권으로, 파산관재인에 의하여 된 경우에는 재단채권(제473조 제4호)으로 손해배상을 구할 권리행사가 허용된다.[166]

파산관재인이 환취권의 목적인 재산을 환취권의 목적이 아닌 다른 재산과 한꺼번에 양도하면서 각각의 반대급부를 특정하지 않은 경우 환취권자는 전체 반대급부의 이행청구권 중 환취권의 목적인 재산의 가치에 상응하는 부분에 한하여 대체적 환취권을 행사할 수 있다.[167]

제4절 별제권

별제권은 파산절차[168]에서 담보권의 보장에 기여한다. 채무자의 재산에 속한 목적물에 대하여 담보권을 갖고 있는 자에게는 원칙적으로 목적물(물건) 그 자체가 아니라 그 목적물(물건)에

를 한 경우, 변제자가 파산선고를 알지 못하여 파산절차와의 관계에서 그 효력을 주장할 수 있을 때에는(제332조 제1항), 파산절차상 반대급부의 청구권은 소멸하기 때문에, 환취권자는 그 급부청구를 할 수 없다.

164) 파산관재인이 반대급부 청구권을 승계 또는 취득하여 반대급부를 받았지만, 일반재산에 혼입되어 특정성을 잃은 경우, 환취권자는 대상적 환취권을 행사할 수 없다. 이 경우 환취권자는 해당 재산상당액에 대하여, 파산관재인의 행위로 인한 부당이득반환청구권을 재단채권으로 청구할 수 있다(제473조 제4호, 제5호). 파산관재인이 반대급부로서 받은 재산이 금전 등이라면 환취권자는 그 액에 대하여 재단채권을 행사할 수 있다. 따라서 재단채권액은 채무자나 파산관재인이 목적재산을 양도한 때의 시가가 된다.

165) 대법원 2008. 5. 29. 선고 2005다6297 판결 참조.

166) 倒産法, 539~540쪽.

167) 대법원 2023. 6. 15. 선고 2020다277481 판결.

168) 개인회생절차의 경우도 마찬가지이다(제586조).

화체되어 있는 가치(피담보채권액에 달할 때까지)가 귀속된다. 따라서 채권자는 채무자가 파산할 때 담보물을 환취할 수 없다. 담보물 자체는 파산재단에 속한다. 별제권자는 단지 담보물로부터 다른 채권자들보다 우선변제를 받아야 하고 환가대금은 피담보채권의 변제를 위해 우선적으로 사용되어야 한다고 요구할 수 있다. 물론 별제권에 따른 채권자의 채권 만족은 별제권이 부인권의 대상이 아니라는 것을 전제로 한다. 별제권자의 채권 만족 후 잔액(잉여금)이 있으면 이는 파산재단에 귀속되고 파산채권자의 채권 만족을 위해 사용한다.[169]

Ⅰ 별제권의 의의

1. 별제권의 개념

별제권이란 파산선고가 된 때 파산재단에 속하는 재산에 대하여 유치권, 질권, 저당권, 「동산·채권 등의 담보에 관한 법률」에 따른 담보권 또는 전세권을 가진 자가 그 목적인 재산에 관하여 파산절차에 의하지 않고 행사할 수 있는 권리를 말한다(제411조, 제412조). 별제권자는 파산재단에 속하는 특정한 재산으로부터 파산절차에 의하지 아니하고 우선적, 개별적으로 변제받을 수 있다(제412조). '별제(別除)'란 문자 그대로 절차 밖에서 권리행사가 인정되는 것을 의미한다. 별도로 우선 만족을 받는다는 것은 별제권이 존재하는 목적물을 환가하여 환가대금을 피담보채권이 만족될 때까지 채권자에게 지급한다는 것을 뜻한다.

파산재단에 속하지 않는 채무자의 재산에 대하여 저당권 등을 가진 자는 별제권자가 아니고, 뒤에서 보는 준별제권자로서 별제권자에 준하여 취급을 받는다(본서 1437쪽).

채무자회생법이 별제권을 인정하는 이유는 다음과 같다. 파산절차가 실체법 질서를 전제로 한 이상 실체법상의 담보권에 포함되어 있는 권능, 즉 우선변제권을 실현하기 위한 환가권을 무시할 수는 없다. 그리고 파산절차의 목적이 채무자의 재산을 청산하는 것이라는 점을 고려하면, 담보권의 권능에 대하여도 스스로 환가권을 행사하여 목적물로부터 우선변제를 받는 것을 인정하는 것이 합리적이다. 담보권에 기한 우선변제권을 법률상 지위로서 인정하는 이상, 이러한 기대를 파산절차에서도 보호하여야 한다.[170]

별제권은 채무자회생법에 의해 새로이 발생하는 권리가 아니라 담보권이 파산재단에 포함되어 있는 목적물에 대하여 행사되는 작용으로서 생기는 우선변제청구권이다. 즉 기존 민사법상의 담보물권의 효력을 파산절차에서 그대로 인정한 것에 불과하다.[171] 따라서 파산절차상 별

---

169) Reinhard Bork, 161~162쪽.
170) 따라서 파산관재인이 정당한 이유 없이 별제권의 목적물을 처분하였고, 이로 인해 파산재단의 감소를 방지한 경우에는, 별제권자는 부당이득반환청구권을 재단채권(제473조 제5호)으로 행사할 수 있다.
171) 이를 기존 담보물권과는 별도로 '별제권(別除權)'이라고 칭하는 것 역시, 파산선고 전부터 채무자의 특정재산에 존재하는 실체법상 담보권의 효력을 파산절차에서도 그대로 존중하겠다는 의미에서, 다른 채권으로부터 별도로 제외되어 변제를 받을 필요가 있다는 점에 착안한 것에 기인할 뿐이다. 하지만 담보물권은 채무자가 파산한 경우 큰 의미를 갖는다. 담보물권을 가진 자는 파산의 경우 채권자평등원칙의 적용을 받지 않고 목적물로부터 우선적으로 변

제권자는 파산절차에 의하지 아니하고 별제권을 행사하여 우선적으로 자신의 채권의 만족을 받을 수 있고(제412조), 그러한 별제권의 행사에 의하여 변제를 받을 수 없는 채권액에 관하여서만 파산채권자로서 그 권리를 행사할 수 있다(제413조). 다만 채무자가 물상보증인[172]인 경우와 같이 특정재산을 가지고 물적 책임을 지는 담보물권 자체는 별제권으로 취급되지만 파산채권으로는 되지 못한다. 이 경우 담보권자는 별제권자로서 담보목적물로부터 별제권을 행사하여 우선변제를 받을 수 있지만, 파산절차에 참가할 수는 없다.

(1) 파산채권과의 관계

별제권의 기초인 담보권은 파산채권을 피담보채권으로 하는 것이 일반적이고 부족액책임주의(제413조)도 이를 전제로 하는 것이다. 그러나 채무자가 물상보증인인 경우에는 앞에서 본 바와 같이 별제권 자체는 파산채권과 구별되고, 담보권의 채무자회생법상의 권능이다. 따라서 파산선고 전에 발생한 재단채권을 피담보채권으로 하는 담보권이 존재한 경우 이것도 별제권으로 취급된다. 또한 주채무에 대하여 보증인 및 물상보증인의 지위를 겸하는 자가 파산한 경우, 채권자는 보증채무 이행청구권을 파산채권으로 행사함과 동시에 주채무에 대한 물상보증인의 책임에 기하여 별제권을 행사할 수도 있고, 양자는 별개의 지위에 있는 것이므로, 별제권부 파산채권으로 취급되는 것이 아니다.

피담보채권이 파산채권인 경우에는 변제기 도래 전이라도 파산선고와 동시에 변제기가 도래한 것으로 보므로(제425조), 담보권자는 즉시 별제권을 행사할 수 있다. 이것을 파산채권의

제를 받을 수 있다.

사례 채무자 Y에 대하여 2억 원을 대출해 준 X은행은 담보로 Y의 부동산(가액 2억 5천만 원)에 대하여 같은 액수의 저당권을 가지고 있다. Y에 대하여 일반채권 3억 원을 가지고 있는 A와 비교하여 통상의 경우와 Y가 파산된 경우 담보권자인 X 입장에서 어떻게 다를까(小林秀之, 38~39쪽). 관련 내용은 아래 〈Ⅲ.4.〉(본서 1433쪽 **사례**)를 참조할 것.

통상의 경우 X와 A 입장의 차이는 Y가 변제기에 채무를 변제하지 않은 경우 취할 수 있는 실행수단이 다를 뿐이다. X는 우선변제권을 가지고 있기 때문에, Y가 X에 대하여 변제하지 않고 A에게 변제할지라도 X는 우선적으로 자신에게 변제하라고 할 수 없다. 할 수 있는 것은 저당권의 대상으로 된 부동산에 대하여 담보권의 실행으로서 경매를 신청하고, 그 경매의 결과로 매각대금 2억 5천만 원에서 채권 2억 원을 회수하는 것이다. A는 변제를 하지 않는 경우 Y를 상대로 민사소송을 제기하여 집행권원을 얻어 Y의 일반재산에 대해 집행(Y가 충분한 자력을 가지고 있는 한 A는 3억 원을 전액 회수할 수 있다)하는 것과 비교하여 아주 간단하다. 통상의 경우 환가권은 의미가 있지만, 우선변제권은 별다른 의미가 없다. 만약 Y가 X에게도 A에게도 변제를 하지 않고, 재산이 저당권의 대상인 부동산뿐인 경우, X의 우선변제권은 의미를 가지지만, 그런 경우는 대부분 채무초과로 사실상 파산상태에 빠진 경우이다.

이에 비하여, Y가 파산하여 재산이 저당권을 대상으로 한 부동산만 있다면, X와 A의 입장에 큰 차이가 있다. X는 별제권자로서 스스로 환가하든가 파산관재인으로 하여금 환가하게 하여, 2억 원 전액을 회수할 수 있음에 반하여, A는 잔액 5천만 원을 다른 일반채권자와 평등하게 분배받지 않으면 안 된다. 즉 파산의 경우에 담보물권의 우선변제권은 큰 의미를 갖는 것이다.

172) 물상보증인은 채무를 부담하지 않고, 담보로 제공한 물건의 한도에서 '책임'을 부담할 뿐이다. 따라서 채권자는 물상보증인에 대하여 이행의 소를 제기하거나 그의 일반재산에 대하여 집행하지 못한다. 이 점에서 물상보증인은 보증인과 다르다. 파산채권자가 아니라도 물상보증인이 파산한 경우 파산재단 소속 재산에 대하여 담보권을 가질 때에는 별제권자로 된다. 이 경우 만약 별제권자로 되지 않는다면 채무자회생법에는 이러한 담보권자의 권리행사방법에 대한 규정이 없으므로 채무자가 채무를 변제하지 않기 때문에 담보권자가 물상보증인에 대한 권리를 행사하려고 하여도 허용되지 않아 담보권자의 이익의 보호가 결여될 우려가 있기 때문이다.

현재화라 부른다. 반면 채무자가 물상보증인인 경우와 같이 피담보채권이 파산채권이 아닌 때에는 변제기가 도래하여야 비로소 별제권을 행사할 수 있다.[173]

(2) 파산재단에 속한 재산

별제권의 목적은 파산재단에 속한 재산이다. 환취권의 목적이 파산재단에 속하지 않는 재산인 것과 비교된다. 별제권의 목적은 파산재단에 속하고, 파산재단은 파산관재인의 관리처분권에 복종하므로(제384조) 별제권의 행사에 일정한 제약이 있다. 관련 내용은 아래 〈Ⅲ.2.〉(본서 1429쪽)를 참조할 것.

별제권은 '파산재단에 속한 재산'에 존재하는 것이므로, 채권자가 채무자 이외의 제3자의 재산상에 담보권을 가지고 있어도, 즉 물상보증인으로부터 채무자를 위하여 파산신청 전부터 담보를 제공받은 경우, 그 담보권은 별제권이 아니다. 채권자는 담보제공자에 대하여, 파산절차의 제약을 받지 않고 권리행사가 가능하고, 파산절차에서 별제권자가 아니기 때문에, 별제권부채권으로서 변제(배당)를 받은 것이 아니라 단순히 파산채권으로 취급된다. 파산관재인은 채권자의 파산채권에 물상보증인으로부터 담보제공이 있어도 물상보증인의 존재를 고려하지 않고 신고된 채권의 인부를 하고 변제(배당)를 한다.

(3) 파산선고시에 존재할 것

별제권으로 취급되기 위해서는 파산선고시에 저당권 등의 담보권을 가지고 있어야 한다. 파산재단에 속한 재산을 담보권으로 한 것이라도 파산선고 후에 파산관재인에 의해 설정된 것은 그 성질상 파산절차에 의한 어떠한 제한도 받지 않고 권리의 실행이 허용된다. 다만 파산관재인과 담보권자가 협의하여 파산선고시에 존재하였던 목적물을 대신하여 파산재단에 속한 다른 재산에 담보권을 설정한 경우(제492조 제14호, 제497조 제2항 참조)에는 별제권으로 취급하여야 될 것이다.

2. 별제권과 다른 권리의 차이

별제권은 파산절차의 다른 권리와 비교하여 다음과 같은 특징이 있다.

(1) 재단채권과의 비교

별제권은 우선적으로 변제를 받는다는 점에서 재단채권과 같으나, 별제권은 재단채권에 우선하고, 재단채권이 파산재단 전체로부터 변제를 받을 권리가 있음에 반하여 별제권은 파산재단 가운데 담보목적물인 특정한 재산으로부터 변제를 받는 권리라는 점에서 차이가 있다. 또한 일반적으로 별제권은 파산선고 이전에 성립한 원인에 기하지만, 재단채권은 파산선고 후에 발생한 것이다.

---

173) 파산채권 현재화의 효력은 파산절차 및 채무자에 대한 관계에서만 발생한다. 파산채권자표가 가지는 확정판결과 동일한 효력(제535조 제12항, 제548조 제1항)은 현재화를 전제로 한 것이고, 보증인, 연대채무자, 물상보증인 등 제3자에 대하여는 파산채권의 변제기가 도래한 것으로 보지 않으며, 피담보채권의 변제기가 도래하지 않는 한 행사할 수 없다.

(2) 환취권과의 비교

별제권은 파산절차의 영향을 받지 않는다는 점에서 환취권과 같으나, 별제권이 특정한 재산이 파산재단에 속하는 것을 전제로 그 금전적 가치를 우선적으로 취득하는 권리임에 반하여, 환취권은 특정한 재산 그 자체를 파산재단으로부터 환취하는 권리라는 점에서 다르다. 별제권은 파산재단(채무자의 재산)에 대하여 행사하는 권리임에 반하여, 환취권은 파산재단에 속하지 않는 권리에 대해 행사하는 것이다. 환취권자는 파산채권자가 아니지만, 별제권자는 일반적으로 파산채권자이기도 하다. 왜냐하면 피담보채권이 파산채권이기 때문이다.

별제권은 특정한 재산이 파산재단에 속하는 것을 전제로 해당 재산으로부터 우선적으로 피담보채권을 변제받는 권리이므로, 환취권의 목적이 아닌 재산으로서 파산재단에 속하는 재산에 대하여만 인정된다.[174]

(3) 파산채권과의 비교

별제권은 파산재단에 속하는 특정재산에 대하여 그 재산으로부터 변제를 받는 권리임에 반하여, 파산채권은 파산재단의 전체에서 변제를 받는다. 별제권은 파산채권보다 우선하여 변제받는다. 일반적으로 파산채권자가 별제권자인 경우가 많다(피담보채권이 파산채권이다). 이 경우 파산채권자는 별제권자로서 먼저 변제를 받고, 부족액이 있는 경우 파산채권자로서 권리행사를 한다(제413조 본문). 물론 별제권을 포기하고 파산채권자로서 권리행사를 할 수도 있다.[175]

(4) 우선권 있는 파산채권(일반우선권)과의 비교

우선권 있는 파산채권도 파산재단의 전체에서 변제받고, 단지 파산채권 중에서 우선순위를 인정받는데 불과하므로 특정재산으로부터 변제받는 별제권과 다르다. 우선권 있는 파산채권자도 파산절차에 참가하여 파산절차 내에서 변제를 받아야 한다.

3. 별제권으로 우선변제 받을 수 있는 범위

별제권으로 우선변제를 받을 수 있는 범위는 실체법(민법)에 의하여 확정된다. 즉 원본, 이자, 위약금, 채무불이행으로 인한 손해배상 및 저당권의 실행비용이 포함된다. 다만 지연배상에 대하여는 원본의 이행기일을 경과한 후의 1년 분에 한한다(민법 제360조).

한편 매수인(채무자)이 파산선고 이전에 이미 매도인이 부여한 처분권한에 기초하여 목적물을 처분한 경우 특별한 사정이 없는 한 매도인은 매수인에 대한 파산절차에서 매수인이 제3자에 대하여 가지는 매매대금채권에 관하여까지 별제권을 주장할 수는 없다. 예컨대 동산 소유

---

174) 대법원 2023. 6. 15. 선고 2020다277481 판결.
175) 별제권을 물상보증의 경우를 제외하고, 파산채권이라는 견해도 있다(王欣新, 398쪽). 별제권은 피담보채권에 중점을 둔 것으로 설정된 물적담보는 종속된 권리에 지나지 않고, 채권자가 우선변제권을 갖는 것은 변제받는 방식의 차이에 불과하며, 그것이 채무자에 대한 채권의 본질적 성질을 변경하는 것은 아니다. 별제권이 파산채권이라고 보아야, 왜 별제권자가 별제권을 포기하거나 예정부족액에 대하여만 파산채권으로 변제받을 수 있는지 설명할 수 있게 된다.

권유보부매매의 매도인이 파산선고 전에 매수인(채무자)에게 물품을 공급한 한 후 매수인이 물품을 거래처에 판매한 경우, 매도인은 그 판매대금채권에 대하여 별제권을 행사할 수 없다. 파산선고 이전에 이미 매도인은 유보한 소유권을 상실하였으므로 매도인은 별제권을 행사할 수 있는 지위도 상실하였기 때문이다.[176)]

4. 별제권의 행사와 성립요건·대항요건

파산절차에서 별제권으로 취급되기 위해서는, 다른 채권자에 대한 관계에서 성립요건이나 대항요건을 갖추고 있어야 한다. 즉 부동산이라면 등기, 동산이라면 인도, 채권양도라면 확정일자 있는 증서에 의한 통지·승낙(민법 제450조)이 필요하다. 파산관재인은 성립요건이나 대항요건의 흠결을 주장할 수 있는 제3자에 해당한다.

파산선고가 되면 파산선고 후에는 등기 등을 할 수 없고(제331조), 그 결과 성립요건 등을 흠결한 담보권이기 때문에 별제권으로서 권리행사를 할 수 없다. 채권양도나 질권설정의 통지(민법 제349조)도 파산선고 후에는 제331조의 취지에 비추어 원칙적으로 인정되지 않는다. 채권양도나 질권설정의 승낙은 파산선고 후 채무자의 법률행위에 의하지 않는 권리취득으로서 허용되지 않는다(제330조).

5. 별제권 행사의 상대방

별제권의 목적재산이 파산재단에 속한 경우에는 그 행사의 상대방은 파산관재인이다. 목적재산을 제3자가 점유하고 있는 경우에도 마찬가지이다(다만 실효적인 행사를 할 수 있을지는 의문이다).

파산선고 전에 담보권 실행을 위한 경매절차가 개시된 경우, 파산선고 후에는 파산관재인이 그 상대방이 되고, 경매절차 등의 불복신청 등은 채무자는 할 수 없고 파산관재인이 하여야 한다.

Ⅱ 별제권의 기초가 되는 권리

1. 담보물권

가. 유치권 등

(1) 유치권 등의 권리행사

파산재단에 속하는 재산상에 존재하는 유치권·질권·저당권·「동산·채권 등의 담보에

---

176) 대법원 2024. 9. 12. 선고 2022다294084 판결 참조. 만약 매수인(채무자)이 파산신청 전에 매도인에 대한 물품대금채무의 변제를 위하여 매도인에게 매수인이 거래처에 대하여 보유하는 물품대금채권을 양도하였다면, 위 양도행위는 편파행위에 해당하여 부인의 대상(제391조 제1호)이 된다.

관한 법률」에 따른 담보권 또는 전세권을 가진 자는 그 목적인 재산에 관하여 별제권을 가진다(제411조).

유치권은 채권이 변제되기까지 목적물을 유치할 수 있을 뿐 그 물건으로부터 우선변제를 받을 권리는 없다(민법 제320조). 그러나 유치권의 행사에 의해 파산재단에 속하는 재산을 유치하게 할 경우, 파산재단의 관리 및 환가를 방해하게 되고 신속한 파산절차의 진행을 저해하게 된다. 이러한 이유로 유치권자에 대하여도 별제권을 인정하고 있는 것이다.

회생절차(제141조 제1항)에서와 달리 우선특권에 관하여는 아무런 규정이 없다. 상법상의 선박우선특권 등은 특정재산에 대하여 우선특권을 갖는 경우이므로 담보권에 관한 규정을 유추적용하여 별제권을 인정하여야 할 것이다.[177]

(2) 물상대위권에 의한 별제권[178]

민법은 질권 및 저당권에서 물상대위를 인정하고 있다(민법 제342조, 제355조, 제370조). 따라서 그 환가대금 등에도 별제권이 인정된다. 다만 물상대위권을 행사하기 위해서는 대위물인 채권의 변제(지급 또는 인도) 전에 압류를 할 필요가 있다(제342조 후문). 담보목적물이 화재로 멸실된 후 채무자(설정자)가 파산선고를 받은 경우 별제권자가 물상대위권을 행사하기 위해 파산선고 전에 압류를 하여야 하는지가 문제된다.[179] 파산선고 전에 압류를 하지 않는 한 파산관재인에게 물상대위의 효력을 주장할 수 없다는 소극설과 파산선고 후에도 압류를 하고 물상대위를 주장할 수 있다는 적극설의 대립이 있지만,[180] 적극설이 타당하다(본서 659쪽).[181]

파산재단 소속 재산인 목적채권에 대한 물상대위권도 별제권의 행사로 간주되고, 담보권자는 본래의 권리행사방법인 목적채권의 압류에 의해 권리를 실행한다(제412조). 따라서 담보권의 존재를 증명하는 서류(및 물상대위권의 존재를 증명하는 문서)를 집행법원에 제출할 필요가 있다(민집법 제273조 제1항).

담보권자가 담보권의 존재를 증명하는 서류를 곧바로 제출할 수 없는 경우, 물상대위권을 보전하는 방법으로 목적채권의 가압류나 파산관재인에 대한 추심 또는 양도금지가처분을 신청할 수 있는가의 문제도 있다. 일본의 경우 가압류의 가능성을 긍정하는 견해가 비교적 유력하지만, 하급심재판례는 일관하여 이것을 부정하고 있다고 한다. 일반채권자의 권리보전의 수단인 가압류에 의하여 담보권인 물상대위권을 보전하는 것은 제도의 취지에 반하고, 또한 물상대위권자가 채무자나 그 파산관재인에 대하여 목적채권의 추심이나 양도를 금지하는 권능을

---

177) 남효순·김재형 공편, 통합도산법, 42쪽.
178) 관련 내용은 〈제2편 제8장 제2절 Ⅵ.〉(본서 658쪽)를 참조할 것.
179) 파산절차에서는 파산선고 후 담보목적물이 멸실되어도 물상대위의 행사 문제가 있다. 파산절차에서는 담보권에 기한 물상대위의 행사가 별제권으로 인정되는 관계에 있기 때문이다. 반면 회생절차의 경우는 회생절차개시결정시를 기준으로 회생담보권의 지위가 결정되기 때문에 이러한 문제는 발생하지 않는다.
180) 條解 破産法, 507쪽.
181) 파산선고 전에 물상대위의 압류가 있는 경우 파산선고로 실효되는가(제348조 제1항 본문). 별제권을 가진 담보권자의 경매신청은 파산선고로 방해받지 않으므로(제412조), 경매개시장애사유가 아니다. 따라서 물상대위의 압류는 파산채권에 기한 강제집행이 아니라 담보권의 실행으로서의 압류이므로 그 효력을 잃지 않는다.

가지고 있다고는 볼 수 없기 때문에 추심금지 등 가처분도 부적당하다(본서 659쪽).

나. 근저당권

근저당권은 채권의 발생과 소멸을 반복하다가 그 채무가 확정되는 시점의 채무를 최고액의 범위 내에서 담보하는 것이므로 어느 시기에 채무가 확정되느냐는 후순위 담보권자, 파산채권자 등에게 직접적인 영향을 미친다. 채무자나 근저당설정자에 대하여 파산선고가 된 경우 근저당권이 확정되는가. 채무자에게 파산선고가 내려지면 더 이상 피담보채권이 발생할 가능성은 없으므로 근저당권은 확정된다고 할 것이다. 물상보증인에게 파산선고가 내려진 경우에도 마찬가지이다.[182] 그 이유는 ① 파산은 채무자의 모든 재산에 대한 환가절차라는 점에서 근저당목적물에 대해 경매가 진행되는 경우와 동일하게 볼 수 있고, ② 파산선고 후에는 근저당권자가 채권을 취득하더라도 이를 파산채권자에게 대항할 수 없어(제330조 제1항) 사실상 피담보채권이 발생할 가능성이 적기 때문이다.[183]

이처럼 근저당권은 파산선고에 의하여 피담보채권이 확정되기 때문에 확정된 근저당권자가 파산절차에서 가지는 권리는 일반 저당권자의 경우와 마찬가지로 별제권으로 취급된다.

한편 근저당권의 경우 피담보채권에 포함될 이자 등의 범위가 문제된다. 일반 저당권의 경우에는 우선변제의 대상이 되는 이자 등은 최후 1년분으로 제한된다(민법 제360조).[184] 그러나 근저당권의 경우에는 채권최고액의 범위 내라면 모든 이자 등이 피담보채권에 포함된다(민법 제357조 제2항 참조). 파산선고 후의 이자 등은 후순위 파산채권이지만(제446조 제1항 제1호, 제2호), 이것도 별제권의 피담보채권에 포함되기 때문에, 부족액 산정(제413조)의 기초가 된다.

2. 비전형적 담보권

가. 가등기담보

「가등기담보 등에 관한 법률」에 의해 규율되는 가등기담보를 말한다. 채무자 등 목적물의 소유자에게 파산선고가 되면 가등기담보권자는 별제권자의 지위가 부여된다(위 법률 제17조 제1항). 따라서 가등기담보권자는 별제권자로서 위 법률에 따른 청산절차를 밟아야 한다.[185]

---

182) 채무자가 물상보증인인 경우 근저당권자는 파산채권자가 되지 않는다. 파산채권자가 되지 않는 근저당권자에게는 파산선고결정 등이 기재된 서면을 송달할 필요가 없다(제313조 제2항).

183) 김준호, 민법강의(제25판), 법문사(2019), 1770쪽. 다만 채무자나 물상보증인의 파산선고에 의한 확정은 근저당권자의 의사에 기한 것이 아니기 때문에 그 효력을 잃을 때에는 근저당권은 확정되지 않는다.

184) 민법 제360조 단서가 지연배상의 범위를 제한하는 이유는 후순위 저당권자를 비롯하여 다른 채권자의 이익을 보호하기 위함이다. 이행기일이 지나 저당권을 실행할 수 있음에도 저당권자의 태만으로 시일이 지나 지연이자가 늘어가는 경우에 이를 무제한으로 인정한다면 후순위 저당권자를 비롯하여 다른 채권자의 이익을 해치는 것이 되기 때문이다. 다만 제360조 단서는 후순위 저당권자와 일반채권자에 대한 관계에서 적용되는 것이며(저당권자의 제3자에 대한 관계에서의 제한이다), 채무자 겸 저당권설정자가 저당권자에게 대항할 수 있는 것은 아니다(대법원 1992. 5. 12. 선고 90다8855 판결). 즉 경매에서 후순위 저당권자가 없거나 일반채권자의 배당요구가 없는 경우 지연배상 전부가 저당권에 의하여 담보된다(채무자가 저당권자에 대하여 민법 제360조 단서에 따른 피담보채권의 제한을 주장할 수 없다).

185) **가등기담보권자의 파산** 가등기담보권과 피담보채권은 파산재단에 속하고, 종래의 가등기담보권자와 채무자(설정

나. 양도담보

(1) 양도담보설정자의 파산

양도담보설정자가 파산한 경우[186] 양도담보권자는 양도담보의 담보권적 구성을 중시하여 별제권자의 지위에 있다고 보아야 한다(제141조 및 제411조 유추적용, 가등기담보 등에 관한 법률 제4조 제2항).[187] 그 이유는 ① 양도담보는 간이·신속하게 우선적으로 변제를 받기 위한 물적 담보수단이고 그 이익은 양도담보권자에게 별제권을 인정하는 것으로 충분히 보호되며, ② 양도담보권자를 목적물의 소유자로 보아 환취권을 인정하면 본래 파산재단에 속하여야 할 목적물이 가지는 잉여가치도 취득하게 되어 그 이익이 담보의 목적을 넘어서게 되고, ③ 다른 전형담보가 별제권으로 취급되고 있는데,[188] 이것과의 균형을 도모하는 것이 공평하기 때문이다.[189] 다만 양도담보설정자가 청산절차를 마친 경우에는 양도담보권자가 소유자로서 환취권을 행사할 수 있을 것이다.

어음의 양도담보권자는 채무자의 어음 발행인에 대한 어음상 청구권에 대하여 담보권을 갖는다는 점에서 별제권을 가지는 것으로 열거된 유치권자나 질권자 등과 다름이 없으므로 별제권을 행사할 수 있는 권리를 가지는 자로 봄이 상당하다.[190]

(2) 집합물양도담보

집합물양도담보란 담보목적물이 특정한 목적물이 아니라 설정자가 장래 취득하는 제품(동산)이나 매매대금채권 등의 일부 또는 전부와 같은 집합물에 대하여 설정하는 것을 말한다.

자)의 관계는 그대로 파산관재인과 채무자의 관계로 승계된다.

186) **양도담보권자의 파산** 양도담보권자에 대해 파산선고가 된 경우 양도담보설정자의 법적 지위는 어떠한가. 이에 관하여는 명문의 규정이 없다. 양도담보권의 피담보채권이 아직 소멸하지 않은 경우에 양도담보권자의 파산선고를 이유로 환취권을 행사하는 것은 허용되지 않는다. 하지만 양도담보권의 피담보채권이 소멸한 경우에는 채무자는 더 이상 양도담보권의 목적이 된 재산권을 보유할 권원이 없으므로 양도담보설정자는 제407조에 따라 양도담보의 목적이 된 재산권을 환취할 수 있다(대법원 2004. 4. 28. 선고 2003다61542 판결). 이는 양도담보의 법적 구성에 있어 신탁적 소유권이전설을 취하든 담보권설을 취하든 모두 동일하다(이영준, 전게서, 997쪽). 한편 양도담보설정자가 피담보채권의 변제를 하지 않은 경우에는 양도담보권자의 파산관재인이 담보권을 실행하고, 그 때 목적물의 가액이 피담보채권을 상회하여 청산금이 발생하였다면, 양도담보설정자는 재단채권으로 지급을 구할 수 있다(제473조 제4호 또는 제5호).

187) 회생절차에서는 양도담보권을 회생담보권이라고 명시적으로 규정하고 있으나(제141조 제1항), 제411조에서는 양도담보권을 별제권의 범위에 포함시키지 않아 해석상의 논란이 있을 수 있다. 채무자회생법에서 양도담보권을 회생담보권으로 취급하고 있는 것과의 균형상 제411조를 개정하여 파산절차의 경우에도 양도담보권을 별제권으로 규정할 필요가 있다. 도산상태에 이른 채무자는 파산절차나 회생절차 중 어느 하나의 절차를 선택하여 개시를 신청할 수 있다는 점에 비추어 보더라도(제34조 제1항, 제305조 참조), 도산절차의 유형에 따라 양도담보에 대한 취급을 달리하는 것은 적절하지 않기 때문이다{김영주, "도산절차상 양도담보계약 당사자의 법적 지위", 사법 33호(2015. 9.), 사법발전재단, 23쪽}.

188) 양도담보권자는 제411조에서 별제권을 가지는 자로 되어 있지는 않지만, 특정재산에 대한 담보권을 가진다는 점에서 별제권을 가지는 것으로 열거된 유치권자 등과 다름이 없으므로 그들과 마찬가지로 별제권을 행사할 수 있는 권리를 가지는 자로 봄이 상당하다(대법원 2002. 4. 23. 선고 2000두8752 판결 참조).

189) 전병서, 322쪽.

190) 대법원 2010. 1. 14. 선고 2006다17201 판결.

집합물양도담보권이 미치는 범위는 변동이 생기므로, 그 범위가 특정되지 아니한 경우까지 집합물양도담보로서 효력을 인정하면, 다른 채권자의 이익을 침해하게 된다. 그래서 집합물양도담보의 성립요건으로 집합물의 특정과 파산채권자에 대한 대항요건의 구비가 요구된다.

(가) 특 정

집합동산양도담보는 양도담보권설정시에 구성부분이 변동되는 집합동산에 대하여 그 종류, 소재장소 또는 수량을 지정하는 방법에 의하여 특정되지 않으면 양도담보 자체가 유효하게 성립하지 않는다고 할 것이다.[191] 집합채권양도담보에 대하여도 적어도 제3채무자의 이름이나 발생원인에 의한 채권의 특정이 필요하다.

(나) 대항요건

별제권을 주장하기 위한 파산채권자에 대한 대항요건 구비는 파산선고시를 기준으로 요구된다. 집합동산양도담보는 형식적으로 소유권이전이 있어야 하므로 그 대항요건은 인도이고, 점유개정에 의한 것도 가능하다(통설, 판례[192]). 집합채권양도담보에 있어서는 설정자인 양도인으로부터 채무자에 대한 확정일자가 있는 증서에 의한 통지 또는 채무자의 승낙이 필요하지만(민법 제450조 참조), 통지 등은 집합채권으로서 포괄적인 통지로도 충분하다고 할 것이다.

다. 소유권유보부매매

소유권유보부매매란 동산을 매매함에 있어 매매목적물을 인도하면서 대금완납시까지 소유권을 매도인에게 유보하기로 특약한 것을 말한다. 할부판매(할부매매)가 여기에 해당한다. 이러한 내용의 계약은 동산의 매도인이 매매대금을 다 수령할 때까지 그 대금채권에 대한 담보의 효과를 취득·유지하려는 의도에서 비롯된 것이다.[193]

(1) 별제권으로서의 유보소유권의 법적 성질

매수인에 대하여 파산이 선고된 경우[194] 소유권유보부매매의 매도인을 담보권자(별제권자)로

---

191) 대법원 1988. 12. 27. 선고 87누1043 판결, 대법원 1988. 10. 25. 선고 85누941 판결(제강회사가 제품생산에 필요하여 반입하는 원자재를 일정기간 계속하여 채권담보의 목적으로 삼으려는 소위 집합물양도담보권설정계약에 있어서는 목적동산의 종류와 수량의 범위가 지정되고 그 소재장소가 특정되어 있으면 그 전부를 하나의 재산권으로 보아 담보권의 설정이 가능하다고 보아야 할 것이고 그러한 경우 양도담보권자는 담보권설정계약 당시 존재하는 원자재를 점유개정에 의하여 그 점유를 취득하면 제3자에 대하여 그 동산의 소유권(담보권)을 주장할 수 있는 것이며 그 후 새로이 반입되는 개개의 물건에 대하여 그때마다 점유개정의 표시가 있어야 하는 것은 아니다) 등.

192) 대법원 2000. 6. 23. 선고 99다65066 판결.

193) 부동산과 같이 소유권 이전을 위하여 등기가 필요한 경우나 자동차, 중기, 건설기계 등 비록 동산이기는 하나 등록에 의하여 소유권이 이전되는 재산에 대하여는 소유권유보부매매가 성립할 수 없다(대법원 2010. 2. 25. 선고 2009도5064 판결).

194) 매도인이 파산한 경우에는 매도인의 권리는 파산재단에 귀속된다. 이 경우에도 제335조는 적용되지 않기 때문에 파산관재인에 의한 이행이나 해제의 선택권은 배제되고, 소유권유보부매매계약은 파산관재인과 매수인 사이에서 계속된다. 따라서 할부금의 지급이 지체됨이 없이 완제된 경우 매수인은 목적물의 완전한 소유권을 취득한다. 반대로 매수인이 할부금의 지급을 게을리한 경우에는 파산관재인은 소유권유보부매매계약의 실행으로(담보권의 실행으로) 목적물을 반환받아 환가한 후 환가금과 잔대금과 사이에 차액이 있다면 청산금으로 이것을 매수인에게 지급하여야 한다.

취급할 것인지 아니면 소유권자(환취권자)로 취급할 것인지가 문제된다. 담보권(별제권)으로 인정할 것인지 소유권(환취권)으로 인정할 것인지는 유보소유권의 성질을 어떻게 구성하느냐에 따라 다르다.

(가) 담보권자(별제권자)로 보는 견해

소유권은 매수인에게 (정지조건부로) 이전되어 있고, 매도인에게는 '유보소유권'이라는 담보권만이 귀속하므로 별제권으로 보아야 한다는 것이다.[195]

(나) 소유권자(환취권자)로 보는 견해

1) 소유권유보의 약정에 따라 목적물이 매수인에게 인도되었다고 하더라도 특별한 사정이 없는 한 매도인은 대금이 모두 지급될 때까지 매수인뿐만 아니라 제3자에 대하여도 유보된 목적물의 소유권을 주장할 수 있다.[196] 물권법상의 소유권을 채무자회생법에서 담보권으로 취급하는 것은 체계의 부적합성을 초래한다. 따라서 파산절차에서 소유권유보의 매도인에게 환취권이 인정된다.[197]

2) 파산절차에서는 담보권자를 별제권자로 취급하여(제411조) 담보목적물에 대한 개별적인 담보권실행을 허용하고 있다(제412조). 그런데 소유권유보부매매의 경우는 별도의 담보권실행절차가 마련되어 있지 않아 담보권실행을 할 수 없으므로 담보권자가 아닌 소유자로 보고 환취권을 인정하여야 할 것이다.[198]

(다) 사견(담보권설)

매수인이 이미 조건부 소유권이라는 물적지배권을 목적물에 대하여 취득한 이상 유보소유권은 본래 의미에서의 소유권은 아니고, 매매대금채권을 담보할 목적인 담보권의 일종으로 보아야 한다. 실질적으로 동일한 종류의 권리에 대한 평등한 취급이나 채권자 일반의 이익 보호 등을 고려하여 파산절차에서 소유권의 담보권으로의 재구성[199]이 필요하다. 회생절차에서 회생

---

195) 전병서, 341쪽, 노영보, 303쪽. 일본의 경우 별제권으로 보는 최고재판소 재판례가 있다(平成29年12月7日 最高裁判所第一小法廷 平成29年(受)第408号). 구체적으로 자동차 구입자와 판매회사가, 해당 자동차 소유권이 매매대금 채권을 담보하기 위해 판매회사에 유보된다는 취지로 합의하고, 매매대금 채무 보증인이 판매회사에게 보증채무 이행으로서 매매대금잔액을 지급한 후 구입자의 파산 절차가 개시된 경우, 그 개시 시점에 해당 자동차의 소유자가 판매회사로 등록되어 있다면, 보증인은 위 합의에 따라 유보된 소유권을 별제권으로 행사할 수 있다고 해석하는 것이 상당하다고 한다. 그 이유는 다음과 같다. 보증인은 주채무인 매매대금채무의 변제에 대해 정당한 이익을 보유하고 있으며, 대위변제에 따라 구입자에 대해 취득하는 구상권을 확보하기 위해, 변제로 인해 소멸될 판매회사의 구입자에 대한 매매대금채권 및 이를 담보하기 위해 유보된 소유권(이하 '유보소유권'이라 한다)을 법률상 당연히 취득하고, 구상권의 범위 내에서 매매대금채권 및 유보소유권을 행사할 수 있다고 인정되고 있다(일본 민법 제500조, 제501조(우리나라 민법 제481조, 제482조)}. 또한 구입자의 파산절차개시 시점에 판매회사가 소유자로 등록된 자동차는 소유권이 유보되어 있음을 예측할 수 있다고 봄이 타당하므로, 유보소유권의 존재를 전제로 파산재단이 구성된다고 하더라도 파산채권자에 대한 예측할 수 없는 영향이 발생할 일은 없다. 그렇다면 보증인은, 자동차의 소유자로 보증인을 등록하지 않아도 판매회사로부터 법정대위로 취득한 유보소유권을 별제권으로 행사할 수 있다고 봄이 타당하다.

196) 대법원 2007. 6. 1. 선고 2006도8400 판결, 대법원 1999. 9. 7. 선고 99다30534 판결 등 참조.

197) 양형우, 전게 "연장된 소유권유보의 회생·파산절차상 효력", 54쪽.

198) 남효순·김재형, 34쪽 각주 32).

199) 파산절차 밖에서는 소유권유보부매매에 있어서 매도인의 소유권이 그대로 인정된다(대법원 1999. 9. 7. 선고 99다

담보권으로 인정하는 것[200]과의 균형상으로도 그렇다. 따라서 매도인의 유보소유권은 별제권으로 보아야 할 것이다(제411조 유추적용).[201]

대법원도 파산절차는 회생이 어려운 채무자의 재산을 채권자들에게 공정하게 환가·배당하기 위한 집단적·포괄적 채무처리절차로서, 파산절차에서는 법적 성질이 유사한 권리를 가진 채권자들을 공평하게 취급할 필요가 있음을 전제로, ① 동산 소유권유보부매매는 동산의 매도인이 매매대금을 다 수령할 때까지 그 대금채권에 대한 담보의 효과를 취득·유지하려는 의도에서 비롯된 것으로서, 매도인이 유보한 소유권은 담보권의 실질을 가지고 있고,[202] 이러한 점에서 동산 소유권유보부매매 매도인의 지위는, 별제권을 가지는 것으로 열거된 담보권자나 양도담보권자의 지위와 다르지 않으며. ② 동산 소유권유보부매매의 매수인에 대한 회생절차에서 매도인이 유보한 소유권은 회생담보권으로 취급되는데,[203] 회생절차와 파산절차가 유기적으로 연결되는 채무자회생법 체계에 비추어 보면 동산 소유권유보부매매의 매도인의 지위는 파산절차에서도 동일하게 별제권을 행사할 수 있는 권리를 가지는 자로 보는 것이 일관된 해석이고, ③ 동산 소유권유보부매매 매도인을 환취권이 아닌 별제권을 행사할 수 있는 자로 보더라도 매도인으로서는 파산절차에 의하지 아니하고 별제권을 행사할 수 있으므로(제412조), 환취권을 행사하는 경우와 비교하여 불이익이 크다고 볼 수도 없으며, 파산관재인으로서는 그 별제권을 승인하고 별제권자의 처분기간을 지정하거나 별제권의 목적인 재산을 환가하는 등의 관리처분권을 행사함으로써(제492조 제13호, 제497조, 제498조 등), 이해관계인의 이익을 균형 있게 조정하고 파산절차를 신속하고 효율적으로 진행할 수 있게 되는 이점도 있다는 것 등을 이유로 동산 소유권유보부매매를 별제권으로 보고 있다.[204]

(2) 소유권유보부매매가 쌍방미이행 쌍무계약인지

소유권유보를 정지조건부 소유권이전으로 파악하면서 매수인이 파산선고를 받은 경우 쌍방미이행 쌍무계약에 관한 규정(제335조)이 일반적으로 적용된다는 견해도 있다.[205] 하지만 매도인은 더 이상 이행하여야 할 적극적 의무가 남아있지 않고, 파산관재인이 해제권을 행사하여 매수인의 정지조건부 소유권을 상실시키는 것은 부당하다는 점에서 쌍방미이행 쌍무계약성은 부정하여야 할 것이다(본서 647쪽). 따라서 제335조의 적용은 없고 종래의 소유권유보부매매계약은 계약당사자 일방의 파산선고에 영향을 받지 않고, 종전의 내용대로 존속하는 것으로 된다.

30534 판결 등).
200) 대법원 2014. 4. 10. 선고 2013다61190 판결.
201) 물론 별제권이라고 하여도 그 실행방법으로서 목적물을 인도하고 매도인의 환가를 인정한다면(제498조 제1항 참조), 환취권을 인정하는 것과 차이가 없다. 하지만 별제권의 목적물에 대하여는 파산관재인의 환가에 대한 개입권한(제490조, 제492조 제14호, 제497조 제1항)이 인정되기 때문에 환취권으로 되는 경우와 차이가 없다고 할 수는 없다.
202) 대법원 2014. 4. 10. 선고 2013다61190 판결, 대법원 2010. 2. 25. 선고 2009도5064 판결 등 참조.
203) 대법원 2014. 4. 10. 선고 2013다61190 판결.
204) 대법원 2024. 9. 12. 선고 2022다294084 판결.
205) 양형우, "파산절차상의 담보권", 민사법학(2005.9.), 113~114쪽.

(3) 별제권 행사의 방법

매도인이 담보권인 유보소유권을 실행하는 방법은 매매계약을 해제하고 매수인으로부터 목적물을 반환받는 것이다. 반환받은 후 목적물을 평가하고, 평가액이 잔존매매대금채권을 넘으면 매수인에게 청산금을 지급하고, 부족하면 그 차액을 매수인에게 청구한다.

그런데 파산선고시를 기준으로, ① 파산선고 전에 매도인이 계약을 해제하고 목적물의 반환을 청구하고 있는 경우가 있다. 이때는 담보권으로서 유보소유권을 실행 중인 것으로 볼 수 있다. 매도인이 목적물을 반환받았지만, 아직 청산이 완료되지 않는 경우도 마찬가지다. 일반채권에 기한 강제집행 등과 달리(제348조 제1항 참조), 파산선고 전에 개시된 담보권실행절차는 파산선고로 실효되지 않기 때문에, 매도인은 파산관재인을 상대방으로 목적물의 반환이나 청산절차를 계속 진행할 수 있다. 파산관재인은 목적물의 환수(제492조 제14호)를 요구할 수 있을 뿐이다. 물론 청산 종료 후 잉여금이 있으면 매도인은 그것을 파산관재인에게 교부하여야 하고, 반대로 부족액이 있으면 파산채권으로서 행사한다(제413조 유추).

② 파산선고시에 매도인이 아직 유보소유권의 실행에 착수하지 않은 경우이다. 이때는 매도인은 목적물을 반환받는 등 유보소유권의 실행을 별제권으로 행사할 수 있다(제412조 유추). 이에 대하여 파산관재인은 별제권자의 권리실행에 개입하는 권한(제490조, 제492조 제14호, 제497조 제1항)을 행사할 수 있다.

3. 대항요건 및 확정일자를 갖춘 임차보증금반환청구권과 소액임차보증금반환채권[206]

가. 대항요건 및 확정일자를 갖춘 임차보증금

(1) 우선변제권

임대인이 파산한 경우 주택임대차보호법(제3조 제1항) 및 상가건물 임대차보호법(제3조)의 규정에 의한 대항요건을 갖추고 임대차계약증서상의 확정일자를 받은 임차인은 파산채권인 임대차보증금 반환채권에 관하여 파산재단에 속하는 주택, 상가(대지를 포함한다)의 환가대금[207]에서 후순위권리자 그 밖의 채권자보다 우선하여 보증금을 변제받을 권리가 있다(제415조 제1항, 제3항).[208] 따라서 그 우선변제권의 한도 내에서 파산절차에 의하지 아니하고 주택 등에 대한

---

206) 별제권은 파산절차에서 새로 창설한 권리가 아니라 기존 민사법상 담보물권의 효력을 파산절차에서 그대로 인정한 것에 불과하다. 대항요건 및 확정일자를 갖춘 임차보증금의 우선변제권과 소액임차보증금의 최우선변제권은 실체법에서 인정되는 권리이다(주택임대차보호법 제3조의2 제2항, 제8조 제1항, 상가건물 임대차보호법 제5조 제2항, 제14조 제1항). 민사집행법에 따른 '경매'나 국세징수법에 따른 '공매'에 의한 환가대금에서 우선변제권을 인정하던 것을 파산절차에서의 주택 등에 대한 환가대금에서도 우선변제권을 인정한다는 의미이다.

207) 건물만의 임차인이라고 하더라도 대지를 포함한 환가대금에서 우선변제를 받는다(대법원 2007. 6. 21. 선고 2004다26133 전원합의체 판결). 이는 임차인을 보호하기 위한 것으로 건물만의 전세권자(건물대금에서만 우선변제를 받는다)보다 더 강한 우선변제권을 갖는다.

208) 임차인의 우선변제권은 법정담보물권의 성격을 갖는 것으로 부동산 담보권에 유사한 권리로 취급된다(대법원 2017. 1. 12. 선고 2014다32014 판결, 대법원 2007. 6. 21. 선고 2004다26133 전원합의체 판결 참조). 따라서 임차인의

경매절차에서 만족을 받을 수 있다.[209] 임차권등기명령에 의하여 등기된 임차권(주택임대차보호법 제3조의3, 상가건물 임대차보호법 제6조)도 대항력 및 우선변제권이 인정되는 것이므로(주택임대차보호법 제3조의3 제5항, 상가건물 임대차보호법 제6조 제5항) 임차권등기를 마친 이후에는 별제권으로 인정받을 수 있을 것이다.[210] 민법(제621조)에 의해 임대차등기가 된 경우에도 마찬가지이다(주택임대차보호법 제3조의4 제1항, 상가건물 임대차보호법 제7조 제1항).

한편 "후순위권리자 그 밖의 채권자보다 우선하여 보증금을 변제받는다"고만 되어 있을 뿐, 과연 누가 후순위권리자인가에 관하여는 아무런 규정을 두고 있지 않다. 임차인의 우선변제권은 저당권(법정담보물권)과 동일한 취급을 받는 것으로 봄이 상당하고[211] 실무도 그렇게 보고 있다.

파산신청일까지 대항력을 갖추도록 규정한 소액임차인(제415조 제2항)의 경우와 관련하여 제415조 제1항의 대항력은 언제까지 갖추어야 하는가. 소액임차인과 달리 대항력을 갖추어야 할 시점에 관하여 아무런 제한 규정을 두고 있지 않으므로 파산신청일이나 경매개시신청의 등기 전까지 구비할 필요는 없다. 결국 대항력을 갖춘 시점에 담보권자와 유사한 지위를 갖게 되는 것이다. 다만 우선변제권 행사의 요건은 배당요구의 종기까지 갖추고 있어야 한다.[212]

(2) 경매청구권 인정 여부

주택이나 상가건물의 임차인이 우선변제권을 갖더라도 경매청구권은 없다(본서 1976쪽).[213] 따라서 경매(공매)절차에 참가하여 우선변제를 받을 수 있을 뿐이다. 파산절차에서 주택임차인 등에게 별제권을 인정하였더라도 경매청구권이 발생하는 것은 아니다. 별제권은 파산절차 밖에서 권리를 행사할 수 있다는 점에 그치기 때문이다.[214]

보증금은 우선변제권이 없는 일반 파산채권이나 우선변제권은 있되 저당권보다는 후순위에 있는 채권(일반 우선권있는 파산채권)에 대하여는 우선한다.

209) 대법원 2017. 11. 9. 선고 2016다223456 판결, 대법원 2017. 1. 12. 선고 2014다32014 판결 등 참조.
210) 대항력이나 우선변제권은 등기한 날부터 생기며(주택임대차보호법 제3조의3 제5항 본문, 상가건물 임대차보호법 제6조 제5항 본문), 이미 대항력이나 우선변제권을 취득한 임차인이 임차권등기명령에 의하여 임차권등기를 한 경우에는 기존의 대항력이나 우선변제권을 상실하지 아니한다(주택임대차보호법 제3조의3 제5항 단서, 상가건물 임대차보호법 제6조 제5항 단서). 임차권등기명령에 의하여 임차권등기를 한 임차인은 보증금의 우선변제에 관한 한 저당권자와 동일시하여 임차권등기일자를 저당권설정일자로 보고 다른 채권자와의 우선순위를 정한다.
211) 대법원 2012. 7. 26. 선고 2012다45689 판결, 대법원 2007. 6. 21. 선고 2004다26133 전원합의체 판결 등 참조.
212) 대법원 2007. 6. 14. 선고 2007다17475 판결.
213) 따라서 경매를 신청하는 다른 채권자가 없는 한 우선변제권은 쓸모가 없다. 임차인이 직접 보증금을 반환받기 위해서는 임대인을 상대로 임대차보증금반환청구소송을 제기하여 승소확정판결의 집행권원을 얻어 강제경매를 신청하는 수밖에 없다.
　이러한 점과 전세권자와 달리 대항요건 및 확정일자를 갖춘 임차인에게 경매청구권(경매신청권)을 인정하지 않는 것은 부당하다고 하면서, 입법론적으로 주민등록표나 임대차등록부(사업자등록부)에 보증금을 기재할 것을 전제로 위와 같은 임차인에게 경매청구권을 부여하자는 견해가 있다{민일영, 주택·상가건물의 경매와 임대차, 박영사(2009), 255쪽}. 그 이유는 다음과 같다. 위와 같은 임차인은 우선변제를 받는 범위에 관하여 물권인 전세권에 비하여 강력한 보호를 받는 데다, 소액보증금에 해당하면 한 걸음 더 나아가 더욱 강력한 보호를 받는 마당이라면, 전세권에는 인정되는 경매청구권을 주택이나 상가건물의 임차권에 인정하지 못할 것도 없다. 경매청구권을 준다 해도 제3자의 이익이 더 침해되는 일도 없을 것이다.
214) 남효순·김재형, 통합도산법, 법문사(2006), 42쪽.

(3) 별제권 환수권과의 관계

대항요건과 확정일자를 갖춘 임차인은 파산절차에서 별제권자에 준하는 지위에 있으므로, 파산관재인이 임차인에게 임대주택을 처분하면서 제492조 제14호에 따라 '별제권의 목적의 환수'에 관한 파산계속법원의 허가 등을 얻어 임대차보증금 반환채무액 상당의 환수대금을 지급하는 것도 가능하다. 나아가 이러한 경우 임차인의 환수대금채권은 파산선고 전의 원인으로 발생한 파산채권이 아니므로 파산관재인은 매매대금채권을 자동채권으로 하여 환수대금채권과 대등액에서 상계하거나 상계합의를 하는 것도 가능하다.[215)]

나. 소액임차보증금

파산신청일까지 대항력을 갖춘[216)] 임차인은 주택임대차보호법(제8조) 및 상가건물 임대차보호법(제14조)의 규정에 의해 최우선변제를 받을 수 있는 소액보증금에 대하여 파산재단에 속하는 주택, 상가(대지를 포함한다)의 환가대금에서 다른 담보물권자보다 우선하여 변제받을 권리가 있다(제415조 제2항 전문, 제3항). 이 경우 임차인은 파산신청일까지 주택임대차보호법 제3조 제1항(또는 상가건물 임대차보호법 제3조 제1항)의 규정에 의한 대항요건을 갖추어야 한다(제415조 제2항 후문, 제3항). 우선변제권 행사의 요건은 배당요구의 종기까지 갖추고 있어야 한다. 소액임차인의 범위에 관하여는 〈제4편 제5장 제1절 Ⅱ.1.가.〉(본서 1943쪽)를 참조할 것.

경매청구권이 없음은 위 〈가.〉에서 본 바와 같다.

다. 재단채권 등과의 차이

위와 같은 임차보증금은 파산재단에 속하는 특정재산(대지를 포함한 주택, 상가)을 전제로 그 환가대금(파산관재인의 환가에서는 우선권이 인정되는 것이 아니다)에서 우선변제를 받는다는 점에서, 파산재단에 속하는 일반재산으로부터 변제받는 재단채권이나 파산채권과 다르고, 앞에서 본 바와 같이 별제권자의 지위와 마찬가지의 성질을 갖는다.

한편 제415조의 규정에도 불구하고 위 가. 및 나.의 임차보증금반환채권을 파산채권으로 보는 견해도 있다.[217)] 그러나 위 임차보증금반환채권은 '제4절 별제권' 부분에서 규정하고 있고, 집행실무에서도 위 임차보증금반환채권을 별제권으로 보아 임차인들에게 직접 배당금을 지급

---

215) 대법원 2023. 6. 15. 선고 2020다277481 판결. 따라서 파산관재인이 제415조 제1항에서 정한 임차인에게 해당 주택(대지를 포함한다)을 양도하면서 파산계속법원으로부터 별제권 목적의 환수 허가 등을 얻은 경우 환취권의 목적인 재산의 가치에 상응하는 부분을 제외한 나머지 부분의 범위에서(별제권은 환취권의 목적이 아닌 재산으로서 파산재단에 속하는 재산에 대하여만 인정되기 때문이다) 환수대금채무를 부담하므로, 매매대금채권을 자동채권으로 하여 위 범위 내에 있는 임차인의 임대차보증금 상당 환수대금채권과 대등액에서 상계하거나 상계합의를 할 수 있다.

216) 대항요건을 갖추어야 할 시기는 파산신청일까지이다. 이는 주택임대차보호법 제8조 제1항, 상가건물 임대차보호법 제14조 제1항에서 우선변제권을 갖추어야 할 시기를 경매신청의 등기 전까지로 정하고 있는 것과 차이가 있다. 경매절차는 경매신청 후 바로 법원의 등기가 기입되지만, 파산절차에서는 파산신청이 있다고 하더라도 파산선고까지는 상당한 시간이 필요하다는 점을 고려한 것으로 보인다.

217) 법인파산실무, 302쪽.

하고 있으므로 별제권으로 보아야 한다. 대법원도 「주택임대차보호법상 대항요건 및 확정일자를 갖춘 임차인들은 제415조 제1항에 의하여 인정된 우선변제권의 한도 내에서는 파산절차에 의하지 아니하고 임차보증금반환채권의 만족을 받을 수 있다. 또한 이러한 임차인들은 파산절차에서 별제권자에 준하는 지위에 있으므로, 파산관재인이 제492조 제14호에 따라 '별제권의 목적의 환수'에 관한 회생법원의 허가 등을 얻어 임차인들에게 임대차보증금반환채무액 상당의 환수대금을 지급하는 것도 가능하다. 나아가 이러한 경우 임차인들의 환수대금채권은 파산선고 전의 원인으로 발생한 파산채권이 아니므로 그러한 환수대금채권으로 파산관재인의 매매대금지급채권과 대등액에서 상계하는 것도 가능하다」고 판시함으로써[218] 별제권임을 분명히 하고 있다.

4. 임금채권자 등의 최우선변제권

가. 최우선변제 임금채권 등의 우선변제

임금채권은 근로자가 생활을 보장받을 수 있는 거의 유일한 수단이기 때문에 근로자를 보호하기 위하여 다른 채권보다 우선 또는 최우선 변제하도록 하고 있다(근로기준법 제38조, 근로자퇴직급여 보장법 제12조). 그러나 2014. 12. 30. 채무자회생법이 개정되기 전까지는 임금채권 우선변제의 원칙은 파산절차에서 그대로 적용되지 않았다. 임금채권을 재단채권으로 인정하여 보호하고 있었지만(제473조 제10호), 최종 3월분의 임금, 최종 3년간의 퇴직금 등 최우선 임금채권을 별도로 구별하여 최우선 변제가 되도록 요구하고 있지는 않았다. 따라서 파산재단이 재단채권 변제에도 부족하여 다른 재단채권과 안분하게 변제를 받게 되는 경우에는 최우선 임금채권 마저도 모두 변제되지 못하는 결과가 발생할 수 있었다. 또한 파산선고 전 임금채권에 기한 강제집행은 실효되고,[219] 파산선고 이후에는 새로운 강제집행이 허용되지 아니하므로, 강제집행 절차를 통해서 최우선 임금채권을 보장받을 수도 없었다. 임의경매에 있어서도 파산선고 전에 압류 또는 참가압류한 조세채권을 제외한 나머지 재단채권자에 대한 배당금은 파산관재인이 수령하여 파산재단에 편입시킴으로써[220][221] 최우선 임금채권은 보장되기 어려웠다. 이로 인해 통상의 경매절차에서 담보권에 우선하는 최우선 임금채권이 사용자의 파산선고라는 우연한 사정에 따라 직접 배당받지 못하는 결과가 발생하게 되었다.

이에 채무자회생법은 임금채권자를 보호하기 위하여 "근로기준법 제38조 제2항 각 호에 따른 채권과 근로자퇴직급여 보장법 제12조 제2항에 따른 최종 3년간의 퇴직급여 등 채권의 채권자는 해당 채권을 파산재단에 속하는 재산에 대한 별제권 행사 또는 제349조 제1항의 체납

---

218) 대법원 2017. 11. 9. 선고 2015다44274 판결. 개인회생절차에 관한 것으로 「대법원 2017. 1. 12. 선고 2014다32014 판결」도 「우선변제권 있는 주택임차인을 개인회생절차에서 별제권자에 준하여 보호하고 있다」고 판시하고 있다.

219) 대법원 2008. 6. 27. 자 2006마260 결정.

220) 대법원 2007. 7. 12. 자 2006마1277 결정, 대법원 2003. 8. 22. 선고 2003다3768 판결 등 참조.

221) 재단채권자는 파산관재인으로부터 수시 변제받을 수 있을 뿐이었다. 따라서 집행법원은 임금채권자에게 배당할 금액을 해당 임금채권자가 아닌 파산관재인에게 교부하여야 했다(대법원 2003. 6. 24. 선고 2002다70129 판결 참조).

처분(강제징수)에 따른 환가대금[222]에서 다른 담보물권자보다 우선하여 변제받을 권리가 있다. 다만 임금채권보장법 제8조[223]에 따라 해당 채권을 대위하는 경우에는 그러하지 아니하다(제415조의2)"는 규정을 두었다.

근로자의 최종 3개월분의 임금·재해보상금 및 최종 3년분의 퇴직금 채권을 두텁게 보장하기 위하여, 파산절차에서도 근로자가 행사하는 근로자의 최종 3개월분의 임금·재해보상금 및 최종 3년분의 퇴직금 채권에 대하여 최우선변제권을 인정하고 있는 것이다. 이로써 근로자가 최종 3개월 임금·재해보상금 및 최종 3년간 퇴직금의 경우도 경매절차나 체납처분(강제징수) 절차에서 우선배당을 받지 못하고 파산재단에 우선 편입하여(최우선임금채권에 대하여 우선배당을 하더라도 파산관재인이 그 배당금을 수령하여) 다른 재단채권자들과 안분하여 변제를 받아야 하는 불합리한 점을 시정하였다.

요컨대 최우선변제권이 인정되는 임금 등에 대하여는 근로자가 경매절차나 체납처분(강제징수) 절차에서 직접 배당받을 수 있게 되었다.[224] 실무적으로도 채무자의 근로자가 최종 3개월분 임금 등 제415조의2에 해당하는 채권에 대하여 파산재단에 속하는 재산에 대한 별제권 행사에 따른 경매절차나 체납처분(강제징수)절차에서 배당요구를 한 경우 근로자에게 직접 지급하고 있다.

주의할 것은 임금채권자 등의 최우선변제권이 인정되는 것은 별제권의 행사나 체납처분(강제징수)에 따른 환가대금에 대하여 인정될 뿐 파산관재인의 환가에는 적용되지 않는다는 것이다. 위 〈3.가.(2)〉에서 본 바와 같은 이유로 경매청구권은 없다.

나. 근로복지공단[225] 대지급금 채권의 경우

문제는 제415조의2 단서와 임금채권보장법 제8조 제2항의 관계에서 근로복지공단이 근로자의 임금 등을 대위변제한 경우이다. 대위변제한 대지급금 채권이 여전히 담보물권보다 우선변

---

222) 파산선고 이후에도 유효하게 진행될 수 있는 집행절차로는 ① 파산선고 전에 한 체납처분(강제징수)(제349조 제1항), ② 별제권 실행을 위한 임의경매(제411조, 제412조), ③ 파산관재인이 속행을 신청한 종전의 강제집행(제348조 제1항 단서) 등이 있다. 임금채권자 등에게 별제권(최우선변제권)을 인정하는 것은 ①과 ②이다. ③에 대하여 별제권(최우선변제권)을 인정하지 않는 이유가 있는지 의문이다.

223) 고용노동부장관(근로복지공단)은 사업주의 회생절차개시 또는 파산선고 등으로 퇴직한 근로자가 임금 등을 청구하면 사업주를 대신하여 그 근로자의 미지급 임금 등 대지급금을 지급한다(임금채권보장법 제7조). 고용노동부장관이 근로자에게 대지급금을 지급한 경우에는 해당 사업주에 대하여 임금채권을 대위 행사할 수 있고, 근로기준법상 임금채권의 우선변제권 및 근로자퇴직급여 보장법상의 퇴직금채권의 우선변제권은 위 대위되는 권리에 존속한다(임금채권보장법 제8조). 임금채권 등이 대위변제되어 근로자가 만족을 얻은 경우에는 변경된 임금채권 등의 귀속주체에게는 근로기준법이나 근로자퇴직급여 보장법상의 우선권을 보장할 필요성이 없어졌다고 할 수 있지만, 임금채권보장법 제8조 제2항은 대위에 의하여 취득한 권리에도 근로기준법 등의 우선변제권이 존속되게 하여 원칙적으로 대위변제자의 지위 하락을 막고 있다.

224) 제415조의2 본문의 경우, 최우선임금채권자에게 '별제권 행사 등에서 다른 담보물권자보다 우선하여 변제받을 권리가 있다'라고 명확하게 정함으로써 별제권자보다 우선함을 명문화하고 있는바, 이는 최우선임금채권자에게 배당될 배당액에 대해서는 이를 재단채권으로만 보아 파산관재인이 수령하는 것이 아니라 최우선임금채권자인 근로자가 직접 우선적으로 그 배당금을 수령하는 것으로, 다시 말해 재단채권자 중 최우선임금채권자(근로자)의 경우 파산관재인을 통한 간접적인 배당방식이 아닌 직접적인 배당요구권을 인정하는 규정으로 보아야 한다(대전고등법원 2018. 12. 11. 선고 (청주)2018나2678 판결(상고) 참조).

225) 대지급금은 근로복지공단이 지급한다(임금채권보장법 시행규칙 제8조).

제권을 갖는 것인지, 우선변제권이 인정되는 경우 근로복지공단이 경매절차나 체납처분(강제징수)절차에서 직접 배당을 받을 수 있는지 여부가 다투어질 수 있다.

(1) 대지급금 채권의 우선변제권 인정 여부

근로기준법 제38조 제2항에 따른 임금채권과 근로자퇴직급여 보장법 제12조 제2항에 다른 퇴직급여 등 채권(이하 '최우선임금채권'이라 한다)과 관련하여, 임금채권보장법 제8조는 고용노동부장관(근로복지공단)이 최우선임금채권에 대한 대지급금을 대위 행사하는 경우에도 최우선변제권을 인정하고 있다. 반면 제415조의2 단서는 우선변제권을 배제하는 규정을 둠으로써 근로복지공단이 파산절차 진행 중에 대지급금에 기한 최우선임금채권을 대위 행사한 경우 최우선변제권이 인정되는지 여부에 관하여 다툼이 있다.

이에 관하여 근로복지공단 대지급금 채권이 별제권에 우선하여 변제받을 권리가 없다는 견해가 있다. 그 근거는 다음과 같다. ① 우선 문리적 해석에 의하면 법률의 문구가 명시적으로 규정하고 있다. 제415조의2 본문은 '근로기준법 제38조 제2항 각 호에 따른 채권과 근로자퇴직급여 보장법 제12조 제2항에 따른 최종 3년간의 퇴직급여등 채권의 채권자'가 파산재단에 속하는 재산에 대한 별제권 행사에서 다른 담보물권자보다 우선하여 변제받을 권리가 있다고 규정하면서도, 그 단서는 근로복지공단의 대지급금 채권은 그러하지 아니한다고 명시적으로 규정하고 있다. 근로복지공단의 우선변제권을 배제하고 있다. ② 역사적 해석에 의하더라도, 제415조의2는 2014. 12. 30.에 신설된 조문으로서, 그 이전부터 시행되던 임금채권보장법의 내용 및 실무 관행을 충분히 고려한 다음 입법된 조문이므로 우선적으로 고려되어야 한다. ③ 파산제도는 채무자의 재정적 어려움으로 인하여 채무 전체의 변제가 불가능해진 상황에서 채권자의 개별적 채권 행사를 금지하고 채무자 재산의 관리처분권을 파산관재인에게 전속하게 하여 채무자 재산을 공정하게 환가·배당함으로써, 채권자들 사이의 적정하고 공평한 만족을 도모하는 데에 그 목적이 있다. ④ 다만 파산절차에 있어서도 근로자의 최종 3개월분의 임금·재해보상금과 최종 3년분의 퇴직금 채권을 두텁게 보장하여 근로자들의 생활을 안정시키기 위하여 위 임금 등 채권에 관하여 다른 담보물권자보다 우선하여 변제받을 권리를 인정한 것이다. ⑤ 위와 같은 파산제도 목적에 비추어 근로복지공단의 대지급금 채권이 담보물권자를 포함한 다른 채권자들보다 우선하여 변제를 받아야 한다고 볼 이유가 없고, 위와 같은 대지급금 채권은 재단채권으로 배당받을 수 있다. ⑥ 임금채권보장법 제8조 제2항에 따른 대지급금 채권의 우선변제권은 파산재단에 속하는 재산에 대한 별제권 행사에서 다른 담보물권자보다 우선하여 변제받지 못한다는 것일 뿐 일반적으로는 우선변제권이 인정되므로, 위 두 조항이 모순된다고 보기도 어렵다.[226]

그러나 아래의 여러 가지 점을 고려하면 별제권 행사에 따른 경매절차나 체납처분(강제징

---

226) 청주지방법원 2018. 4. 19. 선고 2017가합5679 판결(항소), 울산지방법원 2018. 11. 27. 선고 2018가단62371 판결(확정).

수)절차에서 최우선임금채권 부분에 대한 근로복지공단의 대지급금 채권은 별제권부 채권보다 우선한다고 봄이 타당하다.[227] ① 별제권은 파산절차에 의하여 새로 창설된 권리가 아니라 기존 민사법상 담보물권의 효력을 파산절차에서 그대로 인정한 것에 불과하다. 이와 같이 별제권은 기존 민사법상 담보물권의 효력을 그대로 인정한 것에 불과하다는 점에서, 별제권의 실체적인 내용 역시 어디까지나 담보권 본래의 효력에 따라야 한다. 즉, 일반 민사법에 따른 집행절차에서 최우선임금채권(대지급금이 지급되어 임금채권보장법 제8조에 따라 대위행사되는 경우에도 마찬가지이다)은 근로기준법 제38조 제2항과 근로자퇴직급여 보장법 제12조 제2항에 따라 담보권에 앞서는 효력이 인정되는데, 이러한 우선적 효력을 파산절차가 진행 중이라는 우연한 사정에 따라 달리 볼 이유가 없다. 나아가 만일 별제권부 채권이 최우선임금채권에 우선한다고 본다면, 통상 실체법이 규정하는 권리 순위에 따른 채권 회수만을 예상하고 있었을 별제권자로서는 채무자에 대한 파산절차 진행이라는 우연한 사정으로 인하여 기대하지 않은 이득을 보게 되는바, 이러한 점에 비추어 보더라도 이는 부당하다. ② 무릇 타인의 채무를 변제하고 채권자를 대위하는 대위변제의 경우 채권자의 채권은 동일성을 유지한 채 법률상 당연히 변제자에게 이전하는바(민법 제482조 제1항), 임금채권보장법 제8조 제2항은 근로복지공단이 최우선변제권 있는 임금채권을 가진 근로자에게 대지급금을 지급한 경우에도 이러한 법리가 적용됨을 확인하는 것이므로,[228] 최우선변제권 있는 임금채권을 가진 근로자에게 대지급금을 지급한 근로복지공단은 피대위채권에 인정되던 것과 같은 순위로 다른 채권자에 우선하여 변제받을 수 있다. 따라서 근로복지공단이 임금채권보장법에 따라 어느 근로자에게 최우선변제권이 있는 임금과 퇴직금 중 일부를 대지급금으로 지급하고 그에 해당하는 근로자의 임금 등 채권을 대위행사하는 경우 근로복지공단이 대위하는 채권은 대지급금을 지급받지 아니한 다른 근로자의 최우선변제권이 있는 임금 등 채권과 서로 같은 순위로 배당받아야 한다.[229] 그런데 만일 별제권부 채권이 대지급금 채권보다 우선한다고 해석한다면, 근로복지공단이 근로자에게 대지급금을 지급한 후 그 근로자의 최우선임금채권을 대위행사하는 경우, 채무자에 대한 파산절차 진행이라는 우연한 사정으로 인하여 원래부터 보유하고 있던 성질인 우선변제권을 상실하는 결과에 이르게 되는바, 이는 앞서 본 대위변제에 관한 민법의 대원칙에도 반하게 된다. ③ 제415조의2를 신설한 취지는 근로자의 '최우선임금채권'에 대하여 파산절차에서도 우선변제권을 명시적으로 보장함으로써 근로자를 두텁게 보호하기 위함이지, 그와 아무런 관계가 없는 별제권자에게 이익을 주기 위함이 아니다.

대법원도 제415조의2 단서의 취지는 '근로복지공단이 임금채권보장법 제8조 제2항의 규정에 따른 우선 변제를 받을 권리조차도 행사할 수 없도록 하여 담보물권자가 파산으로 말미암아 파산 전보다 더 유리하게 되는 결과를 허용하고자 하는 취지는 아니라고 봄이 타당하다'고

---

227) 대전고등법원 2018. 12. 11. 선고 (청주)2018나2678 판결(상고) 참조.
228) 대법원 2011. 1. 27. 선고 2008다13623 판결, 대법원 1996. 2. 23. 선고 94다21160 판결 등 참조.
229) 대법원 2015. 11. 27. 선고 2014다208378 판결 참조.

함으로써 우선변제권을 긍정하고 있다.[230]

(2) 근로복지공단의 직접 지급청구권 인정 여부

담보물권에 대한 우선변제권이 인정되는 경우 근로복지공단이 경매절차나 체납처분(강제징수)절차에서 직접 지급(배당)을 청구할 수 있는가. 이에 관하여 근로복지공단이 대위변제한 경우 제415조의2 단서가 근로복지공단의 대지급금은 '그러하지 아니하다'라고 규정한 것은 대지급금 채권이 별제권부 채권에 대하여 우선변제권이 인정되지 않는다는 의미는 아니지만, 다른 재단채권자들과의 형평성을 고려하여 대지급금 채권의 경우 근로복지공단에 대하여 최우선임금채권자 본인(근로자)처럼 직접적인 배당수령권을 인정할 수는 없고, 재단채권으로서 그 배당액이 파산관재인에게 교부되어 파산관재인을 통하여 다른 재단채권과 함께 배당되어야 함을 선언한 입법자의 결단으로 보아야 한다는 견해가 있다.[231] 이 견해에 의하면 근로복지공단이 배당요구를 할 경우 그 재단채권에 대한 배당액은 파산관재인에게 교부되어야 한다.

대법원도 제415조의2 단서의 의미는 '고용노동부장관의 위탁을 받은 근로복지공단이 사업주를 대신하여 지급한 최우선임금채권에 대해서는 제415조의2 본문의 적용을 배제함으로써 임금채권보장법 제8조 제2항의 규정에도 불구하고 근로복지공단이 우선변제권을 가지는 배당금을 직접 수령하여 변제받을 수 없다는 의미로 보아야 한다'고 함으로써 근로복지공단의 직접 지급청구권을 부정하였다.[232]

그러나 타인의 채무를 변제하고 채권자를 대위하는 대위변제의 경우 채권자의 채권은 동일성을 유지한 채 법률상 당연히 변제자에게 이전하는바(민법 제482조 제1항), 임금채권보장법 제8조는 근로복지공단이 최우선변제권 있는 임금채권을 가진 근로자에게 대지급금을 지급한 경우에도 이러한 법리가 적용됨을 확인하는 것에 불과하므로,[233] 제415조2 단서가 임금채권보장법 제8조를 배제하더라도 대위변제자의 대위변제로 인한 권리에는 아무런 영향을 미치지 아니한 점(최우선변제권 있는 임금채권을 가진 근로자에게 대지급금을 지급한 근로복지공단은 피대위채권에 인정되던 것과 같은 순위로 다른 채권자에 우선하여 변제받을 수 있다), 근로자에게만 직접 배당

---

230) 대법원 2022. 8. 31. 선고 2019다200737 판결.

231) 법원실무제요 민사집행(Ⅲ)－부동산집행2, 사법연수원(2020), 188쪽, 법인파산실무, 387쪽, 대전고등법원 2018. 12. 11. 선고 (청주)2018나2678 판결(상고).

232) 대법원 2022. 8. 31. 선고 2019다200737 판결(☞ 채무자(사업주)를 대신하여 최우선임금채권을 대지급금으로 지급하고 근로자들의 최우선임금채권을 대위 행사하는 근로복지공단이 채무자 소유의 부동산에 관한 경매절차(별제권 행사에 따른 경매절차)에서 우선변제를 받자(다만, 그 배당금은 관련 법리에 따라 파산관재인이 수령함), 위 부동산의 담보물권자인 원고가 제415조의2 단서에 따라 근로복지공단은 우선변제권을 가지지 못하게 되었다고 주장하면서 피고(파산관재인)를 상대로 배당이의를 하는 사건에서, 제415조의2 단서는 근로복지공단이 별제권 행사에 따른 경매절차에서 배당금을 직접 수령하여 변제받을 수 없다는 의미일 뿐이고 더 나아가 임금채권보장법 제8조 제2항에 따른 우선변제를 받을 권리(다만, 그 배당금은 파산관재인에게 교부된다)를 제한하는 것은 아니라고 판단하여, 원고의 청구를 기각한 원심의 판단에 제415조의2 단서 해석에 관한 법리오해 등의 잘못이 없다고 보고 상고기각한 사안임}.

233) 대법원 2015. 11. 27. 선고 2014다208378 판결, 대법원 1996. 2. 23. 선고 94다21160 판결, 대법원 2011. 1. 27. 선고 2008다13623 판결 등 참조.

수령권을 인정하고 근로복지공단에게 인정하지 않는다면 근로복지공단은 대지급금의 지급을 미루고 근로자에게 경매절차나 체납처분(강제징수)절차에서 직접 배당을 청구하게 할 우려가 있는 점, 근로자의 직접청구권은 인정하면서 대지급금을 지급한 근로복지공단에게 인정하지 않는 것은 변제자대위 법리에 반하는 점, 근로복지공단에서 대지급금으로 지급하는 금원은 세금으로 조달되는 것이고 이후 계속적으로 근로자의 임금체불에 대한 공익목적의 자금으로 확보할 필요성이 있는 점, 다른 채권자들은 임금채권자의 우선변제권을 알고 있어 대지급금을 지급한 근로복지공단에게 직접청구권을 인정하더라도 불합리하지 않는 점, 오히려 파산절차가 개시되지 않을 경우 경매절차나 체납처분(강제징수)절차에서 직접청구권이 인정되는데, 파산절차가 개시되면 직접청구권이 인정되지 않는다고 하면 다른 채권자들은 파산절차개시라는 우연한 사정으로 실체법상의 지위보다 상승하게 되는 점, 법체계상 제415조의2 단서가 임금채권보장법 제8조보다 우선하여 적용된다고 볼 수 없는 점(채무자회생법이 임금채권보장법의 특별법이라고 볼 수는 없다) 등을 고려하면, 근로복지공단이 근로자에게 최우선변제권이 있는 임금과 퇴직금을 대지급금으로 지급하고 그에 해당하는 근로자의 임금 등 채권을 대위 행사하는 경우에도 배당절차에서 직접 배당을 받을 수 있다고 할 것이다. 다만 최우선변제권이 있는 임금 등을 제외한 대지급금의 경우에는 근로자의 권리를 대위하여 직접 배당받을 수 없고, 재단채권으로서 파산관재인으로부터 변제받아야 한다.

Ⅲ 별제권자의 권리행사

1. 별제권 행사의 자유 – 파산절차 외에서의 권리행사

별제권은 파산절차에 의하지 아니하고 자유로이 행사하는 것이 원칙이다(제412조). 이는 별제권의 행사는 각 담보권에 대하여 인정된 통상의 실행방법에 의한다는 것을 의미한다. 담보권은 파산의 위험에 대비하는 것이므로 그 효력이 파산절차에서도 그대로 구현되는 것이다. 질권, 저당권은 민사집행법상의 경매절차에 의하고, 양도담보나 소유권유보부매매 등 비전형담보는 사적실행(채권자로의 소유권이전, 임의매각 등)에 의한다. 비전형담보의 사적실행권은 명문의 규정으로 인정하고 있다. 즉 제498조는 경매절차에 의하지 않는 사적실행을 존중하면서도, 파산절차가 그로 인하여 지체되는 것은 바람직하지 않기 때문에, 파산관재인은 법원에 신청하여 별제권자가 처분하여야 하는 기간을 정하도록 하고 있다.

제447조 제2항은 별제권자가 별제권의 행사에 의하여 채권 전액을 변제받을 수 없는 경우에 파산절차에 참가하여 파산채권자로서 배당받기 위하여 채권신고를 하는 경우에 관한 규정이므로, 별제권도 파산채권과 같이 반드시 신고·조사절차를 거쳐 확정되어야만 행사할 수 있는 것은 아니다.[234]

---

234) 대법원 1996. 12. 10. 선고 96다19840 판결. 한편 별제권자가 목적물을 소지하는 때에는 그 취지 및 채권액을 신고

(1) 실행방법

(가) 질권자, 저당권자는 민사집행법 제3편 담보권 실행 등을 위한 경매 규정에 의하여 경매를 신청할 수 있고(민집법 제264조 이하), 경매절차에서 목적물을 환가하여 그 매각대금에서 우선변제를 받을 수 있다.[235] 질권자, 저당권자가 목적물의 대가에 대하여 물상대위에 의해 그 권리를 행사하려고 하는 경우에는 그 지급 또는 인도 전에 압류하여야 한다(민법 제342조, 제370조). 압류하지 않는 한 질권자나 저당권자는 파산관재인에 대하여 별제권의 행사로서 물상대위를 주장하여 우선변제권을 주장할 수 없다. 유치권자는 채권의 변제를 받기 위하여 유치물의 경매를 신청할 수 있다(민법 제322조 제1항, 민집법 제274조 제1항).[236]

(나) 가등기담보권자의 별제권 행사방법은 가등기담보 등에 관한 법률(이하 '가담법'이라 한

하여야 하는데(제313조 제1항 제5호 다목), 이는 파산채권자의 법원에 대한 채권신고와는 다른 것이고 파산관재인이 별제권자를 파악하기 위한 것이다. 별제권자가 신고를 게을리 하여 파산재단에 손해가 발생한 경우 이를 배상하여야 한다(제313조 제4항).

235) 전세권자의 경우도 마찬가지이다.

236) 채무자의 재산에 파산절차가 개시된 때에도 유치권자는 유치물을 직접 변제에 충당하는 경우(민법 제322조 제2항)와 유치물로부터 생기는 과실을 수취하여 이를 우선적으로 변제에 충당하는 경우(민법 제323조)에는 그 범위에서 유치권자가 우선변제권을 가진다.

그런데 유치권자가 그 채권의 변제를 받기 위하여 유치물을 경매한 경우(민법 제322조 제1항)에도 그 매각대금으로부터 우선변제를 받을 수 있는가. 이에 관하여는 견해의 대립이 있다. ① 유치권자는 그 매각대금에 우선권이 인정되지 않으므로 단지 파산채권자로서 권리를 행사할 수밖에 없다는 견해. 위 견해는 이를 전제로 유치권자에게 별제권을 인정할 필요가 있는지 의심한다. 즉 유치권의 행사에 의해 파산재단에 속한 재산을 유치하게 함은 파산재단의 관리 및 환가를 방해하게 되고 파산절차의 진행을 저해하는 결과가 된다. 유치권의 기본적인 효력은, 채권이 변제되기까지 목적물을 유치할 수 있는 데 불과하며, 다른 담보물권과는 달리 그 물건으로부터 우선변제를 받을 권리는 없다(민법 제320조). 여기서 질권·저당권처럼 강력한 담보권이 아닌 유치권자에게 별제권을 인정할 필요가 있는가 하는 의문이 생긴다는 것이다{임준호, "파산절차상 담보권의 처리", 파산법의 제문제(하), 재판자료 제83집, 법원도서관(1999), 87쪽, 남효순·김재형 공편, 통합도산법, 법문사(2006), 37쪽}. ② 채무자가 파산하여 유치권자가 별제권을 가진 경우에는 우선변제권이 인정된다는 견해. 유치권자는 채권의 변제를 받을 때까지 그 목적물을 유치할 권리가 있을 뿐 매각대금에서 우선변제를 받을 권리는 없다(대법원 1996. 8. 23. 선고 95다8713 판결 참조). 그러나 경매로 인한 매각대금은 목적물의 소유자의 재산이지만 절차처리상 경매청구권자인 유치권자에게 교부되며, 유치권자는 그 매각대금을 소유자에게 반환할 채무와 자기의 피담보채권과 상계함으로써 우선변제권을 행사한 것과 마찬가지의 결과를 가져올 수 있다. 그런데 유치물의 소유자재산에 파산절차가 개시된 경우, 파산절차의 개시는 상계가능성에 아무런 영향을 미치지 않지만, 파산절차상 상계규정이 특별히 고려되어야 한다. 제416조는 파산절차 개시 전에 발생한 상계적상에 대한 파산채권자의 신뢰를 보호하기 위하여, 파산채권자가 파산선고 당시에 채무자에 대하여 채무를 부담하는 때에 파산절차에 의하지 아니하고 상계할 수 있다고 규정하고 있으며, 제422조는 상계제도의 악용을 방지하기 위하여 파산채권자가 파산선고 후에 파산재단에 대하여 채무를 부담한 때(제1호)·파산선고를 받은 채무자의 채무자가 파산선고 후에 타인의 파산채권을 취득한 때(제3호)에 상계를 할 수 없도록 하고 있다. 이 점을 고려하여 볼 때 파산선고 당시에 채권의 상호대립성(Gegenseitigkeit)이 존재하여야 한다. 결국 유치권자가 파산재단에 반환하여야 할 매각대금의 반환채무는 파산절차개시 후에 발생한 것이므로, 유치권자는 자기의 피담보채권과 상계할 수 없게 된다. 그러나 유치권에 의한 경매는 본래 유치물을 금전으로 현금화하는 그 자체를 목적으로 하여 행하여지는 것인 만큼 유치권자는 이후 매각대금 위에 유치권을 행사할 수 있어야 하며, 파산재단에 속하는 재산상에 존재하는 유치권을 가진 자에게 별제권을 인정한 제411조는 이런 점을 고려한 것으로 볼 수 있다. 따라서 채무자가 파산하여 유치권자가 별제권을 가진 경우에는 우선변제권이 인정된다고 할 것이다. 물론 유치권자도 별제권의 행사에 의하여 변제를 받을 수 없는 채권액에 관하여 파산채권자로서 권리를 행사할 수 있고, 별제권을 포기하면 채권 전액에 관하여 파산채권자로서 권리를 행사할 수 있다(제413조)(양형우, "파산절차상의 담보권", 민사법학 29호(2005. 9.) 129~130쪽).

생각컨대 파산절차에서 별제권이 인정되더라도 이를 근거로 우선변제권이 발생한다고 볼 수는 없다. 경매절차에서 매각되더라도 유치권자는 매각대금에서 우선변제를 받을 권리는 없다.

다)에 정하여져 있다. 채권자가 목적부동산의 평가액과 채권액의 차액인 청산금을 채무자에게 지급하고 목적부동산의 소유권을 취득하거나(가담법 제3조) 목적부동산의 경매를 청구할 수 있다(가담법 제12조 제1항 전문). 경매를 청구하는 경우 담보가등기권리는 저당권으로 본다(가담법 제12조 제1항 후문).

<별제권의 실행방법>

별제권의 종류		실행방법(근거조항)
유치권		① 경매(민법 제322조 제1항, 민집법 제274조) ② 간이변제충당(민법 제322조 제2항) ③ 과실수취권(민법 제323조)
질권	동산	① 경매(민법 제338조 제1항, 민집법 제271조, 제272조) ② 간이변제충당(민법 제338조 제2항)
	채권	① 직접청구(민법 제353조) ② 경매(민법 제354조, 민집법 제273조)
저당권		경매(민법 제363조, 민집법 제264조)
전세권		경매(민법 제318조, 민집법 제264조)
동산채권담보법[237]에 의한 담보권	동산	① 경매(동산채권담보법 제21조 제1항, 제22조, 민집법 제264조, 제271조, 제272조) ② 직접변제충당(동산채권담보법 제21조 제2항, 제23조)
	채권	① 직접청구(동산채권담보법 제36조 제1항) ② 경매(동산채권담보법 제36조 제3항, 민집법 제273조)
가등기담보권		① 청산절차(가담법 제2조 내지 제11조) ② 경매(가담법 제12조, 제17조, 민집법 제264조)
양도담보권[238]		• 양도담보의 일반적인 실행방법 ① 가담법 적용되는 것: 청산절차(가담법 제2조 내지 제11조) ② 가담법 적용 안 되는 것: 귀속청산 또는 처분청산
우선권 있는 임차보증금반환채권·임금채권자 등의 최우선변제권		경매(배당)절차에 참가(경매청구권이 없음)
소유권유보부매매		담보목적물의 반환청구

　(다) 그 외의 권리행사방법으로 유치권자·동산질권자의 간이변제충당(민법 제322조 제2항, 제338조 제2항), 상행위로 인하여 생긴 채권을 담보하기 위하여 설정한 질권의 행사방법으로서 유질(상법 제59조),[239] 권리(채권)질권자의 직접청구권(민법 제353조), 파산관재인이 별제권의 목적물을 환수하는 것(아래 <2.다.> 참조) 등이 있다.

---

237) 「동산·채권 등의 담보에 관한 법률」을 말한다.
238) 양도담보권의 경우 앞에서 본 바와 같이 청산절차를 마친 경우에는 양도담보권자가 소유자로서 환취권을 행사할 수 있을 것이다.
239) 민법은 채무변제기 전의 유질계약을 금지하고 있다(민법 제339조). 그러나 질권설정자가 파산선고를 받으면 변제기가 도래하기 때문에(제425조) 파산관재인과 질권자의 약정으로 유질계약을 하는 것은 허용된다.

(라) 기한부채권은 변제기 도래 전이라도 파산선고와 동시에 변제기가 도래한 것으로 보므로(제425조) 피담보채권이 파산채권인 때에는 별제권자는 즉시 별제권을 행사할 수 있다. 채무자가 물상보증인인 경우와 같이 피담보채권이 파산채권이 아닌 때에는 변제기가 도래하여야 비로소 별제권을 행사할 수 있다.

어떠한 방법으로든 담보권이 실행되어 목적물이 환가된 경우, 담보권자는 환가대금에서 피담보채권의 만족을 받고, 남은 금액이 있다면 파산관재인에게 교부된다.

(2) 별제권 행사의 상대방

별제권의 행사는 파산관재인이 관리처분권을 가지고 있는 재산(파산재단)에 대한 권리행사이기 때문에 상대방은 파산관재인이다. 별제권을 행사하기 위해서는 성립요건이나 대항요건을 구비하고 있어야 한다는 점은 앞에서 본 바와 같다.

(3) 물상대위

파산선고 후의 물상대위도 대가물이 파산재단에 혼입되기 전 압류를 하였다면 행사할 수 있다. 관련 내용은 〈Ⅱ.1.가.(2)〉(본서 1412쪽)를 참조할 것.

파산관재인으로서는 파산재단의 증식을 위하여 물상대위에 의한 압류가 되기 전에 신속하게 회수를 할 필요가 있다.

(4) 변제기의 도래

피담보채권이 파산채권인 경우 파산선고에 의해 변제기가 도래한 것으로 본다(제425조). 위 〈(1)(라)〉를 참조할 것.

(5) 경매의 취급

별제권의 행사로서의 경매는, 파산선고에 의하여 실효되지 않는다(제348조 제1항 참조).

(6) 별제권 행사와 시효중단

별제권(근저당권)을 행사하지 않은 채, 파산관재인이 담보목적 부동산을 파산재단으로부터 포기하고, 파산절차폐지 후 위 근저당권에 기하여 경매를 신청한 경우, 파산절차에서 파산관재인이 목적부동산의 임의매각을 위한 협상과정에서 피담보채권의 존재를 승인한 경우 시효중단 사유로서 채무승인에 해당한다.

관련 내용은 〈제4장 제2절 Ⅲ.4.〉(본서 1339쪽)를 참조할 것.

2. 별제권 행사의 제한 – 파산관재인에 의한 개입

별제권의 행사는 파산절차에 의하지 아니하고 행사할 수 있다고 하더라도 별제권의 행사 (실행)에 있어 아무런 제약이 없는 것이 아니다. 파산관재인이나 법원이 별제권자의 권리행사에 관여할 수도 있다. 별제권의 목적재산은 파산재단을 구성하고 있으므로 파산재단의 충실이나 파산절차의 원활한 진행을 위해 일정한 제약을 가하고 있다.[240]

가. 신고의무

별제권자가 목적물을 소지한 때에는 그 취지 및 채권액을 파산관재인에게 신고하여야 한다 (제313조 제1항 제5호 다목). 이는 파산채권자의 법원에 대한 채권신고와는 다른 것이고, 파산관재인이 별제권자를 파악하기 위한 것이다. 또한 제490조에 의해 재산평가를 하기 위한 담보물 제시의 전제이기도 하다. 별제권자가 신고를 게을리 하여 파산재단에 손해가 발생한 경우 손해를 배상하여야 한다(제313조 제4항).

나. 별제권의 목적물의 제시

파산관재인은 별제권자에 대하여 그 권리의 목적인 재산을 제시할 것을 요구할 수 있다. 파산관재인이 그 재산을 평가하고자 하는 때에는 별제권자는 이를 거절할 수 없다(제490조). 별제권의 목적재산을 평가하여 예상부족액을 판단하기 위해 파산관재인에게 목적물의 제시를 요구하여 평가할 수 있는 권한을 부여한 것이다.

다. 환수권

파산관재인은 별제권의 목적인 목적재산이 파산재단으로서 필요한 것인 때에는 그 피담보 채권액을 변제하고 환수할 수 있다(제492조 제14호). 그 가액이 법원이 정하는 금액 이상이라면 법원(또는 감사위원)의 허가를 받아야 한다(제492조 단서).

별제권의 목적인 재산의 가액이 장차 상당히 상승할 것이 기대되는 경우 파산관재인이 피담보채권액을 지급하고 목적물의 담보를 소멸시킨 후 그 가액의 상승 등에 의한 파산재단의 증식을 도모할 수 있도록 한 것이다. 또한 파산재단에 여유가 있다면 파산관재인이 피담보채무를 변제하고 별제권의 목적을 환수하여 임의매각하는 것이 파산재단에 유리한 경우가 있다. 파산재단에 여유가 없더라도 매수인으로 하여금 피담보채무를 면책적으로 인수하거나 매매대금 지급에 갈음하여 피담보채무를 변제하도록 하여 별제권의 목적물을 임의매각하는 것이 유리한 때도 있다. 따라서 파산관재인은 별제권자와 사이에 별제권 목적의 임의매각을 위하여 협의를 할 필요가 있다.[241]

---

240) 별제권의 행사가 적정하게 행사되는 경우라면 파산관재인이 개입할 필요가 없다. 하지만 적정하지 않게 환가가 이루어지면 발생하여야 할 잉여금이 발생하지 않을 수도 있다. 그래서 파산관재인으로서는 환가가 적정하게 이루어지도록 감시할 필요가 있고, 아래에서 설명하는 내용들이 파산관재인이 별제권자의 권리행사에 개입하기 위한 전제 또는 그 수단이다.

241) 실무적으로 주택을 분양한 건설회사가 파산한 경우, 별제권자인 수분양자(임차인)에게 분양전환을 하면서 파산계속 법원으로부터 별제권 목적의 환수 허가를 받아 임대차보증금 반환채권과 매매대금채권을 상계하고(차액은 정산) 해당 주택에 대하여 수분양자들에게 소유권이전등기를 마쳐주는 사례가 있다(대법원 2023. 6. 15. 선고 2020다277481 판결 참조).

라. 환가권

별제권은 파산절차에 의하지 아니하고 권리를 행사할 수 있으므로 별제권자는 별제권에 대하여 인정된 실행방법에 의하여 별제권을 행사할 수 있다(제412조). 따라서 별제권의 행사방법은 앞에서 본 바와 같이 회생담보권의 경우와 달리 별제권의 종류에 따라 천차만별이다. 경우에 따라서는 별제권자가 법률에서 정한 방법에 의하지 아니하고 목적물을 처분할 수 있는 권리를 가지는 경우도 있다.

별제권의 행사(별제권의 목적물을 환가할 것인지, 언제 환가할 것인지 등)는 원칙적으로 별제권자의 자유이지만, 파산절차의 원활한 진행을 위하여 환가에 있어서도 일정한 제한을 두고 있다.

(1) 파산관재인의 환가권

파산관재인은 민사집행법에 의하여 별제권의 목적인 재산을 환가할 수 있다. 이때 별제권자는 이를 거절할 수 없다. 이 경우 별제권자가 받을 금액이 아직 확정되지 아니한 때에는 파산관재인은 대금을 따로 임치하여야 한다.[242] 이 경우 별제권은 그 대금 위에 존재한다(제497조).[243] 별제권의 목적물에 대한 환가대금의 다과는 파산재단에 편입될 금액에 영향이 있고, 담보권자의 파산채권액 산정에도 영향을 주기 때문에 파산관재인이 민사집행법에 따라 별제권의 목적재산을 환가할 수 있도록 한 것이다.

집행기관은 환가금을 파산관재인에게 교부한다. 파산관재인은 환가금으로부터 별제권자가 받을 금액을 지급하고 그 나머지는 파산채권자에게 배당한다.

관련 내용은 〈제9장 제2절 Ⅲ.2.가.〉(본서 1595쪽)를 참조할 것.

(2) 별제권자의 처분기간 지정

별제권자가 법률에 정한 방법에 의하지 아니하고 별제권의 목적을 처분하는 권리를 가지는 때[244]에는 법원은 파산관재인의 신청에 의하여 별제권자가 그 처분을 하여야 하는 기간을 정한다. 별제권자가 위 기간 안에 처분을 하지 아니하는 때에는 처분권을 잃는다(제498조). 이런 경우 파산관재인에게 제496조나 제497조에 의한 처분권을 행사하는 것이 인정된다.

별제권자가 오래도록 처분을 하지 아니할 경우 파산절차의 진행이 곤란하기 때문에 그 권리를 행사할 수 있는 기간을 제한하고, 그럼으로써 파산절차의 진행의 편의를 도모하기 위함이다.

관련 내용은 〈제9장 제2절 Ⅲ.2.나.〉(본서 1597쪽)를 참조할 것.

---

242) 파산관재인이 그 대금을 따로 임치하지 아니하고 이를 파산재단에 편입시킨 경우에는 파산재단은 부당이득을 얻은 것이므로 별제권자는 재단채권자로서 그 권리를 행사할 수 있다(제473조 제5호).

243) 이는 담보물권에 관한 물상대위(민법 제342조, 제370조)로 보더라도 당연하다. 민법에 의한 물상대위가 인정되려면 별제권자가 그 대금을 지급하기 전에 압류를 하여야 하지만 채무자회생법은 압류를 요하지 않고 당연히 그 대금 위에 별제권을 행사하는 것을 인정하고 있다.

244) 상법 제59조에 의한 유질계약 등.

마. 파산채권이 피담보채권인 별제권자가 피담보채권의 이행를 구하는 소를 제기할 수 있는지

파산채권에 해당하는 채권을 피담보채권으로 하는 별제권이라 하더라도, 별제권은 파산재단에 속하는 특정재산에 관하여 우선적이고 개별적으로 변제받을 수 있는 권리일 뿐 파산재단 전체로부터 수시로 변제받을 수 있는 권리가 아니다. 따라서 파산관재인을 상대로 파산채권에 해당하는 청구권에 관하여 이행소송을 제기하는 것은 파산재단에 속하는 특정재산에 대한 담보권의 실행이라고 볼 수 없으므로 이를 별제권의 행사라고 할 수 없고, 결국 이는 파산절차 외에서 파산채권을 행사하는 것이어서 허용되지 아니한다.[245] 따라서 피담보채권이 파산채권인 별제권을 가진 자가 별제권의 실행(행사)방법이 아닌 그 피담보채권의 이행을 구하는 소송을 제기할 수는 없다.

바. 별제권의 승인

파산관재인은 신고된 별제권액·목적물 계약 내용·계약성립시기·대항요건의 유무 등을 조사하여 별제권을 승인 또는 부인(제391조, 제394조)할 수 있다.

파산관재인이 그 가액이 1천만 원 이상인 별제권을 승인하기 위해서는 감사위원의 동의를 얻거나 법원의 허가를 받아야 한다(제492조 제13호). 이 경우 채무자는 파산관재인에게 의견을 진술할 수 있다(제493조). 파산관재인이 감사위원의 동의나 법원의 허가 없이 별제권을 승인한 경우라도 이로써 선의의 제3자에게 대항할 수 없다(제495조).

파산관재인이 부인할 때는 허가나 동의를 얻을 필요는 없지만, 이 경우 상대방은 각자 파산관재인을 상대로 그 권리의 확인이나 구체적인 청구를 소송절차로 행하게 된다.

---

245) 대법원 2015. 9. 10. 선고 2014다34126 판결(가처분채권자가 가처분으로 인하여 가처분채무자가 받게 될 손해를 담보하기 위하여 법원의 담보제공명령으로 일정한 금전을 공탁한 경우에, 피공탁자로서 담보권리자인 가처분채무자는 담보공탁금에 대하여 질권자와 동일한 권리가 있다(민집법 제19조 제3항, 민소법 제123조).

한편 가처분채권자가 파산선고를 받게 되면 가처분채권자가 제공한 담보공탁금에 대한 공탁금회수청구권에 관한 권리는 파산재단에 속하므로, 가처분채무자가 공탁금회수청구권에 관하여 질권자로서 권리를 행사한다면 이는 별제권을 행사하는 것으로서 파산절차에 의하지 아니하고 담보권을 실행할 수 있다.

그런데 담보공탁금의 피담보채권인 가처분채무자의 손해배상청구권이 파산채무자인 가처분채권자에 대한 파산선고 전의 원인으로 생긴 재산상의 청구권인 경우에는 채무자회생법 제423조에서 정한 파산채권에 해당하므로, 채무자회생법 제424조에 따라 파산절차에 의하지 아니하고는 이를 행사할 수 없다. 그리고 파산채권에 해당하는 채권을 피담보채권으로 하는 별제권이라 하더라도, 별제권은 파산재단에 속하는 특정재산에 관하여 우선적이고 개별적으로 변제받을 수 있는 권리일 뿐 파산재단 전체로부터 수시로 변제받을 수 있는 권리가 아니다. 따라서 가처분채무자가 가처분채권자의 파산관재인을 상대로 파산채권에 해당하는 위 손해배상청구권에 관하여 이행소송을 제기하는 것은 파산재단에 속하는 특정재산에 대한 담보권의 실행이라고 볼 수 없으므로 이를 별제권의 행사라고 할 수 없고, 결국 이는 파산절차 외에서 파산채권을 행사하는 것이어서 허용되지 아니한다.

한편 이러한 경우에 가처분채무자로서는 가처분채권자의 파산관재인을 상대로 담보공탁금의 피담보채권인 손해배상청구권의 존부에 관한 확인의 소를 제기하여 확인판결을 받는 등의 방법에 의하여 피담보채권이 발생하였음을 증명하는 서면을 확보한 후, 민법 제354조에 의하여 민사집행법 제273조에서 정한 담보권 존재 증명 서류로서 위 서면을 제출하여 채권에 대한 질권 실행 방법으로 공탁금회수청구권을 압류하고 추심명령이나 확정된 전부명령을 받아 담보공탁금 출급청구를 함으로써 담보권을 실행할 수 있고, 또한 피담보채권이 발생하였음을 증명하는 서면을 확보하여 담보공탁금에 대하여 직접 출급청구를 하는 방식으로 담보권을 실행할 수도 있다).

3. 별제권의 행사와 조세채권

관련 내용은 〈제6편 제3장 제3절 Ⅱ.2.〉(본서 2225쪽)를 참조할 것.

4. 별제권자의 파산채권행사

이에 관하여는 아래 〈Ⅳ.〉를 참조할 것.

> **사례** 채무자 Y에 대하여 2억 원을 대여해 준 X는, 담보로 Y의 부동산(평가액 2억 5천만 원)에 대하여 같은 액수의 담보권을 설정하였다. Y에 대하여 일반채권 3억 원을 가진 甲과 비교하여, 통상의 경우와 Y가 파산한 경우, 담보권자인 X의 입장이 어떻게 달라질까.[246]
>
> 통상의 경우 X와 甲의 입장 차이는, Y가 이행기에 채무를 변제하지 않을 경우 취하는 실행수단이 다르다는 데 있을 뿐이다. X는 그가 우선변제권을 가지고 있다고 하여, Y가 X에게 변제하지 않고 甲에게 변제하는 경우, 우선 자신에게 변제하라고 할 수는 없다. X가 할 수 있는 것은 저당권의 대상으로 된 부동산에 대하여 담보권의 실행으로서 경매를 신청하여, 그 경매의 결과로 얻은 매각대금 2억 5천만 원에서 대여금 2억 원을 회수하는 정도이다. 甲은 그에게 변제하지 않을 경우, Y에 대하여 민사소송을 제기하여 집행권원을 취득한 후 Y의 일반재산에 대하여 집행한다. Y가 자력이 충분한 경우 甲은 3억 원 전액을 회수할 수 있다. X는 甲과 비교하여, 채권회수를 위한 실행 수단이 간단할 뿐이다. 즉 통상의 경우 환가권은 의미를 갖지만, 우선변제권은 별다른 의미를 갖지 못한다. Y가 X에게도 甲에게도 변제하지 않고, 또한 재산이 저당권의 대상이 된 부동산만이 있는 경우에는 X의 우선변제권은 의미를 갖지만, 그 경우는 대부분 채무초과로 사실상 파산상태에 빠져 있을 것이다.
>
> 이에 대하여, Y가 파산하여 재산이 저당권의 대상으로 된 부동산만 있다면, X와 甲의 입장 차이는 크다. X는 별제권자로서 스스로 부동산을 환가하든 파산관재인이 환가하든 어느 경우에도 2억 원을 전액 회수할 수 있다. 반면 甲은 나머지 5천만 원을 다른 일반채권자와 평등하게 배당(변제)받지 않으면 안 된다. 즉 파산의 경우는 담보물권의 우선변제권이 큰 의미를 갖게 되는 것이다.

---

246) 小林秀之, 38∼39쪽 참조.

Ⅳ 별제권자의 파산채권행사

1. 부족액책임주의

가. 의의 및 적용범위

(1) 의 의

채무자가 물상보증인인 경우 담보권자에 대하여 인적채무를 부담하고 있지 않기 때문에 담보권자가 별제권의 행사 이외에 파산채권을 행사할 가능성은 없다. 반면 채무자가 동시에 담보권자에 대하여 채무자이기도 한 경우에는 담보권자가 별제권의 행사와는 별도로 파산채권으로서 행사할 수도 있다. 그러나 담보권이 피담보채권에 대하여 우선변제를 받기 위한 수단이라는 점을 고려하면 하나의 채권에 대하여 이중으로(별제권과 파산채권) 만족의 방법을 인정하는 것은 다른 파산채권자와의 사이에서 공평에 반하기 때문에 별제권의 행사에 의하여 변제를 받을 수 없는 부분에 관하여만 파산채권의 행사를 인정한다(제413조 본문). 이것을 부족액(잔액)책임주의라 한다. 채권조사절차에서 이의 없는 피담보채권액은 파산채권으로 확정되지만, 그 권리행사는 통상의 파산채권과 달리 별제권의 행사로 변제받을 수 없는 채권액이나 별제권을 포기[247]한 채권액에 한하여만 파산채권자로서 권리를 행사할 수 있다(제413조). 최후배당에 관한 배당제외기간 안에 부족액의 증명이 없으면, 별제권자는 최종적으로 배당에서 제외된다(제525조).

별제권자로 하여금 별제권 실행에 앞서 아무런 제한 없이 채무자의 일반재산에 대하여 먼저 집행할 수 있게 한다면 별제권자를 지나치게 우대하여 다른 파산채권자의 이익이 너무 희생되는 결과가 되고, 특히 채무자의 일반재산이 그의 채무총액에 미달하는 때에는 다른 파산채권자의 불이익이 부당하게 커지므로 이를 방지하기 위한 것이다.[248]

저당권 등에 기한 물상대위권(민법 제370조, 제342조)의 행사도 일종의 별제권의 행사로 볼수 있으므로, 파산절차에 의하지 않고 행사하는 것이 원칙이다.

---

247) 별제권 포기의 의사표시 상대방은 누구인가. 별제권의 목적물이 파산재단에 속한 경우에는 파산관재인을 상대로 의사표시를 하면 된다(제525조 참조). 반면 파산관재인이 목적물을 파산재단으로부터 포기한 경우(환가포기, 권리포기)에는 원칙적으로 파산관재인이 별제권 포기의 상대방이 될 수는 없다(포기 당시의 목적물 소유자에게 하여야 할 것이다). 그래서 파산관재인은 목적물을 파산재단으로부터 포기할 경우 적절한 방법으로 별제권자에게 통지할 필요가 있다. 다만 별제권자가 목적물이 파산재단으로부터 포기된 줄을 알지 못한 경우에는 파산관재인에 대한 별제권 포기의 효과를 인정하여야 할 것이다.
　별제권을 포기할 때 등기를 하여야 하는가. 별제권 포기의 의사뿐만 아니라 별제권과 관련된 담보권의 말소등기가 필요하다고 할 것이다. 포기는 법률행위이므로 민법 제186조에 의해 말소등기를 할 때에 담보권이 소멸한다. 목적물이 동산인 경우에는 점유의 포기를 필요로 한다.

248) 질권자, 저당권자가 채무자의 일반재산에 대하여 집행하는 것을 제한하고 있는 민법 제340조, 제370조와 동일한 취지이다. 질권자(저당권자)는 질물(저당물)에 의하여 먼저 변제를 받고 그 부족액에 한하여 채무자의 일반재산에 대해 집행할 수 있다. 채무자의 일반 채권자를 보호하기 위함이다. 결국 부족액책임주의는 파산의 독특한 사고방식이 아니라 민법의 대원칙의 하나로 볼 수 있다.

(2) 적용범위

(가) 파산채권자와 동일하게 취급하는 경우

담보권에 의하여 담보된 채권의 전부 또는 일부가 파산선고 후 담보되지 아니한 경우 그 채권의 전부 또는 일부는 파산채권자와 동일하게 취급된다. 별제권의 실행이 불가능하거나 현 저하게 곤란하여 별제권자가 별제권을 포기하거나 파산관재인과 별제권자가 합의하여 피담보 채권액이 감액된 경우 등.

(나) 채무자가 연대보증인 겸 물상보증인인 경우

채무자가 연대보증인 겸 물상보증인인 경우 보증채무 이행청구권은 별제권부채권이 아니 다. 부족액책임주의는 별제권의 피담보채권이 파산채권인 경우에 관한 규정인데, 이 경우 채무 자(연대보증인)는 주채무자의 채무를 물상보증한 것일 뿐 채무자 자신의 채무에 대해 담보권을 설정한 것은 아니기 때문이다.

물론 채무자가 주채무자 겸 담보설정자인 경우는 당연히 별제권부채권으로 처리된다.

(다) 파산재단에 속하지 아니한 자산에 관한 별제권의 취급

질권 또는 저당권의 목적재산이 파산관재인에 의해 임의매각 또는 기타의 사유로 파산재단 에 속하지 아니하게 된 경우로서, 해당 담보권이 여전히 존속하는 때에는 해당 담보권자는 별 제권자로 취급된다(아래 〈Ⅵ.〉 참조, 일본 파산법 제65조 제2항 참조).

나. 부족액의 행사방법

(1) 채권신고·조사

별제권자가 별제권의 행사에 의하여 변제받을 수 없었던 부족액을 파산채권으로 행사하려 할 경우, 법원이 정하는 신고기간 안에 피담보채권의 액[249] 및 원인 등 일반적인 신고사항(제 447조 제1항) 외에 별제권의 목적과 그 행사에 의하여 변제받을 수 없는 채권(예정부족액)을 신고하여야 한다(제447조 제2항). 그 취지는 이러한 신고에 의해 파산관재인은 예정부족액이 어 느 정도인지를 예측하여 재산관리나 배당에 도움이 된다는 점에 있다. 또한 이것은 제490조에 의한 재산평가를 하기 위한 담보물 제시의 전제도 된다. 예정부족액을 신고하지 아니한 경우 예정부족액은 0원으로 처리된다.

파산관재인은 피담보채권의 존부 및 액에 관한 인부와 이를 전제로 한 예정부족액에 관하

---

249) 예정부족액 산정의 기초가 되는 파산채권액에 파산선고 후의 이자가 포함되는가. 파산절차에서 파산선고 후의 이자 는 후순위 파산채권이고(제446조 제1항 제1호, 파산선고 후 이자는 후순위 파산채권으로 신고한다), 저당권의 피담 보채권액에는 최후 1년분의 이자가 포함되며(민법 제360조, 별제권 행사의 결과로서 변제충당을 할 경우 최후 1년 분의 이자는 우선변제의 대상이 된다), 변제충당의 순서에서도 이자가 원본에 우선하기 때문에(민법 제479조) 파산 선고 후의 이자도 예정부족액 산정의 기초가 되는 파산채권액에 포함된다(條解 破産法, 780쪽, 破産法·民事再生 法, 437쪽). 결국 별제권자는 파산선고 후의 이자와 같이 후순위 파산채권도 최후 1년분의 이자에 한하여 별제권의 행사에 의하여 변제받을 수 있다. 따라서 예정부족액을 산정함에 있어서는 최후 1년분의 이자를 계산의 기초로 하 지 않으면 안 된다.

여 인부를 하게 된다(제448조 제1항 제5호).[250] 법원은 채권조사기일에 채권의 전액 및 예정부족액에 대하여 조사한다(제450조, 제448조 제1항 제2호, 제4호).

채권조사는 피담보채권액으로서 신고액에 대하여 하지만, 파산채권의 행사는 예정부족액이 기준이 된다. 이의 없는 피담보채권액은 파산채권으로 확정되지만, 그 권리행사는 별제권의 행사로 변제받을 수 없는 채권액이나 별제권을 포기한 채권액에 한하여만 파산채권자로서 권리를 행사할 수 있다(제413조 등). 부족액(목적물의 평가액과 채권액의 차액)의 신고는 잠정적인 것이고 후에 현실적으로 환가가 이루어진 단계에서 그 매각대금이 목적물의 평가액을 초과한 차액이 파산채권으로 확정되는 것이다. 따라서 별제권자가 파산채권신고시에 신고한 예정부족액은 채권조사기일에서의 조사에 의하여 확정되는 것은 아니다.

채권자가 제기한 채권조사확정재판 등에서 피담보채권이 존재하지 않는 것으로 확정된다 하더라도, 이는 파산절차 내부에 있어 불가쟁의 효력이 있음에 불과하므로, 별제권의 실행을 막을 수는 없다.[251]

(2) 배 당

예정부족액의 인부는 별제권자가 파산채권자로서 채권자집회에서 의결권을 행사할 금액을 결정하는데 기준이 될 뿐(제373조 제2항, 제3항), 배당에 있어서는 영향을 미치지 않는다. 배당에 관하여는 특별한 취급을 하고 있는데, 배당을 받기 위해서는 아래에서 설명하는 요건을 충족시켜야 하기 때문이다.

별제권자가 파산절차에서 파산채권자로서 배당을 받기 위해서는 별제권을 포기하거나, 중간배당의 배당제외기간 안에 파산관재인에 대하여 그 권리의 목적의 처분에 착수한 것을 증명하고, 예정부족액을 소명하여야 한다. 그렇지 않으면 배당에서 제외된다(제512조 제2항).[252] 또한 목적물의 처분이 종료되어 부족액이 확정되기까지는 별제권자가 소명한 부족액에 대한 배당액을 임치한다(제519조 제3호). 그리고 최후의 배당에 관한 배당제외기간 안에 파산관재인에 대하여 별제권의 포기의 의사를 표시하지 않거나 목적물의 처분의 결과, 확정된 부족액을 증명하지 아니한 때에는 완전히 배당에서 제외되고(제525조), 배당에서 제외된 채권자를 위하여

---

250) 파산관재인은 신고된 예정부족액에 대하여 그가 평가한 일응의 평가액을 기초로 인정하는 피담보채권액과 차액을 계산하고, 신고된 예정부족액 중 그 차액을 넘는 부분에 대하여는 '부인'한다는 이의를 진술하는 것으로 충분하다. 예컨대 피담보채권액이 1억 원인 경우, 별제권자가 별제권의 목적물로부터 회수할 수 있는 금액을 6,000만 원이라고 평가한 때에는, 별제권자는 예정부족액을 4,000만 원으로 신고한다. 이에 대하여 파산관재인이 조사 결과, 별제권자가 별제권의 목적물로부터 회수할 수 있는 금액이 7,000만 원이라고 평가한 경우에는, 파산관재인은 예정부족액 중 1,000만 원에 대하여 이의를 진술하면 된다.

251) 실무상 별제권자의 파산채권에 관한 채권조사확정재판의 대상이 피담보채권의 존부 및 범위에 한정된다. 즉 주문에 피담보채권의 존부 및 범위를 판단하고 별제권부 채권임을 나타내기 위하여 "별제권 행사에 의하여 변제받을 수 있는 부분 포함"이라는 문구를 기재한다.

252) 별제권자에게 배당할 수 있는 경우는 ① 별제권을 포기한 때(제413조 단서), ② 해당 부동산을 임의매각한 때(별제권의 목적물을 환수한 경우), ③ 별제권의 실행(경매에 의한 매각)에 의해 부족액을 소명(제512조 제2항) 또는 증명(제525조)한 때, ④ 부동산에 근저당권이 설정되어 있고, 채권최고액을 넘는 부분이 존재하는 때(일본 파산법 제196조 제3항은 이를 명시적으로 규정하고 있다) 등이다.

임치한 금액은 다른 채권자에게 배당하여야 한다(제526조).

그러므로 별제권자가 별제권의 행사에 의하여 변제받지 못한 잔여채권이 확정되더라도 다시 채권조사기일을 열어야 하는 것은 아니고, 배당의 문제로 될 뿐이다.

요컨대 별제권부 파산채권자에 대하여 배당이 가능한 경우는, ① 별제권을 포기한 때, ② 배당제외기간 내에 별제권의 실행(경매에 의한 매각)에 의하여 부족액을 소명(중간배당의 경우) 또는 증명(최후배당의 경우)한 때이다. 부족액의 증명이란 경매절차에서 배당표의 확정을 요하고, 매각허가결정이나 대금납부가 있었다는 것만으로는 충분하지 않다.

(3) 의결권 행사

별제권의 행사에 의하여 변제를 받을 수 없는 채권액에 관하여 파산관재인 또는 파산채권자의 이의가 있는 때에는 법원은 의결권을 행사하게 할 것인지 여부와 의결권을 행사할 금액을 결정한다(제373조 제2항).

다. 별제권을 행사한 경우 잔액인 파산채권액의 확정

별제권자는 파산선고 후의 이자와 같이 후순위 파산채권도 별제권의 행사에 의하여 변제받을 수 있다. 파산선고 후의 이자는 후순위 파산채권이다(제446조 제1항 제1호). 그러나 저당권은 원본, 이자, 위약금, 채무불이행으로 인한 손해배상 및 저당권의 실행비용을 담보하며(민법 제360조), 원금보다 이자에 먼저 충당된다(민법 제479조). 질권의 경우도 마찬가지이다(민법 제334조). 여기서 이자는 파산선고 전의 이자뿐만 아니라 파산선고 후의 이자도 포함된다. 따라서 저당권 또는 질권을 가진 별제권자가 그 목적재산을 경매했을 경우에 후순위 파산채권인 파산선고 후의 이자도 일반의 파산채권보다 앞서서 지급받게 된다. 다만 피담보채권으로 되는 이자 등을 계산할 때 저당권 실행시를 기준으로 지연배상에 대하여는 원본의 이행기일을 경과한 후의 1년분의 범위 내(민법 제360조 단서)로 제한된다.

2. 별제권을 포기한 경우

별제권자가 별제권을 포기한 채권액에 관하여는 파산채권자로서 그 권리를 행사할 수 있다(제413조 단서). 따라서 이 경우에는 별제권 포기의 의사를 표시하여 채권신고를 하여야 한다. 포기된 부분의 담보물건은 파산재단에서 별제권의 부담이 없는 것으로 취급된다.

3. 준별제권자

별제권자가 아니더라도 파산채권의 행사에서 채권자평등을 도모하기 위하여 별제권자와 마찬가지로 취급하여 부족액(잔액)책임주의가 확장되는 경우가 있다. 이렇게 부족액책임주의가 확장되는 자를 준별제권자라 한다.

가. 자유재산에 대한 준별제권자

파산재단에 속하지 아니하는 채무자의 재산(예컨대 압류금지재산 등 자유재산)상에 질권·저당권 또는 「동산·채권 등의 담보에 관한 법률」에 따른 담보권[253]을 가진 자는 그 권리의 행사에 의하여 변제를 받을 수 없는 채권액에 한하여 파산채권자로서 그 권리를 행사할 수 있다(제414조 제1항). 준별제권자가 담보목적물에서 만족을 얻을 수 없는 부분에 관해서는 별제권자와 마찬가지로 파산채권자로서 권리를 행사할 수 있도록 한 것이다. 준별제권의 목적물은 파산재단에 속하지 아니하는 채무자의 재산이다.

원래 파산재단에 속하지 아니한 채무자의 재산에 질권 등을 가지고 있다고 하더라도 파산채권의 행사에 있어서 제한을 받지 않는다. 그런데 파산재단에 속한 재산이나 속하지 않는 재산(자유재산)은 모두 본래 채무자의 재산이었고, 실행의 결과 부족액에 대하여만 파산채권의 행사를 인정하는 것이 다른 파산채권자와의 공평에 합치하므로 파산재단에 속하지 아니하는 채무자의 재산에 질권 등을 가진 자는 그 권리행사에 의하여 변제를 받을 수 없는 채권액에 한하여 파산채권자로서 그 권리행사를 인정하고 있는 것이다.

이러한 권리를 가진 자에 대하여는 별제권에 관한 규정을 준용한다(제414조 제2항). 따라서 해당 채권의 신고·조사와 배당에 관하여는 위 〈1.나.〉에서 설명한 내용에 따른다.

나. 제1파산의 파산채권자

파산선고 후에 취득한 신득재산을 기초로 채무자가 경제활동을 하다 선행하는 파산절차의 종료 전에 후행의 파산선고가 된 경우 선행하는 파산절차를 제1파산, 후행하는 파산절차를 제2파산이라 한다. 제2파산에 관한 파산재단은 파산선고 당시의 채무자의 재산을 기준으로 하기 때문에 제1파산의 파산재단을 포함한다. 제2파산에 관한 파산채권은 제2파산의 파산선고 전의 원인으로 발생한 재산상의 청구권이기 때문에 제1파산의 파산채권을 포함하게 된다. 그 결과 제2파산과 제1파산의 파산채권자 사이에 실질적인 불평등이 발생하는 것을 피할 수 없다.[254] 이를 방지하기 위해서는 제1파산의 파산채권자는 제1파산에서 변제받지 않은 액에 대하여만 제2파산에서 그 채권을 행사할 수 있도록 하는 잔액책임원칙을 둘 필요가 있다.[255]

제1파산의 파산채권자를 준별제권자로 인정할 경우 제1파산의 파산채권자는 면책의 효과가 발생하지 않는 한 제2파산에서도 파산선고 당시의 채권 전액을 파산채권으로 신고할 수 있다. 하지만 파산채권자의 권리를 행사하여 배당수령의 기초로 되는 것은 제1파산의 배당에 의해

---

253) 가등기담보권의 경우도 준별제권에 관한 규정이 준용된다(가등기담보 등에 관한 법률 제17조 제2항). 유치권, 전세권, 양도담보권이 모두 빠져 있지만 채무자의 자유재산에 양도담보권 등을 가지고 있는 경우에도 동일하게 해석하여야 한다(남효순·김재형 공편, 통합도산법, 44쪽).
254) 제1파산의 파산재단도 제2파산의 파산재단도 모두 채무자의 재산임에 대하여, 제1파산의 파산채권자는 제2파산의 파산채권자도 되지만, 제2파산의 파산채권자는 제1파산의 파산채권자로 되지 않기 때문에, 제1파산의 파산채권자에게 제2파산에서 파산채권 전액을 행사하도록 인정하는 것은 공평을 흠결한 결과를 초래한다.
255) 일본 파산법 제108조 제2항은 이를 명시적으로 규정하고 있다.

만족을 받지 못한 액으로 제한된다. 따라서 제1파산의 배당이 확정되면 그 부족액이 제2파산에서 배당의 기초가 된다.

Ⅴ 별제권자와 다른 권리자 사이의 순위

1. 별제권과 조세채권 등의 순위

별제권의 피담보채권과 국세·지방세 등 조세채권의 우열관계에 관하여는 국세기본법 제35조 내지 제37조, 지방세기본법 제71조 내지 제73조에서 규정하고 있다. 법정기일 전에 전세권, 질권, 저당권(이하 '전세권 등'이라 한다)이 설정된 재산을 매각하는 때에는 그 매각대금 중에서 국세·지방세 등을 징수하는 경우에는 그 전세권 등으로 담보된 채권이 국세·지방세 등 조세채권보다 우선하여 변제된다. 법정기일이란 국세기본법 제35조 제1항 제3호, 지방세기본법 제71조 제1항 제3호에 규정된 기일을 말한다. 다만 당해세는 별제권에 우선한다. 당해세란 그 재산에 대하여 부과된 국세·지방세를 말한다(국세기본법 제35조 제1항 제3호, 지방세기본법 제71조 제1항 제3호).[256]

결국 당해세 → 법정기일 전에 설정된 전세권 등으로 담보된 채권 → 국세·지방세 → 법정기일 이후에 설정된 전세권 등으로 담보된 채권 순위로 변제받게 된다.

양도담보재산에 대해서는 모두 제3자의 명의로 되어 있으므로 채무자 자신의 재산에서 우선 징수하여 부족이 있는 때 양도담보권자의 물적납세의무에 기해 양도담보재산(법정기일 전에 담보의 목적이 된 것은 제외)으로부터 국세·지방세, 체납처분(강제징수)비를 징수할 수 있다(국세기본법 제42조, 지방세기본법 제75조).

파산선고를 받을 때에는 납기 전이라도 이미 납세의무가 확정된 국세·지방세를 징수할 수 있다(국세징수법 제9조 제2호, 지방세징수법 제22조). 이 경우 세무서장이나 지방자치단체의 장은 파산관재인에게 체납액의 교부를 청구하여야 한다(국세징수법 제59조 제2호, 지방세징수법 제66조).

2. 별제권자와 재단채권의 순위

별제권자는 원칙적으로 그 담보의 목적인 재산의 매각대금에서 다른 재단채권에 앞서 우선변제를 받는다. 파산재단에 담보물건 이외에 다른 재산이 있을 때에는 재단채권은 별제권자와 관계없이 수시로 변제받게 되므로 상호간에 우열이나 순위의 문제가 생기지 않는다. 파산재단

---

256) 당해세의 우선을 인정하는 것은 담보물권 목적물 자체를 과세대상으로 하는 조세는 담보물권에 대한 우선권을 인정해도 담보취득자의 예측가능성을 크게 저해하지 않는다는 데 있지만(헌법재판소 2001. 2. 22. 선고 99헌바44 전원재판부 결정), 거래의 안전을 해칠 우려가 있으므로 성립범위를 제한할 필요가 있다. 현재 당해세로 인정되는 것은 국세의 경우 상속세, 증여세 및 종합부동산세(국세기본법 제35조 제5항), 지방세의 경우 재산세, 자동차세(자동차 소유에 대한 자동차세만 해당한다), 지역자원시설세(소방분 지역자원시설세만 해당한다) 및 지방교육세(재산세와 자동차세에 부과되는 지방교육세만 해당한다)(지방세기본법 제71조 제5항)이다.

에 자력이 없을 때에는 재단채권의 우선성은 별다른 의미가 없다.

3. 별제권자 상호간의 순위

별제권자가 수인인 때에 상호간의 순위는 민·상법 등의 규정에 따른다. 예컨대 동산질권의 순위는 설정의 선후에 의하고(민법 제333조), 저당권은 설정등기의 순위에 따른다(민법 제370조). 따라서 각각의 담보권의 순위에 따라 우선변제를 받게 된다. 변제받지 못한 금액은 예정부족액으로 신고함으로써 파산채권으로 된다.

Ⅵ 별제권의 목적재산의 파산재단으로부터의 포기

파산관재인은 별제권의 목적재산의 환가가 곤란한 경우, 법원의 허가를 얻어, 목적재산을 파산재단으로부터 포기할 수 있다. 파산재단으로부터 포기된 재산은 자유재산이 되고, 그 관리·처분권은 채무자가 개인인 경우는 채무자에게, 법인인 경우는 청산법인에 귀속된다.[257]

파산관재인이 별제권의 목적재산을 파산재단으로부터 포기한 후, 별제권자가 담보권을 실행하는 경우 상대방은, 채무자가 개인인 경우는 채무자이고, 채무자가 법인인 경우는 청산법인이다. 그런데 청산법인의 경우에는 법인에 대한 파산선고결정에 의해 법인의 대표자가 파산재단에 대한 관리처분권을 상실하게 되므로, 담보권실행의 신청을 하려면 법인에 청산인이 선임될 필요가 있고, 선임되어 있지 않은 경우 별제권자는 이해관계인으로서 청산인 선임의 신청을 할 필요가 있다.[258]

또한 별제권의 목적재산이 파산재단으로부터 포기된 후에도 부족액책임주의는 적용되기 때문에(준별제권자), 별제권자가 파산절차에서 배당받기 위해서는 피담보채권이 담보권에 의해 담보되지 않았다는 것을 증명을 하거나 담보권의 실행에 의해 변제를 받을 수 없는 채권액을 증명하지 않으면 안 된다.

이와 같이 별제권의 목적재산이 파산재단으로부터 포기한다는 것은, 별제권자의 이해에 큰 영향을 미친다. 법인의 경우에 있어서는 통상 파산선고 후 청산인이 선임되어 있지 않기 때문에, 파산재단으로부터 포기에 의해, 별제권자는 그 후 별제권을 실행하는 경우 이해관계인으로서 청산인 선임을 신청하지 않으면 안 되는 부담을 지는 것이다.

Ⅶ 별제권 목적재산의 매각과 별제권

파산관재인이 별제권의 목적재산을 담보권이 유지된 채로 임의로 처분할 수 있는가. 임의매각된 경우 담보권자는 별제권자로서 부족액책임주의가 적용되는가. 채무자회생법은 이에 관

---

257) 條解 破産法, 524~525쪽.
258) 강제경매절차를 진행할 경우에는 특별대리인의 선임으로 충분하다고 할 것이다(민집법 제52조 참조).

한 명시적인 규정이 없다.[259]

파산관재인은 별제권의 목적인 목적재산(목적물)을 담보권이 존속한 채로 임의로 매각할 수 있다. 이 경우 담보권이 존속하는 것은 당연하다. 임의매각된 경우 담보권자의 지위는 어떻게 되는가. 파산선고 당시 담보권자는 별제권자로서 부족액책임주의가 적용되었다. 따라서 목적재산을 임의매각한 후 담보권이 여전히 존속하는 때에는 담보권자는 별제권자로 되고, 그 자는 파산채권의 행사에 있어서 부족액책임주의가 적용된다고 할 것이다.[260]

별제권의 목적재산의 소유자가 제3자로 변경되면, 별제권 실행의 상대방은 제3자가 되는 것은 당연하다.[261] 그 경우 목적재산의 점유·관리의 상황이 변경될 가능성 있으므로, 별제권자의 이해에 큰 영향을 미칠 수 있다. 따라서 파산관재인은 목적재산을 매각할 경우 별제권자에게 적절한 방법으로 알릴 필요가 있다.[262]

제5절 상계권[263]

Ⅰ 파산채권자의 상계권 행사

1. 상계권의 의의

파산채권은 개별적 권리행사가 금지되나(제424조), 파산채권자가 파산선고 당시 채무자에 대하여 채무를 부담하는 때에는 파산절차에 의하지 아니하고 상계를 할 수 있다(제416조). 파산채권자는 채무자에 대한 채권으로 민법의 규정에 따라 상계를 할 수 있을 것이라는 기대를 하고 있었는데, 상대방이 파산선고를 받음으로 인해 상계(상계도 개별적 권리행사에 해당한다)를 할 수 없도록 한다면 예상하지 못한 불측의 손해를 입을 수 있으므로 파산채권자에게 상계를 인정한 것이다. 이처럼 파산재단을 구성하는 채권의 채무자(파산채권자)가 자신이 가지는 파산채권을 파산절차에 의하지 아니하고, 상계권을 행사하여 자기 채무를 면하고, 그 결과 다른 파산채권자에 우선하여 만족을 얻는(이러한 의미에서 상계를 인정한다는 것은 파산채권의 개별적 권리

259) 일본 파산법 제65조 제2항, 민사재생법 제53조 제3항은 이에 관한 명시적 규정을 두고 있다.
　　일본 파산법 제65조 제2항 담보권(특별선취특권, 질권 또는 저당권을 말한다. 이하 이항에서 같다)의 목적인 재산이 파산관재인에 의해 임의매각 그 밖의 사유에 의하여 파산재단에 속하지 아니하게 된 경우 해당 담보권이 여전히 존속하는 때에 있어서 해당 담보권을 가진 자도, 그 목적인 재산에 대하여 별제권을 가진다.
260) 별제권의 목적인 재산이 파산재단으로부터 포기된 경우에도 동일한 법리가 적용된다고 할 것이다.
261) 별제권자는 담보권의 목적물(목적재산)이 파산관재인에 의하여 담보권이 존속한 채로 제3자에게 양도되고 파산재단에 속하지 않게 된 후에도, 경매신청 등 그 담보권의 실행에 의해, 그 목적물로부터 우선변제를 받을 수 있다. 이 경우 담보권실행의 상대방은 별제권의 목적물을 양수한 새로운 소유권자이다.
262) 일본은 일반적으로 그 목적재산의 가액이 높은 부동산을 임의매각할 경우, 파산관재인은 임의매각 2주 전에 등기된 별제권자에게 임의매각을 한다는 취지 및 상대방의 인적사항을 통지하도록 하고 있다(파산규칙 제56조 전단).
263) 여기서는 파산절차의 이해에 필요한 상계권에 관한 개괄적인 내용만을 소개한다. 상계권에 관한 전체적인 내용은 〈제2편 제7장 제5절〉(본서 514쪽)을 참고할 것.

행사를 금지하는 것에 대한 예외이다. 또한 상계권을 별제권과 마찬가지로 취급하는 것으로 해석된다) 권리를 채무자회생법상의 상계권이라 한다.

상계권자인 파산채권자는 일반의 파산채권자가 파산절차에 따라 비율변제로 약간의 배당밖에 받지 못하는 것에 비하여, 상계에 의해 해당 파산채권에 관하여 완전한 변제를 받는 것과 동일한 결과를 얻을 수 있다. 상계는 채권자로 하여금 자기가 가진 자동채권을 수동채권의 한도에서 실질적으로 회수할 수 있도록 담보하고, 채권자가 수동채권 전액을 변제하여야 하는 반면에 자동채권은 파산절차 내에서 배당으로 만족하여야 하는 불공평을 피할 수 있게 한다.

상계권의 행사는 파산절차가 진행 중인 동안에도 가능하고, 파산관재인에 대하여 재판상 또는 재판 외에서의 의사표시로 할 수 있다. 즉 파산절차에서는 회생절차와 달리[264] 상계의 시기적 제한이 없어 제1회 채권자집회 이후라도 파산절차 종료 시까지 상계권을 행사할 수 있다.[265] 다만 파산선고 당시 파산채권자가 채무자에 대하여 채무를 부담하고 있어야 한다.

상계권과 별제권은 파산채권 개별행사금지원칙의 예외로서 인정되는 것이고, 실질적으로 담보적 기능을 한다는 점에서 공통되는 점이 있으나(채권자의 채권은 상계를 통해 직접 만족을 받는다), 별제권은 선순위의 담보권자가 있으면 채권을 변제받지 못하는 경우도 있을 수 있음에 반하여 상계권의 경우 반드시 수동채권액만큼 변제를 받는 효과가 있으므로 이 점에서 별제권보다 더욱 강력한 효과를 발휘하는 제도라고도 할 수 있다.

한편 파산채권의 현재화·금전화로 파산절차에서는 민법에서보다 상계권을 넓게 인정하고 있다. 반면 파산채권자에게 상계권을 인정하는 것은 개별적 권리행사 금지의 원칙(제424조)에 대한 중대한 예외이므로 다른 채권자의 이익을 부당하게 해하는 것과 같은 형태의 상계는 금지(제한)하고 있다.

요컨대 파산절차에 있어서는 채권자평등의 실현을 위해 파산채권자에게 상계권을 보장하고(제416조), 파산절차의 청산적 성격을 고려하여 민법의 일반원칙을 수정하여 상계권을 확장함(아래 〈Ⅱ.〉 참조)과 동시에 상계가 금지(제한)되는 경우도 함께 규정하고 있다(아래 〈Ⅲ.〉 참조).

2. 상계권 규정의 적용범위

제416조 이하의 규정이 대상으로 하는 상계는 파산채권을 자동채권으로 하고, 파산재단에 속하는 채권을 수동채권으로 하여 파산채권자 측이 행사하는 상계에 한정된다. 따라서 아래의

---

264) 회생절차에서는 회생채권자가 상계하려면 채권신고기간 내에 관리인을 상대로 상계의 의사표시를 하여야 한다(제144조 제1항).
265) 파산절차는 회생절차와 달리 상계권을 실행함에 있어 특별한 시기적 제한을 두지 않고 있고, 제422조의 상계금지 규정에 저촉되지 않고 정당한 상계 기대가 인정되는 한 상계권의 실행이 자유롭게 허용되므로 회생절차폐지결정의 확정 이후에 회생채권으로 상계 의사표시를 하는 데에는 아무런 제한이 없고, 회생절차에서 소정의 기간 내에 상계권을 행사하지 아니하였다고 하여 그 상계권을 포기하였다거나, 회생절차폐지 후 이어지는 파산절차에서 그 상계권을 행사하는 것이 파산절차의 취지에 반하여 상계권 남용에 해당하거나 신의칙에 반하는 것이라고 단정할 수 없다(대법원 2003. 1. 24. 선고 2002다34253 판결 참조).

경우에 대하여는 제416조 이하가 적용되지 않고 각각의 성질에 따라 가부가 결정된다.[266]

가. 파산재단 소속 채권을 자동채권으로 파산채권을 수동채권으로 한 파산관재인의 상계

(1) 파산관재인에 의한 상계

파산관재인도 상계권을 행사할 수 있는가.[267] ① 파산채권자만 상계권을 행사할 수 있다는 견해. 제416조 이하의 규정이 대상으로 하는 상계는 파산채권을 자동채권으로 하고, 파산재단에 속하는 채권을 수동채권으로 하여 파산채권자 측이 행사하는 상계에 한정된다. 따라서 파산관재인은 상계권을 행사할 수 없다. 왜냐하면 제416조는 '파산채권자'가 파산선고 당시 채무자에 대하여 채무를 부담할 때 상계할 수 있도록 규정하고 있을 뿐만 아니라 파산관재인으로부터 상계를 인정하면 파산관재인이 특정한 파산채권자에게 파산절차 밖에서 파산채권을 변제한 것과 마찬가지의 결과가 되어 채권자평등의 원칙에 반하기 때문이다. ② 파산관재인에게도 상계권을 인정하여야 한다는 견해.[268] ⓐ 파산채권자는 상계권이라는 이른바 우선권 있는 채권을 가지는 것이어서 파산관재인 측으로부터 상계를 인정한다고 하더라도 파산채권자에게 부당한 이익을 주는 것은 아니며, 또한 법률관계의 처리를 촉진하는 장점이 있다. ⓑ 실무적으로 파산채권자가 자기에게 유리한 상계권을 최후까지 행사하지 않는 경우는 상정하기 어렵다. 결국 상계권은 행사될 것이고 파산관재인 측으로부터 상계를 인정하여도 다른 파산채권자에게 특별한 불이익을 주는 것이 아니다. ⓒ 파산재단에 속하는 채권의 실제가치가 향후 떨어질 것으로 예상되는 경우에는 파산관재인 측으로부터 상계를 인정하는 것이 오히려 파산재단에 이익이 된다. 파산관재인에게 상계권을 인정하더라도 민법의 상계규정에 따라 상계할 수 있는 것이다. ⓓ 파산재단보다 상대방의 경제적 상황이 더 나쁠 때에는 상계권을 행사하는 것이 다른 채권자에게 오히려 이득이 된다. 따라서 파산관재인도 법원의 허가를 얻어 적극적으로 상계권을 행사할 수 있다(제492조 제16호).

요컨대 회생절차에서도 법원의 허가를 얻어 관리인이 상계를 할 수 있고(제131조 참조), 제416조 이하의 규정은 파산채권자에게 상계권의 확장을 인정하기 위한 규정으로 파산관재인의 상계권 행사를 부정하는 것으로 보기는 어렵다는 점, 파산재단에 속한 채권의 실질적 가치가 파산채권보다 낮은 경우에는 파산관재인이 상계를 하는 것이 다른 파산채권자의 이익에 도움이 될 뿐만 아니라 파산관재인이 상대방에게 최고를 하여도 상대방에 의한 상계를 기대할 수 없다는 점에서 파산채권자의 일반의 이익에 부합하는 경우 법원의 허가를 얻어 상계권의 행사

---

266) 條解 破産法, 533~536쪽, 破産法・民事再生法, 462~465쪽. 한편 채무자는 파산재단 소속 채권에 대하여 관리처분권을 가지고 있지 않으므로 상계를 할 수 없다.

267) 일반적으로 채권을 가진 자(채권자)가 상계권자이지만, 채권에 대하여 처분권을 가진 자는 채권자가 아니더라도 상계의 의사표시를 할 수 있다. 따라서 파산관재인도 당연히 상계권자에 포함된다. 아래의 논의는 파산절차에서 파산관재인에게 상계를 할 수 있도록 하는 것이 타당한지에 대한 것이다.

268) 전병서, 354~355쪽, 김주학, 395쪽.

가 가능하다고 할 것이다.[269]

예컨대 X는 Y로부터 500만 원을 차용하였고, Y에 대하여 500만 원의 매매대금채권을 가지고 있다. 이후 X에 대하여 파산선고가 되었고 파산관재인으로 甲(갑)이 선임되었으며 동시에 Y에 대하여 파산선고가 되었다. X의 파산절차에서 예상배당률은 20%로 예상됨에 반하여, Y의 파산절차에서 예상배당률은 10%로 예상된다. 이때 파산관재인 甲(갑)으로서는 100만 원을 Y에게 배당하고 50만 원을 Y의 파산절차에서 수령하는 것보다, 상계를 하는 것이 파산채권자 일반의 이익에 부합한다고 해석된다. 따라서 이 경우 파산관재인 甲(갑)은 법원의 허가를 얻어 상계를 할 수 있는 것이다.

(2) 보증인에 의한 상계

파산관재인에 의한 상계권을 전제로 하는 경우 주채무자에 대해 파산선고가 된 때 보증인이 민법 제434조에 따른 상계로 보증채권자의 파산채권을 소멸시킬 수 있는지가 문제된다.[270] 즉 주채무자가 파산하여 주채무자의 파산채권자에 대한 반대채권이 파산재단에 귀속한 경우 보증인이 이를 자동채권으로 하여 상계를 할 수 있는가.

이에 대하여 주채무자에 대하여 파산선고가 되었다고 하여 보증인의 상계권 행사가 방해받아야 할 이유가 없다는 이유로 긍정하는 견해가 있다.[271] 그 이유는 다음과 같다. 주채무자가 파산을 하더라도 채권자가 스스로 상계하는 데는 아무런 제한이 없으므로(제416조) 결국 채권자는 주채무자의 파산이 있으면 보증인에 대하여 보증채무의 이행을 구하거나 주채무자에 대한 상계로서 자신의 채권의 만족을 얻는 두 가지의 권리실현 가능성을 가지게 된다. 따라서 보증인이 자력이 있는 한 채권자로서는 어느 쪽을 선택하더라도 자기채권의 만족이라는 결과에는 영향이 없겠지만, 만약 그가 보증인에 대한 청구 쪽을 선택하게 되면 결국 보증인의 구상채권은 파산채권으로 되어(제430조, 제431조) 보증인은 실질적인 손실을 감수하지 않을 수 없는 것인바, 이러한 결과는 보증인에게 지나치게 불이익한 것이 아닌가 의문을 가지게 한다. 또한 파산재단의 입장에서도 보증인의 상계권을 인정하더라도 이는 결국 채권자에 의한 상계가 있은 경우와 실질적인 결과에 있어서는 동일하게 되므로 특별히 파산재단에 새로운 희생을 강요하는 것은 아니라고 할 것이다. 따라서 주채무자의 파산의 경우에도 민법 제434조에 의한

---

269) 일본 파산법은 「파산관재인은 파산재단에 속한 채권을 가지고 파산채권과 상계하는 것이 파산채권자의 일반의 이익에 부합한 경우에는 법원의 허가를 얻어 상계를 할 수 있다」(제102조)고 규정하여 논쟁의 여지를 없앴다. 여기서 '파산채권자의 일반의 이익에 부합'한다는 것은 파산관재인이 상계를 하는 것이 상계를 하지 않는 것과 비교하여 파산재단의 감소를 방지하는 효과가 있는지에 따라 결정된다. 파산채권자의 자산 상황이 악화되어 파산재단 소속 채권의 실제가치가 파산채권의 실제가치보다 낮아지는 경우가 전형적인 예이다.
　　파산관재인에 의한 상계는 '파산채권자의 일반의 이익에 부합할 것'과 '법원의 허가' 외에는 기본적으로 민법이 정한 일반적인 상계의 요건에 따른다. 자동채권의 경우 금전화, 현재화에 관한 규정이 없으므로 일반적인 민법의 상계요건이 적용된다. 수동채권인 파산채권의 경우 금전화, 현재화가 일어나므로 비금전채권이나 기한미도래채권도 상계가 가능하다(일반적인 상계요건보다 완화되었다).
270) 민법 제418조 제2항에 따른 연대채무자가 상계를 하는 경우에도 동일한 문제가 발생한다.
271) 편집대표 곽윤직, 민법주해(X) – 채권(3), 박영사(1992), 276쪽.

보증인의 상계권을 인정하는 쪽이 오히려 당사자의 기대와 이해관계의 조절에 합당한 것이 될 수 있다.

그러나 보증인에 의한 상계는 주채무자에 의한 상계를 전제로 하는 것인데, 이미 채무자인 주채무자가 상계권 행사의 권한을 상실한 이상 보증인의 상계권 행사도 부정된다고 할 것인 점, 또한 앞에서 본 바와 같이 파산관재인의 상계권은 파산채권자의 일반의 이익에 부합하는 경우에 인정되는 것이므로 보증인의 상계권을 인정하여야 할 이유가 없는 점, 보증인의 상계를 인정하게 되면 파산절차에 의하지 아니하고 파산채권을 변제하는 것과 동일한 결과가 되어 파산의 목적 실현에 저해된다는 점, 상계를 위한 법원허가의 신청권은 파산관재인이 가지고 있고 보증인은 신청을 할 수 없는 점 등을 고려하면, 보증인의 상계권은 부정하여야 할 것이다.[272]

나. 비파산채권과 파산재단 소속 채권의 상계

파산선고 후 채무자에 대하여 발생한 채권은 비파산채권(재단채권을 포함하지 않는다)[273]이고, 파산재단으로부터 만족을 받을 자격이 없다. 또한 파산관재인도 이를 변제할 수 없다. 따라서 본래부터 상계할 수 있는 관계에 있지 않으므로 비파산채권자나 파산관재인 모두 상계가 허용되지 않는다.

다. 비파산채권과 자유재산 소속 채권의 상계

이 경우는 자동채권, 수동채권 모두 파산절차와 관련이 없어 채무자회생법의 제한을 받지 않고 민법의 일반원칙에 따라 상계의 가부가 결정된다.

라. 파산채권과 자유재산 소속 채권의 상계

(1) 파산채권자에 의한 상계

먼저 파산채권자로부터의 상계는 허용되지 않는다. 왜냐하면 상계가 자동채권의 강제적 회수기능을 가지고 있다는 점을 고려하면(제424조의 취지에 반한다), 상계를 인정할 경우 고정주의에 반하고(제382조) 파산절차에 의하지 않고 파산채권자가 파산채권을 행사한다는 의미가 되기 때문이다.

(2) 채무자에 의한 상계

반면 자유재산의 주체인 채무자로부터의 상계는 파산절차에 의한 제한이 없다. 민법에 따라 상계할 수 있다. 채무자에 의한 상계는 채무자가 자유재산으로 파산채권에 대해 임의변제를 하는 것과 마찬가지이기 때문이다(본서 1365쪽 참조).

---

272) 條解 破産法, 533~534쪽, 破産法·民事再生法, 463쪽.
273) 비파산채권은 파산절차 밖에서 발생한 채권으로 기타채권이라고도 한다(본서 1531쪽 참조).

마. 재단채권과 파산재단 소속 채권의 상계

재단채권의 경우 파산절차에 의하지 않고 수시로 변제받을 수 있으므로(제475조) 재단채권자는 민법의 상계규정에 따라 상계를 할 수 있다.[274] 그렇다면 파산관재인이 재단채권을 수동채권으로 하여 상계를 할 수 있는가. 일반적으로 가능하다고 할 것이지만 파산재단이 부족하여 재단채권에 대해 평등한 변제를 하여야 하는 경우(제477조 제1항)에는 상계를 할 수 없다고 할 것이다. 이것은 파산관재인의 선관주의의무(제361조)에 속하는 문제이다.[275]

바. 재단채권과 자유재산 소속 채권의 상계

(1) 재단채권자에 의한 상계

재단채권에 대하여는 채무자가 책임을 부담하지 않으므로(재단채권에 대하여 원래 채무자 본인이 자유재산으로 책임을 부담하지 않는다는 입장[276]), 채무자가 자유재산으로서 재단채권자에 대하여 채권을 가지고 있다고 하여도, 재단채권자와 채무자 사이에는 채권채무가 대립하지 않아 재단채권자로부터의 상계 가능성은 없다.[277]

(2) 채무자에 의한 상계

반면 채무자에 의한 상계는 임의변제와 마찬가지이거나(본서 1365쪽 참조)[278] 파산재단에 이익을 위한 제3자의 변제에 준한 것으로[279] 인정된다고 할 것이다. 민법에 따라 상계할 수 있다.

3. 상계의 요건

파산절차와의 관계에서 파산채권자에 의한 상계가 유효하게 취급되기 위해서는 ① 파산채권자가 파산선고 당시 채무자에 대하여 채무를 부담하고 있어야 한다.[280] 파산선고 당시에 파

---

274) 서울고등법원 2014. 9. 26. 선고 2013나23503(본소),2013나23510(반소) 판결(대법원에서 심리불속행으로 기각되었다) 참조.
275) 條解 破産法, 752쪽.
276) 재단채권의 채무자가 누구냐에 관하여 파산재단이나 관리기구로 보는 견해이다. 관련 내용은 〈제6장 제2절 Ⅰ. 각주 114)〉(본서 1497쪽)을 참조할 것.
277) 또한 뒤(본서 1526쪽)에서 보는 바와 같이 파산선고 후 재단채권에 기한 강제집행을 할 수 없도록 한 것은 재단채권자 사이의 평등 확보를 위해 대상재산을 묻지 않고 일반적으로 강제집행을 금지시키기 위한 것으로 볼 수 있는 점, 고정주의를 취하고 있으므로(제382조) 파산선고를 받은 채무자가 자기의 자유재산으로 재단채권을 변제할 책임이 없는 점에서도 파산절차 중에는 재단채권자는 자유재산 소속 채권과 상계할 수 없다고 할 것이다. 이는 재단채권자가 자유재산에 대하여 강제집행을 할 수 있는지의 문제와도 연관된다. 동일한 이유로 재단채권자는 파산절차가 진행 중일 때에는 자유재산에 대하여 강제집행을 할 수 없다고 할 것이다.
278) 條解 破産法, 535쪽.
279) 破産法·民事再生法, 465쪽.
280) 다만 상계가 되면 상계적상의 시점으로 소급하여 자동채권인 파산채권이 소멸하기 때문에 그 사이의 이자나 지연손해금 채권은 파산채권으로 행사할 수 없고, 신고가 된 경우 이의의 대상이 된다. 상계를 할 때까지의 이자나 지연손해금 채권의 행사를 인정한다는 취지의 특약이 있었다고 하더라도, 파산관재인에 대한 구속력은 인정되지 않는다(破産法·民事再生法, 461쪽, 破産管財の手引, 287~288쪽).

산채권자와 채무자 사이에 채권채무의 대립이 존재하지 않으면 안 된다(제416조). ② 양 채권의 목적이 동종이어야 하고 채무의 이행기가 도래하여야 한다(민법 제492조 제1항). 회생절차(제144조 제1항)와 달리 상계적상에 관한 시기적 제한은 없다(본서 522쪽 참조). 물론 파산채권의 현재화·금전화로 인하여 아래 〈Ⅱ.〉에서 보는 바와 같이 상계권이 확장되어 있다. ③ 상계가 민법 등에 의해 금지되어서는 아니 되고, 아래 〈Ⅲ.〉에서 보는 바와 같이 상계금지에도 해당되지 않아야 한다.

Ⅱ 상계권의 확장 – 상계요건의 완화

민법(제492조)에 의해 상계를 하려면 ① 동일 당사자 사이에 채권의 대립이 있어야 하고, ② 자동채권과 수동채권의 목적이 동종이어야 하며, ③ 양 채권의 변제기가 도래하고 있어야 하고, ④ 상계가 허용되지 않는 채권이 아니라야 한다. 한편 ③의 경우 수동채권에 대하여는 아직 기한이 도래하지 아니한 경우라도 채권자는 그가 가지는 기한의 이익을 포기하여 상계를 할 수 있다(통설). 그런데 이러한 요건을 엄격히 요구하면 집단적 획일적인 청산을 원활하게 진행할 수 없다.

그래서 파산절차에서는 위와 같은 요건을 완화하여 기한미도래의 채권이라도 현재화에 의하여 파산선고시에 기한이 도래한 것으로 보고(③요건의 완화), 비금전채권이라도 금전화하여 (②요건의 완화) 비록 민법상의 상계요건을 충족하지 못한 경우라도 파산절차 내에서는 상계가 가능하도록 하는 등 그 범위를 확장하고 있다. 이는 파산절차는 파산선고 당시 채무자의 총재산을 환가하여 금전에 의하여 다양한 종류의 파산채권자에 대해 공평한 만족을 도모한다는 특징(파산채권의 현재화·금전화)(제425조 내지 제427조)[281]에서 나온 것이다.[282]

---

281) 상계권 확장의 근거로 파산채권의 등질화(현재화·금전화)를 드는 것에 대하여 비판적 견해가 있다. 파산채권의 등질화는 파산제도가 파산재단을 환가하여 얻어진 금전으로써 채무자에 대한 채권 전부를 총체적·포괄적으로 정리하는 절차이니만큼, 기한부 또는 조건부 채권이나 비금전채권 등도 파산절차에서는 일정한 가액의 현존의 금전채권으로 평가하여 이를 획일적으로 처리할 필요에 의하여 인정되는 것이다. 그러므로 파산선고 전에는 상계할 수 없던 채권자가 이와 같이 '등질화'에 의하여 돌연 상계할 수 있게 된다는 것, 즉 다른 파산채권자에 우선하여 자기 채권의 만족을 얻을 수 있게 된다는 것(실체법적으로 정당화되지 않는 우선적 지위가 채무자회생법 규정에 의하여 창출되는 것이다)은 실로 그 '등질화'의 목적을 뛰어넘는 것이다[양창수, "파산절차상의 상계 – 소위 「상계권의 확장」에 대한 입법론적 재고를 포함하여 –", 민법연구 제7권, 박영사(2003), 217쪽].

282) 이에 대해 채무자회생법에 의한 상계권의 확장은 결과적으로 상계에 대한 우선권이 창설되는 것이므로 부당하다는 입법론적 비판이 있다(전병서, 357~358쪽, 남효순·김재형, 749~754쪽, 김주학, 398쪽). 또한 기본적으로 채무자회생법은 파산재단의 충실화를 기하여 채권자평등의 원칙을 실현하기 위해 상계권의 행사를 제한하는 입장에 있음을 전제로 상계권의 확장규정도 민법에 비하여 상계권을 확장한다기 보다는 파산절차가 청산적 도산절차인 점에서 비롯된 것으로 보는 것이 상당하다는 견해도 있다[조병현, "파산절차상의 상계권 행사, 파산법상의 제문제(하), 재판자료 83집, 법원도서관(1999), 329쪽]. 요컨대 파산선고라는 우연한 사정에 의해 상계가 허용된다는 것은 다른 채권자에게 불측의 손해를 가하는 것으로 부당하다. 파산절차에서 비록 파산채권의 현재화, 금전화가 일어나더라도 상계권의 확장은 불허하고, 평상시의 상계법리 – 이른바 변제기 선도래설(대법원 2015. 1. 29. 선고 2012다108764 판결, 대법원 2012. 2. 16. 선고 2011다45521 전원합의체 판결 등 참조)에 따라 그 가부를 판단해야 할 것이다.
  회생절차에서는 상계권의 확장이 없다. 따라서 회생절차에서는 회생채권이 기한미도래채권·조건부채권·비금전 채권일 경우 상계는 허용되지 아니하고, 회생절차에 참가하여 평가액에 의한 의결권 행사에 만족할 수밖에 없다.

한편 상계권의 확장(제416조 이하)은 파산채권자가 파산채권을 자동채권으로 하여[283] 상계하는 경우에 한하여 적용된다.

1. 자동채권

가. 기한부채권, 비금전채권, 금액불확정의 금전채권, 외국통화채권, 정기금채권

기한부채권은 현재화(제425조)에 의하여 파산선고 당시 기한이 도래하지 아니한 기한부채권이라도 상계할 수 있다(제417조 전문). 파산선고시에 기한이 도래하지 아니한 채권이라도 파산선고로 기한이 도래한 것으로 보기 때문이다(제425조). 비금전채권, 금액이 불확정한 금전채권, 외국통화로 된 금전채권, 정기금채권도 금전화에 의하여 자동채권이 될 수 있다(제417조 전문, 제420조, 제426조).

그리하여 ① 이자채권의 경우에는 원본과 파선선고 전일까지의 이자의 합산액으로 상계할 수 있다. ② 무이자채권의 경우에는 확정기한부이면 채권액에서 중간이자(제446조 제1항 제5호)를 공제한 액을, 불확정기한부이면 그 채권액과 파산선고시의 평가액의 차액에 상당하는 부분(제446조 제1항 제6호)을 공제한 액의 한도에서 상계할 수 있다(제420조 제1항). ③ 정기금채권의 경우에는 채권액 및 존속기간이 확정된 것이면 중간이자를 공제한 액의 한도에서, 확정되지 아니한 것이면 파산선고 당시의 평가액으로 상계할 수 있다(제420조, 제446조 제1항 제7호, 제426조 제2항). ④ 비금전채권, 금액이 불확정한 금전채권, 외국통화로 된 금전채권의 경우에는 파산선고 당시의 평가액으로 상계할 수 있다(제420조 제2항, 제426조 제1항).

위 ②, ③에서 공제되는 부분은 후순위 파산채권에 해당한다. 후순위 파산채권에 대하여는 상계에 의한 우선적 만족을 부여할 수 없기 때문에 상계가 제한되고, 자동채권액에서 공제하는 것이다.[284] 즉 무이자채권 또는 정기금채권의 경우 채권액에서 위 공제되는 부분을 공제한 한도 내에서 상계할 수 있는 것이다.[285]

나. 해제조건부채권

파산선고 당시 해제조건부채권도 상계할 수 있다(제417조 전문). 해제조건부채권은 이미 발생하고 있으므로 그 채권 전액을 가지고 상계를 할 수 있다.[286] 다만 해제조건이 성취되면 채권이 소멸하고, 상계의 효력도 발생할 수 없게 된다(상대방의 채권은 소멸하지 않았던 것으로 된

---

283) 수동채권에 관하여는 아래에서 보는 바와 같이 상계권의 확장과 무관하고 오히려 상계권이 제한되고 있다.
284) 이외 다른 후순위 파산채권을 자동채권으로 한 상계가 허용되는가. 위 ②, ③의 공제되는 부분이 후순위채권으로서 공제되어 상계할 수 없는 것과의 균형상, 다른 후순위 파산채권도 상계의 자동채권이 될 수 없다고 할 것이다. 예컨대 파산선고 후의 이자는 후순위 파산채권이기 때문에(제446조 제1항 제1호) 이것을 자동채권으로 한 상계는 무효라고 할 것이다(新破産實務, 157쪽).
285) 일본 파산법 제68조 제2항은 이를 명시적으로 규정하고 있다.
286) 이는 민법의 원칙에 의하더라도 그러하므로 상계권의 확장이라고 할 수는 없다.

다).[287] 이러한 경우에 대비하여 해제조건부채권을 가진 자가 상계한 경우에는 그 상계액에 관하여 담보를 제공하거나 임치하도록 하고 있다(제419조). 최후의 배당에 관한 배당제외기간 안에 해제조건이 성취하지 못한 때에는 제공한 담보는 그 효력을 상실하고[288] 임치한 금액은 해당 채권자에게 지급된다(제524조, 본서 1604쪽).

다. 정지조건부채권 또는 장래의 청구권

정지조건부 채권 또는 장래의 청구권은 즉시 상계할 수 없는 것이 당연하다(제417조 전문 참조). 정지조건이 성취되기 전까지는 채권은 아직 발생하지 않고 있으며, 장래의 청구권도 그것이 구체화되지 않으면 그것을 상계의 자동채권으로 할 수 없기 때문이다. 따라서 파산채권자는 파산재단에 대하여 부담하고 있는 채무(수동채권)를 변제하지 않으면 안 된다. 다만 파산절차 진행 중에 정지조건이 성취되거나 장래의 청구권이 현실화될 가능성이 있기 때문에 나중에 상계를 할 수 있게 된 때에 대비하여(후일의 상계권을 확보하기 위하여) 그 채권액의 한도 안에서 변제액의 임치를 청구할 수 있다(제418조).[289][290] 임치는 정지조건의 성취를 해제조건으로 한 변제를 근거로 행하여지는 것이다.[291] 임치의 방식에 대하여는 정해져 있지 않지만, 파산관재인

---

287) 대법원 1980. 8. 26. 선고 79다1257,1258 판결 참조. 다른 한편 파산절차 중 해제조건이 성취되면 자동채권은 소멸하게 되어 상계권자는 부당이득을 얻게 되기 때문이기도 하다(新破産實務, 157쪽).

288) 이 경우 담보는 담보제공자에게 반환된다.

289) 채무자의 보증인이 파산선고 후 보증채무를 전부 이행함으로써 구상권을 취득한 경우, 그 구상권은 파산선고 당시 이미 장래의 구상권으로서 파산채권으로 존재하고 있었다고 보아야 하는 점, 파산절차에서는 장래의 청구권을 자동채권으로 한 상계가 허용되는 점(즉시 상계를 못할 뿐이다), 정지조건부채권 또는 장래의 청구권을 가진 자가 그 채무를 변제하는 경우에는 후일 상계를 하기 위하여 그 채권액의 한도에서 변제액의 임치를 청구할 수 있는 점 등에 비추어, 그 구상권을 자동채권으로 하여 채무자에 대한 채무와 상계할 수 있다고 봄이 상당하다. 그런데 파산선고 후 파산채권자가 다른 채무자로부터 일부 변제를 받거나 다른 채무자에 대한 회생절차 내지 파산절차에 참가하여 변제 또는 배당을 받았다 하더라도 그에 의하여 채권자가 채권 전액에 대하여 만족을 얻은 것이 아닌 한 파산채권액에 감소를 가져오는 것은 아니어서, 채권자는 여전히 파산선고시의 채권 전액으로써 계속하여 파산절차에 참가할 수 있고, 채권의 일부에 대한 대위변제를 한 구상권자가 자신이 변제한 가액에 비례하여 채권자와 함께 파산채권자로서 권리를 행사할 수 있는 것은 아니다. 따라서 채무자의 보증인이 파산선고 후 채권자에게 그 보증채무의 일부를 변제하여 그 출재액을 한도로 채무자에 대하여 구상권을 취득하였다 하더라도 채권자가 파산선고시의 채권 전액을 파산채권으로 신고한 이상 보증인으로서는 채무자에 대하여 그 구상권을 파산채권으로 행사할 수 없어 이를 자동채권으로 하여 채무자에 대한 채무와 상계할 수도 없다(대법원 2008. 8. 21. 선고 2007다37752 판결 참조).

290) 제418조는 정지조건부채권 또는 장래의 청구권을 가진 자에게 임치청구권을 인정하고 있으나, 임치청구권의 행사방법이나 절차에 대하여는 따로 규정하고 있지 아니하다. 이처럼 제418조에서 정지조건부 파산채권자 등에게 채무변제금에 대한 임치청구권을 인정하면서도 임치청구의 방법이나 절차에 대하여 별도의 규정을 두지 아니한 이상, 정지조건부 파산채권자는 제418조를 근거로 파산관재인에 대하여 민사소송의 방법으로 채무변제금에 대한 임치의 이행을 청구할 수 있다. 나아가 정지조건부 파산채권자는 그의 정지조건부 채권액 한도 안에서 파산관재인에게 자신이 변제하는 금액의 임치를 청구할 수 있으므로, 정지조건부 파산채권자가 채무를 실제로 변제할 때에 그의 채권액이 채무변제액을 초과한다는 사실을 증명한 경우에는 파산채권자는 자신이 변제하는 금액 전부에 대하여 임치를 청구할 수 있다{대법원 2017. 1. 25. 선고 2015다203578(본소),2015다203585(반소) 판결}.

291) 임차보증금반환청구권은 임대차종료 후 임차건물을 임대인에게 인도할 때에 체불임료 등 모든 피담보채무를 공제한 잔액이 있을 것을 조건으로 하여 그 잔액에 대하여 발생하는 청구권으로(대법원 1988. 1. 19. 선고 87다카1315 판결, 대법원 1987. 6. 9. 선고 87다68 판결 등 참조) 정지조건부채권이다. 따라서 임대인이 파산한 경우 임차보증금을 가지고 있는 임차인이 임료를 지급할 때, 정지조건부채권을 가진 채권자의 채무 변제에 관한 일반원칙(제418조)에 따라 지급된 임료에 대하여 임치를 청구할 수 있다. 일본 파산법 제70조 제2문은 이를 명시적으로 규정하고 있다. 한편 채무자회생법은 임차보증금이 있는 경우 상계도 인정하고 있다(제421조 제1항 제2문).

은 수취한 금전을 적당한 방식으로 파산재단과 구별하여 관리할 필요가 있다.

임치가 행해진 경우 최후배당에 관한 배당제외기간 안에 정지조건이 성취되거나 장래의 청구권이 현실화되면 파산채권자는 상계권을 행사하여 임치금의 교부를 청구할 수 있다. 이 점에서 정지조건부채권이나 장래의 청구권에 대하여도 상계권이 확장된 것으로 볼 수 있다.

최후의 배당에 관한 배당제외기간 안에 정지조건이 성취하지 않거나 장래의 청구권이 현실화되기에 이르지 아니한 때에는 임치된 금액은 다른 파산채권자에게 배당하여야 한다(제526조 후문).

2. 수동채권

가. 기한부채권, 조건부채권 또는 장래의 청구권

파산재단에 속하는 채권인 수동채권에 대하여는 자동채권인 파산채권과는 달리 금전화의 규정이 없으므로 민법의 원칙에 따라 금전채권이거나 자동채권과 동종 목적의 채권이어야 한다. 그러나 수동채권이 기한부채권, 조건부채권,[292] 또는 장래의 청구권인 경우에는 파산채권자는 스스로 기한의 이익 또는 조건성취의 기회를 포기하여 이를 현재화시켜 상계할 수 있다(제417조 후문).[293] 이러한 수동채권에 있어서는 채무자인 파산채권자가 스스로 기한의 이익을 포기하거나 청구권의 현실화를 승인한 후 상계를 하고자 한다면 막을 이유는 없기 때문이다. 다만 자동채권과 달리(제420조) 별도의 규정이 없으므로 파산채권자는 수동채권의 명목액으로 상계하여야 한다.

기한부채권, 조건부채권 또는 장래의 청구권을 수동채권으로 한 상계를 인정하는 취지는, 파산채권자가 위 채무에 대응하는 채권을 수동채권으로, 파산채권을 자동채권으로 하는 상계의 담보적 기능에 대하여 가지고 있는 기대를 보호하려는 것에 있다. 그래서 파산절차에서는 파산채권자에 의한 상계의 시기적 제한을 가하고 있지 않다. 따라서 파산채권자는 그 채무가 파산선고시에 기한부인 경우에는 특단의 사정이 없는 한 기한의 이익을 포기한 경우뿐만 아니

---

292) 한편 아래(Ⅲ.2.가.)에서 보는 바와 같이 파산채권자가 파산선고 후에 파산재단에 대하여 채무를 부담한 때에는 상계를 할 수 없다(제422조 제1호). 그래서 파산선고 후 수동채권의 정지조건의 성취를 기다려서 한 상계가 위 규정에 저촉되는 것은 아닌지 문제될 수 있다. 제422조 제1호는 '파산선고 후에 파산재단에 대하여 채무를 부담한 때'를 상계제한사유의 하나로 규정하고 있으나, 제417조에서는 파산채권자는 조건부 채권을 수동채권으로 하여서도 상계할 수 있다고 규정하고 있으므로 이에 해당되는 경우 그 조건이 파산선고 후에 성취되었다고 하더라도 그 상계는 적법하다(대법원 2002. 11. 26. 선고 2001다833 판결 참조). 보험계약에 관한 해약환급금채권은 보험계약자가 해지권을 행사할 것을 조건으로서 효력이 발생하는 조건부 권리이므로(대법원 2009. 6. 23. 선고 2007다26165 판결) 파산채권자인 보험회사는 제417조 후문에 따라 보험해약환급금채권을 수동채권으로 하여 보험회사 자신의 신용대출채권을 자동채권으로 하여 상계할 수 있다. 다만 압류금지채권에 해당하는 보장성보험의 경우에는 상계가 어려울 것이다(민법 제497조, 민사집행법 제246조 제1항 제7호).

293) 기한부채권은 채무자(파산채권자)가 그 기한의 이익을 포기하여 이를 수동채권으로 할 수 있고, 해제조건부채권도 조건 성취 전이면 현존하는 채권으로서 이를 수동채권으로 할 수 있으므로 이 한도에서는 상계권의 확장이라고 할 수 없다. 기한부채권을 수동채권으로 한 상계는 민법상으로도 인정되고 있으므로(통설, 민법 제468조 참조), 제417조 후문은 확인적 규정에 지나지 않는다.

라 파산선고 후 그 기한이 도래한 경우에도 그 채무를 수동채권으로 하여 상계를 할 수 있다. 또한 그 채무가 파산선고시에 정지조건부인 경우에는 조건성취의 기회를 포기한 경우뿐만 아니라 파산선고 후에 정지조건이 성취된 경우에도 마찬가지로 상계를 할 수 있다.[294]

나. 임대인의 파산과 장래의 차임채권을 수동채권으로 한 상계

임대인에 대하여 파산선고가 내려진 경우, 파산채권자인 임차인은 차임채무를 수동채권으로 하여 제한 없이 상계를 하게 되면 파산재단에 편입될 재원이 줄어들게 되므로 특칙을 두어 임차인이 파산선고시의 당기 및 차기의 차임에 관하여만 상계를 할 수 있도록 함으로써 임차인의 수동채권의 범위를 제한하였다(제421조 제1항 전문). 다만 보증금이 있는 경우에는 차기 이후의 차임에 관하여도 상계(실질적으로 공제에 해당한다)를 허용하고 있다(제421조 제1항 후문).

하지만 파산절차에서는 상계권 행사가 아무런 제한없이 인정되고 있음에도(제416조) 차임채권을 수동채권으로 하는 경우에만 특별히 제한하여야 할 합리적인 이유가 없기 때문에 제421조는 폐지되어야 할 것이다.

Ⅲ 상계의 금지

1. 상계를 금지하는 이유

파산절차는 파산채권자들이 파산절차에 따라 공평하게 배당을 받는 것인데, 상계를 무조건적으로 인정하게 되면 특정한 채권자에게만 우선적인 만족을 주게 되어 파산절차의 구속을 받는 채권자들에게 상당한 불공평을 가져올 우려가 있다. 따라서 법적으로 채권자평등의 원칙에 현저히 반하거나 파산재단의 감소를 가져와 채권자들의 이익을 해할 우려가 있는 상계에 대하여는 일부 금지를 하고 있다.[295] 구체적으로 보면 다음과 같다. ① 상계권의 범위는 제416조에 기하여 파산선고시를 기준시로 한다. 따라서 위 기준시 이후에 자동채권 또는 수동채권을 취득하여도 이들을 기초로 한 상계는 채권자평등에 어긋나 상계가 허용되지 않는다(제422조 제1호, 제3호). ② 파산선고 당시에 정당한 상계권을 취득한 자라도 그 취득이 위기시기에 행하여진 경우 채권자평등에 어긋나므로 상계가 허용되지 않는다(제422조 제2호, 제4호 본문). 한편으론 지급정지 등에 대한 상계권자의 악의를 요구하고, 다른 한편으론 상계권의 취득원인에 관하여 일정한 예외를 두고 있다(제422조 제2호, 제4호 단서). 이는 위기시기에 취득된 상계권이 진정으로 채권자평등을 해치는 것인지 여부를 유연하게 판단하기 위함이다.[296]

---

294) 倒産判例百選, 130쪽.
295) 민법 등의 규정에 의하여 상계가 금지되는 경우에는 파산절차에서도 상계는 무효로 된다. 채무의 성질에 반하는 경우(민법 제492조 제1항 단서), 상계금지의 특약이 있는 경우(민법 제492조 제2항), 불법행위나 압류금지채권을 수동채권으로 한 상계가 금지된 경우(민법 제496조, 제497조) 등을 들 수 있다.
296) 전병서, 361~362쪽.

상계의 금지규정은 강행규정이므로 이에 위반하여 한 상계는 무효이고(이 경우 다시 채무를 이행하여야 하고, 부인권 행사의 대상이 되는 것은 아니다),[297] 상계의 금지규정을 배제하기로 한 당사자 사이의 합의도 원칙적으로 무효이다(본서 539쪽).[298] 파산선고 전에 파산채권자가 위기시기에 부담한 채무와 상계하였거나, 채무자에 대하여 채무를 부담한 자가 위기시기에 취득한 파산채권(으로 되어야 할 채권)으로 상계하였어도, 파산선고가 되면 그 상계는 소급적으로 무효가 된다.[299]

상계와 구별한 개념으로서 공제가 있다. 공제는 하나의 계약관계에서 발생한 채권, 채무관계를 상호 가감하여 정산하는 것으로, 별개의 계약관계에서 발생한 채권, 채무관계를 소멸시키기 위한 상계와 구별된다. 공제의 법리가 적용될 경우에는 상계의 제한에 걸리지 아니하고 공제를 주장할 수 있다.[300]

2. 상계금지의 사유

가. 파산채권자가 파산선고 후에 파산재단에 대하여 채무를 부담한 때-파산선고 후에 부담한 채무를 수동채권으로 하는 상계 (제422조 제1호)

파산절차에서 파산채권자에게 상계권을 인정한 것은 파산선고 시점에서 파산채권자의 상계에 의한 채권회수의 기대권을 보호하려고 하는 것인데, 파산채권자가 파산선고 후에 파산재단에 대하여 채무를 부담하는 경우에는 그러한 기대가 없어 이를 보호할 필요가 없기 때문이다. 오히려 파산채권자가 파산선고 후에 부담한 채무를 파산채권과 상계하도록 허용한다면 그 파산채권자에게 그 금액에 대하여 다른 파산채권자들보다 우선하여 변제하는 것을 용인하는 것이 되어 결과적으로 파산채권자 사이의 공평을 해치게 되므로, 이를 방지하기 위하여 상계를 금지하고 파산절차에 의하여 파산채권을 행사하도록 한 것에 그 목적이 있다.[301] 또한 파산선고 후에 발생하는 파산재단에 대한 채무는 모두 파산재단에 대하여 현실로 이행되어야 그 의미가 있다는 점을 고려한 것이다. 이와 같은 법리는 특별한 사정이 없는 한 파산채권자가 파산선고 후에 부담한 채무에서 파산채권을 공제[302]하는 경우에도 적용되며, 파산채권자와 파산관재인이

---

297) 파산선고 전에 상계가 되고 동시폐지가 된 경우에는 상계가 소급적으로 무효로 되는 것이 아닌 것은 당연하다. 반면 이시폐지나 동의폐지의 경우에는, 상계금지가 파산절차 내에서 채권자평등을 확보하기 위한 것이므로, 파산관재인이 파산재단 소속 채권의 추심을 마친 경우는 별론으로 하더라도, 채권이 파산절차종료시까지 파산재단에 남아 있는 때에는 파산절차종료시에 상계의 효력은 당연히 부활한다고 해석된다.

　　상계의 의사표시가 파산선고 전이건 후이건 상계가 무효로 되면, 파산채권자는 권리행사를 위하여 채권신고를 필요로 하고, 배당에 의해 변제를 받게 된다. 상계금지에 저촉된다고 파산채권자가 생각할 경우에는, 상계가 유효하다는 것을 해제조건으로 하여 예비적 채권신고를 할 수 있을 것이다. 다른 한편 채무자가 가지고 있는 채권은 파산관재인이 행사하게 된다(條解 破産法, 551~552쪽).

298) 다만 파산채권자 전원이 합의한 경우나 파산재단 소속 수동채권(반대채권)의 실제가치가 하락한 경우 등 특단의 사정이 있는 경우에는 효력이 인정될 수도 있을 것이다(倒産判例百選, 141쪽).

299) 대법원 2015. 9. 10. 선고 2014다68303 판결 참조.

300) 관련 내용은 〈제2편 제7장 제5절 Ⅱ.2.가.〉(본서 522쪽)를 참조할 것.

301) 대법원 2017. 11. 9. 선고 2016다223456 판결.

302) 여기서 '공제'는 앞에서 설명한 공제와 달리 '공제합의 또는 상계약정(상계합의)'의 의미로 보아야 한다.

그 공제에 관하여 합의하였다 하더라도 다른 사정이 없다면 마찬가지로 봄이 타당하다.[303]

'파산선고 후에 파산재단에 대하여 채무를 부담한 때'란 그 채무 자체가 파산선고 후에 발생한 경우만을 의미하는 것이 아니고, 파산선고 전에 발생한 제3자의 파산채권자에 대한 채권을 파산선고 후에 파산관재인이 양수함에 따라 파산채권자가 파산재단에 대하여 채무를 부담하는 경우도 포함한다.[304]

나. 파산채권자가 지급정지 또는 파산신청[305]이 있었음을 알고 채무자에 대하여 채무를 부담한 때–위기상태에 있음을 알면서 부담한 채무를 수동채권으로 하는 상계 (제422조 제2호)

채무자의 지급정지 또는 파산신청이 있는 경우에는 채무자에 대하여 갖는 파산채권은 회수가능성에 대한 불확실성 등으로 그 가치가 현저히 하락되어 있음에도 불구하고 파산채권자가 채무자에 대하여 부담하는 실질적인 채무를 파산채권의 액면가액과 대등하게 상계하는 것은 파산재단의 충실성을 해하기 때문에 금지하는 것이다. 한편 제6조 제1항, 제4항의 내용과 함께 '회생'과 '파산'이라는 도산절차를 하나의 범주 안에서 원활하게 연계하여 처리하려는 그 규정 취지 등을 고려하면, 채무자에 대하여 회생계획인가가 있은 후 회생절차폐지의 결정이 확정되어 제6조 제1항에 의한 직권 파산선고에 따라 파산절차로 이행된 때에, 회생절차개시신청 전에 지급정지나 파산신청 또는 사기파산죄에 해당하는 법인인 채무자의 이사 등의 행위가 없었

303) 대법원 2023. 6. 15. 선고 2020다277481 판결, 대법원 2017. 11. 9. 선고 2016다223456 판결{주택임차인이 주택임대차보호법 제3조 제1항의 규정에 의한 대항요건을 갖추고 임대차계약증서상의 확정일자를 받은 후 임대인이 파산한 경우에, 주택임차인은 제415조 제1항에 따라 파산채권인 임대차보증금 반환채권에 관하여 파산재단에 속하는 주택(대지를 포함한다)의 환가대금에서 후순위권리자 그 밖의 채권자보다 우선하여 변제받을 권리가 있으며, 그 우선변제권의 한도 내에서는 파산절차에 의하지 아니하고 위 주택에 대한 경매절차 등에서 만족을 받을 수 있다. 그렇지만 제422조 제1호의 취지에 비추어 보면, 제492조 제14호에서 정한 별제권 목적물의 환수절차 등에 따른 특별한 사정이 없는 한, 위 임대차보증금반환채권을 가지고 주택임차인이 임대인에 대한 파산선고 후에 파산재단에 부담한 채무에 대하여 상계하거나 그 채무에서 공제하는 것까지 허용되지는 아니하며, 그에 관한 합의 역시 효력이 없다고 봄이 타당하다. ☞ 제415조 제1항에 따라 임대차보증금을 우선변제받을 권리를 가진 임차인들이 임대사업자의 파산선고 후 그 파산관재인과 임대주택에 관한 분양전환계약을 체결하면서, 그 임대차보증금채권액을 매매대금에서 공제하기로 약정한 경우, 그 공제약정은 원칙적으로 제422조 제1호에 반하여 무효라는 취지의 판결{임차인의 임대차보증금 반환채권은 파산선고 전의 임대차계약에 기하여 생긴 파산채권에 해당하고, 임차인이 파산선고 후 분양전환계약에 따라 파산관재인에 대하여 부담하는 매매대금채무는 파산선고 후에 부담한 채무로서, 제422조 제1호가 정한 파산채권에 대한 상계금지 사유에 해당하기 때문)}, 대법원 2012. 11. 29. 선고 2011다30963 판결 참조.
그러나 주택임대차보호법상 대항요건 및 확정일자를 갖춘 임차인들은 제415조 제1항에 의하여 인정된 우선변제권의 한도 내에서는 파산절차에 의하지 아니하고 임차보증금반환채권의 만족을 받을 수 있다. 또한 이러한 임차인들은 파산절차에서 별제권자에 준하는 지위에 있으므로, 파산관재인이 제492조 제14호에 따라 '별제권의 목적의 환수'에 관한 회생법원의 허가 등을 얻어 임차인들에게 임대차보증금반환채권액 상당의 환수대금을 지급하는 것도 가능하다. 나아가 이러한 경우 임차인들의 환수대금채권은 파산선고 전의 원인으로 발생한 파산채권이 아니므로 그러한 환수대금채권으로 매매대금지급채권과 대등액에서 상계하는 것도 가능하다(대법원 2017. 11. 9. 선고 2015다44274 판결).
304) 대법원 2014. 11. 27. 선고 2012다80231 판결, 대법원 2003. 12. 26. 선고 2003다35918 판결.
305) '지급불능'을 제외할 이유가 없으므로 입법론적으로는 '지급불능'도 포함하는 것으로 개정하여야 할 것이다(일본 파산법 제71조 제1항 제2호, 제72조 제1항 제2호 참조). 지급정지 또는 파산신청 전이라도 지급불능에 빠진 경우에는 그 시점에서 특정채권자만이 상계권이라는 담보를 취득하는 것은 채권자평등원칙에 반하기 때문이다. 제4호의 경우도 마찬가지이다.

다면, 채무자의 '회생절차개시신청'은 파산절차에서 상계의 금지의 범위를 정하는 기준이 되는 '지급정지' 또는 '파산신청'으로 의제된다.[306]

다만 ① 채무의 부담원인이 법정의 원인에 기한 때,[307] ② 파산채권자가 지급정지나 파산신청이 있었음을 알기 전에 생긴 원인에 의한 때, ③ 파산선고[308]가 있은 날로부터 1년 전에 생긴 원인에 의한 때는 상계가 금지되지 않는다. 예외(상계금지의 해제사유)와 관련된 구체적인 내용은 〈제2편 제7장 제5절 Ⅳ.2.나.(2)〉(본서 532쪽)를 참조할 것.

공익채권자가 채무자에 대한 회생절차의 진행 중에 자신의 채권을 자동채권으로 하여 채무자의 재산인 채권을 수동채권으로 삼아 상계한 후 법원이 제6조 제1항에 따라 직권으로 파산선고를 하여 파산절차로 이행된 경우, 위와 같은 상계에는 제422조 제2호가 적용될 수 없다.[309]

다. 파산선고를 받은 채무자의 채무자(채무자에 대하여 채무를 부담하는 자)가 파산선고 후에 타인의 파산채권을 취득한 때-타인의 파산채권을 파산선고 후 취득하고 이를 자동채권으로 하는 경우의 상계 (제422조 제3호)

파산재단에 대하여 채무를 부담하는 자가 가치가 하락한 파산채권을 취득하여 이를 자동채권으로 하여 상계에 의하여 파산재단에 대한 채무를 면하도록 하는 것은 부당하기 때문이다.

타인의 파산채권 취득과 관련하여 파산선고 후 제3자가 변제에 의해 취득한 원파산채권과 구상권에 기하여 상계를 할 수 있는지가 문제된다. 원파산채권과 구상권에 기한 상계는 제3호

---

306) 대법원 2016. 8. 17. 선고 2016다216670 판결.

307) 파산채권자의 채무가 민사소송법 제215조 제1항, 제2항의 규정에 따른 가집행선고의 실효로 인한 원상회복의무인 가지급물 반환채무인 경우, 이는 위 민사소송법 규정에 의하여 발생되는 것이고, 파산채권자가 작위적으로 가지급물 반환채무를 부담하는 것은 불가능하므로 제422조 제2호가 규정하고 있는 "그 부담이 법정의 원인에 의한 때"에 해당하는 것으로 보아야 할 것이다(대법원 2009. 12. 10. 선고 2009다53802 판결 참조). 반면 신용협동조합법 제44조에 따른 단위신용협동조합의 신용협동조합중앙회에의 여유자금 예치는 이에 해당하지 않는다(대법원 2002. 1. 25. 선고 2001다67812 판결 참조).

　　상속포기의 경우는 어떠한가. 채무자가 공동상속 중 1인이고, 다른 공동상속인의 상속포기에 의해 금융기관인 파산채권자에 대한 예금채권을 상속포기하지 않는 경우보다 많이 취득한 경우에, 상속포기 자체는 상속인의 법률행위이고 그 의사에 기한 행위라고 하여도, 채무자나 파산채권자 등으로부터 영향을 받아 상속포기를 하였을 가능성이 존재하고, 유형적으로 상계권 남용의 우려가 없는 법정의 원인에 해당한다고 할 수는 없는 것이므로, 상속포기에 의해 채무자의 법정상속분을 넘어 파산채권자가 부담하는 예금채권에 대하여는 상계가 금지된다고 하는 견해와 상속의 포기는 어떠한 동기에 의한 것이든, 상속인의 의사에 기한 것이고, 신분행위성이 강하며, 채무자나 파산채권자가 그 의사표시를 강제할 수는 없는 것이므로 상계권 남용이 있을 수 없어, '법정의 원인'에 포함되고, 상계금지가 해제된다는 견해가 대립하고 있다(條解 破産法, 559~560쪽).

308) 파산신청시점부터 파산선고까지 걸리는 시간의 장단에 따라 상계금지의 범위가 결정된다는 것은 부당하므로 파산신청시점으로 개정함이 타당하다(일본 파산법 제71조 제2항 제3호 참조).

309) 대법원 2016. 5. 24. 선고 2015다78093 판결(채무자회생법 제6조 제1항, 제4항에 의하면, 파산선고를 받지 아니한 채무자에 대하여 회생계획인가가 있은 후 회생절차폐지의 결정이 확정된 경우 법원은 그 채무자에게 파산의 원인이 되는 사실이 있다고 인정하는 때에는 직권으로 파산을 선고하여야 하고, 그 경우 제3편(파산절차)의 규정을 적용함에 있어서 공익채권은 재단채권으로 하고 있다.

　　이와 같이 회생절차가 진행되다가 파산절차로 이행된 경우 공익채권을 재단채권으로 보호하는 위 규정들의 내용과 취지에 비추어 보면, 채무자에 대하여 회생계획인가가 있은 후 회생절차폐지의 결정이 확정되어 채무자회생법 제6조 제1항에 의한 직권 파산선고에 따라 파산절차로 이행된 경우, 특별한 사정이 없는 한, 공익채권자가 채무자에 대한 회생절차의 진행 중에 자신의 채권을 자동채권으로 하여 채무자의 재산인 채권을 수동채권으로 삼아 상계한 것에 파산채권자의 상계금지사유를 규정한 제422조 제2호가 적용될 수 없다).

에 반하여 허용되지 않는다고 할 것이다.[310]

그러나 채무자의 부탁을 받은 보증인이 파산선고 후 보증채무를 전부 이행함으로써 구상권을 취득한 경우, 그 구상권은 파산선고 당시 이미 장래의 구상권으로서 파산채권으로 존재하고 있었다고 보아야 하는 점(제430조), 파산절차에서는 장래의 청구권을 자동채권으로 한 상계가 허용되는 점(제418조), 정지조건부채권 또는 장래의 청구권을 가진 자가 그 채무를 변제하는 경우에는 후일 상계를 하기 위하여 그 채권액의 한도에서 변제액의 임치를 청구할 수 있는 점 등에 비추어, 그 구상권을 자동채권으로 하여 파산채무자에 대한 채무와 상계할 수 있다고 봄이 상당하다.[311]

한편 부탁 없는 보증인이 파산선고 후 변제에 의하여 취득한 구상권은 파산채권이 아니라 비파산채권(기타채권)에 해당하므로 파산재단에 속하는 채권을 수동채권으로 하는 상계는 허용되지 않는다(본서 537, 554, 1445쪽 참조).[312]

라. 파산선고를 받은 채무자의 채무자(채무자에 대하여 채무를 부담하는 자)가 지급정지 또는 파산신청이 있었음을 알고 파산채권을 취득한 때-위기상태에 있음을 알면서 취득한 채권을 자동채권으로 하는 상계 (제422조 제4호)

지급정지 또는 파산신청이 있는 경우에는 파산채권의 가치가 하락하고 있을 것이기 때문에 이를 취득하여 파산재단에 대한 자신의 채무이행을 면하고자 하는 것을 금지하는 것이다. 〈다.〉항과 달리 타인의 채권을 취득한 경우에 한정하지 않으므로 위기시에 악의로 채무자에게 금전을 대여하는 등으로 자기의 채권을 취득한 경우도 마찬가지이다.[313]

---

310) 관련 내용은 〈제2편 제7장 제5절 Ⅳ.2.다.(1)〉(본서 535쪽)을 참조할 것.
311) 대법원 2008. 8. 21. 선고 2007다37752 판결. 반면 보증인이 일부만 변제한 경우에는 상계가 허용되지 않는다. 파산선고 후 파산채권자가 다른 채무자로부터 일부 변제를 받거나 다른 채무자에 대한 회생절차 내지 파산절차에 참가하여 변제 또는 배당을 받았다 하더라도 그에 의하여 채권자가 채권 전액에 대하여 만족을 얻은 것이 아닌 한 파산채권액에 감소를 가져오는 것은 아니어서, 채권자는 여전히 파산선고시의 채권 전액으로써 계속하여 파산절차에 참가할 수 있고, 채권의 일부에 대한 대위변제를 한 구상권자가 자신이 변제한 가액에 비례하여 채권자와 함께 파산채권자로서 권리를 행사할 수 있는 것은 아니다. 따라서 채무자의 보증인이 파산선고 후 채권자에게 그 보증채무의 일부를 변제하여 그 출재액을 한도로 채무자에 대하여 구상권을 취득하였다 하더라도 채권자가 파산선고시의 채권 전액을 파산채권으로 신고한 이상 보증인으로서는 채무자에 대하여 그 구상권을 파산채권으로 행사할 수 없어 이를 자동채권으로 하여 채무자에 대한 채무와 상계할 수도 없다(본서 1449쪽 각주 289) 참조).
312) 부탁 없는 보증인의 대위변제에 의해 취득하는 사후구상권의 경우에는 그 구상권을 파산채권으로 보는 전제에서 제422조 제3호의 유추적용에 의해 상계가 금지된다는 견해도 있다(전병서, 369쪽). 일본 최고재판소도 부탁 없는 보증인의 사후구상권에 대하여, 대위변제가 파산선고 후에 있었어도 보증계약체결이 파산선고 전에 있었다면 파산채권이라는 견해가 있다(일본 최고재판소 판례). 다만 파산채권이라고 하더라도 이러한 종류의 구상권을 자동채권으로 한 상계는 파산법 제72조 제1항 제1호[우리나라 제422조 제3호에 해당한다]의 유추적용으로 금지된다고 한다(본서 537, 554쪽).
313) 입법론적으로는 검토가 필요하다. 현재 대법원은 동시교환적 행위이론을 받아들여 신규차입을 하면서 담보를 제공하는 행위에 대하여 부인대상으로 보고 있지 않다(본서 436쪽). 채무자에 대하여 채무를 부담하고 있는 자(채무자의 채무자)가 채무자의 위기상태를 알고 그 회생을 위하여 금전을 대여한 것은 동시교환한 담보제공은 아니지만, 일종의 잉여담보를 이용한 것이므로 동시교환한 담보제공과 동일하게 볼 수 있다. 따라서 채무자에 대하여 채무를 부담하고 있는 자가 채무자의 위기상태를 알고 채무자에게 금전을 대여한 경우, 그 대여채권을 자동채권으로 한 상계를 금지하여야 할 이유는 없다. 상계금지를 해제하는 규정을 새롭게 둘 필요가 있다(일본 파산법 제72조 제2항 제4호 참조).

다만 ① 채무의 부담원인이 법정의 원인에 기한 때, ② 파산채권자가 지급정지나 파산신청이 있었음을 알기 전에 생긴 원인에 의한 때, ③ 파산선고가 있은 날로부터 1년 전에 생긴 원인에 의한 때는 상계가 금지되지 않는다. ②의 경우 상계를 허용하는 취지는 파산채권을 취득한 것은 채무자에게 위기상태가 생긴 이후이지만 그 이전에 이미 채권발생의 원인이 형성되어 있었던 경우에는 상계에 대한 파산채권자의 기대를 보호해 줄 필요가 있으므로, 그러한 경우에는 예외적으로 상계를 할 수 있도록 한 것이다. 이러한 규정 취지를 고려해 보면, 여기서 '원인'은 채권자에게 상계의 기대를 발생시킬 정도로 직접적인 것이어야 할 뿐 아니라 구체적인 사정을 종합하여 상계의 담보적 작용에 대한 파산채권자의 신뢰를 보호할 가치가 있는 정당한 것으로 인정되는 경우를 의미한다.[314] ③의 경우 회생절차가 진행된 후에 파산선고가 된 때에는 회생절차에 소요된 기간은 위 규정에서의 기간 계산에 산입되지 않는다. 회생절차 등으로 인하여 법률상 파산선고를 할 수 없는 기간을 위 기간에 산입하는 것은 형평의 원칙에 반하기 때문이다.[315] 예외와 관련된 구체적인 내용은 〈제2편 제7장 제5절 Ⅳ.2.라.(2)〉(본서 538쪽)를 참조할 것.

다만 본 호에 의하여 상계가 금지되기 위해서는 악의의 증명이 요구된다.

3. 증명책임

파산채권자에 의한 상계를 할 수 없다는 점(채무의 부담이 파산선고 후라는 점, 지급정지의 사실, 악의의 존재 등)에 대한 증명책임은 상계의 효력을 부정하는 파산관재인에게 있다. 반면 상계가 허용되는 예외적인 사실이 있다는 점(제422조 제2호 단서 등)에 대한 증명책임은 상계를 주장하는 파산채권자에게 있다고 할 것이다.

4. 상계권의 남용

제422조는 파산채권자의 편면적 만족을 방지하기 위한 상계금지인데, 이러한 상계금지에 저촉되지 않는 경우라도 상계권의 남용으로서 상계가 인정되지 않는지가 문제될 수 있다. 권리남용의 일반법리가 파산채권자에 의한 상계권의 행사에 적용된다는 것을 부정할 수 없다. 따라서 상계의 요건을 갖추었다고 하더라도 상계를 하는 것이 신의칙에 반하여 상계권의 남용에 해당하는 경우 해석에 의하여 상계는 허용되지 않는다고 할 것이다. 관련 내용은 〈제2편 제7장 제5절 Ⅴ.〉(본서 540쪽)를 참조할 것.

---

314) 대법원 2019. 1. 31. 선고 2015다240041 판결 참조.
315) 대법원 2019. 1. 31. 선고 2015다240041 판결 참조. 예컨대 채무자는 2018. 4. 20. 회생절차개시신청을 하여 2018. 5. 18. 서울회생법원으로부터 회생절차개시결정을 받았고 회생계획인가 전인 2019. 2. 25. 회생절차폐지결정을 받아 2019. 3. 11. 그 폐지결정이 확정되고 2019. 3. 12. 파산선고를 받았다. 파산채무자의 채무자가 2017. 7. 29. 파산채권을 취득한 경우 상계가 허용되는가. 이 경우 회생절차에 소요된 기간인 2018. 4. 20.부터 2019. 3. 11.까지를 공제하면 파산채무자의 채무자가 파산채권을 취득하였다고 주장하는 2017. 7. 29.은 파산선고가 있은 날인 2019. 3. 12.로부터 '1년 이내'에 이루어진 것이다. 따라서 상계는 허용되지 않는다.

사고신고담보금[316]은 어음채무자가 지급은행에 하는 일종의 예금이기는 하지만 일반의 예금채권과는 달리 어음 발행인이 어음금 지급자금 부족을 은폐하고 거래정지처분을 면탈하기 위한 것이 아님을 보장하여 부도 제재 회피를 위한 사고 신고의 남용을 방지함과 아울러, 어음소지인의 어음상의 권리가 확인되는 경우에는 당해 어음채권의 지급을 담보하려는 데 그 제도의 취지가 있으므로, 사고신고담보금을 예치받은 지급은행으로서는 어음소지인이 정당한 어음상의 권리자임이 판명된 경우에는 언제든지 그의 지급 청구에 따라 사고신고담보금을 반환하는 것이 원칙이고, 어음 소지인이 정당한 권리자가 아니라고 판명되기도 전에 이를 어음 발행인에게 반환하거나 그에 대한 반대채권과 상계하는 것은 사고신고담보금을 별단예금으로 예치하게 한 취지에 어긋난다고 할 것이므로, 그 예금채권을 수동채권으로 한 지급은행의 상계는 정당한 어음상의 권리자임이 판명된 당해 어음 채권자에 대한 관계에서는 상계에 관한 권리를 남용하는 것으로서 무효이다.[317]

Ⅳ 상계권의 행사

1. 파산절차에 의하지 않는 행사 – 채권신고의 필요 여부

파산채권자는 파산절차에 의하지 않고 상계를 할 수 있으므로(제416조) 파산관재인에 대하여 재판상 또는 재판 외에서 일방적 의사표시에 의하여 상계를 할 수 있다.

'파산절차에 의하지 않고 상계할 수 있다'는 의미에 대하여 다툼이 있다. 먼저 상계권 실행의 전제로서 자동채권인 파산채권의 신고 및 조사·확정을 필요로 하지 않는다는 견해가 있다. 이에 대하여 자동채권이 파산채권이라는 점을 중시하여 이것이 신고를 거쳐 확정되지 않는 한 상계의 효력이 발생하지 않는다는 견해도 있다. 두 견해의 실질적인 차이는 파산관재인이 자동채권인 파산채권의 존재 또는 액을 다투는 경우 제소책임의 소재에 있다. 전자의 견해에 의하면 상계의 효력을 다투는 파산관재인은 수동채권의 이행을 요구하기 위해 상대방에 대해 이행소송을 제기하여야 하고, 그 소송에서 상대방은 상계항변을 하면서 자동채권의 존재 및 내용을 증명한다. 이에 대하여 후자의 견해에 의하면 파산채권자가 파산채권조사확정재판 등을 통하여 자동채권인 파산채권의 존재 및 액을 증명한다.

살펴건대 상계의 효력을 발생시키기 위해 채권신고 및 확정을 요구하는 것은 '파산절차에 의하지 않는' 만족을 인정하는 법 규정과 모순되고, 제416조의 취지와 별제권의 행사에 있어

316) 사고신고담보금이란 어음의 발행인이 어음의 도난, 분실 등을 이유로 지급은행에 사고신고와 함께 그 어음금의 지급정지를 의뢰하면서 당해 어음금의 지급거절로 인한 부도제재를 피하기 위하여 예탁하는 금원을 말한다. 발행인이 한 예탁계약은 발행인이 요약자로서, 은행이 낙약자로서 소지인을 수익자로 하여 체결하는 제3자를 위한 계약이다. 사고신고담보금은 일반의 예금채권과는 달리 부도제재회피를 위한 사고신고의 남용을 방지함과 아울러 어음소지인의 어음상의 권리가 확인되는 경우에는 당해 어음채권의 지급을 담보하려는 데 그 제도의 취지가 있다(대법원 1994. 10. 21. 선고 94다16816 판결).
317) 대법원 1998. 1. 23. 선고 97다37104 판결.

부족액주의(제413조)를 취하고 있는 것과의 균형상 상계권 행사의 전제로서 자동채권의 신고는 필요하지 않다는 전자의 견해가 타당하다.[318]

2. 상계권 행사의 시기

수동채권은 파산재단에 속하는 재산이기 때문에 상계의 의사표시는 파산관재인에 대하여 해야 한다. 상계권을 행사하는 시기에 대하여도 회생절차와 달리(제144조 제1항) 아무런 제한이 없으므로 파산절차가 계속되는 동안 언제라도 상계권을 행사할 수 있다.

파산절차는 채무자의 재산관계에 대한 해체·청산의 전제로서 채권자에게 상계의 기회를 보장하기 위하여 파산절차가 종료할 때까지 상계권의 행사를 허용하고 있다. 그러나 상계권을 가진 파산채권자가 상계권을 행사하지 않는다면, 배당하여야 할 파산채권이나 환가하여야 할 파산재단 소속 채권의 확정이 지체되어 절차의 신속한 진행을 해하게 된다. 따라서 입법론적으로는 관재업무의 지체를 방지하기 위해서 파산관재인으로 하여금 파산채권자에게 상계권을 행사할 것인지 확답을 최고하고, 확답하지 않는 경우 상계권을 상실하는 것으로 할 필요가 있다.[319]

3. 상계의 소급효 제한 합의의 도산절차에서의 효력

채권자가 채권회수의 기회를 확보하기 위해 대응방안을 강구하는 것은 당연하고 합리적인 행동이다. 예컨대 은행이 대출할 때 「은행이 상계를 할 경우 채권채무의 이자, 지연손해금 등의 계산에 있어서는 그 기간을 은행(상계권자)에 의한 계산실행일까지로 한다」는 조항을 두는 경우가 있다. 상계의 소급효를 규정한 민법 제493조 제2항[320]이 임의규정이라는 것을 전제로 민법상 소급효 제한 합의가 유효하다면, 이런 합의가 도산절차에서도 유효하게 적용되는가.

---

318) 條解 破産法, 536~537쪽, 破産法·民事再生法, 497~498쪽. 전자의 견해에 의하더라도 파산절차에서 파산채권을 신고할 수 있는 것은 당연하다. 자동채권 전액이 상계에 의하여 회수될 수 없어(예컨대 자동채권은 1,000만 원이고 수동채권은 600만 원인 경우) 파산채권으로서 권리행사를 원할 경우에는 신고를 하지 않으면 안 된다. 신고를 할 경우 별제권과 달리(제413조 참조) 자동채권 전액을 신고할 수 있다. 다만 상계의 의사표시가 되면 그 효과에 의하여 파산채권액이 감소하고 잔액이 확정액으로 된다. 상계 후의 자동채권 잔액이 파산채권으로 확정되면 이것을 기초로 배당이 된다. 그러나 자동채권 전액이 파산채권으로 확정된 후 상계가 된 경우에는 파산관재인이 청구이의의 소 등의 방법으로 승소하지 않는 한 파산채권액에 영향을 미치지 않고, 파산채권 전액에 대해 배당을 하지 않을 수 없다. 이러한 불합리를 없애기 위해 이러한 경우 파산관재인은 파산채권자에게 채권신고를 취하하도록 하여야 할 것이다.

319) 일본 파산법 제73조는 위와 같은 내용의 파산관재인 최고권을 인정하고 있다. 한편 회생절차의 경우에는 상계시기에 제한이 있으므로(제144조 제1항 전문) 상계권 행사의 지연으로 인한 회생절차 진행이 방해되는 문제는 발생하지 않는다.

320) 소급효를 인정하는 취지는 ① 소급효를 인정하는 것이 당사자의 일반적인 의사에 따른 것, 즉 양 채권이 상계적상에 있을 때에 당사자는 이미 결제된 것으로 생각하는 것이 통상이므로 상계적상시까지 소급효를 인정하는 것이 당사자의 의사나 거래의 실정에 부합하고 또 공평하기 때문이라는 점, ② 상계는 쌍방의 채무를 간편하게 소멸시키기 위한 제도이므로, 그 목적을 달성하기 위해서는 상계적상시에 상계의 효력을 발생시키는 것이 적당하다는 점{편집 대표 곽윤직, 민법주해(XI) – 채권(4), 박영사(1992), 396쪽}, ③ 소급효를 인정하는 것에 의해 교활한 당사자가 상계의 의사표시를 지체하여 이득을 얻는 것을 방지하고, 나아가 상계의 효과를 당사자의 의사에 따르도록 하는 것과의 조화를 도모할 수 있다는 점 등에 있다.

채권자가 주채무자에 대한 파산선고 후 보증인에 대하여 상계의 의사표시를 한 경우, 그 효력이 파산선고 전 상계적상 발생시까지 소급하지 않고 의사표시 시점에 발생한다면, 자동채권에 따라 상계에 의하여 소멸되는 범위가 일부에 그치는 때에는 주채무자에 대한 파산채권은 파산선고시의 현존액주의에 의한 비공제준칙(제428조)[321]의 적용을 받는 것으로 된다. 그 결과 해당 파산채권은 보증인 사이의 상계에 의한 실체법상 일부가 만족을 얻어 소멸하였음에도, 파산절차에서 파산선고시의 현존액으로 권리행사가 가능하게 된다. 이러한 현존액주의와의 관계에서 실체법상의 채무소멸의 효과를 당사자 사이의 합의에 의해 조정한 것을 어떻게 평가할 것인지가 문제된다.[322]

(1) 긍정설

사전 합의에 의해 현존액주의의 적용범위를 확대하여도, 다른 파산채권자의 이익을 해하지 않는 한, 채권자의 책임재산 확대의 노력으로 본래 허용되어야 한다고 본다. 예컨대 은행의 주채무자에 대한 대여금채권이 1,000만 원인데, 주채무자가 파산선고를 받은 후 채권자(은행)가 보증인에 대하여 보증채무이행청구권(1,000만 원)을 자동채권으로, 보증인의 예금채권(800만 원)을 수동채권으로 하는 상계의 의사표시를 하였다. 이 경우 소급효제한조항의 효력을 부정하면 상계의 효과가 파산선고 전의 상계적상시로 소급적으로 발생한 결과 은행의 파산채권은 200만 원으로 감액되지만, 반대로 보증인은 채무자(주채무자)에 대한 800만 원의 구상채권을 파산채권으로 행사하기 때문에, 결국 파산재단에 대한 부담은 효력을 긍정하는 경우와 비교하여 변함이 없으므로 소급효제한조항을 긍정하여야 한다.

(2) 부정설

파산선고시에 있어 채무자의 총재산(파산재단)과 파산채권을 적정하고 공평하게 청산한다는 파산절차의 목적(제1조)에 비추어 합의의 효력을 부정하여야 한다는 것이다. 소급효제한조항의 실체법적 효력은 인정되어도 도산절차에 대한 관계에서는 이자나 지연손해금 등의 계산에 제한되고, 상계의 소급효 자체를 번복시킬 수는 없으므로 파산채권액 자체는 감소하는 것으로 취급하여야 한다.

(3) 사 견

소급효 제한에 관한 합의는 어디까지나 상계로 소멸하는 쌍방 채권에 관한 이자, 지연손해금 등의 계산을 간편하게 하기 위해, 그 계산기준일을 일률적으로 '계산실행일(상계의 의사표시를 한 날)'로 하는 것을 직접적인 목적으로 하는 것이고, 실제로도 평상시에 있어 당해 합의에 기한 의사표시의 시점에 상계의 효력이 발생하는 것으로 하여 이자, 지연손해금 등의 계산을 포함하여 결산처리되고 있다. 파산절차에서 물적담보에 기한 별제권에 대하여 또는 상계권에

---

321) 제126조 제2항에 해당하는 것이지만, 파산절차에는 이에 해당하는 명시적인 규정이 없다.
322) 民法と倒産法, 511~529쪽.

대하여 각각 파산절차에 의하지 않는 권리행사를 허용하는 것과 같이, 채무자회생법은 원칙적으로 이러한 채권자의 사전합의에 기한 우선변제권의 확보를 허용하고 있다(예외적으로 부인권의 대상이나 상계금지의 대상이 될 수 있을 것이다). 또한 부정설이 설명하고 있는 바와 같이, 도산절차와의 관계에서 이자, 지연손해금 등의 계산 기준시를 상계의 의사표시 시점으로 하는 조항의 효력을 인정하려면, 그 시점에서의 결제와 결산에 관한 실체적인 근거를 확보하기 위해 소급효제한합의의 효력을 허용하지 않을 수 없다. 요컨대 명확히 비공제준칙의 적용 여부를 직접적인 목적으로 하는 성질의 것이 아닌 한, 도산절차에 있어서 소급효제한조항에 대하여는 그 효력을 일체로서 인정할 수밖에 없는 것이 아닐까 생각된다. 소급효제한조항의 효력을 도산절차에서 긍정함으로써 결과적으로 도산절차에서 비공제준칙이 적용되는 것은 부득이한 것이라고 할 것이다.

Ⅴ 면책 후 권리행사와 상계

채무자가 면책결정을 받고 파산절차가 종료된 후 파산채권자에 대하여 금전지급을 구하는 이행소송을 제기한 경우, 파산채권자는 면책된 파산채권을 가지고 상계항변을 할 수 있는가. 파산절차에서는 상계의 시기적 제한이 없고(제416조) 공정, 공평의 관점에서 긍정하여야 할 것이다.

관련 내용은 〈제11장 제1절 Ⅴ.2.사.〉(본서 1701쪽)를 참조할 것.

Ⅵ 중복된 소제기의 금지와 상계항변

채무자 B에 대하여 파산선고가 된 후 파산채권자 A는 법원에 자신의 채권을 신고한다. 파산관재인이 A의 채권을 다투어 채권조사확정재판(나아가 채권조사확정재판에 대한 이의의 소)이 제기되었다. 문제는 파산관재인이 A의 채권을 다투면서 A에 대하여 가지고 있는 채권(B의 채권)의 이행을 구하는 이행소송을 제기하는 경우이다. 이행소송에서 A가 상계항변을 주장한 경우 채권조사확정재판 내지 채권조사확정재판에 대한 이의의 소와의 관계에서 중복된 소제기의 금지(민소법 제259조)에 저촉될 가능성이 있다.

다수설과 판례[323]는 ① 상계항변 자체가 소송물이 아니고 일종의 방어방법임을 중시하여 허용된다고 한다. 이에 대하여 ② 상계에 제공된 채권의 존재에 대한 판단에는 기판력이 생김에 비추어(제216조 제2항) 일종의 중간확인의 반소라고 할 수 있으며, 적극적으로 해석할 때 심판의 중복과 판결의 모순·저촉의 염려가 생기고 또 동일한 채권에 대하여 중복하여 만족을 얻게 된다는 실천적인 문제가 생긴다고 하여 허용되어서는 안 된다는 견해가 있다.[324]

---

323) 대법원 2001. 4. 27. 선고 2000다4050 판결, 대법원 1979. 11. 16. 선고 79다1871 판결, 대법원 1975. 6. 24. 선고 75다103 판결.

324) ①설에 의하되, 다만 이미 계속중인 소송에서 상계항변으로 제공된 자동채권에 관하여는 별소제기를 금지하고 기왕의 소송에서 반소의 제기를 요구함이 타당하다는 견해도 있다(반소요구설, 이시윤, 전게서, 254쪽, 정동윤·유병

살피건대 위 사안에서 중복된 소제기의 금지에 저촉되어 파산관재인이 제기한 이행소송에서 한 A의 상계항변을 부적법하다고 한다면 A에 대하여는 여러 가지 불이익이 발생한다. 단적으로 파산관재인의 A에 대한 승소확정판결에 의해 B의 채권은 강제집행을 할 수 있게 된다. 이 경우 A의 채권은 파산절차에서 채권확정절차에서 심리되어 배당을 받을 수 있다고 하여도 파산채권은 현저히 낮은 배당률을 감수하여야 함은 물론, 나아가 면책의 대상이 된다. 따라서 후행하는 소송에서 상계항변을 배척하는 것은 적절하지 않다.

현·김경욱, 민사소송법(제6판), 법문사(2017), 306쪽}. 또한 중복된 소제기가 되느냐 마느냐를 서둘러 미리 판단하지 말고, 두 사건을 이부, 이송 등으로 병합하여 심리하고, 그것이 불가능하면 두 소송에서 병행해서 심리하되, 어느 한쪽 소송에서 판결이 먼저 확정되면 다른 소송에서 이를 기판력 문제로 다루면 된다는 견해도 있다{호문혁, 민사소송법(제13판), 법문사(2016), 156쪽}.

제 6 장

파산채권 및 재단채권

채무자에 대하여 파산이 선고되면 채무자가 파산선고 당시 가진 모든 재산은 파산재단에 속하고(제382조), 파산관재인은 위 파산재단을 관리 및 환가를 한 이후 채권자들에게 공평하게 배당하고 파산절차는 종결하게 된다. 그러나 파산재단의 수집액만으로는 관련 채권 전부를 만족시키지 못하는 것이 보통이다. 따라서 파산절차에서 배당을 받을 수 있는 자격 및 그 순위에 관하여 규정할 필요가 있게 된다. 채무자회생법은 파산절차에서 파산재단으로부터 배당 또는 변제받을 수 있는 자격을 크게 파산채권과 재단채권으로 구별하여 변제 및 배당의 시기, 그 방법 및 순위 등에 관하여 차등을 두고 있다. 재단채권이 파산채권에 우선하여 변제를 받게 되기 때문에, 이해관계인 입장에서는 자신의 채권이 재단채권인지 파산채권인지 여부는 그 권리실현에 있어서 중요한 문제가 된다.

제1절 파산채권

Ⅰ 파산채권의 의의

파산채권은 파산절차에 의하여 파산재단에 속하는 총재산으로부터 그 채권액의 비율에 따라 만족(배당)을 받을 수 있는 채권이다. 원칙적으로 채무자에 대하여 파산선고 전의 원인으로 생긴 재산상의 청구권이 파산채권이 된다(제423조). 한편 파산선고 전의 원인으로 생긴 재산상의 청구권 중에서 정책적인 이유 등으로 재단채권으로 인정한 것이 있다. 결국 파산채권이란 원칙적으로 채무자에 대하여 파산선고 전의 원인으로 생긴 재산상의 청구권으로서 재단채권에 해당하지 않는 것을 말한다. 한편 파산선고 후의 원인으로 생긴 재산상의 청구권 중에서 공평의 견지에서 파산채권으로 규정한 것이 있다.

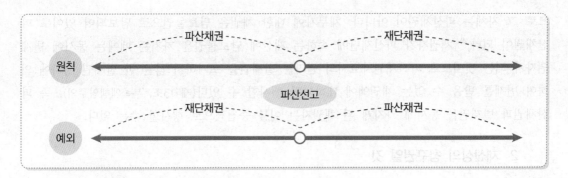

파산선고가 되면 채무자의 재산이 파산재단의 재산이 되는 것처럼 채무자에 대한 청구권도 파산재단에 대한 청구권이 된다. 파산채권은 파산재단으로부터 변제받는다는 점에서 재단채권과 같지만, 파산절차에 의하여 다른 채권자와 평등하게 변제(배당)받는다는 점에서 파산채권에 우선하여 파산재단으로부터 수시로 변제받을 수 있는 재단채권과 구별된다.[1]

파산채권은 파산재단에 속하는 총재산을 만족의 대상으로 한다는 점에서, 특정한 재산으로부터 파산절차에 의하지 아니하고 우선적으로 변제받을 수 있는 별제권과 다르다.

파산채권은 ① 채무자에 대한 인적 청구권이고, ② 재산상의 청구권이며, ③ 파산선고 전의 원인으로 생긴 청구권이고, ④ 집행할 수 있는 청구권이어야 한다. 나아가 재단채권에 해당하지 않는 것이어야 한다.

1. 채무자에 대한 인적 청구권일 것

파산채권은 채무자에 대한 청구권이어야 한다. 따라서 권리의 성질은 인적 청구권으로 해석된다. 채무자가 아닌 제3자에 대한 권리는 파산채권이 아니다.[2] 책임의 측면에서 보면 파산채권은 채무자의 일반재산으로부터 만족(변제)을 받을 수 있는 채권적 청구권이어야 한다. 파산은 채무자의 총재산으로 구성되는 파산재단을 가지고 청구권(금전채권이거나 금전채권으로 전환된 것)의 만족을 주는 절차이기 때문이다.

점유취득시효 완성을 원인으로 한 소유권이전등기청구권은 채권적 청구권으로서 파산채권이다.[3] 반면 채무자의 특정재산에 관한 물권적 청구권(예컨대 소유권에 기한 반환청구권)은 파산채권이 되지 않고 환취권으로 행사된다(제407조). 저당권 등의 담보물권도 물건에 대한 권리이

---

1) 채무자에 대한 청구권은 파산재단에 대한 파산선고 전 청구권(파산채권)과 파산선고 후 청구권(재단채권)으로 대별된다. 전자는 파산재단이 채무자로부터 승계 받은 것이고, 후자는 파산재단 자신의 의무이다. 파산선고 후의 청구권은 파산재단에 대한 우선적 청구권이므로, 파산재단이 파산선고 전 무담보채권에 대한 변제를 하기에 앞서 전액 변제가 되어야 한다. 다시 말해 파산재단은 자신의 채무를 우선 갚고, 그러고도 남는 것이 있으면 파산선고 전 채권자(pre-bankruptcy creditors)에게 배분하는 것이다.
2) 다만 상속재산파산, 유한책임신탁재산파산 등의 파산에 있어서는 상속인, 수탁자 등 채무자 이외의 제3자에 대한 채권이 파산채권으로 취급된다.
3) 대법원 2008. 2. 1. 선고 2006다32187 판결.

므로 그 자체는 파산채권이 아니다. 채무자에 대한 채권은 담보물권으로 담보되어 있어도 파산채권이 되나,[4] 채권자가 파산재단에 속하는 재산에 담보물권을 가지는 때에는 동시에 별제권자가 되는 것이므로 파산채권자로서의 권리는 별제권을 포기하지 않는 한 별제권 행사에 의하여 변제를 받을 수 없는 채권액에 대하여만 행사할 수 있다(제413조, 부족액책임주의). 즉 파산채권과 별제권을 동시에 가지게 된 채권자는 이를 중첩적으로 행사할 수는 없다.

2. 재산상의 청구권일 것

재산상의 청구권이란 금전으로 평가될 수 있는 청구권을 말한다. 파산절차는 채무자의 총재산을 환가하여 금전적 만족을 얻게 하는 것이 목적이기 때문에 파산채권은 금전적 가치를 가지는 재산상의 청구권이어야 한다.[5] 재산상의 청구권인 이상 처음부터 금전채권일 필요는 없고 소유권이전등기청구권[6]과 같은 비금전채권이라도 금전으로 평가할 수 있으면 충분하다(제426조 제1항). 물론 신분관계상의 권리 등 금전으로 평가가 불가능한 것은 재산상의 권리라고 할 수 없다.

대체적 작위청구권은 금전채권으로 전환될 수 있으므로(민법 제389조, 민집법 제260조) 파산채권이다. 예컨대 인도청구권이나 이전등기청구권이 환취권이 아닌 경우에는 파산채권으로 된다. 비대체적 작위청구권이나[7] 부작위청구권은 어느 것이나 금전채권으로 전환될 수 없기 때문에(간접강제에 의하여 집행의 여지는 있지만 권리 자체를 금전으로 평가할 수는 없다) 그 자체는 파산채권이 되지 않지만[8] 파산선고 전에 그 불이행으로 인해 손해배상청구권으로 전환된 경우나 간접강제금의 지급의무가 발생한 경우에는 그 청구권(금전채권)이 파산채권이 된다.

3. 파산선고 전의 원인으로 생긴 청구권일 것

가. 원 칙

파산채권은 원칙적으로 파산선고 전의 원인으로 생긴 것이어야 한다.[9] 이는 파산채권에 충당되는 파산재단의 범위가 파산선고 시에 채무자의 재산에 한정되는 것(고정주의, 제382조 제1항)에 대응하여 그것으로부터 만족을 얻는 채권도 한정할 필요가 있다는 점을 고려한 것이다.[10] 또한 파산채권의 범위를 파산선고를 기준으로 하여 정한 것은 파산절차의 원활한 진행을

---

4) 대법원 2011. 11. 10. 선고 2011다27219 판결.
5) 독일의 경우 방해배제청구권은 파산채권에 해당하는 것으로 본다(Reinhard Bork, 39쪽).
6) 대법원 2008. 2. 1. 선고 2006다32187 판결.
7) 회생절차에서는 작위청구권의 경우 대체성의 유무와 관계없이 회생채권이 된다(본서 548쪽 참조).
8) 이러한 청구권들은 채무자 스스로 그 작위를 이행하여야 비로소 의미가 있기 때문이다.
9) **혼인으로부터 발생하는 생활비용부담의무에 관한 청구권 및 부양청구권, 양육비청구권** 파산선고 전의 시점에 있어서 장래에 계속적으로 지급기일이 도래하는 혼인생활비용청구권(민법 제833조) 및 부양청구권(민법 제974조 내지 제978조) 중, 이미 지급기일이 도래한 것은 파산채권이 된다. 비면책채권이다(제566조 제8호). 이에 반하여 지급기일이 도래하지 아니한 것은 비파산채권으로 배당에 참가할 수 없다. 양육비청구권(민법 제837조)의 경우도 마찬가지이다.
10) 파산선고 당시 현존하고 환가 가능한 파산재단은 오직 이러한 채권자들(파산채권자)을 위해서만 사용되어야 하기

위하여도 필요하다.

파산선고 후에 생긴 새로운 채권자는 원칙적으로 파산채권자가 될 수 없다. '파산선고 전의 원인으로 생긴 청구권'은 파산선고 당시 이미 청구권의 내용이 구체적으로 확정되거나 변제기가 도래하였을 것까지 요하는 것은 아니고, 적어도 청구권의 주요한 발생원인이 파산선고 전에 갖추어져 있으면 족하다.[11] 따라서 채권의 발생원인이 파산선고 전이면 조건부채권은 물론 장래의 청구권이라도 파산채권이 된다(제427조). 채권이 기한부라도 파산채권이 될 수 있다(제425조). 그리고 교통사고 등의 불법행위에 기한 손해배상채권도 발생원인이 파산선고 전이면 손해액이 아직 확정되지 아니하였어도 파산채권이 된다. 그러나 청구권 발생에 대한 단순한 기대권에 불과하다면 파산채권에 해당하지 아니한다.[12]

사례 X(원고)는 Y(피고)를 상대로 대여금 청구(본건 청구)의 소를 제기하였다. 제1심은 X의 청구를 전부 인용하는 가집행선고부 판결을 하였다. 이에 Y는 항소를 함과 동시에 위 가집행선고에 기한 강제집행에 의하여 손해를 입었다고 하여 민사소송법 제215조 제2항(원상회복과 손해배상)의 재판을 구하는 신청(본건 신청)을 하였다. X는 이후 파산선고를 받았고, 甲이 파산관재인으로 선임되었다. 이때 Y의 민소법 제215조 제2항의 신청과 관련된 청구권이 파산채권인가.

파산채권이란 채무자에 대하여 파산선고 전의 원인으로 생긴 재산상의 청구권으로, 반드시 파산채권의 발생원인 전부를 갖추어야 할 필요는 없고, 주요한 발생원인이 파산선고 전에 갖추어졌다면 충분하다. 민소법 제215조 제2항에 의한 원상회복의무 및 손해배상책임은 가집행선고부 판결에 대한 본안의 변경 및 채권자가 가집행선고를 이용하여 강제집행을 한 것을 요건으로 한다. X는 파산선고 전에 가집행선고부 판결에 기하여 강제집행을 한 것이므로, 파산선고 전에 청구권의 발생원인은 갖추었다고 판단되므로, Y의 본건 신청에 관련된 청구권은 파산채권에 해당한다(본서 557쪽 참조).

Y는 X가 파산선고를 받았으므로 X의 파산절차에서 본건 신청에 관련된 청구권에 대하여 파산채권자로서 채권신고를 하여야 하고, 채권조사기일에 파산관재인이나 신고를 한 다른 파산채권자가 이의를 한 경우, 이의자 전원을 상대방으로 본건 신청 및 관련된 소송절차에 대하여 수계신청하여야 한다.

참고로 본건 청구와 민소법 제215조 제2항의 재판을 구하는 신청이 병합된 경우, 위 신청은 소송 중의 소(예비적 반소)의 일종으로 본안판결이 취소·변경되지 않는 것을 해제조건으로 하는 것으로,[13]

때문에 '파산선고 전의 원인으로 생긴 청구권일 것'이 요구되는 것이다. 파산선고와 함께 "하나의 선이 그어진다." 파산재단은 파산선고 시점에서의 정당한 채권자들을 위해 환가되어야 한다. 이 경우 모든 파산채권자들은 파산재단으로부터 비율적 만족을 얻는다. 다른 채권자들은 전액 만족을 받거나(환취권자의 경우) 파산재단으로부터 전혀 만족을 받지 못한다. 예컨대 파산선고 후 비로소 채무자에 대하여 청구권을 취득한 채무자의 인적 신채권자는 파산절차에 참여할 수 없다. 채무자는 신채권자에 대하여 파산절차 종료 후 취득한 새로운 재산으로만 책임을 진다 (Reinhard Bork, 40쪽).

11) 대법원 2012. 11. 29. 선고 2011다84359 판결. 한편 부탁 없는 보증인의 이행이 사무관리에 해당한다는 점을 고려하면 파산선고 후의 변제에 기한 구상권은 파산채권이 아니고 비파산채권(기타채권)에 해당한다(본서 537, 1455쪽 참조). 이에 대하여 부탁 없는 보증인의 사후구상권에 대하여, 대위변제가 파산선고 후에 있었어도 보증계약체결이 파산선고 전에 있었다면 파산채권이라는 견해가 있다(일본 판례입장이다).

12) 대법원 2012. 11. 29. 선고 2011다84359 판결.

13) 대법원 2013. 9. 13. 선고 2011다56033 판결. 가집행선고부 판결에 기한 집행의 효력은 확정적인 것이 아니고 후일 본안판결 또는 가집행선고가 취소·변경될 것을 해제조건으로 하는 것이다. 즉 가집행선고에 의하여 집행을 하였다

성질상 본안 청구에 관한 변론과 분리할 수 없다. 따라서 위 신청에 대하여 적법한 수계가 되지 않은 채, 본건 청구에 관한 부분에 대하여만, 당사자가 수계신청을 하거나 수소법원이 속행명령을 하는 것은 허용되지 않는다.

나. 예 외

(1) 파산선고 전의 원인으로 생긴 청구권이라고 하더라도 정책적 목적이나 공평의 관점에서 재단채권으로 규정하고 있는 경우가 있다. 예컨대 조세채권은 징수를 확보하고자 하는 정책적 견지에서 재단채권으로 하고 있다(제473조 제2호). 쌍방미이행의 쌍무계약에 대하여 파산관재인이 이행을 선택한 경우의 상대방의 채권은 원래 파산채권이지만 공평의 관점에서 쌍무계약에서의 대가관계를 확보하기 위해 재단채권으로 인정하고 있다(제473조 제7호).

(2) 반대로 파산절차참가비용(제439조), 파산선고 후 선의로 어음의 인수 또는 지급을 한 것에 의하여 생긴 구상권(제333조), 채무자의 행위가 부인된 경우 그가 받은 반대급부가 파산재단 중에 현존하지 않은 때의 상대방의 가액상환청구권(제398조 제2항) 등은 파산선고 후의 원인으로 생긴 청구권이지만 파산채권으로 하고 있다. 이러한 채권들은 본래 파산선고 후의 원인으로 채무자에 대하여 생긴 채권이기 때문에 파산재단의 부담으로 할 것은 아니고 채무자 스스로 부담으로 하는 것이 타당하다. 그렇지만 공평의 견지에서 파산재단의 부담으로 하자는 취지에서 파산채권으로 한 것이다.

4. 강제집행할 수 있는 청구권일 것

파산절차는 파산선고를 받은 채무자에 대한 포괄적인 강제집행절차이므로[14] 파산채권은 강제집행이 허용되는 청구권이어야 한다. 따라서 불법원인급여의 반환청구권, 부제소합의가 있는 청구권 등은 파산채권으로 되지 아니한다. 물론 채무자에 의하여 임의변제나 강제집행에 의하여 만족을 받은 채권은 파산채권으로 되지 않지만, 가집행에 의한 만족은 가정적인 것에 불과하므로 파산채권으로 행사하는 것이 인정된다.

한편 파산절차는 채권의 존부에 대하여 조사·확정하는 절차를 두고 있으므로 미리 집행권원을 가지고 있을 필요는 없다. 이 점이 민사집행법에 따른 강제집행과 다르다.

고 하더라도 후일 본안판결의 일부 또는 전부가 실효되면 이전의 가집행선고부 판결에 기하여는 집행을 할 수 없는 것으로 확정이 되는 것이다. 따라서 가집행선고에 기하여 이미 지급받은 것이 있다면 이는 법률상 원인이 없는 것이 되므로 부당이득으로서 반환하여야 한다. 위와 같은 가지급물 반환신청은 가집행에 의하여 집행을 당한 채무자가 별도의 소를 제기하는 비용, 시간 등을 절약하고 본안의 심리 절차를 이용하여 신청의 심리를 받을 수 있는 간이한 길을 터놓은 제도로서 그 성질은 본안판결의 취소·변경을 조건으로 하는 예비적 반소에 해당한다(대법원 2011. 8. 25. 선고 2011다25145 판결).

14) 파산절차는 금전으로 만족을 도모하는 절차이기 때문에, 파산채권은 금전적인 만족에 친숙한 청구권이어야 한다. 따라서 파산채권은 그 성질상 집행이 가능한 청구권이어야 한다.

5. 특별규정에 의하여 파산채권이 된 것

이상의 원칙에 대하여 개별 법규정에서 파산채권으로 규정한 것이 있다. ① 파산선고 후의 이자(제446조 제1항 제1호), ② 파산선고 후의 불이행으로 인한 손해배상액 및 위약금(제446조 제1항 제2호), ③ 파산절차참가비용(제439조, 제446조 제1항 제3호), ④ 벌금·과료·형사소송비용·추징금 및 과태료(제446조 제1항 제4호), ⑤ 쌍방미이행 쌍무계약에서 해제 또는 해지로 인하여 상대방이 갖는 손해배상청구권(제337조 제1항), ⑥ 거래소의 시세 있는 상품의 정기매매에 관한 계약 해제로 인한 손해배상청구권(제338조 제2항), ⑦ 임대차계약의 차임의 선급 또는 차임채권의 처분과 관련하여 파산채권자에게 대항할 수 없음으로 인하여 발생한 손해배상채권(제340조 제2항), ⑧ 파산선고 후 위임사무처리에 기한 수임자의 채권(제342조), ⑨ 상호계산에서 상대방이 갖는 잔액지급청구권(제343조 제2항), ⑩ 부인권의 상대방이 갖는 반대급부의 가액상환청구권(제398조 제2항) 등이 그것이다.

이들은 성질별로 (1) 파산선선고 후의 원인으로 발생한 것으로 볼 수 있는 것(위 ① 내지 ③), (2) 공법상의 청구권이지만 재단채권으로 하기에는 적절하지 않는 것(④), (3) 파산절차에서 법률관계의 변동의 결과로서 발생하는 상대방의 청구권으로서 재단채권으로 하는 것이 적절하지 않는 것(⑤ 내지 ⑩)으로 분류할 수 있다.

이들 파산채권들은 그 성질에 따라 (1) 및 (2)는 후순위 파산채권으로 하고(제446조 제1항 제1호 내지 제4호), (2)는 비면책채권으로 하고 있다(제566조 제2호). (3)은 파산절차의 수행에 관하여 발생한 채권으로 비면책채권으로 하기에는 합리성이 없고, 또한 재단채권으로 하기에는 공익성이 없기 때문에, 일반의 파산채권으로 한 것이다.

Ⅱ 파산절차에서 파산채권자의 지위

파산채권자란 파산채권을 가지고 있는 채권자를 말한다. '가지고 있는'이란 일반적으로 귀속주체를 의미하지만, 예외적으로는 파산채권에 대한 관리처분권을 행사하여 급부를 수령할 자격이 있는 자를 포함한다. 파산채권에 대한 질권자(민법 제353조 제1항 참조), 대위채권자(민법 제404조 제1항 참조) 및 추심채권자(민집법 제229조 제2항) 등이 여기에 해당한다. 채권신고와 관련하여 본래의 채권자와 이들 채권자 사이의 관계가 문제된다(본서 1536쪽). 기본적으로 이들이 파산채권자로서 권리행사를 하는 한 본래 채권자의 파산채권 행사는 배제되어야 한다고 할 것이다.

파산채권자의 개념에는 실체상의 의미와 절차상의 의미가 있다. 실체상의 의미는 파산선고 전의 원인으로 생긴 재산상의 청구권으로 재단채권에 해당하지 않는 주체를 말한다. 절차상의 의미는 채권신고를 하고 배당을 받을 수 있는 지위를 말한다. 파산채권자의 지위에 기한 다양한 법률효과는 위 2가지 중 하나로 귀착된다.

먼저 실체상의 의미에서 파산채권자에 대하여 발생하는 법률효과를 본다. 이러한 효과는 파산채권자로 될 자가 채권신고를 하고 파산절차에서 파산채권자의 지위를 취득하였는지 여부와 관계없이 발생한다. ① 파산절차 외에서 권리행사가 금지된다(제424조).[15] 그 결과로 파산채권자는 파산절차 중에 강제집행을 하는 것이 허용되지 않고, 이미 개시된 강제집행은 실효된다(제348조 제1항). 이 효과는 파산절차가 종료되면 소멸하지만, 종료 후에도 면책절차가 진행되는 경우에는 그 절차의 효과로서 강제집행의 금지나 중지의 효과가 발생한다(제557조 제1항). ② 채무자가 면책되면 채무자는 파산채권자에 대하여 책임을 면한다(제566조). ③ 채권의 목적 및 변제기 등이 변경된다. 즉 채권의 금전화와 현재화·무조건화가 일어난다(제425조 내지 제427조).

다음으로 절차상의 의미에서 파산채권자에 대하여 발생하는 법률효과를 본다. ① 채권신고를 한 파산채권자는 채권자집회에서 의결권(제373조)을 행사하여(제370조 제1항) 그 의사를 파산절차에 반영한다. ② 채권조사에서 이의를 진술함으로써 다른 파산채권자의 부당한 권리행사를 배제한다(제451조). ③ 배당을 받을 지위는 신고채권자에게만 인정된다.

1. 파산채권의 행사 – 개별적 권리행사의 금지[16]

파산채권은 파산절차에 의하지 아니하고는 행사할 수 없다(제424조).[17] 즉 파산채권은 파산

---

15) 도산채권(회생채권·파산채권·개인회생채권)의 변제(금지)와 관련하여 각 도산절차에서 다르게 규정하고 있다. 파산절차에서는 아래에서 보는 바와 같이 변제(금지)에 관한 직접적인 규정은 없다.
　① 회생절차
　제131조(회생채권의 변제금지) 회생채권에 관하여는 회생절차가 개시된 후에는 이 법에 특별한 규정이 있는 경우를 제외하고는 회생계획에 규정된 바에 따르지 아니하고는 변제하거나 변제받는 등 이를 소멸하게 하는 행위(면책을 제외한다)를 하지 못한다.
　② 파산절차
　제424조(파산채권의 행사) 파산채권은 파산절차에 의하지 아니하고는 행사할 수 없다.
　③ 개인회생절차
　제582조(개인회생채권의 변제) 개인회생채권자목록에 기재된 개인회생채권에 관하여는 변제계획에 의하지 아니하고는 변제하거나 변제받는 등 이를 소멸하게 하는 행위(면책을 제외한다)를 하지 못한다.
　제600조(다른 절차의 중지 등) ① 개인회생절차개시의 결정이 있는 때에는 다음 각호의 절차 또는 행위는 중지 또는 금지된다. 다만, 제2호 내지 제4호의 절차 또는 행위는 채권자목록에 기재된 채권에 의한 경우에 한한다.
　3. 개인회생채권을 변제받거나 변제를 요구하는 일체의 행위. 다만, 소송행위를 제외한다.
16) 파산채권자는 파산절차에서는 개별적 권리행사가 금지되므로, 파산절차 밖에서 취할 수 있는 채권회수 수단은 없을까. ① 채무자로부터의 임의변제. 채권자는 채무자의 자유재산으로부터 임의변제를 받을 수 있다. 면책된 채무도 임의변제를 받을 수 있지만 임의성에 대하여는 엄격하게 판단하여야 할 것이다. ② 채무자 이외의 자의 재산으로부터 만족을 얻는 것이다. 이는 파산채권자 사이의 평등과도 무관하기 때문에 원칙적으로 인정되는 것이다. ③ 파산채권의 양도. 파산채권자는 파산채권의 양도를 통해서도 실질적인 채권회수를 할 수 있다. ④ 채무자회사 이사에 대한 책임 추급. 파산채권자는 스스로 이사에 대하여 상법 제401조에 기한 손해배상을 청구를 할 수 있다.
17) 파산절차에서는 회생절차와 달리(제133조 제1항, 제141조 제3항) 파산채권은 파산절차에 의하지 아니하고는 행사할 수 없다(제424조)는 규정만 있을 뿐, '파산채권자는 그가 가진 파산채권으로 파산절차에 참가할 수 있다'는 명시적인 규정이 없다. 파산절차에 참가하여 그 권리를 행사할 수 있는 권능을 가진 자는 파산채권자에 한정된다는 것을 명확히 하고 회생절차와의 균형상, '파산채권자는 그가 가진 파산채권으로 파산절차에 참가할 수 있다'고 명시적으로 규정할 필요가 있다. 일본 파산법 제103조 제1항은 이를 명시적으로 규정하고 있다.

절차에 의하여 파산재단으로부터 비례적 만족을 얻는 것 이외에 적극적으로 이를 행사 할 수 없다. 이것은 파산절차에 참가하여 그 권리를 행사할 수 있는 권능을 가진 자는 파산채권자에 한정된다는 것을 의미한다. '파산절차에 의하여 행사'한다는 것은 파산채권자가 그 채권을 회생법원에 신고하여 일정한 조사·확정의 절차를 거쳐 파산관재인으로부터 배당을 받는 것을 의미한다. 따라서 파산채권자는 채무자의 파산절차 중에는 채무자(파산관재인)를 상대로 이행을 청구하거나 소를 제기할 수 없을 뿐만 아니라[18] 파산재단에 속한 재산은 물론 자유재산에 대하여도 개개의 강제집행도 할 수 없다(전체집행은 개별집행을 배제한다). 다만 예외로 파산채권자가 별제권자이거나 상계권자인 경우, 이러한 권리를 행사함에 있어서는 파산절차에 의할 필요가 없다.[19] 또한 파산채권자가 채권을 처분하는 것은 금지대상이 아니다. 따라서 파산선고 후에도 파산채권의 양도, 입질 또는 대항요건으로서의 채권양도통지(민법 제450조) 등은 그 효력이 부정되지 않는다.

가. 파산관재인에 의한 임의변제

파산관재인에 의한 임의변제는 가능한가. 파산관재인이 파산채권자에 대하여 임의변제를 하는 것도 법에서 특별히 허용되지 않는 한 금지된다고 할 것이다. 파산관재인이 이에 반하여 임의변제한 경우 그것이 선관주의의무를 위반한 것으로 손해배상책임을 지는 것(제361조)에 그치지 않고 변제 그 자체도 기본구조에 반하는 것으로 무효라고 할 것이다. 상대방의 선의·악의는 관련이 없다.[20]

나. 자유재산에 대한 파산채권자의 권리행사

파산채권자에 의한 권리행사의 대상으로 파산재단 소속 재산과 자유재산을 고려해 볼 수 있다. 파산재단 소속 재산에 대하여는 파산절차에 의하지 않고는 행사할 수 없다는 점은 위에서 본 바와 같다. 자유재산 중 압류금지재산이나 면제재산에 대하여는 그 자체의 이유로부터 권리행사가 허용되지 않는다. 문제는 신득재산(파산선고 후 새로 취득한 재산)에 대하여 파산채권자의 권리행사가 가능한지, 다시 말해 제424조가 신득재산에 대하여도 적용되는지 여부이다. 파산채권자에 대한 책임재산의 범위를 파산선고시의 채무자의 재산으로 한정하는 고정주의(제382조)나 면책심리기간 중에는 강제집행 등을 금지하는(제557조 제1항) 취지[21] 및 자유재산은 채무자의 새로운 출발을 위한 원천이 된다는 점 등을 고려하면 제424조는 신득재산에 대한 권리행사에도 적용된다고 할 것이다. 따라서 파산절차가 계속되는 한 파산채권자는 신득재산에

---

18) 파산채권에 기하여 소를 제기할 경우 부적법하여 각하한다(대법원 2015. 1. 29. 선고 2013다219623 판결).
19) 예외가 인정되는 근거가 서로 다르지만, 파산채권의 기초가 되는 권리의 성질에서 보면 파산절차에 의하지 않고 권리행사를 인정하여도 파산채권자의 일반의 이익을 해한다고 할 수 없는 공통점이 있다. 한편 제349조 제1항도 권리행사의 예외규정이 있지만, 재단채권에 기한 것이라는 점이 다르다.
20) 破産法·民事再生法, 270쪽.
21) 條解 破産法, 745쪽, 破産法·民事再生法, 271쪽.

대하여 강제집행을 하거나 채무자를 피고로 한 이행소송을 제기하는 것 등이 금지된다고 할 것이다. 확인소송에 대하여도 파산채권의 조사확정재판과의 관계에서 소의 이익이 부정된다고 할 것이다.[22]

다. 집행문부여신청이나 집행문부여의 소제기 가능 여부

파산채권자가 파산선고 후 집행문부여신청(민집법 제28조 제3항)이나 집행문부여의 소(민집법 제3조)를 제기할 수 있는가. 이들은 집행의 준비행위에 지나지 않고, 집행문을 받음으로써 파산채권자가 독자적인 이익을 가지며(제466조), 나아가 집행문부여신청에 대하여는 채무자의 관여가 필요하지 않다는 점을 고려하면, 파산채권자는 파산선고 후 집행문부여신청이나 집행문부여의 소를 제기할 수 있다고 할 것이다.[23]

라. 조세 등 청구권에 관한 특례

파산절차에 의하지 않는 파산채권의 행사에 관한 예외로서 조세 등 청구권에 기한 체납처분(강제징수)이 있다. 조세 등 청구권이란 파산선고 전에 파산재단에 속하는 재산에 대하여 국세징수법 또는 지방세징수법에 의하여 징수할 수 있는 청구권(국세징수의 예에 의하여 징수할 수 있는 청구권으로서 그 징수우선순위가 일반 파산채권보다 우선하는 것을 포함한다)(제349조 제1항)을 말하지만, 그중에서도 재단채권으로 되는 것(제473조 제2호)을 제외한다.

파산채권인 이상 제424조에 따라 권리행사가 금지되어야 하지만, 조세 등 청구권은 자력집행권이 있다는 점을 고려하면, 일반적인 파산채권과 마찬가지로 파산선고 이후에 일률적으로 권리행사를 부정하는 것은 적당하지 않다. 한편으론 파산선고 후에 자력집행으로서 체납처분(강제징수)을 인정한다면 파산절차의 원활한 진행을 저해할 수 있다. 그래서 채무자회생법은 파산선고 이후에는 새로운 체납처분(강제징수)을 금지하되(조세 등 청구권이 재단채권이라면 파산관재인에 의한 수시변제에, 파산채권이라면 파산관재인에 의한 배당에 맡기고 있다), 파산선고 당시 이미

---

22) 條解 破産法, 745쪽. 관련 문제로 채무자가 파산채권자에 대하여 자유재산으로 임의변제하는 것을 어떻게 평가할 것인지(자유재산으로 파산채권자에 대한 임의변제가 가능한지)가 있다. 채무자가 자유로운 의사에 의해 자유재산으로 변제하는 것은 처음부터 제424조의 적용대상이 아니므로 그 법률적 효력이 부정된다고 볼 수 없다(Reinhard Bork, 82쪽, 新破産實務, 380쪽). 자유재산제도의 취지가 어디까지나 채무자의 경제적 갱생, 생활보장에 있다는 점을 고려하면 채무자가 그 이익을 포기하는 것을 방해하는 것은 지나치다는 점에서도 자유재산으로의 임의변제는 허용된다고 할 것이다. 물론 임의성은 엄격하게 판단되어야 하고(적어도 강제적인 요소가 수반된 경우에는 임의변제에 해당하지 않는다), 이것이 흠결된 경우 파산채권자는 부당이득이 될 수 있다(破産法·民事再生法, 246쪽 각주 26), 新破産實務, 380쪽, 倒産處理法入門, 94쪽). 자유재산이라고 해도 일부 파산채권자에 대한 변제는 파산채권자 사이의 불공평을 초래한다는 것을 부정할 수 없지만, 본래 자유재산에 대하여는 배당을 기대할 수 없는 것이라는 점에서 보면, 채권자평등은 어디까지나 파산재단과의 관계에서 확보되면 충분하다고 할 것이다.
　　파산채권과 자유재산 소속 채권과의 상계에 있어서도 동일하다. 채무자에 의한 상계는 허용되지만, 파산채권자에 의한 상계는 허용되지 않는다. 이에 대하여는 〈제5장 제1절 I.2.나.(2)〉(본서 1365쪽) 및 〈제5장 제5절 I.2.라.〉(본서 1445쪽)를 참조할 것.

23) 이에 대하여 집행문부여 자체는 집행력이 현존한다는 것을 공증하는 것에 지나지 않으므로 집행문부여신청은 가능하나, 채무자나 파산관재인을 상대로 집행문부여의 소를 제기하는 것은 파산채권에 기한 권리행사의 일종으로 볼 수 있기 때문에 허용되지 않는다는 견해도 있다(條解 破産法, 744쪽).

체납처분(강제징수)을 한 경우에 한하여 체납처분(강제징수)의 속행을 인정하고 있다(제349조 제1항). 그것이 파산채권이라도 권리행사의 예외를 인정하고 있는 것이다.[24]

관련 내용은 〈제15장 제2절 Ⅱ.2.나.〉(본서 1836쪽)를 참조할 것.

2. 파산채권의 균질화 (등질화)

파산절차는 채무자의 총재산을 환가하여 얻은 금전을 파산채권자에게 배당하는 것을 목적으로 한다. 그런데 파산채권은 기한이 도래한 것, 기한이 도래하지 않은 것, 금전채권, 비금전채권 등 그 내용이 다양하다. 이러한 다양한 채권에 대하여 평등하고 공평하며 신속하게 만족을 도모하기 위해서는 이들을 통일적으로 처리할 필요가 있다. 이를 위해 파산채권에 대하여 변제기가 도래하지 않아도 이를 도래시키고(파산채권의 현재화: 제425조), 금액이 확정되지 않았으면 확정시키거나[25] 비금전채권 등은 파산선고시의 금전채권으로 평가한다(파산채권의 금전화: 제426조).[26] 또한 조건부채권 등은 무조건주의를 취한다(제427조). 요컨대 파산채권의 균질화는 파산채권자들에게 비례적 금전배당을 시행하기 위한 기술적 필요에서 비롯된 것이다.[27]

가. 파산채권의 현재화

(1) 기한부채권

파산채권으로서 파산선고를 할 때 기한이 미도래한 것도 파산선고시에 기한이 도래한 것으로 본다(제425조).[28] 예컨대 어음의 지급기일이 남아 있다하여도 어음채권은 채무자에 대하여 만기가 도래한 것으로 본다. 법률행위에 의한 부관으로서 기한에는 시기(始期)와 종기(終期)가 있다(민법 제152조). 여기서 상정하고 있는 기한은 시기만이다.

변제기가 도래하지 않은 파산채권을 제외하고 파산절차를 진행하게 되면 다른 채권자에 비

---

24) 결국 파산선고 당시 이미 개시된 체납처분(강제징수)이 속행된 경우에는, 파산채권자로서의 조세 등 청구권자는, 그 절차에서 우선적 만족을 받을 가능성이 있다. 이렇게 하는 실질적인 이유는 체납처분(강제징수)에 의한 처분금지효에 의해 조세 등 청구권자에게 별제권자와 유사한 우선적 지위가 인정되는 것에서 구할 수 있다(破産法・民事再生法, 273쪽).

25) 금액이 확정된 금전채권은 파산선고시에 이미 변제기가 도래한 것과 도래하지 않는 것이 있다. 전자의 경우는 그 원본액, 이자 및 지연손해금을 합한 것, 즉 실체법상의 채권액이 그대로 파산채권액이 된다. 후자의 경우는 원칙 자체에는 변함이 없지만, 파산선고 후에 변제기가 도래한 이자 등은 제446조 제1항 제1호, 제2호에 의하여 후순위 파산채권이 되고, 무이자의 경우 기한이 도래할 때까지의 중간이자 상당액도 제446조 제1항 제5호, 제6호에 의하여 후순위 파산채권이 된다.

26) 회생절차에서는 채권이 현재화・금전화・무조건화되지 않는다. 기한부채권, 조건부채권 등에 대한 평가규정이 있으나(제134조 내지 제138조) 이는 의결권 산정을 위한 조치에 불과하다(제133조 제2항).

27) 개인회생절차에서도 개인회생채권의 균질화(등질화)가 일어난다. 다만 그 이유가 다르다. 관련 내용은 〈제4편 제6장 제1절 Ⅲ.2.〉(본서 1985쪽)를 참조할 것.

28) 기한부채권에 대한 중간이자는 후순위 파산채권이다(제446조 제1항 제5호). 통상 파산채권은 전액이 변제되는 것이 아니기 때문에 후순위 파산채권은 실질적으로 배당에서 제외되고, 파산절차에서 전혀 변제받지 못하는 것이 일반적이다. 따라서 기한부채권은 실질적으로는 파산선고시의 평가액에 따라 현재화가 이루어진다고 볼 수 있다.

하여 불공평하고, 기한부 채권의 변제기가 도래할 때까지 기다리자면 파산절차가 너무 장기화되는 것을 피할 수 없기 때문에 기한부 파산채권을 현재화한 것이다.[29]

현재화는 채무자에 대하여 파산선고와 동시에 기한의 이익을 상실하게 한다.[30] 다만 파산채권의 현재화는 청산을 위한 것이기 때문에 파산절차(채무자) 외의 제3자, 예컨대 보증인, 연대채무자 또는 물상보증인 등과의 관계에서는 변제기가 도래한 것으로 되지 않는다. 이 점이 민법의 규정 등[31]에 기한 실체법상의 기한의 이익 상실과 다르다. 채무자에 대한 관계에서는 파산채권에 관한 파산채권자표의 기재는 확정판결과 동일한 효력이 있고, 이것은 파산절차의 결과(파산선고)로 인한 것이기 때문에 현재화의 효력이 미친다.[32]

(2) 배당 등에서의 특별한 취급

기한부채권이나 아래 〈다.〉에서 보는 조건부채권(장래의 청구권도 마찬가지이다. 이하 같다)에 있어서는 기한의 도래나 조건성취 여부를 고려하지 않고 채권액의 확정에 있어서는 파산선고시에 이미 기한이 도래하고 있는 채권이나 조건이 없는 채권과 동일하게 취급한다. 그러나 만족을 주는 단계에서도 위와 같이 취급하는 것은 부당하기 때문에 다른 채권과 달리 취급하고 있다.

변제기가 도래하지 않은 기한부채권에 대하여 중간이자에 상당하는 부분은 후순위파산채권으로 취급한다(제446조 제1호, 제5호 내지 제7호).

정지조건부채권에 대하여 조건이 성취하지 않은 동안은 배당금을 지급하지 않고, 중간배당의 경우에는 임치하여야 하고(제519조 제4호), 최후배당에 관한 배당제외기간 안에 조건이 성취하지 않으면 배당에서 제외된다(제523조). 해제조건부채권에 대하여는 상당한 담보의 제공과 상환으로 배당하든지(제516조), 담보의 제공이 없는 경우에는 임치하여야 하고(제519조 제5호),

---

29) 파산절차는 모든 파산채권자에게 금전으로 평등한 배당을 하는 절차이다. 이를 위해 파산채권자는 그가 가진 파산채권을 가지고 파산절차에 참가할 수 있다. 그러나 파산채권은 당초 약정에는 변제기가 구분되어 있다. 파산선고보다 전에 변제기가 도래한 것도 있고, 파산선고 후에 변제기가 도래한 것도 있다. 전자는 변제기가 파산선고 단계에서 도래하고 있고, 변제기에 변제하지 않으면 채무자는 이미 기한의 이익을 상실한 것이기 때문에 파산절차와의 관계에서 그 채권을 파산채권으로 행사하는 것은 당연하다. 그러나 후자는 변제기가 파산선고 단계에서는 도래하지 않았기 때문에 파산선고 후 변제기 도래를 기다려 파산절차에 참가하는 것이 허용될 뿐이다. 그러나 이러한 경우 변제기를 기다려 파산절차에의 참가가 허용된다면, 파산절차의 진행－모든 파산채권자를 일률적으로 신속하게 처리하여야 한다는 요청－이 저해된다.

30) 기한의 이익 상실과 관련하여 민법 제388조, 담보부사채신탁법 제69조, 제70조에도 각 규정되어 있다. 법에서 정한 기한의 이익의 상실사유가 발생하지 아니하면 기한의 이익은 상실되지 아니한다. 단지 채무자의 신용을 의심하게 하는 사정 또는 채무자의 신용을 위태롭게 하는 사유가 발생한 것만으로는 기한의 이익은 채무자의 의사에 반하여 상실되지 아니한다.

31) 대법원 2006. 4. 28. 선고 2004다70260 판결 참조.

32) 파산절차의 폐지로 파산채권이 확정에 이르지 못한 채 파산절차가 종료된 경우에도 현재화가 인정되는가. 현재화는 금전화와 달리 파산선고로 발생하는 것이기 때문에 파산선고가 취소되지 않는 한 그 효력은 남는다고 할 것이다(破産法・民事再生法, 265쪽). 이에 대하여 파산채권이 확정되지 않았음에도 현재화의 효력이 남는다는 것은 지나치다는 이유로 반대하는 견해도 있다(條解 破産法, 759쪽). 부정설에 의하더라도, 일단 이행기가 도래한 금전채권으로서 배당(실체법적으로는 변제)을 일부에 대하여 받은 이상, 나머지 부분에 대하여는 파산절차종료 후에도 이행기가 도래한 금전채권으로서 취급하여야 할 것이다.

최후의 배당제외기간 안에 조건이 성취되지 못한 경우에 비로소 배당이 이루어지게 된다(제524조). 상계에 있어서도 마찬가지로 취급한다(제418조, 제419조).

나. 파산채권의 금전화

파산채권자가 파산채권을 행사하기 위해서는 채권액 등을 법원에 신고하여야 한다(제447조 제1항 제1호). 그 전제로서 비금전채권 등은 파산채권의 금액을 정할 필요가 있다.[33] 파산채권의 금전화는 현재화와 달리 파산선고의 효과로서 당연히 발생하는 것은 아니고, 파산채권확정의 효과로서 발생하는 것이다(제458조 등).[34] 따라서 파산절차가 파산채권의 확정에 이르지 않고 종료된 경우에는 이미 금전화를 위해 신고가 되었다고 하더라도 금전화의 효과는 발생하지 않고, 또한 금전화는 어디까지나 파산절차 내부의 효과에 지나지 않기 때문에[35] 연대채무자나 보증인 등 제3자와의 관계에서는 금전화의 효과가 미치지 않는다.[36]

비금전채권, 액수가 확정되지 아니한 금전채권, 외국통화채권, 금액 또는 존속기간이 불확정한 정기금채권 등은 파산선고시의 평가액을 파산채권의 액으로 한다(제426조). 위와 같은 채권들은 그 자체로는 배당에 참가할 수 없기 때문에 파산절차 내의 효과로서 금전채권으로 전환할 필요가 있다. 이것을 채권의 금전화라 부른다. 평가에 기초한 파산채권자의 신고 및 조사·확정의 절차를 거쳐 파산절차와의 관계에서, 파산채권의 내용이 변경되는 것이다.[37]

(1) 비금전채권

여기서 말하는 비금전채권은 실체법상의 비금전채권 전부를 말하는 것이 아니라 물건인도청구권이나 대체적 작위청구권 등 재산상의 청구권으로 될 수 있는 것으로 한정된다.

(2) 액수가 확정되지 아니한 금전채권 (불확정금전채권)

이 채권은 주관적으로뿐만 아니라 객관적으로도 금액이 확정되지 않은 금전채권을 말한다.

---

33) 권면액이 있는 확정금액채권은 금전화의 필요가 없고, 파산선고시를 기준으로 원본, 이자 및 지연손해금의 합계액을 파산채권액으로 신고한다.
34) 구체적으로 파산채권자가 파산채권을 신고할 때 파산선고시를 기준으로 평가액을 함께 신고하고, 채권조사를 거쳐 파산채권 및 평가액이 확정된다.
35) 파산절차의 목적과의 관계에서 파산채권의 속성을 변경시키는 것을 근거로 드는 견해도 있다(條解 破産法, 755쪽).
36) 破産法·民事再生法, 266쪽. 따라서 금전화된 파산채권에 대하여 배당이 된 후, 연대보증인 등으로부터 본래의 급부내용에 따라 이행이 된 경우에는, 배당액은 파산재단에 대한 부당이득으로 간주된다. 한편 채무자에 대하여는 금전화의 효력이 미친다(제535조 제1항, 제548조 제1항 참조).
37) 금전화가 파산채권의 실체법상의 속성 그 자체를 변경시키는 것인지, 파산절차 내에서의 효과에 그치는 것인지는 다툼이 있다. 예컨대 물건에 대한 인도청구권이 1,000만 원의 파산채권으로 평가되고, 100만 원이 배당된 후 파산절차가 종료된 경우, 900만 원의 채권이 남는 것인지 아니면 물건에 대한 인도청구권이 남는 것인지. 일단 금전화되어 일부에 대하여 배당에 의해 만족을 받은 경우에는 원채권이 비금전채권으로 남는다는 것은 불합리하다. 물론 배당에 이르지 않고 파산절차가 종료된 경우에는 금전화의 목적에 이르지 않았기 때문에 원채권인 비금전채권으로 복귀(부활)된다고 해석된다(최준규, 16쪽 각주 13)). 다만 배당에 이르지 않는 경우라도 채무자의 이의가 없이 금전채권으로 확정된 경우에는, 파산채권자표의 기재에 의해 확정판결과 동일한 효력이 있기 때문에(제548조 제1항, 제535조 제1항), 파산채권자는 금전화된 파산채권에 기하여 채무자에 대해 강제집행을 할 수 있다(제548조 제1항, 제535조 제2항)고 할 것이다(條解 破産法, 755쪽).

예컨대 장래에 일정시기에 있어서 수익분배를 받을 청구권을 들 수 있다. 이에 대하여는 장래 수익의 예측 등에 기한 평가에 따라 파산채권 금액을 정할 수밖에 없다.

반면 불법행위로 인한 손해배상청구권은 비록 파산선고시에 파산채권자가 금액을 알 수 없지만 객관적으로 확정금액이 존재하고 있기 때문에 여기에는 포함되지 않는다.

(3) 외화채권

외화채권은 파산선고시의 환율(매매기준율)에 따라 파산채권액을 국내통화로 평가한다.[38] 조사 및 확정은 본래의 외화채권 및 평가액 쌍방에 대하여 한다.

(4) 금액 또는 존속기간이 불확정한 정기금채권

동일한 정기금채권이라도 금액 및 존속기간이 확정된 것은 확정 금전채권으로 변제기가 도래하지 않는 것으로 취급된다. 즉 금액 및 존속기간이 확정된 정기금채권은 금액이 확정된 금전채권으로 변제기가 도래하지 않은 것으로 현재화(제425조)의 대상으로 하면 충분하다.[39] 따라서 금액 및 존속기간이 확정되어 있는 경우에는 정기금의 합계액이 파산채권의 금액이 된다. 다만 중간이자에 해당하는 부분은 후순위 파산채권이 된다(제446조 제1항 제7호).

이에 반하여 금액 또는 존속기간이 불확정한 경우에는 평가에 기초한 신고가 필요하다.

다. 조건부채권·장래의 청구권의 무조건화

조건부채권도 조건성취의 개연성을 고려하여 채권액을 평가할 수도 있지만(평가주의), 조건성취의 확실성을 평가하기 어렵고, 간명하게 처리하기 위하여 채무자회생법은 무조건주의를 채택하고 있다. 장래의 청구권도 마찬가지이다.

조건부채권이란 그 발생원인인 법률행위에 정지조건 또는 해제조건이 붙은 것을 말하고, 보증인의 구상권 등(민법 제441조, 제444조, 제425조)과 같이 법정의 정지조건에 관한 채권을 장래의 청구권이라 부른다.[40]

(1) 조건부채권

조건부채권의 경우 간명하게 처리하기 위하여 조건이 없는 채권과 마찬가지로 취급하여 조건성취의 가능성을 고려하지 않고(비평가주의) 그 전액을 파산채권으로 한다(제427조 제1항).[41] 조건부채권에 대하여 무조건의 채권과 동일하게 그 전액을 채권액으로 하고 있다. 정지조건부채권의 예로 보험사건발생 전의 보험금청구권, 임차보증금반환청구권,[42] 계약위반을 이유로 한

---

38) 임의변제의 경우에는 이행지의 환율을 기준으로 하지만(민법 제467조 제2항), 파산의 경우에는 절차는 법정지법에 따른다는 준거법 원칙과 채권자 평등에 비추어 파산선고지의 환율을 기준으로 할 것이다. 배당의 경우에는 파산선고지가 이행지가 된다(제517조 제1항 본문).
39) 회생절차에 관한 제135조 참조.
40) 破産法·民事再生法, 268쪽.
41) 회생절차에서는 의결권 산정과 관련하여 회생절차가 개시된 때의 회생채권의 조건성취의 개연성에 기하여 채권액을 결정하는 평가주의에 의한다(제138조).

손해배상청구권이나 위약금청구권을 들 수 있다.

해제조건부채권의 경우는 조건성취 전에 이미 채권이 성립되어 있는 것이기 때문에 무조건의 파산채권처럼 채권신고를 할 수 있다.

(2) 장래의 청구권

한편 보증인이 채무자에 대하여 가지는 장래의 구상권이나 연대채무자의 구상권과 같이 법정의 정지조건에 관련된 채권을 장래의 청구권이라 한다. 장래의 청구권은 그 성질이 조건부채권과 다르지 않기 때문에 조건부채권과 마찬가지로 그 전액을 파산채권으로 한다(제427조 제2항). 장래의 청구권의 예로 보증인이나 연대채무자의 구상권을 들 수 있다.

장래의 청구권도 파산채권 전액을 가지고 파산절차에 참가할 수 있지만, 구상권을 가진 자의 파산채권 행사로 인해 실질적으로 하나의 채권이 이중으로 행사될 수 있다. 따라서 이를 방지하기 위하여 채권자가 파산채권 행사를 하는 경우 특칙을 두고 있다. ① **사전구상권 보증인이 사전구상권을 신고하는 것도 가능하지만**(제430조 제1항 본문), **채권자가 채권 전액에 관하여 신고한 경우 보증인은 권리를 행사할 수 없다**(제430조 제1항 단서). **보증인이 채권신고를 한 경우에는 이의를 하여야 할 것이다. ② 사후구상권** 파산선고 후 보증인이 변제 등을 한 경우[43]도 채권 전액이 소멸한 경우를 제외하고, 채권자는 파산선고 당시 가진 채권 전액에 대하여 권리를 행사할 수 있다(파산선고 당시 현존액주의). 한편 파산선고 후 채권자에 대하여 일부 변제 등을 한 보증인은 그 구상권에 대하여 파산채권자로서 권리를 행사할 수 없기 때문에, 그 구상권의 채권신고에 대하여는 이의를 하여야 한다. 그러나 파산선고 후 보증인이 전부 변제를 한 경우 보증인은 그 구상권의 범위 내에서 채권자가 가진 권리를 파산채권자로서 행사할 수 있으므로, 이 경우는 채권자가 신고한 채권에 대해 명의변경절차를 거치면 된다. ③ **물상보증인의 구상권** 물상보증인이 파산선고 후 채권자에 대한 변제 등을 한 경우에도 위 현존액주의가 적용되고(제430조 제3항), 물상보증인의 사전구상권, 사후구상권의 취급도 위와 마찬가지이다.

관련 내용은 〈**제7장 제1절 Ⅲ.5.다.(2)**〉(본서 1554쪽)를 참조할 것.

(3) 배당 등에서의 특별한 취급

다만 이들 채권을 그 조건의 성취가 미정(불확정)임에도 무조건의 채권과 완전히 동일하게 취급하는 것은 부적당하므로 위 〈**가.(2)**〉에서 본 바와 같이 배당, 상계에 관하여 특별한 취급을 하고 있다(제418조, 제419조, 제446조 제1호, 제5호 내지 제7호, 제516조, 제519조 제4호, 제5호, 제523조, 제524조).

---

42) 대법원 1987. 6. 9. 선고 87다68 판결 참조.
43) 파산선고 전에 보증인이 변제한 경우에는 통상의 파산채권에 불과하다.

3. 파산채권의 양도

파산채권자는 파산선고 후에도 파산채권을 양도함으로써 실질적인 채권회수를 할 수 있다. 파산채권 신고 후 채권양도에 의해 파산채권자가 변경되어도 다른 파산채권자에게 불이익이 없기 때문이다. 이 경우 먼저 양도인이 파산관재인에 대하여 민법이 정한 채권양도의 대항요건(민법 제450조)을 구비하기 위한 통지 등, 파산관재인에 대한 실체법상의 대항요건을 구비하여야 하고, 이후 양수인이 신고명의 변경신청서를 제출하면 된다. 신고된 파산채권의 양도에 따른 신고명의 변경은 일반조사기일이 종료된 후에도 할 수 있다.

이에 반해 파산채권이 확정된 후 양도된 경우에는 구 파산채권자가 파산관재인에 대하여 채권양도 통지를 하고, 신고명의의 변경을 받음으로써 신 파산채권자는 배당금을 수령하는 것이 인정된다.

Ⅲ 파산채권의 순위[44)]

파산채권은 평등한 것이 원칙이다. 그러나 채무자회생법은 채권의 성질과 다른 채권자와의 공평성 등을 고려하여 예외적으로 배당순위에서 일반의 파산채권에 대하여 우선적 지위를 갖는 파산채권과 일정한 정책적 이유 등에 근거한 후순위적 지위를 갖는 파산채권을 규정하고 있다. 같은 순위의 파산채권 사이에서는 원칙적으로 채권액의 비율에 따라 평등하게 변제받는다(제440조). 파산채권의 순위는 ① 우선권 있는 파산채권, ② 일반 파산채권, ③ 후순위 파산채권이다.

주의할 것은 어느 유형에 속하는 파산채권이라도 그 기본적 성질은 파산채권이기 때문에 원칙적으로 파산선고 전의 원인으로 발생한 것이어야 하고, 파산절차에 의하여 행사하여야 한다는 점이다. 이러한 점에서 동일하게 실체법상 우선권을 기초로 하고 있지만, 채무자의 특정 재산에 실체법상의 우선권을 갖는 별제권과 구별되는 것이다.

---

44) **파산절차에서 채권 간의 변제 우선순위** 채무자회생법은 파산절차에서 채권 간의 변제 우선순위에 관해 기본적으로 민법, 상법 등 개별채권의 실체법상 법률관계를 반영하고 있지만, 파산절차에서의 공평의 이념 등을 달성하는 데 필요하고 합리적인 범위 내에서 실체법상 법률관계를 조정하고 있다(헌법재판소 2005. 12. 22. 선고 2003헌가8 전원재판부 결정 참조). 즉, 제3자의 재산에 대한 환취권 인정(제407조 이하), 담보권자에 대한 별제권 인정(제411조 이하), 파산절차상 채권자평등의 원칙 실현(제440조), 우선권 있는 파산채권에 대한 파산절차상 우선배당 인정(제441조) 등은 실체법상 법률관계를 반영한 것이고, 후순위파산채권(제446조), 재단채권(제473조)은 실체법상 변제에 있어서의 우열관계에 대하여 조정을 한 경우이다. 채무자회생법의 파산절차에서 채무자에 대한 채권의 종류에 따른 변제 우선순위를 간략히 요약하면 다음과 같다.
    별제권 > 재단채권 > 우선권 있는 파산채권 > 일반 파산채권 > 후순위파산채권

1. 우선권 있는 파산채권

가. 우선권 있는 파산채권의 범위

파산재단에 속하는 재산에 대하여 일반의 우선권이 있는 파산채권은 다른 채권에 우선한다 (제441조). '일반의 우선권'이란 민법이나 상법, 그 밖의 특별법 등의 규정에 의하여 채무자의 일반재산에 대하여 다른 채권보다 우선변제권이 있는 경우를 말한다. 예컨대 회사의 사용인의 우선변제청구권(상법 제468조), 보험계약자나 보험금을 취득할 자가 피보험자를 위하여 적립한 금액의 예탁자산에 대한 우선변제권(보험업법 제33조 제1항[45]), 예금보험공사가 부보금융회사에 대하여 가지는 출연금, 보험료 및 연체료에 대한 우선변제권(예금자보호법 제30조 제5항), 외국금 융기관이 파산한 경우 대한민국 국민과 대한민국에 주소 등을 둔 외국인이 갖는 우선변제권 (은행법 제62조 제2항)이 여기에 해당한다.[46] 회생절차(제132조, 제218조 제1항 참조)와 달리 당사 자 간의 약정에 의하여 새로운 종류의 우선적 파산채권을 인정할 수는 없다. 따라서 선순위 사채가 있다고 하더라도 일반 파산채권으로 취급할 수밖에 없다.

우선변제권이 있는 채권은 특정재산이 아니라 일반재산에 의하여 담보된다는 점에서 별제 권과 다르고,[47] 실체법상 우선변제권이 있다는 점에서 담보권이 없는 채권과 다르다. 이를 일 반 파산채권과 같은 순위로 하는 것은 공평에 반하므로 파산채권으로 하면서도 일반 파산채권 에 우선하는 것으로 한 것이다. 다만 후순위 파산채권에 대하여는 비록 일반의 우선권이 있다

{김희중, "파산선고 전에 생긴 근로자의 임금·퇴직금에 대하여 파산선고 후 발생한 지연손해금 채권의 법적 성 질", 사법 제31호(2014), 260쪽}

45) **보험업법 제33조(예탁자산에 대한 우선변제권)** ① 보험계약자나 보험금을 취득할 자는 피보험자를 위하여 적립한 금액을 주식회사가 이 법에 따른 금융위원회의 명령에 따라 예탁한 자산에서 다른 채권자보다 우선하여 변제를 받 을 권리를 가진다.

46) 조세채권 및 임금채권은 각각의 법률에서는 우선권 있는 채권이지만, 채무자회생법은 정책적인 이유로 재단채권으 로 규정하고 있다(제473조 제2호, 제10호). 다만 조세채권 중 파산선고 후에 발생한 지연배상금 성격의 납부지연가 산세는 재단채권이 아니라 후순위 파산채권(제446조)이다(제473조 제2호 괄호 후단). 후순위 파산채권인 조세채권 은 비면책채권이다(제566조 단서 제1호). 따라서 제473조 제10호가 규정한 것을 제외한 임금채권(지급사유의 발생 이 불확정이고 일시적으로 지급되는 상여금이나 근로자가 특수한 근무조건이나 환경에서 직무를 수행함으로 인하 여 추가로 소요되는 비용을 변상하기 위하여 지급되는 실비변상적 금전 등)은 우선적 파산채권에 해당한다고 볼 수 있다(근로기준법 제38조 제1항).
  결국 임금, 퇴직금(퇴직급여등) 및 재해보상금은 재단채권이고{제473조 제10호, 다만 이 중 최우선변제가 인정되 는 임금채권은 별제권으로 취급된다(제415조의2)}, 그 밖에 근로관계로 인한 채권은 우선권 있는 파산채권이다.

47) 이와 관련하여 채무자의 특정재산에 대하여 우선권을 가지지만 채무자회생법(제3편 제3장 제4절)이 별제권을 행사 할 수 있는 권리로 규정하고 있지 아니한 채권, 즉 저당물취득자의 비용상환청구권(민법 제367조), 선박우선특권 (상법 제777조), 해난구조자의 보수청구권(상법 제893조) 등은 우선적 파산채권이 되지 아니하고 일반파산채권이 되어 개별적 권리행사가 금지되고 다른 파산채권과 평등하게 배당받게 된다. 이렇게 본다면 이러한 채권에 대하여 사회적, 경제적 이유에서 우선적 파산채권보다 더욱 강한 담보력을 부여하고 있는 법의 취지에 어긋나게 되므로, 법률 상호간의 충돌을 피하기 위하여 해석론적으로 이러한 채권에 대하여는 평등배당의 예외를 인정하여 당해 재 산에 관한한 우선권을 인정할 수도 있겠으나, 현행 채무자회생법에 의하면 무리한 해석이 될 수 있으므로 입법론적 으로 해결하는 것이 바람직하다는 견해가 있다{최승록, "파산채권과 재단채권", 재판자료 82집, 법원도서관(1999), 289~290쪽}. 그러나 이러한 채권들은 담보권에 관한 규정을 유추적용하여 별제권으로 인정하여야 함은 앞에서 본 바와 같다.

고 하여도 우선적 파산채권은 아니다. 후순위로 한 취지에 반하기 때문이다.

나. 우선권 있는 파산채권의 채권액

우선권이 일정한 기간 안의 채권액에 관하여만 있는 경우에는 그 기간은 파산선고시부터 소급하여 계산한다(제442조). 이는 파산채권의 존재나 내용은 파산선고시를 기준으로 결정된다는 것을 반영한 것이다.[48]

다. 우선권 있는 파산채권 상호간의 순위

우선권 있는 파산채권 상호간의 순위는 실체법의 기준에 따라 정한다.

특별법에서 규정하고 있는 우선권

Ⅰ. 외국금융기관 파산시 국내채권자의 우선권

외국은행의 지점 또는 대리점이 파산한 경우 그 자산, 자본금, 적립금, 그 밖의 잉여금은 대한민국 국민과 대한민국에 주소 또는 거소(居所)를 둔 외국인의 채무를 변제하는 데에 우선 충당되어야 한다(은행법 제62조 제2항).

외국 금융투자업자의 국내지점 등이 파산하는 경우 그 국내에 두는 자산은 국내에 주소 또는 거소가 있는 자에 대한 채무의 변제에 우선 충당하여야 한다(자본시장법 제65조 제3항).

Ⅱ. 금융기관 파산시 거래상대방의 우선권

예치기관은 예치금융투자업자가 파산선고를 받은 경우에는 투자자의 청구에 따라 예치 또는 신탁된 투자자예탁금을 인출하여 투자자에게 우선하여 지급하여야 한다(자본시장법 제74조 제5항). 예치기관은 그 예치기관이 파산선고를 받은 경우에는 예치금융투자업자에게 예치 또는 신탁받은 투자자예탁금을 우선하여 지급하여야 한다(자본시장법 제74조 제11항).

회원에게 증권 또는 장내파생상품의 매매를 위탁한 자는 그 위탁으로 발생한 채권에 대하여 그 회원의 회원보증금에 관하여 다른 채권자보다 우선하여 변제받을 권리가 있다(자본시장법 제395조 제3항).

---

2. 일반 파산채권

파산채권 가운데 우선적 파산채권과 후순위 파산채권을 제외한 나머지 파산채권 전부가 일반 파산채권이다. 대부분의 파산채권이 이에 해당한다. 임원의 임금 및 퇴직금채권, 근로자의 임금, 퇴직금 및 재해보상금 채권에 대한 파산선고일 전날까지 발생한 지연손해금도 일반 파

---

48) 條解 破産法, 734쪽. 회생절차(제139조) 및 개인회생절차(제581조 제2항)에서도 동일한 취지의 규정이 있다. 관련 내용은 〈제2편 제8장 제1절 Ⅳ.1.〉(본서 565쪽)을 참조할 것.

산채권이다.[49] 일반 파산채권 사이에서는 채권액의 비율에 따라 만족을 얻게 된다(제440조).

3. 후순위 파산채권[50]

후순위 파산채권은 다른 파산채권이 모두 변제되고 나머지가 있는 경우에 변제받을 수 있다. 실무적으로 파산사건에서 일반파산채권조차 완전한 만족을 얻을 수 없으므로 후순위 파산채권은 실질적으로 배당으로부터 제외된다고 볼 수 있다.[51] 그러나 후순위 파산채권도 파산채권이므로 면책의 효과를 받는다(제566조 본문).

한편 후순위 파산채권을 둔 것은 배당을 받게 하려는 것보다는 면책의 대상으로 하려는 목적이라는 견해가 있다.[52] 연혁적으로는 그렇게 볼 수 있을 것이다. 그러나 후순위 파산채권으로 규정한 벌금·과료·형사소송비용·추징금 및 과태료는 면책이 되지 않고(제566조 제2호),[53] 면책은 파산채권이라는 그 자체의 성질에서 인정되는 것이지 후순위 파산채권으로 규정함으로써 인정되는 것은 아니며,[54] 후순위 파산채권으로 규정된 것 중 파산선고 후에 발생한 부분은 파산채권의 균질화에 따른 다른 파산채권과의 형평을 고려한 것이고, 법인의 경우에는 면책이 없다는 점, 파산선고 후의 이자는 그 발생원인이 파산선고 전에 있어 본래적으로 파산채권인 점 등에서 보면 후순위 파산채권의 규정을 둔 것은 각 채권의 성질에 맞게 합리적으로 취급하려는 입법 정책적 결단(파산재단 부담 완화)으로 보아야 할 것이다.

후순위 파산채권자에게는 채권자집회에서 의결권이 주어지지 않는다(제373조 제5항). 후순위

---

49) 대법원 2015. 1. 29. 선고 2013다219623 판결, 서울회생법원 2020. 4. 14. 자 2017하확8 결정 등 참조. 근로기준법 제38조 제2항에 의하면, 근로관계로 인한 채권 중 최종 3월분의 임금, 최종 3년간의 퇴직금, 재해보상금의 채권은 사용자의 총재산에 대하여 질권 또는 저당권에 의하여 담보된 채권, 조세·공과금 및 다른 채권에 우선하여 변제되어야 한다고 규정하고 있는바, 위와 같은 임금 등 채권의 최우선변제권은 근로자의 생활안정을 위한 사회정책적 고려에서 담보물권자 등의 희생 아래 인정되고 있는 점, 민법 제334조, 제360조 등에 의하면 공시방법이 있는 민법상의 담보물권의 경우에도 우선변제권이 있는 피담보채권에 포함되는 이자 등 부대채권 및 그 범위에 관하여 별도로 규정하고 있음에 반하여, 위 근로기준법의 규정에는 최우선변제권이 있는 채권으로 원본채권만을 열거하고 있는 점 등에 비추어 볼 때, 임금 등에 대한 지연손해금 채권에 대하여는 최우선변제권이 인정되지 않는다고 봄이 상당하다(대법원 2000. 1. 28. 자 99마5143 결정 참조).

50) 회생절차에서는 후순위 회생채권이 없다(개시후기타채권이 있을 뿐이다). 회생절차는 파산절차와 달리 채무자의 청산을 목적으로 하는 것이 아니라 회생계획에 의한 사업의 재건을 목적으로 하기 때문에 후순위 채권에 대하여도 회생계획에 권리의 변경을 규정하면 충분하다는 점을 고려한 것이다.

51) 이처럼 배당가능성이 없음에도 후순위 파산채권을 파산절차에 편입시키는 이유는, 강제집행 등의 효력 상실 등(제348조 등) 및 부인권(제391조) 등의 규정이 적용되어야 하기 때문이다.

52) 전병서, 146쪽. 파산절차에서 '후순위파산채권'이라는 개념이 도입된 이유는 종래 일반 파산채권보다 후순위로 하여야 할 채권은 파산절차의 대상이 아닌 채권이었는데, 면책주의를 채택하면서 위와 같은 채권 중에 면책의 대상으로 삼아야 할 것이 있어 이를 파산채권의 일종으로 취급해야 할 필요가 생겼기 때문이다(채무자 회생 및 파산에 관한 법률 해설, 법무부(2006년), 115쪽]. 이자·지연손해금·절차참가비용은 파산선고 후 채권으로서 파산채권에 포함되지 않으나 이것들도 주된 파산채권과 함께 면책의 대상으로 하기 위하여 일부러 파산채권의 일부로 한 것이다(倒産處理法入門, 93쪽).

53) 조세채권 중 지연배상금 성격의 납부지연가산세도 후순위 파산채권이지만 비면책채권이다(제566조 제1호). 따라서 파산절차에서는 변제받지 못하지만 면책결정이 있었다고 하더라도 파산절차가 종료된 후에는 징수가 가능하다.

54) 예컨대 파산선고 후의 이자는 그 발생원인이 파산선고 전이므로 당연히 파산채권이다. 따라서 후순위 파산채권으로 규정하지 않더라도 당연히 면책된다. 파산선고 후의 이자를 후순위 파산채권으로 규정한 것은 모든 파산채권은 파산선고시를 기준으로 균질화되므로 무이자채권과의 균형상 후순위 파산채권으로 취급하는 것이다.

파산채권에 대하여 보증한 보증인의 구상권 역시 후순위 파산채권이다.[55]

후순위 파산채권에는 다음과 같은 것이 있다(제446조).[56]

(1) 파산선고 후의 이자(제446조 제1항 제1호)

이자채권의 경우 원금과 파산선고 전일까지의 이자는 일반 파산채권, 파산선고 후의 이자 부분은 후순위 파산채권이다. 파산선고 당일의 이자는 후순위 파산채권이다. 파산채권을 신고할 경우에도 일반 파산채권과 후순위 파산채권을 구별할 필요가 있다(제447조 제1항 제3호). 물론 후순위 파산채권으로 된 이자청구권은 상계의 자동채권이 될 수 없다.[57]

파산선고 후의 이자도 그 발생원인이 파산선고 전이므로 당연히 파산채권이지만[58] 모든 파산채권은 파산선고시를 기준으로 등질화되므로 무이자채권과의 균형상 후순위로 취급한 것이다.[59]

수탁보증인이 파산선고 후의 이자채권에 대한 구상금채권을 사전구상권(이미 이행기가 도래한 것) 또는 장래의 구상권(앞으로 이행기가 도래할 것)으로 채권신고를 한 경우 그 이자채권은 파산선고 후의 이자로 후순위 파산채권이다.[60]

(2) 파산선고 후의 불이행으로 인한 손해배상액 및 위약금(제446조 제1항 제2호)

파산선고 후의 불이행으로 인한 손해배상액 및 위약금이란 파산선고 전부터 채무자에게 재산상 청구권의 불이행이 있기 때문에 상대방에 대하여 손해배상을 지급하거나 위약금을 정기적으로 지급하여야 할 관계에 있을 때 그 계속으로 파산선고 후에 발생하고 있는 손해배상 및 위약금 청구권을 의미한다(본서 568쪽 참조).[61] 결국 파산선고 후 채무자의 이행지체로 인한 손해배상금 등은 발생하지 않는다.

이자와 같은 취지에서 후순위 파산채권으로 한 것이다. 파산선고 전의 불이행으로 인한 손해배상액 및 위약금은 파산선고 전의 원인에 기한 것이므로 일반 파산채권이 된다.

파산선고 전의 원인으로 인한 조세에 기하여 파산선고 후에 발생한 지연배상금 성격의 납

---

55) 대법원 2002. 6. 11. 선고 2001다25504 판결 참조.
56) 입법론적으로 제446조 제1항은 문제가 있다. 채무자회생법은 파산선고 전의 원인으로 생긴 재산상의 청구권을 파산채권이라고 하고 있을 뿐(제423조) 제446조 제1항 제1호, 제2호 등과 같이 파산선고 후에 발생한 이자 등을 파산채권이라고 한 규정이 없다. 이는 회생절차에서 제118조와 같은 규정을 둔 것과 차이가 있다. 결국 파산절차에서도 회생절차(제118조)처럼 제446조 제1항에 규정된 채권이 파산채권에 포함된다는 규정을 먼저 두는 것이 타당하다.
57) 후순위 파산채권 부분과 별제권의 행사와 관련하여서는 〈제5장 제4절 Ⅳ. 1. 나. (1) 각주 249)〉(본서 1435쪽)를 참조할 것.
58) 이자를 원본 사용에 대한 대가로서의 성질을 중시한다면, 원본채권이 파산선고 전의 원인에 기한 파산채권이라고 하여도, 파산선고 후에 발생한 이자를 파산채권으로 하여야 할 이유는 없다. 다른 한편 이것을 파산채권으로 하지 않으면 실질적으로 그 권리실현의 방도를 배제하는 결과로 된다. 그래서 파산채권으로 하되 다른 파산채권을 압박하지 않도록 후순위 파산채권으로 한 것이라는 견해도 있다(條解 破産法, 724쪽).
59) 파산선고시를 기준으로 파산채권의 범위가 정해진다는 것을 반영한 것이기도 하다. 이에 대하여 일반의 파산채권에 대하여 압박을 방지하기 위하여 입법정책적으로 후순위파산채권으로 한 것이라는 견해도 있다(破産法・民事再生法, 279쪽).
60) 대법원 2002. 6. 11. 선고 2001다25504 판결.
61) 대법원 2004. 11. 12. 선고 2002다53865 판결 참조.

부지연가산세[62]는 파산선고 후의 불이행으로 인한 손해배상액에 해당하므로 후순위 파산채권이다(제473조 제2호 괄호 안).[63]

채무자가 부담하는 비대체적 작위의무에 대하여 파산선고 후에 불이행이 있었던 경우의 손해배상청구권 등은 본래의 작위청구권이 재산상의 청구권도 아니고, 오로지 채무자가 책임을 부담하는 것으로 파산채권은 아니다. 다만 파산관재인이 스스로 체결한 계약에 대하여 불이행이 발생한 경우 상대방의 손해배상청구권 등은 재단채권이 되고(제473조 제4호) 본 호에 포함되지 않는다.

파산선고 전부터 채무자가 제3자의 토지 등을 법률상 원인 없이 점유하고 있는 경우, 파산선고 전의 점유에 기한 토지소유자의 임료 상당 손해배상청구권은 일반 파산채권으로 된다. 파산선고 후의 점유에 기한 손해배상청구권은 본 호의 파산채권에 해당한다고 볼 여지도 있지만, 파산선고 후에 개시된 불법 점유에 기한 손해배상의무는 채무자가 부담하여야 하는 것이고, 아무리 후순위 파산채권이라고 하여도 손해배상청구권을 파산채권으로 하는 것은 불합리하다. 따라서 토지의 불법 점유 등 파산선고 후 채무자의 작위 또는 부작위에 기한 손해배상청구권은 본 호의 적용대상에 포함되지 않는다. 이에 반하여 파산선고 전부터 계속하여 불법 점유하였고, 파산관재인이 그 결과를 제거하여야 할 의무를 부담한다고 인정되는 경우 파산선고 후의 손해배상에 대하여는 재단채권(제473조 제4호)이 될 가능성도 있다.[64]

(3) 파산절차참가비용 (제439조, 제446조 제1항 제3호)

파산절차참가비용이란 파산채권신고서 작성비용, 그 제출비용, 채권자집회 또는 조사기일에 출석하기 위한 비용을 말한다. 이러한 비용은 파산선고 후에 발생한 채권으로 본래는 파산채권이 아니지만, 각 파산채권자의 개별적인 이익이 되는 것에 불과하므로[65] 파산채권으로 한 것이다(제439조). 나아가 파산절차참가비용을 일반 파산채권으로 하면 본래의 파산채권에 대한 배당이 줄어들게 되므로 후순위 파산채권으로 한 것이다. 또한 파산선고 이후에 발생한 비용을 일반 파산채권으로 하면, 파산재단에 관하여 고정주의를 취하고 있는 법체계와 모순된다.

한편 파산신청비용은 채권자 전부의 이익이 되므로 재단채권으로 하고 있다(제473조 제1호).

(4) 벌금·과료·형사소송비용·추징금 및 과태료 (제446조 제1항 제4호)

본래 파산채권이지만 채무자 본인에 대한 인적 제재로서 징벌적 성격을 가지므로 일반 파산채권으로 취급하면 채무자의 부담을 다른 채권자의 부담으로 전가하여 배당의 감소를 초래하게 되므로 후순위 파산채권으로 한 것이다. 본인에 대한 인적 제재로서의 의미를 가지기 때

---

62) 국세는 '국세기본법 제47조의4 제1항 제1호 중 납부고지서 납부기한 다음날부터 납부일까지의 금액과 제3호의 금액'에 해당하는 납부지연가산세를, 지방세는 지방세기본법 제55조 제1항 제3호, 제4호의 납부지연가산세를 말한다.

63) 대법원 2017. 11. 29. 선고 2015다216444 판결 참조. 파산선고 전의 원인으로 인한 것이라면 여기서 설명하는 후순위 파산채권으로 되는 납부지연가산세를 제외하고 모든 조세채권은 재단채권이다(제473조 제2호).

64) 條解 破産法, 725쪽.

65) 파산채권자의 공동의 이익을 위한 재판상의 비용은 재단채권으로 하고 있다(제473조 제1호).

문에 면책대상에서도 제외하고 있다(제566조 제2호).[66] 위 파산채권들에 대하여는 신고의무는 있으나(제471조), 채권조사기일에서의 조사대상은 아니다(제472조).

문언상 한정되어 있지 않지만, 그 취지로 보아 여기서 말하는 벌금 등은 파산선고 전에 채무자의 행위로 발생한 것을 의미한다.[67]

파산관재인의 행위로 발생한 벌금 등은 파산관재인의 행위로 인하여 발생한 청구권(제473조 제4호)이므로 재단채권이 된다.

(5) 기한이 파산선고 후에 도래하는 이자 없는 채권의 경우 파산선고가 있은 때부터 그 기한에 이르기까지의 법정이율에 의한 원리의 합계액이 채권액이 될 계산에 의하여 산출되는 이자의 액(중간이자)에 상당하는 부분 (제446조 제1항 제5호)

기한미도래의 채권은 파산채권의 현재화에 의해 파산선고시에 기한이 도래한 것으로 보므로 그 전액이 파산채권이 된다. 그러나 파산선고 후의 이자를 후순위 파산채권으로 하고 있는 것(제446조 제1항 제1호)과의 균형상 그 중간이자에 상당하는 부분을 후순위 파산채권으로 한 것이다.

중간이자 계산 방식은 호프만(Hoffmann)식에 의할 경우 다음과 같다.

채권액: N, 법정이율: Z, 파산선고가 있는 때부터 본래의 기한까지의 년수: A,
일반 파산채권으로 되는 액: X, 후순위 파산채권으로 되는 액: Y

$$X = N/(1+ZA), \quad Y = N-X$$

(6) 기한이 불확정한 이자 없는 채권의 경우 그 채권액과 파산선고 당시의 평가액과의 차액에 상당하는 부분 (제446조 제1항 제6호)

기한이 불확정한 채권이라도 권면액이 파산채권액이 되므로(제425조) 제5호와 같은 취지에서 권면액과 파산선고시에 있어서 평가액의 차액을 중간이자에 상당한 것으로 보아 후순위 파산채권으로 한 것이다.

---

66) **벌금·과료·추징금에 관한 형의 시효의 정지 여부** 파산절차에서 벌금·과료·추징금은 후순위 파산채권이지만 비면책채권으로 취급된다. 벌금·과료·추징금은 형법이 정한 '형'이다. 채무자에 대한 금전채권이지만 민법 등의 소멸시효는 적용되지 않고 형법 제78조에 의한 '형의 시효'가 적용된다. 소멸시효에 관하여는 파산절차참가로 시효가 중단된다는 규정이 있지만(제32조 제2호 본문), 형의 시효에 관하여는 아무런 규정이 없다. 강제처분이 개시되는 경우 형의 시효가 중단되지만(형법 제80조), 파산절차참가를 강제처분이라고 평가하기는 어렵다. 이로 인하여 벌금·과료·추징금이 파산채권으로서 강제집행 등이 금지되는 기간(제557조 등)에 형의 시효가 경과할 가능성이 있다. 따라서 강제집행 등이 금지되는 기간 동안 형의 시효를 정지하는 입법적 조치가 필요하다. 일본 파산법 제43조 제3항은 「파산절차의 개시결정이 있는 때에는, 파산절차가 종료될 때까지의 기간에는, 벌금·과료 및 추징금의 시효는 진행하지 않는다. 면책신청이 있은 후 당해 신청에 대한 재판이 확정될 때까지의 기간(파산절차개시결정 전에 면책허가신청이 있는 경우에는, 파산절차개시결정 후 당해 신청에 대한 재판이 확정될 때까지의 기간)도 마찬가지이다」라고 규정하고 있다. 관련 내용은 〈제2편 제8장 제1절 Ⅵ.2.〉(본서 587쪽)를 참조할 것.

67) 破産法·民事再生法, 281쪽, 條解 破産法, 728쪽. 일본에서는 파산선고 후 채무자의 행위로 발생한 벌금 등도 후순위 파산채권에 해당한다는 견해도 있다(위 책 같은 페이지 참조).

(7) 채권액 및 존속기간이 확정된 정기금채권인 경우 ① 각 정기금에 관하여 제5호의 규정에 준하여 산출되는 이자의 액의 합계액에 상당하는 부분과 ② 각 정기금에 관하여 같은 호의 규정에 준하여 산출되는 원본의 액의 합계액이 법정이율에 의하여 그 정기금에 상당하는 이자가 생길 원본액을 초과하는 때에는 그 초과액에 상당하는 부분(제446조 제1항 제7호)

정기금채권이라도 각기의 지분채권에 있어서는 기한미도래의 채권이 되므로 각기의 지분채권에 대하여 이자가 포함되어 있다고 보고, 이에 대하여는 현재화되므로(제425조) 각기의 지분채권에 대하여 먼저 제5호의 규정에 준하여 중간이자 상당액을 산정하여 후순위 파산채권으로 한 것이다(①).

나아가 각기의 중간이자를 공제한 원본액의 합계액을 그대로 일반파산채권으로 하면 본래 채권자가 정기금으로 받을 수 있는 금액을 초과하는 경우가 있다. 따라서 법정이율을 기준으로 본래의 정기금에 상당하는 이자를 발생시킬 수 있는 원본액을 산정하여, 위 파산채권액(각기의 중간이자를 공제한 원본액의 합계액)이 위 원본액(본래의 정기금에 상당하는 이자를 발생시킬 수 있는 원본액)을 초과하는 부분도 후순위 파산채권으로 한 것이다(②).[68]

(8) 약정 후순위 파산채권: 채무자가 채권자와 파산절차에서 다른 채권보다 후순위로 하기로 정한 채권(제446조 제2항)

채권자와 채무자 사이에서 파산선고 전에 채무자에 대하여 파산선고가 되면 파산절차에서 배당 순위를 다른 채권보다 후순위로 한다는 합의가 된 채권을 약정 후순위 파산채권이라 부른다.[69] 파산절차에서는 이러한 약정에 따라 후순위 파산채권으로 취급된다. 파산선고 전 후순위 약정의 효력이 파산선고 후에도 인정된다는 것을 명확히 하고 있다.

문제는 '다른 채권'이 일반 파산채권인지 법정 후순위 파산채권인지 여부이다. 이는 약정 후순위 파산채권을 다른 후순위 파산채권과 같은 순위로 취급할 것인지와 관련된다. 일본 파산법은 약정 후순위 파산채권을 법정 후순위 파산채권보다 후순위로 한다는 점을 명확히 하고 있다(제99조 제2항). 이러한 명시적인 규정이 없는 채무자회생법 하에서는 후순위 약정의 취지가 파산절차에서 최후에 배당을 받겠다는 취지인지, 아니면 다른 일반 파산채권보다 후순위로 배당을 받겠다는 취지인지에 따라, 전자라면 법정 후순위 파산채권보다 후순위로, 후자라면 법정 후순위 파산채권과 같은 순위로 배당을 할 수밖에 없다. 다만 그 취지가 명확하지 않은 경우에는 전자로 해석하는 것이 당사자들의 의사에 합치된다고 할 것이다.

약정 후순위 파산채권의 지위는 본래 다른 파산채권과 마찬가지로 채무자의 책임재산으로부터 배당받는 채권자가 그 이익을 포기하는 취지의 사법상의 합의를 채무자와 사이에 체결한

---

68) 전병서, 150쪽. 매년 100,000원을 40년간 받을 수 있는 정기금채권의 경우를 보자. 법정이율은 연 5%이다. 호프만식 계산에 의하여 40년 동안 원본액의 합계액을 산출하면 2,164,247원{=100,000원×21.6426(호프만 수치)}이다. 법정이율에 의하여 연 100,000원에 상당하는 이자가 생길 원본액은 2,000,000원이다. 따라서 이자부 채권과의 균형상 164,247원(=2,164,247원-2,000,000원)은 추가로 후순위 파산채권이다.

69) 이러한 채권은 사채(社債)의 발행에 의해 발생하는 경우가 많고, 후순위채라 부른다.

경우, 그것은 채무자회생법의 기본원칙에 저촉되지 않고 나아가 합리적 근거를 갖는 것이어서 합의 내용을 채무자회생법 질서에 받아들인 것이다. 따라서 일반 파산채권보다 후순위이지만 법정 후순위 파산채권보다 우선한다는 합의가 채무자와 어떤 채권자 사이에 체결된 경우나 어떤 채권자가 다른 채권자에 대하여 후순위라는 취지의 합의가 파산채권자 사이에 체결된 경우에는 그것이 사법상의 효력이 인정되는 것은 별론으로 하고, 파산절차에서 약정 후순위 파산채권으로 인정되는 것은 아니다. 이 경우 파산관재인은 이러한 합의에 구속되지 않고, 일반 파산채권과 마찬가지로 취급하면 된다.[70]

4. 해석에 의한 열후화 (후순위화)

자(子)회사의 파산에 있어 모(母)회사의 채권 또는 회사의 파산에 있어 이사 등 내부자의 채권을 그 채권자의 의사와 상관없이 후순위 파산채권으로 할 수 있는가. 회생계획에서는 이러한 채권들에 대하여 차등을 두어도 형평을 해하지 않기 때문에 열후화를 허용하고 있고(제218조 제2항), 파탄에 책임이 있는 자의 파산채권을 다른 파산채권과 평등하게 취급하는 것은 형평에 반한다는 것을 근거로 긍정하는 견해도 있다.[71] 그러나 입법론과는 별개로 해석에 의한 열후화는 허용되지 않는다고 할 것이다(본서 1558쪽 참조).[72]

Ⅳ 다수채무자와 파산채권

공동하여 중첩적으로 채무를 부담하는 다수채무자관계에 있어서, 한편으론 인적담보로서의 취지로부터 1인의 채무자가 파산한 경우 채권자의 이익을 해하지 않도록 배려할 필요가 있고, 다른 한편으론 해당 채권자의 파산채권 행사로 다른 파산채권자가 부당한 불이익을 받지 않도록 배려할 필요가 있어 채무자회생법은 민법의 일반법리를 수정하는 규정을 두고 있다.[73]

1. 전부의 채무를 이행할 의무를 지는 자가 파산한 경우의 파산채권액

가. 여럿의 채무자가 각각 전부의 의무를 부담하는 경우(예컨대 연대채무, 연대보증채무, 부진정연대채무, 불가분채무 등)에 그 전원 또는 일부가 파산선고를 받은 때에는 채권자는 파산선고시에 가진 채권전액에 관하여 각 파산재단에 대하여 파산채권자로서 권리행사를 할 수 있다

---

70) 條解 破産法, 740쪽, 破産法・民事再生法, 283쪽 각주 100).
71) 條解 破産法, 741쪽.
72) 현행법 아래에서는 열후화가 허용되지 않는다 하여도 파탄에 책임이 있는 채권자에 의한 채권신고에 대하여, 파산관재인은 채권신고를 취하하도록 촉구하거나, 이의를 제출한 후 신의칙위반 등을 채권확정절차에서 주장하거나 그 채권자에 대한 손해배상채권과 상계를 주장할 수 있을 것이다.
73) 이에 대한 자세한 내용은 〈제2편 제8장 제1절 Ⅶ.〉(본서 588쪽)을 참조할 것. 현존액주의에 관한 회생절차에서의 규정(제126조 내지 제130조)과 파산절차에서의 규정(제428조 내지 제433조)은 동일한 내용임에도 조문의 제목, 규정 순서나 체계에서 차이가 있다. 물상보증에 관하여는 제428조를 준용하는 규정도 없다. 입법적 정비가 필요해 보인다.

(제428조).[74] 이를 파산선고시의 현존액주의라 한다.

따라서 채권자가 파산선고 전에 임의로 변제를 받았거나 파산에 의한 배당을 받은 경우에는 이를 공제한 잔액이 파산채권액이 된다. 그렇지만 파산선고 당시 채권액을 신고하였다면 파산선고 후에 다른 채무자로부터 일부 변제를 받았거나 다른 채무자의 회생절차 내지 파산절차에서 배당을 받았다고 하더라도 그에 의하여 채권자가 채권 전액에 대하여 만족을 얻은 것[75]이 아닌 한 파산채권액은 감액되지 않는다(채권자는 여전히 채권 전액으로써 계속하여 파산절차에 참가할 수 있다).[76] 채권의 일부에 대한 대위변제를 한 구상권자가 자신이 변제한 가액에 비례하여 채권자와 함께 파산채권자로서 권리를 행사할 수 있는 것은 아니다.[77]

나. 한편 채권자는 각각의 책임재산으로부터 최대한의 만족을 얻어야 하지만, 동시에 채권자가 갖는 법률상 이익이 인적 담보인 이상 각 전부채무자의 책임재산에 대해서는 다른 일반채권자와 평등하게 취급되어야 하고, 특별취급을 해서는 안 된다는 점, 파산선고 후의 변제 등으로 실체법상 채권이 일부 소멸하였는데도 파산선고 시의 채권 전액을 가지고 파산절차에 참가할 수 있다는 것은 다른 일반채권자에 대하여 평등한 취급이라고 볼 수 없다는 점에서 현존액주의는 일반채권자에 대하여 평등한 배당을 목적으로 한 파산절차가 인적 담보를 가진 채권자에 대해서만 특별취급을 하는 것으로써 불합리하다는 의문이 있을 수 있다. 그러나 변제 등에 의한 파산채권의 감액을 인정하더라도 감액분에 대해서는 변제를 행한 전부채무자가 구상권 또는 변제에 의하여 취득한 채권자의 채권의 일부를 파산채권으로 행사하는 것이 예상되고,[78] 따라서 다른 일반채권자로서는 파산선고시의 파산채권액에 관해서는 그것이 본래의 채권

---

74) 주채무자와 보증인의 관계도 불가분의 공동채무관계이지만, 주채무자에 대하여 파산선고가 된 경우에는 제430조에서, 보증인에 대하여 파산선고가 된 경우에는 제429조에서 별도로 규정하고 있다.

75) 복수의 채권이 있는 경우 채권 전액이 소멸한 경우가 무엇을 의미하는지에 관하여는 개개의 채권별로 판단하여야 할 것이다(개별채권설). 이에 관한 자세한 내용은 〈**제2편 제8장 제1절 Ⅶ.1.가.(3) 각주 173**)〉(본서 593쪽)을 참조할 것.

[사례] 채권자A는, 주채무자 B에 대하여 복수의 채권을 가지고 있고, 이것을 피담보채권으로 하여 B소유 부동산에 저당권을 설정받음과 동시에, 이들 복수채권에 대하여 C로부터 보증을 받았다. 이후 B, C는 모두 파산선고를 받았다. C에 대하여 파산선고가 된 후, B의 파산절차에서 B의 파산관재인 협조로 B소유 담보부동산이 임의매각된 결과, 채권총액에 미치지 못하는 회수를 하였다. 이 경우 A는 C의 파산절차에서, 파산선고 당시 파산채권액 전액으로 권리행사를 할 수 있는가.
총채권설의 입장에서는 A는 C의 파산절차에서, 파산선고 당시 파산채권액 전액으로 권리행사를 할 수 있다. 반면 개별채권설 입장에서는 복수채권 중 전부가 충당된 채권을 제외한 나머지 채권액에 대하여만 권리행사를 할 수 있다. 위 사안의 경우 임의매각에 의해 회수된 결과, 복수의 피담보채권 중 일부 채권에 대하여 그 전액이 변제된 경우, A는 C의 파산절차에서 해당 채권에 대하여 권리를 행사할 수 없다(B는 주채무자이기 때문에 구상의 문제도 발생하지 않는다). 따라서 C의 파산관재인으로서는 A의 채권 중 전액 변제된 채권에 대하여 취하를 촉구하여야 한다.

76) 대법원 2021. 4. 15. 선고 2019다280573 판결. 파산절차에 관하여는 제126조 제2항과 같은 규정을 명시적으로 두고 있지는 아니하다. 그러나 파산절차에 관하여도 파산선고 후 채권자에 대하여 변제 등을 하였더라도 그 채권의 "전액"이 소멸한 경우를 제외하고는 그 채권자는 파산선고시에 가지는 채권의 전액에 관하여 그 권리를 행사할 수 있다고 보아야 할 것이다.

77) 대법원 2008. 8. 21. 선고 2007다37752 판결 참조.

78) 파산채권은 채무자에 대하여 파산선고 전의 원인으로 생긴 재산상의 청구권을 말하는데(제423조), 구상권이나 변제자대위권은 파산선고 당시에 이미 채권성립의 기초가 되는 법률관계가 발생되어 있고, 전부채무자가 변제 등을 행하면 구상권과 변제자대위권을 행사할 수 있다는 점에서 조건부 채권(장래의 청구권)으로서 파산채권에 해당한다

자에 의해서만 행사되는지 아니면 그 일부가 구상권자에 의하여 행사되는지에 관하여 특별이 해관계를 가지지 않는다. 결국 담보거래의 안전성을 중시하고, 본래의 채권 전액에 대해서 책임을 부담하는 구상권자보다는 채권자에게 파산선고 당시에 가진 채권 전액을 파산채권으로 행사할 수 있도록 하는 것이 타당하므로 제428조는 일반채권자의 이익을 해하지 않는 한도에서 구상권자의 이익보다도 채권자의 이익을 우선시 하고자 한 규정이다.[79]

다. 수인의 전부채무자에 대하여 서로 다른 절차(일부는 파산절차, 일부는 회생절차나 개인회생절차)가 진행되는 경우에도 채권자를 보호하려는 제428조나 제126조 제1항의 입법취지에 비추어 위 규정들을 유추적용될 수 있다고 할 것이다.[80]

주채무자의 파산과 보증인의 지위

주채무자가 파산한 경우 보증인에게는 어떠한 영향이 있는가. 이와 관련하여 보증인의 항변권 등은 유지되는지, 부종성의 원칙에 따라 보증채무의 내용은 변경되는지, 구상권은 어떻게 되는지가 문제된다. 아래에서 설명하는 내용은 물상보증인에 대하여도 동일하게 적용된다.

1. 보증인의 항변권 등

연대보증의 경우를 제외하고, 보증채무의 보충성으로 인하여 보증인은 최고・검색의 항변권(민법 제437조 본문)을 가지는 것이 원칙이다. 그러나 주채무자가 파산선고를 받은 경우에는 변제할 자본력이 없고 집행이 용이하지 않은 것이 분명하므로 최고나 검색의 항변을 한다는 것이 무의미하다. 따라서 주채무자가 파산한 경우 보증인의 최고・검색의 항변권은 상실된다.

보증인은 주된 채무자가 가진 동시이행항변권(민법 제536조)을 여전히 원용할 수는 있으나, 상계권(민법 제434조)의 원용은 인정되지 아니한다. 관련 내용은 〈제5장 제5절 Ⅰ.2.가.(2)〉(본서 1444쪽)를 참조할 것.

2. 보증채무 내용의 불변경

보증채무의 부종성(민법 제430조)으로 인하여 주채무의 내용이 감축되면 보증채무의 내용도 따라서 감축되는 것이 원칙이다. 그러나 파산채권의 등질화(현재화, 금전화, 무조건화)로 인하여 주채무의 내용이 변경되는 경우에는, 이러한 등질화는 파산절차의 진행의 신속과 채권자들의 공평한 만족을 위하여 행하여지는 것으로 그 효과도 파산절차와의 관계에서만 발생한다고 하여야 하므로 보증채무는 그 부종성에도 불구하고 그 내용이 변경되지 않는다. 이는 면책의 효과에 관해서도 마찬가지여서, 면책의 효과는 보증인에게는 영향을 미치지 아니한다(제567조).

(제427조, 제430조).

79) 양형우, "다수당사자의 채권관계와 파산절차상 현존액주의", 민사법학 44호(2009. 3.), 한국사법행정학회(2009), 260~261쪽.

80) 대법원 2008. 8. 21. 선고 2007다37752 판결 참조(파산선고 후 파산채권자가 다른 채무자로부터 일부 변제를 받거나 다른 채무자에 대한 회생절차 내지 파산절차에 참가하여 변제 또는 배당을 받았다 하더라도 그에 의하여 채권자가 채권 전액에 대하여 만족을 얻은 것이 아닌 한 파산채권액에 감소를 가져오는 것은 아니어서, 채권자는 여전히 파산선고 시의 채권 전액으로써 계속하여 파산절차에 참가할 수 있다.)

따라서 채권자는 보증인에 대하여 원래의 채무 내용대로 권리를 행사할 수 있음에 반하여, 그러한 권리행사를 받고 보증인이 취득하는 구상권은 사전구상권이든 사후구상권이든 파산채권의 성질을 가지기 때문에(제427조 제2항, 제430조 참조) 면책에 의하여 면제된 부분에 관하여는 만족을 얻을 수 없다.

3. 보증인의 구상권

주채무자에 대한 파산선고 전에 보증채무가 이행되었을 때에는 보증인은 그가 취득한 구상권(민법 제441조, 제444조, 사후구상권이다)을 가지고 파산절차에 참가할 수 있다. 채권자는 보증인으로부터 이행을 받은 금액만큼 감액된 채권으로 파산절차에 참가하게 된다(파산선고시의 현존액주의, 제428조).

그러나 파산선고 후에는 보증인이 보증채무를 이행하지 않았다 할지라도 파산절차에 참가할 수가 있다(제430조 제1항 본문, 민법 제442조 제2호). 이는 보증인이 그 후에 보증채무를 이행하였음에도 파산절차가 종료됨으로써 구상권을 행사할 수 없을 가능성이 있기 때문에 사전구상권을 인정한 것이다. 물론 파산채권자가 채권 전액에 관하여 권리를 행사하는 경우(파산재단에 가입하지 아니한 경우)에는 그렇지 않다. 민법 제442조 제2호는 보증인에게 사전구상권을 인정하는 규정이고, 제430조 제1항은 보증인이 장래의 구상권자로서 파산절차에 참가하는 절차적 규정이다.

2. 보증인이 파산한 경우의 파산채권액[81]

보증인에 대하여 파산선고가 된 경우, 파산관재인이 최고·검색의 항변권을 행사할 수 있도록 해야 한다. 그러나 이것을 허용한다면 채권자가 최고를 하고 나아가 검색을 하는 사이에, 보증인의 파산절차가 종료하여 채권자는 보증채무의 이행을 구할 기회를 상실하게 된다. 이러한 사태를 방지하기 위하여, 보증인이 파산한 경우, 파산관재인이 이들 항변을 하는 것을 막고, 채권자는 당연히 보증인의 파산절차에 참가할 수 있도록 할 필요가 있다.

가. 파산선고 당시 채권 전액

보증인이 파산선고를 받은 때에도 채권자는 파산선고시에 가지는 채권 전액에 관하여 파산채권자로서 권리행사를 할 수 있다(제429조). 따라서 보증인의 파산에 있어서 채권자에 대한 최고·검색의 항변권(민법 제437조, 제438조)은 행사될 수 없다. 이것은 앞에서 본 바와 같이 보증인에 대한 채권자의 권리행사 기회를 상실하지 않도록 하기 위해서이다. 채권자가 파산선고시의 전액에 관하여 권리행사를 할 수 있는 것은 보증인이 전부의무자인 점으로부터 도출되는 것이다.[82]

---

81) 1인의 일부보증의 경우(본서 602쪽) 및 수인의 일부보증인의 경우(본서 603쪽)는 회생절차의 관련 부분을 참조할 것.
82) 보증인도 전부의무자이므로 제428조의 현존액주의가 적용되지만, 제429조에 별도의 규정을 두고 있다. 이는 보증인이 주채무자에 대해 종속적인 지위에 있고 최고·검색의 항변권을 가지고 있기 때문에 이를 배제하고 파산선고 당시의 현존액으로써 보증인에 대한 파산절차에 참가할 수 있음을 명백히 하기 위한 것이다.

채권자가 보증인의 파산절차에 참가할 수 있는 파산채권액은 파산선고 시에 보증인의 부담액 전액이다. 또한 파산절차에서는 파산채권의 현재화로 주채무의 변제기가 도래하지 않아 보증채무의 변제기가 도래하지 않았다고 하여도 보증인에 대한 파산채권의 변제기는 도래한 것으로 된다. 물론 이것이 주채무의 변제기에 영향을 미치는 것은 아니다.[83]

'보증인이 파산선고를 받은 때'는 2가지 경우가 있을 수 있다. ① 주채무자와 보증인 모두 파산선고를 받은 경우와 ② 보증인만 파산선고를 받은 경우이다. 이와 관련하여 제429조는 ②의 경우만 적용된다는 견해가 있다.[84] ①의 경우는 주채무자의 무자력이 명확하게 되었기 때문에 보증인은 최고·검색의 항변권을 행사할 수 없고, 따라서 이때는 제429조가 적용되는 것이 아니라 제428조가 적용된다는 것이다. 하지만 문언상 '보증인이 파산선고를 받은 때'라고 되어 있어 ①의 경우에 대해 제429조 적용을 배제할 이유는 없다. ①의 경우에는 채권자의 선택에 따라 제428조나 제429조가 적용될 수 있다. 다만 제429조는 최고·검색의 항변권이 인정되지 않기 때문에 채권자 입장에서는 제429조의 적용을 주장하는 것이 유리하다. 물론 제428조의 적용을 주장하더라도 주채무자가 파산선고를 받은 이상 무자력이 명백하다고 할 것이므로 보증인의 최고·검색의 항변권은 인정되지 않을 것이다. 결과에 있어서는 동일하나, 최고·검색의 항변권이 인정(배제)되는지, 누구에게 그에 관한 주장증명책임이 있는지에 있어 차이가 있다.

나. 불안의 항변권

파산선고된 구상권자가 주채무자에게 사전구상권을 행사하는 경우, 주채무자는 구상금이 전액 주채무자의 면책을 위하여 사용될 것이라는 점이 확인되기 전에는 사전구상의무의 이행을 거절할 수 있는가. 이 경우 원칙적으로 신의칙상 불안의 항변권이 인정된다고 할 것이다. 대법원도 「구상권자에 대하여 파산이 선고된 후에 사전구상권을 행사하는 경우에는, 구상금채무의 보증인이 사전구상에 응하더라도 특별한 사정이 없는 한 구상권자가 이를 전부 주채무자의 면책을 위하여 사용하는 것은 파산절차의 제약상 기대하기 어려우므로, 파산절차에도 불구하고 구상금이 전액 주채무자의 면책을 위하여 사용될 것이라는 점이 확인되기 전에는 구상금채무의 보증인은 신의칙과 공평의 원칙에 터잡아 민법 제536조 제2항을 유추적용하여 사전구상에 대한 보증채무의 이행을 거절할 수 있다」고 판시하고 있다.[85]

3. 장래의 구상권자 (구상의무자가 파산한 경우 파산채권액)

가. 구상권에 기한 파산채권의 행사

여럿이 전부의무를 부담하는 경우에 그 전원 또는 일부가 파산선고를 받은 때에는 그 채무

---

83) 條解 破産法, 774쪽. 이에 반하여 회생절차에서는 현재화의 효과가 없으므로 기한미도래의 경우 채권자는 기한부채권으로 회생채권을 행사하여야 한다.

84) 倒産法, 166~167쪽.

85) 대법원 2002. 11. 26. 선고 2001다833 판결 참조.

자에 대하여 장래의 구상권을 갖는 자(연대채무자가 파산한 경우의 다른 채무자, 주채무자가 파산한 경우의 보증인 등)는 그 전액에 관하여 파산채권자로서 권리를 행사할 수 있다(제430조 제1항 본문).[86] 구상권은 파산선고 전의 원인으로 생긴 재산상 청구권(제423조)의 일종으로 파산채권이고, 구상권자는 구상권의 전액에 대하여 파산채권자로서 권리행사가 인정된다.[87] 이와 같이 인정하는 이유는 전부의무자에 대하여 파산선고가 된 경우 채권자가 다른 전부의무자에 대하여 청구할 것은 확실한데, 나중에 구상권이 현실화되어 구상권을 행사하게 될 때에는 이미 파산절차가 종료됨으로써 그 행사가 불가능하게 될(구상의 목적을 달성하지 못하게 될) 염려가 있기 때문이다.

다만 채권자가 그 채권 전액에 관하여 파산채권자로서 권리행사를 하고 있는 때에는 장래의 구상권의 행사는 허용되지 아니한다(제430조 제1항 단서).[88] 이는 채권자가 채권 전액에 관하여 파산채권의 신고를 하고 있는 때에 장래의 구상권자도 그 전액에 관하여 파산채권으로 된다고 한다면 다른 파산채권자와의 관계에 있어서는 채무자에 대한 1개의 채권에 관하여 이중의 권리행사를 인정한 결과가 되기 때문이다.[89] 따라서 채권자가 채권액의 일부만을 파산채권으로 행사한 경우에는 장래의 구상권자는 그 잔액의 범위 내에서 파산채권자로서 권리를 행사할 수 있다. 이때는 이중의 권리행사가 되는 것이 아니기 때문이다.

제430조 제1항 본문의 입법취지와 관련하여, ① 민법 제442조 제1항 제2호의 취지(사전구상권)를 수탁보증인 이외의 전부채무자에게 확장한 것이라고 하는 견해[90]와 ② 전부채무자가 가진 장래의 구상권이 파산채권이라는 점을 주의적으로 규정한 것에 불과하다는 견해[91]가 있다.

---

[86] 연대채무자 등 수인의 전부의무자가 있고 그 전원 또는 일부의 자에 대하여 파산선고가 된다면, 파산채권자로 되는 자는 본래의 채권자뿐만 아니라 전부의무자 상호간에 있어서도 구상권을 파산채권으로, 또는 구상권의 범위에서 대위로 취득한 원채권(민법 제482조)을 파산채권으로 행사하는 것이 고려될 수 있다.

[87] 수탁보증인이 민법 제442조에 의하여 사전청구권으로 파산채권신고를 하는 경우 그 사전구상권의 범위에는 채무의 원본과 이미 발생한 이자 및 지연손해금, 피할 수 없는 비용 기타의 손해액이 이에 포함될 뿐, 채무의 원본에 대한 장래 도래할 이행기까지의 이자는 사전구상권의 범위에 포함될 수 없다고 할 것이나, 이 또한 제430조 제1항에 의한 장래의 구상권으로서 파산채권신고의 대상이 될 수 있다(대법원 2002. 6. 11. 선고 2001다25504 판결 참조).

[88] 제430조 제1항 단서에 의하면, 채권자가 파산선고 시에 가지는 채권의 전액에 대하여 파산절차에 참가한 경우, 구상권자는 당해 파산절차에 참가할 수 없다. 따라서 채권의 일부를 변제한 구상권자가 당해 채권에 대하여 초과부분(파산선고 시 채권액을 기초로 계산된 배당액 중 실체법상 잔존채권액을 초과하는 부분)이 발생한 경우 배당절차에 참가하는 취지로 예비적으로 그 구상권을 파산채권으로 신고하는 것은 허용되지 않는다. 아래 〈라.〉 참조.

[89] 채무자의 보증인 등이 장래의 구상권을 신고한 경우 파산관재인은 다음과 같이 처리한다. ① 이미 채권자로부터 채권 전액에 관하여 채권신고가 있으면 이의를 진술하여야 한다. 이후 채권조사확정재판절차가 진행된다. ② 채권자로부터 채권신고가 없으면 보증채무 이행을 정지조건으로 한 정지조건부 채권으로 시인하고, 이후 배당절차에서 보증인에게 배당할 금액을 임치하였다가(제519조 제4호) 최후배당의 배당제외기간까지 채권자의 채권신고가 없고 구상권이 현실화되면 이를 지급한다(제523조 참조).

[90] 주채무자가 파산한 경우에 채권자는 보증인으로부터 채권회수를 도모할 것인데, 만일 사전구상권을 인정하지 않는다면, 보증인이 자기의 출재로 공동의 면책을 시키고 그 구상권을 행사하게 될 때에 이미 파산절차가 종결됨으로써 그 행사가 불가능하게 될 염려가 있을 뿐만 아니라 사후구상권은 면책의 대상으로 되고, 결국 주채무자에 대한 구상권을 행사할 수 없게 되는 불이익이 발생하기 때문에 수탁보증인에게 민법상 사전구상권이 인정되는데, 이러한 취지는 연대채무 등의 전부채무자 상호간의 구상권 행사에도 타당하기 때문에 제430조 제1항 본문은 민법 제442조 제1항 제2호의 취지를 수탁보증인 이외의 전부채무자에게 확장한 것이다.

[91] 條解 破産法, 767쪽, 양형우, 전게 "다수당사자의 채권관계와 파산절차상 현존액주의", 268~270쪽. 변제할 정당한 이익이 있는 자가 변제하면 법률상 구상권을 취득하고 또한 채권자의 채권 및 담보권이 변제자에게 당연히 이전된

살피건대 민법 제442조 제1항 제2호는 명시적으로 사전구상권이라고 하고 있을 뿐만 아니라[92] 제427조에서 '장래의 구상권'을 파산채권이라고 규정한 것은 민사법에서 해당 채권이 장래의 구상권으로 인정된 것을 전제로 한 것이다. 또한 부탁을 받은 보증인을 포함하여, 먼저 채권자에게 변제한 후 다른 전부의무자에 대하여 구상을 하는 사후구상이 원칙이지만, 사후구상을 강제할 경우 파산절차의 진행과의 관계에서 구상권자가 만족을 받는 것이 곤란할 수 있기 때문에 제430조 제1항 본문은 전부의무자 일반에 대하여 장래의 구상권을 파산채권으로 행사하는 것을 인정한 것으로 볼 수 있다. 즉 사전구상권을 전부의무자 모두에게 인정한 것이라는 점에 의의가 있다.[93][94]

나. 장래의 구상권자에 의한 변제

채권자가 채권 전액에 관하여 파산채권자로서 권리행사를 하고 있는 경우 구상권자가 채권자에게 변제를 한 때에는 그 변제의 비율에 따라 채권자의 권리를 취득한다(제430조 제2항). 전부채무자를 보호하기 위한 취지이다. 여기서 '변제의 비율에 따라'는 수인의 전부채무자가 채권자에 대하여 일부씩 변제하여 파산채권 전액을 변제하게 된 경우에 전부채무자는 각각의 변제액(구상권)의 비율에 따라 파산채권을 행사한다는 의미이다.

다는 효과가 발생한다는 점에서, 이러한 변제자의 권리는 정지조건부 채권 내지 장래의 청구권이라고 할 수 있다. 여기서 장래의 청구권이란 일반적으로 법정의 정지조건부 채권을 말한다. 법정의 정지조건부라 함은 법률행위의 효력발생을 장래의 불확실한 사실의 성부에 의존케 하는 부관이지만, 부관으로 되는 불확실한 사실이 법률의 규정에 의하여 정하여진 것을 말한다. 가령 보증인·연대채무자·물상보증인이 채무자 또는 다른 연대채무자에 대하여 가진 구상권, 효력발생요건으로서 법률상 일정의 조건이 붙어 있는 경우의 당해 계약에 기한 청구권 등이 이에 해당한다. 장래의 청구권은 법률행위의 효력발생이 장래의 불확실한 사실의 성부에 의존한다는 점에서 정지조건부 채권과 유사하기 때문에 파산절차상의 취급은 정지조건부 채권과 동일하다. 결국 제430조 제1항 본문은 사전구상을 인정하지 않으면 전부채무자가 채권자의 청구에 따라 채무를 이행하였는데 파산절차의 종결로 인하여 사실상 구상권을 행사할 수 없을 가능성이 있기 때문에 사전구상을 인정한 것으로 볼 수도 있지만, 제427조는 명백히 조건부 채권과 장래의 청구권을 파산채권으로 규정하고 있다는 점, 민법 제442조의 사전구상권에는 담보제공청구권(민법 제443조)이 항변권으로 부착되어 있기 때문에 이를 자동채권으로 하는 상계는 허용되지 않지만, 제417조는 채무가 기한부나 조건부인 때 또는 장래의 청구권에 관한 것인 때에 상계를 인정하고 있다는 점을 고려할 때, 전부채무자가 가진 장래의 구상권이 파산채권이라는 점을 주의적으로 규정한 것이라고 할 것이다.

92) 사전구상권과 사후구상권은 전혀 별개의 권리이다(대법원 1992. 9. 25. 선고 91다37553 판결, 대법원 1981. 10. 6. 선고 80다2699 판결 등 참조). 나아가 양 권리는 병존하는 것이다. 수탁보증인의 경우를 보면 민법 제442조 제1항 제2호는 주채무자가 파산한 경우 보증인에게 사전구상권을 인정한 것이고, 제430조 제1항 본문은 이를 받아 보증인이 장래의 구상권자로서 파산절차에 참가하는 절차적 실현규정을 둔 것이다{편집대표 곽윤직, 민법주해(Ⅹ) 채권(3), 박영사(1992), 329쪽}.

93) 민법 제442조 제1항 제2호는 주채무자가 파산선고를 받은 경우 수탁보증인에게 사전구상권을 인정하면서, 민법 제443조는 ① 주채무자가 보증인에게 배상의무를 이행한 경우 자기를 면책하게 하거나 담보제공을 청구하거나 ② 배상할 금액을 공탁하거나 담보를 제공하여 보증인을 면책하게 함으로써 그 배상의무를 면할 수 있다고 규정하고 있다. 그런데 민법 제443조는 파산과 관련하여 해석상 문제가 있다. 파산선고 이전의 원인으로 발생한 채무자의 채무(채권자 입장에서는 파산채권이다)는 파산절차에 따라 변제하여야 하는 것이기 때문에, 주채무자가 파산절차를 이탈하여 보증인의 사전구상권 행사에 응한다는 것은 있을 수 없다. 마찬가지로 주채무자가 보증인의 사전구상권 행사에 응하여 공탁이나 담보제공을 하여 면책하게 할 수는 없다. 관리처분권을 갖지 않은 주채무자가 이러한 행위를 할 수 없기 때문이다. 결국 보증인의 사전구상권 행사에 관한 민법 제442조 제1항 제2호나 담보제공·면책에 관한 민법 제443조는 파산절차와의 관계에서는 입법적 재검토가 필요해 보인다.

94) 한편 부탁 받지 않은 보증인이 파산선고 후 변제를 한 것에 기한 구상권과 같이 장래의 청구권으로서의 파산채권으로 인정되지 않는 것도 있다(본서 554, 1455쪽 참조).

구상권자가 일부를 변제한 경우에는 적용되지 않는다. 채권자는 일부 변제를 받아도 파산선고 당시의 채권 전액에 관하여 파산채권자로서 권리행사를 할 수 있으므로(제429조), 구상권자가 일부 변제를 하면 그 비율에 상응하여 채권자의 권리를 취득하는 것이 아니라[95] 채권자에게 전액을 변제하든지 또는 일부 변제와 파산에 의한 배당으로 채권자가 전부의 만족을 얻은 경우에 한하여 채권자의 권리를 취득한다.[96] 주의할 것은 채권자가 배당을 받아 처음으로 채권 전액이 소멸하는 경우, 구상권자는 당해 배당 단계에서는 채권자가 가졌던 권리를 파산채권자로서 행사할 수 없다는 것이다.

파산채권 신고 후 전액 변제가 됨에 따라 구상권자가 파산채권을 행사하는 것은 변제자대위의 일종이고, 절차적으로는 신고명의 변경절차(규칙 제76조 제1항)에 의한다.

다. 물상보증의 경우

담보를 제공한 제3자(물상보증인)는 전부의무자는 아니지만 물상보증인이 채무자에 대하여 갖는 장래의 구상권의 경우에도 제430조 제1항, 제2항이 준용된다(제430조 제3항).

회생절차[97]와 달리 제430조 제3항은 제430조 제1항, 제2항의 규정을 준용하여 물상보증인의 장래의 구상권에 관하여도 전부채무자의 경우와 마찬가지로 취급하고 있지만, 제428조를 준용하고 있지는 않다. 따라서 파산절차에서 채권의 전액을 신고한 채권자가 파산선고 후에 물상보증인으로부터 채권의 일부 변제를 받은 경우에도 현존액주의에 관한 제428조가 유추적용되는지 문제이다. 물상보증의 경우를 달리 취급할 이유가 없으므로 파산선고 후에 물상보증인으로부터 변제가 있더라도 파산채권자는 채권 전부의 만족을 얻지 못하는 한 파산선고시의 파산채권 전액에 대하여 파산채권자로서의 권리를 행사할 수 있다고 볼 것이다.[98]

---

95) 대법원 2008. 8. 21. 선고 2007다37752 판결(채무자의 보증인이 파산선고 후 보증채무를 전부 이행함으로써 구상권을 취득한 경우, 그 구상권은 파산선고 당시 이미 장래의 구상권으로서 파산채권으로 존재하고 있었다고 보아야 하는 점, 파산절차에서는 장래의 청구권을 자동채권으로 한 상계가 허용되는 점, 정지조건부채권 또는 장래의 청구권을 가진 자가 그 채무를 변제하는 경우에는 후일 상계를 하기 위하여 그 채권액의 한도에서 변제액의 임치를 청구할 수 있는 점 등에 비추어, 그 구상권을 자동채권으로 하여 파산채무자에 대한 채무와 상계할 수 있다고 봄이 상당하다. 그런데 파산선고 후 파산채권자가 다른 채무자로부터 일부 변제를 받거나 다른 채무자에 대한 회생절차 내지 파산절차에 참가하여 변제 또는 배당을 받았다 하더라도 그에 의하여 채권자가 채권 전액에 대하여 만족을 얻은 것이 아닌 한 파산채권액에 감소를 가져오는 것은 아니어서, 채권자는 여전히 파산선고시의 채권 전액으로써 계속하여 파산절차에 참가할 수 있고, 채권의 일부에 대한 대위변제를 한 구상권자가 자신이 변제한 가액에 비례하여 채권자와 함께 파산채권자로서 권리를 행사할 수 있는 것은 아니다. 따라서 채무자의 보증인이 파산선고 후 채권자에게 그 보증채무의 일부를 변제하여 그 출재액을 한도로 채무자에 대하여 구상권을 취득하였다 하더라도 채권자가 파산선고시의 채권 전액을 파산채권으로 신고한 이상 보증인으로서는 채무자에 대하여 그 구상권을 파산채권으로 행사할 수 없어 이를 자동채권으로 하여 파산자에 대한 채무와 상계할 수도 없다.)

96) 대법원 2003. 2. 26. 선고 2001다62114 판결, 대법원 2002. 12. 24. 선고 2002다24379 판결 등 참조.

97) 제126조 제5항은 채무자의 채무를 위하여 담보를 제공한 제3자가 채권자에게 변제 등을 한 경우, 제126조 제2항 내지 제4항을 준용하도록 하여, 물상보증인이 회생절차개시 후에 채권자에게 변제 등을 하여 채권의 전액이 소멸하지 않는 한 회생채권자는 회생절차개시 시에 가지는 채권의 전액에 관하여 그 권리를 행사할 수 있도록 하고 있다.

98) 전병서, 165쪽, 양형우, 전게 "다수당사자의 채권관계와 파산절차상 현존액주의", 284~289쪽. 서울남부지방법원 2005. 1. 14. 선고 2004가합9603 판결은 주채권자가 채무자에 대한 채권 전액에 관하여 파산채권자로서 권리를 행사한 후에 물상보증인이 그 채권의 일부를 대위변제함으로써 구상권을 취득한 경우에 관하여, 「주채권자가 채권의 전액에 관하여 파산채권자로서 권리를 행사한 때에는 그 후 물상보증인 또는 제3취득자가 그 채권의 일부를 대위변

한편 물상보증인이 파산한 경우에는 제428조가 유추적용될 여지는 없다. 물상보증의 경우에는 피담보채권을 파산채권으로 할 여지가 없기 때문에 현존액주의가 적용되지 않고, 주채무자로부터의 변제가 있다면, 물상보증인의 책임은, 담보권인 별제권을 실행할 때의 피담보채권이 기준으로 된다. 따라서 물상보증인에 대하여 파산선고가 된 후 주채무자가 채권자에게 일부 변제를 한 경우에는 감액된 피담보채권액으로 별제권을 행사한다.[99]

라. 채권자의 채권액을 초과한 배당의 취급

구상권자와 원채권자의 파산채권 행사와 관련하여 논란이 되고 있는 문제가 있다. 예를 들어 주채무자 乙에 대하여 파산선고가 있었고, 채권자 甲이 100만 원의 파산채권을 신고하였으며, 그 후 연대보증인 丙이 甲에 대하여 80만 원을 변제한 경우이다. 丙의 변제는 채권액의 일부에 지나지 않기 때문에 제428조의 적용결과 甲의 파산채권액에는 영향이 없다. 다른 한편 丙은 제430조 제1항 단서의 적용결과 구상권을 파산채권으로 행사할 수 없을 뿐만 아니라 제430조 제2항의 적용결과 甲이 신고한 파산채권을 행사할 수도 없다. 이 경우 乙에 대한 파산절차에서 30%의 배당이 실시된다면, 甲은 30만 원을 배당받을 수 있는 지위에 있지만, 실제는 이미 丙으로부터 80만 원을 변제받은 것이 문제이다. 甲의 실체법상의 잔액채권을 넘는 10만 원(이하 '초과부분'이라 한다)을 어떻게 처리하여야 하는가.

이에 대한 처리방법으로 일본에서는 3가지가 제시되고 있다.[100]

① 초과부분은 구상권자에게 귀속되어야 하지만, 파산절차에서는 초과부분을 포함하여 채권자에게 배당한 후, 구상권자의 채권자에 대한 부당이득반환청구에 의한 처리에 맡긴다는 견해. 사안의 경우 파산절차에서 甲은 30만 원의 배당을 받을 수 있고, 10만 원 부분은 나중에 甲과 丙 사이의 부당이득반환문제로 해결하면 된다.

② 초과부분은 구상권자에게 귀속되어야 하고, 구상권자에게 배당하여야 한다는 견해. 80만 원의 변제에 의하여 실체적으로 丙이 대위할 수 있는 지위를 취득한 것을 존중하여, 30만 원의 배당 중 甲의 채권액을 넘는 10만 원 부분은 丙에게 배당한다.

제함으로써 구상권을 취득하였다 하더라도, 위 대위변제금과 다른 채무자 및 파산회사가 변제한 금액의 합계가 주채권자의 채권 전액에 달함으로써 주채권자가 완전한 만족을 얻게 되는 경우가 아닌 한, 그 대위변제한 금액만큼 주채권자의 파산채권이 감액되고 대신 물상보증인 또는 제3취득자가 그 부분의 파산채권을 취득하게 되는 것은 아니다」고 판시하고, 그 이유에 대해 ① 파산절차에서 물상보증인 또는 제3취득자와 인적보증인을 서로 달리 취급해야 할 특별한 이유가 없는 점, ② 1인 또는 수인의 보증인이 채무의 일부에 대하여만 보증한 경우에도 그 부담 부분의 한도 내에서는 제428조가 준용된다고 해석되는 점(제431조), ③ 채권자의 입장에서는 인적담보의 경우보다 물적 담보의 경우에 더욱 강력한 담보기능을 가지는 것으로 파악하여 그 채권회수에 좀 더 유리하게 기능할 것으로 기대하는 것이 보통이므로, 이러한 물적 담보의 경우에 제428조가 적용되지 않는다고 해석하게 되면 인적담보의 경우보다 물적 담보의 경우에 오히려 채권자가 더 불리한 위치에 처하게 되는 결과가 초래되는 점 등에 비추어 보면, 제428조는 물상보증인이나 제3취득자의 경우에도 동일하게 적용 또는 유추적용된다고 해석함이 타당하다는 점을 들고 있다.

99) 반면 물상보증인에 대하여 회생절차가 개시된 경우에는 현존액주의가 적용된다. 관련 내용은 〈제2편 제8장 제1절 Ⅶ.5.〉(본서 604쪽)를 참조할 것. 물상보증인에 대하여 파산선고가 된 경우에는, 파산채권이 존재하지 않고, 단지 파산재단이 부담하는 담보권은 별제권으로 되므로 특별히 문제될 것이 없다.

100) 條解 破産法, 769~770쪽, 最高裁判所第三小法廷 平成29年9月12日決定 判例タイムズ 1442호(2018. 1.) 52~57쪽.

③ 초과부분은 파산재단에 귀속하여야 하는 것으로 보는 견해. 10만 원 부분은 다른 파산채권자나 파산재단의 관계에서 부당이득으로 되기 때문에, 파산관재인은 이것을 甲에게 배당하지 않거나 배당한 후라도 파산재단에 반환시켜 다른 파산채권자에 대한 배당재원으로 사용해야 한다.

살피건대 실체적으로는 丙에 의한 일부 변제에 의하여 원채권인 파산채권의 일부가 甲으로부터 丙에게 이전한다. 그런 의미에서 丙은 파산채권자의 지위에 있지만, 제428조 및 제430조 제1항의 적용결과 丙은 파산채권을 행사하는 것이 허용되지 않고, 甲만이 파산채권을 행사할 수 있다. 따라서 ②설과 같이 10만 원을 丙에게 배당할 수는 없다. 丙이 처음부터 구상권을 파산채권으로 신고하는 것은 제430조 제1항 단서와 조화되지 않는다. 이러한 이유로 ②설을 취할 수는 없다. 또한 ②설에 의할 경우 채권자와 구상권자 사이에 대위변제액 등을 둘러싼 분쟁이 있는 때와 여러 구상권자 사이에서 구상권액을 둘러싼 분쟁이 있는 때에 초과부분의 액 및 그 할당을 둘러싼 분쟁이 발생하여 파산관재인의 부담이 가중됨과 동시에 배당절차 실시에 지장을 초래할 우려가 있다. 즉 ②설에 따르면 파산관재인의 부담을 가중시키고 파산절차의 원만하고 신속한 처리를 방해할 수 있다.

③설은 구상권자에 의한 대위변제가 없었다면 계산상의 배당액이 전액 채권자에게 배당되고, 다른 파산채권자는 그 배당을 받을 여지가 없었음에도 초과부분을 파산재단에 귀속시키는 것은 구상권자의 부담으로 다른 파산채권자에게 "뜻밖의 이익"을 얻게 하는 것으로 문제가 있다. 또한 여러 명의 전부의무자를 두는 것은 책임재산을 모아 해당 채권의 목적인 급부의 실현을 보다 확실하게 하는 기능을 갖게 하려는 것이라는 점을 고려할 때 배당액 계산의 기초가 되는 채권액과 실체법상의 채권액과의 괴리는 인정되는 것이고, 그 결과 채권자가 실체법상의 채권을 초과하는 액의 배당을 받는 사태가 발생할 수 있는 것을 허용하는 것으로 해석된다는 점에서도 ③설은 받아들일 수 없다.

한편 丙이 파산채권을 행사할 수 없는 상태에서 30만 원의 배당을 실시함에 따라 甲에게 그 잔존채권액을 넘는 이익이 부여된다는 것이 밝혀진 이상, 이것은 다른 파산채권자의 이익을 해하는 결과로 되기 때문에 ①설도 문제가 있지만, 파산절차와의 관계에서는 ①설에 따라 처리하는 것이 간명하며, 파산절차의 원활하고 신속한 처리에 도움이 된다.[101] 최근 일본 최고재판소는 파산채권자가 파산선고 후 물상보증인으로부터 채권의 일부를 변제받은 사안에서 ①설에 따라, 파산선고 시 채권액으로 확정된 것을 기초로 계산된 배당액이 실체법상의 잔존채권액을 초과하는 때에는 초과부분은 당해 채권에 대하여 배당하여야 한다고 판시하였다.

다만 실제에 있어서는 파산관재인이 먼저 甲에게 배당수령청구권을 포기하고 구상권자인

---

101) 채권자 甲이 파산선고 이후의 이자와 같이 후순위 파산채권을 신고한 경우 초과부분은 후순위 파산채권에 충당되기 때문에 그 한도에서 부당이득이 성립하지 않는다고 할 수 있는가. 초과부분을 포함하는 배당은 어디까지나 일반 파산채권인 100만 원에 대하여 된 것이기 때문에 배당의 대상이 되지 않은 후순위 파산채권의 존재를 이유로 부당이득의 성립을 부정할 수는 없을 것이다.

丙에게 양도할 것을 촉구하거나, 상황에 따라서는 초과부분에 대한 화해적 처리를 하는 것이 바람직할 것이다.

4. 수인의 일부보증의 경우

여러 명의 보증인이 각각 채무의 일부를 부담한 경우에 그 부담부분에 관하여는 전부 이행의 의무를 지는 경우와 성질이 같으므로 제428조, 제429조, 제430조 제1항, 제2항의 규정이 준용되고 있다(제431조). 따라서 수인의 보증인이 있고 변제를 한 보증인의 변제액이 그 보증인의 부담부분을 넘는 때에는 채권자의 채권 전액이 소멸하지 않더라도 파산채권을 대위 행사할 수 있다(제430조 제2항).[102]

한편 부진정연대채무 제도의 취지는 부진정연대채무자들의 자력, 변제 순서, 이들 사이의 구상관계와 무관하게 채권자에 대한 채무 전액의 지급을 확실히 보장하려는 데에 있다.[103] 따라서 파산채무자와 함께 부진정연대채무를 부담하는 채무자가 파산채무자에 대한 파산선고 후에 그 책임범위 내의 채무를 전부 이행하였더라도 그에 의하여 채권자가 채권 전액에 대하여 만족을 얻지 못한 경우, 채권자는 여전히 파산선고 시에 가진 채권 전액에 관하여 파산채권자로서 권리를 행사할 수 있고(제428조), 이에 관하여 파산채무자에 대한 파산선고 후에 보증채무를 전부 이행한 일부보증인의 경우에 채권자가 채권 전액에 대하여 만족을 얻지 못하였더라도 예외적으로 그 변제의 비율에 따라 채권자와 함께 파산채권자로서 권리를 행사할 수 있도록 규정한 제431조를 유추적용할 수는 없다.[104]

5. 무한책임사원 또는 유한책임사원의 파산

가. 무한책임사원의 파산

법인의 채무에 관하여 무한책임을 지는 사원[105]이 파산선고를 받은 때에는 법인의 채권자는 파산선고시에 가진 채권의 전액에 관하여 그 파산재단에 대하여 파산채권자로서 그 권리를 행사할 수 있다(제432조). 무한책임사원은 법인의 채무에 대하여 연대하여 변제할 책임을 지지만(상법 제212조 제1항), 법인에 변제자력이 있고, 또 그 집행이 용이한 것을 증명한 경우에는

---

102) 예컨대 주채무자 甲이 부담하는 5,000만 원의 주채무에 대해 A, B, C가 3,000만 원에 대하여 연대보증한 경우를 보자. 주채무자 甲에 대한 파산선고가 된 이후 연대보증인 A가 보증액 3,000만 원을 변제하였다면, 채권자가 아직 2,000만 원을 변제받지 못하였으므로 현존액주의의 관철을 위해 A의 대위행사가 불가능하다고 보아야 할 것인지, 아니면 자신의 보증부분을 모두 이행한 보증인의 보호를 위해 A의 대위행사가 가능하다고 볼 것인지 문제이다. 제431조의 '보증하는 부분에 관하여'의 해석은 보증한 부분 전체, 즉 위 사례에서 3,000만 원을 의미한다. 결국 위 사안에서 甲에 대한 파산선고가 된 이후 A가 보증부분인 '3,000만 원'을 전부 변제하였다면, 채권자의 채권 전액 (5,000만 원)이 소멸하지 않았음에도 3,000만 원에 대하여 채권자를 대위할 수 있다고 할 것이다.
103) 대법원 2018. 4. 10. 선고 2016다252898 판결 참조.
104) 대법원 2021. 4. 15. 선고 2019다280573 판결.
105) 법인의 채무에 관하여 무한책임을 지는 사원에는 합명회사의 무한책임사원, 합자회사의 무한책임사원, 합명회사의 사원으로 오인시키는 행위를 한 자칭사원(상법 제215조) 등이 있다.

적용하지 아니하므로(상법 제212조 제3항) 사원의 책임은 보충적 책임으로서 보증채무와 유사하다. 따라서 제429조와 동일한 취지에서 무한책임사원이 파산한 경우에 상법 제212조 제3항이 적용되지 않는다는 점을 명확히 규정한 것이다.

나. 유한책임사원 또는 그 법인의 파산

법인의 채무에 관하여 유한책임을 지는 사원 또는 그 법인이 파산선고를 받은 때에는 법인의 채권자는 유한책임을 지는 사원에 대하여 그 권리를 행사할 수 없다. 다만 법인은 출자청구권을 파산채권으로서 행사할 수 있다(제433조).[106]

(1) 유한책임사원이 파산한 경우

법인의 유한책임사원은 미지급의 출자액의 한도에서 법인의 채권자에 대하여 직접 책임을 지므로(상법 제279조, 제548조 제1항), 그 한도에서 파산채권을 행사할 수 있도록 할 수 있지만, 다수의 채권자가 파산절차에 참가하는 것으로부터 생기는 번잡함을 피하기 위하여 상법의 적용 범위를 제한하고, 법인의 채권자가 파산절차에 참가하는 것을 인정하지 않은 것이다.[107] 미이행 출자액에 대하여는 법인이 파산채권자로서 권리를 행사하도록 하고 있는데, 이는 법인의 채권자의 이익을 보호하기 위한 것이다.[108]

(2) 법인이 파산한 경우

주식회사와 달리, 법인 중에는 파산선고가 된 때, 법인의 사원에 대한 변제기가 도래하지 않은 출자청구권이 존재하는 경우가 있다. 하지만 법인이 파산한 경우에도 파산채권자의 유한책임사원에 대한 권리행사는 배제된다.[109]

기한을 도래시키기 위해 상법 제258조를 준용하고 있다. 법인파산의 경우 파산관재인은 출자의무의 미이행부분이 있는 경우에는 사원에게 출자를 요구할 수 있다(제501조, 상법 제258조). 법인이 파산된 경우 파산관재인이 관리처분권을 행사하므로 유한책임사원의 출자의무이행에 있어서도, 법인의 채권자에 대한 공평한 만족을 확보하기 위함이다.[110]

관련 내용은 〈제9장 제2절 Ⅲ.3.가.〉(본서 1597쪽)를 참조할 것.

---

106) 이를 당연한 규정이라고 하는 견해가 있다(전병서, 168쪽).
107) 한편 그 이유에 대해 「법인의 유한책임사원은 미이행의 출자액의 한도에서 법인의 채권자에 대하여 책임을 부담하지만, 법인의 채권자에 대하여 직접 책임을 부담한 것은 아니기 때문에 유한책임사원이 파산한 경우에 법인의 채권자는 파산절차에 참가할 수 없고, 법인이 미이행의 출자액에 관하여 파산채권자로서 파산절차에 참가할 수 있다는 점을 주의적으로 규정한 것에 지나지 않는다」는 견해가 있다(양형우, 전게 "다수당사자의 채권관계와 파산절차상 현존액주의", 291쪽). 그러나 유한책임사원은 법인의 채권자에 대하여 인적·연대·유한·직접의 책임을 부담한다(상법 제279조). 따라서 파산절차의 신속한 진행을 위해 특별히 규정한 것으로 보아야 한다.
108) 條解 破産法, 777쪽.
109) 법인에 대하여 파산선고가 된 경우 채권자의 직접청구를 인정하면 번잡하고 채권자 사이의 불평등도 야기되기 때문에 법인의 파산관재인이 회수하도록 한 것이다.
110) 條解 破産法, 777쪽.

실체법상 채권자의 채권행사가 인정됨에도 유한책임의 특징을 고려하고, 채권자에 대한 공평한 만족을 확보하기 위하여, 법인의 채권자의 파산채권 행사를 배제하고, 또한 법인 또는 법인의 파산관재인의 권리행사를 우선시하고 있다.

제2절 재단채권[111)

I 재단채권의 의의

재단채권이란 파산재단 전체로부터 파산채권에 우선하고, 파산재단으로부터 파산절차에 의하지 아니하고 수시로 변제받을 수 있는 권리를 가진 재산상의 청구권을 말한다(제475조, 제476조, 제477조 제1항 참조). 재단채권의 특징은 ① 파산재단으로 충당(변제)된다는 점[112)과 ② 파산절차에 의하지 않고 수시로 변제를 받는다는 것이다.

재단채권은 원칙적으로 파산선고 후에 파산채권자의 공동이익을 위하여 생긴 채권이나, 파산선고 전에 발생한 채권이라도 공평의 관점이나 공익적 요청에 의하여 재단채권으로 인정하고 있는 것이 있다. 어떤 채권을 재단채권으로 할 것인지는 궁극적으로 입법정책의 문제이다.

재단채권은 파산재단으로부터 변제받을 수 있는 청구권이라는 점에서 파산채권과 동일하지만, 파산절차를 통하여 평등한 변제(배당)를 받은 것이 아니라 파산절차에 의하지 않고 수시로 직접 파산관재인으로부터 개별적으로 먼저 변제받을 수 있다는 점에서 다르다.[113) 또한 파산채권이 주로 파산선고 전의 원인으로 발생한 청구권임에 반하여 재단채권은 주로 파산선고 후의 원인으로 발생한 청구권이다.

재단채권은 파산절차에 의하지 않고 수시로 변제받는다는 점에서 회생절차에 의하지 아니하고 수시로 변제받는 회생절차에서의 공익채권(제179조)에 상응하는 것이다. 그러나 파산절차와 회생절차는 그 목적이 다르므로 그 범위에 있어 차이가 있다. 예컨대 파산선고 전에 성립한 조세채권은 재단채권이지만, 회생절차개시 전에 성립한 조세채권은 공익채권이 아니라 회생채권이다. 또한 공익채권은 변제를 하지 아니할 경우 원칙적으로 강제집행을 할 수 있으나(제180조 제3항 참조), 재단채권에 기한 강제집행은 허용되지 않는다. 공익채권 사이에는 원칙적

---

111) 동일한 성격의 채권을 회생절차에서는 '공익채권', 파산절차에서는 '재단채권'이라 하고 있다. 동일한 법에서 동일한 성격의 채권에 대하여 서로 다른 용어를 사용할 필요가 있는지는 의문이다. 재단채권이라는 용어도 무슨 의미인지 명확하지 않고 오해의 소지가 있다. 향후 법 개정시 '공익채권'이라는 용어로 통일하는 것이 타당하다고 생각된다. 그러한 의미에서 중국 <기업파산법>이 공익채무(공익채권)라는 용어로 통일하여 사용하고 있는 점은 시사점이 크다 할 것이다.

112) 제475조와 제477조 제1항을 종합하면 재단채권은 파산재단으로부터 변제받는다는 것을 알 수 있지만, 입법론적으로 제475조를 「재단채권은 '파산재단으로부터' 파산절차에 의하지 아니하고 수시로 변제한다.」고 개정하여 이를 명확히 할 필요가 있어 보인다.

113) 파산채권보다 '우선하여' 변제받는다는 것은 파산채권에 대하여 특별한 우선권을 부여한다는 취지가 아니라, 파산절차에 의하지 않고 수시로 변제받은 결과, 파산채권에 대한 변제에 우선한다는 의미이다.

으로 평등하게 변제하지만, 재단채권의 경우 일부 재단채권은 다른 재단채권에 우선하여 변제받는다(제477조 제2항).

재단채권은 파산재단으로부터 파산채권에 우선하여 변제받는다는 점에서 별제권과 공통되지만, 별제권은 실체법상 특정한 재산으로부터 우선변제받을 수 있는 권리임에 반하여, 재단채권은 파산재단 전체로부터 변제받을 수 있다는 점에서 차이가 있다.[114]

재단채권자란 재단채권을 가지고 있는 채권자를 말한다. '가지고 있는'이란 일반적으로 귀속주체를 의미하지만, 예외적으로는 대위채권자나 추심채권자와 같이 재단채권에 대한 관리처분권을 행사하여 급부를 수령할 자격이 있는 자를 포함한다. 재단채권을 피담보채권으로 하는 질권, 저당권 등이 성립되어 있는 경우, 재단채권은 파산절차에 구속을 받지 않고 그 담보권을 실행하여 만족을 얻을 수 있다.

Ⅱ 재단채권의 범위

재단채권은 재단채권으로 된 실질적 근거에 따라 크게 3가지 유형으로 나눌 수 있다. ① 파산절차의 수행에 필요한 비용이다(제473조 제1호, 제3호). 이러한 비용(재단비용)은 채권자 전체의 이익을 위하여 지출된 것이고, 이러한 비용에 대하여 우선적 만족을 부여하여야 파산절차의 원활한 진행을 방해하지 않는다는 점에서 재단채권으로 한 것이다. ② 파산절차 수행 과정에서 파산관재인의 법률행위 또는 불법행위 등에 기하여 발생한 채권이다(제473조 제4호 내지 제8호). 이른바 재단채무이다. 파산관재인이 파산채권자의 이익을 실현하기 위하여 활동하는 이상, 제3자의 부담으로 파산재단이 이익을 받은 경우는 물론, 파산재단이 이익을 받지 않은 경우에도 공평의 관점에서 파산관재인의 행위에 기인한 제3자의 권리를 재단채권으로 한 것이다. ③ 특별한 정책적 고려에서 특정채권에 대해 우선적 지위를 부여하기 위하여 재단채권으로 한

---

114) **재단채권의 채무자** 재단채권은 파산재단으로부터 변제된다는 점, 파산재단의 법적 성질 및 파산관재인의 법률적 지위에 관한 논의와 관련하여 재단채권의 채무자를 누구로 볼 것인지가 문제된다. 이는 파산절차종료 후에 잔존 재단채권의 처리(재단채권에 대하여 채무자도 책임을 지는지)와도 관련되는 문제이다. ① 채무자설. 파산재단에 속한 재산은 채무자의 소유라는 점을 근거로 한다. 그러나 정책적인 이유로 파산선고 전의 원인으로 발생한 채권이 재단채권으로 된 것을 제외하고, 재단채권은 기본적으로 파산절차의 수행 과정에서 발생하거나 파산관재인의 행위에 의하여 발생한 것이라는 비판이 있다. 이 견해에 의하면 파산절차종결 후에 남은 재단채권에 대하여 채무자는 변제의무를 부담한다. ② 파산채권자설(파산채권자단체설). 재단채권은 파산채권자(또는 그 단체)의 공동이익을 위한 비용이라는 점을 근거로 한다. 그러나 파산채권자에 대하여 법주체성을 인정하기 곤란하고 재단채권은 다양한 원인으로 발생한다는 비판이 있다. ③ 파산재단설. 파산재단의 법주체성을 인정하고 재단채권의 채무자를 파산재단 자체로 보는 견해이다. 이 견해에 의하면 파산절차종료 시에 남은 재단채권은 파산선고 전에 발생한 채무자 자신의 채무로서의 성질을 갖는 것(제473조 제2호, 제10호 등)을 제외하고 채무자의 책임이 부정된다. 다만 파산재단에 법주체성을 인정할 수 있는지가 의문이다. ④ 관리기구로서의 파산관재인설(일본의 유력설). 파산관재인에게 관리기구로서의 법주체성을 인정한다. 이 견해는 파산재단 소속 재산은 파산관재인이 관리처분권을 갖고, 재단채권의 채무자는 관리기구로서의 파산관재인이라고 본다. 파산관재인의 보수가 재단채권으로 되는 것이 문제이다(이러한 비판에 대하여 파산관재인으로 취임한 개인이 관리기구로서의 파산관재인을 채무자로 하는 재단채권을 행사하는 것으로 보면 족하다고 한다). 이 견해에 의하면 파산절차종료 후에 채무자는 재단채권에 대하여 책임을 부담하지 않는다(破産法・民事再生法, 309∼311쪽, 條解 破産法, 991∼992쪽, 전병서, 174∼176쪽). 살피건대 파산관재인에게 파산재단에 대한 관리처분권(당사자격격)이 인정되고 재단채권은 파산재단으로 변제된다는 점에서 관리기구로서의 파산관재인설이 타당하다고 본다.

경우이다(제473조 제2호, 제9호 내지 제11호). 조세채권을 재단채권으로 규정하여 파산채권보다 우월한 지위를 부여한 것은 일본의 구 파산법을 계수한 것으로 비교법적으로 매우 드문 것이다.

한편 재단채권은 일반적으로 법 조문의 근거에 따라 제473조에서 열거하고 있는 일반 재단채권과 그 밖의 규정에 따른 특별 재단채권으로 구분한다. 일반 재단채권과 특별 재단채권의 성질(제476조)은 같지만, 일반 재단채권 중 제473조 제1호 내지 제7호 및 제10호에 해당하는 것은 다른 일반 재단채권 및 특별 재단채권에 우선한다(제477조 제2항).

1. 일반 재단채권 (제473조)

가. 파산채권자의 공동의 이익을 위한 재판상의 비용 (제1호)

파산신청에서 종결에 이르기까지의 재판비용으로 파산절차 수행에 불가결한 공익적 비용이다. 파산신청에 관한 비용,[115] 파산선고 전의 보전처분에 관한 비용, 공고비용, 채권자집회소집비용, 배당에 관한 비용(제3호에도 해당한다), 파산종결에 관한 재판비용, 채권자가 예납한 예납금(제303조) 등이 여기에 해당한다.[116] 협의의 재판비용뿐만 아니라 이와 관련하여 발생한 비용을 포함한다.

이러한 비용을 재단채권으로 하는 이유는 그 비용은 본래 파산채권자 모두가 부담하여야 할 것이므로 공평의 이념에서 그 비용을 우선적으로 상환하는 것에 의하여 그 비용을 지출한 채권자를 보호하려는 데 있다. 따라서 채권조사의 특별기일 소집비용(제453조 제2항), 각 채권자의 파산절차 참가비용(제439조, 제446조 제3호)은 공동의 이익을 위한 것이라고 볼 수 없으므로 재단채권에 해당하지 않는다.

나. 조세 등 청구권 (제2호)[117]

국세징수법 또는 지방세징수법에 의하여 징수할 수 있는 청구권(국세징수의 예에 의하여 징수할 수 있는 청구권으로서 그 징수우선순위가 일반 파산채권보다 우선하는 것[118]을 포함하며, 제446조의 규정에 의한 후순위 파산채권을 제외한다. 이하 '조세 등 청구권'이라 한다)은 재단채권이다. 다만 파

---

115) 채무자가 신청한 경우에는 채무자가 스스로 납부(부담)하기 때문에, 여기서 말하는 신청비용은 채권자가 신청한 경우를 말한다.

116) 파산절차비용은 조세채권보다 우선한다(국세기본법 제35조 제1항 단서, 제2호, 국세기본법 기본통칙 35-0…2).

117) 조세채권을 모두 재단채권으로 하는 것이 적절한가. 조세채권을 제외한 나머지 재단채권은 파산채권자의 공익적 비용이거나 공평의 취지에 기한 것으로 조세채권과는 이질적인 면이 있다. 또한 조세채권에는 자력집행력이 있고, 나아가 공시되지 않기 때문에 채권자에게 불측의 손해를 줄 우려가 있다. 따라서 입법론적으로는 재단채권으로 되는 조세채권의 범위를 제한할 필요가 있다. 일본의 경우 파산절차개시(파산선고) 당시 아직 납부기한이 도래하지 아니하거나 납부기한으로부터 1년을 경과하지 아니한 것만 재단채권으로 취급하고 있다(일본 파산법 제148조 제1항 제3호 참조). 물론 재단채권이 아닌 조세채권은 우선적 파산채권이 된다(일본 국세징수법 제8조 참조).

118) 보조금 관리에 관한 법률 제31조 제1항에 근거한 보조금 반환금은 여기에 해당한다. 위 법률 제33조의3 제2항은 이러한 반환금의 징수는 '국세와 지방세를 제외하고는 다른 공과금이나 그 밖의 채권에 우선한다'고 규정하고 있기 때문이다(대법원 2018. 3. 29. 선고 2017다242706 판결 참조). 관련 내용은 〈제2편 제8장 제1절 Ⅴ.1.〉(본서 570쪽 각주 96))을 참조할 것.

산선고 후의 원인으로 인한 조세 등 청구권은 파산재단에 관하여 생긴 것에 한한다.[119]

재단채권에 속하는 조세 등 청구권을 대위변제한 대위변제자는 대위 취득한 조세 등 청구권을 재단채권으로 행사할 수 있다.[120] 원채권의 취득이 대위변제자의 구상권을 담보하기 위하여 인정되는 이상, 구상권이 파산채권이라는 이유로 재단채권인 원채권 지위의 주장을 부정하여야 할 합리성이 없고, 이것을 긍정하여도 다른 파산채권자에게 부당한 불이익을 주는 것은 아니기 때문이다.

(1) 재단채권에 해당하는 조세 등 청구권

현재 조세 등 청구권으로서 재단채권으로 인정되는 것은 ① 파산선고 전의 원인으로 인한 조세 등 청구권과 ② 파산선고 후의 원인으로 인한 것 중 파산재단에 관하여 생긴 조세 등 청구권 2가지이다.[121]

(가) 파산선고 전의 원인으로 인한 조세 등 청구권[122]

파산선고 전의 원인으로 생긴 조세 등 청구권은 본래 파산채권이나 국가·지방자치단체나 공공단체의 예산에 직결된 조세·수입 등의 징수를 확보하기 위하여 정책적으로 재단채권으로 한 것이다.[123] 파산선고 전의 원인으로 인한 조세 등 청구권은 파산재단에 관하여 생긴 것인지

---

119) 파산선고 후에 관할 세무서장이 법인세법 제67조에 따라 직원(종업원)에게 상여처분을 한 경우 주민세 종업원분은 재단채권이 아니다. 그 이유는 채무자가 소득금액변동통지서를 받은 날 주민세 종업원분 납세의무가 성립하기 때문이다(지방세기본법 제34조 제2항 제3호 가목, 대법원 2011. 11. 10. 선고 2009다28738 판결). 따라서 위 주민세 종업원분은 파산선고 후의 원인으로 생긴 지방세채권에 해당하여 파산채권도 아니고, 파산재단에 관하여 생긴 것도 아니므로 재단채권도 아니다. 비파산채권(기타채권)이다(본서 1531쪽).

120) 대법원 2009. 2. 26. 선고 2005다32418 판결 참조. 이는 변제에 의한 대위로 원채권이 대위변제자에게 이전한다는 것을 전제로 한 것이다. 조세의 납부에 있어 제3자에 의한 납부가 인정되고 있다(국세징수법 제71조 제1항, 같은 법 시행령 제74조, 지방세징수법 제85조 제1항). 그런데 조세 등 청구권에 대하여는 제3자가 변제(납부)하여도 원래의 채권(조세 등 청구권)이 그대로 이전되는 것은 아니다. 다만 재단채권인 조세 등 청구권을 제3자가 변제(납부)한 경우에는 대위변제자가 원래의 채권인 조세 등 청구권을 재단채권으로 행사할 수는 있다고 할 것이다. 또한 조세 등 청구권을 제3자가 변제한 때에는 당해 청구권을 담보하기 위하여 설정된 저당권이 있는 경우 그 저당권에 대하여 대위할 수 있다고 할 것이다(일본 국세통칙법 제41조 참조).

121) 실무적으로 조세채권이 파산채권도 재단채권도 아닌 경우가 있다. 예컨대 파산선고 후에 관할 세무서장이 법인세 등을 부과하는 경정결정을 한 경우의 주민세 채권(위 2009다28738 판결), 부가가치세의 납세의무가 파산선고 후에 발생(성립)한 경우이다. 납세의무가 파산선고 후에 발생하였으므로 파산채권이 아니고, 파산재단에 관하여 생긴 것이 아니므로 재단채권도 아니다. 이 경우 납세의무자는 파산관재인이 아니라 채무자이다. 따라서 파산관재인에게 부가가치세 과세처분을 하는 것은 납세의무자가 아닌 자를 상대로 한 것으로 당연무효이다(대법원 2007. 6. 15. 선고 2007두7697 판결의 제1심인 서울행정법원 2006. 7. 12. 선고 2006구합3438 판결 참조). 파산선고 후 소득금액변동통지로 인한 청구권도 아래(본서 1531쪽)에서 보는 바와 같이 파산채권도 재단채권도 아니다(대법원 2005. 6. 9. 선고 2004다71904 판결). 한편 채무자가 파산선고로 세금을 납부하지 못할 경우 과점주주는 제2차 납세의무자로서 체납 세액을 납부하여야 한다(서울행정법원 2019. 1. 24. 선고 2018구합59649 판결 참조).

122) 파산선고 전의 조세채권은 성질상 모든 채권자들의 공통된 이익이 되는 비용이라고 할 수 없는데도 이처럼 재단채권으로 규정된 근거는 아마도 조세가 국가재정의 기초가 된다는 점에 있을 것이다. 그러나 이는 조세채권에 대해 통상의 강제집행절차에서보다 더 강력한 지위를 부여한 결과가 된다. 이미 파산절차가 진행 중인데도 조세채권자는 파산재단에 속하는 재산들 중에서 별도의 절차로 우선적으로 채권만족을 얻을 수 있는 것이다. 통상의 강제집행절차에서 우선변제권이 있는 다른 채권들이 파산절차에서 대부분 우선적 파산채권이 되는 것과 비교하여 형평에 반하고, 채권자들 사이의 공평한 만족을 위해 집단적으로 강제적인 채권 추심을 한다는 청산형 도산절차의 제도적 취지에도 반한다. 뿐만 아니라, 여타 채권자들이 가져갈 몫을 대폭 감소시키고 종종 재단부족현상을 야기하여 절차폐지에 이르게 하고, 그로 인해 도산회사의 이해관계자들이 법정의 파산절차 이용을 회피하게 하고 있다. 자본주의

여부를 불문하고 모두 재단채권에 해당한다.

파산선고 전에 성립한 조세채권에 대한 파산선고일 전날까지의 납부지연가산세는 재단채권에 해당한다.[124]

파산선고 전에 체납처분(강제징수)이 이루어진 경우에는 파산선고에도 불구하고 그 절차가 속행되어 우선변제를 받을 수 있으므로(제349조 제1항) 조세 등 청구권을 재단채권으로 인정한 실익은 파산선고 전의 원인으로 인한 조세 등 청구권 중 아직 체납처분(강제징수)에 이르지 않은 것에 있다.[125]

'파산선고 전의 원인으로 인한 조세채권'으로 재단채권에 해당하는지 여부는 파산선고 전에 법률에 정한 과세요건이 충족되어 그 조세채권이 성립되었는가 여부를 기준으로 하여 결정된다.[126] 조세채무의 성립시기에 관하여는 국세기본법 제21조, 지방세기본법 제34조에 구체적으로 규정되어 있다.

'국세징수의 예에 의하여 징수할 수 있는 청구권'은 그 징수우선순위가 일반 파산채권보다 우선하는 것에 한하여 재단채권으로 한다. 「보조금 관리에 관한 법률」 제31조 또는 제33조에 따른 반환금채권이 여기에 해당한다.[127] 다만, '국세징수법 또는 지방세징수법에 의하여 징수할

시장경제에서는 부실기업의 퇴출과 그 잔여자산의 청산절차가 신속하고 공정하게 진행되어야 자원분배의 효율이 달성되는데, 파산절차가 제대로 활용되지 않고 부실기업의 청산이 늦어지는 것은 심각한 문제이다.

이러한 여러 난점들이 있음에도 조세가 국가재정의 기초라는 추상적 공익성만으로 파산절차에서 조세채권을 이처럼 특별히 강력하게 보호할 이유가 있는가? 이들 조세채권을 재단채권으로 하지 않고 우선적 파산채권으로 하여 통상의 강제집행절차에서 인정되는 것과 같은 수준으로 우선변제를 받도록 한다고 하여 조세징수에 큰 문제가 발생하는 것도 아니다. 따라서 파산절차에서 조세채권은 파산선고 후의 원인으로 인한 것으로서 성질상 재단비용에 해당하는 것만을 재단채권으로 하고, 파산선고 전의 원인으로 인한 것은 원칙적으로 모두 우선적 파산채권으로 하는 것이 옳다{이의영, "도산절차에서 조세채권의 지위(하)", 법조(통권 634호)(2009. 7.), 196~197쪽}.

123) 회생절차에서는 조세채권을 회생채권으로 취급하고 있다. 이에 반하여 파산절차에서는 조세채권을 재단채권으로 취급하고 있다. 이처럼 파산절차에서 조세채권을 재단채권으로 취급하는 것에 대하여는 비판적 견해가 있다{이중교, "통합도산법상 도산절차에서의 조세우선권에 관한 검토", 조세법연구(15-1)(2008.), 세경사(2009), 123~157쪽}. 즉 파산절차에서 조세채권을 재단채권으로 규정하는 것은 이론상 재단채권의 개념에 맞지 않을 뿐 아니라 현실적으로 채권자간 공평을 해하므로 조세우선권과 채권자평등원칙의 조화를 위하여 우선적 파산채권으로 규정하는 것이 바람직하다는 것이다. 파산절차에서 조세채권의 지위를 재단채권이 아닌 파산채권으로 분류하는 것은 회생절차와 파산절차를 가급적 통일적으로 규정하고자 하는 채무자회생법의 입법취지에 부합하는 것이고 도산절차에서의 공평한 분배를 도모하기 위하여 조세우선권을 폐지하거나 줄여나가는 국제적 추세에도 부응하는 조치라고 할 수 있다. 국가재정상 조세채권을 재단채권으로 유지할 필요가 있다하더라도 재단채권으로 인정되는 조세채권의 범위를 축소하고 최소한 재단비용에 해당하는 채권은 조세채권보다 우선변제를 받도록 입법화하는 것이 요구된다.

파산선고 전의 원인으로 인한 조세채권은 실질적으로 파산채권임에도 이를 모두 재단채권으로 규정한 것은 합리적인 근거가 부족하다. 실무적으로도 파산사건에서 채무자의 막대한 체납세액을 파산관재인이 애써 모은 파산재단으로 파산절차에 의하지 아니하고 징수하여 감으로써 다수의 파산채권자들에 대한 배당이 줄어들거나 재단부족으로 파산폐지에 이르는 경우가 많다.

124) 반면 파산선고 전에 성립한 조세채권에 기하여 파산선고 후에 발생한 지연배상금 성격의 납부지연가산세는 후순위 파산채권에 해당한다{아래 (3)항 참조}.

125) 파산선고 당시에 아직 체납처분(강제징수)에 들어가지 않은 조세채권 중 파산선고 전의 원인에 기해 발생한 것은 재단채권이 된다. 원래 이들은 통상의 강제집행절차에서라면 선진행된 경매절차에 교부청구 등을 하여 법에 정해진 우선순위에 따라 절차 내에서 배당을 받는다. 그런데 파산절차에서는 재단채권이 되어 파산절차에 의하지 않고서도 최우선적으로 변제받을 수 있는 것이다(제475조)(이의영, 전게 논문, 196쪽). 그러나 재단채권이라고 하더라도 파산선고 후에는 체납처분(강제징수)을 할 수 없다(제349조 제2항).

126) 대법원 2005. 6. 9. 선고 2004다71904 판결.

수 있는 청구권'이든 '국세징수의 예에 의하여 징수할 수 있는 청구권으로서 그 징수우선순위가 일반 파산채권보다 우선하는 것'이든, 그중 '제446조의 규정에 의한 후순위파산채권'에 해당하는 것은 재단채권에서 제외된다(제473조 제2호 괄호 안).[128]

(나) 파산선고 후의 원인으로 인한 것 중 파산재단에 관하여 생긴 조세 등 청구권[129]

1) 파산선고 후의 원인으로 인한 것 중 파산재단에 관하여 생긴 조세 등 청구권은 재단채권이다. 즉 파산선고 후의 원인으로 인한 조세 등 청구권은 '파산재단에 관하여 생긴 것'에 한하여 재단채권으로 인정된다. 여기서 '파산재단에 관하여 생긴 것'이란 무엇을 의미하는가.

① 파산재단에 속한 자산의 소유사실 또는 그 자산의 양도·처분사실에 터 잡아 과세되거나 그 자산으로부터의 수익 그 자체에 대하여 과세되는 조세라는 견해

파산선고를 받은 채무자는 사업소득(개인)이나 각 사업연도의 소득(법인)이 거의 없기 때문에 조세와 관련하여 가장 문제가 되는 것은 채권자에게 배당하기 위하여 잔여재산을 환가·처분하는 경우에 발생하는 양도차익에 대한 과세문제이다. 그런데 우리나라의 경우 개인이든 법인이든 파산선고에 의한 처분으로 인하여 발생한 부동산 등의 양도소득은 과세대상이 아니다(소득세법 제89조 제1항 제1호, 법인세법 제55조의2 제4항 제1호).

개별세법에서 파산절차에 의하여 환가되는 경우를 과세대상으로 본다는 취지를 규정한 것이 있다. ① 주세법 제25조는 "주류 제조장에서 주류를 출고한 자는 출고한 주류의 수량 또는 가

---

127) 보조사업자 또는 간접보조사업자의 「보조금 관리에 관한 법률」 제31조에 따른 반환금 또는 보조금수령자의 제33조에 따른 반환금은 국세 체납처분의 예에 따라 징수할 수 있고, 그 징수는 국세와 지방세를 제외하고 다른 공과금이나 그 밖의 채권에 우선한다(위 법률 제33조의3). 따라서 이러한 반환금채권은 특별한 사정이 없는 한 보조사업자, 간접보조사업자 또는 보조금수령자의 파산절차에서 제473조 제2호(국세징수의 예에 의하여 징수할 수 있는 청구권으로서 그 징수우선순위가 일반 파산채권보다 우선하는 것)에서 규정한 재단채권에 해당한다(대법원 2024. 7. 11. 선고 2021두47974 판결).

사례 채무자(간접보조사업자)는 「보조금 관리에 관한 법률」(이하 '보조금법')에 따라 부산광역시 기장군수로부터 받은 보조금으로 건물을 취득하여 공장을 운영하던 중 폐업하였다. 이에 부산광역시 기장군수는 사후관리기간(준공일부터 10년) 내 임의 폐업을 사유로 보조금 교부결정 취소 및 반환명령을 하였고, 채무자 회사는 파산선고를 받았다. 파산관재인은 임의경매 또는 임의매각의 방법으로 건물을 환가하기 위하여 기장군수를 상대로 보조금법 제35조 제3항에 따른 중요재산 처분승인을 신청하였으나, 기장군수는 보조금 반환금을 전부 지급하지 않는 한 중요재산 처분승인을 할 수 없다는 이유로 거부처분을 하였다. 위 거부처분은 적법한가.

앞에서 본 바와 같이 보조금법에 따른 반환금채권은 재단채권이고, 파산재단이 재단채권의 총액을 변제하기에 부족한 것이 분명하게 된 때에는 재단채권의 변제는 다른 법령이 규정하는 우선권에 불구하고 아직 변제하지 아니한 채권액의 비율에 따라 한다(제477조 제1항 본문)는 점 등을 고려하면, 기장군수가 보조금 반환금을 전액 환수하지 못하였다는 이유만으로 중요재산 처분승인을 거부하는 것은 재단채권의 변제방법에 반하여 사실상 다른 재단채권자 또는 별제권자보다도 우선 변제받으려는 것이 되어 다른 채권자들의 이익을 침해하고, 채무자의 재산을 신속하고 공정하게 환가·배당하려는 파산제도의 목적에도 반하는 결과가 초래된다는 점에서 거부처분은 재량권을 일탈·남용한 것으로서 위법하다(위 2021두47974 판결 참조).

128) 후순위 파산채권에 관한 제446조는 제3편 파산절차 중 제4장 제1절 '파산채권' 부분에 규정된 것으로서 같은 절에 규정된 '파산채권'에만 적용되고, 별도의 절인 제4장 제3절에서 규정하고 있는 '재단채권'에는 적용될 수 없다(대법원 2014. 11. 20. 선고 2013다64908 전원합의체 판결).

129) 파산선고 후의 원인으로 인한 조세채권으로서 파산재단에 관하여 생긴 것이 아닌 조세채권은 재단채권에 해당하지 아니한다. 그렇다면 위와 같은 조세채권은 파산채권인가. 파산채권은 파산선고 전의 원인으로 생긴 것에 한하므로(제423조) 파산선고 후의 원인으로 인한 재단채권이 아닌 조세채권은 파산채권에 해당하지 않는다고 볼 것이다. 즉 파산채권도 재단채권도 아니다.

격에 세율을 곱하여 산출한 세액을 관할 세무서장에게 납부하여야 한다"고 규정하면서, 제29조 제3호에서 "파산절차에 따라 환가된 경우를 제조장에서 출고된 것으로 본다"고 규정하고 있다. ② 개별소비세법 제4조 제1호는 "물품에 대한 개별소비세는 과세물품을 제조장에서 반출할 때 부과한다"고 규정하면서, 제6조 제1항 제2호는 "판매장이나 제조장에 있다가 파산절차로 환가(換價)되는 경우 반출한 것으로 본다"고 규정하고 있다. ③ 지방세법 제49조 제1항은 「제조자는 제조장으로부터 반출(搬出)한 담배에 대하여 담배소비세를 납부할 의무가 있다」고 규정하면서, 제56조 제2호는 "파산절차에 따라 환가한 경우를 제조자가 담배를 제조장에서 반출한 것으로 본다"고 규정하고 있다. 또한 재산세 과세기준일(매년 6월 1일) 현재 재산(토지, 건축물, 주택, 항공기 및 선박)을 사실상 소유하고 있는 자는 재산세를 납부할 의무가 있고(지방세법 제107조 제1항), 자동차를 보유하고 있는 경우 자동차세를 납부할 의무가 있으며(지방세법 제125조), 이는 재산이나 자동차를 소유하고 있는 자가 파산선고를 받은 경우에도 마찬가지이다.

이러한 개별세법들의 규정들을 종합하면, '파산재단에 관하여 생긴 것'이란 파산재단에 속한 자산의 소유사실 또는 그 자산의 양도(처분)사실에 터잡아 과세되거나 그 자산으로부터의 수익 그 자체에 대하여 과세되는 것을 말한다고 볼 것이다.[130]

② 파산재단의 관리, 환가 및 배당에 관한 비용청구권으로 보는 견해

파산재단에 관하여 생긴 것의 의미는 공동의 이익을 위한 비용으로 볼 수 있는 것, 즉 파산재단의 관리, 환가 및 배당에 관한 비용의 청구권에 해당된다고 볼 수 있는 조세 등 청구권을 말한다. 이는 청구권 자체의 속성으로 말미암아 재단채권으로 인정되는 것이 아니라, 위 청구권이 공익비용이라는 관점에서 인정되는 것이다.[131]

③ 파산채권자를 위한 공익적 지출로서 공동으로 부담하는 것이 타당한 조세채권을 의미한다고 보는 견해

파산선고 후 파산재단에 관하여 생긴 조세채권은 파산채권보다 우월한 지위가 인정되는 재단채권으로 취급되는 것이므로 파산채권자를 위한 공익적 지출로서 공동으로 부담하는 것이 타당한 조세채권을 의미한다.[132]

④ 각 조세채권마다 개별적으로 판단하여야 한다는 견해[133]

⑤ 사견: 파산선고 후 파산재단에 관한 관리처분권은 파산관재인에게 있고(제384조), 파산관재인은 파산채권자의 공동의 이익을 위하여 파산재단을 관리, 환가하는 것이므로 '파산재단에 관하여 생긴 것'이란 파산관재인이 파산재단을 관리·처분(환가)하는 과정에서 부과된 것을 의미한다고 할 것이다. 다시 말하면 채무자회생법이 일정한 채권을 재단채권으로 하여 이것에 우선변제를 인정하는 것은, 이것이 파산재단의 관리를 위하여 필요한 경비로서 파산채권자가

---

130) 최완주, "파산절차와 조세관계", 파산법의 제문제(상), 재판자료 제82집, 법원도서관, 409쪽.
131) 전병서, 182쪽. 위 견해는 이러한 점에서 제473조 제3호와 마찬가지라고 한다.
132) 이중교, 전게 "통합도산법상 도산절차에서의 조세우선권에 관한 검토", 139~140쪽.
133) 법인파산실무, 366쪽.

공동으로 부담하여야 할 공익적인 지출의 성질을 갖고 있기 때문이므로, '파산재단에 관하여' 생긴 조세란, 재단의 부담에 속하는 것일 뿐만 아니라 경비의 성질을 갖는 조세여야 한다고 해석함이 타당하다. 구체적으로 종합부동산세, 재산세, 자동차세, 등록면허세, 인지세, 주민세, 상속세, 증여세 등을 말한다.[134] 반면 소득에 대하여 과세되는 조세(소득세, 법인세 등)는 비용의 성질이 아니므로 여기에 해당되지 않는다. 예컨대 파산선고 후 저당권자의 별제권 행사로 부동산이 경매되어 발생한 양도소득세(소득세, 법인세)는 재단채권이 아닌 일반 조세채권(비파산채권 또는 기타채권)에 해당한다.[135]

그런데 파산재단에 관하여 생긴 조세 등 청구권에 한하여 재단채권으로 인정하는 이유는 조세 등 청구권이라는 속성에 기인한 것이 아니라 파산재단의 관리 또는 환가(처분)로 인하여 발생한 비용이라는 성질에 기인한 것이다. 따라서 이는 제473조 제3호의 재단채권에 포함시킬 수 있으므로 별도로 규정할 필요가 없다고 할 것이다.

2) 한편 본래의 납세의무자의 파산으로 과세관청에 의하여 제2차 납세의무자로 지정된 자가 그 납세의무를 이행함으로써 취득한 구상금채권은 본 호의 조세채권으로서 재단채권에 해당한다고 할 수 없다.[136] 그 이유는 채무자회생법이 조세채권에 대하여 재단채권으로 인정한 이유는 제473조 각 호에 열거된 다른 재단채권, 즉 파산채권자들의 공동의 이익을 위한 것이 아니라 국가나 지방자치단체 존립의 재정적 기초가 되는 조세 징수를 확보하기 위하여 다른 채권보다 우월한 지위를 부여할 필요가 있다는 공익적 요청에 기한 것으로서, 제3자가 취득한 경우에는 이러한 우월적 지위를 주장할 수 없고, 국가나 지방자치단체가 파산절차에 의하지 아니하고 파산재단으로부터 채무자의 체납세액을 징수함으로써 채무자의 파산으로 많은 손실을 입고 있는 다수의 파산채권자들에 대한 배당액이 감소될 수 있는 점에 비추어 제473조 제2호 소정의 조세채권에 해당하는지 여부는 엄격히 해석하여야 할 필요가 있기 때문이다.

(2) 청산소득에 대한 법인세가 재단채권인지

(가) 청산소득에 대한 법인세

법인세법은 파산선고 등 해산사유에 의한 법인격 소멸을 계기로 청산소득에 대한 과세를 규정하고 있다(법인세법 제4조 제1항 제2호). 파산절차에서는 채권채무가 종결되고 재산의 환가가 이루어지기 때문에 소득이 발생할 수 있다. 특히 재산의 환가를 통하여 그동안 미실현 상태로 있던 이익이 실현됨으로써 자본이득이 발생하게 된다. 청산소득을 과세하는 주된 의의는

---

134) 당해세는 파산재단에 관하여 생긴 것이라고 할 것이다(본서 2217쪽 참조). 한편 단위신용협동조합이 회비를 납부하지 아니할 때는 신용협동조합중앙회 정관 제16조에 의하여 과태금을 징수할 수 있다고 하더라도, 그러한 사정만으로는 위 회비를 재단채권 또는 재단채권과 유사한 것이라 할 수 없다(대법원 2002. 1. 25. 선고 2001다67812 판결).
135) 파산선고 후 채무자 소유 부동산이 임의경매절차에서 매각됨으로써 발생한 양도소득은 파산선고 후의 원인으로 인한 청구권으로서 파산재단에 속하는 부동산에 관하여 생긴 것에 해당하므로 재단채권이라고 본 하급심 사례도 있다(수원지방법원 2023. 5. 18. 선고 2022구합75274 판결(항소기각 후 대법원에서 심리불속행기각으로 확정되었다)).
136) 대법원 2005. 8. 19. 선고 2003다36904 판결. 다만 위 구상금채권은 아래 〈**마.**〉에서 보는 바와 같이 제473조 제5호의 재단채권에 해당한다.

이 자본이득의 과세에 있다.[137] 청산소득에 대한 법인세는 과세기간의 개념이 없고{사업연도의 의제가 있을 뿐이다(법인세법 제8조 제1항)} 특정 시점을 기준으로 산정되는 금액을 과세표준으로 하여 과세한다.

파산선고를 받은 내국법인은 잔여재산가액 확정일[138]이 속하는 달의 말일부터 3개월 이내에 청산소득에 대한 법인세의 과세표준과 세액을 납세지 관할 세무서장에게 신고하여야 한다(법인세법 제84조 제1항 제1호). 청산소득이 없는 경우에도 마찬가지이다(법인세법 제84조 제3항).[139]

법인이 파산선고로 해산된 경우 청산소득 금액은 해산에 의한 잔여재산의 가액[140]에서 파산등기일 현재의 자본금 또는 출자금과 잉여금의 합계액(자기자본의 총액)을 공제한 금액이다(법인세법 제77조, 제79조 제1항).

청산소득에 대해서도 각 사업연도의 소득에 적용되는 세율을 적용하여 세액을 산출한다(법인세법 제83조).

(나) 청산소득에 대한 법인세의 재단채권 여부

그렇다면 이러한 청산소득에 대한 법인세는 재단채권인가. 재단채권으로 되는지 여부는 파산재단의 환가 등에 관한 비용(제473조 제3호)으로서의 성질을 가지고, 파산채권자가 공동으로 부담하지 않으면 안 되는 것인지를 기준으로 결정된다. 이 점에서 보면 청산소득에 대한 법인세는 재단채권이라고 할 수 없다. 왜냐하면 청산소득에 대한 법인세는 잔여재산가액에서 자기자본의 총액을 공제한 것을 청산소득으로 하여 과세하는 것이기 때문이다. 나아가 '파산재단에 관하여 생긴 것(제473조 제2호 단서)'이라고도 볼 수 없다.

(3) 파산관재인이 재단채권인 조세를 체납하여 발생한 지연배상금 성격의 납부지연가산세[141]가 재단채권에 해당하는지

제473조 제4호는 '파산재단에 관하여 파산관재인이 한 행위로 인하여 생긴 청구권'을 재단채권으로 규정하고 있고, '파산재단에 관하여 파산관재인이 한 행위'에는 파산관재인이 직무와

---

137) 임승순, 전게서, 851쪽.
138) 잔여재산가액 확정일이란 ① 해산등기일 현재의 잔여재산의 추심 또는 환가처분을 완료한 날 또는 ② 해산등기일 현재의 잔여재산을 그대로 분배하는 경우에는 그 분배를 완료한 날이다(법인세법 시행령 제124조 제3항). 파산절차의 경우에는 법원으로부터 최후배당허가일이 될 것이다.
139) 파산절차 진행 중에 있는 법인은 사업연도 시작일로부터 잔여재산의 가액이 확정된 날까지의 기간을 1사업연도로 의제하여(법인세법 제8조 제1항) 잔여재산의 가액이 확정된 날이 속하는 달의 말일부터 3개월 이내에 법인세신고를 하여야 한다. 한편 잔여재산가액이 확정되기 전에 그 일부를 주주 등에게 분배하거나 파산등기일부터 1년이 되는 날까지 잔여재산가액이 확정되지 아니한 경우에는 분배한 날 또는 1년이 되는 날이 속하는 달의 말일부터 1개월 이내에 중간신고를 하여야 한다(법인세법 제85조 제1항).
140) 잔여재산의 가액은 자산총액에서 부채총액을 공제한 금액으로 한다. "자산총액"이라 함은 해산등기일 현재의 자산의 합계액으로 하되, 추심할 채권과 환가처분할 자산에 대하여는 ① 추심할 채권과 환가처분할 자산은 추심 또는 환가처분한 날 현재의 금액 또는 ② 추심 또는 환가처분전에 분배한 경우에는 그 분배한 날 현재의 시가에 의하여 평가한 금액이다(법인세법 시행령 제121조 제1항, 제2항). 파산선고는 일반적으로 부채총액이 자산총액을 초과하여야 하므로 파산의 경우 청산소득에 대한 법인세를 납부하는 경우는 거의 없을 것이다.
141) 국세는 '국세기본법 제47조의4 제1항 제1호 중 납부고지서 납부기한 다음날부터 납부일까지의 금액과 제3호의 금액'에 해당하는 납부지연가산세를, 지방세는 지방세기본법 제55조 제1항 제3호, 제4호의 납부지연가산세를 말한다.

관련하여 부담하는 채무의 불이행도 포함된다.[142] 위 규정은 파산관재인이 파산재단의 관리처분권에 기초하여 직무를 행하면서 생긴 상대방의 청구권을 수시로 변제하도록 하여 이해관계인을 보호함으로써 공정하고 원활하게 파산절차를 진행하고자 하는 데 그 취지가 있다. 이러한 점에서 제473조 제4호는 파산관재인이 파산재단의 관리처분권에 기초하여 직무를 행하면서 생긴 상대방의 청구권에 관한 일반규정으로 볼 수 있다. 반면 제473조 제2호는 '국세징수법 또는 지방세징수법에 의하여 징수할 수 있는 청구권' 및 '국세징수의 예에 의하여 징수할 수 있는 청구권으로서 그 징수우선순위가 일반 파산채권보다 우선하는 것'만을 적용대상으로 하는 특별규정이다. 나아가 국세나 지방세뿐만 아니라 지방세 체납으로 인하여 부가되는 납부지연가산세도 그것이 파산선고 전에 생긴 것인지 파산 후에 생긴 것인지 가리지 않고 모두 그 적용범위에 포함된다. 따라서 파산관재인이 재단채권인 지방세를 체납하여 그로 인하여 납부지연가산세가 발생한 경우 그 납부지연가산세에 대하여는 제473조 제4호가 아닌 제473조 제2호가 우선적으로 적용된다고 봄이 타당하다.

이러한 제473조 제2호 본문의 입법 취지, 납부지연가산세의 법적 성질,[143] 제473조 제2호·제4호의 관계 등을 종합하면, 파산선고 전의 원인으로 인한 지방세에 기하여 파산선고 후에 발생한 납부지연가산세는 후순위파산채권인 제446조 제1항 제2호의 '파산선고 후의 불이행으로 인한 손해배상액'에 해당하는 것으로 봄이 타당하므로 제473조 제2호 괄호 안에 있는 규정에 따라 재단채권에서 제외된다.[144]

(4) 파산선고 후 소득금액 변동통지에 따른 청구권

'파산선고 전의 원인으로 인한 조세채권'으로 재단채권에 해당하는지 여부는 파산선고 전에 법률에 정한 과세요건이 충족되어 그 조세채권이 성립되었는가 여부를 기준으로 하여 결정되는 것인데,[145] 과세관청이 탈루된 법인소득에 대하여 대표자 인정상여로 소득처분을 하고 소득금액변동통지를 하는 경우 그 원천징수분 법인세(근로소득세)의 납세의무는 소득금액변동통지서가 당해 법인에게 송달된 때에 성립함과 동시에 확정되므로, 소득금액변동통지서가 파산선고 후에 도달하였다면 그에 따른 원천징수분 법인세(근로소득세)채권은 파산선고 후에 성립한 조세채권으로 될 뿐이어서 재단채권에 해당하지 않는다고 할 것이다.[146] 나아가 파산선고 후의 원인으로 생긴 것이므로 파산채권에도 해당하지 않는다.[147]

142) 대법원 2014. 11. 20. 선고 2013다64908 전원합의체 판결 참조.
143) 국세기본법 제47조의4 제1항 제1호, 제3호 및 지방세기본법 제55조 제1항 제3호, 제4호의 납부지연가산세는 납세의무의 이행지체에 대하여 부담하는 지연배상금의 성질을 띠고 있다(대법원 1991. 3. 12. 선고 90누2833 판결 참조).
144) 대법원 2017. 11. 29. 선고 2015다216444 판결 참조.
145) 대법원 2002. 9. 4. 선고 2001두7268 판결 참조.
146) 대법원 2005. 6. 9. 선고 2004다71904 판결 참조.
147) 실무적으로 과세관청이 파산선고 후 소득금액 변동통지를 하고 해당 청구권을 재단채권으로 신고 또는 교부청구하는 경우가 있다. 이 경우 파산관재인은 해당 청구권은 재단채권도 파산채권도 아님을 이유로 신고나 교부청구를 철회하도록 하여야 한다.

(5) 조세채권의 납세의무자

채무자회생법에 의하면 파산선고에 의하여 채무자가 파산선고 당시에 가진 국내외의 모든 재산은 파산재단을 구성하고(제382조 제1항), 그 파산재단을 관리 및 처분할 권리는 파산관재인에게 전속한다(제384조). 파산관재인은 파산재단에 속하는 재산을 환가하여 파산채권자들에 대한 배당을 실시할 뿐만 아니라 재단채권 역시 파산재단에 속하는 재산에서 수시로 변제하게 된다. 따라서 재단채권이나 파산채권에 해당하는 조세채권의 납세의무자는 파산관재인이다.[148] 다만 재산세의 경우는 공부상의 소유자인 채무자이다(지방세법 제107조 제2항 제8호).[149]

반면 파산재단에 속하지 않는 재산에 대한 관리처분권은 채무자가 그대로 보유하고 있고, 이는 파산선고 후에 발생한 채권 중 재단채권에 해당하지 않는 채권의 변제재원이 된다. 따라서 파산선고 후에 발생한 조세채권 중 재단채권에 해당하지 않는 조세채권, 즉 '파산채권도 아니고 재단채권도 아닌 조세채권'에 대한 납세의무자는 파산관재인이 아니라 채무자라고 할 것이다.[150]

(6) 파산절차에서 조세채권의 실현

(가) 파산선고 전에 체납처분(강제징수)을 한 경우

파산선고 전에 체납처분(강제징수)이 되어 있는 경우에는 체납처분(강제징수)절차에 의하여 조세채권을 실현한다(제349조 제1항). 여기서 체납처분(강제징수)은 압류(참가압류를 포함한다)를 의미한다.[151] 관련 내용은 〈제15장 제2절 Ⅱ.2.나.〉(본서 1836쪽)를 참조할 것.

(나) 파산선고 전에 체납처분(강제징수)을 하지 아니한 경우

1) 교부청구에 의한 실현

파산선고 전에 체납처분(강제징수)을 아니한 경우에는 새로운 체납처분(강제징수)은 허용되지

---

148) 납세의무자란 세법에 따라 조세를 납부할 의무가 있는 자를 말한다(국세기본법 제2조 제9호, 지방세기본법 제2조 제11호). 구체적인 납세의무자는 개별세법에서 규정하고 있다(소득세법 제2조, 법인세법 제3조, 부가가치세법 제3조 등). 파산관재인에게 파산재단에 대한 관리처분권이 있고 파산재단으로 파산채권과 재단채권을 변제한다는 것만으로 파산관재인이 납세의무자라고 할 수 있는지는 의문이다. 대법원의 이러한 결론은 채무자회생법의 관점에서만 바라본 것으로(파산관재인이 파산재단으로 납부할 책임이 있음을 확인한 것) 세법상 납세의무자의 법리를 고려하지 않는 것으로 보인다. 비록 파산관재인이 일반승계인에 유사한 지위에 있다고 볼 수 있더라도 그것만으로 납세의무자라고 할 수는 없다(납세의무의 승계는 명확한 법적 근거가 필요하다). 결국 입법적으로 해결하여야 할 것이다(지방세법 제107조 제2항 제8호 참조).

149) 사례 서울특별시장은 2023. 9. 1. 채무자(공부상의 소유자이다)에게 2023년 정기분 재산세를 부과처분하였고, 2024. 9. 1. 채무자에게 2024년 정기분 재산세를 부과처분하였다. 한편 원고는 2023. 10. 27. 서울회생법원에서 파산선고를 받았다. 이 경우 2023년분 부과처분은 파산선고 전의 것이므로 납세의무자를 사실상의 소유자인 채무자로 한 것은 적법하다(지방세법 제107조 제1항 본문). 2024년 부과처분은 파산선고 이후의 것으로 재단채권이므로 납세의무자는 공부상의 소유자인 채무자이다(지방세법 제107조 제2항 제8호). 만약 재산세는 아니지만 재단채권에 해당하는 다른 조세였다면 납세의무자는 파산관재인이므로 채무자에 대하여 한 부과처분은 당연무효이다.

150) 대법원 2017. 11. 29. 선고 2015다216444 판결. 실무적으로 과세관청은 파산채권도 아니고 재단채권도 아닌 조세에 대하여는 채무자를 납세의무자로 하여 과세처분을 하여야 함에도 파산관재인을 납세의무자로 하여 과세처분을 하는 경우가 종종 있다. 이러한 과세처분은 납세의무자가 아닌 파산관재인을 상대로 한 것으로 당연무효이다(대법원 2007. 6. 15. 선고 2007두7697 판결의 제1심인 서울행정법원 2006. 7. 12. 선고 2006구합3438 판결 참조).

151) 대법원 2003. 8. 22. 선고 2003다3768 판결.

않기 때문에(제349조 제2항) 파산관재인에게 교부청구[152]를 할 수밖에 없다.

한편 파산재단에 속하는 재산에 대한 별제권의 실행으로 개시된 경매절차에서도 교부청구를 할 수 있으나, 그 교부청구에 따른 배당금은 파산관재인에게 교부하여야 한다.[153] 그 이유는 다음과 같다. 채무자 소유의 부동산에 대한 별제권 행사에 따른 경매절차에서 과세관청이 관련 법령에 따라 다른 담보물권자보다 우선변제권을 가진 조세채권에 관하여 한 교부청구는 그 담보물권자가 파산으로 말미암아 파산 전보다 더 유리하게 되는 이득을 얻는 것을 방지함과 아울러 채무자회생법상 적정한 배당재원의 확보라는 공익을 위하여 별제권보다 우선하는 채권 해당액을 공제하도록 하는 제한된 효력만이 인정된다. 따라서 별제권 행사에 따른 경매절차에서 위와 같은 교부청구를 한 조세채권에 대해서는 다른 담보물권자보다 우선변제권을 가진 조세채권에 우선 배당을 하되, 그 배당금은 채권자인 과세관청에 직접 교부할 것이 아니라, 파산관재인이 채무자회생법 소정의 절차에 따라 각 재단채권자에게 안분변제할 수 있도록 파산관재인에게 교부해야 한다. 파산관재인은 이를 수령하여 재단채권자에 대한 변제자원 등으로 사용하게 된다.[154]

세무서장이나 지방자치단체의 장은 납세의무자가 파산선고를 받은 경우 파산관재인에게 체납액의 교부를 청구하여야 한다(국세징수법 제59조 제2호, 지방세징수법 제66조).[155] 세무서장이나 지방자치단체의 장이 파산관재인에게 교부청구를 할 때에는 ① 압류한 재산의 가액이 징수할 금액보다 적거나 적다고 인정될 때에는 재단채권으로서 파산관재인에게 그 부족액을 교부청구하여야 하고, ② 납세담보물 제공자가 파산선고를 받아 체납처분(강제징수)에 의하여 그 담보물을 공매하려는 경우에는 제447조에 따른 절차를 밟은 후 별제권을 행사하여도 부족하거나 부족하다고 인정되는 금액을 교부청구하여야 한다. 다만, 파산관재인이 그 재산을 매각하려는 경우에는 징수할 금액을 교부청구하여야 한다(국세징수법 시행령 제48조, 지방세징수법 시행령 제65조).

2) 교부청구의 시기

교부청구의 시기에 대하여는 법령에 특별한 정함이 없다. 그러나 배당률 또는 배당액의 통지를 하기 전에 파산관재인에게 판명되지 아니한 재단채권자는 각 배당에서 배당할 금액으로써 변제를 받을 수 없으므로(제534조) 늦어도 배당률 또는 배당액의 통지를 하기 전에 교부청구를 하여야 배당을 받을 수 있다.

---

152) 교부청구는 과세관청이 이미 진행 중인 강제환가절차에 가입하여 체납된 조세의 배당을 구하는 것으로서 강제집행에 있어서의 배당요구와 같은 성질의 것이므로, 해당 조세는 교부청구 당시 체납되어 있음을 요한다(대법원 2019. 7. 25. 선고 2019다206933 판결).

153) 대법원 2003. 6. 24. 선고 2002다70129 판결. 공매절차의 경우에도 마찬가지이다. 따라서 세무서장이나 지방자치단체의 장이 파산관재인이 아닌 교부청구권자에게 배분하는 경우에는 배분계산서에 대한 이의를 제기하여야 한다(국세징수법 제83조의2, 지방세징수법 제102조).

154) 대법원 2022. 8. 31. 선고 2019다200737 판결, 대법원 2003. 6. 24. 선고 2002다70129 판결 등 참조.

155) 조세채권 이외의 조세 등 청구권의 경우에도 동일하게 해석하여야 할 것이다.

3) 교부청구의 성질

조세채권이 재단채권에 해당하는 경우 파산관재인은 교부청구의 유무에 불구하고 당해 조세채권을 파산절차에 의하지 아니하고 수시로 변제할 의무가 있는 것이고, 교부청구에 의하여 비로소 변제의무가 생기는 것은 아니라고 할 것이다. 그러므로 재단채권인 조세채권에 관한 교부청구는 이미 발생한 납세의무에 대하여 그 우선변제를 최고하는 것에 불과하고 새로운 권리의무를 발생시키는 것은 아니다. 따라서 항고소송의 대상이 되는 행정처분에 해당하지 아니한다.

4) 교부청구를 하지 아니한 경우 파산관재인의 조치

실무적으로 파산관재인에게 납세고지서가 있음에도 세무서장이나 지방자치단체의 장이 교부청구를 안 하는 경우가 있다. 배당률 또는 배당액의 통지를 하기 전에 파산관재인이 재단채권의 존재를 안 경우에는 지급할 의무가 있다(제534조 참조). 따라서 재단채권인 조세채권에 대하여는 교부청구의 유무와 관계없이 위 시점에 그 존재를 알고 있는 이상 과세관청에 구체적인 금액을 확인하여 지급할 필요가 있다.

5) 파산관재인이 교부청구에 응하지 아니하는 경우

과세관청이 재단채권인 조세채권에 관하여 교부청구를 하였음에도 불구하고 파산관재인이 당해 조세채권은 재단채권에 해당하지 아니한다는 등의 이유를 들어 이에 응하지 아니하는 경우 과세관청은 어떠한 조치를 취할 수 있는가.

이에 관하여 과세관청이 파산관재인에 대하여 당해 조세채권의 이행을 구하는 소송은 파산선고 후 새로운 체납처분(강제징수)을 금지하는 규정과 충돌되므로 허용되지 않고 당해 조세채권이 재단채권임의 확인을 구하는 소송을 제기할 수 있다는 견해가 있다.[156]

먼저 파산관재인이 조세채권의 존재는 인정하면서 재단채권성만을 다투는 경우에는 소송을 제기할 실익이 없다. 후순위 파산채권은 배당을 받을 수 없고, 파산채권도 아니고 재단채권도 아닌 것은 파산절차에서 배당의 대상이 아니기 때문이다. 다음으로 조세채권의 존재를 다투면서 교부청구에 응하지 않는 경우이다. 원래 조세채권은 체납처분(강제징수)절차에 의하여 강제로 집행할 수 있으므로 납세의무자가 과세처분 또는 압류처분에 대하여 불복하여야 하고 과세관청이 조세채권에 관한 소를 제기할 필요는 없다. 또한 체납처분(강제징수)이 허용되지 않는다고 하여 소송까지 금지하는 것은 아니다. 파산절차가 개시되었다고 하여 제소책임을 과세관청에 전환시키는 것은 조세불복절차와 부합하지 않고, 회생절차에서도 회생절차가 개시되면 체납처분(강제징수)이 금지되지만(제58조 제3항) 그에 대한 불복은 관리인이 채무자가 할 수 있는 방법으로 하도록 한 것(제157조 제1항)과 배치된다. 결국 재단채권임의 확인을 구하는 방법으로 해결할 수는 없고, 파산관재인으로서는 부과처분 등을 전제로 그 처분의 취소 등을 구하는 절

---

156) 이준봉, 조세법총론(제8판), 삼일인포마인(2022), 759쪽, 최완주, 전게 "파산절차와 조세채권", 416~417쪽.

차(조세심판 등)가 필요하다고 할 것이다.

현실적으로 재단부족 상태가 아님에도 파산관재인이 당해 조세채권에 대한 교부청구를 거부하는 경우가 실제로 일어날 가능성은 없다. 파산관재인이 교부청구를 거부한 경우에는 선량한 관리자로서의 주의의무 위반을 이유로 손해배상책임을 부담하여야 할 것이다(제361조). 따라서 과세관청은 파산계속법원에 파산관재인의 해임 등 감독권의 발동을 촉구하는 것으로(제364조) 충분하다.

다. 파산재단의 관리·환가 및 배당에 관한 비용 (제3호)

파산절차에서 파산재단의 관리, 환가 및 배당의 각 절차는 파산절차에서 핵심을 이루는 것으로 그것에 필요한 비용은 파산채권에 대한 배당에 우선하여 지급하여야 하기 때문에 재단채권으로 한 것이다. 파산채권자의 공동의 이익을 위한 비용이다. 파산관재업무의 수행에 필요한 비용도 여기에 포함된다.

파산관재인의 보수(제30조 제1항)와 감사위원의 보수(제381조), 매각수수료, 재산목록·대차대조표(재무상태표) 작성 비용, 파산재단 사무실 임대료 등이 여기에 해당한다.

한편 법원은 파산절차에서 파산재단의 관리 또는 환가에 공적이 있는 자에 대하여 적절한 범위 안에서 비용을 상환하거나 보상금을 지급할 것을 허가할 수 있다. 이 경우 비용 또는 보상금의 액은 법원이 정한다(제31조 제1항 제2호). 법원의 위 결정에 대하여는 즉시항고를 할 수 있다(제31조 제2항). 법원의 결정으로 지급받게 될 비용이나 보상금은 본 호에 따라 재단채권으로 된다.

라. 파산재단에 관하여 파산관재인이 한 행위로 인하여 생긴 청구권 (제4호)

파산재단에 관하여 파산관재인이 한 행위로 인하여 생긴 청구권을 재단채권으로 규정하고 있는 취지는 파산관재인이 파산재단의 관리처분권에 기초하여 직무를 행하면서 생긴 상대방의 청구권을 수시로 변제하도록 하여 이해관계인을 보호함으로써 공정하고 원활하게 파산절차를 진행하기 위한 것이다.[157] 이러한 점에서 제473조 제4호는 파산관재인이 파산재단의 관리처분권에 기초하여 직무를 행하면서 생긴 상대방의 청구권에 관한 일반규정으로 볼 수 있다. 따라서 '파산재단에 관하여 파산관재인이 한 행위'에는 파산관재인이 직무를 행하는 과정에서 한 법률행위뿐만 아니라 직무와 관련하여 행한 불법행위가 포함되고, 나아가 파산관재인이 직무와 관련하여 부담하는 채무의 불이행도 포함된다.[158]

파산관재인이 행한 소비대차, 임대차, 위임, 고용, 도급, 화해 등의 계약의 상대방이 취득한 채권, 파산관재인의 불법행위로 인한 손해배상채권, 파산관재인이 쌍방미이행 쌍무계약의 이행을 선택하고도 채무자의 채무를 이행하지 아니하여 상대방이 채무불이행을 이유로 계약을 해제

157) 대법원 2015. 6. 24. 선고 2014다29704 판결.
158) 대법원 2014. 11. 20. 선고 2013다64908 전원합의체 판결.

하는 경우의 상대방의 원상회복청구권,[159] 파산관재인이 파산절차에서 제기한 소송으로 인하여 그 상대방이 가지게 된 소송비용상환청구권,[160] 파산관재인이 파산선고 후에 재단채권의 변제를 지체하여 생긴 손해배상청구권(지연손해금 채권),[161] 입주자대표회의의 특별수선충당금[162] 지급청구권,[163] 파산관재인과 체결한 매매계약에 기한 소유권이전등기청구권[164]이 여기에 해당한다.

마. 사무관리 또는 부당이득으로 인하여 파산선고 후 파산재단에 대하여 생긴 청구권 (제5호)

파산선고 후 파산재단을 위하여 한 사무관리로 인한 비용상환청구권(민법 제739조 제1항)이나 파산재단에 부당이익이 발생한 것에 기한 부당이득반환청구권(민법 제741조)은 파산재단에 이익 또는 이득이 발생한 것이므로 이것을 재단채권으로 하는 것이 공평에 부합한다.[165]

---

159) 대법원 2001. 12. 24. 선고 2001다30469 판결.
160) 대법원 2009. 9. 24. 선고 2009다41045 판결.
161) 대법원 2014. 11. 20. 선고 2013다64908 전원합의체 판결. 파산관재인은 직무상 재단채권인 근로자의 임금 등을 수시로 변제할 의무가 있다고 할 것이므로 파산관재인이 파산선고 후에 위와 같은 의무의 이행을 지체하여 생긴 근로자의 손해배상청구권도 재단채권에 해당한다. 따라서 재단채권인 임금채권에 대한 파산선고일 전날까지 발생한 지연손해금 채권은 파산채권으로, 파산선고일 당일부터 지급일까지 발생한 지연손해금 채권은 재단채권이다.
　　한편 재단채권의 이행지체로 인한 지연손해금에 적용될 법정이율은 어떻게 되는가. 재단채권의 이행은 파산관재인의 의무이지 채무자의 의무는 아니라 할 것이므로, 재단채권의 지급채무는 채무의 원래 속성이나 채무자가 상인인지 여부와는 무관하게 민사채무로 봄이 상당하고, 그 지연으로 인한 지연손해금에 적용될 법정이율도 원래 채무의 속성이나 약정이율 또는 집행권원에서 정한 지연이율에 영향을 받지 아니하고 민사법정이율인 연 5%가 적용되어야 할 것이다(대법원 2005. 8. 19. 선고 판결 2003다22042 판결, 의정부지방법원 고양지원 파주시법원 2021. 4. 22. 선고 2020가소12164 판결(확정) 등 참조).
162) 특별수선충당금이란 민간임대주택의 주요 시설을 교체하고 보수하는 데에 필요한 비용을 말한다(민간임대주택에 관한 특별법 제53조 제1항).
163) 대법원 2015. 6. 24. 선고 2014다29704 판결. 위 판결은 「임대주택의 임대사업자가 임대주택법에 의하여 적립할 의무를 부담하는 특별수선충당금은 주요 시설의 적기교체 및 보수에 필요한 비용의 성질을 가지는 것으로서, 그 임대사업자는 사업주체로서 실제로 특별수선충당금을 적립하였는지 여부와 상관없이 임대주택법령에서 정한 기준에 따라 산정된 금액을 분양 전환 후 공동주택관리법 제11조에 따라 최초로 구성되는 입주자대표회의에 인계하여야 한다(대법원 2014. 9. 4. 선고 2013다216150 판결, 대법원 2013. 3. 28. 선고 2012다1573 판결 등 참조). 그리고 파산채무자가 파산선고 당시에 가진 모든 재산은 파산재단에 속하고 파산재단을 관리 및 처분하는 권한은 파산관재인에게 속한다(제382조 제1항, 제384조). 따라서 위와 같이 특별수선충당금 적립 및 인계 의무를 부담하는 임대사업자의 파산선고로 임대사업자의 파산관재인이 파산선고 후에 파산재단에 속하게 된 임대주택을 관리하다가 임대주택의 임차인 등에게 파산재단의 환가방법으로 위 임대주택을 분양 전환하게 된 것이라면, 특별한 사정이 없는 한 임대사업자의 파산관재인은 분양 전환 후 주택법에 따라 최초로 구성되는 입주자대표회의에 파산선고 전후로 특별수선충당금이 실제로 적립되었는지 여부와 상관없이 파산재단의 관리·환가에 관한 업무의 일환으로 임대주택법령에서 정한 기준에 따라 산정된 특별수선충당금을 인계할 의무를 부담한다. 그렇다면 입주자대표회의의 위 특별수선충당금 지급청구권은 파산관재인이 한 파산재단인 임대아파트의 관리·환가에 관한 업무의 수행으로 인하여 생긴 것으로서 제473조 제4호에서 정한 '파산재단에 관하여 파산관재인이 한 행위로 인하여 생긴 청구권'에 해당하여 재단채권이라고 할 것이다.」고 판시하고 있다.
　　위 판결은 파산선고 전후의 모든 특별수선충당금에 대하여 재단채권으로 보고 있다. 하지만 파산선고 전 미적립 부분도 재단채권인지는 의문이다.
164) 대법원 2016. 4. 15. 선고 2013다211803 판결 참조(파산선고 이후 원고와 파산관재인은 사업부지에서 제외된 이 사건 각 토지의 소유권 이전 및 사업과정에서 발생한 비용 등에 관한 정산을 위하여 이 사건 매매약정을 체결한 것이고, 이러한 파산관재인의 법률행위는 파산재단에 속하는 재산을 환가하기 위한 것으로서 파산재단에 관하여 한 행위로 보아야 한다. 따라서 그 상대방인 원고가 이 사건 매매약정에 따라 가지는 소유권이전등기청구권은 파산재단에 관하여 파산관재인이 한 행위로 인하여 생긴 청구권으로서 제473조 제4호에서 정한 재단채권에 해당한다).
165) 破産法·民事再生法, 304쪽.

'파산재단에 대하여 생긴 청구권'이므로 파산선고 후의 사무관리나 부당이득에 한한다. 예컨대 파산관재인이 별제권의 목적물을 환가한 후 임치할 대금(제497조)을 파산재단에 포함시킨 경우 별제권자가 가지는 부당이득반환청구권은 재단채권이다. 파산선고 전에 발생한 이러한 청구권들은 파산채권이 된다.

본래의 납세의무자의 파산으로 과세관청에 의하여 제2차 납세의무자로 지정된 자가 그 납세의무를 이행함으로써 취득한 구상금채권은 부당이득으로 인하여 파산재단에 대하여 생긴 청구권에 해당하여 재단채권이다.[166] 파산관재인이 정당한 이유 없이 별제권의 목적물을 처분하고, 이로 인해 파산재단의 감소를 방지한 경우, 별제권자는 부당이득반환청구권을 재단채권으로 행사할 수 있다(본서 1407쪽 각주 170)). 왜냐하면 담보권 설정자는 담보권자에 대하여 담보가치유지의무를 부담하고 파산관재인은 이것을 승계하기 때문이다.

외국 정부가 국내법원에서 파산선고를 받은 위탁매매인에 대한 세금청구권에 기하여 위탁자의 대상적 환취권의 목적이 되는 물건, 유가증권 또는 채권을 강제징수한 경우, 그로 인해 위탁매매인의 조세채무가 소멸하여 위탁매매인의 파산재단은 동액 상당의 부당이득을 얻은 것이 되며, 이 경우 위탁자가 위탁매매인의 파산재단에 대해 갖는 부당이득반환청구권은 재단채권이다.[167]

파산관재인이 별제권의 목적인 재산을 환가한 후 그 대금을 따로 임치하지 아니하고 파산재단에 편입한 경우 별제권자가 갖는 부당이득반환청구권(본서 1431쪽 각주 242))도 재단채권이다.

바. 위임의 종료 또는 대리권의 소멸 후에 긴급한 필요에 의하여 한 행위로 인하여 파산재단에 대하여 생긴 청구권 (제6호)

위임계약이나 위임에 의한 대리권은 위임인이나 수임인이 파산하면 소멸하고(민법 제690조, 제127조 제2호), 수임인 등에게는 급박한 사정이 있는 때에는 긴급처리의무가 있다(민법 제691조).[168] 이 경우 이러한 긴급처리로 인하여 생긴 보수청구권이나 비용상환청구권은 재단채권이다. 수임인 등의 긴급처리로 인하여 파산재단은 이익을 얻기 때문이다.

급박한 사정이 없는 때 수임인이 파산선고의 사실을 알지 못한 채 처리한 경우의 보수나 비용청구권은 파산채권이다(제342조, 민법 제692조). 물론 수임인의 행위로 파산재단이 이익을 얻은

---

166) 대법원 2005. 8. 19. 선고 2003다36904 판결. 그 이유는 다음과 같다. 국세기본법 소정의 제2차 납세의무는 오로지 주된 납세의무가 이행되지 않는 경우에 그 만족을 얻기 위하여 과하여지는 것이므로, 제2차 납세의무자가 납세의무를 이행하는 경우 그 범위에서 본래의 납세의무자의 납세의무도 소멸되고, 이 경우 제2차 납세의무자는 본래의 납세의무자에 대하여 구상권을 행사할 수 있다. 그런데 본래의 납세의무자가 파산선고를 받는 경우 그의 조세채무는 채무자회생법상의 재단채권이 되어 파산재단에서 변제하여야 하는데, 제2차 납세의무자가 납세의무를 이행하게 되면 본래의 납세의무가 소멸함으로써 파산재단은 채무소멸이라는 이익을 얻게 되고, 이 경우 그 이익을 원래 그 조세를 납부하여야 할 파산재단으로 하여금 그대로 보유하게 하는 것은 공평의 관념에 어긋나는 것이어서 파산재단으로서는 이를 부당이득으로 그 출연자에게 반환할 의무를 부담한다 할 것이니, 제2차 납세의무자가 납세의무를 이행한 후 가지게 되는 위 구상권은 여기에 그 법적 근거가 있다 하겠다. 위와 같은 법리에 비추어 보면, 제2차 납세의무를 이행함으로써 취득한 구상금채권은 바로 부당이득으로 인하여 파산재단에 생긴 청구권에 해당한다 할 것이다.
167) 대법원 2008. 5. 29. 선고 2005다6297 판결.
168) 파산관재인의 임무가 종료한 경우에도 마찬가지이다(제366조).

경우 그 처리 비용은, 제5호 사무관리로 인한 비용에 해당하여 재단채권으로 행사할 수 있다.

사. 쌍방미이행 쌍무계약에서 파산관재인이 이행을 선택한 경우(제335조 1항) 상대방이 가지는 청구권 (제7호)

파산관재인이 쌍방미이행 쌍무계약에서 이행을 선택하면 상대방은 파산재단에 대하여 채무를 완전히 이행해야 함에 반하여 자신의 파산재단에 대한 권리가 파산채권으로밖에 인정되지 않는다고 한다면 쌍무계약에 있어 채무의 대가성이 침해되어 상대방에게 불공평하게 된다. 그리하여 공평을 유지하기 위하여 파산재단에 대한 상대방의 채권을 재단채권으로 한 것이다.

아. 파산선고로 인하여 쌍무계약이 해지된 경우 그 종료할 때까지에 생긴 청구권 (제8호)

임대차나 고용 등의 계속적 계약에 관하여는 임차인 또는 사용자의 파산을 이유로 해지 통고가 인정된다(민법 제637조, 제663조). 그러나 해지의 통고가 있다고 하더라도 계약관계가 즉시 종료되는 것이 아니고 일정한 기간까지 존속한다(민법 제635조, 근로기준법 제26조). 그리하여 해지통고가 있더라도 그 계약이 종료하기까지는 상대방은 파산재단에 대한 채무를 이행하여야 한다. 그렇다면 양쪽의 채무의 대가성이라는 쌍무계약의 특성으로부터 공평을 유지하기 위하여 파산재단에 대한 상대방의 채권을 재단채권으로 한 것이다.

재단채권이 되는 것은 파산선고 시부터 쌍무계약이 해지되어 종료할 때까지 생긴 청구권이고,[169] 파산선고 전에 발생한 청구권은 파산채권에 해당한다.

자. 채무자 및 그 부양을 받는 자의 부양료 (제9호)

파산선고를 받은 채무자 및 그 가족의 생계보호를 위하여 사회정책적으로 재단채권으로 한 것이다. 그러나 개인채무자의 경우 다양한 자유재산, 특히 면제재산제도(제383조 제2항)가 있으므로 큰 의미가 없다. 자유재산으로 부양료가 충분하지 못한 경우, 부양료를 재단채권으로 하여 지출할 수 있을 것이다.

차. 채무자의 근로자의 임금, 퇴직금 및 재해보상금 (제10호)[170]

채무자의 근로자의 임금·퇴직금 및 재해보상금은 그 발생시기가 파산선고 전후인지 여부를 불문하고 모두 재단채권이 된다. 근로자의 임금채권 등을 보호하기 위한 정책적 고려에서 재단채권으로 한 것이다.

여기서 임금은 사용자가 근로의 대가로 근로자에게 임금, 봉급, 그 밖에 어떠한 명칭으로든지 지급하는 모든 금품을 말한다(근로기준법 제2조 제1항 제5호). 가족수당, 초과근무수당, 휴업수당도 포함된다. 그러나 근로자가 특수한 근무조건이나 환경에서 직무를 수행하게 됨으로 말

---

169) 파산선고 후에 파산관재인이 근로자를 해고하는 경우 해고예고수당(근로기준법 제26조)은 제473조 제8호에 따라 재단채권이다.

170) 별제권으로 취급되는 415조의2의 임금 등을 제외한 것을 말한다.

미암아 추가로 소요되는 비용을 변상하기 위하여 지급되는 이른바 실비변상적 급여는 "근로의 대상"으로 지급되는 것이라고 볼 수 없기 때문에 임금에 포함될 수 없는 것이다.[171] 해고예고 수당(근로기준법 제26조)은 근로제공에 대한 반대급부가 아니므로 임금에 포함되지 않는다.[172]

퇴직금의 경우 1년 미만인 경우에도 단체협약 등에 의해 그 지급조건이 정해져 있으면 재단채권인 퇴직금채권으로 본다. 퇴직위로금이나 명예퇴직수당은 그 직에서 퇴임하는 자에 대하여 그 재직중 직무집행의 대가로서 지급되는 후불적 임금으로서의 보수의 성질을 아울러 갖고 있다고 할 것이므로 퇴직금과 유사하다고 볼 것이다.[173] 반면 '경영상 이유에 의한 해고 또는 금융산업 구조조정, 강제퇴출 및 합병시에는 6개월 이상의 퇴직위로금을 지급한다'는 단체협약상의 규정에 의하여 지급되는 퇴직위로금은 근로자의 재직 중의 근로에 대한 대가로서 지급되는 후불적 임금으로서의 성질을 갖는 것이 아니라 해고에 대한 위로금조로 지급되는 것이거나 해고 후의 생계보장을 위해 지급되는 보상금의 일종이라고 봄이 상당하므로 재단채권에 해당하지 않는다.[174]

재해보상금은 근로기준법에 정한 한도 내에서만 인정되고, 이를 초과하는 부분은 일반 손해배상채권에 불과하여 파산채권에 해당한다. 근로자가 산업재해보상보험법에 의하여 보험급여를 받았거나 받을 수 있으면 사업주(보험가입자)는 동일한 사유에 대하여 근로기준법에 따른 재해보상 책임이 면제되므로(산업재해보상보험법 제80조 제1항) 이 경우에는 근로자가 재단채권을 주장할 수 없다.

채무자의 근로자의 임금·퇴직금 및 재해보상금은 문언상 원본채권만을 의미하는 것으로 보아야 하고, 그 법적 성질을 달리하는 지연손해금은 이에 해당한다고 볼 수 없다.[175] 임금 등 채권에 대한 파산선고 전일까지의 지연손해금은 앞에서 본 바와 같이 일반 파산채권이고(본서 1478쪽),[176] 파산선고 이후의 지연손해금은 앞에서 본 바와 같이 〈라.〉(제4호)에 의한 재단채권이다.[177]

파산관재인이 재단채권인 파산선고 전 발생한 임금 등을 변제하는 경우 원천징수의무가 있는지가 문제되나,[178] 원천징수제도는 임금 등에 대하여 효율적인 징세라는 관점에서 원천징수의무자에게 합리적인 범위에서 부담을 과하는 경우에 성립하는 것으로 임금 등 대가에 대한

---

171) 대법원 1990. 11. 9. 선고 90다카4683 판결.
172) 條解 破産法, 1013쪽, 이상윤, 노동법[제16판], 법문사(2018), 492쪽.
173) 대법원 2000. 6. 8. 자 2000마1439 결정.
174) 대법원 2008. 7. 10. 선고 2006다12527 판결.
175) 대법원 2000. 1. 28. 자 99마5143 결정 참조.
176) 서울회생법원 2020. 4. 14. 자 2017하확8 결정.
177) 대법원 2015. 1. 29. 선고 2013다219623 판결, 대법원 2014. 11. 20. 선고 2013다64908 전원합의체 판결. 재단채권인 임금채권에 대한 파산선고일 전날까지 발생한 지연손해금 채권은 파산채권으로, 파산선고일 당일부터 지급일까지 발생한 지연손해금 채권은 재단채권임을 유의하여야 한다. 따라서 배당이 가능한 사건인 경우 지연손해금 발생을 막기 위하여 신속히 재단채권을 변제할 필요가 있다.
178) 원천징수의무의 기초가 되는 것은 근로를 제공함으로써 받은 봉급·급료·보수·세비·임금·상여·수당과 이와 유사한 성질의 급여를 말하고(소득세법 제20조 제1항 제1호), 임금 등 채권에 대한 변제가 여기에 포함되는지에 관하여는 긍정 또는 부정 어느 견해도 가능하다.

근로를 수령하는 자 이외의 자에게 원천징수의무를 인정하는 것은 제도의 취지에 부합하지 않고,[179] 파산관재인은 파산재단의 집행기관의 지위에서 임금 등을 변제하는 것이므로 원천징수의무를 부담하지 않는다고 할 것이다.[180]

근로자가 근로소득세액의 연말정산 결과 환급받을 금액이 있는 경우(소득세법 시행령 제201조, 소득세법 시행규칙 제93조 제1항)에는 원천징수의무자는 원천납세의무자(근로자)에 대하여 민사상의 반환의무를 진다. 이 경우 근로자의 채무자에 대한 반환청구권은 재단채권으로 보아야 한다. 원천징수는 본질적으로 임금으로 지급하여야 할 금원에서 세금을 공제한 것으로 과다하게 원천징수하여 환급할 금액이 있다면 이는 임금 성격으로 보아야 하기 때문이다.[181]

파산절차에서 임금, 퇴직금 및 재해보상금의 취급

Ⅰ. 별제권자

근로기준법 제38조 제2항 각 호의 채권과 근로퇴직급여 보장법 제12조 제2항에 따른 최종 3년간의 퇴직급여 등 채권(이하 통칭하여 '최우선임금채권'이라 한다)은 별제권 행사나 체납처분(강제징수)에 따른 환가대금에서 별제권자로 취급된다(제415조의2).

한편 제415조의2 규정을 신설한 이유는[182] 최우선임금채권에 대하여 우선 배당을 하더라도 파산관재인이 그 배당금을 수령하여 재단채권자에게 안분변제해야 하는 상황을 개선하여 근로자의 최우선임금채권을 두텁게 보장하기 위하여 근로자가 행사하는 최우선임금채권에 대한 최우선변제권을 별제권 행사에 따른 경매절차에서도 인정하려는 데 있다. 따라서 근로자는 제415조의2 본문에 따라 별제권 행사에 따른 경매절차에서 최우선임금채권에 대하여 배당요구를 하여 다른

---

179) 破産法・民事再生法, 323~324쪽.
180) 최완주, 전게 "파산절차와 조세관계", 385~386쪽. 반면 파산선고 후 일정기간 고용을 계속하여 파산관재인이 임금 등을 지급할 의무를 부담하는 경우와 파산관재인이 자신의 관재업무의 수행을 위하여 보조인을 고용한 경우 지급하는 임금 등에 대하여 원천징수의무를 부담하는 것은 당연하다. 이러한 임금 등은 파산재단의 관리에 관한 비용인 재단채권(제473조 제3호)으로 납부한다. 한편 원천징수의무자가 정당한 사유 없이 징수한 세금을 납부하지 아니한 때에는 형사처벌을 받는데(조세범 처벌법 제13조 제2항), 파산관재인(원천징수의무자)이 파산재단이 부족하여 원천징수한 세금을 납부하지 아니한 경우에는 형사상 제재를 할 수 없을 것이다. 왜냐하면 파산재단이 부족한 경우에는 그 채권의 비율에 따라 평등하게 변제하여야 하고(제477조 제1항), 파산선고는 조세범 처벌법 제13조 제2항의 '정당한 사유'에 해당하기 때문이다(대법원 2009. 10. 29. 선고 2009도6614 판결, 대법원 2008. 10. 9. 선고 2008도7318 판결, 대법원 2000. 10. 27. 선고 2000도2858 판결 등 참조).
181) 수원지방법원 2018. 10. 30. 선고 2018나57414 판결 참조. 원천징수의무자가 폐업 등으로 소재불명이 됨에 따라 근로자에게 환급되도록 하는 것이 사실상 불가능한 경우에는 관할세무서장이 근로자에게 직접 지급할 수 있다(소득세법 기본통칙 137-201…11).
182) 제415조의2가 신설되기 전에는 채무자 소유의 부동산에 대한 별제권 행사에 따른 경매절차에서 근로자가 관련 법령에 따라 다른 담보물권자보다 우선변제권을 가진 최우선임금채권에 관하여 한 배당요구는 그 담보물권자가 파산으로 말미암아 파산 전보다 더 유리하게 되는 이득을 얻는 것을 방지함과 아울러 채무자회생법상 적정한 배당재원의 확보라는 공익을 위하여 별제권보다 우선하는 채권 해당액을 공제하도록 하는 제한된 효력만이 인정되었다. 따라서 별제권 행사에 따른 경매절차에서 위와 같은 배당요구를 한 최우선임금채권에 대해서는 다른 담보물권자보다 우선변제권을 가진 최우선임금채권에 우선 배당을 하되, 그 배당금은 채권자인 근로자에 직접 교부할 것이 아니라, 파산관재인이 채무자회생법 소정의 절차에 따라 각 재단채권자에게 안분변제할 수 있도록 파산관재인에게 교부해야 했다. 파산관재인은 이를 수령하여 재단채권자에 대한 변제자원 등으로 사용하였다(제411조, 제412조, 제473조 제10호, 제475조 내지 제477조, 대법원 2003. 6. 24. 선고 2002다70129 판결 등 참조).

담보물권자보다 우선하여 배당을 받고 그 배당금을 직접 수령할 수 있다.[183]

Ⅱ. 재단채권

파산선고 전후를 묻지 않고 근로자의 임금, 퇴직금 및 재해보상금은 재단채권이다(제473조 제10호). 파산선고일부터 변제일까지의 지연손해금도 재단채권이다(본서 1509, 1513쪽, 제473조 제4호).

Ⅲ. 파산채권

파산선고일 전일까지의 임금 등 채권에 대한 지연손해금은 파산채권이다.[184] 파산채권 중 일반 파산채권이다. 그 밖에 근로관계로 인한 채권은 우선권 있는 파산채권이다.

사례 근로자 甲은 2020. 11. 27. 채무자 회사를 퇴직하였다(근로자퇴직급여 보장법에서 정한 퇴직금은 5,000만 원이다). 채무자 회사는 2021. 2. 4. 파산선고를 받았다. 甲(원고)은 파산관재인(피고)을 상대로 5,000만 원 및 2020. 12. 12.부터 다 갚는 날까지 지연손해금의 지급을 구하는 소를 제기하였다. 법원은 어떻게 판단하여야 하는가. ① 퇴직일 다음 날에서 14일이 경과한 2020. 12. 12.부터 파산선고 전날인 2021. 2. 3.까지의 지연손해금은 파산채권이고, 파산채권은 파산절차에 의하지 아니하고 행사할 수 없으므로(제424조) 이 부분은 각하한다. ② 퇴직금 5,000만 원과 파산선고일인 2021. 2. 4. 이후 지연손해금은 재단채권이다. ③ 지연이자율은 민사법정이율인 연 5%를 적용한다.[185] 소송촉진 등에 관한 특례법이 적용되는 것은 당연하다(연 12%).[186]

---

183) 대법원 2022. 8. 31. 선고 2019다200737 판결. 한편 고용노동부장관의 위탁을 받은 근로복지공단이 사업주를 대신하여 지급한 최우선임금채권에 대해서는 제415조의2 단서에도 불구하고 우선변제권이 인정되고 직접청구권도 인정된다고 보아야 한다(본서 1425쪽). 하지만 대법원(위 판결)은 '제415조의2 단서는 제415조의2 본문의 적용을 배제함으로써 임금채권보장법 제8조 제2항의 규정에도 불구하고 근로복지공단이 우선변제권을 가지는 배당금을 직접 수령하여 변제받을 수 없다는 의미로 보아야 한다'고 함으로써 직접청구권은 부정하고 있다.

184) 대법원 2015. 1. 29. 선고 2013다219623 판결. 「대법원 2014. 11. 20. 선고 2013다64908 판결」은 파산선고일에 해당하는 지연손해금을 파산채권이라고 하고 있으나, 이는 잘못이다(하급심 판결 중에도 위 판결을 근거로 파산선고일에 해당하는 지연손해금을 파산채권이라고 하는 재판례가 더러 있다).

185) 지연이자율은 채무자가 상인이고 근로계약은 보조적 상행위(상법 제47조)로 볼 수 있다는 이유로 상사법정이율인 연 6%를 적용하여야 한다는 견해가 있으나(법인파산실무, 362~363쪽), 지연손해금 중 재단채권으로 인정되는 것은 파산선고 후에 발생한 것이고, 파산선고 후에는 파산관재인만이 재산(파산재단)에 대한 관리처분권을 가진다는 점(파산선고 후 임금 등을 지급하지 아니한 지체책임은 파산관재인에게 있다, 제473조 제4호), 파산선고 전에 발생한 임금 등 채권은 원래 파산채권이지만 정책적인 이유로 재단채권으로 규정하고 있는 것이므로 파산관재인이 원래 채권의 성질을 그대로 승계한다고 보기는 어려운 점, 파산선고가 되면 채무자의 재산은 파산재단이 되고 파산재단만이 재단채권의 변제재원으로 사용되며 파산관재인은 공적수탁자의 지위에서 제475조에 따라 수시로 변제하는 것에 불과한 점 등을 종합하면, 임금 등의 지급의무는 파산재단을 대표한 파산관재인의 의무이지 채무자의 의무는 아니라 할 것이므로 파산채무의 원래 속성이나 채무자가 상인인지 여부와는 무관하게 민사채무로 보아야 한다(대법원 2005. 8. 19. 선고 2003다22042 판결 참조). 따라서 연 5%의 이율을 적용하여야 한다.

186) 파산선고의 결정이 있는 경우 그 사유가 존속하는 기간에 대하여는 근로기준법 제37조 제1항, 근로기준법 시행령 제17조가 정한 연 20%의 지연손해금율이 적용되지 않는다(근로기준법 제37조 제2항, 근로기준법 시행령 제18조 제1호, 임금채권보장법 제7조 제1항 제2호).

카. 파산선고 전의 원인으로 생긴 채무자의 근로자의 임치금 및 신원보증금의 반환 청구권(제11호)

근로자를 보호하기 위한 사회정책적 고려나 채권의 성질상 보관금의 성격을 가지므로 환취권에 준하여 재단채권으로 취급한 것이다.

2. 특별 재단채권

① 파산관재인이 쌍무계약을 해제 또는 해지한 경우에 채무자가 받은 반대급부가 파산재단 중에 현존하지 아니하는 때에는 그 가액에 상당하는 청구권은 재단채권이 된다(제337조 제2항).[187]

② 파산재단에 속하는 재산에 관하여 파산선고 당시 계속하는 소송을 파산관재인이 수계한 경우 상대방의 소송비용청구권은 재단채권이다(제347조 제2항). 수계 전후에 발생한 것을 포함하여 파산관재인이 패소한 경우 상대방이 갖는 소송비용청구권은 모두 재단채권이 된다.[188] 파산채권자 공동의 이익을 위하여 생긴 재판상 비용이기 때문에 재단채권으로 한 것이다(본서 1582쪽 참조).

③ 파산채권에 관하여 파산재단에 속하는 재산에 대하여 행하여진 강제집행을 파산관재인이 속행시킨 경우 그 강제집행비용은 재단채권이다(제348조 제2항). 속행 전에 발생한 강제집행비용도 재단채권이다.

파산관재인이 강제집행절차를 속행한 경우 배당기일에서 별제권자에게 배당한 다음 집행비용을 포함하여 잔액 전부를 파산관재인에게 교부(배당)한다. 이후 파산관재인은 집행채권자에게 집행비용을 재단채권으로 변제하여야 한다. 관련 내용은 〈제15장 제2절 Ⅱ.2.가.(1)(다)〉 (본서 1830쪽)를 참조할 것.

④ 채무자의 행위가 부인된 경우, 부인의 상대방은 반대급부 자체는 파산재단 중에 현존하지 않지만 그로 인하여 생긴 이익이 현존하는 때에는 그 이익의 한도에서 재단채권자로서 그 권리를 행사할 수 있다(제398조 제1항).

⑤ 파산관재인이 부담있는 유증의 이행을 받은 때에는 부담의 이익을 받을 청구권은 유증 목적의 가액을 초과하지 아니하는 한도 안에서 재단채권이 된다(제474조). 부담있는 유증을 받은 자는 유증의 효력발생시부터(민법 제1073조 제1항) 그 부담을 이행할 책임이 있으므로(민법 제1088조 제1항) 유증을 받은 자가 파산한 경우 부담수익자의 청구권(채권)은 파산채권이 되어야 한다. 그렇지만 파산관재인으로서는 유증을 포기할 수도 있지만 이를 포기하지 아니하고 부담있는 유증의 이행을 받았다면 파산재단이 그로 인하여 이익을 얻은 만큼 상대방에 대한

---

187) 대법원 2001. 12. 24. 선고 2001다30469 판결{☞ 신디케이티드 론(syndicated loan) 거래의 참여은행이 파산선고를 받은 경우, 채무자가 그 은행에 대하여 가지고 있는 대출약정 해제로 인한 약정수수료(commitment fee) 반환청구권은 재단채권에 해당하고, 이 경우 채무자는 직접 이행청구를 할 수 있으므로 위 채권의 존재확인을 구할 소의 이익은 없다고 한 사례}.

188) 대법원 2016. 12. 27. 자 2016마5762 결정 참조.

부담도 완전하게 이행하는 것이 공평하고, 재산을 증여하는 대신 유증을 받은 자에게 그 부담을 이행시키려는 유언자의 의사를 존중하여 쌍방미이행 쌍무계약에 관하여 파산관재인이 이행을 선택한 경우와 동일하게 취급한 것이다.[189]

⑥ 파산재단이 파산채권의 확정에 관한 소송(채권조사확정재판을 포함한다)으로 인하여 이익을 받은 때에는 이의를 주장한 파산채권자는 그 이익의 한도 안에서 재단채권자로서 그 소송비용의 상환을 구할 수 있다(제469조).

⑦ 파산선고에 이르기 전에 회생절차가 선행하여 진행하다가 실패하고 결국 파산선고가 내려진 경우, 이러한 선행절차에서 생긴 공익채권은 재단채권으로 된다(제6조 제4항, 제9항). 회생절차는 채권자 전체의 이익을 위하여 행하여진 것이고, 파산절차로의 이행을 원활하게 하고자 하는 취지에서 재단채권으로 한 것이다.

3. 재단채권의 금전화 · 현재화 · 무조건화 - 파산채권에 관한 규정의 준용

쌍방미이행 쌍무계약에서 파산관재인이 이행을 선택한 경우 상대방이 가지는 청구권(제473조 제7호)이나 부담있는 유증의 이행을 받은 경우에 있어 수익자의 이행청구권(제474조)은 비금전채권이거나, 금전채권이라도 금액이 불확정한 것, 외국통화로 정하여진 것, 금액 또는 존속기간이 확정되지 아니한 정기금채권도 있고, 또한 기한미도래의 채권, 조건부채권도 있다. 이러한 재단채권에 대하여는 파산선고시의 평가액으로 금전화하고, 기한은 도래한 것으로 현재화하며, 조건부채권은 무조건화한다(제478조 제1항). 이 경우 당해 재단채권이 이자 없는 채권 또는 정기금채권인 경우에는 당해 채권이 파산채권이라면 후순위로 될 부분(제446조 제1항 제5호 내지 제7호)에 해당하는 부분은 재단채권액에서 공제된다(제478조 제2항).

제478조의 적용이 있어 항상 현재화 · 금전화하여야 한다는 견해가 있을 수 있다. 그러나 제478조의 대상이 되는 상대방의 청구권에는 파산관재인이 파산재단에 속한 동산이나 부동산의 매매의 이행을 선택한 경우에 있어 인도청구권, 이전등기청구권과 같이 금전화가 의미 없는 청구권도 있고, 이러한 청구권은 제478조에 의해 금전화해야 할 이유가 없다. 또한 재단채권이 비금전채권인 경우 파산관재인이 임의로 이행할 수 있는 경우까지 금전채권으로 이행을 의무화할 필요가 전혀 없는 것이다. 현재화에 있어서도 채무자의 규모로 보아 파산절차의 종료 시까지 상당기간이 필요하고, 나아가 재단채권의 이행기가 파산절차 중에 도래할 것으로 예상되는 경우, 일부러 현재화하여 이행을 앞당길 필요는 없다.[190]

제478조가 실제로 기능하는 것은 파산절차의 종료에 있어 모든 재단채권이 변제될 경우나 재단부족으로 안분변제를 하여야 할 경우로 한정된다고 할 것이다. 아래〈Ⅲ.2.가.〉(본서 1522쪽)를 참조할 것.

---

189) 개인파산 · 회생실무, 166쪽.
190) 條解 破産法, 1009~1010쪽.

4. 재단채권화의 절차

가. 법원의 허가

파산관재인이 1천만 원 이상의 재단채권을 승인할 경우에는 법원의 허가를 받아야 한다(감사위원이 설치되어 있는 때에는 감사위원의 동의를 얻어야 하나, 실무적으로 감사위원을 두는 경우는 없다). 법원의 허가를 받지 않고 재단채권을 승인한 경우에는 원칙적으로 무효이다(본서 1337쪽).

법원의 허가를 받도록 한 취지는 재단채권은 가장 우선적으로 변제하여야 하는 청구권인데, 이것이 증가하면 배당에 지장을 초래하기 때문이다.

나. 재단채권의 신고 · 조사 · 확정

재단채권은 아래에서 보는 바와 같이 파산절차에 따르지 않는 채권이기 때문에, 신고 · 조사절차가 존재하지 않는다. 그러나 아무런 신고도 없다면, 파산관재인이 재단채권의 존재를 간과할 위험이 있고, 파산절차 도중에 파산관재인이 파악하지 못한 다액의 재단채권이 밝혀질 경우 파산절차의 진행에 지장을 초래할 수도 있다. 또한 중간배당이나 최후배당의 배당률 또는 배당액을 통지하기 전에 파산관재인이 알지 못한 재단채권자는 각 배당에서 배당할 금액으로써 변제를 받을 수도 없으므로(제534조), 사실상 파산절차에서 변제받을 기회를 잃게 된다. 그래서 재단채권자는 파산선고결정이 있는 경우, 신속하게 재단채권을 갖고 있는 뜻을 파산관재인에게 신고하여야 할 것이다.

재단채권에 대하여는 파산절차에서 확정절차도 존재하지 않는다. 파산관재인이 선관주의의무에 따라 확정(확인)을 할 뿐이다. 다만 1,000만 원 이상의 재단채권을 승인할 경우에는 법원의 허가를 받아야 한다(제492조 제13호 참조). 재단채권의 존부나 액에 관하여 다툼이 있는 경우에는 통상의 소송에 의하여 해결하면 된다. 채권자가 재단채권인지에 관하여 확신이 없는 경우에는 파산관재인에게 재단채권이라고 주장(신고)하면서, 예비적으로 파산채권으로 신고하는 것이 무난하다.

Ⅲ 재단채권의 변제

1. 수시 · 우선변제

가. 수시 · 우선변제한다는 것의 의미

(1) 우선변제

재단채권은 파산채권보다 먼저 변제받는다(제476조). 이것은 배당을 하기 전에 파산관재인은 알고 있고 있는 재단채권을 변제하지 않으면 안 된다는 것을 의미한다. 물론 파산관재인이

알지 못하는 재단채권은 파산관재인에게 청구하는 단계에서 수시로 변제하면 된다. 파산채권
보다 우선하여 변제받지만, 환취권, 별제권, 상계권에 대하여는 우선권을 주장할 수 없다. 재단
채권에 대한 우선변제는 파산취소(제325조 제2항, 제547조)나 이시폐지(제547조) 등의 경우에도
인정된다.

재단채권의 변제는 파산재단으로부터 먼저 재단채권의 변제분을 확보하고 잔액을 파산채권
에 배당하는 형태로 파산채권에 우선한다.

(2) 수시변제

재단채권자가 그 권리를 행사함에 있어서는 채권의 신고, 조사 및 배당 등의 파산절차를
거치지 아니하고[191] 즉시 파산관재인에게 그 변제를 청구할 수 있고, 또 파산관재인은 파산채
권자의 배당에 앞서서 수시로 이를 변제할 수 있다(제475조). 따라서 재단채권자는 직접 파산
관재인에게 변제를 요구할 수 있고, 파산관재인이 이에 응하지 않을 때는 파산관재인을 상대
로 소송을 제기할 수 있다.[192] 재단채권은 직접 이행청구를 할 수 있으므로 재단채권의 존재확
인을 구하는 것은 소의 이익이 없다.[193]

'재단채권은 파산절차에 의하지 아니하고 수시로 이를 변제한다.'는 것은 파산관재인이 재단
채권을 변제함에 있어서는 파산채권처럼 채무자회생법에 정해진 엄격한 배당절차를 거치지 아
니하고 수시로 변제할 수 있다는 취지이지, 재단채권자가 파산절차에 의하지 아니하고 권리를
행사할 수 있다는 취지는 아니다.[194] 강제집행의 권능을 갖는 통상의 채권과 달리 재단채권은
파산절차 중에는 강제집행을 신청하거나 속행을 할 수는 없다. 또한 '파산절차에 의하지 아니
하고 수시로 변제한다'는 것은 채권 본래의 내용에 따라 이행을 받을 수 있다는 것을 의미한
다. 이행의 의무를 부담하는 자는 변제되는 파산재단에 대하여 관리처분권을 가지고 있는 파
산관재인이다. 파산관재인은 이행기에 따라 금전이나 물건의 급부 등 재단채권의 내용에 따라

---

191) 파산채권자 공동의 이익을 위한 파산절차 수행으로 인하여 파산선고 후에 생기는 채권이라는 재단채권의 특성상
파산관재인이 그 존부를 잘 알고 있고 채권자도 많지 않아 굳이 채권의 신고, 조사절차가 필요 없기 때문이다. 그
러나 정책적으로 인정되는 재단채권의 경우에는 채권의 존부나 내용을 알 수 없기 때문에, 실무적으로는 모든 재단
채권에 대하여 신고를 요구하고 있기도 하다.

192) 그러나 확정된 판결을 근거로 파산절차 밖에서 별도의 집행을 구하는 것은 허용되지 않는다. 즉 재단채권에 기한
강제집행은 허용되지 않는다.

193) 대법원 2001. 12. 24. 선고 2001다30469 판결. 재단채권에 기한 이행소송이 가능한가와 관련하여 파산선고 후에는
재단채권에 기한 강제집행이 허용되지 않는다는 점을 이유로 이행소송은 허용되지 않고 확인소송만 가능하다는 견
해가 있다{임치용, "재단채권에 기한 이행소송과 강제집행이 가능한가", 법조(2005. 12.), 72~73쪽}. 그러나 파산
절차에서 재단채권으로 변제를 받을 수 있다면 확인판결로 충분하겠지만, 전액을 변제받지 못한 채 파산절차폐지가
된 경우에는 이행판결을 받는 것이 유리하다는 점을 고려하면, 재단채권에 대하여 파산선고 후 강제집행이 허용되
지 않는다는 것이 이행소송을 부정하는 이유로 될 수는 없다(條解 破産法, 989쪽, 破産法・民事再生法, 313쪽). 따
라서 재단채권인지에 관하여 다툼이 있는 경우에는 채권자로부터의 이행소송이나 재단채권성에 대한 적극적 확인
소송 또는 파산관재인으로부터 소극적 확인소송에 의하여 해결하면 된다. 다만 조세 등 청구권의 경우 파산관재인
으로서는 부과처분 등을 전제로 채무자가 할 수 있는 방법으로 부과처분 등의 취소를 구하는 절차가 필요하다는
것은 앞에서 본 바와 같다.

194) 환취권(제407조)과 별제권(제412조)은 환취권자와 별제권자를 행위주체로 하여 환취권이나 별제권의 행사라는 관점
에서 규정하고 있으나 재단채권에 관하여는 '파산관재인'을 행위주체로 재단채권의 변제라는 관점에서 규정하고 있다.

이행할 의무를 부담한다.

재단채권은 수시변제라는 측면에서 파산채권과 같은 파산절차에 의한 제약을 받지 않는다. 이러한 취급을 하는 근거는 재단채권의 대부분은 파산절차를 진행하기 위한 비용으로서의 성질을 갖거나 특별한 정책적 고려에서 파산채권자가 공동으로 부담하지 않으면 안 되는 성질의 것이라는 점에 있다.

(3) 변제절차의 주관자 파산관재인

재단채권의 변제절차를 보면, 재단채권자는 재단채권의 변제기가 도래하면 그 때마다 직접 파산관재인에게 지급을 청구하면 되고, 파산관재인은 재단채권의 존부 및 액수를 조사하여 청구에 이유가 있을 때에는 단독으로 또는 감사위원의 동의나 채권자 집회의 결의 또는 법원의 허가를 얻어 변제한다(제492조, 제500조 참조).

한편 파산관재인이 재단채권을 변제하기 위해서는 재단채권의 승인[195] 및 임치금반환허가서를 법원에 제출하여 그 허가를 받아야 한다(제492조 제13호).

재단채권의 변제는 파산재단으로부터 먼저 재단채권의 변제분을 확보하고 잔액을 파산채권에 배당하는 형태로 파산채권에 우선한다. 그러나 파산관재인이 알지 못하는 재단채권은 파산채권에 대한 배당시에 배당할 금액으로 변제받지 못하고(제534조), 일단 이루어진 배당은 회복되지 아니하므로 파산채권에 대한 배당 이전에 파산관재인이 알지 못한 재단채권은 결과적으로 변제받지 못하는 경우도 생긴다.

이처럼 '파산관재인은 파산절차수행을 위한 중심적 기관이고 채무자회생법은 파산관재인의 넓은 재량과 책임 아래 절차의 원활한 수행을 기하고 있고, 재단채권에 관하여는, 파산관재인에 대하여 파산절차의 진행에 대응하여 그 합리적 판단에 기한 적정·신속한 변제를 기대하고 있다.

나. 재단채권 변제와 재단부족으로 인한 파산절차폐지

파산선고 후에 파산재단으로써 파산절차의 비용을 충당하기에 부족하다고 인정되는 때에는 법원은 파산절차를 폐지한다(제545조 제1항).

파산절차의 폐지가 예상되기 전까지의 재단채권의 변제는 파산관재인의 재량이다. 즉 파산관재인은 1,000만 원 이상인 재단채권의 승인의 경우에는 법원의 허가를 받아야 하지만(제492조 제13호), 이런 채권을 포함하여 재단채권의 변제 시기나 순서는 파산관재인의 재량이고, 그

---

195) **재단채권의 승인허가신청** 1천만 원 미만으로 법원이 정한 금액(실무적으로 300만 원) 미만의 재단채권에 대하여는 법원의 허가가 필요하지 않다(제492조 단서). 만약 법원이 허가를 받아야 할 금액을 300만 원이라고 정한 경우, 300만 원은 재단채권자에게 지급하는 금액이 아니라 해당 재단채권의 액이라는 것은 앞에서 본 바와 같다(본서 1337쪽).

　복수의 동종의 재단채권을 승인하려는 경우(예컨대 복수의 근로자에 대한 미지급 임금청구권을 승인하려는 경우), 개개의 채권액이 300만 원 미만이라면, 이들 채권의 합계액이 300만 원 이상인 경우에도 법원의 허가는 필요하지 않다.

남용이 인정되는 경우에는 법원에 의한 감독권의 행사(제358조) 또는 그 선관주의의무(제361조)가 문제될 수 있다.

그 결과 재단부족으로 파산절차의 폐지가 예견되는 시점까지는, 그 이전에 변제기가 도래한 재단채권의 변제가 완료되지 않은 상태에서 담보권이 설정되거나 또는 우선권 있는 임금채권이나 조세채권의 변제가 완료되지 않은 상태에서 다른 일반 재단채권이 변제될 수도 있다.

이런 경우에 있어서도 이미 이루어진 개개의 재단채권의 변제는 파산절차에서 유효하고, 재단부족이 분명하게 된 후 그러한 변제의 효력이 부정되는 것도 아니다.

앞에서 본 바와 같이 배당률 또는 배당액의 통지를 한 후 다액의 재단채권의 존재가 밝혀진다고 하여도 배당이 실시되는 것을 막을 수 없고, 그 후 재단이 부족하게 되어 파산절차가 폐지되어도 배당의 효력에는 영향이 없다(제534조 참조).

다. 불공평한 재단채권의 변제와 그 효력

앞에서 본 바와 같이 재단부족이 분명하게 되기 전에 이루어진 재단채권의 변제가 결과적으로 재단채권 사이에 불공평을 초래한 것이라도 파산절차에서 그 변제의 효력이 부정되는 것은 아니다.

한편 이 경우 파산절차폐지 후 파산관재인의 편파변제에 대하여 사해행위취소소송을 제기할 수 있는가. 법적도산절차에서 권한이 있는 자에 의한 변제에 대하여는 사해행위가 부정된다고 할 것이다. 물론 파산관재인의 불법행위책임이 문제되는 경우 변제를 받은 재단채권자가 다른 재단채권자에 대하여 사해의사(害意)까지 있었다면 공동불법행위책임이 문제될 수 있을 것이다.[196]

라. 재단채권의 존부 및 액에 관하여 다툼이 있는 경우

(1) 재단채권의 존부를 둘러싼 소송

(가) 소송물

파산관재인과 재단채권자 사이에 재단채권의 존부 및 액에 관하여 다툼이 있는 경우 재단채권자(조세 등 청구권자 제외)는 파산관재인을 상대로 재단채권에 관한 이행소송이나 확인소송(판례는 반대)을 제기할 수 있고, 파산관재인도 재단채권부존재확인소송을 제기할 수 있음은 앞에서 본 바와 같다. 이 경우 소송물은 재단채권인 실체법상의 청구권이 아니라 제473조 등에 기한 재단채권지급청구권이다(본서 704쪽 참조). 따라서 이행청구권 인용판결은 일정 내용의 이행청구권이 재단채권이라는 것이 기판력에 의하여 확정되는 것임에 반하여, 청구기각확정판결은 해당 청구권이 재단채권에 해당하지 않는다는 것을 확정한다.

---

196) 條解 破産法, 1026쪽.

(나) 가집행선고

재단채권의 이행소송에서 인용판결을 할 경우 가집행선고를 할 수 있는가. 재산권의 청구에 관한 판결은 가집행의 선고를 붙이지 아니할 상당한 이유가 없는 한 직권으로 가집행을 할 수 있다는 것을 선고하여야 한다(민소법 제213조 제1항).

재단채권에 관한 이행소송이 제기되어 있는 경우, 재단채권에 기한 강제집행 등이 금지되고, 파산관재인이 1,000만 원 이상의 재단채권을 승인하는 것은 법원의 허가가 필요하며(제492조 제13호), 아래 (2)에서 보는 바와 같이 파산절차폐지가 확정되면 파산관재인은 재단채권을 변제하고, 다툼이 있는 재단채권에 대하여는 해당 재단채권자를 위하여 공탁할 의무를 부담한다. 하지만 이러한 법률상의 제약은 채권자들에게 공평하게 환가·배당한다는 파산절차의 목적을 달성하기 위하여 둔 것에 불과하므로 재단채권의 이행소송에서 인용판결을 할 경우 가집행선고를 하는데 방해가 되지 않는다고 할 것이다.

(2) 배당 및 공탁

배당이 예상되는 사건의 경우, 재단채권의 존부 및 액에 관하여 다툼이 있다면 파산채권의 변제재원이 확정되지 않기 때문에, 결과를 기다려 배당절차를 진행하든지 중간배당을 검토하여야 한다. 이시폐지가 예상되는 사건의 경우, 재단채권의 존부 및 액에 관하여 다툼이 있어도 파산재단을 가지고 파산절차비용도 변제하기에 부족하다는 것이 인정되면, 이시폐지가 가능하다(제545조 제1항). 이 경우 파산관재인은 이시폐지결정이 확정된 후에 재단채권을 변제하여야 하며, 다툼이 있는 재단채권에 대하여는 해당 재단채권자를 위하여 공탁하여야 한다(제547조).

2. 파산재단이 부족한 경우[197]

파산재단이 재단채권의 총액을 변제하기에 부족한지 여부는 파산재단(현유재단)의 규모 및 이후 파산재단으로 확보될 수 있는 재산의 예상치를 더한 총액과 그 평가시점에서의 재단채권의 총액에 이후 파산절차종결시까지 예상되는 재단채권의 총액을 더한 것과 비교하여 판단한다.

파산재단이 부족한지에 관한 판단은 파산관재인의 책임과 권한에 따라 이루어지는 것이고 그 인정에 있어 법원의 허가를 필요로 하지 않는다.

가. 재단채권 상호간의 변제 순위 및 안분변제

파산재단이 재단채권을 변제하기에 부족한 경우 재단채권에 대한 변제 순위는 회생절차에서 신규차입자금으로 인한 공익채권이 견련파산에 따라 재단채권으로 되는 경우인지 아닌지에

---

197) 파산선고 전에 체납처분(강제징수)이 된 경우 파산선고가 되더라도 체납처분(강제징수)은 실효되지 않고 속행된다(제349조 제1항). 그럼에도 실무적으로 조세채권자들은 체납처분(강제징수)을 속행하지 않은 채 파산관재인에게 재단채권으로서 조세채권의 변제를 요구하는 경우가 많다. 이 경우 파산관재인은 법원의 허가를 받아 조세채권 전액을 기준으로 안분변제할 수밖에 없을 것이다(아래 〈3.나.(1)〉 참조). 결과적으로 국가나 지방자치단체가 체납처분(강제징수)절차를 속행하는지에 따라 다른 재단채권자들의 변제액에 영향을 미치게 되어 부당한 점이 있다.

따라 다르다.

(1) 일반파산 절차의 경우 및 견련파산 절차에서 신규차입자금으로 인한 재단채권이 없는 경우

파산재단이 재단채권의 총액을 변제하기에 부족한 것이 분명하게 된 때에는 이미 변제된 부분은 그대로 두고, 아직 변제되지 아니한 재단채권에 관하여는 법령이 정한 우선권에 불구하고[198] 그 채권의 비율에 따라 평등하게 변제된다(제477조 제1항 본문).[199] 다만 그 재단채권을 피담보채권으로 하는[200] 유치권, 질권 및 저당권, 「동산·채권 등의 담보에 관한 법률」에 따른 담보권 및 전세권의 효력은 인정되고(제477조 제1항 단서), 제473조 제1호 내지 제7호 및 제10호의 재단채권은 다른 재단채권에 우선한다(제477조 제2항).

요컨대 파산재단이 부족한 경우 재단채권의 변제 순위는 ① 재단채권에 관하여 유치권, 질권 및 저당권, 「동산·채권 등의 담보에 관한 법률」에 따른 담보권 및 전세권과 같은 담보권이 있는 것, ② 제473조 제1호 내지 제7호 및 제10호의 재단채권, ③ 기타 동순위의 재단채권이다.[201]

한편 ②와 관련하여 변제 순위에 따르면 그들 상호간에는 원칙적으로 채권액의 비율에 따라 안분하여야 할 것이다.[202] ② 내지 ③ 각 내부에서도 각 채권액의 비율에 따라 안분하여 변

---

198) 파산절차에서는 실체법상의 우선권이 있는 채권이라도 파산재단이 부족한 경우에는 우선권이 참작되지 않는다. 파산재단이 부족하게 된 후라도 재단채권의 변제는 파산관재인의 책임이고, 변제할 때 개별 재단채권의 실체법상의 우선권의 유무 및 그 순위에 관하여 파산관재인에게 조사할 의무가 있다고 할 경우에는 파산절차의 구조상 부담이 가중되지 않을 수 없다. 또한 실체법상의 우선권 유무에 대응하여 변제하도록 한다면 재단채권자에게 그에 대한 불복신청절차를 둘 필요가 있게 되어 절차가 지연된다. 파산재단이 부족한 것이 명백하게 된 경우에는 조속히 파산절차를 종료하여야 하고, 절차상의 이유로 종료가 지체될 경우에는 재단채권자뿐만 아니라 파산채권자의 이익을 훼손하게 된다. 이 때문에 파산절차에 있어서는 실체법상의 우선권의 유무에 상관없이 안분변제하도록 한 것이다(條解破産法, 1030쪽). 국세기본법 기본통칙 35-0…14 제1호.

199) 평등원칙이 적용되는 것은 재단부족이 판명된 이후이다. 이미 한 변제가 평등원칙에 위반되는지는 문제가 되지 않고, 편파변제에도 해당하지 않는다.

200) 재단채권을 피담보채권으로 하는 경우가 많지는 않지만 있을 수 있다. 예컨대 영업계속허가(제486조)를 받아 영업을 계속하면서 원재료를 구입하기 위해 거래처에 파산재단에 속하는 재산에 담보권을 설정해주는 경우, 파산선고 전에 발생한 재단채권을 피담보채권으로 하는 경우 등이 있을 수 있다.

201) 회생절차가 개시된 甲 회사와 법률용역계약을 체결한 乙 법무법인이 회생절차개시결정일부터 견련 파산선고 전날까지 제공한 법률자문에 대한 용역비채권은 제179조 제1항 제5호의 공익채권에 해당하고 甲 회사에 대한 파산선고로 인하여 제6조 제4항에 따라 재단채권이지만, 제477조 제2항에서 정한 '다른 재단채권에 우선하는 재단채권'이라 볼 수는 없다{서울고등법원 2021. 3. 24. 선고 2020나2020584(본소), 2020나2020591(반소) 판결(확정)}. 그 이유는 다음과 같다. 乙 법인의 법률자문용역비 채권은 제179조 제1항 제5호의 공익채권에 해당하고 甲 회사에 대한 파산선고로 인하여 제6조 제4항에 따라 재단채권이 되었으나, 제477조 제2항은 제477조 제1항의 재단채권 안분변제 원칙에 대한 특별한 예외를 규정한 것이므로, 제477조 제2항에 명시적으로 규정된 '제473조 제1호 내지 제7호 및 제10호'에 열거된 재단채권만이 '다른 재단채권에 우선하는 재단채권'(이하 '우선 재단채권'이라 한다)에 해당한다고 해석하여야 한다. 위 채권은 관리인의 행위에 대한 신뢰보호나 회생절차와 파산절차가 연속하여 이루어지는 견련파산의 특수성을 고려하여 특별히 재단채권으로 인정되는 것일 뿐, 우선 재단채권의 지위까지 부여할 합리적인 이유를 발견하기 어렵다. 회생절차의 관리인이 한 행위를 곧바로 파산관재인의 행위와 동일하게 보아 위 채권이 제473조 제4호의 '파산재단에 관하여 파산관재인이 한 행위로 인하여 생긴 청구권'에 해당한다고 볼 수는 없다. 공익채권은 본래 파산채권의 성질을 가짐에도 불구하고 재단채권으로서 파산채권에 우선하여 변제하도록 되어 있어 공익채권자의 지위가 충분히 보호되는 것으로 볼 수 있고, 공익채권에 대하여 파산선고 후에 발생한 다른 우선 재단채권과 동등한 지위를 부여하여야 하는 것으로 해석할 수도 있다.

제하여야 할 것이다. 그러나 성질이 다른 채권들을 재단채권으로 규정한 정책적인 이유가 서로 달라 공익비용으로서의 성질에도 차이가 있기 때문에 이들 각 재단채권 사이에도 우열관계가 있다고 할 것이다.[203] 따라서 파산채권자의 공동의 이익을 위한 공익비용으로서의 성질이 강한 제1호, 제3호는 제2호를 비롯한 다른 호의 재단채권보다 우선한다고 할 것이다.[204] 나아가 재단채권이 발생한 원인이 되는 사실에 의하여 파산재단이 증가한 경우에는 그 증가분에 관하여는 당해 재단채권이 다른 재단채권보다 우선한다고 보는 것이 타당하다.

재단채권에 대한 안분변제를 위해 필요한 경우 재단채권의 금전화·현재화·무조건화가 행해진다(제478조 제1항).

(2) 견련파산 절차에서 신규차입자금으로 인한 재단채권이 있는 경우

견련파산 절차에서 신규차입자금으로 인한 재단채권이 있는 경우에는 ① 재단채권에 관하여 유치권, 질권 및 저당권, 「동산·채권 등의 담보에 관한 법률」에 따른 담보권 및 전세권과 같은 담보권이 있는 것, ② 견련파산에 따라 재단채권으로 되는 회생절차에서의 신규차입자금으로 인한 채권 및 제473조 제10호(임금채권 등), ③ 제473조 제1호 내지 제7호의 재단채권, ④ 기타 동순위의 재단채권의 순서로 변제된다(제477조 제3항).

견련파산에 따라 재단채권으로 되는 회생절차에서의 신규차입자금으로 인한 채권이란 제6조 제4항·제9항 및 제7조 제1항에 따라 재단채권으로 되는 제179조 제1항 제5호 및 제12호의 청구권 중에서 채무자의 사업을 계속하기 위하여 법원의 허가를 받아 차입한 자금(신규차입자금)에 관한 채권을 말한다. 회생절차에서는 채무자의 재산이 부족한 경우 신규자금차입에 따른 공익채권이 최우선적으로 변제받음에 반하여(제180조 제7항), 견련파산 절차에서 재단부족의 경우에는 신규자금차입에 따른 채권에 대해 최우선변제권이 인정되지 않고 다른 재단채권과 동등하게 비율에 따라 변제받음으로 인한 회생절차에서 신규자금차입의 어려움을 해소하고 신규자금 유입을 활성화하고자 견련파산 절차에서 신규자금차입으로 인한 공익채권에 대해 회생

---

202) 임금, 재해보상금, 그 밖에 근로관계로 인한 채권은 사용자의 총재산에 대하여 질권·저당권 또는 「동산·채권 등의 담보에 관한 법률」에 따른 담보권에 따라 담보된 채권 외에는 조세·공과금 및 다른 채권에 우선하여 변제되어야 한다. 다만, 질권·저당권 또는 「동산·채권 등의 담보에 관한 법률」에 따른 담보권에 우선하는 조세·공과금에 대하여는 그러하지 아니하다(근로기준법 제38조 제1항). 이와 관련하여 파산재단이 부족한 경우 재단채권인 임금채권, 조세채권 사이의 우열관계가 문제된다(최종 3개월분의 임금, 재해보상금 및 최종 3년간의 퇴직급여등은 별제권으로 취급하여 다른 담보물권자보다 우선하여 변제된다(제415조의2). 따라서 여기서 문제가 되는 것은 별제권으로 보호되는 것을 제외한 임금채권이다). 비록 채무자회생법이 파산재단이 부족한 경우 임금채권과 조세채권의 채권액에 비례하여 변제한다고 규정하고 있지만, 근로자의 임금채권을 보호하려는 근로기준법의 입법취지와 조세채권을 파산절차에서 특별히 보호할 필요가 있는지는 의문이라는 점에서 임금채권이 조세채권에 우선한다고 보아야 할 것이다. 퇴직급여 등의 경우도 마찬가지이다(근로자퇴직급여 보장법 제12조 제1항). 아래에서 보는 바와 같이 견련파산 절차에서 신규차입자금으로 인한 재단채권이 있는 경우에는 이를 명확히 하고 있다.

203) 최승록, 전게 "파산채권과 재단채권", 348~350쪽.

204) 제1호, 제3호의 비용은 공익비용으로 조세 등 청구권이나 다른 재단채권보다 우선한다는 것은 자명한 것으로 제473조가 이 법리를 변경하였다고 보기는 어렵다. 일본 파산법 제152조 제2항은 이를 명시적으로 규정하고 있다.
  결국 파산관재인 보수, 보조인 비용, 재판비용이 최우선이고, 그 다음이 제473조 제2호, 제4호 내지 제7호 및 제10호이고, 마지막으로 제8호, 제9호 및 특별재단채권의 순서로 변제하여야 한다. 일본 파산법은 우리나라의 제1호, 제3호에 해당하는 재단채권이 다른 재단채권에 우선한다고 규정하고 있다(제152조 제2항).

절차와 동일한 수준의 우선변제권을 부여한 것이다.[205] 한편 신규차입자금채권에 우선변제권을 부여함으로 인하여 파산절차에서 근로자의 임금채권 등의 변제순위가 후순위로 조정되어 기업 파산에 따라 생계가 불안해진 근로자에 대한 보호의 정도가 약화된다는 점을 고려하여 신규차 입자금으로 인한 재단채권이 있는 경우에는 신규차입자금으로 인한 재단채권과 임금채권 등에 대해 동일한 순위로 우선변제권을 부여하고 있다.

(3) 안분변제의 대상이 되는 채권액

안분변제의 대상이 되는 재단채권의 액은 파산관재인이 재산부족을 인식한 시점(기준일)에 있어 현존액이고, 그 시점까지 이미 변제된 액은 고려되지 않는다. 안분변제의 대상이 되는 채 권액은, 파산관재인이 안분변제를 하기 위해 확정할 필요가 있다. 변제기를 지난 재단채권에 대하여는 변제기 후 위 기준일까지 사이의 약정이율(그 정함이 없는 경우에는 법정이율)을 가산한 금액이고, 변제기가 도래하지 아니한 재단채권에 대하여는 현재화에 수반하는 이자상당액을 공제한 금액, 재단채권이 비금전채권인 경우에는 그 평가액이다(제478조, 제425조, 제426조 제1항 유추). 다만 조건부채권에 대하여는 재단채권의 변제까지 조건이 성취되지 않는 한 변제의 대 상이 될 수 없고, 비금전채권 중 금전평가가 곤란한 것에 대하여도 변제의 대상이 되지 않는 다고 할 수밖에 없다.[206]

나. 재단부족 후의 편파변제

재단의 부족이 분명하게 되기 전에 한 변제는 앞에서 본 바와 같이 유효하다. 그렇다면 재 단의 부족이 분명하게 된 이후 파산관재인이 본래의 안분변제의 대상으로 된 채권에 대하여 변제한 경우 변제의 효력은 어떻게 되는가. 재단부족이 분명하게 된 후 파산관재인이 고의 또 는 과실로 제477조의 규정에 위반하여 변제한 경우 파산관재인의 선관주의의무(제361조) 위반 이 문제될 수 있다. 파산재단과의 관계에서 본래 변제하지 않아야 할 재단채권을 변제하여 파 산재단을 훼손한 것이므로 그 손해배상의무를 부담한다. 동시에 개별 재단채권자에 대하여도 손해배상의무를 부담하지만, 이 경우 개별 재단채권자에 대한 손해배상액은 편파변제가 되지 않았던 경우의 안분변제액과 실제로 수령한 안분변제액과의 차이이기 때문에 대부분 소액에 그칠 것이다.

---

205) 다만 먼저 견련파산이 아니라 일반파산을 신청한 경우와 형평성에 있어 문제가 있다. 견련파산이 아니라 일반파산 을 신청한 경우 신규자금차입으로 인한 채권은 파산채권으로 된다. 그렇다면 채무자 또는 관리인이 견련파산신청을 하느냐(또는 법원이 직권으로 견련파산선고를 하느냐), 채무자가 일반 파산신청을 하느냐에 따라 신규자금차입으로 인한 채권의 취급이 달라진다. 이렇게 되면 회생절차에서 신규자금차입은 여전히 어려워질 수밖에 없다. 왜냐하면 신규자금차입으로 인한 채권은 상황에 따라 그 지위가 불안정해지기 때문이다. 다음으로 신규차입자금채권이 있는 지 여부(나아가 신규차입자금채권이 극히 적은 경우)라는 우연한 사정에 따라 임금채권 등의 변제순위가 완전히 달 라지는 문제가 있다. 파산관재인은 재단채권을 변제함에 있어 견련파산인지 신규차입자금채권이 있는지에 대해 조 사해야 하는 부담이 있다.
    제477조 제3항 신설 경위와 취지에 관한 자세한 내용은 「전대규, 전게 "신규자금대출", 자본시장에서의 기업구조 조정활성화를 통한 한계기업 조기 정상화방안 정책자료집(2019. 4. 29., 주최: 국회의원 채이배)」을 참조할 것.
206) 條解 破産法, 1031쪽.

한편 편파변제행위 자체는 무효가 아니기 때문에 변제를 받은 재단채권자는 원칙적으로 변제금의 반환을 요구받게 되는 것은 아니다. 파산관재인에 의한 변제행위 자체가 무효는 아니고, 재단채권자가 권리를 가지고 있는 이상 제477조가 규정하는 안분변제를 넘는 변제를 받은 재단채권자에게 부당이득이 발생하였다고 할 수 없어 그 초과부분에 대하여 반환의무가 발생하는 것은 아니기 때문이다.

3. 재단채권에 기한 강제집행 등 및 체납처분(강제징수)

가. 재단채권에 기한 강제집행 등

(1) 강제집행 가능 여부

파산관재인이 재단채권을 승인하지 않고 그 존부나 액수를 다투는 경우에는 재단채권자가 파산관재인을 상대로 소송을 제기하여 확정한다.[207] 소송을 제기하는 것에서 나아가 재단채권자가 파산재단 소속 재산에 대하여 강제집행, 가압류, 가처분을 할 수 있는가. 이에 대하여 ① 채무자회생법의 관련 조문(특히 제349조, 제477조 및 제534조)의 규정상 재단채권에 기한 강제집행은 허용되지 않는다는 소극설[208]과 ② 재단채권에 대하여 우선변제가 인정되므로 재단채권에 기하여 강제집행을 할 수 있다는 적극설[209]의 대립이 있다.

살피건대 파산재단이 재단채권 총액을 변제하기에도 부족한 때에는 파산관재인이 채권액 비율에 따라 안분변제하여야 하는데(제477조 제1항 본문), 재단채권에 대한 개별집행을 허용하게 되면 위 규정에 반하는 불평등을 초래하고, 재단채권에는 파산채권자 전체의 공익적 비용으로서의 성질을 가지는 것뿐만 아니라 정책적 고려에서 재단채권으로 한 것도 포함되어 있으므로 재단채권자 사이의 공평을 도모하고 파산절차를 원활히 진행시키기 위하여[210] 재단채권에 기한 강제집행은 허용되지 않는다고 할 것이다.[211] 보전처분(가압류, 가처분)은 강제집행을 위한

---

207) 대법원 2001. 12. 24. 선고 2001다30469 판결.
208) 소극설의 경우 파산관재인이 정당한 이유 없이 재단채권의 변제를 거부할 경우 재단채권자는 어떻게 그 권리를 실현할 수 있는가에 관하여, 재단채권자는 법원에 파산관재인에 대한 감독권한(제358조)의 발동을 촉구하여 변제받거나 파산관재인을 상대로 선관주의의무위반을 이유로 손해배상을 청구할 수 있을 것(제361조)이라고 한다. 물론 파산절차가 종료하면 재단채권은 원래의 권리실행방법으로 그 권리를 행사할 수 있다.
209) 독일 도산법은 재단채권에 기한 강제집행을 허용한다(제90조).
210) 전병서, 193쪽.
211) 대법원 2008. 6. 27. 선고 2006마260 결정, 대법원 2007. 7. 12. 자 2006마1277 결정(재단채권에 기하여 파산선고 전에 강제집행이 이루어진 경우에도 그 강제집행은 파산선고로 인하여 효력을 잃는다). 파산절차가 그 자체로 강제집행절차라는 점에서 보면 당연한 결론이다. 왜냐하면 파산절차가 채무자의 일반재산을 대상으로 한 일반적·포괄적인 강제집행절차인 이상 이와 중복되면서 그보다 집행범위가 축소된 개별적인 강제집행절차는 허용할 필요가 없기 때문이다.
　재단채권에 기한 강제집행이 불가능하다는 법리는 필연적으로 재단채권은 오로지 파산절차의 중심적 기관인 파산관재인을 통하여만 변제받을 수 있다는 결론에 도달하게 된다(재단채권자에게 직접 지급 불가). 이에 대한 예외로 별제권부채권의 행사와 파산선고 전에 이루어진 체납처분절차의 속행(제349조)으로서, 채무자회생법은 이에 관련된 채권을 위하여 독자적인 환가절차 내지는 집행절차를 수행할 수 있도록 함으로써 이들 채권(채권자가 아니라)에 대하여만 파산절차를 벗어날 수 있도록 한 것이라고 보아야 할 것이고, 따라서 이들 채권은 파산관재인을 통하지 아니하고도 직접 변제를 받을 수 있다는 해석이 가능하다.

보전 또는 준비를 위한 것이기 때문에 강제집행과 마찬가지로 허용되지 않는다고 할 것이다. 보전처분은 그 집행절차뿐만 아니라 명령절차도 허용되지 않는다고 할 것이다.[212] 관련 내용은 〈제15장 제2절 Ⅱ.1.가.〉(본서 1823쪽)를 참조할 것.

이는 회생절차에서 공익채권에 기초해서는 원칙적으로 강제집행 등이 허용되는 점과 다르다.[213] 한편 재단채권에 관하여 담보권이 있는 때에는 이에 기하여 경매가 가능하다.

(2) 재단채권에 기한 배당요구

파산절차는 파산재단으로 모든 채권자의 채권을 만족시킬 수 없어 채권자에게 채권 금액에 비례하여 평등한 만족을 얻게 하는 포괄적 강제집행절차로서, 채무자에 대한 별제권자 이외의 채권자는 그가 재단채권자라도 원칙적으로 파산절차를 벗어나 독자적인 채권만족절차를 취할 수는 없다. 그런데 파산으로 인하여 재단채권으로 되기는 했지만, 본래는 별제권부채권 등 다른 채권보다 우선변제권이 인정되는 채권이 있다. 예컨대 근로자의 임금채권은 통상의 강제집행절차에서는 최우선변제권의 대상으로서 집행절차에서 직접 변제를 받지만, 일단 파산절차가 개시되면 임금채권은 재단채권이 될 뿐이다. 그런데 별제권 실행절차에서 본래 별제권부채권보다 우선변제권이 있는 재단채권자의 채권을 고려하지 아니하면 별제권자는 예상치 못한 이득을 보게 된다. 이런 점에서 파산선고 후 별제권자가 별제권을 행사하거나 기타의 이유로 파산재단에 속한 재산에 관하여 환가절차가 이루어지는 경우 배당요구나 교부청구가 가능한지 문제된다.

파산선고 후 별제권자가 별제권을 행사하거나 기타의 이유로 파산재단에 속한 재산에 관하여 환가절차가 이루어지는 경우, 재단채권에 기한 배당요구나 과세관청의 교부청구[214]는 가능

반면에 그러한 절차를 벗어날 수 있는 권한을 부여받지 못한 채권은 파산절차 내에서 파산관재인을 통해서만 배당을 받을 수 있고, 이는 제349조에 해당하여 독자적인 체납처분절차를 속행할 수 있는 경우가 아닌 이상 조세채권이라고 예외가 아니다.

212) 명령절차와 집행절차는 밀접하고 연속적인 것이고, 명령절차만 허용하는 것은 실익이 없기 때문이다.

213) 재단채권과 공익채권은 수시로 우선하여 변제받는다는 점에서 같은데, 왜 다르게 취급하여야 하는가. 이는 파산절차와 회생절차의 목적과 지배원리의 차이에서 비롯된 것이다. 회생절차는 회생계획수행을 위하여 10년을 한도로 지속하는 것이 보통이고 궁극적으로 재정적 파탄에 빠진 채무자의 회생을 목적으로 한다. 회생계획을 수행하면서 맺게 되는 여러 가지 법률관계에서 상대방이 갖는 채권이 주로 공익채권이 될 것인데, 이러한 공익채권에 기한 강제집행을 회생절차 종료시까지 허용하지 아니하면 당장은 채무자에 유리할지 몰라도 결국 채무자의 대외적 신용도에 큰 타격을 주어 채무자와의 통상적 거래를 기피하게 될 것이다. 이는 결국 채무자의 회생에 심각한 장애를 가져올 수 있다. 따라서 회생절차에서 공익채권에 기한 강제집행을 허용하는 것이 타당하다. 그러나 파산절차의 주목적은 채무자의 회생이 아니라 파산재단의 신속한 청산이므로 회생절차에서 공익채권에 강제집행을 허용하는 것과 같은 필요성이 파산절차에서는 인정되지 아니한다. 오히려 파산선고 후에는 재단채권에 기한 강제집행을 허용하지 아니하고 파산관재인에 의하여 공평하게 재단채권을 변제하도록 하는 것이 파산절차의 목적에 부합하는 것이다[정준영, "파산절차가 계속중인 민사소송에 미치는 영향", 재판자료 제38집, 법원도서관(1999), 215~216쪽].

214) 조세채권의 교부청구는 일반채권으로서는 배당요구의 효력을 갖는다(대법원 2001. 5. 8. 선고 2000다21154 판결). 교부청구가 허용되지 않는다면, 피담보채권이 조세채권보다 후순위이고 환가대금이 피담보채권과 조세채권을 모두 만족시키기에 부족한 경우 담보권자가 채무자의 파산선고로 인하여 오히려 이득을 보는 결과가 되어 부당하고, 환가대금이 피담보채권과 조세채권을 모두 만족시키기에 부족한 경우 채무자가 파산선고를 받지 않았다면 담보권자는 환가대금 중 우선권이 있는 조세채권자에게 배당되고 남은 액만을 배당받는 데 그쳤을 것인데 채무자가 파산선고를 받음으로써 오히려 환가대금 전액을 배당받는 이득을 얻는 결과가 되므로, 교부청구는 허용된다고 보아야 한다.

하다고 할 것이다{교부청구에 관하여는 아래 나.(2) 참조}. 다만 여기서 배당요구나 교부청구는 원칙적으로 우선채권자 또는 과세관청이 직접 채권을 지급받아 변제에 충당할 수 있다는 고유한 의미의 배당요구나 교부청구가 아니라는 점에 주의를 요한다.[215] 파산선고 전 체납처분이 된 경우를 제외하고는 파산관재인에게 교부된다. 관련 내용은 〈제15장 제2절 Ⅱ.4.〉(본서 1840쪽)를 참조할 것.

나. 조세 등 청구권에 기한 체납처분 (강제징수)

재단채권에 기한 강제집행과 관련하여 조세 등 청구권에 기한 체납처분(강제징수)이 가능한지가 문제된다. 파산선고 전에 체납처분(강제징수)이 이루어졌는지 여부에 따라 다르다. 여기서 조세 등 청구권이란 「국세징수법」 또는 「지방세징수법」에 의하여 징수할 수 있는 청구권(국세징수의 예에 의하여 징수할 수 있는 청구권으로서 그 징수우선순위가 일반 파산채권보다 우선하는 것을 포함한다)을 말한다.

(1) 파산선고 전에 체납처분(강제징수)이 된 경우

파산선고 전에 파산재단에 속하는 재산에 대하여 「국세징수법」 또는 「지방세징수법」에 의하여 징수할 수 있는 청구권(국세징수의 예에 의하여 징수할 수 있는 청구권으로서 그 징수우선순위가 일반 파산채권보다 우선하는 것을 포함한다)에 기한 체납처분(강제징수)을 한 때에는 파산선고는 그 처분의 속행을 방해하지 아니한다(제349조 제1항).[216][217] 따라서 파산선고 전에 체납처분(강제징수)으로 부동산을 압류한 경우에는 그 후 체납자가 파산선고를 받더라도 과세관청은 그 체납처분(강제징수)을 속행하여 파산절차에 의하지 아니하고 배당금을 취득할 수 있다.[218]

---

215) 배당요구나 교부청구의 개념을 유연하게 적용하여, 자기에게 직접 지급할 것을 구하는 것이 아니더라도 자기의 채권에 해당하는 금액을 공제하여 파산관재인에게 지급함으로써 간접적으로 자기채권에 지급될 수 있도록 해달라는 취지의 행위를 일반집행절차에서의 배당요구나 교부청구와는 다른 효력을 가지는 채무자회생법상 특수한 배당요구, 교부청구로 보는 것도 가능하다(이러한 의미에서 이를 유사 배당요구 또는 교부청구라 할 수 있을 것이다){이우재, "파산자 소유의 부동산에 대한 별제권행사절차에서 교부청구된 조세의 교부상대방", 대법원판례해설 44호, 법원도서관(2004년), 915쪽}.

216) 반대해석상 국세징수의 예에 의하여 징수할 수 있는 청구권으로서 그 징수우선순위가 일반 파산채권보다 우선하지 않는 것은 체납처분(강제징수)을 속행할 수 없다. 앞에서 본 바와 같이 이미 개시된 재단채권에 기한 강제집행이 실효되는 것과 달리 체납처분(강제징수)의 속행을 인정한 것은 조세 등 청구권의 공익성과 자력집행권을 중시한 것이다.

217) 파산선고 전 계속적 수입에 관한 채권에 대하여 체납처분(강제징수)이 된 경우(국세징수법 제44조, 지방세징수법 제54조), 그 효과가 파산선고 후 파산관재인의 행위로 인하여 발생한 채권에까지 미치는가. 채무자의 행위에 기한 채권과 파산관재인의 행위에 기한 채권은 계속적 수입으로서의 연속성이 결여되어 있기 때문에 체납처분(강제징수)에 의한 압류의 효력이 미치지 않는다고 할 것이다(대법원 2013. 9. 27. 선고 2013다42687 판결 참조).

218) 대법원 2003. 8. 22. 선고 2003다3768 판결. 이처럼 파산선고 전에 조세채권에 기하여 체납처분(강제징수)을 한 경우에는 체납처분(강제징수)의 속행이 가능하고 과세관청은 직접 체납세금에 대하여 배당을 받을 수 있다. 그러나 파산선고 전에 체납처분(강제징수)을 하지 않은 경우에는 과세관청이 체납세금에 대해 교부청구를 하더라도 과세관청이 아닌 파산관재인에게 배당금을 교부하여야 한다(대법원 2003. 6. 24. 선고 2002다70129 판결).
  • 대법원 2003. 6. 24. 선고 2002다70129 판결: 채무자회생법은 총 채권자의 공평한 만족을 실현하기 위하여 파산관재인에게 파산재단의 관리·처분에 관한 권리를 부여함으로써 파산관재인이 파산절차의 중심적 기관으로서의 역할을 수행할 수 있도록 하고 있고, 특히 국세징수법 또는 국세징수의 예에 의하여 징수할 수 있는 청구권(이하 '조세채권'이라 한다)을 비롯한 '재단채권'에 관하여는 파산절차에 의하지 않고 파산관재인이 일반 파산채권보다

(2) 파산선고 전에 체납처분(강제징수)이 되지 않은 경우

파산선고 후에는 파산재단에 속하는 재산에 대하여 「국세징수법」 또는 「지방세징수법」에 의하여 징수할 수 있는 청구권(국세징수의 예에 의하여 징수할 수 있는 청구권을 포함한다)에 기한 체납처분(강제징수)을 할 수 없다(제349조 제2항).[219] 조세 등 청구권이 파산채권인 경우는 물론(제424조) 재단채권인 경우에도 체납처분(강제징수)을 할 수 없다.

이는 파산선고 후에는 재단채권에 기한 강제집행을 허용하지 않는다는 소극설의 입장에 서면서, 파산선고 이전부터 집행에 착수한 재단채권자의 권리보호를 꾀하는 두 가지 이익의 조정을 꾀한 것으로 볼 수 있다.

체납처분(강제징수)이 허용되지 않으므로 세무서장이나 지방자치단체의 장은 징수를 위해서는 파산관재인에게 교부청구를 하여야 한다(국세징수법 제59조 제2호, 지방세징수법 제66조). 별제권자가 파산절차 외에서 담보권을 실행한 때에도 마찬가지이다. 교부청구에 대하여 파산관재인이 납세의무의 존부를 다투기 위해서는 채무자가 할 수 있는 방법(행정심판이나 행정소송)에 의하여야 한다.

4. 재단채권자의 채권자대위권 행사 여부

피보전채권이 금전채권인 경우에는 채권자대위권이 허용되지 않는다.

반면 피보전채권이 특정채권(비금전채권)인 경우에는 채권자대위권이 허용될 수 있다. 그 이유는 다음과 같다. 채무자회생법은 채무자에게는 파산재단의 관리처분권을 인정하지 않고 그 관리처분권을 파산관재인에게 속하게 하는 등 채무자의 자유로운 재산정리를 금지하고 파산재단의 관리처분권을 파산관재인의 공정·타당한 정리에 일임하고 있다.[220] 그런데 재단채권은 파산절차에 의하지 아니하고 수시로 이를 변제할 수 있어, 재단채권자가 파산절차에 의하지 아니하고 개별적인 권리행사를 하는 것이 금지되지 아니한다. 이에 따라 특정채권을 가진 재

우선하여 수시로 변제하되, 파산재단이 위 재단채권의 총액을 변제하기에 부족한 것이 분명하게 된 때에는 각 재단채권의 변제는 법령이 규정하는 우선권에 불구하고 아직 변제하지 아니한 채권액의 비율에 따라 분배하도록 규정하여(제477조), 일정한 경우에는 조세채권의 법령상 우선권에 불구하고 다른 재단채권과 균등하게 분배되도록 규정하고 있는바, 여기에다가 제349조의 해석상 파산선고 후에는 조세채권에 터잡아 새로운 체납처분(강제징수)을 하는 것이 허용되지 않는 점(대법원 2003. 3. 28. 선고 2001두9486 판결 참조) 등을 종합하여 보면, 채무자 소유의 부동산에 대한 별제권(담보물권 등)의 실행으로 인하여 개시된 경매절차에서 과세관청이 한 교부청구는 그 별제권자가 파산으로 인하여 파산 전보다 더 유리하게 되는 이득을 얻는 것을 방지함과 아울러 적정한 배당재원의 확보라는 공익을 위하여 별제권보다 우선하는 채권 해당액을 공제하도록 하는 제한된 효력만이 인정된다고 할 것이므로 그 교부청구에 따른 배당금은 채권자인 과세관청에게 직접 교부할 것이 아니라 파산관재인이 채무자회생법 소정의 절차에 따라 각 재단채권자에게 안분변제할 수 있도록 파산관재인에게 교부하여야 한다고 해석함이 상당하다. 한편, 그 교부청구를 한 조세채권자가 파산선고 전에 그 조세채권에 관하여 체납처분(강제징수)을 한 때(제477조)에도 위와 마찬가지로 해석할 것인지 여부가 문제될 수 있는데, 이는 별론으로 한다.

219) 회생절차에서는 회생계획인가결정 이후에는 중지 또는 금지된 「국세징수법」 또는 「지방세징수법」에 의하여 징수할 수 있는 청구권(국세징수의 예에 의하여 징수할 수 있는 청구권으로서 그 징수우선순위가 일반 파산채권보다 우선하는 것을 포함한다)에 기한 체납처분(강제징수)을 할 수 있다(제256조 제1항 참조).

220) 대법원 2000. 12. 22. 선고 2000다39780 판결 등 참조.

단채권자가 자기의 채권의 현실적인 이행을 확보하기 위하여 파산재단에 관하여 파산관재인에 속하는 권리를 대위하여 행사하는 경우, 그것이 파산관재인의 직무 수행에 부당한 간섭이 되지 않는 등 파산절차의 원만한 진행에 지장을 초래하지 아니하고, 재단채권 간의 우선순위에 따른 변제 및 동순위 재단채권 간의 평등한 변제 등과 무관하여 다른 재단채권자 등 이해관계인의 이익을 해치지 않는다면, 파산재단의 관리처분권을 파산관재인의 공정·타당한 정리에 일임한 채무자회생법의 규정취지에 반하지 아니한다. 따라서 특별한 사정이 없는 한, 이와 같은 재단채권자의 채권자대위권 행사는 법률상 허용된다고 봄이 상당하다.[221)

관련 내용은 〈제15장 제2절 Ⅰ.1.라.(2)(나)〉(본서 1803쪽)를 참조할 것.

5. 재단채권자가 파산채권으로 신고한 경우

재단채권자가 자신의 채권을 파산채권으로 신고한 경우 파산관재인은 파산채권으로 부인하고 재단채권으로서 파산절차 외에서 지급하는 것이 바람직하다. 만약 파산관재인이 이를 파산채권으로 시인한 경우는 어떻게 되는가. 재단채권을 파산채권으로 시인하였다고 하더라도 재단채권의 성질이 파산채권으로 변경된다고 볼 수는 없고, 재단채권자가 자신의 채권을 파산채권으로 신고한 것만 가지고 바로 재단채권자가 자신의 채권을 파산채권으로 취급하는 것에 대하여 명시적으로 동의를 하였다거나 재단채권자의 지위를 포기한 것으로 볼 수 없다.[222)

재단채권이 파산채권으로 신고되어 파산채권으로 확정되고 배당을 받았다고 하더라도 채권의 성질이 당연히 파산채권으로 변하는 것은 아니므로, 그 배당받은 금원을 재단채권에 충당할 수 있다.[223) 재단채권자가 파산채권으로 권리행사를 잘못하였다고 하더라도 재단채권으로서 권리행사가 가능하다. 다만 배당률(중간배당) 또는 배당액(최후배당)의 통지를 하기 전에 파산관재인이 알고 있지 아니한 재단채권자는 각 배당에서 배당할 금액으로써 변제를 받을 수 없으므로(제534조), 위 통지 전까지는 재단채권자로서 권리행사를 하여야 한다.[224)

6. 재단채권의 대위변제

대위변제자가 취득한 구상권이 파산채권인 경우 원래의 채권인 재단채권을 파산절차에 의하지 않고 행사할 수 있는가. 원래의 채권인 재단채권의 경우 파산절차에서 우선적으로 취급되지만, 대위변제로 인하여 취득한 구상권은 파산채권이기 때문에[225) 원래 채권의 우선적 취급

---

221) 대법원 2016. 4. 15. 선고 2013다211803 판결 참조.
222) 관련 내용은 〈제2편 제8장 제4절 Ⅰ.5.가.〉(본서 698쪽)를 참조할 것.
223) 대법원 2008. 5. 29. 선고 2005다6297 판결.
224) 배당률(중간배당) 또는 배당액(최후배당)의 통지가 있기 전까지는 재단채권으로 예비적 신고를 하지 않고 단순히 파산채권으로 신고하였다고 하였더라도 재단채권으로 주장하는 것이 허용된다. 한편 회생절차에서 공익채권은 달리 취급된다. 회생계획안 심리를 위한 관계인집회가 끝난 후에는 공익채권으로 주장할 수 없다. 관련 내용에 관하여는 〈제2편 제8장 제4절 Ⅰ.5.가.(1)〉(본서 698쪽)을 참조할 것.
225) 근로복지공단은 제3자의 행위에 따른 재해로 보험급여를 지급한 경우에는 그 급여액의 한도 안에서 급여를 받은 사

이 승계되느냐가 문제된다. 변제로 인한 대위제도의 취지(변제로 인한 대위는 원채권을 가지고 구상권을 확보하기 위한 일종의 담보로서의 기능을 한다), 승계를 인정하더라도 다른 파산채권자는 처음부터 원래의 채권인 재단채권의 행사를 받아들이는 입장이었기 때문에 다른 파산채권자에게 부당하게 불이익을 주지 않는다는 점, 구상권의 행사가 파산절차에 의해 제약을 받는다고 하여도, 당해 절차에서 원채권의 행사 자체가 제약되는 것은 아니라는 점 등을 고려하면, 대위변제자는 원래의 채권인 재단채권을 파산절차 밖에서 행사할 수 있다고 할 것이다.[226)227)]

대위변제자가 양 채권을 모두 행사할 경우의 처리에 관하여는 〈제2편 제8장 제4절 Ⅰ.5. 마.〉(본서 702쪽)를 참조할 것.

7. 배당절차에서 파산관재인이 알고 있지 아니한 재단채권자의 취급

배당률 또는 배당액 통지를 하기 전에 파산관재인이 알고 있지 아니한 재단채권자는 각 배당에서 배당할 금액으로써 변제를 받을 수 없다(제534조).

관련 내용은 〈제9장 제3절 Ⅱ.7.가.(3)〉(본서 1611쪽)을 참조할 것.

파산채권도 재단채권도 아닌 비파산채권(기타채권)

회생절차에서는 개시후기타채권이 있다(제181조). 그렇지만 파산절차에서는 파산채권도 재단채권도 아닌 채권에 관한 규정이 없다. 그러나 실무적으로 파산선고 이후에 발생한 채권 중 파산채권도 재단채권도 아닌 채권이 있다. 이를 비파산채권(기타채권)이라 한다. ① 파산선고 후에 관할 세무서장이 법인세법 제67조에 따라 직원(종업원)에게 상여처분을 한 경우 주민세 종업원분은 재단채권이 아니다. 그 이유는 채무자가 소득금액변동통지서를 받은 날 주민세 종업원분 납세의무가 성립하기 때문이다(지방세기본법 제34조 제2항 제3호 가목). 따라서 위 주민세 종업원분은 파산선고 후의 원인으로 생긴 조세채권에 해당하고 파산재단에 관하여 생긴 것도 아니기 때문이다.[228)] ② 부가가치세의 납세의무가 파산선고 후에 발생(성립)한 경우이다. 납세의무가 파산선고 후에 발생하였으므로 파산채권이 아니고, 파산재단에 관하여 생긴 것이 아니므로 재단채

람의 제3자에 대한 손해배상청구권을 대위한다(산업재해보상보험법 제87조 제1항). 실무적으로 근로복지공단은 보험급여를 지급한 후 산업재해보상보험법 제87조 제1항에 따른 구상권을 재단채권이라고 주장하면서 파산관재인에게 그 지급을 요구하는 경우가 있다. 하지만 위 규정에 따른 구상권(손해배상채권)은 재단채권이 아니라 파산채권이다.

226) 예컨대 근로자의 임금채권을 채무자를 위하여 대위변제한 자는, 변제에 의하여 대위취득한 원채권(임금채권)을 행사하여 파산관재인에 대하여 그 지급을 청구할 수 있다. 고용노동부장관(근로복지공단)은 미지급 임금 등을 사업주를 대신하여 지급하는데(임금채권보장법 제7조 제1항), 이를 대지급금이라 한다. 고용노동부장관이 지급한 대지급금은 파산선고 전후를 묻지 않고 재단채권이다. 임금채권보장법에 따라 고용노동부장관이 지급한 대지급금이 아니더라도, 임금 등을 대위변제한 자가 대위하는 권리도 재단채권이다.

227) 조세 등 청구권을 대위변제한 경우도 마찬가지이다(대법원 2009. 2. 26. 선고 2005다32418 판결 참조). 반면 일본에서는 조세 등 청구권에 대하여는 재단채권성의 주장을 부정하는 견해 및 하급심 판례가 있다(破産管財の手引, 244쪽 참조). 그 이유는 재단채권성의 주장을 인정하는 것은 변제에 의한 대위에 의해 원채권이 대위변제자에게 이전된다는 것을 전제로 한 것인데, 조세 등 청구권에 대하여는 제3자가 변제(납부)하여도, 원채권(조세 등 청구권)이 제3자에게 이전되는 것이 아니기 때문이다.

권도 아니다.[228] ③ 파산선고 후 소득금액 변동통지로 인한 청구권도 파산채권도 재단채권도 아니다.[230] ④ 파산선고 후 저당권자의 별제권 행사로 부동산이 경매되어 발생한 양도소득세는 파산재단에 관하여 생긴 것이라고 할 수 없으므로(파산관재인이 파산재단을 관리처분하는 과정에서 발생한 것이 아니므로) 파산채권도 재단채권도 아니다. ⑤ 공급을 받은 자에 대하여 대손세액을 추징할 경우 그 추징세액(부가가치세법 제45조 제3항)도 비파산채권(기타채권)이다. 관련 내용은 〈제3장 제2절 Ⅵ.3.나.〉(본서 1312쪽 각주 200))를 참조할 것. ⑥ 부탁 없는 보증인이 파산선고 후 변제에 의하여 취득한 구상권(본서 1455, 1465쪽)도 비파산채권이다. 부탁 없는 보증인의 이행(변제)이 사무관리에 해당하여도 파산채권자 전체에 이익이나 이득이 발생하는 것은 아니기 때문이다(본서 1510쪽). ⑦ 환어음의 발행인 등에 대한 파산선고 후 지급인 등이 악의로 지급 등을 한 경우 그로 인하여 발생한 구상권(또는 자금관계상의 청구권)은 비파산채권이다(제333조 참조, 본서 1261쪽).

파산선고 이후에 발생한 채권 중 재단채권(제473조)이나 파산채권에도 포함되지 않는 채권은 채무자의 자유재산에 대하여 자유롭게 권리를 행사할 수 있다.[231]

파산채권도 재단채권도 아닌 조세의 납세의무자는 파산관재인이 아니라 채무자이다.[232] 따라서 파산관재인에게 과세처분을 하는 것은 납세의무자가 아닌 자를 상대로 한 것으로 당연무효이다.[233] 이러한 채권은 파산선고 후에 발생한 것으로 비파산채권(기타채권)이고, 파산재단으로부터 만족을 받을 자격이 없다. 또한 파산관재인도 이를 변제할 수 없다(물론 강제집행도 할 수 없다).[234] 결국 파산절차종료 후 채무자의 재산으로 변제하여야 할 것이다.

8. 파산절차 종료 후 채무자의 재단채권에 대한 책임 부담 여부

파산절차종료 후 채무자가 재단채권에 대하여 책임을 부담하는가. 이는 재단채권의 채무자를 누구로 보느냐에 따라 달라질 수 있다(본서 1497쪽 각주 114) 참조).

재단채권의 채무자를 관리기구로서의 파산관재인으로 볼 경우 채무자는 책임을 지지 않는다. 다툼의 여지가 있는 몇 가지 경우를 검토해 보기로 한다.[235] ① 조세 및 임금 등 채권에 대하여 채무자는 책임을 부담하지 않는다. 관련 내용은 〈제11장 제1절 Ⅴ.2.라.(1),(5)〉(본서

---

228) 대법원 2011. 11. 10. 선고 2009다28738 판결 참조.
229) 대법원 2007. 6. 15. 선고 2007두7697 판결 참조. 예컨대 채무자가 2021. 12. 9. 파산선고를 받은 경우, 2021년 제2기 부가가치세 체납액은 파산선고 후인 2021. 12. 31.에 비로소 납세의무가 성립한 파산선고 후의 원인으로 인한 청구권으로서 파산채권에 해당하지 아니하고(제423조 참조), 파산재단에 관하여 생긴 것도 아니어서 재단채권에도 해당하지 않는다(제473조 제2호 단서 참조).
230) 대법원 2005. 6. 9. 선고 2004다71904 판결.
231) 도산절차에서 도산절차개시 후 원인으로 발생한 재산상의 청구권에 관한 취급에 관하여는 〈제2편 제8장 제5절 Ⅰ.〉(본서 708쪽)을 참조할 것.
232) 대법원 2017. 11. 29. 선고 2015다216444 판결. 파산채권도 아니고 재단채권도 아닌 조세채권의 납세의무자는 파산관재인이 아니라 채무자이기 때문에 사실상 조세채권을 확보하는 데 한계가 있다.
233) 대법원 2007. 6. 15. 선고 2007두7697 판결 참조.
234) 상계에 관하여는 〈제5장 제5절 Ⅰ.2.나. 및 다.〉(본서 1445쪽)를 참조할 것.
235) 破産法・民事再生法, 311쪽.

1693, 1697쪽)를 참조할 것. ② 위임의 종료 또는 대리권의 소멸 후에 긴급한 필요에 의하여 한 행위로 인하여 파산재단에 대하여 생긴 청구권(제473조 제6호)의 경우, 위임의 종료 후 사무에 의해 이익을 받는 것은 파산재단이거나 파산채권자이므로 채무자가 책임을 질 이유가 없다. ③ 파산선고로 인하여 쌍무계약이 해지된 경우 그 때까지 생긴 청구권(제473조 제6호)은 쌍무계약의 해지시까지 상대방의 급부로 인하여 이익을 받은 것은 파산재단이므로 채무자의 책임을 부정하여야 한다. ④ 파산관재인에 의하여 해제된 쌍무계약에 대하여 상대방이 갖는 반대급부가액반환청구권(제337조 제2항)의 경우, 쌍무계약의 해제는 파산관재인의 판단에 의하여 하는 것이므로 그 효과에 대하여 채무자의 책임을 인정하는 것은 합리적이지 않기 때문에, 파산절차 내에서 재단채권으로서 우선권을 부여하는 것으로 충분하다. ⑤ 소송 등 상대방의 비용상환청구권(제473조 제4호)은 파산관재인의 소송 등 수행의 결과로 발생한 것이므로 채무자의 책임을 부정하는 것이 타당하다. 결과적으로 파산절차 종료 후 채무자의 책임을 인정하여야 할 재단채권은 존재하지 않는다.[236]

---

236) 이에 대하여 관리기구로서 파산관재인설을 전제로 하면서도, 파산선고 전 원인에 의하여 발생한 것으로 본래 채무자 자신이 책임을 부담하여야 할 채권의 성질을 가지면서 정책적으로 재단채권으로 규정한 조세채권과 임금채권에 대하여는 채무자의 책임을 인정하여야 한다는 견해도 있다(條解 破産法, 992쪽).

파산채권의 신고 및 조사·확정[1]

파산재단은 파산채권자들의 만족을 위해 사용된다. 이를 위해 우선 누가 파산채권자인지 확정해야 한다. 그래서 채무자회생법은 파산채권자의 채권을 조사하여 확정하는 절차를 두고 있다.

파산절차에서 파산채권의 확정은 회생절차와 달리 필수적이다. 파산채권자 사이에 각각의 몫을 정하는 비율의 계산의 기초가 되는 각 채권액을 확정하고, 파산채권자 사이에서는 더 이상 다툴 수 없는 것으로 하여야 파산재단의 분배(배당)가 확정적 효력을 가질 수 있고, 결국 청산의 목적을 달성할 수 있기 때문이다.[2]

한편 파산채권을 확정하기 위한 전제로 채무자회생법은 파산채권자로 하여금 파산채권을 신고하도록 하고 있다. 파산채권의 확정을 채권자자치에 맡기고 있는 것이다. 채권이 신고되면 파산관재인이 인부를 함과 동시에 다른 파산채권자도 이의를 제출할 수 있다. 파산관재인이나 다른 채권자가 이의를 제기하지 않으면 이 채권은 확정된다.[3] 이의가 제출된 경우 조사확정재판이나 이에 대한 이의의 소를 통하여 채권의 존재 및 액이 확정된다. 파산채권의 확정과 관련하여 이러한 방식을 취한 이유는 파산절차에 참가하는 파산채권자의 권리에 대해 개별적이 아닌 집단적으로 확정하는 것이 목적이고, 이를 위한 수단으로서 자신 및 타인의 파산채권의 존재 및 액에 대하여 가장 밀접한 이해관계를 가지는 다른 파산채권자 및 그들의 이익을 대표하는 파산관재인에게 확정을 위한 책임을 위임하려는 취지이다.

---

1) 관련 내용은 〈제2편 제9장, 제10장〉을 참조할 것.
2) 다만 실무적으로는 대부분의 사건은 배당할 재원이 없기 때문에 채권신고 및 채권조사를 하지 않고 있다(특히 개인 파산의 경우는 채권신고나 채권조사를 거의 하지 않는다).
3) 이러한 점에서 채무자회생법은 모든 채권자의 '이기적 이익'—자기채권의 변제비율을 늘이기 위해 부당한 채권을 다투려고 있는 이익—에 의존하고 있다(Reinhard Bork, 184쪽).

제1절 파산채권의 신고와 조사

Ⅰ 파산채권의 신고

1. 의 의

파산채권은 파산절차에 의하지 아니하고는 행사할 수 없다(제424조). 파산절차에 의한 행사는 파산채권자가 그 채권을 법원에 신고하여 일정한 조사·확정의 절차를 거쳐 파산관재인으로부터 배당을 받는 것이다. 파산채권자[4]가 배당을 받으려면 법원에 채권신고를 해야 한다. 따라서 파산채권자는 채무자나 파산관재인에 대하여 이행을 청구하거나 소를 제기할 수 없고, 파산재단을 구성하는 재산은 물론 자유재산에 대하여도 강제집행을 할 수 없다.

파산채권의 신고는 법원에 대하여 파산절차에의 참가를 신청하는 것이고, 이에 의하여 채권자는 절차상 파산채권자로 취급된다. 신고가 없는 한 파산채권자는 파산절차에서 권리를 행사할 수 없고, 채권자집회에서 의결권을 행사할 수 없으며, 배당을 받을 자격도 인정되지 않는다.[5] 또한 파산채권자는 파산절차 밖에서 권리를 행사할 수 없으므로 신고가 없는 한 파산채권을 행사할 방법이 없다.[6]

채권신고에 집행권원을 요구하지 않는다. 왜냐하면 전체집행은 개별집행과 달리 모든 채권자들을 위해 일어나는 것으로서, 권리의 확정은 1차적으로 채권자자치에 맡겨져 있기 때문이다.[7]

2. 신고권자 및 신고기간

가. 신고권자

신고행위는 파산채권의 관리처분행위이므로, 파산채권에 대하여 관리처분권을 가진 자가

---

4) 환취권자, 별제권자, 재단채권자는 채권신고를 하지 않더라도 변제를 받을 수 있다. 파산채권이 정지조건부채권이나 기한부채권의 경우도 채권신고를 해야 한다. 동시이행관계에 있는 채권 그 자체는 신고하기에 적합한 채권이 아니다. 동시이행관계에 있는 채권을 채권자표에 '확정'하는 것은 법률적으로 가능하지 않다. 다만 반대급부까지 고려한 손해배상채권의 형태로 신고할 수 있다고 할 것이다(Reinhard Bork, 185쪽).

5) 채권신고가 없는 경우 아래에서 보는 바와 같이 절차 내에서 변제받을 권리를 포함하여 권리행사의 기회를 잃는다는 점에서 회생절차와 동일하나, 권리 그 자체는 실권되거나 면책되지 않는다는 점에서 회생절차와 다르다.

6) 다만 금융기관의 파산에 관하여는 특칙이 있다. 법원은 금융기관에 파산선고를 할 경우 파산참가기관(예금보험공사 또는 금융감독원)에 제313조 제1항 각호의 사항을 적은 서면을 송달하여야 한다. 파산선고를 송달받은 파산참가기관은 알고 있는 예금채권에 대하여 지체없이 채권자의 성명 등(제448조 제1항)을 적은 예금자표를 작성하여 법원이 정한 채권신고기간의 말일까지 예금자가 열람할 수 있도록 하고, 채권신고기간이 지난 후 지체없이 법원에 예금자표를 제출하여야 한다. 법원에 제출된 예금자표에 적혀 있는 예금채권은 채권신고기간 내에 신고된 것으로 본다. 또한 파산참가기관은 예금자표를 법원에 제출한 후 예금자표에 적혀 있지 아니한 예금채권이 있는 것을 알게 된 때에는 지체 없이 법원에 알려야 한다. 이 경우 법원에 알린 예금채권은 채권신고기간이 지난 후에 신고된 것으로 본다(금융산업의 구조개선에 관한 법률 제2조 제4호, 제17조, 제20조, 제21조).

7) Reinhard Bork, 185쪽.

신고권자이다. 따라서 통상은 파산채권자 본인(대리인)이 하겠지만(제447조 제1항, 규칙 제73조 제2항 제1호), 질권자(민법 제353조 제1항), 추심채권자(민집법 제229조 제2항)[8]나 대위채권자(민법 제404조 제1항)도 채권신고를 할 수 있다. 관련 내용은 〈**제2편 제9장 2.가.**〉(본서 730쪽)를 참조할 것.

파산선고를 받은 채무자 甲의 다른 채무자 乙에 대한 파산채권의 신고권자는 甲의 파산관재인이다.

나. 신고기간

채권신고기간은 파산선고를 한 날로부터 2주 이상 3월 이하의 범위에서 법원이 파산선고와 동시에 정한다(제312조 제1호). 채권신고기간은 공고되고 알고 있는 채권자에게는 송달하여야 한다(제313조 제1항 제3호, 제2항).

채권신고기간 경과 후에도(최후 배당의 배당제외기간까지는) 신고를 할 수 없는 것은 아니다.[9] 신고기간 후에 신고한 채권에 관하여는 파산관재인 및 파산채권자의 이의가 있는 때를 제외하고는 채권조사의 일반기일에 그 조사를 할 수 있다. 파산관재인 또는 파산채권자의 이의가 있는 때에는 법원은 채권조사를 하기 위하여 특별기일을 정하여야 한다. 이 경우 채권조사에 소요되는 비용은 신고기간 후에 신고한 파산채권자의 부담으로 한다(제453조).[10] 한편 배당의 경우에는 배당제외기간의 정함이 있으므로 늦어도 최후의 배당에 관한 제외기간 만료시까지(제521조) 채권의 신고가 없으면 배당을 받을 수 없다.[11]

한편 벌금·과료·형사소송비용·추징금 및 과태료청구권은 면책의 대상이 아니지만(제566조 제2호), 위와 같은 채권을 가진 자는 지체 없이[12] 그 액 및 원인을 법원에 신고하여야 한다(제471조 제1항).[13] 벌금 등 청구권은 아래에서 보는 바와 같이 채권조사의 대상은 아니고, 일응

---

8) 파산채권에 대하여 압류 및 추심명령이 발령된 경우, 추심채권자가 신고권자(배당수령권자)가 된다. 추심명령이 경합된 경우 압류 및 추심명령의 효력은 채권전액에 미치므로(민집법 제232조 제1항 본문, 제235조 제1항) 추심채권자 전원이 적법한 신고권자가 되고, 1개의 파산채권에 대하여 복수의 신고가 있게 된다. 이 경우 1개의 파산채권에 대하여 준공유로 보는 것이 상당하고, 의결권은 전원이 공동으로 행사할 수 있다고 할 것이다(條解 破産法, 795쪽 참조).

9) 파산채권의 신고기간은 정하여져 있지만, 기간 경과 후 신고에는 제한이 없고 실권효도 없어서 최후배당을 할 때 채권신고가 있어도 특별조사기일을 개최할 필요가 있다. 이로 인하여 배당시기가 상당히 지체되는 폐해가 있다. 따라서 입법론적으로 신고기간 경과 후의 신고를 제한할 필요가 있다(일본 파산법 제112조 참조).

10) 채권조사비용을 파산채권자가 예납하지 아니한 경우 파산채권신고를 각하한다.

11) 최후배당의 배당제외기간까지 채권신고는 유효하나, 최후배당의 배당제외기간 만료 직전에 채권신고를 하더라도, 배당제외기간 만료까지 채권조사 및 확정이 불가능하므로, 이러한 채권은 사실상 배당에 참가할 수 없다. 따라서 적어도 최후배당 배당제외기간 만료 전에 신고채권이 이의 없이 확정되거나 이의가 있는 경우 채권의 확정을 위한 절차를 취할 정도의 시간적 여유가 있는 날까지 신고를 하여야 한다.

12) '지체 없이'의 의미에 대하여는 정당하거나 합리적인 이유 없이 지체를 허용하지 않는다는 취지이지만, 구체적으로는 개별사정을 고려하여 결정할 수밖에 없다. 물론 다른 파산채권과 마찬가지로 최후배당의 배당제외기간(제521조)이 만료된 이후에는 신고가 허용되지 않는다.

13) 회생절차와 달리 파산절차에서는 조세 등 청구권에 관한 신고기간의 특례는 규정되어 있지 않다(제156조 참조). 이는 파산절차에서는 대부분의 조세 등 청구권을 재단채권으로 취급하기 때문으로 사료되나(제473조 제2호), 재단채권이 아닌 (후순위)파산채권이 있을 수 있다는 점에서 입법적 정비가 필요해 보인다. 조세 등 청구권으로 재단채권

진실성이 추정되기 때문에 조사의 결과에 준하여 파산채권자표에 기재된다(제471조 제2항, 제459조 제1항).

채권신고기간을 정하도록 한 규정은 훈시규정으로 파산선고를 할 때 채권신고기간을 정하지 않을 수 있다.[14] 채권신고기간을 정하지 않았다고 하더라도 파산채권자의 채권신고를 봉쇄하는 것은 아니다. 채권신고기간을 정하지 않은 경우에도, 파산채권자는 파산절차가 진행 중이라면 시효중단을 위하여(제32조 제2호) 채권신고를 할 수 있다.[15]

3. 신고방법과 신고사항

가. 신고방법

파산채권자가 채권을 신고할 때에는 ① 채권자 및 대리인의 성명 또는 명칭과 주소, ② 통지 또는 송달을 받을 장소(대한민국 내의 장소로 한정한다) 및 전화번호·팩시밀리번호·전자우편주소, ③ 집행력 있는 집행권원 또는 종국판결이 있는 파산채권인 때에는 그 뜻을 함께 신고하여야 한다(규칙 제73조 제1항). 신고서에는 ① 채권자가 대리인에 의하여 채권을 신고할 때에는 대리권을 증명하는 서면, ② 파산채권이 집행력 있는 집행권원 또는 종국판결이 있는 것일 때에는 그 사본, ③ 채권자의 주민등록등본 또는 법인등기사항증명서를 첨부하여야 한다(규칙 제73조 제2항).[16]

채권을 신고할 때에는 채권신고서 및 첨부서류의 부본을 2부 제출하여야 한다. 채권신고서 및 첨부서류의 부본이 제출되었을 때에는 법원사무관 등은 이 중 1부를 파산관재인에게 교부하여야 한다(규칙 제74조).

신고의 상대방은 법원이다. 신고를 법원에 하도록 한 것은 시효중단 등 실체법상의 효과와 연결되어 있기 때문이다. 다만 법원이 사무적인 접수처를 신의성실의무를 지고 있는 파산관재인으로 지정하는 것은 허용된다고 할 것이다. 이 경우 파산관재인에 대한 신고가 된 때에 법원에 대한 신고가 된 것으로 취급된다.[17]

나. 신고사항

파산채권자는 법원이 정한 기간 내에 그 채권액 및 원인, 일반의 우선권이 있는 때에는 그

이 아닌 것은 후순위 파산채권으로 취급되기 때문에 그 권리행사를 위해서는 신고를 요한다. 현행법 아래에서는 일반 파산채권과 마찬가지 절차로 채권신고를 하여야 할 것이다. 물론 비면책채권이기는 하다(제566조 제1호).

14) 일본 파산법 제31조 제2항은 이를 명시적으로 규정하고 있다. 실무적으로도 이시폐지가 예상되는 경우는 채권신고기간을 정하지 않고 있다(개인파산의 경우는 대부분 채권신고기간을 정하지 않는다). 파산선고시에 채권조사기일을 정한 경우라도 이후 이시폐지가 예상되면 채권조사기일을 추정하고 있다(실무적으로 파산관재인이 법원에 채권조사기일의 추정신청을 한다). 다만 파산선고 당시에 파산채권에 관한 소송이 계속 중이고 이를 수계한 경우에는 채권조사를 하여야 한다. 회생절차와 달리 서면에 의한 채권조사(시부인)를 할 수 없으므로 채권조사기일을 열어 채권조사를 하여야 한다. 그렇지 않으면 수계된 소송을 진행할 수 없어 장기 미제로 남는 경우가 생길 수 있다.

15) 실무적으로도 채권신고기간을 정하지 않은 경우에도 채권신고를 하고 있다.

16) 벌금 등을 신고할 경우(제471조 제1항)의 신고방식은 규칙 제59조를 준용한다(규칙 제73조 제3항).

17) 條解 破産法, 797쪽.

권리, 후순위 파산채권에 해당하는 부분이 있는 때에는 그 부분을 신고하고, 증거서류 또는 그 등본이나 초본을 제출하여야 한다(제447조 제1항). 파산절차에서는 파산채권의 균질화에 대한 규정(제425조 내지 제427조)을 두고 있으므로 회생절차와 달리(제148조 제1항 제3호, 제149조 제1항 제4호) '의결권의 액수'는 신고사항이 아니다. 파산절차의 경우 증거서류 등이 산일되어 있는 경우가 많기 때문에 채권신고를 할 때 증거서류 등을 제출하도록 할 필요가 있다.[18]

어음채권과 원인채권이 병존하는 경우 채권신고와 시부인에 관하여는 〈**제2편 제9장 제2절 I.1.가.**〉(본서 725쪽)를 참조할 것

파산채권자가 별제권을 가지는 때에는 별제권의 목적과 그 행사에 의하여 변제를 받을 수 없는 채권액(예정부족액)도 신고하여야 한다(제447조 제2항). 별제권자는 예정부족액에 대하여만 파산채권자로서 권리행사를 할 수 있다(제413조).

파산채권에 관하여 파산선고 당시 소송이 계속되어 있는 때에는 파산채권자는 그 법원, 당사자, 사건명 및 사건번호도 신고하여야 한다(제447조 제3항).

다. 예비적 채권신고

어떤 청구를 주위적 청구로 유지한 채, 그것이 인용되지 않을 상황에 대비하여 예비적으로 (순서를 정하여) 채권신고를 하는 경우가 있다. 주위적 청구가 인용되는 경우에는 예비적 신고의 효력은 상실된다는 취지가 들어 있는 것이다. 실무적으로 채권신고를 하지 않음으로 인한 배당에서의 배제를 방지하기 위하여 사용되고 있는 방식이다. 관련 내용은 〈**제2편 제9장 제2절 I.1.마.**〉(본서 729쪽)를 참조할 것.

4. 신고의 변경과 취하

가. 신고의 변경

(1) 신고사항의 변경

파산채권자는 신고한 사항을 변경할 수 있다. 신고사항의 변경에 관한 취급은 변경이 다른 파산채권자의 이익을 해하는지(불이익한지) 여부에 따라 달리 취급하고 있다.

(가) 파산채권자는 신고한 사항에 관하여 다른 파산채권자의 이익을 해하지 않는 내용의 변경이 생긴 때에는 증거서류 또는 그 사본을 첨부하여 지체없이 그 변경의 내용 및 원인을 법원에 신고하여야 한다. 법원사무관 등은 위와 같은 신고가 있는 때에는 그 신고 내용을 파산채권자표에 기재하여야 한다(규칙 제75조). 파산채권액의 감액과 같이 다른 파산채권자에게 유리한 변경은 파산채권신고의 일부 취하로 취급되어 적어도 파산채권확정시까지는 특별한 제한을 받지 않는다. 채권신고기간 전후를 묻지 않는다.

---

18) 회생절차의 경우에도 채권신고할 때 증거서류 등을 제출하도록 의무를 부여하고 있지만, 관리인에 의한 인부서제도를 채택하고 있다는 점 등에서 입법론적으로는 의문이다(본서 725쪽).

(나) 한편 파산채권자가 신고한 사항에 관하여 신고기간 후에 다른 파산채권자의 이익을 해할 변경(신고채권액의 증액 등)을 가한 경우[19]에는 신고기간 경과 후에 채권을 신고한 경우와 같이 취급된다(제454조). 즉 신고기간 경과 후의 새로운 채권신고와 마찬가지로 본다. 신고기간 내에는 다른 파산채권자의 이익을 해하는 변경이라도 자유롭게 할 수 있다. 신고기간 전의 변경이라면 파산채권액의 증액이나 우선권의 추가 등이 비록 다른 파산채권자에게 불이익하게 된다고 하여도 특별한 부담을 과하지 않는다(해당 부분은 신고기간 내의 새로운 신고로 볼 수 있기 때문이다).

(2) 신고명의의 변경

신고명의의 변경은 파산채권의 귀속이 변경(채권자의 교체)된 경우로 특별히 다른 파산채권자에게 이익을 해하는 경우가 아니다. 따라서 채권신고기간 전후를 묻지 않고 채권양도에 있어서 대항요건이 구비되어 있는 한 특별한 제한을 받지 않고 신고명의를 변경할 수 있다.

구체적으로 채권신고 후에 채권양도, 임의대위, 법정대위 등에 의하여 채권의 이전이 있는 경우(파산관재인에 대한 통지 또는 승낙 등 대항요건이 필요하다)에는 새로운 파산채권자는 법원에 대하여 파산채권의 명의변경 신고를 한다. 신고된 파산채권을 취득한 자는 채권조사의 기일 후에도 신고명의를 변경할 수 있다(규칙 제76조 제1항). 명의변경을 하고자 하는 자는 증거서류 또는 그 사본을 첨부하여 ① 신고명의를 변경하고자 하는 자 및 대리인의 성명 또는 명칭과 주소, ② 통지 또는 송달을 받을 장소(대한민국 내의 장소로 한정한다) 및 전화번호·팩시밀리번호·전자우편주소, ③ 취득한 권리와 그 취득의 일시 및 원인을 법원에 신고하여야 한다(규칙 제76조 제2항).

법원은 소명자료 검토 후 채권이전의 사실이 인정되면 파산채권자표의 채권자명의를 변경하고(규칙 제76조 제3항, 제75조 제2항), 파산관재인에게 명의변경신고서 부본을 교부한다.

(3) 채권 전액의 대위변제에 따른 신고명의의 변경신고

채권자가 주된 채무자의 파산절차에서 채권 전액을 신고한 후, 그 채권 전액을 대위변제한 보증인은 신고명의의 변경을 할 수 있다. 이 경우 보증인은 채권자가 한 신고에 의한 시효중단효력을 누릴 수 있다. 나아가 이러한 변경신고에 의해 대위변제로 보증인이 취득한 구상권 전부에 관하여도 시효중단의 효력이 있다고 보아야 할 것이다. 구상권 자체가 파산절차에서 행사된 것은 아니지만, 신고명의의 변경은 구상권의 행사로 평가될 수 있기 때문이다.

물론 보증인은 신고명의의 변경신고를 하지 아니하고 구상권 자체를 신고할 수도 있다.

나. 신고의 취하

채권신고의 취하는 파산절차참가를 철회한다는 취지의 법원에 대한 의사표시이다. 취하의

---

19) 파산채권 원인의 변경에 대하여도, 판례의 주류를 이루고 있는 구소송물이론에 의하면 이익을 해할 변경에 해당하는 경우가 많겠지만, 유연하게 대처할 필요가 있다.

효력은 시기에 따라 구별된다.

(1) 파산채권 확정 전 취하

파산채권이 확정되기 전에는 채권신고를 취하할 수 있다.[20] 파산채권 확정 전 취하는 처음부터 채권신고가 없는 것으로 본다. 따라서 시효의 중단효력이 인정되지 않는다(제32조 제2호 단서, 민법 제171조).[21] 신고의 취하는 신고를 소급적으로 소멸시키는 의사표시로 해석된다(민소법 제267조 참조). 이는 실체법상의 권리의 포기와 구별되는 것이므로 다시 신고하는 것은 가능하다.[22]

민사소송법 제266조 제2항과 같이 동의를 받아야 한다는 규정이 없으므로 취하에는 파산관재인이나 이의자 등의 동의를 필요로 하지 않는다. 취하한 후에는 채권자는 신고한 파산채권자로서의 권리를 행사할 수 없다.

(2) 파산채권 확정 후 취하

파산채권 확정 후 취하에 대하여는 견해의 대립이 있을 수 있지만,[23] 채권신고에 기한 파산절차에서의 효과가 이미 발생하였기 때문에 그 기초가 된 신고를 소급적으로 소멸시키는 것은 인정되지 않으며(민소법 제266조 제1항), 채권신고에 의하여 결과적으로 확정판결과 동일한 효력이 발생하고(제460조) 절차상의 안정성을 해할 우려가 있다는 점에서 취하의 효력이 인정되기 어렵다고 할 것이다.[24] 다만 이를 전제로 취하의 의사표시를 장래 배당금청구권의 포기로 구성한다면 그 효력까지 부정할 이유는 없다.[25] 물론 다시 신고하는 것은 허용되지 않고, 포기되어도 이미 수령한 배당금은 반환할 필요가 없다. 신고가 가지는 시효중단의 효력도 포기에 의하여 영향을 받지 않고, 확정된 때로부터 새로운 시효기간이 진행된다(민법 제178조).

5. 신고의 효과

가. 채권신고로 파산채권자에게 인정되는 권리

파산채권의 신고에 의하여 파산채권자에게 채권자집회의 의결권(제373조), 채권조사기일에 있어서 이의신청권(제458조), 파산폐지에 대한 동의권(제538조), 배당수령권(제505조) 등이 인정된다.

---

20) 서울회생법원 2019. 7. 9. 자 2017하확284 결정.
21) 그렇다고 최고로서의 효력까지 부정되는 것은 아니다(민법 제174조).
22) 파산관재인이 인부서를 제출하고, 다른 파산채권자가 채권조사절차에서 이의를 한 경우에는, 이들의 동의가 필요하다고 생각된다(제33조, 민소법 제266조 제2항).
23) 다른 채권자의 이익에 반하는 것은 아니므로 당해 채권자가 장래에 향하여 도산절차로부터 이탈하는 효과를 가지는 것으로서 파산채권 확정 후에도 신고의 취하가 가능하다는 견해가 있다(노영보, 407쪽). 한편 취하의 의사표시는 장래의 배당수령권을 포기하는 것으로 이론 구성할 수 있고, 그 결과 다른 채권자들의 배당이 증가하는 점 등을 근거로 파산채권이 확정된 후에도 취하할 수 있다는 견해도 있다(법인파산실무, 263쪽). 위 견해는 동일한 채권에 대하여 다시 신고하는 것은 허용되지 않으나, 파산채권자는 이미 지급받은 배당금을 반환할 필요가 없고, 채권신고의 효력, 파산채권자표 확정의 효력에는 아무런 영향을 미치지 않는다고 한다.
24) 전병서, 382쪽.
25) 파산채권확정의 효력은 남고, 면책이 허용되지 않는 한, 파산절차종료 후에 파산채권자표에 기한 강제집행도 가능하다(제535조 제2항, 제548조 제1항).

나. 시효중단

(1) 파산절차참가로 인한 시효중단

(가) 채권신고로 인한 시효중단

파산채권의 신고는 파산절차의 참가에 해당하므로[26] 시효중단의 효력이 있다.[27][28] 다만 파산채권자가 그 신고를 취하[29]하거나 그 신고가 각하된 때에는 시효중단의 효력이 없다(제32조 제2호, 민법 제171조).[30] 파산선고결정이 취소된 경우에도 시효중단의 효력이 소멸된다(본서 1318쪽 참조). 다만 최고로서의 효력은 인정된다.[31] 채권신고를 취하한다는 것은 채권자가 채권의 신고를 철회 내지 취하하는 것을 말한다. 채권신고가 각하된 경우란 신고 그 자체가 부적법하여 각하된 경우를 의미한다.

채권조사기일에서 파산관재인이나 다른 파산채권자가 신고채권에 대하여 이의(부인)를 제기하거나[32] 채권자가 법정기간 내에 파산채권조사확정재판 등을 제기하지 아니하여 배당에서 제

---

26) 파산절차참가는 "청구"(민법 제168조 제1호)의 일종으로서 시효중단의 효력이 있다.
27) 특정한 채무의 이행을 청구할 수 있는 기간을 제한하고 그 기간을 도과할 경우 채무가 소멸하도록 하는 약정은 민법 또는 상법에 의한 소멸시효기간을 단축하는 약정으로서 특별한 사정이 없는 한 민법 제184조 제2항에 의하여 유효하다 할 것이고, 한편 채무자가 파산할 경우 채권자의 그 채무자에 대한 채권의 이행청구 등 권리행사는 채무자회생법이 정하는 바에 따라 파산계속법원에 대한 파산채권신고 등의 방법으로 제한 및 변경되는 것이므로 채권자는 파산계속법원에 대한 파산채권신고라는 변경된 형태로 그 권리를 행사함으로써 약정에 의한 이행청구기간의 도과 혹은 소멸시효의 완성을 저지할 수 있다(즉, 이 경우 채권자는 파산한 채무자에게 이행청구를 하여야만 자신의 채권을 보전할 수 있는 것은 아니다)(대법원 2006. 4. 14. 선고 2004다70253 판결 참조).
28) 조정대상기관, 금융소비자 및 그 밖의 이해관계인은 금융과 관련하여 분쟁이 있을 때에는 금융감독원장에게 분쟁조정을 신청할 수 있다(금융소비자 보호에 관한 법률 제36조 제1항). 분쟁조정의 신청은 시효중단의 효력이 있다. 다만 합의권고를 하지 않거나 조정위원회에 회부하지 아니한 때에는 시효중단의 효력이 없다(같은 법률 제40조 제1항). 시효중단의 효력이 없는 경우에도 1개월 이내에 파산절차참가(채권신고)를 한 때에는 시효는 최초의 분쟁조정의 신청으로 인하여 중단된 것으로 본다(같은 법률 제40조 제2항).
　공정거래법 제45조 제1항(불공정거래행위의 금지)을 위반한 혐의가 있는 행위로 피해를 입은 사업자는 공정거래분쟁조정협의회에 분쟁조정을 신청할 수 있는데, 분쟁조정의 신청은 시효중단의 효력이 있다. 다만, 신청이 취하되거나 각하(却下)된 경우에는 그러하지 아니하다. 분쟁조정신청은 최고로서의 효력이 있으므로 6개월 내에 재판상의 청구, 파산절차 참가, 압류 또는 가압류, 가처분을 하였을 때에는 시효는 최초의 분쟁조정의 신청으로 중단된 것으로 본다(공정거래법 제76조 제4항, 제5항).
29) 앞에서 본 바와 같이 파산채권이 확정되기 전에는 신고를 취하할 수 있다. 취하한 후에 다시 채권신고를 하는 것도 가능하다. 그러나 파산채권이 확정된 후에는 신고를 취하할 수 없다.
30) 재단채권은 파산절차에 참가할 필요가 없으므로 재단채권을 파산채권으로 신고하였다고 하더라도 시효중단의 효력을 인정할 수 없다.
　중단 후의 시효진행 중단된 시효는 중단사유가 종료한 때로부터 새로이 진행한다(민법 제178조 제1항). 그렇다면 언제 중단사유가 종료되었다고 볼 것인가. 파산절차참가로 인한 시효중단의 효력은 파산절차 종료시까지 계속된다. 파산종결결정이 있은 후 추가배당이 있을 때에는 파산절차 종료 후 새로이 진행하던 시효가 추가배당에 의하여 다시 중단된다. 파산절차가 배당에 이르지 않고 폐지된 경우(제538조 이하)에는 폐지결정이 확정된 때로부터 새로운 시효가 진행한다. 파산취소(제325조)의 경우는 파산채권이 확정되지 아니한 것이므로 파산채권의 신고에 의하여 조건부로 생긴 시효중단의 효력은 채권확정이라는 조건의 미성취로 소멸하게 된다는 견해가 있으나(편집대표 김용담, 주석 민법[총칙(3)], 한국사법행정학회(2010), 656쪽), 파산선고가 취소된 경우 채권신고는 취소결정의 확정시까지 최고로서의 효력만이 인정된다.
31) 따라서 6월 내에 재판상의 청구, 파산절차참가, 화해를 위한 소환, 임의출석, 압류 또는 가압류, 가처분을 하지 아니하면 시효중단의 효력이 없다(민법 제174조 참조).
32) 채권조사기일에서의 이의는 단순히 파산채권의 확정을 저지하는 효력을 가질 뿐이고, 시효중단의 효력에는 영향을

척되었다고 하더라도 그것이 위 규정에서 말하는 '그 신고가 각하된 때'에 해당한다고 볼 수는 없으므로 파산절차참가로 인한 시효중단의 효력은 파산절차가 종결될 때까지 계속 존속한다.[33] 채권조사절차에서 채권의 부존재가 확정된 경우에는 소멸시효의 문제 자체가 없어진다.

한편 이의가 진술되고 채권의 확정 전에 파산절차가 폐지된 경우에는 '신고가 각하'된 때(민법 제171조)에 해당한다는 견해가 있지만,[34] 적법한 신고에 의하여 발생한 시효중단의 효력은 파산절차의 폐지에 의하여 상실되지 않는다고 할 것이다.

별제권자의 파산채권신고의 경우 예정부족액뿐만 아니라 피담보채권 전액에 대하여 시효중단의 효력이 발생한다.[35] 또한 파산선고에 따라 법원으로부터 알고 있는 채권자에 대하여 파산채권의 신고를 독촉하는 통지가 되었다고 하여도, 채무자가 한 승인(민법 제168조 제3호)에는 해당하지 않는다.

(나) 주채무와 보증채무

채권자가 주채무자의 파산절차에 참가하는 경우 보증채무에 대한 시효도 중단된다(민법 제440조).

(2) 조세채권과 시효중단

조세채권은 대부분 재단채권으로 채권신고의 대상이 아니다.[36] 파산선고가 되더라도 재단채권의 권리행사는 원칙적으로 제한이 없다. 따라서 파산선고가 있더라도 과세관청은 부과처분이나 징수처분을 할 수 있다. 다만 체납처분만(강제징수)을 못할 뿐이다(제349조 제2항).

과세관청은 파산산고가 되면 파산관재인에게 교부청구를 하여야 한다(국세징수법 제59조 제2호, 지방세징수법 제66조). 파산관재인에게 교부청구를 할 경우 재단채권인 조세채권의 소멸시효는 중단된다(국세기본법 제28조 제1항 제3호, 지방세기본법 제40조 제1항 제3호).

다. 채권신고를 하지 않는 경우 배당참가권 상실

파산채권자가 채권신고를 하지 않는 경우에는 파산채권자로서의 권리가 실효된다. 다시 말하면 배당절차에 참가하는 권리를 상실한다. 이를 실권이라고 한다면, 파산절차에서의 실권은 회생절차에서의 실권과 성질이 다르다. 회생절차에서는 신고기간 내에 채권신고(신고가 의제되는 경우를 포함한다)가 없으면 회생절차에 참가할 수 없을 뿐만 아니라 회생계획의 인가결정이 있으면 면책된다(제251조). 반면 파산절차에서는 파산절차에 참가할 수 없어 배당에서 제외되지만,

---

미치지 않는다.
33) 대법원 2005. 10. 28. 선고 2005다28273 판결 참조.
34) 條解 破産法, 794쪽, 條解 民事再生法, 523쪽.
35) 신고한 예정부족액은 의결권 산정을 위한 일응의 신고에 지나지 않고, 장래 별제권을 포기하거나 부족이 전액으로 확정된 경우에는, 신고한 예정부족액이 얼마이건 피담보채권 전액에 대해 파산채권으로서 권리행사가 인정된다. 조사·인부도 이를 전제로 피담보채권 전액을 대상으로 하고, 파산채권자표에도 피담보채권 전액에 관한 조사결과가 기재된다(본서 1435, 1556쪽 참조). 따라서 신고한 피담보채권 전액에 대하여 시효중단의 효력이 인정된다고 할 것이다(條解 民事再生法, 521쪽).
36) 물론 조세채권이 (후순위)파산채권인 경우 채권신고의 대상이고, 채권신고로 시효중단이 된다.

채권 자체는 면책되는 것이 아니다. 절차 내에서 변제를 받을 권리를 포함한 권리행사의 기회가 상실된다는 점에서 같지만, 권리 그 자체는 면책되지 않는다는 점이 회생절차와 다르다.

6. 파산채권의 신고가 없는 경우나 신고가 전부 취하된 경우

파산선고결정이 확정된 후[37] 채권신고를 한 자가 없는 경우 또는 신고된 채권의 채권신고가 전부 취하된 경우라도 파산선고결정을 취소할 수는 없다. 하지만 이러한 경우는 더 이상 파산절차를 진행할 이유가 없다. 그렇다면 파산절차는 어떻게 처리하여야 하는가. 이에 대하여는 다툼이 있다.

① 파산재단의 규모에 따라 이시폐지결정(배당가능한 재단이 없는 경우) 또는 직권에 의한 파산절차종결결정(배당가능한 재단이 있는 경우)을 하면 된다는 견해이다. 파산채권자가 파산절차의 속행을 기대하지 않는다는 점에서 동의파산폐지와 비슷한 점이 있기 때문에 채무자의 신청에 의하여 파산폐지신청을 하든지(제538조 유추), 채무자의 신청이 없는 경우에는 직권파산폐지절차에 관한 규정이 없고, 파산절차를 속행할 여지가 없다는 점에서 동일시할 수 있는 파산절차종결에 의하여야 한다는 것이다(제530조 유추). ② 채무자로부터 파산절차폐지의 신청이 없는 경우에 대하여는 이시폐지규정(제545조)을 유추하여 직권으로 파산폐지결정을 하여야 한다는 견해이다. ③ 어떠한 근거 규정도 없기 때문에 특별한 직권파산폐지를 시인하여야 한다는 견해이다.

살피건대, 배당을 하는 파산절차종결과 배당을 하지 않는 파산절차폐지는 전혀 다른 것이므로 ①견해는 받아들이기 어렵고, 신고채권자가 없다는 것은 파산절차를 속행할 필요가 없다는 것이므로 재단이 부족하여 하는 이시폐지와는 전제하는 사실이 다르므로 ②견해도 문제가 있다. 따라서 이론적인 측면에서는 특별하게 직권으로 파산절차폐지가 가능하다는 ③견해가 솔직한 해석이다.[38] 하지만 어떠한 견해에 의하든 파산절차를 종료하여야 한다는 점에서는 일치한다.

---

37) 한편 채권자의 신청에 의하여 채무자에 대하여 파산이 선고되면 선고한 때로부터 모든 채권자를 위하여 그 효력이 생기므로(제311조), 다른 채권자의 채권신고가 모두 취하되거나 그 채권이 모두 소멸하는 등의 특별한 사정이 없는 한, 파산선고 결정에 대한 즉시항고가 제기된 이후 항고심에서 신청채권자가 신청을 취하하거나 신청채권자의 채권이 변제, 면제, 그 밖의 사유로 소멸하였다는 사정만으로는 항고법원이 파산선고 결정을 취소할 수 없다(대법원 2012. 3. 20. 자 2010마224 결정).

38) 條解 破産法, 1423~1424쪽. 항고심까지 파산채권을 신고한 자가 아무도 없거나 채권신고가 전부 취하된 경우에는 어떤가. 신청인 이외의 파산채권자의 존재는 채권조사를 완료하지 않는 한 파산절차 내에서도 확정되지 않는데다가, 채무자회생법이 예정하는 표준적인 파산절차의 진행이나 운용상황에서 보면 항고심 재판시까지 채권신고가 끝나는 것은 아닌 것이 일반적이므로(파산절차에서 채권신고기간은 큰 의미가 없다) 파산채권의 신고기간이 경과할 때까지 판단을 유보할 필요성은 없고 파산절차는 항고심 계속 중에도 진행하면 될 뿐 판단을 유보하여야 하는 것은 아니라고 생각된다. 따라서 항고심은 채권신고 상황을 고려하여서는 안 된다.

Ⅱ 파산채권자표의 작성

1. 작성주체

파산채권자들로부터 채권신고가 있으면 법원사무관 등은 ① 채권자의 성명 및 주소, ② 채권액 및 원인, ③ 일반의 우선권이 있는 때에는 그 권리, ④ 후순위 파산채권에 해당하는 청구권을 포함하는 때에는 그 구분, ⑤ 별제권자가 별제권의 행사에 의하여 변제받을 수 없다고 신고한 채권액을 기재한 파산채권자표를 작성하여, 파산채권자표의 등본을 파산관재인에게 교부하여야 한다(제448조). 교부를 받은 파산관재인은 신고채권에 대하여 조사하고 채권조사에 앞서 미리 신고채권의 시부인표를 작성하여 제출한다.

파산채권자표는 채권조사의 대상을 명확히 하고, 채권조사결과를 각 채권에 대해 기재하여 이의의 유무 등을 명확히 하며, 의결권 행사나 배당실시의 자료로 되고, 확정채권의 경우 파산채권자에 대한 확정력이나(제460조) 채무자에 대한 집행력을 부여하기(제535조 제2항) 위한 목적으로 작성된다.

2. 작성시기

법원사무관 등은 채권신고기간 만료 후 일반조사에 이용하기 전까지 작성하여야 한다.

3. 파산채권자표의 열람 등

법원은 파산채권자표 및 채권의 신고에 관한 서류를 이해관계인이 열람할 수 있도록 법원에 비치하여야 한다. 법원사무관 등은 채권자의 신청이 있는 경우 그 채권자의 채권에 관한 파산채권자표의 초본을 교부하여야 한다(제449조).[39] 신고한 파산채권에 대한 파산채권자의 이의권을 보장하기 위함이다.

4. 파산채권자표의 경정

파산채권자표에 잘못된 계산이나 기재, 그 밖에 이와 비슷한 잘못이 있는 경우에는 작성권자인 법원사무관 등은 신청에 의하여 또는 직권으로 경정할 수 있다고 할 것이다(본서 753쪽 참조).[40]

---

39) 회생절차에서는 회생채권자표 등의 등본을 관리인에게 교부하도록 하고 있다(제159조). 채권신고서를 파산관재인에게 교부하는 것으로 충분하다는 점을 고려한 것으로 보인다.

40) 파산채권자표의 기재 및 경정처분에 대하여 불복이 있는 경우, 법원사무관등의 처분에 관한 이의를 신청할 수 있을 것이다(제33조, 민소법 제223조).

Ⅲ 파산채권의 조사

1. 채권조사의 의의

파산채권의 조사란 채권조사기일에 파산관재인, 파산채권자, 채무자가 신고된 파산채권에 관하여 그 존부, 채권액, 내용과 원인, 순위 등의 진실 여부를 검토하여 확정하는 절차를 말한다(제450조 참조). 채권조사는 이해관계인 사이에 다툼이 있는지 여부를 확인하는 것이고, 법원이 실체적인 심리를 하는 것은 아니다.

채무자, 신고한 파산채권자 또는 그 대리인은 채권조사기일에 출석하여 의견을 진술할 수 있다. 대리인은 대리권을 증명하는 서면을 제출하여야 한다(제451조). 그러나 파산관재인은 반드시 출석하여야 한다. 왜냐하면 파산관재인이 출석하지 않으면 채권조사가 적정하게 이루어질 수 없기 때문이다. 파산관재인이 출석하지 아니하면 채권조사를 할 수 없다(제452조).[41] 출석하지 않을 경우 채권조사기일을 연기할 수밖에 없다. 파산관재인대리는 파산관재인의 직무 전반에 관하여 포괄적인 권한이 있기 때문에(제362조 제4항) 그에 대한 선임과 출석이 있으면 채권조사기일을 진행할 수 있다.[42]

채권조사절차에서 파산관재인은 채권의 인부에 있어 인정하지 않는 이유를 진술할 의무가 없을 뿐만 아니라, 이유를 진술하였다고 하더라도 이어지는 채권조사확정재판절차에서 그것에 구속되지도 않는다.[43] 이에 대하여 인정되지 않는 것으로 진술된 신고한 파산채권자는 집행권원을 가지고 있지 않는 한 파산관재인을 상대로 파산채권조사확정재판을 신청하지 않으면 안된다. 따라서 파산관재인의 인부에 따라 신고한 파산채권자가 받는 영향은 크다.[44]

---

41) 입법론적으로는 채무자에게도 출석의무를 지우는 것이 타당하다(일본 파산법 제121조 제3항 참조). 채무자는 파산채권에 대하여 가장 잘 아는 자이기 때문이다.

42) 파산관재인이 수인인 경우 파산관재인 전원이 출석하여야 하는가. 직무분장이 되어 있지 않는 한(제360조 제1항) 전원이 출석하여야 한다는 견해가 있다(破産法·民事再生法, 614쪽). 하지만 파산관재인이 출석하여 인부를 하는 것은 의사결정행위는 아니기 때문에, 공동으로 조사한 결과에 근거하여 1인의 파산관재인이 조사기일에 의견을 진술한다면 그 효력에는 영향이 없다고 할 것이다.

43) 반면 파산채권자는 청구원인의 제한을 받는다. 관련 내용은 〈제2절 Ⅰ.4.〉(본서 1569쪽)를 참조할 것.

44) 이처럼 파산관재인의 인부가 신고한 파산채권자에게 미치는 영향이 크다는 점을 이용하여 파산관재인은 진실로 신고한 채권에 대하여 의심이 있는 경우뿐만 아니라 증거서류 등을 제출하지 않는 것에 대한 제재로서{신고한 채권의 존부와 범위를 증명할 증거자료의 제출은 신고채권자에게 있다(제447조 제1항)} 인정하지 않는다고 진술하거나 실질적으로 열후화된 모회사나 파산한 법인의 대표자의 파산채권 등에 대하여 인정하지 않는다는 취지의 진술을 하는 경우가 있다. 이를 전략적 이의라 한다. 신고된 파산채권자의 존재에 대하여 어떠한 의심이 없음에도 단지 파산채권자를 곤란하게 하기 위하여 인부권을 자의적으로 행사하는 것은 허용되지 않지만, ① 파산채권자가 충분한 증거서류를 제출하지 않는 경우, ② 부인대상행위가 있는 경우, ③ 상계가 예상되는 경우(신고한 파산채권에 대하여 이의를 하지 않고 확정시켜 버리면, 그 후의 상계에 의해 파산선고시 현존액이 변동된다고 하여도 파산채권자가 임의로 취하하지 않는 한 파산관재인으로서는 청구이의 소를 제기할 수밖에 없다), ④ 파산법인의 대표자가 파산채권을 신고한 경우에는 전략적 이의가 허용된다고 할 것이다(아래 〈8.〉참조). 또한 ⑤ 전부의무자가 아닌 제3자로부터 변제가 예정되어 있어 파산선고 당시의 채권액이 감소할 가능성이 있는 경우에도 원칙적으로 감소예정액(예정변제액)에 대하여 이의를 하는 것이 상당하다. 전부의무를 부담하는 자에 의해 상계의 가능성이 있는 경우나 파산채권자가 채무자 이외의 자로부터 물상보증을 제공받아 당해 담보권의 실행가능성이 있는 경우에도, 채권 전부가

2. 채권조사의 방법

채권조사는 법원의 지휘 아래 파산관재인, 신고한 파산채권자, 채무자가 채권조사기일에 출석하여 신고채권의 내용을 인정하거나 이의를 진술하는 방법으로 한다.

파산관재인 및 파산채권자의 이의는 채권의 확정을 저지하나, 이의가 없는 경우 채권은 신고한 내용대로 확정된다(제458조). 이의를 할 수 있는 파산채권자는 신고를 한 파산채권자이다. 신고를 하지 아니한 파산채권자는 파산절차에 참가할 수 없기 때문이다. 자신의 채권에 대하여 이의가 제기된 파산채권자라고 하여도 다른 파산채권에 대하여 이의를 할 수 있다. 단순히 이의가 제기되었다는 것만으로는 절차참여의 권능이 상실되는 것은 아니기 때문이다. 그러나 나중에 채권확정절차에서 이의자의 채권이 부존재한 것으로 확정된 경우에는 그 자의 이의의 효력은 상실된다.[45] 이의의 대상은 채권액, 우선권, 후순위파산채권의 구분이다(제458조 참조).

채무자의 이의는 채권의 확정에 아무런 영향이 없으나, 채무자가 이의를 진술한 경우[46] 확정채권이 파산채권자표에 기재되더라도 채무자에 대하여 확정판결과 동일한 효력을 갖지 못한다(제535조). 채무자가 이의를 진술하지 않으면 파산채권자표의 기재는 채무자에 대하여도 확정판결과 동일한 효력이 있고(제535조 제1항), 파산종결 또는 파산폐지 후 채권자는 위 기재에 의하여 강제집행을 할 수 있다(제535조 제2항, 제548조 제1항). 따라서 채무자의 이의도 파산채권자표에 기재되고(제459조), 책임질 수 없는 사유로 채권조사기일에 출석하지 못한 때에는 원상회복의 재판에 의하여 이의를 진술한 것과 동일한 효과를 얻을 수 있도록 하고 있다(제536조).

파산절차는 회생절차(제161조)와 달리 서면으로 이의를 제출할 수 있는 채권조사기간이 없으므로 채권조사기일 외에서 서면으로 다른 신고채권에 대하여 이의를 제기하는 것은 인정되지 않고, 신고한 파산채권자나 채무자 또는 그 대리인은 채권조사기일에 출석하여 의견을 진술하여야 한다. 대리인은 대리권을 증명하는 서면을 제출하여야 한다(제451조).

3. 채권조사의 대상

채권조사의 대상은 파산선고시에 있어서 신고된 채권의 존부, 채권액, 내용과 원인, 순위,

소멸할 가능성이나 파산채권자에게 부당이득이 발생할 가능성을 고려하여, 이의를 하는 것이 상당한 경우도 있다(破産管財の手引, 288쪽).

45) 條解 破産法, 842쪽. 이의를 진술한 채권자의 신고채권에 대해 상속·합병 등 포괄적 승계가 있는 경우, 이의자의 지위는 새로운 채권자에게 승계되고 이의의 효력도 상실되지 않는다고 할 것이다. 양도 등 특정승계의 경우에도 마찬가지이다. 파산채권자와 이의자를 분리하는 것은 파산채권자의 상호견제에 의해 채권조사의 정당성을 확보한다는 제도의 본질을 보지 못한 것이다. 이의자의 지위는 실질적으로 채권의 존재를 기본으로 하는 것이므로 양수채권자는 명의변경절차에 의해 이의자의 지위를 승계하고 이의도 효력을 잃지 않는다고 할 것이다.

46) 채무자의 이의의 대상이 되는 사항은 파산채권의 액에 한정된다. 우선적 파산채권이라거나 후순위 파산채권이라는 점, 예정부족액에 대하여 채무자는 이의를 할 수 없다. 채무자의 이의는 파산절차 밖에서 채무자에 대한 집행력의 발생을 저지할 수 있을 뿐이고, 우선권의 유무나 배당액에 관한 사항은 채무자의 권리와는 무관하기 때문이다(條解 破産法, 845쪽).

별제권자가 신고한 피담보채권액의 존부 및 예정부족액의 당부이다(제450조, 제448조 제1항).[47]

재단채권은 파산절차에 의하지 아니하고 수시로 변제되고(제475조), 채권조사는 배당의 기준이 되는 파산채권액을 확정하는 절차이므로 채권신고나 조사의 대상이 아니다.[48]

벌금·과료·형사소송비용·추징금 및 과태료는 성질상 일단 정당하다고 보아 채권조사절차에 의하지 않고, 행정심판, 행정소송 등 채무자가 불복할 수 있는 방법으로 다투어야 한다(제472조). 기간의 경과 등으로 다툴 수 없는 것은 파산채권자표에 기재함으로써 신고 내용대로 확정된다. 관련 내용은 〈Ⅵ.〉(본서 1565쪽)를 참조할 것.

파산선고 전의 채무자에 대하여 회생계획인가결정 전에 회생절차폐지결정, 회생계획불인가결정이 확정된 후 파산선고가 있는 경우(제6조 제2항) 회생절차에서의 회생채권의 신고, 이의와 조사 또는 확정은 파산절차에서 행하여진 신고, 이의와 조사 또는 확정으로 보기 때문에(제6조 제5항 본문),[49] 회생절차에서 채권조사가 이루어진 경우 파산절차에서 별도로 채권조사를 할 필요가 없다. 그러나 회생계획인가 후에 파산선고가 있는 경우(제6조 제1항)에는 회생계획인가의 효력으로 이미 회생계획에 따른 권리변경이 발생하였고(제252조 제1항), 변경된 권리를 기준으로 변제 등이 이루어지므로 새로이 파산채권의 신고·조사절차를 실시하여야 한다.[50]

4. 채권조사기일

가. 채권조사기일의 진행

법원은 파산관재인, 파산채권자 및 채무자가 모여 신고채권에 대한 조사를 하기 위해서 채권조사기일을 지정한다(제312조 제1항 제3호).[51] 채권조사기일에는 일반조사기일과 특별조사기일이 있다. 파산채권의 조사에 참가하는 자는 파산관재인, 신고한 파산채권자, 채무자이다(제451조 제1항, 제452조). 이들은 채권조사기일에 출석하여 의견을 진술하여야 하므로 채권조사기일 외에서 서면 등으로 신고된 파산채권에 대하여 이의를 제출하는 것은 허용되지 않는다.

(1) 일반조사기일

일반조사기일은 주로 채권신고기간 내에 신고한 파산채권에 대한 조사를 하기 위하여 지정

---

47) 회생절차와 달리 '의결권액'은 채권조사의 대상이 아니다. 파산절차는 채무자의 청산 및 배당을 위해 채권이 현재화되고, 금액기준으로 인부가 행해지기 때문이다.

48) 따라서 재단채권을 파산채권으로 신고한 경우에는, 파산관재인은 재단채권자에 대하여 교부청구 등 적절한 절차를 취하도록 권고하여야 한다.

49) 다만 제134조 내지 제138조의 규정에 의한 채권은 신고만 의제되므로 채권조사(이의, 조사, 확정)는 다시 하여야 한다(제6조 제5항 단서).

50) 관련 내용은 〈제2편 제16장 제3절 Ⅱ.3.〉(본서 1095쪽)을 참조할 것.

51) 실무적으로 채권조사기일을 진행하는 경우는 많지 않다. 왜냐하면 대부분의 파산사건의 경우 배당할 재원이 없어 굳이 채권조사를 할 필요가 없기 때문이다. 따라서 파산선고를 할 때 채권조사기일은 추후에 지정한다고 공고하고, 나중에 배당할 재원이 있으면 채권조사기일을 지정하여 채권조사를 진행하고 없으면 파산폐지를 한다(주로 개인파산사건의 경우에 그렇다). 파산선고를 할 때 채권조사기일을 지정하는 경우에도 파산관재인으로 하여금 신속하게 채무자의 재산상태를 조사하게 하고, 배당할 재원이 없다고 밝혀지면(대부분의 경우가 그렇다) 채권조사기일에 대하여 추정신청을 하도록 한다(주로 법인파산사건의 경우가 그렇다).

된 기일이다. 일반조사기일에서 조사할 수 있는 채권은 ① 신고기간 내에 신고한 채권과 ② 신고기간 후에 신고된 채권으로서 파산관재인이나 파산채권자의 이의[52]가 없는 채권(제453조 제1항)과 ③ 신고기간 후에 파산채권자의 이익을 해하는 변경을 가하고 파산관재인이나 파산채권자의 이의가 없는 채권(제454조)이다. 채권조사기일과 제1회 채권자집회기일을 병합할 수 있다(제312조 제2항). 실무적으로 대부분 병합하여 진행하고 있다.

(가) 파산관재인의 이의

파산관재인은 신고한 파산채권자가 법원에 제출한 채권신고서와 그 증거서류 및 첨부서류 등을 대조 검토하여 채권의 시부인 여부를 진술하여야 한다. 앞에서 본 바와 같이 파산관재인이 출석하지 않으면 채권조사를 할 수 없다(제452조).

실무적으로 신고한 파산채권자가 이의를 하는 경우는 드물고, 파산관재인이 대부분의 이의를 책임지고 있다. 따라서 파산관재인은 선량한 관리자의 주의의무로써 관련된 증거자료를 검토하여 신중하게 채권조사에 임하여야 한다.

파산관재인의 이의권을 채권자가 대위행사할 수는 없다(본서 764쪽 참조).

(나) 파산채권자의 이의

신고한 파산채권자 또는 그 대리인은 채권조사기일에 출석하여 의견을 진술할 수 있고(제451조 제1항), 다른 신고된 파산채권에 대하여 이의를 진술할 수 있다(제458조).

다른 신고된 파산채권에 대하여 이의가 있는 경우 파산채권자는 채권조사기일에서 구두로 이의의 내용을 진술하여야 한다. 앞에서 본 바와 같이 자신의 파산채권에 대하여 이의가 진술된 파산채권자라고 하더라도 다른 신고된 파산채권에 대하여 이의를 할 수 있으나, 이후 채권확정절차에서 신고된 파산채권의 부존재가 확정되면 그 신고한 파산채권자가 진술한 이의는 효력을 상실한다.

파산채권자를 대위하여 일반채권자가 이의권을 대위행사할 수 있다(본서 764쪽 참조).

(다) 채무자의 이의

채무자 또는 그 대리인은 채권조사기일에 출석하여 의견을 진술할 수 있고(제451조 제1항), 신고된 파산채권에 대하여 이의를 진술할 수 있다(제535조). 채무자의 이의는 채권의 확정에 영향이 없으므로(제458조), 법원은 채무자의 이의가 있었음을 파산채권자에게 통지할 필요가 없다. 앞에서 본 바와 같이 채무자의 이의는 파산절차 종료 후 파산채권자표의 집행력을 방해하는 효과가 있음에 지나지 않는다.

채무자가 이의를 할 수 있는 사항은 파산채권의 액에 한정된다고 할 것이다. 우선적 파산채권이라는 점, 후순위 파산채권 또는 약정 후순위 파산채권이라는 점, 예정부족액에 대하여는 이의를 할 수 없다. 채무자의 이의는 파산절차 외에서 채무자에 대한 집행력을 저지할 수 있을 뿐이고, 우선권의 유무나 배당액에 관한 사항은 채무자의 권리에 관계가 없기 때문이다.

---

52) 여기서 이의는 일반조사기일에서 조사하는 것 자체에 대한 이의이고, 채권의 확정을 방해하는 이의가 아니다.

(2) 특별조사기일

특별조사기일은 채권신고기간 경과 후에 신고가 있는 채권으로서 파산관재인 또는 파산채권자의 이의가 있는 경우에 진행하는 기일이다(제453조 제2항). 특별조사기일에서 조사할 수 있는 채권은 ① 신고기간 후에 신고된 채권으로서 파산관재인이나 파산채권자의 이의가 있는 채권(제453조 제1항)과 ② 신고기간 후에 파산채권자의 이익을 해하는 변경을 가하고[53] 파산관재인이나 파산채권자의 이의가 있는 채권(제454조)이다. 파산채권자가 일반조사기일 후에 채권을 신고한 경우에도 특별조사기일을 열어야 한다(제455조).[54] 특별조사기일을 정하는 결정은 공고하여야 하며[55] 파산관재인·채무자 및 신고한 파산채권자에게 송달하여야 한다(제456조).

특별조사기일과 관련된 비용은 채권신고기간이나 일반조사기일 후에 신고한 파산채권자가 부담한다(제455조, 제453조 제2항 후문). 특별조사기일의 이익은 위 파산채권자에게만 존재하기 때문일 뿐만 아니라 간접적으로 신고기간을 준수하도록 하는 효과도 있다. 부담하여야 할 비용은 특별조사기일을 정하는 결정서의 송달비용, 파산관재인에 대한 추가보수 등이다. 동일한 특별조사기일에 복수의 파산채권을 조사하는 경우 비용 분담에 관하여 채권액에 비례하여 분담하여야 한다는 견해가 있을 수 있지만, 파산채권액에 따라 절차비용에 있어 차이가 나는 것은 아니기 때문에 신고한 채권자의 수에 따라 평등하게 분담하여야 할 것이다.

법원은 조사대상 채권자에게 비용예납을 명하고,[56] 예납명령에 응하지 않으면 결정으로 채

---

53) **신고한 사항에 관하여 다른 파산채권자의 이익을 해한 변경신고** 이러한 신고는 다른 파산채권자의 입장에서는 새로운 신고와 마찬가지이다. 따라서 이러한 채권신고에 대하여도 신고기한 이후에 신고한 것에 대하여는 특별조사기일을 열어 조사하도록 한 것이다(제454조).

'이익을 해하는 변경'이란 채권액의 증가, 이율 또는 기산점의 변경, 새로운 우선권 주장 등 다른 채권자의 배당액에 악영향을 미치는 변경이 그 전형적인 예이다. 이외에 어음채권에서 원인채권으로 변경하는 것과 같이, 신고채권액의 증액이나 사실관계의 변경은 없지만, 신고채권에 대하여 법적 구성을 변경하는 취지의 신고가 여기에 해당하는지에 대하여는 소송물에 관한 사고방식의 차이에 따라 다툼이 있다. 청구의 기초에 변경이 없는 한 다른 채권자의 이익을 해하는 변경에 해당하지 않는다는 견해(신소송물이론)와 요건사실이 달라 채권인부도 변경된다는 점을 고려하여 여기에 해당한다는 견해(구소송물이론)가 있다. 대법원이 구소송물이론을 견지하고 있으므로 후자의 견해에 따라 실무를 운영할 수밖에 없을 것이지만, 다른 법적 구성에 의한 원인도 묵시적으로 신고한 것으로 해석될 수 있으면 가급적 넓게 인정할 필요가 있다.

이에 반하여 법적 구성을 변경하는 것이 아니라 법적 구성을 명확히 하기 위한 원인의 변경은 이익을 해하는 변경에 해당하지 않는다. 예컨대 채권 전액을 대위변제한 보증인이 파산채권신고서를 제출할 때, 원채권만을 신고하고 구상권을 신고하지 아니한 경우, 원채권에 한정하여 채권신고를 한 것으로 볼 것이 아니라 구상권도 포함하는 의사로 신고한 것으로 보아야 한다(條解 破産法, 848쪽).

우선권 있는 파산채권이라는 취지의 추가는, 기본채권이 파산채권으로 확정된 경우 우선권이 없다는 것이 다툼이 없는 것으로 되었기 때문에, 확정 이후에는 추가변경을 할 수 없다고 할 것이다.

또한 별제권자가 별제권을 실행하고, 목적물의 평가가 변경됨에 따라, 당초의 예정부족액보다 금액이 증가되어도, 이는 이익을 해하는 변경은 아니라고 할 것이다. 예정부족액은 채권조사에 의해 확정되는 것이 아니고, 의결권액도 채권조사에 의해 확정되지 않고, 별도로 확정방법이 예정되어 있기 때문이다(제373조 제1항, 제2항).

54) 이처럼 파산채권의 신고기간에 아무런 제한을 두고 있지 아니한 것은 그 신고시점까지 유효하게 채권을 보유하고 있는 자로 하여금 신고를 통하여 채권을 행사할 수 있도록 하는 것이지, 그 신고시점 이전에 이미 소멸시효 완성 등으로 채권을 상실한 자에게까지 뒤늦게 파산채권 신고를 통하여 소멸한 채권을 부활시켜 주고자 하는 것은 아니다(대법원 2006. 4. 14. 선고 2004다70253 판결).

55) 회생절차에서는 특별조사기일 지정하는 결정을 송달하나 공고는 하지 않는다(제163조).

56) 실무적으로 회생절차와 달리(본서 745쪽), 파산절차의 경우에는 특별조사기일에 관한 비용의 예납을 명하고 있다.

권신고나 신고사항의 변경에 관한 신고를 각하한다(제309조 제1항 제1호 유추).

회생절차에서는 채권신고기간 내에 채권신고를 하지 아니한 경우 신고의 추후 보완 요건(제152조 제1항)을 갖추어야 비로소 특별조사기일에서 채권조사의 대상이 된다(제162조). 이에 반해 파산절차에서는 채권신고기간 내에 채권신고를 하지 아니하기만 하면 무조건 채권조사의 대상이 된다. 이는 회생계획안을 작성하기 위해 신고한 채권의 내용을 조기에 파악할 필요가 있는 회생절차와 달리, 청산절차인 파산절차에서는 그럴 필요가 없기 때문이다.

(3) 채권조사기일의 변경, 연기 및 속행

채권조사기일의 변경, 채권조사의 연기 및 속행을 하는 경우에도 공고 및 파산관재인·채무자 및 신고한 파산채권자에게 송달을 하여야 한다. 다만 선고가 있는 때에는 공고 및 송달을 하지 아니하여도 된다(제457조).

(4) 이의(채권인부)에 있어 주의할 점

파산관재인이 인정한 파산채권은 다른 파산채권자로부터 이의가 진술되지 않는 한 확정된다. 잘못된 인부(신고채권에 대한 인부를 잘못한 경우뿐만 아니라 일부 신고채권에 대한 인부를 하지 않는 경우도 포함한다)를 한 경우, 이를 사후적으로 수정하는 것은 곤란하고, 배당의 오류와 직결되기 때문에 채권인부를 함에 있어 충분히 주의를 할 필요가 있다. 서면에 의한 채권인부제도가 없으므로 채권조사기일에 인부를 하지 아니하면 다시 채권조사기일을 지정할 수밖에 없고 이는 절차지연의 원인이 될 수 있다.

나. 원상회복의 신청

채무자가 그 책임 없는 사유로 인하여 채권조사기일에 출석하지 못한 때에는 그 사유가 없어진 날부터 7일 이내에 한하여[57] 이의를 추후 보완하기 위하여 파산계속법원에 원상회복의 신청을 할 수 있다(제536조 제1항). 채무자가 이의를 진술하지 않으면 파산채권자표의 기재는 채무자에 대하여도 확정판결과 동일한 효력이 있고(제535조 제1항), 파산종결 또는 파산폐지 후 채권자는 위 기재에 의하여 강제집행을 할 수 있다(제535조 제2항, 제548조 제2항, 물론 채무자가 면책을 받은 경우는 다르다).[58] 따라서 채무자의 이의는 채무자의 권리에 중대한 영향을 미치므로 채무자가 책임질 수 없는 사유로 채권조사기일에 출석하지 못하여 이의를 진술하지 못한 경우에는 채무자를 구제할 필요가 있어 둔 규정이다.[59]

이는 파산절차에서는 사실상 채권신고기간의 제한이 없고, 귀책사유도 묻지 않으므로 채권신고가 지연되는 문제가 있었다. 이에 안이한 채권신고를 억제하기 위하여 파산절차에서는 비용예납을 명하고 있는 것이다.

57) 기간(7일)의 진행에 관하여는 해당 사유가 없어진 다음날로부터 기산한다(제33조, 민소법 제170조, 민법 제157조). 7일의 기간은 늘리거나 줄일 수 없다고 할 것이다(제33조, 민소법 제173조 제2항, 제172조 제1항).

58) 파산채권자표는 집행권원이 되기 때문이다(민집법 제56조 제5호).

59) 한편 채무자의 권리를 보전하기 위해서는 이의의 진술 중에 이의의 추완요건이 만족한다는 취지의 주장을 하는 것으로 충분하고, 독립된 행위로서 원상회복신청은 필요하지 않다. 따라서 책임질 수 없는 사유가 없어진 날로부터 7일 이내에 서면으로 이의를 진술하는 것으로 충분하도록 개정할 필요가 있다(일본 파산법 제123조 참조).

책임 없는 사유란 천재지변, 급격한 질병의 악화 등으로 채권조사기일에 출석하여 이의를 진술할 수 없는 경우를 의미한다. 본인에게는 귀책사유가 없지만, 대리인에게 귀책사유가 있어 출석할 수 없었던 경우는 여기에 해당하지 않는다고 할 것이다.

원상회복의 신청이 있는 경우 법원은 직권으로 채무자의 이의가 있는 채권의 채권자에게 원상회복의 신청서를 송달하여야 한다(제536조 제2항).

법원이 원상회복을 허가한 때에는 채무자가 채권조사기일에 이의를 진술한 것과 동일한 효력이 생긴다. 이 경우 법원사무관 등은 파산채권자표에 이의의 기재를 하여야 한다. 원상회복 신청에 관한 재판에 대하여는 즉시항고를 할 수 있다(제536조 제3항).

다. 이의가 없는 파산채권의 확정[60]

채권조사기일에 파산채권에 관하여 파산관재인 및 다른 파산채권자의 이의가 없는 때[61]에는 채권액, 우선권 및 후순위 파산채권의 구분이 신고대로 확정된다(제458조). 이의를 철회한 경우, 이의자가 자신의 채권신고를 취하하여 이의를 할 자격을 상실한 경우[62]에도 파산채권은 확정된다.

신고된 파산채권에 대하여 파산관재인 및 다른 파산채권자의 이의가 없으면 신고한 파산채권자와 총파산채권자 사이에서는 신고로 파산채권이 확정되고, 법원사무관 등에 의한 파산채권자표의 기재는 확정판결과 동일한 효력이 있다(제460조).

한편 채무자가 이의를 하더라도 채권의 확정을 방해하지 못한다.[63] 파산절차가 총채권을 만족시킬 수 없는 채무자의 모든 재산을 환가하여 채권자 사이에 분배하는 것을 목적으로 하는 청산절차인 이상, 채권의 확정이라는 문제에 있어서 채무자를 배려할 필요가 없고, 전체 이해관계의 조정을 담당하고 있는 파산관재인 및 파산채권자들 사이에 확정하는 것으로 충분하기 때문이다.

확정채권액은 채권자집회에서 의결권 행사의 기준이 되고(제373조 제1항), 미확정채권이라고 하더라도 의결권 행사를 할 수 있도록 법원이 허용할 수 있다(제373조 제2항). 다만 후순위 파산채권자는 의결권을 행사할 수 없다(제373조 제5항).

---

60) 재단채권자가 파산채권으로 신고를 하고, 파산관재인이 이를 시인한 경우 파산채권으로 채권의 성질이 변경되는가. 재단채권자가 자기의 채권을 파산채권으로 신고한 것만 가지고 바로 재단채권자가 자신의 채권을 파산채권으로 취급하는 것에 명시적으로 동의를 하였다거나, 재단채권자의 지위를 포기한 것으로 볼 수 없으므로 여전히 재단채권으로서의 성질을 갖는다고 할 것이다.

61) 이의가 있는 경우에는 아래에서 설명하는 파산채권의 확정절차를 거쳐야 한다. 물론 이 경우는 재판의 효력에 의하여 확정되는 것이기 때문에 이의가 없는 경우의 확정(제458조)과는 의미가 다르다.

62) 이의를 진술할 수 있는 자는 신고를 한 파산채권자이기 때문에, 채권신고를 취하한 경우에는 이의권을 상실한다. 또한 채권확정절차에서 이의자의 채권의 부존재가 확정된 경우에도 마찬가지로 이의의 효력은 상실된다. 이의를 한 파산채권자가 자신의 채권에 대하여 채권조사확정재판의 기간을 도과한 경우에도 마찬가지이다(破産法 · 民事再生 法, 611쪽, 條解 破産法, 872쪽).

63) 다만 채무자가 확정채권에 대하여 이의를 진술하지 않으면 파산채권자와 채무자 사이에서도 채권의 존재 및 내용 이 확정된다(제535조 제1항).

5. 다수채무자에 대한 파산채권의 조사

가. 분할채무관계의 인부

분할채무는 각 채무자가 분할된 채무를 독립하여 부담하는 것이기 때문에 다수의 분할채무자의 전원 또는 일부가 파산선고결정을 받은 경우, 채권자는 분할된 각 채무에 따른 채권에 대하여 파산채권자로서 권리를 행사하는 것이다.

따라서 파산관재인은 분할된 각 채무에 따른 채권에 대하여 인부를 하면 된다.

나. 공동채무관계의 인부

(1) 파산선고 당시의 현존액주의

다수채무자의 전원 또는 일부가 파산선고를 받은 때에는 채권자는 파산선고 당시에 가진 채권 전액에 관하여 각 파산재단에 대하여 파산채권자로서 권리를 행사할 수 있다(제428조). 여기서 다수채무자는 불가분채무자, 연대채무자, 부진정연대채무자, 연대보증채무자, 보증채무자, 중첩적 채무인수자, 어음·수표법에 의한 합동책임을 부담하는 자(발행인, 인수인, 배서인) 등이 있다.

파산선고 후 채권자가 다른 전부의무자로부터 일부 변제를 받거나 다른 전부의무자의 회생절차 내지 파산절차에서 변제 또는 배당을 받았다 하더라도, 그에 의하여 채권자가 채권 전액에 대하여 만족을 얻은 것이 아닌 한 파산채권액에 감소를 가져오는 것은 아니어서, 채권자는 여전히 파산선고 시의 채권 전액으로써 계속하여 파산절차에 참가할 수 있다(파산선고 당시의 현존액주의).

현존액주의는 채권자와 전부의무자와의 관계에 있어서 채권의 효력을 강화하려는 것이기 때문에, 전부의무자가 아닌 제3자가 일부 변제한 경우, 채권자가 채권 일부를 양도한 경우 등에는 적용되지 않고, 그 한도에서 파산채권액이 감소한다.

(2) 변제 등이 있는 경우의 인부

(가) 파산선고 전에 변제가 된 경우

파산선고 전에 전부의 변제, 상계의 소멸행위가 있었던 경우, 파산선고 당시에는 채권이 존재하지 않기 때문에 신고채권 전액에 대하여 이의를 진술하여야 한다.

이에 대하여 파산선고 전에 일부의 변제 등이 있는 경우 파산선고 당시 현존하는 채권액이 파산채권이 되기 때문에, 채권자가 변제 등의 액을 제외하지 않고 신고한 경우에는 변제 등의 액 부분에 대하여는 이의를 진술하여야 한다.

전부의무자가 상계한 경우에는, 비록 상계의 의사표시가 파산선고 후에 있었다 하더라도 상계적상이 파산선고 전이라면 상계의 소급효(민법 제493조 제2항)에 의하여 채무소멸의 효과는 파산선고 전으로 소급하므로, 그 한도에서 파산채권액이 감소된다. 채권자와 다른 전부의무자 사이에 일부 경개나 면제가 이루어진 경우에는 면제 또는 경개의 효력이 채무자에게 미치는 한도에서 파산채권액이 감소한다(민법 제417조, 제419조).

(나) 파산선고 후에 변제가 된 경우

파산선고 후에 다른 전부의무자로부터 일부의 변제 등이 된 경우(다른 전부의무자의 파산절차에서 배당을 받은 경우도 마찬가지이다), 그 채권의 전액이 소멸되는 경우를 제외하고, 파산채권액에 영향을 미치지 않는다. 따라서 파산관재인은 파산선고 후 채권자가 다른 전부의무자로부터 일부 변제받은 금액이 있더라도 그 부분만큼을 이의하면 안 되고 채권 전액을 시인하여야 한다. 물론 전액을 변제받은 경우에는 취하를 하도록 하거나 전액에 대하여 이의를 진술하여야 한다.

파산선고 후 일부의 변제 등을 받지 않은 채권자는 파산선고 당시의 현존액에 대하여 각각 전부의무자의 파산절차에서 권리행사를 할 수 있다. 그래서 파산관재인은 파산선고 후 채권의 일부에 대하여 변제를 받은 채권자가 파산선고 당시의 현존액을 신고한 경우에 있어서도 이의를 진술할 수 없다.

다만 각각의 전부의무자의 파산절차에 의한 배당의 합계액이 채권액을 넘는 경우, 해당 채권자에 대하여, 부당이득반환청구권을 행사할 수 있을 것이다.[64] 이러한 불합리가 발생할 가능성이 있는 경우, 당해 채권자의 배당 합계액을 넘지 않도록, 해당 채권자에 대하여, 채권신고의 일부를 취하하도록 촉구하거나[65] 일부에 대하여 이의를 진술하여야 할 것이다.

(다) 파산선고 후 제3자가 변제한 경우

전부의무자가 아닌 제3자가 파산선고 후 파산채권의 일부의 변제 등을 한 경우 현존액주의는 적용되지 않고 파산채권액만 감소한다. 따라서 해당 파산채권자가 그 액을 공제하지 않고 신고한 경우, 그 부분에 대하여 이의를 진술하여야 한다.

다. 보증관계의 인부

(1) 보증채무의 인부

보증인이 파산선고를 받은 때에는 채권자는 파산선고시에 가진 채권의 전액에 관하여 파산채권자로서 그 권리를 행사할 수 있다(제429조). 보증채무는 이미 현재화되어 있으므로[66] 주채

64) 대법원 2009. 5. 14. 선고 2008다40052, 40069 판결은 채권자가 파산선고를 받은 보증인으로부터 일부 금액을 배당받은 다음 회사정리절차(현재 회생절차)가 개시된 주채무자로부터 일부 금액을 변제받아 채권 전액을 초과하게 된 사안에서, 초과된 금액은 전액 변제에 의하여 비로소 변제자대위권을 얻게 되는 보증채무자에 대한 관계에서 부당이득이 된다고 하였다.
65) 다만 대법원 2004. 10. 15. 선고 2003다61566 판결은 파산선고 후 파산채권자가 주채무자 또는 다른 보증인으로부터 일부 변제를 받았다고 하더라도 그 부분만큼의 채권신고를 취하할 의무를 지지 않는다고 판시하였다.
66) 대법원 2006. 4. 14. 선고 2004다70253 판결(채무자가 상환기일이 1999. 11. 14.까지인 사채에 관하여 사채보증계약을 체결하면서 보증채무의 이행청구를 할 수 있는 기간을 원금에 대하여는 그 상환기일로부터, 이자에 대하여는 그 지급기일로부터 3개월 이내로 하고, 그 기간 내에 이행청구가 없으면 보증채무가 소멸하는 것으로 정한 사안에서, 보증인이 파산선고를 받은 때에는 채권자는 파산선고시에 가진 채권의 전액에 관하여 파산채권자로서 그 권리를 행사할 수 있다"고 규정하고 있으므로, 채무자의 보증채무는 채무자가 파산선고를 받은 1998. 10. 16. 자로 변제기가 도래되어 보증채권자가 그 권리를 행사할 수 있게 되었고, 따라서 위 3개월의 이행청구기간의 기산일도 당초

무 또는 보증채무의 변제기 도래 여부는 묻지 않는다. 따라서 보증인이 파산선고를 받은 경우 채권자가 파산선고 당시 채권액을 신고하면 파산관재인은 이를 전액 시인하여야 한다.

따라서 주채무자와 보증채무자에 대하여 파산선고가 된 경우 채권자는 쌍방의 파산절차에 대하여 전액 채권신고를 할 수 있고, 그 경우에도 파산관재인은 이의를 진술할 수 없다. 당해 채권자에 대한 배당합계액이 채권액을 초과한 경우에는 앞에서 본 바와 같이 부당이득반환 문제가 발생한다.

(2) 보증인의 구상권에 대한 인부

(가) 사전구상권

다른 전부의무자의 보증인이 사전구상권을 신고하는 것도 가능하다(제430조 제1항 본문). 다만 채권자가 채권의 전액에 관하여 파산채권자로서 권리를 행사한 때에는 보증인(장래의 구상권자)은 권리를 행사할 수 없다(제430조 제1항 단서). 따라서 이미 채권자로부터 채권 전액에 관하여 채권신고가 있는 경우, 파산관재인은 보증인이 사전구상권을 신고하면 이의를 진술하여야 한다.

반면에 채권자로부터 채권신고가 없는 경우에는 파산관재인은 보증인의 채권신고를 조건부 채권으로 보아 보증채무이행을 정지조건으로 한 정지조건부 채권(제427조)으로 시인하고, 배당 절차에서는 보증인에게 배당할 금액을 임치하다가(제519조 제4호) 최후배당의 제외기간까지 채권자의 권리신고가 없고 구상권이 현실화되면 이를 지급한다(제523조). 물론 채권자로부터 채권신고가 없더라도 장래 그 가능성이 있는 경우에는 이의를 제기해두는 것이 적당하다. 채권자집회 전에 신고의 유무를 확인하고 채권자로부터 신고가 없는 경우에는 이의를 철회하는 방법도 있다.

(나) 사후구상권

파산선고 후 보증인이 일부 변제 등을 한 경우에도 채권자의 파산채권액에는 영향을 미치지 않고(제428조), 채권자가 가지고 있는 파산선고 당시의 채권 전액이 파산채권으로 된다. 반면 일부 변제 등을 한 보증인은 그 구상권에 대하여 파산채권자로서 권리를 행사할 수 없기 때문에(제430조 제2항 참조) 보증인의 구상부분의 신고는 이의를 진술하여야 한다.

이에 대하여 파산선고 후 보증인이 전부 변제를 한 경우에는, 보증인은 그 구상권의 범위 내에서, 채권자가 가지는 권리를 파산채권자로서 행사할 수 있기 때문에, 채권자가 신고한 채권에 대하여 명의변경절차(규칙 제76조)에 따라 배당의 대상에 추가한다. 채권자의 채권신고를 취하하게 하고 보증인의 구상권신고를 시인(또는 이의의 철회)할 수도 있다.

물론 앞에서 본 바와 같이 파산선고 후 보증인(전부의무자)이 아닌 제3자로부터 변제가 된 경우에는, 파산채권의 변제액이 감소할 뿐이다.

회사채 상환기일인 1999. 11. 14.이 아니라 1998. 10. 16.부터라고 하였다) 참조.

(다) 물상보증인 및 일부보증인의 구상권

위 (가) 및 (나)는 물상보증인에게도 준용된다(제430조 제3항). 그래서 채권자가 파산선고 후, 물상보증인으로부터 변제 등을 받은 경우에 있어서도 채권자는 채권의 전액의 변제가 되지 않는 한, 파산선고 당시에 가진 채권 전액에 대하여 파산채권자로서 권리를 행사할 수 있고, 파산채권액에는 영향을 미치지 않는다.

여럿의 보증인이 각각 채무의 일부를 보증한 경우에도 마찬가지이다(제431조).

라. 어음·수표채권의 인부

〈제2편 제9장 제2절 Ⅰ.1.가.〉(본서 725쪽)를 참조할 것.

마. 가압류, 압류, 추심 또는 전부된 채권

(1) 가압류된 채권

파산채권이 가압류되었다고 하더라도 가압류채권자가 추심권을 취득한 것은 아니므로, 가압류채권자가 채권신고를 하더라도 이의하고, 가압류채무자(파산채권자)의 채권을 시인한다. 다만 배당절차에서는 가압류채무자에게 배당금을 지급하지 않고 이를 공탁한다.

(2) 추심채권

추심채권자는 추심권에 기하여 채권신고를 할 수 있다.[67] 추심명령은 압류된 채권의 채권자 지위에 변동을 가져오는 것은 아니므로 추심채무자도 채권신고를 할 수 있지만, 절차의 편의 상 추심채무자의 채권신고에 대하여는 일단 이의를 진술해 둔다. 추심채무자와 추심채권자와의 관계에 대하여는 추심채권자가 우선한다.[68]

---

67) 조세채권에 기한 압류의 경우에는 압류권자가 채권신고를 할 수 있다(국세징수법 제41조 제2항, 지방세징수법 제51조 제2항). 일반채권에 대하여도 압류권자가 채권신고를 하고 의결권을 행사할 수 있다는 견해가 있지만(법인파산실무, 302쪽), 압류만으로는 압류권자가 어떤 처분권한을 갖는 것도 아니고 대위나 추심권한도 없으므로 의문이다. 적어도 파산채권자의 채권신고를 부정하여서는 안 될 것이다. 의결권을 파산채권자가 행사하더라도 상호간에 특별히 이해관계가 대립하지 않을 것이므로 파산채권자가 행사할 수 있다고 할 것이다.

68) 추심명령은 제3채무자에게 송달한 때에 효력이 생긴다(민집법 제229조 제4항, 제227조 제3항). 따라서 추심명령 발령 후 제3채무자에게 송달되기 전에 제3채무자에 대하여 파산선고가 된 경우에는 추심명령의 효력은 어떻게 되는가. 예컨대 2021. 2. 23. 추심명령이 발령되고 제3채무자에게 송달되기 전인 2021. 2. 26. 제3채무자에 대하여 파산선고가 되었으며, 추심명령은 2021. 3. 2. 파산관재인이 아닌 제3채무자에게 송달된 경우 추심명령의 효력은 인정될 수 있는가. 다시 말해 추심채권자는 제3채무자에 대한 파산절차에서 파산채권자로 인정될 수 있는가. 이에 관하여 추심명령이 제3채무자(파산관재인)가 아닌 자에게 송달되었으므로 추심명령의 효력이 없어 원칙적으로 추심채권자가 될 수 없다고 할 것이다(서울회생법원 2020. 1. 9. 자 2018하확100015 결정 참조). 다만 채권집행 절차에 있어서 제3채무자는 집행당사자가 아니라 이해관계인에 불과하여 추심명령(압류 및 추심명령)이 송달되기 이전에 제3채무자가 파산선고를 받았다는 사정만으로는 채무자에 대한 강제집행요건이 구비되지 아니하였다고 볼 수 없어, 파산선고를 받은 자를 제3채무자로 표시한 추심명령이 있었다고 하더라도 이는 경정결정에 의하여 시정될 수 있다고 할 것이므로, 추심명령의 제3채무자의 표시를 파산선고를 받은 자에서 파산관재인으로 경정하는 결정이 있고 그 경정결정이 확정되는 경우에는 당초의 추심명령 정본이 파산선고를 받은 제3채무자에게 송달된 때에 소급하여 제3채무자가 파산관재인으로 경정된 내용의 추심명령의 효력이 발생한다(대법원 1998. 2. 13. 선고 95다15667 판결 참조). 따라서 법원으로서는 추심채권자로 하여금 경정결정을 받아오게 한 후 추심채권자로 인정할 수도 있을 것이다.

(3) 전부채권

전부명령이 확정되면 압류된 채권이 지급에 갈음하여 압류채권자에게 이전하는 것이므로, 이제는 전부채권자만이 파산절차에서 채권을 행사할 수 있다. 따라서 전부명령의 효력을 인정할 수 없는 경우가 아닌 한, 전부채권자의 채권신고를 시인하고 전부채무자의 채권신고에 대하여는 이의를 진술한다. 전부명령이 제3채무자에게 송달되기 전에 전부채무자에게 파산선고가 내려진 경우에는 전부명령이 실효하는 점(제348조 제1항)에 주의를 요한다.

6. 별제권에 대한 채권조사

가. 별제권부 파산채권의 요건·효과

별제권부 파산채권이 되기 위해서는 파산재단에 속하는 재산상에 존재하는 유치권 등이어야 한다(제411조). 따라서 채무자가 채무자 겸 담보설정자라면 그 채권은 별제권부채권이지만, 채무자 이외의 자가 물상보증을 한 경우에는 그 채권은 별제권부채권이 아니다. 채무자가 연대보증인 겸 물상보증인인 경우에도 채무자(연대보증인)가 주채무자의 채무를 물상보증한 것에 불과하므로 피담보채권이 보증채무가 아닌 이상 보증채무는 별제권부채권에 해당하지 않는다.

별제권자는 별제권의 행사에 의하여 변제를 받을 수 없는 채권액(예정부족액)이나 별제권을 포기한 채권액에 대하여만 파산채권자로서 권리행사를 할 수 있다(제413조).

나. 예정부족액에 대한 채권신고·조사

예정부족액은 담보권을 실행하는 등에 의해 비로소 확정되는 것이므로 별제권자인 파산채권자가 의결권을 행사하기 위해서는 '채권의 액'뿐만 아니라 '별제권의 행사에 의하여 변제받을 수 없는 채권의 액'(이른바 예정부족액)을 신고하고, 파산관재인으로부터 예정부족액으로서 인정받을 필요가 있다.

다만 채권자집회의 결의사항은 제한되어 있고, 의결권을 확정하기 위하여 예정부족액을 인부할 필요가 없기 때문에 예정부족에 대한 인부는 유보하여 두어도 별다른 문제가 없다.

별제권부 파산채권에 대한 채권인부는 다른 파산채권의 경우와 마찬가지로 당해 채권의 존부 및 액에 대하여 인부를 행한다.

관련 내용은 <제5장 제4절 IV.1.나.(1)>(본서 1435쪽)을 참조할 것.

7. 복수의 파산채권에 대하여 총액이 만족되지 않은 변제가 된 경우[69]

채권자 A가 채무자 B에 대하여 5개의 채권을 가지고 있고, B 및 C(물상보증인)가 각각 그 소유 부동산에 대해, 이들 5개의 채권을 피담보채권으로 한 근저당권을 설정하였다. B에 대하

---

69) 破産管財の手引, 274～275쪽.

여 파산선고가 되고 그 후 B 및 C의 부동산을 임의매각하여 변제를 받았는데, 그 변제액이 5개 채권의 총액을 만족시키지 못한 경우 A의 파산채권액은 어떻게 되느냐이다.

파산선고 당시 현존액주의의 적용에 있어서, ① 피담보채권액으로 된 복수채권의 총액을 만족시키지 않는 한, '그 채권의 전액이 소멸된 경우'에 해당하지 않고 파산선고 당시 현존하였던 복수채권의 총액이 파산채권으로 된다는 견해와 ② 개별채권으로 보고, 그중 전액 변제된 개별채권에 대하여는 '그 채권의 전액이 소멸된 경우'에 해당하여, 해당 채권액을 감액한 액이 파산채권으로 된다고 보는 견해가 있을 수 있다.

일본 최고재판소는 ②의 방식을 채택하여, 채무자에 대한 파산선고결정 후, 물상보증인이 복수의 피담보채권 중 일부 채권에 대하여 그 전액을 변제한 경우에는, 복수의 피담보채권의 전부가 소멸되지 않았어도, 위 변제와 관련된 해당 채권에 대하여는 '그 채권의 전액이 소멸된 경우'에 해당하고, 채권자는 파산절차에서 그 권리를 행사할 수 없다고 판시하였다.

파산관재인으로서는 복수의 파산채권에 대하여 채무자나 다른 전부의무자에 의해 총액에 충분하지 아니한 변제 등이 있는 경우에는, 복수의 파산채권 중 어떤 채권에 충당되었는지, 그 충당관계를 확인하여 채권인부를 할 필요가 있다.

변제한 자가 누구인지, 변제가 채권인부의 전인지 후인지에 따라 파산관재인이 어떻게 대응하여야 하는지를 표로 정리하면 아래와 같다.

	파산관재인의 대응	
	채권인부 전 변제 등	채권인부 후 변제 등
채무자의 변제 등	충당관계를 확인한 후, 변제 등에 의해 감액된 부분에 대하여 이의를 진술한다.	충당관계를 확인한 후, 변제 등에 의해 감액된 부분에 대해 신고의 취하를 촉구한다(다른 채권자에 대한 배당자원이 증가하게 된다). 취하에 응하지 않으면, 배당을 하지 않을 수 없다고 해석되지만, 파산관재인이 채권자에 대하여 부당이득반환청구권을 행사한다.
	*별제권의 목적인 부동산이 임의매각에 의해 일부 변제된 경우에는, 별제권의 부족액이 확정되고, 변제 후 채권액에 기해 배당하면 충분하며, 이의를 진술하거나 신고를 취하할 필요는 없다.	
다른 전부의무자의 변제 등	충당관계를 확인한 후, 전액이 소멸된 개별채권이 있는 경우에는, 변제 등에 의한 대위분에 대해 신고명의변경을 촉구한다. 채권자·다른 전부의무자 사이에 충당관계에 관하여 다툼이 있고, 쌍방으로부터 신고가 된 경우에는, 충당관계를 확인한 후, 어느 것에 대하여 이의를 한다.	충당관계를 확인한 후, 전액이 소멸된 개별채권이 있는 경우에는, 변제 등에 의한 대위분에 대해 신고명의변경을 촉구한다. 채권자·다른 전부의무자 사이에 충당합의의 효력에 다툼이 있는 경우에는, 원칙적으로는 채권자에 대한 배당을 실시하지 않을 수 없다고 해석된다(나중에 채권자·다른 전부의무자 사이이의 부당이득의 문제가 발생한다)

8. 내부채권의 취급 – 파산채권의 열후화

파산절차는 채무자의 재산을 공정하게 환가·배당하는 것을 목적으로 한다(제1조). 여기서 '공정한 배당'이란 채무자의 모든 재산을 환가하여 파산채권자에게 금전으로 평등한 만족을 실현하는 것을 말한다. 그래서 파산채권은 파산절차에 의하지 않고는 행사할 수 없도록 하면서 (제424조), 현재화·금전화에 의해 파산채권을 등질화하여 이러한 목적을 실현하는 것이다. 그런데 파산채권의 속성으로부터 파산채권자의 평등한 만족이 절대적인 것인가의 문제가 있다.

모자(친자)회사 사이의 채권, 지배주주의 채권, 기존 경영진의 채권 등 이른바 내부채권을 가진 채권자가 채권신고를 한 경우 이들 채권을 열후적으로 취급하기 위하여 이의를 진술하는 것이 허용되는가.

내부채권에 대하여 회생절차에서는 회생계획에 의한 권리변경의 단계에서 채권자평등원칙의 예외로서(제218조 제1항 단서 제4호, 제218조 제2항) 논의되고 있고, 실무적으로도 내부채권을 열후적으로 취급하는 회생계획안이 작성되는 경우도 많다.

반면 파산절차의 채권인부에 있어서는 이러한 명문규정이 없다. 또한 파산절차에서는 배당에 있어서 절대적 평등원칙이 지배한다. 그래서 이러한 내부채권이 신고된 경우 파산관재인 또는 파산채권자가 이의를 진술할 수 있는 것인지, 이의가 진술되어 해당 내부채권자로부터 채권조사확정재판 등이 제기된 경우 파산관재인 등은 어떻게 주장·증명을 하여야 하는지가 문제될 수 있다.

내부채권인 파산채권은 제446조 제1항 각호에서 규정하는 후순위 파산채권 어디에도 해당하지 않고, 열후적 취급에 관하여 채무자회생법이나 다른 어떤 법에도 규정하고 있지 않으므로 원칙적으로 일반적인 파산채권에 비하여 열후화시키는 것은 허용되지 않는다.[70] 다만 내부

---

70) 미국의 경우는 Deep Rock doctrine이 존재한다. 이 법리는 회사의 도산절차에 있어 그 지배주주나 친회사의 권리를 일반채권자의 권리보다 열후적으로 취급하는 것이다. 형평법상의 원리이다{倒産法(加藤哲夫등), 130~131쪽}.

○ Taylor v. Standard Gas and Electric Company, 306 U.S. 307 (1939), was an important United States Supreme Court case in United States corporate law that laid down the "Deep Rock doctrine" as a rule of bankruptcy and corporate law. This holds that claims, as creditors, upon an insolvent subsidiary company by controlling shareholders or other insiders, like managers or directors, will be subordinated to the claims of all other creditors.

○ The Supreme Court held that, where a subsidiary corporation declares bankruptcy and an insider or controlling shareholder of that subsidiary corporation asserts claims as a creditor against the subsidiary, loans made by the insider to the subsidiary corporation may be deemed to receive the same treatment as shares of stock owned by the insider.

Therefore, the insider's claims will be subordinated to the claims of all other creditors, i.e. other creditors will be paid first, and if there is nothing left after other creditors are paid then the insider gets nothing. This also applies (and indeed the doctrine was first established) where a parent company asserts such claims against its own subsidiary.

The doctrine will be applied where equity requires, particularly where the subsidiary was undercapitalized at the time that it was established, and can thereby be shown to have been mismanaged for the parent corporation's benefit.

채권을 가진 채권자가 해당 채권을 주장하는 것은 경우에 따라 신의칙에 반하는 것으로 볼 여지가 있다.[71] 다만 어떠한 경우에 열후적으로 취급할 수 있는지 객관적인 기준을 정하는 것은 어렵다.[72] 결국 내부채권의 경우 어떠한 경우에 파산관재인이나 채권자로부터의 이의가 인정될 것인지는, 채무자, 파산채권자의 관계, 해당 채권의 발생원인이나 배경 등 개별·구체적인 사정을 고려하여 판단할 수밖에 없고, 명확한 기준에 의해 규율하는 것은 곤란하기 때문에, 조사확정재판에 있어서는 신의칙에 관한 구체적인 사실관계에 관하여 자세한 주장·증명을 할 필요가 있다.[73]

Ⅳ 채권조사기일 종료 후의 절차 및 청구원인의 제한

1. 채권조사기일 종료 후의 절차

가. 파산채권자표의 기재

법원사무관 등은 채권조사결과 및 채무자가 진술한 이의를 파산채권자표에 기재하여야 한다. 법원사무관 등은 확정된 채권의 증서에 확정된 뜻을 기재하고 법원의 인을 찍어야 한다(제459조). 신고된 파산채권은 먼저 파산채권자표가 작성됨으로써(제448조) 채권조사대상이 명확해진다. 이후 각각의 채권에 대하여 채권조사가 되고, 그 결과가 기재됨으로써 확정의 유무나 조사확정재판신청 여부 등과 같은 사실관계가 명확히 되며, 의결권의 행사나 배당실시의 자료가 될 수 있다.

파산채권자표에 기재하는 행위는 어디까지나 공증행위이지만, 채권조사결과의 기재에는 확정판결과 동일한 효력이 부여된다(제460조). 파산절차에서 청산목적을 달성하기 위해서는 파산채권의 존재 및 액이 결정되고, 적어도 파산절차에서 다툼이 없는 상태에 이르러야 한다. 이의가 없다는 사실상태만으로는 채권확정이 인정되지 않고, 파산채권자표에의 기재라는 공증행위가 부가되어야 비로소 위와 같은 불가쟁력이 부여되는 채권의 확정상태가 발생하는 것이다. 이런 점을 고려하면, 파산채권자표의 기재는 채권확정의 형식적 요건이라고 할 수 있다.[74]

나. 이의의 통지

법원은 파산채권자가 채권조사기일에 출석하지 아니한 경우 그 채권에 관하여 이의가 있는

[https://en.wikipedia.org/wiki/Taylor_v._Standard_Gas_%26_Electric_Co.(2024. 1. 28. 최종 방문)]

71) 일반적으로 경영자책임이나 주주책임이 인정되는 경우에는 채권조사확정재판 등(제351조 내지 제354조)에 의해 손해배상채권을 확정한 다음, 파산채권과 상계를 함으로써 해결될 수 있기 때문에 내부채권의 열후화 문제로 논할 것까지는 없다. 문제는 법적 책임을 물을 수 없는 경우 열후적 취급이 인정되는지에 있지만, 이러한 열후적 취급이 인정된다고 하면 내부자에 대한 채권자가 있는 경우, 해당 채권자에게 불측의 손해를 야기할 수 있는 문제도 있다.

72) 일본의 경우 현행 파산법 입법과정에서 내부채권의 열후화를 규정하자는 논의가 있었으나, 객관적 기준을 정하는 것이 어렵다는 이유로 입법화에는 이르지 못하였다. 결국 개별적인 사정을 고려하여 해석론에 맡긴 것이다. 한편 파산회사를 사실상 지배했던 회사가 파산절차에서, 파산회사의 채무를 대위변제하여 취득한 구상권을 파산채권으로 주장하는 것은 신의칙에 반한다는 하급심 재판례도 있었다{倒産法(加藤哲夫등), 130쪽, 倒産と訴訟, 125쪽}.

73) 倒産と訴訟, 126쪽.

74) 條解 破産法, 873쪽.

때에는 그 사실을 파산채권자에게 통지하여야 한다.[75] 통지는 서류를 우편으로 발송하여 할 수 있다(제461조). 이는 파산채권자의 조사확정재판에 대한 신청권을 보장하기 위한 것이다.

채무자가 이의를 한 경우에는 통지할 필요가 없다. 채무자가 이의를 하여도 파산절차에서 채권확정절차의 결과에 영향을 미치지 않기 때문이다.

다. 이의의 철회

채권조사기일에 이의를 한 경우라도 언제든지[76] 이의를 철회할 수 있다.[77] 다만 이의를 철회할 수 있는 시적 한계는 최후배당의 배당제외기간 만료시까지라고 보아야 할 것이다. 이의를 철회하면 법원사무관 등은 파산채권자표에 그 내용을 기재하고 이로써 파산채권은 신고한 내용대로 확정된다.

이의의 철회가 있는 경우 그 시점에서 채권확정을 방해하는 효과는 소멸한다. 그래서 일단 이의의 철회를 한 후에는 파산관재인이나 파산채권자는 다시 이의를 할 수 없다. 이의를 할 수 있는 자는 신고한 파산채권자로 제한되기 때문에(제451조 제1항) 채권신고를 취하한 경우나 채권확정절차에서 이의채권의 부존재가 확정된 경우에도 이의권을 상실한다(본서 780쪽 참조).

2. 청구원인의 제한

아래 〈제2절 I.4., II.2. 및 III.〉(본서 1569쪽)을 참조할 것(제465조).

---

75) 파산참가기관(예금보험공사 또는 금융감독원)이 신고한 예금채권에 대하여 이의가 진술된 경우에는 파산참가기관에 이의통지서를 송달한다(금융산업의 구조개선에 관한 법률 제23조). 실무적으로 파산관재인이 신고채권에 대하여 후순위 파산채권으로 시인하는 경우가 있다. 이는 질적 부인으로 그 사실을 파산채권자에게 통지하여야 할 것이다.

76) 언제든지 이의를 철회할 수 있다는 점에서, 이의의 대상인 권리가 확정될 때까지만 이의를 철회할 수 있는 회생절차와 다르다{〈제2편 제10장 제2절 III.2.〉(본서 779쪽)}. 한편 파산절차에서도 회생절차와 마찬가지로 파산채권이 확정(파산채권조사확정재판 신청기간의 경과)된 이후에는 파산관재인이 이의를 철회할 수 없다는 견해가 있을 수 있다. 그 근거는 ① 파산채권조사확정재판 신청기간(제462조 제5항)의 경과로 파산채권은 확정된다. 파산채권자가 채권조사확정재판신청을 하지 않는 것은 파산절차에 참가하는 이익을 포기한 것으로 이해할 수 있다. 파산채권자가 절차상의 권리를 행사할 수 없는 이상 파산관재인의 이의철회권도 상실되었다고 보는 것이 형평에 맞다. ② 파산관재인의 이의를 믿은 다른 파산채권자의 신뢰를 보호할 필요가 있다. 이처럼 철회부정설도 성립할 수 있지만 다음과 같은 이유로 철회긍정설이 타당하다고 본다. ① 철회를 부정할 경우 발생하는 실제적인 폐단이 있다. 파산관재인은 단기간에 다수 채권에 대하여 인부를 하지 않으면 안 되기 때문에 장래의 변경가능성을 유보한 채(예컨대 자료가 추가로 제출되면 시인할 것을 약속한 채) 일단 부인하는 잠정적 인부를 할 수밖에 없다. 그런데 조사확정재판신청 기간이 경과하면 채권이 확정된다고 할 경우 다수의 채권조사확정재판을 유발하게 되고, 이는 파산절차기능의 마비를 초래할 수도 있다. 뿐만 아니라 파산관재인이 부인하고 파산절차에 대한 지식 부족으로 채권조사확정재판을 신청하지 못한 파산채권자의 권리가 나중에 존재하는 것으로 판명된 경우에는 결과적으로 매우 부당한 결론이 된다. ② 파산관재인의 이의와 관련 없이 파산채권자는 이의를 할 수 있었기 때문에 파산채권자의 신뢰를 보호할 필요성은 없다. 요컨대 파산관재인의 이의철회를 긍정하는 것이 적절한 경우가 있다는 점은 부정할 수 없다. 거래에 미치는 영향도 적지 않기 때문에 채권자의 권리를 실권시키지 않는 방향으로 운영하는 것이 바람직한 경우가 많다. 입법론으로는 법원의 허가를 얻은 경우에 한하여 파산관재인이 이의를 철회할 수 있도록 하는 것도 고려해 볼 만한다(條解 破産法, 838~840쪽).

77) 반면 채권조사기일에 이의를 진술하지 아니한 경우에는 나중에 이의를 진술할 수는 없다.

Ⅴ 확정채권에 관한 파산채권자표 기재와 그 효력

1. 파산채권의 확정

채권조사기일에 파산관재인 및 파산채권자의 이의가 없는 때에는 채권액, 우선권, 제446조 제1항 각 호의 어느 하나에 해당하는 청구권의 구분이 확정된다(제458조). 법원의 공권적 판단을 거치지 않고 이해관계인의 의사에 의하여 대량의 파산채권을 획일적으로 확정한다(본서 771쪽).[78] 채무자의 이의는 파산채권의 확정에 아무런 영향이 없다.

확정은 배당의 기초가 되는 파산채권의 범위 및 액의 확정과 채권자집회에서의 의결권액의 확정이라는 2가지 의미를 갖는다.[79]

채무자에 대한 채권이 실체적으로 파산채권의 성격을 가지고 있어도, 파산절차에서 파산채권으로서 취급되고, 최종적으로 파산재단에 대한 배당수령권의 기초가 되기 위해서는 그 존재 및 액 등이 확정되지 않으면 안 된다. 이러한 의미에서 채권의 확정은 파산절차에서 필수적이라고 할 수 있다. 이해가 대립하는 파산채권자 사이에 있어서 배당의 기초가 되는 각 채권액을 정하고, 채권자 사이에서 더 이상 다툼이 없는 것으로 하지 않으면, 파산재단의 청산목적은 달성될 수 없기 때문이다.

나아가 파산채권의 확정은 위와 같이 배당의 기초를 확정하는 것 외에 채권자집회 등에 있어서 의결권액의 확정(제373조 제1항)과도 결부되어 있다. 즉 확정채권액은 채권자집회에서 의결권 행사의 기준액이 된다.

한편 파산절차(청산형절차)에 있어서는, 채권확정이 필수불가결하다. 하지만 회생절차(재건형절차)에서는 반드시 이처럼 엄격한 의미에서의 확정을 필요로 하는 것은 아니다. 즉 최소한, 다수결로 결정하여야 하는 경우에 있어 의결권만 정해놓는다면, 권리의 실체적인 존부나 내용을 확정하여 둘 필요는 없다. 왜냐하면 다수결로 장래 회생채권자 등의 변경된 권리내용만을 확정하는 것으로 목적을 달성하는 것이 가능하기 때문이다. 따라서 회생절차에서 회생채권 등의 확정절차는 권리의 내용을 둘러싼 사후적인 분쟁의 발생을 회피하여 채무자의 회생에 기여한다는 관점에서 진행되는 것이라고 생각된다.[80]

---

78) 이를 '파산식 확정'이라고 부른다(전병서, 387쪽, 破産法·民事再生法, 608~609쪽).
79) 破産法·民事再生法, 609쪽. 별제권의 경우에는 피담보채권 그 자체와 예정부족액이라는 2가지가 조사대상이 되고, 피담보채권액은 조사에 의하여 확정시키며, 의결권액도 예정부족액에 대한 조사에 의하여 확정된다. 그러나 배당의 기초로 되는 부족채권액은 인부나 조사의 대상이 되지만(제450조, 제448조 제1항 제5호), 그것에 의하여 확정되는 것은 아니고(제458조 참조), 별제권이 현실적으로 실행되고 부족액이 증명되는 것에 의해 확정된다(제525조 참조).
80) 條解 破産法, 870쪽 참조.

2. 파산채권자표의 기재와 그 효력

가. 확정판결과 동일한 효력

확정채권에 관한 파산채권자표의 기재는 파산채권자 전원에 대하여 확정판결과 동일한 효력을 가진다(제460조).[81] 이러한 효력은 채권조사기일에 출석하지 않았거나 채권신고를 하지 않은 파산채권자에게도 미친다. 확정판결과 동일한 효력이 인정되는 확정채권이란 채권조사기일에 파산관재인 및 파산채권자의 이의가 없는 채권을 말한다(제458조).[82] 채무자의 이의는 파산채권의 확정에 아무런 영향이 없다. 효력이 미치는 인적 범위와 관련하여 '파산채권자 전원'이라고만 되어 있지만, 해석상 파산채권자의 이익을 대표하는 파산관재인에 대하여도 구속력을 갖는다고 할 것이다.[83]

여기서 확정판결과 동일한 효력이라 함은 기판력이 아닌 확인적 효력을 가지고 파산절차 내부에 있어 불가쟁의 효력이 있다는 의미에 지나지 않는다.[84]

나. 파산채권자표의 기재에 대한 불복방법

(1) 파산채권자표의 기재에 오류가 있는 경우 어떻게 경정하여야 하는가. 확정판결과 동일한 효력이라 함은 기판력이 아닌 확인적 효력을 가지고 파산절차 내부에 있어 불가쟁의 효력이 있다는 의미에 지나지 않기 때문에 이미 소멸된 채권이 이의 없이 확정되어 파산채권자표에 기재되어 있더라도 이로 인하여 채권이 있는 것으로 확정되는 것이 아니므로, 이것이 명백한 오류인 경우에는 파산계속법원의 경정결정에 의하여 이를 바로잡을 수 있으며(제33조, 민소법 제211조) 그렇지 아니한 경우에는 무효확인의 판결을 얻어 이를 바로잡을 수 있다.[85]

(2) 파산채권자표의 기재에 내용상의 오류가 있는 경우에는 어떻게 처리하는가. 파산채권자

---

81) 채무자에 대한 파산채권자표의 효력(확정판결과 동일한 효력)은 제535조 제1항(파산종결의 경우), 제548조 제1항((이시/동의)파산폐지의 경우)에서 규정하고 있다. 파산절차에서는 회생절차와 달리 권리변경이 예정되어 있지 않으므로 채무자의 이의가 없는 경우에만 채무자에 대하여 확정판결과 동일한 효력이 인정된다.

82) 파산채권의 채권조사기일에서 이의가 있어 조사확정재판 등을 통하여 확정된 파산채권의 효력에 관하여는 제468조에 별도로 규정하고 있다.

83) 條解 破産法, 878쪽.

84) 가령 우선권이 없는 것으로 확정된 것은 파산절차 내에서 우선권을 주장할 수 없고, 의결권의 판정이나 배당표를 작성함에 있어서는 파산채권자표의 기재에 의하여야 한다는 의미이다. 한편 절차의 신뢰성을 높이기 위해 확정력을 파산채권자 사이의 기판력으로 보아야 한다는 견해도 있다(破産法・民事再生法, 616쪽). 위 견해에 의할 경우 파산절차 밖에서도 파산채권자표의 기재 시점에서의 채권의 존재나 내용을 다툴 수 없다.

85) 대법원 2006. 7. 6. 선고 2004다17436 판결 참조. 파산채권자표의 기재에 대한 불복방법과 관련하여 기판력을 부정하면서도 대법원 판례와 달리 확정판결에 준하여 재심의 소를 제기할 수 있다는 견해가 있다(전병서, 390쪽, 최승록, "파산채권과 재단채권", 파산법의 제문제(하), 재판자료 제83집, 법원도서관, 321~322쪽). 그러나 재심제도의 본래의 목적에 비추어 볼 때 재심의 대상이 되는 "확정된 종국판결"이란 당해 사건에 대한 소송절차를 최종적으로 종결시켜 그것에 하자가 있다고 하더라도 다시 통상의 절차로는 더 이상 다툴 수 없는 기판력이나 형성력, 집행력을 갖는 판결을 뜻하는 것이라고 이해하여야 할 것이므로(대법원 2009. 5. 14. 선고 2006다34190 판결, 대법원 1995. 2. 14. 선고 93재다27,34(반소) 전원합의체 판결) 기판력이 없는 파산채권자표의 기재는 재심의 대상이 된다고 볼 수는 없을 것이다.

표에 기재된 확정채권이 그 후에 변제, 상계 등으로 소멸하였을 때에는 파산관재인이나 다른 채권자가 그 채권자를 상대로 청구이의 소를 제기할 수 있다. 그러나 그 이의사유는 파산채권이 확정된 뒤에 그 채권의 존부나 범위 등을 다툴 수 있는 실체적인 사유(예컨대 파산절차 외부에서 제3자의 변제 등)가 생겼음을 이유로 하여야 한다.[86]

재심의 소도 인정될 수 있다. 예컨대 채권신고를 할 때 위조의 증거서류를 제출하였거나 사기 · 협박 등 형사상 처벌을 받을 다른 사람의 행위로 말미암아 채권조사기일에 이의 제출이 방해된 경우 등에 관하여는 각각 재심사유를 유추적용하여 재심의 소가 인정된다고 할 것이다 (제33조, 민소법 제451조 제1항 제5호, 제6호). 과잉배당이 된 경우에는 파산관재인에 의한 부당이득반환청구가 인정된다.

다. 파산채권확정 효과와 상계항변

파산채권자 A가 채권신고를 하였고 파산관재인이 이의를 제기하지 않아 확정된 후, 파산관재인이 A에 대한 재단소속 채권에 근거하여 이행소송을 제기하였다. 이행소송에서 A가 그의 파산채권을 자동채권으로 하여 상계항변을 한 경우 파산절차에서의 파산채권확정 효과는 이행소송에서 자동채권의 존부나 액에 대하여도 미치는가. 파산관재인이 A의 상계항변을 다툴 수 있는가.

앞에서 본 바와 같이 파산채권의 확정은 파산절차 내부에서의 불가쟁력에 불과하다고 볼 경우 파산절차와 분리된 이행소송에는 그 효력이 미치지 않는다고 할 수 있어 파산관재인이 A의 상계항변을 다툴 수 있다고 볼 여지도 있다. 그러나 위 사안에서 문제가 되는 상계항변의 추이는 실질적으로 파산채권의 확정과 강하게 연관되어 있다. 이의를 진술하지 않았던 파산관재인이 이후 파산채권자 A에 대한 이행소송에서 A의 항변을 다툰다고 하는 것은 이전의 태도를 완전히 뒤집는 것이다. 간이 · 신속한 채권확정절차를 정비한 현재의 채무자회생법의 취지에서도 파산관재인이 상계항변을 다투는 것은 허용되지 않는다고 할 것이다. 결국 위 사안에서 파산채권의 확정력은 상계항변에도 미친다고 할 것이다.[87]

---

86) 대법원 2007. 10. 11. 선고 2005다45544,45551 판결(파산절차에서 확정된 파산채권자표의 기재가 확정판결과 동일한 효력을 갖는다고는 하더라도 채권자는 파산절차가 종결된 후에 이르러서야 비로소 제535조 제2항에 의하여 파산채권자표의 기재에 의하여 강제집행을 할 수 있을 뿐이고, 파산절차가 계속 중인 경우에는 모든 파산채권자는 파산절차를 통해서만 채무자에 대한 권리를 행사하여야 하며, 파산절차에서는 확정된 파산채권자표의 기재에 따라 파산관재인이 배당절차를 주재하고 파산채권자에 의한 별도의 집행개시나 배당요구 등의 제도가 없으므로, 확정된 파산채권자표의 기재는 파산절차가 종결되기 전까지는 파산채권자들 사이에 배당액을 산정하기 위한 배당률을 정하는 기준이 되는 금액일 뿐이고 배당과 관련해서는 집행권원으로서 아무런 작용을 하는 것이 아니다. 그렇다면 파산절차에서 채권자가 중간배당을 받았다 하더라도 그 때문에 파산채권자표에 기재된 채권액을 수정할 필요가 없어, 그러한 사정은 채무자가 파산채권으로 확정된 파산채권자표의 기재에 관하여 그 채권의 존부나 범위를 다투기 위한 청구이의의 소의 사유로 삼을 수 없다.), 대법원 2006. 7. 6. 선고 2004다17436 판결 등 참조.

87) 倒産と訴訟, 524쪽.

라. 소멸시효기간의 연장

(1) 파산절차에 의하여 확정된 채권

파산절차[88]에 의하여 확정된 채권은 단기의 소멸시효에 해당하는 것이라도 그 소멸시효는 10년으로 연장된다(민법 제165조 제2항, 제1항). 확정된 파산채권은 파산채권자표에 기재하고 그 기재는 파산채권자 전원에 대하여 확정판결과 동일한 효력이 있다(제460조). 확정된 조사확정재판은 파산채권자 전원에 대하여 확정판결과 동일한 효력이 있고, 파산채권의 확정에 관한 소송에 대한 판결도 파산채권자 전원에 대하여 그 효력이 있다(제468조). 이처럼 파산절차에 의하여 확정된 채권은 확정판결과 동일한 효력의 실체법상 효력으로 단기의 소멸시효에 해당하는 것이라도 민법 제165조 제2항, 제1항에 의하여 소멸시효는 10년으로 연장된다.

(2) 주채무와 보증채무

채권자가 주채무자의 파산절차에 참가하는 경우 보증채무에 대한 시효는 중단된다(민법 제440조). 주채무에 대한 소멸시효기간이 연장되는 경우 보증채무에 대한 소멸시효기간도 연장되는가. 주채무에 대한 소멸시효기간이 연장된다고 하더라도 보증채무에 대한 소멸시효기간이 연장된다고 보기는 어렵다.[89]

한편 채권자가 주채무자의 파산절차에서 채권신고를 한 후 보증인이 채권자에게 채권전액을 대위변제하고 파산계속법원에 채권신고명의의 변경을 신청한 때, 만약 채권조사·확정절차를 아직 마치지 않은 경우라면 그 절차에 따라 확정된 후 파산채권자표에 기재됨으로써 확정판결과 동일한 효과가 생기고, 이 채권의 소멸시효는 10년으로 연장된다고 할 것이다(민법 제165조 제2항, 제1항). 그러나 채권신고명의가 변경되기 전에 채권조사·확정절차에 따라 파산채권이 확정되고 파산채권자표에 기재되었다면, 파산절차종료 후에 이 구상권의 소멸시효기간은 민법 제165조에 의해 연장되는가? 이에 대해서는 원채권의 존재가 확정되었다고 하더라도 구상권의 존재에 관해 강한 증거력이 생기는 것은 아니므로 이를 부정하여야 한다는 견해와 원채권과 구상권은 사회적·경제적으로 동일하므로 이를 긍정하여야 한다는 견해가 있을 수 있다. 일본의 판례는 채권신고명의 변경신청에 구상권의 소멸시효 중단의 효력을 인정하면서도, 소멸시효가 연장되는 것은 아니라고 한다.[90] 살피건대 구상권은 확정된 파산채권을 전제로 파산채권자표에 기재된 것이 아니므로 소멸시효기간은 연장되지 않는다고 할 것이다.

3. 채무자에 대한 파산채권자표 기재의 효력

채무자가 이의를 진술하지 않으면, 이시파산폐지 또는 동의파산폐지 결정이 확정되거나 파

---

88) 파산절차라고 하고 있으나, 회생절차나 개인회생절차도 포함하는 개념으로 이해하여야 한다.
89) 대법원 2006. 8. 24. 선고 2004다26287, 26294 판결, 대법원 1986. 11. 25. 선고 86다카1569 판결 등 참조.
90) 로앤비 주석 민법 <민법 제165조 Ⅱ.5.나.> 부분.

산절차종결결정이 된 때에는 확정된 파산채권자표의 기재는 확정판결과 동일한 효력이 있다(제535조 제1항, 제548조 제1항). 또한 파산채권자표의 기재는 집행권원이 되고(제535조 제2항, 제548조 제1항) 파산채권자는 파산절차 종료 후에 채무자에 대하여 강제집행을 할 수 있다.

채무자가 이의를 진술한 채권에 대하여 파산선고 당시 계속 중인 중단된 소송(민소법 제239조)이 있는 경우, 파산절차가 종료되면 중단사유는 해소되고, 채무자가 절차를 속행한다. 물론 해당 파산채권이 면책의 대상이라면 청구는 기각된다.

관련 내용은 〈제10장 제1절 Ⅳ.〉(본서 1626쪽)를 참조할 것.

Ⅵ 벌금 등 청구권의 신고 및 확정[91][92]

1. 벌금 등 청구권의 신고

벌금·과료·형사소송비용·추징금 및 과태료청구권(이하 '벌금 등 청구권'이라 한다)을 가진 자는 지체 없이 그 액 및 원인을 법원에 신고하여야 하고(제471조 제1항), 벌금 등 청구권은 채권조사의 대상이 아니며, 일응 진실성이 추정되기 때문에 조사의 결과에 준하여 파산채권자표에 기재된다(제471조 제2항, 제459조 제1항)[93]는 사실은 앞에서 본 바와 같다.

다만 파산채권자표의 기재는 회생절차에서와 마찬가지로(본서 755쪽) 확정판결과 동일한 효력이 인정될 수는 없다.

2. 벌금 등 청구권의 확정

가. 파산관재인에 의한 불복[94]

벌금 등 청구권은 그 성질상 채권의 진실성이 일응 추정되기 때문에 제소책임을 이의자측에 부과하는 것이 타당하고, 또한 다른 파산채권자에게 이의권을 인정하여도 적절한 행사를 기대할 수 없기 때문에 이의권은 파산관재인에게만 부여하는 것으로 충분하다(제472조 제2항). 채무자나 파산채권자에게는 이의권이 인정되지 않는다. 파산관재인이 이의권을 적절하게 행사

---

91) 회생절차에서도 유사한 규정이 있다(제156조, 제157조).
92) 벌금 등 청구권과 달리 조세 등 청구권에 대한 채권신고 및 확정의 특례는 규정되어 있지 않다{회생절차에서는 조세 등 청구권에 관하여 특례규정이 있다(제156조, 제157조 참조)}. 이는 파산절차에서는 대부분의 조세 등 청구권을 재단채권으로 취급하기 때문으로 사료되나(제473조 제2호), 재단채권이 아닌 (후순위)파산채권이 있을 수 있다는 점에서 입법적 정비가 필요해 보인다.
　　그렇다면 파산채권인 조세채권은 어떻게 확정되는가. 별도의 특례 규정이 없으므로 다른 파산채권처럼 채권신고를 하고 통상적인 채권조사확정절차에 따라 채권을 확정하여야 한다는 견해도 있을 수 있다. 그렇지만 조세채권의 특수성이나 제519조 제2호, 제528조 제2호 등에서 '행정심판 또는 소송'이라고 언급하고 있는 점 등에 비추어 보면, 회생절차에서와 마찬가지로 파산관재인은 채무자가 할 수 있는 방법(행정심판, 행정소송)으로 불복을 신청할 수 있다고 할 것이다(제157조 제1항 유추). 관련 내용은 〈제2편 제9장 제3절 Ⅱ.〉(본서 756쪽)를 참조할 것.
93) 파산채권자표에 기재된다는 것은 그 기재에 따라 배당의 대상이 된다는 의미이다. 다만 아래에서 보는 이의에 의한 불복절차가 종결되지 않는 한 배당액은 임치 또는 공탁된다(제519조 제2호, 제528조 제1호, 제2호).
94) 집행력 있는 집행권원이나 종국판결이 있는 채권에 대한 이의주장방법과 유사하게 취급하고 있다(제466조 참조).

할 수 있도록 법원은 신고한 벌금 등 청구권이 행정심판 또는 행정소송(형사소송은 제외한다)의 대상이 되는 처분인 때에는 지체 없이 그 청구권의 금액 및 원인을 파산관재인에게 통지하여야 한다(제472조 제1항).

신고한 벌금 등 청구권 중 형사소송절차에서 확정되어야 하는 벌금, 과료, 형사소송비용 및 형사추징금의 청구권을 제외하고, 파산관재인이 신고한 벌금 등 청구권의 존재나 내용에 이의가 있는 때에는 그 채권에 대하여 통상 인정되고 있는 위와 같은 방법에 의하여 이의를 주장하여야 한다(제472조, 제466조 제1항). 파산관재인은 신고하지 않은 청구권에 대하여는 불복신청을 할 수 없다.

나. 소송절차의 수계

(1) 신고된 벌금 등 청구권에 관하여, 채무자가 불복신청을 하고, 파산선고 당시 이미 소송이 계속되어 있는 경우가 있을 수 있다. 이러한 소송은 파산선고로 중단되고(민소법 제239조), 이의를 주장한 파산관재인은 신고를 한 벌금 등 청구권을 보유한 파산채권자를 상대방으로 하여 그 소송절차를 수계하여야 한다(제472조 제2항, 제466조 제2항). 수계는 청구권자로부터 채권신고가 있다는 것을 전제로 한다. 따라서 파산관재인이 청구권자로부터의 채권신고가 없음에도 수계를 신청하는 것은 부적법하다.

(2) 신고한 벌금 등 청구권에 관하여 파산선고 당시 행정청에 계속되어 있는 파산재단에 속하는 재산에 관한 사건도 파산선고에 의해 중단되고, 이의를 주장한 파산관재인이 수계할 수 있다(제350조, 제347조 제1항).

3. 소송의 결과 등 기재 및 효력

법원사무관 등은 파산관재인이 제기하거나 수계한 불복신청의 결과 및 소송의 결과를 파산채권자표에 기재하여야 한다(제472조 제2항, 제467조).

파산관재인이 제기하거나 수계한 불복신청의 결과 및 소송의 결과는 파산채권자 전원에 대하여 그 효력이 있다(제472조 제2항, 제468조 제1항).

제2절 이의가 있는 파산채권의 확정

채권조사절차에서 파산관재인이 인정하지 않거나 파산채권자로부터 이의가 제출되어[95] 그 채권의 존부 및 내용 등에 관하여 다툼이 있는 경우, 파산채권확정절차를 거쳐야 한다. 파산채권확정절차는 파산관재인이 인정하지 않거나 파산채권자가 이의를 진술한 파산채권(이하 '이의

---

95) 채무자가 이의를 한 경우에는 파산채권의 확정을 방해하지 않으므로 채권확정절차가 필요 없다.

채권'이라 한다)에 대하여 ① 이의채권의 보유자가 이의자를 상대로 하는 파산채권조사확정재판, ② 파산채권조사확정재판에 대한 이의의 소, ③ 파산선고 당시에 이의채권에 관하여 계속된 소송의 수계 및 ④ 집행력 있는 집행권원 등이 있는 경우의 채권확정절차로 구성된다.[96]

한편 의결권에 대하여 이의가 있는 경우에는 이러한 엄격한 방법에 의하지 않고 법원이 정한 액에 따라 결정된다(제373조 제2항).

Ⅰ 파산채권조사확정재판

1. 의 의

파산채권조사확정재판이란 신고된 파산채권의 내용에 대하여 파산관재인 또는 파산채권자가 이의를 한 때에 이의채권을 보유한 파산채권자의 신청에 의하여 법원이 그 채권의 존부 또는 내용을 정하는 재판절차이다(제462조 제1항, 제2항).

파산채권자의 신청권을 보장하기 위하여 법원은 파산채권자가 채권조사기일에 출석하지 아니한 경우 그 채권에 관하여 이의가 있는 때에는 그 사실을 파산채권자에게 통지하여야 한다. 위 통지는 서류를 우편으로 발송하여 할 수 있다(제461조).

채권조사기일에 파산채권에 관하여 파산관재인 및 다른 파산채권자의 이의가 있는 때에는 먼저 결정절차인 채권조사확정재판을 신청하여야 한다. 소송을 통한 채권확정절차에 지나치게 많은 시간과 비용이 소요된다는 점을 감안하여 채무자회생법은 변론절차를 거치는 소송을 제기하기에 앞서 보다 간이·신속한 결정절차인 조사확정재판절차를 거치고 이에 불복이 있는 경우에 한하여 조사확정재판에 대한 이의의 소를 제기하여 소송절차에서 다투도록 하고 있다.

다만 이의채권에 관하여 파산선고 당시 이미 소송이 계속되어 있는 경우에는 소송경제의 측면에서 채권조사확정재판을 신청하면 안 되고 채권자가 그 권리의 확정을 구하고자 하는 때

---

96) 파산선고 전에 채무자와 파산채권자 사이에 중재합의(중재법 제3조 제2호)가 된 경우, 파산채권조사확정재판 등 채권확정절차에 의하지 않고, 중재절차에 따라 이의가 있는 파산채권을 확정할 수 있는가. 중재합의도 쌍방미이행 쌍무계약으로 파산관재인의 해제권 대상이기 때문에(제335조 제1항) 파산관재인이 중재절차에 구속될 이유가 없으므로 이를 부정하는 견해도 있을 수 있다. 그러나 ① 현행법이 조사확정재판 등을 둔 것은 이의가 있는 파산채권에 대하여 간이 신속한 확정을 도모하기 위한 것이기 때문에, 이의가 있는 파산채권을 가진 자는 이에 따르는 것이 원칙이다. 그러나 파산선고를 할 때 당해 파산채권의 존부 등에 관하여 중재절차가 계속된 경우에는 그것의 중단과 파산관재인에 의한 속행(수계)에 의한 확정을 도모하고 있기 때문에(민소법 제239조, 채무자회생법 제347조 제1항 유추), 입법자의 의도는, 중재절차에 의한 확정을 배제하는 것은 아니라는 점, ② 이러한 전제에서 파산관재인도 중재합의에 구속되기 때문에, 이의가 있는 파산채권자가 조사확정재판을 대신하여, 중재절차의 개시를 신청한 경우, 이에 응하지 않으면 안되는 점, ③ 성질만으로 보면 중재합의가 쌍방미이행 쌍무계약이라고 할 수 있지만, 쌍방미이행 쌍무계약에 대한 파산관재인의 해제권은 파산재단의 부담으로 되는 재산적 법률관계를 해소할 목적으로 인정되는 것이므로 이 경우에는 적용가능성이 없다고 해석되는 점 등을 고려하면, 중재절차에 의하여 파산채권을 확정할 수 있다고 할 것이다.

이에 반하여 재판절차에 의해 확정을 도모하여야 하는 경우에는 반드시 파산채권조사확정절차를 거쳐야하기 때문에, 민사조정이나 제소전화해절차를 파산채권자가 신청하여도 부적법한 것으로 취급된다. 지급명령도 마찬가지이다(破産法·民事再生法, 632~633쪽).

에는 이의자 전원을 그 소송의 상대방으로 하여 소송을 수계하여야 한다(제462조 제1항 단서, 제464조). 또한 집행력 있는 집행권원이나 종국판결이 있는 채권에 대하여는 이의 있는 자가 채무자가 할 수 있는 소송절차(청구이의의 소, 재심의 소, 상소 등)에 따라 이의를 주장하여야 한다(제462조 제1항 단서, 제466조 제1항).

2. 당 사 자

가. 이의채권을 보유한 파산채권자

파산채권의 조사에서 신고한 파산채권의 내용에 대하여 파산관재인 또는 파산채권자가 이의를 한 때에는 그 파산채권(이의채권)을 보유한 파산채권자는 그 내용의 확정을 위하여 이의자 전원을 상대방으로 하여 법원에 채권조사확정의 재판을 신청할 수 있다(제462조 제1항 본문).[97] 이의자로부터 신청은 부적법하다.

채무자도 채권조사기일에서 이의를 할 수 있지만 채무자의 이의는 파산절차 내에서 채권확정을 방해하지 않기 때문에(제458조) 이의가 진술된 파산채권자는 채권조사확정재판을 신청할 필요가 없다. 즉 채무자는 상대방이 될 수 없다.[98] 다만 파산절차 종료 후 채무자의 자유재산에 대하여 집행을 할 경우(제535조, 제548조 제1항 참조) 채무자의 이의가 있었다면, 해당 파산채권자는 별소를 제기할 필요가 있다.[99]

나. 보조참가 인정 여부

파산채권조사확정재판의 결과에 이해관계가 있는 자는 보조참가를 할 수 있다(제33조, 민소법 제71조). 문제는 채권조사기일에서 이의를 진술하지 않았던 파산채권자가 파산채권조사확정재판에 보조참가를 할 수 있는지(보조참가에 관한 이해관계를 인정할 수 있는지) 여부이다. 파산채권확정절차의 결과가 파산채권자 전원에 대하여 효력이 미치고(제468조) 채권확정재판의 결과가 이의를 진술하지 않은 파산채권자의 배당에 직접적으로 영향을 미치기 때문에 보조참가가 가능하다는 견해가 있을 수 있다. 그러나 채권조사절차에서 이의를 진술하지 않은 이상 파산채권자는 이의권을 상실하므로 재판의 결과에 있어 법률상의 이해관계를 가진다고는 할 수 없고, 다른 파산채권자의 배당액에 영향을 미치는 것은 사실상의 이익에 지나지 않기 때문에, 보조참가를 부정하는 것이 타당하다.[100]

---

97) 조사확정재판 신청서의 기재 내용에 관하여는 규칙 제65조를 참조할 것(규칙 제77조).
98) 일본 파산법 제125조 제1항은 이를 명시적으로 규정하고 있다.
99) 倒産と訴訟, 110쪽.
100) 條解 破産法, 887쪽, 破産法·民事再生法, 623쪽. 채권조사확정재판에 대한 이의의 소에 있어서도 마찬가지 이유로 보조참가를 부정하여야 할 것이다.

3. 신청기간

이의가 있는 파산채권에 관한 채권조사확정재판의 신청은 그 조사를 위한 일반조사기일 또는 특별조사기일로부터 1월 이내에 하여야 한다(제462조 제5항).[101] 신청기간 경과 후에 채권조사확정재판을 신청한 경우 그 신청은 부적법하므로 각하하여야 한다. 또한 아래에서 보는 바와 같이 신청기간 내라도 최후배당의 배당제외기간이 지난 후 파산채권조사확정재판의 신청은 부적법하다.

위와 같이 채권조사확정재판을 신청할 수 있는 기간이 제한되어 있으므로 법원은 파산채권자가 채권조사기일에 출석하지 아니한 경우 그 채권에 관하여 이의가 있는 때에는 그 사실을 파산채권자에게 서류를 우편으로 발송하여 통지하여야 한다(제461조).

채권조사확정재판의 신청기간을 도과한 경우, 이의가 있는 파산채권을 가진 자는 그 파산채권의 확정을 구하는 수단을 상실하게 되고, 이후 파산절차에 참가할 수 없는 상태가 된다. 그러나 파산채권이 0원으로 확정되는 것은 아니고 이른바 파산채권에 대하여 신고가 되지 않았던 경우와 마찬가지의 상태로 되는 것이다. 또한 채권조사확정재판 신청기간이 경과하여도 채권신고사실은 없어지는 것은 아니므로 시효중단의 효력은 없어지는 것이 아니다.

4. 청구원인의 제한[102]

채권조사확정재판에서 파산채권자는 파산채권자표에 기재한 사항에 관하여만 청구원인으로 할 수 있다(제465조). 따라서 채권조사기일까지 신고하지 않은 채권을 새로이 주장할 수는 없으며, 파산채권자표에 기재된 것보다 다액의 채권액이나 새롭게 우선권을 주장할 수는 없다. 파산채권자표에 기재되지 않은 권리, 액, 우선권의 유무 등의 확정을 구하는 파산채권조사확정은 부적법하다.[103]

청구원인을 제한하는 취지는 다음과 같다. 파산절차에서 채권조사는 파산채권자표의 기재를 기초로 한 채권조사기일에서의 이의를 통해 모든 이해관계인이 관여함으로써 채권확정의 정당성을 담보한다. 그런데 파산채권자표에 기재되지 않는 사항에 대하여 파산채권조사확정절차 등의 재판에서의 당사자 사이에 확정되는 것으로 한다면, 당사자를 제외한 이해관계인의 관여 없이 권리가 확정되는 것으로 되어 채무자회생법의 취지에 반하고, 채권조사기일에 이의를 한 이해관계인의 이의권을 무시하는 것이 되기 때문이다.[104]

---

101) 법원이 부득이한 사유로 채권조사확정재판의 신청기간 만료에 임박하여 이의통지서를 송달하게 된 경우[실무적으로 법원의 업무부담 경감을 위해 파산관재인으로 하여금 이의통지서 초안을 작성하여 제출하게 하고 법원이 이를 채권자들에게 우편으로 발송하는데, 파산관재인이 법원에 이의통지서 초안을 늦게 제출하여 신청기간에 임박하여 송달하는 경우가 있다]에는 채권자들의 채권조사확정재판 신청권을 보장하기 위하여 조사확정재판의 신청기간을 이의통지서 수령일로부터 일정기간 연장하는 결정을 하고 있다(제33조, 민소법 제172조 제1항 본문).

102) 회생절차에서도 동일한 취지의 규정이 있다(제173조).

103) 대법원 2007. 4. 12. 선고 2004다51542 판결, 대법원 2006. 11. 23. 선고 2004다3925 판결.

104) 條解 破産法, 905쪽.

다른 한편 신고채권자의 입장에서 보면 채권신고의 단계에서 그 권리에 관한 충분한 법률적 검토를 거쳐 정확히 신고한다는 것은 사실관계의 불명확성까지 감안할 때 매우 어려운 일이다. 따라서 채권신고 단계에서 법률구성을 잘못한 결과를 오로지 신고채권자의 자기책임으로 돌리기보다는 신고채권자와 다른 채권자 등과의 이해관계를 합리적으로 조정할 필요가 있다. 이런 입장에서 본다면, 파산채권확정절차에서 당초의 신고채권과 발생원인 사실부터 별개의 채권으로 보이는 것의 확정을 구하는 것은 허용되지 않지만, 파산채권자표에 기재되어 있는 권리와 급부의 내용이나 수액에 있어서 같고 청구의 기초가 동일하지만 그 발생원인을 달리 하는 다른 권리의 확정을 구하는 경우와 같이 비록 법률상의 성격은 다르더라도 사회경제적으로 동일한 채권으로 평가되는 권리로서 그 채권의 확정을 구하는 것이 파산관재인이나 다른 채권자 등의 이의권을 실질적으로 침해하는 것이 아니라면 그러한 채권의 확정을 구하는 것은 허용된다.[105]

채권조사확정재판에서 채권신고 여부는 소송요건으로서 직권조사사항이다.[106]

5. 심리의 특칙 등

채권조사확정재판은 결정절차이지만 일반적인 결정절차와 달리 이의자를 반드시 심문하여야 한다(제462조 제3항). 채권조사확정재판의 결정은 이유의 요지만을 적을 수 있다. 법원은 조사확정재판에서 화해나 조정을 할 수도 있다(규칙 제77조, 제66조).

한편 채무자회생법은 의결권의 유무나 배당의 순위에 있어 일반 파산채권과 구별되는 우선권 있는 파산채권과 후순위 파산채권이라는 개념을 마련하고, 우선권 있는 파산채권이나 후순위 파산채권이 포함되어 있는 경우 파산채권자의 채권신고, 채권조사, 파산관재인의 인부, 파산채권자표 작성 등 파산채권확정에 필요한 일련의 절차에서 모두 그 구분을 반드시 표시하도록 요구하고 있으므로, 파산관재인 등의 이의가 있어 파산채권확정재판을 통하여 채권이 확정되는 경우에도 우선권 있는 파산채권이나 후순위 파산채권이 포함된 때에는 그 구분 또한 파산채권확정재판에 있어 확정의 대상이 되므로 결정 주문에서 그 구분을 명확히 표시해 주어야 한다.[107]

---

105) 대법원 2007. 4. 12. 선고 2004다51542 판결. 위 판결은 「예금자들이 파산계속법원에 신고한 예금채권과 위 각 예금채권의 발생원인인 예금계약이 예금 관련 금융기관을 대리한 그 직원의 비진의 의사표시이어서 무효로 되는 경우, 예금자들이 금융기관에 대하여 가지게 되는 피용자의 불법행위로 인한 예금 상당액의 손해배상채권은 비록 그 법률상의 성격은 다르더라도 그 발생원인사실이 동일할 뿐만 아니라 사회경제적으로 동일한 채권으로 평가되는 경우이고 또한 그 신고의 경위 및 내용에 비추어 파산관재인이나 다른 채권자들의 이의권을 실질적으로 침해하는 것도 아니므로, 예금채권자들은 파산채권확정재판에서 위와 같은 내용의 손해배상채권의 확정을 구할 수 있다」는 취지로 판시하고 있다.

106) 대법원 2006. 11. 23. 선고 2004다3925 판결.

107) 대법원 2006. 11. 23. 선고 2004다3925 판결 참조. **사례** X(원고)는 Y(피고)에 대하여 2023. 5. 17. 빌려준 2억 원의 대여금채권을 가지고 있다. X는 2024. 5. 10. Y를 상대로 '2억 원 및 2023. 5. 17.부터 판결선고일까지는 연 5%, 그 다음날부터 완제일까지는 연 12%의 각 비율에 의한 금원을 지급하라'는 소송을 제기하였다. 그러던 중 서울회생법원은 Y에 대하여 2024. 12. 30. 파산선고결정을 하였다. Y는 2025. 2. 5. 서울회생법원에 파산채권자로서

6. 파산채권조사확정재판의 효력

관련 내용은 아래 〈Ⅴ.3.〉(본서 1581쪽)을 참조할 것.

7. 최후배당에 관한 배당제외기간 경과 후 채권조사확정재판의 처리

파산절차의 경우 다툼이 있는 파산채권에 대하여 배당절차에 참가하기 위해서는 최후배당에 관한 배당제외기간 내에 해당 채권에 대해 조사확정재판 등에 관한 절차가 진행 중이라는 것을 증명하지 않으면 안 된다(제512조 제1항). 한편 채권조사확정재판 신청기간 내라고 하더라도 배당제외기간이 경과한 후 채권조사확정재판신청 등을 한 경우에는 더 이상 배당절차에 참가할 여지는 없게 된다. 따라서 배당제외기간 경과 후 조사확정재판신청은 부적법하게 된다(본서 1614쪽).

8. 파산절차종료와의 관계

채권조사확정재판의 계속 중에도 파산절차는 종료될 수 있다. 파산선고결정의 취소나 파산절차폐지로 파산절차가 종료된 경우에는 채권조사확정재판도 종료된다. 반면 파산절차종결로 종료된 경우에는 채권조사확정재판은 계속되어야 한다.

관련 내용은 〈Ⅶ.1.〉(본서 1583쪽)을 참조할 것.

Ⅲ 채권조사확정재판에 대한 이의의 소

1. 당사자 등

채권조사확정재판에 대하여 불복이 있는 경우에는 즉시항고를 하는 대신에 결정서를 송달받은 날로부터 1월 이내에 이에 대한 이의의 소를 제기하여야 한다(제463조). 채권조사확정재

대여금 2억 원 및 이에 대한 2025. 2. 5.까지의 이자를 파산채권으로 신고하였고, Y의 파산관재인은 채권조사기일에 위 채권 전부에 대하여 이의를 제기하였다. 이후 파산관재인이 소송을 수계하였다. 청구취지는 '원고의 채무자 Y에 대한 파산채권은 2억 원 및 2023. 5. 17.부터 판결선고일까지는 연 5%, 그 다음날부터 완제일까지는 연 12%의 각 비율에 의한 금원의 파산채권임을 확정한다'로 변경되었다. 법원은 2025. 3. 5. 어떻게 판결(주된 주문)하여야 하는가.

주문: 1. 원고가 채무자 Y에 대하여 2억 원에 대한 2025. 2. 6.부터 2025. 3. 5.까지 연 5%, 그 다음날부터 완제일까지 연 12%의 각 비율에 의한 금원의 파산채권확정을 구하는 부분의 소를 각하한다.

    * 파산채권신고를 하지 않아 소송요건이 흠결되어 부적법하므로 각하하여야 한다.

  2. 원고의 채무자 Y에 대하여 2억 원 및 2023. 5. 17.부터 2024. 12. 29.까지 연 5%의 비율에 의한 금원의 파산채권이 있음을 확정한다.

  3. 원고의 채무자 Y에 대하여 2억 원에 대한 2024. 12. 30.부터 2025. 2. 5.까지 연 5%의 비율에 의한 금원의 후순위파산채권이 있음을 확정한다.

    * 파산선고일 이후의 이자이므로 후순위파산채권이다(제446조 제1항 제2호).

판에 대하여 이의의 소를 제기할 수 있는 자는 이의채권의 보유자 또는 이의채권에 관하여 이의를 제기하였던 자로서 조사확정재판의 당사자이었던 자에 한한다. 다만 이의의 소를 제기하기 전에 파산절차가 종료된 경우에는 채무자가 제기하거나 채무자를 상대방으로 하여 제기하여야 한다.

이의채권의 보유자가 이의의 소를 제기하는 경우에는 이의자 전원을 필수적으로 공동피고로 하여야 하고, 이의자가 조사확정재판에 대한 이의의 소를 제기하는 경우에는 이의채권의 보유자를 피고로 하여야 한다(제463조 제3항).

이의의 소는 파산계속법원의 전속관할이다(제463조 제2항).

동일한 채권에 관하여 여러 개의 소가 계속되어 있는 때에는 합일확정의 필요가 있으므로 법원은 변론을 병합하여야 한다(제463조 제4항).[108]

2. 청구원인의 제한

이의의 소에서도 파산채권자는 채권조사확정재판에서와 같이 파산채권자표에 기재된 사항에 관하여만 청구원인으로 할 수 있다(제465조). 관련 내용은 〈 I.4.〉(본서 1569쪽)를 참조할 것.

3. 재　　판

이의의 소에 대한 판결은 부적법한 것으로 각하하는 경우를 제외하고 채권조사확정재판의 결정을 인가하거나 변경하는 판결을 하여야 한다(제463조 제5항).

파산채권에 관한 소송의 결과는 파산채권자표에 기재되고(제467조), 판결은 파산채권자 전원에 대하여 효력이 있다(제468조 제1항). 즉 파산채권의 확정에 관한 소송에 의해 파산채권의 유무 및 내용을 확정할 필요가 있다. 따라서 단순히 파산채권조사확정재판에 대한 결정을 취소하는 것만으로는 충분하지 않다. 예컨대 파산채권이 없다는 취지의 결론에 이른 경우에는 새로이 파산채권이 부존재한다는 변경판결을 하지 않으면 안 된다.

이의의 소에 대하여 불이익변경금지의 원칙(민소법 제415조)이 적용되는가. 이의의 소가 채권조사확정재판신청에 관한 결정에 대한 불복신청으로 마련된 것이라는 점을 고려하면 적용된다고 할 것이다.

4. 파산절차종료와의 관계

채권조사확정재판에 대한 이의의 소 계속 중에도 파산절차는 종료될 수 있다. 이 경우 채

---

108) 회생절차(제171조 제4항, 본서 816쪽 참조)나 개인회생절차(제605조 제2항)와 달리 파산절차의 경우 구두변론의 개시시기에 관한 제한 규정이 없다. 파산절차의 경우에도 동일한 파산채권에 관하여 이의가 복수로 제기된 경우, 판단은 합일확정시켜야 할 필요성이 있다는 점은 같다. 따라서 파산절차에서도 구두변론의 개시시기를 제한하는 규정을 둘 필요가 있다(일본 파산법 제129조 제3항 참조).

권조사확정재판에 대한 이의의 소 취급에 관하여는 〈VII.2.〉(본서 1583쪽)를 참조할 것.

Ⅲ 이의채권에 관한 소송이 계속 중인 경우의 소송 수계[109]

1. 파산채권에 관한 소송의 수계

파산선고 당시 이미 이의채권에 관하여 소송이 계속[110] 중인 경우는 조사확정재판과 이에 대한 이의의 소를 제기하는 대신에 중단된 소송을 수계하여야 한다(제464조). 소송이 계속 중임에도 새로이 채권조사확정재판을 신청하도록 하는 것은 비용과 시간 측면에서 비경제적이기 때문이다.[111] 이의채권을 보유하고 있는 채권자가 이의자 전원을 상대방으로 하여 소송수계를 신청하여야 한다. 상대방도 소송절차의 수계신청을 할 수 있다.[112]

채무자의 이의는 채권확정을 방해하지 않으므로 이의자에 채무자는 포함되지 않는다. 이 경우 계속 중인 소송은 중단되고, 파산절차 종료 후 채무자가 당연히 수계한다고 할 것이다(민소법 제239조, 본서 1626쪽).[113]

'소송'에는 민사소송 · 가사소송뿐만 아니라 행정소송(과세처분취소소송 등)도 포함되고, 보전처분사건, 재산권과 관련된 비송사건,[114] 조정사건, 가사비송사건, 중재사건도 포함된다.

2. 수계의 대상

수계의 대상이 되는 소송은 파산선고 당시 소송이 계속되어 있는 이의가 있는 파산채권에 관한 소송이다. 이의채권의 확정을 위해 계속 중인 소송을 수계하는 경우 이는 채권조사확정재판을 대신하여 계속 중인 소송절차를 이용하는 것이므로 소송의 대상 역시 채권조사확정재판의 심판대상과 마찬가지로 보아야 한다.

구체적으로 보면 다음과 같다. ① 파산채권에 관한 소송일 것. ㉮ 대부분의 경우는 채권자

---

109) 관련 내용은 〈제15장 제2절 I.2.〉(본서 1804쪽)를 참조할 것.
110) 소송 계속의 의미는 채무자에게 소장 부본이 송달된 이후를 말한다는 것이 학자들의 통설이자 판례이다. 그러나 이렇게 해석할 경우 여러 가지 문제가 있다. 관련 내용은 <본서 780쪽 각주 59)>를 참조할 것.
111) 파산채권에 대해 이미 소송이 계속 중인 경우에 조사확정재판을 신청하는 대신에 계속 중인 소송을 수계하도록 한 것은, 신소 제기에 따른 비용과 시간의 낭비를 방지하고 소송절차의 번잡을 피하기 위한 공익적인 목적을 위한 것이므로, 제464조에 의한 소송수계를 할 수 있는 경우에 제462조 제1항에 의한 파산채권확정의 소를 제기하는 것은 권리보호의 이익이 없어 부적법하다(대법원 2020. 12. 10. 선고 2016다254467(본소), 2016다254474(반소) 판결, 대법원 2001. 6. 29. 선고 2001다22765 판결 등 참조).
112) 제33조, 민소법 제241조, 대법원 2020. 12. 10. 선고 2016다254467(본소), 2016다254474(반소) 판결, 대법원 1997. 8. 22. 선고 97다17155 판결 등 참조.
113) 채무자가 이의를 한 경우 파산절차가 종료되더라도 파산채권자표에 기한 강제집행을 할 수 없으므로(제535조, 제548조 제1항), 파산절차 종료 후 신속한 강제집행을 위하여 이의가 진술된 파산채권자가 채무자를 상대로 한 수계를 인정할 필요가 있다는 견해가 있을 수 있다. 하지만 개인의 경우 면책절차가 있어 실익이 크지 않고, 나아가 채무자 입장에서는 소송수행의 부담이 크다. 법인의 경우에는 일반적으로 파산절차가 종료하면 법인격이 소멸하기 때문에 더 의미가 없다. 따라서 채무자가 이의를 하더라도 수계를 인정할 필요는 없다고 할 것이다.
114) 관련 내용은 〈제6편 제2장〉을 참조할 것.

가 이행소송을 제기한 후 피고에 대하여 파산선고가 된 경우이겠지만, 채무자에 대하여 확인청구소송을 제기하거나 반대로 채무자가 제기한 채무부존재확인소송도 상관없다. 요컨대 원고이든 피고이든 채무자가 당사자로 되지 않으면 안 된다. ⓝ 파산채권에 관한 소송이란 파산채권으로 신고한 실체법상의 청구권을 소송물로 한 소송을 말한다. ⓓ 집행권원이 없는 채권을 대상으로 한 소송이어야 한다. 집행권원이 있는 채권에 관한 소송의 경우에는 제466조 제2항에 따라 소송절차를 수계한다. ② '이의가 있는' 파산채권에 관한 소송일 것. 이의채권에 관한 소송에는 제6조 제1항에 따른 견련파산사건에서 종전 회생절차에서 제기되어 진행 중인 회생채권 조사확정재판에 대한 이의의 소도 포함된다.[115] 파산채권자는 파산채권자표에 기재된 사항에 한하여 소송을 수계할 수 있으므로(제465조) 채권신고를 하지 않아 채권조사의 대상이 되지 아니한 경우에는 수계를 할 수 없다.[116] 즉 채권조사를 거치지 아니하고 한 소송수계신청은 부적법하다.[117] 채권조사를 거쳤더라도 이의가 없는 채권에 관해서는 소의 이익이 없으므로 채권의 확정을 위한 소송수계신청을 할 수 없다(부적법).[118] ③ '파산선고 당시 소송이 계속되어 있는' 이의가 있는 파산채권에 관한 소송일 것. 파산선고 당시 계속 중인 소송은 파산선고로 중단되므로(제6조 제6항, 제406조 제1항, 민소법 제239조 참조) 수계절차가 필요하다. 반대로 중단되지 않는 소송에 대하여는 수계가 필요 없고, 그런 의미에서 본 조의 적용은 없다.[119]

3. 수계의 시기

수계신청의 시기에 대하여는 제한이 없다.[120][121] 수계절차에 관하여는 〈제15장 제2절 Ⅰ.2. 나.(1)(나)〉(본서 1810쪽)를 참조할 것.

---

115) 대법원 2020. 12. 10. 선고 2016다254467(본소), 2016다254474(반소) 판결. 따라서 제6조 제1항에 의한 파산선고 당시에 종전 회생절차에서 제기되었던 조사확정재판에 대한 이의의 소가 계속 중이라면, 채권자는 제464조에 따라 이의자 전원을 그 소송의 상대방으로 하여 그 소송을 수계해야 하고, 이때의 수계신청은 상대방도 할 수 있다(대법원 1997. 8. 22. 선고 97다17155 판결 참조).

116) 이와 관련하여 이행소송 등 피고에 대하여 파산절차가 개시되어 해당 소송이 중단되었음에도, 원고가 청구채권에 대하여 신고를 하지 아니한 경우 그 소송은 어떻게 취급하여야 하는지가 문제된다. 민사소송법 및 채무자회생법은 채권신고가 없는 경우에 관한 수계 규정을 두고 있지 않고 있다. 따라서 이행소송은 파산절차가 종료될 때까지 중단되고, 파산절차가 종료된 후 채무자가 당연히 수계한다고 할 것이다(제33조, 민소법 제239조 제2문).

117) 대법원 2018. 4. 24. 선고 2017다287587 판결 참조. 예컨대 A는 채무자를 상대로 2024. 6. 30. 손해배상소송을 제기하였다. 이후 2024. 12. 24. 채무자에 대하여 파산선고가 되었고, 甲이 파산관재인으로 선임되었다. 파산관재인 甲은 위 소송에 대해 소송수계신청을 하였다. 한편 A는 2025. 1. 25. 법원에 손해배상채권을 파산채권으로 신고하였으나 아직 채권조사절차가 진행되지 않았다. 이 경우 파산관재인 甲의 소송수계신청은 아직 채권조사를 거치지 않아 이의채권이 되지 아니한 상태에서 한 것이므로 부적법하다.

118) 대법원 2020. 3. 2. 선고 2019다243420 판결(회생채권에 관한 것임) 참조.

119) 條解 破産法, 897~901쪽.

120) 회생절차에서는 조사기간의 말일 또는 특별조사기일로부터 1월 이내에 소송절차를 수계하여야 한다(제172조 제2항, 제170조 제2항). 조사확정재판의 신청기간(제462조 제5항)과의 균형상 수계신청기간도 동일한 제한이 있어야 한다는 점에서 입법론상 의문이다.

121) 다만 채권자가 배당공고가 있은 날로부터 14일 이내에 파산관재인에 대하여 소송을 수계한 것을 증명하지 않으면 배당에서 제외된다(제512조 제1항).

4. 수계절차

수계절차는 민사소송법의 규정을 준용한다(제33조). 수계신청을 하여야 하는 법원은 중단 당시 소송이 계속 중인 법원이다. 수계신청이 있으면 법원은 상대방에게 이를 통지하여야 한다(제33조, 민소법 제242조). 수계신청이 부적법하거나 이유가 없는 경우 결정으로 신청을 기각(각하)한다.

수계를 한다고 하더라도 파산채권에 대한 조사 결과 파산채권자표에 기재된 사항에 한하여 수계신청이 가능하고(청구원인의 제한), 그 곳에 기재되어 있지 않은 사항을 주장하는 것은 부적법하다(제465조).

5. 수계 후의 소송

가. 청구취지의 변경

이 경우 파산채권자가 원고가 되어 이행의 청구를 하고 있었다면 "원고의 채무자 ○○○에 대한 파산채권은 □□□원임을 확정한다"라고 청구취지를 변경하여야 한다. 반대로 채무자가 원고가 되어 파산채권자를 상대로 채무부존재확인 소송을 하고 있었다면 파산채권자가 소송의 수계신청을 한 다음 반소로서 "피고(반소원고)의 채무자 ○○○에 대한 파산채권은 □□□원임을 확정한다"라는 내용으로 청구취지를 변경하여야 한다는 견해가 있다. 그러나 채무부존재확인소송에 있어 청구기각판결은 소송물인 청구권이 존재한다는 기판력을 갖는 효력을 갖기 때문에 수계한 파산채권자로서는 반소를 제기할 필요가 없고 청구기각을 구하는 것으로 충분하다고 할 것이다(본서 804쪽 참조).[122]

나. 소송상태의 승계

수계 후 소송에서 당사자는 종전의 소송상태를 승계한다. 관련 내용은 〈제2편 제3절 제10장 Ⅲ.3.나.〉(본서 806쪽)를 참조할 것.

다. 청구원인의 제한

파산채권자는 파산채권자표에 기재된 사항에 관하여만 청구원인으로 할 수 있다(제465조). 관련 내용은 〈Ⅰ.4.〉(본서 1569쪽)를 참조할 것.

6. 파산절차종료와의 관계

관련 내용은 〈Ⅶ.3.〉(본서 1584쪽)을 참조할 것.

---

122) 倒産と訴訟, 156~157쪽.

Ⅳ 집행력 있는 집행권원[123] 또는 종국판결이 있는 파산채권의 확정[124]

1. 이의자가 취하여야 하는 절차

가. 채무자가 할 수 있는 소송절차

이의 있는 파산채권에 관하여는 원칙적으로 이의채권의 보유자가 채권조사확정재판을 신청하여야 한다. 그러나 집행력 있는 집행권원이 있는 채권은 강제집행에 착수할 수 있는 지위에 있고, 종국판결을 얻은 채권은 권리의 존재에 관하여 고도의 추정력이 있는 재판을 받은 것으로 일반의 파산채권 등에 비하여 유리한 지위에 있다. 이런 점을 고려하여 이의채권에 관하여 집행력 있는 집행권원이 있거나 종국판결이 있는 경우에는 이의자는 채무자가 할 수 있는 소송절차에 의하여만 이의를 주장할 수 있는 것으로 규정하고 있다(제466조 제1항).[125] 구체적으로는 집행력 있는 집행권원에 대하여는 재심의 소, 청구이의의 소[126] 등으로, 미확정의 종국판결의 경우에는 상소로 이의를 주장하여야 한다.

나. 파산관재인이 이의자인 경우의 예외

이의자가 파산채권자인 경우에는 채무자가 할 수 있는 소송절차에 의할 수밖에 없지만, 파산관재인이 이의자인 경우에는 파산관재인으로서의 독자적인 권능인 부인권 행사가 제466조에 의하여 저지되는 것은 아니다. 따라서 파산관재인은 부인의 요건이 충족되는 때에는 해당 집행권원에 대하여 부인의 소를 제기할 수 있고, 채무자를 피고로 하는 소송이 계속 중인 경우에는 이것을 수계하여 부인의 항변을 주장할 수도 있다.[127]

---

123) 집행력 있는 집행권원이란 집행력 있는 정본과 동일한 효력을 가지고 곧 집행을 할 수 있어야 하고, 집행문이 필요한 경우에는 이미 집행문의 부여를 받았어야 한다. 다만 집행문을 요하는 경우에도 파산선고 당시 집행문을 부여받을 필요는 없고, 파산선고 이후에도 집행문을 부여받을 수 있다고 할 것이다(본서 809쪽 각주 152) 참조). 파산선고 이후에도 집행문을 부여받을 수 있다고 하여도, 파산채권신고 당시 또는 늦어도 채권조사기일까지는 집행문이 부여되어 있어야 할 것이다(도산절차와 소송 및 집행절차, 286쪽).

124) 집행력 있는 집행권원, 종국판결의 의미 등 관련 내용은 〈제2편 제10장 제3절 Ⅳ.〉(본서 808쪽)를 참조할 것.

125) 집행력 있는 집행권원이나 종국판결이 있는 파산채권을 가진 채권자는 채권신고를 함에 있어 그 뜻을 신고하고 그 사본을 제출하여야 한다(규칙 제73조 제1항 제3호, 제2항 제2호). 만약 그 뜻을 신고하지 않거나 사본을 제출하지 아니한 경우 어떻게 취급하여야 하는가. 집행력 있는 집행권원이나 종국판결이 있다는 뜻을 신고하지 않고 그 사본을 제출하지 않더라도 실제로 집행력 있는 집행권원이나 종국판결이 있는 이상 이의자가 채무자가 할 수 있는 소송절차에 의하여만 다툴 수 있다고 볼 여지도 있다. 하지만 채권자가 그 뜻을 신고하지 않고 사본을 제출하지 않는 한 이의자로서는 해당 채권이 집행력 있는 집행권원이나 종국판결이 있는 것인지 알 수가 없고, 집행력 있는 집행권원이나 종국판결을 가진 채권자라도 일반 파산채권으로 신고할 수도 있으므로 채권자가 채권조사확정재판을 신청하여야 한다고 봄이 타당하다. 회생절차와 달리 파산절차에서는 언제든지 채권신고를 할 수 있다는 점에서도 굳이 전자로 해석할 필요성은 적다.

126) 청구이의의 소가 가능하다는 것이 일반적인 견해이나, 청구이의의 소의 주된 목적은 집행력을 배제하는 데 있을 뿐 채권확정과는 무관하다는 점 등을 이유로 부정적인 견해도 유력하다(본서 811쪽 참조). 파산선고가 되면 파산선고 전 집행권원에 기한 강제집행은 실효되고(제348조 제1항) 파산선고 후에는 위 집행권원에 기한 강제집행이 금지되므로 파산절차가 진행 중인 동안에는 청구이의의 소는 소의 이익이 없다는 점에서 부정설이 타당하다.

127) 條解 破産法, 913쪽.

2. 소송절차의 수계

집행력 있는 집행권원 또는 종국판결이 있는 파산채권에 관하여 파산선고 당시에 이미 법원에 소송이 계속되어 있는 경우 이의자가 이의를 주장하고자 하는 때에는 이의자는 그 파산채권을 보유한 파산채권자를 상대방으로 하는 소송절차를 수계하여야 한다(제466조 제2항). 그때까지 이루어진 기존의 소송상태를 이용하는 것이 적절하기 때문이다. 이의자가 수계를 신청하여야 하지만, 파산채권자가 유리한 지위를 포기하는 것은 자유이기 때문에 채권자로부터의 수계신청도 적법하다.[128]

1심판결이 원고의 일부승소로 끝난 경우, 원칙적으로 쌍방으로부터의 수계신청이 필요하다. 예컨대 원고가 피고를 상대로 1,000만 원의 이행소송을 제기하였고, 1심에서 600만 원에 대하여 승소하였으며, 이후 원·피고 쌍방이 항소를 제기하여 항소심 계속 중에 피고에 대하여 파산선고가 된 경우, 소송절차는 중단된다. 원고가 1,000만 원의 채권신고를 하였지만, 파산관재인은 이를 인정하지 않았다(전액 부인). 이 경우 종국판결이 있는 600만 원에 대하여는 파산관재인이 수계신청을 하여야 하고, 종국판결이 없는 400만 원에 대하여는 원고가 수계신청을 하여야 한다.

3. 당사자 및 관할

가. 당사자

집행력 있는 집행권원이 있거나 종국판결이 있는 (이의)채권에 관한 소송절차의 원고 또는 신청인은, 해당 파산채권에 대하여 이의를 진술한 파산관재인 또는 파산채권자이고, 그 피고 또는 상대방은 이의가 진술된 파산채권을 신고한 자가 된다.[129]

이의자가 복수인 경우 이의자 전원이 공동원고(고유필수적 공동소송)가 되어야 하는가. 채권조사확정재판(제462조 제1항)이나 채권조사확정재판에 대한 이의의 소(제463조 제3항)와 같이 이의자가 복수인 경우 이의자 전원을 상대로 하여야 한다는 규정이 집행력 있는 집행권원 등이 있는 채권에 대하여는 준용되지 않고 있고, 이의자 전원이 모이지 않으면 이의 주장을 할 수 없다고 하는 것은 불합리하다는 점에서 이의자 중 1인이 반대하더라도 소송제기를 할 수 있다고 할 것이다(이의자 각자가 소송제기를 할 수 있다).

---

128) 채권자가 1심에서 가집행선고가 붙은 승소판결을 받았고, 패소한 채무자가 항소심에서 파산선고를 받은 경우, 해당 채권은 종국판결이 있는 채권이지만 채권조사기일에서 이의가 진술되면, 조속히 해당 채권을 확정시켜 배당에 참가할 필요가 있기 때문에, 채권자도 수계신청을 할 수 있다(條解 破産法, 912쪽).

129) 집행력 있는 집행권원 등이 있는 채권이라도 신고한 파산채권자측이 이의자를 상대방으로 하여 파산채권조사확정재판을 신청한 경우에도, 이의자가 응소하는 한 적법하다고 인정할 수 있을 것이다.

나. 관 할

이의자가 제기하여야 할 소송절차에 관한 관할에 관하여 특별한 규정이 없다. 따라서 각각의 절차는 해당 관할 규정에 따른다. 예컨대 재심의 소는 재심을 제기할 판결을 한 법원의 전속관할이고(민소법 제453조 제1항), 청구이의의 소는 집행권원에 따라 다르다(민집법 제44조 제1항, 제58조 제4항, 제5항 등). 채무부존재확인의 소에 대하여는 일반 민사소송의 원칙에 따라 해결하면 된다.

4. 소송절차의 특칙[130]

가. 변론의 병합

동일한 채권에 관하여 여러 개의 소가 계속되어 있는 때에는 법원은 변론을 병합하여야 한다(제466조 제3항, 제463조 제4항). 일체적인 심리·판단에 의해 합일확정을 확보하기 위함이다.

나. 청구원인의 제한

파산채권자는 이의채권의 원인 및 내용에 관하여 파산채권자표에 기재된 사항만을 주장할 수 있다(제466조 제3항, 제465조).

5. 채권의 존재나 액 이외의 사항에 대하여 이의가 진술된 경우의 예외

파산채권으로서의 적격성이나 우선권의 존재에 대하여 이의가 진술된 경우와 같이 채무자에 대한 채권의 존재나 액 이외의 사항이 이의의 이유인 때에는, 그 소송형식은 채무자가 할 수 있는 소송절차일 필요가 없고, 통상의 소송에 의해 이의를 주장하는 것이 가능하다.

이 경우 제466조에 따라 제소책임이 전환되는가에 관하여는 논란이 있다. 제466조에 따라 이의자가 소제기를 하여야 한다는 견해(예컨대 이의자가 우선권 부존재 확인소송을 제기하는 것),[131] 채무자와의 사이에서 성립한 집행권원은 우선권에 대하여 어떠한 판단도 없기 때문에 신고한 채권자가 제소책임을 부담하여야 한다는 견해가 있다.[132] 소송형식에 제한을 받지 않고 우선권에 대한 판단이 없었다는 점에서 후자의 견해가 타당하다.

---

130) 회생절차와 달리(제174조 제3항, 제171조 제4항, 본서 816쪽 참조) 파산절차의 경우 구두변론의 개시시기에 관한 제한 규정이 없다. 파산절차의 경우에도 동일한 파산채권에 관하여 이의가 복수로 제기된 경우, 판단은 합일확정시 켜야 할 필요성이 있다는 점은 같다. 따라서 파산절차에서도 구두변론의 개시시기를 제한하는 규정을 둘 필요가 있다(일본 파산법 제129조 제3항 참조). 또한 제소나 수계기간에 대한 제한 규정(제462조 제5항)도 준용하지 않고 있고, 당연히 기간 경과로 인한 의제규정(제174조 제4항)도 없다. 입법적 보완이 필요한 부분이다(일본 파산법 제129조 제3항, 제4항 참조).

131) 이 견해는 관할을 파산계속법원의 전속관할로 본다(제463조 제2항 유추).

132) 條解 破産法, 916쪽.

6. 파산절차종료와의 관계

관련 내용은 〈Ⅶ.4.〉(본서 1585쪽)를 참조할 것.

Ⅴ 파산채권의 확정에 관한 소송결과의 기재 및 효력

1. 파산채권의 확정에 관한 소송결과의 기재

가. 기재 주체 및 절차[133]

법원사무관 등은 파산관재인 또는 파산채권자의 신청에 의하여 파산채권의 확정에 관한 소송의 결과[채권조사확정재판에 대한 이의의 소가 제소기간(제463조 제1항) 안에 제기되지 아니하거나 각하된 때에는 그 재판의 내용을 말한다]를 파산채권자표에 기재하여야 한다(제467조). 소송결과의 기재를 신청하는 자는 재판서 등본과 재판의 확정에 관한 증명서를 제출하여야 한다(규칙 제77조, 제67조).

제459조 제1항과 달리 신청을 전제로 한 것은, 별도의 재판부에서 심리된 채권확정소송의 내용을 법원사무관 등이 파악하는 것은 곤란하기 때문이다. 일반적으로 기재에 이익을 가진 승소한 당사자가 신청하게 되겠지만, 반드시 이것에 한정되는 것은 아니다.

나. 소송결과 기재의 의미

파산채권의 조사에 있어 파산관재인 및 파산채권자가 이의를 진술하지 아니한 때에는 해당 채권액 및 우선권 등이 확정되고(제458조), 이것이 파산채권자표에 기재됨에 따라 비로소 파산채권자 전원에 대하여 확정판결과 동일한 효력이 있다(제460조). 바꾸어 말하면 파산채권자표의 기재가 확정판결과 동일한 효력을 창설하는 것이라고 말할 수 있다.

그러나 제467조에 있어 파산채권확정에 관한 소송의 결과는 그 자체가 판결로서의 효력(예컨대 당사자 사이에 기판력이 인정되는 것은 당연하다)을 갖고, 나아가 파산채권자표의 기재를 기다리지 않고 파산채권자 전원에 대하여 효력을 갖는 것이다(제468조 제1항). 또한 채권조사확정재판에 대한 이의의 소가 결정서의 송달일로부터 1월 이내에 제기되지 아니하거나 각하된 때에는 채권조사확정재판은 파산채권자 전원에 대하여 확정판결과 동일한 효력이 있다(제468조 제2항). 즉 제467조의 파산채권자표 기재는 제460조의 경우와 달리 창설적 효력을 갖는 것은 아니고, 확인적으로 채권확정절차에 관한 결과를 파산채권자표에 반영하여 기록하는 것에 불과하다.

---

133) 기재의 내용 등 추가적인 사항에 관하여는 〈제2편 제10장 제3절 Ⅵ.1.〉(본서 818쪽)을 참조할 것.

2. 파산채권의 확정에 관한 소송에 대한 판결의 효력

가. 판결효가 확장되는 판결

파산채권의 확정에 관한 소송에 대한 판결은 파산채권자 전원에 대하여 그 효력이 있다(제 468조 제1항). 여기서 '파산채권의 확정에 관한 소송'에는 채권조사확정재판에 대한 이의의 소 (제463조)나 이의채권에 관하여 파산채권자가 수계한 소송(제464조)뿐만 아니라 집행권원이 있 는 채권에 대해 이의자 등이 제기 또는 수계한 소송(제466조)도 포함된다.[134]

나. 주관적 범위

원래 판결의 효력은 당해 소송의 당사자 사이에서만 미치지만, 파산절차와 같은 집단적 채 권채무처리절차에서는 채권조사의 대상이 된 파산채권을 모든 이해관계인에 대하여 일률적으 로 정할 필요가 있을 뿐만 아니라 채권조사기일에 이의를 진술하지 않는 자는 파산채권확정에 관한 소송의 결과가 자기에게 미치더라도 아무런 불이익을 받을 가능성이 없다는 점을 고려하 여 판결효력을 확장한 것이다(본서 820쪽). 파산채권신고를 하지 않은 파산채권자도 이에 구속 된다. 파산관재인에 대하여도 구속력이 미친다.

다만 이의가 있는 채권을 가진 자가 복수의 이의자를 피고로 하여 소를 제기하여야 함에도 (제463조 제3항) 일부의 자만을 피고로 하여 소를 제기하였고, 필수적 공동소송임을 간과한 채 청구인용의 판결이 확정된 경우에는 그 효력이 확장되지 않는다. 원고가 제소책임을 다하지 않았을 뿐만 아니라 앞에서 본 판결효를 확장할 근거를 충족시키지 못하였기 때문이다. 판결 효의 확장이 부정될 뿐만 아니라 당해 소송의 당사자 사이에서도 효력이 없다. 한편 피고로 되지 않는 이의자 등과의 관계에서는 조사확정재판이 파산채권자 전원에 대하여 효력이 있는 데(제468조 제2항), 만약 위 판결에 확장력(기판력)을 인정하게 되면 두 효력 사이에 모순이 발 생한다.[135]

다. 판결효의 성격

여기서 판결효(효력이 있다)는 무엇을 의미하는가. 제460조의 경우에는 확정판결의 효력이 기판력이 아닌 파산절차 내에서의 불가쟁력에 불과하다는 것은 앞에서 본 바와 같다. 그러나 제468조 판결효 확장의 기초는 '파산채권의 확정에 관한 소송에 대한 판결'이기 때문에 당사자 사이에 기판력이 있다는 것은 당연하다. 그렇다면 당사자 이외의 파산채권자에게 확장된 효력

---

134) 대법원 2012. 6. 28. 선고 2011다63758 판결.
135) 條解 破産法, 921~922쪽. 예컨대 파산채권자 A가 이의자 B, C를 상대로 한 조사확정재판에서 채권이 존재하지 않 는다는 결정을 받았음에도, B만을 피고로 하여 조사확정재판에 대한 이의의 소를 제기하여 승소(확정)한 경우, 위 판결의 효력은 확장되지 않는다. 한편 C와 사이에서의 조사확정재판에 대하여는 제소기간 내에 조사확정재판에 대 한 이의의 소를 제기하지 않았기 때문에, C와의 관계에서 조사확정재판의 효력은 B를 포함하여 파산채권자 전원에 대하여 효력을 갖는 것이므로, A의 파산채권은 존재하지 않는 것으로 확정된다.

도 기판력이라고 하는 것이 솔직한 이해이다. 또한 공권적 판단인 소송으로부터 얻은 결과는 제460조의 경우와 다르기 때문에 제468조 제1항의 판결효는 기판력으로 이해하는 것이 상당하다.[136]

라. 판결효가 미치는 국면

한편 확장된 기판력은 파산절차의 필요에 의하여 인정된 것이므로 파산절차 이외의 절차에서 효력을 인정하여야 할 필요는 없을 것이다.[137] 다만 파산채권확정소송의 당사자 사이에서는 처음부터 민사소송의 일반원칙에 따라 기판력이 있고 파산절차 밖에서도 판결효가 미친다는 것은 문제가 없다(본서 821쪽 참조).

3. 파산채권의 확정에 관한 파산채권조사확정재판의 효력

채권조사확정재판에 대한 이의의 소가 제소기간 안에 제기되지 아니하거나 각하된 때[138]에는 그 조사확정재판도 파산채권자 전원에 대하여 확정판결과 동일한 효력이 있다(제468조 제2항). 제468조 제1항과 같은 취지에서 효력을 파산채권자 전원에 대하여 확장하고 있다. 확정판결과 동일한 효력이 있다는 것은 기판력이 아닌 파산절차 내에서의 불가쟁력으로 보아야 할 것이다.[139]

Ⅵ 소송목적의 가액과 소송비용의 상환

1. 소송목적의 가액

파산채권의 확정에 관한 소송목적의 가액은 배당예정액을 표준으로 하여 파산계속법원이 정한다(제470조). '파산채권의 확정에 관한 소송'에는 채권조사확정재판에 대한 이의의 소(제463조), 이미 계속되어 있는 이의채권에 관한 소송이 수계된 경우(제464조), 집행력 있는 집행권원 또는 종국판결이 있는 채권에 관한 청구이의의 소(제466조) 등이 포함된다. 채권조사확정재판은 포함되지 않는다.

관련 내용은 〈제2편 제10장 제4절 Ⅰ.〉(본서 823쪽)을 참조할 것.

---

136) 條解 破産法, 921쪽.
137) 여럿의 채무자가 각각 전부의 채무를 이행하여야 하는 경우 그 채무자의 전원 또는 일부가 파산선고를 받은 때에는 그 채무자에 대하여 장래의 구상권을 가진 자는 원칙적으로 그 전액에 관하여 각 파산재단에 대하여 파산채권자로서 그 권리를 행사할 수 있지만, 채권자가 그 채권의 전액에 관하여 파산채권자로서 권리를 행사한 때에는 예외로 하므로(제430조 제1항), 채권자가 그 채권의 전액에 관하여 파산채권자로서 권리를 행사하고 있다면, 장래의 구상권자는 제468조 제1항에 의하여 판결의 효력을 받게 되는 '파산채권자'에 해당하지 아니한다(대법원 2012. 6. 28. 선고 2011다63758 판결).
138) 채권조사확정재판에 대한 이의의 소가 취하된 때에도 동일하게 보아야 할 것이다.
139) 기판력이 아닌 불가쟁력으로 보는 이유에 관하여는 〈제4편 제7장 제4절 Ⅱ.2.〉(본서 2017쪽) 또는 대법원 2017. 6. 19. 선고 2017다204131 판결을 참조할 것.

2. 소송비용의 상환

파산재단이 파산채권의 확정에 관한 소송(채권조사확정재판을 포함한다)으로 이익을 받은 때에는 이의를 주장한 파산채권자는 그 이익의 한도 안에서 재단채권자로서 소송비용의 상환을 청구할 수 있다(제469조).[140]

가. 취 지

파산채권자가 이의를 주장하고, 파산채권확정소송에서 이의를 주장한 파산채권자가 승소한 경우, 파산재단은 파산채권자에게 하지 않으면 안 되었던 배당(예정배당액)을 면하게 되어 그 한도에서 이익을 얻고, 결과적으로 모든 파산채권자의 이익으로 된다. 그렇다면 그 소송수행에 필요한 소송비용은 공익비용의 실질을 갖는 것으로 된다. 그래서 이의를 주장한 파산채권자에게 소송비용상환청구권을 인정한 것이다.

나. 상환청구권의 요건

소송비용상환청구권이 인정되기 위해서는 ① 파산채권확정소송이고, ② 파산채권자에 의한 이의의 주장이 있었으며, ③ 그 결과 파산재단이 이익을 얻어야 한다. 여기서 이익이란 이의의 대상이 된 파산채권이 절차에서 배제되고, 그 자가 받았을 배당액을 의미한다. 파산채권자 모두를 위한 공익비용이라고 할 수 있기 때문이다.

상환청구의 전제로 소송비용액확정절차를 거칠 필요는 없다.

다. 상환청구권의 내용·한도

상환청구를 하는 파산채권자가 패소자인 상대방에게 상환을 청구하는 것은 소송비용이다. 소송비용이란 회생채권 등의 확정에 관한 소송에 관하여 생긴 것을 말하고, 그 범위는 민사소송법(제109조 제1항 등), 민사소송비용법과 그 위임에 의해 제정된 대법원규칙(변호사보수의 소송

---

140) **파산채권확정소송에 있어 소송비용의 부담**

　1. 이의자 등이 패소한 경우

　　파산관재인이 파산채권확정소송을 수행하고 패소한 경우, 파산관재인은 상대방의 소송비용을 부담하도록 명받는다(제33조, 민소법 제98조). 이 비용은 재단채권으로 파산재단이 부담한다.

　　이의를 주장한 파산채권자가 파산채권확정소송을 수행하고 패소한 경우, 파산채권자가 명받은 상대방의 소송비용은 해당 파산채권자가 부담하여야 하고, 이 비용의 상환을 파산재단에 청구할 수는 없다.

　2. 이의자 등이 승소한 경우

　　파산관재인이 파산채권확정소송을 수행하고 승소한 경우, 상대방에 대하여 소송비용상환청구권을 행사할 수 있고(제33조, 민소법 제98조), 이것은 파산재단 소속 재산으로 행사한다.

　　이의를 주장한 파산채권자가 파산채권확정소송을 수행하고 승소한 경우, 그 파산채권자는 상대방에 대하여 소송비용상환청구권을 행사할 수 있지만(제33조, 민소법 제98조), 이와 동시에 제469조에 의해 재단채권자로서 파산재단으로부터 그 이익의 한도에서 상환을 받을 수 있다. 양자의 권리는 병존하고, 파산채권자는 어떠한 권리를 행사해도 좋다. 상대방에게 권리를 행사하여도 실제로 회수할 수 없을 것으로 예상되는 때에는 파산재단에 청구하면 되고, 현실적 필요성은 이러한 경우에 있다.

비용 산입에 관한 규칙, 민사소송비용규칙)에 따라 정해질 것이다.

파산채권자가 상환을 받을 수 있는 것은 파산재단이 파산채권의 확정에 관한 소송의 결과로 이익을 받은 것을 한도로 한다. 예컨대 파산채권이 부정된 경우는 그 부정된 금액에 상응하여 예정된 배당액이다.

이의를 주장한 파산채권자가 취득한 소송비용상환청구권은 재단채권이기 때문에 파산채권에 우선하고, 그 변제는 파산절차에 의하지 않고 수시로 파산관재인으로부터 지급받을 수 있다.

파산재단이 상환청구에 응하여 승소한 파산채권자에게 소송비용을 지급한 경우, 패소한 파산채권자에 대하여 소송비용상환청구권을 대위할 수 있다(민법 제481조 유추).

관련 내용은 〈제2편 제10장 제4절 Ⅱ.〉(본서 827쪽)를 참조할 것.

Ⅶ 파산절차가 종료된 경우 파산채권확정절차의 취급[141]

1. 파산채권조사확정재판 진행 중 파산절차가 종료된 경우

가. 파산선고결정의 취소 또는 파산절차폐지결정의 확정에 의해 파산절차가 종료된 경우

이 경우는 배당절차가 진행되지 않기 때문에 파산절차가 종료된 때, 진행 중인 파산채권조사확정재판은 종료한다(본서 1319, 1845쪽). 파산채권확정절차는 파산절차에서 배당액을 결정하기 위하여 둔 제도이므로, 배당이 실시되지 않는 경우에는 그 절차를 계속할 실익이 없기 때문이다. 해당 채권의 존부에 다툼이 있다면, 채권자는 채무자를 상대로 별도의 소송을 제기하지 않으면 안 된다.

나. 파산절차종결결정에 의해 파산절차가 종료된 경우

이 경우는 배당이 계속되기 때문에 파산채권조사확정절차는 여전히 계속되어야 한다(본서 1844쪽). 파산절차종결결정 후 파산채권조사확정재판에 관한 결정이 있을 때에는, 당사자는 조사확정재판에 대한 이의의 소를 제기할 수 있다고 할 것이다.

2. 파산채권조사확정재판에 대한 이의의 소 계속 중 파산절차가 종료된 경우

가. 파산관재인이 당사자인 경우

(1) 파산선고결정의 취소결정 또는 폐지결정의 확정에 의해 파산절차가 종료된 경우

파산채권조사확정재판에 대한 이의의 소는 중단되고 채무자가 해당 소송절차를 수계한다

---

141) 條解 破産法, 927~932쪽 참조.

(민소법 제237조 제1항,[142] 본서 1319, 1845쪽).

(2) 파산절차종결결정에 의해 파산절차가 종료된 경우

파산채권조사확정재판에 대한 이의의 소는 중단되고 채무자가 해당 소송절차를 수계한다(민소법 제237조 제1항, 본서 1844쪽). 배당과의 관계에서 여전히 파산채권을 확정할 필요가 있기 때문이다.

입법론적으로 파산관재인이 당사자로 되어 있어도, 파산절차종결결정에 의해 파산절차가 종료된 경우에는, 배당과의 관계에서 여전히 파산채권조사확정재판에 대한 이의의 소를 계속하여 채권을 확정시킬 필요가 있을 뿐만 아니라, 해당 소송은 파산관재인이 수행시킬 수밖에 없기 때문에(채무자가 수계하는 것은 바람직하지 않다), 소송절차는 중단되지 않고 파산관재인이 소송을 계속 수행하는 것이 타당하다고 본다.[143] 파산관재인은 이러한 소송을 수행하는 한도에서 처분권을 잃지 않고, 그 범위에서 파산관재인의 권한과 임무가 남아 있다고 보아야 하기 때문이다(본서 1636쪽 참조). 반면 채무자는 그 한도에서 관리처분권이 회복되지 않는다.

나. 파산관재인이 당사자가 아닌 경우

채권자 상호간에 있어서는 각자 자기의 계산으로 고유의 권능에 근거해 이루어진 것이므로 채무자가 이것을 수계할 수는 없다.

(1) 파산선고결정의 취소결정 또는 폐지결정의 확정에 의해 파산절차가 종료된 경우

파산절차가 배당이 되지 않은 상태에서 종료된 경우에는 파산채권조사확정재판에 대한 이의의 소를 계속할 이유도 없고, 소의 이익도 없기 때문에 당연히 종료한다. 또한 파산채권자가 쌍방인 파산채권조사확정절차는 파산재단에서 배당비율을 정하기 위한 목적에서 진행되는 것인데, 배당하여야 할 재단이 없는 이상 그 절차는 의미가 없기 때문이기도 하다.

(2) 파산절차종결결정에 의해 파산절차가 종료된 경우

배당절차가 진행된 경우에는 파산재단에 대한 최종적인 배당액을 결정하기 위해서 해당 소송은 계속되어야 한다.

3. 수계된 소송절차(제464조, 제466조 제2항) 계속 중 파산절차가 종료된 경우

이 경우에는 원칙적으로 파산채권조사확정재판에 대한 이의의 소가 계속적인 경우에 준하

---

142) 민소법 제237조 제1항의 '일정한 자격에 의하여 자기의 이름으로 타인을 위하여 소송당사자가 된 경우'라 함은 권리주체인 자 대신에 제3자가 당사자적격(소송수행권)을 갖게 된 경우를 말한다. 제3자 소송담당의 경우를 일컫는다. 따라서 파산재단에 관한 소송에 있어서 파산관재인, 채무자의 재산에 관한 소송에 있어서 관리인 등이 여기에 해당한다.

143) 일본 파산법은 파산절차종결결정에 의해 파산절차가 종료된 경우 파산채권조사확정재판에 대한 이의의 소는 중단되지 않고 여전히 파산관재인이 수행한다고 규정하고 있다(제133조 제3항).

제7장 파산채권의 신고 및 조사 · 확정 **1585**

여 처리하면 되지만, 선행절차가 있었다는 점에 그 특수성이 있다. 채무자를 당사자로 하는 소송이 파산선고 후 파산채권확정소송으로 속행(수계)되고 파산절차가 종료된 경우에는 원칙적으로 원래의 모습으로 돌아갈 필요가 있다.

가. 파산관재인이 당사자로 된 경우

파산채권조사확정재판에 대한 이의의 소의 경우와 동일하게 취급하면 된다. 소송절차는 중단되고 채무자가 수계한다(민소법 제240조). 다만 입법론적으로는 파산절차종결의 경우 앞에서 본 바와 같이 소송절차는 중단되지 않고 파산관재인이 계속 소송을 수행하는 것이 타당하다고 본다.[144]

나. 파산관재인이 당사자가 아닌 경우

(1) 파산선고결정의 취소결정 또는 폐지결정의 확정에 의해 파산절차가 종료된 경우

소송절차는 중단되고[145] 채무자가 수계한다고 보아야 한다. 제464조, 제466조 제2항의 수계 규정에 의하여 채권확정절차로 유용된 선행절차를 부활시켜 채무자로 하여금 수계시키는 것이 적당하기 때문이다.

예컨대 채권자 A가 B를 상대로 이행소송을 제기한 후 B에 대하여 파산선고가 되었다. A의 채권신고에 대하여 다른 파산채권자 C가 이의를 진술하였다. 이 경우 A는 C를 상대로 소송절차를 수계시킨다. 이후 파산선고결정의 취소결정 또는 폐지결정의 확정에 의해 파산절차가 종료된 경우 배당액을 확정할 필요는 없지만, 선행소송인 이행소송은 파산선고가 아니었더라면 그대로 계속 진행될 것이었기 때문에, 이것을 종료시키는 것은 바람직하지 않다. 그래서 파산절차의 종료에 의해 B는 재산의 처분권을 회복하고, 당사자적격의 변동이 생겼으므로 일단 소송절차는 중단시키고, B에게 당해소송을 수계시키는 것이 타당하다.

(2) 파산절차종결결정에 의해 파산절차가 종료된 경우

배당절차가 진행된 경우에는 파산재단의 최종적인 배당액을 결정하기 위해서 해당 소송은 계속되어야 한다.

4. 제466조 제1항 규정에 의한 소송절차 계속 중 파산절차가 종료된 경우

집행력 있는 집행권원 등이 있는 채권에 대하여는 앞에서 본 바와 같이 제소책임이 전환된다. 집행력 있는 집행권원 등이 있는 채권에 대한 채권확정절차는, 파산채권조사확정재판에서 신고한 채권자의 청구가 인용되고, 패소한 이의자가 파산채권조사확정재판에 대한 이의의 소를 제기한 경우와 유사하기 때문에, 그 경우에 준하여 취급하면 될 것이다.

---

144) 일본 파산법 제133조 제3항은 이를 명시적으로 규정하고 있다.
145) 중단되는 것은 파산선고 전의 당사자인 채무자에게 소송을 수계시키기 위함이다.

가. 파산관재인이 당사자인 경우

(1) 파산선고결정의 취소결정 또는 폐지결정의 확정에 의해 파산절차가 종료된 경우

소송절차는 중단되고 채무자가 수계한다(민소법 제237조 제1항).

(2) 파산절차종결결정에 의해 파산절차가 종료된 경우

소송절차는 중단되고 채무자가 수계한다(민소법 제237조 제1항). 다만 입법론적으로는 앞에서 본 바와 같이 소송절차는 중단되지 않고 파산관재인이 계속 소송을 수행하는 것이 타당하다고 본다.

⟨**파산절차종료와 파산채권확정절차의 취급**⟩

절차의 종류	당사자	종료사유	취급
채권조사확정재판		파산선고결정의 취소 또는 파산절차 폐지결정의 확정	종료
		파산절차종결결정	계속
채권조사확정재판에 대한 이의의 소	파산관재인이 당사자인 경우	파산선고결정의 취소 또는 파산절차 폐지결정의 확정	중단/수계
		파산절차종결결정	중단/수계
	파산관재인이 당사자가 아닌 경우	파산선고결정의 취소 또는 파산절차 폐지결정의 확정	종료
		파산절차종결결정	계속
제464조, 제466조 제2항에 따라 수계된 소송절차	파산관재인이 당사자인 경우	파산선고결정의 취소 또는 파산절차 폐지결정의 확정	중단/수계
		파산절차종결결정	중단/수계
	파산관재인이 당사자가 아닌 경우	파산선고결정의 취소 또는 파산절차 폐지결정의 확정	중단/수계
		파산절차종결결정	계속
제466조 제1항 규정에 의한 소송절차	파산관재인이 당사자인 경우	파산선고결정의 취소 또는 파산절차 폐지결정의 확정	중단/수계
		파산절차종결결정	중단/수계
	파산관재인이 당사자가 아닌 경우	파산선고결정의 취소 또는 파산절차 폐지결정의 확정	종료
		파산절차종결결정	계속

나. 파산관재인이 당사자가 아닌 경우

(1) 파산선고결정의 취소결정 또는 폐지결정의 확정에 의해 파산절차가 종료된 경우

다른 파산채권자가 배당받는 경우는 없기 때문에 소송절차는 당연히 종료된다.

(2) 파산절차종결결정에 의해 파산절차가 종료된 경우

배당액을 확정할 필요가 있기 때문에 소송절차는 계속된다고 볼 것이다.

제 8 장

제1회 채권자집회

제1절 제1회 채권자집회의 의의

　제1회 채권자집회란 파산선고 후 최초로 개최되는 집회로서, 파산관재인이 파산선고에 이르게 된 사정, 채무자와 파산재단의 경과 및 현상(재산의 현상 및 부채의 상황, 파산재단에 속하는 재산의 환가상황 및 소송의 계속상황, 파산절차의 진행경과 등)에 관하여 보고하는 집회를 말한다(제488조).

　제1회 채권자집회의 기일은 파산선고와 동시에 정하되, 파산선고를 한 날로부터 4월 이내에 개최한다(제312조 제1항 제2호). 실무적으로는 비용을 절감하고 파산절차를 신속하게 진행하기 위하여 채권조사기일과 제1회 채권자집회를 병합하여 운영하고 있다(제312조 제2항). 또한 최근에는 사건의 신속하고 적정한 처리를 도모하기 위하여 이시폐지가 명백히 예상되는 사건(대부분의 파산사건이 그렇다)의 경우 채권조사를 생략하고(채권조사기일은 추정된다) 제1회 채권자집회만을 개최하고 있다.

　실무적으로 채권조사를 생략하거나 추정하는 경우 파산선고 전에 제기된 파산채권 관련 소송을 진행할 수 없다는 문제가 있다. 회생절차와 달리 파산절차에서는 서면에 의한 채권조사(시부인)가 없기 때문에 채권조사기일에 채권조사를 할 수밖에 없다. 그런데 채권조사기일을 개최하지 않으면 채권조사결과에 따라 진행 중인 파산채권 관련 소송을 처리하여야 하는데, 채권조사가 이루어지지 않음으로써 장기간 처리되지 못하는 상황이 발생하고 있다. 따라서 파산선고 당시에 파산채권 관련 소송이 제기되어 있고 이를 수계한 경우에는 채권조사기일을 진행하는 것이 바람직하다.

제2절 파산관재인이 준비하여야 할 사항

　제1회 채권자집회를 개최하기 전에 파산관재인은 파산관재인 보고서, 파산채권조사결과표, 제안서, 이의통지서 초안을 준비하여야 한다.

Ⅰ 파산관재인 보고서

파산관재인은 파산선고에 이르게 된 사정과 채무자 및 파산재단에 관한 경과 및 현상에 관하여 제1회 채권자집회에 보고하여야 한다(제488조). 파산관재인은 채권자집회가 정하는 바에 따라 채권자집회(또는 감사위원)에 파산재단의 상황을 보고하여야 한다(제499조).

파산관재인 보고서에는 ① 채무자의 개요, ② 채무자의 영업상태, ③ 파산선고에 이르게 된 사정, ④ 파산선고와 그 시점에서의 재단의 상황, ⑤ 파산재단의 경과 및 현상, ⑥ 종업원에 대한 조치, ⑦ 조세 및 공과금의 유무와 내용, 기타 재단채권의 개요, ⑧ 계속중인 소송의 상황, ⑨ 신고채권의 개요, ⑩ 예금의 보관방법, ⑪ 채권자집회 이후의 관재방침, ⑫ 배당의 전망 등을 기재한다.

Ⅱ 파산채권조사결과표

채권조사기일을 병합하여 진행하는 경우에는 접수번호 순서대로 파산채권자의 채권신고액, 시인액, 이의액, 이의사유 등을 기재한 파산채권조사결과표를 제출한다.

Ⅲ 제 안 서

영업의 폐지 또는 계속, 고가품의 보관방법에 관한 사항은 채권자집회의 결의사항이다(제489조). 파산관재인이 영업의 폐지 또는 고가품 보관방법에 관하여 제안하는 경우에는 제안과 그 이유를 덧붙인 제안서를 제출한다.

제3절 채권자집회의 진행

채권자집회는 법원이 지휘한다(제369조). 법원은 제1회 채권자집회를 열어 채무자의 재산상황 등에 관한 파산관재인의 보고를 들은 다음 채권조사기일을 열어 채권을 확정시키고(채권조사기일을 병합하여 진행할 경우), 파산채권자가 감사위원 설치를 제안하는 경우 등 결의가 필요한 경우에만 결의절차를 진행한다.

의결권을 행사할 수 있는 채권액(제373조) 등 채권자집회의 결의와 관련하여서는 〈**제4장 제3절 Ⅳ.**〉(본서 1351쪽)를 참조할 것.

법원은 파산관재인이나 채권자의 신청 또는 직권으로 채권자집회를 연기하거나 속행할 수 있다. 채권자집회에서 그 연기 또는 속행의 기일에 관하여 선고가 있는 때에는 송달 또는 공고를 하지 아니할 수 있다(제368조 제2항).

제 9 장

파산재단의 관리·환가 및 배당

파산절차의 목적인 파산채권자에 대한 배당을 하기 위해서는(제1조), 한편으론 배당을 받을 파산채권자의 범위, 금액 등을 확정하여야 함과 동시에, 다른 한편으론 배당하여야 할 금전, 즉 배당재원을 형성하여야 한다. 이를 위해 파산재단에 속한 재산을 파산관재인이 적절히 관리하고,[1] 나아가 현금 이외의 재산을 현금화(환가)할 필요가 있다. 파산선고로 파산재단이 형성되지만, 이후 그에 대한 관리 및 환가가 적절하게 행하여지는지 여부에 따라 실제 배당률은 차이가 발생할 수 있기 때문에, 파산재단의 관리 및 환가는 파산관재인의 직무 중 가장 중요하다고 할 수 있다. 파산재단에 대한 환가가 된 이후에는 파산채권자에게 배당을 한다.

제1절 파산재단의 관리

I 파산관재인의 파산재단 관리

파산관재인은 취임 후 즉시 파산재단에 속하는 재산의 점유 및 관리에 착수하여야 한다(제479조). 파산관재인은 파산선고결정을 집행권원으로 하여(비록 집행권원이 파산재단에 포함된 목적물을 개별적으로 언급하고 있지 않더라도) 채무자가 보관하고 있는 물건의 인도를 강제집행의 방법으로 실현할 수 있다고 할 것이다.[2] 그리고 파산관재인은 채권자집회가 정하는 바에 따라 채권자집회 또는 감사위원에게 파산재단의 상황을 보고하여야 한다(제499조).

파산재단에 귀속하는 재산의 점유를 확보하여 현상을 동결한 파산관재인은 다음으로 지체 없이, 파산재산에 속한 모든 재산을 파산선고 당시의 가액으로 평가를 하여야 한다(제482조 전문).

---

1) 파산관재인의 관리에는 부인권의 행사를 통한 파산재단의 증가, 법인의 이사 등에 대한 책임 추급 등 광의의 관리행위도 있지만, 여기서는 협의의 관리만을 다룬다.
2) 독일 도산법 제148조 제2항: 관리인은 개시결정의 집행력 있는 정본에 근거하여 채무자가 보관하고 있는 물건의 인도를 강제집행의 방법으로 실현할 수 있다.

이에 대한 내용은 〈제5장 제1절 Ⅱ.〉(본서 1368쪽)를 참조할 것.

파산선고 전 계약관계의 처리(제335조, 제340조 이하), 계속 중인 소송절차의 처리(제347조 등), 부인권의 행사 등도 관리인의 중요한 파산재단 관리행위이지만, 이들은 개별 해당부분에서 설명하였다.

파산절차에서 파산재단의 관리에 공적이 있는 자에 대하여 법원은 적절한 범위 내에서 비용을 상환하거나 보상금을 지급할 것을 허가할 수 있다. 이 경우 비용 또는 보상금의 액은 법원이 정한다(제31조 제1항 제2호). 법원의 위와 같은 결정에 대하여는 즉시항고를 할 수 있다(제31조 제1항).

Ⅱ 파산관재인의 관리행위에 대한 제한

파산관재인은 위에서 본 파산재단의 관리뿐만 아니라 시효중단조치, 각종 채권의 추심 등 다양한 행위를 원칙적으로 재량에 의하여 한다. 하지만 채무자회생법은 일정한 중요한 관리행위에 대하여는 파산절차에 가장 밀접한 이해관계를 가진 파산채권자, 그 집합체인 채권자집회 또는 파산관재인에 대한 감독권을 가진 법원이 관리에 관여할 것을 요구하고 있다(제488조, 제492조 등). 이러한 한도에서 파산관재인의 관리행위는 제한을 받는다.

무엇보다 파산채권자의 이익에 중대한 영향을 미치는 관리 및 환가행위를 파산관재인이 할 경우에는 법원의 허가를 받도록 하고 있다(제492조, 본서 1333쪽 참조). 제492조의 각 호는 관리행위와 환가행위를 모두 포함하고 있다. 관리행위에는 제5호, 제6호, 제9호 내지 제16호가, 환가행위에는 제1호 내지 제4호, 제7호, 제8호가 각 포함되지만, 이들을 굳이 구별할 필요는 없다. 이러한 사항에 대하여 법원의 허가를 받지 아니하고 한 행위는 무효이지만, 선의의 제3자에게는 무효로 대항할 수 없다(제495조).

제2절 파산재단의 환가

배당을 하기 위해서는 금전 이외의 재산을 환가하여야 한다. 환가란 파산재단을 구성하는 각 재산을 현금화하는 절차로, 그 적부는 배당재원의 다과에 직접적으로 영향을 미치는 것으로 파산절차에서 중요한 절차 중 하나이다.[3] 파산절차에서 파산재단의 환가에 공적이 있는 자

---

3) 체육시설업(골프장 등)을 하던 자가 파산한 경우 필수시설을 환가하는 데 상당한 어려움이 있다. 왜냐하면 영업을 양수한 자나 민사집행법에 따른 경매나 채무자회생법에 따른 환가에 따라 문화체육관광부령으로 정하는 체육시설업의 시설 기준에 따른 필수시설을 인수한 자는 그 체육시설업의 등록 또는 신고에 따른 권리·의무(제17조에 따라 회원을 모집한 경우에는 그 체육시설업자와 회원 간에 약정한 사항을 포함한다)를 승계하기 때문이다(체육시설의 설치·이용에 관한 법률 제27조 제2항, 제1항). 이로 인해 파산관재인이 필수시설을 환가하지 못하여 파산절차도 종료하지 못하는 상황이 발생하고 있다. 입법적인 보완이 필요하다.

에 대하여 법원은 적절한 범위 내에서 비용을 상환하거나 보상금을 지급할 것을 허가할 수 있다. 이 경우 비용 또는 보상금의 액은 법원이 정한다(제31조 제1항 제2호).[4] 법원의 위와 같은 결정에 대하여는 즉시항고를 할 수 있다(제31조 제1항).

환가는 파산관재인이 한다. 다만 환가의 시기 및 방법에 있어서는 일정한 제한이 있다.

Ⅰ 환가시기의 제한

채권조사기일(제312조 제1항 제3호)이 종료되기 전에는 법원의 허가나 감사위원의 동의가 없는 한 파산관재인은 파산재단에 속한 재산의 환가를 할 수 없다(제491조). 채권조사기일이 종료되기 전에는 파산채권의 총액이 확정되지 않아 어느 정도의 재산을 환가하여야 하는지 알 수 없기 때문이다.

파산관재인이 환가시기에 대한 제한을 위반한 경우에는 이로써 선의의 제3자에게 대항할 수 없다(제495조).

Ⅱ 법원의 허가 등을 받아야 하는 행위

파산관재인이 부동산에 관한 물권이나 등기하여야 하는 국내선박 및 외국선박의 임의매각 등에 해당하는 행위를 하고자 하는 경우에는 법원의 허가를 받아야 하며, 감사위원이 설치되어 있는 때에는 감사위원의 동의를 얻어야 한다. 다만 동산의 임의매각 등 일정한 행위에 해당하는 경우 중 그 가액이 1천만 원 미만으로서 법원이 정하는 금액 미만인 때에는 법원의 허가나 감사위원의 동의를 받지 않아도 된다(제492조).

이에 관한 자세한 내용은 〈제4장 제2절 Ⅲ.2.〉(본서 1333쪽)를 참조할 것.

파산관재인의 환가에 법원의 허가 등을 받도록 한 것은 환가의 공정성을 위한 것이다. 위와 같은 파산관재인의 환가행위에 대하여 채무자는 파산관재인에게 의견을 진술할 수 있다. 파산관재인이 감사위원의 동의를 얻어 위와 같은 환가행위를 하는 때에도 법원은 채무자의 신청에 의하여 그 행위의 중지를 명하거나 그 행위에 관한 결의를 하게 하기 위하여 채권자집회를 소집할 수 있다(제494조).

파산관재인이 환가행위의 제한을 위반하거나 중지명령을 위반한 때에도 이로써 선의의 제3자에게 대항할 수 없다(제495조).

---

4) 실무적으로 채무자가 파산신청을 하기 전에 재산을 은닉하는 경우가 많다. 이런 경우 법원이나 파산관재인의 노력만으로는 은닉된 재산을 찾기 쉽지 않다. 따라서 채무자의 은닉재산을 찾는 데 기여한 자에게 일정한 보상금을 지급하기도 한다. 한편 보상금 지급허가신청은 '법원의 직권발동을 촉구하는 신청'에 해당하여 법원이 허가결정을 하지 않는 경우에는 그 신청에 대하여 결정을 할 필요는 없다(서울회생법원 2018하합100005).

Ⅲ 환가의 방법 및 별제권의 목적인 재산의 환가

환가는 원칙적으로 파산관재인의 재량에 맡겨져 있다. 파산관재인은 파산재단의 이익을 고려하여 가능한 한 신속하게, 가능한 한 고액으로 매각할 수 있는 방법으로 환가를 진행하여야 한다.

파산관재인은 파산재단에 속하는 부동산 등의 환가를 위하여 ① 민사집행법에 따라 이른바 형식적 경매[5]절차(민집법 제274조)를 신청하거나(제496조 제1항, 아래 〈1.가.〉),[6] ② 법원의 허가를 얻어 영업양도[7] 등 다른 방법으로 환가를 실시할 수 있고(같은 조 제2항), 후자의 방법에 의한 환가에는 임의매각도 당연히 포함된다. 실무적으로 파산재단의 환가는 임의매각에 의하는 것이 일반적이다. 민사집행법에 의한 환가(형식적 경매)는 해당 부동산의 불법점유자를 퇴거시키기 위해서는 인도명령(민집법 제136조)에 의하는 것이 적절한 때 등 제한된 경우에 이용된다.

별제권의 목적인 재산에 대하여는 별제권자가 별제권을 행사하지 않은 경우[8] 파산관재인은 민사집행법에 의하여 별제권의 목적인 재산을 환가할 수 있다. 이 경우 별제권자는 이를 거절할 수 없다. 이 경우 별제권자가 받을 금액이 아직 확정되지 아니한 때에는 파산관재인은 대금을 따로 임치하여야 하고, 별제권은 그 대금 위에 존재한다(제497조). 아래 〈2.〉 참조.

채권의 환가는 채무자로부터 채권을 회수하는 것이 원칙이지만, 법원의 허가 등을 얻어 채권양도의 방법을 취할 수도 있다(제492조 제8호). 아래 〈3.〉 참조.

1. 환가의 방법

가. 민사집행법에 의한 환가

파산재단에 속한 재산 중 민사집행의 대상이 된 재산에 대하여는 파산관재인은 민사집행법에 의하여 환가할 수 있다(제496조 제1항). 이는 형식적 경매(민집법 제274조)에 속하므로 담보권 실행을 위한 경매의 예에 따라 실시한다. 따라서 집행권원은 필요 없고 경매청구권을 증명하는 서류로서 파산선고 결정등본을 제출하면 된다.[9] 형식적 경매이므로 경매절차에서 매각이 되면

---

5) 민사집행법상의 경매에는 ① 집행권원에 기하여 행하는 강제경매와 ② 담보권 실행을 위한 경매, 그리고 ③ 오로지 특정재산의 가격보존 또는 정리(청산)를 위하여 하는 경매가 있다. 이 중 ①과 ②는 채권자가 자기채권의 만족을 얻기 위하여 실행한다는 의미에서 실질적 경매라 부르고, ③은 형식적 경매라 부른다. 파산절차에서 행하는 환가(경매)는 민집법 제274조 제1항의 '그 밖의 법률이 규정하는 바에 따른 경매'로 형식적 경매에 해당한다.

6) 파산선고결정을 경매권 존재를 증명하는 문서로 보아 하는 것이고, 환가대금은 파산관재인에게 교부하며 강제집행 절차에 따른 배당은 존재하지 않는다.

7) 영업은 그 활동이 정지되면 자산 가치는 급격히 악화되기 때문에, 영업양도를 하기 위해서는 우선 영업계속의 허가를 받아둘 필요가 있다(제486조). 같은 이유로 가능한 한 조기에 영업을 양도할 필요가 있다.

8) 별제권자가 법률에 정한 방법에 의하지 아니하고 별제권의 목적을 처분하는 권리를 가지는 때에는 법원은 파산관재인의 신청에 의하여 별제권자가 그 처분을 하여야 하는 기간을 정한다. 별제권자가 법원이 정한 기간 안에 처분을 하지 아니하는 때에는 처분할 권리를 잃는다(제498조).

9) 법원실무제요, 민사집행Ⅲ─부동산집행2, 사법연수원(2020), 414쪽.

매각대금은 모두 파산관재인에게 교부되고, 경매절차에 의한 배당절차는 존재하지 않는다.[10]

형식적 경매와 강제경매 또는 담보권 실행을 위한 경매가 경합하는 경우 형식적 경매는 정지하고, 채권자 또는 담보권자를 위하여 그 절차를 계속 진행한다. 강제경매 또는 담보권 실행을 위한 경매가 취소되면 형식적 경매절차를 계속하여 진행한다(민집법 제274조 제2항, 제3항). 양자가 경합하는 경우 시간의 선후에 관계없이 강제경매 등의 절차가 우선하여 진행된다.

나. 임의매각

파산관재인은 법원의 허가를 얻어 영업양도 등 다른 방법으로 환가를 실시할 수 있고(같은 조 제2항), 여기에는 임의매각도 당연히 포함된다.[11] 파산관재인이 법원의 허가를 받아 임의매각하는 경우에는 그 환가의 방법, 시기, 매각절차, 매수상대방의 선정 등 구체적 사항은 파산관재인이 자신의 권한과 책무에 따라 선량한 관리자의 주의를 다하여 적절히 선택할 수 있다.[12] 파산재단에 속하는 재산에 대한 환가는 배당재원에 큰 영향을 미치기 때문에 임의매각의 경우 법원의 허가를 받도록 한 것이다(제492조).

한편 파산관재인이 임의매각에 의한 환가를 실시함에 있어서 설령 경쟁입찰방식에 따라 최

---

10) 파산재단에 속하는 재산에 대한 민사집행법에 의한 환가(제496조 제1항, 제497조 제1항)에서 배당절차가 존재하는지에 관하여는 견해의 대립이 있다. 먼저 이는 청산을 위한 경매에 속하고, 청산을 위한 경매에 소멸주의가 적용되므로 논리적으로 소멸되는 부담에 관계된 채권자들에 대한 배당절차를 실시하여야 한다는 견해가 있다. 그러나 청산을 위한 형식적 경매의 경우에는 경매절차 밖에 따로 마련된 별도의 청산을 위한 절차 내에 매각대금에 대한 별도의 변제절차(파산재단에 속하는 재산에 대한 경매에서는 파산관재인이 채무자회생법이 정한 변제절차에 따라 일괄적으로 변제한다)가 있어서 그 매각대금으로 채권자들에 대하여 일괄적으로 변제하여야 하므로 그 절차에서 변제하도록 변제절차를 주관할 자(파산관재인)에게 교부하여야 하고 따로 배당절차를 밟아서는 안 된다{법원실무제요 민사집행(Ⅲ)－부동산집행2－, 사법연수원(2020), 422~423쪽, 破産法·民事再生法, 650쪽, 條解 破産法, 1229쪽}.

11) 파산관재인의 환가는 채무자회생법에서는 경매절차가 원칙이지만, 실무적으로는 법원의 경매절차에 따를 경우 시간이 많이 걸리고 매각대금 역시 임의매각에 비하여 높다고 할 수 없으므로 법원의 허가를 얻어 임의매각의 방법을 많이 이용하고 있다. 한편 최근에는 다수의 국민들에게 부동산 매각정보를 제공하고, 매각절차의 공정성과 투명성을 제고하며, 비용절감을 위하여 <대한민국 법원 홈페이지(www. scourt.go.kr)－대국민서비스－공고－회생·파산 자산매각 안내>의 공고게시판을 적극 활용하고 있다.

한편 파산관재인이 파산재단에 속한 부동산을 제3자에게 임의매각하고 이를 원인으로 파산관재인과 매수인이 공동으로 소유권이전등기를 신청할 때에 파산선고를 받은 채무자가 법인인 경우에는 등기소로부터 발급받은 파산관재인의 인감증명을 제공하여야 하고, 파산선고를 받은 채무자가 개인인 경우에는 「인감증명법」에 따라 발급받은 파산관재인 개인의 인감증명을 제공하여야 하는바, 파산계속법원으로부터 발급받은 파산관재인의 사용인감에 대한 인감증명으로 이를 대신할 수는 없다. 이 경우 등기원인이 "매매"이므로 파산관재인의 인감증명은 매도용 인감증명이어야 한다(2018. 12. 27. 부동산등기과－2901 질의회답).

12) 대법원 2010. 11. 11. 선고 2010다56265 판결. 위 판결은 「파산관재인이 파산계속법원의 허가를 얻어 파산재단에 속하는 부동산을 경쟁입찰방식에 의해 매각하기로 하여 그 입찰기일에 최고금액으로 입찰한 자를 낙찰자로 결정하였는데, 그 낙찰자가 입찰 당시 입찰공고에 정한 입찰금액의 10%에 해당하는 금액이 아닌 최저매각금액의 10%에 해당하는 입찰보증금만을 납부하였으나 파산관재인이 그 다음날 입찰보증금을 추가 납부받은 다음 낙찰자와 매매계약을 체결하고 파산계속법원으로부터 그 매매계약에 관한 허가를 받은 사안에서, 위 입찰 및 매매계약은 채무자회생 및 파산에 관한 법률 제496조 제2항에 정한 임의매각에 해당하므로 입찰보증금 납입에 관한 하자가 있으면 경매절차를 무효로 보는 민사집행법의 규정은 위 입찰에 적용되지 않고, 위 입찰공고에 정한 입찰보증금 납입규정은 매매계약의 체결 및 이행을 담보하기 위한 것으로 낙찰자가 나머지 입찰보증금을 납입함으로써 그 목적이 달성된 이상 위 입찰절차상의 입찰보증금 납입에 관한 하자가 입찰절차의 공공성과 공정성이 현저히 침해될 정도로 중대한 경우라 볼 수 없으며, 파산관재인의 위 매매계약 체결행위가 선량한 풍속 기타 사회질서에 반하는 행위라고 보기도 어렵다」고 본 사례이다.

고가격을 제시한 매수자를 선정하기로 하여 입찰보증금을 제공받고 입찰공고를 시행하는 등 민사집행법상의 경매절차와 유사한 과정을 거쳤다고 하더라도 그 본질은 여전히 사적인 매매 계약관계로 보아야 하므로, 사적자치와 계약자유의 원칙 등 사법의 원리가 당해 입찰 및 매매 계약에도 그대로 적용된다.[13]

2. 별제권의 목적인 재산의 환가[14]

가. 파산관재인의 환가권

(1) 민사집행법에 의한 환가

별제권은 파산절차에 의하지 않고 행사할 수 있고(제412조), 별제권을 언제 행사할 것인지 는 별제권자의 자유이다. 그러나 별제권의 목적인 재산에 잉여가 있는 경우에는 파산재단의 확보를 위하여 조기에 환가를 하는 것이 바람직하다. 이러한 이유로 파산관재인에게 별제권의 목적재산에 대한 환가권을 부여하고 있다. 별제권자는 파산관재인에 의한 경매신청을 거절할 수 없다(제497조 제1항). 민사집행법에 의한 환가는 가장 공정한 것으로 별제권자로서는 반대할 이유가 없기 때문이다. 다만 별제권의 목적물이 질권이나 유치권의 목적재산인 경우, 파산관재 인은 그 목적재산을 집행관에게 제출할 수 없으므로, 사실상 경매신청을 할 수 없다. 관련 내 용은 〈제5장 제4절 Ⅲ.2.라(1)〉(본서 1431쪽)을 참조할 것.

별제권자는 파산절차에 의하지 않고 권리를 행사할 수 있지만, 별제권의 목적인 재산도 파 산재단을 구성하는 이상 파산관재인의 관리처분권이 인정되어야 한다. 따라서 별제권의 목적 인 재산에 대한 파산관재인의 환가권은 관리처분권의 발현이라고 할 수 있다.[15]

파산관재인의 환가권에 의해 우선변제권 실현을 위한 별제권자의 환가권은 제한되지만, 채 무자회생법은 포괄집행이라는 파산절차를 고려하고, 별제권자에 대하여는 목적재산의 가액에 의해 우선변제를 부여하는 것으로 충분하다는 입장에서 민사집행법에 의한 환가를 인정하는 것이다.

파산관재인이 행한 경매는 형식적 경매이므로(경매청구권은 파산선고결정 등본에 의하여 증명한

---

13) 대법원 2013. 6. 14. 자 2010마1719 결정, 대법원 2010. 11. 11. 선고 2010다56265 판결, 서울중앙지방법원 2019. 9. 10. 자 2019카합21122 결정(파산관재인이 경쟁입찰방식으로 파산재단 소속 물건을 매각한 후, 낙찰을 받지 못한 자가 파산관재인을 상대로 낙찰자지위보전 등 가처분을 신청한 사안) 등 참조.

14) 별제권의 목적인 재산(특히 부동산)의 환가는 ① 별제권자에 의한 환가, ② 파산관재인의 민사집행법에 의한 환가, ③ 파산관재인에 의한 임의매각이 있을 수 있다. ①은 앞에서 보았고{〈제5장 제4절 Ⅲ.〉(본서 1426쪽)}, ②는 아 래에서 설명하므로 여기서는 ③에 대하여 간략히 보기로 한다.
별제권자가 경매를 신청하거나 임의매각에 비협조적인 경우에도 일반적으로 임의매각이 신속하게 고가로 매각될 가능성이 있다는 점, 불법점유자가 있는 경우 파산관재인이 이것을 배제하여 매각하는 것이 고가로 매각될 가능성 이 높다는 점 등을 설명하여 별제권자로부터 임의매각에 대한 협조를 구하는 것이 바람직하다. 파산재단에 속한 부 동산은 대부분 담보권이 설정되어 있기 때문에 파산관재인이 부동산을 임의매각할 경우에는 원칙적으로 별제권자 가 가지고 있는 담보권을 전부 말소시키는 것이 필요하다. 물론 매수희망자가 별제권을 유지한 채 부동산을 매수하 는 것을 승인한 경우에는 예외적으로 별제권을 유지한 채 임의매각을 할 수도 있을 것이다.

15) 破産法·民事再生法, 649쪽.

다) 배당절차가 존재하지 않는다. 따라서 집행법원은 매각대금 전액을 파산관재인에게 교부한다. 파산관재인은 매각대금을 별제권자에게 우선변제한 후 잔액이 있으면 파산재단에 포함시킨다. 별제권자가 받을 금액이 아직 확정되지 아니한 때에는 파산관재인은 대금을 따로 임치하여야 한다. 이 경우 별제권은 그 대금 위에 존재한다(제497조 제2항).

(2) 파산관재인의 환가권과 담보실행(별제권자의 환가권)의 관계

별제권자는 파산절차에 의하지 아니하고 별제권을 행사함으로써 목적물을 환가할 수 있다(제412조). 파산관재인도 앞에서 본 바와 같이 별제권의 목적물을 환가할 수 있다. 그렇다면 양자의 관계는 어떻게 되는가.

파산관재인에 의한 환가권은 앞에서 본 바와 같이 파산관재인의 파산재단에 대한 관리처분권에서 나오는 독립된 권한으로, 별제권자의 환가권에 대하여 이차적 보충적으로 인정되는 권리가 아니다. 파산관재인의 환가권은 파산채권자의 이익을 실현하기 위하여 파산선고결정에 의하여 부여되는 것으로 별제권자의 환가권과는 독립적으로 존재한다. 담보권이 설정된 부동산에 대하여 집행권원을 가지고 강제경매가 인정되는 것과 마찬가지로 별제권자의 환가권과 파산관재인의 환가권과의 사이에서는 우열관계가 존재하는 것이 아니다.[16] 채무자회생법은 별제권자가 법률이 정한 방법에 의하지 아니하고 별제권의 목적을 처분하는 권리를 가진 경우에는 그 처분기간을 정하고 정해진 기간 내에 별제권자가 처분을 하지 아니한 때에 파산관재인에게 환가권을 인정하는 것과 달리(제498조), 일반적인 별제권에 대한 파산관재인의 환가권의 행사에는 아무런 제한 규정을 두고 있지 않다는 점에서도 그렇다.

다만 파산관재인에 의한 형식적 경매와 별제권자에 의한 담보집행절차가 경합하는 경우에는 어느 것이 우선하였는지와 관계없이 배당절차가 존재하는 담보집행절차를 속행하여야 할 것이다.[17] 그러나 별제권 행사를 통한 임의경매에 의한 처분은 파산선고에 의한 처분이 아니므로(소득세법 제89조 제1항 제1호, 법인세법 제55조의2 제4항 제1호)[18] 양도소득으로 인한 법인세나 소득세가 비과세되지 않는다는 점에 주의하여야 한다.[19]

---

16) *破産法·民事再生法*, 649쪽 각주 145). 이에 대하여 파산관재인의 환가권과 별제권자의 환가권이 병존하지만 같은 순위로 병렬적인 관계는 아니고, 별제권자의 환가권은 실체법에 의해 당초부터 부여되어 있기 때문에 제1차적 권리라고 할 수 있음에 반하여, 파산관재인의 환가권은 파산절차상의 지체로 인한 손해방지를 위하여 보충적으로 인정되는 것이므로, 제2차적인 것이라고 해석하는 것이 정당하다는 견해도 있다{임준호, "파산절차상 담보권의 권리", 파산법의 제문제(하), 재판자료 제83집, 법원도서관(1999), 111쪽}.
17) *條解 破産法*, 1230쪽. 결국 별제권자가 경매신청에 의하여 그 권리실행에 착수한 때에는 파산관재인의 환가권은 인정되지 않으며 잉여를 남길 가망이 없는 경우에는 별제권의 목적인 재산을 포기하고 파산재단으로부터 제외시킬 수 있다(제492조 제12호).
18) 대구지방법원 2018. 4. 11. 선고 2017구합2556 판결(확정) 참조.
19) 임의경매로 처분된 부동산 등이 파산재단에 속하지만 부동산 등 양도로 인한 법인세나 소득세의 납세의무자는 채무자로 보아야 한다(본서 1503쪽). 파산관재인이 파산재단을 관리·처분하는 과정에서 부과된 것이라고 보기 어렵기 때문이다.

나. 별제권자의 처분기간 지정

별제권자가 법률이 정한 방법에 의하지 아니하고 별제권의 목적을 처분하는 권리를 가지는 때에는 법원은 파산관재인의 신청에 의하여 별제권자가 그 처분을 하여야 하는 기간을 정한다(제498조 제1항). '법률이 정한 방법에 의하지 아니하고 별제권의 목적을 처분하는 권리'란 유질계약(상법 제59조), 양도담보의 실행, 목적물을 평가액으로 변제에 충당하기로 특약이 되어 있는 경우, 리스목적물의 처분 등이 대표적인 것이다.

별제권자가 유질계약 등에 의해 법률이 정한 방법에 의하지 않고 별제권의 목적인 재산을 처분할 권리를 가지는 경우에는 파산관재인이 별제권의 목적인 재산을 환가하는 것이 허용되지 않는다. 이 경우 별제권자에 의해 파산재단에 속하는 재산이 처분되지 않으면 파산절차를 종료할 수 없다. 또한 피담보채권액이 목적재산의 가액에 미치지 못한 경우에는 별제권자에 의한 실행절차가 마쳐지지 않으면 파산재단의 확보를 도모할 수 없다. 이 때문에 파산관재인의 신청에 의해 별제권자가 처분하여야 하는 기간을 정하도록 한 것이다. 정해진 기간 안에 처분을 하지 아니한 때에는 별제권자는 사적실행에 의한 처분권한을 잃고(제498조 제2항), 파산관재인이 제496조, 제497조에 의해 처분권한을 행사한다(파산관재인이 환가권을 행사한다).[20]

관련 내용은 〈제5장 제4절 Ⅲ.2.라(2)〉(본서 1432쪽)를 참조할 것.

3. 채권 등의 환가

채권의 환가는 채무자로부터 채권을 회수(추심)하는 것이 원칙이지만, 추심에 시간이 많이 걸리고 그로 인하여 절차가 지연될 우려가 있는 경우[21]에는 법원의 허가 등을 얻어 채권양도의 방법을 취할 수도 있다(제492조 제8호).

가. 법인파산재단의 환가

주식회사와 달리, 채권회수에 유사한 것으로 법인사원의 출자의무에 대한 이행청구가 있다. 법인파산의 경우 파산관재인은 출자의무의 미이행부분이 있는 경우에는 사원에게 출자를 요구할 수 있다(제501조, 상법 제258조).[22] 파산선고 당시에 출자의무의 이행기가 도래하고 있었다면, 이러한 의무도 통상적인 파산재단에 대한 채무와 다르지 않은데, 이행기가 도래하지 않은 경우에도 파산관재인의 이행청구를 인정한 것이다. 관련 내용은 〈제6장 제1절 Ⅳ.5.나.(2)〉(본서 1495쪽)를 참조할 것.

파산관재인의 출자청구에 의하여 지급된 금전은 파산재단에 속하는 재산이 된다. 법인의

---

20) 결국 파산관재인의 환가권은 전형담보이든(제497조) 비전형담보이든(제498조) 별제권자가 신속하게 권리행사를 하지 않는 경우에는 인정된다.

21) 일반적으로 채권자가 파산한 경우 채무자는 여러 가지 이유를 들어 그 의무의 이행을 거절하는 경우가 많다.

22) 회생절차는 채무자의 존속을 전제로 하는 절차이므로 이러한 규정이 없다. 한편 입법론으로 제501조가 상법 제258조를 준용하는 데 그칠 것이 아니라, 같은 조의 "청산인"은 "파산관재인"으로 본다는 규정을 추가하여야 할 것이다.

채권자에 의한 직접청구는 금지된다(제433조).

나. 익명조합원에 대한 출자청구

익명조합계약이 영업자의 파산으로 인하여 종료된 때(상법 제84조 제3호)에는 파산관재인은 익명조합원이 부담할 손실액을 한도로 하여 출자를 하게 할 수 있다(제502조).[23] 익명조합계약이 종료한 때에는 익명조합원의 미이행분 출자의무는 원칙적으로 소멸한다. 그러나 익명조합원이 손실분담특약을 한 경우에는 부담하여야 할 손실액을 한도로 미이행 출자의무는 계약종료 후에도 존속한다(상법 제85조 단서).

손실분담액이 출자한 가액을 초과한 경우에는 아직 출자하지 않은 부분을 익명조합원이 파산관재인에게 지급하여야 한다. 파산관재인의 출자청구로 익명조합원으로부터 지급된 금전은 파산재단에 속하는 재산이 된다. 물론 이미 이행한 출자부분 중 부담하여야 할 손실을 공제하고 남은 경우 파산관재인은 잔액에 대해 반환의무를 부담하고(상법 제85조 본문), 이것은 파산채권이 된다.

4. 잉여주의의 적용 여부

담보권 실행을 위한 경매에서는 강제경매와 마찬가지로 절차비용 및 우선채권을 변제하고 잉여가 생기지 않으면 경매를 실시할 수 없다는 잉여주의가 적용되는데(민집법 제268조, 제91조 제1항), 민사집행법에 의한 환가(제496조 제1항), 별제권의 목적인 재산의 환가(제497조 제1항)와 같은 형식적 경매에 관하여도 잉여주의가 적용되는지가 문제된다. 이에 관하여는 견해의 대립이 있지만[24] 형식적 경매의 경우에도 매각조건에 관하여 소멸주의를 원칙으로 하여 진행되는 이상 잉여주의가 적용된다고 보아야 한다.[25] 따라서 잉여의 가망이 없는 경우(나아가 임의매각도 어려운 경우) 파산관재인으로서는 파산재단에서 포기(제492조 제12호)하는 것 이외에는 달리 진행할 수 있는 방법이 없다.[26]

Ⅳ 파산재단으로부터의 포기

1. 의 의

파산관재인은 파산재단에 속하는 모든 재산을 환가하는 것이 원칙이지만, 환가가 불가능하

---

23) 회생절차에서는 당연히 익명조합계약이 종료하는 것은 아니기 때문에 이러한 규정이 없다.
24) 견해의 대립에 관하여는 「법원실무제요 민사집행(Ⅲ) - 부동산집행2 -, 사법연수원(2020), 419~420쪽」을 참조할 것.
25) 대법원 2011. 6. 17. 자 2009마2063 결정.
26) 입법적으로는 청산을 위한 형식적 경매는 채권의 만족을 얻기 위한 강제적 매각이 아니고(따라서 개별집행채권자의 이익실현을 전제로 한 잉여주의를 적용할 필요가 없다), 재단채권의 증가를 방지할 필요가 있으며, 파산재단에서 포기를 할 것인지에 대한 판단도 쉽지 않다는 점에서 잉여주의 적용을 배제하고, 잉여의 가망이 없다고 하더라도 파산관재인에게 환가권을 인정할 필요가 있다. 일본 파산법 제184조 제3항은 명시적으로 청산을 위한 형식적 경매에 잉여주의의 적용을 배제하고 있다.

거나 환가비용이 과다하여 이를 공제하면 남는 것이 없는 경우 파산재단에 이익이 없고 파산절차의 종료만 지연될 우려가 있다. 이러한 경우 파산절차의 신속하고 효율적인 진행을 위해 파산관재인은 그 재산을 파산재단으로부터 포기할 수 있다. 환가의 포기 또는 관리처분권의 포기라고도 한다. 권리의 포기(제492조 제12호) 중 하나이다.

파산재단으로부터의 포기는 법원의 허가(또는 감사위원의 동의)를 받아야 한다(제492조 제12호).[27] 다만 그 가액이 1천만 원 미만으로서 법원이 정한 금액 미만인 때에는 법원의 허가를 받을 필요가 없다(제492조 단서).

2. 효　과

포기는 파산재단에서 제외되어 채무자, 별제권자 기타 이해관계인의 자유로운 처분에 맡기는 것이므로(상대적 포기) 그 재산은 포기에 의해 채무자가 개인인 경우 채무자의 자유재산이 되고, 채무자가 법인인 경우 법인의 자유재산을 인정하는 입장에서는(본서 1365쪽) 청산법인이 그 관리처분권을 갖게 된다.[28] 이에 따라 채무자는 그 재산에 대해 관리처분권을 갖게 되고 조세 등의 부담도 채무자가 진다.[29] 포기된 재산은 파산재단으로부터 분리되고 채무자는 당해 재산에 대한 관리처분권을 회복한다는 점에서 민법상 물권의 소멸원인 중 하나인 포기와 구별된다.

부동산에 대해 '파산재단으로부터의 포기'를 한다면,[30] 파산관재인은 점유관리의무, 민법 제758조의 점유자책임을 면한다. 자동차에 대하여 '파산재단으로부터 포기'를 한다면, 파산관재인은 자동차운행자책임을 면한다.

실무적으로 파산재단으로부터의 포기와 관련하여 몇 가지 문제가 있다. 특정재산에 대하여 파산관재인이 관리처분권을 포기한 때, 앞에서 본 바와 같이 채무자가 개인인 경우 채무자의 자유재산이 되고, 법인인 경우 청산법인이 관리처분권을 갖는다. 하지만 포기 후 관리자가 사실상 존재하지 않는 경우나 붕괴의 위험이 있는 건물이나 토양오염 등 공해를 유발할 수 있는 토지 등의 경우, 파산관재인의 파산채권자에 대한 선관주의의무의 관점이나 파산법인(파산채권자를 포함한다)의 사회에 대한 책임이라는 관점으로부터 신중한 검토가 필요하다.[31] 법원으로서

---

27) 파산관재인이 환가를 포기하지 않는 한 계산보고를 위한 채권자집회에서 그 처분에 관한 결의(포기 결의)를 하여야 한다(제529조). 실무적으로 채권자집회에서 포기결의를 하는 경우는 없고, 법원의 허가에 의하여 환가를 포기하고 있다.

28) 다만 구체적으로 누가 관리처분권을 가지고 있느냐에 관하여는 다툼이 있다. 관련 내용은 <본서 1623쪽>을 참조할 것.

29) 서울행정법원 2005. 7. 7. 선고 2005구합6904 판결. 부동산에 대하여 환가를 포기하는 경우 채무자가 당해 부동산의 관리처분권을 회복하기 때문에 채무자에게 부동산이 인도된다. 이 경우 재산세에 대하여는 과세기준일인 6월 1일(지방세법 제114조)에 사실상의 소유자에게 과세되는 것이고(지방세법 제107조), 이전등기가 되어도 소유자이었던 기간 동안만 일할 계산하여 과세하는 것은 아니다. 따라서 6월 1일 이후에 부동산을 포기한 경우에는 파산재단으로부터 포기를 한 다음해부터 채무자가 부담한다.

30) 부동산의 '파산재단으로부터의 포기'는 ① 무담보, 담보를 묻지 않고 파산관재인이 상당기간 매각을 노력하였음에도 매수자가 없고, 가까운 장래에 매수희망자가 나타날 가능성이 없는 경우, ② 무담보라고 하여도, 하천, 산림 등으로 인한 부동산의 성질상 환가가 현저히 곤란하고, 포기하여도 관리상 중대한 문제가 없는 경우에 한다.

31) 오염물질에 의해 오염 또는 훼손된 토지나 기계가 파산재단에 포함되어 있는 경우, 정화명령에 따라 오염을 제거하

도 단순히 경제적 관점만이 아니라 공익상의 관점도 고려하여 포기의 허용 여부를 판단할 필요가 있다.[32] 한편 목적물이 파산재단으로부터 포기되고 채무자가 법인인 경우 청산법인이 관리처분권을 갖게 되는데, 구체적으로 누가 이것을 행하는가. 견해의 대립이 있지만, 청산인을 새로이 선임하여 관리하도록 하는 것이 타당하다(본서 1623쪽 참조).

3. 등기·등록의 촉탁

법인인 채무자가 소유한 부동산 등에 관하여는 별도로 말소등기·등록촉탁을 할 필요는 없다. 하지만 법인격 없는 사단이거나 다른 특별한 사정으로 등기·등록이 되어 있는 때로서 파산관재인이 파산등기가 되어 있는 권리를 파산재단으로부터 포기하고 그 등기·등록촉탁의 신청을 하는 경우에는 법원사무관 등은 촉탁서에 권리포기허가서의 등본을 첨부하여 권리포기의 등기·등록을 촉탁하여야 한다(제24조 제4항, 제27조, 부동산등기사무처리지침 제23조[33]).

4. 포기의 시기

포기의 시기에 대하여는 특별한 제한이 없지만, 납세의무 성립시기를 고려할 필요는 있다. 예컨대 재산세나 종합부동산세는 매년 6월 1일 재산이나 부동산(주택, 토지)을 사실상 소유하고 있는 자에 대하여(지방세법 제107조 제1항, 제114조, 종합부동산세법 제3조), 자동차세는 매년 6월 1일과 12월 1일 등록원부상 소유자에 대하여 과세하는 것이므로(지방세기본법 제34조 제1항 제9호 가목, 지방세법 제128조 제1항 참조)[34] 파산관재인으로서는 이들 조세에 관한 납세의무가 성립하기 이전에 포기하는 것이 바람직하다.

게 되면 그를 위해 지출한 비용만큼은 채권자에 대한 배당재원으로 쓸 수 없게 된다. 정화를 마치고 난 뒤 위 토지의 가치가 정화비용에 비하여 현저히 낮은데도 그 비용을 지출하는 것은 파산채권자의 이익을 극대화한다는 파산절차의 목적에 반한다. 경우에 따라서는 오염제거비용이 과다하여 절차비용도 충당할 수 없게 될 수도 있다. 이것이 예측되는 경우 파산관재인이 그 재산에 대한 권리를 포기할 것인지 여부가 문제된다. 이에 관하여 정화비용이 재단채권인지 아니면 파산채권인지에 따라 결정된다는 견해가 있다(이연갑, 전게 "환경책임과 도산절차", 390~394쪽). 만약 파산채권에 해당한다면 그 지출은 배당에 의한 변제에 해당하지 않으므로 파산관재인이 정화비용을 지출할 이유가 없다. 반면 재단채권이라면 그 지출로 인하여 파산채권자가 이익을 얻는가에 따라 포기 여부를 결정하여야 한다. 정화비용으로 지출하게 되어도 파산채권자에게 이익이 되지 않는다면 포기할 수 있다. 다만 오염된 물건에 의해 공중의 보건과 안전에 중대한 위험이 될 가능성이 있는 경우에는 파산재단의 비용으로 적절한 안전조치를 취한 후 포기를 허가하는 것이 바람직하다. 이러한 문제는 회생절차에서도 동일하게 발생한다.

32) 파산재단 소속의 건물소유권이나 부지점유권에 대한 관리처분권을 포기함으로써, 원상회복의무나 임료 상당의 손해배상금 지급의무를 면하는 것은(실질은 불법점유), 실질적으로 채무나 의무를 포기하는 것으로 토지소유권자의 권리를 해하는 것이므로 허용되지 않는다(破産法·民事再生法, 646쪽 각주 133)).

33) 부동산등기사무처리지침 제23조(권리포기에 따른 등기신청) 법원사무관 등은 파산관재인이 파산등기가 되어 있는 부동산 등에 대한 권리를 파산재단으로부터 포기하고 파산등기의 말소를 촉탁하는 경우 권리포기허가서의 등본을 첨부하여야 한다.

34) 자동차를 폐차할 경우 자동차세는 말소등록시점에 납세의무가 성립한 것으로 보고, 일할 계산하여 자동차세를 납부한다(지방세법 제128조 제5항, 같은 법 시행령 제126조).

Ⓥ 납세증명서 제출 또는 납부사실 증명의 예외 요청

1. 납세증명서 제출 또는 납부사실 증명

국세 또는 지방세의 납세자(미과세된 자를 포함한다)는 국가, 지방자치단체 또는 대통령령으로 정하는 정부기관(예컨대 한국토지주택공사)으로부터 대금을 지급받을 경우에는 대통령령으로 정하는 바에 따라 납세증명서를 제출하여야 한다(국세징수법 제5조 제1항 제1호, 같은 법 시행령 제3조, 지방세징수법 제5조 제1항 제1호, 같은 법 시행령 제3조).

국민건강보험료 또는 국민연금보험료의 납부의무자는 국가, 지방자치단체 또는 「공공기관의 운영에 관한 법률」 제4조에 따른 공공기관으로부터 공사·제조·구매·용역 등 대통령령으로 정하는 계약의 대가를 지급받는 경우에는 보험료와 그에 따른 연체금 및 체납처분비의 납부사실을 증명하여야 한다(국민건강보험법 제81조의3 제1항 본문, 국민연금보험법 제95조의2 제항).

이와 같이 납세증명서의 제출이나 납부사실의 증명을 요구하는 것은 국세 등의 징수를 원활히 하고 나아가 그 체납을 방지하고자 하는 데 있다.[35]

2. 납세증명서 제출 또는 납부사실 증명의 예외

파산선고를 받은 채무자는 대부분 국세 등을 체납하고 있고 그에 따라 납세증명서 등을 발급받지 못한다. 이로 인해 파산관재인은 정부기관이나 공공기관으로부터 파산재단에 속하는 대금채권 등을 회수하지 못하여 파산절차가 지연되거나 진행이 어려운 경우가 많다.

그러나 파산관재인이 납부증명서 등을 발급받지 못하여 법원이 파산절차를 원활하게 진행하기 곤란하다고 인정하는 경우로서 관할 세무서장(지방자치단체의 장, 국민건강보험공단, 국민연금공단)에 납부증명서 등 제출의 예외를 요청하는 경우에는 납세증명서 등의 제출을 하지 않거나 납부사실을 증명하지 않아도 된다(국세징수법 시행령 제5조 제1항 제4호, 지방세징수법 시행령 제5조 제1항 제4호, 국민건강보험법 제81조의3 제1항 단서, 같은 법 시행령 제47조의3 제2항 제3호, 국민연금법 시행령 제70조의4 제2호). 판결문에 의해 체납(연체)사실이 없다는 것이 확정되면 이로써 납세증명서 제출이나 납부사실 증명에 갈음할 수 있다.[36]

실무적으로 파산관재인은 납세증명서 등을 발급받지 못하여 정부기관이나 공공기관으로부터 대금채권 등을 회수하지 못할 경우 법원에 납세증명서 등 제출의 예외 신청을 하고, 법원이 관할 세무서장 등에게 납세증명서 등 제출의 예외를 요청하고 있다.

---

35) 대법원 1973. 10. 23. 선고 73다158 판결 참조.
36) 대법원 1973. 10. 23. 선고 73다158 판결 참조.

제3절 배 당

　파산채권의 범위, 액 및 순위가 채권조사확정절차에 의하여 확정되고, 파산재단의 환가가 진행되어 재단이 현금화되었다면, 파산채권자에 대한 배당이 가능하다. 배당은 파산절차의 최종적인 목표이고(제1조 참조), 파산재단을 환가하여 얻은 금원을 확정된 파산채권자에게 배당을 실시하는 것이다. 파산재단의 관리·환가에 관한 파산관재인의 업무수행도 배당의 실시로 집약된다. 또한 파산채권자의 관심도 배당의 시기 및 배당률에 집중되기 때문에 파산절차에 대한 파산채권자의 신뢰를 유지하기 위해서도 배당의 적정한 실시는 중요하다.

　배당은 실체법상 변제로서의 성격이 있다.[37] 파산채권자가 배당절차에서 배당금을 수령하는 것은 실체법적으로 해당 파산채권에 대한 만족을 받는 것이 되므로, 그 한도에서 '변제'로서의 효과가 발생하는 파산채권은 실체법적으로도 소멸하는 것이다. 배당절차에서 만족(변제)을 얻지 못한 부분(잔존채무)은 파산절차가 종료하여도 소멸하지 않는다.

　채무자가 개인(자연인)인 경우에는 채무자가 면책허가결정을 받아 확정되면 해당 파산채권이 비면책채권이 아닌 한 채무자는 잔존채무에 대하여 책임을 면한다. 채무자가 법인인 경우

---

37) **배당과 부당이득반환청구**　배당절차에서 배당은 실체법상 '채권의 변제'로서의 성격을 갖지만, 법원이 주재하는 법적 청산절차(파산절차)에서 받은 만족(절차적 만족)으로서의 성격도 갖는다. 파산관재인의 잘못으로 배당을 받을 수 있었던 파산채권자가 배당표에 기재되지 않거나, 그 배당액이 본래의 채권액으로부터 계산한 액보다 낮게 기재되거나, 그 반대의 상황이 발생한 경우에도, 파산채권자로부터 이의신청기간 내에 이의신청이 되지 않아 배당표가 확정되고, 배당액(배당률)의 통지에 의해 개별 파산채권자의 배당 내지 배당금(지급)청구권이 구체적으로 발생한 이상, 배당표 기재에 따라 배당이 실시된다(파산관재인으로서는 배당표 기재에 따라 배당을 실시하지 않으면 안 된다).
　이때 배당받을 권리 있는 채권자가 배당받을 몫을 받지 못하고 그로 인해 권리 없는 다른 채권자가 그 몫을 배당받은 경우 파산절차종료 후 배당받을 수 있는 채권자가 배당금을 수령한 다른 채권자를 상대로 부당이득반환청구를 할 수 있는가. 즉 파산채권자가 배당절차에서 받은 배당금이라는 급부이익을 파산절차종료 후에도 그대로 종국적으로 가질 수 있는가.
　이에 대하여 본래 실체법적으로 인정되는 파산채권자의 범위나 채권액에 비추어, '손해'가 발생한 파산채권자와 그 손해에 의해 '이득'이 발생하였다고 생각되는 파산채권자가 있다고 하여도, 파산채권확정절차를 거쳐, 나아가 배당절차의 정당한 단계를 거친 이상, '법률상의 원인이 없이'라고 말할 수는 없고, 파산절차종료 후 파산채권자 사이에 부당이득반환청구를 하여 이득의 회복을 꾀할 수는 없다는 견해가 있다(條解 破産法, 1310~1311쪽, 아래 2014다206983 전원합의체 판결 반대의견). 어떤 자가 부당이득반환청구권을 갖기 위해서는 그 자에게 민법 제741조에서 말하는 손해가 발생하여야 하지만, 일반채권자는, 채무자의 일반재산으로부터 채권의 만족을 받는 지위를 가지고 있는 것에 그치고, 특정 집행목적물에 대하여 우선변제를 받아야 하는 실체적인 권리를 갖고 있는 것은 아니며, 다른 채권자가 배당을 받았기 때문에 자신이 배당을 받을 수 없었다는 것만으로는 손해가 발생한 것이라고 할 수 없다. 그러나 배당절차에 참가한 채권자가 배당표에 대한 이의를 하지 않았더라도 그의 몫을 배당받은 다른 채권자에게 그 이득을 보유할 정당한 권원이 없는 이상(배당표에 대한 이의를 신청하지 않은 채 배당표가 작성되고, 그 배당표에 따라 배당이 실시된 경우에 있어서, 배당의 실시는 다툼이 있는 배당금의 귀속을 확정한 것은 아니고, 따라서 이득에 법률상의 원인이 있는 것이라고 할 수 없다) 잘못된 배당의 결과를 바로잡을 수 있도록 하는 것이 실체법 질서에 부합한다. 따라서 배당받을 권리 있는 채권자가 자신이 배당받을 몫을 받지 못하고 그로 인해 권리 없는 다른 채권자가 그 몫을 배당받은 경우에는 배당표에 대한 이의 여부 또는 배당표의 확정 여부와 관계없이 배당받을 수 있었던 채권자가 배당금을 수령한 다른 채권자를 상대로 부당이득반환 청구를 할 수 있다고 할 것이다(대법원 2019. 7. 18. 선고 2014다206983 전원합의체 판결 참조). 민사집행절차에서의 논리가 그대로 적용된다. 다만 부당이득반환청구가 인정되려면 적어도 적법한 채권신고는 했어야 한다(대법원 2020. 10. 15. 선고 2017다216523 판결, 대법원 2005. 8. 25. 선고 2005다14595 판결 등 참조).

에는 면책의 문제는 발생하지 않고, 파산선고에 의해 해산된다. 파산절차 종료 후 잔여재산이 없다면 법인격은 소멸하여 법인의 부담으로 된 채무도 소멸한다. 잔여재산이 있다면 청산절차가 필요하고, 청산절차에서 잔존채무의 변제가 문제되지만 현실적으로 변제받는 경우는 많지 않다.

Ⅰ 의 의

배당이란 파산관재인이 환가한 금전을 법정의 절차에 따라 각 파산채권자에게 채권액에 비례하여 평등하게 변제하는 것을 말한다. 파산절차에서 가장 핵심적인 절차로 채무자에게 얽혀 있는 많은 채권자들을 어떻게 조화롭고 공평하게 배당하느냐가 중요한 관건이다. 배당절차에는 확정된 파산채권자뿐만 아니라 미확정채권자나 조건부채권자 등에 대하여도 잠정적인 참가의 기회를 줌으로써 채권의 조기 만족과 각종 권리자의 성질에 따른 처우의 조화를 도모하고 있다.

채권조사가 끝나면 파산채권은 확정되므로 파산재단의 환가도 할 수 있다(제491조). 따라서 채권조사가 끝난 후에는 파산관재인이 배당을 할 수 있는데, 파산관재인은 배당함에 적당한 금전이 있다고 인정하는 때마다 지체없이 (중간)배당하여야 한다(제505조). 그리고 파산관재인이 (중간)배당을 할 때에 감사위원이 있을 경우에는 그의 동의를 받아야 하고, 감사위원이 없을 때에는 법원의 허가를 받아야 한다(제506조).

배당은 파산재단의 환가가 완료할 때까지 수회에 걸쳐 하게 된다. 배당은 이루어지는 시기에 따라 중간배당, 최후배당, 추가배당으로 구별된다. 중간배당이란 파산재단에 대한 환가가 완료되기 전에 수시로 행하여지는 배당을 말한다. 최후배당이란 파산재단에 대한 환가가 완료된 후에 행하여지는 최후의 1회 배당을 말한다. 추가배당이란 최후배당의 배당률 통지 후 새로이 배당할 수 있는 상당한 재산이 발견되었을 때에 다시 배당을 하는 것을 말한다.[38]

Ⅱ 중간배당

채권조사기일(제312조 제1항 제3호)이 종료된 후 파산관재인은 배당하기에 적당한 정도의 금원이 있을 때마다 지체없이 배당을 실시하여야 한다(제505조). 파산관재인이 배당을 할 경우 법원의 허가(또는 감사위원의 동의)를 받아야 한다(제506조). 법원의 허가 등을 받도록 하는 것은 배당가능한 금액이나 중간배당의 필요성 등 실질적인 판단이 요구되기 때문이다. 중간배당은 경우에 따라 여러 번 할 수 있다. 다만 간이파산절차에서는 재단의 규모가 작기 때문에 중간

---

38) 현행 채무자회생법은 중간배당을 배당의 원칙적인 모습으로 하고, 중간배당에 관한 규정이 최후배당이나 추가배당에도 직접 적용되는 것으로 하고 있다. 하지만 실무적으로 보면 중간배당이 이루어지는 경우는 많지 않고 대부분 최후배당만이 실시되고 있으므로, 입법론적으로는 최후배당을 원칙적인 것으로 규정한 후 이를 중간배당이나 추가배당에 준용하는 형태로 하는 것이 바람직하다.

배당을 하지 않고 최후에 1회 배당한다(제555조).

배당의 실시는 파산관재인이 배당표를 작성하고, 이것에 대한 이의절차를 거쳐 확정될 것을 전제로 한다.

1. 배당표의 작성

파산관재인은 법원으로부터 배당의 허가를 받은 후 파산채권자표와 대조하여 배당표를 작성하여 이해관계인의 열람을 위해 이를 법원에 제출한다(제507조, 제508조). 배당표에는 배당에 참가시킬 채권자의 성명 및 주소, 배당에 참가시킬 채권의 액, 배당할 수 있는 금액 등을 기재하여야 한다. 배당에 참가시킬 채권은 우선권의 유무에 의하여 이를 구별하고, 우선권이 있는 것에 관하여는 그 순위에 따라서 기재하며, 우선권이 없는 것에 관하여는 제446조의 규정에 의하여 다른 채권보다 후순위의 것을 구별하여 이를 기재하여야 한다(제507조).

가. 배당에 참가시킬 채권

배당에 참가시킬 채권은 신고를 한 파산채권으로서 채권조사기일에 채권조사를 받은 채권 가운데 다음의 것을 말한다.[39]

① 채권조사에 의하여 확정된 채권

채권조사기일에서 이의 없이 확정되었거나 채권조사기일에 이의가 있었지만 그 후 이의가 철회된 경우 또는 채권조사확정재판이나 그 이의소송에서 확정된 경우를 말한다. 이의채권을 수계한 소송(제464조)이나 집행력 있는 집행권원이나 종국판결이 있는 채권에 관한 소송(제466조)에서 확정된 경우도 포함된다.

정지조건부채권이나 장래의 청구권도 그 전액에 관하여 배당에 참가할 수 있으므로(제427조) 배당표에 기재하여야 한다. 다만 최후배당의 제외기간 내에 그 권리가 확정되지 아니하면 배당하지 않게 되므로(제523조) 중간배당에서는 배당액을 임치[40]한다(제519조 제4호).

해제조건부채권은 그 전액에 관하여 배당에 참가할 수 있다(제427조). 배당표 작성 당시 이미 조건이 성취되었다면 채권이 존재하지 않게 되어 배당에 참가할 수 없다. 배당표 작성시까지 조건이 성취되지 않은 상태에서 채권자가 배당을 요구한 경우 파산관재인은 그 채권자에게 배당액에 상당하는 담보를 제공할 것을 요구할 수 있다(제516조). 담보를 제공하지 않으면 배당을 받을 수 없고 파산관재인은 배당액을 임치한다(제519조 제5호). 해제조건부채권의 조건이 최후의 배당에 관한 배당제외기간 안에 성취되지 못한 때에는 제공한 담보는 그 효력을

---

39) 배당에 참가한다는 것이 당연히 현실적인 배당을 받는다는 것을 의미하지는 않는다. 아래에서 보는 바와 같이 정지조건부채권 등의 경우는 배당액을 임치하고, 해제조건부채권의 경우에는 담보제공을 요구하거나 배당액을 임치하기도 한다.

40) 임치란 파산관재인이 파산재단에 속한 금전을 보관하기 위하여 개설한 금융기관의 계좌 등에 입금하는 등, 다른 배당재원과 구별하여 관리하는 것을 의미한다.

상실하여 담보제공자에게 반환되고, 임치한 금액은 이를 그 채권자에게 지급하여야 한다(제 524조).

② 이의 있는 채권

집행력 있는 집행권원 또는 종국판결이 있는 채권은 이에 대하여 파산관재인 또는 다른 파산채권자가 이의를 진술하고, 채무자가 할 수 있는 소송절차에 의하여 이의를 주장한 경우에도 그 이의가 이유 있다고 하는 판결이 확정되지 않는 한 배당에 참가할 수 있다(제466조 제1항). 다만 이의에 의한 소의 제기 또는 소송의 수계가 있는 때에는 배당액을 소송이 확정될 때까지 임치 또는 공탁한다(제519조 제1호, 제528조 제1호).

집행력 있는 집행권원 또는 종국판결이 없는 채권의 채권자는 채권조사기일에서 이의가 있는 경우, 배당공고가 있은 날로부터 기산하여 14일(배당제외기간) 이내에 파산관재인에 대하여 채권조사확정재판을 신청하거나 채권조사확정재판에 대한 이의의 소를 제기하거나 소송을 수계한 것을 증명하지 않으면 배당에 참가할 수 없다(제512조 제1항).[41] 채권자는 파산절차 종료 후 채무자에게 권리를 행사할 수 있을 뿐이다. 배당표 작성 후에 위 증명이 있은 때에는 파산관재인은 즉시 배당표를 경정하여야 한다(제513조 제2호). 위 증명을 하지 아니하여 배당에서 제외된 채권자가 그 후의 배당에 관한 배당제외기간 안에 그 증명을 한 때에는 그 전의 배당에서 받을 수 있었을 액에 관하여 동일한 순위의 다른 채권자에 우선하여 배당을 받을 수 있다(제518조). 이 경우에도 이의소송 등이 확정될 때까지 배당액은 임치 또는 공탁된다(제519조 제1호, 제528조 제1호).

③ 별제권자[42]의 파산채권

채권자가 파산관재인에게 담보권 포기의 의사를 표시한 채권 또는 담보목적물의 처분에 착수한 것을 증명하고 동시에 그 처분에 의한 부족액이 소명된 채권만이 배당에 참가할 수 있다. 별제권자는 중간배당의 배당제외기간 안에 파산관재인에 대하여 그 권리의 목적의 처분에 착수한 것을 증명하고, 그 처분에 의하여 변제를 받을 수 없는 채권액을 소명하여야 한다(제512조 제2항).[43] '처분에 착수한 것'이란 경매절차의 신청이나 임의매각의 체결 등을 의미한다. 별제권자가 소명한 부족액에 대한 배당액은 임치하여야 한다(제519조 제3호).

배당표 작성 후에 ㉮ 위 증명이나 소명이 있은 때(제513조 제2호)나 ㉯ 별제권자가 배당제

---

41) 민법 제171조는 파산절차참가는 채권자가 이를 취소하거나 그 청구가 각하된 때에는 시효중단의 효력이 없다고 규정하고 있는바, 채권조사기일에서 파산관재인이 신고채권에 대하여 이의를 제기하거나 채권자가 법정기간 내에 파산채권확정재판을 신청하지 아니하여 배당에서 제척되었다고 하더라도 그것이 위 규정에서 말하는 '그 청구가 각하된 때'에 해당한다고 볼 수는 없다 할 것이고, 따라서 파산절차참가로 인한 시효중단의 효력은 파산절차가 종결될 때까지 계속 존속한다(대법원 2005. 10. 28. 선고 2005다28273 판결).

42) 준별제권자의 경우도 마찬가지로 보아야 한다(제414조 제2항). 이하 같다.

43) 별제권자가 채권신고시에 자신의 채권 중 원금을 공제한 금액만을 별제권의 행사에 의하여 변제를 받을 수 없는 채권액으로 신고한 후 별제권을 행사하여 원금 외에 이자까지 수령하여 갔다고 하더라도, 배당단계에서 다시 별제권의 목적의 처분에 의하여도 변제받을 수 없을 채권임을 소명하지 않으면 배당에서 제외되므로 위와 같은 신고로 인하여 바로 파산재단에 어떠한 손해가 발생하였다고 볼 수 없다(대법원 1996. 12. 10. 선고 96다19840 판결 참조).

외기간 안에 파산관재인에 대하여 그 권리포기의 의사를 표시하거나 그 권리의 행사에 의하여 변제를 받을 수 없었던 채권액을 증명한 때(제513조 제3호)에는 파산관재인은 즉시 배당표를 경정하여야 한다(제513조).

물론 위 증명 및 소명을 하지 아니하여 배당에서 제외된 채권자가 그 후의 배당에 관한 배당제외기간 안에 그 증명 및 소명을 한 때에는 그 전의 배당에서 받을 수 있었을 액에 관하여 동일한 순위의 다른 채권자에 우선하여 배당을 받을 수 있다(제518조).

④ 제446조 제4호[44]에 열거된 공법상 청구권

집행권원이 있는 채권과 동일하게 취급한다(제472조 제2항, 제466조 제1항). 그러나 이의를 위한 행정심판 또는 소송 그 밖의 불복절차가 종결되지 않는 한 배당액은 임치 또는 공탁되고, 확정될 때까지 수령할 수 없다(제519조 제2호, 제528조 제1호, 제2호).

나. 배당에 참가시킬 채권의 액

배당을 받을 기준이 되는 액이므로 당해 배당 이전에 그 일부에 관하여 배당 또는 변제를 받았더라도 감액하지 않고 전액을 기재한다(현존액주의). 따라서 제2회의 배당 이후에 있어서도 제1회 배당표에 기재한 금액을 기재한다.

다. 배당할 수 있는 금액

임치금 잔고에서 향후 예상되는 관재비용(절차비용)을 차감한 액이 배당할 수 있는 금액이 된다.[45] 예상되는 관재비용으로는 보조인 보수, 보조인 사무실 유지비용, 조세 및 공과금 등이 포함된다. 중간배당 단계에서는 장래 재단채권의 변제가 필요하다는 것을 고려하여야 하기 때문에, 파산관재인은 이것을 예상하여 배당할 수 있는 금액을 결정한다.

2. 배당액의 공고와 배당제외기간[46]

배당표를 작성하면 배당에 참가시킬 채권의 총액 및 배당할 수 있는 금액을 공고하여야 한

---

44) 벌금, 과료, 형사소송비용, 추징금 및 과태료를 말한다.
45) 실무에서 배당표에는 각 채권자에 대한 배당액이 기재되고, 그 합계액이 여기서 말하는 배당할 수 있는 금액이 된다. 각 채권자에 대하여 배당액을 기재할 때, 원본과 이자, 지연손해금에 대한 배당액을 구별하여 기재한 경우에는 지정변제충당(민법 제476조)으로 취급되지만, 그 구별이 없는 경우에는 채권자가 지정권을 행사하지 않는 한 민법 제479조에 의하여 이자, 지연손해금부터 충당된다(법정충당).
46) 채무자회생법은 민사집행절차에 존재하지 않는 배당제외기간이라는 제도를 두고 있다. 채권조사기일이 경과하거나 채권조사기일 이후에 실시되는 배당 단계에 이르면 대부분의 파산채권의 내용이나 액은 확정된다. 그렇지만 그 단계에서도 채권의 유무나 액에 대하여 이해관계인 사이에 다툼이 있고, 그 확정을 위한 법적 절차가 계속되어 있는 파산채권 등과 같이 현실적으로 행사할 수 없는 미확정인 것이 있다. 또한 별제권의 피담보채권인 파산채권과 같이 파산절차에 의하지 않고 우선적으로 변제받을 수 있는 액이 확정되지 않는 채권도 존재한다. 다수의 파산채권에 대하여 배당을 실시하는 것이 가능한데, 미확정 채권 전부에 대하여 확정되지 않으면 배당을 할 수 없다고 하는 것은, 파산채권자 사이의 공평을 해하는 것이 된다. 이러한 이해를 조정하기 위하여 다수의 파산채권자에게 배당이 가능한 시점에 배당절차에 참가할 것을 알린 후(공고) 상당한 기간을 두어 그 때까지 일정한 사항을 증명할 수 없는 것에 대하여는 배당절차의 참가를 인정하지 않음으로써(배당제외) 배당의 실시가 가능하도록 하는 합리적인 제

다. 배당표 작성 후에 발생한 사유로 배당표를 경정하는 경우(제513조, 제527조)에는 공고할 필요가 없다(제509조).

배당제외기간은 공고일로부터 기산하여 14일이다(제512조 참조). 배당제외기간 내에 집행력 있는 집행권원이나 종국판결이 없는 이의가 있는 채권에 관한 채권자와 별제권자는 배당에 참가하는 절차를 취하지 않는 한 배당에서 제외된다(제512조)는 것은 앞에서 본 바와 같다.

3. 배당중지 및 속행의 공고

배당절차의 진행 중에 (간이)회생절차개시의 신청으로 배당(파산절차)에 대한 중지명령(제44조 제1항)이 내려진 경우 그 뜻을 공고하여야 한다(제510조). 배당의 중지를 명한 후 ① (간이)회생절차개시신청의 기각, ② (간이)회생절차의 폐지(간이회생절차폐지의 결정 시 회생절차가 속행된 경우는 제외(제293조의5 제3항)), ③ 회생계획불인가의 결정이 확정되면 배당절차를 속행하고 그 뜻을 공고하여야 한다(제511조).

4. 배당표의 경정

파산관재인은 배당공고일로부터 배당표에 대한 이의기간 만료시까지[47] 다음과 같은 사유가 있는 경우[48]에는 즉시 배당표를 경정하여야 한다. 이는 중간배당뿐만 아니라 최후배당에도 적용된다. 다만 최후배당의 경우는 배당액의 통지가 있으면 각 파산채권자에게 구체적인 배당금청구권이 발생하기 때문에 배당표를 경정할 수 없다.

① 명확한 오기, 오류가 발견된 경우

② 파산채권자표를 경정하여야 하는 사유가 배당제외기간 안에 생긴 경우(제513조 제1호)

채권조사확정재판 또는 채권조사확정재판에 대한 이의의 소의 종결, 이의의 철회, 채권신고의 취하, 채권양도에 의한 채권자의 변동 등이다.

③ 배당제외기간 내에 채권조사에 있어서 이의를 받은 채권자가 채권조사확정재판을 신청하거나 채권조사확정 재판에 대한 이의의 소를 제기하거나 소송을 수계한 것을 증명한 경우 또는 별제권자가 담보목적물의 처분에 착수한 것을 증명하고 또 처분에 의하여 변제를 받을 수 없는 채권액을 소명한 경우(제513조 제2호)

④ 별제권자가 배당제외기간 내에 그 권리를 포기하거나 그 부족액을 증명한 경우(제513조 제3호)

별제권자는 별제권을 포기하거나 부족액이 증명된 경우 당해 부족액이 '배당절차에 참가할 수 있는 채권'이 되기 때문에 배당표의 경정이 필요하다.

도를 둘 필요가 있었다. 이것이 배당제외기간이다.

47) 배당제외기간이 배당공고일로부터 14일, 배당표에 대한 이의가 배당제외기간 경과 후 7일이므로 총 21일이다.

48) 배당표에 대한 이의가 있는 경우에도 배당표의 경정이 있을 수 있다. 아래 〈5.〉를 참조할 것.

배당표의 경정은 파산관재인이 직권으로 하는 것이고 법원의 허가가 필요한 것은 아니다. 또한 경정한 배당표에 기한 재도의 배당허가, 배당공고 및 배당통지 등도 필요하지 않지만, 배당액이 감소한 파산채권자에 대하여는 사정의 설명을 겸한 통지를 하는 것이 바람직하다.

5. 배당표에 대한 이의

가. 의 의

파산채권자는 배당공고가 있는 날로부터 기산하여 14일(배당제외기간)이 경과한 후 7일 이내에 배당표에 대하여 이의를 신청할 수 있다(제514조 제1항). 이의기간이 지나게 되면 배당표는 확정되고 파산채권자는 이에 기하여 행한 배당을 다툴 수 없게 된다.[49]

배당표에 대한 이의는 배당을 받을 권리를 신속하게 확정하기 위한 특별한 절차로 소송절차에 의한 신청은 인정되지 않는다. 이것은 배당표가 배당의 기초로 되는 중요한 것이기는 하지만, 파산채권자가 최후배당을 받는 것에 대한 종국적인 권리상태를 조기에 확정시키기 위하여 이의라는 특별한 절차를 인정하고 있기 때문이다.

나. 이의신청권자

이의신청권자는 신고를 하였던 파산채권자이다. 재단채권자나 채무자에게는 인정되지 않는다. 파산채권자라면 채권신고를 한 것으로 충분하고, 채권조사절차를 거쳤어야 한다거나 파산채권자의 이의 등이 없어야 하는 것을 요건으로 하는 것은 아니다(아직 미확정이어도 괜찮다). 다만 배당표의 변경으로 법률상의 이해관계가 있을 것은 필요하다. 구체적으로 자신의 파산채권에 조금이라도 영향이 있는 자이어야 한다.

다. 이의사유

이의의 사유는 배당에 참가하여야 할 파산채권을 배당표에 기재하지 않은 경우, 참가하여서는 아니 될 파산채권을 기재한 경우 및 파산채권액 또는 순위에 있어서 오류가 있는 경우 등이다(배당표의 기재사항에 관한 것에 제한된다). 그러나 이미 확정된 파산채권의 내용에 관한 주장은 이의의 사유가 될 수 없다. 예컨대 파산채권이 확정된 후 그 파산채권에 관한 보증인 등 제3자의 변제에 의하여 소멸된 경우에 있어서도, 파산채권자가 파산채권의 신고를 취하하지 않는다면, 파산관재인이 직권 또는 배당이의의 신청으로 이것을 삭제할 수는 없다. 배당표로부터 삭제하기 위해서는 파산관재인이 재심의 소나 청구이의의 소를 제기하여 승소판결을 얻는 등의 방법으로 하지 않으면 안 된다.[50]

---

49) 본래 배당표에 기재되어 배당을 받아야 할 파산채권자가, 파산관재인의 과실로 배당표에 기재되지 않고, 해당 파산채권자가 이의신청을 하지 않아 배당표가 확정된 경우, 해당 파산채권자는 그 과실로 인해 본래의 배당액 이상을 배당받은 파산채권자에 대하여, 배당절차 종료 후, 부당이득반환청구를 할 수 없게 된다.

50) 條解 破産法, 1351쪽, 破産法·民事再生法, 677~688쪽.

라. 이의의 심리·재판·불복신청

이의신청은 서면으로 하여야 한다(제14조). 파산절차는 다수의 이해관계인이 관여하는 집단적 절차이기 때문에 서면으로 할 것을 요청하고 있는 것이다. 법원은 구두변론을 거치지 아니하고 이의신청에 대하여 재판을 할 수 있고(제12조 제1항), 이의신청에 대한 재판은 결정의 형식으로 한다. 이의신청이 있으면 법원은 파산관재인에게 배당절차를 중지하도록 지시한다.

법원은 이의에 이유가 있다고 인정되면 파산관재인에 대하여 배당표의 경정을 명하는 결정을 한다. 이 결정은 당사자에게 송달할 필요는 없다. 다만 법원이 배당표의 경정을 명한 때에는 그 결정서는 이해관계인의 열람에 제공하기 위하여 이를 비치하여야 한다(제514조 제2항). 이의가 인정되지 않은 경우에는 이의신청을 각하하고,[51] 당사자에게 송달한다(제8조 제1항).

이의신청에 대한 법원의 결정에 대하여는 즉시항고를 할 수 있다(제514조 제3항 전문). 이의신청을 각하하는 결정에 대하여는 신청인만이 즉시항고를 할 수 있다. 배당표의 경정을 명하는 결정에 대하여는 파산관재인은 물론 경정에 불복이 있는 파산채권자로서 배당표의 경정에 이해관계가 있는 자도 즉시항고를 할 수 있다고 할 것이다.

이의신청을 각하하는 결정에 대한 즉시항고는 당사자에 대하여 재판서가 송달된 날로부터 1주 이내이다(제8조 제1항, 제33조, 민소법 제444조 제1항). 법원이 배당표의 경정을 명한 때의 항고기간은 결정서를 비치한 날부터 기산한다(제514조 제3항 후문[52]). 경정결정은 다수의 파산채권자의 이해와 관련된 것이기 때문에, 즉시항고기간의 기산점을 통일함과 동시에 송달에 필요한 비용을 절약하기 위한 것이다. 따라서 배당표의 경정을 명하는 결정에 대한 즉시항고는 결정서를 비치한 날로부터 1주 이내에 제기하여야 한다.

마. 이의에 대한 결정 이후의 조치

(1) 배당절차의 진행

법원이 이의에 대하여 결정을 하면, 중간배당의 경우에는 그 확정을 기다릴 필요 없이 배당절차를 진행하고(제515조 제1항), 최후배당의 경우에는 그 결정이 확정된 후 배당절차를 진행하여야 한다(제522조).

(2) 배당표에 대한 이의신청과 즉시항고

중간배당의 경우 배당표에 대한 이의신청의 결정에 대하여 즉시항고가 있는 때 배당절차를

---

51) 서울회생법원 2020. 6. 24. 자 2014하합100072 결정. 일본 파산법은 각하하도록 명시적으로 규정하고 있다(제200조 제4항). 기각하여야 한다는 견해도 있다(법인파산실무, 608쪽). 참고로 민사집행에서 배당표에 대한 이의(민집법 제151조)에 있어, 이의가 있으면 집행법원은 그 적법 여부만을 심사할 수 있으며, 이의사유의 존부에 관하여 심사할 수는 없다. 적법한 이의가 있으면, 채권자가 한 이의신청의 당부는 배당이의 소에서 가려지게 되고, 채무자가 한 이의신청의 당부는 배당이의 소, 청구이의 소 또는 정기금판결변경의 소(민소법 제252조 제1항)에서 가려지게 된다.

52) 제514조 제2항 후문에도 동일한 내용이 규정되어 있다. 입법적 중복으로 정비가 필요하다.

계속 진행할 수 있는가. 배당표에 대한 이의신청의 결정에 대하여는 즉시항고를 할 수 있고, 즉시항고에는 집행정지의 효력이 없기 때문에 발생하는 문제이다(제13조 제3항).[53] 제515조 제1항은 "이의의 신청이 있는 때에는 이에 대한 결정이 있은 후"라고 명확히 함으로써 최후배당의 규정(제522조는 "배당에 대한 이의가 종결된 후"라고 하고 있다)과 분명히 다른 표현을 사용하고 있기 때문에 중간배당에 있어서는 이의의 신청에 대한 결정이 있었다면 그것에 대하여 즉시항고가 있더라도 배당률을 결정·통지한 후 배당을 실시할 수 있다고 할 것이다. 원래 배당표에 대한 이의신청이 실무상 많지 않을 뿐만 아니라, 관련 즉시항고에서 판단이 뒤집혀도 최후배당에서 조정의 여지가 있기 때문에 중간배당은 신속한 배당실시를 우선하여 최후배당과는 달리 취급하고 있다.[54]

6. 배당률의 결정·통지

파산관재인의 배당표에 대한 이의기간이 경과하거나 이의의 신청에 대한 결정이 있은 후 지체없이 배당률[배당에 참가시킬 채권의 총액(분모)으로 배당할 수 있는 금액(분자)을 나눈 것]을 정하여 배당에 참가시킬 각 채권자에게 통지하여야 한다. 그리고 배당률을 정함에 있어서는 법원의 허가(감사위원이 있는 경우는 감사위원의 동의)를 받아야 한다(제515조).

중간배당에 관한 배당제외기간 및 배당표에 대한 이의기간이 경과하면 배당표의 내용은 확정되므로 중간배당의 실행단계에 진입하였다고 볼 수 있다. 그런데 각 파산채권자에게 얼마의 배당이 되는가가 문제되는 최후배당과 달리, 중간배당은 그 실시 후 적어도 최후배당을 앞두고 있기 때문에 배당률이 중요한 의미를 갖는다고 생각된다(통지를 받은 파산채권자는 신고한 파산채권액에 배당률을 곱하면 대략 배당액을 알 수 있고, 법원에 제출된 배당표를 열람하면 파산관재인이 고려하고 있는 배당액을 알 수 있다). 그래서 중간배당의 실행단계에서는 배당률을 정하여 통지하도록 하는 것이다.[55]

배당률은 우선권 있는 파산채권, 일반 파산채권, 후순위 파산채권 각각에 대하여 결정된다. 구체적으로는 우선적 지위에 있는 자에 대하여 우선 배당률을 결정하고, 그것이 100%에 도달한 후 다음 순위에 있는 자에 대하여 배당률을 정한다. 같은 순위에 있는 자에 대한 배당률은 평등하지 않으면 안 된다.

배당률의 통지에 의하여 파산채권자의 파산재단에 대한 배당금청구권은 구체화되므로 통지 후에는 배당률을 변경할 수 없다. 따라서 배당률(또는 배당액)의 통지를 한 후에는 재단채권이 있다고 하더라도 당해 배당에서 배당할 금액으로 변제할 수 없다(제534조).[56]

---

53) 서울회생법원 2014하합100072 사건에서, 2020. 6. 24. 배당표에 대한 이의신청에 대하여 각하결정을 하자, 이의신청인이 즉시항고를 하면서 제13조 제3항을 근거로 중간배당을 실시하면 안 된다고 주장하였다. 재판부는 제515조 제1항을 근거로 중간배당절차를 실시하였다.

54) 條解 破産法, 1398쪽.

55) 최후배당 및 추가배당에서는 '배당액'을 통지한다(제522조, 제531조 제2항).

56) 재단채권자가 배당을 받은 파산채권자에 대하여 부당이득반환청구권을 주장하는 것은 허용되지 않는다.

배당률이 통지되면 파산채권자는 배당금청구권을 취득하고 이를 자동채권으로 하여 상계가 금지된 파산선고 후에 파산재단에 대하여 부담하는 채무(제422조 제1호)와도 상계할 수 있다. 배당금청구권을 자동채권으로 하여 상계를 한다고 하여도 파산채권자 사이에 공평을 해할 우려가 없기 때문이다. 파산관재인에 의한 상계도 마찬가지이다.

파산관재인은 배당률의 통지가 모든 파산채권자에게 도달할 시점을 예측하여 배당을 실시하게 된다.

7. 배당금의 지급 · 임치 · 공탁

가. 배당금의 지급

(1) 배당을 받을 장소

배당률의 통지를 받은 채권자는 별도의 합의가 없는 한 파산관재인이 직무를 행하는 장소에서 배당을 받아야 한다(제517조 제1항 본문). 파산절차의 신속한 진행을 위해 지참채무의 원칙(민법 제467조 제2항)을 수정한 것이다. 지참채무의 원칙을 적용할 경우 송금비용이 확정될 때까지 배당액이 정해지지 않는다는 점을 고려한 것이다. 따라서 은행계좌를 통해 배당을 실시할 경우 송금비용은 파산채권자가 부담한다. 다만 파산관재인과 파산채권자 사이에 별도의 합의가 있는 경우에는 그러하지 아니하다(제517조 제1항 단서).

(2) 배당액의 파산채권자표 등에의 기재

파산관재인이 배당을 한 때에는 파산채권자표 및 채권의 증서에 배당한 금액을 기입하고 기명날인하여야 한다(제517조 제2항).[57] 배당금을 지급하였다는 것을 증거로서 남기기 위함이다. 채권증서에도 기재하도록 하고 있지만, 배당금지급사실에 대한 증거화를 도모하는데 별다른 의미가 없고, 또한 파산채권자의 수령권한을 확인하기 위하여 항상 채권증서의 제시를 요구할 필요성도 없다는 점에서 채권증서에의 기재는 필요가 없다고 할 것이다.

파산채권자표는 법원사무관등이 작성하지만(제448조 제1항), 배당의 실시는 파산관재인이 하는 것이고, 법원은 그 실시의 보고를 받는 입장이기 때문에, 배당액의 파산채권자표 등에의 기재는 배당을 실시할 책임이 있는 파산관재인이 하도록 한 것이다.

(3) 파산관재인이 알고 있지 아니한 재단채권자의 취급

배당률 또는 배당액의 통지를 하기 전에 파산관재인이 알고 있지 아니한 재단채권자는 각

---

57) 채무자가 채무 전부를 변제한 때에는 채권자에게 채권증서의 반환을 청구할 수 있으며, 제3자가 변제를 하는 경우에는 제3자도 채권증서의 반환을 구할 수 있으나(민법 제475조 참조), 이러한 채권증서 반환청구권은 채권 전부를 변제한 경우에 인정되는 것이고, 영수증 교부의무와는 달리 변제와 동시이행관계에 있지 않고, 한편 채무자회생법 제517조 제2항에서 "파산관재인은 배당을 한 때에는 파산채권자표 및 채권의 증서에 배당한 금액을 기입하고 기명날인하여야 한다"고 규정하고 있지만, 위 규정만으로 채권증서 자체를 배당금 지급(일부 변제)과 동시이행으로 파산관재인에게 교부하여야 할 의무가 인정되는 것은 아니다(대법원 2005. 8. 19. 선고 2003다22042 판결 참조).

배당[58]에서 배당할 금액으로써 변제를 받을 수 없다(제534조).[59] 재단채권은 수시로 우선적으로 변제받을 수 있기 때문에, 파산관재인은 파악한 재단채권에 대하여는 배당절차를 실시하기 전에 변제를 마치고 파산채권자에게 배당 가능한 금액을 확정하여 배당표를 작성한다. 그런데 배당률 등의 통지를 하고, 그 통지를 파산채권자가 수령함으로써 구체적인 배당 내지 배당금(지급)청구권을 취득한 것이 되기 때문에, 그 시점 이후에는 파악하지 못한 재단채권을 알게 되더라도 배당재원으로 된 금액으로써 재단채권자에게 변제할 수는 없다.

나아가 재단채권자가 배당을 받은 파산채권자에 대하여 부당이득반환청구를 주장하는 것도 허용되지 않는다. 파산채권자의 이익을 해하는 것으로 상당하지 않기 때문이다.

요컨대 일정한 재단채권자는 배당재원으로 된 금액으로부터는 어떠한 형태로든 변제를 받을 수 없다. 파산관재인이 그 존재를 파악할 수 없었던 재단채권자가 전형적인 것이겠지만, 파산관재인이 재단채권자의 존재는 파악하였지만, 그 채권액이 파산관재인의 직무상 하여야 할 노력을 다하였음에도 확정할 수 없는 경우도 포함된다고 할 것이다.[60]

(4) 배당금 지급채무의 성질

파산채권자의 배당금 지급청구권에는 다양한 종류의 파산채권 원본과 그에 대한 파산선고 전일까지의 이자 및 지연손해금을 합산한 채권이 모두 반영되어 있어, 원래 채권의 성격이 반드시 그대로 유지된다고 보기는 어렵고, 배당절차는 금전화 및 현재화를 거친 파산채권 원금 및 파산선고 이전까지의 지연손해금에 대하여 배당재원의 범위 내에서 각 채권의 비율에 따라 분배하는 절차로서, 배당률을 정하여 통지함으로써 발생한 구체적 배당금 지급채무의 이행은 파산재단을 대표한 파산관재인의 의무이지 채무자의 의무는 아니라 할 것이므로, 배당금 지급채무는 파산채무의 원래 속성이나 채무자가 상인인지 여부와는 무관하게 민사채무로 봄이 상당하고, 그 지연으로 인한 지연손해금에 적용될 법정이율도 원래 파산채무의 속성이나 약정이율 혹은 집행권원에서 정한 지연이율에 영향을 받지 아니하고 민사법정이율인 연 5%가 적용되어야 할 것이다.[61]

나. 배당금의 임치

(1) 임치사유

배당표에 기재된 채권자라고 하더라도 아래와 같은 유동적 권리자에 대하여는 지급을 보류

---

58) 중간배당, 최후배당 및 추가배당을 모두 포함한다. 다만 최후배당을 할 때 파산관재인이 알지 못하여 제534조에 따라 배당을 받지 못한 재단채권자라도, 최후배당 이후 배당에 충분한 재산이 발견되어 추가배당을 할 경우에는, 제534조가 적용되지 않고 배당재원이 될 금액으로부터 파산채권자보다 우선하여 수시로 변제받을 수 있는 것은 말할 필요도 없다.

59) 따라서 재단채권자는 변제에서 제외되는 것을 막기 위하여, 파산선고결정이 있다는 것을 안 경우에는 신속하게 재단채권을 가지고 있다는 취지를 파산관재인에게 신고하여야 한다.

60) 條解 破産法, 1364~1365쪽.

61) 대법원 2005. 8. 19. 선고 2003다22042 판결.

하고 배당액을 임치하여야 한다(제519조). 임치된 금전은 여전히 파산재단에 속하므로 그 이자는 파산재단으로 귀속된다.

① 이의가 있는 채권에 관하여 채권조사확정재판의 신청, 소의 제기 또는 소송의 수계가 있는 경우

② 배당률의 통지를 발송하기 전에 행정심판 또는 소송 그 밖의 불복절차가 종결되지 아니한 채권

③ 별제권자가 예정부족액을 소명한 채권액

목적물의 처분이 종료되어 예정부족액이 확정되기까지 배당액을 임치한다.

④ 정지조건부채권과 장래의 청구권

⑤ 담보를 제공하지 아니한 해제조건부채권

(2) 임치된 금액의 처리 (아래 〈Ⅲ.2.〉 참조)

파산채권조사확정절차의 계속을 이유로 한 것{위 (1)의 ①, ②}에 대하여는, 최후배당의 경우 파산관재인은 임치된 배당액을 수취하여야 할 파산채권자를 위하여 공탁하여야 한다(제528조 제1호).

별제권자의 파산채권의 부족액 소명분 및 정지조건부채권 또는 장래의 청구권인 파산채권에 대하여 임치된 것{위 (1)의 ③, ④}은 최후배당의 배당제외기간 내에 부족액을 증명하지 못하거나(제525조) 행사할 수 있게 되지 못하여(제523조) 이들이 최후배당절차에 참가할 수 없게 된 때에는 파산관재인은 그 임치된 금액을 다른 파산채권자에 대한 최후배당에 충당하여야 한다(제526조 전문).

담보를 제공하지 아니한 해제조건부채권인 파산채권에 대하여 임치된 경우{위 (1)의 ⑤}에는 최후배당의 배당제외기간 내에 해제조건이 성취되지 못하면, 파산관재인은 그 임치금을 해당 파산채권자에게 지급하여야 한다(제524조 전문).

다. 배당금의 공탁

채권자가 배당금을 수령하지 않는다든지 배당통지서가 이사불명 등의 사유로 반송되어 온 경우 등과 같이 수령을 기대할 수 없으면 배당금을 공탁한다.[62] 배당금지급의무는 추심채무이므로 공탁장소는 파산관재인의 사무소 소재지 관할법원의 공탁소가 된다(민법 제488조 제1항).

공탁은 임치와 달리 채권자의 이익을 위한 것으로 파산관재인은 공탁을 함으로써 책임을 면한다.

---

62) 실무적으로는 채권자에게 지급하기 어려운 경우 배당금을 임치하여 두었다가 최후배당할 때 한꺼번에 공탁하고 있다.

Ⅲ 최후배당

최후배당이란 파산재단에 관한 소송 등이 종결된 후 예외적으로 가치가 없다고 인정하여 환가하지 아니한 것을 제외하고 파산재단의 환가를 완료한 후에 행하는 배당을 말한다. 파산관재인이 최후배당을 할 때에는 법원의 허가를 받아야 한다. 감사위원의 동의가 있는 때라도 마찬가지이다(제520조). 이는 파산절차에 있어서 마지막 배당이므로 위 배당으로 파산절차가 종료하기 때문이다.

최후배당은 파산재단의 환가가 모두 종료한 다음 파산종결을 전제로 최종적으로 1회에 한하여 행하는 것이므로 중간배당과 다른 몇 가지 특칙이 마련되어 있다.

1. 배당제외기간

중간배당에서 배당제외기간이 14일로 고정되어 있는 것과 달리, 최후배당에 관한 배당제외기간은 배당의 공고가 있을 날로부터 기산하여 14일 이상 30일 이내로 법원이 이를 정한다(제521조). 파산채권자가 최종적으로 권리를 행사할 수 있는 기회라는 점을 고려하여 법원이 기간을 조정할 수 있도록 한 것이다.

최후배당의 성질상 아래 〈2.〉에서 설명하는 채권에 대하여는 배당제외기간을 기준으로 배당절차에의 참가의 허부가 결정된다. 이는 파산채권자 사이의 공평을 확보하고 절차의 지연을 피하기 위하여 채택된 원칙이다.

추가배당의 경우에는 배당제외기간이 없으므로 최후배당의 배당제외기간 내에 채권확정의 절차를 밟지 아니한 파산채권자는 최후배당뿐만 아니라 추가배당에도 참가할 수 없게 된다.

2. 최후배당에 참가시킬 채권

배당에 참가할 수 있는 채권은 기본적으로 중간배당의 경우와 같다. 다만 최후배당에서는 미확정의 권리상태를 종결시킬 필요가 있어 조건부 채권자 등의 지위가 이 단계에서 확정되어야 하므로 배당에 참가시킬 채권의 범위가 중간배당시보다 좁아진다.[63] 최후배당에 참가시킬 채권액은 중간배당이 된 경우라도, 그것을 감액하지 않고, 파산채권 전액을 의미하는 것이다.

(1) 이의가 있는 채권

이의가 있는 채권 중 집행력 있는 집행권원 또는 종국판결이 없는 채권의 채권자는 최후배당의 배당제외기간 이내에 파산관재인에 대하여 채권조사확정재판을 신청하거나[64] 채권조사확

---

63) 이의가 있는 채권 및 별제권자의 파산채권에 관하여 제512조의 규정에 의한 증명 또는 소명을 하지 아니하여 종전의 배당에서 제외된 채권자가 최후배당에서 그 배당제외기간 안에 그 증명을 한 때에는 그 전의 배당에서 받을 수 있는 액에 관하여 동일한 순위의 다른 채권자에 우선하여 배당을 받을 수 있다(제518조).

정재판에 대한 이의의 소를 제기하거나 소송을 수계한 것을 증명하지 않으면 배당에 참가할 수 없다(제512조 제1항 참조).

이의가 있는 채권 중 집행권원 또는 종국판결이 있는 채권은 중간배당의 경우와 마찬가지로 배당에 참가시킬 채권으로 보아 배당표에 이를 기재한다. 다만 이의자가 채무자가 알 수 있는 소송절차에 의하여 이의를 주장하여 제466조의 규정에 의하여 그 채권에 관하여 소의 제기 또는 소송의 수계가 있는 경우 그 채권에 대한 배당액을 임치 및 공탁하여야 한다(제528조 제1호, 제519조 제1호).

(2) 정지조건부채권 또는 장래의 청구권

정지조건부채권 또는 장래의 청구권이 최후의 배당에 관한 배당제외기간 안에 이를 행사할 수 있게 되지 못한 때에는 그 채권자는 배당에서 제외된다(제523조). 중간배당 때에 임치된 금액은 다른 채권자에게 배당된다(제526조).

(3) 해제조건부채권

해제조건부채권의 조건이 최후의 배당에 관한 배당제외기간 안에 성취되지 못한 때에는 제공한 담보는 그 효력을 상실하고, 임치한 금액은 이를 그 채권자에게 지급하여야 한다(제524조).

(4) 별제권과 관련된 파산채권

별제권자가 최후의 배당에 관한 배당제외기간 안에 파산관재인에 대하여 그 권리포기의 의사를 표시하지 아니하거나 그 권리의 행사에 의하여 변제를 받을 수 없었던 채권액을 증명하지 아니한 때에는 배당에서 제외된다(제525조).[65] 부족액책임주의(제413조)를 최후배당에 반영한 것이다. 준별제권자에 대하여도 마찬가지이다(제414조 제2항). 이 경우 별제권자를 위하여 임치된 금액은 다른 채권자에게 배당한다(제526조).

부족액의 증명은 별제권자가 담보권을 포기한 경우(전부를 포기한 경우라야 한다)에 있어서는 채권자가 작성한 담보권의 포기서면이 될 것이고, 부동산경매절차가 진행된 경우에는 배당표가 될 것이다.[66] 하지만 경매절차가 지연되면 사실상 그 증명이 불가능하고 별제권자는 배당으로부터 제외되는 사태가 발생한다. 이때 별제권자가 최후배당에 참가하기 위해서는 담보권을 전부 포기하여야 하는데, 이는 별제권자에게 과도하게 엄격한 요구를 하는 것이다.[67] 따라서

---

64) 최후배당의 배당제외기간이 지난 후 파산채권조사확정재판의 신청은 부적법하다고 할 것이다(본서 1571쪽).

65) 별제권자로부터 부족액의 확정이 증명되지 않는 한, 파산관재인은 부족액을 배당에 참가시킬 필요는 없다. 하지만 파산관재인이 스스로 목적물의 임의매각 등에 관여하여 직무상 알고 있는 사실 등으로부터 스스로 부족액을 인정할 수 있는 경우에는, 부족액이 없는 것으로 배당을 실시하면, 파산관재인의 선관주의의무(제361조)를 위반한 것이 된다. 이 경우 손해배상액은 별제권자에 대한 배당액 상당액이 될 것이다(다만 별제권자가 배당표에 대한 이의를 신청하지 아니 배당표가 확정된 경우에는 과실상계가 인정될 수 있다).

66) 임의매각에 의하여 환가된 경우에는 매매계약서, 영수증이 확정부족액을 증명하는 자료가 될 것이다.

67) 실무적으로 (최후)배당을 마치고 파산절차를 종결하여야 하는데, 별제권자 입장에서 별제권을 행사하기에는 민원이 예상되는 문제 등으로 쉽지 않고, 별제권을 포기하기에는 담보목적물의 가치가 큰 경우가 있다. 이런 경우 별제권을 포기하지도 않고, 별제권을 행사하지도 않으면서 부족액을 증명할 수 있는 방법이 있을 필요가 있다.

담보권을 포기하지 않고서도 별제권자가 파산관재인에 대하여 담보권에 의하여 담보되는 채권의 전부 또는 일부가 파산선고 후에 담보되지 아니하였음을 증명한 경우에도 별제권자가 최후배당에 참가할 수 있도록 할 필요가 있다.[68)69)] 예컨대 파산선고 후 별제권자와 파산관재인 사이에 피담보채권의 범위에 관해 한정·감축하는 합의를 함으로써 실체법적으로 피담보채권인 파산채권의 전부 또는 일부가 담보되지 않게 되는 경우를 들 수 있다. 이 경우에는 그 전부 또는 일부에 대하여 우선변제권이 없는 것으로 확정되므로 그 한도에서 무담보채권(파산채권)과 마찬가지로 배당절차에의 참가를 인정하는 것이 적당하기 때문이다. 파산선고 후 파산관재인과 별제권자 사이에 별제권의 기초인 담보권에 의하여 담보되지 않는 채권의 범위에 대하여 합의한 경우에는 그 합의서가 확정부족액을 증명하는 자료가 될 것이다.

〈배당참가여부〉

	중간배당	최후배당
미확정채권자	임치(제519조 제1호)	공탁(제528조 제1호)
부족액 미정 별제권자	임치(제519조 제3호)	제외(제525조)
정지조건 미성취	임치(제519조 제4호)	제외(제523조)
해제조건 미성취	담보필요(제516조) 임치(제519조 제5호)	배당(제524조)

3. 배당표의 작성 및 배당표의 경정

배당표의 작성 및 확정을 위한 절차는 중간배당의 경우와 거의 같다.

중간배당의 경정사유에 추가하여, 배당액의 통지를 발송하기 전에 새로 배당에 충당할 재산이 있게 된 때에는 파산관재인은 지체 없이 배당표를 경정하여야 한다(제527조). 물론 재산의 발견이 이 이후에 된 경우에는 추가배당이 실시된다.

4. 배당액의 통지

최후배당에 있어서는 파산관재인은 배당표에 대한 이의가 종결된 후 지체없이 각 채권자에

---

68) 일본 파산법 제198조 제3항은 이를 명시적으로 규정하고 있다.
  ○ **일본 파산법 제198조 제3항**: 별제권자가 최후배당절차에 참가하고자 하는 때에는 다음 항의 경우를 제외하고는 최후배당에 관한 제척기간 내에 파산관재인에 대하여 해당 별제권과 관련된 제65조 제2항에서 규정된 담보권에 의하여 담보되는 채권의 전부 또는 일부가 파산절차개시 후에 담보되지 아니하였음을 증명하거나 해당 담보권의 행사를 통해 변제받을 수 없는 채권액을 증명하여야 한다.
69) 별제권의 실행이 완료되기 전이라도 파산관재인이 인정하는 일정한 금액(내지는 평가인에 의한 평가액, 별제권자와 파산관재인의 합의에 의하여 정한 금액 등)에 대하여는 파산채권자로서 배당에 참가하는 것을 인정하는 방안 등을 입법적으로 검토할 필요가 있다는 견해도 있다(전병서, 413쪽). 그 이유는 담보권의 실행절차가 늦어져 배당제외기간 안에 별제권의 실행이 완료되지 않는 경우가 많고, 이때에 별제권자는 부족액을 증명할 수 없으며, 별제권자로서는 별제권을 완전히 포기하여야 하는 등의 선택에 내몰리기 때문이다.

대한 배당액을 정하여 통지를 하여야 한다(제522조). 배당액을 통지한 후에는 배당액이 확정되기 때문에 새로이 생긴 재산은 추가배당의 재원으로 처리하면 된다.

배당액의 통지를 하기 전에 파산관재인이 알고 있지 아니한 재단채권자는 최후배당에서 배당할 금액으로써 변제를 받을 수 없다(제534조).

파산채권자는 배당액의 통지를 받은 때 구체적인 배당 내지 배당금(지급)청구권을 취득하고, 파산관재인은 위 통지가 모든 파산채권자에게 도달하는 시점을 예상하여 배당금을 지급한다는 점은 중간배당의 경우와 동일하다.

5. 배당의 실시 및 배당금의 공탁

가. 배당의 실시

중간배당의 경우에는 배당표에 대한 이의가 있어도 그에 대한 결정이 있으면 불복절차가 계속 중이라도 배당을 할 수 있지만(제515조 제1항), 최후배당의 경우에는 배당표에 대한 이의가 종료[70]된 후가 아니면 배당을 실시할 수 없다(제522조). 배당금의 교부방법은 중간배당의 경우와 같다.

나. 배당금의 공탁

최후배당의 경우에는 채권자의 채권조사확정절차가 남아 있더라도 파산절차의 지연을 방지하기 위하여 문제되는 채권자에 대한 배당금을 공탁하도록 하고 있다(제528조). 최후배당의 단계에 이르러서도 배당의 기준이 되는 파산채권의 유무에 대하여 다툼이 있어 법적으로 확정하는 절차가 계속되고 있는 경우 등의 이유로 최후배당절차가 완료되지 못하게 된다면, 파산절차도 종료할 수 없고, 채무자도 관리처분권이 제약되어 경제생활의 재기를 위한 기회도 확보할 수 없으며, 파산관재인도 파산재단의 관리책임의 부담에서 벗어날 수 없다. 이런 사태는 합리적이지 않으므로 일정한 사유가 있는 경우 배당액을 공탁한 후 파산절차를 종료할 수 있도록 한 것이다.[71]

(1) 공탁사유

파산관재인은 이의가 있는 채권에 관하여 채권조사확정재판의 신청, 소의 제기 또는 소송의 수계가 있는 경우 채권자를 위하여 임치한 배당액을 공탁하여야 한다(제528조 제1호). 또한 배당액의 통지를 발송하기 전에 행정심판 또는 소송 그 밖의 불복절차가 종결되지 아니한 채권에 대한 배당액(제528조 제2호)과 채권자가 수령하지 아니한 배당액(제528조 제3호)도 공탁한다. 제528조 제3호에는 파산채권자의 소재불명, 파산채권자에 대하여 상속이 발생하였지만 상

---

70) 이의절차가 종료된 이상 배당에 대하여 다른 파산채권자는 부당이득반환청구 등을 하는 것도 허용되지 않는다(破産法·民事再生法, 683쪽).

71) 條解 破産法, 1362쪽.

속인이 미확정인 경우 및 파산채권의 귀속에 다툼이 있는 경우도 포함된다.

제528조 제1호 및 제2호는 집행공탁으로 파산관재인은 위 공탁에 의하여 책임을 면한다. 제528조 제3호는 변제공탁으로 위 공탁에 의하여 배당 내지 배당금(지급)청구권이 소멸하고(변제공탁된 금액 상당의 파산채권은 소멸한다), 파산관재인은 변제(배당)의 법적 책임으로부터 면제된다. 공탁 후 10년이 경과하도록 공탁금의 지급을 구하지 않으면 소멸시효가 완성되고(공탁법 제9조 제3항) 국고에 귀속된다.[72]

(2) 공탁방법

공탁은 공탁법의 규정에 따라 하면 된다. 파산관재인이 제528조 제3호에 따라 파산채권자를 위하여 배당액을 변제공탁할 경우에 채무이행지인 파산관재인이 직무를 수행하는 장소를 관할하는 지방법원에 공탁할 수 있다.[73]

6. 계산보고

최후배당이 끝나면 파산의 목적은 달성되어 파산관재인의 임무는 종료되므로 파산관재인은 채권자집회를 소집하여 계산보고를 하여야 하고, 위 채권자집회에서 파산관재인이 가치 없다고 인정하여 환가하지 아니한 재산의 처분에 관하여 결의를 하여야 한다(제529조).

7. 파산종결

채권자집회가 종결된 때에는 법원은 파산종결의 결정을 하여야 하고 그 주문 및 이유의 요지를 공고하여야 한다(제530조). 이 결정에 대하여는 불복할 수 없다(제13조 제1항 참조).

파산종결이 된 경우 파산재단에 잔여재산이 있으면 채무자의 관리처분권은 회복되고(제384조 참조),[74] 파산채권자도 개별적으로 권리를 행사할 수 있게 된다.

Ⅳ 추가배당

배당액을 통지한 후에 새로 배당에 충당할 재산이 있게 된 때에는 파산관재인은 법원의 허

---

72) 자세한 내용은 「공탁금지급청구권의 소멸시효와 국고귀속절차[행정예규 제948호, 시행 2013. 3. 20.]」를 참조할 것.
한편 파산참가기관인 예금보험공사는 법원에 제출한 예금자료에 기재된 예금채권의 예금자를 위하여 파산절차에 관한 모든 행위를 할 수 있으므로(금융산업의 구조개선에 관한 법률 제23조) 예금자료에 기재된 예금채권에 대한 배당금 역시 대리 수령할 수 있다. 관리기관인 농업협동조합중앙회의 경우도 마찬가지이다(농업협동조합의 구조개선에 관한 법률 제10조 제3항).
실무적으로 예금보험공사는 '미수령 배당금 관리기준'을 마련하여 미수령 배당금을 대리 수령한 후 예금자를 찾아 지급하고 있다.
73) 파산관재인이 파산채권자를 위하여 배당액을 변제공탁할 경우 그 관할 법원[공탁선례 제2-106호].
74) 파산재단으로 모든 채권자(파산채권자 및 재단채권자 등)에게 변제하고도 남은 금원이 있는 경우, 파산관재인은 남은 금원을 채무자에게 지급하여야 한다(서울회생법원 2019하합100348). 채무자가 법인인 경우 이후 청산절차를 통해 주주에게 잔여재산이 분배될 것이다.

가를 얻어 추가배당을 하여야 한다. 파산종결의 결정이 있은 후에도 또한 같다(제531조 제1항). 따라서 파산관재인의 직무는 이러한 한도에서 파산종결 후라도 남아있게 된다. 법원의 허가를 받도록 한 것은 배당가능액이나 추가배당의 필요성 등에 대한 실질적인 판단이 필요하기 때문이다.

1. 추가배당에 충당할 재산

추가배당의 재원으로 될 재산은 4가지가 있다. ① 파산관재인 등의 이의로 채권확정절차가 계속 중인 파산채권에 대해 공탁된 배당액(제528조 제1호)으로 최종적으로 채권조사확정재판 등에서 파산채권자가 패소한 경우이다. ② 파산절차종료시까지 부인소송 등에서 파산관재인이 승소하여 파산재단에 회복된 재산이다. ③ 파산관재인의 착오 등을 이유로 파산채권자로부터 반환된 배당금이나 세금환급금 등이다. ④ 최후배당액의 통지 후 새롭게 발견된 재산이다.[75]

한편 ④의 재산범위(제531조 제1항 후문)와 관련하여(새롭게 발견된 재산의 범위에 파산종결결정 시까지 발견된 재산에 한정되는가) 다툼이 있다. 제531조 제1항 후문의 문언을 존중한다면 배당액의 통지를 한 후로 제한되지 않고, 파산절차종결결정이 된 후에 발견된 재산도 추가배당의 재원이 된다고 할 것이다. 그러나 파산종결결정 후에는 채무자의 관리처분권이 회복되고, 반대로 파산관재인의 관리처분권은 소멸하기 때문에 재산이 발견된다고 하여도 파산관재인은 그것을 배당재원으로 할 수 없고, 파산절차종결결정 후에도 파산관재인에게 재산관리의무를 부과하는 것은 부당하며, 추가배당의 재원으로 한다는 것은 종결결정 후에 채무자와 거래한 자의 지위를 해하기 때문에 파산종결결정 전까지 발견된 재산에 대해서만 추가배당이 가능하다고 할 것이다.[76][77] 따라서 파산종결결정 이후에 발견된 재산은 원칙적으로 청산절차를 밟아야 할 것이다.[78] 다만 채무자가 은닉한 재산을 우연히 발견한 경우는 추가배당을 할 수 있다고 할 것

---

75) 條解 破産法, 1409쪽, 전병서, 415쪽.
76) 이에 대하여 파산선고 시에 채무자에 귀속된 재산으로 파산절차 진행 중에 발견되지 못하였어도 여전히 잠재적으로 파산관재인의 관리처분권이 미치고, 그 발견이 파산절차종결 후에 되었다는 이유로 추가배당의 재원으로 하는 것을 부정하는 것은, 공정·공평의 이념에 반하여 파산채권자가 납득할 수 없다는 견해도 있다(條解 破産法, 1410쪽). 다만 위 견해도 파산절차의 종결로 채무자의 관리처분권 자체의 부활을 부정할 수 없기 때문에 채무자가 이미 당해 재산을 제3자에게 양도한 경우에는 추가배당의 재원으로 할 수 없다고 하고 있다.
77) 불법행위(명예훼손)에 기한 위자료청구권은 행사상의 일신전속권이다. 따라서 파산선고를 받아도 파산재단을 구성하지 않고 채무자가 권리를 행사한다. 하지만 파산선고 후 채무자가 사망하면 일신전속성을 상실하여 파산재단을 구성한다(〈제5장 제1절 Ⅰ.1.〉(본서 1359쪽) 참조). 그렇지만 파산절차종결 후 채무자가 사망하여 일신전속성이 상실되어도 파산재단에 귀속될 여지는 없고(상속인이 상속한다) 추가배당의 재원이 될 수는 없다(倒産判例百選, 48~49쪽). 위 위자료청구권은 상속이 인정된다(대법원 1969. 10. 23. 선고 69다1380 판결, 대법원 1969. 4. 15. 선고 69다268 판결 등 참조).
78) 배당종결에 의해 파산이 종료된 후 재산이 발견된 경우에도 그것이 파산관재인에 의한 추가배당의 대상이 아닌 한 민법 등 관련 법에 따라 청산이 행해진다. 해당 재산에 대한 소송에 있어서도 파산관재인은 당사자적격이 없다. 이에 반하여 추가배당의 대상이 되어야 하는 재산이 발견된 경우에는 파산절차가 이미 폐지되었어도 재단채권을 변제할 필요가 있고, 파산관재인에게 당사자적격이 인정된다.
  한편 추가배당이 예상되던 중에 추가배당의 대상이 아닌 잔여업무가 발생한 경우 종전 파산관재인과 청산인의 권한이 충돌하는 것을 방지하기 위해 종전 파산관재인을 청산인으로 선임할 수도 있을 것이다.

이다. 그 이유는 파산선고 당시 채무자에게 귀속하는 재산인 한 파산절차 중에 파산관재인에게 발견되지 않았다고 하여도 잠재적으로 파산관재인의 관리처분권이 미친다고 보아야 하기 때문이다.[79] 또한 파산절차 종료 후 파산채권확정소송 등에서 파산채권자가 패소하여, 당해 채권자를 위하여 공탁된 배당액을 다른 채권자에게 배당하여야 할 필요가 생긴 경우나 파산관재인이 임무를 게을리 하여 본래 파산절차에서 배당하여야 할 배당을 하지 않은 경우 등 추가배당의 대상으로 될 것을 예정하였거나 예정하여야 할 특단의 사정이 있는 경우에도 추가배당을 할 수 있다고 할 것이다.[80]

추가배당에 충당할 재산은 배당절차비용 등을 고려하여 상당한 정도여야 한다.[81] 상당한 정도에 달하지 아니한 경우에는 파산관재인의 추가보수로 정하거나 파산종결 후 채무자에게 인도하여야 한다.

2. 추가배당절차

추가배당은 최후배당과 다르며 중간배당과 같이 몇 번이고 할 수 있다.

추가배당절차는 원칙적으로 최후배당절차에 따른다. 파산관재인은 추가배당의 허가를 얻은 때에는 지체없이 배당할 수 있는 금액을 공고하고 각 채권자에 대한 배당액을 정하여 통지하여야 한다(제531조 제2항). 여기서 배당할 수 있는 금액이란 발견된 환가액으로부터 절차 비용과 미변제의 재단채권 등을 변제한 잔액을 말한다. 배당액의 통지를 하기 전에 파산관재인이 알고 있지 아니한 재단채권자는 추가배당에서 배당할 금액으로써 변제를 받을 수 없다(제534조).

추가배당은 최후배당을 보충하는 성격을 가지므로 최후의 배당에 관하여 작성한 배당표에 의하여 이를 한다(제532조).

파산관재인이 추가배당을 한 때에는 지체없이 계산보고서를 작성하여 이를 법원에 제출하여 그 인가를 신청하여야 한다. 인가결정에 대하여는 즉시항고를 할 수 있다(제533조).

---

79) 破産法·民事再生法, 687쪽.

80) 일본 판례는 「파산절차가 종결된 경우에는 원칙적으로 채무자의 재산에 대한 파산관재인의 관리처분권은 소멸하고, 이후 채무자가 관리처분권을 회복하는바, 예컨대 파산절차 종료 후 파산채권확정소송 등에서 파산채권자가 패소하여, 당해 채권자를 위하여 공탁된 배당액을 다른 채권자에게 배당하여야 할 필요가 생긴 경우나 파산관재인이 임무를 게을리 하여 본래 파산절차에서 배당하여야 할 배당을 하지 않은 경우 등 추가배당의 대상으로 될 것을 예정하였거나 예정하여야 할 특단의 사정이 있는 경우에는, 파산관재인의 임무는 아직 종료된 것이 아니기 때문에, 당해 재산에 대한 관리처분권도 소멸하지 않지만, 위와 같은 특단의 사정이 없는 한, 파산관재인의 임무는 종료하고, 따라서 채무자의 재산에 대한 관리처분권도 소멸한다」고 판시하고 있다(條解 破産法, 1410~1411쪽 참조).

81) 일본 파산법 제215조 제1항은 이를 명확히 규정하고 있다. 한편 독일 도산법은 "법원은 금액이 아주 적거나 목적물의 가치가 근소하고 추가배당의 비용을 고려하여 적절하게 보이는 경우 추가배당을 명하지 않고, 처분 가능한 금액이나 발견된 목적물을 채무자에게 남겨둘 수 있다"고 규정하고 있다(§203(3) 전문).

제 10 장

파산절차의 종료

어떤 사건에 대하여 파산절차의 계속이 소멸하는 것을 파산절차의 종료라고 한다. 파산절차는 파산절차의 본래의 목적인 배당이 완료된 후 파산절차를 종결하거나 파산절차를 폐지한 경우에 종료한다. 파산절차를 종결하는 경우에는 배당을 위해 채권조사절차가 진행된다. 그러나 파산절차를 폐지할 경우에는 채권조사절차가 필요 없다.

파산취소에 의하여도 파산절차가 종료할 수 있는데 파산취소를 포함하여 파산절차가 종료되는 모든 경우를 파산해지라고 한다(민소법 제240조 참조). 파산취소에 관하여는 〈**제3장 제3절 Ⅱ.**〉(본서 1317쪽)를 참조할 것.

한편 파산선고 전이든 후이든 채무자는 회생절차(개인회생절차)개시를 신청할 수 있는데(제35조, 제600조 제1항 제1호), 회생절차(개인회생절차)개시결정이 있으면 진행 중인 파산절차는 중지되고(제58조 제2항 제1호, 제600조 제1항 제1호),[1] 회생계획(변제계획)인가결정이 있으면 중지된 파산절차는 실효된다(제256조 제1항 본문, 제615조 제3항). 따라서 회생계획(변제계획)인가결정도 파산절차종료의 원인이 된다.[2]

파산선고 후 채권신고를 한 자가 없는 경우 또는 신고된 채권의 채권신고가 전부 취하된 경우에는 더 이상 파산절차를 진행할 이유가 없으므로 직권파산절차폐지에 의해 파산절차가

---

1) 회생절차(개인회생절차)개시신청이 있으면 법원은 회생절차(개인회생절차)개시의 신청에 대한 결정이 있을 때까지 파산절차의 중지를 명할 수 있다(제44조 제1항 제1호, 제593조 제1항 제1호). 파산신청 전의 채무자는 회생절차(개인회생절차)개시결정이 있으면 파산신청을 할 수 없다(제58조 제2항 제1호, 제600조 제1항 제1호). 회생계획(변제계획)인가결정 전에 회생절차(개인회생절차)가 종료되는 경우, 파산선고 후의 채무자에 대하여는 중지 중인 파산절차가 당연히 속행된다(제7조 제1항, 제593조 제3항).

2) 회생계획(변제계획)인가결정은 파산절차의 독자적인 종료원인이므로 별도로 파산절차종결결정과 같은 법원의 재판은 필요하지 않다. 또한 이미 파산선고가 있었다고 하여도 이를 취소하는 취지의 결정도 필요 없다. 다만 채무자가 법인인 경우 법인파산등기는 남아있으므로 이를 제거할 필요는 있다. 회생계획인가의 결정을 한 법원은 그 등기와 함께 법인파산등기의 말소를 함께 촉탁할 수 있으며, 법인파산등기를 한 법원의 말소촉탁에 의하여 말소할 수도 있다. 등기관은 회생계획인가의 등기가 되어 있는지 여부와 관계없이 그 촉탁을 수리하여야 한다(부동산등기사무처리지침 제15조 제4항 참조).
   회생계획(변제계획)인가결정으로 파산관재인의 지위는 상실되고 파산재단의 관리처분권도 소멸된다. 그러나 파산선고 후 집행처분의 효과는 회생절차(개인회생절차)에 흡수되고, 파산절차에서의 계산도 인가된 것으로 판단되기 때문에, 다시 계산보고(제365조)를 할 필요는 없다고 사료된다. 다만 파산관재인은 파산절차가 종료된 때 그때까지의 활동에 관한 계산보고서를 작성하여 법원 및 관리인 또는 채무자에게 제출하여야 할 것이다.

종료된다. 이 점에 관하여는 〈제7장 제1절 Ⅰ.6.〉(본서 1569쪽)을 참조할 것.

[파산절차의 종료사유]

```
                        ┌─────────────────────┐
                        │   파산절차의 종료      │
                        └─────────────────────┘
                    ┌───────────┴───────────────┐
         ┌──────────────────┐         ┌──────────────────────┐
         │ 청산목적 달성에 의한 종료 │         │ 청산목적을 달성하지 못한  │
         └──────────────────┘         │    단계에서의 종료       │
                 │                    └──────────────────────┘
      ┌──────────────────┐      ┌────────────┴────────────┐
      │  파산절차 종결결정   │  ┌──────────────┐    ┌──────────────┐
      └──────────────────┘  │  소급효 없는 종료  │    │  소급효 있는 종료  │
                            └──────────────┘    └──────────────┘
              ┌──────────────┬────────────────┴────────┐           │
      ┌──────────────┐ ┌──────────────────┐ ┌────────┐ ┌──────────────┐
      │  재단부족으로    │ │ 우선절차[(개인)회생절차]의 │ │ 동의폐지 │ │ 파산절차의 취소  │
      │   인한 폐지      │ │ (회생/변제)계획인가결정    │ └────────┘ └──────────────┘
      └──────────────┘ │  으로 인한 실효         │
          ┌─────┴─────┐  └──────────────────┘
      ┌────────┐ ┌────────┐
      │ 동시폐지 │ │ 이시폐지 │
      └────────┘ └────────┘
```

제1절 ┃ 파산절차의 종결

Ⅰ 개 요

배당이 끝나면 파산관재인의 임무가 종료된다. 이 경우 파산관재인은 채권자집회에 계산보고를 하여야 한다(제365조 제1항). 계산보고를 위한 채권자집회가 종결된 때에는 법원은 파산종결결정을 하고, 그 주문 및 이유의 요지를 공고한다(제530조). 파산종결결정에 대하여는 불복할 수 없다(제13조 제1항). 따라서 고지(공고)에 의하여 확정된다. 파산절차종결결정에 의하여 파산절차는 그 본래의 목적인 청산을 완료하고 마무리를 할 수 있다.

법원은 파산종결결정과 동시에 우체국 등에 대한 배달촉탁을 취소한다(제485조 제2항). 법인파산의 경우 그 법인의 설립 또는 목적사업에 관하여 행정청의 허가가 있는 때에는 주무관청에 파산종결 결정이 있음을 통지한다(제314조). 법원사무관 등은 파산종결 기입등기를 촉탁한다(제23조 제1항 제5호).

Ⅱ 파산절차종결의 효과

파산절차종결의 효과는 결정할 때가 아니라 공고가 있는 때부터 발생한다.[3] 공고에 의해 외부에 대한 고지가 확실하게 된다고 보기 때문이다. 불복을 할 수 없기 때문에 고지에 의해 확정된다.

1. 채무자에 대한 효과

가. 개인(자연인)의 경우

개인(자연인)인 채무자는 파산이 종결되어도 복권의 절차를 거치지 않으면 공·사법상의 권리의 제한은 계속된다(제575조). 파산채권도 소멸하지 않고 채무자가 책임을 면하기 위해서는 면책절차를 거쳐야 한다. 다만 파산절차의 종료에 의해 구인(제319조) 등의 제약으로부터는 벗어난다.

채무자는 파산재단에 속하는 재산의 관리처분권을 회복한다. 따라서 채무자는 잔여재산에 대하여 자유로이 처분할 수 있다. 그러나 추가배당의 목적이 되는 재산 또는 채권확정절차가 계속 중인 파산채권에 대하여 공탁한 배당금에 대하여는 채무자가 자유로이 처분할 수 없다.

나. 법인의 경우

법인의 경우 잔여재산이 없으면 청산종결의 경우와 마찬가지로 법인격이 소멸하나, 잔여재산이 있다면[4] 그 재산에 관한 청산의 목적 범위 내에서 존속한다.[5] 따라서 민법·상법에 따라 청산절차를 밟아야 한다. 파산종결 후 청산사무는 파산관재인이 아니라 청산인이 하여야 하고 잔여재산의 처리가 완료되어 청산이 종결되면 법인은 소멸한다. 이 경우 청산인은 누가 되는가.[6]

이에 관하여는 ① 청산인 선임의 일반원칙에 따라 정관 또는 총회의 결의로 청산인을 정하지 않은 때에는 이사가 청산인이 되고, 청산인이 될 자 없는 경우에는 이해관계인의 청구에 의하여 법원이 청산인을 선임한다는 견해,[7] ② 파산선고로 위임관계는 종료하므로 이해관계인의 청구에 따라 법원이 청산인을 선임하여야 한다는 견해(일본 실무례), ③ 파산선고로 당연히 위임관계가 종료되는 것은 아니므로 이사가 청산인이 된다는 견해(일본의 다수설)[8]가 있다.

---

3) 條解 破産法, 1418, 1461쪽, 破産法·民事再生法, 690쪽, 전병서, 416쪽.
4) 파산관재인이 파산재단으로부터 재산을 포기한 경우에도 파산절차종료 후 법인의 잔여재산(자유재산)이 발생할 수 있다.
5) 대법원 1989. 11. 24. 선고 89다카2483 판결.
6) 배당종결 후 잔여재산이 발견되었으나 그것이 추가배당의 대상이 아닌 경우에도 동일한 문제가 발생한다.
7) 편집대표 곽윤직, 민법주해(Ⅰ), 박영사(1992), 755쪽.
8) 破産法·民事再生法, 699쪽. 그 근거는 근소한 잔여재산의 처리를 위해 청산인을 선임한다는 것은 불합리하므로 종전의 이사가 청산을 하도록 하는 것이 타당하다는 것이다. 이 견해는 중요한 재산이 존재하는 경우에는 주주총회에

살피건대 법인이 파산하면 법인과 이사의 위임관계는 종료하므로(민법 제690조) 종전의 이사는 청산인이 될 수 없는 점(자격상실설), 이사의 지위가 유지된다고 하더라도 조직법상의 활동에 제한된다고 보아야 하는 점(자격유지설), 법인이 해산한 경우 이사가 청산인으로 되는데 파산의 경우에는 이를 제외하고 있는 점(민법 제82조, 상법 제531조 제1항)을 고려하면, 주주총회에서 새로이 청산인을 선임하거나(상법 제531조 제1항) 이해관계인의 신청에 따라 법원이 청산인을 선임하여야 할 것이다.[9]

2. 파산채권자에 대한 효과

파산채권자는 파산절차에 의하여만 권리를 행사하여야 한다는 제약에서 벗어나 자유로이 그 권리를 행사할 수 있다. 채권자는 파산종결 후에 파산채권자표의 기재에 의하여 강제집행을 할 수 있다(제535조 제2항). 파산채권자는 배당에 의하여 만족을 받지 못한 채권에 대하여는 채무자의 재산에 대하여 강제집행을 할 수 있다.[10] 다만 채무자가 채권조사기일에 이의를 하지 않는 경우에 한하여 강제집행을 할 수 있다고 할 것이다.[11] 채무자의 이의는 파산채권의 확정을 막는 효과는 없지만(본서 1551쪽), 채권조사기일에 이의를 함으로써 자신에 대한 집행권원(파산채권자표의 집행권원화)을 방지할 수는 있다고 보아야 하기 때문이다.

파산채권자표에 관한 청구이의의 소, 집행문부여의 소, 집행문부여에 대한 이의의 소에 대하여는 파산계속법원의 전속관할이라는 명문의 규정은 없으나,[12] 파산채권자표를 작성한 파산계속법원을 제1심 법원 또는 제1심 판결법원으로 보는 것이 타당하다(민집법 제21조, 제57조, 제56조, 제44조 제1항, 제33조, 제45조).

3. 채무자의 보증인 등에 대한 효과

법인인 채무자의 경우 파산이 종결되더라도 파산채권자가 채무자의 보증인 그 밖에 채무자와 더불어 채무를 부담하는 자에 대하여 가지는 권리와 파산채권자를 위하여 제공한 담보에는

서 청산인을 선임하면 된다고 한다.

9) 실무적으로는 이해관계인(파산채권자)의 신청에 따라 사정을 잘 알고 있는 종전의 파산관재인을 청산인으로 선임하고 있기도 하다. 파산선고에 따른 법인의 청산은 파산관재인에 의하여 수행되는 것이므로 파산절차 진행 중에 청산인 선임을 신청할 수는 없다는 하급심 재판례도 있다(서울북부지방법원 2018. 10. 4. 자 2018비합12 결정 참조).

한편 일본 최고재판소는 동시폐지가 된 주식회사에 대한 사건에서, 이사는 파산선고로 그 지위를 상실한다는 전제에서, 잔여재산에 대한 청산절차에 있어서는, 종전의 이사가 당연히 청산인이 되는 것은 아니고, 이해관계인의 청구에 의해 법원이 청산인을 선임하여야 한다고 판시하였다{도산법(加藤哲夫등), 238쪽}.

10) 법인의 경우는 파산절차종결결정에 의하여 법인격이 소멸하는 것이 일반적이다. 개인(자연인)의 경우에는 면책신청이 있고 면책심리 중에는 강제집행을 할 수 없다(제557조 제1항). 따라서 파산절차종결 후 강제집행 가능성에 의미가 있는 것은, 채무자가 개인(자연인)인 경우로서 면책불허가결정을 받은 때나 비면책채권을 가지고 있는 채권자로 제한된다고 할 것이다.

11) 일본 파산법 제221조 제2항은 이를 명시적으로 규정하고 있다.

12) 회생채권자표, 회생담보권자표에 관한 청구이의의 소, 집행문부여의 소, 집행문부여에 대한 이의의 소에 관하여는 회생계속법원의 전속관할이라는 명문의 규정이 있다(제255조 제3항).

영향이 없다(제548조 제2항, 제567조).[13]

4. 시효의 진행 등

파산절차참가로 중단된 시효는 파산채권자가 채권조사확정재판 또는 그 이의의 소를 제기하지 아니하였다면 파산종결에 의하여 다시 진행한다(민법 제178조 제1항). 파산재단에 관한 소송은 다시 중단되고 수계절차를 밟아야 한다(민소법 제240조).

법인의 이사 등에 대한 손해배상청구권 등의 조사확정재판은 파산절차가 종료한 때 종료한다(제352조 제8항). 조사확정재판은 파산절차의 진행이나 배당을 전제로 하여 파산채권의 존부 및 내용을 신속하게 결정하기 위한 제도로서 파산절차종결 이후에는 이를 계속할 실익이 없기 때문이다.

Ⅲ 파산절차종결과 소멸시효

채무자에 대한 채권의 소멸시효는 파산채권의 신고에 의하여 중단되고(제32조 제2호), 중단의 효과는 파산절차가 종료될 때까지 계속된다. 그리고 파산채권자표의 기재는 확정판결과 동일한 효력이 있으므로(제460조) 시효기간은 10년으로 된다(민법 제165조 제2항). 따라서 파산채권에 대하여는 파산종결의 공고에 의하여 파산절차가 종결된 때로부터 10년의 소멸시효가 개시된다(민법 제178조 제1항). 파산채권에 대하여 보증인이 존재하는 경우에는 보증채권의 소멸시효에 대하여도 동일한 시효중단 및 시효기간의 연장의 효과가 발생한다. 위와 같은 내용은 파산종결결정 이외의 사유에 의하여 파산절차가 종료된 경우에도 동일하게 적용된다.[14]

다만 동시폐지의 경우나 이시폐지에서 채권조사가 되지 않은 경우에는 채권신고나 확정이라는 것이 없기 때문에 파산채권에 대하여 소멸시효의 중단이나 연장의 효과가 없고, 원래의 소멸시효가 진행한 후 소멸시효가 완성된다면 파산채권에 대한 보증채권도 보증채무의 부종성에 따라 소멸한다.

한편 채무자가 법인인 경우에는 파산절차종결의 효과로서 법인격이 소멸하고, 이로 인하여 채무도 소멸하지만, 이 경우에는 채무자의 법인격 소멸과 상관없이 파산채권에 대한 보증채권이 존속하는지가 보증채무의 부종성이라는 점에서 문제된다. 제567조의 규정의 취지를 고려하여 보증인의 채무는 영향을 받지 않는다고 할 것이다. 그 결과 보증채권은 독립적인 채무로서 존속한다. 따라서 채무자의 법인격이 소멸하여도 소멸된 파산채권에 대하여 소멸시효의 진행이나 완성을 관념할 수 없는 이상 보증인이 주채무에 대한 소멸시효를 원용할 수 없다.

---

13) 법인의 경우는 면책제도가 없으므로 법인인 채무자에 대하여는 파산종결로 소멸하는 경우에 대하여 규정한 것이다. 개인채무자에 대하여는 제567조에서 규정하고 있다.

14) 破産法・民事再生法, 691~692쪽.

Ⅳ 확정채권에 관한 파산채권자표 기재의 채무자에 대한 효력

확정채권에 대하여 채무자가 채권조사의 기일에 이의를 진술하지 아니한 때에는 파산채권자표의 기재는 파산선고를 받은 채무자에 대하여 확정판결과 동일한 효력을 가진다(제535조 제1항). 채권자는 파산종결 후에 파산채권자표의 기재에 의하여 강제집행을 할 수 있다(제535조 제2항).

1. 채무자가 이의를 진술한 경우

채권조사절차에서 채무자가 이의를 진술한 경우에는 이의를 파산채권자표에 기재하여야 한다(제459조 제1항). 채무자가 이의를 진술한 경우에는 파산채권자표의 기재에 확정판결과 동일한 효력 및 집행력이 인정되지 않는다.[15] 따라서 이의가 진술된 파산채권을 가진 채권자는 채무자에 대하여 강제집행을 하기 위해서는 파산절차종료 후 새로이 소송을 제기할 필요가 있다.[16]

채무자를 상대로 소송을 제기한 경우 위 소송은 파산선고로 중단되고(민소법 제239조), 채권조사절차에서 파산관재인이나 파산채권자의 이의가 없어 확정된 경우에는 그 소송절차는 당연히 종료하는 것이 원칙이다. 그런데 채무자의 이의가 있는 경우에도 위와 같이 취급하여야 하는가. 위와 같은 원칙은 파산절차가 진행되는 동안 채무자의 응소부담을 줄여주는데 의미가 있는 것에 지나지 않고, 오히려 비면책채권이 있다는 점을 고려하면 소송을 계속시킬 필요가 있으므로, 소송은 종료하지 않고 파산절차가 종료된 후 채무자가 당연히 수계(또는 중단사유가 소멸하여 채무자가 절차를 속행)하는 것으로 봄이 상당하다. 물론 해당 파산채권이 면책의 대상이라면 청구는 기각된다.[17]

2. 채무자가 이의를 진술하지 않은 경우[18]

파산채권자표의 기재가 채무자에 대하여 아래의 효력이 인정되기 위해서는 ① 파산종결결정이 있었고,[19] ② 파산채권이 확정되었으며(확정채권),[20] ③ 채권조사기일에 채무자가 이의를

---

15) 일본 파산법 제221조 제2항은 집행력 배제와 관련하여 이를 명시적으로 규정하고 있다.
16) 다만 채무자가 이의를 하였다고 하여 채권자가 이미 가지고 있던 집행권원이 있는 채권이라는 효력까지 상실되게 하는 것은 아니다. 채무자의 이의는 파산채권자표가 자신에 대한 집행권원으로 되는 것을 저지할 뿐이고, 이미 존재하는 집행권원을 무효화하는 것은 아니다.
17) 條解 破産法, 1468쪽, 破産法・民事再生法, 619쪽. 채무자가 이의를 진술한 파산채권에 대하여 그 파산채권의 부존재를 이유로 배당금의 부당이득반환을 청구할 수 있는가. 이의의 효과는 파산재단에 대한 파산채권의 권리행사에 영향을 미치지 못하고, 파산재단으로부터 배당을 받은 것이 채무자에게 손해를 미치는 것은 아니므로 부정하여야 할 것이다(條解 破産法, 1470쪽, 破産法・民事再生法, 619쪽 각주 62)).
18) 파산절차의 경우에는 파산채권의 권리변경이 예정되지 않기 때문에, 파산절차폐지 또는 파산절차종결 어느 경우에도, 채무자의 이의에 의해 파산채권자표 기재가 가지는 확정판결과 동일한 효력이 배제되지만(제535조 제1항, 제548조 제1항), 회생절차의 경우에는 회생계획의 효력에 의해 권리변경을 예정하고 있기 때문에, 인가결정 후에는 회생채권자표 등의 효력(제255조 제1항)은 채무자가 이의를 진술하여도 영향을 받지 않는다.

진술하지 않았고,[21][22] ④ 파산채권자표에 기재되어야 한다.

가. 확정판결과 동일한 효력

채무자가 채권조사기일에 확정채권에 대하여 이의를 진술하지 않은 때에는 그 채권에 대하여 파산채권자표의 기재는 채무자에 대하여도 확정판결과 동일한 효력을 가진다(제535조 제1항). 채권조사는 파산채권자 사이에서 이루어지는 절차이므로 채무자가 채권에 대하여 이의를 진술하여도 그 확정을 방해하지는 않는다(제458조 참조). 다만 채무자가 이의를 하지 않으면 신고채권자와의 사이에서 그 채권의 존재 및 내용에 대하여 확정판결이 있는 것과 동일한 효력이 있을 뿐이다. 파산절차가 개시되어 채권 전부의 만족을 얻지 못하는 불이익을 받는 파산채권자에게 일종의 보상으로써 파산채권자표의 기재에 확정판결과 동일한 효력을 인정하는 것이다.[23]

'확정판결과 동일한 효력'이란 기판력이 아닌 파산절차 내에서 배당 및 의결권과의 관계에서만 효력이 있는 특수한 구속력(불가쟁력)이라고 볼 것이다.

나. 집행력

채무자에 대한 효력으로서 집행력은 파산절차가 종료된 후에 비로소 작동한다.[24] 채권자는 파산절차가 종료[25]된 후에 파산채권자표의 기재[26]에 의하여 강제집행을 할 수 있다(제535조 제2항, 제548조 제1항 참조).[27] 즉 파산채권자표의 기재는 집행권원이 되고(민집법 제56조 제5호) 집

---

19) 파산절차가 종료되지 않은 단계에서 채무자의 자유재산에 대해 강제집행을 인정하는 것은 면책제도의 의의를 몰각시킨다는 점에서나 제424조의 취지에서 보더라도 부정하여야 한다.
20) 채무자가 신고한 파산채권에 대하여 이의를 진술하지 않는 것은, 채무자가 채권의 존재를 인정하는 경우뿐만 아니라 귀찮아서 마무리하려고 하는 경우도 있을 수 있으므로 채권자 사이에 확정되어 그 존재의 개연성이 높다고 인정되는 확정채권에 대하여만 그 효력을 부여하고 있다.
21) 파산절차에서는 파산재단에 속하는 재산과 자유재산이 있다. 이들은 책임재산으로서 별개 독립된 것이고, 흡사 다른 사람에게 귀속되는 것과 같은 관계에 있다. 따라서 단순히 파산관재인의 이의가 없어 파산채권이 확정되었다는 것만으로 채무자의 자유재산과의 관계에서까지 해당 채권의 존재를 전제로 한 효력을 부여하는 것은 상당하지 않다. 그러나 채무자의 이의가 없는 경우라면 그것은 파산채권의 존재를 인정하는 취지로 이해할 수 있을 것이다.
22) 집행력에 관하여 명시적인 규정이 없지만, 마찬가지로 해석하여야 할 것이다. 일본 파산법은 이를 명시적으로 규정하고 있다(제221조 제2항).
23) 條解 破産法, 1466쪽.
24) 법인파산의 경우에는 파산절차가 종료하면 대부분의 법인은 해산되어 소멸하고, 개인파산의 경우에는 면책이 되므로 채무자에 대한 효력은 그 의미가 크지 않다. 그렇지만 비면책채권이 있거나, 동의폐지와 같이 면책의 가능성이 없거나, 면책불허가결정이 있는 경우가 있으므로 그 의미가 전혀 없다고 할 수는 없다.
25) 동시파산절차폐지의 경우에는 채권확정절차가 행해지지 않는다는 점, 파산선고결정취소의 경우에는 가사 파산채권 확정절차가 행하여졌다고 하더라도 그 효과는 소급적으로 소멸하는 점, 회생계획인가결정으로 파산절차가 종료된 경우(제256조 제1항)에는 회생절차에 의한 채권확정의 효과가 남아 있기 때문에, 채무자에 대한 파산채권자표의 효력은 제외된다.
26) 회생절차에서는 '회생채권자표'에 의하여(제255조 제2항, 제292조 제2항), 개인회생절차에서도 '개인회생채권자표'에 의하여(제603조 제4항) 강제집행할 수 있다고 되어 있지만, 파산절차에서는 '파산채권자표의 기재'에 의하여 강제집행을 할 수 있다고 되어 있다. 입법적 통일이 필요하다.
27) (개인)회생절차(제255조 제3항 단서, 제603조 제5항)와 달리 파산채권자표의 경우 집행문부여의 소 등에 대한 전속관할에 관한 규정이 없지만, 파산계속법원의 관할에 전속한다고 보아야 할 것이다(민사집행(Ⅰ)-집행총론-, 345쪽 참조). 파산채권자표를 작성한 파산계속법원을 제1심법원 또는 제1심판결법원으로 보는 것이 타당하기 때문이다(민집법 제57조, 제56조, 제44조 제1항). 채무자회생법이 아닌 민사집행법에 의한 전속관할이다.

행문을 부여받아 강제집행을 할 수 있다. 구체적으로 파산절차에 따라 환가·배당되지 않은 재산(신득재산이나 파산재단으로부터 포기된 재산 등)을 대상으로 강제집행을 할 수 있다.

물론 파산절차 종료 후 면책을 받은 경우에는 파산채권에 기한 강제집행의 가능성은 소멸되지만, 비면책채권이 있는 경우·동의에 의한 파산폐지와 같이 면책의 가능성이 없는 경우(제556조 제4항 참조) 또는 면책불허가가 된 경우에는 강제집행의 가능성이 있다.

다. 소멸시효기간의 연장

확정판결과 동일한 효력의 실체법상 효력으로 시효기간이 연장되는 효과가 있다. 즉 파산채권자표에 기재된 채권이 단기의 소멸시효에 해당하는 것이라도 그 소멸시효는 10년으로 연장된다(민법 제165조 제2항). 예컨대 파산회사에 대한 임금채권이나 퇴직금채권은 민법 제165조 제2항이 적용되고, 근로기준법 제49조(3년) 또는 근로자퇴직급여 보장법 제10조(3년)는 적용되지 않는다.

제2절 파산절차의 폐지

파산절차의 폐지란 신고한 파산채권자의 동의가 있는 경우 또는 파산재단이 부족한 경우에 파산절차의 본래의 목적을 달성하지 못한 채 파산절차를 장래에 향하여 중지하는 것을 말한다. 파산절차의 폐지의 경우 파산절차가 장래에 향하여만 진행을 종료한다는 것으로 파산절차가 소급적으로 효력을 잃는 파산취소와 다르다.

파산폐지에는 파산채권자의 동의에 의한 폐지(동의폐지)와 파산재단 부족으로 인한 폐지가 있다. 후자는 다시 파산선고와 동시에 하는 폐지(동시폐지)와 파산선고 이후에 하는 폐지(이시폐지)가 있다.

Ⅰ 파산폐지의 유형

1. 동의폐지

가. 의 의

동의폐지란 채무자가 ① 채권신고기간 내에 신고한 파산채권자 전원의 동의를 얻거나 ② 동의를 얻지 못한 경우에는 동의를 하지 아니한 파산채권자에 대하여 다른 파산채권자의 동의를 얻어 파산재단으로부터 담보를 제공한 때 채무자의 신청으로 파산절차를 폐지하는 것을 말한다(제538조 제1항).[28] 파산포기라고도 한다. 파산절차는 파산재단을 극대화하여 파산채권자에

---

28) 실무적으로 동의폐지는 거의 없다. 동의폐지를 신청한 예로 서울회생법원 2018하합100038호가 있었고, 2019. 11.

게 최대한의 배당을 목적으로 하는 파산채권자를 위한 절차이므로, 파산절차에 참가한 모든 파산채권자가 파산절차를 종료시키는 것에 동의하고, 파산채권자에게 손해가 없다면 그 의사를 존중하는 것이 타당하며, 굳이 그 의사를 무시한 채 파산절차를 진행할 필요는 없다는 점을 고려한 것이다.[29] 채무자가 융자나 채무면제 등을 통하여 지급불능이나 채무초과의 상태를 해소할 수 있다고 판단되는 경우 법인격을 회복할 수 있는 수단이다.

개인의 경우 면책신청을 하는 때에는 동의폐지의 신청을 할 수 없다(제556조 제4항). 동의폐지는 채권자의 동의를 얻어 파산절차를 종료시키는 제도이고 파산절차가 종료된 후에는 변제가 예정되어 있기 때문이다.[30] 동의폐지의 신청을 한 때에는 그 기각의 결정이 확정된 후가 아니면 면책신청을 할 수 없다(제556조 제5항). 관련 내용은 〈**제11장 제1절 Ⅱ.1.나.(2)**〉(본서 1648쪽)를 참조할 것.

동의폐지는 제447조의 규정에 의한 채권신고기간 내에 신고한 파산채권자 전원의 동의를 얻어야 한다(제538조 제1항 제1호). 재단채권자, 별제권자, 환취권자뿐만 아니라 신고를 하지 아니한 채권자, 신고기간 경과 후 신고한 채권자의 동의는 필요하지 아니한다.[31] 채무자가 동의를 하지 아니한 파산채권자에 대하여는 다른 파산채권자의 동의를 얻어 파산재단으로부터 담보를 제공한 때에는 파산폐지의 신청을 할 수 있다(제538조 제1항 제2호). 담보의 제공은 파산재단 가운데에서 파산관재인이 한다.

미확정채권에 관하여 그 채권자의 동의가 필요한지 여부는 법원이 정한다. 파산채권자에게 제공하는 담보가 상당한지 여부도 마찬가지이다(제538조 제2항). 파산폐지결정에 대하여는 즉시항고를 할 수 있다(제538조 제3항). 동의파산폐지의 경우에는 이시폐지 및 동시폐지와 달리 복권절차가 필요하지 않고 당연히 복권된다(제574조 제1항 제2호).

나. 절 차

(1) 파산폐지신청

(가) 신청권자

동의폐지는 채무자의 신청에 의하여만 한다(제538조 제1항). 파산관재인이나 파산채권자는 신청권이 없다. 법인의 파산폐지의 신청은 이사 전원의 합치가 있어야 한다(제539조 제1항).

---

7. 파산폐지를 하였다.

29) 條解 破産法, 1447쪽.

30) 동의파산폐지를 위한 동의에 있어, 각 채권자 사이에 분할변제의 약정을 하거나 채권의 전부 또는 일부의 면제를 받는 것은 자유이다. 따라서 동의파산폐지신청과 면책신청은 서로 양립되지 않는 절차이기도 하다(條解 破産法, 1623~1624쪽).

31) 채권신고기간 경과 후 채권신고를 하고, 채권조사를 통하여 확정되었어도 동의를 얻어야 하는 파산채권자의 범위에는 포함되지 않는다. 동의폐지를 하려는 채무자는 조기에 동의권자의 범위를 확정할 필요성이 있고, 다른 한편 채권신고기간 후 신고한 파산채권자는 이의신청권(제543조)을 인정하는 것에 의하여 보호하는 것으로 충분하기 때문이다.

(나) 법인의 존속

파산선고를 받은 법인이 파산폐지신청을 하고자 하는 때에는 사단법인은 정관의 변경에 관한 규정에 따라,[32] 재단법인은 주무관청의 허가를 받아 법인을 존속시키는 절차를 밟아야 한다(제540조).[33] 법인은 파산선고로 해산하는 것이 원칙이기 때문에 법인파산의 경우 파산절차폐지만을 했을 뿐인 때에는 단순히 파산절차로부터 해방될 뿐이고 해산절차로서의 청산이 행하여지게 되어 결국 법인은 소멸하는 것으로 될 수 있다. 그러면 동의파산절차폐지가 무의미하게 되기 때문에 법인존속(계속)의 절차가 필요한 것이다.

또한 파산폐지신청을 하는 때에는 신청요건이 구비되었음을 증명할 수 있는 서면을 제출하여야 한다(제541조).

법인의 존속절차는 미리 행할 필요가 있다. 즉 채무자가 동의파산폐지신청을 하기 전에 하지 않으면 안 된다. 이 절차를 취하였음을 증명하지 못한 경우에는 폐지신청은 부적법한 것으로 각하한다.

(2) 파산폐지신청의 공고 및 서류비치

법원은 파산폐지신청이 있다는 뜻을 공고하고, 이해관계인이 열람할 수 있도록 신청에 관한 서류를 법원에 비치하여야 한다(제542조).

(3) 채권자의 이의신청

파산채권자는 파산폐지신청의 공고가 있은 날부터 14일 이내에 파산폐지신청에 관하여 법원에 이의를 신청할 수 있다. 위 기간이 경과하기 전에 신고한 파산채권자도 이의를 신청할 수 있다(제543조).

(4) 관계인의 의견청취

법원은 위 기간이 경과한 후 파산폐지결정에 필요한 요건의 구비 여부에 관하여 채무자 및 파산관재인과 이의를 신청한 파산채권자의 의견을 들어야 한다(제544조).

2. 파산재단 부족으로 인한 폐지

파산재단으로 파산절차비용을 충당하기에 부족하다고 인정되는 경우에 하는 폐지이다(제545조). 여기에는 동시폐지와 이시폐지가 있다. 파산재단이 파산절차비용에도 충당하기 부족한 경우 국가가 무상으로 파산절차를 진행·운영할 필요는 없다. 파산절차는 공적 이익을 위해서가

---

32) 정관변경의 규정에 따른다는 것은 민법상의 법인은 총사원 3분의 2 이상의 동의 및 주무관청의 허가(민법 제42조), 합명회사·합자회사·유한책임회사는 총사원의 동의(상법 제204조, 제269조, 제287조의16), 주식회사는 주주총회의 특별결의(상법 제433조, 제434조), 유한회사는 총사원의 특별결의(상법 제584조, 제585조)에 의한다는 것을 말한다.

33) 회생절차에 같은 취지로 제241조가 규정되어 있다. 관련 내용은 〈**제2편 제13장 제3절 Ⅷ.**〉(본서 943쪽)을 참조할 것.

아니라 채권자들의 이익을 위해 실행되는 것이기 때문이다.[34]

가. 동시폐지

동시폐지란 파산원인의 존재 그 밖의 파산선고의 요건을 모두 구비하고 있지만 파산재단이 적어 파산절차의 비용을 충당하기에 부족하다고 인정되는 때에 파산선고와 동시에 파산폐지의 결정을 하는 것을 말한다(제317조 제1항). 파산재단으로 파산절차비용에도 충당하지 못한 경우에는 계속하여 파산절차를 실시할 의미가 없기 때문이다. 여기서 파산재단은 법정재단을 의미한다. 따라서 파산선고 시에 현실적으로 지배하고 있는 재산(현유재단)뿐만 아니라, 부인대상행위에 의해 재단으로부터 일탈된 재산이 있다면 부인권 행사에 의해 재단으로 회수하여야 할 재산도 포함된다. 반대로 제3자의 환취권의 대상인 재산은 제외하여야 하고, 별제권의 대상인 재산에 대하여는 피담보채권액을 공제하여야 한다. 파산절차비용은 파산신청에 대한 수수료, 각종 서류의 송달비용, 공고비용, 파산재단의 관리·환가비용, 부인소송 등을 위한 비용, 배당절차비용, 파산관재인 보수 등을 말한다.

동시폐지의 경우 법원은 파산결정의 주문과 파산폐지결정의 주문 및 이유의 요지를 공고하여야 한다.[35] 법원의 동시파산폐지결정에 대하여는 즉시항고를 할 수 있으나, 집행정지의 효력은 없다(제317조 제2항, 제3항).[36] 즉시항고에 의하여 파산폐지결정의 취소가 확정된 때에는 통상의 파산선고의 경우와 마찬가지로 절차를 진행한다(제317조 제5항).

다만 파산절차의 비용을 충당하기에 충분한 금액을 미리 납부한 때에는 동시폐지결정을 하지 않는다(제318조). 채무자가 절차수행을 전제로 예납금을 납부한 경우에는 동시파산폐지결정을 할 이유가 없다.[37] 반대로 채권자가 신청한 경우의 예납금은 재단채권으로 예납자에게 상환하여야 하기 때문에(제473조 제1호) 예납금을 상환받지 못할 위험을 알고서 파산절차의 실시를 구하는 경우가 아니라면 동시폐지결정을 하여야 할 것이다.[38]

동시폐지는 파산관재인을 선임하는 등 동시처분이 허용되지 않고 파산재단이 성립하지 않아 파산재단의 수집·환가·배당절차가 실시되지는 않지만, 파산선고의 효력이 발생한 것에는 변함이 없고 자격제한 등의 효과도 발생한다. 또한 개인에 대하여 동시폐지가 된 경우에도 파

---

34) Reinhard Bork, 62쪽.
35) 동시폐지의 경우에는 파산선고 후의 절차가 진행되지 않으므로 파산관재인의 선임 등(제312조 제1항)을 할 필요가 없다. 한편 법인에 잔여재산이 남아있는 경우 청산목적 범위 내에서 존속한다. 이 경우 청산인은 누가 되는가. 이에 관하여는 〈제1절 Ⅱ.1.〉(본서 1623쪽)을 참조할 것.
36) 동시폐지의 경우 동시처분(제312조)의 필요는 없다. 그런데 동시폐지에 대하여 즉시항고를 하고, 즉시항고에 대하여 집행정지의 효력이 인정된다면 동시처분사항을 정하지 않으면 안 되는 불합리가 발생한다. 그래서 동시폐지에 대한 즉시항고에 대하여 집행정지의 효력을 인정하지 않는 것이다. 따라서 동시처분을 할 여지는 없고, 파산절차는 동시폐지결정에 의하여 종료한다.
37) 파산절차비용의 예납(선납)은 파산재단이 부인권 행사 또는 아직 완성되지 않은 물품의 매각을 통해 확충될 가능성이 있는 경우 등에 의미가 있을 수 있다.
38) 破産法·民事再生法, 178쪽. 이에 반하여 채권자가 예납금을 준비하면서까지 파산을 신청한 경우에는 일반적으로 예납금이 상환되지 않을 위험을 알고서 파산절차의 실시를 구한 것으로 보아야 한다는 견해도 있다(條解 破産法, 1431쪽).

산신청이 된 이상 채무자는 면책신청의 자격이 인정된다(제556조 제1항 참조).

나. 이시폐지

이시폐지란 파산선고 후에 파산절차의 비용까지 지급할 수 없을 정도로 부족하다고 인정된 경우에 하는 파산폐지를 말한다. 따라서 파산절차비용을 충당하기에 충분한 금액이 미리 납부되어 있는 때에는 이시폐지를 하지 못한다.

이시폐지는 법원이 파산관재인의 신청에 의하여 또는 직권으로 한다. 이 경우 법원은 채권자집회의 의견을 들어야 한다. 이시폐지결정에 대하여는 즉시항고를 할 수 있다(제545조 제3항).

3. 동의폐지와 재단부족으로 인한 폐지의 차이

동의폐지나 재단부족으로 인한 폐지의 절차나 효과는 기본적으로 같다. 그러나 몇 가지 차이가 있다. ① 동의폐지의 경우 채무자는 면책신청이 허용되지 않고(제556조 제4항) 당연히 복권된다(제574조 제1항 제2호). 반면 재단부족으로 인한 폐지의 경우 채무자는 당연히 복권되지 않고 복권을 위해서는 면책신청을 하여 그 허가결정이 있든지(제556조 제1항, 제574조 제1항 제1호), 신청에 의한 복권(제575조)이 있어야 한다. ② 법인파산의 경우 동의폐지에서는 법인존속의 절차를 취하여 법인격이 계속되는데(제540조), 재단부족으로 인한 폐지에는 이러한 조치가 없고 법인을 해산하여야 한다. 재산이 남아있는 경우에는 통상의 청산절차를 밟아야 한다.[39]

Ⅱ 파산폐지결정의 공고

법원은 파산폐지결정을 한 때에는 그 주문 및 이유의 요지를 공고하여야 한다(제546조).

Ⅲ 파산폐지결정의 효력

동의폐지는 앞(〈Ⅰ.3.〉)에서 설명한 것을 제외하고 이시폐지의 경우와 효력이 동일하다. 따라서 여기서는 동시폐지결정과 이시폐지결정의 효력에 대하여만 살펴보기로 한다.

1. 동시폐지의 경우

동시폐지결정에 의해 파산선고와 동시에 파산절차가 종료하기 때문에 파산관재인은 선임되지 않고, 파산관재인의 존재를 전제로 한 쌍방미이행 쌍무계약의 처리에 관한 규정의 적용도 없으며, 파산재단·자유재산·신득재산이라는 개념도 관계가 없어 채무자는 채무자회생법상의 설명의무 등을 부담하지 않는다. 파산채권의 조사·확정절차도 없고 파산채권자의 개별적인

---

39) 전병서, 419쪽.

권리행사의 금지라는 효력도 발생하지 않으며 채무자는 재산의 관리처분권을 상실하지도 않는다. 그러나 파산선고로 인한 법적 효과(예컨대 위임계약의 종료 등)나 파산선고로 인한 공·사법상의 자격제한은 받는다.

채무자가 법인인 경우 잔여재산이 없으면 법인격이 소멸하고, 잔여재산이 있으면 청산절차가 필수이고 청산의 목적 범위 내에서 존속한다. 이 경우 청산인은 누가 되는가. 이에 관하여는 〈제1절 Ⅱ.1.〉(본서 1623쪽)을 참조할 것.

파산재단 자체가 처음부터 성립하지 않으므로 강제집행 등의 절차는 실효되지 않고(제348조는 적용되지 않는다) 그대로 진행된다. 다만 개인파산사건의 경우에는 대부분의 사건이 면책신청과 연동되어 있으므로 동시폐지가 되더라도 파산채권에 기한 강제집행 등의 개별적 권리행사는 면책신청에 관한 재판이 확정될 때까지 금지 또는 중지된다(제557조). 관련 내용은 〈제15장 제2절 Ⅱ.2.가.(1)(라)〉(본서 1832쪽)를 참조할 것.

2. 이시폐지의 경우

파산폐지에는 소급효가 없으므로[40] 파산관재인이 이미 행한 관리처분 행위의 효력은 그대로 유지된다.

가. 채무자에 대한 효력

채무자는 파산재단에 대한 관리처분권을 회복한다. 채무자가 법인인 경우 잔여재산이 없으면 법인격이 소멸하고, 잔여재산이 있으면 청산의 목적 범위 내에서 존속한다. 이 경우 청산인은 누가 되는가. 이에 관하여는 〈제1절 Ⅱ.1.〉(본서 1623쪽)을 참조할 것.

파산재단에 관한 소송은 채무자가 수계한다.

나. 파산관재인에 대한 효력

이시폐지결정이 확정되면 파산관재인은 파산재단에 관한 관리처분권을 상실한다. 그래서 관리처분권은 채무자에게 복귀하는 것이 원칙이다.

파산관재인의 임무는 종료한다. 파산선고 전에 제기되어 파산선고에 의하여 중단된 파산재단에 관한 소송으로 파산관재인 또는 상대방에 의해 수계되지 않은 것은 채무자가 당연히 수계하고(민소법 제239조), 수계된 것은 다시 중단된 후 채무자가 수계하여야 한다(민소법 제240조).

파산관재인이 제기한 부인의 소와 부인의 청구는 당연히 종료하고,[41] 나머지 소송은 중단된 후 채무자가 수계한다.

---

40) 대법원 2014. 12. 11. 선고 2014다210159 판결, 헌법재판소 2016. 4. 28. 선고 2015헌바25 전원재판부 결정.

41) 파산선고 전에 사해행위취소의 소가 제기되고, 파산선고로 수계(제406조)된 후 부인의 소로 변경된 경우는 다르다. 파산절차가 폐지되면 부인의 소는 중단되고 채권자가 다시 수계한다. 수계된 후 채권자는 부인권을 행사할 수 없고(부인권은 파산절차 진행 중에 파산관재인만이 행사할 수 있고, 파산절차가 종료되면 소멸한다) 다른 주장을 하여야 소송이 유지될 수 있다.

법인의 이사 등에 대한 손해배상청구권 등의 조사확정재판은 파산절차가 종료한 때 종결한다(제352조 제8항).

다. 파산채권자에 대한 효력

파산채권자는 파산절차에 의하여만 권리를 행사하여야 한다는 제약에서 벗어나 자유로이 그 권리를 행사할 수 있다. 채권자는 파산폐지결정 확정 후에 파산채권자표의 기재에 의하여 강제집행을 할 수 있다(제548조 제1항, 제535조 제2항). 파산채권자표에 관한 청구이의의 소, 집행문부여의 소, 집행문부여에 대한 이의의 소에 대하여는 파산계속법원의 전속관할이라는 명문의 규정은 없으나,[42] 파산채권자표를 작성한 파산계속법원을 제1심 법원 또는 제1심 판결법원으로 보는 것이 타당하다(민집법 제21조, 제57조, 제56조, 제44조 제1항, 제33조, 제45조).

파산선고로 실효된 강제집행, 가압류, 가처분 등(제348조 제1항 본문 참조)은 파산폐지에 의하여 부활되지 않는다.[43] 따라서 채권자는 파산폐지결정 확정 후에 다시 강제집행 등을 신청하여야 한다.

개인의 경우, 면책신청이 있는 경우에는 면책신청에 관한 재판이 확정될 때까지 채무자의 재산에 대하여 파산채권에 기한 강제집행·가압류 또는 가처분을 할 수 없고, 채무자의 재산에 대하여 파산선고 전에 이미 행하여지고 있던 강제집행·가압류 또는 가처분은 중지된다(제557조 제1항).

법인에 대하여는 법인격이 소멸하기 때문에 강제집행의 여지는 없고 채무소멸과 마찬가지로 취급된다. 파산절차폐지 후 청산절차에서 채권자는 파산채권자표를 집행권원으로 하여 잔여재산에 대하여 강제집행을 할 수 있다고 할 것이다.

라. 채무자의 보증인 등에 대한 효력

법인에 대한 파산이 폐지되더라도 파산채권자가 채무자의 보증인 그 밖에 채무자와 더불어 채무를 부담하는 자에 대하여 가지는 권리와 파산채권자를 위하여 제공한 담보에는 영향이 없다(제548조 제2항, 제567조).[44]

---

42) 회생채권자표, 회생담보권자표에 관한 청구이의의 소, 집행문부여의 소, 집행문부여에 대한 이의의 소에 관하여는 회생계속법원의 전속관할이라는 명문의 규정이 있다(제292조 제3항).

43) 대법원 2014. 12. 11. 선고 2014다210159 판결. 이에 대하여 파산절차가 폐지된 경우 실효된 강제집행 등이 부활한다는 견해가 있다(條解 破産法, 1445쪽). 채권자의 파산선고에 의한 권리행사의 제한은 파산절차폐지에 의하여 해소되고, 파산선고 전에 한 강제집행 등의 효력도 당연히 부활한다는 것이다. 파산선고에 의하여 강제집행 등이 실효되는 것은 파산재단에 대한 관계에서이고, 파산관재인에 의한 속행의 여지도 있는 것이므로(제348조 제1항 단서) 절차가 중지된다고 해석하여야 한다. 하지만 파산선고에 의한 효력은 강제집행절차 등의 중단이 아니라 실효이고, 폐지는 소급효가 없기 때문에 당연히 강제집행 등이 부활한다고 보기는 어렵다.

44) 법인의 경우는 면책제도가 없으므로 법인인 채무자에 대하여는 파산폐지로 소멸하는 경우에 대하여 규정한 것이다. 개인채무자에 대하여는 제567조에서 규정하고 있다.

마. 이시폐지 후에 재산이 발견된 경우의 처리

실무적으로 파산관재인의 당초 조사에서 발견되지 않았던 재산이 이시폐지 후 발견되는 경우가 가끔 있다. 이 경우 어떻게 처리할 것인가. 배당이 완료되어 파산절차가 종결된 후 잔여재산이 발견된 때에는 추가배당을 할 것인지를 검토하면 되지만(제531조 제1항), 추가배당은 선행하는 배당을 전제로 한 것이므로 이시폐지의 경우에는 적용할 수 없다.

이에 대해 추가배당에 관한 규정을 유추적용하자는 견해가 있을 수 있을 수 있지만,[45] 추가배당을 할 수 있는 경우에 해당하지 않기 때문에 파산관재인에 의한 추가배당은 할 수 없다. 추가배당을 할 수 없다면 민사소송법의 재심규정에 의해 폐지결정을 취소하여 배당절차를 진행하는 방법, 법원의 허가를 얻어 파산관재인이 안분변제를 하는 방법도 고려해 볼 수 있지만, 파산절차가 종료된 이상 도산법리가 개입하는 것은 적절하지 않으므로 청산인에 의한 해결이나 청산인 선임신청으로 충분하다고 할 것이다. 다만 실무적으로는 발견된 재산의 내용이나 경위 등에 따라 대응이 달라질 수도 있으므로 법원과 충분히 협의하여 처리하는 유연성도 인정될 수 있을 것이다.

Ⅳ 파산폐지결정 확정 후의 절차

파산폐지결정이 확정된 때에는 파산관재인은 재단채권의 변제를 하여야 하며, 이의가 있는 것에 관하여는 채권자를 위하여 공탁하여야 한다(제547조).[46] 여기서 파산폐지는 이시폐지나 동의폐지를 의미한다. 이후 파산관재인은 임무종료에 의한 계산보고집회를 개최한다(제365조).[47]

파산폐지의 결정이 확정되면 이를 주무관청 등에 통지하고(제314조 제2항), 등기·등록의 촉탁(제23조 제1항 등), 배달촉탁의 취소(제485조 제2항) 등 절차를 행한다.

Ⅴ 확정채권에 관한 파산채권자표 기재의 채무자에 대한 효력

확정채권에 대하여 채무자가 채권조사의 기일에 이의를 진술하지 아니한 때에는 파산채권자표의 기재는 파산선고를 받은 채무자에 대하여 확정판결과 동일한 효력을 가진다(제548조 제1항, 제535조 제1항). 채권자는 파산폐지결정의 확정 후에 파산채권자표의 기재에 의하여 강제집행을 할 수 있다(제548조 제1항, 제535조 제2항).

파산채권자표의 기재가 채무자에 대하여 효력(확정판결과 동일한 효력 및 집행력)이 인정되기

---

45) 新破産實務, 342쪽.
46) 파산폐지결정의 확정으로 파산관재인의 임무가 종료된 경우, 파산관재인에게 재단채권의 변제 또는 공탁의무를 부과하는 이유에 관하여는 〈제3장 제3절 Ⅱ.2.나.〉(본서 1318쪽)를 참조할 것.
47) 이시폐지의 경우 의견청취를 위한 채권자집회를 개최하여야 하나(제545조 제1항 제2문), 실무는 계산보고를 위한 채권자집회와 병합하여 진행하고 있다.

위해서는 ① 이시파산폐지결정 또는 동의파산폐지결정이 확정되었고,[48] ② 파산채권이 확정되었으며(확정채권), ③ 채권조사기일에 채무자가 이의를 진술하지 않았고,[49] ④ 파산채권자표에 기재되어야 한다.

확정판결과 동일한 효력 및 집행력에 관한 구체적인 내용에 관하여는 〈제1절 Ⅳ.2.〉(본서 1626쪽)를 참조할 것.

확정판결과 동일한 효력의 실체법상 효력으로 파산채권자표에 기재된 채권이 단기의 소멸시효에 해당하는 것이라도 그 소멸시효는 10년으로 연장된다(민법 제165조 제2항 참조).

제3절 파산절차종료 후 파산관재인의 사무처리

동시파산폐지를 제외하고, 파산관재인이 선임된 경우에는 파산절차가 종료된 이후에도 일정함 범위에서 처리하여야 할 사무가 남아 있다. 회생계획(변제계획)인가로 종료된 경우에는 일반적으로 이러한 사무가 남아 있지 않을 것이다.

Ⅰ 파산관재인의 긴급처분의무

파산관재인의 임무가 종료된 경우 급박한 사정이 있는 때에는 파산관재인 또는 그 상속인은 채무자가 재산을 관리할 수 있게 될 때까지 필요한 처분을 하여야 한다(제366조). 관련 내용은 〈제4장 제2절 Ⅳ.3.〉(본서 1342쪽)을 참조할 것.

Ⅱ 재단채권의 변제

파산취소결정이 확정된 때 또는 파산절차폐지결정이 확정된 때에는, 파산관재인은 재단채권을 변제하여야 하고, 이의가 있는 것에 관하여는 채권자를 위하여 공탁하여야 한다(제325조 제2항, 제547조, 본서 1318, 1635쪽).

---

48) 동시폐지의 경우(제317조 제1항)는 채권확정절차를 거치지 않았기 때문에 제548조 제1항이 적용되지 않는 것은 당연하다. 파산취소(제325조)의 경우에는 채권확정절차가 행하여졌다고 하더라도 그 효과는 소급적으로 소멸한다는 점 때문에 채무자에 대한 파산채권자표 기재의 효력이 인정되지 않는다.

49) 파산절차의 경우에는 파산채권의 권리변경이 예정되지 않기 때문에, 파산절차폐지 또는 파산절차종결 어느 경우에도, 채무자의 이의에 의해 파산채권자표 기재가 가지는 확정판결과 동일한 효력이 배제되지만(제535조 제1항, 제548조 제1항), 회생절차의 경우에는 회생계획의 효력에 의해 권리변경을 예정하고 있기 때문에, 인가결정 확정 후에는 회생채권자표 등의 효력(제255조 제1항)은 채무자가 이의를 진술하여도 영향을 받지 않는다. 한편 일본 파산법 제221조 제2항은 채무자가 이의를 한 경우 집행력이 배제된다는 점을 명시적으로 규정하고 있다.

Ⅲ 추가배당

파산절차종결 후에 새로이 배당에 충당할 재산이 확인된 경우 추가배당을 하여야 하는가에 관하여는 다툼이 있다. 이에 관하여는 〈제9장 제3절 Ⅳ.1.〉(본서 1619쪽)을 참조할 것.

Ⅳ 상업장부 등의 반환·보관

상업장부 등을 10년간 보존하여야 한다(상법 제33조 제1항, 제266조, 제269조, 제287조의15, 제541조, 제613조 제1항). 따라서 상업장부 등은 환가할 재산이 아니고, 파산절차가 종료된 경우(동시파산폐지의 경우는 제외) 파산관재인은 상업장부 등을 원칙적으로 채무자에게 반환하여야 한다. 채무자가 법인인 경우 파산절차종료로 완전히 소멸하는 것이 일반적이지만, 상업장부 등의 보존자에게 인도하여야 한다. 통상은 종래의 대표자에게 인도하는 것으로 충분하다.

문제는 인도하여야 할 자가 소재불명이 된 경우나 인도하기 부적절한 관련 서류가 대량으로 잔존하는 경우이다. 파산절차종료 후 파산관재인에게 상업장부 등을 보관시킬 법적 근거가 없다. 따라서 통상은 창고업자의 창고 등에 일정기간(5년 내지 10년) 보관하는 것으로 처리하고, 그 경우 보관료 등은 미리 재단채권으로 법원의 허가를 얻어 지급한다.[50] 실무적으로는 파산재단의 비용부담을 고려하여 중요하지 않는 것은 법원의 허가를 얻어 폐기하고, 중요한 것만 보관하도록 하고 있다.

---

50) 실무적으로는 경우에 따라 청산절차에서 그 서류의 보존인과 보존방법을 정하도록 하는 규정(상법 제266조, 제269조, 제287조의45, 제541조, 제613조 제1항)을 유추적용하여 파산관재인을 보존인으로 정하고 서류를 파산관재인 사무실에 보관하도록 하기도 한다. 하지만 파산관재인 사무실에 비용지급 없이 장기간 보관하게 하는 것이 타당한지는 의문이다.

제 11 장

면책 및 복권

파산절차는 채무자의 재산(파산재단)을 파산채권자에게 공평하게 분배(배당)하는 것에서 나아가, 개인인 채무자에 대하여는 자유재산을 기초로 경제적 재출발을 촉진하는 역할을 할 것이 예정되어 있다. 이를 위한 제도가 면책과 복권이다.[1] 면책(discharge)은 채무자를 파산채권자에 의한 추심으로부터 해방시켜 자유재산으로 생활이나 사업활동을 가능하도록 하여 채무자의 경제적 재기를 도모하는 것이다. 복권은 파산선고로 자격제한을 받고 있는 채무자를 해방시켜, 채무자가 사회적·경제적 활동에 종사하는 것이 가능하도록 하는 것이다.

연혁적으로 면책은 채무자의 협조를 이끌어 내기 위하여 파산법(채무자회생법)에 도입되었다. 원래의 의도는 채무자에게 새로운 출발을 부여하기 위한 것이 아니라 채무자가 채권자들에게 협조하여 채무자의 재산을 원만하게 수집할 수 있도록 유인하기 위한 것이었다. 살인죄로 형사처벌을 받은 사람은 면책을 받을 수 있지만, 사기파산죄에 해당하는 행위를 할 경우 면책을 받을 수 없는 것(제564조 제1항 제1호)은 이를 잘 설명하고 있다. 채무자가 면책을 받아 새로운 출발을 하고 다시 면책을 얻기 위해서는 7년(5년)이라는 기간의 제한을 두고 있다(제564조 제1항 제4호). 이는 면책제도의 악용을 막기 위한 것도 있지만, 다른 한편으론 채무자가 새로 돈을 빌리는 것을 용이하게 하는 측면도 있어 채무자의 이익을 위해서도 작용한다. 파산절차로부터 벗어난 지 얼마 지나지 않은 채무자에게 돈을 빌려주는 채권자는, 상환을 받을 수 있는 충분한 시간이 있고, 그 이전에는 채무자가 파산면책의 신청을 할 수 없다는 것을 잘 알기 때문이다.[2]

---

1) 파산절차에서 배당을 받은 이후에 남은 잔액은 파산절차 종료 후 채권자는 채무자에 대하여 변제를 요구할 수 있다. 나아가 파산절차가 종료되어도 채권이 남아있는 채권자는 파산절차에서 확정된 파산채권자표에 의해 채무자에 대하여 강제집행을 할 수도 있다(제548조 제1항, 제535조). 법인은 파산에 의하여 해산(상법 제227조, 제269조, 제517조, 제609조)으로 소멸하므로 파산절차 종료 후 법인 자체에 책임을 추급당하는 일은 없으나, 개인채무자에 관하여는 파산종료 후에도 채권자로부터 추급을 당할 수 있다. 이렇게 되면 개인채무자의 경제적 회생은 어렵다. 개인채무자의 경제적 회생을 용이하게 하기 위한 제도가 면책이다.

2) Douglas G. Baird, 38쪽.

제1절 면 책

왜 파산한 사람들에게 관심을 갖느냐고? 한 가족이 파산신청을 할 때 그들은 근본적으로 자신이 땡전 한 푼 없는 빈털터리라 도저히 이대로는 살 수 없다는 것을 인정한 것이다. 파산법에 복잡한 점이 몇 가지 있기는 하지만 간단하게 말해서 파산신청을 하면 그 가족은 아주 작은 지분만을 갖고 나머지, 그러니까 그때까지 한 저축, 주식과 채권, 가끔은 집이나 차까지 포기해야 한다. 그 대가로 그 가족의 묵은 빚은 없어지고 가장 절실하게 필요로 했던 것을 얻게 된다. 그들은 한없이 바닥으로 끌어내리는 산더미처럼 쌓인 부채 없이 새 출발할 기회를 얻는 것이다.[3] 면제재산과 더불어 개인채무자에게 새로운 출발을 위한 유용한 도구가 면책이다.

Ⅰ 개 요

1. 의 의

개인인 채무자에 대하여 법원은 일정한 면책불허가사유가 있는 경우를 제외하고는 면책을 허가하여야 하고(제564조 1항), 면책불허가사유가 있는 경우에도 파산에 이르게 된 경위, 그 밖의 사정을 고려하여 면책을 허가할 수 있다(재량면책, 제564조 2항).[4]

채무자회생법상의 면책이란 개인(자연인)인 채무자에 대하여 파산절차에서 배당에 의하여 변제되지 아니한 잔여채무에 대하여 채무자의 책임을 면제하는 것을 말한다. 법인은 파산절차가 종료되면 청산종결의 경우와 마찬가지로 법인격이 소멸되므로 면책을 신청할 수 없다.[5]

채무자회생법이 파산절차에서 개인채무자를 위한 면책제도를 둔 취지는 채권자들에 대하여 공평한 변제를 확보함과 아울러 지급불능 상태에 빠진 개인채무자에 대하여 경제적 재기와 회생의 기회를 부여하고자 하는 데에 있다. 이를 통하여 개인채무자는 파산채무로 인한 압박을 받거나 의지가 꺾이지 않은 채 앞으로 경제적 회생을 위한 노력을 할 수 있게 된다.[6] 채무자의 재산을 환가·배당함으로써 채권자들 사이의 적정하고 공평한 만족을 도모하는 개인파산절차에서도 채무자의 경제적 회생은 도모되어야 한다. 이는 채무자가 파산선고 이후에도 잔여채무에 대한 무제한의 책임을 지게 되는 경우 오로지 채권자에 대한 채무변제를 위해서만 경제활동을 해야 하는 극단적 상황을 방지하여야 한다는 요청에 따른 것이다.[7]

---

3) 엘리자베스 워렌(박산호 옮김), 싸울 기회(A Fighting Chance), 에쎄(2015), 54~55쪽.
4) 서울중앙지방법원의 면책률(면책사건의 전체 처리건수 중 면책이 허가된 사건의 비율)은 2005년 99.2%, 2006년 98.8%, 2007년 98.0%, 2008년 96.2%, 2009년 92.3%, 2010년 86.0%, 2011년 87.9%, 2012년 91.2%, 2013년 93.5%, 2014년 93.4%, 2015년 93.1%이다. 서울회생법원 면책률은 2016년 91.4%, 2017년 91.8%, 2018년 91.5%이다. 파산선고 전에 면책신청이 취하, 각하, 기각된 사건을 제외한 면책률은 이보다 높다.
5) 대법원 2016. 8. 25. 선고 2016다211774 판결 참조, 김정만, "파산면책의 효력", 사법논집(제30집), 법원도서관, 195면.
6) 대법원 2007. 11. 29. 선고 2007도8549 판결 등 참조.

2. 면책의 정당성

가. 면책주의와 비면책주의

면책제도는 영미의 도산법에서 탄생하여 발달한 제도이고 독일법계는 원래 비면책주의였다. 일본은 처음에는 면책주의를 채택하고 있지 않았으나 1952년 파산법을 개정하면서 비면책주의에서 미국식 면책주의를 도입하였고, 독일 역시 1994년 파산법을 개정하면서 면책주의를 도입하였다. 우리나라는 1962년 파산법이 제정되면서 일본 파산법을 계승하여 가장 발달된 형태의 면책주의인 미국식 면책주의를 채택하였다.[8]

나. 면책에 대한 논쟁

채무자회생법은 더 이상 채무를 이행하지 않아도 좋다(면책)고 선언하는 것이다. 이처럼 도산법제는 계약은 지켜져야 한다는 당연한 법언을 무시하는 영역으로 끊임없이 그 정당성에 대한 의문을 제기당하고 있다.

(1) 면책의 반대논리

면책제도를 반대 혹은 위헌[9]이라고 주장하는 근거로 면책제도가 존재하면 채무자의 책임의식이 약화되고 파산이라는 징벌에 대한 두려움이 없어지기 때문에 부주의하고 경솔하게 소비활동을 영위하게 되어 결국 파산의 악순환을 초래한다는 점(채무자의 도덕적 해이),[10] 채권자에

---

7) 대법원 2021. 9. 9. 선고 2020다269794 판결.

8) 미국 연방도산법상의 면책제도를 간략히 보면 다음과 같다. 미국에서도 도산절차를 신청하는 다수는 우리와 마찬가지로 면책을 받기 위한 것이 주된 목적이다. 면책의 효과에 대하여는 제524조에서 총괄적인 규정을 두고 있다. 면책불허가사유와 면책절차에 대하여는 각 장에서 개별적으로 규정을 두고 있다(제727조, 제944조, 제1141조, 제1228조, 제1328조). 면책의 취소에 대하여도 각 장에서 개별적으로 정하고 있다. 채무자가 면책을 받기 위해서는 원칙적으로 법원의 면책허가결정이 필요하지만(제727조(a), 제1228조(a)·(b), 제1328조(a)·(b)), 제11장 절차에서는 법인채무자는 회생계획의 인가가 있으면 원칙적으로 법원의 면책허가를 거치지 않아도 면책된다(제1141조(d)(1)(A)). 제7장 절차에서는 개인만이 면책을 받을 수 있다. 개인채무자에 대하여 조세 등 일부 채권은 면책되지 않는다(비면책채권). 채무자는 면책을 받았더라도 채무를 자발적으로 변제할 수 있다(제524조(f)).

9) 면책제도가 채권자의 재산권을 침해한다는 점에서 위헌이라는 주장이 제기되고 있다. 미국의 경우 연방대법원은 Local Loan Co. v. Hunt사건(1934)에서 면책의 목적이 파산한 "정직하나 불운한 채무자(honest but unfortunate debtor)"로 하여금 새로운 출발을 가능하도록 하는 것이라고 판시하여 면책제도의 정당성을 확인하였다. 일본의 경우는 파산법상 면책규정은 공공의 복지를 위하여 헌법상 허용된 필요하고도 합리적인 재산권의 제한으로서 합헌이라고 판시하였다(最大決 昭36. 12. 13. 民集 15卷 11号 2803頁, 最高裁 平3. 2. 21. 決定 金融法務事情 1285号 21頁). 우리나라의 경우에도 대법원과 헌법재판소는 아래 〈3.〉에서 보는 바와 같이 면책제도의 합헌성을 일관되게 선언하고 있다.

10) 채권자가 면책을 반대하는 가장 강력한 논리가 채무자의 도덕적 해이(moral hazard)다. 그러나 이는 채무자의 측면만을 본 것이다. 채무자의 대부분 채무는 금융기관채무다. 현재 우리나라 금융기관들은 엄격한 신용평가 없이 상환능력이 안 되는 채무자에게 돈을 빌려주고 있다. 대부업체는 물론 은행들도 높은 금리로 돈을 빌려주고 있다(이자제한법은 대부업체나 은행이 빌려주는 돈에 대하여는 적용이 되지 않는다). 금융기관은 돈을 빌려준 후 부실채권(NPL)이 되더라도 별다른 손해가 없다. 부실채권이 되면 대손상각으로 비용처리하고, 자산관리회사로 헐값(일반적으로 채권금액의 5% 정도)에 매각해버린다. 자산관리회사(유암코 등)는 금융기관들이 투자해서 만든 회사로 금융기관으로부터 헐값에 매수한 부실채권을 원금은 물론 이자까지 회수한다. 그러는 과정에서 불법적인 채권추심방법이 동원되기도 한다. 이는 금융기관의 도덕적 해이다. 따라서 면책에 대해 채무자의 도덕적 해이를 강조하는 것은 약

게 가혹한 결과가 초래된다는 점, 계약은 반드시 지켜져야 한다(pacta sunt servanda)는 대전제가 깨어짐으로써 경제질서의 왜곡이 초래된다는 점 등을 들고 있다.

(2) 면책제도의 찬성논리

면책제도를 찬성하는 논리로 ① 면책제도는 파산한 채무자에 대한 사회적 차원에서의 용서 또는 자선이라고 보는 견해(채무자에 대한 사회적·윤리적 배려), ② 대부분의 인간들은 자신의 장기적인 이해관계를 따져보지 아니하고 충동적으로 눈앞의 이익을 선호하여 소비하는 경향이 있는데 이러한 충동적인 소비를 막기 위하여 면책제도를 고안하여 채권자들로 하여금 금원 공급 자체를 미리 차단하도록 한다는 견해, ③ 채무자 개인이 파산한 경우에 그 가족이나 친지들이 겪어야 하는 재정적 심리적 고통에 대하여 배려하고 파산으로 인하여 사회적 생산력 감소라는 부정적 외부효과가 발생하므로 이를 방지할 필요가 있으며, 경제적 파산상태에 이른 상황에서의 자살 또는 범죄의 발생 증가로 사회비용이 초래되는데 이를 방지하기 위해 면책제도가 필요하다는 견해, ④ 면책제도는 실업보험·의료보호·사회보험과 같은 사회보장제도의 하나로 보는 견해, ⑤ 면책제도는 채무자의 경제적 갱생, 즉 경제적 생산능력과 신용을 회복하고 경제활동에 참여함으로써 경제적 효율성을 높이는 제도라고 보는 견해가 있다.[11]

(3) 사 견

면책제도의 이념(근거)에 대하여 두 가지 입장이 있다. 하나는 파산제도의 주된 목적이 채권자의 권리실현에 있는 것을 전제로 파산채권자의 이익실현에 성실하게 협력한 채무자에 대하여 특전으로서 면책을 부여한다고 보는 입장이고(특전설[12]), 다른 하나는 면책을 채무자에게 회생수단을 부여하기 위한 사회정책적 입법으로 보는 입장이다(회생설).

면책제도를 성실한 채무자에 대한 특전으로 본다면 채무자의 인격적·도의적 책임을 추궁하는 경향이 강하게 되고, 법원의 심리도 규문적으로 되어 엄격하게 해석·운영될 것이다. 이에 대하여 면책을 채무자를 보호하고 경제적으로 회생시키는 권리라는 것을 강조하는 입장에서는 면책불허가사유와 그 심리방식에 대한 해석에 있어서도 상대적으로 채무자측에 유리한 결과로 될 것이다.[13]

면책제도의 연혁에 비추어 보면 채무자에 대한 특전으로 출발하였음이 분명하나, 채무자회생법의 목적이 채무자에게 면책의 효과를 인정하여 새로운 출발(fresh start)을 가능하게 하는 면이 있다는 점,[14] 제564조는 일정한 면책불허가사유가 있는 경우 이외에는 반드시 면책을 선

탈적 금융을 자행하는 금융기관들에 의해 만들어진 자동화된 신념에 불과하다. 오히려 채권자가 채무자의 상환능력을 살피지 않고 과도하게 돈을 빌려주는 행위 자체가 문제인 것이다.

11) 전대규, "면책불허가사유로서의 낭비의 개념에 관하여", 재판실무연구(2005), 광주지방법원, 195쪽.
12) 日本 最高裁判所 昭和 36. 12. 13. 선고 판결(민집 15-11-2803).
13) 齋藤秀夫·麻上正信·林屋札二 編, 註解 破産法(第三版), 下卷, 靑林書院, 807쪽.
14) 대법원 2008. 2. 14. 선고 2007도10770 판결(개인파산·면책제도의 주된 목적 중의 하나는 파산선고 당시 자신의 재산을 모두 파산배당을 위하여 제공한, 정직하였으나 불운한 채무자의 파산선고 전의 채무의 면책을 통하여 그가 파산선고 전의 채무로 인한 압박을 받거나 의지가 꺾이지 않고 앞으로 경제적 회생을 위한 노력을 할 수 있는 여

고하도록 하는 한편, 면책불허가사유가 있는 경우에도 법원이 재량으로 면책을 선고할 수 있도록 규정하고 있는 점,[15] 파산이란 대부분의 사람들에게 어떤 사람을 빚에서 면책시킨다는 관념이 일반화되었고, 쉽게 이용할 수 있는 면책이 없는 채무자회생법이라는 개념은 상상할 수도 없는 점 등에 비추어 회생설이 타당하다. 따라서 면책은 반드시 성실한 채무자에게 한정되는 것이 아니라, 파산에 이른 보통의 채무자의 권리이자 경제적 회생의 수단이라는 점을 염두에 두고 면책 여부를 결정하여야 할 것이다.[16]

3. 면책제도의 합헌성

가. 대법원은 제564조 제1항에 대한 위헌법률심판제청사건에서 면책제도가 정당하고 중요한 입법목적에 기한 것으로 합헌임을 분명히 했다.

개인파산제도의 목적은 모든 채권자가 평등하게 채권의 만족을 얻도록 보장하는 것 외에 지급불능의 상태에 빠진 채무자에게 경제적으로 재기·갱생할 수 있는 기회를 부여하는 데에도 있다고 할 것이다. 그 제도를 설계함에 있어서 반드시 채무자에 대한 면책을 일종의 특전으로 이해하는 전제 위에서 이를 행할 필연적인 이유는 없고, 적극적으로 채무자의 불성실성을 드러내는 것으로 평가되는 사유 등이 없는 한 원칙적으로 면책을 인정한다고 하여도 이는 파산상태에 있는 채무자에게 가급적 넓은 범위에서 경제적 재생의 기회를 부여하여 인간다운 삶을 살 수 있는 터전을 마련하려는 정당하고 중요한 입법목적에 기한 것으로서, 그것이 헌법에 규정된 재산권, 평등권, 인간으로서의 존엄과 가치, 행복추구권, 과잉금지의 원칙 등을 근거 없이 부당하게 침해하거나 위반하는 것이라고 할 수 없다.[17]

나. 헌법재판소도 위 대법원 결정에 대한 위헌소원 사건에서 면책제도의 합헌성을 다시 확인하여 주었다.

제564조 제1항(이하 '이 사건 법률조항'이라 한다)의 입법목적은 지급불능의 상태에 빠진 자연인 채무자에 대하여 채권자 모두의 채권에 대한 공평한 변제를 확보하고 채무자에게 경제적

건을 제공하는 것이다).

15) 우리나라 채무자회생법은 일정한 요건이 존재하는 경우에 면책을 할 수 있다는 적극적 요건의 규정방식이 아니라 반대로 면책이 주어지지 않는 사유가 없을 것을 면책의 요건으로 규정하는 소극적 방식을 취하고 있다. 이는 회생절차나 개인회생절차에서 회생계획이나 변제계획의 인가요건을 규정함에 있어 적극적 방식을 채택하고 있는 것과 차이가 있다(제243조 제1항, 제614조 제1항 참조).

16) 면책에 대하여는 도덕적 해이(moral hazard)라는 숙명적 비판이 따른다. 그래도 면책의 부정적인 면보다 긍정적인 면이 많다고 생각한다. 한 개인의 인생을 바꾸어 놓을 수도 있기 때문이다. 소설가 김의경은 한 젊은 여성의 파산과 그 극복과정을 쓴 소설 「청춘파산」(민음사)에서 면책에 대한 감회를 다음과 같이 표현하고 있다. "면책을 받은 후 많은 것이 바뀌었다. 무엇보다 내 행동에 큰 변화가 있었다. 나는 등을 곧게 펴고 걸었고 안경 밑으로 주변을 둘러보지 않게 되었다. 더 이상 모자를 눌러쓰지 않아도 되었다. 미행하는 자가 없는지 살피기 위해 외출 시 주머니에 늘 소지하던 작은 손거울을 빠뜨렸을 때, 다시 집으로 뛰어 들어가지 않아도 되었다. 10년 만에 출옥한 죄수처럼 낯선 편안함을 만끽했다."

17) 대법원 2009. 7. 9. 자 2009카기122 결정 참조. 미국 연방대법원은 Local Loan Co. v. Hunt 사건에서 면책의 목적은 성실하지만 불운한 채무자로 하여금 '기존채무의 압박과 굴레로부터 벗어난 새로운 삶의 기회와 미래를 설계할 깨끗한 상태를 향유하도록 하는 것'이라고 판시함으로써 면책의 정당성을 확인시켜 주었다.

재기와 갱생의 기회를 부여하고자 하는 데에 있다. 이러한 입법목적은 헌법 제10조 전문과 제23조 제2항의 취지에 비추어 그 정당성이 인정된다.

면책불허가사유를 채무자의 불성실 또는 면책제도 운영과 관련된 사유로만 열거하고, 그와 같은 불허가사유가 없으면 면책을 허가하도록 함으로써 광범위한 면책이 가능하도록 한 것은 파산한 채무자의 갱생 및 정상적인 경제활동으로의 복귀를 적극적으로 도모한다는 입법목적의 달성에 적합하고, 제566조 단서에서 열거하는 비면책채권 이외의 특정 채권에 대하여 예외적으로 면책을 불허가할 여지를 두지 않은 것은 채권의 공평한 변제라는 입법목적 달성을 위한 수단으로서 그 적합성이 인정된다.

이 사건 법률조항의 면책불허가사유에 해당하지 않는 채무자의 불성실이 인정되는 경우는 면책결정의 전제가 되는 파산선고 여부의 심리에서 충분히 고려될 수 있으며, 제566조 단서의 비면책채권 이외의 채권에 대하여 예외적으로 면책을 불허가할 여지를 두지 않고 있는 것은, 법률이 정한 비면책채권에 해당하지 않음에도 법원이 구체적인 개별 사건에서 예외적으로 특정 채권을 면책의 대상에서 제외할 수 있다면, 채무자회생법이 도모하는 각 채권 사이의 변제의 합리성과 공평성을 훼손할 여지가 크고, 그 기준 또한 명백하다고 볼 수 없으므로, 파산채권의 공평한 변제를 위하여 불가피한 규율이다. 주택임대차보호법상 소액보증금채권에 대한 보호는 채무자회생법에서도 그 성격에 맞게 이루어지고 있고, 국민기초생활보장법에 따른 급여를 받을 권리의 내용은 수급자가 다른 사인에 대하여 가지는 별개 채권을 실현함에 있어 다른 채권자의 채권에 우선하여야 한다는 의미는 아니므로, 면책대상에서 이러한 채권을 제외할 여지를 두지 않았다고 하여 피해의 최소성 원칙에 반한다고 볼 수는 없다. 또한, 채무자 측 사유로 면책불허가사유를 열거한 것은, 채무자의 경제적 갱생을 도모할 필요성과 가능성에 비추어 합리성이 있고, 채무자회생법은 재판에서 면책의 효력을 받는 파산채권자가 자신의 이익을 보호하도록 하기 위한 규정들을 두고 있으므로, 증명책임 형성에 관한 입법재량을 일탈하거나 남용하였다고 할 수 없다.

이 사건 법률조항으로 달성하려는 공익은 소비자금융의 발달과 금융채무불이행자의 급증과 같은 경제 환경에 비추어볼 때 결코 작지 아니하다. 이에 반하여 면책결정으로 제한되는 사익은 파산절차에 따른 배당으로 변제하고 남은 파산채권에 대한 채무자의 책임이 면제되는 것으로, 보증인 등에 대한 권리와 담보에 영향을 미치지 않고, 채권자가 주택임대차보호법상 소액임차인인 경우 대항력과 우선변제권이 보장되는 등 실질적으로 크지 않으므로, 법익의 균형성이 인정된다.

결국 이 사건 법률조항은 파산선고 및 면책결정에 따른 파산채권자의 재산권에 대한 제한에 있어 헌법 제37조 제2항이 정하는 과잉금지원칙에 위반되지 아니하였으므로, 파산채권자의 재산권을 침해한다고 볼 수 없다.[18]

---

18) 헌법재판소 2011. 11. 24. 선고 2009헌바320 전원재판부 결정. 위 헌법소원사건에서 청구인의 주장요지는 다음과 같다. 이 사건 법률조항은 그 조항에서 열거하고 있는 면책불허가사유가 아니면 반드시 면책을 허가하여야 한다고

다. 또한 헌법재판소는 면책의 효력을 정하고 있는 제566조 본문(면책효력조항)이 파산채권
자의 재산권을 침해하지 않고, 일반 채권과 조세·벌금 등 채권에 관하여 채무자의 면책 여부
를 달리 정하는 것 및 개인파산절차와 개인회생절차에서 채무의 면책 여부 및 그 정도를 달리
정하는 것에는 합리적인 이유가 있어서 평등권을 침해하는 것도 아니라고 판단하였다.[19] 나아
가 회사정리법에서 규정하고 있는 면책조항에 관하여 대법원[20]과 헌법재판소[21]에서 합헌이라
고 판단하기도 하였다.

규정되어 있는데, 그 면책불허가사유는 채무자의 재산은닉이나 사치, 낭비 등 채권자의 입장에서 증명하기 어려운
사유로 열거되어 있고, 근로자의 임금채권 등 제566조 제2항 제5호 및 제6호 등의 비면책채권을 가진 자와 유사한
지위에 있는 기초생활수급자 또는 소액임차인이 채권자인 경우에 면책을 불허가할 수 있도록 배려하지 않고 있다.
이는 청구인의 재산권 및 행복추구권, 평등권을 침해하고, 사적자치의 원칙, 과소보호금지의 원칙, 포괄위임입법금
지원칙 등에도 위반된다.

19) 헌법재판소 2013. 3. 21. 선고 2012헌마569 전원재판부 결정. 그 결정 요지는 다음과 같다. (1) 제564조 제1항(이하
이 사건 '권리면책조항'이라 한다)은 채권자들에 대한 공평한 변제를 확보하고 채무자의 경제적 재기의 기회를 부여
하려는 것으로서 정당한 목적 달성을 위한 적합한 수단에 해당한다. 또한 파산절차에 의한 배당 외의 추가적인 책
임 부담을 채무자에게 요구하는 것은 채무자의 갱생을 어렵게 할 우려가 있는 점 등을 고려할 때 달리 덜 침해적
인 대체 수단을 발견하기 어려우므로 이 사건 면책효력조항은 피해의 최소성 원칙에 반하지 아니한다. 나아가 채무
자의 면책으로 인한 채권자의 불이익이 면책제도가 추구하는 공익에 비하여 크다고 보기 어려우므로, 법익균형성의
원칙에도 반하지 아니한다. 따라서 이 사건 면책효력조항은 파산채권자의 재산권을 침해하지 아니한다. (2) 조세와
벌금 등의 공익성이나 기능에 비추어 그에 관한 채권을 비면책채권으로 정하고 있는 데에는 합리적인 이유가 있다.
나아가 개인파산절차는 청산형절차로서 회생형절차인 개인회생절차와는 제도의 취지와 기능이 다르므로, 각 절차에
서 채무의 면책 여부 및 그 정도를 달리 정하는 것 역시 합리적 이유가 있다. 따라서 이 사건 면책효력조항은 파산
채권자의 평등권을 침해하지 아니한다.

20) 대법원 1993. 11. 9. 자 93카기80 결정.

21) 헌법재판소 1996. 1. 25. 93헌바5,58(병합) 전원재판부 결정. 그 결정요지는 다음과 같다. (1) 재정적 궁핍으로 파탄
에 직면하였으나 갱생의 가망이 있는 회사의 정리·재건이라는 회사정리절차의 목적과 정리채권의 성격, 그리고 재
산권의 행사는 공공복리에 적합하도록 하여야 한다고 규정하고 있는 헌법 제23조 제2항의 취지 등에 비추어 볼 때,
위 법조항부분[회사정리법 제241조 중 "정리계획인가의 결정이 있은 때에는 계획의 규정 또는 본법의 규정에 의하
여 인정된 권리를 제외하고 회사는 모든 정리채권에 관하여 그 책임을 면하며" 부분, 이하 같다]이 위와 같은 목적
의 달성을 위하여 신고기간내에 신고가 이루어지지 않거나 정리채권자를 포함한 이해관계인들로 구성된 관계인 집
회의 결의와 법원의 인가를 거쳐 성립되고 집단적 화해로서의 의미를 가지는 정리계획의 규정에 의하여 감면되거
나 변경된 정리채권에 대하여 예외적으로 회사의 이행책임을 전부 혹은 일부 면제하고 있다고 하더라도 그것만으
로 정리채권이라는 재산적 권리가 형해화할 정도에 이르러 그 본질적 내용이 침해되었다고 단정할 수 없다. (2) 위
법조항부분은 정리채권자 등 이해관계인의 조정적 손실분담을 통하여 회사사업의 신속하고 효율적인 정리·재건을
도모함으로써 정리채권자를 포함한 이해관계인들과 전체 국가사회의 경제적 손실을 최소화하려는 긴급한 공익적
목적의 달성을 위하여 인가된 정리계획에 의하여 인정되지 아니하는 정리채권에 대하여 일률적으로 회사가 면책되
도록 하는 수단을 택하였고, 제한되는 권리도 권리자의 고의 혹은 그에게 책임 있는 사유로 신고기간 내에 신고를
하지 아니함으로써 정리계획에 포함되지 아니한 정리채권과 이해관계인들의 집단적 화해를 통하여 성립된 정리계
획에 의하여 감축되거나 변경된 범위내의 정리채권에 한정되는 것이므로 그 목적의 정당성, 수단의 상당성, 침해의
최소성, 법익의 균형성을 갖추어 과잉금지의 원칙에 반하지 아니한다. (3) 정리채권자가 회사에 대하여 정리계획과
관계없이 언제라도 자신의 권리를 주장할 수 있다고 한다면 신속하게 각 이해관계인의 이해를 조정하여 정리계획
을 세우고 그 계획에 따라 회사의 재건을 도모한다는 회사정리제도의 목적달성에 중대한 장애가 초래될 소지가 크
므로 신고기간 내에 신고하여 정리절차에 참가한 정리채권자와 신고하지 아니함으로써 정리절차에 참가하지 아니
한 정리채권자의 권리내용에 차등을 두는 것은 합리적 이유가 충분하고, 정리채권자의 권리는 신고되지 아니하는
한 회사에 대하여 그 존부가 불확실함에 반하여, 주주의 권리는 회사가 그 존재(存在) 자체에 대하여 이를 다툴 수
있는 성질의 것이 아니고 주식의 수와 내용 및 그 귀속주체 또한 회사에 현저한 사항일 뿐만 아니라, 주식회사의
본질상 주주는 회사의 잔여재산이 있는 이상 그에 대하여 균등한 비율의 권리를 가져야 마땅하다는 점 등에 비추
어 볼 때 신고하지 아니한 정리채권자를 신고하지 아니한 주주에 비하여 합리적 이유없이 차별대우하는 것이라고
할 수 없다.

4. 면책제도의 기능

파산선고를 받은 자는 채무의 전부 이행을 포기한 자로, 사법질서에서는 제재의 대상임에 도 면책이라는 구제를 하는 이유는 무엇일까.

(1) 면책이 없다면 채무자가 파산선고를 받아도 불이익하기 때문에 파산을 회피하기 위해 사술과 같은 수단을 사용할 것이다. 채권자도 자신의 채권을 회수하기 위해 파산신청을 협박 의 수단으로 이용하려 할 것이다(실무적으로 채권자가 신청하는 파산신청은 대부분 채무자를 협박하 여 채권을 회수하기 위한 목적에서 이용되고 있다).

(2) 채무자는 파산절차종료 후에도 평생 남은 채무를 변제하여야 한다고 하면 자포자기하 게 되고 자신의 재산을 은닉하려 할 것이다. 파산이 채무자로 하여금 부도덕한 행위를 하도록 유도하는 결과를 초래한다.

(3) 사회 전체적으로도 채무자에게 경제적 회생의 기회를 부여하는 것이 장기적으로 경제 에도 긍정적이다. 신용불량으로 경제활동을 할 수 없다면 그만큼 소비는 위축되고 생산은 감 소되어 기업에도 나쁜 영향을 미치게 된다. 파산하였다는 것이 반드시 채무자가 인간적으로 열등하다거나 도덕적 해이에 빠졌다는 것을 의미하지 않고, 버블경제의 붕괴나 퍼펙트 스톰과 같은 경제현상에 기인한 경우도 많다.

(4) 파산은 비효율적인 사업을 도태시키는 기능을 한다. 사업을 하는 개인에 대하여는 그 사업을 해체한 후 새로운 사업을 하도록 함으로써 경제적 효율도 높이고, 소비자에 대하여 는 그 소비행태에 문제가 있다는 것을 충분히 반성하게 하며, 나아가 경제단위로서 복귀하도 록 한다. 결국 면책의 요건에 부합하면 면책을 적극적으로 인정하는 것이 경제적으로 합리적 이다.

이러한 점을 고려하면 면책제도는 앞에서 본 바와 같이 성실한 채무자에게 부여하는 특전 이라고 인정할 필요는 없고, 남용이나 사술의 수단이 아닌 한 채무자의 경제적 회생을 통한 재출발의 수단으로서 넓게 긍정하는 것이 바람직하다.[22]

5. 면책절차의 법적 성질

면책절차의 법적 성질에 관하여는 다툼의 여지가 있지만 비송사건으로 보아야 한다는 점은 앞에서 본 바와 같다(본서 81쪽). 면책재판은 당사자가 주장하는 실체적인 권리의무의 존부를 확정하는 것을 목적으로 하는 순수한 소송사건에 대한 재판은 아니고, 그 성질은 본질적으로

---

22) 개인도산(면책)제도의 남용과 관련하여서는 채무자회생법이나 실무적으로 많은 보완책을 두고 있다. ① 먼저 대부 분의 사건에 대하여 파산관재인이나 회생위원을 선임하여 면책불허가사유가 있는지에 관하여 충실하게 심리를 하 고 있다. 나아가 남용의 우려가 있다고 의심되는 경우 담당판사가 직접 면담을 실시하기도 한다. ② 사전적으로 면 책불허가제도를, 사후적으로 면책취소제도를 두고 있다. 또한 채권자가 면책에 동의하더라도 법원이 직권으로 심리 하도록 하고 있다. ③ 사기파산죄를 두어 형사처벌도 하고 있다.

비송사건에 대한 재판이다. 다만 비송사건이라고 하더라도 채권자의 이익에 중대한 영향을 미치기 때문에 채권자에 대하여 절차보장을 할 필요가 있다. 그래서 채권자에게 면책신청에 대한 이의(제562조) 및 즉시항고권(제564조 제4항)을 규정하고 있다.

미국, 독일, 프랑스의 개인도산절차[23]

개인도산(소비자도산)절차는 주로 면책(제도)과 연결되어 있다. 개인들이 도산제도를 이용하는 주된 이유는 면책을 받기 위한 것이기 때문이다. 아래에서는 면책제도의 변천을 중심으로 미국, 독일, 프랑스의 개인도산절차에 관한 개략적인 내용을 살펴보기로 한다.

1. 미 국

개인도산절차로서 미국법은 청산형인 제7장 절차와 회생형인 제13장 절차를 가지고 있다. 제13절차는 절차개시 후 일정 기간 채무자 수입 등을 변제 재원으로 채무의 일부를 변제하고 나머지 채무를 면책받는 것이다(이 제도는 일본 및 우리나라가 개인회생절차를 도입할 때 모델이 되었다). 주택이나 자동차를 가지고 있는 채무자가 이것들을 잃지 않고 장래의 수입으로 변제하여 회생을 도모할 수 있는 제13잘 절차를 이용하는 것은 매력적이다. 그러나 자산이 없는 채무자로서는 제13장 절차를 이용할 유인이 없다. 그래서 가장 큰 문제는 제7장 절차와 제13장 절차의 구분이다. 구체적으로는 일정한 수입을 가지고 있어 채권자에게 일정액의 변제가 가능한 채무자에게는 제7장 절차의 신청을 각하하고, 사실상 제13장 절차의 이용이 강제되는 것으로 구상된 것이다. 이에 대하여는 미국 도산제도의 전통인 채무자 회생의 이념에 반한다는 비판도 매우 강하지만, 2005년에는 이러한 흐름에 따라 일정한 변제능력이 있는 경우 제7장 절차 신청을 남용한다고 추정하여, 사실상 제13장 절차로 유도하는 것으로 연방도산법의 개정이 있었다.

2. 독 일

개인도산에 대하여 1994년 신법에서 새로운 면책절차를 도입하였다. 징계주의 전통이 짙게 남아있는 독일에서는, 종래 채무자에게 화의 신청이 허용되었지만, 그 경우에도 35%의 변제율을 달성하지 않으면 면책은 인정되지 않아 실제로는 거의 이용되지 않았다. 신법은 채권자의 다수결에 의하지 않은 면책을 처음으로 도입하였다. 하지만 그 요건은 매우 엄격한 것이었다. 즉 채무자는 수탁자에게 도산 후 6년간 급여채권 중 압류가능부분을 양도하지 않으면 안 되었고, 수탁자는 이것을 채권자에게 배당하였다. 또한 그 6년간 채무자는 자기의 능력을 활용한 직업 활동에 종사하는 노력의무를 부담하고, 이 기간이 경과하여야 비로소 면책을 받을 수 있었다. 이는 미국에서처럼 면책의 남용이 강조되고, 계약은 지켜져야 한다는 채무자의 도덕적 해이를 중시한 결과였다. 한편 2014년 개정에 의하여 면책부여의 요건은 약간 완화되었고, 35%의 변제가 되었다면 3년간, 절차비용의 변제가 되었다면 5년간으로 면책취득을 위한 기간이 단축되었다. 또한 도산절차개시의 신청서에는 법원 밖 화해가 성립되지 않았다는 취지의 증명서를 첨부하도록 하였는바, 도산 ADR이 사실상 재판절차의 전치가 된 형식이라는 점도 주목할 만하다.

---

23) 倒産處理法入門, 6~11쪽 참조.

3. 프 랑 스

개인도산에 있어 종래의 프랑스법은 역시 징계주의의 전통에 따라 면책을 전혀 인정하지 않았지만, 1989년 신법에서는 민사회생절차를 두었다. 다만 신법에서는 미국의 면책제도남용론 등의 영향으로, 5년간의 변제기간 유예나 이자 감면을 인정하는 데 그치고, 원본의 감면은 원칙적으로 허용되지 않았다. 그러나 프랑스에서도 수입이 최저생활비를 하회하고, 실제로는 변제가능성이 전혀 없는 채무자가 많았다. 그래서 1998년 법 개정 결과 변제계획에 의한 변제가 전혀 불가능한 채무자에 대하여, 3년간 범위 내에서 지급을 정지시키고, 그 기간이 경과하여도 상황이 변하지 않은 경우, 채무 원본의 감면이 인정되도록 하기에 이르렀다. 나아가 2003년 개정에서 파산면책에 상당한 절차로 청산을 수반하는 개인회생절차가, 2010년 개정에서 동시폐지면책에 상당하는 절차로서 청산을 수반하지 않는 개인회생절차가 신설되었고, 면책 조건이 서서히 완화되어 우리나라나 일본 등의 절차에 근접하게 되었다. 그리고 2016년 법 개정에서 프랑스 개인도산법제는 큰 변화를 겪었다. (실제로 절대적 다수를 점하는) 청산을 수반하지 않는 개인회생절차에서는, 행정위원회인 개인과잉채무위원회가 원칙적으로 채무의 변제유예나 면책을 판단하고, 다툼이 있는 경우에만 법원이 관여하는 행정중심형 시스템을 채택하기에 이르렀다(반면 채무자 재산의 청산을 수반하는 경우에는 법원의 절차가 중심이 되었다). 그런 의미에서 동시폐지면책에 상당하는 절차의 행정화라고도 할 수 있고, 그 운용이 주목된다(또한 신종 코로나의 영향에 대처하기 위하여 2020년 법 개정에서는 면책의 범위가 확대되었다).

Ⅱ 면책절차

1. 면책의 신청[24]

가. 신청권자

면책을 신청할 수 있는 자는 파산신청이 계속되어 있는 개인채무자에 한정된다(제556조). 법인은 파산선고로 해산되고 소멸하므로 신청을 할 수 없다. 채무자가 제한능력자인 경우에는 그 법정대리인이 그를 대리하여 신청할 수 있다. 채무자가 파산을 신청한 경우에는 반대의 의사표시가 없는 한 면책신청을 한 것으로 보기 때문에(제556조 제3항) 개인채무자가 면책을 신청한다는 것은 원칙적으로 채권자가 파산신청을 한 경우를 말한다. 물론 채무자가 파산신청을 한 경우에도 채권자에 대한 배려 기타 사정으로 면책신청을 하지 않겠다는 의사를 표시한 경

---

24) **파산절차와 면책절차의 일체화** 면책절차와 파산절차는 별개의 절차이나 대부분의 개인파산·면책신청 사건은 동시에 신청되고 있다. 채무자가 파산신청을 한 경우 반대의 의사표시를 하지 않는 한 파산신청과 동시에 면책신청을 한 것으로 간주된다(제556조 제3항). 파산절차와 면책절차는 신청절차로서 일체화되었다. 채권자가 신청한 경우에도 신청된 후 곧바로 면책신청을 할 수 있도록 함으로써 파산절차와 면책절차의 일체화를 도모하고 있다. 그 결과 법원은 파산신청에 대한 심리 중에 면책불허가사유의 유무 등 면책여부에 대하여도 심사할 수 있게 되었다. 실무적으로도 개인파산신청사건과 면책신청사건은 동시에 심리되고 있다. 파산신청과 면책신청의 관계에 대하여는 〈제1장 Ⅲ.1.〉(본서 1187쪽)을 참조할 것.

우에는 채무자도 제556조 제1항의 기간 내에 면책을 신청할 수 있다.

또한 면책을 받을 것인지 여부는 어디까지나 채무자 자신의 판단에 맡겨야 할 사안이기 때문에, 채무자 이외의 제3자에게는 그 신청권이 인정되지 않는다.

나. 신청시기

(1) 면책신청의 시기 및 종기

채무자는 파산신청일부터 파산선고가 확정된 날[25] 이후 1개월 이내에 언제든지 법원에 대하여 면책의 신청을 할 수 있다(제556조 제1항). 여기서 '법원'은 '파산계속법원'을 말한다.[26] 면책은 채무자에 대하여 파산절차가 시작되어야 비로소 할 수 있는 것이므로 면책신청을 위해서는 파산신청이 먼저 될 필요가 있다.

채무자가 그 책임없는 사유로 위 면책신청기간 내에 면책신청을 할 수 없었던 경우에는 그 사유가 종료된 후 30일 이내에 면책신청을 할 수 있다(제556조 제2항). 책임없는 사유로 면책신청을 할 수 없었던 경우로는 파산선고·동시폐지결정 정본의 송달이 공고보다 지체되어 면책신청기간을 도과한 경우를 들 수 있다. 면책신청기간의 제한은 정책적인 목적으로 둔 것에 지나지 않으므로 책임없는 사유는 유연하게 해석할 필요가 있다.

채무자에 의한 파산신청이건 채권자에 의한 파산신청이건, 채무자는 파산신청이 있은 후에는 파산선고 전이라도 면책신청을 할 수 있다(면책신청의 시기). 개인채무자가 파산을 신청하는 대부분의 경우는 면책을 받아 경제적으로 새로운 출발을 하려는 것이므로 시기적으로 파산을 신청한 날부터 면책신청을 할 수 있도록 하여 채무자로 하여금 신속하게 면책결정을 받을 수 있도록 하였다. 면책신청의 종기는 동시폐지사건을 포함하여 파산선고가 확정된 날 이후 1개월 이내이다.[27]

채무자가 파산신청을 한 경우에는 채무자가 반대의 의사표시를 한 경우를 제외하고, 당해 신청과 동시에 면책신청을 한 것으로 본다(제556조 제3항).

(2) 면책신청과 동의파산절차폐지의 신청

채무자(개인)가 면책신청을 한 때에는 동의폐지(제538조)의 신청을 할 수 없다(제556조 제4항). 동의폐지는 앞에서 본 바와 같이 채권자의 동의를 얻어 파산절차를 종료시키는 제도이고, 파산절차가 종료된 후에는 약정에 따른 전부 또는 일부의 면책이 있거나 변제가 예정되어 있

---

25) 파산선고결정은 공고 및 송달을 하여야 하고(제313조 제1항, 제2항), 공고가 있는 경우에는 파산선고결정에 대한 공고가 있는 날부터 14일 이내에 즉시항고를 할 수 있다(제316조 제1항, 제13조 제2항). 따라서 위 즉시항고 기간 경과일이 파산선고가 확정된 날이 된다. 결국 이 날로부터 1개월이 면책신청기간이 된다.

26) 입법론적으로 이를 명확히 할 필요가 있음은 앞에서 본 바와 같다(본서 1220쪽).

27) 면책은 일반적으로 파산절차가 끝난(파산절차의 해지) 이후에 문제가 된다. 하지만 면책과 관계가 있는 것은 배당이 있는 파산절차종결결정과 재단부족으로 인한 파산절차폐지(동시폐지, 이시폐지)만이다. 파산취소의 경우 채무자는 파산선고를 받지 않는 것으로 되어 면책의 기초를 상실하게 되므로 면책을 논할 여지가 없다. 회생계획인가결정에 의해 파산절차가 실효된 경우(제256조 제1항)에는 회생계획인가결정으로 회생계획에서 정해진 것을 제외하고 면책되므로(제251조) 면책을 언급할 필요는 없다.

다. 따라서 동의파산절차폐지신청을 할 경우 파산절차 종료 후 면책을 구하는 면책신청을 한다는 것은 서로 상충되는 것이기 때문에, 채무자가 면책신청을 한 경우에는 동의파산절차폐지를 신청할 수 없도록 한 것이다(본서 1629쪽).[28]

반대로 채권자 전원의 동의를 얻는 등으로 동의폐지를 신청한 때에는 그 기각의 결정이 확정된 후가 아니면 면책신청을 할 수 없다(제556조 제5항).

다. 신청방법

면책신청은 서면으로 신청할 수 있으며 법원은 비용의 예납을 명할 수 있다. 채무자는 면책의 신청과 동시에 채권자목록을 법원에 제출하여야 한다(제556조 제6항 본문). 면책신청이 간주되는 경우에는 파산신청서에 첨부된 채권자목록이 이를 대신한다(제556조 제7항, 개인파산예규 제2조 제1항).[29] 면책신청이 간주되는 경우 별도로 채권자목록을 제출하지 않도록 하는 것은 양 절차의 일체화로 사실상 무용한 일이기 때문이다. 또한 파산신청을 할 때 제출하여야 하는 채권자목록과 면책신청을 할 때 제출하여야 하는 채권자목록은 그 기재사항에 있어 차이가 없기 때문에 위와 같이 취급하여도 특별한 지장이 발생하지 않는다.

---

28) **면책신청과 개인회생절차** 채무자(개인)가 면책신청을 한 경우 개인회생절차를 신청할 수 있는가. 채무자가 장래에 고액의 소득이 예상됨에도 면책을 신청한 경우에 문제가 된다. 신청할 수 없다고 할 것이다. 개인회생절차는 변제계획에서 개인회생채권의 감면 등 권리변경을 예정하고 있는 것이어서 면책과 양립되기 어렵기 때문이다. 가사 개인회생절차의 신청을 할 수 있다고 하여도{현행법상으로는 명문의 규정이 없으므로 채무자가 선택적으로 신청할 수 있다고 볼 여지가 있다. 일본의 경우는 이러한 입장을 취하고 있다(條解 破産法, 1625쪽)} 면책신청은 신청이 성실하지 아니한 경우에 해당한다고 평가되거나 재량면책에 있어서 소극적으로 될 것이다. 결국 개인회생절차의 신청이 가능한 채무자는 면책신청을 취하하고, 개인회생절차를 신청하는 것이 바람직하다.
면책신청과 회생절차 채무자가 면책신청을 한 후에는 회생절차개시의 신청도 할 수 없다고 할 것이다. 회생절차에서는 회생계획안이 회생채권자 등 법정 다수의 동의를 얻고 법원의 인가를 받으면, 채무자에 대하여 면책불허가사유가 있어도, 채무자는 회생계획 또는 채무자회생법이 인정한 것을 제외하고 모든 회생채권 등에 대하여 책임을 면하기 때문에(제251조) 면책불허가사유의 유무를 심리한 후 법원이 면책을 허가하는 면책절차와는 상용되지 않는 절차이다. 그래서 채무자가 면책신청을 한 경우에는 파산선고결정의 유무를 묻지 않고 회생절차개시신청을 할 수 없다고 할 것이다. 일본 파산법 제248조 제6항은 이를 명시적으로 규정하고 있다. 여기의 면책신청에는 간주면책신청도 포함된다.
다음으로 회생절차개시신청을 한 후 파산신청을 한 경우, 회생절차신청 중에는 면책신청이 허용되지 않기 때문에, 파산신청은 면책신청을 한 것으로 간주되지 않고(제556조 제3항은 적용되지 않는다), 채무자가 파산신청을 할 때, 면책신청을 하지 않는다는 의사를 표시하지 않는 경우에는, 회생절차개시신청에 대해 기각, 폐지 또는 회생계획 불인가결정이 될 것을 정지조건으로 면책신청이 된 것으로 해석하여야 할 것이다.
또한 채무자가 파산신청 후, 그 파산선고 전후를 묻지 않고 회생절차개시신청을 한 경우에는, 당해 신청이 기각, 회생절차폐지 또는 회생계획불인가결정이 확정될 때까지는 면책신청을 할 수 없다고 할 것이다(일본 파산법 제248조 제7항 제2호 참조). 그러나 이러한 결정의 확정을 기다리지 않고 채무자가 회생절차개시신청을 취하한 경우에는 언제든지 면책신청을 할 수 있다.
위에서 설명한 내용은 어디까지나 채무자가 스스로 회생절차개시신청을 한 경우에 해당되는 것이고, 채권자에 의해 회생절차개시신청이 된 경우에는 채무자에 의한 면책신청에 영향을 주지 않는다. 다른 한편 채무자의 파산신청에 의한 면책신청으로 간주되는 경우에도 채권자는 회생절차개시신청을 할 수 있다(條解 破産法, 1624~1625쪽 참조).

29) 파산신청을 할 때(제302조 제2항 제1호)는 채권자목록에 불비함이 있더라도 파산절차와의 관계에서는 특별한 불이익이 발생하지 않지만, 면책절차와의 관계에서는 면책불허가사유가 될 수도 있으므로(제564조 제1항 제3호 참조) 채권자목록이 불비한 경우에는 지체 없이(제556조 제6항 단서) 이러한 불비를 보정한 채권자목록을 제출할 필요가 있다.

채권자목록은 면책의 효력을 받게 될 채권자를 특정해주고, 채권자에게 이의신청을 할 기회를 제공할 수 있는 자료가 된다. 허위의 채권자목록을 제출하면 면책불허가사유가 되고(제564조 제1항 제3호), 악의로 채권자목록에 기재하지 않은 채권은 비면책채권이 된다(제566조 제7호).

채권자목록은 채무자에 대한 면책 여부를 결정하는데 있어 불가결한 자료이기 때문에 면책신청을 할 때는 원칙적으로 첨부하여야 한다. 그러나 채무자는 수집된 자료가 부족하여 신청할 때 채권자목록을 작성할 수 없는 경우가 있다. 이러한 경우 허위의 채권자목록이 되어 면책불허가사유가 되거나 비면책채권이 발생할 여지가 있다. 이러한 사태가 발생하는 것을 방지하기 위하여 면책신청과 동시에 채권자목록을 제출할 수 없는 경우에는 신청 후 지체 없이 이것을 제출하면 충분하도록 하고 있다(제556조 제6항 단서).

라. 면책심리기간 중의 강제집행 등의 금지 및 중지[30]

(1) 취 지

파산절차 중에는 파산채권자의 개별적인 권리행사가 금지되고(제424조) 파산선고가 되면 파산채권에 기하여 파산재단에 속하는 재산에 대하여 행하여진 강제집행·가압류 또는 가처분은 파산재단에 대하여 효력을 잃는다(제348조 제1항). 그러나 파산절차와 면책절차는 별개의 절차이고, 동시폐지의 경우에는 채무자가 파산선고 후 취득한 재산에 대하여 관리처분권을 취득하므로 파산채권자는 파산절차가 종료된 후에는 채무자의 재산에 대하여 권리행사를 할 수 있다(동시폐지의 경우에는 파산재단이 성립하지 않으므로 강제집행 등이 실효되지 않고 그대로 속행된다).[31] 또한 파산절차가 종료되어도 채무가 남은 경우, 채권이 남은 채권자는 파산절차에서 확정된 파산채권자표의 기재에 의하여 채무자에 대하여 강제집행을 할 수 있다(제535조 제2항, 제548조 제1항). 면책신청 자체에는 강제집행 등의 금지효나 중지효가 없기 때문이다. 나아가 강제집행 후 면책결정이 나더라도 면책결정의 효력이 소급하지 않으므로 그로 인한 이득을 부당이득으로 볼 수도 없다. 그런데 채무자의 회생을 위한 면책주의의 입장과 신득재산을 비롯한 자유재산은 채무자가 새롭게 출발하기 위한 재원으로 사용되어야 한다는 점을 고려하면, 면책절차 진행 중에 파산채권자들의 개별적인 강제집행을 허용하는 것은 바람직하지 않다. 이러한 점을 고려하여 면책신청이 있는 경우 면책심리기간 중에는 파산채권에 기한 강제집행 등을 금지하거나 중지되도록 하였다(제557조).[32]

---

30) 관련 내용은 〈제15장 제4절 Ⅱ.1.〉(본서 1847쪽)을 참조할 것.

31) 파산절차 계속 중에는 파산채권자가 채무자에 대하여 강제집행을 하는 것이 허용되지 않는다(제424조). 그러나 파산신청과 동시에 면책신청이 된 경우에도, 면책심리기간 중 파산절차가 종료되면 강제집행금지가 해제되고, 동시폐지결정 후 면책신청이 된 경우에는 처음부터 강제집행금지의 효과가 없다. 채무자가 신청한 파산사건의 대부분은 동시파산절차폐지에 따라 종료되고, 동시파산폐지결정이 확정된 때로부터 면책허가결정이 확정될 때까지는 일정한 기간이 필요한데, 그 기간 동안 채권자는 강제집행을 시도하려고 할 것이다.

32) 채무자회생법 규정에 의하면, 앞에서 본 바와 같이 파산절차와 면책절차는 별개 독립된 절차라고 말할 수 있지만, 면책제도의 기능 등을 고려하면, 양자는 실질적으로 일체화된 절차이므로 면책심리기간 중에도 개별집행을 금지하

(2) 강제집행 등의 금지·중지 효력이 발생하는 기간 및 금지·중지되는 강제집행 등

면책신청이 있고, 파산폐지결정의 확정 또는 파산종결결정이 있는 때에는 면책신청에 관한 재판이 확정될 때까지[33] 채무자의 재산에 대하여 파산채권에 기한 강제집행·가압류 또는 가처분을 할 수 없고, 채무자의 재산에 대하여 파산선고 전에 이미 행하여지고 있던 강제집행·가압류 또는 가처분은 중지된다.[34] 면책결정이 확정된 때에는 중지한 절차는 그 효력을 잃는다(제557조). 파산채권에 기한 채권압류 및 추심명령도 마찬가지이다.[35]

(가) 강제집행 등의 금지(중지) 효력이 발생하는 기간

면책신청에 의한 강제집행 등의 금지(중지) 효과는 파산폐지결정 등의 효과가 발생할 때부터 생길 필요가 있는데, 파산폐지결정은 확정에 의하여 효력이 발생하고 파산종결결정은 결정 시(엄밀하게는 공고시)에 효력이 발생하므로(본서 1623쪽), 각각 파산폐지결정의 확정 또는 파산종결결정이 있는 때부터 강제집행 등의 금지(중지) 효과가 발생하도록 한 것이다. 한편 면책신청에 따른 강제집행 등의 금지(중지) 효과는 면책신청에 관한 재판이 확정될 때까지이다. 면책결정이 확정되면 채무자는 파산절차에 의한 배당 및 비면책채권을 제외한 파산채권에 대하여 책임을 면하기 때문에(제566조), 그 이후 파산채권에 의한 강제집행 등을 금지(중지)할 필요가 없다. 또한 면책신청이 각하되거나 면책불허가결정이 되고 이들 결정이 확정된 후에는 파산채권에 기한 강제집행 등을 금지(중지)하여야 할 이유가 없다.

(나) 금지(중지)되는 강제집행 등
1) 강제집행, 가압류 또는 가처분

금지(중지)되는 것은 파산채권에 기한 강제집행, 가압류 또는 가처분이다. 파산선고 전부터

도록 한 것이다. 파산절차 중에는 파산채권에 기한 개별집행금지원칙(제424조)에 따라 강제집행등은 허용되지 않는다. 파산절차종결결정이나 폐지결정이 있는 경우에도 면책신청에 대한 재판이 확정될 때까지는 파산채권에 기한 강제집행등은 허용되지 않고, 이미 한 것은 중지된다. 그리고 면책결정확정에 의해 중지된 강제집행등은 실효된다.

33) 개별적인 강제집행 등이 금지되는 기간은 면책신청에 대한 재판이 확정될 때까지라고 규정하고 있어 면책결정 확정 이후부터는 파산채권에 기한 개별적인 강제집행 등에 대하여 더 이상 집행장애사유로 기능할 수 없다. 면책결정이 확정된 후의 개별적인 강제집행 등에 대하여는 명문의 규정이 없고, 면책결정정본을 민집법 제49조 제1호(강제집행을 허가하지 아니하는 취지를 적은 집행력 있는 재판의 정본)에 해당한다고 볼 수도 없다. 따라서 면책결정 확정 후에 비로소 개시된 개별적인 강제집행 등을 배제하기 위해서는 청구이의의 소를 제기할 수밖에 없다{대법원 2014. 2. 13. 자 2013마2429 결정 참조, 법원실무제요 민사집행(Ⅰ)-집행총론-, 사법연수원(2020), 281쪽}. 이에 대하여 면책된 채권에 기한 집행이라는 점이 명백한 경우에는 확정된 면책결정정본과 채권자목록을 합체시켜 이를 민집법 제49조 제1호(강제집행을 허가하지 아니하는 취지를 적은 집행력 있는 재판의 정본)에 해당하는 것으로 보거나 그렇지 않더라도 집행장애사유로 보아 개별적인 강제집행 등을 배제할 수 있도록 하되, 다만 면책 여부가 명백하지 않은 경우(채권자목록에 기재되어 있지 않은 채권이거나 불법행위에 기한 손해배상채권 등)에는 청구이의의 소에 의해 집행절차를 배제하여야 한다는 견해가 있다{김정만, "파산면책의 효력", 사법논집 30집(1999), 237~238쪽}.

34) 제348조 제1항과 관련하여 강제집행 등의 중지가 무엇을 의미하는지 의문이 있을 수 있다. 제348조 제1항에 따라 파산선고 전의 강제집행 등은 파산선고로 실효되었는데, 새삼 파산선고 전의 강제집행 등이 중지된다는 것이 있을 수 있는가. 이에 대하여 파산절차가 종료되면 파산선고로 실효된 강제집행 등은 부활하므로 이를 중지시키는 것이라는 견해가 있다(條解 破産法, 1633쪽). 그러나 실효된 강제집행 등은 부활하지 않는다(본서 1634쪽). 여기서 중지되는 강제집행 등은 동시폐지의 경우나 자유재산에 대한 강제집행 등과 같이 파산선고에 의하여도 실효되지 않는 강제집행 등을 의미한다고 보아야 한다.

35) 대법원 2010. 7. 28. 자 2009마783 결정.

의 계약상의 지위의 확인을 구하기 위한 것이나 고용계약에 기한 임시의 지위를 정하는 가처분 등은 금지(중지)되는 대상이 아니다. 금지(중지)되는 것은 파산채권에 기한 채무자의 재산에 대한 가처분이기 때문이다.

2) 파산채권에 기한 상계

파산채권에 기한 상계도 금지되는가. 개별집행을 금지하려는 제557조 제1항 전단의 취지를 고려하면 상계도 금지된다고 볼 여지가 있다. 하지만 상계의 담보적 기능을 중시한다면 파산절차 중에 상계할 수 있었던 파산채권에 의한 상계를 파산절차 종료 후 면책절차 중이라는 이유로 인정하지 않는 것은 상당하지 않으므로 상계는 인정된다고 할 것이다.

3) 파산채권에 기한 체납처분(강제징수)

파산선고 후에는 파산재단에 속하는 재산에 대한 새로운 체납처분(강제징수)는 금지되지만(제349조 제2항), 파산절차가 종료되면 새로운 체납처분(강제징수)을 할 수 있는 것이 원칙이다. 다만 입법론적으로는 조세 등 청구권 중 파산채권인 것은 다른 파산채권이 강제집행 등이 금지되는 것과의 형평의 관점에서 체납처분(강제징수)을 할 수 없는 것으로 하여야 할 것이다.[36]

(3) 강제집행 등이 금지·중지되는 채권

강제집행 등의 금지·중지의 대상이 되는 절차는 파산채권에 기한 것에 한하고, 재단채권에 기한 것은 그 대상이 아니며[37] 별제권의 행사도 대상이 되지 않는다. 파산채권인 한 파산절차에서 신고가 되었는지, 채권조사절차에서 인정되었는지 여부를 묻지 않는다.

파산채권에 기한 것이면 비면책채권에 기한 것도 금지·중지의 대상이 된다. 비면책채권도 금지·중지의 대상이 되는 이유는 면책이 불허가 된 경우의 면책채권과의 형평성을 확보하고 비면책채권으로 인정하는 것의 어려움(비면책채권인지가 일의적으로 명확하지 않기 때문에 비면책채권인지를 집행기관이 판단하는 것이 어려운 경우가 있다) 때문이다.[38] 나아가 채무자가 강제집행 등의 효력을 다투기 위해서는 면책되었음을 이유로 한 청구이의의 소를 제기하여야 하는데, 이는 채무자에게 지나치게 큰 부담을 지우는 것으로 상당하지 않다는 점도 고려한 것이다.[39]

(4) 강제집행 등이 금지·중지되는 대상재산

강제집행 등이 금지되거나 중지되는 대상은 채무자의 재산이다. 파산절차가 종결될 때까지 파산재단을 구성하였던 재산이건, 파산절차에서 자유재산이었건, 파산선고 후에 새로 취득한

---

36) 일본 파산법 제249조 제1항 참조. 물론 면책절차 진행 중 파산채권에 해당하지 않는 조세 등 청구권에 기하여 자유재산에 대하여 체납처분(강제징수)을 하는 것은 금지대상이 아니다.
37) 파산절차 중에는 재단채권에 기한 강제집행도 금지되지만(본서 1823쪽), 파산절차에서 변제되지 아니한 재단채권은 면책의 대상이 아니기 때문에 파산절차 종료 후에는 면책절차가 진행 중이라도, 재단채권에 기한 강제집행 등을 금지할 이유가 없다. 그래서 재단채권은 금지·중지되는 채권이 아니다.
38) 實務 倒産法講義, 931쪽. 반면 위 2009마783 결정은 비면책채권 여부를 심리하여 채권압류 및 추심명령의 효력을 정하여야 한다고 판시하고 있다.
39) 條解 破産法, 1634~1635쪽.

신득재산이었건 묻지 않는다.

(5) 면책결정의 확정과 중지된 강제집행 등의 실효

면책결정이 확정된 때에는 중지된 강제집행 등은 그 효력을 잃는다(제557조 제2항). 비면책채권에 기한 중지된 강제집행 등도 실효된다. 따라서 비면책채권자는 면책결정이 확정된 후 강제집행 등을 하려면 새로이 강제집행 등을 신청하여야 한다.

면책신청이 각하되거나 면책불허가결정이 확정된 경우, 면책신청으로 발생한 강제집행 등 중지의 효력은 당연히 상실되고, 파산채권자는 그 절차를 속행할 수 있다. 다만 집행법원 등은 각하나 면책불허가결정의 확정사실을 당연히는 알지 못하기 때문에, 파산채권자는 위 결정의 확정증명서를 첨부하여 집행법원 등에 제출하여야 할 것이다.

> **사례** X는 Y를 비롯하여 다수의 채권자에 대한 채무를 부담하고 있었다. X는 지급불능상태에 빠졌고 특별한 재산도 없었기 때문에 파산신청을 함과 동시에 면책신청도 하였다. 법원은 파산선고와 동시에 파산절차폐지결정을 하였다. 면책심리 중 X의 처가 교통사고로 사망하였고 손해배상청구권 1억 원을 상속받았다. 그런데 Y는 X도 모르는 사이에 손해배상청구권을 압류한 후 1억 원을 변제받았다. 이후 X는 면책결정을 받았다. 이에 X는 Y를 상대로 부당이득반환청구를 하였다. 인용될 수 있는가.
> 면책심리 중에는 개별적 강제집행이 허용되지 않으므로 Y가 진행한 절차는 무효이다. 따라서 X의 부당이득반환청구는 인용될 것이다.

(6) 소멸시효기간 연장에 관한 입법론

파산채권자는 면책절차가 계속 중인 때에는 강제집행 등의 신청이 금지되는 결과, 채권의 소멸시효 중단방법이 제한된다. 또한 파산선고 전에 강제집행 등의 절차가 된 경우에도 면책결정이 확정되면 비록 비면책채권에 기한 것이라도 실효되며, 그 결과 압류 등에 기초한 중단효과는 차단되게 된다. 그래서 면책심리기간 중 소멸시효가 만료되는 파산채권자를 보호하기 위한 입법론적 보완이 필요하다.

참고로 일본 파산법(제249조 제3항)은 ① 비면책채권에 대하여는 면책허가신청에 대한 결정이 확정된 날 다음날부터, ② 비면책채권 이외의 파산채권에 대하여는 면책허가신청 각하결정 또는 면책불허가결정이 확정된 날의 다음날부터, 각각 2개월이 경과하기 전까지는 시효가 완성되지 않는 것으로 규정하고 있다.

마. 면책신청의 취하

파산신청의 취하는 파산선고 전에 한하여 허용되는데 반하여, 면책신청의 취하는 그 시기에 제한이 없다. 따라서 면책허부의 결정이 있는 때까지 취하할 수 있다고 할 것이다.

면책신청 취하 후 재도의 파산신청에 관하여는 〈Ⅳ.5. 각주 125〉(본서 1681쪽)를 참조할 것.

실무적으로 파산선고 후 채무자가 면책불허가를 우려하여 면책신청을 취하하는 경우가 있다. 그러나 채무자가 면책신청을 취하한다고 하여도 파산선고로 인한 불이익(자격제한 등)은 그

대로 남는다.[40)

2. 면책의 심리절차

가. 채무자심문 등

(1) 채무자심문

법원은 면책의 허부를 결정하기 위하여 기일을 정하여 채무자를 심문할 수 있다. 위 기일을 정하는 결정은 공고하고 파산관재인 및 면책의 효력을 받을 파산채권자로서 법원이 알고 있는 파산채권자에게 송달하여야 한다(제558조 제1항, 제2항).

(2) 면책에 대한 조사 및 보고

법원은 파산관재인으로 하여금 면책불허가사유의 유무에 관하여 조사를 하게 하고(대부분의 실무는 파산관재인으로 하여금 면책불허가사유를 조사하게 한다)[41) 채무자 심문기일에 그 결과를 보고하게 할 수 있다(제560조). 면책신청이 된 경우 면책불허가사유가 있는지 여부는 법원의 직권조사사항이지만, 파산관재인이 선임된 경우 채무자와 접촉이 많은 파산관재인으로 하여금 면책불허가사유를 조사하게 하는 것은 법원이 적절한 정보를 수집하는 효과적인 방법이라는 점을 고려한 것이다. 입법론적으로는 재량면책사유(제564조 제2항)에 대하여도 같은 이유에서 파산관재인에게 조사하여 보고하게 하는 것이 타당할 것이다.[42)

(3) 면책신청에 대한 서류 등의 비치

법원은 이해관계인의 열람을 위하여 면책의 신청에 관한 서류 및 파산관재인의 조사보고서류를 비치하여야 한다(제561조).

---

40) 당사자가 면책심리기일에 또는 법정 외에서 면책신청의 취하를 파산신청의 취하로 오해하여 면책신청을 취하하는 경우가 있다. 이런 경우 어떻게 대처하여야 하는가. 당사자는 기일지정신청을 하여 면책신청 취하가 부존재하거나 무효라고 주장할 수 있을 것이다(규칙 제12조, 민사소송규칙 제67조 제1항).

41) 면책에 대한 조사를 할 때 주의할 점이 있다. 면책이 앞에서 본 바와 같이 새로운 출발을 위한 수단이라는 점이 강하지만, 특전이라는 점도 부정할 수 없다. 따라서 단순히 과거의 면책불허가사유(제564조 제1항 각호)의 유무뿐만 아니라 채무자가 파산절차에서 성실하게 협력하였는지 여부, 특히 총채권자의 대표자로서의 지위에 있는 파산관재인에게 적절한 정보를 제공하였는지 여부나 채무자에게 경제적 회생의 가능성이 있는지 여부라는 점을 포함하여 종합적 관점에서 조사할 필요가 있다.
　　동시폐지사건과 다른 점은 파산선고 후의 사정이다. 특히 파산관재인에 대한 설명의무(제321조 제1항 제1호)의 이행은 채권자에 대한 정보의 제공에 기여한다는 의미에서, 채권자·채무자 쌍방에 대하여 유리한 사정이다. 금전의 배당에 대한 평가뿐만 아니라 정보의 제공에 대한 채무자의 공헌도 평가하는 것이 상당하다. 이것은 동시폐지사건에서는 생각할 수 없는 것으로 충분히 고려하여 조사할 것이 요구된다.

42) 일본 파산법 제250조 제1항 참조. 또한 채무자회생법은 파산절차에서 채무자 등의 설명의무를 규정하고 있지만(제321조 제1항), 면책절차에서는 이러한 명시적 규정이 없다. 하지만 면책절차에서도 면책허가여부가 파산채권자의 권리에 중대한 영향을 미치기 때문에, 당사자인 채무자는 법원이나 파산관재인에게 면책에 대한 조사에 협력할 의무가 있는 것은 당연하다. 따라서 이를 명시적으로 규정함과 동시에, 이러한 의무의 위반도 면책불허가사유로 추가할 필요가 있다(일본 파산법 제250조 제2항, 제252조 제1항 제11호 참조).

나. 면책신청에 대한 이의신청

검사,[43] 파산관재인 또는 면책의 효력을 받을 파산채권자는 위 채무자 심문기일(심문기일을 정하지 않은 경우에는 법원이 정하는 날)로부터 30일 이내에 면책신청에 대하여 법원에 이의를 신청할 수 있다.[44] 법원은 상당한 이유가 있는 때에는 신청에 의하여 위 기간을 늘일 수 있다. 이의신청을 하려면 면책불허가사유(제564조 제1항)를 소명하여야 한다(제562조). 파산채권자는 신고하지 않으면 파산절차에 참가할 수 없지만, 신고하지 않아도 면책의 효력을 받기 때문에 미신고 채권자도 이의를 신청할 수 있다. 기록상 명확하지 않은 파산채권자가 이의를 신청한 경우에는 파산채권에 대한 소명이 필요하다.

이의신청이 있는 때에는 법원은 채무자 및 이의신청인의 의견을 들어야 한다(제563조). 따라서 이의신청이 있는 경우 최소한 이의신청인과 채무자에게 의견을 진술할 기회를 주어야 한다. 이는 이의신청과는 별도로 요구되는 절차이므로, 이의신청서에 이의신청의 이유가 기재되어 있다고 하여 위와 같은 절차를 생략할 수는 없다.[45]

그러나 이의신청은 면책신청에 대하여, 면책불허가사유의 존재를 법원에 신청하여, 법원의 직권조사에 관한 판단자료를 제공하는 것에 불과하고, 법원은 이의신청에 대하여 개별적으로 판단할 필요는 없기 때문에, 그 실질은 이해관계자로서의 의견진술에 불과하다. 파산관재인 등의 이의는 법원이 면책허가여부를 판단할 때의 자료에 지나지 않고, 법원은 이에 구속되는 것은 아니다. 또한 이의진술이 있어도 법원은 이에 응답할 필요가 없다.

한편 별제권자, 환취권자, 면책의 효력을 받지 않는 채권자(비면책채권자)도 면책절차에서는 위와 같은 권리에 해당하는지 판단하기 어렵고, 면책불허가사유가 법원의 직권조사사항이기 때문에 이의신청을 할 수 있다고 하는 견해가 있다.[46] 그러나 파산채권자라도 비면책채권에 해당하는 채권자는 면책허가결정에 의하여 어떠한 영향도 받지 않고 면책신청에 대한 이의권자는 '면책의 효력을 받을 파산채권자'로 한정되어 있기 때문에 이의신청권이 인정되지 않는다고 할 것이다.[47] 면책허가의 효력과 무관한 재단채권자, 별제권자, 환취권자도 마찬가지이다.

다. 면책허부재판에서의 채권자 보호

면책허가 여부에 관한 재판에서 면책으로 재산권의 제한을 받는 파산채권자의 이익을 보호하기 위한 규정들을 두고 있다. 우선, 채무자의 면책신청에 대한 채권자의 이의신청권과 면책

---

43) 검사를 이의진술권자에 포함시키는 것에 대하여는 입법론적 검토가 필요하다.

44) 이의신청기간을 경과한 후 파산관재인 등으로부터 이의가 진술된 경우, 법원은 면책허가여부판단을 함에 있어서 해당 이의를 이용하지 않을 수 있다. 다른 한편 이것을 판단자료로 이용한다고 하여도, 그것은 직권조사사항에 관련된 판단자료에 지나지 않으므로, 위법성은 물론 부당의 문제도 발생하지 않는다.

45) 대법원 2012. 6. 15. 자 2012마422 결정, 대법원 2010. 2. 11. 자 2009마2147 결정.

46) 개인파산·회생실무, 318쪽, 391~392쪽.

47) 비면책채권과 면책채권의 쌍방을 가진 채권자에게는 이의신청권이 인정되는 것은 당연하다. 그러므로 '고의로 가한 불법행위에 기한 손해배상청구권'과 같이 '고의'의 유무에 관하여 다툼이 있는 경우에는 이의진술권이 인정된다고 할 것이다.

결정에 대한 즉시항고권을 보장하고 있으며(제562조, 제564조 제4항), 면책을 신청한 자에 대하여 파산선고가 있는 때에는 법원은 기일을 정하여 채무자를 심문할 수 있고, 이 경우 기일을 정하는 결정을 한 때에는 이를 공고하고 파산관재인과 면책의 효력을 받을 파산채권자로서 법원이 알고 있는 파산채권자에게 송달하도록 규정하고 있다(제558조 제1항, 제2항). 특히, 법원은 파산관재인으로 하여금 면책불허가사유의 유무를 조사하게 하고, 면책을 신청한 채무자에 대한 심문기일에 그 결과를 보고하게 할 수 있으며, 그 보고서류를 이해관계인이 열람할 수 있도록 비치하도록 정하고 있는데(제560조, 제561조), 면책불허가사유의 대부분은 채무자회생법이 정하는 일정한 범죄행위 및 파산절차의 진행과 관련된 것이므로 파산관재인이 조사하기에 적절한 사유들이고, 파산채권자는 면책신청에 대한 이의 시에 면책불허가사유에 대하여 소명하는 것으로 족하도록 하고 있다(제562조 제2항).

3. 면책 여부의 결정

면책허가결정은 파산절차와 별개의 절차이기 때문에, 파산절차의 계속 중이라도 면책결정을 하기에 충분한 심리가 마쳐졌다면 언제든지 할 수 있다. 그러나 파산절차 계속 중에는 채무자가 파산절차방해(제564조 제1항 제3호, 제5호 등) 등 새로운 면책불허가 사유에 해당하는 행위를 할 수 있고, 파산절차가 종료된 이후 비로소 면책불허가사유가 있는지에 관한 조사가 완료되는 경우가 있으며, 존재 여부가 불확실하던 면책불허가 사유가 파산절차 종료 이후 확실하게 되는 경우가 있고, 다른 한편 파산절차에 대한 채무자의 협조나 채권자에 대한 자유재산으로의 일부 변제 등 재량면책에 유리하게 작용할 사정이 발생할 수 있기 때문에, 파산절차 계속 중에는 원칙적으로 면책허부결정을 하여서는 안 된다. 실무적으로도 면책결정은 일반적으로 파산절차가 종료된 후에 하고 있다.

하지만 일부 장기미제 사건에서 경매절차의 지연, 채무자 보유 자산의 환가 지연 등 채무자에게 책임을 물을 수 없는 사유로 면책결정이 신속히 내려지지 않아 채무자가 취업상 제한 또는 사업 인허가상 제한을 받는 등 피해가 발생하는 문제점이 있다.[48] 그래서 일부 사건에 대하여는 파산절차종료 전 면책결정을 할 필요가 있다. 예컨대 채권조사 및 파산재단의 환가가 모두 마쳐졌고, 부인소송이 계속되고 있어 최후배당을 할 수 없지만, 면책허가가 상당한 사건의 경우, 파산재단의 환가가 종료된 후 적절한 시기에 면책허가결정을 하는 것이 바람직하다. 파산절차종료 전 면책결정을 함으로써 면책절차 지연으로 인한 채무자의 피해를 최소화하고

---

48) 이러한 점을 고려하여 서울회생법원은 2023년 12월 면책신청서 접수일로부터 2년이 지난 일부 장기미제 사건에 한해 개인파산절차 종료 전 면책결정을 실시하고 있다. 서울회생법원은 면책신청서 접수일로부터 2년이 지난 사건 중 △채무자에게 면책불허가 사유가 존재하지 않거나, 면책불허가 사유가 존재하더라도 선면책 결정 당시 재량면책에 대한 판단을 할 수 있을 정도로 파산 및 면책절차가 상당 부분 진행된 상태인 경우 △채무자의 '책임 없는 사유'로 인해 파산절차가 지연되고 있는 경우 △향후 파산절차의 진행에 있어 '채무자의 협조'가 필요하지 않은 경우 등에 한해 선면책을 하기로 했다. 이때 채무자에게 책임 없는 사유로 인한 절차 지연 유형에는 △채무자 소유 부동산에 대한 강제경매, 임의경매, 형식적 경매에서 유찰 등으로 인한 절차 지연 △채무자의 채권 회수 절차의 지연 △채무자의 신탁재산에 대한 공매절차의 지연 등이 해당한다.

채무자의 조속한 경제활동 복귀를 도모할 수 있을 뿐만 아니라 면책사건의 처리기간과 개인파산의 장기미제 사건 비율이 줄어들 것으로 기대된다.

Ⅲ 면책불허가사유

채무자회생법은 제564조 제1항에서 6가지 면책불허가사유를 규정하고 있다.[49] 면책불허가사유는 행위유형별로 크게 세 가지로 나눌 수 있다.

(1) 채무자가 의도적으로 채권자를 해하는 행위를 한 유형이다. 여기에는 ① 제564조 제1호 앞에서 규정하는 제650조의 사기파산죄, ② 제651조의 과태파산죄의 해당사유와 ③ 제564조 제2호(사술에 의한 신용거래)·제3호(허위의 채권자목록의 제출 또는 재산상태에 관한 허위의 진술), 제6호(채무자가 과다한 낭비·도박 그 밖의 사행행위를 하여 현저히 재산을 감소시키거나 과대한 채무를 부담한 사실이 있는 때)에 규정하는 사유가 속한다.

(2) 파산절차상의 이행의무를 태만히 하고 절차의 진행을 방해하는 행위이다. 이에 해당하는 것으로 ① 제564조 제1호 뒤에서 규정하는 제653조의 구인불응죄, ② 제656조 파산증뢰죄, ③ 제658조의 설명의무위반죄의 해당 사유와 ④ 제564조 제5호(법에서 정하는 의무위반)에 해당하는 사유가 있다.

(3) 면책제도의 운영과의 관계에서 정책적인 이유로 면책불허가사유로 규정한 것이다. 여기에 해당하는 것으로 제564조 제4호(7년 이내에 파산절차상의 면책을 받은 사실 또는 5년 이내 개인회생절차에 따른 면책을 받은 사실)가 있다.

면책불허가사유에 해당한다고 하기 위해서는 면책제도가 기본적으로 채무자의 경제적 갱생을 위한 제도라는 점,[50] 그것이 형사처벌의 대상이 될 수 있는 점, 재도의 파산신청이 허용되지 않는 점 등을 감안하여 엄격하고 신중하게 판단하여야 한다.[51]

한편 면책불허가행위의 주체는 원칙적으로 채무자이다. 실제의 행위자가 채무자의 친족, 사용인 기타 제3자라고 하더라도 그것이 채무자의 행위로 평가될 수 있는 경우도 포함된다. 다

---

49) 미국 연방도산법은 §727(a)에서 면책이 허가되지 않는 경우를 규정하고 있다. 그 내용은 (1) 채무자가 개인이 아닌 경우, (2) 채무자가 채권자 또는 재단을 관리할 책임이 있는 자를 방해, 지연, 사해할 의사로, 파산신청 전 1년 내에 채무자의 재산을 또는 파산신청 후 재단에 속하는 재산을 양도, 제거, 멸실, 훼손, 또는 은닉하거나 이를 허용한 경우, (3) 정당한 이유 없이 회계장부, 서류 등을 은닉, 멸실, 훼손, 위조하거나 보존하지 않은 경우, (4) 채무자가 악의 또는 사해의 의사로 허위의 선서 또는 허위채권의 제출 등을 한 경우, (5) 책임재산의 일실이나 부족에 대해 설명하지 못한 경우, (6) 법원의 적법한 명령에 대한 이행을 거절한 경우, (7) 채무자가 파산신청 전 1년 전 또는 절차진행 중에 내부자(insider)와 관련된 다른 사건에서 위 (2), (3), (4), (5) 또는 (6)의 행위를 한 경우, (8) 채무자가 신청제출일 전 8년 이내에 제7장 또는 제11장 절차에서 면책을 받은 경우, (9) 채무자가 신청제출 전 6년 이내에 제12장 또는 제13장 절차에서 면책을 받은 경우(다만 채무자가 종전의 사건에서 (ⅰ) 일반채권의 100%를 변제했거나 (ⅱ) 일반채권의 70%를 변제했으나 그 변제계획이 성실하게 작성되었고 최선인 경우에는 예외로 한다), (10) 파산신청 후 서면에 의한 면책포기신청을 법원이 허가한 경우, (11) 채무자가 신청제출 후 §111에 규정된 개인재정관리 관련 교육과정을 이수하지 못한 경우, (12) 채무자가 범죄행위로 인해 §522(q)(1)상의 "주택집행면제의 제한"을 받을 것이라고 믿는데 합리적인 원인이 있다고 법원이 판단하는 경우이다.

50) 대법원 2006. 9. 22. 자 2006마600 결정 참조.

51) 대법원 2004. 4. 13. 자 2004마86 결정, 대법원 2011. 8. 16. 자 2011마1071 결정 참조.

만 제564조 제1항 제1호의 경우는 달리 보아야 할 것이다. 왜냐하면 제1호의 면책불허가사유는 파산범죄와 연계되어 있기 때문이다. 그러므로 채무자 이외의 제3자의 행위를 채무자의 행위로 포섭하여 면책불허가사유에 해당하는지 여부를 검토하기 위해서는 형법상의 공범관계가 성립하는지가 필요하다.

1. 파산범죄에 해당하는 행위 (제564조 제1항 제1호)[52]

제564조 제1항 제1호의 면책불허가사유는 모두 파산범죄에 해당하는 행위를 대상으로 하고 있고, 그 사유의 존부를 판단하는 데 채무자가 반드시 파산범죄로 기소되거나 유죄판결을 받아야 하는 것은 아니지만, 경우에 따라 형사처벌의 대상이 될 수도 있음을 감안하여 위 사유에 해당하는지에 관해서는 더욱 엄격하고 신중하게 판단하여야 하고, 법원으로서는 채무자가 제출한 자료 및 면책신청에 대하여 이의를 신청한 채권자 등이 제출한 자료 외에도 채무자가 주장하는 사유를 소명하는 데 필요하다고 판단되는 자료의 제출을 적극적으로 명하는 등의 방법으로 채무자의 행위가 면책불허가사유에 해당하는지를 심리·판단하여야 한다.[53]

가. 사기파산죄에 해당하는 행위 (제650조)

사기파산죄(제650조)는 총채권자의 이익을 보호하여 파산절차의 적정한 실현을 도모하기 위한 것이다. 사기파산죄에 해당하는 행위를 면책불허가사유로 삼는 것은 그와 같은 행위가 총채권자에게 배당될 책임재산에 대한 직접적인 침해이므로 채무자에게 면책을 허가하는 것이 타당하지 않기 때문이다.

사기파산죄는 '자기 또는 타인의 이익을 도모하거나 채권자를 해할 목적'이 있어야 한다. 여기서 채권자는 특정 채권자가 아닌 총채권자를 말하고, 목적은 단순한 인식으로는 부족하고 적극적으로 이를 희망하거나 의욕하는 것을 의미한다.[54] 행위의 시기는 파산선고의 전후를 묻지 않는다.

면책불허가사유가 되는 구체적인 행위의 내용은 다음과 같다.

(1) 파산재단에 속하는 재산의 은닉, 손괴, 불이익처분 (제1호)

> 채무자가 파산선고의 전후를 불문하고 자기 또는 타인의 이익을 도모하거나 채권자를 해할 목적으로, 파산재단에 속하는 재산을 은닉 또는 손괴하거나 채권자에게 불이익하게 처분하는 행위가 있다고 인정하는 때

---

52) 입법론적으로는 면책불허가사유를 파산범죄와 연결시키는 것은 문제가 있다. 면책불허가사유와 파산범죄를 직접적으로 결합시키는 것은 합리적인 이유가 없고, 나아가 유죄판결이 필요한지 등 해석상의 무용한 혼란을 발생시킬 뿐만 아니라(破産法·民事再生法, 714쪽), 형사절차에 관한 사실인정과는 다른 문제도 발생하기 때문에(條解 破産法, 1609쪽) 면책불허가사유와 파산범죄를 분리하여 규정할 필요가 있다.
53) 대법원 2016. 8. 31. 자 2016마899 결정.
54) 대법원 2009. 3. 2. 자 2008마1654,1655 결정.

'채무자가 자기 또는 타인의 이익을 도모하거나 채권자를 해할 목적으로 파산재단에 속하는 재산을 은닉 또는 손괴하거나 채권자에게 불이익하게 처분하는 행위'는 사기파산죄로 처벌받으면서 동시에 면책불허가사유에도 해당한다. 파산재단에 속하는 재산의 은닉, 손괴, 불이익처분은 총채권자의 이익을 해하는 전형적인 행위이기 때문에 면책불허가사유로 한 것이다.

(가) 대상이 되는 재산: 파산재단에 속하는 재산

제650조 제1항 제1호에서 금지하는 은닉, 손괴 또는 처분행위의 대상은 파산재단에 속하는 재산이다. 파산재단에 속하는 재산에는 파산재단에 속하거나 속하여야 하는 재산을 말한다. ① 파산재단에 속하는 재산이란 파산관재인이 현재 관리하고 있는 재산(현유재단)을 말한다. 환취권의 대상이 되는 재산은 현유재단을 구성하지만, 그것이 손괴되어도 손실을 입는 자는 환취권자이므로 이것에 포함되지 않는다. ② 파산재단에 속하여야 하는 재산이란 법정재단을 구성하지만, 아직 현유재단에 속하지 않은 재산과 파산선고가 되면 파산재단을 구성하여야 하는 재산을 말한다. 파산관재인의 부인권 행사에 의하여 파산재단에 회복되어야 하는 재산은 부인권 행사가 인용되어야 비로소 법정재단을 구성하는 것이므로, 그 인용결정 등을 예상하여 채무자가 양도하는 경우 등 예외적인 경우를 제외하고, 원칙적으로 부인권 행사가 인용되는 결정 또는 판결이 될 때까지는 대상재산에 포함되지 않는다고 할 것이다.[55]

반면 파산재단에 속하지 않는 재산(자유재산), 즉 압류금지재산, 면제재산, 새로 취득한 재산 등은 대상이 아니다. 따라서 채무자가 파산재단에 속하지 아니하는 재산을 임의로 처분하였다고 하더라도 제564조 제1항 제1호, 제650조 제1항 제1호의 면책불허가사유인 '파산재단에 속하는 재산을 은닉 또는 손괴하거나 채권자에게 불이익하게 처분을 하는 행위'에 해당하지 않는다.[56]

국민기초생활 보장법에 따른 생계급여, 주거급여 및 장애인복지법에 따른 장애수당은 수급자 명의의 지정된 계좌로 입금하여야 하는데 급여수급계좌의 예금에 관한 채권은 압류가 금지된다(국민기초생활 보장법 제35조 제2항, 제27조의2 제1항, 장애인복지법 제82조 제2항, 제50조의4 제1항). 따라서 국민기초생활 보장법에 따른 생계급여, 주거급여 및 장애인복지법에 따른 장애수당은 압류할 수 없는 재산으로서 파산재단에 속하지 않으므로, 채무자가 이를 임의로 처분하였다고 하더라도 면책불허가 사유인 "파산재단에 속하는 재산을 은닉 또는 손괴하거나 채권자에게 불이익하게 처분을 하는 행위"에 해당하지 않는다고 봄이 타당하다.[57]

---

55) 條解 破産法, 1652쪽. 따라서 부인권의 제척기간이 도과한 경우에는 비록 채권자에게 불이익한 처분을 하였다고 하더라도 그것이 은닉행위에 해당하지 않는 한 그 행위를 '파산재단에 속하는 재산'을 불이익하게 처분하였다고 보기 어렵다.

56) 대법원 2024. 5. 30. 자 2023마6319 결정.

57) 대법원 2023. 8. 18. 자 2023마5633 결정(☞ 채무자가 공적부조금으로 수령한 월 72만 원 정도 대부분을 이혼한 전 배우자와 아들에게 송금하였고, 채무자가 송금한 공적부조금으로 아들이 채무자를 피보험자로 한 보험계약을 5건 체결하였다고 하더라도 공적부조금은 압류금지재산에 해당하므로 파산재단에 속하는 재산을 은닉한 것으로 볼 수 없어 면책불허가사유에 해당하지 않는다).

(나) 행 위

1) 재산의 은닉 또는 손괴

재산의 은닉은 재산의 소재를 불명하게 하는 경우뿐만 아니라 재산의 소유관계를 불명하게 하는 경우도 포함한다. 그렇지만 채무자가 법원에 파산신청을 하면서 단순히 소극적으로 자신의 재산상황을 제대로 기재하지 아니한 재산목록 등을 제출하는 행위는 해당하지 않는다.[58] 따라서 채무자가 상속재산이 있음에도 상속에 기한 소유권이전등기를 마치지 않은 채 파산신청을 하면서 상속재산이 없다는 허위 내용의 진술서를 첨부하여 제출한 행위는 '재산의 은닉'에 해당하지 않는다.

손괴란 물리적 훼손 등 재산의 가치를 감소시키는 일체의 행위를 포함한다.

2) 채권자에게 불이익한 처분행위

채권자에게 불이익한 처분행위란 재산의 증여나 현저히 부당한 가격으로 매각하는 것과 같이 모든 채권자에게 절대적으로 불이익한 처분행위를 말하는 것이다. 따라서 채무자가 여럿의 채권자들 중 일부 채권자에게 채무의 내용에 좇아 변제를 하는 행위는 이에 해당하지 않는다.[59]

채권자에게 불이익한 처분행위는 일반적으로 작위를 의미하지만, 쉽게 상품을 이동할 수 있음에도 의도적으로 방치하거나 특허료를 의도적으로 납부하지 않아 특허권을 상실하게 하는 것 등과 같이 작위와 동일시 하여야 하는 부작위도 포함된다.

상속재산의 분할협의는 사해행위취소의 대상이 되고[60] 더 나아가 불이익한 처분에 해당한다고 할 것이다. 반면 상속의 포기는 사해행위취소의 대상이 되지 못하고 따라서 불이익한 처분에도 해당하지 않는다.[61]

이혼에 따른 재산분할이 상당한 정도를 벗어나는 과대한 것일 때에는 불이익한 처분에 해당한다.[62] 협의 또는 심판에 의하여 구체화되지 않은 이혼에 따른 재산분할청구권은 채무자의

---

58) 대법원 2009. 7. 9. 선고 2009도4008 판결.
59) 대법원 2008. 12. 29. 자 2008마1656 결정.
60) 대법원 2008. 3. 13. 선고 2007다73765 판결.
61) 대법원 2012. 1. 12. 자 2010마1551,1552 결정, 대법원 2011. 6. 9. 선고 2011다29307 판결{상속의 포기는 비록 포기자의 재산에 영향을 미치는 바가 없지 아니하나 상속인으로서의 지위 자체를 소멸하게 하는 행위로서 순전한 재산법적 행위와 같이 볼 것이 아니다. 오히려 상속의 포기는 1차적으로 피상속인 또는 후순위상속인을 포함하여 다른 상속인 등과의 인격적 관계를 전체적으로 판단하여 행하여지는 '인적 결단'으로서의 성질을 가진다. 그러한 행위에 대하여 비록 상속인인 채무자가 무자력 상태에 있다고 하여서 그로 하여금 상속포기를 하지 못하게 하는 결과가 될 수 있는 채권자의 사해행위취소를 쉽사리 인정할 것이 아니다. 그리고 상속은 피상속인이 사망 당시에 가지던 모든 재산적 권리 및 의무·부담을 포함하는 총체재산이 한꺼번에 포괄적으로 승계되는 것으로서 다수의 관련자가 이해관계를 가지는데, 위와 같이 상속인으로서의 자격 자체를 좌우하는 상속포기의 의사표시에 사해행위에 해당하는 법률행위에 대하여 채권자 자신과 수익자 또는 전득자 사이에서만 상대적으로 그 효력이 없는 것으로 하는 채권자취소권의 적용이 있다고 하면, 상속을 둘러싼 법률관계는 그 법적 처리의 출발점이 되는 상속인 확정의 단계에서부터 복잡하게 얽히게 되는 것을 면할 수 없다. 또한 상속인의 채권자의 입장에서는 상속의 포기가 그의 기대를 저버리는 측면이 있다고 하더라도 채무자인 상속인의 재산을 현재의 상태보다 악화시키지 아니한다. 이러한 점들을 종합적으로 고려하여 보면, 상속의 포기는 민법 제406조 제1항에서 정하는 "재산권에 관한 법률행위"에 해당하지 아니하여 사해행위취소의 대상이 되지 못한다} 참조.
62) 대법원 2016. 12. 29. 선고 2016다249816 판결, 대법원 2006. 9. 14. 선고 2006다33258 판결 참조. 따라서 채무자

책임재산에 해당하지 않으므로 이혼에 따른 재산분할청구권을 포기하거나 불행사하더라도 불이익한 처분으로 볼 수 없다.[63][64]

이혼 후 재산분할을 청구하지 않는 경우 면책불허가사유가 되는가. 이에 대하여 면책불허가사유가 된다는 견해가 있고, 일부 법원의 실무도 그렇게 운영되고 있는 것 같다.[65] 하지만 이혼으로 인한 재산분할청구권은 그 행사 여부가 청구인의 인격적 이익을 위하여 그의 자유로운 의사결정에 전적으로 맡겨진 권리로서 행사상의 일신전속성을 가지므로, 채권자대위권의 목적이 될 수 없고 파산재단에도 속하지 않는다고 보아야 한다는 점에서[66] 이혼 후 재산분할을 청구하지 않았다고 하여 면책불허가사유가 될 수는 없다.[67]

(다) 고의·자기 또는 타인의 이익을 도모하거나 채권자를 해할 목적

1) 해당 행위에 대한 인식이 있어야 한다. 파산원인을 이루는 구체적 사실의 인식으로 충분하다. 나아가 자기 또는 타인의 이익을 도모하거나 채권자를 해할 목적이 있어야 한다.

2) 채권자를 해할 목적은 채권자를 해하는 것을 주된 목적으로 하는 것에 한정할 필요는 없지만, 채권자의 파산절차에 의한 만족을 적극적으로 감소시키려는 해의가 존재하여야 한다. 즉 단순한 인식으로 부족하고 적극적인 의욕이 필요하다. 여기서 채권자란 특정채권자가 아닌

가 자신의 배우자에게 재산분할로 일정한 재산을 양도함으로써 결과적으로 일반 채권자들에 대한 공동담보를 감소시키는 결과가 되더라도, 그 재산분할이 민법 제839조의2 제2항의 규정 취지에 따른 상당한 정도를 벗어나는 과대한 것이라고 인정할 만한 특별한 사정이 없는 한 채권자에게 불이익한 처분에 해당하지 않는다고 보아야 한다.

이러한 전제에서 파산 및 면책신청 전에 협의이혼에 따른 재산분할로 아파트를 이전한 사건에서 면책불허가사유가 아니라는 하급심 재판례가 있다(대구지방법원 2019. 5. 1. 자 2017라704 결정). 위 판결은 「① 재산분할 당시 아파트의 시가는 1억 4,500만 원 상당이었고, 그 당시 아파트에 설정된 근저당권의 피담보채무액이 약 9,500만 원 정도였으므로, 재산분할 당시 이 사건 아파트의 실질가치는 약 5,000만 원 정도였던 점, ② 채무자는 1986. 3. 14. 배우자와 혼인하여 협의이혼 당시 혼인기간이 29년 이상이었고, 아파트의 취득시점도 2005. 1. 6.로 혼인이후 약 19년 정도가 경과하였으며, 배우자도 혼인기간 중 공장에서 근무하는 등 일정한 소득활동을 한 것으로 보이는 사정 등을 고려하면 아파트의 취득이나 재산유지에 있어 배우자의 기여도가 상당한 것으로 보이는 점, ③ 채무자는 협의이혼을 하면서 배우자의 거주지 마련이나 자신보다 곤궁한 상태에 처하게 될 배우자의 경제적 상황, 위자료 등을 고려하여 아파트를 배우자에게 이전하였을 가능성도 배제할 수 없는 점 등을 종합하면, 채무자가 협의이혼을 하면서 배우자에게 재산분할로 아파트를 이전한 행위가 상당한 범위를 넘는 과도한 것으로서 '자기 또는 타인의 이익을 도모하거나 채권자를 해할 목적으로 한 파산재단에 속하는 재산을 은닉 또는 손괴하거나 채권자에게 불이익하게 처분을 하는 행위'에 해당한다고 단정하기 어렵다」고 판시하였다.

63) 대법원 2013. 10. 11. 선고 2013다7936 판결(협의 또는 심판에 의하여 구체화되지 않은 이혼에 따른 재산분할청구권을 포기하는 행위가 채권자취소권의 대상이 되는지에 관하여, 이혼으로 인한 재산분할청구권은 이혼을 한 당사자의 일방이 다른 일방에 대하여 재산분할을 청구할 수 있는 권리로서 이혼이 성립한 때에 그 법적 효과로서 비로소 발생하는 것일 뿐만 아니라, 협의 또는 심판에 의하여 구체적 내용이 형성되기까지는 그 범위 및 내용이 불명확·불확정하기 때문에 구체적으로 권리가 발생하였다고 할 수 없으므로 협의 또는 심판에 의하여 구체화되지 않은 재산분할청구권은 채무자의 책임재산에 해당하지 아니하고, 이를 포기하는 행위 또한 채권자취소권의 대상이 될 수 없다) 참조.

64) 실무는 통일되어 있지 않다. 의정부지방법원 2014. 6. 3. 자 2013라755 결정(대법원 심리불속행 기각으로 확정), 수원지방법원 2014. 11. 21. 자 2013라2020 결정(확정) 등은 불이익한 처분으로 볼 수 없다는 입장이고, 서울중앙지방법원 2015. 12. 1. 자 2014하면8575 결정(확정), 창원지방법원 2014. 5. 27. 자 2013라537 결정(대법원 심리불속행 기각으로 확정)은 불이익한 처분이라는 입장이다.

65) 개인파산·회생실무, 70쪽.

66) 대법원 2022. 7. 28. 자 2022스613 결정.

67) 대법원 2023. 7. 14. 자 2023마5758 결정.

총채권자를 의미한다. 여기에는 재단채권자나 별제권자도 포함된다.

3) '자기 또는 타인의 이익을 도모할 목적'의 의미는 그 이익에 관한 단순한 인식으로는 부족하고 '채권자를 해할 목적'에 준하여 '자기 또는 타인의 이익 추구에 대한 적극적 의욕'에 이르는 것으로 보아야 한다. 그 이유는 다음과 같다.[68] ① 제564조 제1항 제1호의 면책불허가사유는 모두 파산범죄에 해당하는 행위를 대상으로 하고 있고, 그 사유의 존부를 판단하는 데 채무자가 반드시 파산범죄로 기소되거나 유죄판결을 받아야 하는 것은 아니지만, 경우에 따라 형사처벌의 대상이 될 수도 있음을 감안하여 위 사유에 해당하는지 여부에 관해서는 더욱 엄격하고 신중하게 판단하여야 한다.[69] ② 사기파산죄는 '총채권자의 재산상의 이익'을 직접적 보호법익으로 하는 범죄이고, 이른바 추상적 위험범으로서 채권자를 해할 위험성만 있으면 성립하고 반드시 채권자를 해하는 결과가 실제로 발생할 것을 요구하지 않는다. 그런데 '자기 또는 타인의 이익을 도모할 목적'의 의미를 그 이익에 대한 단순한 인식으로 충분하다고 보면 병렬적으로 규정된 '채권자를 해할 목적'이 가지는 의미와 균형이 맞지 않고 추상적 위험범인 사기파산죄의 처벌범위가 지나치게 넓어져서 채무자에게 가혹한 결과를 초래할 수 있다. ③ 제564조 제1항 제1호, 제651조 제2호에 규정한 과태파산죄에서 '어느 채권자에게 특별한 이익을 줄 목적'은 단순한 인식으로는 부족하고 적극적으로 이를 희망하거나 의욕하는 것을 의미한다고 보고 있는데,[70] 사기파산죄의 주관적 구성요건도 이와 마찬가지로 제한적으로 해석하는 것이 합리적이다.

(라) 행위의 시기
파산선고 전후를 묻지 않는다.

(2) 파산재단의 부담을 허위로 증가시키는 행위 (제2호)

> 채무자가 파산선고의 전후를 불문하고 자기 또는 타인의 이익을 도모하거나 채권자를 해할 목적으로 파산재단의 부담을 허위로 증가시키는 행위가 있다고 인정하는 때

파산재단의 부담을 허위로 증가시키는 것은 총채권자에 대한 배당가능성을 부당하게 저하시킬 위험이 있기 때문에 면책불허가사유로 규정한 것이다. 재단채권을 증가시키는 것, 파산재

---

68) 대법원 2024. 5. 30. 자 2023마6319 결정. 위 결정의 사안은 다음과 같다. 채무자는 2021. 6.경부터 2022. 6. 중순경까지 회사에 근무하면서 전 배우자 명의의 계좌(이하 '이 사건 계좌')로 급여를 지급받았는데, 그중 상당액이 전 배우자 명의의 다른 은행 계좌로 이체하였다. 압류금지채권의 목적물인 채무자의 급여가 이 사건 계좌에 입금된 경우 그 예금은 압류금지채권에 해당하지는 않지만, 이러한 경우에도 원래의 압류금지 취지는 참작될 여지가 있는 점 (대법원 1996. 12. 24. 자 96마1302, 1303 결정 등 참조), 당시 채무자에게는 미성년 자녀가 있었고, 채무자가 회사에서 단기간 근무하다가 퇴사한 것으로 보이는 점 등을 고려해 보면, 채무자가 파산선고 전에 급여를 이 사건 계좌로 지급받고 그중 상당액을 전 배우자 명의의 다른 은행 계좌로 송금하였다고 하더라도 이를 '파산재단에 속하는 재산의 은닉, 손괴 또는 불이익한 처분 행위'에 해당한다거나 채무자가 자기 또는 타인의 이익 추구를 적극적으로 의욕하거나 채권자를 해할 목적을 가지고 있었다고 단정하기 어려우므로, 채무자의 행위가 제650조 제1항 제1호의 면책불허가사유에 해당한다고 보기 어렵다.

69) 대법원 2016. 8. 31. 자 2016마899 결정 참조.

70) 대법원 2010. 1. 20. 자 2009마1588 결정, 대법원 2009. 3. 2. 자 2008마1654, 1655 결정 등 참조.

단에 속하는 재산에 저당권 등의 담보권을 설정하는 행위, 허위의 채무를 부담하여 파산채권을 증가시키는 것 등이 여기에 해당할 것이다.

　행위의 시기는 파산선고 전후를 묻지 않는다. 자기 또는 타인의 이익을 도모하거나 채권자를 해할 목적에 관하여는 앞의 《(1)(다)》를 참조할 것.

(3) 상업장부의 부작성, 부실기재, 은닉, 손괴 (제3호)

> 　채무자가 파산선고의 전후를 불문하고 자기 또는 타인의 이익을 도모하거나 채권자를 해할 목적으로 법률의 규정에 의하여 작성하여야 하는 상업장부를 작성하지 아니하거나, 그 상업장부에 재산의 현황을 알 수 있는 정도의 기재를 하지 아니하거나, 그 상업장부에 부실한 기재를 하거나, 그 상업장부를 은닉 또는 손괴하는 행위가 있다고 인정하는 때

　상업장부를 작성하지 아니하거나, 그 상업장부에 재산의 현황을 알 수 있는 정도의 기재를 하지 아니하거나, 그 상업장부에 부실한 기재를 하거나, 그 상업장부를 은닉 또는 손괴하는 행위는 파산절차의 적정한 수행을 방해하고, 파산재단으로 될 재산의 관리를 어렵게 하며, 파산채권자의 이익을 해하기 때문에 면책불허가사유로 한 것이다. 위와 같은 행위는 모두 채무자의 적극적인 의사를 전제로 한 것으로, 무지나 무능으로 인한 상업장부의 불비는 면책불허가사유가 되지 않는다.

　상업장부란 상인이 영업상의 재산 및 손익의 상황을 명백하게 하기 위하여 상법상의 의무로서 작성하는 장부로 회계장부와 대차대조표가 있다(상법 제29조 제1항). 회계장부란 상인의 영업상의 거래 기타 기업재산의 일상의 동적 상태를 기록하기 위한 장부를 말한다(상법 제30조 제1항). 회계장부인지 여부는 그 명칭이나 형식을 불문하고 그 실질에 따라 판단하여야 한다. 전표, 분개장, (총계정)원장 등은 모두 회계장부이다. 대차대조표란 일정시기에 있어서의 기업의 총재산을 자산, 부채, 자본의 과목으로 나누어 기업의 재산상태를 일목요연하게 나타내는 개괄표이다. 회계장부가 영업의 동적 상태를 나타내는 것이라면 대차대조표는 일정한 시점의 영업의 정적 상태를 나타내는 장부이다.

　상업장부는 가시성, 가독성이 확보된 것이라면 전자적 기록도 포함된다. 상업장부는 상법상의 의무로 작성하는 것이므로 상법상 작성의무가 없는 소상인이 작성한 것이나(상법 제9조), 부가가치세법에 따라 발급하는 세금계산서(부가가치세법 제32조)는 상업장부가 아니다. 또한 상업장부는 상인의 '영업상의 재산 및 손익의 상황'에 관한 장부(기업회계에 관한 장부)여야 하므로 기업회계에 관한 장부가 아닌 주주명부, 사채원부, 주주총회의사록 등은 상업장부가 아니다.[71]

---

71) 제3호는 파산관재인이 파산재단을 적정하게 관리하기 위하여 필요한 증빙을 채무자가 작성하지 아니하는 등의 행위에 대한 제재로서의 의미를 가지고 있다. 따라서 부작성 등에 의해 파산재단의 관리에 지장을 주는 것으로 상법상의 작성의무가 있는 상업장부에 한정할 필요가 없다. 상업장부 이외에 영업 및 재산의 상황에 관한 장부인 한 모두 대상이 된다고 보아야 한다. 작성의무의 유무를 불문하고 업무 및 재산에 대한 변동이 기재된 것이라면 '장부'라고 표시되어 있지 않아도, 또한 그 기재에 연속성이 없더라도 그 대상이 된다고 할 것이다. 입법론적 검토가 필요하다(일본 파산법 제252조 제1항 제6호는 면책불허가사유의 하나로 '업무 및 재산에 대한 상황에 관한 <u>장부</u>, 서류 기타 물건을 은닉하거나 위조하거나 변조한 경우'를 들고 있다).

(4) 폐쇄장부의 변경, 은닉, 손괴 (제4호)

> 채무자가 파산선고의 전후를 불문하고 자기 또는 타인의 이익을 도모하거나 채권자를 해할 목적으로 제481조 규정에 의하여 법원사무관 등이 폐쇄한 장부에 변경을 가하거나 이를 은닉 또는 손괴하는 행위가 있다고 인정하는 때

행위의 객체는 채무자의 재산에 관한 장부이므로 상업장부에 한정되지 않는다.

변경이란 파산재단에 속하는 재산의 현황을 아는 것을 곤란하게 할 정도의 것이어야 한다. 행위의 시기는 파산선고의 전후를 묻지 않는다고 되어 있지만, 행위의 객체의 성질상 파산선고 후의 행위만이 문제된다.

나. 과태파산죄 (제651조)

과태파산죄(제651조)도 총채권자의 이익을 보호하기 위한 것이다. 다만 사기파산죄와 달리 자기 또는 타인의 이익을 도모하거나 채권자를 해할 목적을 요건으로 하지 않는다. 행위의 시기는 파산선고의 전후를 묻지 않는다.

면책불허가사유가 되는 구체적인 행위의 내용은 다음과 같다.

(1) 신용거래 구입상품의 현저한 불이익 조건 처분 (제1호)

> 채무자가 파산선고의 전후를 불문하고 파산의 선고를 지연시킬 목적으로 신용거래로 상품을 구입하여 현저히 불이익한 조건으로 이를 처분하는 행위가 있다고 인정하는 때

(가) 고의·파산선고를 지연시킬 목적

채무자가 해당 행위에 대한 인식을 하고 있어야 함은 물론, 행위 당시 지급불능의 상태에 있다는 점, 채무자가 지급불능사실을 인식하고 있을 것이 필요하다. 채권자가 파산신청을 준비하고 있다면 파산선고가 임박하여 있다는 사실을 인식할 필요는 없다. 나아가 파산선고를 지연시킬 목적이 있어야 한다. 단순한 인식만으로는 충분하지 않다{앞 가.(1)(다)2) 참조}.

(나) 신용거래로 구입한 상품의 불이익처분행위

신용거래란 대금 후불 지급방식의 거래를 말한다. 신용카드를 이용하여 상품을 구입한 경우는 물론 할부계약도 포함된다. 구입의 목적물은 상품이다. 상품이란 상거래 목적물을 말한다. 따라서 시장성이 없는 골동품이나 취미에 속하는 동산을 할부로 고가에 구입하여 애호가에게 저가로 매각하였다고 하여도 해당 동산이 상품성이 없는 한 여기에 해당하지 않는다.

현저히 불이익한 조건이란 상품의 처분조건이 일반적인 거래 실정에 비추어 불합리하게 채무자에게 불리한 것을 말한다.

여기에 해당하는 것으로 신용카드로 상품을 구입한 후 저가로 매각하여 현금을 융통하는 행위를 들 수 있다.

한편 신용거래로 인한 매매의 경우 대금을 완납할 때까지 매도인에게 소유권을 유보하는 것이 일반적이다. 이 경우 채무자가 처분하여도 그 상대방인 제3취득자가 선의취득을 하지 않는 한 매도인은 제3취득자에 대하여 소유권에 기한 환취권을 주장할 수 있으므로 채무자의 처분행위를 여기에 해당하지 않는다고 볼 것인가. 이러한 경우 소유권유보 자체는 별제권으로 해석하여야 하기 때문에(본서 1415쪽) 파산재단을 구성하는 재산의 처분행위로 이해하여야 할 것이다. 또한 처분행위는 반드시 법적인 의미에서 권리이전에 한정할 것은 아니기 때문에, 소유권유보부매매의 목적물을 전매하는 등의 행위도 포함된다고 할 것이다.

(2) 파산원인이 있음을 알면서 한 비본지행위 (제2호)

> 채무자가 파산선고의 전후를 불문하고 파산의 원인인 사실이 있음을 알면서 어느 채권자에게 특별한 이익을 줄 목적으로 한[72] 담보의 제공이나 채무의 소멸에 관한 행위로서 채무자의 의무에 속하지 아니하거나 그 방법 또는 시기가 채무자의 의무에 속하지 아니하는 행위가 있다고 인정하는 때

(가) 특정채권자에게 특별한 이익을 줄 목적

어느 채권자에게 특별한 이익을 줄 목적은 단순한 인식으로는 부족하고 적극적으로 이를 희망하거나 의욕하는 것을 의미한다.[73] 채무자가 파산의 원인인 사실이 있음을 알면서 여럿의 채권자들 중에서 어느 채권자에게 특별한 이익을 줄 목적으로 변제하였더라도 그 행위가 '변제기에 도달한 채무를 그 내용에 좇아 변제하는 것'인 경우에는 면책불허가사유에 해당한다고 볼 수 없다.[74]

채권자는 특정되면 충분하고 복수의 경우도 포함된다. 파산선고 후 재단채권으로 되어야 할 채권이라도 재단부족으로 인한 이시폐지의 경우 다른 재단채권자에 비하여 특별한 이익을 부여하는 것이 되기 때문에 채권자에 포함된다. 반면 별제권자도 포함된다는 견해도 있으나,[75] 별제권으로 담보되어 있는 채권에 관련된 채권자는 포함되지 않는다고 할 것이다.

특별한 이익이란 다른 채권자와의 공평성을 해하는 편파적인 이익으로, '특별한'으로 평가되는 이익이어야 한다.

(나) 담보의 제공이나 채무의 소멸에 관한 행위

담보의 제공이란 저당권, 질권 등 담보권 등의 설정을 말한다. 연대보증과 같이 인적보증의 제공도 포함된다. 채무의 소멸에 관한 행위란 변제, 공탁, 상계, 대물변제, 경개, 해제계약, 상계계약 등을 말한다.

담보제공이나 채무소멸행위에 대하여는 부인의 경우와 달리 지급정지나 파산신청 후(제391

---

72) 특정 채권자에게 특별한 이익을 주는 행위의 효력에 관하여, 회생절차와 개인회생절차에서는 무효로 규정하고 있음에 반하여(제219조, 제612조), 파산절차에서는 면책불허가사유로 규정하고 있다.
73) 대법원 2010. 1. 20. 자 2009마1588 결정, 대법원 2009. 3. 2. 자 2008마1654 결정.
74) 대법원 2016. 8. 31. 자 2016마899 결정, 대법원 2008. 12. 29. 자 2008마1656 결정.
75) 개인파산·회생실무, 312쪽.

조 제2호, 제3호 참조)에 한 경우라는 시기적 요건이 규정되어 있지 않다. 하지만 채무자의 자력이 충분하다면 담보제공이나 채무소멸행위에 대하여, 특정의 채권자에 대한 특별한 이익공여 목적이 인정되지 않기 때문에, 적어도 채무자에 대하여 가까운 장래에 지급정지에 이를 개연성이 인정되는 시기 이후에 한 경우에 한정된다고 할 것이다.[76]

한편 부인과는 요건을 달리하고 있기 때문에, 부인권을 제척기간의 도과로 행사할 수 없다고 하여도 위 요건에 해당하는 한 면책불허가사유가 된다.

(다) 비본지행위

채무자의 의무에 속하지 아니하거나 그 방법 또는 시기가 채무자의 의무에 속하지 아니하는 행위여야 한다. 이에 관하여는 〈제2편 제7장 제3절 III.2.나.(2)〉(본서 446쪽)를 참조할 것. 채무자가 채권자에 대하여 담보를 제공하거나 채무소멸의 의무를 부담하고, 그 방법이나 시기도 정해진 바에 따른 경우에는, 비록 편파행위라고 하여도 채권자 사이의 불평등 문제에 지나지 않기 때문에 이러한 행위는 면책불허가사유에 해당하지 않는다.

면책결정을 받더라도 특정 파산채권을 변제하겠다는 내용의 차용증을 작성한 행위가 파산원인이 있음을 알면서 한 비본지행위에 해당하는가. 즉 면책결정 전 채무재승인약정이 면책불허가사유가 되는가. 면책결정 전 채무재승인약정은 유효하나 새로 생긴 채무에도 면책의 효력이 미치므로[77] 일반 채권자의 이익을 침해하지 아니하는 점을 고려하면, 채무가 소멸하는 것이 아니라 단순히 채무를 승인하고 면책결정이 있더라도 변제하겠다는 취지의 차용증을 작성하는 행위는 면책불허가사유에 해당하지 않는다고 할 것이다.

(3) 상업장부의 부작성, 부실기재, 은닉, 손괴 (제3호)[78]

> 채무자가 파산선고의 전후를 불문하고 법률의 규정에 의하여 작성하여야 하는 상업장부를 작성하지 아니하거나, 그 상업장부에 재산의 현황을 알 수 있는 정도의 기재를 하지 아니하거나, 그 상업장부에 부실한 기재를 하거나, 그 상업장부를 은닉 또는 손괴하는 행위가 있다고 인정하는 때

상인은 상업장부를 작성할 의무가 있다(상법 제29조). 행위에 대한 고의는 필요하지만, 파산절차를 방해할 목적까지 필요로 하는 것은 아니다.

(4) 폐쇄장부의 변경, 은닉, 손괴 (제4호)[79]

> 채무자가 파산선고의 전후를 불문하고 제481조 규정에 의하여 법원사무관 등이 폐쇄한 장부에 변경을 가하거나 이를 은닉 또는 손괴하는 행위가 있다고 인정하는 때

---

76) 條解 破産法, 1656쪽.
77) 대법원 2021. 9. 9. 선고 2020다277184 판결 참조.
78) 행위 내용은 사기파산죄의 경우와 같다.
79) 행위 내용은 사기파산죄의 경우와 같다.

다. 구인불응 (제653조)

> 구인의 명을 받은 채무자[80]가 그 사실을 알면서도 파산절차를 지연시키거나 구인의 집행을 회피할 목적으로 도주한 때

라. 뇌물약속, 공여, 공여의사표시 (제656조)

> 채무자가 파산관재인, 감사위원, 파산채권자, 파산채권자의 대리인, 파산채권자의 이사에게 뇌물을 약속 또는 공여하거나 공여의 의사를 표시한 때

마. 설명의무위반 (제658조)

> 파산관재인·감사위원 또는 채권자집회의 요청에 의하여 파산에 관하여 필요한 설명을 하여야 할 의무가 있는 채무자 등(제321조)이 정당한 사유 없이 설명을 하지 아니하거나 허위의 설명을 한 때

(1) 의 의

채무자 등은 파산관재인·감사위원 또는 채권자집회의 요청에 의하여 파산에 관하여 필요한 설명을 하여야 한다(제321조, 제578조의7). 채무자가 정당한 사유 없이 설명을 하지 않거나 허위의 설명을 한 때에는 설명의무위반죄로 처벌하며(제658조, 제321조), 채무자에게 설명의무위반죄에 해당하는 행위가 인정되면 면책불허가사유에 해당한다.

(2) 설명의 대상

설명의 대상(파산에 관하여 필요한 설명)은 파산에 이른 사정, 파산재단, 파산채권, 재단채권, 부인권, 환취권, 별제권, 상계권 기타 파산관재업무에 필요한 일체의 사항에 미친다. 다만 파산에 관하여 필요한 설명이라는 요건을 충족하려면, 파산관재인 등이 채무자에게 요청하는 모든 사항에 관한 설명을 의미하는 것이 아니라, 설명을 요구하는 사항 자체가 파산관재업무에 필요한 것이어야 할 뿐만 아니라, 구체적인 개별 사안에서 파산관재인이 그와 같은 설명을 요구하게 된 이유가 기록상 나타나는 여러 정황에 비추어 합리적인 것으로 인정되어야 한다. 즉 파산절차의 진행을 위하여 필수적인 내용에 관한 설명으로 한정되어야 한다. 설명에는 자료제출도 포함된다. 만일 파산관재인 등의 설명이나 자료제출 요구가 파산절차의 진행을 위하여 필수적인 내용에 관한 것이 아니라면, 그에 대한 채무자의 설명이나 자료제출이 불충분하다고 하더라도 설명의무위반죄가 성립한다고 보기는 어렵다.[81]

---

80) 제319조, 제322조.
81) 대법원 2024. 5. 30. 자 2023마6319 결정, 대법원 2024. 3. 14. 자 2023마6044 결정. ① 채무자는 2021. 6.경부터 2022. 6. 중순경까지 회사에 근무하면서 전 배우자 명의의 계좌(이하 '이 사건 계좌')로 급여를 지급받았는데, 그중 상당액이 전 배우자 명의의 다른 은행 계좌로 이체되었고, 파산관재인은 채무자에게 이 사건 계좌의 위 입출금 경

설명의무를 위반한 것이 파산채권자의 이익을 직접적으로 해치는 것은 아니지만 파산절차의 원활한 진행을 방해하고 파산재단의 형성을 방해한다는 점에서 면책불허가사유로 한 것이다.[82]

(3) 설명요구권자

설명요구권자는 파산관재인, 감사위원 또는 채권자집회이다. 따라서 파산절차가 동시폐지된 경우에는 파산관재인이 선임되지 않는 등 성질상 위 규정은 적용되지 않는다.

(4) 설명하지 않거나 허위의 설명

설명을 하지 않거나 허위의 설명을 하여야 한다.

설명을 하지 않았다는 것은 파산관재인 등의 구체적인 설명 요청을 받고도 이를 전혀 이행하지 않거나 자료제출 요구에 전혀 응하지 않는 경우를 말한다. 심문기일 등에서 설명을 거절하는 것뿐만 아니라 정당한 이유없이 심문기일에 출석하지 않는 것도 포함된다.

허위의 설명을 하였다는 것은 채무자 등이 설명은 하였으나 그 내용이 허위인 경우를 말한다.[83] 허위의 설명에는 고의적으로 허위의 설명을 하는 경우뿐만 아니라 당연히 설명하여야 할 사항에 대하여 스스로 적극적으로 설명하지 않는 것도 포함된다.

여기에 해당하는 것으로 퇴직금청구권의 존재를 진술하지 않는 경우, 재산상황에 대한 설명을 게을리 한 경우, 파산신청에 이르게 된 경위 등에 대한 허위진술 등을 들 수 있다.

(5) 정당한 사유가 없을 것

정당한 사유가 없어야 한다. 채무자의 나이, 지적능력, 사안의 복잡성, 채무자가 보유하거나 지배하는 정보의 범위 등에 비추어 채무자에게 온전한 설명을 기대하기 어려운 경우에는 정당

위, 이 사건 계좌에서 인출된 현금의 사용처 등에 관한 소명을 요구하였다. 파산관재인이 추가적인 소명을 요구한 사항은 이 사건 '파산절차의 진행을 위하여 필수적인 내용'이라고 보기 어려우므로, 채무자가 제대로 된 소명을 하지 못하였다고 하더라도 설명의무를 위반하였다고 단정할 수 없어 채무자회생법 제658조의 면책불허가사유에 해당한다고 보기 어렵다(위 2023마6319 결정 참조). ② 채무자 자녀의 직업이나 수입, 그 재산의 형성 경위는 채무자가 자녀들의 명의를 빌려 실질적으로 그 재산을 보유하고 있다는 점을 의심할 만한 별다른 자료가 없다면, 파산절차의 진행을 위하여 필수적인 내용이라고 보기 어렵다. 여기에 채무자의 문서제출명령 신청에 따라 보험 관련 자료 회신이 도착한 점 및 채무자가 자녀들에 관한 일부 자료를 제출한 점을 보태어 보면, 채무자의 설명이나 자료제출이 불충분하다고 하더라도 설명의무를 위반하였다고 보기 어렵다(위 2023마6044 결정 참조).

82) 실무적으로 설명의무위반을 이유로 한 면책불허가 여부가 많이 문제되고 있다. 설명의무위반 행위에 관한 구체적인 기준이 정립되어 있지 않은 현실에서 결국 개별적인 사안별로 판단할 수밖에 없을 것이다. 설명의무위반 여부에 관한 구체적인 사례에 관하여는 「남대하, "면책불허가사유 중 설명의무위반 행위", 사법 제36호(2016년 6월), 사법발전재단(2016), 193~195쪽」을 참조할 것.

83) 설명의무위반행위를 하였다가 뒤늦게 설명을 한 경우 설명의무위반의 하자가 치유되는가. 제33조에 의하면, 면책을 비롯한 파산절차는 특별한 규정이 없는 한 민사소송법의 규정을 준용하도록 하고 있고, 민사소송법 제443조에 의해 항고법원의 소송절차에 준용되는 민사항소심은 속심제로서 소송절차는 속심제를 취하고 있는 이상(대법원 2007. 4. 12. 선고 2006다72765 판결 등 참조), 제1심의 면책불허가결정에 대한 채무자의 즉시항고를 심리하는 항고심에서의 새로운 사실과 증거의 제출은 항고심에서 심문을 연 때에는 그 심문종결시까지, 심문을 열지 아니한 때에는 결정의 고지시까지 가능하다 할 것이므로, 항고심법원으로서는 그때까지 제출한 자료를 토대로 제1심결정 혹은 항고이유의 당부를 판단하여 보아야 할 것이다(대법원 2009. 2. 26. 자 2007마1652 결정). 따라서 제1심에서 설명의무위반을 이유로 한 면책불허가결정에 대하여 즉시항고한 채무자가 항고심에서 설명을 하였다면, 항고심은 이를 포함하여 제564조 제1항 제1호에 정한 면책불허가사유의 존부를 판단하여야 한다.

한 사유를 인정할 수 있을 것이다.

2. 파산원인사실을 속이거나 감추고 신용거래로 재산 취득 (제564조 제1항 제2호)

> 채무자가 파산선고 전 1년 이내에 파산의 원인인 사실이 있음에도 불구하고 그 사실이 없는 것으로 믿게 하기 위하여 그 사실을 속이거나 감추고 신용거래로 재산을 취득한 사실이 있는 때

채무자가 파산원인인 사실이 있음을 알면서도 기망하여 신용거래로 재산을 취득하는 행위는 형법상의 사기죄를 구성하는 행위로, 채무자의 강한 불성실성을 드러내는 것이고, 또한 관련 거래가 행하여지는 것을 방지하여 신용질서를 보호한다는 취지에서 면책불허가사유로 한 것이다.

'파산원인인 사실이 있다'라고 규정하고 있지만, 개인의 파산원인은 지급불능이다. 따라서 기망을 하는 시점에 지급불능 상태에 있어야 하고, 나아가 그 사실을 인식하고 있을 것이 필요하다.

채무자가 파산의 원인인 사실이 없는 것으로 믿게 하기 위하여 그 사실을 속이거나 감추었다고 판단하기 위해서는, 채무자가 객관적으로 지급불능의 상태에 있었다는 사정만으로 부족하고, 채무자가 신용거래로 재산을 취득하는 과정에서 상대방인 채권자에게 한 언행, 상대방인 채권자가 채무자에게 다액의 채무가 있다거나 지급불능의 상태에 빠질 수도 있다는 사정을 알고서 과다한 이익을 얻기 위하여 신용거래에 나아간 것인지 여부 등 상대방인 채권자가 신용거래를 하게 된 경위, 채무자의 전체 채무 중에서 위와 같이 취득한 재산이 차지하는 비중 및 그 증감의 정도, 신용거래의 성격 즉, 새로운 신용거래인지 아니면 종전의 신용거래를 연장 내지 갱신한 거래에 지나지 않는지 여부, 채무자가 신용거래로 취득한 재산의 사용처 등을 면밀히 심리하여 판단하여야 한다.[84]

3. 허위의 채권자목록 등 제출, 재산상태에 관한 허위진술 (제564조 제1항 제3호)

> 채무자가 허위의 채권자목록 그 밖의 신청서류를 제출하거나 법원에 대하여 그 재산상태에 관하여 허위의 진술을 한 때

가. 일반론

채권자목록이란 면책신청을 할 때 제출하는 채권자목록을 말한다(제556조 제6항).[85] 채무자

---

84) 대법원 2010. 8. 23. 자 2010마227 결정(파산신청 당시 채무액이 약 8억 6,000만 원이었고 신청 직전 1년간 합계 1억 2,700만 원 이상을 차용하여 채무 돌려막기에 사용한 사안에서, 원심은 채무자가 경제적 어려움 속에 현저하게 불이익한 조건으로 사채업자들로부터 돈을 차용하여 이를 채무 돌려막기에 사용해왔다는 사정을 들어 면책불허가 사유가 있다고 보았으나, 대법원은 그것만으로는 부족하다고 판단하였다).

85) 법원이 면책절차를 진행하기 위해서는 채권자 이름 및 그 채권액의 전모를 알아야 하는 것이 불가결하다. 그래서

가 파산신청을 한 경우에는 반대의 의사표시를 한 경우를 제외하고 당해 신청과 동시에 면책신청을 한 것으로 보기 때문에(제556조 제3항), 파산신청을 할 때 제출하는 채권자목록(제302조 제2항 제1호)은 제556조의 채권자목록으로 보게 된다(제556조 제7항). 따라서 파산신청을 할 때 제출한 채권자목록의 허위 기재도 면책불허가사유가 된다.

허위란 채권자목록에 채권자의 이름이나 채권액, 그 발생원인 등에 대하여 사실에 반하는 내용을 기재하거나 기재하여야 할 채권자의 이름을 기재하지 않는 것을 말한다. 허위 내용의 기재나 불기재는 면책불허가라는 강력한 제재가 뒤따르므로 채무자가 절차수행을 방해하거나 채권자를 해할 목적에서 의도적으로 기재하거나 기재하지 않은 경우에 한정된다. 채권자는 채권자목록에 채권자의 이름이나 채권액을 기재함으로써, 그것을 열람하는 제3자를 통하여 채권자 자신의 신용이 훼손되는 것을 염려하여 채권자목록에의 기재를 희망하지 않을 때가 있고, 채무자가 이에 응하여 기재하지 아니한 경우에도 고의는 인정된다. 그러나 채무자에게 절차방해목적이 없어 면책불허가사유로 되지 않는다고 할 것이다.[86]

채무자가 고의로 허위 신청서류를 제출하거나 허위의 진술을 한 경우에 한정되어 적용되는 것일 뿐, 채무자가 과실로 허위 신청서류를 제출하거나 허위의 진술을 한 경우에는 적용되지 않는다.[87]

재산상태란 채무자의 재산상태를 말하고, 채무자의 재산에는 채무자가 자신의 명의로 보유하는 재산뿐만 아니라 타인의 명의를 빌려 실질적으로 자신이 보유하는 재산도 포함된다. 그러나 채무자의 친족 등이 보유하는 재산은 채무자의 재산이라고 볼 수 없으므로, 채무자가 친족 등의 재산상태에 관하여 허위의 진술을 하였다고 하여 면책불허가사유에 해당한다고 볼 수 없다.[88]

채무자가 과실로 채권자목록에 채권자의 이름이나 채권내용의 기재를 누락한 경우, 해당 채권은 비면책채권이 될 수 있을 뿐(제566조 단서 제7호) 면책불허가사유가 되는 것은 아니다. 채권자목록에의 불기재에 대하여, 채무자의 과실이 존재하지 않은 경우 해당 채권은 면책의 효력을 받는다.

나. 판단기준

'허위의 신청서류를 제출하거나 재산상태에 관하여 허위의 진술을 한 경우'에 해당하는지 여부를 판단하는 기준은 무엇인가. 지급불능 상태에 빠진 채무자에 대하여 경제적 재기와 갱생의 기회를 부여하여야 한다는 면책제도의 이념, 특별한 사정이 없으면 원칙적으로 면책을 허가하여야 한다고 규정하고 있는 제564조 제1항의 입법취지, 파산선고를 받았음에도 면책이

면책신청을 하기 위해서는 채권자목록의 제출을 의무화하고 있고(제556조 제6항), 이것에 허위 기재를 하는 것은 면책절차의 적정한 진행을 방해하는 행위가 된다. 따라서 채권자목록의 허위 기재를 면책불허가사유로 한 것이다.
86) 條解 破産法, 1663쪽.
87) 대법원 2011. 8. 16. 자 2011마1071결정, 대법원 2008. 12. 29. 자 2008마1656 결정.
88) 대법원 2009. 3. 20. 자 2009마78 결정

불허가된 채무자가 입는 신분상 불이익 등을 고려하면, 면책불허가사유인 '허위의 신청서류를 제출하거나 재산상태에 관하여 허위의 진술을 한 경우'에 해당한다는 사실은 객관적인 자료에 의하여 명백히 드러나야 하고, 단지 채무자가 허위의 신청서류를 제출하거나 진술을 하였을 가능성이 있다거나 채무자의 진술을 신뢰하기 어려운 정황이 존재한다는 등의 사정만으로 섣불리 면책불허가사유에 해당한다고 판단하여서는 아니 된다.[89]

채무자가 고의로 허위의 신청서류를 제출한 것인지 여부는 신청서류 제출 당시를 기준으로 판단하여야 하고, 사후적으로 해당 신청서류가 실제와 부합하지 않게 되는 사정이 발생하더라도 이러한 사정만으로 채무자가 고의로 허위의 신청서류를 제출한 것이라고 섣불리 단정하여서는 아니 된다.[90]

4. 일정기간 내에 면책을 받은 경우 (제564조 제1항 제4호)[91]

> 채무자가 면책의 신청 전에 개인파산절차에 의하여 면책을 받은 경우에는 면책허가결정의 확정일부터 7년이 경과되지 아니한 때, 개인회생절차에 의하여 면책을 받은 경우에는 면책확정일부터 5년이 경과되지 아니한 때

가. 기간 경과의 기준시점

7년[92] 또는 5년이 경과되었는지 여부의 기준 시점은 현 사건의 면책 여부 결정시이다. 다

---

89) 대법원 2023. 8. 18. 자 2023마5633 결정{채무자는 무직으로 공적부조금(국민기초생활 보장법에 따른 생계급여 등)으로 생활한다는 내용을 기재한 파산·면책신청서류를 제출하였음 ⇒ 원심은 채무자가 공적부조금으로 수령한 월 72만 원 정도 대부분을 이혼한 전 배우자와 아들에게 송금하였고, 핸드폰 발신 기지국 내역에 따르면 장거리 이동이 잦다는 사유로 채무자가 소득 및 직업에 관하여 허위 진술을 하였다고 보아 면책불허가결정을 하였음 ⇒ 대법원은 위와 같이 판시하면서 채무자가 송금한 공적부조금으로 아들이 채무자를 피보험자로 한 보험계약을 5건 체결하였다고 하더라도 공적부조금은 압류금지재산에 해당하므로 파산재단에 속하는 재산을 은닉한 것으로 볼 수 없어 면책불허가사유에 해당하지 않는다고 판단하여, 원심결정을 파기·환송함}.

90) 대법원 2024. 1. 30. 자 2023마53 결정. 위 결정의 사안은 다음과 같다. ① 채무자가 파산신청 당시 모친의 채무자에 대한 지급명령을 근거로 채권자목록에 모친의 채권액을 5억 7,100만 원이라고 기재하였다. ② 채무자의 채권자가 채무자를 대위하여 채무자의 모친을 상대로 지급명령에 기한 채권이 존재하지 않는다며 청구이의의 소를 제기하였다. 청구이의의 소에서 모친이 송금한 금액은 1억 5,500만 원에 불과하고 나머지는 채무자의 배우자나 관련 법인이 송금한 것으로 밝혀졌다. ③ 면책심리 법원은 채무자가 모친의 채권을 허위 기재하였다고 보아 면책불허가하였다(재량면책도 어렵다고 보았다). ④ 대법원은 채무자가 파산신청 당시 채무자가 송금받은 돈을 자신이 갚아야 할 채무로 인식하였을 여지가 충분하고, 실제로 지급명령까지 받아 확정된 상황이었다는 점을 고려하면 채무자가 이를 허위의 채무라고 인식하면서 채권자목록에 기재하였다고 단정할 수 없다고 판단하였다.

91) 개인이 일정기간 내에 면책을 받아 면책불허가사유가 있는 경우에도 아래에서 보는 바와 같이 개인파산·면책절차를 이용하여 재량면책을 받을 수도 있다. 재량면책이 어려운 경우 일반회생절차를 이용할 수도 있다(제293조의5 제4항 참조). 회생절차에서 회생계획인가결정에 의해 면책을 받은 것(제251조)은 7년 이내에 파산면책을 받는데 장애가 되지 않는다. 제564조 제1항 제4호는 명시적으로 제564조와 제624조에 따른 '면책허가결정'이라고 하고 있기 때문이다.

92) 미국에서도 개인의 경우 한 번 파산신청을 한 뒤 또 다시 파산신청을 하려면 7년을 기다려야 했었다. 여기서 7년은 성경에서 따온 것이라고 한다{엘리자베스 워런·아멜리아 워런 티아기/옮긴이 주의종, 맞벌이의 함정-중산층 가정의 위기와 대책, 필맥(2004), 117쪽}. 미국 연방도산법은 제7장 절차(우리나라 파산절차)에 의해 면책을 받은 경우 2005년 이전에는 면책을 받은 후 6년 이내에는 다시 면책을 얻는 것을 금지하였으나, 2005년 8년으로 확장되었다

만 다른 면책불허가사유와 마찬가지로 절대적으로 면책이 배제되는 것은 아니고 위 기간이 경과되지 아니하였더라도 재량면책은 가능하다(제564조 제2항). 채무자가 반복적으로 면책을 받는다는 것은 채권자의 이익을 해하고, 채무자가 면책제도를 악용할 위험성이 있으므로 이를 억제하기 위하여[93] 둔 정책적인 면책불허가사유이다. 면책에는 전부면책뿐만 아니라 일부면책도 포함된다(본서 1925쪽).

나. 7년(5년)의 기산점

면책허가를 제한하는 7년(5년)의 기산점은 면책허가결정시가 아니라 면책허가결정확정일이다.[94] 면책허가결정의 확정이란 면책허가결정에 대하여 즉시항고기간이 경과한 것을 말한다(제564조 제4항, 제3항, 제13조 제2항).[95]

다. 재도의 면책신청

면책허가결정을 받은 후 위 7년이 지나기 전에 새로운 파산신청이 가능한가. 개인회생절차의 경우 신청일 전 5년 이내에 면책(파산절차에서의 면책을 포함한다)을 받은 경우 개인회생절차 개시신청 자체를 기각할 수 있도록 규정하고 있다(제595조 제5호). 반면 파산절차에서는 면책확정일로부터 7년 또는 5년이 경과하지 아니한 경우 면책을 불허가하도록 규정하고 있을 뿐 새로운 파산신청 자체를 불허하고 있지는 않다. 따라서 기존에 면책허가결정을 받았다고 하더라도 원칙적으로 새로운 파산신청이 허용되고,[96] 단지 일정한 경우 면책이 불허가 될 뿐이다.[97] 한편 본 호를 포함하여 면책불허가사유가 있는 경우라도 파산에 이르게 된 경위, 그 밖의 사정을 고려하여 상당하다고 인정되는 경우에는 면책을 허가할 수 있으므로(제564조 제2항) 상황

〔§727(a)(8), 제11장 절차(우리나라 회생절차)에 의해 면책을 얻은 경우도 마찬가지이다〕. 반면 제13장 절차(우리나라 개인회생절차)에 의해 면책을 받은 경우에는 6년 이내에는 다시 면책을 얻는 것을 금지하고 있다〔§727(a)(9), 제12장 절차에 의하여 면책을 얻은 경우에도 마찬가지이다〕.

93) 2022년 서울회생법원 통계에 의하면 개인도산절차 신청 경험이 있는 채무자의 비율이 계속적으로 증가하고 있다. 개인파산·면책사건을 신청하였던 채무자는 6.7%, 개인파산·면책사건에서 면책결정까지 받았던 채무자는 5.3%, 개인회생사건에서 면책결정까지 받았던 채무자는 0.86%에 이른 것으로 나타났다. 전대규(일상회복), 214쪽[면책 후 다시 면책을 받을 수 있는가] 참조.

94) 면책허가결정을 받은 적이 있는지 여부 및 있는 경우 그 결정의 확정일자는 파산신청서의 필수적 기재사항이다(제302조 제2항 제4호, 규칙 제72조 제2항 제2호).

95) 파산면책을 재신청한 경우 이전 파산면책절차에서 면책의 대상이 아니었던 재단채권, 비면책채권 중 악의로 채권자목록에 기재하지 아니한 청구권(제566조 단서 제7호)은 면책의 대상이 될 수 있는가. ① 원래의 파산신청시에는 파산선고 후에 발생하여 재단채권이었다고 하더라도 재신청의 경우에는 파산채권이 될 수 있다. 파산채권인지의 여부는 원칙적으로 파산선고 시점을 기준으로 하기 때문이다. 따라서 재신청시에 파산채권이라면 원래의 신청시에 재단채권이었다고 하더라도 면책의 대상이 된다고 할 것이다. ② 원래의 파산신청시에 악의로 채권자목록에 누락하여 비면책채권이었다고 하더라도 재신청시에 채권자목록에 기재하였다면 면책의 대상이 된다고 보아야 한다. 비면책채권인지 여부는 해당 파산절차에서 판단하여야 하는 것이기 때문이다.

96) 다만 파산신청이 성실하지 아니하거나(제309조 제1항 제5호) 파산절차의 남용(제309조 제2항)에 해당하여 파산신청이 기각될 여지가 많을 것이다.

97) 파산신청이 이전 면책허가결정 확정일로부터 7년 이내인 경우이지만, 파산신청을 할 때, 면책허가신청을 한 것이 아니라는 취지의 의사를 표시하고, 나아가 파산선고를 받은 후 면책허가신청기간 내(제556조 제1항)에 7년이 경과한 때에는, 면책신청은 제564조 제1항 제4호의 제한을 받는 것은 아니다(條解 破産法, 1666쪽).

에 따라서는 7년 또는 5년이 경과하지 않았더라도 파산신청(면책신청 포함)을 통해 면책을 받을 수도 있을 것이다.

그렇다면 7년 이내에 면책신청을 할 경우 재량면책의 여지는 어느 정도일까. 일본의 경우 이전의 면책허가결정 확정일로부터 3년 9개월이 경과하지 아니한 사건에서 재량면책을 인정한 예도 있고, 4~5년이 경과한 사건에서 재량면책을 인정하지 않는 사건도 있지만 재량면책을 인정한 예도 있다고 한다. 결국 7년 이내 재도의 면책신청에 대하여 재량면책의 가능성이 충분히 있다고 말할 수 있다.

재도의 면책신청이 있는 경우 ① 기간의 장단, ② 면책확정 후 새로운 채무를 부담하게 된 사정, ③ 채무총액, ④ 이전 파산신청 원인과 재도 파산신청 원인의 차이, ⑤ 파산관재업무의 협조 여부, ⑥ 현재의 생활상황 등 여러 사정을 종합적으로 고려하여 재량면책이 가능한지 여부를 판단하여야 할 것이다.

면책제도의 남용에 대한 우려도 있지만 면책을 통한 새로운 출발이라는 면책제도의 이념은 개인 차원을 넘어 사회적, 국가적 문제라는 점에서 재도의 면책신청에서 재량면책을 적극적으로 인정해 줄 필요가 있다. 면책을 받은 후 단기간에 신청한 재도의 면책신청에 대하여는 재량면책이 어려울 수 있겠지만, 7년에 근접한 신청에 대하여는 앞에서 언급한 여러 요소들을 고려하여 재량면책을 긍정적으로 검토할 필요가 있을 것이다.

라. 개인회생절차에서의 면책에 차이를 둔 이유

개인회생절차에서 면책을 얻는 경우 채무자는 개인파산절차에서 면책을 얻는 경우보다 2년의 혜택을 부여받고 있다. 개인회생절차에서 아무리 적은 금액을 변제하였다고 하더라도 마찬가지이다. 이처럼 개인회생절차에서 면책을 받은 경우 2년의 혜택을 부여한 것은 개인회생절차에서는 적어도 소액이나마 채권자들에게 변제하였다는 것을 고려한 것으로 보인다.

5. 법이 정하는 채무자의 의무 위반 (제564조 제1항 제5호)

> 채무자가 채무자회생법에 정하는 채무자의 의무를 위반한 때

채무자회생법에 정하는 채무자의 의무의 내용이 무엇인지에 관하여는 구체적인 규정이 없다. 결국 채무자회생법의 해석을 통해 그 내용을 확정할 수밖에 없다.[98] 다만 지급불능 상태에 빠진 채무자에 대하여 경제적 재기와 갱생의 기회를 부여하여야 한다는 면책제도의 이념, 특별한 사정이 없으면 원칙적으로 면책을 허가하여야 한다고 규정하고 있는 제564조 제1항의 입법취지, 파산선고를 받았음에도 면책이 불허가되는 경우 채무자가 결과적으로 입게 되는 신분상

---

98) 채무자가 이 규정을 통해 면책불허가라는 중대한 불이익을 받는다는 점에서, 입법론으로는 일본처럼(파산법 제252조 제1항 제11호) '채무자의 의무'가 무엇인지 명시적으로 규정하거나, 미국 및 독일처럼 아예 이러한 일반규정을 두지 않는 것(삭제)이 바람직하다.

불이익 등을 고려하면, 일반적·보충적으로 규정하고 있는 '이 법에 정하는 채무자의 의무를 위반한 때'라 함은 그 의무 위반의 대상이나 정도를 엄격하게 제한적으로 해석할 필요가 있다.[99)]

여기에 해당하는 것으로 ① 채무자가 파산선고 전에 변제금지가처분(제323조 제1항)에 위반하여 변제를 한 경우, ② 법원이 필요한 직권조사(제12조 제2항)로서 채무자에게 파산에 이르게 된 경위 및 재산상황 등에 관하여 설명을 요구하고 관계서류의 제출을 명하였으나 채무자가 이에 따르지 않는 경우, ③ 파산선고 후에 파산관재인에게 알리지 아니하고 파산재단에 속한 재산을 처분한 경우 등이 있다.[100)] 반면 채무자가 3차례 채권자집회 및 의견청취기일에 불출석한 정도만으로는 '채무자의 의무를 위반한 때'에 해당하는 것으로 평가하기 어렵다.[101)]

파산절차 및 면책절차에서 채무자회생법이 정하는 의무위반이라는 불성실한 채무자의 행위를 면책불허가사유로 함으로써, 채무자의 정보제공에 대한 협력을 촉진시키는 효과가 있다.

6. 과다한 낭비, 도박, 사행행위 (제564조 제1항 제6호)

> 채무자가 과다한 낭비·도박 그 밖의 사행행위를 하여 현저히 재산을 감소시키거나 과대한 채무를 부담한 사실이 있는 때

가. 낭 비

(1) 의 의

낭비란 채무자의 사회적 지위, 직업, 영업상태, 생활수준, 수지상황, 자산상태 등에 비추어 사회통념을 벗어나는 과다한 소비적 지출행위를 말한다.[102)] 즉 낭비는 단순히 불요불급한 지출을 의미하는 것은 아니고 지출의 정도가 사회적으로 허용되는 범위를 현저히 넘는 것을 의미한다.[103)] 이런 의미에서 낭비는 평가개념이므로 법관은 그 스스로의 가치관이 아니라 현대 소비사회에서 일반적으로 통용되는 가치관을 고려하여 낭비에 해당하는지 여부를 결정하여야 한다.

낭비의 판단요소로는 채무자의 사회적 지위, 직업, 영업상태, 생활수준, 수지상황, 자산상태 등이 됨은 물론이나 실무적으로는 채무발생원인이 중요한 판단요소로 작용하고 있다. 그런데 낭비라는 것이 다의적이고 상대적인 개념이어서 구체적인 사건에서 낭비에 해당하는지 여부를 결정하는 것은 쉬운 일이 아니다. 이러한 점을 고려하여 채무자회생법은 '과다한 낭비'를 면책불허가사유로 규정하고 있다.

낭비 행위의 시기는 파산선고의 전후를 불문한다.

---

99) 대법원 2024. 3. 14. 자 2023마6044 결정.
100) 개인파산·회생실무, 359~360쪽.
101) 대법원 2024. 3. 14. 자 2023마6044 결정.
102) 대법원 2004. 4. 13. 자 2004마86 결정. 齋藤秀夫·麻上正信·林屋札二 編, 註解 破産法(第三版), 下卷, 靑林書院, 871쪽. 회사의 대표자가 방만한 경영을 하고 회사와 대표자가 동시에 파산신청을 한 경우, 회사와 개인은 인격이 서로 다른 이상, 회사로서의 낭비행위가 대표자 개인의 면책불허가사유는 되지 않는다고 할 것이다.
103) 破産法·民事再生法, 716쪽.

(2) 고 의

면책불허가사유로서 낭비가 되기 위해서는 주관적 요건으로서 낭비행위에 대한 인식이 있어야 한다. 또한 파산선고에 대한 위험을 인식해야 한다.

(3) 결 과

낭비로 인하여 '현저하게 재산을 감소시키거나 과대하게 채무를 부담'하는 결과를 초래하여야 한다. 그 결과인 과대한 채무부담은 단순히 채무자의 지급능력을 초과하여야 할 뿐만 아니라 그 정도가 현저하다고 해석되어야 한다. 그 정도가 현저한지 또는 과대한지 여부는 채무자의 모든 재산상태와의 관계에서 사회통념에 따라 결정할 수밖에 없을 것이다.[104]

(4) 인과관계

낭비와 현저한 재산의 감소 또는 과대한 채무의 부담 사이에 상당인과관계가 있어야 한다. 낭비가 재산의 감소 또는 과대한 채무 부담의 직접적인 원인이 아니고 간접적인 원인에 지나지 않는 경우에는 면책불허가사유로서의 낭비에 해당하지 않는다.

나. 도박 그 밖의 사행행위

도박이란 우연한 승패에 관하여 재물을 거는 것을 말한다. 반드시 형법상의 도박죄가 성립하여야 하는 것이 아니다. 도박의 경우도 과다할 것을 요구하고 있다. 그 결과로서 현저히 재산을 감소시키거나 과대한 채무를 부담하여 파산채권자의 이익을 해하는 것으로 되지 않으면 안 된다.

사행행위의 경우도 투기적인 거래자체가 문제되는 것이 아니라 자신의 자력이나 판단능력을 넘는 거래(적합성에 반하는 거래)를 하여 현저히 재산을 감소키거나 과대한 채무를 부담하는 것이 면책불허가사유가 된다. 그래서 채무자가 행한 금융상품거래가 면책불허가사유로서 사행행위가 되는지 여부는 채무자의 자력, 직업, 지식 등으로부터 판단되어져야할 사항이라고 할 수 있다. 사행행위의 경우도 과다할 것을 요구하고 있다. 도박 그 밖의 사행행위가 있더라도 그 자체가 현저히 재산을 감소시키거나 과대한 채무를 부담하는 원인이 되지 않는 경우에는 면책불허가사유가 되지 않는다. 이미 지급불능에 빠진 상태에서 곤궁을 타개하겠다는 생각으로 다액이라고 할 수 없는 사해행위를 한 경우에도 마찬가지이다. 도박에 해당하는 것으로 경마, 경정, 갬블(Gamble), 경륜을, 사행행위에 해당하는 것으로 선물·옵션거래[105]를 들 수 있다.

---

104) 齋藤秀夫・麻上正信・林屋礼二 編, 전게서, 871쪽.

105) 倒産判例百選, 214쪽. 자본시장이 발달한 오늘날 주식투자, 가상자산투자나 선물·옵션거래는 일상이다. 문제는 이들 거래가 그 속성상 변동 폭이 크다는 것이다. 이처럼 변동 폭이 큰 거래를 일률적으로 사행행위로 보는 것은 재량면책의 여지가 남아있다고 하더라도 지나친 면이 있다.

Ⅳ 면책신청에 대한 재판[106]

1. 면책신청 각하 결정

면책신청기간(제556조 제1항)을 도과하여 신청한 경우 면책신청을 각하한다. 파산채권의 일부만의 면책을 구하는 일부면책신청[107]도 부적법하므로 각하한다(반대견해 있음).

2. 면책신청 기각 결정

가. 기각사유

법원은 ① 채무자가 신청권자의 자격을 갖추지 아니한 때, ② 채무자에 대한 파산절차의 신청이 기각된 때, ③ 채무자가 절차의 비용을 예납하지 아니한 때, ④ 그 밖에 신청이 성실하지 아니한 때[108]에는 면책신청을 기각할 수 있다(제559조 제1항).[109]

나. 기각결정의 효력

면책신청이 기각된 경우 채무자는 동일한 파산에 관하여 다시 면책신청을 할 수 없다(제559조 제2항). 여기서 '동일한 파산'은 무엇을 의미하는가. 채무자회생법은 파산절차와 면책절차를 분리하고 있으나 파산신청이 기각되면 면책신청 역시 기각되도록 하고 있어(제559조 제1항 제2호) 파산선고가 면책신청의 전제가 되고 있다. 또한 파산절차와 면책절차는 총 채권자를 위하여 파산재단을 환가·배당하고 나머지 파산채권은 면책하여 채무자로 하여금 새로운 출발을 할 수 있도록 하는 목적 하에 긴밀하게 연관되어 있어 실질적으로 하나의 절차로 볼 수 있다. 이에 비추어 볼 때 위 규정은 동일한 파산원인에 기하여 개시된 파산사건과 면책사건은 하나

---

106) 면책절차가 진행되던 중 채무자가 사망한 경우 면책절차는 어떻게 되는가. 면책을 받을 권리는 일신전속적 권리이므로 채무자가 사망한 경우 면책절차는 당연히 종료된다. 한편 파산절차가 진행되던 중 채무자가 사망한 경우에는 상속재산에 대하여 파산절차가 속행된다(제308조).

107) 채무자는 파산신청단계에서 면책불허가사유의 존재가 예상되는 경우, 면책불허가결정을 피하고 파산채권자에 대하여 성실성을 보여주기 위하여, 파산채권자 전체에 대하여 그 채권액의 일부에 대하여만 면책신청을 하거나, 특정 파산채권자에 대하여만 면책을 구하는 것을 고려할 수 있다. 이러한 신청을 일부면책신청이라 한다. 면책불허가사유의 존재가 의심스러운 채무자에 대하여도 구제가 가능하다는 점에서 긍정적인 면도 있다. 그러나 파산채권자로부터 일부면책을 신청하도록 압력을 받게 될 염려가 있다는 점, 특정 파산채권자만 면책에서 제외하는 것은 파산채권자들 사이에 불공평이 발생한다는 점, 전체 채권액 중 일부만의 면책을 하는 것은 지급불능상태로부터 회복을 도모하는 것이 아니라는 점, 제566조의 문언과 조화되지 않는다는 점 등을 고려하면 일부면책신청은 부적법한 것으로 보아야 할 것이다(破産法·民事再生法, 709쪽).

108) 실무적으로 채무자가 정당한 사유 없이 계속적으로 의견청취기일에 불출석하거나 주소보정명령에 계속 불응한 경우 신청이 성실하지 않다고 보고 있다. 〈제2장 제1절 Ⅵ.2.마.〉(본서 1225쪽)를 참조할 것.

109) 면책신청의 재판에 대하여 즉시항고를 하고, 즉시항고가 이유 있는 경우 원결정을 취소하고 자판함이 원칙이다. 그러나 제559조에 의해 면책신청을 기각하는 결정에 대하여 항고심이 취소하는 경우에는 면책허부에 대한 재판이 이루어지지 않았으므로 사건을 원심법원에 환송하여 후속 면책절차를 진행하도록 하는 것이 실무례이다. 파산신청에 대한 재판에 대하여는 명시적으로 원결정을 취소하고 원심법원에 환송하도록 하고 있다(제316조 제5항).

의 절차로 진행되어야 한다는 원칙을 나타낸 것으로 봄이 상당하다. 따라서 '동일한 파산'이란 '동일한 파산선고결정'을 말한다고 볼 것이다.[110]

다. 기각결정에 대한 불복

면책신청의 기각결정에 대하여는 즉시항고를 할 수 있다(제559조 제3항). 채무자는 면책신청 기각결정정본을 송달받은 날로부터 1주일 이내에 즉시항고를 하여야 한다(제33조, 민소법 제444조 제1항).

3. 면책결정

가. 원칙으로서의 면책허가[111]

(1) 법원은 면책불허가사유가 있는 경우를 제외하고 면책을 허가하여야 한다(제564조 제1항). 이는 면책이 성실한 채무자에 대한 은혜로서 인정되는 것이 아니라, 채무자가 일정한 요건을 충족하는 한 채무자의 경제적 회생을 도모하기 위하여 그 권리로서 인정되는 제도라는 것을 나타낸 것이다.

(2) 재량면책

면책불허가사유가 있다고 하더라도 법원은 파산에 이르게 된 경위, 그 밖의 사정을 고려하여 상당하다고 인정되는 경우에는 면책을 허가할 수 있다(제564조 제2항). 이를 재량면책이라 한다.

재량면책을 결정함에 있어서는 면책불허가사유에 해당하는 행위의 경중, 채무의 발생과 증가 원인 등을 비롯한 채무자가 파산에 이르게 된 경위, 변제노력의 정도, 채무자와 가족들의 현재의 생활정도, 경제적 갱생에 대한 의욕과 갱생의 가망성, 이의신청의 유무, 채권자들의 손실이 어떤 경위로든 전보되었는지 여부, 면책으로 인한 채권자들의 불이익 정도, 면책불허가사유를 구성하는 행위에 대한 채무자의 관여 정도, 파산·면책 신청시점과 면책불허가사유의 발생시점 사이의 시간적 간격, 면책불허가사유가 밝혀진 경위, 채무자가 파산절차에서 성실히 협력하였는지(특히 파산관재인에게 적절히 정보를 제공한 것인지) 등 여러 사정을 고려하되, 기본적으

---

110) 따라서 면책신청이 기각된 채무자는 즉시항고의 방법으로 이를 다툴 수 있을 뿐(제559조 제3항) 새로이 파산신청을 하지 않는 이상 원칙적으로 다시 면책신청을 할 수 없다.

111) **면책의 제한** 면책에도 제한이 따른다. ① **면책 주체(채무자)의 제한** 파산절차에서 모든 채무자가 면책의 보호를 받는 것은 아니다. 개인만이 면책을 받을 수 있고 법인은 면책대상이 아니다. 개인의 경우에도 면책불허가사유가 없어야 한다. ② **면책채무의 종류에 대한 제한** 면책은 면책이 가능한 채무에 대하여만 미친다. 면책이 가능한 채무인지는 채무가 언제 발생하였는지, 채무자 비면책채권인지, 해당 도산절차가 파산절차인지, 개인회생절차인지 회생절차인지 등에 달려 있다. ③ **채무자의 개인적 채무에 한정** 면책은 채무자의 개인적 채무에 한정되고 보증책임이나 담보책임에는 영향을 미치지 않는다. 채무자의 채무면책은 그 채무에 대한 개인책임으로부터 벗어나게 할 뿐이고, 제3자의 책임에 영향을 미치지 않는다. 따라서 동일채무에 대한 보증인의 책임은 여전히 유효하다. 또한 채무자의 면책은 담보부채권의 담보물에 대한 권리에 영향을 미치지 않는다.

로 채무자의 경제적 갱생을 통한 사회복귀를 실현하려는 면책제도의 사회·정책적 기능에 유념해야 한다.[112)]

채무자가 재량면책을 주장하고 있는 경우에는 이에 관하여 심리·판단하여야 한다.[113)]

(3) 한편 현행법은 검사·파산관재인 또는 파산채권자의 면책신청에 대한 이의 여부와 상관없이 법원이 면책불허가사유를 판단하여 면책 여부를 결정할 수 있도록 하고 있다. 그러나 현행 파산절차(개인회생절차도 마찬가지다)의 직권심리는 채권자의 이의신청이 없는 경우에도 법원이 직권으로 면책 여부를 결정하게 하는 것으로 현실적으로 과도한 부담을 법원에 주는 것이고 당사자의 신청에 의한 사법적 채권채무관계의 정리를 위하여 진행되는 면책절차가 오히려 지연될 수 있다. 따라서 검사·파산관재인 또는 파산채권자가 법정 사유를 들어 이의를 신청한 경우를 제외하고는 법원은 면책을 허가하도록 의무화하는 것이 바람직하다.[114)]

[면책결정흐름도]

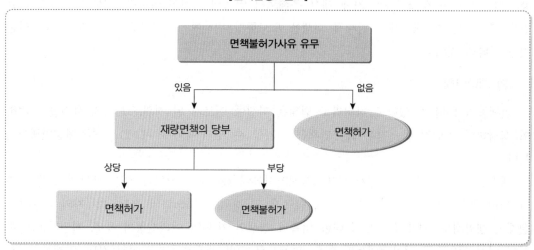

---

112) 대법원 2024. 5. 30. 자 2023마6319 결정(채무자가 1999년경부터 인쇄소를 운영하다가 2009년경 당시 운영하던 회사의 부도로 인한 보증채무로 경제적 파탄에 이르게 된 점, 만약 채무자에게 면책불허가사유에 해당하는 행위가 있더라도 그 정도가 경미한 것으로 보이는 점, 이로 인하여 채무자는 어린 2자녀를 둔 채 전 배우자와 이혼을 하게 되었는데 장기간 이혼한 상태로 지내다 최근 전 배우자를 포함한 가족들과의 재결합을 위하여 이 사건 파산 및 면책을 신청한 것으로 보이는 점, 채권자들 중 이의신청을 한 채권자는 아무도 없는 점 등에 더하여 면책제도의 사회적·정책적 기능까지도 고려하면 채무자에게 재량면책을 허용할 상당한 이유가 있다고 보아, 이와 달리 면책불허가 결정을 한 원심을 파기·환송한 사례) 참조.
113) 대법원 2009. 10. 9. 자 2009마1369 결정.
114) 미국의 경우 개인채무자는 제7장 절차(파산절차)에서 면책을 얻기 위해 어떠한 행위를 해야 하는 것은 아니다. 도산법원은 면책에 반대하는 대심절차(adversary proceeding)가 기간 내에 신청되지 않으면 별도의 신청 없이 자동적으로 면책절차에 들어간다. 도산법원에서는 면책에 관한 이의(complaint objecting to the discharge)를 신청하지 않으면 이의신청기간 경과 후에 심사를 하지 않고 당연히 면책결정을 한다(연방도산규칙 §4004). 면책에 대한 이의를 신청할 수 있는 자는 채권자, 관재인(trustee) 또는 연방관재인(U.S. trustee)이다{연방도산법 §727(c)(1) 참조}. 면책에 대한 이의신청이 있으면 대심절차에 의하여 심리하고, 면책불허가사유가 존재한다는 증명책임은 이의신청인 측에서 부담한다(Charles J. TABB·Ralph Brunbaker, 591~592쪽, Jeffrey T. Ferriell·Edward J. Janger, 510쪽).

나. 일부면책의 허용 여부

면책불허가사유가 있는 경우 잔존채무의 일부에 대하여만 면책을 할 수 있는지에 대하여는 논쟁이 있다. 채무자에게 경미한 면책불허가사유가 있는 경우 면책허가와 면책불허가 사이의 중간적인 해결을 도모하고, 채무자의 성실성의 정도가 다양하므로 그에 따라 면책의 정도를 달리할 필요가 있다는 점을 이유로 일부면책의 방식을 이용해야 한다는 견해도 있다.[115] 반면 면책심리에 있어 일부면책의 상당성·공평에 대한 구체적인 판단이 곤란하고 채권자들 사이에 불공평을 초래할 수 있다는 점에서 일부면책을 인정할 수 없다는 견해도 있다.[116] 대법원은 면책불허가사유가 있는 경우라도 파산에 이르게 된 경위, 그 밖의 사정을 고려하여 상당하다고 인정되는 경우에는 면책을 허가할 수 있고, 또한 그와 같은 재량면책을 함에 있어서는 불허가 사유의 경중이나 채무자의 경제적 여건 등 제반 사정을 고려하여 예외적으로 채무액의 일부만을 면책하는 소위 일부면책을 할 수도 있으나, 채무자의 경제적 갱생을 도모하려는 것이 개인 파산제도의 근본 목적이라는 점을 감안할 때 채무자가 일정한 수입을 계속적으로 얻을 가능성이 있다는 등의 사정이 있어 잔존채무로 인하여 다시 파탄에 빠지지 않으리라는 점이 소명된 경우에 한하여 그러한 일부면책이 허용된다는 절충적 입장을 취하고 있다.[117]

살피건대 현재 일부면책을 허용할 명문의 규정이 없고, 일부면책 여부의 심리를 위해 면책절차가 지연될 수 있으며, 실무적으로 파산채권자가 채무자에 대하여 일부면책을 신청하도록 압력을 행사할 위험이 있고, 채무자에게 새로운 출발을 실현하려는 면책제도의 이념에 비추어 보면 일부면책은 부정적으로 보아야 할 것이다.[118]

다. 공 고

법원은 면책허가결정을 한 때에는 그 주문과 이유의 요지를 공고하여야 한다. 이 경우 송달은 하지 아니할 수 있다(제564조 제3항).

면책허가결정은 송달하지 않아도 되는가. 그 주문과 이유의 요지를 공고하도록 하고 있으므로 송달이 필요하지 않다고 볼 여지도 있다. 하지만 공고하는 것은 그 주문과 요지에 관한 것이지 재판에 관한 것이 아니므로 면책허가결정은 채무자 및 파산관재인에게 송달하여야 할 것이다(제8조 제1항). 입법론적으로 면책허가결정은 채무자, 파산관재인에게 커다란 영향을 미치

---

115) 노영보, 466쪽.
116) 전병서, 450~452쪽.
117) 대법원 2006. 9. 22. 자 2006마600 결정.
118) 실무에서는 예외적인 경우를 제외하고 일부면책이 활용되고 있지 않다. 의사 등 고수익을 가지고 있는 자로서 개인회생절차를 이용할 수 없는 경우 일반적으로 일반회생을 신청한다. 그러나 일반회생절차에서 회생계획이 인가되지 못한 경우(채권자들이 악의적으로 또는 채무자를 압박하기 위하여 동의를 안 하는 경우가 있다. 특히 의결권 조가 1개밖에 없는 경우에는 이른바 강제인가도 불가하여 회생절차를 폐지할 수밖에 없다) 파산절차를 이용할 수밖에 없다. 이러한 경우 전부 면책을 인정하는 것은 채권자에게 가혹하거나 정의 관념에 반하므로 일부 면책을 활용하는 경우가 있다(수원지방법원 2012하단7333,2012하면7333 참조). 일본에서는 일부면책신청도 적법하고, 면책신청에 대하여 채무 일부만에 대한 면책을 허가하는 것이 적법하다는 재판례도 있다(破産法·民事再生法, 709쪽 각주 16)).

고 송달 여부에 관한 다툼의 여지를 없애기 위해 명시적으로 이들에게 송달하여야 한다는 규정을 둘 필요가 있을 것이다.[119] 실무적으로는 채무자에게 면책허가결정정본을 송달하고 있다.

라. 면책결정에 대한 불복

면책허가결정에 대하여 이해관계를 가진 자는 즉시항고를 할 수 있다(제564조 제4항).[120] 이해관계를 가진 자란 파산채권자, 파산관재인 및 검사를 말한다.[121] 파산채권자가 면책에 대하여 이의를 진술하였는지 여부를 묻지 않는다.

비면책채권자도 면책허가결정이 확정되면 비면책채권에 해당하는지 여부가 별도로 다투어질 가능성이 있으므로 즉시항고의 이익이 인정된다고 할 것이다. 또한 신고하지 않은 파산채권자도 면책의 효력을 받기 때문에 즉시항고권자에 포함된다.[122]

마. 면책결정의 효력

아래 〈V.〉 참조할 것.

4. 면책불허가결정

면책불허가사유가 있고, 재량면책을 허가할 특별한 사정이 없으면 면책불허가를 결정한다. 채무자는 면책불허가결정에 대하여 즉시항고로 불복할 수 있다(제564조 제4항).[123]

채무자에게 면책불허가결정정본을 송달하여야 한다(제8조 제1항).

---

119) 일본 파산법은 법원은 면책허가의 결정을 한 때에는 즉시 그 재판서를 파산자 및 파산관재인에게 송달하고, 그 결정의 주문을 기재한 서면을 파산채권자에게 각각 송달하여야 한다고 규정하고 있다(제252조 제3항 전문).

120) 면책허가결정에 대한 즉시항고는 공고가 있은 날로부터 14일 이내에 하여야 한다(제564조 제4항, 제3항, 제13조 제2항). 한편 면책결정이 공고로 이루어지므로 채권자들은 면책결정이 있는지 잘 모르는 것이 일반적이다. 이러한 이유로 실무적으로 채권자가 즉시항고기간이 도과한 후 추완항고를 하는 경우가 종종 있다(제33조, 민소법 제173조 제1항). 면책허가결정에 대한 즉시항고기간은 불변기간이므로 추완항고를 인정하여야 할 것이다(대법원 2012. 12. 27. 자 2012마1247 결정, 인천지방법원 2012. 7. 16. 자 2012라420 결정, 서울중앙지방법원 2008. 6. 25. 자 2008라394 결정 등). 그러나 채무자의 새로운 출발을 위해서는 면책결정에 따른 채무자의 지위가 신속하게 확정될 필요가 있는 점, 면책취소제도(제569조)가 별도로 마련되어 있는 점 등을 고려하면, 면책허가결정에 대한 즉시항고에 대한 추완항고의 허용 여부(당사자가 책임질 수 없는 사유의 해석)는 신중하게 접근할 필요가 있다.

121) 실무적으로 제1심에서 면책결정을 받은 채무자가 채권자목록에 일부 채권자가 누락되었다는 이유로 누락된 채권자를 포함하여 면책이 되어야 한다고 주장하면서 즉시항고를 제기하는 사례가 있다. 이 경우에도 채무자는 즉시항고권자가 아니므로 각하하여야 할 것이다. 채권자목록에 누락된 채권을 면책받기 위하여 파산신청을 할 수 있는가. 누락된 채권이 면책결정을 받기 이전에 발생한 채권이면 채무자가 악의로 채권자목록에 기재하지 아니한 청구권(제566조 제7호)의 문제이고(채권자목록 누락 채권에 대하여 추가적인 파산신청을 할 경우 절차남용 또는 지급불능의 요건 미비 등을 이유로 신청을 기각하여야 할 것이다. 한편 서울회생법원은 채권자목록 누락 채권에 대한 파산신청시 일반적인 파산신청절차에 따라 사건을 진행하고 있다), 면책결정 이후에 발생한 채권이면 새로운 파산신청으로 보아 해결하면 된다.

122) 條解 破産法, 1672쪽.

123) 면책불허가결정에 대하여 추완항고가 허용되는가. 실무적으로 면책불허가결정이 공시송달로 송달된 후 채무자가 추완항고를 하는 경우가 종종 있다. 면책불허가결정은 채무자에게 송달하고(제8조 제1항), 채무자는 송달을 받은 날로부터 1주 이내에 즉시항고를 하여야 한다(제33조, 민소법 제444조 제1항). 위 1주는 불변기간이므로(제33조, 민소법 제444조 제2항) 면책불허가결정에 대하여는 추완항고가 허용된다고 할 것이다.

5. 재도의 파산신청

가. 의 의

재도의 파산신청이란 파산선고결정은 받았으나 면책결정을 받지 못한 채무자가 면책결정을 받기 위한 목적으로 다시 파산신청을 하는 것을 말한다.[124] 즉, 채무자가 동일한 파산에 대하여 면책신청기간을 경과하거나 재차 면책신청을 하지 못하는 등의 법률상 제한을 피하고자 오로지 면책을 받기 위하여 동일한 파산원인으로 다시 파산신청을 하는 것을 말한다(제556조, 제559조, 제564조 등 참조). 주로 문제되는 것은 채무자가 파산선고결정은 받았으나 ① 면책불허가 결정을 받은 경우나, ② 면책신청이 각하(면책신청기간 도과 등) 또는 기각된 경우일 것이다.[125]

나. 재도의 파산신청을 불허하는 대법원

대법원은 구체적인 논거를 밝히지 않은 채 재도의 파산신청을 불허하는 입장이 주류를 이루고 있었다. 제한적으로만 면책신청의 추완을 인정하고 있고(제556조 제2항), 면책신청이 기각된 채무자는 동일한 파산에 관하여 다시 면책신청을 할 수 없으며(제559조 제2항), 이미 파산선고가 이루어진 이상 이와 동일한 파산원인에 기하여 파산신청을 하는 것은 신청의 이익이 없으므로 재도의 파산신청은 부적법(허용되지 않는다)하다고 한다.[126] 동일한 파산원인에 기하여

---

124) 파산신청 자체가 각하 또는 기각된 경우에는 면책신청이 기각된다(제559조 제1항 제2호). 파산신청이 각하되거나 기각된 후 면책결정을 받기 위하여 채무자가 다시 파산신청을 할 수 있는가. 파산선고를 할 것인지 여부는 파산선고 당시 파산원인이 있는지 여부에 따라 결정하는 것이고, 종전의 파산신청에 대한 결정에 재소금지효력이나 기판력이 인정되는 것도 아니므로 과거에 파산신청 각하 또는 기각결정이 있었다고 하더라도 새로운 파산신청은 허용된다고 할 것이다. 다만 채무자가 단기간에 거듭하여 파산신청을 한다면 경우에 따라 파산절차남용에 해당하여 제309조 제2항에 따라 파산신청이 기각될 수 있을 것이다.

125) 파산선고를 받고 면책신청을 취하한 후 다시 파산신청을 하는 것이 가능한가(면책신청기간은 도과되었다). 이와 관련하여 이러한 경우도 재도의 파산신청에 해당하여 부적법하다는 견해가 있다(대법원 2023. 6. 30. 자 2023마5321 결정, 개인파산·회생실무, 379쪽). 그러나 면책신청의 취하는 언제든지 가능하고(기간 제한이 없다), 면책신청을 취하하였다는 이유로 면책결정을 받기 위한 새로운 파산신청까지 제한된다고 볼 근거는 없다. 파산선고를 받고 면책허가결정을 받은 경우(면책불허가사유가 될 뿐이다)에도 새로운 파산신청이 가능하다는 점에서도 더욱 그렇다(나아가 재량면책의 여지도 있다). 따라서 면책신청을 취하한 경우 새로운 파산신청이 가능하다고 할 것이다. 다만 파산원인이 동일한 경우에는 신청의 이익이 없으므로 파산신청을 각하하여야 할 것이다. 면책신청은 파산신청이 각하되었음을 이유로 기각하여야 할 것이다(제559조 제1항 제2호 참조). 「수원지방법원 2022. 10. 24. 선고 2022하단12562, 2022하면12562 결정」 참조. 파산원인이 다른 경우에는 통상적인 절차에 따라 처리하면 된다.
   면책신청만 하는 경우(파산 및 면책신청을 하였다가 파산신청을 취하한 경우)에는 어떻게 처리하여야 하는가. ① 면책신청의 추완이 인정되지 않는 한(거의 대부분이 그럴 것이다) 면책신청은 기간도과로 각하될 것이다. ② 면책신청의 추완이 인정된다면 면책 여부를 판단할 수 있을 것이다.
   면책허가결정을 받은 후 새로운 파산신청이 가능한가에 관하여는 앞의 〈Ⅲ.4.〉(본서 1671쪽)를 참조할 것.

126) 대법원 2023. 6. 30. 자 2023마5321 결정, 대법원 2011. 8. 16. 자 2011마1071 결정(면책불허가결정된 경우), 대법원 2009. 11. 6. 자 2009마1583 결정(면책신청이 기각된 경우), 대법원 2006. 12. 21. 자 2006마877 결정(면책신청기간이 도과되어 면책신청이 각하된 경우) 참조. 재도의 파산신청이 있는 경우 파산신청은 부적법하여 각하하고, 면책신청은 기각하여야 할 것이다(제559조 제1항 제2호, 제2항). 실무적으로 채무자가 채권자목록에 누락되었음을 이유로 다시 파산신청을 하는 경우가 있다. 면책결정이 있으면 원칙적으로 채권자목록에 기재 여부와 무관하게 모든 채권에 대하여 면책의 효력이 미치는 것이므로 채권자목록에 채권자를 누락하였음을 이유로 한 파산신청은 재도의 파산신청으로 각하되어야 한다.

진행된 파산절차와 면책절차가 서로 긴밀하게 연관되어 있으므로 면책결정을 받지 못한 채무자가 기존의 파산절차를 전제로 다시 면책을 신청하거나 장기간 면책에 관한 결정이 확정되지 않은 상태로 있는 것을 방지하여 이미 진행된 면책절차가 형해화되거나 파산채권자들의 지위가 불안정해지지 않도록 하기 위함이다. 파산원인이 동일한지 여부는 주로 종전의 파산선고 이후 채무자의 재산상황의 변동으로 새로이 파산원인이 발생하였는지 여부에 의하여 판단하여야 할 것이다.

다. 재도의 파산신청이 부적법한가

채무자회생법에 재도의 파산신청을 금지하는 명문의 규정이 없음에도 재도의 파산신청을 무조건적으로 부적법하다고 하는 것이 타당한지는 의문이다. 예컨대 채무자가 면책불허가결정을 받았지만 수년간 성실하게 사업을 수행하다 다시 파산신청을 한 경우 면책을 인정하여야 하는 것이 아닐까. 이 경우 재도의 파산신청으로 보면 면책불허가결정을 받고 10년이나 20년이 지나도 파산신청을 할 수 없는 점, 면책결정을 받은 사람도 7년이 지나면 다시 파산신청을 할 수 있는데 재도의 파산신청에 해당한다고 하여 기간 제한도 없이 허용하지 않는 것은 가혹하다는 점,[127] 수년이 지난 뒤 신청한 파산신청에 대해 이전에 신청한 것과 그 파산원인이 동일하다고 보기는 어려운 점, 파산면책제도의 취지, 재도의 회생절차나 개인회생절차가 허용되는 것과의 균형 등을 고려하면 재도의 파산신청에 해당한다고 가볍게 파산신청을 각하(기각)하는 것은 적절하지 않은 것 같다. 앞에서 언급한 여러 가지 점을 감안하여 재도의 파산신청이라고 하더라도 '새로운 파산원인'으로 보아('새로운 파산원인'을 넓게 해석하여) 파산선고를 하고 면책 여부를 심리하여야 할 것이다.[128]

최근 대법원도 '재도의 파산신청'에 해당하는지는 종전 파산사건에서 면책결정을 받지 못한 이유를 비롯한 종전 파산사건의 경과, 채무자가 다시 파산신청에 이르게 된 경위와 의도, 종전 파산사건과 새로운 파산신청 사이의 시간적 간격, 종전 파산선고 이후 채무자의 재산상황 변동 등 구체적 사정을 살펴서 채무자가 면책신청이 제한되는 법률상 제한을 피하고자 오로지 면책을 받기 위하여 동일한 파산원인으로 파산신청을 하였다고 볼 수 있는지에 따라 신중하게 판단하여야 하고, 이러한 구체적 사정을 살피지 않은 채 파산선고를 받은 후 면책을 받지 못한 상태에서 다시 파산신청을 하였다는 외형적 경과만으로 이를 허용되지 않는 재도의 파산신

---

127) 대법원은 채권의 시효중단을 위한 재소를 허용하는 근거로 확정판결에 의한 채무라 하더라도 채무자가 파산이나 회생제도를 통해 전부 또는 일부 벗어날 수 있음을 이유로 하고 있다(대법원 2018. 9. 19. 선고 2018다22008 전원합의체 판결 참조).

128) 하급심에서 재도의 파산신청이라는 이유로 파산신청을 각하한 원심결정에 대하여, 재도의 파산신청을 금지하는 규정이 없고, 미국 연방도산법은 파산신청이 기각되었다 하더라도 특별한 사정이 없으면 새로운 파산신청이나 면책을 방해하지 않는다는 명문의 규정을 두고 있으며(§349(a)), 영구적으로 소멸하지 않는 채권으로부터 채무자의 현실적인 구제가 필요하고, 재도의 회생절차·개인회생절차는 허용되는 실무와 균형 등을 고려하여 원심결정을 취소한 사례가 있다(서울회생법원 2020. 4. 17. 자 2018라467 결정(확정)). ☞ [사안의 개요: ① 채무자 2007. 3. 23. 파산선고 결정, 2007. 11. 27. 면책불허가 결정 받아 각 확정, ② 채무자 2017. 10. 26. 파산 및 면책신청, ③ 제1심 법원 2018. 7. 26. 재도의 파산신청임을 이유로 파산신청 각하, 면책신청 기각]

청에 해당한다고 볼 것은 아니라며 같은 입장을 취하고 있다.[129]

Ⅴ 면책결정의 효력[130]

1. 면책결정의 효력발생시기

면책결정은 확정되어야 효력이 발생한다(제565조). 면책결정은 이해관계인에게 미치는 영향이 크기 때문에 확정되어야 효력이 발생하는 것으로 규정한 것이다. 면책결정은 공고가 있은 날로부터 14일이 경과한 때까지 즉시항고가 없으면 확정된다. 즉시항고가 된 경우에는 집행정지의 효력이 있기 때문에(제13조 제3항) 항고심의 재판이 이루어지기까지는 효력이 발생하지 않는다.

가. 면책결정의 파산채권자표에의 기재

법원사무관 등은 면책의 결정이 확정되면 파산채권자표가 있는 경우에는 파산채권자표에 면책의 결정이 확정된 뜻(예컨대 "2020. 8. 3. 면책허가결정 확정")을 기재하여야 한다(제568조). 이에 의해 집행권원인 파산채권자표의 기재 자체에서 비면책채권을 제외한[131] 채권에 대해서는 집행력이 없어지게 된다. 파산채권자표에 면책결정 확정의 뜻을 기재하더라도 아래에서 보는 바와 같이 해당 파산채권이 비면책채권인 경우 법원사무관은 단순집행문을 부여할 수 있기 때문에 채권자에게 불합리한 것은 아니다.

확정채권에 대하여 채무자가 채권조사기일에 이의를 진술하지 아니한 때에는 파산채권자표의 기재는 파산선고를 받은 채무자에 대하여 확정판결과 동일한 효력이 있고(제535조 제1항), 채권자는 파산종결 후나 파산폐지의 결정이 확정된 경우 파산채권자표의 기재에 의하여 강제집행을 할 수 있다(제535조 제2항, 제548조 제1항). 이처럼 파산채권자표는 집행력을 가지고 있기 때문에 면책결정의 확정에 의해 그러한 효력이 소멸되었다는 것을 명확히 할 필요가 있다. 그래서 면책결정이 확정된 경우 법원사무관 등으로 하여금 그 취지를 기재하도록 한 것이다.

---

129) 대법원 2023. 6. 30. 자 2023마5321 결정(채무자가 종전 사건에서 파산폐지결정이 내려진 후 약 3년 4개월 만에 이 사건 파산신청을 하면서 종전 사건 이후에 새롭게 발생한 채권을 추가함과 동시에 종전 사건 이후에 개인회생신청의 진행에도 불구하고 종전 파산신청 당시보다 재산상황이 악화된 경위를 파산원인으로 추가하여 구체적으로 소명함으로써 새로운 파산원인을 주장하면서 파산신청을 하였다고 볼 수 있을 뿐, 오로지 면책결정을 받기 위하여 동일한 파산원인으로 파산신청을 한 경우에 해당한다고 보기 어렵다고 판단하여, 재도의 파산신청으로 부적법하다는 원심결정을 파기·환송한 사례).

130) 외국면책재판의 국내적 효력에 관하여는 〈제5편 제4장 Ⅴ.〉(본서 2138쪽)를 참조할 것.

131) 면책결정이 확정되면, 그 파산채권이 비면책채권인지 여부와 상관없이, 파산채권자표에 그 취지를 기재한다(제568조). 그러나 비면책채권은 그 기재에도 불구하고 파산채권자표 기재의 집행권원으로서의 효력이 상실되는 것은 아니다.

나. 비면책채권자의 면책결정 후 권리행사

파산폐지나 종결 후에는 파산절차에서 확정된 파산채권에 대하여는 채무자가 파산절차 중 이의를 진술하지 않는 한, 파산채권자표의 기재는 채무자에 대해 확정판결과 동일한 효력을 가지고, 파산채권자는 확정된 파산채권에 대하여 해당 채무자를 상대로 파산채권자표의 기재에 의해 강제집행을 할 수 있다(제535조, 제548조).

그렇다면 면책허가결정 확정 후 파산채권자가 자신의 파산채권이 비면책채권임을 이유로 당해 파산채권이 기재된 파산채권자표에 관하여 집행문부여의 소를 제기할 수 있는가. 집행문부여의 소에 관하여 규정한 민사집행법 제33조 제1항의 문언에 비추어 그 심리의 대상은 채권자가 증명서로써 증명해야 할 사항, 즉 집행권원의 집행에 조건을 붙인 경우 그 조건의 성취 사실(민집법 제30조 제2항) 또는 집행권원에 표시된 당사자 이외의 자에게 승계가 있는 경우 그 승계사실(민집법 제31조 제1항)에 한정되고, 파산채권자표에 기재된 확정된 파산채권이 비면책채권에 해당하는지 여부를 심리하는 것은 예정되어 있지 않고 있으므로 당해 파산채권이 기재된 파산채권자표에 관하여 집행문부여의 소를 제기하는 것은 허용되지 않는다.[132]

비면책채권자는 면책결정 확정 후 어떻게 권리행사를 하여야 하는가. 파산채권자표에 면책허가결정이 확정되었다는 취지의 기재가 되어 있는 경우에도 파산채권자표에 기재된 파산채권이 비면책채권에 해당한다고 인정되는 때에는 법원사무관 등은 집행문을 부여하는 것이 가능하므로[133] 파산채권자는 면책허가결정이 확정된 후에도 비면책채권에 관해서는 파산채권자표에 근거해 집행문을 부여받아 강제집행을 할 수 있다.[134]

관련 내용은 〈제15장 제4절 Ⅱ.2.〉(본서 1849쪽)를 참조할 것.

---

132) 倒産判例百選, 180쪽, 最高裁 平成 26年 4月 24日 第一小法廷 判決, 平成 25年(受) 第419号(民集68卷4号380頁).

133) 법원사무관 등은 제출된 자료의 범위 내에서 비면책채권임이 명백한 경우에는 단순집행문을 부여하고(파산계속법원이 파산채권의 비면책채권 해당성을 판단하지 않는 것은, 해당 파산채권이 비면책채권에 해당하는지는 파산절차의 진행과 무관하다는 점에 있는 것으로, 파산절차가 종국된 이후 법원사무관의 집행문부여 단계에서까지 위 원칙이 타당한 것은 아니다), 면책의 효력이 미치는지(비면책채권인지) 여부의 최종적인 판단은 채무자가 제기하는 청구이의의 소에 맡겨야 할 것이다.

134) 비면책채권자의 집행문부여신청에 대하여 법원사무관 등이 집행문부여를 거절한 경우 채권자는 그 거절처분에 대하여 이의신청을 할 수 있다(민집법 제34조 제1항). 이의신청에 대하여 기각결정을 할 경우 불복방법이 없고 특별항고에 의할 수밖에 없다(대법원 1997. 6. 20. 자 97마250 결정, 대법원 1995. 5. 13. 자 94마2132 결정 등 참조).
　비면책채권을 소송물로 한 이행소송이 가능한가. 하급심판례는 부정적이다. 하지만 비면책채권에 해당하는지에 대한 판단에 있어서는 어느 정도 상세한 사실인정이나 법적 판단이 필요한 경우가 있으므로 파산채권자의 비면책채권 해당성에 관한 주장·증명의 기회보장이라는 측면에서 구두변론이 필요한 소송절차에서 심리를 하는 것이 상당하다. 그런데 집행문부여를 거절할 경우(법원사무관은 비면책채권인지 판단이 쉽지 않기 때문에 집행문부여를 거절할 가능성이 많다. 실무적으로도 그렇다) 앞에서 본 바와 같이 집행문 부여의 소는 허용되지 않는다. 또한 비면책채권에 해당하는지 여부를 판단하는 것이 쉽지 않은 경우도 있다. 이러한 점들을 고려하면 파산채권자표가 존재한다고 하여 비면책채권을 소송물로 한 이행의 소가 그 이익이 없다고 할 수는 없다. 참고로 일본 하급심은 채권자가 집행권원을 가지고 있다고 하더라도 집행하는 데 객관적으로 장애가 있는 경우에는 집행권원과 동일한 청구권에 대하여 이행의 소를 제기할 수 있다고 하고 있다(ジュリスト, #1482, 2015. 7., 77쪽).
　결국 집행문부여신청을 하거나 집행문부여신청을 하지 않고 곧바로 이행소송을 제기할 수도 있다고 할 것이다(본서 2082쪽 참조).

사례 甲은 2022. 1. 5. 서울회생법원에 개인파산을 신청하였고, 절차가 원만히 진행되어 2023. 1. 20. 면책허가결정을 받았다(확정). 한편 A는 파산절차에서 甲에 대한 손해배상채권 5천만 원을 신고하였고, 위 채권은 파산채권자표에 기재되었으며, 특별한 다툼이 없어 확정되었다. 면책결정이 확정된 후, A는 위 손해배상채권이 甲의 중대한 과실로 인한 신체에 상해를 입어 발생한 것(제566조 단서 제4호)이므로 비면책채권이라고 주장하며 甲에게 지급을 요구하였지만, 甲은 면책결정으로 모든 채무는 면제되었다며 지급을 거절하였다. A는 채권실현을 위하여 어떻게 하여야 하는가.

법원사무관은 신고된 파산채권에 대하여 파산채권자표를 작성하여야 하고(제448조), 파산채권의 조사결과를 파산채권자표에 기재한다(제459조 제1항). 이시폐지가 확정되거나 파산절차가 종결될 때에는, 채무자가 이의를 하지 않는 한 파산채권자표의 기재는 채무자에 대하여 확정판결과 동일한 효력이 있고, 파산채권자는 이에 기하여 채무자에 대하여 강제집행을 할 수 있다(제535조, 제548조 제1항). 이 경우 파산채권자표는 집행권원이 되고(민집법 제56조 제5호), 파산채권자는 집행문을 부여받아 강제집행을 하면 된다.

먼저 A는 서울회생법원에 파산채권자표에 대하여 집행문부여를 신청할 수 있다. 법원사무관은 위 손해배상채권이 비면책채권임이 명확하다면 집행문을 부여할 것이다. 이 경우 甲은 청구이의의 소를 제기하여 면책채권 여부를 다투면 된다. 하지만 일반적으로 법원사무관으로서는 위 손해배상채권이 비면책채권임을 확신할 수 없기 때문에 집행문부여를 거절할 것이다. 집행문부여를 거절할 경우 A는 거부처분에 대한 이의신청을 하면 된다(민집법 제34조 제1항). 이의신청에 대하여 법원이 기각결정을 하면, 특별항고를 할 수밖에 없다. 집행문부여의 소는 제기할 수 없다.

다음으로 A는 관할 법원에 甲을 상대로 손해배상채권 5천만 원의 지급을 구하는 소를 제기할 수 있다. 위 소에서 A는 위 손해배상채권이 비면책채권이라는 것을 주장·증명할 수 있다.

2. 파산채권자에 대한 효력

가. 책임의 면제

(1) 의 미

면책을 받은 채무자는 파산절차에 의한 배당을 제외하고 모든 파산채권자에 대한 채무의 전부에 관하여 그 책임이 면제된다(제566조 본문). 파산채권자에 대하여는 채권신고의 유무와 관계가 없고, 우선권 있는 파산채권이든 일반 파산채권이든 후순위 파산채권이든 불문한다. 이는 채무자의 책임을 파산재단의 한도에 그치도록 하자는 취지이므로 배당할 재산이 없을 때에는 배당을 하지 않고 책임을 면하게 된다.

제566조 본문은 제566조 단서에서 열거하는 비면책채권 이외의 특정 채권에 대하여 예외적으로 면책을 불허가할 여지를 두지 않고 일률적으로 면책을 허가하도록 정하고 있다. 이는 채무자의 채권자들이 가지는 각 채권의 특성과 우선순위에 의한 변제가 법정된 파산절차에 의하여 이루어지도록 하는 데에 기여하므로, 채무자에 대한 채권의 공평한 변제라는 입법목적 달성을 위한 수단으로서 그 적합성이 인정된다.[135]

---

135) 헌법재판소 2011. 11. 24. 선고 2009헌바320 전원재판부 결정 참조.

면책의 효력은 파산채권에 대한 것이므로 재단채권, 환취권이나 별제권 등에는 면책의 효력이 미치지 않는다.[136] 파산채권인 한 확정판결에 의한 채권이라도 면책이 될 수 있다.[137]

면책(책임이 면제된다)이란 채무 자체는 존속하지만 채무자에 대하여 이행을 강제할 수 없다는 의미이다(자연채무설 또는 책임소멸설).[138] 따라서 채무자에 대한 면책결정이 확정되면 면책된 채권은 통상의 채권이 가지는 소 제기 권능을 상실하게 된다.[139] 파산선고 후 면책결정이 확정되면 개인채무자의 파산채권자에 대한 채무는 그대로 존속하지만 책임은 소멸하므로, 개인채무자의 파산채권자에 대한 책임은 파산선고 당시에 개인채무자가 가진 재산 한도로 한정된다. 채무는 그대로 존속하지만 책임만이 위와 같은 범위로 제한되므로 개인채무자는 파산선고 이

---

136) 회생절차에서는 담보권의 경우라도 목록에 기재되어 있지 않거나 신고되지 아니한 경우 회생계획의 인가에 의하여 실권된다(제251조).

137) 대법원 2018. 7. 19. 선고 2018다22008 전원합의체 판결 참조.

138) 대법원 2023. 12. 21. 자 2023마6918 결정, 대법원 2022. 7. 28. 선고 2017다286492 판결, 대법원 2021. 9. 9. 선고 2020다269794 판결. 자연채무설(책임소멸설)에 의하면 파산채권자는 면책 후 파산채권으로 강제집행에 의한 만족을 얻을 수 없지만 채무자로부터 임의로 변제를 받는 권리는 인정된다(부당이득이 아니다). 이에 대하여 면책의 효과로서 채무 그 자체가 소멸한다고 해석하는 것이 타당하다는 유력한 반론이 있다(채무소멸설, 전병서, 455쪽). 그 근거는 다음과 같다. ① 자연채무설은 그 근거로 '파산채권자에 대하여 그 책임이 면제된다'는 문언(제566조)과 면책의 효과가 보증인 등에 미치지 않는다는 것(제567조)을 들고 있다. 면책이 보증인 등에 대한 파산채권자의 권리에 영향을 미치지 않고 보증채무가 존속하는 이상, 주채무인 채무자의 채무가 존속하지 않는다면 보증채무의 부종성에 반한다는 것이다. 확실히 채무자인 주채무가 소멸한다면 보증채무는 부종성에 의하여 소멸하는 것이 민법의 원칙이지만, 제567조는 입법적으로 그 예외를 인정한 것으로 해석한다면 이 점은 채무소멸설을 취하는 것에 결정적인 장애가 되는 것은 아니다. ② 자연채무설의 또 하나의 근거는 비록 면책이 되었다고 하더라도 채무자의 의무를 전면적으로 면제하는 것은 좋지 않고 도덕적 의무로 남겨두어 채무자에 의한 자발적인 변제를 기대한다는 사고이다. 그러나 채무자와 채권자의 관계에서 보건대 파산채권자에 대한 채무를 자연채무로 남겨두는 것은 채무자의 진실로 자발적인 이행을 촉진하는 효과보다 자연채무로 남겨진 것을 경개의 합의로 통상의 채무로 부활시킬 것을 요구하는 위험성이 있다. 이는 면책에 의한 채무자의 경제적 회생을 도모하는 목적의 실현에 저해된다. ③ 면책허가결정이 확정된 후 채무자는 그 정본을 제출하는 것에 의해 강제집행의 정지 또는 취소(민집법 제49조, 제50조)를 구할 수 없고, 채무 또는 책임의 소멸을 이유로 청구이의의 소를 제기하여 그 승소판결을 받거나 집행정지명령을 받아 강제집행의 정지 또는 취소를 구하여야 한다. 이는 면책의 효과를 실체법상의 채무면제(민법 제506조)와 동일시 한 것으로, 이것을 전제로 한다면 채무자는 강제집행에 대하여 개별적으로 청구이의 소나 부당이득반환청구소송을 제기하는 것을 피할 수 없다. 그렇지만 이는 면책제도의 취지 및 집단적 채무 또는 책임면제절차로서의 면책절차의 성질을 무시한 것이라고 하지 않을 수 없다.
　채무소멸설에 의할 경우 파산채권자는 채무자에 대하여 임의변제를 구할 수 없고, 그럼에도 불구하고 채무자로부터 수령한 변제는 부당이득이 된다(破産法・民事再生法, 540～542쪽, 條解 破産法, 1675쪽). 또한 면책결정 후 파산채권을 지급하기로 한 약정도 채무가 존재하지 않기 때문에 채무자는 '금전을 지급할 의무가 있는 자'가 아니어서 준소비대차(민법 제605조)가 성립될 여지가 없다.

139) 대법원 2015. 9. 10. 선고 2015다28173 판결. 면책결정이 확정된 채권에 대한 소는 권리보호의 이익이 없어 부적법 각하하여야 한다. 반대로 채무자가 면책된 채무에 대하여 채무부존재확인의 소를 제기하는 것도 특별한 사정이 없는 한 확인의 이익을 인정할 수 없어 부적법하다(대법원 2019. 6. 13. 선고 2017다277986 판결, 대법원 2019. 3. 14. 선고 2018다281159 판결 등 참조).
　확정된 본안재판에 부수하여 소송비용의 부담을 정하는 재판이 이루어진 후 채무자가 면책을 받은 경우, 소송비용액확정을 구할 권리보호의 이익이 없다. 소송비용액확정은 소송비용의 부담을 정하는 재판에서 액수를 정하지 아니한 경우에 당사자의 신청을 받아 법원이 결정으로 정하는 것이다. 제566조 본문은 면책을 받은 채무자는 파산절차에 의한 배당을 제외하고는 파산채권자에 대한 채무의 전부에 관하여 그 책임이 면제된다고 규정하고 있다. 여기서 면책이라 함은 채무 자체는 존속하지만 파산채무자에 대하여 이행을 강제할 수 없다는 의미이다. 따라서 확정된 본안재판에 부수하여 소송비용의 부담을 정하는 재판이 이루어졌다고 하더라도, 채무자가 면책을 받은 경우에는 특별한 사정이 없는 한 소송비용액확정을 구할 권리보호의 이익이 없다고 보아야 한다(대법원 2023. 12. 21. 자 2023마6918 결정).

후에 취득하는 재산으로 변제할 책임은 지지 않는다. 이로써 개인채무자는 경제적 회생을 도모하여 파산채무로 인한 압박을 받거나 의지가 꺾이지 않은 채 경제적 회생을 위한 노력을 할 수 있게 된다.[140]

한편 면책절차가 종료되면 파산채권자는 파산채권을 자유롭게 행사할 수 있고, 집행권원을 취득한 경우 이를 근거로 강제집행을 할 수 있다. 이 경우 채무자는 면책허가결정의 확정으로 책임이 소멸되었음을 이유로 청구이의 소(민집법 제44조)를 제기하면서 강제집행정지(민집법 제46조 제2항)를 신청하면 된다. 나아가 확정판결 전에 면책결정을 받았으나 면책 주장이 제기되지 않은 경우에도 특별한 사정[141]이 없는 한 청구이의의 소를 제기하여 면책을 주장할 수 있다.[142] 즉 원칙적으로 확정판결의 변론종결 전에 발생한 사유를 이유로 확정판결의 집행을 막는 청구이의의 소를 제기할 수 없지만, 면책이 청구이의 사유인 경우에는 '변론종결 후' 면책된 경우뿐만 아니라 '변론종결 전'에 면책된 경우에도 예외적으로 청구이의 사유로 허용된다.[143]

---

140) 대법원 2022. 7. 28. 선고 2017다286492 판결, 대법원 2021. 9. 9. 선고 2020다269794 판결 등 참조.
141) 면책을 받은 자가 법률관계의 조속한 안정을 저해하거나 분쟁의 해결을 현저하게 지연시킬 목적으로 선행소송에서 일부러 면책주장을 하지 않은 경우 등을 말한다(대법원 2022. 7. 28. 선고 2017다286492 판결).
142) 파산채권자가 개인채무자를 상대로 채무 이행을 청구하는 소송에서 면책결정에 따라 발생한 책임 소멸은 소송물인 채무의 존부나 범위 확정과는 직접적인 관계가 없다. 개인채무자가 면책 사실을 주장하지 않는 경우에는 책임 범위나 집행력 문제가 현실적인 심판대상으로 등장하지도 않아 주문이나 이유에서 그에 관한 아무런 판단이 없게 된다. 이런 경우 면책결정으로 인한 책임 소멸에 관해서는 기판력이 미치지 않으므로, 개인채무자에 대한 면책결정이 확정되었는데도 파산채권자가 제기한 소송의 사실심 변론종결 시까지 그 사실을 주장하지 않는 바람에 면책된 채무 이행을 명하는 판결이 선고되어 확정된 경우에도 특별한 사정이 없는 한 개인채무자는 그 후 면책된 사실을 내세워 청구이의의 소를 제기할 수 있다.
    면책결정이 확정되었는데도 면책된 채무 이행을 명하는 판결이 확정된 경우에 개인채무자가 확정판결에 관한 소송에서 단지 면책 주장을 하지 않았다는 이유만으로 청구이의의 소를 통해 면책된 채무에 관한 확정판결의 집행력을 배제하는 것을 허용하지 않는다면 부당한 결과를 초래한다. 이미 면책결정을 통해 강제집행 위험에서 벗어난 개인채무자로 하여금 그 집행을 다시 수인하도록 하는 것은 면책제도의 취지에 반하고 확정된 면책결정의 효력을 잠탈하는 결과를 가져올 수 있기 때문이다. 또한 확정판결에 관한 소송에서 개인채무자의 면책 주장 여부에 따라 개인채무자가 일부 파산채권자에 대해서만 파산절차에 의한 배당 외에 추가로 책임을 부담하게 된다면, 파산채권자들 사이의 형평을 해치게 되어 집단적 · 포괄적으로 채무를 처리하면서 개인채무자의 재기를 지원하는 개인파산 및 면책제도의 취지에 반하게 된다. 이와 같이 확정판결에 관한 소송에서 주장되지 않았던 면책 사실도 청구이의소송에서 이의사유가 될 수 있다고 봄이 타당하다(대법원 2022. 7. 28. 선고 2017다286492 판결).
    ☞ 선행판결(공시송달 진행)의 변론종결 전 면책결정(개인파산 · 면책절차)을 확정 받았음에도 이를 주장하지 못하여 패소판결을 확정 받은 원고(채무자)가 피고(채권자)를 상대로 청구이의의 소를 제기하면서 면책주장을 한 사건에서, 개인채무자가 면책 사실을 주장하지 않는 경우에는 책임 범위나 집행력 문제가 현실적인 심판대상으로 등장하지 않아 주문이나 이유에서 그에 관한 아무런 판단이 없게 되어 면책결정으로 인한 책임소멸에 관해서는 기판력이 미치지 않고, 기록상 원고가 법률관계의 조속한 안정을 저해하거나 분쟁의 해결을 현저하게 지연시킬 목적으로 위 선행소송에서 일부러 면책주장을 하지 않았다고 볼 만한 특별한 사정이 확인되지 않으므로, 이 사건 청구이의소송에 선행판결의 기판력이 미치지 않는다고 보아야 한다고 판단하여, 이와 달리 기판력이 미친다고 본 원심을 파기환송한 사안임.
    ☞ 참고로 1, 2심은 "이미 확정된 판결에 기초한 강제집행을 막기 위한 채무자의 청구이의의 소는 확정판결의 변론종결 시 이후에 발생한 사유로만 제기할 수 있는데, 원고가 주장하는 사유는 확정판결의 변론종결 시점 이전의 면책이어서 원고의 청구이의의 소를 받아들일 수 없다"면서 "이를 받아들이는 것은 기판력에 저촉되는 것"이라며 원고패소 판결을 했다.
143) 한정승인과 관련된 대법원 2006. 10. 13. 선고 2006다23138 판결(채권자가 피상속인의 금전채무를 상속한 상속인을 상대로 그 상속채무의 이행을 구하여 제기한 소송에서 채무자가 한정승인 사실을 주장하지 않으면 책임의 범위는 현실적인 심판대상으로 등장하지 아니하여 주문에서는 물론 이유에서도 판단되지 않으므로 그에 관하여 기판력이 미치지 않는다. 그러므로 채무자가 한정승인을 하고도 채권자가 제기한 소송의 사실심 변론종결시까지 그 사실을

파산채권은 그것이 면책신청의 채권자목록에 기재되지 않았다고 하더라도 비면책채권(제566조 단서)에 해당하지 않는 한 면책의 효력으로 그 책임이 면제된다.[144]

면책의 대상이 된 파산채권을 자동채권으로 한 상계는 상계의 금지(제422조)에 저촉되지 않는 한 가능하고, 후에 면책허가결정이 있어도 상계의 효력이 소멸되는 것은 아니다. 또한 면책된 채권을 자동채권으로 한 상계는 면책허가결정이 확정될 때까지 상계적상에 있었던 경우(상계금지에 저촉되어서는 안 된다)에는 면책허가결정 확정 후에도 가능하다고 볼 것이다. 왜냐하면 상계의 합리적 기대가 있는 경우에는 채무자회생법의 제약 아래 상계할 수 있다고 보아야 하기 때문이다(본서 1701쪽 참조).[145]

> **사례** A는 B의 아버지 C가 2014년 제기한 대여금 청구 소송에서 패소해 5,000만 원을 지급하라는 판결을 받았다. B는 위 대여금채권을 C로부터 양수받았다며 2020년 3월 A를 상대로 양수금 청구 소송을 제기하였다. 그런데 이 소송에서 A에게 송달이 이뤄지지 않아 법원은 공시송달로 사건을 진행해 A의 변론이 없는 상태로 2022년 11월 B의 전부 승소판결을 하였고(선행판결), 이 판결은 그대로 확정되었다. 그러나 A는 이미 2019년 3월 파산선고를 받아 그해 12월 파산에 따른 면책결정을 확정 받은 상태였다. 결국 A는 B가 낸 양수금 청구 소송에 참여하지 못해 면책 주장을 하지 못했던 것이다. 이후 양수금 청구 소송의 확정 판결을 기초로 B가 강제집행을 하려고 하자, A는 2023년 1월 B를 상대로 "2019년 받은 면책결정에 의해 B에 대한 채무가 면책됐다"며 "양수금 소송에 참여하지 못해 판결이 났을 뿐이니 구제해달라"며 청구이의 소송을 제기했다. A의 청구이의의 소는 받아들여질 것인가.

청구이의의 소에서 청구이의 사유는 원칙적으로 실체적 채권의 소멸, 감소 사유를 예정한 것이지만, 면책결정은 실체적 채권의 소멸, 감소사유가 아니라 책임의 소멸이라는 측면에서 다른 청구이의 사유와 달리 변론종결 전후에 발생했는지와 관계 없이 청구이의 사유로 인정해야 하는 것은 아닌지가 쟁점이다.

민사소송법 제216조 제1항은 "확정판결은 주문에 포함된 것에 한하여 기판력을 가진다"고 규정하고 있다. 여기서 주문에 포함된 것이란 '소송물인 권리관계의 존부에 관한 판단'을 말하

주장하지 아니하여 책임의 범위에 관한 유보가 없는 판결이 선고되어 확정되었다고 하더라도, 채무자는 그 후 위 한정승인 사실을 내세워 청구에 관한 이의의 소를 제기할 수 있다) 참조. 반면 상속포기의 경우에는 상속에 의한 채무의 존재 자체가 문제되어 그에 관한 확정판결의 주문에 당연히 기판력이 미치게 되므로 채권자의 승소판결이 확정되었다면 청구이의의 소를 제기할 수 없다(대법원 2009. 5. 28. 선고 2008다79876 판결).

144) 대법원 2019. 11. 15. 선고 2019다256167,2019다256174(병합) 판결, 대법원 2016. 4. 29. 선고 2015다71177 판결, 대법원 2010. 5. 13. 선고 2010다3353 판결.

145) 實務 倒産法講義, 956쪽. 대구고등법원 2016. 3. 16. 선고 2014나23066 판결(대법원 2016다218683, 2016. 7. 14. 심리불속행기각). 위 고등법원 판결은 그 이유로 다음과 같은 것을 들고 있다. ① 채무자회생법은 파산채권자가 채무자를 상대로 면책된 파산채권을 자동채권으로 하여 상계하는 것을 금지하는 규정이 없다. 파산채권자가 파산선고 당시 채무자에 대하여 채무를 부담하는 때에는 파산절차에 의하지 아니하고 상계할 수 있고(제416조), 파산채권자의 채권이 파산선고시에 기한부 또는 해제조건부이거나 제426조(비금전채권이나 정기금채권 등)에 규정된 것인 때는 물론, 채무가 기한부나 조건부인 때 또는 장래의 청구권에 관한 것인 때에도 상계할 수 있다(제417조). ② 면책의 효력을 받는 채권은 면책허가에 의하여 자연채권으로 될 뿐, 채권 자체가 없어지는 것이 아니다. 채무자가 자신의 파산채권자에 대한 채무는 면책받은 채 자신의 파산채권자에 대한 채권을 행사할 수 있다고 하는 것은 형평에 맞지 않다. ③ 이미 소멸시효가 완성된 채권도 그 완성 전에 상계적상에 이른 경우에는 상계가 허용된다(민법 제495조). ④ 파산절차에서는 상계권의 행사시기에 법률상 제한이 없다.

는 것이므로 기판력은 소송물에만 미친다. 더욱이 면책결정을 받은 채무자에 대하여 채무(대여금채무)의 이행을 구하는 소송에서 채무자가 면책사실을 주장하지 아니하면, 책임의 범위는 현실적인 심판대상으로 되지 아니하여 주문에서는 물론 이유에서도 그 점에 관하여 심리 및 판단이 이루어지지 아니하므로, 책임의 범위에 관하여 기판력을 인정할 수 없다. 책임제한 없는 집행권원에 대하여 무제한의 집행력이 부여되는 근거는 채무자 무한책임의 일반원칙, 즉 금전채권자는 채무자의 모든 재산에 대하여 강제집행을 할 수 있게 한 법 규정에 있는 것이지 기판력에 기한 것이 아닌 것이다.

한편 면책결정을 받은 개인채무자의 파산채권자에 대한 책임은 파산선고 당시에 개인채무자가 가진 재산 한도로 제한될 뿐 채무 자체는 소멸하지 아니한다.

위와 같은 법리를 기초로 보면, 선행판결의 소송물은 'B의 A에 대한 양수금청구채권의 존부'이며, 판결이 확정됨으로써 'A가 B에 대하여 양수금채무가 존재한다'는 것이 확정된 것이므로 A의 양수금 채무에 관하여서만 기판력을 갖는 것이지 그 책임범위에 관하여서는 기판력을 갖는 것이 아니고, 면책결정에 따른 책임제한은 집행대상을 제한하는 것으로서 채무의 존재범위의 확정에는 관계가 없고 집행단계에서 문제가 되는 것이므로, 이를 변론과정에서 주장하지 아니하였다고 하여 그 후 확정판결에 의한 강제집행단계에서는 이를 주장하지 못한다고는 할 수 없는 것이므로, 결국 A가 선행판결 확정 후 강제집행 단계에서 면책을 주장하더라도 이것을 선행판결의 기판력에 저촉되는 것이라고 볼 수는 없다.

따라서 A의 청구이의의 소는 특별한 사정이 없는 한 받아들여질 것이다.

(2) 저당권의 피담보채권이 면책허가를 받은 경우 저당권의 소멸 여부

민법 제369조는 "저당권으로 담보한 채권이 시효의 완성 기타 사유로 인하여 소멸한 때에는 저당권도 소멸한다"고 규정하고 있다. 저당권으로 담보된 채권, 즉 피담보채권이 면책허가결정을 받은 경우 민법 제369조에 따라 저당권도 소멸하는지가 문제이다. ① 먼저 피담보채권의 소멸시효가 완성되었음을 이유로 저당권도 소멸하였다고 주장할 수 있는가. 면책결정의 효력을 받는 채권은 채권자가 소로서 이행을 청구하여 강제적 실현을 도모할 수 없고, 위 채권에 대하여는 이미 민법 제166조 제1항의 '권리를 행사할 수 있는 때'를 기산점으로 하는 소멸시효의 진행을 관념할 수 없다. 이는 면책결정의 효력을 받는 채권이 저당권의 피담보채권인 경우라고 하더라도 다르지 않다. 따라서 피담보채권의 소멸시효가 완성되었음을 이유로 저당권도 소멸하였다고 할 수 없다. 그렇다면 피담보채권에 관하여 소멸시효의 진행을 관념할 수 없는 경우 저당권 자체의 소멸시효는 어떻게 되는가. 저당권의 피담보채권이 면책허가결정의 효력을 받는 경우에는 민법 제369조가 적용되지 않으며, 채무자 및 저당권설정자와의 관계에서도 저당권 자체의 소멸시효는 민법 제162조 제2항이 정한 20년의 소멸시효가 적용된다고 할 것이다.[146] ② 다음으로 면책허가결정으로 피담보채권이 '기타 사유'로 소멸하였으므로 저당권

---

146) 最高裁判所第二小法廷平成30年2月23日判決[平成29年(受)第468号](判例タイムズ No.1450 2018. 9, 40～44쪽).

도 소멸하였다고 주장할 수 있는가. 저당권의 소멸을 가져오는 기타 사유에는 피담보채권의 포기나 면제와 같이 저당권자가 만족을 얻지 못하는 경우와 변제와 같이 저당권자가 만족을 얻어 저당권이 소멸하는 경우가 있다. 면책의 효력과 관련하여 자연채무설(책임소멸설)에 의할 경우 면책허가결정이 있다고 하더라도 채무 자체가 존속하기 때문에 면책허가결정이 저당권의 소멸을 초래하는 '기타 사유'에 포함된다고 할 수 없다.

(3) 면책결정 확정 후[147] 파산채권을 지급하기로 한 약정의 효력 (본서 2067쪽 참조)[148]

책임소멸설(자연채무설)에 의할 경우 면책된 채권이 전부 소멸하는 것이 아니라 자연채무로 되고, 자연채무는 채무자가 임의로 지급할 것을 약속한 때에는 이행을 강제할 수 있는 채무가 된다. 그러나 자연채무라고 하여 모두 동일한 효과를 발생하는 것은 아니고, 각각에 대하여 그 성질에 따라 그 효과를 판단하여야 한다. 채무자에 대한 면책규정은 면책에 의해 채무자의 경제적 회생을 용이하게 하는 것이기 때문에, 채무자가 새로운 이익을 얻기 위하여 종전의 채무를 함께 처리한다는 사정도 없이,[149] 채권자의 지급요구에 단순히 종전 채권의 지급을 약속하고 지급의무를 부담한다는 것은, 채무자의 경제적 회생을 지연시킬 뿐 어떠한 이익도 없는 것이다. 따라서 채무자에게 어떠한 이익도 없이 면책 후 단순한 지급약속은 제566조 본문의 면책취지에 반하여 무효이다.[150]

대법원도 「면책결정 확정 후 파산채권을 변제하기로 하는 채무자와 파산채권자 사이의 합의(이하 '채무재승인약정'이라고 한다)가 면책제도의 취지에 반하거나 확정된 면책결정의 효력을 잠탈하는 결과를 가져온다면 그 효력을 인정하기 어렵다. 나아가 채무재승인약정의 효력을 인정하여 판결을 통해 집행력을 부여할 것인지 여부를 판단할 때에는 면책제도의 입법목적에 따라 위 약정이 채무자의 회생에 지장이 없는지 여부가 충분히 고려되어야 한다. 즉, 채무재승인약정은 채무자가 면책된 채무를 변제한다는 점에 대해 이를 충분히 인식하였음에도 자신의 자발적인

---

147) 면책결정 전 지급약정은 유효하나, 파산채권을 기초로 한 새로운 채무에도 면책의 효력이 미친다(대법원 2021. 9. 9. 선고 2020다277184 판결 참조). 면책결정 전 지급약정과 관련한 미국 연방도산법(§524(c)(m))상의 채무재승인제도(reaffirmation agreement)에 관하여는 <본서 2068쪽>을 참조할 것.

148) 면책결정 후 파산채권을 지급하기로 한 약정의 법적구성을 어떻게 할 것인가. 책임소멸설(자연채무설)에 의할 경우, 면책의 효과로서 채무 그 자체의 소멸은 없고, 책임을 면하기 때문에, 면책결정 후 파산채권을 지급하기로 약속하는 것에 대하여는, 채무자는 '금전을 급부하는 의무가 있는 자'로 되고, 준소비대차가 성립한다고 할 것이다(민법 제605조). 이외에 채무의 승인, 계약의 경개로 볼 수도 있을 것이다. 이들은 모두 구채무의 존재를 전제로 하는 것으로 아래에서 설명하는 동일한 문제가 발생한다. 한편 법적구성을 새로운 채무를 발생시키는 무명계약(무상행위로 된다)으로 해석한다면, 채무소멸설을 취하여도 유효하다고 볼 여지가 있다고 생각되지만, 이것은 결코 면책 후 파산채권의 지급 약속이라고 할 수는 없다(倒産判例百選, 183쪽).

149) 면책결정 후 파산채권을 지급하기로 한 약정이 유효할 수 있는 여지가 있다는 것을 의미한다. 채무자가 채권자로부터 신용공여 등 이익을 얻을 수 있어 변제를 약정한 경우, 이 합의는 채무자의 경제적 회생과 연관되는 것으로 유효하다고 볼 수 있다. 예컨대 채무자가 개인사업자이고, 면책결정 후 거래처의 파산채권을 지급하기로 약정하고, 계속적인 신용거래를 이어갈 수 있는 경우를 들 수 있다(倒産判例百選, 183쪽).

150) 倒産判例百選, 182쪽. 미국 연방도산법상의 채무재승인약정(reaffirmation agreement)의 경우 약정은 반드시 면책결정 전에 하도록 하여(§524(c)(1)) 면책결정 후 약정은 효력이 없는 것으로 보고 있다(본서 2068쪽 참조). 이는 채권자가 면책결정 전까지 약정을 체결하지 않을 경우 채무자를 다시 어려움에 빠지게 할 수 있기 때문이다(Jeffrey T. Ferriell・Edward J. Janger, 448쪽).

의사로 위 채무를 변제하기로 약정한 것일 뿐 아니라 위 약정으로 인해 채무자에게 과도한 부담이 발생하지 않는 경우에 한하여 그 효력을 인정할 수 있다. 이 때 채무자가 자발적으로 채무재승인약정을 체결한 것인지, 채무재승인약정의 내용이 채무자에게 과도한 부담을 초래하는지 여부는 채무재승인약정을 체결하게 된 동기 또는 목적, 채무재승인약정을 체결한 시기와 경위, 당시의 채무자의 재산·수입 등 경제적 상황을 종합적으로 고려하여 판단하여야 한다」고 판시함으로써 동일한 입장이다.[151]

나. 강제집행 등의 실효

면책신청이 있고, 파산폐지결정의 확정 또는 파산종결결정이 있는 때에는 면책신청에 관한 재판이 확정될 때까지 채무자의 재산에 대하여 파산선고 전에 이미 행하여지고 있던 강제집행·가압류 또는 가처분은 중지되고, 면책결정이 확정되면 중지한 절차는 그 효력을 잃는다(제557조 제2항).[152] 면책의 대상이 된 파산채권뿐만 아니라 중지된 비면책채권에 기한 강제집행 등의 절차도 실효된다. 일단 실효되었다고 하여도 필요한 경우 다시 강제집행 등의 절차를 새롭게 신청할 수 있다.

다. 면책 후 추심행위의 금지

(1) 과태료

면책을 받은 개인인 채무자에 대하여 면책된 사실을 알면서 면책된 채권에 기하여 강제집행·가압류 또는 가처분의 방법으로 추심행위를 하지 못한다. 이를 위반한 자에 대하여는 500만 원 이하의 과태료에 처한다(제660조 제3항).

파산절차에 따라 전부 또는 일부 면책되었음을 알면서 법령으로 정한 절차 외에서 반복적으로 채무변제를 요구하는 행위는 불공정한 행위로 금지되고(채권추심법 제12조 제4호), 이를 위반할 경우 500만 원 이하의 과태료를 부과한다(채권추심법 제17조 제3항).

(2) 추심금지조항을 위반한 행위의 효력

추심금지조항은 강행규정 중 효력규정에 해당하여 그에 위반한 사법상 행위는 원칙적으로 무효라고 할 것이다. 그 이유는 다음과 같다. ① 채무자회생법과 채권추심법은 채무자의 경제적 재기나 갱생·채무자의 인간다운 삶과 평온한 생활을 보호하는 것을 목적으로 한다(채무자

---

151) 대법원 2021. 9. 9. 선고 2020다269794 판결(☞ 채권자인 원고가 면책결정 후 채무자와 사이에 파산채권의 상환을 약정하였음을 이유로 약정금의 지급을 구하는 소송을 제기한 사안에서, 원심으로서는 피고가 자발적으로 채무재승인약정을 체결한 것인지, 채무재승인약정의 내용이 채무자에게 과도한 부담을 초래하는지 여부 등에 관하여 추가로 심리하여 채무재승인약정의 효력을 신중하게 판단하였어야 한다고 판단하여 파기환송한 사례). 면책결정 후 채무재승인약정의 효력에 관하여는 면책결정 전 채무재승인약정을 준소비대차나 경개로 논하는 것과는 평면을 달리하고 있다(본서 2067쪽 참조). 즉 일정한 요건 아래 유효성이 인정되면 채무재승인약정은 경개에 해당하고(신채무는 자연채무가 아니다) 그 효력은 인정된다. 그 이외의 경우는 준소비대차인지를 논하지 않고 유효성이 인정될 여지가 없다고 한다(무효).

152) 채권자가 면책된 채권에 대한 집행권원으로 강제집행을 할 경우 채무자는 청구이의의 소로 다투어야 한다.

회생법 제1조, 채권추심법 제1조). 두 법이 모두 채무자의 보호를 주된 목적으로 하는 이상 추심 금지조항에 위반한 행위는 법의 목적에 반해 사회경제적 약자인 채무자를 더욱 곤궁하게 만든 다. ② 채무자회생법과 채권추심법의 통합적·체계적·논리적 해석을 통한 추심금지의 대상과 방법은 매우 포괄적이어서 단지 500만 원의 과태료 조항만으로는 그 실효성을 거둘 수 없다. 즉 채무자회생법상 강제집행·가압류·가처분 외에도 채권추심법상의 연락금지 등 수많은 규 제가 적용되는데, 추심금지의 실효성을 확보하기 위해서는 소액의 과태료 조항 외에 사법상 효력까지 부인해야 할 필요성이 있다. ③ 채무자는 면책 결정으로 이미 모든 책임을 면하였으 므로, 추심금지조항을 위반한 행위(예컨대 면책채무지급약정)를 무효로 해석하더라도 채권자의 손해라 할 것이 거의 없다. ④ 채권자의 사익과 달리 채무자 보호를 통해 얻을 수 있는 공익 은 분명하다. 오늘날 소비자금융을 통해 채권자는 물론 국가를 비롯한 여러 이해관계자는 큰 이익을 누리고 있다. 추심금지행위를 무효로 해석함으로써 채무자의 확실한 보호를 꾀하고, 국 가 경제 전체에 이바지할 수 있다.[153]

(3) 불법행위에 기한 손해배상

면책은 면책절차에서 변제되지 않은 채무자의 채무에 대해 그 책임을 면해 줌으로써 채무 자에게 새롭게 경제활동을 시작할 수 있도록 하고 회생의 기회를 부여하는 제도인바, 채권자 가 면책된 채무에 대해 채무자의 자발적인 이행을 촉구할 수 있다고 하여도 이것이 사적인 압 력을 가해 채무자에게 변제를 사실상 강요하거나 다른 형태의 채무를 부활시키도록 요구하는 데에 이르면 회생의 기회를 부여하는 면책제도의 취지가 훼손될 위험성이 있으므로, 이행촉구 의 내용이나 방식에는 일정한 제약이 가해져야 한다.

예컨대 채권자의 추심으로 채무자가 자신의 통장 및 재산에 대해 압류 등 법적 조치가 취 해질 수 있다는 불안감을 느끼는 등 생활의 평온이 침해된 정도가 적지 않은 경우에는 채무자 생활의 평온 및 경제활동의 자유를 부당히 침해한 것으로 채무자에 대하여 불법행위가 될 수 있다. 이 경우 채권자는 채무자에게 정신적 고통으로 인한 위자료를 지급할 의무가 있다.[154]

라. 비면책채권 (Exception to Discharge, nondischargeable debts)

면책의 효과는 재단채권에는 미치지 않고, 파산채권에 대하여는 그 전부에 대하여 미치는

---

153) 정건희, "채무자회생법상 면책의 효력 및 그 법률관계", 건국대학교 법학전문대학원 박사학위논문(2023. 2.), 133~ 134쪽. 추심금지행위를 무효로 볼 경우 자연채무인 면책채무를 변제한 때 부당이득으로 반환청구를 할 수 없는 문 제점을 해결할 수 있다.

154) 서울중앙지방법원 2006. 6. 7. 선고 2005가합100354 판결(확정) 참조. 위 판결의 사안은 다음과 같다. 피고(채권자) 는 2004. 10. 11.과 2005. 7. 29. 및 2005. 10. 14. 원고(채무자)에게 면책된 채무의 상환을 촉구하고 미상환시 각종 소송제기 및 압류 등 강제회수조치를 취하겠다는 내용의 '통지서'를 3회에 걸쳐 발송하였고, 2005. 9.경 원고에게 채무의 상환을 요청하는 내용의 '안내'를 발송하였다. 이에 법원은 피고의 4회에 걸친 통지는 원고의 생활의 평온 및 경제활동의 자유를 부당히 침해한 것으로 원고에 대하여 불법행위가 된다고 할 것이고, 원고가 이로 인하여 정 신적 고통을 받았을 것임은 경험칙상 명백하므로 불법행위로 인하여 원고가 입은 정신적 고통을 금전(100만 원)으 로 배상할 의무가 있다고 보았다.

것이 원칙이다. 그러나 채무자회생법은 채권자 사이의 형평 내지 구체적인 정의관념, 공익상의 필요나 사회정책적인 이유에서 면책에서 제외되는(면책의 효력이 미치지 않는) 채권을 규정하고 있다(제566조 단서). 정의관념(채무자의 나쁜행위)을 이유로 한 비면책은 파산제도의 남용을 방지하기 위한 기능도 있다. 어떠한 채권이 면책대상채권인지, 비면책채권인지의 여부는 면책결정이 있은 이후에 그 채권에 기한 이행청구 또는 강제집행의 절차에서 문제가 됨은 별론으로 하고 채무자에게 면책결정을 할 것인지 여부와는 관계가 없다.[155] 즉 면책절차에서는 당해 채권이 비면책채권에 해당하는지를 판단하지 않는다. 비면책채권을 가진 소유자는 파산재단의 분배에 참가할 수 있고, 비면책채권이 만족을 얻지 못한 경우 면책에도 불구하고 여전히 존재한다.[156]

비면책채권은 당연히 비면책채권으로 되는 것이지 채권자의 신청 등이 필요한 것은 아니다.

현행법상 비면책채권(제566조 단서)은 다음과 같다. 제566조는 각 호에서 규정한 면책이 제한되는 청구권 이외의 청구권에 대하여 예외적으로 면책을 제한할 여지를 두고 있지 않다. 만약 법률이 정한 면책이 제한되는 청구권에 해당하지 않음에도 법원이 구체적인 개별 사건에서 예외적으로 특정 채권을 면책의 대상에서 제외할 수 있다면, 채무자회생법이 도모하는 각 채권 사이 변제의 합리성과 공평성을 훼손할 여지가 크고, 그 기준 또한 명백하다고 보기 어렵기 때문이다. 비면책채권을 한정한 것은 개인파산제도의 목적을 달성하기 위한 불가피한 것이다.

(1) 조세 (제1호)

비면책채권으로서 조세에 해당하는지 여부는 원칙적으로 채권 발생의 근거 법률이 세법인지에 따라 결정된다. 조세채권[157]은 국가나 지방자치단체의 수입확보라는 조세정책적 요구에 의해 비면책채권으로 한 것이다.[158] 또한 조세는 법률의 규정에 의하여 당연히 성립하는 채권이므로 계약상의 채권과 달리 인적·물적 담보의 확보가 용이하지 아니하여 조세채권자는 채무자의 자력 악화에 대처할 마땅한 방법이 없다는 점과 조세를 면책대상채권으로 하게 되면 이를 면탈하기 위하여 파산제도를 악용할 우려가 있다는 점도 고려한 것이다.[159] 그런데 조세채권은 원칙적으로 재단채권이므로(제473조 제2호) 실제로는 별다른 의미가 없다. 재단채권은 처음부터 면책의 대상이 아니다. 결국 여기서의 조세채권은 파산채권인 조세채권[160]에 한한다.[161]

재단채권으로 된 조세채권에 대하여는, 채무자가 파산절차종료 후에도 책임을 부담하여야

---

155) 대법원 2009. 7. 9. 자 2009카기122 결정.

156) Daniel J. Bussel·David A. Skeel, Jr., 117쪽.

157) 국세징수의 예에 의하여 징수할 수 있는 청구권은 조세채권이 아니므로 비면책채권이 아니다. 그러나 위 청구권 중 그 징수우선순위가 일반 파산채권보다 우선하는 것은 비면책채권은 아니나 재단채권이므로(제473조 제2호) 면책의 효력이 미치지 않는다. 반면 그 징수우선순위가 일반 파산채권에 우선하지 아니하는 것은 일반 파산채권으로 비면책채권도 아니고 면책허가결정으로 면책된다.

158) 홈스 대법관(Justice Holmes)은 "taxes are the price we pay for civilization"(조세는 문명사회를 위하여 지급하는 대가이다)라고 말하였다. 이러한 측면에서도 조세채권을 비면책채권으로 한 것은 놀라운 일이 아니다.

159) 헌법재판소 2013. 3. 21. 선고 2012헌마569 전원재판부 결정.

160) 파산선고 후에 발생한 지연배상금 성격의 납부지연가산세는 후순위 파산채권으로 보아야 한다(제473조 제2호 참조).

161) 결과적으로 개인파산절차에서는 (후순위)파산채권이건 재단채권이건 비면책채권이다. 반면 개인회생절차에서는 개인회생재단채권만이 비면책채권이다(제625조 제2항 단서 제2호).

하는가. 이것은 면책의 문제가 아니라 이미 설명한 재단채권의 채무자를 누구로 볼 것인지[162] 와 관련되는 것이다. 일반적으로 재단채권의 채무자를 파산재단 그 자체로 보면서도 조세처럼 본래 채무자의 인적채무인 것에 대하여는, 채무자 자신도 책임을 부담한다는 견해가 있다(파산 재단설). 위 견해에 의하면 조세채권자는 파산절차종료 후에도 채무자에 대하여 책임을 추급할 수 있다(채무자설에 의할 경우 채무자의 책임이 당연히 인정된다). 실무적으로도 채무자에 대한 책 임을 인정하고 있다.[163] 그러나 면책에 의해 채무자는 파산채권자로부터의 추급에서 해방되었 음에도, 이러한 결과가 시인된다면, 채무자의 경제적 회생이 방해된다.[164] 또한 파산선고 전의 원인으로 발생한 조세채권은 원래 파산채권임에도 재단채권으로 우월적 지위를 인정하고 있기 때문에(파산절차 내에서 재단채권으로서 우선변제를 인정하는 것으로 충분하다) 그것과의 균형상 파 산절차종료 후 채무자의 책임을 부정하는 것이 공평에 합치되고, 파산선고 후의 원인으로 발 생한 조세채권이 재단채권으로 된 것은 파산재단의 관리·환가로 발생한 것이어서, 처음부터 채무자의 부담으로 되어야 할 것은 아니다. 따라서 재단채권인 조세에 대하여 파산재단만이 책임을 부담하고, 채무자 자신의 책임은 부정하여야 할 것이다(관리기구로서의 파산관재인설, 본 서 1532쪽 참조).[165]

(2) 벌금, 과료, 형사소송비용, 추징금 및 과태료(제2호)

채무자에 대한 형벌 내지 질서벌로써 본인에게 직접 그 고통을 주는 것을 목적으로 하는 것으로 성질상 실제적으로 이행시켜야 하기 때문에 비면책채권으로 규정한 것이다. 또한 벌금 등을 면책대상채권으로 하게 되면 이를 면탈하기 위하여 파산제도를 악용할 우려도 있다는 점 도 고려한 것이다.[166]

---

162) 재단채권의 채무자가 누구인지에 관하여는 〈제6장 제2절 Ⅰ. 각주 104)〉(본서 1497쪽)을 참조할 것.
163) 후순위 파산채권인 가산금(현재는 지연배상금 성격의 납부지연가산세에 해당한다) 채권에 대하여 파산절차 종료 후 에는 납세의무자가 채무자라는 판례{서울행정법원 2018. 8. 22. 선고 2018구단51488 판결(항소기각, 상고기각 확 정) 참조}가 있다.
164) 현실적으로 많은 채무자들이 파산신청이나 개인회생신청을 망설이는 이유 중 하나가 조세채권은 대부분 재단채권 이고 그로 인해 면책되지 않는다는 점에 있다. 과다한 조세체납자를 영구히 사회에 복귀할 수 없도록 하는 것이 정 의 관념에 맞는 것인지 의문이 아닐 수 없다. 여하튼 현재는 조세가 비면책채권이므로 개인파산이나 개인회생을 신 청하려면 조세채권의 소멸시효가 완성된 후에 하는 수밖에 없다.
165) 破産法·民事再生法, 727~728쪽. 관리기구로서 파산관재인설에 의하면, 재단 소속 재산의 관리에 관한 비용인 재 단채권에 대하여는 채무자가 책임을 부담하지 않는다. 그런데 같은 재산이 재단으로부터 포기되어 자유재산이 된 후 관리에 관한 비용은 절차개시 후 채권으로서 채무자가 부담하여야 한다.
　　한편 관리기구로서 파산관재인설을 전제로 재단채권의 유형에 따라 채무자의 책임을 인정하는 견해도 있다(條解 破産法, 37, 1677쪽). 절차진행비용으로서 성질을 갖는 재단채권은 관리기구로서 파산관재인이 채무자가 되고, 파산 선고 전의 원인으로 생긴 조세채권이나 임금 등 청구권과 같이 정책적인 고려에서 재단채권으로 된 것은 본래의 성질에 따라 파산선고를 받은 채무자가 채무자이다.
166) 헌법재판소 2013. 3. 21. 선고 2012헌마569 전원재판부 결정 참조. 이들 공법상 청구권은 다른 파산채권자와의 관 계에서는 후순위 파산채권이다(제446조 제1항 제4호). 그러나 채무자와의 관계에서는 그 인격적 측면을 중시하여 비면책채권으로 한 것이다.

(3) 채무자가 고의로 가한 불법행위로 인한 손해배상 (제3호)

고의로(intentional) 가한 불법행위로 인한 손해배상채권에 대하여는 채무자의 채무가 사회적으로 비난받을 만한 행위로 인한 경우까지 면책결정에 의하여 그 채무에 관한 책임을 면제하는 것은 정의의 관념에 반하는 결과가 되고,[167] 피해자 구제와 가해자에 대한 제재의 실효성을 확보하기 위하여 비면책채권으로 규정한 것이다. 불법행위만 해당하므로 계약위반으로 인한 손해배상채권은 면책된다. 따라서 상법 제399조에 기한 이사 등의 회사에 대한 손해배상책임은 채무불이행책임으로 해당 손해배상채권은 면책의 대상이 된다.[168]

보험자가 보험자대위에 의하여 취득한 제3자에 대한 채권(상법 제682조)도, 보험자대위는 보험자가 제3자에 대한 피보험자 등의 권리는 동일성을 잃지 않고 그대로 보험자에게 이전되는 것이고, 따라서 보험자가 취득한 채권이 비면책채권에 해당하는지 여부는 피보험자 등이 제3자에 대하여 가지는 채권 자체를 기준으로 판단하여야 한다는 점에서 피보험자 등이 제3자에 대하여 가지는 채권이 비면책채권이면 보험자가 보험자대위에 의하여 취득한 제3자에 대한 채권도 여전히 비면책채권에 해당한다.[169]

사례 X(보증보험사)는 A회사(피보험자 겸 보험계약자)와, A회사의 회계직원인 Y를 피보증인으로 하여 신원보증보험계약을 체결하였다. Y는 2억 원이 넘는 공금을 횡령하였고, X는 A회사에 보험금을 지급하였다. 한편 Y는 의정부지방법원에 파산신청을 하여 면책결정(확정)을 받았다. X는 Y를 상대로 소를 제기할 수 있는가.

1. X는 상법 제682조의 보험자대위 규정에 따라 A회사의 Y에 대한 손해배상채권을 취득하였으므로 Y를 상대로 손해배상금의 지급을 구하는 소를 제기할 수 있다.

2. Y는 면책항변을 할 수 있는가. A회사가 Y에 대하여 가지는 손해배상채권은 비면책채권이므로 면책항변을 할 수 없다.

3. 만약 X가 면책결정확정 후 A회사에게 보험금을 지급하고 Y를 상대로 구상금청구의 소를 제기하였다면 Y는 면책항변을 할 수 있는가. X는 Y에 대하여 변제자대위권 외에 구상권도 갖고 있고, 양자는 별개의 권리이다.[170] X가 Y를 상대로 변제자대위가 아닌 구상권을 행사한 경우 Y는 면책항변을 할 수 있다. 왜냐하면 보증인이 면책결정확정 후 채권자에게 보증채무를 이행하였더라도 이로써 취득한 채무자에 대한 구상채권은 파산채권인 장래의 청구권(제427조 제2항)이 현실화된 것에 불과하기 때문이다. 따라서 X가 A회사에게 보험금을 지급하고 Y에 대하여 행사하는 구상권은 파산채권으로 이에 대하여는 면책의 효력이 미친다.

---

167) 대법원 2018. 4. 26. 선고 2017다290477 판결, 대법원 2009. 5. 28. 선고 2009다3470 판결 참조.
168) 대법원 1985. 6. 25. 선고 84다카1954 판결(주식회사의 이사 또는 감사의 회사에 대한 임무해태로 인한 손해배상책임은 일반불법행위 책임이 아니라 위임관계로 인한 채무불이행 책임이다) 참조.
169) 대법원 2018. 4. 26. 선고 2017다290477 판결, 대법원 2009. 5. 28. 선고 2009다3470 판결. 이러한 논리는 제4호의 경우에도 적용된다.
170) 대법원 1997. 5. 30. 선고 97다1556 판결.

(4) 채무자가 중대한 과실로 타인의 생명 또는 신체를 침해한 불법행위로 인하여 발생한 손해 배상 (제4호)[171]

불법행위의 피해자를 보호할 필요성이 크고 중대한 과실로 타인의 생명을 침해한 사람을 면책에 의하여 보호하는 것은 정의 관념에 반하므로 비면책채권으로 규정한 것이다. 고의로 타인의 생명 또는 신체를 침해한 불법행위로 인하여 발생한 손해배상채권은 제3호에 의한 비면책채권이다.

중대한 과실이란 채무자가 어떠한 행위를 함에 있어서 조금만 주의를 기울였다면 생명 또는 신체 침해의 결과가 발생하리라는 것을 쉽게 예견할 수 있음에도 그러한 행위를 만연히 계속하거나 조금만 주의를 기울여 어떠한 행위를 하였더라면 생명 또는 신체 침해의 결과를 쉽게 회피할 수 있음에도 그러한 행위를 하지 않는 등 일반인에게 요구되는 주의의무에 현저히 위반하는 것을 말한다.[172] 이때 채무자에게 '중대한 과실'이 있는지 여부는 주의의무 위반으로 타인의 생명 또는 신체를 침해한 사고가 발생한 경위, 주의의무 위반의 원인 및 내용 등과 같이 주의의무 위반 당시의 구체적 상황을 종합적으로 고려하여 판단하여야 한다.[173]

사람의 생명 또는 신체에 대한 손해배상이므로 중대한 과실로 인한 대물손해로 인한 손해

---

171) 미국 연방도산법 §523(a)(9)항은 음주운전 또는 약물 복용상태에서의 운전으로 타인의 생명 또는 신체를 침해한 경우 비면책채권으로 하고 있다.

§523. Exceptions to discharge
(a) A discharge under section 727, 1141, 1192 1 1228(a), 1228(b), or 1328(b) of this title does not discharge an individual debtor from any debt—
(9) for death or personal injury caused by the debtor's operation of a motor vehicle, vessel, or aircraft if such operation was unlawful because the debtor was intoxicated from using alcohol, a drug, or another substance;

172) 대법원 2024. 5. 17. 선고 2023다308270 판결, 대법원 2010. 5. 13. 선고 2010다3353 판결(벌점 누적으로 운전면허가 취소된 자가 차량을 운전하고 가던 중 졸음운전으로 진행방향 우측 도로변에 주차되어 있던 차량의 뒷부분을 들이받아 동승한 피해자에게 상해를 입힌 사안에서, 벌점 누적으로 운전면허가 취소된 것이라면 도로교통법의 무면허운전이 위 사고의 직접 원인으로 작용하였다고 보기 어렵고 전방주시를 태만히 한 상태에서 졸음운전을 하였다는 점만으로 주의의무를 현저히 위반하는 중대한 과실이 있다고 어렵다고 한 사례). 대법원 2010. 3. 25. 선고 2009다91330 판결(중앙선이 설치된 편도 1차로의 국도를 주행하던 승용차가 눈길에 미끄러지면서 중앙선을 넘어가 반대차로에서 제설작업중이던 피해자를 충격하여 사망에 이르게 한 사안에서, 교통사고 발생 당시의 상황 등 여러 사정에 비추어 가해자가 약간의 주의만으로도 손쉽게 피해자의 생명 또는 신체 침해의 결과를 예견할 수 있는 경우임에도 주의의무에 현저히 위반하여 위 교통사고를 야기하였다고 보기 어렵다고 한 사례), 인천지방법원 2016. 11. 29. 선고 2015가단68538 판결(확정)(운반경로 중에 고압의 전기가 흐르는 변전실이 있어 변전실 내부에서 고압의 전류가 흐르는 부분에 철제봉이 접촉되는 경우 그 운반자가 중한 상해를 입을 것이 쉽게 예상됨에도 불구하고, 충분한 안전 조치 없이 작업을 하도록 한 때에는 중대한 과실이 있다고 본 사례), 대법원 2010. 3. 25. 선고 2009다91330 판결 등 참조.

173) 대법원 2024. 5. 17. 선고 2023다308270 판결. 위 판결 사안의 개요는 다음과 같다. ① 채무자가 차량을 운전하여 고가도로의 편도 3차로 중 1차로를 진행하다가 중앙선을 침범하여 맞은편에서 진행하는 피해차량을 충격하는 사고 (이하 '이 사건 사고')를 일으켜 피해차량에 타고 있던 3명 중 1명은 사망하였고, 2명은 중상을 입었다. 채무자가 파산 및 면책을 신청하여 면책결정이 확정되었다. ② 원심은 이 사건 사고로 인한 불법행위채권은 채무자회생법 제566조 제4호에서 규정한 비면책채권인 '중대한 과실로 타인의 생명 또는 신체를 침해한 불법행위로 인하여 발생한 손해배상청구권'에 해당한다고 보았다. ③ 대법원은 채무자가 약간의 주의만으로도 쉽게 피해자들의 생명 또는 신체 침해의 결과를 회피할 수 있는 경우임에도 주의의무에 현저히 위반하여 이 사건 사고를 일으켰다고 보기 어렵다고 보아, 이와 달리 위 불법행위채권이 면책의 대상에서 제외된다고 판단한 원심을 파기·환송하였다.

배상채권은 면책된다.

(5) 채무자의 근로자의 임금·퇴직금 및 재해보상금 (제5호), 채무자의 근로자의 임치금 및 신원보증금 (제6호)

근로자를 보호하려는 사회정책적인 배려에서 비면책채권으로 규정한 것이다. 고용관계로 인한 채권 중 재단채권으로 된 부분(제473조 제10호, 제11호)은 처음부터 면책의 대상이 아니다. 따라서 이 규정은 확인적 의미밖에 없다. 그러나 조세의 경우와 마찬가지로 재단채권인 청구권에 대하여는 파산절차종료 후 채무자 자신의 책임은 부정된다고 할 것이다(본서 1532쪽 참조).

(6) 채무자가 악의로 채권자목록에 기재하지 아니한 청구권 (제7호)

채권자목록은 채무자가 면책신청을 하면서 제출한 것(제556조 제6항)을 말한다. 파산 및 면책결정을 받은 채무자는 파산절차에 의한 배당을 제외하고는 파산채권자에 대한 채무의 전부에 관하여 그 책임이 면제되므로, 파산채권은 그것이 면책신청의 채권자목록에 기재되지 않았다고 하더라도 원칙적으로 면책의 효력으로 그 책임이 면제된다.[174] 그러나 채무자가 악의로 채권자목록에 기재하지 아니한 청구권은 면책되지 않는다.

악의로(malicious) 채권자목록에 기재하지 아니한 청구권을 면책대상에서 제외한 이유는, 채권자목록에 기재되지 아니한 채권자가 있을 경우 그 채권자로서는 면책절차 내에서 면책신청에 대한 이의 등을 신청할 기회를 박탈당하게 될 뿐만 아니라 그에 따라 제564조에서 정한 면책불허가사유에 대한 객관적 검증도 없이 면책이 허가, 확정되면 원칙적으로 채무자가 채무를 변제할 책임에서 벗어나게 되므로, 위와 같은 절차 참여의 기회를 갖지 못한 채 불이익을 받게 되는 채권자를 보호하기 위한 것이다.[175] 따라서 채권자가 파산선고가 있음을 안 때에는 면책절차에도 참가할 수 있었을 것이므로 면책대상채권이 된다(제566조 제7호 단서).[176] 채무자의 악의에 대한 증명책임은 채권자가 부담한다.[177)178]

---

174) 대법원 2019. 11. 15. 선고 2019다256167,2019다256174(병합) 판결, 대법원 2010. 5. 13. 선고 2010다3353 판결.

175) 대법원 2018. 6. 28. 선고 2018다214401 판결, 대법원 2016. 4. 29. 선고 2015다71177 판결(채무자가 면책신청의 채권자목록에 파산채권자 및 그 파산채권의 원본 내역을 기재하여 제출하면 그 채권자는 면책절차에 참여할 수 있는 기회가 보장된다 할 것이므로, 채무자가 채권자목록에 원본 채권만을 기재하고 이자 등 그에 부수하는 채권을 따로 기재하지 않았다고 하더라도, 그 부수채권이 채무자가 악의로 채권자목록에 기재하지 아니한 비면책채권에 해당한다고 할 것은 아니다.), 대법원 2010. 10. 14. 선고 2010다49083 판결.

176) 채무자가 채권자가 보유하고 있던 A채권을 채권자목록에 기재하지 않았다고 하더라도, 채권자가 보유하고 있던 다른 B채권을 채권자목록에 기재하였기 때문에 법원은 채권자에게 파산선고 및 면책신청에 대한 이의신청기간을 지정하는 결정을 송달하였고(제558조 제1항, 제2항, 제562조 제1항 본문, 제8조), 그로 인해 채권자는 채무자에 대하여 파산선고가 있음을 알고 있었다고 봄이 상당하므로 A채권은 면책채권에 해당한다고 할 것이다{대법원 2019. 11. 15. 선고 2019다256167,2019다256174(병합) 판결 참조}.

177) 헌법재판소 2014. 6. 26. 선고 2012헌가22 전원재판부 결정(요증사실이 특정인의 선의 또는 악의, 고의나 과실 유무 등 내심의 의사라고 하여 그러한 의사의 주체에게 반드시 증명책임을 부담시켜야 하는 것은 아니다. 증명책임규범은 사실의 존부가 불명한 경우 법관으로 하여금 재판을 할 수 있게 하는 보조수단으로서, 구체적으로 누구에게 증명책임을 분배할 것인가는 정의의 추구라는 사법의 이념, 재판의 공정성, 다툼이 되는 쟁점의 특성 및 관련 증거에 대한 접근성 등을 종합적으로 고려하여 입법자가 재량으로 정할 수 있는 영역으로 보아야 한다. 채무자 갱생의 수단으로서의 면책제도의 취지와 실제 면책이 이루어지는 채무자의 상황 등을 고려하여 보면, 면책결정이 확정되는

'채무자가 악의로 채권자목록에 기재하지 아니한 청구권'이라고 함은 채무자가 면책결정 이전에 파산채권자에 대한 채무의 존재 사실을 알면서도 이를 채권자목록에 기재하지 않은 경우를 뜻하므로, 채무자가 채무의 존재 사실을 알지 못한 때에는 비록 그와 같이 알지 못한 데에 과실이 있더라도 비면책채권에 해당하지 아니하지만, 이와 달리 채무자가 채무의 존재를 알고 있었다면 과실로 채권자목록에 이를 기재하지 못하였다고 하더라도 비면책채권에 해당한다.[179] 채권은 확정되어 있을 것을 요하지 않는다. 반면 채권자목록에 기재하지 않는 것에 대하여 채무자의 과실이 존재하지 않은 경우 해당 채권은 면책의 효력을 받는다.

한편 채무자의 악의 여부는 누락된 채권의 내역과 채무자와의 견련성, 그 채권자와 채무자의 관계, 누락의 경위에 관한 채무자의 소명과 객관적 자료와의 부합 여부 등 여러 사정을 종합하여 판단하여야 하고,[180] 단순히 채무자가 제출한 자료만으로는 면책불허가사유가 보이지 않는다는 등의 점만을 들어 채무자의 선의를 쉽게 인정하여서는 아니된다.[181]

(7) 채무자가 양육자 또는 부양의무자로 부담하여야 하는 비용

친족법상의 채권은 보호의 필요성이 크기 때문에 비면책채권으로 규정한 것이다. 부부 간의 부양의무(민법 제826조 제1항), 이혼에 따른 자의 양육책임(민법 제837조), 직계혈족 및 그 배우자 간의 부양의무(민법 제974조 제1호), 생계를 같이하는 친족간의 부양의무(민법 제974조 제3호)가 여기에 해당한다. 한편 채무자 및 그 부양을 받는 자의 부양료는 재단채권이므로(제473조 제9호) 본 규정은 실제적으로 큰 의미가 없다.

(8) 비면책채권의 대위취득

비면책채권을 제3자가 대위변제한 경우, 대위변제자가 취득한 원래의 채권은 비면책채권으로서의 속성을 유지하는가. 예컨대 보험회사가 피해자에게 보험금을 지급한 결과로 피해자의 가해자인 채무자에 대한 손해배상청구권을 대위취득한 경우(상법 제682조 제1항), 이것이 비면

경우 원칙적으로 모든 파산채무가 면제되는 것으로 하고, 그에 대한 예외로서 비면책채권을 열거하는 입법형식을 취함으로써 비면책채권의 존재를 주장하는 자에게 그 증명책임을 부담시킨 것은 파산절차에서 채무자의 신속한 재기를 위한 불가피한 측면이 있고, 이를 채권자에게 부담시켰다 하더라도 과도한 제한이라고 보기는 어렵다).

178) 채권자가 채무자를 상대로 소를 제기하면, 채무자(피고)는 면책항변을 할 수 있고, 이에 대하여 채권자(원고)는 채무자가 악의로 목록에 누락하였다고 재항변할 수 있으며, 다시 채무자(피고)는 채권자(원고)가 파산선고가 있음을 알았다는 재재항변이 가능하다.

[제566조 제7호의 구조]

		채무자(채권자목록 누락에 관하여)	
		선의	악의
채권자(파산선고사실 인식에 관하여)	선의	면책	면책×
	악의	면책	면책

179) 대법원 2018. 6. 28. 선고 2018다214401 판결, 대법원 2016. 4. 28. 선고 2015다256022 판결, 대법원 2013. 2. 14. 선고 2012다95554(본소), 2012다95561(반소) 판결.
180) 대법원 2018. 6. 28. 선고 2018다214401 판결.
181) 대법원 2016. 4. 28. 선고 2015다256022 판결, 대법원 2010. 10. 14. 선고 2010다49083 판결.

책채권이 되느냐이다.[182) 면책에 있어 채무자의 경제적 회생기능을 중시하는 취지에서 보면, 대위취득자가 비면책채권자의 지위를 승계(주장)하는 것을 부정하여야 할 것이다. 그러나 비면책채권 중에는 불법행위자의 제재 등 정책적 고려에서 인정되는 것이 존재하기 때문에 이러한 것들(예컨대 제566조 제3호, 제4호)은 그 속성이 유지된다고 볼 수도 있을 것이다.[183) 대법원도 위 (3)에서 본 바와 같이 비면책채권이라는 입장이다.

마. 면책결정의 효력이 별제권자의 파산채권에도 미치는지[184)

회생절차(제251조 본문) 파산절차에서는 별제권의 면책 또는 소멸 여부에 대하여 아무런 규정을 두고 있지 않다.

제566조는 "면책을 받은 채무자는 파산절차에 의한 배당을 제외하고는 파산채권자에 대한 채무의 전부에 관하여 그 책임이 면제된다. 다만 다음 각 호의 청구권에 대하여는 책임이 면제되지 아니한다"고 규정하면서 제411조의 별제권자가 채무자에 대하여 가지는 파산채권을 면책에서 제외되는 청구권으로 규정하고 있지 아니하므로, 면책결정의 효력은 별제권자의 파산채권에도 미친다. 따라서 별제권자가 별제권을 행사하지 아니한 상태에서 파산절차가 폐지되었다고 하더라도, 면책결정이 확정된 이상, 별제권자였던 자로서는 담보권을 실행할 수 있을 뿐[185) 채무자를 상대로 종전 파산채권의 이행을 소구할 수는 없다.[186) 즉 별제권자는 피담보채권이 면책되어 채무자에게 이행의 청구는 할 수는 없고, 단지 별제권을 행사(담보권의 실행)할 수 있을 뿐이다.[187) 예컨대 甲이 乙에게 2,000만 원을 대여하면서 그 소유 부동산을 담보로 제공한 후 乙에 대하여 파산선고가 되고 면책결정이 되었다면, 甲은 乙을 상대로 대여금청구소송을 제기할 수 없다.

---

182) 일반적으로 구상권은 파산선고 전의 원인으로 발생한 것이어서 파산채권이고, 면책결정에 의하여 면책된다. 한편 재단채권을 대위변제한 경우에는 재단채권성이 유지된다는 점은 앞{〈제6장 제2절 Ⅲ.6.〉(본서 1530쪽)}에서 본 바와 같다.

183) 破産法·民事再生法, 728쪽 각주 66), 條解 破産法, 1685쪽.

184) 이는 별제권에서 피담보채권이 전부 파산채권이 되는지 및 면책결정의 효력이 별제권의 행사나 존속과 무관하게 당초부터 별제권자의 파산채권에 전면적으로 미치는지 여부와 관련된 문제이기도 하다. 별제권에서 피담보채권 전부가 파산채권이며 면책결정의 효력도 전부에 미친다. 관련 내용은 〈제4편 제5장 제4절 Ⅲ.3., 4.〉(본서 1971쪽)을 참조할 것.

185) 다만 담보권의 실행에 의하여 회수할 수 없었던 예정부족액 부분은 파산채권이므로 그 부분에 관하여는 담보권의 실행을 할 수 없고, 면책되었으므로 채무자에게 청구할 수도 없을 것이다.

186) 대법원 2011. 11. 10. 선고 2011다27219 판결. 소를 제기할 경우 각하된다(대법원 2005. 4. 29. 선고 2003다20299, 2003다20305 판결 참조).

187) 피담보채권의 면책에도 불구하고 그 별제권(파산절차 폐지 이후에는 담보권)은 여전히 유효하게 존속한다. 면책되어 자연채무로 된 피담보채권을 담보하기 위한 담보권이 유효한지 또는 그러한 담보권을 행사할 수 있는지에 관한 의문이 있을 수 있으나, 자연채무를 피담보채권으로 하는 담보권이 무효로 된다거나 이를 행사할 수 없다는 필연적 논리는 성립하지 아니한다. 자연채무는 단지 '소구할 수 없는 채무'를 말할 뿐, 그에 대한 담보권의 성립과 존속을 언제나 방해한다고 보기는 어렵다. 모든 '자연채무'라는 개념에 포섭될 수 있는 채무에 관하여 일괄적으로 말하기는 어려울 수 있으나, 파산절차에서 면책된 채무에 관한 담보권은 여전히 유효하게 행사할 수 있다고 봄이 상당할 것이다. 채무자회생법에서 담보권자의 지위를 '별제권자'로서 파산절차와 분리하여 특별히 보호하고 있는 취지를 존중한다면, 파산절차를 통한 면책의 효력이 그 담보권능에는 미치지 아니한다고 보는 것이 상당하다.

〈별제권자의 절차단계별 지위〉

주체(단계)	면책결정	별제권(담보권) 실행 가능 여부	파산절차 참가 여부	소구 가능 여부	
담보권자 (파산선고 전)	해당 없음	○	해당 없음	○	
별제권자 (파산절차)	×	○	△ (남은 채권, 별제권 포기시 모든 채권)	× (제424조, 파산절차에 의하여만 함)	
별제권자 (파산절차)	○	○	위와 같음	위와 같음(면책무관)	
담보권자 (파산폐지)	×	○	해당 없음	○ (파산채권자표 기재시 불필요)	
담보권자 (파산폐지)	○	○	해당 없음	담보권 존속 중	×
				담보권 소멸 후	× (면책)

바. 채권자대위권, 채권자취소권의 행사 여부

면책결정이 확정된 후 파산채권자가 그 파산채권을 피보전채권으로 하여 채권자대위권을 행사할 수 있는가 또는 채무자의 행위에 대해 채권자취소권을 행사할 수 있는가.

(1) 채권자대위권의 경우

채권자대위권은 채권자가 자기의 채권을 보전하기 위하여 채무자의 권리를 행사할 수 있는 권리로서 채무자에 대하여 채권을 행사할 수 있음이 전제되어야 할 것인바, 면책을 받은 채무자는 파산절차에 의한 배당을 제외하고는 파산채권자에 대한 채무의 전부에 관하여 그 책임이 면제되고(제566조 본문), 일정한 채무의 경우에만 책임이 면제되지 아니하므로(제566조 단서), 채무자가 파산절차에서 면책결정을 받은 때에는 파산채권을 피보전채권으로 하여 채권자대위권을 행사하는 것은 그 채권이 비면책채권에 해당하지 않는 한 허용되지 않는다.[188]

(2) 채권자취소권의 경우

채권자취소권은 채무자의 책임재산을 확보하여 장래의 강제집행을 보전하기 위하여 채권자에게 인정되는 제도로서 채무자에 대하여 채권을 행사할 수 있음이 전제되어야 할 것인바, 채무자가 파산절차에서 면책결정을 받은 때에는 파산채권을 피보전채권으로 하여 채권자취소권을 행사하는 것은 그 채권이 비면책채권에 해당하지 않는 한 허용되지 않는다.[189]

---

188) 대법원 2022. 9. 7. 선고 2022다230165 판결, 대법원 2009. 6. 23. 선고 2009다13156 판결, 條解 破産法, 1679쪽.
189) 대법원 2008. 6. 26. 선고 2008다25978 판결, 條解 破産法, 1679쪽, 倒産判例百選, 184쪽. 이에 대하여 채무자에 대한 면책결정이 확정되었다고 하더라도 파산절차가 종료되어 파산절차의 구속에서 벗어나는 채권자에게 제한 없는

사. 면책 후 권리행사와 상계

파산채권이 면책된 후 채무자가 파산채권자를 상대로 이행소송을 제기한 경우 파산채권자는 면책된 채권을 자동채권으로 하여 상계할 수 있는가. 예컨대 甲의 채권(a)가 파산채권으로 확정되고 면책허가결정이 된 후(파산절차가 종료된 후), 채무자가 甲에 대한 채권(b)에 기하여 이행소송을 제기한 경우 甲은 채권(a)를 자동채권으로 하여 상계항변할 수 있는가. 채무자에 대한 파산절차에서의 면책효과가 이행소송에서의 자동채권의 존부나 액에 대하여 영향을 미치는가.

이에 대하여 ① 파산채권자의 상계를 허용하면 결과적으로 채무자에게 변제를 강제하고 재기와 갱생을 어렵게 한다거나 상계에 대한 기대권조차 없다거나[190] 자연채무는 상계의 자동채권이 될 수 없으므로[191] 면책채권에 기한 상계는 허용되지 않는다는 견해, ② 면책의 효력을 받는 채권이 면책결정에 의하여 자연채권으로 되기 이전에 상계적상에 이르렀다면 이를 상계의 자동채권으로 하는 것이 가능하다는 견해[192]가 있다.

살피건대 파산절차에서는 상계의 시기적 제한이 없고(제416조), 채권자에게 상계항변을 인정하지 않으면 불공평하며, 면책효과에 관한 책임소멸설(자연채무설) 입장에서 보면 면책된 채권을 강제적으로 변제시키는 것이 되지만 시효소멸된 채권도 시효완성 이전에 상계적상에 있으면 상계할 수 있기 때문에(민법 제495조) 상계의 담보적 기능을 관철시키기 위해서는 상계금지에 해당하지 않는 한 파산채권자는 면책된 채권을 자동채권으로 하여 파산재단에 대하여 부담하는 채무와 상계할 수 있다고 할 것이다.[193] 별제권의 피담보채권이 면책되어도 별제권의

채권자취소권 행사를 인정하여야 할 필요가 있다는 견해가 있다{정수인, "채무자의 파산·면책이 채권자취소소송에 미치는 영향-대법원 2008. 6. 26. 선고 2008다25978 판결에 대한 비판적 검토-", 법조 제68권 제4호(통권 제736호), 법조협회(2019), 825~826쪽}. 그 이유는 다음과 같다. ① 파산절차가 종료되면 사해행위취소제도는 온전하게 그 기능을 회복한다. ② 면책의 효력은 상대적인 것으로 채권자와 채무자 사이에서만 발생한다. 따라서 채권자취소소송의 상대방(피고)은 채무자를 위하여 결정된 채무면책을 이유로 채권자에게 대항할 수 없다. ③ 면책은 채무자를 보호하는 제도임에 반하여, 채권자취소권의 발생요건을 충족시킨 취소상대방에게 어떠한 보호를 주는 제도는 아니다. 이에 따라 면책은 채권자의 채권에 영향을 미칠 수 없다. ④ 채권자취소소송을 허용하더라도 당사자들의 이익을 해치는 것이 아니다. 한편 독일 연방대법원은 '파산선고 전에 채권자취소소송을 제기하였다가 중단된 것을 파산절차종료 및 면책결정 후 채권자가 속행한 사건'에서 채권자취소소송을 허용하였다. 파산절차에서는 파산절차 종료 후에도 추가배당(제531조)에 의하여 제397조에 따른 파산부인법적 원상회복청구권을 실현할 수 있다는 점에서 의미가 있는 견해라고 생각된다.

또한 채권자의 이익을 중시하는 입장에서의 비판도 있다. 이 비판은 파산관재인이 선임되지 않고 동시폐지된 후 면책된 경우를 특히 염두에 두고 있다. 즉 파산절차에서 파산관재인이 선임된 경우에는 채무자에 의하여 채권자를 해하는 행위의 유무에 관하여 파산관재인이 조사를 하고, 이 조사에 터잡아 부인권 행사가 가능한지, 면책불허가사유가 존재하는지를 파악할 수 있는데, 동시폐지의 경우에는 이러한 채권자의 이익이 보장되지 않는다. 그래서 면책을 받은 채권에 기한 사해행위취소권을 인정하여 이 점을 보완할 필요가 있다(倒産判例百選, 185쪽).

190) 정건희, 전게 "채무자회생법상 면책의 효력 및 그 법률관계", 151~152쪽.

191) 최준규, 282쪽.

192) 개인회생·파산실무, 397쪽.

193) 이러한 문제는 회생절차와 달리(제144조) 파산절차에서는 상계권 행사의 시기적 제한이 없다는 점에서 비롯된 것이다. 상계권을 가진 파산채권자가 상계권을 행사하지 않으면 배당하여야 할 파산채권이나 환가하여야 할 파산재단 소속 채권의 확정이 지체되어 절차의 신속한 진행을 해할 염려가 있다. 그래서 일본 파산법(제73조)처럼 파산관재

실행이 인정되는 것과 같이 상계의 담보적 기능에서 보면 면책결정이 되어도 상계를 할 수 있다고 보는 것이 타당하므로 상계적상의 시기를 면책결정 이전으로 제한할 필요는 없다고 할 것이다(소멸시효는 완성시기가 특정되어 있지만, 면책결정은 법원의 재량에 달린 것이므로 언제 면책결정을 하느냐에 따라 상계의 허용 여부가 결정된다. 따라서 상계적상 시기를 면책결정 이전으로 제한하면 부당하다). 물론 면책결정이 확정된 후 채무자에 대하여 채무를 부담하게 된 경우에는 상계가 허용되지 않는다고 할 것이다.

상계항변을 허용할 경우의 문제점은 자연채무인 피면책채무를 강제적으로 변제시킨다는 점에 있다. 그렇지만 위 예에서 본래 파산관재인이 면책허가결정 전에 甲에 대해 이행소송을 제기하였다면 甲은 상계할 수 있었을 것이다. 파산절차의 진행으로 甲의 채권(a)는 권리행사가 금지되는데, 채권(b)을 행사하지 않다가 사후적으로 제소하는 것은 공정, 공평을 결한다는 점에서 위 문제점은 해소된다고 볼 것이다.[194]

아. 면책채무에 대한 경개, 준소비대차, 상속 및 면책채권의 양도

(1) 경 개

면책채무를 대상으로 경개계약을 체결할 수 있는가. 경개란 채무의 중요부분을 변경해 구채무와 동일성이 없는 신채무를 성립시키는 계약을 말한다(민법 제500조). 면책채무의 지급약정은 원칙적으로 무효이다(본서 1690쪽). 경개는 채무자가 면책채무의 신채무에 대해 이행책임을 진다는 점에서 면책채무의 지급약정과 다를 바가 없다. 따라서 면책채무를 대상으로 경개계약은 원칙적으로 체결할 수는 없다고 할 것이다.

경개계약이 무효일 경우 구채무(면책채무)는 어떻게 되는가. 채권자가 신채무가 성립하지 않는다는 사실을 알고도 경개계약을 하였다면 구채무도 소멸한다(민법 제504조 반대해석). 면책채무에 대한 지급약정도 예외적인 경우 인정하고 있고, 채권자가 신채무가 성립하지 않는다는 사실을 알았다고 보기도 어렵다는 점에서 구채무는 그대로 존속한다고 볼 것이다.

(2) 준소비대차

자연채무를 기초로 한 준소비대차는 유효하다는 것이 일반적이다. 자연채무인 면책채무를 기초로 준소비대차계약을 체결할 수 있는가. 준소비대차 계약이 있으면 구채무는 소멸하고 신채무만 성립한다. 이 경우 신채무는 보통의 채무로 전환되는가.

인에게 파산채권자에 대해 상계권 행사를 최고하는 권한을 부여하고 기간 내에 확답을 하지 아니한 경우 파산채권자는 상계의 효력을 주장할 수 없도록 할 필요가 있다.

194) 倒産と訴訟, 527쪽. **사례** 금융기관(원고)은 차주(피고)에 대하여 대여금채권을 원인으로 소송을 제기하였고 원고 일부 승소 판결 확정되었다(소송비용 중 85%는 원고 부담, 나머지 15%는 피고 부담). 이후 차주는 부산회생법원에 파산신청을 하여 면책결정을 받았다(확정). 차주가 대여금청구소송과 관련하여 소송비용확정재판을 신청하고 소송비용액확정결정이 난 경우, 금융기관은 차주에게 소송비용액을 지급하여야 하는가. 금융기관은 어떻게 대응하여야 하는가. 금융기관의 채권은 파산채권이고 비록 면책결정이 있었다고 하더라도 상계의 의사표시를 함으로써 소송비용액은 지급하지 않아도 될 것이다. 물론 소송비용액이 대여금채권액보다 크다면 초과되는 부분은 지급하여야 할 것이다.

준소비대차에서 구채무와 신채무는 동일하므로 신채무도 자연채무성이 인정된다는 견해도 있다.[195] 신채무가 자연채무성을 갖는다면 면책채무를 기초로 한 준소비대차계약을 부정할 이유는 없다. 문제는 신채무가 자연채무성을 잃고 보통의 채무로 전환된다고 보는 경우이다(이것이 당사자들의 진정한 의도라고 보는 것이 합리적이다). 경개계약에서 본 바와 같이 면책채무에 대한 지급약정은 원칙적으로 무효라고 할 것이므로, 보통의 채무로 전환하는 면책채무에 대한 준소비대차는 원칙적으로 무효라고 할 것이다.

(3) 면책채무의 상속성

상속인은 상속이 개시된 때에 피상속인의 재산에 관한 모든 권리와 의무를 포괄적으로 승계한다(민법 제1005조). 따라서 면책채무라도 성질상 상속이 되지 않는 것(귀속상의 일신전속권)을 제외하고 당연히 상속된다고 할 것이다.

(4) 면책채권의 양도성

면책결정이 있다고 하더라도 채무는 존재한다(자연채무). 자연채무도 양도가 가능하다는 것에 대하여는 이견이 없다. 그렇다면 면책채권도 양도가능한가.

채권의 성질이 양도를 허용하지 아니하는 때에는 채권을 양도할 수 없다(민법 제449조 제1항 후문). 면책채권의 경우도 성질상 양도할 수 없다고 본다. 그 이유는 첫째 자연채무설의 논거 중 하나가 임의이행이 사회통념상 바람직하다는 것인데, 임의이행은 채권자와 채무자 사이에서 의미가 있을 뿐 채무자와 양수인 사이에서는 새로운 분쟁만을 초래할 뿐이다. 둘째 면책채권의 양도를 제한하더라도 채권자에게 불측의 손해를 초래하지는 않는다. 셋째 면책채권에 대해 양도를 인정하면 채무자로 하여금 신속하게 새로운 출발을 할 수 있도록 한다는 면책제도의 기능을 저해할 수 있다. 면책채무가 소구력과 집행력을 상실하였다고 하더라도 양수인은 사실상 추심행위를 할 수 있기 때문이다(양수인은 면책된 채무임을 모를 수 있다. 그런 점에서 채무자는 양수인에 의한 추심에 상대적으로 더 많이 노출될 수 있고, 그렇게 되면 면책이 사실상 형해화될 개연성이 있다).

자. 면책채권과 소멸시효

면책채권에 대하여도 소멸시효가 적용되는가. 자연채권인 면책채권이 약화된 권리라는 것을 전제로 통상의 채권에 적용되는 소멸시효의 진행을 유독 면책채권에서 배제할 수 없다는 견해(적용긍정설)가 있다.[196] 하지만 자연채권인 면책채권은 강제적으로 실현할 수 없으므로 '권리를 행사할 수 있는 때'(민법 제166조 제1항)라는 관념이 인정될 수 없다는 점에서 소멸시효가 적용될 수 없다(적용부정설)고 할 것이다. 대법원[197]도 '주채무자 제251조에 따라 실권(면책)되었

---

195) 이은영, 채권총론(제4판), 박영사(2009), 49쪽.
196) 이무룡, "주채무자의 도산과 보증인의 주채무 소멸시효 항변 — 일본에서의 논의를 중심으로", 사법 1권 53호, 사법발전재단(2020), 376쪽 이하.

다면 주채무의 소멸시효 진행이나 중단이 문제될 여지가 없다'고 함으로써 적용부정설을 취하고 있다.

결국 자연채무설에 따르면 채무자는 영구불변의 면책채무를 부담할 수밖에 없다.

3. 채무자에 대한 효력

가. 면책을 받은 채무자는 파산절차에 의한 배당을 제외하고 모든 파산채권자에 대한 채무의 전부에 관하여 그 책임이 면제된다(제566조 본문). 다만 면책결정이 확정되어 채무자의 채무를 변제할 책임이 면제되었다고 하더라도, 이는 면책된 채무에 관한 집행권원의 효력을 당연히 상실시키는 사유는 되지 아니하고, 청구이의의 소를 통하여 그 집행권원의 집행력을 배제시킬 수 있는 실체상의 사유에 불과하다. 한편 변론종결 전 채무자가 면책결정을 받고서도 그 사실이나 면책의 효력을 주장하지 아니하여 채권자가 구하는 대로 판결이 선고되어 확정된 경우, 채무자가 집행단계에서 면책결정이 확정된 사실이나 면책의 효력을 내세워 청구에 관한 이의의 소를 제기할 수 있는가. 면책결정에 의한 책임의 면제는 채무 자체의 존재 및 범위의 확정과는 무관하게 주로 집행단계에서 집행력의 배제사유가 되므로, 이를 변론과정에서 주장하지 아니하였거나 판단되지 아니하였다고 하여 그 후 확정판결에 의한 강제집행 단계에서 이를 주장하지 못한다고는 할 수 없다. 특히 채권자가 채무자를 상대로 채무의 이행을 구하는 소송에서 채무자가 면책사실이나 면책의 효력이 그 채무에도 미친다는 점을 주장하지 않으면, 책임이나 집행력의 문제는 현실적인 심판대상으로 등장하지 아니하여 주문에서는 물론 이유에서도 판단되지 않는 것이므로 그에 관하여 기판력이 미치지 않는다. 그러므로 채무자가 면책결정을 받고도 채권자가 제기한 소송의 사실심 변론종결시까지 그 사실이나 면책의 효력을 주장하지 아니하여 채권자가 구하는 대로 판결이 선고되어 확정되었다고 하더라도, 채무자는 그 후 면책결정이 확정된 사실이나 면책의 효력을 내세워 청구에 관한 이의의 소를 제기하는 것이 허용된다고 보아야 한다.[198]

또한 면책결정의 확정은 면책된 채무에 관한 집행력 있는 집행권원 정본에 기하여 그 확정 후 비로소 개시된 강제집행의 집행장애사유가 되는 것도 아니다.[199]

---

197) 대법원 2016. 11. 9. 선고 2015다218785 판결.
198) 한정승인의 효력과 관련한 「대법원 2006. 10. 13. 선고 2006다23138 판결」을 참조할 것. 광주지방법원 2017. 7. 5. 선고 2017가단1870 판결(확정)(☞ 甲이 파산선고를 받은 후 면책을 신청하면서 채권자목록에 乙 주식회사에 대한 보증채무를 기재하지 않았고, 면책결정이 내려져 확정되기 직전에 乙 회사가 甲을 상대로 제기한 보증채무금 지급 청구 소송에서 변론기일에 출석하거나 답변서를 제출하지 못하였는데, 면책결정 확정 후 乙 회사가 위 소송에서 전부승소 판결을 받아 판결 확정 후 강제집행을 신청하자, 甲이 면책결정으로 보증채무가 면책되었다고 주장하면서 청구이의의 소를 제기하였고, 乙 회사는 면책결정 확정이 위 소송 변론종결 전에 이루어졌으므로 甲은 청구이의의 소를 제기할 수 없다고 주장한 사안에서, 제반 사정에 비추어 甲이 보증채무가 존재한다는 사실을 알면서도 이를 채권자목록에 기재하지 않았다고 보기 어려우므로 면책결정으로 보증채무는 면책되었고, 위 소송에서 甲이 변론기일에 출석하거나 답변서를 제출하지 못한 탓에 면책결정의 효력이 보증채무에 미치는지에 관하여 아무런 판단이 이루어지지 않아 보증채무의 면책에 관하여 위 판결의 기판력이 미친다고 볼 수 없으므로 甲은 면책결정이 확정된 사실을 내세워 청구이의의 소를 제기할 수 있다고 한 사례).

면책결정이 확정되면 채무자는 당연히 복권되어(제574조 제1항 제1호) 공·사법상의 신분상의 제약이 소멸된다.

나. 면책결정이 확정된 후 채권자가 비면책채권임을 주장하여 다투는 경우 채무자는 어떻게 대처하여야 하는가.[200] ① 면책된 채무에 관한 집행권원을 가지고 있지 않은 채권자가 채무자를 상대로 이행의 소를 제기하면 채무자는 면책항변을 하면 된다.[201] 채권자가 소를 제기하지 않으면 채무자가 직접 채권자를 상대로 면책확인의 소[202]를 제기하면 된다.[203] 가압류(가처분)의 경우 가압류(가처분) 전에 면책받은 채무를 원인으로 하는 불복방법은 가압류(가처분) 이의에 의한 방법으로 처리하면 된다. 가압류(가처분) 후에 면책받은 채무를 원인으로 하는 불복방법은 가압류(가처분) 이의나 가압류(가처분) 취소에 의한 방법으로 처리하면 될 것으로 보이나, 파산선고가 되면 가압류(가처분)는 효력을 상실하므로(제348조 제1항) 그 이익이 없어 부적법하다(본서 1825쪽). 이 경우 채무자(파산관재인)는 집행기관에 파산선고결정 등본을 취소원인 서면으로 소명하여 가압류(가처분)의 집행취소신청을 함으로써 집행처분의 외관을 제거하면 된다.[204] ② 그러나 면책된 채무에 관한 집행권원을 가지고 있는 채권자에 대한 관계에서 채무자는 청구이의의 소를 제기하여[205] 면책의 효력에 기한 집행력의 배제를 구하는 것이 그 법률상 지위에 현존하는 불안·위험을 제거하는 유효적절한 수단이 된다. 따라서 이러한 경우에도 면책확인을 구하는 것은 분쟁의 종국적인 해결 방법이 아니므로 확인의 이익이 없어 부

---

199) 따라서 면책결정이 확정되어 채무자의 채무를 변제할 책임이 면제되었다는 것은 면책된 채무에 관한 집행력 있는 집행권원 정본에 기하여 그 확정 후 신청되어 발령된 채권압류 및 추심명령에 대한 적법한 항고이유가 되지 아니한다. 왜냐하면 채권압류 및 추심명령에 대한 즉시항고는 집행력 있는 정본의 유무와 그 송달 여부, 집행개시요건의 존부, 집행장애사유의 존부 등과 같이 채권압류 및 추심명령을 할 때 집행법원이 조사하여 준수할 사항에 관한 흠을 이유로 할 수 있을 뿐이고, 집행채권의 소멸 등과 같은 실체상의 사유는 이에 대한 적법한 항고이유가 되지 아니하기 때문이다(대법원 2014. 2. 13. 자 2013마2429 결정, 대법원 2013. 9. 16. 자 2013마1438 결정 등 참조).

200) 실무적으로는 채권자목록에 기재가 누락된 채권자와 다투는 경우(채권자목록에 누락된 채권자가 이행을 청구하거나 집행을 하려고 할 경우)가 주로 문제된다. 채권자목록에 누락된 채권이라 하더라도 '채무자가 악의로 채권자 목록에 기재하지 아니한 청구권'에 해당되지 않으면(제566조 제7호) 면책되는데, 채무자는 이런 내용을 몰라 당황하거나 채권자의 요구에 면책된 채무를 변제하는 경우가 더러 있다.

201) 채무자가 면책항변을 하지 아니한 경우라도 법원이 직권으로 면책채권 해당 여부를 심리하여야 하는 것은 아니다(대법원 2018. 10. 25. 선고 2018다230359 판결).

202) 주문 기재례: ① 원고의 피고에 대한 별지 채무잔액확인서상의 채무와 그 이자 등 부수채무는 면책되었음을 확인한다. ② 피고의 원고에 대한 10,000,000원 및 이에 대한 지연손해금 채무는 면책되었음을 확인한다. ③ 피고의 원고에 대한 수원지방법원 2018아450 소송비용액확정결정에 기한 채무는 면책되었음을 확인한다. ④ 원고에 대한 면책결정(서울회생법원 2018. 7. 28. 자 2018하면100257 결정)에 따라, 원고의 피고에 대한 일체의 채무에 관하여 그 책임이 면제되었음을 확인한다. ⑤ 원고의 피고에 대한 서울중앙지방법원 2019가소1202227호로 양수금 사건의 원금 2,992,060원과 이에 대한 지연이자 등 채무는 면책되었음을 확인한다.

203) 대법원 2017. 10. 12. 선고 2017다17771 판결, 대법원 2014. 12. 11. 선고 2014다62282 판결 참조.

204) 대법원 2002. 7. 12. 선고 2000다2351 판결 참조.

205) 청구이의의 소는 전속관할이다(민집법 제44조 제1항). 따라서 집행권원이 확정판결인 경우는 제1심 판결법원, 소송상의 화해조서 등인 경우는 제1심 수소법원, 집행증서인 경우는 채무자의 주소지 지방법원에 관할이 있다. (개인)회생채권자표 등의 경우는 회생계속법원의 관할에 속한다(제255조 제3항 단서, 제605조 제5항 참조). 파산채권자표의 경우에는 제255조 제3항 단서와 같은 규정은 없지만(제535조 제2항) 파산계속법원의 관할에 속한다고 보아야 할 것이다{민사집행(Ⅰ)-집행총론-, 345쪽}.

적법하다.[206]

다. 면책결정이 확정된 이후에는 파산채권의 이행을 구할 수는 없다. 그러나 현실적으로는 채무자의 법의 무지를 이용하여 사실상 돈을 받아 내거나, 이행소송을 제기한 후 채무자가 응소하지 않은 경우 문제이다. 또한 면책이 있은 후에도 면책을 무시하고 채무자에 대하여 최고를 반복함으로써 괴롭히는 것을 막을 대책이 마련되어 있지 않다.[207] 미국 연방도산법은 면책된 경우 면책항변을 제출하지 않아도 파산절차 전이나 후에 제기하여 얻은 판결은 무효로 하고(§524(a)(1)), 채권의 추심 등을 위한 소송의 제기 등을 금지하는 금지명령으로서의 효력을 인정하고 있다(§524(a)(2)). 입법론적으로 면책의 효력이 채무자에 대하여 실효적이기 위해서는 위와 같은 제도적인 보완이 필요해 보인다.

라. 면책결정이 확정되면 채무자는 당연히 복권된다(제574조 제1항 제1호). 개인의 경우 면책결정이 확정되면 한국신용정보원에 통보되어 연체기록정보를 해제하도록 하고 있다. 다만 연체기록정보 해제는 면책결정에 따른 법률상 효과가 아니기 때문에 은행의 공공정보에 면책받은 사실이 5년간 등록되어 사실상 금융기관으로부터 대출제한 등 불이익을 받게 된다.

4. 보증인 등에 대한 효력[208]

가. 원 칙

면책은 오로지 채무자에 대하여만 적용된다. 면책은 파산채권자가 채무자의 보증인 기타 채무자와 더불어 채무를 부담하는 자에 대하여 가지는 권리 및 파산채권자를 위하여 제공한 담보(물상보증)에는 영향을 미치지 아니한다(제567조).[209] 이러한 인적·물적담보는 주된 채무자의 파산에서 있어서 그 의미를 가지는 것이므로 당연한 규정이라고 볼 수 있다. 따라서 보증인 등은 면책의 효과를 보지 못하고 전부의 채무를 변제하여야 한다. 다만 개인파산의 경우에

---

206) 대법원 2017. 10. 12. 선고 2017다17771 판결. 실무적으로 면책결정이 확정된 후 채권자가 기존에 가지고 있던 집행권원을 가지고 채권압류 및 추심명령을 하는 경우가 많다. 이 경우 채무자는 어떻게 대처하여야 하는가. 압류명령에 대하여 면책을 이유로 즉시항고(민집법 제227조 제4항)를 할 수 있는가? 집행채권의 소멸 또는 소멸가능성이나 압류된 채권의 부존재와 같은 실체상 사유는 압류명령에 대한 항고사유가 되지 못한다(대법원 2004. 1. 5. 자 2003마1667 결정, 대법원 1994. 11. 10. 자 94마1681,94마1682 결정 등 참조). 면책결정이 확정되어 책임이 면제되었다고 하더라도, 이는 청구이의의 소를 통하여 그 집행권원의 집행력을 배제할 수 있는 실체상의 사유에 불과하다(위 판결 참조). 따라서 면책을 이유로 압류명령에 대하여 즉시항고를 할 수는 없다. 면책을 받은 채무자에 대하여 면책된 사실을 알면서 강제집행 등의 방법으로 추심을 할 경우 과태료에 처하기 때문에(제660조 제3항), 주로 채권자목록에 누락된 채권자가 면책결정사실을 모르고 채권압류 및 추심명령을 받은 경우가 문제된다. 비면책채권에 해당하는지 판단하려면 채무자가 악의로 채권자목록에 기재하지 아니한 것인지 심리를 하여야 하기 때문에 집행절차에서 처리하는 것은 적절하지 않다는 점을 고려한 것으로 보인다. 결국 청구이의의 소로 해결하여야 한다.
207) 다만 면책된 채권에 기하여 강제집행, 가압류 또는 가처분의 방법으로 추심행위를 한 경우에는 과태료를 부과할 수 있을 뿐이다(제660조 제3항).
208) 법인인 채무자에 대하여는 면책제도가 없으므로 제548조 제2항에서 별도로 규정하고 있다.
209) 면책의 효력에 관하여, 자연채무설의 입장이라면 제567조는 당연한 규정이지만, 채무소멸설의 입장이라면 파산채권자의 보증인이나 물상보증인에 대한 권리를 보호하기 위해 정책적으로 둔 규정이라고 볼 것이다.

는 대부분이 채무자의 친족이나 친구가 보증인으로 되고, 이들에게 면책의 효력이 미치지 않는다는 것은 채무자에 대하여 간접적인 압력이 되어, 결국 채무자의 경제적 회생이라는 목적을 달성하지 못할 수도 있기 때문에 입법론적으로는 검토의 여지가 있어 보인다.

보증인이 면책결정 확정 후 채권자에게 보증채무를 이행하고 채무자에 대한 구상권을 취득하더라도 이는 면책 후에 새로이 취득한 채권이 아니라 이미 채무자에 대한 장래의 구상권(제427조 제2항)으로 취득한 파산채권이 현실화된 것뿐이므로 당연히 면책의 효력을 받는다. 따라서 보증인은 채무자에 대하여 구상권을 행사할 수 없다.

한편 보증인은 파산절차에서 일정한 요건하에 파산절차에 참가하여 배당받을 수 있는 권리가 보장되어 있다(제430조).

주채무가 시효로 소멸한 때에는 보증인도 그 시효소멸을 원용할 수 있다(민법 제433조 제1항). 그러나 면책결정의 효력을 받은 채권은 채권자가 소로서 이행을 청구하여 강제적 실현을 도모할 수 없고, 위 채권에 대하여는 이미 민법 제166조 제1항의 '권리를 행사할 수 있는 때'를 기산점으로 하는 소멸시효의 진행을 관념할 수 없으므로 주채무에 대한 면책결정확정시에 주채무의 소멸시효가 완성되지 않는 한 보증인은 주채무의 소멸시효를 원용할 수 없다.[210]

> **사례** 채권자 X가 주채무자 Y에 대하여 1,000만 원의 채권을 가지고 있었다. 하지만 Y가 파산선고를 받았기 때문에 보증인 Z에 대하여 1,000만 원의 지급을 청구하였다. Z로서는 부담을 최소화하려면 어떻게 하여야 하는가. Y가 면책을 받은 경우에는 어떻게 되는가.
>
> 보증인 Z는 최고의 항변권이나 검색의 항변권을 가지고 대항할 수 없다(민법 제437조 참조). 그래서 사전구상권을 행사하여(제430조 제1항) X에게 변제하지 않았어도 1,000만 원에 대하여 Y의 파산절차에 참가하여(만약 X가 1,000만 원을 가지고 파산절차에 참가할 경우 Z는 파산절차에 참가할 수 없다), Y의 파산재단으로부터 적게나마 회수할 수 있을 것이다.
>
> Y가 면책을 받은 경우 Z는 부종성을 주장할 수 없다(제567조). 담보로서의 정책적 이유 때문에 부종성의 예외를 인정한 것이다. 즉 Z는 Y의 면책을 원용할 수 없다. Y가 면책을 받은 경우, Y는 모든 채무로부터 면책되기 때문에, 당연히 Z로부터의 사전구상권 행사로부터도 면책되는 것이다. Z로서는 파산재단으로부터 배당을 받아 회수할 수 있을 뿐이다.

나. 예 외

채권자가 중소벤처기업진흥공단(대출방식으로 이루어지는 사업에 한정한다), 신용보증기금, 기술보증기금인 경우에는 중소기업의 파산선고 이후 면책결정을 받은 시점에 주채무가 감경 또는 면제될 경우 연대보증채무도 동일한 비율로 감경 또는 면제된다(중소기업진흥에 관한 법률 제74조의2, 신용보증기금법 제30조의3, 기술보증기금법 제37조의3).

한편 '파산선고 이후 면책결정을 받는 시점'이란 중소기업이 채무자회생법이 정한 절차에

---

210) 만약 보증인에 의한 주채무의 소멸시효 원용을 인정한다면, 채권자는 시효관리를 위하여 면책된 주채무자에 대하여 채권존재확인의 소를 제기하는 등의 행동을 강제당함에 반하여, 인정하지 않는다면 보증인과의 관계에서만 독립적으로 시효관리를 하는 것으로 충분하다는 점에서 일정한 합리성이 있다(倒産判例百選, 215쪽).

따라 면책결정을 받는 것을 전제로 한다고 해석함이 타당하다. 그런데 채무자회생법은 개인파산절차와 달리 법인파산절차에서는 면책절차를 규정하고 있지 않으므로, 채무자회생법에 정한 절차에 따라 면책결정을 받을 여지가 없는 법인인 중소기업의 파산에는 적용되지 않는다.[211] 따라서 주채무자인 법인에 대해 파산선고가 있다고 하더라도 법인에 대한 연대보증채무자의 연대보증채무를 감면할 수 없다.[212] 요컨대 파산절차에서 위 각 법률에 의한 연대보증채무의 감경 또는 면제는 주채무자가 개인인 경우(개인파산절차)에만 적용된다.

5. 외국면책재판의 국내적 효력

채무자가 다른 나라에서의 면책결정을 받은 경우 그 면책이 우리나라에서도 효력이 있는가. 관련 내용은 〈제5편 제4장 V.〉(본서 2138쪽)를 참조할 것.

6. 공용부분 관리비에 대한 면책과 특별승계인의 책임

파산절차에서 파산채권인 전 구분소유자의 공용부분 관리비에 대하여 면책결정이 내려진 경우, 공유자는 전 구분소유자의 특별승계인에 대하여 공용부분 관리비를 청구할 수 있는가. 파산절차 진행 중 공용부분 관리비를 체납하고 있는 채무자 소유의 아파트나 상가건물 등이 매각(경매)된 경우 매수인이 체납된 공용부분 관리비를 승계하는가의 문제가 발생한다. 특히 매수인이 체납사실을 모른 경우 불측의 결과가 발생할 수 있다는 점에서 그 심각성이 크다.

「집합건물의 소유 및 관리에 관한 법률」 제18조에서는 공유자가 공용부분에 관하여 다른 공유자에 대하여 가지는 채권은 그 특별승계인에 대하여도 행사할 수 있다고 규정하고 있는데, 이는 집합건물의 공용부분은 전체 공유자의 이익에 공여하는 것이어서 공동으로 유지·관리되어야 하고 그에 대한 적정한 유지·관리를 도모하기 위하여는 소요되는 경비에 대한 공유자 간의 채권은 이를 특히 보장할 필요가 있어 공유자의 특별승계인에게 그 승계의사의 유무에 관계없이 청구할 수 있도록 하기 위하여 특별규정을 둔 것이므로, 전 구분소유자의 특별승계인에게 전 구분소유자의 체납관리비를 승계하도록 한 관리규약 중 공용부분 관리비에 관한 부분은 위와 같은 규정에 터 잡은 것으로 유효하다.[213]

---

211) 대법원 2016. 8. 25. 선고 2016다211774 판결, 대구지방법원 2021. 7. 23. 선고 2020가단143059 판결. 이러한 점에서 법인의 경우 청산형 회생계획의 존재가치가 있다는 점은 앞에서 본 바와 같다.

212) 이에 따라 채권자가 신용보증기금이나 기술보증기금인 경우 개인채무자의 연대보증인은 「신용보증기금법」 또는 「기술보증기금법」에 의하여, 면책결정을 받는 시점에 감면된 주채무와 동일한 비율로 연대보증채무가 감면되나, 면책절차가 마련되어 있지 않은 법인채무자의 연대보증인은 위와 같은 연대보증채무의 감면을 받을 수 없어 법인채무를 연대보증한 기업인에게 가혹할 수 있다. 입법론적으로 채무자가 법인인 경우에도 면책신청을 할 수 있도록 함으로써 법인채무를 연대보증한 기업인이 재기할 수 있도록 하는 한편, 개인채무자와 법인채무자 및 그 연대보증인 간 형평성을 제고할 필요가 있다. 한편 법인에 대한 회생절차에서는 법인채무가 면제된 경우 연대보증인에 대한 채무도 면제된다는 점에서도 형평에 맞지 않다(본서 1001쪽 참조), 개인회생절차에서도 주채무자에 대한 채무가 면책되면 연대보증인에 대한 채무도 면책된다(본서 2072쪽).

213) 대법원 2006. 6. 29. 선고 2004다3598,3604 판결.

집합건물의 소유 및 관리에 관한 법률상의 특별승계인은 집합건물의 공용부분에 대한 유지·관리에 소요되는 비용의 부담의무를 승계한다는 점에서 채무인수인으로서의 지위를 갖는데, 위 법률의 입법 취지와 채무인수의 법리에 비추어 보면 구분소유권이 양도된 경우 특별승계인은 이전 구분소유자의 채무를 중첩적으로 인수한다.[214]

그렇다면 파산절차에서 파산채권인 전 구분소유자의 공용부분 관리비(파산채권)에 대하여 면책결정이 내려진 경우, 공유자는 전 구분소유자의 특별승계인에 대하여 공용부분 관리비를 청구할 수 있는가.

가. 전 구분소유자가 공용부분 관리비(파산채권)에 대하여 면책결정을 받은 후 특별 승계가 이루어진 경우

공유자는 전 구분소유자의 특별승계인에 대하여 공용부분 관리비를 청구할 수 없다고 할 것이다. 그 이유는 다음과 같다.

① 위 제18조의 문언해석상 다른 공유자에 대하여 가지는 채권을 특별승계인이 승계하는 것인데, 다른 공유자에 대한 채권은 이미 면책되었다. 즉 이미 책임이 면제된 채무(책임소멸설)를 중첩적으로 인수한 것이다.[215]

② 특별승계인이 그 의사에 관계없이 채무를 승계하도록 함으로써 이를 알지 못한 특별승계인에게 불측의 손해가 발생할 수 있다는 점에서 위 제18조의 적용범위를 제한할 필요가 있다. 위 제18조의 기원이 된 독일민법[216]은 명문규정(제1010조)으로 해당 사항이 부동산등기사항증명서에 지분의 부담으로서 등기된 경우에만 특별승계인에게 효력이 있도록 그 위험을 미리 차단하고 있음에 반하여, 우리는 이러한 공시제도가 없다. 또한 우리의 경우 독일이나 일본에서처럼 선취특권이 인정되지 않고 있다. 따라서 위 제18조의 적용범위를 제한할 필요성이 더욱 크다.[217]

③ 위 제18조의 입법취지는 무엇보다 구분소유자가 공용부분에 관하여 비용지출을 하게 된 경우에 다른 구분소유자가 자기의 구분소유권을 타인에게 매각하는 등 특별승계에 해당하는 행위를 하여 책임을 회피하는 것을 방지함에 있다고 할 것인데, 전 구분소유자는 면책으로 이미 책임이 소멸된 상태이므로 책임 회피를 방지할 필요성이 없어졌다고 볼 수 있다.

④ 공유물에 관해서 공유자 간에 발생한 채권은, 본래의 채권의 효력에서 본다면, 당사자 사이에 효력을 가짐에 불과하며 제3자인 특별승계인에 대해서는 행사할 수 없는 것이기 때문

---

214) 대법원 2010. 1. 14. 자 2009그196 결정, 대법원 2008. 12. 11. 선고 2006다50420 판결 등 참조.
215) 채무소멸설에 의할 경우 중첩적으로 인수할 채무 자체가 존재하지 않는다.
216) 독일 민법 제746조는 「공유자 간에 공유물의 관리 및 이용에 관해 정한 때에는, 그 해당 사항은 또한 특별승계인에 대해서도 그 효력이 있다」고 규정하고 있다. 이는 일본 민법 제254조로 계수되었다.
  ○ **일본 민법 제254조(공유물에 관한 채권)** 공유자 중 1명이 공유물에 관하여 다른 공유자에 대하여 가지는 채권은 그 특정승계인에 대해서도 행사할 수 있다.
217) 이준현, "전 소유자가 체납한 관리비에 대한 집합건물 특정승계인의 책임", 인권과 정의 2006년 6월(358호), 91~93쪽.

에 위 제18조는 전통적인 의미에서 공유와는 어울리지 않는다. 따라서 그 적용범위에 신중할 필요가 있다.

나. 전 구분소유자가 공용부분 관리비(파산채권)에 대하여 면책결정을 받기 전 특별 승계가 이루어진 경우

앞에서 본 바와 같이 구분소유권이 양도된 경우 특별승계인은 이전 구분소유자의 채무를 중첩적으로 인수한다. 따라서 전 구분소유자가 공용부분 관리비(파산채권)에 대하여 면책결정을 받기 전 특별승계가 이루어진 경우 공유자는 특별승계인에 대하여 공용부분 관리비를 청구할 수 있다고 할 것이다. 특별승계가 이루어진 후 전 구분소유자에 대하여 면책결정이 내려졌다고 하더라도 마찬가지이다.

7. 면책결정과 출국금지

파산·면책을 신청하는 대부분의 채무자는 다액의 세금을 체납하고 있는 경우가 많다. 그리고 채무자가 면책결정을 받았다고 하더라도 조세는 면책되지 않는다(제566조 단서 제1호). 한편 5,000만 원 이상의 국세·관세 또는 3,000만 원 이상의 지방세를 정당한 사유 없이 그 납부기한까지 내지 아니한 사람에 대하여는 6개월 이내의 기간을 정하여 출국을 금지할 수 있다(출입국관리법 제4조 제4호, 같은 법 시행령 제1조의3 제2항). 이에 따라 실무적으로 법원으로부터 면책결정을 받았음에도 다액의 세금을 체납하고 있는 개인은 출국이 금지되거나 출국금지기간이 연장되고 있다(출입국관리법 제4조의2 제1항). 새로운 출발을 위한 면책제도의 취지에 비추어 이러한 실무가 과연 타당(적법)한가.[218]

먼저 5000만 원 이상의 국세나 관세 또는 3,000만 원 이상의 지방세를 체납하였다고 하여 출국금지를 할 수 있는 것은 아니고, 여기에 '재산의 해외 도피 우려 등 강제집행을 곤란하게 할 사정'이 추가로 인정되어야 한다.[219] 그렇다면 면책결정 이후 다액의 세금 체납을 이유로

---

218) 비면책채권인 벌금·과료·형사소송비용·추징금 및 과태료(제566조 단서 제2호)를 체납한 경우에도 마찬가지의 문제가 발생한다.

219) 대법원 2013. 12. 26. 선고 2012두18363 판결, 대법원 2001. 7. 27. 선고 2001두3365 판결 참조. 위 판결들은 '일정 금액 이상의 추징금 미납을 이유로 한 출국금지는 그 추징금 미납자가 출국을 이용하여 재산을 해외로 도피하는 등으로 강제집행을 곤란하게 하는 것을 방지함에 주된 목적이 있는 것이지, 단순히 출국을 기화로 해외로 도피하거나 시효기간 동안 귀국하지 아니하고 외국에 체재하여 그 시효기간을 넘기는 것을 방지하는 등 신병을 확보하기 위함에 있는 것이 아니므로, 재산의 해외 도피 우려 여부를 확인하지 아니한 채 단순히 일정 금액 이상의 추징금 미납 사실 자체만으로 바로 출국금지처분을 하는 것은 형벌을 받은 자에게 행정제재의 목적으로 한 것으로 출국금지업무처리규칙 제2조 제2항에 위반되거나 과잉금지의 원칙에 비추어 허용되지 아니한다고 할 것이고, 재산의 해외 도피 가능성 여부에 관한 판단에 대하여도 재량권을 일탈하거나 남용하여서는 아니된다고 할 것이다. 한편 재산의 해외 도피 우려 여부는 추징금 처분의 범죄사실, 추징금 미납자의 성별·연령·학력·직업·성행이나 사회적 신분, 추징금 미납자의 경제적 활동과 그로 인한 수입의 정도·재산상태와 그 간의 추징금 납부의 방법이나 수액의 정도, 그 간의 추징금 징수처분의 집행과정과 그 실효성 여부, 그 간의 출국 여부와 그 목적·기간·행선지·해외에서의 활동 내용·소요 자금의 수액과 출처 등은 물론 가족관계나 가족의 생활 정도·재산상태·직업·경제활동 등을 종합하여 판단하여야 한다'는 취지로 판시하고 있다.

출국을 금지하거나 출국금지기간을 연장하는 것은 타당(적법)하지 않다.[220] 그 이유는 다음과 같다. ① 채무자는 새로운 출발을 위한 사업목적상 해외로 출국할 필요성이 있는 경우가 있는데, 면책결정을 받았음에도 세금 체납을 이유로 출국금지를 하는 것은 면책제도 취지에 맞지 않다. ② 회생법원은 면책절차에서 면책을 받을 자격이 있는지 면밀히 심리·판단하는데, 거기에는 면책불허가사유에 대한 것도 있다. 그중 채무자가 파산재단에 속한 재산을 은닉 또는 손괴하거나 채권자에게 불이익하게 처분하는 행위를 할 경우에는 면책을 불허하도록 하고 있다. 법원이 면책결정을 하였다는 것은 채무자에게 위와 같은 면책불허가사유가 없었다는 것을 의미한다. 그렇다면 면책결정은 출국금지나 연장의 중요한 요건이 흠결되었음을 반증하는 것이다. ③ 출국금지의 목적은 체납한 세금을 납부하도록 강제하는 것이 아니다. ④ 파산·면책절차를 거친 채무자에게는 일반적으로 강제집행할 재산이나 소득이 없다. 그렇다면 강제집행을 곤란하게 할 사정이 존재한다고 볼 여지는 없다.

Ⅵ 면책의 취소

1. 의 의

면책의 취소(Revocation of Discharge)란 채무자에 대하여 사기파산에 관한 유죄판결이 확정된 경우나 채무자가 부정한 방법으로 면책을 받은 경우 면책을 취소하는 것을 말한다(제569조).

면책의 취소는 매우 제한된 조건하에서 이루어진다. 면책의 취소는 채무자의 중대한 부정행위에 기인한다. 나아가 면책의 취소는 면책결정이 된 후 짧은 기간 내에만 이루어질 수 있다. 비록 채무자가 심각한 부정행위를 하였다고 하더라도 면책취소는 이전의 평온한 지위에 영향을 미치기 때문이다. 채무자의 평온한 지위 유지는 파산절차보다 개인회생절차에서 더 요구되므로 개인회생절차에서의 면책취소 요건(사유)은 파산절차에서의 면책취소 요건(사유)보다 훨씬 더 엄격하다.[221]

2. 면책취소사유[222]

가. 사기파산죄에 관한 유죄판결이 확정될 것

채무자가 사기파산죄(제650조)에 관하여 채무자에 대한 유죄의 판결이 확정된 때에는 법원

---

220) 면책결정을 받은 개인에 대하여 세금 체납을 이유로 출국금지를 한 사안에서, 출국금지처분취소를 인용한 하급심 재판례도 있다(서울행정법원 2016. 3. 18. 선고 2015구합80550 판결, 서울행정법원 2015. 1. 15. 선고 2014구합68225 판결 등).

221) 개인회생절차에서의 면책취소에 관하여는 〈제4편 제10장 제2절 Ⅲ.〉(본서 2083쪽)을 참조할 것. 미국 연방도산법의 경우 아래에서 보는 바와 같이 파산절차에서는 기망에 의하여 면책을 얻는 경우 등 4가지의 면책취소사유를 규정하고 있음{§727(d)}에 반하여, 개인회생절차에서는 기망에 의하여 면책을 얻은 경우 1가지만 규정하고 있다{§1328(e)}.

222) 미국 연방도산법은 ① 기망에 의하여 면책을 얻은 경우, ② 취득한 파산재단을 관재인에게 보고하거나 인도하지

은 파산채권자의 신청에 의하여 또는 직권으로 면책취소의 결정을 할 수 있다.

사기파산죄는 파산범죄 중 특히 채무자의 악성이 강하여 면책을 취소할 수 있도록 한 것이다. 다만 사기파산행위가 있는 것만으로는 면책불허가사유에 불과하고 면책취소를 하려면 사기파산죄에 의한 유죄판결이 확정되어야 한다. 또한 다른 파산범죄에 대하여는 유죄판결이 확정되었다고 하더라도 취소사유가 되지 않는다.

사기파산죄에 관한 유죄판결이 확정된 경우는 채무자의 악성이 강하기 때문에 법원이 직권으로도 면책취소의 결정을 할 수 있을 뿐만 아니라 면책취소가 가능한 기간에 관하여도 달리 제한을 두고 있지 않다.

나. 부정한 방법으로 면책을 얻을 것

채무자가 부정한 방법으로 면책을 얻은 경우에 파산채권자가 면책 후 1년 내에 면책의 취소를 신청한 때에도 법원은 면책취소의 결정을 할 수 있다. 면책취소 신청기간을 제한한 것은 면책허가결정의 법적 안정성을 고려한 것이다.

부정한 방법이란 파산채권자 또는 파산관재인 등에 대하여 기망이나 협박, 뇌물의 교부, 특별이익의 공여 등의 방법으로 면책을 얻은 경우를 말한다. 따라서 채무자가 면책을 받을 목적으로 특정한 채권자로부터의 반대의견진술을 막기 위하여 그 자에 대하여 특별이익의 공여를 몰래 약정한 경우에는 취소사유로 인정될 수 있다. 부정한 방법을 사용한 경우는 그로 인한 결과인 면책허가결정이 그 절차과정에 있어서 현저히 공정을 흠결한 것이기 때문에 면책취소 사유로 규정한 것이다.

부정한 방법이 면책허가결정에 기여하고 있는 것으로 충분하고 직접적인 인과관계는 필요하지 않다. 재량면책이 인정되는 이상, 그 부정한 방법이 존재하지 않아도 면책허가가 될 수 있는 것이기 때문에 부정한 방법과 면책허가결정 사이에 직접적인 인과관계를 요구하는 것은 타당하지 않다.

3. 면책취소절차

가. 일반론

채무자가 사기파산죄로 유죄의 확정판결을 받은 경우 파산채권자의 신청이나 직권으로 면책취소를 할 수 있다. 채무자가 부정한 방법으로 면책을 받은 경우에는 파산채권자가 면책 후 1년 내에 면책의 취소를 신청하여야 한다. 이 경우에는 직권취소를 할 수 없다.[223]

아니한 경우, ③ 법원의 적법한 명령에 따르지 아니한 경우, ④ 감사에서 중대한 오류 등을 만족스럽게 설명하지 못한 경우 등 4가지를 규정하고 있다{§727(d)}.

§ 727(d) On request of the trustee, a creditor, or the United States trustee, and after notice and a hearing, the court shall revoke a discharge granted under subsection (a) of this section if-

(1) such discharge was obtained through the fraud of the debtor, and the requesting party did not know of such fraud until after the granting of such discharge;

법원은 면책취소의 재판을 하기 전에 채무자 및 신청인의 의견을 들어야 한다(제570조).[224]

나. 비면책채권자에게 면책취소신청권이 있는지

실무적으로 채무자가 면책불허가사유가 있으면서도 이를 숨기고 면책을 받았다고 주장하면서 비면책채권자가 면책취소를 신청하여 오는 경우가 종종 있다. 사기파산죄로 유죄의 확정판결을 받은 경우에는 법원이 직권으로 면책취소를 할 수 있으므로 문제가 없다. 그러나 부정한 방법으로 면책을 얻은 경우에는 비면책채권자에게 면책취소신청권이 없다고 하면 실체적 심리도 없이 신청을 각하할 수밖에 없다. 그런데 이러한 결과는 면책취소의 실체적 요건이 충족되었음에도 결과적으로 면책을 해주는 것이 되어 면책제도의 기본 취지에 반한다. 비면책채권자에게 면책취소신청권이 있는지와 관련하여 견해의 대립이 있다.

(1) 한정설

비면책채권자에게는 면책취소신청권이 없다는 견해이다. 그 논거는 ① 면책신청에 대한 이의권자는 '면책의 효력을 받을 파산채권자'로 한정되어 있다(제562조). 그리고 면책결정에 대한 즉시항고권자는 '재판에 대하여 이해관계를 가진 자'로 한정되어 있는데(제564조 제4항, 제13조 제1항) 비면책채권자는 면책에 대하여 이해관계가 없어 위 즉시항고권자에 해당하지 아니한다. 그런데 면책신청에 대한 이의나 면책결정에 대한 즉시항고와 면책취소신청은 결국 시기만 달리할 뿐 면책에 대한 이의의 한 형태여서 이를 달리 취급할 실익이 없고 통일적으로 파악하여야 한다. ② 파산절차의 면책취소는 개인회생절차와 달리(제626조) 부정한 방법에 의한 면책에 대한 취소는 신청에 의해서만 할 수 있도록 되어 있어 신청의 의미가 개인회생절차보다 더 중요하며, 단순한 비송절차적 성격보다 대심구조적 측면이 강하다. 따라서 신청권자의 해석에 있어서도 이를 대심구조에 적합하게 이해관계 있는 자로 범위를 한정할 필요가 있다.

(2) 비한정설

비면책채권자에게도 면책취소신청권이 있다는 견해이다. 법문에 신청권자를 '파산채권자'로만 규정하고 있을 뿐 그 범위에 제한을 두지 아니하고 있고, 비면책채권자도 파산·면책에 대

---

(2) the debtor acquired property that is property of the estate, or became entitled to acquire property that would be property of the estate, and knowingly and fraudulently failed to report the acquisition of or entitlement to such property, or to deliver or surrender such property to the trustee;

(3) the debtor committed an act specified in subsection (a)(6) of this section; or

(4) the debtor has failed to explain satisfactorily—

  (A) a material misstatement in an audit referred to in section 586(f) of title 28; or

  (B) a failure to make available for inspection all necessary accounts, papers, documents, financial records, files, and all other papers, things, or property belonging to the debtor that are requested for an audit referred to in section 586(f) of title 28.

223) 개인회생절차에서는 이해관계인의 신청이나 직권으로 면책을 취소할 수 있다(제626조 제1항).

224) 개인회생절차에서는 이해관계인을 심문하도록 하고 있다(제626조 제1항). 개인회생절차와 개인파산절차의 면책취소 절차를 달리 규정할 이유가 있는지는 의문이다.

하여 이해관계를 가진 자라고 할 수 있으므로, 법문에 충실하게 비면책채권자인지 여부를 따질 필요 없이 모든 파산채권자는 면책취소신청권을 가진다고 보아야 한다.

(3) 사 견

비면책채권도 파산채권이고 파산채권자에게 면책취소신청권을 부여하고 있음은 조문상 명확하므로 비한정설이 타당하다. 면책신청에 대한 이의나 면책결정에 대한 즉시항고와 면책취소신청은 서로 다른 제도로 신청권자를 누구로 할 것인지는 입법권자의 결단으로 통일적으로 해석할 필요가 없다.[225] 또한 면책의 효력을 받아야만 이해관계에 있는 것이 아니다. 파산채권자는 면책의 효력을 받는지 여부와 관계없이 파산절차에서 파산재단으로부터 배당을 받고, 다른 채권자의 채권에 대하여 이의를 하고, 채무자가 채권자를 해하는 행위를 하였을 경우에 법원에 대하여 파산관재인에게 부인권행사를 명하도록 신청할 권리가 있다. 따라서 비면책채권자도 파산절차 전체의 관점에서 보면 이해관계가 있다고 볼 수 있다. 면책절차는 기본적으로 성질상 비송절차이다. 따라서 파산채권자에게 신청권을 부여하였다고 하여 대심구조적 측면이 강한 것이라고 하는 것은 논리적 비약이다.

4. 면책취소재판

법원은 의견청취결과 면책취소사유가 인정되면 면책취소결정을 할 수 있다. 면책취소사유가 있다고 하더라도 반드시 면책을 취소하여야 하는 것이 아니라 경우에 따라서는 재량으로 면책취소신청을 기각할 수도 있다.

면책취소신청에 대한 결정 및 직권에 의한 면책취소결정에 대하여는 즉시항고를 할 수 있다(제569조 제2항).[226]

5. 면책취소결정의 효력

가. 효력발생시기

면책취소의 결정은 확정된 후부터 그 효력이 발생한다(제571조). 법원사무관 등은 면책취소의 결정이 확정되면 파산채권자표가 있는 경우에는 파산채권자표에 면책취소의 결정이 확정된

---

225) 비면책채권자에게는 면책신청에 대한 이의는 인정되지 않으나(본서 1655쪽, 다른 견해 있음), 면책결정에 대한 즉시항고권은 인정하여야 한다(본서 1680쪽)는 점은 앞에서 본 바와 같다.

226) 제569조 제2항이 '제1항의 결정에 대하여 즉시항고를 할 수 있다'고 규정하고 있어 해석상의 다툼이 있을 수 있다. 조문의 문언으로만 보면 제1항의 '결정'에는 '면책취소의 결정'만을 의미하는 것으로 볼 여지가 있다. 이러한 견해에 따르면 면책취소신청에 따른 기각결정에 대하여는 즉시항고를 할 수 없다. 그러나 제2항의 '결정'에는 면책취소신청에 따른 기각결정도 포함되는 것으로 해석하여야 한다. 제2항은 '제1항의 결정'이라고만 되어 있지 '면책취소의 결정'이라고 하고 있지 않다(이에 반하여 제627조는 명시적으로 '면책취소의 결정'이라고 하고 있다). 즉 제2항의 결정은 '제1항의 신청에 따른 재판 및 직권에 의한 면책취소의 결정'을 포함하는 것으로 보아야 한다. 이러한 논란의 소지를 없애기 위해 일본 파산법처럼 「제1항의 신청에 대한 재판 및 직권에 의한 면책취소의 결정에 대하여는 즉시항고를 할 수 있다」(제254조 제3항)라고 개정하는 것이 바람직할 것이다.

뜻을 기재하여야 한다(제573조). 면책결정이 확정되면 파산채권자표의 기재는 그 집행력을 상실하고, 법원사무관 등은 파산채권자표에 그 뜻을 기재한다(제568조). 파산채권자표가 작성되고 그것이 채권조사에 의하여 확정된 경우에는 파산절차종결 또는 파산절차폐지 후, 채무자에 대하여 파산채권자표의 기재에 의하여 강제집행을 할 수 있지만(제535조 제2항, 제548조 제1항), 면책결정의 확정에 의하여 그 집행력은 상실한다. 그러나 면책취소결정이 확정되면 채무자의 책임이 부활(채무소멸설에 의하면 채권이 부활한다)하므로 파산채권자표의 기재에 의하여 강제집행을 할 수 있다. 이러한 점을 명확히 하기 위하여 법원사무관 등으로 하여금 파산채권자표에 그 취지를 기재하도록 한 것이다.

나. 효 력

(1) 면책허가결정의 효력 상실

면책취소결정이 확정되면 면책허가결정은 그 효력을 잃는다. 따라서 면책의 효력을 받는 모든 파산채권자의 권리는 면책 이전의 상태로 회복되고 면책으로 소멸된 채무자의 책임이 부활한다.[227]

(2) 새로운 파산절차와 면책허가결정 확정 후 발생한 채권의 우선권

면책허가결정이 취소되었다고 하여도 당연히 새로운 파산절차가 개시되는 것은 아니다. 그렇지만 채무자는 면책이 취소된 후 새로운 파산원인에 기하여 파산신청을 할 수 있다. 면책허가결정 확정 후 채무자에게 신용을 부여한 채권자는 기존 파산채권자의 권리가 행사되지 않을 것(소멸)을 전제로 거래를 한 것인데, 면책이 취소되어 기존 채권이 부활하면, 채무자는 일시에 다액의 채무를 부담하는 것으로 되기 때문에, 채무자가 새로 취득한 재산을 믿고 거래한 새로운 채권자는 예상치 못한 불이익을 입게 된다. 그래서 면책의 취소가 있은 때에는 면책 후 취소에 이르기까지의 사이에 생긴 원인으로 인하여 채권을 가지게 된 자는 다른 채권자에 우선하여 변제를 받을 권리를 가지는 것으로 하였다(제572조). 이는 면책을 신뢰하여 거래를 한 상대방을 보호하기 위한 것이다.

한편 이러한 우선권은 어디까지나 새로운 파산절차가 개시된 경우 그 절차 내에서의 우선권을 말하는 것이지, 개별집행의 경우에 그 우선권을 주장할 수 있다는 것은 아니다.[228]

(3) 복권의 효력 상실

면책취소결정이 확정되면 복권은 장래에 향하여 효력을 잃는다(제574조 제2항). 이는 복권되

---

227) 이것은 실체법적으로 그렇다는 것에 지나지 않는다. 금전이행소송이 면책항변으로 기각되거나 강제집행이 면책을 이유로 청구이의 소에 의하여 취소되었다면, 이러한 각 판결은 유효하다. 그러나 파산채권자는 그 기판력에 구속되지 않고, 기판력 기준시 이후의 사정인 면책취소결정사실을 주장·증명하여 다시 이행소송을 제기하거나 강제집행을 신청할 수 있다. 소멸시효에 대하여는 면책취소결정확정 후 6개월 내에는 시효가 완성되지 않는다고 해석하여야 할 것이다(민법 제179조 내지 제180조 유추적용)(條解 破産法, 1692쪽).

228) 條解 破産法, 1693쪽, 破産法·民事再生法, 734쪽, 倒産法, 627쪽.

었던 기간 중에 발생한 신분상의 법률관계에는 아무런 영향을 미치지 않도록 하기 위함이다.

(4) 재심사유에 해당하는지

민사소송법 제451조 제1항 제8호는 "판결의 기초가 된 민사나 형사의 판결, 그 밖의 재판 또는 행정처분이 다른 재판이나 행정처분에 따라 바뀐 때"를 재심사유로 규정하고 있다. 면책 취소결정은 면책결정을 취소하여 실효시킴으로써 채권자의 권리를 면책 이전의 상태로 회복시키는 효과가 있으므로 채권자와 채무자 사이의 판결의 기초가 된 채무자에 대한 면책결정이 면책취소결정에 의하여 취소되어 확정된 때에는 위 조항 소정의 재심사유에 해당된다.[229]

제2절 복 권

I 의 의

복권이란 채무자가 파산선고로 인하여 제한된 공적 또는 사적인 자격과 권리를 일반적으로 회복시키는 것을 말한다. 파산절차는 채권채무를 청산하는 절차이고, 채무자의 인격적 또는 신분상의 비난을 포함하고 있지 않으며(비징계주의), 나아가 파산절차 중에 있다는 이유로 차별적 취급을 금지하고 있으므로(제32조의2) 파산선고에 의하여 채무자에게 위와 같은 제한을 영구적으로 가하는 것은 타당하지 않다.

개별법에 의하여 파산선고로 인하여 제한된 채무자의 자격이나 권리는 파산절차가 종료되었다고 하여 당연히 회복되는 것은 아니라는 점에 복권제도의 의의가 있다.[230] 이러한 의미에서 복권제도는 개인채무자의 회생을 위한 제도로 볼 수 있다.

II 복권의 유형

복권에는 채무자의 신청을 기다리지 아니하고 일정사유가 존재하는 것에 의해 당연히 복권되는 당연복권과 채무자의 신청에 따라 재판에 의하여 복권되는 신청에 의한 복권이 있다.[231]

---

229) 대법원 2004. 9. 24. 선고 2003다27887 판결 참조.

230) 채무자회생법에는 파산선고로 인한 채무자의 자격상실이나 권리 제한에 관한 규정이 없음에도 복권이라는 제도를 둔 것은 개별법에서 파산선고로 인한 자격상실 등을 규정하고 있고, 복권은 그 자격상실 등을 회복한다는 의미로 해석된다. 입법론적으로 개별법에 규정하고 있는 파산선고로 인한 자격상실 등의 규정이 삭제되면, 복권에 관한 규정도 둘 필요가 없을 것이다.

231) 당연복권을 법정복권, 신청에 의한 복권을 재판에 의한 복권이라고 부르기도 한다.

1. 당연복권

가. 당연복권사유

채무자에게 다음과 같은 사유가 있는 경우에는 당연히 복권된다(제574조 제1항).[232]

(1) 면책의 결정이 확정된 때 (제574조 제1항 제1호)

면책결정이 확정되면 당연히 복권된다. 본래 면책은 채무자에게 새로운 출발의 기회를 부여하기 위한 것이기 때문이다.

다만 면책취소결정이 확정되면 장래에 대하여 복권의 효력이 소멸한다(제574조 제2항). 이와 같이 장래를 향하여만 그 효력을 소멸시키는 이유는, 복권의 효력 소멸 효과를 소급시킨다면, 그 사이에 채무자가 한 법률행위의 효력에 영향을 미치게 되어 복잡한 법률관계가 발생하는데, 이는 타당하지 않음은 물론, 이와 같이 복잡한 법률관계를 발생시키면서까지 그 효력을 소급시킬 공익성도 인정되지 않기 때문이다.[233]

(2) 동의폐지결정이 확정된 때 (제574조 제1항 제2호)

동의폐지의 경우 채권자 전원의 동의(부동의한 채권자에 대하여는 담보가 제공된다)에 따라 파산절차가 폐지되었고, 거기에는 채무자를 회생시켜야 한다는 취지가 인정되기 때문에 당연히 복권되도록 한 것이다. 이 경우 복권되는 것은 채무자에 대한 파산선고로 인한 공·사법상의 신분상의 제한이므로 잔존채무에 대해서는 여전히 채무자에게 변제책임이 있다.[234]

(3) 채무자가 파산선고 후에 사기파산의 죄에 관하여 유죄의 확정판결을 받음이 없이 10년을 경과하였을 때 (제574조 제1항 제3호)

면책을 받지 못한 채무자라도 지나치게 오랫동안 자격제한을 지속시키는 것은 가혹하다는 점에서 일정기간의 경과로 복권을 인정한 것이다. 이 경우 역시 채무자의 공적 또는 사적인 자격·권리에 대한 제한이 소멸될 뿐 면책이 되는 것은 아니다.

입법론적으로 파산선고에 따른 법률적 제한 등 파산선고에 따른 불이익이 많다는 점을 고려할 때 당연복권을 위한 기간을 5년으로 단축함이 타당하다고 할 것이다.

---

232) 채무자에 대하여 파산선고가 된 후 회생절차(개인회생절차)가 개시된 경우에는 파산절차가 중지되고(제58조 제2항 제1호, 제600조 제1항 제1호), 회생계획(변제계획)인가결정이 있는 경우 중지된 파산절차는 실효된다(제256조 제1항, 제615조 제3항). 따라서 회생계획(변제계획)인가결정이 있는 경우에도 파산선고로 인한 인적 효과로부터 채무자를 복권시킬 필요가 있다는 점에서 당연(법정)복권 사유에 포함시킬 필요가 있다(일본 파산법 제255조 제1항 제3호 참조). 회생절차(개인회생절차)개시결정 자체에는 원래 채무자에 대한 각종 자격제한에 관한 규정이 없기 때문에, 파산선고를 받았다고 하더라도 파산절차에 우선하는 회생절차(개인회생절차)에서 회생계획(변제계획)인가결정을 받은 이상, 파산선고를 받은 채무자의 지위로부터 벗어나 파산선고에 의한 자격제한으로부터 해방되어야(그래야 회생의 목적에 부합한다) 하기 때문이다.

233) 條解 破産法, 1697쪽.

234) 개인파산·회생실무, 405쪽.

나. 복권의 효과

복권에 의해 파산선고로 인한 공적 또는 사적 자격제한은 모두 그 효력을 잃고, 채무자는 파산선고 전의 법적 지위를 회복한다.[235]

다만 파산절차 진행 중에 복권된 경우에도 파산재단에 속한 재산의 관리처분권은 채무자에게 회복되는 것은 아니고, 파산관재인에게 전속한다.

2. 신청에 의한 복권

법정복권의 사유에 해당하지 않더라도 채무자가 변제 그 밖의 방법으로 파산채권자에 대한 채무 전부에 대하여 책임을 면한 경우, 여전히 자격제한 등을 유지하는 것은 적당하지 않기 때문에 채무자의 신청에 의해 재판에 의한 복권을 인정하고 있다(제575조).

가. 요 건

법정복권을 얻지 못한 파산선고를 받은 채무자가 파산채권자에 대한 채무의 전부에 대하여 변제 그 밖의 방법에 의하여 그 책임을 면하여야 한다(제575조 제1항). 책임을 면하는 방법은 자신의 출연에 의하든지 제3자의 출연에 의하든지 묻지 않는다. 그 밖의 방법에는 대물변제, 공탁, 상계, 경개, 면제, 포기, 혼동, 소멸시효, 부집행의 특약 등이 있다. 여기서 말하는 파산채권자에는 채권신고를 하지 않았던 자도 포함된다.[236]

위 요건을 갖춘 경우, 사기파산의 죄에 관하여 유죄의 확정판결을 받았다고 하여도, 신청에 의한 복권신청의 장애사유가 된다고 할 수는 없다.

나. 절 차

(1) 신 청

복권을 얻으려는 채무자는 파산계속법원에 복권을 신청하여야 한다(제575조 제1항). 파산계속법원은 파산을 선고한 법원이다. 파산선고를 받은 채무자가 복권의 신청을 하는 때에는 그 책임을 면한 사실을 증명할 수 있는 서면을 제출하여야 한다(제575조 제2항).

(2) 면책신청의 공고 등

법원은 복권의 신청이 적법하다고 인정한 때에는 그 뜻을 공고하고, 이해관계인이 열람할 수 있도록 그 신청에 관한 서류를 법원에 비치하여야 한다(제576조).

---

235) 현행법은 복권의 효과에 관하여 명시적인 규정이 없다. 일본 파산법 제255조 제2항은 '복권의 효과는 사람의 자격에 관한 법률에서 정한 바에 따른다'는 취지로 규정하고 있다.
236) 破産法·民事再生法, 736쪽.

(3) 이의신청

파산채권자는 공고가 있은 날로부터 기산하여 3월 내에 법원에 복권신청에 대한 이의를 신청할 수 있다. 이의 신청이 있을 때에는 법원은 파산선고를 받은 채무자 및 이의를 신청한 파산채권자의 의견을 들어야 한다(제577조).

(4) 결 정

법원은 이의신청이 이유가 있다고 인정하는 때에는 복권의 신청을 기각한다. 반면 위 기간 내에 이의신청이 없거나 이의신청이 이유가 없다고 인정되는 때, 즉 채무자의 복권신청이 이유 있다고 인정할 때에는 복권결정을 한다. 복권의 결정에 대하여는 즉시항고를 할 수 있다(제575조 제3항).[237] 복권결정에 대한 즉시항고권자는 파산채권자가 될 것이다.[238] 파산절차가 계속 중인 경우에는 파산관재인도 즉시항고를 할 수 있다고 할 것이다.[239]

복권결정의 효력은 확정된 후부터 그 효력이 발생한다(제578조). 통상의 결정은 고지에 의하여 즉시 그 효력이 생기는데, 복권의 결정에 있어서는 즉시항고에 의하여 결정이 취소되면, 그 때까지의 법률관계의 취급에 문제가 생길 수 있으므로 복권의 효력은 복권의 결정이 확정되어야 효력이 발생하도록 한 것이다.

---

237) 제575조 제3항은 '복권결정'에 대하여만 즉시항고를 할 수 있다고 규정하고 있지만, 입법론적으로는 복권신청을 기각(각하)한 결정에 대하여도 즉시항고를 할 수 있도록 하여야 할 것이다.

238) 파산채권에 대해 변제 등을 받지 않은 파산채권자가 즉시항고의 이익을 갖는 것은 당연하지만, 이미 파산채권의 변제를 받는 등으로, 채무자에 대하여 파산채권과 관련한 채무이행을 청구할 수 없게 된 파산채권자는 즉시항고의 이익이 부정된다고 할 것이다.

239) 破産法・民事再生法, 1700쪽.

제 12 장

상속재산파산

제1절 상속재산파산의 개요

I 상속재산파산의 의의

상속재산의 파산이란 상속재산으로 상속채권자(피상속인의 채권자) 및 유증을 받은 자에 대한 채무를 완제할 수 없을 때 상속채권자 및 유증을 받은 자와 상속인의 (고유)채권자의 이익을 조정할 목적으로 상속재산과 상속인의 고유재산을 분리하여 상속재산에 대해 청산을 하는 파산절차를 말한다(제307조 참조).[1] 상속재산파산에 의해 피상속인의 자산과 부채를 상속재산의 한도에서 청산함으로써, 상속재산을 상속채권자에게 우선적으로 만족시킬 수 있다.

실체법상 상속의 개시에 의하여 피상속인의 일신전속적인 것을 제외하고, 상속인의 의사와 무관하게 상속인이 알건 모르건, 피상속인의 재산[2]·부채가 전부 법률상 당연히 상속인에게 포괄승계되는 당연상속주의를 취하고 있는 우리나라에서(민법 제1005조),[3] 상속채권자는 상속이

---

1) (개인)파산사건에서 상속이 문제되는 것으로, ① 채무자에 대한 파산절차가 진행되는 도중에 채권자가 사망한 경우 (실무적으로 채권자의 상속인들을 파악하기가 어렵다.), ② 상속인에 대하여 파산선고가 있는 경우(제346조, 제435조), ③ 상속재산에 대하여 파산선고가 있는 경우, ④ 채무자에 대한 파산절차가 진행되는 도중에 채무자가 사망한 경우가 있다. ①의 경우는 실무적으로 가끔 발생하지만, 주된 쟁점은 채권자의 상속인들을 파악하는 것이다. ④의 경우는 상속재산에 대하여 파산절차가 속행된다(제308조). ②의 경우에도 많은 법률적인 문제들이 있고 일반파산절차와 다른 몇 가지 특칙이 규정되어 있지만(제346조, 제435조 등), 결국은 상속인이라는 개인에 대한 파산에 불과하다.

2) 회계학상으로는 '자산'이 정확한 표현이나, 법률에 '재산'이라는 표현을 사용하고 있으므로 '재산'이라는 용어를 사용하기로 한다.

3) 민법 제1005조 규정에 따라 상속인은 자신이 원하든 원하지 아니하든 피상속인의 사망이라는 우연한 사정에 의하여 모든 권리의무를 포괄적으로 승계한다. 이는 상속인이 상속채무에 대하여 상속재산뿐만 아니라 그의 고유재산으로도 책임을 부담한다는 것을 의미한다. 자기재산과 상속재산은 하나의 책임재산을 구성한다. 이에 대하여 개인의 의사와 아무런 상관없이 그에게 불리한 소극재산을 상속시킴으로써 사적자치의 원칙에 반하고 재산권을 침해하는 결과를 초래하며, 상속인이 빚만 상속하게 된다면, 상속인은 채무변제의 수단으로 전락하는 것이고, 그로 인하여 행복을 추구할 권리가 침해되며, 상속인의 지위가 피상속인이 빚만 진 사람이었는지 적극재산이 많은 사람이었는지에 의해 상속인의 의사와 관계없이 결정되는 것일 뿐이어서 어떤 상속인은 막대한 재산을 상속하지만 어떤 상속인은 빚만을 상속하게 되는 것은 불합리한 차별이고, 이는 평등권을 침해하여 위헌이라는 이유로 민법 제1005조에 대하여 위헌법률심판제청이 있었다.

이에 대해 헌법재판소는 「① 민법 제1005조는 상속의 효과로서 포괄·당연승계주의를 채택하고 있는데, 이는 상

개시된 후에는 상속인의 (고유)채권자와 동일하게 상속재산과 상속인의 고유재산 전부에서 평등하게 변제를 받게 된다. 당연상속주의의 경우 채무 기타 재산적 의무도 상속되므로 상속인은 피상속인의 채무에 대하여도 책임을 진다. 따라서 상속채권자는 상속인의 고유재산에 대하여도 강제집행을 할 수 있다.

그러나 이러한 당연상속주의 하에서는 피상속인 또는 상속인의 재산상태(자산과 부채의 비율)에 따라 상속채권자 및 유증을 받은 자나 상속인 또는 상속인의 (고유)채권자가 이익 또는 불이익을 받게 된다. 상속재산의 상태가 악화되어 있는 경우에는 상속인이 불이익을 받음은 물론, 상속인의 (고유)채권자도 변제가능성의 저하라는 불이익을 받을 우려가 있다. 반대로 상속인의 재산상태가 악화되어 있는 경우에는 상속채권자 및 유증을 받은 자가 변제가능성의 저하라는 불이익을 받을 우려가 있다.

그래서 현행 민법은 위와 같은 문제점을 해결하고자 한정승인과 재산분리제도를 두고 있다. 이들은 상속재산에서 상속채권자 및 유증을 받은 자가 받는 이익과 상속인의 재산에서 상속인의 (고유)채권자가 받는 이익을 조정하기 위하여 상속인의 고유재산에서 상속재산을 분리하여 청산하기 위한 제도이다.

먼저 상속재산의 상태가 악화되어 있는 경우 ① 상속인에게는 한정승인을 인정하여(민법 제1028조), 상속채권자 및 유증을 받은 자가 가진 권리에 대한 책임재산을 상속재산의 범위로 한정시킬 수 있도록 하고, ② 상속인의 (고유)채권자에게는 재산분리청구권을 인정하여 상속인의 고유재산을 분리한 후 상속채권자나 유증을 받은 자보다 우선하여 변제받을 수 있도록 하고 있다(제2형 재산분리, 민법 제1045조).

다음으로 상속인의 재산상태가 악화되어 있는 경우에는 상속채권자와 유증을 받은 자에게 재산분리청구권을 인정하여 상속재산을 분리한 후 상속인의 (고유)채권자보다 우선하여 변제받

속인이 상속을 받는 것이 일반적이고 상속의 효과를 거부하는 것이 예외이므로 상속으로 인한 법률관계의 부동상태를 신속하게 확정함으로써 궁극적으로 법적안정성이라는 공익을 도모하는 것에 입법목적이 있다. ② 우리의 상속법제가 포괄·당연승계주의를 채택한 결과 소극재산이 적극재산을 초과하는 경우에도 상속인이 이를 당연히 승계하도록 하는 것은 상속인의 고유재산으로 피상속인의 채무를 부담하게 한다는 의미에서 민법 제1005조는 헌법상 보장된 재산권을 제한하고, 개인이 그 의사에 따라 법적 관계를 스스로 형성하는 것을 보장하는 것을 내용으로 하는 사적자치권 및 행복추구권을 제한하는 것이다. ③ 우리의 상속법제는 법적 안정성이라는 공익을 도모하기 위하여 포괄·당연승계주의를 채택하는 한편, 상속의 포기·한정승인제도를 두어 상속인으로 하여금 그의 의사에 따라 상속의 효과를 귀속시키거나 거절할 수 있는 자유를 주고 있으며, 상속인과 피상속인의 채권자 및 상속인의 채권자 등의 이해관계를 조정할 수 있는 다양한 제도적 장치도 마련하고 있으므로, 민법 제1005조는 입법자가 입법 형성권을 자의적으로 행사하였다거나 헌법상 보장된 재산권이나 사적자치권 및 행복추구권을 과도하게 침해하여 기본권제한의 입법한계를 벗어난 것으로서 헌법에 위반된다고 할 수 없다. ④ 비교되는 두 사실관계를 법적으로 동일한 것으로 볼 것인지 아니면 다른 것으로 볼 것인지의 판단은 일반적으로 당해 법률조항의 의미와 목적에 달려 있다. 그런데 민법 제1005조는 상속이 개시된 때 상속인의 권리의무를 어떻게 귀속시킬 것인지에 관한 상속의 효과를 규정하고 있을 뿐이므로, 소극재산이 적극재산보다 더 많은 경우의 상속인 집단과 그렇지 않은 상속인 집단은 민법 제1005조의 의미와 목적에 비추어 볼 때 본질적으로 다르게 취급되어야 할 집단이 아니다. 따라서 어떤 상속인은 막대한 재산을 상속하지만 어떤 상속인은 소극재산만을 상속하게 되는 차이는 민법 제1005조에 따른 차별대우에서 기인하는 것이 아니고, 상속이 개시될 당시의 피상속인의 재산 상태라는 우연적이고 운명적인 것에 의하여 초래된 것일 뿐이라고 보아야 한다」는 이유로 합헌이라고 판시하였다(헌법재판소 2004. 10. 28. 선고 2003헌가13 전원재판부 결정).

을 수 있도록 하고 있다(제1형 재산분리, 민법 제1045조).

한편 상속재산이 부채초과상태(부채가 자산을 초과한 상태)에 빠져있는 경우에는 상속재산에서 변제를 받을 채권 전액을 만족시킬 수 없으므로, 민법은 상속채권자간의 평등 확보(한정승인의 경우에는 민법 제1034조 제1항, 재산분리에 대하여는 제1051조 제2항) 및 상속채권자의 유증을 받은 자에 대한 우선성 확보(한정승인의 경우에는 민법 제1036조, 재산분리에 대하여는 제1051조 제3항)에 대한 조치를 취하고 있다.

그러나 부족한 상속재산을 상속채권자 및 유증을 받은 자에게 공평하고 평등하게 분배하는 시스템으로서의 한정승인이나 재산분리는 상속재산파산절차와 비교하면 충분하다고 하기 어려운 점이 있다. 한정승인은 상속채권자를 위한 책임재산을 상속재산으로 한정하는 역할을 하지만, 상속재산을 관리하고 상속채무를 변제하는 것은 상속인이며(민법 제1022조 단서, 제1034조 참조) 파산관재인과 같이 공평하고 중립적인 제3자가 아니다. 또한 채권조사절차가 존재하지 않으며, 부인이나 상계제한제도도 존재하지 않기 때문에 실체와 괴리된 변제, 편파적인 만족 또는 상속재산의 부당한 감소를 강제적으로 시정할 방법이 없다.[4] 또한 재산분리는 상속채권자나 유증을 받은 자 또는 상속인의 채권자의 의사에 따라 상속재산과 상속인의 고유재산을 분리하여(민법 제1045조), 상속재산에 대해서는 상속채권자나 유증을 받은 자의 우선변제권을, 고유재산에 대하여는 상속인의 (고유)채권자의 우선변제권을 인정하고 있지만(민법 제1052조), 이해관계인의 공평을 도모하면서 상속재산을 청산하는 절차로서는 충분하지 못하다.

그래서 채무자회생법은 개인인 상속인에 대한 파산과 별도로[5] 상속채권자나 유증을 받은 자가 그 권리에 따라 공평하고 평등한 변제를 받을 수 있도록 상속재산 그 자체에 대한 엄격한 파산절차를 두고 있다.[6] 상속재산파산은 상속재산을 상속인의 고유재산에서 따로 떼어내어 한정승인이나 재산분리보다도 엄밀한 절차로 공평하게 청산하기 위한 제도이다.[7]

한편 일반적으로 상속재산의 파산은 상속채권자 등의 신청으로 개시되지만(제299조), 채무자나 채권자의 파산신청이 있었거나 파산선고가 있은 후 상속이 개시된 때에는 파산절차가 상속재산에 대하여 속행되므로 이러한 경우에도 상속재산의 파산이 문제된다(제308조).

---

4) 條解 破産法, 1472~1473쪽.

5) 일본의 경우 파산법 제10장 「상속재산의 파산 등에 관한 특칙」 중, 상속재산의 파산과 아울러 상속인의 파산에 있어서 파산재단 및 파산채권에 관한 특칙을 두고 있다.

6) 상속재산파산에 있어서는 상속인의 (고유)채권자는 파산채권자가 될 수 없다(제438조).

7) 실체법적으로 당연상속주의를 취하고 있는 우리나라에서는 피상속인의 채무는 당연히 상속인에게 승계되므로, 원칙적으로는 상속인이 파산하지 않는 한 별도로 상속재산의 파산을 인정할 필요가 없으나, 피상속인의 사망으로 피상속인의 채권자와 상속인의 채권자가 평등변제를 받아야 하는 관계에 서게 되고, 이로 인해 피상속인의 채권자에게 피상속인의 사망이라는 우연한 사정으로 손해가 생길 수 있다. 상속재산의 파산은 이 경우에 대비하여, 피상속인의 채권자에게 상속재산으로부터 우선변제받을 수 있도록 하기 위해 만들어진 제도라고 보는 견해도 있다{이연갑, "신탁재산의 파산", 회생과파산.1(2012. 2.), 사법발전재단(2012), 342쪽}.

Ⅱ 한정승인 또는 재산분리와의 관계

1. 한정승인과 재산분리

한정승인이란 상속인이 상속으로 인하여 취득한 재산의 한도에서 피상속인의 채무와 유증을 변제하는 상속 또는 그와 같은 조건으로 상속을 승인하는 것을 말한다(민법 제1028조). 재산분리란 상속개시 후에 상속채권자나 유증을 받은 자 또는 상속인의 (고유)채권자의 청구에 의하여 상속재산과 상속인의 고유재산을 분리시키는 가정법원의 처분을 말한다(민법 제1045조). 재산분리는 상속인의 단순승인에 의하여 상속재산과 상속인의 고유재산이 혼합되는 것을 막는 데 그 목적이 있으므로, 한정승인이 된 경우에는 그 필요성이 없다. 따라서 재산분리가 신청된 후 한정승인을 한 경우 재산분리절차는 중지된다.[8]

한정승인은 상속인의 의사에 의하여 상속채권자를 위한 책임재산을 상속재산에 한정시킨다. 그러나 앞에서 본 바와 같이 한정승인은 파산관재인이 존재하지 않고, 채권자집회도 없으며, 부인제도나 상계제한과 같은 규정도 없는 등 상속채권자를 위하여 상속재산을 공평하게 분배하는 역할에 있어 충분하지 못한 점이 있다.[9] 재산분리는 상속채권자나 유증을 받은 자 또는 상속인의 (고유)채권자의 의사에 의해 상속재산과 상속인의 고유재산을 분리하여 상속재산에 대하여는 상속채권자나 유증을 받은 자의 우선변제권을, 상속인의 고유재산에 대하여는 상속인의 (고유)채권자의 우선변제권을 인정하는 것이다. 재산분리도 한정승인과 마찬가지로 상속재산을 총채권자와의 관계에서 공평하게 청산하는 기능은 없다.

한정승인과 재산분리는 그 목적은 같으나, 신청기간의 기산점이 서로 다르다. 한정승인은 상속인이 상속이 개시되어 있음을 안 날로부터 기산하나(민법 제1030조, 1019조 제1항), 재산분리는 상속개시된 날부터 기산한다(민법 제1045조 제1항).

---

8) 김주수·김상용, 친족·상속법(제13판), 법문사(2016), 772쪽, 박동섭, 친족상속법(3정판), 박영사(2009), 664쪽.

9) 부동산 등이 경매나 공매로 소유권이 이전된 경우도 양도소득으로 인한 법인세(소득세)의 과세대상인 자산의 양도에 해당하므로(대법원 1991. 10. 11. 선고 91다14604 판결, 대법원 1986. 5. 27. 선고 86누60 판결 등 참조) 한정승인만을 하면 경우에 따라 양도소득으로 인한 세금을 부담할 수 있다(대법원 2012. 9. 13. 선고 2010두13630 판결). 나아가 양도소득으로 인한 세금을 신고·납부하지 않음으로써 신고불성실가산세 등도 부담할 수 있다. 상속재산파산의 경우는 어떠한가. 상속재산파산의 경우 재산의 귀속 주체가 바뀌는 것은 아니므로 양도소득으로 인한 세금을 상속인이 부담하여야 할 것이나, 파산선고의 경우 양도소득세를 과세하지 않는 법 취지에 비추어 상속재산파산의 경우에도 양도소득으로 인한 세금의 부담이 없다고 볼 것이다. 그렇지만 상속으로 인한 취득세는 여전히 부담하여야 한다. '상속'은 취득세의 과세요건으로서 '취득'의 원인이 되고(지방세법 제6조 제1호), 한편 '상속'에는 '한정승인'도 포함되는 이상, 상속재산에 대하여 한정승인을 한 자는 상속을 포기한 자와는 달리 그 부동산에 대한 등기 없이도 상속인의 사망일에 피상속인의 재산에 취득세 납세의무를 부담하게 되는데{대법원 2007. 4. 12. 선고 2005두9491 판결, 서울행정법원 2016. 7. 8. 선고 2016구합1585 판결(확정) 등 참조}, 아래에서 보는 바와 같이 상속재산에 대하여 파산선고를 한 경우 상속인은 한정승인을 한 것으로 간주되기 때문이다.

2. 상속재산파산과 한정승인 · 재산분리의 관계

상속재산파산은 한정승인이나 재산분리와는 별개의 독립된 제도이다(제346조 본문).[10] 상속재산파산이 있더라도 한정승인이나 재산분리를 신청할 수 있고, 그 반대의 경우도 마찬가지이다.[11] 그 이유는 다음과 같다.

(1) 상속재산파산에 당연한 한정승인효가 인정되지 않는 경우에는 상속재산파산에 의하여 상속재산의 청산이 이루어져도 상속채권자를 위한 책임재산이 상속재산으로 한정되지 않는다. 따라서 상속인이 고유재산을 상속채권자의 권리에서 분리하기를 원할 경우 별도로 한정승인을 할 필요가 있다. 즉 상속재산에 대한 파산선고가 있다고 하더라도 상속인에게 한정승인에 의해 채무의 상속에 의한 책임을 면할 여지를 열어둘 필요가 있다. 그러나 현행 채무자회생법은 상속재산에 대하여 파산선고가 있는 때에는 상속인은 한정승인을 한 것으로 간주하여 당연한 한정승인효를 인정하고 있으므로(제389조 제3항) 상속재산파산에 의하여 상속재산의 청산이 이루어지는 경우에는 원칙적으로 한정승인을 신청할 필요가 없다. 다만 한정승인에는 기간제한이 있으므로(민법 제1019조 제1항) 나중에 상속재산파산신청이 기각이 된 경우 기간의 제한과 관련하여 한정승인을 신청할 실익이 있다.[12]

(2) 상속재산파산절차가 진행되어도 상속인의 (고유)채권자에게는 상속인이 한정승인을 하지 않는 경우를 대비하여 상속인의 재산상황이 악화되지 않도록 재산분리를 인정하지 않으면 안 된다.

(3) 상속인의 (고유)채권자는 상속재산파산절차에서 파산채권자로서 권리를 행사할 수 없으므로(제438조) 상속채권자나 유증을 받은 자는 상속재산파산절차에서 상속인의 (고유)채권자에 대한 변제부담이 없는 상속재산에서 배당을 받을 수 있다. 그렇지만 상속재산파산절차가 비용부족으로 폐지되는 등 배당에 의한 종결 이외의 형태로 종료될 수도 있으므로 이러한 경우에 대비하여 상속채권자나 유증을 받은 자에게 재산분리를 청구하는 것을 인정할 필요가 있다.

(4) 또한 아래에서 보는 바와 같이 상속재산파산절차가 진행되는 동안에는 한정승인이나 재산분리절차가 중지된다고 하더라도 한정승인이나 재산분리를 하기 위해서는 기간의 제한이

---

10) 상속채권자가 상속인을 상대로 상속채무의 이행을 구하는 소송을 제기하고, 위 소송절차에서 상속인이 상속재산파산신청(상속재산파산선고)을 이유로 파산절차를 통하여 변제받아야 한다며 청구기각을 주장하는 경우가 있다. 이 경우 어떻게 처리하여야 하는가. ① 상속재산파산을 신청하였거나 상속재산파산신청을 예정하고 있는 경우 상속재산에 대한 파산선고는 한정승인에 영향을 미치지 아니하므로(제346조) 한정승인을 하였거나 한정승인으로 간주되는 상속인에 대하여는 상속재산을 책임의 한도로 하는 전부이행의 판결을 하여야 한다[대전지방법원 2020. 1. 22. 선고 2018가단25929 판결(확정), 서울중앙지방법원 2020. 1. 7. 선고 2019가소1524032 판결(확정) 참조]. 그러나 ② 상속인을 상대로 한 소송 진행 중 상속재산파산이 선고된 경우는 파산관재인이 소송절차를 수계한다(본서 1755쪽). 수계 후 청구취지는 파산채권을 확정하는 소의 형태로 변경하여야 한다. 수계 후 상속재산파산절차가 종료된 경우에는 다시 상속인이 수계하여야 할 것이다.
11) 제300조 제2문 참조.
12) 가정법원에 한정승인신청을 하지 아니하고도 상속재산파산을 신청할 수 있다. 그 후 법원이 상속재산에 대하여 파산선고를 하면 한정승인을 한 것으로 보지만(제389조 제3항) 만약 신청이 기각되고 상속개시있음을 안 날로부터 3개월이 지나면(민법 제1019조 제1항) 단순승인한 것으로 보게 된다(민법 제1026조 제2호). 따라서 가정법원에 한정승인을 신청한 다음 상속재산파산을 신청하는 것이 바람직하다.

있으므로(민법 제1030조, 제1045조), 상속재산파산절차가 진행되는 중에도 한정승인이나 재산분리를 할 필요성이 있다.

한편 한정승인이나 재산분리가 있는 경우 상속인은 파산원인을 발견한 때에는 지체 없이 상속재산파산신청을 하여야 한다(제299조 제2항). 한정승인이나 재산분리가 있는 경우의 상속인에게 상속재산파산신청의무를 부과하고 있다. 그러나 실제로는 채무초과상태에 있는 상속재산에 대해 상속인에 의한 파산신청은 거의 이루어지지 않고 상속인에 의한 평등변제로 처리가 종료되는 경우가 많다. 또한 상속재산이 채무초과상태에 있다고 하더라도 파산절차에 의한 청산을 할 필요가 항상 있다고 볼 수는 없다. 따라서 부인권의 행사 등 상속재산파산절차에 의하지 않으면 안 되는지와 관계없이 상속인에게 파산신청의무를 부과하는 것은 의문이다.[13]

3. 한정승인 및 재산분리의 중지

상속재산에 대한 파산선고는 한정승인 또는 재산분리를 방해하지 않는다.[14] 다만 상속재산파산은 한정승인이나 재산분리보다도 엄격한 청산절차이므로 한정승인이나 재산분리에 의한 청산절차가 진행되고 있는 동안 상속재산에 대한 파산선고가 있으면 상속재산파산이 한정승인이나 재산분리에 우선한다. 즉 파산취소[15] 또는 파산폐지의 결정이 확정되거나 파산종결의 결정이 있을 때까지 한정승인 또는 재산분리절차는 중지된다(제346조 단서).

이처럼 상속재산파산의 우선성을 인정하는 것은 상속재산파산이 한정승인이나 재산분리에 의한 청산절차보다 엄격하게 진행되기 때문에 채권자 사이에 공평한 청산이 보장된다는 이유에서다. 또한 상속재산파산과 한정승인 및 재산분리는 상속재산과 상속인의 고유재산을 분리해 청산하는 절차라는 점에서 공통되지만, 그들의 절차가 중복해 계속된 경우의 상호관계가 문제될 수 있거나 양 절차를 병행하여 진행하는 것이 무익하기 때문에 각 절차의 진행에 대해 조정을 한 것으로 볼 수 있다.

한정승인이나 재산분리의 중지가 해제되어 각 절차가 진행하기 시작하는 것은 다음과 같은 시점이다.

① 파산선고를 취소하는 결정(제316조 제1항, 제5항)이 확정된 시점
② 동시폐지결정(제317조 제1항)이 된 시점[동시폐지결정에 대한 즉시항고에는 집행정지의 효력이 없다(제317조 제4항).]
③ 이시폐지결정(제545조 제1항)이 확정된 시점

---

13) 破産法·民事再生法, 86쪽.
14) 한정승인의 신고, 재산분리의 청구에는 일정한 기간제한이 있기 때문에(민법 제1030조, 제1045조), 상속재산파산이 나중에 취소되거나 폐지된 경우, 위 기간이 경과하여 한정승인, 재산분리가 불가능하게 될 수 있으므로 이를 피하기 위하여 파산절차 중에도 한정승인이나 재산분리를 인정할 필요가 있다.
15) 파산선고에 대하여 즉시항고가 되어 항고심에서 원심결정의 당부를 판단하는 경우, 파산원인은 항고심의 심문종결시를 기준으로 판단하므로 원심 결정 당시에는 파산원인이 존재하였더라도 항고심에서 파산원인이 없다면 파산선고는 취소된다.

④ 동의폐지결정(제538조 제1항)이 확정된 시점

⑤ 파산절차종결결정(제530조)이 된 시점

그러나 채무자회생법이 한정승인이나 재산분리가 있는 경우 상속재산파산의 우선성을 인정하는 나름대로의 이유는 있지만, 한정승인이나 재산분리에서도 상속인에 의한 평등변제로 처리가 종료되는 경우가 많아 상속재산파산의 우선성을 확보할 필요가 있는지는 의문이다.

Ⅲ 상속재산파산의 이용 실태

상속재산파산의 사건 수에 대한 통계가 없어 구체적인 이용실태는 알 수 없지만 실무적인 경험으로 보면 상속재산파산의 이용은 저조한 것으로 보인다. 그 이유로는 상속재산파산은 일정 기간 내에만 신청할 수 있고(제300조), 상속재산이 채무초과상태가 명백한 경우에는 한정승

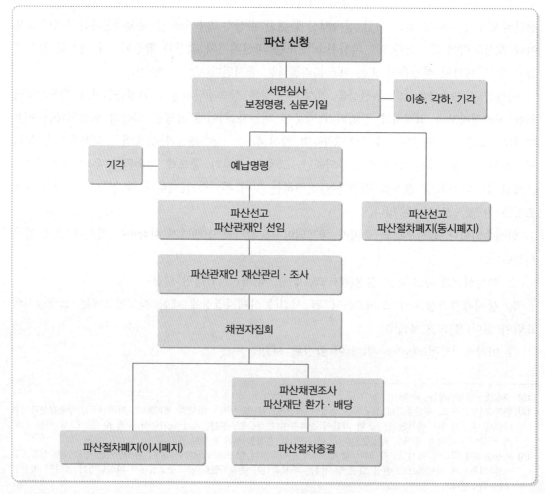

[상속재산파산의 절차흐름도]

인이나 상속포기만으로도 상속인의 이익은 충분히 보호되며, 상속재산이 그다지 크지 않은 경우에는 간이한 청산절차인 한정승인으로 족하고 파산관재인을 선임하여 채권조사 등을 행하는 파산절차는 시간과 비용이 많이 들며, 아직까지 위 제도가 잘 알려져 있지 않기 때문으로 여겨진다. 또한 상속인의 입장에서는 자신의 비용을 들여가면서 굳이 상속재산파산을 신청을 할 유인이 없다.

다만 상속채권자로서는 파산원인을 소명할 필요가 없고(제299조 제1항, 제3항), 파산관재인에 의한 상속재산의 효과적인 환가 및 공평한 변제(배당)를 도모할 수 있는 장점이 있기 때문에 향후 활성화 가능성이 주목된다.[16] 또한 한정승인이나 재산분리의 신청을 받은 가정법원은 상속재산이 채무초과상태인 것을 안 경우에는 상속인에게 상속재산파산신청의 의무가 있음(제299조 제2항)을 적극적으로 고지할 필요가 있다.[17][18]

---

16) 서울회생법원은 실무상 처리기준이 명확하지 않았던 상속재산파산실무를 정비해 업무처리의 통일성을 기하고, 그동안 상속인에게 부담을 주거나 상속재산파산신청을 기피하게 만든 장애요소를 크게 경감하여 상속재산파산절차가 더욱 활성화될 수 있도록 상속재산 파산사건 실무준칙을 마련하여 2022. 12. 1.부터 시행하고 있다.
17) [단독] '사망자 빚잔치' 법원이 대신해 준다
가정·회생법원 연계, '상속파산제' 활성화…유족 찾아 소송할 필요없어

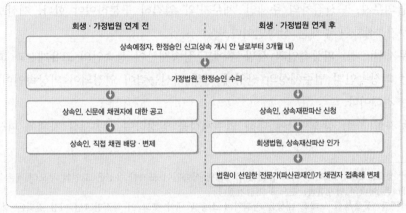

앞으로는 돈 빌린 사람이 사망해도 빌려준 사람이 유족을 일일이 쫓아다니며 "빚 갚으라"고 다툴 필요가 없어진다. 법원이 빚을 포함한 유산 상속(가사소송)과 빚 청산(민사소송·개인파산) 과정을 연계해 채권자와 유족의 불편을 덜어주기로 했기 때문이다. 고인의 '빚 잔치'를 법원이 대신해주는 셈이다. 이에 따라 고인의 빚이 재산보다 많을까 두려워 유족이 '폭탄 돌리기' 하듯 서로 상속을 떠넘기거나 아예 포기해버리는 사례가 대폭 줄어들 것으로 보인다. 11일 서울회생법원과 서울가정법원에 따르면 이달 17일부터 가정법원에서 '한정승인'을 받은 상속인에게 회생법원의 '상속재산파산' 제도를 이용하도록 안내하는 서비스를 시행한다.

이 제도가 도입되면 고인의 자손이나 친지 등 상속인이 일일이 빚을 정리하지 않아도 된다. 지금까지는 유족이 번거로운 채무 청산 절차 때문에 지레 상속을 포기해버리는 사례가 많았다. 하지만 앞으로는 유산으로 감당할 수 있는 만큼만 빚을 물려받는 한정승인제를 적극 활용할 전망이다. 한정승인은 빚과 재산 중 어느 쪽이 더 많은지 모를 때 택하는 상속 방식이다.

2015년 고(故) 이맹희 CJ그룹 명예회장의 유족인 이재현 회장과 이미경 부회장도 "고인이 오랫동안 해외에서 생활해 정확한 부채 규모를 파악하기 어렵다"며 법원에 한정승인을 신청했다. 상속인에게 한정승인은 '밑져야 본전'인 유리한 제도지만 유산을 받은 뒤 직접 신문에 공고를 내 고인의 채권자를 찾고 빚을 갚아야 한다. 이 과정이 어렵고 귀찮아서 상속을 포기했다가 뒤늦게 고인의 숨겨둔 재산이 발견돼 얼굴도 모르는 친척이 상속받는 사례도 있었다.

두 번째 장점은 채권자가 직접 상속인을 쫓아다니며 소송을 내는 등 시간과 비용을 들이지 않아도 된다는 점이다. 종전에는 채권자가 고인의 자녀(직계비속·배우자)에게 "대신 빚을 갚으라"고 소송을 내면 자녀는 골치 아픈

Ⅳ 상속재산파산의 법률구성과 채무자의 표시

1. 상속재산파산의 법률구성

상속재산파산을 어떻게 법률구성할지, 구체적으로는 누가 또는 무엇이 「채무자」인지를 둘러싸고 일본에서는 학설상의 논의가 있다.[19] 상속재산파산에서 채무자를 누구로 보는지에 따라 면책신청권을 인정할 것인지, 채무자회생법에서 말하는 '채무자'에 상속재산을 포함시켜 해석할 수 있는지 등에 있어 차이가 발생할 수 있다.

(1) 상속인채무자설(①설) 상속재산의 주체는 상속인이므로 상속재산파산의 채무자는 상속인이라고 하는 견해이다. 상속재산파산은 상속인의 재산 중 상속재산만을 대상으로 하여 상속채권자 및 유증을 받은 자만을 파산채권자로 하는 점에서 특수한 파산절차가 된다. 일본의 판례[20]는 상속재산의 주체는 상속인이고 상속재산이 별도로 법인을 형성하지 않는다는 것을 이유로 상속재산파산의 경우에 채무자는 상속인이라고 판시하고 있다.

상속재산은 채무자가 될 수 없고 환가되는 재산에 불과하다. 상속재산 그 자체는 재산보유자, 실체법상의 지급의무자, 도산절차의 주체인 '채무자'와 엄격히 구분하여야 한다. 재산보유자, 실체법상의 채무자, 절차의 주체는 상속인이다.[21]

(2) 피상속인채무자설(②설) 피상속인의 사망 후에도 상속재산이 상속인의 고유재산과 혼동되지 않은 경우에는 피상속인의 법주체성의 잔영에 기해 파산능력이 인정되어 피상속인이 채무자가 된다고 하는 견해이다.

(3) 상속재산채무자설(③설) 상속재산에 대해 법주체성을 인정하여 상속재산 자체에 파산능

일에 휘말리기 싫어 상속을 포기해버리는 사례가 많았다. 1순위 상속인이 포기한 유산은 고인의 부모(직계존속) − 형제자매 − 사촌형제(4촌 이내의 방계혈족) 순으로 떠넘겨졌다.

채권자는 매번 가족관계등록부를 토대로 대상을 바꿔가며 소송을 내야 했고 이 과정만 1년 이상 걸리는 경우가 비일비재했다.

서울회생법원 관계자는 "가정법원의 '한정승인'과 회생법원의 '상속재산파산' 제도를 동시에 이용하면 유리한데, 이를 잘 몰라 활용되지 않았다"고 말했다. 또 "상속재산파산 제도를 이용하면 빚 청산을 법원이 지정한 전문가(파산관재인)가 대신해주기 때문에 상속인이 직접 동분서주할 필요가 없다"고 덧붙였다. 이 관계자는 "제도를 이용하는 사람이 많아지면 서울회생법원에 전담재판부 설치 방안도 논의할 것"이라고 말했다.

(2017. 7. 12. 자 매일경제, http://news.mk.co.kr/newsRead.php?year=2017&no=466133)

18) 상속재산파산은 상속인과 상속채권자는 물론 유증을 받은 자와 유언집행자 등도 신청할 수 있지만, 한정승인을 한 상속인과 상속채권자에게 가장 큰 장점이 있다. ① 한정승인자는 채권자들에게 한정승인을 한 사실을 알리고 채권액을 신고할 것을 공고하여야 한다(민법 제1032조). 상속재산은 경매로 처분하여야 하고(제1037조) 후순위 채권자에게 먼저 변제하는 등 부당하게 변제한 경우에는 손해배상책임을 져야 한다(민법 제1038조). 그러나 상속재산파산은 법원이 선임한 파산관재인이 절차를 진행하기 때문에 채권자들에 대한 공고와 최고의무가 없고 채무를 잘못 변제한 경우에 있어서도 손해배상책임이 없다. ② 상속채권자는 선순위 상속인들이 상속포기를 하는 경우에도 후순위 상속인들을 찾아다닐 필요가 없다. 상속재산파산을 신청하면 상속재산으로부터 직접 변제(배당)받을 수 있다.

19) 條解 破産法, 1474~1475쪽.

20) 大審院 昭和6. 12. 12. 決定(民集 10卷 1225쪽).

21) Reinhard Bork, 20쪽.

력을 인정하는 견해이다. 상속인이 면책 신청을 한 사안과 관련한 일본의 하급심[22]은 일반론으로 「채무자의 상속인을 파산절차의 승계인으로 볼 수는 없고 상속재산 자체를 파산절차의 당사자(채무자)로 보아 법인격 없는 재단에 파산능력을 인정하는 것이 상당하다」라고 판시하고 있다. ③설은 상속재산을 법인격 없는 재단으로 보는 견해와 상속재산을 법인으로 보는 견해로 다시 나뉜다.

(4) 상속개시 전에는 피상속인, 상속개시 후에는 상속인이라는 설(④설)[23] 상속인의 파산은 상속인의 채권자에게 공평한 분배를 목적으로 하는 것이고, 상속재산파산은 상속채무에 대한 상속인의 책임을 상속재산으로 제한하고 또한 상속채권자가 상속재산으로부터 우선변제를 받을 수 있도록 하기 위한 것이라는 점에서 구별할 필요가 있다. 또한 상속재산파산은 상속인의 고유재산과 상속재산을 분리할 수 있는 경우에 상속재산에 대하여만 파산선고를 하고 파산선고에 의한 청산을 행하는 것이라는 점에서 상속인은 고유재산에 대한 지위와 상속재산의 귀속주체로서의 지위는 구별될 수 있으며, 이 점을 고려하면 제437조는 상속인이 고유재산으로 피상속인의 채무 등을 소멸하는 행위를 한 경우에 상속인에게 파산채권자로서의 지위를 인정한 것이라고 할 것이다. 즉 상속재산파산은 상속재산의 주체로서의 상속인의 파산을 의미한다고 할 수 있다. 이와 같이 상속인의 고유재산에 대한 지위와 상속재산귀속주체로서의 지위는 구별될 수 있으므로 상속인의 파산과 상속재산의 파산이 구별되고 있다는 점과 상속재산파산의 경우 상속인에게 파산채권자로서의 지위가 인정되는 점에서 채무자회생법은 상속재산채무자설을 취하고 있다고 할 수 없다.

또한 상속재산은 권리주체가 아니다. 즉 상속재산은 민법상 권리능력 있는(없는) 재단으로 인정할 수 있는 요건이 존재하지 않으며, 상속재산 그 자체를 채무자로 보게 되면 상속인은 제383조 제2항(면제재산)에 의하여 보호를 받을 수 없게 된다. 그리고 파산종결 후 상속인의 잔여책임에 대한 면책이 문제되는데, 형식상 상속재산파산에서의 채무자를 누구로 보더라도 잔여책임은 상속인에게 생기기 때문에 면책관계에서는 상속인을 채무자로 보아야 할 것이다. 이 경우 상속재산채무자설을 따르게 되면 파산절차와의 관계에서는 상속재산이 채무자로 되지만 면책과의 관계에서는 상속인이 채무자로 될 것인데, 이와 같이 채무자의 개념을 파산절차와 면책과의 관계에서 다르게 구성하게 되면 채무자회생법의 이론적 체계성 및 정합성에 반한다.

그 밖에 파산관재인이 파산재단을 위하여 일정한 행위를 부인할 수 있기 위해서는 상속개시 전에는 피상속인의 일정한 행위를, 그리고 상속개시 후에는 상속인·상속재산관리인 또는 유언집행자의 일정한 행위를 전제로 한다는 점(제400조, 제391조 이하) 등을 고려할 때, 채무자는 상속개시 전은 피상속인이고 상속개시 후에는 상속인이라고 할 것이다.

---

22) 高松高等裁判所 平成8(1996년). 5. 15. 決定(判例時報 1586호 79쪽).
23) 양형우, "상속재산의 파산에 관한 고찰", 비교사법(2006.3.), 한국비교사법학회, 466~467쪽.

(5) 소결: 상속재산채무자설

일본의 경우 과거에는 상속인을 채무자로 보는 견해도 유력하였지만, 현재는 상속인의 파산과 상속재산의 파산은 구별되고, 상속인의 파산절차개시신청권[24]을 인정하고 있으며, 상속인에게 파산채권자로서의 지위가 인정되고 있다는 점 등을 근거로 ③설(상속재산채무자설)로 거의 통일되어 있다고 한다.[25]

현재 우리나라에서는 일본과 독일의 학설을 소개하는 것 이외에는 이와 관련된 논의가 활발하지 않은 것 같다. 현행법 아래서도 일본에서의 논의와 같이 견해의 대립이 있을 수 있다. 하지만 상속재산채무자설이 타당하며 그 근거는 다음과 같다.[26]

먼저 사망자에게 법주체성을 인정하는 것은 이례적이다. 사망으로 파산능력을 상실한 피상속인을 채무자로 보는 것은 적당하지 않다. 따라서 ②설은 타당하지 않다.

다음으로 채무자회생법은 상속재산파산과 상속인의 파산을 명확히 구별하고 있으므로 상속재산파산의 채무자를 상속인으로 보는 ①설은 양자의 구별을 애매하게 한다.

한편 ④설의 경우 상속인의 파산과 상속재산의 파산은 구별할 필요가 있다는 것을 근거로 채무자회생법이 상속재산채무자설을 취하고 있는 것이 아니라고 하는 것은 논리적 비약이다. 또한 제383조 제2항을 합목적적으로 해석할 경우 상속인이 보호받지 못한다고 할 수 없으며 (피부양자를 상속인으로 해석할 수도 있다), 뒤에서 보는 바와 같이 상속재산파산의 경우 면책신청권을 인정할 필요가 없다는 점에서 타당하다고 볼 수 없다.

또한 채무자회생법은 상속인에 대하여 상속재산 파산신청권을 인정하고 있고(제299조 제1항), 상속인에게 파산채권자로서의 지위를 인정하고 있으며(제437조), 상속인이 채무자라고 한다면 파산원인이 없는 상속인에게 공적·사적 자격의 제한이 발생한다는 부당한 결과가 생기고, 상속재산의 파산원인이 지급불능(제305조 제1항)이 아니라 채무초과라는 것(제307조)을 설명할 수 없으며,[27] 채무자회생법도 상속재산이 채무자라는 전제에서 규정한 것이 있다(예컨대 상속재산파산의 폐지신청을 상속인이 하도록 규정하고 있는 제539조 제2항)는 점 등을 그 근거로 들 수 있다.

상속재산채무자설을 취한다고 하더라도 다음과 같은 점에 주의할 필요가 있다. 개인 또는 법인이 채무자로 되는 경우에는 파산재단을 구성하는 것은 그 법 주체에 귀속하는 재산이고, 법 주체를 채무자로 하는 채권자에 의해 파산채권이 구성된다. 그러나 상속재산파산의 경우에

---

24) 우리나라의 '파산(선고)신청권'에 해당한다.

25) 破産法·民事再生法, 86쪽.

26) 전병서, 43~44쪽(상속인의 파산과 상속재산의 파산은 구별되고 있는 점, 제437조에 의하면 상속재산파산의 경우 상속인에게 파산채권자로서의 지위가 인정되고 있는 점을 상속재산채무자설의 근거로 들고 있다.). 대법원도 '상속재산파산절차는 상속재산 자체에 파산능력을 인정하여 채무초과상태의 상속재산을 엄격한 절차에서 공평하게 청산할 수 있도록 하기 위한 절차'라고 함으로써(대법원 2024. 1. 4. 선고 2022다285097 판결) 상속재산 그 자체를 채무자로 보고 있다.

27) 吉岡伸一, 相續財産破産, 現代民法學의 理論과 實務의 交錯, 成文堂(2003), 407쪽.

는 상속재산의 귀속주체 및 상속채권의 채무자는 한정승인의 의사표시나 재산분리의 청구가 되어 있는 경우라도 상속인 이외에는 있을 수 없다. 따라서 파산청산의 대상으로 되는 것은 상속인에게 귀속하는 상속재산이고, 상속재산에 파산능력이 인정될 수 있는 결과로서 파산관재인은 상속인을 대신하여 상속인에게 귀속하는 상속재산에 대해 관리처분권을 행사하며, 상속인을 채무자로 한 상속채권의 청산을 수행한다는 것이다.[28]

2. 채무자의 표시

실무적으로 상속재산파산절차에서 파산신청서의 '채무자의 성명'(제302조 제1항)이나 파산선고결정서의 당사자표시를 어떻게 하여야 하는가가 문제된다. 구체적으로 상속재산을 특정하기 위하여 상속인(또는 유언집행자)의 이름을 기재할 것인지 아니면 피상속인의 이름을 기재할 것인지 하는 문제가 있다.

상속재산파산에 관한 중요한 이해관계인은 상속채권자와 유증을 받은 자이고, 상속재산파산은 상속재산의 청산이므로 파산사건의 특정을 위한 중요한 요소는 피상속인의 이름인 점, 상속인은 절차상의 구속을 받는 경우(제321조 제1항)도 있으나 상속인을 파산사건을 특정하는 요소로 사용하면 오해로 인한 신용훼손 등이 생길 수 있는 염려가 있는 점, 게다가 상속인이 부존재하는 경우도 있을 수 있는 점에서 피상속인의 이름을 표시하는 것이 타당하다. 구체적으로는 상속재산채무자설을 전제로 할 경우, 신청서의 채무자 표시는 '피상속인 망 ○○○의 상속재산'이라고 표시하고, 파산선고결정의 주문은 "피상속인 망 ○○○의 상속재산에 대하여 파산을 선고한다"라고 기재하면 될 것이다. 다만 상속인의 이름도 알 수 있다면 사건의 특정을 위해 부기할 수 있을 것이다.

제2절 상속재산파산의 요건

I 상속재산파산의 형식적 요건

1. 상속재산의 파산능력

파산능력이란 파산선고를 받을 수 있는 자격을 말한다. 강제집행에서 채무자로서의 당사자능력에 상당하다. 다만 파산은 청산절차이고 소송사건은 아니라는 성격을 가지기 때문에 민사소송의 당사자능력 또는 강제집행에서의 집행채무자의 적격을 가지는 자가 당연히 파산능력을

---

28) 破産法·民事再生法, 86～87쪽. 상속재산파산에서는 통상의 경우와 달리 채무자(상속인)의 전체재산이 채무자의 모든 채권자들을 위해 환가되는 것이 아니라, 상속재산이 상속채권자들을 위해 환가된다. 상속재산파산절차와 병행하여 상속인의 고유재산에 대한 두 번째 파산절차도 가능하다. 상속재산파산절차가 신청되지 않으면 상속인의 전체재산에 대한 파산절차가 고려될 수 있다.

가지는 것은 아니다.[29) 특정사건과의 관계가 아니라 일반적인 자격을 지칭하는 것이라는 점에서 민사소송절차에서의 당사자능력과 공통된다. 파산능력이 인정되는 채무자에 대하여는 법원이 파산선고를 함으로써 파산절차가 진행되고 채무자는 파산법률관계의 지위를 부여받게 된다.

파산능력을 어떤 자에게 인정할 것인지에 관하여는 명문의 규정이 없다.[30) 하지만 일반적으로 채무자회생법에 의하여 민사소송법이 준용되므로(제33조) 민사소송법상 당사자능력을 가진 자는 원칙적으로 파산능력이 있다. 따라서 민사소송법의 당사자능력에 관한 규정에 따라 개인, 법인 및 법인이 아닌 사단이나 재단에 대하여 파산능력이 인정된다(제33조, 제297조, 민소법 제51조, 제52조). 나아가 민사소송법상 당사자능력을 가진 자가 아님에도 채무자회생법은 상속재산에 대하여 특별히 파산능력을 인정하고 있다(제299조 등 참조).[31) 즉 개인, 법인 등과 구별하여, 특히 상속인과 구별하여 상속재산 자체에 대하여[32) 파산능력을 인정하고 있다.[33)

민법상 법인격을 인정하고 있지 않은 상속재산에 파산능력을 인정하는 취지는 다음과 같다. 상속재산이 부채뿐인 경우에 그것이 그대로 상속인에게 승계된다면 불합리하다. 왜냐하면 상속인에게 충분한 재산이 있는 경우에는 피상속인의 채권자에 의해 상속인의 재산이 회수의 희생물이 되는 것이고, 이는 반대로 상속인의 (고유)채권자 입장에서는 도저히 받아들일 수 없다. 또한 상속인에게 충분한 재산이 없는 경우에는 그렇지 않아도 조금밖에 없는 상속재산에 대하여 상속채권자와 상속인의 채권자 사이에서 쟁탈전이 벌어지기 때문이다. 그리하여 한편으론 상속인의 고유재산을 상속채권자로부터 지키고, 다른 한편으론 상속재산을 상속인의 (고유)채권자로부터 지키기 위해서 채무자회생법은 상속재산 자체에 고유한 파산능력을 인정하고 있는 것이다.[34)

---

29) 박기동, 전게 "파산절차개시의 요건과 파산선고의 효과", 62쪽.

30) 파산능력을 확대하는 것은 세계적인 추세다. 앞에서 본 바와 같이 미국 연방도산법은 제9장에서 지방자치단체의 회생절차에 대한 별도의 규정을 두고 있다(11 U.S.C. Chapter9. adjustment of debts of a municipality).

31) 이외 채무자회생법은 유한책임신탁재산에 대하여도 파산능력을 인정하고 있다(제3조 제6항, 제7항 참조). 상속재산에 대한 파산능력에 대해 일본, 독일(도산법 §315~§331) 등은 인정하고, 미국 연방도산법은 부정하고 있다.

32) 상속분에 대하여 도산절차가 허용되는가. 상속분이란 모든 상속재산의 관념적·분량적인 일부를 말한다(민법 제1009조). 상속분에 대하여는 도산절차가 허용되지 않는다고 할 것이다(독일 도산법 §316(3) 참조).

33) 어떠한 자에게 파산능력을 인정할 것인지와 관련하여 논쟁이 있다. (1) 하나는 파산절차가 총채권자 사이에서 청산을 하고, 공정·형평한 해결을 도모하는 청산절차인 점, 한편 파산절차는 일반적 집행이고, 채무자는 재산의 관리처분권을 상실하며, 종전의 사업 활동을 할 수 없게 된다는 특이성을 가지는 점 등을 고려하여 결정하여야 한다는 견해이다(박기동, 전게 "파산절차개시의 요건과 파산선고의 효과", 62쪽). (2) 둘은 아래의 두 가지 실질적 요소를 고려하여 결정하여야 한다는 견해이다(破産法·民事再生法, 80~81쪽). ① 파산절차의 목적 내지 효과와의 관계이다. 그 자를 독립된 주체로서 파산에 의한 청산을 할 필요 없는 자에게는 파산능력을 인정할 필요가 없고, 어떤 재산상태가 되어도 인격을 존속시켜야 하는 법인에 대해서도 파산능력을 긍정할 수 없다. ② 입법정책의 문제이다. 예를 들어 상인파산주의 아래에서는 파산능력이 정책적으로 상인에게만 긍정된다. 또 금융기관이나 보험회사 또는 자치단체 등 각종 법인에 대해서도 그에 상응하는 특별한 청산절차를 두어 파산능력을 부정하는 법제도도 존재한다.
위 (2)의 견해에 의할 때 채무자회생법은 입법정책적인 이유로 파산능력제한은 채택하지 않고, ①로부터 파산능력을 긍정할 수 있으면 폭넓게 파산능력을 인정하고 있다고 볼 수 있다.

34) 전병서, 42쪽.

2. 관 할

가. 토지관할

상속재산에 관한 파산사건은 상속개시지를 관할하는 회생법원의 관할에 전속한다(제3조 제6항). 상속재산파산의 관할법원은 상속법원이 아니라 회생법원이다. 여기서 상속개시지란 피상속인의 사망 당시 주소지를 말한다(민법 제998조). 주소는 생활의 근거되는 곳으로(민법 제18조 제1항) 현실로 사망한 장소나 상속재산의 소재지가 아니다. 주소가 복수인 경우 파산사건은 성질상 비송사건에 해당하므로 최초로 상속재산파산이 신청된 회생법원이 관할 법원이 된다.[35)

주소를 알 수 없거나 국내에 주소를 가지고 있지 않으면 거소를 주소로 본다(민법 제19조, 제20조).

토지관할의 존부는 파산신청시를 기준으로 판정한다(제33조, 민소법 제33조). 따라서 파산신청 또는 파산선고가 있은 뒤에 상속이 개시된 때에는 파산절차는 상속재산에 대하여 속행되지만(제308조), 상속개시에 의하여 종전의 관할이 바뀌는 것은 아니다.

상속재산파산은 상속재산을 청산하여 상속채권자나 유증을 받은 자에게 배당을 하는 절차이기 때문에 상속개시지는 상속관계의 중심지로 상속에 관한 사항에 대해 가장 밀접하게 관련된 지점이고, 대부분의 경우 상속재산뿐만이 아니라 유언 등의 서류나 상속채권자·상속인 등의 이해관계인이 소재하거나 그러한 자들이 상속 관련 법률관계의 처리를 그 곳에서 행하는 것을 기대하고 있는 지점이므로 상속개시지를 관할로 정한 것이다.

나. 사물관할

채무자회생법은 개인이 아닌 채무자에 대한 파산사건은 합의부의 관할에 전속한다고 규정하고 있다(제3조 제5항). 문제는 여기서 채무자를 어떻게 해석할 것인지이다. 먼저 ① 문언 그대로 해석하여 채무자에는 상속재산은 포함되지 않는 것으로 해석하여야 한다는 견해가 있을 수 있다.[36) 관할을 규정하고 있는 채무자회생법 제3조가 '채무자'와 '상속재산'을 명확히 구별하여 규정하고 있기 때문이다. 그렇게 보면 상속재산에 대한 파산사건은 단독판사 사물관할에 속한다. 이와 반대로 ② 채무자에 상속재산도 포함하는 의미로 해석할 수도 있다. 개념상 채무자와 상속재산은 명확히 구별되나, 채무자회생법에서 사용하고 있는 채무자는 상속재산을 포괄하는 의미로 사용하고 있다고 볼 수도 있기 때문이다. 예컨대 채무자회생법 제1조는 법 전체를 아우르는 포괄적 규정인데, 해당 조문에는 채무자라는 용어만을 사용하고 있다. 이렇게 해석하면 상속재산은 '개인이 아닌 채무자'이므로 상속재산파산사건은 합의부 사물관할에 속한다.

---

35) 양형우, 전게 "상속재산의 파산에 관한 고찰", 454쪽.
36) 결국 채무자회생법은 상속재산에 관한 사물관할을 규정하고 있지 않은 것으로 된다.

현행법의 문언상 위 두 가지 해석이 모두 가능하다. 그렇지만 채무자회생법은 채무자와 상속재산을 명확히 구별하고 있어 채무자에 상속재산이 포함된다고 볼 수 없고, 모든 사건은 원칙적으로 단독판사가 관할한다(법원조직법 제7조 제4항)는 점에서 상속재산파산은 단독판사 관할로 보아야 할 것이다. 다만 논란의 여지가 있으므로 입법적으로 해결할 필요가 있어 보인다. 현재 실무적으로도 단독판사 관할로 처리하고 있다.

다. 전속관할

상속재산파산에 관한 관할은 전속관할이다(제3조 제6항). 따라서 합의관할이나 변론관할이 생길 여지가 없다. 조사결과 관할이 없다고 판단되면 직권으로 사건을 관할법원으로 이송하여야 한다(제33조, 민소법 제34조 제1항). 또한 전속관할이므로 민사소송법 제34조 제2항 및 제3항에 의한 재량이송의 여지는 없다(민소법 제34조 제4항).

한편 채무자회생법 제4조에 의한 재량이송이 가능한지가 문제될 수 있다. 상속재산과 관련된 직접적인 규정이 없어 의문이기는 하나,[37] 이송 관련 규정이 총칙에 있으므로 법원은 현저한 손해 또는 지연을 피하기 위하여 필요하다고 인정할 때에는 직권으로 채무자회생법 제4조 각 호에 해당하는 법원으로 이송할 수 있다고 볼 것이다.[38] 이송결정에 대하여는 즉시항고를 할 수 없으므로(제13조 제1항) 불복 방법이 없다.

3. 신청권자

일반적으로 파산선고는 신청에 의하여 법원이 행하는 것이 원칙이다(제305조 제1항). 상속재산에 대하여도 ① 상속채권자, 유증을 받은 자와 ② 상속인, 상속재산관리인 및 유언집행자가 파산신청을 할 수 있다(제299조 제1항). 일반파산사건에서 채권자 또는 채무자에게 파산신청권을 인정(제294조 제1항)한 것에 대한 특칙이다. ①은 파산절차에서 파산채권자가 될 자들이고, ②는 상속재산의 관리권을 가진 자들이다.

가. 상속채권자, 유증을 받은 자[39]

상속채권자란 피상속인이 사망할 때까지 부담하고 있는 채무의 채권자를 말한다(민법 제1032조 제1항 참조). 유증을 받은 자란 유언에 의해 재산을 무상으로 증여받은 자이다. 상속채

---

37) 일본 파산법은 상속재산파산의 관할에 관하여 '피상속인의 상속개시시의 주소'를 원칙적인 관할로, '상속재산에 속하는 재산의 소재지'를 보충적 관할로 하는 특칙을 두면서, 총칙편의 이송에 관한 제7조(우리나라 제4조와 비슷하다)를 적용하고 있다.

38) 이 경우 제4조에서의 '채무자'를 무엇으로 볼 것인지가 문제된다. 상속인이나 피상속인으로 볼 수도 있겠지만, 입법적으로 해결하여야 할 것이다.

39) 상속채권자 등과 같이 채권자가 상속재산파산을 신청한 경우에도 법원은 파산관재인 비용 등에 충당하기 위하여 상당한 금액의 예납을 명하고 있다(제303조). 채권자가 예납한 예납금은 파산채권자의 공동의 이익을 위한 재판상 비용에 대한 청구권(제473조 제1호)에 해당하는 재단채권에 해당한다. 따라서 예납금을 납부한 채권자는 재단채권자로서 파산재단으로부터 수시로 파산채권자보다 우선하여 변제를 받을 수 있다(제475조, 제476조).

권자나 유증을 받은 자는 모두 피상속인에 대한 채권자이지만, 채무자회생법은 상속재산에 대하여 파산능력을 인정하면서 이들을 파산채권자인 관계에 있는 것으로 보고(제435조), 이들에게 상속재산에 대한 파산신청권을 인정하고 있다.

상속재산으로 상속채권자 및 유증을 받은 자에 대한 채무를 완제할 수 없는 경우(제307조), ① 상속채권자는 유증을 받은 자에 대하여 우선관계를 확보할 필요가 있고(제443조 참조), ② 상속채권자와 유증을 받은 자는 상속채권자 사이·유증을 받은 자 사이의 평등을 확보할 필요가 있기 때문에 일반파산사건에 있어서 채권자와 마찬가지로 상속채권자와 유증을 받은 자에게 신청권을 인정하고 있다.

상속채권자와 유증을 받은 자 사이에서는 상속채권자가 우선하기 때문에(제443조) 상속재산이 채무초과상태에 있는 경우라도 상속채권자는 채권 전액을 변제받을 수 있다. 이와 같이 상속채권자가 채권 전액을 변제받을 수 있는 경우에도 상속채권자에게 신청권을 인정할 것인가 또는 상속채권자에게 일부만 변제할 수 있어 유증을 받은 자는 전혀 변제받을 수 없는 경우에 유증을 받은 자에게 신청권을 인정할 것인가가 문제될 수 있다. 생각건대 이러한 상황은 파산신청 단계에서는 알 수 없기 때문에 신청권을 인정하여야 할 것이다. 나아가 우선적 파산채권에 전액 변제할 수 있는 경우의 우선적 파산채권을 가진 채권자, 또는 배당의 가망이 없는 후순위 파산채권자에게도 신청권을 긍정하는 것이 일반적인 해석인 것과의 균형에서도 상속채권자 및 유증을 받은 자 일반에게 신청권을 인정하여야 할 것이다.

상속재산분할 후에도 상속채권자는 상속재산파산을 신청할 수 있는가. 명문의 규정은 없지만[40] 상속재산의 파산원인은 상속재산으로 상속채권자 및 유증을 받은 자에 대한 채무를 완제할 수 없는 때라는 점(제307조), 상속재산이 분할되기 전에는 하나의 파산절차를 통해 상속재산으로부터 우선변제를 받을 수 있는데, 분할 이후에 공동상속인에 대하여 각각 파산신청을 하여야 한다면, 분할 여부에 따라 절차의 번잡성을 초래하고 불필요한 파산절차비용을 증가시킨다는 점을 고려할 때 상속채권자는 상속재산분할 후에도 파산을 신청할 수 있다고 할 것이다. 이 경우 공동상속인은 분할받은 모든 상속재산을 파산재단에 반환하여야 한다.[41]

반면 상속재산파산에 있어서 상속인의 (고유)채권자는 파산채권자가 아니기 때문에(제438조) 상속재산파산의 신청권이 없다. 한편 상속채권자는 한정승인이 되지 않는 한 상속인의 고유재산에 대하여 권리행사가 허용된다.[42]

나. 상속인, 상속재산관리인 및 유언집행자

상속인, 상속재산관리인 및 유언집행자는 상속재산에 대하여 관리권이 인정되므로(민법 제

---

40) 독일 도산법은 "다수의 상속인이 있는 때에는 상속재산분할 후에도 절차의 개시는 가능하다"고 규정하고 있다(§316(2)).
41) 양형우, 전게 "상속재산의 파산에 관한 고찰", 457쪽.
42) 상속인의 (고유)채권자는 상속재산에 대한 파산신청으로 상속재산과 고유재산을 분리할 수 없으므로, 상속재산이 채무초과상태인 경우 재산분리를 신청할 수밖에 없다.

1022조, 제1053조 제2항, 제1101조) 자기파산[43]신청에 준하여 신청권을 인정한 것이다. 상속인과 상속재산관리인 등이 병존한 경우에도 각자 파산신청권이 있다.[44]

(1) 상속인

① 상속인이 상속을 포기한 경우 처음부터 상속인이 아니었던 것으로 되므로(민법 제1042 조), 상속을 포기한 자는 상속재산에 대한 파산을 신청할 수 없다. 이와 달리 상속을 승인한 자는 단순승인이건 한정승인이건 묻지 않고 상속재산에 대한 파산을 신청할 수 있다. 상속인이 단순승인을 한 경우, 상속재산파산은 상속채무에 대한 상속인의 책임제한이 아니라 상속채권자가 상속재산으로부터 상속인의 채권자보다 우선변제를 받는 것을 목적으로 한다. 단순승인의 경우 상속인은 피상속인의 적극재산은 물론 소극재산에 대하여도 제한 없이 책임을 지므로, 상속채권자는 상속재산의 파산절차 진행 중에도 상속인의 고유재산에 대하여 강제집행을 할 수 있다.[45]

② 공동상속의 경우 각 상속인은 각자 관리인으로서의 지위를 가지므로 각자가 신청권을 갖는다.[46] 이는 파산절차를 일종의 보존행위로 보기 때문이다. 상속재산관리인 또는 유언집행자가 존재하는 경우라도 상속재산이 채무초과상태임에도 이들이 상속재산파산신청을 하지 않을 수 있으므로 상속인은 그가 가진 잠재적인 관리권에 기하여 신청권을 가진다고 할 것이다.

③ 상속이 개시된 후 상속인이 파산한 경우 상속인의 파산관재인이 상속재산파산신청을 할수 있는가. 우선 상속인이 1인인 경우에는 그 파산절차에서 상속인의 고유재산과 상속재산은 실질적으로는 구별하여 청산되므로(제444조, 제503조 제1항 참조) 상속재산파산을 별도로 진행할 필요는 없다. 따라서 상속인의 파산관재인에게 신청권은 인정되지 않는다. 다음으로 공동상속의 경우에는 상속인별로 그 상속분에 대하여 상속인의 고유재산과는 별개로 청산절차를 진행하는 것은 번잡하고 상속재산 전체를 일괄하여 청산할 방법을 인정해야 하므로 상속인의 파산관재인에게 상속재산 파산신청권을 인정하여야 할 것이다.[47]

④ 상속인은 상속승인 전에도 상속재산파산을 신청할 수 있다(제299조 제1항). 상속재산파산을 신청하기 위해 상속승인이 필요한 것은 아니다.

(2) 상속재산관리인

상속재산관리인이란 상속의 포기가 있는 경우(민법 제1044조 제2항, 제1023조)나 상속인의 존부가 분명하지 않은 때(민법 제1053조)에 이해관계인 등의 청구로 가정법원이 선임한 관리인이다. 상속재산관리인은 관리권이 있기 때문에 신청권이 인정된다. 상속재산관리인이 여러 명인

---

43) 경제적 파탄에 빠진 채무자 스스로 파산신청을 하는 것을 말한다. 자발적 파산이라고도 한다. 이에 반하여 채권자가 파산상태에 빠진 채무자를 상대로 파산을 신청하는 것을 비자발적 파산이라고 한다.
44) 破産法・民事再生法, 126쪽.
45) 양형우, 전게 "상속재산의 파산에 관한 고찰", 456쪽.
46) 破産法・民事再生法, 126쪽 참조.
47) 條解 破産法, 1486쪽.

경우 각자에게 신청권이 있다.

(3) 유언집행자

유언집행자는 유언자의 지정(민법 제1093조), 법률의 규정(민법 제1095조, 상속인), 가정법원의 선임(민법 제1096조)에 의하여 유언을 집행하는 자이다. 채무자회생법은 유언집행자에게 상속재산 파산신청권을 인정함에 있어 특별한 제한을 가하고 있지 않다. 그러나 유언집행자의 권한의 내용은 유언자의 지정 등에 의한 행위에 의해 정해지는 것이므로(민법 제1101조)[48] 유언집행자의 경우는 상속재산관리에 필요한 행위를 할 권리를 가진 경우에 한하여 신청권이 인정된다고 해석하여야 한다.[49] 왜냐하면 유언에 의한 자의 인지(민법 제859조 제2항)와 같이 신분법에 관계된 사항만을 위한 유언집행자에게는 신청권을 인정할 필요가 없기 때문이다.

특정재산에 관한 유증의 경우 유언집행자에게 신청권이 인정되는지가 문제된다. 그와 같은 유언집행자는 상속재산 전체에 대한 관리권을 가지지 않는다는 것을 이유로 당해 재산이 상속재산 중에서 큰 부분을 차지하고 있는 경우는 별론으로 하고 원칙적으로는 신청권을 가지지 않는다는 견해가 있을 수 있다. 그러나 상속재산이 채무초과상태인 경우에는 유증을 받은 자의 권리는 상속채권자보다 후순위에 있기 때문에 특정물에 대한 채권도 결국은 금전채권으로 변형되어 유언집행자가 이를 이행하기 위해서는 결국 모든 재산의 관리가 필요하게 되므로 특정재산에 관한 유증에 있어 유언집행자에게도 신청권을 인정해야 할 것이다.[50]

유언집행자가 여러 명 있는 경우에는, 상속재산파산신청이 과도적 존재인 상속재산에 대하여 일종의 보존행위(민법 제1102조 단서)이므로, 각자 단독으로 신청할 수 있다.[51] 또 상속재산관리인과 병존하는 경우 상속재산관리인이 당연히 신청권을 가진다고 할지라도 유언집행자도 잠재적인 관리권에 기하여 신청권을 가진다고 해석된다. 나아가 상속재산에 대해 파산선고가 있으면 유증의 이행은 파산관재인이 하게 되므로 유언집행자의 재산에 관계된 임무는 당연히 종료된다.

4. 파산신청의무자

상속재산관리인, 유언집행자[52] 및 한정승인 또는 재산분리가 있는 경우의 상속인[53]은 상속

---

48) 유언집행자의 권리의무는 유언의 내용에 따라 다르다. 예컨대 권리양도를 내용으로 하는 유언이라면 권리이전에 필요한 조치를 취하여야 한다.

49) 일본 파산법 제224조 제1항은 이를 명시적으로 규정하고 있다.

50) 條解 破産法, 1487쪽.

51) 이에 대하여 유언의 집행은 그 과반수의 찬성으로 결정하므로(민법 제1102조 본문) 과반수의 찬성을 얻어 공동으로 상속재산에 대한 파산을 신청하여야 한다는 견해도 있다(양형우, 전게 "상속재산의 파산에 관한 고찰", 459쪽). 다만 위 견해는 공동은 의사결정의 공동을 의미하므로 수인의 유언집행자간에 의사의 합치가 있는 이상 반드시 전원이 공동으로 파산신청을 할 필요는 없고, 그중 1인에게 파산신청을 위임할 수 있다고 하고 있다.

52) 앞에서 본 바와 같이 유언집행자의 권리의무는 유언의 내용에 따라 달라지므로 '상속재산의 관리에 필요한 행위'를 할 권한을 가진 유언집행자만이 신청의무를 부담한다고 할 것이다.

53) 재산분리 또는 한정승인을 한 상속인에 대하여 파산선고가 된 경우, 파산재단에 대한 관리처분권은 파산관재인에게

재산으로 상속채권자 및 유증을 받은 자에 대한 채무를 완제할 수 없는 것, 즉 상속재산이 채무초과상태에 빠진 것을 발견한 때에는 파산을 신청할 의무가 있다(제299조 제2항). 그 이유는 이들은 청산법인의 청산인과 마찬가지로 채무초과로 판명된 이상 파산절차에 의해 공평하고 평등한 변제를 강제해야 한다는 취지에 기한 것으로 이해되고 있다.

상속재산관리인, 유언집행자에 대하여는 그 직무상 선관주의의무를 기초로 파산신청의무가 부과되고 있다. 상속인의 경우 모든 상속인이 파산신청의무를 부담하는 것이 아니라 한정승인이나 재산분리가 있는 경우에만 파산신청의무를 진다. 따라서 상속을 단순승인한 경우나 재산분리 전 또는 상속포기의 경우에는 신청의무를 부담하지 않는다. 한편 상속인이 상속 승인 전에는 상속을 포기할 여지가 있으므로 신청의무를 부과하는 것은 적당하지 않고, 단순승인을 한 경우에는 상속채권자 및 유증을 받는 자에 대하여 무한책임을 지므로 상속인에게 신청의무를 부과할 필요성은 없어 보인다.[54]

상속재산파산은 상속채권자, 유증을 받은 자가 상속재산으로부터 우선변제를 받는 제도이므로, 상속재산관리인 등의 파산신청의무는 상속채권자, 유증을 받은 자에 대한 것이다. 따라서 상속재산관리인 등이 이러한 의무를 위반한 경우, 이로 인해 발생한 손해를 상속채권자, 유증을 받은 자에게 배상할 책임을 지게 된다(민법 제390조).[55]

한편 개인의 재산에 관한 상속재산파산사건에 있어서는 자산·부채의 규모가 크지 않고 권리관계도 복잡하지 않은 것이 일반적이고 반드시 파산절차에 의하지 않으면 안 된다고까지 할 필요성은 적으며, 한정승인 등 민법상의 간이한 절차로도 이해관계인의 이익보호를 충분히 할 수 있고, 게다가 상속채권자 및 유증을 받은 자에게는 파산신청권이 인정되고 있으며, 파산절차에 의한 엄격한 청산을 원하는 상속채권자는 신청권의 행사를 통하여 파산선고를 구할 수 있으므로 상속재산관리인 등에게 파산신청의무를 부과하는 것은 의문이다.[56]

5. 신청기간

일반파산사건에서는 파산신청에 기간 제한은 두고 있지 않다. 이에 반해 상속재산파산에는 신청기간을 정하고 있다. 상속재산은 피상속인의 재산이 상속인의 재산으로서 확정적으로 귀속되어 혼합되기까지의 과도적·잠정적인 재산이므로 상속재산을 상속인의 고유재산으로부터 분리시켜 별개로 청산하기 위해서는 상속인의 고유재산에 혼합되지 않고 분리되어 있어야 한다. 적어도 분리될 수 있는 것이 전제가 되어 이 분리 내지 분리가능성을 전제할 수 있는 기간이 상속재산파산신청기간으로 되는 것이다. 또한 상속재산이 상속인의 고유재산과 혼합된 후 상속재산파산을 인정하면 상속인의 고유재산도 파산재단에 들어가 상속인이나 그 (고유)채

속하므로(제384조) 파산관재인이 파산신청의무를 부담한다고 할 것이다.

54) 전병서, "상속과 파산-입법적 검토를 겸하여-", 인권과정의(2003. 10.), 110~111쪽.

55) 양형우, 전게 "상속재산의 파산에 관한 고찰", 458쪽.

56) 條解 破産法, 1484~1485쪽.

권자를 해할 우려가 있으므로 이를 방지할 필요가 있다. 다만 구체적으로 파산신청기간을 어떻게 정할 것인지는 입법정책의 문제이다.

신청기간이 경과한 후에 한 상속재산 파산신청은 부적법한 것으로 각하된다. 파산신청기간 내에 파산신청이 이루어졌다면 파산선고는 기간이 도과한 후에 하더라도 상관없다. 보전처분을 통하여 파산선고 전까지 재산의 혼합이 발생하는 것을 막을 수 있기 때문이다.

가. 상속재산분리청구를 할 수 있는 기간 내일 것

상속재산에 대한 파산신청은 원칙적으로 상속재산에 대한 재산분리를 청구할 수 있는 기간 내에 하여야 한다(제300조 제1문). 상속재산파산의 신청기간을 재산분리 기간에 맞춘 것은 논리 필연적인 것이 아니고 입법정책의 문제라는 것은 앞에서 본 바와 같다. 그러나 상속재산에 한정된 청산이라는 점에서 상속재산파산과 재산분리는 공통되는 목적을 가지고 있으므로 상속재산파산의 신청기간에 대해 민법과의 균형을 맞추는 취지에서 재산분리를 청구할 수 있는 기간(민법 제1045조)[57]을 상속재산파산의 신청기간으로 정한 것이다.

구체적으로 상속재산파산의 신청은 상속개시가 된 날로부터 3개월 내에 하여야 한다(제300조 제1문, 민법 제1045조 제1항). 상속재산파산은 채무초과상태의 상속재산을 상속인이나 그 (고유)채권자의 이익을 보호하기 위해 청산한다는 점에서는 재산분리나 한정승인과 유사한 제도이나, 그 기산점은 한정승인이 아닌 재산분리에 맞추고 있다. 그 이유는 한정승인과 재산분리에 대한 신청기간의 기산점이 서로 다른데 재산분리를 청구할 수 있는 기간이 불확정적 요소가 없다는 데 있다. 즉 한정승인은 상속인이 상속개시가 있음을 안 날로부터 기산함에 반하여(민법 제1030조, 제1019조 제1항), 재산분리는 상속이 개시된 날, 즉 피상속인이 사망한 날로부터 기산한다(민법 제1045조 제1항). 한정승인의 경우 상속인의 인식이라는 불확정요소가 있으므로 그와 같은 불확정요소가 없는 재산분리를 청구할 수 있는 기간에 맞춘 것이다.[58]

한편 3개월이 경과한 후에도 상속의 승인이나 포기를 하지 아니한 동안에는 재산분리를 청구할 수 있기 때문에 위 기간 동안에도 상속재산파산을 신청할 수 있다(제300조 제1문, 민법 제1045조 제2항).[59] 3개월이 경과하였더라도 상속의 승인이나 포기를 하지 아니하는 동안에는 상

---

57) 상속재산과 상속인의 고유재산이 혼합되지 않을 것으로 예상되는 기간이기도 하다. 상속재산파산은 상속인의 고유재산과 혼합되지 않은 경우를 전제로 하여 상속재산의 청산을 도모하고자 하는 것이므로 민법 제1045조의 규정에 의하여 재산의 분리를 청구할 수 있는 기간에 한하여 파산신청을 할 수 있는 것으로 한 것이라는 견해도 있다(전병서, 전게 "상속과 파산-입법적 검토를 겸하여-", 50쪽).

58) 條解 破産法, 1489쪽.

59) 그러나 결국 상속재산에 대하여 파산신청을 할 수 있는 기간은 상속인이 상속의 승인이나 포기를 할 수 있는 민법 제1019조 기간으로 한정된다. 왜냐하면 위 기간을 지나면 민법 제1026조 제2호에 의하여 단순승인한 것으로 보기 때문이다. 이로 인해 상속재산에 대한 파산신청기간이 실질적으로 민법상 상속 승인·포기기간과 동일하므로 상속 승인·포기기간이 지나고 나면 상속재산 파산제도를 활용하기 어렵다. 더욱이 민법상 미성년 상속인의 경우에는 상속 승인·포기기간의 기산점이 그 법정대리인의 인식을 기준으로 이루어짐에 따라 법정대리인의 착오나 무지 등으로 인하여 상속 승인·포기기간 즉, 상속재산에 대한 파산신청기간이 도과한 경우 미성년자를 보호하기 위한 법정대리인 제도가 미성년자의 권리 행사를 제약하는 결과를 가져오므로 미성년 상속인이 성년이 된 이후 본인의 인식을 기준으로 한 상속재산에 대한 파산신청이 허용될 수 있도록 입법적 보완이 필요하다.

속재산을 상속인의 고유재산과 분리하여 청산할 필요성이 있기 때문이다. 다만 이 경우에는 상속재산이 상속인의 고유재산과 혼합되지 않아야 할 것이다.

나. 상속채권자 및 유증을 받은 자에 대한 변제가 종료되기 전

민법 제1045조의 기간 내에 한정승인 또는 재산분리가 있은 때에는 상속채권자 및 유증을 받은 자에 대한 변제가 완료되기 전까지도 상속재산파산신청을 할 수 있다(제300조 제2문). 한정승인이나 재산분리가 있은 때라도 그에 따른 배당변제가 종료된 경우에는 상속재산 자체가 존재하지 않아서 상속재산파산의 신청을 할 수 없다.

한정승인 또는 재산분리가 되어 있어 상속재산과 상속인의 고유재산의 분리가 확보되어 있다고 하더라도 그 변제가 완료되기 전까지, 즉 한정승인이나 재산분리에 의한 청산절차가 끝날 때까지는 상속재산파산에 의한 청산을 하는 것은 의미가 있기 때문에(상속재산파산절차는 엄격하게 진행되고 공정·형평을 유지할 수 있다)[60] 상속재산파산의 신청이 가능한 것으로 하고 있다.

한편 채무자회생법은 상속재산파산의 신청기간 연장을 가능하게 하는 한정승인 또는 재산분리는 민법 제1045조의 기간 내에 행해진 것으로 한정하고 있다(제300조 제2문). 그러나 한정승인이나 재산분리에 의하여 재산이 구분된 상태라면 민법 제1045조의 기간이 지났다고 하더라도 한정승인이나 재산분리에 의한 변제가 완료되기까지는 상속재산파산의 이용을 인정해도 상관없을 것이다. 오히려 기간이 경과된 후라도 한정승인이나 재산분리에 기한 청산절차가 진행되고 있는 동안은 상속재산과 상속인의 고유재산이 분리되어 있어 더욱 더 상속재산파산의 신청을 인정할 필요가 있다. 입법론적으로는 의문이다.

다. 제300조 제1문과 제2문의 관계

제1문은 민법 제1045조가 정한 기간 내에 한정승인이나 재산분리청구가 되어 있는지와 상관없는 것임에 반하여, 제2문은 한정승인이나 재산분리가 위 기간 내에 이미 이루어져 있는 경우 파산신청기간의 연장을 허용하기 위한 규정이다.

6. 면책신청권의 인정 여부

상속재산파산의 경우 상속재산으로 총 채권자에게 변제하는 것이 목적이므로 그 성질상 면책을 인정할 필요가 없다. 그 이유는 상속재산에 파산능력을 인정하면 상속재산은 파산종결로 소멸되므로 상속재산에 면책에 관한 규정을 적용할 여지가 없기 때문이다. 또한 면책신청은 개인인 채무자만 할 수 있으므로(제556조 제1항) 상속재산에 대하여는 면책에 관한 규정을 적용할 여지가 없다. 면책을 신청할 수 있는 채무자에는 상속재산이 포함된다고 볼 수 없기 때문이다.

상속재산에 대한 파산절차에서 상속인이 있는 경우 상속인의 면책신청 여부에 대해서는 다

---

60) 예컨대 한정승인이나 재산분리가 되어 그에 따른 청산절차가 진행되고 있던 중 편파변제 등이 발견된 경우, 부인권을 행사하는 등 엄격한 청산절차가 필요하다. 이러한 경우 상속재산파산절차를 이용하면 될 것이다.

툼이 있으나, 상속인은 파산을 선고받은 채무자가 아니므로 면책신청권이 없다고 본다. 상속인은 상속포기나 한정승인의 방법으로 채무상속에 따른 상속인 고유재산에 대한 강제집행의 위험을 피하면 된다.[61] 따라서 상속재산에 대한 파산절차 종료 후 상속인이 한 면책신청은 신청권자의 자격을 갖추지 아니한 때에 해당하므로 기각하여야 한다(제559조 제1항 제1호).

요컨대 '개인인 채무자'(제556조 제1항)가 아닌 '상속재산'에 관하여는 면책이라는 개념이 없다. 따라서 상속인이 채무를 면하기 위해서는 상속재산파산절차가 진행 중이라도 한정승인 내지 상속포기를 할 필요가 있다.[62]

Ⅱ 상속재산파산의 실질적 요건

1. 파산원인

가. 채무초과

파산원인이란 파산선고가 필요하다고 인정되는 일정한 재산 상태를 말한다. 상속재산에 대한 파산(선고)원인은 "상속재산으로 상속채권자 및 유증을 받은 자에 대한 채무를 완제할 수 없[다]"고 인정되는 것이다(제307조). 상속재산으로 상속채권자나 유증을 받은 자의 채무를 완제할 수 없다는 것은 상속재산이 채무초과상태에 있다는 것을 의미한다.

일반파산사건에서 파산원인은 자연인과 법인에 공통된 것으로 지급불능(지급정지가 된 경우에는 지급불능으로 추정된다)이고(제305조), 존립 중인 합명회사 및 합자회사를 제외한[63] 법인의 경우에는 채무초과도 파산원인이다(제306조). 이에 반하여 상속재산에 있어서는 지급불능은 파산원인이 아니고 채무초과만이 파산원인이다. 채무초과만을 파산원인으로 한 것은 상속재산파산의 특징 중 하나이다.

먼저 채무초과를 파산원인으로 한 이유는, 이러한 경우 상속채권자, 유증을 받은 자, 상속인, 상속인의 (고유)채권자 상호간의 이해를 조정할 필요가 있고, 이때 파산절차의 이용이 가능하다면 엄격한 절차에 따라 적정하고 공평하게 상속재산을 청산하여 동순위의 권리자 사이(상

---

61) 상속인에게 면책신청권을 인정할 것인지에 대한 논쟁은 상속인이 단순승인을 한 후 상속재산파산을 신청한 경우에 실질적인 의미가 있다. 단순승인을 한 후 상속재산파산을 신청하여 파산절차가 종료되었음에도 여전히 상속채권자의 채권이 남아있는 경우 상속인은 면책되는가 아니면 책임을 져야하는가. 상속인에게 면책신청권을 인정하여 면책을 받은 경우에는 책임을 부담하지 않을 것이다. 그렇다면 상속인에게 면책신청권을 인정하여야 하는가. 그럴 필요는 없다고 본다. 상속재산파산이 종료되었다고 하여 배당받지 못한 채권이 소멸되는 것도 아니고, 상속채권자가 채권신고를 하지 않았다고 하여 채권이 소멸되는 것도 아니다. 따라서 상속인이 단순승인(민법 제1026조에 의해 단순승인의 효력이 있는 경우를 포함한다)을 한 경우에는 상속재산파산이 종료된 후 남겨진 상속채무(상속채권자의 채권)에 대하여 책임을 져야 할 것이다. 상속인이 책임을 부담하지 않으려면 단순승인을 하지 말고 한정승인이나 상속을 포기하면 된다.

62) 新破産實務, 66쪽.

63) 존립 중인 인적회사에 대하여 채무초과를 파산원인에서 제외한 이유는 합명회사의 경우는 모든 사원이, 합자회사의 경우에는 무한책임사원이 회사채권자에 대하여 직접·연대책임을 지므로 채무초과상태에 있다고 하더라도 파산원인으로 할 필요가 없기 때문이다.

속채권자 사이, 유증을 받은 자 사이)에서 평등한 변제가 이루어지도록 할 수 있기 때문이다.

이에 반하여 지급불능을 파산원인으로 하지 않는 이유는, 지급불능상태는 채무자의 현재의 재산뿐만 아니라 신용, 기술, 학력, 노력 등 장래 재산을 증가시킬 수 있는 가능성을 고려하여 판단하여야 하지만,[64] 상속재산의 경우에는 이러한 가능성을 고려할 여지가 없이 상속재산을 기준으로 채무의 대소를 고려한 채무초과를 파산원인으로 해도 충분하기 때문이다.[65]

상속재산의 파산원인으로 채무초과란 적극재산으로 소극재산인 상속채무를 변제하지 못하는 경우, 즉 채무의 총액이 자산의 총액을 초과하고 있는 객관적인 재산 상태를 말한다.

한편 상속재산에 대한 파산원인으로 지급불능을 추가하여야 한다는 입법론이 주장되고 있기도 하다.[66] 그 이유는 다음과 같다. 채무자가 지급정지를 한 뒤에 사망한 경우에 채무초과만이 파산원인인 경우에는 상속재산파산의 신청에 있어서 신청권자는 증거에 의하여 채무초과 그 자체를 증명하여야 한다.[67] 그런데 채무초과의 증명이 그렇게 용이하지 않다. 재무상태표 등 재무서류가 있는 법인인 경우에도 바깥에 있는 채권자는 채무초과의 증명이 용이하지 않은데, 특히 상속재산파산의 경우에는 말할 필요도 없다. 피상속인이 그러한 서류를 작성하고 있는 것을 일반적으로 기대할 수도 없다. 신청인은 자산·부채의 상황을 조사할 필요가 있게 된다. 따라서 피상속인이 사망 전에 지급정지를 한 경우에 그로부터 피상속인의 지급불능이라는 파산원인을 추정하고(제305조), 지급불능을 채무초과와 마찬가지로 상속재산파산의 파산원인으로 한다면 신청인의 어려움은 피할 수 있으므로 채무초과에 추가하여 지급불능을 파산원인으로 할 것을 입법적으로 검토하여야 한다는 것이다.[68] 재산의 집합체라는 점에서 상속재산파산

---

64) 대법원 2013. 8. 30. 자 2013마1070,2013마1071 결정(제305조 제1항에서 파산원인으로 규정하는 '채무자가 지급을 할 수 없는 때', 즉 지급불능이라 함은 채무자가 변제능력이 부족하여 즉시 변제하여야 할 채무를 일반적·계속적으로 변제할 수 없는 객관적 상태를 말한다. 채무자가 개인인 경우 그가 현재 보유하고 있는 자산보다 부채가 많음에도 불구하고 지급불능 상태가 아니라고 판단하기 위하여는, 채무자의 연령, 직업 및 경력, 자격 또는 기술, 노동능력 등을 고려하여 채무자가 향후 구체적으로 얻을 수 있는 장래 소득을 산정하고, 이러한 장래 소득에서 채무자가 필수적으로 지출하여야 하는 생계비 등을 공제하여 가용소득을 산출한 다음, 채무자 보유 자산 및 가용소득으로 즉시 변제하여야 할 채무의 대부분을 계속적으로 변제할 수 있는 객관적 상태에 있다고 평가할 수 있어야 한다. 이와 같이 부채 초과 상태에 있는 개인 채무자의 변제능력에 관하여 구체적·객관적인 평가 과정을 거치지 아니하고, 단지 그가 젊고 건강하다거나 장래 소득으로 채무를 일부라도 변제할 수 있을 것으로 보인다는 등의 추상적·주관적인 사정에 근거하여 함부로 그 채무자가 지급불능 상태에 있지 않다고 단정하여서는 아니 된다.)

65) 김경욱, "파산신청원인으로서의 채무초과−2008년 독일의 채무초과규정의 개정내용을 중심으로−", 민사집행법연구 6권(2010. 2.), 473쪽. 이에 반하여 상속재산 전체가 하나의 영업을 구성하는 경우 지급불능 상태를 충분히 상정할 수 있다는 이유로 지급불능도 파산원인으로 인정하여야 한다는 견해가 있다(최준규, "한정승인 제도의 문제점과 입법론", 법률신문 2019. 4. 8. 자 12면).

66) 김경욱, 전게 "파산신청원인으로서의 채무초과−2008년 독일의 채무초과규정의 개정내용을 중심으로−", 474쪽; 전병서, 전게 "상속과 파산−입법적 검토를 겸하여−", 109∼110쪽.

67) 채무자의 사망에 의하여 파산원인이 변경되는(줄어드는) 점은 파산신청 후 채무자인 주식회사가 합명회사·합자회사로 조직변경을 하는 경우에도 똑같은 현상이 생기므로 상속재산파산의 경우에 특이하게 취급하는 것은 아니라고 생각된다.

68) 독일 도산법(Insolvenzordnung)은 상속재산의 도산절차에 있어서 채무초과만이 아니라 지급불능도 도산절차개시원인으로 하고 있다. 나아가 상속인, 상속재산관리인 또는 그 밖의 상속재산보호인 또는 유언집행자가 절차의 개시를 신청하는 경우에는 지급불능의 염려도 개시원인으로 하고 있다(§320). 한편 일본에서는 입법론을 넘어 해석론으로 (일본 파산법 제223조는 채무초과만을 파산원인으로 규정하고 있다) 지급불능도 파산원인이 된다는 견해가 주장되고 있기도 하다(條解 破産法, 1483쪽).

과 유사한 유한책임신탁재산의 파산원인으로 지급불능을 인정하고 있다(제578조의4)는 점에서 타당성이 있다.

채무초과는 상속개시시에 존재할 필요는 없지만, 파산선고를 할 당시에는 존재하여야 한다. 따라서 파산선고 이후에 발생하는 재단채권은 채무초과를 계산할 때에 포함되지 않는다.

나. 파산원인이 존재하지 않는 경우의 처리

파산원인이 존재하지 않는 경우에 어떻게 처리하여야 하는가. 상속재산파산의 신청인이 누구냐에 따라 다르다.

아래에서 보는 바와 같이 상속채권자나 유증을 받은 자는 상속재산에 대한 파산신청을 할 때 파산원인인 사실을 소명할 필요가 없으나, 상속인, 상속재산관리인 또는 유언집행자가 파산신청을 할 때는 파산의 원인인 사실을 소명하여야 한다(제299조 제3항).

따라서 파산원인이 존재하지 않는 경우 상속채권자나 유증을 받은 자가 신청한 것이라면 파산신청을 기각하여야 할 것이고(제309조 제1항 제3호 참조), 상속인, 상속재산관리인 또는 유언집행자가 신청한 것이라면 파산원인에 대한 소명은 신청의 적법요건이므로 각하하여야 할 것이다.

그러나 채무자회생법이 위와 같이 구별하여 취급하는 것은 입법론적으로 의문이다.[69] 왜냐하면 어떤 경우이든 파산원인이 없으면 파산선고를 할 수 없기 때문이다(제307조).[70]

2. 파산원인의 소명

가. 상속채권자 또는 유증을 받은 자가 파산신청한 경우

채무자회생법은 상속채권자나 유증을 받은 자에 대하여는 파산원인에 대한 소명을 요구하고 있지 않다(제299조 제3항 참조). 이는 일반파산사건의 경우 채권자가 파산신청을 하는 때에 그 채권의 존재 및 파산원인인 사실의 소명을 요구하고 있는 것과 다르다(제294조 제2항). 그러나 일반파산사건의 경우와 마찬가지로 상속채권자 등의 경우에도 남용적인 신청(단지 고통을 줄 목적으로 한 신청)이나 무책임한 신청을 할 우려가 있다는 점에서 입법론적으로는 의문이다.[71]

---

69) 일본 파산법의 경우 누가 신청을 하든지 간에 파산원인을 소명하도록 규정하고 있다(제224조 제2항).
70) 이로 인해 실무적으로 곤란한 상황이 초래될 수 있다. 상속인이 상속포기나 한정승인을 한 것으로 보아 채무초과상태인 것이 추론되나, 상속재산파산을 신청한 상속채권자의 채권액이 상속재산보다 적은 경우가 있다. 이 경우 상속인을 파악하여 설명의무에 따라 다른 상속채권자를 파악할 필요가 있다. 그러나 상속포기나 한정승인을 한 상속인은 소재 파악이 어렵고, 상속재산파산에 별로 관심이 없어 설명의무도 잘 이행되고 있지 못하다. 이럴 경우 파산선고를 할 수 없어 파산절차를 진행할 수 없는 상황이 발생할 수 있다.
71) 일본 파산법의 경우에는 파산채권자 등의 신청의 경우에도 파산원인의 소명을 요구하고 있다(제224조 제2항). 한편 제299조 제3항은 제294조 제2항의 특별규정 또는 보충규정으로 상속재산에 대한 채권자에 해당하는 상속채권자 및 유증을 받은 자가 상속재산파산을 신청하는 경우에도 제294조 제2항에 따라 채권의 존재 및 파산의 원인사실을 소명하여야 한다는 견해도 있다{이이수, "개인파산관재인업무 주요 실무례2", 2024년 개인파산관재인 연수 자료집, 사법연수원(2024), 7쪽}.

나. 상속인, 상속재산관리인 또는 유언집행자가 파산신청한 경우

상속인, 상속재산관리인 또는 유언집행자가 파산신청을 하는 때에는 파산의 원인인 사실을 소명하여야 한다(제299조 제3항).[72] 다른 상속인이나 상속채권자 및 유증을 받은 자에게 단지 고통을 줄 목적으로 한 신청을 방지하기 위한 조치이다.

상속인 등의 파산원인에 대한 소명은 신청의 적법요건이고 소명이 결여된 경우 신청은 부적법한 것으로서 각하된다.

주의할 것은 신청이 적법한 것을 전제로 법원이 파산선고를 하기 위해서는 파산원인에 대한 증명(소명으로 부족하다)이 필요하다는 것이다.

제3절 파산신청 또는 파산선고 후에 채무자가 사망한 경우

피상속인이 채무자가 되어 파산신청을 한 후 또는 파산선고가 된 후에 채무자가 사망한 경우 파산절차는 어떻게 되는가. 민사소송의 경우 당사자가 사망하면 소송절차가 중단되는데(민소법 제233조 제1항), 파산절차도 중단되는가. 중단된 후 수계가 있어야 하는가. 아니면 누구 또는 무엇에 대하여 속행되는가. 속행되는 경우에도 당연히 속행되는 것인가 아니면 상속인에 의한 신청이 있어야 하는가.

Ⅰ 파산절차의 상속재산에 대한 속행

피상속인의 재산에 대한 파산절차가 진행 중에 피상속인이 사망한 경우, 즉 상속이 개시된 경우에는 그 파산절차는 상속재산의 파산으로 전환된다. 다시 말해 파산신청 또는 파산선고가 있은 후에 채무자에 대하여 상속이 개시된 때는 파산절차의 중단을 동반함이 없이 당연히 그 상속재산에 대해 파산절차가 속행된다(제308조).[73] 신청이 없어도 상속재산파산절차가 진행된다.[74] 파산신청 또는 파산선고가 있은 후 채무자가 사망한 경우에는 어느 경우이든 파산절차가

---

72) 제296조와 달리 제299조 제3항은 '전원이 하는 파산신청이 아닌 때에는'이라는 조건이 붙어 있지 않다. 따라서 수인의 상속인 등 중 일부 나아가 1인이 파산신청을 하는 경우에도 파산원인사실을 소명하여야 한다. 이는 법인이나 회사라면 파산은 해산사유가 됨에도 이사 등의 전원일치로 파산신청을 하거나 개인이라면 파산선고로 다양한 자격제한을 받음에도 파산신청을 한 경우에는 파산원인의 존재가 거의 확실하다고 생각할 수 있다. 하지만 상속인 등이 상속재산파산을 신청하더라도 그들에게는 아무런 불이익이 없으므로 전원이 파산신청을 하는 경우가 아니더라도 파산원인사실을 소명하도록 한 것이다.

73) 강제집행을 개시한 뒤에 채무자가 죽은 때에는 채권자는 상속재산에 대하여 강제집행을 계속하여 진행한다(민집법 제52조 제1항). 상속인의 존부나 상속 승인 유무를 묻지 않는다. 집행개시 후 채무자의 지위에 포괄승계가 있는 경우에는 승계집행문 없이도 그 채무자에 속하는 책임재산에 대하여 그대로 집행할 수 있다.

74) 상속재산파산절차가 진행되는 경우 앞에서 본 바와 같이 상속재산 자체가 채무자가 되므로, 채무자가 아닌 상속인이 면책신청을 할 수는 없다. 이미 면책절차가 개시되었어도 당연히 종료한다.

중단되는 문제는 발생하지 않는다. 나아가 상속재산에 대한 속행이 된다는 것은 파산신청 또는 파산선고가 있은 후에 채무자가 사망한 경우 파산절차의 중단·수계(제33조, 민소법 제233조)의 문제는 발생하지 않는다는 것을 의미한다.

상속재산에 대한 파산선고는 상속인이 한정승인을 한 것으로 보므로(제389조 제3항) 상속인은 피상속인을 갈음하여 상속채무에 대한 면책을 신청할 필요가 없으며, 피상속인이 면책을 신청한 후 결정 전에 상속이 개시된 때에는 상속재산에 대한 절차의 속행으로 인하여 면책신청의 효력은 소멸하게 된다.[75]

파산신청 또는 파산선고 후에 채무자가 사망하여 상속이 개시된 경우에 상속재산에 대하여 속행을 인정하는 취지는, 채무자가 사망하였다고 하여 그 때까지 진행된 파산절차가 아무런 쓸모가 없게 되고, 다시 상속인이나 상속재산에 대하여 절차를 진행하여야 한다면 소송 경제적으로 문제가 있을 뿐만 아니라 파산채권자의 보호에도 지장을 주게 되기 때문이다.[76]

한편 상속개시 전에는 피상속인은 채무를 지급할 수 없을 때(지급불능)도 파산신청을 할 수 있으므로(제305조 제1항), 피상속인의 신청에 의하여 파산선고가 된 후 상속이 개시된 경우, 상속재산에 대한 파산절차의 속행은 상속재산의 파산원인인 '채무초과'와는 관련이 없다.[77]

1. 파산신청 후 파산선고 전에 채무자가 사망한 경우

채무자회생법은 파산신청 후 파산선고 전에 채무자에 대해 상속이 개시된 경우와 파산선고 후에 채무자에 대해 상속이 개시된 경우를 구별하지 않고 어느 경우라도 파산절차는 상속재산에 대하여 당연히 속행하는 것으로 규정하고 있다.[78]

그런데 파산신청 후 파산선고 전에 채무자가 사망한 경우에도 당연히 파산절차가 속행되는 것으로 규정한 것은 문제가 있다. 왜냐하면 실제로 많은 파산신청사건은 동시폐지를 의도한 자기파산신청의 사례이므로 파산선고·동시폐지결정 전에 채무자가 사망한 경우 그 파산사건의 당연 속행을 인정하는 것은 실제상의 의미가 적고, 파산관재인도 선임되기 전으로 관리처분권이 여전히 채무자(또는 상속인)에게 있게 되기 때문이다. 또한 상속인의 부재, 소재불명 또는 상속인 전원이 상속포기를 한 경우로서 상속재산관리인의 선임도 되지 않은 때에는 파산신청을 유지할 의미가 없어 파산사건을 종료시키는 조치가 필요하다. 나아가 이론적으로는 파산신청에 대한 재판절차는 직권적 요소가 다분하고, 파산선고가 이루어지기 전까지는 절차의 진

---

75) 양형우, 전게 "상속재산의 파산에 관한 고찰", 460쪽.
76) 전병서, 전게 "상속과 파산 – 입법적 검토를 겸하여 –", 116쪽.
77) 이 경우 상속인은 파산선고가 상속재산에 관한 것이고, 파산재단에 대한 파산원인인 채무초과가 존재하지 않는다는 이유로 파산선고결정에 대하여 즉시항고를 할 수 있을 것이다(제316조 제1항).
78) 이에 대해 제308조의 '속행'이라는 문언은 단순히 상속재산에 대하여 다시 파산신청을 할 필요가 없다는 정도의 의미에 그치고, 당연히 속행된다고 풀이하여서는 안 된다는 견해가 있다(전병서, 전게 "상속과 파산 – 입법적 검토를 겸하여 –", 116쪽). 위 견해는 파산신청 후 파산선고 전에 채무자가 사망한 경우 상속재산에 의한 수계가 있기까지 중단된다고 본다. 즉 법원은 일단 절차를 중단시키고, 상속인 등이 이를 수계하는 과정을 거쳐서 파산원인인 채무초과의 유무를 심리하는 등 파산신청절차를 상속재산에 대하여 속행하는 것으로 처리하는 쪽이 타당하다고 한다.

행여부는 신청권을 가진 자의 의사를 존중하는 것이 타당하다.[79] 따라서 입법론적으로는 파산신청 후 파산선고 전에 채무자가 사망한 경우에는 상속채권자, 유증을 받은 자, 상속인, 상속재산관리인 또는 유언집행자의 신청에 의해 속행을 인정하는 것이 타당하다.[80]

파산신청 후 파산선고 전에 사망한 경우로서 법원이 이후 파산선고와 동시에 파산관재인을 선임한 경우에는 파산절차는 상속재산에 속행되고(제308조), 상속재산에 대한 관리처분권은 파산관재인에게 있으므로 파산절차가 중단되는 문제는 발생하지 않는다. 문제는 파산선고와 동시에 파산관재인을 선임하지 않는 경우에는 어떻게 되는지가 문제이다. 역시 이 경우에도 파산절차는 상속재산에 대하여 속행되고, 상속재산에 대한 관리처분권은 잠정적으로 상속인에게 귀속되는 것으로 보아야 할 것이다. 한편 파산선고와 동시에 파산폐지결정을 한 경우에는 파산절차는 종료되므로 파산절차의 속행에 관한 문제는 발생하지 않을 것이다.

2. 파산선고 후에 채무자가 사망한 경우

파산재단의 범위는 파산선고시로부터 상속개시까지의 신득재산(新得財產)을 포함하지 않고, 파산선고시의 피상속인의 재산에 한정된다(제382조 제1항).[81] 파산선고시를 기준으로 파산재단 및 파산채권자가 고정되기 때문에 "상속재산에 대하여 속행한다"는 문언은 종래의 파산재단에 대하여 절차를 속행한다는 의미를 가지는 것뿐이다.

파산선고 후에 채무자가 사망하여도 상속재산에 대하여 파산절차를 인정하는 이유는, 파산선고에 의하여 채무자는 파산재단에 속하는 재단에 대하여 관리처분권을 상실하고(파산관재인에게 귀속된다), 포괄집행의 성질을 가지는 파산선고 후에는 채무자는 집행채무자와 마찬가지로 집행을 감수할 소극적인 지위밖에 가지고 있지 않은 점에서 채무자의 사망에 의하여 절차를 중단할 필요는 없고, 그때까지 계속되고 있던 파산사건의 파산재단에 속한 재산 및 파산채권의 청산을 그대로 속행하는 것이 더 타당하기 때문이다.

파산선고 후에 사망한 경우로서 파산선고와 동시에 파산관재인이 선임되었던 경우에는 파

---

79) 條解 破産法, 1491쪽. 실무적으로 파산신청 후 파산선고 전에 채무자가 사망하였으나 채무자의 상속인들이 파산절차 속행 신청을 하지 않는 경우에는 그 상속인들에게 파산절차를 속행할 것을 명하고(상속인들의 소재를 파악하기 어려운 경우는 상속인들에 대한 명령의 고지는 공시송달로 하고 있다), 상속인들의 속행신청이 없는 경우에는 파산절차를 속행할 의사가 없는 것으로 보아 파산신청을 각하하고 있다〔개인파산·회생실무, 279쪽〕. 그러나 법원이 직권으로 속행명령을 발할 법적근거가 없고 법조문에도 명시적으로 반하는 것이므로(해석론의 한계를 벗어난 것이다) 입법적으로 해결하는 것은 별론으로 하고 상속재산에 대한 파산절차를 계속 진행하여야 할 것이다. 특히 현재와 같이 원칙적으로 파산선고와 동시에 파산관재인을 선임하여 파산절차를 진행하는 실무의 관행상 상속재산에 대하여 파산절차를 계속 진행하여도 큰 문제는 없어 보인다.

80) 일본 파산법은 양자를 구별하여 ① 파산신청 후 파산선고 전에 채무자에 대해 상속이 개시된 경우는 상속채권자 등의 신청에 의한 속행을, ② 파산선고 후 채무자에 대한 상속이 개시된 경우는 당연 속행을 인정하고 있다(제226조, 제227조 참조).

81) 이로 인해 파산재단과 상속재산의 불일치가 일어날 수 있다. 이에 대하여 파산재단을 확장하여 상속재산에 대하여 파산절차를 속행하여야 한다는 견해가 있다(新破産實務, 69쪽). 이 견해에 의하면 파산재단의 대상은 상속재산이 되기 때문에 자유재산도 파산재단을 구성하고, 채무자의 현금·예금 등을 포함하여 전부를 회수하여야 한다. 기준시도 파산선고시로부터 상속개시시로 된다.

산절차는 상속재산에 속행되고(제308조), 상속재산에 대한 관리처분권은 파산관재인에게 있으므로 파산절차가 중단되는 문제는 발생하지 않는다. 한편 파산선고와 동시에 파산폐지결정을 한 경우에는 파산절차는 이미 종료되었으므로 파산절차의 속행에 관한 문제는 발생하지 않는다.

파산선고가 되면 확정 전에도 효력이 발생하기 때문에(제311조), 파산선고결정에 대한 즉시항고가 있어(제316조 제1항) 항고심의 결정전에 채무자가 사망한 경우에도 파산절차는 상속재산에 대하여 속행된다.

Ⅱ 파산재단 및 파산채권의 범위

속행이 된 상속재산파산의 절차에 있어 파산재단이 되는 것은 선행하는 파산선고 당시에 채무자가 가지고 있던 모든 재산으로(제382조 제1항, 고정주의), 파산선고 후 생전의 채무자가 얻은 재산(새로이 취득한 재산)은 포함되지 않고 자유재산이 된다. 상속재산파산의 파산재단의 범위에 관한 제389조 제1항은 '상속재산에 대하여 파산선고가 있는 때'라고 정하고 있기 때문에 제308조에 의한 속행절차와 같이 파산선고가 먼저 있는 경우에는 적용이 없다.

파산채권의 범위도 채무자에 대한 선행하는 파산선고 전의 원인으로 생긴 재산상의 청구권이다(제423조). 따라서 채무자에 대한 파산선고 후 채무자의 사망시까지의 원인에 기한 채권자는 파산채권자가 되지 않는다.

요컨대 파산절차 자체는 피상속인(채무자)에 대하여 일반파산사건으로 파산선고가 되어있었고 그 파산선고시점에 당해 파산절차에 의하여 처리될 재산(파산재단에 속하는 재산) 및 파산채권의 범위는 확정되어 있었다. 따라서 그 후 채무자에 대하여 상속이 개시된 때에도 파산재단 및 파산채권의 범위는 원칙적으로 종전과 다름없다.

제4절 파산선고의 효과

Ⅰ 상속재산의 재산관계에 관한 효과

1. 강제집행 등의 실효

상속재산에 대하여 파산선고가 되면[82] 파산채권에 기하여 파산재단에 속하는 재산에 대하여 행하여진 강제집행·가압류 또는 가처분은 파산재단에 대하여는 그 효력을 잃는다(제348조). 나아가 파산선고 후에는 파산재단에 대하여 국세징수법 또는 지방세징수법에 의하여 징수

---

82) 상속재산파산선고결정에 대하여는 신청인 이외의 상속채권자, 유증을 받은 자, 상속인, 상속재산관리인 및 유언집행자에게 불복신청권(즉시항고권)이 인정된다(본서 1315쪽).

할 수 있는 청구권(국세징수의 예에 의하여 징수할 수 있는 청구권을 포함한다)에 기한 체납처분(강제징수)도 할 수 없다(제349조 제2항).[83]

2. 파산재단의 성립

당연상속주의에 의해 상속인은 피상속인의 법적지위를 승계한다. 이에 따라 상속인은 상속채무에 대하여 상속재산뿐만 아니라 그의 고유재산으로도 책임을 부담한다. 하지만 상속재산파산절차가 개시되면 책임재산은 상속재산으로 제한되고, 상속재산과 고유재산을 책임법적으로 다시 분리할 수 있다. 즉 상속재산파산절차의 개시로 상속재산과 상속인의 고유재산이 책임법적으로 분리된다. 상속재산이 상속채권자들의 변제에 충분하지 않을 것으로 예상된다면 상속재산파산의 신청을 고려할 수 있다.

가. 파산재단의 범위

(1) 상속재산에 속하는 모든 재산

일반파산사건에서처럼 '채무자가 … 가진'이라는 표현을 사용할 수 없는 상속재산파산의 특수성으로 인해 채무자회생법은 파산재단에 관한 일반적인 규정(제382조 제1항)에 관한 특칙을 두고 있다. 즉 상속재산파산에 있어 파산재단은 상속재산에 속하는 모든 재산이다(제389조 제1항). 상속재산파산은 상속재산의 공평하고 평등한 청산을 목적으로 한다는 점에서 상속재산에 속하는 모든 재산이 파산재단을 구성하는 것은 당연하다. 물론 압류할 수 없는 재산(제383조 제1항)과 면제재산(제383조 제2항)은 파산재단에 속하지 않는다. 환가포기재산도 파산재단에 포함되지 않는다.

상속재산은 상속인이 상속개시 당시 피상속인으로부터 포괄적으로 승계한 재산에 관한 일체의 권리의무 중 피상속인의 일신에 전속하는 권리의무는 제외한 적극재산뿐만 아니라 소극재산, 부수적 권리의무 및 계약상 또는 법률상의 지위도 포함되나(민법 제1005조), 이 중 소극재산 등을 제외한 적극재산이 파산재단을 구성한다.[84] 구체적으로 물권, 채권, 무체재산권 등이 상속재산에 해당한다. 생명보험금청구권은 보험계약에서 수익자를 누구로 지정하는지에 따라 상속재산 여부가 결정된다. 피상속인이 자신을 수익자로 지정한 경우는 생명보험금청구권은

---

83) 파산절차의 경우 회생절차(제44조)와 개인회생절차(제593조)와 달리 중지명령제도가 없기 때문에(다만 보전처분제도를 이용하여 강제집행을 중지시킬 수는 있다) 파산신청 당시 상속재산에 대하여 강제집행이 진행 중이다가 파산선고 이전에 배당절차가 종료되어 버린 경우에는 그 집행채권자는 독점적인 채권의 만족을 얻게 된다. 따라서 파산신청시부터 파산선고시까지 어느 정도 시간이 필요할 경우에 대비하여 파산절차에서도 중지명령제도를 도입할 필요가 있다. 중지명령제도가 없는 현재의 상황에서는 파산신청 후 신속하게 파산선고를 할 필요가 있다.

84) 상속재산에 해당하는지, 상속재산에서 지급하는 상속비용(민법 제998조의2)에 해당하는지에 관하여는 「김주수·김상용, 친족·상속법(제18판), 법문사(2022), 675~688쪽; 법원행정처, 법원실무제요 가사[Ⅱ](2010), 611~618쪽; 상속재산분할 및 유류분 재판실무편람 집필위원회, 상속재산분할 및 유류분 재판실무편람(2019), 12~27쪽」을 참조할 것. 상속비용은 상속재산의 관리 및 청산에 관한 비용을 의미하는데(대법원 2003. 11. 14. 선고 2003다30968 판결), 상속개시 이후 상속재산파산선고 전에 발생한 상속비용은 제473조 제3호의 재단채권에 해당한다고 보기 어렵다. 왜냐하면 제473조 제3호는 '파산재단에 관한 관리 등 비용'으로 파산선고로 인하여 파산재단이 성립될 것을 전제로 하고 있기 때문이다.

당연히 상속재산에 해당한다.[85] 수익자를 특정상속인 또는 단순히 상속인으로 지정한 경우는 상속인이 상속으로 취득한 것이 아니라 보험계약의 효과로서 취득한 것이므로 상속인의 고유재산이 된다.[86] 반면 상속연금형 즉시연금보험계약도 상법상 생명보험계약에 해당하며, 그 보험계약의 보험수익자로 지정된 상속인들이 취득하는 사망보험금청구권은 상속인들의 고유재산이다.[87] 또한 단체협약에서 근로자의 사망으로 지급되는 퇴직금(이하 '사망퇴직금'이라 한다)을 근로기준법이 정한 유족보상의 범위와 순위에 따라 유족에게 지급하기로 정하였다면, 개별 근로자가 사용자에게 이와 다른 내용의 의사를 표시하지 않는 한 수령권자인 유족은 상속인으로서가 아니라 위 규정에 따라 직접 사망퇴직금을 취득하는 것이므로, 이러한 경우의 사망퇴직금은 상속재산이 아니라 수령권자인 유족의 고유재산이라고 보아야 한다.[88]

(2) 장래에 행사할 청구권

피상속인이 파산선고 전으로 사망하기 전에 생긴 원인으로 장래에 행사할 청구권도 파산재단에 포함된다(제382조 제2항 참조).

나. 파산재단을 확정하는 기준시점

제389조는 '상속재산에 대하여 파산선고가 있는 때에는'이라고만 규정하고 있어 문언상 파산재단을 확정하는 기준시가 명확하지 않다. 이에 상속개시시(피상속인의 사망시)의 상속재산이 파산재단이라는 견해가 있을 수 있다. 그러나 위 조항은 '상속재산에 속하는 모든 재산'이라고 규정하고 있지만 기준시를 정하고 있는 것이라고까지는 볼 수 없어 상속개시시에 존재하는 모

---

85) 대법원 2002. 2. 8. 선고 2000다64502 판결.

86) 대법원 2001. 12. 24. 선고 2001다65755 판결, 대법원 2004. 7. 9. 선고 2003다29463 판결.

87) 대법원 2023. 6. 29. 선고 2019다300934 판결(생명보험의 보험계약자가 스스로를 피보험자로 하면서 자신이 생존할 때의 보험수익자로 자기 자신을, 자신이 사망할 때의 보험수익자로 상속인을 지정한 후 그 피보험자가 사망하여 보험사고가 발생한 경우, 이에 따른 보험금청구권은 상속인들의 고유재산으로 보아야 하고 이를 상속재산이라고 할 수는 없다. 상속인들은 보험수익자의 지위에서 보험자에 대해 보험금 지급을 청구할 수 있고 이러한 권리는 보험계약의 효력으로 당연히 생기는 것이기 때문이다. 보험계약이 피보험자의 사망, 생존, 사망과 생존을 보험사고로 하는 이상 이는 생명보험에 해당하고, 그 보험계약에서 다액인 보험료를 일시에 납입하여야 한다거나 사망보험금이 일시납입한 보험료와 유사한 금액으로 산출되도록 설계되어 있다 하더라도, 특별한 사정이 없는 한 생명보험으로서의 법적 성질이나 상속인이 보험수익자 지위에서 취득하는 사망보험금청구권의 성질이 달라지는 것은 아니다. 즉 여전히 상속인의 고유재산이다).

88) 대법원 2023. 11. 16. 선고 2018다283049 판결. 그 이유는 다음과 같다. ① 「근로자퇴직급여 보장법」(이하 '퇴직급여법'이라 한다)은 사용자가 퇴직한 근로자에게 지급하여야 할 퇴직금의 액수, 지급 방법 등에 관하여 규정하였으나, 사망퇴직금의 수령권자에 대하여 명시적으로 정하지는 아니하였다. ② 일반적으로 퇴직금은 후불적 임금으로서의 성격과 공로보상적 성격 외에도 사회보장적 급여로서의 성격을 함께 가지므로(대법원 2014. 7. 16. 선고 2013므2250 전원합의체 판결 등 참조), 사망퇴직금은 사망한 근로자의 생전 근로에 대한 대가로서의 성격 외에 근로자의 사망 당시 그에 의하여 부양되고 있던 유족의 생활보장과 복리향상 등을 위한 급여로서의 성격도 함께 가진다고 볼 수 있다. 따라서 단체협약에서 근로자의 재직 중 사망으로 말미암아 생활보장이 필요한 유족에게 사망퇴직금을 지급하는 내용을 정하는 것은 사망퇴직금의 성격에도 부합한다. ③ 단체협약은 헌법이 직접 보장하는 기본권인 단체교섭권의 행사에 따른 것이자 헌법이 제도적으로 보장한 노사의 협약자치의 결과물이므로 법원의 후견적 개입에는 신중할 필요가 있다(대법원 2020. 8. 27. 선고 2016다248998 전원합의체 판결 참조). 즉, 노동조합과 사용자가 단체협약으로 유족의 생활보장과 복리향상을 목적으로 하여 근로기준법이 정한 유족에게 사망퇴직금을 지급하도록 정하였다면, 이는 그 자체로 현저히 합리성을 결한 것이라고 볼 수 없으므로 가급적 존중되어야 한다.

든 재산이라고 할 필요는 없고, 상속개시 후 파산선고 전에 일탈한 재산에 대하여 추급효를 인정하는 것은 부당하며(다만 부인의 대상이 될 수 있을 뿐이다), 위 조항이 파산재단의 범위에 관한 기준시를 언급하지 않았으므로 일반원칙인 제382조 제1항이 적용된다고 해석할 수밖에 없으므로 파산선고시를 기준으로 파산재단의 범위를 정하여야 할 것이다.[89]

제389조 제1항이 일반파산사건의 파산재단에 관한 규정에 대해 특칙이기는 하지만 파산선고 당시를 기준으로 파산재단을 확정한다는 점에서는 동일하다(고정주의). 즉 상속개시시부터 파산선고시까지 시간차가 있는 경우에도 파산재단의 범위는 파산선고시를 기준으로 결정되는 것이다.

그러나 상속인이 파산선고 전에 상속재산을 처분한 경우에는 아래 〈4.〉에서 보는 바와 같이 상속인이 취득한 반대급부에 관하여 가지는 권리는 파산재단에 속한다(제390조 제1항). 상속인에게 반대급부에 관한 권리를 취득시키는 것은 이해관계인에 대한 공평한 청산을 도모하고자 하는 상속재산파산을 인정하는 취지에 어긋나기 때문이다.

다. 자유재산의 인정 여부

(1) 압류금지재산

상속재산파산절차에 있어서도 제383조 제1항이 적용되는가.

개인채무자의 경제적 갱생을 목적으로 한다는 점에서 제383조 제1항의 적용을 부정하는 견해도 있다.[90] 상속재산파산은 상속재산 그 자체를 대상으로 하므로 개인인 채무자의 생계보장 등을 고려하여 규정된 압류금지재산에 대한 규정이 적용되지 않는다고 볼 여지도 있다는 점에서 수긍이 가는 면도 있다.

대법원은 제383조 제1항은 상속재산파산절차에서는 원칙적으로 적용되지 않지만, 피상속인 및 그 가족의 최소한의 생계를 보장하려는 사회적·정책적 요청에 근거한 압류금지재산의 경우에는 적용될 수 있다고 하고 있다. 즉 대법원[91]은 「채무자회생법은 '상속재산으로 상속채권자 및 유증을 받은 자에 대한 채무를 완제할 수 없는 때에는 법원은 신청에 의하여 결정으로 파산을 선고한다.'고 규정하여(제307조), 개인인 채무자에 대한 파산절차와 별도로 상속재산 자체에 대한 파산절차를 두었다. 상속재산파산절차는 상속재산 자체에 파산능력을 인정하여 채무초과상태의 상속재산을 엄격한 절차에서 공평하게 청산할 수 있도록 하기 위한 절차로서, 이에 대하여 '상속재산에 대하여 파산선고가 있는 때에는 이에 속하는 모든 재산을 파산재단으로 한다.'라고 정함으로써(제389조 제1항), 채무자가 개인인 경우와 달리 파산재단의 범위에 관한 별도의 독립된 규정을 두었다. 이와 같이 상속재산 자체를 채무자로 보는 상속재산파산절차의 성질·목적·취지 등을 종합하면, 채무자가 개인인 경우에 적용되는 채무자회생법의 규

---

89) 條解 破産法, 1499쪽, 전병서, 132쪽 참조.
90) 條解 破産法, 1499쪽.
91) 대법원 2024. 1. 4. 선고 2022다285097 판결.

정들이 상속재산파산절차에 그대로 적용된다고 보기는 어려우므로, '압류할 수 없는 재산은 파산재단에 속하지 아니한다.'라고 정한 제383조 제1항 역시 상속재산파산절차에는 원칙적으로 적용되지 않는다고 봄이 타당하다.

그러나 상속재산파산절차에서도 피상속인 및 그 가족의 최소한의 생계를 보장하려는 사회적·정책적 요청에 근거한 압류금지재산의 경우에는 그 취지가 참작되어야 한다. 즉, 채권의 2분의 1에 해당하는 금액에 대해서만 압류를 금지하는 민사집행법 제246조 제1항 제4·5호에서 정한 퇴직금채권·퇴직연금채권과 비교하여 「근로자퇴직급여 보장법」(이하 '퇴직급여법'이라 한다) 제7조는 '퇴직연금제도(중소기업퇴직연금기금 제도 포함)의 급여를 받을 권리는 양도 또는 압류하거나 담보로 제공할 수 없다.'고 규정하여 퇴직연금수급권 전액에 관하여 압류가 금지되는바,[92] 이는 퇴직급여제도의 설정·운영을 통해 마련된 경제적 수입이 근로자 본인은 물론 그 가족의 안정적 노후생활을 보장하는 기초가 되도록 하려는 사회적·정책적 고려 등에 따른 것이다. 이러한 퇴직급여법의 목적과 취지, 입법을 통하여 퇴직급여법상 퇴직급여채권에 대해서는 민사집행법상 일반적인 압류금지채권에 비해 압류금지의 범위를 확대시킨 점 등을 종합하면, 퇴직급여법상 피상속인의 퇴직급여채권은 피상속인의 상속재산을 채무자로 하는 상속재산파산절차에서 일반적인 압류금지재산과 달리 특별한 사정이 없는 한 파산재단에 속하지 아니한다고 보아야 한다.」고 판시하였다.

살피건대 상속재산파산은 상속재산을 공평하게 분배하기 위한 제도로 그 대상이 상속재산이지만, 상속재산은 상속인의 소유라는 점에는 변함이 없다. 그런 점에서 상속재산파산에서도 상속인을 보호할 필요성은 여전히 존재하는 것이다. 상속재산파산의 경우에도 상속재산파산절차의 개시로 우선 파산재단 압류의 효과가 발행하고, 파산재단은 압류가 가능한 상속재산만으로 구성된다.[93] 민사집행법 등이 규정한 압류금지재산이 모두 채무자(피상속인)의 보호만을 위한 것은 아니고 채무자(피상속인) 가족(상속인)의 최소한의 생계를 보장하는 것과 같은 공공복리를 도모하기 위한 사회정책적 요청에 근거한 것도 있다. 또한 채권자들도 본래 피상속인의 압류금지재산에 대하여 강제집행을 할 수 없었으므로 파산재단에서 제외하더라도 부당하다고 할 수 없다. 따라서 채무자(피상속인) 가족(상속인)의 최소한의 생계를 보장하는 것과 같은 공공복리를 도모하기 위한 사회정책적 요청에 근거한 압류금지재산은 파산재단에서 제외된다고 할 것이다.

(2) 면제재산

면제재산은 '개인인 채무자'의 신청이 있을 것을 전제로 하므로(제383조 제2항) 상속재산파산에서는 면제재산이 있을 수 없다는 견해도 있다.[94]

---

92) 대법원 2014. 1. 23. 선고 2013다71180 판결 참조.
93) Reinhard Bork, 267쪽.
94) 개인파산·회생실무, 294쪽.

그러나 상속재산파산에서 부인권의 대상이 되는 것은 상속인 등의 행위이고(제400조), 상속재산파산의 폐지신청은 상속인이 한다는 점(제539조 제2항), 상속재산파산에 있어서도 상속인에게 최저한도의 주거와 생계비는 보장해주어야 한다는 점, 상속을 한 후 상속인이 자신에 대하여 파산을 신청할 경우에는 면제재산이 인정될 수 있다는 점, 신청권자가 '개인인 채무자'라고 하더라도 피상속인이 개인인 채무자에 해당하고 피상속인의 신청권은 피상속인의 사망으로 상속인에게 상속되며 상속인은 '피부양자'이므로 상속인에게 면제재산신청권이 인정될 수 있다고 해석되는 점(상속 후에 상속재산파산이 선고된 경우에는 개인인 채무자를 앞에서 본 여러 가지 사정을 종합하면 면제재산신청에 있어 채무자를 상속인으로 볼 여지도 있다) 등을 고려하면, 상속재산파산의 경우에도 면제재산이 인정된다고 할 것이다. 상속재산파산의 채무자를 상속인이나 피상속인으로 보는 견해에 의하면 당연히 면제재산이 인정된다.

(3) 환가포기재산

상속재산파산의 경우에도 파산관재인은 환가를 포기할 수 있다. 파산관재인이 환가를 포기한 재산은 상속인에게 반환된다. 환가포기 재산은 자유재산으로 상속인이 관리처분권을 회복하고 상속인이 소송의 당사자적격을 가진다.

(4) 신득재산

상속재산파산에서 파산재단의 범위는 앞에서 본 바와 같이 파산선고시를 기준으로 하므로 피상속인이 파산선고 이후 취득하는 새로운 재산이 있을 수 없다. 따라서 신득재산이 발생할 여지는 없다.

라. 상속재산의 임의매각과 등기

상속재산에 대한 파산선고등기 후 파산관재인이 부동산을 임의매각하고, 그에 따른 소유권이전등기를 할 때 상속등기를 먼저 할 필요는 없다.[95] 예컨대 망 갑의 상속재산에 대한 파산선고결정 및 그에 따른 파산선고등기가 마쳐진 후 파산관재인 을이 법원의 허가를 얻어 부동산을 임의매각한 후 그에 따른 소유권이전등기를 신청한 경우, 등기관은 상속등기가 마쳐지지 않았더라도, 다른 각하사유가 없는 한, 그 등기신청을 수리할 수 있다.[96]

위 소유권이전등기 신청 시에는 등기의무자의 표시를 "망 갑의 상속재산 파산관재인 을"로 하여 신청정보의 내용으로 등기소에 제공하여야 하고, 만일 망 갑의 상속인 A, B(지분은 동일) 명의의 상속등기가 마쳐졌다면 "망 갑의 상속재산(A 지분 1/2, B 지분 1/2) 파산관재인 을"로 하여 신청정보의 내용으로 등기소에 제공하여야 한다.

---

95) 상속재산에 대한 파산선고등기 후 임의매각에 따른 소유권이전등기 시 상속등기가 선행되어야 하는지 여부 등 (2023. 3. 15. 제정 [부동산등기선례 제202303－4호] 제1항, 제2항).

96) 위 소유권이전등기 신청 시에는 법원의 허가서 등본 또는 감사위원의 동의서 등본 및 파산관재인의 매도용 인감증명서를 첨부정보로서 등기소에 제공하여야 한다(2023. 3. 15. 제정 [부동산등기선례 제202303－4호] 제3항, 부동산등기사무처리지침 제22조 제1항).

3. 혼동의 예외

상속채권자, 유증을 받은 자, 상속인 사이의 형평을 도모하기 위하여 상속으로 인한 혼동의 예외를 인정하고 있다(제389조 제2항).

가. 피상속인이 상속인에 대하여 가지는 권리

피상속인이 상속인에 대해 가지고 있던 권리는 상속이 개시되면 포괄승계(민법 제1005조)에 의해 동일한 물건에 대한 소유권과 다른 물권이 동일한 사람에게 귀속하거나(민법 제191조) 동일한 채권과 채무가 상속인에게 귀속하는 혼동(민법 제507조 본문)에 의하여 소멸하는 것이 원칙이다. 그러나 그러한 효과를 인정하면 상속인이 승계한 피상속인의 권리(파산재단에 귀속할 재산이다)에 대해 파산관재인의 권리행사는 불가능하고, 피상속인이 상속인에 대해 금전채권을 가지고 있던 경우 혼동에 의한 소멸을 인정하면 상속인이 승계한 금전채권이 상속채권자나 유증을 받은 자에 우선하여 상속재산에서 만족을 얻는 것과 같은 효과가 발생한다. 또 상속재산에 대하여 파산선고 있으면 피상속인이 상속인에 대해 가지는 권리는 상속채권자나 유증을 받은 자라는 '제3자의 권리의 목적'(민법 제191조 단서, 민법 제507조 단서)이 된다고 볼 수도 있다. 이로부터 상속재산에 대하여 파산선고가 있는 경우에는 피상속인이 상속인에 대해 가지고 있던 권리는 혼동에 의하여 소멸하지는 않는 것으로 한 것이다(제389조 제2항).[97]

여기서 '권리'에는 채권뿐만이 아니라 물권도 포함된다. 예를 들면 피상속인이 상속인 소유의 부동산에 저당권을 가지고 있던 경우에는 저당권은 혼동에 의하여 소멸하지는 않고, 상속재산파산의 파산관재인이 상속인이 가진 부동산 위의 저당권을 실행하여 피담보채권(파산재단에 속하는 것)의 만족을 꾀하게 된다.

나. 상속인이 피상속인에 대하여 가지는 권리

상속인이 피상속인에 대해 가지고 있던 권리는 앞에서 본 바와 같이 포괄승계에 기한 혼동 등에 의하여 소멸하는 것이 원칙이다. 그러나 상속재산파산은 상속재산의 상속인으로부터의 독립성을 전제로 하고 있고, 혼동 등에 의한 소멸을 인정하면 상속인은 변제 등의 이익을 실제로는 전혀 받지 못함에도 피상속인에 대해 가지고 있던 권리가 소멸해 버린다. 그렇게 되면 상속채권자나 유증을 받은 자가 상속재산파산에서 상속재산으로부터 변제를 받게 되는 것에 비해 불이익을 입게 된다.[98] 따라서 상속재산에 대해 파산선고가 있는 경우에는 상속인이 피상

---

97) 상속인이 한정승인을 한 경우에도 같은 취지의 규정이 있다(민법 제1031조).
98) 상속재산 중 적극재산은 파산재단으로서 상속인의 고유재산으로부터 분리되어 상속채권자나 유증을 받은 자의 파산채권의 담보로 됨에 반해 소극재산은 상속인에 대한 채무의 부분이 소멸하기 때문에 그 부분에 비례해 다른 상속채권자나 유증을 받은 자로의 배당액이 증가하게 된다. 다른 상속채권자나 유증을 받은 자가 배당을 받은 부분만큼 상속인은 상속채무를 면하게 되기는 하지만 그것만으로는 상속인의 피상속인에 대한 권리의 소멸이 정당화되지는 않는다.

속인에 대해 가지고 있던 권리는 혼동 등에 의하여 소멸하지 않는 것으로 하고 있다(제389조 제2항).[99]

여기서 '권리'란 앞에서 본 바와 같은 채권뿐만이 아니라 물권도 포함한다. 예를 들면 상속인이 피상속인 소유의 부동산에 저당권을 가지고 있던 경우에는 저당권은 혼동에 의하여서는 소멸하지 않고 상속인은 상속재산파산의 파산관재인이 관리하는 상속재산에 속하는 부동산 위의 저당권을 별제권으로 실행하여 피담보채권의 만족을 꾀할 수 있다. 또 상속인 소유의 재산을 피상속인이 점유하고 있는 경우에는 상속인은 상속재산의 파산관재인에 대해 환취권을 행사하여 점유의 회복을 구할 수 있다.

4. 상속인에 의한 상속재산의 처분[100]

상속개시 후부터 상속재산에 대한 파산선고시까지는 통상 시간차가 존재한다. 상속개시 후부터 상속재산에 대한 파산선고시까지 사이에 상속인이 상속재산의 전부 또는 일부를 처분한 경우 앞에서 본 바와 같이 파산재단 범위의 기준시를 파산선고시라고 하면 처분된 재산은 파산재단을 구성하지 않게 된다.

그러나 상속인에 의한 상속재산 처분의 반대급부(예를 들면 처분이 매각인 경우에는 매매대금청구권)를 상속인이 취득할 수 있다고 하면 상속재산에서 변제를 받을 상속채권자 및 유증을 받은 자의 희생으로 상속인 및 상속인의 (고유)채권자가 이익을 받게 된다. 따라서 상속인이 반대급부에 대해 가지는 권리는 파산재단에 속하는 것으로 하고 있다(제390조 제1항). 처분된 재산은 파산재단을 구성하지 않지만 그 대체물인 반대급부에 관하여 가지는 권리를 파산재단에 귀속시킴으로써 파산관재인이 이를 행사하여 상속채권자 등의 배당에 충당하는 것이 가능하게 되었다.[101]

그리고 상속인이 이미 반대급부를 받았을 때는 당해 반대급부를 파산재단에 반환해야 한다(제390조 제2항 본문). 물론 상속인이 당해 반대급부를 받았을 당시 파산원인이 되는 사실(채무초과상태) 또는 파산신청이 있은 것을 몰랐던 때는 전액의 반환을 구하는 것은 가혹하므로 현존하는 이익을 반환하면 족하다고 할 것이다(제390조 제2항 단서). 선의의 상속인을 보호하기 위한 것이다.

5. 소송절차의 중단과 수계

상속재산파산선고 당시 이미 소송이 계속 중이었는데 상속재산에 대하여 파산선고가 된 경우 소송절차는 중단되고, 파산관재인이 이를 수계할 수 있는가(수계하여야 하는가).[102] 예컨대 채

---

99) 상속인이 한정승인을 한 경우에도 같은 취지의 규정이 있다(민법 제1031조).
100) 상속인이 상속재산에 대해 처분행위를 할 때는 상속인이 단순승인한 것으로 본다(민법 제1026조 제1호).
101) 실질적으로 파산선고에 의해 재산구속의 효과를 상속개시시까지 거스르게 한 것으로 평가할 수 있다.
102) 상속재산파산이 선고된 경우 상속인은 파산재단에 대한 관리처분권을 잃고 파산관재인에게 관리처분권이 전속하며

권자 A(파산채권인 대여금채권을 가진 자)가 채무자 B를 상대로 소를 제기한 후 B가 사망하였다. 상속인 C가 소송을 수계하였고 한정승인을 하였다. 나아가 C의 신청으로 상속재산파산이 선고되어 파산관재인으로 甲이 선임되었다. 이 경우 대여금소송은 중단되고, 甲이 이를 수계할 수 있는가(수계하여야 하는가).

민사소송법 제239조는 '당사자'가 파산선고를 받은 경우 소송절차가 중단된다고 규정하고 있고, 위 대여금소송에서 당사자인 C는 파산선고를 받은 것이 아니므로 소송절차는 중단되지 않고 계속 진행되어야 한다는 견해가 있을 수 있다. 하지만 상속재산파산이 선고되면 채권자 A는 채권신고를 하고 이를 파산관재인이 시인할 경우 소송을 계속할 이익이 없다. 소송이 그대로 진행되더라도 한정승인을 전제로 한 판결이 선고될 수밖에 없고 결과적으로 상속재산파산절차에 참가하는 것과 차이가 없다,[103] 파산관재인이 부인할 경우 공정하게 상속재산을 배당하기 위해서는 파산관재인이 소송절차에 참가할 필요가 있다.[104] 또한 파산재단에 관한 소송에서는 파산관재인이 당사자가 된다(제359조). 따라서 상속재산에 대하여 파산선고가 되면 파산재단에 관한 소송절차는 중단되고(제33조, 민소법 제239조 유추적용), 파산관재인이 이를 수계한다고 할 것이다.[105]

6. 소멸시효의 정지

상속재산에 속한 권리나 상속재산에 대한 권리는 파산선고가 있는 때로부터 6월 내에는 소멸시효가 완성하지 아니한다(민법 제181조).[106]

상속재산에 속한 권리(피상속인이 남긴 채권, 망인의 일실수입 및 위자료채권[107] 등)를 행사할 수

(제384조) 파산관재인이 당사자적격을 갖는다(제359조). 따라서 파산재단에 관하여 소송을 제기하고자 하는 자는 파산관재인을 상대로 소송을 제기하여야 한다. 상속인을 상대로 한 소송이나 상속인이 원고로서 파산재단에 관한 소를 제기한 경우 모두 부적법하다.

103) 상속재산은 파산관재인이 관리하고 있고, 채권자는 상속재산에 대하여만 집행을 할 수 있으므로 채권자로서는 상속재산파산절차에 참가하는 것으로 충분하다.

104) 한정승인을 한 상속인은 상속에 의하여 취득한 재산의 한도에서만 피상속인의 채무를 변제한다. 채권자는 한정승인을 한 자에 대하여 채권의 전액을 청구할 수 있고, 법원으로서도 상속채무 전액에 대하여 이행판결을 선고하지만, 상속재산의 한도 내에서만 집행할 수 있다는 것을 명시하여야 한다. 상속재산파산절차를 거치게 되면 채권자는 상속재산 범위 내에서 집행을 하는 것이 되므로 상속인을 상대로 한 판결을 받을 필요가 없다.

105) 대법원 2023. 2. 23. 선고 2022다267440 판결, 서울고등법원 2019. 10. 23. 선고 2018나10601 판결(심리불속행 기각으로 확정) 참조. 위 사례에서 대여금이 1억 원인 경우 청구취지는 다음과 같이 변경된다. 「원고의 망 B의 상속재산에 대한 파산채권은 1억 원임을 확정한다.」
채권자취소소송 계속 중 채무자에 대하여 파산선고가 있었는데 법원이 그 사실을 알지 못한 채 파산관재인의 소송수계가 이루어지지 아니한 상태로 소송절차를 진행하여 판결을 선고하였다면, 그 판결에는 채무자의 파산선고로 소송절차를 수계할 파산관재인이 법률상 소송행위를 할 수 없는 상태에서 사건을 심리하고 선고한 잘못이 있다. 이러한 법리는 채권자취소소송 계속 중 채무자의 상속재산에 대하여 파산선고가 있었는데 법원이 그 사실을 알지 못한 채 상속재산 파산관재인의 소송수계가 이루어지지 아니한 상태로 소송절차를 진행하여 판결을 선고한 경우에도 마찬가지로 적용된다(위 2022다267440 판결).

106) 민법에서는 소멸시효의 정지라고 규정되어 있지만, 엄밀한 의미에서는 시효의 완성유예이다. 채무자회생법은 소멸시효의 정지와 시효의 완성유예를 구별하여 규정하고 있다(본서 720쪽).

107) 대법원 2023. 12. 14. 선고 2023다248903 판결 참조.

있는 자가 없거나 불분명한 상태에서 시효가 완성하는 것을 방지하고, 상속재산에 대한 권리 (피상속인에 대하여 채권을 가지고 있는 경우)에 대하여 누구를 상대로 시효정지를 위한 조치를 취하여야 하는지를 알 수 없는 경우에 권리자를 보호하기 위한 규정이다.

상속재산에 대하여 파산선고가 된 경우에는 파산선고가 있는 때부터 6월 내에는 소멸시효가 완성되지 않으므로 파산관재인은 상속재산에 속한 권리를 행사할 수 있고, 상속재산에 대하여 채권을 가지고 있는 자도 파산관재인에 대하여 권리를 행사할 수 있다.

Ⅱ 상속인 등의 지위에 대한 효과

1. 상속인에 대한 효과

가. 한정승인간주

상속재산에 대하여 파산선고가 있는 때에는 상속인은 한정승인을 한 것으로 본다.[108] 다만 상속인이 한정승인을 한 것으로 간주된 후에 상속재산을 은닉하거나 부정소비하거나 고의로 재산목록에 기입하지 아니하여 단순승인한 것으로 보는 경우에는 그러하지 아니하다(제389조 제3항, 민법 제1026조 제3호).[109]

'상속재산의 은닉'이라 함은 상속재산의 존재를 쉽게 알 수 없게 만드는 것을 뜻하고, '상속재산의 부정소비'라 함은 정당한 사유 없이 상속재산을 써서 없앰으로써 그 재산적 가치를 상실시키는 것을 의미한다. '고의로 재산목록에 기입하지 아니한 때'라 함은 한정승인을 함에 있어 상속재산을 은닉하여 상속채권자를 사해할 의사로써 상속재산을 재산목록에 기입하지 않는 것을 뜻한다.[110]

한정승인으로 간주되기 전에 은닉하였다고 하더라고 그것이 민법 제1026조 제1호의 '처분'에 해당하지 않으면 제3호가 적용되어야 할 것이다.[111]

한편 상속재산파산의 경우 한정승인의 당연효를 인정하는 현행법의 태도가 타당한가. ①

---

108) 독일 민법 제1975조도 상속재산에 대한 파산이 개시된 때에는 상속재산에 대한 상속인의 책임은 상속재산으로 제한된다는 취지를 규정하고 있다.

§ 1975 Nachlassverwaltung; Nachlassinsolvenz
Die Haftung des Erben für die Nachlassverbindlichkeiten beschränkt sich auf den Nachlass, wenn eine Nachlasspflegschaft zum Zwecke der Befriedigung der Nachlassgläubiger (Nachlassverwaltung) angeordnet oder das Nachlassinsolvenzverfahren eröffnet ist.

109) 상속인이 단순승인한 후 상속재산파산이 선고된 경우에도 한정승인한 것으로 간주되는가. 상속인이 명시적으로 단순승인을 한 점, 아래에서 보는 바와 같이 상속인의 의사와 관련 없이 한정승인으로 간주하는 것은 문제가 있으므로 한정승인으로 간주되는 경우는 제한적으로 해석하여야 하는 점, 제389조 제3항 단서에서 단순승인으로 보는 경우에는 한정승인으로 간주되지 않는다고 하고 있는 점 등을 고려하면 상속인이 단순승인을 한 후 상속재산파산이 선고된 경우에는 한정승인으로 간주되지 않는다고 할 것이다.

110) 대법원 2010. 4. 29. 선고 2009다84936 판결.

111) 김주수·김상용, 전게서, 751쪽.

이에 대하여 타당하다는 견해가 있다.[112] 그 이유는 다음과 같다. 상속재산에 대한 파산선고가 있더라도 상속의 일반적 효과에 영향이 없다면 피상속인의 채무는 상속인에게 승계되고, 피상속인의 채권자(상속채권자)는 상속인의 고유재산에 대하여 추급할 수 있다. 그러나 법률을 잘 알지 못하는 일반인으로서는 상속재산파산이라는 형태로 포괄적인 상속재산에 대해 파산절차가 진행되면, 상속채무도 전부 그 절차에서 처리된다고 생각하여 한정승인이나 재산분리를 아울러 함께 청구하지 않는 경우가 있을 수 있다. 그리하여 단순승인을 원칙으로 하는 민법(상속법)과의 관계에 비추어 문제될 여지가 없지 않지만 파산절차와 민법의 조정문제로 상속재산파산에 대하여 당연히 한정승인의 효과를 부여하는 것이 바람직하다.[113] ② 하지만 상속재산에 대한 파산선고가 있더라도 상속인이 한정승인을 할 것인지 여부는 상속인의 선택에 맡기는 것이 옳다고 보여지므로 한정승인의 당연효를 인정하는 것은 의문이다.[114]

나. 상속인의 지위

상속재산파산이라는 제도는 상속재산을 상속인의 고유재산에서 따로 떼어내어 한정승인이나 재산분리보다도 엄격한 절차로 공평하게 청산을 하기 위한 제도이다. 이 때 상속재산은 상속인 또는 그 고유재산과 별개의 독립된 것으로 취급된다. 상속재산의 상속인으로부터의 독립성을 전제로 하여 상속재산에 대한 상속인의 지위가 정해진다.

(1) 상속인의 피상속인에 대한 채권의 지위[115]

상속인이 피상속인에 대해 가지고 있던 권리는 포괄승계에 기한 혼동에 의하여 소멸하는 것이 원칙이다. 그러나 상속재산파산이 선고된 경우에는 상속인이 피상속인에 대해 가지고 있던 권리는 혼동에 의하여서는 소멸하지 않는다(제389조 제2항)는 점은 앞에서 본 바와 같다. 이 경우 상속인은 피상속인에 대하여 가지는 채권에 관하여 상속채권자와 동일한 권리를 가진다(제437조).

상속인의 채권을 상속채권자의 파산채권과 동등하게 취급하기 때문에 상속인의 채권도 파산채권으로 인정되어 배당에 있어서도 다른 상속채권자와 평등하게 취급됨과 동시에 유증을 받은 자의 권리에 우선하게 된다(제443조).

한편 채무자회생법은 '채권'이라고 규정하고 있지만, 혼동으로 소멸하지 않고 존속하는 것은 채권뿐만이 아니라 물권도 포함된다는 것 역시 앞에서 본 바와 같다(제389조 제2항 참조). 입법론적으로는 이를 명확히 하기 위하여 '권리'로 개정할 필요가 있다.

---

112) 전병서, 43쪽.
113) 그러나 위 견해는 단순승인을 원칙으로 하고 있는 민법과의 관계에서 문제가 있음을 스스로 인정하고 있고, 일반인이 법률을 잘 알지 못한다는 점을 그 근거로 하기에는 부족하다.
114) 한정승인의 당연효를 인정함으로써 아래에서 보는 바와 같이 제435조는 그 존재 의의가 거의 없게 되었다.
115) 위 규정과 대칭을 이루는 피상속인이 상속인에 대해 권리를 가지고 있던 경우의 혼동의 예외에 대하여는 제389조 제2항 참조.

(2) 피상속인의 채무소멸을 위한 상속인의 출연이 있는 경우

피상속인의 채권채무의 포괄승계를 전제로 한다면 상속인에게는 상속채권자의 권리에 관한 채무는 '자기'의 채무이므로 그 변제는 자기의 채무의 변제와 동일한 효과가 발생하는 것에 지나지 않는다. 그러나 상속재산파산이라고 하는 제도는 상속재산의 상속인으로부터의 독립성을 전제로 하고 있으므로 상속인이 상속채권자에 대해 자기의 고유재산으로 변제 등을 하여 채무를 소멸시킨 경우에는 제3자 변제와 마찬가지로 생각해야 하고, 따라서 상속인으로 하여금 당해 상속채권자가 피상속인에 대해 가지고 있던 권리를 행사할 수 있게 해야 한다. 즉 변제자의 법정대위(민법 제481조, 제482조)와 마찬가지의 지위를 상속인에게 인정하여야 한다.

위와 같은 취지에서 채무자회생법은 상속재산에 대한 파산선고가 있는 때에 상속인이 피상속인의 채무소멸을 위하여 출연한 경우 상속채권자와 동일한 권리를 가지는 것으로 규정하고 있다(제437조). 여기서 '채무소멸을 위한 출연'이란 변제 기타 채무를 소멸시키는 행위로서 대물변제나 상속인이 가진 채권을 자동채권으로 상속채권을 수동채권으로 하는 상계 등을 포함한다. 권리를 행사할 수 있는 범위는 상속인의 출연액을 상한으로 하여야 할 것이다. 따라서 상속채권이 상속재산에 속하는 재산 위에 설정된 담보권에 의하여 담보되어 있는 경우에는 상속인은 그 담보권을 취득하게 된다. 상속채권자가 이미 채권을 신고하였다면 신고명의의 변경을 받게 될 것이다.

다. 상속재산파산과 상속인의 납세의무

상속재산파산이 있으면 상속인은 한정승인을 한 것으로 보고, 한정승인도 상속에 포함된다. 또한 상속재산파산이 있어 파산재단이 성립하더라도 파산재단에 대한 관리처분권이 파산관재인에게 귀속될 뿐 상속이라는 효과가 없어지는 것은 아니다. 상속재산에 대한 상속은 여전히 발생하고 소유권은 상속인에게 있는 것이다(당연상속주의). 따라서 상속재산파산이 있더라도 상속인은 상속재산과 관련된 조세(예컨대 취득세, 자동차세 등)의 납세의무를 부담한다.[116] 조세채무를 부담하지 않으려면 상속포기를 할 수밖에 없다. 상속포기의 경우 포기자는 처음부터 상속인이 아니었던 것으로 된다(민법 제1042조).

---

116) 대법원 2017. 4. 13. 선고 2017두30740 판결(서울행정법원 2016. 7. 8. 선고 2016구합1585 판결), 대법원 2007. 4. 12. 선고 2005두9491 판결 등 참조. 상속재산파산의 경우 상속인은 한정승인을 한 것으로 보므로 상속인은 피상속인의 재산 범위 내에서 책임을 지는 것이다. 따라서 실질적으로는 조세를 납부하지 않을 수도 있다. 그러나 취득세에 관한 한 위 견해는 타당하지 않다. 현행 민법은 당연상속주의를 취하고 있고, 상속의 경우 취득세는 상속개시일에 납세의무가 성립하며, 상속으로 인한 납세의무자는 피상속인이 아니라 상속인이기 때문이다(피상속인의 조세채무(납세의무)에 대한 승계(상속) 문제가 아니다). 다만 입법론적으로는 문제가 있어 보인다.
　한편 상속이 개시된 때에는 상속인은 상속으로 받은 재산의 한도에서 피상속인에게 부과되거나 그 피상속인이 납부할 조세 등을 납부할 의무를 진다(국세기본법 제24조 제1항, 지방세기본법 제42조 제1항). 민법의 경우와 달리 상속인이 한정승인을 하지 않더라도 상속인에게 승계되는 납세의무는 피상속인의 납세의무 전부에 미치지만, 상속인이 부담하는 납부책임은 상속으로 받은 재산을 한도로 하는 물적 유한책임이다. 이는 상속인의 재산권을 보호하기 위한 조치이다.

2. 상속채권자 및 유증을 받은 자의 지위

가. 상속재산에 대하여 파산선고가 있는 경우

민법이 당연상속주의를 취하고 있으므로 상속인은 피상속인의 채무에 대하여 제한 없이 책임을 진다. 따라서 피상속인의 채권자는 상속인의 고유재산에 대하여 강제집행을 할 수 있다.

그러나 상속재산에 대하여 파산선고가 있는 경우 상속인이 한정승인을 한 것으로 간주되고(제389조 제3항) 파산채권은 파산절차에 의하지 않고서는 행사할 수 없으므로(제424조) 상속채권자 등은 상속인의 고유재산에 대하여 강제집행이나 보전처분을 할 수 없다.

> **사례** A는 Y에 대한 대여금채무 1억 원을 변제하지 아니한 채 사망하였다. 상속인 X는 변호사의 조언·협조를 받아 A의 상속재산에 대하여 파산을 신청하였다. 상속재산파산절차가 개시되어 진행되던 중 Y는 X가 A의 채무를 상속하였다고 하여 X의 고유재산인 부동산에 대하여 압류를 하였다. 압류는 타당한가. 상속재산파산에 의하여 X는 한정승인을 한 것으로 간주되므로 위 압류는 위법하다. 따라서 X는 Y를 상대로 압류취소를 요구할 수 있다.

나. 상속재산 및 상속인에 대하여 모두 파산선고가 된 경우

(1) 파산채권자로서 권리 행사

상속재산에 대한 파산절차와 상속인의 파산절차가 병존하는 경우(상속인의 파산절차가 상속재산에 대한 파산절차와 별개로 개시된 경우 또는 그 반대의 경우)에 상속채권자와 유증을 받은 자의 지위는 어떻게 되는가. 양자는 각각의 파산절차에 참가할 수 있는지, 참가할 수 있다면 각 파산절차에서 행사할 수 있는 채권의 액수는 어떻게 되고 그 지위는 어떻게 되는지가 문제이다.

상속재산에 대하여 파산선고가 되면 상속재산에 속하는 일체의 재산이 파산재단을 구성하게 되고, 상속채권자 및 유증을 받은 자는 당해 파산선고 당시의 액으로 그가 가진 파산채권을 행사하여 파산재단에서 배당을 받게 된다. 상속인에 대하여 파산선고가 된 경우에도 상속인이 한정승인이나 상속포기를 한 경우를 제외하고 상속채권자나 유증을 받은 자는 파산선고 당시의 액으로 파산채권을 행사하여 파산재단에서 배당을 받게 된다. 상속채권자 및 유증을 받은 자는 '각 파산재단에 대하여' 상속재산의 파산절차와 상속인의 파산절차(복수의 상속인이 파산한 경우에는 그 각각) 쌍방에 그 채권의 전액에 관하여 파산채권자로 참가할 수 있다(제435조).[117]

그런데 상속재산에 대하여 파산선고가 있는 경우 상속인이 한정승인을 한 것으로 보기 때문에(제389조 제3항) 상속채권자나 유증을 받은 자는 상속인의 고유재산에 대하여 파산채권자로서 권리를 행사할 수 없다. 그렇다면 제435조는 상속재산에 대하여 파산선고가 있더라도 민법 제1026조 제3호에 의하여 상속인이 단순승인을 한 것으로 보는 경우에만 그 의미가 있다 할 것이다. 입법론적으로 존재의 의미가 있는지 의문이다.

---

117) 다만 상속재산파산에서는 상속채권자가 유증을 받은 자에 우선한다(제443조).

(2) 채권액과 기준시점

행사할 수 있는 파산채권의 액은 '그 채권의 전액'이다. 그 기준시점에 관하여는 특별한 규정이 없으므로 원칙대로 각 파산선고시로 해석하여야 할 것이다. 따라서 예를 들어 상속재산의 파산절차에서 배당이 있은 후에 상속인에 대하여 파산절차가 개시된 경우에는 상속인의 파산절차에 있어서 상속채권자 및 유증을 받은 자가 행사할 수 있는 파산채권의 액은 그 배당을 공제한 액이 된다. 상속재산에 대한 파산선고 전에 상속채권자나 유증을 받은 자가 상속인의 고유재산에서 일부 변제받은 경우 상속재산파산에서 행사할 수 있는 파산채권의 액은 그 변제액을 공제한 금액이 된다. 다른 한편으로 상속재산파산 선고 후에 상속인의 파산절차에서 일부 변제(배당)가 있은 경우에는 상속재산파산에서 행사하는 파산채권의 액을 그만큼 줄일 필요는 없다. 상속인의 파산선고 후에 상속재산에서 일부 변제(배당)가 된 경우 상속인의 파산절차에서 행사할 수 있는 파산채권의 액에 대하여도 마찬가지이다.

상속재산과 상속인의 고유재산은 둘 다 상속인에게 귀속하는 재산이고 상속채권자 및 유증을 받은 자의 관점에서 보면 한정승인 등이 되지 않은 한[118] 본래 하나의 책임재산이며 각각 별개의 파산절차에서 청산되고 있을 뿐이므로 통상의 파산절차에서 배당을 수령하여도 신고채권액을 줄일 필요가 없는 것과 마찬가지로 상속재산파산의 파산채권액에서 상속재산파산선고 후 상속인으로부터의 일부변제액을 공제할 필요는 없는 것이다.[119]

다. 유증을 받은 자에 대한 상속채권자의 우선[120]

상속재산의 파산절차에서는 상속채권자의 채권은 유증을 받은 자의 채권에 우선한다(제443조). 따라서 상속채권자의 파산채권에 대하여 유증을 받은 자의 파산채권보다 우선하여 배당한다. 한정승인이나 재산분리에서 정하고 있는 양자의 우열관계(민법 제1036조, 제1051조 제3항)에 입각하여 상속재산파산에서도 동일한 규정을 두고 있는 것이다.

상속채권자를 유증을 받은 자보다 우선시키는 이유는 다음과 같다. 첫째로 통상의 경우 상속채권자는 피상속인의 재산(상속재산)에서 변제받을 것을 기대하여 대가를 공여한 자이며 변제를 받을 수 없으면 손해를 입게 되는 것임에 반하여, 유증을 받은 자는 피상속인의 일방적인 행위에 의하여 권리를 취득한 자이고 변제되지 않아도 새로운 이익을 받지 못하는 것에 지나지 않는다. 따라서 양자가 상속재산으로부터 권리를 실현시키는 필요성에서 차이가 있다. 둘째로 양자를 동순위로 취급하면 피상속인이 상속채권자를 해할 목적으로 유증을 악용할 우려가 있다는 점이다.[121]

---

118) 그런데 앞에서 본 바와 같이 채무자회생법은 상속재산에 대하여 파산선고가 된 경우 한정승인을 한 것으로 보고 있다.

119) 條解 破産法, 1504쪽.

120) 제435조는 상속재산에 대한 파산절차와 상속인의 파산절차가 병존하는 경우에 있어 상속채권자 및 유증을 받은 자의 처우를 규정하고 있음에 반하여, 제443조는 상속인의 파산절차의 유무와 관계없이 권리간의 우열을 정한 것이다.

121) 條解 破産法, 1504쪽.

상속채권자의 파산채권에는 우선적 파산채권(제441조), 일반 파산채권(제423조)뿐만이 아니라 후순위 파산채권(제446조 제1항)이나 약정 후순위 파산채권(제446조 제2항)이 포함되고, 이러한 권리들이 전액 변제되지 않으면 유증을 받은 자의 파산채권에 대해서는 배당을 할 수 없다.[122]

라. 상속재산의 잔여재산이 있는 경우

상속재산에 대하여 파산선고가 있는 때에는 최후배당에서 제외된 상속채권자 및 유증을 받은 자는 잔여재산에 대하여 그 권리를 행사할 수 있다(제537조). 잔여재산이 생긴 경우에 파산관재인이 그것을 상속인에게 넘겨 버리면 상속재산에 대한 상속채권자 및 유증을 받은 자의 상속인의 (고유)채권자에 대한 우선성을 유지하는 것이 어려워지므로 한정승인에서의 취급(민법 제1039조)에 맞추어 잔여재산이 파산관재인의 관리 하에 있는 한 상속채권자 및 유증을 받은 자의 권리행사를 인정한다는 취지이다.

그러나 일반파산사건에서 채권신고의 해태 등으로 인하여 최후배당에서 제외된 파산채권자는 파산절차 내에서 잔여재산에 대하여 권리행사가 인정되지 않는 점, 상속채권자 등에 대한 절차가 간소화되어 있는 한정승인의 경우는 별론으로 하더라도 파산선고결정의 통지·공고를 비롯하여 채권자에 대한 절차보장이 충실한 파산절차에서 상속재산파산의 경우만 특칙을 인정하는 이유가 부족하다는 점에서 입법론적으로는 의문이다.

3. 상속인의 (고유)채권자의 지위

상속재산파산은 상속재산의 상속인으로부터의 독립성을 전제로 한 제도라는 점에서 상속인의 (고유)채권자는 상속재산파산절차에서 그 권리를 행사할 수 없다(법 제438조). 상속인의 (고유)채권자는 상속재산에 대해 파산절차가 개시된 경우 상속재산을 책임재산으로 할 수 없고, 상속인의 고유재산으로부터 변제받을 수밖에 없다. 파산선고라는 절차적 현상으로부터 상속인의 (고유)채권자의 책임재산을 상속인의 고유재산으로 한정한다는 실체법적 효과가 발생하는 것이다.

상속인의 (고유)채권자가 상속재산파산절차에서 그 권리를 행사할 수 없도록 한 것은 상속인의 (고유)채권자는 본래 상속인에게 귀속한 상속재산에서 변제를 받을 수 없는 것은 아니지만, 상속재산에 대해 파산절차가 개시되어 상속채권자나 유증을 받은 자에게조차 충분한 만족을 줄 수 없는 채무초과상태에 있는데, 상속인의 (고유)채권자에게까지 상속재산에 대해 권리행사를 인정하는 것은 상속채권자 등과의 사이에서 공평을 잃는다는 데 있다. 즉, 상속채권자나 유증을 받은 자가 상속인의 (고유)채권자보다 우선해야 한다고 하는 가치판단이 근거로 되어 있는 것이다.[123]

---

122) 부인의 상대방이 가질 권리와 유증을 받은 자의 권리의 우선관계에 대하여는 제402조 참조.
123) 條解 破産法, 1508쪽. 또한 상속재산파산은 상속재산을 분리하여 청산하는 것이므로 상속재산에 대하여 파산선고가 있으면 상속인은 한정승인한 것으로 간주되고(제389조 제3항 본문), 상속재산파산은 상속재산을 가지고 상속채권자 및 유증을 받은 자에 대한 채무를 완제할 수 없는 경우가 파산원인이므로(제307조) 상속인의 (고유)채권자가 상속재산으로부터 배당을 받는 것은 거의 있을 수 없다는 것도 그 이유가 될 수 있다.

한편 상속재산에 대하여 파산선고가 있는 경우와 달리 상속인에 대해 파산선고가 있는 경우에는 재산의 분리가 있는 때에도 한정승인이 되지 않는 한 상속채권자나 유증을 받은 자도 그 채권의 전액에 대하여 상속인의 파산절차에 참가할 수가 있고(제434조), 상속인은 물론 상속재산에 대하여도 파산선고가 있은 때에는 상속인의 파산재단에 대하여는 상속인의 (고유)채권자의 채권은 상속채권자 및 유증을 받은 자의 채권에 우선한다(제445조). 이러한 규정들도 각 권리자 사이의 공평을 고려한 판단에 기한 것이다.

4. 상속인 등의 설명의무

가. 설명의무 부과의 취지

상속재산에 대한 파산선고가 있는 경우에는 상속인, 그 대리인, 상속재산관리인 및 유언집행자는 파산관재인, 감사위원 또는 채권자집회의 요청에 의하여 파산에 관하여 필요한 설명을 할 의무가 있다(제321조 제1항 제4호).

상속재산파산절차의 공정하고 신속한 수행에 필요한 재산관계 또는 파산채권채무관계의 정보를 가진다고 여겨지는 상속인 등에게 설명의무를 부과하고 있는 것이다. 이 의무를 위반한 경우 형사처벌된다(제658조).

이와 같은 설명의무는 파산선고 전에 같은 자격을 가지고 있던 자에게도 적용된다(제321조 제2항).

나. 설명의무를 지는 자[124]

설명의무를 지는 자는 상속인, 그 대리인, 상속재산관리인 및 유언집행자와 이전에 위와 같은 자격을 가졌던 자이다(제321조 제1항 제4호, 제2항). 일반파산절차에서는 채무자나 그 대리인 등이 이러한 의무 등의 주체나 대상이 되지만(제321조 제1항 제1호 내지 제3호), 상속재산파산에서는 누가 설명의무를 지는지가 일반규정만으로는 명확하지 않기 때문에 특별규정을 둔 것이다.

대리인에는 법정대리인뿐만 아니라 임의대리인(지배인을 포함한다)도 포함된다. 설명의무를 부과할 수 있을 정도로 상속재산에 대해 정보를 가지고 있다고 여겨지는 것은 포괄적인 대리권을 가지는 법정대리인이라고 보이지만, 채무자회생법은 법정대리인과 대리인을 구별하여 규정하고 있고(제320조 제1호), 제321조 제1항 제4호에서는 단지 '대리인'이라고만 하고 있으며, 임의대리인이어도 상속재산에 대하여 설명을 하게 하는 것이 바람직하다고 파산관재인 등이 생각할 경우도 있을 수 있다는 점에서는 임의대리인도 포함하여야 한다.

'상속인이었던 자'에는 상속포기를 한 상속인(민법 제1042조)이 포함된다. 상속포기에 의해 실체법적으로 피상속인의 사망시부터 상속인이 되지 않는 것으로 되지만, 상속포기의 신고가

---

124) 관련 내용은 〈제3장 제2절 V.2.〉(본서 1305쪽)를 참조할 것.

있기까지는 상속인으로서의 지위에 있었기 때문에 상속재산파산에 이르게 된 경위 등에 대한 설명의무를 부과하고 있는 것이다.

한편 설명의무를 지는 자에 '피상속인의 대리인이었던 자'가 빠져 있으나, 피상속인의 대리인이었던 자는 상속재산파산에 이르는 상황 등에 대해 가장 잘 알고 있는 자라는 점에서 입법론적인 보완이 필요하다.[125)

다. 설명청구권자 및 설명내용

상속인 등에게 설명을 요청할 수 있는 자는 파산관재인, 감사위원 또는 채권자집회이고, 그 내용은 파산에 이르게 된 경위, 파산재단, 환취권·별제권, 파산채권, 부인권 등 파산에 관하여 필요한 설명이다.

5. 구   인[126)

가. 파산선고 전의 구인

상속재산에 대한 파산신청이 있고 상속인이 연락을 두절하면서 법원의 출석요구에 불응하는 등 구인의 필요성이 있는 경우, 상속인과 그 법정대리인 및 지배인을 구인할 수 있다(제322조 제1항, 제320조 제4호). 구인은 법원이 발부한 구인장에 의하여야 하고 형사소송법의 구인에 관한 규정이 준용된다(제322조 제2항). 구인결정에 대하여는 즉시항고를 할 수 있고(제322조 제2항), 구인에 불응할 경우 형사처벌된다(제653조).

나. 파산선고 후의 구인

파산선고가 있으면 법원은 필요한 경우 상속인과 그 법정대리인 및 지배인을 구인할 수 있다(제320조, 제319조). 실무적으로 상속인 등이 파산관재인에 대한 설명에 응하지 않거나 법원의 심문을 위한 소환에 응하지 않는 경우에 행하여진다.

구인절차, 구인결정에 대한 즉시항고, 불응할 경우의 형사처벌은 앞에서 본 파산선고 전의 구인에서와 같다.

6. 형사처벌: 사기파산죄 및 과태파산죄

상속재산파산의 경우 상속인 등이 파산재단에 속하는 재산을 은닉하는 등에 의하여 재산을 감소시키는 행위는 직접적으로 채권자에게 재산상의 불이익을 초래하게 된다. 이에 채무자회생법은 총채권자의 공평한 만족을 도모한다는 목적을 달성하기 위하여 사기파산죄 및 과태파산죄를 규정하고 있다. 위 파산범죄에는 형법총칙의 규정이 적용되며, 그 심리나 재판은 형사

---

125) 일본 파산법 제230조 제1항 제1호는 '피상속인의 대리인이었던 자'를 설명의무를 지는 자에 포함시키고 있다.
126) 실무적으로 구인을 하는 경우는 거의 없다.

소송법이 정하는 절차에 의하여 이루어진다. 파산범죄는 총채권자의 이익을 실질적으로 침해하는 실질적 파산범죄와 파산절차의 원활한 수행을 침해하는 절차적 파산범죄로 크게 구별할 수 있는데, 사기파산죄 및 과태파산죄는 실질적 파산범죄에 속한다.

한편 본래의 사기파산죄(제650조)와 과태파산죄(제651조)의 범죄주체는 자연인인 채무자에 한정되기 때문에 상속재산파산의 경우 상속인 등이 사기파산죄나 과태파산죄에 해당하는 행위를 하더라도 처벌할 수가 없다. 이에 상속인 등의 일정한 행위를 사기파산죄나 과태파산죄로 처벌하기 위하여 별도의 규정을 두고 있다.

가. 사기파산죄

상속인 및 그 법정대리인과 지배인이 파산선고 전후를 불문하고 자기 또는 타인의 이익을 도모하거나 채권자를 해할 목적으로 ① 파산재단에 속하는 재산을 은닉 또는 손괴하거나 채권자에게 불이익하게 처분하거나, ② 파산재단의 부담을 허위로 증가시키거나, ③ 법률의 규정에 의하여 작성하여야 하는 상업장부를 작성하지 아니하거나, 그 상업장부에 재산의 현황을 알 수 있는 정도의 기재를 하지 아니하거나, 그 상업장부에 부실한 기재를 하거나, 그 상업장부를 은닉 또는 손괴하거나, ④ 제481조의 규정에 의하여 법원사무관 등이 폐쇄한 장부에 변경을 가하거나 이를 은닉 또는 손괴하고, 파산선고가 확정된 때에는 10년 이하의 징역 또는 1억 원 이하의 벌금에 처한다(제652조 제2문, 제650조).

사기파산죄는 파산채권자의 재산상의 이익을 보호하기 위한 규정으로 상속인 등이 일정한 행위를 함으로써 성립하고 채권자에게 실질적인 손해가 발생할 필요가 없는 일종의 추상적 위험범이다.

나. 과태파산죄

상속인 및 그 법정대리인과 지배인이 파산선고 전후를 불문하고, ① 파산의 선고를 지연시킬 목적으로 신용거래로 상품을 구입하여 현저히 불이익한 조건으로 이를 처분하거나, ② 파산의 원인인 사실이 있음을 알면서 어느 채권자에게 특별한 이익을 줄 목적으로 한 담보의 제공이나 채무의 소멸에 관한 행위로서 채무자의 의무에 속하지 아니하거나 그 방법 또는 시기가 상속인 등의 의무에 속하지 아니하는 행위를 하거나, ③ 법률의 규정에 의하여 작성하여야 하는 상업장부를 작성하지 아니하거나, 그 상업장부에 재산의 현황을 알 수 있는 정도의 기재를 하지 아니하거나, 그 상업장부에 부정의 기재를 하거나, 그 상업장부를 은닉 또는 손괴하거나, ④ 제481조의 규정에 의하여 법원사무관 등이 폐쇄한 장부에 변경을 가하거나 이를 은닉 또는 손괴하고, 파산선고가 확정된 때에는 5년 이하의 징역 또는 5천만 원 이하의 벌금에 처한다(제652조 제2문, 제651조).

사기파산죄와 달리 이익도모나 가해의 목적을 요하지 않는다.

Ⅲ 상속재산파산절차에서 파산채권자

파산채권자는 상속인(제437조 참조)을 제외하면, 상속채권자 및 유증을 받은 자이므로, 상속인의 채권자는 제438조에 의해 배제된다.[127] 다만 상속채권자는 유증을 받은 자의 채권에 우선한다(제443조).

제5절 상속재산파산과 부인권

Ⅰ 상속재산파산의 경우 부인권

1. 부인권 관련 규정의 준용

부인권이란 채무자가 파산선고 전에 파산채권자를 해하는 행위의 효력을 파산재단과의 관계에서 부정하여 파산재단으로부터 일탈한 재산을 파산재단에 회복하기 위한 권리를 말한다.

상속재산파산에 있어서도 상속인 등이 파산선고 전에 상속재산에 관하여 파산채권자를 해치는 행위를 한 경우에는 일탈한 재산을 회복하여 파산채권자에 대한 공평한 배당을 도모할 필요가 있다. 한편 상속재산파산에서 '채무자'를 상속재산 그 자체라고 보는 입장에서는 상속재산 자체는 재산처분의 주체가 될 수 없다. 이 때문에 '채무자의 행위'를 대상으로 하는 부인권은 상속재산파산에 적용할 수 없다는 문제가 발생한다. 그래서 상속재산(또는 상속재산으로 되어야 할 재산)을 부당하게 감소시켜 상속채권자나 유증을 받은 자를 해하는 행위가 이루어진 경우, 그 행위를 부인의 대상으로 하기 위해서는 상속재산에 대해 처분권을 가진 자가 상속재산에 관하여 한 행위를 채무자의 행위로 봄으로써 그와 같은 행위에 대해 부인권을 적용할 수 있도록 할 필요가 있다.

이에 채무자회생법은 부인의 일반적인 요건을 정하는 제391조, 제392조, 어음지급의 특칙을 정하는 제393조, 부인권이 행사된 경우의 상대방의 지위에 관한 제398조 및 부인권이 행사된 경우의 상대방 측의 채권의 부활에 관한 제399조에 대하여 피상속인, 상속인, 상속재산관리인 및 유언집행자의 상속재산에 관한 행위에 준용한다고 규정하고 있다(제400조). 즉 피상속인, 상속인, 상속재산관리인 및 유언집행자가 상속재산에 대하여 한 행위를 부인권 관련 규정을 적용함에 있어 채무자의 행위로 보는 것이다.[128]

---

127) 상속인의 채권자는 상속재산파산절차 종료 후에 남은 재산에 대하여 권리행사를 할 수밖에 없다.

128) 이에 대하여 상속개시 전에는 피상속인이 상속재산에 대하여 관리처분권을 갖지만, 상속개시 후에는 상속인·상속재산관리인 또는 유언집행자가 상속재산에 대하여 관리처분권을 가지고 있으므로, 이들이 파산채권자를 해하는 행위를 한 경우에 대비하여 준용규정을 둔 것이라고 보는 견해도 있다(양형우, 전게 "상속재산의 파산에 관한 고찰",

한편 대항요건 등의 부인(제394조)이나 집행행위부인(제395조)의 준용을 부정할 특별한 이유는 없음에도 이에 대한 준용 규정이 누락된 것은 입법론적으로 의문이다.[129]

2. 채무자의 행위로 볼 수 있는 자

피상속인, 상속인, 상속재산관리인 및 유언집행자가 상속재산에 관하여 한 행위에 준용되므로, 이들이 한 행위는 채무자의 행위로 간주된다(제400조). 피상속인의 경우는 상속개시 전에 피상속인이 자기의 재산을 처분하는 행위가 부인의 대상이 된다. 상속인, 상속재산관리인 및 유언집행자의 경우에는 상속개시 후 이들이 상속재산에 대한 처분권한에 기하여 한 행위가 부인의 대상이 된다.

Ⅲ 유증을 받은 자에 대한 변제 등의 부인

상속재산에 대하여 파산선고가 있는 경우 유증을 받은 자에 대한 변제 그 밖의 채무의 소멸에 관한 행위가 그 채권에 우선하는 채권을 가진 파산채권자를 해하는 때에는 부인할 수 있다(제401조). 변제 등을 대상으로 하는 부인이지만, 주관적 요건이나 다른 요건(수익자의 악의나 변제시기 등)이 필요 없고 우선하는 파산채권자를 해한다는 객관적인 요건만 있으면 부인할 수 있다는 점에서 편파행위부인(제391조 제1호)에 대한 특칙이다(나아가 무상부인과 마찬가지이다).

유증을 받은 자가 가지는 권리는 상속재산의 파산절차에서는 파산채권으로서 취급되지만, 파산배당과의 관계에서는 상속채권자의 채권이 유증을 받은 자의 채권에 우선한다(제443조). 이러한 우선순위질서에 입각하여 후순위인 유증을 받은 자에 대해 변제 그 밖의 채무의 소멸에 관한 행위로 우선하는 파산채권자를 해하는 경우에는 그것만으로 그 변제 등을 부인할 수 있다. 우선순위질서위반이라는 객관적 요건이 정해져 있을 뿐 시기적 요건이나 주관적 요건은 정해져 있지 않기 때문에 편파행위부인(고의부인)의 일반적 요건과 대비하면 부인이 용이하게 되어 있다.

대상은 '변제 그 밖의 채무소멸에 관한 행위'이다. 채무자회생법은 편파행위 중에 채무소멸에 관한 행위만을 부인의 대상으로 하고 있다.[130]

'유증을 받은 자의 채권에 우선하는 채권'이란 상속채권자가 가지는 채권이며, 우선적 파산

470쪽).

129) 이에 대하여 제400조가 준용을 한정하는 규정이 아니라 그 밖의 경우에도 채무자의 행위와 동일시할 수 있는 경우에는 부인할 수 있다는 견해가 있다(전병서, 전게 "상속과 파산 - 입법적 검토를 겸하여 -", 114~115쪽). 제400조는 부인권의 요건에 있어서 '채무자의 행위'가 문제되는 국면에서 상속재산파산의 경우에 무엇이 '채무자의 행위'에 대응하는가를 분명히 하고자 하는 조문이라는 것이다. 다만 위 견해도 조문의 범위에 관한 오해를 없애기 위해 제400조를 "이 법률 가운데 부인권에 관한 규정은 피상속인, 상속인, 상속재산관리인 및 유언집행자가 상속재산에 관하여 한 행위에 준용한다" 내지는 "이 법률 가운데 부인권에 관한 규정에 있어서 피상속인, 상속인, 상속재산관리인 및 유언집행자가 상속재산에 관하여 한 행위는 채무자의 행위로 본다"라고 하는 것이 적당하다고 하고 있다.

130) 이에 대해 채무소멸행위만을 대상으로 할 필요는 없기 때문에 입법론적으로 일본 파산법(제235조)처럼 '담보제공'도 추가하는 것이 타당하다는 견해가 있다(양형우, 전게 "상속재산의 파산에 관한 고찰", 472쪽).

채권이나 일반파산채권은 물론 후순위 파산채권이나 약정후순위파산채권도 포함된다. '유증을
받은 자의 채권에 우선하는 파산채권자를 해할 때'란 유증을 받은 자에 대한 변제 등이 상속채
권자에 대한 변제자원의 부족을 초래할 경우(상속채권자와의 관계에서의 채무초과)를 의미한다고
해석되나, 나아가 본조가 편파행위부인의 특칙인 점에서 유증을 받은 자에 대한 변제 등에 의
하여 상속재산에 관계되는 채무의 지급능력이 결핍되어 그 채무 중 변제기가 도래한 것에 일
반적 계속적으로 변제할 수 없는 상태가 발생하는 경우도 포함된다고 볼 것이다.[131]

유증을 받은 자의 권리에 우선하는 채권을 해하지 않고, 특정 유증을 받은 자에게만 행해
진 편파변제 등은 일반원칙(제400조)에 의한 부인의 대상이 된다.

Ⅲ 부인 후 잔여재산의 분배

1. 부인 상대방 권리의 우선원칙

상속재산에 대한 파산선고가 있고 피상속인 등의 행위가 부인되어 일탈된 재산이 파산재단
에 회복되면, 이로 인해 파산재단에 복귀한 재산은 기본적으로 파산채권자에 대한 변제에 충
당하게 된다. 파산관재인이 상속채권자에게 전액을 변제(배당)하였음에도 남은 재산이 있는 경
우 어떻게 처리할 것인가.

상속채권자에 대한 배당을 하고 있는 동안에는 유증을 받은 자의 권리에 대한 배당은 할
수는 없으나(제443조), 유증을 받은 자의 권리도 파산채권이므로 일반원칙에 따르면 위와 같은
경우 파산관재인은 잔여재산을 상속채권자 이외의 파산채권자인 유증을 받은 자에게 배당을
하여야 하고 유증을 받은 자에게도 전액 변제(배당)할 수 있다. 그렇게 하고도 파산재단에 재
산이 남아 있는 경우에는 파산절차가 종료될 때 그 재산을 부인의 상대방에게 반환한다.

그런데 유증을 받은 자는 대가 없이 상속재산에서 이익을 받는 자이므로 부인으로 불이익
을 받은 부인의 상대방보다는 보호의 필요성이 적고,[132] 또 부인권 행사에 의한 파산재단의 증
식이라는 이익은 상속채권자만이 향유할 수 있고 유증을 받은 자에게까지 향유하게 할 필요는
없다. 상속재산파산에 있어 부인권은 상속채권자로의 배당의 증가만을 위해 행사되는 것이기
때문이다. 그래서 채무자회생법은 상속채권자에 대한 전액 변제 후에도 파산재단에 재산이 남
아 있는 경우, 파산관재인은 유증을 받은 자에 대한 배당을 하지 않고 부인의 상대방에게 그
상대방이 가진 권리의 가액에 응하여 당해 잔여재산을 분배해야 한다고 정한 것이다(제402조).
결국 유증을 받은 자보다도 부인의 상대방을 보호하고 있는 것이다.

---

131) 條解 破産法, 1511쪽.
132) 유증을 받은 자는 대가를 공여하지 않고 상속재산으로부터 일방적으로 이익을 얻은 자임에 반하여, 부인의 상대방
은 부인대상행위가 부정되어 수익을 박탈당한 불이익을 입게 되었으므로 파산재단에 대한 그의 권리는 그 대가라
는 의미를 갖는다. 따라서 유증을 받은 자와 비교하여 부인의 상대방이 가지는 대가적 권리의 보호 필요성이 높다
는 가치판단이 들어 있는 것이다.

요컨대 부인에 의하여 파산재단에 복귀한 재산을 상속채권자(법 제443조)에 대한 변제에 충당하고, 잔여재산이 있는 경우 유증을 받은 자가 아니라 부인의 상대방에게 그 권리의 가액에 따라 분배하여야 한다.

2. 부인 상대방의 권리

부인의 상대방의 권리란 원칙적으로 부인의 상대방이 가지는 환취권, 재단채권 및 파산채권(제398조)을 의미한다.

그러나 ① 환취권이나 재단채권은 파산채권보다도 우선순위가 높은 권리이며, 부인 후 잔여재산의 분배 문제는 상속채권자에 대해 100% 배당이 된 경우이다. 따라서 환취권이나 재단채권은 그 전에 이행되어 소멸했을 것이므로 그 권리들에 대한 분배는 생각할 수 없다. 또 ② 제399조에 의하여 부활하는 파산채권 중 변제된 채권이 원래 상속채권이었던 것인 경우에는 이를 가지는 자는 제402조의 「상속채권자」에 포함되므로 이 권리도 본조가 문제가 되는 경우에서는 100% 배당되어 다 소멸되었을 것이다. ③ 상속채권 이외의 채권(유증을 받은 자의 채권)에 대한 변제 등의 부인에 의하여 부활하는 파산채권은 부인의 상대방보다도 후순위가 되어야 한다는 점에서 부인의 상대방의 권리에 포함시켜서는 안 된다.[133]

따라서 부인 상대방의 권리란 제398조 제2항이 정하는 파산채권(반대급부의 가액상환청구권 또는 반대급부와 현존이익의 차액의 상환청구권)밖에 남지 않는다.

상속채권자의 채권이 전액 변제되는 것을 전제로 부인의 상대방은 그 파산채권액에 따라(여러 명이 있고 전부 변제가 어려운 경우에는 채권액에 비례하여 안분하여 분배한다) 분배받게 된다.

제6절 ┃ 동의파산폐지신청의 특칙

동의파산폐지란 채권신고 기간 내에 신고한 파산채권자 전원의 동의를 얻을 것을 조건으로 하여 채무자의 신청으로 하는 파산폐지를 말한다(제538조). 이 제도는 파산절차에 참가한 채권자 전원이 파산절차의 종료[134]를 희망하는 경우에 이와 같은 처분권자의 의사를 존중하는 것이 타당하다는 취지에서 둔 것이다.

일반파산의 경우 동의파산폐지 신청권은 채무자가 가진다(제538조 제1항). 이러한 논리에 따르면 상속재산파산의 경우 채무자를 상속재산 그 자체로 보는 입장에서는 동의파산폐지 신청

---

133) 條解 破産法, 1513~1514쪽.
134) 상속재산파산절차가 종료된 후 상속채권자가 상속인을 상대로 상속채무의 이행을 구하는 소송을 제기하고, 위 소송절차에서 상속인이 상속재산파산절차가 종료되었음을 주장한 경우 어떻게 처리하여야 하는가. 상속인에게 면책신청권이 인정되지 않고, 상속인은 그가 한 단순승인 또는 한정승인(간주되는 경우 포함)의 효과에 따라 채무를 부담하고 책임을 지는 것이다. 따라서 한정승인을 하거나(제346조) 한정승인의 효과가 간주되는(제389조 제3항) 상속인에게 상속재산을 책임의 한도로 하여 전부 이행판결을 선고하여야 할 것이다(도산절차와 소송 및 집행절차, 351쪽).

권을 행사할 방법이 없다. 이에 채무자회생법은 상속재산파산의 동의파산폐지신청은 상속인이
하도록 하고 있다(제539조 제2항 제1문). 상속재산의 파산선고 후 전체 파산채권자의 동의를 얻
은 것을 이유로 그 파산절차의 폐지를 구하는 이익[135]은 상속재산의 귀속주체인 상속인에게만
있다는 것이 그 근거이다.

상속인이 여럿인 때에는 전원의 합의가 있어야 한다(제539조 제2항 제2문). 이는 각 상속인이
다른 상속인을 대표한다는 취지의 정함이 없고, 상속채무에 대해 후일 다툼이 생기는 것을 방
지할 필요가 있다는 점을 근거로 하고 있다. 그러나 입법론적으로는 ① 전체 파산채권자가 파
산절차폐지에 동의하고 있음에도 불구하고 상속인 일부가 파산절차의 폐지신청에 동의하지 않
기 때문에 파산절차를 속행하는 것은 합리적이지 않은 점, ② 전체 파산채권자의 동의(또는 이
에 준하는 상황)가 있다는 것은 상속인 전원의 동의폐지신청의 유무에 관계없이 상속인이 채무
의 이행에 대해 확약하고 있다고 믿을 수 있는 상황인 점 및 ③ 소재불명의 상속인이 있는 경
우를 상정하면 전원의 신청을 요구하는 것은 실제상의 곤란을 가져올 가능성이 있다는 점에서
각 상속인에게 단독신청권을 인정하는 것이 타당하다고 본다.[136]

제7절 상속인의 파산과 유증을 받은 자의 파산

I 상속인의 파산

1. 상속인의 파산이 문제되는 경우

상속재산의 파산은 피상속인 측에 파산원인이 있는 것임에 반하여, 상속인 측에 파산원인
이 있는 경우가 상속인의 파산이다. 상속인의 파산의 경우 상속인의 지위와 채무자의 지위가
동일인에게 귀속한다.

상속인 측에 파산원인이 있는 경우로 ① 파산선고 후 채무자에 대하여 상속이 개시된 경우
와 ② 상속개시 후 채무자에 대하여 파산선고가 된 경우가 있다. 그런데 채무자회생법은 고정
주의를 취하고 있어 파산재단은 파산선고 당시에 채무자가 가진 모든 재산으로 구성되고(제382
조 제1항), 파산선고 후에 채무자에 대하여 상속이 개시되어도 상속재산은 새로이 취득한 이른
바 신득재산(新得財産)으로 자유재산이 되어 파산재단을 구성하지 않는다. 파산한 상속인의 (고
유)채권자는 상속인의 고유재산만으로 배당받게 되고(파산절차는 파산선고 당시 상속인의 고유재산
에 대하여 그대로 속행된다), 그 후에 상속인이 취득한 상속재산에 대하여는 배당받을 수 없다.
이 때문에 채무자회생법은 ①의 경우를 상정한 특별한 규정을 두고 있지 않다. 따라서 상속인

---

135) 상속재산파산에서는 상속인이 피상속인의 권리의무를 승계하고, 상속재산의 귀속주체가 되어 본래의 채무자가 된다
는 점에서 파산폐지를 구하는 이익이 있다.

136) 條解 破産法, 1516쪽.

의 파산이 문제되는 것은 피상속인이 사망한 후에, 즉 상속이 개시된 후 상속인이 파산선고를 받은 경우(②의 경우)이다(제385조, 제386조 참조).

한편 상속이 개시된 후에 상속인이 파산선고를 받은 경우에는 다시 ① 상속이 개시된 후 상속인이 파산선고 전에 단순승인, 한정승인 또는 상속포기를 한 경우와 ② 상속이 개시된 후 상속인이 파산선고 후에 단순승인, 한정승인 또는 상속포기를 한 경우가 있다.

가. 상속이 개시된 후 상속인이 파산선고 전에 단순승인, 한정승인 또는 상속포기를 한 경우

채무자인 상속인이 상속에 대하여 단순승인을 하는지, 한정승인을 하는지 또는 상속포기를 하는지에 관하여, 상속채권자나 유증을 받은 자, 심지어 상속인의 (고유)채권자는 관심을 갖지 않을 수 없다. 왜냐하면 상속재산이 채무초과상태에 있고, 단순승인을 한다면 자산의 증가보다 파산채권의 증가가 더 커 상속인의 (고유)채권자에 대하여는 배당이 감소하게 된다. 반대로 상속재산이 채무초과상태에 있고 상속인이 상속을 포기를 한다면, 상속채권자에게 있어서는 파산재단이 증가하리라는 기대가 어긋나게 된다.

그래서 상속승인이나 포기는 상속채권자나 상속인의 (고유)채권자의 이해에 밀접한 관계가 있지만, 다른 한편으론 어느 것을 선택하느냐는 상속인의 고유한 권리이기 때문에 파산채권자가 합리적인 범위를 넘어 이것에 간여하는 것을 인정할 것도 아니다. 따라서 파산선고를 하기 전에 승인이나 포기를 한 경우에는 파산채권자가 그 효과를 뒤집는 것을 인정할 수 없다. 이러한 의미에서 승인이나 포기가 파산채권자의 이익을 해하는 경우에도 부인의 대상으로 하지 않는다.[137] 그 결과 단순승인, 한정승인 또는 상속포기의 효력은 파산선고의 영향을 받지 않고 그것을 전제로 하여 파산절차가 진행된다. 즉 단순승인을 한 경우에는 상속재산은 파산재단의 일부를 구성하고, 다른 한편으론 상속채권자도 파산채권자가 된다. 상속포기를 한 경우에는 상속재산은 파산재단으로부터 제외되고, 상속채권자는 파산채권자가 되지 못한다. 한정승인을 한 경우에는 파산채권자로 된 상속채권자는 파산재단 내의 상속재산에서만 배당을 받게 된다.

---

137) 대법원 2011. 6. 9. 선고 2011다29307 판결[상속의 포기는 비록 포기자의 재산에 영향을 미치는 바가 없지 아니하나(그러한 측면과 관련하여서는 제386조도 참조) 상속인으로서의 지위 자체를 소멸하게 하는 행위로서 순전한 재산법적 행위와 같이 볼 것이 아니다. 오히려 상속의 포기는 1차적으로 피상속인 또는 후순위상속인을 포함하여 다른 상속인 등과의 인격적 관계를 전체적으로 판단하여 행하여지는 '인적 결단'으로서의 성질을 가진다. 그러한 행위에 대하여 비록 상속인인 채무자가 무자력상태에 있다고 하여서 그로 하여금 상속포기를 하지 못하게 하는 결과가 될 수 있는 채권자의 사해행위취소를 쉽사리 인정할 것이 아니다. 그리고 상속은 피상속인이 사망 당시에 가지던 모든 재산적 권리 및 의무·부담을 포함하는 총체재산이 한꺼번에 포괄적으로 승계되는 것으로서 다수의 관련자가 이해관계를 가지는데, 위와 같이 상속인으로서의 자격 자체를 좌우하는 상속포기의 의사표시에 사해행위에 해당하는 법률행위에 대하여 채권자 자신과 수익자 또는 전득자 사이에서만 상대적으로 그 효력이 없는 것으로 하는 채권자취소권의 적용이 있다고 하면, 상속을 둘러싼 법률관계는 그 법적 처리의 출발점이 되는 상속인 확정의 단계에서부터 복잡하게 얽히게 되는 것을 면할 수 없다. 또한 상속인의 채권자의 입장에서는 상속의 포기가 그의 기대를 저버리는 측면이 있다고 하더라도 채무자인 상속인의 재산을 현재의 상태보다 악화시키지 아니한다. 이러한 점들을 종합적으로 고려하여 보면, 상속의 포기는 민법 제406조 제1항에서 정하는 "재산권에 관한 법률행위"에 해당하지 아니하여 사해행위취소의 대상이 되지 못한다.]

나. 상속이 개시된 후 상속인이 파산선고 후에 단순승인, 한정승인 또는 상속포기를 한 경우

(1) 상속의 경우

파산선고 전에 채무자를 위하여 상속개시가 있고, 채무자(상속인)가 파산선고 후에 단순승인 또는 상속포기를 한 경우에는, 파산재단에 대하여는 한정승인의 효력을 갖는다(제385조, 제386조 제1항).

상속재산은 파산재단을 구성하지만, 승인 등의 행위가 파산선고 후 채무자의 행위로 파산채권자에게 대항할 수 없도록 한 것은(제329조 제1항), 민법이 승인이나 포기의 선택을 상속인에게 인정한 취지에 반한다. 따라서 파산선고 후에도 채무자의 선택권을 인정하지 않을 수 없지만, 그 효과를 어떻게든 제한하지 않는다면 앞에서 본 바와 같은 이유로 파산채권자의 이익을 해하는 결과가 초래된다. 그래서 채무자회생법은 단순승인에 대하여 한정승인의 효력을 인정하고, 포기의 경우도 마찬가지로 취급하고 있다.

한정승인의 효력을 갖는 것으로 인정할 경우 채무자의 책임은 상속재산의 범위 내에 한정되므로(민법 제1028조), 파산관재인은 상속재산을 파산재단소속 재단과 구별하여 관리하고, 상속채권자에 대하여는 상속재산으로부터(제436조 참조), 상속인의 (고유)채권자에 대하여는 고유재산으로부터 배당한다.[138]

다만 포기에 관하여 파산관재인은 그것의 효력을 인정할 수 있고, 이 경우 포기가 있는 것을 안 날로부터 3월 이내에 그 뜻을 법원에 신고하여야 한다(제386조 제2항). 채무초과(부채초과)가 명백한 경우에는 상속포기의 효력을 인정하는 것이 파산관재인의 관재업무 간소화 등의 관점에서 유리하다. 그래서 법원의 허가를 조건으로 파산관재인이 상속포기의 효력을 인정할 수 있도록 하였다(본서 1334쪽).

(2) 포괄적 유증 및 특정유증의 경우

제385조와 제386조의 규정은 포괄적 유증에 관하여 준용한다(제387조). 포괄적 유증을 받은 사람은 민법상 상속인과 동일한 권리의무를 가지므로(민법 제1078조) 실질적으로 상속인과 다를 바 없기 때문이다. 하지만 특정유증의 경우에는 파산관재인이 채무자에 갈음하여 그 승인 또는 포기를 할 수 있다(제388조 제1항). 아래 〈Ⅱ.〉를 참조할 것.

2. 상속인의 파산과 한정승인 및 재산분리[139]

상속인에 대한 파산과 한정승인 및 재산분리는 별개의 독립된 제도이므로 상속인에 대한 파산선고가 있더라도 한정승인이나 재산분리를 신청할 수 있고, 그 반대의 경우에도 마찬가지

---

138) 破産法・民事再生法, 90~91쪽.
139) 앞의 〈제1절 Ⅱ.2.〉(본서 1724쪽)를 참조할 것.

이다(제346조 본문). 따라서 상속개시 후 파산선고 전에 한정승인 또는 재산분리가 행하여진 경우 그 한정승인 또는 재산분리는 효력이 그대로 유지된다. 또한 상속개시 후 한정승인 또는 재산분리가 행하여지기 전에 파산선고가 된 경우에도 한정승인 또는 재산분리를 할 수 있다.

상속인에 대한 파산선고는 한정승인이나 재산분리에 영향을 미지치 않지만, 한정승인이나 재산분리에 대한 절차와 파산절차를 동시에 진행하는 것은 무익하거나 상호관계가 문제될 수 있으므로 파산취소 또는 파산폐지의 결정이 확정되거나 파산종결의 결정이 있을 때까지 한정승인이나 재산분리의 절차는 중지된다(제346조 단서).

상속인이 파산선고를 받은 후에 한정승인을 하거나 재산분리가 있는 때에는 채무자가 상속한 상속재산은 파산재단을 구성하며(제382조) 상속재산의 처분은 파산관재인이 하여야 한다. 한정승인 또는 재산분리가 있은 후에 상속인이 파산선고를 받은 경우에도 마찬가지이다(제503조 제1항).[140] 주의할 것은 공동상속인이 존재하는 경우 파산관재인이 처분할 수 있는 상속재산은 파산선고된 상속인에게 승계된 재산에 대한 관리처분권에 한한다는 것이다.

3. 상속채권자, 유증을 받은 자 및 상속인의 (고유)채권자의 지위

가. 상속인 파산의 경우

(1) 단순승인의 경우

(가) 상속인이 단순승인을 한 경우

상속인이 단순승인을 하면 상속채권자는 고유재산으로부터 변제를 받을 수 있다. 상속인이 파산선고 전에 단순승인을 한 경우[141]에는 상속인의 (고유)채권자는 물론 상속채권자와 유증을 받은 자도 상속인의 파산재단에 대하여 그 채권의 전액을 파산채권으로 권리를 행사할 수 있다. 즉 상속채권자 및 유증을 받은 자는 상속재산뿐만 아니라 상속인의 고유재산에 대하여도 권리를 행사할 수 있다.

(나) 재산분리가 있는 경우

재산분리가 있는 경우 상속채권자와 유증을 받은 자는 상속재산으로 전액을 변제받을 수 없는 경우에 한하여 상속인의 고유재산으로부터 그 변제를 받을 수 있다(민법 제1052조 제1항). 따라서 상속인이 파산선고를 받은 경우에는 재산분리가 있는 때에도 상속채권자 및 유증을 받은 자는 그 채권의 전액에 관하여 파산재단에 대하여 파산채권자로서 그 권리를 행사할 수 있다(제434조). 다만 상속인의 (고유)채권자는 상속인의 고유재산으로부터 우선변제를 받을 수 있다(민법 제1052조 제2항). 즉 상속재산에 대한 파산신청을 할 수 있는 기간 내에 신청에 의하여 상속인에 대하여 파산선고가 된 때에는 파산재단을 구성하는 상속재산과 상속인의 고유재산은

---

140) 파산선고가 있으면 파산재단에 대한 관리처분권은 파산관재인에게 속하므로(제384조) 제503조 제1항은 불필요하거나 주의적인 규정에 불과하다.
141) 파산선고 후 단순승인을 한 경우에는 한정승인의 효력을 갖는다(제385조).

혼동되지 않으므로(제389조 제2항), 상속인의 고유재산에 대해서는 상속인의 채권자가 상속채권자 및 유증을 받은 자에 우선하고, 상속재산에 대해서는 상속채권자 및 유증을 받은 자가 상속인의 채권자에 우선한다(제444조).

(2) 한정승인의 경우

상속인이 한정승인을 한 경우 또는 파산선고 후 단순승인 또는 상속포기를 하였지만 한정승인의 효력이 있는 경우(제385조, 제386조 제1항)에는 상속채권자와 유증을 받은 자는 상속인의 고유재산에 대하여 파산채권자로서 그 권리를 행사할 수 없다(제436조).

나. 상속인 및 상속재산 파산의 경우

(1) 단순승인의 경우

상속재산 및 상속인에 대하여 파산선고가 있는 때에는 상속채권자 및 유증을 받은 자는 그 채권의 전액에 대하여 각 파산재단에 대하여 파산채권자로서 그 권리를 행사할 수 있다(제435조). 다만 상속인의 (고유)채권자의 채권은 상속인의 파산재단에 대하여는 상속채권자 및 유증을 받은 자의 채권에 우선한다(제445조). 이는 상속인의 채권자와 상속채권자 및 유증을 받은 자를 같은 순위로 취급하는 것은 상속인의 고유재산을 염두에 둔 상속인의 (고유)채권자에게 불이익을 주기 때문이다.

(2) 한정승인의 경우

상속재산 및 상속인에 대하여 파산선고가 있고 상속인이 한정승인을 한 경우나 한정승인의 효력이 있는 경우(제385조, 제386조 제1항), 상속채권자와 유증을 받은 자는 상속인의 고유재산에 대하여 파산채권자로서 그 권리를 행사할 수 없다(제436조).

Ⅱ 유증을 받은 자의 파산

1. 포괄적 유증을 받은 자의 파산

포괄적 유증이란 적극·소극의 재산을 포괄하는 상속재산의 전부 또는 그 분수적 부분 내지 비율에 의한 유증을 말한다. 포괄적 유증을 받은 자는 상속인과 동일한 권리의무를 갖는다(민법 제1078조). 따라서 포괄적 유증을 받은 자는 실질적으로 상속인과 다르지 않으므로 포괄적 유증을 받은 자가 파산선고를 받은 경우에는 상속인의 파산에 관한 규정이 준용된다(제503조 제3항, 제387조).

2. 특정유증을 받은 자의 파산

특정유증이란 하나 하나의 재산상의 이익을 구체적으로 특정하여 유증의 내용으로 하는 것을 말한다. 특정유증은 유언자의 사망으로 그 효력이 발생한다(민법 제1073조). 반면 유증을 받을 자는 유언자의 사망 후 언제든지 유증을 승인 또는 포기할 수 있다(민법 제1074조 제1항).

특정유증을 받은 자가 파산선고 전에 유증을 승인한 때에는 유증을 받은 재산은 파산재단을 구성하고, 포기한 때에는 파산재단에서 제외된다. 한편 특정유증의 경우는 포괄적 유증과 달리 승인 또는 포기의 기간 제한이 없기 때문에 유증의 효력이 발생한 후 승인 또는 포기를 하지 않는 동안에 파산선고가 된 경우, 유증을 받은 재산이 파산재단을 구성하는지 여부가 확정되지 않게 된다. 이러한 상태가 오래 방치되면 파산절차 진행에 중대한 지장을 초래하게 된다.

이러한 문제점을 고려하여 채무자회생법은 파산절차의 원활한 진행을 도모하기 위해 파산선고 전에 채무자를 위하여 특정유증이 있는 경우 파산선고 당시 승인 또는 포기를 하지 아니한 때에는 파산관재인이 채무자에 갈음하여 그 승인 또는 포기를 할 수 있도록 하였다(제388조 제1항). 유증의무자나 이해관계인은 상당한 기간을 정하여 그 기간 내에 유증의 승인 또는 포기를 확답할 것을 파산관재인에게 최고할 수 있다(제388조 제2항, 민법 제1077조).

제8절 입 법 론

현재 상속재산파산과 관련한 사건이 많지 않지만, 국민들의 권리의식이 향상되고 상속이 점점 더 중요한 법률관계로 정착되어 감에 따라 앞으로 상속재산파산사건은 점점 늘어날 것으로 보인다. 앞에서 본 바와 같이 상속재산파산에 대한 대체제도로 한정승인이나 재산분리가 있지만 위 제도들은 한계가 있다. 한정승인이나 재산분리가 상속재산에 대하여 청산을 하는 기능을 가지고 있지만, 파산절차만큼 엄격하고 공정하게 진행되지는 못한다. 오히려 한층 더 정확하고 세밀하게 상속재산에 대하여 청산절차를 진행하는 상속재산파산절차가 실용성이 높아 이용가능성이 더 크다고 할 것이다.

그런데 상속재산파산과 관련한 현행 채무자회생법의 규정은 제3편 파산절차의 곳곳에 산재해 있어 유기적인 해석이 어려울 뿐만 아니라 입법론적으로 많은 문제점을 내포하고 있다. 더군다나 상속재산파산과 구별되는 상속인의 파산을 하나의 조문에서 함께 규정하고 있기도 하다.[142] 현행 채무자회생법은 2004년 전면 개정되기 전 일본 파산법을 모델로 하여 규정된 것으로 보인다. 그러나 일본 파산법은 2004년 전면 개정되어 그동안 제기된 문제점(이는 현행 채무자회생법이 가지고 있는 문제이기도 하다)을 대부분 해소하였다.

현행 채무자회생법의 문제점을 해결하기 위해서는 해석론으로는 한계가 있다. 따라서 빠른 시일 내에 상속재산파산과 관련한 법 개정이 있어야 할 것이다. 개정의 방향은 상속재산파산에 관한 규정을 한곳에 모아 법조문의 전체적 구성을 알기 쉽게 합리적으로 배치하여야 할 것이다.[143]

---

142) 상속재산파산과 상속인의 파산에 관한 규정을 분리하여 정비할 필요가 있다.
143) 일본파산법은 제10장에서 상속재산의 파산과 관련한 내용을 하나로 묶어 별도로 규정하고 있다.

제13장

유한책임신탁재산 등의 파산

제1절 유한책임신탁재산의 파산[1]

Ⅰ 유한책임신탁재산과 파산

1. 유한책임신탁

신탁은 위탁자가 신임관계에 기하여 수탁자에게 수익자의 이익 또는 특정의 목적을 위하여 특정재산을 처분하고 신탁목적의 달성을 위하여 필요한 행위를 하도록 하는 법률관계이다(신탁법 제2조).[2] 신탁재산은 수탁자에게 귀속하지만 수탁자의 고유재산과는 독립하며, 신탁재산으로부터의 이익은 수익자에게 귀속한다. 동일한 재산에 대하여 귀속과 수익이 분리되고, 그 수익을 귀속시키는 방법도 다양하게 설계할 수 있다.

수탁자는 신탁재산의 소유자이고 자기의 이름과 계산으로 신탁재산의 관리처분을 하므로 신탁사무의 처리에 관련된 채무는 모두 수탁자가 부담한다. 수탁자의 이행책임이 신탁재산의 한도 내로 제한되는 것은 신탁행위로 인하여 수익자에 대하여 부담하는 채무에 한정되므로(신탁법 제38조), 제3자에 대한 수탁자의 채무에 대하여는 신탁재산뿐만 아니라 고유재산[3]도 책임을 지는 무한책임을 부담하는 것이 원칙이다.[4]

---

1) 유한책임신탁재산의 파산에 관하여는 여기서 설명하는 것 이외에는 제3편 제1장부터 제7장까지의 규정에 따른다(제578조의2).
2) 신탁법은 두 가지 종류의 신탁을 예정하고 있다. 신탁목적이 수익자의 이익을 위한 것을 수익자신탁이라 하고 그 밖의 특정의 목적을 위한 것을 목적신탁이라 한다. ① 수익자신탁은 수익자에게 신탁재산으로부터의 이익을 귀속시키기 위한 신탁이다. 수익자신탁은 재산을 출연하는 위탁자, 신탁재산의 귀속주체인 수탁자, 이익의 향유주체인 수익자라는 3당사자의 지위를 전제로 한다. ② 목적신탁에서는 수익자가 존재하지 않고, 기본적으로 위탁자와 수탁자 양자의 관계가 중심이 된다.
3) 수탁자에게 속한 재산으로 신탁재산에 속한 재산이 아닌 재산을 말한다.
4) 대법원 2005. 5. 27. 선고 2005다5454 판결, 대법원 2004. 10. 15. 선고 2004다31883,31890 판결[신탁사무의 처리상 발생한 채권을 가지고 있는 채권자는 수탁자의 일반채권자와 달리 신탁재산에 대하여도 강제집행을 할 수 있는데, 한편 수탁자의 이행책임이 신탁재산의 한도 내로 제한되는 것은 신탁행위로 인하여 수익자에 대하여 부담하는 채무에 한정되는 것이므로(신탁법 제38조), 수탁자가 수익자 이외의 제3자 중 신탁재산에 대하여 강제집행을 할 수 있는 채권자에 대하여 부담하는 채무에 관한 이행책임은 신탁재산의 한도 내로 제한되는 것이 아니라 수탁자의 고

이러한 원칙에 대하여 수탁자가 신탁행위로 발생한 신탁채무에 대하여 수탁자의 지위에서 신탁재산에 그 책임이 한정되도록 한 것이 유한책임신탁이다(신탁법 제114조 제1항).[5] 수탁자는 신탁행위로 인하여 수익자에게 부담하는 채무에 대하여 신탁재산만으로 책임을 질뿐이다(신탁법 제38조). 따라서 유한책임신탁이 의미가 있는 것은 신탁사무의 처리상 발생한 권리에 의하여 채권을 취득한 제3자에 대한 수탁자의 책임이라고 할 수 있다. 유한책임신탁에 의하여 수탁자는 제3자에 대하여 신탁재산으로만 채무를 이행하면 족하고, 수탁자의 고유재산으로부터 채무를 이행할 책임은 지지 아니한다. 이러한 유한책임신탁의 설정으로 유한책임신탁이 수탁자의 인적 책임과 분리되고, 나아가 신탁재산 자체에 대한 청산 및 파산이 행해진다는 점에서 그 독립성이 강화되는 것은 분명하다.[6] 그러나 이는 어디까지나 유한책임신탁은 그 신탁사무 처리상 발생한 채권의 책임재산을 신탁재산으로 한정한다는 취지일 뿐, 유한책임신탁 자체에 별도의 법인격이나 법주체성을 부여하는 것은 아니라고 할 것이다.[7]

유한책임신탁은 등기하여야 효력이 발생한다(신탁법 제114조 제1항). 이는 책임재산을 신탁재산의 범위로 제한하는 유한책임 형태인 새로운 신탁제도를 도입함에 따른 거래 안전 및 상대방을 보호하고, 나아가 제도의 악용, 남용을 방지하기 위한 것이다. 유한책임신탁의 경우 신탁채권자는 수탁자의 고유재산에 대하여 강제집행 등이나 국세 등 체납처분(강제징수)을 할 수 없다(신탁법 제119조).

2. 유한책임신탁재산의 파산

유한책임신탁재산이란 유한책임신탁에 속하는 재산을 말한다. 채무자회생법은 전면 개정된 신탁법(2011. 7. 25. 법률 제10924호)에 맞추어 유한책임신탁재산의 파산에 관한 특칙(제3편 제9장)을 두었다.[8] 신탁재산은 재산의 집합체라는 점에서 상속재산과 유사한 점이 많다. 그래서

유재산에 대하여도 미치는 것으로 보아야 한다.}

5) 법무부 신탁법 개정위원회는 유한책임신탁의 도입 이유를 「신탁을 이용한 거래구조에서 수탁자의 신용보다는 신탁재산 자체의 가치를 더 중요시하거나 수탁자가 신탁재산을 운용하는 데에 따르는 대외적인 책임이 과거에 비하여 거액에 달하는 경우가 증가하여, 기존의 '수탁자 무한책임'원칙을 수정하여야 할 필요성이 실무에서 강하게 제기되었다. 이에 따라 책임재산을 신탁재산의 범위로 제한하는 유한책임 형태인 새로운 신탁제도를 도입하고, 거래 안전 및 상대방 보호를 위하여 또 제도의 악용, 남용을 방지하기 위하여 유한책임의 신탁임이 외부로 공시되는 등기제도를 도입하기로 하였다」고 설명하고 있다{오영준, "유한책임신탁 – 2009. 10. 27. 입법예고된 신탁법 전면개정안을 중심으로 –", BFL 39호(2010. 1.), 서울대학교 금융법센터, 25쪽}.

6) 신탁법상의 신탁재산은 위탁자의 재산권으로부터 분리될 뿐만 아니라 수탁자의 고유재산으로부터 구별되어 관리되는 독립성을 갖게 되는 것이며, 그 독립성에 의하여 수탁자 고유의 이해관계로부터 분리되므로 수탁자의 일반채권자의 공동담보로 되는 것은 아니다(대법원 2002. 12. 6. 자 2002마2754 결정). 이를 신탁재산의 독립성이라 한다. 신탁의 설정으로 수탁자에게 이전된 재산은 수탁자 명의의 재산이 되지만, 독립된 목적재산으로서 수탁자의 고유재산과 별도로 관리되고 계산도 독립적으로 이루어진다(신탁법 제22조 이하 참조). 따라서 신탁재산은 수탁자의 채권자의 강제집행으로부터 자유로울 수 있다. 수탁자가 파산한 경우에도 파산절차로부터 자유로울 수 있다. 이를 '도산격리' 또는 '도산절연'이라고 한다.

7) 오영준, 전게 "유한책임신탁 – 2009. 10. 27. 입법예고된 신탁법 전면개정안을 중심으로 –", 30쪽.

8) 신탁재산 일반에 대하여 파산을 인정할 것인지 아니면 유한책임신탁재산에 한정하여 파산을 인정할 것인지가 문제이다. 신탁재산 일반에 대하여 파산을 인정하여야 한다(일본 신탁법)는 논거는 무한책임사원이 있는 합명회사에 관

양자의 파산에 관한 규정은 상당한 정도로 유사성이 있다.

유한책임신탁재산에 대한 파산은 수탁자에 대한 파산과 다르다. 신탁재산에 대한 파산선고가 있는 경우에는, 수탁자에 대하여 파산선고의 효력이 미치지 아니하므로 수탁자의 고유재산은 파산재단을 구성하지 아니하고, 신탁재산만이 파산재단을 구성하여 이에 대한 환가·배당 절차가 진행된다.

유한책임신탁재산의 파산이란 유한책임신탁재산이 지급불능 또는 채무초과의 상태에 있는 경우 수탁자의 고유재산과는 독립한 유한책임신탁재산에 대하여 신탁채권 및 수익채권 등에 대하여 청산을 하는 제도를 말한다.

3. 유한책임신탁재산파산의 기능

유한책임신탁재산은 신탁의 목적을 실현하기 위하여 수탁자에 의하여 운용되지만, 유한책임신탁재산에 지급불능 또는 채무초과라는 파산원인이 발생한 경우 수탁자의 고유재산과 구별하여 신탁재산에 한하여 청산을 하는 것이 공평에 합치된다. 유한책임신탁재산파산은 이러한 목적으로 둔 것이다.[9]

4. 유한책임신탁재산의 파산능력

신탁재산은 기본적으로 재산의 집합체로서 권리능력이 인정되는 것도 아니므로, 신탁재산 자체는 민사소송법상 당사자능력이 없다. 따라서 원칙적으로 신탁재산에 대하여 파산절차를 진행할 수 없다. 그러나 유한책임신탁재산은 다수의 이해관계인의 이해관계가 상충할 수 있는 상황에서 지급불능이나 채무초과상태가 되면 법원의 감독 하에 공평의 원칙에 따라 이를 조정할 필요가 크다. 이러한 점을 고려하여 채무자회생법은 유한책임신탁재산에 대하여 파산능력을 인정하고 있다(제3조 제7항, 제8항, 제3편 제9장).

파산절차의 대상이 되는 신탁재산은 유한책임신탁재산으로 한정하고 있다. 그 이유는 수탁자의 책임이 신탁재산에 한정되지 않는다면 수탁자의 파산과 별도로 신탁재산의 파산절차를 인정할 필요성이 크지 않기 때문이다.[10]

해서도 파산절차가 적용되므로 수탁자가 무한책임을 지는 신탁에 대하여 파산을 인정하더라도 무방하다는 것, 수탁자의 책임을 신탁재산에 한정하는 신탁(유한책임신탁)이 아니더라도 채권자 사이에 공평을 도모하기 위해 파산절차가 적용되는 것이 필요하다는 것 등을 들고 있다. 그러나 수탁자의 책임이 신탁재산에 한정되지 않는다면 수탁자의 파산절차에 의하면 충분하고 그와 별도로 신탁재산의 파산절차를 둘 이유가 없다. 또한 합명회사는 무한책임사원이 있고 실제로도 거의 개인기업처럼 운영되지만, 적어도 법적인 형식에 있어서는 엄연히 법인으로서 권리주체성이 인정되기 때문에 합명회사 자체의 청산을 위해 파산절차가 필요한 것으로, 신탁과는 사정이 다르다. 따라서 현행법은 유한책임신탁재산에 한해서 신탁재산의 파산을 인정하고 있는 것으로 보인다{이연갑, 전게 "신탁재산의 파산", 343쪽 참조}.

9) 破産法·民事再生法, 97쪽.
10) 이연갑, "신탁재산의 파산에 관한 「채무자 회생 및 파산에 관한 법률」개정안의 검토", 법조 통권661호 (2011. 10.), 85쪽. 나아가 유한책임신탁재산에 대하여 파산만 인정하고, 회생이나 개인회생은 인정하지 않고 있다.

Ⅱ 유한책임신탁재산의 파산요건

1. 토지관할

유한책임신탁재산에 관한 파산사건은 원칙적으로 수탁자의 보통재판적 소재지를 관할하는 회생법원의 관할에 전속한다. 수탁자가 여럿인 경우에는 그 중 1인의 보통재판적 소재지를 관할하는 회생법원의 관할에 전속한다(제3조 제7항).

위와 같은 원칙적 토지관할이 없는 경우에는 유한책임신탁재산의 소재지(채권의 경우에는 재판상의 청구를 할 수 있는 곳을 그 소재지로 본다)를 관할하는 회생법원의 관할에 전속한다(제3조 제8항).

2. 신청권자

유한책임신탁재산에 대한 파산은 신탁채권자, 수익자, 수탁자, 신탁재산관리인 또는 청산수탁자(신탁법 제133조)가 신청할 수 있다(제578조의3 제1항). 신탁채권자에 신탁사무의 처리상 발생한 채권자가 포함되는 것은 당연하다. 또한 신탁재산에 강제집행할 수 있는 채권의 채권자도 신탁재산이 책임재산으로 되는 점에는 다른 파산채권과 다름이 없으므로 파산신청권을 인정하여야 한다.

신탁채권자 또는 수익자가 파산신청을 하는 경우 신탁채권 또는 수익채권의 존재와 파산의 원인인 사실을 소명하여야 한다(제578조의3 제2항). 이것은 일반적인 파산에서 채권자가 신청하는 경우와 마찬가지이다. 또한 수탁자 또는 신탁재산관리인이 여럿이고 그 전원이 파산신청을 하는 경우가 아니라면 역시 파산의 원인인 사실을 소명하여야 한다(제578조의3 제3항). 이 역시 법인의 이사 등이 여럿 있을 때 그 전원이 파산신청을 하는 경우가 아닌 때와 마찬가지의 규정이다(제296조 참조). 그 반대해석으로 수탁자나 신탁재산관리인이 1인이거나 여럿인 수탁자 또는 신탁재산관리인 전원이 공동으로 파산신청을 하는 경우에는 파산의 원인인 사실을 소명할 필요가 없다.

신탁이 종료된 후 잔여재산의 이전이 종료될 때까지는 신탁재산의 파산을 신청할 수 있다(제578조의3 제4항). 법인의 경우와 마찬가지의 취지를 정한 것이다(제298조 참조). 신탁의 종료에 의해 신탁의 청산이 행하여져도, 잔여재산의 이전이 종료될 때까지는, 신탁재산을 법정의 우선순위에 따라, 나아가 동일한 순위 사이에서는 권리자 사이에 평등하게 변제하기 위한 절차를 개시시키는 것이 의미가 있으므로, 신청권자들(제578조의3 제1항)은 잔여재산의 이전이 종료될 때까지 사이에 한하여 유한책임신탁재산의 파산을 신청할 수 있도록 하였다.

한편 청산 중인 유한책임신탁의 신탁재산이 그 채무를 완제하기에 부족한 것이 분명한 때에는 청산수탁자는 즉시 신탁재산에 대하여 파산신청을 해야 한다(신탁법 제138조). 파산신청을 게을리 한 청산수탁자에 대해서는 500만 원 이하의 과태료가 부과된다(신탁법 제146조 제1항 제28호).

3. 파산원인

유한책임신탁재산에 대한 파산원인으로 ① 유한책임신탁재산으로 지급을 할 수 없는 경우(지급불능)나 ② 유한책임신탁재산으로 신탁채권자 또는 수익자에 대한 채무를 전부 변제할 수 없는 경우(채무초과)이다(제578조의4 제1항, 제3항). 수탁자가 신탁채권자 또는 수익자에 대하여 지급을 정지한 경우에는 지급불능이 추정된다(제578조의4 제2항).

신탁재산은 수시로 변동될 수 있고, 특히 사업을 목적으로 하는 유한책임신탁의 경우는 신탁재산에 속하는 재산 외에도 신용 등의 요소도 포함하여 자력을 평가하는 것이 타당하다는 점에서 지급불능도 파산원인에 포함시킨 것이다.[11]

Ⅲ 파산선고 전의 보전처분과 구인

1. 보전처분

법원은 파산선고 전이라도 이해관계인의 신청에 의하거나 직권으로 유한책임신탁재산에 관하여 가압류, 가처분, 그 밖에 필요한 보전처분을 명할 수 있다(제578조의8 제1항). 위 보전처분은 변경하거나 취소할 수 있다. 보전처분이나 이에 대한 변경 또는 취소결정에 대하여는 즉시항고로 불복할 수 있다. 다만 즉시항고에는 집행정지의 효력이 없다(제578조의8 제2항).

2. 구   인

파산의 신청이 있는 때에는 법원은 파산선고 전이라도 이해관계인의 신청에 의하거나 직권으로 수탁자 또는 신탁재산관리인, 수탁자의 법정대리인, 수탁자의 지배인, 법인인 수탁자의 이사를 구인할 수 있다(제578조의6 제2항). 이를 인적보전처분이라고도 한다.

Ⅳ 파산선고 후의 조치

1. 신탁재산파산의 통지

유한책임신탁재산에 대하여 파산선고를 한 경우[12] 그 목적인 사업이 행정청의 허가를 받은

---

11) 이연갑, 전게 "신탁재산의 파산에 관한 「채무자 회생 및 파산에 관한 법률」개정안의 검토", 88쪽.
12) 유한책임신탁재산파산선고에 대하여는 신청인 이외의 신탁채권자, 수익자, 수탁자, 신탁재산관리인 또는 청산수탁자에게 불복신청권(즉시항고권)이 인정된다(본서 1315쪽).

사업일 때에는 법원은 파산선고 사실을 주무관청에 통지하여야 한다(제578조의5 제1항).

2. 파산선고를 받은 신탁의 수탁자 등의 구인

유한책임신탁재산에 대한 파산선고를 한 경우 법원은 필요하다고 인정할 때에는 수탁자 또는 신탁재산관리인, 수탁자의 법정대리인, 수탁자의 지배인, 법인인 수탁자의 이사를 구인하도록 명할 수 있다(제578조의6 제1항).

구인의 명을 받은 자가 그 사실을 알면서도 파산절차를 지연시키거나 구인의 집행을 회피할 목적으로 도주한 때에는 형사처벌을 받게 된다(제653조).

3. 파산선고를 받은 신탁의 수탁자 등의 설명의무

유한책임신탁재산에 대한 파산선고를 받은 경우 수탁자 또는 신탁재산관리인, 수탁자의 법정대리인, 수탁자의 지배인, 법인인 수탁자의 이사는 파산관재인·감사위원 또는 채권자집회의 요청에 의하여 파산에 관하여 필요한 설명을 하여야 한다. 종전에 그러한 자격을 가졌던 자도 마찬가지이다(제578조의7). 위와 같이 설명의무가 있는 자가 정당한 사유 없이 설명을 하지 아니하거나 허위의 설명을 할 때에는 형사처벌을 받게 된다(제658조).

4. 수탁자 등에 대한 손해배상청구권 등의 조사확정재판

가. 수탁자 등의 재산에 대한 보전처분

법원은 유한책임신탁재산에 대하여 파산선고가 있는 경우 필요하다고 인정할 때에는 파산관재인의 신청에 의하거나 직권으로 수탁자, 전수탁자(前受託者), 신탁재산관리인, 검사인 또는 청산수탁자(이하 '수탁자 등'이라 한다)의 책임에 기한 손해배상청구권을 보전하기 위하여 수탁자 등의 재산에 대한 보전처분을 할 수 있다(제578조의9 제1항).

나. 수탁자 등에 대한 손해배상청구권 등의 조사확정재판

법원은 유한책임신탁재산에 대하여 파산선고가 있는 경우 필요하다고 인정할 때에는 파산관재인의 신청에 의하거나 직권으로 수탁자 등의 책임에 기한 손해배상청구권의 존부와 그 내용을 조사확정하는 재판을 할 수 있다(제578조의10 제1항).

이에 대하여는 법인의 이사 등에 대한 손해배상청구권 등에 대한 조사확정재판에 관한 규정을 준용한다(제578조의10 제2항). 따라서 조사확정재판에 대한 이의의 소는 파산계속법원의 관할에 전속한다(제578조의10 제2항, 제353조 제4항).[13]

---

13) 서울특별시의 경우 서울회생법원에 전속관할이 있다.

Ⅴ 파산선고의 효과와 관련한 특칙

1. 파산관재인의 권한

수탁자는 신탁법상 신탁재산의 소유자이고 그 관리처분권을 가지는 자이다. 파산관재인은 파산재단에 속한 재산의 관리처분권을 가진다(제384조). 신탁재산에 대하여 파산선고가 된 경우, 파산선고가 되었다고 하여 당연히 수탁자의 임무가 종료하는 것은 아니므로(신탁행위로 그와 같이 정한 경우는 별론), 수탁자와 파산관재인이 함께 존재하게 된다. 그러므로 신탁재산에 대하여 파산절차가 개시되는 경우 수탁자와 파산관재인 사이의 관계가 문제된다.

신탁재산에 대하여 파산선고가 있게 되면 신탁재산에 속하는 재산의 관리처분권이 파산관재인에게 전속된다고 보아야 할 것이다. 수탁자는 수익자에 대해서만 충실의무를 지지만, 신탁재산의 파산절차에서는 파산관재인이 수익자 외에 신탁채권자의 이익도 고려해야 하는 것이므로, 그에게 신탁재산의 관리처분권을 맡기는 것이 보다 적당하다. 수탁자는 파산절차의 계속 중에는 신탁재산에 속하는 재산과 관계없는 권한(예컨대 신탁의 변경, 병합 등에 동의할 권한, 신탁의 변경을 신청할 권한, 파산폐지 신청권 등)만 행사할 수 있다.

이에 따라 채무자회생법은 신탁법상 수탁자의 권한 중 일부는 파산관재인에게 귀속된다는 것을 명확히 정하고 있다.[14] 즉 유한책임신탁재산에 대하여 파산선고가 있는 경우 ① 신탁법 제43조에 따른 원상회복 등의 청구, ② 신탁법 제75조 제1항에 따른 취소, ③ 신탁법 제77조에 따른 유지 청구, ④ 신탁법 제121조에 따른 전보 청구(수익자에 대한 청구만 해당한다)의 권한은 파산관재인만이 행사할 수 있다(제578조의11).

2. 파산재단의 범위

유한책임신탁재산에 관하여 파산선고가 있는 경우 이에 속하는 모든 재산이 파산재단이 된다(제578조의12). 일반적인 파산절차에서는 채무자가 파산선고 당시에 가진 모든 재산이 파산재단으로 된다(제382조 제1항). 그런데 유한책임신탁재산의 파산에서는 형식적으로는 수탁자가 '채무자'이지만 수탁자가 파산선고 당시에 가진 모든 재산이 파산재단으로 될 수는 없다. 즉 수탁자의 고유재산이나 다른 신탁에 속하는 신탁재산은 파산재단에서 배제되어야 한다. 이를 분명하게 표현하기 위해 파산재단에 관한 별도의 규정을 둔 것이다. 상속재산의 파산에 관하여 파산재단의 범위에 관한 별도의 규정(제389조 제1항)을 둔 것과 마찬가지의 취지이다.

---

14) 이연갑, 전게 "신탁재산의 파산", 348쪽.

3. 유한책임신탁재산파산에서의 부인

부인권은 파산절차상 채무자가 한 행위를 대상으로 하는 것이다(제391조). 그런데 신탁재산의 파산에서는 상속재산 파산의 경우와 마찬가지로 파산절차상 누가 '채무자'인지 명백하지 않다. 따라서 채무자회생법은 유한책임신탁재산에 대하여 파산선고가 내려진 경우 부인권에 관한 규정을 적용함에 있어서 신탁재산에 관한 관리처분권을 가지는 자, 즉 수탁자 또는 신탁재산관리인이 신탁재산에 관하여 한 행위가 부인의 대상으로 된다고 정하였다. 특수관계인 역시 수탁자 또는 신탁재산관리인의 특수관계인을 의미한다(제578조의13).

부인의 소나 부인청구를 인용하는 결정에 대한 이의의 소는 파산계속법원의 관할에 전속한다(제578조의2, 제396조 제3항).

4. 유한책임신탁재산파산에서의 환취권

유한책임신탁재산에 대한 파산선고는 신탁재산에 속하지 아니하는 재산을 파산재단으로부터 환취하는 권리에 영향을 미치지 아니한다. 또한 수탁자 또는 신탁재산관리인이 파산선고 전에 환취권의 목적인 재산을 양도한 경우는 환취권자는 반대급부의 이행청구권의 이전을 청구할 수 있다(제578조의14).

5. 신탁채권자, 수익자 및 수탁자의 지위[15]

가. 파산채권자로서 권리를 행사할 수 있는 파산채권액[16]

(1) 일반적인 신탁에서 신탁채권자는 신탁재산뿐만 아니라 수탁자의 고유재산에 대해서도 강제집행을 할 수 있다. 따라서 수탁자가 파산한 경우에는 그 파산절차에 참가할 수 있다. 그러나 유한책임신탁에서는 수탁자가 신탁재산만으로 책임을 지는 것이므로, 신탁채권자는 신탁재산에 대한 파산선고와 별도로 수탁자에 대하여 파산선고가 내려지더라도 수탁자에 대한 파산절차에 참가할 수 없고, 오로지 신탁재산의 파산절차에만 파산채권자로서 참가할 수 있다. 그 채권액은 파산선고시에 가지는 신탁채권의 전액이다(제578조의15 제1항 제1호). 다만 유한책임신탁이라고 하더라도 수탁자가 고유재산으로도 책임을 지는 경우(신탁법 제118조 제1항), 그 채권자는 당해 수탁자의 파산절차에도 그 채권의 전액으로 참가할 수 있다(제578조의15 제2항).

---

15) 수탁자, 신탁재산관리인, 수탁자의 법정대리인, 수탁자의 지배인 또는 법인인 수탁자의 이사가 파산선고의 전후를 불문하고 자기 또는 타인의 이익을 도모하거나 채권자를 해할 목적으로 제650조 제1항 각 호의 어느 하나에 해당하는 행위를 하고, 유한책임신탁재산에 대한 파산선고가 확정된 경우에는 10년 이하의 징역 또는 1억 원 이하의 벌금에 처한다(제650조 제2항, 사기파산죄). 수탁자, 신탁재산관리인, 수탁자의 법정대리인, 수탁자의 지배인 또는 법인인 수탁자의 이사가 파산선고의 전후를 불문하고 제651조 제1항 각 호의 어느 하나에 해당하는 행위를 하고, 유한책임신탁재산에 대한 파산선고가 확정된 경우에는 5년 이하의 징역 또는 5천만 원 이하의 벌금에 처한다(제651조 제2항, 과태파산죄).

16) 이연갑, 전게 "신탁재산의 파산에 관한 「채무자 회생 및 파산에 관한 법률」개정안의 검토", 94~95쪽.

(2) 수익자는 유한책임신탁재산의 파산절차에서 파산선고시의 채권 전액으로 참가할 수 있다(제578조의15 제1항 제1호).

(3) 수탁자 역시 신탁재산으로부터 보수를 받고 비용을 상환받을 권리를 가진다(신탁법 제42조 제1항, 제43조). 이 권리의 성질에 관해서는 견해가 나뉘지만, 판례는 이를 채권으로 보고 있다.[17] 형식적으로만 보면 이 채권의 채무자는 수탁자 자신이 되고, 채권자와 채무자가 동일한 채권은 존재할 수 없다(혼동). 그러나 수탁자가 변경된 경우 구수탁자는 이들 권리에 기하여 신탁재산에 강제집행을 할 수 있다(신탁법 제49조 제1항). 신탁재산이 파산하는 경우에도 수탁자는 위 권리를 파산채권으로 하여 파산재단에 대하여 행사할 수 있다고 보는 것이 합리적이다. 따라서 수탁자는 신탁재산에 대한 채권의 전액으로 파산절차에 참가할 수 있다(제578조의15 제1항 제2호).

나. 파산채권의 순위

신탁채권과 수익채권 모두 신탁재산에 대한 파산절차에 참가할 수 있는 파산채권이므로, 그 순위를 따로 정하지 않으면 채권액의 비율로 평등하게 배당받게 된다. 그런데 채무자회생법은 신탁채권이 수익채권에 우선하는 것으로 정하였다(제578조의16 제1항). 이는 수익자는 신탁재산의 분배를 받는 지위에 있고 수탁자가 행한 신탁사무의 처리는 신탁재산의 가치를 유지·증가시키는 것이라는 점, 수익자에 대한 신탁재산의 분배에 관하여는 엄격한 법적 규제가 존재하지 않는다는 점, 수익채권은 회사법상 주주의 잔여재산분배청구권과 유사한 것이라는 점에 비추어 보면, 수익채권은 신탁사무의 처리에서 발생한 신탁채권보다 후순위로 정하는 것이 공평에 부합하다는 것을 고려한 것이다(신탁법 제62조 참조).[18]

한편 수탁자 또는 신탁재산관리인과 채권자(수익자를 포함한다)가 유한책임신탁의 파산절차에서 다른 채권보다 후순위로 하기로 정한 채권은 그 정한 바에 따라 다른 채권보다 후순위로 한다(제578조의16 제2항). 이는 제446조 제2항과 같은 취지의 규정이다.

Ⅵ 파산폐지 등에 관한 특칙

1. 동의파산폐지신청에 관한 특칙

일반적인 파산절차에서는 채무자가 파산채권자 전원의 동의를 얻어 파산절차 폐지의 신청을 할 수 있다(제538조). 유한책임신탁재산의 파산에서는 누가 "채무자"에 해당하는지 해석의 여지가 있다. 유한책임재산파산의 경우 수탁자 또는 신탁재산관리인이 파산폐지신청을 할 수 있다. 이 경우 수탁자 또는 신탁재산관리인이 여럿인 경우에는 전원의 합의가 필요하다(제578조의17). 이는 제539조 제2항과 같은 취지이다.

---

17) 대법원 2005. 12. 22. 선고 2003다55059 판결.
18) 법무부, 신탁법해설(2012), 505쪽.

2. 파산취소 등의 통지

유한책임신탁재산에 대한 파산취소 또는 파산폐지의 결정이 확정되거나 파산종결의 결정이
있는 경우, 그 목적인 사업이 행정청의 허가를 받은 사업일 때에는 법원은 파산취소 등의 사
실을 주무관청에 통지하여야 한다(제578조의5 제2항).

▌제2절▐ 수탁자와 위탁자의 파산

신탁이 설정되면 위탁자로부터 수탁자에게 재산이 이전됨에 따라 위탁자의 채권자는 신탁
이 설정된 재산(신탁재산)에 대하여는 더 이상 강제집행을 할 수 없게 되므로 어떤 재산을 위
탁자의 도산위험으로부터 차단할 필요가 있는 경우 신탁은 그 위력을 발휘한다. 다만 위탁자
의 도산위험으로부터 차단하기 위한 것이라면 위탁자와는 별개의 법 주체에 재산을 이전하면
될 것이지만, 단순히 어느 제3자에게 재산을 양도만 하여서는 재산을 양수한 측의 도산위험으
로부터 자유로울 수 없다. 신탁을 통하여 재산을 위탁자의 도산위험으로부터 차단할 수 있을
뿐만 아니라 재산을 이전받은 수탁자의 도산위험으로부터 차단할 수 있게 되는 점이 다른 제
도와 다르다.

관련 내용은 〈제3장 제2절 Ⅲ.2.카.〉(본서 1293쪽)를 참조할 것.

Ⅰ 수탁자의 파산

신탁재산에 대한 파산절차는 수탁자 개인에 대한 파산절차와는 구별된다. 수탁자가 파산된
경우에는 수탁자의 고유재산에 대해서만 파산선고의 효력이 미치고, 신탁재산은 수탁자의 파산
재단을 구성하지 아니하므로(신탁법 제24조) 신탁재산은 파산관재인에 의한 환가·배당의 대상
에서 제외된다. 신탁재산에 관련된 채권자는 수탁자가 파산하기 전에는 신탁재산과 수탁자의
고유재산 어느 쪽에나 강제집행을 할 수 있기 때문에 위 두 가지를 구분할 필요가 없다. 그런
데 수탁자가 파산하면 수탁자의 고유재산(파산재단)과 관련하여서는 파산절차에 따라야 하고,
신탁재산에 대하여는 그에 따를 필요가 없게 된다. 두 가지 재산이 완전히 분리되는 것이다.[19]

---

19) 위탁자와 수탁자가 신탁계약을 체결하면서 '신탁재산에 속하는 금전으로 차입금 및 이자의 상환, 신탁사무 처리상
수탁자의 과실 없이 받은 손해, 기타 신탁사무 처리를 위한 제비용 및 수탁자의 대지급금을 충당하기에 부족한 경
우에는 수익자에게 청구하고, 그래도 부족한 경우에는 수탁자가 상당하다고 인정하는 방법 및 가액으로서 신탁재산
의 일부 또는 전부를 매각하여 그 지급에 충당할 수 있다'는 내용의 조항을 둔 경우, 위 조항은 신탁이 존속하는
동안이나 종료된 후에 신탁재산에 관한 비용 등을 수익자에게 청구하였음에도 지급받지 못한 경우 신탁재산을 처
분하여 그 비용 등의 변제에 충당할 수 있도록 자조매각권을 수탁자에 부여하는 특약이고, 비록 신탁재산은 파산재
단에 속하지 않지만 신탁재산에 관한 약정 자조매각권과 비용상환청구권은 파산재단에 속하므로, 파산관재인은 신
탁재산에 관하여 관리처분권이 있는지와 관계없이 파산선고 당시 수탁자가 가지고 있던 약정 자조매각권을 행사하

수탁자는 개인이나 법인이므로(신탁법 제11조, 제12조 참조) 파산능력이 인정되는 것은 당연하다. 신탁법은 수탁자의 파산과 관련하여 몇 가지 특칙을 규정하고 있다.

1. 수탁자의 파산에 있어서의 파산재단

신탁재산은 수탁자에 속하는 것이고, 수탁자에 대하여 파산선고가 있는 경우에는 파산선고시의 모든 재산은 파산재단이 된다는 원칙에 따르면(제382조 제1항), 신탁재산도 수탁자의 파산재단에 속한다. 그러나 신탁법은 「신탁재산은 수탁자의 파산재단을 구성하지 아니한다」고 규정하고 있다(신탁법 제24조).[20] 이것은 신탁재산은 신탁의 목적을 실현하는 기초가 되는 재산의 집합체이고, 수탁자의 책임재산으로부터 독립성을 보장하기 위한 것이다(신탁법 제22조 제1항, 제23조 등 참조).[21] 따라서 수탁자가 파산선고를 받더라도 신탁재산은 파산재단을 구성하지 않는다.[22] 신탁은 수탁자에 대하여 파산선고가 있다고 하여도 당연히 종료되지 않는다(신탁법 제98조, 제99조 등 참조).[23] 물론 수탁자의 파산은 원칙적으로 임무종료사유가 되고(신탁법 제12조 제1항 제3호), 신수탁자가 선임된다(신탁법 제21조 제1항).

결국 수탁자가 파산한 경우 파산재단은 채무자의 고유재산에 한정된다.[24] 따라서 신탁재산 관리인 또는 신수탁자는 신탁재산에 대하여 환취권을 행사할 수 있다. 신탁이 종료된 경우에

여 신탁재산을 매각하고 대금으로 비용상환청구권의 변제에 충당할 수 있다(대법원 2013. 10. 31. 선고 2012다110859 판결 참조).

20) 또한 신탁재산은 회생절차에서의 관리인이 관리 및 처분 권한을 갖고 있는 채무자의 재산이나 개인회생재단을 구성하지도 않는다(신탁법 제24조). 이를 도산절연 또는 도산격리((bankruptcy remoteness, Insolvency Protection)라 한다. 따라서 (유한책임)신탁재산은 수탁자의 도산위험으로부터 격리된다.
　　도산격리란 어느 주체의 입장에서 볼 때 다른 사람의 도산으로 인하여 자신의 권리의무관계가 영향을 받지 않는다는 것을 의미한다. 현재의 우리 법체계에서 상정가능한 도산격리 방안은 ① 자산유동화와 관련된 진정매매(true sale, 자산유동화에 관한 법률 제13조 참조), ② 신탁을 이용하는 방법, ③ 도산해지조항을 두는 방법, ④ 면제재산 또는 압류금지재산제도를 이용하는 방법이 있다. ① 내지 ③은 주로 기업과 관련되고, ④는 개인당사자와 주로 관련이 된다{임채웅, "도산격리의 연구, 민사소송 12-1권(2008. 5.), 한국사법행정학회, 430쪽}. 이외에 ⑤ 법률의 규정에 의해 담보자산 또는 거래관계가 채무자의 도산절차에 구속되지 않는 경우가 있다. 주택저당채권담보부채권(한국주택금융공사법 제30조, 제31조), 이중상환청구권부채권(커버드본드, Covered Bond)(이중상환청구권부 채권 발행에 관한 법률 제12조)은 법률의 규정에 의해 우선변제권 및 도산격리 효과를 부여받고 있다. 지급결제제도 등(제120조, 제336조)의 경우도 마찬가지이다.
　　신탁의 도산격리는 도산절차에서 신탁재산이 그 집행대상이 되지 않는다는 것을 가리킨다. 신탁재산의 독립성은 위탁자는 물론 수탁자의 도산시에도 관철된다. 신탁재산은 도산절차에서 파산재단(파산절차), 채무자의 재산(회생절차), 개인회생재단(개인회생절차)을 구성하지 않는다(신탁법 제24조).

21) 신탁재산은 형식상은 수탁자가 그 명의인으로서 완전한 권리를 보유한 것으로 되어 있지만, 타인을 위한 관리제도라는 신탁의 본질상 실체적으로 수탁자의 고유재산과 신탁재산은 분별되어 관리할 의무가 부과되어 있고, 양자는 별개독립의 것으로서 취급되고 있다. 이것이 이른바 '신탁재산의 독립성'이다.

22) 반면 신탁사무의 처리상 발생한 채권을 가진 자는 수탁자가 파산하더라도 신탁재산에 대한 강제집행 등을 할 수 있다. 예컨대 파산선고를 받은 수탁자 B가 甲회사로부터 수탁받은 신탁사업을 수행하기 위하여 수급인인 乙회사와 사이에 신축공사 도급계약을 체결하였다가 발생한 지체상금 등 채권은 신탁재산에 속하는 재산으로서 채무자 B의 파산재단에 포함되지 아니한다. 따라서 채무자 B에 대하여 신탁사무의 처리상 발생한 구상금채권을 가진 A는 채무자 B의 파산관재인을 상대로 신탁재산에 속하는 지체상금 등 채권에 대한 가압류를 구할 수 있다(대법원 2010. 6. 24. 선고 2007다63997 판결 참조).

23) 유한책임신탁에 대하여 파산선고가 된 경우에는 신탁은 당연히 종료된다(신탁법 제98조 제3호).

24) 대법원 2010. 6. 24. 선고 2007다63997 판결 참조.

는 신탁법 제101조에 따라 신탁재산이 귀속된 자가 환취권을 행사한다(제407조의2).

2. 수탁자의 파산에 있어 파산채권자

파산선고 전의 원인으로 생긴 재산상의 청구권을 파산채권으로 한다는 원칙(제423조)에 의하면, 신탁에 있어 수익채권이나 신탁채권도 수탁자의 파산에 있어서 파산채권으로 될 수 있다.

(1) 먼저 수익채권에 관하여 본다. 수익채권은 신탁행위에 의하여 수탁자가 수익자에 대하여 부담하는 채무이다. 수익자는 그 지위에 기하여 수탁자에게 신탁재산에 속한 재산의 인도와 그 밖에 신탁재산에 관한 급부를 요구할 수 있는 권리가 있는데(신탁법 제62조), 그중 이미 발생하여 구체화된 것을 수익채권이라 한다.[25]

앞에서 본 바와 같이 수탁자가 파산하더라도 신탁재산은 파산재단이 되지 아니하고, 수익채권은 오로지 신탁재산의 운용으로부터의 급부를 목적으로 하는 것이므로(신탁법 제2조 참조) 수탁자의 파산선고와는 무관하다. 즉 수탁자의 고유재산[26]에 대하여는 파산채권이 되지 못한다. 단지 신탁재산에 대하여 파산선고가 된 경우에 파산채권이 될 뿐이다.

(2) 다음으로 신탁채권에 관하여 본다. 신탁채권이란 수익채권 외에 신탁재산에 관하여 발생한 신탁관계인 및 제3자의 채권으로서, ① 신탁 전의 원인으로 발생한 권리, 수탁자의 신탁사무처리로 인하여 발생한 채권(신탁법 제22조 제1항 단서), ② 반대수익자의 수익매수청구권(신탁법 제89조, 제91조 제3항, 제95조 제3항), ③ 신탁의 목적을 위반한 수탁자의 법률행위 중 취소될 수 없거나 취소되지 않은 행위로 발생한 권리(신탁법 제75조 참조), ④ 수탁자의 신탁사무처리로 인하여 발생한 불법행위에 기한 권리 등을 말한다.[27] 신탁채권은 신탁재산책임부담채무와 관련된 채권으로서 수익채권이 아닌 것으로 신탁재산에 속한 재산을 책임재산으로 할 뿐만 아니라 유한책임신탁 등의 경우를 제외하고 수탁자의 고유재산도 책임재산이 된다. 즉 수탁자가 신탁재산에 관련하여 거래를 하는 경우 신탁채권자는 신탁재산이나 고유재산 구별 없이 모두 집행대상재산으로 삼을 수 있다.[28]

수탁자가 파산하는 경우 신탁채권자는 두 가지 방법으로 채권을 행사할 수 있다.

(가) 하나는 수탁자의 고유재산(파산재단)에 대하여 채권을 행사하는 것이다. 수탁자의 고유재산에 대해서 파산채권임을 들어 파산절차에 참가하고,[29] 만일 파산관재인이 부인하면 파산채

---

25) 법무부, 신탁법해설(2012), 504쪽.
26) 수탁자의 파산의 경우 수탁자의 고유재산은 파산재단이 된다.
27) 법무부, 신탁법해설(2012), 505쪽.
28) 대법원 2010. 6. 24. 선고 2007다63997 판결, 대법원 2004. 10. 15. 선고 2004다31883,31890 판결 등 참조.
29) 대법원 2006. 11. 23. 선고 2004다3925 판결(수탁자가 신탁사무를 처리하는 과정에서 수익자 외의 제3자에게 채무를 부담하는 경우 그 이행책임은 신탁재산의 한도 내로 제한되는 것이 아니라 수탁자의 고유재산에 대하여도 미친다. 신탁법 제22조는 수탁자의 일반채권자에 대하여 신탁재산에 대한 강제집행을 금지하는 한편, 신탁사무의 처리상 발생한 채권을 가지고 있는 채권자는 수탁자의 고유재산뿐 아니라 신탁재산에 대하여도 강제집행을 할 수 있다는 취지이므로, 수탁자에 대하여 신탁사무의 처리상 발생한 채권을 가진 채권자는 수탁자가 파산할 경우 파산선고 당시의 채권 전액에 관하여 파산재단에 대하여 파산채권자로서 권리를 행사할 수 있다.)

권조사확정재판 등을 제기하는 것이다. 물론 신탁재산만이 책임재산이 되는 경우(유한책임신탁)
에는 파산채권으로 참가할 수 없다.

(나) 둘은 신탁재산에 대해 채권을 행사하는 것이다.[30] 그러기 위해서는 일반적인 소를 제
기하여야 한다. 신탁재산에 관해 신수탁자가 선임된 경우에는 당연히 신수탁자를 상대로, 신수
탁자가 선임되기 전에는 신탁재산관리인을 상대로 소를 제기하여야 한다(신탁법 제17조 제5항,
제18조 제3항). 이후 신수탁자가 선임되면 신수탁자가 수계하여야 한다(신탁법 제19조, 민소법 제
236조 참조). 물론 수탁자가 파산하기 전 수탁자를 상대로 소가 제기된 뒤 수탁자가 파산하면
소송은 중단되고 신탁재산관리인이나 새로운 수탁자가 수계하여야 한다(신탁법 제17조 제5항, 제
18조 제3항, 민소법 제236조).

(다) 신탁채권자가 고유재산(파산재단) 및 신탁재산에 대하여 권리를 행사할 수 있다고 하여
도 이중으로 변제받을 수는 없다. 고유재산(파산재단)과 신탁재산 각각에 권리를 행사한 결과
먼저 파산재단(고유재산)에서 배당을 받았다면 신탁재산에 대한 채권액은 그만큼 감액된다. 이
후 면책절차에서 면책을 받은 경우 파산채권자에 대하여는 그 책임만이 면제될 뿐(제566조) 채
무 자체가 소멸되지 않으므로(책임소멸설) 파산재단(고유재산)으로부터 전부의 만족을 받지 못한
신탁채권자는 나머지 부분에 대하여 신탁재산으로부터 변제받을 수 있다. 즉 파산채권으로 되
는 신탁채권이라고 하더라도 면책허가결정에 의한 책임의 면책은 신탁재산과의 관계에 있어서
는 그 효력이 발생하지 않는다. 따라서 신탁채권자는 면책허가결정이 있어도 신탁재산에 대하
여 그 권리를 행사하는 것이 허용된다.

반면 신탁재산으로부터 먼저 일부 변제를 받은 경우에는 파산선고 당시 가진 채권 전액을
가지고 파산재단으로부터 변제를 받을 수 있다(제428조). 요컨대 신탁채권자는 신탁재산으로부
터 일부를 변제받은 때에도 현존액주의에 따라 여전히 파산선고 당시의 채권 전액으로 파산절
차에 참가할 수 있다.

3. 신수탁자 및 신탁재산관리인의 선임

가. 신수탁자의 선임

수탁자가 파산선고를 받으면 수탁능력을 상실하여(신탁법 제11조) 수탁자의 임무는 종료한다
(신탁법 제12조 제1항 제3호).[31] 이 경우 위탁자와 수익자는 합의하여 신수탁자를 선임할 수 있

---

30) 대법원 2014. 10. 21. 자 2014마1238 결정{수탁자가 파산한 경우에 신탁재산은 수탁자의 고유재산이 된 것을 제외
하고는 파산재단을 구성하지 아니하므로(신탁법 제24조) 신탁사무의 처리상 발생한 채권을 가지고 있는 채권자는
수탁자가 그 후 파산하였다 하더라도 신탁재산에 대하여는 강제집행을 할 수 있다(신탁법 제22조 제1항).}, 대법원
2005. 5. 27. 선고 2005다5454 판결.
31) ① **수탁자에 대한 회생절차** 수탁자에 대하여 회생절차가 개시된 경우에는 회생채무자의 수탁자로서의 지위가 종
료되는 것은 아니다. 다만 그 업무는 관리인이 수행한다. 이로 인해 신수탁자의 선임문제는 발생하지 않는다. 관리
인이 수탁자의 업무를 계속하는 한 신탁재산은 채무자의 재산과 분리, 독립하므로 신탁재산의 환취는 문제되지 않
는다. 그러나 신탁상 정함에 따라서 수탁자에 대한 회생절차개시로 신탁이 종료되거나 위탁자 및 수익자의 합의로
회생절차가 개시된 수탁자를 해임하는 경우에는 신탁재산관리인이나 신수탁자가 관리인에 대하여 환취권을 행사할

고(신탁법 제21조 제1항), 위탁자와 수익자 간에 합의가 이루어지지 아니한 경우 이해관계인은 법원에 신수탁자의 선임을 청구할 수 있다(신탁법 제21조 제2항).

나. 신탁재산관리인의 선임

수탁자가 파산한 경우에는 파산관재인이 존재하고, 파산관재인은 파산채권자를 위해 권한을 행사할 의무가 있으므로 파산관재인으로서의 지위와 수탁자로서의 지위가 충돌하여 신탁재산관리를 맡기기는 어렵다. 또한 파산관재인은 위탁자와 신뢰관계가 전제되어 있지 않은 자이므로 수탁자의 고유재산에 대한 채권자와 신탁재산에 대한 채권자의 이해충돌이 심각해질 수 있다. 따라서 수탁자가 파산한 경우 신수탁자가 선임되지 아니하거나 다른 수탁자가 존재하지 아니할 때에는 수탁자에 대하여 파산선고를 하는 법원은 직권으로 파산선고와 동시에 신탁재산관리인을 선임하여야 한다(신탁법 제18조 제1항, 제2항). 법원이 파산관재인과 함께 신탁재산관리인을 선임하면, 고유재산에 속하는 파산재단에 대해서는 파산관재인이 관리처분권을 갖고(제384조), 신탁재산에 대하여는 신탁재산관리인이 이를 보관하고 신탁사무를 인계하게 된다. 그래서 파산선고로 임무가 종료된 수탁자는 파산관재인에게 신탁재산에 관한 사항을 통지하도록 정하고 있을 뿐이다(제12조 제3항).

수탁자가 파산선고를 받고 곧바로 신수탁자가 선임되면 위에서 본 이해충돌문제나 소송에서의 당사자적격문제 등이 모두 해결되지만, 신수탁자의 선임이 늦어지면(실무적으로 그러한 경우가 많다) 곤란한 상황이 발생한다. 그리하여 신탁법은 수탁자에 대하여 파산선고를 할 경우 파산선고와 동시에 반드시 신탁재산관리인을 선임하도록 하고 있는 것이다. 신탁재산관리인은 신탁재산을 보관하고 신탁사무 인계에 필요한 행위를 할 권한이 있고(신탁법 제18조 제1항), 신탁재산에 관한 소송에서는 당사자가 된다(신탁법 제18조 제3항, 제17조 제5항).

4. 소송절차의 중단 및 수계

파산으로 인하여 수탁자의 위탁임무가 종료되면 소송절차는 중단되고,[32] 이 경우 새로운 수탁자가 소송절차를 수계하여야 한다(민소법 제236조). 다만 소송대리인이 있는 경우에는 소송절차가 중단되지 않고(민소법 제238조), 소송대리권도 소멸하지 않는다(민소법 제95조 제3호). 따라서 소송대리인이 있는 경우에는 소송절차의 중단이나 수계의 문제는 발생하지 않는다. 소송대리인은 당사자의 지위를 당연승계하는 신수탁자를 위하여 소송을 수행하게 되는 것이며, 그 사

수 있다(제70조).

② **수탁자에 대한 개인회생절차** 수탁자에 대하여 개인회생절차가 개시된 경우에도 마찬가지이다. 개인회생절차의 개시는 수탁자의 임무 종료사유가 아니다. 수탁자는 여전히 그 지위를 유지하고, 신탁재산은 수탁자의 개인회생재단과 독립하여 존재한다.

32) 신탁관계에서는 신탁재산이 중심이 되고 수탁자는 신탁재산의 명의인 또는 관리인에 지나지 않기 때문에 특정 수탁자가 그 임무를 종료한 경우에도 신탁관계는 종료되지 않고 신수탁자를 선임함으로써 존속된다(대법원 2006. 3. 9. 선고 2004다57694 판결). 전수탁자(신탁법 제53조 제1항 참조)와의 신탁관계가 종료하고 신수탁자와의 새로운 신탁관계가 시작되면, 신탁으로 인한 법률관계는 전수탁자로부터 신수탁자에게로 포괄적으로 승계된다.

건의 판결은 신수탁자에 대하여 효력이 있다. 이때 신수탁자로 당사자의 표시를 정정하지 아니한 채 전수탁자를 그대로 당사자로 표시하여도 무방하며, 신탁재산에 대한 관리처분권이 없는 자를 신당사자로 잘못 표시하였다고 하더라도 그 표시가 전수탁자의 소송수계인 등 신탁재산에 대한 관리처분권을 승계한 자임을 나타내는 문구로 되어 있으면 잘못 표시된 당사자에 대하여는 판결의 효력이 미치지 아니하고 여전히 정당한 관리처분권을 가진 신수탁자에 대하여 판결의 효력이 미친다.[33]

Ⅲ 위탁자의 파산

위탁자에 대하여 파산선고가 있어도 당연히 신탁관계에 영향을 미치는 것은 아니다. 다만 신탁계약이 쌍방미이행의 쌍무계약에 해당하는 경우에는 파산관재인이 신탁계약을 해제(해지)하면 신탁은 종료된다.[34] 그 외 신탁이 사해신탁에 해당하면 부인의 대상이 된다(신탁법 제8조).

신탁의 도산격리기능은 위탁자가 파산한 경우에도 관철되므로 신탁재산은 위탁자의 파산재단에 편입될 수 없다.

한편 위탁자가 담보목적으로 신탁을 설정한 경우, 채권자에게 담보로 제공한 권리의 내용에 따라서 그 채권자의 지위는 위탁자의 파산으로부터 영향을 받을 수도 또는 그렇지 않을 수도 있다. 만약 위탁자가 자신의 수익권에 질권을 설정하거나 양도담보로 수익권을 이전하는 등 채권자에게 제공된 담보가 위탁자의 재산에 속하는 것이라면, 위탁자의 파산은 채권자의 지위에 영향을 미칠 수 없다.[35] 즉 위탁자가 파산한 때에는 위탁자의 수익권은 파산재단에 속하고 채권자는 파산절차를 통하여 배당을 받을 수 있을 뿐이다. 그러나 채권자가 신탁상 수익자로 지정되거나 신탁재산에 대한 근저당권을 취득하는 등 위탁자의 재산과 독립한 신탁재산에 대하여 권리를 취득한 때에는, 신탁의 도산격리효과를 누릴 수 있다.[36] 즉 담보라고 하는 동일한 경제적 목적을 가지는 때에도 당사자들이 신탁을 어떻게 설계하고 활용하는가에 따라서 위탁자의 파산에 있어 신탁의 도산격리효과는 달리 나타나는 것이다.[37]

수익자의 파산

수익자란 수익권을 가진 자를 말한다(신탁법 제56조 제1항 참조). 수익자는 수탁자에 대하여 신탁재산에 속한 재산의 인도와 그 밖의 신탁재산에 기한 급부를 청구할 수 있다. 이를 수익채권

33) 대법원 2014. 12. 24. 선고 2012다74304 판결.
34) 일본 신탁법은 위탁자에 대하여 파산선고가 된 경우 파산관재인에게 해제권이 있음을 명시적으로 규정하고 있다(제163조 제8호).
35) 자익신탁의 경우이다. 자익신탁은 위탁자가 수익자의 지위를 겸하는 형태이다(신탁법 제99조 제2항 참조).
36) 대법원 2003. 5. 30. 선고 2003다18685 판결, 대법원 2002. 12. 26. 선고 2002다49484 판결, 대법원 2001. 7. 13. 선고 2001다9267 판결 등 참조. 타익신탁의 경우이다. 타익신탁은 위탁자가 아닌 제3자가 수익자가 되는 형태이다.
37) 최수정, 신탁법, 박영사(2016), 275쪽.

이라 한다(신탁법 제62조). 수익채권은 수익권의 주된 내용을 이루지만, 수익자는 그 외에도 신탁법상 수익자의 지위에서 여러 가지 권능[38]을 가지며, 수익권의 구체적인 내용은 특별한 사정이 없는 한 계약자유의 원칙에 따라 신탁계약에서 다양한 내용으로 정할 수 있다.[39] 수익권을 수익자의 지위에서 가지는 권리와 의무의 총체라고 보는 견해도 있지만,[40] 수익자가 가지는 권리 일체로 보는 것이 타당하다.[41]

수익자는 신탁계약의 당사자는 아니기 때문에 수익자가 파산선고를 받아도 신탁 자체는 원칙적으로 영향을 받지 않는다. 다만 수익권은 재산상의 청구권이기 때문에 이것은 수익자의 파산재단을 구성하는 재산이 된다. 따라서 파산관재인은 해당 수익권이 환가가능하다면 적절하게 매각하거나, 환가가 불가능하다면 법원의 허가를 받아 파산재단으로부터 포기할 수 있다.

---

38) 동의권(신탁법 제10조 제2항, 제42조 제1항), 승낙권(신탁법 제14조 제1항), 신탁계약의 당사자인 수탁자의 해임권 내지 해임청구권(신탁법 제16조), 신수탁자선임권(신탁법 제21조), 신탁재산에 대한 강제집행 등에 관한 이의권(신탁법 제22조), 신탁사무처리에 관한 장부 등의 열람·복사청구 내지 설명요구권(신탁법 제40조) 등. 수익자가 가지는 이러한 권능들은 수익채권을 확보하고 그 경제적 가치를 유지하기 위한 중요한 수단이 된다(최수정, 전게서, 110쪽).

39) 대법원 2018. 4. 12. 선고 2016다223357 판결 참조.

40) 최수정, 전게서, 111쪽.

41) 이계정, "신탁의 수익권의 성질에 관한 연구", 민사법학(2016.12.), 106쪽. 참고로 일본 신탁법은 수익권을 다음과 같이 정의하고 있다. 수익권이란 신탁행위에 기하여 수탁자가 수익자에 대해 부담하는 채무로서 신탁재산에 속한 재산의 인도와 그 밖에 신탁재산에 관한 급부와 관련된 채권(수익채권) 그리고 이것을 확보하기 위하여 신탁법에 의하여 수탁자와 그 외의 자에게 일정한 행위를 구할 수 있는 권리를 말한다(제2조 제7호).

제 14 장

파산절차에서의 벌칙

채무자가 파산재단에 속하는 재산을 은닉하는 것 등에 의하여 재산을 감소시키는 행위는 직접적으로 채권자에게 재산상의 불이익을 초래한다. 또한 파산절차에서 파산관재인 등에게 뇌물을 교부하는 등의 부정행위를 한다면 채권자의 공평한 만족이 이루어지기 어렵다. 채무자회생법은 총채권자의 공평한 만족을 도모한다는 목적을 달성하기 위하여 형벌인 파산범죄를 규정하고 있다.[1]

또한 파산절차의 원만한 수행과 면책을 받은 채무자를 보호하기 위하여 행정벌인 과태료의 규정을 두고 있다.[2]

---

1) **파산절차에서의 사기죄 성립 여부** 파산절차를 진행하는 과정에서 채무자의 범죄행위에 대하여 형법에 의한 처벌도 가능하다. 실무적으로 가장 문제가 되는 것이 사기죄의 성립 여부이다.

기업경영자가 파산에 직면한 상태에서 이루어진 거래에 있어서 사기죄의 고의를 인정하는 데 있어서는 신중을 기할 필요가 있다. 즉 사업의 수행과정에서 이루어진 거래에 있어서 그 채무불이행이 예측된 결과라고 하여 그 기업경영자에 대한 사기죄의 성부가 문제된 경우, 그 거래시점에 그 사업체가 경영부진 상태에 있었기 때문에 사정에 따라 파산에 이를 수 있다고 예견할 수 있었다는 것만으로 사기죄의 고의가 있다고 단정하는 것은 발생한 결과에 따라 범죄의 성부를 결정하는 것과 마찬가지이다. 따라서 설사 기업경영자가 파산에 의한 채무불이행의 가능성을 인식할 수 있었다고 하더라도 그러한 사태를 피할 수 있는 가능성이 있다고 믿었고, 계약이행을 위해 노력할 의사가 있었을 때에는 사기죄의 고의가 있었다고 단정하여서는 안 된다(대법원 2017. 1. 25. 선고 2016도18432 판결, 대법원 2016. 6. 9. 선고 2015도18555 판결, 대법원 2001. 3. 27. 선고 2001도202 판결 등 참조).

또한 채무자회생법상 개인파산·면책제도의 주된 목적 중의 하나는 파산선고 당시 자신의 재산을 모두 파산배당을 위하여 제공한, 정직하였으나 불운한 채무자의 파산선고 전의 채무의 면책을 통하여 그가 파산선고 전의 채무로 인한 압박을 받거나 의지가 꺾이지 않고 앞으로 경제적 회생을 위한 노력을 할 수 있는 여건을 제공하는 것이다. 그러나 한편, 채무자회생법은 채권자 등 이해관계인의 법률관계를 조정하고 파산제도의 남용을 방지하기 위하여, 제309조에서 법원은 파산신청이 성실하지 아니하거나 파산절차의 남용에 해당한다고 인정되는 때에는 파산신청을 기각할 수 있도록 하고, 제564조 제1항의 각 호에 해당하는 경우에는 법원이 면책을 불허가할 수 있도록 하고, '채무자가 고의로 가한 불법행위로 인한 손해배상청구권' 등 제566조의 각 호의 청구권은 면책대상에서 제외하며, 제569조에 따라 채무자가 파산재단에 속하는 재산을 은닉 또는 손괴하는 등 사기파산죄로 유죄의 확정판결을 받거나 채무자가 부정한 방법으로 면책을 받은 경우 법원의 결정에 의하여 면책이 취소될 수 있도록 하고 있다. 따라서 개인파산·면책제도를 통하여 면책을 받은 채무자에 대한 차용금 사기죄의 인정 여부는 그 사기로 인한 손해배상채무가 면책대상에서 제외되어 경제적 회생을 도모하려는 채무자의 의지를 꺾는 결과가 될 수 있다는 점을 감안하여 보다 신중한 판단을 요한다(대법원 2017. 1. 12. 선고 2016도13904 판결, 대법원 2008. 2. 14. 선고 2007도10770 판결, 대법원 2007. 11. 29. 선고 2007도8549 판결).

2) 파산관재인이 청탁금지법의 적용 대상인지 여부에 대하여 검토가 필요하다. ① 먼저 청탁금지법 제11조 제1항 제2호의 공무수행사인에 해당하는지 여부이다. 파산관재인은 법원의 선임에 의해 공직을 인가받거나 복무의무를 승인받는 것이며, 그 직무에 관하여 뇌물을 수수할 경우 처벌받는다는 점 등에서 공무수행사인으로 볼 여지가 있다. 그러나 파산관재인의 업무에 공적인 성격이 있기는 하지만, 이는 파산관재인 고유의 업무로서 법원의 권한 위임 또는

제1절 | 파산범죄

채무자회생법은 파산범죄에 대한 실체적인 규정을 둔 것이고, 그 심리·재판은 형사소송법이 정하는 절차에 의한다. 파산범죄는 총채권자의 이익을 실질적으로 침해하는 실질적 파산범죄와 파산절차의 원활한 수행을 침해하는 절차적 파산범죄로 구분할 수 있다.

Ⅰ 실질적 파산범죄

1. 사기파산죄 (제650조)

가. 채무자의 사기파산죄

(1) 채무자가 파산선고의 전후를 불문하고 자기 또는 타인의 이익을 도모하거나 채권자를 해할 목적으로 아래의 어느 하나에 해당하는 행위를 하고, 그 파산선고가 확정된 때에는 10년 이하의 징역 또는 1억 원 이하의 벌금에 처한다(제650조 제1항).

① 파산재단에 속하는 재산을 은닉 또는 손괴[3]하거나 채권자에게 불이익하게 처분을 하는 행위

'재산의 은닉'은 재산의 발견을 불가능하게 하거나 곤란하게 만드는 것을 말하고, 재산의 소재를 불명하게 하는 경우뿐만 아니라 재산의 소유관계를 불명하게 하는 경우도 포함한다. 그러나 채무자가 법원에 파산신청을 하면서 단순히 소극적으로 자신의 재산 상황을 제대로 기재하지 아니한 재산목록 등을 제출하는 행위는 위 죄에서 말하는 '재산의 은닉'에 해당한다고 할 수 없다.[4] '손괴'란 물리적 훼손 등 재산의 가치를 감소시키는 일체의 행위를 포함한다.

채무자가 파산재단에 속하는 재산을 '채권자에게 불이익하게 처분을 하는 행위'는 부당한 저가의 매매나 무상의 증여 등과 같이 '은닉', '손괴'에 견줄 수 있을 만큼 채권자 전체에게 절대적으로 불이익을 미치게 하는 행위를 뜻하는 것이지, 단순히 채권자간의 공평을 해함에 그치게 하는 행위를 뜻하는 것이 아니므로, 특정의 채권자에 대한 변제 등은 다른 채권자에게

위탁과 무관하고 죄형법정주의 원칙상 엄격하게 해석할 필요가 있다는 점 등에서 공무수행사인으로 보기 어려운 측면도 있다. ② 다음으로 청탁금지법 제11조 제2항 제4호의 공무수행사인에 해당하는지 여부이다. 파산관재인의 채무자의 적극재산 및 소극재산의 관리 및 처분, 면책불허가사유에 대한 조사·보고 직무에 심의·평가적인 성격이 있기도 하다. 그러나 파산관재인은 파산채권자 전체의 공동의 이익을 위하여 위와 같은 직무를 수행하는 것일 뿐, 이를 '법령에 따른 공무상 심의·평가'라 할 수는 없는 측면도 있다. ③ 요컨대 파산절차는 포괄집행적 성격을 띠고 있다는 점에서 국가의 사무를 파산관재인에게 위임한 것으로 볼 여지가 충분하고(직무설), 회생절차에서의 관리인(공적수탁자설)과는 법적 성질이 다르며, 파산관재인은 선임되어 파산절차의 종결에 이르기까지 여러 가지 직무권한을 행사하고, 현실적으로 소수의 파산관재인이 다수의 파산사건을 처리하는 구조에서 파산관재인에 대한 부정한 청탁이 이루어질 여지가 있어 이에 대한 규제가 필요하다는 점에서 청탁금지법의 적용대상이라고 볼 것이다.

3) 같은 취지의 규정임에도 개인회생절차에서는 '은닉'이 '손괴'보다 먼저 나열하고 있으나(제643조 제3항 제1호), 회생절차에서는 '손괴'를 '은닉'보다 앞에 나열하고 있다(제643조 제1항 제1호). 입법적 통일이 필요하다.

4) 대법원 2009. 7. 9. 선고 2009도4008 판결.

불이익한 결과를 가져온다 하더라도 특별한 사정이 없는 한 이에 해당하지 아니한다.[5]

② 파산재단의 부담을 허위로 증가시키는 행위

③ 법률의 규정에 의하여 작성하여야 하는 상업장부를 작성하지 아니하거나, 그 상업장부에 재산의 현황을 알 수 있는 정도의 기재를 하지 아니하거나, 그 상업장부에 부실한 기재를 하거나, 그 상업장부를 은닉 또는 손괴하는 행위

④ 법원사무관등이 폐쇄한 장부에 변경을 가하거나 이를 은닉 또는 손괴하는 행위

(2) 수탁자, 신탁재산관리인, 수탁자의 법정대리인, 수탁자의 지배인 또는 법인인 수탁자의 이사가 파산선고의 전후를 불문하고 자기 또는 타인의 이익을 도모하거나 채권자를 해할 목적으로 위 (1)과 같은 행위를 하고, 유한책임신탁재산에 대한 파산선고가 확정된 경우에는 10년 이하의 징역 또는 1억 원 이하의 벌금에 처한다(제650조 제2항).

(3) 사기파산죄는 파산채권자의 재산상의 이익을 보호하기 위한 규정으로 채무자 등이 일정한 행위를 함으로써 성립하고, 채권자에게 실질적인 손해가 발생할 필요가 없다. 일종의 추상적 위험범이다.

(4) 사기파산죄는 채무자가 채권자를 해할 목적으로 파산재단에 속하는 재산을 은닉하는 등의 행위를 저지르는 것으로 형법상의 사기죄(형법 제347조)와 다르다. 사기죄의 피해자가 가지는 채권은 비면책채권(제566조 제3호)이나, 사기파산죄의 행위가 인정되면 면책불허가사유가 될 수 있을 뿐이다(제564조 제1항). 면책결정이 확정되어도 사기파산죄로 유죄의 확정판결을 받으면 면책결정이 취소될 수 있으나(제569조 제1항), 사기죄로 유죄의 확정판결을 받아도 면책취소를 할 수 없다.

나. 준채무자의 사기파산죄

채무자의 법정대리인, 법인인 채무자의 이사, 채무자의 지배인이 〈가.(1)〉에서와 같은 행위를 하고, 채무자에 대한 파산선고가 확정된 때에도 사기파산죄로 처벌된다(제652조).

사기파산죄(제650조)의 범죄주체는 자연인인 채무자에 한정된다. 따라서 법인파산의 경우 법인의 대표자 등도 사기파산죄로 처벌하기 위하여 둔 규정이다.

다. 제3자의 사기파산죄

채무자 및 채무자의 법정대리인, 법인인 채무자의 이사, 채무자의 지배인이 아닌 자가 파산선고의 전후를 불문하고 자기 또는 타인의 이익을 도모하거나 채권자를 해할 목적으로 제650조 제1항 각호[6]의 행위를 하거나 자기나 타인을 이롭게 할 목적으로 파산채권자로서 허위의 권리를 행사하고, 채무자에 대한 파산선고가 확정된 경우 그 행위를 한 자는 10년 이하의 징

---

5) 대법원 2001. 5. 8. 선고 2001도679 판결.
6) 제654조에는 '제650조 각호'라고 되어 있으나, '제650조 제1항 각호'라고 보아야 한다. 제2항을 추가하면서 같이 수정되었어야 했는데 수정이 되지 않았다.

역 또는 1억 원 이하의 벌금에 처한다(제654조).

2. 과태파산죄

가. 채무자의 과태파산죄

(1) 채무자가 파산선고의 전후를 불문하고 아래의 어느 하나에 해당하는 행위를 하고, 그 파산선고가 확정된 경우 그 채무자는 5년 이하의 징역 또는 5천만 원 이하의 벌금에 처한다(제651조 제1항).

① 파산의 선고를 지연시킬 목적으로 신용거래로 상품을 구입하여 현저히 불이익한 조건으로 이를 처분하는 행위

② 파산의 원인인 사실이 있음을 알면서 어느 채권자에게 특별한 이익을 줄 목적으로 한 담보의 제공이나 채무의 소멸에 관한 행위로서 채무자의 의무에 속하지 아니하거나 그 방법 또는 시기가 채무자의 의무에 속하지 아니하는 행위

③ 법률의 규정에 의하여 작성하여야 하는 상업장부를 작성하지 아니하거나, 그 상업장부에 재산의 현황을 알 수 있는 정도의 기재를 하지 아니하거나, 그 상업장부에 부정의 기재를 하거나, 그 상업장부를 은닉 또는 손괴하는 행위

④ 법원사무관등이 폐쇄한 장부에 변경을 가하거나 이를 은닉 또는 손괴하는 행위

(2) 수탁자, 신탁재산관리인, 수탁자의 법정대리인, 수탁자의 지배인 또는 법인인 수탁자의 이사가 파산선고의 전후를 불문하고 위와 같은 행위를 하고, 유한책임신탁재산에 대한 파산선고가 확정된 경우에는 5년 이하의 징역 또는 5천만 원 이하의 벌금에 처한다(제651조 제2항).

(3) '자기 또는 타인의 이익을 도모하거나 채권자를 해할 목적'이 필요하지 않고, 제3자는 과태파산죄의 주체가 될 수 없다는 점에서 사기파산죄와 다르다.

나. 준채무자의 과태파산죄

채무자의 법정대리인, 법인인 채무자의 이사, 채무자의 지배인이 〈가.(1)〉에서와 같은 행위를 하고 채무자에 대한 파산선고가 확정된 때에도 과태파산죄로 처벌된다(제652조).

Ⅱ 절차적 파산범죄

1. 구인불응죄

구인의 명을 받은 자(제319조, 제320조, 제322조, 제578조의6)가 그 사실을 알면서도 파산절차를 지연시키거나 구인의 집행을 회피할 목적으로 도주한 때에는 1년 이하의 징역 또는 1천만 원 이하의 벌금에 처한다(제653조).

2. 파산수뢰 · 증뢰죄

가. 파산수뢰죄

파산관재인 또는 감사위원이 그 직무에 관하여 뇌물을 수수·요구 또는 약속한 경우 그 자는 5년 이하의 징역 또는 5천만 원 이하의 벌금에 처한다. 파산채권자, 파산채권자의 대리인, 파산채권자의 이사가 채권자집회의 결의에 관하여 뇌물을 수수·요구 또는 약속한 때에 마찬가지이다(제655조 제1항).

이 경우 범인 또는 그 정을 아는 제3자가 수수한 뇌물은 몰수한다. 이 경우 몰수가 불가능한 때에는 그 가액을 추징한다(제655조 제2항).

나. 파산증뢰죄

파산관재인, 감사위원, 파산채권자, 파산채권자의 대리인, 파산채권자의 이사에게 뇌물을 약속 또는 공여하거나 공여의 의사를 표시한 자는 3년 이하의 징역 또는 3천만 원 이하의 벌금에 처한다(제656조).

3. 재산조회결과의 목적 외 사용죄

제29조 제1항의 규정에 의한 재산조회의 결과를 파산절차를 위한 채무자의 재산상황조사 외의 목적으로 사용한 자는 2년 이하의 징역 또는 2천만 원 이하의 벌금에 처한다(제657조).

4. 설명의무위반죄

제321조에 따라 설명의 의무가 있는 자가 정당한 사유 없이 설명을 하지 아니하거나 허위의 설명을 한 때에는 1년 이하의 징역 또는 1천만 원 이하의 벌금에 처한다(제658조).

Ⅲ 국 외 범

파산수뢰죄(제655조), 파산증뢰죄(제656조)에 대하여는 국외범도 처벌한다. 관련 내용은 〈제2편 제18장 제1절 Ⅲ.〉(본서 1127쪽)을 참조할 것.

제2절 │ 과 태 료[7]

Ⅰ 재산조회불응 및 허위 자료 제출에 대한 과태료

제29조 제1항의 규정에 의하여 조회를 받은 공공기관·금융기관·단체 등의 장이 정당한 사유 없이 자료제출을 거부하거나 허위의 자료를 제출한 경우 그 자는 500만 원 이하의 과태료에 처한다(제660조 제1항).

채무자의 재산에 대한 조회는 개인회생절차에서 법원, 회생위원이나 개인회생채권자에게 필요한 제도이다. 따라서 위 제도의 원활한 운영을 위하여 법원으로부터 재산조회를 요구받은 공공기관 등이 정당한 사유 없이 조회를 거부하지 못하도록 과태료를 부과하도록 한 것이다. 정당한 사유는 과태료 부과 대상이 되는 공공기관 등의 장이 적극적으로 소명하여야 한다.

Ⅱ 면책된 채권에 기한 추심행위에 대한 과태료

1. 채무자회생법

법원의 면책결정에 의하여 면책을 받은 개인인 채무자에 대하여 면책된 사실을 알면서 면책된 채권에 기하여 강제집행·가압류 또는 가처분의 방법으로 추심행위를 한 자는 500만 원 이하의 과태료에 처한다(제660조 제3항).

2. 채권추심법

면책채무의 채권추심에 있어 채권추심법은 채무자회생법의 일반법이다. 채권추심법은 면책채무의 추심행위를 불공정한 행위로 규정하면서 '채무자회생법에 따른 파산절차에 따라 전부 또는 일부 면책되었음을 알면서 법령으로 정한 절차 외에서 반복적으로 채무변제를 요구하는 행위'를 금지한다(채권추심법 제12조 제4호).

이를 위반한 자에 대하여는 500만 원 이하의 과태료를 부과한다(채권추심법 제17조 제3항). 다만 위반한 자가 사업자가 아닌 경우에는 과태료를 그 다액의 2분의 1로 감경한다(채권추심법 제17조 제3항).

---

7) 관련 내용은 〈제4편 제11장 제2절〉(본서 2090쪽)을 참조할 것.

제 15 장

파산절차가 소송절차와 집행절차에 미치는 영향

제1절 ▎ 파산신청단계에서의 파산절차가 소송절차 등에 미치는 영향

Ⅰ 보전처분이 소송절차 등에 미치는 영향

파산신청 자체만으로는 소송절차나 집행절차에 아무런 영향이 없다.[1] 따라서 채무자에 대한 파산신청이 있다는 사정만으로는 집행에 장애사유가 된다고 할 수 없다.[2]

채무자에 대한 파산신청이 있는 경우 파산재단의 일탈을 방지하기 위하여 파산선고 전이라도 채무자의 재산에 관하여 가압류·가처분 그 밖에 필요한 보전처분을 명할 수 있다(제323조 제1항). 통상의 보전처분은 채무자의 행위만 제한할 뿐 파산채권자의 채무자에 대한 강제집행, 가압류, 가처분에는 영향을 미치지 못한다.

한편 회생절차(제44조 제1항, 제45조 제1항, 제3항)와 달리 파산절차에서는 채무자의 재산에 관한 소송절차, 파산채권에 기한 강제집행 등의 중지 내지 금지를 명할 수 있는지, 포괄적 금지명령을 할 수 있는지 등에 대하여는 명확히 규정하고 있지 않다. 그리하여 '그 밖에 필요한 보전처분'에 이들을 포함시킬 수 있는지에 관한 해석 문제로 귀결된다. 강제집행 등에 대한 중지·금지가처분, 압류를 넘어 파산재단의 환가·추심까지 나아가는 행위에 대한 금지가처분 등은 허용된다고 보고 있음은 앞{〈제2장 제2절 Ⅱ.3.나〉(본서 1235쪽)}에서 본 바와 같다.

강제집행 등에 대한 중지·금지 가처분이 있을 경우 해당 강제집행 등은 중지·금지된다. 관련 내용은 〈제2편 제19장 제1절〉(본서 1130쪽)을 참조할 것. 강제집행중지가처분이 발령되면 보전처분 신청인 등 이해관계인은 그 가처분결정 정본을 집행법원에 제출함으로써 해당 강제집행절차를 파산선고시까지 정지시킬 수 있다(민집법 제49조 제2호). 강제집행금지가처분이 발령되면 집행법원은 이에 반하는 절차가 신청된 경우에는 부적법하므로 각하 또는 기각하여야

---

1) 다만 채권자의 파산신청은 재판상 청구로서 시효중단사유가 된다(민법 제168조, 제170조 참조). 채무자의 파산신청은 그 자체만으로는 시효중단의 효력이 없고, 채권자가 파산절차에 참가(채권신고)함으로써 시효중단의 효력이 발생한다(제32조 제2호 본문, 민법 제171조).

2) 대법원 1999. 8. 13. 자 99마2198,2199 결정.

하고, 이에 반하여 진행된 절차는 무효로 보아야 한다.

Ⅱ 면제재산신청 및 면제재산결정이 집행절차에 미치는 영향

1. 면제재산신청이 집행절차에 미치는 영향[3]

파산신청 자체만으로는 강제집행, 가압류 또는 가처분의 집행을 저지하는 효력은 없다. 다만 법원은 파산선고 전에 면제신청이 있는 경우에 채무자의 신청 또는 직권으로 파산선고가 있을 때까지 면제재산에 대하여 파산채권에 기한 강제집행, 가압류 또는 가처분의 중지 또는 금지를 명할 수 있다(제383조 제8항). 면제결정이 확정된 때에는 위와 같이 중지한 절차는 그 효력을 잃는다(제383조 제9항).

면제재산에 대하여 강제집행 등을 중지 또는 금지할 수 있는 것은 파산채권에 기한 것이므로 재단채권에 기한 강제집행 등은 중지 또는 금지의 대상이 아니다.

2. 면제재산결정이 집행절차에 미치는 영향

파산선고 전·후에 면제재산결정이 된 재산에 대하여는 면책신청을 할 수 있는 기한(제556조 제1항)까지는 파산채권에 기한 강제집행, 가압류 또는 가처분을 할 수 없다(제383조 제10항). 파산절차 종료 후에는 제557조 제1항에 의하여 보호된다. 관련 내용은 〈**제2장 제1절 Ⅶ.2.**〉(본서 1232쪽)를 참조할 것.

Ⅲ 파산신청이 책임제한절차에 미치는 영향[4]

책임제한절차의 개시신청과 파산신청이 경합할 수 있다. 이 경우 법원은 파산신청이 있고 필요하다고 인정하는 때에는 이해관계인의 신청에 의하거나 직권으로 파산신청에 대한 결정이 있을 때까지 상법 제5편(해상) 및 「선박소유자 등의 책임제한절차에 관한 법률」에 의한 책임제한절차의 정지를 명할 수 있다. 다만 책임제한절차가 일단 개시되면 그 정지를 명할 수 없다(제324조 제1항).

책임제한절차 정지명령 후 파산신청이 취하되거나 파산신청을 기각 또는 각하하는 결정이 있으면 정지명령의 효력은 상실하고 책임제한절차는 다시 속행된다.

법원은 정지명령 후 필요에 따라 정지명령을 취소할 수 있다(제324조 제2항).

---

3) 면제재산신청은 일단 파산재단이 형성된 경우를 전제로 하므로 동시폐지가 아닌 경우에 적용된다.
4) 책임제한절차의 정지명령에 관한 자세한 내용은 〈**제2장 제2절 Ⅲ.**〉(본서 1237쪽)을 참조할 것.

제2절 파산선고가 소송절차 등에 미치는 영향

파산절차는 포괄적·집단적 집행절차로, 채권자 각자가 집행할 경우 권리관계가 복잡해지고 불필요한 비용이 발생하여 궁극적으로 채권회수비율이 떨어지는 것을 방지(이로 인해 채권자의 권리보호에 기여한다)하는 기능을 한다. 이에 채무자회생법은 파산절차를 (민사)소송절차에 우선시켜 파산선고가 있으면 채무자의 재산은 파산재단을 구성하고 그 관리처분권은 파산관재인에게 귀속하도록 하여 파산재단에 관한 소송이 중단되고 파산관재인이 수계하도록 하고 있다. 또한 파산재단에 속한 재산에 대하여 행하여진 강제집행 등의 효력을 잃게 하고 있다(제348조 제1항).

Ⅰ 파산선고가 소송절차에 미치는 영향[5]

1. 파산선고 이후 소송이 제기된 경우

가. 당사자적격[6]

파산선고가 되면 파산재단에 대한 관리처분권은 파산관재인에게 속한다(제384조). 따라서 파산재단에 관한 소송에서는 파산관재인만이 당사자적격이 있다(제359조).[7][8] 파산선고 후 채권자가 채무자를 상대로 소를 제기하는 것은 실질적 소송관계가 이루어질 수 없어 부적법하다. 파산선고 전에 채권자가 채무자를 상대로 이행청구의 소를 제기하거나 채무자가 채권자를 상대로 채무부존재확인의 소를 제기하였더라도, 만약 그 소장 부본이 송달되기 전에 채권자나

---

5) 파산재단으로 파산절차의 비용을 충당하기에 부족하다고 인정되는 경우 파산선고와 동시에 파산폐지의 결정을 하여야 한다(제317조). 이러한 동시폐지결정이 있는 경우 파산선고와 동시에 파산절차가 종료되어 파산재단 자체가 성립되지 않고 파산관재인도 선임되지 않으므로 파산선고 당시 법원에 계속되어 있는 소송의 중단 및 수계의 문제는 발생하지 않고, 파산선고 당시 계속 중인 강제집행, 보전처분 등은 실효되지 아니한다. 그러므로 이하의 논의는 동시폐지가 되지 않은 파산사건에 대하여만 해당하는 것이다.

6) 관련 내용은 〈제4장 제2절 Ⅲ.1.라.〉(본서 1330쪽)를 참조할 것.

7) 파산관재인만이 당사자적격이 있다고 한 것은 소송법상의 법 기술적인 요청에서 당사자적격을 인정한 것뿐이지, 자기의 이름으로 소송행위를 한다고 하여도 파산관재인 스스로 실체법상이나 소송법상의 효과를 받는 것은 아니고 어디까지나 타인의 권리를 기초로 하여 실질적으로는 이것을 대리 내지 대표하는 것에 지나지 않는 것이다(대법원 1990. 11. 13. 선고 88다카26987 판결 참조). 결국 파산관재인은 자기의 이름으로 소송을 수행하지만 실질적으로는 대리인의 지위를 가진다는 취지이다.

8) 채무자가 과태료 부과대상인 위반행위를 한 경우 과태료 재판에서 누가 위반자가 되는가. 즉 누가 과태료재판에서 당사자적격을 갖는가. 이는 '파산재단에 관한 소송'에 과태료사건이 포함되는가의 문제이다. 과태료사건 이외의 비송사건절차에서 채무자의 파산관재인에게 당사자적격을 인정하고 있다는 이유로 과태료 재판절차에서도 파산관재인에게 당사자적격을 인정하여야 한다는 견해가 있을 수 있다. 그러나 과태료 처벌법규 위반행위에 관한 재판을 '파산재단에 관한 소송'으로 보기 어려울 뿐만 아니라 법률상의 의무를 위반하여 과태료를 부과하는 과태료 재판절차는 다른 비송사건재판 절차와는 성질이 다르므로 채무자를 당사자로 하여야 할 것이다. 따라서 이 경우 위반자는 채무자이고, 법인인 경우 위반행위 당시 적법하게 선임되어 있던 채무자의 대표자(주식회사의 경우 대표이사)를 위반자의 대표자로 표시하여야 한다(대법원 1994. 10. 28. 자 94모25 결정 참조).

채무자에 대하여 파산선고가 이루어졌다면 마찬가지로 부적법하다.[9][10]

파산재단에 관한 소송은 '파산재단에 속한 재산'에 관한 소송이 전형적인 것이지만,[11] 파산재단으로 지급(충당)하여야 하는 파산채권·재단채권에 관한 소송도 포함한다. '소송'에는 민사소송·가사소송뿐만 아니라 행정소송(과세처분취소소송 등)도 포함되고, 보전처분사건, 재산권과 관련된 비송사건,[12] 조정사건, 가사비송사건, 중재사건도 포함된다.[13]

파산관재인이 여럿인 경우에는 법원의 허가를 얻어 직무를 분장하였다는 등의 특별한 사정이 없는 한 그 여럿의 파산관재인 전원에게 파산재단의 관리처분권이 있기 때문에 파산관재인 전원이 소송당사자가 되어야 하므로 그 소송은 고유필수적 공동소송[14]에 해당한다.[15] 따라서 파산관재인이 여럿임에도 파산관재인 중 일부만이 당사자로 된 판결은 당사자적격을 간과한 것으로서 파산재단에 대하여 효력이 미치지 아니한다.[16]

채무자는 파산관재인에 의한 파산재단에 관한 소송에서 소송결과에 이해관계가 있으므로 파산관재인을 돕기 위하여 보조참가를 할 수도 있고(민소법 제71조), 파산관재인이 받은 판결의 기판력은 채무자에게도 미치게 되므로(민소법 제218조 제3항) 공동소송적 보조참가도 할 수 있다(민소법 제78조).[17]

---

9) 대법원 2018. 6. 15. 선고 2017다289828 판결. 이 경우 파산선고 당시 법원에 소송이 계속되어 있음을 전제로 한 파산관재인의 소송수계신청 역시 적법하지 않으므로 허용되지 않는다. 위 판결은 당연승계에 관한 사안으로 '소송계속의 발생시기 등' 기존 민사소송법 법리와의 정합성을 고려한 것으로 보인다.

☞ 원고가 피고를 상대로 채무부존재확인의 소를 제기하였는데 그 소장부본이 송달되기 전에 원고에 대해 파산이 선고되었고 파산관재인이 소송수계신청을 한 사건에서, 파산재단에 관한 소송에서 채무자인 원고는 당사자적격이 없으므로, 위 소는 부적법한 것으로서 각하되어야 하고, 파산선고 당시 법원에 소송이 계속되어 있음을 전제로 한 파산관재인의 소송수계신청 역시 부적법하다고 판단하여 상고 기각한 사례

10) 다만 각하하기 전에 해당 재산이 환가포기되어 관리처분권이 채무자에게 넘어온 경우에는 각하할 필요는 없다.

11) 채무자가 파산관재인에 대하여 자유재산의 인도를 구하는 소송도 파산재단에 속한 재산에 관한 소송에 포함된다.

12) 관련 내용은 〈제6편 제2장〉을 참조할 것.

13) 소송을 제외한 행정청에 계속된 사건에 관하여는 제350조에서 규정하고 있다.

14) 실체법적으로 재산권의 관리처분권이 여러 사람에게 공동으로 귀속되어 당사자가 단독으로 이를 처분하지 못하는 경우에는 소송 결과도 전원에 대해 일치되어야 하고 그렇지 않으면 분쟁 해결이 불가능해진다. 따라서 소송공동이 강제되어 전원이 반드시 소송당사자가 되어 하나의 소를 제기하여야 하고 전원이 당사자가 아닌 소는 허용되지 않으며(당사자적격 흠결로 부적법 각하된다), 하나의 판결로 일치된 결론을 내려야 한다. 이러한 소송유형을 '고유필수적 공동소송'이라고 한다(대법원 2021. 7. 22. 선고 2020다284977 판결 참조).

15) 대법원 2008. 4. 24. 선고 2006다14363 판결 참조. 다만, 민사소송법 제54조가 여러 선정당사자 가운데 죽거나 그 자격을 잃은 사람이 있는 경우에는 다른 당사자가 모두를 위하여 소송행위를 한다고 규정하고 있음에 비추어 볼 때, 공동파산관재인 중 일부가 파산관재인의 자격을 상실한 때에는 남아 있는 파산관재인에게 관리처분권이 귀속되고 소송절차는 중단되지 아니하므로, 남아 있는 파산관재인은 자격을 상실한 파산관재인을 수계하기 위한 절차를 따로 거칠 필요가 없이 혼자서 소송행위를 할 수 있다(위 2006다14363 판결).

16) 대법원 2009. 9. 10. 선고 2008다62533 판결.

17) 대법원 2015. 10. 29. 선고 2014다13044 판결, 대법원 2012. 11. 29. 선고 2011다109876 판결 참조. 이에 대해 채무자에게 통상의 보조참가를 인정하는 것으로 충분하다는 비판적 견해가 있다. 그 이유는 다음과 같다. 파산관재인은 관리위원회의 의견을 들어 법원에 의해 선임되고 그 감독을 받는다(제355조 제1항, 제358조). 법원은 파산관재인의 직무를 행함에 있어서 적절한 자를 선임할 것이고, 일반적으로 변호사 가운데 선임하고 있으며, 여러 규율에 의해 소송수행의 적절성을 확보하고 있다. 그리고 파산재단에 속한 재산이 어떻게 채권자에게 분배되는가는 기본적으로 채무자와 관계없고, 또한 면책주의를 취하고 있으므로 파산관재인이 설사 파산재단에 관한 소송에서 패소하더라도 채무자에게 어떠한 불이익이 생기는가는 분명하지 않다. 파산관재인이 의도적으로 파산채권자의 채권액을 좀 더 많은 금액으로 인정되도록 소송을 수행한다는 것은 생각하기 어렵고, 가령 그러한 소송수행이 있다 하더라도 별

한편 동시폐지의 경우 파산선고에도 불구하고 파산관재인이 선임되지 않기 때문에 재산에 관한 소송에서는 채무자 본인이 당사자적격을 유지하게 된다.

나. 채권자가 소송을 제기한 경우

파산채권의 경우 파산채권자는 파산절차에 의하지 아니하고는 권리를 행사할 수 없으므로 (제424조) 곧바로 파산관재인을 상대로 소를 제기할 수는 없다. 파산절차 내에서 채권신고를 한 후 다툼이 있는 경우[18] 채권조사확정재판을 신청하여야 한다. 따라서 이러한 절차를 거치지 않고 파산관재인을 상대로 소를 제기한 경우 부적법하므로 각하하여야 한다.

재단채권의 경우 파산절차와 관계없이 권리를 행사할 수 있다(제475조, 제476조). 따라서 재단채권자는 파산선고 후 파산관재인에게 직접 이행청구를 할 수 있다. 파산관재인이 재단채권의 존부 및 범위를 다투는 경우 재단채권자는 파산관재인을 상대로 이행의 소를 제기할 수 있다. 반대로 파산관재인도 재단채권부존재확인소송을 제기할 수 있다.[19] 환취권의 경우도 마찬가지이다.

다. 채무자를 피고로 한 소송의 처리

(1) 수소법원이 소장부본을 파산관재인에게 송달한 경우

파산선고가 되면 파산관재인만이 당사자적격을 가지므로 채무자를 피고로 한 소장부본이 파산관재인에게 송달되었다고 하더라도 소송계속은 발생하지 않는다. 따라서 소송중단이나 수계가 문제될 여지가 없다. 다만 원고가 채무자에 대한 파산선고 사실을 알지 못한 경우 파산관재인으로의 당사자표시정정으로 해결하여야 한다.

(2) 수소법원이 소장부본을 채무자에게 송달한 경우

송달은 적법하고 소송계속은 발생하나, 당사자적격의 흠결로 소각하판결을 하여야 한다. 한편 통설과 판례[20]가 소장부본 송달시에 소송계속이 생긴다고 보기 때문에 법원이 소장을 발송

도로 파산관재인에 대한 책임추궁으로 나아갈 수 있을 것이다. 결국 파산재단에 관한 소송에 있어서 사실상 채무자 스스로의 권한은 법률상 공백 상태인 것이고, 파산관재인이 채무자의 권한을 흡수하여 채무자의 이익을 반영하여 소송을 수행하게 되므로 채무자는 파산관재인의 소송행위의 효력을 전면적으로 승인하지 않으면 안 되는 입장이며, 채무자에게 파산관재인의 소송활동을 저지할 수 있는, 즉 공동소송적 보조참가의 형태로 강력한 권한을 인정할 필요는 없고, 통상의 보조참가를 인정하면 충분하다(전병서, "파산관재인에 의한 파산재단에 관한 소송에서 파산자의 참가를 공동소송적 보조참가로 볼 것인가", 법률신문 2017. 7. 20. 자 11면). 나아가 채무자의 보조참가신청에 대하여 파산관재인이 수계한 소송은 보조참가인의 입장에서 타인간의 소송으로 볼 수 없고, 파산선고를 받아 본인의 재산에 대한 관리처분권을 상실하였으므로 보조참가인의 지위를 인정할 수 없다는 이유로 채무자의 보조참가를 부정한 하급심 판례도 있지만(서울행정법원 2023. 6. 1. 자 2022구합78364 결정), 이는 파산관재인의 제3자성과 채무자가 소송결과에 영향을 받는다는 것을 간과한 것이다.

18) 파산관재인이나 다른 파산채권자가 이의를 제기한 경우이다. 채무자가 이의를 제기한 경우에도 파산채권은 확정되므로 조사확정재판을 신청할 필요가 없다.

19) 재단채권이 조세채권인 경우에는 이러한 방법으로 하는 것이 아니라, 파산관재인이 부과(과세처분)되었음을 전제로 과세처분의 취소를 구하는 절차를 취하여야 한다. 구체적으로 이의신청, 심사청구, 심판청구를 거쳐 부과처분 취소소송을 제기하여야 한다. 조세채권 이외의 조세 등 청구권(제473조 제2호)의 경우에도 마찬가지이다.

20) 대법원 1994. 11. 25. 선고 94다12517,12524 판결.

한 후 피고(채무자)에게 소송부본이 송달되기 전에 파산선고가 된 경우에도 동일한 문제가 발생한다. 이 경우 파산선고 시점에서는 소송계속이 발생하지 않았기 때문에 소송중단과 수계의 문제가 발생하지 않는다. 파산선고로 채무자는 당사자적격을 잃게 되므로 법원은 직권으로 소를 각하하여야 한다. 다만 당사자능력이 없는 사망한 자임을 모르고 그를 피고로 하여 소를 제기한 경우 그 상속인으로 당사자표시정정을 허용하는 대법원[21]의 입장에 준하여 파산관재인을 당사자로 정정하는 당사자표시정정을 허용하는 것이 타당해 보인다.

라. 개별 소송에 관한 검토

(1) 채권자취소소송

파산선고 후에는 파산관재인이 부인의 청구나 부인의 소를 제기할 수 있을 뿐이다. 따라서 파산선고 후 파산채권자가 제기한 채권자취소소송은 부적법하다.[22] 다만 아래(본서 1814쪽)에서 보는 바와 같이 파산채권자가 파산선고 후에 제기한 채권자취소의 소가 부적법하더라도 파산관재인은 이러한 소송을 수계한 다음 청구변경의 방법으로 부인권을 행사할 수 있다.[23]

(2) 채권자대위소송

(가) 파산채권자의 경우

파산채권자가 채무자에 대한 채권을 보전하기 위하여 파산재단에 관하여 파산관재인에 속하는 권리를 대위 행사하는 것은 부적법하다. 피보전채권이 금전채권(본래형[24])이건[25] 금전채권 이외의 채권(특정채권 또는 비금전채권)(전용형)이건[26] 모두 부적법하다. 제384조는 "파산재단을 관리 및 처분할 권리는 파산관재인에게 속한다"고 규정하고 있어 채무자에게는 그 재단의 관리처분권이 인정되지 않고, 그 관리처분권을 파산관재인에게 속하게 하였으며, 제424조는 "파산채권은 파산절차에 의하지 아니하고는 이를 행사할 수 없다"고 규정하고 있는바, 이는 채무자의 자유로운 재산정리를 금지하고 파산재단의 관리처분권을 파산관재인의 공정·타당한 정리에 일임하려는 취지임과 동시에 파산재단에 대한 재산의 정리에 관하여는 파산관재인에게만 이를 부여하여 파산절차에 의해서만 행하여지도록 하기 위해 파산채권자가 파산절차에 의하지 않고 이에 개입하는 것도 금지하려는 취지의 규정이라 할 것이므로, 그 취지에 부응하기 위하여는 파산채권자가 채무자에 대한 채권을 보전하기 위하여 파산재단에 관하여 파산관재인에 속하는 권리를 대위하여 행사하는 것은 법률상 허용되지 않기 때문이다.

---

21) 대법원 2014. 10. 2. 자 2014마1248 결정, 대법원 2006. 7. 4. 자 2005마425 결정.

22) 대법원 2010. 9. 9. 선고 2010다37141 판결 참조.

23) 대법원 2018. 6. 15. 선고 2017다265129 판결.

24) 금전채권 또는 금전채권으로 전환될 채권을 보전하기 위하여 채권자대위권이 인정되는 경우를 채권자대위권 제도의 본래 목적과 기능(책임재산의 확보·보전)에 부합하는 것이라는 의미에서 '본래형'이라고 하고, 금전채권 이외의 채권(특정채권 또는 비금전채권)을 피보전채권으로 하는 경우를 채권자대위권 제도의 본래 목적과 기능을 벗어난 확대적용이라는 의미에서 '전용형'이라고 부른다.

25) 대법원 2013. 3. 28. 선고 2012다100746 판결, 대법원 2000. 12. 22. 선고 2000다39780 판결.

26) 대법원 2012. 9. 13. 선고 2012다38162 판결(피보전채권이 소유권이전등기청구권).

(나) 재단채권자의 경우

재단채권은 파산절차에 의하지 아니하고 파산재단으로부터 수시로 변제받을 수 있으므로 (제475조) 재단채권자의 채권자대위권 행사가 가능한지 여부가 문제될 수 있다.

먼저 피보전채권이 금전채권인 경우를 보자. 금전채권인 재단채권을 보전하기 위한 채권자 대위권 행사는 그 본래의 목적이 책임재산 보전(강제집행의 준비)에 있고, 재단채권에 기한 강제집행은 파산선고로 효력을 잃으므로[27] 파산재단의 관리처분권을 파산관재인의 공정·타당한 정리에 맡기는 채무자회생법의 취지를 중시하여 재단채권자의 채권자대위권의 행사는 허용되지 않는다고 할 것이다.

다음으로 피보전채권이 특정채권(비금전채권)인 경우를 보자. 재단채권은 파산절차에 의하지 아니하고 파산재단으로부터 수시로 변제받을 수 있으므로(제475조) 재단채권자의 개별적인 권리행사가 금지되지 않는다.[28] 이에 따라 특정채권을 가진 재단채권자가 자기의 채권의 현실적인 이행을 확보하기 위하여 파산재단에 관하여 파산관재인에 속하는 권리를 대위하여 행사하는 경우, 그것이 파산관재인의 직무 수행에 부당한 간섭이 되지 않는 등 파산절차의 원만한 진행에 지장을 초래하지 아니하고, 재단채권 간의 우선순위에 따른 변제 및 동순위 재단채권 간의 평등한 변제 등과 무관하여 다른 재단채권자 등 이해관계인의 이익을 해치지 않는다면, 파산재단의 관리처분권을 파산관재인의 공정·타당한 정리에 일임한 채무자회생법의 규정취지에 반하지 아니한다. 따라서 특별한 사정이 없는 한, 이와 같은 재단채권자의 채권자대위권 행사는 법률상 허용된다고 봄이 상당하다.[29] 형평성의 관점에서도, 재단채권자가 권리를 행사할 수 없는 상황을 그대로 두는 것이 재단채권자에게 너무 가혹할 수 있을 뿐만 아니라, 파산관재인에 대한 손해배상청구 등의 간접적인 방법만으로는 재단채권자의 권리보호가 매우 미흡할 수 있다는 점에서도 허용하여야 한다.

---

27) 대법원 2008. 6. 27. 자 2006마260 결정 참조.
28) 일본 파산법 제45조는 재단채권자가 제기한 채권자대위소송의 중단과 수계를 규정하고 있다.
29) 대법원 2016. 4. 15. 선고 2013다211803 판결 참조(☞ 원고가 파산관재인과 체결한 이 사건 매매약정에 따른 이 사건 각 토지에 관한 소유권이전등기청구권의 현실적인 이행을 확보하기 위하여 채무자 천호주택의 파산관재인을 대위하여 피고에 대하여 이 사건 신탁계약의 종료를 원인으로 하여 이 사건 각 토지에 관한 신탁등기말소 및 채무자 천호주택 앞으로의 소유권이전등기 절차의 이행을 구하는 것이 파산관재인의 직무 수행에 부당한 간섭이 되는 등으로 파산절차의 원만한 진행에 지장을 초래한다고 볼 수 없어 원고의 채권자대위권행사가 허용된다고 본 사례. 구체적으로 ① 이 사건 각 토지에 관하여 원고에게 소유권을 이전하기 위하여 원고나 파산관재인 모두에게 신탁등기의 말소 등이 필요하고, 신탁등기의 말소(와 채무자에 대한 소유권이전) 및 원고에 대한 소유권이전이 있어야 파산관재인의 이 사건 각 토지에 관한 환가절차가 완료되며, 그 환가의 실현이 다른 채권자들에 대한 변제 또는 배당을 위하여 필요한 점 등을 고려하면, 원고의 채권자대위권 행사가 채무자 천호주택의 파산관재인의 직무수행에 부당한 간섭이 되는 등 파산절차의 원만한 진행에 지장이 초래된다고 볼 수 없다. ② 또한 원고의 채권자대위권 행사의 결과는 신탁등기의 말소 및 채무자에 대한 소유권이전에 그치므로, 재단채권 사이의 변제순위 등과는 무관하다. 게다가 신탁등기의 말소 등이 이루어진 후 원고가 이 사건 각 토지에 관하여 소유권을 이전받는다고 하더라도 이는 환가절차의 일환이라는 점에서 다른 재단채권자 등 총채권자의 이익을 해한다고 보기도 어렵다. ③ 따라서 재단채권인 원고가 자신의 소유권이전등기청구권을 보전하기 위하여 채무자 천호주택의 파산관재인에게 속하는 권리를 대위행사하여 신탁등기말소 및 채무자에 대한 소유권이전등기를 구하는 것은 재단채권의 행사로서 파산재단의 관리처분권을 파산관재인에게 일임한 채무자회생법의 규정취지에 반하지 아니하므로, 법률상 허용된다고 보아야 한다).

〈피보전채권(피보전권리)과 채권자대위 허용 여부 요약표〉

피보전채권(피보전권리)		채권자대위 허용 여부
파산채권	금전채권	×
	특정채권(비금전채권)	×
재단채권	금전채권	×
	특정채권(비금전채권)	○

(3) 주주의 대표소송

파산절차가 진행 중인 회사에서 주주의 대표소송이 허용되는가. 파산한 회사에서는 파산관재인만이 당사자적격과 파산재단을 관리처분하는 권한을 가지게 되므로 주주는 대표소송을 제기할 수 없다. 회사에 대한 파산선고가 있으면 파산관재인이 법원의 관리 감독 하에 선량한 관리자의 주의로써 그 직무를 수행할 책무를 부담하고 그러한 주의를 게을리 한 경우에는 이해관계인에 대하여 책임을 부담하게 되기 때문에, 이사 또는 감사에 대한 책임을 추궁하는 소에 있어서도 이를 제기할 것인가의 여부는 파산관재인의 판단에 위임되어있다고 할 것이므로 회사가 이사 또는 감사에 대한 책임추궁을 게을리할 것을 예상하여 마련된 주주의 대표소송의 제도는 파산절차가 진행 중인 경우에는 그 적용이 없다.[30] 따라서 파산선고 이후에 주주가 파산관재인에게 소의 제기를 청구하였으나 파산관재인이 이를 거부하였다고 하더라도 대표소송을 제기할 수 없고, 주주가 회사에 소의 제기를 청구하고 30일을 기다리던 중 파산이 선고된 경우에도 마찬가지이다.

요컨대 파산선고 후 이사 등의 책임을 추궁하기 위한 소송은 파산관재인만이 원고 적격을 가진다.[31] 따라서 파산선고 후에 주주가 대표소송을 제기한 경우 당해 주주는 당사자적격이 없으므로 위 대표소송은 부적법하여 각하하여야 한다.

마. 파산관재인이 소를 제기한 경우

통상 파산관재인의 소제기 행위는 법원의 허가사항이다(제492조 제10호). 수소법원으로서는 법원의 허가 여부를 소명토록 하고 변론종결시까지 허가를 받지 못하는 경우 소각하 판결을 하여야 한다.

2. 파산선고 당시 이미 소송이 계속 중인 경우

민사소송의 목적은 사권(私權)의 실현에 있다. 이러한 민사소송의 목적을 달성하기 위해서는 일정한 절차상의 하자가 있더라도 절차를 진행시켜 판결을 선고할 필요가 있다. 공시송달

---

30) 대법원 2002. 7. 12. 선고 2001다2617 판결.
31) 대법원 2002. 7. 12. 선고 2001다2617 판결.

제도나 무변론판결, 기일불출석에 따른 진술간주나 자백간주 등은 이러한 필요에 부응하기 위하여 둔 제도이다. 그러나 이러한 제도도 소송당사자의 절차권을 보장하여야 하는 민사소송법의 대원칙과의 관계에서 일정한 한계가 있다. 소송절차의 중단제도가 대표적이다. 그런데 일방소송당사자에 대하여 파산절차가 개시된 경우 절차보장권은 후퇴되어야 할 뿐만 아니라 나아가 민사소송의 목적은 희생되어야 하는 상황이 발생한다. 채무자의 재산(파산재단)을 공정하게 환가·배당하여야 하는 파산절차의 목적에 따라 채무자의 재산(파산재단)을 지키는 것이 보다 우선시되어야 하기 때문이다. 파산선고 이전에 소송계속중인 민사소송의 목적물은 반드시 파산절차에 의해서만 행사할 수 있으므로(제424조), 민사소송절차의 완결은 의미가 없다. 이에 따라 사권보호 및 실현이라는 민사소송의 목적과 공정하게 환가·배당하여야 한다는 파산절차의 목적을 조화하기 위하여 파산절차에서 채무자 재산(파산재단) 관련 소송절차를 어떻게 취급할 것인지는 중요한 문제이다.[32]

가. 소송절차의 중단

당사자가 파산선고를 받은 때에 파산재단에 관한 소송절차는 중단된다(민소법 제239조). 파산재단에 관한 소송에서는 파산관재인이 당사자가 되고(제359조) 파산재단에 관하여 채무자가 관리처분권을 상실하였기 때문이다. 소송대리인이 있는 경우에도 소송절차는 중단된다(민소법 제238조 참조). 민사소송법 제238조와 같은 규정이 없기 때문이기도 하고(소송대리권도 민법 제690조에 의하여 종료된다), 파산관재인과 채무자의 이해가 일치하지 않기 때문이기도 하다.[33]

파산재단에 관한 소송절차의 중단은 파산선고의 확정을 기다리지 아니하고 그 선고에 의하여 즉시 발생한다. 파산은 선고한 때부터 효력이 발생하기 때문이다(제311조).

제6조 제1항 또는 2항에 의한 파산선고가 있는 때에는 관리인 등이 수행하는 소송절차는 중단되고 파산관재인 또는 그 상대방이 중단된 소송을 수계할 수 있다(제6조 제6항).

소송절차가 중단된 때에는 기간의 진행이 정지되고, 중단상태가 해소된 때(소송절차의 수계 사실을 통지하거나 소송절차를 다시 진행한 때)부터 전체 기간이 새로이 진행된다(민소법 제247조 제2항).

(1) 중단되는 소송의 범위

(가) 중단되는 것은 '파산재단에 관한 소송'이다. 소송절차의 중단과 관련된 '파산재단'에는

32) 김용진, 전게 "도산법과 민사소송법의 관계－도산절차개시가 국내·외 민사소송절차에 미치는 영향을 중심으로－, 134~135쪽 참조.
33) 구체적으로 민사소송법이 규정한 다른 소송절차 중단사유(민소법 제233조 제1항, 제234조 내지 제237조)와 달리 파산선고의 경우(민소법 제239조) 소송대리인이 있어도 중단되는 것은 민소법 제238조가 적용되지 않기 때문이다. 이와 달리 ① 파산선고를 제외한 나머지 사유는 소송대리권이 소멸하지 않기(민소법 제95조, 제96조) 때문에 당사자가 대리인 없이 무방비 상태가 되는 것이 아니지만, 파산선고의 경우는 소송대리권이 소멸하기 때문이라고 보는 견해(이시윤, 전게서, 399쪽), ② 위임은 당사자 일방의 파산으로 종료하고(민법 제690조) 위임계약에 기하여 수임자에게 대리권이 수여되어 있는 경우에는 위임계약의 종료로 인해 그 대리권도 소멸하기 때문(민법 제128조)이라고 보는 견해(도산절차와 소송 및 집행절차, 257쪽)도 있다.

파산재단에 속하는 적극재산뿐만 아니라 소극재산을 포함하는 개념이다. 따라서 '파산재단에 관한 소송'이란 '파산재단에 속하는 재산에 관한 소송'[34]과 '파산채권에 관한 소송',[35] '재단채권에 관한 소송'을 의미한다.[36] 파산선고를 받은 당사자가 원고이든 피고이든 상관없다. 유형에 따라 아래에서 보는 바와 같이 수계절차가 다르다.

파산재단과 관련이 없는 소송(예컨대 자유재산에 관한 소송, 이혼 등 기타 신분관계에 관한 소송, 회사관계소송[37] 등)은 채무자가 여전히 당사자가 된다. 이러한 소가 파산선고 당시에 계속 중인 경우에도 중단되지 않고 채무자가 소송수행을 계속한다. 파산선고 후에 소를 제기한 경우에도 파산관재인이 당사자가 되지 않고 채무자가 당사자가 된다. 파산관재인을 당사자로 하였어야 함에도 채무자를 당사자로 하여 소를 제기한 경우에도, 소송의 목적인 재산에 대하여 파산관재인이 관리처분권을 포기(파산재단으로부터의 포기)한 때에는, 적법한 것으로 된다.

소의 객관적 병합 내지 주관적 병합이 있는 경우에도 파산재단에 관한 소송에 한하여 중단된다. 다만 필수적 공동소송에서 공동소송인 가운데 한사람에게 파산이 선고된 경우 공동소송인 전원에 대하여 소송절차가 중단된다(민소법 제67조 제3항).

(나) 중단되는 소송에는 상소심도 포함되나, 변론종결 후 중단의 경우에는 판결의 선고는 가능하다(민소법 제247조 제1항). 상고심에서 상고이유서 제출기간 경과 후 소송당사자가 파산선고를 받은 경우에는 수계절차를 거칠 필요 없다.[38]

(다) 소송절차의 중단은 원래 판결절차를 전제로 한 것이지만 다른 절차에 있어서도 당사자 대립의 구조를 취하여 당사자의 소송수행을 필요로 한 경우에는 당사자의 편의와 소송경제를 위하여 유추적용을 인정하는 것이 타당하다. 따라서 독촉절차, 조정절차, 항고심절차, 가압류·

---

34) 채무자가 원고 또는 피고가 되어 어떤 재산의 소유권을 다투는 것이 대표적이다. 구체적으로 채무자의 제3자에 대한 금전이행청구소송, 부동산인도청구소송, 소유권(환취권)을 주장하는 제3자가 재산을 점유하고 있는 채무자를 상대로 제기한 인도소송, 채무자가 채권자인 경우 상대방이 제기한 채무부존재확인소송이 여기에 해당한다.

35) 채권자가 채무자에 대하여 제기한 금전이행소송, 반대로 채무자가 채권자에 대하여 제기한 채무부존재확인소송, 청구이의소송 등이 여기에 해당한다. 또한 수급인(원고)이 민법 제666조에 기하여 채무자(피고)를 상대로 제기한 저당권설정등기소송도 파산채권에 관한 소송이다.

36) 破産法·民事再生法, 401쪽, 도산절차와 소송 및 집행절차, 260쪽. 파산재단에 관한 소송(민소법 제239조) = 적극재산에 관한 소송[파산재단에 속하는 재산에 관한 소송(제347조 제1항)] + 소극재산에 관한 소송[= 파산채권에 관한 소송 + 재단채권에 관한 소송]

37) 한편 적어도 법인의 재산관계를 직접 변동시키는 효과를 갖는 조직법적인 법률관계에 관한 소송(합병, 영업양도, 배당, 신주발행 등)에 대하여는, 파산관재인의 관리처분권의 대상이 되고, 파산관재인이 당사자(피고)적격을 갖는다는 견해도 있다(條解 破産法, 647쪽). 당사자적격을 부정할 경우, 이러한 소송에 대하여 파산관재인에게 공동소송적 보조참가를 인정할 수 있을 것이다.

38) 대법원 2001. 6. 26. 선고 2000다44928, 44935 판결. 상고심 계속 중에 당사자가 파산선고를 받은 경우 소(청구)의 변경이 가능한가. 예컨대 채무자에 대한 금전채권에 기한 이행소송이 상고심 계속 중 채무자가 파산선고를 받았고, 파산관재인이 신고한 해당 채권에 대하여 이의를 하면서 소송을 수계한 경우, 당해 소송의 원고는 이행소송을 파산채권확정의 소로 변경할 수 있는가. 형식적으로는 상고심에서 소의 변경을 할 수 없다(민소법 제262조 제1항). 그런데 상고심에서 파기자판할 수 있는 사건에 대해 소의 변경을 부정하면 사실심으로 환송하여야 하고, 이는 소송경제에 반하여 불합리하다. 소의 변경을 변론종결시까지만 하도록 한 것은 법률심인 상고심은 소의 변경을 인정하여도 변경된 소의 당부를 판단하기 위한 사실심리를 할 수 없기 때문인데, 상고심에서 파산선고가 되고 파기자판할 수 있는 경우까지 소의 변경을 부정할 필요는 없다. 결국 상고심에서 파기자판할 수 있는 경우에는 소송경제를 고려하여 소의 변경이 인정된다고 할 것이다(倒産判例百選, 148~149쪽).

가처분절차,[39] 소송비용확정절차, 재산분할청구 등 가사비송절차 등도 중단된다. 파산재단과 관련된 소송이라면 행정소송도 포함된다. 반면 대석변론에 의한 재판의 적정보다는 절차의 신속이 중요한 강제집행절차, 담보권실행경매절차, 증거보전절차, 공시최고절차, 비송사건절차[40] 등에는 유추적용되지 않는다.[41]

(라) 파산재단과 관계되는 것이라면 재단채권에 관한 소송, 환취권 행사에 의한 소송도 포함된다. 재단채권은 일반적으로 파산선고 후에 발생하는 것이므로 파산선고 당시 계속 중인 소송을 생각하기 쉽지 않다. 그러나 쌍방미이행의 쌍무계약에 있어서 파산선고 전에 상대방이 그가 가진 청구권(예컨대 매매대금지급청구권)에 기하여 소를 제기하여 소송이 계속되고 있는 상태에서, 파산선고 후 파산관재인이 이행을 선택한 경우(제335조 제1항) 이행을 선택한 단계에서 중단된 청구권에 관한 소송의 수계가 이루어진다(제347조 제1항 제2문).

파산재단에 대한 채권은 그것이 파산채권으로 되는 것이라면 파산절차에서 조사·확정되지만, 재단채권은 조사·확정절차에 복종하는 것은 아니므로 재단채권에 관한 소송은 파산관재인이 즉시 수계하는 것이다.

(2) 개별 소송에 관한 검토[42]

(가) 채권자취소소송

파산채권자가 제기한 채권자취소소송(민법 제406조, 신탁법 제8조)이 채무자에 대한 파산선고 당시 법원에 계속되어 있는 때에 그 소송절차는 수계 또는 파산절차 종료 시까지 중단된다(제406조 제1항). 소송절차가 중단된다고 규정하고 있는 이유는 채권자취소소송이 파산선고를 받은 채무자를 당사자로 하는 것은 아니지만 그 소송결과가 파산재단의 증감에 직접적인 영향을 미칠 수 있을 뿐만 아니라, 파산채권자는 파산절차에 의하지 아니하고는 개별적인 권리행사가 금지되는 점(제424조 참조) 등을 고려하여, 파산채권자가 채무자에 대한 파산선고 이후에는 채권자취소권을 행사할 수 없도록 하기 위한 것이다.[43]

재단채권에 기한 채권자취소소송도 중단되고 수계할 수 있다.

파산채권자가 채무자를 상대로 대여금청구소송을, 수익자를 상대로 채권자취소소송을 제기하여 소송계속 중 채무자가 파산선고를 받은 경우에는 대여금청구소송과 채권자취소소송 모두 중단된다. 대여금청구소송은 파산절차에서의 채권신고 및 그에 따른 시부인결과에 따라 처리하고{아래 **〈나. (1)(나)〉**(본서 1810쪽) 참조}, 채권자취소소송은 파산관재인이 수계하여 부인소

---

39) 파산채권이나 재단채권에 기한 가압류·가처분은 파산선고가 있으면 파산재단에 대하여 그 효력을 잃기 때문에(제 348조 제1항), 실질적으로는 의미가 없다.

40) 재산권과 관련한 비송사건절차는 준용 또는 유추적용될 수도 있다. 관련 내용은 **〈제6편 제2장〉**을 참조할 것.

41) 편집대표 김상원·박우동·이시윤·이재성, 주석 신민사소송법(III), 한국사법행정학회(2004), 410~416쪽.

42) 민사소송법 제239조는 '당사자가 파산선고를 받은 때'를 전제로 소송절차의 중단을 규정하고 있다{회생절차의 경우에는 그러한 제한이 없다(제59조 제1항 참조)}. 반면 제347조는 그러한 제한이 없이 '파산재단에 속한 재산에 관한 소송수계'만을 규정하고 있다. 따라서 당사자가 아닌 자가 파산선고를 받은 경우에는 어떠한 경우에도 소송절차의 중단이 없는지가 문제될 수 있다. 아래의 사항들은 이러한 문제의식에서 검토되고 있는 것이다(본서 1814쪽 참조).

43) 대법원 2016. 7. 29. 선고 2015다33656 판결.

송으로 청구취지를 변경하여 절차를 속행할 수 있다.

(나) 채권자대위소송

채권자대위소송에서 원고는 채무자에 대한 자신의 권리를 보전하기 위하여 채무자를 대위하여 자신의 명의로 채무자의 제3채무자에 대한 권리를 행사하는 것이므로, 그 지위는 채무자 자신이 원고인 경우와 마찬가지라고 볼 수 있다. 그런데 소송의 당사자가 파산선고를 받은 때에 파산재단에 관한 소송절차는 중단되고(민소법 제239조), 파산채권자는 파산절차에 의하지 아니하고는 파산채권을 행사할 수 없게 된다(제424조). 그리고 채무자가 파산선고 당시에 가진 모든 재산은 파산재단에 속하게 되고, 채무자는 파산재단을 관리 및 처분하는 권한을 상실하며 그 관리 및 처분권은 파산관재인에게 속하게 되므로(제382조 제1항, 제384조), 채무자에 대한 파산선고로 채권자가 대위하고 있던 채무자의 제3자에 대한 권리의 관리 및 처분권 또한 파산관재인에게 속하게 된다. 한편 채무자회생법은 채권자취소소송의 계속 중에 소송의 당사자가 아닌 채무자가 파산선고를 받은 때에는 소송절차는 중단되고 파산관재인이 이를 수계할 수 있다고 규정하고 있는데(제406조, 제347조 제1항), 채권자대위소송도 그 목적이 채무자의 책임재산 보전에 있고 채무자에 대하여 파산이 선고되면 그 소송 결과는 파산재단의 증감에 직결된다는 점은 채권자취소소송에서와 같다. 이와 같은 채권자대위소송의 구조, 채무자회생법의 관련 규정 취지 등에 비추어 보면, 민법 제404조의 규정에 의하여 파산채권자가 제기한 채권자대위소송이 채무자에 대한 파산선고 당시 법원에 계속되어 있는 때에는 다른 특별한 사정이 없는 한 민사소송법 제239조, 채무자회생법 제406조, 제347조 제1항을 유추 적용하여 그 소송절차는 중단되고 파산관재인이 이를 수계할 수 있다.[44]

(다) 주주의 대표소송

주주대표소송 진행 중 회사가 파산한 경우 해당 손해배상청구권은 파산재단에 속한 권리로 된다. 따라서 명문의 규정은 없으나 회사의 재산에 대한 관리처분권이 파산관재인에게 속하게 되므로 채권자취소소송에 관한 제406조를 유추 적용하여 소송절차가 중단되고 파산관재인이 수계할 수 있다고 해석되고 있다.

주주대표소송에서 회사가 소송참가를 하여 주주와 다른 소송활동을 한 경우 파산관재인이 수계하는 것이 불합리한 것은 아닐까. 복수의 소송관계인 지위를 하나의 소송관계인이 승계하는 것도 민사소송법이 예정하고 있는 것이다. 파산관재인이 주주대표소송에서 원고인 주주와 회사 쌍방의 지위를 승계하는 것은 쌍방의 주장에 차이가 있다고 하여도 특별한 지장이 없다. 게다가 주주대표소송은 채무자인 회사 이외의 자가 제기한 소송이고, 원고 주주가 회사를 위하여 최선의 소송수행을 한다는 보장도 없다. 주주대표소송에 대하여는 회사가 파산한 경우에

---

44) 대법원 2019. 3. 6. 자 2017마5292 결정(그 이유는 파산선고로 파산재단에 관한 관리·처분권은 파산관재인에게 속하고, 파산채권자가 제기한 채권자취소소송과 채권자대위소송의 목적이 모두 채무자의 책임재산 보전에 있기 때문이다), 대법원 2013. 3. 28. 선고 2012다100746 판결.

도 파산관재인의 수계가 강제되지 않고, 해당 소송에 관한 원고인 주주의 지위를 승계하는 것이 불리한 경우 파산관재인은 수계를 하지 않고 별도로 소송을 제기하는 것도 허용된다. 이러한 점을 고려하면 파산관재인의 수계를 인정하여도 불합리한 것이 아니다.[45]

(라) 추심소송

추심채권자에 의한 추심소송도 앞에서 본 채권자취소소송이나 채권자대위소송의 상황과 동일하므로 제406조 제1항을 유추적용하여, 중단과 파산관재인에 의한 수계를 인정하는 것이 상당하다.[46]

채권질권자는 질권에 기하여 제3채무자를 상대로 추심소송을 제기할 수 있다(민법 제353조).[47] 따라서 이러한 소송은 별제권에 기한 것이므로 채무자에게 파산선고가 되어도, 채권질권자의 소송수행권은 상실되지 않고, 우선변제권의 행사도 허용된다. 중단도 파산관재인에 의한 수계도 없다고 해석된다.[48]

(마) 제3자이의소송

파산관재인이 강제집행절차를 속행한 경우 제3자가 파산채권자를 상대로 제기한 제3자이의 소송도 중단된다(제348조 제2항). 파산관재인이 강제집행절차를 속행하지 아니한 경우에는 다툼이 있다. 이에 관하여는 아래 〈나. (2)(다)〉를 참조할 것.

나. 소송절차의 수계[49]

파산재단에 속하는 재산에 관하여 파산선고 당시 법원에 계속되어 있는 소송은 파산관재인 또는 상대방이 이를 수계할 수 있다.[50] 쌍방미이행 쌍무계약에서 파산관재인이 채무를 이행하는 경우에 상대방이 가지는 청구권(제473조 제7호)에 관한 소송의 경우에도 마찬가지이다(제347조 제1항 제2문).

제6조 제1항 또는 2항에 의한 파산선고가 있는 때에는 관리인 등이 수행하는 소송절차는

---

45) 倒産判例百選, 46쪽.
46) 관련 내용은 〈제2편 제19장 제2절 Ⅱ.2.다.(3)〉(본서 1156쪽)을 참조할 것.
47) 채권자가 직접 청구를 하였음에도 제3채무자가 변제하지 않는 경우에는, 질권자는 제3채무자를 상대로 이행청구의 소를 제기할 수밖에 없다.
48) 條解 破産法, 373~374쪽.
49) 소송 계속 중 일방 당사자에 대하여 파산선고가 있었는데, 법원이 그 파산선고 사실을 알지 못한 채 파산관재인이나 상대방의 소송수계가 이루어지지 아니한 상태 그대로 소송절차를 진행하여 판결을 선고하였다면, 그 판결은 소송에 관여할 수 있는 적법한 소송수계인이 법률상 소송행위를 할 수 없는 상태에서 심리되어 선고된 것이므로 여기에는 마치 대리인에 의하여 적법하게 대리되지 아니하였던 경우와 마찬가지의 위법이 있다 할 것이다(대법원 2020. 5. 14. 선고 2020다9367 판결, 대법원 2013. 9. 12. 선고 2012다95486,95493 판결). 다만 당연무효는 아니다(대법원 1999. 12. 28. 선고 99다8971 판결).
50) 수계신청이나 속행명령(민소법 제244조)에 의해서도 수계되지 않는 경우가 있을 수 있다는 견해가 있다(한국사법행정학회, 주석 민사소송법(Ⅲ)(1996), 294쪽). 이때는 당연히 소송절차가 종료된다. 예컨대 ① 소송의 대상이 된 파산채권이 신고되었지만 채권조사기일에 다른 파산채권자나 파산관재인이 모두 이의를 진술하지 아니한 경우, ② 제1심에서 가집행선고가 붙은 판결이 난 뒤 항소심 계속 중에 파산관재인이 미처 알지 못한 재산으로 변제를 받는 등 사유로 채권신고가 되지 않은 경우, ③ 채권자대위권에 기한 소송과 채권자취소권에 기한 소송에서 수계신청권자인 파산관재인이 수계신청을 하지 아니한 경우 등이다.

중단되고 파산관재인 또는 그 상대방이 중단된 소송을 수계할 수 있다(제6조 제6항).[51]

(1) 수계절차

파산선고가 되면 '파산재단에 관한 소송'은 중단된다(민소법 제239조). 여기서 '파산재단에 관한 소송'이란 '파산재단에 속하는 재산에 관한 소송'과 '파산채권에 관한 소송', '재단채권에 관한 소송'을 의미한다는 것은 앞에서 본 바와 같다. 중단된 소송은 파산관재인이 수계하는데, 위 세 가지 소송은 수계에 있어 조금씩 차이가 있다. 파산관재인이 소송을 수계한 때에는 선의의 제3자 항변, 대항요건의 흠결, 부인권 행사 등 파산관재인 고유의 공격방어방법을 제출할 수 있다. 파산관재인이 수계한 소송에 관하여 소송비용의 부담을 명받은 경우, 상대방의 소송비용 상환청구권은 수계 전의 부분도 포함하여 재단채권이 된다(제347조 제2항).

(가) 파산재단에 속하는 재산에 관한 소송

중단된 소송은 파산관재인이 수계하여야 하고 수계신청은 상대방도 할 수 있다(제347조 제1항, 민소법 제241조). 상대방도 수계신청권이 있으므로 상대방이 수계신청을 한 경우 파산관재인은 원칙적으로 이를 거절할 수 없다.[52] 다만 회사의 이사 등에 대한 손해배상청구소송에 관하여 채무자회생법은 이사 등의 책임을 추궁하는 간단한 조사확정재판을 두고 있으므로(제352조) 파산관재인은 소송수계를 거절하고 조사확정재판을 신청할 수 있다.

변론종결 후 당사자가 파산선고를 받은 경우에는 수계절차 없이 판결을 선고할 수 있고(민소법 제247조 제1항), 종전의 당사자를 그대로 표시하면 된다.[53]

수계 후 파산관재인은 중단 시까지의 소송수행결과에 구속된다. 다만 앞에서 본 바와 같이 파산관재인은 소송절차에서 선의의 제3자 항변, 대항요건의 흠결, 부인권 행사 등 파산관재인 고유의 공격방어방법을 제출할 수 있다.

(나) 파산채권에 관한 소송

파산채권은 개별적인 권리행사가 금지되고(제424조) 파산절차 내에서 조사·확정된 후에 배

---

51) 채무자회생법 제6조 제1항은 "파산선고를 받지 아니한 채무자에 대하여 회생계획인가가 있은 후 회생절차폐지의 결정이 확정된 경우 법원은 그 채무자에게 파산의 원인이 되는 사실이 있다고 인정하는 때에는 직권으로 파산을 선고하여야 한다"고 규정하고, 같은 조 제6항은 "제1항 또는 제2항의 규정에 의한 파산선고가 있는 때에는 관리인 또는 보전관리인이 수행하는 소송절차는 중단된다. 이 경우 파산관재인 또는 그 상대방이 이를 수계할 수 있다"고 규정하고 있다. 위 각 규정의 내용과 취지에 비추어 보면, 채무자에 대하여 회생계획인가가 있은 후 회생절차폐지의 결정이 확정되더라도 채무자회생법 제6조 제1항에 의한 직권 파산선고에 의하여 파산절차로 이행된 때에는, 채무자회생법 제6조 제6항에 의하여 파산관재인은 종전의 회생절차에서 관리인이 수행 중이던 부인권 행사에 기한 소송절차를 수계할 수 있고, 이러한 경우 부인권 행사에 기한 소송은 종료되지 않는다(대법원 2015. 5. 29. 선고 2012다87751 판결).

52) ① 파산선고 당시 채무자가 수행하고 있는 파산재단에 관한 소송은 파산재단에 대한 관리처분권의 이전에 따라 채무자에서 파산관재인으로 당연 승계되고 이에 따라 상대방이 수계신청을 한 경우에는 파산관재인으로서는 수계를 거절할 수 없다는 견해(도산절차와 소송 및 집행절차, 267쪽, 다만 위 견해는 채무자가 파산선고 당시 당사자로서 수행하던 소송이 아니라는 이유로 제406조에 의한 채권자취소소송에 대해서는 수계거절권을 인정한다)와 ② 파산이라는 우연한 상황 때문에 그때까지의 소송수행의 결과가 헛수고가 되는 것을 받아들여야 할 이유가 없고 상대방에게도 수계신청권을 인정한 점에 비추어 수계를 거절할 수 없다는 견해(전병서, 251쪽)가 있다.

53) 대법원 1989. 9. 26. 선고 87므13 판결.

당을 받는다. 따라서 파산관재인이 곧바로 수계하는 것이 아니라 상대방의 파산채권신고와 그에 대한 채권조사결과에 따라 처리된다. 상대방이 파산채권을 법원에 신고하지 않은 경우 법원은 상대방에게 법원에 파산채권 신고를 하도록 권유한 다음[54] 그 결과에 따라 다음과 같이 처리하는 것이 바람직하다.

① 상대방이 파산채권을 법원에 신고하고, 신고한 파산채권이 모두 시인된 경우에는 당해 파산채권의 존재 및 내용이 확정되고 이를 파산채권자표에 기재하면 그 기재는 확정판결과 동일한 효력이 있다(제460조). 따라서 이 경우에는 계속 중이던 소송은 부적법하게 되므로[55] 수소법원은 소취하를 권유하고 응하지 않을 경우 파산관재인으로 하여금 소송을 수계하게 한 다음(제347조 제1항)[56] 소의 이익이 없으므로 소각하판결을 한다.[57]

② 상대방이 파산채권을 법원에 신고하고, 파산관재인 등에 의한 이의[58]가 제기된 경우에는 파산채권의 신고인은 이의자 전원을 상대방[59]으로 하여 수계신청하고(제464조) 청구취지도 파산채권확정소송의 형태로 변경하여야 한다.[60][61] 집행력있는 집행권원이나 종국판결이 있는 채권인 경우에는 이의자가 그 파산채권을 보유한 파산채권자를 상대방으로 하여 소송절차를 수계하여야 한다(제466조 제2항).[62] 이에 관한 자세한 내용은 〈제7장 제2절 Ⅲ., Ⅳ.〉(본서 1573, 1576쪽)를 참조할 것.

이처럼 파산선고 당시 계속 중이던 파산채권에 관한 소송은 파산관재인이 당연히 수계하는 것이 아니라 파산채권자의 채권신고와 그에 대한 채권조사의 결과에 따라 처리되므로, 당사자는 파산채권이 이의채권이 되지 아니한 상태에서 미리 소송수계신청을 할 수 없고, 이와 같은 소송수계신청은 부적법하다.[63]

---

54) 문제는 법원의 권유에도 불구하고 파산채권자가 채권신고를 하지 않는 경우이다. 회생절차에서는 채권신고기간 내에 채권신고를 하지 않으면 실권되므로 채권신고를 하지 않는 경우는 거의 없다. 그러나 파산절차에서는 채권신고를 하지 않더라도 실권되는 것도 아니고 신고기간 경과 후 언제든지 신고를 할 수 있어 채권신고를 하지 않는 경우가 더러 있다. 이런 경우에는 시부인을 할 수 없기 때문에 소송절차를 진행할 수 없는 상황이 발생한다(아래에서 보는 바와 같이 채권신고를 하지 않으면 이의채권이 되지 않아 소송수계를 할 수도 없다). 입법적 보완이 필요해 보인다.

55) 대법원 2019. 4. 25. 선고 2018다270951(본소),2018다270968(반소) 판결, 대법원 2018. 4. 24. 선고 2017다287587 판결.

56) 이의가 없는 파산채권 역시 파산재단에 관한 것으로 파산선고 당시 법원에 계속되어 있는 소송에 해당하기 때문이다.

57) 대법원 2013. 9. 12. 선고 2012다95486,95493 판결. 이에 대하여 중단된 소송이 수계되지 않고 종료된다는 견해도 있다(破産法・民事再生法, 405쪽, 각주 50)). 당사자로부터 소송물인 채권이 확정되었다는 취지의 의견을 받고, 수소법원은 소송종료선언판결을 하면 된다는 것이다. 다만 채무자도 이의를 하지 않은 경우에는 소송종료선언판결도 할 필요가 없고, 당연히 소송이 종료한다.

58) 채무자가 이의를 한 경우에는 채권확정에 영향이 없지만, 소송은 종료하지 않고 중단되어 있다가 파산절차가 종료된 후 채무자가 당연히 수계(또는 중단사유가 소멸하여 채무자가 절차를 속행)하는 것으로 봄이 상당하다. 관련 내용은 〈제10장 제1절 Ⅳ.1.〉(본서 1626쪽)을 참조할 것.

59) 이의자 일부를 상대방으로 한 수계신청은 부적법하므로 각하한다.

60) 대법원 2019. 4. 25. 선고 2018다270951(본소),2018다270968(반소) 판결. 예를 들면 "원고의 채무자 ㅇㅇㅇ에 대한 파산채권은 □□□원임을 확정한다"가 될 것이다.

61) 대법원 2018. 4. 24. 선고 2017다287587 판결.

62) 결국 파산절차에서 채권신고 등을 거쳐 이의가 제기되지 않은 파산채권에 관한 소송은 중단된 이후 제347조 제1항을 적용하여 해결하고, 이의가 제기된 파산채권에 관한 소송은 중단된 이후 제464조 및 제466조 제2항에 따라 해결한다.

63) 대법원 2020. 5. 14. 선고 2020다9367 판결, 대법원 2019. 4. 25. 선고 2018다270951(본소),2018다270968(반소) 판

사례 원고(수급인)가 피고(도급인)를 상대로 민법 제666조에 기하여 저당권설정등기를 이행하라는 소를 제기하였다. 제1심이 진행되던 중 피고에 대하여 파산선고가 되었다. 이 경우 위 소송은 어떻게 처리하여야 하는가.

먼저 원고(수급인)는 파산절차에서 법원에 파산채권(저당권설정등기청구권)을 신고하여야 한다. 파산관재인이 이를 시인하면 소송은 계속할 소의 이익이 없으므로 원고는 소를 취하한다(취하하지 않으면 부적법 각하된다). 파산관재인이 이를 부인하면 소송수계를 한 후 청구취지를 채권확정의 소 형태로 변경한다(예컨대 저당권설정등기청구권이 존재함을 확정한다). 부인을 하기 전에 소송수계신청을 할 경우 이는 부적법하다. 수급인은 저당권설정등기청구권이 존재함이 확정된 후 금전화(제426조 제1항)를 통해 배당을 받게 된다.

(다) 재단채권에 관한 소송

재단채권의 대부분은 파산선고 이후의 원인으로 발생한 것이므로 이에 대하여 파산선고 당시에 소송계속이 있다는 것은 생각할 수 없다. 예컨대 재단채권 중 제473조 제3호(파산재단의 관리·환가 및 배당에 관한 비용), 제4호(파산재단에 관하여 파산관재인이 한 행위로 인하여 생긴 청구권)는 파산선고 후에 발생한 채권이므로 소송절차의 중단 및 수계의 대상이 되지 않는다. 그러나 예외적으로 파산선고 전의 원인에 기한 채권이라도 재단채권인 것이 있고(예컨대 제473조 제10호의 임금 등 채권) 이에 관하여는 파산선고 당시에 소송계속이 있을 수 있다. 이 경우 재단채권에 관한 소송도 파산재단에 관한 소송이므로 중단되고 파산관재인이 수계한다.[64] 다만 청구취지는 이행의 소 형태를 유지한다.

파산재단에 관한 채권이 파산채권이라면 앞에서 본 바와 같이 파산절차에서 채권조사절차에 따라 조사·확정되지만, 재단채권은 채권조사절차에 따르지 않기 때문에 파산관재인이 바로 수계한다.

(2) 개별 소송에 관한 검토

(가) 채권자취소소송[65]

① 소송수계

파산채권자가 제기한 채권자취소소송[66]이 채무자에 대한 파산선고 당시 법원에 계속되어

결[① 피고 임대차보증금의 반환을 구하는 반소 제기 → ② 원고 2018. 5. 15. 파산선고 받음 → ③ 피고는 파산채권인 임대차보증금반환채권에 대해 채권신고 × → 원고의 파산관재인이 반소에 대해 소송수계신청 → 반소에 관한 파산관재인의 소송수계신청은 파산채권이 이의채권이 되지 아니한 상태에서 미리 제기된 것이므로 부적법], 대법원 2018. 4. 24. 선고 2017다287587 판결.

64) 쌍방미이행 쌍무계약에서 파산관재인이 채무를 이행하는 경우 상대방이 가지는 청구권(제473조 제7호)에 관한 소송은 파산관재인 또는 상대방이 수계할 수 있다고 명시적으로 규정하고 있다(제347조 제1항 후문).

65) 신탁법 제8조(사해신탁)에 따라 파산채권자가 제기한 소송이 파산선고 당시 법원에 계속되어 있는 경우에도 마찬가지이다(제406조 제1항).

66) 앞에서 본 바와 같이 재단채권자가 제기한 채권자취소소송에 관하여도 제406조를 유추적용하여 중단 및 수계를 인정하여야 할 것이다(일본 파산법 제45조는 이를 명시적으로 인정하고 있다).
별제권자가 별제권의 행사로서 제기한 채권자취소소송도 중단되고 수계되는가. 별제권자는 파산절차에 의하지 아니하고 권리를 행사할 수 있고(제412조), 별제권자는 그 별제권 행사에 의하여 변제를 받을 수 없는 채권액에 관하

있는 때에 그 소송절차가 중단되고,[67] 그 대신 파산관재인이 채무자에 대한 파산선고 이후 파산채권자가 제기한 채권자취소소송을 수계할 수 있다(제406조 제1항, 제347조 제1항 전문). 소송을 수계한 경우에는 부인의 소로 변경하여 부인권을 행사한다.[68] 이는 파산채권자의 채권자취소권이라는 개별적인 권리행사를 파산채권자 전체의 공동의 이익을 위하여 직무를 행하는 파산관재인의 부인권 행사라는 파산재단의 증식의 형태로 흡수시킴으로써, 채무자의 재산을 공정하게 환가·배당하는 것을 목적으로 하는 파산절차에서의 통일적인 처리를 꾀하고자 함이다. 부인권이 채무자가 파산채권자를 해함을 알고 한 행위를 부인하고 채무자로부터 일탈된 재산의 원상회복을 구할 수 있는 권리라는 점에서 채권자취소권과 동일한 목적을 가지고 있기 때문이다.[69] 파산관재인이 원고 측을 수계하여 통상 부인소송으로 청구취지를 변경하여 절차를 속행한다.[70] 파산관재인뿐만 아니라 상대방도 수계할 수 있다.[71]

한편 채권자취소소송의 계속 중 채무자에 대하여 파산선고가 있었는데, 법원이 그 사실을 알지 못한 채 파산관재인의 소송수계가 이루어지지 아니한 상태로 소송절차를 진행하여 판결을 선고하였다면, 그 판결에는 채무자의 파산선고로 소송절차를 수계할 파산관재인이 법률상 소송행위를 할 수 없는 상태에서 사건을 심리하고 선고한 잘못이 있어 위법하다.[72] 이러한 법리는 채권자취소소송 계속 중 채무자의 상속재산에 대하여 파산선고가 있었는데 법원이 그 사실을 알지 못한 채 상속재산 파산관재인의 소송수계가 이루어지지 아니한 상태로 소송절차를 진행하여 판결을 선고한 경우에도 마찬가지로 적용된다.[73]

채권자취소소송은 '채무자가 당사자가 아닌' '파산재단에 관한 소송'의 전형적인 한 예이다. 조세채권자가 제기한 채권자취소소송[74]에도 적용된다고 할 것이다. 다만 제349조 제1항의 취지에서 보면 취소로 인하여 발생하는 채권에 대하여 파산선고 전에 체납처분(강제징수)이 되어 있는 경우에 한한다고 할 것이다. 한편 제406조는 '채무자가 당사자가 아닌 파산재단에 관한

여만 파산채권자로서 그 권리를 행사할 수 있으므로(제413조) 별제권을 행사하는 채권자가 제기한 채권자취소소송은 제406조의 '파산채권자가 제기한 채권자취소소송'에 해당하지 않아서 중단대상이 아니라고 할 것이다.

67) 중단은 수계 또는 파산절차가 종료에 이르기까지 계속된다. 수계가 이루어지기 전에 파산절차가 종료하면 채권자는 채권자취소소송을 속행할 수 있다. 다만 개인파산의 경우 채무자가 면책결정을 받은 경우에는 속행이 어려울 것이다. 관련 내용은 〈제11장 제1절 Ⅴ.2.바.(2)〉(본서 1700쪽)를 참조할 것.

68) 대법원 2024. 5. 9. 선고 2023다290492 판결.

69) 대법원 2018. 6. 15. 선고 2017다265129 판결, 대법원 2016. 7. 29. 선고 2015다33656 판결.

70) 청구취지 변경으로 부인의 소로 변경된 경우 부인의 소는 파산계속법원 전속관할이므로(제396조 제3항) 기존의 사해행위취소소송이 파산계속법원이 아닌 다른 법원에 계속 중인 경우 파산계속법원으로 이송이 필요하다. 예컨대 서울중앙지방법원에서 사해행위취소소송을 진행하던 도중 서울회생법원에서 채무자에 대하여 파산선고를 한 경우에는 서울회생법원으로 이송하여야 한다. 하지만 파산채권자가 제기한 채권자취소소송이 항소심에 계속된 후에는 파산관재인이 소송을 수계하여 부인권을 행사하더라도 제396조 제3항이 적용되지 않고 항소심 법원이 소송을 심리·판단할 권한을 계속 가진다(대법원 2018. 6. 15. 선고 2017다265129 판결, 대법원 2017. 5. 30. 선고 2017다205073 판결).

71) 대법원 2023. 2. 23. 선고 2022다267440 판결.

72) 대법원 2022. 5. 26. 선고 2022다209987 판결, 대법원 2015. 11. 12. 선고 2014다228587 판결, 대법원 2014. 1. 29. 선고 2013다65222 판결 등 참조.

73) 대법원 2023. 2. 23. 선고 2022다267440 판결.

74) 국세기본법 제35조 제6항, 국세징수법 제30조, 지방세기본법 제71조 제4항, 지방세징수법 제39조.

소송'을 채권자취소소송에 한정한다는 취지가 아니고, 이 이외에도 '채무자가 당사자가 아닌 파산재단에 관한 소송'에도 유추적용된다(아래에서 보는 채권자대위소송이 이에 해당한다).

파산선고 후 파산채권자가 채권자취소의 소를 제기한 경우 소송수계가 허용되는가. ㉮ 파산선고 당시 채권자취소소송이 법원에 계속되어 있는 경우에 파산관재인이 수계를 할 수 있도록 한 위에서 본 필요성은 파산선고 이후에 채권자취소의 소가 제기된 경우에도 마찬가지로 인정되는 점, ㉯ 제396조 제1항은 "부인권은 소, 부인의 청구 또는 항변의 방법으로 파산관재인이 행사한다"라고 정하고 있다. 여기서 말하는 '소'란 반드시 파산관재인이 새로이 부인의 소를 제기하는 경우만을 의미하는 것이 아니라 파산관재인이 기존의 소송을 수계하여 부인의 소로 변경하는 방법으로 부인권을 행사하는 것도 포함한다. 제406조, 제347조 제1항이 파산채권자가 제기한 채권자취소의 소가 파산선고 당시 법원에 계속되어 있는 경우 그 소송절차의 중단과 파산관재인의 소송수계에 관하여 정하고 있는 것이 파산채권자가 파산선고 이후에 제기한 채권자취소의 소를 파산관재인이 수계하여 부인의 소로 변경하는 것을 금지하고 있는 취지라고 볼 수도 없는 점, ㉰ 채권자취소소송은 파산선고를 받은 채무자를 당사자로 하는 것은 아니므로 채무자에 대한 파산선고가 있더라도 당사자에게 당연승계사유가 발생하는 것은 아니다. 다만 그 소송결과가 파산재단의 증감에 직접적인 영향을 미칠 수 있기 때문에 파산채권자가 제기한 채권자취소소송이 파산선고 당시 법원에 계속되어 있는 때에는 그 소송절차가 중단되고 파산관재인이 소송을 수계하도록 특별히 정한 것이다. 따라서 소송계속 중 당사자의 사망 등 당연승계사유가 발생한 경우와는 구별되므로,[75] 이러한 경우를 규율하기 위해 마련된 민사소송법 규정이 파산채권자가 제기한 채권자취소의 소에 대해서도 그대로 적용된다고 보기 어렵다는 점을 고려하면, 파산선고 후에는 파산채권자가 수익자나 전득자를 상대로 채권자취소의 소를 제기할 수 없지만 채권자취소의 소를 제기한 경우에는 파산관재인이 소송수계를 할 수 있다고 보아야 한다.[76]

파산관재인은 채권자취소소송을 수계하지 않고 새로이 부인의 청구나 부인의 소를 제기할 수 있다. 관여하지 아니한 이전의 소송상태를 그대로 수계하도록 하는 것은 불합리하기 때문이다. 파산관재인이 새롭게 부인의 소를 제기한 경우에 있어서도 취소채권자가 한 처분금지가처분절차를 아래 ③에서 보는 바와 같이 수계하여 가처분채권자의 지위를 승계할 수 있다.

한편 상대방의 수계신청이 있는 경우 파산관재인은 수계를 거절할 수 있는가. 이에 대해 ㉮ 원고 패소의 판결은 채무자를 구속하지 않는데도 파산관재인이 불리한 소송상태를 승계하도록 하는 것은 부당하고, ㉯ 파산관재인은 파산재단 전체를 고려하여 위 소송이 파산재단의 증식에 유리한 경우에만 수계하여야 하고, 어느 채권자가 제기한 소송에 관하여 파산관재인에

---

75) 이러한 이유로 '채권자취소소송 계속 중 채무자의 파산선고로 인한 중단 및 수계'는 기존 민사소송법의 법리로부터 자유로울 수 있는 여지가 있다. 이는 당연승계에 관한 사안인 「대법원 2018. 6. 15. 선고 2017다289828 판결」과 구별된다.

76) 대법원 2018. 6. 15. 선고 2017다265129 판결. 따라서 파산채권자가 파산선고 후에 제기한 채권자취소의 소가 부적법하더라도 파산관재인은 이러한 소송을 수계한 다음 청구취지변경의 방법으로 부인권을 행사할 수 있다.

게 불리한 소송상태를 승계하도록 하는 것은 부당하다는 이유로 수계를 거절할 수 있다는 견해가 있을 수 있다.[77] 그러나 상대방에게 수계신청권이 있다고 명확히 규정하고 있는 이상 파산관재인에 의한 수계거절은 인정할 수 없다고 할 것이다.[78] 다만 파산관재인이 수계를 거절하고 부인의 청구를 하려 할 경우에는 상대방의 수계신청을 거절할 수 있다고 할 것이다.

② 소송수계 후 파산절차가 종료된 경우

채권자취소소송 계속 중 파산선고가 되어 파산관재인이 위 소송을 수계한 후 파산절차가 종료된 경우에는 소송절차는 다시 중단되고 채권자[79]가 이를 다시 수계한다(민소법 제240조 참조). 수계가 이루어지기 전에 파산절차가 종료되면 기존의 원고인 채권자에 의해 당연히 소송절차가 수계된다(민소법 제239조).[80]

③ 가압류·가처분

채권자취소소송을 본안으로 하여 채권자가 신청한 가압류·가처분절차가 중단·수계되는가. 가압류·가처분의 발령절차, 이의절차, 취소절차, 항고절차는 아직 소송수행단계에 있기 때문에 중단·수계의 대상이 된다고 할 것이다. 본안의 제소명령(민집법 제287조) 기간 중에 채무자에 대하여 파산선고가 된 경우에도 마찬가지이다.

가압류·가처분의 집행절차는 소송수행단계가 종료되었기 때문에, 중단·수계의 대상이 되지 않는다. 다만 파산관재인은 파산재단에 유리하다고 판단되면 그 가압류·가처분의 집행절차를 원용할 수 있다고 할 것이다.

채권자취소소송을 본안으로 채권자가 신청한 가압류·가처분의 집행 후, 파산관재인이 부인의 소를 제기하면서, 해당 가압류·가처분 채권자의 권리·지위를 승계한다는 의사를 표시한 때에는, 그 보전처분에 관한 권리·지위는 파산관재인에게 수계되고, 이후 보전처분취소소송의 피고적격은 파산관재인에게 인정된다.[81]

(나) 채권자대위소송 또는 주주대표소송

① 채권자대위소송

명문의 규정은 없으나 채권자취소소송에 관한 제406조, 제347조의 규정은 파산채권자가 제기한 채권자대위소송에도 유추적용되어 채권자취소소송과 마찬가지로 당해 소송절차가 중단되고 파산관재인이 원고 측을 수계할 수 있다고 할 것이다. 그 이유는 파산선고로 파산재단에 관한 관리·처분권은 파산관재인에게 속하고, 파산채권자가 제기한 채권자취소소송과 채권자

---

77) 파산관재인이 수계를 거절한 경우 채권자취소소송은 파산절차가 종료될 때까지 중단되고(제406조), 파산절차가 종료되면 수계절차를 거침이 없이 원고인 채권자에 의해 당연히 소송절차가 수계된다고 할 것이다(민소법 제239조 후문).

78) 破産法·民事再生法, 407쪽.

79) 민사소송법 제240조는 '파산선고를 받은 자', 즉 채무자가 수계하여야 한다고 되어 있지만, 채권자취소소송의 경우에는 '채권자'가 수계하는 것으로 보아야 할 것이다.

80) 대법원 2016. 8. 24. 선고 2015다255821 판결. 회생절차에 관한 것으로「대법원 2022. 10. 27. 선고 2022다241998 판결」이 있다.

81) 條解 破産法, 378쪽.

대위소송의 목적이 모두 채무자의 책임재산 보전에 있기 때문이다.[82]

조세채권자인 국가나 지방자치단체가 제기한 채권자대위소송에도 적용된다고 할 것이다. 다만 제349조 제1항의 취지에서 보면 피대위채권에 대하여 파산선고 전에 체납처분(강제징수)이 되어 있는 경우에 한한다고 할 것이다.

② 주주대표소송

주주대표소송도 채권자대위소송과 마찬가지로[83] 권리관계의 주체가 채무자임에도 법률의 규정에 의하여 제3자(주주)가 소송수행권을 갖게 되는 전형적인 제3자의 법정소송담당이라는 점에서 제406조, 제347조의 규정이 유추적용되어 소송절차는 중단되고 파산관재인이 수계할 수 있다고 할 것이다.

(다) 제3자이의 소송

① 파산관재인이 강제집행을 속행한 후 제3자 이의의 소를 제기한 경우

파산관재인이 강제집행을 속행한 경우에는 집행채권자가 이미 지급한 비용을 포함한 집행비용은 재단채권이 되고, 제3자 이의의 소에 대하여는 파산관재인이 피고가 된다(제348조 제2항). 파산관재인이 피고적격을 갖는다. 강제집행의 속행은 집행채권실현을 위한 것이 아니고, 환취권을 주장하는 별소의 제기를 제3자에게 요구하는 것을 피하며, 제3자 이의의 소를 통하여 목적물의 귀속에 관한 다툼을 해결하고자 하는 취지이다.[84]

속행 후 절차의 성격은 파산관재인에 의한 환가처분의 한 방법이기 때문에 제3자 이의의 소를 인정하지 않고 환취권 소송만을 허용할 수도 있지만, 집행절차의 형식을 취하고 있기 때문에 파산관재인을 상대로 한 제3자 이의의 소를 허용한 것이다.

② 파산관재인이 강제집행을 속행하기 전 제3자 이의의 소를 제기한 경우

파산관재인이 강제집행절차를 속행을 한 경우와 그렇지 않은 경우를 구별할 필요가 있다.

82) 대법원 2019. 3. 6. 자 2017마5292 결정, 대법원 2013. 3. 28. 선고 2012다100746 판결[채권자대위소송에서 원고는 채무자에 대한 자신의 권리를 보전하기 위하여 채무자를 대위하여 자신의 명의로 채무자의 제3채무자에 대한 권리를 행사하는 것이므로, 그 지위는 채무자 자신이 원고인 경우와 마찬가지라고 볼 수 있다. 그런데 소송의 당사자가 파산선고를 받은 때에 파산재단에 관한 소송절차는 중단되고(민소법 제239조), 파산채권자는 파산절차에 의하지 아니하고는 파산채권을 행사할 수 없게 된다(제424조). 그리고 채무자가 파산선고 당시에 가진 모든 재산은 파산재단에 속하게 되고, 채무자는 파산재단을 관리 및 처분하는 권한을 상실하며 그 관리 및 처분권은 파산관재인에게 속하게 되므로(제382조 제1항, 제384조), 채무자에 대한 파산선고로 채권자가 대위하고 있던 채무자의 제3자에 대한 권리의 관리 및 처분권 또한 파산관재인에게 속하게 된다. 한편 채무자회생법은 채권자취소소송의 계속 중에 소송의 당사자가 아닌 채무자가 파산선고를 받은 때에는 소송절차는 중단되고 파산관재인이 이를 수계할 수 있다고 규정하고 있는데(제406조, 제347조 제1항), 채권자대위소송도 그 목적이 채무자의 책임재산 보전에 있고 채무자에 대하여 파산이 선고되면 그 소송 결과는 파산재단의 증감에 직결된다는 점은 채권자취소소송에서와 같다. 이와 같은 채권자대위소송의 구조, 채무자회생법의 관련 규정 취지 등에 비추어 보면, 민법 제404조의 규정에 의하여 파산채권자가 제기한 채권자대위소송이 채무자에 대한 파산선고 당시 법원에 계속되어 있는 때에는 다른 특별한 사정이 없는 한 민사소송법 제239조, 채무자회생법 제406조, 제347조 제1항을 유추 적용하여 그 소송절차는 중단되고 파산관재인이 이를 수계할 수 있다].
83) 주주대표소송은 이사에 대한 책임추급의 실효성을 확보하기 위하여, 주주가 회사를 대위하여 이사에 대한 손해배상청구권을 행사하는 것으로 채권자대위소송과 그 성질이 동일하다.
84) 破産法・民事再生法, 414쪽.

먼저 파산관재인이 강제집행절차를 속행한 경우에 관하여 본다. 파산관재인이 강제집행절차를 속행한 경우 제3자 이의의 소(파산선고 후 제기된 것을 포함한다)는 파산관재인이 피고로서 중단·수계한다(민소법 제239조, 제347조 제1항).

다음으로 파산관재인이 강제집행절차를 속행하지 않는 경우에 관하여 본다. 이 경우에는 견해가 나뉘어 있다. ① 소송종료설. 파산선고 당시 계속하는 파산채권 또는 재단채권에 기한 제3자이의의 소는 강제집행 자체가 파산선고에 의하여 그 효력을 잃기 때문에(제348조 제1항 본문),[85] 그 소송을 유지할 목적을 흠결하게 되어 위 소송은 각하(종료)된다. 제3자이의의 소는 집행채권자와 제3자 사이에 계속하는 소송으로 채무자와의 소송이 아니므로 중단되지 않으며 수계의 문제도 발생하지 않는다. 제3자로서는 환취권을 주장하여 파산관재인을 상대로 새로이 소(환취권 행사로 인한 소송)를 제기할 수밖에 없다. ② 소송수계설. 파산관재인이 강제집행절차를 속행하지 않는 경우, 제3자 이의의 소의 실질은 제3자가 소유권 등을 주장하여 목적물의 파산재단으로의 귀속을 다투는 것이므로 중단되고, 제3자가 파산관재인에 대하여 목적물의 인도를 주장하는 소송으로 파산관재인이 피고측을 수계한다(제406조 유추[86]).[87] 요컨대 소송이 종료되고 새로이 인도소송을 구하도록 하는 것은 절차의 반복에 불과하고, 파산선고로 강제집행이 실효된다고 하여도 여전히 제3자로서는 소유권 등을 주장하여 목적물의 인도를 구할 필요가 있다는 점에서, 적어도 파산선고 전에 제기된 제3자 이의의 소에 대하여는 수계를 인정하는 것이 타당하다고 본다.[88]

(라) 배당이의소송

배당이의의 소는 배당표에 배당을 받는 것으로 기재된 자의 배당액을 줄여 자신에게 배당이 되도록 하기 위하여 배당표의 변경 또는 새로운 배당표의 작성을 구하는 것으로서,[89] 배당기일에 배당표에 대한 이의가 완결되지 아니하면 이의를 한 채권자 또는 집행력 있는 집행권원의 정본을 가지지 아니한 채권자에 대하여 이의를 한 채무자는 이의를 한 상대방을 피고로 하여 배당이의의 소를 제기할 수 있다(민집법 제256조, 제154조).

① 채무자가 제기한 배당이의소송

집행력 있는 집행권원의 정본을 가지지 아니한 채권자[90]에 대하여 이의한 채무자는 배당이의의 소를 제기할 수 있다(민집법 제256조, 제154조 제1항).[91] 배당이의의 소가 계속 중인 경우에

---

85) 대법원 2008. 6. 27. 자 2006마260 결정.
86) 제406조를 유추하도록 한 것은 제3자 이의의 소에 있어서는 채무자가 당사자로 되어 있지 않기 때문이다.
87) 破産法·民事再生法, 414쪽.
88) 파산선고 후 제기된 제3자 이의의 소는, 목적물에 대하여 소유권을 주장하는 제3자가 환취권을 행사할 수 있으므로 파산관재인이 강제집행을 속행하지 않는 한 제3자 이의의 소는 소의 이익이 흠결되었다고 할 것이다.
89) 대법원 2011. 9. 29. 선고 2011다48902 판결.
90) 상대방이 가압류채권자이면 채무자가 배당이의의 소를 제기하는 것이 아니라 가압류채권자가 본안소송을 제기하여야 한다. 가압류채권자의 채권액에 대한 배당금액은 공탁하여야 하고(민집법 제160조 제1항 제2호) 채무자가 가압류채권의 존부를 다투는 이상은 가압류채권자가 본안소송으로써 자기 채권의 존재를 증명하여야 하기 때문이다. 즉 가압류채권자는 본안의 확정판결을 받아 이를 집행법원에 제출하여야 공탁금을 지급받을 수 있다.
91) 채무자가 집행력 있는 집행권원의 정본을 가진 채권자에 대하여 배당이의를 할 경우에는 배당이의의 소를 제기할 수 없고 청구이의의 소를 제기하여야 한다(민집법 제154조 제2항).

는 집행절차가 종료[92]되었다고 볼 수 없고,[93] 배당이의의 소가 진행 중에 채무자에 대하여 파산선고가 된 경우에는 배당금은 파산재단에 속하게 된다. 따라서 채무자가 제기한 배당이의의 소는 중단되고(민소법 제239조), 파산관재인이 수계할 수 있다(제347조 제1항).

② 파산채권자들 사이의 배당이의소송

채무자가 당사자가 아닌 배당이의소송의 경우 중단과 수계에 관한 명시적인 규정이 없다.[94] 파산채권자들 사이에 배당이의소송이 계속되는 중에 채무자에 대하여 파산선고가 된 경우 배당이의소송이 중단되고 파산관재인이 그 배당이의소송을 수계할 수 있는지가 문제된다.

이와 관련하여 대법원은 「제347조 제1항 제1문은 파산재단에 속하는 재산에 관하여 파산선고 당시 법원에 계속되어 있는 소송은 파산관재인 또는 상대방이 수계할 수 있다고 정하고 있다. 그러나 소송의 결과가 파산재단의 증감에 영향을 미치지 않는 경우에는 파산관재인이나 상대방이 소송을 수계할 이유가 없으므로, 채무자의 책임재산 보전과 관련없는 소송은 특별한 사정이 없는 한 위 규정에 따른 수계의 대상이 아니라고 보아야 한다. 파산절차는 모든 채권자들을 위한 포괄적인 강제집행절차로, 파산절차가 개시되면 채무자가 파산선고 당시에 가진 모든 재산은 원칙적으로 파산재단에 속한다(제382조). 채무자 소유 부동산에 관해 경매절차가 진행되어 부동산이 매각되었으나 배당기일에 작성된 배당표에 이의가 제기되어 파산채권자들 사이에서 배당이의소송이 계속되는 중에 채무자에 대해 파산이 선고되었다면, 배당이의소송의 목적물인 배당금은 배당이의소송의 결과와 상관없이 파산선고가 있은 때에 즉시 파산재단에 속하고, 그에 대한 관리·처분권 또한 파산관재인에게 속한다(제384조). 이와 같이 소송의 결과가 파산재단의 증감에 아무런 영향을 미치지 못하는 파산채권자들 사이의 배당이의소송은 채무자의 책임재산 보전과 관련이 없다. 따라서 이러한 배당이의소송은 제347조 제1항에 따라 파산관재인이 수계할 수 있는 소송에 해당한다고 볼 수 없다」[95]고 판시함으로써, 소송의 결과

---

92) 유체동산, 부동산에 대한 금전집행은 압류금전 또는 매각대금을 채권자에게 교부 또는 배당한 때 집행이 종료된다. 집행종료시기에 관한 구체적인 내용은 「법원실무제요, 민사집행(Ⅰ)-집행총론-, 290~291쪽」을 참조할 것.
93) 배당절차가 종결되면 배당이의소송은 허용되지 않는다(대법원 1965. 5. 31. 선고 65다647 판결). 이 경우 국가를 상대로 한 손해배상청구 또는 배당금을 수령한 채권자를 상대로 한 부당이득반환청구를 할 수 있다.
94) 민사소송법 제239조는 '당사자가 파산선고를 받은 때' 파산재단에 관한 소송절차의 중단을 규정하고 있음에 반하여, 제347조 제1항은 그러한 조건(당사자의 파산선고) 없이 '파산재단에 속하는 재산에 관한 소송수계'만을 규정하고 있다. 이로 인하여 소송의 당사자가 아닌 경우에도 제347조 제1항을 근거로 해당 소송이 '파산재단에 관한 소송절차'임을 이유로 소송절차의 수계를 주장할 수 있는 여지가 있는 것이다.
95) 대법원 2019. 3. 6. 자 2017마5292 결정. 위 결정의 사안은 다음과 같다. X소유 부동산이 임의경매로 매각된 후 열린 배당기일에서 배당을 받지 못한 A(가압류권자로서 확정판결 받은 자)가 B(소액임차인)의 배당액에 대해 이의하고 배당이의의 소를 제기하였다. 배당이의소송 중 X에 대한 파산선고가 나자 파산관재인 C가 A(배당이의소송 원고)의 지위에 대한 소송수계 신청을 하였으나 기각되었다. 대법원은 위와 같은 사안에서 B를 파산채권자로 보고 본문과 같이 판시하였다. 그러나 소액임차인 B는 주택임대차보호법 제8조의 최우선변제권이 인정되는 금액에 대하여 별제권자에 준하는 지위에 있다. 즉 파산재단에 속하는 주택(대지를 포함한다)에 관해서 파산절차에 의하지 않고 임차보증금반환채권의 만족을 받을 수 있다(대법원 2017. 11. 9. 선고 2015다44274 판결 참조). 따라서 본 사안은 파산채권자(A)가 별제권을 갖는 소액임차인(B)을 상대로 제기한 배당이의소송이다. 문제된 배당금은 B가 진정한 소액임차인이면 별제권자인 B에게 귀속되고, 가장임차인이면 파산재단에 귀속한다. 따라서 배당이의소송의 결과에 따라 파산재단의 증감에 영향을 주는 것이다. 그렇다면 본 사안에서 배당이의소송은 제347조 제1항에 따라 파산관재인이 이를 수계할 수 있다고 보아야 한다.

가 파산재단의 증감에 영향을 미치는 경우에만 제347조 제1항에 의한 파산관재인의 수계를 인정할 수 있다고 하고 있다. 결국 파산채권자들 사이에 배당이의소송이 계속되는 중에 채무자에 대하여 파산선고가 된 경우 파산재단의 증감에 영향이 없는 배당이의소송은 소의 이익이 없어 각하되어야 한다.[96]

　그러나 파산재단의 증감에 영향을 미치는지에 따라 수계 여부가 결정된다는 위 대법원의 견해는 다음과 같은 이유에서 수긍하기 어렵다. 당사자가 파산선고를 받은 때에 파산재단에 관한 소송절차는 중단되고(민소법 제239조), 파산재단에 속하는 재산에 관하여 파산선고 당시 법원에 계속되어 있는 소송은 파산관재인이 이를 수계할 수 있으므로(제347조 제1항), 파산관재인의 소송수계는 소송 진행 중 일방 당사자가 파산한 경우에 허용되는 것이 원칙이다. 한편 채무자회생법은 예외적으로 채권자취소소송의 계속 중에 소송의 당사자가 아닌 채무자가 파산한 경우 제347조를 준용하여 파산관재인이 소송절차를 수계할 수 있는 규정을 두고 있으나(제406조) 배당이의의 소의 경우에는 그러한 규정을 두고 있지 않고,[97] 달리 제406조가 배당이의의 소의 경우에도 유추적용된다고 볼 근거가 없을 뿐 아니라(제348조 제2항과 같은 규정도 존재하지 않는다), 파산관재인은 배당절차에서 이의를 진술하지 아니하여 배당이의의 소의 당사자적격도 인정되지 아니한다.[98] 파산채권자들 사이의 배당이의 사건이 확정된다고 하여도 파산관재인은 승소한 당사자를 상대로 부당이득반환청구를 할 수 있으므로 소송수계를 인정하지 않아도 구제방법이 있다. 배당이의소송은 파산채권자들이 당사자로서 각자의 파산채권 행사의 일환으로 소송을 제기하여 수행하고 있는 것으로 채무자의 권리를 대신 행사하는 것이 아니므로 채권자대위소송이나 채권자취소소송 및 주주대표소송과 그 성격이 다르다. 배당이의소송의 원고적격은 배당기일에서 이의를 진술한 자에 한하여 인정되는 것인데, 파산관재인에게 파산채권자가 한 이의 진술의 효과가 미친다고 보기 어렵다. 수계를 인정할 경우 파산관재인이 원고와 피고 중 누구를 승계할 것인지가 명확하지 않고 어느 쪽을 수계할 수 있도록 하는 것도 적절하지 않다. 또한 채무자가 이의를 하지 아니한 채 채권자들 사이에서 배당이의소송이 계속 중인 경우 채무자는 배당이의소송과 아무런 이해관계가 없고, 당사자인 채권자들 사이에서

---

96) 이 경우 파산관재인은 배당이의소송의 결과에 따라 배당금을 수령해 간 원고 또는 피고를 상대로 부당이득반환청구를 통해 구제받을 수 있다. 확정된 배당표에 의하여 배당을 실시하는 것은 실체법상의 권리를 확정하는 것이 아니므로 배당을 받아야 할 자가 배당을 받지 못하고 배당을 받지 못할 자가 배당을 받은 경우에는 배당에 관하여 이의를 한 여부 또는 형식상 배당절차가 확정되었는가의 여부에 관계없이 배당을 받지 못한 우선채권자는 부당이득반환청구권이 있다고 할 것이기 때문이다(대법원 2019. 7. 18. 선고 2014다206983 전원합의체 판결, 대법원 2008. 6. 26. 선고 2008다19966 판결, 대법원 1988. 11. 8. 선고 86다카2949 판결, 대법원 1964.7.14. 선고 63다839 판결 등 참조).

97) 다만 제406조를 한정적 규정으로 보는 것은 아니다. 앞에서 본 바와 같이 제406조의 규정이 채무자가 당사자가 아닌 다른 유형의 소송수계를 배제하는 것은 아니다.

98) 서울북부지방법원 2017. 3. 16. 자 2016라176 결정 참조. 위 결정의 원심(제1심, 서울북부지방법원 2016가단108653)은 「소송수계는 당연히 소송절차의 중단을 전제로 하는데, 이 사건 배당이의소송은 민사소송법 제239조, 채무자회생법 제406조 및 대법원 2013. 3. 28. 선고 2012다100746 판결에서 정한 어느 경우(채권자취소소송, 사해신탁소송, 채권자대위소송)에도 해당하지 않으므로 중단되지 않고, 따라서 채무자회생법 제347조 제1항을 근거로 이 사건 배당이의소송을 수계할 수 없다」고 판시하였다.

만 효력이 있다(단지 배당이의소송 당사자 사이에서 누가 배당금을 가져갈 것인지만 문제되고, 이러한 배당이 잘못된 것이라면 이후 파산관재인은 배당을 받아간 자를 상대로 부당이득반환청구를 하면 된다).[99] 이러한 점들을 종합하여 보면, 파산채권자들 사이에서 배당이의의 소 계속 중 채무자가 파산한 경우 파산관재인은 배당이의소송을 수계할 수 없다고 할 것이다.

요컨대 파산채권자가 다른 파산채권자를 상대로 제기한 배당이의소송은 채무자에 대하여 파산선고가 있으면 바로 소송목적이 된 배당금은 파산재단에 속하므로 배당이의의 소는 소의 이익이 없어 각하되어야 한다. 배당이의의 소제기로 공탁된 배당금(민집법 제256조, 제160조 제1항 제5호)은 채무자에 대하여 파산선고가 됨에 따라 파산관재인에게 배당되도록 배당표를 경정하거나 추가배당 또는 재배당하여야 할 것이다(민집법 제256조, 제161조).[100] 다만 어떠한 이유로든 파산채권자에게 배당이 마쳐진 경우에는 파산관재인은 배당받은 파산채권자를 상대로 부당이득반환청구를 할 수밖에 없다.

③ 채권자가 제기한 배당이의소송 중 별제권자가 있는 경우

별제권자는 파산절차에 의하지 아니하고 권리를 행사할 수 있고(제412조), 당사자가 별제권자로 인정되는 경우 이들에게 직접 배당금을 지급하여야 하므로 파산재단의 증감에 영향을 미친다고 할 것이다. 따라서 ②의 대법원 판례에 의할 경우 파산관재인은 제347조 제1항에 따라 배당이의소송을 수계할 수 있다고 할 것이다.

그러나 ②에서와 같은 이유로 배당이의를 하지 아니한 파산관재인의 수계는 인정되지 않는다고 할 것이다.[101] 원고가 파산채권자이고 피고가 별제권자인 경우 별제권자로 인정되면 배당이의소송은 기각하면 되고, 별제권자로 인정되지 않으면 배당금은 파산재단에 속하므로 배당이의소송은 소의 이익이 없어 부적법 각하하면 된다.

(마) 이혼으로 인한 재산분할청구권에 관한 소송

이혼으로 인한 재산분할청구권은 이혼을 한 당사자의 일방이 다른 일방에 대하여 재산분할을 청구할 수 있는 권리로서 청구인의 재산에 영향을 미치지만, 순전한 재산법적 행위와 같이 볼 수는 없다. 오히려 이혼을 한 경우 당사자는 배우자, 자녀 등과의 관계 등을 종합적으로 고려하여 재산분할청구권 행사 여부를 결정하게 되고, 법원은 청산적 요소뿐만 아니라 이혼 후의 부양적 요소, 정신적 손해(위자료)를 배상하기 위한 급부로서의 성질 등도 고려하여 재산을 분할하게 된다. 또한 재산분할청구권은 협의 또는 심판에 의하여 구체적 내용이 형성되기까지

---

99) 채권자가 제기한 배당이의 소 판결의 효력은 원고와 피고 사이에서만 미치고 그 밖의 채권자와 채무자에게는 미치지 아니한다(대법원 2012. 4. 26. 선고 2010다94090 판결, 대법원 2007. 2. 9. 선고 2006다39546 판결 등). 이를 상대효라 한다. 반면 채무자가 제기한 배당이의의 소에서 채무자가 승소한 경우에 그 판결은 이의를 제기하지 아니한 채권자에게도 효력이 미치므로 그 범위에서 절대효가 인정된다.

100) 실무적으로 이의가 제기된 배당금에 관하여 배당이의소송의 주문만으로 명확하지 아니한 경우에는 정식으로 배당기일을 열어 추가배당을 하고 그와 같은 내용의 배당표를 작성하는 방법으로 처리하고 있다.

101) 임의경매절차(다른 저당권자가 신청한 경매절차)에서 저당권자 등이 배당에 참가하는 방법으로 별제권을 행사하는 경우, 파산관재인은 제출된 채권신고서 등을 검토하여 담보권의 부존재, 소멸사유가 있다면 배당이의를 하여야 한다. 다만 이는 배당에 대한 이의를 할 수 있는 기간이 지나기 전의 경우이다.

는 그 범위 및 내용이 불명확·불확정하기 때문에 구체적으로 권리가 발생하였다고 할 수 없
어 채무자의 책임재산에 해당한다고 보기 어렵고, 채권자의 입장에서는 채무자의 재산분할청
구권 불행사가 그의 기대를 저버리는 측면이 있다고 하더라도 채무자의 재산을 현재의 상태보
다 악화시키지 아니한다. 이러한 사정을 종합하면, 이혼으로 인한 재산분할청구권은 그 행사
여부가 청구인의 인격적 이익을 위하여 그의 자유로운 의사결정에 전적으로 맡겨진 권리로서
행사상의 일신전속성을 가지므로, 채권자대위권의 목적이 될 수 없고 파산재단에도 속하지 않
는다고 보아야 한다.[102]

제347조 제1항 제1문은 파산재단에 속하는 재산에 관하여 파산선고 당시 법원에 계속되어
있는 소송은 파산관재인 또는 상대방이 수계할 수 있다고 정하고 있다. 그러나 이혼으로 인한
재산분할청구권은 파산재단에 속하지 아니하여 파산관재인이나 상대방이 절차를 수계할 이유
가 없으므로, 재산분할을 구하는 절차는 특별한 사정이 없는 한 위 규정에 따른 수계의 대상
이 아니라고 보아야 한다.[103]

(3) 파산절차의 해지와의 관계

(가) 수계가 있기 전에 파산절차가 해지된 경우

소송절차가 중단된 후 수계되지 않고 있는 사이에 파산절차가 해지(파산취소, 파산폐지, 파산
종결)되면, 채무자는 기존 소송을 당연히 수계하고 소송은 다시 진행한다(민소법 제239조 후문).
소송수계신청은 필요 없다.[104] 법원은 파산해지의 증명이 있으면 다시 기일을 지정하여 소송을
진행하면 된다.

(나) 수계가 있은 후에 파산절차가 해지된 경우

1) 소송절차의 중단

일단 소송절차가 수계된 후 파산절차가 해지된 경우에는 소송은 다시 중단되고 채무자가
소송절차를 수계한다(민소법 제240조). 수계 후 파산절차가 해지되면 채무자는 자기의 재산에
관한 관리처분권을 회복하고 파산관재인은 이에 대한 관리처분권을 잃기 때문이다.

파산선고 후 파산관재인이 또는 파산관재인에 대하여 제기된 파산재단에 관한 소송절차도
파산해지에 의하여 중단된다고 할 것이다.

---

102) 대법원 2022. 7. 28. 자 2022스613 결정 참조.

103) 대법원 2023. 9. 21. 선고 2023므10861, 10878 판결. 법원이 부적법한 소송수계신청을 받아들여 소송을 진행한 후
소송수계인을 당사자로 하여 판결을 선고하였다면, 소송에 관여할 수 있는 적법한 당사자가 법률상 소송행위를 할
수 없는 상태에서 심리되어 선고된 것이어서 마치 대리인에 의하여 적법하게 대리되지 아니하였던 경우와 마찬가
지로 위법하다(위 판결 및 대법원 2019. 4. 25. 선고 2018다270951, 270968 판결, 대법원 1981. 3. 10. 선고 80다
1895 판결 등 참조).

104) 대법원 2016. 8. 24. 선고 2015다255821 판결{채권자취소소송 계속 중에 채무자가 파산선고를 받은 때에는 소송절
차가 중단되고 파산관재인이 기존의 원고인 채권자를 수계할 수 있으나, 그 수계가 이루어지기 전에 파산절차가 종
료되면 기존의 채권자에 의해 당연히 소송절차가 수계된다(민소법 제239조). 따라서 이 경우 법원은 별도의 수계절
차를 거칠 필요 없이 판결을 할 수 있다.}

2) 수계적격

파산절차의 해지에 의하여 중단된 파산재단에 관한 소송은 채무자(파산선고를 받은 자)가 수계하여야 한다(민소법 제240조). 파산관재인이 제기하거나 파산관재인에 대하여 제기된 파산채권확정소송은 본래 채무자를 위한 소송이기 때문에 파산의 해지에 의해 중단된 뒤 채무자가 수계한다. 반면 채권자상호간의 파산채권확정소송은 각각 자기의 계산으로 고유의 권능에 기하여 하는 것으로 채무자가 이를 수계할 것은 아니고, 또한 파산절차가 해지된 이상 이를 수행할 이익이 없으므로 파산절차종결에 의해 해지된 경우를 제외하고 원칙적으로 소송은 종료하게 된다.

파산절차해지 후 파산채권확정소송의 취급에 관하여는 〈제7장 제2절 Ⅶ.〉(본서 1583쪽)을 참조할 것.

다. 변론종결 후 파산선고

채무자가 당사자(원고 또는 피고)가 되어 진행된 소송이 변론종결된 후 채무자에 대하여 파산선고가 있게 된 경우[105] 파산관재인에게 그 판결의 효력이 미치는가. 변론종결 후 파산선고가 된 경우에는 파산관재인을 판결의 효력이 미치는 주관적 범위로서 변론을 종결한 뒤의 승계인(민소법 제218조 제1항)으로 볼 수 있으므로 기판력이 미친다고 할 것이다.

〈파산선고로 인한 소송의 중단과 수계〉

파산재단에 관한 소송	파산재단에 속하는 재산에 관한 소송	중단 즉시 수계 가능(민소법 제239조, 채무자회생법 제347조)
	파산채권(으로 될 채권)에 관한 소송	중단 후 채권조사결과를 기다려 이의채권에 관한 소송만 수계 가능(민소법 제239조, 채무자회생법 제464조)
	재단채권에 관한 소송	중단 즉시 수계 가능(민소법 제239조, 채무자회생법 제347조)
채권자대위소송, 채권자취소소송		중단 즉시 수계 가능(제406조)
파산재단과 관계 없는 소송		중단되지 않음

---

105) 변론종결 후 파산선고가 된 경우에는 수계 없이 판결선고가 가능하다(민소법 제247조 제1항).

Ⅲ 파산선고가 집행절차[106]에 미치는 영향[107]

1. 새롭게 개시되는 강제집행 등에 미치는 영향

가. 강제집행과 보전처분

(1) 파산재단에 속하는 재산에 대한 것

파산선고 후에는 파산채권 또는 재단채권[108]에 기한 새로운 강제집행, 가압류, 가처분(이하 '강제집행 등'이라 한다)은 허용되지 않는다(제424조 참조, 본서 1310쪽).[109] 파산절차는 채무자에 대한 포괄적인 강제집행절차로서, 파산선고에 의하여 파산재단을 구성하는 재산에 관한 관리처분권이 파산관재인에게 전속하기 때문이다.

파산채권은 파산선고 후에는 파산절차에 의하지 아니하고 권리행사를 할 수 없는데(제424조), 파산선고 후 강제집행 등을 새롭게 개시하는 것은 파산절차에 의하지 아니한 권리행사의 전형적인 것이라는 점에서 허용되지 않는다.[110] 재단채권도 ① 아래 〈**2.가.(2)**〉(본서 1836쪽)에서 본 바와 같은 이유, ② 재단채권인 조세 등 청구권에 기한 체납처분(강제징수)도 파산선고 후에는 새로운 착수를 금지하고 있는 것(제349조 제2항)과의 균형, ③ 파산절차에서 재단채권에 대한 전액 변제가 드문 경우는 아니라는 점 등에서 파산선고 후에는 강제집행 등이 허용되지 않는다고 할 것이다.[111] 다만 재단채권에 기한 강제집행 등이 금지된다고 하여도 파산채권자와

---

106) 파산선고 이후에도 유효하게 진행될 수 있는 집행절차로는 ① 파산선고 전에 한 체납처분(강제징수)(제349조 제1항), ② 별제권 실행을 위한 임의경매(제411조, 제412조), ③ 파산관재인이 속행을 신청한 종전의 강제집행(제348조 제1항 단서) 등이 있다.

107) 회생절차에서도 상응하는 규정이 있다. 하지만 회생절차에서는 ① 공익채권에 기한 강제집행 등은 제한이 없고, ② 이미 한 강제집행 등은 회생절차개시로 중지될 뿐이며(제58조 제2항 제2호), ③ 중지된 강제집행 등은 회생계획인가결정으로 실효된다(제256조 제1항)는 점에서 차이가 있다. 반면 새로운 강제집행 등이 금지된다는 점에서는 같다(다만 회생절차에서는 공익채권에 기한 강제집행 등이 가능하지만, 파산절차에서는 재단채권에 기한 강제집행 등도 금지된다는 점에서 차이가 있다).

108) 재단채권자의 정당한 변제요구에 대하여 파산관재인이 응하지 아니하면 재단채권자는 법원에 대하여 채무자회생법 제358조, 제364조 제1항에 기한 감독권 발동을 촉구하든지, 파산관재인을 상대로 불법행위에 기한 손해배상청구를 하는 등의 별도의 조치를 취할 수는 있을 뿐이다(대법원 2007. 7. 12. 자 2006마1277 결정 참조).

109) 대법원 2010. 7. 28. 자 2010마862결정, 대법원 2007. 7. 12. 자 2006마1277 결정 참조(파산절차는 채무자에 대한 포괄적인 강제집행절차로서 이와 별도의 강제집행절차는 원칙적으로 필요하지 않는 것인바, 채무자회생법에 강제집행을 허용하는 특별한 규정이 있다거나 채무자회생법의 해석상 강제집행을 허용하여야 할 특별한 사정이 있다고 인정되지 아니하는 한 파산재단에 속하는 재산에 대한 별도의 강제집행은 허용되지 않고, 이는 재단채권에 기한 강제집행에 있어서도 마찬가지이다). 재산명시절차(민집법 제61조 제1항)도 금지된다고 할 것이다.

110) 회생절차(제58조 제1항 제2호)나 개인회생절차(제600조 제1항 제2호)에서는 명시적으로 도산절차가 개시된 경우 강제집행 등을 금지한다고 규정하고 있으나, 파산절차에서는 명시적인 규정이 없다. 각 절차의 통일적 규정이라는 측면에서 파산절차에서도 명시적으로 규정할 필요가 있을 것이다(일본 파산법 제42조 제1항은 이를 명시적으로 규정하고 있다). 다만 명시적으로 규정한다고 하더라도 이는 제424조의 확인적 의미에 불과할 것이다.

한편 견련파산의 경우에는 회생채권자나 회생담보권자표에 기한 강제집행을 할 수 없다고 규정하고 있다(제292조 제2항). 담보권자의 경우 견련파산이 선고되면 회생담보권자표에 기한 강제집행은 할 수 없지만, 담보권이 존속하는 한 별제권자로서 담보권을 실행할 수 있다.

111) 관련 내용은 〈**제6장 제2절 Ⅲ.3.가.(1)**〉(본서 1526쪽)을 참조할 것. 일본 파산법 제42조 제1항은 재단채권에 기한

달리 파산관재인에게 수시 변제나 제477조에 기한 안분변제를 구하려 할 경우 이행소송도 제기할 수 있고 상계도 할 수 있다. 파산관재인이 이유 없이 변제를 거부하는 경우 법원의 감독권의 발동을 촉구할 수도 있고(제358조), 경우에 따라서는 파산관재인에게 손해배상을 청구할 수도 있다(제361조 제2항). 파산채권도 재단채권도 아닌 권리에 기한 강제집행 등은 금지의 대상이 아니다(본서 1827쪽 참조).

강제집행 등이 금지되기 위한 요건은 ① 파산채권 또는 재단채권에 관한 것으로 ② 파산재단에 속하는 재산에 대한 ③ 강제집행 등이다. 이에 관하여는 아래 〈2.가.(1)(가) 및 (2)〉(본서 1827, 1836쪽)를 참조할 것.

파산선고 후 강제집행 등의 신청은 각하된다(제424조 참조).[112] 파산선고사실을 모른 채 경매개시결정이 이루어진 경우(파산선고 후 경매개시결정이 된 경우) 집행법원은 직권으로 경매개시결정을 취소하여야 한다. 파산선고는 집행장애사유이기 때문이다.

> **사례** 채권자 甲은 채무자 A에 대하여 대여금채권 1억 원을 가지고 있다. 이후 채무자 A에 대하여 파산선고가 되었다. 채권자 甲은 서울중앙지방법원에 채무자 A가 가지고 있는 임대차보증금반환채권에 대하여 채권가압류를 신청하였다. 법원은 어떻게 처리하여야 하는가?
>
> ① 채권자 甲의 채무자 A에 대한 채권은 파산선고 전에 발생한 것이므로 파산채권이다. 파산채권은 파산절차에 의해서만 권리를 행사할 수 있으므로(제424조) 채권자 甲의 채권가압류신청은 부적법하다. 따라서 법원은 가압류신청을 각하하여야 한다. 채권자 甲의 채권이 재단채권이라도 마찬가지이다.
>
> ② 법원이 파산선고사실을 간과하고 채권가압류결정을 하였다고 하더라도 가압류는 무효이다. 따라서 파산관재인은 자유롭게 임대차보증금반환채권을 회수할 수 있다. 다만 환가에 장애가 될 수 있으므로 아래에서 보는 바와 같이 채권가압류의 외관을 제거할 필요는 있다.

(2) 자유재산에 대한 것

① 파산채권자는 파산절차에 의하지 아니하고는 권리를 행사할 수 없고(제424조) 파산채권자의 변제(배당)의 대상이 되는 파산재단은 파산선고 시로 고정되므로, 파산선고 후에는 파산채권에 기하여 자유재산에 대한 강제집행 등을 할 수 없다고 할 것이다.

② 재단채권에 기하여 파산재단에 속하지 않는 자유재산에 대한 강제집행 등은, 채무자가 개인인 경우에는 자유재산이 새로운 출발을 위한 재원이 된다는 점에 비추어 허용되지 않지만(제383조 제10항, 제557조 제1항 참조), 법인인 경우(법인의 자유재산을 인정하는 견해나 파산재단에서 포기한 재산이 있는 경우)에는 허용된다고 볼 것이다.

(3) 강제집행, 가압류, 가처분

이에 관하여는 아래 〈2.가.(1)(가)③〉(본서 1828쪽)을 참조할 것.

강제집행 등도 금지된다고 명시적으로 규정하고 있다.

112) 저당권자 등 별제권자의 임의경매신청은 파산선고에 의하여 방해되지 않으므로 경매개시의 장애사유가 되지 않는다(제412조). 반면 회생절차에서는 담보권에 의한 임의경매도 금지되므로(제58조 제1항 제2호) 회생절차개시결정은 경매개시의 장애사유가 된다.

나. 체납처분 (강제징수)

국세징수법 또는 지방세징수법에 의하여 징수할 수 있는 청구권(국세징수의 예에 의하여 징수할 수 있는 청구권을 포함한다)에 기한 새로운 체납처분(강제징수)도 허용되지 않는다(제349조 제2항).[113] 파산절차는 포괄적 집행으로서 법원의 감독 아래 파산관재인의 판단과 책임으로 통일적으로 진행하여야 하는 것이라는 점을 고려한 것이다. 따라서 파산선고 전에 체납처분(강제징수)을 하지 않은 경우에는 재단채권인 조세채권이라도 이에 터잡아 새로운 체납처분(강제징수)을 할 수 없다.[114] 조세채권의 성립시기가 파산선고 전이라도 체납처분(강제징수)을 할 수 없다. 예컨대 취득세 납세의무성립일이 2024. 5. 24.이고 파산선고일이 2025. 7. 28.이라면 과세관청은 체납처분(강제징수)을 할 수 없다.[115]

다만 조세징수를 위하여 조세 등 청구권자가 제기하는 사해행위취소소송(국세징수법 제25조, 지방세징수법 제39조), 채권자대위소송 등은 '체납처분(강제징수)'에 포함되지 않는다.

2. 기존에 계속 중이던 강제집행 등에 미치는 영향

가. 강제집행 및 보전처분

파산선고가 있는 경우 파산채권에 기하여 파산재단에 속하는 재산에 대하여 행하여진 강제집행·가압류 또는 가처분은 파산재단에 대하여는 그 효력을 잃는다. 다만 파산관재인은 파산재단을 위하여 강제집행절차를 속행할 수 있다(제348조). 구체적으로 ① 집행채권자는 절차의

---

113) 대법원 2003. 3. 28. 선고 2001두9486 판결 참조. 파산관재인에게 교부청구를 하여야 한다(국세징수법 제59조 제2호, 지방세징수법 제66조).

114) 파산선고 후에는 체납처분(강제징수)(압류와 참가압류를 의미하는 것으로 보인다)은 못하지만, 국세징수법 제56조에 의한 교부청구는 할 수 있다는 견해가 있다(최완주, "파산절차와 조세관계", 416~417쪽). 대법원도 이를 긍정하고 있다(대법원 2003. 6. 24. 선고 2002다70129 판결 참조). 그러나 일본 파산법(제43조 제1항, 제25조 제1항)이 체납처분(강제징수)에서 교부청구를 명시적으로 제외하고 있는 것과 달리 채무자회생법은 단순히 '체납처분(강제징수)'이라고만 규정하고 있고, 국세징수법상의 체납처분(강제징수)에는 압류{협의의 체납처분(강제징수)}, 교부청구 및 참가압류가 모두 포함된다(국세징수법 제3장)는 점에서 파산선고 후에는 교부청구도 할 수 없다고 볼 여지도 있다. 그런데 국세징수법 제59조 제2호와 지방세징수법 제66조에서 명시적으로 파산관재인에게 교부청구를 할 수 있다고 규정하고 있는 점, 교부청구는 체납자의 재산에 대하여 강제환가절차가 진행 중인 경우 그 절차에 참가하여 배당을 받아 국세 등을 징수하는 제도로, 다른 강제환가절차를 전제로 하고 그 전제인 절차가 취하 등의 이유로 효력을 잃는 경우 교부청구도 효력을 잃고, 독자적으로 처분금지효력도 없으며, 대외적인 공시도 충분하지 않고, 파산관재인에 대하여 변제를 강제하는 효력도 없다는 점에서 교부청구는 할 수 있다고 할 것이다. 입법론적으로는 국세징수법 등과의 정합성을 위하여 일본 파산법처럼 허용되지 않는 체납처분(강제징수)에서 교부청구를 제외한다고 명시적으로 규정할 필요가 있다.

　교부청구를 긍정하더라도, 교부청구는 파산관재인에 대하여 변제를 강제하는 효력은 없다. 또한 채무자 소유의 부동산에 대한 경매절차에서 조세채권을 가지고 교부청구를 한 경우에 있어서도 교부청구에 대한 배당금은 파산관재인에게 교부되고(과세관청이 직접 채권을 지급받아 변제에 충당할 수 있는 고유한 의미의 교부청구로서의 효력이 있는 것은 아니다), 파산관재인이 재단채권으로서의 조세채권에 대한 변제를 한다.

　물론 파산관재인에 대한 직접적인 교부청구는 조세채권이 재단채권임을 전제로 하는 것이다. 후순위 파산채권에 해당하는 조세채권에 관하여는 파산채권 신고 등 절차를 거쳐야 할 것이다.

115) 과세관청으로서는 파산선고일인 2025. 7. 28. 이전에 체납처분(강제징수)을 하여야 한다. 만약 과세관청이 파산선고 후인 2025. 8. 31.에 체납처분(강제징수)(압류)을 하였다면 이는 부적법하므로 해제하여야 한다.

속행이 허용되지 않을 뿐만 아니라 강제집행 등의 권한을 모두 상실한다. ② 파산관재인은 별도의 절차 없이 개별집행의 효력이 없는 것으로 보아 그 재산에 대하여 관리처분권을 행사할 수 있다. ③ 다만 파산관재인이 그 절차의 속행이 유리하다고 생각되면 파산재단을 위하여 속행을 할 수 있다.

(1) 파산채권에 기한 강제집행 등의 실효

파산선고가 있는 경우 파산채권에 기하여 파산재단에 속하는 재산에 대하여 행하여진 강제집행[116]·가압류 또는 가처분은 파산재단에 대하여는 그 효력을 잃는다(제348조 제1항).[117] 파산재단에 속하는 재산에 대한 포괄집행이라는 파산절차를 원활하게 진행하기 위하여, 파산선고후에는 위 재산에 대한 개별집행을 파산재단에 대한 관계에서 효력을 상실시킨다는 것이다. 이는 제424조 규정을 절차적으로 강제집행의 측면에서 표현한 것으로 배당에 있어 채권자평등을 관철하기 위하여 둔 것이다.

강제집행 등이 실효되는 시기는 파산선고를 한 때이고[118] 파산선고결정이 확정된 때가 아니다. 파산선고 전에 집행이 종료된 경우에는 실효의 여지는 없고(강제집행 자체의 효력을 다툴

---

116) 헌법재판소 2016. 4. 28. 선고 2015헌바25 전원재판부 결정{① 심판대상조항(제348조 제1항 본문 중 '강제집행'에 관한 부분, 이하 같다)은 파산선고에 의한 파산채권에 기하여 파산재단에 속하는 재산에 대하여 행하여진 강제집행은 파산재단에 대하여는 그 효력을 잃는다고 정하고 있을 뿐 파산폐지결정이 이루어진 경우에 실효되었던 위 강제집행의 효력이 부활한다고 명시적으로 규정하고 있지 않고, 파산폐지결정에는 소급효가 없으므로 채무자회생법을 유기적·체계적으로 해석하여도 파산폐지결정으로 인해 이미 실효되었던 강제집행의 효력이 부활한다고 볼 근거가 없다. 이처럼 심판대상조항의 문언, 파산폐지의 요건과 효과, 채무자회생법의 관련 규정 등에 비추어 볼 때, 파산선고로 인하여 실효되었던 강제집행이 파산폐지결정으로 인하여 부활하는 것이 아님을 충분히 알 수 있는 이상, 심판대상조항은 법관의 보충적 해석을 통하여 규범의 의미 내용을 알 수 있는 범위 내에 있는 것으로 명확성원칙에 위배되어 청구인들의 재산권을 침해하지 아니한다. ② 심판대상조항은 채권자 전체의 이익을 극대화하고 채권자 사이에 공평한 배분이 이루어질 수 있도록 하기 위한 것으로 이러한 입법목적에는 정당성이 인정되며, 파산절차가 개시되면 파산선고 이전에 행하여진 강제집행이 효력을 상실하도록 하는 것이나 파산폐지결정에도 불구하고 실효되었던 강제집행이 부활하지 않도록 하는 것은 모두 이러한 입법목적을 달성함에 있어 적절한 수단이다. 또한 파산폐지결정으로 인해 일단 유효하게 개시되었던 파산절차가 종료된 경우, 모든 채권자들에게 동일하게 채무자 명의로 환원된 재산에 대하여 새로이 강제집행을 하여 권리를 행사하도록 하는 것이 채권자 사이의 공평이라는 취지에 비추어 부당하다고 보이지 아니하며, 경매절차의 안정성을 고려할 때 파산선고로 인하여 실효되었던 강제집행의 효력이 파산폐지결정에도 불구하고 부활하지 않는 것으로 하고 이에 대하여 예외를 허용하지 않는 것에는 어느 정도 불가피한 측면이 있으므로, 심판대상조항은 침해의 최소성을 갖추었다. 그리고 파산절차에 참여한 파산채권자들 전체의 이익을 극대화함과 동시에 제3자의 신뢰를 보호함으로써 다수의 재산상 손실을 방지하고 나아가 파산제도에 대한 사회적 신뢰를 확보하고자 하는 공익은 심판대상조항에 의하여 제한되는 사익에 비해 매우 중대하므로, 심판대상조항은 법익의 균형성도 갖추었다. 따라서 심판대상조항은 과잉금지원칙에 위배되어 청구인들의 재산권을 침해하지 아니한다.}

117) 회생절차에서는 회생절차개시결정으로 채무자의 재산에 대하여 이미 행한 회생채권 또는 회생담보권에 기한 강제집행 등은 중지되었다가(제58조 제2항) 회생계획인가결정에 의하여 비로소 중지한 강제집행 등이 효력을 잃지만(제256조 제1항), 파산절차에서는 파산선고만으로(파산선고의 확정도 요하지 아니한다) 기존에 행하여진 강제집행 등이 효력을 잃는다. 파산절차의 경우에는 강제집행 등의 목적물을 신속하게 파산관재인이 환가할 필요가 있음에 반하여, 회생절차에서는 반드시 그 필요가 인정되는 것은 아니라는 점이 이러한 차이를 둔 것으로 생각된다.
또한 회생절차에서는 회생절차개시결정으로 담보권실행을 위한 경매절차가 중지·금지되지만(제58조 제1항 제2호, 제2항 제2호), 파산절차에서는 별제권자로 취급되므로 담보권실행을 위한 경매절차가 중지·금지되지 않는다(제412조).

118) 회생절차에서는 회생계획인가결정이 있는 때(제256조 제1항), 개인회생절차에서는 변제계획인가결정이 있는 때(제615조 제3항) 강제집행·가압류·가처분의 효력이 상실되는 것과 다르다.

수 없다)[119] 집행행위 부인의 문제만 남는다.[120]

(가) 실효요건

① 파산채권에 기하여

파산선고에 의하여 실효되는 강제집행·보전처분은 파산채권에 관한 것이다. 파산채권에 관한 것인지의 판단은 강제집행의 경우에는 당해 집행권원에 기재된 청구권의 내용이 파산채권에 해당되는지 여부에 의하여, 가압류·가처분 등 보전처분의 경우에는 피보전권리로 된 청구권이 파산채권에 해당하는가 여부에 의하여 결정한다. 파산채권인 이상 우선적 파산채권이라고 하더라도 파산절차에서 배당을 받을 수 있을 뿐이고 개별적 민사집행은 허용되지 아니한다.

재단채권에 기한 강제집행·보전처분도 아래 (2)(본서 1836쪽)에서 보는 바와 같이 실효된다.

파산채권도 재단채권도 아닌 권리에 기한 강제집행 등은 실효의 대상이 아니다. 먼저 재산에 관한 것이 아닌 권리(채무자에 대한 작위·부작위를 구하는 권리, 경업금지 등), 신분법상의 권리(동거청구권 등), 조직법적인 법률관계에 기한 권리(이사의 직무집행정지, 주주지위확인 등)는 파산채권도 재단채권도 아니기 때문에 이에 기한 강제집행 등은 실효의 대상이 아니다. 이들은 채무자에 대한 개별집행으로 새롭게 착수하거나 이미 된 것은 채권자가 속행할 수 있다. 다음으로 환취권에 기한 강제집행 등도 실효되지 않는다. 파산선고 후에도 파산관재인에 대한 개별집행을 새로이 착수할 수도 있고, 이미 착수한 절차도 속행할 수 있다{파산관재인에 대하여 승계집행문(민집법 제31조)이 필요한 경우가 있을 수 있다. 집행채무자가 채무자로부터 파산관재인으로 변경되기 때문이다}. 마지막으로 별제권에 기한 보전처분 등도 실효되지 않는다. 그러나 별제권자가 별제권에 기한 것이 아니라 피담보채권에 기한 일반의 가압류 등을 한 경우에는 실효의 대상이다. 관련 내용은 아래 〈3.〉을 참조할 것.

② 파산재단에 속하는 재산에 대하여

파산재단의 의미에 관하여 파산관재인이 파산재단에 속하는 재산으로서 현실적으로 장악하고 있는 재단, 즉 현유파산재단이라는 견해가 있다.[121] 그러나 현유재단에 한정할 필요는 없다. 파산관재인이 아직 점유·관리하지 않아도 파산재단(법정재단)에 속하는 재산에 대하여는 파산

---

119) 채권에 대한 강제집행은, 추심명령의 경우에는 추심채권자가 집행법원에 추심신고를 한 때에, 전부명령의 경우에는 전부명령이 확정되는 것을 조건으로 제3채무자에게 전부명령이 송달된 때에 각 종료되지만, 압류의 경합으로 인하여 제3채무자가 그 채무액을 공탁하여 배당절차가 개시된 경우에는 배당표에 의한 배당액의 지급에 의하여 종료된다(대법원 2005. 9. 29. 선고 2003다30135 판결 참조). 요컨대 집행의 종료 시기는 ① 유체동산, 부동산에 대한 금전집행은 압류금전 또는 매각대금을 채권자에게 교부 또는 배당한 때, ② 채권에 대한 추심명령의 경우에는 채권자가 추심의 신고를 한 때나 배당절차가 끝난 때, ③ 전부명령의 경우에는 그 명령이 확정된 때이다{법원실무제요 민사집행(Ⅰ), 사법연수원(2020), 290~291쪽}.

120) 강제집행절차의 실효는 강제집행절차가 개시된 때부터 종료시까지 사이에, 채무자에 대하여 파산선고가 된 경우에 의미가 있다. 강제집행이 된 후 파산선고가 되었다고 하더라도 강제집행이 소급하여 실효되는 것은 아니다. 그래서 강제집행의 종료 시기에 따라 강제집행절차가 실효되는지 아니면 집행행위의 부인에 의하여야 하는지 구별되는 것이다.

121) 정준영, "파산절차가 계속중인 민사소송에 미치는 영향", 파산법의 제문제(하), 재판자료 제83집, 법원도서관(1999), 180쪽.

선고와 동시에 법률상 당연히 그 관리처분권이 파산관재인에게 전속하기 때문에 그 재산에 대하여 강제집행 등이 실효된다고 해석하는 것이 상당하다. 따라서 여기서 파산재단은 법정재단을 의미한다고 보아야 한다.[122]

자유재산은 문언상 실효의 대상이 아니다. 그러나 개인파산의 경우 채무자의 경제적 회생과 생활보장이나 파산선고 후의 새로운 채권자의 보호라는 측면에서 파산채권자는 파산채권에 기하여 채무자의 자유재산에 대하여 강제집행 등을 할 수 없다(강제집행 등은 실효된다)고 할 것이다.[123] 반면 법인파산의 경우 채무자의 경제적 회생이나 생활보장을 고려할 필요가 없으므로 강제집행 등은 파산선고에 의하여 실효되지 않는다고 할 것이다.

③ 강제집행, 가압류, 가처분

㉮ 강제집행

강제집행은 민사집행(민집법 제1조)[124] 중 집행권원에 기한 강제집행만을 가리킨다. 민사집행법 제3편 담보권 실행 등을 위한 경매는 제외된다. 이러한 담보권자는 별제권자로서 파산절차에 의하지 아니하고 별제권을 행사할 수 있다(제412조).[125] 파산재단에 속하는 재산에 대한 담보권의 실행을 위한 경매절차는 파산선고가 있어도 실효되지 않고, 채무자의 지위가 파산관재인에게로 승계되어 계속 진행된다.

파산절차 밖에서 진행되고 있는 경매절차 · 공매절차에 있어서 배당요구(배분요구)는 가능한가. 파산채권에 대하여는 제348조의 대상이 아니지만, 제424조에 의해 금지된다고 할 것이다. 재단채권에 기한 배당요구는 강제집행과 유사한 것이므로 실효의 대상이 된다고 할 것이다.[126]

집행문부여신청은 실효의 대상에 포함되지 않는다(본서 1469쪽 참조).

㉯ 가압류 · 가처분

가압류 · 가처분은 강제집행의 보전 또는 준비를 위한 것이므로 실효의 대상으로 한 것이다. 보전처분은 강제집행과 달리 집행이 종료되었어도 보전집행의 효력이 존속하는 한 실효의 대상이 된다.

파산선고에 의하여 실효되는 보전처분은 파산채권 · 재단채권에 기한 것이어야 하므로 파산채권 · 재단채권이 아닌 권리에 기한 보전처분은 실효되지 않는다. 예컨대 채무자에 대한 단순

---

122) 條解 破産法, 341쪽. 다만 부인권 행사의 대상이 되는 재산 등 채무자 명의로 되어 있지 않은 재산에 대하여는 부인권 행사가 인용되어야 비로소 그 관리처분권이 파산관재인에게 현실적으로 전속된다고 해석되므로 그 시점까지는 제348조 제1항이 적용되지 않는다고 해석된다.

123) 재단채권에 기한 경우도 마찬가지이다.

124) 광의의 민사집행: 강제집행, 담보권 실행을 위한 경매, 민법 · 상법 그 밖의 법률의 규정에 의한 경매 및 보전처분
협의의 민사집행: 강제집행, 담보권 실행을 위한 경매, 민법 · 상법 그 밖의 법률의 규정에 의한 경매

125) 재산명시절차(민집법 제61조 제1항)는 어떻게 되는가. 재산명시절차도 강제집행절차의 일종으로 재산명시절차를 개시하기 위해서는 집행개시요건을 갖추어야 한다(민집법 제61조 제2항). 파산선고는 집행절차개시의 장애사유이고, 이는 직권조사사항이다. 파산선고가 되면 재산명시절차도 실효된다고 할 것이다. 일본 파산법 제42조 제6항은 "파산절차개시결정이 있는 경우에는, 파산채권 또는 재단채권에 기한 재산명시절차의 신청을 할 수 없고, 파산채권 또는 재단채권에 기한 재산명시절차는 그 효력을 잃는다"고 규정하고 있다.

126) 명확한 금지규정이 없어 배당요구가 가능하다고 할지라도 배당금의 수령권한은 파산관재인에게 있다고 할 것이다.

한 부작위청구권 보전을 목적으로 하는 가처분 등 임시의 지위를 정하는 가처분은 실효되지 않는다. 보전처분에는 집행절차뿐만 아니라 명령절차도 포함된다.

보전처분에 대한 이의의 소가 계속 중 채무자에 대한 파산선고 결정이 확정된 경우 채무자의 재산에 대한 가압류결정은 그 효력을 상실한다. 따라서 채무자의 이의신청은 그 이익이 없게 되어 부적법하다.[127]

파산선고 전에 파산채권자 등이 채권자취소권에 기해, 제3자의 재산에 대하여 한 처분금지가처분은, 제3자의 재산에 대한 것이므로 실효의 대상이 되지 않는다. 이 경우 집행이 마쳐진 보전처분의 효력은, 파산관재인이 파산재단에 유리하다고 판단되면 그 효력을 원용할 수 있다고 할 것이다.

(나) 실효의 의미

실효(효력을 잃는다)의 의미는 특별한 절차 없이 당해 집행절차의 효력이 집행법원의 별도의 재판이 없이도 파산재단에 대하여 과거로 소급하여 소멸하고, 파산관재인은 압류의 처분금지효 등을 받지 않고 집행목적물인 재산에 대하여 관리처분권을 갖는다는 것이다.

집행채권자에 의한 절차의 속행은 허용되지 않고 당해 강제집행 등에 관한 권한도 상실한다. 파산선고가 되면 집행채권자는 당연히 배당금을 수령하는 것도 압류채권에 관련된 제3채무자로부터 지급을 받는 것도 할 수 없다. 압류에 관련된 제3채무자도 집행채권자에게 지급할 수 없다. 제3채무자가 지급한 경우 그가 알았는지 몰랐는지를 묻지 않고 당연히 무효로 된다.

파산관재인은 기존의 강제집행처분을 무시하고 파산재단 소속 재산을 법원의 허가를 얻어 자유로이 관리, 처분할 수 있다. 그 전제로 집행절차의 취소를 구할 필요는 없다.[128] 압류등기가 되어 있어도 이것을 무시하고 매각할 수 있다. 압류물을 점유하고 있는 집행관에 대하여 그 물건의 인도를 구할 수도 있다.

그러나 집행처분의 외관이 남아 있어 관재업무에 방해가 된다면 파산관재인은 그 취소를 구할 수 있다.[129] 실무적으로 파산관재인이 집행법원에 집행취소신청을 하면 집행법원은 경매개시결정기입등기의 말소촉탁 등 집행취소절차를 취하고 있다.

실효가 되는 것인지는 집행절차가 파산선고시에 종료되었는지가 중요하고, 종료시점에 대하여는 민사집행법이 규정한다.[130] 파산선고 전에 종료된 강제집행 등의 절차는 그 효력이 번복되는 것

---

127) 대법원 2002. 7. 12. 선고 2000다2351 판결.

128) 파산재단에 속한 채권이 파산채권자로부터 압류된 경우 파산선고로 압류명령은 당연히 실효되기 때문에 파산관재인은 압류명령의 취소를 구할 필요가 없다. 따라서 제3채무자는 압류명령의 변제금지효에 구속되지 않고 파산관재인에게 변제하지 않으면 안 된다. 또한 이미 환가가 종료되었지만 아직 배당이 되지 않았다면 파산관재인은 집행기관에 대하여 환가금의 인도를 구할 수 있다.

129) 파산관재인은 집행기관에 대하여 파산선고결정 등본을 취소원인 서면으로 소명하여 보전처분의 집행취소신청을 하여 집행처분의 외관을 없앨 수 있다(대법원 2002. 7. 12. 선고 2000다2351 판결). 부동산 가압류의 경우 파산관재인이 임의매각을 하여 소유권이전등기를 마친 때에는 집행기관에 대하여 해당 이전등기가 기재된 부동산등기사항전부증명서 및 관련 서류를 첨부하여 가압류등기의 말소촉탁을 청구하면 된다.

130) 유체동산, 부동산에 대한 금전집행은 압류금전 또는 매각대금을 채권자에게 교부 또는 배당한 때, 채권에 대한 추심명령의 경우에는 채권자가 추심의 신고를 한 때나 배당절차가 끝난 때, 전부명령의 경우에는 그 명령이 확정된

이 아니기 때문에 파산선고 전에 된 집행행위가 부인(제395조)의 대상인지 여부가 문제될 뿐이다.

물론 관련 당사자 간의 모든 관계에 있어서 강제집행, 집행보전행위가 절대적으로 무효가 된다는 것이 아니라 파산재단에 대한 관계에 있어서만 상대적으로 무효가 된다는 의미이다.[131]

이미 행해진 배당요구 등은 실효된다.[132] 채권압류 및 추심·전부명령에 대하여 채무자가 즉시항고를 제기한 후 채무자에 대하여 파산이 선고된 경우, 항고법원은 채권압류 및 추심·전부명령을 취소하여야 한다.[133]

(다) 파산관재인에 의한 강제집행절차의 속행[134]

강제집행 등은 절대적으로 무효로 되는 것은 아니므로 파산관재인은 파산재단을 위하여[135] 강제집행절차를 속행할 수 있는데(제348조 제1항 단서),[136] 이것은 종전에 행하여진 강제집행의 형식을 차용하여 파산재단에 속하는 재산을 환가하는 방법이다. 이때 파산관재인은 집행기관에 채무자가 파산선고를 받았고 자신이 파산관재인으로 선임되었음을 알리고 소명자료를 첨부하여 강제집행을 속행하겠다는 취지의 신청을 하여야 한다.

1) 속행의 대상이 되는 절차

속행이 허용되는 것은 강제집행만이다. 파산관재인은 가압류, 가처분도 속행하여 그 효력을 원용할 수 있다는 견해가 있으나,[137] 가압류, 가처분은 강제집행의 보전 또는 준비에 지나지 않고, 문언상 명확히 '강제집행절차'를 속행할 수 있다고 규정되어 있으며, 파산절차라는 포괄적 집행이 개시되면 파산관재인에게 보전처분의 속행을 하도록 할 실익은 없다는 점에서 부정

때에 각각 종료한다{법원실무제요, 민사집행 I -집행총론-, 사법연수원(2020), 291쪽}.

131) 대법원 2000. 12. 22. 선고 2000다39780 판결. 따라서 별제권에 선행하는 가압류가 있는 경우 그 선행가압류는 실효되지 않고, 별제권에 의한 경매가 진행되면 선행가압류권자와 별제권자 사이에 안분배당하는 내용으로 배당표를 작성한 다음 가압류채권자에 대한 배당금을 공탁한다. 이 경우 가압류채권자는 파산절차에 의하지 아니하고는 그 권리를 행사할 수 없으므로 파산관재인이 선행가압류권자에 대한 배당금(공탁금)을 수령한다. 반면 아래 《(바)》에서 보는 바와 같이 가압류채권자에게 공탁된 금원이더라도 파산선고 이전에 지급명령확정 등 가압류채권자 승소의 본안재판이 확정된 경우에는 가압류채권자에게 공탁금 수령권한이 있다(대법원 2018. 7. 24. 선고 2016다227014 판결).

132) 破産法·民事再生法, 413쪽.

133) 대법원 2016. 11. 4. 자 2016마1349 결정 참조.

134) 회생절차에서 속행절차의 주체는 법원이다(제58조 제3항). 따라서 회생절차의 경우에는 제3자이의의 소에 있어 피고적격의 변동이 없다.

135) 예컨대 기존의 강제집행절차를 속행하는 편이 당해 재산을 신속하고 고가로 매각할 수 있다고 판단되는 경우 등.

136) 이 규정은 파산재단 환가를 위해 파산관재인이 기존의 강제집행절차를 이용하는 것이 효율적인 경우를 상정한 것으로, 집행채권자의 지위가 종래의 채권자로부터 파산관재인으로 교체된다. 파산관재인은 집행채권자를 포함 파산채권자 전체의 이익을 대표하여, 집행목적물을 포함한 총재산을 환가하는 직무를 가진다는 것이 그 이론적 전제이다(破産法·民事再生法, 413쪽). 강제집행절차 속행의 경우에도 잉여주의(민사집행법 제91조)가 적용되는가. 강제집행절차의 속행은 개별적인 집행채권자의 이익실현을 위한 것이 아니므로 무익한 경매를 방지하고자 하는 목적에서 둔 잉여주의는 적용되지 않는다고 하는 것이 타당하나, 현행법의 해석상으로는 적용된다고 보아야 할 것이다{이에 관하여는 《제9장 제2절 Ⅲ.4.》(본서 1598쪽)를 참조할 것}. 일본 파산법은 명시적으로 잉여주의를 배제하고 있다(제42조 제3항). 한편 강제집행절차를 속행할 경우 파산관재인은 집행기관에 채무자가 파산선고를 받았고 자신이 파산관재인으로 선임되었음을 알리고 소명자료를 첨부하여 강제집행을 속행하겠다는 취지의 신청을 하여야 한다. 문제는 파산절차에 따라 양도할 경우에는 양도소득으로 인한 세금은 비과세됨에 반하여, 강제집행절차를 속행할 경우에는 양도소득으로 인한 세금을 부담할 수 있다는 점에 주의를 요한다(대법원 1986. 12. 9. 선고 84누508 판결 등 참조).

137) 법인파산실무, 97쪽, 破産法·民事再生法, 413쪽.

적으로 보아야 할 것이다.[138]

2) 속행되는 경우 절차의 변용

파산관재인이 강제집행절차를 속행하는 경우 파산관재인은 법률의 규정에 의하여 당해 강제집행절차를 당연히 승계하는 것이므로 별도로 승계집행문을 부여받을 필요는 없다.[139] 또한 파산관재인에 의한 강제집행은 특정한 집행채권을 실현하기 위한 것이 아니므로 집행권원을 요하지도 않는다. 이전의 절차에 관계된 권리·지위는 그대로 파산관재인에게 승계되고, 이후 절차수행권은 파산관재인에게 전속한다. 절차의 성격은 집행채권자에 의한 개별집행에서 파산절차(포괄집행)에 있어 파산관재인에 의한 환가처분의 한 방식(일종의 형식적 경매)으로 변용된다.

파산관재인에 의해 속행된 경우, 속행 전 절차에서 한 파산채권자·재단채권자의 배당요구나 교부청구 등은 효력이 없게 된다. 파산채권자 등이 절차에 참가하기 위해서는 파산채권신고·재단채권신고를 하여야 한다. 속행된 절차에 대한 파산채권자·재단채권자의 새로운 배당요구나 교부청구는 허용되지 않는다. 속행된 절차에는 앞에서 본 바와 같이 배당절차는 이루어지지 않고 환가대금 등은 파산관재인에게 교부되어 파산재단으로 편입된다. 즉 파산관재인이 속행을 신청할 때에는 배당금은 별제권을 제외한[140] 나머지 전부(집행비용 포함)를 파산관재인이 채무자회생법상 절차에 따라 재단채권자 등에게 안분변제할 수 있도록 파산관재인에게 배당(교부)하여야 한다(일반채권자에 의한 배당요구는 무시한다).[141] 이러한 법리는 강제집행절차에 따른 매각이 종료된 후 배당이의 등으로 아직 배당이 이루어지지 않은 부분이 있는 경우에도 마찬가지로 적용되고(배당이의로 배당이 유보되어 있던 부분은 파산관재인에게 교부한다), 이는 파산채권자가 배당이의 소송에서 그 청구를 인용하는 판결이 확정된 경우라고 하여 다르지 않다.[142]

2) 강제집행비용 및 제3자 이의의 소의 취급

강제집행이 속행된 경우 비용은 재단채권이 된다(제348조 제2항, 본서 1516쪽 ③ 참조). 속행 후의 비용은 당연히 재단채권으로 보아야 하는 것이고(제473조 제1호, 제3호), 속행 전의 비용도 재단채권임을 규정한 것이다. 이전의 절차를 파산재단을 위하여 이용한 것이기 때문에 파산선고 전에 발생한 비용도 재단채권으로 한 것이다. 속행절차에서 배당절차는 행하여지지 않기

---

138) 條解 破産法, 348쪽. 다만 파산관재인이 기존의 보전처분을 파산재단에 유리하게 원용할 수 있는 경우가 있다. 예컨대 가압류등기, 저당권등기, 파산선고가 순차적으로 된 사안에서 파산절차와의 관계에서 가압류를 유효하게 취급하면 그 후에 등기된 저당권은 파산재단과의 관계에서 무시할 수 있다. 이러한 경우에는 적어도 보전처분에 대하여도 파산관재인이 속행할 수 있다(효력을 원용할 수 있다)고 해석함이 상당하다(破産法·民事再生法, 413쪽 각주 193)).
139) 반면 채권자에 대한 파산선고는 집행장애사유가 되지 않지만, 파산관재인이 채권자의 승계인으로서 집행채권자가 되므로 승계집행문을 부여받아야 한다.
140) 실무적으로는 별제권자에게 배당할 금원까지 파산관재인에게 교부하기도 한다.
141) 대법원 2023. 10. 26. 자 2023그117 결정, 대법원 2003. 6. 24. 선고 2002다70129 판결 등 참조. 한편 질권, 저당권 등 특정재산에 대한 담보권은 파산절차에서 별제권으로서 파산절차에 의하지 아니한 권리행사가 보장되므로(제412조) 파산선고에 의하여 어떠한 영향도 받지 않는다. 따라서 담보권실행을 위한 경매(임의경매)는 파산선고가 있어도 실효되지 않고 원칙적으로 진행된다. 채무자의 지위가 파산관재인에게 승계된다. 파산관재인은 파산선고 사실 및 채무자 지위 승계신고서를 경매법원에 제출한 후 별제권을 제외한 나머지 배당금을 교부받아 배당한다.
142) 대법원 2023. 10. 26. 자 2023그117 결정.

때문에 집행채권자가 예납금을 납부하여 부담하였던 비용(감정비용 등)은, 파산관재인이 적절한 시기에 재단채권으로 수시로 변제하면 된다.

강제집행에 대한 제3자 이의의 소에서는 파산관재인이 피고가 된다(제348조 제2항).[143)144)] 강제집행절차를 속행하는 주체가 파산관재인이므로 제3자 이의의 소의 피고적격을 가지는 자를 파산관재인으로 한 것이다.

(라) 동시폐지의 경우

파산선고와 동시에 파산절차가 폐지된 경우에는 파산재단 자체가 성립되지 않으므로 강제집행 등의 절차는 실효되지 않고 그대로 진행한다. 다만 개인파산사건의 경우 면책신청이 있으면[145)] 면책신청에 관한 재판이 확정될 때까지 강제집행 등은 금지 또는 중지되고, 면책결정이 확정된 때에 중지된 절차는 실효된다(제557조).[146)] 아래 〈**제4절 Ⅱ.**〉(본서 1847쪽) 참조. 따라서 개인파산사건은 동시폐지가 되더라도 대부분의 사건이 면책신청과 연동되어 있으므로 파산채권에 기한 강제집행 등의 개별적인 권리행사는 동시폐지에 의한 파산절차종료 후 면책신청에 관한 재판이 확정될 때까지는 금지 또는 중지된다.

(마) 이시폐지[147)] 및 파산취소의 경우 실효된 강제집행 등의 효력이 부활하는지

① 이시폐지의 경우

㉮ 폐지 전 강제집행 등의 외관이 제거된 경우

파산선고 후 적법하게 강제집행 등의 외관이 취소·말소된 후 파산절차가 폐지된 경우 강제집행 등의 효력이 부활하는가. 이시폐지의 경우 파산선고에 기한 효력은 강제집행 등을 중단시키는 것이 아니라 실효시키는 것이고, 파산폐지결정에는 취소의 경우와 달리 소급효가 없으므로 파산선고로 효력을 잃은 강제집행 등은 사후적으로 파산폐지결정이 확정되더라도 그 효력이 부활하지 아니한다.[148)] 따라서 채권자는 파산폐지결정 확정 후에 다시 강제집행 등을 신청하여야 한다. 예컨대 집행채권자 甲의 신청에 따라 채무자의 부동산에 관하여 강제경매개시결정이 내려졌으나 채무자에 대한 파산선고로 위 강제집행은 효력을 잃어 그 강제경매개시결정의 기입등기가 말소되었고, 그 후 파산폐지결정이 있었다. 이 경우 이미 효력을 상실한 강

---

143) 속행 전에 제3자 이의의 소가 제기된 경우의 취급에 관하여는 〈Ⅰ.2.나.(2)(다)〉를 참조할 것. 속행 후 강제집행절차의 성격은 파산관재인에 의한 환가처분의 한 방법으로 변용되는 것이므로 제3자 이의의 소를 인정하지 않고 환취권에 관한 소송만을 허용할 수도 있다. 그렇지만 강제집행의 속행은 집행채권의 실현을 위한 것이 아니라는 점, 집행절차라는 형식을 취하고 있다는 점 등을 고려하여, 제3자에게 환취권을 주장하는 별도의 소송을 제기할 것을 요구하지 않고 제3자 이의의 소를 통하여 목적물의 귀속에 관한 다툼을 해결하려는 취지이다.

144) 파산선고 후 강제집행절차 속행 전에 제기된 제3자 이의의 소는, 목적물에 대하여 소유권을 주장하는 제3자가 환취권을 행사하여야 하므로 파산관재인이 강제집행을 속행하지 않는 한 소의 이익이 없는 것으로 보아야 한다.

145) 개인파산의 경우 채무자가 면책신청을 하는 것이 대부분이고(제556조 제1항), 채무자가 파산신청을 한 경우에는 반대의 의사표시가 없는 한 면책신청을 한 것으로 간주한다(제556조 제3항).

146) 동시폐지의 경우 강제집행 등이 실효되지 않고 속행이 가능하다. 따라서 면책절차 중에 개별집행을 금지하기 위하여 규정한 것이다.

147) 동의폐지의 경우도 마찬가지이다.

148) 대법원 2014. 12. 11. 선고 2014다210159 판결. 강제집행 등의 실효도 파산절차와의 관계에 있어서 상대적인 것이므로 파산취소의 경우와 같이 효력을 회복한다는 견해도 있다(노영보, 459쪽).

제집행은 부활하지 않는다. 따라서 위 부동산에 관하여 별도의 경매절차가 진행 중인 경우 그 경매절차의 배당요구의 종기 이전에 배당요구를 하지 아니한 甲은 그 경매절차에서 배당을 받을 자격이 없다.

㉯ 폐지 후 강제집행 등의 외관이 남아 있는 경우

강제집행 등의 실효는 앞에서 본 바와 같이 파산재단에 대한 상대적 무효이므로 파산절차가 폐지되면 효력을 잃은 강제집행 등의 효력은 부활한다(시간적 상대무효[149]). 따라서 폐지 후에는 강제집행 등의 재개가 허용된다. 예컨대 부동산에 대한 강제경매개시결정 기입등기가 말소되지 아니한 상태에서 파산절차가 폐지된 경우, 그 강제경매개시결정 및 기입등기는 유효하게 회복되어 강제경매가 재개될 수 있다.

② 파산취소의 경우

파산이 취소된 경우에는 파산선고로 실효되었던 개별집행은 원칙적으로 유효한 것으로 부활한다. 파산취소결정은 소급하여 파산의 효과를 소멸시키기 때문이다. 다만, 파산관재인이 파산선고 후 파산취소 전에 행한 관리처분행위의 효력은 완전히 유효하므로, 외관상으로도 집행처분이 취소되지 아니하고 남아 있는 집행처분만이 부활하는 것이라고 해석하여야 한다.[150]

(바) 부동산 경매절차에서 가압류채권자의 채권에 대한 배당액이 공탁되고 그 후 그 채권에 관해 본안판결이 확정되었는데, 가압류채권자가 공탁금을 수령하기 전에 채무자에 대하여 파산이 선고된 경우, 그럼에도 불구하고 가압류채권자가 공탁금을 수령하였다면 파산관재인에 대한 관계에서 부당이득반환의무를 부담하는지 여부

부동산에 대한 경매절차에서 배당법원은 배당을 실시할 때에 가압류채권자의 채권에 대하여는 그에 대한 배당액을 공탁하여야 하고, 그 후 그 채권에 관하여 채권자 승소의 본안판결이 확정됨에 따라 공탁의 사유가 소멸한 때에는 가압류채권자에게 그 공탁금을 지급하여야 한다(민집법 제160조 제1항 제2호, 제161조 제1항). 따라서 특별한 사정이 없는 한 본안의 확정판결에서 지급을 명한 가압류채권자의 채권은 위와 같이 공탁된 배당액으로 충당되는 범위에서 본안판결의 확정 시에 소멸한다.[151] 이러한 법리는 위와 같은 본안판결 확정 이후에 채무자에 대하여 파산이 선고되었다 하더라도 마찬가지로 적용되므로, 본안판결 확정 시에 이미 발생한 채권 소멸의 효력은 제348조 제1항에도 불구하고 그대로 유지된다고 보아야 한다.

이러한 경우에 가압류채권자가 공탁된 배당금을 채무자의 파산선고 후에 수령하더라도 이는 본안판결 확정 시에 이미 가압류채권의 소멸에 충당된 공탁금에 관하여 단지 그 수령만이 본안판결 확정 이후의 별도의 시점에 이루어지는 것에 지나지 않는다. 따라서 가압류채권자가 위와 같이 수령한 공탁금은 파산관재인과의 관계에서 민법상의 부당이득에 해당하지 않는다고

---

149) 이에 대하여 파산관재인이 파산재단에 대하여 유리한 강제집행을 속행하는 것{위 (다)}은, 파산재단에 대하여 불리한 강제집행만이 실효된다는 취지에서 내용적 상대무효라고 한다.

150) 관련 내용은 〈제3장 제3절 Ⅱ.2.라.〉(본서 1318쪽)를 참조할 것.

151) 대법원 2014. 9. 4. 선고 2012다65874 판결 참조.

보아야 한다.[152] 반대로 가압류채권자가 본안의 승소판결 확정 이후 공탁금을 수령하지 않고 있는 동안, 채무자의 파산관재인이 채무자에 대하여 파산선고가 있었다는 이유로 공탁금을 출급하였더라도 파산관재인은 본안판결이 확정된 가압류채권자에게 부당이득으로 이를 반환하여야 한다.[153]

(사) 실효에 따른 집행대상재산의 파산재단으로의 편입방법 및 집행기관의 처리[154]

가압류(가처분) 또는 압류가 실효된 후 집행대상재산의 파산재단으로의 편입방법 및 집행기관이 어떻게 처리할 것인지는 집행대상재산의 종류에 따라 다르다.

1) 채권가압류·압류의 경우

우선 가압류·압류를 받은 채권에 대하여, 제3채무자가 공탁을 하였는지의 유무를 확인한다.

가) 채권가압류

파산관재인은 집행기관에 집행취소신청서를 제출한다. 집행기관(법원사무관 등)은 제3채무자에게 파산선고가 있었다는 취지와 제348조에 의하여 가압류가 실효되었다는 취지를 통지한다. 집행취소절차는 가압류명령에 대해 개별적으로 하여야 한다.

제3채무자가 공탁하지 않았다면, 파산관재인은 제3채무자에 대하여 직접 지급을 구할 수 있다.

제3채무자가 공탁을 한 경우에는, 파산관재인은 가압류가 파산채권에 기한 것임을 소명하여 공탁공무원으로부터 공탁금을 받아오면 된다.

나) 채권압류

① 채권압류·추심명령의 경우

집행기관은 제3채무자에게 파산선고가 있는 취지 및 추심채권자에게 지급을 하여서는 아니된다는 취지를 통지하여야 한다. 제3채무자가 공탁하지 않았다면, 파산관재인은 제3채무자에 대하여 직접 지급을 구할 수 있다. 제3채무자가 공탁을 한 경우에는, 파산관재인이 압류가 파

---

152) 대법원 2018. 7. 24. 선고 2016다227014 판결.

153) 대법원 2018. 7. 26. 선고 2017다234019 판결. 위 판결은 가압류채권자의 승소 판결 확정으로 가압류채권이 소멸하고, 공탁금은 그 채권자에게 지급할 것이라는 정당한 기대가 형성되어 파산재단 보호보다 우선한다는 것을 명확히 한 것이다.

154) 이미 행하여진 강제집행, 보전처분(가압류·가처분)은 파산재단에 대하여 당연히 실효되지만, 집행처분의 외형((가)압류·전부명령 등)은 당연히 말소되는 것은 아니다. 파산관재인에 의해 강제집행 등이 속행될 수도 있다는 점에서도 그렇다. 파산관재인이 대상재산의 처분·회수를 위해 집행처분 외형의 취소·말소를 구하는 경우 집행기관은 취소·말소를 해주어야 하는가. 이에 대하여 해당 재산이 파산재단에 속하는 한 법률상 당연히 무효이고, 취소·말소하지 않아도 파산관재인의 권한 행사에 아무런 지장이 없다는 점, 파산절차가 폐지 또는 취소된 때 소유권이 채무자에게 남아 있다면 강제집행·보전처분의 효력이 당연히 회복되는 실익이 있는 점, 파산관재인의 속행 의사가 그 시점에는 없었어도 나중에 속행하려고 하는 경우도 있을 수 있는 점 등을 근거로 집행기관은 외형의 취소·말소를 하여서는 아니 되고 할 필요도 없다는 견해도 있다. 하지만 파산관재인이 대상재산의 처분·회수 등을 위하여 집행처분 외형의 취소·말소를 구한 경우에는 파산관재인 스스로가 취소 등의 필요성을 인정하고 있는 것인 점, 파산관재인은 처분·회수 등을 위하여 집행처분 외형의 취소 등을 구하는 것이고, 취소 등을 하였는지와 상관없이 파산절차폐지·파산절차취소 때 대상재산의 소유권이 채무자에게 남아있는 것은 아닌 점(집행처분의 외형을 남길 실익이 없다), 제348조 제1항 본문은 파산재단을 위한 규정이고, 파산관재인의 판단을 존중하여야 한다는 점 등을 종

산채권에 기한 것임을 소명하여 공탁공무원으로부터 공탁금을 받아오면 된다.

② 채권압류·전부명령의 경우

전부명령이 즉시항고에 의하여 아직 확정되지 아니한 동안에 파산선고가 내려진 경우에는 항고법원은 채권압류 및 전부명령을 취소하고, 그 신청을 기각하는 결정을 한다.[155]

한편 전부명령이 확정되면 제3채무자에게 송달된 때 채권전부의 효력이 생겨 집행이 완료한 것으로 보기 때문에, 파산선고 전에 확정된 전부명령에 기하여 파산선고 후에 채권자가 전부금을 변제받는 것은 유효하다.

2) 부동산의 가압류·압류의 경우

가) 부동산가압류

보전처분은 파산선고에 따라 당연히 실효되는 것이므로 파산관재인은 별도의 보전처분취소 신청을 할 필요 없이 파산선고를 이유로 집행법원에 집행처분취소의 필요성 등을 소명하여 가압류의 집행취소신청을 하면 된다. 집행법원은 파산관재인의 집행취소신청에 따라 그 필요성 등을 심사한 후 위 가압류 기입등기에 대한 말소촉탁을 하여야 할 것이다. 다만, 별제권에 선행하는 가압류 등은 실효하지 않는다고 보아야 하므로 이에 대한 말소촉탁을 하여서는 아니 된다.

나) 부동산압류 (강제경매의 경우)

파산채권을 집행채권으로 한 부동산 강제경매의 경우 절차가 상당히 진행되고, 환가를 위하여 절차를 그대로 이용하는 것이 좋다고 판단되면, 집행법원에 절차의 속행을 구하는 서류를 제출한다(강제집행절차의 속행 신청). 이후 파산관재인을 당사자로 하여 절차를 진행하고, 집행비용과 별제권을 가진 담보권자에 대하여 배당을 한 후 잔여금의 교부를 받으면 된다(실무적으로는 앞에서 본 바와 같이 별제권자에 대한 배당액도 전부 파산관재인에게 교부하기도 한다).

파산관재인이 속행을 원하지 않는 경우, 강제집행정지신청서를 제출하고, 해당 집행절차는 정지된다(민집법 제49조 제1호). 파산관재인이 집행처분취소의 필요성 등을 소명하여 경매신청기입등기의 말소촉탁을 구한 경우 집행법원은 위 촉탁을 행한다. 한편 파산선고 후에 파산선고를 간과하고 배당을 실시한 경우에는, 파산선고 당시에는 집행이 완료되지 아니한 상태이었으므로, 배당의 실시는 무효의 집행행위가 되고, 배당액을 수령한 자는 그 금원을 파산재단에로 반환할 의무가 있다(제330조).

물론 별제권인 저당권 등에 기한 경매는 파산선고에 의해 영향을 받지 않는다(제412조).

3) 유체동산의 가압류·압류의 경우

가) 유체동산 가압류 및 압류 또는 집행관보관가처분[156]이 이루어져 집행관이 이를 보관하

합하면 집행기관은 그 외형을 취소·말소하는 것이 상당하다. 일본의 실무도 그렇다고 한다(條解 破産法, 347쪽, 破産法·民事再生法, 412쪽 각주 189)).

155) 대법원 2010. 7. 28. 자 2010마862 결정 참조.

156) 동산에 대한 가처분은 점유이전금지가처분이 대부분이다. 동산의 경우에는 채무자의 점유를 풀고 집행관으로 하여금 직접 이를 보관하게 함이 원칙이다(민집법 제189조 제1항 참조).

고 있는 경우, 파산관재인은 집행관에게 보관물의 인도를 구할 수 있다.

나) 가압류해방금(가압류해방공탁금) 또는 매각대금이 있는 경우, 집행은 가압류해방금 또는 매각대금 위에 존속한다고 해석되므로[157] 공탁금 또는 보관금은 파산관재인에게 인도하여야 할 것이다.

(2) 재단채권에 기한 강제집행 등의 실효

재단채권에 기한 강제집행 등도 실효된다. 체납처분(강제징수) 있는 조세채권 등에 관한 제349조 제1항의 규정을 제외하고는 재단채권에 기하여 파산선고 전에 이루어진 강제집행 등의 효력에 관하여는 아무런 규정이 없다. 그러나 파산관재인의 파산재단에 관한 관리처분권이 개별집행에 의해 제약을 받는 것을 방지함으로써 파산절차의 원만한 진행을 확보함과 동시에, 재단채권 간의 우선순위에 따른 변제 및 동순위 재단채권 간의 평등한 변제를 확보할 필요성이 있는 점, 파산선고 후 재단채권에 기하여 파산재단에 속하는 재산에 대한 별도의 강제집행은 허용되지 않는 점, 강제집행의 속행을 허용한다고 하더라도 재단채권에 대한 배당액에 관하여는 재단채권자가 직접 수령하지 못하고 파산관재인이 수령하여 이를 재단채권자들에 대한 변제자원 등으로 사용하게 되므로,[158] 재단채권자로서는 단지 강제집행의 대상이 된 파산재산의 신속한 처분을 도모한다는 측면 외에는 강제집행을 유지할 실익이 없을 뿐 아니라, 파산관재인이 강제경매절차에 의한 파산재산의 처분을 선택하지 아니하는 한 강제집행절차에 의한 파산재산의 처분은 매매 등의 통상적인 환가 방법에 비하여 그 환가액의 측면에서 일반적으로 파산재단이나 재단채권자에게 모두 불리한 결과를 낳게 되므로, 강제집행을 불허하고 다른 파산재산과 마찬가지로 파산관재인이 환가하도록 함이 상당하다고 인정되는 점 등을 고려할 때, 조세 등 청구권을 제외한 임금채권 등 재단채권에 기하여 파산선고 전에 강제집행이 이루어진 경우에도 그 강제집행은 파산선고로 인하여 그 효력을 잃는다고 봄이 타당하다.[159]

나. 체납처분 (강제징수)

파산선고 전에 파산재단에 속하는 재산에 대하여 국세징수법 또는 지방세징수법에 의하여 징수할 수 있는 청구권(국세징수의 예에 의하여 징수할 수 있는 청구권으로서 그 징수우선순위가 일반 파산채권보다 우선하는 것을 포함한다, 이하 조세 등 청구권이라 한다)에 기한 체납처분(강제징수)을 한 때에는 파산선고는 그 처분의 속행을 방해하지 못한다(제349조 제1항).[160] 채무자가 파산

---

157) 엄밀히는 가압류집행의 목적물에 갈음하여 가압류해방금이 공탁된 경우 그 가압류의 효력은 공탁금 자체가 아니라 공탁자인 채무자의 공탁금 회수청구권에 대하여 미치는 것이다(대법원 2011. 4. 28. 선고 2011다1491 판결, 대법원 1996. 11. 11. 자 95마252 결정 등 참조).

158) 대법원 2003. 8. 22. 선고 2003다3768 판결 참조.

159) 대법원 2008. 6. 27. 자 2006마260 결정. 일본 파산법 제42조 제2항은 파산절차개시결정(우리나라의 파산선고)이 있는 경우 파산채권뿐만 아니라 재단채권에 기하여 파산재단에 속하는 재산에 대하여 이미 행해진 강제집행, 가압류, 가처분 등은 그 효력을 잃는다고 명시적으로 규정하고 있다. 일본 파산법이 이렇게 규정한 것은 이시폐지로 종료되는 사건이 적지 않다는 것을 전제로, 재단부족으로 재단채권 전액을 지급할 수 없다는 것을 상정하여, 재단부족의 경우에 있어 재단채권자들을 평등하게 배려하기 위한 결과라고 한다{倒産法(加藤哲夫등), 57쪽}.

선고를 받더라도 그 처분은 그대로 속행된다. 여기서 체납처분(강제징수)은 압류(참가압류를 포함한다)를 의미한다.[161]

　체납처분(강제징수)의 속행을 인정한 근거는 다음과 같다. ① 위와 같은 조세 등 청구권은 국가 등의 재정수입의 원천이 되고 다른 재단채권과 비교하여 그 공익성이 훨씬 강하기 때문에 파산선고 전에 착수한 경우 속행을 인정한 것이다.[162] ② 조세 등 청구권자는 별제권자와 동등한 지위를 갖기 때문이다. 조세 등 청구권의 징수권자는 실체법상 자력집행권 및 우선징수권을 가지고 있고, 특정재산을 체납처분(강제징수)에 의해 압류한 경우에는 그 후 채무자가 당해 재산을 처분하여도 그 재산으로부터 우선적으로 징수할 수 있다는 점에서, 특정재산에 대한 담보권과 동등한 지위를 가지고 있다고 할 수 있다. 또한 개별집행에 있어서 조세 등 청구권과 별제권의 피담보채권의 우열관계는 법정기일과 담보권 설정일의 선후에 의하는 것이기 때문에(국세기본법 제35조 제1항 단서 제3호, 지방세기본법 제71조 제1항 단서 제3호), 체납처분(강제징수)에 의한 압류 전에 체납자가 당해 재산을 처분한 경우에는, 조세 등 청구권의 징수권자는 당해 재산으로부터 만족을 얻을 수 없지만, 조세 등 청구권에 기하여 체납처분(강제징수)에 의한 압류가 된 경우에는, 그 재산에 대하여 처분금지효가 생긴 결과, 그 후에 재산이 처분되어도, 당해 재산으로부터 우선적 만족을 받을 수 있는데, 결과적으로 법정기한을 등기설정일로 하는 저당권과 동등하게 취급된다. 따라서 파산선고 전에 체납처분(강제징수)에 착수한 경우에는, 특정재산에 대하여 담보권을 가지고 있는 별제권자와 마찬가지로, 파산선고 후에도 권리행사를 인정하는 것이 상당하다.[163]

　체납처분(강제징수)의 속행은 파산선고 전의 체납처분(강제징수)은 파산선고 후에도 속행할 수 있다는 것을 특별히 정한 취지에서 나온 것이므로, 과세관청이 파산선고 전에 국세징수법 또는 국세징수의 예에 의하여 체납처분(강제징수)으로 부동산을 압류(참가압류를 포함한다)한 경우에는 그 후 체납자가 파산선고를 받더라도 그 체납처분(강제징수)을 속행하여 파산절차에 의하지 아니하고 배당금을 취득할 수 있어 선착수한 체납처분(강제징수)의 우선성이 보장된다는 것으로 해석함이 상당하다.[164] 따라서 파산선고 전에 체납처분(강제징수)을 한 과세관청은 체납처분(강제징수)절차에 의한 환가대금에서 직접 배당을 받을 수 있다.[165] 파산선고 전에 체납처

160) 국세징수법 시행령 제26조나 지방세징수법 시행령 제41조도 "세무서장 또는 지방자치단체의 장은 체납자가 파산선고를 받은 경우에도 이미 압류한 재산이 있을 때에는 체납처분(강제징수)을 속행하여야 한다"고 규정하고 있다.
161) 대법원 2003. 8. 22. 선고 2003다3768 판결.
162) 파산선고 전에 계속수입과 관련된 채권이나 계속적 거래관계에서 발생한 채권에 대하여 체납처분(강제징수)이 된 경우(국세징수법 제54조, 지방세징수법 제54조), 그 효력이 파산선고 후 파산관재인의 행위에 의하여 발생하는 채권에 대하여도 미치는가. 채무자의 행위로 인한 채권과 파산관재인의 행위로 인한 채권은 계속수입으로서의 연속성이 흠결되기 때문에 체납처분(강제징수)으로 인한 압류의 효력이 미친다고 보기 어렵다고 할 것이다.
163) 倒産法, 340쪽.
164) 대법원 2003. 8. 22. 선고 2003다3768 판결.
165) 제349조의 '체납처분(강제징수)'이란 참가압류(국세징수법 제61조, 지방세징수법 제67조)가 포함된다. 따라서 파산선고 시에 이미 협의의 체납처분(강제징수)(압류) 또는 참가압류를 한 조세 등 청구권자는 그 절차에서 만족을 받을 수 있지만, 교부청구(국세징수법 제59조, 지방세징수법 제66조)를 한 것에 지나지 않은 조세 등 청구권자는 체납처분(강제징수)에 기한 절차에서 배당을 받을 수 없고 그 배당액은 파산관재인에게 교부되며 조세 등 청구권자는

분을 한 조세 등 청구권은 파산선고가 있더라도 체납처분(강제징수)절차를 속행하여 그 환가대금에서 바로 우선변제를 받고, 그 나머지만이 파산재단에 귀속되므로, 결과적으로 체납처분(강제징수)을 한 조세 등 청구권은 다른 재단채권보다 우선변제를 받게 된다(그 반사적 효과로서 체납처분을 한 조세 등 청구권자가 별제권자와 유사한 지위에 놓이게 된다).

별제권의 행사로서 부동산경매절차가 진행된 경우에도 마찬가지이다. 즉 파산선고 전에 체납처분(강제징수)을 한 과세관청은 별제권(담보물권 등)의 행사로서의 부동산경매절차에서 그 매각대금으로부터 직접 배당받을 수 있고(아래 〈4.〉 참조), 이는 파산재단이 재단채권의 총액을 변제하기에 부족한 것이 분명하게 된 때에도 마찬가지이다.[166] 다만 제349조 제1항에 따라 체납처분의 우선성이 인정되어 조세채권자에게 직접 배당하는 조세채권은 체납처분의 원인이 된 조세채권의 압류 당시 실제 체납액에 한정된다고 봄이 타당하고, 이와 달리 국세징수법 제46조 제2항의 문언에 따라 압류 이후 발생한 위 체납액의 초과 부분까지 포함된다고 볼 수는 없다.[167] 이러한 법리는 파산관재인이 파산재단 환가를 위한 형식적 경매(제496조 제1항, 제497조 제1항 전문, 민집법 제274조)의 경우에도 그대로 적용된다고 할 것이다.

3. 환취권이나 별제권에 기한 민사집행에 미치는 영향

환취권이나 별제권으로 될 권리에 기한 민사집행이나 보전처분이 파산선고 당시에 착수되어 있더라도 파산채권에 기한 민사집행이 아니므로 파산선고에 의하여 실효되지 아니한다. 이러한 권리는 파산선고 후에도 파산절차 외의 권리행사를 허용하고 있기 때문이다(제407조, 제412조). 이러한 권리에 기한 개별적 민사집행은 파산선고와 관계없이 통상적인 집행법원 또는 집행관에 의하여 이루어진다. 다만 이러한 집행 등은 파산재단에 속한 재산을 대상으로 하는 관계로 이후는 파산관재인을 상대방으로 하여 속행되는 것이다.

재단채권으로 만족을 받게 된다.

166) 대법원 2003. 8. 22. 선고 2003다3768 판결. 이처럼 파산선고 전에 채무자 소유 부동산에 체납처분(강제징수)(압류 등)이 있고, 그 후 위 부동산에 별제권에 기한 부동산임의경매가 개시된 경우에는 과세관청은 그 매각대금으로부터 직접 배당을 받을 수 있다[이에 대하여 파산선고로 조세채권은 재단채권이 되었고, 재단부족의 경우 실체법상의 우선권에도 불구하고 미변제 채권액에 비례하여 변제받아야 하므로 과세관청에 직접 또는 우선하여 배당하면 안 된다는 주장이 있다. 그러나 체납처분(강제징수)의 속행을 인정한 것은 조세채권의 공익성과 자력집행권을 중시한 것이고, 채권액에 비례하여 변제를 받는다는 것은 일반재산으로부터 변제를 받는 경우에 불과하며 조세채권의 우선권이 보장되는 체납처분(강제징수)에 의한 강제환가절차에서는 조세채권이 재단채권이라고 하더라도 다른 재단채권에 우선하여 변제받을 수 있고, 이러한 법리는 별제권의 행사로 인한 부동산경매의 경우에도 동일하게 적용되기 때문에 위 주장은 이유 없다].

반면 파산선고 전에 채무자 소유 부동산에 체납처분(강제징수)이 없었고, 파산선고 후 채무자 소유 부동산에 별제권에 기한 부동산임의경매가 개시되자 과세관청이 교부청구를 한 경우에는 파산관재인에게 교부하여야 한다(대법원 2003. 6. 24. 선고 2002다70129 판결).

167) 대법원 2023. 10. 12. 선고 2018다294162 판결. 이와 같이 보더라도 조세채권자는 그 초과 부분에 관하여 채무자회생법이 정하는 바에 따라 재단채권 또는 파산채권으로 만족을 얻을 수 있으므로 조세채권의 실현을 확보하려는 정책적·공익적 필요성이 과도하게 제한된다고 볼 수 없고, 오히려 조세채권자가 다른 재단채권자 등 이해관계인에 비해 지나치게 우월한 지위를 부여받는 것을 방지함으로써 회생이 어려운 채무자의 재산을 공정하게 환가·배당하는 것을 목적으로 하는 채무자회생법의 목적에 보다 부합하는 결과를 얻을 수 있다(위 판결 참조).

가. 환취권(또는 환취권이 될 권리의) 행사에 의한 집행의 경우

파산선고는 환취권에 영향을 미치지 아니한다(제407조). 즉 환취권자는 파산선고에도 불구하고 파산선고가 없을 때와 마찬가지로 그 권리를 행사할 수 있다. 권리행사방법은 파산관재인에 대한 이행최고, 소의 제기, 강제집행일 것이다. 또한 파산선고 당시 하고 있던 환취권에 기한 강제집행은 파산선고에 의하여 아무런 영향을 받지 아니한다. 다만, 집행법원에 채무자가 파산선고를 받은 사실을 신고하여 강제집행의 채무자를 파산관재인으로 승계시키면 된다.[168]

관련 내용은 〈제5장 제3절 Ⅱ.3.〉(본서 1404쪽)를 참조할 것.

나. 별제권(또는 별제권이 될 권리의) 행사에 의한 집행의 경우

(1) 별제권 실행의 경우

별제권은 파산절차에 의하지 아니하고 행사할 수 있으므로(제412조), 별제권의 실행절차는 파산선고에 의하여 영향을 받지 아니한다. 즉, 별제권자는 파산선고가 없었을 때와 마찬가지로 별제권자가 가진 실체법상의 권리에 기하여 실체법상 인정된 권리실현방법을 취할 수 있다. 부동산에 대한 담보권 실행을 위한 경매와 같은 별제권 실행이 파산선고 당시 진행 중이면 채무자를 파산관재인으로 승계시키면 되고, 파산선고 후에 별제권 실행을 할 경우에는 파산관재인을 채무자로 하면 된다.[169] 요컨대 파산재단 소속 재산에 대한 담보권 실행을 위한 경매절차는 파산선고가 있어도 실효하지 않고 계속 진행된다.[170]

관련 내용은 〈제5장 제4절 Ⅲ.〉(본서 1426쪽) 및 〈제9장 제2절 Ⅲ.2.〉(본서 1595쪽)을 참조할 것.

(2) 물상대위권의 행사로서의 압류의 경우

담보권자가 물상대위권(민법 제342조, 제370조)의 행사로서의 압류를 하면 일반채권자보다 압류의 선행 여부에 관계없이 우선변제를 받을 수 있다. 이러한 의미에서 이러한 집행은 집행권원에 기한 강제집행이 아니라 여전히 담보권 실행의 성질을 가진다. 따라서 파산선고에 의하

---

168) 예컨대 甲이 그 소유의 부동산을 점유하고 있는 乙에 대하여 소유권에 기한 반환청구소송을 제기하여 승소 확정판결을 얻은 경우, 乙에게 파산선고가 내려져도, 甲의 청구는 환취권에 기한 것이므로, 甲은 파산관재인에 대한 승계집행문을 얻은 후에, 파산절차 중이라도 계속하여 인도집행을 할 수 있다. 파산선고당시 이미 집행에 착수하고 있는 경우라도 마찬가지이다.

169) 경매절차에는 많은 이해관계인이 있다. 민사집행법은 이들의 권리를 보호하기 위하여 이해관계를 가진 자 중에서 특히 보호할 필요가 있는 자를 이해관계인으로 규정하여 경매절차의 전반에 걸쳐서 관여할 자격을 주고 있다(민집법 제90조). 민사집행법 제90조는 제한적 열거규정으로 보고 있다(대법원 1999. 4. 9. 선고 98다53240 판결). 파산선고 후에 저당권자가 별제권자(제411조, 제412조)로서 파산재단에 속하는 부동산에 대하여 매각절차를 개시한 때에는 파산관재인만이 이해관계인인 소유자(민집법 제90조 제2호)로 된다{법원실무제요 민사집행Ⅱ－부동산집행1, 사법연수원(2020), 119쪽}.

170) 별제권에 선행하는 가압류가 파산선고에 의하여 실효된다면 별제권자는 가압류권자와 안분배당을 받을 필요가 없어 선행가압류에 의하여 권리가 제한되었던 별제권자가 뜻하지 않은 반사적 이익을 얻는 결과가 되므로 선행가압류는 실효되지 아니한다고 보아야 한다(대법원 2000. 12. 22. 선고 2000다39780 판결 참조).

여 영향을 받지 아니하고 절차를 속행할 수 있다. 파산선고 후에도 물상대위권의 행사로서 새로운 압류를 할 수 있다.

4. 파산재단에 속하는 부동산이 매각된 경우 배당금의 수령권자

파산선고가 되면 파산채권이나 재단채권에 기하여는 독립하여 강제집행을 할 수 없다. 따라서 집행법원이 이들 채권에 대하여 배당을 실시할 여지는 없다.

한편 별제권은 파산절차에 의하지 아니하고 이를 행사할 수 있으므로(제412조) 파산재단에 속한 부동산에 대한 경매절차(제348조 제1항 단서 참조)에서 별제권자에게만 지급(배당)할 수 있고, 별제권자에게 배당하고 남은 나머지는 파산관재인에게 교부하여야 한다. 다만 파산선고 전에 체납처분(강제징수)을 마친 조세 등 청구권(제349조 제1항)은 부동산경매절차에서 직접 배당을 받을 수 있다.[171] 즉 제349조는 '파산재단에 속하는 재산에 대하여 국세징수법 또는 국세징수의 예에 의한 체납처분을 한 경우에는 파산선고는 그 처분의 속행을 방해하지 않는다.'고 규정하고 있고, 이는 파산선고 전의 체납처분은 파산선고 후에도 속행할 수 있다는 것을 특별히 정한 취지에서 나온 것이므로, 과세관청이 파산선고 전에 국세징수법 또는 국세징수의 예에 의하여 체납처분으로 부동산을 압류(참가압류를 포함한다)한 경우에는 그 후 체납자가 파산선고를 받더라도 그 체납처분을 속행하여 파산절차에 의하지 아니하고 배당금을 취득할 수 있어 선착수한 체납처분의 우선성이 보장된다는 것으로 해석함이 상당하고, 따라서 별제권(담보물권 등)의 행사로서의 부동산경매절차에서 그 매각대금으로부터 직접 배당받을 수 있고, 이는 파산재단이 재단채권의 총액을 변제하기에 부족한 것이 분명하게 된 때에도 마찬가지라고 할 것이다.[172]

또한 앞에서 본 바와 같이 강제집행은 경우에 따라 속행될 수 있다(제348조 제1항 단서). 파산선고 전에 체납처분(강제징수)이 되고, 그 재산에 대하여 경매가 속행된 경우 체납처분(강제징수)에 관계된 조세 등 청구권자는 교부청구를 하고, 교부청구권자로서 배당금을 받는 형식이지만, 이 경우 교부청구는 '이미 한 체납처분'의 속행절차로서의 실질을 갖는다. 따라서 이 경우 교부청구권자(조세 등 청구권자)는 그 실질에 따라 별제권자로 취급받아 배당금을 직접 수령할 수 있다.

> **사례** 강남세무서장은 2021. 10. 1. 채무자 甲에게 법인세 32억 원을 부과하였으나 甲은 이를 체납하였다. 서울특별시 서초구는 甲이 지방세 17억 원을 체납하자 甲의 부동산을 체납처분으로 압류하여 2022. 12. 29. 그 압류등기를 마쳤다. 甲은 2023. 6. 30. 파산선고를 받았고 乙이 파산관재인으로 선임되었다. 한편 원래 甲의 부동산에는 근저당권자를 A은행으로 한 근저당권이 설정되어 있었는데,

---

171) 조세 등 청구권에 관하여 파산선고 전에 체납처분(강제징수)을 하지 않았을 경우는 어떻게 되는가. 즉 파산선고 후 별제권의 행사에 따른 임의경매절차나 제348조 제1항 단서에 의하여 속행된 강제경매절차에서 조세채권자 등이 교부청구를 할 수 있는지, 나아가 현실적인 배당을 받을 수 있는지가 문제된다. 대법원은 교부청구는 인정하되 과세관청이 아닌 파산관재인에게 교부하여야 한다는 입장이다(대법원 2003. 6. 24. 선고 2002다70129 판결).

172) 대법원 2003. 8. 22. 선고 2003다3768 판결.

A은행의 경매신청에 의하여 2023. 10. 27. 위 부동산에 대하여 임의경매절차가 개시되었다. 위 임의 경매절차에서 강남세무서장은 甲의 체납국세 32억 원을 교부청구하였고, 서울특별시 서초구는 체납지 방세 17억 원을 교부청구하였다. 이 경우 조세에 대한 배당금은 누구에게 배당(교부)하여야 하는가.

1. 파산선고 전 체납처분(압류)을 하지 않은 국세의 경우

채무자 소유의 부동산에 대한 별제권(담보물권 등)의 실행으로 인하여 개시된 경매절차에서 과세관청이 한 교부청구는, 그 별제권자가 파산으로 인하여 파산 전보다 더 유리하게 되는 이득을 얻는 것을 방지함과 아울러, 적정한 배당재원의 확보라는 공익을 위하여, 별제권보다 우선하는 채권 해당액을 공제하도록 하는, 제한된 효력만이 인정된다고 할 것이므로,[173] 그 교부청구에 따른 배당금은 채권자인 과세관청에게 직접 교부할 것이 아니라 파산관재인이 채무자회생법 소정의 절차에 따라 각 재단 채권자에게 안분변제할 수 있도록 파산관재인에게 교부하여야 한다.[174] 따라서 국세인 법인세에 대한 배당금은 파산관재인에게 교부하여야 한다.

2. 파산선고 전 체납처분(압류)을 한 지방세의 경우

제349조 제1항은 '파산재단에 속하는 재산에 대하여 국세징수법 또는 국세징수의 예에 의한 체납처분을 한 경우에는 파산선고는 그 처분의 속행을 방해하지 않는다.'고 규정하고 있고, 이는 파산선고 전의 체납처분은 파산선고 후에도 속행할 수 있다는 것을 특별히 정한 취지에서 나온 것이므로, 과세관청이 파산선고 전에 국세징수법 또는 국세징수의 예에 의하여 체납처분으로 부동산을 압류(참가압류를 포함한다)한 경우에는 그 후 체납자가 파산선고를 받더라도 그 체납처분을 속행하여 파산절차에 의하지 아니하고 배당금을 취득할 수 있어 선착수한 체납처분의 우선성이 보장된다는 것으로 해석함이 상당하고, 따라서 별제권(담보물권 등)의 행사로서의 부동산경매절차에서 그 매각대금으로부터 직접 배당받을 수 있다.[175] 결국 지방세에 대한 배당금은 서울특별시 서초구에게 교부하여야 한다.

파산선고가 된 경우 경매절차에서 배당금 수령권자

1. 경매절차에서의 배당기준

매각대금으로 모든 채권자를 만족하게 할 수 없는 때에는 민법, 상법 그 밖의 법률에 의한 우선순위에 따라 배당(민집법 제145조 제2항)[176]

---

173) 별제권실행절차에서의 배당요구나 교부청구는 우선채권자 또는 과세관청이 별제권실행절차에서 직접 채권을 지급받아 변제에 충당할 수 있는 고유한 의미의 배당요구 또는 교부청구로서의 효력이 있는 것이 아니다.

174) 대법원 2022. 8. 31. 선고 2019다200737 판결, 대법원 2003. 6. 24. 선고 2002다70129 판결 등 참조. 별제권은 파산절차에 의하지 아니하고 행사할 수 있는바(제412조), 이는 당해 별제권부채권을 위한 규정이지, 별제권의 목적인 재산을 파산재단에서 제외하고자 하는 취지는 아니다. 따라서 별제권을 만족시키고 남은 부분은 당연히 파산재단으로 복귀하여야 한다. 별제권부채권이 아닌 다른 채권은 여전히 파산절차를 벗어나지 못하고 파산절차 내에서 채무자회생법이 정한 원칙에 따라 배당을 받을 수 있을 뿐이므로, 별제권실행절차에서 배당요구나 교부청구를 통하여 직접 지급을 받을 수 없다.

175) 대법원 2003. 8. 22. 선고 2003다3768 판결 참조.

176) 공매절차의 배분기준도 동일(국세징수법 제96조 제4항, 지방세징수법 제99조 제4항).

2. 민법, 상법, 그 밖의 법률에 의한 우선순위: 조세채권, 담보권 및 임금채권 간의 우열관계[177]

순위	Ⓐ조세채권의 법정기일 **전** 설정된 선순위담보권이 있는 경우	Ⓑ조세채권의 법정기일 **후** 설정된 후순위담보권이 있는 경우
1	최우선임금채권(3월, 3년)[178]	최우선임금채권(3월, 3년)
2	선순위근저당권의 피담보채권	**조세채권**
3	나머지 임금채권	후순위근저당권의 피담보채권
4	**조세채권**	나머지 임금채권

조세채권자와 임금채권자의 관계

- 조세채권 < 최우선임금채권(3월, 3년)
- 조세채권 v. 나머지 임금채권
  - ➡ 조세채권자는 ① 그보다 후순위담보권이 있는 경우에는 (그 담보권자에게 부당한 이익을 부여하는 것을 방지하기 위해) 나머지 임금채권보다 우선적 지위를 가지지만(Ⓑ), ② 후순위담보권이 없는 경우(＝선순위담보권만이 있거나 아예 담보권이 없는 경우)에는 나머지 임금채권보다 열후한 지위를 가짐(Ⓐ)

가. 파산 시와 평시에서는 배당금 수령권자만 달라짐

파산 시 진행되는 별제권 행사에 따른 경매절차에서도 그 배당표는 여전히 실체법상의 순위에 따라 작성되고, 다만 그중 재단채권의 성질을 가지는 부분에 대해서는 원칙적으로 파산관재인이 그 수령권자가 되는 것임

나. 파산 시와 평시의 수령권자를 기준으로 정리하면 아래와 같음

▶ 위 〈2.〉 Ⓐ의 경우 배당금 수령권자

순위	Ⓐ조세채권 법정기일 **전** 선순위담보권이 있는 경우	배당금 수령권자	
		평시 (임의경매절차)	파산 시 (별제권 행사에 따른 경매절차)
1	최우선임금채권 (3월, 3년)	임금채권자 (또는 근로복지공단)[179]	임금채권자 (근로복지공단은 불가)[180]
2	선순위근저당권의 피담보채권	담보권자	담보권자
3	나머지 임금채권	임금채권자	파산관재인
4	**조세채권**	조세채권자	원칙: 파산관재인 예외: 조세채권자(파산선고 전 체납처분 있는 경우)

---

177) 법원행정처, 법원실무제요 민사집행Ⅲ－부동산집행2, 사법연수원(2020), 172쪽.
178) 근로기준법 제38조 제2항 제1호(최종 3개월분의 임금), 근로자퇴직급여 보장법 제12조 제2항(3년간의 퇴직급여등).
179) 근로복지공단이 대지급금을 지급하고 근로자의 권리를 대위행사한 경우(임금채권보장법 제8조).
180) 대법원 2022. 8. 31. 선고 2019다200737 판결(근로복지공단은 대지급금을 지급하고 이를 대위하는 경우에도 직접

▶ 위 〈2.〉 ⑧의 경우 배당금 수령권자

순위	⑧조세채권의 법정기일 후 후순위담보권이 경우	배당금 수령권자	
		평시 (임의경매절차)	파산 시 (별제권 행사에 따른 경매절차)
1	최우선임금채권 (3월, 3년)	임금채권자 (또는 근로복지공단)[181]	임금채권자 (근로복지공단은 불가)[182]
2	**조세채권**	조세채권자	원칙: 파산관재인 예외: 조세채권자(파산선고 전 체납처분 있는 경우)
3	후순위근저당권의 피담보채권	담보권자	담보권자
4	나머지 임금채권	임금채권자	파산관재인

Ⅲ 파산선고가 행정사건절차에 미치는 영향

파산재단에 속하는 재산에 관하여 파산선고 당시에 행정청에 계속되어 있는 사건이 있는 때에는 그 절차는 파산관재인이 수계하거나 파산절차의 종료가 있을 때까지 중단된다(제350조 제1항, 제347조 제1항).[183] 파산재단에 속하는 재산에 관하여 행정청에 계속하는 사건에 있어 파산선고 후 파산관재인으로 하여금 그 절차를 수계하도록 하여 그 재산에 관한 파산재단의 이익을 주장할 수 있는 기회를 주기 위한 것이다.

파산재단에 속하는 재산이란 그 재산이 형식상 파산재단에 속한 것이라고 인정되면 족하며 반드시 실질적으로 파산재단에 속할 것을 요하는 것은 아니다.[184]

행정청에 계속되어 있는 사건 중 소송절차에 의하는 것은 민소법 제239조, 제347조 제1항에 따라 중단 및 수계되는 것이므로(소송의 경우는 행정청에 계속되어 있는 사건도 아니다), 여기서 예정하고 있는 것은 조세심판(이의신청, 심사청구, 심판청구)사건, 공정거래위원회에 계속 중인 심판사건(이의신청, 독점규제 및 공정거래에 관한 법률 제96조), 노동위원회에 계속 중인 구제절차 사건(노동위원회법), 행정심판법에 기한 행정처분에 대한 행정심판사건(행정심판법 제3조), 특허법에 규정된 특허심판사건(특허법 제7장 내지 제9장), 금융위원회의 과징금처분에 대한 이의신청(금융소비자 보호에 관한 법률 제59조) 등을 들 수 있다.[185]

배당금을 수령할 수 없음).
181) 각주 179)와 동일함.
182) 각주 180)과 동일함.
183) 회생절차에도 상응하는 규정이 있다(제59조 제6항).
184) 대법원 1963. 9. 12. 선고 63누84 판결.
185) 조세 등 청구권의 경우 회생절차에서와 같은 특례가 인정될 수 있는가. 예컨대 국세기본법에 의한 이의신청·심사청구·심판청구 또는 지방세기본법에 의한 이의신청·심판청구. 회생절차와 달리 파산절차에서는 조세 등 청구권

절차비용은 재단채권이 된다(제350조 제2항, 제347조 제2항).

Ⅳ 파산선고가 책임제한절차에 미치는 영향

책임제한절차가 일단 개시되면 그 정지를 명할 수 없다(제324조 제1항 단서). 그러나 책임제한절차가 개시되었다고 하여도 파산선고는 할 수 있고 두 절차가 병행하는 것은 상관이 없다. 한편 책임제한절차 신청인이 파산선고를 받은 경우에 책임제한절차를 계속하는 것이 파산채권자를 현저히 해칠 염려가 있다고 인정될 때에는 법원은 파산관재인의 신청에 의하여 책임제한절차를 폐지하는 결정을 하여야 한다. 다만 배당표를 인가하는 공고가 있는 경우 또는 파산절차에서 배당공고를 한 경우에는 그러하지 아니하다(선박소유자 등의 책임제한절차에 관한 법률 제82조).

관련 내용은 〈제2장 제2절 Ⅲ.〉(본서 1237쪽)을 참조할 것.

제3절 파산절차종료가 소송절차 등에 미치는 영향

Ⅰ 파산절차종결이 소송절차 등에 미치는 영향[186]

1. 파산절차종결이 소송절차에 미치는 영향

파산절차가 종결되면 파산재단에 속한 재산의 관리처분권이 채무자에게 회복된다. 따라서 진행 중인 소송절차는 중단되고, 채무자가 다시 이를 수계한다(민소법 제237조 제1항, 제240조).[187] 파산절차가 종결되었다고 하더라도 파산채권에 관한 확정절차는 계속될 필요가 있다. 왜냐하면 미확정 파산채권과의 관계에서 임치 또는 공탁된 금원(제519조 제1호, 제528조 제1호)의 귀속을 결정해주어야 하기 때문이다.

법인의 이사 등에 대한 손해배상청구권 등의 조사확정재판은 파산절차가 종결되면 종료한다(제352조 제8항).[188]

의 확정절차에 관한 특례 규정이 없다. 그래서 조세 등 청구권에 관한 행정사건절차의 경우에도 제350조가 적용된다고 하겠지만(조세심판사건의 경우에도 심판절차가 중단되고 수계된), 조세 등 청구권의 특수성 등을 고려해 보면 회생절차에서와 같은 특례가 인정되어야 할 것임은 앞에서 본 바와 같다. 관련 내용은 〈제2편 제9장 제3절 Ⅱ.〉(본서 756쪽) 및 〈제7장 제1절 Ⅵ.〉(본서 1565쪽)를 참조할 것.

186) 관련 내용은 〈제10장 제1절 Ⅱ.〉(본서 1623쪽)를 참조할 것. 파산절차가 종료된 경우 파산채권확정절차의 취급에 관한 전반적인 내용에 관하여는 〈제7장 제2절 Ⅶ.〉(본서 1583쪽)을 참조할 것.

187) 다만 입법론적으로는 배당과의 관계에서 파산채권을 확정시킬 필요가 있을 뿐만 아니라, 소송은 파산관재인이 수행할 수밖에 없기 때문에(채무자가 수계하는 것은 바람직하지 않다), 소송절차는 중단되지 않고 파산관재인이 계속 소송을 수행하는 것이 타당하다고 본다(본서 1584쪽 참조).

188) 파산절차가 종결된 경우 파산관재인이 제기한 부인의 소와 부인의 청구 및 부인의 청구를 인용한 결정에 대한 이의의 소는 당연히 종료한다고 할 것이다. 하지만 파산절차가 배당을 거쳐 종결에 이르기까지 부인의 청구 등이 계

2. 파산절차종결이 집행절차에 미치는 영향

파산채권자는 파산절차에 의하여만 권리를 행사하여야 한다는 제약에서 벗어나 자유로이 그 권리를 행사할 수 있다. 채권자는 파산종결의 확정 후에 파산채권자표의 기재에 의하여 강제집행을 할 수 있다(제535조 제2항).

법인인 채무자가 파산종결로 소멸하는 경우 파산채권자가 채무자의 보증인 그 밖에 채무자와 더불어 채무를 부담하는 자에 대하여 가지는 권리와 파산채권자를 위하여 제공한 담보에는 영향이 없다(제548조 제2항, 제567조).

파산선고로 실효된 강제집행, 가압류, 가처분 등(제348조)은 파산종결에 의하여 부활되지 않는다.[189] 따라서 채권자는 파산종결결정 확정 후에 다시 강제집행 등을 신청하여야 한다.

개인에 대하여 면책신청이 있는 경우에는 아래(제4절 Ⅱ.1.)에서 보는 바와 같이 강제집행 등이 금지 또는 중지된다(제557조 제1항).

Ⅲ 파산절차폐지[190]가 소송절차 등에 미치는 영향

파산절차가 종결된 경우와 같다. 관련 내용은 〈Ⅰ.〉 및 〈제10장 제2절 Ⅲ.〉(본서 1632쪽)을 참조할 것.

1. 파산절차폐지가 소송절차에 미치는 영향

채무자는 파산재단에 대한 관리처분권을 회복한다. 파산선고 후 제기된 파산재단에 관한 소송[191]은 중단되고 채무자가 수계한다(민소법 제237조 제1항). 파산선고 전에 제기되어 파산선고에 의하여 중단된 파산재단에 관한 소송으로 파산관재인 또는 상대방에 의해 수계되지 않은 것은 채무자가 당연히 수계하고(민소법 제239조), 파산선고로 수계된 것은 다시 중단된 후 채무자가 수계하여야 한다(민소법 제240조).

파산관재인이 제기한 부인의 소와 부인의 청구[192] 및 부인의 청구를 인용한 결정에 대한

속되어 있는 경우는 생각하기 어렵다.

189) 대법원 2014. 12. 11. 선고 2014다210159 판결 참조.

190) 동시폐지의 경우에는 앞에서 본 바와 같이 파산재단이 성립하지도 않고, 파산관재인도 선임하지 않으므로 소송절차의 중단이나 수계의 문제가 발생하지 않는다. 따라서 여기서는 이시폐지나 동의폐지의 경우를 말한다. 파산선고의 취소결정이 확정된 경우에도 아래 〈Ⅲ.〉에서 설명하는 것을 제외하고 마찬가지이다.

　한편 파산선고는 선고시에 효력이 발생함에 대하여(제311조), 동시폐지결정은 고지 때까지 효력이 발생하지 않기 때문에(제33조, 민소법 제221조 제1항) 파산선고시부터 고지시까지의 사이에 소송절차가 중단되는 것이 아닌가 하는 문제가 있다. 파산선고와 동시폐지결정을 같은 시점에 하는 것으로 해석한다면 시간적 간극은 발생하지 않는다. 동시폐지결정의 효력발생시를 관보에 게재된 날의 다음 날(제9조 제2항)로 보는 것이 일반적인 견해라고 하더라도, 앞에서 본 바와 같이 동시폐지의 경우 파산재단이 성립하지 않기 때문에 소송절차 중단은 발생하지 않는다.

191) 파산관재인이 당사자인 파산채권조사확정재판에 대한 이의의 소 등.

192) 부인의 청구는 파산절차에서 부인권행사를 위한 절차이고, 파산절차폐지 등으로 파산절차가 종료된 경우 절차를 진

이의의 소[193]는 당연히 종료하고,[194] 파산채권조사확정재판에 관한 이의의 소를 포함한 나머지 소송은 중단된 후 채무자가 수계한다. 파산채권조사확정재판은 파산절차 진행을 전제로 배당에 참가할 파산채권의 확정을 위한 절차이므로 파산폐지결정의 확정으로 종료된다.

법인의 이사 등에 대한 손해배상청구권 등의 조사확정재판은 파산절차가 종료한 때 종료한다(제352조 제8항).

2. 파산절차폐지가 집행절차에 미치는 영향

파산선고로 효력을 잃은 강제집행 등(제348조 제1항 본문 참조)은 사후적으로 파산폐지결정이 확정되더라도 그 효력이 부활하지 아니한다.[195] 따라서 채권자는 파산폐지결정 확정 후에 다시 강제집행 등을 신청하여야 한다.

채권자는 권리행사의 제약에서 벗어나 자유로이 그 권리를 행사할 수 있다. 채권자는 파산폐지결정 확정 후에 파산채권자표의 기재에 의하여 강제집행을 할 수 있다(제548조 제1항, 제535조 제2항). 파산채권자표에 관한 청구이의의 소, 집행문부여의 소, 집행문부여에 대한 이의의 소에 대하여는 파산계속법원의 전속관할이라는 명문의 규정은 없으나,[196] 파산채권자표를 작성한 파산계속법원을 제1심 법원 또는 제1심 판결법원으로 보는 것이 타당하다(민집법 제21조, 제57조, 제56조, 제44조 제1항, 제33조, 제45조).

법인인 채무자가 파산폐지의 결정으로 소멸하는 경우 파산채권자가 채무자의 보증인 그 밖에 채무자와 더불어 채무를 부담하는 자에 대하여 가지는 권리와 파산채권자를 위하여 제공한 담보에는 영향이 없다(제548조 제2항, 제567조).

개인에 대하여 면책신청이 있는 경우에는 아래(제4절 II.1.)에서 보는 바와 같이 강제집행 등이 금지 또는 중지된다(제557조 제1항).

Ⅲ 파산취소가 소송절차 등에 미치는 영향

관련 내용은 〈제3장 제3절 Ⅱ.2.라.〉(본서 1318쪽)를 참조할 것.

행시킬 의미가 없기 때문에 파산절차의 종료에 의해 당연히 종료된다고 보아야 한다. 일본 파산법 제174조 제5항은 이를 명시적으로 규정하고 있다.

193) 부인권은 파산재단의 증식을 목적으로 하는 권리이고, 파산절차가 종료된 이상 부인권의 존부를 심리 판단하는 소송절차를 속행하는 것은 의미가 없기 때문이다. 일본 파산법 제175조 제6항은 이를 명시적으로 규정하고 있다.

194) 파산선고 전에 사해행위취소의 소가 제기되고, 파산선고로 수계(제406조)된 후 부인의 소로 변경된 경우는 다르다. 파산절차가 폐지되면 부인의 소는 중단되고 채권자가 다시 수계한다. 수계된 후 채권자는 부인권을 행사할 수 없고 (부인권은 파산절차 진행 중에 파산관재인만이 행사할 수 있고, 파산절차가 종료되면 소멸한다) 다른 주장을 하여야 소송이 유지될 수 있다.

195) 대법원 2014. 12. 11. 선고 2014다210159 판결.

196) 회생채권자표, 회생담보권자표에 관한 청구이의의 소, 집행문부여의 소, 집행문부여에 대한 이의의 소에 관하여는 회생계속법원의 전속관할이라는 명문의 규정이 있다(제292조 제3항).

Ⅳ 파산절차종료가 권리확정절차에 미치는 영향

관련 내용은 〈제7장 제2절 Ⅶ.〉(본서 1583쪽)을 참조할 것.

제4절 면책절차가 소송절차 등에 미치는 영향

Ⅰ 면책절차가 소송절차에 미치는 영향

면책절차가 진행되더라도 실체적인 법률관계에는 아무런 영향이 없으므로 채무자를 상대로 한 소송절차에는 아무런 영향이 없다. 위(제3절 Ⅰ.과 Ⅱ.)에서 설명한 파산절차가 종료된 경우와 같다.

한편 면책결정이 확정된 이후에는 면책결정에 의하여 그 책임이 면제되어(제566조 본문) 통상의 채권이 갖는 소제기 권능을 상실하였다고 할 것이므로, 면책결정 이후에 제기된 소는 권리보호의 이익이 없어 부적법하다(본서 1704쪽 참조).[197]

Ⅱ 면책절차가 집행절차에 미치는 영향

면책절차가 진행 중이라는 사정은 집행장애사유에 해당하나(제557조 제1항),[198] 면책결정의 확정은 면책된 채무에 관한 집행력 있는 정본에 기초하여 그 확정 후 비로소 개시된 강제집행의 집행장애사유가 되지 않는다.[199]

1. 면책절차 중의 강제집행 등의 금지 및 중지[200]

가. 면책신청이 있고, 파산폐지결정의 확정 또는 파산종결결정이 있는 때

면책신청이 있고, 파산폐지결정의 확정 또는 파산종결결정이 있는 때에는 면책신청에 관한 재판이 확정될 때까지 채무자의 재산[201]에 대하여 파산채권에 기한 강제집행·가압류 또는 가처분을 할 수 없고,[202] 채무자의 재산에 대하여 파산선고 전에 이미 행하여지고 있던 강제집

---

197) 대법원 2023. 12. 21. 자 2023마6918 결정, 대법원 2015. 9. 10. 선고 2015다28173 판결, 광주지방법원 2020. 12. 11. 선고 2019나2366 판결(2021. 6. 3. 상고기각 확정) 등 참조.
198) 대법원 2010. 7. 27. 자 2009마783 결정.
199) 대법원 2013. 9. 16. 자 2013마1438 결정.
200) 관련 내용은 〈제11장 제1절 Ⅱ.1.라.〉(본서 1650쪽)를 참조할 것.
201) 파산절차 종료 후의 문제이므로 파산재단이 아니라 채무자의 재산이다.
202) 입법론적으로 면책불허가결정이 될 가능성 및 파산채권자 중에는 비면책파산채권자도 있을 가능성을 고려한다면, 강제집행 등이 금지된 파산채권자가 소멸시효중단의 기회를 상실하는 것에 대한 배려가 필요하다. 일본파산법은 비

행·가압류 또는 가처분은 중지된다(제557조 제1항).[203)204)] 원래 파산절차와 면책절차는 일체로 생각할 수 있으므로 면책심리 중 개별집행은 허용될 수 없다.

법원의 별도 재판 없이 당연히 강제집행 등이 금지 또는 중지된다. 따라서 채무자는 별도의 강제집행정지결정을 받지 않더라도, 면책신청이 있고 파산폐지결정의 확정 또는 파산종결결정이 있다는 것을 소명하는 서면을 집행관 등에게 제출함으로써 그 강제집행을 중단시킬 수 있다.[205)]

이는 면책재판절차의 계속이 집행장애사유가 되는 경우로 이에 반하여 진행된 절차는 무효이다. 따라서 만일 집행법원이 위와 같은 면책절차 중의 집행신청임에도 간과하고 강제집행을 개시한 다음 이를 발견한 때에는 이미 한 집행절차를 직권으로 취소하여야 하고, 이는 그 후 면책불허가결정이 확정되었다고 하더라도 마찬가지이다.[206)]

면책신청에는 명시적인 면책신청뿐만 아니라 간주면책신청(제556조 제3항)도 포함된다. 한편 면책신청을 하는 경우에는 동의폐지신청을 할 수 없으므로(제556조 제4항) 파산폐지결정은 동시폐지 또는 이시폐지결정에 한한다.

채무자에 대한 파산·면책신청이 있는 경우 파산채권에 기한 채권압류 및 추심명령도 제한된다.[207)] 즉 먼저 면책신청이 있었지만 그 면책결정이 확정되지 아니한 상태에서 나중에 압류, 추심(전부)명령이 신청된 경우에는[208)] 제557조 제1항에 따라 압류, 추심(전부)명령을 발령할 수

면책파산채권자에 대하는 면책허가신청에 대한 결정이 확정된 날의 다음날로부터 2월이 경과하는 날까지는 시효가 완성되지 않고, 그 이외의 파산채권자에 대하여는 면책신청을 각하하는 결정 또는 면책불허가결정의 확정일 다음날로부터 2월을 경과하는 날까지는 시효가 완성되지 않는다고 규정하고 있다(제249조 제3항).

203) 파산절차가 진행 중에는 파산채권자는 채무자에 대하여 강제집행 등을 하는 것이 허용되지 않는다(제424조 참조). 그러나 파산신청과 동시에 면책신청이 된 경우라도 면책심리기간 중에 파산절차가 종료되면 강제집행금지가 해제되고, 나아가 동시폐지결정 후에 면책허가신청이 된 경우에는 처음부터 면책심리기간 중 강제집행금지의 효과가 없다. 그러나 파산면책제도의 목적은 자유재산, 특히 파산선고 후의 신득재산에 대한 파산채권자의 추급을 차단하여 채무자의 경제적 회생을 도모하는 것인데, 면책심리기간 중에 강제집행을 허용한다면 이러한 목적을 실현할 수 없다. 또한 파산절차와 면책절차는 절차적으로는 구별되지만 실질적으로는 파산선고 후 신득재산을 기초로 하여 경제적 새출발의 기회를 채무자에게 부여한다는 면책절차의 목적에서 보면 일체로 보아야 한다. 따라서 면책심리기간 중에 파산채권자의 강제집행 등을 허용하는 것은 면책제도의 목적에 반한다. 면책허가결정의 확정에 의해 파산채권자에 대한 책임이 면제된다는 점을 고려하면 더욱 그렇다. 이러한 점을 고려하여 채무자회생법은 면책심리기간 중에 강제집행 등을 금지하고, 이미 한 강제집행 등은 중지되도록 규정하였다.

204) 강제집행 등이 금지되었음에도 채무자가 파산선고 후 취득한 재산에 대한 강제집행으로써 채권자가 자신의 채권을 회수하여 이득을 얻은 경우에는 이는 법률상 원인 없이 이루어진 것으로서 채무자에 대한 부당이득이 성립되어 채무자는 집행채권자를 상대로 그 반환을 청구할 수 있다. 그러나 파산선고로 중단된 파산재단에 대한 강제집행 등을 속행하여 채권자가 이득을 얻은 경우 그로 인하여 손해를 입은 자는 채무자가 아니라 다른 파산채권자로서 파산절차에서 위 재산이 환가·배당되었더라면 받을 수 있는 배당액을 한도로 파산채권자는 집행채권자를 상대로 그 반환을 청구할 수 있다(도산절차와 소송 및 집행절차, 337쪽).

205) 대법원 2009. 1. 9. 자 2008카기181 결정. 따라서 채무자가 면책절차가 진행되고 있음을 이유로 강제집행 등의 정지를 구하는 신청을 할 경우 그 신청이익이 없어 부적법하다.

206) 대법원 2013. 7. 16. 자 2013마967 결정. **사례** A(채무자)는 2014. 4. 13. 의정부지방법원 2014하단2026호, 2014 하면2025호로 파산 및 면책 신청을 하였고, 위 법원은 2014. 7. 2. A에 대한 파산선고 및 파산폐지 결정을 하였으며, 위 결정은 2014. 7. 20. 확정되었다. 甲은 2014. 12. 10. A에 대한 파산채권에 기초하여 강제집행을 신청하였다. 이 경우 법원(사법보좌관)은 면책절차 중의 신청이라는 집행장애사유가 있으므로 경매개시결정을 하면 안 되고, 경매신청을 각하하여야 한다.

207) 대법원 2010. 7. 28. 자 2009마783 결정.

없으므로 압류, 추심(전부)명령 신청을 기각하여야 한다.[209]

한편 앞에서 본 바와 같이 파산선고가 된 경우에는 재단채권에 기한 강제집행 등은 실효되고 새로운 강제집행 등을 할 수 없지만, 면책절차에서는 재단채권에 기한 강제집행 등의 효력이 중지·실효되지 않는다. 결국 재단채권자는 면책절차 중에도 파산재단에 대하여 강제집행 등을 할 수 있다.

나. 면책결정에 따른 강제집행 등의 실효

이후 면책결정이 확정된 경우에는 중지된 강제집행·가압류 또는 가처분은 실효된다(제557조 제2항). 관련 내용은 〈제11장 제1절 V.2.나.〉(본서 1691쪽)를 참조할 것. 반면 면책신청의 각하·기각결정 또는 면책불허가결정(일부 면책결정 포함)이 확정되면 다시 강제집행 등을 할 수 있고 중지된 강제집행 등은 속행된다.

실효된 강제집행 등의 취소를 구하기 위한 절차는 어떻게 되는가. 채무자가 면책결정 확정을 이유로 집행취소신청을 하면[210] 집행법원은 별도의 집행취소결정을 하지 않고 경매개시결정등기의 말소촉탁을 하는 등 강제집행 등의 외관을 제거하면 충분하다.[211] 한편 면책결정이 확정된 후 파산채권자가 면책된 채권에 대하여 면책결정 전에 가지고 있던 집행권원에 기하여 한 새로운 강제집행 등은 제557조의 적용대상이 아니다.

2. 면책결정확정 후 강제집행에 대한 조치

파산절차 및 면책절차가 종료되면 파산채권자는 파산채권을 자유롭게 행사할 수 있고,[212] 집행권원을 얻은 경우 그에 기하여 강제집행을 할 수도 있다. 이에 대해 면책결정이 확정된

---

208) 반면 아래 【사례】에서 보는 바와 같이 먼저 면책결정이 확정된 후 압류, 추심명령이 신청 및 발령된 경우에는 면책결정이 집행장애사유가 아니므로 채권압류 및 추심명령을 발령하여야 한다.

209) 압류, 전부명령 신청이 먼저 되어 압류, 전부명령이 발령되었지만, 즉시항고 등으로 아직 확정되지 아니한 상태에서 면책신청이 있는 경우에는 항고법원으로서는 면책결정이 확정될 때까지 항고재판을 정지하였다가(민집법 제229조 제8항) 면책결정이 확정되면 압류, 전부명령을 취소하여야 한다(본서 2106쪽, 대법원 2014. 1. 17. 자 2013마2252 결정, 대법원 2013. 4. 12. 자 2013마408 판결 등 참조).
　　추심명령의 경우는 어떠한가. 압류, 추심명령이 발령된 후 면책신청은 추심행위에 더 나아가지 못하는 사정에 불과하고, 추심명령의 경우에는 전부명령에 관한 민집법 제8항의 항고재판 정지에 관한 규정이 없으므로 면책신청은 추심명령에 대한 즉시항고 사유가 될 수 없다. 따라서 즉시항고를 기각한다. 다만 집행절차에서 면책신청서를 압류채권자와 제3채무자에게 송달하여(민사집행규칙 제161조 제1항) 후속 집행절차를 중지하였다가 면책결정이 확정되면 집행취소를 하도록 하는 것이 바람직하다.

210) 면책결정이 확정되었다 하더라도 압류가 곧바로 해제되는 것은 아니다. 회생법원에서 면책결정정본, 채권자목록, 면책결정 확정증명원 등을 발급받아 압류를 한 집행법원에 해제신청을 하여야 한다.

211) 별도로 청구이의의 소를 제기할 필요 없이 면책허가결정을 취소문서(민집법 제50조 제1항, 제49조 제1호)로 제출하면 충분하다. 물론 집행취소를 하고 그 외관을 제거할 수도 있을 것이다. 한편 면책채권에 기한 강제집행 등과 비면책채권에 기한 강제집행 등을 집행법원이 구별하는 것은 곤란하다는 것을 이유로 별도로 청구이의 소를 제기하여야 한다는 견해도 있을 수 있다. 하지만 제557조 제2항은 양자를 구별하지 않고 있고, 별도로 청구이의의 소를 제기할 것을 요구하는 것은 법 취지에 맞지 않다.

212) 면책결정이 확정된 후에는 강제집행 등을 개시할 수 있고, 면책결정 확정 후 개시된 강제집행 등에 대해서는 면책결정의 확정을 이유로 집행절차를 해제(취소)할 수 없다.

경우, 채무자는 책임소멸을 이유로 청구이의의 소(민집법 제44조)를 제기하면서[213] 강제집행정지 신청(민집법 제46조 제2항)을 할 수 있다.[214] 면책결정이 확정되어 채무자의 채무를 변제할 책임이 면제되었다고 하더라도, 이는 면책된 채무에 관한 집행권원의 효력을 당연히 상실시키는 사유는 되지 아니하고 다만 청구이의의 소를 통하여[215] 그 집행권원의 집행력을 배제시킬 수 있는 실체상의 사유에 불과하다. 또한 면책결정의 확정은 면책된 채무에 관한 집행력 있는 집행권원 정본에 기하여 그 확정 후 비로소 개시된 강제집행의 집행장애사유가 되는 것도 아니기 때문이다.[216]

한편 면책결정이 확정되면, 그 파산채권이 비면책채권인지 여부와 상관없이, 파산채권자표에 그 취지를 기재한다(제568조). 그러나 비면책채권은 그 기재에도 불구하고 파산채권자표의 집행권원으로서의 효력이 상실되는 것은 아니다. 이 경우 비면책채권에 관한 파산채권자표에 대한 집행문부여의 절차는 어떠한가. 파산채권자가 비면책채권에 대하여 집행문을 얻으려면 법원사무관등에게 집행문부여의 신청을 하고, 그 처분에 불복이 있는 경우에는 집행문부여 등에 관한 이의신청(민집법 제34조)을 하면 된다.[217] 관련 내용은 **〈제11장 제1절 V.1.나.〉**(본서 1684쪽)를 참조할 것.

면책결정확정 후 비면책채권자가 아닌 채권자가 집행절차에 의하여 만족을 얻은 경우 채무자는 부당이득반환청구를 할 수 있다.

사례 면책결정이 확정된 후 채권압류 및 추심명령이 발령된 경우

실무적으로 채무자가 채권압류 및 추심명령에 대하여 즉시항고를 제기하면서 면책결정이 확정되었다는 것을 항고이유로 삼는 경우가 많다.

그러나 채권압류 및 추심명령에 대한 즉시항고는 집행력 있는 정본의 유무와 그 송달 여부, 집행개시요건의 존부, 집행장애사유의 존부 등과 같이 채권압류 및 추심명령을 할 때 집행법원이 조사하여 준수할 사항에 관한 흠을 이유로 할 수 있을 뿐이고, 집행채권의 소멸 등과 같은 실체상의 사유는

---

213) 대법원 2017. 10. 12. 선고 2017다17771 판결 참조.
214) 집단적 책임면제절차로서 면책절차의 성질 및 면책제도의 취지에서 민집법 제49조 제1호를 확장 해석하여 면책허가결정을 집행정지·취소문서로 취급할 수도 있다는 견해가 있다(破産法·民事再生法, 726쪽, 김정만, 전게 "파산면책의 효력", 235~238쪽). 그러나 파산채권이 비면책채권에 해당하는지 여부의 판단은 불법행위에 기한 손해배상청구권(제566조 제3호)에서 보는 바와 같이 결코 쉬운 것이 아니고, 이를 집행법원의 판단에 맡기는 것은 적절하지 않을 수 있다. 따라서 면책제도의 취지를 고려하더라도 실무상의 절차적 안정성을 고려하면 받아들이기 어렵다.
215) 가압류 또는 가처분에 대해서는 이의 또는 취소신청을 하여 해당 절차에서 면책을 주장하여야 한다.
216) 대법원 2014. 2. 13. 자 2013마2429 결정, 대법원 2013. 9. 16. 자 2013마1438 결정. 도산절차개시는 집행절차와의 관계에서 그 자체로 집행장애사유이다. 집행기관은 원칙적으로 실체법적인 문제에 대하여 판단할 권한이 없다(법원실무제요 민사집행(Ⅰ)−집행총론, 사법연수원(2020), 75쪽 참조). 따라서 파산 및 면책절차가 계속 중인 경우에는 강제집행에 대하여 집행장애사유가 된다. 하지만 면책결정이 확정되면 더 이상 집행장애사유가 존재하지 않으므로 강제집행을 개시할 수 있다. 면책은 실체법상의 문제이므로 집행절차에서 판단할 문제가 아니다(그래서 위 판결은 면책결정은 채권압류 및 추심명령에 대한 즉시항고의 이유가 될 수 없고 청구이의의 소를 통해 해결하여야 한다고 판시하고 있다).
217) 집행문부여의 소(민집법 제33조)에 있어 심리의 대상은 조건성취 또는 승계사실의 존부만으로 한정하고 있으므로, 파산채권자표의 기재에서 확정된 파산채권이 비면책채권에 해당하는지 심리하는 것을 예정하고 있는 것으로 해석되지 않는다. 따라서 집행문부여신청에 대한 불복은 집행문부여의 소가 아니라 집행문부여 등에 관한 이의신청으로 하여야 한다.

이에 대한 적법한 항고이유가 되지 아니한다. 그런데 채무자회생법에 의한 면책결정이 확정되어 채무자의 채무를 변제할 책임이 면제되었다고 하더라도, 이는 면책된 채무에 관한 집행권원의 효력을 당연히 상실시키는 사유는 되지 아니하고 다만 청구이의의 소를 통하여 그 집행권원의 집행력을 배제시킬 수 있는 실체상의 사유에 불과하며, 한편 면책결정의 확정은 면책된 채무에 관한 집행력 있는 집행권원 정본에 기하여 그 확정 후 비로소 개시된 강제집행의 집행장애사유가 되지 아니한다. 따라서 면책결정이 확정되어 채무자의 채무를 변제할 책임이 면제되었다는 것은 면책된 채무에 관한 집행력 있는 집행권원 정본에 기하여 그 확정 후 신청되어 발령된 채권압류 및 추심명령에 대한 적법한 항고이유가 되지 아니한다.[218]

따라서 이 경우 채무자로서는 청구채권이 면책되었다는 사유를 들어 청구이의의 소를 제기하여 그 인용판결의 정본을 집행정지서류로 하여 집행기관에 제출하면 집행절차를 당연히 정지시킬 수 있고, 이미 행해진 집행처분의 취소를 구할 수 있을 것이다(민집법 제49조 제1호, 제50조). 또한 채무자는 청구이의의 소를 제기하면서 수소법원으로부터 '강제집행의 정지를 위한 잠정처분'을 받아(민집법 제46조 제2항), 이를 증명하는 서류를 집행기관에 제출하여 강제집행을 정지시킬 수 있다.[219]

3. 담보부동산경매의 채무자가 면책된 경우 채무자나 그 상속인의 매수인 자격 여부

채무자는 적법한 매수인이 될 자격이 없다(민사집행규칙 제59조 제1호, 제202조).[220] 그런데 면책결정의 효력과 관련하여, 담보권 실행을 위한 부동산경매절차의 채무자가 면책결정을 받고, 해당 경매의 기초가 된 담보권의 피담보채권이 그 결정의 효력을 받은 경우, 채무자나 그 상속인이 민사집행규칙 제202조에 의하여 준용되는 민사집행규칙 제59조 제1호에 의해 매수신청이 금지된 채무자에 해당하는지가 문제될 수 있다. 예컨대 A가 소유하는 부동산에 대하여, A를 채무자로 하는 담보권 실행을 위한 부동산경매절차가 개시된 후, A에 대하여 파산절차가 개시되고, A는 면책결정을 받았으며, 위 경매의 기초가 된 담보권의 피담보채권은 위 면책결정의 효력을 받게 되었다. 이후 A는 사망하고, 그 아들인 甲이 A를 상속하였다. 이때 甲(A가 사망하지 않았다면 A)은 위 경매절차에서 매수신청을 할 수 있는가.

채무자의 매수신청금지를 규정한 민사집행규칙 제59조 제1호의 주된 취지로는, ① 채무자에게 압류부동산을 매수할 만한 자력이 있다면, 우선 압류채권자에게 변제하게 하는 것이 옳은 점, ② 채무자가 압류부동산을 매수하여도, 청구채권의 전부를 변제할 수 없을 정도의 매각대금인 경우, 채권자는 동일한 집행권원을 가지고 다시 동일한 부동산에 대하여 압류하고, 강제집행을 할 수 있어, 절차를 반복하게 되는 결과가 되고, 이를 허용할 경우 경매절차가 복잡하게 된다는 점, ③ 자기의 채무조차 변제할 수 없는 채무자의 매수신청을 허용하면, 매각대금도

---

218) 대법원 2014. 2. 13. 자 2013마2429 결정, 대법원 2013. 9. 16. 자 2013마1438 결정. 결국 면책결정이 확정된 후 채권압류 및 추심명령이 신청되어 발령되더라도 이는 적법한 것이다. 반면 채무자에 대한 면책신청이 있는 경우에는 파산채권에 기한 채권압류 및 추심명령은 제557조 제1항, 제2항에 따라 효력이 상실될 수 있으므로 제한되어야 한다(대법원 2010. 7. 28. 자 2009마783 결정 참조).

219) 민사항고재판실무편람(2018), 236쪽.

220) 대법원 2009. 10. 5. 자 2009마1302 결정. 매수신청이 금지된 자가 매수신청(신고)을 한 경우 매각불허가사유가 된다(민집법 제123조 제2항, 제121조 제2호, 제3호).

납부하지 못할 것이 예상되어, 경매절차의 진행을 저해할 우려가 높다는 점 등을 들고 있다.[221]

매수신청이 금지되는 '채무자'의 범위와 관련하여, 연대채무자나 물상보증인 등이 '채무자'에 해당하지 않는다는 점에 대하여는 다툼이 없다. 그런데 위 사례와 같이 담보부동산경매의 채무자가 면책결정을 받고, 위 경매의 기초가 된 담보권의 피담보채권이 면책결정의 효력을 받은 경우 채무자나 그 상속인이 '채무자'에 해당하는지에 대하여는 아직 논의가 없다.

우선 위와 같은 경우 해당 채무자나 그 상속인은 피담보채권을 변제할 책임을 부담하지 않고 (제566조 본문), 채권자는 그 강제적 실현을 도모할 수 없다. 그렇다면 채무자는 매수신청을 할 수 있을까. 채무자가 피담보채권을 변제할 책임에서 벗어났다고 하더라도 지금까지 변제를 게을리한 본인으로서 목적부동산을 매수하는 것은 여전히 상당하지 않다. 따라서 비록 채무자가 면책결정을 받았다고 하더라도 매수신청이 금지되는 '채무자'의 범위에 포함된다고 할 것이다.

채무자의 상속인은 어떠한가. 그 상속인에 대하여는 ① 목적부동산의 매수보다 피담보채권의 변제를 우선하여야 한다고 할 수는 없고, ② 매수를 인정하여도 동일한 채권의 채권자 신청에 의해 다시 강제경매가 행하여질 수는 없다. 또한 ③ 채무자에 대하여는 매각대금을 납부하지 않아 경매절차의 진행을 저해할 우려가 유형적으로 높다는 것을 부정할 수 없어도, 그 상속인에 대하여는 그러한 염려가 유형적으로 높다고 할 수 없다. 생각건대 상속인에 대하여는 민사집행규칙이 채무자의 매수자격을 금지한 정책적 이유 어느 것에도 해당하지 않는다. 상속인을 형식적으로 보면 채무자에 해당한다는 것을 부정하기 어려워도, 위와 같이 매수자격을 금지하여야 할 이유가 없음에도 이것을 부정하는 형식적 해석을 채택하는 것은, 정책적인 이유로 채무자의 매수자격을 부정하는 것에 지나지 않은 민사집행규칙 제59조 제1호의 해석으로는 타당하지 않다.[222]

요컨대 담보권 실행을 위한 부동산경매의 채무자가 면책결정을 받아, 위 경매의 기초가 된 담보권의 피담보채권이 위 결정의 효력을 받은 경우, 채무자의 상속인은 민사집행규칙 제202조에 의해 준용되는 민사집행규칙 제59조 제1호에서 말하는 '채무자'에 해당하지 않는다고 할 것이다.[223]

이러한 설명은 강제경매의 경우에 있어서도 타당하다. 다만 면책결정이 확정된 경우 파산채권에 기한 강제집행절차는 그 효력을 상실하기 때문에(제557조 제2항) 채무자나 그 상속인의 매수가 문제되는 경우는 상정하기 어렵다.

---

221) 법원실무제요, 민사집행Ⅱ-부동산집행1, 사법연수원(2020), 272쪽.
222) 강제경매와 관련하여 한정승인을 한 상속인의 매수신청은 허용된다는 견해가 있다{윤경·손흥수, 부동산경매(1), 한국사법행정학회(2017), 1097쪽}.
223) 最高裁令和3年6月21日第一小法廷決定, 令和3年(許)第7号. 위 결정에 대한 해설은 「ジュリスト」 2022년 4월호 #1569, 106~108쪽」에 게재되어 있다.

제5절 상속재산파산절차가 소송 및 집행절차에 미치는 영향

상속재산파산선고 이후 소송 및 집행절차에 미치는 영향은 일반적인 파산절차가 소송 및 집행절차에 미치는 영향과 별다른 차이가 없다. 즉 원칙적으로 일반적인 파산절차에서 설명한 내용이 그대로 적용된다.

Ⅰ 상속재산파산절차가 소송절차에 미치는 영향

가. 상속재산파산선고 후 소송을 제기할 경우

상속재산파산선고가 된 경우 파산재단에 관한 소송에서는 파산관재인이 당사자가 된다(제359조). 따라서 파산재단과 관련하여 새로운 소송을 제기하고자 하는 자는 파산관재인을 상대로 소를 제기하여야 한다. 상속인을 상대로 소를 제기하거나 상속인이 원고로서 소를 제기하는 것은 부적법하다.

파산채권은 파산절차에 의하지 아니하고는 행사할 수 없으므로(제424조) 파산채권자는 파산절차 내에서 채권신고에 의한 확정절차를 통해 배당을 받아야 하고, 별도로 파산채권에 관한 소송을 제기하는 것은 부적법하다. 반면 재단채권자는 파산관재인을 상대로 소송을 제기할 수 있다.

나. 상속재산파산 선고 당시 소송이 계속 중인 경우

상속재산에 대하여 파산선고가 된 경우 소송절차는 중단되고(민소법 제239조), 파산관재인이 수계한다. 관련 내용은 〈제12장 제4절 Ⅰ.5.〉(본서 1754쪽)를 참조할 것.

한편 피상속인이 당사자였던 소송이 상속인과 파산관재인으로 순차 수계가 이루어진 경우에는 상속인으로의 수계와 파산관재인으로의 수계를 모두 표시하여야 한다.[224]

다. 상속재산파산절차 종료 후 파산채권에 관한 소송이 제기된 경우

상속재산파산절차가 종료된 후 상속채권자가 상속인을 상대로 상속채무(파산채권)의 이행을 구하는 소송을 제기하고, 위 소송절차에서 상속인이 상속재산파산절차가 종료되었음을 주장한 경우 어떻게 처리하여야 하는가.

상속인에게 면책신청권이 인정되지 않고, 상속재산파산이 선고된 경우 한정승인을 한 것으로 간주되므로(제389조 제3항) 상속재산을 책임의 한도로 하여 전부 이행판결을 선고하여야 할 것이다(본서 1768쪽 참조).

---

224) 도산절차와 소송 및 집행절차, 344쪽. 기재례: 망 A의 소송수계인 B, C의 소송수계인 채무자 망 A의 상속재산 파산관재인 甲.

Ⅱ 상속재산파산절차가 집행절차에 미치는 영향

상속재산파산선고가 있는 경우 파산채권자는 개별적 권리행사가 금지되고(제424조), 이미 개시된 강제집행 등은 실효된다(제348조). 파산선고 후 파산채권이나 재단채권에 기한 새로운 강제집행 등은 허용되지 않는다.

제**4**편

개인회생절차

제 1 장

개인회생절차 개관

개인의 경우 생존하여 개인으로서 행복추구를 하는 것이 기본권으로 인정되고 있고(헌법 제10조) 채무의 부담이 이것을 방해한다면 채무를 경감하는 조치를 강구하기 위한 법적 제도를 둘 합리적인 필요성이 있다. 또한 자본주의는 개인에게 경제활동의 자유를 부여한다. 만일 개인이 벌어들인 소득을 채권자들에게 모두 변제하도록 한다면 채무자는 채권자의 노예가 되어 근로의욕이 생길 수 없다. 채무자에게 근로의욕을 부여하려면 채무자가 감당할 수 있는 정도로만 채권자들에게 변제하고 나머지는 면제를 해주는 것이 필수적이다. 개인회생절차는 채권자들의 반대에도 불구하고 채무자에게 파산이라는 불이익을 주지 않고 채권자들의 채권을 일률적으로 감면할 수 있는 제도이다.

1997년 외환위기 이후 실업과 신용카드채무로 인하여 급격히 신용불량자가 증가하여 개인파산이 급증하였고 그로 인하여 사회문제가 심각해지자 미국 연방도산법 제13장 절차를 모델로 개인회생제도를 도입하였다.[1] 이 제도는 2004. 9. 23. 「개인채무자회생법」의 제정을 통하여 시행되어 오다가, 2006. 4. 1. 파산법, 화의법, 회사정리법, 개인채무자회생법을 통합한 「채무자회생법(제4편)」에 의해 계속된 이래 현재에 이르고 있다.

파산절차는 개인에게 파산선고 당시 현존하는 자산을 포기할 것을 강요하지만, 장래의 수입을 가질 수 있도록 허용한다. 장래의 수입은 새로운 출발을 할 수 있는 재원으로 사용된다. 개인회생절차는 이와 반대이다. 개인회생절차에서 채무자는 장래의 수입 중 일부를 제외하고는 모든 재산을 그대로 가진다. 장래의 수입 중 채무자가 유지하지 못하는 부분은 채권자들에게 변제된다. 개인회생절차의 주된 장점은 채무자가 현존 자산을 지킬 수 있다는 것과 보다 많은 채무로부터 면책을 얻을 수 있다는 것이다(superdischarge).[2]

---

1) 미국 연방도산법 13장 절차는 ① 정기적인 수입이 있는 개인의 채무조정으로서 채권액이 일정액 이하인 채무자만 신청할 수 있는 점[11 U.S.C.§109(e)], ② 채무자의 정기적인 소득(가용소득)으로 변제를 하는 점, ③ 13장 절차의 변제계획안(plan)은 채무자만 제출할 수 있는 점(11 U.S.C.§1321), ④ 채권자의 의결절차 없이 법원의 결정만으로 변제계획안의 인가가 이루어지는 점, ⑤ 상임관재인(standing trustee)이 채무자의 재산과 소득을 조사하고 변제금을 채권자에게 배분한다는 점 등에서 우리의 개인회생절차와 유사하다. 다만 채권자에 의한 채권신고제도를 함께 두고 있다는 점이 다르다.
2) Douglas G. Baird, 49쪽. 다만 우리나라의 경우는 뒤[〈제10장 제2절 II.2.〉(본서 2080쪽)]에서 보는 바와 같이 비면책채권의 범위에 있어 파산절차와 큰 차이가 없다(제566조 단서, 제625조 제2항 단서 참조).

제1절 개인회생절차 개요

회생절차는 채무자가 개인인지 법인인지, 그 경제적 속성이 사업자인지 비사업자(소비자)인지 문제가 되지 않고, 채무자 또는 그 사업의 효율적인 회생을 도모하는 것을 목적으로 한다(제1조). 따라서 회생절차는 개인이든 법인이든 모두에게 적용되는 것이다. 그러나 개인인 채무자는 몇 가지 특징이 있다.[3]

첫째 개인인 채무자의 경우 그가 소비자이든 사업자이든 통상 그 경제생활의 규모가 제한되어 있고, 그것은 채무총액에서 잘 드러난다. 상대적으로 법인(기업)에 비하여 채무규모가 작다.

둘째 법인은 그 사업의 회생이 성공하지 못한다면 파산으로 그 법인격이 소멸하지만, 개인의 경우에는 인격의 소멸은 없고 파산과 면책을 통하여 채무자의 경제생활을 새롭게 출발(fresh start)할 수 있도록 하는 것이 목적이다.

셋째 채권자 입장에서도 절차개시 당시의 적은 채무자 재산의 청산가치로부터 배당받는 것보다도 절차개시 후 채무자가 취득할 수 있는 재산의 일부로부터 만족을 얻는 것이 이익이 되는 경우가 많다. 특히 안정된 수입을 얻을 가능성이 있는 급여소득자 등의 경우에는 이러한 요소가 더 강하다.

이러한 여러 가지 요소들을 고려하여 개인을 적용대상으로 하는 개인회생절차가 마련되었다.[4] 개인회생은 개인채무자에 대한 회생을 의미하는 것이 아니라(개인채무자는 제2편 회생절차를 이용할 수도 있다) '개인회생' 그 자체로 고유명사이다. 개인회생절차(제4편)는 회생절차(제2편)에 대한 특별절차이다.

개인회생절차는 경제적 어려움으로 인하여 파탄에 직면하고 있는 개인채무자로서 장래 계속적으로 또는 반복하여 수입을 얻을 가능성이 있는 사람에 대하여 채권자 등 이해관계인의 법률관계를 조정함으로써 채무자의 효율적인 회생과 채권자의 이익을 도모하여(제1조 참조), 사회경제적 손실이 큰 채무자의 파산을 예방하여 궁극적으로는 채무자의 정상적인 경제생활을 유지하고 재건하는 것을 목적으로 하는 재판상의 절차이다. 경제적으로 파탄상태에 있는 채무자가 파산을 면하기 위하여 채권자들과 개별적으로 접촉하여 채권자들로부터 변제기간의 유예 또는 이자 부분 탕감 등에 관한 합의를 이루어낸다는 것은 지극히 어려운 일이며, 설사 합의를 이루어낸다 하여도 각 채권자 사이에 불평등한 조건 내지 소수 채권자들의 반발로 인하여 최종 합의에 실패할 가능성이 크다. 이에 채무자로 하여금 소수 채권자의 무리한 요구에 구애되지 않고 평등한 조건으로 법원의 변제계획인가결정에 따라 변제를 수행하도록 하고 채권자들의 개별적인 청구를 거절할 수 있도록 한 제도가 바로 개인회생절차인 것이다.

---

3) 破産法·民事再生法, 1087쪽.
4) 미국 연방도산법(제13장 절차)과 일본의 민사재생법(제13장 소규모개인재생 및 급여소득자 등 재생에 관한 특칙)도 개인회생절차를 규정하고 있다.

이러한 개인회생절차에 있어서 채무자는 일정한 범위에서 변제금액의 감축과 변제기한의 유예를 받음으로써 자신의 재산을 보전하면서 경제적으로 재기·갱생을 도모할 수 있고, 채권자로서도 파산적 청산에 의한 근소한 배당을 감내하는 것이 아니라 보다 큰 변제를 기대할 수 있게 된다. 또한 채무자의 경제적 재기·갱생에 의하여 개인적인 거래관계가 유지되는 이익이 있음은 물론 사회적 차원의 경제적 손실도 막을 수 있다.[5]

I 개인회생제도의 의의와 이론적 정당성

1. 개인회생제도의 의의

개인회생절차란 파산의 원인인 사실이 있거나 그러한 사실이 생길 염려가 있는 자로서 일정 금액(무담보부채무의 경우 10억 원, 담보부채무의 경우 15억 원) 이하의 채무를 지고 있는 개인 채무자가 정기적이고 확실하거나 장래에 계속적으로 또는 반복적으로 수입을 얻을 가능성이 있는 경우 수입 중에서 생계에 필요하다고 인정되는 비용 등을 제외한 나머지 금액을 원칙적으로 최장 3년간 변제하면 나머지 채무에 대하여 면책받을 수 있는 절차를 말한다.[6]

(1) 개인채무자만이 이용가능하다. 따라서 주식회사, 유한회사, 유한책임회사, 사단법인과 재단법인 등 법인은 이용할 수 없다. 개인채무자란 파산의 원인인 사실이 있거나 그러한 사실이 생길 염려가 있는 자로서 일정 금액 이하의 채무를 부담하는 급여소득자 또는 영업소득자

---

5) 헌법재판소 2008. 10. 30. 선고 2007헌마206 전원재판부 결정. 개인회생절차는 파산의 원인인 사실이 있거나 그러한 사실이 생길 염려가 있는 개인채무자로서 채무액이 일정액 이하인 급여소득자 또는 영업소득자가 일정기간의 수입을 주된 변제 재원으로 하여 채무 중 일부를 변제하고 나머지 채무에 대하여는 면책받을 수 있는 재판상 절차이다. 이는 채무자가 개인회생절차를 통해 파산적 청산이나 채권자들의 경쟁적 강제집행을 피하고 현재의 직업, 재산 등 생활기반을 유지한 채 경제적으로 재기할 수 있는 기회를 부여하는 동시에, 채권자들이 평등하게 파산절차에서 변제받을 수 있는 금액 이상을 변제받을 수 있게 하고, 또한 사회적으로는 개인회생절차를 통해 과중한 채무를 부담한 개인이 경제활동을 포기할 경우 발생할 수 있는 생산력과 구매력의 감소, 사회복지비용 증가 등과 같은 부정적 효과를 최소화하기 위한 것이다(헌법재판소 2024. 1. 25. 선고 2020헌마727 전원재판부 결정).

6) 일본의 소규모개인재생과 급여소득자등재생을 혼합한 형태로 볼 수 있다. ① 소규모개인재생은 개인채무자 중 장래에 계속적으로 또는 반복적으로 수입을 얻을 가망이 있고 재생채권 총액이 5천만엔을 넘지 아니한 자가 신청할 수 있는 절차이다(민사재생법 제221조 제1항). 채권자도 신청 가능한가. 채권자의 동의는 소극적으로 규정하고 있다(소극적 동의방식). 즉 재생계획안에 동의하지 아니하는 취지를 서면으로 회답한 의결권자가 의결권 총수의 과반수에 달하지 아니하고 그 의결권의 액이 의결권자 의결권 총액의 2분의 1을 초과하지 아니하는 때에는 가결이 있는 것으로 본다(민사재생법 제230조 제6항). 소규모개인재생에서는 채권자의 성질상 명확한 의사표시를 기대할 수 있기 때문에, 최저변제액요건 등의 보장을 전제로, 절차를 간이화하려는 취지이다. ② 급여소득자등재생은 소규모개인재생을 신청할 수 있는 채무자 중 급여 또는 이와 유사한 정기적인 수입을 얻을 가망이 있는 자로서 그 액의 변동폭이 작다고 예상되는 자가 신청할 수 있는 절차이다(민사재생법 제239조 제1항). 채권자도 신청 가능하다. 재생계획안에 대한 재생채권자의 결의는 필요하지 않다(민사재생법 제244조에 의한 제230조 규정은 준용하고 있지 않다). 즉 가처분소득변제요건을 전제로 채권자 동의를 필요로 하지 않고 바로 재생계획의 인가 여부의 결정을 하는 것이다. 가처분소득의 산정이 쉽고 확실하며, 가처분소득의 일정 부분의 변제가 된다면, 채권자의 권리보호에 대하여는 충분하다고 생각되기 때문에, 채권자 다수결에 대신하여, 그러한 변제를 요건으로 한 독자적인 절차를 구상한 것이다. 가처분소득변제요건이란 과거 2년간 평균수입액으로부터 세금·사회보험료를 공제하고, 채무자와 피부양자의 최저한도의 생활을 유지하기 위하여 필요한 비용액을 공제한 액의 2년분을 재생계획에서 변제하지 않으면 안된다는 것이다(민사재생법 제241조 제2항 제7호).

를 말한다(제579조 제1호).

(2) 급여소득자 또는 영업소득자가 이용할 수 있다. 급여소득자란 급여·연금 그 밖에 이와 유사한 정기적이고 확실한 수입을 얻을 가능성이 있는 개인을 말한다(제579조 제2호). 영업소득자란 부동산임대소득·사업소득·농업소득·임업소득 그 밖에 이와 유사한 수입을 장래에 계속적으로 또는 반복하여 얻을 가능성이 있는 개인을 말한다(제579조 제3호).

(3) 일정 금액 이하의 채무를 지고 있는 자만이 이용할 수 있다. 개인회생절차는 채무가 많지 않은 채무자를 신속하게 회생시키기 위해 고안된 제도이기 때문이다. 담보부채무의 경우는 15억 원, 무담보부채무의 경우는 10억 원 이하의 채무를 부담하여야 한다(제579조 제1호). 담보부채무란 유치권·질권·저당권·양도담보권·가등기담보권·「동산·채권 등의 담보에 관한 법률」에 따른 담보권·전세권 또는 우선특권으로 담보된 개인회생채무를 말한다. 위 금액을 넘는 경우에는 통상적인 회생절차(제2편)를 이용할 수밖에 없다. 채무의 하한은 없으므로 채무가 소액이라도 신청할 수 있다. 파산절차와 달리(제564조 제1항 제6호) 낭비 또는 도박으로 채무를 부담하여도 개인회생절차를 통하여 면책결정을 받을 수 있다.

(4) 변제계획에서 정하는 변제기간은 원칙적으로 3년을 넘을 수 없다(제611조 제5항). 변제기간을 어느 정도 할 것인지는 입법정책의 문제이다. 변제기간이 지나치게 길 경우 채권자에게 유리할 수 있겠지만, 채무자는 정상적인 사회생활을 하는데 그만큼 기간이 지연되어 사회경제적으로 바람직하지 않다.[7] 반대로 변제기간이 짧을 경우 채무자의 도덕적 해이를 부추길 수 있는 문제가 있다. 3년의 범위 내에서 적절하게 변제계획을 작성하면 될 것이다.[8]

개인회생절차는 재정적 어려움으로 파탄에 직면한 채무자와 채권자 등 이해관계인의 법률관계를 조정함으로써 개인채무자의 효율적 회생과 채권자의 이익을 도모함을 목적으로 한다. 개인파산제도가 청산형 절차라면 개인회생제도는 회생형 절차라고 볼 수 있다.

2. 개인회생제도의 이론적 정당성

개인회생제도는 채무의 일부를 변제한 다음 나머지 채무를 소멸시키는 면책을 전제하고 있는 제도이다. 채무자는 채무액의 전부에 관하여 그의 재산 전부를 가지고 책임을 지는 것이 원칙(무한책임 또는 인적책임)이나, 개인회생절차는 위 원칙의 예외로서, 개인회생절차가 개시되면 채권자는 더 이상 자신의 채권을 근거로 강제집행을 할 수 없게 된다(제600조 제1항 제2호). 이는 사적자치 계약에 따른 채무의 실행을 불가능하게 한다는 점에서 일반의 법 감정에 반할

---

7) 2004. 3. 22. 개인채무자회생법(2004. 9. 23. 시행)을 제정할 때에는 변제기간이 최장 8년이었다(제71조 제5항). 그런데 학자들이나 실무에서 변제기간 8년은 지나치게 길다는 비판이 있어 채무자회생법을 제정할 때 최장 5년으로 변경하였다. 현재는 채무자의 조기 회생을 위해 변제기간을 더욱 단축하여야 한다는 비판적 견해가 있어 3년으로 개정되었다.

8) 하지만 종전까지 대다수 법원의 실무는 채무자의 구체적, 개별적인 사정에 대한 고려 없이 일률적으로 최장기간인 3년의 변제기간으로 변제계획을 작성하였으나 서울회생법원은 재정적 어려움을 겪고 있는 개인회생채무자에 대한 신속한 구제 및 채무자의 조기 경제활동 복귀를 도모하는 개인회생제도의 취지에 따라 원금의 전액 변제 여부와 채무자의 사정(고령자, 장애인, 청년, 다자녀가구, 한부모 가족 등 사회적 보호가 필요한 경우) 등을 고려하여 3년 미만의 변제계획을 허용하는 내용의 실무준칙을 제정하여 2021. 8. 1.부터 시행하고 있다.

뿐 아니라 헌법상 보장된 채권자의 재산권을 필연적으로 제한하게 되는 제도이다. 그렇다면 이러한 개인회생제도의 면책은 어떻게 정당화될 수 있는 것인가.[9]

　(1) 채무자에 대하여 개인회생제도상의 면책은 경제적으로 실패한 사람도 인간으로서의 존엄과 가치를 가진 인간으로서 대우를 받도록 하는 역할을 한다.

　(2) 채권자에 대하여도 이익이다. 재정적 파탄에 이른 채무자는 부족한 책임재산과 소득으로 채무자와 가까운 관계이거나 적극적으로 추심을 하는 채권자에게 우선적으로 변제를 하게 되어 채권자들 사이에 불평등이 초래될 수 있고, 채무자가 채권자의 추심행위를 피해 직장을 그만두기라도 하면 채권자가 채권을 변제받을 가능성이 더 낮아진다. 개인회생절차에서 채권자는 개인파산절차에 의하는 경우에 변제받을 수 있는 것 이상의 변제를 보장받는다(청산가치 보장원칙). 나아가 채권자는 개인파산절차에 의하는 것보다 더 많은 변제를 받을 수도 있다.

　(3) 사회 전체적으로도 경제활동 인구가 증가하고, 사회불안을 해소하는 긍정적인 측면이 있다. 개인회생제도는 성실하지만 불운한 채무자(honest but unfortunate debtor)에게 새로운 출발을 할 수 있는 기회를 부여하는 최후의 수단으로서 사회보험과 같은 역할을 하고,[10] 사회안전망(social safety net)으로서의 기능을 하여, 가정의 해체, 자살, 범죄 등으로 인한 사회불안을 해소하는 데 도움이 된다.[11]

Ⅱ 회생절차와 개인회생절차

1. 회생절차와 개인회생절차의 비교

　채무자회생법은 채무자의 회생을 도모하기 위한 제도로 제2편에서 회생절차를, 제4편에서 개인회생절차를 규정하고 있다. 개인채무자의 경우 개인회생절차만을 이용할 수 있는가 하는 의문이 있을 수 있지만, 채무자회생법은 회생절차를 이용함에 있어 그 자격에 제한을 두고 있

---

9) 대법원 2009. 7. 9. 자 2009카기122 결정(개인파산제도의 목적은 모든 채권자가 평등하게 채권의 만족을 얻도록 보장하는 것 외에 지급불능의 상태에 빠진 채무자에게 경제적으로 재기·갱생할 수 있는 기회를 부여하는 데에도 있다고 할 것이다. 그 제도를 설계함에 있어서 반드시 채무자에 대한 면책을 일종의 특전으로 이해하는 전제 위에서 이를 행할 필연적인 이유는 없고, 적극적으로 채무자의 불성실성을 드러내는 것으로 평가되는 사유 등이 없는 한 원칙적으로 면책을 인정한다고 하여도 이는 파산상태에 있는 채무자에게 가급적 넓은 범위에서 경제적 재생의 기회를 부여하여 인간다운 삶을 살 수 있는 터전을 마련하려는 정당하고 중요한 입법목적에 기한 것으로서, 그것이 헌법에 규정된 재산권, 평등권, 인간으로서의 존엄과 가치, 행복추구권, 과잉금지의 원칙 등을 근거 없이 부당하게 침해하거나 위반하는 것이라고 할 수 없다.) 참조.

10) 오늘날 금융자본의 과잉 금융공여의 결과로 발생한 개인의 재정적 파탄은 '성실하지만 불운한 채무자'를 구제하는 차원을 넘어서 이를 과잉융자의 희생자 전반으로 구제대상을 넓히는 단계에 이르렀다(〈제1편 제1장 제1절 Ⅲ.1.〉(본서 33쪽) 참조). 나아가 개인회생제도는 재정적 어려움으로 인하여 파탄에 직면해 있는 채무자의 효율적 회생과 채권자의 이익을 도모하기 위하여 마련된 절차이기는 하나(제1조 참조), 채무자가 이미 재정적 파탄상태에 빠진 이상 채권자들의 손해는 필연적일 수밖에 없을 것이다. 기왕에 '약속은 지켜져야 한다(채무는 변제하여야 한다)'는 대원칙에 수정을 가하여 채무자를 구제하려는 것이라면 가능한 한 채무자의 입장에서 제도를 운영하는 것이 바람직할 것으로 보인다.

11) 이수민, "대법원 결정례를 통해 본 개인회생절차의 기각 기준", 재판실무연구 4권(2011.12.), 232～235쪽.

〈회생절차와 개인회생절차의 비교〉

구분	회생절차	개인회생절차
관리인 유무	유	무
재산에 대한 관리처분권의 귀속	관리인	채무자
개시 당시 계속 중인 소송의 중단 여부	중단	중단 ×
채권신고제도 유무	유	무(개인회생채권자목록제출제도만 있음)
회생(변제)계획안 인가절차	채권자 결의절차 ○	채권자 결의절차 × (인가요건만 갖추면 법원이 인가결정)
회생(변제)계획 인가의 효력	권리변경효 ○	권리변경효 × (변제계획대로 변제를 완료할 경우 법원의 면책결정에 따라 나머지 채무에 대하여 책임을 면함)
변제기간	10년	3년(5년)
채무조정대상	담보채권＋무담보채권	무담보채권
담보권의 취급	회생담보권 (권리행사제한됨)	별제권 (변제계획인가결정시까지 권리행사제한)
면책시점	회생계획인가결정시	면책결정 확정시
평등원칙	실질적 평등주의	형식적 평등주의

지 않고, 회생절차가 관할에 있어서 개인을 전제로 하고 있는 규정(제3조 제1항, 제3항 제3호) 등 개인이 채무자일 경우를 전제로 한 다수의 조항을 두고 있는 점에 비추어 개인도 회생절차를 이용할 수 있다 할 것이다.

그런데 회생절차와 개인회생절차는 절차의 흐름에 있어서는 물론이고 법률적인 효과에 있어서도 상당한 차이가 있다.

우선 회생절차의 경우 인가된 회생계획에 의하여 채권자들의 권리에 대한 감면 등 권리변경이 이루어지므로(제251조, 제252조 참조) 인가된 후 중도에 폐지되거나 회생계획을 수행하지 못하는 경우라도 회생채권자 등의 권리행사는 회생계획에 따라 변경된 범위로 제한된다는 점과 담보권자도 회생계획에 의하여 권리변경을 받을 수 있으며 회생절차가 진행되는 동안 담보권의 행사를 제한할 수 있는 장점이 있다. 반면 재산에 대한 관리처분권이 채무자에게서 관리인에게 넘어갈 뿐만 아니라 절차적으로 법원의 엄격한 감독을 받아야 하고 복잡한 절차로 인하여 비용이 많이 들고 장기간이 소요되는 단점이 있다. 이에 반하여 개인회생절차는 채무자가 재산에 대한 관리처분권을 계속 유지하고 절차가 간단하여 신속히 진행되며, 변제계획상의 변제기간도 원칙적으로 3년을 넘지 않은 단기간이고 채권자들의 결의절차도 거칠 필요가 없다는 장점이 있다. 반면 변제계획이 인가된다고 하여 권리의 변경이나 채무가 면책되는 것이 아니다. 후에 면책결정을 하여야만(엄밀하게는 면책결정이 확정되어야, 제625조 제1항) 비로소 채무가 면제된다.[12] 또한 변제계획인가 후 폐지가 된 경우에는 채권자는 원래 채권의 내용대로 채권을 행사하고 집행을 할 수 있게 된다. 그리고 담보권자는 별제권이 인정되어 일정기간(변제계획인 가결정일 또는 개인회생절차폐지결정의 확정일)이 지나면 담보권을 행사할 수 있다(제600조 제2항).

또한 회생절차는 다수결에 의하여 모든 권리가 변경(감경, 면제)되는 것임에 반하여, 개인회 생절차는 법원의 결정에 의하여 채무를 변경(면책)한다는 점에서도 차이가 있다. 회생절차는 담보채권도 채무조정의 대상이 되지만, 개인회생절차는 무담보채권만 채무조정의 대상이 된다.

개인채무자는 회생절차나 개인회생절차의 장단점을 고려하여 둘 중 하나의 절차를 선택할 수 있다. 다만 일정 규모를 넘는 채무를 부담하여 개인회생절차를 이용할 수 없는 경우를 제 외하고 일반적으로 개인회생절차가 회생절차보다 유리하므로 둘 다 이용이 가능하다면 개인회 생절차를 이용하는 것이 편리할 것이다.[13]

---

12) 회생절차에서는 회생계획인가결정으로 면책이 됨에 반하여(제251조), 개인회생절차에서는 면책결정이 확정되어야 면책된다(제625조 제1항). 개인의 경우도 제2편 회생절차를 이용할 수 있다는 점에서 회생절차와 개인회생절차에서 면책의 시기를 달리하고 있는 것이 타당한지는 의문이다. 조기에 사회에 복귀시켜야 한다는 개인회생절차의 취지와 양 절차에서 합리적 이유 없이 차별을 하고 있다는 점에서 개인회생절차에서도 인가요건을 더욱 엄격히 하거나 면 책 후 사후관리(면책취소 등)를 보완한다는 전제에서, 변제계획인가시로 면책의 효력시기를 앞당기는 것으로 개정 하여야 할 것이다.

13) 하지만, 개인회생절차를 이용할 수 있는 채무자에게 있어서도 회생절차가 개인회생절차보다 유리한 경우가 있다. ① 현행 개인회생절차에서 담보권은 별제권으로 일정기간이 지나면(변제계획인가결정 후) 담보권 실행을 저지할 방 법이 없다. 이는 주택을 담보로 대출을 받은 후 재정적 어려움에 빠진 개인채무자가 주택을 보유하면서 회생을 할 수 없게 만들 가능성이 많다. 또한 영업에 필수적인 재산에 대한 담보권의 실행도 저지할 방법이 없다. 따라서 채 무액 한도 내에 있는 개인채무자라도 주택이나 영업에 필수적인 재산에 담보권이 설정되어 있어 담보권의 실행을 저지할 필요가 있는 경우에는 회생절차를 이용할 수밖에 없을 것이다. ② 채무자가 신청일 전 5년 이내에 면책(파 산절차에 의한 면책을 포함한다)을 받은 사실이 있을 때에는 개인회생절차신청이 기각되지만(제595조 제5호), 회생 절차에서는 기각사유에 해당하지 않는다. ③ 개인회생절차에서는 비면책채권이 확대되어 있다. 회생절차에서는 면 책할 수 없는 것은 '회생절차개시 전의 벌금, 과료, 형사소송비용, 추징금 및 과태료의 청구권'에 한정되지만(제140 조 제1항), 개인회생절차에서는 제625조 제1항 단서에 규정된 많은 채권들이 비면책채권이다. 개인파산절차의 경우 에도 비면책채권이 많으므로 비면책채권이 과다한 경우에는 회생절차를 이용하는 것도 고려해 볼 만하다. ④ 면책 불허가사유(제624조 제3항)가 있다고 하더라도 회생절차를 이용할 수 있다. 즉 개인회생절차상의 면책불허가사유가 있다고 하더라도 회생절차를 통하여 면책{회생계획에 의한 면책(제251조, 제252조)}을 받을 수 있다.

■ **개인회생절차에서 주택담보대출채권**

개인회생절차에서 채무자의 주거 안정을 위하여 주택담보대출채권에 대하여 다른 별제권자와 다른 취급을 할 필 요성이 있다.

일본의 경우 민사재생법 제10장에 "주택담보대출채권에 관한 특칙"을 두어 주택을 담보로 대출을 받은 개인채무 자가 주택을 보유하면서 회생할 수 있도록 하고 있다. 주요 내용은 주택담보대출채권을 담보하는 저당권 실행절차 에 대하여 중지명령을 할 수 있도록 하고, 주택담보대출 특별조항을 정한 재생계획(우리나라의 변제계획)의 효력이 저당권에도 미치도록 하여 변제기의 유예 등 효력에 의해 변제를 계속하고 있는 한 저당권을 실행할 수 없도록 하 고 있다(본서 1889쪽 참조).

미국의 경우 연방도산법 제13장 절차에서 통상의 담보권은 개인회생절차에 구속되나, 채무자의 주된 주거용 주 택에 설정된 담보권에 의하여만 담보되는 채권에 대하여는 원칙적으로 권리변경을 할 수 없다. 다만, 주택담보대출 채권의 최종 변제기가 회생계획(변제계획)상 변제기간 만료 전에 도래하는 경우에는 권리변경을 할 수 있다. 이는 주택에 대한 강제집행이 이루어질 경우 채무자에게 지나치게 불이익하다는 점을 고려한 것이다.

가계대출이 급증하고, 특히 주택담보대출이 많은 우리나라도 주거안정과 효율적인 개인회생을 위해 입법적으로 주택담보대출에 관한 특례 규정을 신설할 필요가 있어 보인다. 현재는 실무적으로 주택담보대출채권 연계형 개인회 생절차를 시행하고 있다(본서 1883쪽 이하 참조).

2. 개인회생절차의 우선성

개인회생절차가 개시되면 회생절차는 중지 또는 금지되고(제600조 제1항 제1호), 변제계획인가결정이 있는 때에는 중지된 회생절차는 효력을 잃도록 하여(제615조 제3항) 개인회생절차를 회생절차보다 우선하고 있다. 또한 법원은 개인회생절차개시신청이 있는 경우 필요하다고 인정하는 때에는 개인회생절차개시신청에 대한 결정시까지 회생절차의 중지 또는 금지를 명할 수 있다(제593조 제1항 제1호).[14]

회생절차에 대하여 개시결정이 되었다고 하더라도 개인회생절차를 신청할 수 있지만, 개인회생절차가 개시된 이후에는 회생절차를 신청할 수 없다(개인회생절차가 개시되기 전에는 회생절차를 신청할 수 있지만 이후 개인회생절차가 개시되면 회생절차는 앞에서 본 바와 같이 중지된다).

Ⅲ 개인회생절차와 개인파산절차[15]

1. 개인회생절차와 개인파산절차의 비교

본질적으로 개인회생절차는 회생형 절차이고, 개인파산절차는 청산형 절차라는 점에서 여러 가지 차이가 있다.

(1) 개인회생절차를 이용할 수 있는 채무자는 개인채무자로서 급여소득자나 영업소득자에 제한되나, 개인파산절차를 이용할 수 있는 채무자는 제한이 없다.

(2) 채권자에 대한 변제재원이 개인회생절차의 경우는 원칙적으로 장래 채무자가 얻을 소득이나 개인파산절차의 경우는 파산선고 당시의 파산재단이다.

(3) 개인회생절차는 일정한 범위 내(담보부채무의 경우 15억 원 이하, 무담보부채무의 경우 10억 원 이하)의 채무를 가지고 있는 자만이 이용할 수 있으나, 개인파산절차는 채무액에 대한 제한이 없다.

(4) 채무조정수준도 다르다. 개인회생절차의 경우 원칙적으로 3년 이내의 범위에서 채무를

---

14) 개인회생절차 우선으로 인한(또는 개인파산보다 개인회생을 선호하는 상황으로 인한) 문제를 해결하기 위해 일본이나 미국처럼 개인회생절차에서 개인파산절차로 전환할 수 있는 제도적(입법적) 보완이 필요하다. 개인회생신청 사건 중 채무자의 수입이 국민기초생활보장법 제6조의 규정에 따라 공표된 개인회생절차개시신청 당시 기준 중위소득에 100분의 60을 곱한 금액에 미치지 못하는 것으로 보이는 사건이나 채무자가 수입을 장래에 계속적·반복적으로 얻을 가능성이 있다고 보기 어려운 사건 등에 관하여는 개인회생절차개시신청을 기각할 것이 아니라 비용이나 절차 경제적 측면에서 개인파산절차로 전환하여 절차를 계속 진행할 필요가 있기 때문이다. 다른 측면에선 도산절차 일원화의 길이기도 하다.

15) 개인들의 채무를 조정해주는 제도에는 크게 사적채무조정, 공적채무조정과 법적채무조정이 있다. 먼저 사적채무조정으로 '개인워크아웃'이나 '프리워크아웃'이 있다. 이는 금융기관들이 신용회복지원협약에 기초하여 설립한 '신용회복위원회'에서 전국은행연합회에 연체 등의 신용거래정보가 등록된 개인들의 채무를 조정하여 주는 절차이다. 관련 내용은 아래 〈Ⅳ.〉를 참조할 것. 다음으로 공적채무조정은 한국자산관리공사를 통한 국민행복기금 등의 신용회복 프로그램과 지방자치단체를 통한 금융복지 상담센터를 이용하는 것이다. 마지막으로 법적채무조정은 법원의 개인파산절차와 개인회생절차를 통한 면책제도를 이용하는 것이다. 법적채무조정도 넓은 의미에서 공적채무조정에 해당한다.

변제하여야 하고 총변제액이 파산절차에서 배당받은 것보다 높아야 한다(청산가치보장원칙). 개인파산절차의 경우는 변제할 필요가 없고, 파산재단을 환가하여 배당할 뿐이다.

(5) 개인회생절차에서는 채무자가 개인회생재단에 대한 관리처분권을 행사한다. 반면 개인파산절차에서 파산관재인이 선임되는 경우에는 파산관재인이 파산재단에 대한 관리처분권을 행사한다. 파산관재인이 선임되지 아니한 경우는 동시폐지사건으로 관리처분권이 문제되지 않는다.

(6) 개인회생절차에서는 원칙적으로 변제계획에 따라 변제를 완료한 후 법원의 면책결정에 의하여 면책이 된다. 반면 개인파산절차에서는 면책불허가사유가 없는 한 변제 없이 면책이 된다. 개인파산의 경우 면책불허가사유를 광범위하게 규정하고 있는 것(제564조 제1항)과는 달리 개인회생의 면책불허가 사유는 극히 예외적이다(제624조 제3항). 따라서 개인회생절차는 개인파산절차보다 면책범위가 확대되어 있다. 이는 개인회생절차에서는 일부라도 변제를 한다는 점을 고려한 것이다.

(7) 신청원인에 있어서도 차이가 있다. 개인회생절차의 경우에는 파산의 원인인 사실(지급불능)이 있거나 그러한 사실이 생길 염려가 있는 경우에 신청할 수 있다. 반면 개인파산절차는 파산의 원인인 사실(지급불능)이 있는 경우에만 신청할 수 있다.

(8) 비면책채권의 범위에 있어 이념이나 당위성 측면에서 개인회생절차보다 개인파산절차가 넓어야 한다. 바꾸어 말하면 면책되는 채권의 범위가 개인파산절차보다 개인회생절차가 넓어야 한다. 왜냐하면 개인회생절차에서는 소액이나마 채권자들에게 변제를 하기 때문이다. 그러나 현행 채무자회생법은 비면책채권의 범위에 있어 양자 사이에 별다른 차이가 없다(제566조 단서, 제625조 제2항 단서 참조). 관련 내용은 〈제10장 제2절 Ⅱ.2.〉(본서 2080쪽)를 참조할 것.

〈개인파산절차와 개인회생절차의 장·단점〉

	개인파산절차	개인회생절차
장점	① 자유재산(파산선고 후 새로 취득한 재산 등)으로 파산채권을 변제할 필요가 없다. 이런 재산은 새로운 출발을 위한 재원으로 활용할 수 있다. ② 면책허가결정에 의해 채무 전부가 면책된다.	① 채무의 일부를 변제하고, 나머지 채무를 면책받을 수 있다. ② 파산선고로 인한 자격제한을 받지 않는다. ③ 낭비·도박 등 파산절차에서 면책불허가사유가 있는 경우에도 이용 가능하다.[16] ④ 채무자는 비면제재산을 그대로 점유·사용할 수 있다(개인파산절차에서는 청산과 채권자들에 대한 분배를 위해 파산관재인에게 인도하여야 한다).[17]
단점	① 파산선고를 받은 경우 각종 자격제한을 받는다. ② 면책불허가사유가 있어 면책허가를 받지 못한 경우에는 경제생활의 회복도 어렵다.	① 최장 3년간 채무를 변제하여야 한다. ② 일정 규모(담보부 15억 원, 무담보부 10억 원)를 넘는 채무를 가지고 있는 자는 이용할 수 없다.

2. 개인회생절차의 우선성

개인회생절차가 개시되면 진행 중이던 개인파산절차는 중지되고, 새롭게 개인파산절차를 신청할 수 없다(제600조 제1항 제1호). 또한 변제계획인가결정이 있는 때에는 중지된 파산절차는 효력을 잃도록 하여(제615조 제3항) 개인회생절차를 개인파산절차보다 우선하고 있다. 또한 법원은 개인회생절차개시신청이 있는 경우 필요하다고 인정하는 때에는 개인회생절차개시신청에 대한 결정시까지 개인파산절차의 중지 또는 금지를 명할 수 있다(제593조 제1항 제1호).

개인파산절차가 진행 중이라도 개인회생절차를 신청할 수 있다. 반대로 개인회생절차가 신청되었더라도 개시결정이 되기 전까지는 개인파산절차를 신청할 수 있다. 이후 개인회생절차가 개시되면 앞에서 본 바와 같이 개인파산절차는 중지된다.

Ⅳ 개인회생절차와 개인워크아웃 · 프리워크아웃 · 연체전 채무조정

1. 의   의

개인워크아웃 또는 프리워크아웃 · 연체전 채무조정이란 금융기관들이 신용회복지원협약에 기초하여 설립한 신용회복위원회에서 전국은행연합회에 연체 등의 신용거래정보가 등록된 개인들의 채무를 조정하여 주는 것을 말한다. 사전채무조정제도라고도 한다.[18]

개인워크아웃(채무조정)은 신용카드대금이나 대출원리금이 90일 이상 연체된 경우 채무감면(이자와 연체이자 전액 감면, 원금은 최대 70%까지 감면), 상환기간 연장(최장 8년), 변제유예(최장 2년) 등을 통해 채무상환을 지원하는 제도이고, 프리워크아웃(이자율 채무조정)은 신용카드대금이나 대출원리금의 연체기간이 30일 초과 90일 미만인 경우 이자율 인하(약정이자율 1/2까지 인하), 상환기간 연장(무담보채무 최장 10년, 담보채무 최장 20년), 변제유예(최장 2년) 등을 통해 금융채무불이행자로 전락하지 않도록 사전 지원하는 제도이다. 연체전 채무조정(신속채무조정)은 협약가입 채권금융회사의 무담보채무를 대상으로 연체기간이 30일 이하인 경우 상환기간 연장 및 분할상환(최장 10년), 상환유예(최장 3년), 채무감면(연체이자에 한함) 등을 통해 신속하게 채무를 조정하는 제도이다.[19][20]

---

16) 개인채무자들 대부분은 파산 · 면책에 의하여 새로운 출발을 하려고 할 것이다. 그렇지만 파산절차에는 면책불허가 사유로서 낭비 · 도박 등이 규정되어 있다(제564조 제1항). 이러한 사유에 해당한다면 그 채무뿐만 아니라 전체 채무에 대하여 면책을 얻을 수 없다. 그래서 이러한 사유에 해당할 가능성이 있는 채무자는 파산신청을 주저할 수밖에 없겠지만, 개인회생절차를 이용하여 변제계획이 인가되면 변제계획에 따라 지급할 경우 나머지 채무는 지급하지 않아도 된다. 즉 면책이 된다(다만 비면책채권이 규정되어 있다).

17) Charles J. Tabb · Ralph Brubaker, 99~100쪽.

18) **취약채무자 특별면책제도** **기초생활수급자**, 고령자(70세 이상), 장기소액(1,500만 원 이하)연체자가 3년간 성실하게 빚을 갚으면 남은 빚을 최대 85~95%까지 감면해주는 제도이다. 신용회복위원회가 포용적 금융의 일환으로 2019년 7월 8일부터 시행하는 채무특별감면제도이다.

자세한 내용은 「https://www.ccrs.or.kr/debt/program/specialcase/info.do」(2022. 7. 29. 최종 방문)을 참조할 것.

개인워크아웃이나 프리워크아웃·연체전 채무조정은 신용회복지원협약에 가입한 채권금융기관들에 대한 채무에 대하여만 조정이 가능한 제도임에 반하여, 개인회생절차는 금융기관채무를 포함하여 모든 채무에 대하여 조정이 가능하다. 개인워크아웃에서는 원금 감면에 일정한제한이 있고 프리워크아웃·연체전 채무조정에서는 원금을 감면하지 아니함에 반하여, 개인회생절차는 원금 감면도 가능하다.

개인회생절차는 법률상의 채무조정절차임에 반하여 개인워크아웃이나 프리워크아웃·연체전 채무조정은 사적 합의를 통한 채무조정제도이다. 이로 인해 개인워크아웃이나 프리워크아웃·연체전 채무조정에서는 변제기간 도중에 변제를 완료하지 못한 경우 원래의 이행 지체로환원됨에 반하여, 개인회생절차에서는 변제계획을 변경할 수도 있고, 채무자에게 책임질 수없는 사유로 변제를 못한 때에는 면책을 받을 수도 있다. 개인워크아웃이나 프리워크아웃·연체전 채무조정은 법률에 근거한 것이 아니므로 부인권, 상계금지 등의 제도가 적용되지 아니한다.[21]

2. 면책채권의 대손금 인정

채권이 90일 이상 연체될 경우 곧바로 신용회복위원회가 채권단과 신용회복지원협약(서민의금융생활 지원에 관한 법률 제75조)을 체결하여 채권 원금을 감면하는 등의 신용회복제도를 운용함에 따라 이를 지원하기 위하여 개인워크아웃을 통하여 감면된 채권에 대하여 법인세법상 비용으로 인정한다.

구체적으로 「서민의 금융생활 지원에 관한 법률」 제75조에 따른 신용회복지원협약에 따라채무자가 채무조정을 받아 면책으로 확정된 채권은 대손금으로 인정되어 손금에 산입된다(법인세법 시행령 제19조의2 제1항 제5의2호).

---

19) 자세한 내용은 신용회복위원회 홈페이지(https://www.ccrs.or.kr)를 참조할 것.

20) **프리워크아웃과 사기죄** 피고인이 甲 저축은행에 대출을 신청하여 심사를 받을 당시 동시에 다른 저축은행에 대출을 신청한 상태였는데도 甲 저축은행으로부터 다른 금융회사에 동시에 진행 중인 대출이 있는지에 대하여 질문을받자 '없다'고 답변하였고, 甲 저축은행으로부터 대출을 받은 지 약 6개월 후에 신용회복위원회에 대출 이후 증가한채무를 포함하여 프리워크아웃을 신청한 사안에서, 대법원은 피고인은 甲 저축은행에 대하여 다른 금융회사에 동시에 진행 중인 대출이 있는지를 허위로 고지하였고, 甲 저축은행이 제대로 된 고지를 받았더라면 대출을 해주지 않았을 것으로 판단되며, 그 밖에 피고인의 재력, 채무액, 대출금의 사용처, 대출일부터 약 6개월 후 프리워크아웃을신청한 점과 그 경위 등의 사정을 종합하면, 기망행위, 기망행위와 처분행위 사이의 인과관계와 편취의 고의가 인정된다고 볼 여지가 있다고 판시하였다(대법원 2018. 8. 1. 선고 2017도20682 판결). ☞ 피고인에 대한 사기 공소사실을 무죄라고 판단한 원심판결에 사기죄에서 기망행위, 기망행위와 처분행위 사이의 인과관계와 편취의 고의에관한 법리를 오해한 잘못이 있다고 파기환송한 사례.

21) 실무적으로 채무자가 개인워크아웃이나 프리워크아웃을 진행하다가 제대로 이행하지 못하여 워크아웃이 실효됨에따라 개인회생절차(또는 개인파산절차)를 신청하는 사례들이 있다. 이에 회생법원은 신용회복위원회 및 대한법률구조공단과 함께 개인워크아웃이나 프리워크아웃과 연계를 통하여 신속하게 개인회생절차(또는 개인파산절차)를 진행하고 있다.

Ⅴ 개인채무자보호법[22]에 의한 채무조정

개인채무자보호법에 의한 채무조정은 장기연체의 늪에 빠져 신용불량자, 파산선고를 받게 될 개인금융채무자에 대해 일시적으로 상환부담을 낮춰 성실히 상환하도록 유도하고, 이를 통해 궁극적으로 채권자인 채권금융회사 등의 회수가치도 제고하도록 하는 제도이다. 이를 통해 개인금융채무자는 불법추심에서 벗어나 합당한 연체이자만을 부담하고, 채권금융기관 등에 채무조정요청을 할 수도 있으며 채권금융기관 등과의 합의에 의해 채무조정이 받아들여질 경우 채무의 상환을 통해 완제하고 재기를 도모할 수 있게 된다.

미국, 영국, 독일, 프랑스, 뉴질랜드, 호주 등 세계 주요국은 우리보다도 훨씬 앞서 채권금융회사 등의 사적 채무조정 활성화방안, 연체이자 제한 등 제도를 시행하고 있었으며, 개인채무자보호법은 이러한 해외사례 등을 참고하여 4년간의 전문가 논의를 거쳐 마련한 것이다.

채권금융회사 등은 개인금융채무자의 권리에 중대한 영향이 있는 경우 채무조정을 안내하여야 한다. 즉 기한의 이익 상실 예정일, 채권양도 예정일, 주택 경매신청 예정일 각 10영업일 전까지 채무조정요청이 가능하다는 사실을 개인금융채무자에게 안내하여야 한다(제6조, 제8조, 제11조).

1. 채무조정의 요청

개인금융채무자[23]가 개인금융채권[24]을 연체한 경우 채권금융회사 등에 채무조정을 요청할 수 있다(제35조 제1항 본문). 채무조정요청권을 도입하여 사적 채무조정을 제도화하였다. 개인금융채무자는 채무자가 법인이 아닌 개인인 경우를 의미한다.

개인금융채무자가 채무조정을 요청하려는 경우 ① 채무조정 요청서, ② 채무조정안, ③ 개인금융채무자의 변제능력에 관한 자료, ④ 그 밖에 채무조정에 필요한 서류로서 대통령령으로 정하는 서류를 채권금융회사 등에 제출하여야 한다(제35조 제2항 본문). 다만 ② 채무조정안은 작성하기 곤란한 경우 제출하지 아니할 수 있다(제35조 제2항 단서). 개인금융채무자는 채권금융회사 등에 자신의 변제능력에 관한 정보와 채무조정에 필요한 자료를 성실히 제공하여야 한다(제31조 제2항).

다만 회생·간이회생·개인회생 또는 파산·면책 절차가 진행 중이거나 회생계획을 인가받은 후 회생절차폐지·간이회생절차폐지 또는 개인회생절차폐지의 결정이 확정되지 아니한 경

---

22) 「개인금융채권의 관리 및 개인금융채무자의 보호에 관한 법률」을 말한다. 이하 '개인채무자보호법'이라 한다. 2024. 1. 16. 제정되어 같은 해 10. 17. 시행되었다. 〈Ⅴ.〉에서 조문만 표시된 것은 개인채무자보호법을 의미한다.

23) 금전의 대부 등을 원인으로 채권금융회사등에 채무를 변제할 의무가 있는 사람(보증인 및 채무인수인을 포함한다)을 말한다(제2조 제3호).

24) 개인금융채권이란 채권금융회사 등이 대부, 대위변제, 채권양수 등을 원인으로 개인금융채무자에 대하여 보유하게 된 금전채권을 말한다(제2조 제1호).

우에는 채무조정을 요청할 수 없다(제35조 제1항 단서). 채무자회생법에 따른 도산절차가 개인채무자보호법에 의한 채무조정절차보다 우선하기 때문이다. 따라서 채무조정 중이라도 도산절차를 신청할 수 있다.

법원이나 신용회복위원회를 거치면 상당한 시간이 필요한데, 법원이나 신용회복위원회를 거치지 않고 직접 채권금융회사 등에 요청하면 신속하게 채무를 조정할 수 있다.

2. 채무조정의 거절

채권금융회사 등은 개인금융채무자의 채무조정 요청을 부당하게 거절하거나 그 처리를 지연하여서는 아니 된다(제32조 제1항). 채권금융회사 등은 채무조정에 필요한 정보로서 대통령령으로 정하는 정보를 채권금융회사 등의 게시판과 인터넷 홈페이지에 공개하여야 한다(제32조 제2항).

채권금융회사 등은 ① 도산절차가 진행 중인 경우와 같이 채무조정을 요청할 수 없는 때(제35조 제1항), ② 개인금융채무자가 채권금융회사 등의 수정·보완 요청(제35조 제3항)에 3회 이상 따르지 아니한 경우, ③ 개인금융채무자의 변제능력에 현저한 변동이 없음에도 불구하고 채무조정의 절차가 끝난(제39조) 개인금융채권에 대하여 채무조정을 다시 요청하는 경우, ④ 그 밖에 채무조정을 거절할 필요가 있는 경우로서 대통령령으로 정하는 경우에는 채무조정요청을 거절할 수 있다(제36조 제1항).

다만 채권금융회사 등은 채무조정의 요청을 거절할 수 있는 경우에도 채무조정을 하는 것이 개인금융채권의 회수 가능성 등을 고려할 때 더욱 유리하다고 판단되는 경우에는 채무조정안을 제안할 수 있다(제36조 제2항).

3. 채무조정의 처리

채권금융회사 등은 채무조정의 요청을 받은 경우 채무조정내부기준(제34조)에 따라 처리하여야 한다(제37조 제1항). 채권금융회사 등은 효율적인 채무조정을 위하여 필요하다고 인정되는 경우 관계 기관·법인·단체의 장이나 전문가 등에게 자료·의견의 제출을 요청할 수 있다(제37조 제2항).

채권금융회사 등은 채무조정절차가 진행 중인 동안에는 개인금융채권을 양도하여서는 아니 된다(제10조 제1항 제1호). 채무조정 요청을 받은 채권금융회사 등은 추심을 하여서는 아니 된다(제14조 제1호 본문).

채권금융회사 등은 채무조정의 요청을 받은 날부터 10영업일 이내에 그 채무조정 여부에 관한 결정 내용을 개인금융채무자에게 통지하여야 한다. 채무조정을 결정한 경우에는 채무조정에 따른 변제계획이 포함된 채무조정안을 작성하여 첨부하여야 한다(제37조 제3항). 위 통지 기한은 수정·보완 기간(제35조 제3항)은 제외하고 산정한다(제37조 제4항).

채권금융회사 등은 채무조정을 하는 경우 ① 개인금융채무자의 자산, 부채, 소득 및 생활여건 등을 고려한 변제능력, ② 개인금융채권의 회수 가능성 및 비용, ③ 채권금융회사 등의 재무 건전성에 미치는 영향, ④ 그 밖에 채무조정에 영향을 미치는 사항으로서 금융위원회가 정하여 고시하는 사항을 충분히 고려하여야 한다(제33조).

4. 채무조정의 효력

채권금융회사 등은 개인금융채무자가 그들이 제안하거나(제36조 제2항) 결정한(제37조 제3항 후단) 채무조정안에 동의하였을 때에는 조정서를 작성하여야 하며, 채무조정의 당사자는 그 조정서에 서명날인 또는 기명날인하여야 한다(제38조 제1항).

개인금융채무자는 채무조정안을 제안받은 날(제36조 제2항)이나 통지받은 날(제37조 제3항)로부터 10영업일 이상의 범위에서 대통령령으로 정하는 기간 이내에 동의 여부를 결정하여야 한다(제38조 제2항). 개인금융채무자가 채무조정안에 동의하였을 때에는 채권금융회사 등과 개인금융채무자 사이에 조정서와 같은 내용으로 채무조정의 합의가 성립된 것으로 본다(제38조 제3항). 채무조정의 효력은 채무조정의 합의가 성립된 개인금융채권을 제3자에게 양도하는 경우 그 양수인에게도 미친다(제38조 제4항).

5. 채무조정 절차의 종료

① 채권금융회사 등이 채무조정 요청을 거절한 경우(제36조 제1항), ② 채권금융회사 등이 제안하거나(제36조 제2항) 채권금융회사 등이 첨부한 채무조정안에 대하여 개인금융채무자가 동의하지 아니한 경우(제37조 제3항 후단), ③ 채권금융회사 등이 채무조정을 하지 아니하기로 결정하여 그 사실을 개인금융채무자에게 통지한 경우(제37조 제3항 전단), ④ 제38조 제2항에 따른 기간 내에 개인금융채무자가 동의 여부를 결정하지 아니한 경우에는 채무조정절차가 끝난 것으로 본다(제39조).

6. 채무조정 합의의 해제

채권금융회사 등은 개인금융채무자가 대통령령으로 정하는 바에 따라 채무조정에 따른 변제계획을 이행하지 아니하거나 그 밖에 대통령령으로 정하는 경우에는 제38조 제3항에 따른 합의를 해제할 수 있다(제40조).

제2절 개인회생절차의 흐름

Ⅰ 개인회생절차의 흐름도

개인회생절차개시의 신청부터 면책에 이르기까지의 흐름을 간략한 도표로 표시하면 아래의 [개인회생절차 흐름도]와 같다.

[개인회생절차 흐름도]

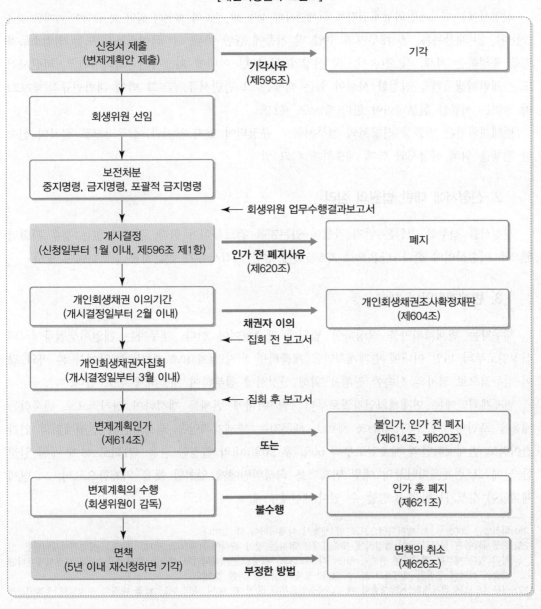

Ⅱ 개인회생절차의 통상적인 진행 과정

1. 신청서의 제출

개인회생절차를 이용하려면 먼저 개인회생절차개시신청서를 작성하여 법원에 제출하여야한다(제589조). 신청서는 ① 채무자의 보통재판적이 있는 곳, ② 채무자의 주된 사무소나 영업소가 있는 곳 또는 채무자가 계속하여 근무하고 있는 사무소나 영업소가 있는 곳에 제출하여야 한다(제3조 제1항 제1호, 제2호).

신청서에는 ① 개인회생채권자목록(채권자의 성명 및 주소와 채권의 원인 및 금액이 기재된 것을 말한다), ② 재산목록, ③ 채무자의 수입 및 지출에 관한 목록, ④ 급여소득자 또는 영업소득자임을 증명하는 자료, ⑤ 진술서, ⑥ 신청일 전 10년 이내에 회생사건·화의사건[25]·파산사건 또는 개인회생사건을 신청한 사실이 있는 때에는 그 관련서류, ⑦ 그 밖에 대법원규칙(제79조)이 정하는 서류를 첨부하여야 한다(제589조 제2항).

변제계획안은 법률상 신청서의 첨부서류로 규정되어 있지 않지만, 실무적으로 절차의 신속한 진행을 위해 신청서와 함께 제출하게 하고 있다.

2. 신청서에 대한 법원의 심리

신청서를 접수한 법원은 먼저 관할이 있는지를 검토하여야 한다. 관할이 없는 경우 관할법원으로 이송하여야 한다. 다음으로 제595조에 정한 기각사유가 있는지를 검토하여야 한다.

3. 변제계획안의 제출

채무자는 변제계획안을 작성하여 법원에 제출하여야 한다. 채무자는 개인회생절차개시의 신청일로부터 14일 이내에 변제계획안을 제출하면 되지만(제610조 제1항),[26] 앞에서 본 바와 같이 실무적으로 절차의 신속한 진행을 위해 신청서에 첨부하여 제출하게 하고 있다.

변제계획안에는 변제계획인가일로부터 1월 이내에 변제를 개시하여 정기적으로 변제하는 내용을 포함하여야 한다(제611조 제4항). 채무자는 변제계획안을 제출하면서 변제계획의 인가 전이라도 변제계획안의 제출일로부터 60일 후 90일 내의 일정한 날을 제1회로 하여 매월 일정한 날에 그 변제계획안상의 매월 변제액을 회생위원에게 임치할 뜻을 기재함으로써, 그 변제계획안이 수행가능함을 소명할 수 있다(개인예규 제7조 제3항).[27]

---

25) 화의법은 2006. 4. 1. 폐지되었으므로 법 개정시 삭제되어야 할 것이다.

26) 회생계획안은 회생절차개시결정시에 제출기간을 정하는 것이 원칙이고(제50조 제1항 제4호), 사전회생계획안은 신청이 있는 때부터 개시결정 전까지 제출한다(제223조 제1항). 변제계획안의 제출은 회생절차에서의 사전회생계획안 제출의 이념이 구현된 것이라고 볼 수 있다. 절차의 신속을 위한 것이다.

27) 실무적으로는 변제계획안을 제출할 때 그 제출일로부터 60일 후 90일 내의 어느 날을 매월의 지정일로 정하고, 개

4. 회생위원의 선임

법원은 이해관계인의 신청에 의하거나 직권으로 일정한 자격을 가진 자 중에서 회생위원으로 선임할 수 있다(제601조 제1항). 실무적으로는 개시신청 직후에 모든 사건에 대하여 회생위원을 선임하고 있다.

5. 개인회생절차개시결정

법원은 신청일로부터 1월 이내에 개인회생절차의 개시 여부를 결정하여야 한다(제596조 제1항). 개인회생절차개시결정은 결정시부터 효력이 발생한다(제596조 제5항).

6. 개인회생채권자의 이의

채무자는 개인회생절차개시신청을 하면서 개인회생채권자목록을 제출한다. 개인회생채권자목록의 내용에 관하여 이의가 있는 개인회생채권자는 개시결정에서 정한 이의기간 안에 서면으로 이의를 신청할 수 있다(제604조 제1항).

이의신청에는 개인회생채권조사확정재판의 신청이 포함된다.[28] 채무자가 이의내용을 인정하는 때에는 법원의 허가를 받아 개인회생채권자목록을 변경할 수 있다. 이 경우 법원은 조사확정재판신청에 대한 결정을 하지 아니할 수 있다(제604조 제1항).

개인회생절차개시 당시 이미 소송이 계속 중인 권리에 대하여 이의가 있는 경우에는 별도로 조사확정재판을 신청할 수 없고, 이미 계속 중인 소송의 내용을 개인회생채권조사확정의 소로 변경하여야 한다(제604조 제2항).

7. 변제계획안의 수정 및 확정

변제계획안에는 ① 채무변제에 제공되는 재산 및 소득에 관한 사항, ② 개인회생재단채권 및 일반의 우선권 있는 개인회생채권의 전액의 변제에 관한 사항, ③ 개인회생채권자목록에 기재된 개인회생채권의 전부 또는 일부의 변제에 관한 사항을 정하여야 한다(제611조 제1항).

채무자는 변제계획안이 인가되기 전에는 변제계획안을 수정할 수 있고(제610조 제2항), 법원도 이해관계인의 신청에 의하거나 직권으로 채무자에게 변제계획안의 수정을 명할 수 있다(제

시결정에서 지정되는 회생위원의 은행계좌로 그 변제계획상의 매월 변제액을 지정일에 입금하도록 하고 있다. 다만 급여가 가압류 또는 압류되어 (가)압류적립금이 있는 경우에는 제1회 변제일을 변제계획인가 후 1월 이내로 정하여 변제계획안을 작성하는 것을 허용하고 있다.

이와 같이 입금된 변제액은 변제계획인가결정이 될 때까지는 회생위원의 계좌에 적립되고, 인가결정 후에 개인회생채권자들에게 지급된다.

28) 실무적으로 이의 있는 개인회생채권자는 별도의 사건번호(2019개확000)가 부여되는 개인회생채권 조사확정재판신청서를 제출하는 대신 이의신청서를 제출하고 있다.

610조 제3항).

변제계획안은 회생위원의 검토 등을 거쳐서 최종안으로 정해진다.

8. 개인회생채권자집회

개인회생채권자집회는 회생절차에서의 관계인집회와 달리 어떤 결의를 하는 집회가 아니고, 채무자가 개인회생채권자들에게 변제계획안에 대해 설명을 하고, 개인회생채권자가 그에 대한 이의 여부를 진술하는 집회이다(제613조 제2항, 제5항).

개인회생채권자집회기일과 이의기간 말일 사이에는 2주 이상 1월 이내의 기간이 있어야 한다(제596조 제2항 제2호).

개인회생채권자집회는 법원이 지휘하되(제613조 제3항), 회생위원이 선임되어 있는 경우에는 회생위원으로 하여금 개인회생채권자집회를 진행하게 할 수 있다(제613조 제4항).[29]

9. 변제계획의 인가

개인회생채권자 또는 회생위원이 이의를 진술하지 아니하고, ① 변제계획이 법률의 규정에 적합하며, ② 변제계획이 공정하고 형평에 맞으며 수행가능하고, ③ 변제계획인가 전에 납부되어야 할 비용·수수료 그 밖의 금액이 납부되고, ④ 변제계획의 인가결정일을 기준일로 하여 평가한 개인회생채권에 대한 총변제액이 채무자가 파산하는 때에 배당받을 총액보다 적지 아니한 경우 변제계획을 인가하여야 한다(제614조 제1항).

개인회생채권자 또는 회생위원이 이의를 진술하는 때에는 위 4가지 요건 외에 추가로 ⑤ 변제계획의 인가결정일을 기준일로 하여 평가한 이의를 진술하는 개인회생채권자에 대한 총변제액이 채무자가 파산하는 때에 배당받을 총액보다 적지 아니하고, ⑥ 채무자가 최초의 변제일부터 변제계획에서 정한 변제기간 동안 수령할 수 있는 가용소득의 전부가 변제계획에 따른 변제에 제공되며, ⑦ 변제계획의 인가결정일을 기준일로 하여 평가한 개인회생채권에 대한 총변제액이 3천만 원을 초과하지 아니하는 범위 안에서 ⓐ 변제계획의 인가결정일을 기준일로 하여 평가한 개인회생채권의 총금액이 5천만 원 미만인 경우에는 위 총금액에 100분의 5를 곱한 금액, ⓑ 변제계획의 인가결정일을 기준일로 하여 평가한 개인회생채권의 총금액이 5천만 원 이상인 경우에는 위 총금액에 100분의 3을 곱한 금액에 1백만 원을 더한 금액보다 적지 아니할 경우 변제계획을 인가할 수 있다(제614조 제2항).

법원이 변제계획인부결정을 선고할 경우 그 주문, 이유의 요지와 변제계획의 요지를 공고하여야 한다. 이 경우 송달은 하지 아니할 수 있다(제614조 제3항).

변제계획은 인가결정이 있은 때부터 효력이 생긴다. 다만 변제계획에 의한 권리의 변경은 면책결정이 확정된 때에 발생한다(제615조 제1항).

---

29) 실무적으로는 법원이 개인회생채권자집회를 진행하고 있다.

10. 변제계획의 수행과 면책

채무자는 인가된 변제계획에 따라 개인회생채권자에게 변제할 금원을 회생위원에게 임치하여야 한다(제617조 제1항). 개인회생채권자는 위와 같이 임치된 금원을 변제계획에 따라 회생위원으로부터 지급받는다. 개인회생채권자가 지급받지 않는 경우에는 회생위원은 채권자를 위하여 공탁할 수 있다(제617조 제2항).

법원은 채무자가 변제계획에 따른 변제를 완료한 때에는 당사자의 신청에 의하거나 직권으로 면책의 결정을 하여야 한다(제624조 제1항). 채무자가 변제계획에 따른 변제를 완료하지 못한 경우에도 ① 채무자가 책임질 수 없는 사유로 인하여 변제를 완료하지 못하였고, ② 개인회생채권자가 면책결정일까지 변제받은 금액이 채무자가 파산절차를 신청한 경우 파산절차에서 배당받을 금액보다 적지 아니하며, ③ 변제계획의 변경이 불가능한 경우에는 이해관계인의 의견을 들은 후 면책의 결정을 할 수 있다(제624조 제2항). 또한 2018. 6. 13. 당시 이미 변제계획인가결정을 받은 채무자가 3년 이상 변제계획을 수행한 경우에도 이해관계인의 의견을 들은 후 면책의 결정을 할 수 있다(부칙 제2조 제1항 단서).

한편 법원은 ① 면책결정 당시까지 채무자에 의하여 악의로 개인회생채권자목록에 기재되지 아니한 개인회생채권이 있는 경우, ② 채무자가 채무자회생법에 정한 채무자의 의무를 이행하지 아니한 경우에는 면책을 불허하는 결정을 할 수 있다(제624조 제3항).

제3절 | 개인회생절차에서의 재판의 고지

개인회생절차는 회생절차와 마찬가지로 다수의 이해관계인이 관여함과 동시에 그 권리관계에 큰 영향을 미치는 절차이다. 따라서 절차상 행하여지는 각종 재판에 대해서 다수의 이해관계인에 대해 적절하게 고지하여야 한다. 동시에 절차의 신속·원활한 진행이라는 요청을 조화시킬 필요가 있다. 그래서 채무자회생법은 개인회생절차상의 재판의 고지에 대하여 해당 재판의 내용·성질에 따라 ① 송달, ② 공고, ③ 송달 및 공고로 구체적인 방법을 정하고 있다.

개인회생절차에서의 재판의 고지에 관하여 표로 정리하면 다음과 같다.

결정	고지	불복
취하허가결정(제594조)	송달○ (8①)	
개시결정(제596조)	공고○ (597①), 송달○ (597②)	즉시항고(598①)
기각결정(제595조)	송달○ (8①)	즉시항고(598①)

개시결정의 취소결정(제599조)	공고○ (599①) 송달○ (599①)	
인가 전 폐지결정(제620조)	공고○ (622) 송달× (622)	즉시항고(623)
(이의기간, 채권자집회기일) 변경명령(제597조 제3항)	공고○ (597③) 송달○ (597③)	
인가결정(제614조)	공고○ (614③) 송달× (614③)	즉시항고(618①)
불인가결정(제614조)	공고○ (614③) 송달× (614③)	즉시항고(618①)
인가 후 폐지결정(제621조)	공고○ (622) 송달× (622)	즉시항고(623)
면책결정(제624조)	공고○ (624④) 송달× (624④)	즉시항고(627)
면책기각결정	송달○ (8①)	즉시항고(627)
면책불허가결정(제624조③)	송달○ (8①)	즉시항고(627)
면책취소결정(제626조)	송달○ (8①) 공고○ (규칙95)	즉시항고(627)

* 송달○ - 송달하여야 한다.　　　　* 공고○ - 공고하여야 한다.
* 송달× - 송달은 하지 아니할 수 있다.

제4절 개인회생절차의 기관

Ⅰ 관리위원회

개인회생절차에서도 관리위원회가 인정되고 있다. 그러나 개인회생절차에서는 회생위원이 별도로 있어 관리위원회의 역할은 회생위원의 업무수행의 적정성에 관한 감독 및 평가(제17조 제2호), 변제계획안에 대한 심사(제17조 제4호)를 비롯하여 회생위원에 대한 법원의 감독을 보조하는 역할을 하는데 그치고 있다. 실무적으로도 개인회생절차에서 관리위원회의 역할은 거의 없는 편이다.

관리위원회에 관한 자세한 것은 〈제2편 제6장 제1절〉(본서 355쪽)을 참조할 것.

Ⅱ 회생위원

회생위원은 법원의 감독을 받아 채무자의 재산 및 소득 상황, 개인회생채권의 존부 및 채권액 등을 신속, 정확하게 조사하고, 채무자가 적정한 변제계획안을 작성하도록 지도하며, 변제계획의 수행을 감독하는 등 개인회생절차가 적정하고 원활하게 진행될 수 있도록 법원을 보좌하는 업무를 수행한다.

관련 내용은 〈제2장 제4절〉(본서 1901쪽)을 참조할 것.

Ⅲ 개인회생채권자집회

개인회생채권자집회는 채무자가 제출한 변제계획안에 대하여 개인회생채권자들이 직접 채무자로부터 설명을 듣고 결의에 부치지 아니한 채 변제계획안에 대한 이의진술의 기회만을 부여한 다음 집회를 종료함으로써 변제계획안의 인가 여부를 간이·신속하게 결정하기 위하여 마련된 제도이다.[30]

관련 내용은 〈제8장 제3절〉(본서 2033쪽)을 참조할 것.

---

30) 개인회생채권자집회가 기관인지는 의문이 있지만, 파산절차에서 채권자집회를 기관으로 규정하고 있고(제3편 제2장 제2절) 개인회생절차는 파산절차를 준용하고 있는 것이 많으므로(제584조 내지 제587조 등), 개인회생채권자집회도 기관으로 볼 수밖에 없을 것이다.

개인회생절차개시의 신청

제1절 신청권자

I 개인채무자

개인회생절차는 자연인인 개인채무자만 신청할 수 있다(제588조). 회생절차와 달리 채권자는 신청할 수 없다.[1] 그 이유는 개인회생절차는 개인채무자가 장래의 수입(소득)으로 변제하는 것을 전제로 하는 절차이므로 개인채무자의 자발적인 의사에 기하지 않으면 변제를 담보할 수 없기 때문이다.

회생절차(제2편)와 파산절차(제3편)의 신청자격에는 아무런 제한이 없다. 법인뿐만 아니라 개인도 신청할 수 있고, 영업자뿐만 아니라 비영업자도 신청할 수 있다. 그러나 개인회생절차의 경우에는 장래 소득발생의 가능성이 있는 개인만 신청할 수 있고, 법인이나 소득의 전망이 없는 자는 신청자격이 없다. 이는 개인회생절차의 특수성을 고려한 결과이다. 이런 점에서 개인회생절차는 회생절차의 특칙이라고 할 수 있다.[2] 외국인도 신청이 가능하다(제2조).

회생절차(간이회생절차)나 개인파산절차가 진행 중이라도 채무자는 개인회생절차를 신청할 수 있다(제593조 제1항 제1호 참조).[3] 개인회생절차를 신청하여 개시결정이 내려지는 경우에는 회생절차(간이회생절차)나 개인파산절차는 중지된다(제600조 제1항 제1호). 이후 변제계획인가결정이 있으면 변제계획이나 변제계획인가결정에 다르게 정한 경우를 제외하고 그 효력을 잃는

---

1) 간이회생절차도 소액영업소득자(채무자)만 신청할 수 있고, 채권자는 신청할 수 없다.
2) **부부공동신청제도** 부부공동신청제도란 부부가 모두 개인채무자일 경우 공동으로 개인회생절차개시를 신청하고, 부부 각자의 개인회생재단을 합산한 부부 공동 개인회생재단을 구성할 수 있도록 하는 것을 말한다. 절차의 간소화와 비용 절감을 위해 고려해 볼 만한 제도이다. 그러나 부부별산제를 취하고 있는 현행법 아래에서 부부의 재산이 서로 완전히 같지 않는 한 개인회생재단을 공동으로 구성하면 어느 한쪽의 채권자는 손해를 보고, 다른 한쪽의 채권자는 이익을 보게 되며, 변제기간 중 부부가 이혼하는 경우 재단을 분리하기 어렵다는 점에서 도입하기는 쉽지 않다고 생각된다.
3) 파산선고가 된 경우 파산관재인에게도 개인회생절차개시신청권이 있을까. 파산선고가 된 경우에도 회생절차개시신청권이 있다는 점은 앞에서 본 바와 같다(본서 184쪽 각주 65)). 논리적 일관성에서 보면 긍정하는 것이 타당하겠지만, 개인회생절차는 채무자의 자발적 의사를 전제로 한다는 특성을 고려하면 인정하기 어려울 것이다. 가사 파산관재인에게 개인회생절차개시신청권을 인정한다고 하더라도 채무자가 변제의 의사가 없는 한 그 실익도 없다.

다(제615조 제3항).

개인채무자란 파산의 원인인 사실이 있거나 그러한 사실이 생길 염려가 있는 자로서 일정 금액 이하의 채무를 부담하는 급여소득자 또는 영업소득자를 말한다(제579조 제1호). 개인채무자인 한 외국인도 개인회생절차를 신청할 수 있다(제2조, 규칙 제79조 제1항 제1호 참조).

1. 파산의 원인인 사실이 있거나 그러한 사실이 생길 염려가 있는 자

개인채무자가 개인회생절차를 신청하려면 파산의 원인인 사실이 있거나 그러한 사실이 생길 염려가 있어야 한다. 개인에게 있어 파산의 원인은 지급을 할 수 없는 경우(지급불능)를 말하고, 지급이 정지된 경우는 지급을 할 수 없는 것으로 추정된다(제305조). 개인회생절차개시의 신청원인은 지급불능 또는 지급불능이 생길 염려이다(제579조 제1호).

지급불능이란 채무자의 채무변제능력이 부족하여 즉시로 변제하여야 할 채무를 일반적이며 계속적으로 변제할 수 없는 객관적 상태를 말한다.[4] 채무자가 개인인 경우 그러한 지급불능이 있다고 하려면 채무자의 연령, 직업 및 경력, 자격 또는 기술, 노동능력, 가족관계, 재산·부채의 내역 및 규모 등을 종합적으로 고려하여, 채무자의 재산, 신용, 수입에 의하더라도 채무의 일반적·계속적 변제가 불가능하다고 객관적으로 판단되어야 한다.[5] 또한 채무자에게 변제능력이 없다고 하기 위해서는 어느 특정채권자만이 아니라 채무 전체에 관하여 약정대로 변제할 수 없는 상태에 있고 이러한 상태가 이후에도 계속되어 회복될 가능성이 없어야 한다.

지급불능뿐만 아니라 그 이전이라도 채무자의 경제적 상황을 그대로 방치한다면 지급불능이 될 것이 객관적으로 예상되는 경우에도 개인회생절차개시의 신청을 할 수 있다. 이처럼 지급불능이 염려되는 경우에도 개인회생절차의 개시를 신청할 수 있도록 한 것은 가능한 한 조기에 채무자의 효율적인 회생을 도모하기 위함이다.

지급불능 또는 그러한 염려가 있는지 여부는 채무자의 재산 및 수입, 신용, 채무총액, 변제기간 및 이율 등을 종합적으로 고려하여 판단하여야 한다.

2. 채무액수의 제한

개인회생절차를 이용하려면 ① 유치권·질권·저당권·양도담보권·가등기담보권·「동산·채권 등의 담보에 관한 법률」에 따른 담보권·전세권 또는 우선특권으로 담보된 개인회생채권(이하 '담보부채권'이라 한다)은 15억 원, ② 그 밖의 개인회생채권(이하 '무담보부채권'이라 한다)은 10억 원 이하의 채무를 부담하는 자라야 한다.[6]

---

4) 대법원 2012. 3. 20. 자 2010마224 결정, 대법원 1999. 8. 16. 자 99마2084 결정 참조.
5) 대법원 2009. 3. 2. 자 2008마1651 결정 참조.
6) 2021년 개정되기 전에는 담보부채권 10억 원, 무담보채권 5억 원이었다. 이로 인해 실무 운용에 있어 채무액 기준이 지나치게 낮아 중소기업 등을 운영하는 개인채무자의 경우는 현실적으로 이용이 제한되고 있어 입법론적 비판이 있었다. 이에 2021년 채무액 기준을 위와 같이 완화하는 개정이 있었다. 채무액수의 제한은 미국 연방도산법

개인회생절차를 이용하는 채무자의 채무액수를 제한하는 이유는 다액의 채무를 부담하는 경우까지 간소화된 개인회생절차를 이용하도록 하는 것은 상대적으로 소액의 채무를 부담하고 있는 개인채무자에 대하여 복잡하고 비용이 많이 드는 회생절차를 적용할 때 발생하는 불합리를 피하기 위하여 마련한 개인회생절차의 취지에 비추어 적절하지 않기 때문이다. 다시 말해 채무액이 큰 사건의 경우 변제계획인가로 면책되는 액이 고액이어서 채권자에게 미치는 불이익이 상당하므로 회생절차를 간소화한 개인회생절차로 처리하는 것은 채권자에 대하여 공평하지 않다.[7] 결국 일정 규모를 넘는 채무를 부담하고 있는 자는 회생절차에 의하여 채무조정을 하도록 하기 위함이다.

채무총액의 한도기준의 적용시점은 개인회생절차개시의 신청 당시이다.[8] 따라서 개시신청 후에 생긴 채권(이자나 지연손해금 등)은 신청권자의 자격을 판단하는 채무총액의 범위에 포함되지 않는다.

주의할 것은 담보부채권이란 담보물의 실질가치로 담보되는 채권을 의미한다는 것이다. 따라서 담보권설정계약에 피담보채권이 3억 원이라고 기재되어 있다고 하더라도 담보물의 실질가치가 2억 원인 경우에는 담보부채권은 2억 원이고, 1억 원은 무담보부채권이 된다.

그리고 개인회생절차를 이용하려면 담보부채권의 요건과 무담보부채권의 요건을 모두 갖추어야 한다. 예컨대 ① 담보부채권이 16억 원, 무담보부채권이 11억 원, ② 담보부채권이 16억 원, 무담보부채권이 8억 원, ③ 담보부채권이 13억 원, 무담보부채권이 11억 원인 경우는 모두 개인회생절차를 이용할 수 없다.[9]

---

§109(e)에서 비롯된 것이다. §109(e)에서 규정하고 있는 담보부채권액이나 무담보부채권액을 넘는 다액의 사건은 제13장 절차가 아닌 제11장 절차에 의하도록 하기 위함이다. 그런데 담보부채권액에 대하여 채무액수를 제한할 필요가 있는지는 의문이다. 개인회생절차에서 담보부채권은 별제권 행사에 의하여 변제받을 수 있고, 다른 개인회생채권자와 변제재원을 나누는 관계도 아니며, 면제되는 것도 아니다. 따라서 개인회생절차를 이용할 수 있는 자격은 무담보부채권의 채무액수를 제한하는 것으로 충분하다. 일본 민사재생법은 소규모개인재생을 이용할 수 있는 신청권자의 자격을 인정함에 있어 회생채권(재생채권)의 총액을 기준으로 하되, 별제권의 행사에 의하여 변제받을 수 있는 회생채권액 등은 제외하도록 규정하고 있다(제221조 제1항).

미국 연방도산법 §109(e)는 채무액의 상한기준액을 규정하고 있는데, §104(a)에서 3년마다 위 상한기준액을 소비자물가지수를 고려하여 조정하도록 규정하고 있다. 연방사법회의(the Judical Conference of the U.S.)가 연방관보(federal register)에 그 금액을 발표한다.

7) 條解 民事再生法, 1140쪽.
8) 간이회생절차에서는 소액영업소득자에 해당하는지 여부의 판단시점도 '신청 시'로 하고 있다(제293조의2 제2호). 2020년 6월 9일 채무자회생법이 개정되기 전에는 채무총액 산정시점을 규정하고 있지 않아 실무는 회생절차개시결정시를 기준으로 판단하였다. 이로 인하여 개인회생절차개시 신청 당시에는 채무총액의 한도를 넘지 않았는데 이후 이자나 지연손해금이 발생하여 개인회생절차개시결정시에는 채무총액의 한도를 넘어 신청자격을 상실하게 되는 경우가 있었다. 이에 대하여 개인회생절차개시의 신청권자는 신청 당시 정확한 개시결정일을 알기 어려우므로 재정적 어려움으로 인하여 파탄에 직면한 개인채무자의 재기를 돕기 위하여 개인채무자의 채무총액 산정기준시점을 개인회생절차개시의 신청 당시로 명확히 규정할 필요가 있다는 입법론적 비판이 있었다{채무자회생법(제4판), 1304쪽}. 이러한 비판을 받아들여 채무총액 산정시점을 개인회생절차개시신청시로 명확히 규정하였다(제579조 제1호).
9) 이러한 경우 개인채무자는 제2편 회생절차를 신청할 수밖에 없다(일반회생). 개인회생절차개시신청사건이 위 요건을 충족하지 못한 경우 신청을 기각한다. 하지만 이는 간이회생절차개시신청시 소액영업소득자의 요건을 갖추지 못한 경우 회생절차를 개시할 수 있도록 한 규정(제293조의5 제2항 제2호 가목)과 형평에 맞지 않다. 따라서 개인회생절차의 경우에도 개인채무자가 스스로 회생절차개시를 원하지 않는다고 명확히 밝힌 경우를 제외하고 회생절차개시결정을 할 수 있도록 입법적으로 보완할 필요가 있다(일본 민사재생법 제221조 제6항, 제7항 참조). 이는 개인

또한 담보부채권이란 개인채무자 소유의 재산에 대하여 유치권·질권·저당권·양도담보권·가등기담보권·「동산·채권 등의 담보에 관한 법률」에 따른 담보권·전세권 또는 우선특권으로 담보된 개인회생채권을 말하는 것으로, 채무자 아닌 제3자가 제공한 재산으로 담보된 개인회생채권은 무담보부채권에 해당한다.[10]

비면책채권이라고 하더라도 개인회생절차에 의하지 아니하고 변제받을 수 있는 것은 아니고(변제계획에 따라 변제받아야 한다), 채권자가 변제계획에 의하여 일부라도 변제를 받고 나머지가 있는 경우 면책이 되지 않는다는 것에 불과하므로 위 채권액에 포함된다고 할 것이다.

3. 급여소득자 또는 영업소득자

개인채무자 중에서 개인회생절차를 이용하려면 급여소득자거나 영업소득자여야 한다. 급여소득자나 영업소득자인 한 직업의 제한은 없으며 불법적인 수입이 아닌 한[11] 그 수입의 원천이 어디에 있는지는 문제되지 않는다. 다만 급여소득자나 영업소득자라고 하더라도 생계비 이상의 수입이 있어야 한다. 즉 수입에서 생계비 등을 공제한 가용소득이 있어야 신청할 수 있다.

수입은 반드시 근로의 대가일 필요는 없고, 계속적 또는 반복적으로 얻을 가능성이 있으면 충분하다.

가. 급여소득자

급여소득자란 급여·연금 그 밖에 이와 유사한 정기적이고 확실한 수입을 얻을 가능성이

회생절차가 회생절차의 특칙이라는 점에서 당연한 것이다.

10) 서울중앙지방법원 2012. 2. 20. 자 2011라1811 결정(확정) 참조. 한편 회생절차에서의 회생담보권은 채무자 자신에 대한 채권이든 채무자 이외 자에 대한 채권이든 가리지 않고 회생절차개시 당시 채무자 재산상에 존재하는 담보권 등을 의미하지만(제141조 제1항), 개인회생절차에서의 담보부 회생채권은 단지 '유치권·질권·저당권·양도담보권·가등기담보권·「동산·채권 등의 담보에 관한 법률」에 따른 담보권·전세권 또는 우선특권으로 담보된 개인회생채권'으로만 규정하고 있어(제579조 제1호 가목) 담보권 등으로 담보된 개인회생채권을 의미하는 것이라는 견해가 있다. 이러한 전제에서 실무는 담보신탁(타익신탁)이 사실상 담보적 기능을 하고 있다는 점을 고려하여 담보신탁계약에 따른 대출채권을 담보부채권으로 취급하고 있다. 이는 기본적으로 신탁재산이 위탁자의 소유로 실질은 담보권처럼 취급하는 것이 채권자 일반의 이익에 적합하다고 보는 것이다. 도산절연성의 법리를 형식적으로 적용하지 않고 정책적으로 적용하려는 것이다. 이에 따라 담보신탁계약에 따른 대출채권의 경우에도 담보부채권액과 무담보채권액으로 구분하여 개인회생신청요건에 관한 채무액 한도요건을 판단함과 아울러 위 구분을 통한 변제계획안을 작성하도록 하고, 특히 신탁부동산의 예상환가액이 대출채권액보다 적은 경우에 발생할 수 있는 미변제 채권액, 이른바 예정부족액을 다른 미확정 개인회생채권과 같이 그에 해당되는 몫의 변제액을 유보하도록 하고 있는 것으로 보인다. 금융리스채권도 담보적 기능을 중시하여 담보부채권으로 취급하고 있다. 그러나 위와 같은 견해에 따른 실무는 문제가 있다. 개인회생절차 신청자격을 판단함에 있어 담보신탁계약에 따른 대출채권을 담보부채권에 포함시키는 것은 이해되는 측면이 있지만, 변제계획에서 별제권부채권으로 취급하는 것은 의문이다. 별제권은 개인회생재단에 포함된 재산을 전제로 하는 것인데(제586조, 제411조) 담보신탁된 재산은 채무자의 재산이 아니기 때문이다. 또한 채무자에게 물상보증인이 있는 경우와 달리 취급하는 합리적인 이유가 없다.
   ○ 제579조 제1호 가목(담보부채권)과 제586조, 제411조(별제권)의 관계 전자는 개인회생절차의 신청자격을 규정한 것이고, 후자는 담보권으로서 별제권을 규정한 것으로 차원을 달리한다. 전자에는 채무자 외의 자에 대한 재산상의 청구권이 포함되지 않지만(개인회생채권만 포함한다) 후자에는 포함된다.

11) 수입이 불법적이라면 그 수입의 원천인 영업은 국가의 형벌권 내지 행정벌의 대상이 되어 중지 또는 금지되어야 할 대상이므로 장래에 계속적으로 또는 반복하여 영위될 가능성이 있다고 인정하기 어렵다.

있는 개인채무자를 말한다(제579조 제2호). 개인회생절차는 개인의 장래 수입을 주된 변제재원으로 하기 때문에 변제기간 동안 개인의 수입이 정기적으로 확실하여야 한다.

정기적이고 확실한 수입은 채무자가 개인회생절차를 신청할 당시뿐만 아니라 변제계획을 인가할 당시에도 계속 갖추고 있어야 한다.

아르바이트, 파트타임 종사자, 비정규직, 일용직 근로자 등도 그 고용형태와 소득신고의 유무에 불구하고 정기적이고 확실한 수입을 얻을 가능성이 있다고 인정되는 이상 급여소득자에 해당한다(개인예규 제7조의2 제1항).[12]

나. 영업소득자

영업소득자란 부동산임대소득·사업소득·농업소득·임업소득 그 밖에 이와 유사한 수입을 장래에 계속적으로 또는 반복하여 얻을 가능성이 있는 개인채무자를 말한다(제579조 제3호). 영업소득자에는 소득신고의 유무에 불구하고 수입을 장래에 계속적으로 또는 반복하여 얻을 가능성이 있는 모든 개인을 포함한다(개인예규 제7조의2 제2항).

개인회생절차는 개인채무자의 수입을 변제재원으로 하여 최장 3년간 분할변제를 하는 절차이므로 개인회생절차의 이용은 변제가 가능한 채무자로 제한하지 않을 수 없다. 그렇지 않고 절차의 수행가능성이 적은 자가 절차에 들어온 후 도중에 좌절되는 경우가 많다면, 절차운영에 있어 비효율적이기 때문이다.

문제는 '계속적으로 또는 반복하여 수입을 얻을 가능성'의 구체적인 내용이 무엇이냐는 것이다. 개인채무자회생에서 변제계획에는 정기적[13]으로 변제하는 내용을 포함하여야 한다(제611조 제4항). 변제계획의 최종변제기는 변제개시일로부터 3년을 초과하여서는 아니된다(제611조 제5항). 따라서 '계속적으로 또는 반복하여 수입을 얻을 가능성'이란 변제재원인 수입을 변제기간(최장 3년)에 걸쳐 적어도 변제계획에 따라 정기적으로 얻을 가능성이 있는 것을 말한다. 따라서 수입과 수입을 얻는 간격이 변제계획에서 정한 일정기간을 넘거나 수입이 부정기적인 경우라도 1회분의 수입으로부터 변제재원을 확보하여 그것을 균등하게 변제계획에서 정한 일정기간에 따라 변제할 수 있다면 변제계획에 따라 정기적으로 변제한 것이 되어 여기에 해당한다고 볼 것이다(개인예규 제8조 제5항[14] 참조).[15]

한편 「국민기초생활 보장법」상의 급여를 받는 생활보호수급자의 경우에는 형식적으로 계속적으로 또는 반복적으로 수입이 있다고 할 수 있지만, 제도의 취지가 최저생활에 필요한 비용을 국가가 지급하여 최저한도의 생활을 보장하기 위한 것이기 때문에 그 적격을 부정하여야 할 것이다.

---

12) 대법원 2011. 10. 24. 자 2011마1719 결정.
13) 실무적으로 1개월이다.
14) 농업소득자, 임업소득자 등 소득이 매월 발생하지 않는 채무자는 채무를 매월 변제하지 아니하고 수개월 간격으로 변제하는 것으로 변제계획안의 내용을 정할 수 있으며, 법원은 제611조 제4항의 규정에 따라 이를 허가할 수 있다.
15) 條解 民事再生法, 1139쪽.

Ⅱ 다른 채무조정절차를 밟은 자의 신청자격 유무

개인채무자가 개인워크아웃(프리워크아웃·연체전 채무조정을 포함한다. 이하 같다)이나 개인 파산절차 또는 회생절차를 밟고 있는 경우 개인회생절차를 신청할 수 있는지가 문제된다. 개인 워크아웃이나 개인파산절차, 회생절차와 개인회생절차는 배타적인 관계에 있지 않으므로 개인 워크아웃 등의 절차가 진행 중이라도 개인회생절차를 신청할 수 있다. 오히려 개인회생절차가 개시되면 채무자에 대하여 진행 중이던 회생절차 또는 파산절차는 중지되고 새로이 이러한 절 차를 신청하는 것도 금지된다(제600조 제1항). 또한 개인회생절차가 개시되면 개별적인 변제가 금지되므로 개인워크아웃에 의한 채무조정결과에 따른 변제가 중단될 수밖에 없다. 다만 회생 절차가 진행 중인 경우에는 채무액이 앞에서 본 일정 범위 내에 있어야 개인회생절차를 신청할 수 있을 것이다.

파산선고를 받은 후 면책결정을 받은 적이 있는 사람은 5년 동안 개인회생절차를 신청할 수 없다(제595조 제5호). 이는 단기간 내에 면책제도를 반복적으로 이용함으로써 초래되는 도덕 적 해이를 방지하기 위한 것이다.

Ⅲ 주택담보대출채권 연계형 개인회생절차

1. 시행배경

개인회생절차의 채무조정대상에는 신용대출만 포함되고 담보대출은 포함되지 않는다(제586 조, 제411조). 이로 인해 개인회생절차 진행 중 주택담보대출 채권자가 주택을 경매할 경우[16] 채무자는 주거를 상실하며 이로 인한 주거비 부담과 생활의 불안정 등으로 변제계획의 이행이 쉽지 않다. 개인회생절차 내에서 채무자의 주택에 대한 소유권이 박탈되는 것은 인간다운 삶의 기초가 흔들리게 될 수 있다는 점에서 재정적 어려움에 처한 개인에게 다시 한 번 정상적 사 회인으로 복귀할 수 있는 기회를 부여하자는 개인회생제도의 취지에 정면으로 반하는 것이다.

한편 현재 신용회복위원회가 시행하는 워크아웃에는 주택담보대출도 포함하여 조정하고 있 으나, 경매, 주택담보대출 매각 등에 비해 채권자 참여 유인이 낮아 실적이 저조한 편이다.[17]

---

16) 실무적으로 주택담보대출 채무자가 개인회생절차 개시신청을 할 경우, 일반 사건과 마찬가지로 채무자의 신청에 따 라 통상적으로 금지 내지 중지명령이 발령되며, 위 명령 이후부터는 주택담보대출채권에 대한 원리금 변제가 금지 된다. 그에 따라 채무자는 이행지체 상태에 빠질 수밖에 없고(사견은 이행지체가 아니라고 본다. 본서 211쪽 참조), 채권자는 담보목적물인 주택에 대한 강제집행절차(예를 들어, 경매절차 등)에 돌입하게 된다. 한편으론 주택담보대 출 채권자는 담보가치를 상회하는 잔존채무를 상환받기 위해 담보권 실행으로 잔존채무를 조속히 확정하여 변제계 획에 반영하려는 유인이 존재한다. 왜냐하면 변제계획안을 작성할 때에 담보물의 청산가치를 초과하는 담보채권액 은 일반 개인회생채권(미확정채권)으로 취급하고 있는데, 법원의 변제계획에 대한 인가결정 이후 변제기간이 만료 될 때까지 담보권 실행을 통하여 잔존채권의 확정신고가 이루어지지 않을 경우 위 채권에 대하여 유보된 변제금을 일반채권자에게 안분변제하고 있기 때문이다.

또한 신용회복위원회를 통한 주택담보대출 채무조정과 개인회생절차를 통한 신용대출 채무조정을 함께 이용하는 것은 사실상 불가능하다. 앞에서 본 바와 같이 신용회복위원회 채무조정은 개인회생절차를 신청한 경우 이용할 수 없기 때문이다.

주택담보대출을 가지고 있는 채무자의 효율적인 회생을 위해 대안적 해결방안을 강구할 필요성이 커졌다. 이에 서울회생법원은 주택담보대출과 관련하여 채권자와 채무자 사이에 공식적으로 의견을 교환할 수 있도록 '임의적인 회의'의 장(場)을 만들고 합의안을 도출할 수 있도록 적극 지원할 수 있는 방안을 검토하였고, 금융위원회와 신용회복위원회는 채권자의 권리침해를 최소화하면서 주택담보대출 채무자의 주거·금융생활안정을 위해 '주택담보대출 채무조정 활성화 방안'을 마련하였다. 이와 같은 법원과 금융위원회·신용회복위원회에 의해 대안적 방안으로 제시된 것이 주택담보대출채권 연계형 개인회생절차(주택담보대출채권에 관한 채무재조정 프로그램, 주택담보채무조정제도)[18]이다.[19]

주택담보대출 연계형 개인회생절차의 근거로 민사조정법과 제591조를 들 수 있다. 민사조정법에서 조정의 대상으로 '민사에 관한 분쟁'을 규정하고 있고 이를 넓게 해석하면, 개인회생절차에서의 담보채권자와 채무자 사이의 채무재조정에 관한 사항 역시 포함된다고 볼 수 있다. 또한 제591조에 의하면 법원 또는 회생위원은 채무자의 재산상의 업무에 관하여 필요하다고 인정되는 경우 적절한 조치를 취할 수 있는 것으로 규정하고 있다.

2. 주택담보대출채권 연계형 개인회생절차의 세부 내용

주택담보대출 연계형 개인회생절차는 채무자가 신용회복위원회의 주택담보대출 채무조정과 법원의 개인회생절차의 신용대출 채무조정을 동시에 병행하여 이용할 수 있도록 한 것이다. 금융기관에 대하여 주택담보대출을 부담하고 있는 채무자가 법원에 개인회생절차 개시신청을 할 경우, 개인회생절차 초기에 신용회복위원회를 통하여 채권자와 채무자 사이에 주택담보대

---

17) 그 이유는 ① 채무조정안에 따라 주택담보대출을 상환받을 경우 오랜 기간 동안 대손준비금을 적립하여야 하고 부실채권 비율도 높아지는 문제가 발생하고, ② 채무자의 상환능력과 무관하게 획일적으로 채무조정이 이루어짐(통상 모든 채무자에 대해 연체이자면제, 거치기간 부여와 상환기간 연장 및 금리감면을 한꺼번에 제공한다. 반면 경매시에는 연체이자까지 보전 가능하다)에 따라 채권의 회수가치가 크게 훼손되기 때문이다.

18) 이 프로그램은 미국의 Loss Mitigation Program(손실 경감 프로그램)을 벤치마킹한 것이라고 한다. Loss Mitigation Program은 미국 연방도산법 제105조, 미국 연방 민사소송규칙 16 등에 근거하여 뉴욕남부파산법원에서 2008년 이후로 시행되고 있다. 위 Program은 '당사자의 신청(또는 법원의 직권)'에 의하여 법원이 Loss Mitigation Order를 발령함으로써 개시된다. 위 Program을 통하여 당사자 사이에 주택담보대출을 어떻게 취급할지에 대한 합의(연체이자 또는 원금의 감액, 상환기간의 유예 내지 연장 등)가 이루어지게 된다. Loss Mitigation Program의 주된 목적은 채무자의 주거지에 대한 담보권을 가진 채권자와 채무자 사이에 담보권의 실행 여부 또는 채무 조정 여부 등에 관하여 상호 합의할 수 있는 장(場)을 마련해주는 것에 있다.

19) 이는 법원과 신용회복위원회 사이의 '주택담보대출채권 채무재조정 프로그램 시범실시를 위한 업무협약'(이하 '업무협약') 및 신용회복위원회와 금융채권자 사이의 '신용회복지원협약'(신용회복지원협약은 서민의 금융생활 지원에 관한 법률 제75조 제1항, 제2항에 근거하여 마련되었다)에 따른 것이다.
　　서울회생법원과 신용회복위원회는 2019. 1. 17. '주택담보대출 채무재조정 프로그램'에 관한 업무협약(MOU)을 체결하였다. 이에 따라 위 프로그램은 먼저 서울회생법원 관할 개인회생사건에 우선 시행되었다. 이후 수원지방법원도 2020. 7. 7. 업무협약을 체결하여 관할 개인회생사건에 대하여 시행되고 있는 등 점차 확대되고 있다.

출채권에 관한 협의를 할 수 있는 장을 마련하고 그에 따라 당사자 사이에 이루어진 합의 내용을 변제계획안에 적극적으로 반영함으로서 개인회생절차 내에서 주택담보대출에 관한 채무조정이 이루어질 수 있는 기회를 부여하는 것이다.

[주택담보대출채권 연계형 개인회생절차 흐름도]

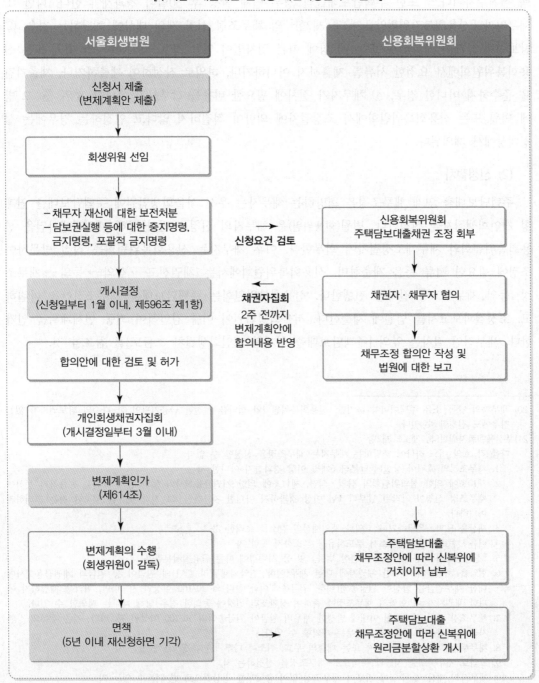

가. 신청대상 및 절차

(1) 신청대상

신청대상은 주택가격이 6억 원 이하이고 부부합산 연소득이 7,000만 원 이하인 생계형 주택 실거주자이다.[20] 또한 주택담보대출의 경우 연체 발생 후 30일이 경과해야 한다. 다만 ① 채무자가「신용회복지원협약」제3조 제2항[21]의 채무조정 신청 제외 대상에 해당하는 경우, ② 담보주택에 제415조 제1항 또는 제2항에 따른 임차인이 있는 경우, ③ 채무자가 법원 또는 신용회복위원회에서 요청한 서류를 제출하지 아니하거나, 허위로 작성하여 제출하거나, 제출기간을 준수하지 아니한 경우, ④ 채무자가 절차에 필요한 비용을 납부하지 아니한 경우, ⑤ 그 밖에 법원 또는 신용회복위원회에서 조정절차에 의함이 적절하지 않다고 인정하는 경우에는 신청대상에서 제외된다.

(2) 신청절차

주택담보대출 연계 채무조정을 희망하는 채무자는 우선 서울회생법원에 주택담보대출 연계형 개인회생절차를 신청한다. 법원(회생위원)은 채무자의 신청을 받아 당해 개인회생사건을 신용회복위원회의 채무재조정절차에 회부한다. 이후 채무자는 신용회복위원회를 직접 방문하여 조정에 필요한 서류 등을 제출하며, 신용회복위원회에서는 '채권신고 → 심의 → 동의 → 채무조정' 등의 채무재조정 절차를 진행한다. 신용회복위원회는 주택담보대출 채무조정안을 마련하고, 조정결과보고서를 법원에 제출한다. 서울회생법원이 이를 감안하여 최종 변제계획을 인가한다. 세부적인 절차는 앞의 [주택담보대출 연계형 개인회생절차 흐름도]를 참조할 것.

---

20) 채무자의 단독 소유 주택이어야 하지만, 신용회복위원회와 협약을 체결한 금융기관인 한 다수의 담보권자가 있는 경우에도 신청할 수 있다.

21)「신용회복지원협약」제3조 제2항
다음 각 호의 어느 하나에 해당하는 채무자는 채무조정을 신청할 수 없다.
    1. 채무조정의 효력이 상실된 날부터 6개월 이상 경과하지 아니한 자
    2. 제10조에 의한 심의위원회의 심의·의결, 제11조에 의한 채권금융회사의 동의 등의 요건을 충족하지 못하여 채무조정 신청이 기각된 날부터 1년 이상 경과하지 아니한 자. 다만, 그 기각 사유를 해소한 자는 그러하지 아니하다.
    3. 재산을 도피·은닉하거나 고의로 책임재산의 감소를 초래한 자
    4. 어음·수표 부도거래처로서 부도사유를 해소하지 못한 자
    5.「신용정보의 이용 및 보호에 관한 법률」및 동 시행령에 따른 금융질서문란자
    6. 협약을 체결하지 아니한 채권자에 대한 채무(이하 '협약외채무'라 한다)의 원금이 동 원금과 채권금융회사에 대한 채무원금을 합산한 원금총액(이하 '원금총액'이라 한다)의 20/100 이상인 자. 다만, 협약을 체결하지 아니한 채권자가 이 협약의 채무조정에 준하여 상환조건 변경에 동의한 경우 당해 채무는 제외할 수 있다.
    7. 채무조정 신청 전 6개월 이내에 발생한 채무의 원금이 원금총액의 30/100 이상인 자. 다만, 기존 채무의 상환자금으로 사용한 경우 당해 채무는 제외할 수 있다.
    8. 채무부존재확인소송 중인 자 또는 대출의 무효, 취소를 다투거나 분쟁상태에 있는 자
    9. 고의로 채무이행을 지연할 목적으로 채무조정을 신청하는 자
    10. 채무자의 재산 및 수입에 비추어 채무조정 없이 총채무를 정상적으로 변제할 수 있는 자

나. 조정방법

신용대출채무를 우선 변제·완료한 이후 주택담보대출이 상환되는 방식으로 신용회복위원회와 서울회생법원이 각각 채무조정안을 마련한다. 구체적인 예는 아래에서 보는 바와 같다.

[주택담보대출채권 연계형 개인회생 사례]

◇ **월소득 330만 원, 주택담보대출 2.2억 원, 신용대출 1억 원을 보유한 2인 가구[22]가 법원에 주택담보대출 연계 개인회생을 신청**

❶ **신용회복위원회는 5년간 거치기간을 부여하고 거치기간 중 매월 73만원(2.2억×4%/12개월)씩 거치이자를 상환하는 주택담보대출 채무조정안 마련**

– 신용회복위원회는 개인회생절차 진행중(3~5년)에는 주택담보대출 이자[23]만 상환하고 개인회생절차종료 후 원금 상환을 개시하는 주택담보대출 채무조정안 마련

– 주택담보대출 채무조정이 이행되는 동안 주택담보대출 채권자의 담보주택 경매는 금지(채권매각시에도 새로운 채권자는 채무조정안 승계)

❷ **법원은 생계비 및 주택담보대출 거치기간 이자[24]를 제외한 채무자의 잔여소득으로 신용채권자가 일반 개인회생과 동일한 4,680만원[25](78만원×60개월)을 상환받을 수 있도록 상환기간 연장(3→5년) 및 생계비 축소(200→179만원)하여 변제계획안 마련**

– 다만 개인회생절차에서 최대변제기간(3년)을 연장(최대 5년) 적용하여 주택담보대출 연계 채무조정에 따른 신용채권자 회수금액 축소[26]를 방지

❸ **개인회생절차에 따른 신용채무 상환이 종료된 이후 주택담보대출채무를 21년간 원리금균등 분할상환(매월 130만 원씩 상환)**

---

22) 2023년 기준 서울회생법원이 인정하는 2인 가구 최저생계비 기준액은 2,073,693원(중위소득의 60%)이다.

23) 채무자의 상환능력이 부족한 경우 거치금리 인하(연 4.0% 하한, 단 당초 약정금리가 연 4.0%보다 낮을 경우 약정금리 적용)한다.

24) 주택담보대출채권에 대한 거치기간 동안의 이자액을 생계비에 반영한다. 구체적으로 일정 금액의 추가주거비 인정 한도액을 설정하고, 사안에 따라 위 금액 한도 내에서 조정된 이자금액을 변제계획표 상의 추가생계비에 반영하여 채무자가 거치기간 동안 주택담보대출채권에 대한 이자액을 변제할 수 있도록 한다. 법원에서는 일정한 요건을 충족하는 채무자의 경우 주택담보대출채권에 대한 원리금 변제금액을 법원이 정하는 추가생계비(제579조 제4호 다.목)로 인정하고 있다.

25) 일반적인 개인회생절차이었다면 가용소득 130만 원(320만 원－생계비 190만 원)으로 3년간 회생채무를 상환하므로 상환액은 130만 원×36개월＝4,680만 원이다.

26) 개인회생절차는 채무자가 3년간 가용소득 전부를 회생채무(＝신용채무) 상환에만 사용한다(잔여채무는 면책). 반면 주택담보대출 연계형 개인회생절차는 가용소득으로 주택담보대출도 상환하게 하므로 3년만 상환하면 신용채권자는 회수할 수 있는 금액이 축소되는 문제가 발생한다.

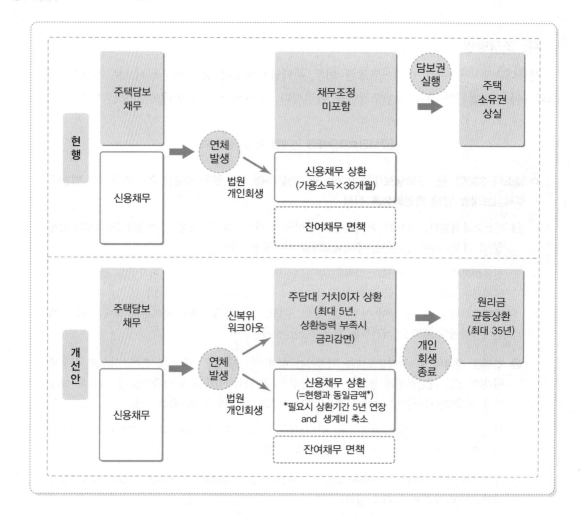

3. 주택담보대출채권 연계형 개인회생절차의 효용성

　채무자는 본 제도를 통하여 개인회생절차 내에서 주택에 대한 소유권을 유지할 수 있을 뿐만 아니라 추가적으로 상환유예기간 부여 및 연체이자의 감면 등 경제적 이익을 받을 수 있게 된다.

　담보채권자의 경우 기존에는 무조건적으로 담보권에 기한 집행을 하여야 했고, 경우에 따라 복잡한 법률관계(분쟁)로 환가가 지연되거나, 실질적으로 담보가치가 없는 물건에 대해서는 많은 손실을 감수하여야 했다. 그러나 채무재조정을 거치게 됨으로써, 채권자는 기존의 획일적인 담보권에 기한 집행에 따른 법률분쟁으로부터 벗어날 수 있게 되고, 위와 같이 담보가치가 없는 물건에 대한 관리 및 환가비용 또한 줄일 수 있게 된다.[27]

---

27) 다만 현실적으로 많이 활용되고 있지는 못한 실정이다. 주택담보대출채권 연계형 개인회생절차는 2019년 도입된 이후 4년이 지났지만, 2023년 9월 말을 기준으로 한 지원실적은 89건(서울회생법원은 59건)에 불과하며, 이 중 채무조정이 확정된 건은 50건에 불과하다. 서울회생법원의 2022년 한 해에만 개인회생 접수사건 수가 18,448건인 점을 고려하면 지나치게 그 수가 적은 상황이다. 신용회복위원회가 조사한 주요 반송 및 부동의 사유는 담보채권이라는 이유, 조정내용 불만, 도덕적 해이 의심, 청산가치를 보장하기 위하거나 거치기간의 이자를 변제하기 위하여는

개인회생절차에서 주택담보대출채권에 대한 일본의 입법례[28]

일본의 경우 채무자가 개인회생절차를 신청하는 경우 주택의 소유권을 상실할 수밖에 없는 구조이었으나, 2000년 11월 민사재생법 개정(2001. 4. 1. 시행)으로 주택담보대출채권에 관한 특별조항(민사재생법 제199조)을 마련함으로써 이를 해결하였다.[29]

특별조항은 주택담보대출채권의 변제에 관하여 ① 정상변제형, ② 기한의 이익 회복형, ③ 변제기간 연장형, ④ 변제기간 연장 및 원금 거치 혼합형, ⑤ 동의형 등 5가지 방안을 마련하여 채무자의 변제능력에 따라 각 변제 방안을 순차적으로 적용할 수 있도록 규정하고 있다.

① 정상변제형은 주택담보대출채권에 관하여 권리변경을 하지 않고 당초의 약정대로 변제하는 방식이다. ② 기한의 이익 회복형은 주택담보대출채권 중 재생계획인가결정 확정 시까지 변제기가 도래한 부분 전액을 재생계획상의 무담보 재생채권에 대한 변제기간 내에 지급하고, 주택담보대출채권 중 재생계획인가결정 확정 시까지 변제기가 도래하지 아니한 부분에 관하여는 당초의 주택자금 대출계약에 따라 지급하는 방식이다. ③ 변제기간 연장형은 '기한의 이익 회복형'으로 회생가능성이 없는 경우 이용할 수 있는 방식으로, 약정 최종 변제기부터 최장 10년의 범위 내에서 변제기간을 연장할 수 있고, 연장된 변제기간 동안 당초의 주택자금대출계약에서 정한 변제액에 대체로 부합하는 기준에 따라 변제하는 방식이다. ④ 변제기간 연장 및 원금 거치 혼합형은 '변제기간 연장형'에 의해서도 회생가능성이 없는 경우, 변제기간 연장 외에도 유예기간(무담보채권의 변제기간 범위 내에서 정한다) 동안에는 원금의 일부 및 이자만을 지급하고, 나머지 금액은 유예기간의 만료 후에 연장된 변제기간 동안 당초의 주택담보대출계약에서 정한 변제기와 변제액에 대체로 부합하는 기준에 따라 변제하는 방식이다. ⑤ 동의형은 특별조항에 따라 권리변경되는 자의 동의가 있는 경우에는 위 변제방식에 구애받지 아니하고, 약정 최종 변제기부터 10년을 초과하여 주택담보대출채권에 관한 채무의 기간을 유예하거나 그 밖의 방법으로 원리금·지연손해금의 감면 등 변제조건을 변경하는 방식이다.

한편 민사재생법 제88조는, 별제권자는 별제권의 행사에 의하여 변제받을 수 없는 부분에 관하여만 재생채권자로서 재생절차에서 권리를 행사할 수 있으나, 예외적으로 별제권에 의하여 담보된 채권의 전부 또는 일부가 재생절차개시 후에 담보되지 않은 것으로 된 경우에는 그 채권의 전부 또는 일부에 관하여 재생채권자로서 권리를 행사하는 것을 방해하지 않는다고 규정하고 있다. 이 규정에 따라 담보권자와 채무자 간의 협의에 의한 별제권유예약정(단, 법원의 허가나 감독위원의 동의를 요한다)에 의하여 담보가액 범위 내의 채권은 재생절차 밖에서 합의된 조건으로 변제하고, 담보가액 초과 부분은 재생절차 내에서 무담보채권으로 변제할 수 있도록 하고 있다. 즉 담보권의 실행이 없어도 당사자 간의 별제권유예약정에 의하여 별제권예상부족액을 확정하여 변제할 수 있도록 하고 있다.

생계비가 부족한 경우, 연체일수가 부족한 경우, 주택법상 주택이 아닌 오피스텔인 경우 등이다(이상철, "법원과 연계한 주택담보대출 채무조정 현황 및 개선과제", 2023. 11. 21. 개인회생 주택담보대출 채무조정 활성화 세미나, 발표문 8, 10쪽).

28) 이 부분은 2021. 9. 9. 서울회생법원에서 작성한 「개인회생절차에서 주택담보대출채권」이라는 문서를 참조한 것이다.

29) 우리나라의 경우 그동안 몇 차례 일본의 입법례를 참조하여 주택담보대출채권을 별제권에서 배제하는 개정안이 발의되었으나 대출시장에 혼란을 줄 우려, 금융기관의 반대 등으로 대부분 국회 임기 만료로 폐기되었다.

제2절 관 할

Ⅰ 토지관할

1. 원칙적 · 보충적 토지관할

개인회생사건은 ① 채무자의 보통재판적 소재지나 ② 채무자의 주된 사무소나 영업소가 있는 곳 또는 채무자가 계속하여 근무하는 사무소나 영업소가 있는 곳, ③ 위와 같은 곳이 없는 경우에는 채무자의 재산이 있는 곳(채권의 경우에는 재판상의 청구를 할 수 있는 곳을 말한다)을 관할하는 회생법원의 관할에 전속한다(제3조 제1항).

보통재판적 소재지란 주소지를 말한다. 통상 주소지는 주민등록상의 주소지를 의미하지만, 그곳이 현재 생활의 근거지가 아닌 경우에는 객관적으로 보아 신청인이 주로 생활하는 곳으로 판단되는 장소(실질적 생활의 기반을 이루고 있는 곳)를 의미한다. 영업소득자의 경우 영업장 소재지가 아닌 주소지를 말한다.

개인이 영업자인 경우에 주된 사무소나 영업소가 있을 것이므로 그 영업장의 소재지를 관할하는 회생법원에 관할을 인정하고, 개인이 계속하여 근무하는 근무지를 관할하는 회생법원에도 관할권을 인정하고 있다.

한편 채무자의 보통재판적 소재지가 강릉시 · 동해시 · 삼척시 · 속초시 · 양양군 · 고성군인 경우에 그 개인채무자에 대한 개인회생절차개시의 신청은 춘천지방법원 강릉지원에도 할 수 있다(제3조 제10항).

2. 경합적 토지관할

개인회생절차를 더욱 쉽게 이용할 수 있도록 하고 관련된 사건이나 사람에 대하여 동일한 법원에 개인회생절차를 신청함으로써 절차의 효율성을 높이기 위한 취지에서 위와 같은 원칙적 · 보충적 관할법원에 더하여 일정한 법원에도 경합적 관할권을 인정하고 있다.

① 주채무자 및 그 보증인, ② 채무자 및 그와 함께 동일한 채무를 부담하는 자 또는 ③ 부부의 어느 하나에 해당하는 사람에 대한 회생사건 · 파산사건 또는 개인회생사건이 계속되어 있는 경우에는 다른 사람에 대한 개인회생절차는 계속되어 있는 그 회생법원에 신청할 수 있다(제3조 제3항 제3호). 계속되는 사건에 개인회생사건뿐만 아니라 회생사건 · 파산사건도 포함된다는 특색이 있다.

한편 개인회생절차에서도 채무자의 주된 사무소 또는 영업소의 소재지를 관할하는 고등법원 소재지 회생법원 관할이 인정되는가. 이를 긍정하는 견해도 있으나, ① 고등법원 소재지 회생법원에 관할을 인정하고 있는 제3조 제2항은 회생사건 및 파산사건에 한정하고 있고, ② 반면 제3조 제1항은 회생사건 및 파산사건과는 별개로 개인회생사건을 열거하고 있으며, ③ 개인채무자의 경우 전문성을 고려하더라도 고등법원 소재지 회생법원에 관할을 인정하는 것은 오히려 채권자는 물론 채무자 입장에서도 절차가 번거롭다는 점에서 개인회생사건의 경우에는 고등법원 소재지 회생법원에 관할을 인정할 수 없다고 할 것이다.[30]

Ⅱ 사물관할

개인회생사건의 경우에는 개인채무자가 영업자이든 비영업자이든 단독판사의 사물관할에 속한다(제3조 제5항).

Ⅲ 이 송

개인회생사건의 관할은 신청시를 기준으로 판정한다(제33조, 민소법 제33조). 이송결정에 대하여는 즉시항고를 할 수 없다(제13조 제1항). 이송을 하더라도 기존의 중지명령·금지명령의 효력은 유지된다.

1. 관할위반으로 인한 이송

개인회생사건의 관할은 전속관할이므로 합의관할이나 변론관할이 생길 여지가 없다. 법원은 직권으로 관할을 조사한 결과 관할이 없다고 인정되면 관할법원으로 이송하여야 한다(제33조, 민소법 제34조 제1항).

2. 현저한 손해나 지연을 피하기 위한 이송

법원은 현저한 손해 또는 지연을 피하기 위하여 필요하다고 인정하는 때에는 직권으로 개인회생사건을 ① 채무자의 다른 영업소 또는 사무소나 채무자 재산의 소재지를 관할하는 회생법원, ② 채무자의 주소 또는 거소를 관할하는 회생법원, ③ 주채무자 및 보증인, 채무자 및 그와 함께 동일한 채무를 부담하는 자, 부부의 어느 하나에 해당하는 자에 대한 회생사건, 파산사건 또는 개인회생사건이 계속되어 있는 회생법원, ④ 위 ③ 기재 해당 회생법원에 개인회생사건이 계속되어 있는 경우에는 당초의 원칙적·보충적 관할 회생법원(제3조 제1항)에 이송할 수 있다(제4조).

---

30) 이에 대한 자세한 내용은 〈제2편 제2장 제1절 Ⅰ.2.다.〉(본서 132쪽)를 참조할 것.

제3절 개인회생절차개시의 신청

I 개인회생절차개시신청서에 기재할 사항

개인회생절차의 신청은 구술로 할 수 없고, 반드시 서면으로 하여야 한다(제589조). 신청서에는 ① 채무자의 성명·주민등록번호 및 주소, ② 신청의 취지 및 원인, ③ 채무자의 재산 및 채무를 기재하여야 한다(제589조 제1항). 주민등록번호가 없는 외국인이 신청하는 경우에는 여권번호 또는 등록번호를 기재한다(규칙 제79조 제1항 제1호).

개인회생절차개시신청서에는 채무자에게 연락할 수 있는 전화번호(집, 직장 및 휴대전화)를 기재하여야 한다(규칙 제79조 제2항).

개인회생절차개시의 신청을 하는 경우에는 신청서 부본 1부 및 알고 있는 개인회생채권자 수에 2를 더한 만큼의 개인회생채권자목록 부본을 함께 제출하여야 한다. 변제계획안을 제출하는 경우에는 알고 있는 개인회생채권자 수에 1을 더한 만큼의 부본을 함께 제출하여야 한다(규칙 제85조).

II 첨부서류 등

신청서에는 ① 개인회생채권자목록(채권자의 성명 및 주소와 채권의 원인 및 금액이 기재된 것을 말한다), ② 재산목록, ③ 채무자의 수입 및 지출에 관한 목록, ④ 급여소득자 또는 영업소득자임을 증명하는 자료, ⑤ 진술서, ⑥ 신청일 전 10년 이내에 회생사건·화의사건[31]·파산사건 또는 개인회생사건을 신청한 사실이 있는 때에는 그 관련서류, ⑦ 그 밖에 대법원규칙[32]이 정하는 서류[33]를 첨부하여야 한다(제589조 제2항).

---

31) 화의법은 2006. 4. 1. 폐지되었으므로 법 개정시 삭제되어야 할 것이다.
32) 규칙 제19조 제1항 제7호에는 「동산·채권 등의 담보에 관한 법률」에 따른 담보권에 관한 내용이 반영되어 있지 아니하나, 마찬가지로 보아야 한다.
33) **규칙 제79조(개인회생절차개시신청서에 첨부할 서류)** ① 법 제589조 제2항 제7호의 규정에 따라 개인회생절차개시 신청서에 첨부하여야 하는 서류는 다음 각 호와 같다.
   1. 채무자의 주소·주민등록번호(주민등록번호가 없는 사람의 경우에는 여권번호 또는 등록번호를 말한다), 그 밖에 채무자의 인적사항에 관한 자료
   2. 법 제579조 제4호 가목의 규정에 따른 소득금액에 관한 자료
   3. 법 제579조 제4호 나목의 규정에 따른 소득세·주민세·건강보험료, 그 밖에 이에 준하는 것으로서 대통령령이 정하는 금액에 관한 자료
   4. 법 제579조 제4호 다목의 규정에 따라 법원이 생계비를 정하기 위하여 필요한 사항에 관한 자료
   5. 법 제579조 제4호 라목의 규정에 따른 영업의 경영, 보존 및 계속을 위하여 필요한 비용에 관한 자료
   6. 법 제589조 제2항 제2호의 재산목록에 기재된 재산가액에 관한 자료
   7. 유치권·질권·저당권·양도담보권·가등기담보권·전세권 또는 우선특권(이하 "저당권등"이라 한다)으로 담보된 개인회생채권이 있는 때에는 저당권등의 담보채권액 및 피담보재산의 가액의 평가에 필요한 자료
   8. 채무자의 재산에 속하는 권리로서 등기 또는 등록이 된 것에 관한 등기사항증명서 또는 등록원부등본

한편, 개인회생 신청시 제출해야 하는 서류들이 많아 어려움을 겪는 개인회생 채무자들을 위하여 행정정보 공동이용을 통해 서류제출을 갈음할 수 있도록 하였다. 즉 법원은 채무자가 확인에 동의한 행정정보는 전자정부법 제36조 제1항에 따른 행정정보 공동이용을 통하여 확인할 수 있다(제589조 제3항). 행정정보 공동이용을 통하여 확인된 행정정보가 전자문서로 전자정보처리시스템에 등재된 경우에는 채무자가 해당 전자문서를 제출한 것으로 본다(제589조 제4항).

위와 같은 서류를 제출하지 않거나 허위로 작성하여 제출하거나 법원이 정한 제출기한을 준수하지 않을 경우 개인회생절차개시신청이 기각될 수 있다(제595조 제2호).

그 밖에 절차진행의 신속을 위해 실무적으로 변제계획안을 개인회생절차개시신청 당시에 함께 제출하게 하고 있음은 앞에서 본 바와 같다. 또한 신청인은 인지, 송달료, 공고비용 등의 절차비용을 미리 납부하여야 한다(제590조).

Ⅲ 개인회생채권자목록의 제출

1. 개인회생채권자목록제출제도

개인회생채권자목록[34]은 개인회생절차개시신청서에 첨부하여야 할 서류 중 하나이다(제589조 제2항 제1호). 개인회생절차에서는 절차의 신속한 진행을 위해 파산절차와 달리[35] 채권신고절차를 두지 않고, 채무자가 스스로 채권자목록을 작성하여 제출하고, 채권자목록의 내용에 관하여 채권자의 이의가 있으면 채권조사확정재판 등을 거쳐(제604조 등) 채권의 존부 및 내용을 확정짓는 채권자목록제출제도를 채택하였다.[36]

---

9. 채무자가 법원 이외의 기관을 통하여 사적인 채무조정을 시도한 사실이 있는 경우에 이를 확인할 수 있는 자료 ② 법 제589조 제1항의 규정에 따른 개인회생절차개시신청서에는 채무자에게 연락할 수 있는 전화번호(집, 직장 및 휴대전화)를 기재하여야 한다.

34) 회생절차, 파산절차, 개인회생절차에서 채권자목록의 개념과 취지가 다르다. ① 회생절차에서는 채권자목록의 제출로 채권신고가 의제된다(제151조). 채권확정은 채권신고와 채권조사(이의가 있으면 조사확정재판)로 이루어진다. ② 파산절차에서 채무자의 채권자목록제출은 채권자에게 절차 참여의 기회를 보장하기 위한 것이다(대법원 2016. 4. 29. 선고 2015다71177 판결 참조). 채권확정은 채권신고와 채권조사(이의가 있으면 조사확정재판)이다. ③ 개인회생절차에서 채권자목록은 채권확정을 위한 것이다. 채권자가 개인회생채권자목록에 이의(조사확정재판의 신청)를 하지 않으면 채권이 확정된다.

35) 파산절차에서는 파산선고 후 파산채권자의 채권신고를 받고, 채권의 인부 등 채권조사절차를 거친다. 한편 회생절차에서도 채권자목록제출제도를 두고 있지만, 채권신고제도도 두고 있다. 관리인이 채권자목록을 제출하였다고 하더라도 채권자는 채권을 신고할 수 있고, 목록과 신고가 다른 경우 신고가 우선한다. 목록이 제출되고 채권자가 채권신고를 하지 않는 경우 채권을 신고한 것으로 의제된다.

36) 관련 내용은 〈제7장 제2절〉(본서 2000쪽)을 참조할 것. 비교법적으로 개인회생절차와 같이 채권신고제도 없이 채권자목록제출제도만 두고 있는 것은 찾기 어렵다. 미국 연방도산법 제13장 절차를 비롯하여 모든 나라가 채권신고제도를 가지고 있다. 제13장 절차에서 채권자목록에 기재되지 않은 채권에 대하여는 원칙적으로 면책의 효력이 미치지 않는다. 다만 채권신고를 위하여 적절한 기간 내에 그 사건에 관하여 통지를 받았거나 절차가 진행 중이라는 점을 사실상 알고 있었다면 그 채권은 면책된다{11U.S.C §523(a)(3)}. 채권자가 채권의 존재사실을 알면서도 채권자목록에 이를 기재하지 아니하고, 채권자도 회생절차개시사실을 통지받지 못하여 채권신고를 하지 못한 경우 헌법상의 적법절차(Due process)의 원리상 당해 채권자의 채권을 실권시키는 것은 위헌이어서 허용되지 않는다는 입장을 취하고 있다{Reliable Eietric. Co., Inc v Olson Construction Company, 726 F.2d 620(10th Cir, 1984)}.

개인회생채권이란 원칙적으로 채무자에 대하여 개인회생절차개시결정 전의 원인으로 생긴 재산상의 청구권을 말한다(제581조 제1항).[37]

개인회생채권자목록에는 ① 채권자의 성명 및 주소, ② 채권의 원인 및 금액은 반드시 기재하여야 한다(제589조 제2항 제1호, 규칙 제80조 제1항). 한편 개인회생채권자목록은 채무액 상한 요건의 판단, 변제계획의 작성 등의 근거자료가 되므로 별제권자가 있는 때에는 별제권의 목적과 그 행사에 의하여 변제받을 수 없는 채권액(예정부족액)을 기재하여야 한다(규칙 제80조 제2항).[38] 또한 개인회생채권 중 일반의 우선권이 있는 부분, 후순위인 부분 및 다툼이 예상되는 채권의 유무 및 범위, 전부명령의 내역(규칙 제80조 제4항) 등도 기재할 필요가 있다.

2. 개인회생채권자목록제출의 효과

개인회생채권자목록의 제출에는 시효중단의 효력이 있고(제32조 제3호),[39] 특별한 사정이 없는 한 그 효력은 개인회생절차가 진행되는 동안 그대로 유지되며,[40] 확정된 개인회생채권을 개인회생채권자표에 기재한 경우 그 기재는 개인회생채권자 전원에 대하여 확정판결과 동일한 효력이 있고(제603조 제3항), 개인회생절차폐지결정이 확정된 때에는 개인회생채권자는 채무자에 대하여 개인회생채권자표에 기하여 강제집행을 할 수 있는바(제603조 제4항), 개인회생절차가 폐지가 확정되면 그때로부터 새로이 소멸시효가 진행하고, 확정된 개인회생채권의 소멸시효기간은 10년이다(민법 제165조 제1항, 제2항 참조).

개인회생채권자목록에 기재된 채권은 변제계획에 의하지 아니하고는 이를 소멸하게 하는 행위(면제를 제외한다)를 하지 못한다(제582조).

통상 채무자는 강제집행을 중지시키거나 일정 기간 담보권 실행을 못하게 하는 한편 변제계획에 따른 변제를 완료하여 궁극적으로 채무에 대한 면책을 받으려는 목적으로 개인회생절차를 밟게 되는 점 등에 비추어 볼 때, 채무자가 개인회생절차개시신청을 하면서 채권자목록

채권신고제도의 도입은 실권효의 채택을 의미한다. 이에 대하여 개인회생절차개시에 대한 공고가 있어도 채권자들이 알 수 없기 때문에 실권효로 인해 채권자들의 권리가 보장되지 않을 수 있다는 비판이 있을 수 있다. 그러나 개인회생절차가 기본적으로 채무자를 구제하기 위한 제도로 채권자들의 희생은 불가피한 측면이 있고, 실권효 제재의 예외사유를 유연하게 운영하면 채권자들의 권리도 보호될 수 있다. 최근 회생절차에 관한 대법원의 판례도 실권효의 예외를 넓게 인정하는 경향이 있다(본서 984쪽 이하 참조).

37) 개인회생채권에 대한 자세한 내용은 〈제6장 제1절〉(본서 1982쪽)을 참조할 것.

38) 별제권의 행사에 의하여 변제받을 수 없는 채권액(예정부족액)에 관하여는 다른 미확정 개인회생채권과 같이 그에 해당하는 몫의 변제액을 별도로 적립하여 두었다가 추후 별제권 실행에 따라 그 부족액이 확정된 경우 그 확정비율에 따라 유보액을 변제하고, 그 후에는 위 확정된 채권액의 비율에 따라 다른 개인회생채권과 동일한 비율로 변제해 나가는 식으로 변제계획을 작성한다. 따라서 담보물의 예상환가액이 피담보채권액보다 적은 경우에는 매월의 변제액 중 일정금액을 그 차액확정시를 위하여 유보하여 둘 것인지를 미리 정하여야 한다.

39) 개인회생채권자목록의 제출은 채무의 승인(민법 제168조 제3호)으로 볼 수 있다. 소멸시효중단사유로서의 채무승인은 시효이익을 받는 당사자인 채무자가 소멸시효의 완성으로 채권을 상실하게 될 자에 대하여 상대방의 권리 또는 자신의 채무가 있음을 알고 있다는 뜻을 표시함으로써 성립하는 이른바 관념의 통지로 여기에 어떠한 효과의사가 필요하지 않다(대법원 2013. 2. 28. 선고 2011다21556 판결 등 참조). 개인회생채권자목록제출로 인한 시효중단의 구체적인 내용에 관하여는 〈제7장 제2절 V.〉(본서 2008쪽)를 참조할 것.

40) 대법원 2013. 9. 12. 선고 2013다42878 판결 참조.

에 소멸시효기간이 완성된 채권을 기재하였다고 하여 그 시효이익을 포기하려는 효과의사까지 있었다고 보기는 어렵다.[41] 즉 채무자에게 채권의 시효완성으로 인한 법적인 이익을 받지 않겠다는 의사표시가 있었다고 단정할 수 없다.[42]

개인회생채권자목록을 제출하지 않는 경우 개인회생절차개시신청이 기각될 수 있고(제595조 제2호), 개인회생절차개시결정으로 개별 집행이 중지되는 채권은 개인회생채권자목록에 기재된 채권에 한한다(제600조 제1항 단서).

개인회생채권자목록에 기재된 채권에 대하여 이의기간 내에 개인회생채권조사확정재판이 신청되지 않은 경우, 해당 채권은 목록에 기재된 대로 확정된다(제603조 제1항 제1호). 이후 확정된 개인회생채권이 개인회생채권자표에 기재된 경우 그 기재는 개인회생채권자 전원에 대하여 확정판결과 동일한 효력이 있다(제603조 제3항). 다만 개인회생채권자목록에 기재된 채권과 소송물을 달리하는 것으로서 목록에 기재되지 않은 채권에 대하여는 개인회생절차나 그에 따른 채권확정의 효력이 미치지 아니한다.[43]

면책결정 당시까지 채무자가 악의로 개인회생채권자목록에 기재하지 아니한 개인회생채권이 있는 경우에는 법원은 면책불허가결정을 할 수 있다(제624조 제3항 제1호). 면책결정이 확정된 경우에도 개인회생채권자목록에 기재되지 아니한 채권에 대하여는 면책의 효력이 미치지 아니한다(제625조). 채권신고제도가 없기 때문에 실권에 관한 규정을 둘 수 없기 때문이다.

개인회생채권자목록제출에는 위와 같은 효력들이 있으므로 목록을 작성함에 있어 누락되는 채권이 없도록 주의하여야 한다.[44] 이를 위하여 채무자는 개인회생채권자목록의 작성 및 수정에 참고하기 위하여 필요한 경우에는 개인회생채권자에게 개인회생채권의 존부 및 액수, 담보채권액 및 피담보재산의 가액 평가, 담보부족전망액에 관한 자료의 송부를 청구할 수 있다. 개인회생채권자는 위와 같이 채무자로부터 자료송부청구가 있는 경우에는 신속하게 이에 응하여야 한다(규칙 제82조).[45]

---

41) 시효완성 후 시효이익의 포기가 인정되려면 시효이익을 받는 채무자가 시효의 완성으로 인한 법적인 이익을 받지 않겠다는 효과의사가 필요하기 때문에 시효완성 후 소멸시효 중단사유에 해당하는 채무의 승인이 있었다 하더라도 그것만으로는 곧바로 소멸시효 이익의 포기라는 의사표시가 있었다고 단정할 수 없다(대법원 2017. 7. 11. 선고 2014다32458 판결, 대법원 2013. 2. 28. 선고 2011다21556 판결 등 참조). 한편 개인회생채권자목록 제출 단계에서 더 나아가 인가된 변제계획에 따라 채권의 일부를 변제하였다면 이는 별도의 새로운 사정이므로 위 법리에 따라 시효이익의 포기로 추정된다고 할 것이다(서울중앙지방법원 2017. 10. 27. 선고 2017나680 판결(확정) 참조). 관련 내용은 〈제9장 제1절 Ⅲ.〉(본서 2048쪽)을 참조할 것.

42) 대법원 2017. 7. 11. 선고 2014다32458 판결 참조.

43) 대법원 2012. 11. 29. 선고 2012다51394 판결(☞ 피고가 신청한 개인회생사건에서 2010. 12. 22. 변제계획인가결정까지 이루어졌고, 그 과정에서 피고가 제출한 개인회생채권자목록에 원고의 채권이 기재되어 있으나, 그 채권의 원인이 2006. 12. 29. 자 대여금으로만 기재되어 있으므로, 원고의 2007. 2. 10. 자 대여금 채권은 위 개인회생채권자목록에 기재된 채권에 포함된다고 볼 수 없다. 따라서 원고가 피고를 상대로 2007. 2. 10. 자 대여금 채권을 구하는 소는 적법하다).

44) 압류 및 전부명령의 청구채권이 개인회생절차의 채권자목록에 기재된 개인회생채권에 해당하는지 여부는 채권자목록에 기재된 채권의 원인 및 금액뿐만 아니라, 규칙 제80조 제2항 내지 제4항의 사항이 기재된 채권자목록의 부속서류, 개인회생채권에 관한 소명자료, 채무자가 신청한 압류 및 전부명령에 대한 중지명령의 경과, 당해 개인회생절차의 진행경과 등 제반 사정을 종합하여 판단하여야 한다(대법원 2015. 5. 28. 자 2013마301 결정).

3. 개인회생채권자목록과 관련된 법률상 쟁점

가. 비면책채권의 기재 여부

개인회생절차개시신청 당시 비면책채권(제625조 제2항)이 존재하는 경우 그것이 비면책채권이라고 하더라도 개인회생채권인 이상 개인회생채권자목록에 기재하여야 한다. 비면책채권도 개인회생채권의 일종이고 이를 누락한 채 개인회생절차를 진행할 경우 채권자들의 강제집행 등으로(제600조 제1항 단서 참조) 변제수행이 불가능할 수도 있기 때문이다. 또한 앞에서 본 바와 같이 비면책채권은 개인회생절차신청의 자격요건인 채무액에 포함된다는 점에서도 기재의 필요성이 있다.

양육비청구권 및 부양료청구권(제625조 제2항 제8호)[46]은 개시결정시에 변제기가 도래한 부분은 개인회생채권으로 기재하여야 하지만, 개시결정 후에 변제기가 도래한 부분은 개시결정 전에 조정이나 심판에 의해 장래 지급의무가 확정된 경우에도 개인회생절차개시 후 발생한 채무자를 위하여 지출하여야 하는 부득이한 비용(제583조 제1항 제6호)인 개인회생재단채권으로서 절차 외에서 수시로 변제받을 수 있으므로 기재할 필요가 없다.

나. 채권현재액

개인회생채권자목록에 채권현재액을 기재한다. 채권현재액은 신청일 기준으로 작성한다. 조건부채권이나 비금전채권의 평가액 기준시는 '개인회생절차개시결정시'이지만(제581조 제2항), 채무자가 개인회생채권자목록을 제출하는 것은 개인회생절차개시결정 전이므로, 채무자는 신청일을 기준으로 채권현재액(평가액)을 기재하는 것이다. 개인회생절차에서는 신청일로부터 단기간 내에 개인회생절차개시를 예정하고 있기 때문에 목록 작성시의 평가액과 개시결정시의 평가액은 거의 변화가 없을 것이다.

원금과 이자, 지연손해금을 구분하여 기재하여야 한다. 일반적으로 채권자가 발급한 부채확인서를 기준으로 원금과 이자(지연손해금)를 기재한다.

---

45) **개인예규 제4조(제출서류)** ② 개인회생절차를 신청하고자 하는 채무자가 개인회생채권자 발행의 부채확인서 등 채무 내역을 소명할 자료를 입수하려고 노력하였으나 입수하여 제출하기 곤란한 경우에는 규칙 제82조의 규정에 따라 개인회생채권자에 대하여 개인회생채권의 발생일, 원금, 원금 잔액, 이자 잔액, 이자율 등에 관한 자료의 송부를 청구한 다음 그 청구서 사본을 첨부하는 방법으로 소명자료에 갈음할 수 있다.
③ 개인회생채권자가 제2항의 청구에 따른 자료를 송부하여 온 경우에 채무자는 지체 없이 그 사본을 법원에 제출하여야 하며, 송부해온 자료를 검토한 후 필요한 경우에는 개인회생채권자목록의 기재를 수정하여 다시 제출하여야 한다.

46) 양육비(민법 제837조)에 대하여는 그 법적 성질에 관하여 논의가 있지만, 부양청구권의 본질이 요부양상태의 계속에 의해 매일 발생하는 것이라는 점을 고려하면, 개인회생절차개시 후의 양육비청구권은 개인회생절차개시 전의 원인에 기한 것이 아니고, 개인회생재단채권으로서 수시로 변제받을 수 있다고 해석된다. 생활비용(민법 제833조) 및 부양료청구권(민법 제826조 제1항, 제974조 이하)도 마찬가지이다.

[개인회생채권자목록]

채권현재액 산정기준일: 2025. 2. 1.[47]   목록작성일: 2025. 2. 5.

채권현재액 총합계	71,388,200원	담보부 회생 채권액의 합계		무담보부 회생 채권액의 합계	71,388,200원

※ 개시 후 이자 등: 아래 각 채권의 개시결정일 이후의 이자·지연손해금 등은 채무자 회생 및 파산에 관한 법률 제581조 제2항, 제446조 제1항 제1, 2호의 후순위채권입니다.

채권 번호	채권자	채권의 원인 / 채권의 내용 / 채권현재액(원금) / 채권현재액(이자)		주소 및 연락처 / 부속서류 유무 / 채권현재액(원금) 산정근거 / 채권현재액(이자) 산정근거
1	A 은행 (주)	2021. 9. 4. 마이너스 통장개설		(주소) 서울 00구 00동 00 (전화) 02-000-1234 (팩스) 02-000-1235
		원금잔액 14,988,200원		□ 부속서류[48] (1, 2, 3, 4)
		14,988,200		부채증명서 참조(산정기준일 2025. 1. 6.)
		0원		부채증명서 참조
2	B 상호저축은행	2022. 5. 4. 신용대출금 3,200만 원		(주소) 서울 00구 00동 00 (전화) 02-000-1236 (팩스) 02-000-1237
		원금잔액 20,000,000원 및 이에 대한 23. 4. 1.부터 24. 7. 31.까지 연 12%, 그 다음날부터 완제일까지 연 20%의 비율에 의한 금원		□ 부속서류 (1, 2, 3, 4)
		20,000,000원		2022. 9. 19. 1,200만 원 변제
		4,000,000원		부채잔액증명서 참조(산정기준일 2025. 1. 6.)
3	(주) C 크레디트	2023. 3. 21. 신용대출금 3,000만 원		(주소) 서울 00구 00동 00 (전화) 02-000-1238 (팩스) 02-000-1239
		원금잔액 27,000,000원 및 이에 대한 23. 5. 1.부터 완제일까지 연 20%의 비율에 의한 금원		□ 부속서류 (1, 2, 3, 4)
		27,000,000원		23. 4. 21. 300만 원 변제
		5,400,000원		부채증명원 참조(산정기준일 2025. 1. 6.)

---

47) 개인회생절차개시신청일을 기준으로 채권현재액을 산정한다.

48) 「부속서류 1. 별제권부채권 및 이에 준하는 채권의 내역, 부속서류 2. 다툼이 있거나 예상되는 채권의 내역, 부속서류 3. 전부명령의 내역, 부속서류 4. 기타」를 의미한다.

(1) 기한부채권

기한부채권은 변제기가 도래한 것으로 본다(제581조 제2항, 제425조). 따라서 변제기 미도래 등의 원인으로 명목가치와 현재가치가 차이나는 채권에 관하여는 명목가치를 채권현재액으로 기재한다.

(2) 비금전채권 등

채권의 목적이 금전이 아니거나 그 액이 불확정한 때나 외국의 통화로 정하여진 때, 정기금채권의 금액 또는 존속기간이 확정되지 아니한 때는 신청예정일 평가액을 기재한다(제581조 제2항, 제426조).

(3) 조건부채권

조건부 채권의 경우 그 전액을 개인회생채권으로 기재한다(제581조 제2항, 제427조).

(4) 전부채무를 이행할 의무를 지는 자가 개인회생절차개시결정을 받은 경우

여럿의 채무자가 각각 전부의 채무를 이행하여야 하는 경우 그 채무자의 전원 또는 일부가 개인회생절차개시결정을 받은 때에는 채권자는 개인회생절차개시결정시에 가진 채권의 전액에 관하여 각 개인회생재단에 대하여 개인회생채권자로서 권리를 행사할 수 있다(제581조 제2항, 제428조). 개인회생절차에서도 개인회생절차개시 당시의 현존액주의를 채택하고 있다.

한편 전부의무자가 아닌 제3자가 일부 변제한 경우에는 전부의무관계의 문제가 아니므로 제581조 제2항, 제428조의 적용대상이 아니다. 그리고 채무자와 함께 전부의무를 부담하는 다른 자와 채권자 사이에 개인회생절차 밖에서 일부 경개나 일부 면제가 이루어지고 그 효력이 일반 민사법의 원칙에 따라 다른 전부의무를 부담하는 자에게도 미치게 되는 경우에는 개인회생절차를 밟고 있는 채무자에게도 미친다고 할 것이므로 그 한도에서 개인회생채권액이 감소한다.

(5) 채무자가 보증인인 경우

보증인이 개인회생절차개시결정을 받은 때에는 채권자는 개인회생절차개시결정시에 가진 채권의 전액에 관하여 개인회생채권자로서 그 권리를 행사할 수 있다(제581조 제2항, 제429조).

(6) 장래의 구상권자

여럿의 채무자가 각각 전부의 채무를 이행하여야 하는 경우 그 채무자의 전원 또는 일부가 개인회생절차개시결정을 받은 때에는 그 채무자에 대하여 장래의 구상권을 가진 자는 그 전액에 관하여 각 개인회생재단에 대하여 개인회생채권자로서 그 권리를 행사할 수 있다. 다만, 채권자가 그 채권의 전액에 관하여 개인회생채권자로서 그 권리를 행사한 때에는 예외로 한다(제581조 제2항, 제430조 제1항).

한편 채권자가 채권 전액에 대하여 개인회생절차에 참가하여 장래의 구상권이 배제되는 경우에도 채권자가 구상권자로부터 채권 전액의 대위변제를 받은 경우에는 구상권자는 그 변제액의 비율에 따라 채권자의 권리를 취득한다(제581조 제2항, 제430조 제2항).

위와 같은 법리는 채무자를 위하여 자기 소유물 위에 담보권을 설정한 물상보증인의 장래의 구상권에 관하여도 마찬가지로 적용된다(제581조 제2항, 제430조 제3항).

보증인이 주채무자의 채무 중 일부분만을 한정하여 보증하는 내용의 일부보증을 하고, 일부보증에 해당하는 금액 전액을 대위변제한 경우, 그 보증인은 개인회생절차에서 대위변제에 따른 권리를 행사할 수 있다(제581조 제2항, 제431조).

다. 개인회생재단채권을 채권회생채권자목록에 기재한 경우

개인회생재단채권은 개인회생절차에 의하지 아니하고 수시로 변제하고 개인회생채권보다 먼저 변제한다(제583조 제2항, 제475조, 제476조). 한편 제603조 제3항이 규정한 확정판결과 동일한 효력이란 기판력이 아닌 확인적 효력을 가지고 개인회생절차 내부에 있어 불가쟁의 효력이 있다는 의미에 지나지 않는 것이므로, 개인회생재단채권이 개인회생채권으로 개인회생채권자목록에 기재된다고 하더라도 개인회생재단채권의 성질이 개인회생채권으로 변경된다고 볼 수는 없다.[49] 또한 개인회생재단채권자가 개인회생절차에서 채무자가 개인회생재단채권을 개인회생채권으로 기재하여 제출한 개인회생채권자목록에 대하여 이의하지 않았다고 하더라도, 이로 인하여 개인회생재단채권자가 자신의 채권을 개인회생채권으로 취급하는 것에 대하여 명시적으로 동의를 하였다거나 개인회생재단채권자의 지위를 포기한 것으로 볼 수는 없다.[50]

따라서 채무자가 개인회생재단채권을 채권회생채권자목록에 기재하였다고 하더라도 개인회생채권으로 변경되는 것이 아니다.

4. 개인회생채권자목록에 개인회생채권이 누락된 경우의 구제방법

개인회생채권자목록에 개인회생채권이 누락된 경우 앞(〈2.〉)에서 본 바와 같이 채무자에게

---

49) 대법원 2007. 11. 30. 선고 2005다52900 판결, 대법원 2004. 8. 20. 선고 2004다3512, 3529 판결 등 참조. **사례** 채무자는 그가 운영하는 식당의 근로자에게 임금 및 퇴직금을 미지급하였고, 근로복지공단은 2024. 3. 5. 임금채권보장법 제7조에 의하여 미지급 임금 및 퇴직금 중 최우선변제권 있는 최종 3개월분 임금과 3년간 퇴직금에 해당하는 금액을 근로자에게 지급하였다. 채무자는 2024. 6. 14. 개인회생절차개시신청을 하여 개인회생절차개시결정을 받았다. 채무자는 신청 당시 근로복지공단의 위 대지급금채권을 개인회생채권으로 기재한 채권자목록과 변제계획안을 제출하여, 2024. 9. 8. 변제계획인가결정을 받아 확정되었다. 근로복지공단은 2024. 12. 15. 채무자를 상대로 대지급금의 지급을 구하는 소를 별도로 제기하였다. 이 경우 법원은 어떻게 처리하여야 하는가. 근로복지공단이 근로자에게 임금과 퇴직금을 대지급금으로 지급하고 그에 해당하는 근로자의 임금 등 채권을 대위 행사하는 경우 위 대지급금채권은 근로자의 임금 및 퇴직금 채권과 마찬가지로 개인회생재단채권에 해당한다(대법원 2015. 11. 27. 선고 2014다208378 판결 참조). 개인회생재단채권을 개인회생채권자목록에 기재하였다고 하더라도 개인회생재단채권의 성질이 개인회생채권으로 변경된다고 볼 수는 없으므로 채무자에게 대지급금에 해당하는 금액의 지급을 명하는 판결을 선고하여야 한다.
50) 서울중앙지방법원 2019. 2. 21. 선고 2018나60627 판결 참조.

여러 가지 불이익이 있다. 그중에서도 채무자에게 중요한 것은 면책결정이 확정되어도 개인회생채권자목록에 누락된 채권에 대하여는 면책의 효력이 미치지 않는다는 것이다(제625조). 개인회생절차를 통하여 새로운 출발을 하려는 개인채무자에게는 불의타가 아닐 수 없다. 개인회생채권자목록에 개인회생채권이 누락된 경우의 구제방법은 없을까.

가. 개인회생절차개시결정 전의 경우

채무자는 개인회생절차개시 결정이 있을 때까지 개인회생채권자목록에 기재된 사항을 수정할 수 있다(제589조의2 제1항).

나. 변제계획인가결정 전의 경우

채무자는 그가 책임을 질 수 없는 사유로 개인회생채권자목록에 누락하거나 잘못 기재한 사항을 발견한 경우 변제계획인가결정이 있기 전에는 개인회생절차개시결정 후라도 법원의 허가를 받아 개인회생채권자목록에 기재된 사항을 수정할 수 있다(제589조의2 제2항).

채무자가 법원에 개인회생채권자목록의 수정허가를 신청하는 경우 지체 없이 법원에 수정사항을 반영한 변제계획안을 제출하여야 한다. 채무자가 수정사항을 반영한 변제계획안을 제출하지 아니하는 경우 법원은 개인회생채권자목록의 수정을 허가하지 아니할 수 있다(제589조의2 제3항).

개인회생채권자목록 수정기한을 변제계획인가결정 전까지로 제한한 것은 절차의 신속을 위함이다.

그렇다면 어떤 경우에 개인회생채권자목록의 수정이 허가될 수 있는 것일까. 이는 "책임을 질 수 없는 사유"의 해석 문제이다. 책임질 수 없는 사유를 요건으로 규정한 것으로 민사소송법 제173조 제1항, 형사소송법 제345조 등이 있다.[51] 대법원은 '책임질 수 없는 사유'라고 함은 당사자가 그 소송행위를 하기 위하여 일반적으로 하여야 할 주의를 다하였음에도 불구하고 그 기간을 준수할 수 없었던 사유를 가리킨다고 하고 있다.[52]

본인의 망각과 같은 주관적 사정만으로는 인정하기 어렵고 객관적 사정과 관련하여 그 사유가 인정될 것이다. 다만 개인회생절차는 채무자에게 재기의 기회를 주고 채권채무관계의 집단적 해결을 꾀하는 절차라는 점, 신속하고 원활한 절차 진행을 통하여 다수 이행관계인의 권리관계를 조기에 안정화시킬 필요가 있다는 점, 비송사건으로서 성질을 가지는 개인회생절차의 특수성 및 절차의 반복을 피해야 하는 점 등을 고려하면 책임질 수 없는 사유의 범위를 넓게 인정할 필요가 있다고 할 것이다. 실무도 '책임질 수 없는 사유'의 범위를 넓게 인정하고 있다.

책임질 수 없는 사유로 개인회생채권자목록의 수정이 허가될 수 있는 경우로 ① 상속채무,

---

51) 이 외에도 특허법 제138조 제4항, 상표법 제19조 및 채무자회생법 제152조, 제624조 제2항 제1호가 있다.
52) 대법원 2021. 3. 11. 선고 2020다279746 판결, 대법원 2004. 7. 22. 선고 2004다16082 판결 등 참조.

② 채무자가 타인의 채무를 보증(특히 연대보증이 아닌 단순보증의 경우)한 이후 주채무의 변제기가 도래하는 등 상당한 기간이 이미 경과하여 채무자로서는 실제로 보증인으로서 변제책임이 발생할 것이라고 예상하기 어려웠던 경우, ③ 채무자에 대하여 민법상 법정채권(특히 고의, 중과실 아닌 불법행위, 부당이득, 사무관리 등을 원인으로 하는 채권과 같이 채무자가 그 존재나 범위를 쉽게 예상하기 어려운 사례)에 기한 청구를 하여 개인회생절차개시 이전에 공시송달에 의하여 이행을 명하는 판결을 받은 경우, ④ 채무자의 하수급인 또는 이행보조자의 과실로 개인회생절차개시 이전에 불완전이행으로 채무불이행책임(특히 확대손해 등)이 발생하였음을 변제계획인가결정 이후에야 발견한 경우(채권자가 늦게 손해배상청구를 한 경우) 등을 들 수 있다.[53]

다. 변제계획인가결정 후의 경우

채무자는 그가 책임을 질 수 없는 사유로 개인회생채권자목록에 누락하거나 잘못 기재한 사항을 발견한 때라도 변제계획인가결정이 있는 경우에는 개인회생채권자목록에 기재된 사항을 수정할 수 없다(제589조의2 제2항 단서).

개인회생절차에서 변제계획인가결정 이후에 일부 채무가 누락되었음이 발견된 경우 그 경위가 어떠하든지 채무자 스스로 개인회생절차폐지를 신청하여 폐지결정을 받은 다음 다시 개인회생절차개시신청을 할 수밖에 없다. 이 경우 채무자는 누락되었던 채무까지 포함한 전체 채무에 관하여 변제계획을 작성하고 인가결정을 받을 수 있다.[54]

제4절 회생위원

통상의 회생절차(제2편)에서는 채무자의 업무 및 재산상황 등을 조사하기 위한 기관으로 조사위원을 선임할 수 있다(제87조 제1항). 그러나 개인회생절차에 있어서는 조사위원제도를 두고 있지 않다. 그 이유는 다음과 같다.[55] 고도의 전문적인 지식을 요하는 조사위원의 비용이나 보수는 고액이고, 이러한 비용 및 보수는 개인회생재단채권이 되기 때문에(제583조 제1항 제1호) 최종적으로 채무자가 부담하여야 한다. 또한 개인회생절차의 경우 채무자의 부채, 자산, (사업

---

53) 이화여자대학교 법학연구소가 2024년 1월 26일 개최한 제1회 신진학자 학술대회에서 임선지 서울회생법원 부장판사가 발표한 지정토론문을 참조하였다.

54) 대법원 2021. 2. 25. 선고 2018다43180 판결. 입법론적으로는 재신청에 따른 시간과 비용을 절감하기 위해 채무자가 책임질 수 없는 사유로 개인회생채권자목록에서 누락이 발생한 경우에는 변제계획인가결정 후에도 면책결정 전까지는 이를 수정할 수 있도록 개정할 필요가 있다는 견해가 있다(제21대 국회 의안번호 제16654호). 하지만 이는 궁극적인 해결책이 될 수 없고 채권신고제도 도입을 통해 해결해야 할 것이다.

변제계획인가 후 변제계획변경을 통한 해결을 논하지 않고 개인회생채권목록의 수정을 논하는 것은 개인회생채권자목록에 기재되지 않으면 면책이 되지 않기 때문이다(제625조 제2항 단서 제1호). 개인파산절차에서는 악의로 기재하지 않아야 면책이 되지 않음에 반하여(제566조 단서 제7호) 개인회생절차에서는 주관적 의사와 무관하게 기재하지 않으면 면책이 되지 않는다. 이는 개인회생절차에 채권신고제도가 없기 때문에 발생한 것이다. 결국 채권신고제도를 도입하고 면책요건도 개인파산절차와 동일하게 규정함으로써 해결하여야 할 것이다.

55) 條解 民事再生法, 1153~1154쪽.

자의 경우) 사업 모두 통상의 회생절차사건과 비교하여 작아 조사위원을 선임할 경우 필요 이상으로 과다한 비용을 지출하게 되어 경제적 합리성이 없다.

그렇다고 개인회생절차에서 개인채무자, 법원 이외에 다른 기관이 필요 없는 것은 아니다. 채무자가 개인회생재단에 대한 관리처분권을 가지고 있기 때문에(제580조 제2항) 채무자의 적정한 직무수행을 유지하도록 법원의 감독이 필요하다. 하지만 개인채무자의 재산, 수입, 지출 등의 상황에 의심이 있는 경우 채권자나 법원이 직접 조사한다는 것은 사실상 곤란하다. 또한 개인회생채권의 평가에 있어 법원이 자료를 수집하여 이자 등을 계산하여야 하기 때문에 사건의 신속한 처리가 어렵다. 나아가 개인채무자는 통상 전문적인 법률지식이 없어 독자적으로 법률에 부합하는 변제계획안을 작성하는 것이 곤란하다.

그래서 개인채무자의 재산 및 수입 상황의 조사, 개인회생채권의 평가에 있어 법원 보조, 개인채무자가 적정한 변제계획안을 작성하도록 필요한 권고를 수행하는 회생위원이라는 기관을 둔 것이다.[56]

I 회생위원의 선임

법원은 이해관계인의 신청에 의하거나 직권으로 회생위원을 선임할 수 있다(제601조 제1항). 회생위원의 선임은 임의적이고 선임시기에 대하여는 아무런 제한이 없다.[57]

회생위원은 법원의 감독을 받아 채무자의 재산 및 소득 상황, 개인회생채권의 존부 및 채권액 등을 신속, 정확하게 조사하고, 채무자가 적정한 변제계획안을 작성하도록 지도하며, 변제계획의 수행을 감독하는 등 개인회생절차가 적정하고 원활하게 진행될 수 있도록 법원을 보좌하는 업무를 수행한다.

회생위원은 필요한 때에는 법원의 허가를 얻어 그 직무를 행하기 위하여 자기의 책임으로 1인 이상의 회생위원대리를 선임할 수 있다. 회생위원대리는 회생위원에 갈음하여 재판상 또는 재판외의 모든 행위를 할 수 있다(제601조 제3항 내지 제5항).

II 회생위원의 자격

회생위원은 ① 관리위원회의 관리위원, ② 법원사무관 등, ③ 변호사·공인회계사 또는 법무사의 자격이 있는 자, ④ 법원주사보·검찰주사보 이상의 직에 근무한 경력이 있는 자, ⑤

---

56) 개인회생절차에만 존재하고 회생절차에서는 존재하지 않는 것이므로 명칭을 '개인회생위원'으로 하는 것이 타당해 보인다.

57) 실무적으로는 개인회생절차개시의 신청 직후 곧바로 모든 사건에 대하여 회생위원을 선임하고 있다(개인예규 제9조 제1항). 한편 회생위원이 개인회생 업무를 수행하면서 업무상 과실로 재산상 손해를 배상하여야 하는 위험이 존재하였고, 이를 보호하는 방안(보험제도의 도입)의 마련이 필요하였다. 이에 등기관, 공탁관, 집행·신청참여관 재정보증제도와 같이 2018. 3. 1.부터 회생위원 업무에 관한 재정보증제도를 도입하여 시행하고 있다(규칙 제88조의2).

은행법에 의한 금융기관에서 근무한 경력이 있는 사람으로서 회생위원의 직무수행에 적합한 자, ⑥ 채무자를 상대로 한 신용관리교육·상담 및 신용회복을 위한 채무조정업무 등을 수행하는 기관 또는 단체에 근무 중이거나 근무한 경력이 있는 사람으로서 회생위원의 직무수행에 적합한 자, ⑦ ① 내지 ⑥에 규정된 자에 준하는 자로서 회생위원의 직무수행에 적합한 자 중에서 선임한다(제601조).[58]

Ⅲ 회생위원의 업무

회생위원은 법원의 감독을 받아 ① 채무자의 재산 및 소득에 대한 조사, ② 부인권 행사명령의 신청 및 그 절차 참가, ③ 개인회생채권자집회의 진행,[59] ④ 그 밖에 법령 또는 법원이 정하는 업무[60]를 수행한다(제602조 제1항). 회생위원은 법원의 보조기관이기 때문에 법원의 감독을 받지만 중립적인 입장에서 직무를 수행할 필요가 있다.

위 ④의 법령에 따른 업무로 먼저 ⓐ 변제계획안에 대한 이의를 진술할 수 있고(제614조 제1항, 제2항), ⓑ 법원사무관 등에게 개인회생채권조사확정재판의 결과 등을 개인회생채권자표에 기재하도록 신청할 수 있다(제606조). 또한 회생위원은 채무자가 인가된 변제계획의 내용에 따라 변제금원을 임치하는 경우 개인회생채권자에게 이를 지급하여야 하고(제617조 제1항, 제2항), 변제계획에 따라 변제가 완료되기 전에 인가된 변제계획의 변경안을 제출할 수 있다(제619조 제1항).

다음으로 회생위원은 ① 제602조 제1항의 규정에 정해진 업무수행의 결과보고, ② 저당권 등으로 담보된 개인회생채권이 있는 경우 그 담보목적물의 평가, ③ 변제계획에 따른 변제가 지체되고 그 지체액이 3개월분 변제액에 달한 경우 법원에 대한 보고, ④ 변제계획에 따른 변제가 완료된 경우 법원에 대한 보고, ⑤ 회생위원의 임무가 종료된 때에 법원에 대한 업무수행 및 계산의 보고, ⑥ 변제계획안에 대한 이의가 있었는지 여부와 이의의 내용에 관한 보고 등을 행한다(규칙 제88조 제1항).

채무자는 법원의 명령 또는 회생위원의 요청이 있는 경우에는 회생위원에게 재산 및 소득, 변제계획 그 밖의 필요한 사항에 관하여 설명을 하여야 한다(제602조 제2항). 또한 법원 또는 회생위원은 언제든지 채무자에게 금전의 수입과 지출 그 밖에 채무자의 재산상의 업무에 관하여 보고를 요구할 수 있고, 필요하다고 인정하는 경우에는 조사, 시정의 요구 그 밖의 적절한 조치를 취할 수 있다(제591조). 채무자는 위와 같은 요청이나 보고, 시정 등의 요구를 받은 경

---

58) 실무적으로 대부분의 법원은 비용부담문제나 제도의 조기 정착 등의 문제로 법원사무관을 회생위원으로 선임하고 있다. 한편 서울회생법원, 수원지방법원, 인천지방법원 등 일부 법원은 변호사나 공인회계사, 법무사를 전임회생위원으로 두고 있다(개인예규 제9조의2).
59) 현행 실무는 법원이 직접 개인회생채권자집회를 진행한다(개인예규 제8조의2 제1항).
60) 법원이 정하는 업무로 회생위원은 변제계획안의 기재사항에 오류나 누락이 있는 경우 채무자에게 보정을 권고할 수 있다(개인예규 제5조 제3항). 그 밖에 각 법원은 「개인회생실무준칙」을 정하여 회생위원이 담당할 업무를 정하고 있다.

우 법원에 심문을 신청할 수 있다(규칙 제88조 제2항).

Ⅳ 회생위원의 사임과 해임

회생위원은 법원의 허가를 받아 사임할 수 있고, 회생위원이 사임을 원하는 경우 법원은 미리 후임 회생위원을 물색하여 둠으로써 업무수행에 공백이 없도록 조치하여야 한다(개인예규 제9조 제4항).

법원은 상당한 이유가 있는 때에는 이해관계인의 신청에 의하거나 직권으로 회생위원을 해임할 수 있다(제601조 제2항).

회생위원은 그 임무가 종료된 때에는 법원에 대한 업무수행 및 계산의 보고를 하여야 한다(규칙 제88조 제1항 제6호).

Ⅴ 회생위원의 보수 등

1. 보수 및 비용

가. 보 수

회생위원은 법원이 정한 보수를 받을 수 있고, 그 보수는 직무와 책임에 상응한 것이어야 한다(제30조 제1항 제2호, 제2항). 회생위원의 보수에 관한 법원의 결정에 대하여는 즉시항고를 할 수 있다(제30조 제3항).

회생위원이 법원사무관등인 경우에는 보수를 지급하지 아니하는 것을 원칙으로 한다. 법원사무관등이 아닌 회생위원의 보수는 아래 보수기준표의 보수기준액으로 정하되, 변제액, 사안의 난이, 회생위원이 수행한 직무의 내용 등을 참작하여 적절히 증감할 수 있다. 다만, 특별한 사정이 없는 한 아래 보수기준표의 보수상한액을 넘을 수 없다(개인예규 제10조 제1항, 제3항).

〈법원사무관등이 아닌 회생위원 보수기준표〉

항목	보수기준액	보수상한액
인가결정 이전 업무에 대한 보수	15만 원	30만 원
인가결정 이후 업무에 대한 보수	인가된 변제계획안에 따라 채무자가 실제 임치한 금액의 1%	인가된 변제계획안에 따라 채무자가 실제 임치한 금액의 5%

법원사무관등이 아닌 회생위원을 선임하는 개인회생사건의 채무자는 규칙 제87조에 따라 위 보수기준표 중 인가결정 이전 업무에 대한 보수기준액 상당 금액을 예납하여야 한다(개인예규 제10조 제4항).

나. 비 용

회생위원은 업무수행을 위하여 지출할 필요가 있는 비용을 미리 받을 수 있다(제30조 제1항 제2호). 법원은 비용의 지출이 예상되는 경우 미리 예납을 받은 후 회생위원에게 지급하여야 한다.

2. 특별보상금

회생위원이 업무수행 중 채무자가 은닉한 재산을 찾아내어 개인회생재단의 증식에 기여한 때 등의 경우에는 법원은 특별보상금을 지급할 수 있다. 회생위원의 특별보상금은 그 직무와 책임에 상응한 것이어야 한다. 특별보상금 결정에 대하여는 즉시항고를 할 수 있다(제30조 제1항 제2호, 제2항, 제3항).

3. 개인회생재단채권

회생위원의 보수 및 비용청구권은 개인회생재단채권이다(제583조 제1항 제1호).

제 3 장

개인회생절차개시 전 채무자 재산의 보전

제1절 보전처분[1]

　채무자가 개인회생절차의 개시를 신청하고 개시 여부를 결정하기까지 상당한 시간이 걸리고,[2] 개인회생절차의 원활한 수행을 위하여 채무자가 그 사이에 그의 재산으로 임의로 처분·변제하거나 담보를 제공하는 등 재산을 흩어지게 하는 것을 방지할 필요가 있다. 이를 위하여 법원은 개시결정 전에 이해관계인의 신청이나 직권으로 채무자의 재산에 대하여 가압류, 가처분 또는 그 밖에 필요한 보전처분을 할 수 있다(제592조 제1항).

　개인회생절차에서의 보전처분은 민사집행법상의 보전처분과 다른 특수한 보전처분이다. 민사집행법상 보전처분은 채권자·채무자라는 대립당사자의 구조하에 피보전권리와 본안소송을 전제로 하는 것이지만, 개인회생절차에서의 보전처분은 모든 채권자의 이익을 위하여 개인회생재단으로 될 재산을 보전하기 위한 것이므로 신청인 개인의 피보전권리의 존재나 본안소송을 전제로 하지 않는다.[3]

I 신청권자

　보전처분은 이해관계인의 신청이나 직권으로 할 수 있다. 보전처분의 신청은 법원의 직권발동을 촉구하는 성격이 강하고, 이해관계인들의 강제집행 등 권리행사를 방지하여야 할 필요성이 있으며, 보전처분을 신청할 필요성이 가장 큰 사람이 채무자라는 점을 이유로 채무자도 이해관계인에 포함된다고 보아야 한다는 견해가 있다.[4]

　그러나 보전처분 신청이 직권발동을 촉구한다는 성격이 강하다거나 채무자에게 보전처분을

---

1) 실무적으로 중지·금지명령만으로 개인회생절차개시신청의 목적을 대부분 달성할 수 있으므로 보전처분이나 포괄적 금지명령을 하는 경우는 거의 없다.
2) 법원은 신청일로부터 1월 이내에 개인회생절차의 개시 여부를 결정하도록 규정되어 있지만(제596조 제1항), 실무적으로는 사건수의 증가 등으로 1월 이내에 개시 여부를 결정하는 것이 쉽지 않다.
3) 양형우, "개인회생절차개시 전의 재산보전", 재산법연구 제22권 제1호(2005), 한국재산법학회, 391~392쪽.
4) 개인파산·회생실무, 499쪽, 전병서, 624쪽.

신청할 필요성이 있다는 것이 채무자를 이해관계인에 포함시키는 근거가 될 수는 없다. 또한 채권자·담보권자 등 제3자에 대하여 강제적인 권리실현행위를 금지함으로써 채무자의 재산보전을 도모하는 중지명령과 달리 보전처분은 채무자 자신에 대하여 일정한 행위를 제한함으로써 재산의 산일을 방지하여 채무자회생 및 이해관계인의 공평을 도모하는 제도이므로, 이해관계인에 채무자는 포함되지 않는다고 할 것이다.[5]

Ⅱ 보전처분의 시기

보전처분은 개인회생절차개시결정 전에 한하여 발할 수 있다(제592조 제1항 참조). 개시결정 이후에는 개시결정의 효력에 의해 채권자에 대한 변제 등이 제한된다(제582조 참조). 법원은 보전처분의 신청이 있는 경우 특별한 사정이 없는 한 지체 없이 그에 관한 결정을 하여야 한다(개인예규 제4조의2).

Ⅲ 보전처분의 대상과 내용

보전처분의 대상은 채무자의 재산이다.[6] 보전처분의 내용은 가압류, 가처분 또는 그 밖에 필요한 보전처분이다. 법원은 보전의 필요성에 따라 그 내용을 정할 수 있다.

법원사무관등은 채무자의 재산에 속하는 권리로서 등기된 것에 대하여 개인회생절차에 의한 보전처분 및 그 취소 또는 변경이 있는 때에는 직권으로 지체 없이 촉탁서에 결정서의 등본 또는 초본을 첨부하여 그 처분의 등기를 촉탁하여야 한다(제24조 제6항).[7] 등록면허세는 비과세된다(지방세법 제26조 제2항 제1호).

Ⅳ 보전처분의 효력

채무자가 보전처분에 반하여 한 행위는 상대방이 악의인 경우 개인회생절차와의 관계에서 무효이다. 보전처분에 반하는 행위라고 하더라도 법원의 허가를 받은 경우에는 이를 할 수 있다.

보전처분은 개인회생절차개시결정 전에 한하여 할 수 있고(제592조 제1항 참조), 개시결정 이후에는 개인회생재단에 대한 관리처분권이 채무자에게 귀속한다(제580조 제2항).[8] 또한 개인

5) 양형우, 전게 "개인회생절차개시 전의 재산보전", 392쪽. 실무적으로 개시신청을 하는 채무자가 개시신청과 동시에 보전처분신청을 함께 하는 경우(채무자회생법 세계에서는 변제금지보전처분이 발령되면 채무자는 개시결정 전에 개별적인 권리행사를 거절할 수 있기 때문이다. 일반민사법 세계에서 채권자가 보전처분을 신청하는 것이 통상적이라는 점과 다르다), 이는 법원의 직권발동을 촉구하는 의미로 이해하여야 할 것이다.
6) 보전처분의 대상을 개인회생절차가 개시된다면 개인회생재단에 속하는 일체의 재산이라고 보는 견해도 있다(개인파산·회생실무, 499쪽).
7) 개인회생절차에서는 절차의 간이화를 위하여 보전처분을 제외하고 등기·등록의 촉탁대상이 아니다(제24조 제6항 참조). 관련 내용은 〈제2편 제2장 제4절〉(본서 154쪽)을 참조할 것.
8) 관리처분권이 채무자에게 귀속된다고 하더라도 채무자가 이를 자유롭게 처분할 수 있는 것은 아니다. 법원과 회생

회생절차의 신청이 기각되면 보전처분은 당연히 실효된다. 따라서 보전처분의 효력은 개인회생절차개시신청에 관한 결정이 있을 때까지 존속한다고 보아야 할 것이다.

채무자가 보전처분을 받은 후에 개인회생절차개시신청을 취하하려면 법원의 허가를 받아야 한다(제594조).

Ⅴ 보전처분의 변경, 취소

법원은 보전처분을 발령한 후 상황의 변동에 따라 보전처분의 내용을 변경하거나 취소할 수 있다(제592조 제2항). 이 경우 법원사무관 등은 채무자의 재산에 속하는 권리로서 등기된 것에 대하여 직권으로 지체 없이 촉탁서에 결정서의 등본 또는 초본을 첨부하여 등기를 촉탁하여야 한다(제24조 제6항).

Ⅵ 보전처분 등에 대한 불복

보전처분과 이에 대한 변경 또는 취소결정에 대하여는 즉시항고를 할 수 있다(제592조 제3항). 즉시항고에는 집행정지의 효력이 없다(제592조 제4항).

개인회생절차개시의 신청이 기각되면 보전처분은 당연히 실효되므로, 이를 저지하기 위해서는 신청기각결정에 대하여 즉시항고를 하고 다시 보전처분을 받아야 한다(제598조 제2항).

제2절 중지 · 금지명령

Ⅰ 의 의

법원은 개인회생절차개시의 신청이 있는 경우 채무자의 회생에 필요하다고 인정하는 때에는 이해관계인의 신청에 의하거나 직권으로 개인회생절차의 개시신청에 대한 결정시까지, ① 채무자에 대한 회생절차 또는 파산절차, ② 개인회생채권에 기하여 채무자의 업무 및 재산에 대하여 한 강제집행·가압류 또는 가처분,[9] ③ 채무자의 업무 및 재산에 대한 담보권의 설정 또는 담보권의 실행 등을 위한 경매, ④ 개인회생채권을 변제받거나 변제를 요구하는 일체의 행위(소송행위 제외), ⑤ 국세징수법 또는 지방세징수법에 의한 체납처분(강제징수), 국세징수의 예{국세 또는 지방세체납처분(강제징수)의 예를 포함한다. 이하 같다}에 의한 체납처분(강제징수) 또

위원의 통제를 받는다.

9) 중지명령만으로 가압류 또는 가처분이 해제되는 것은 아니기 때문에 실무적으로 가압류 또는 가처분 사건에 대하여 중지명령을 허가하지는 않는다.

는 조세채무담보를 위하여 제공된 물건의 처분의 중지[10] 또는 금지[11]를 명할 수 있다(제593조 제1항).[12][13]

중지·금지명령은 개인회생절차개시결정 전에 강제적인 권리실현행위 등을 금지함으로써 채무자 재산의 산일을 방지하는 제도라는 점에서 보전처분과 그 목적을 같이하나, 중지·금지명령은 주로 개인회생채권자, 담보권자 등 제3자에 대하여 강제적인 권리실현행위를 금지함으로써 채무자 재산의 보전을 도모하려는 것임에 반하여, 보전처분은 주로 채무자 자신에 대하여 일정한 행위를 제한함으로써 채무자 재산의 산일을 방지하려 한다는 점에 차이가 있다.

Ⅱ 신청권자

이해관계인의 신청이나 법원의 직권으로 중지·금지명령을 발할 수 있다. 보전처분과 달리 중지·금지명령은 채무자가 아니라 제3자에 대하여 강제적인 권리실현행위를 금지함으로써 재산보전을 도모하기 위한 제도이기 때문에, 이해관계인에는 채무자도 포함된다고 할 것이다.

Ⅲ 중지·금지명령의 요건

법원은 개인회생절차개시의 신청이 있는 경우 '채무자의 회생에 필요하다고 인정하는 때'에 중지·금지명령을 발령한다. '채무자의 회생에 필요하다고 인정하는 때'란 강제집행 등 다른 절차의 개시를 허용하거나 절차의 진행을 그대로 두면 개인회생절차개시신청 당시부터 개인회생절차개시결정까지 사이에 채무자의 재산이 처분되거나 채권자 사이에 불공평한 결과가 발생하여 채무자의 회생에 장애가 될 가능성이 높은 경우를 말한다. 다만, 강제집행, 가압류, 가처분 또는 담보권실행을 위한 경매절차에 대하여 중지 또는 금지시키는 경우, 회생절차에서는 회생채권자 또는 회생담보권자에게 "부당한 손해를 끼칠 염려가 없어야 한다"는 요건이 추가로 필요하지만(제44조 제1항), 개인회생절차에서는 이러한 요건을 필요로 하지 않는다. 즉, 법원

---

10) 주문 기재례: 채무자에 대한 이 법원 2023개회000 개인회생 사건에 관하여 개인회생절차의 개시신청에 대한 결정이 있을 때까지 채무자에 대한 이 법원 2022타채00 채권압류 및 추심절차를 중지한다.

11) 주문 기재례: 채무자에 대한 이 법원 2023개회000 개인회생 사건에 관하여 개인회생절차의 개시신청에 대한 결정이 있을 때까지 다음의 각 절차 또는 행위를 금지한다.
   1. 개인회생채권에 기하여 채무자 소유의 유체동산과 채무자가 사용자로부터 매월 지급받을 급료, 제수당, 상여금 기타 명목의 급여 및 퇴직금에 대하여 하는 강제집행·가압류 또는 가처분
   2. 개인회생채권을 변제받거나 변제를 요구하는 일체의 행위, 다만 소송행위를 제외한다.

12) 회생절차와 달리 금지명령을 둔 이유는 무엇일까. 회생절차의 경우는 채무자의 재산 및 채권자가 다수라는 점에서 특정재산에 대한 금지명령이 별다른 효력이 없다. 하지만 개인의 경우 상대적으로 재산이나 채권자가 많지 않기 때문에 금지명령이 효과적일 수 있다. 이러한 이유로 개인회생절차에서는 포괄적 금지명령은 잘 활용되지 못하고 주로 금지명령이 발령된다.

13) 회생절차와 달리(제44조 제4항) 개인회생절차에서는 중지명령에 따라 중지된 강제집행 등의 취소명령제도는 없다. 제593조의 제목을 '중지명령'이라고 하고 있는데, 중지명령 이외에 금지명령, 포괄적 금지명령도 규정하고 있다는 점에서 '중지명령 등'이라고 수정하는 것이 타당하다.

이 필요하다고 인정하는 때에는 강제집행 등의 중지 또는 금지를 명할 수 있다.

이에 대하여는 회생절차와 개인회생절차는 이해관계인의 법률관계를 조정하여 채무자 또는 그 사업의 효율적인 회생을 도모하는 제도이며, 제44조 제1항의 부당한 손해는 채권자가 강제집행·담보권실행 등에 의하여 긴급히 채권을 회수하지 않으면 자신이 스스로 도산할 고도의 개연성이 있는 경우와 같이 중지에 의하여 받게 되는 채무자의 이익에 비하여 중지에 의하여 입는 채권자의 손해가 너무 큰 경우를 말하므로, 개인회생절차에서도 회생절차와 동일하게 채권자 이익을 고려하여야 한다는 점에서 제44조 제1항 단서를 준용하는 규정을 두는 것이 타당하다는 입법론적 비판이 있다.[14] 그러나 회생절차와 달리 개인회생절차에서는 훨씬 더 회생의 필요성이 강하게 요구되므로 강제집행 등을 좀 더 제한할 필요성이 있고, 특히 담보권의 실행을 위한 경매에는 시간적인 제한이 있으므로(제600조 제2항) 입법론적인 결단으로 보아야 할 것이다.

법원은 중지·금지명령의 신청이 있는 경우 특별한 사정이 없는 한 지체 없이 그에 관한 결정을 하여야 한다(개인예규 제4조의2).

Ⅳ 중지·금지명령의 대상

중지명령은 이미 행하여지고 있는 개별적인 절차나 행위를 그 대상으로 하고, 금지명령은 채무자의 특정재산에 대하여 장래에 행하여질 가능성이 있는 절차나 행위를 그 대상으로 한다. 개인회생절차의 특성상 주로 중지·금지명령의 대상이 되는 절차는 채무자의 장래소득(급여)에 대한 채권가압류 또는 채권압류·추심·전부명령이다.[15]

구체적으로 다음과 같은 절차나 행위가 중지 또는 금지명령의 대상이 된다.

(1) 채무자에 대한 회생절차 또는 파산절차

회생절차보다는 개인회생절차를 우선한다는 정책적 판단에서, 파산절차는 개인회생절차와 양립할 수 없는 관계에 있다는 점에서 중지 또는 금지명령의 대상으로 한 것이다.

(2) 개인회생채권에 기하여 채무자의 업무 및 재산에 대하여 한 강제집행·가압류 또는 가처분

개인회생절차가 개시되면 개인회생채권으로 될 채권에 기한 강제집행 등이 중지 또는 금지될 수 있다. 중지·금지명령에 의하여 개시결정 이후의 중지·금지의 효력(제600조 제1항 제2호)을 그 이전으로 앞당긴 것이다. 중지·금지는 개인회생채권에 기한 것이고 환취권이나 개인회생재단채권이 될 채권에 기한 절차는 중지 또는 금지할 수 없다.[16]

---

14) 양형우, 전게 "개인회생절차개시 전의 재산보전", 408쪽.

15) 주로 중지명령은 진행 중인 경매절차를 정지시키기 위하여, 금지명령은 채권자의 압류·추심행위를 막기 위하여 신청하며, 아래에서 보는 바와 같이 집행법원에 중지·금지명령 결정문을 제출하여야 강제집행 등을 정지시키거나 막을 수 있다.

16) 개인회생재단에 속하는 채권에 대한 압류 및 전부명령이 아직 확정되지 않은 상태에서 채무자에 대하여 개인회생

강제집행 등이 중지·금지되는 것은 채무자의 업무 및 재산에 대한 것이다. 따라서 연대채무자 등 제3자의 업무나 재산은 중지·금지명령의 대상이 아니다.

양육비 직접지급명령(가사소송법 제63조의2)도 중지·금지명령의 대상이 된다고 할 것이다. 양육비 직접지급명령 제도는 장래의 정기금 양육비 채권을 집행채권으로 하여 장래의 정기적 급여채권에 대하여 압류명령 및 전부명령을 동시에 명하는 것과 같은 효력이 인정되기 때문이다(가사소송법 제63조의2 제2항).

(3) 채무자의 업무 및 재산에 대한 담보권의 설정 또는 담보권의 실행 등을 위한 경매

개인회생절차에서 담보권자는 권리행사의 제약을 받지 않는 것이 원칙이나(제586조, 제412조), 담보권의 실행에 의하여 회생을 위한 필수적인 자산이 환가된다면 개인회생절차를 진행할 수 없기 때문에 채무자의 업무 및 재산에 대한 담보권실행 등을 위한 경매절차도 중지 또는 금지할 수 있도록 한 것이다.[17] 담보권의 설정은 채권자들 사이의 형평에 반하므로 금지한 것이다.

(4) 개인회생채권을 변제받거나 변제를 요구하는 일체의 행위

여기서 개인회생채권은 변제계획에 의하지 않는 한 변제받지 못하는 개인회생채권자목록에 기재된 개인회생채권(제582조)에 한정되는 것이 아니라 모든 개인회생채권을 말한다.[18] 실무적으로 주택담보대출 채무자가 개인회생절차 개시신청을 할 경우에도 일반 사건과 마찬가지로 채무자의 신청에 따라 통상적으로 중지·금지명령이 발령되며, 위 명령 이후부터는 주택담보대출채권에 대한 원리금 변제가 금지된다. 이에 따라 채무자는 이행지체 상태에 빠질 수밖에 없고(사견은 귀책사유가 없어 이행지체가 아니라는 견해이다. 본서 211쪽 참조),[19] 채권자는 주택에 대한 집행절차(경매절차 등)에 돌입하게 되는 문제가 있다.

절차가 개시되고 이를 이유로 압류 및 전부명령에 대하여 즉시항고가 제기된 경우, 항고법원은 어떻게 처리하여야 하는가. 채권자목록에 기재된 개인회생채권에 기하여 개인회생재단에 속하는 재산에 대하여 이미 계속 중인 강제집행, 가압류 또는 가처분절차는 개인회생절차가 개시되면 일시적으로 중지되었다가, 변제계획이 인가되면 변제계획 또는 변제계획인가결정에서 다르게 정하지 아니하는 한 그 효력을 잃는다. 따라서 채권자목록에 기재된 개인회생채권에 기하여 개인회생재단에 속하는 채권에 대하여 내려진 압류 및 전부명령이 아직 확정되지 않은 상태에서 채무자에 대하여 개인회생절차가 개시되고 이를 이유로 압류 및 전부명령에 대하여 즉시항고가 제기되었다면, 항고법원은 다른 이유로 압류 및 전부명령을 취소하는 경우를 제외하고는 항고에 관한 재판을 정지하였다가 변제계획이 인가되는 경우 압류 및 전부명령이 효력이 발생하지 않게 되었거나 그 효력이 상실되었음을 이유로 압류 및 전부명령을 취소하고 압류 및 전부명령신청을 기각하여야 한다(대법원 2015. 5. 28. 자 2013마301 결정, 대법원 2013. 2. 26. 자 2012마2046 결정).

17) 주택에 저당권을 설정한 후 금융기관에서 돈을 빌리고 이를 갚지 못하여 금융기관에서 저당권에 기한 경매를 신청한 경우, 채무자는 개인회생신청을 한 후 경매를 중지시킬 수 있다. 다만 담보권자의 경매중지 효과는 변제계획인가 시까지 밖에 없다는 점에 주의하여야 한다(제600조 제2항 참조). 따라서 채무자는 변제계획인가 전까지 담보권자와 협의를 마쳐야 한다.

18) 개인회생절차개시결정에 의하여 변제가 금지되는 것은 채권자목록에 기재된 개인회생채권에 제한된다(제600조 제1항 단서)는 점에서 차이가 있다.

19) 한편 주택담보대출을 해 준 금융기관은 이자를 수령할 수 없기 때문에 채무자는 본인의 의지와 상관없이 연체이자까지 물어야 하는 상황이 발생할 수 있다.

한편 개인회생절차에서는 채무자의 재산(개인회생재단)에 대한 관리처분권이 여전히 채무자에게 있으므로(제580조 제2항) 소송행위의 중지·금지를 인정할 여지는 없다(제593조 제1항 제4호 단서).[20] 따라서 보전처분이나 개인회생절차개시결정이 있더라도 소송은 중단되지 않고 진행하여 집행권원을 확보함으로써 채권확정이 신속하게 이루어질 수 있다. 다만 판결에 기한 강제집행은 중지·금지된다.

> (5) 국세징수법 또는 지방세징수법에 의한 체납처분(강제징수), 국세징수의 예{국세 또는 지방세체납처분(강제징수)의 예를 포함한다}에 의한 체납처분(강제징수) 또는 조세채무담보를 위하여 제공된 물건의 처분

이 경우 징수의 권한을 가진 자의 의견을 들어야 한다.

Ⅴ 중지·금지명령의 효력

1. 일반적 효력

중지를 명한 경우에는 명령의 대상인 절차가 현재의 상태에서 더 이상 진행할 수 없고 중단된다. 중지는 구체적인 절차가 진행되는 것을 중단시키는 효력밖에 없으므로 새로이 동일한 절차를 신청하는 것은 제한을 받지 않는다. 이미 진행된 절차의 효력을 소급하여 무효로 만드는 것은 아니다. 가압류·가처분 등 보전처분의 경우 이에 기한 본집행으로 진행하는 것은 허용되지 아니하나, 보전처분 자체가 실효되는 것이 아니다.[21]

금지를 명한 경우에는 금지명령의 대상인 절차를 새롭게 신청하거나 행위를 하는 것이 금지된다. 중지명령이 별도로 존재하기 때문에 포괄적 금지명령과 달리 금지명령에는 중지효가 없다.

중지·금지명령에 반하여 진행된 절차는 무효이다.[22] 중지명령정본은 개인회생절차개시의 신청에 대한 결정이 있을 때까지 강제집행의 일시정지를 명한 취지를 적은 재판의 정본(민집법 제49조 제2호)에, 금지명령정본은 강제집행을 허가하지 아니하거나 그 정지를 명하는 취지를 적은 집행력 있는 재판의 정본(민집법 제49조 제1호)에 해당하므로, 집행기관에 결정서 정본을 제

---

20) 나아가 회생절차와 달리 개인회생절차에서는 채권신고제도가 없기 때문에 소송행위를 제한하면 채권자가 불이익을 받을 수도 있다(시효소멸 등).

21) 급여채권에 대한 (가)압류의 경우에 (가)압류는 현상을 유지하므로 제3채무자인 회사는 급여를 계속 (가)압류하고 적립하게 된다. 이 경우에 채무자가 (가)압류가 중지되었으므로 자신에게 급여의 전액을 달라고 하는데 이는 잘못이다. (가)압류가 실효되었다면 채무자에게 줄 수도 있겠지만, 실효된 것이 아니고 중지된 것이므로 채무자에게 주어서는 안 된다. 제3채무자의 적립금은 채무자의 소유이므로, 재산목록에 기재되어 청산가치에 반영되어야 하고 인가결정이 있을 경우 강제집행이 실효되어(제615조 제3항) 채무자에게 반환될 것이 예정되어 있다. 그러나 적립금이 상당히 큰 금액일 경우 채무자에게 반환하는 것은 채권자들이 그동안 집행에 투입한 노력, 채권회수가 임박해 있는 사정 등을 고려할 때 형평에 맞지 않다. 따라서 이러한 경우 압류적립금을 1회에 투입하는 대신 그 금액에 상응하는 만큼 월 변제투입액을 줄이는 방식으로 변제계획을 수립하도록 하는 것이 바람직하다.

22) 중지·금지명령에 반하여 진행된 집행행위의 외관을 제거하기 위하여 집행에 관한 이의신청이나 즉시항고, 집행의 취소 등을 제기하여야 할 경우도 있다.

출하여야만 강제집행이 정지되거나 제한된다.[23] 정지서류를 제출하기만 하면 되므로 별도로 집행정지신청을 할 이익이 없다.[24]

포괄적 금지명령이 채무자에게 결정서가 송달된 때부터 효력을 발생한다고 규정(제593조 제5항, 제46조 제2항)하고 있는 것과 달리 금지명령에 대해서는 효력발생시기에 관한 명확한 규정이 없고, 결정과 명령은 고지에 의하여 효력이 발생하는 점(제33조, 민소법 제221조 제1항), 금지명령은 특정재산에 대해 강제집행 등을 금지하는 것인 점 등에 비추어 금지명령은 개인회생채권자에게 송달된 때 그 개인회생채권자에 대하여 효력이 발생된다고 볼 것이다(이로 인해 각 개인회생채권자별로 효력발생시기가 달라질 수 있다). 중지명령의 경우에도 마찬가지이다.

2. 효력의 존속기간

(1) 중지·금지명령이 효력을 가지는 것은 개인회생절차개시 결정시까지이다. 개시결정 이후에는 개시결정의 효력에 의하여 당연히 중지 또는 금지된다(제600조 제1항). 다만 개인회생재단에 속하는 재산에 대한 담보권의 설정 또는 담보권의 실행 등을 위한 경매의 경우에는 개인회생절차개시의 결정이 있어도 변제계획의 인가결정일 또는 개인회생절차 폐지결정의 확정일 중 먼저 도래하는 날까지만 중지 또는 금지된다(제600조 제2항).

(2) 개인회생절차개시의 신청이 기각되면 중지·금지명령은 당연히 실효되고 중지된 절차는 속행된다(제593조 제3항). 이를 막기 위해서는 기각결정에 대하여 즉시항고를 하고 다시 중지·금지명령을 받아야 한다(제598조 제2항). 개인회생절차개시신청의 취하에 대한 법원의 허가결정이 있는 경우에도 중지·금지명령은 실효된다.

3. 시효의 부진행

국세징수법 또는 지방세징수법에 의한 체납처분(강제징수), 국세징수의 예에 의한 체납처분(강제징수) 또는 조세채무담보를 위하여 제공된 물건의 처분의 중지기간 중에는 시효가 진행되지 아니 한다(제593조 제2항). 중지명령이 있어도 당해 절차에 관하여 그때까지 행하여진 행위를 소급적으로 무효로 만드는 것은 아니므로 회생절차 또는 파산절차의 참가, 강제집행, 경매 등에 의하여 발생한 시효중단의 효력은 중지명령 이후에도 계속된다.

금지명령이 발령된 경우에도 금지된 기간 중에는 시효가 진행되지 않는다고 보아야 한다(제600조 제4항 참조).[25]

---

23) 대법원 2017. 11. 29. 선고 2017다201538 판결, 대법원 2013. 3. 22. 자 2013마270 결정. 집행행위가 완료된 이후 중지명령이 제출된 경우에는 중지명령은 그 목적을 달성할 수 없게 되며, 이미 이루어진 집행행위는 그대로 효력을 유지하게 된다.
24) 실무적으로 신청서와 함께 제출하는 것이 보통이고 인지는 붙이지 않는다.
25) 포괄적 금지명령이 있는 경우에는 그 명령이 효력을 상실한 날의 다음날부터 2월이 경과하는 날까지 개인회생채권에 대한 시효는 완성되지 아니한다(제593조 제5항, 제45조 제8항).

Ⅵ 중지·금지명령의 취소, 변경

중지 또는 금지명령을 한 경우에도 상당한 이유가 있는 때에는 법원은 이해관계인의 신청에 의하거나 직권으로 중지 또는 금지명령을 취소하거나 변경할 수 있다. 이 경우 법원은 담보를 제공하게 할 수 있다(제593조 제4항).

Ⅶ 관련문제: 전부명령·추심명령과 중지명령 또는 금지명령의 관계

1. 전부명령·추심명령과 중지명령의 관계

가. 전부명령과 중지명령의 관계

채무가 과다하여 개인회생절차를 신청하는 채무자(급여소득자)는 이미 금융기관 등의 채권자로부터 급여에 대한 압류 및 전부명령을 당한 경우가 많다. 법원의 중지명령이 있기 전에 채무자의 장래 급여채권에 대하여 집행법원에서 전부명령을 발하여 그것이 확정된 경우 전부채권자가 채무자의 장래 급여채권을 이전받음으로써 개인회생절차의 진행에 곤란을 야기할 수 있다. 이러한 문제점을 해결하고자 제616조는 변제계획인가결정이 있는 때에는 채무자의 급여채권에 관하여 개인회생절차개시 전에 확정된 전부명령은 변제계획인가결정 후에 제공한 노무로 인한 부분에 대하여는 효력이 상실된다는 전부명령에 대한 특칙을 규정하고 있다. 따라서 전부명령이 개인회생절차개시 전에 확정되었다면 제616조에 따라 해결하면 되고, 개시결정 전에 확정되지 않았다면 중지명령에 의해 전부명령은 중지될 수 있다. 이후 개시결정으로 인해 다시 중지되었다가 변제계획인가결정에 의해 효력을 상실한다.

이를 전제로 급여채권에 대한 전부명령이 있고, 채무자가 개인회생절차개시신청을 하면서 중지명령을 신청한 경우 전부명령과 중지명령간의 효력에 관하여 살펴보기로 한다.

(1) 중지명령이 채무자와 제3채무자에 대한 전부명령 송달 전에 집행법원에 제출된 경우

집행법원은 각 그 송달을 중지함으로써 전부명령의 확정이 차단된다. 확정되지 않은 전부명령은 중지명령 및 개시결정으로 중지되고, 인가결정으로 실효된다. 따라서 변제계획인가결정 전까지의 채무자의 급여 중 전부명령에 의하여 제3채무자가 적립한 금전이 있다면 그 금전은 인가결정으로 인한 전부명령의 실효로 채무자에게 반환되어야하고, 전부채권자는 원래의 채권액 모두를 개인회생채권으로 하여 변제계획에 따라 변제받아야 한다.

(2) 중지명령이 채무자와 제3채무자에 대한 전부명령 송달 후 집행법원에 제출된 경우

채무자가 중지명령을 집행법원에 제출하고, 전부명령에 대하여 즉시항고가 된 경우와 그렇지 않은 경우로 나누어 살펴볼 필요가 있다.

(가) 전부명령이 미확정인 상태에서 중지명령이 집행법원에 제출되고 전부명령에 대하여 즉시항고가 제기되면[26] 항고법원은 항고에 관한 재판을 정지하였다가 변제계획인가결정 후 전부명령의 효력이 발생하지 않게 되었음을 이유로 전부명령을 취소하고 전부명령신청을 기각하여야 한다.[27] 이 경우에는 중지명령 전까지 확정된 전부명령이 없었던 경우와 동일하므로 변제계획인가결정 전까지 채무자의 급여 중 전부명령에 의해 제3채무자가 적립한 금액은 채무자에게 반환하고, 전부채권자는 원래의 채권액 모두를 개인회생채권으로 하여 변제계획에 따라 변제받아야 한다.

(나) 즉시항고가 제기되지 않으면 전부명령은 항고기간 도과로 확정된다. 이 경우는 변제계획인가결정까지 제3채무자가 전부금을 적립하여 놓았다가 인가결정이 나면 그때까지의 전부금을 전부채권자에게 지급한다. 채무자는 전부채권자의 원래의 채권액에서 전부채권자가 지급받은 금액을 공제한 나머지를 전부채권자의 개인회생채권액으로 하는 변제계획 변경절차를 밟아야 할 것이다.

나. 추심명령과 중지명령의 관계

추심명령은 전부명령과 다르게 압류된 채권의 채권자 지위에 변동을 가져오는 것은 아니고 채무자가 여전히 압류된 채권의 채권자로 남아있지만 압류채권자가 채무자 대신 압류된 채권의 추심권능을 취득하는 것이다. 채권자가 채무자의 장래 급여채권에 대한 압류 및 추심명령을 받아 중지명령이 제출되기 전 채권을 제3채무자로부터 추심한 때에는 추심한 채권액을 법원에 신고함으로써(민집법 제236조 제1항) 집행채권의 변제에 충당하게 된다. 그러나 추심명령을 송달받은 제3채무자는 일정기간 적립하였다가 추후 추심채권자에게 지급하는 것이 일반적인 모습이다. 따라서 추심채권자에게 지급되지 않고 있는 사이 중지명령이 집행법원에 제출되면 집행법원 법원사무관등은 압류채권자와 제3채무자에 대하여 중지명령 서류가 제출되었다는 사실과 그 요지 및 위 정지서류의 제출에 따른 집행정지가 효력을 잃기 전에는 압류채권자는 채권의 추심을 하여서는 아니 되고 제3채무자는 채권의 지급을 하여서는 아니 된다는 취지를 통지하여야 한다(민사집행규칙 제161조 제1항). 이로써 추심명령은 중지되고 이후 변제계획이 인가되면 실효된다.

추심명령에 따라 적립된 금전은 압류가 그 효력이 유지되므로 채무자에게 반환될 수 없을 것이나, 압류는 변제계획인가로 실효되므로(제615조 제3항) 실무에서는 적립된 금액을 1회 변제에 투입하는 것으로 변제계획안을 작성한다.

---

26) 집행정지서류(중지명령)가 제출되었다고 하여 항고기간의 진행이 정지되지 아니하므로 전부명령의 확정을 차단할 수 없다. 따라서 중지명령을 제출하면서 즉시항고도 함께 제기하도록 하여야 한다.

27) 대법원 2015. 5. 28. 자 2013마301 결정, 대법원 2010. 12. 13. 자 2010마428 결정, 대법원 2008. 1. 31. 자 2007마1679 결정 등 참조.

2. 전부명령 · 추심명령과 금지명령의 관계[28]

금지명령정본은 강제집행의 정지를 명하는 취지를 적은 집행력 있는 재판의 정본에 해당한다(민집법 제49조 제1호). 금지명령은 전부명령 · 추심명령에 영향을 미치고 있다.

(1) 금지명령이 개인회생채권자에게 송달되어 당해 개인회생채권자에게 효력이 발생한 후 추심명령 · 전부명령이 발령되었다면, 금지명령에 반하여 진행된 집행절차는 취소되어야 하므로 추심명령 · 전부명령은 취소되어야 한다.

(2) 추심명령 · 전부명령이 발령된 후 금지명령의 효력이 발생하였다면 금지명령 효력 발생 이전에 개시된 집행절차는 유효하다.

(3) 금지명령이 개인회생채권자에게 송달된 날과 집행절차가 개시(추심명령 · 전부명령은 그 재판이 발하여진 때에 집행이 개시된다)된 날이 동일한 경우, 동시에 도달한 것으로 추정하되 추심명령 · 전부명령 발령 당시 금지명령의 효력도 발생한 상태, 즉 집행장애사유[29]가 있는 상태에서 집행절차가 개시된 경우에 해당하므로 추심명령 · 전부명령은 취소되어야 한다.

제3절 포괄적 금지명령

I 의 의

개인회생절차의 경우에도 중지명령만으로 개인회생절차의 목적을 충분히 달성하지 못할 우려가 있다고 인정할 만한 특별한 사정이 있는 때에는 이해관계인의 신청이나 직권으로 개인회생절차개시결정이 있을 때까지 모든 개인회생채권자 또는 담보권자[30]에 대하여 개인회생채권 또는 담보권에 기한 강제집행, 가압류, 가처분 또는 담보권실행을 위한 경매절차의 금지(이하 '강제집행 등'이라 한다)를 명할 수 있다(제593조 제5항, 제45조 제1항). 이를 포괄적 금지명령이라 한다.[31] 포괄적 금지명령은 집행장애사유이다.[32]

법원이 하나의 결정으로 모든 개인회생채권자 또는 담보권자에 대하여 강제집행 등의 금지를 명할 수 있도록 함으로써 효율적인 개인회생절차의 진행을 도모하려는 것이다.[33]

---

28) 민사항고재판실무편람(2018), 233쪽.
29) 집행장애사유는 집행기관이 직권으로 조사하여야 하며 그것이 발견되면 집행을 개시할 수 없고 속행 중의 집행절차는 정지된다. 집행장애는 어떤 집행권원에 기한 집행의 전체에 관한 것이므로 각개의 집행행위에 특별한 장애사유(예컨대 민집법 제195조의 압류금지)와 구별하여야 한다.
30) 피담보채권이 개인회생채권인 담보권자를 말한다.
31) 포괄적 금지명령에 관하여는 회생절차에 관한 제45조 내지 제47조를 준용하도록 하고 있다. 관련 내용은 〈제2편 제2절 Ⅲ.〉(본서 236쪽)을 참조할 것.
32) 대법원 2023. 5. 18. 선고 2022다202740 판결, 대법원 2015. 4. 9. 선고 2014다229832 판결 참조.
33) 전병서, 627쪽.

포괄적 금지명령이 있는 때에는 채무자에 대하여 이미 행하여진 개인회생채권 또는 담보권에 기한 강제집행 등이 중지되며(제593조 제5항, 제45조 제3항), 개시 신청에 대한 결정이 있을 때까지 모든 개인회생채권자 및 담보권자에 대하여 개인회생채권 또는 담보권에 기한 강제집행 등이 금지된다(제593조 제5항, 제45조 제1항). 또한 포괄적 금지명령이 있는 경우, 그 명령이 효력을 상실한 날의 다음 날로부터 2월이 경과하는 날까지 개인회생채권 및 담보권에 대한 시효는 완성되지 않는다(제593조 제5항, 제45조 제8항). 포괄적 금지명령의 효력은 채무자에게 결정서가 송달된 때부터 효력을 발생한다(제593조 제5항, 제46조 제2항).

Ⅱ 포괄적 금지명령의 적용 배제

한편, 법원은 포괄적 금지명령으로 인해 개인회생채권자 또는 담보권자에게 부당한 손해를 끼칠 우려가 있다고 인정되는 경우에 그 개인회생채권자 등의 신청에 의하여 그에 대하여 결정으로 포괄적 금지명령의 적용을 배제할 수 있다(제593조 제5항, 제47조 제1항). 여기서 '부당한 손해'란 개인회생채권자 또는 담보권자가 긴급하게 강제집행 등을 하지 아니하면 자신이 도산할 우려가 큰 경우와 같이, 금지에 의하여 채무자가 받는 이익에 비하여 개인회생채권자 등이 입는 손해가 현저하게 큰 경우를 가리킨다.

Ⅲ 금지명령과 포괄적 금지명령의 차이

금지명령은 채무자의 특정재산(주로 채무자 소유의 유체동산과 채무자의 급여 및 퇴직금)에 대하여 장래에 행하여질 가능성이 있는 개인회생채권 또는 담보권에 기한 강제집행 등을 금지하는 것임에 반하여, 포괄적 금지명령은 채무자의 모든 재산에 대하여 개인회생채권 또는 담보권에 기한 강제집행 등을 금지하는 것이다. 또한 금지명령과 포괄적 금지명령은 금지대상이 서로 다르다.[34] 나아가 포괄적 금지명령은 채무자의 주요한 재산에 대하여 보전처분 등이 행하여질 것을 요구하고 있지만(제593조 제5항, 제45조 제2항), 금지명령의 경우에는 이를 요구하지 않는다. 또한 효력발생시기에 있어서도 금지명령은 개인회생채권자에게 송달되었을 때 효력이 발생함에 반하여 포괄적 금지명령은 채무자에게 송달되었을 때 효력이 발생한다. 금지명령에는 중지효가 없지만(별도의 중지명령이 있다) 포괄적 금지명령에는 중지효가 있다.

Ⅳ 취소명령

포괄적 금지명령에 의한 중지만으로는 원활한 개인회생절차를 진행하기 어려울 경우 중지

---

34) 포괄적 금지명령의 대상은 강제집행 등이나, 금지명령의 대상은 강제집행 등을 포함하여 회생절차 또는 파산절차 등도 그 대상이다(제593조 제1항).

된 강제집행 등을 취소할 수 있도록 하고 있다. 관련 내용은 아래 〈제4절〉을 참조할 것.

공동채무자에 대한 중지명령(Stay of action against codebtor, Codebtor Stay)[35]

미국 연방도산법 제13장(우리나라 개인회생절차)은 제7장(우리나라 파산절차)과 달리, 제13장 사건의 변제기간 동안 채무자에 대하여 책임이 있는 자(공동채무자)에 대한 회수절차를 금지하기 위하여 자동중지(automatic stay)를 확장한 공동채무자에 대한 중지명령제도를 두고 있다(§1301(a)).[36] 공동채무자를 보호하기 위한 특별규정이다.

공동채무자는 일반적으로 배우자, 가족, 친구, 사업파트너다. 공동채무자에 대한 회수조치는 도산을 신청한 자에 대하여 간접적인 압박으로 작용한다. 또한 이러한 압박은 채무자가 도산절차에서 면책받은 채무를 변제하게 하는 요인이 되기도 한다.[37] 한편 채권자들의 공동채무자에 대한 압박은 자동중지제도를 무력화시키는 우회적인 방법이 될 수 있다. 이는 궁극적으로 도산절차개시신청의 목적을 저해하고, 도산절차개시신청의 가치를 무너뜨린다. 이러한 문제를 해결하기 위하여 공동채무자에 대한 중지명령제도를 둔 것이다.

예컨대 자녀들이 차량을 구입하면서 대출받은 대여금에 대하여 부모가 보증을 한다. 부모는 차량대출채무와 관련하여 공동채무자이다. 대출금이 변제되지 않으면 대여자는 자녀와 보증을 한 부모를 상대로 회수절차를 밟을 수 있다. 차량대출금채무를 변제하지 않고 자녀가 제7장 파산신청을 하면, 자녀의 채무는 면책되지만 부모는 여전히 차량대출금채무에 대하여 변제할 책임이 있다(부모도 제7장 파산신청을 하지 않는 한). 차량대출금채무를 변제하지 않고 자녀가 제13장 절차를 신청하고 위 중지명령이 있으면, 대여자는 제13장의 변제기간 동안 자녀와 부모로부터 대출금의 회수가 금지된다. 제13장 절차에서의 공동채무자에 대한 중지명령은 부모에게 자녀에 대한

---

35) ANDREW BALBUS, 174쪽.

36) §1301. Stay of action against codebtor

(a) Except as provided in subsections (b) and (c) of this section, after the order for relief under this chapter, a creditor may not act, or commence or continue any civil action, to collect all or any part of a consumer debt of the debtor from any individual that is liable on such debt with the debtor, or that secured such debt, unless—

(1) such individual became liable on or secured such debt in the ordinary course of such individual's business; or

(2) the case is closed, dismissed, or converted to a case under chapter 7 or 11 of this title.

(b) A creditor may present a negotiable instrument, and may give notice of dishonor of such an instrument.

(c) On request of a party in interest and after notice and a hearing, the court shall grant relief from the stay provided by subsection (a) of this section with respect to a creditor, to the extent that—

(1) as between the debtor and the individual protected under subsection (a) of this section, such individual received the consideration for the claim held by such creditor;

(2) the plan filed by the debtor proposes not to pay such claim; or

(3) such creditor's interest would be irreparably harmed by continuation of such stay.

(d) Twenty days after the filing of a request under subsection (c)(2) of this section for relief from the stay provided by subsection (a) of this section, such stay is terminated with respect to the party in interest making such request, unless the debtor or any individual that is liable on such debt with the debtor files and serves upon such party in interest a written objection to the taking of the proposed action.

37) 면책결정 전 채무재승인약정(reaffirmation agreement)을 말한다(본서 2068쪽).

제13장 사건이 진행되는 동안 회수조치로부터 유예기간을 부여하는 것이다. 그러나 자녀에 대한 제13장 절차가 종료되면, 차량할부금대여자는 대출금채무 중 변제되지 않는 부분에 대하여, 비록 자녀가 변제되지 않는 부분에 대하여 제13장 사건에서 면책을 받았다고 하더라도 부모를 상대로 회수조치를 할 수 있다.

공동채무자에 대한 중지명령은 채무자가 다른 사람을 자신의 파산사건으로 끌어들이거나 다른 사람을 파산신청에 이르도록 하지 않도록 방지할 수 있는 강력한 도구이다. 공동채무자 중 한 사람만이 도산을 신청할 경우 채무자를 보호하는 것은 자동중지제도인 반면, 다른 공동채무자를 보호하는 것은 공동채무자에 대한 중지명령이다.

인적 관계로 인해 어쩔 수 없이 공동채무자가 되는 경우(특히 보증)가 많은 우리나라도, 원활한 개인회생절차의 신청을 유도하기 위해서 도입을 검토할 필요가 있는 제도이다.

제4절 | 강제집행 등의 취소명령

Ⅰ 의 의

강제집행 등의 취소명령이란 법원이 채무자의 사업계속을 위하여 특히 필요하다고 인정하는 때에 채무자의 신청에 따라 포괄적 금지명령에 의하여 중지된 개인회생채권 또는 담보권에 기한 강제집행 등의 취소를 명하는 것을 말한다(제593조 제5항, 제45조 제5항). 강제집행 등의 포괄적 금지명령에 의해서 중지된 절차는 진행되지 않고 정지되며, 이미 진행된 절차의 효력은 그대로 존속하게 된다.

한편 포괄적 금지명령이 있더라도 채무자의 재산에 대하여 이미 행하여진 강제집행 등의 효력은 그대로 계속되기 때문에(다만 포괄적 금지명령으로 중지되어 있을 뿐이다), 계속적인 영업이 곤란하고, 채무자의 효율적인 회생과 채권자의 이익을 저해할 가능성이 있다. 이런 사태를 방지하기 위하여 강제집행 등의 취소명령제도가 인정되고 있다.[38]

Ⅱ 취소명령의 요건

취소명령은 채무자의 사업계속을 위하여 특히 필요하다고 인정하는 때에 발령한다. 여기서 '채무자의 사업계속을 위하여 특히 필요하다고 인정하는 때'란 강제집행 등이 유지될 경우 채무자의 효율적인 회생이라는 목적달성에 장애가 되는 경우를 말한다.

취소명령의 대상이 되는 것은 포괄적 금지명령에 의하여 중지된 개인회생채권 또는 담보권

---

38) 물론 개인회생절차가 개시되면 법원은 상당한 이유가 있는 때에는 이해관계인의 신청 또는 직권으로 중지명령에 의하여 중지된 절차 또는 처분을 취소할 수 있다(제600조 제3항).

에 기한 강제집행 등(개인회생채권 또는 담보권에 기한 강제집행, 가압류, 가처분 또는 담보권실행을 위한 경매절차)이다.

Ⅲ 취소명령의 절차

취소명령은 채무자의 신청에 의하여 발령된다(제593조 제5항, 제45조 제5항). 취소명령의 신청이 가능한 것은 포괄적 금지명령이 있는 후 개시결정이 있기까지[39]이다(제593조 제5항, 제45조 제5항).[40]

법원은 취소를 명하는 경우 신청인에게 담보를 제공하게 할 수 있다(제593조 제5항, 제45조 제5항 후문).

취소명령에 대하여는 즉시항고를 할 수 있으나, 집행정지의 효력이 없다(제593조 제5항, 제45조 제6항, 제7항).

Ⅳ 취소명령의 효과

강제집행 등에 대한 취소명령이 있으면 그 대상이 된 절차는 소급하여 효력을 잃는다. 이 점에서 소급효가 없는 중지명령·포괄적 금지명령과 구별된다.

취소명령은 개인회생채권 등에 기한 강제집행 등을 취소하는 것이므로 채권자에게 미치는 영향이 크다. 따라서 신중하게 결정하여야 할 것이다.[41]

민사집행법상 집행장애사유와 집행정지사유

집행장애사유와 민사집행법 제49조의 집행정지사유는 몇 가지 점에서 차이가 있다. ① 집행정지의 원인이 되는 시점에 있어 전자는 집행장애사유가 발생한 때이나, 후자는 집행정지서류가 집행법원에 제출된 때(민집법 제49조)이다. ② 취소재판에 대한 불복방법이 다르다. 집행장애사유를 이유로 집행절차가 취소된 경우 취소재판에 대한 즉시항고를 할 수 있다(민집법 제17조).[42]

---

39) 개시결정이 있는 경우에는 제600조 제3항에 의하여 강제집행 등을 취소할 수 있고, 개시신청의 각하(기각)결정이 있는 경우에는, 그 전제인 포괄적 금지명령 자체가 실효되기 때문에 취소명령의 신청을 할 수 없다.
40) 개인회생절차에서는 회생절차(제44조 제4항)와 달리 개시결정 전에는 중지명령에 의하여 중지된 개인회생채권 등에 기한 강제집행 등의 취소를 명하는 규정이 없다.
41) 이러한 이유로 실질적으로 법원이 강제집행 등을 취소하는 것은 쉽지 않을 것이다. 다만 담보권을 별제권으로 인정하고 있는 현행 채무자회생법의 입장에서 취소명령이 의미를 가질 수 있을 것이다. 특히 주택담보대출의 경우 채무자로 하여금 주거안정을 보장할 수 있는 수단으로 취소명령을 이용할 수 있다. 즉 개인회생절차개시결정 전에는 포괄적 금지명령을 받은 후 중지된 담보권의 실행 등을 위한 경매절차의 취소를 구하거나, 개시결정 후 중지된 담보권의 실행 등을 위한 경매절차의 취소를 구함으로써 담보권의 실행을 저지할 수 있다.
42) 대법원 2013. 7. 16. 자 2013마967 결정 참조. 위 결정의 절차적인 진행 과정을 보면 다음과 같다. 면책절차 중의 집행신청임을 간과하고 개시된 경매개시결정에 대하여 경매개시결정을 취소하고(집행장애사유가 존재) 경매신청을

반면 민집법 제49조 제1호의 서류가 제출되었음을 이유로 집행절차가 취소된 경우에는 그 취소 재판에 대하여 즉시항고가 허용되지 아니한다(민집법 제50조 제2항). ③ 사유를 간과하고 진행된 집행처분의 효과가 다르다. 집행장애사유를 간과하고 진행된 집행절차는 무효이다. 반면 집행정 지사유를 간과하고 진행한 집행행위에 의하여 발생된 법률효과는 부인할 수 없다.[43] ④ 집행장애 사유는 집행법원의 직권조사사항이나, 민사집행법 제49조의 집행정지는 당사자가 민사집행법 제 49조에서 정한 서류를 집행법원에 제출하여야만 비로소 정지된다.[44]

I. 집행장애사유

1. 회생절차개시결정(제58조 제1항, 제2항)
2. 포괄적 금지명령(제45조, 제593조 제5항)
3. 파산선고(제310조, 제424조)[45]
4. 면책신청과 파산폐지결정의 확정 또는 파산종결결정(제557조 제1항)
5. 개인회생절차개시결정(제600조 제1항 제2호)

II. 집행정지사유(민집법 제49조)

1. 중지명령(제44조 제1항 제2호, 제593조 제1항 제2호)

중지명령정본은 강제집행의 일시정지를 명한 취지를 적은 재판의 정본(민집법 제49조 제2호) 에 해당한다.

2. 취소명령(제44조 제4항, 제45조 제5항, 제593조 제5항, 제600조 제3항)

취소명령정본은 강제집행 등 집행처분의 취소를 명한 취지를 적은 집행력 있는 재판의 정본 (민집법 제49조 제1호)에 해당한다.

3. 금지명령(제593조 제1항)

금지명령정본은 강제집행을 허가하지 아니하거나 그 정지를 명하는 취지를 적은 집행력 있는 재판의 정본(민집법 제49조 제1호)에 해당한다.

각하한 재판에 대하여 즉시항고를 하였는데, 이후 대법원에서도 불복방법에 대하여는 특별히 문제삼지 않았다.
43) 강제집행정지결정이 있으면 결정 즉시로 당연히 집행정지의 효력이 있는 것이 아니고, 그 정지결정의 정본을 집행 기관에 제출함으로써 집행정지의 효력이 발생함은 민사집행법 제49조 제2호의 규정취지에 비추어 명백하고 그 제 출이 있기 전에 이미 행하여진 압류 등의 집행처분에는 영향이 없다(대법원 2013. 3. 22. 자 2013마270 결정, 대법 원 2010. 1. 28. 자 2009마1918 결정).
44) 물론 집행요건의 흠결이나 집행장애사유를 발견한 때에는 직권에 의한 정지도 가능하다.
45) 별제권 행사에 기한 경우에는 집행장애사유가 아니다.

제 4 장

개인회생절차개시신청에 대한 재판

▌제1절▐ 개인회생절차개시신청의 취하 제한

채무자는 개인회생절차의 개시결정이 있기 전에는 자유롭게 신청을 취하할 수 있다. 다만, 채무자가 보전처분(제592조), 중지명령(제593조)[1]을 받은 후에는 법원의 허가를 받아야 신청을 취하할 수 있다(제594조).[2] 채무자가 일단 보전처분이나 중지명령을 받아 일시적으로 위기를 넘긴 다음 임의로 개인회생절차를 취하하는 것과 같이 절차를 남용하는 것을 방지하기 위하여 법원의 허가를 받도록 한 것이다. 개시결정 후에는 개시신청을 취하할 수 없다(그 이유에 관하여는 <본서 251쪽>을 참조할 것).

보전처분, 중지·금지명령, 포괄적 금지명령은 개시신청의 취하허가결정의 확정으로 그 효력은 상실되고, 중지된 절차는 다시 속행된다. 물론 금지된 절차는 신청할 수 있다. 개인회생절차개시신청과 동시에 중지·금지명령을 신청하였으나 개인회생절차개시신청을 취하한 경우 개인회생절차는 바로 종료되므로 중지·금지명령신청에 대하여는 별도로 판단할 필요가 없다.

신청취하를 위한 법원의 허가에 관한 재판에 대하여는 불복할 수 없다(제13조 제1항 참조).

한편 개인회생절차에서 신청을 취하하거나 절차를 진행하다 폐지되거나 개인회생절차개시신청이 기각되더라도 채무자는 아무런 제한 없이 다시 개인회생절차를 신청할 수 있다.

▌제2절▐ 개인회생절차개시신청에 대한 기각결정

Ⅰ 개인회생절차개시원인의 흠결

개인회생절차개시결정을 하기 위해서는 개인회생절차개시원인이 있어야 한다. 즉 개인채무자가 파산의 원인인 사실(지급불능)이 있거나 그러한 사실이 생길 염려가 있어야 한다. 이와 관

---

1) 조문상 금지명령이 포함되어 있지 않으나 금지명령을 받은 경우에도 법원의 허가를 받아야 할 것이다.
2) 회생절차에서도 마찬가지의 규정이 있으나(제48조 제2항), 파산절차에서는 신청의 취하에 대한 제한 규정이 없다.

련된 자세한 내용은 〈제2장 제1절 Ⅰ.1.〉(본서 1879쪽)을 참조할 것.

따라서 개인채무자에게 지급불능이나 지급불능이 생길 염려가 없는 경우에는 개인회생절차개시신청을 기각하여야 한다.

Ⅱ 개인회생절차개시신청 기각사유의 존재

1. 개인회생절차개시신청 기각사유

법원은 ① 채무자가 신청권자의 자격을 갖추지 아니하거나, ② 채무자가 제589조 제2항 각호의 어느 하나에 해당하는 서류를 제출하지 아니하거나, 허위로 작성하여 제출하거나 또는 법원이 정한 제출기한을 준수하지 아니하거나, ③ 채무자가 절차의 비용을 납부하지 아니하거나, ④ 채무자가 변제계획안의 제출기한을 준수하지 아니하거나, ⑤ 채무자가 신청일 전 5년 이내에 면책(파산절차에 의한 면책을 포함한다)을 받은 사실이 있거나,[3] ⑥ 개인회생절차에 의함이 채권자 일반의 이익에 적합하지 아니하거나, ⑦ 그 밖에 신청이 성실하지 아니하거나 상당한 이유 없이 절차를 지연시킨 경우에는 개인회생절차개시의 신청을 기각할 수 있다(제595조). 이는 임의적 기각사유이므로 이에 해당하는 사유가 있다고 하여 반드시 신청을 기각하여야 하는 것은 아니다.

문제는 변제계획인가 전 개인회생절차의 필요적 폐지사유(제620조 제1항 제1호)와 관련하여 채무자가 신청권자의 자격을 갖추지 아니한 경우(①)와 채무자가 신청일 전 5년 이내에 면책(파산절차에 의한 면책을 포함한다)을 받은 사실이 있는 경우(⑤) 필요적으로 개시신청을 기각하여야 하는가이다.

이에 대하여 개인회생절차개시결정 당시 위 두 가지 사유가 있는 경우 필요적으로 개인회생절차를 폐지하여야 하기 때문에(제620조 제1항 제1호) 필요적으로 개시신청을 기각하여야 한다는 견해가 있다.[4] 그러나 신청시에는 신청권자의 자격을 갖추지 못하였더라도 개시결정시에는 신청권자의 자격을 갖춘 경우나 신청일 기준으로 신청일 전 5년 이내에 면책을 받은 사실이 있다고 하더라도 개시결정 당시에는 5년을 넘은 경우에 필요적으로 개인회생절차를 폐지하여야 하는 것은 아니라고 본다. 왜냐하면 개인회생절차가 폐지되더라도 그 채무자는 아무런 제한 없이 다시 개인회생절차를 신청할 수 있고, 위 두 가지 사유로 인하여 개인회생절차가 폐지된 후 다시 개인회생절차를 신청할 때 위 두 가지 요건을 갖출 수 있는 경우 개인회생절차를 폐지할 것이 아니라 그대로 유지하는 것이 무익한 절차의 반복을 피할 수 있을 것이기 때문이다. 따라서 신청당시 ①, ⑤에 해당하는 경우라도 개시결정 당시까지는 해당 요건을 갖출 가능성이 있는 경우에는 기각할 필요는 없을 것이다. 나아가 개인회생절차개시신청기각과 개인회생절차폐지는 다르고 위 두 가지 요건은 임의적 기각사유에 불과하므로 폐지시점에 위

---

3) '면책결정이 확정된 날'을 의미한다. 개인이 일정기간 내 면책을 이유로 개인회생절차개시신청이 기각된 경우 일반회생절차를 이용하는 것을 고려해 볼 수 있다(제293조의5 제4항 참조).

4) 개인파산·회생실무, 524쪽.

두 요건을 갖춘 경우에는 위에서 본 것과 같은 이유에서 폐지를 할 필요는 없다고 본다.

2. 개인회생절차개시신청 기각사유의 개별적 검토

가. 채무자가 신청권자의 자격을 갖추지 아니한 때

'채무자가 신청권자의 자격을 갖추지 아니한 때'란 파산의 원인인 사실이 있거나 그러한 사실이 생길 염려가 있는 개인채무자가 부담하는 채무 한도액이 담보부채무의 경우 15억 원, 무담보채무의 경우 10억 원(제579조 제1호)을 초과하거나, '급여소득자' 또는 '영업소득자'로서(제579조 제2호, 제3호) 그 수입에서 생계비 등을 공제하면 채권자에게 변제재원으로 제공할 가용소득이 없는 경우를 말한다.[5]

신청권자의 자격에 관한 구체적인 내용은 〈제2장 제1절〉(본서 1878쪽)을 참조할 것.

나. 채무자가 제589조 제2항의 각호의 어느 하나에 해당하는 서류를 제출하지 아니하거나, 허위로 작성하여 제출하거나 또는 법원이 정한 제출기한을 준수하지 아니한 때

법원이 개인회생절차의 개시요건이나 채무자가 제출한 변제계획의 인가 여부를 판단하기 위하여 채무자의 재산 및 소득에 대한 조사가 필수적이다. 개인회생채권자목록, 재산목록, 채무자의 수입 및 지출에 관한 목록 등 제589조 제2항에서 정한 각 서류는 위와 같은 심리를 위하여 매우 중요한 자료이므로 위와 같은 서류를 제출하지 않거나 허위로 작성하여 제출하거나 또는 법원이 정한 제출기한을 준수하지 아니한 경우 신청을 기각할 수 있도록 한 것이다.

법원 또는 회생위원은 채무자가 제출한 자료에 보완이 필요한 경우 언제든지 채무자에게 금전의 수입과 지출 그 밖에 채무자의 재산상의 업무에 관하여 보고를 요구할 수 있고, 필요하다고 인정하는 경우에는 재산상황의 조사, 시정의 요구 그 밖의 적절한 조치를 취할 수 있으며(제591조), 만약 채무자가 법원의 보정 요구에 일단 응한 경우에는 그 내용이 법원의 요구사항을 충족시키지 못하였다고 하더라도 법원이 추가적인 보정 요구나 심문 등을 통하여 이를 시정할 기회를 제공하지 아니한 채 곧바로 그 신청을 기각하는 것은 허용되지 않는다.[6]

다. 채무자가 절차의 비용을 납부하지 아니한 때

채무자가 납부하여야 할 절차비용에는 ① 송달료, ② 공고비용, ③ 회생위원의 보수, ④ 그 밖에 절차 진행을 위하여 필요한 비용이 있다(규칙 제87조 제1항).

---

5) 대법원 2011. 10. 24. 자 2011마1719 결정. 「국민기초생활보장법」상의 기초생활수급자가 기초생활급여만을 채무변제재원으로 개인회생절차를 신청한 경우, 채무자의 최저생활에 필요한 비용마저도 국가에서 지급하고 있어서 개인회생절차에서 채무변제 재원으로 사용하려고 하는 가용소득이 전혀 없으므로 개인회생절차개시신청은 기각하여야 할 것이다(본서 1882쪽, 수원지방법원 2020. 4. 24. 자 2020개회111452 결정(확정) 참조).

6) 대법원 2015. 9. 1. 자 2015마657 결정, 대법원 2011. 7. 25. 자 2011마976 결정, 대법원 2011. 6. 21. 자 2011마825 결정.

라. 채무자가 변제계획안의 제출기한을 준수하지 아니한 때

채무자는 개인회생절차개시의 신청일로부터 14일 이내에 변제계획안을 제출하여야 한다. 다만 법원은 상당한 이유가 있다고 인정하는 때에는 그 기간을 늘일 수 있다(제610조 제1항).[7]

마. 채무자가 신청일 전 5년 이내에 면책(파산절차에 의한 면책을 포함한다[8])을 받은 사실이 있는 때[9]

단기간에 여러 차례 면책을 허용할 경우 면책제도 등을 악용할 가능성이 있고 도덕적 해이를 조장할 우려가 있기 때문에 이를 억제하기 위한 정책적 고려에서 둔 것이다.

여기서 면책은 전부면책뿐만 아니라 일부면책도 포함된다. '면책을 받은'이란 면책결정이 확정된 경우를 말한다(제564조 제1항 제4호 참조). 개인회생절차개시결정 후 채무자가 신청일 전 5년 이내에 면책을 받은 사실이 발견된 때에는 개인회생절차가 폐지된다(제620조 제1항 제1호).[10]

'면책'에는 개인회생절차나 개인파산절차에 의한 면책이 포함되는 것은 명확하다. 문제는 개인이 회생절차(이른바 일반회생)에서 회생계획인가결정으로 제251조에 의한 면책을 받은 경우도 포함되는지 여부이다. 실무적으로 회생절차에서 회생계획인가결정을 받아 개인회생절차 신청요건을 갖춰 종결한 후 곧바로 개인회생절차를 신청하거나 5년 이내의 기간 동안 회생계획에 따라 변제하다 종결된 후 개인회생절차를 신청한 경우 본 호에 따라 개인회생절차를 기각하여야 하는지의 문제가 발생할 수 있다. 본 호가 단순히 '면책'이라고 하고 있기 때문에 제251조에 의한 면책도 포함되고, 회생절차에서 면책된 후 5년 이내에 개인회생절차를 신청하면 본 호에 따라 기각하여야 한다는 견해가 있을 수 있다. 그러나 ① 본 호의 괄호 안에 '파산절차에 의한 면책을 포함한다'고 한정하고 있고(회생절차에 의한 면책을 포함하려는 취지였다면 이를 명시적으로 규정하였을 것이다), ② 개인파산절차의 경우 일정 기간 이내에 면책을 받은 경우 면책불

---

7) 위와 같은 법 규정에도 불구하고 절차진행의 신속을 위해 실무적으로는 개인회생절차개시신청을 하면서 변제계획안을 제출하도록 하고 있다는 것은 앞에서 본 바와 같다.
8) 실무적으로 개인회생절차를 진행하다 폐지하고 개인파산절차를 신청하는 경우는 많다(개인회생절차의 경우 견련파산제도는 없다). 그런데 개인파산절차가 종료된 후 개인회생절차를 신청하는 경우도 더러 있다. 예컨대 ① 개인파산절차에서 면책불허가(면책기각)결정을 받은 후 개인회생절차를 신청한 경우, ② 개인파산절차 진행 중 면책신청을 취하하고 개인회생절차를 신청한 경우, ③ 면책결정 후 5년이 지나고 나서 새로 발생한 채무가 있다고 주장하며 개인회생절차를 신청한 경우 등을 들 수 있다.
9) 개인파산절차에서는 면책불허가사유로 규정하고(제564조 제1항 제4호) 일정한 경우 재량면책의 여지가 있음(제564조 제2항)에 반하여, 개인회생절차는 개인회생절차개시신청의 기각사유로 규정하고 있다. 양 절차에서 차이를 두어야 하는 합리적 이유가 있는지 의문이다. 입법론적으로는 개인회생절차에서도 개인파산절차에서와 마찬가지로 면책불허가사유로 규정하는 것이 타당하다. 그렇게 되면 개인파산절차에서 무담보채무를 면책받은 후 곧바로 개인회생절차를 신청할 수 있는 실익이 있다. 물론 개인회생절차에서 면책을 받을 수는 없어도, 변제계획의 인가결정일 또는 개인회생절차폐지결정의 확정일까지는 담보권의 실행을 중지 또는 금지시킬 수 있으므로(제600조 제2항) 그 사이에 채무자는 담보권자와 협상을 통해 해결할 수도 있고, 주택담보대출이라면 주거의 안정도 꾀할 수 있다.
   다만 현행법하에서는 5년 이내에 면책을 받았다고 무조건 기각할 것이 아니라, 개인회생절차를 둔 취지나 목적 및 개인파산절차에서 재량면책 가능성과의 형평성 차원에서 개인회생절차개시결정을 긍정적으로 검토할 필요가 있다.
10) 다만 앞(〈1.〉)에서 본 바와 같이 개시결정시나 폐지결정시에 5년을 경과한 경우에는 신청기각이나 폐지를 할 필요는 없을 것이다.

허가사유로 규정하고 있는데(제564조 제1항 제4호), 개인파산절차에서는 '면책'을 명시적으로 개인파산절차 및 개인회생절차의 면책이라고 한정하고 있으며(개인회생절차와 개인파산절차를 달리 취급할 이유가 없다), ③ 회생절차가 조기에 종결되지 않았다면 회생계획변경을 통하여 구제받을 수 있었는데, 개인회생절차를 신청할 수 없다고 하면 조기 종결로 인해 다시 회생절차를 신청하는 것(계속적 수입이 있는 경우 개인파산절차는 신청하기 어렵다) 이외에는 채무자에 대한 구제방법이 없고, ④ 개인파산절차에서는 일정 기간 내 면책을 받았더라도 다시 면책을 받을 여지가 있는데(재량면책), 개인회생절차에서는 원천적으로 면책이 불가능하도록 할 합리적인 이유가 없다(오히려 개인회생절차에서는 일정 부분 채무변제를 한다는 점에서 전혀 채무변제를 하지 않는 개인파산절차보다 채무자를 보호할 필요성이 더 크다)는 점을 고려하면, 본 호에서 면책은 개인회생절차에서의 면책을 의미한다고 보아야 할 것이다.[11]

바. 개인회생절차에 의함이 채권자 일반의 이익에 적합하지 아니한 때[12]

'개인회생절차에 의함이 채권자 일반의 이익에 적합하지 아니한 때'란 개인회생절차에 의하여 변제되는 채무액의 현재가치가 채무자 재산의 청산가치에 미치지 못하는 것과 같이 변제기, 변제율, 이행의 확보 등에서 개인회생절차에 의하는 것이 전체 채권자의 일반의 이익에 적합하지 아니한 것을 의미한다.[13] 일반의 우선권 있는 개인회생채권(예컨대 조세채권)의 전액 변제에 관한 사항(제611조 제1항 제2호)을 변제계획안에 포함시킬 수 없는 것이 명확한 경우도 여기에 해당한다는 결정례도 있다.[14]

채무자가 개인회생절차개시신청 전에 특정채권자에게 편파적인 변제를 하거나 담보제공행위를 하여 다른 채권자들을 해하는 결과를 초래한 것이 여기에 해당하는지가 문제된다.

개인회생절차는 급여소득자 또는 영업소득자가 3년을 넘지 않는 기간 동안 그 수입 중에서 생계에 필요하다고 인정되는 비용을 제외한 나머지 금액을 변제에 투입하여 그 총변제액이 채무자가 파산하는 때에 배당받을 총액보다 적지 아니한 경우에 이용할 수 있는 제도로서(제579조, 제614조 제1항 제4호), 개인회생절차가 개시되면 채무자에 대한 파산절차 등은 중지·금지되고(제600조 제1항), 채무자가 장래에 얻게 될 소득이 채권자에 대한 변제재원이 되며, 만약 채무자가 보유한 재산의 청산가치가 위와 같은 방법에 의한 총변제액의 현재가치보다 많을 경우에는 재산의 일부를 변제계획에 투입해야 하는 점 등에서 파산절차와 구별된다. 개인회생절차

11) 회생절차에서 회생계획인가결정을 받아 개인회생절차 신청 요건을 갖춰(회생계획인가결정에 따른 권리변경으로 무담보채무 10억 원, 담보부채무 15억 원 이하가 된 경우) 종결한 후 곧바로 개인회생절차를 신청하거나 5년 이내의 기간 동안 회생계획에 따라 변제하다 종결된 후 개인회생절차를 신청한 경우에 발생할 수 있는 실무적인 문제는 제595조 제7호에 따라 해결하면 된다.
12) 회생절차에서도 다른 절차가 이미 법원에 계속 중임을 요하고 있지 않다(제42조 제3호). 반면 파산절차에서는 법원에 이미 회생절차 또는 개인회생절차가 계속되어 있을 것을 요구하고 있다(제309조 제1항 제2호).
13) 대법원 2017. 2. 17. 자 2016마1324 결정, 대법원 2013. 3. 15. 자 2013마101 결정, 대법원 2013. 3. 11. 자 2012마1744 결정, 대법원 2011. 9. 21. 자 2011마1530 결정, 대법원 2004. 5. 12. 자 2003마1637 결정 등 참조.
14) 수원지방법원 2019. 2. 12. 자 2018개회63017 결정(확정) 참조. 다만 이 경우는 개인회생절차개시 후 인가요건 흠결을 이유로 인가 전 폐지를 하는 것이 적절해 보인다(제614조 제1항 제1호, 제611조 제1항 제2호).

에서의 부인권은 채무자가 개인회생절차개시 전에 자신의 일반재산에 관하여 채권자들을 해하는 행위를 한 경우 그 효력을 부인하여 일탈된 재산을 개인회생재단으로 회복시키기 위한 제도로서, 부인권의 행사는 개인회생재단에 속하는 채무자의 재산을 원상으로 회복시키므로(제584조 제1항, 제397조 제1항), 부인권 행사요건이 인정될 경우 법원은 채권자 또는 회생위원의 신청에 의하거나 직권으로 채무자에게 부인권 행사를 명할 수 있을 뿐 아니라(제584조 제3항) 변제계획안 수정명령(제610조 제3항)을 통하여 부인권 행사로 원상회복될 재산 또는 이를 포함한 총재산의 청산가치 이상을 변제에 투입하도록 할 수도 있다. 이때 채무자가 수정명령 등에 불응하면 변제계획이 불인가되거나 개인회생절차가 폐지될 수 있고, 부인권 행사의 상대방이 그 받은 이익 등을 반환하여 채권이 부활하게 되면 변제계획 인가 이후에도 변제가 완료되기 전까지는 이를 반영한 변제계획변경안이 제출될 수 있다. 이와 같이 개인회생절차는 파산절차가 예정하고 있는 청산가치의 배분 이상의 변제가 이루어질 것을 전제로 하고 있는 제도라는 점, 개인회생채무자가 그 개시신청 전에 부인권 대상행위를 한 경우에도 채무자회생법은 부인권 행사를 통하여 일탈된 재산을 회복시켜 이를 포함한 총재산의 청산가치 이상을 변제하도록 하는 절차를 마련해 두고 있는 점, 그 밖에 개인회생절차를 파산절차에 우선하도록 한 제도의 취지와 기능 등을 종합하면, 설령 채무자가 개인회생절차개시신청 전에 특정 채권자에 대한 편파적인 변제나 담보제공 행위를 하여 다른 채권자들을 해하는 결과를 초래하였다고 하더라도, 다른 특별한 사정이 없는 한, 단지 그러한 사정만으로 개인회생절차에 의하는 것이 채권자 일반의 이익에 적합하지 않다고 단정할 수는 없다고 할 것이다.[15]

사. 그 밖에 신청이 성실하지 아니하거나 상당한 이유 없이 절차를 지연시키는 때

(1) 그 밖에 신청이 성실하지 아니한 때[16]

그 밖에 신청이 성실하지 아니한 때에 해당한다는 이유로 채무자의 개인회생절차 개시신청

---

15) 대법원 2013. 7. 12. 자 2013마668 결정, 대법원 2013. 3. 11. 자 2012마1744 결정, 대법원 2010. 11. 30. 자 2010마1179 결정. 따라서 채무자에게 사해행위, 편파변제 등 부인권 대상 행위가 있는 경우라도 법원은 개인회생절차개시신청을 기각할 것이 아니라 우선적으로 부인권 행사를 고려하여야 할 것이다.

16) 개인파산절차에서도 '그 밖에 신청이 성실하지 아니한 때'를 신청기각사유로 규정하고 있다(제309조 제1항 제5호). 나아가 개인회생절차에서는 파산절차남용을 별도의 신청기각사유로 규정하고 있다(제309조 제2항).
    신청불성실을 판단함에 있어서는 개인파산절차보다 개인회생절차에서 엄격하게 해석할 필요가 있다. 그 이유는 ① 개인파산에서는 '과다한 낭비로 인한 과대한 채무부담'이 면책불허가사유로 규정하고 있으나(제564조 제1항 제6호), 개인회생절차에서는 면책불허가사유가 아닌 점(개인회생절차에서는 개인파산절차보다 면책불허가사유가 제한적이다), ② 개인회생절차에서는 개인회생절차의 남용을 신청기각사유로 명시적으로 규정하고 있지 않은 점, ③ 개인파산은 채무를 전혀 변제하지 않고 면책을 받지만, 개인회생절차에서는 원칙적으로 3년간 일부 채무를 변제하고 나머지 채무를 면책받는 점, ④ 사법(私法)상 권리남용금지의 원칙을 개인회생절차에 도입할 경우 법관에게 광범위한 재량을 줄 여지가 있어 실무 운용에 많은 편차가 발생하고 권리남용인지에 대한 심리로 절차를 지연시킬 우려가 있는 점 등을 들 수 있다.
    미국 연방도산법 §1307(c)는 개인회생절차개시신청 기각사유를 규정하고 있는데, '신청이 불성실한 경우(bad faith)'를 규정하고 있지는 않다. 하지만 연방대법원의 2007년 Marrama 판결(Marrama v. Citizens Bank of Massachusetts. 549 U.S. 365)에서 신청불성실을 이유로 신청을 기각하는 하급심 판결들을 승인한 이래 신청불성실이 파산법원의 재량적 기각사유로 자리잡고 있다(도산판례백선, 323쪽). 일본 민사재생법 제25조 제4호는 신청불성

을 기각하려면 채무자에게 위 가. 내지 마.에 준하는 절차적인 잘못이 있거나, 채무자가 개인
회생절차의 진행에 따른 효과만을 목적으로[17] 하는 등 부당한 목적으로 개인회생절차 개시신
청을 한 경우 또는 법원의 정당한 보정명령을 받고도 장기간 보정에 불응한 경우에 해당한다
는 등의 사정이 인정되어야 한다.[18] 채무자가 부당한 목적으로 개인회생절차 개시신청을 하였
는지는 그 신청에 이르게 된 경위, 채무의 규모, 발생 시기 및 사용 내역, 강제집행 대상 재산
의 유무, 변제계획안의 내용 등 제반 사정을 종합하여 판단하여야 한다.[19]

(2) 상당한 이유 없이 절차를 지연시키는 때

법원 또는 회생위원은 채무자가 제출한 자료에 보완이 필요한 경우 언제든지 채무자에게
금전의 수입과 지출 그 밖에 채무자의 재산상의 업무에 관하여 보고를 요구할 수 있고, 필요
하다고 인정하는 경우에는 재산상황의 조사, 시정의 요구 그 밖의 적절한 조치를 취할 수 있
다(제591조). 따라서 채무자가 법원의 보정 요구에 일단 응한 경우에는 그 내용이 법원의 요구
사항을 충족시키지 못하였다 하더라도 법원이 추가적인 보정 요구나 심문 등을 통하여 이를
시정할 기회를 제공하지 아니한 채 곧바로 '상당한 이유 없이 절차를 지연'시킨다는 이유로 그
신청을 기각하는 것은 허용되지 않는다.[20]

실을 재생절차개시신청 기각사유로 규정하고 있다.
17) 채무자가 개인회생절차를 진행할 의사가 없으면서 보전처분이나 중지명령 등을 얻어 일시적으로 채권자의 권리행
  사를 피한 후 자산을 은닉하기 위한 목적으로 개인회생절차개시신청을 하거나, 강제집행을 피할 목적으로 개인회생
  절차개시신청을 한 경우 등을 들 수 있다.
18) 대법원 2020. 6. 30. 자 2020마5354 결정, 대법원 2017. 2. 17. 자 2016마1324 결정, 대법원 2015. 9. 1. 자 2015마
  657결정, 대법원 2011. 9. 21. 자 2011마1530 결정, 대법원 2011. 6. 11. 자 2011마201 결정 등 참조.
19) 대법원 2017. 2. 17. 자 2016마1324 결정, 대법원 2013. 3. 15. 자 2013마101 결정(채무자가 제출한 개인회생채권자
  목록에 기재되어 있는 전체 개인회생채무 351,854,785원 중 이 사건 신청일 전 약 1년 동안 새로 발생한 대출금채
  무는 281,023,527원으로서 약 80%에 해당하나, 그 대출금 중 상당 부분은 기존 채무의 상환에 사용되었고, 나머지
  도 채무자의 생활비, 범칙금 납부 등으로 사용된 사실 등을 알 수 있다. 이러한 사정에 비추어 보면, 이 사건 개인
  회생절차개시신청에 근접하여 발생한 채무액이 전체 채무액에서 차지하는 비중이 높다는 사정만으로는 채무자가
  개인회생절차 진행에 따른 효과만을 목적으로 하는 등의 부당한 목적으로 이 사건 개인회생절차개시신청을 하였다
  고 단정하기 어렵다), 대법원 2012. 1. 31. 자 2011마2392 결정(채무자가 물리치료사로서 적지 않은 수입이 있음에
  도 수입을 초과한 낭비성 지출 등 과도한 소비생활로 다액의 채무를 발생시킨 후 개인회생절차 개시신청을 한 것
  만으로 신청불성실에 해당한다고 볼 수 없다고 한 사례), 대법원 2011. 6. 11. 자 2011마201 결정(채무자가 세 번
  에 걸쳐 개인회생절차 개시신청을 하였으나 개인회생절차를 남용하여 채권자의 권리행사를 방해하였다는 등의 사
  유로 신청이 기각되었는데, 이후 특별한 사정변경이 없음에도 또다시 개인회생절차 개시신청을 한 것 자체로 '신청
  이 성실하지 아니한 때'에 해당된다는 이유로 개인회생절차 개시신청을 기각한 사안에서, 통상 개인회생채무자는
  개인회생절차 개시신청 기각결정에 대한 항고로 다투기보다는 재신청을 택하는 경우가 많고 채무자 회생 및 파산
  에 관한 법률에 의하여 재신청이 명시적으로 금지되어 있지 않은 점, 위 법은 도산절차에 있어서 채권자의 이익과
  채무자의 실질적 갱생을 위하여 청산형의 파산절차보다는 갱생형의 개인회생절차를 우선에 두고 있는 점, 위 개인
  회생절차 개시신청에 사정변경이 있다고 볼 여지도 있는 점을 고려하면 위 개인회생절차 개시신청이 성실하지 아
  니한 경우에 해당한다고 단정하기 어려움에도, 채무자가 부당한 목적으로 개인회생제도를 이용하였다는 등 신청 불
  성실 사유가 있는지에 대하여 심리를 하지 않은 채 채무자의 과거 경력만을 문제삼아 위 개인회생절차 개시신청을
  기각한 원심결정을 파기한 사례).
    한편 하급심 사례로 채무자가 개인회생절차 개시신청 1년 전 이내에 총 채무액의 50%에 상당하는 대출을 받아 그
  중 대부분을 주식매수자금으로 사용하였고, 보정명령에도 불구하고 그 대출금의 사용처를 밝히지 않은 경우에, 채무자
  의 개시신청이 신청불성실에 해당한다고 본 것이 있다{서울중앙지방법원 2010. 10. 7. 자 2010라315 결정(확정)}.
20) 대법원 2020. 6. 30. 자 2020마5354 결정, 대법원 2015. 9. 1. 자 2015마657결정, 대법원 2013. 3. 11. 자 2012마

Ⅲ 개인회생절차개시신청 기각결정의 효과

개인회생절차개시신청이 기각되는 경우에는 채무자와 이해관계인 사이의 법률관계에는 직접적인 영향이 없다. 개시신청기각결정이 내려지더라도 채무자는 아무런 제한 없이 다시 개인회생절차를 신청할 수 있다.

개인회생절차신청기각결정이 내려지면 보전처분의 효력도 상실된다.

제3절 개인회생절차개시결정

법원은 개인회생절차개시원인이 흠결되지 않았거나 신청을 기각할 사유가 존재하지 않으면 개인회생절차개시결정을 하여야 한다. 개인회생절차개시의 요건을 충족하고 있는지 여부는 채무총액을 제외하고 개시결정 당시를 기준으로 한다. 다만 개시신청에 관한 재판에 대하여 즉시항고가 제기된 경우에는 항고심의 속심적 성격에 비추어 항고심 결정 시를 기준으로 판단하여야 한다.[21]

Ⅰ 개시결정기한

법원은 신청일부터 1월 이내에 개인회생절차의 개시 여부를 결정하여야 한다(제596조 제1항).[22]

개인회생절차개시결정은 신속하게 이루어질 필요가 있다. 개인회생절차개시결정이 늦어지면 채권자가 채무자의 재산이나 급여를 압류하는 등으로 채무자의 회생에 곤란을 초래하게 할 수도 있다. 개시결정이 내려지면 개인회생채권에 기한 강제집행 등이 중지 또는 금지되기 때문에(제600조 참조) 위와 같은 곤란에서 벗어날 수 있다.[23]

따라서 특별한 사정이 없는 한 신속하게 개시결정을 하여야 할 것이다.

1744 결정, 대법원 2011. 9. 21. 자 2011마1530 결정, 대법원 2011. 6. 21. 자 2011마815 결정 등 참조.

21) 대법원 2020. 6. 30. 자 2020마5354 결정, 대법원 2011. 6. 10. 자 2011마201 결정 참조. 위 결정은 개인회생절차개시의 요건을 충족하고 있는지 여부는 개시신청 당시를 기준으로 하여 판단하는 것이 원칙이라고 하고 있다. 그러나 개시결정 시에는 개시요건을 갖추었으나 신청 당시를 기준으로 개시요건을 갖추지 못하였음을 이유로 신청을 기각하더라도 채무자는 다시 개인회생을 신청할 수 있으므로 이는 무익한 절차의 반복만을 요구하는 것에 불과하므로 개인회생절차개시요건을 충족하고 있는지 여부를 개시신청 당시를 기준으로 하는 것이 원칙이라는 위 결정은 문제가 있어 보인다. 개인회생절차개시의 요건을 충족하고 있는지 여부는 개시결정 시를 기준으로 판단하여야 할 것이다. 다만 채무총액의 적용시점은 회생절차개시신청시를 기준으로 하여야 한다(제579조 제1호).

22) 다만 실무적으로는 사건 수의 증가 등의 원인으로 위 기간을 지키고 있지는 못하다.

23) 개인회생절차개시결정이 신청서류 검토 등의 이유로 신속하게 이루어지지 못할 경우 금지명령을 적극적으로 활용할 필요가 있다.

Ⅱ 개인회생절차개시결정

1. 개시결정과 동시에 정하여야 하는 사항

법원은 개인회생절차개시결정과 동시에 ① 개인회생채권에 관한 이의기간과 ② 개인회생채권자집회의 기일을 정하여야 한다. 개인회생채권에 관한 이의기간은 개인회생절차 개시결정일부터 2주 이상 2월 이하이어야 하고, 개인회생채권자집회의 기일은 그 기일과 이의기간의 말일 사이에는 2주 이상 1월 이하의 기간이 있어야 한다. 특별한 사정이 있는 때에는 법원은 위 기일을 늦추거나 기간을 늘일 수 있다(제596조 제2항, 제3항).

2. 개시결정의 공고와 송달

법원은 개인회생절차개시결정을 한 때에는 지체없이 ① 개인회생절차개시결정의 주문, ② 이의기간, ③ 개인회생채권자가 이의기간 안에 자신 또는 다른 개인회생채권자의 채권내용에 관하여 개인회생채권조사확정재판을 신청할 수 있다는 뜻, ④ 개인회생채권자집회의 기일을 공고하여야 한다. 그리고 채무자와 알고 있는 개인회생채권자 및 개인회생절차가 개시된 채무자의 재산을 소지하고 있거나 그에게 채무를 부담하는 자에게 위 공고사항을 기재한 서면과 개인회생채권자목록 및 변제계획안을 송달하여야 한다(제597조).

Ⅲ 개인회생절차개시결정의 효력

1. 개인회생절차개시결정의 효력발생시기

법원이 개인회생절차개시결정을 한 경우 그 개시결정의 효력은 그 결정시부터 효력이 발생한다. 따라서 개인회생절차개시결정을 하는 때에는 결정서에 결정의 연·월·일·시를 기재하여야 한다(제596조 제4항, 제5항).

2. 개인회생절차개시결정의 구체적인 효력[24]

가. 채무자의 지위[25]

(1) 관리처분권

개인회생절차개시결정이 내려져도 회생절차나 파산절차와 달리 채무자는 여전히 개인회생

---

24) 쌍방미이행 쌍무계약과 관련하여, 개인회생절차는 회생절차에서의 제119조 제1항과 같은 채무자의 선택권을 인정하는 조항을 두고 있지 않다. 쌍방미이행 쌍무계약에 관하여는 각각의 계약 중에서도 단체협약이나 대항력을 갖춘 임대차계약, 도급계약에 관하여 별도의 예외규정을 두고 있으므로 개인회생절차에 이러한 규정을 두는 것은 적절하지 않다는 점을 고려한 것이다. 일본 민사재생법도 간이·신속하게 절차를 진행하여야 한다는 점을 중시하여 쌍방미이행

재단을 관리하고 처분할 권한을 가진다. 다만 인가된 변제계획에서 다르게 정한 때에는 그러하지 아니하다(제580조 제2항).

채무자는 개인회생절차개시결정이 있은 후에는 개시신청을 취하할 수 없다(제594조).

채무자가 근로자인 경우 사용자는 퇴직금을 중간정산하여 지급할 수 있는가. 사용자는 퇴직금 중간정산을 신청한 날로부터 역산하여 5년 이내에 근로자(채무자)가 개인회생절차개시결정을 받은 경우에는 근로자가 퇴직하기 전에 퇴직금을 미리 정산하여 지급할 수 있다(근로자퇴직급여 보장법 제8조 제1항, 같은 법 시행령 제3조 제1항 제5호).

(2) 개인회생절차에서 채무자의 제3자성

회생절차에서의 관리인과 파산절차에서 파산관재인에 대하여 제3자성이 인정된다는 것이 일반적이다(본서 363, 1326쪽). 회생절차나 파산절차와 달리 개인회생절차가 개시되더라도 채무자는 여전히 개인회생재단에 대한 관리처분권을 갖기 때문에(제580조 제2항) 개인회생절차에서의 채무자에 대하여도 제3자성이 인정되는지에 관하여 다툼이 있을 수 있다. 개인회생절차개시결정으로 채무자의 관리처분권이 제한되는 것은 아니기 때문에 제3자성이 부정된다고 볼 수 있는 견해도 있을 수 있다. 하지만 ① 파산절차와 마찬가지로 개인회생절차개시결정도 포괄적 압류의 실질을 갖고, 채무자도 개인회생절차개시결정에 의해 일단 관리처분권이 박탈당하지만, 그것과 동시에 개인회생채권자의 이익을 보호해야 할 의무가 부과된 관리처분권이 부여된다고 보아야 하기 때문에 채무자는 개인회생채권자를 대표하여야 하는 기관으로서 압류채권자와 유사한 지위를 갖고 있다고 볼 수 있는 점,[26] ② 일반회생절차에서 채무자가 관리인이 되는 경우에도 여전히 제3자성이 인정되는 점, ③ 부인권도 채무자가 행사하는 점(제584조 제2항), ④ 개인회생절차개시 전에는 스스로에게 귀속된 실체법상의 권리의무 주체로서 관리처분권능을 행사함에 대하여, 개시 후에는 개인회생절차의 기관으로서 관리처분권능을 행사한다는 점,[27] ⑤ 개인회생절차개시결정 후의 채무자는 공평성실의무를 부담하고, 모든 개인회생채권자를 위하여 개인회생절차를 진행하여야 하는 절차기관인 점 등을 고려하면 제3자성이 긍정된다고 볼 것이다.[28]

쌍무계약에 관한 규정을 두지 않고 있다. 따라서 쌍무계약에 관하여 개인회생절차개시 당시에 채무자와 상대방이 아직 그 이행을 완료하지 않은 경우 계약의 해제 또는 해지 여부는 민법의 일반이론에 따라 해결할 수밖에 없다.

25) **양육비 미지급으로 인한 명단공개와 개인회생절차개시결정** 여성가족부장관은 양육비 채무자가 양육비 채무불이행으로 인하여 감치명령 결정(가사소송법 제68조제1항 제1호 또는 제3호)을 받았음에도 불구하고 양육비 채무를 이행하지 아니하는 경우에는 양육비 채권자의 신청에 의하여 양육비이행심의위원회의 심의·의결을 거쳐 양육비 채무자의 성명 등의 정보를 공개할 수 있다. 다만 양육비 채무자가 개인회생절차개시결정을 받은 경우에는 명단을 공개하지 않는다고 할 것이다(양육비 이행확보 및 지원에 관한 법률[양육비이행법] 제21조의5 제1항 단서, 같은 법 시행령 제17조의4 제2항 제3호 참조, 본서 350쪽). 양육비이행법 및 그 시행령에서는 '회생절차개시'라고 되어 있지만, 여기에는 개인회생절차개시도 포함된다고 보아야 할 것이다. 전대규(일상회복), 237쪽[개인회생절차와 양육비] 참조.

26) 倒産判例百選, 41쪽.

27) 破産法·民事再生法, 794쪽.

28) 개인회생절차에서는 제64조 내지 제68조와 같은 규정이 없다. 현재로는 위 규정들을 유추적용하여야 하겠지만, 궁극적으로는 입법적 보완이 필요해 보인다.

[사례] A가 B에 대하여 甲토지를 양도하였다. B에게 소유권이전등기를 하기 전에, A에 대하여 개인회생절차가 개시되었다. B는 A에 대하여 甲토지에 관한 이전등기절차를 요구할 수 있는가.

(3) 채무자 행위의 제한

회생절차에서는 필요한 경우 관리인이 일정한 행위를 할 경우 법원의 허가를 받도록 할 수 있다(제61조 제1항).[29] 이는 법원의 감독과 사업수행의 신속성을 고려하여 법원에 재량을 부여하여 허가사항을 정하도록 한 것이다.

개인회생절차에서는 채무자의 행위를 제한하는 규정이 없다. 하지만 채무자는 여전히 관리처분권을 갖고 있어 중요한 재산을 부당하게 처분하는 행위를 할 수 있다. 이 경우 채무자의 재산 상태는 악화되어 변제계획의 수행이 불가능하게 되고, 결과적으로 면책을 통한 회생을 어렵게 만들 우려가 있게 된다. 그래서 채무자의 일정한 행위에 대하여 제한을 할 필요가 있다. 현재로서는 제61조 제1항을 유추적용하여 법원이 채무자의 사정을 감안하여 적절하게 채무자의 일정행위에 대하여 법원의 허가를 받도록 정할 필요가 있다. 궁극적으로는 입법적으로 해결하여야 할 것이다.[30]

나. 개인회생재단의 성립

개인회생절차개시결정이 이루어지면 ① 개인회생절차개시결정 당시 채무자가 가진 모든 재산과 채무자가 개인회생절차개시결정 전에 생긴 원인으로 장래에 행사할 청구권 및 ② 개인회생절차진행 중에 채무자가 취득한 재산 및 소득은 개인회생재단을 구성하게 된다(제580조 제1항).

개인회생절차개시결정이 이루어져도 원칙적으로 채무자가 여전히 관리처분권을 가지고 있음에도 개인회생재단의 개념을 둔 것은[31] 채무자가 제출한 변제계획을 인가받기 위하여는 변제계획의 인가결정일을 기준일로 하여 평가한 개인회생채권에 대한 총변제액이 채무자가 파산하는 때에 배당받을 총액보다 적지 아니할 것(제614조 제1항 제4호)을 요건으로 하고 있으므로 이를 결정하기 위해서는 개인회생재단의 범위가 특정되어야 하고, 개시결정의 효과로서 개인회생채권에 기하여 개인회생재단에 속하는 재산에 대하여 한 강제집행·가압류 또는 가처분이

개인회생절차에서는 채무자가 개인회생재단에 대한 관리처분권을 가지고 있으므로 개인회생절차개시결정 후에도 채무자로서 개인회생절차를 수행한다. 이러한 점을 고려하면 A와 B의 관계는 변함이 없고, B는 A에 대하여 甲토지의 이전등기를 청구할 수 있다고 볼 수 있다. 그러나 채무자의 제3자성을 인정할 경우, B는 A에 대하여 甲토지에 대한 이전등기를 청구할 수 없다(제66조 제1항 본문 유추적용).

29) 청산형 절차인 파산절차에서는 파산관재인이 일정한 행위를 할 경우 법원의 허가를 받도록 하고 있다(제492조).
30) 개인회생절차개시결정 후 채무자가 대출을 받는 등으로 새로운 채무가 발생한 경우 이 채무는 어떻게 처리하여야 하는가. 개인회생절차를 폐지하고 이 채무를 포함하여 다시 신청하여야 하는가. 현행법 규정대로라면 이 채무는 개시결정 후의 원인으로 생긴 것이어서 개인회생채권도 아니고 개인회생재단채권도 아니다(제583조 참조). 결국 기타채권에 해당한다. 하지만 기타채권을 어떻게 처리할 것인지에 대한 아무런 규정이 없다.
　살피건대 제61조 제1항을 유추적용하여 개인회생절차개시결정을 하면서 위 조항의 사항은 법원의 허가를 받도록 할 필요가 있다. 법원의 허가를 받도록 지정되지 않은 상태에서(현재의 실무이다) 채무자가 차용한 것이라도 제61조 제1항 제3호, 제3항을 유추적용하여 법원의 허가를 받지 않은 것이라면 무효로 보아야 할 것이다. 허가를 받아 차용한 것이라면 제179조 제1항 제5호를 유추적용하여 개인회생재단채권으로 보아야 할 것이다.
31) 청산형 절차인 파산절차의 경우에는 파산선고시를 기준으로 하여 파산재단의 범위를 확정하고 그 관리처분권을 파산관재인에게 부여하여 환가할 필요가 있으므로 파산재단의 범위를 확정하는 것이 필수적이다. 그러나 회생형 절차에서는 채무자가 계속 존속하는 것을 전제로 하므로 채무자와 재단을 분리할 필요가 없다. 그래서 회생절차에서는 회생재단이라는 개념을 두고 있지 않다.

중지되므로(제600조 제1항 제2호) 중지되는 절차의 범위를 특정하기 위하여 필요하기 때문이라는 견해가 있다. 하지만 이것보다 효율적인 개인회생사건의 통제와 원활한 변제계획의 수행을 보장하는 데 있다고 할 것이다(자세한 내용은 <본서 1940~1941쪽> 참조).

개인회생재단에 관한 자세한 내용은 **<제5장 제1절>**(본서 1940쪽)을 참조할 것.

다. 다른 절차의 중지 또는 금지

(1) 중지·금지되는 절차

(가) 회생절차 또는 파산절차의 중지 또는 금지

개인회생절차개시의 결정이 있는 때에는 채무자에 대한 회생절차(일반회생) 또는 파산절차(개인파산절차)에 대하여 이미 진행 중인 것은 중지되고, 새로이 신청하는 것은 금지된다(제600조 제1항 제1호). 개인회생절차가 회생절차나 파산절차보다 우선한다는 것을 의미한다.

이후 변제계획인가결정이 있으면 변제계획 또는 변제계획인가결정에 다르게 정한 때가 아니면 중지된 회생절차 또는 파산절차는 효력을 잃는다(제615조 제3항). 변제계획이 인가되면 회생절차나 파산절차를 속행할 필요성이 없어지기 때문이다. 여기서 효력을 잃는다는 것은 앞으로 속행을 허용하지 않는다는 것이 아니라 소급하여 절차가 효력을 잃는다는 것을 의미한다.

(나) 강제집행·가압류 또는 가처분의 중지 또는 금지

개인회생절차개시의 결정이 있는 때에는 개인회생채권에 기하여 개인회생재단에 속하는 재산에 대하여 이미 진행 중인 강제집행[32]·가압류 또는 가처분은 중지[33]되고 새로이 신청하는 것은 금지[34]된다(제600조 제1항 제2호). 개인회생절차의 개시는 집행장애사유에 해당하고, 집행장애사유의 존재는 집행법원의 직권조사사항이므로 집행법원은 개시결정 사실을 발견한 때에는 개시결정 정본의 제출 등을 기다릴 필요 없이 직권으로 이미 진행되고 있는 집행절차를 정지하여야 한다.[35]

---

32) 재산명시절차(민집법 제61조 제1항)는 어떻게 되는가. 재산명시절차도 강제집행절차의 일종으로 재산명시절차를 개시하기 위해서는 집행개시요건을 갖추어야 한다(민집법 제61조 제2항). 개인회생절차개시결정은 집행절차개시의 장애사유이고, 이는 직권조사사항이다. 개인회생절차개시결정이 되면 집행법원은 직권으로 재산명시절차를 중지하여야 한다. 다만 실무적으로 집행법원으로서는 개인회생절차개시사실을 알기 어려울 것이므로, 채무자가 재산명시절차의 중지를 촉구하는 의미에서 개인회생절차개시결정문을 집행법원에 제출할 수밖에 없을 것이다.

33) 절차의 중지란 진행되던 강제집행 등의 절차가 그 시점에서 동결되고 그 속행이 허용되지 않는다는 의미이다. 이미 행하여진 절차가 소급하여 무효로 되거나 취소되는 것은 아니다.

34) 새로이 강제집행 등을 신청하는 것이 금지되므로 새로이 신청된 경우는 부적법하므로 각하하고, 이에 위반하여 개시된 절차는 무효이다(대법원 2023. 9. 19. 자 2023마6207 결정).

35) ① 강제집행 등의 개시 전에 개인회생절차가 개시된 경우에는 집행신청을 각하하거나 기각한다. ② 개인회생절차개시결정을 간과하고 집행절차를 개시하였다면 직권으로 취소한다. 이해관계인은 집행에 관한 이의신청이나 즉시항고에 의하여 그 취소를 구한다. ③ 개인회생절차개시결정을 간과하고 배당을 실시한 경우: 배당실시는 무효이므로 배당금을 수령한 자는 채무자에게 반환하여야 한다. ④ 개인회생절차가 개시된 이후 압류·전부명령이 내려진 경우 압류·전부명령이 무효이므로 송달하여서는 안 되고, 간과하고 송달하여 확정되어도 무효이다. ⑤ 압류·전부명령이 송달된 이후에 개시결정이 내려진 경우 개인회생절차개시결정을 이유로 즉시항고하고, 항고법원은 재판을 정지하였다가 변제계획이 인가된 경우에 압류 전부명령을 취소하고 압류 및 전부명령신청을 기각하여야 한다. 그리고 애초에 신청한 개인회생절차가 채무자의 개인회생신청 취하 등을 이유로 폐지되었다고 하더라도, 그 압류 및 전부

양육비 직접지급명령(가사소송법 제63조의2)도 앞에서 본 바와 같이 압류명령과 전부명령을 동시에 명한 것과 같은 효력이 있으므로 중지·금지명령의 대상이 된다고 할 것이다.[36]

여기서 개인회생채권은 채권자목록에 기재된 채권에 한한다(제600조 제1항 단서). 따라서 채무자가 채권자목록에 기재하지 아니한 개인회생채권자는 개시결정 후에도 자유롭게 강제집행·가압류 또는 가처분을 할 수 있다.

중지 또는 금지되는 것은 개인회생채권에 기한 것에 한하므로 개인회생재단채권(제583조)이나 환취권(제585조)에 기한 강제집행, 가압류 또는 가처분은 허용된다. 또한 '개인회생재단에 속하는 재산'에 대한 것에 한정되므로 연대채무자, 물상보증인, 보증인 등의 재산에 대한 강제집행·가압류 또는 가처분은 중지·금지되지 않는다.

이후 변제계획인가결정이 있으면 더 이상 존속할 필요가 없기 때문에 변제계획 또는 변제계획인가결정에 다르게 정한 때가 아니면 중지된 강제집행 등은 효력을 상실한다(제615조 제3항). 따라서 중지의 효과는 원칙적으로 변제계획인가결정시까지 존속하는 것이다. 반면 금지의 효과는 개인회생절차에서 개인회생채권에 대한 변제는 변제계획에 의하여만 변제를 받을 수 있으므로 개인회생절차의 종료시까지 존속한다고 보아야 한다.

한편 변제계획불인가결정 또는 폐지결정이 있는 때에는 중지된 강제집행·가압류 또는 가처분은 속행할 수 있다.

(다) 변제의 금지

개인회생절차개시의 결정이 있는 때에는 개인회생채권을 변제받거나 변제를 요구하는 일체의 행위를 할 수 없다(제600조 제1항 제3호).[37] 변제금지의 대상이 되는 개인회생채권은 채권자

명령에 대한 항고재판 진행중에 채무자가 새롭게 신청한 개인회생절차가 다시 개시되었다면 변제계획의 인가시까지 그 항고재판을 정지하여야 하는 것은 마찬가지이다(대법원 2009. 9. 24. 자 2009마1300 결정).

36) 이혼 시 미성년인 자녀에 대한 양육비를 정기적으로 지급할 의무가 있는 사람(양육비채무자)이 정당한 사유 없이 2회 이상 양육비를 지급하지 아니한 경우에 정기금 양육비 채권에 관한 집행권원을 가진 채권자(양육비채권자)의 신청에 따라 양육비채무자에 대하여 정기적 급여채무를 부담하는 소득세원천징수의무자에게 양육비채무자의 급여에서 정기적으로 양육비를 공제하여 양육비채권자에게 직접 지급하도록 명하는 제도이다. 아직 이행일시가 도래하지 않은 장래의 정기금 양육비 채권을 집행권원으로 하여 양육비채무자의 장래의 정기금 급여채권에 대하여 강제집행을 할 수 있도록 함으로써, 비교적 소액의 정기금채권인 양육비 채권을 실효적으로 확보할 수 있도록 한 것이다.

문제는 개인회생절차가 개시되면 양육비 직접지급명령이 중지 또는 금지됨으로써 회생절차가 진행 중인 동안에는 자녀의 양육비가 충분히 확보될 수 없어 자녀의 복리에 중대한 영향을 미칠 수 있다는 것이다. 자녀에 대한 양육비가 비면책채권이긴 하지만(제625조 제2항 제8호), 이는 개인회생절차종결 이후에 면책되지 않고 변제받을 수 있다는 의미에 불과하여 개인회생절차 진행 중인 기간 동안 양육비를 확보할 수 있는 입법적 보완이 필요하다.

이러한 입법상 불비를 보완하기 위하여 실무는 개인회생절차가 진행 중인 동안 자녀의 복리를 위하여 변제계획안이 인가된 이후 양육비를 지급하고 있다. 구체적으로 장래양육비채무를 추가생계비 인정요소(제579조 제4호 다목) 중 하나로 취급하여 변제계획상 가용소득을 산정하는데 참고하거나 채무자를 위하여 지출하여야 하는 부득이한 비용(제583조 제1항 제6호)으로 보아 개인회생재단채권으로 처리하는 것이다[입법적으로 채무자가 부담하여야 하는 「양육비 이행확보 및 지원에 관한 법률」에 따른 양육비 채무(개인회생절차개시 당시 아직 이행기가 도래하지 아니한 것에 한정한다)를 개인회생재단채권으로 명시할 필요가 있다]. 그러나 이러한 실무의 태도에도 불구하고 개인회생절차 개시결정 이후 변제계획이 인가될 때까지 양육비의 확보방안은 없는 상태이다.

37) 개인회생절차개시 전에 개시된 담보권 실행을 위한 경매절차는 개인회생절차개시결정으로 중지된 후 변제계획이 인가되면 속행된다(제600조 제2항). 개인회생채권자가 변제계획인가 후 속행된 경매절차에서 배당요구를 하여 배당받을 수 있는가. 개인회생채권자는 개인회생절차가 개시되어 진행 중인 한 제600조 제1항 제3호에 의하여 배당을

목록에 기재된 채권에 한한다(제600조 제1항 단서).[38] 변제가 금지되는 것은 개인회생채권이므로 개인회생재단채권은 개인회생절차에 의하지 아니하고 수시로 변제한다(제583조 제2항, 제475조).

한편 소송행위는 금지의 대상이 아니다(제600조 제1항 제3호 단서). 다만 제600조 제1항 제3호 본문, 제603조, 제604조의 내용과 집단적 채무처리절차인 개인회생절차의 성격, 개인회생채권 조사확정재판제도의 취지 등에 비추어 보면, 개인회생절차개시의 결정에 따라 중지 또는 금지되는 행위에서 소송행위를 제외하고 있다고 하여도 이는 개인회생절차개시의 결정 당시 개인회생채권자목록에 기재된 개인회생채권에 관한 소가 이미 제기되어 있는 경우에는 그에 관한 소송행위를 할 수 있다는 취지로 보아야 하고, 개인회생절차개시의 결정이 내려진 후에 새로이 개인회생채권자목록에 기재된 개인회생채권에 기하여 이행의 소를 제기하는 것은 허용되지 아니한다.[39] 개인회생채권자목록에 기재된 개인회생채권에 관하여 이미 소송이 계속 중인 경우가 아니라면 권리의 확정은 조사확정재판에 의하여야 한다. 다른 도산절차와 마찬가지로 채권확정절차를 개인회생절차 내로 단일화하여 집중하기 위함이다.

(라) 체납처분(강제징수) 등의 중지 또는 금지

개인회생절차개시의 결정이 있는 때에는 국세징수법 또는 지방세징수법에 의한 체납처분(강제징수), 국세징수의 예{국세 또는 지방세체납처분(강제징수)의 예를 포함한다}에 의한 체납처분(강제징수) 또는 조세채무담보를 위하여 제공된 물건의 처분은 중지되고, 새로이 체납처분(강제징수) 등을 하는 것은 금지된다(제600조 제1항 제4호). 중지 또는 금지되는 처분은 채권자목록에 기재된 개인회생채권에 의한 경우에 한한다(제600조 제1항 단서). 따라서 채권자목록에 기재되지 않은 개인회생채권인 조세 등이나 개인회생재단채권인 조세 등의 청구권(제583조 제1항 제2호 참조)에 기한 처분은 중지 또는 금지되지 않는다.

(마) 담보권의 설정 또는 담보권의 실행 등을 위한 경매의 중지 또는 금지

개인회생절차개시의 결정이 있는 때에는 변제계획의 인가결정일 또는 개인회생절차 폐지결정의 확정일 중 먼저 도래하는 날까지 개인회생재단에 속하는 재산에 대한 담보권의 설정 또는 담보권의 실행 등을 위한 경매는 중지 또는 금지된다(제600조 제2항).

개인회생절차에서 담보권은 별제권으로 인정되기 때문에 담보권은 개인회생절차에 의하지 아니하고 행사할 수 있다(제586조, 제412조). 담보권의 실행으로 채무자의 영업이나 생계를 위하

받을 수 없다. 집행법원으로서는 별제권자에게 배당하고 남은 것은 채무자에게 교부하여야 한다(제615조 제2항 본문). 그런데 이는 부당하다. 따라서 변제계획을 작성할 때 담보권 실행을 위한 경매절차가 진행되고 있는지, 담보권 실행으로 별제권자에게 변제하고 남은 것(금액)이 있는지 등을 검토하여 변제계획에 이를 반영하여야 할 것이다(제615조 제2항 단서).

38) 개인회생채권에 해당하는 조세(개인회생절차개시 당시 이미 납부기한이 도래한 제583조 제1항 제2호의 조세와 제583조 제1항 제2호에 열거되지 아니한 조세)가 채권자목록에 기재된 경우에도 변제금지의 효력이 미친다. 다만 이들은 일반 우선권 있는 개인회생채권에 해당하므로 전액을 변제하는 내용으로 변제계획을 정하여야 한다(제611조 제1항 제2호).

39) 대법원 2013. 9. 12. 선고 2013다42878 판결. 물론 채권자목록에 기재되지 않은 개인회생채권에 기한 소송행위는 할 수 있다.

여 필수적인 재산이 상실될 수 있으므로 적어도 개인회생절차 진행 중에는 이를 중지시키겠다는 것이 그 입법취지라고 이해된다.

(바) 다른 규정과의 관계

1) 제593조와 제600조 제1항 제1호, 제2호, 제4호의 관계

제593조는 개인회생절차개시신청에 대한 결정이 있을 때까지 사이에 한정된다는 점에서 잠정적이다. 이에 반하여 제600조 제1항 제1호, 제2호, 제4호의 효과는 절차개시의 효과이고 절차 진행 중에는 계속하여 효과를 갖는 포괄적 일반적인 것이라는 점에서 다르다. 그리고 이미 이들에 대한 잠정적인 처분이 되었다면, 그 효력은 제600조 제1항 제1호, 제2호, 제4호에 의하여 여전히 계속되는 것이다.

2) 제600조 제1항 제1호, 제2호, 제4호와 제3호의 관계

채무소멸행위 금지 일반에 대하여는 제600조 제3호가 규정하지만, 채권회수에 대한 강제적인 법정절차와 관련하여서는 제600조 제1항 제1호, 제2호, 제4호가 금지하는 것으로 이해된다. 즉 제600조 제3호는 개인회생절차개시에 따라 채권자·채무자에 대하여 발생하는 채권소멸행위 금지라는 권리행사권한의 제한을 정한 실체규정이다. 그러나 제600조 제3호 규정 자체만으로는 다양한 재판상의 절차 자체에 대한 직접적인 절차적인 효과를 발생시킬 수는 없다. 그래서 이러한 법원에 관한 절차에 대하여 직접적인 절차적 효과를 미치게 하기 위하여 제600조 제1항 제1호, 제2호, 제4호를 정한 것이다. 개인회생절차개시결정이 있다는 것을 안 경우 집행기관은 직권으로 강제집행 등을 중지하여야 한다(집행장애사유).

(2) 중지된 절차 또는 처분의 속행 또는 취소

법원은 상당한 이유가 있는 때에는 이해관계인의 신청에 의하거나 직권으로 위와 같이 중지된 절차 또는 처분의 속행 또는 취소를 명할 수 있다. 다만 처분의 취소의 경우에는 담보를 제공하게 할 수 있다(제600조 제3항).[40]

'상당한 이유'란 개인회생에 지장이 없는 경우를 말한다고 할 것이다(제58조 제5항 참조).[41]

---

40) 회생절차에서는 체납처분(강제징수) 등은 취소명령의 대상이 아니다(제58조 제5항). 한편 개인회생절차에서 체납처분(강제징수) 등을 취소대상으로 한 것이 맞는지는 의문이다. 조세 등 청구권에 기한 체납처분(강제징수) 등은 중지명령의 대상이지만, 취소제도가 없고, 취소제도가 있는 포괄적 금지명령의 대상은 아니어서 개인회생절차개시결정 전에는 체납처분(강제징수) 등을 취소할 수 없다. 그럼에도 개인회생절차개시결정 후에 체납처분(강제징수) 등을 취소할 수 있다는 것은 이해하기 어렵다(개시결정 전과 후를 달리 취급할 합리적인 이유가 없다).

41) **회생절차와 개인회생절차의 속행명령 비교**

	회생절차	개인회생절차
근거규정	제58조 제5항	제600조 제3항
요건	회생에 지장이 없다고 인정하는 때	상당한 이유가 있는 때
회생계획(변제계획)인가로 인한 실효	실효×(제256조 제1항 단서)	실효×(명시적인 규정은 없으나 해석상)

* 파산절차의 경우에는 파산선고로 실효되고, 파산관재인이 강제집행절차를 속행할 수 있다(제348조 제1항).

속행명령에 의하여 강제집행 등이 속행되어도 이는 속행된 강제집행 등을 이용하여 조기에 환가하는 것을 목적으로 하는 것이므로 변제계획인가결정이 된 경우에도 해당 강제집행 등은 실효되지 않고 속행된다(본서 2038쪽). 또한 제600조 제3항에 의하여 강제집행 등이 속행된 경우 강제집행 등을 신청한 개인회생채권자가 우선적으로 배당을 받은 것은 아니고, 해당 개인회생채권자도 변제계획에 따라 변제를 받는 것이다. 즉 환가대금은 개인회생채권자 전체의 변제재원으로 충당된다.

(3) 시효의 부진행

개인회생절차개시결정의 효력으로 처분을 할 수 없거나 중지된 기간 중에 시효는 진행하지 아니한다(제600조 제4항). 시효중단의 효력은 특별한 사정이 없는 한 개인회생절차가 진행되는 동안에는 그대로 유지된다. 따라서 개인회생채권자목록에 기재된 개인회생채권에 대하여는 소멸시효의 중단을 위한 소송행위를 허용할 필요가 없다.[42]

라. 양육비 미지급으로 인한 명단공개 제외 여부

여성가족부장관은 양육비 채무자가 양육비 채무불이행으로 인하여 감치명령 결정(가사소송법 제68조 제1항 제1호 또는 제3호)을 받았음에도 불구하고 양육비 채무를 이행하지 아니하는 경우에는 양육비 채권자의 신청에 의하여 양육비이행심의위원회의 심의·의결을 거쳐 양육비 채무자의 성명 등의 정보를 공개할 수 있다. 다만 양육비 채무자가 개인회생절차개시결정을 받은 경우[43]에는 명단을 공개하지 않는다(양육비 이행확보 및 지원에 관한 법률 제21조의5 제1항, 같은 법 시행령 제17조의4 제2항 제3호 유추적용).

Ⅳ 책임제한절차와의 관계

책임제한절차가 '파산절차'의 성격을 가지고 있음에 주목하여, 책임제한절차 개시결정을 내리기 전에 신청인이 개인회생절차개시결정을 받은 경우에는 제309조 제1항 제2호를, 책임제한절차 개시결정을 내린 이후에 신청인이 개인회생절차개시결정을 받은 경우에는 제600조 제1항 제1호를 각 유추하여 책임제한절차가 개시될 수 없거나 속행될 수 없다고 보는 견해가 있을 수 있다. 그러나 무조건 위와 같이 단정할 수는 없다. 관련 내용은 〈제2편 제4장 제3절〉(본서 248쪽)을 참조할 것. 양 절차의 병행을 인정하게 되면 제한채권자들과 개인회생채권자들은 각각 별개의 절차를 통해 채권을 회수하게 된다.[44]

---

42) 대법원 2013. 9. 12. 선고 2013다42878 판결. 나아가 위 판결은 「이러한 법리는 개인회생채권자목록에 기재된 개인회생채권에 관하여 개인회생절차개시의 결정 전에 이미 확정판결이 있는 경우에도 마찬가지로 적용된다」고 판시하고 있다.

43) 회생절차개시결정 및 파산선고를 받은 경우는 물론, 개인회생절차개시결정의 경우에도 명단공개에서 제외된다고 할 것이다. 관련 내용은 〈제2편 제5장 제3절 Ⅳ.7.〉(본서 350쪽)을 참조할 것.

44) 김영석, 전게 "선박책임절차와 도산절차의 비교 및 충돌에 관한 연구-소송 및 집행절차에 미치는 영향을 중심으로-", 305쪽.

제4절 개인회생절차개시신청에 관한 재판에 대한 불복

I 즉시항고

개인회생절차개시신청에 관한 재판에 대하여는 즉시항고를 할 수 있다(제598조 제1항). 이 경우 원심법원은 재도고안의 방법으로 이미 내려진 결정을 취소할 수도 있다(제33조, 민소법 제446조).

즉시항고를 할 수 있는 자는 그 재판에 이해관계를 가진 자이다(제13조 제1항). 개인회생절차개시결정의 경우에는 개인회생채권자목록에 기재된 개인회생채권자와 별제권자[45]가 이해관계를 가지고, 개시신청의 기각결정의 경우에는 신청인인 채무자만이 이해관계를 가진다 할 것이다.

II 즉시항고기간 및 방법

1. 즉시항고기간

개인회생절차개시결정에 대한 즉시항고기간은 공고가 있은 날의 다음날부터 기산하여 14일이다(제13조 제2항). 개시신청기각결정은 공고되지 아니하므로 즉시항고기간은 신청인이 결정문을 송달받은 날의 다음날부터 1주간이다(제33조, 민소법 제444조 제1항).

즉시항고기간을 넘긴 후 제출된 항고장에 대하여는 원심재판장이 명령으로 항고장을 각하하여야 한다(제33조, 민소법 제443조, 제399조 제2항).

2. 즉시항고방법

즉시항고는 원재판을 한 법원에 항고장을 제출함으로써 한다(제33조, 민소법 제445조). 즉시항고는 서면으로 하여야 한다(제14조). 개인회생절차는 다수의 이해관계인이 관여하는 집단적 절차이기 때문에 서면으로 할 것을 요청하고 있는 것이다.

III 즉시항고의 효력 등

개인회생절차개시결정에 대한 즉시항고는 집행정지의 효력이 없다(제598조 제3항). 개시신청기각결정에 대한 즉시항고가 있는 경우에는 항고법원은 신청인의 신청에 의하거나, 직권으로 보전처분 및 중지·금지명령, 포괄적 금지명령을 발할 수 있다(제598조 제2항, 제592조, 제593조).

---

45) 개인회생절차개시결정이 되면 담보권실행을 위한 경매절차가 중지·금지되기 때문이다(제600조 제2항).

원심법원은 즉시항고에 정당한 이유가 있다고 인정하는 때에는 그 재판을 경정하여야 한다(제33조. 민소법 제446조). 즉시항고가 이유 없다고 인정되면 사건을 항고법원에 송부한다.

항고법원은 즉시항고의 절차가 법률에 위반되거나 즉시항고가 이유 없다고 인정하는 때에는 결정으로 즉시항고를 각하 또는 기각하여야 한다(제598조 제4항). 이 경우 개인회생절차는 계속 진행하게 된다.

항고법원은 즉시항고가 이유 있다고 인정하는 때에는 원래의 결정을 취소하고 사건을 원심법원에 환송하여야 한다(제598조 제5항). 법원은 개인회생절차개시결정을 취소하는 결정이 확정된 때에는 즉시 그 주문을 공고하고, 채무자, 알고 있는 개인회생채권자, 개인회생절차가 개시된 채무자의 재산을 소지하고 있거나 그에게 채무를 부담하는 자에게 그 결정의 취지를 송달하여야 한다(제599조). 신청기각이나 각하결정이 취소되어 원심법원으로 환송된 경우, 원심법원은 환송된 사건의 절차를 진행하면 된다.

Ⅳ 재 항 고

항고법원의 결정에 대하여 재판에 영향을 미친 헌법, 법률, 명령 또는 규칙의 위반이 있음을 이유로 하는 경우 대법원에 재항고를 할 수 있다(제33조, 민소법 제442조).

재항고도 항고와 마찬가지로 통상항고와 즉시항고로 나누어지나 그 구분은 원래의 항고 자체가 통상항고인가 즉시항고인가에 의하는 것이 아니라 재항고의 대상이 되는 재판의 내용에 따른다.[46] 즉 재항고가 즉시항고인가 통상항고인가는 항고법원의 결정 내용에 의하여 결정된다(본서 153쪽).

---

46) 대법원 2007. 7. 2. 자 2006마409 결정.

제 **5** 장

개인회생재단의 구성 및 확정

I 의   의

개인회생재단이란 ① 개인회생절차개시결정 당시 채무자가 가진 모든 재산, ② 채무자가 개인회생절차개시결정 전에 생긴 원인으로 장래에 행사할 청구권, ③ 개인회생절차진행 중에 채무자가 취득한 재산 및 소득을 말한다(제580조 제1항). 다만 ①, ②에 해당하는 것으로 압류금지재산이나 면제재산은 개인회생재단에서 제외된다(제580조 제3항, 제383조 제1항, 제2항). 개인회생재단은 개인회생절차에서 채무자의 재산으로 채무를 갚는 데 사용할 재산의 집단으로서 재단법인의 '재단'이 아니고 모든 채권자를 위해서 사용해야 할 재산을 총칭하는 것이다.[1][2]

파산절차가 파산선고 당시 채무자가 보유한 재산을 환가하여 채권자들에게 변제하는 것과 달리, 개인회생절차는 채무자가 장래에 벌어들이는 수입(소득)을 중요한 재원으로 삼아 채권자들에게 변제하는 것이기 때문에 개인회생재단에는 개시결정 당시 채무자가 가진 모든 재산은

---

1) 수탁자에 대하여 개인회생절차가 개시된 경우 신탁재산은 개인회생재단을 구성하지 않는다(신탁법 제24조). 위탁자에 대하여 개인회생절차가 개시된 경우에도 마찬가지이다(본서 647쪽 이하, 1293쪽 참조).

2) **배우자 재산의 청산가치 산입의 위법성** 민법은 부부별산제를 채용하고 있다. 즉, 부부의 일방이 혼인 중 그 명의로 취득한 재산은 그 특유재산으로 되고, 다만 부부의 누구에게 속한 것인지 분명하지 아니한 재산은 부부의 공유로 추정된다(민법 제830조, 대법원 1986. 9. 9. 선고 85다카1337,1338 판결 등). 이러한 추정을 번복하기 위해서는 다른 일방 배우자가 실제로 당해 부동산의 대가를 부담하여 그 부동산을 자신이 실질적으로 소유하기 위하여 취득하였음을 증명하여야 하는데, 이때 단순히 다른 일방 배우자가 그 매수자금의 출처라는 사정만으로는 무조건 특유재산의 추정을 번복하고 당해 부동산에 관하여 명의신탁이 있었다고 볼 것은 아니고, 관련 증거들을 통하여 나타난 모든 사정을 종합하여 다른 일방 배우자가 당해 부동산을 실질적으로 소유하기 위하여 그 대가를 부담하였는지를 개별적·구체적으로 가려 명의신탁 여부를 판단하여야 하며, 특히 다른 증거에 의하여 이러한 점을 인정하기 어려운 사정이 엿보이는 경우에는 명의자 아닌 다른 일방 배우자가 매수자금의 출처라는 사정만으로 명의신탁이 있었다고 보기는 어렵다(대법원 2018. 8. 30. 선고 2017다264232, 264249 판결, 대법원 2013. 10. 31. 선고 2013다49572 판결 등). 따라서 아무런 근거도 없이 배우자 명의 재산을 채무자의 청산가치에 포함시키는 것은 위법한 것이다.

물론 개인회생절차진행 중에 채무자가 취득한 재산 및 소득도 포함된다. 파산재단은 파산선고 당시에 가진 모든 재산으로 구성되는 고정주의를 취하고 있음에 반하여(제382조 제1항), 개인회생재단은 개인회생절차개시결정 후 개인회생절차진행 중에 생긴 원인으로 채무자가 취득한 재산 및 소득도 포함하는 팽창주의를 취하고 있다.[3]

팽창주의를 취하고 있으므로 상속인에 대한 개인회생절차가 개시된 후 피상속인이 사망하면, 상속재산은 개인회생절차진행 중에 채무자가 취득한 재산이므로 개인회생재단에 포함된다고 보아야 한다.

한편 인가된 변제계획에서 다르게 정한 경우를 제외하고 개인회생재단에 대한 관리처분권은 채무자에게 있음에도(제580조 제2항) 회생절차와 달리 개인회생재단이라는 개념을 둔 것은 무슨 의미가 있을까.

이와 관련하여 개인회생재단 개념의 필요성에 대하여 다음과 같이 설명하는 견해가 있다.[4] 첫째 채무자가 제출한 변제계획안을 인가받기 위해서는 '변제계획의 인가결정일을 기준으로 평가한 개인회생채권자에 대한 총변제액이 채무자가 파산하는 때에 배당받을 총액보다 적지 아니할 것'(청산가치보장원칙)을 요건으로 하고 있다(제614조 제2항 제1호). 따라서 법원은 변제계획 인가 여부를 결정하기 위하여 개인회생재단의 범위를 알고 있을 필요가 있다. 둘째 개인회생절차개시결정의 효과로서 중지되는 강제집행 등 절차의 범위를 특정하기 위하여 개인회생재단의 개념이 필요하다. 즉 개인회생절차개시결정이 있으면 '개인회생채권에 기하여 개인회생재단에 속하는 재산에 대하여 한 강제집행, 가압류 또는 가처분'은 중지 또는 금지된다(제600조 제1항 제2호).

살피건대 개인회생재단이라는 개념은 미국의 제13장 절차를 도입하면서 들여온 개념이다.[5] 미국의 경우 개인회생재단(bankruptcy estate)에는 우리나라와 마찬가지로 신청 당시의 재산은 물론 장래의 수입도 포함된다. 그러나 이를 매각하여 채권자들에게 배당하는 것이 아니다. 채무자는 그것이 비록 개인회생재단에 귀속하지만 점유(possession)는 계속한다(U.S.C. §1306(b)). 재산을 모두 개인회생재단으로 귀속시키는 목적은 개인회생사건의 효율적인 통제를 보장하기 위함이다. 특히 장래의 수입에 따라 재산을 변제계획에 의해 채권자에게 변제하는 것을 보장

---

3) 개인회생재단에 포함되는 재산은 파산재단보다 많다. 개인회생재단은 개인회생절차개시 당시의 재산뿐만 아니라 채무자가 개인회생절차 진행 중에 벌어들이는 수입도 포함된다. 개인회생절차는 3년(5년) 동안 지속되고, 이것은 개인회생재단을 채무자가 개인파산을 신청하였더라면 포함되었을 파산재단보다 크게 만든다.

　　한편 회생절차에서는 회생절차개시 전후를 불문하고 채무자의 모든 재산이 변제의 대상이 된다는 점에서 개인회생재단과 유사한 점이 있지만, 회생재단이라는 개념은 두고 있지 않다.

4) 임치용, 파산법연구, 박영사(2004), 120쪽.

5) 파산절차에서 파산재단은 관재인(trustee)이 그것을 환가하여 채권자들에게 배당을 하여야 하기 때문에 명확히 하여야 한다. 그러나 개인회생절차에서 채무자는 일반적으로 재산을 유지하면서 장래의 수입으로 채권자들에게 변제한다. 그럼에도 개인회생재단에 포함될 재산을 명확히 하는 것은 개인회생절차에서도 필요하다. 왜냐하면 변제계획은 개인회생채권이 파산절차에서 배당받을 수 있는 것보다 적지 않게 변제되어야 인가받을 수 있기 때문이다. 그리하여 법원이 개인회생재단의 재산이 어느 정도인지를 알기까지는 변제계획을 인가할 수 없다. 또한 개인회생재단의 개념은 자동중지(automatic stay)의 범위를 결정하기 위해서도 필요하다(Daniel J. Bussel·David A. Skeel, Jr., 467쪽).

한다.[6] 채무자회생법도 개시결정 당시 가진 재산, 장래에 행사할 청구권, 장래의 재산 및 소득은 모두 개인회생재단에 속한다고 규정함으로써(제580조 제1항) 채무자로부터 분리하고 있다. 이후 변제계획이 인가되면 미국과 마찬가지로(U.S.C. §1327(b)) 다시 채무자에게 귀속된다(제615조 제2항). 그렇다면 채무자회생법이 별도로 개인회생재단의 개념을 둔 것은 미국과 마찬가지로 효율적인 개인회생사건의 통제와 원활한 변제계획의 수행을 보장하기 위한 것으로 볼 수 있다.

그런데 개인회생절차가 개시되면 개인회생절차개시 당시 가지고 있는 모든 재산을 채무자로부터 분리하여 여러 법률문제를 취급하여야 하므로 개인회생재단의 개념을 두고 있으나, ① 개인회생재단은 파산재단과 달리 그 범위를 확정함에 있어 팽창주의를 취하고 있고, ② 개인회생채권자목록에 기재되지 않은 채권자는 개인회생절차개시 후에도 강제집행 등을 속행하거나 개시할 수 있으며(제600조 참조), ③ 개인회생재단에 대한 관리처분권은 여전히 채무자에게 있다(제580조 제2항)[7]는 점에서 개인회생재단이라는 개념은 파산재단에 비하여 그 유용성이 크지 않다고 할 것이다.[8]

한편 채무자의 기초적 생활보호를 위해 개인회생재단에서 제외되는 재산이 있다. 여기에는 ① 압류금지재산(자동 면제재산)과 ② 신청에 의한 면제재산이 있다. 압류금지재산은 원래부터 민사집행법상 집행금지대상 재산이므로 개인회생절차에서도 동일한 취지로 규정한 것이다. 개인회생재단에서 제외되고, 채무자가 개인회생절차개시 이후에도 유지(소유)한다는 점에서 자유재산이라고 할 수 있다. 아래에서 순차적으로 보기로 한다.

Ⅱ 개인회생재단에 속하지 아니하는 압류금지재산

① 개인회생절차개시결정 당시 채무자가 가진 모든 재산과 ② 채무자가 개인회생절차개시결정 전에 생긴 원인으로 장래에 행사할 청구권 중 압류할 수 없는 재산은 개인회생재단에 속하지 않는다(제580조 제3항, 제383조 제1항). 압류가 금지되는 재산에는 압류금지채권과 압류가 금지되는 물건이 있고, 이는 민사집행법 등 각종 법률에서 개별적으로 규정하고 있다. 압류금지재산은 개인회생재단에서 제외되므로 변제재원이 되지 않고 채무자가 자유롭게 사용할 수

---

6) David G. Epstein · Steve H. Nickles, 283쪽.

7) 개인회생재단이라는 개념을 인정하고, 채무자의 재산을 재단에 속하도록 하였음에도 관리처분권을 채무자에게 남겨둔 이유는 무엇일까. 파산절차의 경우 채무자의 재산을 파산재단에 속하도록 하고(제382조) 관리처분권은 파산관재인에게 부여하고 있다(제384조). 관련 내용은 아래 〈Ⅳ.〉를 참조할 것.

8) 개인회생재단의 성격과 관련하여서도 파산재단의 경우와 마찬가지로 채무자와 별개의 독립적 법인격체로 보는 견해와 단순한 재산의 집합체에 불과하다는 견해가 있을 수 있다. 민법상 법인격은 법률의 규정에 의하지 아니하면 성립할 수 없는데(민법 제31조) 개인회생재단에 대하여 법인격을 인정하는 명문의 규정이 없는 점, 개인회생절차개시결정 후라도 개인회생채권자목록에 기재되지 않은 채권은 개인회생재단에 속하는 재산에 대하여도 집행이 가능한 점, 개시결정 후에도 개인회생재단에 대한 관리처분권을 채무자가 가지고 있음은 물론(제580조 제2항) 변제계획 인가결정이 있으면 개인회생재단에 속하는 모든 재산은 채무자에게 귀속하는 점(제615조 제2항)에 비추어 보면 단순한 재산의 집합체로 보아야 할 것이다.

있다.

파산재단은 제382조에 의하여 채무자가 파산선고 당시에 가진 모든 재산으로 구성되고, 다만 제383조 제1항에 의하여 압류할 수 없는 재산을 파산재단에서 제외하고 있다. 반면 개인회생재단에서는 ① 개인회생절차개시결정 당시 채무자가 가진 모든 재산과 ② 채무자가 개인회생절차개시결정 전에 생긴 원인으로 장래에 행사할 청구권에 대하여는 압류할 수 없는 재산을 제외하고 있으나, ③ 개인회생절차개시 후 개인회생절차 진행 중에 생긴 원인으로 채무자가 취득한 재산 및 소득에 대하여는 압류할 수 없는 재산인 경우라도 제383조의 적용을 배제하여 장래의 급여채권 등을 개인회생재단에 포함시키고 있다(제580조 제3항). 압류할 수 없는 재산을 제외할 경우 변제재원이 줄어들어 채권자들에게 미치는 영향이 크다는 점을 고려한 것으로 보인다.

1. 압류금지채권

가. 민사집행법상의 압류금지채권 (민집법 제246조 제1항)

① 법령에 규정된 부양료 및 유족부조료(遺族扶助料)(제1호)

민법 제974조 등 법령의 규정에 의하여 발생하는 부양료청구권과 공무원연금법 그 밖의 법률에 의하여 발생하는 유족연금, 유족보상금 등의 청구권이 이에 속한다.

② 채무자가 구호사업이나 제3자의 도움으로 계속 받은 수입(제2호)

③ 병사의 급료(제3호)

④ 급료·연금·봉급·상여금·퇴직연금, 그 밖에 이와 비슷한 성질을 가진 급여채권의 2분의 1에 해당하는 금액. 다만, 그 금액이 「국민기초생활 보장법」에 의한 최저생계비를 고려하여 대통령령이 정하는 금액(월 185만 원[9])에 미치지 못하는 경우 또는 표준적인 가구의 생계비를 고려하여 대통령령이 정하는 금액[10]을 초과하는 경우에는 각각 당해 대통령령이 정하는 금액으로 한다(제4호).

⑤ 퇴직금 그 밖에 이와 비슷한 성질은 가진 급여채권의 2분의 1에 해당하는 금액(제5호)

위 ④, ⑤와 같은 채권을 압류금지채권으로 한 취지는 다음과 같다. 계속적으로 일정한 일을 하면서 그 대가로 정기적으로 얻는 경제적 수입에 의존하여 생활하는 채무자의 경우에 그러한 경제적 수입(그러한 일에 더 이상 종사하지 않게 된 후에 이미 한 일에 대한 대가로서 일시에 또는 정기적으로 얻게 되는 경제적 수입을 포함한다)은 채무자 본인은 물론 그 가족의 생계를 유지하는 기초가 된다. 따라서 이와 관련된 채권자의 권리 행사를 일정 부분 제한함으로써 채무자와 그 가족의 기본적인 생활(생계)을 보장함과 아울러 근로 또는 직무수행의 의욕을 유지시켜 인

---

9) 민집법 시행령 제3조. 채무자가 다수의 직장으로부터 급여를 받거나 여러 종류의 급여를 받는 경우에는 이를 합산한 금액을 급여채권으로 한다(민집법 시행령 제5조).

10) 300만 원 이상으로서, 300만 원과 민집법 제246조 제1항 제4호 본문에 따른 압류금지금액(월액으로 계산한 금액을 말한다)에서 300만 원을 뺀 금액의 2분의 1을 합산한 금액을 말한다(민집법 시행령 제4조).

간다운 삶을 가능하게 하려는 사회적·정책적 고려에 따른 것이다.[11]

⑥「주택임대차보호법」제8조, 같은 법 시행령(제10조, 제11조)의 규정에 따라 우선변제를 받을 수 있는 금액[소액임차보증금](제6호)[12]

주택에 대한 경매신청의 등기(경매개시결정의 등기) 전에 주택의 인도와 주민등록을 마친 임차인의 보증금 중 일정액(소액임차보증금)은 압류금지채권이다.

〈소액임차보증금의 범위(주택임대차보호법 제8조, 같은 법 시행령 제10조, 제11조)〉

대상지역	우선변제를 받을 임차인	우선변제를 받을 보증금 중 일정액(소액임차보증금)
서울특별시	1억 6천 500만 원	5,500만 원
과밀억제권역, 세종특별자치시, 용인시, 화성시 및 김포시	1억 4천 500만 원	4,800만 원
광역시, 안산시, 광주시, 파주시, 이천시 및 평택시	8천 500만 원	2,800만 원
그 밖의 지역	7천 500만 원	2,500만 원

상가건물 임대차보호법상의 임대차보증금 반환채권의 경우에는 적용되지 않는다.

⑦ 생명, 상해, 질병, 사고 등을 원인으로 채무자가 지급받는 보장성보험의 보험금(해약환급 및 만기환급금을 포함한다).[13] 다만, 압류금지의 범위는 생계유지, 치료 및 장애 회복에 소요될

---

11) 대법원 2018. 5. 30. 선고 2015다51968 판결.

12) 민사집행법 제246조 제1항 제6호(이하 '심판대상조항'이라 한다)가 재산권을 침해하는지 쟁점이 된 사안에서 헌법재판소는 재산권을 침해하지 않는다고 결정하였다(헌법재판소 2019. 12. 27. 선고 2018헌마825 전원재판부 결정). 그 이유는 다음과 같다. ① 심판대상조항은 소액임차인의 주거생활의 안정을 도모하고 이들의 인간다운 생활을 보장하기 위한 것으로 입법목적이 정당하고, 소액임차보증금 반환채권의 압류를 금지하는 것은 위와 같은 입법목적의 달성에 적합한 수단이다. ② 주택임대차보호법을 비롯한 여러 법률은 소액임차보증금의 회수를 보장하기 위한 특례 규정을 두어 적어도 소액임차인의 자발적인 의사에 기하지 아니하고는 소액임차보증금이 타인에게 귀속되지 않도록 배려하고 있다. 그러나 이러한 규정들만으로는 채권자가 강제집행을 통하여 소액임차인인 채무자로부터 소액임차보증금의 처분권을 박탈하는 것을 막을 수 없으므로, 소액임차보증금 반환채권에 대한 압류를 금지할 필요가 있다. ③ 심판대상조항은 채권자 등 다른 이해관계인의 지위를 다소 해하게 되더라도 소액임차보증금의 회수를 우선적으로 보장하는 것이 타당하다는 사회보장적 고려에서 입법된 것으로 볼 수 있는바, 집행채권의 종류나 채무자의 다른 재산 보유 여부에 따라 소액임차인에 대한 보호 필요성이 달라진다고 보기 어렵다. 그리고 민사집행법 제246조 제3항은 당사자가 신청하면 법원이 채권자와 채무자의 생활형편, 그 밖의 사정을 고려하여 제1항의 압류금지채권에 대하여 압류명령을 할 수 있도록 규정하여 소액임차인인 채무자의 주거 안정과 채권자의 권리 보호라는 상반된 요청 사이에서 구체적 타당성을 제고할 수 있는 제도를 아울러 두고 있다. ④ 위와 같은 사정을 고려하면, 심판대상조항이 침해의 최소성에 위반된다고 보기도 어렵다. ⑤ 소액임차인을 보호하는 것은 헌법 제34조 제1항 및 제2항에 의해 정당화될 수 있고, 민사집행법에 따라 구체적 상황에서 채권자의 이해관계를 반영하여 압류금지의 범위를 합리적으로 조정할 여지가 있는 점 등을 고려하면, 심판대상조항은 법익의 균형성도 갖추었다.

13) 제7호를 신설한 것은 대법원이 금융기관 등 채권자가 보험계약자 명의의 보험계약을 해지하는 경우 발생되는 해약환급청구권에 대하여 채권압류 및 추심명령을 받은 후 보험계약에 대해 해지권을 행사하여 해약환급금을 수령할 수 있다는 취지로 판시(대법원 2009. 6. 23. 선고 2007다26165 판결)함에 따라 채권자인 금융기관이 보험계약자의 동의 없이 보험계약을 강제로 해지하는 사례가 잇따르게 된 것과 관련이 있다. 즉 사회보장적 기능을 수행하고 있는 보험계약자의 보장성 보험계약까지 해지하여 채권을 회수하는 것은 가혹할 뿐만 아니라 사회적·도덕적으로 비

것으로 예상되는 비용 등을 고려하여 대통령령[14]으로 정한다(제7호).[15]

민사집행법이 보장성보험의 보험금 채권을 압류금지채권으로 규정하는 입법 취지는 생계유지나 치료 및 장애 회복 등 보험계약자의 기본적인 생활을 보장하기 위한 최소한의 수단을 마련하기 위함이다.

보장성보험이란 생명, 상해, 질병, 사고 등 피보험자의 생명·신체와 관련하여 발생할 수 있는 경제적 위험에 대비하여 보험사고가 발생하였을 경우 피보험자에게 약속된 보험금을 지급하는 것을 주된 목적으로 한 보험으로, 일반적으로는 만기가 되었을 때 보험회사가 지급하는 돈이 납입받은 보험료 총액을 초과하지 않는 보험을 말한다. 반면 저축성보험은 목돈이나 노후생활자금을 마련하는 것을 주된 목적으로 한 보험으로 피보험자가 생존하여 만기가 되었을 때 지급되는 보험금이 납입보험료에 일정한 이율에 따른 돈이 가산되어 납입보험료의 총액보다 많은 보험이다.[16]

한편 보험계약 중에는 보장성보험과 저축성보험의 성격을 함께 가지는 것도 많이 있다. 만일 보장성보험계약과 저축성보험계약이라는 독립된 두 개의 보험계약이 결합된 경우라면 저축성보험계약 부분만을 분리하여 이를 해지하고 압류할 수 있을 것이다. 이와 달리 하나의 보험계약에 보장성보험과 저축성보험의 성격이 모두 있는 경우에 그중 저축성보험의 성격을 갖는 계약 부분만을 분리하여 이를 해지하고 압류할 수 있는지가 문제 된다. 민사집행법에서 보장성보험이 가지는 사회보장적 성격을 고려하여 압류금지채권으로 규정한 입법 취지를 고려할 때 하나의 보험계약이 보장성보험과 더불어 저축성보험의 성격을 함께 가지고 있다 하더라도 저축성보험 부분만을 분리하여 해지할 수는 없다고 보아야 한다.

이처럼 하나의 보험계약에 보장성보험과 저축성보험의 성격이 모두 있는 경우에 저축성보험의 성격을 갖는 계약 부분만을 분리하여 해지할 수 없다면, 해당 보험 전체를 두고 민사집행법 제246조 제1항 제7호에서 규정하는 '보장성보험'에 해당하는지 여부를 결정하여야 한다. 원칙적으로 보험가입 당시 예정된 해당 보험의 만기환급금이 보험계약자의 납입보험료 총액을

난의 소지가 높고, 특히 보험계약 해지로 암 등 중병치료 중인 자에게 보험금으로 지급되던 병원 치료비까지 지급되지 않는 경우 서민생계를 위협하는 지경에 이르게 될 수 있음을 감안하여 그에 대한 대책으로서 마련하게 된 규정이다(법원실무제요 민사집행(Ⅳ)-동산·채권 등 집행, 사법연수원(2020), 199쪽).

14) 민집법 시행령 제6조.

15) 민집법 시행령 제6조에서는 압류금지 보장성 보험금 등의 범위를 구체적으로 정하고 있다. 이로 인해 생명, 상해, 질병, 사고 등을 원인으로 채무자가 지급받는 보장성보험의 보험금(해약환급 및 만기환급금을 포함한다)의 일부는 청산가치에서 제외하여야 한다. 반면 저축형 또는 투자형 보험은 그대로 청산가치에 반영하여야 한다. 그러나 민집법 시행령 제6조에서 정하는 압류금지 보장성 보험금의 범위 산정이 쉽지 않고, 보장성 또는 저축형 및 투자형 보험의 구별기준이 명확하지 않아 실무적으로 어려움이 많다.

16) 보장성보험 등의 개념에 관한 보험업감독규정(금융위원회고시 제2018-37호)은 다음과 같다. "보장성보험"이란 기준연령 요건에서 생존시 지급되는 보험금의 합계액이 이미 납입한 보험료를 초과하지 아니하는 보험을 말하며, "순수보장성보험"이란 생존시 지급되는 보험금이 없는 보장성보험을 말하고 "그 밖의 보장성보험"이란 순수보장성보험을 제외한 보장성보험을 말한다(보험업감독규정 제1-2조 제3호). "저축성보험"이란 보장성보험을 제외한 보험으로서 생존시 지급되는 보험금의 합계액이 이미 납입한 보험료를 초과하는 보험을 말한다(보험업감독규정 제1-2조 제4호).

초과하는지를 기준으로 하여, 만기환급금이 납입보험료 총액을 초과하지 않으면 민사집행법 제246조 제1항 제7호에서 규정하는 '보장성보험'에 해당한다고 보아야 한다. 그러나 만기환급금이 납입보험료 총액을 초과하더라도, 해당 보험이 예정하는 보험사고의 성질과 보험가입 목적, 납입보험료의 규모와 보험료의 구성, 지급받는 보험료의 내용 등을 종합적으로 고려하였을 때 보장성보험도 해당 보험의 주된 성격과 목적으로 인정할 수 있다면 이를 민사집행법이 압류금지채권으로 규정하고 있는 보장성보험으로 보아야 한다.[17]

⑧ 채무자의 1월간 생계유지에 필요한 예금(적금·부금·예탁금과 우편대체를 포함한다). 다만, 그 금액은 「국민기초생활 보장법」에 따른 최저생계비, 제195조 제3호에서 정한 금액 등을 고려하여 대통령령[18]으로 정한다(제8호).

나. 특별법에 의한 압류금지채권

공무원연금법 제32조, 군인연금법 제7조, 사립학교교직원연금법 제40조, 근로자퇴직급여 보장법 제7조[19] 등에 의하여 급여, 퇴직연금 등을 받을 권리는 압류가 금지되는 채권이다.[20]

2. 압류가 금지되는 물건

가. 민사집행법 제195조에 의해 압류가 금지되는 물건

① 채무자 및 그와 같이 사는 친족(사실상 관계에 따른 친족을 포함한다. 이하 "채무자등"이라 한다)의 생활에 필요한 의복·침구·가구·부엌기구, 그 밖의 생활필수품

② 채무자등의 생활에 필요한 2월간의 식료품·연료 및 조명재료

③ 채무자등의 생활에 필요한 1월간의 생계비로서 대통령령이 정하는 액수(185만 원[21])의 금전

④ 주로 자기 노동력으로 농업을 하는 사람에게 없어서는 아니 될 농기구·비료·가축·사

---

17) 대법원 2018. 12. 27. 선고 2015다50286 판결.
18) 민집법 시행령 제7조.
19) **퇴직연금 지급채권과 관련한 민사집행법 제246조 제1항 제4호와 근로자퇴직급여 보장법 제7조의 관계** 근로자퇴직급여 보장법 제7조는 「퇴직연금제도의 급여를 받을 권리는 양도하거나 담보로 제공할 수 없다」고 규정하고 있다. 채무자의 제3채무자에 대한 금전채권이 법률의 규정에 의하여 양도가 금지된 경우에는 특별한 사정이 없는 한 이를 압류하더라도 현금화할 수 없으므로 피압류 적격이 없다. 한편 민사집행법은 제246조 제1항 제4호에서 퇴직연금 그 밖에 이와 비슷한 성질을 가진 급여채권은 그 1/2에 해당하는 금액만 압류하지 못하는 것으로 규정하고 있으나, 이는 근로자퇴직급여 보장법상 양도금지 규정과의 사이에서 일반법과 특별법의 관계에 있으므로, 퇴직급여법상 퇴직연금채권은 그 전액에 관하여 압류가 금지된다고 보아야 한다(대법원 2014. 1. 23. 선고 2013다71180 판결 참조).
20) 연금은 압류할 수 없는 재산으로서 원칙적으로 개인회생재단에 속하지 아니할 것이다. 그러나 제580조 제3항이 압류금지재산에 관한 규정인 제383조를 개인회생재단에 관한 규정인 제580조 제1항 중 제1호에만 준용함으로써 공무원 등이 장래 받을 연금을 제2호(개인회생절차 진행 중에 채무자가 취득한 재산 및 소득)로 보고, 이를 개인회생재단에 편입하여 채권자에 대한 변제에 제공할 수 있도록 하였다. 이는 연금수령자도 정기적이고 확실한 수입을 얻을 가능성이 있는 자로서(제579조 제2호) 개인회생신청을 할 자격이 있다는 것을 의미한다.
21) 다만, 민집법 제246조 제1항 제8호에 따라 압류하지 못한 예금(적금·부금·예탁금과 우편대체를 포함한다)이 있으면 185만원에서 그 예금등의 금액을 뺀 금액으로 한다(민집법 시행령 제2조).

료·종자, 그 밖에 이에 준하는 물건

⑤ 주로 자기의 노동력으로 어업을 하는 사람에게 없어서는 아니 될 고기잡이 도구·어망·미끼·새끼고기, 그 밖에 이에 준하는 물건

⑥ 전문직 종사자·기술자·노무자, 그 밖에 주로 자기의 정신적 또는 육체적 노동으로 직업 또는 영업에 종사하는 사람에게 없어서는 아니 될 제복·도구, 그 밖에 이에 준하는 물건

⑦ 채무자 또는 그 친족이 받은 훈장·포장·기장, 그 밖에 이에 준하는 명예증표

⑧ 위패·영정·묘비, 그 밖에 상례·제사 또는 예배에 필요한 물건

⑨ 족보·집안의 역사적인 기록·사진첩, 그 밖에 선조숭배에 필요한 물건

⑩ 채무자의 생활 또는 직무에 없어서는 아니 될 도장·문패·간판, 그 밖에 이에 준하는 물건

⑪ 채무자의 생활 또는 직업에 없어서는 아니 될 일기장·상업장부, 그 밖에 이에 준하는 물건

⑫ 공표되지 아니한 저작 또는 발명에 관한 물건

⑬ 채무자등이 학교·교회·사찰, 그 밖의 교육기관 또는 종교단체에서 사용하는 교과서·교리서·학습용구, 그 밖에 이에 준하는 물건

⑭ 채무자등의 일상생활에 필요한 안경·보청기·의치·의수족·지팡이·장애보조용 바퀴의자, 그 밖에 이에 준하는 신체보조기구

⑮ 채무자등의 일상생활에 필요한 자동차로서 자동차관리법이 정하는 바에 따른 장애인용 경형자동차

⑯ 재해의 방지 또는 보안을 위하여 법령의 규정에 따라 설비하여야 하는 소방설비·경보기구·피난시설, 그 밖에 이에 준하는 물건

나. 다른 법령에 의하여 압류가 금지된 물건

「국민기초생활 보장법」에 따라 수급자에게 지급된 수급품(같은 법 제35조), 아동복지법에 따라 지급된 금품(같은 법 제64조), 한부모가족지원법에 따라 지급된 물품(같은 법 제27조), 장애인복지법에 따라 장애인에게 지급되는 물품(같은 법 제82조) 등은 각 특별법에 의하여 압류가 금지된 물건이다.

Ⅲ 면제재산

1. 의 의

면제재산(Exemptions,[22]exempt property)이란 법원의 결정에 의하여 개인회생재단에서 제외되는 재산을 말한다(제580조 제3항, 제383조 제2항). 민사집행법에서 인정하지 않는 새로운 면제

---

22) 미국 연방도산법상 "Exemptions"은 파산절차에서 본 바와 같이 자유재산에 가까운 개념이다.

재산을 인정할 것인가. 개인채무자의 경우 자유재산이 많지 않으면 생활에 곤란이 생기고, 질병 등에 따른 갑작스러운 추가 지출을 감당할 수 없어 새로운 출발이 어려워질 수 있다. 그래서 법정 자유재산인 압류금지재산 이외에 개인회생재단에서 제외되는 면제재산의 범위를 확대할 필요가 있다. 민사집행법에도 압류금지재산을 확대할 수 있는 규정이 있지만(민집법 제196조 제1항, 제246조 제3항), 이것만으로는 충분하지 않고 포괄집행인 개인회생절차에서는 별도로 자유재산의 범위를 확대할 필요가 있다.[23] 이러한 고려에서 도입된 것이 면제재산제도이다.

면제재산제도는 임차보증금 중 일정액을 제외시켜 채무자의 주거안정을 도모하고, 인간다운 최저한도의 생계비를 보장하고자 하는 입법적 결단이 반영된 것이다. 면제재산은 면책과 더불어 개인채무자에게 새로운 출발을 위한 유용한 도구이다.

개인파산절차에서와 마찬가지로 면제재산은 개인회생절차에서도 인정된다. 개인회생절차에서는 일반적으로 그것이 면제재산이든 아니든 채무자에게 관리처분권이 인정되지만, 면제재산은 변제계획인가를 위한 청산가치보장원칙을 충족시키기 위하여 어느 정도까지 변제를 하여야 하는지를 결정하는데 큰 영향을 미친다.

면제재산은 청산가치에서 제외되는 것이므로,[24] 면제재산을 인정받게 되면 청산가치보장원칙을 충족시키기 위하여 필요한 변제액을 감소시켜준다. 면제재산을 포함한 청산가치보다 더 많이 변제하는 변제계획안의 경우는 면제재산결정이 필요 없다.

관련 내용은 〈제3편 제2장 제1절 Ⅶ.〉(본서 1231쪽)을 참조할 것.

2. 면제재산의 범위

개인회생재단에 속하는 ① 개인회생절차개시결정 당시 채무자가 가진 모든 재산과 ② 채무자가 개인회생절차개시결정 전에 생긴 원인으로 장래에 행사할 청구권 중에서 ⓐ 채무자 또는 그 피부양자의 주거용으로 사용되고 있는 건물에 관한 임차보증금반환청구권으로서 주택임대차보호법 제8조의 규정에 의하여 우선변제를 받을 수 있는 금액의 범위 안에서 대통령령(제16조 제1항)이 정하는 금액[25]을 초과하지 아니하는 부분[26]과 ⓑ 채무자 및 그 피부양자의 생활에

---

23) 자유재산(면제재산)의 범위 확장에 관하여는 <본서 1364쪽 각주 30)>을 참조할 것.
24) 파산절차에서 면제재산결정이 있는 경우 파산재단에서 제외되므로, 개인회생절차에서도 면제재산결정이 있으면 이를 청산가치에서 제외하는 것이다. 따라서 상당액수의 임대차보증금이 있어 청산가치 보장을 위해 생계비를 줄이거나 변제기간을 연장하여야 하는 채무자의 경우에는 임대차보증금 중 일정 부분에 대하여 면제재산을 신청할 의미가 있다.
25) 면제할 수 있는 임차보증금반환청구권의 상한액은 「주택임대차보호법 시행령」 제10조 제1항에서 정한 금액으로 하되, 그 금액이 주택가격의 2분의 1을 초과하는 경우에는 주택가격의 2분의 1로 한다(시행령 제16조 제1항).
   • **주택임대차보호법 시행령** 제10조(보증금 중 일정액의 범위 등) ① 법 제8조에 따라 우선변제를 받을 보증금 중 일정액의 범위는 다음 각 호의 구분에 의한 금액 이하로 한다.
   1. 서울특별시: 5천 500만 원
   2. 「수도권정비계획법」에 따른 과밀억제권역(서울특별시는 제외한다), 세종특별자치시, 용인시, 화성시 및 김포시: 4천 800만 원
   3. 광역시(「수도권정비계획법」에 따른 과밀억제권역에 포함된 지역과 군지역은 제외한다), 안산시, 김포시, 광주시, 파주시, 이천시 및 평택시: 2천 800만 원

필요한 6개월간의 생계비에 사용할 특정한 재산으로서 대통령령(제16조 제2항)이 정하는 금액[27]을 초과하지 아니하는 부분으로 채무자의 신청에 의하여 법원이 면제재산으로 결정을 한 것이다(제580조 제3항, 제383조 제2항).

주의할 것은 개인회생재단 중 ③ 개인회생절차개시 후 개인회생절차 진행 중에 생긴 원인으로 채무자가 취득한 재산 및 소득에 대하여는 면제재산이 인정되지 않는다는 것이다.

가. 주택임대차보증금에 관한 면제재산 (ⓐ, 제580조 제3항, 제383조 제2항 제1호)

채무자 또는 그 피부양자의 주거용으로 사용되고 있는 건물에 관한 임차보증금반환채권을 대상으로 한다.

한편 주택임대차보증금의 면제재산 범위에 대한 ⓐ와 관련하여 면제재산이 되기 위해서는 주택임대차보호법상의 요건을 갖추어야 하는지가 문제된다. 주택임대차보호법상 소액임차인으로서 소액보증금에 대하여 우선변제를 받으려면, 임차인이 주택에 대한 경매신청의 등기 전에 주택의 인도와 주민등록(전입신고)을 마치고(주택임대차보호법 제8조 제1항, 제3조 제1항) 임차보증금도 일정 금액 이하여야 하는데(주택임대차보호법 시행령 제11조), 면제재산으로 인정받기 위해서도 이러한 요건을 모두 갖추어야 하는지 여부이다. 제580조 제3항, 제383조 제2항 제1호는 "주택임대차보호법 제8조의 규정에 의하여 우선변제를 받을 수 있는 금액의 범위 안에서 대통령령이 정하는 금액"이라고만 규정되어 있고, 언제 대항력을 갖추어야 하는지 그 시점이 명확하지 않으며, 개인채무자의 주거안정을 위해 일정 금액 이하의 임차보증금을 보호해 주려는 제도 취지에 비추어 보면, 반드시 주택임대차보호법상 소액임차인의 우선변제권 요건을 구비할 필요는 없다고 할 것이다. 따라서 서울에 거주하는 채무자의 임차보증금이 2억 원이어서 주택임대차보호법 시행령 제11조 제1호(1억 6천 5백만 원)의 금액을 초과하거나, 주민등록(전입신고)을 마치지 못한 경우라도 위 임차보증금 중 5,500만 원 범위에서 면제재산으로 인정될 수 있다.

나. 6개월간의 생계비 사용재산에 대한 면제재산 (ⓑ, 제580조 제3항, 제383조 제2항 제2호)

민사집행법은 채무자 등[28]의 생활에 필요한 1월간의 생계비로서 대통령령(제2조)이 정하는 액수의 금전(185만 원)과 채무자 등의 생활에 필요한 2월간의 식료품·연료 및 조명재료를 압

---

4. 그 밖의 지역: 2천 500만 원

26) 우선변제권이 있는 소액임차보증금은 압류금지채권이므로(민집법 제246조 제1항 제6호) 임차보증금에 대한 면제재산결정은 별다른 실익이 없다. 다만 면제재산에 해당하기 위해서는 아래에서 보는 바와 같이 소액임차인의 우선변제권 요건(① 주택에 대한 경매신청의 등기 전 주택의 인도 및 주민등록과 ② 임대차보증금이 주택임대차보호법 시행령 제11조에서 정하는 금액 이하일 것)을 요하지 않기 때문에(통설) 우선변제권 요건을 갖추지 못하여 압류금지채권에 해당하지 않는 임차보증금에 대하여도 면제재산으로 보호받을 여지가 있다는 점에 의미가 있다.

27) 「국민기초생활 보장법」 제2조 제11호에 따른 4인가구 기준 중위소득(파산선고 당시를 기준으로 한다)의 100분의 40에 6을 곱한 금액이다(시행령 16조 제2항). 그러나 개인파산과 달리 개인회생절차에서는 월 평균소득에서 일정 금액을 생계비로 인정하고 있기 때문에 실제로 6개월간의 생계비를 면제재산으로 인정할 필요는 없다고 할 것이다.

28) 채무자 및 그와 같이 사는 친족(사실상 관계에 따른 친족을 포함한다)을 말한다(민집법 제195조 제1호).

류금지재산(압류가 금지되는 물건)으로 하고 있는데(민집법 제195조 제2호, 제3호), 채무자회생법은 6개월간 생계비로 이를 증액한 것이다.

3. 면제재산결정의 신청

채무자는 개인회생절차개시신청일 이후로서 개시결정 후 14일 이내에 면제재산목록 및 소명에 필요한 자료를 첨부한 서면으로 면제재산신청을 하여야 한다(제580조 제3항, 제383조 제3항).

법원은 그 신청이 개시결정 전에 있은 경우에는 개인회생절차개시결정과 동시에, 그 개시결정 이후에 신청이 있은 경우에는 면제재산결정 신청일부터 14일 이내에 면제 여부 및 그 범위를 결정하여야 한다(제580조 제3항, 제383조 제4항).

면제재산결정이 있으면 법원은 채무자, 알고 있는 채권자에게 그 결정서를 송달하여야 한다(제580조 제3항, 제383조 제5항). 면제재산결정에 대하여는 즉시항고를 할 수 있으나(제580조 제3항, 제383조 제6항), 즉시항고에는 집행정지의 효력이 없다(제580조 제3항, 제383조 제7항).

4. 면제재산신청 재산에 대한 강제집행 등의 중지 · 금지명령

개인회생절차개시결정이 된 후에는 개시결정의 효력으로서 면제재산을 포함한 개인회생재단에 속하는 재산에 대하여 강제집행, 가압류 또는 가처분을 할 수 없다(제600조 제1항 제2호). 그렇다면 개인회생절차개시결정 전에는 면제재산으로 될 재산에 대하여 강제집행 등을 할 수 있는가.

개인회생절차개시결정 전에 면제재산신청이 있는 경우에는 법원은 채무자의 신청 또는 직권으로 개인회생절차개시결정이 있을 때까지 면제재산에 대하여 개인회생채권에 기한 강제집행, 가압류 또는 가처분의 중지 또는 금지를 명할 수 있다(제580조 제3항, 제383조 제8항). 이 후 면제재산결정이 확정된 때에는 중지한 절차는 효력을 잃는다(제580조 제3항, 제383조 제9항).[29]

면제재산에 대하여 강제집행 등을 중지 또는 금지할 수 있는 것은 개인회생채권에 기한 것이므로 개인회생재단채권에 기한 강제집행 등은 중지 또는 금지의 대상이 아니다.

관련 내용은 〈제12장 제1절 Ⅱ.〉(본서 2097쪽)를 참조할 것.[30]

5. 면제재산결정의 효력

면제재산결정에 의한 면제재산에 대하여는 개인회생절차의 폐지결정 또는 면책결정이 확정

---

29) 개인회생절차개시결정 전에 면제재산에 대하여 강제집행 등을 할 수 있게 하면, 주거안정과 최소한도의 인간다운 생활을 할 수 있도록 하려는 면제재산제도의 도입 취지에 반하기 때문에 강제집행 등의 대상이 되지 못하도록 한 것이다. 면제재산결정이 있는 면제재산에 대하여도 마찬가지이다(제580조 제4항).
30) 파산절차의 경우에는 〈제3편 제15장 제1절 Ⅱ.〉(본서 1798쪽)를 참조할 것.

될 때까지[31] 개인회생채권에 기한 강제집행·가압류 또는 가처분을 할 수 없다(제580조 제4항). 개인회생절차개시결정이 있으면 개인회생채권자 목록에 기재된 채권에 한하여 개인회생재단에 속하는 재산에 대한 강제집행 등이 금지되는 반면에, 면제재산에 대하여는 개인회생채권자목록에 기재된 채권에 한하지 않고 모든 개인회생채권에 기한 강제집행 등을 금지하고 있다.[32] 개인회생절차의 폐지결정(확정)이 있으면 면제재산에 대하여 강제집행 등을 할 수 있고, 면책결정(확정)이 있으면 집행채권의 소멸로 강제집행 등을 할 수 없다.

다만 면제재산이라고 하더라도 면제재산 자체에 대하여 질권을 설정하거나 동산양도담보 등의 담보권을 가진 채권자에 대해서까지 면제재산을 주장할 수는 없다.

Ⅳ 개인회생재단과 채무자의 관계

개인회생절차개시결정에 의하여 개인회생재단이 구성되더라도 인가된 변제계획에서 달리 정한 경우를 제외하고 채무자가 여전히 개인회생재단을 관리하고 처분할 권한을 가진다(제580조 제2항). 변제계획 또는 변제계획인가결정에서 달리 정한 경우를 제외하고 변제계획인가결정이 있는 때에는 개인회생재단에 속하는 모든 재산은 채무자에게 귀속한다(제615조 제2항). 개인회생절차개시결정으로 개인회생재단은 관념적으로 성립하고 채무자가 이에 대한 관리처분권만 보유하다가, 변제계획이 인가되면 개인회생재단은 소멸하고 개인회생재단에 속한 모든 재산은 변제계획이나 변제계획인가결정에서 다르게 정하지 않는 한 채무자에게 귀속된다는 것이다.

개인회생절차에서는 개인회생재단의 규모가 작고(사실상 담보로 제공된 재산이나 장래 수입을 제외하고 처분할 재산이 거의 없을 것이다) 성질상 그 청산(liqudation)이나 배분(distribution)이 예정되어 있지 않으며, 중요한 것은 채무자의 계속적이고 반복적인 장래 수입을 채권자들에 지급하는 것이다. 그래서 개인회생재단의 관리처분권을 원칙적으로 채무자에게 맡기고(별도로 관리인을 둘 필요성이 없고, 관리인을 둘 경우 비용부담의 문제도 있다) 회생절차(관리인)나 파산절차(파산관재인)에서와 달리 개인회생재단을 관리하는 자를 별도로 두지 않았으며, 대신 채무자의 장래 수입을 수령하여 채권자들에게 지급하는 회생위원을 둔 것이다.

---

31) 파산절차의 경우에는 '제556조 제1항의 규정에 의한 면책신청을 할 수 있는 기한'까지는 파산채권에 기한 강제집행·가압류 또는 가처분을 할 수 없다(제383조 제10항). 면책신청 이후의 강제집행 등의 금지·중지에 관하여는 제557조에서 규정하고 있다.

32) 이에 대하여는 개인회생채권자목록에 기재되지 않아서 개인회생절차의 구속을 받지 않는 개인회생채권까지도 개인회생절차에서 인정되는 면제재산에 대한 강제집행 등을 못하도록 하는 것은 부당하다는 비판이 있으나, 주거안정과 인간다운 삶을 보장하기 위한 제도라는 측면에서 보면 부당하다고 보기는 어렵다.

제2절 부 인 권[33]

개인회생절차개시의 효과에 기하여 실체 및 절차법률관계가 확정되어도 여전히 외부의 제3자나 개인회생절차의 이해관계인의 개인회생절차개시 후 권리행사에 따라 개인회생재단에 관한 법률관계가 변동될 가능성이 있다. 제3자측으로부터의 권리행사에 대하여 보면, 개인회생재단에 관한 환취권(제585조)의 행사, 별제권(제586조)의 행사, 상계권(제587조)의 행사를 들 수 있다. 이에 대하여 회생절차개시의 기관측으로부터의 권리행사에 대하여는 부인권 행사(제584조)가 있다.

Ⅰ 부인권의 의의

개인회생절차에서 부인권이란 채무자가 개인회생절차개시 전에 자신의 일반재산에 관하여 채권자들을 해하는 행위를 한 경우 그 효력을 부인하여 일탈된 재산을 개인회생재단으로 회복시키기 위하여 행사하는 권리를 말한다.[34]

부인권은 개인회생채권자를 해하는 채무자의 행위를 부인하여 일탈된 재산을 다시 회복하여 개인회생재단의 충실을 기하기 위하여 인정된 제도이다.

개인회생절차에서 부인권은 파산절차에서의 부인권에 관한 규정을 준용하고 있지만(제584조 제1항), 부인권의 행사주체(파산절차에서는 파산관재인, 개인회생절차에서는 채무자), 제척기간(파산절차에서는 파산선고 후 2년 또는 부인권 대상의 원인행위를 한 날로부터 10년, 개인회생절차에서는 개인회생절차개시결정 후 1년 또는 부인권 대상의 원인행위를 한 날로부터 5년) 등에서 차이가 있다.

한편 개인회생절차에서 부인권을 인정하는 것이 타당한가. 개인회생절차는 간이하고 신속하게 진행되어야 하는데 상당한 기간이 소요되는 부인권의 행사는 근본적으로 조화되기 어렵다. 따라서 입법론적으로는 개인회생절차에서는 부인권의 행사를 배제하는 것이 타당하다(본서 1959쪽 각주 42) 참조).

Ⅱ 부인권의 유형

부인권은 부인할 행위의 내용, 부인대상행위를 한 시기, 사해의사 여부, 의무에 속하는 사항인지, 무상인지 등에 따라 고의부인, 위기부인, 무상부인 등 3가지 유형이 있다(제584조 제1항, 제391조).

---

33) 여기서는 개인회생절차의 이해에 필요한 부인권에 관한 개괄적인 내용만을 소개한다. 부인권에 관한 전체적인 내용은 〈제2편 제7장 제3절〉(본서 418쪽) 및 〈제3편 제5장 제2절〉(본서 1372쪽)을 참고할 것.
34) 대법원 2013. 3. 11. 자 2012마1744 결정, 대법원 2010. 11. 30. 자 2010마1179 결정 참조.

1. 고의부인

채무자가 개인회생채권자를 해한다는 사실을 알면서 한 행위에 대하여 부인하는 것을 고의부인이라 한다(제584조 제1항, 제391조 제1호). 다만 이로 인하여 이익을 받은 자가 그 행위 당시에 개인회생채권자를 해하게 되는 사실을 알지 못할 때에는 부인권을 행사할 수 없다(제584조 제1항, 제391조 제1호). 고의부인은 채무자의 사해의사에 부인의 중점을 두고 있다.

2. 위기부인

채무자가 지급정지나 개인회생절차개시신청(이하 '지급정지 등'이라 한다)과 같이 위기의 시기에 한 담보제공, 채무소멸에 관한 행위, 기타 채권자의 이익을 해하는 행위를 채무자의 사해의사의 존부와 관계없이 부인하는 것이 위기부인이라 한다.

위기부인에는 본지위기부인과 비본지위기부인이 있다.

가. 본지위기부인

채무자가 지급정지 등이 있은 후에 한 개인회생채권자를 해하는 행위와 담보의 제공 또는 채무소멸에 관한 행위를 부인하는 것이다. 다만 이로 인하여 이익을 받은 자가 그 행위당시에 지급정지 등이 있는 것을 알지 못한 때에는 부인권을 행사할 수 없다(제584조 제1항, 제391조 제2호).

나. 비본지위기부인

채무자가 지급정지 등이 있은 후 또는 그 전 60일 내에 한 담보의 제공 또는 채무소멸에 관한 행위로서 채무자의 의무에 속하지 아니하거나 그 방법 또는 시기가 채무자의 의무에 속하지 아니하는 것을 부인하는 것이다. 다만 채권자가 행위 당시에 지급정지 등이 있는 것 또는 개인회생채권자를 해하게 되는 사실을 알지 못한 때에는 부인권을 행사할 수 없다(제584조 제1항, 제391조 제3호).

3. 무상부인

채무자가 지급정지 등이 있은 후 또는 그 전 6월 내에 한 무상행위 및 이와 동일시하여야 할 유상행위를 부인하는 것이다(제584조 제1항, 제391조 제4호). 이와 같은 무상행위가 재산상태가 위기에 처해 있는 시기에 이루어진 경우 채권자가 해를 입을 것은 명백하고, 상대방도 어떠한 대가 없이 이익을 얻고 있는 것이므로 보호할 가치가 없다. 따라서 채무자의 의사나 수익자의 인식에 관계없고, 나아가 상당한 시기까지 소급하여 부인을 인정하고 있다.

Ⅲ 부인권의 성립요건

1. 일반적 성립요건

채무자회생법의 부인규정은 대상행위의 유형마다 시적 요건이나 주관적 요건에 대하여는 개별적으로 규정하고 있다. 여기에 각 부인유형에 공통되는 것으로 최대공약수를 추출한 부인의 일반적 성립요건인 것이 있다. 부인의 일반적 성립요건으로서 행위의 유해성과 부당성 및 채무자의 행위에 한정되는지 여부가 문제된다.

가. 행위의 유해성

부인의 대상이 되는 행위는 개인회생채권자에게 해를 끼치는 행위이어야 한다. 개인회생채권자에게 해를 끼치는 행위에는 채무자의 일반재산을 절대적으로 감소시키는 사해행위뿐만 아니라 채권자 사이의 평등을 저해하는 편파행위도 포함된다.

한편 담보권자는 개인회생절차에 의하지 아니하고 별제권을 행사할 수 있기 때문에 담보권설정행위 자체가 부인되지 아니하는 한 담보권자에 대한 변제는 부인의 대상이 될 수 없으며 담보권의 실행행위 또한 부인의 대상으로 되지 않는다.[35]

나. 행위의 부당성

개인회생절차상 부인의 대상이 되는 행위가 개인회생채권자에게 유해하다고 하더라도 행위당시의 개별적·구체적 사정에 따라서는 당해 행위가 사회적으로 필요하고 상당하였다거나 불가피하였다고 인정되어 일반 개인회생채권자가 개인회생재단의 감소나 불공평을 감수하여야 한다고 볼 수 있는 경우가 있을 수 있고, 그와 같은 예외적인 경우에는 채권자 평등, 채무자의 보호와 개인회생 이해관계의 조정이라는 법의 지도이념이나 정의 관념에 비추어 부인권 행사의 대상이 될 수 없다고 보아야 한다. 여기서 그 행위의 상당성 여부는 행위 당시의 채무자의 재산 및 영업 상태, 행위의 목적·의도와 동기 등 채무자의 주관적 상태를 고려함은 물론, 변제행위에 있어서는 변제자금의 원천, 채무자와 채권자와의 관계, 채권자가 채무자와 통모하거나 동인에게 변제를 강요하는 등의 영향력을 행사하였는지 여부 등을 기준으로 하여 신의칙과 공평의 이념에 비추어 구체적으로 판단하여야 한다. 그리고 그와 같은 부당성의 요건을 흠결하였다는 사정은 부인권 발생의 조각사유 내지 장애사유로 볼 수 있으므로 이에 대한 주장·증명책임은 상대방인 수익자에게 있다고 할 것이다.[36]

---

35) 파산절차에서도 마찬가지이다. 반면 회생절차에서는 담보권자도 회생절차에 따른 권리행사의 제약을 받게되므로(제 141조) 담보권설정행위나 실행행위가 부인의 대상이 될 수 있다.
36) 대법원 2014. 9. 25. 선고 2014다214885 판결, 대법원 2011. 10. 13. 선고 2011다56637,56644 판결, 대법원 2004. 3. 26. 선고 2003다65049 판결 등 참조.

다. 채무자의 행위에 한정되는지

제584조 제1항에 의하여 준용되는 제391조의 각 호는 행위의 주체를 채무자라고 하고 있어 부인권의 대상이 되는 행위는 채무자의 행위에 한정되는지가 문제될 수 있다. 부인대상이 되는 행위는 원칙적으로 채무자의 행위라고 할 것이나, 제3자의 행위라도 채무자의 행위와 동일시할 수 있는 경우에는 예외적으로 제3자의 행위도 부인의 대상이 될 수 있다 할 것이다.[37]

부인의 대상이 되는 행위로는 부동산·동산의 매각, 증여, 채권양도, 채무면제 등과 같은 협의의 법률행위에 한하지 않고, 변제, 채무승인, 법정추인, 채권양도의 통지·승낙, 등기·등록, 동산의 인도 등과 같은 법률효과를 발생시키는 일체의 행위를 포함한다. 또한 사법상의 행위에 한하지 않고 소송법상의 행위인 재판상의 자백, 청구의 포기 및 인낙, 재판상의 화해, 소·상소의 취하, 상소권의 포기, 공정증서의 작성, 염가의 경매 등도 부인의 대상이 되고, 공법상의 행위도 부인의 대상이 된다.

채무자의 부작위도 부인의 대상이 된다. 따라서 시효중단을 게을리 한 것, 변론기일에의 불출석, 공격방어방법의 부제출 등도 부인될 수 있다.

반면 이미 존재하는 재산적 가치를 저하시키는 행위가 아니라면 개인회생채권자를 해한다고 할 수 없으므로 단순히 적극재산의 증가를 방해하는 데 지나지 않는 행위(증여의 거절, 상속의 포기)는 부인의 대상이 될 수 없다.

한편 부인권은 재산권을 목적으로 하지 않는 법률행위, 예컨대 결혼, 이혼, 입양, 파양, 상속의 승인 등은 그것이 간접적으로 채무자 재산의 감소를 가져오는 행위라고 하더라도 부인대상으로는 되지 않는다. 그러나 이혼에 수반한 재산분할은 신분관계의 설정이나 폐지와 직접 관계없는 재산처분행위이므로 부인대상이 될 수 있다. 주의할 것은 이혼 후 재산분할을 청구하지 않는 것은 부인권의 대상이 되지 않는다는 것이다. 그 이유는 이혼으로 인한 재산분할청구권은 그 행사 여부가 청구인의 인격적 이익을 위하여 그의 자유로운 의사결정에 전적으로 맡겨진 권리로서 행사상의 일신전속성을 가지므로 개인회생재단에도 속하지 않는다고 보아야 하기 때문이다.[38]

2. 개별적 성립요건

가. 고의부인 (제584조 제1항, 제391조 제1호)

고의부인의 성립요건은 ① 객관적 요건으로서 개인회생채권자를 해하는 행위가 있어야 하

---

37) 대법원 2002. 7. 9. 선고 2001다46761 판결 참조. 이에 대하여 고의부인은 채무자의 사해의사를 요건으로 하고 있으므로 채무자의 행위가 필요하고, 위기부인은 채무자의 주관적 요건은 문제되지 않으므로 반드시 채무자의 행위일 필요가 없다고 보는 견해가 있다(전병서, 275쪽).

38) 대법원 2022. 7. 28. 자 2022스613 결정. 이에 대하여 부인권의 대상이 될 여지가 있다는 견해도 있다(개인파산·회생실무, 70쪽).

고(사해행위), ② 주관적 요건으로서 채무자가 행위 당시 그 행위에 의하여 개인회생채권자를 해한다는 사실을 알고 있어야 한다(사해의사).

개인회생채권자를 해하는 행위에는 사해행위뿐만 아니라 특정 개인회생채권자에 대한 변제나 담보의 제공과 같이 특정 개인회생채권자에게 유리하고 다른 개인회생채권자에게 불리한 편파행위도 포함한다. 사해의사는 사해에 대한 인식으로 충분하다.

사해행위와 사해의사에 대한 증명책임은 부인권을 행사하는 채무자가 부담한다.

수익자가 행위 당시 개인회생채권자를 해하게 되는 사실을 알지 못한 경우에는 부인을 면할 수 있다(제584조 제1항, 제391조 제1호 단서). 선의에 대한 증명책임은 수익자에게 있다.

나. 위기부인

위기부인은 위기시기에 한정하여 채무자의 사해의사와 관계없이 일정한 행위를 부인하는 것이다. 고의부인의 경우와 달리 사해의사를 요건으로 하지 않는 것은 위기시기에 한 행위는 채무자가 개인회생채권자를 해하는 것을 알고 있다고 보는 것이 일반적이기 때문이다.

(1) 본지행위에 대한 위기부인 (제584조 제1항, 제391조 제2호)

본지행위에 대한 위기부인은 채무자의 의무에 속한 행위를 부인의 대상으로 한다.

본지행위에 대한 부인의 성립요건은 ① 객관적 요건으로 개인회생채권자를 해하는 행위와 담보의 제공 또는 채무의 소멸에 관한 행위라야 하고, ② 시기적 요건으로 채무자가 지급의 정지 등이 있은 후에 한 행위라야 하며, ③ 주관적 요건으로 수익자가 행위 당시 지급정지 등이 있는 것을 알고 있을 것이다.

위 세 가지 요건에 대한 증명책임은 모두 채무자가 부담한다.

(2) 비본지행위에 대한 위기부인 (제584조 제1항, 제391조 제3호)

비본지행위에 대한 위기부인은 채무자의 의무에 속하지 아니하는 행위를 부인의 대상으로 한다. "채무자의 의무에 속한다"라고 함은 일반적·추상적 의무로는 부족하고 구체적 의무를 부담하여 채권자가 그 구체적 의무의 이행을 청구할 권리를 가지는 경우를 의미한다.[39]

본지행위에 대한 위기부인보다 시기적 요건을 완화하여 부인대상을 지급정지 등이 있기 이전 60일 내에 이루어진 행위까지 확대하고, 선의의 증명책임도 수익자에게 부담시키고 있다.

비본지행위에 대한 위기부인의 성립요건은, ① 객관적 요건으로 담보의 제공 또는 채무의 소멸에 관한 행위로서 그 행위 자체나 방법 또는 시기가 채무자의 의무에 속하지 아니하는 행위라야 하고, ② 시기적 요건으로 채무자가 지급정지 등이 있은 후 또는 그 전 60일 내에 한 행위라야 한다. 성립요건에 대한 증명책임은 채무자가 부담한다.

수익자는 그 행위 당시 지급의 정지 등이 있은 것 또는 개인회생채권자를 해하게 되는 사

---

39) 대법원 2002. 2. 8. 선고 2001다55116 판결 참조.

실을 알지 못한 경우임을 증명하여 선의자로서 보호받을 수 있다.

다. 무상부인 (제584조 제1항, 제391조 제4호)

무상부인은 그 대상인 채무자의 행위가 대가를 수반하지 않는 것으로 사업의 수익력과 채권자 일반의 이익을 해할 위험이 특히 현저하기 때문에 채무자 및 수익자의 주관적 요건을 고려하지 아니하고 오로지 행위의 내용 및 시기에 착안하여 특수한 부인 유형으로서 인정되는 것이다.

무상부인의 성립요건은 ① 객관적 요건으로 채무자의 행위가 무상행위 또는 이와 동일시할 수 있는 유상행위라야 하고, ② 시기적 요건으로 채무자가 지급정지 등이 있은 후 또는 그전 6개월 내에 한 행위라야 한다. 성립요건에 대한 증명책임은 채무자가 부담한다.

라. 특수관계인을 상대방으로 한 행위에 대한 특칙 (제584조 제1항, 제392조)

(1) 본지행위에 대한 위기부인의 경우

본지행위에 대한 위기부인(제584조 제1항, 제391조 제2호)의 단서 규정을 적용함에 있어서 이익을 받는 자가 특수관계인인 경우에는 그 특수관계인이 행위 당시 지급정지 등이 있은 것을 알고 있었던 것으로 추정한다(제584조 제1항, 제392조 제1항). 따라서 지급정지 또는 개인회생절차개시신청이 있는 것에 대하여 선의라는 증명책임은 상대방이 부담한다. 이는 밀접한 관계로부터 일반적으로 특수관계인은 채무자의 경제상태를 잘 알고 있으므로 특별히 정보입수의 가능성을 가진다는 것, 채무자와 특수관계인 사이에는 편파행위가 있을 위험성이 크다는 것, 특수관계인이 채무자의 재정적 파탄에 있어서 무엇인가의 책임이 있는 경우가 많다는 것 등에서 추정규정을 통하여 증명책임을 전환한 것이라고 할 수 있다.[40]

(2) 비본지행위에 대한 위기부인의 경우

비본지행위에 대한 위기부인(제584조 제1항, 제391조 제3호)의 규정을 적용하는 경우 특수관계인을 상대방으로 하는 행위에 대하여는 시기적 요건을 완화하여 부인대상을 지급정지 등이 있기 이전 1년 내에 이루어진 행위까지 확대하고, 단서 규정을 적용함에 있어서도 그 특수관계인이 그 행위 당시 지급정지 등이 있은 것과 개인회생채권자를 해하는 사실을 알고 있었던 것으로 추정한다(제584조 제1항, 제392조 제2항).[41]

(3) 무상행위에 대한 부인의 경우

무상행위에 대한 부인(제584조 제1항, 제391조 제4호)에 있어서도 특수관계인을 상대방으로 하는 행위에 대하여는 부인대상을 지급정지 등이 있기 이전 1년 내에 이루어진 행위로 확대하

---

40) 전병서, 285쪽.
41) 다만 단서를 적용함에 있어 추정규정을 둔 것은 본래부터 선의의 증명책임은 수익자가 부담하는 것이므로 무익한 규정이거나 확인적 규정에 불과하다.

고 있다(제584조 제1항, 제392조 제3항).

Ⅳ 부인권의 특수한 유형

1. 어음채무의 지급에 관한 부인의 예외

채무자로부터 어음의 지급을 받은 자가 그 지급을 받지 아니하였으면 채무자의 1인 또는 수인에 대한 어음상의 권리를 상실하게 되었을 경우에는 부인할 수 없다(제584조 제1항, 제393조).

어음소지인이 적시에 지급제시를 하지 않으면 상환청구권을 상실할 위험이 있기 때문에 어음소지인을 보호하기 위하여 둔 것이다. 여기서 어음상의 권리는 상환청구권을 의미하고, 어음에는 약속어음, 환어음뿐만 아니라 수표도 포함된다. 어음의 지급은 약속어음의 발행인, 환어음의 인수인·지급인, 수표의 지급인에 의한 지급을 의미한다. 다만 거절증서작성이 면제된 어음과 같이 상환청구권을 상실할 상황이 발생할 수 없는 경우에는 적용이 없다.

2. 권리변동의 성립요건 또는 대항요건의 부인

대항요건 등의 구비행위를 권리변동의 원인행위와 분리하여 그 원인행위를 부인할 수 없는 경우에도 독자적으로 대항요건 등의 구비행위를 부인할 수 있다(제584조 제1항, 제394조). 대항요건 등의 구비행위에 대한 부인을 인정하는 취지는 원인행위가 있었음에도 상당기간 대항요건 등의 구비행위를 하지 않고 있다가 지급정지 등이 있은 후에 그 구비행위를 한다는 것은 개인회생채권자들에게 예상치 못한 손해를 주기 때문에 이를 부인할 수 있게 한 것이다.

가. 성립요건의 부인

지급정지 또는 개인회생절차개시신청이 있은 후에 권리의 설정·이전 또는 변경의 효력을 생기게 하는 등기 또는 등록이 행하여진 경우 그 등기 또는 등록이 그 원인인 채무부담행위가 있은 날부터 15일을 경과한 후에 지급정지 또는 개인회생신청이 있음을 알고 행한 것인 때에는 이를 부인할 수 있다. 다만 가등기 또는 가등록을 한 후 이에 의하여 본등기 또는 본등록을 한 때에는 그러하지 아니하다(제584조 제1항, 제394조 제1항).

나. 대항요건의 부인

지급정지 또는 개인회생절차개시신청이 있은 후에 권리의 설정·이전 또는 변경을 제3자에게 대항하기 위하여 필요한 행위를 한 경우 그 행위가 권리의 설정·이전 또는 변경이 있은 날부터 15일을 경과한 후에 지급정지 또는 개인회생신청이 있음을 알고 행한 것인 때에도 부인할 수 있다(제584조 제1항, 제394조 제2항).

3. 집행행위의 부인

집행행위의 부인이란 부인하고자 하는 행위에 관하여 상대방이 이미 집행권원을 가지고 있거나 그 행위가 집행행위로서 이루어진 것이더라도 부인하는 것을 말한다(제584조 제1항, 제395조).

4. 전득자에 대한 부인

부인의 효과는 상대적인 것이어서 수익자에 대하여 부인을 하더라도 전득자에게는 부인의 효과가 미치지 않는다. 그러나 경우에 따라 전득자에게 부인의 효과를 미치게 할 필요가 있다. 반면 전득자에 대한 부인을 넓게 인정하면 거래의 안전을 해하게 된다. 따라서 ① 전득자가 전득 당시 각각 그 전자에 대하여 부인의 원인이 있음을 안 때, ② 전득자가 특수관계자인 때(다만 전득 당시 각각 그 전자에 대한 부인의 원인이 있음을 알지 못한 때는 제외), ③ 전득자가 무상행위 또는 이와 동일시할 수 있는 유상행위로 인하여 전득한 경우에는 그 전자에 대하여 부인의 원인이 있는 때에 한하여 전득자에 대하여도 부인권을 행사할 수 있다(제584조 제1항, 제403조).

①의 경우 악의의 증명책임은 채무자에게 있고, ②의 경우 전득자가 특수관계인이라면 전득자가 자기의 선의에 대하여 증명책임을 부담한다. ③의 경우 전득자의 악의는 요구되지 않는다.

전득자에 대한 부인은 채무자와 수익자 사이의 행위를 전득자에 대하여 부인하는 것을 말한다. 수익자와 전득자 사이의 행위를 부인하는 것이 아니다.

Ⅴ 부인권의 행사

1. 행사주체

부인권의 행사주체는 채무자이다(제584조 제2항).[42] 그런데 채무자는 자신의 행위를 부인하

---

42) 부인권의 행사주체가 회생절차에서는 관리인, 파산절차에서는 파산관재인이다. 개인회생절차에서 부인권의 행사주체를 채무자로 하는 것에 대하여 입법론적 비판이 있다(회생절차에서 관리인에 의한 부인권 행사에 대한 비판적 견해에 대하는 본서 1151쪽을 참조할 것). 그 이유는 다음과 같다. 채무자가 스스로 부인권을 적절히 행사하여 일탈된 재산을 개인회생재단으로 회복시킬 수 있다는 것을 기대하는 것은 현실적인 어려움이 있다. 채무자는 채무자회생법에 대한 법률지식이 부족하고 법률조력을 받을 경제력도 없을 뿐만 아니라 채무자 스스로 부인권을 행사하도록 하는 것이 실효적인지도 의문이다. 법원의 감독 및 회생위원의 참가를 인정하고 있지만 여전히 한계가 있다.

　　더 나아가 개인회생절차에 부인권을 인정하는 것이 타당한지에 대한 근본적인 문제를 제기하고 있다. 왜냐하면 개인회생절차는 간이하고 신속하게 진행되어야 하는데(변제기간도 3년으로 단기간이다) 상당한 기간이 소요되는 부인권의 행사와는 근본적으로 조화되기 어렵다. 변제계획이 인가된 이후에 부인권이 행사된 경우 부활한 채권을 어떻게 취급하여야 하는지 등에 관한 규정도 없다. 또한 실무적으로 개인회생절차에서 변제재원은 원칙적으로 채무자의 장래수입이고, 청산가치보장원칙이 문제되지 않는 한 재산투입의 필요성이 없으므로 부인권을 적극적으로 행사할 요인이 많지 않다. 일본 민사재생법은 개인재생절차인 소규모개인재생절차와 급여소득자등재생절차에 있어서는 부인권 규정의 적용을 배제하고 있다(제238조, 제245조). 부인권은 가장 간단한 부인의 청구에 의하더라도 실체권에 관계된 문제로 최종적으로 판결절차에 의하여야 한다. 이러한 중층적인 제도인 부인권은 간이 신속한 처리를 목

여야 하고 상대방과의 관계를 고려하여 부인권 행사를 주저할 가능성이 있다. 이런 경우 법원은 채권자 또는 회생위원의 신청에 의하거나 직권으로 채무자에게 부인권의 행사를 명할 수 있다(제584조 제3항). 또한 회생위원은 부인권의 행사에 참가할 수 있으며(제584조 제4항), 이 경우 회생위원의 참가형태는 보조참가라 할 것이다.

개인회생채권자는 채무자를 대위하여 부인권을 행사할 수는 없다고 할 것이다. 그 이유는 채무자회생법은 부인권의 행사주체가 채무자임을 명시적으로 규정하고 있고, 개인회생재단에 대한 관리처분권 역시 채무자에게 있으며, 채무자가 부인권을 행사하지 않을 경우 부인권행사명령을 통해 해결할 수 있기 때문이다.[43]

2. 행사방법

부인권은 소, 부인의 청구 또는 항변에 의하여 행사한다(제584조 제1항, 제396조 제1항). 부인권은 수익자 또는 전득자 중 어느 일방 또는 쌍방을 상대로 하여 행사할 수 있다. 전득자를 상대로 행사하더라도 부인의 대상은 채무자와 수익자 사이의 행위이고 전득행위가 아니다. 수익자와 전득자 쌍방을 상대로 소를 제기하는 경우라도 필수적공동소송이 아니라 통상공동소송이다.

부인의 소나 청구는 개인회생사건이 계속되어 있는 법원(개인회생계속법원)의 전속관할에 속한다(제584조 제1항, 제396조 제3항).

표로 하는 소규모개인회생절차와 급여소득자등회생절차와는 부합하지 않아 적용을 배제한 것이다(條解 民事再生法, 1217쪽). 결국 위와 같은 사정과 아래에서 보는 바와 같이 채무자에게 부인권을 행사하도록 하는 입법례가 없다는 점에서 개인회생절차에서는 부인권의 적용을 배제하거나, 법원의 허가를 전제로 채권자가 행사하도록 하는 것이 실효적일 뿐만 아니라 타당하다고 본다.

○ **부인권 행사 주체에 관한 입법례** ① 미국 연방도산법 제13장의 절차에서는 관재인(a Chapter 13 trustee)이 부인권을 행사한다. ② 일본의 민사재생법상 일반민사재생절차에서는 원칙적으로 재생채무자가 재산에 관한 관리처분권한을 가지고 예외적으로 관재인이 선임된 사건에서 관재인이 관리처분권한을 가지나, 부인권 행사주체는 재생채무자가 아닌 감독위원 또는 관재인이어서 채무자가 부인권 행사 주체로 되지 않는다. 특히 개인민사재생절차에서는 앞에서 본 바와 같이 일반민사재생절차상 부인권에 관한 일체 규정의 적용을 배제하고 있으므로 부인권 행사가 문제되지 않는다. ③ 독일 도산법상 부인권 행사는 관리인만이 할 수 있다(독일 도산법 제129조 제1항). 소비자도산절차의 경우에도 마찬가지이다(독일 도산법 제304조, 종래 도산채권자가 부인권을 행사할 수 있도록 하였으나(제313조 제2항), 2014. 7. 1. 삭제되었다)). 한편 채무자가 감독인의 감독 하에 도산재단의 관리처분권한을 가지는 자기관리절차(독일 도산법 제270조 제1항)에서는 부인권은 감독인만이 행사할 수 있다(독일 도산법 제280조). ④ UNCTRAL 도산입법지침{Legislative Guide on Insolvency Law, Part One and Two (2004)[https://uncitral.un.org/sites/uncitral.un.org/files/media-documents/uncitral/en/05-80722_ebook.pdf(2022. 3. 3. 최종 방문)]}의 권고규정(Recommendation) 93은 각 회원국이 국내도산법령을 입법함에 있어 도산관리인에게 부인권 행사의 권한을 부여하되, 도산관리인의 동의 또는 법원의 허가가 있는 경우에는 채권자도 부인권을 행사할 수 있도록 권고하고 있다.

> 93. The insolvency law should specify that the insolvency representative has the principal responsibility to commence avoidance proceedings.46 The insolvency law may also permit any creditor to commence avoidance proceedings with the agreement of the insolvency representative and, where the insolvency representative does not agree, the creditor may seek leave of the court to commence such proceedings

결론적으로 우리나라와 같이 채무자 단독으로 부인권을 행사하도록 하는 입법례는 찾아볼 수 없다.
43) 부인권과 채권자취소소송과의 관계에 대하여는 〈제12장 제2절 Ⅱ.5.〉(본서 2102쪽)를 참조할 것.

부인의 청구의 경우 법원은 심문을 거쳐 이유를 붙인 결정으로 부인의 청구를 인용하거나 기각한다. 결정을 하기 전에 상대방을 반드시 심문하여야 하고 결정서를 당사자에게 송달하여야 한다(제584조 제1항, 제396조 제4항, 제106조). 부인의 청구를 기각하는 결정에 대하여는 불복할 수 없다. 별도로 부인의 소를 제기하면 족하기 때문이다. 그러나 부인의 청구를 인용하는 결정에 대하여 불복이 있는 자는 결정문을 송달받은 날로부터 1월 이내에 이의의 소를 제기할 수 있다. 이의의 소는 개인회생사건이 계속되어 있는 개인회생계속법원의 관할에 전속한다(제584조 제1항, 제396조 제4항, 제107조 제1항, 제3항).

부인권은 항변의 방법으로도 행사할 수 있는데,[44] 이 경우 항변은 재항변, 재재항변 등을 포함한다.

3. 부인권 행사의 효과

가. 원상회복

부인권의 행사는 개인회생재단을 원상으로 회복시킨다(제584조 제1항, 제397조 제1항). 원상회복의 방법에는 원물반환과 가액배상이 있다. 부인권 행사의 효과는 물권적으로 발생하고, 부인권 행사에 의하여 일탈되었던 재산은 상대방의 행위를 기다리지 않고 당연히 채무자에 복귀한다(물권적효과설). 다만, 그 효과는 채무자와 상대방 사이에서만 생기고 제3자에 대해서는 효력이 미치지 않는다(상대적 무효설).

나. 무상부인과 선의자의 보호

무상부인(제584조 제1항, 제391조 제4호)의 경우에는 상대방의 선의·악의를 묻지 않으므로 상대방에게 가혹한 결과를 초래할 수 있다. 따라서 선의의 상대방을 보호하기 위하여 반환의 범위를 경감하여 이익이 현존하는 한도 내에서 상환하도록 하고 있다(제584조 제1항, 제397조 제2항). 전득자에 대해서도 전득 당시 선의이었다면 역시 이익이 현존하는 범위 내에서 상환하도록 하고 있다(제584조 제1항, 제403조 제2항).

다. 상대방의 지위

부인권의 목적은 개인회생재단을 부인의 대상이 되는 행위 이전의 상태로 원상회복을 시키는 데 있지 채무자로 하여금 부당한 이익을 얻게 하려는 데 있는 것이 아니다. 따라서 채무자의 행위가 부인된 경우 채무자의 급부에 대하여 한 상대방의 반대이행은 개인회생재단으로부터 반환되어야 한다.

만약 상대방이 한 반대급부가 개인회생재단 중에 현존하고 있다면 상대방은 그 반환을 청구할 수 있고(제584조 제1항, 제398조 제1항 전단), 반대급부 자체는 현존하지 않으나 그 반대급

---

44) 채권자취소권이 소에 의하여만 행사할 수 있는 것과 차이가 있다.

부로 인하여 생긴 이익이 현존하고 있다면 상대방은 이익이 현존하는 한도 내에서 개인회생재 단채권자로서 상환을 청구할 수 있다(제584조 제1항, 제398조 제1항 후단). 반대급부로 인하여 생긴 이익이 현존하지 아니한 때에는 상대방은 그 가액의 상환에 관하여 개인회생채권자로서 권리를 행사할 수 있다. 반대급부의 가액이 현존하는 이익보다 큰 경우 그 차액에 관하여도 또한 같다(제584조 제1항, 제398조 제2항).

채무자의 이행행위가 부인된 경우 상대방이 그 받은 이익을 반환하거나 그 가액을 상환한 때 상대방의 채권이 부활한다(제584조 제1항, 제399조). 상대방의 선이행의무를 명시하고 있는데, 이는 상대방의 의무를 선이행시켜 먼저 개인회생재단을 현실적으로 원상회복시킨 후에야 비로소 상대방의 채권을 부활시키겠다는 것이다. 따라서 상대방은 부활한 채권을 자동채권으로 하여 반환채무와 상계할 수도 없다.

4. 부인권의 소멸과 제한

가. 부인권의 소멸

(1) 부인권의 행사기간(제척기간) 도과

부인권은 개인회생절차개시결정이 있은 날부터 1년간 이를 행사하지 아니하면 행사할 수 없다. 또한 부인의 대상이 되는 행위가 있던 날부터 5년을 경과한 경우에도 마찬가지이다(제584조 제5항). 조속한 법률관계의 확정을 통하여 거래안전을 확보하기 위한 것이다. 1년이나 5년은 모두 제척기간을 의미하므로, 당사자의 원용은 필요하지 않고 중단의 여지도 없다.

(가) 기간의 기산점

1년은 개인회생절차개시결정이 있은 날로부터, 5년은 부인의 대상이 되는 행위가 있던 날로부터 각각 진행한다. 1년 기간의 기산일은 개인회생절차개시결정을 한 때이고, 나아가 이는 채무자가 행위의 존재나 상대방을 알았는지에 의하여 좌우되는 것은 아니다. 기간을 획일적으로 확정하고, 만료시를 명확히 하여 상대방의 지위를 안정시키기 위함이다.

(나) 다른 절차와의 관계

채무자에 대하여 파산절차나 회생절차가 경합하는 경우 선행하는 절차와 관계에서 제척기간의 기산점 등이 어떻게 되는지가 문제이다.

① 파산절차가 선행하는 경우

채무자에 대하여 이미 파산절차가 개시되어 있는 경우에도 개인회생절차개시의 신청이 허용되고, 필요하다고 인정하는 때에는 개인회생절차개시신청에 대한 결정시까지 사이에 파산절차에 대하여 중지명령을 할 수 있다(제593조 제1항 제1호). 또한 개인회생절차개시결정이 있는 경우에는 파산절차는 당연히 중지된다(제600조 제1항 제1호). 이와 같이 개인회생절차에 선행하여 파산선고가 있는 경우 제척기간은 파산선고시를 기준으로 하여야 하는가 개인회생절차개시결정시를 기준으로 하는가.

선행하는 파산절차와 후속하는 개인회생절차를 연속하는 일체적인 것으로 보고, 조기에 부인권 행사를 기대하는 관점에서 본다면, 선행하는 파산절차 중에 부인권을 행사한 이상, 이미 파산선고시로부터 2년이 경과한 경우에는 동일한 행위에 대하여 후속하는 개인회생절차에서 부인권을 행사하는 것은 인정되지 않는다고 할 것이다.[45] 또한 파산선고시로부터 2년(제405조)이 경과하기 전에 개인회생절차개시결정시로부터 1년이 경과한 경우에도 개인회생절차에서 부인권 행사는 인정되지 않는다고 할 것이다. 부인의 대상이 되는 행위가 있던 날을 기준으로 할 경우 파산절차에서는 10년이고(제405조), 개인회생절차에서는 5년인데, 개인회생절차가 개시된 경우에는 5년을 기준으로 판단하여야 할 것이다.

② 회생절차가 선행하는 경우

채무자에 대하여 이미 회생절차(일반회생)가 선행하는 경우에도 파산절차가 선행하는 경우와 동일하게 처리하면 된다. 즉 선행하는 회생절차 중에 부인권을 행사한 이상, 이미 회생절차 개시시로부터 2년(제112조)이 경과한 경우에는 동일한 행위에 대하여 후속하는 개인회생절차에서 부인권을 행사하는 것은 인정되지 않는다고 할 것이다. 부인의 대상이 되는 행위가 있던 날을 기준으로 할 경우 회생절차에서는 10년이고(제112조), 개인회생절차에서는 5년인데, 개인회생절차가 개시된 경우에는 5년을 기준으로 판단하여야 할 것이다.

(다) 기간의 준수

부인권의 행사를 소나 청구에 의한 경우에는 소의 제기나 신청을 한 때, 항변에 의한 경우에는 준비서면이 송달된 때나 구두변론에 의하여 진술한 때 기간의 준수 여부를 결정하는 기준이 된다. 다만 소(청구)가 각하 또는 취하된 경우에는 기간준수의 효과는 발생하지 않는다(민법 제170조 제1항 참조). 그렇지만 최고로서의 효력은 인정된다고 할 것이다. 따라서 부인권이 행사된 절차가 종료된 후 6개월 내에 다시 부인권을 행사한 경우 앞선 절차에서의 기간준수 효력은 유지된다고 할 것이다(민법 제170조 제2항, 제174조 참조).

(2) 포 기

채무자는 부인의 상대방과 화해가 성립한 때와 같이 채권자의 이익에 합치될 경우 부인소송의 확정 전후를 묻지 않고 소송 외에서 법원의 허가를 받아 부인권의 행사를 포기할 수 있다.

(3) 개인회생절차의 종료

부인권은 개인회생절차의 목적을 실현하기 위해서 개인회생절차가 진행 중임을 전제로 한 권리이므로 개인회생절차가 종료된 경우에는 부인권을 행사할 수 없다.

---

45) 일본 민사재생법 제139조 참조.

나. 부인의 제한

지급정지의 사실을 안 것을 이유로 하여 부인하는 경우에는 개인회생절차개시가 있는 날로부터 1년 전에 행하여진 행위는 부인할 수 없다(제584조 제1항, 제404조). 부인권의 행사에 시간적 제약을 가함으로써 거래관계자의 신뢰를 보호하기 위한 것이다.

관련 내용은 〈제3편 제5장 제2절 Ⅴ.4.나.〉(본서 1397쪽)를 참조할 것.

5. 부인의 등기

채무자는 등기원인행위가 부인되거나 등기가 부인된 때에는 부인의 등기를 신청하여야 한다(제26조 제1항). 관련 내용은 〈제2편 제7장 제3절 Ⅴ.5.〉(본서 497쪽)를 참조할 것.

부인등기가 마쳐진 이후 개인회생절차가 취소·폐지·종결된 경우에는 법원의 촉탁에 의하여 부인등기를 말소한다.[46]

■ 제3절 ■ 환 취 권[47]

Ⅰ 의   의

환취권이란 제3자가 개인회생재단에 속하지 않는다는 것을 주장하여 채무자로부터 그 재산을 돌려받거나 인도 요구를 거절할 수 있는 권리를 말한다.[48] 즉 개인회생재단에 속하지 않는 어떤 재산에 대하여 채무자 지배의 배제나 지배 요구를 배제할 수 있는 권리이다.

환취권은 그 목적물이 개인회생재단에 속하지 않는다는 것을 주장하는 권리를 의미하지만, 실체법상 권리에서 비롯된 것과 채무자회생법이 인정한 것이 있다. 전자를 일반환취권, 후자를 특별환취권이라 부른다. 개인회생절차에서 환취권으로 취급되기 위해서는 개인회생절차개시 전에 성립요건이나 대항요건을 갖추고 있어야 한다.[49]

환취권은 제3자 이의의 소와 유사한 형태이나, 그 권리가 제3자에게 귀속되는지 여부가 문제되는 것으로 제3자의 재산에 대하여 한 압류의 효력을 다투는 제3자 이의의 소와는 성질이 다르다.

환취권은 특정재산이 개인회생재단에 속하지 않는 것을 전제로 이를 환취하는 권리인 반

---

46) 부동산등기사무처리지침 제29조 제2항.
47) 여기서는 개인회생절차의 이해에 필요한 환취권에 관한 개괄적인 내용만을 소개한다. 환취권에 관한 전체적인 내용은 〈제2편 제7장 제2절〉(본서 407쪽) 및 〈제3편 제5장 제3절〉(본서 1401쪽)을 참고할 것.
48) 개인회생절차에서의 환취권에 대하여는 파산절차에서의 환취권에 관한 규정들을 준용하고 있다(제585조).
49) 개인회생절차에 제330조, 제331조에 관한 준용규정이 없다. 파산절차와 달리 볼 이유가 없으므로 위 각 규정은 유추적용된다고 할 것이다.

면, 개인회생재단에 속하는 것을 전제로 그 재산으로 우선적으로 피담보채권을 변제받는 권리인 별제권과 다르다.

Ⅱ 일반환취권

1. 일 반 론

개인회생절차개시결정은 채무자에 속하지 아니하는 재산을 개인회생재단으로부터 환취하는 권리에 영향을 미치지 아니한다(제585조, 제407조).

환취권은 원칙적으로 채무자회생법에 의하여 창설된 권리가 아니고 실체법상 권리의 당연한 효과에 불과하므로 어떠한 권리가 환취권의 기초가 되는지는 민법, 상법 그 밖의 실체법에 의하여 결정된다.

환취권의 기초가 되는 대표적인 권리는 소유권이지만, 소유권 이외의 무체재산권, 용익물권, 점유를 수반하는 담보물권(질권)이나 점유권도 환취권의 기초가 될 수 있다.

임대인은 소유자가 아니라도 계약상의 반환청구권에 기하여 환취권자가 될 수 있으나(개인회생재단에 속하지 않는다는 것을 주장하여 채권의 내용으로 임대목적물의 반환을 구하는 경우), 매매계약상의 매수인은 환취권자가 될 수 없고 단순히 개인회생채권자에 불과하다.

사해행위취소권도 사해행위로 이루어진 채무자의 재산처분행위를 취소하고 사해행위에 의해 일탈된 채무자의 책임재산을 수익자 또는 전득자로부터 채무자에게 복귀시키기 위한 것이므로 환취권의 기초가 될 수 있다.[50]

개인회생절차의 개시가 환취하는 권리에 영향을 미치지 않는다고 규정할 뿐이고, 채무자가 보호되는 제3자(민법 제108조 제2항 등)인 경우에는 그것을 이유로 실체법상의 권리행사가 부정될 수 있다.

2. 환취권의 행사

환취권은 개인회생재단에 대하여 관리처분권을 갖는 채무자에 대하여 재판상 또는 재판외의 방법에 의하여 행사한다. 소송 또는 항변에 의하여도 주장할 수 있다.

Ⅲ 특별환취권

채무자회생법은 이해관계자 사이의 공평을 도모한다는 점을 고려하여 실체법에 인정하는 것 이외에 몇 가지 환취권을 별도로 인정하고 있다.

---

50) 대법원 2014. 9. 4. 선고 2014다36771 판결.

1. 운송 중인 매도물의 환취

매도인이 매매의 목적인 물건을 매수인에게 발송하였으나 매수인이 그 대금의 전액을 변제하지 아니하고, 도달지에서 그 물건을 수령하지 아니한 상태에서 매수인이 개인회생절차개시결정을 받은 때에는 매도인은 그 물건을 환취할 수 있다. 다만, 채무자가 대금전액을 지급하고 그 물건의 인도를 청구한 때에는 환취권을 행사할 수 없다(제585조, 제408조 제1항).

2. 위탁매매인의 환취권

물품매수의 위탁을 받은 위탁매매인이 그 물품을 위탁자에게 발송한 경우에도 운송중인 매도물에 준하여 환취권을 가진다(제585조, 제409조).

Ⅳ 대체적 환취권

채무자가 개인회생절차개시결정 전에 환취권의 목적인 재산을 양도한 때에는 환취권자는 반대급부의 이행청구권의 이전을 청구할 수 있다. 채무자가 개인회생절차개시결정 후에 환취권의 목적인 재산을 양도한 때에도 마찬가지이다. 이 경우 채무자가 반대급부의 이행을 받은 때에는 환취권자는 채무자가 반대급부로 받은 재산의 반환을 청구할 수 있다(제585조, 제410조).

제4절 별 제 권[51]

Ⅰ 개 요

별제권이란 개인회생절차가 개시된 때 개인회생재단에 속하는 재산에 대하여 유치권, 질권, 저당권, 「동산·채권 등의 담보에 관한 법률」에 따른 담보권 또는 전세권 또는 우선특권[52]을 가진 자가 그 목적인 재산에 관하여 개인회생절차에 의하지 않고 행사할 수 있는 권리를 말한다(제586조, 제411조, 제412조).[53]

---

51) 여기서는 개인회생절차의 이해에 필요한 별제권에 관한 개괄적인 내용만을 소개한다. 별제권에 관한 구체적인 내용은 〈**제3편 제5장 제4절**〉(본서 1406쪽)을 참고할 것. 채무자회생법은 파산절차에서 담보권을 별제권으로 취급하고 있으며 별제권에 관한 제411조 내지 415조를 개인회생절차에서 준용하고 있다(제586조, 제411조 내지 415조).

52) 제579조 제1호 가목은 담보권에 '우선특권'까지 포함시키고 있다. 개인회생절차에서 별제권에 관하여 파산절차에 관한 규정을 준용하고 있고, 파산절차에는 우선특권이 별제권에 포함되는 것으로 규정되어 있지 않지만(제411조, 다만 해석론으로 포함되는 것으로 보아야 한다는 점은 앞에서 본 바와 같다) 개인회생절차에서 우선특권도 별제권에 포함된다고 보아야 할 것이다. 입법적인 통일이 필요해 보인다.

53) 담보권자는 본래 담보가치에 상당하는 부분에 대하여는 보호를 받으므로 채무자에 대하여 도산절차가 개시되더라고 담보권자로서의 권리는 그대로 유지되는 것이 원칙이다. 그러나 이러한 원칙은 청산형인 파산절차에서는 타당할

별제권은 채무자회생법에 의해 새로이 발생하는 권리가 아니라 담보권이 개인회생재단에 포함되어 있는 목적물에 대하여 행사되는 작용으로서 생기는 우선변제청구권이다. 즉 별제권은 채무자회생법이 새롭게 창설한 것이 아니고 실체법상 담보권의 효력에 의하여 인정되는 것이다. 따라서 개인회생절차상 별제권자는 개인회생절차에 의하지 아니하고(변제계획에 의하지 아니하고) 별제권을 행사하여 우선적으로 자신의 채권의 만족을 받을 수 있고(제586조, 제412조),[54] 그러한 별제권의 행사에 의하여 변제를 받을 수 없는 채권액에 관하여서만 개인회생채권자로서 그 권리를 행사할 수 있다(제586조, 제413조). 개인회생절차의 절차상의 제약은 원칙적으로 별제권자에게 미치지 않는다. 다만, 채무자가 물상보증인[55]인 경우와 같이 특정재산을 가지고 물적책임을 지는 담보물권 자체는 별제권으로 취급되지만 개인회생채권으로는 되지 못한다. 이 경우 담보권자는 별제권자로서 담보목적물로부터 별제권을 행사하여 우선변제를 받을 수 있지만, 개인회생절차에 참가할 수는 없다.[56]

별제권은 우선적으로 변제를 받는다는 점에서 개인회생재단채권과 같으나, 별제권은 개인회생재단채권에 우선하고, 개인회생재단채권이 개인회생재단 전체로부터 변제를 받을 권리가 있음에 반하여 별제권은 개인회생재단 가운데 담보목적물인 특정한 재산으로부터 변제를 받는 권리라는 점에서 차이가 있다.

Ⅱ 담보권 실행의 중지·금지

담보권은 별제권으로 개인회생절차에 의하지 아니하고 자유로이 행사하는 것이 원칙이다 (제586조, 제412조). 그런데 담보권 실행에 관하여 아무런 제약이 없다면 개인회생절차의 원활한 진행이 어렵고 개인회생채권자 일반의 이익에도 반하는 경우가 생길 수 있다. 그래서 일정한 경우 담보권의 실행을 중지·금지시킬 필요가 있다.

수 있지만, 채무자의 회생을 목적으로 하는 회생형인 회생절차나 개인회생절차에서는 담보권의 실행으로 회생이 어려워질 수 있으므로 담보권에 대하여 일정한 제약이 필요하다. 그런데 채무자회생법은 개인회생절차에서의 별제권에 파산절차의 별제권에 관한 규정들을 준용하고 있다(제586조). 나아가 파산절차에서는 필요한 경우 별제권의 목적인 재산을 환수할 수 있지만(제492조 제14호) 개인회생절차에서는 이에 관한 규정이 없다. 이로 인해 담보가 설정된 부동산에서 영업활동을 하는 영업소득자나 주택에 담보가 설정된 급여소득자의 경우 담보권의 실행으로 변제계획의 수행에 문제가 생길 가능성이 있다. 입법적인 보완이 필요해 보인다.

54) 이런 점에서 개인회생절차는 무담보채무만을 채무조정의 대상으로 하고, 담보채무는 채무조정대상에서 제외하고 있다고 할 수 있다. 이로 인해 주택담보대출을 갖고 있는 개인이 회생법원에 개인회생절차를 신청한 경우에도 주택(집)이 경매로 넘어갈 위험성에 항상 노출되어 있다. 담보권을 별제권으로 인정한다는 것은 채권자 입장에선 개인회생절차와 관계없이 담보물의 처분에 나설 수 있다는 의미이고, 채무자 입장에선 회생법원에서 인가한 변제계획과 별도로 주택(집)을 처분하든 알아서 담보채무를 갚아야 한다는 뜻이다. 이는 결과적으로 변제계획의 수행을 어렵게 만드는 원인이 되고 있다.

55) 물상보증인은 채무를 부담하지 않고, 담보로 제공한 물건의 한도에서 '책임'을 부담할 뿐이다. 따라서 채권자는 물상보증인에 대하여 이행의 소를 제기하거나 그의 일반재산에 대하여 집행하지 못한다. 이 점에서 물상보증인은 보증인과 다르다.

56) 별제권자에는 ① 상대방이 개인회생채권자로서 별제권자인 경우와 ② 채무자가 물상보증을 제공하고 있는 상대방으로서의 별제권자인 경우가 있을 수 있다. ①의 경우에는 개인회생채권자로서 지위를 겸할 수 있으나, ②의 경우에는 변제계획인가시까지 담보권 실행이 중지된다는 점에서 의미가 있을 뿐 개인회생채권은 없다.

1. 개인회생절차개시결정 전 중지명령 등에 의한 중지·금지

가. 중지·금지명령

법원은 개인회생절차개시의 신청이 있는 경우 필요하다고 인정하는 때에는 이해관계인의 신청에 의하거나 직권으로, 개인회생절차의 개시신청에 대한 결정시까지, 채무자의 재산에 대한 담보권의 실행 등을 위한 경매의 중지 또는 금지를 명할 수 있다(제593조 제1항 제3호). 그러나 개인회생절차개시의 신청이 기각되면 중지된 절차는 속행된다(같은 조 제3항).

중지 또는 금지명령에 관한 자세한 내용은 〈**제3장 제2절**〉(본서 1908쪽)을 참조할 것.

나. 포괄적 금지명령

중지명령에 의해서는 개인회생절차의 목적을 충분히 달성하지 못할 우려가 있다고 인정할 만한 특별한 사정이 있는 때에는 이해관계인의 신청에 의하거나 직권으로 개인회생절차개시의 신청에 대한 결정이 있을 때까지 포괄적 금지명령을 할 수 있다(제593조 제5항, 제45조 제1항, 제3항). 포괄적 금지명령이 있으면 모든 개인회생채권자 또는 담보권자에 대하여 강제집행 등이 금지되므로 담보권의 실행을 위한 경매절차가 금지되고, 이미 행하여진 경매절차는 중지된다.

포괄적 금지명령에 관한 자세한 내용은 〈**제3장 제3절**〉(본서 1916쪽)을 참조할 것.

나아가 포괄적 금지명령에 의하여 중지된 절차의 취소를 명할 수 있다(제593조 제5항, 제45조 제5항).

2. 개인회생절차개시결정에 따른 중지·금지

개인회생절차개시의 결정이 있는 때에는 자동적으로 변제계획의 인가결정일 또는 개인회생절차폐지결정의 확정일 중 먼저 도래하는 날까지 개인회생재단에 속하는 재산에 대한 담보권의 설정 또는 담보권의 실행 등을 위한 경매는 중지 또는 금지된다(제600조 제2항). 개인회생절차개시의 결정이 있으면 자동적으로 일정기간 담보권의 실행이 중지·금지되는 것이다.

나아가 법원은 상당한 이유가 있는 때에는 이해관계인의 신청에 의하거나 직권으로 위와 같이 중지된 절차의 취소를 명할 수 있다. 이 경우에는 담보를 제공하게 할 수 있다(제600조 제3항, 제2항).

Ⅲ 별제권자의 권리행사

1. 별제권의 행사

가. 담보권의 실행

개인회생절차개시 결정이 있는 때에는 변제계획의 인가결정일 또는 개인회생절차 폐지결정의 확정일 중 먼저 도래하는 날까지 개인회생재단에 속하는 재산에 대한 담보권의 실행 등을 위한 경매가 중지·금지되지만, 변제계획이 인가된 후 또는 인가 전에 개인회생절차폐지가 확정되면 담보권실행을 위한 경매는 중지 또는 금지에서 벗어나 속행되거나 가능하게 된다(제600조 제2항). 개인회생절차에서 담보권은 별제권이므로 개인회생절차에 의하지 아니하고 그 담보권에 대하여 인정된 실행방법에 의하여 행사할 수 있다(제586조, 제412조).

개인회생절차에서 피담보채권이 개인회생채권인 때에는 변제기 도래 전이라도 개인회생절차개시결정과 동시에 변제기가 도래한 것으로 본다(제581조 제2항, 제425조). 따라서 채무자 재산에 대하여 개인회생절차가 개시된 경우, 별제권자가 동시에 개인회생채권자인 때에는 변제계획이 인가된 후 또는 인가 전에 개인회생절차가 폐지되어 확정되면 사실상 변제기가 도래하기 전에도 담보목적물에 대하여 담보권을 실행할 수 있게 된다.[57]

별제권부 채권의 경우 개인회생절차에서의 채권확정의 효력은 개인회생절차 외에서의 권리행사에 영향을 줄 수 없다. 채권자가 제기한 채권조사확정재판 등에서 피담보채권이 존재하지 않는 것으로 확정된다 하더라도, 이는 개인회생절차 내부에 있어 불가쟁의 효력이 있음에 불과하므로, 별제권의 실행을 막을 수 없다.

나. 별제권부 채권에 대한 임의변제 가능 여부

회생절차에서는 회생절차가 개시된 후에는 원칙적으로 회생계획에서 정한 바에 따라서만 변제하거나 변제를 받는 등으로 회생담보권을 소멸하게 하는 행위를 할 수 있지만, 예외적으로 법원의 허가를 얻어 담보권부 채권에 대한 변제를 할 수 있다(제141조 제2항, 제131조나 제132조의 유추적용). 하지만 개인회생절차에서는 법원의 허가를 받아 예외적으로 변제를 할 수 있다는 규정을 두지 않고 있다.

---

57) 이에 대하여 개인회생절차개시결정이 없는 경우 담보권자는 변제기가 도래하기 전에 담보권 실행을 위한 경매를 신청하여 피담보채권을 실현할 수 없다는 점에 비추어볼 때, 개인회생절차가 개시되었다는 이유로 별제권자가 피담보채권을 조기에 실현할 수 있게 되고, 결국 채무자에게 불측의 손해를 주게 되며, 또한 채무자의 효율적인 회생을 도모할 수 없게 된다는 비판적 견해가 있다. 따라서 회생이 어려운 채무자의 재산을 공정하게 환가·배당을 목적으로 하는 파산절차와 달리 개인회생절차는 채무자의 효율적인 회생을 도모하는 절차라는 점을 고려하여 별제권자가 동시에 개인회생채권자인 경우 별제권자 권리행사와 관련하여 파산채권에 관한 제425조의 준용을 금지하는 입법적인 검토가 필요하다고 한다{양형우, "회생·개인회생절차에서의 담보권", 인권과 정의 통권 356호(2006.4.), 대한변호사협회, 57쪽}.

그렇다면 개인회생절차에서 별제권부 채권은 법원의 허가를 얻더라도 변제할 수 없는가. 변제계획인가가 되고 나면 별제권자의 권리행사에 제한이 없지만 담보목적물이 채무자에게 중요한 수단일 경우 별제권자의 권리행사를 사전에 방지할 필요가 있는 점, 회생절차나 개인회생절차는 갱생형절차라는 점에서 그 성격이 비슷한 점, 담보대상 목적물을 채무자가 유지하여 채무자의 주거 안정이나 생계수단을 확보할 경우 궁극적으로는 다른 개인회생채권자에게도 유리한 점, 법원의 허가를 얻도록 함으로써 임의변제의 남용을 방지할 수 있는 점, 실무적으로 법원의 허가를 통한 별제권부 채권의 변제를 인정하고 있는 점 등을 고려하면, 제141조 제2항, 제131조를 유추적용하여 법원의 허가를 전제로 별제권부 채권의 임의변제가 허용된다고 할 것이다.[58]

2. 별제권자의 개인회생채권 행사(부족액책임주의)

별제권자는 별제권 행사로 회수하지 못한 채권액(예정부족액)은 개인회생채권자로서 권리를 행사할 수 있다(제586조, 제413조 본문). 별제권은 담보가액 범위 내 즉, 우선변제권 범위 내에서는 행사할 수 있지만 실제 이를 행사하여야 별제권 행사를 통하여 회수하지 못한 금액을 확정할 수 있게 된다.

실무에서는 별제권자가 별제권 행사로 회수하지 못할 채권액(예정부족액)을 예정하여 그에 해당하는 변제금을 유보하여 둔다. 해당 예정부족액은 변제계획안에서 미확정채권으로 기재되어 있다가 별제권자가 별제권을 행사한 후 남은 채권을 신고하면(확정채권신고) 법원은 미확정채권의 범위 내에서 이를 확정채권으로 변경한 후 해당 채권에 대응하는 변제금액을 별제권자에게 지급한다. 별제권자가 채무자의 면책결정시까지 확정채권신고를 하지 않는 경우 별제권자는 자신의 채권을 개인회생절차에서 변제받을 수 없고 유보금은 잔존 채권자들에게 안분배당된다.[59]

한편 별제권자는 별제권을 포기하고 개인회생채권자로서 그 권리를 행사할 수도 있다(제586조, 제413조 단서).[60]

---

58) 미국 연방도산법 13장절차에서도 채무자가 소비자채무로서 구제명령일 이후 발생하고, 채무자가 변제계획에 따라 영위하여야 할 활동에 필요한 재산과 서비스에 대한 채무로서 연방도산법 제1305조에 따라 허가된 것은 그 전부 또는 일부를 지급하는 변제계획안을 작성할 수 있도록(11U.S.C.§1322(b)(6)) 규정하고 있다.
   11 U.S. Code § 1322 — Contents of plan
   (b)Subject to subsections (a) and (c) of this section, the plan may—
   (6)provide for the payment of all or any part of any claim allowed under section 1305 of this title;
59) 서울회생법원 준칙 제443호 제2조, 제452호 제4조.
60) 별제권자는 그 선택에 따라 별제권 실행 여부와 개인회생절차에 참여 여부를 결정할 수 있다. 담보목적물의 가치가 낮거나 채권최고액이 낮게 설정되어 있는 등으로 별제권을 실행하더라도 해당 목적물에서 채권 전액을 우선변제 받기 어려운 경우 별제권자는 개인회생절차에서 변제받기 위하여 별제권을 포기하고 개인회생채권으로 개인회생절차에 참가할 필요가 있을 것이다. 반면 채권 총액이 우선변제권 범위 내에 있고 목적물의 가액도 우선변제권을 전액 변제받기에 충분하다면 별제권 실행을 선택할 것이다. 우선변제권의 범위, 목적물의 시세 등에 따라 별제권자의 선택이 달라질 수 있으므로 채무자는 불안정한 지위에 놓이게 된다.

3. 별제권부 채권이 개인회생채권인지 여부

별제권부 채권 중 담보 범위를 넘는 채권액이 개인회생채권임은 다툼의 여지가 없다. 문제는 담보 범위 내의 채권액도 개인회생채권인지 여부이다.

별제권이란 실체법상의 담보권이 개인회생절차에 투영된 것으로서 '개인회생절차에 의하지 아니하고 담보목적물로부터 개별적으로 만족을 얻을 수 있는 권리'를 의미한다. 즉, 별제권이란 특수한 별제적 권능을 가진 피담보채권을 의미하는 것이 아니라, 별제적 권능 그 자체를 말한다고 봄이 상당하다. 이는 채무자회생법 제586조(제411조)의 문언상으로도 자연스럽게 그와 같이 해석될 뿐 아니라, 별제권자가 동시에 채무자에 대한 채권자일 필요는 없다는 점(채무자가 물상보증인인 경우)에서도 분명하다.

따라서 담보권자가 동시에 채무자에 대한 피담보채권을 가지고 있는 경우(물상담보권자가 아닌 경우)에는 피담보채권은 동시에 개인회생채권이기도 하다고 보아야 한다.

제586조(제413조 본문)에서 "별제권자는 그 별제권의 행사에 의하여 변제를 받을 수 없는 채권액에 관하여만 개인회생채권자로서 그 권리를 행사할 수 있다."고 규정하는 바, 이를 '별제권자가 그 별제권의 행사에 의하여 변제를 받을 수 있는 부분의 채권은 개인회생채권이 아니고, 그 나머지 부분만이 개인회생채권'이라는 식으로 해석할 것은 아니고, 별제권자는 개인회생채권자이지만, 다만 별제권의 행사에 의하여 변제받을 수 있는 부분에 관하여는 개인회생채권자로서의 권리를 행사할 수 없을 뿐이라고 해석할 것이다. 이는 제586조(제413조 단서)에서 별제권자가 별제권을 포기하면 개인회생채권자로서 권리를 행사할 수 있다고 규정하는 점에서도 분명하다. 또한 담보권의 피담보채권도 제581조 제1항에서 말하는 '개인회생절차개시결정 전의 원인으로 생긴 재산상의 청구권'에 해당하는 이상, 역시 개인회생채권으로 보지 않을 수 없다는 점에서도 그러하다.

4. 면책과 별제권자의 담보권 실행

별제권(담보권)은 면책의 대상이 아니지만, 채무자에 대하여 면책결정이 될 경우 그 효력은 별제권 중 담보 범위 내의 채권에 대하여는 미치지 않는 것이 아니라 별제권의 행사나 존속과 무관하게 당초부터 별제권자의 개인회생채권에 전면적으로 미친다고 보아야 한다. 채무자에 대하여 면책결정이 된 경우 별제권자는 파산절차에서와 마찬가지로 피담보채권이 면책되어 채무자에게 이행의 청구를 할 수 없지만, 채무자를 면책하는 결정에도 불구하고 담보권을 실행할 수는 있다.[61]

---

61) 대법원 2011. 11. 10. 선고 2011다27219 판결 참조. 제625조 제3항도 '면책은 담보에 영향을 미치지 않는다'고 규정하고 있다. 따라서 피보전채권이 면책되더라도 담보권 행사에는 문제가 없는 것이다.

　[사례]　별제권자가 변제계획인가결정 후 임의경매를 진행하여 피담보채권 중 일부를 배당받았다. 별제권을 실행한 이후 변제 받지 못한 채권은 면책결정이 된 경우 면책된다. 따라서 별제권 실행 이후 남은 채권에 대해서는 채무자

이에 대하여 개인회생절차에서 대항력과 확정일자를 갖춰 우선변제권이 있는 임대차보증금 반환채권의 면책 여부가 다투어진 사안에서 한 「대법원 2017. 1. 12. 선고 2014다32014 판결」[62]을 근거로, 별제권의 피담보채권은 면책되지 않는다(따라서 별제권자는 채무자를 면책하는 결정에도 불구하고 자유롭게 담보권을 실행하거나 피담보채권의 이행을 소구할 수 있다)는 견해가 있다.[63] 그러나 위 대법원 판례는 담보권과 피담보채권이 구별되는 별제권에 대한 것이 아니라 주택임대차보호법상 임차인의 우선변제권이 인정되는 임대차보증금반환채권에 관한 것이고, 우선변제가 인정되는 범위 내의 임대차보증금반환채권을 담보권의 피담보채권이라고도 할 수도 없으며, 파산절차의 별제권 규정을 준용하고 있는(제586조) 개인회생절차를 파산절차와 달리 볼 합리적인 이유도 없다. 개인회생채권은 채무자에 대하여 개인회생절차개시결정 전의 원인으로 생긴 재산상의 청구권을 의미하는데(제581조 제1항), 임대차보증금반환채권이 채무자에 대한 개인회생절차개시결정 전에 체결된 임대차계약에 부수한 보증금계약에 근거한 것이라면 '개인회생채권'에 해당한다고 볼 수밖에 없다.[64] 또한 위 대법원 판결은 주택임차인의 임대차보증금반환채권 중 우선변제권의 한도 내에서는 면책이 되지 않는 '개인회생채권목록에 기재되지 아니한 청구권'(제625조 제2항 단서 제1호)에 해당한다[65]는 것을 전제로, 면책결정의 효력이 미치지 않는다고 한 것에 불과하다. 따라서 개인회생절차에서 채무자에 대한 면책결정이 있더라도 별제권의 피담보채권은 면책되지 않는다는 견해는 받아들이기 어렵다.[66]

의 책임이 면제되므로 채무자에 대하여 채무의 이행을 구하는 소를 제기하거나 채권의 만족을 위하여 강제집행을 할 수도 없다.

62) 위 판결의 요지: 변제계획의 변제대상이 되는 개인회생채권자목록에 기재된 개인회생채권 중 변제계획에 따라 변제한 것을 제외한 부분은 모두 면책되지만, 개인회생채권자목록에 기재되지 아니한 청구권은 변제계획에 의한 변제대상이 될 수 없어 면책결정의 효력이 미치지 않는다. 주택임차인의 임대차보증금반환채권 중 제586조, 제415조 제1항에 의하여 인정된 우선변제권의 한도 내에서는 제625조 제2항 단서 제1호에 따라 면책이 되지 않는 '개인회생채권자목록에 기재되지 아니한 청구권'에 해당하여 면책결정의 효력이 미치지 않는다.

63) 정건희, 전게 "채무자회생법상 면책의 효력 및 그 법률관계", 206쪽.

64) 대법원 2012. 11. 29. 선고 2011다30963 판결 참조. 위 판결은 파산선고 전의 임대차계약에 기한 임대차보증금반환 채권이 파산채권에 해당함을 전제로 파산채권자의 상계금지사유에 관한 제422조 제1호를 적용하였다. 실무도 대항요건과 확정일자를 갖춘 임차인이라도 그 주택 등에 대하여 경매를 신청할 권한이 있는 것으로 볼 수 없고, 임차인이 임대차보증금반환채권에 관하여 판결 등 집행권원을 따로 가지고 있다고 하더라도 위 채권은 여전히 개인회생채권에 속하는 것이므로, 채무자(임대인)에 대하여 개인회생절차개시결정이 내려졌다면 그 집행권원에 기한 강제집행은 제600조 제1항 제2호에 의하여 금지된다는 입장이다.

65) 주택임차인은 제586조, 제415조 제1항에 의하여 인정된 우선변제권의 한도 내에서는 임대인에 대한 개인회생절차에 의하지 아니하고 자신의 임대차보증금반환채권의 만족을 받을 수 있으므로, 설혹 <u>주택임차인의 임대차보증금반환채권 전액이 개인회생채무자인 임대인이 제출한 개인회생채권자목록에 기재되었다고 하더라도</u>, 주택임차인의 임대차보증금반환채권 중 위와 같이 우선변제권이 인정되는 부분을 제외한 나머지 채권액만이 개인회생절차의 구속을 받아 변제계획의 변제대상이 되고 면책결정의 효력이 미치는 개인회생채권자목록에 기재된 개인회생채권에 해당한다고 보아야 하고, 우선변제권이 인정되는 부분은 변제계획의 대상이 되지 않아 개인회생채권자목록에 기재되지 아니한 청구권으로 보아야 한다.

다시 말하면 개인회생채권자목록 제도가 변제계획안 작성의 전제인 변제대상 채권을 확정하기 위한 것이므로, 임대차보증금반환채권 중 개인회생절차 외의 경매절차 등에서 변제받지 못한 부분이 변제계획의 변제의 대상이 되는 것이고 개인회생채권자목록에 기재된 채권이 되는 것이다. 개인회생절차 외에서 변제가 가능한 채권은 '개인회생채권자목록에 기재되지 아니한 청구권'에 해당한다.

66) 다만 별제권 일반이 아닌 별제권에 준하여 취급되는 임차주택(상가)에 대하여 우선변제권이 미치는 한도에서는 임대차보증금반환청구의 소제기가 가능할 것이다.

면책과 담보

면책이 채권자의 담보에는 어떠한 영향을 미치는가. 자연채무설을 전제로 검토해 보기로 한다. 채무자회생법은 인적·물적 담보권에 관해 몇 가지 규정을 두고 있다.

1. 인적담보

회생절차, 개인파산절차, 개인회생절차에서 채무자를 면책하는 결정이 있더라도 채권자의 보증인과 물상보증인에 대한 권리에는 영향을 미치지 않는다(제250조 제2항, 제567조, 제625조 제3항). 따라서 면책 결정 전 설정된 인적담보는 면책 결정에 아무런 영향을 받지 않는다.

2. 물적담보

물적담보에 대한 취급은 도산절차마다 다르다.

가. 회생절차

회생절차에서 회생계획인가의 결정이 있으면 채무자회생법이나 회생계획에서 인정된 권리를 제외하고는 채무자는 회생담보권에 관하여 그 책임을 면하며, 채무자의 재산상에 있던 모든 담보권은 소멸한다(제251조 본문). 따라서 회생담보권자목록에 기재되지 않고 신고되지 않은 담보권은 회생계획인가결정으로 소멸한다. 또한 회생담보권이 회생계획에 기재되었더라도 변제 대상이 아니거나 담보권 존속조항이 없으면 역시 소멸한다. 반면 회생계획에서 인정된 회생담보권은 회생계획에 따라 변경된다(제252조 제1항).

나. 개인파산절차

개인파산절차에서 파산재단에 속하는 재산상에 존재하는 유치권·질권·저당권·동산 및 채권 등의 담보에 관한 법률에 따른 담보권 또는 전세권을 가진 자는 그 목적인 재산에 관하여 별제권을 가진다(제411조). 별제권자는 파산절차에 의하지 아니하고 별제권을 행사할 수 있다(제412조). 그런데 채무자회생법은 회생절차와 달리 개인파산절차에서 별제권의 면책 또는 소멸 여부에 대한 아무런 규정을 두고 있지 않다.

이에 대해 대법원[67]은 "제566조는 '면책을 받은 채무자는 파산절차에 의한 배당을 제외하고는 파산채권자에 대한 채무의 전부에 관하여 그 책임이 면제된다.'라고 규정하면서 제411조의 별제권자가 채무자에 대하여 가지는 파산채권을 면책에서 제외되는 청구권으로 규정하고 있지 아니하므로, 제564조에 의한 면책 결정의 효력은 별제권자의 파산채권에도 미친다. 따라서 별제권자가 별제권을 행사하지 아니한 상태에서 파산절차가 폐지되었다고 하더라도, 제564조에 의한 면책 결정이 확정된 이상, 별제권자였던 자로서는 담보권을 실행할 수 있을 뿐 채무자를 상대로 종전 파산채권의 이행을 소구할 수는 없다."라고 판시하였다.

요컨대 별제권자는 피담보채권이 면책되어 채무자에게 이행의 청구를 할 수는 없고, 단지 별제권을 행사(담보권의 실행)할 수 있을 뿐이다.

다. 개인회생절차

개인회생절차는 파산절차의 별제권 규정을 준용하고 있으나(제586조), 별제권의 면책 또는 소

---

67) 대법원 2011. 11. 10. 선고 2011다27219 판결.

멸에 대해서는 별다른 규정을 두고 있지 않다. 파산절차와 달리 취급할 합리적 이유가 없으므로 별제권자는 피담보채권이 면책되어 채무자에게 이행의 청구를 할 수는 없고, 단지 별제권을 행사(담보권의 실행)할 수 있을 뿐이라고 할 것이다.

다만 법정담보물권인 주택임대차보호법에 따라 대항력 및 우선변제권을 갖춘 임차인이 가지고 있는 임대차보증금반환채권[68]에 대하여는 달리 보아야 한다.[69] ① 주택임차인의 임대차보증금반환채권 중 우선변제권이 인정되는 부분을 제외한 나머지 채권액만이 개인회생절차의 구속을 받아 변제계획의 변제대상이 되고 면책결정의 효력이 미치는 개인회생채권자목록에 기재된 개인회생채권에 해당한다. ② 주택임차인의 임대차보증금반환채권 중 우선변제권이 인정되는 한도 내에서는 변제계획의 대상이 아니므로 면책이 되지 않는 '개인회생채권자목록에 기재되지 아니한 청구권'(제625조 제2항 단서 제1호)에 해당하여 면책결정의 효력이 미치지 않는다. 따라서 ①부분에 대하여는 별제권자로 취급되지도 못하고 이행을 청구할 수도 없다(제600조 제1항 제3호). 반면 ②부분에 대하여는 별제권자로 취급되고 이행을 청구할 수도 있다. 다만 실무와의 모순을 해결하기 위해 제600조 제2항을 유추적용하여 변제계획 인가결정일까지는 강제집행이 허용되지 않는다고 할 것이다.[70]

Ⅳ 채권자목록에 기재되지 아니한 채권자에 의한 담보목적물의 강제집행과 별제권자

개인회생절차에서 채무자가 개인회생채권자목록에 기재하지 아니한 채권은 변제계획에 의하지 않고 변제를 받을 수 있으며 강제집행 등을 할 수 있고(제582조, 제600조 제1항 제2호, 제3호), 또한 면책결정의 효력도 미치지 않는다(제625조 제2항 제1호). 따라서 개인회생채권자목록에 누락된 채권자가 집행권원에 기하여 담보목적물에 대하여 경매를 신청하여 매각된 경우, 개인회생절차개시결정으로 일정 기간 담보권실행이 중지·금지된 별제권자는 우선변제를 받을 수 있는지가 문제이다.[71]

살피건대 개시결정이 있는 때에는 변제계획의 인가결정일 또는 개인회생절차 폐지결정의 확정일 중 먼저 도래하는 날까지 개인회생재단에 속하는 재산에 대한 담보권의 설정 또는 담보권의 실행 등을 위한 경매는 당연히 중지 또는 금지될 뿐이고(제600조 제2항), 실체법상의 담보권의 효력에 아무런 영향을 미치지 아니한다. 따라서 별제권자는 후순위권리자 기타 채권자보다 우선변제를 받을 권리가 있으므로, 개인회생채권자목록에 누락된 채권자의 경매신청에

---

68) 상가건물 임대차보호법에 의해 대항력 및 확정일자를 가진 임차인이나 주택 및 상가의 소액임차인이 가지고 있는 임대차보증금반환채권에 대하여도 동일하게 적용된다.
69) 대법원 2017. 1. 12. 선고 2014다32014 판결 참조.
70) 즉 판례와 같이 보는 경우 우선변제권이 인정되는 범위 내에서는 소제기 및 강제집행이 허용된다고 보아야 한다. 하지만 이는 이들이 허용되지 않는다는 실무의 태도와 모순된다. 이를 해결하기 위해 제600조 제2항을 유추적용하여 변제계획 인가결정일까지는 소제기는 별론으로 하고 강제집행은 허용되지 않는다고 할 것이다.
71) 양형우, 전게 "회생·개인회생절차에서의 담보권", 57~58쪽.

의하여 담보목적물이 매각되면 그 매각대금에서 우선변제를 받을 수 있다고 할 것이다.

이는 별제권은 개인회생절차에 의하지 아니하고 행사한다는 규정 취지에도 부합한다(제586조, 제412조).

Ⅴ 대항요건 및 확정일자를 갖춘 임차인과 소액임차인[72]

1. 별제권자에 준하는 취급 – 우선변제권

가. 주택임대차보호법상 대항요건 및 확정일자를 갖춘 임차인과 소액임차인은 임차주택(대지를 포함한다)이 경매될 경우 그 환가대금에 대하여 우선변제권을 행사할 수 있고(주택임대차보호법 제3조의2 제2항, 제8조), 이와 같은 우선변제권은 이른바 법정담보물권의 성격을 갖는 것으로서 임대차 성립시의 임차 목적물인 임차주택의 가액을 기초로 주택임차인을 보호하고자 인정되는 것이다.[73] 이에 상응하여 제586조(제415조 제1항, 제2항)는 주택임대차보호법상 대항요건 및 확정일자를 갖춘 주택임차인과 소액임차인을 개인회생절차에서 별제권자에 준하여 보호하고 있다.[74] 이 경우 소액임차인은 개인회생절차개시의 신청일까지 주택임대차보호법 제3조 제1항의 규정에 의한 대항요건을 갖추어야 한다(제586조, 제415조 제2항). 상가건물 임대차보호법의 규정에 의한 대항요건과 확정일자를 갖춘 임차인과 같은 법의 소액보증금 보호규정에서 정해진 임차인의 경우도 마찬가지이다(제586조, 제415조 제2항, 제3항).

나. 이러한 임차보증금반환채권은 다른 일반의 개인회생채권보다는 우월적 지위를 가지기는 하지만, 이 채권은 임대차목적물의 환가액의 한도 내에서만 우선권을 가지는 것이어서, 우선적 개인회생채권으로 취급되기보다는 특정재산에 대하여 우선 변제받을 수 있는 별제권부채권과 유사한 성격을 가지는 것이므로 별제권에 준하여 취급하는 것이다.

다. 우선변제권이 인정되는 임차인은 우선변제권의 한도 내에서는 임대인에 대한 개인회생절차에 의하지 아니하고 자신의 임대차보증금반환채권의 만족을 받을 수 있으므로, 설혹 임차인의 임대차보증금반환채권 전액이 개인회생채무자인 임대인이 제출한 개인회생채권자목록에 기재되었더라도, 임차인의 임대차보증금반환채권 중 우선변제권이 인정되는 부분을 제외한 나머지 채권액만이 개인회생절차의 구속을 받아 변제계획의 변제대상이 되고 면책결정의 효력이 미치는 개인회생채권자목록에 기재된 개인회생채권에 해당한다. 따라서 임차인의 임대차보증

---

72) 개인회생절차에서는 임금채권자 등을 보호하기 위한 제415조의2는 준용하고 있지 않다. 개인회생절차에서도 임금채권자 등을 보호하여야 한다는 점은 파산절차와 마찬가지이므로 준용할 필요가 있지만, 개인회생절차에서 임금 등은 개인회생재단채권이고(제583조 제1항 제3호), 변제계획에서 개인회생재단채권은 전부 변제하는 것으로(제611조 제1항 제2호) 작성하여야 한다(개인회생재단채권에 대한 전부 변제가 불가능하면 변제계획은 인가될 수 없고, 개인회생절차는 종료될 것이다). 따라서 제415조의2를 준용하지 않더라도 개인회생절차에서 임금채권자 등의 보호에 별다른 문제가 없다.
73) 대법원 2007. 6. 21. 선고 2004다26133 전원합의체 판결 등 참조.
74) 대법원 2017. 1. 12. 선고 2014다32014 판결.

금반환채권 중 우선변제권의 한도 내에서는 면책이 되지 않는 '개인회생채권자목록에 기재되지 아니한 청구권'(제625조 제2항 단서 제1호)에 해당하여 면책결정의 효력이 미치지 않는다.[75]

2. 경매청구권 인정 여부

다른 별제권과는 달리 대항요건 및 확정일자를 갖춘 임차인과 소액임차인은 임차목적물인 주택 또는 상가건물에 대하여 담보권실행을 위한 경매를 신청할 권한은 없다(본서 1419쪽 참조).[76] 또한 임차인이 임대차보증금반환채권에 관하여 판결 등 집행권원을 따로 가지고 있다고 하더라도 임차보증금반환채권은 여전히 개인회생채권에 속하는 것이어서 채무자에 대하여 개인회생절차개시결정이 내려지면 개인회생채권에 기한 강제집행은 금지되므로(제600조 제1항 제2호), 임차인 스스로 강제집행을 신청할 수도 없다.[77] 따라서 임차인(임차보증금반환채권자)은 별제권자나 개인회생채권자목록에 기재되지 않은 다른 채권자의 경매절차에 참가할 수밖에 없다.

결국 임차보증금반환채권은 고유한 별제권은 아니지만 별제권에 준하여 취급되면서도 경매청구권이 없다.

Ⅵ 별제권에 대한 채권조사 및 확정

개인회생절차에서 채무자가 채권자목록에 (1) 별제권이나 별제권부 개인회생채권자를 기재하고, 나아가 (2) 별제권 행사로 우선변제받을 수 없는 채권액(예정부족액)을 기재한 경우 그러한 기재에도 확정판결과 동일한 효력을 부여할 수 있는지, 나아가 그 별제권 예정부족액의 기재가 이의 또는 조사확정재판의 대상이 되는지가 문제된다.

(1) 별제권도 조사 및 확정의 대상이 된다. 즉 별제권부 개인회생채권의 존부나 수액 자체가 다투어지는 경우에는 그것이 이의 또는 조사확정재판의 대상이 된다.

(2) 별제권자의 예정부족액에 관하여 본다. ① 우선 개인회생채권이 별제권의 채권최고액을 넘는 경우에는 개인회생절차개시결정 당시를 기준으로 그 초과 부분이 바로 예정부족액이라고

---

75) 대법원 2017. 1. 12. 선고 2014다32014 판결 참조. 개인회생절차개시 후 임차주택(상가)에 대하여 우선변제권이 미치는 한도에서 소제기 및 강제집행이 가능할 것이다.

76) 집필대표 곽윤직, 민법주해(XV) 채권(8), 박영사(1992), 244쪽. 따라서 경매를 신청하는 다른 채권자가 없는 한 우선변제권은 쓸모가 없게 된다. 임차인이 직접 임차보증금을 반환받기 위해서는 임대인을 상대로 보증금반환청구소송을 제기하여 승소확정판결의 집행권원을 얻어 강제집행을 하는 수밖에 없다. 그러나 임대인에게 개인회생절차개시결정이 되면 강제집행이 금지된다(제600조 제1항 제2호). 따라서 개인회생절차 진행 중 임차주택이 경매 등으로 처분되지 않은 채 임대인에 대한 면책결정이 확정된 경우 그 효력이 문제될 수 있다. 대법원은 실체법상 권리의 성질이 개인회생절차에서도 그대로 유지되어야 한다는 입장에서, 임차보증금반환채권 중 우선변제권이 인정되는 부분은 면책결정의 효력이 미치지 않는다고 하고 있다(대법원 2017. 1. 12. 선고 2014다32014 판결). 이는 현실적으로 다른 채권자가 경매를 신청하지 않는 경우 임차인이 임차보증금을 회수할 수 있는 길이 봉쇄되는 점을 고려한 것이다. 제586조, 제415조 제1항에 의하여 인정된 우선변제권의 한도 내의 임차보증금반환채권은 개인회생채권이 아니라 별제권에 준하는 것이라는 점에서 면책의 효력이 미치지 않는다고 본 것이다.

77) 남효순·김재형 공편, 통합도산법, 법문사(2006), 532~533쪽.

할 수 있다. 따라서 이렇게 예정부족액을 기재하여 아무런 이의가 없었다면 그 부분만큼은 개인회생채권액이 확정된다는 견해가 있을 수 있다. 그러나 회생절차나 파산절차와 달리 개시결정으로 담보권 등 별제권자의 채권액이 확정되는 것으로 보기 어렵고,[78] 별제권자의 향후 충당순서(특히 이자, 지연손해금부터 충당될 경우)에 따라 개인회생채권자로서의 절차참여금액이 달라질 수 있다는 점 등을 고려하면 이 부분을 기재하더라도 채권확정의 효과는 생길 수 없다. ② 다음으로 개인회생채권이 별제권의 채권최고액을 넘지 않더라도, 채무자가 일응 평가를 통하여 담보물의 예상환가액이 개인회생채권액보다 적다고 판단하는 경우에 관하여 본다. 이 경우 채무자가 개인회생채권액과 예상환가액의 차이, 즉 이른바 예정부족액을 개인회생채권자목록에 기재하였다 하더라도, 예정부족액 자체는 채권조사확정재판의 대상이 아니다. 물론 그 피담보개인회생채권 자체의 존부·액수를 채권조사확정재판으로써 다투거나 그에 관하여 부인권을 행사하는 것은 별개의 문제이다. 즉, 채권조사확정절차에서는 별제권부 채권인 개인회생채권 자체의 존부와 범위에 대하여만 확정될 뿐 그 예정부족액을 확정지을 수는 없고(이 예정부족액을 확정한다는 말은, 바꾸어 말하면 담보물의 환가액을 미리 정한다는 말이 된다), 결국 변제계획에서 예정부족액에 대한 변제예정액을 유보하여 두는 것으로 정하고 별제권 실행 후에 확정부족액에 대한 변제방법을 규정하여 두는 것으로써 처리하여야 할 것이다. 관련 내용은 〈제2장 제3절 Ⅲ.1. 각주 38)〉(본서 1894쪽)을 참조할 것.

별제권자는 별제권 실행 후 별제권으로 변제받지 못한 개인회생채권액(확정부족액)으로 절차에 참가할 수 있으나, 별제권자로서는 후순위 개인회생채권인 비용, 지연손해금, 이자에 먼저 충당을 하려고 할 것이므로, 충당순서에 관하여 채무자와 분쟁이 생길 가능성이 있다.

(3) 별제권자는 변제계획인가 후 담보권을 실행하여 채권최고액 범위 내에서 변제에 충당한 후에도 변제받지 못한 채권액이 있는 경우 채권확정신고를 통해 그 권리를 행사할 수 있다.[79] 법원은 미확정채권의 범위 내에서 이를 확정채권으로 변경한 후 해당 채권에 대응하는 변제금액을 별제권자에게 지급한다.[80]

---

78) 파산절차의 경우 파산선고시에 근저당권의 피담보채무가 확정되고, 담보권자가 예정부족액의 변제를 받으려면 배당제외기간 내에 부족액을 소명(중간배당의 경우, 제512조 제2항) 또는 증명(최후배당의 경우, 제525조)을 하여야 하므로 별제권의 행사가 간접적으로 강제된다. 하지만 개인회생절차에서는 이러한 규정이 없으므로 예정부족액의 확정이 문제된다.

79) 회생위원은 미확정 개인회생채권에 관하여 변제계획 인가일부터 1년 6월이 지날 때까지 그 확정 여부가 판명되지 아니한 때에는 해당 채권자에게 각 전산양식을 이용하여 통지서를 발송하거나 전화, 전자우편, 팩시밀리 등 적절한 방법으로 채권확정 신고를 하도록 촉구하여야 한다(개인예규 제11조의6 제1호).

80) 서울·부산·수원회생법원은 확정채권금액이 미확정채권금액보다 큰 경우 변제계획변경절차를 거친다는 실무준칙의 규정(실무준칙 제443호 제2조 제1항)을 두고 있다. 이 경우 이미 개인회생채권자들에게 변제된 금액을 회수하여야 하는 어려움이 있다.

제5절 상 계 권[81]

I 개인회생채권자의 상계권 행사

개인회생채권자가 개인회생절차개시결정 당시 채무자에 대하여 채무를 부담하는 때에는 개인회생절차에 의하지 아니하고 상계를 할 수 있다(제587조, 제416조).[82] 상계권을 행사할 수 있는 시기적 제한이 없으므로 개인회생절차가 진행되는 동안 언제라도 상계권을 행사할 수 있다. 상계는 채권자로 하여금 자기가 가진 자동채권을 수동채권의 한도에서 실질적으로 회수할 수 있도록 담보하고, 채권자가 수동채권 전액을 이행하여야 하는 반면에 자동채권은 개인회생절차 내에서 변제계획에 따라 변제받아야 하는 불공평을 피할 수 있게 한다.

상계권의 행사는 개인회생절차가 진행 중인 동안에도 가능하고 채무자에 대하여 재판상 또는 재판 외에서의 의사표시로 할 수 있다.

1. 자동채권

개인회생절차개시결정 당시 기한미도래의 기한부채권, 해제조건부채권, 비금전채권, 금액이 불확정한 금전채권, 외국통화로 된 금전채권, 금액 또는 존속기간이 불확정한 정기금 채권 등도 모두 자동채권이 될 수 있다(제587조, 제417조 전문, 제426조).

민법(제492조)에 의해 상계를 하려면 ① 동일 당사자 사이에 채권의 대립이 있어야 하고, ② 자동채권과 수동채권의 목적이 동종이어야 하며, ③ 양 채권의 변제기가 도래하고 있어야 한다. 그러나 개인회생절차에서는 위와 같은 요건을 완화하여 기한미도래의 채권이라도 현재화에 의하여 개인회생절차개시결정시에 기한이 도래한 것으로 보고, 비금전채권이라도 금전화하여 비록 민법상의 상계요건을 충족하지 못한 경우라도 개인회생절차 내에서는 상계가 가능

---

81) 여기서는 개인회생절차의 이해에 필요한 상계권에 관한 개괄적인 내용만을 소개한다. 상계권에 관한 전체적인 내용은 〈제2편 제7장 제5절〉(본서 514쪽) 및 〈제3편 제5장 제5절〉(본서 1441쪽)을 참고할 것.

82) 개인회생절차에서 개인회생채권자가 갖는 상계권에 대하여 파산절차의 규정을 준용하도록 하고 있다(제587조). 회생절차에서는 회생을 위하여 상계권 행사시기에 관하여 일정한 제한이 있으나(제144조 제1항), 파산절차에서는 제한이 없고 오히려 자동채권의 확장을 인정하고 있다. 개인회생절차도 회생을 목적으로 하는 것인데, 파산절차를 준용하도록 하는 것이 맞는지 입법론적으로는 의문이다.

한편 실무적으로 은행 등 금융기관은 개인회생절차개시결정 이후에도 채무자의 급여 등이 계좌에 입금되면 개인회생채권자임에도 불구하고 상계권을 행사하여 채권을 회수하고 있다. 이로 인해 채무자는 생계비 확보는 물론 개인회생절차의 원만한 진행을 어렵게 하고 있다. 이러한 금융기관의 상계는 적법한가. 이와 관련하여서는 제582조와의 관계에서 검토가 필요하다. 제582조에 따라 상계도 금지되는가. 개인회생채권에 관하여는 변제계획에 의하지 아니하고 변제받은 등 소멸하게 하는 행위를 하지 못한다. 회생절차와 마찬가지로(본서 610쪽 참조) 개인회생채권을 소멸하게 하는 행위에는 상계도 포함되고, 제582조는 행위의 주체를 한정하고 있지 않고 있으며(본서 611쪽 참조), 면제는 허용된다고 명시적으로 규정하고 있고, '변제하는 행위'뿐만 아니라 '변제받는' 행위도 금지하고 있으므로 채무자에 의한 상계뿐만 아니라 개인회생채권자에 의한 상계도 금지되는 행위에 포함된다고 할 것이다. 따라서 실무적으로 행하여지고 있는 금융기관의 상계는 위법한 것이다.

하도록 그 범위를 확장하고 있다.

2. 수동채권

개인회생재단에 속하는 채권인 수동채권에 대하여는 자동채권인 개인회생채권과는 달리 금전화의 규정이 없으므로 민법의 원칙에 따라 금전채권이거나 자동채권과 동종 목적의 채권이어야 한다. 그러나 수동채권이 기한부채권, 조건부채권, 또는 장래의 청구권인 경우 개인회생채권자는 스스로 기한의 이익 또는 조건성취의 기회를 포기하여 상계할 수 있다(제417조 후문). 이러한 수동채권에 있어서는 채무자인 개인회생채권자가 스스로 기한의 이익을 포기하거나 청구권의 현실화를 승인한 후 상계를 하고자 한다면 막을 이유는 없기 때문이다.

임대인에 대하여 개인회생절차개시결정이 내려진 경우, 개인회생채권자인 임차인은 차임채무를 수동채권으로 하여 제한 없이 상계를 하게 되면 개인회생재단에 편입될 재원이 줄어들게 되므로 특칙을 두어 임차인이 개인회생절차 개시결정시의 당기 및 차기의 차임에 관하여만 상계를 할 수 있도록 함으로써 임차인의 수동채권의 범위를 제한하였다(제587조, 제421조 제1항 전문). 다만, 보증금이 있는 경우에는 차기 이후의 차임에 관하여도 상계(실질적으로 공제에 해당한다)를 허용하고 있다(제587조, 제421조 제1항 후문).

Ⅱ 상계의 금지

1. 상계 금지의 이유

개인회생절차는 채권자들이 변제계획에 따라 공평하게 채무자로부터 변제를 받는 것인데, 상계를 무조건적으로 인정하게 되면 특정한 채권자에게만 우선적인 만족을 주게 되어 개인회생절차의 구속을 받는 채권자들에게 상당한 불공평을 가져올 우려가 있다. 따라서 법적으로 채권자평등의 원칙에 현저히 반하거나 개인회생재단의 감소를 가져와 채권자들의 이익을 해할 우려가 있는 상계에 대하여는 일부 금지를 하고 있다.

상계의 금지규정은 강행규정이므로 이에 위반하여 한 상계는 무효이다.

2. 상계 금지의 사유

가. 개인회생채권자가 개인회생절차개시결정 후에 개인회생재단에 대하여 채무를 부담한 때 (제587조, 제422조 제1호)[83] – 수동채권으로 하는 상계

개인회생절차에서 개인회생채권자에게 상계권을 인정한 것은 개인회생절차개시결정 시점에서 개인회생채권자의 상계에 의한 채권회수의 기대권을 보호하려고 하는 것인데 위와 같은 경

---

83) 개인회생채권자가 개인회생절차개시결정 후에 개인회생재단에 속하는 물건을 구입하여 부담하는 매매대금채무 등.

우에는 그러한 기대가 없어 이를 보호할 필요가 없기 때문에 상계를 금지한 것이다. 또한 개인회생절차개시결정 후에 발생하는 개인회생재단에 대한 채무는 모두 개인회생재단에 대하여 현실로 이행되어야 그 의미가 있다는 점도 고려한 것이다.

나. 개인회생채권자가 지급정지 또는 개인회생절차의 개시신청이 있었음을 알고 채무자에 대하여 채무를 부담한 때 (제587조, 제422조 제2호) – 수동채권으로 하는 상계

채무자의 지급정지 또는 개인회생절차의 개시신청이 있는 경우에는 채무자에 대하여 갖는 개인회생채권은 회수가능성에 대한 불확실성 등으로 그 가치가 현저히 하락되어 있음에도 불구하고 개인회생채권자가 채무자에 대하여 부담하는 실질적인 채무를 개인회생채권의 액면가액과 대등하게 상계하는 것은 개인회생재단의 충실성을 해하기 때문에 상계를 금지한 것이다.

다만 ① 채무의 부담원인이 법정의 원인에 기한 때, ② 개인회생채권자가 지급정지나 개인회생절차의 개시신청이 있었음을 알기 전에 생긴 원인에 의한 때, ③ 개인회생절차의 개시결정이 있은 날로부터 1년 전에 생긴 원인에 의한 때는 상계가 금지되지 않는다.

다. 개인회생절차개시결정을 받은 채무자에 대하여 채무를 부담하는 자가 개인회생절차개시결정 후에 타인의 개인회생채권을 취득한 때 (제587조, 제422조 제3호) – 자동채권으로 하는 상계

개인회생재단에 대하여 채무를 부담하는 자가 가치가 하락한 개인회생채권을 취득하여 이를 자동채권으로 하여 상계에 의하여 개인회생재단에 대한 채무를 면하도록 하는 것은 부당하기 때문에 상계를 금지한 것이다.

라. 개인회생절차개시결정을 받은 채무자에 대하여 채무를 부담하는 자가 지급정지 또는 개인회생절차의 개시신청이 있었음을 알고 개인회생채권을 취득한 때 (제587조, 제422조 제4호) – 자동채권으로 하는 상계

지급정지 또는 개인회생절차의 개시신청이 있는 경우에는 개인회생채권의 가치가 하락하고 있을 것이기 때문에 이를 취득하여 개인회생재단에 대한 자신의 채무이행을 면하고자 하는 것을 금지하는 것이다. 〈다.〉항과 달리 타인의 채권을 취득한 경우에 한하지 않으므로 위기시에 악의로 채무자에게 금전을 대여하는 등으로 자기의 채권을 취득한 경우도 마찬가지이다.[84]

다만, ① 채무의 부담원인이 법정의 원인에 기한 때, ② 개인회생채권자가 지급정지나 개인회생절차의 개시신청이 있었음을 알기 전에 생긴 원인에 의한 때, ③ 개인회생절차의 개시결정이 있은 날로부터 1년 전에 생긴 원인에 의한 때는 상계가 금지되지 않는다.

---

84) 입법론적 비판에 관하여는 파산절차의 해당부분을 참조할 것(본서 1454쪽).

3. 상계권의 남용

제587조, 제422조의 상계금지에 저촉되지 않는 경우라도 상계권의 남용으로서 상계가 인정되지 않는지가 문제될 수 있다. 권리남용의 일반법리가 개인회생채권자에 의한 상계권의 행사에 적용된다는 것을 부정할 수 없다. 따라서 상계의 요건을 갖추었다고 하더라도 상계를 하는 것이 신의칙에 반하여(상계의 합리성을 찾아볼 수 없어) 상계권의 남용에 해당하는 경우 해석에 의하여 상계는 허용되지 않는다고 할 것이다. 관련 내용은 〈**제2편 제7장 제5절 V. 및 제3편 제5장 제5절 Ⅲ.4.**〉(본서 540, 1456쪽)를 참조할 것.

Ⅲ 상계권의 행사

개인회생채권자는 개인회생절차에 의하지 않고 상계를 할 수 있으므로(제587조, 제416조) 채무자에 대하여 재판상 또는 재판 외에서 일방적 의사표시에 의하여 상계를 할 수 있다.

상계권을 행사하는 시기에 대하여도 아무런 제한이 없으므로 개인회생절차가 계속되는 동안 언제라도 상계권을 행사할 수 있다.

한편 사고신고담보금은 어음 채무자가 지급은행에 하는 일종의 예금이기는 하지만 일반의 예금채권과는 달리 어음 발행인이 어음금 지급자금 부족을 은폐하고 거래정지처분을 면탈하기 위한 것이 아님을 보장하여 부도 제재 회피를 위한 사고 신고의 남용을 방지함과 아울러, 어음 소지인의 어음상의 권리가 확인되는 경우에는 당해 어음채권의 지급을 담보하려는 데 그 제도의 취지가 있으므로, 사고신고담보금을 예치받은 지급은행으로서는 어음 소지인이 정당한 어음상의 권리자임이 판명된 경우에는 언제든지 그의 지급 청구에 따라 사고신고담보금을 반환하는 것이 원칙이고, 어음 소지인이 정당한 권리자가 아니라고 판명되기도 전에 이를 어음 발행인에게 반환하거나 그에 대한 반대채권과 상계하는 것은 사고신고담보금을 별단예금으로 예치하게 한 취지에 어긋난다고 할 것이므로, 그 예금채권을 수동채권으로 한 지급은행의 상계는 정당한 어음상의 권리자임이 판명된 당해 어음 채권자에 대한 관계에서는 상계에 관한 권리를 남용하는 것으로서 무효이다.[85]

---

85) 대법원 1998. 1. 23. 선고 97다37104 판결.

제 6 장

개인회생채권과 개인회생재단채권[1]

제1절 개인회생채권

I 개인회생채권의 의의

개인회생채권이란 채무자에 대하여 개인회생절차개시결정 전의 원인으로 생긴 재산상의 청구권을 말한다(제581조 제1항). 다만 개인회생절차개시결정 후에 생긴 채권이라도 예외적으로 개인회생절차개시결정 후의 이자 등(제581조 제2항, 제446조)은 개인회생채권이다.[2] 반면 개인회생절차개시결정 전의 원인으로 생긴 청구권이라도 정책적인 이유 등으로 개인회생재단채권으로 규정한 것은 제외한다.

개인회생채권에는 각종 담보권에 의해 담보된 담보부 개인회생채권과 담보되지 않은 무담보 개인회생채권이 다 포함된다. 그러나 담보부 개인회생채권은 담보물의 가액만큼 변제계획과 무관하게 담보권을 행사할 수 있기 때문에(별제권이 있기 때문에) 사실상 개인회생절차에서는 채무가 조정되지 않는다.[3]

변제계획인가결정이 있는 때에는 채무자의 급료·연금·봉급·상여금, 그 밖에 이와 비슷한 성질을 가진 급여채권에 관하여 개인회생절차 개시 전에 확정된 전부명령 중 변제계획인가결정 후에 제공한 노무로 인한 부분은 그 효력이 상실되고 그로 인하여 전부채권자가 변제받지 못하게 되는 채권액은 개인회생채권으로 된다(제616조).

한편 보험약관대출금의 경제적 실질은 보험회사가 장차 지급하여야 할 보험금이나 해약환급금을 미리 지급하는 선급금과 같은 성격이므로 보험약관대출은 개인회생채권으로 볼 수 없다.[4]

---

1) 회생절차(제181조)와 달리 개인회생절차에서는 개인회생재단에 대하여 팽창주의를 취하고 있음에도 개시후기타채권에 관한 규정이 없다. 현실적으로 많지 않지만 개시후기타채권이 발생할 여지가 있다. 개인회생절차에서 개시후기타채권을 어떻게 처리할 것인가. 회생절차에서의 처리를 참고할 것이지만, 입법적 해결이 필요해 보인다.
2) 이들은 모두 후순위 개인회생채권이고, 개인회생절차개시 후에 생긴 것이므로 신청권자의 자격요건(제579조)을 판단하는 채무액에는 포함되지 아니한다.
3) 법무부 해설서, 175쪽.
4) 대법원 2007. 9. 28. 선고 2005다15598 전원합의체 판결{생명보험 등의 보험약관에는 "보험계약자는 보험증권을 담보로 보험자에 대하여 해약환급금의 범위 내에서 대출을 청구할 수 있고, 대출이 이루어진 경우 보험자는 후일 보

Ⅱ 개인회생채권의 요건

1. 채무자에 대한 인적 청구권일 것

개인회생채권은 채무자에 대한 청구권이어야 한다. 따라서 권리의 성질은 인적 청구권으로 해석된다. 책임측면에서 보면 채무자에 대한 인적 청구권이란 채무자의 일반재산을 책임재산으로 하는 채권적 청구권을 말한다. 따라서 특정재산을 가지고 물적 책임을 지는 담보물권 자체는 개인회생채권이 되지 않는다. 또한 소유권에 기한 물권적 청구권 등은 개인회생채권이 아니고 환취권의 대상이 될 뿐이다.

한편 별제권처럼 담보물권과 채권적 청구권을 동시에 가지고 있는 경우에는 별제권의 행사에 의하여 변제받을 수 없는 부족액에 한하여 개인회생채권이 된다.

2. 재산상의 청구권일 것

개인회생채권은 재산상의 청구권이어야 한다. 따라서 부작위 청구권이나 이혼청구권·파양청구권 등과 같은 순수한 친족법상의 청구권, 사용자의 근로제공청구권 등은 개인회생채권이 되지 않는다. 개인회생채권이 반드시 금전채권일 필요는 없고 금전으로 평가될 수 있는 청구권이면 족하다(제581조 제2항, 제426조).

3. 개인회생절차개시결정 전의 원인으로 생긴 것일 것

개인회생채권은 원칙적으로 개인회생절차개시결정 전의 원인으로 생긴 것이어야 한다. 채권 발생의 원인이 개인회생절차개시결정 전의 원인에 기한 것인 한 그 내용이 구체적으로 확정되지 아니하였거나 변제기가 개인회생절차개시결정 후에 도래하더라도 상관없고, 청구권의 주요한 발생원인이 개인회생절차개시결정 전에 갖추어져 있으면 족하다. 이와 같은 채권인 한 확정기한 미도래의 채권, 장래의 정기예금채권, 불확정기한부채권, 해제조건부 채권, 정지조건부 채권은 물론 장래의 구상권과 같은 장래의 청구권이라도 상관없다.

다만 개인회생절차개시결정 후에 생긴 채권이라도 예외적으로 개인회생절차개시결정 후의 이자 등(제581조 제2항, 제446조)이나 변제계획인가결정으로 전부채권자가 변제받지 못하게 된

험금 또는 해약환급금을 지급할 경우에, 지급할 금액으로부터 위에서 대출한 금액과 이자를 공제한다"는 규정을 두고 있고, 이와 같은 약관에 따른 대출계약(보험약관대출계약)은 약관상의 의무의 이행으로 행하여지는 것으로서 보험계약과 별개의 독립된 계약이 아니라 보험계약과 일체를 이루는 하나의 계약이고, 보험약관대출금의 경제적 실질은 보험회사가 장차 지급하여야 할 보험금이나 해약환급금을 미리 지급하는 선급금과 같은 성격이라고 보아야 한다. 따라서 위와 같은 약관에서 비록 '대출'이라는 용어를 사용하고 있더라도 이는 일반적인 대출과는 달리 소비대차로서의 법적 성격을 가지는 것은 아니며, 보험금이나 해약환급금에서 대출 원리금을 공제하고 지급한다는 것은 보험금이나 해약환급금의 선급금의 성격을 가지는 위 대출 원리금을 제외한 나머지 금액만을 지급한다는 의미이므로 보험약관대출은 개인회생채권으로 볼 수 없다.}

채권액(제616조 제2항)은 개인회생채권이다.

상속인에 대한 개인회생절차가 개시된 후 피상속인이 사망한 경우 상속채무는 개인회생채무(채권)인가. 상속채무는 비록 개인회생채무자가 개인회생절차개시 후에 취득(승계)한 것이지만 상속재산이 개인회생절차진행 중에 채무자가 취득한 재산으로 개인회생재단에 포함되는 것과의 균형상 개인회생채무(채권)로 보아야 할 것이다. 명문의 규정을 두어 입법적 해결이 필요하다.

4. 강제집행할 수 있는 청구권일 것

이에 대하여는 〈제2편 제8장 제1절 Ⅱ.4.〉(본서 540쪽)를 참조할 것

Ⅲ 개인회생절차에서 개인회생채권자의 지위

개인회생채권자란 개인회생채권을 가지고 있는 채권자를 말한다. '가지고 있는'이란 일반적으로 귀속주체를 의미하지만, 예외적으로는 개인회생채권에 대한 관리처분권을 행사하여 급부를 수령할 자격이 있는 자를 포함한다. 개인회생채권에 대한 질권자(민법 제353조 제1항 참조), 대위채권자(민법 제404조 제1항 참조) 및 추심채권자(민집법 제229조 제2항) 등이 여기에 해당한다. 기본적으로 이들이 개인회생채권자로서 권리행사를 하는 한 본래 채권자의 개인회생채권 행사는 배제되어야 한다고 할 것이다.

1. 개인회생채권에 대한 변제 등의 금지

개인회생채권자목록에 기재된 개인회생채권에 관하여는 변제계획에 의하지 아니하고는 변제하거나 변제받는 등 이를 소멸하게 하는 행위(면제를 제외한다)를 하지 못한다(제582조).[5] 개인회생채권은 개인회생절차에 의하지 아니하고는(변제계획에 따라 변제받지 아니하고는) 행사할 수 없다. 개인회생절차에 참가하여 그 권리를 행사할 수 있는 권능을 가진 자는 개인회생채권자에 한정된다는 것을 명확히 한 것이다.

개인회생절차개시결정이 있는 때에는 개인회생채권에 기한 강제집행, 가압류 또는 가처분 등이 중지 또는 금지된다(제600조 제1항). 변제계획인가결정이 있는 때에는 중지된 강제집행 등은 실효된다(제615조 제3항).

---

5) 개인회생절차에서는 회생절차와 달리(제133조 제1항, 제141조 제3항) 개인회생채권은 개인회생절차에 의하지 아니하고는 행사할 수 없다는 취지(제582조)의 규정만 있을 뿐, '개인회생채권자는 그가 가진 개인회생채권으로 개인회생절차에 참가할 수 있다'는 명시적인 규정이 없다. 개인회생절차에 참가하여 그 권리를 행사할 수 있는 권능을 가진 자는 개인회생채권자에 한정된다는 것을 명확히 하고 회생절차와의 균형상, '개인회생채권자는 그가 가진 개인회생채권으로 개인회생절차에 참가할 수 있다'고 명시적으로 규정할 필요가 있다.
한편 제582조와 제600조 제1항 제3호의 관계가 문제이다. 규정 형식으로 보면 후자는 변제만을 금지의 대상으로 함에 반하여, 전자는 변제를 포함한 개인회생채권의 모든 소멸행위를 대상으로 한다는 점에서 금지되는 대상이 더 광범위하다고 볼 수 있다.

2. 개인회생채권의 평가 (현재화 · 금전화 · 무조건화)[6)]

개인회생절차에서도 파산절차와 마찬가지로 채권의 목적 및 변제기 등에 있어서 변경이 일어난다. 이것은 개인회생절차를 원활하게 수행하기 위해 행하여지는 권리변경이다(개인회생채권의 현재화 · 금전화 = 개인회생채권의 균질화 또는 등질화). 통상의 회생절차(제2편)와 비교하여 원칙적으로 3년이라는 단기의 변제계획에 의한 변제가 예정되어 있는 개인회생절차에서는 변제계획 수행 후 기한도래나 조건 성취로 인한 혼란을 피한다는 의미에서 기한미도래채권이나 조건부채권 등에 대하여도 현재화 · 무조건화하여 변제계획에 포함되도록 한 것이다.[7)] 또한 개인회생절차는 채무자의 장래수입을 변제재원으로 하여 금전으로 분할 변제하고 나머지 채권은 면책되는 것이기 때문에 비금전채권에 관하여도 금전으로 평가하여 변제의 대상으로 한 것이다.[8)] 나아가 개인회생절차개시신청의 적격요건 중 하나인 무담보채권액의 상한액을 충족시키는지를 판단하기 위해서,[9)] 조건부채권이나 비금전채권에 대하여도 일률적으로 금전적으로 평가하여 그 액을 절차 내에서 확정하는 것이 필요하다.

다만 이러한 변경은 채무자에 대한 관계에서만 인정되는 것이기 때문에 개인회생절차 종료 후 그 효력이 유지된다고 하여도 보증인 등 제3자에 대하여 효력을 가지는 것은 아니다.

가. 기한부채권

기한부채권은 개인회생절차개시결정시에 변제기에 이른 것으로 본다(제581조 제2항, 제425조). 변제기가 도래하지 않은 개인회생채권을 제외하고 개인회생절차를 진행하는 것은 공평에 반하고, 변제기가 도래할 때까지 기다린다는 것은 개인회생절차가 너무 장기화된다는 점을 고려한 것이다.

기한부채권은 확정기한부채권과 불확정기한부채권을 모두 포함한다. 변제기가 도래하지 않은 기한부채권은 그 금액이 개인회생채권이 된다. 다만 개인회생절차개시결정 당시 이미 변제

---

6) 장래의 채권에 대하여 각 도산절차에서의 취급이 다르다. ① 회생절차에서는 기한부채권, 정기금채권, 불확정기한부채권, 비금전채권, 조건부채권 및 장래의 청구권에 대하여 의결권을 현재화하고 있다(제133조 제2항, 제134조 내지 제138조). ② 파산절차에서는 파산채권의 현재화 · 금전화가 이루어지고 있다. 기한부채권은 파산선고시에 변제기가 도래한 것으로 보고(제425조), 비금전채권 등에 대하여는 파산선고시의 평가액을 파산채권액으로 한다(제426조, 제427조). 관련 내용은 〈제3편 제6장 제1절 Ⅱ.2.〉(본서 1471쪽)를 참조할 것. ③ 개인회생절차에서는 파산절차의 규정을 따르도록 하고 있다(제581조 제2항).

7) 개인회생절차에서는 변제기간이 원칙적으로 3년이고 최장 5년에 불과하여 회생절차의 원칙인 10년과 비교하여 짧다. 이 때문에 회생절차에 비하여 변제기간 경과 후에 조건이 성취되거나 기한이 도래할 가능성이 크다. 그런데 이들 채권을 변제계획에 포함시키지 않고 변제계획에 따른 변제기간 경과 후에(조건이 성취되거나 기한이 도래한 시점에서) 전부를 변제하지 않으면 안 되는 것으로 한다면, 채권의 일부를 변제기간 내에 확실히 변제하고 잔존채무를 면책시켜 경제적 회생을 도모하려는 개인회생절차의 목적 달성을 어렵게 할 것이다.

8) 개인회생절차는 개인채무자의 장래의 수입을 기초로 법정변제기간(원칙적으로 3년)에 분할변제를 함으로써 개인채무자는 모든 채무로부터 해방되어 그 회생을 도모하는 절차라는 점에서 개인회생채권의 현재화 · 금전화가 필요하다는 견해도 있다(破産法 · 民事再生法, 1109쪽).

9) 한편 개인회생채권에 대한 최저변제액(제614조 제2항 제3호)에 대한 요건을 충족시키는지를 판단하기 위해서도 개인회생채권의 평가(금전화 등)가 필요하다. 다만 이 경우의 평가기준시는 변제계획의 인가결정일이다.

기가 도래한 개인회생채권과의 형평상 이자 있는 기한부 채권의 경우에는 개인회생절차개시결정 후의 이자(제581조 제2항, 제446조 제1호)나 지연손해금(제581조 제2항, 제446조 제2호)을, 무이자채권의 경우에는 변제기까지의 중간이자 부분(제581조 제2항, 제446조 제5호)을 각각 후순위 개인회생채권으로 취급하고 있다.

나. 비금전채권 등

(1) 비금전채권

비금전채권이란 금전으로 표시되지 않은 채권 중 재산상의 청구권으로서 개인회생채권이 될 수 있는 것을 말한다. 비금전채권의 평가액은 개인회생절차개시결정시의 평가액이다(제581조 제2항, 제426조 제1항).

(2) 채권액이 불확정한 채권

채권액이 불확정한 채권이란 금전채권으로 금액이 불확정한 채권을 말한다. 채권액이 불확정한 채권의 평가액은 개인회생절차개시결정시의 평가액이다(제581조 제2항, 제426조 제1항).

(3) 외국통화채권

외국통화채권은 개인회생절차개시결정 당시 우리나라의 외환시세에 따라 내국통화로 환산한 액이 개인회생채권액이 된다(제581조 제2항, 제426조 제1항).

(4) 정기금채권

채권액 및 존속기간이 확정된 정기금채권의 경우 정기금의 합계액이 개인회생채권이 된다. 다만 중간이자에 해당하는 부분은 후순위개인회생채권이 된다(제581조 제2항, 제446조 제1항 제7호).

채권액 또는 존속기간이 확정되지 아니한 정기금채권은 개인회생절차개시결정시의 평가액이 개인회생채권액이 된다(제581조 제2항, 제426조 제2항).

다. 조건부채권 및 장래의 청구권

정지조건이든 해제조건이든 조건부채권은 그 전액을 개인회생채권액으로 한다(제581조 제2항, 제427조 제1항). 조건이 없는 채권과 동일하게 취급한다.

장래의 청구권도 마찬가지이다(제581조 제2항, 제427조 제2항).

Ⅳ 개인회생채권의 순위

개인회생채권자들은 개인회생절차에 참가하여서만 변제를 받을 수 있고, 개인회생절차에 참가한 개인회생채권자들은 모두 평등한 것이 원칙이다. 그러나 채권의 성질이나 채권자들 사이의 형평성을 고려하여 우선적 지위를 부여한 개인회생채권이 있고, 반대로 열후한 지위를 부여한 개인회생채권이 있다. 따라서 개인회생채권은 우선권 있는 개인회생채권, 일반 개인회생채권, 후순위 개인회생채권이 있다.

1. 우선권 있는 개인회생채권

가. 우선권 있는 개인회생채권에 포함되는 것

우선권 있는 개인회생채권에 해당하는 것으로 국세징수법이나 지방세징수법 또는 국세징수의 예에 의하여 징수할 수 있는 청구권으로서 그 징수우선순위가 일반 개인회생채권보다 우선하는 것(국세, 지방세,[10] 건강보험료[11] 등)[12]을 들 수 있다.[13] 다만 개인회생절차개시결정 전에 위 청구권이 성립되었어야 한다.

우선권 있는 임금채권(근로기준법 제38조 제1항) 중 그 밖에 근로관계로 인한 채권은 일반의 우선권 있는 개인회생채권이다. 위 채권은 제583조 제1항 제3호의 개인회생재단채권에 해당하지 않는다.

우선변제권 있는 임대차보증금반환청구권(주택임대차보호법 제3조 제1항에 의한 대항요건인 주택의 인도와 주민등록을 갖추고 임대차계약증서상에 확정일자를 받은 임차인)과 소액임차인의 보증금반환청구권(주택의 인도와 주민등록을 갖춘 소액임차인, 주택임대차보호법 제8조)은 다른 일반의 개인회생채권보다는 우월적 지위를 가지기는 하지만, 이 채권은 임대차목적물의 환가액의 한도 내에서만 우선권을 가지는 것이어서(제586조, 제415조 제1항, 제2항), 우선권 있는 개인회생채권으로 취급되기보다는 별제권부 채권과 유사한 성격을 가지는 것이므로 별제권에 준하여 취급되어야 한다(본서 1975쪽).[14]

---

10) 다만 제583조 제2호에서 규정하고 있는 개인회생절차개시 당시 아직 납부기한이 도래하지 아니한 원천징수할 조세 등은 개인회생재단채권이다.

11) **국민건강보험법 제85조(보험료등의 징수 순위)** 보험료 등은 국세와 지방세를 제외한 다른 채권에 우선하여 징수한다. 다만, 보험료등의 납부기한 전에 전세권·질권·저당권 또는 「동산·채권 등의 담보에 관한 법률」에 따른 담보권의 설정을 등기 또는 등록한 사실이 증명되는 재산을 매각할 때에 그 매각대금 중에서 보험료등을 징수하는 경우 그 전세권·질권·저당권 또는 「동산·채권 등의 담보에 관한 법률」에 따른 담보권으로 담보된 채권에 대하여는 그러하지 아니하다.

12) 개인회생절차개시결정 전의 원인으로 인한 조세채권에 기하여 개인회생절차개시 후에 발생한 지연배상금 성격의 납부지연가산세는 '개인회생절차개시결정 후의 불이행으로 인한 손해배상'(제581조 제2항, 제446조 제1항 제2호)에 해당하므로 후순위 개인회생채권이다.

13) 법률에 따라서는 환경개선부담금, 국유재산대부료 등과 같이 국세 또는 지방세 체납처분(강제징수)의 예에 따라 징수할 수 있다고 규정되어 있는 것들이 있으나, 이러한 규정은 "국세 및 지방세를 제외한 기타의 채권에 우선하여 징수한다"와 같은 징수순위에 관한 규정이 아니라 체납처분(강제징수)의 절차에 따라 징수할 수 있다는 자력집행권이 있음을 규정한 것에 불과하여(대법원 1990. 3. 9. 선고 89다카17898 판결), 이들을 일반의 우선권 있는 채권으로 볼 수는 없다.

14) 이는 상가건물 임대차보호법 제3조의 규정에 의한 대항요건(사업자등록 신청＋건물인도)을 갖추고 임대차계약증서상 확정일자를 받은 임차인과 같은 법 제14조의 규정에 의한 소액임차인의 경우도 마찬가지이다(제586조, 제415조 제3항).

나. 우선권 있는 개인회생채권의 취급

우선권 있는 개인회생채권도 본질적으로 개인회생채권이므로 개인회생절차개시결정으로 강제집행 등이나 체납처분(강제징수) 등이 중지 또는 금지되고(제600조 제1항), 원칙적으로 변제계획에 의하여만 변제가 허용된다(제582조).

우선권 있는 개인회생채권은 일반 개인회생채권에 우선하여 전액 변제하여야 하므로, 변제계획에는 우선권 있는 개인회생채권의 전액의 변제에 관한 사항을 정하여야 한다(제611조 제1항 제2호).[15)16]

일정한 기간 안의 채권액에 관하여 우선권이 있는 때에는 그 기간은 개인회생절차가 개시된 때부터 소급하여 계산한다(제581조 제2항, 제442조).[17] 개인회생채권의 존재나 내용은 개인회생절차가 개시된 때를 기준으로 결정된다는 것을 반영한 것이다.

다. 학자금대출채권이 우선권 있는 개인회생채권인지 여부

실무적으로 「취업 후 학자금 상환 특별법」에 따른 취업 후 상환 학자금대출 원리금[18)이 일반의 우선권 있는 개인회생채권인지가 문제된다. 위 특별법 제33조 제1항은 "대출원리금 및 연체금은 채무자의 총재산에 대하여 조세·공과금 및 다른 법률에서 규정한 우선변제권을 가진 채권 외에는 다른 채권에 우선하여 변제되어야 한다. 다만, 대출원리금 및 연체금이 다른

---

15) 일반의 우선권 있는 개인회생채권을 변제하는 기간은 전체 개인회생채권에서 일반의 우선권 있는 개인회생채권이 차지하는 비율에 따라 달라질 수 있고, 일반의 우선권 있는 개인회생채권을 30개월 이상의 변제기로 나누어 변제하더라도 채무자회생법이 정한 우선순위에 따른 것이므로, 일반의 우선권 있는 개인회생채권의 변제기간이 전체 변제기간 60개월의 1/2 이내가 되어야만 전체 채권자들 일반의 이익에 적합하다고 볼 아무런 근거가 없다(대법원 2017. 2. 17. 자 2016마1324 결정). 위 사안은 변제기간이 5년에서 3년으로 단축되기 전의 것이다.
　　일반의 우선권 있는 개인회생채권의 전액 변제에 관한 사항을 변제계획안에 포함시킬 수 없는 것이 명확한 경우 개인회생절차에 의함이 채권자 일반의 이익에 적합하지 아니한 때에 해당한다(수원지방법원 2019. 2. 12. 자 2018개회63017 결정).

16) 현실적으로 많은 채무자들이 개인회생신청을 망설이는 이유 중 하나가 조세채권은 우선권 있는 개인회생채권으로 전액의 변제에 관한 사항을 정하여야 한다는 점에 있다. 실무에서 일반 개인회생채권과의 형평을 이유로 조세채권이 다액인 경우 일반 개인회생채권의 변제기간을 18개월 이상이 되도록 요구하거나 변제금액을 상향할 것을 요구하는 사례도 있다. 그러나 과다한 조세체납자를 영구히 사회에 복귀할 수 없도록 하는 것이 정의관념에 맞는 것인지 의문이 아닐 수 없다.

17) 회생절차(제139조) 및 파산절차(제442조)에도 동일한 취지의 규정이 있다. 관련 내용은 〈제2편 제8장 제1절 Ⅳ.1.〉(본서 565쪽)을 참조할 것.

18) 취업 후 상환 학자금대출(Educational Loan, Student Loan)이란 대학생에게 학자금을 대출하고 그 원리금은 소득이 발생한 후에 소득수준에 따라 상환하도록 하는 대출을 말한다(위 특별법 제3조 제1호). 이는 현재의 경제적 여건에 관계없이 고등교육에 대한 접근 가능성을 높여, 개개인에게는 기회의 균등을 보장하고, 사회적으로는 우수한 인력을 양성하기 위한 노력의 일환으로 도입된 것이다(위 특별법 제1조 참조). 2022. 1. 1. 이전에는 파산절차에서는 비면책채권이었다. 이에 대하여 20대 청년의 파산신청 건수도 증가하고 있는데, 파산하더라도 취업 후 상환 학자금대출원리금에 대한 책임을 면제하지 않아, 파산한 청년층에게 새로운 도전을 할 기회를 박탈한다는 지적이 있었다. 이에 현행법상 취업 후 상환 학자금대출원리금 청구권을 면책채권에서 제외하는 내용을 삭제하여(제566조 제9호 삭제) 면책을 받은 채무자가 학자금대출의 상환책임에서 벗어나게 함으로써 청년들에게 학자금대출에 대한 부담을 덜어주고, 경제적 자립의 기회를 제공하였다. 나아가 개정규정은 법 시행 당시 면책허가를 받았으나 상환을 완료하지 아니한 채무자의 취업 후 상환 학자금대출원리금 청구권에도 적용하도록 하였다(부칙 제2조).

채권보다 나중에 성립한 경우에는 그러하지 아니하다"고 규정하고 있어 취업 후 상환 학자금 대출 원리금이 일반의 우선권 있는 개인회생채권이 아닌지 다툼이 있다.[19] 이와 관련하여 ① 위 특별법 제33조 제1항 본문은 "대출원리금 및 연체금은 채무자의 총재산에 대하여 조세·공과금 및 다른 법률에서 규정한 우선변제권을 가진 채권 외에는 다른 채권에 우선하여 변제되어야 한다"라고 규정하고 있는 점(규정 형식으로만 보면 일반의 우선권 있는 개인회생채권이다), ② 학자금대출의 특수성[20]에 비추어 개인회생절차에서도 전액 변제하도록 하는 것이 타당하다는 점에서 일반의 우선권 있는 개인회생채권으로 볼 수도 있다. 그러나 ① 학자금 대출원리금에 대해 비면책채권에 포함시키고 있지 않아(제625조) 면책채권으로 보아야 하는데,[21] 면책과 전액을 변제하여야 한다는 것은 서로 모순되는 점, ② 위 특별법 제33조 제1항 단서가 "다만, 대출원리금 및 연체금이 다른 채권보다 나중에 성립한 경우에는 그러하지 아니하다"라고 규정함으로써 경우에 따라 다른 일반 개인회생채권과 동순위가 될 수도 있는 점, ③ 사회정책적으로 학자금 대출로 인해 청년의 사회진출 및 정상적인 경제생활의 어려움을 해소할 필요가 있는 점 등을 고려하면, 일반 개인회생채권으로 봄이 타당하다.[22]

---

19) 실무적으로 ① 다른 법률에서 규정한 우선권 있는 개인회생채권, ② 채권 성립일이 위 특별법에 따른 대출원리금보다 전에 발생한 일반의 개인회생채권, ③ 위 특별법에 따른 대출원리금, ④ 채권 성립일이 대출원리금보다 후에 발생한 일반의 개인회생채권의 순으로 우선순위가 정해지는 경우, 대출원리금을 일반의 우선권 있는 개인회생채권으로 볼 수 있을지 의문이 있다.

20) ① 학자금대출로 고등교육을 받는 채무자는 그 대출금으로 유형자산을 증가시키는 것이 아니라 자신의 노동력의 가치 상승이라는 무형자산을 증가시키게 된다는 점에서 다른 대출 채권과는 다르다. 이와 같은 이유로 학자금대출에 대한 면책이 쉽게 이루어지는 시스템을 설계하게 되면, 채무자로서는 자신의 무형자산을 그대로 보유한 상태에서 책임만을 면하게 되는 결과가 발생할 수 있다. 도산절차에서 노동력의 가치 상승이라는 무형자산의 증가분을 계량하여 이를 채권자에게 분배하는 것이 쉽지 않기 때문이다. ② 학자금대출은 그 이율이나 상환조건 등이 일반대출보다 채무자에게 유리하게 설계되어 있다. 다수의 국민이 지속적으로 학자금대출제도의 혜택을 누리기 위해서는 그 학자금대출 재원이 계속 유지되어야 한다. 이처럼 학자금대출 재원은 다수의 국민이 고등교육을 받기 위하여 계속적으로 사용되어야 하는 공공재적 성격을 갖는다. 따라서 학자금대출금을 회수하여 재원을 유지하는 것은 학자금대출제도의 영속성을 확보하기 위하여 매우 중요하다. 도산절차에서 학자금대출에 대한 면책의 난이도를 높이는 또 다른 이유이다. ③ 대출된 학자금의 상환에 결손이 발생하면, 이는 결국에는 국민의 부담으로 돌아가게 되므로 학자금 상환 관리를 철저히 할 필요가 있다.

21) 한편 미국의 경우 학자금대출채권은 비면책채권이다{11 U.S.C 523(a)(8), 제7장 및 제13장 절차 모두 그렇다}. 다만 채무자와 가족이 과도한 곤경(undue hardship)에 처하게 되는 경우에는 예외가 인정된다. "과도한 곤경(undue hardship)"에 대한 명확한 개념 정의는 없다. 이후 그 의미에 관한 많은 판례법(case law)의 축적을 통하여 마침내 미국 대부분의 법원(circuits)은 과도한 곤경에 관하여 Brunner v. New York State Higher Education Services, 831. F.2d 395 (2d Cir. 1987)의 3가지 요건을 받아들였다(이른바 Brunner Test). 3가지 요건은 ① 채무자에 대하여 학자금대출의 상환이 강제된다면, 현재의 수입과 지출에 기초하여 최소한도의(minimal) 생활수준을 유지할 수 없고, ② 이러한 상황이 학자금대출상환이 필요한 기간 중 상당한 부분 동안 계속될 가능성이 있음을 나타내는 추가적인 상황(additional circumstances)이 존재하며, ③ 채무자가 학자금대출을 상환하기 위하여 성실하게 노력한 경우이다. 대부분의 소송에서 ②와 ③이 주로 문제가 된다고 한다(Daniel J. Bussel·David A. Skeel, Jr., 136~138쪽, Charles J. TABB·Ralph Brunbaker, 654~655쪽).

22) 한국장학재단도 취업 후 상환학자금을 회생·파산절차에서 일반채권으로 보고 업무처리를 하고 있다. 학자금 의무상환액이 있는 자로서 근로소득이 있는 경우 채무자와 원천공제의무자에게 의무상환액을 통지하고, 원천공제의무자는 매월 근로소득을 지급하는 때에 의무상환액을 원천공제하여 그 다음달 10일까지 납부하여야 한다(취업 후 학자금 상환 특별법 제24조 제1항, 제2항). 법원실무도 일반 개인회생채권으로 취급하고 있다.

2. 일반 개인회생채권

우선권 있는 개인회생채권과 후순위 개인회생채권을 제외한 나머지 개인회생채권을 말한다. 국세징수법이나 지방세징수법 또는 국세징수의 예에 의하여 징수할 수 있는 청구권으로서 그 징수우선순위가 일반 개인회생채권보다 우선하지 않는 것(본서 1987쪽 각주 13)),[23] 대항요건을 갖추지 못한 임차보증금반환채권(제586조, 제415조 제1항, 제2항 참조) 등을 비롯한 대부분의 채권이 여기에 해당한다.

3. 후순위 개인회생채권

후순위 개인회생채권은 우선권 있는 개인회생채권 및 일반 개인회생채권이 모두 변제되고 난 후에 변제계획상 변제될 수 있다.[24] 후순위 개인회생채권에 해당하는 것으로 다음과 같은 것이 있다(제581조 제2항, 제446조 제1항).[25]

① 개인회생절차개시결정 후의 이자

개인회생절차개시결정 후의 이자를 후순위 개인회생채권으로 취급함에 따라 실무적으로 채무자에 대하여 (주택)담보대출채권이 있는 금융기관이 추후 문제가 될 소지가 있다는 이유로 개시 후 연체이자 등에 대한 수령을 거부하는 경우도 있다.

② 개인회생절차개시결정 후의 불이행으로 인한 손해배상액 및 위약금

개인회생절차개시결정 전의 원인으로 인한 국세나 지방세에 기하여 개인회생절차개시 후에 발생한 지연배상금 성격의 납부지연가산세는 위 손해배상액에 해당한다.[26]

③ 개인회생절차참가비용

채권자의 이의진술서 작성 및 제출비용(규칙 제90조 제1항), 개인회생채권자집회에 출석하기 위한 비용 등을 말한다.

④ 벌금·과료·형사소송비용·추징금 및 과태료[27]

벌금 등 청구권은 다른 개인회생채권에 비하여 후순위로 취급되고, 변제계획에 의하지 아

---

23) 아래의 후순위 개인회생채권에 해당하는 것은 제외한다(제581조 제2항, 제446조 제1항 제4호).
24) 실무적으로 후순위 개인회생채권까지 변제하는 내용의 변제계획은 거의 없다.
25) 아래의 개인회생채권을 후순위 개인회생채권으로 취급하는 이유와 그 내용에 관하여는 〈제3편 제6장 제1절 Ⅲ.3.〉(본서 1479쪽)을 참조할 것.
26) 대법원 2017. 11. 29. 선고 2015다216444 판결 참조. 회생절차에서는 파산절차나 개인회생절차와 달리 후순위 파산채권이나 후순위 개인회생채권으로 보는 조항이 없으므로(제118조 제3호에서 회생채권으로 규정하고 있다) 지연배상금 성격의 납부지연가산세는 일반의 우선권 있는 회생채권이다.
27) **도산절차에서 벌금 등 청구권의 취급** ① 회생절차에서는 일반 회생채권이다. 다만 의결권이 배제되고(제191조 제2호) 회생계획에서 감면 그 밖의 권리에 영향을 미치는 내용을 정하지 못한다(제140조 제1항). 관련 내용은 <본서 568쪽>을 참조할 것. ② 파산절차에서는 후순위 파산채권이지만(제446조 제1항 제4호), 비면책채권이다(제566조 단서 제2호). 관련 내용은 <본서 1481, 1694쪽>을 참조할 것. ③ 개인회생절차에서는 후순위 개인회생채권이지만 비면책채권이다(제625조 제2항 제3호).

니하고는 변제하거나 변제받는 등 이를 소멸하게 하는 행위(면제를 제외한다)를 하지 못한다(제582조). 그렇지만 비면책채권이다(제625조 제2항 단서 제3호).[28] 따라서 변제기간이 만료된 후에 변제되는 것이다. 법률에 의하여 기한의 유예를 부여한 것이다.

⑤ 기한이 개인회생절차개시결정 후에 도래하는 이자 없는 채권의 경우 개인회생절차개시결정이 있은 때부터 그 기한에 이르기까지의 법정이율에 의한 원리의 합계액이 채권액이 될 계산에 의하여 산출되는 이자의 액에 상당하는 부분[29]

기한미도래의 채권은 개인회생채권의 현재화에 의해 개인회생절차개시결정시에 기한이 도래한 것으로 보므로 그 전액이 개인회생채권이 된다. 그러나 개인회생절차개시결정 후의 이자를 후순위 개인회생채권으로 하고 있는 것(제581조 제2항, 제446조 제1항 제1호)과의 균형상 그 중간이자에 상당하는 부분을 후순위 개인회생채권으로 한 것이다.

⑥ 기한이 불확정한 이자 없는 채권의 경우 그 채권액과 개인회생절차개시결정 당시의 평가액과의 차액에 상당하는 부분

기한이 불확정한 채권이라도 권면액이 개인회생채권액이 되므로(제581조 제2항, 제425조) 제5호와 같은 취지에서 권면액과 개인회생절차개시결정시에 있어서 평가액의 차액을 중간이자에 상당한 것으로 보아 후순위 개인회생채권으로 한 것이다.

⑦ 채권액 및 존속기간이 확정된 정기금채권인 경우 ㉮ 각 정기금에 관하여 ⑤에 준하여 산출되는 이자의 액의 합계액에 상당하는 부분과 ㉯ 각 정기금에 관하여 같은 호의 규정에 준하여 산출되는 원본의 액의 합계액이 법정이율에 의하여 그 정기금에 상당하는 이자가 생길 원본액을 초과하는 때에는 그 초과액에 상당하는 부분

정기금채권이라도 각기의 지분채권에 있어서는 기한미도래의 채권이 되므로 각기의 지분채권에 대하여 이자가 포함되어 있다고 보고, 이에 대하여는 현재화되므로(제581조 제2항, 제425조) 각기의 지분채권에 대하여 먼저 제5호의 규정에 준하여 중간이자 상당액을 산정하여 후순위 개인회생채권으로 한 것이다(㉮).

나아가 각기의 중간이자를 공제한 원본액의 합계액을 그대로 일반 개인회생채권으로 하면 본래 채권자가 정기금으로 받을 수 있는 금액을 초과하는 경우가 있다. 따라서 법정이율을 기준으로 본래의 정기금에 상당하는 이자를 발생시킬 수 있는 원본액을 산정하여, 위 개인회생채권액(각기의 중간이자를 공제한 원본액의 합계액)이 위 원본액(본래의 정기금에 상당하는 이자를 발생시킬 수 있는 원본액)을 초과하는 부분도 후순위 개인회생채권으로 한 것이다(㉯).

⑧ 채무자가 채권자와 개인회생절차에서 다른 채권보다 후순위로 하기로 정한 채권(약정 후순위 개인회생채권)

채무자와 채권자 사이에서 개인회생절차개시결정 전에 채무자에 대하여 개인회생절차개시결정이 되면 개인회생절차에서 변제 순위를 다른 채권보다 후순위로 한다는 합의가 된 채권을

---

28) 회생절차나 파산절차와 마찬가지로 벌금·과료·추징금에 대하여는 '형의 시효'의 정지에 관한 입법론적 해결이 필요하다. 관련 내용은 〈제2편 제8장 제1절 Ⅵ.2.〉(본서 587쪽) 및 <본서 1481쪽>을 참조할 것.

29) 아래 ⑤ 내지 ⑦에 관하여는 〈제3편 제6장 제1절 Ⅲ.3.(5) 내지 (7)〉(본서 1482~1483쪽)을 참조할 것.

말한다. 파산절차(제446조 제2항)에서와 마찬가지로 약정 후순위 개인회생채권을 명시적으로 인정한 것이다.

여기서 '다른 채권'의 의미가 무엇인지는 다툼이 있을 수 있다. 관련 내용은 〈제3편 제6장 제1절 Ⅲ.3.(8)〉(본서 1483쪽)을 참조할 것.

Ⓥ 다수채무자와 개인회생채권[30]

1. 전부의 채무를 이행할 의무를 지는 자에 대하여 개인회생절차가 개시된 경우

여럿의 채무자가 각각 전부의 채무를 이행하여야 하는 경우 그 채무자의 전원 또는 일부가 개인회생절차개시결정을 받은 때에는 채권자는 개인회생절차개시결정시에 가진 채권의 전액에 관하여 각 개인회생재단에 대하여 개인회생채권자로서 권리를 행사할 수 있다(제581조 제2항, 제428조). 이를 개시결정시의 현존액주의라 한다.

개인회생채권자의 개인회생채권액은 개시결정시를 기준으로 고정되고, 채무자에 대하여 그 채권액을 가지고 개인회생채권자로서 권리를 행사할 수 있다. 그 후에 다른 전부의무자가 일부 변제를 한 경우에도 개인회생채권액에는 아무런 영향을 주지 않는다.[31]

한편 전부 의무자가 아닌 제3자가 일부 변제를 한 경우에는 전부의무관계의 문제가 아니기 때문에 본조의 적용대상이 아니다. 그리고 채무자와 함께 전부의무를 부담하는 다른 자와 채권자 사이에 개인회생절차 밖에서 일부 경개나 일부 면제가 이루어지고 그 효력이 일반 민사법의 원칙에 따라 다른 전부 의무를 부담하는 자에게도 미치게 되어 있는 경우에는 그 효력이 개인회생절차를 밟고 있는 채무자에게도 미친다고 볼 것이므로 그 한도에서 개인회생채권액이 감소한다.

2. 보증인에 대하여 개인회생절차개시결정이 된 경우

보증인이 개인회생절차개시결정을 받은 때에는 채권자는 개인회생절차개시결정시에 가진 채권의 전액에 관하여 개인회생채권자로서 그 권리를 행사할 수 있다(제581조 제2항, 제429조).

실무적으로 주채무자와 보증채무자가 동시에 개인회생절차개시신청을 한 경우 중복 변제와 이로 인한 부당이득반환문제가 있다. 채권자는 현존액주의로 인해 주채무자에 대한 개인회생절차와 보증채무자에 대한 개인회생절차에 개인회생절차개시결정 당시의 채권 전액을 가지고 참가할 수 있다. 또한 개인회생절차개시 후 채권자에 대하여 변제 등을 하였더라도 그 채권의 "전액"이 소멸한 경우를 제외하고는 그 채권자는 개인회생절차개시 당시에 가지는 채권의 전

---

30) 개인회생절차의 경우에는 파산절차에 관한 규정을 그대로 준용한다(제581조 제2항, 본서 588, 1484쪽 참조).

31) 개인회생절차에 관하여는 제126조 제2항과 같은 규정을 명시적으로 두고 있지는 아니하다(제581조 제2항). 그러나 개인회생절차에 관하여도 개인회생절차개시 후 채권자에 대하여 변제 등을 하였더라도 그 채권의 "전액"이 소멸한 경우를 제외하고는 그 채권자는 개인회생절차개시시에 가지는 채권의 전액에 관하여 그 권리를 행사할 수 있다고 보아야 할 것이다.

액에 관하여 그 권리를 행사할 수 있다. 채권 '전액'에는 원금뿐만 아니라 이자도 포함한 금액이다. 채권자가 원금 및 이자를 모두 변제받은 경우라면 더 이상 변제가 되지 않도록 조치를 취하여야 한다. 그러나 현실적으로 주채무자와 보증인의 개인회생절차는 별도로 진행되기 때문에 초과 변제가 발생할 수 있다.

만약 채권자가 원금 및 이자를 초과하여 변제받은 경우 누구에 대한 부당이득이 되는가. 초과액을 최후로 변제한 주채무자나 보증인과 채권자 사이에서 부당이득이 성립한다고 볼 여지도 있다. 그러나 보증인의 개인회생재단에서 초과 변제된 경우에는 보증인의 개인회생재단과의 사이에서 부당이득이 성립하고, 주채무자의 개인회생재단에서 초과 변제된 경우에도 보증인은 주채무자의 개인회생절차에서 개인회생채권을 대위 행사할 수 있으므로(제581조 제2항, 제430조 제2항 참조) 보증인과의 사이에서 부당이득이 성립한다[32]고 할 것이다.[33] 요컨대 주채무자와 보증채무자 모두 개인회생을 신청한 사안에서 채권자가 원금 및 이자를 초과하는 금액을 변제받았다면, 채권자로서는 초과 변제된 부분을 보증채무자의 개인회생재단에 반환하여야 할 것이다.[34]

3. 장래의 구상권자

가. 구상의무자에 대하여 개인회생절차가 개시된 경우

여럿의 채무자가 각각 전부의 채무를 이행하여야 하는 경우 그 채무자의 전원 또는 일부가 개인회생절차개시결정을 받은 때에는 그 채무자에 대하여 장래의 구상권을 가진 자는 그 전액에 관하여 각 개인회생재단에 대하여 개인회생채권자로서 그 권리를 행사할 수 있다. 다만, 채권자가 그 채권의 전액에 관하여 개인회생채권자로서 그 권리를 행사한 때에는 장래의 구상권자는 권리를 행사할 수 없다(제581조 제2항, 제430조 제1항). 이는 채권자의 권리와 구상권자의 권리 중 채권자의 권리의 우월성을 인정함과 동시에 동일한 채무에 대하여 이중의 권리행사가 이루어지지 않도록 하기 위함이다.

채권자가 그 채권의 전액에 관하여 개인회생채권자로서 권리를 행사하여 장래의 구상권이 배제된 경우에도, 구상권자가 채권자에게 전액 변제를 한 때에는 그 변제의 비율에 따라 채권자의 권리를 취득한다(제581조 제2항, 제430조 제2항). 그러나 전부의무자가 채권의 일부에 대하여만 대위변제를 한 때에는, 채권자만이 개인회생절차 개시 당시 가진 채권의 전액에 관하여 개인회생채권자로서 권리를 행사할 수 있을 뿐, 채권의 일부에 대하여 대위변제를 한 구상권

---

32) 채권 전액의 만족을 얻은 채권자가 보증인의 개인회생절차에서 배당받음으로써 개인회생채권을 대위 취득한 보증인의 채권을 침해한 것이므로 보증인에 대한 부당이득(침해부당이득)이 된다.
33) 주채무자에 대하여 개인회생절차가 진행되고 보증인이 대위변제한 경우에도 마찬가지이다.
34) 대법원 2009. 5. 14. 선고 2008다40052, 40069 판결 참조. 위 판결은 보증채무자에 대한 파산절차에서 배당을 받은 채권자가 주채무자에 대한 회사정리절차(현재 회생절차)에서 잔존 채권액을 초과하는 변제를 받은 경우에 관하여, 초과 변제된 부분은 보증채무자의 파산재단에 대한 부당이득이 된다는 취지로 판시하였다. 위 판결은 나아가 보증채무자에 대한 파산절차에서 배당금이 파산절차 개시 전 이자 및 원금의 일부로 확정되어 지급되었다면, 주채무자에 대한 회사정리절차(현재 회생절차)에서도 그 일부 원금 변제의 효력이 그대로 유지된다고 하고 있다.

자는 자신이 변제한 가액에 비례하여 채권자와 함께 개인회생채권자로서 권리를 행사할 수는 없다.[35] 따라서 여기서 말하는 '변제의 비율'이란 2인 이상의 구상권자가 일부씩 변제하고 그 변제액을 합산하면 개인회생채권 전액을 변제하는 것으로 되는 경우에 각 구상권자 사이에 있어서 각자가 변제한 비율에 따라 대위를 인정하는 것으로 해석하여야 한다.

나. 물상보증의 경우

채무자를 위하여 자기 소유물 위에 담보를 제공한 물상보증인(제3자)이 채무자에 대하여 갖는 장래의 구상권에 관하여도 마찬가지이다(제581조 제2항, 제430조 제3항).

4. 수인의 일부보증의 경우

여러 명의 보증인이 각각 채무의 일부를 부담한 경우에 그 부담부분에 관하여는 전부 이행의 의무를 지는 경우와 성질이 같으므로 제428조, 제429조, 제430조 제1항, 제2항의 규정이 준용되고 있다(제581조 제2항, 제431조). 따라서 수인의 보증인이 있고 변제를 한 보증인의 변제액이 그 보증인의 부담부분을 넘는 때에는 채권자의 채권 전액이 소멸하지 않더라도 개인회생채권을 대위 행사할 수 있다(제581조 제2항, 제430조 제2항).

5. 무한책임사원에 대하여 개인회생절차가 개시된 경우

법인의 채무에 관하여 무한책임을 지는 사원이 개인회생절차개시결정을 받은 때에는 법인의 채권자는 개시결정시에 가진 채권의 전액에 관하여 그 개인회생재단에 대하여 개인회생채권자로서 그 권리를 행사할 수 있다(제581조 제2항, 제432조).

무한책임사원은 법인의 채무에 대하여 연대하여 변제할 책임을 지지만(상법 제212조 제1항), 법인에 변제자력이 있고 그 집행이 용이한 것을 증명한 경우에는 적용하지 아니하므로(상법 제212조 제3항) 사원의 책임은 보충적 책임으로서 보증채무와 유사하다. 따라서 제581조 제2항, 제429조와 동일한 취지에서 무한책임사원이 개인회생절차개시결정을 받은 경우에 상법 제212조 제3항이 적용되지 않는다는 점을 명확히 규정한 것이다.

6. 유한책임사원에 대하여 개인회생절차가 개시된 경우

법인의 채무에 관하여 유한책임을 지는 사원이 개인회생절차개시결정을 받은 때에는 법인의 채권자는 유한책임을 지는 사원에 대하여 그 권리를 행사할 수 없다. 다만 법인은 출자청구권을 개인회생채권으로서 행사할 수 있다(제581조 제2항, 제433조).

법인의 유한책임사원은 미지급의 출자액의 한도에서 법인의 채권자에 대하여 직접 책임을 지지만(상법 제279조, 제548조 제1항), 유한책임사원이 개인회생절차개시결정을 받은 경우에는 법

---

35) 대법원 2001. 6. 29. 선고 2001다24938 판결 참조.

인이 개인회생채권자로서 권리를 행사한다.

제2절 개인회생재단채권

I 개인회생재단채권의 의의

개인회생재단채권이란 개인회생절차의 수행에 필요한 비용을 지출하기 위하여 인정된 채무자에 대한 청구권(채권)을 말한다. 개인회생재단채권은 개인회생절차를 위한 공익적 성격에서 지출된 비용으로서 주로 개인회생절차개시 후의 원인에 의하여 생긴 청구권이다. 그러나 경우에 따라서는 개인회생절차개시 전의 원인으로 생긴 청구권이라 하더라도 형평의 관념이나 사회정책적인 이유 등으로 개인회생재단채권으로 규정한 것이 있다. 반대로 개인회생절차개시결정 후에 발생한 것이라도 개인회생채권으로 취급하는 경우도 있다(예컨대 후순위 개인회생채권).

개인회생재단채권자란 개인회생재단채권을 가지고 있는 채권자를 말한다. '가지고 있는'이란 일반적으로 귀속주체를 의미하지만, 예외적으로는 대위채권자나 추심채권자와 같이 개인회생재단채권에 대한 관리처분권을 행사하여 급부를 수령할 자격이 있는 자를 포함한다.

II 개인회생재단채권의 범위

1. 일반 개인회생재단채권

다음의 채권은 개인회생재단채권으로 한다(제583조 제1항).

(1) 회생위원의 보수 및 비용의 청구권

법원에 의하여 선임된 회생위원에게 지급할 보수와 회생위원이 지출한 비용에 대한 청구권을 말한다.

(2) 원천징수하는 조세 등[36]

개인회생절차개시결정 전에 성립된 조세채권이라도 개인회생절차개시 당시 아직 납부기한이 도래하지 아니한 것으로 국세징수법 또는 지방세징수법에 의하여 징수할 수 있는 ① 원천징수하는 조세, ② 부가가치세·특별소비세·주세 및 교통·에너지·환경세, ③ 특별징수의무자가 징수하여 납부하여야 하는 지방세, ④ ① 내지 ③의 규정에 의한 조세의 부과·징수의 예에 따라 부과·징수하는 교육세 및 농어촌특별세는 개인회생재단채권이다.

위와 같은 조세 등은 실질적인 담세자가 따로 있고, 원천징수의무자나 특별징수의무자는

---

36) 회생절차에도 이와 유사한 규정이 있다(제179조 제1항 제9호). 관련 내용은 〈**제2편 제8장 제4절 I.2.가.(10)**〉(본서 677쪽)을 참조할 것.

납부할 세금의 징수기관으로서 실질적인 담세자로부터 징수한 후 국가나 지방자치단체를 위하여 보관하고 있는 것에 불과하므로 개인회생재단채권으로 한 것이다.

(3) 채무자의 근로자의 임금ㆍ퇴직금 및 재해보상금

근로자의 임금 등을 보호하기 위한 정책적인 이유에서 개인회생재단채권으로 한 것이다.

(가) 우선변제가 인정되는 임금채권(근로기준법 제38조 제1항)에는 ① 임금(근로기준법 제2조 제5호)ㆍ재해보상금(근로기준법 제78조 이하), ② 그 밖에 근로관계로 인한 채권이 있다. ②는 ①에 포함되지 않는 각종 수당ㆍ상여금ㆍ귀향여비 및 해고예고수당 등 근로자가 근로관계를 원인으로 하여 사용자로부터 수령할 수 있는 모든 금품에 대한 채권을 말한다. 우선변제가 인정되는 퇴직급여등채권(근로자퇴직급여 보장법 제12조 제1항)에는 사용자에게 지급의무가 있는 퇴직금, 확정급여형퇴직연금제도의 급여, 확정기여형퇴직연금제도의 부담금 중 미납입 부담금 및 미납입 부담금에 대한 지연이자, 중소기업퇴직연금기금제도의 부담금 중 미납입 부담금 및 미납입 부담금에 대한 지연이자, 개인형퇴직연금제도의 부담금 중 미납입 부담금 및 미납입 부담금에 대한 지연이자가 있다.

이 중 임금, 퇴직금(퇴직급여등) 및 재해보상금은 공익채권이고, 그 밖에 근로관계로 인한 채권은 우선권 있는 개인회생채권이다.

(나) 근로복지공단이 근로자에게 대지급금을 지급한 후 채무자인 고용주에게 청구하는 구상채권도 개인회생재단채권으로 보아야 한다.[37]

(다) 개인회생절차에서도 임금채권은 그 발생시기가 개인회생절차개시결정 전후인지를 묻지 않고 개인회생재단채권으로 취급된다. 또한 임금채권에 대한 개인회생절차개시일 전날까지 발생한 지연손해금은 개인회생채권에 해당하고, 개인회생절차개시일 당일부터 지급일까지 발생한 지연손해금은 개인회생재단채권에 해당한다.[38]

〈도산절차에서 임금채권에 대한 지연손해금의 취급〉

회생절차 (본서 684쪽 이하)	회생절차개시 전날까지	회생채권	회생절차개시 당일부터 지급일까지	공익채권
파산절차 (본서 1512쪽 이하)	파선선고 전날까지	파산채권	파산선고 당일부터 지급일까지	재단채권
개인회생절차	개인회생절차개시 전날까지	개인회생채권	개인회생절차개시 당일부터 지급일까지	개인회생재단채권

---

37) 개인파산ㆍ회생실무, 581쪽.

38) 개인회생절차개시결정에 의하여 중지 또는 금지되는 것은 개인회생채권자목록에 기재된 개인회생채권에 기한 강제집행에 한하므로 개인회생재단채권에 기한 강제집행은 영향을 받지 않는다(개인회생절차에는 회생절차에서의 제180조 제3항과 같은 규정이 없다). 변제계획인가결정이 있는 때에도 개인회생재단채권에 기한 강제집행은 실효되지 아니한다. 따라서 임금채권은 개인회생재단채권이므로 개인회생절차와 무관하게 강제집행이 가능하지만, 실무상 임금채권자를 변제계획에 포함하여 인가결정을 하는 사례가 있다. 이 경우에는 채무자가 인가된 변제계획에 따른 변제의무를 게을리 하면 강제집행을 할 수 있다.

(4) 개인회생절차개시결정 전의 원인으로 생긴 채무자의 근로자의 임치금 및 신원보증금의 반환청구권

(5) 채무자가 개인회생절차 개시신청 후 개시결정 전에 법원의 허가를 받아 행한 자금의 차입, 자재의 구입 그 밖에 채무자의 사업을 계속하는데 불가결한 행위로 인하여 생긴 청구권

개인회생절차개시신청 후 보전처분이 이루어지기 전까지는 법원의 허가를 필요로 하지 않는다. 보전처분이 있은 후 개인채무자가 법원의 허가를 받아 행하는 자금의 차입 등으로 인하여 발생한 채권은 그것이 개인회생절차개시결정 전에 발생한 것이라도 개인회생재단채권이 된다. 다만 실무적으로 개인회생절차에서는 보전처분이 거의 이루어지지 않는다.

(6) (1) 내지 (5)외의 것으로서 채무자를 위하여 지출하여야 하는 부득이한 비용

제583조 제1항 제1호 내지 제5호에 해당하지 않지만, 채무자의 이익을 위하여 지출하여야 하는 부득이한 비용청구권을 말한다{본서 689쪽 〈(16)〉 참조}. 개인회생절차개시 후에 발생한 조세채권은 원칙적으로 본 호에 의하여 개인회생재단채권이 된다고 할 것이다.

2. 특별 개인회생재단채권

그 밖에 채무자의 재산이 개인회생채권의 확정에 관한 소송으로 이익을 받은 때에는 소를 제기한 개인회생채권자는 얻은 이익의 한도 안에서 개인회생재단채권자로서 소송비용의 상환을 청구할 수 있다(제608조).

Ⅲ 개인회생재단채권의 성질[39]

1. 수시변제

개인회생재단채권은 개인회생채권과 달리(제582조) 개인회생절차에 의하지 아니하고 채무자가 수시로 변제할 수 있다(제583조 제2항, 제475조). 따라서 채무자는 개인회생재단채권에 대하여 본래의 변제기에 따라 그때그때 변제하여야 하며, 채무자가 변제를 해태하는 경우 채권자는 강제집행을 할 수 있다.

2. 우선변제

개인회생재단채권은 개인회생채권보다 먼저 변제한다(제583조 제2항, 제476조). 그 의미는 별

---

39) 개인회생재단채권의 경우 제477조 제1항이 준용되지 않기 때문에 회생절차(제180조 제7항) 및 파산절차(제477조 제1항)와 달리 다른 법령에 의하여 우선권이 있는 개인회생재단채권은 다른 개인회생재단채권에 우선하여 변제받는다. 개인회생재단채권이 전액 변제되지 않는 한 개인회생채권에 관한 변제계획이 있을 수 없으므로(제611조 제1항 제2호) 개인회생재단채권을 전액 변제하기 어려운 경우 개인회생재단채권의 변제에 관한 규정을 둘 필요는 없어 보인다.

제권에 의하여 담보된 재산을 제외한 채무자의 일반재산으로부터 개인회생채권보다 우선하여 변제를 받는다는 것이다.[40] 개인회생채권보다 우선하여 변제받지만, 환취권, 별제권, 상계권에 대하여는 우선권을 주장할 수 없다.

개인회생재단채권은 개인회생절차에 의하지 아니하고 우선 변제받는다는 점에서 별제권과 비슷하나, 개인회생재단채권이 채무자의 일반재산으로부터 우선변제를 받는 데 반하여, 별제권은 담보된 특정재산으로부터 우선변제를 받는다는 점에서 차이가 있다.

3. 변제계획의 필요적 기재사항

변제계획에는 개인회생재단채권의 전액의 변제에 관한 사항을 정하여야 한다(제611조 제1항 제2호). 개인회생재단채권의 변제에 관한 사항은 변제계획에 있어 필요적 기재사항 중 하나이다. 이는 개인회생채권자들이나 법원에 개인회생재단채권에 관한 정보를 제공함으로써 변제계획의 수행가능성에 대한 판단을 할 수 있게 하기 위함이다.

4. 재단부족의 경우 처리

개인회생절차에서 개인회생재단으로 개인회생재단채권을 변제하기에 부족한 경우는 어떻게 처리하여야 하는가. 개인회생절차에서는 제477조를 준용하고 있지 않다(제583조 제2항). 개인회생재단으로 개인회생재단채권을 변제하기에도 부족한 경우에는 개인회생절차를 폐지할 수밖에 없을 것이다. 개인회생절차에서는 개인회생재단채권을 전액 변제하여야 하기 때문이다(제611조 제1항 제2호 참조). 개인회생절차가 폐지된 후 통상적인 경우와 마찬가지로 변제받을 수밖에 없다.

Ⅳ 개인회생재단채권의 신고·조사·확정

개인회생재단채권은 위에서 본 바와 같이 개인회생절차에 따르지 않는 채권이기 때문에, 신고·조사·확정절차가 존재하지 않는다. 하지만 개인회생재단채권자가 변제를 받으려면 개인회생절차개시결정 후 즉시 채무자에게 개인회생재단채권을 신고하여야 한다.

개인회생재단채권은 채무자가 확정하지만, 회생절차(제61조 제1항 제8호)나 파산절차(제492조 제13호)와 달리 법원의 허가사항으로 규정되어 있지 않다.[41] 변제계획에 개인회생재단채권의 전액의 변제에 관한 사항을 필요적으로 기재하도록 되어 있고(제611조 제1항 제2호) 그 중요성에 비추어 개인회생재단채권의 확정에 있어서도 법원의 허가를 받도록 하여야 할 것이다. 실무적으로 재단채권의 승인은 법원의 허가사항이다.

---

40) 따라서 별제권이 설정된 재산에 대하여 경매절차가 진행되는 경우 그 배당순위는 민사집행법 제145조 제2항이 규정하는 바와 같이 민법·상법 그 밖의 법률에 의한 우선순위에 따르게 된다.
41) 관련 내용은 〈제3편 제6장 제2절 Ⅱ.4.〉(본서 1518쪽)를 참조할 것.

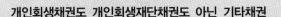

개인회생채권도 개인회생재단채권도 아닌 기타채권

개인회생절차의 경우 개인회생절차개시 이후에 발생한 채권이지만 개인회생재단채권이 아닌 기타채권이 있을 수 있다. 개인회생재단채권이 열거주의를 취하고 있기 때문이다. 예컨대 ① 개인회생절차개시결정 이후 상속이 이루어진 경우 상속으로 인한 취득세(본서 2250쪽 각주 180))나 ② 개인회생절차개시 이후 발생한 불법행위로 인한 손해배상채권은 기타채권이다. 그렇다면 이러한 채권들은 어떻게 취급되는가.[42]

회생절차에서는 이러한 채권의 취급에 관한 명시적 규정이 있지만(제181조), 개인회생절차에서는 아무런 규정이 없다. 회생절차에 관한 제181조를 유추적용하여야 한다는 견해가 있을 수 있지만, 채권자목록에 기재되지 않는 개인회생채권에 기한 강제집행 등이 가능하다(제600조 제1항 단서)는 점 등에 비추어 보면 통상적인 민사실체법의 원리에 따라 처리할 수밖에 없다. 결국 기타채권을 가진 채권자는 권리행사에 제한을 받지 않는다고 할 것이다. 하지만 기타채권자가 개인회생절차 진행 중에 강제집행 등을 할 수 있다고 하면, 개인회생절차를 정상적으로 진행하기 어렵다. 개인회생재단에 대하여 팽창주의를 취하고 있다(제580조 제1항)는 점에서 입법적 해결이 필요하다(제181조와 유사한 규정을 둘 필요가 있다).[43]

면책결정이 되면 기타채권도 면책이 되는가. 면책대상은 개인회생채권만이므로(제625조 제2항 본문 참조) 기타채권은 면책결정으로 면책되지 않는다고 할 것이다(본서 2250쪽 각주 180)).

---

42) 도산절차에서 도산절차개시 후 원인으로 발생한 재산상의 청구권에 관한 취급에 관하여는 〈**제2편 제8장 제5절 Ⅰ.**〉(본서 708쪽)을 참조할 것.

43) 고정주의를 취하고 있는 파산절차와 달리 팽창주의를 취하고 있는 일본 회사갱생법 제134조, 민사재생법 제123조는 채무자회생법 제181조와 유사한 규정을 두고 있다. 고정주의를 취하고 있는 파산절차에서는 이러한 성격의 기타채권은 채무자의 자유재산에 대하여 권리행사를 인정하면 된다. 하지만 개인회생절차는 팽창주의를 취하기 때문에 파산절차와 같이 취급하는 것은 불합리한 결과가 발생한다. 따라서 회생절차(제181조)와 같은 별도의 입법적 해결 (실질적으로 열후적으로 취급한다)이 필요하다.

제 7 장

개인회생채권의 확정

제1절 ‖ 개인회생채권의 확정 방법

개인회생절차에서 가장 중요한 인가여부결정의 대상인 변제계획안을 작성하기 위해서는 그 전제로 변제대상인 개인회생채권이 확정되어야 한다. 개인회생절차에서 개인회생채권이 확정되는 경로는 ① 개인회생채권자목록에 기재된 채권에 대하여 채권자의 이의가 없어서 목록 기재대로 확정되는 경우, ② 채권조사확정재판이나 그에 대한 불복절차인 이의의 소에서 확정되는 경우, ③ 개인회생절차개시결정 당시 소송이 제기되어 있어서 그 소송결과대로 확정되는 경우 등이 있다. 또한 명문의 규정은 없지만 ④ 집행력 있는 집행권원이나 종국판결이 있는 채권과 관련된 소송에서 확정되는 경우가 있다.

제2절 ‖ 개인회생채권자목록의 제출[1]

I 의 의

개인회생절차에서는 절차를 간이화하기 위하여 회생절차 및 파산절차와 달리 채권자가 절차에 스스로 참가할 수 있는 채권신고제도를 두지 않고, 채무자로 하여금 개인회생채권자목록을 제출하도록 하고 있다(제589조 제2항 제1호).[2] 따라서 채무자가 개인회생채권자목록에 채권을 기재하지 않는 경우 누락된 채권자를 보호할 필요가 있다.[3]

---

1) 관련 내용은 〈제2장 제3절 Ⅲ.〉(본서 1892쪽)을 참조할 것.
2) 따라서 개인회생절차에 참가하여 변제계획에 따라 변제를 받을 수 있는지 여부는 전적으로 채무자의 손에 달려 있다. 개인의 경우 법인과 달리 도산절차가 개시되어 공고되더라도 이를 알 수 있는 채권자는 많지 않고, 채무자도 자신의 채권자가 누구인지는 기본적으로 알 수 있을 것이라는 전제에서 채권자목록제출제도를 선택한 것이다.
3) 반대로 채권신고제도가 없음으로 인하여 채무자가 특정채권자를 채권자목록에 기재하지 않을 경우 다른 채권자들은 견제할 수단이 없다. 아래에서 보는 바와 같이 채권자목록에 누락된 채권자는 개인회생절차의 구속을 받지 않고 강제집행을 할 수 있다(제600조 제1항 단서 제2호). 채권자목록에 기재되지 않은 채권을 절차로부터 완전히 자유롭게 한 것은 도산절차의 집단성에 반한다. 원래 도산절차에서 채권자의 개별적 권리행사가 금지되는 것은 채권이 도

이에 채무자의 성실한 개인회생채권자목록의 작성·제출을 유도하기 위하여 몇 가지 대책을 마련하고 있다. 먼저 채무자가 악의로 개인회생채권자목록에 기재하지 아니한 개인회생채권이 있는 경우 면책을 불허할 수 있고(제624조 제3항 제1호), 면책이 된 뒤에 밝혀지면 면책을 취소할 수 있도록 하고 있다(제626조 제1항). 또한 면책결정이 된다 하더라도 개인회생채권자목록에 기재되지 아니한 채권은 비면책채권으로 취급하고 있다(제625조 제2항 제1호). 나아가 개인회생절차개시결정으로 강제집행 등과 채권자의 변제요구가 중지 또는 금지되나, 이는 개인회생채권자목록에 기재된 개인회생채권에 한정된다(제600조 제1항 제2호, 제3호). 따라서 채권자목록에서 누락된 채권자는 개인회생절차의 구속을 받지 않고 절차 외에서 강제집행을 할 수 있다.[4]

〈도산절차상 채권신고제도 등의 비교〉

	회생절차	파산절차	개인회생절차
채권신고제도	○ (제148조, 제149조)	○ (제447조)	×
채권조사절차	○ (제161조, 제162조)	○ (제450조, 제453조)	×
실권제도	○	× (배당에서 제외될 뿐임)	×
채권확정재판	○	○	○
확정판결과 동일한 효력 및 판결효의 확장	○ (제168조, 제176조)	○ (제460조, 제468조)	○ (제603조 제3항, 제607조)
권리의 면책 및 변경의 효력발생시기	회생계획인가결정시 (제251조, 제252조)	×(법인파산) ○(개인파산): 면책결정확정시(제565조)	면책결정확정시 (제625조 제1항)

Ⅱ 개인회생채권자목록에 대한 이의

채무자가 개인회생절차개시신청을 함에 있어서는 개인회생채권자목록을 첨부하여야 한다(제589조 제2항 제1호). 법원은 그 신청일로부터 1월 이내에 개인회생절차의 개시 여부를 결정

산채권인 사실 자체에서 발생하는 효력이지 채권자들의 절차 참가 여부와는 무관한 것이다. 이러한 점에서 현행법은 도산절차의 본질에도 반한다. 채권신고제도를 두지 않거나 채권자목록에 누락된 채권자들의 권리행사가 자유로운 입법례는 찾아보기 어렵다.

4) 채권자목록제출제도를 채택한 현실적 불가피성을 인정하면서도 채권자의 개인회생절차 참가권을 배제한 것에 대해 비판적 견해가 있다. 이 견해는 채권자목록에 누락된 채권자에 대하여 절차 외에서 강제집행을 할 수 있도록 하기보다 누락된 채권자를 다시 절차에 편입할 수 있는 수단을 보장하는 것이 입법적으로 필요하다고 한다(남효순·김재형 공편, 통합도산법, 536쪽). 특히 회생절차나 파산절차와 비교하여 조세채권의 보호가 미흡하다. 개인회생절차에서는 채무자가 자발적으로 조세채권을 채권자목록에 기재하지 않으면 변제를 받을 수 없고{다만 체납처분(강제징수)을 할 수 있다는 점에서는 유리하다(제600조 제1항 단서, 제3호)}, 회생절차(제156조, 제157조)와 달리 조세채권의 확정절차에 관한 특례 규정도 없다.

하되, 법원이 개시결정을 할 때는 지체 없이 이의기간과 개인회생채권자가 이의기간 안에 자신 또는 다른 개인회생채권자의 채권내용에 관하여 개인회생채권조사확정재판을 신청할 수 있다는 뜻을 공고하고(제597조 제1항 제2호, 제3호), 알고 있는 개인회생채권자에게 개인회생채권자목록 및 변제계획안을 송달하여야 한다(제597조 제2항). 알고 있는 개인회생채권자란 개인회생절차개시결정 당시 알고 있는 자를 말하므로, 일반적으로 채무자가 작성한 채권자목록에 기재된 개인생채권자를 가리킨다.

개인회생절차에서는 채권신고 없이 채무자가 제출한 개인회생채권자목록을 기준으로 당해 채권자와 다른 채권자가 채권의 존부와 내용에 대하여 이의를 진술하게 된다. 다른 채권자는 채무자가 제출한 개인회생채권자목록의 액수보다 당해 채권자의 채권액이 적다는 취지로 이의를 주장하지만, 당해 채권자는 오히려 위 목록에 기재된 채권보다 더 많다는 취지로 이의를 주장한다.[5] 채무자는 개인회생채권자목록에 이의를 제기할 수 없다(이의가 있으면 목록에 기재하지 않으면 된다). 개인회생채권자는 개인회생채권자목록에 대하여 이의가 있는 경우 개시결정과 동시에 정한 이의기간 안에 채권조사확정재판을 신청하여야 한다. 채권조사확정재판을 신청하지 아니하면 채권자목록의 기재대로 확정된다(제603조 제1항 제1호). 이의기간이 지난 후에 채권조사확정재판을 신청하는 것이 아니라는 점에 주의를 요한다.

이의기간은 개인회생절차개시결정일로부터 2주 이상 2월 이하이어야 한다(제596조 제2항 제1호). 이의기간은 재정기간으로 그 기간을 늘일 수 있다(제596조 제3항). 채권신고제도를 가지고 있는 회생절차와 파산절차는 신고된 채권(회생절차에서 관리인이 제출한 회생채권자 등 목록에 기재된 채권을 포함한다)에 대해 채권조사절차를 거치도록 하고 있으므로 개인회생절차와 달리 이의기간 제도를 두고 있지 않다.

Ⅲ 개인회생채권자목록의 수정 및 변경

1. 개인회생채권자목록의 수정

채무자는 개인회생절차개시결정이 있을 때까지 개인회생채권자목록에 기재된 사항을 수정할 수 있다(제589조의2 제1항). 채무자는 개시결정 전이라면 언제라도 개인회생채권자목록을 임의로 수정할 수 있다.

채무자는 그가 책임을 질 수 없는 사유로 개인회생채권자목록에 누락하거나 잘못 기재한 사항을 발견한 경우에는 개인회생절차개시결정 후라도 변제계획인가결정이 있기 전까지는 법원의 허가를 받아 개인회생채권자목록에 기재된 사항을 수정할 수 있다(제589조의2 제2항). 채무자가 법원에 개인회생채권자목록의 수정허가를 신청하는 경우 지체 없이 법원에 수정사항을 반

---

5) 반면 회생절차나 파산절차에서는 채권신고(회생절차에서는 채권자목록제출도 포함) 이후 관리인(또는 파산관재인)이나 다른 채권자가 그러한 채권이 없거나 적다는 내용으로 이의가 이루어진다.

영한 변제계획안을 제출하여야 한다. 채무자가 수정사항을 반영한 변제계획안을 제출하지 아니하는 경우 법원은 개인회생채권자목록의 수정을 허가하지 아니할 수 있다(제589조의2 제3항).

법원은 채무자의 신청에 따라 개인회생채권자목록에 기재된 사항이 수정된 경우에는 그 수정된 사항에 관한 이의기간을 정하여 공고하고, 채무자 및 법원이 알고 있는 개인회생채권자에게 이의기간이 기재된 서면과 수정된 개인회생채권자목록을 송달하여야 한다. 다만, 수정으로 불리한 영향을 받는 개인회생채권자가 없는 경우 또는 불리한 영향을 받는 개인회생채권자의 의사에 반하지 아니한다고 볼 만한 정당한 이유가 있는 경우에는 공고나 송달을 하지 아니할 수 있다(제589조의2 제4항).

개인회생채권자목록의 수정은 변제계획인가결정 전까지만 인정되므로 변제계획인가결정 후에는 채무자가 책임질 수 없는 사유로 목록에서 누락이 발생한 경우에도 수정이 불가능하다. 누락 채권의 변제 및 면책을 위해서는 개인회생절차폐지를 신청한 후 개인회생절차를 다시 신청할 수밖에 없다(본서 1900쪽).

2. 개인회생채권자목록의 변경

개인회생채권자목록의 내용에 관하여 이의가 있는 개인회생채권자는 법원이 정한 이의기간(제589조의2 제4항 또는 제596조 제2항 제1호) 안에 서면으로 이의를 신청할 수 있다.[6] 채무자가 이의내용을 인정하는 때에는 법원의 허가를 받아 개인회생채권자목록을 변경할 수 있다. 이 경우 법원은 조사확정재판신청의 이익이 없으므로 조사확정재판신청에 대한 결정을 하지 아니할 수 있다(제604조 제1항).

3. 채권자의 명의변경신청

개인회생채권자목록에 기재된 채권을 취득한 자는 채권자 명의변경을 신청할 수 있다. 명의변경을 하려는 자는 ① 채권자 명의를 변경하려는 자 및 대리인의 성명 또는 명칭과 주소, ② 통지 또는 송달을 받을 장소(대한민국 내의 장소로 한정한다), 전화번호, 그 밖의 연락처, ③ 취득한 권리와 그 취득의 일시 및 원인을 적은 신청서와 개인회생채권의 취득을 증명하는 서류 또는 그 등본이나 초본을 법원에 제출하여야 한다(제609조의2, 규칙 제83조).

---

6) '이의를 신청'한다는 것은 조사확정재판을 신청한다는 것을 의미한다. 따라서 이의신청사실을 인정하여 채무자가 개인회생채권자목록을 변경하는 것은 채권자가 자신의 채권을 다투어 채무자를 상대방으로 조사확정재판을 신청하는 경우뿐만 아니라 채권자가 다른 개인회생채권자의 채권을 다투어 채무자와 다른 개인회생채권자를 상대방으로 조사확정재판을 신청하는 경우도 포함한다.

회생절차에서는 「채권신고(채권자목록제출) ⇒ 채권조사(시부인) ⇒ 조사확정재판신청」의 절차를 거침에 반하여, 개인회생절차에서는 「채권자목록제출 ⇒ 이의기간 내 조사확정재판신청」을 한다.

Ⅳ 이의 등이 없는 개인회생채권의 확정

1. 개인회생채권의 확정

채무자가 제출한 개인회생채권자목록에 대하여 ① 개인회생채권자목록에 기재된 채권자가 이의기간 내에 개인회생채권조사확정재판을 신청하지 아니하거나,[7] ② 개인회생채권조사확정 재판 신청이 각하된 경우, 개인회생채권은 목록에 기재된 대로 확정된다(제603조 제1항).

제603조 제1항은 회생절차(제166조)나 파산절차(제458조)와는 달리 그 확정의 대상이 무엇인지 명확히 규정하지 않은 채 '개인회생채권자목록의 기재대로'라고만 규정하고 있으나, 회생절차 등의 규정에 비추어 '개인회생채권의 액수, 우선권, 후순위채권 해당 여부' 등이 그 확정대상이라고 보아야 할 것이다.

회생절차나 파산절차와 달리[8] 개인회생절차에서 (개인회생)채권자목록은 채권자확정을 위한 것이다. 채권자가 개인회생채권자목록에 이의(조사확정재판신청)를 하지 않으면 채권은 확정된다. 즉 이의기간 경과로 채권이 확정된다. 따라서 개인회생절차의 효력이 미치는 채권의 동일성 문제로 채권자목록의 해석에 다툼이 생길 수 있다.[9] 채권의 동일성 여부는 소송물을 기준으로 판단한다.[10]

2. 개인회생채권자표의 기재와 그 효력

가. 개인회생채권자표의 작성

개인회생채권이 확정된 때에는 법원사무관 등은 채권자의 성명 및 주소와 채권의 내용 및 원인을 기재한 개인회생채권자표를 작성하여야 한다(제603조 제2항).

---

7) 아래에서 보는 바와 같이 개인회생채권자목록에 기재되지 않은 채권자도 개인회생채권조사확정재판을 신청할 수 있다. 그렇다면 개인회생채권자목록에 기재된 채권자는 개인회생채권조사확정재판을 신청하지 않았지만, 개인회생채권자목록에 기재되지 않은 채권자가 개인회생채권조사확정재판을 신청한 경우에도 개인회생채권은 확정되는가. 확정된다고 보기 어려울 것이다. 결국 제603조 제1항 제1호는 '개인회생채권자'가 이의기간 안에 개인회생채권조사확정재판을 신청하지 아니한 경우로 해석하여야 할 것이다. 입법적 정비가 필요하다.

8) 회생절차와 파산절차에서는 채권신고와 채권조사를 통해 채권이 확정된다. 회생절차에서 채권자목록제출은 채권신고 의제의 효과가 있고(제151조), 파산절차에서 채무자의 채권자목록제출은 채권자의 절차 참여에 대한 기회보장이라는 의미가 있다(대법원 2016. 4. 29. 선고 2015다71177 판결 참조).

9) 압류 및 전부명령의 청구채권이 개인회생절차의 채권자목록에 기재된 개인회생채권에 해당하는지 여부는 채권자목록에 기재된 채권의 원인 및 금액뿐만 아니라, 채무자 회생 및 파산에 관한 규칙 제80조 제2항 내지 제4항의 사항이 기재된 채권자목록의 부속서류, 개인회생채권에 관한 소명자료, 채무자가 신청한 압류 및 전부명령에 대한 중지명령의 경과, 당해 개인회생절차의 진행경과 등 제반 사정을 종합하여 판단하여야 한다(대법원 2015. 5. 28. 자 2013마301 결정).

10) 대법원 2012. 11. 29. 선고 2012다51394 판결.

나. 개인회생채권자표 기재[11]의 효력

개인회생채권자표에 기재하는 행위는 어디까지나 공증행위이지만, 아래에서 보는 바와 같이 확정된 개인회생채권의 개인회생채권자표의 기재에는 확정판결과 동일한 효력이 부여된다(제603조 제3항). 개인회생절차의 원만한 진행을 위해서는 개인회생채권의 존재 및 액이 결정되고, 적어도 개인회생절차에서 다툼이 없는 상태에 이르러야 한다. 이의가 없다는 사실상태만으로는 채권확정이 인정되지 않고, 개인회생채권자표에의 기재라는 공증행위가 부가되어야 비로소 위와 같은 불가쟁력이 부여되는 채권의 확정상태가 발생하는 것이다. 이런 점을 고려하면, 개인회생채권자표의 기재는 채권확정의 형식적 요건이라고 할 수 있다.

개인회생채권자표에 기재하면 ① 확정판결과 동일한 효력, ② 집행력, ③ 시효기간 연장의 효과가 있다.[12]

(1) 개인회생채권자에 대한 효력: 확정판결과 동일한 효력

확정된 개인회생채권을 개인회생채권자표에 기재한 경우, 그 기재는 개인회생채권자 전원에 대하여 확정판결과 동일한 효력이 있다(제603조 제3항). 확정판결과 동일한 효력이 인정되는 개인회생채권은 개인회생채권자목록에 기재된 채권자가 이의기간 안에 개인회생채권조사확정재판을 신청하지 않거나 신청이 각하되어 확정된 것이다(제603조 제1항). 이의기간 안에 조사확정재판이 신청되고 위 재판이나 이의의 소 등을 통하여 확정된 개인회생채권의 효력에 관하여는 제607조에 별도로 규정되어 있다.

여기에서 '확정판결과 동일한 효력'이라 함은 기판력이 아닌 확인적 효력을 가지고 개인회생절차 내부에 있어 불가쟁의 효력이 있다는 의미에 지나지 않는다고 보아야 한다. 따라서 애당초 존재하지 않는 채권이 확정되어 개인회생채권자표에 기재되어 있더라도 이로 인하여 채권이 있는 것으로 확정되는 것이 아니므로 채무자로서는 별개의 소송절차[13]에서 그 채권의 존재를 다툴 수 있다고 보아야 할 것이다.[14] 이와 같이 확정된 개인회생채권에 관한 개인회생채권자표의 기재에 기판력이 없는 이상 그에 대한 청구이의의 소에서도 기판력의 시간적 한계에 따른 제한이 적용되지 않는다. 그러므로 그 청구이의의 소송심리에서는 개인회생채권 확정 후

---

11) 회생절차나 파산절차에서는 채권신고제도가 있기 때문에 채권신고 후 법원사무관 등이 회생채권자표(파산채권자표)를 '작성'하고, 이후 채권조사를 마치면 회생채권자표(파산채권자표)에 그 조사결과를 '기재'한다. 하지만 개인회생절차에서는 채권신고(조사)제도가 없으므로 개인회생채권이 확정된 후 개인회생채권자표를 작성하고 기재한다. 따라서 개인회생절차에서는 개인회생채권자표의 작성과 기재가 엄밀하게 구별되지는 않는다. 다만 불가쟁력(제603조 제3항)과의 관계에서는 회생절차나 파산절차의 관계에서 '기재'라는 용어를 사용하는 것이 타당하다.

회생절차나 파산절차에서는 '채권조사결과'를 회생채권자표(파산채권자표)에 기재하지만, 개인회생절차에서는 '확정된 개인회생채권'을 개인회생채권자표에 기재한다.

12) 개인회생절차에서는 채권신고와 채권조사절차가 없기 때문에 회생절차나 파산절차와 달리 개인회생채권자표의 기재에 주장(청구원인)의 제한 효력은 없다.

13) 명백한 오류인 경우에는 회생법원의 경정결정에 의하여 이를 바로잡을 수 있고, 그렇지 아니한 경우에는 무효확인의 판결을 얻어 이를 바로잡을 수 있을 것이다(대법원 2003. 5. 30. 선고 2003다18685 판결 참조).

14) 대법원 2013. 9. 12. 선고 2013다29035 판결, 대법원 2003. 5. 30. 선고 2003다18685 판결 참조.

에 발생한 사유뿐만 아니라 개인회생채권 확정 전에 발생한 청구권의 불성립이나 소멸 등의 사유도 심리·판단하여야 한다.[15]

확정판결과 동일한 효력은 개인회생채권자 전원에 대하여 그 효력이 확장되어 있다. 확정된 개인회생채권이 모든 개인회생채권자와의 관계에서 획일적으로 정해지지 않으면 절차진행에 혼란이 있을 수 있으므로 이유를 묻지 않고 모든 개인회생채권자 전원에 대하여 효력을 인정하고 있는 것이다.

제603조 제1항, 제3항은 개인회생채권자목록에 기재된 채권자가 제596조 제2항 제1호에 정한 이의기간 안에 개인회생채권조사확정재판을 신청하지 아니하여 개인회생채권자목록의 기재대로 채권이 확정되고, 그 확정된 개인회생채권이 개인회생채권자표에 기재된 경우 그 기재는 개인회생채권자 전원에 대하여 확정판결과 동일한 효력이 있다고 규정하고 있는바, 개인회생채권자목록에 기재된 채권과 소송물을 달리하는 것으로서 목록에 기재되지 않은 채권에 대하여는 개인회생절차나 그에 따른 채권확정의 효력이 미치지 아니한다.[16] 즉 채권자목록에 기재된 개인회생채권인지는 소송물 기준으로 판단한다.

(2) 채무자에 대한 효력: 집행력

(가) 개인회생채권자는 개인회생절차폐지결정이 확정된 때에는[17] 채무자에 대하여 개인회생채권자표에 기하여 강제집행을 할 수 있다(제603조 제4항).[18] 채무자에 대한 집행력이 인정되기

---

15) 대법원 2017. 6. 19. 선고 2017다204131 판결(☞ 원고에 대한 개인회생절차에서 피고의 개인회생채권에 대한 조사확정재판에 대하여 이의의 소가 제기되지 않아 피고의 개인회생채권이 확정되고 이에 따라 개인회생채권자표가 작성되었는데, 개인회생절차 폐지 후 원고가 피고의 개인회생채권 확정 전의 사유인 청구권의 불성립 등을 주장하면서 위 개인회생채권자표에 대하여 청구이의를 한 사건에서, 개인회생채권이 확정된 후 채무자가 그 채권이 기재된 개인회생채권자표에 대하여 청구이의의 소를 제기한 경우 그 이의이유는 개인회생채권이 확정된 뒤에 생긴 사유로 제한됨을 전제로, 원고가 주장하는 사유들은 피고의 개인회생채권 확정 이후에 발생한 사유가 아님이 그 주장 자체로 명백하므로 청구이의 이유가 될 수 없다고 판단한 원심판결을 파기환송한 사례) 참조.
16) 대법원 2012. 11. 29. 선고 2012다51394 판결(☞ 피고(채무자)가 서울중앙지방법원 2010개회19740호로 신청한 개인회생 사건에서 2010. 12. 22. 변제계획인가결정까지 이루어졌고, 그 과정에서 피고가 제출한 개인회생채권자목록에 원고의 채권이 기재되어 있으나, 그 채권의 원인이 2006. 12. 29. 자 대여금으로만 기재되어 있으므로, 원고의 2007. 2. 10. 자 대여금 채권은 위 개인회생채권자목록에 기재된 채권에 포함된다고 볼 수 없다).
17) 개인회생채권자표에 기한 강제집행을 할 수 있는 시기를 개인회생절차가 종료된 후로 한 것이 타당한가. 회생절차나 파산절차에서는 회생채권자표 등이나 파산채권자표에 기한 강제집행을 회생절차나 파산절차가 종료된 이후에 하도록 규정하고 있다(제255조 제2항, 제292조 제2항, 제293조, 제535조 제2항). 회생절차나 파산절차에서는 관리인이나 파산관재인이 별도로 존재하고 회생절차나 파산절차가 종료되기 전에는 관리처분권이 채무자에게 회복되지 않기 때문에 강제집행을 할 수 있는 시기를 회생절차나 파산절차가 종료된 후로 한 것이다.
　　반면 개인회생절차의 경우에는 관리인 등과 같은 채무자의 재산을 관리하는 제3자가 없고, 채무자가 여전히 관리처분권을 가지고 있다. 그럼에도 개인회생채권자표에 기한 강제집행을 할 수 있는 시기를 개인회생절차폐지가 확정된 후로 한 이유가 있는지는 이론적으로 의문이다. 관리인을 필요적으로 둘 필요가 없는 일본 민사재생절차의 경우 회사갱생절차(일본 회사갱생법 제240조)나 파산절차(일본 파산법 제221조 제1항)와 달리 재생채권자표에 기한 강제집행의 시기적 제한을 두고 있지 않다(일본 민사재생법 제180조 제3항). 개인회생절차의 경우 변제계획인가로 권리변경효가 없고, 개인회생절차의 원만한 진행을 위해(비록 결과적으로 개인회생절차가 폐지되더라도) 입법정책적으로 개인회생채권자표에 기한 강제집행을 할 수 있는 시기를 개인회생절차폐지가 확정된 후로 한 것으로 보인다. 개인회생절차가 종결된 경우에도 비면책채권에 기한 강제집행의 문제가 있으므로 마찬가지이다.
18) '개인회생절차가 폐지된 경우'만을 규정하고 있지만, 변제계획이 인가되어 면책결정이 확정된 경우에도 당연히 비면책채권에 관하여 강제집행을 할 수 있다고 볼 것이다. 비면책채권이 개인회생채권자목록에 기재되어 확정된 후 면

위해서는 ① 개인회생절차폐지결정이 확정되고,[19] ② 개인회생채권이 확정되었으며(확정된 개인회생채권), ③ 개인회생채권자표에 기재되어야 한다.

도산절차에서 '채무자'에 대한 확정판결과 동일한 효력 및 집행력

회생절차의 경우를 본다. 회생채권(회생담보권)에 기하여 회생계획에 의하여 인정된 권리에 관한 회생채권자표(회생담보권자표)의 기재는 '채무자'에 대하여 확정판결과 동일한 효력이 있다(제255조 제1항 제1호). 회생절차가 종결된 경우 '채무자'에 대하여 회생채권자표(회생담보권자표)[의 기재]에 의하여 강제집행을 할 수 있다(제255조 제2항). 회생계획인가 전 폐지(제292조 제1항)와 회생계획인가 후 폐지(제293조)의 경우 회생절차가 종료된 때에도 마찬가지이다. 다만 전자의 경우 채무자의 이의가 없어야 한다(제292조 제1항 단서).

파산절차에 관하여 본다. 확정채권에 대하여 채무자가 이의를 진술하지 아니한 때에는 '채무자'에 대하여 확정판결과 동일한 효력이 있다(제535조 제1항). 파산종결 후 파산채권자표의 기재에 의하여 (채무자에 대하여) 강제집행이 가능하다(제535조 제2항). 파산폐지의 결정이 확정된 경우에도 마찬가지이다(제548조 제1항).

확정판결(정확히는 확정된 이행판결)의 효력 중 하나가 집행력인바('확정판결과 동일한 효력'에 집행력이 포함된다는 점에 관하여는 다툼이 없다), 집행력이 인정되기 위해서는 '채무자'에 대하여 확정판결과 동일한 효력이 인정되어야 한다(민집법 제56조 제5호 참조). 회생절차나 파산절차에서는 위에서 본 바와 같이 이를 명시적으로 규정하고 있다.

그런데 개인회생절차의 경우는 달리 규정하고 있다. 개인회생채권자는 개인회생절차폐지결정이 확정된 때에는 '채무자'에 대하여 개인회생채권자표[의 기재]에 기하여 강제집행할 수 있다(제603조 제4항)고 규정하고 있을 뿐, 개인회생채권자표의 기재에 확정판결과 동일한 효력이 있다는 규정이 없다.[20] 집행력이 인정되는 논리적 근거 조문이 없이 바로 집행력을 규정하고 있는 것이다. 입법론적으로 보완이 필요해 보인다.

(나) 개인회생채권자표에 대한 청구이의의 소, 집행문부여의 소, 집행문부여에 대한 이의의 소는 개인회생계속법원의 전속관할에 속한다(제603조 제5항, 제255조 제3항).[21]

책결정이 확정되더라도 책임이 면제되지 아니한 부분에 관하여 개인회생채권자표에 의하여 강제집행이 가능하다(청주지방법원 2020. 11. 20. 선고 2020나10702 판결 참조).

19) 개인회생절차가 종료되지 않은 단계에서 채무자의 자유재산에 대해 강제집행을 인정하는 것은 면책제도의 의의를 몰각시킨다는 점에서나 제582조의 취지에서 보더라도 부정하여야 한다. 또한 면책신청은 개인회생절차가 종료되기 전까지만 가능하고, 종료되기 전에 면책결정이 되면 강제집행의 문제는 발생하지 않고, 면책이 불허되는 경우 개인회생절차가 폐지되고 이후에는 강제집행을 인정하여도 문제가 없다는 점도 고려한 것이다.

20) 제603조 제3항이 '확정된 개인회생채권을 개인회생채권자표에 기재한 경우 그 기재는 개인회생채권자 전원에 대하여 확정판결과 동일한 효력이 있다'고 규정하고 있지만, 이것이 채무자에 대하여 확정판결과 동일한 효력이 있다는 것을 규정하고 있는 것으로 보기는 어렵다(제255조 제1항 제2호는 채무자에 대한 것 외에 회생채권자 등에 대하여 별도로 규정하고 있다).

21) 대법원 2017. 6. 19. 선고 2017다204131 판결은 원심판결 이후 개인회생채권자표에 대한 청구이의 사건에 대한 전속관할을 가진 서울회생법원이 새로 설치된 데 따라 그 관할 법원(서울회생법원)으로 이송할 것을 결정하였다.

(3) 소멸시효기간의 연장

개인회생채권자표에 기재된 채권이 단기의 소멸시효에 해당하는 것이라도 그 소멸시효는 10년으로 연장된다(민법 제165조 제2항 참조).

Ⅴ 개인회생채권자목록제출의 효과

1. 시효중단

채무자가 개인회생채권자목록을 제출한 것은 일종의 승인으로 시효중단이 효력이 있다(제32조 제3호 본문, 민법 제168조 제3호). 개인회생절차에 참가한 경우에도 시효중단의 효력이 있다(제32조 제3호 본문). 개인회생절차에서는 채권신고제도가 없기 때문에 여기서 말하는 개인회생절차참가는 채권조사확정재판을 신청하는 것으로 볼 것이다.[22] 채권조사확정재판신청은 일종의 재판상 청구로 볼 수 있다. 따라서 개인회생채권자목록에 기재되지 아니한 개인회생채권자가 채권조사확정재판신청을 취하하거나 그 신청이 각하된 때에는 시효중단의 효력이 없다(제32조 제3호 단서). 개인회생채권자목록에 기재된 채권은 여전히 시효중단의 효력이 있다.

2. 중단 후의 시효진행

시효가 중단된 때에는 중단사유가 종료한 때로부터 새로이 진행한다(민법 제178조 제1항). 그렇다면 언제 중단사유가 종료한 것으로 볼 것인가. 앞에서 본 바와 같이 개인회생절차에서 시효중단은 ① 채무자가 개인회생채권자목록을 제출한 경우와 ② 목록에 기재되어 있지 아니한 채권자가 채권조사확정재판을 신청한 경우가 있다.

②의 경우는 채권조사확정재판이 확정된 때로부터 새로이 진행한다(민법 제178조 제2항 참조). 문제는 ①의 경우이다. 개인회생채권자목록제출에 따른 시효중단의 효력은 특별한 사정이 없는 한 개인회생절차가 진행되는 동안에는 그대로 유지된다.[23] 따라서 개인회생절차신청이 기각되거나 취하되거나 개인회생절차폐지결정이 확정된 경우 중단된 시효가 새로이 진행한다고 할 것이다.

---

22) 결국 개인회생채권자목록에 기재되지 아니한 개인회생채권자가 개인회생절차에 참가하는 방법은 채권조사확정재판을 신청하는 수밖에 없다. 다만 실무적으로 개인회생절차개시신청 후 채권자목록에 기재되지 않은 채권자가 채권신고서를 제출하는 경우, 채무자는 이의가 없으면 법원의 허가를 받아 수정된 개인회생채권자목록과 변제계획안을 제출하고 있다.

23) 대법원 2013. 9. 12. 선고 2013다42878 판결. 개인회생절차에서 변제계획인가결정이 있더라도 변제계획에 따른 권리의 변경은 면책결정이 확정되기까지는 생기지 않으므로(제615조 제1항), 변제계획인가결정만으로는 시효중단의 효력에 영향이 없다(대법원 2019. 8. 30. 선고 2019다235528 판결). 면책결정이 확정된 경우 면책된 채권에 대하여는 중단 후 시효진행이 문제되지 않을 것이다. 비면책채권은 어떠한가. 비면책채권이라도 변제계획에 따라 변제를 받는 것이고 개인회생절차 진행 중에는 시효중단의 효력이 그대로 유지되므로 면책결정이 확정된 때부터 시효가 다시 진행한다고 할 것이다.

제3절 이의가 있는 개인회생채권의 확정

이의가 있는 개인회생채권을 확정하는 절차로 ① 채권조사확정재판, ② 채권조사확정재판에 대한 이의의 소가 있다.[24] 또한 개인회생채권의 확정과 관련하여 ③ 개인회생절차개시 당시 소송이 계속 중인 경우와 ④ 채권자에게 이미 집행력 있는 집행권원 또는 종국판결이 있는 경우에 대하여 검토할 필요가 있다.[25] 채권신고제도가 없기 때문에 회생절차나 파산절차에서와 같은 주장의 제한(제173조, 제174조 제3항)이나 청구원인의 제한(제465조, 제466조 제3항)은 없다.

I 개인회생채권조사확정재판

1. 의 의

개인회생채권조사확정재판이란 개인회생채권자목록의 내용에 관하여 이의가 있는 개인회생채권자가 법원이 정한 이의기간(제589조의2 제4항 또는 제596조 제2항 제1호) 안에 서면으로 이의를 신청한 경우 법원이 이의가 있는 개인회생채권의 존부 또는 그 내용을 확정하는 절차이다(제604조 제1항).

회생절차나 파산절차에서는 채권자의 신고를 받은 후 채권조사(시·부인)절차를 거쳐 원칙적으로 이의채권을 보유한 자가 이의자 전원을 상대로 채권조사확정재판을 신청하는데 반하여(제170조 제1항, 제462조 제1항), 개인회생절차에서는 이의를 신청한 채권자가 자신 또는 다른 채권자의 개인회생채권에 대하여 채권조사확정재판을 신청하여야 한다는 점에서 차이가 있다. 회생절차나 파산절차와 달리 채권신고제도 없이 채무자가 기재한 채권자목록만에 따라 진행하는 개인회생절차에 있어서는 자신이 채권을 신고하거나 기재한 적이 없는 이의채권 보유자로 하여금 조사확정재판을 신청하도록 하는 것은 부적절하다는 점을 고려한 것이다.

---

24) 개인회생절차는 채권신고제도도 없고, 회생절차(제157조)와 달리 조세 등 청구권의 불복에 관하여 특별한 규정을 하고 있지 않다. 그렇다면 개인회생채권인 조세 등 청구권의 경우에도 조사확정재판 등에 의하여 다투어야 하는가. 조세 등 청구권의 성질 등에 비추어 제157조를 유추적용하여 행정심판이나 행정소송의 방법으로 불복하여야 할 것이다. 마찬가지로 청구취지 역시 변경할 필요가 없을 것이다. 입법적 해결이 필요하다.

25) 개인회생절차에서 별제권자는 변제계획인가시까지 담보권 실행이 중지될 뿐, 원칙적으로 인가 후에는 개인회생절차와 무관하게 별제권을 실행할 수 있다. 개인회생절차에서 채무자가 개인회생채권자목록에 담보권부 개인회생채권자를 기재하고, 나아가 별제권 행사로 우선변제 받을 수 없는 채권액(예정부족액)을 기재한 경우 그러한 기재에도 확정판결과 동일한 효력이 부여될 수 있는지, 그 예정부족액의 기재가 이의 또는 조사확정재판의 대상이 되는지가 문제된다. 담보권부 개인회생채권의 존부나 수액 자체가 다투어지는 경우에는 그것이 이의 또는 조사확정재판의 대상이 된다고 할 것이다. 그러나 예정부족액의 경우 회생절차와 달리(대법원 2001. 6. 1. 선고 99다66649 판결 참조) 개인회생절차개시결정으로 담보권 등 별제권자의 채권액이 확정되는 것으로 보기 어렵고, 별제권자가 향후 충당순서(별제권자로서는 후순위 개인회생채권인 비용, 지연손해금, 이자에 먼저 충당하려고 할 것이다)에 따라 개인회생채권자로서 절차참여금액이 달라질 수 있으므로 예정부족액에 대하여 아무런 이의를 제기하지 않았다고 하더라도 채권확정의 효과(확정판결과 동일한 효력)는 생길 수 없고, 예정부족액 자체는 조사확정재판의 대상도 아니라고 할 것이다.

2. 신청권자

개인회생채권자목록의 내용에 관하여 이의가 있는 채권자는 이의기간 안에 서면으로 개인회생채권조사확정재판을 신청할 수 있다(제604조 제1항). 여기서 채권자는 개인회생채권자목록에 기재되어 있지 않은 채권자도 포함된다(제32조 제3호 단서 참조). 결국 채권신고제도가 존재하지 아니한 개인회생절차에서 개인회생채권자목록에 기재되어 있지 아니한 채권자는 조사확정재판의 신청을 통하여 개인회생절차에 참가할 수밖에 없다.[26]

조사확정재판의 신청권자는 회생절차와 달리 이의가 있는 채권자(이의자)이다. 나아가 개인회생절차에서는 조사확정재판의 신청권자를 '이의자 전원'이 아닌 '(개별) 이의자'로 정하고 있는데, 이는 이의신청과 조사확정재판의 신청을 구분하고 있지 않아(이의신청에는 채권조사확정재판신청이 포함된 것으로 본다[27]) 자신의 이의신청 당시 장래 다른 채권자의 이의 여부 등을 알 수 없는 개인회생절차의 특성상, 이의기간 내에 다른 이의자와 함께 조사확정재판을 신청할 수 없다는 점으로 이해할 수 있다(제605조 제2항은 동일 이의채권에 대한 임의적 변론 병합을 정함으로써 여러 이의자들에 의한 개별 신청을 합일 확정할 수 있도록 하고 있다).[28]

개인회생채권조사확정재판을 신청하는 자는 법원이 정하는 절차의 비용을 미리 납부하여야 한다. 법원은 비용을 미리 납부하지 아니하는 때에는 신청을 각하하여야 한다(제604조 제4항).

3. 상 대 방

개인회생채권자가 자신의 개인회생채권의 내용에 관하여 개인회생채권조사확정재판을 신청하는 경우에는 채무자를 상대방으로 하고, 다른 개인회생채권자의 채권내용에 관하여 개인회생채권조사확정재판을 신청하는 경우에는 채무자와 다른 개인회생채권자를 상대방으로 하여야 한다(제604조 제3항). 예컨대 채무자 甲에 대한 개인회생절차에서, 채권자 A가 자신의 채권에 이의를 한 경우 A는 甲을 피신청인으로 하여 채권조사확정재판을 신청하여야 한다. 만약 채권자 A가 채권자 B의 채권에 대하여 이의를 한 경우에는 A는 甲과 B를 피신청인으로 하여 채권조사확정재판을 신청하여야 한다.

이의자가 신청권자인 개인회생절차에서 다른 개인회생채권자의 채권내용에 관하여 개인회

---

26) 다만 현실적으로 개인회생채권자목록에 누락된 채권자가 채무자에 대하여 개인회생절차가 개시되었는지를 알기는 어렵다. 이로 인해 채권자가 채권조사확정재판을 신청하기는 곤란할 것이다. 물론 개인회생채권자목록에 누락되면 비면책채권이 되지만(제625조 제2항 제1호), 개인회생절차에 참가하려는 채권자도 있을 것이므로 입법적 보완이 필요하다.

27) 조사기간 안에 이의하고 그로부터 1월 이내에 회생채권 등 조사확정재판을 신청하여야 하는 회생절차와 달리(제161조 제1항, 제170조 제2항) 개인회생절차에서는 이의기간 안에 개인회생채권조사확정재판을 신청하여야 하고(제603조 제1항 제1호), 이의가 있는 채권자가 조사확정재판을 신청하여야 한다는 점에서 제604조 제1항의 이의신청은 개인회생채권조사확정재판의 신청을 포함한다고 볼 것이다. 회생절차에서는 이의와 조사확정재판신청이 명확히 구분되지만, 개인회생절차에서는 이의와 조사확정재판을 모두 이의기간 내에 하여야 한다. 이 때문에 개인회생절차에서는 채권자가 이의자 겸 채권조사확정재판의 신청인이 된다.

28) 서울고등법원 2008. 10. 23. 선고 2007나101877 판결.

생채권조사확정재판을 신청하는 경우, 조사확정재판의 상대방으로 이의채권 보유자와 채무자로 정하고 있다. 이의채권 보유자가 상대방이 되어야 함은 의문의 여지가 없다. 또한 다른 이의자는 자신의 이의 자체로써 별개의 조사확정재판이 개시될 것이므로 상대방이 될 필요가 없다. 다만 회생절차와 달리 채무자도 그 상대방으로 포함시키고 있는데, 이는 개인회생절차에서는 채권신고제도가 없이 채무자가 주도적으로 기재한 채권자목록에 따라 진행되는 점, 그런데 채무자가 허위 채권을 기재하는 방법으로 진정한 채권자들을 해하는 경우도 있어 채무자와 이의자가 반드시 동일한 이해관계를 가지고 있다고 단정할 수는 없는 점, 채권신고제도가 없는 개인회생절차에서 채무자가 자신이 작성한 채권자목록에 대하여 이의를 하는 경우는 예상할 수 없고 따라서 채무자회생법에서도 채무자를 조사확정재판의 신청인으로 인정하고 있지 아니하고 있으나(회생절차에서는 채권신고제도로 인하여 관리인에게도 그 신청권이 있다), 제607조 제1항에 따라 개인회생채권의 확정에 관한 소송에 대한 판결의 효력이 개인회생채권자 전원에 미침으로써 채무자 자신에게도 그 이해관계가 큰 점, 즉 개인회생절차에 있어서 채무자의 절차 주도성 및 그 한계, 이해관계의 정도 및 상충 가능성 등을 고려하여, 개인회생절차에서의 조사확정재판에서는 채무자도 당사자로 강제 편입하여 분쟁을 합일확정하도록 입법화한 것이다.

4. 절   차

법원은 이해관계인을 심문한 후 개인회생채권조사확정재판을 하여야 하며, 이 결정에서 이의가 있는 개인회생채권의 존부 또는 그 내용을 정한다(제604조 제5항). 법원은 위와 같은 결정을 한 때에는 결정서를 당사자에게 송달하여야 한다(제604조 제6항).

개인회생채권조사확정재판을 신청하여 이의를 진술한 채권자가 이의를 철회하거나 조사확정재판신청을 취하한 경우에는 개인회생채권자목록의 기재대로 확정된다.

5. 개인회생채권조사확정재판의 효력

관련 내용은 아래 〈제4절 Ⅱ.2.〉(본서 2017쪽)를 참조할 것.

6. 개인회생절차가 종료된 경우 개인회생채권조사확정재판의 취급[29]

개인회생절차가 변제계획인가 전에 종료된 경우 개인회생채권조사확정재판은 당연히 종료한다. 개인회생채권조사확정재판은 간이·신속하게 개인회생채권의 내용을 특정하여 개인회생절차를 신속하게 진행하여 변제계획을 확정하기 위하여 둔 제도이다. 따라서 변제계획인가 전에 개인회생절차가 종료된 경우에는 개인회생채권조사확정재판절차를 유지할 필요성이 없기 때문에 당연히 종료된다고 할 것이다.

---

29) 개인회생절차가 종료된 경우 채권확정과 관련된 소송절차의 취급에 관하여는 〈제12장 제3절 및 제4절〉(본서 2107쪽 이하)을 참조할 것.

변제계획인가 후에 종료된 경우에는 어떤가. 회생절차와 달리 변제계획인가로 권리변경효나 실권효가 없기 때문에 개인회생채권조사확정재판절차를 유지할 실익이 없다. 따라서 변제계획인가 후에 종료된 경우에도 개인회생채권조사확정재판절차는 종료된다고 볼 것이다.

채권자는 필요한 경우 채무자를 상대로 별도로 소송을 제기하여야 한다.

Ⅱ 개인회생채권조사확정재판에 대한 이의의 소

1. 의 의

개인회생채권조사확정재판은 결정절차이지만 이에 대한 불복은 즉시항고가 아닌 이의의 소로 하여야 한다. 개인회생채권조사확정재판에 불복하는 자는 결정서의 송달을 받은 날부터 1월 이내에 이의의 소를 제기할 수 있다. 이 경우 이의의 소는 개인회생계속법원의 관할에 전속한다. 개인회생계속법원이란 개인회생사건이 계속되어 있는 회생법원을 말한다(제605조 제1항).

2. 당사자적격

개인회생절차에서는 회생절차와 달리(제171조 제3항) "개인회생채권조사확정재판에 불복하는 자는 … 이의의 소를 제기할 수 있다"라고만 정할 뿐, 이의의 소의 원고 적격 및 피고 적격을 명확히 하고 있지 아니하다. 이에 대하여 조사확정재판의 당사자였던 자들이 원고 적격을 가진다는 점에 대하여는 의문이 없으나, 피고 적격에 관하여는 논의의 여지가 있다.

가. 원고적격

개인회생채권조사확정재판에 대한 이의의 소를 제기할 수 있는 자는 개인회생채권조사확정재판에 대하여 불복하는 자이다. 개인회생채권조사확정재판에 대하여 불복하는 자란 채권조사확정재판의 당사자였던 채권자나 채무자를 말한다.

나. 피고적격

(1) 개인회생채권자가 자신의 채권의 내용에 관하여 이의를 한 경우

개인회생채권자가 자신의 채권의 내용에 관하여 이의를 한 경우에는 상대방(개인회생채권자나 채무자)에게 피고적격이 있다.

(2) 개인회생채권자가 다른 개인회생채권자의 채권 내용에 관하여 이의를 한 경우

회생절차 및 개인회생절차는 재정적 어려움으로 인하여 파탄에 직면하여 있는 채무자에 대하여 채권자 등 이해관계인의 법률관계를 조정하여 채무자의 효율적인 회생을 도모하는 동일

한 목적을 가지고 있고, 더구나 개인채무자의 경우에는 총채무액의 액수에 따라 이용할 수 있는 절차가 달라질 뿐이다.

그러나 개인회생절차는 회생절차와 달리 채권자들의 결의절차 등이 생략된 신속·간이한 절차로서 담보권의 취급, 인가결정의 효력 등을 달리 정하고 있고, 개인회생절차를 회생절차에 우선하는 것(제600조 제1항 제1호)으로 정하고 있는 등 그 고유의 특수성을 가지고 있다.

이러한 개인회생절차의 특수성으로 인해 조사확정재판 및 이에 대한 이의의 소에 있어서도 회생절차와 달리 볼 필요성이 있다. 개인회생절차에 있어서 이의의 소의 피고적격을 판단함에 있어서는, 동일한 목적과 유사한 조항을 갖추고 있다는 점만으로 회생절차에 있어서의 조항(특히 조사확정재판 단계에서 채무자의 관리인을 필요적 당사자로 정하지 아니한 부분, 따라서 이의의 소 단계에서도 채무자의 관리인에 관하여 아무런 정함이 없는 부분) 등을 그대로 참고할 수는 없고, 오히려 그 이의의 소의 전심이라 할 개인회생채권조사확정재판의 구조 및 취지에 부합하도록 해석하여야 할 것이다.

개인회생절차의 조사확정재판에서는, 회생절차에서와 달리, 이의를 제기하지 아니한 채무자라도 당사자로 편입시키도록 입법화하였다. 이러한 입법화에 고려된 사정, 즉, 개인회생절차에 있어서 채무자의 절차 주도성 및 그 한계, 이해관계의 정도 및 상충 가능성 등은 조사확정재판을 기초로 한 이의의 소에 있어서도 그대로 존재한다고 볼 때에, 이의의 소에 있어서도 이에 불복하지 아니하는 채무자도 당사자로 편입을 하여야 하는 것이 위 입법화의 취지에 부합하는 것이라 할 것이다. 만약 채무자가 조사확정재판 결과에 이의하지 아니한다는 이유로 이의의 소의 당사자에서 제외될 수 있다면, 채권조사확정재판의 어떠한 결과에 의하더라도 자신이 제출한 채권자목록 기재의 것을 초과하는 채무를 부담하지 아니할 채무자가 위 재판 결과에 이의하는 경우는 많지 않을 것이라는 사정에 비추어 보면, 채권조사확정재판에 채무자를 당사자로 강제하고 있는 그 취지는 몰각될 것이다.

더욱이 ① 이의의 소에 있어서 조사확정재판의 당사자 중 아무나 피고로 삼아 이의의 소를 제기할 수 있다고 한다면 하나의 조사확정재판에 대하여 수 개의 이의 소가 가능하게 될 터인데 이들 소송을 따로 진행하는 경우 그 결론이 다를 수 있어 불합리할 뿐만 아니라 이들 소송을 병합하여 진행한다 하더라도 소송구조가 지나치게 복잡해질 우려가 있는 점, ② 특히 이의의 소의 제1심 판결에 일부 당사자만이 항소하는 경우 확정범위의 문제, 심판대상의 범위 문제 등 처리하기 곤란한 문제들을 낳을 우려가 있는 점, ③ 하나의 채권관계를 둘러싼 분쟁은 하나의 절차에서 한꺼번에 해결하는 것이 간명하다는 점 등을 더하여 보면, 이의의 소에 있어서는, 조사확정재판의 당사자 전부, 즉, '이의자, 이의채권 보유자, 채무자'가 개인회생절차에 특수하게 법률상 강제되는 필수적 공동소송 관계에 있다고 봄이 상당하다.

나아가 이의채권 보유자만이 채권조사확정재판에 불복하는 구체적인 경우에 관하여 보건대, ① 조사확정재판 및 이의의 소에 있어서 채무자와 이의채권 보유자에게 실체법상 관리처분권이 공동으로 귀속되는 경우는 아니고, 또한 이의의 소의 원고 적격을 '개인회생채권조사확정재판에 불복하는 자'라고 정하고 있으므로, 이의채권 보유자만이 불복하는 경우, 불복하지 아니하는 채무자도 이의채권 보유자와 함께 공동원고가 되어야 한다고 볼 수는 없는 점('채무자와 이의채권 보유자'가 조사확정재판에서 이의자의 상대방으로서 공동 당사자였다는 점에 비추어 보면, 위와 같은 사정은 전통적 의미에 있어서 필요적 공동소송 관계와 차이가 있다), ② 그런데, 앞서 본 바와 같이 위와 같이 이의의 소에 있어서 조사확정재판의 당사자 전부의 공동소송이 필수적이라 할 것인 점, ③ 채권자(이의자와 이의채권 보유자 모두를 포함한다)와 채무자는 대립당사자일 수밖에 없는 한편, 이의자와 이의채권 보유자 또한 대립당사자일 수밖에 없는 점 등을 종합하여 보면, 이의채권 보유자만이 채권조사확정재판에 불복하는 경우, 그 이의의 소는 '이의자와 채무자' 모두를 피고로 삼아야 한다고 하여야 할 것이다.[30]

요컨대 개인회생채권자가 다른 개인회생채권자의 채권(이하 '이의채권'이라 한다) 내용에 관하여 이의가 있어서 채무자 및 이의채권 보유자를 상대로 개인회생채권조사확정재판을 신청하여 재판을 받은 경우, 이의채권 보유자가 위 재판에 불복하여 개인회생채권조사확정재판에 대한 이의의 소를 제기하는 때에는 채무자와 개인회생채권조사확정재판을 신청한 개인회생채권자 모두를 피고로 하여야 한다.[31]

3. 소송절차의 특칙[32]

개인회생채권조사확정재판에 대한 이의의 소의 변론은 결정서를 송달받은 날부터 1월을 경과한 후가 아니면 개시할 수 없다. 또한 동일한 채권에 관하여 여러 개의 소가 계속되어 있는 때에는 법원은 변론을 병합할 수 있다(제605조 제2항). 이는 하나의 채권에 대하여 계류 중인 이의의 소에서 각각 다른 내용의 판결을 하는 것은 부당하다는 점을 고려한 것이다.

4. 판결의 주문

이의의 소에 대한 판결은 소를 부적법한 것으로 각하하는 경우를 제외하고는 개인회생채권조사확정재판을 인가하거나 변경한다(제605조 제3항).

Ⅲ 개인회생절차개시 당시 소송이 계속 중인 경우

개인회생절차개시 당시 이미 소송이 계속 중인 권리에 대하여 이의가 있는 경우에는 별도로 조사확정재판을 신청할 수 없고, 이미 계속 중인 소송의 내용을 개인회생채권조사확정의 소로 청구취지를 변경하여야 한다(제604조 제2항).

---

30) 서울고등법원 2008. 10. 23. 선고 2007나101877 판결.
31) 대법원 2009. 4. 9. 선고 2008다91586 판결.
32) 개인회생절차에서는 회생절차(파산절차)와 달리 채권신고제도가 없기 때문에 '주장(청구원인)의 제한'과 같은 특칙은 인정되지 않는다.

개인회생절차의 경우 회생절차나 파산절차와 달리 여전히 채무자가 관리처분권을 가지고 있으므로 소송의 중단이나 소송수계의 문제는 발생하지 않는다.

관련 내용은 〈제12장 제2절 Ⅱ.2.〉(본서 2100쪽)를 참조할 것.

Ⅳ 집행력 있는 집행권원이나 종국판결이 있는 경우

채권자에게 이미 집행력 있는 집행권원이나 종국판결이 있는 경우 회생절차나 파산절차에서는 이의가 있는 자가 채무자가 할 수 있는 소송절차에 의하여만 이의를 주장할 수 있도록 하고 있다(제174조 제1항, 제466조 제1항). 이는 집행력 있는 집행권원이나 종국판결이 있는 경우 채권에 대한 고도의 추정력이 있다는 점을 고려하여 이의자와 이의방법에 관하여 특칙을 둔 것이다.

그런데 개인회생절차에서는 이러한 규정이 없어 집행력 있는 집행권원이나 종국판결이 있는 경우에도 채권조사확정재판을 통하여 채권을 확정하여야 하는지가 문제된다. 채권자가 이미 집행력 있는 집행권원이나 종국판결을 받았음에도 그 채권에 대하여 제3자나 채무자가 채권조사확정재판으로 다투도록 하는 것은 부당하므로 회생절차나 파산절차의 규정을 유추적용하여 집행력 있는 집행권원이나 종국판결이 있는 경우에는 채무자가 다툴 수 있는 절차(청구이의 소[33]나 재심의 소, 상소 등)로만 다툴 수 있다고 볼 것이다.[34]

제4절 개인회생채권의 확정에 관한 소송결과 등의 기재와 그 효력

Ⅰ 개인회생채권자표의 작성 및 소송결과 등의 기재

1. 작성 주체 및 기재 내용

법원사무관 등은 채무자·회생위원 또는 개인회생채권자의 신청에 의하여[35] ① 개인회생채

---

33) 청구이의의 소가 가능하다는 것이 일반적인 견해이나, 청구이의의 소의 주된 목적은 집행력을 배제하는 데 있을 뿐 채권확정과는 무관하다는 점 등을 이유로 부정적인 견해도 유력하다(본서 810쪽 참조). 개인회생절차개시결정이 되면 개시결정 전에 존재하였던 집행권원에 기한 강제집행은 금지(중지)되며(제600조 제1항 제2호), 변제계획인가결정이 있으면 강제집행은 실효되므로(제615조 제3항) 개인회생절차 진행 중에는 청구이의의 소는 소의 이익이 없다는 점에서 부정설이 타당하다.

34) 그러나 개인회생절차의 경우 회생절차나 파산절차에 비하여 더 신속한 채권의 확정이 필요하고, 명문의 규정이 없으며, 회생절차나 파산절차와 달리 채권신고제도가 없어 채권자가 집행력 있는 집행권원이나 종국판결이 있는 개인회생채권이라는 뜻과 그 사본을 제출할 방법이 없다(규칙 제55조 제1항 제3호, 제2항 제2호, 제73조 제1항 제3호, 제2항 제2호 참조)는 점에서 집행력 있는 집행권원이나 종국판결이 있다고 하더라도 채권조사확정재판으로 다투도록 해야 한다는 반론이 있을 수 있다. 입법적으로 해결이 필요해 보인다.

35) 신청을 전제로 한 것은, 별도의 재판부에서 심리된 개인회생채권확정소송 등의 내용을 법원사무관 등이 파악하는 것은 곤란하기 때문이다. 일반적으로 기재에 이익을 가진 승소한 당사자가 신청하게 되겠지만, 반드시 이것에 한정

권조사확정재판의 결과, ② 개인회생채권조사확정재판에 대한 이의의 소의 결과, ③ ① 및 ② 외의 개인회생채권의 확정에 관한 소송의 결과를 기재한 개인회생채권자표를 작성하여야 한다(제606조).[36]

위 ③과 관련하여[37] 채권확정절차가 파산절차나 회생절차 내로 집중되어 원칙적으로 별개의 소송이 불가능한 파산절차나 회생절차와 달리 개인회생절차에서는 채권의 조사확정을 하나의 절차로 집중시키지 않고 별도의 이행소송이 가능한 것이 아닌지 문제된다. 개인회생재단채권에 관한 소송행위, 개인회생채권자목록에 기재하지 아니한 개인회생채권에 관한 소송행위와 개시결정 당시 이미 소송이 계속되어 있는 개인회생채권에 관한 소송행위는 중지 또는 금지되지 않는다.[38] 그러나 집단적 채무처리절차인 개인회생절차의 성격, 개인회생채권조사확정재판 제도의 취지 등에 비추어 보면, 개인회생절차개시의 결정이 내려진 후에 새로이 개인회생채권 자목록에 기재된 개인회생채권에 기하여 이행의 소를 제기하는 것은 허용되지 않는다고 할 것이다.[39]

2. 소송결과 기재의 의미

개인회생채권은 채권자가 이의기간 안에 개인회생채권조사확정재판을 신청하지 아니하거나 위 조사확정재판이 각하된 경우 개인회생채권자목록에 기재된 대로 확정되고(제603조 제1항), 이것이 개인회생채권자표에 기재됨에 따라 비로소 개인회생채권자 전원에 대하여 확정판결과 동일한 효력이 있다(제603조 제3항). 바꾸어 말하면 개인회생채권자표 기재가 확정판결과 동일한 효력을 창설하는 것이라고 말할 수 있다.

그러나 제606조에 있어 개인회생채권확정에 관한 소송의 결과는 그 자체가 판결로서의 효

되는 것은 아니다.

    회생절차(제175조)나 파산절차(제467조)와 달리 회생위원에게도 신청권을 부여한 것이 특색이다. 개인회생절차에서 회생위원 역할에 비추어 보면 회생위원에게 신청권을 부여한 것이 수긍이 가는 측면도 있지만, 회생위원이 채권확정소송 등의 결과를 아는 것도 쉽지 않고 채무자나 개인회생채권자와 달리 이해관계가 없다는 점에서 신청권을 인정하는 것이 타당한지는 의문이다.

36) 회생절차나 파산절차와 달리 개인회생절차에서는 채권신고제도가 없어 소송결과 등이 기재된 개인회생채권자표를 작성하도록 하고 있다. 회생절차나 파산절차에서는 채권신고 후 회생채권자표나 파산채권자표를 작성하고, 소송결과 등은 이후에 기재한다. 결과적으로 개인회생절차에는 개인회생채권이 확정된 경우에 개인회생채권자표가 작성된다(제603조 제2항, 제606조).

37) 또한 개인회생절차개시결정으로 중지되거나 금지되는 행위에 소송행위를 제외하고 있다(제600조 제1항 제3호).

38) 개인회생채권자목록에 기재되어 있지 아니한 개인회생채권자는 채무자를 상대로 채권조사확정재판을 신청하거나 소를 제기할 수밖에 없다. 개인회생절차개시결정 전에 이미 소를 제기한 상태라면 그 소송을 계속 진행하면 된다.

39) 대법원 2013. 9. 12. 선고 2013다42878 판결(채무자 회생 및 파산에 관한 법률 제600조 제1항 제3호 본문, 제603조, 제604조의 내용과 집단적 채무처리절차인 개인회생절차의 성격, 개인회생채권조사확정재판 제도의 취지 등에 비추어 보면, 제600조 제1항 제3호 단서가 개인회생절차개시의 결정에 따라 중지 또는 금지되는 행위에서 소송행위를 제외하고 있다고 하여도 이는 개인회생절차개시의 결정 당시 개인회생채권자목록에 기재된 개인회생채권에 관한 소가 이미 제기되어 있는 경우에는 그에 관한 소송행위를 할 수 있다는 취지로 보아야 하고, 개인회생절차개시의 결정이 내려진 후에 새로이 개인회생채권자목록에 기재된 개인회생채권에 기하여 이행의 소를 제기하는 것은 허용되지 아니한다.)

력(예컨대 당사자 사이에 기판력이 인정되는 것은 당연하다)을 갖고, 나아가 개인회생채권자표의 기재를 기다리지 않고 개인회생채권자 전원에 대하여 효력을 갖는 것이다(제607조 제1항). 또한 채권조사확정재판에 대한 이의의 소가 결정서의 송달일로부터 1월 이내에 제기되지 아니하거나 각하된 때에는 채권조사확정재판은 개인회생채권자 전원에 대하여 확정판결과 동일한 효력이 있다(제607조 제2항). 즉 제607조의 개인회생채권자표 기재는 제603조 제3항의 경우와 달리 창설적 효력을 갖는 것은 아니고, 확인적으로 채권확정절차에 관한 결과를 개인회생채권자표에 반영하여 기록하는 것에 불과하다.

Ⅱ 개인회생채권의 확정에 관한 소송에 대한 판결 등의 효력

1. 개인회생채권의 확정에 관한 소송에 대한 판결의 효력

개인회생채권의 확정에 관한 소송에 대한 판결은 개인회생채권자 전원에 대하여 그 효력이 있다(제607조 제1항).

원래 판결의 효력은 당해 소송의 당사자 사이에서만 미친다(민소법 제218조). 그렇지만 개인회생절차와 같은 집단적 채권채무처리절차에서는 개인회생채권을 모든 이해관계인에 대하여 일률적으로 정할 필요가 있어 판결효력을 확장한 것이다.

여기서 판결효(효력이 있다)는 무엇을 의미하는가. 판결효 확장의 기초가 '개인회생채권의 확정에 관한 소송에 대한 판결'이고 공권적 판단인 소송으로부터 얻은 결과는 제603조 제3항의 경우와 다르기 때문에 기판력으로 이해하는 것이 상당하다. 한편 판결효 확장의 기초는 '개인회생채권의 확정에 관한 소송에 대한 판결'이기 때문에 당사자 사이에 기판력이 있다는 것은 당연하다. 그렇다면 당사자 이외의 개인회생채권자에게 확장된 효력도 기판력이라고 보는 것이 해석상 일관성이 있다.

한편 확장된 기판력은 개인회생절차의 필요에 의하여 인정된 것이므로 개인회생절차 이외의 절차에서 효력을 인정하여야 할 필요는 없을 것이다. 다만 채권확정소송의 당사자 사이에서는 처음부터 민사소송의 일반원칙에 따라 기판력이 있고 개인회생절차 밖에서도 판결효가 미친다는 것은 문제가 없다(본서 820쪽 참조).

2. 개인회생채권의 확정에 관한 개인회생채권조사확정재판의 효력

가. 효력의 확장

개인회생채권조사확정재판에 대한 이의의 소가 결정서의 송달을 받은 날로부터 1월 이내에 제기되지 아니하거나 각하된 때에는 그 재판은 개인회생채권자 전원에 대하여 확정판결과 동일한 효력이 있다(제607조 제2항). 제607조 제1항과 같은 취지에서 재판의 효력을 개인회생채권자 전원에게 확장시키고 있다.

나. 확정판결과 동일한 효력의 의미

확정판결과 동일한 효력이 있다는 것은 기판력이 아닌 개인회생절차 내에서의 불가쟁력이 있다는 것에 불과하다.[40] 그 이유는 다음과 같다. (1) 법원이 구체적 소송사건에서 변론을 거쳐 종국판결을 선고하여 그 판결이 확정됨으로써 형식적 확정력이 발생하면 그 판결의 판단내용에 따른 기판력이 생긴다. 법원 판단의 통용성으로서의 그 효력은 처분권주의, 변론주의 등의 절차적 보장 아래 소송당사자가 자기책임으로 소송을 수행한 소송물에 관하여 법원이 판결주문에 판단을 특정 표시함으로써 이루어지는 것이다.[41] 반면 개인회생채권조사확정재판은 그 신청기간이 비교적 단기간으로 엄격히 제한되어 있을 뿐만 아니라 ① 변론절차가 아니라 이해관계인의 심문을 거쳐 ② 채권의 존부 등에 관한 소명의 유무를 심리하여 '결정'의 형식으로 재판이 이루어진다. 따라서 변론을 거쳐 종국판결을 선고하는 경우와 비교해 볼 때 충분한 절차적 보장 아래 소송당사자가 자기책임으로 소송을 수행하였다고 보기 어렵다. (2) 확정된 종국판결뿐만 아니라 결정·명령재판에도 실체관계를 종국적으로 판단하는 내용의 것인 경우에는 기판력이 있다.[42] 그러나 민사소송법은 소송비용액확정결정 등 실체관계의 종국적 판단을 내용으로 하는 결정에 대해서는 준재심을 허용함으로써 그 소송절차 등에 중대한 흠이 있는 것이 판명된 경우 예외적으로 기판력으로부터 해방시켜 그 재판을 시정할 기회를 부여하고 있다. 그러나 채무자회생법은 개인회생채권조사확정재판에 따른 결정이 확정된 경우 이에 대해서 준재심을 허용하는 규정을 두고 있지 않다. 채무자회생법이 개인회생채권조사확정재판에 대하여 '실체관계에 대한 종국적 판단'으로서 기판력을 부여하려 하였다면 이에 대해서 기판력을 배제하는 비상의 불복신청방법을 미리 마련해 두었을 것이다.

Ⅲ 소송목적의 가액과 소송비용의 상환

1. 소송목적의 가액

개인회생채권의 확정에 관한 소송의 목적의 가액은 변제계획으로 얻을 이익의 예정액을 표준으로 하여 개인회생계속법원이 정한다(제609조). '변제계획으로 얻을 이익의 예정액'은 변제계획에서 채권자가 변제받게 될 채권액의 현재가치를 기준으로 소송목적의 가액(소송목적의 값)을 정하여야 할 것인데, 구체적으로 미확정 개인회생채권이 확정될 경우 변제받는 조건에 따라 산출된 변제금액의 현가를 표준으로 정하여야 할 것이다.[43]

관련 내용은 〈제2편 제10장 제4절 Ⅰ.〉(본서 823쪽)을 참조할 것.

---

40) 대법원 2017. 6. 19. 선고 2017다204131 판결.
41) 대법원 2002. 9. 4. 선고 98다17145 판결 참조.
42) 대법원 2002. 9. 23. 자 2000마5257 결정 등 참조.
43) 인지실무연구회, 인지실무, 사법발전재단(2015), 230쪽.

2. 소송비용의 상환

채무자의 재산이 개인회생채권의 확정에 관한 소송으로 이익을 받은 때에는 소를 제기한 개인회생채권자는 얻은 이익의 한도 안에서 개인회생재단채권자로서 소송비용의 상환을 청구할 수 있다(제608조).

관련 내용은 〈제2편 제10장 제4절 Ⅱ.〉(본서 827쪽) 및 〈제3편 제7장 제2절 Ⅵ.2.〉(본서 1583쪽)를 참조할 것.

제 8 장

변제계획안의 작성과 그 인부결정

제1절 변제계획안

Ⅰ 변제계획안의 제출·수정

1. 변제계획안의 제출

변제계획안이란 개인회생절차를 신청한 채무자가 자신의 가용소득을 투입하여 얼마동안 어떤 방법으로, 개인회생채권자들에게 채무금액을 변제하여 나가겠다는 내용으로 계획을 세운 것을 말한다.

변제계획안은 채무자만이 제출할 수 있고, 개인회생절차 개시신청일로부터 14일 이내에 제출하여야 한다.[1] 다만 법원은 상당한 이유가 있다고 인정하는 때에는 그 기간을 늘일 수 있다 (제610조 제1항). 채무자가 변제계획안의 제출기한을 지키지 않으면 개인회생절차개시신청을 기각할 수 있다(제595조 제4호).

변제계획안은 개인회생채권자 등 이해관계인에게 송달하여야 하므로(제597조 제2항), 채무자는 이를 제출할 때에 개인회생채권자 수에 1을 더한 숫자만큼의 부본을 함께 제출하여야 한다 (규칙 제85조 제2항).

2. 변제계획안의 수정

가. 수정신청 및 수정명령

채무자는 변제계획안을 제출한 이후 변제계획안이 인가되기 전에는 변제계획안을 수정할 수 있다(제610조 제2항). 변제계획안이 제출된 이후에도 변제계획인가 전에 개인회생채권자가 추가로 발견되어 새로운 개인회생채권자목록이 제출된 경우에는 변제계획안을 다시 작성하여

---

1) 실무적으로는 절차의 신속한 진행을 위해 개시신청서에 변제계획안을 첨부하여 제출하도록 하고 있음은 앞에서 본 바와 같다.

야 한다(규칙 제81조).

한편 법원은 이해관계인의 신청에 의하거나 직권으로 채무자에 대하여 변제계획안을 수정할 것을 명할 수 있다(제610조 제3항).

변제계획안의 수정신청이나 수정명령은 변제계획안 인가 전까지만 가능하다(제610조 제2항 참조). 위와 같은 법원의 수정명령이 있는 때에는 채무자는 법원이 정하는 기한 안에 변제계획안을 수정하여야 한다(제610조 제4항).

수정할 내용에는 제한이 없다. 따라서 수정된 내용이 이해관계인에게 불리한 영향을 미치는지 여부를 불문한다. 즉 수정할 내용은 이해관계인에게 유·불리를 묻지 않는다.

변제계획안의 수정이 있는 경우에는 법원은 채무자, 알고 있는 개인회생채권자, 개인회생절차가 개시된 채무자의 재산을 소지하고 있거나 그에게 채무를 부담하는 자에게 수정된 변제계획안을 송달하여야 한다(제610조 제5항, 제597조 제2항).

나. 변제계획인가결정 후 변제계획안 수정의 가부[2]

변제계획인가결정에 대한 항고심에서 변제계획불인가사유가 인정된 경우, 환송 후 원심에서 변제계획안을 수정하는 것이 가능한가. 개인회생절차에서 변제계획안의 수정은 앞에서 본 바와 같이 변제계획안 인가 전까지만 가능한데, 변제계획인가결정에 즉시항고가 되고, 항고심에서 이것이 취소된 경우까지 이러한 시기적 제한이 적용되는지이다. 명시적인 규정이 없기 때문에 항고심에서 불인가사유가 인정되는 사건에서는 그 처리가 문제될 수 있다.

만약 시기적 제한이 미쳐 변제계획안의 수정이 인정되지 않는다면, 해당 변제계획안은 불인가되고, 개인회생절차는 폐지된다(제620조 제1항 제2호). 이 경우 채무자는 다시 개인회생절차 개시신청을 할 수밖에 없다. 그렇게 되면 채무자는 재도의 개인회생절차개시신청비용과 시간을 낭비하게 되고, 채권자도 다시 절차 신청 전 상태로 돌아가 혼란을 초래할 수 있다.

변제계획안의 수정을 변제계획안 인가 전까지만 가능하도록 한 것은 변제계획의 효력발생에 대하여 중대한 이해관계를 가진 개인회생채권자에게 의견진술의 기회를 보장하기 위함이다(제613조 제5항). 그렇다면 시기적 제한을 엄격하게 해석할 필요는 없고, 환송 후 원심에서 다시 변제계획안을 수정하고 채권자의 의견진술을 다시 실시하는 것이, 채무자도 비용·시간을 무용한 것으로 만들지 않고 채권자의 지위도 안정시킬 수 있다. 또한 변제계획이 인가된 후에도 일정한 경우 변제계획을 변경할 수 있다(제619조). 이러한 점들을 고려하면, 항고심에서 변제계획인가결정이 취소된 경우 변제계획안 수정의 단계부터 다시 시작하여 인가결정을 받을 수 있는 여지를 줄 필요가 있다.

---

[2] 倒産判例百選, 195쪽.

3. 특별한 이익을 주는 행위의 무효

채무자가 자신 또는 제3자의 명의로 변제계획에 의하지 아니하고 일부 개인회생채권자에게 특별한 이익을 주는 행위는 무효로 한다(제612조).[3]

관련 내용은 〈제2편 제12장 제2절 Ⅱ.3.〉(본서 857쪽)을 참조할 것.

4. 변제계획에 대한 이의

개인회생절차에서는 회생절차와 달리 변제계획에 대하여 개인회생채권자의 동의를 요하지 않는다. 대신 변제계획안에 대하여 이의를 제기할 수 있도록 하고 있다.[4]

가. 이의를 할 수 있는 자

개인회생채권자나 회생위원은 개인회생채권자집회에서 변제계획에 관하여 이의를 진술할 수 있다(제613조 제5항, 제614조). 개인회생채권의 확정 여부는 묻지 않는다.

나. 이의의 방식

개인회생채권자는 개인회생채권자집회에서 이의를 진술하거나(제613조 제5항), 개인회생채권자집회기일의 종료시까지 이의진술서를 법원에 제출하는 방식으로 할 수 있다(규칙 제90조 제1항). 개인회생채권자가 이의 진술을 개인회생채권자집회기일에서 말로 한 때에는 법원사무관등이 그 내용을 조서에 기재하여야 한다(규칙 제90조 제2항). 이의 진술은 변제계획이 제614조에서 정하고 있는 요건을 충족하지 못하고 있음을 그 내용으로 하여야 하고, 그 이유를 구체적으로 나타내야 한다(규칙 제90조 제3항).

회생위원의 경우 이의 방식에 관하여 명시적인 규정은 없지만, 실무적으로는 개인회생채권자집회에서 말로 이의를 진술하고 있다.

다. 이의제기의 효과

개인회생채권자나 회생위원이 이의를 제기하더라도 변제계획이 인가요건을 갖춘 경우 법원은 인가를 할 수밖에 없다. 다만 이의가 제기된 경우 인가요건에 있어 차이가 있다. 관련 내용은 아래 〈제2절〉을 참조할 것.

---

3) 회생절차(제219조)에서와 마찬가지로 이는 당연한 내용으로 별도로 규정할 필요가 없다. 삭제하여야 할 것이다.
4) 개인회생채권자가 변제계획안에 대하여 불복할 수 있는 방법은 변제계획안인부결정 전에는 회생계획안 수정명령신청(제610조 제3항)과 변제계획에 대한 이의이다. 변제계획인가결정 이후에는 즉시항고(제618조 제1항)에 의할 수밖에 없다.

Ⅱ 변제계획의 내용

1. 필요적 기재사항

변제계획에는 다음 각 사항을 정하여야 한다(제611조 제1항).

① 채무변제에 제공되는 재산 및 소득에 관한 사항

② 개인회생재단채권[5] 및 일반의 우선권 있는 개인회생채권의 전액의 변제에 관한 사항

개인회생재단채권은 수시로 우선 변제하여야 한다(제583조 제2항, 제475조, 제476조). 따라서 개인회생절차개시결정시까지 발생한 개인회생재단채권은 변제기간 동안의 가용소득으로 변제하는 것이 아니라 미리 변제하여야 한다. 물론 개시결정 이후에 발생한 개인회생재단채권도 전액 변제하여야 한다. 이처럼 개인회생절차에서는 개인회생재단채권을 전액 변제하여야 하기 때문에 회생절차(제180조 제7항)나 파산절차(제477조)와 달리 개인회생재단이 개인회생재단채권을 변제하기에 부족한 경우의 변제방법은 물론, 다른 법령이 규정하는 우선권을 고려하지 않는다는 규정을 두지 않은 것이다.

일반의 우선권 있는 개인회생채권은 그 채권액 전액을 변제하여야 한다. 여기서 '전액'이라 함은 변제기간 동안 변제액의 현재가치가 변제계획 인가 당시 채권액과 동액이 되어야 할 것을 요구하는 것이 아니라, 변제기간 동안 명목상 변제액의 합계액이 변제계획 인가 당시 채권액과 동액이면 된다는 의미이다. 즉 현재가치일 필요는 없고 명목금액으로 족하며, 따라서 이자도 발생하지 않는다는 것이 실무이다.[6] 예컨대 채무자가 3,600만 원을 변제하여야 하는 경우 36개월(3년) 동안 매달 100만 원씩 우선권 있는 개인회생채권자에게 지급하는 것으로 변제계획을 작성하면 된다.

우선권 있는 채권에 대한 특별한 취급은 회생절차 · 파산절차와 개인회생절차에서 다르다. 회생절차 · 파산절차에서의 우선권 있는 채권에 대한 특별한 취급은 '우선적으로(paid first)' 지급하는 것이다. 반면 개인회생절차에서는 우선권 있는 채권에 대하여 우선적으로 지급할 것을 요구하지 않는다. 대신에 우선권 있는 채권자가 동의하지 않는 한 변제기간에 걸쳐 전액 변제를 요구한다.[7]

③ 개인회생채권자목록에 기재된 개인회생채권의 전부 또는 일부의 변제에 관한 사항

개인회생채권은 각 채권액에 비례하여(pro rata) 변제하여야 한다. 개인회생절차는 DIP형 절

---

[5] 개인회생재단채권은 변제계획에 의한 권리변경이 없다. 그러나 이러한 채권의 액이나 내용을 명확히 기재함으로써 변제계획 내용의 당부나 수행가능성을 판단하기 위한 사전정보를 개인회생채권자에게 개시하기 위하여 필요적 기재사항으로 한 것이다.

[6] 미국 연방도산법도 우선권 있는 청구권에 대하여 완전한 지급을 요구하고 있다{§1322(a)(2)}. 마찬가지로 완전히 지급하여야 할 전액(amount)만을 요구할 뿐, 장래에 지급할 금액이 청구권 전액과 동일한 가치(value)일 것을 요구하지 않는다.

[7] David G. Epatein · Steve H. Nickles, 82~83쪽.

차이고, 채무자의 자주성을 존중하는 것이기 때문에, 변제계획안에서 어느 정도 변제할 것인지(변제율)는 최저변제액 기준 등 준수하고 청산가치가 보장되는 한 채무자의 판단에 위임되어 있다(자유재량)고 할 것이다. 개인회생채권에 대하여는 일부라도 변제하는 내용이어야 한다.

2. 임의적 기재사항

변제계획에는 다음 각 사항을 정할 수 있다(제611조 제2항).

① 개인회생채권의 조의 분류

개인회생채권을 서로 유사한 것끼리 묶는 것을 말한다. 예컨대 다툼이 있는 채권이나 보증채권자를 별도의 조로 분류할 수 있다. 개인회생채권은 동등하게 취급하는 것이 원칙이나 조의 분류를 통하여 다르게 취급할 수 있다. 다만 파산할 경우 동일한 청산배당을 받을 개인회생채권자들 사이에 조 분류를 달리하기 위해서는 합리적인 사유(예컨대 영업소득자가 상거래 채권자에게 우선 변제하지 않으면 향후 정상적인 거래가 어려워 변제계획의 수행이 곤란해진다는 것)가 있어야 한다. 일단 조를 분류하면 같은 조로 분류된 채권은 평등하게 변제하여야 한다(제611조 제3항).

② 변제계획에서 예상한 액을 넘는 재산의 용도

③ 변제계획인가 후의 개인회생재단에 속하는 재산의 관리 및 처분권의 제한에 관한 사항

④ 그 밖에 채무자의 채무조정을 위하여 필요한 사항

3. 변제계획의 조건

변제계획에서 불이익을 받는 개인회생채권자의 동의가 있거나 소액의 개인회생채권의 경우를 제외하고는 채권의 조를 분류하는 때에는 같은 조로 분류된 채권을 평등하게 취급하여야 한다(제611조 제3항 본문). 개인회생절차에서도 채권자의 처우는 실체법 질서의 것을 기본으로 한다. 이런 의미에서 개인회생채권자를 평등하게 취급하는 것은 당연하다. 그러나 평등주의를 형식적으로 관철하면 형평을 잃게 되기 때문에 회생절차(제2편)에서는 소액채권이나 상거래채권은 적절하게 우대하고(제132조 제1항, 제218조 제1항 제2호), 반면 특수관계에 있는 자의 채권을 불이익하게(열후화) 취급하는(제218조 제2항) 등 실질적 평등을 추구하고 있다. 그런데 실질적 평등을 추구하려면 각 사건마다 채권의 내용에 따라 변제계획을 작성하지 않으면 안 된다. 그렇게 되면 변제계획안을 작성하는 채무자에게 고도의 판단을 요구하게 될 뿐만 아니라 새로운 분쟁의 불씨가 될 수 있다. 그래서 개인회생절차에서는 사건의 성질[8]에 비추어 실질적 평등을 고집하지 않고 형식적 평등을 관철하였다. 이는 개인회생절차의 간이·신속성을 중시한 것이다. 다만 ① 개인회생채권자가 동의한 경우와 ② 소액의 개인회생채권의 경우에는 형식적

---

8) 개인회생절차에서 개인회생채권의 대부분은 소비자신용거래에 기반을 둔 같은 성질의 것이므로 형평의 견지에서 예외를 둘 필요성이 별로 없다.

평등주의의 예외를 인정하고 있다(제611조 제3항 단서).[9)]

변제계획은 변제계획인가일부터 1월 이내에 변제를 개시하여 정기적으로 변제하는 내용을 포함하여야 하고, 그것이 어려운 경우에는 법원의 허가를 받아야 한다(제611조 제4항). '변제계획인가일로부터 1월 이내'는 채무자가 변제를 개시하는 시점의 가장 늦은 한도를 정한 것이다.[10)] 정기적으로 변제하는 내용'으로 하라는 것은 채무자의 계속적 또는 반복적 수입을 기초로 월 또는 격월과 같이 분할 변제로 하라는 의미이다. 실무적으로는 매월 분할 변제하는 것으로 작성하고 있다.

변제계획에서 정하는 변제기간은 변제개시일부터 3년을 초과하여서는 아니 되고,[11)] 필요한 경우 법원은 변제계획의 이행을 위하여 인적·물적 담보를 제공하게 할 수 있다(제611조 제5항 본문, 제6항). 변제기간은 최장 3년이다.[12)] 다만 청산가치보장원칙(제614조 제1항 제4호)을 충족하

---

9) **형식적 평등주의의 예외** ① 개인회생채권자가 동의한 경우. 불이익을 받을 채권자의 동의가 있는 경우를 말한다(제218조 제1항 제1호 참조). 동의에 의한 열후적 취급으로 사적자치를 근거로 한다. 동의한 경우에는 형식적 평등을 관철할 필요가 없기 때문이다. ② 소액의 개인회생채권의 경우. 소액채권의 변제시기에 관하여 우대하는 것을 말한다. 개인회생절차에서는 일반적으로 1개월에 1회 원칙적으로 3년에 걸쳐 분할 변제하는 것으로 계획된다. 그러나 부채액이 큰 경우(무담보채무의 경우 최대 10억 원, 담보부채무의 경우 최대 15억 원) 모든 개인회생채권에 대하여 분할 변제를 관철하면 1회에 변제할 액이 아주 적어 번잡함을 피할 수 없다. 그래서 소액채권에 관하여는 초기 단계에서 일괄하여 최초 수회에 변제하는 것으로 우대하는 것이 가능하도록 한 것이다. 이와 같이 취급하여도 형평을 손상하지 않는다는 입법적 결단이다. 소액채권의 범위는 일률적으로 정할 수 없고 사건에 따라 유연하게 해석하여야 할 것이다. 무엇보다 형식적 평등의 예외로 여기서 인정하는 것은 변제시기를 조기에 둔다는 것일 뿐이고, 변제율의 우대도 인정하는 통상의 회생절차(제218조 제1항 제2호)와는 입장이 다르다(條解 民事再生法, 1180쪽).

10) 채무자는 법 제610조 제1항에 규정된 변제계획안을 제출하면서 변제계획안의 인가 이전에 변제계획안의 제출일로부터 60일 후 90일 내의 일정한 날을 제1회로 하여 매월 일정한 날에 그 변제계획안상의 매월 변제액을 회생위원에게 임치할 뜻을 기재함으로써 그 변제계획안이 수행 가능함을 소명할 수 있다(개인예규 제7조 제3항).

11) **개인예규 제8조(변제기간)** ① 채무자는 법 제611조의 규정에 따른 변제계획에서 정하는 변제기간을 변제개시일로부터 3년을 초과하지 아니하는 범위 내에서 정할 수 있다. 다만, 법 제614조 제1항 제4호의 요건을 충족하기 위하여 필요한 경우 등 특별한 사정이 있는 때에는 변제개시일부터 5년을 초과하지 않는 범위에서 변제기간을 정할 수 있다. ② 채무자가 제1항의 변제기간을 정함에 있어서는 다음과 같이 하는 것이 바람직하다.
1. 채무자는 변제계획안에서 정하는 변제기간 동안 그 가용소득의 전부를 투입하여 우선 원금을 변제하고 잔여금으로 이자를 변제한다.
2. 채무자가 5년 이내의 변제기간 동안 제1호의 방법에 따른 변제로써 제1항 단서의 규정을 충족할 수 있는 때에는 그때까지를 변제기간으로 한다.
③ 채무자가 제2항 제1호 및 제2호의 규정에 정한 기간보다 단기간을 변제기간으로 작성하여 제출한 경우에는 법원은 위 각 호의 기간으로 변제기간을 수정할 것을 명할 수 있다. 다만, 법원은 법 제614조의 변제계획 인가요건, 채무자의 수입 등 제반 사정을 종합적으로 고려하여, 변제기간을 달리하여 수정을 명할 수 있다.
④ 채무자가 제7조 제3항의 규정에 의하여 변제계획안의 인가 전에 매월 변제액을 회생위원에게 임치한 경우에는 그 임치한 기간을 위 각 항의 변제기간에 산입한다.
⑤ 농업소득자, 임업소득자 등 소득이 매월 발생하지 않는 채무자는 채무를 매월 변제하지 아니하고 수개월 간격으로 변제하는 것으로 변제계획안의 내용을 정할 수 있으며, 법원은 법 제611조 제4항의 규정에 따라 이를 허가할 수 있다.

12) 2017. 12. 12. 변제기간을 5년에서 3년으로 단축한 것은 개인회생제도의 도입 취지에 맞게 회생 가능한 채무자들을 조속히 적극적인 생산활동에 복귀할 수 있도록 하려는 데에 그 취지가 있다(대법원 2019. 3. 19. 자 2018마6364 결정). 변제기간이 단축됨으로써 채무자는 보다 적은 금액을 채권의 변제에 투입함으로써 채무가 과중한 채무자의 회생이 수월해지고 다중채무자의 개인회생제도 이용이 활성화될 것으로 기대된다. 다만 개정 전 규정의 존속에 대한 개인회생채권자 등 이해관계인의 신뢰가 개정규정의 적용에 관한 공익상의 요구보다 더 보호가치가 있다고 인정하여 그러한 신뢰를 보호하기 위해 개정규정은 시행 후 최초로 신청하는 개인회생사건부터 적용하도록 그 적용대상을 제한하였다(부칙 제1조 제1항). 다만 2020. 3. 24. 부칙 개정으로 2018. 6. 13. 당시 이미 변제계획을 인가받고

기 위하여 필요한 경우 등 특별한 사정이 있는 때에는 변제개시일부터 5년을 초과하지 않는 범위에서 변제기간을 정할 수 있다(제611조 제5항 단서). 또한 ① 변제기간을 3년으로 단축하게 되면 최저변제액(제614조 제2항 제3호)에 미달하는 경우, ② 변제기간 3년 중 대부분을 우선권 있는 개인회생채권만을 변제하는 경우에도 변제기간을 연장할 필요가 있을 것이다.[13] 한편 아무런 기간 제한 없이 채무자가 장래에 발생하는 모든 가용소득을 채권자들에게 변제하도록 하는 것은 일종의 노예제이므로 허용되지 않는다.

4. 일반의 우선권 있는 개인회생채권이 있는 경우 변제계획안 작성

실무적으로 일반의 우선권 있는 개인회생채권자가 있는 경우 변제계획안 작성과 관련하여 몇 가지 문제가 있다.

(1) 채무자가 일반의 우선권 있는 개인회생채권 전액의 변제를 위하여 변제기간을 36개월 이상으로 한 변제계획안을 작성할 수 있는가. 제614조 제1항 제4호의 요건을 충족하기 위하여 필요한 경우 등 특별한 사정이 있는 때에는 변제기간을 3년 이상으로 연장할 수 있고, 변제기

3년 이상 변제를 수행한 자에 대하여는 면책이 허용될 수 있게 되었다(본서 2064쪽).

13) 주택담보대출 연계형 개인회생절차(본서 1883쪽)를 신청할 경우에도 변제기간이 5년으로 연장될 수 있다. 미국 연방도산법은 변제기간을 수입의 많고 적음에 따라 달리 정하고 있다. 수입이 많은 경우에는 5년을 상한으로 한다. 수입이 적은 경우에는 3년을 상한으로 하지만, 법원이 이유가 있다고 인정하는 경우에는 5년을 넘지 않는 범위에서 연장을 인정할 수 있다(§1322(d)(1)(2)). 따라서 수입이 많을수록 장기간 그리고 변제액도 많이 변제하지 않으면 안 된다.

§1322. Contents of plan

(d)(1) If the current monthly income of the debtor and the debtor's spouse combined, when multiplied by 12, is not less than—

(A) in the case of a debtor in a household of 1 person, the median family income of the applicable State for 1 earner;

(B) in the case of a debtor in a household of 2, 3, or 4 individuals, the highest median family income of the applicable State for a family of the same number or fewer individuals; or

(C) in the case of a debtor in a household exceeding 4 individuals, the highest median family income of the applicable State for a family of 4 or fewer individuals, plus $525 1 per month for each individual in excess of 4,

the plan may not provide for payments over a period that is longer than 5 years.

(2) If the current monthly income of the debtor and the debtor's spouse combined, when multiplied by 12, is less than—

(A) in the case of a debtor in a household of 1 person, the median family income of the applicable State for 1 earner;

(B) in the case of a debtor in a household of 2, 3, or 4 individuals, the highest median family income of the applicable State for a family of the same number or fewer individuals; or

(C) in the case of a debtor in a household exceeding 4 individuals, the highest median family income of the applicable State for a family of 4 or fewer individuals, plus $525 1 per month for each individual in excess of 4,

the plan may not provide for payments over a period that is longer than 3 years, unless the court, for cause, approves a longer period, but the court may not approve a period that is longer than 5 years.

간 3년을 우선권 있는 개인회생채권만을 변제하는 경우에도 변제기간을 연장할 필요가 있다고 해석함이 상당하다는 점은 앞에서 본 바와 같으므로 허용된다고 볼 것이다.

(2) 채무자가 일반의 우선권 있는 개인회생채권 전액의 변제를 위하여 변제기간을 36개월로 하고, 개인회생채권자목록에 기재된 일반 개인회생채권의 변제를 하지 않는 변제계획안을 작성할 수 있는가. 제611조 제1항 제3호의 해석상 적어도 일반 개인회생채권 일부의 변제에 관한 사항이 변제계획안에 포함되어 있어야 한다고 보이므로 허용되지 않는다고 할 것이다.

(3) 일반의 우선권 있는 개인회생채권 전액의 변제기간이 일반 개인회생채권의 변제기간보다 단기여야 하는가. 일반의 우선권 있는 개인회생채권과 일반 개인회생채권의 비율에 따라 일반의 우선권 있는 개인회생채권과 일반 개인회생채권의 변제기간이 달라지는 것일 뿐이므로, 일반의 우선권 있는 개인회생채권 전액의 변제기간이 일반 개인회생채권의 변제기간보다 단기라는 사정만으로 당해 변제계획안이 채권자들 일반의 이익에 적합하지 않다고 보기 어려울 것이다.[14]

Ⅲ 전부명령이 있는 경우의 처리

채무자가 개인회생절차개시신청을 한 후 법원으로부터 중지명령이 있기 전에 채무자의 급여 등 장래소득에 대하여 전부명령이 발하여져 확정된 경우 그 전부채권자가 채무자의 장래소득을 이전받음으로써 장래 수입을 변제재원으로 하는 개인회생절차의 진행에 곤란을 초래할 수 있다.[15] 또한 급여생활자인 채무자는 전부명령의 확정으로 급여 상당부분이 채권자에게 이전되므로 그 직장을 퇴직하고 다른 직장을 구하려는 경향이 있을 수 있고, 그렇게 되면 채권자로서도 전부채권을 변제받지 못할 가능성이 있다. 이처럼 채무자의 급여 등 채권과 같이 장래소득에 대한 전부명령이 이미 확정되어 있는 경우에는 그 전부명령의 효력을 제거하지 않는 한 개인회생절차를 이용할 기회를 어렵게 만든다.[16]

이러한 이유로 채무자회생법은 전부명령의 효력에 대하여 일정한 제한을 가하고 있다. 즉 변제계획인가결정이 있는 때에는 채무자의 급료·연금·봉급·상여금, 그 밖에 이와 비슷한

---

14) 대법원 2017. 2. 17. 자 2016마1324 결정(변제되는 채무액의 현재가치가 채무자 재산의 청산가치에 미치지 못하는 경우와 같이 파산절차에 의하는 것이 채권자들에게 더 유리한 경우와는 달리, 일반의 우선권 있는 개인회생채권을 변제하는 기간이 전체 변제기 36개월의 1/2 이상이 된다고 하더라도, 변제기, 변제율, 이행의 확보 등에서 개인회생절차에 의하는 것이 전체 채권자 일반의 이익에 적합한 경우가 얼마든지 있을 수 있다) 참조.

15) 이는 근본적으로 장래의 채권에 대하여 전부명령을 인정하고 있는 현행 판례의 태도에서 비롯된 것이다(대법원 1975. 7. 22. 선고 74다1840 판결 등 참조).

16) 개인파산절차 진행중에 있는 채무자의 개인회생절차로의 이행(제593조 제1항 제1호, 제600조 제1항 제1호 참조)을 곤란하게도 한다. 개인파산절차에서는 파산재단에 관하여는 고정주의를 채택하고 있으므로 장래의 재산인 신득재산은 채무자의 새로운 출발의 재원으로 파산재단에서 제외된다. 그런데 파산선고 전에 장래의 임금채권에 대하여 전부명령이 있으면 임금채권이 모두 전부채권자에게 귀속되므로 이러한 장래 소득은 더 이상 파산재단을 구성하지도 않고 채무자에게 귀속하는 신득재산도 되지 못한다. 그렇다면 이러한 채무자에 대하여 개인회생절차를 개시할 수 없게 된다.

성질을 가진 급여채권에 관하여 개인회생절차개시 전에 확정된 전부명령은 변제계획인가결정 후에 제공한 노무로 인한 부분에 대하여 그 효력이 상실되고, 변제계획인가결정으로 인하여 전부채권자가 변제받지 못하게 되는 채권액은 개인회생채권으로 한다(제616조).

한편 채무자의 제3채무자에 대한 급료채권에 관하여 내려진 전부명령이 확정되지 아니하여 아직 효력이 없는 상태에서, 채무자에 대하여 개인회생절차가 개시되고 이를 이유로 위 전부명령에 대하여 즉시항고가 제기되었다면, 항고법원은 다른 이유로 위 전부명령을 취소하는 경우를 제외하고는 항고에 관한 재판을 정지하였다가(민집법 제229조 제8항 참조) 변제계획이 인가된 경우 전부명령이 효력이 발생하지 않게 되었음을 이유로 전부명령을 취소하고 전부명령신청을 기각하면 된다.[17]

▌제2절▌ 변제계획의 인가요건

채권자는 변제계획에 대하여 개인회생채권자집회에서 이의를 진술할 수 있으나(제613조 제5항), 회생절차와 달리 법원이 변제계획을 인가함에 있어서 채권자의 동의가 반드시 필요한 것은 아니다. 법원으로서는 법에 규정된 요건을 갖춘 변제계획안은 인가하여야 한다. 즉 법원의 통제는 적법성 심사에 그친다.

Ⅰ 개인회생채권자 등의 이의가 없는 경우

법원은 개인회생채권자 또는 회생위원이 이의를 진술하지 아니하고 다음 각 호의 요건이 모두 충족된 때에는 변제계획인가결정을 하여야 한다. 다만 법원의 변제계획안 수정명령(제610조 제3항)에 불응한 경우에는 그러하지 아니하다(제614조 제1항).

(1) 변제계획이 법률의 규정에 적합할 것(제1호)

(2) 변제계획이 공정하고 형평에 맞으며 수행가능할 것(제2호)

(가) 변제계획이 공정하고 형평에 맞을 것

'공정·형평의 원칙'이란 권리의 우선순위에 따른 변제의 원칙을 의미한다.[18] 따라서 개인회생재단채권은 개인회생절차에 의하지 아니하고 수시로 그리고 개인회생채권보다 우선하여 변제하여야 하므로 채무자는 가용소득에서 먼저 개인회생재단채권을 변제하는 것으로 변제계획

---

17) 대법원 2015. 5. 28. 자 2013마301 결정, 대법원 2010. 12. 13. 자 2010마428 결정, 대법원 2008. 1. 31. 자 2007마 1679 결정. 개인회생절차개시의 신청이 있는 경우 법원이 그 개시신청에 대한 결정 시까지 개인회생채권에 기초하여 채무자의 재산에 대하여 한 강제집행의 중지를 명하여(제593조 제1항 제2호) 그 서류가 집행법원에 제출됨으로써 강제집행이 중지된 경우에도 마찬가지로 볼 수 있다(본서 1915쪽 참조).

18) 대법원 2015. 6. 26. 자 2015마95 결정. 이를 전제로 위 결정은 변제율의 감소나 생계비 산정의 오류 등의 사정은 위와 같은 '공정·형평의 원칙'에 반하는 사유라고 보기 어렵다고 판시하고 있다.

안을 작성하여야 할 것이다. 그리고 일반의 우선권 있는 개인회생채권은 원칙적으로 다른 일반 개인회생채권보다 우선적으로 변제하여야 하고, 나아가 그 채권액 전액을 변제하여야 한다 (제611조 제1항 제2호). 다만 앞에서 본 바와 같이 개인회생절차에서 우선은 우선적 지급보다 전액 변제하는 것을 요구하는 것이기 때문에 전액이 변제되는 한 반드시 우선권 있는 개인회생채권이 일반 개인회생채권보다 우선적으로 변제되어야 하는 것은 아니다.

(나) 변제계획이 수행가능할 것

변제계획안은 수행가능한 것이어야 한다. 채무자는 변제계획인가 이전에 매월 일정한 날에 변제계획안상의 매월 변제액을 회생위원에게 임치함으로써 수행가능함을 소명할 수 있다(개인예규 제7조 제3항).

채무자가 개인회생절차 개시결정을 받기 전 채무자의 급여에 대하여 채권자의 채권압류 및 추심명령이 있었음을 이유로 변제계획인가일이 속한 달을 변제기간의 기산점으로 한 변제계획안을 제출한 경우, 채무자가 적립금을 납입하지 않고 있다는 사정만으로 위 변제계획안이 수행가능성이 없다고 할 수는 없다. 왜냐하면 채무자의 개인회생절차 개시결정 전에 있었던 채권압류 및 추심명령은 개시결정에 의하여 그 절차가 중지될 뿐(제600조 제1항 제2호) 소급하여 효력이 소멸하는 것이 아니므로, 제3채무자로서는 채권압류의 효력이 미치는 부분에 관한 급여를 채무자에게 지급할 수 없다. 다만 변제계획 인가결정이 있는 경우 채권압류 및 추심명령은 그 효력을 잃게 되고(제615조 제3항 본문) 제3채무자가 그간 지급하지 못했던 급여는 채무자에게 귀속되어(제615조 제2항) 채무자가 변제계획안에 따른 변제금을 납입할 수 있는 상태가 되기 때문이다.[19]

(3) 변제계획인가 전에 납부되어야 할 비용·수수료 그 밖의 금액이 납부되었을 것(제3호)

(4) 변제계획의 인가결정일을 기준일로 하여 평가한 개인회생채권에 대한 총변제액이 채무자가 파산하는 때에 배당받을 총액보다 적지 아니할 것. 다만 채권자가 동의한 경우에는 그러하지 아니하다(제4호).

변제계획은 청산가치보장원칙이 지켜질 것을 요구하고 있다. 청산가치보장원칙(the Best Interest of Creditor's Test)이란 개인회생채권자가 채무자에 대한 파산절차에서 배당받을 수 있는 가치를 청산가치라 하는데, 개인회생절차에서는 최소한 청산가치 이상의 변제를 보장해주어야 한다는 것을 말한다. 만약 채무자가 보유한 재산의 청산가치가 총변제액의 현재가치보다 많을 경우에는 재산의 일부를 변제계획에 투입해야 한다.[20] 제611조 제1항 제1호에 의하면 채무자는 장래에 얻게 될 소득뿐만 아니라 기존에 갖고 있던 재산을 처분하여 채무를 변제할 수도 있는 것이기 때문이다.[21]

---

19) 대법원 2023. 9. 19. 자 2023마6207 결정. 위 사안에서는 채무자가 인가결정 후 적립금을 일시에 납입하겠다는 변제계획안을 제출하였고, 실제로 제3채무자가 이를 전액 보관하고 있다는 내용의 확인서도 제출하였다.
20) 대법원 2010. 11. 30. 선고 2010마1179 결정 참조.
21) 대법원 2009. 4. 9. 자 2008마1311 결정 참조.

개인회생제도는 채권자의 권리를 제한하고 변경하는 특징을 갖고 있다. 즉 개인회생절차에서 채권자의 권리행사는 제한되고 확정된 변제계획에 따라 채권의 변제기가 연장되거나, 채권의 금액이 감축되거나, 내용이 바뀔 수 있다. 이러한 권리의 제한이나 변경에 권리자가 동의하였다면 문제가 없으나 동의하지 않았다면 이를 정당화할 근거가 필요하다. 이미 다른 법률에서 인정하고 있는 실체적 권리를 근거 없이 제한하거나 변경할 수는 없기 때문이다.

개인회생제도가 없다면 채권자는 파산절차를 통해서 자신의 권리를 실현할 것이므로 채권의 실제적인 가치는 파산절차에서 추심할 수 있는 가치가 된다. 개인회생절차에서 파산절차에서 추심할 수 있는 것보다 같게 또는 더 많이 추심할 수 있다면 개인회생제도에 따른 채권의 제한이나 변경은 채권자의 권리를 실제로 침해하지 않는 것이다. 만일 채권자가 개인회생제도에서 더 불이익한 위치에 놓이지 않는다면 동의하지 않는 채권자의 권리를 제한하거나 변경할 수 있다. 왜냐하면 채무자회생법의 개인회생제도는 채권자의 채권추심 이외에도 채무자의 회생과 같은 사회적 유익을 가져오기 때문이다. 따라서 개인회생절차를 통해서 파산절차에서 추심할 수 있는 금액과 같게 또는 그 이상 추심할 수 있다는 것은 개인회생제도의 정당성의 근거이기도 하다.

요컨대 청산가치보장의 원칙은 변제계획안에 따른 권리의 변경에 반대하는 채권자를 보호하기 위한 것이다. 채권자의 찬성 여부와는 관계없이 반대하는 채권자는 적어도 청산할 때 받을 가치만큼 또는 그 이상 변제받는 것을 보장한다는 원칙이다.[22]

실무적으로 청산가치는 일반적으로 당해 목적물을 감정평가하여 산출된 시가에다가 경매시의 평균 낙찰률을 곱하여 산정한다. 총 변제금액의 현재가치는 현재가치할인율로서 민법상의 연 5%의 비율을 적용하고, 복리할인법(라이프니찌식 현가 산정방식)을 적용하여 현재가치를 산정하고 있다.

현행 채무자회생법은 청산가치보장원칙과 관련하여 개인회생채권자나 회생위원이 이의가 있는지 여부에 따라 두 가지 다른 모습으로 규정하고 있다. 개인회생채권자나 회생위원이 이의를 진술하지 아니한 경우는 총 개인회생채권자 전체의 파산시 청산배당액과 총 개인회생채권자 전체의 변제계획에서의 변제액의 현재가치를 비교하여 후자가 전자보다 적지 않으면 된다. 개인회생채권자 등의 이의가 있는 경우에는 아래 〈Ⅱ.(1)〉을 참조할 것.

Ⅱ 개인회생채권자 등의 이의가 있는 경우

법원은 개인회생채권자 또는 회생위원이 이의를 진술하는 때에는 위 〈Ⅰ.〉의 각 요건에 더하여 다음 각 요건을 구비하고 있는 때에 한하여 변제계획인가결정을 할 수 있다(제614조 제2항).

---

22) 오수근, 청산가치 보장의 원칙, 민사판례연구 29권(2007.03), 박영사, 422~423쪽.

(1) 변제계획의 인가결정일을 기준일로 하여 평가한 이의를 진술하는 개인회생채권자에 대한 총변제액이 채무자가 파산하는 때에 배당받을 총액보다 적지 아니할 것(제1호)

청산가치보장원칙과 관련하여 이의가 있는 경우에는 이의를 제기한 당해 개인회생채권자에 대한 변제액의 현재가치가 당해 개인회생채권자에 대한 파산시 청산배당액보다 적지 않아야 한다는 요건도 충족하여야 한다.[23] 이를 개별 청산가치보장원칙이라고 한다.

(2) 채무자가 최초의 변제일부터 변제계획에서 정한 변제기간 동안 수령할 수 있는 가용소득의 전부가 변제계획에 따른 변제에 제공될 것(제2호)

이의가 있는 경우 가용소득의 전부가 변제에 제공되는 변제계획이라야 인가요건을 충족한다는 것을 가용소득제공원칙(The Disposable Income Test)이라 한다.[24] 개인회생절차에서는 변제계획의 인가를 받음에 있어서도 채권자들의 동의를 요하지 않는다. 따라서 개인회생채권자들의 이의에도 불구하고 변제계획이 인가되고 면책이 이루어질 수 있는 제도 하에서 가용소득제공원칙은 최저변제액 규정과 더불어 채권자들이 변제받을 수 있는 최저한도를 설정해 주는 기능을 수행하게 된다.

가용소득(Disposable Income)이란 채무자가 수령하는 근로소득·연금소득·부동산임대소득·사업소득·농업소득·임업소득, 그 밖에 합리적으로 예상되는 모든 종류의 소득의 합계금액[25]에서 ① 소득세·주민세 균등분[26]·개인지방소득세·건강보험료, 국민연금보험료·고용보험료 및 산업재해보상보험료(시행령 제17조), ② 채무자 및 그 피부양자의 인간다운 생활을 유지하기 위하여 필요한 생계비로서, 국민기초생활 보장법 제6조의 규정에 따라 공표된 최저생계비,[27] 채무자 및 그 피부양자의 연령, 피부양자의 수, 거주지역, 물가상황, 그 밖에 필요한

---

23) 개인회생절차가 위와 같이 이의의 유무에 따라 청산가치보장의 원칙을 차별적으로 적용하고 있는 이유는, 청산가치 산정을 둘러싼 절차의 지연을 방지하고 이의가 없는 경우에는 인가요건을 완화하여 신속하게 절차를 진행하려는데 있다.

24) 이의가 없는 경우에는 가용소득이 변제기간 동안 전부 제공되지 아니하여도 인가요건을 충족한다. 예컨대 가용소득 중에 일부만을 변제에 제공하는 대신 그 차액을 재산의 처분가액으로 보충하는 형태의 변제계획도 가능하다. 그러나 이의가 있는 경우에는 위와 같은 형태의 변제계획은 허용되지 않는다.

25) 소득의 합계 금액은 다음과 같이 산정하되 특별한 사정이 있는 경우에는 증감할 수 있다(개인예규 제7조 제1항).
① 최근 1년간 직장의 변동이 없는 경우에는 1년간의 실제 소득액을 평균한 월평균 소득을 기초로 하여 산정하고, 직장이 변동이 있는 경우에는 직장 변동 이후의 실제 소득액을 평균한 월평균 소득을 기초로 하여 산정한다.
② 영업소득자가 그 소득에 관한 소명자료가 없는 경우에는 임금구조기본통계조사보고서 등의 통계소득을 기초로 하여 산정할 수 있다.
장래의 소득 증가는 원칙적으로 고려할 필요가 없다. 장래 소득 증가액의 정확한 추정이 어려울 뿐만 아니라 이는 물가상승률 및 생계비 증가율과 상쇄된다고 볼 수 있기 때문이다.

26) 2021년 1월 1일부터는 주민세 개인분 및 사업주가 개인인 경우 사업소분을 말한다.

27) 생계비 산정시 중요한 변수가 피부양자이다. 피부양자는 19세 미만 65세 초과의 친족으로 생활비를 대주는 사람이다(대법원 2019. 2. 21. 선고 2018다248909 전원합의체 판결 참조). 채무자가 실제로 생활비를 대는 친족이면 같이 살고 있지 않아도 피부양자가 될 수 있다. 연말정산시 소득(세액)공제 대상이 되는 피부양자로 올라 있으면 증명하는데 유리하지만 그렇지 않더라도 실제로 부양하고 있음을 증명하면 된다. 최저생계비에 해당하는 소득이 있는 친족은 피부양자가 될 수 없다. 19세 이상 65세 이하는 피부양자가 될 수 없지만, 부부의 경우는 일방 배우자가 소득이 없는 경우 피부양자로 인정된다. 한편 부부 쌍방이 개인회생절차를 신청하는 경우 생계비 산정에 있어 각자를 별개의 채무자로 보아 생계비를 산정하여야 한다. 현행법상 부부공동신청이 허용되지 않기 때문이다.
실무적으로 피부양자의 범위에 대하여 법원마다 약간씩 달리 인정하고 있다. 서울회생법원이 채택하고 있는 기준

사항을 종합적으로 고려하여 법원이 정하는 금액,[28][29] ③ 채무자가 영업에 종사하는 경우에 그 영업의 경영, 보존 및 계속을 위하여 필요한 비용을 공제한 나머지 금액을 말한다(제579조 제4호). 가용소득은 개인회생채권자 등에 대한 변제재원이 된다.

가용소득은 채권자의 동의 없이 변제계획의 인가가 이루어지는 개인회생절차에 있어서 채권자의 채권만족이 최대한 보장되도록 하는 한편, 채무자가 정상적인 생활을 유지해 나가면서 채무를 변제할 수 있도록 필요 생계비를 보장하여야 하는 두 가지 이념을 추구하고자 하는 중요한 핵심 개념이다.[30]

여기서 '변제계획에 따른 변제'의 대상은 개인회생채권으로서 일반 개인회생채권 뿐만 아니라 우선권 있는 개인회생채권도 포함되나, 개인회생재단채권이나, 별제권 행사로 회수가 가능한 피담보채권은 포함되지 아니한다. 개인회생재단채권은 변제계획에 따라 변제하는 것이 아니라 수시로 우선적으로 변제하는 것이고(제583조 제2항), 별제권으로 담보되어 있는 피담보채권은 별제권의 실행으로 변제받을 것이 예정되어 있기 때문이다(제586조 참조).

(3) 변제계획의 인가결정일을 기준일로 하여 평가한 개인회생채권에 대한 총변제액이 3천만 원을 초과하지 아니하는 범위 내에서 ① 변제계획의 인가결정일을 기준일로 하여 평가한 개인회생채권의 총금액이 5천만 원 미만인 경우에는 위 총금액에 100분의 5를 곱한 금액이나 ② 변제계획의 인가결정일을 기준일로 하여 평가한 개인회생채권의 총금액이 5천만 원 이상인 경우에는 위 총금액에 100분의 3을 곱한 금액에 1백만 원을 더한 금액보다 적지 아니할 것(제3호)[31]

은 다음과 같다. ① 부양가족의 범위는 직계존속(배우자의 직계존속도 포함한다), 직계비속, 형제자매로 하되, 이들은 원칙적으로 주민등록상 상당기간 동거하면서 생계를 같이 하여야 한다. 다만 직계존비속의 경우 별거하더라도 채무자가 부양하고 있다고 주장하고, 그에 대한 증명을 하면 받아들일 수 있는데, 그 증명의 정도는 개별 재판부의 판단사항이다. ② 위 범위 내에서 부양가족이 되려면, 19세 미만(미성년자), 65세 이상(일용노동의 가동연한 기준)이어야 한다. ③ 가족구성원 중 1인 기준 중위소득의 60% 이상의 수입이 있는 사람은 부양가족 수에서 제외한다(개인파산・회생실무, 682쪽).

28) "국민기초생활보장법 제6조의 규정에 따라 공표된 최저생계비, 채무자 및 그 피부양자의 연령, 피부양자의 수, 거주지역, 물가상황, 그 밖에 필요한 사항을 종합적으로 고려하여 법원이 정하는 금액"은 국민기초생활 보장법 제6조의 규정에 따라 공표된 개인회생절차개시신청 당시의 기준 중위소득에 100분의 60을 곱한 금액으로 산정하는 것을 원칙으로 하되, 특별한 사정이 있는 경우에는 적절히 증감할 수 있다(개인예규 제7조 제2항). 기준 중위소득이란 「국민기초생활보장법」 제20조 제2항에 따라 중앙생활보장위원회 심의・의결을 거쳐 고시하는 국민 가구소득의 중위값을 의미한다. 중위소득은 전 국민을 100명이라고 가정했을 때 소득 순서로 50번째 사람의 소득을 뜻한다.
• 2024년도 가구별 기준 중위소득(http://www.index.go.kr/potal/main/EachDtlPageDetail.do?idx_cd=2762)

	1인 가구	2인 가구	3인 가구	4인 가구	5인 가구	6인 가구
기준 중위소득	2,228,455	3,682,609	4,714,457	5,729,913	6,695,735	7,618,369

추가생계비 인정 여부 실무적으로 주택가격 급등으로 인한 주거비 상승, 교육비・의료비의 증가 등으로 위 중위소득을 기준으로 인정되는 생계비 이상으로 생계비를 인정할 필요가 있는 경우가 많다. 어떤 기준으로 추가생계비를 인정할 것인지는 개별 사건에 따라 결정되어야 할 것이지만, 추가생계비의 필요성이 인정됨에도 전혀 인정하지 않는 것은 개인회생제도의 취지에 비추어 바람직하지 않다.
29) 채무자의 생계비는 법원이 결정할 수 있도록 하고 있고, 서울회생법원은 생계비검토위원회에서 추가생계비를 결정하고 있으며, 2021년 2월부터 매년 추가생계비 인정 기준을 의결하여 홈페이지에 공시하고 있다.
30) 전병서, 650쪽.
31) 개인회생채권의 총금액(총채무금액)이 ① 4,000만 원인 경우에는 4,000만 원×5%=200만 원으로 최저변제액 상한선인 3천만 원을 초과하지 않아서 200만 원이 최저변제액이 된다. ② 2억 원인 경우에는 2억 원×3%+100만 원=

이는 채무자가 개인회생절차에서 변제하여야 할 최저변제액을 정한 것이다. 개인회생절차는 변제계획안에 대한 의결절차가 없는 대신에 최저변제액 기준에도 미치지 못하는 가용소득밖에 제공할 수 없는 채무자에 대하여 개인회생절차 대신에 개인파산절차를 이용하도록 하는 것이 바람직하다는 고려에서 규정한 것이다. 또한 개인회생채권자가 채권자집회에서 이의하더라도 인가요건을 갖추면 법원은 인가를 하여야 하는데, 변제계획을 인가하려면 최소한 개인회생채권자들에게 일정 금액 이상을 변제하게 함으로써 개인회생절차의 정당성을 부여하기 위함이기도 하다. 나아가 청산가치 보장원칙만을 불인가사유로 할 경우 장래의 수입은 기대할 수 있지만 자산이 없는 개인채무자가 저액의 변제총액을 내용으로 하는 변제계획안을 제출하여도 인가될 가능성이 있어, 이른바 도덕적 해이(moral hazard)를 초래할 수 있다는 점도 고려한 것이다.[32] 또한 채권자 입장에서도 무용한 채권관리비용을 부담하도록 강제하는 것은 적당하지 않다. 이런 의미에서 최저변제액 규정은 청산가치 보장원칙과 함께 채권자의 권리를 보호하는 역할을 한다.

제3절 개인회생채권자집회

I 개인회생채권자집회의 의의

개인회생채권자집회는 채무자가 제출한 변제계획안에 대하여 개인회생채권자들이 직접 채무자로부터 설명을 듣고 결의에 부치지 아니한 채 변제계획안에 대한 이의진술의 기회만을 부여한 다음 집회를 종료함으로써 변제계획안의 인가 여부를 간이·신속하게 결정하기 위하여 마련된 제도이다.

개인회생절차는 개인회생채권자집회에서 개인회생채권자들의 결의를 요건으로 하지 않는 것을 특징으로 하고 있다. 법원은 개인회생채권자 또는 회생위원의 이의진술이 있는 경우와 없는 경우 각 인가요건을 구비하고 있는지 심리하여 인가요건을 구비하였다고 판단되는 때에는 변제계획인가결정을 하여야 한다.

700만 원으로 최저변제액 상한선인 3천만 원을 초과하지 않아서 700만 원이 최저변제액이 된다. ③ 12억 원인 경우에는 12억 원×3%+100만 원=3,700만 원으로 최저변제액 상한선인 3천만 원을 초과하므로 3,000만 원이 최저변제액이 된다.

32) 변제계획에 대한 인가요건으로 청산가지보장원칙만을 요구할 경우, 대부분의 개인채무자는 환가할 재산을 가지고 있지 않기 때문에, 결국 전혀 변제하지 않는 것을 내용으로 하는 변제계획을 인정하게 되어 개인회생절차의 이념에 위반된다.

Ⅱ 개인회생채권자집회 기일의 지정, 송달

개인회생채권자집회의 기일은 개인회생절차개시결정과 동시에 법원이 정한다. 법원은 개인회생절차개시결정일로부터 2주 이상 2월 이하의 기간 내에서 개인회생채권에 대한 이의기간을 정하여야 하고, 이의기간 말일로부터 2주 이상 1월 이상의 기간 내에서 개인회생채권자집회의 기일을 정하여야 하며, 이를 공고하여야 한다(제596조 제2항 제1호, 제2호, 제597조 제1항 제4호).

개인회생채권자집회기일은 채무자, 알고 있는 개인회생채권자, 개인회생절차가 개시된 채무자의 재산을 소지하고 있거나 채무자에게 채무를 부담하는 자(제597조 제2항)와 회생위원에게 통지하여야 한다(제613조 제1항).

Ⅲ 개인회생채권자집회 기일의 진행

개인회생채권자집회는 법원이 지휘한다(제613조 제3항). 회생위원이 선임되어 있는 때에는 법원은 회생위원으로 하여금 이를 진행하게 할 수 있으나(제613조 제4항), 특별한 사정이 없는 한 법원이 개인회생채권자집회를 직접 진행하여야 한다(개인예규 제8조의2). 실무적으로 법원(단독판사)이 개인회생채권자집회를 진행하고 있다.

채무자는 개인회생채권자집회에 출석하여 개인회생채권자의 요구가 있는 경우 변제계획에 관하여 필요한 설명을 하여야 한다(제613조 제2항, 제619조 제2항). 개인회생채권자는 개인회생채권자집회에 출석하여 채무자가 제출한 변제계획안에 관하여 채무자로부터 직접 설명을 듣고, 변제계획에 대하여 이의를 진술하는 방법으로 의견을 진술할 수 있다(제613조 제5항). 다만, 개인회생채권자는 개인회생채권자집회기일의 종료시까지 이의진술서를 법원에 제출하는 방식으로 갈음할 수 있다(규칙 제90조 제1항). 개인회생채권자는 개인회생채권자집회에 출석하거나 이의진술서를 통하여 불인가사유에 해당하는 사유가 있다는 의견을 진술할 수 있지만,[33] 이는 법원의 변제계획안 인가·불인가를 판단할 때 자료가 될 뿐 법원의 판단을 구속하는 것은 아니다. 또한 개인회생채권자가 변제계획안에 부동의 한다는 취지를 표명하였다고 하여도 개인회생절차는 개인회생채권자의 결의(동의)를 필요로 하지 않기 때문에 의미가 없다.

법원은 개인회생채권자 또는 회생위원의 이의진술 여부를 확인한 후 이를 토대로 변제계획안이 인가요건을 구비하고 있는지 여부를 심리하여 그 인부결정을 선고한다(제614조 제3항).

---

33) 실무적으로 채권자들은 Booking Price가 높은 반면, 매월 변제액은 거기에 미치지 못하기 때문에 채권자집회에서 이의(불만)를 제기하는 경우가 종종 있다.

제4절 변제계획의 인부 결정

법원은 채무자가 제출한 변제계획안에 대하여 개인회생채권자 또는 회생위원이 이의를 진술하지 아니하고 제614조 제1항 각 호의 요건이 모두 충족된 때에는 변제계획안에 대하여 인가결정을 하여야 하고, 개인회생채권자 또는 회생위원이 이의를 진술하는 때에는 제614조 제1항 및 제2항의 각 요건을 구비하고 있는 때에는 변제계획안에 대하여 인가결정을 할 수 있다.

변제계획의 인가요건(제614조)이 갖추어진 경우 변제계획에 대한 법원의 인가는 재량이 아니라 의무적인 것이다.[34] 인가요건을 갖추지 못한 경우에는 변제계획불인가결정을 한다.

Ⅰ 변제계획인부결정의 시기 등

개인회생채권자집회가 개최되어 채무자가 변제계획에 관하여 필요한 설명을 하고 이에 대하여 개인회생채권자가 이의를 진술하고 나면, 법원은 변제계획의 인가요건(제614조)을 검토하여 제출된 변제계획의 인가 여부를 결정하여야 한다.

법원은 변제계획인부결정을 선고하고 그 주문, 이유의 요지와 변제계획의 요지를 공고하여야 한다. 이 경우 송달은 하지 아니할 수 있다(제614조 제3항).

Ⅱ 변제계획인가결정의 효력

1. 권리변경의 효력 및 실권의 불발생

가. 권리변경의 효력

변제계획은 인가의 결정이 있은 때부터 효력이 생긴다.[35] 그러나 회생절차와 달리(제252조 제1항) 변제계획에 의한 권리의 변경은 면책결정이 확정되어야 비로소 효력이 발생한다(제615조 제1항 단서[36]).[37] 즉 변제계획인가로 권리의 변경이 발생하지만 그 시기는 면책결정이 확정

---

34) 대법원 2015. 6. 26. 자 2015마95 결정, 대법원 2009. 4. 9. 자 2008마1311 결정 등 참조.

35) 변제계획이 인가되면 채무자는 변제계획에 의한 변제의무만 부담한다. 따라서 개인회생채권자는 채무자가 변제계획에 따라 변제의무를 이행하는 한 기존의 채권에 기하여 변제요구를 하거나 (가)압류 등을 할 수 없다. 물론 변제계획에 따라 변제를 못하더라도 개인회생절차가 폐지되지 않는 한 강제집행 등은 할 수 없다.

36) 권리의 변경에 관하여 회생절차(제252조)와 달리 개인회생절차에서는 직접적인 규정은 없고, 제615조 제1항 단서에서 간접적으로 규정하고 있다.

37) 대법원 2021. 2. 25. 선고 2018다43180 판결. 따라서 변제계획인가결정이 있고, 그 변제계획에 개인회생채권의 일부 변제에 관한 내용이 들어 있다고 하더라도 그 범위 내로 권리감면의 효력이 생기는 것은 아니다.

회생절차와 달리 개인회생절차에서 변제계획인가에 권리변경효를 잠정적으로만 인정하지 않는 것이 입법론적으로 타당한지는 의문이다. 그 이유는 다음과 같다. ① 회생절차를 진행하는 개인과 개인회생절차를 진행하는 개인 사이에 권리변경효의 시점에 관하여 차이(차별)를 두어야 할 합리적인 이유가 없다. ② 회생절차에서는 회생계획취소제도가 없지만 개인회생절차에서는 면책취소제도가 있어 면책을 인정하더라도 사후적으로 통제할 수 있는 제도가 마

될 때이다.

변제계획인가로 인한 권리의 변경은 잠정적인(면책결정확정을 조건으로 한) 것이다. 변제계획인가는 그 자체로 권리변경의 효력을 발생시키는 '형성적 효력'을 갖는 것이 아니라, 단지 변제계획에서 정하여진 변제기간 동안 정해진 변제율과 변제방법에 따라 변제를 완료하면 추후 면책신청절차를 통하여 면책결정을 받아 확정되면 권리가 변경된다는 취지를 개인회생채권자들에게 명백히 알리는 '예고'로서의 성격을 갖는 것에 불과하다.[38]

위와 같이 변제계획이 인가되더라도 그 변제계획에서 정한 내용대로 권리변경의 효력이 발생하지 않기 때문에,[39] 법원사무관 등은 변제계획조항을 개인회생채권자표에 기재할 필요가 없다.[40]

면책결정이 확정되면 개인회생채권자의 권리는 변제계획에서 정해진 바에 따라 변경된다. 면제나 분할변제의 효력이 발생하는 것이다. 다만 회생절차(제255조 제2항)의 경우와 달리 집행력은 발생하지 않는다.[41] 물론 비면책채권(제625조 제2항 단서)에 대하여는 권리변경의 효력이 미치지 않는다고 할 것이다.[42]

관련되어 있다. ③ 변제계획에서 정한 내용만 이행하면 나머지 채무는 변경된다는 개인채무자의 기대감은 개인회생절차가 폐지되더라도 보장되어야 한다. ④ 개인회생절차가 폐지되더라도 특별면책이 인정되기는 하지만 요건이 엄격하고 면책이 된다는 확실한 보장이 없다. 결국 개인회생절차에서도 변제계획인가로 곧바로 권리변경효를 인정하는 것이 타당하다.

38) 대법원은 '개인회생절차의 변제계획이 인가되었다 하더라도, 변제계획 자체로 권리변경의 효력을 발생시키는 형성적 효력을 갖는 것이 아니라, 단지 변제계획에서 정하여진 변제기간 동안 정해진 변제율과 변제방법에 따라 변제를 완료하면 추후 면책신청절차를 통해 면책결정을 받아 변제계획에 포함된 나머지 채무를 모두 면책받을 수 있다는 취지를 채권자들에게 명백히 알리는 의미만 있을 뿐이고, 채무자가 변제계획에 따른 변제를 완료한 후 제624조에 따른 법원의 면책결정이 있어야 비로소 면책의 효과가 발생한다. 이는 개인회생절차가 아닌 회생절차에서 회생계획인가의 결정이 있는 때에 회생계획이나 채무자회생법의 규정에 의해 인정된 권리를 제외하고는 채무자는 모든 회생채권과 회생담보권에 관한 책임을 면하는 경우(제251조)와 구별된다'고 판시하고 있다(대법원 2021. 2. 25. 선고 2018다43180 판결, 대법원 2019. 7. 25. 자 2018마6313 결정 등 참조). 대법원은 권리의 변경과 면책을 연결(같은 의미로 이해)시키고 있으나{실무도 같은 취지로 이해하고 있다(개인파산·회생실무, 700쪽)}, 권리의 변경과 면책은 다른 것이다. 면책은 책임의 면제이고(자연채무로 존재) 권리의 변경은 채무의 소멸(채무부존재)이다.
개인회생절차에서는 채권신고제도가 없기 때문에 일반면책의 경우는 권리의 변경으로 충분하고 특별면책의 경우만 권리의 변경과 면책 모두 의미가 있는 것이다. 일반면책의 경우 면책결정(확정)은 권리의 변경이 발생하기 위한 전제일 뿐이다. 구체적으로 개인회생절차에서는 채권자목록에 기재된 개인회생채권자에 대하여만 면책의 효력이 미치므로 변제완료를 전제로 한다면 통상의 사건(일반면책으로 진행되는 사건)은 권리변경의 효력(예컨대 1,000만 원의 채무가 있고 300만 원을 3년 동안 변제하는 것으로 인가결정이 이뤄졌다면, 700만 원은 권리변경으로 채무와 책임이 모두 소멸한다)으로 정리되고, 특별면책은 변제미완료 상황에서 발생하므로 이런 경우라면 권리변경과 면책이 모두 의미가 있다는 것(예컨대 1,000만 원의 채무가 있고 300만 원을 3년 동안 변제하는 것으로 인가결정이 이뤄졌지만, 200만 원을 변제한 상황에서 특별면책을 받은 경우라면, 700만 원은 권리변경으로 소멸하였고 변제하지 못한 100만 원에 대하여는 책임이 면제된다)이다.

39) 이로 인해 실무적으로 곤란한 문제가 발생할 수 있다. 예컨대 채무자가 변제계획에 따라 전부를 변제한 후 면책결정이 있기 전에 사망한 경우 개인회생절차를 폐지할 수밖에 없다. 이런 경우 상속인들은 면책의 효력을 누리지 못한 채 한정승인이나 상속포기를 하여 보호받을 수밖에 없다.

40) 회생절차에서는 회생계획인가결정에 의하여 권리변경의 효력이 발생하기 때문에, 회생계획인가결정이 확정된 때에 법원사무관 등은 회생계획의 조항을 회생채권자표 등에 기재하도록 하고 있는 것(제249조)과 다르다.

41) 개인회생절차의 경우 면책결정확정 시에 권리변경이 이뤄지므로 변제계획인가결정 후 면책결정확정 전에 폐지가 된 경우 권리변경이 이루어지지 않는다. 따라서 종전의 집행권원과 개인회생절차에서 확정된 개인회생채권자표가 병존할 수 있다(본서 755쪽 참조).

42) 개인회생절차에서는 회생절차와 달리 벌금 등 청구권에 관한 제140조 제1항과 같은 규정이 없다. 비면책채권에 대하여는 권리변경의 효력이 미치지 않지만, 입법론적으로는 이를 명확히 규정할 필요가 있다. 참고로 일본 민사재생

변제계획인가결정이 있더라도 변제계획에 따른 권리의 변경은 면책결정이 확정되기까지는 생기지 않으므로 변제계획인가결정만으로는 시효중단의 효력에 영향이 없다(아래 〈5.〉 참조).

〈도산절차에서 벌금 등 청구권의 권리의 변경 및 면책에서의 취급〉

	회생절차	파산절차	개인회생절차
권리의 변경	대상×(제140조 제1항)	–	대상×(해석상)
면책	대상×(제251조 단서)	대상×(제566조 제2호)	대상×(제625조 제2항 단서 제3호)

* 벌금 등 청구권: 도산절차개시 전 벌금·과료·형사소송비용·추징금 및 과태료

나. 실권의 불발생

개인회생절차에서는 개인회생채권자들에게 신고의무를 부여하고 있지 않기 때문에 개인회생채권자에게 신고의무가 있음을 전제로 하는 실권제도가 존재하지 아니한다. 오히려 채무자가 개인회생절차를 신청할 당시 채권자의 성명 및 주소와 채권의 원인 및 금액이 기재된 개인회생채권자목록에 기재하지 아니하는 채권은 변제계획에 의하지 아니하고서도 변제를 받고 나아가 강제집행 등을 할 수 있는 권리를 계속 보유할 뿐만 아니라(제582조), 면책결정의 효력도 미치지 않기 때문에(제625조 제2항 제1호), 개인회생채권자목록에 기재된 개인회생채권자들보다 더욱 강력한 지위를 보유하게 된다.

2. 개인회생재단에 속하는 재산의 귀속

변제계획인가결정이 있는 때에는 변제계획 또는 변제계획인가결정에서 다르게 정하지 않는 한 개인회생재단에 속하는 모든 재산은 채무자에게 귀속된다(제615조 제2항). 앞에서 본 바와 같이 개인회생사건의 효율적인 통제와 원활한 변제계획의 수행을 보장하기 위하여 개인회생절차개시결정으로 채무자의 재산은 모두 개인회생재단으로 귀속되도록 하였다(제580조 제1항). 이후 변제계획인가결정 전까지는 채무자에게 개인회생재단에 대한 관리처분권만을 부여하고(제580조 제2항), 변제계획인가결정이 되면 개인회생재단에 속한 모든 재산을 채무자에게 귀속시킨다.[43] 요컨대 개인회생재단은 개인회생절차개시결정으로 관념적으로 성립하고 채무자가 이에 대한 관리처분권만 보유하다가, 변제계획이 인가되면 개인회생재단은 소멸하고 개인회생재단에 속한 모든 재산은 변제계획이나 변제계획인가결정에서 다르게 정하지 않는 한 채무자에게

법 제232조 제2항은 재생절차개시 전 벌금 등 청구권과 비면책채권은 권리의 변경에서 제외된다는 점을 명확히 규정하고 있다.

43) 다만 변제계획인가결정 전에도 채무자에게 개인회생재단에 대한 관리처분권이 있기 때문에 귀속을 달리한다고 하여 큰 의미가 있는 것인지는 의문이다. 미국 연방도산법은 채무자에게 점유(possession)만을 남겨두고 있음에 반하여 (§1306(b)), 우리는 미국의 제13장 절차를 받아들였음에도 채무자에게 관리처분권을 부여하고 있다.

귀속된다.

변제계획인가결정이 있으면 개인회생재단을 원칙적으로 채무자에게 귀속시키면서도, 필요한 경우 변제계획이나 변제계획인가결정에 의하여 개인회생재단에 속하는 재산을 채무자로부터 분리하여 다른 권리주체에게 귀속시키는 것도 가능하도록 하고 있다.

3. 중지된 절차의 실효

가. 회생절차 등의 실효

(1) 변제계획인가결정이 있는 때에는 변제계획 또는 변제계획인가결정에서 다르게 정하지 않는 한[44] 개인회생절차개시결정에 의하여 중지된(제600조) 회생절차 및 파산절차와 개인회생채권에 기한 강제집행·가압류 또는 가처분은 그 효력을 잃는다(제615조 제3항).[45] 개인회생채권자목록에 기재된 개인회생채권은 인가된 변제계획에 따라 변제를 받을 수 있으므로(제582조)

---

44) 변제계획인가결정 시점이 아니라 변제계획이나 변제계획인가결정에서 정한 일정한 시점 또는 법원의 허가가 있을 때까지 강제집행 등을 존속한다는 조항을 둔 경우 그때까지는 강제집행 등의 효력이 그대로 유지된다. 실무에서 변제계획 또는 변제계획인가결정에서 다르게 정하는 경우의 사례를 살펴보기로 한다.
　① 별제권(담보권)보다 먼저 이루어진 선행가압류가 있는 때, 변제계획이나 변제계획인가결정에서 선행가압류를 유지하여 두었다가 면책결정을 할 수 있을 정도로 변제계획에 따른 변제가 이루어진 후에 선행가압류를 실효시키는 규정을 두는 경우가 있다.

> **[기재례]**
>
> 10. 기타사항 [해당 있음☑, 해당 없음□]
> 　(1) 별지 목록 기재 부동산에 대하여 개인회생채권에 기한 강제집행, 가압류 또는 가처분이 있는 경우에는 채무자 회생 및 파산에 관한 법률 제615조 제3항에 불구하고, 채무자가 변제기간 동안 회생위원의 예금계좌로 총 변제예정(유보)액의 임치를 완료한 시점에서 그 효력을 잃는다.

　위와 같이 하는 이유는 경매의 경우에 배당 순위를 보면 선행가압류권자와 근저당권자가 서로 안분배당을 받게 되는데, 변제계획인가로 선행가압류가 실효되어 말소된 후 채무자가 변제계획에 따라 성실히 변제하면 문제가 없지만 변제를 게을리하여 개인회생절차가 폐지되면 말소된 선행가압류권자는 근저당권자와 안분배당 받을 기회를 잃어버리게 되어 큰 손해를 입게 되므로 성실히 변제가 완료된 시점에 말소하도록 예외를 두는 것이다.
　② 채권자가 채무자 소유 부동산에 가압류를 실행하여 채권회수를 위한 노력을 하는 중에 채무자가 개인회생을 신청하면 채권자가 위 가압류를 면책결정의 확정시까지 효력을 유지하도록 해달라고 신청하는 경우에 채무자에게 변제계획 「10.기타사항」에 채권자의 요구사항을 기재하도록 하는 경우가 있다. 채권회수를 위하여 채무자의 재산에 시간과 비용을 투자하여 채무자의 재산을 찾아 가압류 등을 하였는데, 채무자가 개인회생을 신청하여 인가를 받아 가압류 등을 말소하고 나서 변제계획은 제대로 수행하지 않아 폐지가 된 후, 채무자가 가압류 등이 말소된 것을 기회로 해당 부동산을 매각하여 소비해 버린다면 시간과 비용을 들여 가압류 등까지 한 채권자의 그동안의 노력이 수포로 돌아가게 되어 부당한 경우가 생길 수가 있기 때문이다.
　③ 변제계획인가결정에 '채무자 소유의 모든 부동산에 관하여 개인회생채권에 기하여 이 사건 개인회생절차개시신청 전에 한 강제집행, 가압류 또는 가처분은 채무자 회생 및 파산에 관한 법률 제615조 제3항 본문에 불구하고 채무자가 월 변제예정액 20회분을 이 사건 회생위원계좌에 임치완료시 그 효력을 상실한다'는 규정을 두는 경우도 있다.
45) 변제계획인가결정에는 면책의 효력도 없고 권리변경효도 없는데, 중지된 강제집행 등을 면책 전에 미리 실효시키는 것이 타당한지 의문이다. 강제집행 등이 실효되면 그 집행권리자는 일반 개인회생채권자와 마찬가지로 채무자의 변제계획 이행에만 의존할 수밖에 없다. 만약 변제계획인가 후 부동산에 대한 가압류가 실효되자 채무자가 그 부동산을 매각한 후 더 이상 변제계획을 이행하지 않는 경우 기존 집행권리자는 집행절차에서 배당받을 수 있었던 금액을 전혀 받지 못하게 된다. 입법론적으로 개인채무자의 신속한 사회복귀를 위한 개인회생제도의 취지를 고려하여 권리변경효력을 회생절차에서처럼 변제계획인가결정시로 앞당기면 이러한 문제는 해결될 것이다.

개별적인 집행을 허용할 필요가 없을 뿐만 아니라 개인회생절차의 원활한 진행을 위함이다. 다만 해석상 ① 개인회생채권자목록에 기재되지 아니한 개인회생채권이나 ② 개인회생재단채권에 기한 강제집행 등은 실효되지 아니하고 강제집행 등이 가능하다.[46] 나아가 ③ 개인회생재단채권에 해당하는 채권을 개인회생채권으로 취급하여 개인회생채권자목록에 기재하였다 하더라도 그 법적 성질이 개인회생채권으로 변경되지는 않는다고 할 것이므로[47] 이 경우에도 변제계획인가결정으로 강제집행 등은 실효되지 않는다고 할 것이다.

제600조 제3항에 의하여 속행된 강제집행 등의 효력도 실효되는가. 회생절차의 경우 회생계획인가결정으로 중지된 강제집행 등이 실효되더라도 제58조 제5항에 의해 속행된 강제집행 등은 실효되지 않는다(제256조 제1항 단서). 이는 회생절차개시결정시에 해당 강제집행 등을 속행하여도 회생에 지장이 없다고 판단하였다는 점을 근거로 한 것이다. 개인회생절차의 경우에도 회생절차와 달리 볼 필요가 없다. 개인회생절차개시결정시에 해당 강제집행 등을 속행할 상당한 이유가 있다고 판단하였고, 여기서 상당한 이유는 개인회생절차에 지장이 없다는 것도 포함되는 것이므로 변제계획인가결정이 있더라도 제600조 제3항에 의하여 속행된 강제집행 등의 효력은 실효되지 않는다고 할 것이다.

(2) 변제계획인가결정이 있으면 중지된 회생절차 등이 실효되지만, 변제계획이나 변제계획인가결정에서 다르게 정한 경우에는 변제계획 등에서 정한 바에 따라 회생절차 등이 실효된다. 변제계획인가결정문에서 다르게 정할 경우 반드시 위 결정문의 주문에 기재하여야 하는 것은 아니고 결정문의 내용에 들어있으면 충분하다.[48] 변제계획 또는 변제계획인가결정에서 다르게 정할 수 있다는 규정을 둔 취지는 강제집행, 가압류 등을 바로 실효시킬 경우 채무자가

---

46) 다만 임금채권은 개인회생재단채권이지만, 실무는 채무자의 소득이나 수입으로 변제가 가능한 정도의 채권이라면 변제계획에 전액 변제에 관한 내용을 포함하여 변제계획인가결정이 이루어지고 있다. 이렇게 하는 취지로 보아 실무는 채무자가 인가된 변제계획에 따른 변제를 해태하여야 임금채권자는 변제계획과 무관하게 강제집행을 할 수 있다고 보는 듯하다. 하지만 개인회생재단채권은 수시로 우선적으로 변제받을 수 있고, 개인회생재단채권자가 변제계획에 동의한 바가 없기 때문에 위와 같이 해석하는 것은 문제가 있다.

47) 대법원 2007. 11. 30. 선고 2005다52900 판결, 대법원 2004. 8. 20. 선고 2004다3512, 3529 판결, 서울중앙지방법원 2019. 2. 21. 선고 2018나60627 판결 등 참조.

48) 인천지방법원 2011. 1. 11. 선고 2009가합22835 판결{서울고등법원 2011나18545 판결(항소기각), 확정}. **사례** 채권자는 채무자 소유 아파트에 관하여 2023. 11. 5. 가압류결정을 받아 같은 달 10. 가압류기입등기를 마쳤다. 채무자는 2024. 1.경 인천지방법원에 개인회생절차개시신청을 하였고, 위 가압류의 피보전채권은 개인회생채권자목록에 기재되었다. 법원은 변제계획인가결정을 하면서 '처분대상 재산인 위 아파트에 관한 개인회생채권에 기한 가압류는 채무자 회생 및 파산에 관한 법률 제615조 제3항에도 불구하고 법원의 허가가 있을 때 그 효력을 잃는다'고 정하였다. 한편 채무자는 2024. 12.경 '변제계획인가결정의 확정으로 가압류의 효력이 상실되었다'는 이유로 가압류기입등기에 대한 말소등기를 신청하였고, 가압류기입등기가 2025. 1. 4. 말소되었다. 그 후 위 아파트에 A은행이 근저당권설정등기를 마쳤다. 이때 채권자는 어떠한 조치를 취할 수 있는가.
제615조 제3항 및 변제계획인가결정에 의하면, 변제계획인가결정이 확정되었다는 사실만으로 위 가압류는 곧바로 그 효력이 소멸하는 것이 아니라 법원의 허가가 있는 때 그 효력을 잃는다고 할 것이므로, 가압류등기의 말소는 부당하다. 따라서 채권자는 A은행을 상대로 가압류기입등기의 회복등기에 대하여 승낙의 의사표시를 구하는 소를 제기하면 된다.
주문 기재례: 피고(A은행)는 원고(채권자)에게 별지 목록 기재 아파트에 관하여 인천지방법원 2025. 1. 4. 접수 제11394호로 말소등기된 인천지방법원 2023. 11. 10. 접수 제135824호로 마친 가압류기입등기의 회복등기에 대하여 승낙의 의사표시를 하라.

향후 강제집행, 가압류 등이 이루어진 재산을 임의 처분하고 변제계획까지 수행하지 아니함으로써 개인회생채권자들에게 손해를 입힐 우려가 있을 경우 당해 재산의 강제집행, 가압류 등을 변제계획 기간 중의 일정시점이나 변제계획 기간 종료 시까지 존속시켜 개인회생채권자들을 보호하려는 데 있다.[49]

(3) '효력을 잃는다'는 것은 앞으로의 속행을 허용하지 않는다는 뜻이 아니라 소급하여 그 절차가 효력을 잃는다는 것을 의미한다. 따라서 위와 같은 절차는 법원의 별도의 재판이 없이도 그 효력을 잃는다.[50]

(4) 그러나 담보권실행을 위한 경매절차는 인가결정에 의하여 효력이 상실되는 것이 아니라, 오히려 변제계획인가의 효력에 의하여 속행할 수 있게 된다(제600조 제2항 참조). 또한 개인회생절차 개시결정으로 중지된 국세징수법 또는 지방세징수법에 의한 체납처분(강제징수), 국세징수의 예{국세 또는 지방세 체납처분(강제징수)의 예를 포함}에 의한 체납처분(강제징수) 또는 조세채무담보를 위하여 제공된 물건의 처분은 인가결정이 있더라도 실효되지 않는다. 체납처분(강제징수) 등은 실효되지 않고 중지상태가 그대로 유지된다. 조세채무를 변제계획에 따라 변제하지 않아 개인회생절차가 폐지되면 체납처분(강제징수) 등은 속행된다.[51]

나. (가)압류적립금을 제1회 변제에 투입하는 변제계획안이 인가된 경우

(가)압류적립금을 제1회에 투입하는 변제계획안이 인가된 경우에도 개인회생절차개시결정으로 중지된(제600조) 개인회생채권에 기한 강제집행·가압류·가처분은 변제계획 또는 변제계획인가결정에서 다르게 정한 경우를 제외하고는 그 효력을 잃게 된다(제615조 제3항). 따라서 집행법원은 공탁된 배당액을 채무자에게 지급하여야 한다.

문제는 상당한 금액의 압류적립금이 있는 채무자가 변제계획에서 압류적립금을 1회의 변제기일에 변제에 제공하기로 하였음에도, 변제계획인가결정을 근거로 회수한 압류적립금을 회생위원에게 임치하지 않고 임의 소비할 수 있다는 것이다. 이러한 우려가 있는 경우, 실무적으로 변제계획이나 변제계획인가결정의 주문에서 압류적립금에 대하여 회생위원에게 관리·처분권

---

49) 인천지방법원 2019. 10. 30. 자 2019카기838 결정(확정). 개인회생채권에 기한 강제집행 등은 변제계획인가결정에 의하여 원칙적으로 실효되고 이를 이유로 집행해제신청과 해제절차를 취할 수 있지만, 변제계획인가결정이 있었다 하더라도 바로 그 시점에 강제집행 등이 실효되지 않는 경우가 있을 수 있으므로 집행해제신청이나 심사단계에서 강제집행 등과 관련된 채권이 개인회생채권인지, 해당 채권이 개인회생채권자목록에 기재되어 있는지 및 변제계획 또는 변제계획인가결정에 다르게 정한 규정이 있는지를 확인한 후 강제집행 등을 말소하는 절차가 이루어져야 할 것이다. 만약 법원사무관 등은 변제계획 또는 변제계획인가결정에 다르게 정한 내용을 충족시키지 못한 경우 채무자의 강제집행 등 말소 (촉탁)신청을 수리하여서는 아니 된다.

50) 다만 강제집행 등 절차의 외관(外觀)을 제거하기 위해서는 형식적인 절차가 필요하다. 그러나 이러한 절차에 관하여 법률에 별도의 규정이 없으므로 채무자가 해당 집행법원에 변제계획인가결정등본, 채권자목록을 첨부하여 말소등기촉탁신청서(집행해제신청서)를 제출하여야 할 것이다.

51) 회생절차가 인가되면 체납처분(강제징수) 등을 속행할 수 있는 경우와 다르다(제58조 제3항 참조). 다만 회생절차의 경우에도 회생계획에 따라 조세채무가 변제되고 있는 때에는 체납처분(강제징수) 등을 속행할 여지는 없을 것이다. 회생절차에서는 회생계획인가결정시까지만 체납처분(강제징수) 등이 중지되나(제58조 제3항 제1호), 개인회생절차에서는 중지에 기한 제한이 없다(개인회생절차가 종료될 때까지 중지된다).

을 부여하는 것으로 정하고 있다.[52]

채무자가 가압류 또는 압류를 원인으로 제3채무자가 보관 중인 적립금을 변제에 투입하고 그 적립금의 관리·처분권한이 회생위원에게 있음을 변제계획안에 기재한 경우, 회생위원은 변제계획인가결정 후 바로 통지서[전산양식 D5507]를 이용하여 제3채무자에게 변제계획의 취지를 통지한다(개인예규 제11조의4). 이 경우 제3채무자는 통지서에 기재된 회생위원 명의의 계좌에 입금한다.

다. 회생계획인가결정 및 변제계획인가결정으로 인한 강제집행 등 실효의 비교

[조문상 비교표]

	회생계획인가결정	변제계획인가결정
근거조문	제256조 제1항	제615조 제3항
실효대상	회생절차개시결정으로 중지된 파산절차, 회생채권·회생담보권에 기한 강제집행·가압류 또는 가처분, 담보권실행 등을 위한 경매절차	개인회생절차개시결정으로 중지된 회생절차 및 파산절차와 개인회생채권에 기한 강제집행·가압류 또는 가처분
실효의 예외	제58조 제5항의 규정에 의하여 속행된 절차 또는 처분	변제계획 또는 변제계획인가결정에서 다르게 정한 때

개인회생절차에서는 제600조 제3항에 의한 속행명령의 경우 실효되지 않는다는 규정이 없으나, 앞에서 본 바와 같이 해석상 속행명령이 된 강제집행 등은 실효되지 않는다고 할 것이다. 반면 회생계획이나 회생계획인가결정에서 다르게 정하더라도 회생계획인가결정으로 강제집행 등은 실효된다고 할 것이다.

회생절차와 달리 개인회생절차에서는 "변제계획 또는 변제계획인가결정에서 다르게 정한 때"에는 강제집행 등이 실효되지 않을 수 있다. 이 규정은 미국 연방도산법 제1327조 (c)[53]항에서 비롯된 것이다. 그렇다면 왜 회생절차와 달리 개인회생절차에서는 변제계획이나 변제계획인가결정에서 실효의 예외를 규정할 수 있도록 한 것일까. 회생절차와 달리 개인회생절차에서는 개인회생재단에 대한 관리처분권이 채무자에게 그대로 남아 있다(제580조 제2항). 그래서

---

52) 관리처분권을 회생위원이 갖는 변제계획 예시

> 10. 기타사항[해당있음☑, 해당 없음☐]
> (1) (가)압류적립금에 대한 조치
> 채무자의 급여 등에 대한 가압류 등으로 ○○○에서 보관하고 있는 (가)압류적립금 금 1,234,000원은 개인회생재단에 속하고, 위 개인회생재단을 관리하고 처분할 권한은 회생위원이 갖는다.

53) §1327. Effect of confirmation
(c) Except as otherwise provided in the plan or in the order confirming the plan, the property vesting in the debtor under subsection (b) of this section is free and clear of any claim or interest of any creditor provided for by the plan.

강제집행 등을 실효시킬 경우 채무자가 이를 임의처분하여 변제계획을 이행하지 아니할 수 있다. 따라서 채권자들은 강제집행 등이 유지되기를 원할 것이다. 채무자회생법은 이러한 채권자와 채무자의 이해관계를 고려하여 변제계획이나 변제계획인가결정에 실효의 예외를 규정할 수 있도록 한 것으로 보인다.[54]

4. 전부명령에 대한 특칙

변제계획인가결정이 있는 때에는 채무자의 급료·연금·봉급·상여금, 그 밖에 이와 비슷한 성질을 가진 급여채권에 관하여 개인회생절차 개시 전에 확정된 전부명령 중 변제계획인가결정 후에 제공한 노무로 인한 부분은 그 효력이 상실되고 그로 인하여 전부채권자가 변제받지 못하게 되는 채권액은 개인회생채권으로 된다(제616조).

5. 시효중단에 미치는 영향

개인회생절차에서 개인회생채권자목록이 제출되거나 그 밖에 개인회생채권자가 개인회생절차에 참가한 경우에는 시효중단의 효력이 있고(제32조 제3호, 제589조 제2항), 시효중단의 효력은 특별한 사정이 없는 한 개인회생절차가 진행되는 동안에는 그대로 유지된다. 개인회생채권자목록에 기재된 개인회생채권에 관하여 개인회생절차개시의 결정 전에 이미 확정판결이 있는 경우에도 마찬가지이다.[55]

개인회생절차에서 변제계획인가결정이 있더라도 변제계획에 따른 권리의 변경은 면책결정이 확정되기까지는 생기지 않으므로(제615조 제1항 단서), 변제계획인가결정만으로는 시효중단의 효력에 영향이 없다.[56]

---

54) 다른 한편 회생절차에서는 회생계획인가결정으로 면책의 효력이 발생하지만(제251조), 개인회생절차에서는 그렇지 않다. 면책결정이 확정될 때까지 면책의 효력은 지연된다. 회생절차의 경우 회생계획에 따른 수행이 제대로 되었는지(인가 후 회생절차가 폐지되었는지)와 무관하게 회생계획인가결정으로 면책되기 때문에 면책된 채권에 기하여 다시 강제집행 등을 할 여지가 없다. 반면 변제계획인가결정 후 변제계획이 제대로 수행되지 못할 경우 개인회생절차는 폐지되고, 그 경우 채권자는 채권 전액(변제된 금액은 제외)에 대하여 강제집행 등을 할 수 있다. 개인회생채권자표에 기하여 강제집행 등을 할 수 있지만, 다시 집행문부여를 받는 등 다시 강제집행 등의 절차를 거쳐야 한다. 그래서 개인회생재단에 대하여 관리처분권을 가지고 있는 채무자가 변제계획을 제대로 이행하지 않을 우려가 있는 경우, 채권자들을 위해 변제계획이나 변제계획인가결정에 강제집행 등의 실효에 대한 예외를 규정할 필요가 있다.

또한 강제집행 등이 이루어진 재산을 변제에 제공하는 내용의 변제계획안을 작성할 경우에는, 그 처분예정 재산의 산일을 방지하고 개인회생절차 밖의 채권(각주 44) ① 참조)이 강제집행 등으로부터 해방된 채무자의 재산(개인회생재단)에 대하여 임의로 집행함으로써 개인회생절차 밖의 채권만이 만족을 얻는 일을 방지하기 위한 목적도 있다고 할 것이다.

55) 대법원 2013. 9. 12. 선고 2013다42878 판결 참조.

56) 대법원 2019. 8. 30. 선고 2019다235528 판결(☞ 채권자인 원고가 연대보증인인 피고를 상대로 대출금의 지급을 구하자, 피고는 주채무자에 대한 개인회생절차에서 변제계획인가결정이 있었으므로 그 때부터 보증채무의 소멸시효가 다시 진행하여 자신의 연대보증채무가 시효소멸하였다고 주장하였지만, 개인회생절차에서 변제계획인가결정이 있더라도 시효중단의 효력에 영향이 없다고 판단하여 상고기각한 사례). 한편 주채무자에 대한 시효의 중단은 보증인에 대하여 그 효력이 있다(민법 제440조).

6. 변제계획인가 후 변동사항이 있는 경우의 처리

가. 변제계획인가 후 누락 채권이 발견된 경우

변제계획이 인가된 후에는 개인회생채권자목록의 수정은 허용되지 않는다(제589조의2 제1
항). 개인회생채권자목록에 누락된 채권은 면책의 대상이 되지 않으므로(제625조 제2항 제1호),
채무자로서는 개인회생절차폐지신청을 한 후 다시 개인회생절차를 신청할 수밖에 없다.

나. 변제계획에 오류가 있는 경우

변제계획 변제예정액표의 계산이 잘못되거나 합계금액 등이 잘못 기재된 경우와 같이 변제
계획에 오류가 있는 경우 인가결정에 대한 경정으로 처리한다.

Ⅲ 변제계획불인가결정 등의 효력

변제계획이 인가요건을 갖추지 못하여 불인가결정 및 개인회생절차폐지결정[57]이 확정되면
개인회생절차는 종료된다. 불인가결정 및 개인회생절차폐지결정이 있다하더라도 개인회생절차
중에 생긴 법률효과는 소급하여 무효로 되지 않고 원칙적으로 유효하다.

변제계획의 불인가결정 및 개인회생절차폐지결정이 확정되면, 개인회생채권자는 더 이상
개인회생절차의 제약을 받지 아니하고 채권을 추심하고 강제집행, 가압류, 가처분을 할 수 있
게 된다.

Ⅳ 변제계획인부결정에 대한 불복방법

변제계획의 인부결정에 대하여는 즉시항고를 할 수 있다(제618조 제1항).

1. 즉시항고권자

변제계획인부결정에 대하여 즉시항고를 할 수 있는 자는 그 재판에 대하여 법률상 이해관
계를 가지고 있는 자이다(제13조). 법률상 이해관계를 가지고 있는 자란 변제계획의 효력발생
여부에 따라 자기의 이익이 침해되는 자를 말한다.

가. 개인회생채권자

개인회생채권자의 경우 개인회생채권자목록에 기재되지 아니하면 변제계획의 효력을 받지

---

57) 회생절차와 달리 개인회생절차는 변제계획을 인가하지 않을 경우 변제계획불인가결정을 하고 그 확정을 기다렸다
가(제618조 제1항 참조) 다시 개인회생절차폐지결정을 하여야 한다(제620조 제1항 제2호). 변제계획불인가결정만으
로는 개인회생절차가 종료되지 않는다.

아니하므로(제600조, 제625조 제2항 제1호 참조) 개인회생채권자목록에 기재된 개인회생채권자에 한하여 항고할 수 있다고 할 것이다.

나. 개인회생재단채권자 및 별제권자

개인회생재단채권자나 별제권자는 변제계획인가결정에 따라 개인회생절차의 제약을 받는 불이익이 없으므로 항고를 제기할 이익은 없다고 할 것이다. 다만 별제권의 부족액에 대하여는 개인회생채권자의 지위에서 항고를 제기할 권한이 있음은 물론이다.

다. 채무자

채무자는 변제계획의 불인가결정에 대하여는 항고할 권한이 있다고 할 것이다. 반대로 자신이 제출한 변제계획안이 그대로 인가된 이상 항고권을 부정하여야 할 것이다.

2. 즉시항고의 절차

가. 항고제기의 방식 및 항고기간

변제계획인부결정에 대한 항고는 법원에 항고장을 제출함으로써 한다(제33조, 민소법 제445조).

변제계획인부결정에 대한 항고기간은 공고가 있는 날로부터 14일이다(제13조). 기산일은 공고가 효력이 발생한 날이고 이 기간은 불변기간이므로 소송행위의 추후보완이 허용된다(제9조, 민소법 제173조).

나. 변제계획불인가결정과 보증금 공탁명령

변제계획불인가결정에 대하여 즉시항고가 있는 때에는 회생법원은 기간을 정하여 항고인에게 보증으로 대법원규칙이 정하는 범위 안에서 금전 또는 법원이 인정하는 유가증권을 공탁하게 할 수 있다(제618조 제2항, 제247조 제4항).[58] 불인가결정에 대한 항고보증금 공탁제도는 항고인이 항고권을 남용하여 채권자의 권리행사를 지연시켜 손해를 입히는 것을 방지하기 위한 것이다.

변제계획불인가결정에 대하여 항고장이 제출된 경우 법원은 1주일 이내에 항고인에게 보증

---

58) **항고 보증 공탁물 출급 또는 회수 절차**(개인예규 제19조)
　1. 파산재단에 속하게 된 경우의 출급 절차
　　항고가 기각되고 채무자에 대하여 파산선고가 있거나 파산절차가 속행됨으로써, 보증으로 공탁한 현금 또는 유가증권이 파산재단에 속하게 된 경우에는, 파산관재인이 위 사항을 증명하는 서면[파산사건 담당 재판부의 법원사무관등이 발급한 것에 한한다. 전산양식 D4500]을 첨부하여 공탁물 출급청구를 할 수 있다.
　2. 공탁자의 회수 절차(공탁자에게 지급)
　　항고가 인용된 경우 또는 항고가 기각되고 채무자에 대하여 파산선고가 없으며 파산절차가 속행되지 않는 경우에는, 공탁자가 공탁서와 항고 인용의 재판이 확정되었음을 증명하는 서면 또는 채무자에 대하여 파산선고가 없으며 파산절차가 속행되지 않음을 증명하는 서면[개인회생사건 담당 재판부의 법원사무관등이 발급한 것에 한한다. 전산양식 D5515]을 첨부하여 공탁물 회수청구를 할 수 있다.

으로 공탁하게 할 것인지 여부를 결정하여야 한다. 항고인에게 보증으로 공탁하게 할 금액은 개인회생채권자의 확정된 채권 총액의 20분의 1에 해당하는 금액 범위 내에서 정한다. 구체적으로 ① 채무자의 자산·부채의 규모 및 재산상태, ② 항고인의 지위 및 항고에 이르게 된 경위, ③ 향후 사정변경의 가능성, ④ 그동안의 절차 진행경과 및 그 밖의 여러 사정을 고려하여 결정한다. 법원이 기간을 정하여 항고인에게 보증으로 공탁할 것을 명한 경우에 항고인이 정해진 기간 내에 보증을 제공하지 아니한 때에는 원심법원은 결정으로 항고장을 각하하여야 한다(규칙 제93조, 제71조 제1항 내지 제4항).

3. 즉시항고와 변제계획의 수행정지 등 가처분

가. 즉시항고와 집행정지의 효력

변제계획인가결정에 대한 즉시항고는 변제계획의 수행에 영향을 미치지 아니한다(제618조 제2항, 제247조 제3항 본문). 일반 민사소송법상의 즉시항고와는 달리 집행정지의 효력을 인정하지 않음으로써 인가결정의 확정을 기다리지 않고 바로 변제계획의 효력을 발생하도록 하였다. 따라서 변제계획 인가결정에 대하여 즉시항고가 이루어져 항고심이나 재항고심에 계속 중이더라도 채무자가 변제계획에 따른 변제를 완료하면, 법원은 면책결정을 하여야 하고 면책결정이 확정되면 개인회생절차는 종료하게 된다(제624조 제1항, 규칙 제96조).[59]

나. 수행정지 등의 가처분

인가결정에 대한 즉시항고가 위와 같이 집행정지의 효력이 없는 것이 원칙이므로 경우에 따라서는 항고심에서 항고가 인용되더라도 항고인에게 회복할 수 없는 손해를 입힐 수 있다. 그렇다면 결국 인가결정에 대한 불복신청을 허용하는 것이 무의미하게 되므로 항고법원 또는 회생계속법원은 항고가 이유 있다고 인정되고, 변제계획의 수행으로 생길 회복할 수 없는 손해를 예방하기 위하여 긴급한 필요가 있음이 소명된 경우에는 수행정지 등의 가처분을 할 수 있다(제618조 제2항, 제247조 제3항 단서).

4. 항고심의 재판

항고심은 개인회생절차를 진행하는 제1심에 대한 속심이므로 그 심리대상에 있어 제한이 없다.

항고법원은 항고를 각하하거나 제1심 판단을 수긍할 경우 항고기각결정을 한다. 제1심의 변제계획인가결정이 부당하다고 판단하는 경우에는 원칙적으로 제1심결정을 취소하고 변제계

---

59) 대법원 2019. 7. 25. 자 2018마6313 결정 참조. 한편 개인회생절차에서 변제계획 인가결정에 대하여 즉시항고가 있어 항고심이나 재항고심에 계속 중이더라도 면책결정이 확정되면, 항고인이나 재항고인으로서는 변제계획 인가결정에 대하여 더 이상 즉시항고나 재항고로 불복할 이익이 없으므로 즉시항고나 재항고는 부적법하다.

획불인가결정을 선고한다. 다만 일정한 경우 원심결정을 취소하고 환송하여 변제계획안을 수정하게 할 수 있다(본서 2021쪽 참조).

제1심의 변제계획불인가결정이 부당하다고 판단되는 경우에는 제1심결정을 취소하고 인가결정을 하지 아니한 채 환송하여야 한다. 인가결정 후의 변제계획 수행의 감독 등을 항고법원에서 하기에는 어려움이 있기 때문이다.

변제계획인가결정에 대한 항고심의 재판 및 변제계획불인가결정에 대한 항고기각결정에 대하여는 재항고도 가능하다(제618조 제2항, 제247조 제7항).

제 9 장

변제계획의 수행과 변경

제1절 | 변제계획의 수행

변제계획이 인가되면, 채무자는 인가된 변제계획을 수행하여야 한다.

Ⅰ 회생위원이 선임되어 있는 경우

채무자는 인가된 변제계획의 내용에 따라 개인회생채권자에게 변제하여야 할 금원을 회생위원에게 임치하여야 하고(제617조 제1항), 개인회생채권자는 임치된 금원을 변제계획에 따라 회생위원으로부터 지급받아야 한다.[1] 회생위원으로 하여금 지급하게 한 것은 채무자가 직접 변제하는 경우에 생길 수 있는 편파변제 등을 막기 위함이다. 개인회생채권자가 지급받지 않는 경우에는 회생위원은 채권자를 위하여 공탁할 수 있다(제617조 제2항).[2]

개인회생채권자는 제613조의 규정에 따른 개인회생채권자집회의 기일 종료시까지 변제계획에 따른 변제액을 송금받기 위한 금융기관(은행법에 의한 금융기관을 말한다) 계좌 번호를 회생위원에게 신고하여야 한다. 위 신고를 하지 아니한 개인회생채권자에 대하여 지급할 변제액은 변제계획에서 정하는 바에 따라 공탁할 수 있다(규칙 제84조).

한편 회생위원은 개인회생절차폐지의 결정 또는 면책의 결정이 확정된 후에도 임치된 금원(이자를 포함한다)이 존재하는 경우에는 이를 채무자에게 반환하여야 할 것이다. 채무자가 수령을 거부하거나 채무자의 소재불명 등으로 반환할 수 없는 경우에는 채무자를 위하여 공탁할 수 있다(제617조의2). 채무자에 대한 신속한 환급을 도모하기 위하여 채무자를 위한 공탁제도를 명시적으로 규정하였다.[3]

---

[1] 미확정 개인회생채권이 있는 경우에는 해당 변제금을 매월 유보한다. 이후 미확정 개인회생채권이 조사확정재판이나 소송 등을 통하여 확정되면, 법원에 확정신고를 하여 개인회생채권자로서 그 권리를 행사할 수 있다.

[2] 회생위원은 변제액을 송금받기 위한 금융기관 계좌번호를 신고하지 아니한 채권자(신고한 계좌번호에 오류가 있는 채권자도 포함한다)에 대하여는 규칙 제84조 제2항 및 변제계획에 따라 연 1회(변제계획인가일부터 1년이 지날 때마다 1회) 변제액을 공탁할 수 있다(개인예규 제11조의5 제1항 참조).

[3] 회생위원은 채무자가 개인회생절차개시신청서에 기재한 금융기관 계좌번호와 전화번호에 오류가 있고, 채무자의 소재불명 등의 사유로 채무자와 연락이 되지 않는 경우에는 법 제617조의2에 따라 임치된 금원을 공탁할 수 있다(개

회생위원은 미확정 개인회생채권도 적절하게 관리하여야 한다. 회생위원은 미확정 개인회생채권에 관하여 ① 변제계획 인가일부터 1년 6월이 지날 때까지 그 확정 여부가 판명되지 아니한 때[전산양식 D55 09]나 ② 변제계획에 따른 변제를 완료하거나 개인회생절차 폐지결정이 있는 때까지 그 확정 여부가 판명되지 아니한 때[전산양식 D5509−1]에는 해당 채권자에게 각 전산양식을 이용하여 통지서를 발송하거나 전화, 전자우편, 팩시밀리 등 적절한 방법으로 채권확정 신고를 하도록 촉구하여야 한다(개인예규 제11조의6).

Ⅱ 회생위원이 선임되어 있지 않거나 변제계획 또는 변제계획인가결정에서 다르게 정한 경우[4]

1. 회생위원이 선임되지 않은 경우

회생위원이 선임되지 않은 경우에는 채무자는 인가된 변제계획의 내용에 따라 개인회생채권자에게 변제하여야 할 금원을 스스로 직접 개인회생채권자에게 지급하여야 한다(개인예규 제13조 제1항). 주의할 점은 채무자는 매번 금원 지급시마다 반드시 그 지급사실을 증명할 영수증을 개인회생채권자로부터 교부받아두거나, 금융기관을 통하여 송금하였다면 개인회생채권자의 계좌로 금원이 송금되었다는 점을 증명할 자료를 확보해두어야 한다는 점이다(개인예규 제13조 제2항).

2. 변제계획이나 변제계획인가결정에서 다르게 정한 경우

회생위원이 선임되었더라도 변제계획이나 변제계획인가결정에서 다른 방법을 정하였다면 그 정해진 다른 방법에 따라 변제계획을 수행하여야 한다(제617조 제3항).

Ⅲ 소멸시효 완성채권을 변제한 경우 소멸시효이익 포기 인정 여부

소멸시효가 완성되지 아니한 채권에 관하여 개인회생채권자목록의 제출은 시효중단의 효력이 있으나(제32조 제3항, 제598조 제2항), 이미 소멸시효가 완성된 채권에 관하여는, 개인회생채권자목록의 제출만으로 곧바로 소멸시효 이익을 포기한 것으로 단정할 수는 없다.[5]

개인회생채권자목록 제출 단계에서 더 나아가 인가된 변제계획에 따라 채권의 일부를 변제한 경우에는 어떠한가. 채무자가 소멸시효 완성 후 채무를 일부 변제한 때에는 그 액수에 관

인예규 제11조의5 제2항). 이로 인해 개인회생절차가 완결되었으나 회생위원계좌에 채무자에게 반환해야 할 임치금이 남아 있고, 이를 채무자의 소재불명 등으로 반환할 수 없는 경우 채무자를 위하여 공탁할 수 있게 되었다.

4) 실무상 모든 사건에 대하여 회생위원을 선임하고 있고, 회생위원이 선임된 경우 변제계획이나 변제계획인가결정에서 변제계획 수행에 관하여 회생위원에게 임치하는 방법과 다른 방법을 정하고 있지는 않다.

5) 대법원 2017. 7. 11. 선고 2014다32458 판결.

하여 다툼이 없는 한 그 채무 전체를 묵시적으로 승인한 것으로 보아야 하고, 이 경우 시효완성의 사실을 알고 그 이익을 포기한 것으로 추정된다.[6] 개인회생채권자목록 제출 단계에서 더 나아가 인가된 변제계획에 따라 채권의 일부를 변제하였다면 이는 별도의 새로운 사정이므로 위 법리에 따라 시효이익의 포기로 추정된다고 할 것이다.[7] 다만 채무자의 다른 채권자가 이의기간 내에 해당 채권에 대하여 이의를 제기한 경우에는 시효이익의 묵시적 포기로 볼 수 없다고 할 것이다.[8]

제2절 변제계획의 변경

I 변제계획변경의 필요성

변제계획의 변경이란 변제계획인가결정 후 변제계획에 따른 변제가 완료되기 전에 변제계획에서 정한 사항을 변경하는 것을 말한다.[9] 변제계획에서 정하는 변제기간은 최장 3년까지로 되어 있기 때문에, 인가된 변제계획을 수행하여 가는 도중에 채무자의 소득이 줄어들거나 늘어나는 경우가 충분히 발생할 수 있다. 따라서 변제계획도 변경할 수 있도록 할 필요가 있다.

개인회생절차에서는 회생절차와 달리(제282조) 인가 후의 변제계획 변경에 관하여 변경사유(제출사유)를 제한하고 있지 않다(제619조 제1항 참조).[10] 그러나 인가된 변제계획의 변경은 인가 후에 변제계획에서 정한 사항의 변경이 필요한 사유가 발생하였음을 당연한 전제로 하는 것으로서, 제619조 제1항이 변제계획 인가 후에 채무자의 소득이나 재산의 변동 등 인가된 변제계획에서 정한 사항의 변경이 필요한 사유가 발생하지 아니한 경우에도 아무런 제한 없이 변제계획을 변경할 수 있도록 허용하고 있는 것으로 볼 수는 없다. 이와 달리 위와 같은 변경사유

---

6) 대법원 2001. 6. 12. 선고 2001다3580 판결 참조.
7) 서울중앙지방법원 2017. 10. 27. 선고 2017나680 판결(확정) 참조.
8) 대법원 2017. 7. 11. 선고 2014다32458 판결 참조.
9) **일시변제(조기변제)** 변제기간 중에 있는 채무자가 정년퇴직에 따른 퇴직금이 발생하거나 친인척 등에 의한 자금조달 등을 이유로 일시(조기)에 변제하는 것을 말하고, 실무적으로 허용되고 있다. 이는 재산 및 소득의 변동에 따른 변제계획의 변경과는 다르다. 일시변제는 변제기간 동안의 변제를 앞당겨 변제하는 것에 불과하므로 변제계획변경 절차를 거칠 필요는 없다. 또한 변제계획에 따른 변제이므로 일반면책에 해당한다.
10) 대법원 2015. 6. 26. 자 2015마95 결정. 채무자회생법은 변제계획의 변경사유에 관하여 별도의 기준을 규정하지 않고 최초 변제계획의 작성 및 인가에 관한 규정을 준용하고 있다(제619조). 따라서 변제계획의 변경시에 청산가치 보장에 관한 규정이 준용되므로 변제계획의 인가 후에 재산이 증가하여 청산가치가 증가하였다면 채권자는 변제계획 변경안을 제출하여 상환금액을 높일 것을 요구할 수 있다. 또 채권자의 이의가 있으면 채무자가 가용소득 전부를 변제에 제공하여야 하는 규정이 있으므로 채무자의 가용소득이 증가한 경우에도 채권자는 변제계획을 변경하여 상환금액을 증가시킬 수 있다. 만일 변제기간 중에 전직, 식구증가, 대도시로의 이주 등으로 채무자의 가용소득이 감소한 경우에는 채무자도 변제계획의 변경을 통하여 상환금액을 감소시킬 수 있다(법무부 해설서, 185쪽). 채무자 회생법의 변제기간이 2017. 12. 24. 5년에서 3년으로 개정되자(2018. 6. 13. 시행) 일부 회생법원은 그 개정취지가 장기간의 변제기간에 대한 반성적 고려에 있다고 보고, 인가 후 사건에 대하여 변제계획 변경사유로 인정하였다. 그러나 위와 같은 법개정이 있었다는 이유만으로는 인가된 변제계획에서 정한 변제기간을 변경할 사유가 발생하였다고 볼 수 없다(대법원 2019. 3. 19. 자 2018마6364 결정).

의 발생 없이도 인가된 변제계획의 변경이 가능하다고 보게 되면 안정적인 변제계획의 수행이 매우 곤란해질 뿐만 아니라 변제계획 인가절차 자체가 무의미해져, 변제계획 인가 전에 제610조 제2항에 따라 변제계획안을 수정하는 것과 별다른 차이가 없게 되기 때문이다. 따라서 변제계획 인가 후에 채무자의 소득이나 재산의 변동 등 인가된 변제계획의 변경이 필요한 사유가 발생한 경우에 한하여 변제계획의 변경이 가능하다고 봄이 타당하다.[11] 결국 변제계획 인가 후에 채무자의 소득이나 재산 등의 변동으로 인가된 변제계획에서 정한 변제기간이 상당하지 아니하게 되거나 질병이나 전직 등으로 정기적인 수입이 감소한 경우와 같이 제한적으로 변경을 고려할 수 있을 것이다.[12]

Ⅱ 변제계획의 변경 절차

1. 변제계획변경안의 제출

가. 제출권자

원래의 변제계획은 채무자만이 이를 제출하도록 되어 있으나(제610조 제1항), 변제계획변경안은 채무자 외에 회생위원이나 개인회생채권자도 제출할 수 있다. 변제계획변경안은 변제계획에 따른 변제가 완료되기 전까지 제출[13]할 수 있다(제619조 제1항).

변제계획변경안을 회생위원이나 개인회생채권자도 제출할 수 있도록 함으로써 채무자는 그가 원하지 않는 변제계획이 강요될 수 있게 되었다. 이는 미국 연방도산법 §1329(a)[14]를 참고

---

11) 대법원 2021. 2. 26. 자 2018마6694 결정, 대법원 2019. 3. 19. 자 2018마6364 결정(☞ 2017. 12. 12. 개정된 채무자회생법 제611조 제5항의 개정규정 시행 전에 개인회생절차개시신청을 하여 변제기간을 60개월로 정한 변제계획에 대해 인가결정을 받은 채무자가 법개정 이후에 변제기간을 47개월로 단축하는 변제계획 변경안을 제출하여 인가결정을 받은 사안에서, 개정법 부칙규정에 의하여 개정규정의 적용이 배제되는 위 사건에서 변제계획 인가 후 변제기간의 상한을 단축하는 법개정이 있었다는 이유만으로 인가된 변제계획에서 정한 변제기간을 변경할 필요가 생겼다고 볼 수 없고, 또한 변제계획 변경안이 인가되기 위해서는 그 인가 당시를 기준으로 채무자회생법 제614조에서 정한 인가요건을 충족해야 함에도, 변제계획 인가 후에 채무자의 소득이나 재산 등의 변동으로 인가된 변제계획에서 정한 변제기간이 상당하지 아니하게 되는 등 변경사유가 발생하였는지 여부 및 채무자가 제출한 변제계획 변경안이 인가요건을 충족하는지 여부에 관하여 아무런 심리를 하지 아니한 채 변제계획 변경안을 인가한 제1심결정 및 이를 정당하다고 판단한 원심결정에 변제계획 변경안의 인가요건 등에 관한 법리를 오해하여 필요한 심리를 다하지 않은 잘못이 있다고 하여 원심결정을 파기한 사안임).
12) 수입이 감소한 경우에는 채무자가 알 수 있기 때문에 변제계획변경이 문제되지 않는다. 문제는 수입이 증가한 경우이다. 회생위원이나 개인회생채권자는 채무자의 수입이 증가한 것을 알기 어렵다. 그래서 실무에서는 변제계획 10항에 채무자에게 [이직 등 신고의무]를 부여하고 있다. 즉 채무자는 직장을 변경하거나 새로운 사업자등록을 하거나 또는 인가결정 이후 평균소득이 변제계획에서 정한 월 소득액과 비교하여 20% 이상 증가한 경우에는 1개월 내에 그 변동내역도 함께 신고하고, 관련 자료를 제출하도록 하고 있다. 나아가 소득이 20% 이상 증가한 경우 증가된 소득의 50% 이상을 월가용소득에 반영한 변경된 변제계획(안)을 제출하도록 하고, 위 각 의무를 게을리 한 경우 개인회생절차를 폐지할 수 있도록 규정하고 있다(창원지방법원 2023. 11. 8. 자 2023개회1942 결정 등 참조).
13) 회생절차의 경우는 회생계획의 변경은 '신청'에 의하여만 가능하도록 규정하고 있음에 반하여(제282조 제1항), 개인회생절차에서는 '신청'이 아닌 변제계획변경안의 '제출'로 규정하고 있다.
14) § 1329. Modification of plan after confirmation
    (a) At any time after confirmation of the plan but before the completion of payments under such plan, the

한 것으로 보인다. 그러나 개인회생절차는 전적으로 채무자의 자발적인 것이어야 하고 이러한 이유로 원래의 변제계획안은 채무자만이 제출할 수 있도록 하고 있는 점, 미국 연방도산법상 채무자는 개인회생절차 진행 중 언제든지 제7장 절차(우리나라의 개인파산절차)로 전환할 권리가 있어[15] 채무자 외의 자에 의한 변제계획안 변경에 대응할 수 있는 수단이 있으나 채무자회생법은 그러한 제도적 보완책이 없는 점, 실무적으로도 채무자 외에 변제계획변경안을 제출하는 경우는 거의 없는 점, 채무자에게 원하지 않는 변제계획을 받아들이라고 강요하는 것은 개인회생절차를 둔 취지에 부합하지 않는 점 등을 고려하면, 변제계획변경안의 제출권자를 채무자로 한정하는 것이 타당하다고 본다.[16]

나. 제출시기 및 방식

변제계획변경안은 채무자, 회생위원이나 개인회생채권자가 인가 후 언제든지 제출할 수 있지만, 제출할 수 있는 기한은 변제계획에 따른 변제가 완료되기 전까지이다(제619조 제1항).

변제계획의 변경안을 제출하는 때에는 ① 사건의 표시, ② 채무자, 제출인과 그 대리인의 표시, ③ 변제계획의 변경안을 제출하는 취지 및 그 사유를 기재한 서면을 함께 법원에 제출하여야 한다(규칙 제91조).

다. 변제계획변경의 내용

변제계획변경안의 주된 내용은 변제액을 감액하는 것이다.[17] 물론 변제재원이 증가한 경우 변제액을 증액하는 내용도 있을 수 있다.[18] 변제기간의 연장이 가능한지가 문제이지만, 원래의 변제계획의 기간제한을 넘는 변제기의 연장은 허용되지 않는다고 할 것이다.

2. 변제계획변경안의 송달 등

채무자가 변제계획의 인가 후 인가된 변제계획의 변경안을 제출하면, 법원은 개인회생채권자 등에게 변제계획변경안을 송달하여야 하고, 채무자·개인회생채권자 및 회생위원에게 개인회생채권자집회의 기일과 변제계획변경안의 요지를 통지하여야 하며, 개인회생채권자집회 등에서 개인회생채권자 등이 채무자가 제출한 변제계획변경안에 관하여 이의를 진술하는지 여부를 확인하여야 한다(제619조 제2항, 제597조 제2항, 제613조 제1항, 제5항).[19]

---

plan may be modified, upon request of the debtor, the trustee, or the holder of an allowed unsecured claim, to−

15) 미국 연방도산법 §1307(a),(b).

16) 일본 민사재생법은 재생계획(우리나라의 변제계획)의 변경신청은 채무자에게만 인정하고 있다(제234조 제1항).

17) 일본 민사재생법은 재생계획(변제계획)의 기간을 일정 한도 내에서 연장하는 것만 가능하고 변제액의 감소는 일절 허용되지 않는다(제234조 제1항). 이는 계획변경절차를 간소화하기 위한 것이라고 한다.

18) 입법론적으로는 개인회생절차가 회생형절차라는 점에서 변제계획인가 이후에 증가한 소득은 채무자가 새로운 출발을 하는 재원으로 사용하는 것이 바람직하다.

19) 대법원 2015. 6. 26. 자 2015마95 결정. 변제계획 변경안이 제출되면 반드시 개인회생채권자집회를 개최하여야 하는가. 이에 대하여 변제계획 변경안이 제614조 제1항이나 제2항의 요건을 갖추지 못한 경우 또는 변제계획 변경안

3. 변경변제계획안의 인부결정

법원은 채무자가 제출한 변제계획의 변경안에 대하여 개인회생채권자 또는 회생위원이 이의를 진술하지 아니하고 제614조 제1항 각 호의 요건이 모두 충족된 때에는 변제계획의 변경안에 대하여 인가결정을 하여야 하고, 개인회생채권자 또는 회생위원이 이의를 진술하는 때에는 제614조 제1항 및 제2항의 각 요건을 구비하고 있는 때에 변제계획의 변경안에 대하여 인가결정을 할 수 있다(제619조 제2항, 제614조 제1항, 제2항).[20] 회생절차(제282조)와 달리 인부와 관련하여 별도의 규정을 두지 않고 원래 변제계획안의 인부에 관한 규정을 준용하고 있다. 회생위원이나 개인회생채권자가 제출한 변제계획변경안에 대하여는 명문의 규정이 없으나, 마찬가지로 보아야 할 것이다.

변제계획변경안이 인가요건을 갖춘 경우 법원의 인가는 재량이 아니라 의무적인 것이다.[21] 인가요건을 갖추지 못한 경우에는 (변경)변제계획불인가결정을 한다.[22]

Ⅲ 변경변제계획인부결정에 대한 불복방법

1. 변경변제계획인부결정에 대한 즉시항고

변제계획변경안에 대한 인가결정·불인가결정에 관하여 제619조 제2항이 제618조를 준용하고 있지 않아 즉시항고가 허용되는지 여부가 문제될 수 있다. 변제계획안의 인부결정에 대하여 즉시항고를 인정하고 있음에도 변제계획변경안에 대하여 즉시항고를 인정하지 않는 것은 부당하므로 제618조 제1항을 유추적용하여 변경변제계획안 인부결정에 대하여도 즉시항고가 가능하다고 할 것이다. 실무적으로도 즉시항고를 허용하고 있다.

제출 사유에 해당하지 않는 내용의 변제계획 변경안이 제출된 경우에는 개인회생채권자집회를 열어 채무자나 개인회생채권자로 하여금 집회에 참석하도록 하는 것이 채무자나 개인회생채권자에게 과도한 절차 참여의 부담을 지우고, 법원으로서도 불필요한 업무 부담을 안게 되므로 타당하지 않다는 견해가 있다{조인, "개인회생절차에서 인가된 변제계획의 변경", 2018년 법관연수 어드밴스과정 연구논문, 사법연수원(2019), 18쪽}. 하지만 제619조 제1항이 변제계획 변경사유를 제한하지 않고 있고, 회생절차(제282조 제1항)와 달리 '신청'이 아닌 변제계획 변경안 '제출'로 규정하고 있으며{김희중, "개인회생절차에 있어서 인가 후 변제계획변경의 절차 및 인가요건", 대법원판례해설 제103호(2015년 상반기), 442~443쪽}, 제619조 제2항에서 제613조를 준용하고 있고, 실무적으로 개인회생채권자들은 미리 변제계획 변경안에 동의 여부를 표시하는 경우는 드물고 대부분 집회에 참석하여 의견을 밝히는 것이 일반적이라는 점에서 인가요건을 갖추지 못하는 등의 변제계획 변경안이라고 하더라도 개인회생채권자집회를 열어야 한다고 할 것이다.

20) 대법원 2015. 6. 26. 자 2015마95 결정.

21) 대법원 2015. 6. 26. 자 2015마95 결정.

22) 채무자가 변제계획 인가 후에 변제계획 변경안을 제출한 경우 법원으로서는 변제계획 인가 후 채무자의 소득이나 재산 등의 변동 상황을 조사하여 변경사유가 발생하였는지 여부를 심리·판단하여야 한다. 이와 같은 심리 결과 인가된 변제계획에 변경할 사유가 발생하였다고 인정되지 않는 경우에는 제614조 제1항 제1호에서 정한 '변제계획이 법률의 규정에 적합할 것'이라는 변제계획 인가요건을 충족하지 못한 것으로 보아 변제계획 변경안을 불인가하여야 한다(대법원 2019. 3. 19. 자 2018마6364 결정 참조).

2. 변제계획 변경 인가결정에 대한 즉시항고가 있어 항고심(재항고가 된 경우에는 재항고심)에서 계속 중 면책결정이 확정된 경우 즉시항고(재항고)의 처리[23]

개인회생절차에서 변제계획 변경 인가결정에 대하여 즉시항고가 있어 항고심이나 재항고심에 계속 중이더라도 면책결정이 확정되면, 항고인이나 재항고인으로서는 변제계획 변경 인가결정에 대하여 더 이상 즉시항고나 재항고로 불복할 이익이 없으므로 즉시항고나 재항고는 부적법하다. 그 이유는 다음과 같다.

(1) 변제계획 인가결정에 대한 즉시항고는 변제계획의 수행에 영향을 미치지 아니하여 항고법원 또는 회생계속법원이 변제계획의 전부나 일부의 수행을 정지하는 등의 처분을 하지 아니하는 한 집행정지의 효력이 없다(제618조 제2항, 제247조 제3항). 이는 변제계획 변경 인가결정에서도 같다. 따라서 변제계획 변경 인가결정에 대하여 즉시항고가 이루어져 항고심이나 재항고심에 계속 중이더라도 채무자가 변경된 변제계획에 따른 변제를 완료하면, 법원은 면책결정을 하여야 하고 면책결정이 확정되면 개인회생절차는 종료하게 된다(제624조 제1항, 규칙 제96조).

(2) 제625조 제2항 본문은 "면책을 받은 채무자는 변제계획에 따라 변제한 것을 제외하고 개인회생채권자에 대한 채무에 관하여 그 책임이 면제된다"고 규정하고 있다. 여기서 말하는 면책이란 채무 자체는 존속하지만 채무자에 대하여 이행을 강제할 수 없다는 의미이므로 면책된 개인회생채권은 통상의 채권이 가지는 소 제기 권능을 상실하게 된다.

(3) 제2편의 회생절차에서는 회생계획 인가결정이 있은 때에 회생채권자 등의 권리변경 효력이 발생하여 채무의 전부 또는 일부의 면제, 기한의 연장, 권리의 소멸이 이루어진다(제252조 제1항 참조). 그런데 이와 달리 제4편의 개인회생절차에서는 변제계획 인가결정으로 개인회생채권자의 권리가 변경되지 않고, 다만 면책결정으로 그 책임이 면제될 뿐이다(제615조 제1항 참조). 따라서 개인회생절차에서 변제계획 변경 인가결정에 대한 즉시항고나 재항고 절차가 계속 중이더라도 면책결정이 확정됨에 따라 개인회생절차가 종료되었다면, 추후 변제계획 변경 인가결정에 대한 즉시항고나 재항고가 받아들여져서 채무자에 대한 변제계획 변경 인가결정이 취소되더라도 더 이상 항고인의 권리가 회복될 가능성이 없다. 또한 면책결정의 확정으로 항고인의 개인회생채권은 채무자에 대한 관계에서 자연채무의 상태로 남게 되었으므로, 변제계획을 다시 정하더라도 항고인이 채무자에 대하여 위 채무의 이행을 강제할 수 없으며, 특별히 자연채무의 범위를 다시 정하여야 할 실익이 있다고 볼 수도 없다.

---

23) 대법원 2019. 7. 25. 자 2018마6313 결정.

제10장

개인회생절차의 폐지 및 면책

제1절 개인회생절차의 폐지

I 의 의

개인회생절차의 폐지란 개인회생절차개시 후 그 개인회생절차가 목적을 달성하지 못하고 법원이 그 절차를 중도에 종료시키는 것을 말한다.[1]

개인회생절차의 폐지는 변제계획인가 전의 폐지(제620조)와 변제계획인가 후의 폐지(제621조)가 있다.

채무자가 제출한 변제계획안을 인가할 수 없을 때에는 개인회생절차를 폐지하여야 할 것이나(제620조 제1항 제2호), 변제계획불인가결정에 대하여 즉시항고를 인정하고 있으므로(제618조 제1항) 변제계획안을 불인가할 경우에는 불인가결정의 확정을 기다렸다가 개인회생절차폐지결정을 하여야 한다. 그 이유는 두 결정에 대해 각각 따로 불복이 가능하여[2] 변제계획불인가결정이 확정되기 전에 개인회생절차폐지결정이 확정되는 것과 같은 수습할 수 없는 경우가 발생할 수 있기 때문이다.[3]

---

1) **개인회생절차의 종료** 어떤 사건에 대하여 개인회생절차의 계속이 소멸하는 것을 개인회생절차의 종료라고 한다. 개인회생절차의 종료사유는 통상적인 회생절차와 거의 같다. 개인회생절차개시신청의 취하, 개인회생절차개시신청 기각결정의 확정, 개인회생절차개시결정 취소결정의 확정, 개인회생절차폐지결정의 확정 등.
　다만 통상적인 회생절차와 달리(제283조 참조) 개인회생절차의 종결에 의한 종료는 없다. 개인채무자가 변제계획에 따른 변제를 완료한 경우 당사자의 신청이나 직권으로 면책결정을 할 뿐이다(제624조 제1항). 면책결정을 할 때에도 개인회생절차종결결정이 필요한 것이 아니다. 개인회생절차의 경우 변제계획인가에 권리변경효가 없고, 인가 이후에도 회생위원의 감독을 받는다는 점 및 변제계획에 따라 변제를 완료하였다고 종결결정을 할 경우 면책결정이 있기 전에 채권자들에 의해 강제집행 등이 가능하다는 점(제600조 제1항 참조) 등을 고려하여 변제계획인가 후 변제가 시작되더라도(나아가 변제가 완료되었다고 하더라도) 개인회생절차를 종결하지 않는 것으로 해석된다.
2) 따라서 개인회생절차폐지결정에 대하여만 즉시항고를 한 경우에도 여러 사정을 종합하여 변제계획불인가결정에 대한 즉시항고도 포함되어 있다고 보아야 할 경우가 있을 수 있다(대법원 2014. 7. 25. 자 2014마980 결정 참조).
3) 회생절차의 경우에는 개인회생절차와 달리 회생계획의 불인가결정으로 회생절차가 종료된다(제6조 제2항, 제248조 등 참조).

Ⅱ 변제계획인가 전 개인회생절차의 폐지

1. 요　건

가. 필요적 폐지사유

법원은 다음과 같은 경우 개인회생절차폐지결정을 하여야 한다(제620조 제1항).

(1) 개인회생절차의 개시결정 당시 ① 채무자가 신청권자의 자격을 갖추지 아니하였거나 ② 채무자가 신청일 전 5년 이내에 면책(파산절차에 의한 면책을 포함한다)을 받은 사실이 명백히 밝혀진 때

위 ①과 ②의 사유는 개인회생절차개시신청의 기각사유에 해당한다(제595조 제1호, 제5호). 따라서 개시결정 전에 그러한 사유가 밝혀졌다면 그 시기를 기준으로 위 요건들이 갖추어지지 않았다면 개시신청을 기각할 수 있을 것이다. 그러나 그러한 사유가 밝혀지지 아니한 채 개시결정이 내려졌다면 개인회생절차를 폐지할 것인지는 개시결정시를 기준으로 판단해야 한다. 즉 신청시에 신청권자의 자격을 갖추지 못하였더라도 개시결정 당시에 신청권자의 자격을 갖춘 경우나 신청일 기준으로 신청일 전 5년 이내에 면책을 받은 사실이 있다고 하더라도 개시결정 당시에는 5년을 넘은 경우 필요적으로 개인회생절차를 폐지하여야 하는 것은 아니라고 본다. 왜냐하면 개인회생절차가 폐지되더라도 그 채무자는 아무런 제한 없이 다시 개인회생절차를 신청할 수 있고, 위 두 가지 사유로 인하여 개인회생절차가 폐지된 후 다시 개인회생절차를 신청한다면 위 두 가지 요건을 갖출 수 있는 경우 개인회생절차를 폐지할 것이 아니라 그대로 유지하는 것이 무익한 절차의 반복을 피할 수 있을 것이기 때문이다. 따라서 ①, ②에 해당하는 경우라도 개시결정 당시 해당 요건을 갖춘 경우에는 필요적으로 폐지할 것은 아니라고 할 것이다(본서 1923쪽 참조).[4]

(2) 채무자가 제출한 변제계획안을 인가할 수 없는 때

채무자가 제출한 변제계획안을 인가할 수 없을 때는 변제계획불인가결정을 한다(제614조). 회생절차에서는 회생계획불인가결정의 확정으로 회생절차가 종료된다. 그런데 개인회생절차에서는 변제계획안불인가결정의 확정으로 개인회생절차가 종료하지 않고, 불인가결정이 확정된 후 개인회생절차폐지결정을 하고 그것이 확정되어야 개인회생절차가 종료된다.[5]

---

4) 이에 대하여 채무자가 위 두 가지 사유를 밝히지 않아 개시결정이 내려졌다가 뒤늦게 그러한 사유가 밝혀진 경우라면 사후에라도 개인회생절차를 폐지하는 것이 마땅하다는 견해가 있다(개인파산·회생실무, 728쪽).

5) 회생절차와 개인회생절차에 차이를 둘 필요가 없고, 변제계획불인가결정과 개인회생절차폐지결정이 모두 확정되어야 개인회생절차가 종료되도록 함으로써 여러 가지 수습하기 곤란한 문제(예컨대 변제계획불인가결정이 확정되기 전에 개인회생절차폐지결정이 확정되는 경우)가 발생할 수 있다는 점에서 입법적 정비가 필요하다.

나. 임의적 폐지사유

법원은 다음의 어느 하나에 해당하는 때에는 개인회생절차폐지의 결정을 할 수 있다(제620조 제2항).

(1) 채무자가 개인회생절차개시신청시 첨부하여야 할 서류(제589조 제2항)의 어느 하나에 해당하는 서류를 제출하지 아니하거나, 허위로 작성하여 제출하거나 법원이 정한 제출기한을 준수하지 아니한 때

(2) 채무자가 정당한 사유 없이 개인회생채권자집회에 출석 또는 설명을 하지 아니하거나 허위의 설명을 한 때

2. 절 차

필요적 폐지사유가 있는 경우는 이해관계인의 신청이나 직권으로 개인회생절차를 폐지한다. 임의적 폐지사유가 있는 경우에는 직권으로 개인회생절차를 폐지한다. 임의적 폐지의 경우에는 이해관계인에게 신청권이 없다.

법원이 폐지결정을 할 경우 주문과 이유의 요지를 공고하여야 한다. 이 경우 송달은 하지 아니할 수 있다(제622조).

Ⅲ 변제계획인가 후 개인회생절차폐지

1. 폐지사유

법원은 변제계획을 인가한 후 다음의 어느 하나에 해당하는 때에는 개인회생절차폐지의 결정을 하여야 한다(제621조). 필요적 폐지사유이다.

(1) 면책불허가결정이 확정된 때

(2) 채무자가 인가된 변제계획을 이행[6]할 수 없음이 명백할 때. 다만, 채무자가 제624조 제2항의 규정에 의한 면책결정을 받은 때에는 그러하지 아니하다.

(가) 취지 및 요건

변제계획이 인가된 이후 경제상황의 변화에 의해 수입이 악화되는 경우가 있다. 이 경우 채무자의 효율적 회생이라는 개인회생절차의 목적은 달성하기 불가능하고, 개인회생절차를 계속 진행하는 것이 오히려 이해관계인의 이익을 해할 염려가 있기 때문에 개인회생절차를 계속할 이유가 없다. 따라서 개인회생절차를 폐지하도록 한 것이다.

채무자가 인가된 변제계획을 이행할 수 없음이 명백한지 여부를 판단함에 있어서는, 인가

---

6) 회생절차에서는 '수행'이라고 규정하고 있다(제288조 제1항). 이행은 채권자에 대한 변제를 의미하는 것으로 수행보다는 좁은 개념이다.

된 변제계획의 내용, 당시까지 변제계획이 이행된 정도, 채무자가 변제계획을 이행하지 못하게 된 이유, 변제계획의 이행에 대한 채무자의 성실성의 정도, 채무자의 재정상태나 수입 및 지출의 현황, 당초 개인회생절차개시 시점에서의 채무자의 재정상태 등과 비교하여 그 사이에 사정변경이 있었는지 여부 및 채권자들의 의사 등 여러 사정을 종합적으로 고려할 것이나, 단순히 변제계획에 따른 이행 가능성이 확고하지 못하다거나 다소 유동적이라는 정도의 사정만으로는 '이행할 수 없음이 명백한 때'에 해당한다고 할 것은 아니다.[7]

변제계획을 이행할 수 없다는 것은 단순히 추측만으로는 안 되고, 객관적인 자료에 의하여 명백하여야 한다. 이해관계인으로서는 변제계획이 인가된 이상 그 이행에 대한 기대를 가지고 그 이익을 확보할 필요가 있기 때문이다. 단순히 변제계획의 분할변제 중 일부가 일시적으로 이행이 안 되었을 뿐인 경우에는 폐지할 수 없다. 반면 채무자가 사망한 경우에는 변제계획을 이행할 수 없음이 명백한 때에 해당하여 개인회생절차를 폐지하여야 한다.

(나) 변제계획변경과의 관계

변제계획을 이행할 수 없는 경우에는 변제계획을 변경하는 방법도 있다(제619조). 본 호에 따른 개인회생절차폐지를 검토할 때는 먼저 변제계획변경(본서 2049쪽)을 고려하여야 한다. 또 다시 채무감면의 가능성이 있고 변제계획변경의 필요성 등이 인정되는 경우에는 변제계획변경이 가능하고, 변경으로 인해 변제계획을 이행할 수 없음이 명백하지 아니하게 된 때에는 개인회생절차를 폐지할 수 없다고 보아야 하기 때문이다.

(3) 채무자가 재산 및 소득의 은닉 그 밖의 부정한 방법으로 인가된 변제계획을 수행하지 아니하는 때

2. 절   차

변제계획인가 후 개인회생절차의 폐지는 이해관계인의 신청에 의하거나 직권으로 한다(제621조).[8] 개인회생절차폐지의 신청을 하는 때에는 ① 사건의 표시, ② 채무자, 신청인과 그 대리인의 표시, ③ 개인회생절차의 폐지를 신청한 취지 및 그 사유를 기재한 서면을 법원에 제출하여야 한다(규칙 제92조). 위와 같은 폐지사유가 있는 경우에는 반드시 폐지결정을 하여야 한다.

---

7) 대법원 2024. 8. 20. 자 2024마6102 결정, 대법원 2017. 7. 25. 자 2017마280 결정, 대법원 2014. 10. 1. 자 2014마1255 결정, 대법원 2011. 10. 6. 자 2011마1459 결정. 위 2017마280 결정은 '채무자가 개인회생절차폐지결정 전까지 30회분의 변제액을 성실히 납입하였고 폐지결정 후에도 추가로 10회분가량을 납입한 점, 채무자는 공기업에 근무하는 점, 근무하고 있는 공기업이 2015년 경영악화로 2016년 조직규모와 인원을 줄이고 인건비를 반납하는 등 고강도 개혁을 하는 과정에서 채무자의 연봉과 수당이 감소하였고, 이는 채무자의 변제액 미납에 영향을 미친 것으로 보이는 점, 보정명령에 대하여 채무자가 밝힌 연기사유, 채무자가 재항고를 하면서 당시까지의 미납 변제액을 모두 납입하게 된 경위 등을 고려하여 보면, 채무자가 인가된 변제계획을 이행할 수 없음이 명백한 경우에 해당한다고 보기는 어렵다'고 판단하였다.

8) 회생절차에서는 이해관계인에 대한 의견청취를 규정하고 있다(제288조 제2항). 개인회생절차의 경우에도 절차보장이나 개인회생채권자의 이익보호를 위하여 이해관계인에 대한 의견청취 기회를 부여할 필요가 있다.

법원은 개인회생절차폐지의 결정을 한 때에는 그 주문과 이유의 요지를 공고하여야 한다. 이 경우 송달은 하지 아니할 수 있다(제622조).

Ⅳ 개인회생절차폐지결정에 대한 불복

개인회생절차폐지결정에 대하여는 즉시항고를 할 수 있다(제623조 제1항).[9] 즉시항고가 제기된 경우 법원은 항고제기일로부터 1주일 이내에 기간을 정하여 항고인에게 보증으로 대법원규칙이 정하는 금전 또는 법원이 인정하는 유가증권을 공탁하게 할 수 있다. 항고인이 그 기간 안에 보증을 제공하지 아니하는 때에는 법원은 결정으로 항고를 각하한다. 항고가 기각되고 채무자에 대하여 파산절차가 속행되는 때에는 보증으로 제공된 금전 또는 유가증권은 파산재단에 속하게 된다(제623조 제2항, 제247조 제4항 내지 제6항).[10]

개인회생절차폐지결정에 대하여 즉시항고가 제기된 경우, 항고심으로서는 그 속심적 성격에 비추어 항고심결정시를 기준으로 당시까지 발생한 사정까지 고려하여 판단하여야 하고, 필요할 경우에는 변론을 열거나 당사자와 이해관계인, 그 밖의 참고인을 심문한 다음 항고의 당부를 판단할 수도 있다.[11]

항고법원이 개인회생절차폐지의 결정에 대한 즉시항고가 이유 있다고 인정하는 때에는 원래의 결정을 취소하여야 하는데, 그 취소결정만으로 목적을 이룰 수 있으므로 취소결정 외에 달리 재판을 하지 않고 사건을 원심법원에 환송하지도 않는다.[12]

---

9) 개인회생절차에서 채무자가 제출한 변제계획안을 인가할 수 없을 때에는 제620조 제1항 제2호에 의하여 개인회생절차폐지를 하여야 할 것이나, 제618조 제1항에서 변제계획 불인가결정에 대한 즉시항고의 절차를 정하고 있다. 따라서 법원이 변제계획 불인가결정을 하고 이에 대하여 항고가 제기되지 않자 개인회생절차폐지결정을 한 후 채무자가 위 폐지결정에 대하여만 즉시항고를 제기하였다고 하더라도, 변제계획 불인가결정에 대한 복잡한 불복방법으로 채무자가 불복의 대상을 특정하기 어려운 점과 채무자가 즉시항고를 통해 사실상 변제계획 불인가결정을 다투고 있는 취지로 볼 수 있는 점 등을 고려해 채무자가 위 폐지결정뿐만 아니라 위 불인가결정에 대하여도 항고로써 다투는 취지인지, 책임질 수 없는 사유로 위 불인가결정에 대한 항고 제기의 불변기간을 준수할 수 없었는지 등을 직권으로 심리하여 위 불인가결정에 대한 추후보완 항고의 적법성을 판단하여야 한다(대법원 2014. 7. 25. 자 2014마980 결정).
10) **항고 보증 공탁물 출급 또는 회수 절차**(개인예규 제19조)
　1. 파산재단에 속하게 된 경우의 출급 절차
　　항고가 기각되고 채무자에 대하여 파산선고가 있거나 파산절차가 속행됨으로써, 보증으로 공탁한 현금 또는 유가증권이 파산재단에 속하게 된 경우에는, 파산관재인이 위 사항을 증명하는 서면 [파산사건 담당 재판부의 법원사무관등이 발급한 것에 한한다. 전산양식 D4500]을 첨부하여 공탁물 출급청구를 할 수 있다.
　2. 공탁자의 회수 절차(공탁자에게 지급)
　　항고가 인용된 경우 또는 항고가 기각되고 채무자에 대하여 파산선고가 없으며 파산절차가 속행되지 않는 경우에는, 공탁자가 공탁서와 항고 인용의 재판이 확정되었음을 증명하는 서면 또는 채무자에 대하여 파산선고가 없으며 파산절차가 속행되지 않음을 증명하는 서면 [개인회생사건 담당 재판부의 법원사무관등이 발급한 것에 한한다. 전산양식 D5515]을 첨부하여 공탁물 회수청구를 할 수 있다.
11) 대법원 2024. 8. 20. 자 2024마6102 결정, 대법원 2014. 11. 3. 자 2014마1278 결정, 대법원 2014. 10. 1. 자 2014마1255 결정.
12) 개인회생절차폐지를 취소하고 환송판결도 하여야 하는가. 본문처럼 취소결정만으로 목적을 이룬 것이고 개인회생절차개시재판에 대한 취소의 경우(제598조 제5항)와 달리 환송에 대한 명문의 규정이 없으므로 환송할 필요는 없다. 도산절차의 폐지는 도산절차 '중지(중단)'의 성격을 가지므로 도산절차의 '인가', '개시결정' 등과는 구분된다. 도산절

Ⓥ 개인회생절차폐지결정 확정의 효력

1. 개인회생절차의 종료

개인회생절차에서 개인회생채권자는 변제계획에 의하지 아니하고는 변제하거나 변제받는 등 이를 소멸하게 하는 행위를 하지 못하는데(제582조), 개인회생채권자는 개인회생절차폐지결정이 확정된 때에는 채무자에 대하여 개인회생채권자표에 기하여 강제집행을 할 수 있어(제603조 제4항) 개인회생채권자가 개인회생절차폐지결정의 확정으로 절차적 구속에서 벗어나는 점 등에 비추어 보면, 개인회생절차폐지결정이 확정된 경우에 개인회생절차는 종료한다고 봄이 타당하다.[13)]

회생절차와 달리 변제계획의 인가에는 권리변경의 효력이 없기 때문에 변제계획에서 정한 것과 무관하게 채권자는 원래의 채권 내용대로 채권을 행사하고 강제집행할 수 있다. 이 경우 별도의 집행권원이 없다고 하더라도 개인회생채권자는 개인회생절차폐지결정이 확정된 때에는 채무자에 대하여 개인회생채권자표에 기하여 강제집행을 할 수 있다(제603조 제4항). 이 경우 개인회생채권자표에 관한 청구이의의 소, 집행문부여의 소, 집행문부여에 대한 이의의 소는 개인회생계속법원의 관할에 전속한다(제603조 제5항, 제255조 제3항).

2. 변제계획인가 전 개인회생절차폐지의 효력

변제계획인가 전 개인회생절차폐지의 경우 개인회생절차개시결정으로 중지 또는 금지되었던 개인회생재단에 속한 담보권의 설정 또는 담보권 실행을 위한 경매는 속행되거나 실행할 수 있게 된다(제600조 제2항 참조).

또한 개인회생절차개시결정으로 중지 또는 금지되었던 채무자에 대한 회생절차 등(제600조 제1항)도 속행되거나 가능하게 된다.

차의 폐지는 진행되던 도산절차가 '중지'되고 더 이상 진행하지 않는다는 의미를 가지므로, 도산절차의 '폐지결정'이 있고 이에 불복이 있어 개시된 항고심 재판에서 이유 있다고 판단되면, 당해 '폐지 결정'을 취소하고 그 결정이 확정되는 것만으로 '중지'되었던 도산절차는 다시 진행되므로 이와 관련하여 1심에서 따로 취해야 할 절차는 없다. 인가 전 폐지 결정이 취소되었다면, 1심에서 인가를 위한 심사를 다시 하면 되고, 인가 후 폐지 결정이 취소되었다면 인가 후 변제 등을 계속 수행하면 될 것이다. 인가 전 폐지결정이 취소되었다고 하여 1심이 인가 결정을 반드시 해야 할 이유는 없으므로, 인가를 위한 심사 속행으로 충분하고, 인가 후 폐지도 비슷하다. 이 경우 환송주문을 낼 경우 1심에게 단순한 인가를 위한 심사 속행이 아닌 폐지 결정과는 다른 결정을 해야 하는 모습으로 보일 수 있는데, 이는 부적절하다(1심은 심사를 속행한 결과 다른 이유로 다시 폐지할 수도 있다). 반면 인가 전 폐지 사건, 특히 적립금 미납 폐지의 경우에는 폐지결정을 취소하면 바로 인가 여부에 대한 판단을 해야 하고 항고인(채무자)도 변제계획안에 대한 인가 여부 판단이 있어야 비로소 항고이유로 삼은 점에 대하여 만족을 얻으므로, 인가 전 폐지결정을 취소하고, 환송 주문을 내는 것이 더 적절하다는 견해도 있다. 실무적으로 인가나 불인가결정을 취소하는 경우 인가 여부에 대한 판단이 필요하므로 (자판을 하지 않는다면) 환송 주문을 내고 있기도 하다.

13) 대법원 2012. 7. 12. 자 2012마811 결정.

3. 변제계획인가 후 개인회생절차폐지의 효력

변제계획인가 후 개인회생절차의 폐지는 이미 행한 변제와 채무자회생법의 규정에 의하여 생긴 효력에 영향을 미치지 아니한다(제621조 제2항). 따라서 변제계획이 인가된 후 변제계획에 따라 이미 변제한 경우 개인회생절차가 폐지되더라도 변제한 만큼의 채무소멸효과는 유지된다.

또한 개인회생채권자목록의 제출 또는 개인회생절차참가에 대하여 부여되는 시효중단의 효력은 그대로 유지되고, 변제계획인가결정에 따른 회생절차 등의 실효(제615조 제3항),[14] 변제계획인가결정에 의한 채무자의 급여 등에 대한 전부명령의 실효(제616조 제1항)도 번복되지 않는다.

제2절 면 책

I 면책결정

개인회생절차에서 채무자를 위한 면책제도를 둔 취지는 채권자들에 대하여 공평한 변제를 확보함과 아울러 지급불능 또는 그럴 염려가 있는 상황에 처한 채무자에 대하여 경제적 재기와 회생의 기회를 부여하고자 하는 데에 있다.[15] 이를 통하여 채무자는 개인회생채무로 인한 압박을 받거나 의지가 꺾이지 않은 채 앞으로 경제적 회생을 위한 노력을 할 수 있게 된다.[16]

회생절차의 경우는 회생계획이 인가되면 인가의 효력에 기하여 채무가 면책되나, 개인회생

---

14) 임의경매개시결정 이후 가압류를 한 채권자가 배당요구 종기 전에 배당요구를 한 후, 채무자에 대하여 개인회생절차가 개시되었고, 이후 변제계획이 인가되었지만 개인회생절차가 폐지되었다. 이 경우 가압류를 한 채권자는 경매절차에서 배당을 받을 수 있는가.

　[사실관계] ① 2016. 11. 17. 해당 부동산에 A채권에 기해 근저당권 설정 → ② 2020. 12. 15. 임의경매개시결정 → ③ 2021. 1. 28. 해당 부동산에 B채권에 기해 가압류 → ④ 2021. 2. 2. B채권자 배당요구 → ⑤ 2022. 5. 19. 개인회생절차개시결정(임의경매절차 중지) → ⑥ 2022. 6. 29. 변제계획인가결정(임의경매절차 속행) → ⑦ 2022. 7. 1. 가압류등기말소 → ⑧ 2023. 1. 17. 개인회생절차폐지결정 → ⑨ 2023. 5. 10. 매각기일

　가압류가 실효되어 배당요구의 원천이 없어졌으므로 배당을 받기는 어렵다. 그렇다면 가압류 채권자의 구제방법은 무엇일까. 가압류를 한 채권자 입장에서는 집행법원에 배당요구 종기의 연장을 신청하여(민집법 제84조 제6항) 종기가 연장된 경우 다시 배당요구를 할 수밖에 없다. 채권자가 집행권원을 가지고 있다면 배당요구가 가능하지만, 집행권원이 없다면 배당요구도 곤란하다. 개인회생절차에서 채무자가 제출한 채권자목록에 가압류채권이 기재되어 있고 그대로 확정되었다면 개인회생채권자표(의 기재)가 집행권원이 될 수 있으므로 배당요구를 할 수 있을 것이다. 다만 실무적으로 배당요구 종기의 연장은 엄격하게 운영되고 있고, 연장 여부는 재량이므로 변제계획인가로 실효된 가압류채권자에 대한 실효적인 구제방법이 되기는 쉽지 않다. 결국 입법적 해결이 필요하다. 한편 개인회생절차 실무에서는 변제계획에 일정 기간(예컨대 20회분 변제계획에 따른 금원을 납부할 때까지) 가압류가 실효되지 않도록 기재하는 방법으로 가압류 실효에 대한 문제에 대처하고 있기도 하다.

15) 동일한 회생형 절차임에도 개인회생절차에서는 면책절차를 별도로 두고 있음에 반하여, 회생절차에서는 두고 있지 않다. 회생절차에서는 절차 내에서 회생계획인가를 통해 면책이 이루어지기 때문에(제251조) 별도로 면책절차를 둘 필요가 없다. 하지만 개인회생절차에서는 개인회생절차가 종료된 경우 미변제부분에 관하여 채권자가 다시 권리를 행사할 수 있다(개인회생절차도 포괄적 강제집행절차로서 재산환가절차라고 볼 수 있고, 재산환가절차에서는 비율적 채권 만족만 이루어지기 때문이다). 이렇게 될 경우 채무자의 새로운 출발은 어렵게 되기 때문에 별도로 면책절차를 둔 것이다.

16) 대법원 2021. 9. 9. 선고 2020다277184 판결.

절차의 경우는 변제계획이 인가된 후 일정한 요건이 충족된 경우에 한하여 면책된다.

1. 면책요건

가. 채무자가 변제계획에 따른 변제를 완료한 경우[일반면책]

법원은 채무자가 변제계획에 따른 변제를 완료한 때에는 당사자의 신청에 의하거나 직권으로 면책을 결정을 하여야 한다(제624조 제1항). 변제계획 인가결정이 즉시항고 기간 도과로 확정된 후 확정된 변제계획에 따른 변제를 완료하였다면 면책을 받을 수 있다는 의미이다.[17] 이때 법원은 필요적으로 면책하여야 한다.

신청할 당사자는 채무자를 의미하고, 법원은 회생위원의 보고 등을 통해 변제가 완료된 것을 알게 된 때에는 직권으로 면책결정을 하여야 한다.

면책을 신청하려는 자는 ① 사건의 표시, ② 채무자, 신청인과 그 대리인의 표시, ③ 면책을 신청한 취지, ④ 채무자가 변제계획에 따른 변제를 완료한 내용을 기재한 서면을 법원에 제출하여야 한다(규칙 제94조 제1항).

나. 채무자가 변제계획에 따른 변제를 완료하지 못한 경우[특별면책][18]

채무자의 수입이 예상치 못하게 감소하는 등으로 변제계획을 수행할 수 없는 경우에는 변제계획을 변경할 수 있지만, 나아가 변제계획의 수행이 매우 곤란한 경우에는 변제계획의 변경으로도 대처할 수 없다. 이러한 경우 견련파산이 인정되지 않기 때문에[19] 개인회생절차를 폐지할 수밖에 없다. 그러나 이는 채무자의 회생을 목적으로 출발한 개인회생절차의 바람직한 모습은 아니다. 그래서 개인회생절차가 종료하기 전에 이러한 사태가 채무자가 책임질 수 없는 사유로 발생하고, 나아가 변제계획의 수행이 상당 정도 행하여질 것을 조건으로 나머지 채무를 면제함으로써 채무자의 경제생활의 재건을 도모할 수 있는 제도를 마련하고 있다.

(1) 요 건

법원은 채무자가 변제계획에 따른 변제를 완료하지 못하였더라도 ① 채무자가 책임질 수 없는 사유로 인하여 변제를 완료하지 못하였고, ② 개인회생채권자가 면책결정일까지 변제받

---

17) 대법원 2019. 12. 5. 자 2018마7129 결정, 대법원 2019. 8. 20. 자 2018마7459 결정 등 참조.

18) 개인회생절차에서도 파산절차와 마찬가지로 학자금대출채권이 비면책채권이 아니어서 면책의 여지가 있다. 하지만 그 금액이 크고 취업이 쉽지 않은 상황에서 청춘들이 일반면책을 받기는 쉽지 않다. 사회경제적인 측면에서 미래의 자원인 청춘들이 새로운 출발을 할 수 있도록 특별면책을 적극적으로 활용할 필요가 있다. 미국의 경우 파산절차나 개인회생절차에서 학자금대출채권은 모두 비면책채권이지만, 이른바 Brunner Test에서 요구하는 3가지 요건을 갖춘 '과도한 곤경(undue hardship)'이 인정되는 경우 예외적으로 면책을 인정하고 있다. 실무적으로나 입법론적으로 참고할 만한 가치가 있다. 관련 내용은 〈제4편 제6장 제1절 Ⅳ.1. 각주 22)〉(본서 1989쪽)을 참조할 것.

19) 미국 연방도산법은 채무자는 언제든지 개인회생사건(제13장)을 파산사건(제7장)으로 전환할 수 있고, 전환할 수 있는 권리를 포기하기로 한 약정은 효력이 없도록 규정(§1307(a))하고 있음은 물론, 인가된 계획상의 조건에 관한 채무자의 중대한 불이행이 있는 경우 법원은 개인회생사건(제13장)을 파산사건(제7장)으로 이행할 수 있다(§1307(c)(6))고 규정함으로써 절차의 전환(conversion)을 인정하고 있다.

은 금액이 채무자가 파산절차를 신청한 경우 파산절차에서 배당받을 금액보다 적지 아니하며 (청산가치보장원칙), ③ 변제계획의 변경이 불가능한 경우에는 면책을 결정할 수 있다. 이 경우에는 이해관계인의 의견을 들어야 한다(제624조 제2항). 이는 미국 연방도산법 §1328(b)[20]에 규정된 곤궁면책(Hardship Discharge)을 도입한 것이다.

먼저 ①에 관하여 본다. 책임질 수 없는 사유의 예로는 장기간 입원이나 비자발적 실직으로 장기간 수입의 상실 등을 들 수 있겠지만, 실직의 경우 재취업의 노력을 하였음에도 나이나 경제상황 등으로 재취업이 곤란하다고 판단되는 경우에 비로소 책임질 수 없는 사유로 인정될 것이다.

다음으로 ②에 관하여 본다. ②의 요건이 충족되었는지를 보기 위해서는 변제계획에 따라 개인회생채권자에게 변제된 금액의 가치를 변제계획인가결정 당시로 할인하여 개인회생채권자가 파산절차가 신청되었다면 배당받았을 금액과 비교하여야 한다는 견해가 있다.[21] 즉 청산가치를 인가결정 당시의 청산가치로 보는 것이다.[22] 하지만 변제계획인가결정 후 토지보상이나 부동산임의경매로 예상했던 것보다 적은 금액의 보상금을 지급받거나 낮은 금액으로 매각된 경우, 즉 채무자가 예상하지 못한 후발적 사유(사정변경)로 인가결정 당시보다 재산이 감소된 경우까지 인가결정 당시의 청산가치와 현재가치를 비교하는 것은 채무자에게 너무 가혹하고 특별면책을 둔 취지에 반하므로, 면책결정일을 기준으로 개인회생채권자가 면책결정일까지 변제받은 금액과 채무자가 파산절차를 신청한 경우 파산절차에서 배당받을 금액을 비교하여 ②의 요건이 충족되는지 여부를 판단하여야 할 것이다.

마지막으로 ③에 관하여 본다. 개인회생절차에서는 우선 변제계획변경을 시도해보고 변제계획의 변경이 불가능한 경우 면책을 이용하라는 취지이다. 변제계획의 변경도 불가능한 상황(예컨대 생계비를 초과하는 수입을 계속적으로 얻을 수 있다고 보기 어려운 경우 등)이라면 수행이 불가능한 변제계획의 수행을 계속 강요하는 것은 무의미할 뿐만 아니라 채무자에 대하여 가혹하기 때문에 면책을 인정하도록 한 것이다.

---

20) §1328. Discharge
   (b) Subject to subsection (d), at any time after the confirmation of the plan and after notice and a hearing, the court may grant a discharge to a debtor that has not completed payments under the plan only if—
      (1) the debtor's failure to complete such payments is due to circumstances for which the debtor should not justly be held accountable;
      (2) the value, as of the effective date of the plan, of property actually distributed under the plan on account of each allowed unsecured claim is not less than the amount that would have been paid on such claim if the estate of the debtor had been liquidated under chapter 7 of this title on such date; and
      (3) modification of the plan under section 1329 of this title is not practicable.

21) 예컨대 채무자가 파산절차를 신청하였더라면 개인회생채권자가 배당받을 수 있었던 금액이 5,000만 원이었다면, 변제계획에 따라 변제한 금액의 가치가 그것과 같아야 한다. 만약 2년에 걸쳐 변제한 금액이 5,000만 원이라면, 개인회생채권자가 파산절차에서 즉시 배당받을 수 있는 금액과 그 가치에 있어 같지 않다. 따라서 채무자가 면책을 얻기 위해서는 개인회생채권자가 파산절차에서 배당받을 가치를 보상할 수 있을 정도로 5,000만 원이 넘는 충분한 변제가 있었어야 한다.

22) 서울회생법원, 회생위원직무편람, 사법발전재단(2020), 285쪽.

임의적 면책이므로 위 요건을 모두 갖추었다고 하더라도 면책을 하는 것이 합당하다고 인정되는 경우에 비로소 면책결정을 한다(면책의 상당성).[23]

아래 〈2.〉에서 설명하는 면책불허가사유의 부존재는 소극적 요건이다.

(2) 절 차

법원은 위 요건을 충족한 경우 직권으로 면책을 할 수도 있다. 물론 당사자의 신청에 의하여도 면책을 할 수 있다.[24] 면책결정을 하기 위해서는 이해관계인의 의견을 들어야 한다.[25] 다만 주의할 것은 제624조 제2항에 따른 면책은 개인회생절차가 종료하기 전까지만 신청이 가능하다는 것이다. 왜냐하면 개인회생절차가 종료한 이후 채무자에게 파산원인이 있는 경우 채무자는 파산절차를 이용할 수 있는 점, 개인회생절차가 종료한 이후에도 채무자가 개인회생절차에 따른 면책신청을 할 수 있다면 개인회생절차로 말미암은 권리행사의 제한에서 벗어난 개인회생채권자의 지위가 불안정하게 되는 점, 면책결정이나 개인회생절차폐지결정이 확정되면 개인회생절차가 종료하는 점, 면책불허가결정이 확정된 때에는 개인회생절차를 폐지하여야 하는데(제621조 제1항 제1호), 개인회생절차폐지결정이 확정된 후에 채무자가 면책신청을 하여 법원이 면책결정 또는 면책불허가결정을 하여야 한다면, 이미 종료한 절차가 다시 종료하거나 폐지결정을 다시 하여야 하는 모순이 발생하여 법체계에 맞지 않는 점, 개인회생절차폐지결정이 확정되면 개인회생채권자는 채무자에 대하여 개인회생채권자표에 기하여 강제집행을 할 수 있는 점(제603조 제4항) 등에 비추어 보면, 제624조 제2항에 따른 면책은 개인회생절차가 계속 진행하고 있음을 전제로 한 것으로 보아야 하기 때문이다.[26]

요건을 충족한 경우 면책의 결정을 할 수 있다(제624조 제2항)고 규정하고 있으므로 법원이 면책결정을 할 것인지는 임의적인 것이다(면책의 임의성).[27]

(3) 면책의 효과

면책결정이 확정된 경우에는 채무자는 이행한 부분을 제외하고 개인회생채권자에 대한 채무의 전부에 대하여 책임을 면한다. 물론 비면책채권은 면책의 대상에서 제외된다. 면책에 관한 구체적인 내용에 관하여는 아래 〈5.〉를 참조할 것.

---

23) 이에 대하여 요건이 엄격하게 규정되어 있기 때문에, 모든 요건을 충족하였음에도 불허가하거나, 일부의 요건을 흠결하였음에도 허가하는 재량은 법원에 없다는 견해도 있다(條解 民事再生法, 1209쪽).

24) 면책을 신청하려는 자는 ① 사건의 표시, ② 채무자, 신청인과 그 대리인의 표시, ③ 면책을 신청한 취지, ④ 제624조 제2항 각 호의 규정에서 정한 요건을 갖춘 내용을 기재한 서면을 법원에 제출하여야 한다(규칙 제94조 제2항).

25) 여기서 이해관계인은 일반적으로 개인회생채권자일 것이다(일본 민사재생법 제235조 제2항은 명시적으로 회생채권자의 의견을 청취하여야 한다고 규정하고 있다). 의견청취의 방법에 관하여는 별다른 규정이 없다. 따라서 채권자집회의 개최, 서면심문, 기타 사안에 따라 적당한 방법으로 채권자의 의견을 물으면 된다고 할 것이다. 채권자집회를 개최하여도 채권자의 결의 등은 필요하지 않다고 볼 것이다. 실무적으로는 이해관계인들에게 일정한 양식의 의견청취서를 발송하여 그 의견을 취합하는 방식으로 의견청취를 한다.

26) 대법원 2012. 7. 12. 자 2012마811 결정 참조.

27) 다만 실무를 운영함에 있어서는 요건이 충족되는 경우 반드시 면책을 인정하여야 할 것이다. 법원이 지나치게 재량권을 행사할 경우 이해관계인에게 불확실성이 커지고, 결과적으로 개인회생절차에 대한 신뢰를 저하시킬 수 있기 때문이다.

다. 변제기간 단축에 따른 면책[부칙면책]

변제기간을 5년에서 3년으로 단축한 시행일인 2018. 6. 13. 당시 이미 변제계획인가결정을 받은 채무자가 위 시행일에 이미 변제계획안에 따라 3년 이상 변제계획을 수행한 경우에는 당사자의 신청 또는 직권으로 이해관계인의 의견을 들은 후 면책의 결정을 할 수 있다(부칙 제2조 제1항 단서).[28]

채무자를 신속하게 사회에 복귀시키는 것이 변제기간의 상한을 단축한 입법자의 의도라는 점에서, 위 시행일 전에 개인회생절차를 신청하거나 변제계획을 인가받은 채무자와 시행일 후에 신청 또는 인가받은 채무자를 서로 달리 취급하는 것은 형평성의 측면에서 적절하지 않다는 점을 고려한 것이다. 문제는 면책 요건으로 '위 시행일에 이미 변제계획안에 따라 3년 이상 변제계획을 수행한 경우'라고 하고 있어 시행일에 3년 미만으로 변제한 경우(예컨대 2년 11개월)에는 적용되지 않는다고 해석될 여지가 있다. 그러나 채무자의 신속한 사회복귀라는 법 개정 취지로 보면 시행일에 3년 이상 변제하지 못한 경우라도 이후 3년을 변제한 때가 되면 그 시점에서 면책을 결정할 수 있다고 볼 것이다.

변제기간 단축으로 인한 면책의 경우에도 개인회생채권자가 면책결정일까지 변제받은 금액이 채무자가 파산절차를 신청한 경우 파산절차에서 배당받을 금액보다 적지 아니하여야 한다는, 이른바 청산가치보장원칙은 지켜져야 하는가. 위 〈나.〉에서 본 바와 같이 특별면책의 경우에도 청산가치보장원칙을 필요로 하고, 변제기간을 3년으로 단축하였음에도 청산가치보장원칙을 충족시키기 위해서는 5년으로 변제기간을 정해야 한다는 점 등을 고려하면 변제기간 단축으로 인한 면책의 경우에도 청산가치보장원칙은 지켜져야 할 것이다.[29]

2. 면책불허가사유

변제를 완료하는 등 면책요건을 갖추었다고 하더라도 다음 중 어느 하나에 해당하는 경우에는 면책을 불허하는 결정을 할 수 있다(제624조 제3항). 파산절차(제564조 제1항)에 비하여 면책불허가사유가 상당히 축소되어 있다.

면책불허가사유가 있다고 하더라도 반드시 면책불허가를 하여야 하는 것은 아니다. 면책불허가사유가 있다고 하더라도 제반 사정을 종합하여 면책하는 것이 타당하다고 판단되면 면책

---

28) 변제기간 단축에 따른 면책은 채권자측 입장에서는 소급입법금지원칙(헌법 제13조 제2항)에 위배되거나 개인회생 채권자의 신뢰이익을 침해할 가능성이 있다. 반대로 채무자측 입장에서는 2018. 6. 13. 현재 이미 3년의 변제계획을 수행한 자만을 대상으로 하고 있어 평등권(헌법 제11조)을 침해할 소지도 있다.
　한편 2018. 6. 13. 이미 변제계획을 인가받고 3년의 변제를 마친 자가 부칙 개정 전에 3년이 넘는 부분에 대하여 변제를 한 경우 채권자들을 상대로 반환청구를 할 수 있는가. 채권자들이 법률상 원인없이 변제받은 것이 아니므로 부당이득반환청구는 할 수 없다고 할 것이다. 이로 인해 성실하게 변제한 자가 변제하지 아니한 자보다 결과적으로 불이익을 받게 된다는 점에서 정의 관념에 반하는 측면이 있다.

29) 청산가치는 특별면책의 경우와 유사하게 변제계획인가결정 당시의 청산가치로 보고, 이러한 청산가치와 비교될 변제액은 변제기간 단축에 따른 면책을 하는 시점까지 변제액의 인가결정 당시 현재가치가 되어야 할 것이다.

을 할 수도 있다(재량면책).

가. 면책결정 당시까지 채무자에 의하여 악의로 개인회생채권자목록에 기재되지 아니한 개인회생채권이 있는 경우[30]

'악의로'는 '알면서도'라는 의미이다. 단순한 고의가 아니라 적극적 해의가 있어야 한다. 개인회생채권자목록에 기재하지 않는 경우 해당 채권은 면책에서 제외되나(제625조 제2항 단서), 알면서도 개인회생채권자목록에 기재하지 아니한 경우 면책이 불허가될 수 있다.

개인회생절차에서는 채권신고제도가 없고 채무자가 제출한 개인회생채권자목록에 의하여 변제할 채권이 확정되도록 하였다. 따라서 채무자로 하여금 자신이 알고 있는 채권은 모두 개인회생채권자목록에 기재하여 채권자간 형평을 기할 수 있도록 하기 위하여 면책불허가사유로 규정한 것이다. 즉 채무자가 특정채권자와 공모하여 일부러 개인회생채권자목록에서 누락한 후 그 채권자에게 변제하는 것을 방지하기 위함이다.

〈개인파산절차[31]와 개인회생절차의 면책불허가사유 비교〉

개인파산절차(제564조 제1항)	개인회생절차(제624조 제3항)
1. 채무자가 제650조·제651조·제653조·제656조 또는 제658조의 죄에 해당하는 행위가 있다고 인정하는 때	1. 면책결정 당시까지 채무자에 의하여 악의로 개인회생채권자목록에 기재되지 아니한 개인회생채권이 있는 경우
2. 채무자가 파산선고 전 1년 이내에 파산의 원인인 사실이 있음에도 불구하고 그 사실이 없는 것으로 믿게 하기 위하여 그 사실을 속이거나 감추고 신용거래로 재산을 취득한 사실이 있는 때	2. 채무자가 이 법에 정한 채무자의 의무를 이행하지 아니한 경우
3. 채무자가 허위의 채권자목록 그 밖의 신청서류를 제출하거나 법원에 대하여 그 재산상태에 관하여 허위의 진술을 한 때	
4. 채무자가 면책의 신청 전에 이 조에 의하여 면책을 받은 경우에는 면책허가결정의 확정일부터 7년이 경과되지 아니한 때, 제624조에 의하여 면책을 받은 경우에는 면책확정일부터 5년이 경과되지 아니한 때	
5. 채무자가 이 법에 정하는 채무자의 의무를 위반한 때	
6. 채무자가 과다한 낭비·도박 그 밖의 사행행위를 하여 현저히 재산을 감소시키거나 과대한 채무를 부담한 사실이 있는 때	* 개인파산절차와 달리 과다한 낭비 등으로 인한 과대한 채무 부담은 면책불허가사유가 아님

---

30) 개인파산절차에서는 채무자가 악의로 채권자목록에 기재하지 않은 파산채권이 있는 경우 그 파산채권은 비면책채권이지만(제566조 단서 제7호), 면책불허가사유는 아니다. 개인회생절차에서는 채무자의 악의 유무와 상관없이 채권자목록에 기재되지 않은 개인회생채권은 개인회생절차의 구속도 받지 않고(제582조 등 참조) 면책의 대상도 아니라는 점(제625조 단서 제1호)에서 개인파산절차와 달리 면책불허가사유로 규정한 것은 회생채권자에 대한 과잉보호로 볼 수밖에 없다.

31) 개인파산절차의 면책불허가사유에 관하여는 **〈제3편 제11장 제1절 Ⅲ.〉**(본서 1657쪽)을 참조할 것.

나. 채무자가 개인회생절차에 정해진 채무자의 의무를 이행하지 아니한 경우

채무자가 개인회생절차에서 부담하는 의무로 ① 개인회생절차개시를 신청할 때 일정한 서류를 제출할 의무(제595조 제2호, 제589조 제2항 각호), ② 재산목록, 금전의 수입과 지출에 관한 목록 등 법정 서류를 허위로 제출하지 아니하여야 할 의무(제595조 제2호), ③ 성실하게 개인회생절차를 신청하고, 상당한 이유 없이 절차를 지연시키지 아니하여야 할 의무(제595조 제7호), ④ 개인회생채권자집회에 출석하여 개인회생채권자의 요구가 있는 경우 변제계획에 관하여 필요한 설명을 할 의무(제613조 제2항) 등이 있다.

3. 면책여부결정의 공고 및 송달

법원은 면책의 결정을 한 때에는 그 주문과 이유의 요지를 공고하여야 한다. 이 경우 송달은 하지 아니할 수 있다(제624조 제4항). 반면 면책불허가결정은 공고하지 않고 송달만 한다.

4. 면책여부결정에 대한 불복

면책결정이나 면책불허가결정에 대하여는 즉시항고를 할 수 있다(제627조). 부칙 제2조 제1항 단서에 따른 면책신청에 따른 불허가결정에 대하여도 마찬가지이다.[32] 채무자가 확정된 변제계획에 따른 변제를 완료한 경우, 개인회생채권자가 그 후의 면책재판에서 이미 확정된 변제계획 인가결정의 위법성을 다툴 수 없다. 이는 변제계획 변경 인가결정에 따라 변경된 변제계획의 경우에서도 마찬가지이다.[33]

당사자가 면책신청을 하였으나 면책요건을 충족하지 못한 경우는 어떻게 처리하여야 하는가. 면책여부의 결정에는 면책신청에 대한 기각결정이 포함되지 않고, 개인파산절차(제559조 제1항)와 달리 개인회생절차에서는 면책신청에 대한 기각결정을 할 수 있는 근거 규정이 없다. 그렇다고 면책불허가결정을 할 수도 없다(특히 변제기간 단축에 따른 면책[부칙면책]의 경우 향후 계속적 이행을 하고 면책결정을 할 수도 있기 때문이다). 입법적 해결이 필요해 보인다.[34]

---

32) 대법원 2020. 9. 25. 자 2020그731 결정.
33) 대법원 2021. 2. 26. 자 2018마7131 결정, 대법원 2019. 8. 20. 자 2018마7459 결정.
34) 실무적으로 면책신청에 대하여 기각결정을 하거나(서울회생법원), 별도의 결정을 하지 않고 면책신청서에 '부'결재를 한 후 채무자에게 송달하는 방식(수원지방법원)으로 처리하고 있다. 그러나 면책신청 기각결정은 법적 근거가 없고 (제33조에 의하여 허용된다고 하더라도 불복방법이 없다), 결정을 하지 않는 경우에는 사실상 면책이 허가되지 않는 신청인에게 불복할 수 있는 방법이 없다는 점에서 문제가 있다. 따라서 "신청인의 2022. 0. 0. 자 면책신청에 기한 면책은 불허가한다"는 형식으로 불허가결정을 하는 것이 타당하다고 생각된다. 결정에 기판력이 없으므로 이후 다시 면책신청을 할 수 있고, 일반적인 면책불허가가 아니라 특정한 면책신청에 기한 면책불허가이므로 신청인에게 불리하지도 않으며, 무엇보다 불복(즉시항고)의 길을 열어준다는 점에서 고려해 볼 여지가 있는 부득이한 조치이다.

5. 면책결정의 효력

가. 면책의 의미

면책결정은 확정되어야 효력이 발생한다(제625조 제1항).[35] 면책결정을 받은 채무자는 변제계획에 따라 변제한 것을 제외하고 개인회생채권자에 대한 채무에 관하여 그 책임이 면제된다(제625조 제2항). 변제계획에 의한 권리의 변경은 면책결정이 확정되어야 비로소 효력이 발생하고(제615조 제1항 단서)[36] 개인회생절차도 종료되는 것이다(규칙 제96조).

(1) 책임이 면제된다는 의미는 채무 자체는 존속하지만 채무자에 대하여 이행을 강제할 수 없다는 의미이다(자연채무, 책임소멸설). 따라서 채무자에 대한 면책결정이 확정되면 면책된 채권이 가지는 소 제기 권능을 상실하게 된다.[37] 면책된 채무에 대한 채무부존재확인의 소는 특별한 사정이 없는 한 확인의 이익이 없어 부적법(각하)하다고 보아야 한다.[38]

(2) 채무자가 개인회생절차가 개시된 후 면책결정 확정 전에 개인회생채권자에게 변제계획과 별도로 개인회생채무를 변제하겠다고 약정(채무재승인약정)한 경우 위 채무에도 면책결정의

---

35) 개인회생절차에서는 변제계획에 따라 변제를 마친 후 별도의 면책결정을 받아야 면책의 효과가 발생한다. 반면 회생절차에서는 회생계획안이 인가되면 인가의 효력에 의하여 면책되고(제251조 참조), 파산절차에서는 별도의 변제 없이 법원의 면책결정에 의하여 면책된다는 점에서 차이가 있다.

36) 개인회생절차에서 면책결정의 확정으로 면책과 변제계획에 따른 권리의 변경이 발생한다. 채권신고제도가 없는 개인회생절차에서 양자가 어떻게 구별되는지는 의문이다. 권리의 변경을 회생절차와 같이 실체법적인 권리변경으로 볼 경우 면책은 무슨 의미가 있을까. 일반면책의 경우는 권리변경으로 충분할 것이고, 특별면책의 경우에는 면책과 권리변경이 모두 의미가 있을 것이다. 요컨대 일반면책의 경우 면책결정의 확정으로 권리의 변경이 생기므로 아래에서 설명하는 내용은 특별면책의 경우에 의미가 있는 것이다.

37) 대법원 2021. 9. 9. 선고 2020다277184 판결, 대법원 2019. 7. 25. 자 2018마6313 결정, 대법원 2015. 9. 10. 선고 2015다28173 판결 참조. 이에 대하여 채무 그 자체가 소멸한다는 견해(채무소멸설)가 있다. 이에 관한 자세한 내용은 〈제3편 제11장 제1절 Ⅴ.2.가.〉(본서 1685쪽)를 참조할 것.

38) 대법원 2019. 6. 13. 선고 2017다277986(본소),2017다277993(반소) 판결. 위 판결은 공무원이 개인회생절차를 통해 공무원연금공단에 대한 대출금채무를 포함한 변제계획을 인가받은 다음 그 변제를 마치고 면책결정을 받았는데, 이후 공무원연금공단이 채무자인 공무원을 상대로 대출금채무 지급을 구하는 본소를 제기하자 이에 대한 반소로서 일정 액수 이상의 대출금채무가 부존재한다는 확인을 구하는 사안에서, 그 반소의 확인의 이익 인정 여부가 문제된 사안이었다. 대법원은 면책된 채무의 부존재확인을 구하는 반소는 특별한 사정이 없는 한 확인의 이익이 없어 부적법하다고 하면서, 더 나아가 「공무원연금법에서 정한 퇴직연금 등의 급여를 받을 권리는 법령의 규정에 의하여 직접 발생하는 것이 아니라 위와 같은 급여를 받으려고 하는 자가 소속하였던 기관장의 확인을 얻어 신청함에 따라 공무원연금공단이 그 지급결정을 함으로써 구체적인 권리가 발생한다. 여기서 공단이 하는 급여지급결정의 의미는 단순히 급여수급 대상자를 확인·결정하는 것에 그치는 것이 아니라 구체적인 급여수급액을 확인·결정하는 것까지 포함한다. 따라서 공무원연금법에서 정한 급여를 받으려고 하는 자는 우선 관계 법령에 따라 공단에 급여지급을 신청하여 공단이 이를 거부하거나 일부 금액만 인정하는 급여지급결정을 하는 경우 그 결정을 대상으로 항고소송을 제기하는 등 구체적인 권리를 인정받은 다음 비로소 당사자소송으로 그 급여의 지급을 구하여야 할 것이고, 구체적인 권리가 발생하지 않은 상태에서 곧바로 공단 등을 상대로 한 당사자소송으로 급여의 지급을 소구하는 것은 허용되지 아니한다(대법원 2004. 7. 8. 선고 2004두244 판결, 대법원 2010. 5. 27. 선고 2008두5636 판결 등 참조)」고 전제한 다음, 공무원연금공단의 지급결정을 통해 채무자인 공무원에게 퇴직연금을 지급받을 구체적인 권리가 발생하였다는 사정이 보이지 않는 이상 피고(채무자인 공무원)의 권리 또는 법률상의 지위에 현존하는 불안·위험이 있다고 보기 어렵고, 급여지급결정을 받아 이에 대해 항고소송을 제기하는 등의 절차를 밟지 아니한 채 민사소송인 채무부존재확인소송을 제기하는 것이 피고가 주장하는 불안·위험을 제거하는 가장 유효적절한 수단이라고 보기도 어렵다는 이유로 반소를 각하하여야 한다고 판시하였다.

효력이 미치는가(본서 1690쪽 참조).

채무자회생법이 개인회생절차에서 채무자를 위한 면책제도를 둔 취지는 채권자들에 대하여 공평한 변제를 확보함과 아울러 지급불능 또는 그럴 염려가 있는 상황에 처한 채무자에 대하여 경제적 재기와 회생의 기회를 부여하고자 하는 데에 있다. 이를 통하여 채무자는 개인회생채무로 인한 압박을 받거나 의지가 꺾이지 않은 채 앞으로 경제적 회생을 위한 노력을 할 수 있게 된다.

만일 채무자가 개인회생절차가 개시된 후 면책결정 확정 전에 개인회생채권자에게 '변제계획과 별도로 개인회생채무를 변제하겠다'는 취지의 의사를 표시한 경우에 면책결정이 확정된 이후에도 채무자에게 개인회생채무 전부나 일부를 이행할 책임이 존속한다고 보게 되면, 이는 앞서 본 면책제도의 취지에 반한다. 따라서 채무자가 면책결정 확정 전에 변제계획과 별도로 개인회생채무를 변제하겠다는 취지의 의사를 표시한 경우, 이로 인한 채무가 실질적으로 개인회생채무와 동일성이 없는 완전히 새로운 별개 채무라고 볼 만한 특별한 사정이 없는 한,[39] 원래의 개인회생채무와 동일하게 면책결정의 효력이 미친다고 보아야 한다.[40]

요컨대 면책결정 전 채무재승인약정은 유효하나,[41] 이전의 개인회생채권을 기초로 한 새로운 채무에 면책의 효력이 미친다는 것이다.

미국 연방도산법상의 채무재승인약정(reaffirmation agreement)

미국 연방도산법 §524(c)는 채무자에게 면책 등에 대한 충분한 정보가 제공된 상태에서 면책 결정 전에 채무자가 면책대상채무에 대하여 면책을 받을 수 있는 권리를 포기하고 채무부담을 하기로 재승인하는 채무자와 채권자 사이의 합의를 도산법원이 승인해 주는 채무재승인약정 또는 재확인계약(reaffirmation agreement)제도를 두고 있다.[42]

---

39) 자연채무도 준소비대차나 경개의 기초로 삼을 수 있다. 면책결정에 대한 채무재승인약정은 약정의 구체적인 내용에 따라 기존채무와 신채무 사이에 동일성이 없는 경개로 인정될 수도 있고, 기존채무와 신채무 사이에 동일성이 인정되는 준소비대차로 인정될 수도 있을 것이다. 채무재승인약정이 면책된 채무를 변제하겠다는 내용에 불과하다면, 이는 특별한 사정이 없는 한 기존채무와 신채무 사이에 동일성이 인정되는 준소비대차로 볼 여지가 높을 것이다. 자연채무를 준소비대차의 내용으로 삼는 경우 자연채무성이 그대로 승계된다는 점에 관하여는 다툼이 없다. 특별한 사정이 있다면 경개로 보아 신채무는 자연채무가 아니라고 볼 것이다.

40) 대법원 2021. 9. 9. 선고 2020다277184 판결(☞ 개인회생절차에서 변제계획인가결정 확정 후 변제계획을 수행 중에 있는 피고가 채권자인 원고와 사이에 개인회생채권을 별도로 변제하겠다는 이행각서를 작성하였음을 이유로 약정금의 지급을 구하는 소송을 제기한 사안에서, 면책결정 확정 전에 개인회생채권자에게 '변제계획과 별도로 개인회생채무를 변제하겠다'는 취지의 의사를 표시한 경우에 면책결정이 확정된 이후에도 채무자에게 개인회생채무 전부나 일부를 이행할 책임이 존속한다고 보게 되면 이는 앞서 본 면책제도의 취지에 반하므로, 채무자가 면책결정 확정 전에 변제계획과 별도로 개인회생채무를 변제하겠다는 취지의 의사를 표시한 경우, 이로 인한 채무가 실질적으로 개인회생채무와 동일성이 없는 완전히 새로운 채무라고 볼 만한 특별한 사정이 없는 한 원래의 개인회생채무와 동일하게 면책결정의 효력이 미친다고 보아야 한다고 판단하여 파기자판(각하)한 사례).

41) 면책결정 후 채무재승인약정의 효력에 관하여는 <대법원 2021. 9. 9. 선고 2020다269794 판결>(본서 1690쪽)을 참조할 것. 면책결정 후 채무재승인약정의 효력에 관하여는 면책결정 전 채무재승인약정을 준소비대차나 경개로 논하는 것(위 각주 39) 참조)과는 평면을 달리하고 있다. 일정한 요건 아래 유효성이 인정되면 채무재승인약정은 경개에 해당하고(신채무는 자연채무가 아니다) 그 효력은 인정된다. 그 이외의 경우는 준소비대차인지를 논하지 않고 유효성이 인정될 여지가 없다고 한다(무효).

Ⅰ. 채무재승인약정의 개요

채무자들은 해당 채무를 재승인함으로써 특정채무와 관련된 면책을 포기하는 것이 허용된다(§524(c)). 채무를 재승인함으로써 그렇지 않았다면 면책되었을 채무를 부담하는 것에 동의하는 것이다. 면책된 채무를 지급하기로 하는 약정(agreement)은 원래 계약법에 따라 유효하였고, 1978년 도산법(1978 Bankruptcy Code) 이전까지 채무재승인(reaffirmation agreement)은 규제되지 않았다. 연구에 따르면 면책된 채무의 3분의 1이 재승인되는 것으로 추정되었다. 채권자들에 의한 재승인 남용에 대한 우려가 있었고, 이에 의회는 도산법에 재승인에 대한 몇 가지 통제할 수 있는 제한을 추가하였다(§524(c)－(d)). 하지만 이러한 제한에 만족하지 못하고, 채권자들이 여전히 재승인 특권을 남용한다고 우려하면서(재승인약정은 채권을 회수하려는 채권자가 악용될 우려가 있다), 2005년 의회는 채무자가 약정에 서명하기 전에 수령하여야 할 채권자들의 정확하고 정형화된 설명서(disclosure)를 포함하여 상당히 자세한 재승인약정을 규정하였다. 세부적인 내용은 주로 §524(k), (l)과 (m)에 포함되어 있다.

오늘날에도 면책된 채무가 상당한 정도로 재승인되고 있다. 연구에 따르면 20% 정도로 재승

---

42) Jeffrey T. Ferriell · Edward J. Janger, 444~448쪽, Charles J. TABB · Ralph Brunbaker, 593~595쪽, ANDREW BALBUS, 332쪽.

§ 524. Effect of discharge

(c) An agreement between a holder of a claim and the debtor, the consideration for which, in whole or in part, is based on a debt that is dischargeable in a case under this title is enforceable only to any extent enforceable under applicable nonbankruptcy law, whether or not discharge of such debt is waived, only if－

  (1) such agreement was made before the granting of the discharge under section 727, 1141, 1192, 1228, or 1328 of this title;

  (2) the debtor received the disclosures described in subsection (k) at or before the time at which the debtor signed the agreement;

  (3) such agreement has been filed with the court and, if applicable, accompanied by a declaration or an affidavit of the attorney that represented the debtor during the course of negotiating an agreement under this subsection, which states that－

    (A) such agreement represents a fully informed and voluntary agreement by the debtor;

    (B) such agreement does not impose an <u>undue hardship</u> on the debtor or a dependent of the debtor; and

    (C) the attorney fully advised the debtor of the legal effect and consequences of－

      (i) an agreement of the kind specified in this subsection; and

      (ii) any default under such an agreement;

  (4) the debtor has not rescinded such agreement at any time prior to discharge or within sixty days after such agreement is filed with the court, whichever occurs later, by giving notice of rescission to the holder of such claim;

  (5) the provisions of subsection (d) of this section have been complied with; and

  (6) (A) in a case concerning an individual who was not represented by an attorney during the course of negotiating an agreement under this subsection, the court approves such agreement as－

    (i) not imposing an undue hardship on the debtor or a dependent of the debtor; and

    (ii) in the best interest of the debtor.

    (B) Subparagraph (A) shall not apply to the extent that such debt is a consumer debt secured by real property.

인된다고 한다. 왜 채무자는 재승인하는가. 면책된 채무를 변제한다는 것은 일견 이상하게 보이지만, 채무자에게는 면책된 채무를 변제하여야 하는 강한 동기가 있는 경우가 있다. 대부분의 재승인은 다음 4가지 이유 중 하나에 기인한다.

(1) 면책에도 불구하고 채권자가 다른 방법으로 압류할 수 있는 담보를 채무자가 보유할 수 있도록 하기 위하여 또는 면책된 피담보채권을 변제함으로써 담보목적물에 대한 담보권 실행을 못하도록 하기 위하여

(2) 면책 소송을 해결하기 위하여

(3) 채무에 대한 공동(연대)채무자를 보호하기 위하여

(4) 채권자와 관계를 유지하기 위한 것과 같은 개인적인 이유들. 제품의 공급을 유지하기 위하여 주요한 거래처에 변제하는 것, 장래를 위하여 채권자와 양호한 관계를 유지하는 것이 필요한 경우, 친척이나 지인에 대한 변제 등.

약정은 채무자와 채권자의 합의(agree)가 있어야 한다. 채권자는 규정된 제한을 어기지 않는 한 적절하다고 여기는 조건을 약정에 붙일 수 있다.

채무재승인을 어떻게 취급할 것인지는 도산사건을 처리하는 법원마다 다양하다고 한다. 재승인이 일상적인 곳도 있고, 거의 없는 곳도 있다고 한다.

Ⅱ. 채무재승인약정의 유효요건

채무재승인약정이 유효하기 위해서는 §524(c), (d), (k), (l)과 (m)의 요건을 충족시켜야 한다. 채무자에 대하여는 적절한 정보에 기한 자유로운 의사에 의한 판단일 것을 요구하고, 법원의 관여에 의한 적절성이 확보될 것을 요구하고 있다. 요건을 충족시키지 못한 재승인은 무효로 효력이 없으며, 그것을 강제하는 시도는 면책명령에 위반되어 채권자는 제재를 받을 수도 있다.

1. 서면으로 할 것(§524(c)(3)) 비록 명확하게 규정되어 있지 않지만, 약정이 법원에 제출되어야 한다는 점에서 서면으로 작성될 것이 요구된다.

2. 채무자의 도산절차개시 후 면책결정 전에 체결될 것(§524(c)(1)) 면책결정 후에 한 지급약정은 효력이 없다.

3. 채무자가 채무재승인약정을 하지 않을 권리 및 약정을 위한 절차에 대한 설명서를 사전에 수령하였을 것(§524(c)(2))

4. 채무재승인약정은 법원에 제출(신청)될 것(§524(c)(3))

5. 채무재승인약정에 관하여 채무자를 대리하여 변호사가 있는 경우, 약정은 ① 채무자가 충분히 알고 자발적이며, ② 채무자나 가족에게 과도한 부담(undue hardship)을 주지 않고, ③ 변호사가 채무자에게 약정의 효력 및 결과에 대하여 충분한 조언을 한 후 체결되었음이 기재된 진술서가 첨부되었을 것(§524(c)(3))

6. 채무자는 약정서에 서명할 때 또는 그 전에 §524(k)(6)항의 내용이 기재된 "채무재승인(reaffirmation agreement)"에 서명하였을 것

7. 채무재승인약정에 관하여 변호사가 대리하지 않고, 그 채무가 부동산으로 담보되는 소비자 채무가 아닌 경우, ① 채무자나 가족에 과도한 부담을 주지 않고, ② 채무자에게 최선의 이익(the best interest of the debtor)이라는 것을 법원이 인정할 것(§524(c)(6))

8. 면책결정 전이나 법원에 제출된 후 60일 동안 채무자에 의해 취소되지 않을 것(§524(c)(4))

나. 보증인 등에 미치는 효력

(1) 원 칙

면책은 개인회생채권자가 채무자의 보증인 그 밖에 채무자와 더불어 채무를 부담하는 자에 대하여 가지는 권리와 개인회생채권자를 위하여 제공한 담보에 영향을 미치지 아니한다(제625조 제3항). 따라서 채권자는 채무자에 대한 면책결정이 있더라도 보증인 등에 대하여 그 채무의 이행을 요구할 수 있고, 제3자가 제공한 담보물이 있을 경우에는 그 물건에 대한 담보권을 행사할 수 있다.

면책결정이 있더라도 개인회생채권자의 보증인에 대한 권리나 물적 담보에 대하여 면책의 효력이 미치지 아니하도록 규정한 것은, 개인회생절차상 면책제도의 목적, 변제계획인가의 성립형식상의 특성 및 개인회생절차에 있어서 이해관계인의 이해 조정 등 모든 관점에서 그 목적의 정당성, 수단의 적정성, 피해의 최소성 및 법익의 균형성 등의 합리적인 근거를 가진 것이라 할 것이므로, 비록 면책결정의 효력을 보증인 등에게 미치지 않게 함으로써 채무자에 비하여 보증인 등을 차별하여 그들에게 불이익한 결과를 초래한다고 하여도 이는 합리적 이유가 있는 것으로, 헌법 제11조 제1항의 평등의 원칙에 위반되지 아니함은 물론 재산권 보장에 관한 헌법 제23조 제1항에 위반된다고 볼 수 없다.[43]

---

43) 헌법재판소 2012. 4. 24. 선고 2011헌바76 전원재판부 결정, 헌법재판소 2008. 10. 30. 선고 2007헌마206 전원재판부 결정.

　개인회생절차가 진행되어 법원의 면책결정이 있게 되면, 채무자는 그가 본래 부담하고 있던 채무 가운데 면책된 부분에 해당하는 만큼은 변제의무에서 해방된다. 이러한 경우 민법상 보증채무나 담보물권의 부종성의 원칙을 관철시켜 면책결정에 의한 면책의 효력이 보증인이나 담보제공자에게도 미치도록 한다면, 개인회생채권자로서는 보증인이나 담보제공자에게 면책된 부분에 해당하는 채권 내지 권리를 행사할 수 없으므로 결국 그에 상당하는 손실을 개인회생채권자에게 부담시키는 결과가 된다. 그러나 이와 반대로 보증인이나 담보제공자에게 면책결정에 의한 면책의 효력이 미치지 않도록 하면, 그들은 개인회생채권자에게 원래의 내용에 따른 채무 또는 책임을 모두 이행하여야 하지만, 채무자에 대한 관계에 있어서는 그 구상권이 개인회생채권으로서 면책됨으로써 채무자에게 구상할 수 없으므로 결국 그들이 그에 상당하는 손실을 부담하게 된다.

　그렇다면 문제의 핵심은 면책결정에 의하여 채무자가 변제의무에서 해방됨으로써 발생하는 손실을 개인회생채권자와 보증인·담보제공자 중 누구에게 부담시키는 것이 개인회생절차의 법률관계에 있어서 보다 공평하고 합리적인가에 있다.

　원래 보증이나 물적 담보 등에 의하여 담보될 채무 내지 책임은 채권자가 주채무자로부터 완전한 만족을 얻지 못하는 경우에 대비하려는 것을 주된 목적으로 하는 것이므로, 주채무자가 채무를 이행하기 어려운 사정이 생겼을 때야말로 보증이나 물적 담보의 효용이 발휘되는 것이다.

　제625조 제3항은 민법상 보증채무나 담보물권의 부종성의 원칙에 관한 예외에 해당하나, 본래 담보의 주목적은 채무자에게 자력이 없어 완전한 변제를 받지 못할 경우에 대비하는 것이므로, 파산적 청산을 대신하는 개인회생절차상 면책결정의 효력이 보증인이나 담보제공자에게 미치지 않도록 한 것은 당연하다고 할 것이다. 또한 채무자에 대한 면책은 각 개인회생채권자의 개별적 동의에 의하여 이루어지는 것이 아니며 그것이 통상의 채무면제와 동일시할 수 없다는 점에 있어서도 보증인이나 담보제공자에게 개인회생절차상 면책결정의 효력이 미치지 않도록 하는 것이 타당하다.

　원래 보증인이나 담보제공자는 채권자에 대한 관계에서는 채무자가 변제능력을 상실한 경우에 채무자를 대신하여 채권자에게 만족을 주어야 할 책임을 지는 자들이기 때문에 채권자에게 필요 이상의 희생을 강요하여 개인회생절차의 진행을 위태롭게 하기보다는 보증인이나 담보제공자에게 위험을 부담시키는 것이 근본적으로 다수채권자의 이해를 조정하여 채무자의 파산을 예방하려는 채무자회생법의 목적에도 부합하고 또한 공평의 원칙에도 타당하다고 할 것이다(위 2007헌마206 전원재판부 결정 참조).

채무자가 제공한 담보물이 있을 경우 그 물건에 대한 담보권을 행사할 수 있음은 별제권의 법리상 당연하다. 반면 보증인·물상보증인·연대채무자 등의 채무자에 대한 구상권은 개인회생채권이므로 그것의 발생이 개인회생절차개시 전이든 후(제581조 제2항, 제427조 제2항)이든 모두 면책의 대상이 된다.

(2) 예 외

채권자가 중소벤처기업진흥공단(대출방식으로 이루어지는 사업에 한정한다), 신용보증기금, 기술보증기금인 경우에는 중소기업[44]의 면책결정을 받은 시점에 중소기업의 주채무가 감경 또는 면제될 경우 연대보증채무도 동일한 비율로 감경 또는 면제된다(중소기업진흥에 관한 법률 제74조의2, 신용보증기금법 제30조의3, 기술보증기금법 제37조의3).[45]

주의할 것은 위 각 법률 규정에 의한 연대보증채무의 감경 또는 면제되는 시점은 주채무가 개인회생절차에서 변제계획인가결정을 받는 시점이 아니라 면책결정이 확정된 때라는 것이다. 개인회생절차의 경우에는 회생절차와는 달리 면책결정이 확정되지 않는 한 변제계획인가결정만으로는 주채무의 감경 또는 면제의 효과가 발생하지 않는다. 개인회생절차가 진행되는 경우에는 변제계획인가결정이 있은 때에 권리변경의 효력이 있는 것이 아니라, 면책결정이 확정된 때에 연대보증채무도 주채무와 동일한 비율로 감경 또는 면제되는 권리변경의 효력이 발생하기 때문이다.[46]

(3) 우선권 있는 임대차보증금반환채권에의 적용 여부

대항요건 및 확정일자를 갖춘 임차인과 소액임차인의 임대차보증금의 우선변제권(제586조, 재415조)은 이른바 '법정담보물권'의 성격을 갖는다고 해석되는바,[47] 그렇다면 '면책은 개인회생채권자를 위하여 제공한 담보에 영향을 미치지 아니한다'고 규정한 제625조 제3항이 우선권 있는 임대차보증금반환채권에 적용되는지가 문제될 수 있다.

면책결정이 개인회생채권자를 위하여 제공된 담보에 영향이 없다는 내용의 제625조 제3항은 제3자 제공의 보증이나 물상보증에 관한 규정으로 볼 수 있어서, 위 규정이 대항요건 및 확정일자를 갖춘 임차인과 소액임차인의 임대차보증금의 우선변제권에 그대로 적용된다고 단정할 수 없다. 일반적인 담보권의 경우 피담보채권과 준별하여 담보권 자체에 별제권을 인정

---

44) 기업이란 사업을 하는 개인 및 법인과 이들의 단체를 말하지만(신용보증기금법 제2조 제1호, 기술보증기금법 제2조 제2호), 여기서는 개인만을 의미한다. 법인에 대하여는 면책제도가 없다.

45) 연대보증채무의 감경·면제를 규정한 위 각 법률은 '회생계획인가결정을 받은 시점 및 파산선고 이후 면책결정을 받은 시점'에 주채무가 감경 또는 면제될 경우 연대보증채무도 동일한 비율로 감경 또는 면제된다고 되어 있다. 따라서 '개인회생절차개시결정을 받고 이후 면책결정'을 받은 경우에도 위 법률이 적용되는지 문제될 수 있다. 위 각 법률들의 입법취지, 개인파산절차에서의 면책을 받은 경우와 개인회생절차에서의 면책을 받은 경우를 달리 취급할 특별한 이유가 없는 점 등을 고려하면 개인회생절차에서 면책을 받은 경우에도 유추적용된다고 할 것이다(대구고등법원 2017. 12. 27. 선고 2017나24336 판결 참조).

46) 대구고등법원 2017. 12. 27. 선고 2017나24336 판결(상고) 참조.

47) 대법원 2007. 6. 21. 선고 2004다26133 전원합의체 판결, 대법원 2005. 6. 9. 선고 2005다4529 판결 등 참조.

하는 채무자회생법의 법리상 피담보채권의 면책과 관계없이 담보권 행사를 할 수 있다는 해석이 가능하나, 임차 주택이나 상가에 관한 임대차보증금반환채권은 그 실질은 면책의 대상이 되는 개인회생채권이지만 그 자체로 주택임대차보호법 또는 상가건물 임대차보호법에 의하여 담보권과 같은 실체법상 우선변제권이 있는 것이어서 별제권의 법리가 그대로 적용된다고 보기 어려운 측면이 있기 때문이다.

다. 면책결정 후 채권자의 권리 행사

채권자는 자신이 가지고 있는 채권이 비면책채권(제625조 제2항 단서)임을 주장하여 채무자를 상대로 소송을 제기하여야 한다. 예컨대 채무자를 사기죄로 고소하여 사기죄가 인정된다면 '고의로 가한 불법행위로 인한 손해배상채권'으로 비면책채권이 될 수 있다. 면책결정이 있다고 하더라도 비면책채권은 면책이 되지 않기 때문이다.[48] 구체적으로 채권자가 채무자를 상대로 금원지급을 구하는 소송을 제기하면 채무자는 면책결정을 받았다고 항변할 것이다. 이에 대하여 채권자는 비면책채권임을 재항변하면 된다.

채권자가 소를 제기하지 않는 경우 채무자는 면책확인의 소를 제기하면 된다. 다만 면책된 채권이 집행권원을 가지고 있는 경우에는 청구이의의 소를 제기하여야 한다.[49] 관련 내용은 〈제3편 제11장 제1절 V.3.나.〉(본서 1705쪽)를 참조할 것.

라. 외국면책재판의 국내적 효력

채무자가 다른 나라에서의 면책결정을 받은 경우 그 면책이 우리나라에서도 효력이 있는가. 관련 내용은 〈제5편 제4장 V.〉(본서 2138쪽)를 참조할 것.

마. 수임인 과실로 개인회생채권자목록에 개인회생채권을 누락한 경우 손해배상책임의 확정

개인회생절차에서는 변제계획인가결정으로 개인회생채권자의 권리가 변경되지 않고, 면책결정으로 그 책임이 면제된다(제615조).[50] 즉, 개인회생절차의 변제계획이 인가되었다 하더라도, 변제계획 자체로 권리변경의 효력을 발생시키는 형성적 효력을 갖는 것이 아니라, 단지 변제계획에서 정하여진 변제기간 동안 정해진 변제율과 변제방법에 따라 변제를 완료하면 추후 면책신청절차를 통해 면책결정을 받아 변제계획에 포함된 나머지 채무를 모두 면책받을 수 있다는 취지를 채권자들에게 명백히 알리는 의미만 있을 뿐이고, 채무자가 변제계획에 따른 변제

---

48) 채무자가 채권자를 기망하여 금원을 차용한 사안에서, 채무자가 개인회생채권자목록에 대여금채권으로 기재하고 면책결정을 받은 후, 채권자가 해당 채권은 불법행위(사기)에 기한 손해배상채권에 해당하기도 한다면서 별도로 소송을 제기할 경우 위 소송에는 면책의 효력이 미치지 않는다(인천지방법원 부천지원 2021. 4. 7. 선고 2020가단130201 판결 참조).

49) 대법원 2017. 10. 12. 선고 2017다17771 판결, 인천지방법원 부천지원 2021. 4. 7. 선고 2020가단130201 판결 등 참조.

50) 대법원 2019. 7. 25. 자 2018마6313 결정 참조.

를 완료한 후 제624조에 따른 법원의 면책결정이 있어야 비로소 면책의 효과가 발생한다. 이는 개인회생절차가 아닌 회생절차에서 회생계획인가의 결정이 있는 때에 회생계획이나 채무자회생법의 규정에 의해 인정된 권리를 제외하고는 채무자는 모든 회생채권과 회생담보권에 관한 책임을 면하는 경우(제251조)와 구별된다.

따라서 개인회생절차에서 채무자의 위임에 따라 개인회생채권자목록을 작성한 수임인(변호사나 법무사)의 과실로 일부 채무가 누락된 상태로 개인회생채권자목록이 제출되고 그에 따라 작성된 변제계획안을 인가하는 결정이 있었다는 사정만으로 즉시 위임인인 채무자의 손해가 발생한다고 할 수는 없고, 향후 채무자가 일부 채무가 누락된 상태로 작성되어 인가된 변제계획의 수행을 완료하고 법원으로부터 면책결정을 받아 변제계획에 포함된 채무를 면책받은 때에 비로소 채무자의 손해가 현실적·확정적으로 발생한다고 할 것이다. 나아가 이때 채무자의 손해는 면책결정 이후에 해당 채권자로부터 채무의 전부 또는 일부를 면제받는 등의 특별한 사정이 없는 한 변제계획에서 누락된 채무의 액수 상당액이다.[51]

Ⅱ 비면책채권

1. 개인회생절차에서의 비면책채권

면책의 효력은 원칙적으로 개인회생채권자에 대한 채무에 관하여 효력이 미친다. 확정된 개인회생채권[52] 중 변제되지 않고 남은 부분은 모두 면책된다. 즉 개인회생채권의 확정절차를 통해 확정된 개인회생채권이 변제계획의 변제의 대상이 되고, 변제의 대상이 된 채권 중 변제계획을 통하여 변제되지 않은 부분이 면책되는 것이다. 그러나 다음의 청구권에 관하여는 책임이 면제되지 아니한다(제625조 제2항 단서).[53] 개략적으로 보면 채권이 개인회생채권자목록에

---

51) 대법원 2021. 2. 25. 선고 2018다43180 판결(☞ 법무사가 개인회생 신청과 관련하여 채무자로부터 위임을 받아 채권자목록을 작성하면서 일부 회생채권을 누락하였는데 그 채권자목록에 따라 작성된 변제계획안이 인가된 사안에서, 대법원은 ① 법무사가 채무자에게 회생법원의 보정권고 내용에 관하여 적절하게 설명하거나 조언을 할 의무가 있음에도 이를 게을리 하여 채무자로 하여금 일부 회생채권이 누락된 채권자목록을 제출하도록 하였다면 그에 대한 책임을 부담해야 하지만, ② 그로 인한 채무자의 손해는 변제계획인가결정만으로는 현실적·확정적으로 발생한다고 볼 수 없고, ③ 나아가 채무자가 종전 개인회생절차 폐지 및 새로운 개인회생절차 신청 등의 방법으로 누락된 회생채권을 포함한 변제계획을 작성하여 인가받을 수 있었음에도 개인 사정을 이유로 그렇게 하지 않았다면 이를 과실상계나 손해배상책임 제한 사유로 참작할 수 있는지 고려해 볼 필요가 있다고 판단하여, ②, ③과 달리 판단한 원심을 파기환송한 사안).

52) 개인회생채권자목록에 기재되고 이에 대한 개인회생채권조사확정재판 없이 이의기간을 경과하여 확정된 개인회생채권, 개인회생채권조사확정재판을 통하여 확정된 개인회생채권, 개인회생채권조사확정재판에 대한 이의의 소를 거쳐 확정된 채권 등을 말한다.

53) 제625조 제2항(심판대상조항)은 개인회생절차에서 면책결정을 받은 채무자의 책임의 면제 및 면책이 제한되는 청구권의 범위에 관하여 규정하고 있으므로, 채무자의 책임이 면제되는 채권을 가진 채권자의 재산권을 침해하는지가 문제될 수 있다. 이에 대하여 헌법재판소는 심판대상조항은 각 호에서 규정한 면책이 제한되는 청구권 이외의 청구권에 대하여 예외적으로 면책을 제한할 여지를 두고 있지 않다. 만약 법원이 구체적인 개별 사건에서 예외적으로 특정 채권을 면책의 대상에서 제외할 수 있다면, 각 채권 사이 변제의 합리성과 공평성을 훼손할 여지가 크고, 그 기준 또한 명백하다고 보기 어렵다는 점에서, 면책 제한 청구권을 한정한 심판대상조항은 개인회생제도의 목적 달

기재되지 않아 채권자가 개인회생절차에서 권리보호조치를 취할 수 없는 경우, 조세와 같이 국가재정을 형성하는 공적 채무나 채무자의 중대한 불법행위로 발생한 채무, 근로자의 임금이나 양육비 등 그 면책이 정의 관념에 반하거나 오히려 사회적 부작용을 초래할 수 있는 경우에 채무자의 면책을 제한하고 있다.

① 개인회생채권자목록에 기재되지 아니한 청구권[54]

임대인에 대한 개인회생절차의 진행 중에 임차주택의 환가가 이루어지지 않아 주택임차인이 그 환가대금에서 임대차보증금반환채권을 변제받지 못한 채 임대인에 대한 면책결정이 확정되어 그 개인회생절차가 종료되었다고 하더라도 특별한 사정이 없는 한 주택임차인의 임대차보증금반환채권 중 제586조, 제415조 제1항에 의하여 인정된 우선변제권의 한도 내에서는[55]

성을 위한 불가피한 규율에 해당한다. 주택임대차보호법과 채무자회생법상 일정한 범위에서 소액임차인에게 우선변제권이 인정되는 점, 사회보장수급권자가 다른 사인에 대하여 가지는 채권을 실현함에 있어 다른 채권자의 채권에 우선하는 권리를 부여할 것이 사회보장수급권에 내포되어 있다고 보기 어려운 점 등을 종합하면, 심판대상조항이 침해의 최소성에 반한다고 볼 수 없다. 면책된 개인회생채권은 통상의 채권이 가지는 소 제기 권능을 상실하게 되나, 개인회생채권자가 채무자의 보증인 등에 대하여 가지는 권리에 영향을 미치지 아니하는 점 등을 고려하면, 심판대상조항으로 인하여 달성되는 공익에 비하여 제한되는 사익이 중대하다고 보기 어렵다. 심판대상조항은 과잉금지원칙을 위반하여 청구인의 재산권을 침해하지 않는다(헌법재판소 2024. 1. 25. 선고 2020헌마727 전원재판부 결정).

구체적으로 청구인은 심판대상조항이 주택임대차보호법상의 소액임차인이 채무자에 대하여 가지는 보증금 청구권이나 기초생활수급자가 채무자에 대하여 가지는 청구권에 대하여 면책을 제한하는 규정을 두지 않아 청구인의 재산권을 침해한다고 주장하였다. 주택임대차보호법상 소액임차인은 주택의 양도 등에도 불구하고 임차권을 제3자에게 주장할 수 있고, 주택에 대한 경매 시 그 매각대금의 배당에서 일정 부분 우선변제권이 보장되는 등 해당 주택과 관련성이 인정되는 범위에서 보호를 받는다. 또한 주택임차인은 제586조, 제415조 제1항에 의하여 인정된 우선변제권의 한도 내에서는 임대인에 대한 개인회생절차에 의하지 아니하고 자신의 임대차보증금반환청구권의 만족을 받을 수 있다. 설혹 주택임차인의 임대차보증금반환청구권 전액이 개인회생채무자인 임대인이 제출한 개인회생채권자목록에 기재되었다고 하더라도, 주택임차인의 임대차보증금반환청구권 중 위와 같이 우선변제권이 인정되는 부분을 제외한 나머지 채권액만이 개인회생절차의 구속을 받아 변제계획의 변제대상이 되고 면책결정의 효력이 미치는 개인회생채권자목록에 기재된 개인회생채권에 해당한다. 임대인에 대한 개인회생절차의 진행 중에 임차주택의 환가가 이루어지지 않아 주택임차인이 그 환가대금에서 임대차보증금반환청구권을 변제받지 못한 채 임대인에 대한 면책결정이 확정되어 그 개인회생절차가 종료된 경우라면, 우선변제권의 한도 내에서는 '개인회생채권자목록에 기재되지 아니한 청구권'에 해당하여 면책결정의 효력이 미치지 않는다(대법원 2017. 1. 12. 선고 2014다32014 판결). 한편, '국민기초생활 보장법'은 생활이 어려운 사람에게 필요한 급여를 실시하여 최저생활을 보장하고 자활을 돕는 것을 목적으로 하고(국민기초생활 보장법 제1조), 이 법에 따른 급여를 받을 권리는 국가의 재정에 의한 급부를 전제로 하는 사회보장수급권으로서 건강하고 문화적인 최저생활을 유지할 수 있는 급여를 원칙으로 하는데(같은 법률 제4조 제1항), 이에 더하여 수급자가 다른 사인(私人)에 대하여 가지는 별개의 채권을 실현함에 있어 다른 채권자의 채권에 우선하는 권리를 부여할 것을 내포하고 있다고 보기 어렵다(헌법재판소 2011. 11. 24. 선고 2009헌바320 전원재판부 결정 참조). 그 밖에 채무자회생법은, 개인회생절차에 의함이 채권자 일반의 이익에 적합하지 아니한 때에는 법원이 개인회생절차개시의 신청을 기각할 수 있도록 하고(제595조 제6호), 개인회생채권자목록에 기재된 개인회생채권자는 개인회생절차개시결정에 즉시항고할 수 있도록 하며(제598조 제1항), 법원이 변제계획인가결정을 하기 위해서는 변제계획이 공정하고 형평에 맞으며 수행 가능할 것 등 일정한 요건이 충족되어야 하도록 규정하고(제614조), 채무자가 기망 그 밖의 부정한 방법으로 면책을 받은 때에는 이해관계인의 신청에 의하거나 직권으로 면책을 취소할 수 있도록 하는 등(제626조 제1항) 개인회생채권자의 이익을 보호하기 위한 규정들을 두고 있다. 이를 종합하면, 심판대상조항이 소액보증금청구권 또는 기초생활수급자가 개인회생채무자에 대하여 가지는 청구권을 면책이 제한되는 청구권으로 규정하지 않았다는 이유로, 목적 달성을 위해 불필요한 제한을 가하여 침해의 최소성에 반한다고 보기 어렵다.

54) 개인회생채권자목록에 기재하지 않은 청구권은 비면책채권이 되므로 다른 채권자보다 유리한 지위가 되고, 이는 채권자 사이의 형평을 해칠 수 있다. 따라서 채무자가 악의로 개인회생채권자목록에 기재하지 않은 개인회생채권이 있는 경우를 면책불허가사유로 규정한 것이다(제624조 제3항 제1호).

55) 관련 내용은 〈제5장 제4절 Ⅴ.〉(본서 1975쪽)를 참조할 것. 임대차보증금반환채권 중 우선변제권이 인정되는 임차

'개인회생채권자목록에 기재되지 아니한 청구권'에 해당하여 면책결정의 효력이 미치지 않는다.[56] 왜냐하면 주택임차인은 제586조, 제415조 제1항에 의하여 인정된 우선변제권의 한도 내에서는 임대인에 대한 개인회생절차에 의하지 아니하고 자신의 임대차보증금반환채권의 만족을 받을 수 있으므로, 설혹 주택임차인의 임대차보증금반환채권 전액이 개인회생채무자인 임대인이 제출한 개인회생채권자목록에 기재되었다고 하더라도, 주택임차인의 임대차보증금반환채권 중 위와 같이 우선변제권이 인정되는 부분을 제외한 나머지 채권액만이 개인회생절차의 구속을 받아 변제계획의 변제대상이 되고 면책결정의 효력이 미치는 개인회생채권자목록에 기재된 개인회생채권에 해당한다고 보아야 하기 때문이다.[57]

주택(상가) 한도 내에서는, 임차인은 임대인(채무자)에 대한 면책결정에도 불구하고 임대차보증금반환을 구하는 소 제기도 가능하다고 보아야 한다. 그 주문은 '피고는 원고에게 임차 주택의 범위 내에서 000원을 지급하라.'는 형태가 될 것이다.

56) 대법원 2017. 1. 12. 선고 2014다32014 판결. 위 판결은 「제582조는 "개인회생채권자목록에 기재된 개인회생채권에 관하여는 변제계획에 의하지 아니하고는 변제하거나 변제받는 등 이를 소멸하게 하는 행위(면책를 제외한다)를 하지 못한다"라고 규정하고 있다. 이에 따라 제611조 제1항은 "변제계획에는 '채무변제에 제공되는 재산 및 소득에 관한 사항(제1호)', '개인회생채권자목록에 기재된 개인회생채권의 전부 또는 일부의 변제에 관한 사항(제3호)'을 정하여야 한다"라고 규정하여 개인회생채권자목록에 기재된 개인회생채권을 변제계획의 변제대상으로 삼고 있다. 나아가 제624조 제1항은 "법원은 채무자가 변제계획에 따른 변제를 완료한 때에는 당사자의 신청에 의하거나 직권으로 면책의 결정을 하여야 한다"라고 규정하고, 제625조 제2항 본문은 "면책을 받은 채무자는 변제계획에 따라 변제한 것을 제외하고 개인회생채권자에 대한 채무에 관하여 그 책임이 면제된다"라고 규정하면서, 그 단서 제1호에서 '개인회생채권자목록에 기재되지 아니한 청구권'에 관하여는 책임이 면제되지 아니한다고 규정하고 있는데, 위 각 규정에 따르면 변제계획의 변제대상이 되는 개인회생채권자목록에 기재된 개인회생채권 중 변제계획에 따라 변제한 것을 제외한 부분은 모두 면책되지만, 개인회생채권자목록에 기재되지 아니한 청구권은 변제계획에 의한 변제대상이 될 수 없어 면책결정의 효력이 미치지 않는다.

한편 주택임대차보호법상 대항요건 및 확정일자를 갖춘 주택임차인은 임차주택(대지를 포함한다. 이하 같다)이 경매될 경우 그 환가대금에 대하여 우선변제권을 행사할 수 있고, 이와 같은 우선변제권은 이른바 법정담보물권의 성격을 갖는 것으로서 임대차 성립시의 임차 목적물인 임차주택의 가액을 기초로 주택임차인을 보호하고자 인정되는 것이다(대법원 2007. 6. 21. 선고 2004다26133 전원합의체 판결 등 참조).

이에 상응하여 제586조, 제415조 제1항은 "주택임대차보호법 제3조(대항력 등) 제1항의 규정에 의한 대항요건을 갖추고 임대차계약증서상의 확정일자를 받은 임차인은 개인회생재단에 속하는 주택(대지를 포함한다)의 환가대금에서 후순위권리자 그 밖의 채권자보다 우선하여 보증금을 변제받을 권리가 있다"라고 규정함으로써 우선변제권 있는 주택임차인을 개인회생절차에서 별제권자에 준하여 보호하고 있다.

위와 같이 주택임차인은 제586조, 제415조 제1항에 의하여 인정된 우선변제권의 한도 내에서는 임대인에 대한 개인회생절차에 의하지 아니하고 자신의 임대차보증금반환채권의 만족을 받을 수 있으므로, 설혹 주택임차인의 임대차보증금반환채권 전액이 개인회생채무자인 임대인이 제출한 개인회생채권자목록에 기재되었다고 하더라도, 주택임차인의 임대차보증금반환채권 중 위와 같이 우선변제권이 인정되는 부분을 제외한 나머지 채권액만이 개인회생절차의 구속을 받아 변제계획의 변제대상이 되고 면책결정의 효력이 미치는 개인회생채권자목록에 기재된 개인회생채권에 해당한다고 보아야 한다.

그렇다면 임대인에 대한 개인회생절차의 진행 중에 임차주택의 환가가 이루어지지 않아 주택임차인이 그 환가대금에서 임대차보증금반환채권을 변제받지 못한 채 임대인에 대한 면책결정이 확정되어 그 개인회생절차가 종료되었다고 하더라도 특별한 사정이 없는 한 주택임차인의 임대차보증금반환채권 중 제586조, 제415조 제1항에 의하여 인정된 우선변제권의 한도 내에서는 제625조 제2항 단서 제1호에 따라 면책이 되지 않는 '개인회생채권자목록에 기재되지 아니한 청구권'에 해당하여 면책결정의 효력이 미치지 않는다고 봄이 타당하다」고 판시하였다(판시 내용에서 조문은 현행법의 조문으로 변경하였다).

57) **임대차보증금반환채권과 개인회생채권자목록과의 관계** 별제권부 채권의 경우 개인회생절차에서의 채권확정의 효력은 개인회생절차 외에서의 권리행사에 영향을 줄 수 없고, 경매실행 후 부족액만이 개인회생채권자목록에 기재된 채권이 되는 것이다. 변제계획에서 변제의 대상이 되는 것은 별제권 행사로 변제받을 수 없는 채권이다. 이는 우선변제권 있는 임대차보증금의 경우에도 마찬가지로 볼 수 있다. 즉 개인회생절차 외의 경매절차에서 우선변제가 가능하다는 취지의 제585조(제415조)와 함께 별제권에 준하여 취급하는 점 등에 비추어 보면, 개인회생절차 외의 경

대법원 2017. 1. 12. 선고 2014다32014 판결의 배경

1. 대항력과 확정일자를 갖춘 임대차보증금반환채권은 개인회생절차개시결정 전에 체결된 임대차계약에 부수한 보증계약에 근거한 것으로 개인회생채권에 해당한다. 그런데 위 임대차보증금반환채권은 특정재산에 관하여 우선적으로 변제받을 수 있는 법정담보물권으로 별제권과 유사한 성격을 갖는 것으로 본다.

2. 개인회생절차의 실무는 ① 위 임대차보증금반환채권을 별제권에 준하는 것으로 취급하되, 경매청구권이 없으므로, 채무자(임대인)에 대하여 개인회생절차개시결정이 내려지면 집행권원이 있더라도 강제집행은 금지된다(제600조 제1항 제2호)는 입장이다. ② 변제계획안의 작성에 있어서도 우선변제권이 인정되는 임대차보증금반환채권은 별제권과 동일한 방법에 따라 변제계획을 작성하게 된다. 이로 인해 개인회생절차 진행 중에 임차주택이 경매 등이 이루어지면 임차인이 임대차보증금을 전부 또는 일부를 회수하게 되어 우선변제권에 따른 아무런 문제가 없다. 변제잔액이 있는 경우 잔액은 변제계획에서 정한 변제조건에 따라 변제받게 되고, 나머지는 면책결정이 확정되면 면책된다.

3. 그러나 개인회생절차 진행 중 임차주택이 경매 등으로 처분되지 않은 상태에서 채무자(임대인)에 대하여 면책결정이 내려진 경우, 그 효력이 임대차보증금반환채권에 미치는지 여부이다. 이에 대하여는 여러 견해가 있을 수 있다.

① 위 임대차보증금반환채권이 개인회생채권이고 비면책채권으로 규정되어 있지 않으므로 면책된다고 보는 견해이다. 이 견해는 실체법상 법정담보물권으로 취급되고 우선변제권이 있는데, 실무상의 취급으로 인해(또는 임대인에게 개인회생절차가 개시되었다는 우연한 사정에 의해) 임대차보증금을 전혀 회수하지 못하여 임차인을 보호할 수 없다는 문제가 있다.

② 대항요건과 확정일자를 갖춘 임대차보증금반환채권은 별제권과 같이 취급되므로 우선변제권이 인정되는 범위 내에서는 면책결정의 효력이 미치지 않는다는 견해이다. 하지만 위 임대차보증금반환채권도 개인회생채권임이 명백하므로 우선변제권이 인정되는 범위 내에서 면책결정의 효력이 미치지 않는다는 것은 아무런 법적 근거도 없고 논리적 모순이다.

③ 대법원은 우선변제권이 있는 임대차보증금반환채권의 실무상 취급의 문제점을 해결하고자, 판시에서 설시한 여러 이유를 근거로 우선변제권이 인정되는 한도 내에서 '개인회생채권자목

매절차 등에서 변제받지 못한 부분이 변제계획의 변제의 대상이 되는 것이다. 따라서 임차인의 임대차보증금반환채권의 경우 제585조(제415조)에 의하여 인정된 우선변제권의 한도 내에서는 '개인회생채권자목록에 기재되지 않은 청구권'에 해당하여 면책결정의 효력이 미치지 않는다고 볼 수 있다.

우선변제권 있는 임대차보증금반환채권에 대하여도 통상적인 별제권처럼 임대차보증반환채권은 면책되고 별제권을 행사하면 되는 것으로 해석하면 되지 않을까. 우선변제권 있는 임대차보증금반환채권은 법정담보물권이지만, 경매청구권이 없다. 따라서 임대주택(상가)을 환가(강제집행)하려면 집행권원이 필요하다. 집행권원을 위해서는 소제기를 할 수 있어야 하는데, 면책채무에 대하여는 소제기 권능이 없다. 따라서 집행권원을 얻을 방법이 없다. 따라서 우선변제권 있는 임대차보증금반환채권에 대하여도 통상적인 별제권처럼 임대차보증금반환채권은 면책되고 별제권을 행사하면 되는 것으로 해석하기 곤란하다. 그래서 면책의 대상이기는 하지만, 우선변제권의 한도 내에서는 '개인회생채권자목록에 기재되지 않은 청구권'에 해당하여 면책결정의 효력이 미치지 않는다고 이론 구성한 것이다. 실무적으로 우선변제권 한도 내에 있는 임대차보증금반환채권은 변제계획상 변제대상이 아니라서 이에 대해 면책을 인정할 경우, 실체법에서 인정되는 우선변제권에 의한 보호가 개인회생절차개시라는 우연한 사정으로 박탈된다는 문제점을 해소하기 위한 방법이기도 하다.

록에 기재되지 아니한 청구권'으로 보아 면책결정의 효력을 미치지 않도록 한 것이다. 이로써 변제계획안 작성에 있어 우선변제권이 있는 임대차보증금반환채권을 별제권에 준하여 취급하는 실무 및 채무자가 변제계획에 의하지 않고 임차주택을 처분하여 임대차보증금을 회수하는 실무와도 부합한다. 다만 이렇게 보는 경우 논리적으로는 우선변제권이 인정되는 한도에서 소제기 및 강제집행이 가능하게 되어 이를 허용하지 않는 실무와 모순되는 문제가 있다. 이는 제600조 제2항을 유추적용하여 소제기는 별론으로 하고, 강제집행은 할 수 없는 것으로 해석함으로써 해결할 수 있을 것이다.

한편 채무자가 '악의로' 채권자목록에 기재하지 아니한 경우에만 비면책채권으로 규정하고 있는 개인파산절차(제566조 제7호)와 달리, 개인회생절차에서 개인회생채권자목록에 기재되지 아니한 청구권은 어떤 경우에도 비면책채권으로 하는 것이 타당한지는 의문이다. 채무자의 입장에서는 개인회생절차개시신청 당시나 그 이후에 자신의 채무임을 알 수 없는 경우가 있을 수 있다. 예컨대 부인이 아파트 분양대금을 납입하기 위하여 남편 명의로 은행으로부터 1억원을 차용하였는데,[58] 남편은 이것을 모른 채(그래서 채권자목록에도 기재하지 않았다) 개인회생절차를 신청하고 3년간 정상적으로 변제한 후 면책결정을 받았음에도, 이후 은행이 일상가사대리(민법 제827조 제1항, 제832조 본문)를 근거로 남편에 대하여 변제를 요구한 경우 남편으로서는 변제할 수밖에 없다.[59] 이것이 정당한가. 이는 본질적으로 개인회생절차에 채권신고제도가 없다는 점에서 기인한다. 채무자가 악의로 채권자목록에 기재하지 않는 경우 면책불허가사유가 되고, 면책취소제도가 마련되어 있으므로 개인회생절차에서도 개인회생채권자목록에 기재되지 아니한 청구권을 어떠한 경우에도 비면책채권으로 볼 것은 아니고 채무자가 악의로 채권자목록에 기재하지 아니한 경우로 제한하여야 할 것이다. 궁극적으로는 입법론적 해결이 필요하다.[60]

---

58) 대법원 1999. 3. 9. 선고 98다46877 판결(부인이 남편 명의로 분양받은 45평형 아파트의 분양금을 납입하기 위한 명목으로 금전을 차용하여 분양금을 납입하였고, 그 아파트가 남편의 유일한 부동산으로서 가족들이 거주하고 있는 경우, 그 금전차용행위는 일상가사에 해당한다고 본 사례).

59) 채무자가 소멸시효가 완성되었다고 생각하여 채권자목록에 기재하지 않았는데, 나중에 소멸시효가 완성되지 않은 것으로 판명되는 경우도 그렇다.

60) 개인회생채권자목록에 보증인이 기재되지 아니한 경우 보증인의 채권은 면책되는 것은 아니라는 견해(채무자는 주채무의 면책에도 불구하고 보증인에게 변제하여야 한다는 취지)가 있다{서울회생법원, 회생위원직무편람(제4판), 사법발전재단(2020), 295쪽}. 그 근거로 면책결정 후 보증인 개인회생채권자목록에 기재된 채권자에게 대위변제한 경우, 보증인은 피보증인(채권자)의 권리를 대위행사할 수 있을 뿐만 아니라 자신의 권리에 기하여도 구상권을 행사할 수 있다는 점을 들고 있다. 하지만 면책결정으로 <u>채권자와 채무자 사이</u>의 채권(주채무)은 면책되고, 보증인(보증채무)도 부종성의 원칙에 따라 면책된다. 제625조 제3항은 <u>개인회생채권자와 보증인 사이</u>에서 면책의 효력이 미치지 않는다는 특별(예외) 규정이다. 개인회생채권자를 보호하기 위하여 둔 규정이다. 제625조 제3항에 따라 보증인이 채권자에게 변제하는 것은 자신의 (보증)채무를 변제하는 것에 그치고, 타인(채무자)의 채무를 변제하는 것이 아니다(주채무는 이미 면책되었다). 보증인의 변제로 주채무가 소멸한 것이 아니다(주채무는 이미 면책되었다, 민법 제441조, 제444조 참조). 따라서 보증인이 제625조 제3항에 따라 채권자에게 변제하더라도 구상권은 발생하지 않고, 구상권을 전제로 한 변제자대위도 인정되지 않는다. 따라서 채무자는 면책결정 후 보증인이 채권자에게 변제하더라도 보증인에게 변제할 필요가 없다(보증인은 채무자에게 구상권이나 변제자대위를 주장할 수 없다).

② 제583조 제1항 제2호의 규정에 의한 조세 등의 청구권[61]

위 조세 등 청구권은 개인회생재단채권으로 면책의 효력이 미치지 않는다. 따라서 비면책 채권으로 규정할 이유는 없다.

③ 벌금·과료·형사소송비용·추징금 및 과태료

④ 채무자가 고의로 가한 불법행위로 인한 손해배상

고의로 불법행위를 가한 채무자에 대한 제재의 의미에서 비면책채권으로 한 것이다. 고의로 가한 불법행위에는 타인의 생명 또는 신체를 침해한 경우뿐만 아니라 타인의 재산을 침해한 경우 등을 모두 포함한다.[62]

⑤ 채무자가 중대한 과실로 타인의 생명 또는 신체를 침해한 불법행위로 인하여 발생한 손해배상

생명 또는 신체에 대한 법익보호를 감안하여 비면책채권으로 한 것이다.

⑥ 채무자의 근로자의 임금·퇴직금 및 재해보상금

⑦ 채무자의 근로자의 임치금 및 신원보증금

⑧ 채무자가 양육자 또는 부양의무자로서 부담하여야 할 비용

---

61) 개인회생채권인 조세 등 청구권은 일반의 우선권 있는 개인회생채권으로 전액 변제하여야 하므로(제611조 제1항 제2호) 파산절차와 달리 비면책채권으로 규정하지 않았다. 조세채권 중 후순위 파산채권(지연배상금 성격의 납부지연가산세)은 비면책채권이지만(제566조 단서 제1호), 후순위 개인회생채권(지연배상금 성격의 납부지연가산세)은 비면책채권이 아니다.

62) 헌법재판소 2011. 10. 25. 선고 2009헌바234 전원재판부 결정(① '고의로 가한 불법행위'는 개인회생절차에서 독자적으로 창설된 개념이 아니라, 민법 제750조에 규정된 일반불법행위 및 민법 제5장과 특별법에 규정된 특수불법행위에서 널리 통용되는 개념이다. 한편 법 제625조 제2항 제5호가 중대한 과실로 타인의 생명 또는 신체를 침해한 불법행위로 인한 손해배상채무를 면책결정의 효력이 미치지 않는 채무로 규정한 것과 대비하여 보면, 이 사건 법률조항은 타인의 생명 또는 신체를 침해한 경우와 타인의 재산을 침해한 경우 등을 모두 포섭하는 것임이 명백하다. 또한, 고의의 불법행위에 기한 손해배상청구권과 채무불이행에 기한 손해배상청구권이 모두 성립하여 경합하는 경우에도 이 사건 법률조항이 적용된다고 해석할 수 있고, 이와 관련하여 법관의 자의적 해석의 위험성이 있다고 보기 어려우므로, 수범자의 예견가능성을 해할 정도로 이 사건 법률조항이 불명확하다고 할 수 없다. 그러므로 이 사건 법률조항은 헌법상 명확성원칙에 위배되지 아니한다.
② 채무자의 재기·갱생을 통한 채권자의 이익 도모와 사회적 차원의 경제적 손실 방지 등의 입법목적을 고려할 때 개인회생절차를 통한 면책을 단순히 재산상 이익의 기대 또는 반사적 이익에 불과하다고 단정할 수는 없다. 이 사건 법률조항은 개인회생절차를 통하여 면책을 받을 권리의 범위를 제한함으로써 채무자의 재산권을 제한한다. 고의에 의한 불법행위의 발생을 방지함과 아울러 이로 인한 피해자에게 현실적인 변제를 받게 하려는 이 사건 법률조항은 입법목적의 정당성과 방법의 적절성이 인정된다. 채무자가 고의로 타인의 재산을 침해한 불법행위의 비난가능성이 고의로 타인의 생명 또는 신체를 침해한 불법행위의 비난가능성보다 반드시 가볍다고 할 수도 없으므로, 타인의 생명 또는 신체를 침해한 불법행위로 인한 손해배상채무에 한정하여 면책되지 않는 채무로 규율하지 아니하였다 하여, 과도하게 채무자의 재산권을 제한하였다고 볼 수도 없다. 따라서 채무자가 고의로 가한 모든 불법행위로 인한 손해배상채무를 면책되지 않는 채무로 규정하였다고 하여 입법재량의 범위를 벗어난 것이라고 할 수 없고, 이로써 달성하려는 공익이 채무자의 제한되는 재산권에 비해 결코 작다고 할 수 없어 법익의 균형성에도 반하지 아니하므로, 이 사건 법률조항은 채무자의 재산권을 침해하지 아니한다.
③ 입법자는 피해자의 사후적인 구제와 손해의 공평·타당한 부담과 분배를 참작하고, 자신의 자유의사와 위험판단에 따라 법률행위를 한 계약관계의 채권자와는 달리 고의로 가한 불법행위로 인한 손해배상청구권의 채권자는 채무자와 무관한 불특정한 피해자가 될 수 있고, 고의에 의한 불법행위라는 반규범적 행위를 억제할 필요성 등을 고려하여, 개인회생절차에 따른 면책결정이 있는 경우에 '채무불이행으로 인한 손해배상채무'와 달리 '채무자가 고의로 가한 불법행위로 인한 손해배상채무'는 면책되지 아니하는 내용으로 입법한 것으로, 이 사건 법률조항은 그 차별취급에 합리적인 이유가 있으므로 평등원칙에 위배되지 아니한다.)

비면책채권에 관하여는 변제계획에 기초하여 변제기간 중에는 다른 개인회생채권과 마찬가지의 기준으로 변제하고, 변제기간이 만료된 경우에는 일괄하여 나머지 채권을 변제하여야 한다. 해당 채권이 비면책채권인지에 대하여 다툼이 있는 경우 개인회생절차 내에서 확정할 방법은 없고, 별도의 소송으로 확정할 수밖에 없다.[63] 자세한 내용은 아래 〈3.〉을 참조할 것.

별제권은 법리상 당연히 면책의 효력이 미치지 않는다.

2. 개인회생절차와 개인파산절차에서의 비면책채권 범위

개인회생절차와 파산절차에서 비면책채권의 범위에 관한 규정을 표로 나타내면 다음과 같다.

	개인회생절차(제625조 단서)	개인파산절차(제566조 단서)
목록 불기재	개인회생채권자목록에 기재되지 아니한 청구권(제1호)	채무자가 악의로 채권자목록에 기재하지 아니한 청구권, 다만, 채권자가 파산선고가 있음을 안 때에는 그러하지 아니하다.(제7호)
조세	제583조 제1항 제2호의 규정에 의한 조세 등의 청구권(제2호)	조세(제1호)
기타사유	벌금·과료·형사소송비용·추징금 및 과태료(제3호)	좌동(제2호)
	채무자가 고의로 가한 불법행위로 인한 손해배상(제4호)	좌동(제3호)
	채무자가 중대한 과실로 타인의 생명 또는 신체를 침해한 불법행위로 인하여 발생한 손해배상(제5호)	좌동(제4호)
	채무자의 근로자의 임금·퇴직금 및 재해보상금(제6호)	좌동(제5호)
	채무자의 근로자의 임치금 및 신원보증금(제7호)	좌동(제6호)
	채무자가 양육자 또는 부양의무자로서 부담하여야 할 비용(제8호)	좌동(제8호)

개인파산절차가 개인채무자의 도산처리절차라는 점에서는 개인회생절차와 성질을 같이 하나, 개인파산절차는 청산형절차로서 채무자가 파산선고를 받으면 신분상의 불이익을 받게 되는 데 반하여 개인회생절차는 회생형절차로서 급여소득자 등 정기적인 수입을 얻을 가능성이 있는 채무자가 신분상의 불이익을 받지 않으면서 일정 기간 채무를 변제하면 나머지 채무에

---

63) 條解 民事再生法, 1182쪽.

관하여 면책을 받게 된다. 이와 같이 개인파산절차와 개인회생절차는 그 제도의 취지와 기능
이 다르므로, 각 절차에서 채무의 면책 여부 및 그 정도를 달리 정하는 것에는 합리적인 이유
가 있다.[64] 그러나 개인회생절차와 개인파산절차에서의 비면책채권의 범위는 아래에서 보는 몇
가지를 제외하고 큰 차이가 없다.[65]

(1) 채권자목록에 기재하지 않은 청구권과 관련하여, 개인파산절차에서는 '악의로' 채권자목
록에 기재하지 않는 경우에 한하여 비면책채권으로 하고 있고, 나아가 채권자가 파산선고를
알고 있는 경우에는 면책되도록 규정하고 있다. 반면 개인회생절차에서는 악의를 요구하지 않
고(채무자의 악의 여부를 묻지 않는다) 채권자가 개인회생절차개시결정을 알고 있었던 경우에도
비면책채권으로 하고 있다. 이는 개인회생절차에서는 채권신고제도가 없다는 점을 고려한 것
으로 보인다.

(2) 조세와 관련하여, 규정상으로는 양 절차에 차이가 있는 것으로 보이지만{개인회생절차
에서 비면책채권은 개인회생재단채권에 해당하는 조세에 한정되지만, 파산절차에서는 단순히
조세라고만 하고 있다(제566조 제1호)} 실질적으로는 큰 차이가 없다. 개인파산절차에서 조세는
재단채권으로 면책의 대상이 아니고, 개인회생절차에서 개인회생채권인 조세는 일반의 우선권
있는 채권으로 전액 변제하여야 한다(제611조 제1항 제2호 참조). 결과적으로 양 절차에서 조세
는 전액 변제되어야 한다는 점에서 같다.

3. 비면책채권과 개인회생절차

개인회생절차에서 비면책채권을 취급함에 있어 주의할 점은 ① 비면책채권인지는 개인회생
절차에서 확정되지 않는다는 점, ② 비면책채권도 개인회생절차에서는 다른 개인회생채권과
마찬가지로 취급된다는 점, ③ 변제계획에서 정해진 변제기간 만료시에 비면책채권을 변제하
여야 한다는 점 등이다.

---

64) 헌법재판소 2013. 3. 21. 선고 2012헌마569 전원재판부 결정.
65) 이에 대해 개인회생절차에서는 3년(5년)간 변제계획을 완료하였다는 점에서 즉시 면책을 받는 파산절차에서의 비면
책채권의 범위와 비교하여 공평에 비추어 채무자에게 가혹하다는 입법론적 비판이 있다(전병서, 660쪽). 참고로 미
국 연방도산법 제13장 절차(개인회생절차)에서는 채무자가 변제계획을 완료하면 제7장 절차(파산절차)의 비면책채
무로 열거된 채무 가운데 조세채무 등을 추가적으로 면책하여 제13장 절차에서는 제7장 절차에서의 면책에 비해
훨씬 많은 채무가 면책의 대상이 된다(연방도산법 §1328(a)). 이를 초강력 면책(superdischarge)이라 부른다
(Douglas G. Baird, 48쪽).
    한편 도산절차마다 비면책채권을 별도로 규정하는 것이 타당한지는 생각해볼 필요가 있다. 회생절차의 경우에는 벌
금, 과료, 형사소송비용, 추징금 및 과태료(제251조 단서)를 제외하고 비면책채권이 없다. 따라서 개인의 경우 어떤
도산절차를 선택하느냐에 따라 비면책채권의 범위에 큰 차이가 발생하게 된다. 그래서 입법론적으로는 비면책채권
을 통일적으로 동일하게 규정하고, 각 절차에서 비면책채권의 범위를 좁히거나 확장하는 방식이 타당하다고 할 것
이다. 미국 연방도산법은 제5장에서 통일적으로 비면책채권(Exceptions to discharge)을 규정하고 있다(연방도산법
§523).

가. 비면책채권인지 여부의 확정

해당 개인회생채권이 비면책채권인지 여부는 개인회생절차에서는 확정할 수 없기 때문에, 비면책채권인지에 대하여 다툼이 있는 경우에는 변제기간이 만료된 후 소송 등을 통하여 확정을 꾀하여야 할 것이다.

나. 비면책채권의 개인회생절차에서의 취급

비면책채권도 변제기간 만료시까지는 다른 개인회생채권과 마찬가지로 취급된다. 즉 개인회생절차 내에서는 개별적인 권리행사가 금지되고, 채권확정절차도 다른 개인회생채권과 마찬가지로 행하며, 변제기간 내의 변제도 다른 개인회생채권과 마찬가지의 방법으로 한다. 그리고 특별한 사정이 없는 한 변제기간 만료시에 변제를 마친 금액을 공제한 잔액을 일괄하여 지급하여야 한다. 예컨대 비면책채권이 3,000만 원이고 3년간 20%를 변제하는 변제계획이 인가된 경우, 변제기간인 3년간 600만 원을 지급(변제)하고, 나머지 2,400만 원은 변제기간 만료시에 일괄하여 변제하는 것이다. 법률에 의하여 기한의 유예를 부여한 형식이다.

한편 비면책채권에 대하여 개인회생절차 내에서 확정되지 아니한 경우, 채무자는 해당 비면책채권에 대하여 변제기간 내에는 변제를 할 수 없다. 이 경우 채무자는 당해 비면책채권에 대하여 변제기간 만료시에 전액을 변제하지 않으면 안 된다.

4. 비면책채권이 개인회생채권자목록에 기재되고 면책결정이 확정된 경우 새로운 소 제기의 가능 여부

개인회생절차에서 비면책채권이 개인회생채권자목록에 기재되어 확정된 후 변제계획의 이행에 따라 면책결정(확정)이 된 경우, 비면책채권에 해당한다는 점을 들어 새로운 소를 제기할 수 있는가.

판례는 부정적이다. 비면책채권 역시 개인회생채권에 해당하는 점(제581조 제1항), 개인회생채권에 해당하는 비면책채권이 개인회생채권자목록에 기재되어 확정된 경우에도 변제계획에 따른 변제 외에 강제집행 등은 허용되지 아니하는 점(제582조), 개인회생채권자목록에 비면책채권이 포함되어 있음에도 새로운 소송의 제기 및 강제집행이 가능하다고 하면 변제계획에 따른 개인회생절차의 정상적인 수행이 어렵게 되는 점, 개인회생절차가 개시된 이후에는 개인회생채권자목록에 기재된 개인회생채권에 기한 새로운 소제기는 허용되지 않는데,[66] 개인회생채권이 비면책채권이라고 하여 달리 볼 이유가 없는 점, 비면책채권에 해당하는 개인회생채권이 확정되어 개인회생채권자표에 기재된 경우에도 개인회생절차가 폐지되거나 면책결정이 확정된 이후에는 변제 등 사유로 소멸하거나 면책결정 확정에 따라 책임이 면제되지 아니한 부분에

---

66) 대법원 2013. 9. 12. 선고 2013다42878 판결.

관하여는 강제집행이 가능하고(제603조 제4항 참조), 개인회생절차가 계속되는 중에는 시효중단의 효력이 계속되므로 새로운 소를 제기할 실익도 없는 점, 확정된 개인회생채권을 개인회생채권자표에 기재한 경우 그 기재는 확정판결과 동일한 효력이 있으므로 비면책채권의 경우 개인회생채권자표에 관한 집행문을 부여받을 수 있는 점[67] 등을 고려하면, 새로운 소제기는 허용되지 않는다고 한다(부적법).[68]

하지만 비면책채권에 해당하는지 여부를 판단하는 것이 쉽지 않은 경우도 있고(또한 개인회생절차에서 비면책채권인지 여부를 판단하는 것도 아니다), 개인회생채권자의 비면책채권 해당성에 관한 주장·증명의 기회보장이라는 측면에서 비면책채권을 소송물로 한 새로운 소제기는 허용된다고 볼 것이다(본서 1684, 2073, 2082쪽 참조).

5. 면책결정 확정 후 개인회생채권자표에 기한 강제집행 가능 여부

제603조 제4항은 '개인회생절차가 폐지된 경우'에만 채무자에 대하여 개인회생채권자표에 기하여 강제집행을 할 수 있다고 규정하고 있지만, 변제계획이 인가되어 면책결정이 확정된 경우에도 당연히 비면책채권에 관하여는 강제집행을 할 수 있다고 볼 것이다. 비면책채권이 개인회생채권자목록에 기재되어 확정된 후 면책결정이 확정되더라도 책임이 면제되지 아니한 부분에 관하여는 개인회생채권자표에 기한 강제집행이 가능하다고 할 것이기 때문이다.[69]

Ⅲ 면책의 취소[70]

채무자에 대한 면책결정이 확정되었다고 하더라도 채무자가 기망 그 밖의 부정한 방법으로 면책을 받은 때에는 이해관계인의 신청에 의하거나 직권으로 면책을 취소할 수 있다(제626조).[71]

---

67) 실무적으로 법원사무관 등은 면책결정이 확정되었음을 이유로(또는 비면책채권인지에 대해 판단할 수 없다는 것을 이유로) 채권자에게 집행문을 내어주지 않는 경우가 있다. 이때 집행문 부여의 소(민집법 제33조)로 다루는 경우가 있는데(청주지방법원 2020. 11. 20. 선고 2020나10702 판결), 집행문 부여의 소는 개인회생채권자표에 기재된 확정된 개인회생채권이 비면책채권에 해당하는지 여부를 심리하는 것을 예정하고 있지 않으므로 허용되지 않는다고 할 것이다(본서 1684쪽 참조). 결국 집행문 부여 등에 관한 이의신청(민집법 제34조)을 이용할 수밖에 없다.

68) 서울남부지방법원 2021. 11. 25. 선고 2020나68224 판결(확정), 청주지방법원 2020. 2. 13. 선고 2019나1580 판결(확정).

69) 청주지방법원 2020. 11. 20. 선고 2020나10702 판결 참조. 변제계획이 인가되어 면책결정이 확정된 경우에는 당연히 개인회생채권자표에 기하여 비면책채권에 관하여 강제집행을 할 수 있기 때문에 제603조 제4항과 같은 규정을 두지 않은 것으로 보인다. 한편 비면책채권의 경우 개인회생채권자표에 기하여 강제집행을 할 수 있다는 것과 비면책채권임을 주장하여 새로운 소를 제기할 수 있다는 것과는 모순되는 것이 아니라 별개의 문제이다.

70) 관련 내용은 〈제3편 제11장 제1절 Ⅵ.〉(본서 1711쪽)을 참조할 것.

71) 파산절차에서의 면책취소와 달리(제569조) 면책취소사유는 '기망 그 밖의 부정한 방법'으로 제한되고, 면책취소도 '이해관계인의 신청'이나 직권으로 할 수 있다.

1. 면책취소사유

채무자가 기망 그 밖의 부정한 방법으로 면책을 받은 사실이 있어야 한다(제626조 제1항).[72] 부정한 방법이 무엇인지 등에 관하여는 〈제3편 제11장 제1절 Ⅵ.2.나.〉(본서 1712쪽)를 참조할 것.

2. 면책취소절차

면책취소는 이해관계인의 신청에 의하거나 직권으로[73] 할 수 있다(제626조 제1항). 이해관계인의 신청은 면책결정의 확정일로부터 1년 이내에 제기하여야 한다(제626조 제2항). 직권에 의하여 면책취소를 할 경우에는 기한의 제한이 없다. 면책취소를 할 경우 법원은 이해관계인을 심문하여야 한다(제626조 제1항).[74]

면책취소사유가 인정되더라도 반드시 면책취소를 하여야 하는 것은 아니다. 법원은 채무자에 대한 면책취소 여부를 결정함에 있어 이해관계인의 신청내용과 함께 면책취소사유의 내용과 그 경중, 채무자가 개인회생신청에 이르게 된 경위, 채무자의 경제적 여건, 채무자의 경제적 회생 가능성 등 여러 사정을 고려하여 합목적적 재량에 따라 판단한다.[75]

한편 법원이 이해관계인의 신청에 따라 면책취소 여부를 심리한 다음 면책취소결정을 한 경우, 이해관계인이 면책취소신청을 취하한 경우 면책취소결정은 어떻게 되는가. 개인회생에서 면책취소절차는 비송절차의 성질을 가지고 있는 점, 개인회생절차는 채무자와 그를 둘러싼 채권자 등 이해관계인의 법률관계를 한꺼번에 조정하여 채무자의 효율적인 회생을 도모하는 집단적 채무처리절차의 성격을 가지고 있으므로 어느 이해관계인의 의사에 따라 면책취소 결정의 효력이 좌우되는 것은 제도의 취지와 성격에 부합하지 아니한 점 등에 비추어 보면, 법원

---

72) 미국 연방도산법 §1328(e) 참조.

   § 1328 (e) On request of a party in interest before one year after a discharge under this section is granted, and after notice and a hearing, the court may revoke such discharge only if —

     (1) such discharge was obtained by the debtor through fraud; and

     (2) the requesting party did not know of such fraud until after such discharge was granted.

73) 개인회생절차에 있어서 파산절차와 달리 법원이 직권으로 면책을 취소할 수 있도록 하고 있는 것은, 파산절차에서 파산관재인이 파산재단에 대한 관리처분권을 행사하는 것과 달리 개인회생절차에 있어서는 개인회생재단에 대한 관리처분권을 채무자가 행사하고, 채권자들의 채권신고나 결의절차가 없으므로, 법원의 감독기능을 강화하기 위한 것이다.

   한편 입법정책적으로 볼 때 개인회생절차가 파산절차보다 사회적으로 더 바람직하다. 그런 면에서 파산절차보다는 개인회생절차를 이용하도록 할 유인책이 있어야 한다. 그런데 현행 채무자회생법은 개인회생절차를 몇 가지 점에서 오히려 역차별하고 있다. 먼저 면책취소와 관련하여 ① 파산절차에서 직권에 의한 면책취소는 사기파산죄가 확정된 경우에 한한다(제569조 제1항). ② 개인회생절차에서 직권에 의한 면책취소에는 기간의 제한이 없다. 다음으로 비면책채권의 범위가 거의 동일하다는 것이다(제566조, 제625조). 개인회생절차에서는 채무자가 파산절차에서보다 채무를 더 많이 변제하므로 채무자에게 면책을 더 해주는 것이 균형에 맞다. 향후 채무자가 파산절차보다 개인회생절차를 이용하도록 유인할 수 있는 입법적 검토가 필요해 보인다.

74) 법원은 면책취소 여부를 결정하는 경우에 채무자를 심문하여야 한다(개인예규 제15조).

75) 대법원 2015. 4. 24. 자 2015마74 결정.

이 이해관계인의 신청에 의하여 면책취소 여부를 심리한 다음 면책취소 결정을 하였다면 그 후 이해관계인이 면책취소의 신청을 취하하더라도 그 취하는 면책취소 결정에 영향을 미치지 못한다고 봄이 타당하다.[76]

면책취소결정은 공고하여야 한다(규칙 제95조).

3. 면책취소신청 재판에 대한 불복방법

면책취소결정에 대하여는 즉시항고를 할 수 있다(제627조). 면책취소신청기각결정에 대하여도 즉시항고를 할 수 있는가.

채무자회생법 제33조는 "회생절차에 관하여 이 법에 규정이 없는 때에는 「민사소송법」을 준용한다"고 규정하고, 제13조 제1항은 "이 법의 규정에 의한 재판에 대하여 이해관계를 가진 자는 이 법에 따로 규정이 있는 때에 한하여 즉시항고를 할 수 있다"고 규정하고 있는데, 제627조는 "면책 여부의 결정과 면책취소의 결정에 대하여는 즉시항고를 할 수 있다"고 규정할 뿐 면책취소신청의 기각결정에 대하여는 아무런 규정을 두고 있지 아니하므로, 이에 대하여는 즉시항고를 할 수 없고, 민사소송법 제449조 제1항의 특별항고만 허용될 뿐이라고 해석된다.[77] 그리고 특별항고만이 허용되는 재판에 대한 불복에 있어서는 당사자가 특히 특별항고라는 표시와 항고법원을 대법원으로 표시하지 아니하였다고 하더라도 그 항고장을 접수한 법원으로서는 이를 특별항고로 보아 소송기록을 대법원에 송부하여야 한다.[78]

4. 면책취소결정의 효력

파산절차(제571조, 제572조)와 달리 개인회생절차에서는 면책취소결정의 효력과 관련하여 아무런 규정이 없다. 개인회생절차에서도 파산절차와 마찬가지로 보아야 할 것이다. 따라서 면책취소결정은 확정된 후부터 발생하고 면책으로 소멸된 채무자의 책임은 부활한다고 할 것이다. 관련 내용은 〈제3편 제11장 제1절 Ⅵ.5.〉(본서 1714쪽)를 참조할 것.

---

76) 대법원 2015. 4. 24. 자 2015마74 결정.

77) 대법원 2016. 4. 18. 자 2015마2115 결정. 면책취소결정에 대하여는 즉시항고를 인정하면서도 면책취소신청 기각결정에 대하여 즉시항고를 허용하지 않는 것이 헌법에 위반되는 것은 아닌지가 문제될 수 있다. 이에 대하여 헌법재판소는 「제627조(이하 '심판대상조항'이라 한다)가 개인회생절차의 면책취소결정에 대한 즉시항고를 허용하면서도 면책취소신청 기각결정에 대한 즉시항고를 허용하는 규정을 두지 아니한 것은 개인회생절차의 목적과 특징, 면책의 엄격한 요건, 면책절차 및 면책취소절차에 있어 법원의 적극적인 개입을 통한 채무자에 대한 통제 가능성, 면책 여부의 결정에 대한 불복수단 유무, 면책취소결정과 면책취소신청 기각결정의 효과 등을 종합적으로 고려한 것으로 합리적인 이유가 있다. 또한 개인회생절차의 개시부터 면책에 이르기까지 개인회생채권자가 이의 또는 불복을 제기할 수 있는 절차가 충분히 마련되어 있으므로, 채무자가 기망 또는 부정한 방법으로 개인회생절차를 악용하거나 개인회생채권자의 이익을 해할 우려가 있는 행위를 하였다면 다양한 방법으로 이를 다툴 수 있다. 이러한 점들을 종합적으로 고려할 때, 심판대상조항이 면책취소신청 기각결정에 대한 즉시항고권을 규정하지 아니하고 있다는 이유만으로 재판청구권에 관한 합리적인 입법형성권의 범위를 일탈하여 개인회생채권자의 재판청구권을 침해한다고 볼 수 없다」고 합헌으로 판단하였다(헌법재판소 2017. 7. 27. 선고 2016헌바212 전원재판부 결정).

78) 대법원 1997. 6. 20. 자 97마250 결정, 대법원 2011. 2. 21. 자 2010마1689 결정 등 참조.

하지만 현행법상 면책취소결정이 있다 하더라도 종료된 개인회생절차가 재개 내지 속행될 수 있는 근거가 없고, 따라서 면책취소사유를 해소하는 내용의 변제계획변경안의 재제출(및 재면책결정) 역시 불가능하다.

민사소송법 제451조 제1항 제8호는 "판결의 기초가 된 민사나 형사의 판결, 그 밖의 재판 또는 행정처분이 다른 재판이나 행정처분에 따라 바뀐 때"를 재심사유로 규정하고 있다. 면책취소결정은 면책결정을 취소하여 실효시킴으로써 채권자의 권리를 면책 이전의 상태로 회복시키는 효과가 있으므로 채권자와 채무자 사이의 판결의 기초가 된 채무자에 대한 면책결정이 면책취소결정에 의하여 취소되어 확정된 때에는 위 조항 소정의 재심사유에 해당된다.[79]

Ⅳ 개인회생절차의 종료

면책결정이 확정되면 개인회생절차는 종료한다(규칙 제96조).[80] 개인회생절차에서는 회생절차와 같은 종결결정이 없어 절차가 언제 종료하는지 불명확하기 때문에 규칙에 명문의 규정을 둔 것이다.

개인회생절차가 종료하면, 법원은 한국신용정보원의 장에게 해당사실을 통지한다(개인예규 제18조 제1항 제2호, 제3호).

---

79) 대법원 2004. 9. 24. 선고 2003다27887 판결 참조.
80) **개인회생절차의 종료** 개인회생절차폐지결정이 확정되거나(〈제1절 Ⅴ.〉(본서 2059쪽) 참조〉 면책결정이 확정된 경우에는 개인회생절차가 종료한다. 명문의 규정은 없지만 개인인 채무자가 사망한 경우에도 개인회생절차는 당연히 종료한다고 보아야 할 것이다(당연종료설). 상속재산에 회생능력이 인정되지 않을 뿐만 아니라 개인회생절차는 재정적 어려움으로 인하여 파탄에 직면한 개인채무자의 효율적인 회생을 도모하는 것을 목적으로 하는 절차인데(제1조 참조), 개인채무자가 사망함에 따라 그 목적은 달성할 수 없기 때문이다. 당사자의 사망으로 인한 중단이나 수계 규정(제33조, 민소법 제233조)을 준용할 의미도 없고, 개인회생은 개인파산과 달리 개인채무자의 재산에 관한 청산절차도 없어 제308조의 규정을 유추할 여지도 없다.

제11장

개인회생절차에서의 벌칙

개인회생범죄[1]

Ⅰ **실질적 개인회생범죄 - 사기회생죄**[2]

1. 규정 및 취지

채무자가 자기 또는 타인의 이익을 도모하거나 채권자를 해할 목적으로 ① 재산을 은닉 또는 손괴하거나 채권자에게 불이익하게 처분하는 행위를 하거나, ② 허위로 부담을 증가시키는 행위를 하고, 채무자에 대하여 개인회생절차개시의 결정이 확정된 때에는 5년 이하의 징역 또는 5천만 원 이하의 벌금에 처한다(제643조 제3항). 채무자가 위와 같은 행위를 하는 것을 방지하여 개인회생채권자들의 이익을 보호하기 위함이다.

행위의 주체로서 채무자는 개인회생절차개시를 신청할 수 있는 자격(제579조 제1호)이 있는 개인채무자여야 한다.[3]

---

1) 외부회생위원, 전임회생위원이 공무수행사인(청탁금지법 제11조 제1항 제2호 또는 제4호)에 해당하여 청탁금지법의 적용대상이 되는가. 이에 대하여는 회생위원이 수행하는 업무의 성격을 어떻게 보느냐에 따라 청탁금지법 제1항 제2호 또는 제4호에 해당한다고 볼 여지가 있다. 제602조 제1항에서 규정하고 있는 회생위원의 업무내용, 규칙 제88조 제1항 제3호는 명시적으로 회생위원의 업무에 평가업무를 포함하고 있는 점 등을 고려하면, 외부회생위원, 전임회생위원은 청탁금지법의 적용대상이라고 볼 것이다.

2) **개인회생절차와 사기죄** 개인회생절차의 입법취지와 면책의 목적 등을 감안하면 개인회생절차에서 사기죄를 인정하는데 신중할 필요가 있다. 그러나 최근 금융기관으로부터 대출을 받은 후 곧바로 개인회생절차를 신청하는 사례가 발견되고 있다. 이와 관련하여 대법원은 「피고인은 피해자 은행에 대하여 다른 금융기관에 동시에 진행 중인 대출이 있는지 여부를 허위로 고지하였고, 피해자 은행이 제대로 된 고지를 받았더라면 대출을 실행하지 않았을 것으로 보인다. 그 밖에 피고인의 재력, 채무액, 대출금의 사용처, <u>대출일로부터 약 3개월 후 개인회생을 신청한 점</u> 등 객관적인 사정을 종합하여 보면, 기망행위, 기망행위와 처분행위 사이의 인과관계 및 편취 범의가 인정된다고 볼 여지가 많다」고 한 후, 무죄를 선고한 원심을 파기환송하였다(대법원 2018. 8. 30. 선고 2018도828 판결). 따라서 금융기관으로부터 대출을 받은 후 단기간 내에 개인회생절차를 신청한 경우 형법상의 사기죄로 처벌될 수 있음에 주의를 요한다.
   금융기관으로부터 대출을 받은 지 6개월 후에 신용회복위원회에 프리워크아웃을 신청한 사안에서 사기죄를 인정한 사례도 있다(대법원 2018. 8. 1. 선고 2017도20682 판결).

3) 대법원 2016. 10. 13. 선고 2016도8347 판결 참조. 예컨대 20억 원의 담보부채무를 부담하고 있는 개인채무자가 제643조 제3항에 해당하는 행위를 하였다고 하더라도 사기(개인)회생죄가 성립하지 않는다.

2. 행위의 유형[4]

'재산의 은닉'은 재산의 발견을 불가능하게 하거나 곤란하게 만드는 것을 말하고, 재산의 소재를 불명하게 하는 경우뿐만 아니라 재산의 소유관계를 불명하게 하는 경우도 포함한다. 다만, 채무자가 법원에 개인회생절차개시신청을 하면서 단순히 소극적으로 자신의 재산 및 수입 상황을 제대로 기재하지 아니한 재산목록 등을 제출하는 행위는 '재산의 은닉'에 해당한다고 할 수 없다.[5]

'손괴'란 물리적 훼손 등 재산의 가치를 감소시키는 일체의 행위를 포함한다.

'채권자에게 불이익하게 처분을 하는 행위'는 부당한 저가의 매매나 무상의 증여 등과 같이 '은닉', '손괴'에 견줄 수 있을 만큼 채권자 전체에게 절대적으로 불이익을 미치게 하는 행위를 뜻하는 것이지, 단순히 채권자간의 공평을 해함에 그치게 하는 행위를 뜻하는 것이 아니므로, 특정의 채권자에 대한 변제 등은 다른 채권자에게 불이익한 결과를 가져온다 하더라도 특별한 사정이 없는 한 이에 해당하지 아니한다.[6]

'허위로 부담을 증가시키는 행위'는 개인회생재단의 부담을 증가시키거나 개인회생재단에 속하는 재산에 대하여 저당권이나 질권 등을 설정하는 것 등을 말한다. 이러한 행위가 민법 제108조(통정허위표시)에 해당하여 무효가 되더라도 사기회생죄의 성립에는 영향이 없다고 할 것이다.

3. 행위의 시기 및 개인회생절차개시결정의 확정

행위의 시기는 개인회생절차개시결정의 전후를 묻지 않는다. 다만 사기회생죄는 총채권자의 이익을 보호하기 위한 규정이므로 이를 인정하기 위해서는 행위 당시에 총채권자의 이익을 해할 수 있는 객관적인 상황, 즉 개인회생절차의 개시요건인 파산의 원인이 있거나 파산의 원인이 생길 염려(제579조 제1호)가 있어야 한다.[7]

개인회생절차개시결정은 확정되어야 한다.

---

4) 2.와 아래 3.은 객관적 구성요건이고, 나아가 사기회생죄가 성립하려면 주관적 구성요건도 요구된다. 따라서 해당 행위 및 회생절차개시에 대한 인식이 있어야 한다. 고의 이외에 자기 또는 타인이 이익을 도모하거나 채권자를 해할 목적이라는 주관적 요소도 구성요건이 된다. 여기서 채권자는 특정 채권자를 말하는 것이 아니라 총채권자를 말한다.

5) 대법원 2010. 5. 13. 선고 2010도2752 판결(채무자가 개인회생절차개시신청을 하면서 실제의 물김 판매액이 아니라 그 금액에서 물김 생산에 소요된 자재대금 등 비용이 공제되어 입금되는 통장의 기재 금액을 기준으로 소득액을 산정하여 물김 생산으로 인한 소득을 기재한 재산목록을 제출한 사안), 대법원 2009. 1. 30. 선고 2008도6950 판결(다이아몬드 목걸이, 수표, 예금 등 재산과 많은 급여수입이 있음에도 불구하고, 법원에 개인회생신청을 하면서 일부 재산과 급여수입을 누락하여 기재한 재산목록과 변제계획안수정신청서를 제출한 행위가 '재산의 은닉'에 해당하지 않는다), 대법원 2009. 7. 9. 선고 2009도4008 판결 등 참조.

6) 대법원 2001. 5. 8. 선고 2001도679 판결 참조.

7) 개인파산 · 회생실무, 765쪽.

4. 사기회생죄와 사기죄

사기회생죄는 채무자가 채권자를 해할 목적으로 재산을 은닉하는 등의 행위를 저지르는 것으로 형법상의 사기죄(형법 제347조)와 다르다. 사기죄의 피해자가 가지는 채권은 비면책채권(제625조 제2항 제3호)이나, 사기회생죄에 해당하는 행위가 인정된다고 하여 비면책채권이 되는 것은 아니다.

Ⅱ 절차적 개인회생범죄

1. 회생수뢰·증뢰죄

가. 회생수뢰죄

관리위원·회생위원 또는 그 대리인이 그 직무에 관하여 뇌물을 수수·요구 또는 약속한 경우 그 자는 5년 이하의 징역 또는 5천만 원 이하의 벌금에 처한다(제645조 제1항). 관리위원·회생위원 또는 그 대리인이 그 직무에 관하여 수수한 뇌물은 필요적으로 몰수한다. 몰수가 불가능한 경우 그 가액을 추징한다(제645조 제3항).

나. 회생증뢰죄

관리위원·회생위원 또는 그 대리인에게 뇌물을 약속 또는 공여하거나 공여의 의사표시를 한 자는 5년 이하의 징역 또는 5천만 원 이하의 벌금에 처한다(제646조).

2. 보고와 검사거절의 죄

가. 채무자의 보고의무 등

법원 또는 회생위원은 언제든지 채무자에게 금전의 수입과 지출 그 밖에 채무자의 재산상의 업무에 관하여 보고를 요구할 수 있고, 필요하다고 인정하는 경우에는 재산상황의 조사, 시정의 요구 그 밖의 적절한 조치를 취할 수 있다(제591조).

나. 보고 등 거절의 죄

채무자가 정당한 사유 없이 법원 또는 회생위원의 위와 같은 보고·조사·시정 요구를 거부하거나 허위보고를 한 경우 1년 이하의 징역 또는 1천만 원 이하의 벌금에 처한다(제649조 제5호).

3. 재산조회결과의 목적 외 사용죄

법원은 필요한 경우 이해관계인의 신청에 의하거나 직권으로 채무자의 재산 및 신용에 관한 전산망을 관리하는 공공기관, 금융기관, 단체 등에 채무자명의의 재산에 관하여 조회할 수 있다(제29조 제1항). 위와 같은 재산조회의 결과를 개인회생절차를 위한 채무자의 재산상황조사 외의 목적으로 사용한 자는 2년 이하의 징역 또는 2천만 원 이하의 벌금에 처한다(제657조).

재산조회결과가 남용될 경우 채무자 개인의 사생활이 침해될 소지가 있으므로 이를 방지하기 위하여 둔 규정이다. 행위의 주체에 대하여는 특별한 제한이 없다.

| 제2절 | 과 태 료[8)]

① 재산조회불응 및 허위자료제출에 대한 과태료

재산조회를 받은 공공기관·금융기관·단체 등의 장이 정당한 사유 없이 자료제출을 거부하거나 허위의 자료를 제출한 경우 그 자는 500만 원 이하의 과태료에 처한다(제660조 제1항). 정당한 사유는 과태료 부과 대상이 되는 공공기관 등의 장이 소명하여야 한다.

② 면책된 채권에 기한 추심행위에 대한 과태료

채무자회생법과 채권추심법은 채무자의 회생과 면책의 실효성을 담보하기 위하여 면책채무에 대한 추심을 금지하고 있다. 나아가 채권추심법은 채무자 보호를 위해 면책채무 이외에도 개인회생절차를 계속 중인 채무자를 보호하는 규정을 두고 있다.

1. 채무자회생법

면책을 받은 개인인 채무자에 대하여 면책된 사실을 알면서 면책된 채권에 기하여 강제집행·가압류 또는 가처분의 방법으로 추심행위를 한 자는 500만 원 이하의 과태료에 처한다(제660조 제3항, 제625조).

면책결정이 확정되면 채무자는 변제계획에 따라 변제한 것을 제외하고 개인회생채권자에 대한 채무에 관하여 그 책임이 면제된다(제625조 제2항). 그럼에도 면책된 채권에 기하여 채권자가 강제집행 등 추심행위를 하면 면책제도를 둔 취지에 반하게 된다. 그래서 이를 위반한 경우 과태료를 부과하도록 한 것이다.

---

8) 관련 내용은 〈제3편 제14장 제2절〉(본서 1796쪽)을 참조할 것.

가. 대 상

면책을 받은 채무자에 대한 추심행위에 한한다. 따라서 채무자의 보증인 그 밖에 채무자와 더불어 채무를 부담하는 자에 대한 추심행위는 이에 해당하지 않는다(제625조 제3항 참조).

나. 면책된 사실을 알면서 한 추심행위

면책을 받은 개인인 채무자에 대하여 면책된 사실을 알면서 추심행위를 한 경우에 한한다. 따라서 채권자가 개인회생절차의 진행사실에 대한 송달을 받지 못하여 면책결정이 확정된 사실을 알지 못한 경우에는 처벌대상에서 제외된다.

다. 추심행위의 내용

추심행위의 내용은 면책된 채권에 기하여 강제집행·가압류 또는 가처분에 한하고 있다. 법문이 추심금지 범위를 세 유형으로 한정한 이상 다른 유형을 포섭할 여지가 없고, 추심금지 범위는 과태료 부과의 구성요건이므로 엄격해석을 하여야 하기 때문이다.

따라서 면책된 채권에 기하여 이행의 소를 제기하거나 변제를 요구하는 행위 등은 처벌대상이 아니다.

2. 채권추심법

면책채무의 채권추심에 있어 채권추심법은 채무자회생법의 일반법이다(채권추심법 제4조). 채무자회생법에서 규정하지 않은 사항은 채권추심법이 적용된다.[9]

가. 면책채무에 대한 반복적인 채무변제 요구

채권추심법은 면책채무의 추심행위를 불공정한 행위로 규정하면서 '채무자회생법에 따른 개인회생절차에 따라 전부 또는 일부 면책되었음을 알면서 법령으로 정한 절차 외에서 반복적으로 채무변제를 요구하는 행위'를 금지한다(채권추심법 제12조 제4호).

이를 위반한 자에 대하여는 500만 원 이하의 과태료를 부과한다(채권추심법 제17조 제3항). 다만 위반한 자가 사업자가 아닌 경우에는 과태료를 그 다액의 2분의 1로 감경한다(채권추심법 제17조 제3항).

---

9) 채무자회생법은 면책채무만을 대상으로 강제집행·가압류·가처분의 방법을 이용한 추심행위를 금지한다. 반면 채권추심법은 면책채무뿐만 아니라 개인회생절차에서 중지·금지의 효력을 받는 채무에 대한 추심행위도 금지한다. 그 추심의 방법 또한 '법령으로 정한 절차 외에서 반복적으로 채무변제를 요구하는 행위'로 폭넓게 규정하여 금지하고 있다. 결국, 채권추심법상 추심금지의 범위가 채무자회생법보다 더 넓다. 다만 채무자회생법과 채권추심법상 추심금지조항을 위반하더라도 어느 경우든 500만 원 이하의 과태료가 부과될 뿐이다.

나. 변제가 중지 또는 금지된 채무에 대한 반복적인 변제요구

개인회생절차에서 중지 명령·개인회생절차 개시 결정으로 개인회생채권에 대한 변제를 받거나 변제를 요구하는 일체의 행위(제593조 제1항 제4호, 제600조 제1항 제3호)가 중지 또는 금지되었음을 알면서 법령으로 정한 절차 외에서 반복적으로 채무변제를 요구하는 행위 역시 불공정한 행위로 추심금지의 대상이다(채권추심법 제12조 제3호의2).

이를 위반한 자에게는 500만원 이하의 과태료를 부과한다(채권추심법 제17조 제3항). 다만 사업자가 아닌 경우에는 과태료를 그 다액의 2분의 1로 감경한다(채권추심법 제17조 제4항).

제3절 변호사법위반과 관련한 실무상의 쟁점

I 문제의 소재

구 법무사법(2020. 2. 4. 법률 제16911호로 개정되기 전의 것) 제2조 제1항은 "법무사의 업무는 다른 사람이 위임한 다음 각 호의 사무로 한다"라고 규정하면서, 법원과 검찰청에 제출하는 서류의 작성(제1호), 법원과 검찰청의 업무에 관련된 서류의 작성(제2호), 등기나 그 밖에 등록신청에 필요한 서류의 작성(제3호), 등기·공탁사건 신청의 대리(제4호), 민사집행법에 따른 경매사건과 국세징수법이나 그 밖의 법령에 따른 공매사건에서의 재산취득에 관한 상담, 매수신청 또는 입찰신청의 대리(제5호), 제1호부터 제3호까지의 규정에 따라 작성된 서류의 제출 대행(제6호), 제1호부터 제6호까지의 사무를 처리하기 위하여 필요한 상담·자문 등 부수되는 사무(제7호)를 각 들고 있다.

한편 변호사법은 누구든지 변호사가 아니면서 금품·향응 또는 그 밖의 이익을 받거나 받을 것을 약속하고 비송사건에 관하여 대리·법률상담 또는 법률관계 문서 작성 등 법률사무를 취급하여서는 아니 되고, 이를 위반할 경우 7년 이하의 징역 또는 5천만 원 이하의 벌금에 처하도록(병과 가능) 규정하고 있다(제109조 제1호 가목).

실무적으로 법무사가 비송사건인 개인회생사건을 수임한 후 개인회생신청서, 채권자목록, 재산목록, 수입지출목록, 진술서, 변제계획안 등을 작성하여 법원에 제출하는 등의 방법으로 비송사건에 관하여 법률사무를 일괄적(포괄적)으로 위임받아 취급하고 있다. 이러한 법무사의 행위가 변호사법이 금지하는 대리에 해당하는지가 문제된다. 구체적으로 법무사와 변호사 사이의 업무영역이 불분명한 가운데 법무사가 법무사법에 따라 개인회생사건을 처리할 때 일괄적으로 위임을 받을 수 있느냐 아니면 개별적으로 위임을 모두 받아야 하느냐이다.

Ⅱ 변호사법이 금지하는 '대리'의 의미

1. 변호사법 제109조 제1호 가목의 '대리'

변호사 아닌 자가 법률사무의 취급에 관여하는 것을 금지함으로써 변호사제도를 유지하고 자 하는 변호사법 제109조 제1호의 규정 취지에 비추어 보면, 위 법조에서 말하는 '대리'는 반 드시 본인으로부터 소송위임 등을 받아 대리인의 이름으로 소송 등을 수행하는 법률상의 대리 만을 뜻하는 것이 아니고 변호사 아닌 자가 당사자를 대리하여 본인의 이름으로 변호사의 직 무에 속하는 소송사건 등을 처리하는 경우도 포함한다.[10] 따라서 '대리'에는 본인의 위임을 받 아 대리인의 이름으로 법률사건을 처리하는 법률상의 대리뿐만 아니라, 법률적 지식을 이용하 는 것이 필요한 행위를 본인을 대신하여 행하거나, 법률적 지식이 없거나 부족한 본인을 위하 여 사실상 사건의 처리를 주도하면서 그 외부적인 형식만 본인이 직접 행하는 것처럼 하는 등 으로 대리의 형식을 취하지 않고, 실질적으로 대리가 행하여지는 것과 동일한 효과를 발생시 키고자 하는 경우도 당연히 포함된다.[11]

2. 법무사가 개인회생사건을 포괄적으로 수임한 후 각종 서류를 작성하여 제출하는 행위가 변호사법이 금지하고 있는 '대리'에 해당하는지 여부

가. 대리에 해당되지 않는다는 견해[12]

법무사가 의뢰인으로부터 법원에 제출할 서류의 작성을 위임받아 그에 따른 상담을 하고 필요한 서류를 작성하여 그 제출을 대행하는 행위가 변호사법 제109조 제1호가 금지하고 있는 '대리'에 해당하는지 여부는 해당 사건의 성격, 제출 서류의 종류와 내용, 서류 제출의 시기, 보수의 지급 방법과 규모, 당사자 사이의 약정내용 등을 종합적으로 고려하여, 법무사가 사실 상 그 사건의 처리를 주도하면서 의뢰인을 위하여 그 사건의 신청 및 수행에 필요한 모든 절 차를 실질적으로 대리한 행위를 하였는지에 따라 결정하여야 할 것이다.

살피건대 ① 법무사법의 관련 규정들(제3조 제1항, 제4조 내지 제32조)과 법무사법이 법무사 제도를 확립하여 국민의 법률생활의 편익을 도모하고 사법제도의 건전한 발전에 기여함을 목

---

10) 대법원 1990. 4. 24. 선고 90도98 판결(변호사가 아닌 자가 보수약정을 하고 당사자를 대신하여 소장, 준비서면, 증 거신청서 등 각종 소송서류를 작성하여 주고 그 서류를 법원에 접수시킬 때에도 당사자와 동행하였으며 법정에서 소송 진행 상황을 파악하면서 법원에서 보내는 각종 송달서류를 자신이 직접 수령하는 등 소송의 제기 및 수행에 필요한 행위를 대행하였다면 이와 같은 일련의 행위는 변호사법이 금지하는 대리에 해당한다).

11) 대법원 2022. 2. 10. 선고 2018도17737 판결, 대법원 2010. 2. 25. 선고 2009도13326 판결, 대법원 2007. 6. 28. 선 고 2006도4356 판결, 대법원 2002. 11. 13. 선고 2002도2725 판결, 대법원 2001. 4. 13. 선고 2001도790 판결, 대법 원 1999. 12. 24. 선고 99도2193 판결.

12) 수원지방법원 성남지원 2018. 1. 9. 선고 2017고단438 판결(항소). 위 판결은 법무사가 의뢰인으로부터 법원에 제 출할 서류의 작성을 위임받아 상담을 하고 필요한 서류를 작성하여 그 제출을 대행하는 행위에 대하여 변호사법에 서 금지하는 대리에 해당하지 않는다고 하여 무죄를 선고하였다.

적으로 하는 점(법무사법 제1조) 등에 비추어 보면, 개인회생사건을 수임한 법무사가 의뢰인과 상담하고 서류를 작성하고 제출을 대행하는 행위가 변호사법이 금지하는 대리에 해당하는지 여부에 관하여는 보다 엄격한 해석이 필요하다고 보이는 점, ② 개인회생사건에 제출되는 각종 서류들은 그 양식과 작성요령 등이 정형화되어 있고, 따라서 법무사가 의뢰인으로부터 제공받은 자료들을 바탕으로 위와 같이 정형화된 양식과 작성요령에 따라 개인회생사건에 필요한 서류들을 작성하여 법원에 제출하였다면 그러한 사정만으로 곧바로 법무사가 개인회생사건의 신청 및 수행에 필요한 모든 절차를 실질적으로 대리하였다고 단정할 수 없는 점, ③ 개인회생사건은 신청서와 함께 여러 종류의 서류들을 동시에 제출하여야 하고, 제출한 서류의 내용 역시 비교적 정형화되어 있는 경우에는 한꺼번에 여러 종류의 서류들을 작성하여 제출하기도 하기로 하고 그에 대한 보수도 일괄하여 결정하는 것은 사건의 성격상 당연한 것으로 보이는 점 등에 비추어 보면, 법무사가 개인회생사건을 의뢰받아 여러 서류를 일괄적으로 작성하여 제출한 행위에 대하여 변호사법이 금지하는 대리에 해당한다고 쉽게 단정하기는 어려울 것이다.[13]

나. 대리에 해당한다는 견해[14]

법무사의 업무범위나 보수에 관한 규정인 법무사법 제2조 제1항, 제19조, 변호사의 직무 등에 관한 변호사법 제3조와 그에 위반하는 행위에 대한 처벌규정인 변호사법 제109조 제1호 등의 규정 내용 등에 비추어 살펴보면, 법무사가 의뢰인들에 대한 개인회생, 파산 등의 사건을 취급함에 있어 서류 작성 또는 제출을 기준으로 수임료를 책정한 것이 아니라 사건 당 수임료를 책정하여 받은 후 채권자목록, 재산목록, 수입·지출목록, 진술서, 변제계획안, 보정서 등을 작성하여 법원에 제출하고 관련 통지도 법원으로부터 직접 받는 등 사건이 종결될 때까지 문서 작성 및 제출, 서류보정, 송달 등 필요한 제반업무 일체를 포괄적으로 처리한 행위를 단순한 서류의 작성대행, 제출대행이라고 볼 수 없고, 변호사법에 위반하여 사실상 그 사건의 처리를 주도하면서 의뢰인들을 위하여 그 사건의 신청 및 수행에 필요한 모든 절차를 실질적으로 대리한 것으로 봄이 상당하며, 이는 개인회생사건 또는 개인파산·면책사건이 수임한 때로부터 어느 정도 기간이 지나 종료된다거나, 일부 관련 서류를 동시에 접수시킬 필요가 있다는 특징이 있다고 해도 마찬가지로 보아야 한다.

그렇다면 법무사가 개인회생사건에 대하여 건당 수임료를 받고 사건이 종결될 때까지 필요

---

13) 반면 법무사가 전문브로커를 고용하여 개인회생사건을 수임한 후 서류를 작성하고 제출을 대행한 경우에는 변호사법 제109조 제1호 위반죄의 공동정범으로 처벌될 것이다(대법원 2007. 6. 28. 선고 2006도4356 판결).

14) 대법원 2023. 2. 23. 선고 2022도4610 판결, 대법원 2022. 2. 10. 선고 2018도17737 판결(☞ 법무사인 피고인이 개인회생, 파산 등 비송사건에서 의뢰인으로부터 (서류별이 아닌) 건별로 수임료를 받고 절차를 진행한 행위가 변호사법에서 금지하는 '대리행위'에 해당하여 '변호사법 위반죄'가 성립하는지가 문제된 사안에서, 위 행위에 대하여 변호사법 위반죄를 인정한 원심을 수긍함)[아래 2018노524 상고사건], 대법원 2017. 4. 27. 선고 2017도1310 판결, 대법원 2007. 6. 28. 선고 2006도4356 판결, 대법원 2007. 6. 14. 선고 2006도4354 판결, 수원지방법원 2018. 10. 19. 선고 2018노524 판결(상고, 위 2017고단438의 항소사건).

한 제반 업무 일체를 포괄적으로 처리해 준 행위는 '법원에 제출하는 서류 및 법원의 업무에 관련된 서류의 작성과 그 작성된 서류의 제출대행'에 한정되는 법무사의 업무범위를 초과하여 변호사법 제109조 제1호에서 금지하는 변호사가 아니면서 개인회생 등 비송사건에 관한 대리 행위를 하여 변호사법 제109조 제1호에 규정된 법률사무를 취급하고 수익 등을 취득함으로써 위 규정을 위반한 것이다.

Ⅲ 2020. 2. 4. 법무사법 개정(법률 제16911호, 2020. 8. 5. 시행) 이후

2020년 법무사법이 개정되기 전 법무사법은 하나의 사건을 구성하는 각 서류 작성별 대리 또는 제출 대행권만 법무사에게 부여하고 있어 의뢰인은 개인파산이나 개인회생 등 비송사건 에서 포괄위임에 따른 처리를 기대할 수 없고, 각 서류 작성 단계별로 위임 절차를 반복하고 있으므로 절차가 번거로우며, 출석 심리 등이 필요한 경우 추가로 변호사를 선임하여야 하는 등 비용 지출이 수반되고 있어 국민의 사법 접근성에 비효율이 발생하고 있었다. 나아가 개인 파산이나 개인회생사건에서 법무사가 각각의 서류 작성을 포괄적으로 수임한 경우 앞에서 본 바와 같이 변호사법위반이 된다(즉 서류별이 아닌 건별로 수임료를 받고 절차를 진행한 경우는 변호 사법위반이다)고 보는 것이 일반적이었다(앞에서 본 바와 같이 대법원도 같은 입장이었다).

그런데 2020년 법무사법을 개정하여 법무사에게 개인파산 및 개인회생사건의 신청대리를 허용하였다(법무사법 제2조 제1항 제6호 본문). 이는 실무적으로 개인파산 및 개인회생사건은 주 로 법무사가 담당한다는 점을 고려하고, 국민에게 좀 더 편리하고 효율적인 법률서비스가 제 공될 수 있도록 법무사의 업무 범위에 개인파산 및 개인회생사건 신청의 대리에 관한 사항을 추가하여 법무사의 업무영역을 확대한 것이다. 이로써 법무사가 개인파산 및 개인회생사건에 대해 포괄위임(수임)이 가능하게 되었다. 다만 각종 기일에서의 진술의 대리는 허용되지 않는 다(법무사법 제2조 제1항 제6호 단서).

법무사에게 법률상 신청대리권이 부여됨에 따라 신청서 및 문건 제출시 위임절차를 수차례 반복하지 않아도 되게 되었다.

한편 법무사법이 개정되었다고 하더라도, 개정 전 개인파산이나 개인회생사건을 포괄적으 로 위임받아 처리한 행위는 여전히 변호사법위반으로 처벌된다. 법무사법 개정은 형사법적 관 점의 변화를 주된 근거로 하는 법령의 변경에 해당하지 아니하기 때문이다.[15]

---

15) 대법원 2023. 2. 23. 선고 2022도4610 판결, 대법원 2022. 12. 22. 선고 2020도16420 전원합의체 판결 등 참조.

제 12 장

개인회생절차가 소송절차와 집행절차에
미치는 영향

제1절 개인회생절차개시신청 단계에서 개인회생절차가 소송절차 등에 미치는 영향

I 보전처분 등이 소송절차 등에 미치는 영향

(1) 개인회생절차개시신청, 보전처분이 소송절차 등에 미치는 영향이 없다는 점은 회생절차와 같다. 즉 개인회생절차개시신청만으로는 소송절차 등에 아무런 영향이 없다.[1] 또한 보전처분은 채무자의 행위만을 제한할 뿐이므로 마찬가지로 소송절차 등에 영향이 없다. 채권자의 강제집행을 저지하기 위해서는 중지·금지명령을 받아야 한다.

신청과 동시에 개인회생채권자목록을 제출함으로써 시효가 중단되는 효과가 있을 뿐이다 (제32조 제3호).

(2) 중지·금지명령 및 포괄적 금지명령 등이 소송절차 등에 미치는 영향은 회생절차와 별다른 차이가 없다.[2]

(가) 중지·금지명령의 대상에 소송행위는 제외되어 있으므로 중지·금지명령은 소송절차에 영향을 미치지 못한다.

중지·금지명령의 대상인 집행절차는 더 이상 진행하지 못하거나 금지된다. 채무자는 중지·금지명령을 집행기관에 제출하여야 한다. 중지명령은 '강제집행의 일시정지를 명한 취지를 적은 재판의 정본(민집법 제49조 제2호)', 금지명령은 '강제집행의 정지를 명하는 취지를 적은 집행력 있는 재판의 정본(민집법 제49조 제1호)'에 각 해당한다. 중지명령의 정본이 집행기관에 제출되었음에도 이를 간과하여 집행처분을 한 경우에는 이해관계인은 이의신청 또는 즉시항고에

---

1) 전주지방법원 2022. 1. 18. 선고 2021가단15767 판결(확정) 참조.
2) 채권압류 및 추심·전부명령에 대한 항고심 계속 중 중지명령의 정본이 제출되면 항고법원은 다른 이유로 채권압류 및 추심·전부명령을 취소하는 경우를 제외하고는 항고에 관한 재판을 정지하였다가 추후 개인회생절차의 진행 경과에 따라 사건을 처리하여야 한다(대법원 2014. 1. 17. 자 2013마2252 결정 참조).

의하여 취소를 구할 수 있다. 금지명령의 정본이 제출되면 집행기관은 집행절차가 개시되기 전이면 집행절차의 개시신청을 부적법 각하 내지 기각하여야 한다. 금지명령의 효력발생 이후 특정 개인회생채권자에 의하여 강제집행이 새로 개시된 경우에는 이미 실시한 집행처분을 취소하여야 한다.

관련 내용은 〈제3장 제2절〉(본서 1908쪽)을 참조할 것.

(나) 포괄적 금지명령은 집행절차만을 대상으로 하므로 소송절차에 영향을 줄 수 없다. 포괄적 금지명령이 있는 경우 개인회생채권이나 담보권에 기한 강제집행 등을 새로이 신청할 수 없고(금지효), 이미 진행 중인 강제집행 등은 중지된다(중지효). 관련 내용은 〈제3장 제3절〉(본서 1916쪽)을 참조할 것.

(3) 취소명령은 집행절차만을 대상으로 하므로 소송절차에 영향을 줄 수 없다. 취소명령이 있는 경우 종전의 강제집행 등은 소급하여 효력이 상실된다. 관련 내용은 〈제3장 제4절〉(본서 1919쪽)을 참조할 것.

〈도산절차와 보전처분(가압류 · 가처분)에 대한 제1심법원의 처리[3]〉

도산절차 · 재판	보전처분에 대한 재판시점	제1심법원의 처리
개인회생절차에서의 금지명령	금지명령 효력 발생[4] 전	인용
	금지명령 효력 발생 후	기각
회생절차개시결정 · 개인회생절차 개시결정 · 파산선고결정 (동시폐지 제외)	개시결정 등 효력 발생[5] 전	인용
	개시결정 등 효력 발행 후	기각
개인파산절차에서의 면책신청	면책신청 및 파산폐지결정의 확정 또는 파산종결결정 전	기각[6]
	면책신청 및 파산폐지결정의 확정 또는 파산종결결정 후	기각
	면책결정 확정 후	기각

Ⅱ 면제재산신청 등이 집행절차에 미치는 영향

1. 면제재산신청이 집행절차에 미치는 영향

법원은 개인회생절차개시결정 전에 면제재산신청이 있는 경우에 채무자의 신청 또는 직권으로 개인회생절차개시결정이 있을 때까지 면제재산에 대하여 개인회생채권에 기한 강제집행, 가

---

3) 민사항고재판실무편람 집필위원회, 민사항고재판실무편람(2018), 236쪽 참조.
4) 금지명령이 채권자에게 송달될 때.
5) 개시결정 등의 결정이 있은 때.
6) 파산선고결정 자체의 효력 때문에 가압류 · 가처분을 할 수 없음. 다만 동시폐지의 경우는 인용.

압류 또는 가처분의 중지 또는 금지를 명할 수 있다(제580조 제3항, 제383조 제8항). 면제재산결정이 확정된 때에는 위와 같이 중지한 절차는 그 효력을 잃는다(제580조 제3항, 제383조 제9항).

면제재산에 대하여 강제집행 등을 중지 또는 금지할 수 있는 것은 개인회생채권에 기한 것이므로 개인회생재단채권에 기한 강제집행 등은 중지 또는 금지의 대상이 아니다.

관련 내용은 〈제5장 제1절 Ⅲ.4.〉(본서 1950쪽)를 참조할 것.

2. 면제재산결정이 집행절차에 미치는 영향

면제재산결정에 의한 면제재산에 대하여는 개인회생절차의 폐지결정 또는 면책결정이 확정될 때까지 개인회생채권에 기한 강제집행·가압류 또는 가처분을 할 수 없다(제580조 제4항). 관련 내용은 〈제5장 제1절 Ⅲ.5.〉(본서 1950쪽)를 참조할 것.

개인회생채권자는 개인회생절차가 개시된 이후에는 개인회생재단에 의하여만 변제를 받는 것이므로 면제재산에 대하여는 강제집행 등을 할 수 없다는 점을 명확히 한 것이다. 개시결정 이후 면제재산에 대하여 강제집행 등을 할 수 있다고 하면 개인회생채권의 성격이나 개인회생재단의 목적에 반하고 면제재산을 둔 입법취지에 반하기 때문이다.

▌제2절▐ 개인회생절차개시결정시부터 변제계획인가결정 전까지의 개인회생절차가 소송절차 등에 미치는 영향

Ⅰ 개인회생절차개시결정의 효과

개인회생절차가 개시되더라도 개인회생재단에 대한 관리처분권은 여전히 채무자가 가진다(제580조 제2항). 개인회생절차가 개시되면 개인회생채권에 기한 강제집행 등은 금지된다(제600조). 개인회생재단채권(제583조), 환취권(제585조)에 기한 강제집행·가압류 또는 가처분은 허용된다. 개인회생채권자목록에 누락된 채권자는 개시결정 후에도 강제집행 등을 할 수 있다.

개인회생절차에서 담보권은 별제권으로 인정되기 때문에(제586조) 담보권은 개인회생절차에 의하지 아니하고 행사할 수 있다. 다만 중지·금지명령이나 개시결정에 의하여 변제계획인가시까지는 담보권의 행사를 저지할 수 있다(제593조 제1항 제3호, 제600조 제2항).

개인회생절차개시결정이 있는 때에는 개인회생채권자목록에 기재된 개인회생채권을 변제받거나 변제를 요구하는 일체의 행위가 금지되고(제582조), 개인회생절차 내에서 변제계획에 의하여만 채권을 변제받아야 한다. 다만 소송행위는 제외한다(제600조 제1항 제3호).[7]

---

7) 대법원 2013. 9. 12. 선고 2013다42878 판결(제600조 제1항 제3호 본문, 제603조, 제604조의 내용과 집단적 채무처리절차인 개인회생절차의 성격, 개인회생채권조사확정재판 제도의 취지 등에 비추어 보면, 제600조 제1항 제3호 단서가 개인회생절차개시의 결정에 따라 중지 또는 금지되는 행위에서 소송행위를 제외하고 있다고 하여도 이는 개

개인회생절차는 채무자가 개인회생재단에 대한 관리처분권한을 가지고 있으므로(제580조 제2항), 개인회생절차가 개시되더라도 권리처분권한의 변동에 따른 소송의 중단과 수계는 문제가 되지 않는다.

Ⅱ 개인회생절차개시결정이 소송절차에 미치는 영향

1. 개시결정 이후 소송이 제기된 경우

가. 소제기 가능 여부

개인회생재단채권에 관한 소송, 개인회생채권자목록에 기재되지 아니한 개인회생채권에 관한 소송행위는 할 수 있다. 반면 개인회생채권자목록에 기재된 개인회생채권에 기하여는 별개의 이행소송을 제기할 수 없고,[8] 개인회생절차 내에서 조사확정재판을 제기하여야 한다(조사확정재판으로서의 집중). 별개의 이행소송을 제기한 경우 수소법원은 소각하 판결을 하여야 한다.

나. 채권자취소소송의 경우

제584조, 제347조 제1항, 제406조에 의하면, 개인회생절차 개시결정이 내려진 후에는 채무자가 부인권을 행사하고, 법원은 채권자 또는 회생위원의 신청에 의하거나 직권으로 채무자에게 부인권의 행사를 명할 수 있으며, 개인회생채권자가 제기한 채권자취소소송이 개인회생절차 개시결정 당시에 계속되어 있는 때에는 그 소송절차는 수계 또는 개인회생절차의 종료에 이르기까지 중단된다. 이러한 규정 취지와 집단적 채무처리절차인 개인회생절차의 성격, 부인권의 목적 등에 비추어 보면, 개인회생절차 개시결정이 내려진 후에는 채무자가 총채권자에 대한 평등변제를 목적으로 하는 부인권을 행사하여야 하고, 개인회생채권자목록에 기재된[9] 개인회생채권을 변제받거나 변제를 요구하는 일체의 행위를 할 수 없는 개인회생채권자가 개별적 강제집행을 전제로 하여 개개의 채권에 대한 책임재산의 보전을 목적으로 하는 채권자취소소송을 제기할 수는 없다.[10]

인회생절차개시의 결정 당시 개인회생채권자목록에 기재된 개인회생채권에 관한 소가 이미 제기되어 있는 경우에는 그에 관한 소송행위를 할 수 있다는 취지로 보아야 하고, 개인회생절차개시의 결정이 내려진 후에 새로이 개인회생채권자목록에 기재된 개인회생채권에 기하여 이행의 소를 제기하는 것은 허용되지 아니한다.)

8) 위 2013다42878 판결 참조.
9) 개인회생채권자목록에 기재되지 아니한 개인회생채권자는 개인회생절차에 영향을 받지 아니하므로 채권자취소소송을 제기할 수 있다고 할 것이다. 이런 점에서 아래 각주 10) 서울중앙지방법원 2023가단5042443 판결은 개인회생채권인 조세채권이 개인회생채권자목록에 기재되지 않았음에도 조세채권자(대한민국)가 제기한 채권자취소소송을 부적법 각하하였으므로 잘못된 판결이라고 할 수 있다.
10) 대법원 2010. 9. 9. 선고 2010다37141 판결, 서울중앙지방법원 2024. 4. 24. 선고 2023가단5042443 판결(항소, 서울중앙지방법원 2024나26383) 등 참조.

2. 개시결정 당시 이미 소송이 계속 중인 경우

개인회생절차개시결정이 있더라도 개인회생재단에 대한 관리처분권은 여전히 채무자에게 있기 때문에(제580조 제2항) 소송은 중단되지 않고 소송수계의 문제도 발생하지 않는다.

가. 개인회생채권자목록에 기재된 채권의 경우

(1) 개인회생채권자목록에 기재된 채권에 대한 이의기간 내 이의가 없는 경우

개인회생채권의 존부나 내용이 개인회생채권자목록에 기재된 대로 확정되고 그 내용대로 개인회생채권자표에 기재되면 확정판결과 동일한 효력 있다. 따라서 이미 계속 중인 소송은 소의 이익이 없어 각하하여야 한다.

(2) 개인회생채권자목록에 기재된 채권에 대한 이의기간 내 이의가 있는 경우

별도로 채권조사확정재판을 신청할 수 없고, 이미 계속 중인 소송의 내용은 그 청구취지를 개인회생채권의 존부와 내용의 확정을 구하는 형태로 변경하여야 한다(제604조 제2항).[11] 다만 앞서 본 바와 같이 소송의 중단 내지 수계의 문제는 발생하지 않는다.

한편 개인회생채권자(이의자)가 다른 개인회생채권자(이의채권 보유자)의 채권에 대하여 이의를 한 경우는, 채무자(피고)와 이의자는 필수적 공동소송관계에 있으므로(본서 2012~2014쪽 참조) 이의채권 보유자(원고)의 신청에 의해 이의자를 피고로 추가하여야 할 것이다(민소법 제68조 제1항 본문). 항소심 진행 중에 개인회생절차개시결정이 된 경우에도 추가가 허용되는가. ① 피고는 자기의 의사와 무관하게 소제기를 당하는 자이므로 피고의 추가에 당사자의 동의는 필요하지 않는 점(민소법 제68조 제1항 단서 반대해석), ② 가사소송에서는 사실심 변론종결 시까지 당사자를 추가할 수 있도록 하고 있는 점(가사소송법 제15조 제1항), ③ 이의자의 심급의 이익 보호도 중요하지만 개인회생절차의 신속한 진행도 중요한 점 등을 고려하면, 항소심에서의 추가도 허용된다고 할 것이다.

나. 개인회생채권자목록에 기재되지 않은 채권의 경우

개인회생채권자목록에 기재되지 않은 채권에 기한 소송은 개시결정이 있어도 아무런 영향이 없다. 다만 채무자는 개시결정 후라도 법원의 허가를 받아 개인회생채권자목록을 수정할 수 있으므로(제589조의2 제2항) 누락된 채권이 다시 목록에 기재된 경우에는 앞의 〈가.〉에 따라 처리하면 된다.

---

11) 구체적인 청구취지의 형태: "원고의 피고에 대한 개인회생채권은 ○○○원 및 이에 대한 2019. ×. ×.부터 2020. ×. ×.까지 연 ○○%의 비율에 의한 금원의 일반개인회생채권과 위 ○○○원에 대한 2020. ×. ×.부터 다 갚는 날까지 연 ○○%의 비율에 의한 금원의 후순위개인회생채권임을 확정한다."

사례 (개인회생)채권자 甲(원고)은 채무자 乙(피고)을 상대로 1억 원의 대여금청구소송을 제기하였다(청구취지: 피고는 원고에게 1억 원을 지급하라). 이후 채무자 乙은 서울회생법원에 개인회생절차개시신청을 하였고, 개인회생절차가 개시되었다.

(1) 채무자(피고) 乙이 채권자목록에 甲의 채권을 기재하지 않은 경우: 위 소송은 아무런 영향을 받지 않고 그대로 진행하면 된다. 청구취지도 변경할 필요가 없다.

(2) 채무자(피고) 乙이 채권자목록에 甲의 채권을 기재한 경우

① 아무런 이의가 없는 경우: 소를 취하하거나 취하하지 않을 경우 각하

② 甲의 이의가 있는 경우: 乙이 채권자목록에 甲의 채권을 6,000만 원이라고 기재한 경우에는 甲이 이의를 할 것이다. 이 경우 甲은 6,000만 원 부분은 취하하고(취하 안할 경우 각하), 4,000만 원 부분에 대하여는 채권확정을 구하는 소로 청구취지를 변경하여야 한다.

　• 청구취지: 원고의 피고에 대한 개인회생채권은 4,000만 원임을 확정한다.[6,000만 원 부분을 취하한 경우]

③ 다른 개인회생채권자 丙이 이의를 한 경우: 丙을 피고로 추가하여야 할 것이다. 청구취지는 다음과 같이 변경하면 된다.

　• 청구취지: 원고와 피고들 사이에서, 원고의 피고 乙에 대한 개인회생채권은 1억 원임을 확정한다.

3. 추심금소송의 경우

　채권자의 제3채무자에 대한 추심금소송 진행 중에 채무자에 대한 개인회생절차개시결정이 있는 경우 추심금소송을 계속 진행하여야 하는가. 개인회생절차개시결정 이후에도 소송의 진행은 가능하므로(제600조 제1항 제3호 단서) 추심채권자가 제3채무자를 상대로 추심금소송을 제기하거나 추심채권자가 이미 제기한 추심금소송을 속행할 수 있으나, 가급적 인가결정이나 폐지결정 등이 있기까지 변론기일을 추정하여 그 결과에 따라 처리함이 바람직하다.[12] 변제계획인가결정이 되면 개인회생채권에 기한 강제집행은 그 효력을 상실하므로(제615조 제3항), 추심금 청구의 소는 당사자적격이 없는 자에 의하여 제기된 것으로 각하하여야 한다. 반면 개인회생절차폐지결정이 확정되면 추심금소송을 속행하면 된다.

　한편 추심채권자에 의한 추심소송도 아래에서 보는 채권자취소소송이나 채권자대위소송의 상황과 동일하므로 제584조 제1항, 제406조 제1항을 유추적용하여, 중단과 채무자에 의한 수계를 인정하는 것이 상당하다.[13]

　개인회생절차개시결정 이후 추심명령을 받아 소를 제기한 경우 추심명령은 효력이 없어(제600조) 취소의 대상이므로 이러한 추심금 소송은 기각 대상이다.

---

12) 그 이유는 ① 추심채권자가 추심금 소송을 제기하여 추심금의 지급을 구하는 것은 개시결정으로 중지·금지된 개인회생재단에 속하는 재산에 대한 강제집행(제600조 제1항 제2호)의 일환으로 볼 수 있는 점, ② 중지·금지의 효력에 따라 강제집행절차는 그 시점에서 동결되고 속행이 허용될 수 없으므로 채권자는 추심행위를 계속하여서는 아니되는 점, ③ 변제계획 인가결정이 있게 되면 일시 정지된 추심명령은 그 효력을 잃게 되므로(제615조 제3항) 추심금 소송은 기각될 것인 점 때문이다(도산절차와 소송 및 집행절차, 205쪽).

13) 관련 내용은 〈제2편 제19장 제2절 Ⅱ.2.다.(3)〉(본서 1156쪽)을 참조할 것.

4. 전부금소송의 경우

전부명령이 확정되면 전부명령의 제3채무자에 대한 송달시로 소급하여 피전부채권이 전부채권자에게 이전하므로, 개인회생절차개시결정 전에 전부명령이 확정되었다면 전부명령에 기한 전부금소송은 원칙적으로 개인회생절차와 아무런 관련이 없다.[14]

다만 개인회생절차개시 전에 확정된 급여 등 채권에 대한 전부명령인 경우에는 전부명령의 효력은 변제계획인가결정 이후에 제공한 노무로 인한 부분에 대하여는 그 효력이 없다(제616조 제1항). 따라서 급여 등 채권에 대한 전부명령의 경우 변제계획 인가결정일까지의 급여 등만을 전부의 대상으로 삼아서 판단하고, 인가결정일 이후의 노무제공에 대한 부분은 청구를 기각하여야 할 것이다.

5. 채권자취소소송의 경우[15]

가. 소송절차의 중단 및 수계

개인회생채권자가 제기한[16] 채권자취소소송이 개인회생절차개시결정 당시 법원에 계속되어

---

14) 개인회생절차개시 전에 전부명령이 확정되지 않았다면 개시결정으로 중지되고(제600조 제1항 제2호), 변제계획인가 결정으로 실효된다(제615조 제3항). 따라서 채권자목록에 기재된 개인회생채권에 기하여 개인회생재단에 속하는 채권에 대하여 내려진 압류 및 전부명령이 아직 확정되지 않은 상태에서 채무자에 대하여 개인회생절차가 개시되고 이를 이유로 압류 및 전부명령에 대하여 즉시항고가 제기되었다면, 항고법원은 다른 이유로 압류 및 전부명령을 취소하는 경우를 제외하고는 항고에 관한 재판을 정지하였다가 변제계획이 인가된 경우 압류 및 전부명령이 효력이 발생하지 않게 되었거나 그 효력이 상실되었음을 이유로 압류 및 전부명령을 취소하고 압류 및 전부명령신청을 기각하여야 한다. 한편 항고법원이 항고에 관한 재판을 한 이후에 채무자에 대하여 개인회생절차가 개시되어 이를 이유로 압류 및 전부명령에 대하여 재항고가 제기된 경우 재항고법원으로서는 채권압류 및 전부명령의 청구채권이 개인회생절차의 채권자목록에 기재된 개인회생채권에 해당하는지 여부 등을 심리하게 하기 위하여 원심재판을 파기환송할 수 있다고 봄이 상당하다(대법원 2013. 4. 12. 자 2013마408 결정, 대법원 2011. 4. 20. 자 2011마3 결정 등 참조).
○ **위 2013마408 결정의 사례:** 채권자는 재항고인에 대한 집행력 있는 약속어음 공정증서 정본에 기하여 서울중앙지방법원 2013타채268호로 이 사건 채권압류 및 전부명령을 신청하였고, 제1심법원의 사법보좌관은 2013. 1. 8. 위 신청을 인용하였는데, 채무자가 위 결정에 대하여 즉시항고를 제기하자 제1심법원은 2013. 2. 20. 위 사법보좌관의 처분을 인가하였고, 원심은 2013. 3. 11. 재항고인의 항고를 기각하였다. 그런데 재항고인은 항고제기 이후인 2013. 1. 16. 서울중앙지방법원 2013개회9287호로 개인회생절차개시를 신청하여 2013. 3. 11. 10:00 개인회생절차개시 결정을 받았다. 재항고인은 개인회생절차가 개시되었음을 이유로 하여 위 항고기각 결정에 대하여 재항고를 제기하였다. 재항고장에 첨부되어 있는 채권자목록 사본에는 채권자의 재항고인에 대한 채권이 기재되어 있는데 이 사건 채권압류 및 전부명령과 관련하여 그 채권액에 관하여 다툼이 있다는 취지가 기재되어 있다. 앞서 본 법리에 비추어 보면, 위와 같은 사실관계에서 법원이 이 사건 채권압류 및 전부명령을 취소하고 압류 및 전부명령 신청을 기각할 것인지 여부를 판단하기 위해서는 그에 앞서 이 사건 채권압류 및 전부명령의 청구채권이 재항고인에 대하여 개시된 개인회생절차의 채권자목록에 기재된 개인회생채권에 해당하는지 여부 등에 대한 심리가 필요하다. 그러므로 원심결정을 파기하고, 사건을 다시 심리, 판단하게 하기 위하여 원심법원에 환송하기로 한다.
15) **채권자대위소송** 채권자대위소송에 대하여도 제584조 제1항, 제406조 제1항이 유추적용된다고 할 것이다. 채권자취소소송은 채무자가 당사자가 아닌 소송의 전형적인 한 예이다. 위 제584조 제1항, 제406조 제1항이 채무자가 당사자가 아닌 소송을 제한하는 것이라고 볼 수 없고, 그 이외에도 유추적용될 수 있다고 보아야 하기 때문이다. 물론 채권자대위소송에는 조세채권자인 국가나 지방자치단체가 제기한 채권자대위소송도 포함된다.
개시결정 이후에도 개인회생채권자에 의한 채권자대위소송은 인정되어야 한다는 견해가 있을 수 있다. 채권자대위소송의 소송물은 채무자의 제3채무자에 대한 채권이고, 개시결정 이후에도 채무자는 소송행위를 할 수 있기 때문이다. 하지만 채권자취소소송과 달리 취급할 이유가 없고, 제3채무자가 직접 대위채권자에게 이행하도록 할 경우 변제계획에 의한 변제가 아니라 채권자평등의 원칙에 반한다. 따라서 부정하여야 할 것이다.

있는 때에는 그 소송절차는 수계 또는 개인회생절차의 종료에 이르기까지 중단되고, 이 경우에는 채무자가 그 소송절차를 수계한다(제584조 제1항, 제406조 제1항).[17] 채권자가 수행하던 채권자취소소송을 채무자가 수행하는 부인의 소로 변경할 필요가 있기 때문이다. 당초 채권자취소소송을 제기하였던 채권자의 의사와는 무관하게 채무자가 중단된 소송절차를 수계할 수 있고, 채권자는 이를 거부할 권능이 없다.[18]

제584조 제1항, 제406조 제1항은 조세채권자가 제기한 채권자취소소송[19]에도 적용된다고 할 것이다.

채권자취소소송의 계속 중 채무자에 대하여 개인회생절차개시결정이 있었는데, 법원이 그

---

16) 별제권자가 별제권의 행사로서 제기한 채권자취소소송도 중단되고 수계되는가. 이에 대하여 부정적인 견해가 있다. 제586조에 의해 준용되는 제413조에 의하면 별제권자는 그 별제권 행사에 의하여 변제를 받을 수 없는 채권액에 관하여만 개인회생채권자로서 그 권리를 행사할 수 있으므로 별제권을 행사하는 채권자가 제기한 채권자취소소송은 제584조 제1항에 의해 준용되는 제406조의 '개인회생채권자가 제기한 채권자취소소송'에 해당하지 않아서 중단 대상이 아니라고 할 것이다. 개인회생절차에서 별제권자가 되는 담보채권자 등이 제기한 채권자취소소송이 개인회생절차개시 당시 계속 중인 경우 그 소송은 별제권의 행사로 보아야 하므로 변제계획인가일 또는 개인회생절차폐지확정일까지 일시적으로 '중지'될 뿐이지(제600조 제2항) 수계를 전제로 하는 '중단'은 되지 않는다. 변제계획인가일 이후 별제권자가 다시 채권자취소소송을 수행하여야 한다{정준영, "개인회생절차에서 별제권자가 되는 담보채권자가 제기한 채권자취소소송의 수계 여부", 민사판례연구 41권, 박영사(2019), 792쪽}. 반면 근저당권자(원고)가 채권자취소소송을 제기한 후 채무자에 대하여 개인회생절차가 개시된 사안에서, 대법원은 별제권자가 별제권의 행사로서 제기한 채권자취소소송도 중단되고 수계된다고 하였다(대법원 2016. 8. 30. 선고 2015다243538 판결).

17) 대법원 2016. 8. 30. 선고 2015다243538 판결, 대법원 2014. 5. 29. 선고 2013다73780 판결, 대법원 2010. 9. 9. 선고 2010다37141 판결 참조.

부인권의 행사주체를 채무자로 한 것은 문제가 있다는 점은 앞(본서 1959쪽 각주 42))에서 본 바와 같다. 실무적으로도 많은 곤란한 상황이 발생하고 있다. 예컨대 채권자 甲(채무자 乙에 대하여 대여금채권을 가지고 있다)이 채무자 乙과 丙 사이의 사해행위취소의 소를 제기한 후[원고 甲이 피고 乙(채무자)에 대하여는 대여금청구의 소를, 피고 丙에 대하여는 사해행위취소의 소를 제기하였다] 乙에 대하여 개인회생절차가 개시된 경우, 乙은 사해행위취소의 소를 수계하여야 한다. 이 때 乙은 대여금청구의 소에서는 피고이지만 사해행위취소의 소에서는 원고의 지위에 있게 된다. 이 경우 乙이 사해행위취소의 소에 적극적으로 임하지 않음은 물론 나아가 청구를 포기하거나 소를 취하할 우려가 있다(적어도 충실한 소송수행을 기대하기 어렵다). 甲이 사해행위취소의 소에 보조참가를 할 수도 있지만 궁극적인 해결책이 되지 못한다. 입법적 해결이 필요해 보인다.

18) 개인회생절차가 개시되면 채무자만이 부인권을 행사할 수 있고 개인회생채권자가 이미 제기하였던 채권자취소소송도 중단되어 채무자가 그 소송을 수계할 수 있도록 규정한 제347조 제1항 본문, 제406조 제1, 2항, 제584조 제1, 2항(이하 '이 사건 심판대상조항'이라 한다)에 대하여 위헌법률심판이 제청되었다(2019헌가21). 위헌 주장의 근거는 다음과 같다. ① 이 사건 심판대상조항은 채무자에 대한 개인회생절차가 개시된 경우 채무자만이 부인권을 행사할 수 있도록 하여 개인회생채권자가 개별적으로 채권자취소권을 행사할 수 없게 하고, 개인회생채권자가 이미 제기하였던 사해행위취소소송도 중단되어 채무자가 그 소송을 수계할 수 있도록 한다. 채권자취소권은 그 자체로 경제적 가치가 있는 사법상의 권리인 재산권으로 볼 수 있으므로 이 사건 법률조항에 의하여 채권자는 재판청구권과 함께 재산권인 채권자취소권의 행사에 제한을 받게 된다. ② 이 사건 심판대상조항으로 인하여 채권자는 채무자에 대한 개인회생절차 개시의 전후로 채권자취소권을 행사할 수 있는지 여부가 달라진다. 개인회생채권자는 일탈된 책임재산의 회복을 위한 부인권의 행사를 채무자에게 맡겨둘 수밖에 없으나, 여러 도산절차 중에서도 채무자에 대한 회생절차가 개시된 경우에는 관리인이, 파산선고가 된 경우에는 파산관재인이 부인권을 행사할 수 있으므로, 일탈된 책임재산을 회복하고자 하는 개인회생채권자는 회생채권자나 파산채권자와 비교하여도 다른 지위에 있게 된다. 결국 개인회생절차 개시결정을 받지 않은 채무자의 채권자와 개인회생절차 개시결정을 받은 채무자의 채권자 사이에, 개인회생절차 개시결정을 받은 채무자의 채권자와 회생절차 개시결정 또는 파산선고를 받은 채무자의 채권자 사이에 차별취급이 존재한다.

한편 위 위헌법률심판사건은 2022. 11. 24. 개인회생사건이 채무자에 대한 면책결정(확정)으로 종료되어 재판의 전제성이 없다는 이유로 각하되었다.

19) 국세기본법 제35조 제4항, 국세징수법 제30조, 지방세징수법 제39조.

개인회생절차 개시결정사실을 알지 못한 채 채무자의 소송수계가 이루어지지 아니한 상태 그대로 소송절차를 진행하여 판결을 선고하였다면, 그 판결은 채무자의 개인회생절차개시결정으로 소송절차를 수계할 채무자가 법률상 소송행위를 할 수 없는 상태에서 심리되어 선고된 것이므로 여기에는 마치 대리인에 의하여 적법하게 대리되지 아니하였던 경우와 마찬가지의 위법이 있다고 할 것이다.[20] 그러나 이와 같은 소송중단 사실을 간과하고 선고된 판결은 당연무효는 아니므로[21] 대리권 흠결이 있는 경우에 준하여 판결확정 전이면 상소에 의하여, 확정 후이면 재심에 의하여 그 취소를 구할 수 있다.

앞에서 본 바와 같이 개인회생채권자목록에 기재된 개인회생채권자는 개시결정 이후에는 채권자취소소송을 제기할 수 없고(부적법 각하),[22] 채무자만이 부인권을 행사할 수 있다.[23]

나. 개인회생절차가 종료된 경우

회생절차나 파산절차에서는 관리인이나 파산관재인이 회생절차개시 또는 파산선고로 채권자취소소송을 수계한 후 회생절차나 파산절차가 종료된 경우 중단과 수계에 관한 규정을 두고 있다(회생절차의 경우 제113조 제2항, 제59조 제4항, 파산절차의 경우 민사소송법 제240조). 그러나 개인회생절차에 관하여는 개인회생절차폐지 등으로 개인회생절차가 종료된 경우 부인의 소의 중단과 수계에 대한 명확한 규정이 없다.

개인회생절차의 경우에도 개인회생절차개시로 채무자가 수계한 후 개인회생절차가 종료된 경우에는 채권자가 수계한다고 할 것이다(제113조 제2항의 유추적용이나 제33조, 민소법 제240조의 유추적용). 궁극적으로는 입법적 해결이 필요해 보인다.

다. 회생절차나 파산절차에서의 부인소송

회생절차나 파산절차가 진행 중인 경우에도 개인회생절차를 신청할 수 있고, 개인회생절차가 개시된 경우 회생절차나 파산절차는 중지된다(제600조 제1항 제1호). 이 경우 회생절차나 파산절차에 의한 부인소송은 어떻게 되는가. 제584조가 제406조 제1항을 준용하도록 하고 있을 뿐 이에 관한 규정이 없다. 회생절차나 파산절차에서의 부인소송이란 관리인이나 파산관재인이 제기한 부인의 소 또는 부인청구를 인용한 결정에 대한 이의의 소를 말한다. 회생절차나

---

20) 대법원 2020. 5. 14. 선고 2020다204025 판결, 대법원 2016. 8. 30. 선고 2015다243538 판결, 대법원 2016. 6. 9. 선고 2016다7692 판결, 대법원 2014. 5. 29. 선고 2013다73780 판결, 대법원 2013. 6. 13. 선고 2012다33976 판결 등 참조.

21) 대법원 2003. 11. 14. 선고 2003다34038 판결, 대법원 1998. 5. 30. 자 98그7 결정 참조.

22) 대법원 2010. 9. 9. 선고 2010다37141 판결.

23) 한편 부인권 행사는 원래 개인회생재단의 증식을 위한 것이다. 그런데 개인회생재단은 개인회생절차개시결정으로 성립하고(제580조 제1항) 변제계획인가결정으로 소멸한다(제615조 제2항). 그렇다면 변제계획인가결정 이후에는 부인권을 행사할 수 없는가. 부인권 행사로 인해 채무자의 변제자력이 향상됨으로써 개인회생채권자나 개인회생재단 채권자에게 이익이 되는 것이고, 부인권 행사가 반드시 개인회생재단을 전제로 한 것으로 보기는 어려우므로(회생절차에서는 회생재단이라는 개념이 없다) 변제계획인가결정 이후에도 부인권행사는 가능하다고 할 것이다. 개인회생채권자가 제기한 채권자취소소송의 중단·수계도 가능하다고 할 것이다.

파산절차에서의 부인소송이 개인회생절차개시 당시 계속되어 있는 때에는 소송절차가 중단된다(제113조 제1항 유추적용). 채무자가 중단된 위 소송을 수계할 수 있고, 상대방도 수계할 수 있다(제113조 제2항, 제58조 제2항 유추적용).

6. 배당이의소송의 경우

가. 개인회생절차개시결정 이후 배당이의소송이 제기된 경우

개인회생절차개시결정에 따라 중지된 경매가 속행되거나(제600조 제3항) 개시결정에 따라 중지된 임의경매가 인가결정 이후에 속행되는 경우(제600조 제2항 참조)에 개시결정 이후 배당이의소송이 제기될 수 있다. 관련 내용은 아래 〈Ⅲ.2.〉 참조.

(1) 별제권자는 채권최고액 범위 내에서 우선 배당되지 않았다는 이유로 배당이의를 할 수 있다. 그러나 채권최고액을 초과하는 부분은 개인회생채권자로서 권리행사를 할 수 있을 뿐이고(제586조, 제413조 참조) 초과부분은 채무자에게 배당하여야 하므로 배당이의를 할 수는 없다.

(2) 개인회생재단채권자는 과소 배당을 이유로 배당이의를 할 수 있다.

(3) 개인회생채권자는 배당수령권이 없으므로 배당이의를 할 수 없다. 개인회생채권자에 대한 배당은 채무자에게 이루어지기 때문이다.

나. 배당이의소송 계속 중에 개인회생절차개시결정이 내려진 경우

개인회생채권자들 사이의 배당이의소송이든, 개인회생채권자와 채무자 사이의 배당이의소송이든 개시결정에 의하여 중단되지 않는다.

Ⅲ 개인회생절차개시결정이 집행절차에 미치는 영향

1. 강제집행 등의 중지

채권자목록에 기재된 개인회생채권에 기하여 개인회생재단에 속하는 재산에 대하여 이미 계속 중인 강제집행, 가압류 또는 가처분절차는 개인회생절차가 개시되면 일시적으로 중지되었다가(제600조 제1항 제2호), 변제계획이 인가되면 변제계획 또는 변제계획인가결정에서 다르게 정하지 아니하는 한 그 효력을 잃는다(제615조 제3항).[24] 따라서 채권자목록에 기재된 개인회생채권에 기하여 개인회생재단에 속하는 채권에 대하여 내려진 압류 및 전부명령이 이에 대한 즉시항고가 제기되어 아직 확정되지 아니한 상태에서 채무자에 대하여 개인회생절차가 개시되었다면, 항고법원은 다른 이유로 압류 및 전부명령을 취소하는 경우를 제외하고는 항고에 관한 재판을 정지하였다가(민집법 제229조 제8항) 변제계획이 인가되는 경우 압류 및 전부명령이

---

24) 재산명시절차도 개인회생절차개시결정으로 중지되고, 변제계획인가결정으로 그 효력을 잃는다고 할 것이다.

효력이 발생하지 아니하게 되었거나 그 효력이 상실되었음을 이유로 압류 및 전부명령을 취소하고 압류 및 전부명령신청을 기각하여야 한다.[25]

관련 내용은 〈제4장 제3절 Ⅲ.2.다.〉(본서 1933쪽)를 참조할 것.[26]

2. 중지된 경매절차가 속행된 경우에 있어 배당

개인회생절차개시결정으로 개인회생채권에 기한 강제경매절차나 담보권 실행을 위한 경매절차가 중지되더라도 법원은 상당한 이유가 있는 때에는 이해관계인의 신청에 의하거나 직권으로 중지된 경매절차의 속행을 명할 수 있다(제600조 제1항, 제2항, 제3항 본문). 또한 변제계획인가결정일 이후 직권 또는 별제권자 등의 신청에 따라 담보권 실행을 위한 경매절차가 속행될 수 있다. 이 경우 별제권자, 개인회생채권자, 개인회생재단채권자에 대한 배당이 문제된다.[27]

가. 별제권자

별제권자는 변제계획에 의하지 않고 채권의 만족을 얻을 수 있으므로 경매법원은 별제권자에게 배당금을 직접 지급하는 것으로 배당표를 작성하면 된다. 근저당권인 경우 채권최고액 범위 내에서 배당을 실시한다. 피담보채권이 근저당권의 채권최고액을 초과하는 경우 초과 부분에 해당하는 배당금은 채무자에게 지급할 수 있다(제586조, 제413조 본문 참조).

나. 대항요건 및 확정일자를 갖춘 임차인과 소액임차인 등

(1) 주택임대차보호법 제3조 제1항 규정에 의한 대항요건을 갖추고 임대차계약증서상에 확

---

25) 대법원 2014. 1. 17. 자 2013마2252 결정, 대법원 2013. 4. 12. 자 2013마408 결정 등. 추심명령의 경우는 어떠한가. 채권압류 및 추심명령이 있은 후에 채무자가 신청한 개인회생절차에서 강제집행에 대한 중지명령이 있거나 개인회생절차 개시결정이 있더라도, 그 이후 집행절차가 중지되어 압류채권자가 피압류채권을 추심하는 행위에 더 이상 나아갈 수 없을 뿐이고(추심명령의 경우에는 전부명령에 대한 민집법 제229조 제8항과 같은 항고재판 정지에 관한 규정이 없다), 집행법원이 채권압류 및 추심명령을 취소하여야 하는 것은 아니다. 따라서 채권압류 및 추심명령이 발령된 후에 채무자에 대하여 개인회생절차개시의 결정이 내려져 개인회생채권인 집행채권에 기한 강제집행이 중지되었다는 사유는 채권압류 및 추심명령에 대한 적법한 즉시항고 사유가 될 수 없으므로 즉시항고를 기각한다(서울중앙지방법원 2018. 4. 23. 자 2017라1186 결정, 수원지방법원 2015. 11. 9. 자 2015라1559 결정 등 참조). 다만 추심명령이 있은 후 강제집행정지결정의 서류가 제출되면 법원사무관 등은 압류채권자와 제3채무자에 대하여 그 서류가 제출되었다는 사실과 서류의 요지 및 위 서류의 제출에 따른 집행정지가 효력을 잃기 전에는 압류채권자는 채권의 추심을 하여서는 아니 되고 제3채무자는 채권의 지급을 하여서는 아니 된다는 취지를 통지하여야 한다(민사집행규칙 제161조 제1항).

26) **도산절차개시 후 집행절차의 처리에 관한 원칙** 도산절차개시 후 집행절차의 처리는 회생형인지 청산형인지에 따라 차이가 있다. 그러나 다음과 같은 일정한 원칙이 있음을 알 수 있다. ① 담보권이 아닌 도산채권에 기한 집행의 경우에는 새로운 강제집행 등은 금지된다(회생절차: 제58조 제1항, 파산절차: 제424조, 개인회생절차: 제582조, 제600조 제1항). 도산절차개시 당시 이미 진행 중인 강제집행절차상의 권리는 전혀 보호되지 않는다. 강제집행 등을 실효시키거나(파산절차: 제348조) 일단 집행을 중지시켰다가 인가결정시 실효시킨다(회생절차: 제256조 제1항, 개인회생절차: 제615조 제3항). ② 담보권의 경우는 도산절차 내내 금지·중지하거나(회생절차: 제58조), 인가결정시까지 금지·중지하거나(개인회생절차: 제600조 제2항), 전혀 금지·중지시키지 않는다(파산절차: 제412조). 담보권자의 실체법상의 권리는 완전히 보호되거나(파산절차: 제412조, 개인회생절차: 제586조), 그 담보가치 한도 내에서 보호된다(회생절차: 제141조 제1항).

27) 법원실무제요 민사집행Ⅲ -부동산집행2-, 사법연수원(2020), 191~194쪽 참조.

정일자를 받은 임차인과 같은 법 제8조의 규정에 의한 소액임차인, 상가건물 임대차보호법 제 3조 제1항의 규정에 의한 대항요건을 갖추고 임대차계약증서상에 확정일자를 받은 임차인과 같은 법 제14조의 규정에 의한 소액임차인에 대하여는 개인회생재단에 속하는 주택(건물) 및 대지의 환가대금에서 그 우선순위에 따라 직접 배당한다(제586조, 제415조).

(2) 개인회생절차에서는 임금채권자 등을 보호하기 위한 제415조의2를 준용하고 있지 않다. 그러나 제415조의2에서 규정하는 임금 등 채권은 개인회생재단채권(제583조 제1항 제3호)에 해당하고, 변제계획에서 개인회생재단채권은 전부 변제하는 것으로(제611조 제1항 제2호) 작성하여야 한다(개인회생재단채권에 대한 전부 변제가 불가능하면 변제계획은 인가될 수 없고, 개인회생절차는 종료될 것이다). 또한 수시로 변제하며 개인회생채권보다 먼저 변제한다(제583조 제2항, 제476조, 제477조). 따라서 제415조의2를 준용하지 않더라도 개인회생절차에서 임금채권자 등의 보호에 별다른 문제가 없다.

나아가 개인회생절차에서는 재단부족의 경우 변제방법에 관한 제477조를 준용하고 있지 않다. 따라서 임금 등 채권자에게 직접 배당하면 된다. 마찬가지로 다른 개인회생재단채권의 경우에도 그 채권자에게 직접 배당한다.

다. 개인회생채권자

개인회생채권자목록에 기재된 개인회생채권은 변제계획에 의하지 않고는 변제받을 수 없다(제582조). 따라서 그러한 채권자에 대하여는 직접 배당할 수 없고 채무자에게 지급하여야 한다.

개인회생채권자목록에 기재되지 않은 경우에는 개인회생절차개시결정에 영향을 받지 않으므로 개인회생채권자에게 직접 배당하면 된다.

Ⅳ 개인회생절차개시결정이 도산절차에 미치는 영향

개인회생절차개시결정이 있는 때에는 채무자에 대한 회생절차 또는 파산절차는 중지된다(제600조 제1항 본문).

제3절 변제계획인가여부결정이 소송절차 등에 미치는 영향

Ⅰ 변제계획인가결정이 소송절차 등에 미치는 영향

1. 변제계획인가결정이 소송절차에 미치는 영향

변제계획인가결정은 채무자를 상대로 한 소송절차에는 아무런 영향이 없다.

2. 변제계획인가결정이 집행절차에 미치는 영향

개인회생절차개시결정으로 중지된 개인회생채권에 기한 강제집행, 가압류, 가처분(이하 '강제집행 등'이라 한다)은 변제계획이나 변제계획인가결정에서 다르게 정한 경우를 제외하고 변제계획인가결정으로 인하여 실효된다(제615조 제3항).[28] 그러나 담보권실행을 위한 경매절차는 중지명령 또는 개시결정으로 인하여 중지되어 있다가 변제계획인가결정으로 속행할 수 있게 된다(제600조 제2항 참조).

반면 개인회생절차개시결정으로 중지된 국세징수법 또는 지방세징수법에 의한 체납처분(강제징수), 국세징수의 예{국세 또는 지방세 체납처분(강제징수)의 예를 포함}에 의한 체납처분(강제징수) 또는 조세채무담보를 위하여 제공된 물건의 처분(이하 '체납처분 등'이라 한다)은 인가결정이 있더라도 실효되지 않는다. 체납처분 등은 실효되지 않고 중지상태가 그대로 유지된다. 조세채무를 변제계획에 따라 변제하지 않아 개인회생절차가 폐지되면 체납처분 등은 속행된다.

채무자에게 어떤 부동산에 관하여 담보가 설정되어 있고 선행가압류가 되어 있는 경우 변제계획인가로 가압류가 실효됨으로 인하여 파산절차에서와 같은 문제가 발생한다. 변제계획인가 후 별제권이 실행되면 가압류채권자에게 배당할 금액은 파산절차에서 파산관재인이 배당액을 수령한 것처럼 채무자가 수령하여야 할 것이다. 관련 내용은 〈**제3편 제15장 제2절 Ⅱ.2.가.(1)(나) 각주 131)**〉(본서 1830쪽)를 참조할 것.

3. 변제계획인가결정이 도산절차에 미치는 영향

변제계획인가결정이 있는 때에는 개인회생절차개시결정으로 중지된(제600조 제1항 본문) 회생절차 또는 파산절차는 변제계획이나 변제계획인가결정에 달리 정하지 않는 한 그 효력을 잃는다(제615조 제3항).

이 경우 회생절차에서 공익채권이나 파산절차에서 재단채권은 어떻게 되는가. 제256조 제2항과 같은 규정이 없지만, 회생절차에서 공익채권은 개인회생절차에서 개인회생재단채권이 되고, 파산절차에서 재단채권은 개인회생절차에서 개인회생재단채권이 된다고 할 것이다. 다만 조세 등 청구권은 개인회생절차에서 원칙적으로 우선권 있는 개인회생채권이므로 파산절차에

---

28) 개인회생채권이 비면책채권이라도 채권자목록에 기재된 이상 변제계획인가결정에 의해 중지된 강제집행 등은 실효된다. 따라서 채무자는 이미 진행되어 있는 강제집행 등 절차의 외형을 제거하기 위한 형식적인 절차로서 강제집행 등의 집행해제 및 취소를 구할 수 있다{서울북부지방법원 2020. 11. 17. 자 2020카기519 결정(확정) 참조}.

[사례] 채권자(불법행위에 기한 손해배상채권) 甲은 채무자 乙을 상대로 乙의 예금채권에 대하여 압류 및 추심명령을 받았다. 乙은 개인회생절차를 신청하면서 甲의 채권을 채권자목록에 포함시켰다. 이후 변제계획이 인가되었다. 甲은 변제계획인가결정 후 乙의 압류 및 추심명령은 인가결정으로 실효되었으므로 그 외관을 제거하기 위해 집행법원에 변제계획인가결정을 첨부하여 압류 및 추심명령의 집행해제를 신청하였다. 이 경우 집행법원은 甲의 채권이 비면책채권(제625조 제2항 5호 중대한 과실로 신체를 침해한 불법행위로 인한 손해배상채권)이라고 하더라도 채권압류 및 추심명령에 관한 집행해제 및 취소신청을 수리하여야 한다.

서 재단채권이라고 하더라도 개인회생절차에서는 개인회생채권으로 취급하여야 할 것이다(제 256조 제2항 유추적용).

Ⅲ 변제계획불인가결정이 소송절차 등에 미치는 영향

(1) 변제계획불인가결정은 채무자를 상대로 한 소송절차에는 아무런 영향이 없다.

(2) 변제계획의 불인가결정 및 개인회생절차폐지결정이 확정되면[29] 개인회생채권자는 더 이상 개인회생절차의 제약을 받지 아니하고 채권을 추심하고, 강제집행, 가압류, 가처분을 할 수 있게 된다. 개시결정으로 중지된 강제집행 등을 속행할 수 있고 새롭게 신청할 수도 있다. 체납처분(강제징수) 등도 마찬가지이다.

관련 내용은 〈제8장 제4절 Ⅲ.〉(본서 2043쪽)을 참조할 것.

개인회생절차에서 별제권은 영향을 받지 않기 때문에 채무자가 제공한 담보물이 있는 경우 그 물건에 대한 담보권을 행사할 수 있다.

제4절 개인회생절차폐지가 소송절차 등에 미치는 영향

개인회생절차가 개시되더라도 개인회생재단에 관한 관리처분권은 채무자에게 있으므로(제 580조 제2항) 폐지되더라도 소송절차에는 아무런 영향이 없다.

개인회생절차의 폐지결정이 확정되면 개인회생절차는 종료하고, 개인회생채권은 절차 구속 에서 해방되어 원래 채권 내용대로 채권을 행사하고 집행할 수 있게 된다. 이 경우 집행권원 이 없다고 하더라도 개인회생채권자는 개인회생채권자표에 기하여 강제집행을 할 수 있다(제 603조 제4항). 따라서 개인회생절차폐지 후 개인회생채권에 기하여 이행의 소를 제기하는 것은 허용되지 않는다(소의 이익이 없어 부적법 각하된다).

개인회생절차가 폐지되더라도 개인회생채권자목록의 제출 또는 개인회생절차참가에 의한 시효중단의 효력(제32조 제3호)은 유지된다.

Ⅰ 변제계획인가결정 전 개인회생절차가 폐지된 경우

개시결정으로 중지되거나 금지되었던 채무자에 대한 회생절차나 파산절차, 개인회생채권에 기하여 개인회생재단에 속하는 재산에 대하여 한 강제집행·가압류 또는 가처분, 개인회생채 권자목록에 기재된 개인회생채권을 변제받거나 변제를 요구하는 일체의 행위, 국세징수법 또

---

29) 개인회생절차에서는 변제계획불인가결정의 확정만으로는 개인회생절차가 종료되지 않는다(제620조 제1항 제2호). 따라서 변제계획불인가결정이 확정되었다고 하더라도 개인회생절차폐지결정이 되지 않는 한 개인회생절차가 종료 된 것은 아니므로 개시결정으로 인한 강제집행 등의 중지 등 효력이 그대로 남아 있는 상태가 된다.

는 지방세징수법에 의한 체납처분(강제징수), 국세징수의 예{국세 또는 지방세 체납처분(강제징수)의 예를 포함한다}에 의한 체납처분(강제징수) 또는 조세채무담보를 위하여 제공된 물건의 처분(제600조 제1항)도 속행되거나 새롭게 신청할 수 있다.

개시결정으로 중지되거나 금지되었던 강제집행 등의 절차 내지 담보권의 설정 또는 담보권 실행을 위한 경매절차(제600조 제2항)가 중지 또는 금지에서 풀려 속행되거나 새로이 신청할 수 있게 된다.

Ⅱ 변제계획인가결정 후 개인회생절차가 폐지된 경우

변제계획인가 후 변제계획에 따라 변제한 부분은 유효하다. 개인회생절차의 관련 규정에 의하여 발생한 효력에는 영향 없다(제621조 제2항). 따라서 변제계획인가결정으로 실효된 강제집행절차 등(제615조 제3항)은 부활하지 아니하고, 변제계획인가결정 후에 제공한 노무로 인한 부분에 대한 전부명령의 실효(제616조 제1항)도 번복되지 아니한다.

제5절 면책결정이 소송절차 등에 미치는 영향

Ⅰ 면책결정이 소송절차에 미치는 영향

면책결정은 채무자를 상대로 한 소송절차에는 아무런 영향이 없다. 다만 면책결정이 확정된 경우 판결의 결론에 영향을 미칠 수 있을 뿐이다.

Ⅱ 면책결정이 집행절차에 미치는 영향

면책결정은 확정된 개인회생채권 중 변제계획에 따라 변제되지 않고 남은 부분은 모두 면책된다. 그러나 채무자의 보증인, 연대채무자, 물상보증인에게는 면책의 효력이 미치지 않는다(제625조 제3항). 따라서 채권자는 채무자에 대한 면책결정이 있다고 하더라도 보증인 등에 대하여 그 채무의 이행을 요구할 수 있고, 제3자가 제공한 담보물이 있는 경우에는 그 물건에 대하여 담보권을 행사할 수 있다.

한편 면책결정의 확정은 집행장애사유가 아니므로 면책결정이 확정된 후 개시된 강제집행 등에 대해서는 면책결정의 확정을 이유로 집행절차를 취소할 수 없다. 면책결정 확정 후 개시된 강제집행 등에 대해서는 청구이의의 소, 가압류·가처분의 이의나 취소 신청을 하여 면책을 주장하여야 한다(면책채권의 경우). 비면책채권의 경우는 다르다. 제603조 제4항은 '개인회생절차가 폐지된 경우'에만 채무자에 대하여 개인회생채권자표에 기하여 강제집행을 할 수 있다고 규정하고 있지만, 변제계획이 인가되어 면책결정이 확정된 경우에도 당연히 비면책채권에 관하여는 강제집행을 할 수 있다고 볼 것이다. 비면책채권이 개인회생채권자목록에 기재되어 확정된 후 면책결정이 확정되더라도 책임이 면제되지 아니한 부분에 관하여는 개인회생채권자표[의 기재]에 기한 강제집행이 가능하다고 할 것이기 때문이다(본서 2082쪽).

개인회생절차에서 별제권은 영향을 받지 않기 때문에 채무자가 제공한 담보물이 있는 경우 그 물건에 대한 담보권을 행사할 수 있다.

〈도산절차에서 <u>계속 중인 소송의 중단 및 수계</u>〉

	회생절차	파산절차		개인회생절차
중단 × / 수계 불요	◎ **채무자의 인격적 활동에 관한 소송**(이사회·주주총회 등의 결의 무효/취소소송 등) [∵ 인격권은 회생절차개시결정으로 관리인에게 이전×(제56조①)]	◎ **파산재단과 관계없는 소송**(회사설립무효소송, 주주총회결의 무효 또는 취소소송, 이혼 등 신분관계소송, 자유재산에 관한 소송 등) [∵ 파산재단에 관한 소송 ×(민소법 제239조)]	중단 × / 수계 불요	◎ 채무자는 개인회생절차개시결정이 있더라도 개인회생재단에 관한 관리처분권을 가지므로(제580조②) **소송 중단×, 수계도 문제되지 않음**
	◎ **채무자 내부의 조직법적·사단법적 활동에 관한 소송**(주주지위확인소송, 주식명의개서 청구소송 등) [∵ 재산관계에 관한 소송이 아님(제59조①)]			
중단 / 수계	◎ **회생채권·회생담보권에 관계없는 소송**(환취권, 공익채권에 관한 소송 등) [∵ 재산에 관한 소송이므로 중단(제59조①)/수계(제59조②)]	◎ **파산재단과 관계있는 소송**: 중단(민소법 제239조) – **파산재단에 속하는 재산에 관한 소송**(환취권에 기한 인도청구소송 등): 즉시 수계(제347조①) – **파산채권에 관한 소송**: 즉시 수계 불가 ⓐ **채권조사절차에서 <u>이의가 있는 경우</u>**: 수계(제464조)[청구취지변경] ⓑ 채권조사절차에서 이의가 없는 경우: 취하 권유(∵ 소의 이익×) – **재단채권에 관한 소송**: 즉시 수계(제347조①)		
	◎ **회생채권·회생담보권에 관한 소송**[∵ 재산에 관한 소송이므로 중단(제59조①), 즉시 수계 불가] ⓐ **채권조사절차에서 <u>이의가 있는 경우</u>**: 수계(제172조①) [청구취지변경] ⓑ 채권조사절차에서 이의가 없는 경우: 취하 권유(∵ 소의 이익×)			
	◎ **회생채권자가 제기한 채권자취소소송**: 중단(제113조①), 수계(제113조②)	◎ **파산채권자가 제기한 채권자취소소송**: 중단(제406조①), 수계(제406조②)	중단 / 수계	◎ **개인회생채권자가 제기한 채권자취소소송**: 중단(제584조①), 수계(제584조②)

제5편

국제도산

제1장

국제도산의 개요

I 국제도산의 의의

국제도산(Cross-Border Insolvency, Transnational Bankruptcy, International Insolvency)이란 도산재단 또는 도산채권자·도산채무자의 관계에 국제적(외국적) 요소를 포함하고 있는 도산사건을 말한다.[1] 오늘날 기업은 물론 개인도 국경을 넘어 활동하는 경우가 많다. 많은 개인이나 회사들이 국경 너머에 자산을 가지고 있고 사업을 하며 업무를 수행한다. 이러한 시대적 상황에서 채무자의 도산은 자산 및 부채의 소재, 채무자 또는 채권자의 국적 등의 점에서 국제성을 가질 수밖에 없다. 국제도산에서는 도산재단, 채권자 또는 채무자가 2개 이상의 국가에 위치하고 있다.

1990년대 이래 세계적으로 유명한 다국적 기업[2]의 파산 또는 회생사건이 출현하면서부터 국제도산문제는 국제적으로 법학계의 관심을 끌기 시작하였다.[3] 국경을 넘어 활동하는 개인이나 회사들이 재무적 어려움에 빠진 경우(그리하여 파산이나 회생이 필요한 경우) 어느 나라에서 도산절차를 진행하여야 하는가, 어떤 재산이 도산절차에 영향을 받는가, 어느 나라 법이 적용되어야 하는가, 미이행된 채무는 어떻게 그리고 어디에서 처리해야 하는지(채권자는 어떻게 취급되는지), 외국법원의 재판이나 명령을 인정할 것인지 등 어려운 문제가 발생한다.

---

1) 국제도산은 일반적으로 지급불능에 처한 채무자가 둘 이상의 국가에 자산이나 채권자가 있는 상황을 의미한다.
2) 1974년의 Herstaat 은행사건, 1991년의 BCCI 은행사건 및 Maxwell Communications Corporation plc 사건 등.
3) 몇 해 전 주식회사 한진해운(이하 '한진해운'이라 한다) 사태를 보면서 국제도산의 중요성을 실감했다. 한진해운이 서울중앙지방법원에 회생신청을 한 당일인 2016. 8. 31. 싱가포르에서 선박에 대한 가압류가 이루어지는 등 상황이 긴박하게 돌아갔다. 이에 서울중앙지방법원 파산부는 2016. 9. 1. 한진해운에 대한 회생절차개시결정을 하였다(2016 회합100211). 이로써 도산절차의 보편주의에 입각하여 외국법원의 승인을 받아 해외에서 가압류된 자산의 강제집행의 중지를 통해 문제를 해결할 수 있는 실마리를 제공하였다.
　이후 美 뉴저지 소재 연방도산법원(U.S. Bankruptcy Court)이 2016. 9. 9. 한진해운 선박에 대한 압류금지 조치를 승인(provisional stay order)하면서 한진해운 선박이 당분간 가압류 부담에서 벗어나 입항 및 하역이 가능해졌고, 한진 그리스호, 한진 보스턴 호 등도 롱비치 터미널에 입항하여 하역을 재개하였다. 일본, 영국, 싱가포르, 독일, 스페인, 네덜란드, 이탈리아, 오스트레일리아, 인도, UAE, 캐나다, 벨기에, 멕시코, 베트남, 칠레, 방글라데시 등에서도 압류금지 조치를 신청하거나 발효되었다.
　한진해운은 2017. 2. 2. 회생절차가 폐지되었고, 2017. 2. 17. 파산이 선고되어 서울회생법원에서 파산절차가 진행 중이다(서울회생법원 2017하합15).

넓은 의미의 국제도산에는 국내법원에서 외국도산사건을 처리하는 절차(in-bound case)뿐만 아니라 외국법원에서 국내도산절차의 관리인이 활동하는 일(out-bound case)과 동일한 채무자에 대해 국내도산절차와 외국도산절차가 동시에 진행되는 경우로서 법원 간 공조활동도 포함된다. 그러나 국내도산절차의 관리인이 외국에서 활동하는 것이나 법원 간 공조는 외국법원이 관련되어 있으므로 그 절차는 사건에 따라 달라지게 된다. 좁은 의미의 국제도산절차는 국내법원에서 외국도산사건을 처리하는 절차만을 말한다. 구체적으로 ① 외국도산절차의 승인, ② 외국도산절차에 대한 지원, ③ 외국도산절차 대표자의 국내도산절차 신청 또는 국내도산절차에의 참가, ④ 국내도산절차에서의 배당이나 변제에서 외국도산절차의 고려로 나누어 볼 수 있다.[4]

세계경제의 일체화에 따라 국제도산은 점점 더 급격하게 증가하고 있다. 이러한 시대적 추세에 맞추어 채무자회생법도 제5편에 국제도산이라는 제목 아래 15개의 조문을 두었다. "제5편 국제도산"은 국제연합 국제무역법위원회(UNCITRAL)가 1997년 5월 채택한 「국제도산에 관한 모델법(Model Law on Cross-Border Insolvency)」[5]을 기초로 규정한 것이다.[6]

국제도산사건에서는 순수한 국내도산사건에서 볼 수 없는 다양한 법적인 문제[7]가 등장한다. 미국,[8] 독일,[9] 일본 등 선진국들은 이미 입법에 의해 국제도산법의 문제를 해결하거나 해

---

4) 법무부 해설서, 68쪽.

5) 이하 「모델법」이라 한다.

6) 다만 채무자회생법과 모델법은 몇 가지 중요한 점에서 차이가 있다. 첫째, 모델법에서는 외국도산절차의 승인결정과 동시에 채무자 재산에 대한 권리실행이나 채무자의 변제가 금지되나(모델법 제20조), 채무자회생법에서는 중지명령이나 금지명령 등 별도의 결정이 있어야 그러한 효력이 발생한다. 둘째, 모델법에서는 외국도산절차의 대표자가 언제든지 국내도산절차를 신청할 수 있으나(모델법 제11조), 채무자회생법에서는 외국도산절차가 승인된 경우에만 국내도산절차를 신청할 수 있다. 셋째, 모델법에서는 외국도산절차를 주된(main) 외국도산절차와 종된(non-main) 외국도산절차로 나누어 효력을 달리 규정하고 있으나(모델법 제17, 19, 20, 21, 23, 28, 29, 30, 31조), 채무자회생법에서는 원칙적으로 외국도산절차를 주된 절차(main proceedings)와 종된 절차(non-main proceedings)로 구별하지 않는다. 다만 채무자를 공통으로 하는 여러 개의 외국도산절차의 승인 신청이 있는 경우에만 주된 외국도산절차를 정하고 이에 따라 지원을 결정하거나 변경한다(제639조).(법무부 해설서, 197~198쪽)

7) 국제도산사건에서 주로 문제되는 것은 ① 외국에서 도산절차가 개시됨으로써 당해 도산(절차)개시국(state of the opening of proceedings)에서 개별집행을 금지하는 효력(또는 포괄집행적 효력)이 발생한 경우 그 효력이 우리나라 내에 있는 재산에도 미치는가(이는 채권자가 외국도산절차의 개시에도 불구하고 우리나라 내 재산에 대하여 강제집행을 할 수 있는지의 문제이다), ② 외국도산절차에 의하여 외국의 채무자가 우리나라 내 재산에 대한 관리처분권을 잃고 외국법원에 의하여 선임된 외국도산절차의 관리인 또는 파산관재인이 관리처분권을 취득하는가, ③ 그 결과 외국의 관리인 또는 파산관재인이 국내의 소송에서 소송수행권(Prozessführungsbefugnis), 즉 당사자적격을 가지는가, ④ 면책재판 등 외국도산절차에서 외국법원이 한 각종 재판이 우리나라 내에서 효력을 가지는가, ⑤ 파산의 경우 파산재단(bankruptcy estate)의 범위에 우리나라 내에 있는 재산도 포함되는가 또는 회생절차의 경우 '회생절차에 따르는 채무자의 재산 범위'에 우리나라 내 재산도 포함되는가, ⑥ 우리나라의 도산법원 또는 관리인·파산관재인과 외국의 도산법원 또는 관리인·파산관재인과의 공조, ⑦ 동일 채무자에 대하여 복수의 국가에서 병행하는 도산절차간의 조정 및 ⑧ 도산국제사법(또는 도산저촉법) 등이다{석광현, "채무자회생 및 파산에 관한 법률(이른바 통합도산법)에 따른 국제도산법", 국제거래법연구 15집 2호(2006), 320~321쪽}.

8) 미국은 2005년 연방도산법을 수정하여 Chapter 15를 새롭게 편성하였는데, 이것은 위 모델법을 수용한 것이다. Chapter 15를 편성함으로써, 미국은 국제도산에 대한 국제적 협력지원을 공개적으로 선언한 셈이다. 미국의 법원은 이제 세계의 여타 지역에서 도산사건을 진행하는 법원들에게 협력을 하겠다는 선언을 공식적이고 공개적으로 한 것이다. Chapter 15를 신청함으로써, 외국도산절차의 당사자는 도산기업의 미국 소재 자산에 대한 통제권을 행사할 수 있게 되었다(Elizabeth Warren, 191쪽).

결을 시도하고 있다. 예컨대 일본은 2001. 4. 1. 발효된「外國倒産處理手續の承認援助に關する 法律(외국도산처리절차의 승인원조에 관한 법률)[10]이라는 독립된 법률을 제정하였다. 우리나라는 일본과 달리 국제도산법을 채무자회생법의 일부로 규정하였다.[11]

채무자회생법상 국제도산편(제5편)의 내용은 크게 세 가지로 나누어 볼 수 있다. 첫째는 국 내법원에서 외국도산사건의 처리이다(in-bound case). 외국도산절차의 승인, 외국도산절차에 대한 지원, 외국도산절차 대표자의 국내도산절차 신청 또는 국내도산절차에의 참가, 그리고 국 내도산절차에서의 배당이나 변제에서 외국도산절차의 고려에 관한 규정 등이 그 예이다. 둘째 는 외국법원에서 국내도산절차의 관리인의 활동이다(out-bound case). 셋째는 동일한 채무자 에 대해 국내도산절차와 외국도산절차가 동시에 진행되는 경우로서 법원 간 공조에 관한 규정 이다.

Ⅱ 속지주의와 보편주의

한 국가에서 개시된 도산절차의 효력이 미치는 장소적 범위와 관련하여 국제도산에 관한 입법은 크게 속지주의와 보편주의라는 두 가지 접근방법이 있다.

속지주의(territorialism)는 도산법을 철저하게 국내법으로 인식한다. 채무자의 재산소재지 또 는 도산관할권을 갖는 모든 국가에서 도산절차가 개시될 수 있되,[12] 외국도산절차의 효력은 자 국에 영향을 미치지 않는다. 이러한 견해에 따르면 국내도산절차에서 법원의 결정은 국내에 소재하는 재산만 구속하게 된다.

보편주의(universalism)는 채무자의 재산이 어디에 있든지 채권자가 누구인지 불문하고 동일 한 채무자에 대한 도산절차는 전 세계적으로 같은 절차와 기준으로 일관되게 진행하여야 한다 는 것이다. 이러한 견해에 따르면 여러 국가에 소재하는 채무자의 모든 재산을 채무자의 경제 적 이해관계의 중심지, 영업소재지, 본점소재지 등의 국가(home country, 주도국)에서 하나의 도 산절차에 의해 관리하고 그 절차에서 이루어진 명령과 처분은 세계 어디서나 효력을 인정한다.

속지주의에 따르면 각국 법원의 다른 입장에 따라 사건처리가 통일적으로 이루어지지 않음 으로써 채무자의 효율적인 회생 및 파산과 채권자 간의 형평이라는 도산법의 기본적인 이념의 실현이 저해되는 측면이 있다. 이에 따라 최근에는 원칙적으로 다른 나라의 도산절차의 효력

---

9) 독일은 도산법(Insolvenzordung, InsO) 제12편에 34개의 조문(제335조 내지 제358조)을 두어 EU국가는 물론 그 외의 국가에 대한 국제도산 관련 내용을 규율하는 규정을 상세히 두고 있다(2003. 3. 20.부터 효력 발생). 구체적으 로 총칙규정, 외국의 도산절차, 국내재산에 관한 특별절차에 관한 규정들을 포함하고 있다.

10) 일반적으로 "승인원조법"이라 부른다.

11) 중국의 경우 <기업파산법> 제5조 제2항에 국제도산에 관한 내용을 규정하고 있다. 위 규정에 따르면 중국에서 파산결정 등을 집행하기 위해서는 관할 중국법원의 승인을 받아야 한다. 2023. 1. 16. 북경시 제1 중급인민법원은 상호주의 원칙에 따라 독일법원의 파산결정을 승인하였다.

12) 동일 채무자에 대하여 여러 국가에서 개별적인 도산절차의 개시가 가능하냐의 관점에서, 어느 한 국가의 법원에서 개시된 도산절차에서만 여러 국가에 있는 영업활동, 재산을 일괄처리하여야 한다는 입장을 단일도산주의라 한다. 반면 여러 국가에서 각각의 절차가 진행되어도 무방하다는 입장이 복수도산주의이다.

을 인정하되, 자국의 공서양속에 반하는 경우에만 예외적으로 이를 인정하지 않을 수 있는 수정된 보편주의(modified universalism)가 세계적인 대세이다.

채무자회생법은 자본과 재화의 이동이 국경을 넘어 교류하는 글로벌 경제의 흐름이 가속화됨에 따라 국제도산이 늘어나고 있는 시점에서 이전의 극단적 속지주의(국내에서 개시된 도산절차의 대외적 효력이나 외국에서 개시된 도산절차의 대내적 효력을 인정하지 않는다)는 더 이상 유지할 정당성이 없어 세계적인 추세에 따라 일정한 요건 하에 외국도산절차를 승인하는 수정된 보편주의로 전환하였다(제633조 제2항 참조).[13] 이에 따라 국내도산절차의 대외적 효력을 인정하고 외국도산절차의 대내적 효력을 인정하며, 외국도산절차와 국내도산절차가 병행되는 것을 금지하지 않게 되었다. 물론 보편주의 채택으로 도산의 효력이 절차개시국뿐만 아니라 외국에 있는 채무자의 재산에도 미치지만, 타국이 그 효력을 승인할 것인지 여부는 별도의 문제이다.

Ⅲ 국제도산법의 적용범위

국제도산법이란 국제적(외국적) 요소가 있는 도산사건에서 제기되는 법적인 여러 문제를 규율하는 총체를 말한다. 넓은 의미에서 국제도산법은 채무자회생법 제5편뿐만 아니라 도산사건에 제기되는 법적인 문제를 규율하는 것이면 모두 포함된다. 여기서는 채무자회생법 제5편을 의미한다.

국제도산법은 ① 외국도산절차의 대표자가 외국도산절차와 관련하여 대한민국 법원에 승인이나 지원을 신청하는 경우, ② 외국도산절차의 대표자가 대한민국 법원에서 국내도산절차를 신청하거나 진행 중인 국내도산절차에 참가하는 경우, ③ 국내도산절차와 관련하여 관리인·파산관재인·채무자 그 밖에 법원의 허가를 받은 자 등이 외국법원의 절차에 참가하거나 외국법원의 승인 및 지원을 구하는 등 외국에서 활동하는 경우, ④ 채무자를 공통으로 하는 국내도산절차 및 외국도산절차가 대한민국법원과 외국법원에서 동시에 진행되어 관련 절차 사이에 공조가 필요한 경우에 적용된다(제629조 제1항). ①과 ②는 in-bound case에 관한 것이고, ③은 out-bound case에 관한 것이다.

---

13) 중국 <기업파산법>도 수정된 보편주의를 채택하고 있다(제5조).

제 2 장

외국인 등의 도산절차상의 지위와
국제도산관할·준거법[1]

Ⅰ 외국인 등의 도산절차상의 지위

1. 외국채권자의 지위-도산외인법

외국인 또는 외국법인은 도산절차에서 우리나라 국민 또는 법인과 동일한 지위를 갖는다 (제2조). 이것이 무차별원칙(principle of equal treatment)이다. 도산절차(도산능력)에 있어 상호주 의를 채용하지 않고 완전한 내외국인 평등주의를 천명한 것이다. 여기서 외국인이란 우리나라 국적을 갖지 않은 자연인으로서 우리나라의 국제재판관할에 복종하는 자를 말한다. 따라서 외 국국적을 가진 자는 물론 무국적자도 포함된다. 외국법인이란 외국법을 준거법으로 하여 설립 된 법인을 말한다.

외국인 또는 외국법인이 가지는 채권의 순위는 내국법에 따른다. 명시적인 규정은 없지만, 외국채권자에게도 우리나라 국민 또는 법인에게 하는 모든 통지를 동일하게 하여야 할 것이다.

2. 외국도산절차의 대표자의 지위

외국도산절차의 대표자 입장에서 채무자의 내국 소재 재산의 산일을 방지하기 위한 가장 강력한 수단은 내국도산절차개시를 신청하는 것이다.

외국도산절차의 대표자는 외국도산절차가 승인된 때에 국내도산절차의 개시를 신청하거나 진행 중인 국내도산절차에 참가할 수 있다(제634조). 이는 외국도산절차에의 참가가 사실상 곤 란한 국내 채권자의 권리를 보호하고 채권자평등을 실질적으로 확보하기 위함이다. 외국대표 자가 국내도산절차의 개시신청을 하거나 참가하기 위해서는 그 전제로 외국도산절차가 승인되 어야 한다.

---

1) 광의의 국제사법에는 ① 국제재판관할[직접적 국제재판관할], ② 외국재판의 승인(민소법 제217조, 제217조의2)과 집행(민집법 제26조)[간접적 국제재판관할], ③ 준거법(협의의 국제사법)이 포함된다. 국제도산의 경우에도 마찬가 지이다. 다만 국제도산사건에서 ②에 대응하는 것은 '외국도산절차의 승인과 지원'이다.

외국도산절차의 대표자 입장에서는 국내도산절차개시를 신청함으로써 우리나라 내 재산에 대한 강제집행을 저지할 긴급한 필요가 있는데, 채무자회생법은 외국도산절차의 승인을 전제로 국내도산절차의 개시를 신청할 수 있도록 하고 있다는 점에서 문제가 있다.

3. 국내도산절차개시원인의 추정

외국도산절차가 행해지고 있는 경우 국내도산절차의 개시를 용이하게 함으로써 국내채권자와 외국대표자 등을 보호하기 위하여 외국도산절차의 존재에 의하여 국내도산절차 개시원인사실의 존재를 추정하는 규정을 두고 있다(제38조 제1항, 제301조).

Ⅱ 국제도산관할

국제도산관할은 도산사건에서의 국제재판관할을 의미한다. 국제도산관할은 국제재판관할에서와 마찬가지로 직접적 국제도산관할(직접관할)과 간접적 국제도산관할(간접관할 또는 승인관할)로 구분할 수 있다.

1. 직접적 국제도산관할

직접적인 국제도산관할이란 채무자가 복수의 국가에 영업소나 재산 등을 갖고 있는 경우에 어느 국가의 법원이 도산법원으로서 도산절차를 개시할 수 있는가를 규율하는 것이다. 국제도산절차에서는 관할위반을 이유로 한 이송제도가 없으므로 국제도산관할이 중요하다.

채무자회생법에는 직접적인 국제도산관할에 관한 규정을 두지 않고 단지 토지관할만을 규정하고 있다(제629조 제2항 참조). 우리나라에 채무자의 주된 사무소나 영업소가 있는 경우 우리나라 법원이 국제도산관할을 갖고,[2] 외국에 주된 사무소나 영업소가 있는 채무자라도 우리나라에 채무자의 재산(채권의 경우에는 재판상의 청구를 할 수 있는 곳을 말한다)이 있다면 우리나라 법원의 국제도산관할을 인정할 수 있다(제3조 제1항). 재산소재지를 관할로 인정한 것은 국내에서 채무자의 재산을 담보로 금전을 대여한 국내채권자를 보호할 필요성이 크다는 점을 고려한 것이다. 그런데 국제사법(제2조)에 따르면 법원은 당사자 또는 분쟁이 된 사안이 우리나라와 실질적 관련이 있는 경우에 국제재판관할권을 가지는데, 이 경우 법원은 실질적 관련의 유무를 판단함에 있어 국제재판관할 배분의 이념에 부합하는 합리적인 원칙에 따라야 하는바, 법원은 국내법의 관할규정을 참작하여 국제재판관할권의 유무를 판단하되, 위의 취지에 비추어 국제재판관할의 특수성을 충분히 고려하여야 한다.[3]

---

2) 국제도산관할에서 영업소는 주된 영업소일 필요가 없다는 견해가 있다(노영보, 24쪽). 위 견해는 외국에 주된 영업소를 가지고 우리나라에 종된 영업소를 가지는 법인에 관하여도 우리나라 법원에 국제도산관할이 인정된다고 한다.

3) 대법원 2021. 3. 25. 선고 2018다230588 판결, 석광현, 전게 "채무자회생 및 파산에 관한 법률(이른바 통합도산법)에 따른 국제도산법", 333쪽.

해외에 (편의)치적된 SPC(Special Purpose Company, 특수목적법인)에 대하여 우리나라 회생법원에 회생신청이 가능한가. 국적취득조건부선체용선(bare-boat charter in hire purchase, BBCHP)은 해외에 치적되어 있다. 국적취득조건부선체용선이란 선체용선자[4]가 선가에 해당하는 금액을 수년간 장기로 분할하여 납입하면 소유권이 선체용선자에게 넘어오는 형태의 선체용선이다 (상법 제847조 참조). 당사자 또는 분쟁이 된 사안이 우리나라와 실질적 관련이 있는 경우에 국제재판관할권을 갖고(국제사법 제2조 제1항), SPC인 선박의 모든 요소가 우리나라와 연결되어 있으며, 서류상으로만 등록이 해외에 있는 경우에는 마치 법인격부인론과 같이 우리나라와의 실질적인 관련성을 인정해 우리나라 회생법원에 회생에 대한 관할권을 갖는다고 할 것이다.[5] 실무적으로도 SPC에 대하여 우리나라 회생법원의 관할권을 인정하고 있다.[6]

2. 간접적 국제도산관할

간접적 국제도산관할(외국도산절차의 승인 및 지원에 관한 사건)은 서울회생법원 합의부의 관할에 전속한다(제630조).[7] 자세한 내용은 아래 〈제4장〉을 참조할 것.

Ⅲ 준 거 법

1. 도산법정지법원칙

국제도산사건의 경우 그 속성상 여러 나라의 법이 관련되어 있어 국내도산사건과는 달리 준거법의 결정이 문제된다. 도산재단의 범위, 도산절차에서 우선적인 권리를 가지는 자의 범위, 쌍방미이행 쌍무계약에 대해 도산절차가 미치는 영향, 상계의 허용 여부, 부인권의 행사 등을 판단함에 있어 준거법을 결정해야 하기 때문이다. 이러한 문제는 우리나라에서 도산절차가 개시된 경우에는 물론이고 외국도산절차를 우리나라에서 승인하는 경우에도 제기된다. 그러나 채무자회생법은 국제도산에서 제기되는 준거법 결정의 문제에 관하여 아무런 규정을 두

---

4) 선체용선이란 선박소유자가 5년 또는 10년의 장기간 동안 선박을 선체용선자에게 제공하고 선체용선자는 그 대가로 용선료를 지급할 것을 약정하는 임대차계약의 일종이다. 실무에서는 선체용선 대신 나용선이라는 용어를 많이 사용하고 있다.

5) 국적취득(조건)부선체용선에 대하여는 현재 비록 국적이 외국이라고 하더라도 장래 우리나라 국적을 취득할 것이 조건으로 되어 있으므로 국적선과 동일한 법적 지위를 인정하고 있다(김인현, 해상법(제5판), 법문사(2018년), 108쪽).

6) 동아탱커 주식회사(해운회사)는 2019. 4. 2. 서울회생법원에 회생절차개시신청을 하였고, 2019. 4. 16. 회생절차가 개시되었다(2019회합100065). 한편 동아탱커 주식회사는 국내 금융단이 SPC 선박에 대해 담보권(또는 환취권)을 실행하려 하자 장래 구상채권을 가진 채권자의 지위에서 해외에 치적된 12개 SPC에 대하여 2019. 4. 12. 회생절차개시신청을 하였다(서울회생법원 2019회합100085 등). 이에 서울회생법원은 2019. 4. 17.경 국제재판관할이 있음을 전제로 포괄적 금지명령을 발령하였다.

7) 중국은 〈기업파산법〉 제5조 제2항에서 규정하고 있다. 넓은 의미의 간접적 국제도산관할은 도산절차의 국경을 넘어서는 효력확정의 문제와 관련된다. 국내에서 개시된 도산절차가 외국에서 어떠한 효력을 갖는지(국내도산절차의 국외적 효력), 외국에서 개시된 도산절차가 국내에서 승인될 수 있는 것인지(국외도산절차의 국내적 효력)가 여기에 포함된다. 전자는 제3장에서 후자는 제4장에서 다룬다.

고 있지 않다.

도산절차의 준거법은 국제사법의 한 영역이다. 도산법은 절차법적 규정과 실체법적 규정으로 구성되므로 준거법을 정하는 국제도산법도 국제도산절차법과 국제도산실체법(도산국제사법, 도산저촉법)으로 구분할 수 있다.

우선 국제도산의 절차법적 사항에 관하여 본다. '절차는 법정지법에 따른다(forum regit processum)'는 국제사법원칙(lex fori-Prinzip)은 국제도산법에서도 타당하다. 도산절차에 있어 법정지법이라 함은 도산법정지법(lex fori concursus, 도산절차개시지국법)을 의미한다. 결국 국제도산의 절차법적 사항은 도산절차개시국의 법률에 따른다. 구체적으로 도산절차에서의 도산절차의 개시, 관재인(관리인 또는 파산관재인)의 선임, 권한과 의무는 물론 도산채권의 신고, 확정, 배당 등 도산절차의 진행과 종료, 나아가 외국도산절차의 승인 등 절차법적인 사항은 도산법정지법에 의한다.

국제도산의 실체법적 사항도 원칙적으로 도산법정지법에 의한다.[8] 쌍방미이행 쌍무계약의 해제, 부인이나 상계금지 등에 대하여 거래지법이나 채무자의 본국법을 적용하는 것을 인정한다면, 이해관계인 사이에 불공평이 초래될 수 있기 때문이다. 다만 도산사건의 모든 실체법적 사항이 아니라 그중 도산절차의 목적에 봉사하는 '도산전형적인 법률효과(insolvenztypische Rechtsfolge)' 또는 '도산법에 특유한 효력(spezifisch insolvenzrechtliche Wirkungen)'만이 도산국제사법에 따라 도산법정지법의 규율을 받는다. 반면 실체법적 사항으로서 도산전형적인 법률효과에 해당하지 아니한 것은 법정지의 국제사법에 따라 정해지는 법률관계의 준거법에 따른다(본서 306쪽 참조). 예컨대 매수인인 한국 기업과 매도인인 독일 기업간에 국제물품매매계약이 체결된 뒤 우리나라에서 매수인에 대하여 파산선고가 있었다면, 매수인의 파산관재인이 쌍방미이행 쌍무계약이라는 이유로 위 매매계약을 해제할 수 있는지는 도산전형적인 법률효과의 문제로서 도산법정지인 우리나라 채무자회생법에 따른다. 그러나 매매계약의 성립 및 효력의 문제는 법정지인 우리나라의 국제사법에 따라 결정되는 당해 계약의 준거법(예컨대 독일법)에 따른다.[9]

대법원도 「외국적 요소가 있는 계약을 체결한 당사자에 대한 회생절차가 개시된 경우, 계약이 쌍방미이행 쌍무계약에 해당하여 관리인이 이행 또는 해제·해지를 선택할 수 있는지, 그리고 계약의 해제·해지로 인하여 발생한 손해배상채권이 회생채권인지는 도산법정지법에 따라 판단되어야 한다. 반면 계약의 해제·해지로 인한 손해배상의 범위에 관한 문제는 계약 자체의 효력과 관련된 실체법적 사항으로서 도산전형적인 법률효과에 해당하지 아니하므로 국제사법에 따라 정해지는 계약의 준거법이 적용된다」고 판시함으로써 같은 입장을 취하고

---

8) 도산사건의 실체법적 사항에 도산법정지법을 적용하는 근거로는 도산절차에서는 절차(procedure)와 실체(substance)가 밀접하게 관련되어 있다는 점과 도산법정지법을 적용함으로써 채권자들의 평등취급이라는 국제도산의 이념과 정의에 보다 충실할 수 있다는 점에 있다. 이에 의하면 국제도산의 절차법적 사항과 실체법적 사항이 모두 도산법정지법에 의하여 규율되므로 절차와 실체의 구별이라는 어려운 문제를 피할 수 있다.

9) 석광현, 전게 "채무자회생 및 파산에 관한 법률(이른바 통합도산법)에 따른 국제도산법", 375~376쪽, 전병서, 670쪽.

있다.[10]

2. 상계의 경우

상계의 허용 여부는 도산법정지법에 따를 사항이므로 도산법정지법상 상계가 허용되지 않으면 상계는 할 수 없다.

회생절차가 진행 중인 피고의 관리인이 추심금청구를 한 원고에 대하여 소송상 상계의 항변을 한 사안에서, 대법원은 「외국적 요소가 있는 채권들 사이에서의 상계의 요건과 효과에 관한 법률관계가 상계의 준거법에 따라 해석·적용된다고 하더라도, 채권자가 대한민국의 민사집행법에 의하여 가압류명령 또는 채권압류명령 및 추심명령을 받아 채권집행을 한 경우에, 채권가압류명령 또는 채권압류명령을 받은 제3채무자가 채무자에 대한 반대채권을 가지고 상계로써 가압류채권자 또는 압류채권자에게 대항할 수 있는지는 집행절차인 채권가압류나 채권압류의 효력과 관련된 문제이므로, 특별한 사정이 없는 한 대한민국의 민사집행법 등에 의하여 판단함이 원칙이고 상계의 준거법에 의할 것은 아니다」라고 판시하였다.[11]

---

10) 대법원 2015. 5. 28. 선고 2012다104526 판결(우리나라 A사가 영국 국적 B사와 준거법을 영국법으로 한 정기용선계약을 체결하였다. 이후 우리나라 A사에 대하여 회생절차가 개시되었다. 정기용선계약은 외국적 요소가 있는 쌍방미이행 쌍무계약이다. 정기용선계약의 해지 여부는 채무자회생법에 따른다. 반면 그 해지로 인한 손해배상의 범위에 관한 문제는 계약 자체의 효력과 관련된 실체법적 사항이므로 정기용선계약의 준거법인 영국법이 적용된다). 「대법원 2001. 12. 24. 선고 2001다30469 판결」도 준거법이 영국법인 차관계약상 우리나라 은행인 대주가 파산한 경우, 파산관재인은 우리나라의 구 파산법(현행 채무자회생법)에 따라 이행 여부를 선택할 수 있다고 하였다.
11) 대법원 2015. 1. 29. 선고 2012다108764 판결.

제 3 장

국내도산절차의 국외적 효력

국내도산절차란 우리나라 법원에 신청된 회생절차·파산절차 또는 개인회생절차를 말한다 (제628조 제2호). 어떤 채무자에 대하여 우리나라 법원이 도산절차개시결정을 한 때, 그 자의 외국에 있는 재산에 대하여 관리인(파산관재인)의 관리처분권이 미치는지, 외국에 있는 재산이 채무자의 재산(파산재단)으로 간주되는지 여부가 국내도산절차의 국외적 효력 문제이다.

채무자회생법이 수정된 보편주의를 채택하고 있음은 앞에서 본 바와 같다. 국내도산절차와 관련하여 관리인·파산관재인·채무자 그 밖에 법원의 허가를 받은 자 등이 외국법원의 절차 에 참가하거나 외국법원의 승인 및 지원을 구하는 등 외국에서 활동하는 경우 국제도산에 관 한 제5편의 규정이 적용되고(제629조 제1항 제3호), 국내도산절차의 관리인·파산관재인 그 밖에 법원의 허가를 받은 자 등은 외국법이 허용하는 바에 따라 국내도산절차를 위하여 외국에서 활동할 권한이 있다(제640조).

채무자회생법이 국내도산절차의 국외적 효력을 인정하고 있더라도 외국이 그 효력을 인정 할 것인가의 여부는 당해 외국법이 결정할 문제이다.[1] 즉 채무자회생법이 국내도산절차의 국 외적 효력을 인정하였다고 하더라도[2] 외국이 국외적 효력을 인정하여야 현실적인 집행력을 갖 는 것인데, 외국에서 국내도산절차의 국외적 효력을 인정할 것인가는 외국의 입법정책의 문제 이다. 외국에서 우리나라 도산절차를 승인하지 않으면 별다른 의미가 없다. 따라서 국내도산절 차가 외국에 어떠한 영향을 미치는가는 따져보기 어려운 측면이 많다.

예컨대 주식회사 삼선로직스 사건(서울중앙지방법원 2009회합24, 이하 '삼선로직스'라 한다) 사례 를 보기로 한다. 삼선로직스는 2009. 2. 6. 서울중앙지방법원에 회생절차개시신청을 하였고, 법 원은 2009. 3. 6. 회생절차개시결정을 하였다. 삼선로직스는 세계 각국에 흩어져 있는 채권자 들의 회생절차 참여를 유도하기 위하여 여러 나라에 국제도산의 승인신청을 하였다. ① 관리 인은 2009. 3. 11. 미국 연방도산법원 뉴욕 남부법원에 제15장 절차를 신청하였다. 미국 도산 법원은 2009. 4. 21. 우리나라의 회생절차를 승인하고 미국 영토 내에서 채권자들의 삼선로직

---

1) 채무자회생법상의 '외국법이 허용하는 바에 따라'는 이러한 의미이다.
2) 중국 <기업파산법> 제5조 제1항은 '본법에 따라 개시된 파산절차는 채무자의 중화인민공화국 외의 재산에 대하여 효력이 발생한다'고 규정함으로써 채권자의 권리를 최대한으로 실현할 수 있도록 하였다.

스에 대한 강제집행을 중지 및 금지하였다. ② 관리인은 2009. 3. 3. 중국법원에 회생절차개시 결정의 효력승인을 신청하였으나, 기각되었다.[3]

---

3) 오수근·한민·김성용·정영진, 414~416쪽. 중국법원은 우리나라 판결의 승인 및 집행신청에 대하여도, '중국과 한국 사이에는 법원판결을 상호 승인하고 집행하는 국제조약을 체결하거나 가입한 적이 없고, 또한 상응하는 호혜 관계(상호보증)도 없다'는 이유로 기각한 바 있다[广东省深圳市中级人民法院 2011. 9. 30. 선고 (2011)深中法民一初字第45号] 재정(裁定)]. 그러나 최근(2019. 3. 25.) 중국 산동성 칭다오 중급인민법원은 호혜관계(상호보증)을 인정하여 우리나라 수원지방법원 판결의 효력을 승인하고 집행력을 부여하였다. 또한 상해제일중급인민법원은 2020. 4. 20. 서울남부지방법원의 판결에 대하여 승인 및 집행결정을 하였다. 우리나라에서는 1999년 중국판결을 승인한 사례가 있다(서울지방법원 1999. 11. 5. 선고 99가합26523 판결).

제 4 장

외국도산절차의 국내적 효력-외국도산절차의 승인과 지원

승인대상은 외국도산절차이다. 외국도산절차란 외국법원(이에 준하는 당국을 포함한다)에 신청된 회생절차·파산절차 또는 개인회생절차 및 이와 유사한 절차를 말하며, 임시절차를 포함한다(제628조 제1호). 채무자회생법상의 외국도산절차가 되기 위해서는 해당 도산절차가 채무자의 영업소, 사무소 또는 주소가 있는 외국법원에 신청되어 있어야 한다(제631조 제1항 참조). 요컨대 국내 법원에서 승인대상인 외국도산절차가 되기 위해서는 ① 도산절차(회생절차, 파산절차 또는 개인회생절차 및 이와 유사한 절차)가, ② 채무자의 영업소, 사무소 또는 주소가 있는 외국의,[1] ③ 법원(또는 도산사건을 관장하는 행정기관)에 신청되어야 한다. 나아가 외국의 도산절차를 구성하는 재판이 당해 국가에서 효력이 있어야 한다. 그러나 외국의 재판이 형식적 확정력을 가져야 하는 것은 아니다.

채무자회생법은 국내도산절차의 국외적 효력을 인정하는 것과 균형상 외국도산절차의 국내적 효력을 인정하되 그 구제적인 절차와 방식, 효력에 관하여 상세한 규정을 두었다. 외국도산절차의 승인절차와 지원절차라는 이원적인 방식을 채택하였다. 승인결정으로 외국도산절차의 효력이 우리나라에 그대로 확장되는 것이 아니라, 승인결정을 전제로 지원결정을 하는 체계이다.

우리나라 법원에서 외국도산절차를 다루는 과정은 ① 외국도산절차의 승인, ② 외국도산절차에 대한 지원,[2] ③ 외국도산절차 대표자의 국내도산절차 신청 또는 국내도산절차에의 참가, ④ 국내도산절차에서 외국도산절차에서 받은 배당이나 변제를 고려하는 것으로 나누어 볼 수 있다.[3] 외국도산절차의 승인과 지원이 원활하게 이루어지면 아래(제5장)에서 설명하는 병행도산을 인정할 필요가 없을지도 모른다.

채무자회생법이 취하고 있는 외국도산절차의 승인·지원절차에 관한 기본원칙으로, 첫째

---

1) 채무자의 재산소재에 근거하여 개시된 외국도산절차는 승인대상이 될 수 없다.
2) 외국도산절차에 대한 승인/지원결정을 내리기에 앞서 진행하는 심문절차에서 국내채권자를 보호하고 효율적으로 쟁점을 정리하기 위하여 국내채권자를 심문절차에 참여시킬 필요가 있다(승인/지원 사건의 대심구조화).
3) 여기서는 ① 내지 ③과 관련된 내용만을 다루고, ④에 대하여는 아래 〈제5장〉에서 보기로 한다.

외국도산절차의 국내에서의 효력을 정면으로 승인하고, (내국절차의 대외적 승인에 이어) 엄격한 속지주의를 전면적으로 폐기한 것을 들 수 있다. 이것은 최근의 국제적인 흐름 및 UNCITRAL 모델법의 사고방식에 따른 것으로 앞에서 본 바와 같이 수정된(완화된) 보편주의를 채택한 것으로 평가될 수 있다.

둘째 승인에 의해 자동적으로 일정한 효과가 발생하는 것이 인정되지 않고, 항상 승인법원의 재량에 의해 '채무자의 업무 및 재산이나 채권자의 이익을 보호하기 위하여' 적절한 조치(지원결정)를 할 수 있는 시스템을 채택하고 있다는 점이다(제636조). 즉 종래의 승인 개념이 일반적으로 의미하는 바와 같이, 도산절차개시국에서 발생한 효력을 그대로 국내에서도 추구한다는 사고방식을 채택하지 않고, 절차개시국의 효력과는 일단 단절하고 국내법의 독자적인 관점에서 고유의 지원조치를 한다는 사고방식을 채택한 것이다. 이것은 이른바 지원·협력형모델을 채용한 것이고, 역시 모델법으로 대표되는 최근의 일반적인 국제조류에 따른 것이라고 할 수 있다.

셋째 국내외에서의 병행도산을 정면으로 인정하였다는 점을 들 수 있다(제638조, 제639조). 국제도산의 규제에 대하여는 종래 1인의 채무자에 대하여 전 세계에서 1개의 도산절차밖에 인정되지 않는다는 보편주의가 이상적인 것으로 인정되었다. 하지만 이것은 각국의 도산법제가 서로 다르다는 점을 고려한다면 현실적인 선택지가 아니다. 모델법을 시작으로, 오히려 병행도산을 허용하면서 병행절차간의 협력을 도모하는 것이 현재의 국제적인 흐름이다.

Ⅰ 외국도산절차의 승인

1. 의 의

외국도산절차가 그 자체로서 우리나라 법원에서 일정한 지위를 인정받기 위해서는 승인(recognition)을 받아야 한다. 승인이란 외국도산절차의 존재를 인정하는 것이다. 외국도산절차의 승인이란 외국도산절차에 대하여 우리나라 내에 제5편의 지원처분을 할 수 있는 기초로서 승인하는 것을 말한다(제628조 제3호). 외국도산절차의 승인은 민사소송법 제217조가 규정하는 '외국재판의 승인'과 달리 외국법원의 '재판'을 승인하는 것이 아니라 당해 '외국도산절차'를 승인하는 것으로서 그 법적 효과는 외국도산절차가 지원결정을 하기 위한 적격을 갖추고 있음을 확인하는 것에 그치는 것이고, 그 승인에 의하여 외국도산절차의 효력이 직접 대한민국 내에서 확장되거나 국내에서 개시된 도산절차와 동일한 효력을 갖게 되는 것은 아니다.[4]

외국도산절차의 승인은 외국재판의 승인과 다음과 같은 점에서 차이가 있다. ① 외국재판의 승인은 일정한 요건(민소법 제217조)이 구비되는 것을 전제로 별도의 승인재판 없이 외국재판의 효력(집행력을 제외한 기판력, 형성력 그 밖에 참가적 효력을 말한다)을 인정하여 주는 것임에 반하

---

4) 대법원 2010. 3. 25. 자 2009마1600 결정.

여(자동승인), 외국도산절차의 승인은 외국도산절차의 개시국법에 의한 절차개시 재판의 효력을 국내에 그대로 인정하는 것이 아니라 오히려 채무자의 국내 업무나 재산에 대하여 국내법이 정하고 있는 국내법상의 도움을 주기 위한 지원처분을 할 만한 가치가 있는지 여부에 대한 재판이다. 외국도산절차에 대한 승인결정이 있다고 하더라도 외국도산절차의 효력이 국내에서 확장되는 것이 아니고, 국내법에서 인정하고 있는 채무자의 재산에 대한 소송절차의 중지 등의 효력이 자동적으로 발생하는 것도 아니다. ② 외국재판의 승인은 외국법원의 재판절차를 대상으로 하는 것이 아니라 외국법원에서 선고된(판단된) 종국재판(확정판결 또는 이와 동일한 효력이 인정되는 재판)을 그 대상으로 삼고 있는데 반하여, 외국도산절차의 승인은 보전처분과 개시결정 등 여러 종류의 재판의 근원이 되는 외국도산절차의 효력을 국내에 승인하는 것이다.[5]

2. 승인신청

가. 신청권자

외국도산절차의 대표자는 외국도산절차가 신청된 국가에 채무자의 영업소·사무소 또는 주소가 있는 경우에 우리나라 법원에 외국도산절차의 승인을 신청할 수 있다(제631조 제1항).[6] 외국도산절차의 대표자란 외국법원에 의하여 외국도산절차의 관리자 또는 대표자로 인정된 자를 말한다(제628조 제5호). 채무자와 채권자는 담보권의 유무를 불문하고 신청권한이 없다. 신청이 있는 때에는 법원은 지체 없이 그 요지를 공고하여야 한다(제631조 제3항).

승인을 신청할 때는 ① 외국도산절차 일반에 대한 법적 근거 및 개요에 대한 진술서, ② 외국도산절차의 개시를 증명하는 서면, ③ 외국도산절차의 대표자의 자격과 권한을 증명하는 서면, ④ 승인을 신청하는 그 외국도산절차의 주요내용에 대한 진술서(채권자·채무자 및 이해당사자에 대한 서술을 포함한다), ⑤ 외국도산절차의 대표자가 알고 있는 그 채무자에 대한 다른 모든 외국도산절차에 대한 진술서[7]를 첨부하여야 한다. 이 경우 외국어로 작성된 서면에는 번

---

5) 사법연수원, 전게서, 307~308쪽. 위와 같은 차이는 각 국의 전통 등에 따라 도산절차가 상이하여 외국에서의 도산절차개시의 효력을 승인국에 그대로 미치도록 할 경우에는 승인국의 이해관계인의 예측가능성 및 법적 안정성을 해할 수 있으며, 도산절차는 연속성 및 신속성이 요구된다는 점에서 외국재판의 승인규정에 쉽게 포섭되기 어렵다는 점에 기인한다{이제정, UNCITRAL 국제도산에 관한 모델법 상의 주된 이익의 중심(COMI) 개념, 법조 통권 689호(2014. 2.), 30쪽}.

6) **규칙 제97조(외국도산절차 승인신청서의 기재사항 등)** ① 법 제631조의 규정에 따른 외국도산절차 승인신청서에는 다음 사항을 기재하여야 한다.
1. 외국도산절차의 대표자 및 대리인의 성명 또는 명칭과 주소
2. 외국도산절차의 대표자에 대한 대한민국 내의 송달장소
3. 채무자의 성명 또는 명칭과 주소
4. 신청취지 및 신청이유
5. 외국도산절차가 신청된 국가에 소재하는 채무자의 영업소·사무소·주소
6. ~외국도산절차가 신청된 국가의 명칭, 당해 외국도산절차를 담당하고 있는 법원 그 밖에 그 절차를 관장할 권한있는 기관의 명칭과 사건의 표시
7. 외국도산절차의 신청일 및 그 효력발생일
8. 그 밖에 당해 외국도산절차를 특정할 만한 구체적 사항

역문을 붙여야 한다. 외국도산절차의 승인을 신청한 후 위 서면의 내용이 변경된 때에는 신청인은 지체 없이 변경된 사항을 기재한 서면을 법원에 제출하여야 한다(제631조 제1항, 제2항).

나. 관할법원(승인관할)

외국도산절차의 승인에 관한 사건은 서울회생법원 합의부의 전속관할(Exclusive Jurisdiction)이다(제630조). 이렇게 관할을 한 법원에 집중한 것은 사건처리의 전문화를 도모하기 위함이다. 물론 외국도산대표자의 국내도산절차 신청이나 참가는 당해 사건의 관할 법원에서 이루어진다.

외국도산절차를 국내에서 승인하기 위해서는 당해 절차를 신청한 외국에 채무자의 영업소, 사무소 또는 주소가 있을 것이 필요하다(제631조 제1항). 승인을 구하고 있는 외국도산절차가 채무자의 재산소재지만을 근거로 관할권이 인정된 경우에는 그 도산절차는 승인의 대상에서 제외된다. 이는 채무자가 단지 재산만을 갖고 있는 경우에는 채무자가 당해 외국과 밀접한 관련성이 없기 때문에 국내법원에서 이를 승인하여 그에 이은 절차를 계속할 의의가 희박하기 때문이다. 이 점은 국내에서의 도산절차개시에 관하여 재산소재만으로 관할(직접관할)을 인정하고(제3조 제1항 참조) 그에 대하여 국외적 효력을 인정하는 것과 차이가 있다.

3. 승인 전 명령[8]

외국도산절차의 승인신청이 있더라도 해당 채무자의 재산이나 업무에 대한 집행정지나 채

---

7) **규칙 제97조** ② 법 제631조 제1항 제1호, 제4호, 제5호의 규정에 따른 진술서에는 다음 각 호의 사항을 기재하여야 한다.
  1. 당해 외국도산절차 사건의 개요, 진행상황(절차개시의 판단유무를 포함한다) 및 향후의 전망
  2. 당해 외국도산절차에 있어서 채권의 우선순위를 정하는 외국법의 규정
  3. 채무자의 업무의 수행 및 재산에 대하여 외국도산절차의 대표자가 갖는 관리·처분권의 행사범위, 존속기한, 권한행사에 필요한 법원의 허가 그 밖의 조건
  4. 채무자가 법인인 경우 그 설립의 준거법
  5. 대한민국에 있는 채무자의 주된 영업소 또는 사무소의 명칭과 소재지
  6. 채무자의 대한민국에서의 사용인 그 밖의 종업원의 과반수로 조직된 노동조합이 있는 경우에는 그 명칭 및 대표자의 성명, 주소, 전화번호·팩시밀리번호·전자우편주소. 만약 그와 같은 노동조합이 없는 경우에는 채무자의 대한민국에서의 사용인 그 밖의 종업원의 과반수를 대표하는 사람의 성명, 주소, 전화번호·팩시밀리번호·전자우편주소
  7. 채무자가 법인인 경우, 그 법인의 설립이나 목적인 사업에 관하여 대한민국 행정청의 허가가 있는 때에는 그 행정청의 명칭과 소재지
  8. 외국도산절차의 대표자가 채무자에 대하여 국내도산절차가 계속중인 사실을 알고 있는 경우에는 그 법원·당사자·사건명·사건번호 및 진행상황
  9. 외국도산절차의 대표자가 다른 외국도산절차의 승인신청사건이 계속중인 사실을 알고 있는 경우에는 그 법원·당사자·사건명·사건번호 및 진행상황
8) **회생법원, '국제도산 허브법원'으로 도약 첫발**
  외국법원이 내린 기업 도산절차, 직권으로 '승인 전 명령' 내려
  절차적 투명성 위해 국내 채권자도 참여 심문기일 진행
  서울회생법원이 처음으로 외국 법원이 내린 기업 도산절차에 대해 직권으로 '승인 전 명령'을 내렸다. 법원이 국제도산 절차를 승인하면 외국도산절차에 필요한 배당·변제재원을 국내에서 보전·확보하고 이를 기초로 회생계획을 수립하거나 수행할 수 있도록 지원결정을 할 수 있는데, 승인 전 명령은 지원결정의 임시조치에 해당하는 조치다. 회생법원은 절차적 투명성을 높이고 국내 채권자 보호를 위해 처음으로 국내 채권자들을 참여시킨 가운데 관련 심

무자의 변제금지 효력이 발생하는 것은 아니므로, 법원은 외국도산절차 대표자의 신청에 의하거나 직권으로[9] 외국도산절차의 승인신청이 있은 후 승인결정이 있을 때까지 이를 금지 또는 중지시키는 명령을 내릴 수 있다(제635조). 회생절차 등의 보전처분에 해당하는 것으로 이를 승인 전 명령(Provisional relief)이라 한다. 승인 전 명령은 승인신청을 기각하는 결정에 대하여 즉시항고를 한 경우에도 할 수 있다(제635조 제2항).

승인 전 명령에는 ① 채무자의 업무 및 재산에 대한 소송 또는 행정청에 계속하는 절차의 중지, ② 채무자의 업무 및 재산에 대한 강제집행, 담보권 실행을 위한 경매, 가압류·가처분 등 보전절차의 금지 또는 중지(stay order), ③ 채무자의 변제금지 또는 채무자 재산의 처분금지가 포함된다(제635조 제1항). 법원사무관 등은 ③항에 해당하는 처분이 있는 경우 등기·등록을 촉탁하여야 한다(제24조 제7항 후문, 제27조).

승인 전 명령도 지원결정(지원절차) 중 하나이지만, 승인재판 후의 지원결정과 다른 점은 신청권자에 이해관계인을 배제한 것이다. 또한 제636조 제1항 제4호 내지 제5호의 조치가 인정되지 아니하므로 승인 후와는 달리 승인 전 보전관리명령, 재산의 국외반출 기타 채무자의 업무 및 재산을 보전하거나 채권자의 이익을 보호하기 위하여 필요한 처분을 할 수 없으며, 중

문기일도 진행했다. 이번 조치로 회생 법원이 국제도산사건 관리의 원활화와 관련 절차의 투명성을 확보함으로써 국제도산 허브 법원으로 발돋움하는 계기가 될 것이라는 평가가 나오고 있다.

태양광 등 재생에너지 개발사업을 하는 싱가포르의 썬에디슨은 서울회생법원 출범 첫날인 지난달 20일 채무자 회생 및 파산에 관한 법률 제631조에 따라 외국도산 절차의 승인을 신청했다. 미국 뉴욕남부 파산법원에서 회사갱생절차가 진행중인 이 회사 도산절차 대표자가 서울회생법원에 미국에서 개시된 도산절차의 효력을 한국에서도 인정받기 위해 신청을 낸 것이다. 외국에서 진행중인 도산절차를 국내에서 승인받게 되면 우리나라에서도 채무자의 변제금지, 채무자 재산의 처분 금지, 채무자의 업무 및 재산에 대한 강제집행의 중지·금지 등을 명하는 이른바 '지원결정'을 받을 수 있다.

유엔 산하 국제상거래법위원회(UNCITRAL)는 1997년 도산 절차를 국제적으로 통일하기 위해 '국제도산에 관한 모델법'을 만들었는데, 우리나라도 2006년부터 이 모델법을 기반으로 채무자회생법을 입법하고 외국도산절차승인 제도를 도입했다.

서울회생법원 파산3부는 신청이 접수된 지 하루만인 지난달 21일 직권으로 승인 전 명령을 내렸다(2017국승100001). 법원은 이해관계인의 신청이나 직권으로 승인 전 명령을 내릴 수 있는데, 이해관계인의 신청 없이 직권으로 이 같은 명령을 내린 것은 처음이다.

회생법원 관계자는 "심문절차를 거쳐 승인결정을 하기 전까지 일정한 시간이 걸리는 점을 감안해 국제도산 관리의 원활화를 꾀하기 위해 직권으로 신속히 결정한 것"이라고 설명했다.

지난 9일 열린 심문기일에는 국내 채권자들도 참여했다. 이해관계인들이 심문에 참여함으로써 쟁점을 정리해 효율성을 높이고, 절차적 투명성을 확보하기 위한 조치였다. 재판부는 심문기일을 진행하기 앞서 신청인에게 뉴욕남부 연방도산법원에서의 절차 진행 현황과 국내 채권자가 미국에서 채권 신고 등의 참여 여부를 검토하는 내용의 보정명령을 내렸다. 국내 채권자의 절차적 권리를 보호하기 위한 조치다. 국제도산 승인 절차가 외국 채무자만 지나치게 보호하는 것 아니냐는 지적이 있었는데, 국내 채권자들이 절차에 적극 참여할 수 있도록 함으로써 우려를 불식시킨 것이다.

회생법원 관계자는 "외국에서 진행되는 도산절차를 설명함으로써 당사자의 이해도를 높이고 당사자들에게 진술기회를 줌으로써 투명성을 제고할 수 있게 됐다"며 "이를 통해 승복률도 자연스럽게 높아질 것으로 기대된다"고 말했다{https://www.lawtimes.co.kr/Legal-News/Legal-News-View? serial=108677(2017. 3. 16. 최종 방문), 2017. 3. 16. 자 법률신문}

9) 별도의 신청 없이도 직권으로 집행정지(stay order, 635조, 제636조 제1항 제2호)를 발령함으로써 국제도산사건의 공정하고 효율적인 관리를 꾀할 수 있다. 서울회생법원은 2017. 3. 10. 최초로 직권에 의한 승인 전 명령을 발령하였다(2017국승100001).

지한 강제집행 등의 취소가 인정되지 아니한다(제636조 제7항, 제1항 제2호 참조).

법원은 승인 전 명령에 의한 처분을 변경하거나 취소할 수 있다(제635조 제3항). 승인 전 명령이나 그에 대한 변경 또는 취소결정에 대하여는 즉시항고를 할 수 있으나, 즉시항고를 하더라도 집행정지의 효력은 없다(제635조 제4항, 제5항).

4. 승인재판

가. 승인 여부의 결정

법원은 외국도산절차의 승인신청이 있는 때에는 신청일로부터 1월 이내에 승인 여부를 결정하여야 한다(제632조 제1항). 외국도산절차의 승인의 경우 일정한 요건이 구비되면 별도의 절차 없이 자동으로 승인하는 외국재판의 승인과 달리(민소법 제217조) 법원의 재판에 의하여 승인하는 결정승인방식을 취하고 있음은 앞에서 본 바와 같다. 따라서 외국도산절차의 대표자가 외국도산절차의 승인신청을 한 경우 비록 승인의 요건을 모두 구비하더라도 우리나라 법원의 승인결정이 있는 때 비로소 발생한다.

한편 법원은 ① 법원이 정한 비용을 미리 납부하지 아니한 경우, ② 제631조 제1항 각호의 서면을 제출하지 아니하거나 그 성립 또는 내용의 진정을 인정하기에 부족한 경우, ③ 외국도산절차를 승인하는 것이 대한민국의 선량한 풍속 그 밖에 사회질서에 반하는 경우에는 외국도산절차의 승인신청을 기각하여야 한다(제632조 제2항). 또한 외국도산절차의 승인은 외국도산절차의 효율적인 진행을 도모하기 위한 지원처분의 전제로서의 의미를 가지므로 외국도산절차가 국내에서 승인되기 위해서는 그 외국도산절차가 외국법원에 계속 중임이 전제되어야 한다. 따라서 승인의 대상이 되는 외국도산절차가 종결된 경우에는 승인신청을 기각하여야 한다. 나아가 승인신청을 할 수 있는 권한은 외국도산절차의 대표자에 한정되므로 외국도산절차의 대표자가 아닌 자가 신청한 경우에도 승인신청을 기각하여야 한다.

외국도산절차의 승인결정서에는 결정의 연·월·일·시를 기재하여야 한다(규칙 제100조). 법원은 외국도산절차의 승인결정이 있는 때에는 그 주문과 이유의 요지를 공고하고, 그 결정서를 신청인에게 송달하여야 한다(제632조 제3항).

나. 승인재판에 대한 불복

외국도산절차의 승인신청에 관한 결정에 대하여는 즉시항고를 할 수 있다. 즉시항고는 집행정지의 효력이 없다(제632조 제4항, 제5항).

5. 승인의 효력

외국도산절차의 승인은 그 자체만으로 어떠한 구체적인 법률효과를 가져오는 것은 아니고, 별도의 지원처분이 있어야 채권자의 강제집행의 정지, (가)압류의 취소 등 구체적 법률효과가 발생하게 된다. 즉 승인은 지원처분을 하기 위한 기초로서의 의미가 있을 뿐이다. 채무자회생법이 이러한 태도를 취한 것은 외국도산절차의 효력이 우리나라에 그대로 유입되는 것을 막기 위함이다.

외국도산절차의 승인결정이 있더라도 채무자회생법에 의한 절차의 개시 또는 진행에 영향을 미치지 아니한다(제633조). 따라서 승인결정이 있더라도 해당 채무자에 대하여 채무자회생법에 따른 절차의 개시를 신청할 수 있고, 이미 진행중인 절차는 중지되지 않고 계속 진행된다.

외국도산절차가 승인되면 외국도산절차의 대표자는 국내도산절차의 개시를 신청하거나 진행 중인 국내도산절차에 참가할 수 있다(제634조). ① 외국도산절차의 대표자가 국내도산절차의 개시를 신청하기 위해서는 외국도산절차의 승인을 먼저 받아야 한다. 그런데 외국도산절차의 대표자로서는 우리나라에서 국내도산절차의 개시를 신청함으로써 채무자의 국내재산에 대한 강제집행을 저지할 긴급한 필요가 있다는 점에서 개시신청을 위해 먼저 승인을 받도록 한 것은 문제이다.[10] ② 외국도산절차의 대표자가 진행 중인 국내도산절차에 참가하기 위해서는 먼저 승인을 받아야 한다. 외국관리인 간의 협조뿐 아니라 법원간의 협조도 인정하고 있는 이상 법원 간 또는 관리인 간의 협조를 강화하기 위해서는 진행 중인 절차에 참가하려는 외국도산절차의 대표자가 미리 법원의 승인절차를 받도록 한 것이다.

Ⅱ 외국도산절차에 대한 지원

1. 의   의

외국도산절차에 대한 지원절차[11]란 외국도산절차의 승인신청에 관한 재판과 채무자의 우리나라 내에 있어서의 업무 및 재산에 관하여 당해 외국도산절차를 지원하기 위한 처분을 하는 절차를 말한다(제628조 제3호).[12] 지원절차에는 승인 전 지원절차와 승인 후 지원절차가 있다. 승인 전 지원절차는 승인 전 명령으로 이는 앞에서 본 바와 같다. 지원절차는 우리나라 내에서의 업무 및 재산에 관한 것이라는 점에서 속지적 효력을 가진다.

---

10) 남효순·김재형, 286쪽.
11) 지원절차는 미국 연방도산법상의 보조절차(ancillary proceeding)에 해당하는 것이다. 보조절차는 외국에서 개시된 주된 도산절차를 지원하기 위하여 미국 내 재산의 산일을 방지하고 그의 관리, 환가, 배당 등을 하기 위한 절차이다(연방도산법 제304조 참조). 전면절차(full proceeding)에 대비되는 개념이다. 보조절차는 외국의 주된 도산절차의 관재인만이 신청할 수 있고 그 절차에 대한 지원 여부만을 결정하는데 반하여, 종절차는 주절차가 없더라도 채무자나 채권자가 신청할 수 있고, 주절차와 동일한 방법으로 진행되는 점에서 차이가 있다.
12) '지원결정'은 국내에서 진행되고 있는 채무자의 업무 및 재산에 대한 소송 등의 중지와 강제집행, 담보권실행을 위한 경매, 보전절차 등의 금지 또는 중지, 채무자의 변제금지 또는 채무자 재산의 처분금지 등 외국도산절차의 대표자가 외국도산절차에 필요한 배당·변제재원을 국내에서 보전·확보하고 이를 기초로 배당·변제계획을 수립하거나 그 계획을 수행할 수 있도록 절차적인 지원을 하는 것일 뿐, 외국법원이 외국도산절차에서 한 면책결정이나 회생계획의 인가결정 등과 같이 채무나 책임을 변경·소멸시키는 재판(이하 '외국법원의 면책재판 등'이라고 한다)을 직접 한다거나 외국법원의 면책재판 등에 대하여 국내에서 동일한 효력을 부여하는 재판을 함으로써 채권자의 권리를 실체적으로 변경·소멸시키기 위한 절차는 아니다(대법원 2010. 3. 25. 자 2009마1600 결정).

법원은 외국도산절차를 승인함과 동시에 또는 승인결정을 한 후 이해관계인의 신청이나 직권으로 채무자의 업무 및 재산을 보전하거나 채권자의 이익을 보호하기 위하여 필요한 처분을 할 수 있다(제636조 제1항, 제628조 제4호). 이를 외국도산절차에 대한 승인 후 지원이라 한다. 법원의 승인결정과 별도로 다시 지원결정을 하여야 한다. 이는 외국도산절차의 효력이 우리나라에 그대로 유입되는 것을 막기 위하여 우리나라 법원이 재량에 따라 개별적인 지원을 하도록 한 것이다. 따라서 승인결정과 별도로 그에 기초한 지원처분을 하는 절차가 필요하다. 바꾸어 말하면 지원처분은 승인의 효과라고 할 수 있다.

2. 지원재판의 내용

앞에서 본 바와 같이 채무자회생법의 가장 큰 특징으로 승인의 효과인 지원처분은 모두 법원의 재량에 맡겨져 있다는 것이다. 법원이 재량으로 승인결정을 기초로 하여 한 처분을 지원처분이라 한다. 지원처분의 대부분은 회생절차 등 국내도산절차에 관한 개시결정 전 보전조치의 규율에 따른 것이다.

지원결정의 구체적인 내용에는 승인 전 명령 외에 ① 채무자의 업무 및 재산에 대한 소송 또는 행정청에 계속하는 절차의 중지, ② 채무자의 업무 및 재산에 대한 강제집행, 담보권실행을 위한 경매, 가압류·가처분 등 보전절차의 금지 또는 중지, ③ 채무자의 변제금지 또는 채무자 재산의 처분금지, ④ 국제도산관리인의 선임, ⑤ 그 밖에 채무자의 업무 및 재산을 보전하거나 채권자의 이익을 보호하기 위하여 필요한 처분이 포함된다(제636조 제1항).[13]

법원사무관 등은 ③이나 ④의 처분이 있는 경우 채무자의 재산에 속하는 권리로서 등기된 것이 있음을 안 때에는 직권으로 지체 없이 촉탁서에 결정서의 등본 또는 초본을 첨부하여 그 처분의 등기·등록을 촉탁하여야 한다(제24조 제7항 전문, 제27조).

3. 지원재판

법원은 지원결정을 하는 때에는 채권자·채무자 그 밖의 이해관계인의 이익을 고려하여야

---

13) 회생계획인가결정은 도산절차의 일부를 구성하고 면책은 도산절차효과의 중요한 일부이다. 따라서 회생계획인가결정에 의한 면책의 효력이 채무자의 중요한 영업과 자산이 소재하고 있는 다른 나라에서 승인되지 않는다면, 채무자로서는 그 나라에서 따로 도산절차개시를 신청할 수밖에 없다. 여기서 회생계획인가결정을 외국도산절차의 일부로 보고, 외국법원이 내린 회생계획인가결정(회생계획인가결정에 의한 면책)에 대한 승인을 외국도산절차에 대한 승인 및 지원경로에 의하여야 하는지, 아니면 회생계획인가결정에 따른 면책은 채무자와 채권자의 실체적 권리의무에 관한 것이라는 점에 주목하여 회생계획인가결정은 외국도산절차에 대한 지원의 대상이 되지 않고 통상적인 민사소송법상의 외국재판의 승인경로에 의하여야 하는지가 문제된다.

미국에서는 연방도산법 제15장의 규정에 따라 외국도산절차에 대하여 승인 결정이 내려지면, §1521(a)[제15장 절차의 목적을 달성하고 채무자의 재산 또는 채권자의 이익을 보호하기 위하여 필요한 적절한 구제(appropriate relief)] 또는 §1507(b)[추가적인 지원(additional assistance)]의 요건을 충족하는 경우, 외국 회생계획인가 결정에 의한 면책의 효력을 지원하기 위한 지원처분으로서 면책된 채권의 권리행사를 영구히 금지하는 명령(permanent injunction order)을 내려 주고 있다. 그러나 우리나라 대법원은 아래(Ⅴ.)에서 보는 바와 같이 민사소송법에 따른 외국재판의 승인에 의하여야 한다고 하고 있다(대법원 2010. 3. 25. 자 2009마1600 결정).

한다(제636조 제2항). 법원은 지원신청이 대한민국의 선량한 풍속 그 밖의 사회질서에 반하는 때에는 그 신청을 기각하여야 한다(제636조 제3항).

법원은 채무자의 업무 및 재산에 대한 강제집행, 담보권실행을 위한 경매, 가압류·가처분 등 보전절차의 금지명령 및 이를 변경하거나 취소하는 결정을 한 때에는 그 주문을 공고하고, 그 결정서를 외국도산절차의 대표자나 신청인에게 송달하여야 한다(제636조 제4항). 법원은 특히 필요하다고 인정하는 때에는 이해관계인의 신청에 의하거나 직권으로 중지된 위 절차의 취소를 명할 수 있다. 이 경우 법원은 담보를 제공하게 할 수 있다(제636조 제7항).

지원결정에 따라 금지명령이 있는 때에는 그 명령의 효력이 상실된 날의 다음 날부터 2월이 경과하는 날까지 채무자에 대한 채권의 시효는 완성되지 아니한다(제636조 제5항).

법원은 필요한 경우 이해관계인의 신청에 의하거나 직권으로 지원결정을 변경하거나 취소할 수 있다(제636조 제6항).

4. 지원재판 등에 대한 불복

지원결정, 결정의 변경 또는 취소, 중지된 절차의 취소명령에 대하여는 즉시항고 할 수 있다. 즉시항고에는 집행정지의 효력이 없다(제636조 제8항, 제9항).

지원신청의 기각결정에 대하여는 불복할 수 없다.

5. 지원사건의 이송

승인재판의 관할은 서울회생법원 합의부의 전속관할로 정하여져 있으므로 서울회생법원이 승인재판과 동시에 지원처분을 명하는 것이 보통이다. 다만 절차의 효율적인 진행이나 이해당사자의 권리보호를 위하여 필요한 때에는 당사자의 신청 또는 직권으로 지원사건을 제3조에서 정한 관할 법원에 이송할 수 있다(제630조 후문). 이 경우 이송받은 법원이 지원절차를 담당하게 된다.

이송결정은 승인과 동시에 또는 승인 후에만 할 수 있고, 승인신청이 서울회생법원에 접수된 상태에서 승인 결정 전에 다른 법원으로 이송할 수는 없다. 즉 적어도 승인결정은 서울회생법원에서 해야 한다.

외국도산절차의 승인 및 지원 사례
(서울회생법원 2019국승100000 사건)

우리나라 기업의 해외투자가 늘고 대외적인 거래가 늘어남에 따라, 서울회생법원에 외국도산절차의 승인과 지원을 신청하는 사례가 가끔 있다. 아직까지는 사건이 많지 않지만, 향후 점점 더 늘어날 것으로 보인다. 여기서는 외국도산절차의 승인 및 지원에 관한 이해를 돕기 위하여 최근 서울회생법원에 신청된 하나의 사례를 절차에 따라 살펴보기로 한다.

1. 필리핀에서 회생절차개시

필리핀 소재 HHIC-Phil Inc.(이하 '채무자'라 한다)는 주식회사 한진중공업이 99.99% 지분을 보유하고 있는 자회사이다. 채무자는 2019. 1. 9. 필리핀 올롱가포시 지방법원(Regional Trial Court, Olongapo City)에 필리핀 도산법에 따라 회생절차개시를 신청하였고, 2019. 1. 14. 회생절차가 개시되었다(사건번호: SEC 19-001). 관리인으로 스테파니씨 사노(Stefani C. Sano)가 선임되었다.

2. 외국도산절차 승인, 승인 전 명령 및 금지명령 지원신청

채무자의 관리인은 2019. 1. 23. 서울회생법원에 외국도산절차 승인, 승인 전 명령 및 금지명령 지원신청을 신청하였다. 각 신청취지는 다음과 같다.

가. 승인신청(제631조)

신청취지: 이 사건 외국도산절차[2019. 1. 9. 자로 필리핀 올롱가포시 지방법원(Regional Trial Court, Olongapo City)에 신청되어, 2019. 1. 14. 개시결정을 받고 계속 중인 사건번호 SEC 19-001 회생절차]를 승인한다.

나. 승인 전 명령신청(제635조 제1항, 제636조 제1항 제2호)

신청취지: 이 사건 외국도산절차[2019. 1. 9. 자로 필리핀 올롱가포시 지방법원(Regional Trial Court, Olongapo City)에 신청되어, 2019. 1. 14. 개시결정을 받고 계속 중인 사건번호 SEC 19-001 회생절차]의 승인결정이 있을 때까지, 외국도산절차의 채무자 회사에 대하여 채무자의 업무 및 재산에 대한 강제집행, 담보권실행을 위한 경매, 가압류·가처분 등 보전절차를 금지한다.

다. 금지명령 지원신청(제636조 제1항 제2호)

신청취지: 이 사건 외국도산절차[2019. 1. 9. 자로 필리핀 올롱가포시 지방법원(Regional Trial Court, Olongapo City)에 신청되어, 2019. 1. 14. 개시결정을 받고 계속 중인 사건번호 SEC 19-001 회생절차]의 채무자 회사에 대하여 채무자의 업무 및 재산에 대한 강제집행, 담보권실행을 위한 경매, 가압류·가처분 등 보전절차를 금지한다.

3. 승인 전 명령 및 공고(2019. 1. 24.)

○ 주문: 이 사건 외국도산절차[2019. 1. 9. 자로 외국도산절차의 채무자에 대하여 필리핀 올롱가포시 지방법원(Regional Trial Court, Olongapo City)에 신청되어, 2019. 1. 14. 개시결정을 받고 계속 중인 사건번호 SEC 19-001 회생절차]의 승인결정이 있을 때까지, 외국도산절차의 채무자에 대하여 채무자의 업무 및 재산에 대한 강제집행, 담보권실행을 위한 경매, 가압류·가처분 등 보전절차를 금지 또는 중지한다.

○ 공고(제635조 제1항, 제636조 제4항)

4. 채무자 심문: 2019. 1. 25. 16:00

5. 외국도산절차의 승인·지원결정 및 공고(2019. 1. 25.)

○ 주문: ① 이 사건 외국도산절차[2019. 1. 9. 자로 외국도산절차의 채무자에 대하여 필리핀

올롱가포시 지방법원(Regional Trial Court, Olongapo City)에 신청되어, 2019. 1. 14. 개시결정을 받고 계속 중인 사건번호 SEC 19-001 회생절차]를 승인한다.

② 위 외국도산절차의 채무자에 대하여 채무자의 업무 및 재산에 대한 강제집행, 담보권실행을 위한 경매, 가압류·가처분 등 보전절차를 금지한다.

○ 이유: 이 사건 기록에 의하면, 이 사건 외국도산절차 승인신청은 채무자 회생 및 파산에 관한 법률 제631조 제1항에서 정한 요건을 갖추고 있고, 이 사건 외국도산절차가 2019. 1. 9. 필리핀 올롱가포시 지방법원에 신청되어 적법하게 계속 중이며, 스테파니씨 사노(Stefani C. Sano)가 그 절차의 대표자로 선임되어 있는 사실이 소명되는 한편, 같은 법 제632조 제2항에서 정한 기각사유가 있다고 인정되지 아니한다.

나아가 이 사건 금지명령신청도 그 이유가 있고 외국도산절차의 승인결정과 동시에 할 필요성이 인정되며, 같은 법 제636조 제3항에서 정한 기각사유가 있다고 인정되지 아니한다.

따라서 채무자 회생 및 파산에 관한 법률 제632조 제1항, 제636조 제1항에 따라 주문과 같이 결정한다.

○ 공고: 제632조 제3항, 제636조 제4항

Ⅲ 국제도산관리인

1. 의 의

국제도산관리인이란 외국도산절차의 지원을 위하여 법원이 채무자의 재산에 대한 환가 및 배당 또는 채무자의 업무 및 재산에 대한 관리 및 처분권한의 전부 또는 일부를 부여한 자를 말한다(제628조 제6호). 국제도산관리인은 이해관계인의 신청이나 직권에 의해 법원의 지원결정으로 선임된다(제636조 제1항 제4호). 지원결정은 채무자의 재산을 보전하여 산일을 막고, 재산에 대한 관리처분권을 국제도산관리인에게 전속시켜 도산절차의 목적에 합당하게 재산을 이용하고자 하는 제도이다. 따라서 지원결정의 대상으로 중요한 것이 국제도산관리인의 선임이며 누구를 국제도산관리인으로 선임하는가가 중요하다.[14]

2. 선 임

국제도산관리인의 선임신청서에는 ① 채무자, 신청인 그 밖의 당사자의 성명 또는 명칭과 주소, ② 신청인의 대한민국 내의 송달장소, ③ 신청취지 및 신청이유, ④ 외국도산절차가 개시되었거나 개시될 국가의 법률이 적용되는 경우 제636조 제1항 제1호 내지 제3호에 적은 절차에 해당하는 당해 국가의 절차가 중지되거나 금지되는지 여부 및 그 범위, ⑤ 채무자의 자

---

14) 이러한 이유로 국제도산관리인도 회생수뢰죄(제645조), 무허가행위 등의 죄(제648조), 파산수뢰죄(제655조)의 형사 처벌대상이 된다. 또한 국제도산관리인에게 뇌물을 약속 또는 공여하거나 공여의 의사를 표시한 경우 회생증뢰죄 (제646조), 파산증뢰죄(제656조 제1호)로 처벌된다.

산, 부채 그 밖의 재산상태, ⑥ 채무자가 사업을 영위하고 있는 때에는 그 사업의 목적과 업무의 상황, 대한민국에 있는 영업소 또는 사무소의 명칭과 소재지 및 대한민국에서의 사용인 그 밖의 종업원의 현황, ⑦ 외국도산절차의 대표자 이외의 사람을 국제도산관리인으로 선임하기를 원하는 경우에는 그 취지 및 사유를 기재하고, 대한민국에 있는 채무자의 재산목록 그 밖의 등기사항증명서 등을 첨부하여 제출하여야 한다(규칙 제102조 제1항).

법원은 국제도산관리인으로 외국도산절차의 대표자 또는 그 밖에 국제도산관리인으로서의 직무를 수행함에 적절한 사람(법인을 포함한다)을 선임하여야 한다. 법인이 국제도산관리인으로 선임된 경우 그 법인은 대표자 또는 임직원 중에서 국제도산관리인의 직무를 실제 수행할 사람을 지명하여 그 취지를 법원에 신고하여야 한다. 법원은 국제도산관리인에게 그 선임을 증명하는 서면을 교부하여야 한다. 국제도산관리인은 그 직무를 행하는 경우 이해관계인의 청구가 있는 때에는 위 서면을 제시하여야 한다(규칙 제102조 제2항 내지 제5항).

3. 지　　위

국제도산관리인이 선임된 경우 채무자의 업무의 수행 및 재산에 대한 관리·처분권한은 국제도산관리인에게 전속한다. 국제도산관리인은 대한민국 내에 있는 채무자의 재산을 처분 또는 국외로의 반출, 환가·배당 그 밖에 법원이 정하는 행위를 하는 경우에는 법원의 허가를 받아야 한다.

국제도산관리인에 대해서는 관리인 및 파산관재인에 관한 규정이 준용된다(제637조). 따라서 외국도산절차에 대한 승인결정 후 국제도산관리인이 선임되면 국제도산관리인이 당사자적격을 갖게 되고 승인결정 전에는 채무자가 당사자적격을 가지게 된다.[15]

4. 임무와 감독

국제도산관리인과 외국도산절차의 대표자는 외국도산절차에 대한 지원절차의 원활한 진행 및 채무자의 대한민국 내에서의 업무의 수행과 재산의 관리 및 처분의 공정성을 도모하기 위하여 상호 긴밀히 협조하여야 한다. 국제도산관리인은 외국도산절차의 대표자에 대하여 채무자의 대한민국 내에서의 업무의 수행과 재산의 관리 및 처분에 대해 필요한 협력 및 정보의 제공을 요구할 수 있다. 국제도산관리인은 법원이 정하는 바에 따라 법원에 대하여 업무와 계산에 관한 보고를 하여야 한다(규칙 제103조).

---

15) 현행 채무자회생법이 시행되기 전 대법원은 별도의 승인재판이 없이 외국도산절차에서 선임된 파산관재인에게 우리나라에 있는 채무자의 재산에 대한 관리처분권을 인정하였다(대법원 2003. 4. 25. 선고 2000다64359 판결).

Ⅳ 국내도산절차와 외국도산절차의 승인·지원절차의 조정

외국도산절차의 승인·지원절차가 계속중인 법원의 법원사무관 등과 동일한 채무자에 대하여 국내도산절차가 계속중인 법원의 법원사무관 등은 당해 외국도산절차의 승인절차 또는 국내도산절차가 계속중이라는 취지를 알게 된 경우 이를 각 해당 법원에 통지하여야 한다(규칙 제104조 제1항). 외국도산절차의 승인·지원절차가 계속 중인 법원이 국내도산절차의 중지를 명하고자 하는 경우에는 미리 국내도산절차가 계속 중인 법원의 의견을 들어야 한다(규칙 제104조 제2항).

국내도산절차가 계속 중인 법원의 법원사무관 등은 ① 국내도산절차의 개시, 폐지 또는 종결 결정이 있은 때, ② 회생계획 또는 변제계획의 인가결정이 있은 때, ③ 그 밖의 사유에 의하여 국내도산절차가 종료한 때에는 그 취지를 외국도산절차의 승인·지원절차가 계속 중인 법원에 통지하여야 한다(규칙 제104조 제3항).

외국도산절차의 승인·지원절차가 계속중인 법원의 법원사무관 등은 ① 외국도산절차의 승인결정이 있거나 그 변경 또는 취소결정이 있은 때, ② 외국도산절차에 대한 지원결정 또는 승인 전 명령이 있거나 그 변경 또는 취소결정이 있은 때, ③ 그 밖의 사유에 의하여 외국도산절차의 승인·지원절차가 종료한 때에는 그 취지를 국내도산절차가 계속 중인 법원에 통지하여야 한다(규칙 제104조 제4항).

Ⅴ 외국면책재판의 국내적 효력

1. 효력이 발생하는 방식

외국법원의 면책재판[16]의 국내적 효력이 문제되는 경우로 채무자가 외국도산절차에서 면책재판을 받고 확정되었는데, 채권자가 국내 법원에 채무자를 상대로 이행의 소를 제기하거나 강제집행을 개시하고, 이에 대하여 채무자가 그 면책재판의 국내적 효력을 주장하며 그 채권이나 집행력의 존부를 다투는 경우 등을 들 수 있다.

이 경우 외국법원에서 한 면책재판의 효력을 국내에서 인정하기 위해서는 채무자회생법 제5편의 외국도산절차의 승인 및 지원처분을 받아야 하는가 아니면 외국재판의 승인에 준하여 자동적으로 승인되는가. 이에 대하여는 다툼이 있다.

---

16) 면책재판은 개인파산절차나 개인회생절차에서의 면책결정만을 의미하는 것이 아니고, 면책이나 책임감면의 효력이 있는 모든 재판(예컨대 회생계획인가결정)을 포함한다.

가. 외국도산절차 진행 중에는 채무자회생법의 승인결정 및 지원처분이 필요하고, 외국도산절차 종료 후에는 채무자회생법의 승인결정만이 필요하다는 견해[17]

외국도산절차의 진행 중에는 ① 외국도산절차의 승인결정과 ② 외국도산절차에 따른 면책의 효력을 승인하는 재판이라는 지원처분이 필요하나, 외국도산절차가 종료된 후에는 외국도산절차에 따른 면책의 효력을 승인하는 승인결정만이 필요하고 지원처분은 불필요하다는 견해이다.

채무자회생법이 외국도산절차를 승인대상으로 삼으면서 그 승인에 관하여 승인결정제를 취하고, 승인결정에 지원처분을 할 수 있는 기초로서의 의미만을 부여한 이상, 외국도산절차를 구성하는 외국법원의 재판 중 면책재판에 대하여만 예외를 인정하여 자동승인제를 취할 근거가 없고, 그러한 예외의 인정은 채무자회생법의 체계와 정합성이 없다고 한다. 즉 외국도산절차의 승인결정이 불필요하다면, 면책재판에 선행하는 다른 절차는 승인결정이 필요한데, 유독 면책재판만 승인 없이 그에 앞서 효력을 발생한다는 것은 균형이 맞지 않는다는 점을 지적한다.

한편 외국도산절차가 종료된 경우 이는 더 이상 승인의 대상이 될 수 없으므로 그 경우 외국도산절차의 승인과 그에 기초한 지원처분은 불가능하지만, 외국도산절차가 종료하였더라도 그에 따른 면책이 발생하였다면, 이를 우리나라에서 승인할 필요가 있다고 한다. 그 근거로 이 경우 외국도산절차에 따른 면책의 효력은 채무자회생법이 상정한 외국도산절차의 승인이 아니라 외국도산법에 따른 면책의 효력의 승인으로 보아야 하므로 그 법리를 수정할 필요가 있고, 이를 위하여 외국법원의 면책결정의 승인결정은 필요하지만 지원처분은 불필요하다고 한다.

나. 외국도산절차의 승인을 거쳐야 국내적 효력이 인정될 수 있다는 견해[18]

파산절차와 면책절차는 실질적으로 일체의 것이라고 생각되는 점, 몇몇 국가에서는 파산절차의 결과로서 자동적으로 면책의 효력을 인정하고 있는 점, 외국도산법의 목적에는 국제적으로 정합성 있는 재산의 청산뿐만 아니라 채무자에 관한 경제적 회생을 도모하는 것도 포함된다는 점 등을 고려하면, 외국면책허가결정 또는 면책의 효과를 수반하는 외국도산절차에 관하여는, 외국도산처리절차의 승인을 경유하여야 비로소 대내적 효력이 인정된다고 한다.

다. 외국도산절차의 승인 및 지원처분이 필요 없이 외국재판에 준하여 민사소송법 제217조에 따라 자동적으로 승인된다는 견해[19]

채무자회생법상 외국도산절차의 승인결정 그 자체만으로는 실체법상의 법률관계를 변경하는 구체적인 효력은 없고, 외국도산절차의 승인재판에서는 외국도산절차의 대표자가 국내에서 진행되고 있는 각종 소송 및 집행절차의 중지, 재산의 환가 및 처분을 목적으로 하는 것일 뿐,

---

17) 석광현, "외국도산절차에 따른 면책 효력의 승인", 법률신문 2009. 7. 20. 자 3763호.
18) 破産法·民事再生法, 731~732쪽.
19) 임치용, "채무자 회생 및 파산에 관한 법률 중 제5편 국제도산에 대한 해설", 「파산법연구 2」, 325~327쪽.

채권자의 실체적인 권리관계의 변경을 승인하는 것을 목적으로 하지 않는다는 점을 지적한다. 즉 채무자회생법은 외국도산절차의 지원과 관련하여 외국법원에서 한 면책결정에 상당한 재판 또는 외국법원이 인가한 변제계획에 대해 국내에서의 효력을 부여하는 특별한 제도(지원처분 규정)를 설계하고 있지 않는다는 것이다.[20]

따라서 외국도산절차에 있어서 면책결정 및 변제계획에 의한 채무 감면의 효과가 채무자회생법의 국제도산 관련 규정에 의하여 대한민국 내에 미치는 것은 아니라고 보아야 한다고 한다. 물론 승인결정이 이루어지는 경우에는 외국법원의 면책결정 등에 따른 채무 감면의 효과가 국내에 미치는 것으로 하거나, 승인결정과 별개로 채무감면의 효과를 국내에 미치게 하는 독립한 처분을 설계하는 것도 제도적으로 고려될 수는 있으나, 채무자회생법에는 그러한 제도가 설계되어 있지 않다는 점을 지적한다. 이 견해는 오히려 외국도산절차의 승인 제도가 설계된 것은, 도산절차가 절차의 진행단계에 따라서 다양한 효과를 수반하고, 또한 그 효과가 다수의 이해관계인에 미친다는 특수성이 있기 때문에, 그것에 대내적 효력을 부여하고자 하는 경우 특정 당사자간의 권리관계만을 문제로 하는 외국재판의 승인제도에 의하는 것은 적당하지 않기 때문이라고 지적한다.

그런데 면책결정에 의하여 발생하는 효과는 채무자와 각 개별 채권자 사이의 채무의 감면이라고 하는 단순하고 일의적인 내용이기 때문에, 외국재판의 대내적 효력과 동일하게 취급하면 충분하고, 실제로 면책결정의 대내적 효력이 문제되는 것은, 채권자가 면책결정에 의한 채무의 감면 효과를 무시하거나 또는 그 무효를 주장하여 채무의 이행을 구하는 소를 제기한다거나 강제집행을 신청하여 오는 예외적인 경우에 한정된다고 한다. 이러한 경우 채무자에게 채무자회생법에 따른 승인신청을 요구하는 것은 절차상의 부담이 클 뿐 아니라, 외국도산절차의 승인신청권한을 외국도산절차의 대표자에게 한정한 법체계와의 정합성에 어긋난다고 한다. 따라서 이러한 경우에는 위와 같은 개별 이행소송 등에서 채무자에게 면책결정의 대내적 효력을 주장할 기회를 인정하면 충분하다고 한다.

요컨대 이 견해는 외국도산절차에 있어서 면책결정의 효력이 국내의 채권자에게 미치는가 여부는 민사소송법 제217조에 의하여 개별적으로 판단하여야 하므로, 동조의 요건을 충족하고 있는 한 외국법원의 면책재판은 자동승인된다고 한다. 그리하여 만일 채권자가 감면의 대상으로 된 채권을 소구한 경우에는 채무자는 면책재판에 기한 항변을 제출할 수 있고, 채권자가 강제집행을 해 온 경우에는 채무자는 청구이의의 소를 제기할 수 있다고 한다.

한편 외국도산절차에서 국내채권자의 적법한 절차 참가권이 침해되거나 그 도산절차가 공서양속에 비추어 도저히 용인하기 어려운 사정이 있는 경우 등이 있을 수 있는데, 이러한 경우에는 민사소송법 제217조 제3호의 공서양속 조항에 위반되어 면책재판의 승인요건을 갖추지 못하게 되므로, 위와 같은 승인 방식을 취하였다고 하여 불합리는 생기지 않는다고 한다.

---

20) 미국의 경우 면책된 채권의 권리행사를 영구히 금지하는 명령이라는 지원처분을 두고 있음은 앞에서 본 바와 같다 (본서 2133쪽 각주 13)).

라. 사 견

외국재판의 승인에 준하여 민사소송법 제217조를 적용하여야 한다는 다.의 견해가 타당하다. 그 이유는 첫째 위 가., 나.견해는 채무자회생법상의 승인결정의 법적 성질을 오해하고 있다는 것이다. 채무자회생법상의 '외국도산절차의 승인'은 민사소송법 제217조가 규정하는 '외국재판의 승인'과는 달리 외국법원의 '재판'을 승인하는 것이 아니라 당해 '외국도산절차'가 지원결정을 하기 위한 적격을 갖고 있음을 확인하는 의미에 불과하다. 즉, 채무자회생법상의 외국도산절차의 승인결정은 그 자체만으로 채권자·채무자 등의 실체적인 법률관계를 변경하는 구체적인 효력을 발생시킬 수 없다. 그런데도, 심지어는 외국도산절차의 승인과 전혀 무관한 단계, 즉 외국도산절차가 종료한 후에 있어서도 채무자회생법상의 승인결정을 통하여 외국법원의 면책재판을 승인하여야 한다고 주장하는 위 견해들은 그 법적 성질에 관한 오해가 있는 것으로 보인다.[21]

둘째 우리나라가 도입한 승인·지원절차는 외국도산절차의 존속을 전제로 하여 어디까지나 외국도산절차에 협조하기 위한 절차이므로 외국도산절차가 종료하면 그 존속기반을 잃는 개념이다. 따라서 이미 외국도산절차가 종료하였다면(면책재판의 확정과 동시에 도산절차가 종료하는 것이 일반적이다) 논리상 외국도산절차에 협조할 어떠한 처분도 존재하지 않는다.[22]

대법원도 「외국법원의 면책재판 등은 실체법상의 청구권 내지 집행력의 존부에 관한 것으로서 그에 의하여 발생하는 효과는, 채무자와 개별 채권자 사이의 채무 혹은 책임의 감면이라고 하는 단순하고 일의적인 것이고, 그 면책재판 등의 승인 여부를 둘러싼 분쟁은 면책 등의 대상이 된 채권에 기하여 제기된 이행소송이나 강제집행절차 혹은 파산절차 등에서 당해 채무자와 채권자 상호간의 공격방어를 통하여 개별적으로 해결함이 타당하므로, 이 점에서 외국법원의 면책재판 등의 승인은 그 면책재판 등이 비록 외국도산절차의 일환으로 이루어진 것이라 하더라도 민사소송법 제217조가 규정하는 일반적인 외국재판의 승인과 다를 바 없고, 따라서 외국도산절차에서 이루어진 외국법원의 면책재판 등의 승인 여부는 그 면책재판 등이 민사소송법 제217조의 승인요건을 충족하고 있는지를 심리하여 개별적으로 판단함이 상당하고, 그 승인 여부를 채무자 회생 및 파산에 관한 법률의 승인절차나 지원절차에 의하여 결정할 것은 아니다」고 판시하고 있다.[23]

2. 효력이 발생하기 위한 요건

외국면책재판이 국내에서 효력이 발생하기 위해서는 앞에서 본 바와 같이 민사소송법 제

---

21) 오영준, "채무자 회생 및 파산에 관한 법률하에서 외국도산절차에서 이루어진 외국법원의 면책재판 등의 승인", 대법원판례해설 83호(2010년 상반기), 법원도서관, 637쪽.
22) 이용운, "외국에서 받은 면책재판의 국내적 효력", 도산관계소송, 한국사법행정학회(2009), 397쪽.
23) 대법원 2010. 3. 25. 자 2009마1600 결정.

217조의 요건을 갖추어야 한다. 민사소송법 제217조는 그 요건으로 ① 국제재판관할, ② 송달, ③ 공서양속, ④ 상호보증을 규정하고 있다.

　외국법원의 면책재판 등을 승인하기 위해서는 그 면책재판 등의 효력을 인정하는 것이 대한민국의 선량한 풍속이나 그 밖의 사회질서에 어긋나지 아니할 것이라는 요건을 충족하여야 하는바(민소법 제217조 제3호), 여기서 대한민국의 선량한 풍속이나 그 밖의 사회질서에 어긋나는 경우라 함은, 국내 채권자의 외국도산절차에 대한 적법한 절차 참가권이 침해되는 등 외국법원의 면책재판 등의 성립절차가 선량한 풍속이나 그 밖의 사회질서에 어긋나는 경우나 외국법원의 면책재판 등의 내용이 선량한 풍속이나 그 밖의 사회질서에 어긋나는 경우뿐만 아니라, 외국법원의 면책재판 등에 따른 면책적 효력을 국내에서 인정하게 되면 국내 채권자의 권리나 이익을 부당하게 침해하는 등 그 구체적 결과가 선량한 풍속이나 그 밖의 사회질서에 어긋나는 경우 등도 포함된다.[24]

---

24) 대법원 2010. 3. 25. 자 2009마1600 결정{☞ 미국 도산법원의 회생계획인가결정에 따른 면책적 효력을 국내에서 인정하는 것이 구 회사정리법(2005. 3. 31. 법률 제7428호 채무자 회생 및 파산에 관한 법률 부칙 제2조로 폐지)의 속지주의 원칙을 신뢰하여 미국 도산법원의 회생절차에 참가하지 않고 채무자 소유의 국내 소재 재산에 대한 가압류를 마치고 강제집행이나 파산절차 등을 통하여 채권을 회수하려던 국내 채권자의 권리를 현저히 부당하게 침해하게 되어 그 구체적 결과가 우리나라의 선량한 풍속이나 그 밖의 사회질서에 어긋나는 경우에 해당하므로, 위 미국 도산법원의 회생계획인가결정은 민사소송법 제217조 제3호의 요건을 충족하지 못하여 승인될 수 없다고 한 사례}.

제 5 장

병행도산절차 상호간의 조정

여럿의 국가에 국제도산관할이 인정되는 경우가 있다. 동일한 채무자에 대하여 복수의 국가에서 도산절차가 진행되는 이른바 병행도산(concurrent insolvency proceeding)의 문제는[1] 도산절차에서의 공조의 논리적 연장선상에 있으나, 병행도산의 경우 도산절차가 행해지는 상이한 법질서가 더욱 깊이 관련되기 때문에 특별히 취급할 필요가 있다. 각국의 도산법 질서의 기초를 이루는 정책적 고려와 접근방법의 근본적인 차이로 인하여 병행도산은 채무자 자산과 그의 분배방법을 지배하기 위한 권력투쟁이 될 가능성이 있다.[2]

채무자회생법은 국내도산절차와 외국도산절차의 조정과 외국도산절차 상호간의 조정에 관하여 규정하고 있다.

I 외국도산절차와 국내도산절차의 동시진행

채무자를 공통으로 하는 외국도산절차와 국내도산절차가 동시에 진행하는 경우 법원은 국내도산절차를 중심으로 승인 전 명령 등(제635조)이나 지원(제636조)을 결정하거나 이를 변경 또는 취소할 수 있다(제638조 제1항). 명시적으로 국내절차를 중심으로 조정을 꾀하고 있다.

---

1) 제301조는 외국에서 파산절차가 선행하고 있는 것으로부터 우리나라 채권자가 개별적 권리행사를 하거나 채무자가 재산을 은닉하는 것을 방지하여 신속한 파산선고를 하고자 하는 취지이다. 본래 파산원인의 취급방식, 그리고 파산원인과 파산선고의 연결도 국가마다 다르고, 외국의 파산선고의 요건이 우리나라의 파산선고의 요건과 같다고 할 수 없다. 위 규정은 그러한 의미에서는 외국의 파산선고를 존중하였다고도 할 수 있으나, 현실문제로서는 외국의 파산절차와 별도로 우리나라에서 파산절차를 개시하는 것, 즉 국내외 복수의 파산절차의 병행상태를 긍정하고 있는 것이다(전병서, 675~676쪽). 외국에서의 절차의 종류가 다르지만(추정되는 사실은 동일하다), 병행도산의 개시를 용이하게 하는 기능에 있어서는 제38조 제1항 후문도 마찬가지이다. 관련 내용은 〈제2편 제3장 제2절 Ⅱ.3. 각주 30)〉(본서 177쪽)을 참조할 것.
2) 석광현, "채무자회생 및 파산에 관한 법률(이른바 통합도산법)에 따른 국제도산법", 365쪽. 한 채무자에 대하여 하나의 도산절차만을 허용하고 세계 각국의 모든 채권자들을 평등하게 대우하는 것이 이상적이다. 그러나 현실은 소규모 채권자들의 경우 외국도산절차에 참가하기 어렵고, 각 나라는 외국채권자보다 내국채권자를 더 보호하려는 경향이 있으며, 외국도산기관의 신뢰성, 각 나라의 법제도의 차이 등으로 불확실한 점이 있기 때문에 병행도산현상이 발생하는 것은 피할 수 없다.

Ⅱ 복수의 외국도산절차

채무자를 공통으로 하는 여러 개의 외국도산절차의 승인신청이 있는 때에는 법원은 이를 병합하여 심리하여야 한다(제639조 제1항). 여러 개의 외국도산절차가 승인된 때에는 법원은 채무자의 주된 영업소 소재지 또는 채권자보호조치의 정도 등을 고려하여 주된 외국도산절차를 결정할 수 있다(제639조 제2항).[3]

이 경우 법원의 법원사무관 등은 국내도산절차와 외국도산절차의 승인·지원절차의 조정(규칙 제104조)에 따른 조치를 취하여야 한다(규칙 제105조).

Ⅲ 배당의 조정

채무자를 공통으로 하는 국내도산절차와 외국도산절차 또는 복수의 외국도산절차가 있는 경우 외국도산절차 또는 채무자의 국외재산으로부터 변제받은 채권자는 국내도산절차에서 그와 같은 조 및 순위에 속하는 다른 채권자가 동일한 비율의 변제를 받을 때까지 국내도산절차에서 배당 또는 변제를 받을 수 없다(제642조, 규칙 제107조 제2항). 예컨대 1억 원의 파산채권을 가진 채권자가 파산선고 후 채무자의 외국도산절차로부터 2,000만 원을 배당받은 경우, 우리나라 파산절차에서 다른 채권자가 20%의 배당을 받을 때까지, 그 채권자는 배당을 받을 수 없다. 이는 다른 채권자와 평등을 도모하기 위하여 영국에서 처음 인정된 hotchpot rule을 수용한 것이다. 외국도산절차에서 배당받은 경우뿐만 아니라 임의로 변제를 받았거나 강제집행절차, 담보권 실행절차에서 채권을 변제받은 경우도 마찬가지이다.

외국도산절차에서 배당받은 것에 한정하지 않고, 채무자의 국외재산으로부터 변제받은 것도 포함하여 국내도산절차에서 공평한 배당을 받도록 하였다는 점에 특색이 있다.

채권자가 국내도산절차의 개시결정(파산선고를 포함한다)이 있은 후 외국도산절차 또는 채무자의 국외재산으로부터 변제받은 때에도 그 변제를 받기 전의 채권 전부로써 국내도산절차에 참가할 수 있다(현존액주의). 다만 외국도산절차 또는 채무자의 국외재산으로부터 변제받은 채권액에 관하여는 의결권을 행사하지 못한다(규칙 제107조 제1항).

---

3) 채무자회생법은 주절차(main proceeding)와 종절차(non-main proceeding))의 개념을 정하고 있지는 않다. 주절차란 본사처럼 채무자의 주된 이익의 중심(center of maim interests, COMI)이 소재하는 국가의 국제관할을 인정하고 그곳에서 개시된 절차를 말한다. 종절차란 본사 이외의 영업소 소재지와 같은 기타 국가에서 개시된 도산절차를 말한다. 종절차의 개시는 지역채권자들이 그 지역의 법에 따라 가지는 우월적 지위 또는 비용상의 이점을 보호하기 위한 것이다.

제 6 장

외국법원 및 외국도산절차의 대표자와의 공조

외국법원 및 외국도산절차의 대표자와의 공조는 채무자 재산의 산일을 방지하고, 그의 가치를 극대화하여 국제도산을 효율적으로 수행함으로써 최상의 결과를 달성하기 위한 가장 현실적인 방법이다. 공조는 외국도산절차의 승인을 전제로 하는 것은 아니며, 병행절차의 존재를 전제로 하는 것도 아니다. 그러나 특히 복수국가에서 별개의 도산절차가 개시되어 거의 동시에 병행절차가 진행되는 경우 공조가 중요한 의미를 가진다. 공조에는 법원간의 공조와 도산관재인간의 공조가 있다. 국제도산에서의 공조는 '넓은 의미의 민사사법공조'의 일환이다.[1]

과거 속지주의를 채택하던 때에는 각 도산절차는 각국의 관할구역 안에서만 효력이 미치는 것으로 보아 사건을 처리하였기 때문에 다른 나라의 법원과 공조할 여지가 없었다. 그러나 현행 채무자회생법은 앞에서 본 바와 같이 수정된 보편주의를 채택하고 있으므로 다른 나라 법원과 공조하여 처리할 필요성이 있는 사안이 점점 많아지고 있다.

I 법원간의 공조

법원은 동일한 채무자 또는 상호 관련이 있는 채무자에 대하여 진행 중인 국내도산절차 및 외국도산절차나 복수의 외국도산절차간의 원활하고 공정한 집행을 위하여 외국법원 및 외국도산절차의 대표자와 ① 의견교환, ② 채무자의 업무 및 재산에 관한 관리 및 감독, ③ 복수 절차의 진행에 관한 조정, ④ 그 밖에 필요한 사항에 관하여 공조하여야 한다(제641조 제1항). 법원-법원간뿐만 아니라 법원-외국도산절차 대표자간의 공조를 포함한다. 법원은 위와 같은 공조를 위하여 외국법원 또는 외국도산절차의 대표자와 직접 정보 및 의견을 교환할 수 있다(제641조 제2항).

---

1) 석광현, 전게 "채무자회생 및 파산에 관한 법률(이른바 통합도산법)에 따른 국제도산법", 373쪽.

Ⅲ 관리인 또는 파산관재인간의 공조

국내도산절차의 관리인 또는 파산관재인은 법원의 감독하에 외국법원 또는 외국도산절차의 대표자와 직접 정보 및 의견을 교환할 수 있다(제641조 제3항). 관리인 등−외국도산절차의 대표자(관리인 등)간뿐만 아니라 관리인 등−법원간의 공조를 포함한다. 국내도산절차의 관리인 또는 파산관재인은 법원의 허가를 받아 외국법원 또는 외국도산절차의 대표자와 도산절차의 조정에 관한 합의를 할 수 있다(제641조 제4항). 여기서 도산절차의 조정에 관한 합의라 함은 주로 영미법계 국가의 도산관재인들 사이에 체결되는 도산관리계약(protocol)을 말한다.[2]

채무자회생법은 공조의 시기와 방법 등에 관한 결정을 법원과 관리인 등에게(법원의 감독하에) 맡기고 있는데, 그 이유는 법원 등에게 유연성과 재량을 부여하는 것이 실무적으로 매우 중요하기 때문이다.

---

2) 여러 나라에 분산되어 있는 도산기업의 재산을 함께 처분하는 경우에는 각국에 산재한 도산관리인간의 협조를 강화할 필요가 있다. 한편 'protocol'을 일국의 국가기관이 외교상으로 관여하는 점에서 '의정서'라고 번역하는 것이 맞다는 견해도 있다{박훤일, "국제도산절차와 포럼 쇼핑 문제", 국제거래법연구 16집 1호(2007.7.31.), 283쪽}.

제6편

종합편

제 1 장

도산절차 상호간의 관계

우리나라 도산절차는 복수 절차형이다. 이로 인하여 경우에 따라 회생절차(개인회생절차)와 파산절차가 병존할 수 있다. 복수 절차형을 채택한 관계로 어떠한 절차를 선택할 것인지는 1차적으로는 신청인에게 맡겨져 있어 회생절차·파산절차가 병존하는 구조가 될 수도 있다. 도산절차의 신청권자가 다양하다는 점에서도 그렇다. 또한 채권자에 의한 파산신청에 대한 대항수단으로 채무자가 회생절차를 신청하는 경우도 있다. 그러나 어떠한 이유로든 동일한 채무자에 대하여 회생형 절차와 청산형 절차가 병존하여 계속한다면 목적 자체의 저촉이 발생하고, 회생형에 속한 회생절차와 개인회생절차가 계속한다면 절차의 중복이 초래되어 합리적이지 못하다. 따라서 복수형의 도산처리법제에서는 상호간의 관계에 있어 해결하여야 할 몇 가지 문제가 있다.[1]

하나는 회생형 절차인 회생절차·개인회생절차와 청산형 절차인 파산절차 사이의 우열관계에 관한 것이다(제1절). 둘은 선행절차와 후행절차 사이의 연결성 확보이다(제2절). 회생형 절차가 그 목적을 달성하지 못한 경우에는 청산형 절차인 파산절차에 의한 처리에 맡길 수밖에 없고, 회생형 절차로부터 청산형 절차로 이행하는 과정에서 채무자의 재산이 산일하는 일 등이 발생하지 않도록 하기 위해 선행절차와 후행절차 사이의 연결성을 확보하여야 한다. 회생과 청산이라는 목적에서의 차이가 있지만,[2] 이러한 목적을 달성하기 위하여 절차개시 전부터 채무자의 법률관계를 합리적으로 조정·처리하여야 한다는 점에서 공통되고,[3] 모두 도산절차에 속한다는 점에는 변함이 없으며, 계속기업(사업)가치의 실현을 위하여 보전했던 채무자의 재산을 공평한 청산에 충실하도록 조치를 강구할 필요가 있다.[4] 셋은 각 절차 사이의 연속성 확보

---

1) 破産法·民事再生法, 1135~1136쪽.
2) 회생절차는 재정적 어려움으로 파탄에 직면해 있는 채무자에 대하여 채권자 등 이해관계인의 법률관계를 조정하여 채무자 또는 그 사업의 효율적인 회생을 도모하는 것을 목적으로 하는 반면, 파산절차는 회생이 어려운 채무자의 재산을 공정하게 환가·배당하는 것을 목적으로 한다(제1조).
3) 대법원 2017. 6. 29. 선고 2016다221887 판결 참조.
4) 현재 채무자회생법은 회생절차에서 파산절차로 이행하는 견련파산만을 인정하고 있다. 파산절차에서 회생절차(개인회생절차)로의 이행은 파산절차 진행 중 새로운 회생절차(개인회생절차)가 신청되어 회생절차(개인회생절차)개시결정이 있으면 파산절차가 중지되고(제58조 제2항 제1호, 제600조 제1항 제1호), 회생계획(변제계획)인가결정으로 중지된 파산절차가 실효되는(제256조 제1항, 제615조 제3항) 것에 의해 실현된다.

제6편 종 합 편

를 전제로 선행절차와 후행절차 사이의 일체성을 확보하는 것이다(제3절). 선행절차인 회생절차에서 한 회생채권의 신고 등을 후행절차인 파산절차에서 파산채권의 신고 등으로 볼 수 있는지, 회생채권확정을 위하여 행한 재판절차를 파산절차에서 승계할 수 있는지, 회생절차에서 공익채권을 파산절차에서 재단채권으로 또는 파산절차에서 재단채권을 회생절차에서 공익채권으로 볼 수 있는지 등이 문제된다.

제1절 ▌ 도산절차 상호간의 우열관계

일반적으로 계속기업(사업)가치의 실현이 청산가치의 실현보다 우선한다고 보기 때문에 회생형인 회생절차는 파산절차에 우선한다. 이것은 양자의 신청이 경합할 경우 파산절차에 대한 중지명령(제44조 제1항 제1호)으로 잘 나타난다. 회생절차가 개시되면 파산신청은 금지된다(제58조 제1항 제1호). 또한 회생절차개시결정에 의해 파산절차는 당연히 중지되고(제58조 제2항 제1호), 회생계획인가결정이 있으면 중지된 파산절차는 실효된다(제256조 제1항)는 것도 이러한 사고방식에 기초한 것이다. 나아가 개인회생절차는 파산절차나 회생절차보다 우선한다. 개인회생절차가 신청된 경우 파산절차나 회생절차에 대하여 중지명령(제593조 제1항 제1호)을 할 수 있고, 개인회생절차개시결정이 되면 파산절차와 회생절차는 당연히 중지 또는 금지된다(제600조 제1항 제1호). 변제계획인가결정이 있으면 중지된 파산절차와 회생절차는 실효된다(제615조 제3항).[5]

회생형 절차가 청산형 절차보다 우선하므로 명문의 규정은 없지만 이미 파산선고가 된 경우에도 파산관재인은 법원의 허가를 얻어 채무자에 대하여 회생절차개시신청을 할 수 있다[6]고 할 것이다(제6조 제2항 참조[7]).[8] 회생형 절차에 의하는 것이 채권자의 일반의 이익에 부합한다고 인정되는 한 법원은 파산관재인에 의한 회생절차개시신청을 허용할 수 있을 것이다. 이는 회생형 절차에 의해 실현이 기대되는 계속기업(사업)가치가 파산절차에 의한 청산가치를 상회하는 것으로 판단된다는 것을 의미한다.[9]

---

5) 아래의 내용을 포함하여 이를 개괄적으로 정리하면 다음과 같다. ① 우선하는 절차가 개시된 경우 후순위 절차에 대한 신청은 인정되지 않는다(제58조 제1항 제1호, 제600조 제1항 제1호). ② 후순위 절차의 사건(개시결정뿐만 아니라 개시신청 후 개시결정 전의 단계를 포함한다)이 진행 중이라도, 우선하는 절차의 개시신청이 금지되는 것은 아니고, 해당 개시신청에 기하여 우선하는 절차가 개시된 경우에는, 후순위 절차의 사건은 중지된다(제58조 제2항 제1호, 제600조 제1항 제1호). 이후 우선하는 절차에서 회생계획이나 변제계획이 인가된 경우 중지된 절차는 실효된다(제256조 제1항, 제615조 제3항). ③ 우선하는 절차의 개시가 신청된 경우, 후순위 절차의 중지명령이 내려지는 경우가 있다(제44조 제1항 제1호).
6) 이에 대하여 파산선고를 받은 회사의 경우 파산관재인은 회생절차개시를 신청할 수 없고, 대표이사만이 회생절차개시를 신청할 수 있다는 견해가 있다(법인파산실무, 732쪽 각주 117)). 일본 민사재생법 제246조 제1항은 "파산관재인은 채무자에게 회생절차개시의 원인인 사실이 있는 경우, 법원의 허가를 얻어 그 채무자에 대하여 회생절차를 신청할 수 있다"는 취지로 규정하고 있다.
7) 파산관재인과 법적지위가 유사한 관리인에게 파산신청권을 인정하고 있다.
8) 물론 채권자나 채무자의 회생절차개시신청권은 파산선고로 영향을 받지 않는다.
9) 파산관재인에 의한 (개인)회생절차개시신청은 채무자가 법인이거나 개인인 경우에도 가능할 것이다. 다만 개인의

이에 관한 내용은 〈제1편 제3장 Ⅱ.(1)〉(본서 79쪽)을 참조할 것.

제2절 │ 회생절차에서 파산절차로의 이행(선행절차와 후행절차의 연속성 확보)

우리나라는 복수형 도산법제를 채택하고 있다. 복수형 절차의 도산법제에서는 각 절차 상호간에 우열의 문제가 있을 뿐만 아니라, 사건에 최적인 도산처리절차가 선택된다는 보장도 없다. 따라서 선택된 도산절차가 사건에 최적이 아니라고 판명된 경우 다른 절차로의 이행하는 수단이 필요하다(절차상호간의 이행).

1. 우선하는 절차에서 후순위 절차로의 이행

우선하는 절차에서 후순위 절차로의 이행은 우선하는 절차가 주효하지 못한 경우에 발생한다. 회생형 절차가 그 목적을 달성하지 못하면 대부분의 경우 파산절차에 의해 채무자의 재산을 청산할 필요성이 생긴다. 따라서 회생형 절차의 수행을 감독하는 법원은 이러한 필요성에 부합하기 위해 적시에 파산선고를 하여야 할 것이다.[10] 법원으로 하여금 직권으로 파산선고를 할 수 있도록 한 것은 회생절차개시신청의 남용을 방지하고 파산절차 지연으로 인한 채권자의 불이익을 방지하기 위한 것이다.[11]

이에 관한 자세한 내용은 〈제1편 제3장 Ⅱ.(2) 내지 (3)〉(본서 79, 80쪽) 및 〈제2편 제16장 제3절 Ⅰ.〉(본서 1088쪽)을 각 참조할 것.

경우 변제계획의 수행에 있어 채무자 본인의 자발적인 의사가 중요하다는 점에서 개인회생절차로의 이행은 실제적으로는 이용되기 어려울 것이다. 또한 현행법상 개인회생절차는 채무자만 신청할 수 있도록 규정되어 있다는 점에서 조화되기 어려운 면이 있다.

10) 다만 실무적으로는 필요적 파산선고의 경우를 제외하고 파산선고를 하고 있지 않다. 그러나 회생절차 진행에 실패한 채무자는 예외 없이 파산원인(지급불능과 법인의 경우 채무초과도 포함된다)이 존재할 것이고, 제한된 자원의 효율적인 배분을 위해 청산절차가 신속하게 진행될 필요가 있기 때문에 직권에 의한 파산선고를 적극적으로 활용하여야 할 것이다.

한편 개인회생절차의 경우에는 견련파산제도가 없다. 미국 연방도산법은 채무자는 언제든지 개인회생사건(제13장)을 파산사건(제7장)으로 전환할 수 있고, 전환할 수 있는 권리를 포기하기로 한 약정은 효력이 없도록 규정{§1307(a)}하고 있음은 물론, 인가된 계획상의 조건에 관한 채무자의 중대한 불이행이 있는 경우 등과 같이 일정한 사유가 있으면, 법원은 이해관계인이나 연방관재인(the United States trustee)의 요청에 따라 개인회생사건(제13장)을 파산사건(제7장)으로 이행할 수 있다{§1307(c)}고 규정함으로써 절차의 전환(conversion)을 인정하고 있다. 견련파산과 절차의 전환은 절차의 진행에 있어 차이가 있다. 견련파산은 개인회생절차를 종료하면서 파산선고를 통하여 파산절차로 이행하는 것임에 반하여, 절차의 전환은 일단 사건을 파산절차로 이어지도록 한 후 해당 절차에서 파산선고 여부를 정하는 것이다. 채무자회생법은 파산신청 또는 파산선고 후의 상속으로 인한 상속재산파산으로의 전환만을 인정하고 있다(제308조, 본서 1744쪽).

11) 한편 회생절차에서 영업양도를 통한 회생을 도모하기 위해 회생계획인가 전 영업양도와 회생계획인가 후 영업양도를 마련하고 있다. 이 경우 법원의 허가는 주주총회의 특별결의에 갈음할 수 있다. 그러나 자산이 부채를 초과하면 회생계획인가 전 영업양도의 경우라도 주주총회의 특별결의가 필요하다. 관련 내용은 〈제2편 제15장 제2절 Ⅱ.1.〉(본서 1021쪽)을 참조할 것. 회생절차에서 주주총회의 특별결의가 필요한 경우 이러한 특별한 요건을 배제하기 위하여(제492조 제3호) 파산절차로의 전략적인 이행도 고려할 수 있다.

2. 후순위 절차에서 우선하는 절차로의 이행

한편 앞에서 본 바와 같이 각 도산절차 사이에서는 우열이 있기 때문에 파산절차에서 회생절차로의 이행도 가능하다.[12] 관련 내용은 〈제1절〉을 참조할 것.

후순위 절차에서 우선하는 절차로의 이행은 후순위 절차의 진행 중, 우선하는 절차의 개시신청에 터잡아 개시결정이 된 경우에 발생한다.

제3절 선행절차와 후행절차의 일체성 확보

도산절차 상호간에 이행된 경우 기본적인 콘셉트(concept)는 가능한 한 선행절차와 후행절차의 일체성을 확보하는 것이다. 물론 복수절차형 도산법제를 채택하고 있는 이상, 선행절차와 후행절차는 독립된 것이고, 양자를 완전히 연속·일체화되는 것으로 볼 수는 없다. 후행절차에 있어 도산채권의 기준시는 어디까지나 후행절차의 개시결정시이고, 도산채권의 확정도 각 절차마다 이루어진다. 그러나 가능한 한 선행절차와 후행절차의 일체성을 확보하는 것이 복수절차형 도산법제의 단점을 최소화하기 위해서라도 바람직하다.[13]

Ⅰ 도산절차 상호간 이행 확보 수단

1. 회생절차에서 파산절차로 이행한 경우

회생절차에서 파산절차로의 원활한 이행을 확보하기 위하여 지급정지·파산신청의 의제, 공익채권의 재단채권으로의 보장, 파산채권으로의 신고의제 등과 같은 양 절차의 일체성 확보를 위한 제도를 마련하고 있다.

이에 관한 자세한 내용은 〈제2편 제16장 제3절 Ⅱ.〉(본서 1091쪽)를 참조할 것.

2. 파산절차에서 회생절차로 이행한 경우

파산절차에서 (개인)회생절차로 이행되는 것도 앞에서 본 바와 같이 가능하다. 하지만 이에 관하여는 제256조 제2항(재단채권의 공익채권으로의 취급)외에 별다른 규정이 없다. 파산절차에서는 권리의 변경이나 실권제도가 없기 때문에 파산절차에서 파산채권의 신고, 이의와 조사 또는 확정은 회생절차에서 행하여진 회생채권의 신고, 이의와 조사 또는 확정으로 볼 수 있을

---

12) 다만 이는 앞에서 본 바와 같이 엄밀히는 파산절차에서 회생절차로의 이행이라기보다 회생절차의 우선에 의한 파산절차의 중지 및 새로운 회생절차개시신청에 의한 회생절차의 진행이다.
13) 條解 民事再生法, 1249쪽.

것이다. 반면 담보권은 파산절차에서 별제권으로 취급되기 때문에 회생담보권은 별도로 채권확정절차를 거쳐야 할 것이다.

파산절차에서 회생절차로 이행된 경우 재단채권은 공익채권으로 한다(제256조 제2항). 관련 내용은 〈제2편 제14장 제5절 Ⅴ.3.〉(본서 1008쪽)을 참조할 것.

3. 채무자회생법의 태도

이와 같이 회생형절차에서 청산형절차로 및 청산형절차에서 회생형절차로의 이행이 있을 수 있지만, 채무자회생법은 도산절차의 이행이 있는 경우, 이것을 일체화하는 '엄격한 이행'을 채택하고 있지 않고 있다. 각 절차의 병존을 인정하면서 그로 인한 불합리를 조정하고 가능한 한 일체화로 취급하는 '완화된 이행'제도를 채용하고 있다.

Ⅱ 회생절차에서 진행 중이던 재판절차의 파산절차에서의 추이

회생절차에서는 채무자의 재산이나 회생채권 등에 관한 분쟁의 해결을 위해 별도의 재판절차가 설계되어 있다. 이들 중 어떤 것은 회생절차의 종료와 함께 종료되고, 어떤 것은 파산절차에 수계된다.

1. 부인권 행사를 위한 재판절차의 추이

가. 부인의 청구

부인권 행사의 방법으로 부인의 청구가 되고, 그 절차 계속 중에 회생절차가 종료된 경우에는 부인의 청구절차는 당연히 종료한다.[14] 부인의 청구는 회생절차가 계속되는 경우에 인정되는 간이·신속한 절차이기 때문에 회생절차가 종료된 경우에는 그 종료의 원인을 묻지 않고 당연히 종료된다. 이는 부인의 청구는 간이·신속한 심리절차이므로 이것을 이후 파산절차에 수계시킬 필요성이 없기 때문이다.

나. 부인의 청구를 인용한 결정에 대한 이의의 소

부인의 청구를 인용한 결정이 있고, 이것에 대한 이의의 소가 계속된 후 회생계획불인가결정 등의 이유로 회생절차가 종료된 경우에는 소송절차는 중단되고, 그 후 파산선고가 되면 파산관재인이 이것을 수계할 수 있다.[15] 상대방에게도 수계신청권이 있다(제6조 제6항, 제10항). 파산선고가 되지 않으면 소송절차는 종료된다(본서 1172쪽).

---

14) 일본의 회사갱생법 제95조 제5항, 민사재생법 제136조 제5항은 이를 명시적으로 규정하고 있다. 관리인이 수행하던 부인의 청구를 파산관재인이 수계한다는 견해도 있다(법인파산실무, 693쪽).
15) 대법원 2015. 5. 29. 선고 2012다87751 판결.

다. 부인의 소 또는 항변으로서 부인권이 행사된 소

관리인이 부인권의 행사를 청구원인으로 하여 부인의 소(따라서 경우에 따라 소의 형태는 청구이의의 소 등이 될 수도 있다)를 제기하거나, 상대방으로부터 제기된 소에 대하여 부인권을 항변으로 주장하고, 그 소송계속 중에 회생절차가 종료된 경우에는, 그 소송절차는 회생절차의 종료에 의해 중단된다. 이후 견련파산선고가 되면 파산관재인이 위 소송절차를 수계할 수 있다. 수계신청은 상대방도 할 수 있다. 한편 파산선고가 되지 않으면 부인의 항변은 이유 없게 되고,[16] 부인의 소는 종료한다. 부인권은 회생절차를 전제로 관리인만이 행사할 수 있는 권리이기 때문이다.

다만 회생절차개시결정 당시 사해행위취소소송이 계속되어 관리인이 수계한 경우에는 회생절차종료로 다시 채권자가 수계를 한다. 그렇지만 소송이 유지되기 위해서는 부인 이외의 다른 주장을 하여야 한다. 부인권은 회생절차 진행을 전제로 관리인만이 행사할 수 있는 권리이기 때문이다.

2. 법인의 이사 등 책임에 기초한 손해배상청구권 등에 관한 재판절차의 추이

가. 조사확정재판

법인의 이사 등에 대한 손해배상청구권 등의 조사확정재판절차는 조사확정결정이 있는 경우를 제외하고 회생절차가 종료된 경우에는 당연히 종료한다(제115조 제8항). 부인의 청구의 경우와 마찬가지로 간이·신속한 심리를 위한 절차를 파산절차에 수계시킬 이유가 없기 때문이다.

나. 조사확정재판에 대한 이의의 소

손해배상청구권 등의 조사확정재판에 대한 이의소송절차가 계속 중에 회생절차가 종료된 경우에는 소송절차가 중단되고(민소법 제239조), 그 후 회생절차로부터 파산절차로 이행된 경우에는 파산관재인 또는 상대방이 이를 수계할 수 있다(제347조 제1항). 한편 파산선고가 되지 않으면 당사자적격이 관리인에서 채무자로 변경되므로 이의의 소는 중단되고 채무자가 이를 수계한다. 이는 부인권의 경우와 달리 법인의 이사 등에 대한 손해배상청구권 등은 회생절차 계속에 의해 좌우되지 않는 실체법상의 권리이기 때문이다.

3. 회생채권 등의 확정을 위한 재판절차의 추이

가. 조사확정재판

회생채권 등의 확정을 위한 재판절차 중 채권조사확정재판은 회생계획인가결정 전에 회생

---

16) 대법원 2016. 4. 12. 선고 2014다68761 판결.

절차가 폐지된 경우에는 이후 파산선고가 되건 안 되건 종료된다. 회생계획인가 후 회생절차가 폐지된 경우에는 이후 파산선고가 안 되면 그대로 유지되지만, 파산선고가 되면 종료한다.

나. 조사확정재판에 대한 이의의 소

조사확정재판에 대한 이의의 소에 관한 소송절차는 ① 회생계획인가결정 전에 회생절차가 폐지된 경우에는 이후 파산선고가 안 되면 소송절차는 중단되고 채무자가 수계한다(소송은 통상소송으로 변경된다). 파산선고가 되면 중단되고 파산관재인이 수계한다. ② 회생계획인가결정 후에 회생절차가 폐지된 경우에는 이후 파산선고가 안 되면 중단되고 채무자가 수계한다. 파산선고가 되면 중단되고 파산관재인이 수계한다. 제6조 제1항에 의한 파산선고 당시에 계속 중이던 회생채권의 조사확정재판에 대한 이의의 소에서 제464조에 의한 수계가 이루어진 후에, 그 당사자가 청구취지를 회생채권자의 확정을 구하는 것에서 파산채권의 확정을 구하는 것으로 변경한다면, 특별한 사정이 없는 이상 법원으로서는 그에 따라 판단하면 족하다.[17]

이에 관한 자세한 내용은 〈**제19장 제4절 Ⅱ.1.나.**〉(본서 1169쪽)를 참조할 것.

〈채무자회생법 조문에 따른 절차 비교표〉

	회생절차(제2편)	파산절차(제3편)	개인회생절차 (제4편)	비고
소멸시효중단	① 제32조 제1호 ② 제115조 제5항	① 제32조 제2호 ② 제352조 제5항	제32조 제3호	
절차개시(파산)원인	제34조 제1항	제305조, 제306조, 제307조, 제578조의4	제578조 제1호	
신청권자	제34조, 제35조	제294조, 제295조, 제299조, 제578조의3	제588조	

---

17) 대법원 2020. 12. 10. 선고 2016다254467(본소), 2016다254474(반소) 판결. 다만 제6조 제1항에 의하여 파산이 선고되어 파산채권의 조사확정절차가 진행된다는 사정만으로는 종전 회생채권 조사확정절차를 통해 회생채권의 존부와 범위를 확정할 법률상 이익이 소멸한다고 단정할 수는 없으므로, 제6조 제1항에 따라 파산이 선고되어 파산채권자표 작성이 예정되어 있음에도 불구하고 회생채권 조사확정재판에 대한 이의의 소의 당사자가 회생채권자표의 확정을 구하면서 파산채권자표의 확정을 구하는 내용의 청구취지를 추가하고자 한다면, 이는 허용되어야 한다. 그 이유는 다음과 같다. ① 회생절차에서 이루어지는 채권조사확정절차는 회생절차개시결정 당시를 기준으로 한 회생채권의 존부와 범위를 정하는 것을 목적으로 하고, 파산절차에서 이루어지는 채권조사확정절차는 파산선고 당시를 기준으로 한 파산채권의 존부와 범위를 정하는 것을 목적으로 한다. 제6조 제1항에 의하여 파산이 선고되는 경우 그 파산절차에서 채권조사확정의 대상이 되는 파산채권도 파산선고 당시를 기준으로 판단해야 하므로, 종전 회생절차에서 확정된 회생채권이 회생계획에 따라 변경되고 파산선고 당시까지 변제되는 등의 사정을 모두 반영하여 확정되어야 한다. ② 또한 회생계획인가의 결정이 있은 때에는 회생채권자 등의 권리는 회생계획의 내용대로 실체적으로 변경되므로(제252조 제1항), 회생절차개시 이전에 존재하였던 회생채권 또는 회생담보권에 관한 집행권원에 의하여 강제집행 등은 할 수 없고, 회생채권자표와 회생담보권자표의 기재만이 집행권원이 되지만(대법원 2017. 5. 23. 자 2016마1256 결정 참조), 파산폐지결정이 확정되거나 파산종결 후에는 채권자가 파산채권자표의 기재에 의해 강제집행을 할 수 있을 뿐만 아니라(제548조 제1항, 제535조 제2항), 회생채권자표 등과 같이 파산선고 이전에 존재하였던 파산채권에 관한 집행권원에 의하여도 강제집행을 할 수 있다. 이는 제6조 제1항에 의한 파산절차에서도 마찬가지이다{위 2016다254467(본소), 2016다254474(반소) 판결}.

신청서	제36조	제302조	제589조	
비용예납 등	제39조	제303조, 제304조	제590조	
신청기각사유	제42조	제309조	제595조	
보전처분	제43조	제323조	제592조	파산절차에서는 보전처분에 의해 강제집행 등의 중지를 할 수 있다고 봄
중지명령	제44조 제1항	×	제593조 제1항	
소멸시효정지	① 제44조 제2항, 제1항 제5호 ② 제58조 제4항, 제3항 ③ 제140조 제5항, 제2항, 제3항	×	① 제593조 제2항, 제1항 제5호 ② 제600조 제4항, 제1항, 제2항	민법상 소멸시효 정지와 다름. 민법상 소멸시효 정지는 소멸시효 완성유예를 의미
취소명령	제44조 제4항	×	×	개인회생절차의 경우 중지명령에 기한 취소명령 규정×
	제45조 제5항		제593조 제5항 [제45조 제5항]	
포괄적금지명령	제45조 제1항	×	제593조 제5항 [제45조 제1항]	
소멸시효 완성유예	제45조 제8항	×	제593조 제5항	* 국제도산: 제636조 제5항, 제1항
신청취하제한	제48조	×	제594조	
개시결정/파산선고 (효력발생시기)	제49조	제310조, 제311조	제596조	
동시처분	제50조	제312조	제596조 제2항	
후속조치(부수처분)	제51조, 제52조	제313조 내지 제315조	제597조	제51조 및 제597조는 '지체 없이', 제313조는 '즉시'라고 하고 있음(표현의 통일 필요)
신청재판에 대한 즉시항고	제53조	제316조	제598조	
[개시결정/파산]의 취소	제54조	제325조	제599조	
관리처분권	제56조 제1항 (관리인)	제384조 (파산관재인)	제580조 제2항 (채무자)	회생절차의 관리인은 업무수행권까지 있음
개시결정에 따른 다른 절차의 중지·금지·취소	제58조	×	제600조	

중지된 강제집행 등의 실효	제256조 제1항 (회생계획인가결정)	제348조 제1항 (파산선고)	제615조 제3항 (변제계획인가결정)	
소송절차의 중단·수계	제59조 제1항 내지 제5항	제347조 제1항	×	
행정청에 계속되어 있는 사건의 중단·수계	제59조 제6항	제350조	×	
사해행위취소소송중단 ·수계	제113조	제406조	제584조 제1항 [제406조]	
법원허가사항	제61조	제492조	×	파산절차에서는 자기거래제한(제61조 제2항) 규정×
공익채권·재단채권· 개인회생재단채권의 승인	제61조 제1항 제8호	제492조 제13호	×	
절차개시(파산선고) 후 채무자 행위의 효력	제64조	제329조	×	
절차개시(파산선고) 후 권리취득	제65조	제330조	×	회생절차에서는 '회생채권 또는 회생담보권'에 관한 권리취득에 한정
선의거래보호 [선의·악의추정]	제66조, 제67조 [제68조]	제331조, 제332조 [제334조]	×	
	제123조 제1항 [제123조 제2항]	제333조 [제334조]	×	회생절차에서는 회생채권의 확장측면에서 규정하고 있음
공유관계	제69조	제344조	×	* 공유물분할방법: 민법 제269조 제1항, 제1013조
배우자등의 재산관리	×	제345조	×	
자유재산	×	제383조	제580조 제3항, 제4항	
환취권	제70조 내지 제73조	제407조 내지 제410조	제585조	
당사자적격	제78조(관리인)	제359조 (파산관재인)	×	
임무종료시 계산보고의무	제84조 제1항 (관리인 또는 그 승계인)	제365조 제1항 (파산관재인 또는 그 상속인)		

임무종료시 긴급처분	제84조 제2항 (관리인 또는 그 승계인)	제366조(파산관재인 또는 그 상속인)		민법 제691조도 같 은 취지 규정
재산가액의 평가	제90조	제482조		
재산목록과 대차대조표의 작성	제91조	제483조	×	
부인권	제100조 내지 제113조의2	제391조 내지 제406조의2	제584조	파산절차에는 제100조 제2항과 같은 규정×
별제권	×	제411조 내지 제415조의2	제586조	개인회생절차에는 제 415조의2에 관한 준 용규정×
상계권	제144조, 제145조	제416조 내지 제422조	제587조	
법인의 이사 등의 책임	제114조 내지 제117조	제351조 내지 제354조	×	
쌍방미이행 쌍무계약에 관한 선택권	제119조	제335조	×	
쌍방미이행 쌍무계약의 해제·해지	제121조	제337조	×	
지급결제제도 등에 관한 특칙	제120조	제336조	×	
계속적 급부를 목적으로 하는 쌍무계약	제122조	×	×	
회생절차개시(파산선 고) 후의 환어음의 인수 등	제123조	제333조	×	회생절차: 회생채권 확장 파산절차: 선의거래 자 보호
임대차계약 등	제124조	제340조	×	
상호계산	제125조	제343조	×	
파산재단/ 개인회생재단	×	제382조 (파산재단)	제580조 (개인회생재단)	회생절차: 채무자의 재산
다수채권자와 현존액주의	제126조 내지 제130조	제428조 내지 제433조	제581조 제2항	
변제(금지)	제131조	제424조	제582조 제600조 제1항 제3호	파산절차의 경우 직 접적인 규정×

채권의 균질화	제133조 제2항, 제134조 내지 제138조	제425조 내지 제427조	제581조 제2항	회생절차에서는 의결권액을 확정하는 것임
우선권의 기간의 계산	제139조	제442조	제581조 제2항	
채권자목록제출 제도	제147조	×	제589조 제2항 제1호	
채권신고제도	제148조 내지 제150조	제447조	×	회생절차에서는 주주·지분권도 신고하여야 함
불이익한 채권신고사항 변경	제152조 제4항	제454조	×	
신고(채권자)명의 변경	제154조	×(규칙 제76조)	제609조의2	개인회생절차는 채권신고제도×
벌금(조세) 등 청구권의 신고	제156조(벌금·조세 등의 신고)	제471조(벌금 등의 신고)	채권신고제도×	파산절차에는 조세 등 청구권에 관한 규정×
벌금(조세) 등 청구권에 대한 불복	제157조	제472조	×	파산절차에서는 조세 등 청구권에 관한 규정×
채권자표의 작성	제158조 (채권신고 후)	제448조 제1항 (채권신고 후)	제603조 제2항 (채권확정 후)	작성시기가 다름
채권의 확정	제166조	제458조	제603조 제1항	
채권조사결과 등의 기재	제167조 제1항	제459조 제1항	제603조 제3항	개인회생절차에서는 '확정된 개인회생채권'을 기재
채권자표 기재의 효력(확정판결과 동일한 효력)	제168조	제460조	제603조 제3항	
종료로 인한 채권자표 기재의 효력(집행력)	제255조, 제292조	제460조, 제535조	제603조 제4항	
조사확정재판	제170조	제462조	제604조	
조사확정재판에 대한 이의의 소	제171조	제463조	제605조	
이의채권에 관한 소송수계	제172조	제464조	×	
주장(청구원인)의 제한	제173조, 제174조 제3항	제465조, 제466조 제3항	×	개인회생절차는 채권신고제도 없음
집행력 있는 집행권원이 있는 채권 등에 관한 이의	제174조	제466조	×	개인회생절차의 경우 회생절차에 관한 규정 유추적용(다른 견해 있음)

	제175조 (관리인/회생채권자 ・회생담보권자의 신청)	제467조 (파산관재인/파산채 권자의 신청)	제606조 (채무자/회생위원/ 개인회생채권자의 신청)	개인회생절차에서 회 생위원에게도 신청권 을 부여한 것이 특 색임
채권확정에 관한 소송결과의 기재				
채권확정에 관한 판결의 효력	제176조 제1항	제468조 제1항	제607조 제1항	
채권조사확정재판의 효력	제176조 제2항	제468조 제2항	제607조 제2항	
소송비용의 상환	제177조	제469조	제608조	
소송목적의 가액	제178조	제470조	제609조	
공익채권/재단채권/ 개인회생재단채권	제179조 (공익채권)	제473조 (재단채권)	제583조(개인회생재 단채권)	
원천징수하는 조세 등	제179조 제1항 제9호(공익채권)	×	제583조 제1항 제2호(개인회생재단 채권)	파산절차에서는 일 부 후순위 파산채권 (납부지연가산세)을 제외하고 모두 재단 채권
재산(재단)부족의 경우 공익채권 등 변제	제180조 제7항	제477조	×(제583조 제2항 에서 제477조는 준용×)	우선권 고려× 채권액에 비례하여 변제
의결권에 대한 이의	제187조	제373조 제2항	×	
의결권액의 결정	제188조 제2항 (이의있는 권리)	제373조 제2항 (이의가 있는 미확정채권 등)	×	
의결권액의 변경결정	제188조 제3항 (이해관계인의 신청 또는 직권)	제373조 제3항 (이해관계인의 신청)	×	파산절차에서도 직 권으로 변경결정 가 능(사견)
의결권의 불통일행사	제189조	제371조	×	
의결권의 대리행사	제192조	제372조	×	
특별한 이익을 주는 행위의 무효	제219조	×	제612조	무익한 규정
법인의 존속	제241조	제540조	×	
면책	제251조(기업)	제566조(개인)	제625조(개인)	기업 = 법인＋개인
권리의 변경	제252조 (회생계획인가결정)	×	제615조 제1항 단서 (면책결정의 확정)[18]	
면책불허가	×	제564조 제1항	제624조 제3항	
비면책채권	×	제566조 단서	제625조 제2항 단서	

---

18) 회생절차와 달리 권리의 변경에 관한 직접적인 규정이 없다.

면책취소	×	제569조	제626조	회생계획취소제도는 없음
도산절차 종료 후 강제집행의 집행권원	회생채권자표 · 회생담보권자표 (제255조 제2항, 제292조 제2항)	파산채권자표의 기재(제535조 제2항, 제548조 제1항)	개인회생채권자표 (제603조 제4항)	
강제집행 등의 실효 및 그 예외	제256조 제1항(회생계획인가 결정으로 실효)	제348조 제1항(파산선고로 실효)	제615조 제3항(변제계획인가 결정으로 실효)	
절차종료에 따른 공익채권(재단채권)의 변제 · 공탁	제291조	제325조 제2항, 제547조		

제 2 장

도산절차가 비송사건절차에 미치는 영향

도산사건을 처리하다 보면 채무자를 당사자로 하는 민사조정사건, 가사사건[1] 등의 비송사건[2]이 계속되어 있는 경우가 있다. 민사조정사건이 계속되던 중에 당사자 중 일방에 대하여 도산절차가 개시된 경우 민사조정절차는 중단이나 수계가 되는지, 가사사건이 계속되던 중에 당사자 중 일방에 대하여 도산절차가 개시된 경우 가사사건절차는 중단·수계되는지, 가사사건 영역에서 도산실체법의 문제로서 재산분할청구권, 이혼위자료청구권, 양육비청구권 및 상속재산분할청구권이 파산재단이 되는지, 파산채권이 되는지 등 여러 가지 문제가 발생한다. 비송사건이 늘어나고 있음에도 현재 이러한 문제에 대하여 다루고 있는 문헌은 찾기 쉽지 않다.

여기서는 (개인)회생절차개시 및 파산선고 당시에 민사조정사건·가사사건 등의 비송사건이 계속되어 있는 경우 민사조정절차·가사사건절차의 중단, 수계가 가능한지에 대하여 민사조정법, 비송사건절차법이나 가사소송법을 고려하여 검토하기로 한다. 더불어 관련 문제로 개인채무자에 대하여 파산이 선고된 경우 재산분할청구권, 이혼위자료청구권, 양육비청구권 및 상속재산분할청구권이 파산재단이 되는지, 파산채권이 되는지에 관하여도 살펴보기로 한다. 나아가 비송사건절차 진행 중에 도산절차가 개시된 경우 도산채권의 확정은 해당 비송사건절차에서 하는 것인지 아니면 별도로 도산채권확정재판을 신청하여야 하는지도 검토한다.

---

1) 가사사건은 좁은 의미로는 ① 가사소송법 그 밖의 법령에 의하여 가정법원이 처리할 소송·비송 및 조정사건을 가리킨다. 가장 좁은 의미로는 ② 조정사건을 제외하고 가정법원이 처리할 소송 및 비송사건으로서 가사소송법 제2조 제1항에 열거하고 있는 것을 말한다. 가사소송법은 가사사건을 ②와 같은 의미로 보고 있지만(가사소송법 제2조 제1항), 일반적으로 가사사건이라 함은 가사조정사건을 포함한 ①의 의미로 사용하고 있다{법원실무제요 가사(Ⅰ), 법원행정처(2021), 3쪽}. 한편 가사소송사건(가류, 나류, 다류)의 경우는 도산절차와 일반적인 소송절차와의 관계와 동일한 법리가 적용되므로, 본 장에서 가사사건은 가사조정사건과 가사비송사건만을 의미한다.

2) 법원의 관할에 속하는 민사사건 중 소송절차로 처리하지 않는 사건을 비송사건이라 한다. 형식적으로는 비송사건절차법에 정해진 사건과 그 총칙규정의 적용 또는 준용을 받는 사건을 말한다. 여기에는 ① 민사비송사건(법인, 신탁, 재판상의 대위, 공탁, 감정, 법인등기, 부부재산약정 등기 등(비송사건절차법 제32조 이하), ② 상사비송사건(회사의 경매, 사채, 회사의 청산, 상업등기 등, 비송사건절차법 제72조 이하), ③ 과태료사건(비송사건절차법 제247조 이하), ④ 가사비송사건(라류·마류 사건), ⑤ 민사조정 및 가사조정, ⑥ 회생·파산·개인회생사건 등이 포함된다.

도산절차의 개시가 비송사건절차에 어떠한 영향을 미치는지는 모든 비송사건을 대상으로 하는 것이 아니라 관리처분권의 이전은 채무자의 재산이나 파산재단에 관한 것이고 소송의 중단과 수계도 이와 관련된 것이므로 비송사건 중 재산성이 있는 사건만을 대상으로 한다.

Ⅰ 비송사건절차의 중단 여부

개인회생절차에서는 개인회생절차가 개시되더라도 관리처분권이 여전히 채무자에 있기 때문에(제580조 제2항) 민사조정절차, 가사사건절차의 일방 당사자에 대하여 개인회생절차가 개시되더라도 중단의 문제가 발생하지 않는다. 따라서 여기서는 회생절차가 개시된 경우와 파산선고가 된 경우에 관하여 살펴보기로 한다.

비송사건절차법 제1편 총칙 규정은 제2편 아래의 각종 사건뿐만 아니라 민사조정절차(민사조정법 제39조), 가사비송사건(가사소송법 제34조), 가사조정사건(가사소송법 제49조)에 준용되고 있는데, 비송사건절차법 총칙 규정에는 민사소송법 제233조(특히 제239조) 이하에서 규정하고 있는 소송절차의 중단에 관하여는 아무런 정함이 없다.[3]

비송사건절차는 신청에 의해 절차가 개시되는 경우에 있어서도,[4] 절차개시 이후에는 사실의 탐지나 증거의 조사에 있어 직권탐지주의가 적용되고(비송사건절차법 제11조), 신속한 절차진행은 물론 절차진행에 있어서도 직권주의가 지배하여 절차의 중단이 발생하지 않는다는 것이 일반적인 견해이고(통설) 재판실무도 마찬가지다.

그렇다면 비송사건절차 진행 중에 도산절차가 개시된 경우에도 중단은 발생하지 않는 것인가. 아니면 채무자회생법이나 민사소송법에 있는 소송절차의 중단에 관한 규정(제59조, 민소법 제239조)이 준용 내지 유추적용될 수 있는가. 비송사건절차는 신속하게 진행할 필요성이 있고 분쟁을 조기에 해결하여야 한다는 점에서 중단이 발생하지 않는다고 볼 여지도 있다. 그렇지만 비송행위 중에는 당사자에 대하여 해야 하는 것(예컨대 재판의 고지)이 있을 뿐만 아니라 당사자가 관여하지 않으면 할 수 없는 것도 있다는 점, 위와 같은 경우 절차보장의 관점에서 중단이 있었던 경우와 같은 조치가 필요하다는 점 등을 고려하면, 당사자가 회생절차개시결정이나 파산선고를 받은 경우, 그 당시에 계속된 소송절차의 중단에 관한 규정(제59조, 민소법 제239조)은 비송사건절차에도 준용(위 규정의 '소송'에는 비송이 포함되는 것으로 된다) 내지 유추적용된다고 할 것이다.[5]

Ⅱ 비송사건절차에서의 수계

비송사건에 대하여 중단을 인정할 경우 당연히 수계가 문제된다. 비송사건에서 중단을 인정하지 않는다고 하더라도 많은 경우 신청인이나 상대방 등이 사망하거나 자격상실함으로써

---

3) 다만 기일, 기간, 소명 방법, 인증과 감정에 관하여 민사소송법의 규정을 준용한다고 규정하고 있을 뿐이다(비송사건절차법 제10조). 이외에 개별적으로 비송사건절차법 제5조, 제23조, 제27조, 제29조 제3항에 민사소송법에 관한 준용을 규정하고 있다.

4) 절차개시의 측면에서 비송사건은 당사자의 신청이 없더라도 공익적 견지에서 법원이 직권으로 개시하는 경우가 많다.

5) 가사비송절차에서는 당사자가 파산선고를 받은 경우에도 절차의 중단은 생기지 않는다는 견해도 있다{법원실무제요 가사(Ⅰ), 법원행정처(2021), 86쪽}.

절차가 목적을 상실하고 종료하여 버리지만, 사건에 따라서는 그 상대방을 대상으로 하여 절차를 속행할 수는 없더라도 그 상속인 또는 다른 당사자적격을 대상으로 하여 절차를 속행할 필요가 있는 경우도 있으므로 비송사건에서 절차의 중단이 인정되지 않는다는 것이 곧 절차의 수계도 있을 수 없다는 것을 의미하는 것은 아니다. 다만 비송사건에서는 그와 같은 수계의 인정 여부 및 누구로 하여금 수계하게 할 것인가 하는 점에 대한 조사와 판단을 법원이 주도적으로 하게 된다는 점에서 소송절차와의 차이가 있을 뿐이다.[6]

1. 비송사건에서의 청구가 채무자의 재산·파산재단에 관한 것이고 회생채권[7]·파산채권에 관한 것이 아닌 경우의 수계

비송사건에서의 청구가 채무자의 재산(회생절차)·파산재단(파산절차)에 관한 것이고,[8] 회생채권·파산채권에 관한 것이 아닌 것은, 당사자적격의 변동에 따라(제78조, 제359조) 관리인(회생절차)·파산관재인(파산절차)이 절차를 수계한다.[9]

구체적인 내용에 관하여는 아래 〈Ⅲ.1.가., 나.〉를 참조할 것.

2. 비송사건에서의 청구가 회생채권·파산채권에 관한 경우의 수계

비송사건에서의 청구가 회생채권·파산채권에 관한 경우에는 위 〈1.〉의 경우와 사정이 다르다.

회생채권·파산채권을 가진 자가 회생절차·파산절차에 참가하기 위해서는, 채무자회생법에 따라 회생채권·파산채권의 신고, 조사, 확정의 절차를 거쳐야 한다. 도산절차에서는 도산채무자가 완전히 변제를 할 수 없는 재산(재단)을 도산채권자 사이에 공평하게 분배하지 않으면 안 되기 때문에, 도산채권자 사이에서 각각의 채권(채권의 존부, 액, 우선순위 등)을 가급적 신속하게 확정할 필요가 있다. 그래서 도산절차에는 '집단적 채무처리'라고 하는 채권확정절차가 설계되어 있다. '집단적 채무처리'절차에서 비송사건에 관한 청구가 회생채권·파산채권에 관한 경우에는, 당사자에 대하여 회생절차개시결정·파산선고결정이 있어도 곧바로 관리인·파산관재인이 수계하는 것은 아니고, 일단 당해 채권을 가진 자가 채권신고를 하고 조사과정에서 이의가 된 경우(이의가 없으면 해당 채권은 확정된다) 이의자와 당해 채권자 사이에서 채권의 확정절차가 진행되는 것이다.

문제는 이러한 채권확정절차의 방법으로서 계속 중인 비송사건절차의 수계가 가능한지(제172조 제1항, 제464조에서의 '소송'에 비송도 포함되는지)이다. 한편 개인회생절차에서는 수계의 문

---

6) 법원실무제요 가사(Ⅰ), 법원행정처(2021), 83~84쪽. 위 책은 당사자가 파산선고를 받은 경우 가사비송절차는 파산관재인이 수계한다고 하고 있다(86쪽).
7) 회생담보권을 포함하는 개념이다. 이하 같다.
8) 친권상실이나 후견인의 선임과 같이 절차의 목적이 비재산적인 것으로서 채무자의 재산이나 파산재단과 관련이 없는 것일 때에는 절차의 수계는 인정되지 않고 도산절차개시는 비송사건절차의 속행에 아무런 영향도 미치지 않는다.
9) 개인회생절차에서는 수계의 문제가 발생하지 않음은 앞에서 본 바와 같다.

제는 발생하지 않지만 계속 중인 비송사건절차에서 이의가 있는 개인회생채권을 확정할 수 있는지(제604조 제2항에서의 '소송'에 비송도 포함되는지)가 문제된다.

아래에서 2가지 사건{민사조정(Ⅲ.2.), 가사사건(Ⅳ.)} 유형별로 차례로 검토하기로 한다.

Ⅲ 민사조정의 경우

민사조정이란 민사에 관한 분쟁을 간이한 절차에 따라 당사자 사이의 상호양해를 통하여 조리를 바탕으로 실정에 맞게 해결함을 목적으로 하는 제도를 말한다(민사조정법 제1조). 민사조정은 당사자의 입장에서는 당해 분쟁을 판결에 비하여 더 저렴한 비용에 더 빨리 해결할 수 있을 뿐만 아니라 복잡하게 얽혀 있는 분쟁을 일거에 해결할 수도 있고, 법원의 입장에서는 심리와 판결문 작성에 드는 노력을 경감시키고 상소로 인한 상급심 법원의 부담을 덜어주는 등의 많은 장점을 가지고 있는 까닭에, 오늘날 법원에서는 민사조정의 활성화를 위한 많은 노력을 기울이고 있다.

민사조정절차가 진행되던 중에 당사자에 대하여 (개인)회생절차가 개시되거나 파산선고가 된 경우 이들이 민사조정절차에 어떠한 영향을 미치는지가 문제이다.

1. 조정의 목적으로 된 청구가 (개인)회생채권·파산채권에 관한 것이 아닌 경우

가. 회생절차개시의 경우

민사조정의 당사자에 대하여 회생절차가 개시된 경우, 조정절차는 중단된다. 조정의 목적으로 된 청구가 채무자의 재산에 관한 것이고, 회생채권에 관한 것이 아니라면, 관리인이 수계할 수 있다. 중단되지 않는다고 보더라도 마찬가지이다.

나. 파산선고의 경우

민사조정의 당사자에 대하여 파산선고가 된 경우, 조정절차는 중단된다. 조정의 목적으로 된 청구가 파산재단에 관한 것이고, 파산채권에 관한 것이 아닌 것은 파산관재인이 수계할 수 있다. 중단되지 않는다고 보더라도 마찬가지이다.

다. 개인회생절차개시의 경우

민사조정의 당사자에 대하여 개인회생절차가 개시된 경우, 조정절차의 중단과 수계는 문제되지 않는다. 조정의 목적으로 된 청구가 개인회생재단에 관한 것이고, 개인회생채권에 관한 것이 아니라면, 채무자가 계속하여 조정절차를 수행한다.[10]

---

10) 개인회생절차의 경우 앞에서 본 바와 같이 관리처분권이 채무자에게 있으므로(제580조 제2항) 중단이나 수계의 문제가 발생하지 않는다.

2. 조정의 목적으로 된 청구가 (개인)회생채권 · 파산채권에 관한 것인 경우

가. 회생절차개시의 경우

민사조정절차는 조정의 불성립(민사조정법 제27조) 또는 조정을 갈음하는 결정(민사조정법 제30조)에 대한 기간 내 이의 신청이 있어 결정이 효력을 잃은 경우, 신청인이 조정의 목적으로 된 청구에 대하여 소를 제기한 경우에는 조정을 신청한 때에 소가 제기된 것으로 본다(민사조정법 제36조 제1항 제2호, 제3호). 또한 민사집행법 제287조 제1항의 제소명령의 대상이 되는 '본안의 소'에는 민사조정법에 기한 조정신청이 포함된다.[11] 또한 제33조는 민사소송법을 포괄적으로 준용하도록 규정하고 있고 채권조사확정재판은 회생사건에서 파생된 것이지만 회생사건 그 자체와는 구별되는 것이므로 비송사건으로서 조정에 회부할 수도 있다. 조정은 재판상 화해와 동일한 효력이 있다(민사조정법 제29조). 회생채권의 확정은 회생계속법원(또는 회생사건 담당 재판부)이 담당하는 것이 원칙이지만, 항상 회생계속법원이 담당하여야 하는 것은 아니므로 (예컨대 회생절차개시 당시 소송이 계속 중이면 계속 중인 법원에서 해당 소송을 통하여 회생채권을 확정한다) 경우에 따라 권리의 존부 판단에 대하여는 다른 법원에 위임하고 그 판단을 존중함으로써 사안에 따라 유연하게 대응하는 것도 필요하다. 이러한 점을 고려하면 채권조사확정재판 외의 방법으로 회생채권을 확정하는 것도 허용된다고 할 것이다.[12]

따라서 민사조정은 제172조 제1항에서 말하는 '소송'에 해당하고(유추적용), 회생채권자목록에 기재되거나 신고한 회생채권에 대하여 이의가 있는 경우에는 관리인이 수계할 수 있다고 할 것이다.[13]

나. 파산선고가 된 경우

회생절차가 개시된 경우와 같다. 민사조정은 제464조에서 말하는 '소송'에 해당하고(유추적용), 신고한 파산채권에 대하여 이의가 있는 경우에는 파산관재인이 수계할 수 있다.

다. 개인회생절차개시의 경우

회생절차가 개시된 경우와 같다. 다만 수계의 문제는 발생하지 않고 채무자가 계속 조정절차를 수행한다. 민사조정은 제604조 제2항에서 말하는 '소송'에 해당하므로(유추적용) 채무자가 조정절차를 계속 수행하면 된다.

---

11) 법원실무제요 민사집행(Ⅴ)-보전처분-, 사법연수원(2020), 203쪽. 가사조정의 경우는 가사소송법 제63조 제2항에 이를 명시적으로 규정하고 있다.
12) 위와 같은 논리는 파산채권 및 개인회생채권의 확정에 관하여도 마찬가지이다.
13) 반대로 민사조정은 제172조 제1항에서 말하는 '소송'에는 해당하지 않아 수계를 할 수 없다는 견해가 있을 수 있다. 이 경우 회생채권자목록에 기재되거나 신고한 회생채권에 대하여 이의가 있는 경우에는 채권조사확정재판을 신청하여야 한다. 그리고 계속 중인 민사조정절차는 조정을 하지 않는 것으로 종결될 것이다(민사조정법 제26조).

Ⅳ 가사사건의 경우

1. 가사사건에 관한 일반론

가. 가사조정

가사조정이란 일정한 범위의 가사사건[14] 및 그와 견련관계에 있는 민사사건의 청구에 관하여 당사자의 합의를 유도하기 위한 절차 전반을 말한다. 가사조정은 법원의 판단작용에 의하지 아니하고 당사자 사이의 합의에 의해 분쟁해결을 목적으로 하는 절차라는 점에서 소송이나 심판(비송)과 구별되고, 가사사건의 청구를 주된 대상으로 한다는 점에서 민사사건의 청구를 대상으로 하는 민사조정과 구별된다.

가사조정의 대상은 나류 및 다류 가사소송사건의 청구,[15] 마류 가사비송사건의 청구[16] 및 이들 사건의 청구와 관련 있는 민사사건의 청구이다(가사소송법 제50조 제1항, 제57조 제2항). 나류 및 다류 가사소송사건, 마류 가사비송사건에 대하여 가정법원에 소를 제기하거나 심판을 청구하고자 하는 자는 먼저 조정을 신청하여야 한다(조정전치주의, 가사소송법 제50조 제1항).

조정은 재판상 화해와 동일한 효력이 있다(가사소송법 제59조 제2항).

---

14) 여기서는 가사소송을 포함한다.
15) 가사소송법 제2조 제1항
  1. 가사소송사건
    나. 나류 사건 1) 사실상 혼인관계 존부 확인 2) 혼인의 취소 3) 이혼의 취소 4) 재판상 이혼 5) 아버지의 결정 6) 친생부인 7) 인지의 취소 8) 인지에 대한 이의 9) 인지청구 10) 입양의 취소 11) 파양의 취소 12) 재판상 파양 13) 친양자 입양의 취소 14) 친양자의 파양
    다. 다류 사건 1) 약혼 해제 또는 사실혼관계 부당 파기로 인한 손해배상청구(제3자에 대한 청구를 포함한다) 및 원상회복의 청구 2) 혼인의 무효·취소, 이혼의 무효·취소 또는 이혼을 원인으로 하는 손해배상청구(제3자에 대한 청구를 포함한다) 및 원상회복의 청구 3) 입양의 무효·취소, 파양의 무효·취소 또는 파양을 원인으로 하는 손해배상청구(제3자에 대한 청구를 포함한다) 및 원상회복의 청구 4) 「민법」 제839조의3에 따른 재산분할청구권 보전을 위한 사해행위 취소 및 원상회복의 청구
16) 가사소송법 제2조 제1항
  2. 가사비송사건
    나. 마류 사건 1) 「민법」 제826조 및 제833조에 따른 부부의 동거·부양·협조 또는 생활비용의 부담에 관한 처분 2) 「민법」 제829조제3항에 따른 재산관리자의 변경 또는 공유재산의 분할을 위한 처분 3) 「민법」 제837조 및 제837조의2(같은 법 제843조에 따라 위 각 조항이 준용되는 경우 및 혼인의 취소 또는 인지를 원인으로 하는 경우를 포함한다)에 따른 자녀의 양육에 관한 처분과 그 변경, 면접교섭권의 처분 또는 제한·배제·변경 4) 「민법」 제839조의2제2항(같은 법 제843조에 따라 준용되는 경우 및 혼인의 취소를 원인으로 하는 경우를 포함한다)에 따른 재산 분할에 관한 처분 5) 「민법」 제909조제4항 및 제6항(혼인의 취소를 원인으로 하는 경우를 포함한다)에 따른 친권자의 지정과 변경 6) 「민법」 제922조의2에 따른 친권자의 동의를 갈음하는 재판 7) 「민법」 제924조, 제924조의2, 제925조 및 제926조에 따른 친권의 상실, 일시 정지, 일부 제한 및 그 실권 회복의 선고 또는 법률행위의 대리권과 재산관리권의 상실 및 그 실권 회복의 선고 8) 「민법」 제976조부터 제978조까지의 규정에 따른 부양(부양)에 관한 처분 9) 「민법」 제1008조의2 제2항 및 제4항에 따른 기여분의 결정 10) 「민법」 제1013조 제2항에 따른 상속재산의 분할에 관한 처분

나. 가사비송

가사비송이란 가사소송법이 규정하는 바에 따라 가사비송사건(가사소송법 제2조 제1항 제2호)에 관하여 가정법원이 후견적 입장에서 합목적적인 재량에 의하여 처리하는 재판절차를 말한다. 통상의 민사법원은 판결·결정·명령의 형식으로 재판하고, 종류에 따라 심리절차는 물론 재판의 효력 내지 불복절차도 달리한다. 판결의 경우는 주로 대심적인 분쟁에 대해서 처분권주의와 변론주의를 적용하여 심리하게 되고, 여기에는 엄격한 법적용을 통해 재판을 하므로 기판력이 부여된다. 이에 비하여 결정이나 명령은 사건이나 대상에 따라 여러 양상을 띠지만 대체로 법원의 재량권이 비교적 많이 작용하는 결과 기판력이나 집행력 등은 예외로 인정될 뿐이다. 가사비송은 심판의 형식으로 재판함은 물론 심문절차를 비공개로 하고(가사소송법 제34조, 제39조 제1항, 비송사건절차법 제13조) 법원에 상당한 재량이 인정되며, 특정한 사건에 대해서는 집행력이 인정되면서(가사소송법 제41조) 불복방법으로서 즉시항고에 의하게 하고 있다(가사소송법 제43조)는 점에서 통상의 민사소송절차에서의 판결절차와도 다르고 전형적인 결정절차와도 차이가 있다.

한편 마류 가사비송사건은 쟁송성이 강하고 소송사건의 성격을 띠고 있기 때문에 전형적인 비송사건이라 보기 어려운 측면이 있다. 그 때문에 대립당사자구조, 조정전치주의, 필요적 심문절차가 적용되기도 한다(가사소송법 제47조, 제48조, 제50조).

다. 가사사건과 민사소송법 제287조의 본안소송

가정법원은 마류 가사비송사건을 본안사건으로 하여 가압류 또는 가처분을 할 수 있다(가사소송법 제63조 제1항). 이러한 보전처분의 경우에는 당연히 가사비송의 제기가 본안소송으로서 적격을 가진다 할 것이다. 또한 마류 가사비송사건에 대하여는 조정전치주의가 적용되고, 이 경우 조정의 신청이 있으면 본안의 제소가 있는 것으로 본다(가사소송법 제63조 제2항). 따라서 가사조정의 신청은 본안소송으로서의 적격을 가진다.

2. 가사사건의 신청인(권리자)에 대하여 도산절차가 개시된 경우

가. 파산선고[17]의 경우

예컨대 ① 처(권리자)로부터 부(夫)에 대한 이혼, 재산분할, 이혼위자료, 양육비의 지급을 구하는 조정 또는 심판의 계속 중 처에 대하여 파산선고가 된 경우, ② 장남으로부터 다른 형제자매에 대한 부친의 상속재산분할을 구하는 조정 또는 심판의 계속 중 공동상속인 중 1인에 대하여 파산선고가 된 경우이다. 이 경우 처(채무자)의 부(夫)에 대한 재산분할청구권, 이혼위자료청구권, 양육비청구권(위 ①의 경우) 및 상속재산분할청구권(위 ②의 경우)이 파산재단(제382조)

---

17) 가사조정이나 가사비송은 개인을 대상으로 하므로 파산선고가 된 경우만을 본다. 개인에 대하여 회생절차가 개시된 경우에도 파산선고가 된 경우와 마찬가지이다.

에 속하는 재산에 해당하는지가 문제이다.

(1) 재산분할청구권(민법 제839조의2, 제843조)[18]

재산분할청구권이란 이혼 또는 혼인취소의 경우에 당사자 일방이 다른 일방에 대하여 혼인 중에 공동으로 이룩한 재산의 분할을 청구할 것을 내용으로 하는 권리이다(민법 제839조의2, 제843조, 가사소송법 제2조 제1항 2.나.4)). 재산분할청구권은 청산적 재산분할 및 부양적 재산분할이라는 2요소로 성립되는 것이다(다수설).[19] 이혼으로 인한 재산분할청구권[20]은 이혼을 한 당사자의 일방이 다른 일방에 대하여 재산분할을 청구할 수 있는 권리로서 이혼이 성립한 때에 그 법적 효과로서 비로소 발생하는 것일 뿐만 아니라, 협의 또는 심판에 의하여 구체적 내용이 형성되기까지는 그 범위 및 내용이 불명확·불확정하기 때문에 구체적으로 권리가 발생하였다고 할 수 없다(단계적 형성권설).[21]

협의 또는 심판에 의해 재산분할의 내용이 구체적으로 확정된 재산분할청구권은 행사상의 일신전속성이 없어지게 된다는 점에 이론이 없고, 파산선고 당시 재산분할의 내용이 구체적으로 확정되었다면(따라서 가사조정이나 가사비송의 상황이 발생할 수 없다) 파산재단에 속한다는 점에 대하여는 다툼이 없다. 만일 파산선고 전에 이혼한 배우자가 채무자에게 재산분할에 따른 이행을 하지 않은 경우, 파산재단에 대한 관리·처분권은 파산관재인에게 귀속되고(제384조), 파산재단에 관한 소송에서는 파산관재인이 당사자이므로(제359조), 파산관재인은 이혼한 배우

---

18) 마류 가사비송사건{가사소송법 제2조 제1항 제2호 나.4)}.

19) 김주수·김상용, 친족·상속법(제13판), 법문사(2016), 257쪽, 대법원 2006. 9. 14. 선고 2005다74900 판결, 대법원 1993. 5. 11. 자 93스6 결정}. 이에 대하여 ① 재산분할청구권을 청산적 재산분할, 부양적 재산분할 및 위자료의 3요소로 보는 견해(대법원 2018. 2. 28. 선고 2015다204496 판결, 대법원 2013. 10. 11. 선고 2013다7936 판결, 대법원 2006. 6. 29. 선고 2005다73105 판결, 대법원 2005. 1. 28. 선고 2004다58963 판결, 대법원 2001. 5. 8. 선고 2000다58804 판결}도 있고, ② 부부 사이의 부양의무는 혼인 중에만 인정되는 것이므로 재산분할에 부양적 요소를 고려한다는 것은 부적절하다는 이유로 재산분할은 혼인 중 형성된 실질적인 공동재산을 청산·분배하는 것이라는 견해{지원림, 민법강의, 홍문사(2009), 1867쪽}도 있다. ①설에 대하여는 이혼시 별도의 위자료 청구가 허용되고 이는 재산분할청구와 소송물이 다른 이상 재산분할청구권에 일반적으로 위자료로서의 성격이 포함되었다고 보기 어려운 점이 있다는 비판이 있다.

20) 이혼 및 재산분할 등에 관한 조정조서에 '향후 재산분할청구를 하지 않기로 하는 조항(이른바 청산조항)'을 두었다고 하더라도 이혼당사자 사이의 협의서나 조정조서 등을 포함한 재판서에 연금의 분할 비율 등이 명시되지 아니한 경우에는 국민연금법상 이혼배우자의 분할연금 수급권(국민연금법 제64조)은 여전히 인정된다(대법원 2019. 6. 13. 선고 2018두65088 판결 참조). ☞ 국민연금가입자인 원고가 배우자와 이혼소송을 하던 중 이혼 및 재산분할 등에 관한 조정이 성립하자 그 조정조서에 「향후 서로에 대하여 이혼과 관련한 재산분할 등을 청구하지 않는다」는 취지의 조항(이른바 청산조항)이 포함되어 있음을 이유로 피고(국민연금공단)에게 분할비율 별도결정 신청(원고: 배우자 =100 : 0)을 하였으나, 피고는 조정조서에 국민연금법상 연금의 분할에 대하여 별도로 명시되어 있지 않음을 이유로 그 신청을 거부하였다. 이에 원고가 피고를 상대로 위와 같은 거부처분의 취소를 구하는 소를 제기하였고, 원심은 이 사건 특례조항(국민연금법 제64조의2 제1항)의 시행으로 배우자 일방이 자신의 연금수급권을 포기하고 다른 배우자에게 온전히 귀속시키는 것이 가능하게 되었으며 이혼배우자는 향후 연금 분할을 청구하지 않겠다는 의사로 조정조서에 청산조항을 포함시킨 것으로 볼 수 있다는 이유로 피고의 거부처분을 취소한 제1심판결을 유지하였다. 그러나 대법원은 국민연금법상 이혼배우자의 분할연금 수급권의 법적 성격과 이 사건 특례조항의 내용과 입법취지 등에 비추어 조정조서에 연금의 분할비율을 명시하지 않은 채 청산조항을 둔 것만으로는 이혼당사자 사이에 연금의 분할비율 등을 달리 정한 것으로 볼 수 없다는 이유로 원심판결을 파기환송한 사안이다.

21) 대법원 2016. 1. 25. 자 2015스451 결정, 대법원 2013. 10. 11. 선고 2013다7936 판결.

자에 대하여 그 이행을 청구할 수 있다.

문제는 협의 또는 심판에 의하여 구체적인 내용이 형성되기 전의 재산분할청구권이 파산재단에 속하는지 여부이다. 재산분할청구권은 협의 또는 심판에 의하여 구체적인 내용이 형성되기 전에는 채권자대위권을 행사할 수 없다는 점,[22] 협의 또는 심판에 의하여 구체화되지 않은 재산분할청구권은 채무자의 책임재산에 해당하지 아니하는 점,[23] 재산분할청구권은 그 행사 여부가 청구인의 인격적 이익을 위하여 그의 자유로운 의사결정에 전적으로 맡겨진 권리로서 행사상의 일신전속권[24]으로 해석된다는 점[25] 등을 고려하면 파산재단에 속하지 않는다고 할 것이다(본서 1365쪽).[26]

---

22) 대법원 1999. 4. 9. 선고 98다58016 판결. 위 판결에 대하여는 민법 제839조의3의 신설로 위 판결이 유지되기 어렵지 않는가라는 견해가 있다(지원림, 전게서, 1877쪽).

23) 대법원 2013. 10. 11. 선고 2013다7936 판결(협의 또는 심판에 의하여 구체화되지 않은 재산분할청구권은 채무자의 책임재산에 해당하지 아니하고, 이를 포기하는 행위 또한 채권자취소권의 대상이 될 수 없다), 대법원 2008. 3. 13. 선고 2007다73765 판결, 대법원 2007. 7. 26. 선고 2007다29119 판결 등 참조.

24) 일신전속성이란 권리와 권리주체의 개인적 이익과 밀접한 관계를 갖는 권리를 말한다. 여기에는 행사상 일신전속권과 귀속상의 일신전속권이 있다. 행사상 일신전속권은 권리의 행사여부가 전적으로 권리자의 의사에 맡겨져야 하는 권리로서, 권리자의 의사에 반해 그 행사를 강제할 수 없는 권리를 말한다. 행사상 일신전속권은 그 행사가 채무자 개인의 자유의사에 맡겨져 있으므로, 설령 권리자를 위한 재산관리가 목적이라고 하더라도 권리자의 의사에 반하여 권리자 이외의 자가 이를 대신 행사하는 것은 허용되지 않는다. 따라서 권리자 자신이 권리를 행사할지를 결정하여야 비로소 그 행사가 의미를 가지게 되는 권리는, 비록 그 행사에 의하여 채무자의 재산이 유지되고 채권의 보전에 이바지하더라도 대위의 목적이 되지 못한다. 가령 친생부인권(민법 제846조), 인지청구권(민법 제863조), 혼인취소권(민법 제816조) 등과 같이 일정한 친족법상 신분과 결부된 권리가 여기에 속한다. 반면에 귀속상 일신전속권은 권리주체만이 향수할 수 있고 타인에게 양도 또는 상속할 수 없는 권리를 말한다. 여기에는 종신정기금채권, 채무자의 사망을 종기 또는 해제조건으로 하는 채권, 당사자 사이의 특별한 신뢰관계를 기초로 하는 채권(사용대차·고용·위임 등에 기한 권리) 등이 있다.

25) 서울북부지방법원 2012. 4. 6. 선고 2011가단9546 판결, 서울가정법원 2010. 7. 13. 선고 2009느합289 판결. 재산분할청구권은 단지 재산적 이익만을 좇아서가 아니라 청구의 상대방인 부 또는 처와의 신분적 인격관계를 고려하여 그 행사 여부가 결정되기 때문에, 재산분할청구권의 행사 여부에 대한 결정도 강한 '인적 특성'을 가진다고 볼 것이고, 재산분할청구권자의 이러한 결단은 그의 채권자에 의하여 영향을 받아서는 안 된다는 점에서 행사상 일신전속권이라는 것이 일반적인 견해이다.

26) 倒産と訴訟, 199~200쪽, 대법원 2023. 9. 21. 선고 2023므10861, 10878 판결, 대법원 2022. 7. 28. 자 2022스613 결정, 대법원 2013. 10. 11. 선고 2013다7936 판결(협의 또는 심판에 의하여 구체화되지 않은 재산분할청구권은 채무자의 책임재산에 해당하지 아니한다). 이에 대하여 구체화되지 않은 재산분할청구권은 행사상의 일신전속권도 아니고 파산재단에 포함된다는 반대 견해가 있다. 그 이유는 다음과 같다. 협의 또는 심판에 의하여 구체적 내용이 형성되기까지는 그 범위 및 내용이 불명확·불확정하기 때문에 구체적으로 권리가 발생하였다고 할 수 없으므로 협의 또는 심판에 의하여 구체화되지 않은 재산분할청구권은 파산재단에 속하지 않는다면, ① 채무자의 재산을 공정하게 환가·배당하는 파산절차의 목적에 반할 뿐만 아니라 합리적인 이유 없이 파산채권자의 희생 하에 이혼한 배우자를 보호하는 결과를 초래한다. ② 파산선고 전에 이혼한 배우자가 채무자 명의의 재산에 대하여 재산분할청구권을 행사하지 않은 경우, 이혼한 배우자는 파산채권자로서 파산절차에서 권리를 행사할 수 없으며, 이와 달리 파산채권으로 보게 되면 이혼한 배우자 명의의 재산에 대한 채무자의 재산분할청구권이 파산재단에 속하지 않는 경우와 불균형이 발생한다. 따라서 협의나 심판을 거치지 않은 재산분할청구권은 '이혼의 일방 당사자가 상대방 당사자에 대하여 재산분할을 청구할 수 있는 권리'라는 추상적인 청구권이라고 하더라도 혼인 중의 부부 재산의 청산 내지 잠재적 지분의 반환적 성질을 가진다는 점에서 재산적 성격이 강한 권리라는 점, 재산분할청구권은 행사상 일신전속권이 아니라는 점을 고려할 때, 협의 또는 심판에 의하여 구체화되지 않았더라도 채무자의 재산분할청구권은 파산재단에 속한다고 할 것이다. 결국 파산관재인은 채무자의 법률적 지위에 관한 포괄승계인 또는 이에 준하는 지위에 있으므로, 파산관재인이 이혼한 배우자에 대하여 재산분할을 청구할 수 있다고 할 것이다{양형우, "이혼으로 인한 재산분할청구권의 파산절차상 처리방안", 민사법학 75호(2016. 6.), 한국사법행정학회, 512~513쪽}. 이 견해에 의하면 파산관재인이 가사사건절차를 수계할 수 있다.

따라서 재산분할을 구하는 가사조정절차, 가사비송절차의 계속 중에 권리자(신청인)에 대하여 파산선고가 된 경우, 아직 재산분할청구권의 구체적인 내용이 형성, 확정되지 않았기 때문에 행사상의 일신전속성을 잃지 않았고,[27] 파산재단에 속하지 않아 파산관재인의 관리처분권이 미치지 않는다. 권리자(신청인=채무자)는 파산선고 후에도 계속 가사조정절차, 가사비송절차를 수행할 수 있다. 이후 확정되면 권리자(신청인=채무자)의 신득재산으로 자유재산이 될 것이다.

(2) 이혼위자료청구권 (민법 제843조, 제806조)[28]

이혼위자료는 배우자의 위법 내지 유책행위에 의해 받은 정신적 고통을 위자하기 위한 금전이다. 이혼위자료청구권은 상대방 배우자의 유책불법한 행위에 의하여 혼인관계가 파탄상태에 이르러 이혼하게 된 경우 그로 인하여 입게 된 정신적 고통을 위자하기 위한 손해배상청구권으로서 이혼시점에서 확정, 평가되고 이혼에 의하여 비로소 창설되는 것이 아니다.[29]

이혼위자료청구권은 행사상의 일신전속권이라고 보는 것이 일반적이기 때문에[30] 위자료청구권의 존부, 액 등에 대하여 다툼이 있는 한 일신전속성을 잃지 않고, 파산재단을 구성하지 않으므로 파산관재인의 관리처분권은 미치지 않는다.[31]

다만 이혼위자료청구권은 원칙적으로 일신전속적 권리로서 양도나 상속 등 승계가 되지 아니하나 이는 행사상 일신전속권이고 귀속상 일신전속권은 아니라 할 것이고, 그 청구권자가 위자료의 지급을 구하는 소송을 제기하거나 조정을 신청함으로써 청구권을 행사할 의사가 외부적 객관적으로 명백하게 된 이상 양도나 상속 등 승계가 가능한 점,[32] 민법 제806조 제3항, 제843조의 규정 등을 고려하면, 가사조정이 신청되어 그 행사의사가 외부로 표현된 경우에는 파산재단을 구성하고 파산관재인에 의한 수계가 가능하다고 할 것이다.[33]

(3) 양육비청구권 (민법 제837조)[34]

양육비청구권은 양육친이 비양육친에 대하여 갖는 권리이다. 어떠한 사정으로 인하여 부모 중 어느 한 쪽만이 자녀를 양육하게 된 경우에, 그와 같은 일방에 의한 양육이 그 양육자의 일방적이고 이기적인 목적이나 동기에서 비롯한 것이라거나 자녀의 이익을 위하여 도움이 되지 아니하거나 그 양육비를 상대방에게 부담시키는 것이 오히려 형평에 어긋나게 되는 등 특별한 사정이 있는 경우를 제외하고는, 양육하는 일방은 상대방에 대하여 현재 및 장래에 있어

---

27) 條解 破産法, 645쪽. 다만 위 책은 실질적인 공동재산의 청산으로서 특정물의 인도, 등기이전을 구하는 재산분할청구(심판청구)에 대하여는 공유물분할청구권에 유사한 것으로 행사상의 일신전속성이 부정된다고 하고 있다.

28) 다류 가사소송사건{가사소송법 제2조 제1항 제1호 다.2)}.

29) 대법원 1993. 5. 27. 선고 92므143 판결.

30) 대법원 1993. 5. 27. 선고 92므143 판결.

31) 전병서, 128쪽.

32) 대법원 1993. 5. 27. 선고 92므143 판결 참조.

33) 행사상의 일신전속권과 귀속상의 일신전속권은 대개 일치하지만, 반드시 일치하는 것은 아니다. 가령 위자료청구권은 행사상의 일신전속권에 속하지만, 통설·판례에 의하면 권리자가 행사할 뜻을 표시한 후에는 상속이나 양도가 될 수 있다. 즉 상속이나 양도에 있어 귀속상의 일신전속권이 아니다.

34) 마류 가사비송사건{(가사소송법 제2조 제1항 제2호 나.3).}

서의 양육비 중 적정 금액의 분담을 청구할 수 있음은 물론이고, 부모의 자녀양육의무는 특별한 사정이 없는 한 자녀의 출생과 동시에 발생하는 것이므로 과거의 양육비에 대하여도 상대방이 분담함이 상당하다고 인정되는 경우에는 그 비용의 상환을 청구할 수 있다.[35]

한편 양육비청구권은 부양을 필요로 하는 상태에 의해 매일 발생하는 권리이다. 따라서 파산선고 후 매일 발생하는 양육비에 대하여는, 장래의 양육비의 액이 파산선고 전에 협의, 조정 또는 심판에 의해 정하여진 경우에도, 파산재단을 구성하지 않고(제382조), 파산관재인의 관리처분권은 미치지 않는다. 이에 반하여 파산선고 시까지 발생한 분(과거의 양육비)에 대하여는 문제가 있다.[36]

양육비청구권의 구체적인 내용의 형성, 확정에 있어서는, 당사자 사이의 협의 또는 심판이 필요하고,[37] 심판의 경우 가정법원이 부모의 수입이나 자산상황만이 아니라 피부양자인 자녀의 부양상태 등을 종합적으로 고려하여 결정한다. 이러한 양육비청구권은 일정한 신분관계에 있는 자의 인격적 이익을 주된 내용으로 하는 것으로 행사상의 일신전속권으로 해석된다. 파산선고 전의 미지급 양육비청구권은 파산재단을 구성한다고 볼 여지도 있지만, 재산분할청구권의 경우와 마찬가지로, 구체적인 내용이 확정되지 아니한 이상, 파산재단을 구성하지 않는다고 해석할 것이다.

따라서 파산선고 전의 양육비청구권은 협의 또는 심판에 의해 구체적인 내용이 형성, 확정되지 않는 한, 파산관재인의 관리처분권이 미치지 아니하고, 권리자(신청인＝채무자)가 계속하여 가사조정절차, 가사비송절차를 수행한다. 이후 확정되면 권리자의 신득재산으로 자유재산이 될 것이다.

(4) 상속재산분할청구권 (민법 제1013조)[38]

상속인은 상속이 개시된 때로부터 피상속인의 재산에 관한 권리의무를 포괄적으로 승계하고(민법 제1005조), 상속인이 수인인 때에는 상속재산은 잠정적으로 공유에 속한다(민법 제1006조).

상속재산분할은 상속재산을 공동상속인 각자에게 그 구체적 상속분에 따라 공평하게 배분하는 것에 의하여 공유관계를 해소하는 절차이다. 상속재산분할은 그 본질이 비송이라는 점에서는 공유물분할과 다를 바 없지만, 집행재산인 상속재산을 가정법원이 후견적 재량에 의하여

---

35) 대법원 1994. 5. 13. 자 92스21 전원합의체 결정.
36) 倒産と訴訟, 202～203쪽.
37) 이혼한 부부 사이에서 자(子)에 대한 양육비의 지급을 구할 권리는 당사자의 협의 또는 가정법원의 심판에 의하여 구체적인 청구권의 내용과 범위가 확정되기 전에는 '상대방에 대하여 양육비의 분담액을 구할 권리를 가진다'라는 추상적인 청구권에 불과하고 당사자의 협의나 가정법원이 당해 양육비의 범위 등을 재량적·형성적으로 정하는 심판에 의하여 비로소 구체적인 액수만큼의 지급청구권이 발생한다고 보아야 하므로, 당사자의 협의 또는 가정법원의 심판에 의하여 구체적인 청구권의 내용과 범위가 확정되기 전에는 그 내용이 극히 불확정하여 상계할 수 없지만, 가정법원의 심판에 의하여 구체적인 청구권의 내용과 범위가 확정된 후의 양육비채권 중 이미 이행기에 도달한 후의 양육비채권은 완전한 재산권(손해배상청구권)으로서 친족법상의 신분으로부터 독립하여 처분이 가능하고, 권리자의 의사에 따라 포기, 양도 또는 상계의 자동채권으로 하는 것도 가능하다(대법원 2006. 7. 4. 선고 2006므751 판결).
38) 마류 가사비송사건{(가사소송법 제2조 제1항 제2호 나.10)}.

공동상속인 간에 공평하게 분배한다는 점에서 개개 물건의 분할을 목적으로 하는 공유물분할과 다르다.

상속재산분할은 피상속인이 유언으로 분할을 금지(민법 제1012조)하는 경우, 재산분리의 심판(민법 제1045조 이하) 및 상속재산파산(제3편 제12장)을 제외하고 공동상속인은 협의 또는 심판에 의하여 한다(민법 제1013조, 제269조, 분할의 자유). 따라서 상속개시 후 공유인 상속재산에 대하여는 공유지분을 가진 상속인의 채권자에 의한 압류가 가능하고, 상속재산분할 전의 공유지분은 자유롭게 양도가 가능하므로(민법 제1011조 참조) 상속재산분할청구권은 일신전속권이 아니다.

따라서 공동상속인 중 1인에 대하여 파산선고가 된 경우, 파산관재인이 다른 공동상속인에 대하여 상속재산분할을 청구할 수 있고(파산재단이 된다. 조정을 먼저 신청하고 조정이 성립되지 아니한 경우 심판을 청구한다), 상속재산분할에 관한 가사사건절차는 파산관재인이 수계한다.[39)40)]

나. 개인회생절차개시의 경우

채무자(신청인＝권리자)는 재산의 관리처분권을 잃지 않기 때문에, 권리자(채무자＝신청인)는 계속하여 가사조정절차, 가사비송절차를 수행한다.

3. 가사사건의 상대방(의무자)에 대하여 도산절차가 개시된 경우

가. 파산선고의 경우

앞의 〈2.가.〉의 예(상속재산분할의 경우를 제외한다)에서 부(夫)에 대하여 파산선고가 된 경우 가사조정사건, 가사비송사건에 어떠한 영향을 미치는가. 여기서 문제가 되는 것은 처의 재산분

---

39) 상속재산분할의 심판 중에 공동상속 중 1인이 파산선고를 받은 때에는 절차의 중단은 생기지 않으나 파산관재인이 절차를 수계한다는 견해도 있다{법원실무제요 가사(Ⅰ), 법원행정처(2021), 86쪽}.

40) **기여분청구권** 기여분이란 공동상속 중에서 상당한 기간 동거, 간호 그 밖의 방법으로 피상속인을 특별히 부양하거나 피상속인의 재산의 유지 또는 증가에 관하여 특별히 기여한 자가 있을 경우에는 이를 상속분의 산정에 관하여 고려하는 제도이다(민법 제1008조의2). 마류 가사비송사건{(가사소송법 제2조 제1항 제2호 나.9).}이다. 기여분은 공동상속인의 협의(민법 제1008조의2 제1항) 또는 가정법원의 심판(민법 제1008조의2 제2항)으로 결정된다. 조정전치주의가 적용된다(가사소송법 제50조). 한편 기여분의 청구는 상속재산분할의 심판과 독립된 심판이기는 하지만, 상속재산분할심판의 전제가 되는 문제이므로 상속재산분할청구가 있는 경우 등에만 할 수 있다(민법 제1008조의2 제4항).
    기여분은 협의나 심판에 의하여 비로소 결정되는 것이고, 그 이전에는 내용이 불확실한 성질의 것이다. 이로 인해 상속개시 후 공동상속인의 협의 또는 가정법원의 심판에 의하여 기여분이 결정되기 전에 양도나 상속이 가능한지에 대하여 견해의 대립이 있다(구체적으로 양도나 상속 모두 부정하는 견해, 양도나 상속 모두 긍정하는 견해, 양도는 부정하나 상속은 긍정하는 견해가 있다). 기여분은 기여자에게 당연히 귀속되어야 할 재산상의 이익을 상속재산분할에 즈음하여 평가·청산하는 것으로 재산권에 가까운 점, 기여분은 상속재산의 취득비율에 관한 것 즉 상속분의 수정요소로서 상속분에 부착하여 상속권의 내용을 이루는 것이라는 점(상속분이 양도되면 기여분도 양도되고 기여분만 분리하여 양도할 수 없다) 등을 고려하면 기여분은 일신전속성이 없으며(통설) 양도나 상속이 가능하다고 할 것이다{법원실무제요 가사(Ⅱ), 법원행정처(2021), 1573쪽, 이승우, "기여분의 법적 성질", 가족법 연구 제13호, 한국가족법학회(1999), 46쪽}. 따라서 공동상속인 중 1인에 대하여 파산선고가 된 경우 기여분 청구에 관한 가사사건절차는 파산관재인이 수계한다. 양도나 상속을 부정하는 견해라고 하더라도 기여분청구에 관한 가사조정이나 심판이 신청되어(당연히 상속재산분할의 조정신청이나 심판청구가 선행되어 있을 것이다) 그 행사의사가 외부로 표현된 경우에는 기여분청구에 관한 가사사건절차는 파산관재인이 수계한다고 할 것이다.

할청구권, 이혼위자료청구권, 양육비청구권이 파산채권에 해당하는지 여부이다. 위 청구권들이 파산채권에 해당되지 않는다면, 파산절차 밖에서 위 청구권들을 행사할 수 있고(충당재산은 파산의 경우 채무자의 신득재산으로 한다), 파산채권에 해당한다면 채권조사의 과정을 거쳐 이의가 있는 경우 채권확정방식이 문제된다.

(1) 재산분할청구권

파산선고 당시 협의 또는 심판에 의해 구체적으로 확정된 재산분할청구권은 파산채권이 된다.[41]

협의 또는 심판에 의해 구체적인 내용이 형성되기 전에 파산선고를 받은 경우 재산분할청구권이 파산채권인가. 이에 대하여는 파산채권이라는 견해, 파산채권이 아니라는 견해가 있을 수 있다.

파산채권은 채무자에 대하여 파산선고 전의 원인으로 생긴 재산상의 청구권이다(제423조). 재산분할은 청산적 재산분할 및 부양적 재산분할의 2요소로 구성되는 것이고, 혼인이라는 사실관계를 기초로 하여 장래 이혼할 경우 내용이 불확정·불명확한 재산분할청구권이 발생하며, 그 후 당사자 사이의 협의 또는 심판에 의하여 구체적인 내용이 형성되는 것에 의해 구체적인 권리로서 발생하는 것이다(단계적 형성권설). 재산분할청구권의 이러한 성질을 고려하면, 재산분할청구권이 파산채권으로 인정되기 위해서는 파산선고 전에 재산분할의 구체적인 내용이 협의 또는 심판에 의하여 확정되어 있는 경우로 한정할 필요는 없지만, 적어도 당사자 사이에 협의가 이루어지지 않아 가사조정이나 가사비송으로 재산분할을 구함으로써 청구권을 행사할 의사가 외부적 객관적으로 명백하게 될 필요가 있다고 해석함이 상당하다.[42] 왜냐하면 파산선고 전에 재산분할을 구하는 조정이나 심판의 신청이 된 경우에는 가정법원에 의한 재산분할의 구체적인 내용의 확정을 향한 작업이 이루어지고 있으므로, 파산선고 전에 재산분할청구권의 주된 발생원인이 갖추어진 것으로 평가할 수 있기 때문이다.[43]

재산분할청구권이 파산채권에 해당한다고 해석되는 경우 파산채권의 신고, 조사, 확정의 절차를 거칠 필요가 있는바, 파산채권인 재산분할청구권에 대하여 파산관재인 등으로부터 이의가 있는 경우 채권조사확정재판신청(제462조 제1항) 또는 계속 중인 가사조정절차, 가사비송절차의 수계신청(가사조정, 가사비송이 제464조의 '소송'에 해당한다) 중 어느 것에 의하여야 하는가.

---

41) 관련 내용은 〈제3편 제5장 제3절 Ⅱ.1.〉(본서 1401쪽)을 참조할 것. 청산으로서의 재산분할청구권은 환취권으로 인정된다는 견해도 있다(破産法·民事再生法, 422~423쪽).

42) 倒産と訴訟, 206쪽. 나아가 「협의 또는 심판에 의하여 구체화되지 않은 재산분할청구권이 추상적인 청구권이라고 하더라도 혼인 중의 부부 재산의 청산 내지 잠재적 지분의 반환적 성질을 가진다는 점에서 재산적 성격이 강한 권리이다. 따라서 이혼한 배우자의 재산분할청구권은 파산선고 전의 원인으로 생긴 재산상의 청구권으로 파산채권이므로(제423조), 이혼한 배우자는 파산관재인에 대하여 재산분할을 청구할 수 있다. 파산관재인은 재산분할의 방법이나 비율 또는 액수는 당사자 쌍방의 협력으로 이룩한 재산의 액수 기타의 사정을 참작하여 정하여야 한다」는 견해도 있다(양형우, 전게 "이혼으로 인한 재산분할청구권의 파산절차상 처리방안", 523쪽).

43) 신청인에 대하여 파산선고가 된 경우 재산분할청구권이 파산재단에 속하지 않는 것과 비교하면 불균형이 발생할 수 있다(본서 2169쪽). 이것은 파산재단이 고정주의를 취하고, 금전으로 환가가 가능하여야 하지만(환가가 가능하다는 것은 양도가 가능하다는 것을 의미한다. 재산분할청구권을 장래의 청구권으로 볼 수도 없다), 파산채권은 주된 발생원인이 파산선고 전에 갖추어지면 충분하다는 차이에서 비롯된 것으로 불가피한 것이다.

재산분할은 당사자 사이에 협의가 되지 않는 경우에는, 가정법원이 재량권을 행사하여 구체적인 내용을 정하는 것이고, 재산분할을 구하는 가사조정사건이 조정불성립으로 종료하는 경우 새로운 가사비송을 신청하는 것이 필요하지 않으며, 가사조정의 신청이 된 때 가사비송이 신청된 것으로 본다(가사소송법 제49조, 민사조정법 제36조 제1항 제2호). 또한 가사비송절차에 있어서는 절차보장의 관점으로부터 불복신청을 포함하여 다양한 당사자의 절차권이 인정되고 있다. 재산분할의 조정절차 중에 당사자로부터 제출된 자료는 가사비송절차로 이행되어도 당연히 가사비송절차에 관한 자료로 되는 것은 아니지만, 사실조사에 의하여 조정절차의 자료가 가사비송절차의 자료로 되는 것이 가능하다.

이와 같이 원래 재산분할청구권의 구체적인 내용을 확정하는 재판절차를 수행하는 것은 가정법원에 한정되고 있는 점, 재산분할을 구하는 가사조정의 신청에 대하여는 조정불성립 후 가사비송이행이 인정되고 있고 절차보장 및 불복신청에 대한 규정이 정비되어 있으며, 가사조정에서 제출된 자료가 가사비송의 자료로 되는 것이 가능하기 때문에, 파산채권인 재산분할청구권에 이의가 있는 경우에는, 파산선고시에 계속 중인 가사조정절차, 가사비송절차의 수계를 통하여 재산분할청구권의 존부 및 액을 확정하여도 특별한 지장이 없다(제464조 유추적용). 또한 앞에서 본 바와 같이 파산채권의 확정은 파산계속법원(또는 파산사건 담당 재판부)이 담당하는 것이 원칙이지만 경우에 따라 권리의 존부 판단에 대하여는 다른 법원에 위임하고 그 판단을 존중함으로써 사안에 따라 유연하게 대응하는 것도 필요하다.

수계가 인정되는 경우, 수계 후 가사사건절차를 이용한 채권확정절차가 되기 때문에 가정법원은 재량권을 행사하여 재산분할의 구체적인 내용을 정하지만, 수계 후 가사사건재판의 결과는 파산채권자표에 기재됨으로써 파산채권자 전원에 대하여 확정판결과 동일한 효력을 갖는다(제467조, 제460조). 따라서 권리자는 집행문을 부여받아 파산채권자표에 기하여 강제집행을 할 수 있다.

요컨대 이의가 있는 재산분할청구권의 확정절차는 계속 중인 가사조정절차, 가사비송절차의 수계에 의하는 것이 상당하다(제464조 유추적용).[44]

(2) 이혼위자료청구권

이혼위자료청구권은 이혼시점에서 확정, 평가되고 이혼에 의하여 비로소 창설되는 것은 아니다. 청구권자가 위자료의 지급을 구하는 소송을 제기함으로써 청구권을 행사할 의사가 외부적 객관적으로 명백하게 되었다(민법 제843조, 제806조 제3항). 따라서 파산선고 당시 상대방에 대하여 가사소송, 가사조정이 제기된 경우 이혼위자료청구권은 파산채권이라고 할 것이다. 이

---

44) 회생·파산절차 등에 관하여 채무자회생법에 규정이 없는 때에는 민사소송법 및 민사집행법을 준용한다는 규정을 두고 있지만(제33조), 가사비송절차가 중단되는지 여부에 관한 규정이 없다. 하지만 파산·회생사건은 법원에 의한 간이·신속한 처리가 바람직하므로 성질상 비송사건이며, 파산절차는 채무자의 재산을 공정하게 환가·배당하는 것을 목적으로 한다는 점(제1조), 재산분할사건 역시 가사비송사건이라는 점을 고려할 때, 제33조, 민사소송법 제239조를 유추적용하여 재산분할심판은 중단되고, 제347조를 유추적용하여 파산관재인이 이를 수계할 수 있다는 견해도 있다(양형우, 전게 "이혼으로 인한 재산분할청구권의 파산절차상 처리방안", 523쪽).

혼위자료청구권은 그 원인행위가 파산선고 전에 있었다면, 손해의 발생 또는 현재화가 파산선고 후에 있다고 하여도 파산채권이 된다.

따라서 이혼의 소에 병합하여 위자료청구를 한 경우에는 위자료청구부분에 대하여 중단되고(민소법 제239조), 파산채권의 신고, 조사를 거쳐, 이의가 있는 경우 위자료청구와 관련된 소송의 수계신청을 한다(제464조).

가사조정사건이 계속 중인 경우에는 민사조정의 경우와 마찬가지로 파산관재인이 수계할 수 있다.[45] 가사조정은 제464조에서 말하는 '소송'에는 해당한다고 볼 수 있기 때문이다(유추적용).

(3) 양육비청구권[46]

양육비청구권에 대하여도 재산분할청구권과 마찬가지로 파산선고 전에 구체적인 내용이 확정되지 아니한 경우에 파산채권으로 되는지가 문제된다. 채무자가 부담하는 양육비청구권 중 파산선고 전에 지급기일이 도래한 것은 파산채권으로 되지만,[47] 파산선고 후에 지급기일이 도래하는 것은 주된 발생원인이 파산선고 후의 양육에 있다는 점에서(파산선고 전의 원인에 기하여 발생한 청구권이 아니다) 비파산채권으로서 채무자의 자유재산(신득재산)으로부터 만족을 받게 된다.[48]

따라서 파산채권에 해당하는 양육비청구의 가사조정, 가사비송이 파산선고시에 계속 중인 경우, 파산채권의 신고, 조사의 과정에서 이의가 된 때에는 가사조정절차, 가사비송절차의 수계의 신청에 의하여 채권의 확정을 도모할 수 있다(제464조 유추적용).

나. 개인회생절차개시의 경우

앞의 〈2.가.〉의 예에서 부(夫)에 대하여 개인회생절차가 개시된 경우 처의 재산분할청구권, 이혼위자료청구권, 양육비청구권에 관한 가사조정절차, 가사비송절차에 대하여 검토한다.

여기서의 문제도 파산절차의 경우와 마찬가지로, 재산분할청구권, 이혼위자료청구권, 양육비청구권이 개인회생채권에 해당하는지 여부이다. 위 청구권들이 개인회생채권에 해당하지 않는다면, 개인회생절차 밖에서 청구권들을 행사할 수 있고(개인회생재단에 속하지 않는 재산이나 개인회생절차 종료 후 변제될 것이다), 개인회생채권이라면 채권조사과정에서 이의가 있는 경우 채권확정방식이 문제된다.

---

45) 수계를 부정할 경우에는 파산채권조사확정재판을 신청하면 된다. 가사조정사건은 조정을 하지 않는 것으로 종료될 것이다(가사소송법 제46조, 민사조정법 제26조).
46) 혼인으로부터 발생한 혼인생활비용의 부담의무(민법 제833조)에 기한 청구권{마류 가사비송사건(가사소송법 제2조 제2호 나.1)} 및 부양청구권(민법 제974조 내지 제978조){마류 가사비송사건(가사소송법 제2조 제2호 나.8)}의 경우에도 마찬가지이다.
47) 배당을 받을 수 있고 비면책채권이다(제566조 제8호).
48) 破産法·民事再生法, 261쪽 각주 54), 破産管財の手引, 285쪽. 파산절차에 의하지 아니하고 회수할 수 있다. 즉 파산절차 중이라도 채무자의 자유재산(신득재산)에 대하여 강제집행할 수 있지만, 파산절차에서는 배당을 받을 수 없다.
  한편 채무자가 파산선고 전에 양육비의 일괄지급을 약속한 경우, 일괄지급의 합의가 없었더라면 지급기일이 도래하지 않아 배당에 참가할 수 없었던 기간의 양육비청구권에 대하여도 배당에 참가할 수 있는 반면, 파산절차가 계속되는 한 배당절차에 의하지 않고서는 양육비의 지급을 청구할 수 없어 양육비청구권의 채권자는 채무자의 자유재산(신득재산)에 대하여 강제집행을 할 수 없는 불이익을 입게 된다.

결론적으로 파산선고의 경우와 마찬가지이다. 개인회생채권으로 되는 경우에는 개인회생채권의 조사 과정에서 이의가 있는 경우, 가사조정절차, 가사비송절차에 의하여 채권의 확정을 도모할 수 있다 할 것이다(제604조 제2항 유추적용). 물론 수계는 문제되지 않는다.

Ⅴ 회사비송의 경우

상법상 회사비송사건으로 취급되는 사항은 많지만, 재산관계에 관련된 것으로 실무적으로 주로 문제되는 것은 주식매도가액결정 신청사건이나 주식매수가액결정 신청사건(비송사건절차법 제86조의2)이다.[49]

주식매도(매수)가액결정 신청사건과 같이 해당 주식의 매도 내지 매수에 관한 법률관계가 파산재단이나 채무자의 재산에 관련된 것에 대하여는, 당사자 일방에 대하여 도산절차가 개시된 경우 회사비송절차의 수계여부의 문제가 발생한다.

주식매도(매수)청구권은 형성권으로 주주가 주식매도(매수)청구권을 행사하면 매매계약이 바로 성립한다.[50]

주식매도(매수)청구권이 행사되어 매매계약이 성립한 경우, 매수인은 법원이 결정하는 매도(매수)가액을 지급할 의무가 있고, 매도인은 주식을 이전하는 절차를 이행할 의무가 있기 때문에, 주식매매계약은 쌍방미이행 쌍무계약이라고 할 수 있다. 따라서 신청인(매도인)이 도산절차개시를 받은 경우에는 파산관재인·관리인이 이행 또는 해제(해지)를 선택할 수 있어 절차를 수계할 실익이 있지만, 상대방(매수인)이 도산절차개시를 받은 경우에는 일반적으로 파산관재인 등이 해제를 선택하기 때문에, 신청인(매도인)이 신청을 유지할 실익이 없어진다. 이 경우 법원은 신청의 취하를 권고할 수밖에 없을 것이다.

요컨대, 파산관재인 등이 주식매도(매수)가액결정 신청사건에서 절차를 수계하는 실익이 있는 것은, 신청인(매도인)에 대하여 도산절차가 개시된 경우에 한정된다고 할 것이다.

---

49) 상법상 ① 주식매도청구권을 규정한 것으로 지정된 자의 매도청구권(제335조의4), 지배주주의 매도청구권(제360조의24), ② 주식매수청구권을 규정한 것으로 소수주주의 매수청구권(제360조의25), 반대주주의 주식매수청구권(제360조의5, 제360조의22, 제374조의2, 제522조의3, 제530조 제2항, 제530조의11 제2항) 등이 있다.

50) 대법원 2011. 4. 28. 선고 2010다94953 판결; 장덕조, 회사법, 법문사(2017), 581쪽, 실무제요 비송, 법원행정처(2014), 197~198쪽.

도산과 조세[1]

제1절 | 조세채권의 도산절차에서의 취급

Ⅰ 조세채권의 징수단계에서의 특권

조세는 국가 또는 지방자치단체가 재정수요를 충족시키거나 경제적 사회적 특수정책의 실현을 위하여 국민 또는 주민에 대하여 아무런 특별한 반대급부 없이 강제적으로 부과징수하는 과징금이다.[2] 세법(조세법, tax law, law of taxation)은 조세채권의 확보를 위하여 징수단계에서 조세우선권과 자력집행권(강제징수권)이라는 특권을 인정하고 있다.[3] 조세채권은 국세징수법·지방세징수법에 의하여 우선권 및 자력집행권 등이 인정되는 권리로서 사적자치가 인정되는 사법상의 채권과 그 성질을 달리할 뿐 아니라, 부당한 조세징수로부터 국민을 보호하고 조세 부담의 공평을 기하기 위하여 그 성립과 행사는 법률에 의해서만 가능하고 법률의 규정과 달리 당사자가 그 내용 등을 임의로 정할 수 없으며, 조세채무관계는 공법상의 법률관계로서 그에 관한 쟁송은 원칙적으로 행정소송법의 적용을 받고, 조세는 공익성과 공공성 등의 특성을 갖는다는 점에서도 사법상의 채권과 구별된다.[4]

---

1) 도산과 지방세에 관한 보다 구체적인 내용에 대하여는 「전대규(지방세), 제3편 도산과 지방세」부분을 참조할 것.

2) 헌법재판소 1990. 9. 3. 선고 89헌가59 전원재판부 결정.

3) 조세의 부과징수와 관련하여 조세법률관계가 권력관계인지 채무관계인지에 관한 논쟁이 있다. 권력관계설은 조세법률관계를 국민이 우월적·권력적 의사의 주체인 국가나 지방자치단체의 과세권에 복종하는 관계로 이해하는 견해이다. 채무관계설은 조세법률관계를 조세실체법관계와 조세절차법관계로 구분하고 실체법관계에 관한 한 국가 등에 우월적 지위를 인정하지 아니하고 다만 국가 등이 납세자에 대하여 조세채무의 이행을 청구하는 법률관계로 이해하는 견해이다. 현재는 채무관계설이 다수설이다. 조세법률관계를 채무관계설에 의하여 파악한다고 하더라도 대립당사자 사이에서 서로의 이익을 조절하는 민사법률관계와는 다른 공법적인 법률관계이기 때문에 조세법률관계를 모두 채권채무관계로 파악할 수는 없다. 채무관계설은 주로 조세채무의 성립이라는 실체적인 면을 파악한 것으로서 그 확정과 징수라는 절차적인 면에서는 그대로 타당하다고 할 수 없다. 조세법규 중에서 과세관청의 조사에 의한 조세의 결정·경정절차에 관한 것은 권력관계적인 성격이 강하고, 징수절차에 관한 것은 권력관계로 규정되어 있다고 할 것이다{소순무·윤지현, 조세소송, (주)영화조세통람(2020), 55~57쪽}.

4) 대법원 2017. 8. 29. 선고 2016다224961 판결.

1. 조세우선권

조세우선권(조세의 우선성)이란 납세자에게 조세의 체납사실이 있고 그의 재산이 강제 환가된 경우 조세채권의 효율적인 확보를 위하여 제한된 범위 내에서 다른 채권보다 조세를 우선하여 변제받을 수 있는 세법상 인정된 특수한 우선변제권을 말한다(국세기본법 제35조 제1항, 지방세기본법 제71조 제1항).[5] 조세우선권은 납세자의 재산에 대한 강제집행, 임의경매, 체납처분(강제징수) 등의 강제환가절차에서 조세를 다른 공과금 기타 채권에 우선하여 징수하는 효력을 의미할 뿐 그 이상으로 납세자의 총재산에 대하여 조세채권을 위한 일반의 선취특권이나 특별담보권을 인정하는 것은 아니다. 따라서 조세우선권을 근거로 이미 제3자 앞으로 소유권이 이전된 재산권을 압류할 수는 없고, 이는 당해 재산에 대하여 부과된 조세의 경우도 마찬가지이다.[6] 조세의 우선권은 권리의 강제실현절차에서 문제될 뿐 납세자의 임의의 변제순서까지 강제하는 것은 아니다. 즉 조세의 우선권은 조세의 우선징수권만을 뜻한다.

조세채권이 우선하여 징수되어야 할 이유에 대하여서 조세는 국가재정의 기초이기 때문에 당연히 국가의 시책으로 그 이익을 향수하는 국민으로부터 환수되어야 한다거나(공공성 · 공익성의 이론), 조세채권은 당사자의 임의로운 선택에 의하여 발생하는 것이 아니라 조세관계 법률이 정하는 과세요건의 충족에 따라 자동적으로 과세충당부분이 창출되기 때문에 그 부분은 당연히 공제되어야 한다거나(우선공제성이론), 일반채권은 예컨대 자금의 대차 또는 재화의 매매와 같이 반대급부를 수반하지만 조세채권은 비록 이론상 일반보상성이 있다고는 하지만 특정한 개별적인 반대급부를 수반하지 않아 그 이행가능성이 희박하기 때문이거나(무대가성이론), 조세관계 법률은 과세의 요건과 절차를 국민에게 공포하고 있으므로 그에 의하여 발생되는 조세채권도 일반채권과 비교한다면 어느 정도 공시되어 있기 때문이라고(공시성이론) 설명되고 있다.[7]

2. 자력집행권 (강제징수권)

사법상의 채권에 관하여는 원칙적으로 그 존부 내지는 금액에 관하여 법원의 판단을 거쳐 사법기관에 그 강제이행을 청구하지 않으면 아니되나, 조세채권의 경우에는 그 존부 내지 금

---

5) **국세기본법 기본통칙** 35-0…135-0…1【국세의 우선징수】법 제35조에서 "우선하여 징수한다"라고 함은 납세자의 재산을 강제매각절차에 의하여 매각하거나 추심하는 경우에 그 매각대금 중에서 국세를 우선하여 징수하는 것을 말한다.
　　지방세기본법 운영 예규 71-1【지방세의 우선징수】「지방세기본법」 제71조 제1항에서 「우선하여 징수한다」라고 함은 납세자의 재산을 강제매각절차에 의하여 매각하는 경우에 그 매각대금 또는 추심금액 중에서 지방세를 우선하여 징수하는 것을 말한다.

6) 대법원 1996. 10. 15. 선고 96다17424 판결 참조.

7) 헌법재판소 1990. 9. 3. 선고 89헌가95 전원재판부 결정. 조세채권의 우선권을 인정하지 않는다면 과세관청이 체납처분(강제징수)절차를 통하여 조세채권을 강제적으로 실현하려고 하더라도 납세자가 부담하는 일반채권의 크기에 따라 징수할 수 있는 세액이 달라지는 사정 등이 발생하여 실효적으로 조세채권을 징수할 수 없게 된다는 점도 그 근거가 된다는 견해도 있다{이준봉, 조세법총론, 삼일인포마인(2020), 624쪽}.

액을 확정하는 권한(확정권)과 임의의 이행이 없는 경우에 스스로 강제적 실현을 도모하는 권한(자력집행권(강제징수권)) 등이 모두 조세채권자인 국가나 지방자치단체에 부여되어 있다. 이는 조세의 공공성을 감안하여 확실하고 능률적인 징수를 도모하기 위한 것이다.[8]

3. 조세우선권과 자력집행권(강제징수권)의 의미

세법에서 과세주체에 부여하고 있는 징수단계에서의 조세우선권·자력집행권(강제징수권) 등의 특권은 조세법률관계의 본질적 요소라고 볼 수 없는 것이며 조세법률주의의 이념에 따라 법률이 명문으로 인정하는 경우에 한하여 예외로 허용되는 것으로 이해해야 한다. 즉 공정·확실하고 신속한 조세징수를 꾀하기 위한 입법정책적 조치이다.[9] 이러한 조세우선권, 자력집행권(강제징수권) 등의 세법상의 특색은 현실적으로 국민의 조세채무에도 영향을 주고 있다.

Ⅱ 도산절차에서 조세채권 취급의 중요성

도산절차에서도 조세채권의 우월적 지위가 인정되어야 한다는 것은 부정할 수 없다. 다만 어느 정도 인정할 것인지, 모든 도산절차에서 동일하게 인정할 것인지가 문제이다.

먼저 모든 도산절차에서 우월적 지위를 동일하게 인정할 수는 없고 각 도산절차의 제도적 취지나 차이를 두어야 하는 공익적 근거에 따라 조금씩 달라질 수 있다. 예컨대 회생절차보다는 파산절차에서 우월적 지위가 더 많이 인정될 수도 있을 것이다. 왜냐하면 파산절차는 채무자의 재산(파산재단)을 환가하여 채권자들에게 배당하는 것(이후 법인은 소멸)이 목적이지만, 회생절차는 채무자의 존속이 목적이기 때문에 조세채권자도 채무자의 회생을 위하여 어느 정도 양보가 요구되기 때문이다. 회생절차에서는 원칙적으로 회생채권으로 취급하고, 파산절차에서는 재단채권으로 취급하는 것도 이러한 요구를 반영한 것으로 볼 수 있다.

다음으로 도산절차에서 조세채권의 우월적 지위를 인정한다고 하더라도 우선권을 어느 정도 인정하느냐(조세채권을 도산절차에서 어떤 종류의 채권으로 분류할 것인지)에 따라 한정된 자원의 분배나 도산절차의 성패에 중대한 영향을 미친다. 공익채권이나 (개인회생)재단채권이 되는 조세채권의 범위가 지나치게 넓으면 도산절차의 폐지가 빈번하고 회생계획(변제계획)의 수행에 곤란한 점이 있다. 또한 조세채권이 어떠한 지위에서 얼마나 변제받는지는 채무자의 주주, 채권자 등 이해관계인들의 중요한 관심사가 된다. 조세채권을 과도하게 보호할 경우 도산절차개

---

8) **민사집행과 체납처분(강제징수)** 민사집행은 사법상 청구권의 실현을 목적으로 민사집행법에 따라 집행법원에 의하여 진행되는 절차이다. 체납처분(강제징수)은 공법상 채권(조세채권)의 실현을 목적으로 국세징수법, 지방세징수법에 따라 행정공무원(세무서장, 지방자치단체의 장)에 의하여 진행되는 절차이다. 현행법상 조세체납처분(강제징수) 절차와 민사집행절차는 별개의 절차로서 그 절차 상호간의 관계를 조정하는 법률의 규정이 없으므로 한 쪽의 절차가 다른 쪽의 절차에 간섭을 할 수 없는 반면 쌍방절차에서의 각 채권자는 서로 다른 절차에서 정한 방법으로 그 다른 절차에 참여할 수밖에 없다(대법원 1989. 1. 31. 선고 88다카42 판결 참조).
9) 입법정책적 문제이기는 하나 어떤 나라든 정도의 차이가 있을 뿐 조세의 징수를 확보하고, 납세자 상호간의 공평을 유지하기 위하여 조세우선권 등과 같은 특권을 인정하고 있다.

시신청을 꺼리거나 미룸으로써 종국적으로 자원분배의 왜곡을 초래한다. 반대로 통상적인 강제집행절차에서 인정되는 조세채권의 우선권을 폐지할 경우 채무자에게 나쁜 유인을 제공할 수 있는 부작용이 있을 수 있다.

제2절 회생절차와 조세채권

회생절차가 개시되면 채무자의 업무수행권과 재산에 대한 관리처분권이 관리인에게 전속되지만(제56조 제1항), 채무자의 동일성은 그대로 인정되므로 채무자의 세무처리는 회생절차개시 전과 동일하다. 따라서 각 사업연도마다 또는 매년 법인세나 소득세를 신고납부하여야 하고, 분기별로 부가가치세를 신고납부하여야 하며, 매월 원천징수세액도 신고납부하여야 한다.

다만 회생절차에 들어가면 그 전과 비교하여 몇 가지 다른 점이 있다. 조세채권도 원칙적으로 회생채권이기 때문에 채권신고를 해야 하며 회생절차에 의하여만 권리행사를 할 수 있다. 채권신고를 하지 않으면 실권된다. 공익채권인 조세채권은 다른 공익채권과 마찬가지로 회생절차에 의하지 않고 수시로 우선적으로 변제받는다. 따라서 조세채권자(과세관청)로서는 가지고 있는 조세채권이 회생채권인지 공익채권인지 정확하게 판단할 필요가 있다.

관리인으로서는 회생절차에서 조세채권이 어떻게 취급되고 있는지를 정확히 알아야 올바른 세무처리는 물론 회생절차를 원만하게 진행해 나갈 수 있으므로 아래에서는 회생절차에서 조세채권과 관련된 여러 쟁점들을 살펴보기로 한다.

Ⅰ 회생절차에서 조세채권의 취급

1. 회생채권 · 회생담보권 · 공익채권 · 개시후기타채권

회생절차에서 조세채권[10]은 조세채무(납세의무)가 언제 성립하였는지, 담보물에 의하여 담보된 것인지 등에 따라 회생채권, 회생담보권, 공익채권, 개시후기타채권으로 취급되고 있다.

가. 회생채권

회생절차에서 조세채권은 원칙적으로 회생채권이다. 이는 채무자나 그 사업의 효율적인 회생을 위하여 공익채권의 범위를 제한할 필요가 있기 때문이다. 구체적으로 회생절차개시 전의

---

10) 조세 등 청구권 등에는 ① 국세징수법(지방세징수법)에 의하여 징수할 수 있는 청구권(조세채권), ② 국세징수의 예에 의하여 징수할 수 있는 청구권으로서 그 징수우선순위가 일반 회생채권보다 우선하는 것(건강보험료, 연금보험료, 고용보험료, 산재보험료 등), ③ 국세징수의 예에 의하여 징수할 수 있는 청구권으로서 그 징수우선순위가 일반 회생채권보다 우선하지 않는 것(사용료, 대부료, 변상금 등)이 있다. 이 중 ①과 ②를 조세 등 청구권이라고 하고 이는 일반의 우선권 있는 회생채권이고 아래에서 설명하는 여러 특칙이 적용된다. ③은 일반 회생채권으로 특칙이 적용되지 않는다.

원인으로 생긴 조세채권은 회생채권이다. 여기서 "생긴"은 조세채무의 성립을 의미한다. 따라서 회생절차개시 전에 성립한 조세채권은 원칙적으로 회생채권이다. 언제 조세채무가 성립하는지는 국세기본법 제21조,[11] 지방세기본법 제34조[12]에 각 규정되어 있다. 회생채권인 조세채

---

11) **제21조(납세의무의 성립시기)** ① 국세를 납부할 의무는 이 법 및 세법이 정하는 과세요건이 충족되면 성립한다.
    ② 제1항에 따른 국세를 납부할 의무의 성립시기는 다음 각 호의 구분에 따른다.
    1. 소득세·법인세: 과세기간이 끝나는 때. 다만, 청산소득에 대한 법인세는 그 법인이 해산을 하는 때를 말한다.
    2. 상속세: 상속이 개시되는 때
    3. 증여세: 증여에 의하여 재산을 취득하는 때
    4. 부가가치세: 과세기간이 끝나는 때. 다만, 수입재화의 경우에는 세관장에게 수입신고를 하는 때를 말한다.
    5. 개별소비세·주세: 과세물품을 제조장으로부터 반출하거나 판매장에서 판매하는 때, 과세장소에 입장하거나 과세유흥장소에서 유흥음식행위를 하는 때 또는 과세영업장소에서 영업행위를 하는 때. 다만, 수입물품의 경우에는 세관장에게 수입신고를 하는 때를 말한다.
    6. 인지세: 과세문서를 작성한 때
    7. 증권거래세: 해당 매매거래가 확정되는 때
    8. 교육세: 다음 각 목의 구분에 따른 시기
       가. 국세에 부과되는 교육세: 해당 국세의 납세의무가 성립하는 때
       나. 금융·보험업자의 수익금액에 부과되는 교육세: 과세기간이 끝나는 때
    9. 농어촌특별세: 「농어촌특별세법」 제2조 제2항에 따른 본세의 납세의무가 성립하는 때
    10. 종합부동산세: 과세기준일
    11. 가산세: 가산할 국세의 납세의무가 성립하는 때
    ③ 다음 각 호의 국세를 납부할 의무의 성립시기는 제2항에도 불구하고 다음 각 호의 구분에 따른다.
    1. 원천징수하는 소득세·법인세: 소득금액 또는 수입금액을 지급하는 때
    2. 납세조합이 징수하는 소득세 또는 예정신고납부하는 소득세: 과세표준이 되는 금액이 발생한 달의 말일
    3. 중간예납하는 소득세·법인세 또는 예정신고기간·예정부과기간에 대한 부가가치세: 중간예납기간 또는 예정신고기간·예정부과기간이 끝나는 때
    4. 수시부과(隨時賦課)하여 징수하는 국세: 수시부과할 사유가 발생한 때
12) **제34조(납세의무의 성립시기)** ① 지방세를 납부할 의무는 다음 각 호의 구분에 따른 시기에 성립한다.
    1. 취득세: 과세물건을 취득하는 때
    2. 등록면허세
       가. 등록에 대한 등록면허세: 재산권과 그 밖의 권리를 등기하거나 등록하는 때
       나. 면허에 대한 등록면허세: 각종의 면허를 받는 때와 납기가 있는 달의 1일
    3. 레저세: 승자투표권, 승마투표권 등을 발매하는 때
    4. 담배소비세: 담배를 제조장 또는 보세구역으로부터 반출하거나 국내로 반입하는 때
    5. 지방소비세: 「국세기본법」에 따른 부가가치세의 납세의무가 성립하는 때
    6. 주민세
       가. 개인분 및 사업소분: 과세기준일
       나. 종업원분: 종업원에게 급여를 지급하는 때
    7. 지방소득세: 과세표준이 되는 소득에 대하여 소득세·법인세의 납세의무가 성립하는 때
    8. 재산세: 과세기준일
    9. 자동차세
       가. 자동차 소유에 대한 자동차세: 납기가 있는 달의 1일
       나. 자동차 주행에 대한 자동차세: 과세표준이 되는 교통·에너지·환경세의 납세의무가 성립하는 때
    10. 지역자원시설세
       가. 발전용수: 발전용수를 수력발전(양수발전은 제외한다)에 사용하는 때
       나. 지하수: 지하수를 채수하는 때
       다. 지하자원: 지하자원을 채광하는 때
       라. 컨테이너: 컨테이너를 취급하는 부두를 이용하기 위하여 컨테이너를 입항·출항하는 때
       마. 원자력발전: 원자력발전소에서 발전하는 때
       바. 화력발전: 화력발전소에서 발전하는 때
       사. 특정부동산: 과세기준일

권은 일반적인 회생채권과 마찬가지로 채권신고도 필요하고(제156조 제1항) 감면도 가능하다(제 140조 제3항). 조세채권은 회생채권 중 일반의 우선권 있는 회생채권(제217조 제1항 제2호)[13]에 해당한다.[14]

---

11. 지방교육세: 과세표준이 되는 세목의 납세의무가 성립하는 때
12. 가산세: 다음 각 목의 구분에 따른 시기. 다만, 나목부터 마목까지의 규정에 따른 경우 제46조를 적용할 때에는 이 법 및 지방세관계법에 따른 납부기한(이하 "법정납부기한"이라 한다)이 경과하는 때로 한다.
　가. 제53조에 따른 무신고가산세 및 제54조에 따른 과소신고 · 초과환급신고가산세: 법정신고기한이 경과하는 때
　나. 제55조 제1항 제1호에 따른 납부지연가산세 및 제56조 제1항 제2호에 따른 특별징수 납부지연가산세: 법정 납부기한 경과 후 1일마다 그 날이 경과하는 때
　다. 제55조 제1항 제2호에 따른 납부지연가산세: 환급받은 날 경과 후 1일마다 그 날이 경과하는 때
　라. 제55조 제1항 제3호에 따른 납부지연가산세: 납세고지서에 따른 납부기한이 경과하는 때
　마. 제55조 제1항 제4호에 따른 납부지연가산세 및 제56조 제1항 제3호에 따른 특별징수 납부지연가산세: 납세 고지서에 따른 납부기한 경과 후 1개월마다 그 날이 경과하는 때
　바. 제56조 제1항 제1호에 따른 특별징수 납부지연가산세: 법정납부기한이 경과하는 때
　사. 그 밖의 가산세: 가산세를 가산할 사유가 발생하는 때. 다만, 가산세를 가산할 사유가 발생하는 때를 특정할 수 없거나 가산할 지방세의 납세의무가 성립하기 전에 가산세를 가산할 사유가 발생하는 경우에는 가산할 지 방세의 납세의무가 성립하는 때로 한다.
② 제1항에도 불구하고 다음 각 호의 지방세를 납부할 의무는 각 호에서 정한 시기에 성립한다.
1. 특별징수하는 지방소득세: 과세표준이 되는 소득에 대하여 소득세 · 법인세를 원천징수하는 때
2. 수시로 부과하여 징수하는 지방세: 수시부과할 사유가 발생하는 때
3. 「법인세법」 제67조에 따라 처분되는 상여에 대한 주민세 종업원분
　가. 법인세 과세표준을 결정하거나 경정하는 경우: 「소득세법」 제131조 제2항 제1호에 따른 소득금액변동통지서 를 받은 날
　나. 법인세 과세표준을 신고하는 경우: 신고일 또는 수정신고일
13) 조세채권과 관련하여 제217조 제2항을 근거로 일반의 우선권 있는 회생채권이 아닌 별도의 회생채권으로 보는 견 해가 있다{會社更生法, 202쪽, 임채홍 · 백창훈, 회사정리법(상), 한국사법행정학회(2002), 525~526쪽}. 대법원도 '조세채권은 국가 또는 지방자치단체의 존립을 위한 재정적 기초가 되므로 국세기본법 제35조 제1항 등은 그 공익 목적을 중시하여 조세를 일반채권에 우선하여 징수하도록 규정하고 있으나, 회생절차는 재정적 어려움으로 말미암 아 파탄에 직면해 있는 채무자의 효율적인 재건을 도모하고자 마련된 제도로서 여기서까지 조세우선권을 강하게 관철하려다 보면 회생의 목적 자체를 달성하기 어렵게 된다. 이에 채무자회생법은 원칙적으로 조세채권을 일반채권 과 동등하게 취급하여 회생절차개시 전의 원인으로 생긴 조세채권을 회생채권에 포함시키되(제118조 제1호), 회생 절차개시 후에 생긴 조세채권은 채무자의 업무 및 재산의 관리와 처분에 관하여 성립한 것과 같이 예외적인 경우 에만 공익채권으로 인정하고 있다(제179조 각 호 등)'고 판시함으로써(대법원 2012. 3. 22. 선고 2010두27523 전원 합의체 판결) 같은 입장에 있는 것으로 보인다. 그러나 일반의 우선권 있는 회생채권인지는 민법 등의 규정에 의하 여 정하여지는 것이고, 제217조 제2항은 조세 등 청구권에 공정하고 형평한 차등원칙이 적용되지 않는다는 의미로 해석할 수 있으며(제217조는 공정하고 형평한 차등원칙을 규정한 것이지 조세 등 청구권이 일반의 우선권 있는 회 생채권이 아니라는 것을 규정한 것이 아니다), 제118조는 일반의 우선권 있는 회생채권을 포함한 회생채권에 관한 일반적인 규정으로 볼 수 있고, 개인회생절차에서도 일반의 우선권 있는 개인회생채권으로 취급되고 있다는 점에서 조세 등 청구권은 일반의 우선권 있는 회생채권으로 볼 수 있을 것이다. 다만 조세채권을 일반의 우선권 있는 회생 채권으로 보든 별개의 회생채권으로 보든 회생절차에서의 취급에는 별다른 차이가 없다.
14) 도산절차에서는 조세채권도 권리행사가 제한되고 변제순위의 재편이 이루어지나 제한의 정도는 파산절차와 회생절 차가 서로 다르다는 전제에서, '파산절차에서는 여전히 조세채권에 우선적 지위가 인정되는 반면 회생절차에 있어 서는 몇 가지 절차적 특칙을 두고 있는 이외에 우선권과 관련하여 별도의 예외규정을 두고 있지 않다는 견해가 있 다(임승순, 전게서, 289쪽). 그 이유로 파산절차의 경우에는 그 절차를 끝으로 더 이상 조세채권을 추급할 수 없게 되는 반면 회생절차의 경우에는 일단 채무자의 사업을 존속, 회생시키는 것이 우선이므로 그와 같은 기업의 회생과 정에 조세채권이 장애가 되지 않도록 배려하기 위한 것이라고 설명하고 있다. 그러나 ① 회생절차에서는 조세채권 을 회생담보권보다 우선하여 취급할 수 있는 점(제217조 제2항), ② 파산절차에서 우선변제가 인정되는 재단채권으 로 인정하고 있지만 파산재단이 부족한 경우 채권액에 비례하여 변제받으므로 실체법에서 인정하고 있는 조세우선 권이 완전히 보장되는 것은 아닌 점, ③ 조세채권의 우월적 지위를 인정하는 특칙을 둠으로써 사실상 전액 변제가 예정되어 있고 실무적으로도 조세채권은 전액 변제하고 있는 점 등을 고려하면, 회생절차에서도 조세채권의 우선권

관련 내용은 〈제2편 제8장 제1절 Ⅴ.1.〉(본서 569쪽)을 참조할 것.

나. 회생담보권

회생채권인 조세채권이나 회생절차개시 전의 원인으로 생긴 채무자 외의 자에 대한 조세채권으로서 회생절차개시 당시 채무자의 재산상에 존재하는 저당권 등의 담보권에 의하여 담보된 범위의 조세채권은 회생담보권이다(제141조 제1항, 본서 572쪽 각주 103)).

채무자회생법도 '조세채무담보를 위하여 제공된 물건'이라고 함으로써(제44조 제1항 제5호, 제58조 제3항 등) 회생담보권의 존재를 전제하고 있다.

다. 공익채권

(1) 회생절차개시 후에 성립한 조세채권

조세채권이 회생채권인지 공익채권인지는 원칙적으로 조세채무가 회생절차개시 전에 성립한 것인지에 따라 결정된다. 회생절차개시 전에 조세채무가 성립한 것이면 회생채권, 후에 성립한 것이면 공익채권이다(본서 571쪽).

다만 회생절차개시 후에 성립한 조세채권이 모두 공익채권이 되는 것은 아니다(공익채권은 열거주의를 취하고 있다). 회생절차개시 후 원인으로 생긴 조세채권으로서 ① 회생절차개시 후의 채무자의 업무 및 재산의 관리와 처분에 관한 비용(제179조 제1항 제2호), ② 채무자의 업무 및 재산에 관하여 관리인이 회생절차개시 후에 한 자금의 차입 그 밖의 행위로 인하여 생긴 청구권(제179조 제1항 제5호), ③ 제1호부터 제14호에 규정된 것 외의 것으로서 채무자를 위하여 지출하여야 하는 부득이한 비용(제179조 제1항 제15호)에 해당하는 경우 공익채권이 된다.

(2) 회생절차개시 전에 성립한 조세채권 중 원천징수하는 조세 등

회생절차개시결정 전에 성립된 조세채권이라도 개시결정 당시 아직 납부기한이 도래하지 아니한 원천징수하는 조세 등은 공익채권이다(제179조 제1항 제9호). 여기서 납부기한은 법정납부기한을 의미한다는 것이 판례이지만,[15] 지정납부기한으로 보아야 할 것이다.

관련 내용은 〈제2편 제8장 제4절 Ⅰ.2.가.(10)〉(본서 677쪽)을 참조할 것.

법정납부기한에는 부가가치세법상의 예정신고기간[16]에 대한 납부기한도 포함된다(국세기본

이 사실상 구현되고 있다고 볼 수 있다.

15) 예컨대 채무자 甲에 대하여 2019. 7. 19. [간이]회생절차개시결정이 내려졌다. [간이]회생절차개시결정 당시 2019년도 제1기분(2019. 1. 1.부터 6.30.까지) 부가가치세는 (법정)납부기한이 2019. 7. 25.(부가가치세법 제49조 제1항)로서 아직 납부기한이 도래하지 아니하였으므로 2019년도 제1기분 부가가치세는 공익채권이다. 따라서 채무자는 회생계획에 따르지 아니하고 즉시 위 부가가치세를 변제(납부)하여야 한다.

16) 법인세에 대한 중간예납기간(법인세법 제63조), 법인세에 대한 중간신고기간(법인세법 제85조)도 포함한다. 참고로 소득세·법인세에 대한 중간예납에 대하여는 무신고가산세, 과소신고·초과환급신고가산세를 부과하지 않는데, 중간예납은 납부에 중점을 둔 제도로 신고와는 관련이 없기 때문이다. 반면 부가가치세 예정신고나 법인세 중간신고에 대하여는 신고납부를 요구하고 있으므로 무신고가산세, 과소신고·초과환급신고가산세뿐만 아니라 납부지연가산세도 부과하는 것이다.

법 제47조의2 제1항, 제47조의3 제1항, 제47조의4 제1항). 예컨대 채무자(법인)의 2025. 1. 1.부터 2025. 3. 31.까지의 부가가치세에 대한 납세의무 성립시기는 2025. 3. 31.이고(국세기본법 제21조 제3항 제3호), 예정신고기간에 대한 납부기한인 2025. 4. 25.까지 예정신고납부하여야 한다(부가가치세법 제48조 제1항, 제2항). 만약 채무자에 대하여 2025. 6. 14. 회생절차개시결정이 되었다면, 부가가치세는 회생절차개시결정 전에 납세의무도 성립하였고, 회생절차개시결정 당시 예정신고기간에 대한 납부기한도 도래하였으므로 회생채권이다.[17] 그런데 채무자에 대하여 2025. 4. 5. 회생절차개시결정이 되었다면 회생절차개시결정 전에 납세의무가 성립하였지만, 회생절차개시결정 당시 예정신고기간에 대한 납부기한이 도래하지 않았으므로 부가가치세는 공익채권이다.[18]

한편 조세의 납부기한이 국세징수법 제13조, 지방세기본법 제26조에 의하여 연장되고 그 연장된 기한이 회생절차 개시 당시 도래하지 아니한 경우에는 회생절차 개시 당시 그 납부기한이 경과하지 아니한 것에 해당하므로 역시 위 조세채권은 공익채권에 해당한다.[19]

(3) 변제재원이 부족한 경우 공익채권인 조세채권의 변제

(가) 채권액 비례 변제

조세채권이라도 변제재원이 부족한 경우 국세기본법(제35조)·지방세징수법(제71조) 등의 우선권은 고려되지 않고 다른 공익채권과 함께 채권액에 비례하여 변제받는다(제180조 제7항, 본서 693쪽).[20]

(나) 압류우선주의 적용 여부

국세와 지방세를 포함한 모든 조세채권은 원칙적으로 그 징수순위가 동일하다. 다만 압류에 관계된 조세채권이 교부청구[21]된 조세채권보다 우선 징수된다(압류우선주의, 압류선착주의)는 예외가 있다. 국세 강제징수에 의하여 납세자의 재산을 압류한 경우에 다른 국세 및 강제징수비 또는 지방세의 교부청구가 있으면 압류에 관계되는 국세 및 강제징수비는 교부청구된 다른 국세 및 강제징수비와 지방세에 우선하여 징수한다. 지방세 체납처분에 의하여 납세자의 재산을 압류한 경우에 국세 및 강제징수비의 교부청구가 있으면 교부청구된 국세 및 강제징수비는 압류에 관계되는 지방세의 다음 순위로 징수한다(국세기본법 제36조). 지방세기본법 제73조 제1

---

17) 제1기(2025. 1. 1.부터 2025. 6. 30.까지) 부가가치세 확정신고분은 회생절차개시결정 당시 납세의무도 성립(2025. 6. 30.)하지 않았고, 법정납부기한(2025. 7. 25.)도 도래하지 않았으므로 공익채권이다. 만약 회생절차개시결정이 2025. 7. 10.에 되었다면, 납세의무는 성립하였지만 법정납부기한이 도래하지 않았으므로 역시 공익채권이다. 반면 회생절차개시결정이 2025. 7. 30.에 되었다면 납세의무도 성립하였고 법정납부기한도 도래하였으므로 회생채권이다.

18) 광주지방법원 2023회합5007 유한회사 가든주류 사건 참조.

19) 대법원 2009. 2. 26. 선고 2005다32418 판결 참조.

20) 국세기본법 기본통칙 35-0…14[국세우선징수권의 예외] 국세우선징수에 대하여 타법에 따라 다음과 같은 예외가 인정된다.
　1. 「채무자 회생 및 파산에 관한 법률」 제180조(공익채권의 변제 등) 및 제477조(재단부족의 경우 변제방법)에 따라 공익채권 또는 재단채권으로 있는 국세가 타의 공익채권 또는 재단채권과 동등 변제되는 것이 있다.

21) 교부청구에는 참가압류(국세징수법 제57조, 지방세징수법 제67조)도 포함된다. 참가압류는 교부청구에 갈음하여 체납처분(강제징수)상의 압류에 참가하는 것이기 때문이다.

항, 제2항도 같은 취지로 규정하고 있다.[22] 국세 상호간, 지방세 상호간 및 국세와 지방세 상호간에는 먼저 압류한 조세가 교부청구한 조세보다 우선한다는 것이다.

회생절차가 개시된 경우에도 압류우선주의가 적용되는가. 회생절차가 개시된 경우 법령에서 정하는 우선권에 불구하고 채권액에 비례하여 변제받은 것이기 때문에 압류한 조세채권과 교부청구한 조세채권은 변제에 있어 순위가 동일하다고 할 것이다. 즉 채권액에 비례하여 받아가야 한다는 것이다. 관리인으로서는 조세채권의 변제에 앞서 압류 여부를 검토할 필요가 없다.

(4) 체납처분 (강제징수)

공익채권인 조세채권에 기하여 체납처분(강제징수)을 할 수 있는가. 조세채권도 공익채권인 이상 제180조 제3항의 제한을 받고 변제재원이 부족한 경우 안분 비례하여 변제를 받는다는 점에서 체납처분(강제징수)을 할 수 없다는 견해가 있을 수 있다. 그러나 제180조 제3항에서 중지나 취소를 명할 수 있는 것은 강제집행 또는 가압류이고 체납처분(강제징수)은 그 대상이 아니며,[23] 체납처분(강제징수)을 금지하는 특별한 규정이 없으므로 체납처분(강제징수)이 가능하다고 할 것이다.

라. 개시후기타채권

회생절차개시 후 원인으로 생긴 조세채권이지만, 공익채권(제179조 제1항 제2호, 제5호, 제15호)에 해당하지 않는 경우 조세채권은 개시후기타채권이다. 예컨대 채무자(일반과세자)가 2024. 1. 1.부터 3. 20.까지 부가가치세 과세대상 행위(재화나 용역의 공급)를 하고, 2024. 3. 30. 회생절차개시결정이 된 경우, 조세(예정신고기간에 대한 부가가치세)채무는 2024. 3. 31.에 성립하지만 (국세기본법 제21조 제3항 제3호, 부가가치세법 제48조 제1항) 제179조 제1항 제2호, 제5호, 제15호에는 해당하지 않기 때문에 부가가치세는 개시후기타채권이 된다.

개시후기타채권인 조세채권에 기한 체납처분(강제징수)은 할 수 없다(제181조 제2항 참조, 본서 709쪽 각주 514)).

2. 가 산 세

가산세가 회생채권인지 공익채권인지는 원칙적으로 그 성립시기에 따라 정해진다. 관련 내용은 〈제2편 제8장 제4절 V.2.나.〉(본서 572쪽)를 참조할 것.

한편 실무적으로 과세관청 입장에서는 조세채권을 신고할 경우 회생계획인가일이 특정되지

---

22) **지방세기본법 제73조(압류에 의한 우선)** ① 지방자치단체의 징수금의 체납처분에 의하여 납세자의 재산을 압류한 후 다른 지방자치단체의 징수금 또는 국세의 교부청구가 있으면 압류에 관계되는 지방자치단체의 징수금은 교부청구한 다른 지방자치단체의 징수금 또는 국세에 우선하여 징수한다.
② 다른 지방자치단체의 징수금 또는 국세의 강제징수에 의하여 납세자의 재산을 압류한 후 지방자치단체의 징수금 교부청구가 있으면 교부청구한 지방자치단체의 징수금은 압류에 관계되는 지방자치단체의 징수금 또는 국세의 다음으로 징수한다.
23) 채무자회생법은 '강제집행'과 '체납처분'을 명확히 구분하여 사용하고 있다(제44조 제1항 제2호, 제5호, 제58조 등).

않는 관계로 채권신고시점까지의 지연손해금 성격의 납부지연가산세(구 가산금·중가산금)만을 계산하여 신고하는 경우가 있다. 이 경우 채권신고시점 이후부터 회생계획인가 전까지 발생한 위 납부지연가산세는 실권되는가. 회생계획에 별다른 규정이 없다면 실권된다고 보아야 할 것이다. 하지만 일반적으로 회생계획에 '회생계획인가 전일까지 발생한 지연손해금 성격의 납부지연가산세는 전액 변제한다'고 별도로 규정한다. 이러한 규정이 있는 경우에는 비록 채권신고시점 이후부터 회생계획인가 전까지 발생한 위 납부지연가산세를 신고하지 않았더라도 회생계획에 의하여 인정된 권리로서(제251조) 실권되지 않고 관리인(채무자)이 변제(납부)하여야 할 것이다(본서 875쪽 참조).[24]

Ⅱ 회생채권인 조세채권에 관한 특칙

회생채권인 조세채권에 대하여는 여러 가지 특칙을 인정함으로써 사실상 조세채권의 우선성을 확보하고 있다.[25]

1. 회생절차개시 신청 단계[26]

가. 회생절차개시신청의 통지 등·중지명령·포괄적 금지명령

회생절차개시신청이 있으면 관할 세무서장[27]에게 회생절차개시신청의 통지를 하고, 징수권한이 있는 자는 의견진술을 할 수 있다(제40조 제1항 제3호, 제2항 제3호).

체납처분(강제징수)이나 조세채무담보를 위하여 제공된 물건의 처분(이하 '체납처분 등'이라 한다)에 대한 중지명령을 할 때는 미리 징수권자의 의견을 들어야 한다(제44조 제1항 제5호 단서). 공익채권인 조세채권을 징수하기 위한 체납처분 등은 중지명령의 대상이 아니다. 관련 내용은 〈제2편 제4장 제2절 Ⅰ.4.마.〉(본서 227쪽)를 참조할 것.

체납처분 등은 포괄적 금지명령에 의한 금지(중지)의 대상이 아니므로 체납처분 등을 중지하려면 체납처분 등이 된 후 별도의 중지명령을 받아야 한다.

---

24) 대법원 2014. 9. 4. 선고 2013다204140,204157 판결 참조.
25) 회생절차 중의 국세에 관한 체납정리에 관하여는 〈국세징수사무처리규정 제7장 제5절〉을 참조할 것.
26) 도산절차개시에 있어 미국과 같이 신청주의를 채택하고 있는 경우에는 회생절차개시신청과 회생절차개시결정 사이에 조세채권의 취급을 별도로 논할 이유가 없다. 하지만 개시결정주의를 채택하고 있는 우리의 경우 회생절차개시신청부터 회생절차개시결정까지 사이에 조세채권을 어떻게 취급할 것인지가 문제될 수 있다. 회생절차는 회생절차개시를 전제로 하는 것이므로 회생절차개시 전의 취급은 회생절차가 개시된 경우와 마찬가지로 취급하는 것이 논리적이다(개시결정으로 인한 효력을 앞당김). 회생절차가 개시되면 체납처분(강제징수) 등은 중지되므로(제58조 제3항) 회생절차개시 전의 중지명령에 의하여 중지를 인정하는 것이다(제44조 제1항 제5호). 회생절차개시 이후 체납처분(강제징수) 등이 금지되므로(제58조 제3항) 회생절차개시 전에도 금지제도가 있어야 하는데, 아래에서 보는 바와 같이 포괄적 금지명령에 의하여도 체납처분(강제징수)은 금지되지 않는다(이런 점에서 채무자회생법은 입법론적으로 논리적이지 못하다). 회생절차개시 후에 체납처분(강제징수) 등의 취소가 인정되지 않으므로(제58조 제5항 참조) 개시결정 전에도 체납처분(강제징수) 등의 취소는 인정되지 않는다(제44조 제4항 참조).
27) 실무적으로 과세권자인 '지방자치단체의 장'에게도 통지하고 있다.

관련 내용은 〈제2편 제8장 제4절 Ⅴ.3.가., 나.〉(본서 575쪽)를 참조할 것.

나. 취소명령의 대상인지

중지명령으로 중지된 조세채권에 기한 체납처분(강제징수)이나 조세채무담보를 위하여 제공된 물건의 처분은 취소명령의 대상이 아니다. 뒤에서 보는 바와 같이 회생절차개시결정이 되더라도 체납처분(강제징수) 등은 취소의 대상이 아니기 때문에 회생절차개시결정 전에도 취소명령의 대상으로 하지 않은 것이다.

관련 내용은 〈제2편 제4장 제2절 Ⅱ.3.가.〉(본서 233쪽)를 참조할 것.

2. 회생절차개시결정 단계

가. 체납처분(강제징수) 등의 중지 · 금지 등

회생절차개시결정이 되면 조세채권에 관하여는 일정기간만 체납처분(강제징수) 등이 중지 · 금지된다(제58조 제3항).[28] 체납처분(강제징수)이 중지 · 금지되는 것이므로 부과처분은 가능하다.

일정기간이 지나면 새로운 체납처분(강제징수) 등을 하거나 속행이 가능하다.[29] 회생계획이 인가되더라도 체납처분(강제징수) 등은 실효되지 않는다. 관련 내용은 〈제2편 제5장 제3절 Ⅳ.4.가.(3) 및 나.(2)〉(본서 337, 339쪽)를 참조할 것.

회생절차개시결정으로 중지된 조세채권에 기한 체납처분(강제징수)과 조세채무담보를 위하여 제공된 물건의 처분은 경우에 따라 속행할 수 있다. 한편 회생절차개시결정으로 중지된 체납처분(강제징수) 등을 취소할 수 있는지에 관하여 회생계획인가 전까지 취소가 가능하다는 견해가 있으나, 체납처분(강제징수) 등은 법조문상 취소명령의 대상이 아니다. 관련 내용은 〈제2편 제5장 제3절 Ⅳ.4.라.〉(본서 341쪽)를 참조할 것.

조세채권에 기한 체납처분(강제징수) 등이 허용되어 환가된 경우 조세채권은 우선적으로 변제받는다(제131조 단서). 공익채권보다도 우선하여 변제받는다.

관련 내용은 〈제2편 제8장 제4절 Ⅴ.3.다., 라.〉(본서 576~577쪽)를 참조할 것.

나. 회생절차개시결정과 지연배상금 성격의 납부지연가산세[30]

회생채권인 조세채권은 회생절차에 의하지 아니하고도 관리인이 법원의 허가를 얻어 변제할 수 있는 것이고(제131조 단서) 납세자가 납세의 고지를 받은 후 지방세징수법 제25조 각호의 어느 하나에 해당하는 사유로 고지된 지방세를 납부기간까지 납부할 수 없다고 인정되는 때에는 징수의 유예를 받을 수 있고(지방세징수법 제25조의2)[31] 징수를 유예한 지방세에 대하여

---

28) 물론 제2차 납세의무자에 대하여는 체납처분(강제징수)을 할 수 있다.

29) 대법원 1971. 9. 17. 자 71그6 결정 참조. 회생절차개시결정이 있고 회생계획 인가가 있은 후 회생회사가 납부치 않았던 이른바 회생채권인 체납세금에 대하여 한 국세징수법에 의한 압류처분은 제58조 제3항에 의하여 적법하다.

30) 국세는 '국세기본법 제47조의4 제1항 제1호 중 납부고지서 납부기한 다음날부터 납부일까지의 금액과 제3호의 금액'에 해당하는 납부지연가산세를, 지방세는 지방세기본법 제55조 제1항 제3호, 제4호의 납부지연가산세를 말한다.

는 납부지연가산세를 징수할 수 없도록 되어 있으므로(지방세징수법 제28조 제1항, 제2항) 회생채권인 조세채권에 관하여 납세의 고지를 받은 회생회사가 납부지연가산세의 징수를 면하려면 그 고지된 세액에 관하여 지방세징수법 제25조의2 소정의 징수유예를 받거나 법원의 허가를 얻어 이를 납부기한 내에 납부하여야 할 것이고, 회생회사가 회생채권인 조세채권에 대한 납세의 고지를 받고 위와 같은 징수유예를 받음이 없이 고지된 세액을 납부기한 내에 납부하지 아니한 경우에는 납부지연가산세의 징수를 면할 수 없다 할 것이다.[32] 요컨대 회생절차개시결정이 되었다고 하여 납부지연가산세가 면제되는 것은 아니다.

국세의 경우에도 마찬가지이다(국세기본법 제47조의4 제7항, 국세징수법 제13조 참조).

다. 조세채권과 부인권

조세채권에 대하여 담보를 제공하거나 조세채무를 소멸하게 하는 행위는 부인할 수 없다(제100조 제2항).[33] 관련 내용은 〈제2편 제7장 제3절 Ⅲ.1.다.(3)〉(본서 443쪽) 및 〈제2편 제8장 제4절 Ⅴ.3.마., 자.〉(본서 577, 581쪽)를 참조할 것.

라. 회생절차개시결정과 지방세의 징수유예 및 국세의 납부기한연장

지방자치단체의 장은 납세자(채무자)가 회생절차개시결정을 받고 납부계획서를 제출한 경우 징수유예를 할 수 있다(지방세징수법 제25조 제1항 제6호, 지방세징수법 운영 예규 25-8 제4호).

납세자의 거래처 등이 회생절차개시결정을 받아 매출채권 등을 회수하기 곤란한 경우 납세자에 대하여 징수유예가 가능하다(지방세징수법 제25조 제1항 제6호, 지방세징수법 운영예규 25-8 제3호 나목). 국세의 경우에는 납부기한의 연장이 가능하다.[34]

3. 채권신고 · 확정단계

가. 조세채권의 신고 · 확정

조세채권은 다른 일반 회생채권과 달리 지체 없이 신고하면 되고(제156조 제1항) 채권조사의 대상도 아니다(제157조). '지체 없이'는 늦어도 회생계획안 심리를 위한 관계인집회가 끝나기 전까지는 신고되어야 한다는 의미이다.[35] 조세채권을 신고할 때에는 채무자가 납세의 고지 또는

---

31) 국세의 경우는 고지된 국세 등의 징수유예 제도와 국세기본법에 따른 납부기한 연장 제도를 국세징수법에 납부기한 등의 연장 제도로 일원화하여 규정함으로써 납세자의 편의성을 높이고 있다(국세징수법 제13조). 따라서 제140조의 '징수를 유예하거나 체납처분에 의한 환가를 유예'한다는 것은 지방세에는 적절한 표현이나(지방세징수법 제25조 이하, 제105조), 국세는 '납부기한이 연장되거나 압류·매각을 유예'한다는 것으로 이해하여야 한다(국세징수법 제13조, 제105조). 법 개정이 필요하다.

32) 대법원 1982. 5. 11. 선고 82누56 판결 참조.

33) 파산절차나 개인회생절차에서는 이러한 규정이 없지만, 그 취지에 비추어 동일하게 해석하여야 할 것이다.

34) 국세의 경우에도 납세자의 거래처 등인 채무자에게 회생절차개시결정이 있어 매출채권 등의 회수가 곤란한 경우 납세자에 대하여 납부기한의 연장사유가 될 수 있다(국세징수법 제13조 제1항 제4호, 국세징수법 시행령 제11조 제5호, 국세징수법 기본통칙 15-0…10 제3호 가목, 국세징수법 집행기준 15-0-2 제3호 가목 참조).

35) 대법원 2024. 6. 13. 선고 2023두63079 판결, 대법원 1980. 9. 9. 선고 80누232 판결 등 참조.

독촉을 받은 후 회생계획이 인가되는 경우 인가일 이후에는 지연배상금 성격의 납부지연가산세가 부과되지 아니함에 유의하여야 하고, 회생계획안에 따른 조세채권의 인가기간을 감안하여 인가일까지 예상되는 지연배상금 성격의 납부지연가산세를 채권신고시 누락하지 않도록 하여야 한다.

조세채권의 신고·확정절차에 관하여는 〈**제2편 제9장 제3절**〉(본서 755쪽)을 참조할 것.[36] 조세채권의 경우 불복의 방법이나 중단·수계의 대상에 조세소송·조세심판(이의신청, 심사청구, 심판청구)은 물론 사전구제제도인 과세전적부심사(국세기본법 제81조의12, 지방세기본법 제88조, 관세법 제118조)가 포함된다고 할 것이다.

한편 조세채권이 목록에도 기재되어 있지 않고 신고도 하지 아니한 경우 실권이 됨은 물론, 회생계획인가여부결정이나 회생절차폐지결정에 대한 즉시항고권의 인정에 있어서도 차이가 있다. 목록에 기재되거나 신고한 조세채권자는 회생계획인가여부결정이나 회생절차폐지결정에 대하여 즉시항고권이 인정되나(제247조 제1항, 제290조 제1항), 목록에도 기재되어 있지 않고 신고도 아니한 조세채권자는 위 결정들에 대하여 즉시항고를 하려면 회생채권자(조세채권자)인 것을 소명하여야 한다(제247조 제2항, 제290조 제1항). 관련 내용은 〈**제2편 제14장 제4절 Ⅰ.1.가.**〉(본서 966쪽), 〈**제2편 제16장 제2절 Ⅴ.1.가.**〉(본서 1078쪽)를 참조할 것.

나. 조세채권이 회생채권자표에 기재된 경우 소멸시효

회생채권자표에 기재된 채권은 단기소멸시효에 해당하는 것이라도 회생채권자표에 기재되면 확정판결과 동일한 효력이 있으므로(제168조, 제255조 제1항) 그 소멸시효는 10년으로 연장된다(민법 제165조 제2항). 그렇다면 조세채권이 회생채권자표에 기재된 경우 소멸시효기간은 5년(국세기본법 제27조 제1항 제2호, 지방세기본법 제39조)인가 10년인가.

제32조 제1호는 회생절차참가는 시효중단의 효력이 있다고 규정하고 있으므로 채무자에 대하여 회생절차가 개시되어 과세관청이 조세채권을 회생채권으로 신고하였다면 이로써 시효가 중단된다고 할 것이나, 제156조 제2항, 제167조 제1항에 의하면 조세채권과 같이 체납처분(강제징수)이 가능한 공법상의 채권에 대하여는 일반 회생채권과 같은 조사·확정절차를 거치지 아니한 채 회생채권자표에 기재하도록 하되 다만 그러한 기재가 있었다고 하더라도 그 청구권의 원인이 조세심판·소송 등 불복의 신청을 허용하는 처분인 때에는 관리인이 여전히 채무자가 할 수 있는 방법으로 불복을 신청할 수 있도록 하고 있어서(제157조 제1항), 이 경우에는 회생채권으로 신고되어 회생채권자표에 기재되면 확정판결과 동일한 효력이 있다고 규정한 제255조는 적용될 여지가 없고, 따라서 조세채권이 회생채권으로 신고되어 회생채권자표에 기재되었다고 하더라도 그 시효기간이 민법 제165조에 의하여 10년으로 연장되는 것으로 볼 수도 없다.[37]

---

36) 파산절차나 개인회생절차에서는 회생절차에서와 같은 특례 규정이 없다.

37) 대법원 2000. 12. 22. 선고 99두11349 판결 참조. 예컨대 지방세(지방세기본법 제39조)와 5억 원 미만인 국세(국세기본법 제27조 제1항 제2호)의 경우 징수권의 소멸시효는 5년인데, 회생절차에서 해당 조세채권을 신고하고 회생채권자표에 기재되었다고 하더라도 소멸시효가 10년으로 되는 것은 아니다.

4. 회생계획안 작성 단계

가. 권리변경 등에 관한 특칙

조세채권의 경우에는 권리변경의 정도에 따라 징수의 권한을 가진 자의 동의나 의견 청취가 필요하다(제140조 제2항, 제3항). 관련 내용은 〈**제2편 제8장 제4절 Ⅴ.3.바.**〉(본서 578쪽)를 참조할 것.

조세채권의 법정기일(국세기본법 제35조 제2항, 지방세기본법 제71조 제1항 제3호)이 회생담보권자의 담보설정일 이후라도 3년을 초과하는 기간 동안 징수를 유예하거나 체납처분에 의한 재산의 환가를 유예하는 내용을 정하거나, 채무의 승계, 조세의 감면 또는 그 밖에 권리에 영향을 미치는 내용을 정하는 때에는 징수의 권한을 가진 자의 동의를 받아야 한다.

나. 회생계획안 작성 원칙에 관한 특칙

조세채권에 관하여는 공정하고 형평에 맞는 차등원칙이 적용되지 않고(제217조 제2항), 청산가치보장원칙도 적용되지 않는다. 관련 내용은 〈**제2편 제8장 제4절 Ⅴ.3.사.**〉(본서 580쪽)를 참조할 것.

5. 회생계획안 결의 단계

조세채권은 관계인집회에서의 결의 절차에 있어서도 다른 취급을 받는다. 조세채권은 결의에 있어 어느 조에도 속하지 않고(제236조 제2항 단서), 의결권도 행사할 수 없다(제191조 제2호). 관련 내용은 〈**제2편 제8장 제4절 Ⅴ.3.아.**〉(본서 581쪽)를 참조할 것.

6. 회생계획인가단계

가. 면 책

(1) 조세채권의 실효

조세채권이라도 회생채권인 경우 채권자목록에 기재되어 있지 않고 채권신고를 하지 아니한 경우에는 면책된다(제251조). 추상적 조세채권이 회생계획인가 이후 구체화되더라도 실권되어 부과권을 행사할 수 없다. 실효된 이후의 부과처분은 당연무효이다.[38] 따라서 세무당국은 납세의무가 성립한 경우 반드시 채권신고를 하여야 한다.

---

38) 대법원 2007. 9. 6. 선고 2005다43883 판결(본서 978쪽 각주 93)). 만약 회생계획인가 전에 채권신고를 하지 않은 상태에서 과세관청이 부과처분을 한 경우 부과처분은 적법한가. 회생계획인가 전에는 채권신고를 하지 않았다고 하더라도 부과권을 행사할 수 있으므로 부과처분은 적법하다(따라서 무효도 아니다). 이후 회생계획이 인가된 경우 조세채권은 실권되고 납세의무자는 납부하지 않아도 된다(자연채무). 그럼에도 납세의무자가 납부한 경우에는 조세채무는 존재하는 것이므로[다만 체납처분(강제징수)을 할 수 없을 뿐이다] 국가나 지방자치단체를 상대로 부당이득반환청구를 할 수는 없다.

한편 주된 납세자가 제251조에 따라 국세나 지방세의 납세의무에 대하여 면책된 경우에 있어서도 제2차 납세의무에 관한 국세나 지방세의 납세의무에는 영향을 미치지 아니한다.[39] 제2차 납세의무는 본래의 납세의무에 갈음하는 의무인 까닭에 후자에 대하여 부종성과 보충성을 갖는다는 점에서 보증인과 유사한 지위에 있다고 볼 수 있기 때문이다(제250조 제2항 참조).

(2) 면책과 형사처벌(조세범)

조세범이란 세법을 위반한 행위 중 그 위법성과 반사회성이 중대하여 특별히 형벌로써 다스려야 하는 행위를 말한다.[40] 조세범은 크게 조세포탈에 관련된 탈세범과 조세행정질서 위반에 관한 조세질서범으로 나뉜다. ① 국세의 경우 조세범의 성립과 처벌에 관하여는 조세범 처벌법에, 그 조사 및 처벌절차에 관하여는 조세범 처벌절차법에, ② 지방세의 경우 성립 및 처벌과 절차 모두 지방세기본법(제8장)에, ③ 관세의 경우는 성립 및 처벌과 절차 모두 관세법(제11장, 제12장)에 각 규정되어 있다.

회생절차에서 조세채권은 원칙적으로 회생채권이고 채무자가 조세포탈 등의 의도를 가지고 있었다면 채권자목록에 기재하지 않았을 것이고(의도가 없었다고 하더라도 채권자목록에 기재하지 않을 수 있다), 과세관청 입장에서도 조세채권이 존재하는지는 사후에 세무조사 등을 통하여 알 수 있다. 이 경우 채권신고를 하지 않아(또는 할 수 없어) 조세채권은 회생계획인가결정으로 실효된다.[41] 그렇다면 조세채권이 실효된 경우에도 조세범으로 처벌될 수 있는가.[42]

(가) 먼저 고발권이 있는지를 본다. 조세범은 국세청장, 지방국세청장 또는 세무서장(조세범 처벌법 제21조), 지방자치단체의 장 또는 범칙사건조사공무원(지방세기본법 제111조), 관세청장이나 세관장(관세법 제284조 제1항)의 고발이 있어야 처벌할 수 있다.[43] 조세채권이 회생계획인가결정으로 실효된다고 하더라도 아래에서 보는 바와 같이 조세범이 성립하는 것에는 문제가 없으므로 국세청장 등의 고발권은 유지된다고 할 것이다.

(나) 다음으로 조세범이 성립하는 것인지에 관하여 본다. 범죄의 성립은 행위시를 기준으로 하고(형법 제1조 제1항) 이후 조세채권이 실효되었다고 하여 성립된 범죄가 소멸된다고 보기는 어렵다. 또한 민사책임이 없어졌다고 하여 형사처벌이 면제되는 것은 아니다. 따라서 비록 회생계획인가결정으로 조세채권이 실효되었다고 하더라도 조세범의 성립에는 지장이 없다. 그러

---

39) 국세징수법 기본통칙 12−0…3 참조.
40) 관세법에서는 '관세범'이라 한다. '관세범'이란 관세법 또는 관세법에 따른 명령을 위반하는 행위로서 관세법에 따라 형사처벌되거나 통고처분되는 것을 말한다(제283조 제1항).
41) 물론 다른 일반회생채권과 마찬가지로 추후보완신고 등을 통해 구제받을 수도 있을 것이다.
42) 회생절차에서 조세채권자(국가나 지방자치단체)가 조세채권의 감액에 동의하고 회생계획이 인가됨으로써 감액된 부분이 면책된 경우, 개인회생절차에서 후순위 개인회생채권인 조세채권이 면책된 경우에도 동일한 문제가 발생한다. 파산절차의 경우에는 비면책채권(제566조 제1호)이므로 이러한 문제가 발생할 수 없다.
43) 형사소송법은 공무원이 그 직무를 행함에 있어 범죄가 있다고 사료하는 때에는 고발하도록 규정하고 있으나(형사소송법 제234조 제2항), 이때의 고발은 직무상 고발일 뿐 소송요건으로서의 고발이 아니다. 이에 비하여 조세범에 대한 고발은 소추요건 및 소송요건으로서 세무서장 등의 고발을 요구하여 이를 흠결한 경우 공소제기의 절차가 법률의 규정에 위반하여 무효가 된다{김종근, 조세형사법 해설, 삼일인포마인(2021), 63쪽, 김태희, 조세범처벌법, 박영사(2018), 104쪽}.

므로 당연히 공소시효의 경과 여부도 검토되어야 한다.

한편 조세포탈범(조세범 처벌법 제3조, 지방세기본법 제102조, 관세법 제270조)은 미수범을 처벌하는 규정이 없기 때문에 기수에 이르러야, 즉 포탈의 결과가 발생하여야 비로소 행위자에게 책임을 물을 수 있다. ① 부과과세방식의 조세는 해당 세목의 과세표준을 정부가 결정하거나 조사결정한 후 그 납부기한이 지난 때를 기수시기로 한다. 다만, 납세의무자가 조세를 포탈할 목적으로 세법에 따른 과세표준을 신고하지 아니함으로써 해당 세목의 과세표준을 정부나 지방자치단체의 장이 결정하거나 조사결정할 수 없는 경우에는 해당 세목의 과세표준의 신고기한이 지난 때로 한다. ② 신고납세방식의 조세는 그 신고·납부기한이 지난 때를 기수시기로 한다(조세범 처벌법 제3조 제5항, 지방세기본법 제102조 제6항). ③ 자동확정방식의 조세는 신고·납부기한이 지난 때가 조세포탈죄의 기수시기가 된다. 자동확정방식의 조세 역시 납세자가 그 과세표준과 세액을 신고·납부하도록 규정되어 있기 때문이다.[44]

(3) 실권되지 않는 경우

앞에서 본 바와 같이 조세채권자가 늦어도 회생계획안 심리를 위한 관계인집회가 끝나기 전까지 조세채권을 신고하지 않으면 실권된다. 하지만 회생절차에서 조세채권자가 회생절차의 개시사실 및 조세채권의 신고기간 등에 관하여 개별적인 통지를 받지 못하는 등으로 회생절차에 관하여 알지 못함으로써 회생계획안 심리를 위한 관계인집회가 끝날 때까지 채권신고를 하지 못하고, 관리인이 그 조세채권의 존재 또는 그러한 조세채권이 주장되는 사실을 알고 있거나 이를 쉽게 알 수 있었음에도 회생채권자 목록에 기재하지 아니한 경우, 헌법상의 적법절차원리에 비추어 제251조의 규정에 불구하고 회생계획이 인가되더라도 그 조세채권은 실권되지 않는다. 따라서 회생절차가 종결한 후에도 실권되지 않은 조세채권자는 특별한 사정이 없는 한 새로 체납처분 등을 하거나 중지된 체납처분을 속행할 수 있다.[45]

다만 회생절차가 종결한 후에도 실권되지 않은 조세채권에 대하여는 형평의 원칙상 회생계획에 기재된 다른 조세채권의 권리변경 및 변제방법이 적용될 수 있다. 따라서 회생계획에서 회생채권인 조세채권에 관하여 제140조 제2항에 의하여 3년 이하의 기간 동안 징수를 유예하

---

44) 조세포탈범의 세부적인 기수시기에 관하여는 「김태희, 전게서, 239~250쪽」을 참조할 것.

45) 대법원 2024. 6. 13. 선고 2023두63079 판결. 위 판결에 대한 사안의 개요는 다음과 같다. ① 채무자(개인)는 회생절차개시결정 전에 세금을 납부하지 않고 이의신청을 제기하거나 체납내역 등을 확인하는 증명서를 발급받았다. ② 채무자는 회생절차를 신청하였고, 채무자가 관리인으로 간주되었다. 채무자는 회생채권자목록에 조세채권을 기재하지 않았다. ③ 과세관청도 채권신고를 하지 않았고 회생계획은 인가되어 종결되었다. ④ 과세관청은 회생절차 종결 후 ①항의 체납된 조세채권을 근거로 채무자의 재산을 압류하였다. 채무자는 위 압류처분에 대하여 심사청구를 하였고, 그 과정에서 과세관청은 회생절차가 진행된 사실을 알게 되었다. 이러한 사실관계를 전제로, 대법원은 「채무자는 회생절차에서 고의 또는 중과실로 회생채권자 목록에 조세채권을 기재하지 않았다. 한편 제40조 제1항 제3호에 따르면, 주식회사인 채무자에 대하여 회생절차개시의 신청이 있는 때에는 법원은 채무자의 주된 사무소 또는 영업소의 소재지를 관할하는 세무서장에게 그 신청 사실을 통지하도록 되어 있으나, 채무자는 주식회사가 아니므로 과세관청은 위 조항에 따른 통지를 받지 못하였다. 달리 과세관청이 회생절차에 관하여 알고도 채권신고를 하지 않았다는 사정은 보이지 않는다. 그러므로 특별한 사정이 없는 한 이 사건 조세채권은 회생계획 인가결정으로 실권되지 않았다고 보아야 한다.」고 판시하였다.

거나 체납처분에 의한 재산의 환가를 유예하는 내용을 정한 경우 이러한 내용은 회생절차 종결 후 실권되지 않은 조세채권에도 적용될 수 있다.[46]

나. 자산평가손실의 손금산입

내국법인이 보유하는 자산의 평가손실은 각 사업연도의 소득금액을 계산할 때 손금에 산입하지 아니한다(법인세법 제22조 본문). 다만 대통령령으로 정하는 주식등[47]으로서 해당 주식등의 발행법인이 회생계획인가결정을 받은 경우 주식등의 장부가액을 감액할 수 있는데(법인세법 제42조 제3항 제3호 나목, 법인세법 시행령 제78조 제2항 제1호), 이 경우 발생한 평가손실은 손금에 산입할 수 있다(법인세법 제22조 단서).

다. 권리의 변경

조세채권도 회생계획의 내용대로 권리가 변경된다(제252조). 지연배상금 성격의 납부지연가산세는 회생계획인가 전까지는 발생하지만, 인가 이후에는 납부기한이 연장되거나 징수가 유예된 기간 동안 발생하지 않고 그 이후에 발생한다(국세기본법 제47조의4 제7항, 국세징수법 제13조, 지방세징수법 제28조 제2항, 제4항 참조).

라. 체납처분(강제징수) 등에 미치는 영향

회생절차개시결정으로 중지된 체납처분(강제징수) 등은 효력을 잃지 않는다(제256조 제1항 참조). 일정기간 동안 중지되었다가(제58조 제3항) 인가결정 이후에 속행이 가능하다(본서 1006쪽).[48] 다만 회생계획에 징수유예(납부기한연장, 체납처분유예·매각의 유예)가 규정되는 것이 일반적이므로 회생계획이 인가되었다고 하여 바로 체납처분(강제징수)을 할 수 있는 것은 아니다(본서 1163쪽). 관리인이 회생계획에 따라 납부(변제)를 하지 아니할 때 비로소 체납처분(강제징수)을 속행을 할 수 있다고 할 것이다.[49]

한편 회생계획에서 정한 징수의 유예기간이 지난 후 회생채권인 조세채권에 기하여 이루어진 압류처분은 적법하다(제58조 제2항, 제140조 제2항, 제3항 참조).[50]

---

46) 따라서 만약 회생계획에 회생채권인 조세채권에 관하여 2025년부터 2027년까지 3년간 균등 분할하여 변제하되, 회생계획 인가결정일 이후 변제일까지 국세징수법에 의한 징수를 유예한다고 정하고 있음에도, 과세관청이 2025년 5월 31일 채무자의 재산에 대하여 압류를 하였다면, 위 압류는 조세채권의 변제기 전 징수유예 기간 중에 한 압류처분으로서 위법하다고 볼 것이다.

47) 대통령령으로 정하는 주식등이란 ① 주권상장법인이 발행한 주식등, ②「중소기업 창업지원법」에 따른 중소기업창업투자회사 또는「여신전문금융업법」에 따른 신기술사업금융업자가 보유하는 주식등 중 각각 창업자 또는 신기술사업자가 발행한 것, ③ 주권상장법인이 아닌 법인 중 제2조 제5항 각 호의 어느 하나의 관계에 있지 않은 법인이 발행한 주식등을 말한다(법인세법 시행령 제78조 제2항 제1호).

48) 회생절차개시결정으로 중지(금지)된 체납처분(강제징수) 등은 일정한 경우 속행할 수 있다. ① 중지(금지)기간경과로 인한 속행, ② 회생계획인가로 인한 속행(제256조 제1항), ③ 회생절차종료로 인한 속행, ④ 법원의 속행명령에 의한 속행(제58조 제5항)이 그것이다.

49) 실무도 그렇게 운용하고 있다(국세징수사무처리규정 제117조 제2항 제1호 참조).

50) 대법원 2012. 7. 12. 선고 2012다23252 판결, 대법원 1971. 9. 17. 자 71그6 결정 등 참조.

마. 고액·상습체납자 등 명단 공개 대상에서 제외

국세청장은 국세에 대한 고액·상습체납자의 인적사항 등을 공개할 수 있다(국세기본법 제85조의5 제1항 본문). 다만 회생계획인가의 결정에 따라 체납된 세금의 징수를 유예받고 그 유예기간 중에 있거나 체납된 세금을 회생계획의 납부일정에 따라 납부하고 있는 경우에는 공개하지 않을 수 있다(국세기본법 제85조의5 제1항 단서, 같은 법 시행령 제65조 제1항 제1호 나목). 지방세의 경우도 마찬가지이다(지방세징수법 제11조 제1항, 지방세징수법 시행령 제19조 제1항 제2호).

바. 조세의 정리보류[51]

국세의 경우 세무서장(지방국세청장)은 제251조에 따라 체납한 채무자(회사)가 납부의무를 면제받게 된 경우 정리보류를 할 수 있다(국세징수사무처리규정 제126조 제1항 제5호). 지방세의 경우 지방자치단체의 장은 제251조에 따라 체납한 채무자(회사)가 납세의무를 면제받게 된 경우 정리보류를 하여야 한다(지방세징수법 제106조 제1항 제4호, 같은 법 시행령 제94조 제1항 제2호).

정리보류는 납세의무가 소멸하는 사유가 아니라 체납처분을 종료하는 의미만을 가진다.[52] 정리보류 후 재산이 발견될 경우에는 즉시 정리보류를 취소하고 체납처분(강제징수)을 한다는 점(국세징수사무처리규정 제126조 제2항, 지방세징수법 제106조 제3항 단서)에서 징수권이 소멸하는 소멸시효와 구분된다. 다만 제251조에 의한 면제의 경우는 성질상 그 자체로 체납처분(강제징수)을 할 수 없기 때문에(본서 978쪽 참조) 정리보류를 취소하고 새로운 체납처분(강제징수)을 할 수는 없다.[53]

사. 회생계획에 의한 과점주주의 지위 승계 여부

회생회사가 주된 납세의무자인 법인의 납세의무 성립일을 기준으로 해당 법인의 과점주주에 해당하는 경우, 제2차 납세의무 성립의 기초가 되는 주된 납세의무 성립 당시의 과점주주로서의 지위는 회생계획이 정하는 바에 따라서 신설회사에 승계될 수 있다.

관련 내용은 〈제15장 제2절 Ⅱ.10.나.(3)〉(본서 1049쪽)을 참조할 것.

---

51) 정리보류는 더 이상 납세의무가 소멸하는 사유가 아니라 체납처분(강제징수)을 종료하는 의미만을 가지게 되었고, 정리보류의 취소 역시 국민의 권리와 의무에 영향을 미치는 행정처분이 아니라 과거에 종료되었던 체납처분(강제징수) 절차를 다시 시작한다는 행정절차로서의 의미만을 가지게 되었다고 할 것이다(대법원 2019. 8. 9. 선고 2018다272407 판결, 대법원 2011. 3. 24. 선고 2010두25527 판결 등 참조). 정리보류가 이루어진 조세에 대하여 다시 체납처분(강제징수)을 하기 위해서는 해당 정리보류를 취소하는 절차를 미리 마쳐야 한다(국세징수사무처리규정 제130조, 지방세징수법 제106조 제3항).

52) 대법원 2019. 8. 9. 선고 2018다272407 판결.

53) 실무적으로 과세관청은 제251조에 의해 조세채무가 면책된 경우 정리보류를 하고, 이후 새로운 재산이 발견되거나 주기적으로 체납자에 대하여 납부를 촉구하면서 납부하지 아니하면 체납처분(강제징수) 등의 조치를 취하겠다고 통보하고 있다. 이 경우 체납자는 국가나 지방자치단체를 상대로 면책확인의 소를 제기할 수밖에 없을 것이다(대법원 2017. 10. 12. 선고 2017다17771 판결, 대법원 2017. 4. 28. 선고 2016다239840 판결 등 참조).

아. 파산절차의 효력 상실로 인한 재단채권의 취급[54]

회생계획인가결정이 되면 회생절차개시결정으로 중지된(제58조 제2항 제1호) 파산절차는 실효되고(제256조 제1항), 효력을 잃은 파산절차에서의 재단채권(제473조 제2호 및 제9호에 해당하는 것을 제외한다)은 공익채권이 된다(제256조 제2항). 파산절차에서 재단채권이라고 하여도 회생절차개시 전 원인으로 발생한 것은 회생채권으로서의 성질을 갖는 것에 불과하지만, 재단채권자의 기대를 보호하기 위하여 위와 같은 규정을 둔 것이다. 또한 파산채권자를 위한 공익적 지출의 성질을 가지고 수시변제가 인정되는 재단채권이 회생절차에서 보호되지 않는다는 것은 불공평하다는 점도 고려한 것이다.

그러나 조세채권은 파산절차에서 정책적 이유로 재단채권으로 인정하고 있지만(제473조 제2호) 회생절차에서는 원칙적으로 회생채권으로 취급하고 있으므로 회생계획인가결정이 있다고 하더라도 모두 공익채권으로 인정할 수는 없다(제256조 제2항 괄호). 회생절차에서 공익채권으로 인정될 수 있는 것만 공익채권으로 인정하여야 할 것이다.[55]

Ⅲ 회생절차에서 조세채권의 취급에 관한 몇 가지 쟁점

1. 조세일반

가. 납세보증보험자의 조세채권 대위변제

관련 내용은 〈제2편 제8장 제4절 Ⅴ.4.〉(본서 581쪽)를 참조할 것.

한편 납세보증보험자가 공익채권인 조세채권을 대위변제한 경우 조세에 대한 종전의 권리가 동일성을 유지한 채 그대로 이전한다. 따라서 납세보증보험자는 회생절차에 의하지 아니하고 공익채권을 행사할 수 있다(본서 702쪽).

나. 과점주주의 제2차 납세의무

회생절차가 개시되면 채무자의 재산에 관한 관리처분권이 관리인에게 전속하므로 주주 등은 출자자로서 제2차 납세의무를 부담하지 않는다. 반면 회생절차개시 전에 제2차 납세의무가 성립한 경우에는 제2차 납세의무를 부담한다고 할 것이다.

관련 내용은 〈제2편 제8장 제3절 Ⅲ.〉(본서 666쪽)을 참조할 것.

---

54) 관련 내용은 〈제2편 제14장 제5절 Ⅴ.3.〉(본서 1008쪽)을 참조할 것.
55) 회생절차개시결정 전에 성립한 조세채권은 일반의 우선권 있는 회생채권이고, 개시결정 이후에 성립한 조세채권은 공익채권이다. 한편 반대로 회생절차에서 회생채권에 불과한 조세채권이더라도 파산절차로 이행되면 재단채권으로 된다.

다. 후발적 경정청구사유로서 회생계획인가결정으로 인한 면제

(1) 후발적 경정청구

과세표준과 세액의 확정을 위한 과세관청의 부과처분이나 납세의무자의 신고가 언제나 정확한 것은 아니므로 이를 시정하기 위하여 제도적 장치가 필요하다. 과세관청은 부과제척기간이 도과하기 전까지는 언제든지 과세처분과 세액을 증액 또는 감액하는 경정처분을 할 수 있다. 납세의무자의 경우에도 스스로 자신이 한 신고행위의 잘못을 수정할 수 있는데, 그것이 바로 경정청구제도이다.

경정청구에는 과세표준신고서에 기재된 과세표준과 세액 등에 잘못이 있는 경우에 하는 통상의 경정청구(국세기본법 제45조의2 제1항, 지방세기본법 제50조 제1항)와 후발적 이유에 의하여 과세표준과 세액 등의 계산의 기초에 변동이 생겼기 때문에 하는 후발적 경정청구(국세기본법 제45조의2 제2항, 지방세기본법 제50조 제2항)가 있다.

후발적 경정청구는 법정신고기한 이후에 납세의무자의 담세력에 영향을 미치는 사정이 발생하였음을 이유로 한다. 후발적 경정청구를 인정하는 취지는 통상의 경정청구나 과세처분에 대한 불복기간을 구체적 타당성에 맞추어 연장시켜 주기 위한 것이다.

(2) 회생계획인가결정으로 인한 면제가 후발적 경정청구 사유가 되는지

회생계획인가결정으로 인하여 면제된 경우는 채권자인 납세의무자나 원천징수의무자에게 있어 후발적 경정청구 사유가 된다.

관련 내용은 〈**제2편 제14장 제5절 Ⅱ.4.**〉(본서 987쪽)를 참조할 것.

반면 회생계획인가결정이 지연되어 회생채권의 대손 확정 여부가 지체되었다는 사유는 후발적 경정청구 사유에 해당하지 않는다.[56]

라. 신회사의 조세채무 승계 및 연대납세의무

(1) 조세채무의 승계

(가) 회생계획에서 신회사의 조세채무 승계를 규정할 수 있다(제280조). 관련 내용은 〈**제2편 제15장 제2절 Ⅱ.16.**〉(본서 1057쪽)을 참조할 것.

(나) 회생계획에 의하여 국세환급금채권이 신설회사에 승계된 경우 국세기본법 제53조,[57] 같은 법 시행령 제43조의4[58]가 적용되는가.

---

56) 대법원 2008. 4. 24. 선고 2006두13855 판결 참조.
57) 국세기본법 제53조(국세환급금에 관한 권리의 양도와 충당) ① 납세자는 국세환급금에 관한 권리를 대통령령으로 정하는 바에 따라 타인에게 양도할 수 있다.
　② 세무서장은 국세환급금에 관한 권리의 양도 요구가 있는 경우에 양도인 또는 양수인이 납부할 국세 및 강제징수비가 있으면 그 국세 및 강제징수비에 충당하고, 남은 금액에 대해서는 양도의 요구에 지체 없이 따라야 한다.
58) 지방세의 경우 지방세기본법 제63조, 같은 법 시행령 제44조.

상법 제530조의10 및 채무자회생법 제272조 제1항에 따라 회생회사의 분할로 인하여 설립되는 신설회사는 회생계획이 정하는 바에 따라 회생회사의 권리와 의무를 포괄승계한다. 회생계획에 의하여 설립되는 신설회사가 포괄승계하는 회생회사의 권리와 의무에는 성질상 이전이 허용되지 않는 것을 제외하고는 사법상 관계와 공법상 관계가 모두 포함된다고 볼 수 있다.[59] 회생계획에 정한 바에 따라 국세환급금채권이 분할 후 신설회사에 승계되는 경우에는, 국세환급금채권이 납세의무자 이외의 자에게 이전된다는 점에서 채권양도와 유사한 측면이 있기는 하지만, 이는 포괄승계에 따라 당연히 예정된 법적 효과라는 점에서, 특정승계를 전제로 한 채권양도와는 법적 성질이 명확히 구분된다.

국세기본법 제53조와 같은 법 시행령 제43조의4에서 규정한 '양도'는 그 문언의 통상적 의미에 비추어 민법상 채권양도와 같은 의미로 볼 수 있지만, 상법 제530조의10 및 채무자회생법 제272조 제1항 등의 법령과 회생계획에서 정한 회사분할에 따라 국세환급금채권을 승계한 것은 앞서 본 바와 같이 성질상 포괄승계에 해당하고, 그 경우 포괄승계의 대상인 개별적인 권리와 의무에 관한 별도의 양도 혹은 승계 절차를 필요로 하지 아니하므로, 회생계획에 따른 국세환급금채권의 양도에는 국세기본법 제53조, 같은 법 시행령 제43조의4가 적용되지 않는다.[60]

(2) 연대납세의무

법인이 제215조에 따라 신회사를 설립하는 경우 기존의 법인에 부과되거나 납세의무가 성립한 국세·지방세 및 체납처분(강제징수)비는 신회사가 연대하여 납부할 의무를 진다(국세기본법 제25조 제4항, 지방세기본법 제44조 제4항).

마. 견련파산의 경우 조세채권의 취급 (본서 1093쪽 참조)

견련파산의 경우 공익채권인 조세채권은 재단채권(제6조 제4항)이다. 회생채권인 조세채권이

---

59) 제272조 제4항은 상법 제530조의10의 적용을 배제하고 있지 않다.

60) 대법원 2023. 11. 2. 선고 2023다238029 판결 참조. 국세기본법에 제53조에 따르면, 납세자는 국세환급금에 관한 권리를 대통령령으로 정하는 바에 따라 타인에게 양도할 수 있다. 또한 국세기본법 시행령 제43조의4에 따르면, 국세환급금에 관한 권리를 타인에게 양도하려는 납세자는 세무서장이 국세환급금통지서를 발급하기 전에 양도인 및 양수인의 주소와 성명, 양도하고자 하는 권리의 내용 등을 기재한 문서로 관할 세무서장에게 양도를 요구하여야 하고(제1항), 세무서장은 위 요구가 있는 경우에 양도인이 납부할 다른 국세·가산금 또는 체납처분비가 있으면 그 국세·가산금 또는 체납처분비에 충당하고, 남은 금액에 대해서는 양도의 요구에 지체 없이 따라야 한다(제2항). 이와 같이 국세환급금채권의 양도 요구가 있는 경우 양도인에 대한 체납국세 등을 양수인에게 지급할 국세환급금에서 충당할 수 있는 '선충당권'은, 국가재정의 기초가 되는 국세를 효율적으로 징수하기 위한 목적에서 국세우선권에 근거하여 민법상 채권양도의 법리에 대한 특례를 인정한 것으로, 과세관청은 국세환급금채권의 충당시점을 기준으로 국세환급금을 양도인의 체납국세 등에 충당할 수 있다(헌법재판소 2017. 7. 27. 선고 2015헌바286 전원재판부 결정). 국세기본법 제53조와 국세기본법 시행령 제43조의4에 규정된 위 '양도'는 민법상 채권양도와 같은 의미라 할 것이고, 단지 그 요건 및 효과 등 관련 법리의 적용만 위 각 조항에서 일부 달리 정한 것으로 볼 수 있다. 다만 국세기본법 제53조와 국세기본법 시행령 제43조의4에 규정된 위 '양도'는 채권양도 통지를 기준으로 당사자 사이의 이해관계를 조절하는 통상적인 채권양도의 경우와 달리 '선충당권'에 의한 채권양도 효력의 일부 제한 등 국세 우선징수권에 기초하여 조세채권자를 양수인보다 우대하는 예외가 수반됨에 비추어, 권리 이전 및 귀속의 법적 근거와 성질을 달리하는 경우에는 위 '양도'에 관한 법령상 규정이 적용 또는 유추적용된다고 볼 수 없다(대법원 2008. 7. 24. 선고 2008다19843 판결 참조).

나 개시후기타채권인 조세채권도 모두 재단채권(제473조 제2호)이다.

바. 압류채권에 대한 채권신고 (본서 730쪽 참조)

채권신고는 회생채권 등에 대하여 관리처분권을 가진 자가 하여야 한다. 따라서 국세징수법이나 지방세징수법에 기한 압류에 의하여 추심권을 갖는 경우도 추심권을 얻는 자(세무서장이나 지방자치단체의 장)가 신고하여야 한다(국세징수법 제40조, 지방세징수법 제50조).

사. 조세우선권이 보장된 체납처분(강제징수)에 의한 강제환가절차에서 회생채권인 조세채권이 공익채권보다 우선하는지 여부

회생계획이 정한 징수의 유예기간이 지난 후 회생채권인 조세채권에 기하여 이루어진 국세징수법이나 지방세징수법에 의한 압류처분은 제58조 제3항, 제140조 제2항 등에 비추어 보면 적법하고, 회생절차에서 공익채권은 회생채권과 회생담보권에 우선하여 변제한다는 제180조 제2항은 채무자의 일반재산으로부터 변제를 받는 경우에 우선한다는 의미에 지나지 아니하며, 제180조 제2항이 국세기본법 제35조 제1항, 지방세기본법 제71조 제1항이나 국세징수법 제81조 제1항, 지방세징수법 제99조 제1항에 대한 예외규정에 해당한다고 볼 수도 없으므로, 조세의 우선권이 보장되는 체납처분(강제징수)에 의한 강제환가절차에서는 회생채권인 조세채권이라 하더라도 공익채권보다 우선하여 변제를 받을 수 있다.[61]

아. 조세환급금의 충당과 상계 제한

회생절차가 개시되면 회생채권자 등의 상계는 제한받는다(제144조). 조세채권도 회생채권인 경우 이러한 제한을 받는다.[62] 문제는 조세환급금의 충당(국세기본법 제51조, 관세법 제46조, 지방세기본법 제60조)은 어떻게 되는지이다. 조세환급금의 충당은 납세자가 납부할 조세와 과세관청이 환급할 조세환급금이 서로 대립하고 있는 경우 그 대등액에 있어서 이를 동시에 소멸시키는 것을 말한다(국세기본법 제51조 제1항, 관세법 제46조 제1항, 지방세기본법 제60조 제1항).[63] 양자(납세자의 환급청구권과 과세관청의 조세채권)는 별개의 채권·채무이지만 별도로 행사되는 경우의 불편과 조세징수권의 확보를 위하여 인정되는 제도이다.

조세환급금의 충당은 민법상의 상계제도와 유사하다. 다만 민법상의 상계는 당사자 일방의 상대방에 대한 의사표시에 의하나, 조세환급금의 충당은 과세관청이 법정된 요건과 방식에 따

---

61) 대법원 2012. 7. 12. 선고 2012다23252 판결.
62) 상계금지규정에 의하여도 제한받는다(지방세징수법 제21조). 조세법률관계에 상계를 허용하지 않는 이유는 ① 상계를 허용하면 상계에 의하여 혼동을 허용하는 것과 같은 효과가 발생할 수 있어서 국가나 지방자치단체의 회계에 부정이 개입하는 것을 방지하기 위하여 세입과 세출을 구분하고 그 혼동을 허용하지 않는 원칙이 무너질 수 있다는 점, ② 납세자가 국가나 지방자치단체에 대하여 가지고 있는 반대채권의 존부를 과세관청에게 판단하도록 하는 것이 현실적으로 곤란하다는 점 등에 있다{이준봉, 조세법률총론(제8판), 삼일인포마인(2022), 402쪽}.
63) 충당에 따른 납세의무의 소멸효과는 과세권자의 충당조치가 있어야 발생하는가. 과세권자가 조세환급금을 조세 체납액에 충당하는 조치가 있어야만 비로소 조세 납부 또는 납입의무의 소멸이라는 충당의 효과가 발생한다(대법원 2015. 9. 10. 선고 2013다205433 판결 참조).

라 일방적으로 행하는 점, 충당의 요건이나 절차, 방법 및 효력에 관하여서는 세법이 정하는 바에 따라 결정되는 것이며 상계의 소급효에 관한 민법 제493조 제2항과 같은 규정을 두고 있지 않은 이상 일반원칙으로 돌아가 충당의 효력은 그 행위가 있은 날로부터 장래에 향하여서만 발생하므로 조세환급금에 의한 충당이 있은 경우 충당된 조세의 납기에 소급하여 환급금의 반환채무가 소멸한다고 할 수 없다[64]는 점 등에서 차이가 있다.

회생절차가 개시되면 조세환급금을 충당할 수 있는가. 회생절차가 개시되면 회생채권의 권리행사는 제한되고, 조세환급금의 충당이 상계와 유사하다는 점에서 조세환급금이 회생절차개시결정 전에 발생한 것이라면 제144조의 상계요건이 충족된 경우에만 조세환급금을 충당할 수 있다고 볼 여지도 있다.[65] 하지만 조세환급금의 충당은 상계와 유사하나 그 본질에 있어서는 차이가 있고, 납세자와 과세권자의 편의를 위해 국세기본법 등에서 특별히 인정한 것이며, 조세의 상계는 금지되지만(지방세징수법 제21조 참조) 충당의 경우는 예외로 인정되고, 채무자회생법의 상계제한규정이 국세기본법 등의 충당에 관한 규정을 배제한다고 보기 어렵다는 점에서 조세환급금의 충당이 가능하다고 할 것이다.[66]

주의할 것은 제140조 제2항에 따른 징수의 유예기간 중 회생절차가 종결되고 체납자에게 조세환급금의 결정이 있는 경우 징수의 유예기간이 지나지 않은 체납액(회생채권)에 그 조세환급금을 충당할 수는 없다는 것이다. 다만, 국세징수법 제16조에 따라 납부기한 등 연장의 취소사유나 지방세징수법 제29조에 따라 징수유예 등의 취소사유가 있는 때에는 그러하지 아니하다.

자. 경정청구 등을 통한 조세의 환급

회생절차개시신청을 한 채무자는 금융기관으로부터 대출이나 신용등급의 유지 또는 상향을 위해 분식회계를 통해 자산을 과대계상(가공매출 및 가공재고의 계상 등)하거나 부채를 과소계상(채무의 과소계상, 대손금의 미계상 등)함으로써 세법상 과세표준을 과대신고하는 경우가 있다. 이 경우 분식결산한 회계서류를 기초로 한 법인세 과세표준과 세액을 결정한 부과처분은 거래의 실질에 부합하지 않는 것이어서 실질과세원칙[67]에 반한다.[68] 따라서 관리인은 과세표준과 세액

---

64) 대법원 2010. 1. 14. 선고 2009다75055 판결, 대법원 2008. 7. 24. 선고 2008다19843 판결, 대법원 1989. 5. 23. 선고 87다카3223 판결 등 참조.

65) 국세징수실무는 제144조에 따라 상계권을 행사할 수 있는 경우에 충당하고 있다(국세징수사무처리규정 제117조 제3항 제1호).

66) 실무적으로 회생계획에 조세채권의 충당이 가능하다는 취지를 기재하기도 한다.

> 채무자 회생 및 파산에 관한 법률 제140조에 의하여 회생계획안 인가일부터 3년 이하의 기간 동안 징수 및 체납처분은 유예하고 이 기간 동안에는 납부지연가산세가 발생하지 아니하는 것으로 하였으며, 신고된 조세채권의 본세 및 본 회생계획인가결정 전일까지 발생한 납부지연가산세는 회생계획인가일로부터 3년이 되는 날의 전일에 걸쳐 법원의 허가를 얻어 균등분할 변제하는 것으로 하였습니다. 다만 국세(지방세)환급금과 충당 처리되는 경우에는 예외로 하였습니다.

67) 실질과세의 원칙에 비추어 법인세의 과세소득을 계산함에 있어서 구체적인 세법적용의 기준이 되는 과세사실의 판단은 당해 법인의 기장내용, 계정과목, 거래명의에 불구하고 그 거래의 실질내용을 기준으로 하여야 하는 것이다(대법원 1993. 7. 27. 선고 90누10384 판결 참조).

의 경정청구(국세기본법 제45조의2), 심판청구(국세기본법 제55조) 및 행정소송(국세기본법 제56조) 등을 통하여 법인세를 환급받을 수 있다.

채무자(법인)가 분식결산에 터 잡아 법인세를 과다하게 신고, 납부한 행위를 민법 제746조가 규정하고 있는 '불법의 원인으로 인하여 재산을 급여한 때'에 해당한다고 보기도 어려우므로, 과세관청은 불법원인급여임을 이유로 그 반환을 거부할 수 없다.[69]

분식회계를 한 납세의무자인 채무자가 스스로 과거의 행위에 반하여 경정청구(법인세부과처분취소소송)을 하는 것이 신의성실의 원칙에 반하는 것은 아닐까. 납세의무자에게 신의성실의 원칙을 적용하기 위해서는 객관적으로 모순되는 행태가 존재하고, 그 행태가 납세의무자의 심한 배신행위에 기인하였으며, 그에 기하여 야기된 과세관청의 신뢰가 보호받을 가치가 있는 것이어야 할 것인바,[70] 조세법률주의에 의하여 합법성이 강하게 작용하는 조세 실체법에 대한 신의성실의 원칙 적용은 합법성을 희생하여서라도 구체적 신뢰보호의 필요성이 인정되는 경우에 한하여 허용된다고 할 것이고, 과세관청은 실지조사권을 가지고 있을 뿐만 아니라 경우에 따라서 그 실질을 조사하여 과세하여야 할 의무가 있으며, 과세처분의 적법성에 대한 증명책임도 부담하고 있는 점 등에 비추어 보면, 납세의무자가 자산을 과대계상하거나 부채를 과소계상하는 등의 방법으로 분식결산을 하고 이에 따라 과다하게 법인세를 신고, 납부하였다가 그 과다납부한 세액에 대하여 경정청구나 취소소송을 제기하여 다툰다는 사정만으로 신의성실의 원칙에 위반될 정도로 심한 배신행위를 하였다고 볼 수는 없는 것이고, 과세관청이 분식결산에 따른 법인세 신고를 그대로 믿고 과세하였다고 하더라도 이를 보호받을 가치가 있는 신뢰라고 할 수도 없다.[71]

다만 분식회계를 한 납세의무자의 환급은 일정한 경우 제한된다. 내국법인이 일정한 요건[72]

---

68) 대법원 2006. 1. 26. 선고 2005두6300 판결 참조.

69) 위 2005두6300 판결 참조.

70) 대법원 1999. 11. 26. 선고 98두17968 판결 참조.

71) 대법원 2006. 1. 26. 선고 2005두6300 판결, 대법원 1997. 3. 20. 선고 95누18383 전원합의체 판결 등 참조. 대법원은 납세의무자에 대한 신의성실의 원칙의 적용을 극히 제한하는 입장이다. 한편 위 2005두6300 판결이 순차 인용한 제1심법원은 '원고(채무자)가 당기순이익을 부풀리기 위한 방편으로 손금산입되어야 할 항목을 숨기는 한편, 매출액 등 자산을 과대계상하는 분식회계의 방법으로 회계장부를 조작하고, 그 조작된 장부를 가지고 산정한 당해 과세연도의 법인세를 과세관청에게 신고·납부한 후 스스로 장부가 조작되었음을 주장하며 조작된 부분을 손금산입하여 과세표준과 세액을 다시 계산하여야 한다면서 이 사건 각 부과처분의 취소를 구하고 있음을 알 수 있고, 이는 명백히 자기의 과거의 언동에 반하는 행위라고 할 수 있으나, 반면 분식회계 등 회계장부 조작행위에 대하여는 별도로 주식회사의 외부감사에 관한 법률 등에서 이를 처벌하는 규정을 두고 있는 점, 분식회계된 장부를 기초로 법인세를 신고·납부한 경우 신고불성실이나 기장불성실에 따른 가산세의 제재 등 세법상 불이익 처분이 따르게 되는 점, 광범위한 실지조사권을 가지고 조세과징권을 행사하는 과세관청인 피고는 납세의무자인 원고에 비하여 세법상 우월한 지위에 있다고 볼 수 있는 점 등을 종합하여 보면, 과거의 언동에 반하는 원고의 이 사건 청구가 국세기본법 제15조에서 정한 신의성실의 원칙에 위반된다고 할 정도로 심한 배신행위에 기인하였다고 보기는 어렵다'고 판시하였다(서울행정법원 2004. 10. 22. 선고 2002구합33189 판결).

72) ① 「자본시장과 금융투자업에 관한 법률」 제159조에 따른 사업보고서 및 「주식회사 등의 외부감사에 관한 법률」 제23조에 따른 감사보고서를 제출할 때 수익 또는 자산을 과다 계상하거나 손비 또는 부채를 과소 계상할 것, ② 내국법인, 감사인 또는 그에 소속된 공인회계사가 대통령령(법인세법 시행령 제95조의3 제1항)으로 정하는 경고·주의 등의 조치를 받을 것

을 모두 충족하는 사실과 다른 회계처리를 하여 과세표준 및 세액을 과다하게 계상함으로써 국세기본법 제45조의2에 따라 경정을 청구하여 경정을 받은 경우에는 과다 납부한 세액을 환급하지 아니하고 그 경정일이 속하는 사업연도부터 각 사업연도의 법인세액에서 과다 납부한 세액을 공제한다. 이 경우 각 사업연도별로 공제하는 금액은 과다 납부한 세액의 100분의 20을 한도로 하고, 공제 후 남아 있는 과다 납부한 세액은 이후 사업연도에 이월하여 공제한다 (법인세법 제58조의3 제1항).

2. 국 세

가. 소득세 및 법인세

(1) 자산매각에 따른 양도차익에 대한 과세(본서 125쪽 각주 26))

최근 회생절차가 진행 중인 기업이 신규자금을 조달하기 위한 방식으로 많이 활용하고 있는 것이 Sale&Leaseback방식에 따라 자산을 매각하는 것이다. 그런데 Sale&Leaseback방식에 따라 자산을 매각할 경우 문제는 이로 인하여 발생하는 양도차익에 대한 과세(법인세, 소득세)이다. 회생절차개시 후 이루어지는 자산양도로 발생하는 소득에 대한 조세채권은 공익채권으로 다른 채권에 우선하여 변제받을 수 있도록 되어 있어 기업의 회생에 실질적으로 상당한 장애가 된다.

이러한 문제점을 해결하기 위하여 조세특례제한법은 특례를 인정하고 있다. 채무자가 재무구조개선을 위하여 자산을 매각한 경우 양도차익에 대하여는 4년 거치 3년 분할하여 과세한다 (조세특례제한법 제34조 제1항).

(2) 대손금의 필요경비(손금)산입

개인(일반회생)이 보유하고 있는 채권 중 채무자의 회생계획인가결정으로 회수불능으로 확정된 채권의 금액(대손금)은 해당 과세기간의 사업소득을 계산함에 있어 필요경비에 산입한다 (소득세법 제19조 제2항, 같은 법 시행령 제55조 제1항 제16호, 제2항, 법인세법 시행령 제19조의2 제1항 제5호).

법인이 보유하고 있는 채권 중 채무자의 회생계획인가결정으로 회수불능으로 확정된 채권의 금액(대손금)은 해당 사업연도의 소득금액을 계산할 때 손금에 산입한다(법인세법 제19조의2 제1항, 같은 법 시행령 제19조의2 제1항 제5호). 즉 결산조정사항[73]에 해당한다. 회생채권인 조세채권을 신고기간 내에 신고하지 않아 실권된 경우에도 회수불능채권으로 손금에 산입한다. 법인세법 시행령 제19조의2 제1항 제5호는 회생계획인가의 결정에 따라 회수불능으로 확정된 채권이라고 규정하고 있을 뿐 회생계획에 포함된 채권으로 한정하고 있지 않기 때문이다.[74] 회생

---

73) 결산조정사항에 해당하는 손금항목은 결산서에 비용으로 계상하는 것을 손금산입의 요건으로 한다(대법원 2015. 1. 15. 선고 2012두4111 판결 참조).

74) 부산지방법원 2020. 6. 12. 선고 2018구합25364 판결.

계획에 따라 출자전환 후 무상소각된 채권도 '회생계획인가의 결정에 따라 회수불능으로 확정된 채권'에 해당한다.

이처럼 개인이나 법인이 채무자의 회생계획인가결정으로 회수불능으로 확정된 금액(대손금)을 필요경비나 손금에 산입함으로써 그만큼 세 부담이 줄어들 수 있다.

나. 소득세

(1) 관리인에 대한 인정상여 인정 여부

법인세법상 법인이 과세표준을 신고하거나 결정·경정함에 있어서 익금에 산입한 금액이 임원 또는 사용인에게 귀속된 경우 그 임원 등에 대한 상여로, 익금산입액이 사외유출되었거나 귀속이 불분명한 경우 대표자에게 귀속된 것으로 보아 대표자에 대한 상여로 각 처분한다 (법인세법 제67조, 같은 법 시행령 제106조). 이와 같이 대표자(임원)에게 상여로 처분한 금액은 그 대표자(임원)의 근로소득으로 하며(소득세법 제20조 제1항 제3호), 이를 인정상여라 한다.

회생절차개시결정 이후 익금산입액 중 귀속이 불분명한 것을 관리인의 인정상여로 처분할 수 있는가. 인정상여제도의 취지나 관리인의 수탁자로서의 지위에 비추어 관리인은 특별한 사정이 없는 한 인정상여로 소득처분되는 법인의 대표자로 볼 수 없다.

관련 내용은 〈제2편 제6장 제2절 Ⅱ.2.가.〉(본서 361쪽)를 참조할 것.

(2) 주주 등에 대한 인정배당 인정 여부

법인이 법인세 신고를 하지 않거나 그 신고에 오류나 탈루가 있어 과세관청이 과세표준과 세액을 결정 또는 경정함에 있어 익금에 가산한 금액이 주주 또는 출자자에게 귀속되었다고 인정되는 경우에는 그 주주 등에 대하여 배당으로 소득처분을 하고(법인세법 제67조, 같은 법 시행령 제106조 제1항 제1호), 그와 같이 배당으로 소득처분된 금액은 그 주주 등의 배당소득을 구성한다(소득세법 제17조 제1항).

회생절차개시 이후에도 주주 등에 대한 인정배당처분을 할 수 있는가. 회생절차개시 후에는 그 종료에 이르기까지 회생절차에 의하지 않고는 이익이나 이자의 배당을 할 수 없도록 되어 있고(제55조 제1항 제7호) 회생절차개시결정 이후에는 채무자의 업무의 수행과 재산의 관리처분권은 관리인에게 전속하고 주주 등의 권리는 제한된다는 점을 고려하면 회생절차개시 이후부터 종료될 때까지는 주주 등에 대한 인정배당처분을 할 수 없다고 할 것이다.[75]

다. 법인세

(1) 지급이자 손금불산입 및 인정이자 익금산입

법인이 주주 등 특수관계인[76]에 대하여 가지급금을 가지고 있는 경우[77] 지급이자[78]에 대하여

---

75) 대법원 1992. 7. 28. 선고 92누4987 판결(보전관리인에 의한 관리명령이 있은 뒤에는 주주에 대한 인정배당처분을 할 수 없다) 참조.

손금산입을 제한하고 있다(법인세법 제28조 제1항 제4호 나목).[79] 또한 주주 등 특수관계인에게 무상으로 금전을 대여한 경우 일정률의 이자상당액을 익금에 산입하고 있다(법인세법 제52조 제1항, 같은 법 시행령 제88조 제1항 제6호, 제89조 제3항).[80] 주주 등 특수관계인에 대하여 회생절차가 개시된 경우에도 위와 같은 제한 규정이 적용되는가.[81] 다음과 같은 이유로 적용된다고 할 것이다.

법인과 그 주주 사이에 특수관계가 있는 경우 그중 어느 일방에 대하여 회생절차개시결정이나 파산선고결정이 있었다고 하여 곧 법인의 출자자인 관계까지 소멸하는 것은 아니므로 그 법인과 주주 사이의 특수관계 역시 소멸한다고 볼 수 없다.[82]

지급이자 손금불산입에 관한 법인세법 제28조 제1항 제4호 나목 규정의 입법 목적은 차입금을 보유하고 있는 법인이 특수관계인에게 업무와 관련 없이 가지급금 등을 지급한 경우에는 이에 상당하는 차입금의 지급이자를 손금불산입하도록 하는 조세상의 불이익을 주어, 차입금을 생산적인 부분에 사용하지 아니하고 계열사 등 특수관계인에게 대여하는 비정상적인 행위를 제한함으로써 타인자본에 의존한 무리한 기업 확장으로 기업의 재무구조가 악화되는 것을 방지하고, 기업자금의 생산적 운용을 통한 기업의 건전한 경제활동을 유도하는 데에 있다. 또한 어느 법인이 특수관계인에게 업무무관 가지급금을 제공한 후 그 특수관계인에 대하여 회생절차개시결정 등이 있더라도 그 전, 후를 통하여 당해 법인이 차입금을 생산적인 부분에 사용하고 있지 않다는 등의 사정은 변함이 없는 점, 지급이자 손금불산입제도는 적정이자율의 이자를 지급받았는지 여부와는 무관하게 적용되는 점 등에 비추어 보면, 채무자인 특수관계인에 대한 회생절차개시결정 등으로 인하여 가지급금을 제공한 당해 법인이 회생절차 등에 의하지 아니하고는 권리행사를 할 수 없게 되었더라도 업무무관 가지급금에 상당하는 차입금의 지급이자는 그 가지급금 채권이 대손금으로 확정되기 전까지 여전히 손금불산입의 대상이 된다.

또한 어느 법인이 특수관계인에게 금전을 무상으로 대여한 후 그 특수관계인에 대하여 회생절차개시결정 등이 있더라도 그 전, 후를 통하여 당해 법인이 특수관계인에게 무상대여로 인한 이익을 분여하고 있다는 사정은 변함이 없는 점, 법인세법 제52조 제1항, 법인세법 시행

---

76) 법인세법 제2조 제12호, 같은 법 시행령 제2조 제5항.

77) 업무와 무관한 가지급금은 주로 기업자금을 유용하는 수단으로 이용되기 때문에 세법상 여러 가지 규제를 하고 있다. 세법상 규제대상이 되는 가지급금은 법인이 대주주 또는 임직원 등 특수관계인에게 금전을 대여하는 경우로 제한된다. 반대로 해석하면 개인이 자신이 운영하는 사업장에서 인출하는 금전이나 법인이 특수관계 없는 자에게 자금을 대여하는 경우에는 세법상 규제대상이 되는 가지급금이 아니다. 업무와 관련이 없는 가지급금에 대한 세법상 규제 내용과 그 해결책에 관한 개괄적인 사항에 관하여는 <장보원, 가지급금 죽이기, 삼일인포마인(2020), 173~182쪽>을 참조할 것.

78) 실무적으로 회생계획인가결정으로 면제받는 미지급이자는 지급이자 손금불산입 계산시 '지급이자'에 포함된다(국세청 예규 <서이 46012-11087. 2002. 5. 24.> 참조).

79) 소득세법 제33조 제1항 제13호, 같은 법 시행령 제78조 제3호에도 유사한 취지의 규정이 있다.

80) 소득세법 제41조, 같은 법 시행령 제98조 제2항 제2호에도 유사한 취지의 규정이 있다.

81) 대법원 2009. 12. 10. 선고 2007두15872 판결 참조.

82) 법인이 파산선고를 받은 경우 해당 법인과 그 법인의 임원 간에는 「상법」 제382조 및 「민법」 제690조에 따라 위임관계가 소멸되므로 임원의 지위로 인한 특수관계는 소멸된다. 다만, 회생절차의 개시로 인하여 주주권을 행사할 수 없는 주주 등에 대하여는 특수관계가 존속되는 것으로 한다(법인세법 기본통칙 2-2…2 참조).

령 제88조 제1항 제6호, 제89조 제3항 각 규정에 의한 인정이자는 당해 법인이 특수관계인으로부터 그 상당액의 이자를 실제로 지급받지 않았음에도 불구하고 지급받은 것으로 보아 이를 익금에 산입하는 것인 점, 이에 따라 인정이자를 계산함에 있어서 그 이자채권이 존재함을 전제로 한 회수불능 여부는 고려할 필요가 없는 점 등을 종합하여 보면, 채무자인 특수관계인에 대하여 회생절차개시결정 등이 있더라도 채권자인 당해 법인이 보유하는 대여금채권에 관한 인정이자 상당액은 익금산입의 대상이 된다.

(2) 회생계획을 이행 중인 법인에 대한 이월결손금 공제

법원이 인가결정한 회생계획을 이행 중인 내국법인은 법인세의 과세표준을 계산할 때 이월결손금 전액을 공제받을 수 있다(법인세법 제13조 제1항 단서, 법인세법 시행령 제10조 제1항 제1호).

내국법인이 제245조에 따라 법원의 회생계획 인가결정을 받고 회생계획에 따라 회생채권 변제를 시작한 후 회생계획 이행을 완료하기 전에 제283조 제1항에 따라 회생절차 종결결정을 받았으나 법원이 인가 결정한 회생계획을 이행 중인 경우 「법인세법 시행령」 제10조 제1항 제1호의 '법원이 인가 결정한 회생계획을 이행 중인 법인'에 해당한다. 미확정 회생채권의 소송 진행으로 채무변제가 완료되지 않은 경우에도 '법원이 인가 결정한 회생계획을 이행 중인 법인'에 해당한다.[83] 따라서 이 경우는 이월결손금 전액을 공제받을 수 있다.

반면 내국법인이 제245조에 따라 법원이 인가결정한 회생계획에 따른 변제가 시작된 후 제283조 제1항에 따라 회생절차가 종결결정되고 회생계획에 따른 변제기일도 경과한 회생채권에 대한 채무만을 부담하고 있는 경우 해당 내국법인은 '법원이 인가결정한 회생계획을 이행 중인 법인'에 해당하지 않는 것이다.[84] 따라서 이 경우는 이월결손금의 80%만 공제받을 수 있다.

라. 증여세

(1) 감자에 따른 증여의제

법인이 자본금을 감소시키기 위하여 주식 등을 소각하는 경우로서 일부 주주 등의 주식 등을 소각함으로써 아래의 구분에 따른 이익을 얻은 경우에는 감자를 위한 주주총회결의일을 증여일로 하여 그 이익에 상당하는 금액을 그 이익을 얻은 자의 증여재산가액으로 한다(상속세 및 증여세법 제39조의2).

① 주식 등을 시가보다 낮은 대가로 소각한 경우: 주식 등을 소각한 주주 등의 특수관계인에 해당하는 대주주 등이 얻은 이익

② 주식 등을 시가보다 높은 대가로 소각한 경우: 대주주 등의 특수관계인에 해당하는 주식등을 소각한 주주 등이 얻은 이익

한편 주식회사 또는 유한회사인 채무자의 이사나 지배인의 중대한 책임이 있는 행위로 인

---

83) 서면−2022−법인−2586 [법인세과−186]. 회생채권인 골프장 이용쿠폰 지급의무(상환채무)가 남아 있는 경우에도 회생계획 이행 중이라고 본 사례도 있다{조심 2023지5245 결정(2024. 5. 8.)}.

84) 서면−2020−법령해석소득−0624 [법령해석과−3946].

하여 회생절차개시의 원인이 발생한 때에는 회생계획에 그 행위에 상당한 영향력을 행사한 주주 및 그 친족 그 밖에 대통령령이 정하는 범위의 특수관계에 있는 주주가 가진 주식의 3분의 2 이상을 소각하거나 3주 이상을 1주로 병합하는 방법으로 자본을 감소할 것을 정하여야 한다 (제205조 제4항, 제6항). 이 경우 그 주주 등에게 감자에 따른 증여의제규정을 적용할 수 있는가. 이때의 자본감소는 무상감자이고, 채무자회생법이나 회생계획에 따른 부득이한 감자이므로 증여의제규정은 적용되지 않는다고 할 것이다.

(2) 회생채권 저가 양수에 따른 증여세 과세 여부

자본시장이 활성화됨에 따라 회생절차가 진행 중인 채무자에 대한 회생채권(부실채권, NPL)의 거래가 늘고 있다. 회생절차에서 회생채권의 변제율은 낮기 때문에 회생채권의 가격은 시가(또는 액면)보다 현저하게 낮은 것이 현실이다. 계약자유의 원칙상 회생채권의 양도가액은 당사자 간에 자유롭게 정할 수 있다. 하지만 실질과세를 기본으로 하는 조세평등주의를 실현하여야 한다는 측면에서 상속세 및 증여세법은 특수관계 여부를 불문하고 시가보다 낮은 가액으로 재산을 양수한 경우에는 이로 인하여 이익을 받은 자는 그 대가와 시가와의 차액이 기준금액 이상인 경우 그 대가와 시가와의 차액에서 기준금액을 뺀 금액을 증여재산가액으로 한다고 규정하고 있다(상속세 및 증여세법 제35조 제1항, 제2항).

부실채권인 회생채권의 양수도에서 문제가 되는 것은 특수관계인이 아닌 자 사이의 거래이다. 특수관계인이 아닌 자 간에 거래의 관행상 정당한 사유 없이 재산을 시가보다 현저히 낮은 가액으로 양수한 경우로서 그 대가와 시가의 차액이 기준금액[85] 이상인 경우에는 해당 재산의 양수일을 증여일로 하여 그 대가와 시가의 차액에서 대통령령으로 정하는 금액을 뺀 금액을 그 이익을 얻은 자의 증여재산가액으로 한다(상속세 및 증여세법 제35조 제2항). 부실채권인 회생채권을 저가에 양수한 경우 '관행상 정당한 사유'가 있었는지를 제외하고 나머지 요건을 갖추었을 가능성이 있다. 회생채권의 저가 양수에 있어 '관행상 정당한 사유'가 있다고 볼 수 있는가.

상속세 및 증여세법 제35조 제2항의 입법 취지는 거래 상대방의 이익을 위하여 거래가격을 조작하는 비정상적인 방법으로 대가와 시가의 차액에 상당하는 이익을 사실상 무상으로 이전하는 경우에 거래 상대방이 얻은 이익에 대하여 증여세를 과세함으로써 변칙적인 증여행위에 대처하고 과세의 공평을 도모하려는 데 있다. 그런데 특수관계가 없는 자 사이의 거래에서는 서로 이해관계가 일치하지 않는 것이 일반적이어서 대가와 시가 사이에 차이가 있다는 사정만으로 그 차액을 거래 상대방에게 증여하였다고 보기 어려우므로, 위 제35조 제2항은 특수관계자 사이의 거래와는 달리 특수관계가 없는 자 사이의 거래에 대하여는 '거래의 관행상 정당한 사유가 없을 것'이라는 과세요건을 추가하고 있다. 이러한 점들을 종합하여 보면, 재산을 저가로 양도·양수한 거래 당사자들이 거래가격을 객관적 교환가치가 적절하게 반영된 정상적인 가격으로 믿을 만한 합리적인 사유가 있었던 경우는 물론, 그와 같은 사유는 없더라도 양도인

---

85) 상속세 및 증여세법 시행령 제26조 제2항.

이 그 거래가격으로 재산을 양도하는 것이 합리적인 경제인의 관점에서 비정상적이었다고 볼 수 없는 객관적인 사유가 있었던 경우에도 위 제35조 제2항에서 말하는 '거래의 관행상 정당한 사유'가 있다고 봄이 타당하다. 따라서 위 규정들을 근거로 증여세를 과세할 수 없다.[86] 또한 위 제35조 제2항에 따른 과세처분이 적법하기 위해서는 양수자가 특수관계인이 아닌 자로부터 시가보다 현저히 낮은 가액으로 재산을 양수하였다는 점뿐만 아니라 거래의 관행상 정당한 사유가 없다는 점도 과세관청이 증명하여야 한다.[87]

이러한 법리에 회생채권의 회수율은 현저히 낮은 것이 일반적인 점, 양수인의 입장에서도 회수불능이라는 위험을 감수하고 있는 점 등에 비추어 보면, 회생절차가 진행 중인 채무자에 대한 회생채권의 저가 양수에 있어 정당한 사유를 부정하고 증여세를 과세하는 것은 쉽지 않을 것이다.

3. 지 방 세

가. 등록면허세의 비과세 (지방세법 제26조 제2항 제1호)

법원사무관 등이나 법원이 회생절차와 관련하여 등기·등록을 촉탁한 경우 및 등기소가 직권으로 등기·등록을 한 경우 등록면허세는 비과세된다.[88] 관련 내용은 〈제2편 제2장 제4절 Ⅳ.2.〉(본서 159쪽)를 참조할 것. 등록면허세의 비과세는 회생절차종결 전에 한하고, 회생절차종결 후에는 과세된다.

등록면허세의 비과세로 인하여 지방교육세는 납부하지 않아도 된다(지방세법 제150조 제2호 참조). 반면 국세인 농어촌특별세는 납부하여야 한다{〈제4장 Ⅶ.1.나.〉(본서 2294쪽)}.

부인의 등기의 경우도 마찬가지이다.

---

86) 대법원 2019. 7. 25. 선고 2018두33449 판결, 대법원 2019. 4. 25. 선고 2017두47847 판결, 대법원 2019. 4. 11. 선고 2017두57899 판결 등.

87) 대법원 2018. 3. 15. 선고 2017두61089 판결. 증명책임을 과세관청에 지움으로써 특수관계인 아닌 자 간에 이루어지는 거래에 대한 광범위한 과세를 피할 수 있을 것으로 보인다{박훈·채현석·허원, 상속·증여세 실무 해설, 삼일인포마인(2020), 856쪽}.

88) 지방세법이 등록면허세를 비과세하도록 개정되었음에도 불구하고, 2024. 1. 1. 이전에 종결된 사건 중 인가 전 M&A에 의한 인수대금으로 회생채권 등을 일시 변제하는 등 개정법 시행 당시 회생계획이 수행 중이라고 보기 어려운 사건 등과 같이 개정법이 적용되지 않는 사건이 존재하고 있다(부칙 제3조). 이러한 사건에 대하여는 개정 전 지방세법이 적용되어 등록면허세를 과세할 수 있는지가 여전히 문제되고 있다{서울행정법원 2024구단52314(항소심 진행 중)}. 개정 전 지방세법(법률 제19430호) 제26조 제2항 제1호 단서는 법인의 자본금 또는 출자금의 납입, 증자 및 출자전환에 따른 등기 또는 등록의 경우는 비과세에서 제외하도록 규정하고 있어 구 채무자회생법과 충돌되었다. 구 채무자회생법과 개정 전 지방세법 중 어느 것이 우선할 수는 없지만, 불리하면 납세자의 이익으로 해석하는 것이 타당하므로 자본금의 납입 등으로 인한 경우에도 구 채무자회생법에 따라 비과세된다고 할 것이다. 또한 도산절차의 특수성을 규정한 구 채무자회생법이 일반 조세법령과의 관계에서는 특별법의 지위에 있다고 볼 수 있는 점, 위 지방세법 단서 규정은 원칙에 대한 예외 형식으로 규정하고 있는데 예외 조항은 좁게 해석하는 것이 법 해석의 일반원리인 점, 특정 상황에 관하여 어느 한 법은 과세를, 다른 법은 비과세를 규정하고 있다면 비과세 규정을 우선시하는 것이 납세자의 신뢰보호라는 측면에서 타당한 점 등에 비추어 보면 회생절차에서 법원의 촉탁으로 등기·등록을 하는 경우에는 비과세된다고 보는 것이 옳다{이주헌, "도산실무상 제기되는 지방세법상 쟁점", 지방세논집 제7권 제2호(2020년 8월), 152~153쪽}. 특히 실질적인 자본금 증가 없이 출자전환 후 곧바로 감자를 하는 경우에는 더욱 그러하다. 이와 달리 개정 전 지방세법에 따라 과세가 가능하다는 하급심 판례도 있다{춘천지방법원 2017. 3. 31. 선고 2016구합51526 판결(항소기각, 확정)}.

⟨지방세법 제26조 제2항 제1호[89]에 따라 비과세되는 등기 · 등록 유형⟩

채무자회생법 조문		등기 · 등록 유형
제23조 제1항 (법인)	제1호	(간이)회생절차개시결정, 파산선고결정
	제2호	(간이)회생절차개시결정취소, (간이)회생절차폐지, 회생계획불인가결정 * 확정된 경우
	제3호	회생계획인가결정, (간이)회생절차종결결정
	제4호	신주 · 사채발행, 주식의 포괄적 교환 · 이전, 합병 · 분할 또는 분할합병, 신회사의 설립
	제5호	파산취소 · 파산폐지 또는 파산종결결정
제23조 제2항(법인)		보전관리명령, 관리인 · 파산관재인 · 국제도산관리인 선임 및 변경 · 취소처분
제23조 제3항(법인)		관리인 · 파산관재인 · 국제도산관리인 기재 사항 변경
제24조 제1항 (등기된 권리)	제1호	[개인](간이)회생절차개시
	제2호	보전처분 및 변경 · 취소 · 효력상실
	제3호	법인 이사등의 재산에 대한 보전처분 및 변경 · 취소 · 효력상실
제24조 제2항 (등기된 권리)		등기된 권리의 득실 · 변경
제24조 제3항 (등기된 권리)		[개인]파산등기
제24조 제4항 (등기된 권리)		파산관재인의 파산재단으로부터의 포기
제24조 제6항 (등기된 권리)		개인회생절차에 의한 보전처분 및 그 취소 · 변경
제24조 제7항 (등기된 권리)		외국도산절차 승인결정 전 · 후 채무자의 변제금지 · 재산처분금지 외국도산절차 승인결정 후 국제도산관리인의 선임
제6조 제3항		파산선고 후 제23조 제1항, 제24조 제4항 · 제5항에 따른 등기 · 등록
제25조 제2항		회생계획인가등기에 따른 파산등기의 직권말소
제25조 제3항		회생계획인가취소등기에 따른 말소된 파산등기의 회복
제26조 제1항		부인(등기원인행위부인, 등기부인)의 등기 * 법원의 촉탁이 아닌 신청에 의한 등기임
제76조 제4항		[법인]관리인대리 허가 · 변경 · 취소
제362조 제3항		[법인]파산관재인대리 허가 · 변경 · 취소
제578조의5 제3항		유한책임신탁재산에 대한 파산선고를 한 경우의 등기
제578조의8 제3항		유한책임신탁재산에 대한 파산선고 전의 보전처분
제578조의9 제3항		수탁자 등의 재산에 대한 보전처분
제27조		채무자의 재산 · 파산재단 · 개인회생재단에 속하는 권리로서 등록된 것에 관하여 준용

---

89) 지방세법 제26조(비과세) ② 다음 각 호의 어느 하나에 해당하는 등기 · 등록 또는 면허에 대하여는 등록면허세를 부과하지 아니한다.
　1. 「채무자 회생 및 파산에 관한 법률」 제6조 제3항, 제25조 제1항부터 제3항까지, 제26조 제1항, 같은 조 제3항, 제27조, 제76조 제4항, 제362조 제3항, 제578조의5 제3항, 제578조의8 제3항 및 제578조의9 제3항에 따른 등기 또는 등록

나. 취득세

(1) 취득세와 관리인의 해제

취득세는 과세물건을 취득하는 때에 그 납세의무가 성립한다(지방세법 제7조 제1항). 지방세법은 취득세의 과세행위인 '취득'에 대하여 사실상의 취득으로 취득 개념을 확대하고 있다(지방세법 제7조 제1항, 제2항). 여기에서 사실상의 취득이라 함은 일반적으로 등기와 같은 소유권 취득의 형식적 요건을 갖추지는 못하였으나 대금의 지급과 같은 소유권 취득의 실질적 요건을 갖춘 경우를 말하는데,[90] 매매의 경우에 있어서는 사회통념상 대금의 거의 전부가 지급되었다고 볼 만한 정도의 대금지급이 이행되었음을 뜻한다고 보아야 하고, 이와 같이 대금의 거의 전부가 지급되었다고 볼 수 있는지 여부는 개별적·구체적 사안에 따라 미지급 잔금의 액수와 그것이 전체 대금에서 차지하는 비율, 미지급 잔금이 남게 된 경위 등 제반 사정을 종합적으로 고려하여 판단하여야 한다.[91]

이처럼 사실상의 취득개념을 사용함으로 인하여 부동산 등에 대한 매매계약이 체결되고 취득세의 납세의무가 성립한 후 관리인에 의하여 매매계약이 해제될 수도 있다(제119조).[92] 이 경우 취득세는 징수할 수 없는가(납부한 취득세를 환급하여야 하는가). 부동산 취득세는 부동산의 취득행위를 과세객체로 하여 부과하는 행위세이므로, 그에 대한 조세채권은 그 취득행위라는 과세요건 사실이 존재함으로써 당연히 발생하고, 일단 적법하게 취득한 이상 그 이후에 매매계약이 쌍무계약에 기한 해제권에 터잡아 해제되어 소급적으로 실효되었다 하더라도 이로써 이미 성립한 조세채권의 행사에 아무런 영향을 줄 수는 없다고 할 것이다.[93]

(2) 한국자산관리공사가 구조개선중소기업의 자산을 취득한 경우

한국자산관리공사가 구조개선기업의 자산의 관리·매각, 매매의 중개 및 인수정리에 따라 중소기업이 보유한 자산을 취득하는 경우는 취득세의 100분의 50을 2026년 12월 31일까지 경감한다(지방세특례제한법 제57조의3 제3항).

---

90) 결국 취득세의 납세의무는 ① 잔금·대금지급과 같은 사실상 취득행위 또는 ② 등기·등록과 같은 형식상 취득행위 중 어느 하나만 있으면 성립한다.

91) 대법원 2014. 1. 23. 선고 2013두18018 판결, 대법원 2001. 2. 9. 선고 2000두2204 판결 등 참조.

92) 파산절차에서 파산관재인이 해제권을 행사한 경우(제335조)에도 마찬가지이다.

93) 대법원 2018. 9. 13. 선고 2018두38345 판결, 대법원 2001. 4. 10. 선고 99두6651 판결 등 참조. 부동산을 적법하게 취득한 이상 그 이후에 매매계약이 합의해제되거나 해제조건의 성취 또는 해제권의 행사 등에 의하여 계약이 소급적으로 실효되더라도 이미 성립한 조세채권의 행사에는 아무런 영향이 없다는 것은 확립된 판례이다(대법원 1998. 12. 8. 선고 98두14228 판결, 대법원 1996. 2. 9. 선고 95누12750 판결 등 참조).
한편 지방세법 시행령 제20조 제1항 단서 및 제2항 제2호 단서는 유·무상을 불문하고, 또한 해제원인에 관계없이 잔금을 모두 지급받았더라도 등기·등록을 하지 않은 상태에서 법상 취득일로부터 60일 이내에 해제한 사실이 법정 서류에 의해 증빙된 경우 취득으로 보지 않는다고 규정(취득예외규정)하고 있다. 따라서 위와 같은 경우를 제외한 나머지는 계약이 상대방의 채무불이행 등 해제권 행사에 의해 해제된 경우에도 취득예외 사유에 해당하지 않게 된다.

다. 재산세

(1) 부인권 행사로 인한 원상회복과 재산세 납세의무자[94]

부인권의 행사로 인한 일탈재산의 원상회복은 관리인과 상대방(수익자 또는 전득자)에 대한 관계에 있어서만 그 효력이 발생할 뿐이고 채무자가 직접 권리를 취득하는 것이 아니므로 관리인이 수익자나 전득자를 상대로 일탈재산의 원상회복을 구하는 판결을 받아 그 등기 명의를 원상회복시켰다고 하더라도 재산세 납세의무자(지방세법 제107조 제1항)는 사실상의 소유자인 수익자라고 할 것이다.[95]

(2) 한국자산관리공사가 임대조건부로 자산을 취득한 경우

한국자산관리공사가 중소기업의 경영 정상화를 지원하기 위하여 ① 해당 중소기업으로부터 금융회사 채무내용 및 상환계획이 포함된 재무구조개선계획을 제출받고, ② 해당 중소기업의 보유자산을 매입하면서 해당 중소기업이 그 자산을 계속 사용하는 내용의 임대차계약을 체결하는 임대조건부로 중소기업의 자산을 2026년 12월 31일까지 취득하여 과세기준일 현재 해당 중소기업에 임대중인 자산에 대해서는 해당 자산에 대한 납세의무가 최초로 성립하는 날부터 5년간 재산세의 100분의 50을 경감한다(지방세특례제한법 제57조의3 제5항, 같은 법 시행령 제28조의3).

Ⅳ 출자전환과 관련된 조세채권의 쟁점

1. 출자전환에 따른 채무면제익에 대한 과세 문제

관련 내용은 〈제2편 제12장 제4절 Ⅱ.〉(본서 885쪽)를 참조할 것.

2. 출자전환과 대손금·대손세액공제

출자전환 후 무상감자(소각)된 경우 법인세법이나 소득세법에 의한 대손금으로 인정해 주어야 할 것이다. 부가가치세법상의 대손세액공제도 인정되어야 한다. 무상감자(소각)되지 아니한 경우에도 대손세액공제는 인정된다.

관련 내용은 〈제2편 제12장 제4절 Ⅲ.〉(본서 889쪽)을 참조할 것.

---

94) 사해행위 등을 이유로 거래가 부인된 경우 취득세를 부과할 수 있는가. 대법원은 기본적으로 취득의 개념을 소유권 이전의 형식에 의한 부동산 취득의 모든 경우를 포함한다고 보는 소유권 취득설을 취하고 있지만, 정책적인 조정도 하고 있다는 점에서(대법원 1997. 11. 11. 선고 97다8427 판결 등 참조) 거래가 부인된 경우에는 취득세를 부과할 수 없을 것이다.

95) 대법원 2000. 12. 8. 선고 98두11458 판결 참조. 비과세 양도소득에 해당하는 1세대 1주택(소득세법 제89조 제1항 제3호)인지를 판단함에 있어, 1세대가 1주택을 '보유'하고 있는지에 해당하는지를 결정함에 있어서도 마찬가지이다.

3. 출자전환으로 인한 과점주주의 취득세 납세의무

한국거래소 상장법인을 제외한 법인의 주식 또는 지분을 취득함으로써[96] 해당 법인의 과점주주가 된 때에는 그 과점주주가 당해 법인의 취득세 과세대상자산을 취득한 것으로 간주하여 취득세를 과세하게 된다(지방세법 제7조 제5항). 이러한 취득세를 일반적으로 '간주취득세'라 부른다.

회생계획에서 정한 출자전환으로 발행주식 총수 또는 출자총액의 50%를 초과한 경우 취득세 납세의무를 지는가.[97] 회생절차 진행 중에는 관리인에게 관리처분권이 있어(따라서 과점주주에게 실질적 지배력이 없다) 취득세 납세의무가 없다고 할 것이다. 회생절차가 종결된 경우에는 과세될 수도 있다는 견해가 있을 수도 있지만, 간주취득세의 입법취지나 회생절차에서의 구조조정을 촉진할 필요가 있다는 점 및 실무 관행[98] 등에 비추어 과세할 수 없다고 할 것이다.

관련 내용은 〈제2편 제12장 제4절 Ⅵ.〉(본서 901쪽)을 참조할 것.

4. 출자전환에 따른 등록면허세

회생절차에서 출자전환에 따라 신주를 발행한 경우[99] 등록면허세는 비과세된다(지방세법 제26조 제2항 제1호). 관련 내용은 〈제2편 제2장 제4절 Ⅳ.2.〉(본서 159쪽) 또는 앞 〈제2절 Ⅲ.3.가.〉(본서 2207쪽)를 참조할 것.

---

96) 과점주주가 간주취득세의 납세의무를 부담하기 위해서는 해당 법인이 비상장법인이어야 한다. 비상장법인이란 주식을 「자본시장과 금융투자업에 관한 법률」에 따른 유가증권시장(한국거래소)에 상장한 법인을 제외한 법인을 말한다. 따라서 코스닥시장에 상장한 법인은 유가증권시장에 상장한 법인이 아니므로 해당 법인에 대한 과점주주는 간주취득세의 납세의무가 있다.

97) 합병(M&A)을 할 때 구 주식을 전부 소각하고 인수자가 출자하여 유상증자를 하거나 대부분의 주식을 소각하고 유상증자하는 경우가 많다. 이 경우에도 동일한 문제가 발생한다.

98) 과세실무상으로도 회생절차가 종결되어도 간주취득세를 과세하지 않고 있다.
◎ **행정안전부 유권해석**[지방세정팀－2229(2006. 6. 1.) 취득세 참조] 과점주주의 취득세 납세의무에 대한 질의 회신{https://www.olta.re.kr/mo/ordinance/searchView.do?num=20002471(2024. 2. 9. 최종 방문)}
[답변요지] 회생절차 중인 甲회사의 주식 76.49%를 乙회사가 취득하였더라도 乙이 실질적으로 지배할 수 없으므로 과점주주에 해당하지 않고, 회생절차가 종료되어 乙이 실질적 지배력을 얻는다 하더라도 회생절차 기간 중 발생한 주식 취득을 원인으로 하는 과점주주 취득세 납세의무는 없다.
[본문] 가. 지방세법 제7조 제5항에서 법인의 주식 또는 지분을 취득함으로써 과점주주가 된 때에는 그 과점주주는 당해 법인의 부동산, 차량 …(이하생략)을 취득한 것으로 보도록 규정되어 있으나
나. 채무자회생법에 의한 회생절차 개시결정이 있은 때에는 회사 사업의 경영과 재산의 관리처분은 관리인에게 전속하므로 지분을 취득하여 과점주주가 된다고 하더라도 회생 회사의 운영을 실질적으로 지배할 수 있는 지위에 있지 아니하므로 재산을 취득한 것으로 의제하는 과점주주에 해당하지 아니한다고(대법원 1994. 5. 24. 선고 92누11138 판결 참조)할 것이므로
다. 회생절차 중인 甲회사(이하 甲)의 주식 76.49%를 乙회사(이하 乙)가 취득하였다 하더라도 乙은 주식 소유에 관계없이 과점주주에 해당하지 아니하며, 그 후 회생절차가 종료되어 乙이 甲에 대한 실질적 지배력을 얻는다 하더라도 회생절차 기간 중 발생한 주식 취득을 원인으로 하는 과점주주 취득세 납세의무는 없다고 사료된다.

99) 제265조의 출자전환에 의한 신주발행의 경우, 2024. 1. 1. 이전에는 채무자회생법(제23조 제1항 제4호)이 아닌 규칙 제9조 제1항에서 규정하고 있었으나(법인등기사무처리지침 제8조 제3항 참조), 2024. 1. 1. 채무자회생법에 명시적으로 규정함으로써 법원의 촉탁등기에 관한 규정을 정비하였다.

Ⅴ 납부의무소멸제도

영세개인사업자의 재기를 돕기 위하여 체납액 납부의무 소멸제도를 시행하고 있다(조세특례제한법 제99조의5, 같은 법 시행령 제99조의5). 영세개인사업자 체납액 납부의무 소멸제도란 폐업한 사업체의 총수입금액이 일정 규모 미만인 폐업 개인사업자(영세개인사업자)가 신규 사업자등록을 하거나 취업하여 3개월 이상 근무하는 경우 체납액을 징수할 재산이 없는 등으로 징수가 곤란하다고 인정되면 종합소득세, 부가가치세{농어촌특별세, 체납처분(강제징수)비 포함} 체납액의 3천만 원 한도로 소멸시키는 제도이다. 영세개인사업자가 체납액 납부의무 소멸을 신청하면 세무서장은 국세체납정리위원회의 심의를 걸쳐 신청일로부터 2개월 내 그 결과를 통지하여야 한다.

회생계획(변제계획)을 작성하거나 조사위원(간이조사위원)이 조사보고서(간이조사보고서)를 작성할 때 개인채무자의 경우 체납액이 납부의무 소멸 대상인지 검토할 필요가 있다.

Ⅵ 법인합병에 대한 과세특례와 회생·파산절차

기업구조조정에서 조세문제의 핵심은 기업구조조정을 미실현이익의 과세 계기로 삼을 것인지 여부이다. 세법은 원칙적으로 기업구조조정을 미실현이익의 과세 계기로 보아 관련 당사자에 대하여 과세한다. 다만 기업환경 변화에 따라 구조조정을 용이하게 하기 위해서는 조세문제가 걸림돌이 되어서는 안 된다. 이에 현행 세법은 기업의 구조조정을 촉진하기 위하여 일정한 요건을 갖춘 경우에는 구조조정에 따른 과세이연을 인정하고 있다(법인세법 제2장 제1절 제6관). 예컨대 법인세법 제44조와 제45조는 합병을 적격합병과 비적격합병으로 나누어 달리 취급하고 있다. 적격합병에서는 합병 과정에서 피합병법인의 자산을 장부가액으로 승계하도록 함으로써 과세를 이연하는 반면, 비적격합병에서는 시가평가를 거쳐 미실현이익을 과세한다.

법인세법은 구조조정에 있어 합병과 분할을 중심으로 규정하고 있다. 지방세특례제한법의 경우에도 합병 등으로 인한 기업구조조정에 대하여 과세특례를 인정하고 있다(제2장 제5절).

여기서는 법인합병으로 인한 과세특례와 회생·파산절차의 관계에 관하여 간략히 살펴보기로 한다.

1. 피합병법인의 양도차익에 대한 과세특례

피합병법인이 합병으로 해산하는 경우에는 그 법인의 자산을 합병법인에 양도한 것으로 본다. 이 경우 피합병법인에게 자산양도에 따른 양도차익이 발생한 경우 원칙적으로 법인세를 납부하여야 한다(법인세법 제44조 제1항 참조).

그러나 피합병법인이 적격합병의 요건을 갖추어 합병하는 경우 피합병법인이 합병법인으로부터 받은 자산 양도가액을 피합병법인의 합병등기일 현재의 순자산장부가액으로 보아 양도손익이 없는 것으로 할 수 있다(법인세법 제44조 제2항 본문). 적격합병으로 인정되기 위해서는 ① 사업목적 합병, ② 지분의 연속성, ③ 사업의 계속성, ④ 고용관계의 지속성 등 4가지 요건이 충족되어야 한다(법인세법 제44조 제2항 본문 제1호 내지 제4호).[100] 또한 대통령령으로 정하는 부득이한 사유가 있는 경우에는 대통령이 정하는 바에 따라 위 ② 내지 ④의 요건을 갖추지 못한 경우에도 양도차익이 없는 것으로 할 수 있다(법인세법 제44조 제2항 단서).

부득이한 사유로 위 ②와 관련된 것으로 피합병법인의 주주 등이 파산하여 주식등을 처분한 경우(법인세법 시행령 제80조의2 제1항 제1호 나목)와 회생절차에 따라 법원의 허가를 받아 주식등을 처분하는 경우(법인세법 시행령 제80조의2 제1항 제1호 마목)가 있다. ③과 관련된 것으로 합병법인이 파산함에 따라 승계받은 자산을 처분한 경우(법인세법 시행령 제80조의2 제1항 제2호 가목)와 회생절차에 따라 법원의 허가를 받아 승계받은 자산을 처분한 경우(법인세법 시행령 제80조의2 제1항 제2호 라목)가 있다. ④와 관련된 것으로 합병법인이 제193조에 따른 회생계획을 이행중인 경우(법인세법 시행령 제80조의2 제1항 제3호 가목)와 합병법인이 파산함에 따라 근로자의 비율을 유지하지 못하는 경우(법인세법 시행령 제80조의2 제1항 제3호 나목)가 있다. 이와 같이 파산이나 회생절차에 따른 부득이한 사유로 인해 합병신주 등을 처분하거나 사업을 폐지한 경우 등에는 조세회피목적이 있다고 볼 수 없어 과세특례가 부여되는 적격합병의 요건이 충족된 것으로 본 것이다.

2. 합병법인의 취득세에 대한 과세특례

적격합병의 요건을 갖추어 합병하는 경우 합병에 따라 양수하는 사업용 재산을 2024년 12월

---

100) 법인세법 제44조(합병 시 피합병법인에 대한 과세) ① 피합병법인이 합병으로 해산하는 경우에는 그 법인의 자산을 합병법인에 양도한 것으로 본다. 이 경우 그 양도에 따라 발생하는 양도손익(제1호의 가액에서 제2호의 가액을 뺀 금액을 말한다. 이하 이 조 및 제44조의3에서 같다)은 피합병법인이 합병등기일이 속하는 사업연도의 소득금액을 계산할 때 익금 또는 손금에 산입한다.
  1. 피합병법인이 합병법인으로부터 받은 양도가액
  2. 피합병법인의 합병등기일 현재의 자산의 장부가액 총액에서 부채의 장부가액 총액을 뺀 가액(이하 이 관에서 "순자산 장부가액"이라 한다)
  ② 제1항을 적용할 때 다음 각 호의 요건을 모두 갖춘 합병(이하 "적격합병"이라 한다)의 경우에는 제1항 제1호의 가액을 피합병법인의 합병등기일 현재의 순자산 장부가액으로 보아 양도손익이 없는 것으로 할 수 있다. 다만, 대통령령으로 정하는 부득이한 사유가 있는 경우에는 제2호·제3호 또는 제4호의 요건을 갖추지 못한 경우에도 적격합병으로 보아 대통령령으로 정하는 바에 따라 양도손익이 없는 것으로 할 수 있다.
  1. 합병등기일 현재 1년 이상 사업을 계속하던 내국법인 간의 합병일 것. 다만, 다른 법인과 합병하는 것을 유일한 목적으로 하는 법인으로서 대통령령으로 정하는 법인의 경우는 제외한다.
  2. 피합병법인의 주주등이 합병으로 인하여 받은 합병대가의 총합계액 중 합병법인의 주식등의 가액이 100분의 80 이상이거나 합병법인의 모회사(합병등기일 현재 합병법인의 발행주식총수 또는 출자총액을 소유하고 있는 내국법인을 말한다)의 주식등의 가액이 100분의 80 이상인 경우로서 그 주식등이 대통령령으로 정하는 바에 따라 배정되고, 대통령령으로 정하는 피합병법인의 주주등이 합병등기일이 속하는 사업연도의 종료일까지 그 주식등을 보유할 것
  3. 합병법인이 합병등기일이 속하는 사업연도의 종료일까지 피합병법인으로부터 승계받은 사업을 계속할 것
  4. 합병등기일 1개월 전 당시 피합병법인에 종사하는 대통령령으로 정하는 근로자 중 합병법인이 승계한 근로자의 비율이 100분의 80 이상이고, 합병등기일이 속하는 사업연도의 종료일까지 그 비율을 유지할 것

31일까지 취득하는 경우에는 취득세의 100분의 50(법인으로서 중소기업간 합병 및 기술혁신형사업 법인과 합병하는 경우는 100분의 60)을 경감한다(지방세특례제한법 제57조의2 제1항 본문). 다만 합병 등기일로부터 3년 이내에 부득이한 사유 없이 법인세법 제44조의3 제3항 각 호의 어느 하나에 해당하는 사유(① 합병법인이 피합병법인으로부터 승계받은 사업을 폐지하는 경우, ② 대통령령으로 정하는 피합병법인의 주주등이 합병법인으로부터 받은 주식등을 처분하는 경우, ③ 각 사업연도 종료일 현재 합병법인에 종사하는 대통령령으로 정하는 근로자 수가 합병등기일 1개월 전 당시 피합병법인과 합병법인에 각각 종사하는 근로자 수의 합의 100분의 80 미만으로 하락하는 경우)가 발생하는 경우에 는 경감된 취득세를 추징한다(지방세특례제한법 제57조의2 제1항 단서 괄호 제외 부분).

부득이한 사유는 앞 〈1.〉에서 본 바와 같다. 따라서 합병법인이 파산이나 회생절차로 인해 승계받은 사업을 폐지하는 등의 경우에도 감경된 취득세를 추징하지 못한다(지방세특례제한법 제57조의2 제1항 단서 괄호).

Ⅶ 채무자의 재산에 속한 부동산이 경매로 매각된 경우 회생채권인 조세 채권자에의 배당 여부

회생절차가 개시된 경우 회생채권자(회생담보권자)는 회생절차에 의하지 아니하고는 변제받 을 수 없다(제131조 본문, 제141조 제2항). 그러나 채무자의 재산에 속한 부동산이라고 하여 절대 적으로 강제집행 또는 담보권 실행을 위한 경매가 불가능한 것은 아니다. 속행명령에 따라 강 제집행이 속행될 수도 있고(제58조 제5항), 회생담보권이라도 회생계획에서 경매절차 실행 권한 을 부여한 경우에는 담보권 실행을 위한 경매가 가능하다. 또한 공익채권은 회생절차에 의하 지 않고 수시로 우선적으로 변제받을 수 있으므로(제180조 제1항) 공익채권에 기한 강제집행이 가능하다. 이러한 경우 집행법원이 회생채권인 조세채권자에게 직접 지급할 수 있는가. 과세관 청은 경매절차에서 직접 배당을 받을 수 있는가.

회생절차개시 전에 체납처분(강제징수)을 하지 아니한 경우에는 회생절차가 개시되면 채무 자의 재산에 대한 관리처분권은 관리인에게 전속하므로(제56조 제1항) 관리인에게 지급하여야 할 것이다. 결국 과세관청은 직접 배당을 받을 수 없고, 관리인에게 지급된 후 회생계획에 따 라 조세의 납부를 받게 된다.

회생절차개시 전에 체납처분(강제징수)을 한 경우에는 어떤가. 회생절차개시 전에 체납처분 (강제징수)을 마친 조세채권자는 회생계획의 변제조건에 따라 일정 기간 조세채권의 변제기가 유예되고, 체납처분(강제징수)의 실행이 일정기간 중지될 뿐(제58조 제3항), 다른 일반 회생채권 의 경우와 달리 회생계획인가에 의해 그 체납처분(강제징수)이 실효되지 아니하므로(제256조 제 1항 본문), 집행법원은 조세채권자에게 직접 지급하여야 한다는 견해가 있을 수 있다. 그러나 회생절차 진행 중에는 여전히 채무자의 재산에 관한 관리처분권은 관리인에게 있고, 조세채권 자의 교부청구는 부동산의 매각대금에서 변제를 받을 자를 정하는 것에 그치며, 회생계획에서 체납처분(강제징수)이 유예될 수 있고(회생계획이 인가되면 회생채권인 조세채권도 회생계획에서 정한 바에 따라 권리변경이 되고 그 경우 조세채권도 회생계획에 따라 변제받아야 한다),[101] 제131조 단서와 같은 명시적인 규정은 물론 파산절차에서와 같은 제349조 제1항과 같은 규정도 없다. 따라서 관리인에게 교부하여야 할 것이다. 결국 실질적인 변제절차는 일괄하여 채무자의 관리인이 회생계획에서 정해진 바에 따라 할 것이다.[102]

제3절 | 파산절차와 조세채권

Ⅰ 파산절차에서 조세채권의 취급

1. 재단채권 · 후순위 파산채권 · 비파산채권 (기타채권)

가. 재단채권

(1) 일반론

파산절차에서 조세채권은 원칙적으로 재단채권이다(제473조 제2호).[103] 조세채권 중 재단채권으로 되는 것은 ① 파산선고 전의 원인으로 인한 조세채권과 ② 파산선고 후의 원인으로 인한 것 중 파산재단에 관하여 생긴 조세채권 2가지이다. ②에 해당하는 것으로 재산세, 종합부동산세, 자동차세 등이 있다. '파산선고 전의 원인으로 인한 조세채권'으로 재단채권에 해당하는지 여부는 파산선고 전에 법률에 정한 과세요건이 충족되어 그 조세채권이 성립되었는가 여부를 기준으로 결정되는 것이다.[104]

주의할 것은 파산관재인은 법원의 허가를 얻어 파산재단에 속하는 권리를 포기(파산재단으로부터의 포기, 이하 같다)할 수 있는데(제492조 제12호), 이 경우 해당 재산은 채무자의 자유재산이 된다. 따라서 권리포기 후 그 소유로 인하여 발생하는 재산세, 종합부동산세, 자동차세 등은 파산재단에 관하여 생긴 조세채권이 아니므로 재단채권이 아니다. 채무자에게 관리처분권이 회복되고 납세의무자도 채무자가 된다.

---

101) 지방세징수법에 의한 체납처분 유예기간은 1년이지만(지방세징수법 시행령 제93조 제1항), 채무자회생법은 3년간 체납처분을 유예할 수 있도록 하고 있다(제140조 제2항). 실무적으로 제140조 제2항에 따라 지방세채권은 3년간 분할 납부하는 것으로 회생계획을 작성하게 되는데, 지방세채권자에게 직접 교부(배당)할 경우 회생계획에 반하는 변제가 된다.

102) 체납처분(강제징수)의 속행(제58조 제5항)으로 인한 경우에는 조세채권자가 직접 배당받을 수 있다(제131조 단서).

103) 재단채권으로서의 조세채권이 다른 재단채권과 달리 취급되는가. 채무자회생법은 파산선고로 인하여 파산채권이 되어야 할 조세채권을 재단채권으로 하고(제473조 제2호), 파산선고 전의 체납처분을 파산선고 후에도 속행할 수 있도록 하는 대신, 파산선고 후에는 새로운 체납처분을 할 수 없도록 함으로써(제349조), 파산선고 전에 누려왔던 조세채권의 우월성을 파산선고 전에 체납처분을 한 경우가 아니면 재단채권으로 보호하는 것 이상의 보호는 포기하는 것임을 명백히 하였다고 할 것이다.

104) 대법원 2005. 6. 9. 선고 2004다71904 판결 참조.

파산재단이 재단채권을 변제하기에 부족한 경우 조세채권에 대한 변제 순위는 회생절차에서 신규차입자금으로 인한 공익채권이 견련파산에 따라 재단채권으로 되는 경우인지 아닌지에 따라 다르다. 일반파산절차나 견련파산에서 신규차입자금으로 인한 재단채권이 없는 경우에는 실체법상의 우선권은 고려되지 않고 다른 재단채권과 함께 채권액에 비례하여 변제받는다(제477조 제1항, 제2항).[105)106)] 반면 견련파산에서 신규차입자금으로 인한 재단채권이 있는 경우에는 신규차입자금으로 인한 채권과 임금채권보다 후순위이다(제477조 제3항).

관련 내용은 〈**제3편 제6장 제2절 Ⅲ.2.가.**〉(본서 1522쪽)를 참조할 것.

재단채권인 조세채권에 대하여는 재단채권의 본래의 지급방법에 따라 재단부족의 경우를 제외하고 파산관재인은 법원의 허가를 얻어(제492조 제13호) 파산재단으로부터 수시로 변제한다(제475조).

재단채권인 조세채권의 범위, 청산소득에 대한 법인세가 재단채권인지, 파산절차에서 조세채권은 어떻게 실현되는지(교부청구[107)]) 등에 관한 내용은 〈**제3편 제6장 제2절 Ⅱ.1.나.**〉(본서 1498쪽)를 참조할 것.

(2) 가산세의 경우

가산세[108)]는 세법에 규정하는 의무의 성실한 이행을 확보하기 위하여 세법에 따라 산출한 세액에 가산하여 징수하는 금액을 말한다(국세기본법 제2조 제4호, 지방세기본법 제2조 제1항 제23호).

가산세 납세의무는 각 가산세별로 성립시기가 정해져 있고(국세기본법 제21조 제1항 제11호, 지방세기본법 제34조 제1항 제12호), 그 과세표준과 세액을 정부가 결정하는 때에 확정된다(국세기본법 제22조 제3항, 지방세기본법 제35조 제1항 제2호).

가산세는 재단채권인가. ① 파산선고 전에 성립한 가산세는 재단채권이다. ② 본세가 파산선고 전에 성립한 경우로서 국세기본법 제21조 제2항 제11호 마목 및 지방세기본법 제34조 제1항 제12호 사목 단서에 해당하는 가산세는 파산선고 후에 발생한 것이라도 재단채권이다. 가산세의 납세의무 성립시기가 파산선고 전이기 때문이다. ③ 본세가 파산선고 전에 성립하였다면 가산세의 성립시기가 파산선고 후인 경우에도 재단채권으로 보아야 할 것이다(제473조 제4호). ④ 본세가 파산선고 후에 발생한 것이면 본세가 파산재단에 관하여 생긴 것이라야 가산세도 재단채권이 된다. ⑤ 본세가 파산선고 후에 성립하였으나 재단채권에 해당하지 않는 경우

---

105) 교부청구한 조세 사이에서는 서로 경합할 수 있는데, 그 우선순위는 법에 별도의 규정을 두고 있지 않으므로 같은 순위로 보아야 할 것이다.

106) 국세기본법 기본통칙 35－0…14[국세우선징수권의 예외] 국세우선징수에 대하여 타법에 따라 다음과 같은 예외가 인정된다.
  1. 「채무자 회생 및 파산에 관한 법률」 제180조(공익채권의 변제 등) 및 제477조(재단부족의 경우 변제방법)에 따라 공익채권 또는 재단채권으로 있는 국세가 타의 공익채권 또는 재단채권과 동등 변제되는 것이 있다.

107) 교부청구는 과세관청이 이미 진행 중인 강제환가절차에 가입하여 체납된 조세의 배당을 구하는 것으로서 강제집행에 있어서의 배당요구와 같은 성질의 것이므로, 해당 조세는 교부청구 당시 체납되어 있음을 요한다(대법원 2019. 7. 25. 선고 2019다206933 판결).

108) 아래 〈**나.**〉에서 설명하는 지연배상금 성격의 납부지연가산세를 제외한다. 이하 같다.

(파산재단에 관하여 생긴 것이 아닌 경우) 가산세는 재단채권도 아니고 파산채권도 아니다.

(3) 당해세의 경우

당해세란 매각부동산 자체에 대하여 부과된 조세로, 국세기본법 제35조 제1항 제3호 또는 지방세기본법 제71조 제2항 제3호의 "그 재산에 대하여 부과된 국세" 또는 "그 재산에 대하여 부과된 지방세"를 의미한다. 구체적으로 당해세는 전세권, 질권 또는 저당권 등이 설정된 재산에 대하여 부과된 조세이다.

당해세는 그 법정기일이 전세권 등의 설정일보다 앞서는지와 관계없이 항상 전세권 등이 담보하는 채권보다 절대적으로 우선한다. 국세 등의 법정기일 전에 전세권 등의 설정을 등기한 경우에는 그 전세권 등이 담보하는 채권이 국세 등보다 우선하는 것이 원칙인데, 이에 대한 예외로서 당해세는 그 법정기일이 전세권 등의 설정일보다 늦은 경우에도 당해세가 전세권 등이 담보하는 채권보다 우선하도록 하고 있다. 이를 당해세 우선의 원칙이라 한다.

그러나 당해세가 담보물권에 의하여 담보되는 채권에 우선한다고 하더라도 이로써 담보물권의 본질적 내용까지 침해하여서는 안 되므로 당해세라 함은 담보물권을 취득하는 사람이 장래 그 재산에 대하여 부과될 것으로 상당한 정도로 예측할 수 있는 것으로서 오로지 당해 재산을 소유하고 있는 것 자체에 담세력을 인정하여 부과되는 조세만을 의미한다고 할 것이다.[109]

당해세로 국세에는 상속세, 증여세 및 종합부동산세가 있고(국세기본법 제35조 제5항), 지방세에는 재산세, 자동차세(자동차 소유에 대한 자동차세만 해당한다), 지역자원시설세(소방분 지역자원시설세만 해당한다), 지방교육세(재산세와 자동차세에 부가되는 지방교육세만 해당한다)가 있다(지방세기본법 제71조 제5항).

당해세에 해당하는 조세채권은 그 납세의무 성립일이 파산선고 전인 경우는 물론 파산선고 후인 경우에도 재단채권에 해당한다. 당해세에 해당하는 세목은 파산재단에 관하여 생긴 것에 해당하기 때문에 그 납세의무 성립일이 파산선고 후라도 재단채권이다. 물론 파산관재인이 해당 재산에 대한 권리를 포기한 경우에는 채무자의 자유재산에 속하고 파산재단에 관하여 생긴 것이라고 볼 수 없으므로 이 경우 당해세는 재단채권이라고 할 수 없다. 채무자가 납세의무자가 된다.

(4) 조세채권과 시효중단

파산채권은 채권신고로 시효가 중단된다(제32조 제2호). 재단채권인 조세채권은 채권신고의 대상이 아니므로 채권신고를 통한 시효중단은 있을 수 없다. 파산선고가 되더라도 재단채권인 조세채권의 권리행사는 원칙적으로 제한이 없어 부과처분이나 징수처분을 할 수 있다. 다만 체납처분(강제징수)만을 못할 뿐이다(제349조 제2항). 또한 파산선고가 되면 파산관재인에게 교부청구를 하여야 하고(국세징수법 제59조 제2호, 지방세징수법 제66조), 파산관재인에게 교부청구

---

109) 대법원 2007. 2. 22. 선고 2005다10845 판결 참조.

를 할 경우 재단채권인 조세채권의 소멸시효는 중단된다(국세기본법 제28조 제1항 제3호, 지방세기본법 제40조 제1항 제3호).

관련 내용은 〈제7장 제1절 Ⅰ.5.나.(2)〉(본서 1542쪽)를 참조할 것.

나. 후순위 파산채권

파산선고 전의 원인으로 인한 조세채권에 기하여 파산선고 후에 발생한 지연배상금 성격의 납부지연가산세[110]는 후순위 파산채권이다.[111] 파산제도는 채무자의 재정적 어려움으로 인하여 채무 전체의 변제가 불가능하여진 상황에서 채권의 개별적 행사를 금지하고 채무자 재산의 관리처분권을 파산관재인에게 배타적으로 위임하여 이를 공정하게 환가·배당함으로써 불충분하더라도 채권자들 간의 적정하고 공평한 만족을 도모하기 위한 것인바, ① 사법상 금전채무의 이행지체에 따른 지연배상금 내지 지연이자에 대응하는 파산선고 후의 납부지연가산세채권을 재단채권에 포함시키는 것은 일반 채권의 지연이자가 채무자회생법상 후순위 파산채권인 것(제446조 제1항 제2호)과 비교할 때 파산선고시를 기준으로 우선순위가 등질화 되어야 한다는 기본 원칙에 반하는 점, ② 파산실무상 파산절차가 대다수 파산채권자들을 위한 제도가 아니라 사실상 조세채권의 회수절차로 전락할 위험마저 있는 점, ③ 파산선고 이후에 발생한 납부지연가산세채권을 재단채권에 포함시켜야 할 만큼 공익적·정책적 필요가 있다고 보기 어려운 점, ④ 나아가 다액의 납부지연가산세채권이 수시로, 그리고 다른 파산채권보다 먼저 변제됨으로써 일반 파산채권자들이 감수하여야 할 재산상 손실이라는 사익이 파산선고 이후에 발생한 납부지연가산세채권의 징수확보라는 공익보다 결코 적다할 수 없는 점, ⑤ 조세채권은 일반적으로 우선권이 인정되고 있지만, 조세의 체납으로 인하여 파산선고 후에 부가되는 납부지연가산세는 조세채무의 불이행에 대한 제재이거나 지연손해금과 성질이 같은 것이므로, 이는 파산절차의 진행을 위하여 필수불가결한 것이라거나 파산채권자 전체의 이익을 도모하기 위한 것이라고 보기 어려운 점 등을 종합하여 보면, 파산선고 전의 원인에 기한 조세채권 이외에 파산선고 이후에 발생한 납부지연가산세채권까지 재단채권에 포함시키는 것은 부당하므로 파산선고 전의 원인으로 인한 조세채권에 기하여 파산선고 후에 발생한 납부지연가산세는 후순위 파산채권으로 보아야 한다.

다. 비파산채권 (기타채권)

일부 조세채권은 파산채권도 아니고 재단채권도 아닌 것이 있다. 파산선고 후에 납세의무가 성립한 것으로서 재단채권이 아닌 것이 여기에 해당한다. 예컨대 파산선고 후에 납세의무

---

110) 국세는 '국세기본법 제47조의4 제1항 제1호 중 납부고지서 납부기한 다음날부터 납부일까지의 금액과 제3호의 금액'에 해당하는 납부지연가산세를, 지방세는 지방세기본법 제55조 제1항 제3호, 제4호의 납부지연가산세를 말한다.

111) 대법원 2017. 11. 29. 선고 2015다216444 판결 참조. 반면 파산선고 전의 원인으로 인한 조세채권에 기하여 파산선고 전에 발생한 납부지연가산세는 재단채권이다. 예컨대 2022. 1. 20. 파산선고가 되었다면 2022. 1. 19.까지 발생한 납부지연가산세는 재단채권이고, 2022. 1. 20. 이후 발생한 납부지연가산세는 후순위 파산채권이다.

가 성립한 것 중 파산재단에 관하여 생긴 것이 아닌 것을 들 수 있다. 관련 내용은 〈제3편 제 6장 제2절 Ⅲ.6.〉(본서 1531쪽)을 참조할 것.

2. 파산절차에서 조세채권의 취급에 관한 몇 가지 쟁점

가. 조세일반

(1) 원천징수의무자로서 세금을 납부하지 아니한 경우 형사처벌 여부

관련 내용은 〈제3편 제3장 제2절 Ⅰ.3.라.〉(본서 1252쪽)를 참조할 것.

(2) 파산선고와 조세채권의 납기

관련 내용은 〈제3편 제3장 제2절 Ⅰ.3.사.〉(본서 1253쪽)를 참조할 것.

(3) 수시부과사유에 따른 조세납세의무

관련 내용은 〈제3편 제3장 제2절 Ⅰ.3.아.〉(본서 1254쪽)를 참조할 것.

(4) 후발적 경정청구사유로서 파산선고

납세의무 성립 후 소득의 원인이 된 채권이 채무자의 파산선고로 인하여 회수불능으로 된 경우에는 원칙적으로 후발적 경정청구사유가 된다. 하지만 물상보증인이 담보로 제공한 부동산이 경매절차에서 매각된 다음 채무자의 파산 등으로 물상보증인의 구상권 행사가 불가능하게 되었더라도, 양도소득세 과세표준과 세액을 산정하는 근거가 된 사항에 변동을 가져오지 않으므로, 후발적 경정청구사유에 해당한다고 볼 수 없다.

관련 내용은 〈제3편 제3장 제2절 Ⅵ.3.다.〉(본서 1313쪽)를 참조할 것.

(5) 조세채권의 납세의무자

재단채권이나 파산채권인 조세의 납세의무자는 파산관재인이고, 재단채권이나 파산채권이 아닌 조세(기타채권)[112]의 납세의무자는 채무자이다.[113] 파산한 회사의 영업을 파산관재인이 법원의 허가를 받아 계속하는 경우 부가가치세는 재단채권에 해당하고 납세의무자는 파산관재인이다.[114]

관련 내용은 〈제3편 제6장 제2절 Ⅱ.1.나.(5)〉(본서 1506쪽)를 참조할 것.

주의할 것은 파산선고 전에 납세의무가 성립한 조세채권은 파산선고 후 재단채권이지만, 파산선고 전에 납세의무가 성립한 것이므로 납세의무자는 채무자이다(파산선고 후 납세의무자가 파산관재인으로 변경되는 것이 아니다). 다만 파산선고 전에 성립한 것이라도 재단채권이므로 파

---

112) 파산재단으로부터 포기한 재산은 자유재산이 되고 이에 대한 조세는 기타채권이 되며 납세의무자도 채무자가 된다. 따라서 파산재단에서 제외된 부동산이 경매절차에서 낙찰된 경우 파산관재인에게 부가가치세를 부과하는 것은 위법하다(서울행정법원 2005. 7. 7. 선고 2005구합6904 판결 참조).

113) 대법원 2017. 11. 29. 선고 2015다216444판결, 서울고등법원 2019. 5. 29. 선고 2018누56413 판결(확정) 등 참조.

114) 광주지방법원 2020. 7. 23. 선고 2020구합84 판결 참조.

산재단으로 변제한다.

파산선고 후 채무자의 권리와 의무는 파산재단에 귀속되고 이 시점부터는 파산관재인이 대표자라 할 것이므로 파산관재인이 납세의무자인 경우 파산선고 이후에는 파산관재인의 주소 또는 영업소로 서류를 송달하여야 한다.[115] 따라서 파산선고 후 파산관재인이 아닌 채무자 회사의 대표이사에게 납세고지서를 송달한 것은 적법한 송달절차를 거친 것이라 볼 수 없다.

(6) 비면책채권

개인채무자의 경우 조세채권은 비면책채권이다(제566조 단서 제1호). (후순위)파산채권이건[116] 재단채권이건 모두 비면책채권이다.[117] 관련 내용은 〈**제3편 제11장 제1절 V.2.라.(1)**〉(본서 1693쪽)을 참조할 것.

조세채권은 재단채권으로서 우선적 변제가 인정되지만, 그렇다고 하여 완전한 변제를 보장하는 것은 아니다. 다른 재단채권이 있는 경우 실체법상의 우선권은 고려되지 않고 채권액에 비례하여 변제받는다는 점에서 더욱 그렇다. 대부분 채무자들의 파산재단은 조세채권을 변제하기에 부족하다. 조세채권도 대부분 재단채권이지만 파산재단의 환가대금으로 변제하지 못한 조세채권은 면책되지 않는다. 재단채권인 조세채권은 재단채권이기 때문에 면책의 대상이 되지 않지만, 후순위 파산채권인 조세채권도 면책되지 않는다.

조세채권이 파산재단의 환가대금으로 전액 변제받지 못한 경우, 과세관청은 파산절차 종료 후 채무자로부터 미지급된 조세채권을 회수할 수 있는가. 판례를 비롯한 실무는 긍정하고 있

---

115) 국세기본법 기본통칙 8-0…3, 지방세기본법 운영 예규 30-3. 하지만 엄격히 말하면 이는 조세소송 단계에서의 서류에 제한되는 것이다. 국세기본법이나 지방세기본법은 서류의 송달에 관하여 민사소송법상의 송달에 관한 규정을 명시적으로 준용하고 있지 않다. 다만 행정소송인 조세소송과 관련하여서는 행정소송법이 적용되고, 이에 규정이 없는 경우에는 민사소송법의 규정이 준용되므로(행정소송법 제8조 제2항), 조세소송 단계에서의 서류 송달에 관하여서는 민사소송법상 서류의 송달에 관한 규정이 준용된다. 따라서 조세소송 단계의 서류에 해당하지 않는 서류 (예컨대 납부고지서)의 송달에 관하여는 국세기본법이나 지방세기본법이 적용될 뿐이다. 하지만 국세기본법이나 지방세기본법에는 파산선고 후 서류에 관하여 파산관재인에게 송달한다는 규정이 없다. 입법적 보완이 필요하다.

116) 제446조 제1항 제2호가 후순위 파산채권의 한 유형으로 정한 '파산선고 후의 불이행으로 인한 손해배상액'(예컨대 지연배상금 성격의 납부지연가산세 채권)과 제566조 제1호가 비면책채권의 하나로 정한 '조세'가 양립 불가능한 개념이라고 볼 수는 없다. 그 이유는 다음과 같다. ① 제3편 파산절차는 제4장 '파산채권 및 재단채권'에서 파산채권과 재단채권의 개념을 정의하고, 파산절차에서 파산채권과 재단채권을 각각 어떻게 대우할 것인지 등에 관하여 규정하고, 제8장 '면책 및 복권'에서 면책의 요건, 절차와 효력 등에 관하여 규정한다. 파산선고를 받은 채무자에 대한 채권을, 파산절차 진행 중 일반 파산채권, 우선권 있는 파산채권, 후순위 파산채권, 재단채권 중 어느 유형으로 분류하여 대우할 것인지와 그 채무자에 대한 면책 결정이 확정된 이후 면책되지 아니하는 채권으로 정할 것인지는 서로 다른 차원의 문제로서 별개의 입법 목적에 따라 정해지는 것이다. ② 제566조 제1호가 비면책채권으로 정한 '조세'에 해당하는지 여부는 원칙적으로 채권 발생의 근거 법률이 세법인지에 따라 결정되고, 제446조 제1항 제2호가 후순위 파산채권의 한 유형으로 정한 '파산선고 후의 불이행으로 인한 손해배상액 및 위약금'에 해당하는지 여부는 "채무불이행이라는 사실관계가 파산선고 이후에 발생하였는가, 그 채권이 손해배상액 또는 위약금에 해당하는가"라는 기준에 따라 결정될 뿐 채권 발생의 근거 법률과는 직접적인 관련성이 없다.

117) 개인회생절차에서는 개인회생재단채권만이 비면책채권이다(제625조 제2항 단서 제2호). 개인회생채권인 조세채권은 우선권 있는 개인회생채권으로 전액 변제된다. 후순위 개인회생채권(지연배상금 성격의 납부지연가산세)은 실질적으로 거의 변제받지 못한다. 조세채권 중 우선권 있는 개인회생채권은 전액 변제되고 후순위 개인회생채권은 정책적으로 후순위로 한 것이므로, 개인회생재단채권만을 비면책채권으로 규정한 것이다. 후순위 개인회생채권인 조세채권은 변제받지 못하더라도 면책결정으로 면책된다.

지만, 채무자의 경제적 회생이라는 점 등을 고려하면 부정하여야 할 것이다. 관련 내용은 〈**제3 편 제11장 제1절 V.2.라.(1)**〉(본서 1693쪽)을 참조할 것.

(7) 파산관재인의 원천징수의무

파산관재인이 파산선고 전에 발생한 재단채권인 임금 등을 지급(변제)하는 경우에는 원천징수의무가 없다. 반면 파산선고 후 고용으로 인하여 파산관재인이 임금 등을 지급하는 경우에는 원천징수의무를 부담한다.

관련 내용은 〈**제3편 제6장 제2절 Ⅱ.1.차.**〉(본서 1512쪽)를 참조할 것.

(8) 파산법인의 제2차 납세의무

법인이 파산선고를 받은 경우라면 그 법인에게 지급불능 또는 채무초과와 같은 파산원인이 발생한 것으로 법인의 재산으로 국세 등의 납부가 불가능한 때라 할 것이므로[118] 과점주주는 파산을 전후로 법인의 체납세액에 대하여 제2차 납세의무를 부담한다(국세기본법 제39조, 지방세기본법 제46조).[119] 출자자가 제2차 납세의무를 지는지 여부는 체납법인의 당해 국세의 납세의무 성립일 현재를 기준으로 하여 판단하는 것으로 이미 성립한 출자자의 제2차 납세의무는 추후 체납법인이 파산한 경우에도 존속한다. 그러나 파산법인에게 출자자로서 제2차 납세의무를 부담지울 수는 없다. 그 이유는 당해 국세의 납세의무성립일 전에 출자자인 법인이 파산선고된 경우에는 파산법인이 파산선고시에 가진 모든 재산은 이를 파산재단으로 귀속되고 파산재단을 관리 및 처분할 권리는 파산관재인에게 속하므로 파산법인이 체납법인의 주식 또는 출자지분에 관한 권리를 실질적으로 행사하거나 그 법인의 경영을 사실상 지배하는 것이 불가능하기 때문이다.[120]

개인이 파산선고를 받은 경우라면 개인이 법인의 과점주주인 때 법인이 제2차 납세의무를 부담할 수 있다(국세기본법 제40조, 지방세기본법 제47조).

(9) 조세우선권의 예외

파산절차에 따라 재산을 매각할 때 그 매각금액 중에서 조세 또는 체납처분(강제징수)비를 징수하는 경우 파산절차에 든 비용은 그 조세 또는 체납처분(강제징수)비보다 우선한다(국세기본법 제35조 제1항 제2호, 지방세기본법 제71조 제1항 제2호).

---

118) **과점주주의 제2차 납세의무 성립요건** ① 본래의 납세의무의 체납이 있어야 한다. ② 체납자의 재산으로는 체납처분(강제징수)을 하여도 체납세금에 충당하기에 부족하여야 한다. 다만 일단 주된 납세의무가 체납된 이상 그 징수 부족액의 발생은 반드시 주된 납세의무자에 대하여 현실로 체납처분을 집행하여 부족액이 구체적으로 생기는 것을 요하지 아니하고 다만 체납처분을 하면 객관적으로 징수부족액이 생길 것으로 인정되면 족하다(대법원 2004. 5. 14. 선고 2003두10718 판결, 대법원 1996. 2. 23. 선고 95누14756 판결). 관련 내용은 「전대규(지방세), 198쪽」을 참조할 것.

119) 서울행정법원 2019. 1. 24. 선고 2018구합59649 판결(확정) 참조. 반면 법인에 대하여 회생절차가 개시된 경우에는 재산의 관리처분권이 관리인에게 이전되기 때문에 과점주주는 제2차 납세의무를 부담하지 않는다(대법원 1989. 7. 25. 선고 88누10961 판결, 본서 666, 2196쪽 등 참조).

120) 징세46101-29, 2002. 1. 8.

(10) 경정청구 등을 통한 조세의 환급

파산신청을 한 채무자는 금융기관으로부터 대출이나 신용등급의 유지 또는 상향을 위해 분식회계를 통해 자산을 과대계상(가공매출 및 가공재고의 계상 등)하거나 부채를 과소계상(채무의 과소계상, 대손금의 미계상 등)함으로써 세법상 과세표준을 과대신고하는 경우가 있다. 이 경우 분식결산한 회계서류를 기초로 한 법인세 과세표준과 세액을 결정한 부과처분은 거래의 실질에 부합하지 않는 것이어서 실질과세원칙에 반한다. 따라서 파산관재인은 과세표준과 세액의 경정청구(국세기본법 제45조의2), 심판청구(국세기본법 제55조) 및 행정소송(국세기본법 제56조) 등을 통하여 법인세를 환급받을 수 있다.

관련 내용은 〈제2절 Ⅲ.1.자.〉(본서 2200쪽)를 참조할 것.

나. 국 세

(1) 소득세 및 법인세

(가) 양도소득에 대한 비과세

파산선고에 의한 처분으로 인하여 발생하는 양도소득에 대한 소득세나 법인세는 과세하지 않는다(소득세법 제89조 제1항 제1호, 법인세법 제55조의2 제4항 제1호). 납세자력을 상실하였기 때문이다. 관련 내용은 〈제3편 제3장 제2절 Ⅰ.3.가.〉(본서 1250쪽)를 참조할 것. 파산선고 전 처분(매매, 경매 등)으로 인하여 발생한 양도소득은 파산선고에 의한 처분에 해당하지 않는다.

파산재단에 속하는 재산이라 할지라도 별제권자가 별제권을 행사하여 양도되는 경우는 제412조의 규정에 따라 파산절차에 의하지 아니하고 일반적인 경매 방법과 동일한 방법으로 매각 처분되므로 이러한 경우는 '파산선고에 의한 처분'에 해당하지 아니하여 양도로 인한 소득세나 법인세의 비과세 규정을 적용받을 수 없다.[121] 따라서 별제권자가 별제권을 행사하여 법원경매를 통해 양도된 경우에는 양도소득으로 인한 소득세나 법인세의 납부대상이 된다.

(나) 중소기업의 결손금 소급공제에 따른 환급

관련 내용은 〈제3편 제3장 제2절 Ⅰ.3.다.〉(본서 1251쪽)를 참조할 것.

(다) 대손금의 손금(필요경비)산입 또는 대손세액공제

관련 내용은 〈제3편 제3장 제2절 Ⅵ.3.가., 나.〉(본서 1311쪽)를 참조할 것.

채무자의 파산은 대손(필요경비)의 충분조건은 아니다. 채무자의 파산이라는 사실과 채무자의 무재산으로 인한 채권의 회수불능이라는 사실을 동시에 충족하여야 한다. 이 경우 채무자에게 재산이 없어 회수불능이라는 사실은 납세의무자가 증명하여야 한다.[122] 따라서 대손금의 손금(필요경비) 산입시기와 관련하여 파산선고만으로는 회수불능채권으로 확정되었다고 볼 수 없지만, 배당절차가 완료되었다면 특별한 사정이 없는 한 채권의 일부 또는 전부의 회수 불능

---

121) 대구지방법원 2018. 4. 11. 선고 2017구합2556 판결(확정) 참조.
122) 김완석·황남석, 법인세법론, 삼일인포마인(2022), 348쪽 참조.

여부가 확정되었다고 볼 것이다.

한편 실무에서는 대손금의 손금(필요경비) 산입요건인 '채무자의 파산'을 파산계속법원이 파산폐지결정하거나 파산종결결정하여 공고한 경우로 보고 있다. 나아가 법원의 파산폐지 또는 파산종결 공고일 이전에 파산절차 진행과정에서 관계서류 등에 의해 해당 채권자가 배당받을 금액이 채권금액에 미달하는 사실이 객관적으로 확인되는 경우, 그 미달하는 금액은 회수할 수 없는 채권으로 보아 대손금으로 손금에 산입할 수 있다.[123]

(2) 법인세

(가) 자산평가손실의 손금산입

내국법인이 보유하는 자산의 평가손실은 각 사업연도의 소득금액을 계산할 때 손금에 산입하지 아니한다(법인세법 제22조 본문). 다만 대통령령으로 정하는 주식등으로서 해당 주식등의 발행법인이 파산선고를 받은 경우 주식등의 장부가액을 감액할 수 있는데(법인세법 제42조 제3항 제3호 다목, 법인세법 시행령 제78조 제2항 제1호), 이 경우 발생한 평가손실은 손금에 산입할 수 있다(법인세법 제22조 단서).

(나) 지급이자 손금불산입 및 인정이자 익금산입

법인세법 및 그 시행령에 의하여 법인과 그 주주 사이에 특수관계가 있는 경우 그중 어느 일방에 대하여 파산선고결정이 있었다고 하여 곧 법인의 출자자인 관계까지 소멸하는 것은 아니므로 그 법인과 주주 사이의 특수관계 역시 소멸한다고 볼 수 없다. 따라서 채무자인 특수관계자에 대한 파산선고로 인하여 가지급금을 제공한 당해 법인이 파산절차에 의하지 아니하고는 권리행사를 할 수 없게 되었더라도 업무무관 가지급금에 상당하는 차입금의 지급이자는 그 가지급금 채권이 대손금으로 확정되기 전까지 여전히 손금불산입의 대상이 된다. 또한 채무자인 특수관계자에 대하여 파산선고가 있더라도 채권자인 당해 법인이 보유하는 대여금채권에 관한 인정이자 상당액은 익금산입의 대상이 된다.[124]

(3) 부가가치세: 파산재단의 환가와 부가가치세

파산재단의 환가는 파산관재인의 재량에 맡겨져 있지만, 민사집행법에 의한 환가(제496조 제1항)와 임의매각이 있다. 임의매각은 파산재단을 신속하게 고가에 매각할 수 있다는 점에서 실무적으로 많이 활용되고 있다. 그렇지만 사업자인 채무자의 파산관재인이 건물 등을 매각한 경우 부가가치세를 납부하여야 하는 문제가 있다.[125] 반면 임의매각이 아닌 민사집행법에 따른 경매(같은 법에 따른 강제경매, 담보권 실행을 위한 경매와 민법·상법 등 그 밖의 법률에 따른 경매를

---

123) 법인세법 기본통칙 34-61…1, 소득세법 기본통칙 27-55…34 참조.

124) 대법원 2009. 12. 10. 선고 2007두15872 판결 참조. 관련 내용은 〈제2절 Ⅲ.2.다.〉(본서 2203쪽)를 참조할 것.

125) 다만 파산선고 이후 채무자나 파산관재인에게 사업자의 지위를 인정할 수 있는 경우는 많지 않을 것이다. 아래에서 보는 바와 같이 경매나 공매의 경우 부가가치세를 납부하지 않는 것과의 형평, 파산관재인을 사업상 독립적으로 재화 또는 용역을 공급하는 자(부가가치세법 제2조 제3호)라고 볼 수 없는 점 등에서 파산관재인이 환가의 일환으로 자산을 임의매각하는 경우에도 부가가치세는 과세할 수 없다고 할 것이다.

포함한다)에 따라 건물 등을 인도하거나 양도하는 경우에는 재화의 공급으로 보지 않아 부가가치세를 납부하지 아니한다(부가가치세법 시행령 제18조 제3항 제2호).[126] 경매에 의하여 재화가 양도되는 경우 현실적인 징수의 어려움 및 실효성 등을 감안하여 부가가치세 과세대상에서 제외한 것이다.

다. 지방세

(1) 취득세

(가) 파산선고 후 채무자가 사망한 경우 상속인에 대한 취득세의 과세 여부

취득세 과세대상인 '취득'에는 상속이 포함되고, 파산선고 후 채무자가 사망한 경우에도 상속은 발생하므로 상속인은 취득세의 납세의무자가 된다고 할 것이다.

관련 내용은 〈제3편 제3장 제2절 Ⅰ.3.나.〉(본서 1251쪽)를 참조할 것.

(나) 주택 취득에 있어 증여 취득 간주 배제

주택 취득으로 인한 취득세의 세율은 취득원인이 무상인지 유상인지에 따라 다르다. 유상취득의 경우에는 1.0%에서 3.0%이고(지방세법 제11조 제1항 제8호), 증여 등 무상취득의 경우에는 3.5%이다(지방세법 제11조 제1항 제2호).

한편 배우자 또는 직계존비속의 주택을 취득하는 경우에는 증여로 취득한 것으로 본다. 다만 파산선고로 인하여 처분되는 부동산을 취득하는 경우에는 증여 취득으로 간주되지 않는다(지방세법 제7조 제11항).

(다) 취득세 추징과 파산선고

지방세특례제한법은 여러 가지 정책적인 이유로 취득세를 감면하고 있다. 하지만 감면 후 취득세의 감면을 받은 자가 ① 정당한 사유 없이 그 취득일부터 1년이 경과할 때까지 해당 용도로 직접 사용하지 아니하는 경우, ② 해당 용도로 직접 사용한 기간이 2년 미만인 상태에서 매각·증여하거나 다른 용도로 사용하는 경우 그 해당 부분에 대해서는 감면된 취득세를 추징한다(지방세특례제한법 제178조 제1항).[127]

납세자(취득세의 감면을 받은 자)에 대하여 파산선고가 된 후 파산관재인이 감면대상이 된 부동산을 매각한 경우에도 취득세의 추징대상이 되는가. 감면된 취득세의 추징은 '부동산에 대한 취득세를 감면받은 자'가 추징사유에 해당하는 행위를 하였을 경우에 하는 것이므로 파산관재

---

126) 국세징수법 제61조에 의한 공매의 경우에도 부가가치세의 과세대상이 아니다(부가가치세법 시행령 제18조 제3항 제1호). 지방세징수법 제71조에 의한 공매의 경우에도 마찬가지일 것이다. 따라서 체납처분(강제징수)이 되어 있는 파산재단의 경우 부가가치세가 다액일 것으로 예상되는 경우 임의매각보다 공매를 통하여 매각하는 것이 바람직하다.

127) 소득세 또는 법인세를 공제받은 자가 투자완료일부터 2년(대통령령으로 정하는 건물과 구축물의 경우에는 5년)이 지나기 전에 해당 자산을 처분한 경우(임대하는 경우를 포함하며, 대통령령으로 정하는 경우는 제외한다)에는 처분한 날이 속하는 과세연도의 과세표준신고를 할 때 해당 자산에 대한 세액공제액 상당액에 대통령령으로 정하는 바에 따라 계산한 이자 상당 가산액을 가산하여 소득세 또는 법인세로 납부하여야 한다(조세특례제한법 제146조, 같은 법 시행령 제137조).

인이 환가행위로서 한 것은 추징사유에 해당하지 않는다고 할 것이다. 이러한 전제에서 채무자가 파산선고를 받은 경우에는 감면기간 동안의 이자상당액도 가산하지 않는다(지방세특례제한법 제178조 제2항 단서, 같은 법 시행령 제123조의2 제2항 제1호).

(2) 등록면허세와 지방교육세의 비과세

법원사무관 등이 파산절차와 관련하여 등기·등록을 촉탁하는 경우 등록면허세 및 지방교육세는 비과세된다(지방세법 제26조 제2항 제1호, 채무자회생법 제6조 제3항, 제362조 제3항, 제578조의5 제3항, 제578조의8 제3항, 제578조의9 제3항, 제27조, 지방세법 제150조 제2호 참조). 부인의 등기·등록의 경우도 마찬가지이다(지방세법 제26조 제2항 제1호, 채무자회생법 제27조).

파산관재인에 의한 부동산의 처분에 있어서, 임의매각에 의한 것인지 민사집행법 등 법령의 규정에 의한 매각인지를 묻지 않고, 위 비과세 조항이 적용되는 상황은 아니기 때문에, 처분 결과 소유권이전등기에 대하여는 등록면허세를 과세한다.

Ⅱ 별제권과 조세채권

1. 별제권자와 조세채권의 순위

관련 내용은 〈제3편 제5장 제4절 V.1.〉(본서 1439쪽)을 참조할 것.

2. 별제권의 행사와 조세채권

파산절차 진행 중 별제권자가 그 권리의 행사로서 행한 경매절차에서 과세관청이 조세채권에 해당하는 금원을 그 매각대금에서 직접 배당받을 수 있는지는 파산선고 전에 체납처분(강제징수)이 되었는지 여부에 따라 다르다.

가. 파산선고 전에 체납처분(강제징수)을 한 경우

파산선고 전에 체납처분(강제징수)을 한 경우에는 체납처분(강제징수)을 속행하여(제349조 제1항) 직접 배당을 받을 수 있다. 또한 별제권자가 실시하는 경매절차에서 그 매각대금으로부터 직접 배당을 받을 수도 있다. 제349조 제1항은 "파산선고 전에 파산재단에 속하는 재산에 대하여 체납처분(강제징수)을 한 때에는 파산선고는 그 처분의 속행을 방해하지 않는다"고 규정하고 있고, 이는 파산선고 전의 체납처분(강제징수)은 파산선고 후에도 속행할 수 있다는 것을 특별히 정한 취지에서 나온 것이므로, 과세관청이 파산선고 전에 체납처분(강제징수)으로 압류(참가압류를 포함한다)한 경우에는 그 후 체납자가 파산선고를 받더라도 그 체납처분(강제징수)을 속행하여 파산절차에 의하지 아니하고 배당금을 취득할 수 있어 선착수한 체납처분(강제징수)의 우선성이 보장된다는 것으로 해석함이 상당하고, 따라서 별제권(담보물권 등)의 행사로서의 경매절차에서 그 매각대금으로부터 직접 배당받을 수 있고, 이는 파산재단이 재단채권의 총액을 변제하기에 부족한 것이 분명하게 된 때에도 마찬가지이다.[128]

결국 파산선고 전에 체납처분(강제징수)이 되어 있는 경우 과세관청은 ① 체납처분(강제징수)을 속행하거나 ② 별제권자가 신청한 경매절차에서 그 매각대금으로부터 직접 배당을 받을 수 있다.

나. 파산선고 전에 체납처분(강제징수)을 하지 않은 경우

파산선고 후에는 새로운 체납처분(강제징수)을 할 수 없다(제349조 제2항). 별제권의 행사로서의 경매절차에서 그 매각대금으로부터 직접 배당받을 수 있는가. 채무자회생법은 총 채권자의 공평한 만족을 실현하기 위하여 파산관재인에게 파산재단의 관리·처분에 관한 권한을 부여함으로써 파산관재인이 파산절차의 중심적 기관으로서의 역할을 수행할 수 있도록 하고 있고, 조세채권을 비롯한 '재단채권'에 관하여는 파산절차에 의하지 않고 파산관재인이 일반 파산채권보다 우선하여 수시로 변제하되, 파산재단이 위 재단채권의 총액을 변제하기에 부족한 것이 분명하게 된 때에는 각 재단채권의 변제는 법령이 규정하는 우선권에 불구하고 아직 변제하지 아니한 채권액의 비율에 따라 분배하도록 규정하여(제477조 제1항), 일정한 경우에는 조세채권의 법령상 우선권에 불구하고 다른 재단채권과 균등하게 분배되도록 규정하고 있는 점, 여기에다가 파산선고 후에는 조세채권에 터잡아 새로운 체납처분(강제징수)을 하는 것이 허용되지 않는 점, 채무자 소유 재산에 대한 별제권의 실행으로 인하여 개시된 경매절차에서 과세관청이 한 교부청구는 그 별제권자가 파산으로 인하여 파산 전보다 더 유리하게 되는 이득을 얻는 것을 방지함과 아울러 적정한 배당재원의 확보라는 공익을 위하여 별제권보다 우선하는 채권 해당액을 공제하도록 하는 제한된 효력만이 인정된다고 할 것인 점[129] 등을 종합하여 보면, 별제권의 실행으로 인하여 개시된 경매절차에서 과세관청이 교부청구를 하는 경우 그 교부청구에 따른 배당금은 조세채권자인 과세관청에게 직접 교부할 것이 아니라 파산관재인이 채무자회생법 소정의 절차에 따라 각 재단채권자에게 안분 변제할 수 있도록 파산관재인에게 교부하여야 함이 상당하다 할 것이다.[130]

결국 파산선고 전에 체납처분(강제징수)이 되어 있지 아니한 경우 다른 재단채권자와 마찬가지로 파산관재인으로부터 조세채권을 변제받을 수밖에 없다.

Ⅲ 상속재산파산과 조세채권

상속재산파산이 있는 경우 상속인은 납세의무를 부담하지 않는가. 상속재산파산이 있으면 상속인은 한정승인을 한 것으로 보고, 한정승인도 상속에 포함된다. 또한 상속재산파산이 있어

---

128) 대법원 2003. 8. 22. 선고 2003다3768 판결 참조.
129) 대법원 2003. 6. 24. 선고 2002다70129 판결.
130) 대법원 2003. 8. 22. 선고 2003다3768 판결, 대법원 2003. 6. 24. 선고 2002다70129 판결 등 참조.

파산재단이 성립하더라도 파산재단에 대한 관리처분권이 파산관재인에게 귀속될 뿐 상속이라는 효과가 없어지는 것은 아니다. 즉 상속재산에 대한 상속은 여전히 발생하고 소유권은 상속인에게 있는 것이다(당연상속주의). 따라서 상속재산파산이 있더라도 파산재단에 속한 피상속인의 재산으로는 조세 전체를 납부할 수 없는 때에는 상속인이 상속포기를 하지 않는 한 상속인은 상속재산과 관련된 조세(예컨대 취득세, 자동차세 등)의 납세의무를 부담한다.[131] 관련 내용은 〈제3편 제12장 제4절 Ⅱ.1.다.〉(본서 1758쪽)를 참조할 것.

한편 상속재산파산의 경우 재산의 귀속 주체가 바뀌는 것은 아니므로 양도소득으로 인한 세금을 상속인이 부담하여야 할 것이나, 파산선고의 경우 양도소득세를 과세하지 않는 법 취지에 비추어 상속재산파산의 경우에도 양도소득으로 인한 세금의 부담이 없다고 볼 것이다. 관련 내용은 〈제3편 제12장 제1절 Ⅱ.1. 각주 9)〉(본서 1723쪽)를 참조할 것.

Ⅳ 파산선고와 체납처분(강제징수)[132]

1. 파산선고 전에 된 체납처분(강제징수)

파산선고 전에 체납처분(강제징수)을 한 때에는 파산선고 후에도 그대로 속행할 수 있다(제349조 제1항). 조세채권의 자력집행력을 존중하여 속행을 인정한 것이다. '체납처분(강제징수)을 한 때'는 체납처분(강제징수)에 의한 압류의 효력이 발생한 때를 의미한다.[133] 체납처분(강제징수)절차 중 압류를 통하여 처분금지의 효력 및 우선징수의 효력이 발생하기 때문이다. 세무서장이나 지방자치단체의 장은 체납자가 파산선고를 받은 경우에도 이미 압류한 재산이 있을 때에는 체납처분(강제징수)을 속행하여야 한다(국세징수법 시행령 제30조, 지방세징수법 제41조).

관련 내용은 〈제3편 제15장 제2절 Ⅱ.Ⅰ.2.나.〉(본서 1836쪽)를 참조할 것.

2. 파산선고 후 체납처분(강제징수)

파산선고 후에는 새로운 체납처분(강제징수)은 할 수 없다(제349조 제2항). 이는 조세채권이

---

131) 대법원 2017. 4. 13. 선고 2017두30740 판결(서울행정법원 2016. 7. 8. 선고 2016구합1585 판결), 대법원 2007. 4. 12. 선고 2005두9491 판결 등 참조.

132) 납세자의 거래처 등이 파산선고를 받아 매출채권 등을 회수하기 곤란한 경우 납세자에 대하여 납부기한의 연장이나 징수유예가 가능하다(국세징수법 제13조 제1항 제4호, 국세징수법 시행령 제11조 제5호, 국세징수법 기본통칙 15-0…10 제3호 가목, 국세징수법 집행기준 15-0-2 제3호 가목 참조, 지방세징수법 제25조 제1항 제6호, 지방세징수법 운영예규 25-8 제3호 가목 참조).

133) 이준봉, 조세법총론(제8판), 삼일인포마인(2022), 757쪽. 체납처분(강제징수)으로서 채권을 압류한 후에 체납자에 대하여 파산선고가 되고 제3채무자가 채권상당액을 공탁한 경우에는 압류의 효력은 공탁금반환청구권에도 미치고 국가나 지방자치단체가 체납처분(강제징수)의 속행으로서 공탁금반환청구권을 압류하는 것이 가능하다. 파산선고 전에 개시된 강제집행절차에 파산선고 전에 참가압류를 한 경우에는 해당 강제집행절차가 파산선고로 인하여 소멸되더라도(제348조 제1항 본문) 참가압류통지서의 송달일 또는 참가압류의 등기·등록이 이루어진 때는 소급하여 압류의 효력이 발생하므로(국세징수법 제62조 제1항, 지방세징수법 제68조 제1항), 위 참가압류는 파산선고 전에 체납처분(강제징수)을 한 경우에 해당한다.

재단채권으로서 파산채권에 우선한 경우에도, 파산재단이 재단채권의 총액을 변제하기 부족한 때에는 법령상의 우선권에 불구하고 채권액에 비례하여 변제하여야 한다는(제477조 제1항) 점이나, 파산절차는 포괄적 집행으로서 법원의 감독 아래 파산관재인의 판단과 책임으로 통일적으로 진행하여야 하는 것(파산재단에 속하는 재산의 환가는 파산관재인에 의하여 행하여져야 한다)이라는 점을 고려한 것이다. 따라서 파산선고 후에는 참가압류를 할 수 없다. 이 경우에는 교부청구에 의하여 조세채권의 만족을 도모할 수밖에 없다(국세징수법 제59조 제2호, 지방세징수법 제66조). 교부청구는 그 실질이 배당요구에 해당하기 때문에 허용된다고 볼 것이다.

관련 내용은 〈제3편 제15장 제2절 Ⅱ. Ⅰ. 1. 나.〉(본서 1825쪽)를 참조할 것.

파산절차에서 조세채권의 실현

Ⅰ. 파산선고 전에 체납처분(강제징수)을 한 경우

파산선고 전에 파산재단에 속하는 재산에 대하여 조세채권에 기한 체납처분(강제징수, 이하 체납처분이라고만 한다)을 한 때에는 파산선고는 그 처분의 속행을 방해하지 아니하므로(제349조 제1항) 조세채권자인 과세관청이 파산선고 전 체납처분으로 부동산을 압류(참가압류를 포함한다)한 경우에는 이후 체납자가 파산선고를 받더라도 체납처분을 속행하거나, 선착수한 체납처분의 우선성에 따라 별제권(담보물권 등) 행사에 따른 부동산경매절차에서 조세채권자가 매각대금으로부터 직접 배당받을 수 있다. 조세채권자의 직접적인 배당수령권이 인정된다.

다만 조세채권자가 직접 배당금을 교부받을 수 있는 범위는 체납처분의 원인이 된 조세채권의 압류 당시 실제 체납액에 한정된다.[134] 국세징수법 제46조 제2항(지방세징수법 제57조 제2항)

---

134) 대법원 2023. 10. 12. 선고 2018다294162 판결. 위 판결은 그 이유를 다음과 같이 설명하고 있다. 채무자회생법은 파산절차에서 총채권자의 공평한 만족을 실현하기 위하여 파산관재인에게 파산재단의 관리·처분에 관한 권리를 부여함으로써 파산관재인이 파산절차의 중심적 기관으로서의 역할을 수행하도록 하고 있다. 특히, 제473조, 제475조, 제476조, 제477조는 국세징수법에 의하여 징수할 수 있는 청구권(이하 '조세채권'이라 한다), 채무자의 근로자의 임금·퇴직금 및 재해보상금 등을 재단채권으로 정하면서, 재단채권은 파산절차에 따르지 않고 파산채권보다 먼저 수시로 변제하고, 파산재단이 재단채권의 총액을 변제하기에 부족한 것이 분명하게 된 때에는 재단채권의 변제는 다른 법령이 규정하는 우선권에 불구하고 아직 변제하지 않은 채권액의 비율에 따라 한다고 정하고 있다. 그에 따라 파산채무자 소유의 부동산에 대한 별제권의 실행으로 인하여 개시된 경매절차에서 과세관청이 한 교부청구에 따른 배당금은 채권자인 과세관청에 직접 교부하지 않고 파산관재인이 채무자회생법 소정의 절차에 따라 각 재단채권자에게 안분변제할 수 있도록 파산관재인에게 교부하는 것으로 해석된다. 한편 제349조 제1항은 파산선고 전에 파산재단에 속하는 재산에 대하여 조세채권에 기한 체납처분을 한 때에는 파산선고는 그 처분의 속행을 방해하지 아니한다고 규정하고 있고, 이에 따라 조세채권자인 과세관청이 파산선고 전 체납처분으로 부동산을 압류(참가압류를 포함한다)한 경우에는 이후 체납자가 파산선고를 받더라도 선착수한 체납처분의 우선성에 따라 별제권(담보물권 등) 행사에 따른 부동산경매절차에서 조세채권자가 매각대금으로부터 직접 배당받을 수 있다. 다만 제349조 제1항은 파산선고 전 체납처분이 있었던 경우에 한하여 파산선고 후에도 체납처분을 속행할 수 있다는 것을 특별히 정한 규정이므로, 과세관청이 이와 같이 예외적으로 직접 배당금을 교부받을 수 있는 조세채권의 범위를 판단함에 있어서는 조세채권이 가지는 재단채권으로서의 지위, 파산재단 부족 시 파산관재인을 통해 안분변제받도록 되어 있는 재단채권의 원칙적인 변제방법 등을 충분히 고려하여 엄격하게 해석해야 한다. 부동산에 대한 국세징수법상의 체납처분절차와 민사집행법상 담보권 실행을 위한 경매절차를 조정하는 규정이 없는 우리의 민사집행 제도하에서, 국세징수법 제46조 제2항(지방세징수법 제57조 제2항)은 과세관청이 한 부동산압류의 효력은 당해 압류재산의 소유권이 이전되기 전에 국세기본법 제35조(지방세기본법 제71조 제1항 제3호)의 규정에 의하여 법정기일이 도래한 국세

에 따른 압류의 효력은 파산선고 후 법정기일이 도래한 조세채권에 미친다고 볼 수 없기 때문이다.[135] 따라서 압류 이후 법정기일이 도래하여 교부청구(체납처분에 의한 압류 후 교부청구)한 조세채권에 대하여는 과세관청이 직접 배당받을 수 없다(파산관재인에게 배당된다).

Ⅱ. 파산선고 전 체납처분이 안 된 경우

파산선고 후에는 파산재단에 속하는 재산에 대하여 「국세징수법」 또는 「지방세징수법」에 의하여 징수할 수 있는 청구권에 기한 체납처분을 할 수 없다(제349조 제2항). 조세채권에 기한 개별집행은 금지된다. 조세채권자는 파산관재인에게 배당요구 종기까지 징수를 위하여 교부를 청구하여야 한다(국세징수법 제59조, 지방세징수법 제66조). 별제권자의 담보권 실행으로 인하여 강제집행절차가 개시된 경우에도 마찬가지다.

과세관청이 체납처분에 의한 압류 없이 교부청구한 조세채권은 파산관재인에게 배당하여야 하고, 파산관재인이 채무자회생법 소정의 절차에 따라 각 재단채권자에게 안분변제한다.[136]

(지방세)에 대한 체납액에 대하여도 미친다고 규정하고 있다. 그러나 이는 압류에 의해 이후 발생하는 조세채권에 대하여 특별한 우선적 효력을 인정하는 것은 아닐 뿐 아니라 압류 후에 발생한 체납세액 전부에 대하여 담보권 실행을 위한 부동산경매절차에서 교부청구의 효력까지 인정하는 취지도 아니다. 한편 압류가 행하여짐과 동시에 매각절차인 경매절차가 개시되는 민사집행절차와는 달리, 체납처분절차에서는 압류와 동시에 매각절차인 공매절차가 개시되는 것도 아니고, 압류가 반드시 공매절차로 이어지는 것도 아니며, 체납처분절차와 민사집행절차는 서로 별개의 절차로서 공매절차와 경매절차가 별도로 진행된다. 여기에 도산절차가 개시되면 평시상태의 법률관계와는 다른 특수한 법률관계가 형성된다는 점을 더하여 보면, 선착수한 체납처분의 우선성을 존중할 필요는 있지만 그렇다고 하여 체납자가 파산선고를 받은 경우에까지 국세징수법 제46조 제2항(지방세징수법 제57조 제2항)의 문언만으로 별제권 행사에 따른 경매절차에서 압류 당시의 체납세액을 초과하는 부분에 관한 배당금을 파산관재인이 아닌 과세관청에 직접 교부해야 할 필연적인 이유가 있다고 보기 어렵다. 따라서 제349조의 규정 취지, 국세징수법 제46조 제2항(지방세징수법 제57조 제2항)이 정하는 부동산압류 효력 확장의 의미와 한계, 파산절차의 목적 및 파산절차에서의 파산관재인의 역할과 조세채권자의 지위 등을 고려하면, 별제권 행사에 따른 부동산경매절차에서 제349조 제1항에 따라 체납처분의 우선성이 인정되어 조세채권자에게 직접 배당하는 조세채권은 체납처분의 원인이 된 조세채권의 압류 당시 실제 체납액에 한정된다고 봄이 타당하고, 이와 달리 국세징수법 제47조 제2항(지방세징수법 제57조 제2항)의 문언에 따라 압류 이후 발생한 위 체납액의 초과 부분까지 포함된다고 볼 수는 없다. 이와 같이 보더라도 조세채권자는 그 초과 부분에 관하여 채무자회생법이 정하는 바에 따라 재단채권 또는 파산채권으로 만족을 얻을 수 있으므로 조세채권의 실현을 확보하려는 정책적·공익적 필요성이 과도하게 제한된다고 볼 수 없고, 오히려 조세채권자가 다른 재단채권자 등 이해관계인에 비해 지나치게 우월한 지위를 부여받는 것을 방지함으로써 회생이 어려운 채무자의 재산을 공정하게 환가·배당하는 것을 목적으로 하는 채무자회생법의 목적에 보다 부합하는 결과를 얻을 수 있다.

135) 그 이유는 다음과 같다. 제349조 제2항은 파산선고 후 체납처분을 금지하여 원칙적으로 조세채권에 기한 개별집행을 불허하면서, 예외적으로 제1항에서 파산선고 전 체납처분이 있었던 경우에 한하여 체납처분의 속행을 허용하고 있다. 국세징수법 제47조 제2항(지방세징수법 제57조 제2항)은 체납자의 부동산에 압류를 한번 하면 이후 그 소유권이 이전되기 전까지 동일인의 체납세액에 대하여 압류등기를 새로 거칠 필요 없다는 것으로 절차에 관한 특례에 불과하고, 압류에 의해 이후 발생하는 조세채권에 대하여 특별한 우선적 효력을 인정하는 것은 아닐 뿐 아니라, 압류 이후 배당기일까지 발생한 체납세액 전부에 대하여 교부청구 효력까지를 인정하는 취지 또한 아니다(대법원 2012. 5. 10. 선고 2011다44160 판결 참조). 따라서 관련 법령(예컨대 채무자회생법) 등에 따라 체납처분이 허용되지 않는 경우에는 부동산의 소유권이 제3자에게 이전되기 전 체납자에 대하여 법정기일이 도래한 조세채권이 있다고 하더라도 그 체납세액에 국세징수법 제47조 제2항(지방세징수법 제57조 제2항)에 따른 압류의 효력이 미치지 않는다.
파산선고 후 법정기일이 도래한 조세채권은 제349조 제2항에 따라 체납처분 자체가 불가한데, 이미 압류등기가 마쳐져 있다는 절차적 사항의 완비만으로 국세징수법 제47조 제2항(지방세징수법 제57조 제2항)에 따른 압류의 효력이 미친다고 볼 수 없다. 즉 파산선고 전에 체납처분이 있다고 볼 수 없다.

Ⅴ 파산관재인의 세무처리

파산선고가 되면 채무자뿐만 아니라 파산채권자 등 이해관계인의 세무처리가 뒤따른다. 파산채권자 등 이해관계인의 세무처리(조세채권의 파산절차에서의 지위, 대손금의 처리, 대손세액공제 등)는 이미 보았으므로,[137] 여기서는 파산관재인의 세무처리에 관하여 쟁점 사안별로 살펴보기로 한다. 채무자에 대하여 파산관재인이 선임된 경우 파산관재인은 취임한 때부터 임기를 마칠 때까지 세금신고 등 여러 가지 세무처리를 하여야 한다.[138] 세법에서 규정하는 서류를 송달받을 자가 파산선고를 받은 때에는 파산관재인의 주소 또는 영업소에 서류를 송달한다.[139]

1. 세무처리를 위한 사전준비

가. 조세법의 법원과 조세의 세목

(1) 조세법의 법원

조세법의 법원(法源)이란 조세에 관한 법의 존재형식을 말한다. 조세법의 법원에는 헌법(제11조, 제38조, 제59조 등), 법률(국세기본법, 국세징수법, 조세범처벌법, 조세범처벌절차법, 조세특례제한법, 지방세기본법, 지방세징수법, 지방세법, 법인세법 등과 같은 개별세법 등), 조약 및 국제법규, 명령(시행령, 시행규칙), 지방자치단체의 조례·지방자치단체장의 규칙(지방세기본법 제5조)이 있다.

법원은 아니지만 실무적으로 중요한 기능을 수행하는 것으로 조세통칙이 있다. 조세통칙이란 상급행정청이 조세행정의 통일을 위해 세법의 해석·적용의 기준을 마련하여 발령한 것이다. 여기에는 각 개별세법에서 과세관청의 해석 및 적용 기준을 축조적으로 제시한 기본통칙[140]과 개별적 사항에 관항 조세법의 해석과 운용지침을 주기 위하여 예규, 통첩, 지시 등의

---

136) 대법원 2003. 6. 24. 선고 2002다71029 판결 참조. 위 판결의 취지는 다음과 같다. 채무자 소유의 부동산에 대한 별제권(담보물권 등)의 실행으로 인하여 개시된 경매절차에서 과세관청이 한 교부청구는 그 별제권자가 파산으로 인하여 파산 전보다 더 유리하게 되는 이득을 얻는 것을 방지함과 아울러 적정한 배당재원의 확보라는 공익을 위하여 별제권보다 우선하는 채권 해당액을 공제하도록 하는 제한된 효력만이 인정된다고 할 것이므로 그 교부청구에 따른 배당금은 채권자인 과세관청에게 직접 교부할 것이 아니라 파산관재인이 채무자회생법 소정의 절차에 따라 각 재단채권자에게 안분변제할 수 있도록 파산관재인에게 교부하여야 한다.

137) 채권자는 대부분 정상적으로 기업을 운영하고 있기 때문에 채무자의 파산에 따른 세무처리가 특히 중요하다.

138) 파산관재인이 세법이 정한 바에 따라 세금의 신고나 납부를 하지 아니한 경우 무신고가산세, 납부지연가산세 등이 부과될 수 있다. 그런데 가산세는 개별 세법에서 규정하는 의무의 성실한 이행을 확보하기 위하여 해당 세법에 따라 산출한 세액에 가산하여 징수하는 금액을 말한다(국세기본법 제2조 제4호, 지방세기본법 제2조 제1항 제23호). 따라서 납부할 세액이나 수입금액이 없는 경우 신고나 납부를 하지 않더라도 가산세가 부과될 수 없고(국세기본법 제47조의2, 제47조의4 등 참조), 파산선고를 받은 법인의 경우 산출세액이 있는 경우는 거의 없기 때문에 파산관재인의 세무처리는 실무적으로 큰 문제가 되지 않을 수 있다. 또한 지연배상금 성격의 납부지연가산세는 후순위 파산채권으로 실질적으로 배당의 대상이 되기 어렵다는 점에서도 그렇다. 다만 재단채권의 안분변제 시 법인세액의 누락을 방지할 수 있고, 제2차 납세의무를 지는 과점주주에게 불리한 영향을 미칠 수 있다는 점에서 파산관재인은 선관주의의무 일환으로 세금의 신고·납부를 성실하게 하는 것이 바람직하다.

139) 국세기본법 기본통칙 8-0…5, 지방세기본법 운영 예규 30-3.

140) 기본통칙은 과세관청 내부에 있어서 세법의 해석기준 및 집행기준을 시달한 행정규칙에 불과하고, 법원이나 국민을

이름으로 발령되는 개별통칙이 있다. 조세통칙은 과세관청 내부에서 사실상의 구속력을 지니고 현실적으로 세무행정의 대부분이 조세통칙에 의해 이루어지고 있으므로 조세통칙에 관하여도 숙지해 둘 필요가 있다. 중요한 것으로 국세는 기본통칙(국세기본법 기본통칙 등)과 집행기준(국세기본법 집행기준 등)을 두고 있고,[141] 지방세는 지방세관계법 운영 예규[142]를 두고 있다.

〈지방세의 부과·징수를 규정하는 법률〉

지방세기본법		지방세에 대한 기본적 사항과 부과에 필요한 사항, 불복절차와 지방세 범칙행위에 대한 처벌 등의 사항 규정
지방세관계법(지방세기본법 제2조 제1항 제4호)	지방세법	지방세 11개 세목에 대한 각 세목별 과세요건 및 부과·징수, 그 밖의 필요한 사항 규정
	지방세특례제한법	지방세 감면 및 특례에 관한 사항과 이의 제한에 관한 사항 규정
	지방세징수법	지방세 징수에 필요한 사항 규정
	조세특례제한법	지방세를 포함한 조세 감면 및 특례에 관한 사항과 이의 제한에 관한 사항 규정
	제주특별자치도 설치 및 국제자유도시 조성을 위한 특별법	지방세의 감면 및 특례 등에 관한 사항 규정
지방자치단체의 조례·지방자치단체장의 규칙		지방세기본법 및 지방세관계법이 정하는 범위에서 지방세의 세목, 세율 등 부과·징수에 필요한 사항 규정

(2) 조세의 세목

현행법상 국세는 13개, 지방세는 11개의 세목이 있다.[143]

국세의 세목은 ① 소득세(소득세법), ② 법인세(법인세법), ③ 상속세와 증여세(상속세 및 증여세법), ④ 부가가치세(부가가치세법), ⑤ 개별소비세(개별소비세법), ⑥ 교통·에너지·환경세(교통·에너지·환경세법), ⑦ 주세(주세법), ⑧ 인지세(인지세법), ⑨ 증권거래세(증권거래세법), ⑩

기속하는 법규가 아니므로, 기본통칙 그 자체가 과세처분의 적법한 근거가 될 수는 없다(대법원 2009. 4. 23. 선고 2007두10884 판결, 대법원 2007. 2. 8. 선고 2005두5611 판결 등 참조).

141) **기본통칙과 집행기준** 기본통칙이란 국세청에서 각 세법의 구체적인 해석기준과 집행기준을 법조문 형식으로 규정하여 기획재정부장관의 승인을 받은 것을 말한다(국세청 법령사무처리규정 제2조 제8호). 집행기준이란 국세청{징세법무국장(법령해석과장)}에서 세법과 기본통칙을 토대로 판례·심판청구결정·질의회신 등 다양한 해석사례를 반영하여 쉽고 명확하게 작성한 세법집행 실무기준을 말한다(국세청 법령사무처리규정 제37조). 기본통칙과 집행기준은 같거나 집행기준이 통칙을 포함하는 것이 많다.

142) 행정안전부가 지방세관계법의 통일적 운영과 납세자의 예측가능성 향상을 위해 지방세 관련 지침을 일반 국민들이 쉽게 확인할 수 있도록 만든 것을 말한다. 지방세관계 4개 법률(지방세기본법, 지방세징수법, 지방세법, 지방세특례제한법)을 각 장으로 나누어 총 4개의 장과 539개의 조문으로 구성되어 있다.

143) 내국세에 관하여는 국세기본법, 국세징수법과 같은 국세의 총칙에 관한 부분과 소득세법, 법인세법 등과 같은 국세의 실체법에 관한 부분을 각각 독립된 법률에서 규정하고 있다. 반면 관세의 경우에는 총칙에 관한 부분과 실체에 관한 부분 모두를 관세법에서 일괄하여 규정하고 있다. 지방세의 경우에는 총칙에 관한 부분은 지방세기본법, 지방세징수법에서, 지방세의 실체에 관한 부분은 모두 지방세법에서 일괄하여 각 규정하고 있다.

교육세(교육세법), ⑪ 농어촌특별세(농어촌특별세법), ⑫ 종합부동산세(종합부동산세법), ⑬ 관세(관세법)가 있다(국세기본법 제2조 제1호).

지방세의 세목은 ① 취득세(지방세법 제6조 내지 제22조의2), ② 등록면허세(지방세법 제23조 내지 제39조), ③ 레저세(지방세법 제40조 내지 제46조), ④ 담배소비세(지방세법 제47조 내지 제64조), ⑤ 지방소비세(지방세법 제65조 내지 제73조), ⑥ 주민세(지방세법 제74조 내지 제84조의7), ⑦ 지방소득세(지방세법 제85조 내지 제103조의65), ⑧ 재산세(지방세법 제104조 내지 제123조), ⑨ 자동차세(지방세법 제124조 내지 제140조), ⑩ 지역자원시설세(지방세법 제141조 내지 제148조), ⑪ 지방교육세(지방세법 제149조 내지 제154조)가 있다(지방세기본법 제7조, 제8조).

〈조세와 조세법 체계〉

(2025. 1. 1. 현재)

국세 (13개)	내국세	보통세	직접세	소득세: 소득세법
				법인세: 법인세법
				상속세·증여세: 상속세 및 증여세법
				종합부동산세: 종합부동산세법
			간접세	부가가치세: 부가가치세법
				개별소비세: 개별소비세법
				교통·에너지·환경세: 교통·에너지·환경세법
				주세: 주세법
				인지세: 인지세법
				증권거래세: 증권거래세법
		목적세		교육세: 교육세법
				농어촌특별세: 농어촌특별세법
	관세: 관세법			
지방세 (11개)	특별시·광역시	특별시세·광역시세	보통세	취득세
				레저세
				담배소비세
				지방소비세
				주민세
				지방소득세
				자동차세
			목적세	지역자원시설세
				지방교육세
		구세	보통세	등록면허세

			재산세
도	도세	보통세	취득세
			등록면허세
			레저세
			지방소비세
		목적세	지역자원시설세
			지방교육세
	시·군세	보통세	담배소비세
			주민세
			지방소득세
			재산세
			자동차세
특별자치시· 특별자치도	특별자치시세· 특별자치도세	보통세	취득세
			등록면허세
			레저세
			담배소비세
			지방소비세
			주민세
			지방소득세
			재산세
			자동차세
		목적세	지역자원시설세
			지방교육세

나. 조세채무의 성립과 확정

파산관재인이 정확한 세무처리를 하기 위해서는 먼저 문제되는 조세가 언제 성립하고 확정되는지를 알아야 한다. 납세의무는 각 세법이 정한 과세요건이 완성된 때 성립하고, 구체적인 성립시기는 국세기본법 제21조와 지방세기본법 제34조에 각 세목별로 규정되어 있다. 과세요건이 충족됨으로써 법률의 규정에 의하여 조세채무가 당연히 성립하지만(이를 '추상적 조세채무'라 한다), 과세관청이 그 조세채무의 이행을 청구하기 위해서는 성립한 조세채무의 내용을 구체적으로 검토·확인하는 확정절차를 밟아야 한다(이를 '구체적 조세채무'라 한다). 조세채무의 확정절차는 ① 신고납세방식, ② 부과과세방식, ③ 자동확정방식이 있다.[144]

---

144) 국세와 지방세에 있어 용어상의 차이가 있다. 국세에서 신고납세, 부과과세, 원천징수는 지방세에서 각각 신고납부,

신고납세방식은 성립된 조세채무(납세의무)에 대하여 납세의무자가 스스로 과세요건이 충족되었는지를 조사·확인하고 과세표준과 세액을 계산하여 신고함으로써 조세채무를 확정하는 방식이다. 국세의 경우 소득세, 법인세, 부가가치세, 개별소비세, 주세, 증권거래세, 교육세, 교통·에너지·환경세, 신고분 종합부동산세(국세기본법 제22조 제2항 본문) 및 관세(관세법 제38조), 지방세의 경우 취득세, 등록면허세, 소득분 지방소득세(지방세기본법 제35조 제1항 제1호)가각 이에 해당한다. 이 경우에는 납세의무자가 과세표준과 세액을 신고하는 때에 조세채무가 확정되고, 다만 납세의무자가 신고를 하지 아니하거나 신고한 과세표준과 세액이 세법이 정하는 바에 맞지 아니하여 과세관청이 결정 또는 경정을 할 경우에는 그 결정 또는 경정하는 때에 확정된다(국세기본법 제22조 제2항, 지방세기본법 제35조 제1항 제1호).

부과과세방식은 성립된 조세채무에 대하여 과세관청의 부과처분에 의하여 조세채무를 확정하는 방식으로 과세관청이 과세표준과 세액을 결정하는 때에 구체적인 조세채무가 확정된다.[145] 국세 중 상속세, 증여세, 정부가 결정하는 종합부동산세(국세기본법 제22조 제3항), 지방세 중 재산세, 개인분 주민세 및 자동차세(지방세기본법 제35조 제1항 제3호)가 여기에 해당한다.

자동확정방식은 조세의 확정을 위하여 특별한 절차를 필요로 하지 아니하고 성립과 동시에 확정되는 방식이다. 국세 중 인지세, 원천징수하는 소득세 또는 법인세, 납세조합이 징수하는 소득세, 중간예납하는 법인세(세법에 따라 정부가 조사·결정하는 경우는 제외한다)(국세기본법 제22조 제4항), 지방세 중 특별징수하는 지방소득세(지방세기본법 제35조 제2항)가 여기에 해당한다.

파산관재인으로서는 문제되는 조세(세금)가 어떤 방식으로 확정되는지 정확히 파악하여 세무처리를 하여야 한다. 신고납세방식의 조세에 대하여 기한 내에 신고납부하지 아니한 경우 무신고가산세, 납부지연가산세 등이 부과될 수 있기 때문에 주의를 요한다(국세기본법 제47조의2, 제47조의4, 지방세기본법 제53조, 제55조, 제56조 등 참조).

다. 폐업신고 또는 사업자등록 변경신고

파산관재인은 법원의 허가를 얻어 사업(영업)을 계속하지 않는 한 사업장별로 폐업신고를 하여야 한다(부가가치세법 시행령 제13조).

채무자가 사업자로 존속하는 경우 파산등기일로부터 15일 이내에 관할 세무서장에게 사업자등록 대표자를 파산관재인으로 변경하는 신고를 하여야 한다(법인세법 제109조 제3항).

라. 조세의 징수절차[146]

납세의무가 확정된 조세를 납세자가 임의로 납부하지 아니한 경우 그 납세의무의 이행을

보통징수, 특별징수라 한다.

145) 부과과세방식의 조세에 있어서도 과세표준 및 세액의 신고의무를 규정하는 경우가 있지만, 이는 단지 과세관청에 대한 협력의무에 불과하고, 조세채무 확정의 효과는 없다.

146) 조세의 징수는 조세법이 정한 방법과 절차에 따라서만 이루어져야 하므로 상계는 허용되지 않는다(지방세징수법 제21조, 대법원 1988. 6. 14. 선고 87다카3222 판결 참조).

구하는 일련의 절차를 조세의 징수라 한다. 조세징수절차는 납세의 고지, 독촉, 체납처분(강제 징수)으로 이루어진다.

(1) 납세의 고지

세무서장이나 지방자치단체의 장은 국세나 지방세를 징수하려면 납세자에게 그 국세 또는 지방세의 과세기간(과세연도)·세목·세액 및 그 산출근거·납부기한과 납부장소를 구체적으로 밝힌 납세고지서(전자문서를 포함한다)를 발급하여야 한다(국세징수법 제9조 제1항, 지방세징수법 제 12조 제1항). 신고납세방식이나 자동확정방식에 의한 조세는 납부기한까지 납부하지 아니한 경 우 납세고지서를 발급한다. 부과과세방식에 의한 조세는 납세의무를 확정짓는 부과고지와 함 께 납세고지서가 발급된다.

(2) 독 촉

납세자가 납세고지서에 의한 납부기한까지 납부하지 아니한 경우 체납처분(강제징수)에 앞 서 그 이행을 최고하는 행위를 독촉이라 하고, 이는 독촉장에 의하여 한다(국세징수법 제23조 제 1항, 지방세징수법 제32조).

(3) 체납처분(강제징수)

납세자가 독촉에도 불구하고 세금을 납부하지 아니한 경우 납세자의 재산으로부터 조세채 권의 강제적 실현을 도모하는 것을 체납처분(강제징수)이라 한다.

체납처분(강제징수)에는 협의의 체납처분(강제징수)과 교부청구 및 참가압류가 있다. 협의의 체납처분(강제징수)은 국가 또는 지방자치단체가 납세자의 재산을 압류하여 조세채권의 만족을 도모하는 절차로, 압류, 환가, 환가대금의 충당(분배)이라는 일련의 절차로 이루어진다. 교부청 구는 현재 진행 중인 강제환가절차의 집행기관에 환가대금의 교부를 요구하여 조세채권의 만 족을 도모하는 절차로 파산절차가 개시되면 파산관재인에게 교부청구를 하여야 한다(국세징수 법 제56조, 지방세징수법 제66조). 참가압류는 징세관서가 압류하고자 하는 납세자의 재산이 이미 다른 기관에 의해 압류되어 있을 때에 교부청구에 갈음하여 그 다른 기관의 압류에 참가하는 절차이다.

2. 법인파산에서 파산관재인의 세무처리

가. 법인세

(1) 의제사업연도

파산관재인은 법인세 신고의 전제로 당해 법인의 사업연도를 파악하여야 한다. 법인이 사 업연도 중에 파산선고를 받은 경우 ① 그 사업연도 개시일로부터 파산등기일까지의 기간과 ② 파산등기일의 다음 날부터 그 사업연도 종료일까지의 기간을 각각 1사업연도로 본다(법인세법

제8조 제1항). 또한 ③ 청산 중에 있는 내국법인의 잔여재산의 가액이 사업연도기간 중에 확정된 경우에는 그 사업연도 개시일부터 잔여재산의 가액이 확정된 날까지의 기간을 1사업연도로 본다(법인세법 제8조 제4항 제1호). ①을 해산사업연도, ② 및 이후 청산 중에 있는 사업연도를 청산사업연도, ③을 청산확정사업연도라 한다.

채무자 회사가 파산선고를 받으면 파산등기일에 사업연도가 종료되고, 파산등기일 다음날부터 새로운 사업연도가 개시된다. 예컨대 1. 1.부터 12. 31.까지를 회계기간으로 하는[147] 회사가 2021. 5. 20. 파산선고를 받은 경우(같은 날 파산등기) 2021. 1. 1.부터 같은 해 5. 20.까지가 1사업연도로 되고, 2021. 5. 21.부터 새로운 사업연도가 개시된다. 한편 잔여재산이 2023. 2. 20. 확정된 경우 위 회사의 사업연도는 ① 2021. 1. 1.부터 같은 해 5. 20.까지, ② 2021. 5. 21.부터 같은 해 12. 31.까지 및 2022. 1. 1.부터 같은 해 12. 31.까지, ③ 2023. 1. 1.부터 같은 해 2. 20.까지가 각 1사업연도가 된다.

해산사업연도＝사업연도개시일～파산등기일[2021. 1. 1.～2021. 5. 20.]

청산사업연도(제1기)＝파산등기일 다음날～사업연도 말일[2021. 5. 21.～2021. 12. 31.]

청산사업연도(제2기)＝사업연도개시일～사업연도 말일[2022. 1. 1.～2022. 12. 31.]

청산사업연도(제n기)＝사업연도개시일～사업연도 말일

청산확정사업연도＝사업연도개시일～잔여재산가액 확정일[2023. 1. 1.～2023. 2. 20.]

(2) 세무신고

(가) 해산사업연도 이전 사업연도의 세무신고

실무적으로 파산관재인에게 해산사업연도 이전 사업연도에 대하여도 세무신고를 요구하는 경우도 있지만, 파산관재인에게 법률적인 신고의무는 없다고 할 것이다. 물론 구체적인 상황에 따라 세무관련 사항에 대하여 유리한 취급을 받기 위하여 신고를 하는 경우도 있고, 경우에 따라 파산관재인으로서 신고하려고 하여도 관련 정보가 불충분한 때도 있는 등 사정이 다양하므로 구체적인 사정에 따라 대응할 필요가 있다.

(나) 해산사업연도 이후 사업연도의 세무신고

파산선고(파산등기일) 이후 청산기간 중 해산 전의 사업을 계속하여 영위하는 경우 당해 사업에서 발생한 사업수입이나 임대수입, 공·사채 및 예금의 이자수입 등은 각 사업연도소득으로 보아 법인세 신고를 하여야 한다(법인세법 시행규칙 제61조 단서). 반면 법인이 파산등기일 현재의 자산을 청산기간 중에 처분한 금액(환가를 위한 재고자산의 처분액)은 이를 청산소득에 포함한다(법인세법 시행규칙 제61조 본문).

파산한 법인(회사)의 납세신고의무는 누구에게 있는가. 해산사업연도의 소득에 대한 법인세는 파산등기일에 납세의무가 성립하므로 재단채권이다. 이 시기의 법인세에 대하여 파산관재

---

147) 1회계기간이 사업연도이다(법인세법 제6조 제1항).

인에게 신고의무가 있는지 의문이 있지만, 신고에 의하여 환급이 이루어질 수도 있고, 소득금액이 발생하더라도 누적된 이월결손금으로 공제가 가능하며(법인세법 제13조 제1항 제1호 참조), 또한 채무자의 구 대표자가 신고하지 않으면 무신고가산세가 부과될 수 있기 때문에 실무적으로는 신고를 하도록 하고 있다. 결국 사업연도의 납세신고는 파산재단의 관리처분에 관한 사항으로서 아래 ① 내지 ③ 사업연도 모두 파산관재인에게 납세신고의무가 있다고 할 것이다.[148]

①과 ②는 각 사업연도소득에 대한 법인세를, ③은 청산소득에 대한 법인세를 신고·납부하여야 한다.

① 해산사업연도

파산관재인은 사업연도 개시일로부터 파산등기일까지의 법인의 소득에 대하여 사업자등록 폐업 여부와 관계없이 파산등기일(사업연도 종료일)이 속하는 달의 말일부터 3개월 이내에 법인세 과세표준과 세액을 납세지 관할 세무서장에게 신고하여야 한다(법인세법 제60조 제1항). 예를 들어 채무자가 12월말 결산법인으로 2021. 10. 21. 폐업신고를 하고 법인세신고를 하지 않은 상태에서 2022. 1. 20. 파산선고가 있었으며, 파산선고가 2022. 2. 5. 자로 등기되었다면, 채무자는 2021. 1. 1.부터 2021. 12. 31.까지의 사업연도에 대하여 2022. 3. 31.까지 법인세 신고를 하여야 하며, 파산관재인은 2022. 1. 1.부터 파산등기일(2022. 2. 5.)까지의 사업연도에 대하여 2022. 5. 31.까지 법인세 신고를 하여야 한다.

한편 사업연도의 기간이 6개월을 초과하는 법인은 중간예납기간(해당 사업연도의 개시일로부터 6개월이 되는 날)이 지난 날로부터 2개월 이내에 법인세중간예납신고를 과세관청에 하여야 한다(법인세법 제63조 제1항, 제2항).

② 청산사업연도

법인세법 제79조 제6항은 "내국법인의 해산에 의한 청산소득의 금액을 계산할 때 그 청산 기간에 생기는 각 사업연도의 소득금액이 있는 경우에는 그 법인의 해당 각 사업연도의 소득금액에 산입한다"고 규정하고 있다. 이로써 청산 중의 소득(청산사업연도에 발생한 소득 또는 결손금)에 대하여는 통상의 경우에 관한 규정이 적용된다. 따라서 파산관재인은 청산사업연도의 소득에 대하여 사업연도 종료일이 속하는 달의 말일부터 3개월 이내에 법인세 과세표준과 세액을 납세지 관할 세무서장에게 신고하여야 한다(법인세법 제60조 제1항). 예를 들어 채무자가 12월말 결산법인으로 2021. 10. 21. 폐업신고를 하고 법인세신고를 하지 않은 상태에서 2022. 1. 20. 파산선고가 있었으며, 파산선고가 2022. 2. 5. 자로 등기되었다면, 파산등기일 익일(2022. 2. 6.)부터 2022. 12. 31.까지의 사업연도에 대하여 2023. 3. 31.까지, 이후 청산사업연도

---

148) 법인은 각 사업연도의 소득금액이 없거나 결손금이 있어도 과세표준 등의 신고의무가 있다(법인세법 제60조 제3항). 다만 현실적으로 대부분의 파산사건은 채무자가 파산선고 전 법인세를 체납한 상태이고, 파산선고 이후 소득금액(수입금액)이 발생하지 않아 파산선고 이후 법인세 미신고나 미납부에 따른 가산세가 발생할 가능성이 없어 파산재단이 법인세 신고를 하지 않아도 그에 따른 불이익은 없을 것이다. 물론 사업연도에 소득금액(수입금액)이 있는 경우에는 법인세를 신고·납부하여야 한다. 그렇지 않을 경우 상황에 따라 법인세 미신고로 인한 가산세에 대하여 과점주주가 제2차 납세의무를 부담할 수가 있다.

에 대하여는 다음 해 3. 31.까지 각 법인세 신고를 하여야 한다.

한편 사업연도의 기간이 6개월을 초과하는 법인은 중간예납기간(해당 사업연도의 개시일로부터 6개월이 되는 날)이 지난 날로부터 2개월 이내에 법인세중간예납신고를 과세관청에 하여야한다(법인세법 제63조 제1항, 제2항).

일반적으로 파산절차가 진행 중인 법인의 경우 법인세를 납부하는 경우는 드물겠지만, 각 사업연도 소득금액이 없거나 결손금이 있는 경우에도 법인세 신고의무는 있다는 것에 주의를 요한다(법인세법 제60조 제3항).

③ 청산확정사업연도

㉮ 확정신고

파산선고를 받은 내국법인은 잔여재산가액 확정일[149]이 속하는 달의 말일부터 3개월 이내에 청산소득에 대한 법인세의 과세표준과 세액을 납세지 관할 세무서장에게 신고하여야 한다(법인세법 제84조 제1항 제1호). 청산소득이 없는 경우에도 마찬가지이다(법인세법 제84조 제3항).

법인이 파산선고로 해산된 경우 청산소득 금액은 해산에 의한 잔여재산의 가액[150]에서 파산등기일 현재의 자본금 또는 출자금과 잉여금의 합계액(자기자본의 총액)을 공제한 금액이다(법인세법 제77조, 제79조 제1항). 파산법인은 일반적으로 부채총액이 자산총액을 초과하므로 청산소득에 대한 법인세가 과세되는 경우는 거의 없을 것이다.

㉯ 중간신고·납부

잔여재산가액이 확정되기 전에 그 일부를 주주·사원 또는 출자자에게 분배하거나 파산등기일부터 1년이 되는 날까지 잔여재산가액이 확정되지 아니한 경우에는 분배한 날 또는 1년이 되는 날이 속하는 달의 말일부터 1개월 이내에 중간신고를 하고, 신고기한까지 세액을 납부하여야 한다(법인세법 제85조 제1항, 제86조 제3항, 제4항).

그런데 파산에 의하여 해산된 법인이 잔여재산가액의 일부를 주주 등에게 분배하는 경우는 거의 없을 것이고, 파산선고를 받은 법인의 경우 부채초과 상태로서 잔여재산가액 예정액이 그 파산등기일 현재의 자기자본 총액을 초과하는 경우 또한 거의 없을 것이므로 실제로 법인세를 중간신고·납부하는 경우는 많지 않을 것이다.

(3) 세무사 등에 의한 세무조정계산서의 작성

내국법인은 법인세를 신고함에 있어 세무조정계산서를 첨부하여야 한다(법인세법 제60조 제2항 제2호). 특히 외부세무조정 대상 법인은 반드시 세무사, 공인회계사, 변호사가 작성한 세무

---

149) 잔여재산가액 확정일이란 ① 해산등기일 현재의 잔여재산의 추심 또는 환가처분을 완료한 날 또는 ② 해산등기일 현재의 잔여재산을 그대로 분배하는 경우에는 그 분배를 완료한 날이다(법인세법 시행령 제124조 제3항). 파산절차의 경우에는 법원으로부터 최후배당허가일이 될 것이다.

150) 잔여재산의 가액은 자산총액에서 부채총액을 공제한 금액으로 한다. "자산총액"이라 함은 해산등기일 현재의 자산의 합계액으로 하되, 추심할 채권과 환가처분할 자산에 대하여는 ① 추심할 채권과 환가처분할 자산은 추심 또는 환가처분한 날 현재의 금액 또는 ② 추심 또는 환가처분전에 분배한 경우에는 그 분배한 날 현재의 시가에 의하여 평가한 금액이다(법인세법 시행령 제121조 제1항, 제2항).

조정계산서를 제출하여야 한다(법인세법 제60조 제9항). 세무사 등이 작성한 세무조정계산서를 제출하여야 하는 법인은 다음과 같다(법인세법 시행령 제97조의 2 제1항).

1. 직전 사업연도의 수입금액이 70억 원 이상인 법인 및 「주식회사 등의 외부감사에 관한 법률」 제4조에 따라 외부의 감사인에게 회계감사를 받아야 하는 법인
2. 직전 사업연도의 수입금액이 3억 원 이상인 법인으로서 법 제29조부터 제31조까지, 제45조 또는 「조세특례제한법」에 따른 조세특례(같은 법 제104조의8에 따른 조세특례는 제외한다)를 적용받는 법인
3. 직전 사업연도의 수입금액이 3억 원 이상인 법인으로서 해당 사업연도 종료일 현재 법 및 「조세특례제한법」에 따른 준비금 잔액이 3억 원 이상인 법인
4. 해당 사업연도 종료일부터 2년 이내에 설립된 법인으로서 해당 사업연도 수입금액이 3억 원 이상인 법인
5. 직전 사업연도의 법인세 과세표준과 세액에 대하여 법 제66조 제3항 단서에 따라 결정 또는 경정받은 법인
6. 해당 사업연도 종료일부터 소급하여 3년 이내에 합병 또는 분할한 합병법인, 분할법인, 분할 신설법인 및 분할합병의 상대방 법인
7. 국외에 사업장을 가지고 있거나 법 제57조 제5항에 따른 외국자회사를 가지고 있는 법인

(4) 양도소득으로 인한 법인세

법인이 토지 및 건물(건물에 부속된 시설물과 구축물을 포함한다) 등을 양도한 경우 그 양도소득에 대하여 법인세를 납부하여야 한다(법인세법 제55조의2 제1항). 그러나 법인이 파산선고를 받은 경우에는 양도소득에 대하여 법인세를 부담하지 않는다(법인세법 제55조의2 제4항 제1호 본문). 다만 미등기 토지 등의 양도에 대하여는 법인세를 납부하여야 한다(법인세법 제55조의2 제4항 제1호 단서).

(5) 중소기업의 결손금 소급공제에 따른 환급

채무자가 중소기업에 해당하고, 파산선고 직전 사업연도에 소득이 있어 법인세를 납부하였지만, 파산선고 후 최초 도래하는 사업연도(파산선고 등기에 따른 의제사업연도를 포함한다)에 결손금(deficit)이 발생한 경우, 파산관재인은 결손금 소급공제에 따른 환급을 신청하여 파산선고 직전 사업연도에 납부한 법인세를 환급받을 수 있다(법인세법 제72조).[151]

환급은 신청을 전제로 한다. 즉 신청이 있어야 환급이 가능하다. 법인세액을 환급받으려면 법인세법 제60조에 따른 신고기한(사업연도의 종료일이 속하는 달의 말일부터 3개월)까지 납세지 관할 세무서장에게 신청하여야 한다(법인세법 제72조 제2항). 신고기한까지 결손금 소급공제에

---

151) 개인파산에 있어서 거주자가 중소기업을 경영하는 경우에도 결손금소급공제에 의한 환급을 인정하고 있다(소득세법 제85조의2).

의한 환급을 신청하지 아니한 경우에는 당해 법인이 경정청구 절차에 의하여 환급신청서를 제출한 경우에도 당해 결손금소급공제에 의한 환급을 받을 수 없다.[152]

나. 부가가치세

아래 〈4.〉를 참조할 것.

다. 교육세

실무적으로 파산한 상호저축은행, 증권회사 등의 파산관재인을 맡고 있는 예금보험공사가 교육세 납부의 허가신청을 하는 경우가 있다. 교육세는 국내에서 금융업·보험업을 경영하는 자 등이 신고납부하는 조세이다(교육세법 제3조 제1호). 상호저축은행, 증권회사 등은 금융업자에 포함된다.

문제는 파산선고 이후에도 교육세의 납세의무가 있는 지이다. 이에 관하여 하급심은 '예금보험공사의 이자수입행위는 인가취소 전에 이루어진 금전대부계약 또는 어음할인계약에 따른 이자를 인가취소 후 받은 것인데, 이는 금융감독위원회의 업무정지명령에서 정지되지 않은 업무로서 관리인의 승인을 받아 영위할 수 있는 청산목적 범위 내의 현상유지적 업무임이 명백하므로 그 범위 내에서는 당초의 인가의 취지가 그 한도에서 유지되고 있는 것으로 보아야 할 것이다. 또한 그 후 파산선고가 있었다 하더라도 여전히 그 범위 내에서 당초의 인가의 취지가 유지되고 있다고 할 것이어서 예금보험공사는 교육세를 납부할 의무가 있다'고 판시하고 있다.[153] 그러나 금융업자는 금융을 업으로 하는 자이여야 한다. 그런데 파산관재인으로 예금보험공사는 기존 예금의 회수, 자산의 매각 등 환가 업무를 할 뿐이고 그로 인하여 발생하는 예금이자, 유가증권처분이익 등은 환가업무에서 발생하는 부차적인 것으로 금융업을 하는 것으로 볼 수는 없다. 파산재단은 더 이상의 금융업을 영위하지 아니하고 오로지 파산채권자의 채권을 보전할 목적으로 파산재단의 자산을 정리(환가)하여 이를 파산채권자에게 배당하는 등의 절차를 거쳐 최종적으로 종결되며 이에 따라 사업주체가 소멸하게 된다는 점에서도 그렇다.

라. 지방세

(1) 주민세

주민세는 ① 지방자치단체에 사업소를 둔 법인의 사업소 및 그 연면적을 과세표준으로 하

---

152) **법인세법 기본통칙** 72-110…1[결손금 소급공제에 의한 환급신청대상 법인의 범위] 「조세특례제한법 시행령」 제2조의 규정에 의한 중소기업에 해당하는 법인이 합병으로 인하여 소멸하거나 폐업한 경우에도 그 합병등기일 또는 폐업일이 속하는 사업연도에 발생한 결손금에 대하여 법 제72조 규정의 결손금 소급공제에 의한 환급신청을 할 수 있다.
　　법인세법 기본통칙 72-110…2[소급공제를 신청하지 아니한 결손금의 처리] 법인세법 제60조의 규정에 의한 신고기한 내에 "소급공제 법인세액환급신청서"를 제출하지 아니한 경우의 결손금은 영 제10조의 규정에 따라 공제하는 것으로서 「국세기본법」 제45조의 2의 규정에 의한 경정 등의 청구에 의하여 소급공제 하지 아니한다.
153) 서울행정법원 2006. 11. 22. 선고 2006구합590 판결.

는 사업소분(지방세법 제74조 제2호, 제75조 제2항 제2호) 및 ② 종업원의 급여총액을 과세표준으로 하여 부과하는 종업원분(지방세법 제74조 제3호, 제75조 제3항)이 있다.

사업소란 인적 및 물적 설비를 갖추고 계속하여 사업 또는 사무가 이루어지는 장소를 말한다(지방세법 제74조 제4호). 여기서 '인적설비'란 그 계약형태나 형식에 불구하고 당해 장소에서 그 사업에 종사 또는 근로를 제공하는 자를 말한다. '물적설비'란 허가와 관계없이 현실적으로 사업이 이루어지고 있는 건축물 기계장치 등이 있고, 이러한 설비들이 지상에 고착되어 현실적으로 사무·사업에 이용되는 것을 말한다.[154] '계속'의 의미는 최소한 1개월 이상의 기간동안 지속되는 것을 말한다. 이 경우 과세기준일 현재는 1개월이 되지 않았더라도 전체 지속기간이 1개월 이상이면 이에 해당된다.[155]

사업소분의 납세의무자는 과세기준일 현재 지방자치단체에 사업소를 둔 법인(법인세의 과세대상이 되는 법인격 없는 사단·재단 및 단체를 포함한다)이다(지방세법 제75조 제1항 제2호). 과세기준일은 매년 7월 1일이고(지방세법 제83조 제2항), 납기는 매년 8월 1일부터 8월 31일까지이다(지방세법 제83조 제3항). 종업원분의 납세의무자는 종업원에게 급여를 지급하는 사업주이고(지방세법 제75조 제3항), 매월 납부할 세액을 다음 달 10일까지 납세지 관할 지방자치단체의 장에게 신고·납부하여야 한다(지방세법 제84조의6 제2항).

파산선고 이전 사업연도에 대한 주민세는 어느 것도 모두 재단채권이다(제473조 제2호 본문). 파산선고 이후 사업연도에 대한 주민세는 견해에 따라[156] 파산재단에 관하여 생긴 것이거나 파산재단의 관리에 관한 비용(제473조 제3호)으로서 재단채권이다.

파산관재인으로서는 주민세의 과세를 피하기 위해서는 신속하게 사업소를 폐쇄할 필요가 있다.

(2) 지방소득세·지방소비세

법인세의 납세의무가 있는 자는 지방소득세의 납세의무가 있다(지방세법 제86조 제1항).

부가가치세의 납세의무가 있는 자는 지방소비세의 납세의무가 있다(지방세법 제66조, 제65조).

(3) 재산세

재산세는 과세대상인 재산(토지, 건축물, 주택, 선박, 항공기)을 보유하고 있는 자의 재산소유 사실에 대하여 과세하는 보유세이다. 재산세의 과세대상 물건이 공부상 등재현황과 사실상의 현황이 다른 경우에는 사실상의 현황에 의하여 재산세를 부과한다(지방세법 시행령 제119조). 이는 그 사실상의 현황에 따라 재산의 가치를 산정하고 재산세를 과세함으로써 실질과세의 원칙과 과세형평을 도모하고자 하는 취지이다.

재산세는 매년 6월 1일을 기준으로(지방세법 제114조) 재산을 사실상 소유하고 있는 자[157]가

---

154) 지방세법 운영 예규 74-1.
155) 지방세법 운영 예규 74-2.
156) 관련 내용은 〈제3편 제6장 제2절 Ⅱ.1.나.(1)(나)〉(본서 1501쪽)를 참조할 것.

납부하여야 한다(지방세법 제107조 제1항). 위 과세기준일에 성립한 재산세 납세의무는 과세관청의 부과처분에 의하여 확정된다. 재산세의 납부기한은 지방세법 제115조 제1항[158]에 규정되어 있다.

파산선고 이후 재산세의 납세의무자는 누구인가. 재산세는 원칙적으로 사실상 소유하고 있는 자가 납세의무자이지만, 파산관재인은 사실상의 소유자가 아니다.[159] 한편 파산재단에 속하는 재산에 관한 재산세는 재단채권으로 파산관재인이 납세의무자라고 볼 여지도 있다.[160] 하지만 지방세법은 파산선고를 받은 경우 파산선고 이후 파산종결의 결정이 있기까지 파산재단에 속하는 재산의 경우 공부상 소유자가 납세의무자라고 명시적으로 규정하고 있다(지방세법 제107조 제2항 제8호). 따라서 파산선고 이후 파산재단에 속하는 재산에 대한 재산세의 납세의무자는 공부상의 소유자인 채무자이다. 하지만 파산선고 이후 재산세는 재단채권이므로 파산관재인은 파산재단으로 납부할 책임이 있고, 과세관청은 파산관재인에게 교부청구를 하면 된다.

한편 파산관재인은 상황에 따라 파산재단에 속하는 재산을 포기할 수도 있다. 부동산에 대하여 환가를 포기하는 경우 채무자가 당해 부동산의 관리처분권을 회복하기 때문에 채무자에게 부동산이 인도된다. 이 경우 재산세에 대하여는 과세기준일인 6월 1일에 사실상의 소유자에게 과세되는 것이고(지방세법 제107조), 이전등기가 되어도 소유자이었던 기간 동안만 일할계산하여 과세하는 것은 아니다. 따라서 파산관재인이 6월 1일 이후에 부동산을 포기한 경우에는 파산재단으로부터 포기를 한 다음해부터 채무자가 부담한다.[161]

(4) 자동차세

자동차 소유에 대한 자동차세는 지방자치단체 관할구역에 등록되어 있거나 신고되어 있는

---

157) 지방세법 운영예규 107 – 1[사실상의 소유자] 「지방세법」 제107조 제1항의 '사실상 소유하고 있는 자'라 함은 같은 법 시행령 제20조에 규정된 취득의 시기가 도래되어 당해 토지를 취득한 자를 말하며, 법 제120조 제1항의 규정에 의하여 신고하는 경우에는 같은 법 제107조 제2항 제1호의 규정에 우선하여 적용된다.

158) 제115조(납기) ① 재산세의 납기는 다음 각 호와 같다.
1. 토지: 매년 9월 16일부터 9월 30일까지
2. 건축물: 매년 7월 16일부터 7월 31일까지
3. 주택: 해당 연도에 부과·징수할 세액의 2분의 1은 매년 7월 16일부터 7월 31일까지, 나머지 2분의 1은 9월 16일부터 9월 30일까지. 다만, 해당 연도에 부과할 세액이 20만 원 이하인 경우에는 조례로 정하는 바에 따라 납기를 7월 16일부터 7월 31일까지로 하여 한꺼번에 부과·징수할 수 있다.
4. 선박: 매년 7월 16일부터 7월 31일까지
5. 항공기: 매년 7월 16일부터 7월 31일까지

159) 대법원 1996. 4. 18. 선고 93누1022 전원합의체 판결 참조. 위 판결은 "사실상으로 소유하고 있는 자"라 함은 공부상 소유자로 등재된 여부를 불문하고 당해 재산에 대한 실질적인 소유권을 가진 자를 말한다고 보아야 할 것이다고 판시하고 있다.

160) 대법원 2017. 11. 29. 선고 2015다216444 판결 참조. 따라서 위 판결에 따를 경우 파산선고 이후 공부상의 소유자인 채무자에 대한 재산세 부과처분은 당연무효이다(서울고등법원 2019. 5. 29. 선고 2018누56413 판결(확정) 참조). 이러한 취지의 판결이 계속되고, 재산세의 원칙적 납세의무자인 사실상의 소유자는 소유권 권능을 행사할 수 있는 지위에 있는 자이므로 채무자 및 파산관재인 모두 이에 해당하지 않는다는 점을 고려하여, 파산선고 이후의 납세의무자를 명확히 하기 위해 2021. 12. 28. 법률 제18655호로 지방세법 제107조 제2항 제8호를 신설하였다. 따라서 지금은 대법원 판결과 같이 해석할 수 없고 지방세법에 따라 해석하여야 한다.

161) 파산관재인 입장에서는 권리를 포기할 경우 6월 1일 이전에 하여야 재산세를 부담하지 않는다는 점에 주의할 필요가 있다.

자동차를 소유하고 있는 자가 납부한다(지방세법 제125조 제1항). 제1기분(1월부터 6월까지)은 6월 16일부터 6월 30일까지, 제2기분(7월부터 12월까지)은 12월 16일부터 12월 30일까지 각 납부하여야 한다(지방세법 제128조 제1항).

자동차세는 6월 1일, 12월 1일 자동차의 소유자가 납세의무를 지지만, 과세기간 중에 매매 등으로 승계된 경우에는 양도인과 양수인이 일할 계산하여 납세의무를 부담한다(지방세법 제129조).

한편 실무적으로 파산관재인이 자동차를 임의매각하는 경우 주의할 점이 있다. 파산선고 전에 자동차에 체납처분(강제징수)(압류)이 되어 있으면 임의매각을 하더라도 자동차세의 체납 여부를 확인할 수 있어 문제는 없다. 반면 체납처분(강제징수)이 되어 있지 않은 경우에는 자동차이전등록이 곤란할 수 있다. 등록된 자동차를 양수받은 자는 자동차 소유권의 이전등록을 하여야 하고(자동차관리법 제12조 제1항), 이전등록을 하려면 해당 등록관청에 자동차세를 납부한 증명서를 제출하여야 하는데(지방세법 제132조 제1호), 체납처분(강제징수)이 되어 있지 않을 경우 양수인으로서는 자동차세 체납여부를 알기 어려워 예상치 못한 손해(자동차세 부담)를 입을 수 있다. 따라서 파산관재인으로서는 자동차를 임의매각할 경우 자동차세의 체납 여부를 확인하여 임의매각에 따른 혼란을 방지하여야 한다.

(5) 취득세

취득세는 부동산 등을 거래하는 단계에서 과세하는 거래세이다.[162] 취득세는 부동산에 관련된 세목으로서 지방세 중 가장 세수규모가 큰 세목이다. 취득세는 부동산, 차량, 선박 등 지방세법에서 열거하고 있는 과세대상 물건을 취득할 때 납세의무가 생긴다(지방세법 제7조 제1항). 과세물건을 취득한 자는 취득한 날로부터 60일 이내에 세금을 신고 납부하여야 한다(지방세법 제18조, 제20조). 다만 취득가액이 50만 원 이하인 때에는 취득세를 부과하지 아니한다(지방세법 제17조 제1항).

취득세의 성격상 파산절차에서 취득세를 신고 납부하여야 할 경우는 거의 발생하지 않을 것이다. 다만 부동산 등에 대한 매매계약이 체결되고 취득세의 납세의무가 성립한 후 파산관재인에 의하여 매매계약이 해제된 경우 취득세를 징수할 수 있는지가 문제될 수 있다. 부동산 취득세는 부동산의 취득행위를 과세객체로 하여 부과하는 행위세이므로, 그에 대한 조세채권은 그 취득행위라는 과세요건 사실이 존재함으로써 당연히 발생하고, 일단 적법하게 취득한 이상 그 이후에 매매계약이 쌍무계약에 기한 해제권에 터잡아 해제되어 소급적으로 실효되었다 하더라도 이로써 이미 성립한 조세채권의 행사에 아무런 영향을 줄 수는 없다고 할 것이다. 다만 유·무상을 불문하고, 또한 해제원인에 관계없이 잔금을 모두 지급받았더라도 등기·등록을 하지 않은 상태에서 법상 취득일로부터 60일 이내에 해제한 사실이 법정 서류에 의해 증빙된 경우 취득으로 보지 않는다(지방세법 시행령 제20조 제1항 단서, 제2항 제2호 단서). 관련 내용은 〈제2절 Ⅲ.3.나.(1)〉(본서 2209쪽)을 참조할 것.

---

162) 반면 재산세나 종합부동산세는 부동산 등을 보유하는 단계에서 과세하는 보유세이다.

(6) 지방교육세

취득세(부동산, 기계장비, 항공기 및 선박), 등록에 대한 등록면허세, 레저세, 담배소비세, 주민세 개인분 및 사업소분, 재산세 및 자동차세(비영업용 승용자동차)의 납세의무자는 지방교육세를 납부하여야 한다(지방세법 제150조).

마. 기한 후 신고

납세의무자가 법정신고기한까지 과세표준신고서를 제출하지 아니한 때에는 관할 세무서장이 세법에 따라 해당 국세의 과세표준과 세액을 결정하여 통지하기 전까지 기한 후 과세표준신고서를 제출할 수 있다(국세기본법 제45조의3 제1항).[163]

파산관재인은 파산선고 전 신고기한이 도과하였으나 신고하지 않는 법인세 등이 있다면 파산선고 후 기한후 신고를 하여야 한다.

3. 개인파산에서 파산관재인의 세무처리

가. 소득세

(1) 확정신고

개인이 과세기간 중에 파산선고를 받은 경우 소득세의 확정신고는 통상의 경우와 마찬가지로 1년의 소득에 대하여 소득세를 신고하면 된다. 이때 신고는 채무자 개인이 하는 것이고, 파산관재인은 신고의무를 지지 않는다.

(2) 양도소득으로 인한 소득세

개인이 토지 및 건물(건물에 부속된 시설물과 구축물을 포함한다) 등을 양도한 경우 그 양도소득에 대하여 소득세를 납부하여야 한다(소득세법 제3조). 그러나 개인이 파산선고를 받은 경우에는 양도소득에 대하여 소득세를 부담하지 않는다(소득세법 제89조 제1항 제1호). 따라서 파산절차에 따른 자산의 양도에 관하여는 양도차익이 있더라도 납세신고를 할 필요가 없다. 다만 미등기 양도자산에 대하여는 양도소득으로 인한 소득세를 납부하여야 한다(소득세법 제91조 제1항).

(3) 중소기업의 결손금 소급공제에 따른 환급

관련 내용은 위 〈2. 가. (5)〉를 참조할 것(소득세법 제85조의2).

나. 부가가치세

아래 〈4.〉를 참조할 것.

---

163) 지방세의 경우에도 마찬가지이다(지방세기본법 제52조 제1항).

제3장 도산과 조세 **2245** ◈

다. 증여세

증여세의 납세의무자는 원칙적으로 수증자이지만(상속세 및 증여세법 제4조의2 제1항), 예외적으로 증여자인 경우도 있다(상속세 및 증여세법 기본통칙 4-0…2, 국제조세조정에 관한 법률 제21조 제1항 본문). 또한 증여자는 증여세에 대하여 연대납세의무를 부담할 수도 있다(상속세 및 증여세법 제4조의2 제6항). 따라서 개인파산의 경우 파산관재인이 증여자나 연대납세의무자로서 증여세 납세의무를 부담하는 경우가 있을 수 있다.

(1) 배우자 등에 대한 양도 시의 증여추정

배우자[164] 또는 직계존비속(이하 '배우자등'이라 한다)에게 양도한 재산은 양도자가 그 재산을 양도한 때에 그 재산의 가액을 배우자등이 증여받은 것으로 추정하여 이를 배우자등의 증여재산가액으로 한다(상속세 및 증여세법 제44조 제1항). 특수관계인에게 양도한 재산을 그 특수관계인(이하 "양수자"라 한다)이 양수일부터 3년 이내에 당초 양도자의 배우자등에게 다시 양도한 경우에는 양수자가 그 재산을 양도한 당시의 재산가액을 그 배우자등이 증여받은 것으로 추정하여 이를 배우자등의 증여재산가액으로 한다(상속세 및 증여세법 제44조 제2항 본문). 여기서 '양도'란 외형상 재산의 소유권이 이전되는 일체의 경우를 포함한다.

위와 같이 증여추정을 하는 것은 양도를 가장한 근친 사이의 증여은폐행위를 방지하고자 함에 있다. 특히 후자(제2항)는 직계비속 등과 근친자에 대한 증여의 과정에서 제3자에 대한 양도행위를 개입시켜 부당하게 세액을 회피하고자 하는 것을 방지하기 위한 규정이다.

(2) 추정제외사유－파산선고

해당 재산에 대한 양도, 양수가 파산선고로 인하여 처분된 경우에는 증여로 추정되지 않는다(상속세 및 증여세법 제44조 제3항 제2호). 파산선고로 인하여 처분된 경우에는 실제 객관적인 양도거래에 해당하여 조세회피의 의도가 있다고 보기 어렵다는 점을 고려한 것이다. 파산제도는 채무자의 재산상태가 악화되어 총채권자에 대하여 채무를 완제할 수 없을 경우에, 채무자의 총재산을 강제적으로 관리·처분하여 모든 채권자에게 공평하게 변제하는 것을 목적으로 한 재판상의 절차이다. 파산재단에 대한 관리처분권은 파산관재인에게 있고 파산선고는 재판절차에 따라 이루어진 것이므로 그 객관성이 인정되는 것이다.

따라서 파산관재인이 파산재단 소속 재산을 채무자의 배우자나 직계존비속에게 양도하더라도 증여로 추정되지 않기 때문에 증여세 문제는 발생하지 않는다.

---

164) 배우자란 법률상의 배우자를 뜻하는 것이며 사실상의 배우자는 이에 해당하지 아니한다(대법원 1991. 4. 26. 선고 90누6897 판결).

라. 지방세

(1) 주민세

주민세는 ① 지방자치단체에 주소를 둔 개인에 균등하게 부과하는 개인분(지방세법 제74조 제1호, 제75조 제1항), ② 지방자치단체에 일정 규모 이상의 사업소를 둔 개인에 사업소의 연면적을 과세표준으로 하는 사업소분(지방세법 제74조 제2호, 제75조 제2항 제1호) 및 ③ 종업원분이 있다. 관련 내용은 위 〈2.라.(1)〉을 참조할 것.

(2) 지방소득세 · 지방소비세

소득세의 납세의무가 있는 자는 지방소득세의 납세의무가 있다(지방세법 제86조 제1항).
부가가치세의 납세의무가 있는 자는 지방소비세의 납세의무가 있다(지방세법 제66조, 제65조).

(3) 재산세 · 자동차세 · 취득세 · 지방교육세

위 〈2.라.(3) 내지 (6)〉에서 설명한 바와 같다.

마. 기한 후 신고

위 〈2.마.〉를 참조할 것(지방세기본법 제52조 제1항).

4. 부가가치세[165]

가. 부가가치세의 납세의무

(1) 일반론

부가가치세의 납세의무자는 사업자이다(부가가치세법 제3조 제1호). 사업자란 사업상 독립적으로 재화 또는 용역을 공급하는 자를 말한다(부가가치세법 제2조 제3호). 여기서 '사업상 독립적으로 재화 또는 용역을 공급하는 자'란 부가가치를 창출하여 낼 수 있는 정도의 사업형태를 갖추고 계속적이고 반복적인 의사로 재화 또는 용역을 공급하는 자를 뜻한다.[166] 따라서 어느 재화나 용역의 공급이 부가가치세의 과세대상이 되려면 사업으로서의 반복성과 계속성이 있어야 한다. 그런데 사업자인 법인이나 개인이 파산선고를 받은 경우 사업자(채무자)는 사실상 사업을 계속할 수 없고 환가를 위한 자산매각이 사업으로서의 계속성과 반복성을 가지고 있다고 보기 어렵기 때문에 사업자로서 부가가치세의 납세의무자로 볼 수 없다.[167] 이는 아래에서 보는 바

---

165) 아래 〈4.〉 이하는 법인파산 및 개인파산 모두에 적용되는 내용이다.
166) 대법원 2005. 7. 15. 선고 2003두5754 판결, 대법원 1999. 9. 17. 선고 98두16705 판결.
167) 대법원 1996. 10. 11. 선고 95누18666 판결(은행 관리하의 회사가 더 이상 지탱하지 못하고 결국 폐업공고, 회생절 차의 폐지결정을 받고 파산선고마저 받아 현재 관련 법령에 의한 파산절차가 진행 중인 경우에는, 그 사업을 실질적으로 폐지하였다고 보아야 하고 그 회사가 폐업신고절차를 밟지 아니하였다고 달리 볼 것은 아니며, 비록 그 회사가 폐업공고 이후에 잔존 재화를 타에 매도하였다고 하더라도 이는 그 회사가 사업폐지 후 그 때까지 남아 있던

와 같이 폐업시 잔존재화에 대하여 공급으로 간주하여 부가가치세를 납부하도록 한 것을 보아도 알 수 있다. 다만 법원의 허가를 얻어 기존의 사업(영업)을 계속할 경우(제486조)에는 부가가치세의 납세의무가 있다고 볼 여지가 있다.

(2) 폐업시 잔존재화에 대한 공급의제

사업자가 폐업할 때 자기생산·취득재화 중 남아 있는 재화는 자기에게 공급한 것으로 보아 부가가치세 과세대상이 된다(부가가치세법 제10조 제6항). 사업을 폐업하면 더 이상 사업자가 아니기 때문에 남아 있는 재화를 판매하더라도 부가가치세를 납부할 필요가 없다. 그러나 이렇게 되면 이미 해당 재화에 대하여 매입세액을 공제받았으므로 불합리한 결과가 발생할 수 있다. 따라서 폐업할 때 잔존재화에 대하여 공급으로 의제하여 부가가치세를 과세하는 것이다.[168] 공급시기는 폐업일이다(부가가치세법 시행령 제28조 제4항). 폐업신고를 한 경우 공급가액은 폐업 시 남아 있는 재화의 시가[169]이다(부가가치세법 제29조 제1항, 제3항 제3호).

나. 폐업신고

사업자는 일반적으로 사업장마다 사업자등록을 하고 사업을 하다가(부가가치세법 제8조 제1항) 파산선고로 사업을 폐업한 경우, 파산관재인은 지체없이 관할 세무서장에게 폐업신고를 하여야 한다(부가가치세법 시행령 제13조 제1항).

다. 부가가치세의 과세기간 및 신고

부가가치세의 과세기간은 간이과세자[170]의 경우 1월 1일부터 12월 31일까지이고, 일반과세자[171]의 경우 ① 제1기는 1월 1일부터 6월 30일까지, ② 제2기는 7월 1일부터 12월 31일까지이다(부가가치세법 제5조 제1항). 다만 사업자가 사업을 폐업한 경우 과세기간은 폐업일이 속하는 과세기간의 개시일부터 폐업일까지로 한다(부가가치세법 제5조 제3항).

폐업일은 언제인가. 폐업일은 원칙적으로 사업장별로 그 사업을 실질적으로 폐업하는 날이고, 폐업한 날이 분명하지 아니한 경우는 폐업신고서의 접수일이다(부가가치세법 시행령 제7조

재고자산을 정리하는 방법의 일환으로서 한 것일 뿐 그로써 사업자의 지위를 계속 유지하는 것은 아니라고 한 원심판단을 수긍한 사례) 참조.

168) 부가가치세법에 의하여 공급으로 간주되어 부가가치세를 납부하더라도 소득세법이나 법인세법에서 매출액으로 간주되는 것은 아니다.

169) 회사의 폐업 당시 잔존 재화에 대한 부가가치세 과세표준을 결정함에 있어, 행정청의 직접 조사나 공신력 있는 감정기관의 시가감정 등을 통하여 정상거래가격을 산정하려는 노력 없이, 그 회사가 폐업 당시 재고 재화의 시가를 산정한다는 인식 없이 작성·제출한 가결산서에 기재된 장부가액을 그대로 시가로 본 원심판결을 파기한 사례가 있다(대법원 1996. 10. 11. 선고 95누18666 판결).

170) 간이과세자란 부가가치세법 제61조 제1항에 따라 직전 연도의 공급대가의 합계액이 대통령령으로 정하는 금액에 미달하는 사업자로서, 제7장에 따라 간편한 절차로 부가가치세를 신고·납부하는 개인사업자를 말한다(부가가치세법 제2조 제4호). 현재는 공급대가의 합계액이 1억 400만 원에 미달하는 개인사업자를 말한다(부가가치세법 시행령 제109조 제1항).

171) 일반과세자란 간이과세자가 아닌 사업자를 말한다(부가가치세법 제2조 제5호).

제3호). 다만 해산(파산선고의 경우도 포함한다)으로 청산 중인 내국법인[172]이 사업을 실질적으로 폐업하는 날부터 25일 이내에 납세지 관할 세무서장에게 신고하여 승인을 받은 경우에는 잔여재산가액 확정일(해산일부터 365일이 되는 날까지 잔여재산가액이 확정되지 아니한 경우에는 그 해산일로부터 365일이 되는 날)을 폐업일로 할 수 있다(부가가치세법 시행령 제7조 제2항).

파산관재인은 예정신고기간[173]이나 과세기간이 끝난 후 각각 25일(폐업한 경우에는 폐업일이 속한 달의 다음달 25일) 이내에 부가가치세의 과세표준과 세액을 납세지 관할 세무서장에게 신고 및 납부하여야 한다(부가가치세법 제48조 제1항, 제49조 제1항).

라. 파산재단의 환가(임의매각과 경매)와 부가가치세

위 〈 I .2.나.(3)〉을 참조할 것.

5. 증권거래세

파산관재인은 폐업여부와 관계없이 증권거래세법 제2조(과세대상)에 해당하는 주권 또는 지분을 양도한 경우 증권거래세를 신고 납부하여야 한다(증권거래세법 제3조, 제10조).

6. 납세증명서 제출 또는 납부사실 증명의 예외 요청

파산선고를 받은 채무자는 대부분 국세, 지방세 등을 체납하고 있고 그에 따라 납세증명서 등을 발급받지 못한다. 이로 인해 파산관재인은 정부기관이나 공공기관으로부터 파산재단에 속하는 대금채권 등을 회수하지 못하여 파산절차가 지연되거나 진행이 어려운 경우가 많다.

이런 경우 파산관재인은 납세증명서 제출 등의 예외를 요청하여 국가 등으로부터 대금채권을 원활하게 회수할 수 있다. 관련 내용은 〈제3편 제9장 제2절 V.〉(본서 1601쪽)를 참조할 것.

7. 파산관재인의 원천징수의무 (원천징수소득세)[174]

파산관재인이 재단채권인 파산선고 전 발생한 임금 등을 변제하는 경우 원천징수의무가 있는지가 문제되나,[175] 원천징수제도는 임금 등에 대하여 효율적인 징세라는 관점에서 원천징수의무자에게 합리적인 범위에서 부담을 과하는 경우에 성립하는 것으로 임금 등 대가에 대한 근로를 수령하는 자 이외의 자에게 원천징수의무를 인정하는 것은 제도의 취지에 부합하지 않

---

172) 채무자회생법에 따라 법원으로부터 회생계획인가 결정을 받고 회생절차를 진행 중인 내국법인도 마찬가지이다(부가가치세법 시행령 제7조 제2항).

173) 예정신고기간: 제1기는 1월 1일부터 3월 31일까지, 제2기는 7월 1일부터 9월 30일까지이다(부가가치세법 제48조 제1항).

174) 관련 내용은 〈제3편 제4장 제2절 Ⅳ.4.〉(본서 1343쪽)를 참조할 것.

175) 원천징수의무의 기초가 되는 것은 근로를 제공함으로써 받은 봉급·급료·보수·세비·임금·상여·수당과 이와 유사한 성질의 급여를 말하고(소득세법 제20조 제1항 제1호, 제127조 제1항), 임금 등 채권에 대한 변제(배당)가 여기에 포함되는지는 긍정 또는 부정 어느 견해도 가능하다.

고,[176] 파산관재인은 파산재단의 집행기관의 지위에서 임금 등을 변제(배당)하는 것이지 채무자를 대신(대리)하여 그 채무를 지급하는 것은 아니므로 원천징수의무를 부담하지 않는다고 할 것이다.[177]

반면 파산선고 후 일정기간 고용을 계속하여 파산관재인이 임금 등을 지급할 의무를 부담하는 경우와 파산관재인이 자신의 관재업무의 수행을 위하여 보조인을 고용한 경우 지급하는 임금 등에 대하여 원천징수의무를 부담하는 것은 당연하다. 이러한 임금 등은 파산재단의 관리에 관한 비용(제473조 제3호)이거나 파산재단에 관하여 생긴 청구권(제473조 제1호 단서)인 재단채권으로 납부한다. 파산관재인의 보수를 지급할 때도 원천징수의무를 부담한다(본서 1347쪽).

한편 원천징수의무자가 정당한 사유 없이 징수한 세금을 납부하지 아니한 때에는 형사처벌을 받는데(조세범 처벌법 제13조 제2항), 파산관재인(원천징수의무자)이 파산재단이 부족하여 원천징수한 세금을 납부하지 아니한 경우에는 형사상 제재를 할 수 없을 것이다. 왜냐하면 파산재단이 부족한 경우에는 그 채권의 비율에 따라 평등하게 변제하여야 하고(제477조 제1항), 파산선고는 조세범 처벌법 제13조 제2항의 '정당한 사유'에 해당하기 때문이다.[178]

8. 파산관재인의 보수에 대한 과세 문제

파산관재인은 파산관재 업무 수행에 따라 법원으로부터 보수를 지급받는다(제30조 제1항 제1호). 파산관재인의 보수에 관하여는 부가가치세는 과세되지 않고, 소득세가 과세된다. 파산관재인의 보수는 원칙적으로 기타소득에 해당하지만, 경우에 따라 사업소득이 될 수도 있다. 관련 내용은 〈제3편 제4장 제2절 Ⅶ.2.〉(본서 1347쪽)를 참조할 것.

Ⅵ 면책절차와 조세채권

면책심리기간 중에 파산채권인 조세채권에 기한 체납처분(강제징수)을 할 수 있는가. 파산선고 후에는 파산재단에 속하는 재산에 대한 새로운 체납처분(강제징수)은 금지되지만(제349조 제2항), 파산절차가 종료되면 새로운 체납처분(강제징수)을 할 수 있는 것이 원칙이다. 또한 제

---

176) 破産法・民事再生法, 323~324쪽.
177) 최완주, 전게 "파산절차와 조세관계", 385~386쪽. 또한 배당절차는 확정된 파산채권자표에 근거하여 작성된 배당표에 따라 실시되는 것이고, 배당할 때 파산관재인에게는 파산채권 등의 실체적인 법률관계를 고려하여야 할 권한은 없으며, 또한 채무자가 원천징수하여야 하는 조세 상당액을 파산관재인이 배당금에서 공제하여야 할 법적 근거도 없다(條解 破産法, 1002쪽). 파산관재실무도 배당절차에서 파산관재인의 원천징수의무를 인정하지 않고 있다.
　　이에 대하여 적극설(긍정설)의 논거는 다음과 같다. 관련 채권에 대한 변제(배당의 실시)는 채무자에게는 임금 등의 지급이 있는 것으로 볼 수 있기 때문에, 채무자는 원천징수의무를 부담하고, 파산관재인은 파산재단의 관리기구로서 그 납세의무를 이행하여야 할 의무가 있다. 또한 그 조세는 파산재단에 관하여 생긴 청구권(제473조 제2호)으로 재단채권이다(條解 破産法, 1001쪽).
178) 대법원 2009. 10. 29. 선고 2009도6614 판결, 대법원 2008. 10. 9. 선고 2008도7318 판결, 대법원 2000. 10. 27. 선고 2000도2858 판결 등 참조.

557조 제1항은 면책심리기간 중 금지·중지의 대상으로 체납처분(강제징수)을 포함시키지 않고 있다. 따라서 면책심리기간 중이라도 파산채권인 조세채권에 기한 체납처분(강제징수)은 가능하다고 할 것이다.

다만 입법론적으로는 조세채권 중 파산채권인 것은 다른 파산채권의 강제집행 등이 금지되는 것과의 형평의 관점에서 체납처분(강제징수)을 할 수 없는 것으로 하여야 할 것이다.[179] 관련 내용은 〈제3편 제11장 제1절 Ⅱ.라.(2)(나)3)〉(본서 1652쪽)을 참조할 것.

제4절 개인회생절차와 조세채권

Ⅰ 개인회생절차에서 조세채권의 취급

개인회생절차에서 조세채권은 개인회생채권이거나 개인회생재단채권이다. 개인회생채권에는 우선권 있는 개인회생채권과 후순위 개인회생채권이 있다.[180]

1. 개인회생채권

가. 우선권 있는 개인회생채권

관련 내용은 〈제4편 제6장 제1절 Ⅳ.1.〉(본서 1987쪽)을 참조할 것.

개인회생절차개시결정 전에 납세의무가 성립한 조세채권은 우선권 있는 개인회생채권이다. 개인회생절차개시결정 전의 원인으로 인한 국세나 지방세에 기하여 개인회생절차개시 전에 발생한 지연배상금 성격의 납부지연가산세는 우선권 있는 개인회생채권에 해당한다.

나. 후순위 개인회생채권

개인회생절차개시결정 전의 원인으로 인한 조세에 기하여 개인회생절차개시 후에 발생한 지연배상금 성격의 납부지연가산세[181]는 후순위 개인회생채권에 해당한다.[182] 관련 내용은 〈제4편 제6장 제1절 Ⅳ.3.〉(본서 1990쪽)을 참조할 것.

---

179) 일본 파산법 제249조 제1항은 이를 명시적으로 규정하고 있다. 채무자회생법은 원칙적으로 조세채권을 재단채권으로 규정하고 있지만, 후순위 파산채권이 존재할 수 있어 여전히 문제이다.
180) 개인회생절차개시 후에 발생한 조세채권은 원칙적으로 개인회생재단채권으로 볼 수 있지만(본서 1995쪽), 경우에 따라서는 개인회생채권도 개인회생재단채권도 아닌 조세채권이 있을 수 있다. 예컨대 개인회생절차개시결정 이후 상속이 이루어진 경우, 상속으로 인한 취득세는 개인회생채권도 개인회생재단채권도 아니라고 볼 수 있다. 이렇게 볼 경우 면책결정이 되면 위와 같은 채권도 면책이 되는가. 면책의 대상은 개인회생채권만이므로(제625조 제2항 본문 참조) 위와 같은 채권은 면책결정으로 면책되지 않는다.
181) 국세는 '국세기본법 제47조의4 제1항 제1호 중 납부고지서 납부기한 다음날부터 납부일까지의 금액과 제3호의 금액'에 해당하는 납부지연가산세를, 지방세는 지방세기본법 제55조 제1항 제3호, 제4호의 납부지연가산세를 말한다.
182) 대법원 2017. 11. 29. 선고 2015다216444 판결 참조.

후순위 개인회생채권은 실질적으로 변제받기 어렵다. 변제를 받지 못하더라도 면책결정이되면 면책의 대상이 된다는 점에서(제625조 제2항 단서 제2호),[183] 후순위 파산채권이 면책의 대상이 되지 않는 것과 차이가 있다(제566조 단서 제1호).

개인회생절차에서 지연배상금 성격의 납부지연가산세의 처리

1. 개인회생절차개시결정 전까지 납세의무가 성립한 본세와 개인회생절차개시결정 전일까지 발생한 납부지연가산세: 일반의 우선권 있는 개인회생채권
2. 개인회생절차개시결정 전에 성립한 본세에 대한 개인회생절차개시결정일 이후의 납부지연가산세: 후순위 개인회생채권(면책 대상)
3. 개인회생절차개시결정 후 납세의무가 성립한 본세(제583조 제1항 제5호, 제6호에 해당하는 것)와 납부지연가산세: 개인회생재단채권
4. 본세가 개인회생절차개시 후에 성립하였으나 개인회생재단채권에 해당하지 않는 경우 가산세는 개인회생재단채권도 아니고 우선권 있는 개인회생채권도 아니다.

---

2. 개인회생재단채권

조세채권으로서 개인회생재단채권이 될 수 있는 것으로 제583조 제1항 제2호, 제5호, 제6호가 있다. 관련 내용은 **〈제4편 제6장 제2절 Ⅱ.1.(2)〉**(본서 1995쪽)를 참조할 것.

개인회생재단채권은 비면책채권이다(제625조 제2항 단서 제2호).

3. 가산세의 경우

가산세[184] 납세의무는 각 가산세별로 성립시기가 정해져 있고(국세기본법 제21조 제1항 제11호, 지방세기본법 제34조 제1항 제12호), 그 과세표준과 세액을 정부가 결정하는 때에 확정된다(국세기본법 제22조 제3항, 지방세기본법 제35조 제1항 제2호).

가산세는 개인회생채권인가 개인회생재단채권인가. ① 개인회생절차개시 전에 성립한 가산세는 우선권 있는 개인회생채권이다. ② 본세가 개인회생절차개시 전에 성립한 경우로서 국세기본법 제21조 제2항 제11호 마목 및 지방세기본법 제34조 제1항 제12호 사목 단서에 해당하는 가산세는 개인회생절차개시 후에 발생한 것이라도 우선권 있는 개인회생채권이다. 가산세의 납세의무 성립시기가 개인회생절차개시 전이기 때문이다. 본세가 개인회생절차개시 전에 성립한 경우로서 국세기본법 제21조 제2항 제11호 마목 및 지방세기본법 제34조 제1항 제12호 사목 단서에 해당하는 가산세를 제외한 가산세는 개인회생재단채권이다(제583조 제1항 제6

---

183) 서면-2018-징세-2732 [징세과-3022](2019. 4. 23.) 참조.
184) 위에서 설명한 지연배상금 성격의 납부지연가산세는 제외한다.

호). ③ 본세가 개인회생절차개시 후에 발생한 것이고 개인회생재단채권이면 가산세도 개인회생재단채권이 된다. ④ 본세가 개인회생절차개시 후에 성립하였으나 개인회생재단채권에 해당하지 않는 경우 가산세는 개인회생재단채권도 아니고 우선권 있는 개인회생채권도 아니다.

Ⅱ 개인회생절차에서 각 단계별 조세채권의 취급

1. 개인회생절차개시신청 단계

가. 중지·금지명령

조세채권에 기한 체납처분(강제징수) 등은 중지·금지명령의 대상이 된다. 다만 중지·금지명령을 하기 전에 징수권한이 있는 자의 의견을 들어야 한다(제593조 제1항 제5호). 신청이 기각된 경우에는 중지된 체납처분(강제징수) 등은 속행된다(제593조 제3항).

중지·금지명령의 효력에 관하여는 〈제4편 제3장 제2절 Ⅴ.〉(본서 1912쪽)를 참조할 것.

나. 등록면허세와 지방교육세의 비과세

법원사무관 등이 개인회생절차와 관련하여 등기·등록을 촉탁하는 경우 등록면허세 및 지방교육세는 비과세된다(지방세법 제26조 제2항 제1호, 제25조 제1항, 제24조 제6항, 채무자회생법 제27조, 지방세법 제150조 제2호 참조). 부인의 등기·등록의 경우도 마찬가지이다(지방세법 제26조 제2항 제1호, 채무자회생법 제26조 제1항, 제27조, 제584조).[185]

2. 개인회생절차개시결정 단계

가. 체납처분(강제징수) 등의 중지·금지

개인회생절차개시의 결정이 있는 때에는 조세채권에 의한 체납처분(강제징수) 등은 중지·금지된다(제600조 제1항 제4호). 관련 내용은 〈제4편 제4장 제3절 Ⅲ.2.다.(1)(라)〉(본서 1935쪽)를 참조할 것.

법원은 상당한 이유가 있는 경우에는 중지된 체납처분(강제징수) 등의 속행 또는 취소를 명할 수 있다. 다만 처분의 취소의 경우에는 담보를 제공하게 할 수 있다(제600조 제3항). 체납처분이 속행된 경우 회생절차와 달리 볼 이유가 없으므로(제131조 단서 제1호) 조세채권자는 직접

---

185) **부동산등기사무처리지침 제29조(보전처분 및 부인의 등기촉탁)** ① 개인회생절차에서 채무자 명의의 부동산 등의 권리에 대해서 법원사무관 등으로부터 법 제24조 제6항에 의한 보전처분 및 그 취소 또는 변경의 등기의 촉탁이 있는 경우에는 등기관은 이를 수리하여야 한다.
② 개인회생절차에서 채무자 명의의 부동산 등의 권리에 대해서 법 제26조 제1항, 제584조에 의한 부인등기의 신청 및 그 말소 촉탁이 있는 경우 등기관은 이를 수리하여야 한다.
제30조(개인회생절차개시결정 등의 등기촉탁의 각하) 개인회생절차에서 개인회생절차개시결정, 변제계획의 인가결정, 개인회생절차폐지결정 등은 등기할 사항이 아니므로, 법원사무관 등으로부터 이러한 등기촉탁이 있는 경우, 등기관은「부동산등기법」제29조 제2호에 의하여 이를 각하하여야 한다.

(우선) 배당받을 수 있다고 할 것이다.[186]

나. 채권자취소소송의 경우

조세채권이 개인회생채권자목록에 기재된 경우에는 채권자취소소송(국세징수법 제25조,[187] 지방세징수법 제39조)을 제기할 수 없다. 반면 조세채권이 개인회생채권자목록에 기재되지 아니한 경우에는 채권자취소소송을 제기할 수 있다.

관련 내용은 〈제4편 제12장 제2절 Ⅱ.1.나.〉(본서 2099쪽)를 참조할 것.

3. 변제계획인가결정 단계

변제계획이 인가되어도 체납처분(강제징수) 등은 실효되지 않고 개시결정으로 인한 중지 상태가 유지될 뿐이다. 변제계획에 따라 변제하지 않아 개인회생절차가 폐지되면 체납처분(강제징수) 등은 속행이 가능하다. 관련 내용은 〈제4편 제8장 제3절 Ⅱ.3.가.〉(본서 2038쪽)를 참조할 것.[188]

한편 변제계획인가결정이 있는 때에는 개인회생절차개시결정으로 중지된(제600조 제1항 본문) 회생절차 또는 파산절차는 변제계획이나 변제계획인가결정에 달리 정하지 않는 한 그 효력을 잃는다(제615조 제3항). 이 경우 회생절차에서 공익채권인 조세채권이나 파산절차에서 재단채권인 조세채권은 어떻게 되는가. 제256조 제2항과 같은 규정이 없지만, 회생절차에서 공익채권은 개인회생절차에서 개인회생재단채권이 되고, 파산절차에서 재단채권은 개인회생절차에서 개인회생재단채권이 된다고 할 것이다. 다만 조세채권은 개인회생절차에서 원칙적으로 우선권 있는 개인회생채권이므로 파산절차에서 재단채권이라고 하더라도 개인회생절차에서는 개인회생채권으로 취급하여야 할 것이다(제256조 제2항 유추적용).

변제계획인가결정이 국세징수법 제57조 제1항에 따른 필요적 압류해제사유에 해당하는가. 국세 체납을 이유로 국세징수법에 따른 부동산 압류처분을 받은 체납자가 「채무자 회생 및 파

---

186) 문제는 개인회생절차로 중지된 개인회생채권에 기한 강제경매절차가 속행되거나(제600조 제1항, 제2항, 제3항 본문), 변제계획인가일 이후 담보권 실행을 위한 경매절차가 속행된 경우 조세채권자에게 직접 배당하여야 하는가이다. 개인회생채권자목록에 기재된 개인회생채권에 해당하는 조세채권의 경우 개인회생절차개시결정 전에 조세채권에 기한 체납처분이 마쳐졌다면, 개시결정으로 그 체납처분절차는 중지되고(제600조 제1항 제4호), 중지된 체납처분은 변제계획인가결정에 의해서도 실효되지 않으며(제615조 제3항 참조) 오히려 속행이 가능하므로 조세채권자에게 배당하여야 한다는 견해가 있을 수 있다. 하지만 파산절차와 달리 개인회생절차에서는 제349조 제1항과 같은 규정이 없고, 다른 개인회생채권자와 달리 취급할 이유가 없으므로 채무자에게 배당하여야 할 것이다. 물론 개인회생채권자목록에 기재되지 않은 경우에는 개인회생절차에 영향을 받지 않으므로 조세채권자에게 직접 배당하여야 한다.

187) 조문상으로는 관할 세무서장이 사해행위의 취소를 청구할 수 있다고 규정되어 있지만, 실무적으로는 '대한민국'이 원고가 되어 채권자취소소송을 제기하고 있다.

188) **신용회복지원협약에 따른 면책채권의 대손금 인정** 채권이 90일 이상 연체될 경우 곧바로 신용회복위원회가 채권단과 신용회복지원협약(서민의 금융생활 지원에 관한 법률 제75조)을 체결하여 채권 원금을 감면하는 등의 신용회복제도를 운용함에 따라 이를 지원하기 위하여 개인워크아웃을 통하여 감면된 채권에 대하여 법인세법상 비용으로 인정한다.

구체적으로 「서민의 금융생활 지원에 관한 법률」 제75조에 따른 신용회복지원협약에 따라 채무자가 채무조정을 받아 면책으로 확정된 채권은 대손금으로 인정되어 손금에 산입된다(법인세법 시행령 제19조의2 제1항 제14호).

산에 관한 법률」에 따라 위 체납된 국세를 포함하여 법원으로부터 변제계획인가결정을 받은 경우에 있어, 해당 변제계획인가결정은 위 부동산 압류처분에 대하여 「국세징수법」 제57조 제1항에 따른 압류해제사유에 해당하지 않는다.[189]

4. 면책결정(확정)단계

가. 일반론

개인회생절차에서는 개인회생재단채권만이 비면책채권이다(제625조 제2항 단서 제2호). 개인회생채권인 조세채권은 우선권 있는 개인회생채권으로 전액 변제된다. 후순위 개인회생채권(지연배상금 성격의 납부지연가산세)은 실질적으로 거의 변제받지 못한다. 조세채권 중 우선권 있는 개인회생채권은 전액 변제되고 후순위 개인회생채권은 정책적으로 후순위로 한 것이므로, 개인회생재단채권만을 비면책채권으로 규정한 것이다.

후순위 개인회생채권인 조세채권은 변제받지 못하더라도 면책결정으로 면책된다.

나. 대손금의 필요경비산입

개인이 보유하고 있는 채권 중 채무자에 대한 면책결정으로 회수불능으로 확정된 채권의 금액(대손금)은 해당 과세기간의 사업소득을 계산함에 있어 필요경비에 산입한다(소득세법 제19조 제2항, 같은 법 시행령 제55조 제1항 제16호, 제2항, 법인세법 제19조의2 제1항, 같은 법 시행령 제19조의2 제1항 제5호). 앞에서 본 바와 같이 개인회생절차에서 면책이 될 수 있는 것은 후순위 개인회생채권인 조세채권이다.

이처럼 개인이 채무자의 면책결정으로 회수불능으로 확정된 금액(대손금)을 필요경비에 산입함으로써 그만큼 세 부담이 줄어들 수 있다.

제5절 결론 – 입법론

Ⅰ 현행법의 규정 태도

도산절차에서 조세채권은 어떤 종류의 채권으로 분류하는 것이 타당한가. 납세자(채무자)에 대하여 도산절차가 개시된 경우 통상적인 조세채권의 우선권을 그대로 유지하거나 더 강화시켜야 하는가 아니면 후퇴시켜야 하는가. 이와 같이 조세채권을 도산절차에서 어떻게 취급할 것인지는 입법정책의 문제이다.

채무자회생법은 조세채권의 취급에 있어 우선권을 인정하는 방법과 부인하는 방법을 취하

---

189) 서면-2024-법규기본-0326 [법규과-981](2024. 4. 24.) 참조.

고 있다. 전자의 경우에는 다시 조세채권에 최선순위의 공익적 절차비용과 같은 순위를 주는 방법과 통상의 집행절차에서 인정되는 우선권에 따른 우선적 지위를 부여하는 방법이 있다. 결과적으로 채무자회생법은 조세채권에 관하여 다음과 같이 규정하고 있다.[190]

- 조세채권의 우선권을 인정하는 방법
  ▷ 최선순위의 공익적 절차비용과 같은 순위를 부여
  - 공익채권(회생절차)
  - 재단채권(파산절차)
  - 개인회생재단채권(개인회생절차)
  ▷ 통상의 집행절차에서 인정되는 우선변제권에 따른 우선적 지위 인정
  - 일반의 우선권 있는 회생채권(회생절차)[191]
  - 일반의 우선권 있는 개인회생채권(개인회생절차)
- 조세채권의 우선권을 부인하는 방법
  - 후순위 파산채권(지연배상금 성격의 납부지연가산세[192])(파산절차)
  - 후순위 개인회생채권(지연배상금 성격의 납부지연가산세)(개인회생절차)

Ⅱ 입 법 론

도산절차가 개시되었다고 하여 통상의 집행절차에서 인정되는 우선권에서 더 나아가 최선 순위의 우선적 지위를 인정하는 것은 합리적인 이유가 없다. 도산절차개시라는 우연한 사정에 의하여 통상적인 절차에서보다 지위가 강화되어 더 강력한 지위를 부여한다는 것은 다른 채권 자들과의 관계에서 형평에 반한다. 결국 도산절차에서 조세채권은 통상의 집행절차에서 인정 되는 우선변제권에 따른 우선적 지위를 인정하는 것으로 충분하다. 다만 일부 조세채권(지연배 상금 성격의 납부지연가산세)에 대해서는 도산제도의 효율적 운용을 위해 우선권을 부인하는 것 이 타당하다.[193]

---

190) 이외에 회생절차에서는 개시후기타채권이, 파산절차에서는 파산채권도 아니고 재단채권도 아닌 비파산채권(기타채 권)이, 개인회생절차에서는 개인회생채권도 아니고 개인회생재단채권도 아닌 조세채권이 있을 수 있다.

191) 별도의 회생채권으로 보는 견해가 있음은 앞에서 본 바와 같다. 위 견해에 의하더라도 채무자회생법은 조세채권에 대하여 과도한 특칙을 인정하고 있음은 부정할 수 없다.

192) 국세는 '국세기본법 제47조의4 제1항 제1호 중 납부고지서 납부기한 다음날부터 납부일까지의 금액과 제3호의 금 액'에 해당하는 납부지연가산세를, 지방세는 지방세기본법 제55조 제1항 제3호, 제4호의 납부지연가산세를 말한다. 이하 같다.

193) 납부지연가산세는 채무자의 사전적 의사결정에 비효율을 낳을 염려가 없을 뿐만 아니라 우선권을 부인하고 다른 채권자들에 대한 배당률을 높임으로써 도산절차에 대한 일반의 신뢰를 회복하고 회생의 가망성이 없는 기업의 파 산적 청산을 장려할 수 있다.
　참고로 도산절차에서의 조세우선권에 관한 외국 입법례와 관련하여, 미국은 조세채권에 관해 도산절차에서도 우 선권을 인정하고 있으나 과거에 비해 그 순위가 낮아졌고, 일본은 재단채권으로 인정되는 조세채권의 범위를 축소 하였으며, 독일은 도산절차에서 조세우선권을 폐지하는 등 도산절차의 활성화와 채권자 간 형평성 제고를 위해 조 세우선권을 도산절차에서 축소하거나 폐지하고 있다고 한다(이중교, 전게 "통합도산법상 도산절차에서의 조세우선 권에 관한 검토", 149쪽).

또한 산발적으로 규정된 조세채권의 취급에 관한 내용을 하나의 장(조세채권에 관한 특례)으로 묶어 규정하는 것이 바람직하다.

도산절차와 조세채권의 면책 여부

도산절차를 신청하는 대부분의 채무자는 신청 당시 이미 상당한 금액의 세금을 체납하고 있는 경우가 많다. 체납된 세금도 도산절차를 통하여 면책될 수 있는가. 도산절차마다 세금을 취급하는 방법이 다르다.

먼저 회생절차의 경우를 본다. 회생절차에서 세금은 원칙적으로 우선권 있는 회생채권에 해당한다. 회생절차(회생계획)에 따라 납부를 받게 된다는 의미이다. 납세자가 3년을 넘어 분할하여 납부하거나 감면을 받으려면 징수권자의 동의를 얻어야 한다. 3년 미만으로 분할하여 납부할 경우에는 징수권자의 의견만 들으면 된다. 실무적으로 징수권자가 체납된 세금에 대하여 3년을 넘어 분할하여 납부하거나 감면하는 것에 동의하는 경우는 흔하지 않다. 따라서 대부분 3년 분할 납부하는 것으로 회생계획을 작성한다(다만 최근에는 3년을 넘어 분할 납부하는 것에 징수권자가 동의하는 사례가 늘고 있다). 결국 회생절차에서는 징수권자가 세금 감면에 동의하면 감면부분에 대하여 면책이 되지만, 감면에 동의하지 않으면 세금은 면책되지 않는다. 이러한 이유로 과다하게 세금을 체납하고 있는 채무자는 회생절차를 통하여 회생의 기회를 얻는 것이 쉽지 않다. 한편 원천징수하는 조세 등과 같이 일부 세금은 공익채권으로 취급되고, 이러한 체납 세금은 수시로 우선적으로 납부를 하여야 하며 면책도 되지 않는다.

다음으로 파산절차의 경우를 본다. 파산절차에서 세금은 원칙적으로 재단채권으로 취급된다. 재단채권인 세금은 파산재단(채무자가 파산선고 당시 가지고 있는 재산)으로부터 수시로 우선적으로 납부받을 수 있다. 지연배상금 성격의 납부지연가산세는 후순위 파산채권으로 취급되어 성질상 파산절차에서 사실상 납부받기 어렵다. 후순위인 관계로 다른 파산채권을 전부 변제하고 남은 재산이 있으면 납부받는데, 통상적으로 파산절차에서는 일반 파산채권의 변제도 하기 어렵기 때문이다. 하지만 후순위 파산채권인 조세채권은 면책되지 않기 때문에, 파산절차가 종료된 이후 드물기는 하나 징수의 가능성은 있다.

파산재단을 환가하여 배당(변제)하고 파산절차가 종료된 경우 남은 세금은 어떻게 되는가. 파산절차에 들어간 채무자는 체납된 세금이 많고 환가할 파산재단은 많지 않기 때문에 파산절차가 종료되어도 체납된 세금은 상당 부분 남기 마련이다. 법인의 경우는 파산절차 종료 후 소멸하기 때문에 사실상 세금도 없어지게 된다. 하지만 개인의 경우는 사정이 다르다. 개인은 여전히 인격체로 살아있기 때문이다.

개인의 경우 파산절차 종료 후 재단채권인 세금이나 후순위 파산채권인 세금 모두 면책이 되지 않는다. 세금은 국가나 지방자치단체의 재원으로 반드시 확보되어야 한다는 점을 고려하여 비면책채권으로 규정하고 있기 때문이다. 결국 파산절차가 종료된 이후 개인은 체납된 세금을 전부 납부하여야 한다. 이로 인해 과다한 체납 세금이 있는 개인은 면책을 통한 새로운 출발이라는 파산면책제도의 목적을 달성하기 어렵다. 재단채권인 세금은 파산재단만이 책임을 지는 것이므로 파산절차가 종료된 이후에는 개인이 책임지지 않아도 된다는 것이 개인적 입장이지만, 논란의 소지를 없애기 위해 입법적으로 명확히 할 필요가 있다고 생각된다.

마지막으로 개인회생절차의 경우를 본다. 개인회생절차에서 세금은 원칙적으로 우선권 있는 개인회생채권이다. 이러한 성질의 세금에 대하여는 전액 납부하여야 한다. 일부 세금은 개인회생재단채권으로 면책이 되지 않고 수시로 우선적으로 납부하여야 한다. 앞에서 본 납부지연가산세는 후순위 개인회생채권으로 개인회생절차에서 사실상 납부받기 어렵고, 면책결정이 되면 면책된다. 결국 개인회생절차에서는 우선권 있는 개인회생채권이나 개인회생재단채권인 세금은 전액 납부하여야 하거나 면책 대상이 아니지만(개인회생절차가 종료되어도 개인회생재단채권인 세금이 남은 경우 채무자가 납부를 하여야 한다), 후순위 개인회생채권인 세금(납부지연가산세)은 사실상 납부하지 않아도 되고 면책을 받을 수도 있다.

제 4 장

도산과 등기(등록)

아래에서는 등기[1]를 전제로 설명한다. 등기에 관한 내용은 '채무자의 재산, 제114조 제1항이나 제351조 제1항에 따른 이사 등의 재산, 파산재단 또는 개인회생재단에 속하는 권리로서 등록된 것'에도 준용되기 때문에(제27조), 아래에서 설명하는 내용은 자동차, 특허권 등에 관한 등록의 경우에도 그것이 '채무자의 재산, 제114조 제1항이나 제351조 제1항에 따른 이사 등의 재산, 파산재단 또는 개인회생재단에 속하는 권리로서 등록된 것'인 한 동일하게 적용된다. 등록은 기본적으로 등기와 동일한 작용을 하기 때문에 준용 규정을 둔 것이다.

Ⅰ 도산 관련 등기절차 일반

1. 도산절차에서의 등기

도산절차에서는 채무자의 재산에 대한 관리처분권이 어떠한 형식으로든 제한되기 때문에 거래의 안전을 도모하기 위해 절차의 개시시부터 종료시까지 각 절차의 과정을 공시할 필요가 있고, 그 공시방법이 등기(촉탁)이다.

등기촉탁은 다수의 이해관계인이 관여하는 도산절차에서 거래 혼란의 발생을 예방하기 위하여 중대한 효과를 갖는 처분(결정 등 재판) 사실을 가능한 한 신속하게 공시하기 위하여 행하는 것으로, 공고(제9조)와 함께 공시수단 중 하나이다.

---

1) 등기에는 크게 부동산등기와 상업등기가 있다. 등기에 관한 법규로는 등기사항, 등기기간, 등기의 효력, 등기절차 등을 정한 실체법과 절차법이 있다. 실체법으로는 민법, 상법, 채무자회생법, 자본시장법 등이 있고, 절차법으로는 부동산등기법, 상업등기법, 부동산등기규칙, 상업등기규칙, 비송사건절차법 등이 있다.
　부동산등기란 ① 등기관이라는 국가기관이 ② 부동산에 관한 물권변동을 ③ 등기부라는 공적 장부에 ④ 법정절차에 따라 기록하는 것 또는 그러한 기록 자체를 말한다. 주된 근거법은 부동산등기법이다. 부동산등기제도는 ① 등기부의 조직에 있어서 물적편성주의를, ② 등기절차에 있어서 공동신청의 원칙과 형식적 심사주의를, ③ 등기의 효력에 관하여 성립요건주의(형식주의)를 취하고 있고, ④ 등기의 공신력은 인정되지 않으며, ⑤ 등기부와 대장이 이원화되어 있다는 특징이 있다.
　상업등기란 상법 또는 다른 법령의 규정에 의하여 등기관이 상업등기부(상법 제34조)라는 공적 장부에 상인 또는 합자조합에 관한 일정한 사항을 기록하는 것 또는 그와 같은 기록 자체를 말한다(상업등기법 제2조 제1호). 주된 근거법은 상업등기법이다. 상업등기는 상인이라는 주체에 관한 등기라는 점에서 객체에 관한 등기인 부동산등기와 다르다.

도산절차와 관련된 등기로는 ① (협의의)보전처분에 관한 등기, ② 도산절차 진행에 관한 등기(㉮ 법인에 관한 등기(도산절차에 대한 재판 등에 관한 등기), ㉯ 등기된 권리에 관한 등기 등), ③ 회생계획의 수행 등에 관한 등기(㉮ 등기된 권리의 득실·변경이 생긴 경우, ㉯ 법인채무자나 신회사에 등기할 사항이 생긴 경우), ④ 부인의 등기가 있다.[2] ②㉮·③㉯는 상업등기를 포함한 법인등기부에 하는 등기, ①·②㉯·③㉮·④는 부동산 등 등기를 해야 하는 권리에 대한 부동산등기다.

도산절차에서의 등기에 관하여 규정한 법령 등으로는 채무자회생법(제23조, 제24조 등), 규칙(채무자회생법 제23조 제6항, 규칙 제9조), 법인등기사무처리지침(등기예규 제1518호), 부동산등기사무처리지침(등기예규 제1516호) 등이 있다.[3]

등기 유형		근거 법령
① (협의의)보전처분에 관한 등기		제24조 제1항 제2호, 제3호, 제3항 제3호, 제4호, 제6항(부동산등기)
② 도산절차 진행에 관한 등기	㉮ 법인에 관한 등기(도산절차에 대한 재판 등에 관한 등기)	제23조 제1항~제4항(상업등기)
	㉯ 등기된 권리에 관한 등기 등	제24조 제1항 제1호, 제3항 제1호, 제2호, 제4항, 제5항, 제7항(부동산등기)
③ 회생계획의 수행 등에 관한 등기	㉮ 등기된 권리의 득실·변경이 생긴 경우	제24조 제2항(부동산등기)
	㉯ 법인채무자나 신회사에 등기할 사항이 생긴 경우	제23조 제5항, 제6항, 규칙 제9조(상업등기)
④ 부인의 등기		제26조(부동산등기)

* 등기예규: ①·②㉯·③㉮④ - 부동산등기사무처리지침(부동산등기)
②㉮·③㉯ - 법인등기사무처리지침(상업등기)

가. 촉탁에 의한 등기의 원칙

(1) 일반적인 등기 - 신청에 의한 등기 원칙

등기는 법률에 다른 규정이 있는 경우를 제외하고 당사자의 신청 또는 관공서의 촉탁에 따라 한다(상업등기법 제22조 제1항, 부동산등기법 제22조 제1항, 상법 제34조). 원칙적으로 신청주의를 채택하고 있고 등기관이 직권에 의하여 등기할 수는 없다.[4] 등기의 효력은 당사자가 받는

---

2) 이외 회생계획 수행과 관련하여 등기에 관한 특례를 규정하고 있다. 제264조 제3항, 제266조 제7항, 제268조 제4항, 제269조 제6항, 제7항, 제270조 제5항, 제271조 제8항, 제9항, 제272조 제7항, 제8항, 제273조 제4항, 제274조 제7항, 제275조 제2항 등. 이러한 등기는 법원이나 법원사무관등의 촉탁이 아니라 관리인이 등기를 신청하여야 한다.

3) 장래 규칙 제9조 제3항에 따라 법인에 관한 촉탁등기의 절차에 관하여 필요한 사항에 대한 대법원예규가 제정될 수 있다.

4) 등기관의 직권에 의한 등기는 법령에 근거 규정이 있는 경우에만 허용된다. 직권에 의한 등기의 근거 규정으로 상업등기법 제43조, 제47조 제4항, 제73조 제1항, 제80조, 상업등기규칙 제88조, 제132조, 부동산등기법 제36조, 제57

것이고 당사자가 등기사항의 발생을 가장 잘 알고 있으므로 원칙적으로 당사자의 신청에 의하여 등기절차를 개시하도록 하되, 판결이 있는 경우 등 일정한 경우에는 거래의 안전보호라는 공익적인 관점에서 법원 기타 관공서로 하여금 등기를 촉탁하도록 한 것이다.[5]

나아가 부동산등기는 등기권리자와 등기의무자의 공동신청으로 하는 것이 원칙이다(부동산등기법 제23조 제1항). 공동신청주의는 실체관계에 대한 공증 대신 양 당사자가 공동으로 등기신청을 하도록 함으로써 등기의 진정을 확보하고자 하는 제도이다.

관공서가 등기를 촉탁하기 위해서는 법령상 그에 관한 근거 규정이 있어야 하고,[6] 법령에 근거 규정이 없으면 원칙적으로 당사자의 신청에 의하여 등기하여야 한다(등기예규 제1536호[7] 제2조 제1항 참조).

(2) 도산절차에서의 등기−촉탁에 의한 등기 원칙

도산절차에서의 등기는 원칙적으로 법원사무관등이나 법원의 촉탁[8]에 의한다(제23조, 제24조). 도산절차의 목적 달성과 거래안전의 도모라는 공익목적을 위해서는 도산절차를 관장하는 법원(그 소속 법원공무원등)의 촉탁에 의하는 것이 가장 효율적이기 때문이다.[9] 다만 도산절차의 진행과 관련이 없는 채무자와 이해관계인 사이의 권리관계에 관한 등기{부인등기(제26조 제1항), 임의매각에 의한 소유권이전등기(제26조 제4항) 등}는 일반원칙에 따라 (공동)신청에 의하여 한다.

촉탁에 따른 등기절차는 법률에 다른 규정이 없은 경우에는 신청에 따른 등기에 관한 규정을 준용한다(상업등기법 제22조 제2항, 부동산등기법 제22조 제2항). 관공서의 촉탁에 따른 등기도 넓은 의미에서 신청에 따른 등기와 같기 때문이다.[10]

조 제2항, 제66조 제1항, 제85조의2, 제92조 제1항, 제94조 제2항 등이 있다. 직권에 의한 등기는 당사자의 신청을 기다려 그 등기를 실행하는 것이 적절하지 않는 등기(상업등기법 제73조 제1항 등)와 당사자의 신청에 따른 등기에 부수하는 기술적인 등기(상업등기규칙 제88조 등)가 있다.

5) 법원행정처, 상업등기실무(Ⅰ)(2017), 122쪽.

6) 촉탁등기에 관한 규정으로 비송사건절차법 제93조, 제99조, 제101조 제2항, 제107조, 채무자회생법 제23조, 제24조, 담보부사채신탁법 제97조, 「금융산업의 구조개선에 관한 법률」 제14조의3 제4항 등이 있다.

7) 직무집행정지가처분등기 등 재판에 따른 등기에 관한 업무처리지침[등기예규 제1536호, 시행 2014. 11. 21.].

8) 관공서의 촉탁에 의한 등기는 ① 관공서가 권리관계의 당사자로서 촉탁하는 경우(부동산등기법 제98조), ② 관공서가 공권력 행사의 주체로서 촉탁하는 경우(부동산등기법 제97조), ③ 관공서로 의제되는 자가 촉탁하는 경우로 나눌 수 있다. 도산절차에 관한 등기는 ②에 해당한다. ②는 부동산 등 소유자의 의사에 관계없이 일방적으로 등기를 촉탁하는 경우로, 당사자의 신청을 기대할 수 없거나 일정한 행정목적(공익, 후견적 개입 등) 달성을 위한 필요 때문에 인정되는 것이다{부동산등기실무(Ⅰ), 216쪽}.
   등기촉탁을 할 수 있는 관공서는 원칙적으로 국가 및 지방자치단체이다(부동산등기법 제98조). 국가나 지방자치단체 이외의 기관은 등기촉탁에 관한 특별규정이 있는 경우에 한하여 등기촉탁을 할 수 있다. 도산절차와 관련한 등기촉탁의 근거 규정은 채무자회생법이다.

9) 부동산등기실무(Ⅲ), 336쪽.

10) 촉탁절차가 신청절차와 다른 점은 다음과 같다. ① 등기를 촉탁할 때에는 촉탁자 또는 그 대리인이 등기소에 출석할 필요가 없다(상업등기법 제24조 제2항 제1호). ② 촉탁에 의할 때에는 등기신청수수료를 납부하지 않아도 된다.

나. 촉탁의 주체

직권에 의한 촉탁의 경우에 있어 촉탁의 주체는 원칙적으로 법원사무관등[11]이다. 회생절차 개시결정, 파산선고결정 등에 따른 등기는 모두 이미 내려진 법원의 결정을 집행하는 것이어서 따로 실질적인 판단 과정이 필요하지 않다는 점을 이유로 한다. 이는 민사집행법에서 강제집행절차나 보전처분에 관한 각종 등기의 촉탁을 법원사무관등이 담당하고 있는 것과 마찬가지의 취지이다. 한편으론 법원사무관등의 권한을 넓히기 위한 일환이기도 하다.[12] 다만 중요한 사항의 등기는 법원이 촉탁하도록 하고 있다.

관련 내용은 〈제2편 제2장 제4절 Ⅱ.〉(본서 157쪽)를 참조할 것.

법원이 촉탁하여야 할 등기를 법원사무관등의 명의로 촉탁한 경우 등기관은 이를 각하하여야 한다. 법원을 촉탁의 주체로 한 것은 고도의 판단이 필요하다고 본 것이기 때문이다. 다만 반대의 경우에는 수리하여도 될 것이다. 촉탁하여야 할 것을 당사자(채무자나 관리인)가 신청한 경우에도 각하하여야 한다(상업등기법 제26조 제4호, 부동산등기규칙 제52조 제8호, 법인등기사무처리지침 제3조 제1항, 부동산등기사무처리지침 제2조 제1항 등 참조).

다. 촉탁사항 이외의 등기사항에 관한 신청권자

촉탁등기사항 이외의 등기사항에 대한 등기신청권자는 ① 보전관리명령(제43조 제3항)이 있는 경우는 보전관리인, ② 회생절차개시결정이 있는 경우는 관리인, ③ 파산선고가 있는 경우는 파산관재인, ④ 개인회생절차개시결정이 있는 경우는 채무자, ⑤ 국제도산절차에서 국제도산관리인이 선임된 경우는 국제도산관리인이다(법인등기사무처리지침 제4조, 부동산등기사무처리지침 제3조).

도산절차가 개시되면 채무자는 관리처분권을 상실하기 때문에 보전관리인 등이 신청권자가 된다. 여기서 신청이란 부동산의 경우 일반원칙에 따라 공동신청을 의미한다.

다만 채무자 회사(법인)의 조직법적 사단활동(비재산적 활동) 범위에 속하는 사항에 관한 권한은 관리인이나 파산관재인이 아니라 여전히 채무자 회사(법인)에게 있으므로, 회사(법인)의 본점 이전이나 신임이사의 선임에 따른 등기는 관리인이나 파산관재인이 신청할 수 없고, 채무자의 재산이나 파산재단 외의 관계에 있어서 회사(법인)의 업무집행기관 겸 대표자인 대표이사 등이 신청하여야 한다.[13]

2. 법인채무자와 개인채무자에 있어 등기촉탁의 대상

채무자회생법은 도산절차와 관련된 등기(촉탁)의 대상에 있어 법인채무자와 개인채무자(법인

---

11) 법원서기관·법원사무관·법원주사 또는 법원주사보를 말한다(제8조 제5항).
12) 條解 民事再生法, 56쪽.
13) 상업등기선례 제1－264호(2002. 4. 26. 제정) 참조.

이 아닌 채무자로 자연인 또는 법인 아닌 사단·재단[14]을 말한다. 이하 같다)[15]를 구별하여 규정하고 있다.

법인채무자의 경우 보전처분 및 부인의 등기를 제외하고, 도산절차와 관련된 사항을 법인등기부[16]에만 기재하도록 하고 있다. 법인채무자의 개별 재산(등기된 권리)에 대한 등기는 필요가 없다(구 회사정리법에서는 개별 재산에 대하여도 등기촉탁을 하도록 하였으나 현재는 폐지되었다). 채무자의 개별 재산에 대한 등기는 아무런 대항력을 갖지 못한 채{나아가 법률행위의 성립요건으로서의 등기(민법 제186조)와도 다르다} 단지 거래의 혼란을 예방하는 제3자에 대한 경고적 의미만 있고, 재산의 수가 많은 경우 등기에 소요되는 시간 및 비용의 부담이 크며, 나아가 도산절차 종료 후에도 그 기입등기가 신속히 말소되지 않아 채무자가 재산을 처분하는 데 지장을 초래하였다는 점 등을 고려한 것이다. 또한 법인채무자의 경우에는 법인등기부에 도산절차개시 등의 사실이 공시되므로(해당 법인과 거래하려는 제3자는 법인등기부에 대한 등기에 의해 도산절차개시사실 등을 알 수 있다) 개별 재산에 일일이 등기하지 않아도 되기 때문이다.

반면 개인채무자의 경우는 보전처분 및 부인의 등기는 물론 도산절차와 관련된 절차적 사항을 개별 재산에 대하여 등기를 촉탁하도록 하고 있다. 개인채무자는 법인채무자와 달리 등기부와 같은 공시방법이 없으므로 거래의 안전을 위해 개별 재산에 대하여 등기를 촉탁하도록 한 것이다. 한편 개인회생절차의 경우에는 한 걸음 더 나아가 절차의 신속한 진행을 위해 보전처분과 부인의 등기만을 개별 재산에 등기하도록 하고 있다(제24조 제6항, 제26조 제1항).[17]

관련 내용은 〈제2편 제2장 제4절 Ⅰ.〉(본서 154쪽)를 참조할 것.

요컨대 보전처분 및 부인의 등기는 채무자가 법인이건 개인이건 모두 개별 재산에 대하여 등기한다. 반면 나머지 도산절차 관련 등기는 법인채무자인 경우에는 개별 재산에 등기하지 않고(법인등기부에만 등기한다), 개인채무자(법인이 아닌 경우)의 경우에만 개별 재산에 등기한다 (개인은 등기할 등기부가 없다). 나아가 개인회생절차에서는 개별 재산에 보전처분과 부인의 등기만을 한다.

---

14) 종중(宗中), 문중(門中), 그 밖에 대표자나 관리인이 있는 법인 아닌 사단(社團)이나 재단(財團)에 속하는 부동산의 등기에 관하여는 그 사단이나 재단을 등기권리자 또는 등기의무자로 한다. 법인 아닌 사단이나 재단의 등기는 그 사단이나 재단의 명의로 그 대표자나 관리인이 신청한다(부동산등기법 제26조).

15) 실무적으로 법인 아닌 사단·재단에 대하여는 도산절차에 관하여는 법인에 관한 도산절차(법인회생, 법인파산)를 적용하지만, 등기절차에 있어서는 개인(자연인)에 준하여 처리한다.

16) 등기부란 전산정보처리조직에 의하여 입력·처리된 등기정보자료를 편성·기록한 기억장치(자기디스크, 자기테이프 그 밖에 이와 유사한 방법으로 일정한 등기사항을 기록·보관할 수 있는 전자적 정보저장매체를 포함한다)를 말한다(부동산등기법 제2조 제1호, 부동산등기규칙 제18조, 상업등기법 제2조 제2호, 상업등기규칙 제15조 제1항 등 참조). 등기사항증명서란 전산등기부에 기록된 등기사항의 전부 또는 일부를 기재한 것에 법원행정처 등기정보중앙관리소 전산운영책임관의 직명을 기재한 후 전자이미지 관인을 기록한 것을 말한다(부동산등기규칙 제30조 제1항, 상업등기규칙 제31조 제1항). 등기부가 전산화됨에 따라 등기부 등본·초본 제도가 등기사항증명서로 바뀌었다.

17) 따라서 개인회생절차에서 개인회생절차개시결정, 변제계획의 인가결정, 개인회생절차폐지결정 등은 등기할 사항이 아니므로, 법원사무관등으로부터 이러한 등기촉탁이 있는 경우, 등기관은 「부동산등기법」 제29조 제2호에 의하여 이를 각하하여야 한다(부동산등기사무처리지침 제30조).

채무자 유형	도산절차 유형	등기할 곳
법인채무자	법인회생, 법인파산	법인등기부 * 보전처분 및 부인의 등기: 개별 재산에 대한 등기부
개인채무자	일반회생, 개인파산	개별 재산에 대한 등기부(보전처분 및 부인등기 포함)
	개인회생	개별 재산에 대한 등기부(보전처분 및 부인등기만)

* 유한책임신탁재산파산에 관한 등기: 제23조 내지 제27조 준용(제578조의5 제3항)

3. 도산절차 진행과 등기

가. 선행절차가 등기되어 있지 아니한 경우

선행절차가 등기되어 있지 아니한 경우 등기관은 촉탁된 등기를 어떻게 처리하여야 하는가. 도산절차상 그 전 단계의 등기가 되어 있지 않은 상태에서 그 다음 절차 단계에 해당하는 등기의 촉탁이 있으면, 등기관은 해당 재산(부동산)이 절차 대상 재산(부동산)인지 여부를 판단할 수 없으므로 부동산등기법 제29조 제6호(신청정보의 부동산 또는 등기의 목적인 권리의 표시가 등기기록과 일치하지 아니한 경우)에 의해서 각하하여야 한다.

따라서 ① 회생절차개시결정의 등기가 되어 있지 아니한 부동산에 관하여 회생계획인가의 등기 촉탁이 있는 경우, 부인의 등기가 된 경우를 제외하고는[18] 등기관은 이를 각하하여야 한다(부동산등기사무처리지침 제15조 제2항). ② 회생절차개시 및 회생계획인가의 각 등기가 되어 있지 아니한 부동산 등의 권리[19]에 대한 회생절차종결등기의 촉탁은, 부인의 등기가 된 경우를 제외하고는 등기관은 이를 각하하여야 한다(부동산등기사무처리지침 제18조 제2항). ③ 파산등기가 되어 있지 아니한 부동산 등의 권리에 파산취소, 파산폐지, 파산종결 등의 등기촉탁이 있는 경우 등기관은 부동산등기법 제29조 제6호에 의하여 이를 각하하여야 한다(부동산등기사무처리지침 제27조).

반면 상속재산에 대한 파산선고등기 후 임의매각에 따른 소유권이전등기 시 상속등기가 선행되어야 할 필요는 없다. 예컨대 망 갑의 상속재산에 대한 파산선고결정 및 그에 따른 파산선고등기가 마쳐진 후 파산관재인 을이 법원의 허가를 얻어 임의매각에 따른 소유권이전등기를 신청한 경우, 등기관은 상속등기가 마쳐지지 않았더라도, 다른 각하사유가 없는 한, 그 등기신청을 수리할 수 있다(본서 1752쪽).[20]

---

18) 부인대상등기가 회생절차개시 전에 마쳐진 소유권이전등기인 경우, 부인등기신청 당시에 회생절차개시결정등기가 되어 있지 않을 수 있기 때문이다{부동산등기실무(Ⅲ), 374쪽}.

19) 부동산, 선박, 입목, 공장재단, 광업재단 등에 대한 소유권과 담보물권, 용익물권, 임차권 등 소유권 이외의 권리 및 가등기상의 권리와 환매권을 포함한다(부동산등기사무처리지침 제8조 제1항).

20) 상속재산에 대한 파산선고등기 후 임의매각에 따른 소유권이전등기 시 상속등기가 선행되어야 하는지 여부 등(2023. 3. 15. 제정 [부동산등기선례 제202303-4호]). 상속재산 파산선고가 있는 경우 망인의 상속재산은 파산재단에 속하게 되어 파산관재인이 관리처분권을 가지게 되고, 이에 관한 등기사항은 파산관재인의 신청에 의하여 등기하여야 할 것이며, 상속등기를 선행하여야 한다고 볼 수 없다(수원지방법원 성남지원 2022. 10. 25. 자 2022비단9 결정).

나. 도산절차 관련 등기의 우선순위 등

(1) 회생형 등기 우선원칙

회생절차개시결정의 등기가 되어 있는 경우에는 파산선고의 등기를 할 수 없다. 회생절차가 파산절차에 우선하기 때문이다. 따라서 회생절차개시결정의 등기가 된 채무자의 부동산 등의 권리에 관하여 파산선고등기의 촉탁이 있는 경우 등기관은 이를 각하하여야 한다(부동산등기사무처리지침 제14조 제3항).

반대로 회생절차개시결정의 등기는 그 등기 이전에 가압류, 가처분, 강제집행 또는 담보권실행을 위한 경매, 체납처분(강제징수)에 의한 압류등기, 가등기, 파산선고의 등기 등이 되어 있는 경우에도 할 수 있다(부동산등기사무처리지침 제14조 제2항).

(2) 동일한 등기의 배제

회생절차개시결정의 등기가 된 채무자의 부동산 등의 권리에 관하여 회생절차개시의 등기의 촉탁이 있는 경우 등기관은 이를 각하하여야 한다(부동산등기사무처리지침 제14조 제3항). 동일한 등기를 중복하여 할 필요가 없기 때문이다.

(3) 파산선고등기의 말소와 회복

회생계획인가의 결정이 있은 때에는 회생절차개시결정으로 중지된(제58조 제2항) 파산절차는 그 효력을 잃는다(제256조 제1항). 따라서 회생계획인가의 등기를 하는 경우 채무자에 대하여 파산등기가 있는 때에는 직권으로 그 등기를 말소하여야 한다(제25조 제2항, 부동산등기사무처리지침 제15조 제3항).

이후 회생계획인가취소의 등기를 하는 경우 위와 같은 절차에 따라 말소한 등기가 있는 때에는 직권으로 그 등기를 회복하여야 한다(제25조 제3항, 부동산등기사무처리지침 제15조 제3항).

다. 도산절차 종료 등과 종전 등기의 말소

(1) 도산절차가 종료된 경우

도산절차가 종료된 경우 종료등기와 함께 종전 절차의 말소등기를 촉탁하여야 한다. 예컨대 회생절차종결등기와 함께 보전처분, 회생절차개시결정 및 인가결정에 관한 등기의 말소등기를 촉탁하여야 한다.

(2) 회생계획인가결정의 경우

회생계획인가결정이 있은 때는 제58조 제2항의 규정에 의하여 중지된 강제집행, 가압류, 가처분, 담보권실행 등을 위한 경매절차는 그 효력을 잃게 되므로(제256조), 회생계획인가의 결정을 한 법원은 그 등기와 함께 위 각 절차에 따른 등기의 말소를 함께 촉탁할 수 있다. 가압류 등을 한 집행법원의 말소촉탁에 의하여 말소할 수도 있다. 등기관은 당해 부동산에 회생계획인가결정의 등기가 되어 있는지 여부와 관계없이 그 촉탁을 수리하여야 한다(부동산등기사무처리지침 제15조 제4항 본문).

다만, 회생계획이 인가된 경우에도 회생절차개시결정 등기 이전에 등기된 가등기(담보가등기 제외) 및 용익물권에 관한 등기, 국세징수법 또는 그 예에 의한 체납처분(강제징수) 및 조세채무담보를 위하여 제공된 부동산 등의 처분에 따른 등기는 말소의 대상이 되지 않는다(부동산등기사무처리지침 제15조 제4항 단서).

(3) 개인회생절차에서 변제계획인가결정의 경우

개인회생절차개시결정 후 변제계획인가결정이 있는 때에는 개인회생절차개시결정으로 중지된 회생절차나 파산절차(제600조 제1항 제1호)는 소급하여 그 효력을 상실하므로(제615조 제3항) 법원사무관등은 그 등기의 말소를 촉탁하여야 한다.

라. 미등기부동산에 관한 등기의 촉탁

법원사무관등이 회생절차, 파산절차, 개인회생절차, 국제도산절차와 관련하여 미등기부동산에 대하여 제24조의 등기를 촉탁하는 경우 등기관은 이를 수리하여 직권으로 소유권보존등기를 한 다음 촉탁에 따른 등기를 하여야 한다(부동산등기법 제66조, 부동산등기사무처리지임 제5조 등 참조). 도산절차에 관한 등기는 처분제한의 등기에 해당하므로 부동산등기법 제66조[21])가 적용되기 때문이다.

마. 등기촉탁의 시점

등기촉탁은 결정과 동시에 하는 것과 결정이 확정된 후에 하는 것이 있다.

결정과 동시에 촉탁하여야 하는 것은 ① 보전처분결정, ② (간이)회생절차개시결정, ③ 회생계획인가결정, ④ (간이)회생절차종결결정, ⑤ 파산선고, 파산취소, 파산폐지 또는 파산종결의 결정 등기이다(제23조 제1항 제1호, 제3호, 제5호, 제24조 제1항 제2호, 제3호).

결정이 확정된 후 촉탁하여야 하는 것은 ① (간이)회생절차개시결정취소결정, ② (간이)회생절차폐지결정, ③ 회생계획불인가결정 등기이다(제23조 제1항 제2호).

바. 등기의 실행방법[22])

도산절차에서 보전처분의 등기, 부인의 등기, 각 도산절차단계별 등기는 주등기(독립등기)로

---

21) 등기관이 미등기부동산에 대하여 법원의 촉탁에 따라 소유권의 처분제한의 등기를 할 때에는 직권으로 소유권보존등기를 하고, 처분제한의 등기를 명하는 법원의 재판에 따라 소유권의 등기를 한다는 뜻을 기록하여야 한다(부동산등기법 제66조 제1항).

22) 등기는 그 방법 내지 형식에 따라 주등기(독립등기)와 부기등기로 나누어진다. 주등기는 독립한 번호를 붙여서 하는 등기로서 원칙적으로 등기는 주등기의 방법으로 한다. 부기등기란 주등기(또는 부기등기)의 번호에 가지번호를 붙여하는 등기이다(부동산등기규칙 제2조). 부기등기는 어떤 등기로 하여금 기존 등기의 순위를 그대로 보유하게 할 필요가 있는 경우에 한다. 부기등기는 법령에 부기로 하도록 규정된 경우에만 할 수 있다(부동산등기법 제52조, 부동산등기규칙 제82조, 제118조, 제135조, 주택법 제57조의2 제5항, 제61조 제3항, 제64조 제4항 등).

한다. 소유권 외의 권리에 관한 등기는 그 권리등기에 부기등기로 한다(부동산등기법 제52조 제2호 내지 제4호). 부인의 등기는 소유권 외의 권리에 관한 것이라도 주등기로 한다.

4. 등록면허세 등 조세와 등기신청수수료

법원사무관등이 도산절차 관련 등기를 촉탁하는 경우 등록에 관한 등록면허세는 비과세된다. 부인의 등기는 법원의 촉탁이 아니라 관리인 등의 신청에 의한 등기이지만, 등록면허세가 비과세된다. 등록면허세의 비과세로 지방교육세도 납부하지 않는다. 반면 농어촌특별세는 납부하여야 한다.

부인의 등기를 제외한 나머지 등기에 관하여는 등기신청수수료를 받지 아니한다(등기사항증명서 등 수수료규칙 제5조의2 제2항 단서 제3호). 부인의 등기에 관하여는 등기신청수수료를 받지 않는다는 규정이 없으므로 등기신청수수료를 납부하여야 한다.

관련 내용은 아래 〈Ⅶ.〉을 참조할 것.

Ⅱ 보전처분에 관한 등기

여기서 보전처분은 보전관리명령을 제외한 협의의 보전처분을 말한다.

1. 보전처분의 등기

가. 법원사무관등의 촉탁

채무자가 개인이건 법인이건 도산절차에서 보전처분은 가능하다. 채무자의 재산뿐만 아니라 법인의 이사 등의 재산[23]에 대하여도 보전처분을 할 수 있다. 보전처분이 있는 경우 법인채무자이건 개인채무자이건 개별 재산에 대하여 등기하여야 한다(제24조 제1항 제2호, 제3호, 제3항 제3호, 제4호). 유한책임신탁재산파산에 있어 유한책임신탁재산에 속하는 권리로서 등기된 것(제578조의8 제3항) 및 수탁자 등의 재산(제578조의9 제3항)에 관한 보전처분에 대하여도 마찬가지이다.[24]

도산절차(제43조 제1항, 제114조 제1항, 제323조, 제351조, 제592조 제1항)에서 채무자 또는 채무자의 발기인·이사(상법 제401조의2 제1항의 규정에 의하여 이사로 보는 자를 포함한다)·감사·검사인 또는 청산인의 부동산 등의 권리에 대해 보전처분이 된 경우[25] 그 등기는 법원사무관 등의 촉탁으로 한다(부동산등기사무처리지침 제8조 제1항). 명시적인 규정은 없지만, 실무적으로 인

---

23) 부동산에 관한 권리로 소유권과 담보물권, 용익물권, 임차권 등 소유권 이외의 권리 및 가등기상의 권리와 환매권을 포함한다.
24) 상속재산파산의 경우에는 명시적인 규정이 없다. 입법적 해결이 필요하다.
25) 보전처분이 된 경우만을 규정하고 있으나, 보전처분이 취소되거나 변경되거나 효력을 잃는 경우에도 마찬가지라고 할 것이다(부동산등기사무처리지침 제10조 제1항 참조).

정되고 있는 부인권을 위한 보전처분의 경우도 마찬가지로 보아야 할 것이다.[26]

개인회생절차에서 채무자 명의의 부동산 등의 권리에 대해서 법원사무관 등으로부터 제24조 제6항에 의한 보전처분 및 그 취소 또는 변경[27]의 등기 촉탁이 있는 경우 등기관은 이를 수리하여야 한다(부동산등기사무처리지침 제29조 제1항).

나. 보전처분등기의 실행

보전처분등기의 촉탁서에는 등기의 목적을 "보전처분"으로, 등기의 원인을 "○○회생(지방)법원의 재산보전처분" 또는 "○○회생(지방)법원의 임원재산보전처분"으로, 그 일자는 "보전처분 등의 결정을 한 연월일"로, 보전처분의 결정을 한 법원을 각 기재하고, 결정서의 등본 또는 초본을 첨부하여야 한다(부동산등기사무처리지침 제8조 제2항).

보전처분에 따른 금지사항이 지정되어 촉탁된 경우에는 등기관은 해당 금지사항(예를 들어, 양도, 저당권 또는 임차권의 설정 기타 일체의 처분행위의 금지)을 기록하여야 한다(부동산등기사무처리지침 제8조 제3항).

보전처분의 등기는 주등기로 하되, 소유권 외의 권리의 등기에 대한 보전처분의 경우는 그 권리의 등기에 부기등기로 한다.

2. 보전처분등기와 다른 등기의 관계

가. 보전처분등기 전에 가압류 등의 등기가 있는 경우

보전처분의 등기는 그 등기 이전에 가압류, 가처분, 강제집행 또는 담보권실행을 위한 경매, 체납처분(강제징수)에 의한 압류등기 등 처분제한 등기 및 가등기가 되어 있는 경우에도 할 수 있다(부동산등기사무처리지침 제9조 제1항).

보전처분에 앞선 가처분등기가 되어 있고 가처분권리자가 승소한 경우, 보전처분의 등기는 가처분등기에 저촉되는 등기가 되므로, 가처분채권자의 신청에 의하여 말소한다.[28]

나. 보전처분등기에 앞서 가등기가 되어 있는 경우

제66조 제1항의 본문의 반대해석에 의하면, 회생절차개시 전의 등기원인으로 회생절차개시 전에 한 가등기는 회생절차의 관계에 있어서 그 효력을 주장할 수 있다고 할 것이다. 따라서 위와 같은 가등기권자는 회생회사의 관리인에게 대하여 본등기 청구를 할 수 있다.[29]

---

26) 일본 회사갱생법 제260조 제1항 제2호, 민사재생법 제12조 제1항 제2호, 파산법 제259조 제1항 제2호는 이를 명시적으로 규정하고 있다.

27) 효력을 잃은 경우에도 마찬가지이다(부동산등기사무처리지침 제10조 제1항 참조).

28) 처분금지가처분채권자가 가처분채무자를 등기의무자로 하여 소유권이전등기 또는 소유권이전(보존)등기말소등기 신청 등을 하는 경우의 업무처리지침[등기예규 제1690호] 참조.

29) 대법원 1982. 10. 26. 선고 81다108 판결 참조. 나아가 제119조 제1항에는 관리인은 회생회사와 상대방이 회생절차개시 당시 아직 그 이행을 완료하지 않은 쌍무계약에 대하여는 이를 해제할 수 있다고 규정하고 있으나, 유효한 가

이때 보전처분등기는 직권으로 말소되는데, 이 사실은 보전처분을 촉탁한 법원에 통지하면
될 것이다.

다. 보전처분등기 후의 다른 등기

보전처분등기가 마쳐진 후 다른 등기신청(채무자와 매수인의 소유권이전등기신청, 근저당권설정
등기신청 등)이 있는 경우 등기관은 수리하여야 한다. 보전처분에 저촉되는 등기는 절대적 무효
가 아니라 회생절차개시결정이 있는 경우 관리인에게 유효를 주장할 수 없는 상대적 무효에 그
치고, 회생절차가 종료(폐지 등)된 경우 보전처분에 위반한 등기도 유효한 것으로 되기 때문이다.

또한 보전처분은 채무자에 대하여 일정한 행위의 제한을 가하는 것이고 제3자의 권리행사
를 금지하는 것은 아니므로,[30] 보전처분등기가 경료된 채무자의 부동산 등 권리에 대하여 가압
류, 가처분, 강제집행 또는 담보권실행을 위한 경매, 체납처분(강제징수)에 의한 압류 등의 등기
촉탁이 있는 경우에도 이러한 등기를 할 수 있다(부동산등기사무처리지침 제9조 제2항).

보전관리명령이 있는 경우 보전관리인이 법원의 허가서를 첨부하여 소유권이전등기 등을
신청할 수 있다.

3. 보전처분등기의 변경 등 및 말소

보전처분이 변경 또는 취소되거나 효력을 상실할 때(제24조 제1항 후문, 제3항 후문) 역시 관
련 등기는 법원사무관등의 촉탁에 의한다. 촉탁서에는 결정문의 등본(또는 초본)이나 취하서 등
의 소명자료를 첨부하여야 한다.

① 보전처분이 변경 또는 취소되거나, ② 보전처분 이후 회생절차개시신청, 파산신청 또는
개인회생절차개시신청의 기각결정, 취하 또는 취하허가 기타 사유로 보전처분이 그 효력을 상
실한 경우, 법원사무관등의 촉탁으로 보전처분 등기 등을 말소한다(부동산등기사무처리지침 제10
조 제1항 참조). 보전처분 변경이나 말소등기의 촉탁서에는 결정문의 등본(또는 초본)이나 취하
서 등의 소명자료를 첨부하여야 한다(부동산등기사무처리지침 제10조 제2항).

법원사무관등이 ③ 회생절차개시결정취소, 회생계획불인가, 회생절차폐지, 회생절차종결, 파
산취소, 파산폐지 및 파산종결의 등기를 촉탁하거나 ④ 파산관재인의 권리포기(파산재단으로부
터의 포기)에 따른 파산등기의 말소등기를 촉탁하면서 동시에 당해 사건의 보전처분등기의 말
소등기를 촉탁할 수 있다(부동산등기사무처리지침 제10조 제3항).[31] 이 경우 법원사무관등이 당해
사건의 보전처분등기의 말소등기에 대한 촉탁을 동시에 하지 아니하고 그 이후에 한 경우라도

등기가 경료된 부동산에 관한 쌍무계약에 대하여는 제119조의 적용이 배제된다 할 것이니, 회생절차 개시 당시 아
직 매매계약이 이행완료되지 않았으나 회생회사 소유인 매매목적 부동산에 관하여 순위 보전의 가등기가 경료되어
있는 경우에는 관리인은 제119조 제1항에 의하여 그 매매를 해제할 수 없다.

30) 대법원 1993. 9. 14. 선고 92다12728 판결 참조.

31) 법원사무관등은 파산관재인이 파산등기가 되어 있는 부동산 등에 대한 권리를 파산재단으로부터 포기하고 파산등
기의 말소를 촉탁하는 경우 권리포기허가서의 등본을 첨부하여야 한다(부동산등기사무처리지침 제23조).

등기관은 이를 수리하여야 한다(부동산등기사무처리지침 제10조 제4항).

회생절차 진행 중 관리인이 법원의 허가를 얻어 채무자 명의 부동산을 매각한 경우, 관리인은 단독으로 보전처분에 위배된 등기의 말소를 신청하고, 매수인과 공동으로 소유권이전등기를 신청한다(부동산등기사무처리지침 제14조 제6항 참조). 채무자 명의의 부동산 등을 처분하고 제3자 명의의 소유권이전등기를 경료한 경우에는, 법원사무관등은 직권으로 관할등기소 등기관에게 "매각"을 원인으로 하여 보전처분등기의 말소를 촉탁하여야 한다(부동산등기사무처리지침 제14조 제7항).

한편 회생절차개시결정의 등기를 촉탁하는 경우에는 보전처분등기의 말소를 촉탁하여서는 안 된다는 것에 주의할 필요가 있다. 보전처분에 위배된 등기가 있는 경우에 그 등기원인이 확정적으로 무효가 되어 해당 등기가 말소되기 전에 보전처분등기를 말소할 경우, 그 등기가 보전처분에 저촉되지 않는 것으로 공시될 우려가 있기 때문이다.[32]

4. 등기의 효력

개별 재산에 대한 보전처분등기는, 보전처분이 발령되어도 그 등기가 될 때까지는, 제3자와의 사이에서는 처분제한의 효력이 미치지 않는다. 등기가 된 때에는 제3자가 선의인지 악의인지를 묻지 않고 효력이 미치고, 도산절차개시 전에 한 보전처분에 반한 처분행위는 도산절차와의 관계에서는 그 효력이 무효로 되는 것이다(상대적 무효). 한편으론 도산절차의 취하, 도산절차개시신청의 기각 내지 각하결정, 도산절차개시결정의 취소결정이 된 때에는, 보전처분은 소급하여 무효로 되고, 이것에 반하는 처분행위도 처음부터 유효로 된다. 예컨대 채무자 갑→보전처분→을(소유권이전등기)의 등기가 이루어진 후 보전처분이 취소되거나 실효된 경우 보전처분등기는 말소되고 을 명의의 소유권이전등기는 확정적으로 유효한 등기가 된다.

보전처분발령 후 등기 전 보전처분의 대상이 된 재산의 처분행위에 대하여 보전처분이 어떠한 효력을 미치는가. 악의의 상대방을 보호할 필요까지는 없기 때문에 선의의 상대방에 대하여는 효력이 미치지 않지만, 악의의 상대방에 대하여는 효력이 미친다고 할 것이다.[33] 이에 관하여는 〈제2편 제4장 제1절 Ⅳ.1.〉(본서 219쪽)을 참조할 것.

보전처분등기 후 이에 위반하여 제3자에게 등기가 된 경우에는 처분제한효에 저촉되는 한도에서 도산절차와의 관계에서 무효이다. 따라서 제3자의 등기는 ① 등기된 재산의 환가가 민사집행법에 의한 경매절차에 의한 경우에는 매수인을 위하여 매각으로 인한 소유권이전등기를 할 때, 보전처분의 등기와 함께 법원사무관등의 촉탁에 의해 말소된다(민집법 제144조, 제268조). ② 그 외의 경우에는 관리인 등이 제3자에 대하여 소유권에 기한 방해배제 등을 이유로 해당 등기의 말소를 구하는 소를 제기하여 승소한 후 말소를 하여야 할 것이다.

---

32) 부동산등기실무(Ⅲ), 352, 355쪽.
33) 일본 회사갱생법 제28조 제6항, 민사재생법 제30조 제6항, 파산법 제28조 제6항은 변제금지가처분과 관련하여 이를 명시적으로 규정하고 있다.

Ⅲ 도산절차 진행에 관한 등기

도산절차 진행에 관한 등기란 보전처분 및 부인의 등기를 제외한, 도산절차의 진행(단계별 재판)과 관련된 절차적 등기를 말한다. 개략적으로 보면 제23조는 상업등기법·상업등기규칙이 적용되는 상업등기, 제24조는 부동산등기법·부동산등기규칙이 적용되는 부동산등기에 관한 것이다.

1. 법인채무자의 경우 – 법인에 관한 등기의 촉탁[상업등기]

법인채무자에 대하여는 법인에 관한 등기의 촉탁을 하면 된다. 개별 재산에 대하여는 등기를 촉탁할 필요가 없다. 주로 도산절차에 관한 결정(재판)에 대한 등기이다. 근거 법령 등은 제23조 및 법인등기사무처리지침 등이다.

가. 법인의 범위 및 촉탁하여야 하는 등기소

(1) 법인의 범위

법인이란 민법법인, 상법상의 회사, 민법 및 상법 이외의 법령에 의하여 설립된 법인, 외국회사 및 외국회사를 제외한 기타의 외국법인 및 회생계획에 의하여 신설되는 새로운 법인을 말한다(법인등기사무처리지침 제2조).

(2) 촉탁하여야 하는 등기소

등기의 촉탁은 채무자의 각 사무소 및 영업소(외국에 주된 사무소 또는 영업소가 있는 때에는 대한민국에 있는 사무소 또는 영업소를 말한다) 소재지의 등기소에 한다(제23조 제1항, 제2항, 법인등기사무처리지침 제9조).

입법론적으로는 법인에 관한 도산사건의 관할이 '주된 사무소나 영업소가 있는 곳'이므로(제3조 제1항 제2호) 촉탁하여야 할 등기소도 동일하게 할 필요가 있다.

나. 법인에 관한 등기의 촉탁 범위

법인채무자에 대하여 도산절차에 관한 각종 결정(재판) 등이 있는 경우 그에 따라 등기를 하여야 한다. 즉 법인채무자에 대하여 아래의 어느 하나에 해당하는 사유가 있는 경우 법원사무관등은 직권으로 지체없이 촉탁서에 결정서의 등본 또는 초본 등 관련 서류를 첨부하여 관할 등기소에 그 등기를 촉탁하여야 한다(제23조 제1항, 제2항, 법인등기사무처리지침 제9조).

(1) 회생절차개시(제293조의5 제4항에 따라 회생절차가 속행된 경우를 포함한다)·간이회생절차개시 또는 파산선고의 결정이 있는 경우(제23조 제1항 제1호)

(간이)회생절차개시결정이 내려진 경우 업무수행권이나 재산의 관리처분권이 채무자로부터 관리인에게 이전되고, 회생채권자·회생담보권자의 권리행사가 제한되므로 이러한 사실을 공

시하기 위해 등기를 하는 것이다. 파산선고결정이 내려진 경우에도 파산관재인에게 재산의 관리처분권이 이전되므로 같은 이유에서 등기를 하는 것이다.

(가) (간이)회생절차개시결정의 등기

1) 등기절차

(간이)회생절차개시(제49조, 제293조의5)에 관한 등기는 법원사무관등의 촉탁으로 하여야 한다(법인등기사무처리지침 제10조 제1항). (간이)회생절차개시결정의 등기는 법원사무관등이 촉탁서에 등기의 목적{(간이)회생절차개시}, 등기의 원인{○○회생(지방)법원의 (간이)회생절차개시결정, 사건번호} 및 그 일자, 결정을 한 법원을 기재하고, 결정서의 등본 또는 초본을 첨부하여 촉탁하여야 한다(법인등기사무처리지침 제10조 제3항, 제4항, 상업등기규칙 제55조 제2항). (간이)회생절차개시가 있었다는 뜻은 '기타사항란'에 한다(법인등기사무처리지침 [별표] 나. 참조).

한편 개별 재산에 (간이)회생절차개시결정이 등기되지는 않지만, 개별 재산의 처분을 금지할 필요가 있는 때에는 처분금지의 보전처분을 발령하여 이것을 등기함으로써 처분제한을 할 수 있다(실무상 일반적으로 처분금지보전처분이 이용되고 있다). 아니면 신속한 (간이)회생절차개시결정을 통해 처분제한의 문제를 해결할 수 있다.

2) (간이)회생절차개시결정의 등기와 다른 등기의 관계

(간이)회생절차개시결정의 등기가 된 채무자에 관하여 파산선고등기나 또 다른 (간이)회생절차개시결정등기의 촉탁이 있는 경우 등기관은 이를 각하하여야 한다. (간이)회생절차가 파산절차에 우선하거나 (간이)회생절차개시결정의 등기를 중복하여 할 필요가 없기 때문이다.

(나) 파산선고결정의 등기

파산선고의 결정에 따른 등기는 법원사무관등의 촉탁으로 하여야 한다(법인등기사무처리지침 제15조 제1항). 촉탁서에는 등기의 목적, 등기의 원인 및 그 일자, 그 결정을 한 법원을 기재하여야 하고, 그 결정서의 등본(또는 초본)을 첨부하여야 한다(법인등기사무처리지침 제15조 제3항, 제4항).

파산선고의 등기를 할 때에는 '기타사항란'에 파산선고의 뜻, 그 선고의 연월일, 법원의 명칭, 사건번호 및 등기연월일을 기록하여야 한다(상업등기규칙 제55조 제2항).

한편 채무자인 법인의 대표자 등 임원에 관한 등기와 지배인 또는 집행임원에 관한 등기는 말소하지 아니 한다(법인등기사무처리지침 제5조 제2항). 마찬가지로 청산 중인 회사가 파산한 경우에도 청산인, 지배인에 관한 등기를 말소하지 않는다. 파산한 경우에도 임원 등 기관은 존재하고, 비재산적 행위를 할 권한을 가지고 있기 때문이다.

(2) 회생절차개시결정취소·간이회생절차개시결정취소, 회생절차폐지·간이회생절차폐지 또는 회생계획불인가의 결정이 확정된 경우(제23조 제1항 제2호)

회생절차가 종료되는 경우 업무수행권과 관리처분권이 관리인에게서 다시 채무자로 복귀하

기 때문에 이를 공시하기 위해 등기를 하는 것이다. (간이)회생절차개시결정이 취소 또는 변경된 경우는 그에 관한 등기는 법원사무관등의 촉탁으로 하여야 한다(법인등기사무처리지침 제10조 제1항).

(가) (간이)회생절차개시결정취소결정이 확정된 경우, 법원사무관등의 촉탁에 의하여 (간이)회생절차개시의 등기 및 관리인, 관리인대리 또는 제74조 제4항에 의하여 법인의 대표자를 관리인으로 본다는 취지의 등기를 말소하여야 한다(법인등기사무처리지침 제10조 제6항).

(나) (간이)회생절차폐지결정의 등기를 한 경우, 등기관은 직권으로 회생절차개시등기, 회생계획인가등기 및 관리인, 관리인대리, 또는 제74조 제4항에 의하여 법인의 대표자를 관리인으로 본다는 취지의 등기를 말소하여야 한다(법인등기사무처리지침 제13조 제2항). (간이)회생절차폐지결정의 등기촉탁방법은 (간이)회생절차개시결정의 경우와 같다(법인등기사무처리지침 제13조 제1항).

(다) 회생계획불인가결정의 등기촉탁방법은 (간이)회생절차개시결정의 경우와 같다(법인등기사무처리지침 제11조 제1항). 법원사무관등의 촉탁에 의하여 회생계획불인가결정에 따른 등기를 하는 경우에는, 등기관은 직권으로 (간이)회생절차개시등기 및 관리인, 관리인대리 또는 법 제74조 제4항에 의하여 법인의 대표자를 관리인으로 본다는 취지의 등기를 말소하여야 한다(법인등기사무처리지침 제11조 제3항).

(라) 제6조의 규정에 의한 파산선고의 등기와 (간이)회생절차폐지결정·회생계획불인가결정에 따른 등기는 동시에 촉탁하여야 한다(법인등기사무처리지침 제14조).[34]

(3) 회생계획인가·회생계획인가취소[35] 또는 회생절차종결·간이회생절차종결의 결정이 있는 경우 (제23조 제1항 제3호)

(가) 회생계획인가결정으로 회생절차가 종료되는 것은 아니지만, 회생계획인가결정에 의하여 회생계획의 효력이 발생하고, 면책과 권리변동이 발생하므로 법인등기부에 등기하도록 한 것이다. 촉탁서에 첨부할 서면 등은 (간이)회생절차개시결정 등기의 경우와 같다(법인등기사무처리지침 제11조 제1항).

파산선고의 등기 및 파산관재인, 파산관재인대리에 관한 등기가 있는 채무자인 법인에 대하여 회생계획인가의 등기를 한 때에는, 등기관은 직권으로 파산선고, 파산관재인, 파산관재인대리에 관한 등기를 말소하여야 한다(제25조 제2항, 법인등기사무처리지침 제11조 제2항).

한편 변경회생계획의 인가결정은 등기사항이 아니므로 등기촉탁이 있는 경우 등기관은 이를 각하하여야 한다(부동산등기법 제29조 제2호 참조).

(나) 회생계획인가취소결정에 대한 등기방법은 (간이)회생절차개시결정 등기의 경우와 같다(법인등기사무처리지침 제11조 제1항). 회생계획인가취소결정에 따른 등기를 하는 경우에는 회생계획인가의 등기만을 말소하여야 한다(법인등기사무처리지침 제11조 제3항). 회생계획인가취소의

---

34) (간이)회생절차개시신청의 기각결정의 경우도 마찬가지이다.
35) 회생계획인가취소결정에 관하여는 채무자회생법에 누락되어 있다.

등기를 한 때에, 제11조 제2항에 의하여 말소된 등기(파산선고의 등기, 파산관재인등기, 파산관재인대리등기 등)가 있는 경우, 등기관은 직권으로 그 등기를 회복하여야 한다(법인등기사무처리지침 제11조 제4항).

(다) (간이)회생절차종결결정에 의해 업무수행권과 관리처분권이 관리인에게서 채무자로 회복되기 때문에 이를 공시하기 위해 (간이)회생절차종결결정의 등기를 하도록 한 것이다. (간이)회생절차종결의 등기를 한 경우, 등기관은 직권으로 회생절차개시등기, 회생계획인가등기 및 관리인, 관리인대리, 또는 제74조 제4항에 의하여 법인의 대표자를 관리인으로 본다는 취지의 등기를 말소하여야 한다(법인등기사무처리지침 제13조 제2항). 촉탁서에 첨부할 서면 등은 (간이)회생절차개시결정 등기의 경우와 같다(법인등기사무처리지침 제13조 제1항).

(4) 제265조 및 제266조에 따른 신주발행, 제267조 및 제268조에 따른 사채발행, 제269조에 따른 주식의 포괄적 교환, 제270조에 따른 주식의 포괄적 이전, 제271조에 따른 합병, 제272조에 따른 분할 또는 분할합병이나 제273조 및 제274조에 따른 신회사의 설립이 있는 경우 (제23조 제1항 제4호)

(5) 파산취소·파산폐지 또는 파산종결의 결정이 있는 경우 (제23조 제1항 제5호)

(가) 등기관은 파산선고 취소의 등기를 한 때에는, 직권으로 파산선고의 등기, 파산관재인에 관한 등기, 파산관재인대리에 관한 등기를 말소하여야 한다(법인등기사무처리지침 제16조 제1항).

(나) 등기관은 파산폐지 및 파산종결의 등기를 한 경우에는 당해 등기부(등기기록)를 폐쇄하여야 한다.[36] 다만, 동의에 의한 파산폐지(제538조)의 등기를 한 경우에는 등기부를 폐쇄하지 아니하고, 직권으로 파산선고의 등기, 파산관재인, 파산관재인대리에 관한 등기를 말소하여야 한다(법인등기사무처리지침 제16조 제2항).

파산폐지 또는 파산종결의 등기를 할 때에는 '기타사항'란에 파산폐지 또는 파산종결의 뜻, 파산폐지 또는 파산종결결정의 확정연월일, 법원의 명칭 및 등기연월일을 기록하여야 한다(상업등기규칙 제55조 제2항).

한편 파산폐지의 등기를 한 회사라도 잔여재산이 있는 때에는 청산 중인 회사로 존속하는 바, 청산인이 아직 청산사무가 남아 있음을 소명한 경우에는 등기기록을 부활시킬 수 있다.[37]

(6) 보전관리명령(제43조 제3항), 관리인·관리인불선임(제74조 제1항·제3항)·파산관재인(제355조)·국제도산관리인의 선임(제636조 제1항 제4호) 결정이 있는 경우 및 등기된 처분이 변경 또는 취소된 경우 (제23조 제2항)

보전관리인, 관리인·관리인불선임, 파산관재인, 국제도산관리인의 선임결정이 있는 경우

---

36) 등기기록의 폐쇄란 등기기록에 관하여 그 등기소에서는 등기하지 않는 상태로 된 경우 또는 사실상 그러한 상태에 이르렀다고 추정되는 경우 등기기록에 그 사유와 등기기록을 폐쇄한다는 뜻을 기록하는 것을 말한다. 등기기록이 폐쇄되면 이를 부활하지 않는 한 그 등기기록에는 어떠한 사항도 등기할 수 없게 된다(상업등기규칙 제59조 제1항, 제2항 참조).

37) 법원행정처, 상업등기실무(Ⅱ)(2017), 572쪽.

업무수행권과 재산에 대한 관리처분권이 위 자들에게 전속하므로 법인등기부에 등기하도록 한 것이다. 위 각 처분의 등기(관리인불선임처분의 등기는 제외)에는 관리인·보전관리인·파산관재인 또는 국제도산관리인의 성명 또는 명칭과 주소 또는 사무소를 기재하여야 한다.[38] 이 경우 기재사항이 변경된 때에는 법원사무관등은 지체 없이 그 변경의 등기를 채무자의 각 사무소 및 영업소의 소재지의 등기소에 촉탁하여야 한다(제23조 제3항).

관리인대리(제76조), 파산관재인대리(제362조) 및 국제도산관리인대리(제637조 제3항)의 경우도 마찬가지이다(규칙 제9조 제2항).[39]

거래상대방의 신뢰보호와 채무자의 이익보호라는 관점에서 등기촉탁을 하도록 한 것이다.

(가) 보전관리 및 보전관리인선임등기 등

1) 보전관리명령 및 보전관리인선임의 등기

보전관리 및 보전관리인선임 등기,[40] 그 변경의 등기는 법원사무관등의 촉탁으로 하여야 한다(법인등기사무처리지침 제9조 제1항). 촉탁서에는 등기의 목적, 등기의 원인 및 그 일자, 그 보전관리명령을 한 법원을 기재하여야 하며, 보전관리인에 관한 등기를 촉탁함에 있어서는 보전관리인의 성명, 주민등록번호, 주소(법인인 경우에는 명칭·상호, 법인등록번호, 본점·주사무소 소재지를 말한다. 이하 같다) 등을 기재하여야 한다(법인등기사무처리지침 제9조 제2항). 또한 촉탁서에는 그 결정서의 등본(또는 초본) 및 보전관리인의 성명, 주민등록번호, 주소 등을 증명하는 자료를 첨부하여야 한다(법인등기사무처리지침 제9조 제3항).

보전관리명령이 있었다는 뜻은 기타사항란에, 보전관리인의 등기는 임원란에 각 하는데(법인등기사무처리지침 [별표] 가. 참조), 이 경우 법원의 명칭, 사건번호 및 재판의 확정연월일 또는 재판연월일도 기록하여야 한다(상업등기규칙 제55조 제2항).

2) 보전관리명령 및 보전관리인선임의 말소등기

보전관리명령취소결정, (간이)회생절차개시신청의 기각결정이 확정된 때에는 법원사무관등의 촉탁에 의하여 보전관리 및 보전관리인선임 등기를 말소한다(법인등기사무처리지침 제9조 제4항).

(간이)회생절차개시의 등기를 한 경우, 등기관은 직권으로 보전관리 및 보전관리인에 관한 등기를 말소하여야 한다(법인등기사무처리지침 제10조 제5항). (간이)회생절차개시결정이 되면 보전관리명령의 효력은 소멸되기 때문이다.

보전관리명령이 있는 경우 법원의 허가를 받지 아니하면 보전처분신청 또는 (간이)회생절차개시신청을 취하할 수 없으므로(제48조 제2항), 법원사무관등은 보전처분신청 또는 (간이)회생절차개시신청의 취하서 등본 및 이에 대한 법원의 허가결정서 등본을 첨부하여 보전처분신청 또는 (간이)회생절차개시신청의 취하에 따른 보전관리 및 보전관리인선임 등기의 말소를 촉탁하

---

38) 입법론적으로는 수인의 관리인에 대한 직무 분장의 허가(제75조 제1항 후문)가 있는 경우에는 그 취지 및 각 관리인이 분장한 직무의 내용도 등기를 하여야 할 것이다.

39) 추가적으로 필요한 사항은 대법원예규로 정한다(규칙 제9조 제3항).

40) 협의의 보전처분은 법인등기부에는 등기하지 않고, 개별 재산에 대하여만 등기를 한다.

여야 한다(법인등기사무처리지침 제9조 제5항).

(나) 관리인선임등기 등

관리인의 선임, 관리인대리의 선임허가(제76조), 관리인의 사임 및 해임(제83조), 관리인을 선임하지 아니하는 처분(제74조 제3항)에 관한 등기와 그 결정이 취소 또는 변경된 경우는 법원사무관등의 촉탁으로 하여야 한다(규칙 제9조 제2항, 법인등기사무처리지침 제10조 제1항).

법원이 관리인을 선임하지 아니하는 경우(제74조 제3항)에는 그 처분의 등기를 촉탁할 때 채무자인 법인의 대표자를 관리인으로 본다는 취지의 등기를 함께 촉탁하여야 한다. 이 경우 그 대표자의 성명 또는 주소가 변경된 때에는 법원사무관등은 지체 없이 그 변경의 등기를 채무자의 각 사무소 및 영업소의 소재지의 등기소에 촉탁하여야 한다. 그 결정이 취소 또는 변경된 때에도 같다(제23조 제4항, 법인등기사무처리지침 제10조 제2항).

촉탁서에는 등기의 목적, 등기의 원인 및 그 일자, 그 결정(허가)을 한 법원을 기재하여야 하며, 관리인, 관리인대리 또는 관리인으로 간주되는 자에 관한 등기를 촉탁함에 있어서는 관리인, 관리인대리 또는 관리인으로 간주되는 자의 성명, 주민등록번호, 주소 등을 기재하여야 한다(법인등기사무처리지침 제10조 제3항). 또한 그 결정(허가)서의 등본(또는 초본) 및 관리인 또는 관리인대리의 성명, 주민등록번호, 주소 등을 증명하는 자료를 첨부하여야 한다(법인등기사무처리지침 제10조 제4항).

관리인 등의 등기는 임원란에 하는데(법인등기사무처리지침 [별표] 나. 및 다. 참조), 이 경우 법원의 명칭, 사건번호 및 재판의 확정연월일 또는 재판연월일도 기록하여야 한다(상업등기규칙 제55조 제2항).

(다) 파산관재인선임등기 등

파산관재인의 선임(제355조), 파산관재인대리의 선임허가(제362조), 파산관재인의 사임 및 해임(제363조, 제364조)에 관한 등기는 법원사무관등의 촉탁에 의하여 한다(법인등기사무처리지침 제15조 제2항). 촉탁서에는 파산관재인 또는 파산관재인대리의 성명, 주민등록번호, 주소 등을 증명할 수 있는 자료를 첨부하여야 한다(법인등기사무처리지침 제15조 제4항).

(라) 국제도산관리인 등의 등기

국제도산관리인 및 국제도산관리인대리의 등기에 관하여는 관리인, 관리인대리 또는 파산관재인, 파산관재인대리의 등기에 관한 규정을 준용한다(법인등기사무처리지침 제17조).

다. 등기의 효력

제23조의 등기는 상업등기부에 하는 것이기 때문에 상업등기의 효력을 정한 상법 제37조가 적용되는지 여부가 문제될 수 있다.

제23조의 등기는 거래의 혼란을 예방하기 위한 것이므로 사실상 경고적 효력밖에 없다. 상업등기의 효력을 정한 상법 제37조는 등기할 사항은 이를 등기하지 않으면 선의의 제3자에게

대항할 수 없고, 등기한 후에는 제3자가 정당한 사유로 인하여 이를 알지 못한 경우를 제외하고 등기사항으로 대항할 수 있다는 취지를 규정한 것이다. 하지만 회생절차개시결정은 그 결정시에 효력이 발생하고(제49조 제3항), 파산선고는 선고를 한 때부터 효력이 발생한다(제311조). 회생절차개시나 파산선고 후 채무자가 한 채무자의 재산이나 파산재단에 속한 재산에 관한 법률행위는 회생절차나 파산절차와의 관계에서 선의·악의에 관계없이 그 효력을 주장할 수 없다(제64조 제1항, 제330조 제1항). 행위의 효력이 회생절차개시나 파산선고의 사실에 대한 선의·악의로 정해지는 경우(제66조, 제67조, 제331조, 제332조)에 있어서도 공고를 기준으로 선의·악의를 결정하는 것이지(제68조, 제334조) 등기를 기준으로 하지는 않는다. 따라서 제23조의 등기에 상법 제37조는 적용되지 않는다고 할 것이다.[41]

물론 등기의 유무에 의해 사실상의 추정으로 기울 여지는 있을 것이다. 예컨대 회생절차개시의 공고가 없었다고 하여도 등기가 되어 있었다면 다른 사정도 고려하여 악의로 인정될 가능성이 있다고 생각된다. 또한 제23조에 위반하여 등기를 촉탁하지 않거나 지체없이 하지 않은 경우 이로 인하여 손해를 입은 자는 국가배상법에 따라 손해배상을 청구할 수도 있다고 할 것이다.

라. 등기사항증명서 등의 발급

(1) 등기사항증명서의 발급

회생절차개시신청에 따라 보전관리, 회생절차개시 또는 파산선고의 등기를 한 경우에는 등기기록의 첫 장 오른쪽 윗부분의 적당한 곳에 "보전관리", "회생절차" 또는 "파산"이라고 표시하여 등기사항증명서를 열람하게 하거나 발급하여야 한다(법인등기사무처리지침 제6조).

(2) 관리인 등의 인감증명서 발급

(가) 회생절차의 보전관리인, 관리인, 관리인대리, 파산절차의 파산관재인, 파산관재인대리, 국제도산절차의 국제도산관리인 또는 국제도산관리인대리는 그 인감을 등기소에 제출하고 인감에 관한 증명서의 교부를 청구할 수 있다(법인등기사무처리지침 제7조 제1항).

(나) 채무자인 법인의 대표자가 관리인으로 간주되는 경우(제74조 제4항), 그 법인의 대표자는 새로운 인감을 등기소에 제출한 후에 인감에 관한 증명서의 교부를 청구할 수 있다. 이 경우, 인감증명서에 "채무자 회생 및 파산에 관한 법률 제74조 제4항에 의하여 관리인으로 간주"라는 표시를 하여 발급하여야 한다(법인등기사무처리지침 제7조 제2항).

(다) 관리인대리, 파산관재인대리 또는 국제도산관리인대리가 인감신고서 또는 개인(改印)신고서를 제출하는 경우에는, 그 인감이 틀림없음을 보증하는 관리인, 파산관재인 또는 국제도산관리인의 서면을 첨부하여야 하고, 그 서면에는 관리인, 파산관재인 또는 국제도산관리인이 등기소에 제출한 인감을 날인하여야 한다(법인등기사무처리지침 제7조 제3항).

---

41) 노영보, 127쪽.

(라) 보전관리, 회생절차개시 또는 파산선고의 등기를 한 경우, 관리인으로 간주되는 대표자가 새로운 인감을 등기소에 제출하는 경우{위 (나)}를 제외하고는 법인의 대표자, 지배인, 대리인의 인감증명서는 발급할 수 없다(법인등기사무처리지침 제7조 제4항).

2. 개인채무자의 경우 – 등기된 권리에 관한 등기 등의 촉탁[부동산등기]

개인채무자의 경우에는 채무자의 개별 재산(등기된 권리)에 대하여 등기를 촉탁하여야 한다. 근거 법령 등은 제24조 및 부동산등기사무처리지침 등이다. 법인채무자 명의의 개별 재산(등기된 권리)에 대하여 회생절차개시결정, 회생계획인가, 회생절차종결, 파산선고의 등기 등의 등기촉탁이 있는 경우, 등기관은 부동산등기법 제29조 제2호에 의하여 이를 각하하여야 한다(제24조 제1항 제1호, 제3항, 부동산등기사무처리지침 제19조, 제28조). 법인채무자의 경우에는 법인등기부에 위와 같은 결정을 등기하여야 하기 때문이다(제23조).

아래에서는 각 도산절차별로 나누어 살펴보기로 한다.

가. 회생절차

개인채무자(법인이 아닌 채무자)에 대하여 아래의 경우 법원사무관등은 직권으로 지체없이 촉탁서에 결정서의 등본 또는 초본을 첨부하여 해당 등기를 촉탁하여야 한다(제24조 제1항 제1호, 제5항).

(1) 회생절차개시(제293조의5 제4항에 따라 회생절차가 속행된 경우를 포함한다) · 간이회생절차개시의 결정이 있는 경우[42] 그 채무자의 재산에 속한 권리로서 등기된 것[43]이 있는 때[44] (제24조 제1항 제1호)

(가) 채무자의 재산에 속하는 권리로서[45] 등기된 것이란 부동산에 관한 물권(민법 제186조),

---

42) 회생절차개시결정이 있는 때에는 채무자의 업무의 수행과 재산의 관리 및 처분을 하는 권한은 관리인에게 전속하고(제56조 제1항), 관리인이 선임되지 아니한 경우에는 채무자의 대표자가 관리인으로 간주되므로(제74조 제4항), 등기신청권자는 관리인 또는 제74조 제4항에 의하여 관리인으로 간주되는 자이지만(표시방법: ○○○ 관리인○○○), 권리의무의 귀속주체는 채무자 본인이다(부동산등기사무처리지침 제14조 제5항).

43) 아래에서 보는 바와 같이 파산선고를 받은 채무자에 관한 등기(제24조 제4항)와 달리 개인에 대한 (간이)회생절차[일반회생절차]에서는 미성년자(상법 제6조) 또는 법정대리인(상법 제8조)의 상업등기나 지배인(상법 제13조)의 상업등기는 등기촉탁의 대상이 아니다. (간이)회생절차개시결정이 되어도 채무자의 지위나 권한에 곧바로 영향이 발생하지 않고, 등기는 거래의 혼란의 발생을 예방하기 위한 사실상의 효력을 갖는 것에 지나지 않는다는 점을 고려한 것이다.

44) 제24조 제3항 제1호, 제2호는 파산선고 시 등기 촉탁의 시점인 "등기가 있는 것을 안 때" 또는 "등기된 것이 있음을 안 때"라고 규정하고 있다. 법체계의 정합성을 제고하기 위하여 동일한 형식을 취할 필요가 있다. 다만, 현행법 제24조 제1항 제1호는 등기 촉탁 시점을 "등기된 것이 있는 때"로 규정하고 있으므로 회생절차개시결정 등이 있는 경우 지체 없이 등기촉탁이 이루어져야 하는 취지로 해석될 수 있는 반면, 제24조 제3항 제1호, 제2호는 등기 촉탁 시점을 법원사무관등이 "등기된 것을 안 때" 또는 "등기된 것이 있음을 안 때"로 정함으로써 법원사무관등이 등기된 것을 알기까지 등기 촉탁에 시간이 소요될 수 있어, 전자가 후자보다 빠른 시점에 등기촉탁 및 등기부 기재·공시가 이루어지도록 하여 회생절차개시결정 이후 채무자와 재산권에 대한 거래를 하는 제3자의 보호에 도움이 될 수 있다는 점을 감안하면 전자로 통일하는 것이 바람직해 보인다.

45) 제24조 제1항 제1호는 '권리 중'이라고 표현되어 있으나 제24조 제3항, 제6항, 제7항은 '권리로서'라고 되어 있다.

선박(상법 제743조), 입목(입목에 관한 법률 제1조), 상호(상법 제22조), 건설기계(건설기계관리법 제3조) 등에 관한 것으로 소유권뿐만 아니라 저당권 등 담보물권이나 지상권 등 용익물권 등 등기할 수 있는 것이라면 그 종류를 묻지 않고 모두 포함된다.

(나) 회생절차개시결정의 등기는 그 등기 이전에 가압류, 가처분, 강제집행 또는 담보권실행을 위한 경매, 체납처분(강제징수)에 의한 압류등기, 가등기, 파산선고의 등기 등이 되어 있는 경우에도 할 수 있다(부동산등기사무처리지침 제14조 제2항).

(다) 회생절차개시결정의 등기와 다른 등기의 관계

회생절차개시결정의 등기가 된 채무자의 등기된 권리에 관하여 강제집행, 가압류, 가처분 또는 담보권실행을 위한 경매에 관한 등기촉탁이 있는 경우 등기관은 이를 수리하여야 한다(부동산등기사무처리지침 제14조 제4항). 회생절차가 개시되면 회생채권·회생담보권에 기한 강제집행 등은 할 수 없으나, 공익채권에 기한 강제집행 등은 할 수 있다. 그러나 형식적 심사권밖에 없는 등기관[46]으로서는 강제집행 등의 등기촉탁이 있는 경우 수리하여야 하는 사유에 해당하는지 판단하는 것이 쉽지 않다. 따라서 공익채권에 기한 강제집행 등인지의 여부는 실체적 심사권을 가진 집행법원의 판단에 맡기고 촉탁에 따른 등기를 실행하면 된다.

회생절차개시결정의 등기가 된 채무자에 관하여 파산선고등기나 또 다른 회생절차개시등기의 촉탁이 있는 경우 등기관은 이를 각하하여야 한다. 회생절차가 파산절차에 우선하고 중복하여 회생절차개시등기를 할 필요가 없기 때문이다. 반대로 파산선고의 등기가 된 경우에는 앞에서 본 바와 같이 회생절차개시결정의 등기를 할 수 있다.

회생절차개시결정의 등기보다 가등기가 먼저된 경우 가등기에 기한 본등기를 할 수 있다. 관리인과 가등기권리자의 공동신청에 의하여야 하고 법원의 허가서를 첨부하여야 한다. 이 경우 회생절차개시결정등기를 직권 말소하여야 하는데, 직권 말소한 사실의 통지는 회생절차개시결정등기를 촉탁한 법원에 하면 될 것이다.

(라) 채무자 명의의 부동산 등을 처분하고 제3자 명의의 소유권이전등기를 경료한 경우에는, 법원사무관 등은 직권으로 관할등기소 등기관에게 "매각"을 원인으로 하여 회생절차개시등기의 말소를 촉탁하여야 한다(부동산등기사무처리지침 제14조 제7항).

(마) 변경회생계획의 인가결정은 등기사항이 아니므로 등기촉탁이 있는 경우 등기관은 이를 각하하여야 한다(부동산등기법 제29조 제2호 참조).

따라서 제24조 제1항 제1호도 '권리로서'로 표현을 통일할 필요가 있다.

46) 등기관은 등기신청에 대하여 부동산등기법상 그 등기신청에 필요한 서면이 제출되었는지 여부 및 제출된 서면이 형식적으로 진정한 것인지 여부를 심사할 권한을 갖고 있으나 그 등기신청이 실체법상의 권리관계와 일치하는지 여부를 심사할 실질적인 심사권한은 없으므로, 등기관으로서는 오직 제출된 서면 자체를 검토하거나 이를 등기부와 대조하는 등의 방법으로 등기신청의 적법 여부를 심사하여야 할 것이다(대법원 2007. 6. 14. 선고 2007다4295 판결 등 참조).

(2) 회생절차개시결정취소·간이회생절차개시결정취소, 회생절차폐지·간이회생절차폐지 또는 회생계획불인가의 결정이 확정된 경우 그 채무자의 재산에 속한 권리로서 등기된 것이 있는 때(제24조 제5항, 제23조 제1항, 제2호)

(가) (간이)회생절차개시결정취소의 등기는 법원사무관등이 결정서의 등본 또는 초본을 첨부하여 촉탁하여야 한다. 촉탁과 동시에 (간이)회생절차개시등기의 말소 촉탁이 있는 경우 등기관은 (간이)회생절차개시결정취소의 등기를 실행하면서 (간이)회생절차개시등기를 말소하여야 한다(부동산등기사무처리지침 제14조 제9항, 제10항).

(나) 법원사무관등이 회생계획불인가나 (간이)회생절차폐지의 등기(이하 '회생계획불인가등기 등'이라 한다)를 촉탁하는 경우 촉탁서에 등기의 목적, 등기의 원인 및 그 일자, 결정을 한 법원을 기재하고, 결정서의 등본 또는 초본을 첨부하여 촉탁하여야 한다(부동산등기사무처리지침 제17조 제1항). 회생계획불인가 또는 (간이)회생절차폐지의 결정이 확정된 때, 법원이 직권으로 파산선고를 하고 회생계획불인가등기 등과 파산등기를 동일한 촉탁서에 의하여 촉탁한 경우, 등기관은 동일한 순위번호로 등기를 하되, 회생계획불인가등기 등을 한 후 파산등기를 하여야 한다(부동산등기사무처리지침 제17조 제2항). 위 촉탁과 동시에 (간이)회생절차개시등기의 말소등기의 촉탁이 있는 경우[47) 등기관은 회생계획불인가등기 등을 실행하면서 (간이)회생절차개시등기를 말소하여야 한다(부동산등기사무처리지침 제17조 제3항).

회생계획불인가등기 등에 관하여는 아래 〈(3)(나) 3) 내지 6)〉이 준용된다(부동산등기사무처리지침 제18조의2).

(3) 회생계획인가 또는 회생절차종결·간이회생절차종결의 결정이 있는 경우 그 채무자의 재산에 속한 권리로서 등기된 것이 있는 때(제24조 제5항, 제23조 제1항, 제3호)

(가) 회생계획인가결정의 경우

1) 회생계획인가의 등기는 법원사무관 등이 촉탁서에 등기의 목적, 등기의 원인 및 그 일자, 결정을 한 법원을 기재하고, 결정서의 등본 또는 초본을 첨부하여 촉탁하여야 한다(부동산등기사무처리지침 제15조 제1항).

2) 회생계획인가의 등기 전에 같은 부동산에 파산등기가 되어 있는 경우 등기관은 회생계획인가등기를 한 후 파산등기를 직권으로 말소하여야 한다(부동산등기사무처리지침 제15조 제3항).

3) 회생계획인가의 결정이 있은 때에는 제58조 제2항의 규정에 의하여 중지한 파산절차, 강제집행, 가압류, 가처분, 담보권실행을 위한 경매절차는 그 효력을 잃게 되므로(제256조), 회생계획인가의 결정을 한 법원은 그 등기와 함께 위 각 절차에 따른 등기의 말소를 함께 촉탁할 수 있으며, 가압류 등을 한 집행법원의 말소촉탁에 의하여 말소할 수도 있다. 등기관은 당해 부동산에 회생계획인가의 등기가 되어 있는지 여부와 관계없이 그 촉탁을 수리하여야 한

---

47) 회생절차개시등기의 말소 촉탁이 없는 경우 회생절차개시의 등기는 말소하지 않는다. 회생절차가 개시되었으나 회생계획불인가결정으로 종료되었음을 공시할 필요가 있기 때문이다[부동산등기실무(Ⅲ), 358쪽].

다. 다만, 회생계획이 인가된 경우에도 (간이)회생절차개시결정의 등기 이전에 등기된 가등기 (담보가등기 제외) 및 용익물권에 관한 등기, 국세징수법 또는 그 예에 의한 체납처분(강제징수) 및 조세채무담보를 위하여 제공된 부동산 등의 처분에 따른 등기는 말소의 대상이 되지 않는다(부동산등기사무처리지침 제15조 제4항).

4) 회생계획인가의 등기가 된 후, 회생계획의 변경인가에 따른 등기의 촉탁은 이를 수리하여서는 안 되며, 부동산등기법 제29조 제2호에 의하여 각하하여야 한다(부동산등기사무처리지침 제15조 제5항). 회생계획의 변경인가는 등기사항이 아니기 때문이다.

5) 채무자 명의의 부동산 등을 처분하고 제3자 명의의 소유권이전등기를 경료한 경우에는, 법원사무관등은 직권으로 관할등기소 등기관에게 "매각"을 원인으로 하여 회생계획인가등기의 말소를 촉탁하여야 한다(부동산등기사무처리지침 제14조 제7항).

(나) (간이)회생절차종결결정의 경우

1) 회생법원의 법원사무관 등은 (간이)회생절차종결결정 즉시 직권으로 관할등기소 등기관에게 (간이)회생절차종결결정을 원인으로 하여 보전처분등기, (간이)회생절차개시등기, 회생계획인가등기의 말소 및 (간이)회생절차종결등기를 촉탁하여야 한다.[48] 이 경우 (간이)회생절차종결결정시 보전처분등기 후 등기된 권리로 회생계획인가로 소멸된 등기가 남아 있는 경우 회생법원은 그 등기의 말소를 촉탁하여야 한다(부동산등기사무처리지침 제18조 제1항). 보전처분에 저촉되는 등기는 회생계획인가로 채무자에 대하여 확정적으로 무효가 되었으므로 말소를 하는 것이다.

2) (간이)회생절차종결의 등기와 동시에 회생절차와 관련된 등기에 대한 말소를 촉탁하는 경우에 등기관은 이를 수리하여야 한다(부동산등기사무처리지침 제18조 제3항).

3) 회생법원의 법원사무관등은 (간이)회생절차종결등기가 경료된 후 채무자 또는 이해관계인(부동산의 신소유자, 용익물권자, 담보물권자 등)의 신청이 있으면 관할등기소 등기관에게 지체없이 (간이)회생절차종결등기의 말소를 촉탁하여야 한다(부동산등기사무처리지침 제18조 제4항).

4) 회생법원의 법원사무관등은 (간이)회생절차종결등기가 마쳐진 날로부터 3월이 경과한 이후에는 채무자 또는 이해관계인의 신청이 없는 경우에도 직권으로 관할등기소 등기관에게 (간이)회생절차종결등기의 말소를 촉탁할 수 있다(부동산등기사무처리지침 제18조 제5항).

5) (간이)회생절차종결의 등기가 된 이후에 회생절차와 관련된 등기, (간이)회생절차종결의 등기에 대한 말소촉탁이 있는 경우 등기관은 이를 수리하여야 한다(부동산등기사무처리지침 제18조 제6항).

6) (간이)회생절차종결의 등기가 되고 다른 등기가 모두 말소된 이후에 (간이)회생절차종결등기의 말소촉탁이 있는 경우 등기관은 이를 수리하여야 한다(부동산등기사무처리지침 제18조 제

---

48) 회생절차종결등기의 촉탁서에는 등기의 목적(회생절차종결), 등기의 원인 및 그 일자(회생절차종결의 결정이 있은 날), 결정을 한 법원을 기재하고, 결정서의 등본 또는 초본을 첨부하여야 한다.

7항).

(4) 강제집행 등의 취소명령에 따른 처분제한등기의 말소

회생절차에서 강제집행 등의 취소명령(제44조 제4항, 제45조 제5항, 제58조 제5항)이 있는 경우 회생법원이나 집행법원의 촉탁에 의해 처분제한등기를 말소하여야 한다(부동산등기사무처리지침 제6조 제1항, 제2항, 제4항).

(가) 회생법원이 제44조 제4항, 제45조 제5항의 규정에 의하여 회생채권 또는 회생담보권에 기한 강제집행, 가압류, 가처분 또는 담보권실행을 위한 경매절차(이하 '회생채권 또는 회생담보권에 기한 강제집행 등'이라 한다)의 취소를 명할 경우 그에 기한 말소등기를 촉탁하여야 한다(부동산등기사무처리지침 제6조 제1항).

(나) 회생법원이 제58조 제5항의 규정에 의하여 회생채권 또는 회생담보권에 기한 강제집행 등의 취소 또는 체납처분(강제징수)의 취소를 명할 경우[49] 그에 기한 말소등기를 촉탁하여야 한다(부동산등기사무처리지침 제6조 제2항).

(5) 회생절차에서 촉탁하여야 할 등기의 범위에 관한 입법론

회생절차도 아래에서 보는 바와 같이 개인회생절차와 마찬가지로 보전처분등기 및 부인의 등기를 제외하고 나머지 절차에 관한 등기를 촉탁할 필요가 있을까.

개별 재산에 대한 회생절차의 개시나 종료의 등기는 대항요건이나 성립요건으로의 효력은 없고, 경고적인 의미를 가지는 것에 불과하므로 필요불가결한 것이라고 할 수는 없다. 등기된 권리(개별 재산)가 다수인 경우 절차적으로 부담이 크다고 생각되므로 회생절차에서 등기하여야 할 경우를 실제로 의미가 있는 때로 한정할 필요가 있다. 회생절차에서 요구되는 신속성에서 보면, 절차비용의 절감은 큰 의미가 있다.[50]

나아가 실무적으로 보전처분부터 회생절차개시결정까지 기간이 길지 않으므로 보전처분에 대한 등기는 생략해도 큰 문제는 없을 것이다.

나. 파산절차

파산절차와 관련된 등기에는 파산선고에 따른 등기, 파산취소의 등기, 파산폐지의 등기, 파산종결의 등기가 있다. 그 등기절차는 회생절차에 관한 것과 거의 같다. 원칙적으로 법원사무관등의 촉탁에 의하여 이루어지고, 예외적으로 촉탁하여야 할 등기사항 외의 등기에 관하여는 파산관재인과 상대방이 공동으로 신청하여야 한다.[51]

---

49) 다만 체납처분(강제징수)의 취소는 불가능하다는 것이 필자의 견해이다.
50) 일본의 경우 회사갱생절차와 민사재생절차에서 보전처분등기 및 부인의 등기만을 요구하고 있다(회사갱생법 제260조 제1항, 제262조, 민사재생법 제12조 제1항, 제13조). 파산절차의 경우는 우리나라와 큰 차이가 없다(파산법 제258조).
51) 파산선고 이후 파산재단에 대한 관리처분권은 파산관재인에게 전속한다. 그러나 채무자의 비재산적 영역에 속하는 사항인 채무자(회사)의 조직법적 사단활동에 관한 권한은 여전히 채무자(회사)에 있다. 예컨대 채무자 회사의 본점

(1) 파산선고에 따른 등기

(가) 파산선고등기

파산선고의 등기는 처분제한등기의 일종이지만, 파산선고 사실을 공시하는 것에 불과하므로(보고적 등기) 파산선고의 효과는 파산선고등기의 여부와는 관계없이 파산선고시에 발생한다.

1) 법원사무관등의 촉탁

법인이 아닌 파산선고를 받은 채무자에 관한 등기가 있는 것을 안 때에는 법원사무관등은 직권으로 지체없이 촉탁서에 파산결정서의 등본을 첨부하여 파산등기를 촉탁하여야 한다. 파산재단에 속하는 권리로서 등기된 것이 있음을 안 때에도 또한 같다(제24조 제3항 제1호, 제2호, 제5항, 제23조 제1항 제1호). 파산등기를 촉탁하여야 하는 경우는 다음의 2가지이다.

① 법인이 아닌 파산선고를 받은 채무자에 관한 등기[52]가 있는 것을 안 때(제1호)

법인이 아닌 파산선고를 받은 채무자에 관한 등기란 채무자의 지위, 권한 등이 등기되어 있고, 파산선고가 그 지위, 권한 등에 영향을 미치는 것을 말한다. 예컨대 미성년자의 등기(상법 제6조, 상업등기법 제46조)(영업을 하는 미성년자에 관한 것), 법정대리인의 등기(상법 제8조, 상업등기법 제48조)(미성년자, 피한정후견인 또는 피성년후견인을 위하여 영업을 하는 법정대리인에 관한 것), 지배인의 등기(상법 제13조, 상업등기법 제50조)(본점 또는 지점 소재지에서 상인의 영업을 하는 지배인에 관한 것), 합명회사 사원의 등기(상법 제180조), 주식회사 이사의 등기(상법 제317조 제3항) 등이다.[53]

변호사(변호사법 제7조), 공인회계사(공인회계사법 제7조), 변리사(변리사법 제5조), 세무사(세무사법 제6조) 등의 등록이 파산선고를 받은 채무자에 관한 등기에 포함되는가. 포함된다는 견해도 있다. 그 이유는 예컨대 변호사에 대하여는 파산선고를 받은 채무자가 복권되지 않는 한 변호사의 결격사유이고(변호사법 제5조 제9호), 변호사명부에 등록된 후 결격사유에 해당한다고 인정하는 때에는 등록취소를 하여야 하므로(변호사법 제19조) 파산선고가 등록된 지위에 영향을 미치는 것이라고 하지 않을 수 없기 때문이라고 한다.[54] 그러나 여기서 문제가 되는 파산선고의 영향은 거래안전에 대한 고려에서 나온 것인 이상, 실체법상의 효과가 발생하는 것을 전제로 하는 것이 명확하고(예컨대 미성년자 등기에 있어서 미성년자가 영업을 하는 것을 전제로, 그 영업

이전은 비재산적 영역에 속하므로 일반절차에 따라 대표이사가 본점이전에 따른 변경등기를 신청하여야 한다. 한편 파산재단의 사무실 이전은 채무자 회사의 본점이전으로 볼 수는 없다(상업등기선례 제1-264호).

52) 회생절차에서는 법인에 관한 등기의 촉탁(제23조)만 있을 뿐 '법인인 채무자에 관한 등기'에 관한 규정은 없다.

53) 상업등기법 제11조(등기부의 종류 등) ① 등기소에서 편성하여 관리하는 등기부는 다음 각 호와 같다.
   1. 상호등기부
   2. 미성년자등기부
   3. 법정대리인등기부
   4. 지배인등기부
   5.~11. (생략)

54) 공인회계사의 경우 공인회계사법 제4조 제5호(결격사유), 제9조 제1호(등록취소), 변리사의 경우 변리사법 제4조 제4호(결격사유), 제5조의3 제1호(등록취소), 세무사의 경우 세무사법 제4조 제3호(결격사유), 제7조 제2호(등록취소).

행위의 실체법상 효과에 대한 파산절차의 영향이 문제되는 것이다) 변호사 등의 업무규제와는 관점이 다른 것이다. 아래 ②의 경우와 달리(제27조, 제578조의8 제3항) ①의 경우에는 준용 규정이 없고,[55] 본조의 확장해석은 신중할 필요가 있으므로[56] 변호사업 등의 등록에는 유추적용은 없다고 해석하여야 할 것이다. 실무적으로도 등록의 촉탁을 하고 있지 않다. 따라서 변호사업 등의 등록은 파산선고를 받은 채무자에 관한 등기에 포함되지 않는다고 할 것이다.[57]

② 법인이 아닌 파산선고를 받은 채무자의 파산재단에 속하는 권리로서 등기된 것이 있음을 안 때(제2호)

법인이 아닌 파산선고를 받은 채무자의 파산재단에 속하는 권리로서 등기된 것이란 부동산에 관한 물권, 선박, 입목, 상호, 건설기계 등에 관한 것으로 소유권뿐만 아니라 저당권 등 담보물권이나 지상권 등 용익물권 등 등기할 수 있는 것이라면 그 종류를 묻지 않고 모두 포함된다.

등기(등록)를 촉탁하도록 하는 것은 파산절차가 개시되면 채무자는 일정한 자격제한을 받게 되어 재산(파산재단)에 관하여 관리처분권을 잃으므로 그 뜻을 공시할 필요가 있기 때문이다. 거래의 상대방에 경고를 하는 취지이므로 채무자의 처분권상실 또는 제한은 이 등기를 요건으로 하는 것은 아니다.

'등기된 것'이라고 되어 있지만, 등기를 하는 취지가 거래의 혼란을 방지하기 위한 것이므로 미등기인 권리에 대하여도 적용된다고 하는 견해도 있다. 하지만 부동산등기법에 이와 관련한 규정이 없어 실제로 등기하기 어렵고, 이러한 촉탁등기가 허용되는 것은 소유권뿐이고 소유권 이외의 권리(지상권, 저당권 등)로 미등기된 것에 대하여는 직권으로 촉탁에 의한 등기를 할 수 없다고 할 것이다.[58] 미등기인 부동산의 소유권에 관하여는, 등기의 촉탁을 받은 등기소는 직권으로 소유권보존등기를 하고 파산선고등기를 할 수 있다{②의 등기는 처분제한등기로 해석될 수 있다}(부동산등기법 제66조 제1항, 부동산등기사무처리지침 제5조 등 참조).

파산선고의 등기가 된 부동산에 대하여 파산선고를 받은 채무자로부터 처분등기의 신청이 있는 경우에는, 파산관재인을 파산선고 받은 채무자의 법정대리인에 준하는 것으로 취급하여, 해당 신청에 파산관재인이 관여하지 않았다는 점 및 신청서에 파산관재인의 대리 권한을 증명하는 서면 등을 첨부하지 않았다는 점을 이유로 해당 신청을 각하하여야 한다(부동산등기법 제29조 제3호).

2) 등기절차

파산선고의 등기는 법원사무관등이 촉탁서에 등기의 목적, 등기의 원인 및 그 일자, 결정을

---

55) 제578조의5 제3항에 준용규정이 있기는 하나, 그것은 유한책임신탁재산에 관한 것으로 파산선고를 받은 채무자에 관한 등기가 아니다.
56) 破産法·民事再生法, 170쪽.
57) 條解 破産法, 1720쪽.
58) 條解 破産法, 1721쪽. 미등기의 재산에 관하여는 먼저 촉탁에 의한 보존등기를 하여야 한다는 견해도 있다(노영보, 127쪽).

한 법원을 기재하고, 결정서의 등본 또는 초본을 첨부하여 촉탁하여야 한다(부동산등기사무처리지침 제20조 제1항). 등기의 목적은 "파산선고"이고, 등기원인은 "○○회생(지방)법원의 파산선고결정"이며, 그 원인일자는 "파산선고의 연월일"이다(부동산등기사무처리지침 제20조 제2항).

3) 파산선고등기와 다른 등기의 관계

파산선고의 등기는 그 등기 이전에 가압류, 가처분, 강제집행 또는 담보권실행을 위한 경매, 체납처분(강제징수)에 의한 압류등기, 가등기가 되어 있는 경우에도 할 수 있다(부동산등기사무처리지침 제20조 제3항).

파산선고 전에 파산채권에 기하여 파산재단에 속하는 재산에 대하여 한 강제집행이나 보전처분(가압류, 가처분)은 파산재단에 대하여 그 효력을 잃는다(제348조 제1항 본문). 이 경우 실무적으로 집행처분의 외관을 제거하기 위하여 파산관재인이 집행기관에 파산선고결정등본을 취소원인 서면으로 하여 강제집행 등의 집행취소신청을 하고, 이에 따라 집행법원이 그 등기의 말소를 촉탁한다.

4) 파산선고 이후의 등기신청[59]

① 파산선고 이후 파산재단과 관련된 등기사항은 파산관재인의 신청에 의하여 등기하여야 한다(부동산등기사무처리지침 제21조 제1항).

② 파산선고등기 후에는 파산재단에 속하는 재산에 대하여 「국세징수법」 또는 「지방세징수법」에 의하여 징수할 수 있는 청구권(국세징수의 예에 의하여 징수할 수 있는 청구권을 포함한다)에 기한 체납처분(강제징수)을 할 수 없으므로(제349조 제2항), 파산등기 후 국세징수법 또는 지방세징수법에 의하여 징수할 수 있는 청구권에 기한 체납처분(강제징수)의 등기촉탁이 있으면 등기관은 이를 각하하여야 한다(부동산등기사무처리지침 제21조 제2항).

③ 파산선고의 등기가 된 채무자의 부동산 등의 권리에 관하여 담보권실행을 위한 경매에 관한 등기촉탁이 있는 경우 등기관은 이를 수리하여야 한다(부동산등기사무처리지침 제21조 제3항). 파산선고가 되어도 담보권은 별제권으로서 파산절차 밖에서 권리행사를 할 수 있기 때문이다.

(나) 파산취소·파산폐지 또는 파산종결의 등기

파산취소·파산폐지 또는 파산종결의 결정이 있는 경우 파산선고를 받은 채무자에 관한 등기가 있는 것을 안 때 및 파산재단에 속하는 권리로서 등기된 것이 있음을 안 때는 법원사무관등은 직권으로 지체 없이 촉탁서에 결정서의 등본 또는 초본을 첨부하여 해당 등기를 촉탁하여야 한다(제24조 제5항, 제1항, 제23조 제1항 제5호).

---

59) 부동산등기사무처리지침 제21조 제3항은 '파산선고의 등기가 된 채무자의 부동산 등의 권리에 관하여 강제집행, 가압류, 가처분에 관한 등기촉탁이 있는 경우에 등기관은 이를 수리하여야 한다'고 규정되어 있으나, 파산선고 후에는 파산채권에 기한 것이든 재단채권에 기한 것이든 강제집행 등을 할 수 없으므로 각하하여야 할 것이다.

1) 파산취소의 경우

법원사무관등은 파산취소의 등기를 촉탁하는 경우, 결정서의 등본 또는 초본을 첨부하여야한다. 등기의 목적은 "파산취소", 등기의 원인은 "파산취소", 원인일자는 "파산취소가 확정된날"이다. 파산취소의 등기는 법원사무관등의 촉탁에 의하여 말소하여야 한다(부동산등기사무처리지침 제25조).

법원사무관등은 일반적으로 파산취소등기와 파산선고등기의 말소등기를 동시에 촉탁하는데, 이 경우 등기관은 촉탁에 따른 등기를 실행하면 된다.

2) 파산폐지의 경우

법원사무관등이 파산폐지의 등기를 촉탁하는 경우, 결정서의 등본 또는 초본을 첨부하여야한다. 등기의 목적은 "파산폐지", 등기의 원인은 "파산폐지", 원인일자는 "파산폐지가 확정된날"이다(부동산등기사무처리지침 제26조 제1항, 제2항).

법원사무관등은 파산폐지등기가 경료된 후 이해관계인(부동산의 신소유자, 용익물권자, 담보물권자 등)의 신청이 있으면 관할등기소 등기관에게 지체없이 파산폐지등기의 말소를 촉탁하여야한다. 법원사무관등은 파산폐지등기가 마쳐진 날로부터 3월이 경과한 이후에는 이해관계인의신청이 없는 경우에도 직권으로 관할등기소 등기관에게 파산폐지등기의 말소를 촉탁할 수 있다(부동산등기사무처리지침 제26조 제3항, 제4항). 이 경우 등기의 목적은 "ㅇ번ㅇㅇ등기말소"이고, 등기원인 및 그 원인일자는 기록하지 않는다. 위 촉탁서에는 결정서의 등본은 첨부할 필요가없다(부동산등기사무처리지침 제26조 제5항).

3) 파산종결의 경우

파산폐지의 경우와 같다(부동산등기사무처리지침 제26조 제6항).

(다) 소결: 등기를 촉탁하여야 하는 경우

1) 파산절차에서 등기를 촉탁하여야 하는 것으로 ① 파산선고를 받은 채무자에 관한 등기와 ② 파산재단에 속하는 권리로서 등기된 것에 대한 등기가 있다.

파산선고나 파산종료의 경우에는 ①과 ② 모두가 필요하다(제24조 제3항, 제5항, 제23조 제1항제5호). 파산종료에는 파산취소·파산폐지 또는 파산종결의 경우가 있다.

②에 대하여는 파산선고등기가 된 후의 사정에 따라 추가적인 등기가 필요하다. ⓐ 법원사무관등은 파산관재인이 파산등기가 되어 있는 부동산 등에 대한 권리를 파산재단으로부터 포기하고 파산등기의 말소촉탁을 신청하는 경우 그 등기를 촉탁하여야 한다. 파산등기의 말소를촉탁하는 경우 파산재단으로부터의 포기 허가서의 등본을 첨부하여야 한다(부동산등기사무처리지침 제23조). ⓑ 법원사무관등은 파산관재인이 파산등기가 되어 있는 권리를 파산재단으로부터포기하고 그 등기촉탁의 신청을 하는 경우에는 촉탁서에 권리포기허가서의 등본을 첨부하여권리포기의 등기를 촉탁하여야 한다(제24조 제4항). 다만 파산선고등기의 말소를 촉탁하는 것으

로 충분하지 권리포기의 등기를 할 필요가 있는지는 의문이다.

2) 유한책임신탁재산에 대하여 파산선고가 된 경우에도 마찬가지이다(제578조의5 제3항).[60)]

(2) 임의매각 등에 따른 등기신청

(가) 임의매각에 의한 경우

파산절차에서도 파산관재인이 법원의 허가를 받아(제492조 제1호) 파산재단에 속한 재산을 임의매각하는 경우가 많다. 이러한 경우에는 등기의 일반원칙에 따라 (소유권이전)등기는 파산관재인과 매수인이 공동으로 신청하는 것이 원칙이다.

파산관재인이 부동산에 관한 물권이나 등기하여야 하는 국내선박 및 외국선박을 매각하고, 이에 대한 등기를 신청하기 위하여는 법원의 허가서 등본 또는 감사위원의 동의서 등본을 첨부하여야 한다. 이 경우 당해 부동산 등의 권리에 관한 보전처분의 등기 이후에 그 보전처분에 저촉되는 등기가 경료된 경우에는 그 등기의 말소등기도 동시에 신청하여야 한다(부동산등기사무처리지침 제22조 제1항).

파산관재인이 위와 같이 파산선고를 받은 채무자 명의의 부동산 등을 처분하고 제3자 명의의 소유권이전등기를 경료한 경우에는, 법원사무관등은 파산관재인의 신청에 의하여 관할등기소 등기관에게 "매각"을 원인으로 하여 보전처분등기 및 파산선고등기의 각 말소를 촉탁하여야 하고, 등기관은 이를 수리하여야 한다(부동산등기사무처리지침 제22조 제3항). 파산관재인에 의해 임의매각된 경우에는 파산선고등기의 효력은 상실되어 파산등기를 존속할 필요가 없기 때문이다.

파산선고의 등기가 되어 있는 부동산 등의 권리의 일부지분이 임의매각된 경우에 등기관은 보전처분등기 및 파산선고등기가 나머지 지분에 관하여 존속하는 것으로 직권으로 변경하여야 한다(등기목적 : "○번 보전처분" 또는 "○번 파산선고"를 "○번 ○○○지분 보전처분" 또는 "○번 ○○○지분 파산선고"로 하는 변경)(부동산등기사무처리지침 제22조 제2항).

(나) 민사집행법 기타 강제집행절차에 관한 법령의 규정에 의해 매각된 경우

매각에 따른 권리의 이전등기촉탁(민집법 제144조, 제268조)과 함께, 법원사무관등이 파산선고등기의 말소촉탁을 하면 된다.

(3) 파산재단으로부터의 포기(권리포기)에 따른 등기신청

법원사무관 등은 파산관재인이 파산등기가 되어 있는 부동산 등에 대한 권리를 파산재단으로부터 포기하고 파산등기의 말소를 촉탁하는 경우 권리포기허가서의 등본을 첨부하여야 한다(부동산등기사무처리지침 제23조).

---

60) 상속재산에 대하여 파산선고가 된 경우에 관하여는 명시적인 규정이 없다. 입법적 해결이 필요하다.

다. 개인회생절차

개인회생절차에 관한 등기도 원칙적으로 법원사무관등의 촉탁에 의하여 이루어진다. 개인회생절차에서는 보전처분등기와 부인의 등기만 할 수 있는데, 실무적으로 이들 등기에 관한 촉탁은 많지 않다.

(1) 개인회생절차에서 채무자 명의의 부동산 등의 권리에 대해서 법원사무관등으로부터 제24조 제6항에 의한 보전처분 및 그 취소 또는 변경의 등기의 촉탁이 있는 경우에는 등기관은 이를 수리하여야 한다(부동산등기사무처리지침 제29조 제1항).

(2) 개인회생절차에서 채무자 명의의 부동산 등의 권리에 대해서 제26조 제1항, 제584조에 의한 부인등기의 신청 및 그 말소 촉탁이 있는 경우 등기관은 이를 수리하여야 한다(부동산등기사무처리지침 제29조 제2항).

(3) 강제집행 등의 취소명령에 따른 처분제한등기의 말소

개인회생법원이 개인회생채권에 기한 강제집행, 가압류, 가처분 또는 담보권실행을 위한 경매절차의 취소를 명한 경우(제593조 제5항) 그에 기한 말소등기를 촉탁하여야 한다(부동산등기사무처리지침 제6조 제3항).

라. 국제도산

국제도산절차에 관한 등기도 법원사무관등의 촉탁에 의하는 것을 원칙으로 하며, 촉탁하여야 할 등기사항 이외의 등기사항에 관하여는 국제도산관리인의 신청에 의하여 등기한다.

법원은 외국도산절차의 승인신청 후 그 결정이 있을 때까지 또는 외국도산절차를 승인함과 동시에 또는 승인한 후 채무자의 변제금지 또는 채무자 재산의 처분금지 결정을 할 수 있으므로(제635조 제1항, 제636조 제1항 제1호 내지 제3호), 등기관은 법원사무관등의 촉탁에 의하여 채무자에 속하는 권리에 관하여 변제금지 또는 처분금지의 등기를 하여야 한다(제24조 제7항, 부동산등기사무처리지침 제31조).

국제도산관리인이 법원의 허가를 얻어 대한민국 내에 있는 채무자의 재산을 처분하는 경우(제637조 제2항) 국제도산관리인과 상대방이 공동으로 등기를 신청하여야 하고, 국제도산관리인으로 선임되었음을 증명하는 정보와 법원의 허가서를 제출하여야 한다.

마. 등기의 효력

제24조의 규정에 의한 등기는 앞에서 본 바와 같이 거래의 혼란을 예방하는 경고적 의미를 가지는 것에 그칠 뿐이고, 파산선고를 받은 채무자에 관한 등기에 상법 제37조의 적용은 없으며, 파산재단에 속하는 권리로서 등기된 것에 민법 제186조의 성립요건 규정은 적용이 없다.

Ⅳ 회생계획 수행 등에 관한 등기

1. 회생절차가 종결되기 전의 경우

가. 등기된 권리의 득실·변경이 생긴 경우[부동산등기]

(1) 등기권리자가 채무자·채권자·담보권자·주주·지분권자와 신회사인 경우

회생절차에서는 공익채권의 변제재원이나 채무자 회사의 운영자금을 조달하기 위하여 채무자 소유의 부동산이나 그 밖의 재산을 매각하기도 한다. 이러한 경우에는 등기의 일반원칙에 따라 (소유권이전)등기는 관리인과 매수인이 공동으로 신청하는 것이 원칙이다.

다만 회생절차에서 등기권리자가 회생절차상의 이해관계인인 경우에는 절차의 신속한 진행을 위해 법원이 직권으로 촉탁하도록 하는 예외를 두고 있다. 즉 법원은 회생계획의 수행이나 채무자회생법의 규정에 의하여 회생절차가 종료되기 전에 등기된 권리의 득실이나 변경이 생긴 경우에는 직권으로 지체 없이 그 등기를 촉탁하여야 한다(제24조 제2항 본문, 부동산등기사무처리지침 제14조 제8항). 다만 채무자·채권자·담보권자·주주·지분권자와 신회사를 등기권리자로 한 경우에 한정된다(제24조 제2항 단서).

예컨대 채무자의 부동산에 존재하는 등기된 저당권이 회생계획인가결정으로 소멸한 경우(제251조)나 존속한다는 취지가 있는 저당권에 대하여 그 채권액을 변경하는 경우에 있어 저당권의 말소등기촉탁이나 변경등기촉탁을 들 수 있다. 이 중 후자의 경우 새로운 채권액으로 변경하는 내용에 금액만 변경이 있고, 이자 및 지연손해금에 대하여는 어떠한 규정도 없을 때에는, 회생계획에 의해 새로운 채권액으로 정해진 금액을 피담보채권(이자 및 지연손해금에 대하여는 특별히 정한 바가 없는 것으로 된다)으로 한 담보권으로 변경된 것으로 보아야 한다. 따라서 채권액을 새로운 채권액으로 변경하는 취지의 등기촉탁을 하여야 할 뿐만 아니라 이자 및 지연손해금의 말소등기촉탁을 동시에 하여 실체에 부합시킬 필요가 있다.

관리인이 회생계획에 따라[61] 채무자 명의의 부동산 등을 처분하고 그에 따른 등기를 신청하는 경우에는 회생계획인가결정의 등본 또는 초본을 그 신청서에 첨부하여야 한다. 이 경우 관리인은 당해 부동산 등의 권리에 관한 보전처분의 등기 이후에 그 보전처분에 저촉되는 등기가 경료된 경우에는 그 등기의 말소등기도 동시에 신청하여야 한다(부동산등기사무처리지침 제14조 제6항).

채무자 명의의 부동산 등을 처분하고 제3자 명의의 소유권이전등기를 경료한 경우에는, 법원사무관등은 직권으로 관할등기소 등기관에게 "매각"을 원인으로 하여 보전처분등기, 회생절차개시등기, 회생계획인가의 등기의 각 말소를 촉탁하여야 하고, 등기관은 이를 수리하여야 한

---

61) 회생계획에 의하지 아니하고 처분한 경우에는 법원의 허가서 또는 법원의 허가를 요하지 아니한다는 뜻의 증명서를 그 신청서에 첨부하여야 한다(부동산등기사무처리지침 제14조 제6항).

다(부동산등기사무처리지침 제14조 제7항). 이때 회생계획의 인가에 의해 소멸한 근저당권등기 등의 말소촉탁도 하여야 한다. 말소대상 등기인지 여부는 법원이 판단하므로 등기관은 촉탁에 따라 등기를 실행하면 된다.[62]

(2) 등기권리자가 채무자·채권자·담보권자·주주·지분권자와 신회사가 아닌 경우

채무자·채권자·담보권자·주주·지분권자와 신회사 외의 자를 권리자로 하는 등기의 경우에는(제24조 제2항 단서) 법원의 촉탁에 의한 등기는 인정되지 않고 일반적인 경우와 마찬가지로 관리인과 권리자(제3자)가 공동으로 등기를 신청하여야 한다.

이러한 차이를 둔 것은 회생계획의 수행에 의한 경우 등기사항의 변경이 한꺼번에 광범위하게 이루어질 것이 예상되기 때문에, 채무자·채권자·담보권자·주주·지분권자와 신회사가 등기권리자인 경우에는 절차의 일환으로 등기사무를 일거에 처리한다는 의미가 있지만, 그 이외의 경우에는 그럴 필요가 없기 때문이다.

관련 내용은 〈제2편 제2장 제4절 Ⅲ.〉(본서 157쪽)을 참조할 것.

나. 법인채무자나 신회사에 등기할 사항이 생긴 경우[법인에 관한 등기의 촉탁, 상업등기]

회생계획의 수행이나 채무자회생법의 규정에 의하여 회생절차나 파산절차가 종료되기 전에 법인인 채무자나 신회사에 관하여 등기할 사항이 생긴 경우에는 법원사무관등은 직권으로 지체 없이 촉탁에 의하여 이를 등기하여야 하고(법인등기사무처리지침 제12조 제1항), 촉탁서에 결정서의 등본 또는 초본 등 관련 서류를 첨부하여 채무자의 각 사무소 및 영업소의 소재지의 등기소에 그 등기를 촉탁하여야 한다(제24조 제5항).[63] 회생계획의 수행 등에 따른 등기와 관련하여 포괄적인 규정을 두었다.

회생계획의 수행이나 채무자회생법의 규정에 의하여 회생절차 종료 전에 채무자나 신회사에 관하여 등기할 사항이 생긴 경우 절차의 신속과 비용의 절약을 위해 법원사무관등이 직접 등기를 촉탁하도록 한 것이다.

회생계획인가 전의 영업양도(제62조)에 따른 등기의 경우에도 마찬가지이다(규칙 제9조 제1항 제1호, 법인등기사무처리지침 제12조 제2항). 법원에 관한 촉탁 등기의 절차에 관하여 필요한 사항

---

62) 다만 회생절차 진행 중 관리인이 법원의 허가를 받아 부동산을 임의매각한 경우에는 보전처분에 저촉되는 등기의 말소는 관리인이 위 소유권이전등기와 동시에 단독으로 신청하여야 하므로 말소촉탁의 대상이 되지 아니한다(부동산등기실무(Ⅲ), 362쪽). 예컨대 「채무자 갑 → 을(근저당권설정등기) → 보전처분 → 병(소유권이전등기) → 회생절차 개시결정등기 → 회생계획인가결정등기」와 같이 등기된 상태인 경우, 관리인이 법원의 허가를 얻어 정에게 부동산을 매각하였다면, 관리인은 매수인 정과 공동으로 소유권이전등기를 신청하기에 앞서 단독으로 보전처분에 저촉되는 병 명의의 소유권이전등기의 말소신청을 하여야 한다. 한편 을 명의의 근저당권설정등기, 보전처분등기, 회생절차개시결정등기, 회생계획인가결정등기는 촉탁에 의하여 말소된다.

63) 채무자회생법이 개정되기 전에는 위임 없이 규칙(제9조 제1항)에서 규정하고 있는데, 이는 법체계상 문제가 있었으므로 채무자회생법에서 규정하는 것으로 개정한 것이다. 일본 회사갱생법 제261조 제1항은 이를 명시적으로 규정하고 있다.

은 대법원예규로 정한다(규칙 제9조 제3항).

등기사항의 유형 및 범위 등에 관하여 필요한 사항은 대법원규칙으로 정한다(제23조 제6항). 구체적으로 회생계획의 수행이나 법의 규정에 의하여 회생절차의 종료 전에 법인인 채무자나 신회사에 관하여 등기할 사항이 생긴 경우에 해당하는 것으로, ① 제62조에 따라 회생계획인가 전 영업 또는 사업의 전부 또는 일부를 양도하는 경우, ② 제205조에 따라 회생계획에 의하여 자본을 감소하는 경우, ③ 제247조에 따라 회생계획인가결정이 취소되는 경우, ④ 제263조에 따라 이사 등의 선임, 유임 등 변경이 있는 경우(이상 규칙 제9조 제1항) 및 ⑤ 정관변경으로 인한 등기사항의 변경(제202조, 제262조), ⑥ 출자전환에 의한 신주발행(제206조, 제265조), ⑤ 납입 등이 없는 사채발행(제209조, 제267조), ⑦ 합병·분할 또는 분할합병에 의하지 않고 해산한 경우(제216조)[64] 등을 들 수 있다.

회생절차가 종결된 후에는 채무자가 그 등기를 신청하여야 한다(제23조 제1항 참조).

다. 등기의 효력

등기의 효력에 관하여는 특별한 규정이 없으므로 상업등기의 일반원칙에 따라야 할 것이다. 정관변경,[65] 이사의 선임,[66] 자본감소,[67] 신주발행[68]의 등기는 각각의 효력 발생과는 무관하고, 대표이사의 선임[69]에 대하여는 상법 제37조가 적용되며, 합병에 있어서 등기는 효력발생요건이다(상법 제234조, 제269조, 제530조 제2항, 제603조).

2. 회생절차가 종결된 후의 경우

회생계획의 수행에 따른 등기는 회생절차종결 후에는 채무자인 법인 또는 새로운 법인의 신청에 의하여 등기하여야 하고, 법원사무관등의 촉탁에 의하여 등기할 수 없다(법인등기사무처리지침 제3조 제2항 본문). 예컨대 회생절차종결 후 회생계획에 따라 사채를 발행한 경우에는 채무자가 등기를 신청하여야 한다. 회생절차가 종결되면 업무수행권과 재산에 대한 관리처분권이 관리인에서 채무자에게로 회복되기 때문이다.

---

64) 회생계획에서 채무자가 합병·분할 또는 분할합병에 의하지 아니하고 해산할 것을 정한 때에는 채무자는 회생계획이 정하는 시기에 해산한다(제275조 제1항). 이 경우 해산등기의 신청서에는 회생계획인가결정서의 등본 또는 초본을 첨부하여야 한다(제275조 제2항).

65) 정관변경 자체의 효력발생을 위하여 등기가 요구되는 것은 아니다. 그러나 등기사항인 정관규정에 변경이 가해지는 경우 변경등기가 수반되어야 한다(상법 제317조 제4항, 제183조).

66) 이사의 선임은 등기사항이다(상법 제317조 제2항 제8호, 제4항, 제183호). 이사선임등기를 함으로써 정당한 절차에 기하여 선임된 적법한 이사의 추정을 받게 된다. 그러나 이사선임등기가 창설적 효력을 갖지는 않는다, 즉 단순한 선언적 등기사항에 불과하다.

67) 자본금의 감소는 변동등기사항이다(상법 제317조 제2항 제2호, 제4항, 제183호). 그러나 이 등기는 감자의 효력발생요건은 아니다.

68) 신주발행은 변경등기사항이다(상법 제317조 제2항 제2호, 제4항, 제183호). 신주발행의 효력은 납입기일의 다음날로부터 효력이 발생한다(상법 제423조 제1항).

69) 대표이사 선임은 등기사항이다(상법 제317조 제2항 제9호).

다만, 회생절차종결 이전에 등기사항이 발생하여 법원사무관등이 회생절차종결 이전에 촉탁할 수 있었던 사항에 관하여 착오로 이를 누락한 경우에는 회생절차종결등기가 기입된 후라도 법원사무관등이 등기를 촉탁하여야 한다(법인등기사무처리지침 제3조 제2항 단서).

회생절차종결 이후 회생계획에 따라 출자전환의 방법으로 신주를 발행하는 경우 그에 따른 변경등기를 법원사무관등이 촉탁할 수 있는가. 회생계획의 수행에 따라 출자전환을 원인으로 신주를 발행하는 경우에는 회생계획에서 특별히 정한 시기 또는 회생계획인가일에 신주의 효력이 발생한다(제265조 제1항). ① 회생절차종결 이후에 신주의 효력이 발생하는 경우(채권 미확정 등의 사유로 회생계획에서 정한 신주의 효력발생시기가 회생절차종결 이후인 경우)에는 당사자인 채무자 회사의 신청에 의하여 신주발행으로 인한 변경등기를 하여야 하고, 법원사무관등의 촉탁에 의하여 등기할 수는 없다. ② 회생절차종결 이전에 신주의 효력은 발행하였으나 출자전환 대상 채권자들을 구체적으로 확인하는 절차(출자전환 실명확인증 접수 등)가 진행 중 회생절차가 종결된 경우에는 회생절차종결 이전에 등기사항이 발생한 경우이므로, 법원사무관등이 회생절차종결 이전에 촉탁할 수 있었음에도 불구하고 착오로 이를 누락한 사정이 인정된다면 당사자는 법원사무관등에게 촉탁신청을 할 수 있을 것이다. 다만 구체적인 사건에서 촉탁할 대상인지 여부는 법원사무관등이 판단할 사항이다.[70]

Ⅴ 부인의 등기

부인의 등기는 도산절차개시 전 채무자의 행위가 부인된 경우 일탈된 재산은 물권적으로 회복되지만, 부인의 효과는 제3자에게 미치지 아니하는 특수한 물권변동을 공시하기 위한 것으로 말소등기에 갈음하여 인정된 특수한 등기이다.

부인의 등기는 개별 재산에 대하여만 등기하고(부동산등기), 법인등기부에는 등기하지 않는다. 관련 내용은 〈제2편 제7장 제3절 Ⅴ.5.〉(본서 497쪽)를 참조할 것.

가. 부인의 등기신청

등기의 원인인 행위가 부인되거나 등기가 부인된 때에는 관리인, 파산관재인 또는 개인회생절차에서의 부인권자(제584조)는 단독으로 부인의 등기를 신청하여야 한다(부동산등기사무처리지침 제11조 제1항, 부동산등기사무처리지침 제29조 제2항).

부인의 등기의 신청서에는 등기원인을 증명하는 서면으로 부인소송과 관련된 청구를 인용하는 판결 또는 부인의 청구를 인용하는 결정을 인가하는 판결의 판결서 등본 및 그 확정증명서 또는 부인의 청구를 인용하는 결정서 등본 및 그 확정증명서를 첨부하여야 한다(부동산등기사무처리지침 제11조 제2항).

---

70) 회생절차종결 이후 회생계획안에 따라 출자전환의 방법으로 신주를 발행하는 경우 그에 따른 변경등기의 촉탁 가부(2018. 9. 3. 제정 상업등기선례 제201809-1호).

부인의 등기 신청은 부인권자가 단독으로 행하는 것이므로, 신청인이 관리인, 파산관재인, 개인회생절차에서의 부인권자라는 사실을 소명하는 자료를 함께 제출하여야 한다(부동산등기사무처리지침 제11조 제3항).[71]

나. 다른 등기와의 관계

(1) 부인등기가 마쳐진 이후에는 당해 부동산 또는 당해 부동산 위의 권리는 채무자의 재산, 개인회생재단 또는 파산재단에 속하고, 등기부상 명의인이 그 부동산 또는 그 부동산 위의 권리를 관리, 처분할 수 있는 권리를 상실하였다는 사실이 공시되었으므로, 부인된 등기의 명의인을 등기의무자로 하는 등기신청을 할 수는 없다. 등기가 신청된 경우 등기관은 각하하여야 한다(부동산등기사무처리지침 제12조 제2항).

(2) 부인등기가 마쳐진 이후에는 당해 부동산 또는 당해 부동산 위의 권리는 채무자의 재산, 개인회생재단 또는 파산재단에 속한다는 사실이 공시되었으므로, 법원사무관 등은 제26조 제3항, 제23조 제1항 제1호 내지 제3호, 제5호의 규정에 의하여 회생절차개시, 회생절차개시결정취소, 회생절차폐지, 또는 회생계획불인가, 회생계획의 인가, 회생절차의 종결결정, 파산선고, 파산취소, 파산폐지, 파산종결의 등기를 촉탁하여야 한다(부동산등기사무처리지침 제12조 제3항).

다. 부인등기의 말소[72]

부인등기의 말소는 ① 부인의 효과를 실효시키면서 말소하는 경우와 ② 부인의 효과가 확정되면서 말소되는 경우가 있다. 부인의 등기와 달리 부인등기의 말소는 법원의 촉탁에 의한다(제26조 제4항, 부동산등기사무처리지침 제29조 제2항).[73]

(1) 부인의 효과를 실효시키는 말소

(가) 회생절차의 경우

회생절차개시결정을 취소하는 결정의 확정, 회생계획안불인가결정의 확정, 회생계획인가 전 회생절차폐지결정의 확정이 있는 경우에는 부인의 효과는 상실되므로, 등기상 이해관계 있는 제3자가 있는 경우를 제외하고, 부인등기도 말소촉탁하여야 한다(부동산등기사무처리지침 제16조 제1항). 회생절차가 종결된 경우도 부인의 효과가 상실되므로 마찬가지이다. 이들의 경우 부인

---

71) 등기원인 행위의 부인등기는, 등기목적을 "○번 등기원인의 채무자 회생 및 파산에 관한 법률에 의한 부인"으로, 등기원인을 "○년 ○월 ○일 판결 (또는 결정)"으로 각 기록하되, 그 일자는 판결 또는 결정의 확정일로 한다(부동산등기사무처리지침 제11조 제4항). 등기의 부인등기는, 등기목적을 "○번 등기의 채무자 회생 및 파산에 관한 법률에 의한 부인"으로, 등기원인을 "○년 ○월 ○일 판결 (또는 결정)"으로 각 기록하되, 그 일자는 판결 또는 결정의 확정일로 한다(부동산등기사무처리지침 제11조 제5항).

72) 부인등기가 마쳐지고 회생계획인가 결정 이후에 회생절차가 종결되거나 회생절차 폐지결정이 확정된 경우에는 부인의 효과는 확정되므로, 법원사무관 등은 회생절차 종결 또는 회생절차폐지의 등기를 촉탁하여야 하고(제26조 제3항, 제1항, 제23조 제1항 제2호, 제3호), 등기관은 이를 수리하여야 한다(부동산등기사무처리지침 제16조 제2항).

73) 일반적으로 신청에 의한 등기는 그 말소도 신청에 의하여야 하므로 부인등기의 경우 그 말소도 신청에 의하여야 하지만, 부인등기의 경우 그 법적 판단이 곤란한 경우가 있으므로 법원의 촉탁에 의한 것으로 규정한 것이다(부동산등기실무(Ⅲ), 374쪽).

의 대상이 된 등기는 확정적으로 유효한 것이 된다.

관련 내용은 〈제2편 제7장 제3절 V.5.마.(2)〉(본서 499쪽)를 참조할 것.

(나) 파산절차의 경우

부인등기가 마쳐진 이후 파산선고 취소결정이 확정되거나, 제26조 제4항에 의한 임의매각 등에 의하여 제3자에게 이전등기를 하지 아니한 채 파산폐지결정이 확정된 때 또는 파산종결 결정이 있는 때에는 부인의 효과는 상실되므로, 등기상 이해관계 있는 제3자가 있는 경우를 제외하고는, 부인의 등기는 법원의 촉탁에 의하여 이를 말소할 수 있다(부동산등기사무처리지침 제24조).

(다) 개인회생절차의 경우

개인회생절차가 취소, 폐지, 종결된 경우에는 법원의 촉탁에 의하여 부인등기를 말소한다.

(2) 부인의 효과를 인정하면서 절차가 종료된 경우

관련 내용은 〈제2편 제7장 제3절 V.5.마.(1)〉(본서 499쪽)을 참조할 것.

부인등기가 마쳐진 이후에는 당해 부동산 또는 당해 부동산 위의 권리는 채무자의 재산 또는 파산재단에 속한다는 사실이 공시되었으므로, 관리인 또는 파산관재인이 부인의 등기가 된 재산을 임의매각하거나 민사집행법에 의하여 매각하고 제3자에게 이전등기를 한 때에는, 법원은 제26조 제4항에 의하여 부인의 등기, 부인된 행위를 원인으로 하는 등기, 부인된 등기 및 위 각 등기의 뒤에 되어 있는 등기로서 회생채권자 또는 파산채권자에게 대항할 수 없는 것의 말소를 촉탁하여야 한다(부동산등기사무처리지침 제13조).

Ⅵ 등기소의 직무

등기사무를 담당하는 국가기관을 등기소라 한다. 등기사무는 법원이 관장한다(법원조직법 제2조 제3항). 따라서 등기소라는 명칭을 가진 관서뿐만 아니라 등기사무를 담당하는 지방법원의 등기국, 등기과와 그 지원의 등기과 또는 등기계도 등기소에 해당한다(법원조직법 제3조 제2항, 제29조 제3항, 제31조 제4항, 상업등기법 제4조 등 참조).

등기소는 법원사무관등이나 법원으로부터 등기의 촉탁을 받은 때에는 지체 없이 그 등기를 하여야 한다(제25조 제1항). 등기소는 회생계획인가의 등기를 하는 경우 채무자에 대하여 파산 등기가 있는 때에는 직권으로 그 등기를 말소하여야 한다(제25조 제2항). 등기소는 회생계획인가취소의 등기를 하는 경우 직권으로 말소한 파산등기를 직권으로 회복하여야 한다(제25조 제3항).

관련 내용은 〈제2편 제2장 제4절 Ⅳ.1.〉(본서 159쪽)을 참조할 것.

Ⅶ 도산절차에서의 등기와 조세 및 등기신청수수료

1. 등기와 조세

가. 등록면허세 등 비과세

촉탁의 경우에도 그 등기가 당사자를 위해서 하는 것이므로 원칙적으로 등록면허세의 과세 대상이 된다(지방세법 시행령 제49조의2). 하지만 법원이나 법원사무관등이 도산절차와 관련하여 등기·등록을 촉탁한 경우 및 등기소가 직권으로 등기·등록을 한 경우 또는 부인의 등기의 경우 등록면허세는 비과세된다.

등록면허세의 비과세로 지방교육세는 납부하지 않아도 된다(지방세법 제150조 제2호 참조).

관련 내용은 〈제2편 제2장 제4절 Ⅳ.2.〉(본서 159쪽) 및 〈제3장 제2절 Ⅲ.3.가.〉(본서 2207쪽)를 참조할 것.

나. 농어촌특별세

(1) 납세의무

농어촌특별세는 농어업의 경쟁력 강화와 농어촌 산업기반시설의 확충 및 농어촌지역 개발 사업을 위하여 필요한 재원을 확보하기 위하여 부과하는 국세이다(농어촌특별세법 제1조 참조).

등록에 대한 등록면허세를 감면받은 자는 농어촌특별세를 납부하여야 한다(농어촌특별세법 제3조 제1호). 여기서 감면이란 비과세를 포함하는 개념이므로(농어촌특별세법 제2조 제1항 제1호) 도산절차에서 등록면허세가 비과세되더라도 농어촌특별세는 납부하여야 한다.

(2) 신고·납부 및 부과·징수

농어촌특별세는 본세인 등록면허세를 신고·납부하는 때에 그에 대한 농어촌특별세도 함께 신고·납부하여야 하는데, 비과세로 신고·납부할 등록면허세가 없는 경우에는 해당 등록면허 세의 신고·납부의 예에 따라 신고·납부하여야 한다(농어촌특별세법 제7조 제1항).

농어촌특별세를 신고하지 아니하거나 신고 내용에 오류 또는 누락이 있는 경우와 납부하여 야 할 세액을 납부하지 아니하거나 미달하게 납부한 경우에는 시장·군수 및 자치구의 구청장 이 등록면허세의 부과·징수의 예에 따라 부과·징수한다(농어촌특별세법 제8조 제2항 제3호).

2. 등기신청수수료의 납부 불요

등기를 하려고 하는 자는 등기신청수수료를 내야 한다(부동산등기법 제22조 제3항, 상업등기법 제22조 제3항). 하지만 법원이나 법원사무관등[74]이 도산절차와 관련한 등기를 촉탁하는 경우 등

---

74) 등기사항증명서 등 수수료규칙은 '법원'이 촉탁하는 등기에 대하여 등기신청수수료를 받지 아니한다고 규정하고 있

기신청수수료를 받지 아니한다(부동산등기사무처리지침 제4조 제1항, 법인등기사무처리지침 제8조 제1항, 등기사항증명서 등 수수료규칙 제5조의2 제2항 단서 제3호, 제5조의3 제2항 단서 제1호). 다만 부인의 등기의 경우에는 등기신청수수료를 납부하여야 한다.

관련 내용은 〈**제2편 제2장 제4절 Ⅳ.3.**〉(본서 161쪽)을 참조할 것.

으나, '법원사무관등'이 등기를 촉탁하는 것은 법원이 촉탁하는 것과 다르지 아니하므로 법원사무관등이 촉탁하는 경우에도 등기신청수수료는 납부하지 않는다고 할 것이다. 입법적 정비가 필요하다.

제 5 장

「기업구조조정 촉진법」 상의 공동관리절차

기업구조조정이란 기업가치 극대화를 위한 생산적 복원(Productive Re-Construction) 작업을 말한다. 부실기업(부실징후기업)에 대한 구조조정절차는 크게 두 가지 방식으로 진행된다. 채무자회생법에 따른 법적(법정)[1] 구조조정절차(회생절차)와 워크아웃(Workout)이라고 하는 사적(私的) 구조조정절차(out-of-court process, non-court workouts)가 그것이다. 사적 구조조정(워크아웃)이란 법원의 관여 없이 이해당사자 사이의 자율적인 합의에 의한 사적 정리방식의 채무재조정절차를 통칭하는 것이다.[2] 워크아웃의 제도적 취지는 법원 도산절차 밖에서 채권자와 채무자가 자발적인 협약을 바탕으로 각종 채무구조조정(만기유예, 원리금 감면, 출자전환 등)을 통하여 기업의 재무적 곤경을 해소함으로써 도산절차에 따른 도산비용(bankruptcy cost)을 절감하고, 기업가치를 극대화한 후 극대화된 기업가치를 채권자와 채무자가 공유하고자 하는 데 있다. 법원이 주도하는 회생절차는 구조조정을 신속하고 원활하게 추진할 수 없으며, 특히 신규 신용공여가 거의 불가능하다는 이유로 채권단이 주도하는 워크아웃이 등장했다.[3]

워크아웃에는 ① 채권단의 자율협약에 따라 진행하는 방식과 ② 기업구조조정[4] 촉진법

---

1) '법적 또는 법정'은 법률에 의하거나 제도화되었다는 것이 아니라 법원이 관여(주도)한다는 의미이다. 현재 우리나라 기업구조조정제도는 법원 주도의 공적(公的) 구조조정과 채권단 주도의 사적(私的) 구조조정으로 대별된다. 최근에는 양자를 연계하는 사전계획안절차가 주목을 받고 있다. 사전계획안절차는 채무자의 기업가치를 유지하면서 신속히 기업회생을 도모할 수 있다.

2) 이처럼 워크아웃은 이해당사자 사이의 자율적인 채무재조정절차로 알려져 있지만, 실제로는 채권자 중에서 가장 큰 비중을 차지하고 있는 금융기관 주도로 채무재조정 및 기업구조조정을 진행하는 방식이다. 사적정리(사적구조조정, 워크아웃)의 목적은 합의에 기초하여 채무의 전부 또는 일부를 변경하여 채무변제부담을 경감시키고 채무자의 회생을 실현하는 것으로 채무자와 채권자 사이의 집단적 합의가 그 법적 기초가 된다. 따라서 사적정리의 법률효과는 집단적 합의로 집약된다. 사적정리의 경우 채무조정에 동의하지 않는 반대채권자(hold-out-creditors)를 법적으로 구속시킬 수 있는 수단이 없다.

3) 기업의 구조조정의 주체는 채무자 자신, 채권자, 법원이 있을 수 있고, 그 근거로는 내부의사, 계약, 법률이 있을 수 있다. 기업이 도산상황이나 그 위험에 직면하게 되면 내부의사에 근거하여 채무자가 자체적으로 구조조정을 시도할 수도 있고, 채권자와의 계약에 따라 채무조정(자율협약)을 할 수도 있다. 또한 법률에 근거한 것으로 사적 구조조정절차인 기촉법에 따른 공동관리절차(관리절차 포함)에 따라 진행할 수도 있고, 채무자회생법에 따른 법적 도산절차(회생절차, 파산절차)를 진행할 수도 있다. 사전회생계획안 제출에 따른 회생절차(이른바 P-plan)는 계약에서 출발하지만 법적 도산절차로 확정되는 경우라고 볼 수 있다.

4) 통상적으로 기업의 존재 목적은 이윤극대화에 있다. 기업은 기업환경의 변화로 인하여 기존의 조직화된 인적·물적 자원으로는 이윤극대화 등 자신의 존재 목적 달성이 어렵게 되는 경우, 유기체와 같이 변화된 환경에 적응하기 위해서 스스로 변화를 추구하게 되고, 그에 따라 '기업구조조정'이라는 개념이 필연적으로 파생되는 것이다. 우리 실

(Corporate Restructuring Promotion Act, 이하 '기촉법'이라 한다)에 의한 공동관리절차와 관리절차가 있다. 자율협약은 채권자 100%가 동의하여야 하므로 절차진행이 원활하지 못하다. 반면 기촉법에 의한 공동관리절차는 총 금융채권액 중 4분의 3 이상을 보유한 금융채권자의 찬성으로 구조조정을 할 수 있다. 관리절차는 주채권은행 단독으로 구조조정을 진행하는 것이다. 기촉법에 의한 기업구조조정은 의사결정이 상대적으로 신속하다는 특징이 있다. 기촉법에 따른 공동관리절차나 관리절차는 자율협약과 법적 도산절차인 회생절차의 중간에 위치한 것으로 순수한 의미의 자율협약은 아니다. 기촉법에 의한 공동관리절차는 법률의 규정에 근거한 법원 밖 워크아웃절차(out-of-court workout)로서 금융채권자의 주도로 다수결에 의하여 채무조정이 이루어지는 독특한 제도이다. 자율협약이나 기촉법에 근거하는 기업개선작업(워크아웃)은 재무적 곤경에 처했으나 경제적으로는 회생가능성이 있는 기업을 대상으로 채권단과 당해 기업이 협력하여 재무구조와 사업구조를 조정함으로써 기업회생과 채권회수 증대를 꾀하는 일련의 과정으로서 민법상 화해계약에 유사한 성질을 갖는다.[5]

    기촉법에 의한 공동관리절차와 관리절차는 회생절차와 더불어 20년 가까이 기업구조조정의

    정법상 '기업구조조정'이라는 용어는 기업구조조정 촉진법과 기업구조조정투자회사법, 조세특례제한법, 산업발전법(제3조 제4호, 제20조 이하) 등에서 사용되고는 있으나 위 법률들에서 그 용어에 관한 구체적 정의를 내리고 있지는 않다. '기업구조조정'이라는 용어는 법학, 경영학, 경제학 등의 분야에서 또는 우리의 일상에서 빈번하게 사용되고 있지만 일의적인 용어는 아니고 다양한 의미로 사용되고 있다. '기업구조조정'이라는 용어는 통상적으로 기업이 변화하는 기업환경에서 생존과 번영을 위하여 취하는 모든 행위를 포괄하는 개념이기 때문에, 기업의 자산, 부채, 자본 등의 재무구조를 조정하는 행위, 특정 사업분야에 대한 진출과 그로부터의 철수, 특정 생산부문의 설치와 폐지 등과 같이 사업구조를 조정하는 행위 및 임직원의 고용과 배치 등과 같이 조직구조를 조정하는 행위뿐만 아니라, 기업주체의 변경을 초래하는 영업양도, 인수합병, 분할 등의 행위를 모두 포괄하는 개념이다. 이 '구조조정'이라는 용어는 영어의 'restructuring' 또는 'reorganization', 독일어의 'Umstrukturierung' 또는 'Umwandlung'에 해당하는 용어이기도 하다.

    기업구조조정이 일의적이지 아니하고 다양한 행위를 포괄하는 개념이기 때문에, 채권자와의 합의에 따라 자산을 매각하고 채무를 면제받는 것과 같이 기업의 자산이나 부채를 조정하는 행위에 대해서는 우선 민법이 적용될 수 있고, 신주를 발행하거나 사채를 발행하는 바와 같이 자본구조를 조정하는 행위 등에 대해서는 상법이 적용될 수 있으며, 임직원과의 고용관계를 변경하는 행위에 대해서는 근로기준법 등 노동법이 적용되는 등 기업구조조정을 이루는 각각의 행위들에 관하여 다양한 법들이 적용되는 것이 특징이다(이상주, "회생절차에서의 기업구조조정에 관한 고찰: 효율성 측면에서의 접근", 회생과 파산.1(2012. 2.), 사법발전재단, 361~362쪽).

    구조조정에는 재무적 구조조정과 영업적 구조조정이 있다. 재무적 구조조정(financial restructuring)이란 기업의 운영은 종전 그대로 유지하고서 채무를 삭감하거나 탕감하고, 주식(stock)은 채권자에게 배분하는 것이다. 아무리 많은 채무를 지고 있더라도 수익이 비용을 넉넉하게 초과한다면 그 기업은 영업적으로는 건전하다고 볼 수 있다. 단지 채무가 과중하여 이를 감당하지 못하고 건전한 영업 자체가 함몰될 위기에 처한 것이다. 이런 경우 여러 이해관계자(stakeholder)의 권리를 조정하고 부채를 전반적으로 낮추어서 기업의 수익이 잠식되지 않도록 구조조정을 하는 것이다. 반면에 기업의 영업을 전면적으로 재편하는 영업적 구조조정(operational reorganization)도 있다. 채무자는 도산절차가 제공하는 숨 쉴 공간을 활용해 적자사업을 폐쇄 또는 매각하고, 종업원 수를 줄이며, 생산라인을 재정비하고, 불필요한 회사 차량 등을 줄인다(Elizabeth Warren, 4~6쪽). 사업 구조조정이라고 할 수도 있다.

    2008년 글로벌 금융위기를 전후하여 기업구조조정 형태에 변화가 있었다. 재무적 구조조정의 비중은 줄어들고 영업적 구조조정(사업 구조조정)은 증가하고 있다. 글로벌 금융위기 이후 우리나라 주력산업이 글로벌 과잉공급, 중국 등 경쟁국의 기술경쟁력 향상 등으로 영업적 구조조정이 중심이 되고 있다. 재무적 구조조정에 비하여 영업적 구조조정은 난이도가 상당히 높고 비용도 많이 든다. 기촉법에 의한 공동관리절차는 영업적 구조조정보다 재무적 구조조정에 적합하다. 반면 회생절차는 재무적 구조조정보다 상대적으로 영업적 구조조정에 적합하다.

5) 대법원 2010. 6. 10. 선고 2010다6024 판결(기촉법에 대한 것), 대법원 2007. 4. 27. 선고 2004다41996 판결(자율협약에 대한 것).

주요한 수단으로서 중요한 역할을 하고 있다. 또한 공동관리절차나 관리절차는 금융기관으로부터 신규 대출을 받을 수 있고, 상거래채권이 살아있어(상거래채권은 아래에서 보는 바와 같이 채무조정의 대상이 아니다) 협력업체의 부도사태를 막을 수 있는 합리적인 구조조정 수단으로 평가받아 왔다. 공동관리절차(관리절차)는 전반적으로 채권자 주도의 절차(금융채권자협의회가 주요사항을 심의·의결한다)이며, 법원은 사후적·제한적으로 관여한다(금융채권자협의회 의결 취소의 소, 금융채권자 조정위원회 조정결정에 대한 불복소송).

　　여기서는 구조조정(도산제도)의 중요한 한 축을 담당하고 있는 기촉법에 의한 공동관리절차(관리절차를 포함한다)에 대하여 살펴보기로 한다.

〈자율협약·공동관리절차·회생절차 비교표〉

	자율협약	공동관리절차	회생절차
시행근거	×(채권단 자율협약)	기촉법	채무자회생법
주체	은행 중심 채권단	채권금융기관	법원
채권채무관계	협약채권채무 동결	금융채권채무 동결	모든 채권채무 동결
적용조건	채권단 100% 동의	총채권액 75% 동의	회생계획인가
신규자금지원	가능	가능	어려움
성격	사적 구조조정		공적 구조조정

[기업구조조정 관련 규정의 채권자 범위]

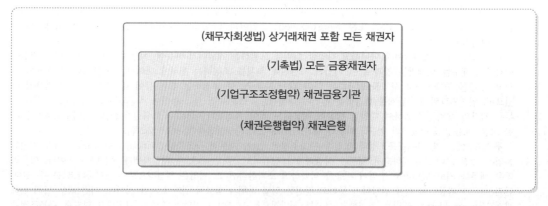

Ⅰ 기업구조조정 촉진법의 입법 연혁

1. 기업구조조정 촉진법의 제정 및 재입법 과정

　　1997년 외환위기 이후 금융기관인 채권자들이 신속하게 부실기업의 구조조정을 추진하기 위해, 1998년 6월경 은행, 증권사, 보험사 등 210개 금융기관 사이에 부실기업에 대한 워크아웃절차를 정한 '기업구조조정 촉진을 위한 금융기관협약'을 체결하였다. 위 협약에 따라 구조조정을 하는 과정에서 일부 채권금융기관들이 손실을 분담하기 보다는 무임승차(free-riding)하려는 형태가 나타나고, 채권금융기관들의 이해 조정을 위한 자율적인 합의도출에 현실적인 어려움을 겪게 됨에 따라 이를 법률적으로 뒷받침할 필요가 있었다.

이에 2001년 위 협약에 따른 워크아웃에 법률적 기반을 제공하고 그 법적인 구속력을 부여하고자 위 협약의 주요 내용을 기초로 기업구조조정 촉진법(2001. 8. 14. 제정, 법률 제6504호)이 제정되어 2001년 9월 15일부터 2005년 12월 31일까지 한시법으로 시행되었다. 2007년 8월 3일 2차로 존속기한을 2010년 12월 31일로 하는 기업구조조정 촉진법(법률 제8572호)이 제정되어 2007년 11월 4일부터 시행되었고, 그 기간이 만료된 후 2011년 5월 19일 3차로 기업구조조정 촉진법(법률 제10684호)이 제정되어 2013년 12월 31일까지 기한으로 시행되었다. 그 후 2014년 1월 1일 4차 기업구조조정 촉진법(법률 제12155호)이 제정되어 2015년 12월 31일까지 효력을 가지고 시행되다가 다시 2016년 3월 18일 5차 기업구조조정 촉진법(법률 제14075호)으로 제정되어 2018년 6월 30일까지 기한으로 시행되었다. 2018. 10. 16. 현행 6차 기업구조조정 촉진법(법률 제15855호)[6]이 제정되어 2023년 10월 15일까지 기한으로 시행되었다. 최종적으로 2023. 12. 26. 7차 기업구조조정 촉진법(법률 제19852호)이 제정되어 3년 한시법으로 시행되고 있다(부칙 제2조).[7]

2. 현행 기촉법의 제안이유와 주요내용

가. 제안이유

「기업구조조정 촉진법」에 따른 워크아웃은 시장 충격을 최소화하면서 효율적으로 기업구조조정을 추진할 수 있는 제도로서, 2001년 제정된 이후 부실기업 구조조정에 따른 부정적 파급효과를 최소화하여 국민경제 및 금융시장의 안정성 유지에 크게 기여하였다. 특히, IMF 경제위기 및 글로벌 금융위기 발생시 신속한 구조조정을 가능하게 하여 사회적 비용을 최소화하고 국민경제 안정에도 크게 이바지한 바 있다.

한편, 종전 법의 유효기간이 2023년 10월 15일에 만료되어 효력이 상실된 반면, 취약업종을 중심으로 워크아웃 구조조정에 대한 수요는 지속적으로 발생하고 있으나, 이러한 수요를 충족할 수 있는 대안은 존재하지 않아 워크아웃을 통한 신속한 구조조정이 어려워져 결국 국민경제에 큰 부담으로 작용할 우려가 있다.

이에 그간 운영되어 온 「기업구조조정 촉진법」의 주요 내용을 대부분 유지하면서 일부 제도개선 사항을 반영하되, 이 법의 유효기간을 3년으로 하여 한시적으로 시행하려는 것이다.

---

6) 이하 '기촉법'이라 한다.
7) 7차 기촉법 제정 후인 2023. 12. 28. 주식회사 태영건설이 공동관리절차(워크아웃)를 신청하여 기촉법 첫 적용사례가 되었다.

나. 주요내용

(1) 금융채권자협의회로 하여금 공동관리기업의 기업개선을 위하여 필요하다고 판단되는 경우 해당 기업의 요청에 따라 금융채권자가 아닌 자가 해당 기업에 대하여 신규 신용공여를 하는 것을 의결할 수 있도록 하였다(제18조 제2항[8]).

(2) 금융채권자조정위원회의 조정결정에 따라 기업구조조정을 위하여 업무를 적극적으로 처리한 경우 그 결과에 대한 업무상 책임을 면제하고자 한다(제34조).

(3) 이 법의 유효기간을 법 시행일부터 3년으로 한다(부칙 제2조 제1항).

3. 기촉법에 따른 기업구조조정(워크아웃)의 장단점

기촉법에 따른 기업구조조정(워크아웃)은 여러 가지 장점이 있다. ① 파산이 주는 충격과 낙인효과를 피할 수 있다(파산이나 회생절차가 개시되면 일반적으로 사업의 신뢰성이 떨어진다), ② 주된 채권자들이 법원의 개입 없이 자율적으로 협상한다. 절차가 덜 형식적이므로 채권자와 채무자는 자유롭게 채무조정내용에 관해 합의할 수 있다. 담보에 대하여도 협상이 더욱 용이하고 사업을 계속 유지시키기 위해 필요한 신규자금공여도 받기 쉽다. ③ 담보권 실행도 가능하고 상계도 제한되지 않으며 계약의 해제도 되지 않는다. 사용대차(민법 제614조), 임대차(민법 제637조 제1항), 도급(민법 제674조 제1항), 위임(민법 제690조)계약은 파산의 경우 종료되지만, 워크아웃은 종료사유가 아니어서 거래관계가 지속될 수 있다. ④ 워크아웃에 따른 회생(변제)계획은 우선순위규칙에 절대적으로 구속될 필요가 없다. ⑤ 선제적 기업구조조정으로 경제·사회적 영향이 최소화되고, 신속한 기업회생이 가능하다. ⑥ 부실기업의 구조조정 방식의 선택에 있어 다양성을 보장한다.

반면 워크아웃의 단점은 다음과 같다. ① 참여하는 채권자들이 거의 전부가 동의하여야 하므로 일부 채권자가 동의하지 않으면 절차 진행이 어렵다. 반대채권자의 채권매수청구권 행사는 찬성채권자에게 재정적 부담을 가중시킬 수 있다. ② 부채의 출자전환(자기자본전환)에 대하여 기존 주주의 동의(주주총회의 결의)를 받아야 한다. ③ 워크아웃은 회생절차의 개시결정 또는 파산선고가 있으면 중단된다(제11조 제5항 참조). ④ 기업의 구조조정에 있어서 기업과 채권자들의 자율적인 협의의 관행이 형성되고 정착되어야 하는데, 기촉법은 그러한 자율적 협의의 관행이 형성되는 것 자체를 방해하고 있다. ⑤ 기촉법에 의한 구조조정절차에서 부실징후기업의 판정 기준이 불명확하고 구조조정과 관련된 정보를 공개하지 않아 사전적 사후적 통제가 곤란하다(밀행성). ⑥ 기촉법은 도산기업 구조조정을 채권은행 주도의 워크아웃과 법원의 회생절차로 이원화시키게 되는데, 채권은행은 다급한 처지의 도산기업에 신규자금 공여를 미끼로 회생절차가 아닌 워크아웃을 선택하도록 유도하게 되는바, 결국 기업 입장에서는 금융기관 채

---

8) 이 절에서 법률명이 없는 것은 '기촉법'을, '시행령'은 '기촉법 시행령'을 의미한다.

권자들에 이끌려 워크아웃 절차를 택한 후 채권자에 유리한 채무조정에 시달리다 회생절차 진입의 시기를 놓치고 끝내 재기에 실패하게 되는 현상이 빈발하고 있다. 많은 기업들은 회생법원에 도착할 당시 이미 '도착 전 사망(dead-on-arrival)' 상태로서, 회생계획을 제출하는 데 필요한 최소한의 자원조차 동원할 여력이 없다. 물론 이런 기업들에게 회생계획의 인가를 기대할 수는 없을 것이다. ⑦ 회생절차와 달리 청산가치보장원칙(회생절차에 의한 경우 청산을 할 때보다 배당을 많이 받는다)을 보장하는 법적 장치가 없다(다만 현재는 어느 정도 해결되었다. 본서 2308, 2312쪽 참조). ⑧ 법관도 아닌 이해관계 당사자인 채권자에게 기업의 생사여탈권을 부여한다.

나아가 기촉법은 최초 제정될 때부터 계속적으로 법치주의의 근간을 뒤흔드는 위헌 입법이라는 시비가 있었다. ① 적용대상 채권자를 국내 채권금융기관에 한정함으로써 국내 금융기관과 외국 금융기관의 차별로 인한 평등권 침해, ② 금융채권자의 개별 의사와 상관없이 금융채권자협의회가 채무조정과 신규신용 공여를 의결하면 매수청구권을 행사하지 않는 한 이에 반대하는 채권자도 따르도록 함으로써 재산권 및 사적자치 침해, ③ 기촉법 적용대상인 부실징후기업의 판정기준이 불명확하고 주채권은행이 절차를 주도하기 때문에 주채권은행의 이익이 우선되고 다른 채권자들은 절차진행을 제대로 알 수 없다(밀행성)는 것이 그것이다. ④ 뿐만 아니라 기촉법은 부실징후기업이나 구조조정대상 기업의 선정과정에서 주채권은행의 배후에 있는 금융 감독 당국에 칼자루를 쥐어주는 것으로, 관치금융을 계속 유지, 강화시키는 수단이 되기도 하였다. 이러한 이유로 기업의 구조조정절차를 공정하고 투명한 회생절차로 일원화할 필요가 있다는 주장이 꾸준히 제기되고 있다.

기촉법은 2001년 8월 14일 제정된 이래 앞에서 본 위헌시비와 비판을 받아왔지만, 그 나름대로 장점도 있어 기업구조조정의 중요한 선택지의 하나로 자리 잡았다. 기촉법에 의한 공동관리절차(管理節次)는 기본적으로 조기 기업구조조정제도로서의 성격을 가지고 있어 국제적 추세인 예방적 구조조정에 부합하기도 한다. 또한 여러 차례의 기한연장과 재입법을 거치면서 지적된 문제점을 상당 부분 보완하여 계속적으로 그 내용이 개선되어 왔다. 한걸음 더 나아가 금융권을 중심으로 기촉법을 상시화법으로 하여야 한다는 주장도 제기되고 있다.[9]

이처럼 기촉법에 대한 평가는 이해관계자에 따라 상반된다. 따라서 위헌성 시비보다는 어려운 경제현실을 감안하여 회생절차와의 연계를 비롯하여(대표적인 것이 이른바 P-plan이다) 기촉법에 따른 구조조정절차를 잘 활용할 필요가 있다. 장기적으로는 기촉법의 상시화 내지 회생절차로의 통합도 모색하여야 할 것이다.

---

9) 기업구조조정 촉진법이 제정된 이유나 배경을 생각해 보면, 구조조정에 관해서 기존의 법률에 정해져 있는 절차를 따르지 않고 금융기관이 구조조정을 주도하거나, 금융감독원이나 금융위원회라는 금융당국에서 구조조정절차를 주도해야 된다는 관념이 밑바탕에 깔려 있다. 법원이 운영하는 절차에 따른 구조조정에 대한 반감, 또는 기존 법률에 대한 반감에서 출발하여 워크아웃 제도가 생겨났던 것인데, 이를 다시 법률로 강화한 것이 기업구조조정 촉진법이라고 할 수 있다. 따라서 기업구조조정 촉진법에는 기업의 구조조정에 관한 주도권 또는 헤게모니 문제가 내포되어 있다고 말할 수 있다{김재형, "기업구조조정 촉진법의 문제점과 개선방향", BFL(45호), 서울대학교 금융법센터 (2011년), 59쪽}.

4. 공동관리절차의 법리적 특성

공동관리절차는 회생절차와 유사한 기능을 하고 있지만, 별도의 법인 기촉법에 따라 운영되는 것으로 회생절차와 다른 몇 가지 법리적 특성이 있다.[10]

가. 채권이 아닌 채권자가 기본 단위인 채무조정절차

공동관리절차는 적용대상인 개별 금융채권자를 중심으로 진행된다. 회생절차가 개별 채권을 중심으로 진행되는 것에 대비된다. 공동관리절차에서는 대상 채권자가 확정되면 해당 채권자가 가지고 있는 모든 채권이 공동관리절차의 적용을 받게 된다. 특정 채권을 신고하지 않았거나 의결권을 행사하지 않았다고 하여 해당 채권이 공동관리절차에서 벗어나는 것은 아니다.

나. 채권조사확정절차가 없는 채무조정절차

회생절차에서는 회생절차개시 후 채권신고, 조사, 이의, 확정이라는 집단적인 채권조사확정절차가 마련되어 있다. 파산절차나 개인회생절차도 마찬가지이다. 하지만 공공관리절차에서는 이러한 절차가 없고, 채권(금융채권액)의 확정은 금융채권자조정위원회의 조정이나 통상적인 민사소송절차에 의한다.

공동관리절차에서는 신규 신용공여에 대하여 일정한 우선변제권을 부여하지만(제18조 제3항), 개시 시점을 기준으로 회생절차에서 회생채권과 공익채권을 구별하는 것과 같이 전혀 다른 채권으로 구분하지 않는다.

금융채권자협의회에서 의결을 위해 금융채권액을 산정하지만, 이는 채권확정과는 다르다. 어느 시점에서 채권으로 인정되지 않았다고 하여 실권되는 것도 아니고, 협의회가 금융채권액을 의결하였다고 하여 그것으로 채무자와 금융채권자 사이의 채권채무가 종국적으로 확정되는 것은 아니다.

다. 금융채권자협의회 의결로 진행되는 채무조정절차

도산절차는 당사자의 권리보호와 절차의 안정성을 고려하여 법원이 절차를 진행한다. 반면 공동관리절차는 법원의 관여 없이 금융채권자로 구성된 금융채권자협의회의 의결로 진행된다. 협의회의 의결로 절차 개시, 권리행사 금지, 권리변경, 신규자금 지원, 손익정산, 절차의 중단 또는 종결 등을 결정한다. 기촉법이 정한 요건을 충족하는 의결이 있으면 의결의 효력이 발생하여 반대한 채권자도 구속한다.

라. 채권자가 절차에서 벗어날 수 있는 채무조정절차

도산절차에서는 별제권 등과 같이 예외적인 경우를 제외하고 채권자가 스스로 절차에서 벗어날 수는 없다. 공동관리절차에서는 채권자가 협의회 의결에 반대하는 경우 자신의 선택에

---

10) 오수근, "도산제도개관", 제9기 도산법연수원 I, 서울지방변호사회(2024), 55~64쪽.

따라 보유하고 있는 채권을 찬성채권자에게 매각하고 절차에서 벗어날 수 있다(제27조). 공동관리절차에서 반대채권자에게 매수청구권을 인정하는 것은 적용대상을 금융채권자로 제한하는 것 자체가 채권자평등에 반하기 때문이다.

마. 채권자에게 추가 신용공여의무가 부여될 수 있는 채무조정절차

회생절차에서 채권자는 기존 채권이 변경(감축)되는 위험을 부담하지만, 추가로 의무를 부담하지는 않는다. 공동관리절차에서는 권리의 변경(채권조정) 외에 신용의 계속적인 제공, 신규신용공여나 손실분담과 같은 새로운 의무를 부담할 수 있다. 협의회가 신규신용공여를 의결하면 반대한 금융채권자도 신규신용공여의 의무를 부담한다(제18조).

회생절차에서는 신규신용공여가 어려운데, 공동관리절차에서는 제도적으로 추가 자금지원이 가능하다. 이 점이 회생절차보다 공동관리절차에서 기업의 회생이 잘 이루어질 가능성이 있는 이유이다.

Ⅱ 공동관리절차의 적용대상과 기관

금융채권자협의회에 의한 공동관리절차란 금융채권자로부터 신용공여를 받은 기업이 부실징후기업에 해당하는 경우에 주채권은행이 금융채권자협의회를 소집하고 위 협의회의 의결을 거쳐 기업의 구조조정절차를 진행하는 것을 말한다(제8조).[11]

1. 공동관리절차 적용대상

가. 부실징후기업

공동관리절차는 부실징후기업의 기업개선이 신속하고 원활하게 추진될 수 있도록 하는 것을 목적으로 한다(제1조). 부실징후기업이란 주채권은행이 신용위험평가를 통하여 통상적인 자금차입 외에 외부로부터의 추가적인 자금유입 없이는 금융채권자에 대한 차입금 상환 등 정상적인 채무이행이 어려운 상태(이를 '부실징후'라 한다)에 있다고 인정한 기업을 말한다(제2조 제7호).[12] 주채권은행이란 해당 기업의 주된 채권은행(주된 채권은행이 없는 경우에는 신용공여액이 가장 많은 은행)을 말한다(제2조 제5호 전단). 신용공여액은 주채권은행을 선정하는 달의 직전 달 말일을 기준으로 한다(시행령 제3조 제1항).[13] 외부자금이란 사내유보금, 자기 신용에 의한 차입

---

11) 기촉법에 의한 부실징후기업을 관리하는 방법으로 참여를 희망하는 금융채권자 모두가 함께하는 공동관리절차와 아래 〈Ⅶ.〉에서 보는 바와 같이 주채권은행 단독으로 해당 기업에 대하여 구조조정을 진행하는 "관리절차"가 있다(제21조). 위와 같은 방법으로 워크아웃이 불가능하다고 판단되면 채무자회생법에 의한 회생절차를 진행할 수 있다.
12) **자산평가손실의 손금산입** 내국법인이 보유하는 자산의 평가손실은 각 사업연도의 소득금액을 계산할 때 손금에 산입하지 아니한다(법인세법 제22조 본문). 다만 대통령령으로 정하는 주식등으로서 해당 주식등의 발행법인이 기촉법에 따른 부실징후기업이 된 경우 주식등의 장부가액을 감액할 수 있는데(법인세법 제42조 제3항 제3호 다목, 법인세법 시행령 제78조 제2항 제1호), 이 경우 발생한 평가손실은 손금에 산입할 수 있다(법인세법 제22조 단서).
13) 주채권은행을 선정하는 경우에는 채권은행 간의 협의에 따라 선정한다. 다만 신용공여액이 가장 많은 은행을 주채

이외에 제3자로부터 제공받은 자금지원 등을 포괄적으로 의미한다. 예컨대 유상증자, 관계자 대여금, 특별대출심사, 대주주 사재 출연 등을 말한다. 한편 '금융채권자에 대한 차입금 상환 등 정상적인 채무이행이 어려운 상태'는 회생절차의 개시원인인 '사업의 계속에 현저한 지장을 초래하지 아니하고는 변제기에 있는 채무를 변제할 수 없는 경우'(채무자회생법 제34조 제1항 제1호)에 유사한 것으로 볼 수 있다.

기업이란 「상법」에 따른 회사와 그 밖에 영리활동을 하는 자를 말한다(제2조 제6호 본문). 신용공여의 규모와 무관하게 중소기업을 포함한 모든 기업을 말한다. 다만 ① 「공공기관의 운영에 관한 법률」에 따른 공공기관, ② 금융회사와 그 밖에 금융업무를 하는 자로서 대통령령으로 정하는 자,[14] ③ 외국법에 따라 설립된 기업, ④ 그 밖에 신용위험 평가 대상(제4조 제4항)에 포함되지 아니한 자로서 대통령령으로 정하는 자[15]는 제외한다(제2조 제6호 단서). 기촉법 시행령(제4조 제2항 제3호)은 채권은행의 거래기업에 대한 신용공여액이 50억 원 미만인 경우 신용위험평가를 하지 아니할 수 있다고 규정하고 있고, 신용위험평가를 하지 않으면 기촉법 적용대상기업에서 제외되므로(제2조 제6호 라.목), 결국 기촉법의 적용대상기업은 신용공여액이 50억 원 이상의 기업이라고 할 수 있다.

나. 금융채권자

(1) 의 의

기촉법상 공동관리절차는 금융채권자를 대상으로 한다. 금융채권자란 금융채권을 보유한 자를 말하고, 금융채권이란 기업 또는 타인에 대한 신용공여로 해당 기업에 대하여 행사할 수 있는 채권을 말한다(제2조 제1호, 제2호). 금융기관만이 아니라 모든 금융채권자를 포함한다.[16] 따라서 비금융기관(예컨대 사채권자)도 참여가능하나, 상거래채권자는 그 대상이 아니다. 상거래 채권자 등 일반채권자는 자금지원의 여력이 없고, 신속한 구조조정 추진이 어려워진다는 점을 고려하여 포함시키지 않은 것이다.

신용공여란 ① 대출, ② 어음 및 채권 매입, ③ 시설대여,[17] ④ 지급보증, ⑤ 지급보증에

권은행으로 선정하는 경우에는 그 협의 절차를 생략할 수 있다(제2조 제5호 후단, 시행령 제3조 제2항). 주채권은 행은 해당 기업 또는 채권은행의 요청으로 채권은행 간의 협의에 따라 변경할 수 있다(시행령 제3조 제3항). 변경된 주채권은행은 그 변경 사실을 지체 없이 금융감독원장에게 보고하여야 한다(시행령 제3조 제4항). 금융감독원장은 ① 주채권은행 변경에 대한 채권은행 간의 협의가 이루어지지 아니하여 채권은행이 변경을 요청하는 경우, ② 해당 기업이 주채권은행의 변경에 이의가 있어 주채권은행의 재변경을 요청하는 경우에는 주채권은행을 변경할 수 있다(시행령 제3조 제5항). 금융감독원장은 주채권은행이 변경된 경우 그 변경사실과 그 이유를 해당 기업, 채권은 행 및 금융채권자조정위원회(제29조 제1항)에 알려주어야 한다(시행령 제3조 제6항).

14) 시행령 제2조 제2항, 법인세법 시행령 제61조 제2항 각 호.
15) 시행령 제2조 제3항.
16) 채권자의 범위가 확대됨으로 인하여, ① 이해상충 문제의 해소가 어려워질 수 있고, ② 금융채권자협의회에서 75%의 동의로 공동관리절차를 진행할 수 있는데, 이해관계가 복잡해지면서 공동관리절차의 진행이 어려워져 실패할 가능성도 높아졌으며, ③ 공동관리절차의 장점인 신속한 구조조정 추진이 곤란해질 수 있다.
17) 국적취득조건부 선체용선(BBCHP) 방식의 선박금융, 선박투자회사법을 이용한 선박금융리스, 부동산금융리스(REITS) 등을 포함한다.

따른 대지급금의 지급, ⑥ 기업의 지급불능 시 거래상대방에 손실을 초래할 수 있는 직접적·간접적 금융거래,[18)19)] ⑦ ①부터 ⑥까지에 해당하는 거래는 아니나 실질적으로 그에 해당하는 결과를 가져올 수 있는 거래로서 금융위원회가 정하는 범위의 것[20)]을 말한다(제2조 제8호).[21)] 특정금전신탁에 의한 기업어음매입도 신용공여에 해당한다.[22)]

(2) 일부 금융채권자의 배제

모든 금융채권자로 참여자를 확대함으로써 절차 지연 가능성이 있으므로 소액채권자나 사채권자 등 일부 금융채권자를 배제할 필요성이 있다.

(가) 주채권은행에 의한 배제

주채권은행은 금융채권자협의회의 소집 통지를 하지 아니함으로써 일부 금융채권자를 배제할 수 있다(제9조 제5항). 주채권은행이 통지를 누락하기만 하면 그 통지를 받지 못한 금융채권자는 배제되는 것으로 보아야 할 것이다. 다만 주채권은행이 배제하려는 금융채권자가 참가를 요청할 수도 있고, 이 경우 공동관리절차에서 배제할 수 없다(제9조 제6항).

(나) 금융채권자협의회에 의한 배제

금융채권자협의회 의결로 배제될 금융채권자를 선정할 수 있다(제23조 제1항 제3호). 주채권은행의 결정이 아니라 금융채권자협의회 의결로 배제되는 금융채권자는 공동관리절차에 참가할 수는 없다.

이와 같이 주채권은행의 재량 또는 금융채권자협의회 의결에 의해 일부 금융채권자가 배제된다고 하여도 배제되는 금융채권자는 기촉법으로부터 아무런 영향을 받지 아니하므로(제11조 제3항) 불평등한 권리 침해라고 보기 어렵다.[23)]

(3) 금융채권자의 권리·의무

공동관리절차는 기본적으로 당사자 사이의 합의라는 점을 반영하여 합의에 대한 성실한 이

---

18) 호텔 및 콘도미니엄을 신축하여 매각·분양하는 사업의 시행사에 대한 甲(갑) 은행 등의 프로젝트 파이낸싱(Project Financing) 대출과 관련하여, 시공사인 乙(을) 주식회사가 책임준공을 약정하였으나 예정준공일까지 공사를 완료하지 못한 채 기업구조조정 촉진법에 따라 부실징후기업으로 선정된 사안에서, 책임준공약정은 기업구조조정 촉진법 제2조 제8호 (바)목에서 정한 '기업의 지급불능 시 거래상대방에 손실을 초래할 수 있는 거래'에 해당한다(대법원 2015. 10. 29. 선고 2014다75349 판결 참조).

19) "금융거래"란 거래 당사자 사이에 그 거래의 대가로서 이자, 보증료 또는 이와 유사한 성격의 금전적 가치를 지니는 반대급부를 수취하는 목적의 채권을 발생시키는 거래를 말한다{기업구조조정 촉진을 위한 금융기관 감독규정(금융위원회 고시 제2018-30호, 이하 '감독규정'이라 한다) 제3조 제4항}.

20) 감독규정 제3조 제1항.

21) 신용공여의 개념을 정립하기 위한 '금융거래'가 무엇인지 명확하지 않아 금융채권자의 범위를 특정하기 어려운 점이 있다. 기촉법을 운영함에 있어서는 신용공여 및 이에 따른 금융채권자의 범위를 넓게 인정하되, 필요에 따라 주채권은행이 제9조 제5항에 따라 금융채권자협의회에 참가하는 금융채권자의 범위를 조정할 수 있을 것이다.

22) 대법원 2014. 6. 26. 선고 2013다17971 판결.

23) 이은재, "2016 기업구조조정 촉진법의 주요 내용", BFL(81호), 서울대학교 금융법센터(2017), 11쪽. 실무적으로 어느 금융채권자를 포함시키고 제외시킬 것인가라는 문제는 제외될 금융채권자의 영향력, 제외시킴으로 인한 채무 부담의 증가 등을 고려하여 결정하여야 할 것이고, 결국 이는 채무 조정 전반에 영향을 주는 문제로서 주채권은행 및 금융채권자협의회가 해당 기업과 같이 검토하여 결정하여야 할 것이다.

행의무를 부과하고, 그 의무를 위반한 금융채권자에게 손해배상책임을 부여하고 있다. 동시에 이러한 사적 합의에 근거한 채무조정에 반대하는 금융채권자가 이러한 구조에서 벗어날 수 있는 권리도 인정하고 있다. 또한 심의사항에 이의가 있는 경우 금융채권자조정위원회(이하 '조정위원회'라 한다)에 조정을 신청할 수 있도록 하고 있다.

(가) 손해배상책임

금융채권자(채권의 매수를 청구한 금융채권자는 제외)는 금융채권자협의회(이하 '협의회'라 한다)가 의결한 사항을 성실히 이행하여야 한다(제28조 제1항). 협의회는 금융채권자에 대하여 의결사항의 이행을 요구할 수 있다(제28조 제2항).

금융채권자의 협의회 의결 불이행에 대한 중요한 견제수단이 손해배상청구이다.

① 협의회는 의결사항을 이행하지 아니하는 금융채권자에 대하여 그 의결에 따라 위약금을 부과할 수 있다(제28조 제3항). 금융채권자는 협의회의 의결사항 또는 기업개선계획의 이행을 위한 약정(제14조)을 이행하지 아니하여 다른 금융채권자에게 손해를 발생시킨 경우 다른 금융채권자가 받은 손해의 범위에서 연대하여 손해를 배상할 책임이 있다(제28조 제4항). 협의회는 의결사항의 불이행에 따르는 손해배상 예정액을 의결로 정할 수 있다(제28조 제5항).

② 기업개선계획에는 채무조정 또는 신규 신용공여를 이행하지 아니한 금융채권자에게 부과하는 위약금을 포함할 수 있고(제13조 제2항 제4호), 협의회는 위 위약금의 부과를 심의·의결할 수 있다(제23조 제1항 제9호).

③ 협의회는 기업개선약정의 미이행으로 인한 손해배상예정액의 책정을 심의·의결할 수 있다(제23조 제1항 제10호).

(나) 반대채권자의 채권매수청구권[24]

집단적 결의에 의한 권리변경에 따른 소수자를 보호하기 위하여 둔 제도이다. 집단적 결의의 효력발생요건으로서의 법원인가제도(예컨대 관계인집회에서 가결된 회생계획에 대한 법원의 인가)에 갈음하는 것이다. 반대채권자는 채권매수청구권을 행사하여 금융채권자의 지위에서 벗어남으로써 신규 신용공여 등의 의무로부터 해방될 수 있다.[25]

---

24) 유사한 제도로 상법상의 반대주주 주식매수청구권 제도(상법 제374조의2, 제522조의3)가 있다. 기촉법은 구조조정에 있어서 100% 모든 채권자들의 동의를 이끌어내기 어렵기 때문에 75%를 의결정족수로 하고 있다. 이로 인해 필연적으로 25% 이하의 소수파는 희생될 수밖에 없다. 그래서 반대채권자의 채권매수청구권을 둔 것이다. 그런데 이러한 반대채권자의 채권매수청구권 제도는 다수 채권자들에게 지나치게 부담이 될 수도 있다. 소수채권자를 보호함과 동시에 반대채권자들로부터 채권을 매입하여야 하는 다수 찬성채권자들의 재정적 부담을 덜어주기 위해 회생절차에서와 마찬가지로 조를 분류한 후 조별 결의 제도를 도입할 필요도 있다.

25) 반대채권자의 채권매수청구권 제도는 헌법상 보장된 반대채권자의 재산권의 본질적인 내용을 침해하는 법률규정이라고 볼 수 없다는 것으로 「서울고등법원 2016. 8. 12. 선고 2013나51119(본소),2013나72017(반소) 판결」이 있다. 한편 반대채권자의 채권매수청구권 제도에 대하여 비판적인 견해도 있다. 찬성채권자들로 하여금 정상채권이 아니라 '부실징후채권'을 매입할 의무를 연대하여 부담하도록 하는 것이므로 찬성채권자들에게 과도한 부담을 지우는 것이고, 반대채권자의 채권을 매수하여야 하는 부담으로 인하여 협의회 안건에 반대할 수밖에 없는 부작용이 생길 수 있다는 것이다. 또한 기촉법상 반대채권자가 합의할 경우 채무자가 반대채권자의 채권을 매수(즉, 일시불에 의한 현금 조기 변제)할 수도 있으나 이는 부실징후기업의 정상화를 목적으로 하는 공동관리절차의 목적에 부합된다고 보기 어렵고, 편파행위에 해당되어 이후 도산절차가 개시될 경우 부인될 수도 있다(대법원 2010. 6. 10. 선고

1) 반대채권자의 채권매수청구권 행사

공동관리절차의 개시, 기업개선계획의 수립 및 변경, 채무조정, 신규 신용공여, 공동관리절차의 연장, 그 밖에 협의회의 의결로 정하는 사항에 대하여 협의회의 의결이 있는 경우 그 의결에 반대한 금융채권자(이하 '반대채권자'라 한다)는 협의회의 의결일부터 7일 이내(이하 '매수청구기간'이라 한다)[26]에 주채권은행에 대하여 채권의 종류와 수를 기재한 서면으로 자기의 금융채권(공동관리절차에서 출자전환된 주식을 포함한다) 전부를 매수하도록 청구할 수 있다(제27조 제1항 전문). 금융채권자로서는 공동관리절차에서 이루어진 채권재조정 등에 관한 협의회 의결과 그 실행을 통해서 해당 기업의 가치가 증가하고 채권의 회수율이 높아질 것인지 아니면 즉시 기업을 청산할 것을 전제로 그 시점에서의 채권 가치를 보상받고 해당 기업에 대한 이해관계에서 벗어날 것인지를 판단하여 협의회 의결에 대한 반대와 매수청구권 행사 여부를 결정하게 된다.[27]

이 경우 채권의 매수를 청구할 수 있는 금융채권자는 협의회의 의결일까지 반대의 의사를 서면으로 표시한 자에 한정하며(협의회에 참석한 채권자이든 참석하지 않은 채권자이든 반대의 의사를 서면으로 표시한 경우에 한하여 매수청구권을 행사할 수 있다), 매수청구기간에 채권을 매수하도록 청구하지 아니한 자는 해당 협의회의 의결에 찬성한 것으로 본다(제27조 제1항 후문). 채권매수청구권 제도를 통하여 탈퇴권(exit right)을 보장하고 있지만, 매수청구권의 행사 주체와 행사기간을 대폭 제한하고 있다.

가) 매수대상 채권

매수대상 채권은 반대채권자의 금융채권 전부이다. '금융채권의 전부'에 반드시 출자전환된 주식이 포함되어야 하는가. 출자전환된 주식을 포함한 금융채권 전부의 매수를 요청한다고 규정되어 있는 것으로 보아 출자전환된 주식이 반드시 포함되어야 한다고 해석할 여지도 있다. 그러나 이렇게 해석하면 출자전환된 주식을 일단 매각하면 채권매수청구권을 행사할 수 없다는 부당한 결과가 초래되므로 '금융채권의 전부'는 일부만이 아니라 출자전환된 주식까지 포함한 전부까지도 매수 요청을 할 수 있다는 의미로 보아야 할 것이다. 장래 발생할 채권(예컨대 파생상품계약에 따른 만기 시 차액정산채권)이라도 현재 그 권리의 특정이 가능하고 가까운 장래에 발생할 것임이 상당한 정도로 기대되는 경우에는 채권양도의 대상이 될 수 있으므로,[28] 이러한 채권에 대해서도 채권매수청구권을 행사할 수 있다. 또한 채권액이 확정되어 있지 아니하더라도 이행기까지 이를 확정할 수 있는 기준이 설정되어 있다면 마찬가지로 볼 수 있다.[29]

2010다6024 판결 참조)는 것이다{한민, "기업구조조정촉진법의 재입법과 개선과제", BFL 제92호, 서울대학교 금융법센터(2018), 115쪽}.

26) 협의회가 금융채권자가 신고한 금융채권의 존재 여부 등에 관하여 다투는 경우, 채권매수청구기간은 금융채권의 존재 여부 등이 확정된 날부터 계산한다(제26조 제4항, 제5항). 또한 해당 기업이 제출한 금융채권자의 목록에 누락되어 금융채권액을 신고하지 못한 금융채권자에 대한 채권매수청구기간은 금융채권액이 확정된 날부터 계산한다(제26조 제7항).

27) 대법원 2023. 11. 2. 선고 2018다208376 판결 참조.

28) 대법원 1991. 6. 25. 선고 88다카6358 판결 등 참조.

29) 대법원 2019. 1. 31. 선고 2016다215127 판결.

나) 채권매매계약의 성립

채권매수청구권은 ① 기촉법 제27조 제1항이 반대채권자의 범위, 채권매수청구권 행사시기 및 방법을 명확히 규정하고 있을 뿐 아니라 반대채권자의 채권매수청구에 따른 매수 주체를 주채권은행으로 확정시켜 둔 점, ② 반대채권자의 채권매수청구권은 채권금융기관이 기촉법에 따라 자신의 의사와 무관하게 재산권 및 경제활동의 자유에 대한 제한을 받게 될 것을 고려하여, 협의회의 의결에 반대하는 채권자는 자신의 채권을 매도함으로써 대상 기업에 대한 채권금융기관의 지위를 벗어나 의사에 반하는 공동관리절차나 채권행사의 유예, 채권재조정이나 신용공여 부담 등을 지지 않을 기회를 보장하고자 하는 데 그 취지가 있는바, 위와 같은 반대채권자의 채권매수청구권을 실질적으로 보장할 필요가 있는 점 및 ③ 기촉법의 전체적인 체계 등을 고려할 때, 반대채권자의 일방적 의사표시로 채권에 관한 매매계약을 성립하게 하는 형성권으로 봄이 상당하다.[30] 따라서 반대채권자가 협의회의 의결일로부터 7일 이내에 채권의 종류와 수를 기재한 서면으로 채권매수청구권을 행사하면, 찬성채권자들의 승낙 여부와는 관계없이 반대채권자와 찬성채권자 사이에 반대채권자의 부실징후기업에 대한 채권에 관한 매매계약이 성립한다.

매매계약의 이행(매매대금의 지급을 포함한다)은 매수청구기간의 종료일로부터 6개월 이내에 하여야 한다(제27조 제2항).

다) 채권매수청구권 행사의 효력

반대채권자가 채권매수청구권을 행사한 후 부실징후기업에 대한 기업개선약정이 체결되지 못하는 등의 이유로 공동관리절차가 중단되었다고 하더라도 이미 이루어진 반대채권자의 채권매수청구권 행사의 효력에는 아무런 영향을 미치지 않는다.[31]

2) 매매계약의 이행: 찬성채권자의 채권 매수

찬성채권자는 매수청구기간이 종료하는 날부터 6개월 이내에 연대하여 해당 채권을 매수하여야 한다(매매대금의 지급을 포함한다). 다만, 반대채권매매의 당사자가 조정위원회에 조정을 신청하거나 법원에 이의를 제기한 경우에는 그러하지 아니하다(제27조 제2항). 반대매수청구권 행사일 이후 매수대금 지급일까지 발생한 이자에 대하여는 상사법정이율(연 6%)을 적용한다.

찬성채권자는 반대채권자와 합의한 경우 해당 기업 또는 제3자로 하여금 반대채권자의 채권을 매수하도록 할 수 있다(제27조 제4항).

3) 채권매수가액의 결정 - 청산가치보장(공정한 매수가액의 보장)
가) 합의에 의한 결정

반대채권자가 매수를 청구한 채권의 매수가액 및 조건은 찬성채권자(찬성채권자의 위임을 받

---

30) 대법원 2019. 2. 28. 선고 2016다215134 판결, 대법원 2019. 1. 31. 선고 2016다215127 판결, 서울고등법원 2016. 4. 21. 선고 2015나2045268 판결(확정) 참조.
31) 서울고등법원 2016. 4. 21. 선고 2015나2045268 판결(확정) 참조.

은 협의회를 포함한다)와 채권의 매수를 청구한 반대채권자가 합의하여 결정한다. 이 경우 매수가액은 반대채권자가 해당 기업의 청산을 통하여 변제받을 수 있는 금액보다 불리하지 아니하도록 해당 기업의 가치 등 대통령령으로 정하는 사항[32]을 고려한 공정한 가액으로 한다(제27조 제3항).

나) 조정위원회에 의한 조정

합의가 이루어지지 아니하는 경우 찬성채권자 또는 채권의 매수를 청구한 반대채권자는 조정위원회에 대하여 채권의 매수가액 및 조건에 대한 조정을 신청할 수 있다. 이 경우 조정위원회는 찬성채권자와 채권의 매수를 청구한 반대채권자가 합의하여 선임한 회계전문가가 해당 기업의 가치와 재산상태, 약정의 이행가능성 및 그 밖의 사정을 참작하여 산정한 결과를 고려하여 공정한 가액으로 이를 결정하여야 한다(제27조 제5항).

다) 법원에 의한 결정

조정위원회의 조정결정에 불복한 자는 조정결정일로부터 1개월 이내에 법원에 변경결정을 청구할 수 있다(제32조 제3항).

반대채권자가 채권매수청구를 하는 동기와 경위, 반대채권자의 채권매수청구권 행사 및 그에 따른 매수가액 결정 방법 등에 관한 규정 내용과 취지, 금융채권자 간 이해관계 등을 종합적으로 고려하면, 채권의 매수가액에 대하여 찬성채권자와 반대채권자 사이에 협의 또는 조정이 이루어지지 않아서 소송 등의 절차가 진행된 경우 법원은 반대채권자가 해당 기업의 청산을 통하여 변제받을 수 있는 금액(이하 '청산가치'라고 한다)보다 불리하지 아니하도록 해당 기업의 가치, 반대채권자가 매수를 청구한 채권의 종류, 성격 및 범위, 해당 기업의 자산과 부채의 종류, 성격 및 범위 등을 고려하여 공정하게 산정한 가액을 매수가액으로 결정해야 한다.[33]

4) 반대매수 대상 안건의 통보

주채권은행은 반대매수 대상 안건을 의결하는 협의회의 소집을 통보하는 때에는 채권매수청구권의 내용 및 행사방법을 알려야 한다(제27조 제6항). 이를 위반하여 채권매수청구권의 내용과 행사방법을 알리지 아니한 경우 2,000만 원 이하의 과태료가 부과된다(제36조 제1항 제4호). 반대매수 대상 안건(채권매수청구권 행사의 대상이 되는 협의회의 의결)은 공동관리절차의 개시, 기업개선계획의 수립 및 변경, 채무조정, 신규 신용공여, 공동관리절차의 연장, 그 밖에 협의회의 의결로 정하는 사항이다(제27조 제1항).

(다) 조정신청

위 ⟨(나)3)나)⟩ 및 아래 ⟨2.나.(4)⟩(본서 2315쪽)를 참조할 것.

---

32) ① 반대채권자가 매수를 청구한 채권의 종류, 성격 및 범위, ② 해당 기업의 자산과 부채의 종류, 성격 및 범위, ③ 그 밖에 반대채권자가 매수를 청구한 채권의 공정한 가치 산정을 위하여 금융위원회가 정하여 고시하는 사항(시행령 제13조).

33) 대법원 2023. 11. 2. 선고 2018다208376 판결 참조.

2. 공동관리절차의 기관

가. 금융채권자협의회

(1) 협의회의 구성 및 소집

부실징후기업의 효율적인 구조조정을 위하여 해당 기업의 금융채권자로 구성된 금융채권자협의회를 둔다(제22조 제1항). 금융채권자는 그 의사와 관계없이 자동으로 협의회의 구성원이 된다.

주채권은행은 협의회의 소집 및 운영을 주관하며, 협의회가 의결한 사항에 관하여 협의회를 대표한다(제22조 제2항). 주채권은행은 공동관리절차의 개시 등과 관련한 사항(제23조 제1항)을 심의·의결하기 위하여 협의회를 소집할 수 있다. 주채권은행이 아닌 금융채권자는 단독 또는 다른 금융채권자와 합하여 금융채권액이 협의회를 구성하는 금융채권자가 보유한 총 금융채권액(공동관리절차에서 출자전환된 채권액을 포함한다. 이하 '협의회 총금융채권액'이라 한다)의 1/4을 초과하는 경우 주채권은행에 대하여 협의회의 소집을 요청할 수 있으며, 요청을 받은 주채권은행은 지체 없이 협의회 소집에 필요한 조치를 하여야 한다(제22조 제3항).

주채권은행은 협의회를 소집하려는 경우 회의 일시·장소 및 목적 등에 관한 사항을 회의 개최 예정일의 5일 전(① 기업개선계획의 수립 및 변경, ② 채무조정 또는 신규 신용공여 계획의 수립 사항을 심의·의결하기 위하여 소집하는 경우에는 10일 전)까지 해당 금융채권자, 해당 부실징후기업 및 금융채권자조정위원회에 알려주어야 한다. 다만, 해당 부실징후기업 지원 여부에 관하여 신속한 의사결정이 필요한 경우 등 긴급한 경우에는 그러하지 아니하다(시행령 제12조 제1항).[34] 협의회 소집 통보를 받은 부실징후기업은 주채권은행을 통하여 협의회에 의견을 제출할 수 있다(시행령 제12조 제3항).

(2) 협의회의 업무

금융채권자협의회는 ① 공동관리절차의 개시, 연장, 중단 및 종료, ② 채권행사 유예기간의 결정, 연장 및 중단, ③ 적용배제 금융채권자의 선정, ④ 기업개선계획의 수립 및 변경, ⑤ 기업개선계획의 이행을 위한 약정의 체결, ⑥ 기업개선계획의 이행을 위한 약정 이행실적에 대한 점검 및 조치, ⑦ 해당 기업의 경영정상화 가능성에 대한 점검·평가 및 조치, ⑧ 채무조정 또는 신규 신용공여계획의 수립, ⑨ 기업개선계획을 이행하지 않은데 따른 위약금 부과, ⑩ 기업개선계획의 이행을 위한 약정의 미이행으로 인한 손해배상 ⑪ 협의회 운영규정의 제정·개정, ⑫ ① 내지 ⑪의 사항과 관련된 사항, ⑬ 그 밖에 기촉법에 따라 협의회의 의결이 필요한 사항 등을 심의·의결한다(제23조 제1항).

협의회는 심의·의결 전에 해당 기업의 경영인 및 주주·노동조합 등에게 구두 또는 서면

---

34) 주채권은행이 아닌 금융채권자가 주채권은행에 대하여 협의회의 소집을 요청하는 경우 협의회 소집 목적 및 금융채권자별 금융채권액 현황 등 금융위원회가 정하여 고시하는 사항을 적은 서면을 주채권은행에 제출하여야 한다(시행령 제12조 제2항).

으로 의견을 개진할 수 있는 기회를 부여하여야 한다(제23조 제2항).

협의회는 공동관리기업[35]에 대한 효율적인 기업개선을 위하여 필요한 경우 그 의결로 그 업무의 전부 또는 일부를 협의회를 구성하는 금융채권자의 대표로 구성되는 운영위원회 또는 주채권은행에 위임할 수 있다(제23조 제3항).

(3) 협의회 의결방법 및 해석방법

(가) 의결방법

협의회는 서면으로 의결할 수 있다(제24조 제1항).

협의회의 의결은 채권금융기관 전원의 동의가 아니라 다수결 원칙에 따르도록 정해져 있다. 협의회는 기촉법 또는 협의회의 의결에 따른 정함이 있는 경우를 제외하고 협의회 총 금융채권액 중 4분의 3 이상의 금융채권액을 보유한 금융채권자의 찬성으로 의결한다. 다만 단일 금융채권자가 보유한 금융채권액이 협의회 총 금융채권액의 4분의 3 이상인 경우에는 해당 금융채권자를 포함하여 협의회를 구성하는 총 금융채권자 수의 5분의 2 이상의 찬성으로 의결한다(제24조 제2항).[36] 기촉법은 필연적으로 소수파(25%)의 희생을 감수하면서 구조조정절차를 촉진시키는 법이다.

기촉법의 적용대상이 중소기업으로 확대됨에 따라 단일 채권자의 금융채권액 비중이 4분의 3을 초과할 가능성이 커졌기 때문에 채권금액 4분의 3 다수결에, 단일 채권자의 금융채권액 비중이 4분의 3 이상인 경우 채권자 수 기준 5분의 2 이상의 다수결 요건을 추가한 것이다. 다수결원칙을 보완하여 소액채권자의 의사를 반영하기 위한 것이다. 협의회가 위약금 부과를 의결할 경우에는 위약금 부과의 대상이 되는 금융채권자 및 그가 보유하는 금융채권은 위 각 비율을 산정함에 있어서 포함되지 아니한다. 협의회는 그 의결로 구체적인 사안의 범위를 정하여 의결방법을 다르게 정할 수 있다(제24조 제3항, 제4항).

이처럼 기촉법은 금융채권자가 협의회에 가입하는 것이 의무화되고 개별 금융채권자의 의사와 상관없이 다수결의 원칙에 따르도록 강제하고 있어 사적자치의 원칙이나 재산권을 침해한다는 비판이 있다. 그러나 공동관리절차에 반대한 금융채권자는 주채권은행에 대하여 채권매수청구권을 행사할 수 있고, 이는 형성권이라는 점에서 사적자치나 재산권을 본질적으로 침해한 것으로 볼 수는 없다. 또한 기촉법에 의한 공동관리절차는 청산가치보장원칙을 보장할 법적 장치가 없다는 비판이 있으나,[37] 청산가치보장원칙은 채권자가 구조조정절차에 동의한 경우에는 적용되지 않고(채무자회생법 제243조 제1항 제4호 단서), 따라서 공동관리절차에 동의한 금융채권자에게 청산가치보장원칙이 보장되지 않는다고 하여 특별히 문제될 것이 없다(반대채

---

35) 공동관리절차가 개시된 기업을 말한다(제12조 제1항). 이하 같다.

36) 기촉법은 채무자회생법과 달리 조 분류를 하지 않고 있다. 이로 인해 소수(소액) 채권자들에게 불리한 기업개선계획이 가결될 수 있다. 반대채권자의 채권매수청구권이 있지만, 이는 다수 채권자들에게 지나치게 부담이 될 수 있으므로 소수(소액) 채권자를 보호하기 위한 조별 결의 제도 도입도 고려해 볼 필요가 있다.

37) 김재형, "기업구조조정 촉진법의 문제점과 개선방향", BFL(45호), 서울대학교 금융법센터(2011), 61쪽.

권자에 대하여는 청산가치보장원칙을 보장하고 있음은 앞에서 본 바와 같다).

(나) 의결의 해석방법

채권재조정 내지 신규 신용공여를 실행하도록 하는 협의회 의결의 구체적인 내용은 그 의결 내용이 명확한 경우 그에 따르고, 그 취지가 명확하지 않은 경우 법률행위의 해석 방법에 따라 해석하여야 한다. 만일 채권재조정 내지 신규 신용공여에 관한 협의회 의결 내용이 그 자체로 명확하지 않다면 의결된 사항의 의미를 엄격하게 해석하여야 한다.[38]

(4) 의결의 효력

(가) 협의회의 의결은 협의회와 부실징후기업 사이의 해당 공동관리기업의 기업개선을 위한 계획(이하 '기업개선계획'이라 한다)의 이행을 위한 약정(이하 '약정'이라 한다)에 포함될 기업개선계획의 내용을 결정하기 위한 것으로서 특별한 사정이 없는 한 금융채권자 사이의 구체적인 청구권을 설정한 것으로 볼 수 없으므로, 협의회의 의결 자체로 금융채권자가 다른 금융채권자에 대하여 이행을 청구할 권리를 갖게 된다고 할 수는 없다.[39] 또한 채무자는 의결에 참여하지 아니하므로 의결의 효력이 미칠 수 없는 것은 당연하다.

(나) 신규 신용공여에 대하여 협의회의 의결이 있는 경우 의결에 반대한 금융채권자는 의결일부터 7일 이내에 주채권은행에 대하여 자기의 채권을 매수하도록 청구할 수 있도록 하여(제27조 제1항 제4호), 신규 신용공여에 반대한 금융채권자가 신규 신용공여에 대한 협의회의 의결에 따르지 않고 협의회에서 탈퇴할 수 있도록 하고 있는 점, 신용공여 계획의 수립을 심의·의결하기 위한 협의회 소집에 특칙을 두고 있는 점(시행령 제12조 제1항), 신규 신용공여에 관한 협의회의 의결이 채권금융기관의 법적 지위에 미치는 영향, 기업구조조정 촉진법에 따른 기업구조조정 제도의 목적과 취지 등을 종합하면, 협의회가 금융채권자로 하여금 신규 신용공여를 하도록 하면서도 해당 금융채권자가 반대매수청구권을 행사할 수 없도록 의결하였다면, 그러한 협의회의 의결은 기업구조조정 촉진법을 위반한 것으로서 하자가 있어 해당 금융채권자에 대하여 그 효력이 미치지 않는다.[40]

(다) 금융채권자가 소집통보의 지체나 흠결로 매수청구권을 행사하지 못한 경우, 매수청구권을 행사하지 못하게 된 채권자를 어떻게 보호할 것인가. 기업구조조정 촉진법의 위임에 따라 기업구조조정 촉진법 시행령은 주채권은행이 협의회를 소집하려는 경우에는 긴급한 경우를 제외하고는 회의 일시·장소 및 목적 등에 관한 사항을 회의 개최 예정일의 5일 전까지 금융채권자에 통보하도록 하면서도, 신용공여 계획의 수립을 심의·의결하기 위한 경우에는 위 사항을 회의 개최 예정일의 10일 전까지 통보하도록 하고 있다(시행령 제12조 제1항). 따라서 금융채권자로 하여금 신규 신용공여를 하도록 하기 위해 협의회를 소집하면서 해당 금융채권자에

---

38) 대법원 2023. 11. 2. 선고 2018다208376 판결 참조.
39) 대법원 2014. 9. 4. 자 2013마1998 결정 참조.
40) 대법원 2019. 4. 3. 선고 2016다40910 판결 참조.

대하여 그 회의 개최 예정일의 10일 전까지 회의 일시·장소 및 목적 등에 관한 사항을 통지하지 않았다면, 그러한 협의회의 의결은 해당 금융채권자의 참석권과 의결권의 적정한 행사가 방해받지 않았다고 볼 만한 특별한 사정이 없는 한 기업구조조정 촉진법을 위반한 것으로서 하자가 있어 해당 금융채권자에 대하여 그 효력이 미치지 않는다.[41]

(5) 협의회 의결취소의 소

(가) 사법적 구제

협의회 의결의 절차적 적법성과 실체적 공정·형평성에 대한 법원의 사후적 관여(심사)를 인정하고 있다.

① 절차적 하자에 대한 구제

협의회의 소집절차 또는 의결방법이 기촉법에 위반된 때에는 금융채권자 또는 공동관리기업은 협의회의 의결이 있었던 날로부터 14일 이내에 주채권은행을 상대로 법원에 의결취소의 소를 제기할 수 있다(제25조 제1항).

② 실체적 하자에 대한 구제

협의회의 의결 중 채무조정 또는 신규 신용공여에 관한 협의회의 의결이 기촉법에 위반된 때에도 의결취소의 소를 제기할 수 있다. 다만 이 경우 제소기간은 협의회 의결이 있었던 날부터 1개월로 한다(제25조 제2항). 협의회의 의결 중 파급효과가 큰 채무조정, 신규 신용공여 관련 의결이 기촉법에 반하는 경우 사법적 구제가 가능하도록 한 것이다.

(나) 당사자 및 관할

의결취소의 소는 금융채권자 또는 공동관리기업이 주채권은행을 상대로 법원에 소를 제기하여야 한다.

의결취소의 소는 주채권은행의 주된 사무소를 관할하는 지방법원의 관할에 전속한다(제25조 제4항 전문). 의결취소의 소가 제기된 경우 주채권은행은 지체 없이 공고하여야 한다(제25조 제4항 후문, 상법 제187조). 수개의 의결취소의 소가 제기된 때에는 법원은 이를 병합 심리하여야 한다(제25조 제4항 후문, 상법 제188조).

(다) 효 력

협의회 의결을 취소하는 판결은 협의회를 구성하는 금융채권자에 대하여도 그 효력이 있다(제25조 제3항). 의결취소의 판결은 제3자에 대하여도 효력이 있다(제25조 제4항 후문, 상법 제190조 본문).

(라) 패소원고의 책임

결의취소의 소를 제기한 자가 패소한 경우에 악의 또는 중대한 과실이 있는 때에는 협의회에 대하여 연대하여 손해를 배상할 책임이 있다(제25조 제4항 후문, 상법 제191조).

---

41) 대법원 2019. 4. 3. 선고 2016다40910 판결 참조.

(마) 법원의 재량에 의한 청구기각

결의취소의 소가 제기된 경우에 결의의 내용, 기업의 현황과 제반사정을 참작하여 그 취소가 부적당하다고 인정한 때에는 법원은 그 청구를 기각할 수 있다(제25조 제4항 후문, 상법 제379조).

나. 금융채권자조정위원회

(1) 구 성

부실징후기업의 효율적이고 공정한 기업개선과 금융채권자 간의 이견조정 등을 위하여 금융채권자조정위원회(이하 '조정위원회'라 한다)를 둔다(제29조 제1항).

조정위원회는 7인의 위원으로 구성한다. 조정위원은 ① 금융기관 또는 금융 관련 분야에서 10년 이상 근무한 경험이 있는 사람, ② 변호사 또는 공인회계사의 자격을 가진 사람, ③ 금융 또는 법률 관련 분야의 석사 이상의 학위소지자로서 연구기관·대학에서 연구원·조교수 이상의 직에 10년 이상 근무한 경험이 있고 기업구조조정에 관한 전문성이 있는 사람, ④ 기업구조조정 업무에 3년 이상 종사한 경험이 있는 사람으로서 대통령령(시행령 제14조 제1항)이 정하는 바에 따라 선임된다(제29조 제2항).

① 미성년자·피성년후견인·피한정후견인, ② 파산선고를 받은 자로서 복권되지 아니한 자, ③ 금고 이상의 실형의 선고를 받고 그 집행이 종료(집행이 종료된 것으로 보는 경우를 포함한다)되거나 집행이 면제된 날부터 5년이 경과하지 아니한 자, ④ 기촉법 또는 대통령령으로 정하는 금융 관련 법령에 따라 벌금 이상의 형의 선고를 받고 그 집행이 종료되거나 집행이 면제된 날부터 5년이 경과하지 아니한 자, ⑤ 금고 이상의 형의 집행유예의 선고를 받고 그 유예기간 중에 있는 자, ⑥ 기촉법 또는 대통령령으로 정하는 금융 관련 법령에 따라 해임되거나 징계면직된 자로서 해임 또는 징계면직된 날부터 5년이 경과하지 아니한 자, ⑦ 정부·금융감독기관에 종사하고 있거나 최근 2년 이내에 종사하였던 자는 조정위원회 위원이 될 수 없으며, 위원이 된 후에 이에 해당하게 된 때에는 그 직을 상실한다(제29조 제3항).

조정위원회의 위원장 및 위원의 임기는 2년으로 하고, 1회에 한정하여 연임할 수 있으며, 위원장은 위원 중에서 호선한다(제29조 제4항).

(2) 업 무

조정위원회는 ① 금융채권자 간의 자율적 협의에도 불구하고 해소되지 아니하는 이견(협의회가 의결한 후에 조정을 신청한 이견은 제외한다)의 조정으로서 대통령령으로 정하는 사항에 대한 조정,[42] ② 반대채권자의 주식매수청구권 행사에 따른 채권의 매수가액 및 조건에 대한 조정, ③ 위약금과 손해배상 예정액에 대한 조정, ④ 부실징후기업고충처리위원회의 권고사항에 대한 협조, ⑤ 협의회 의결사항의 위반 여부에 대한 판단과 그 이행에 대한 결정, ⑥ 조정위원회의 운영과 관련한 규정의 제정·개정, ⑦ 그 밖에 협의회의 운영과 관련하여 대통령령으로 정

---

42) 시행령 제14조 제3항.

하는 사항[43] 등의 업무를 수행한다(제29조 제5항).

조정위원회는 위 업무를 수행하기 위하여 해당 기업 및 금융채권자에게 출석을 요구하여 의견을 듣거나 필요한 자료의 제출을 요청할 수 있다(제29조 제6항).

조정위원회는 그 권한에 속하는 업무를 독립적으로 수행하여야 한다. 조정위원회 위원이 금융채권자 또는 부실징후기업과 대통령령으로 정하는 거래관계에 있는 경우[44] 해당 금융채권자 및 부실징후기업과 관련이 있는 조정위원회의 업무에서 배제된다(제29조 제7항).

(3) 의결방법

조정위원회는 재적위원 3분의 2 이상의 찬성으로 의결한다. 거래관계가 있어 조정위원회 업무에서 배제된 경우(제29조 제7항 후단) 해당 조정위원회 위원은 재적위원 수에서 제외된다(제29조 제8항).

(4) 조정신청

반대채권자가 매수청구권을 행사하고 채권의 매수가액 및 조건에 대하여 합의가 이루어지지 아니한 경우 찬성채권자와 반대채권자는 조정위원회에 조정을 신청할 수 있음은 앞에서 본 바와 같다(제27조 제5항).

또한 금융채권자는 협의회의 심의사항과 관련하여 이의가 있는 경우 조정위원회에 신청 내용을 기재한 서면으로 조정신청을 할 수 있다. 조정신청을 하는 자는 자율협의를 위한 노력을 다하였음을 소명하여야 한다(제31조 제1항, 제2항).

(5) 조정결정

(가) 조정결정의 통지 및 효력

조정위원회는 금융채권자의 조정신청에 대한 조정결정의 내용(조정 결과와 그 이유)을 지체 없이[45] 해당 금융채권자 및 협의회에 통지하여야 하며, 조정위원회의 조정 결정은 협의회의 의결과 동일한 효력을 가진다(제32조 제1항, 제2항).

(나) 조정결정에 대한 불복소송

조정결정에 불복하는 자는 조정결정이 있었던 날부터 1개월 이내에 법원에 변경결정을 청구할 수 있다(제32조 제3항). 변경결정청구에 관한 소의 관할, 효력, 패소원고의 책임, 법원의 재량에 의한 청구기각에 관하여는 위 〈가. (5)의 (나) 내지 (마)〉(본서 2313~2314쪽)를 참조할 것(제32조 제4항).

금융채권조정위원회 조정결정 변경결정청구는 법원의 합목적적 재량에 따른 판단과 절차의

---

43) 시행령 제14조 제4항.
44) 시행령 제15조 제2항.
45) 조정신청을 받은 날부터 10일 이내이다. 다만 사실 확인이 필요한 경우 등 불가피한 사유가 있는 경우에는 10일의 범위에서 그 기간을 한차례 연장할 수 있다(시행령 제15조 제1항).

간이 · 신속성이 요구되는 비송사건의 성격을 갖는다.[46)

다. 부실징후기업고충처리위원회

(1) 구 성

부실징후기업의 고충을 처리하기 위하여 부실징후기업고충처리위원회(이하 '고충처리위원회'라 한다)를 둔다(제30조 제1항).[47)] 고충처리위원회는 위원장 1명을 포함한 6명의 위원으로 구성되며, 위원장은 조정위원회의 위원장이 겸임하고, 위원은 정부 · 금융감독기관 · 금융채권자 및 부실징후기업에 종사하고 있는 사람은 제외하고 기촉법 제29조 제2항 각호의 어느 하나에 해당하는 사람 중에서 대통령령으로 정하는 바에 따라 선임되는 자로 한다(제30조 제2항).

고충처리위원회의 위원장 및 위원의 임기는 2년으로 하고, 1회에 한정하여 연임할 수 있다(제30조 제3항).

(2) 업 무

고충처리위원회는 부실징후기업의 고충 및 애로사항 수렴, 기업의 주주 또는 노동조합 등 이해관계인(제14조 제2항 제4호)으로서 동의서를 제출한 자의 고충 및 애로사항 수렴, 금융채권자에 대한 고충처리 방안의 권고 및 이행점검, 제도적 지원이 필요한 사항의 경우 관계 기관에 대한 건의, 고충처리위원회의 운영과 관련한 규정의 제정 · 개정, 그 밖에 부실징후기업 고충의 처리와 관련한 사항 등의 업무를 수행한다(제30조 제4항).

고충처리위원회는 업무를 수행하기 위하여 해당 기업 및 금융채권자에게 출석을 요구하여 의견을 들을 수 있다(제30조 제5항).

(3) 의결방법

고충처리위원회는 재적위원 3분의 2 이상의 찬성으로 의결한다(제30조 제6항).

(4) 권고의 효력

고충처리위원회의 권고는 법적 구속력은 없지만, 협의회는 고충처리위원회가 권고하는 처리방안 등이 의결될 수 있도록 노력하여야 한다(제30조 제8항). 금융채권자조정위원회도 협의회가 부실징후기업고충처리위원회의 권고를 이행하도록 요청하여야 한다(제29조 제5항 제4호).

---

46) 대법원 2023. 9. 14. 선고 2020다238622 판결 참조. 비송사건이 민사소송절차로 제기된 경우 어떻게 처리하여야 하는가. 비송사건절차법에 규정된 비송사건을 민사소송의 방법으로 청구하는 것은 허용되지 않는다(대법원 2013. 11. 28. 선고 2013다50367 판결 등 참조). 그러나 소송사건과 비송사건의 구별이 항상 명확한 것은 아니고, 비송사건절차법이나 다른 법령에 비송사건임이 명확히 규정되어 있지 않은 경우 당사자로서는 비송사건임을 알기 어렵다. 이러한 경우 수소법원은 당사자에게 석명을 구하여 당사자의 소제기에 사건을 소송절차로만 처리해 달라는 것이 아니라 비송사건으로 처리해 주기를 바라는 의사도 포함되어 있음이 확인된다면, 당사자의 소제기를 비송사건 신청으로 보아 재배당 등을 거쳐 비송사건으로 심리 · 판단하여야 하고 그 비송사건에 대한 토지관할을 가지고 있지 않을 때에는 관할법원에 이송하는 것이 타당하다(위 2020다238622 판결). 비송사건임을 이유로 바로 각하하면 안 된다.

47) 시행령 제16조 제1항.

3. 공동관리절차 흐름도

공동관리절차의 흐름을 간략히 도표로 나타내면 다음과 같다.

[공동관리절차 흐름도]

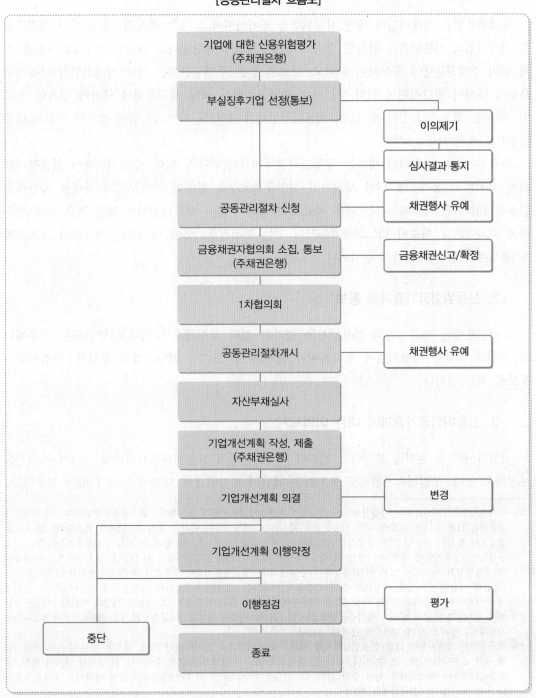

Ⅲ 공동관리절차 신청 전 기업에 대한 신용위험의 평가

1. 신용위험의 평가

주채권은행은 거래기업에 대한 신용위험을 평가하여야 한다.[48] 주채권은행이 아닌 채권은행은 거래기업의 신용위험을 평가한 결과 부실징후기업에 해당된다고 판단할 경우 그 사실을 지체 없이 주채권은행에 통보하여야 하고, 통보를 받은 주채권은행은 해당 거래기업의 부실징후 유무에 대하여 판단하여야 한다. 이 경우 주채권은행은 해당 채권은행에 대하여 필요한 자료의 제출 등 협조를 요청할 수 있다. 신용위험평가의 대상 및 시기, 그 밖에 필요한 사항은 대통령령으로 정한다(제4조).[49]

주채권은행의 신용위험 평가는 공동관리절차개시의 기초가 된다. 주채권은행이 신용평가를 하는 목적은 시장기능에 의한 상시적인 기업구조조정을 통하여 기업부실의 확대를 차단하고 금융회사의 건전성을 제고하는 것을 목표로 자생력이 없는 부실기업이 발생할 경우 이를 신속하고 효과적으로 퇴출시키고 회생가능성이 있는 부실징후기업에 대해서는 적극적인 구조조정을 통하여 회생을 유도하기 위함이다.

2. 신용위험평가결과의 통보

주채권은행은 거래기업의 신용위험을 평가한 결과 부실징후가 있다고 판단하는 경우에는 그 사실과 이유를 해당기업에 통보하여야 한다(제5조 제1항). 해당기업이 부실징후기업이라는 통보를 하는 것이다.

3. 신용위험평가결과에 대한 이의제기

기업의 절차적 권리를 보장하기 위하여 주채권은행의 신용위험평가결과에 대하여 이의권을 보장하고 있다. 부실징후기업으로 통보받은 기업이 평가결과에 대하여 이의가 있는 경우 통보

---

48) 주채권은행은 「채권은행의 기업신용위험 상시평가 운영협약」(상시평가 운영협약) 및 「채권은행협의회 운용협약」(채권은행협약)을 근거로 기업에 대한 신용위험을 평가한다. 평가기업은 평가를 통하여 4단계로 분류한다. ① A등급: 정상적인 영업이 가능한 기업(정상기업), ② B등급: 부실징후기업이 될 가능성이 큰 기업(부실징후가능기업), ③ C등급: 부실징후기업에 해당하며 경영정상화 가능성이 있는 기업(부실징후기업), ④ D등급: 부실징후기업에 해당하며 경영정상화 가능성이 없는 기업(정상화 가능성이 없는 부실징후기업). 기촉법에 따른 공동관리절차(관리절차)는 C등급에 해당하는 기업을 대상으로 한다. D등급에 해당하는 기업은 회생절차나 파산절차의 적용대상이다. 상시평가 운영협약은 신용위험평가의 대상기업을 신용공여액 500억 원을 기준으로 그 이상인 기업과 미만인 기업을 구분하여 평가방법을 달리 정하고 있다(위 협약 제8조). 위 협약들은 「은행업감독규정」 제78조 제3항, 「은행업감독업무 시행세칙」 제48조 제2항 제4호에 근거한 것이다.

49) 채권은행은 거래기업에 대한 신용위험평가를 매년 1회 정기적으로 실시하여야 하며, 필요한 경우 수시로 거래기업에 대한 신용위험평가를 할 수 있다. 다만 ① 회생절차 또는 파산절차가 진행 중이거나 위 절차가 폐지된 기업, ② 공동관리절차나 관리절차가 진행 중인 기업, ③ 신용공여액이 50억 원 미만인 거래기업에 대하여는 신용위험평가를 하지 아니할 수 있다(시행령 제4조).

받은 날부터 14일 이내에 주채권은행에 이의를 제기할 수 있다. 이 경우 대통령령으로 정하는 바에 따라 이의제기 사유를 제시하여야 한다(제6조 제1항). 이는 이의제기로 인하여 절차를 지연시키는 수단으로 악용되는 것을 방지하기 위함이다. 부실징후기업으로 통보받은 기업이 이의제기 사유를 제시하는 경우 해당 기업은 채무상환능력을 검증할 수 있는 자료를 제출하여야 한다(시행령 제5조).

주채권은행은 이의제기를 받은 날부터 1개월 이내에 이의제기에 대한 심사 결과를 해당 기업에게 통보하여야 한다(제6조 제2항).

4. 부실징후기업에 대한 점검

주채권은행은 부실징후기업으로 통보받은 기업이 정당한 사유 없이 6개월의 범위에서 대통령령으로 정하는 기간(3개월[50])에 기촉법에 따른 (공동)관리절차나 채무자회생법에 따른 회생절차를 신청하지 아니하는 경우 부실징후기업의 신용위험으로 인하여 금융시장의 안정이 훼손되지 아니하도록 해당 기업의 신용위험 및 채무상환능력의 변화 등을 지속적으로 점검하여 필요한 조치를 강구하여야 한다(제7조).

부실징후기업이 아무런 조치도 취하지 않아 부실이 악화된다면 채권금융기관의 건전성에도 악영향을 미치기 때문에 기업이 정당한 사유없이 구조조정을 지연할 경우 주채권은행이 필요한 조치를 취할 수 있는 근거를 명문화한 것이다.

'필요한 조치'에는 여신회수, 여신한도축소 등의 여신관리조치는 물론 기촉법상의 공동관리절차, 채무자회생법상 회생절차 그 밖에 구조조정절차로의 유도를 포함한다. 이는 주채권은행의 권리인 동시에 건전성 관리 차원에서 지켜야 할 의무이기 때문에 '필요한 조치'를 취하지 아니한 때에는 금융위원회는 채권금융기관에 대하여 일정한 기간을 정하여 그 시정을 요구할 수 있다(제35조 제1항 제3호).

Ⅳ 금융채권자협의회에 의한 공동관리절차

1. 공동관리절차의 신청

가. 신청권자

공동관리절차는 부실징후기업이라고 통보를 받은 기업이 신청할 수 있다. 통보를 받은 부실징후기업은 주채권은행에 대하여 기업개선을 위한 자구계획서와 금융채권자목록을 첨부하여 금융채권자협의회에 의한 공동관리절차(이하 '공동관리절차'라 한다)를 신청할 수 있다(제5조 제2항 제1호).

---

50) 시행령 제6조.

나. 금융채권자협의회 소집통보

(1) 주채권은행에 의한 소집통보

주채권은행은 부실징후기업으로부터 공동관리절차의 신청을 받은 날부터 14일 이내에 공동관리절차의 개시 여부를 결정하기 위한 협의회(이하 '제1차 협의회'라 한다)의 소집을 통보하여야 한다. 다만 주채권은행 관리절차(제21조)를 통하여 해당 기업의 부실징후가 해소될 수 있다고 판단하는 경우나 공동관리절차를 통하여도 해당 기업의 부실징후가 해소될 수 없다고 판단하는 경우에는 제1차 협의회의 소집을 통보하지 아니할 수 있다(제9조 제1항).

주채권은행이 제1차 협의회를 소집하는 때에는 금융채권자 및 해당 기업에게 회의의 일시 및 장소, 회의의 안건, 금융채권자의 목록에 관한 사항, 그 밖에 협의회의 소집 및 진행에 필요한 사항을 통보하여야 한다(제9조 제2항). 주채권은행이 알려주어야 할 사항에는 소집통보에서 배제되는 금융채권자의 목록(제9조 제5항 각호)과 협의회에서 배제된 이유가 포함되어야 한다(시행령 제7조 제1항).

주채권은행은 제1차 협의회를 소집하는 경우 그 사실과 내용을 금융채권자조정위원회와 금융감독원의 원장에게 통보하여야 한다(제9조 제9항).

(2) 소집통보의 배제

주채권은행은 신속하고 원활한 공동관리절차의 진행을 위하여 필요한 경우 ① 금융업을 영위하지 아니하는 금융채권자, ② 금융채권자의 목록에 기재된 총 금융채권액의 100분의 1 미만인 소액금융채권자(소액금융채권자가 둘 이상인 경우에는 그 금융채권의 합계액이 금융채권자의 목록에 기재된 총 금융채권액의 100분의 5를 초과하지 아니하는 소액금융채권자에 한정한다), ③ 그 밖에 공동관리절차에 참여할 필요성 등을 고려하여 대통령령으로 정하는 금융채권자[51] 중 하나에 해당하는 자에 대해서는 제1차 협의회의 소집을 통보하지 아니할 수 있다(제9조 제5항). 공동관리절차의 신속성·효율성을 위한 규정이다. 이 각 규정의 적용은 독립적이므로 예컨대 소액금융채권자의 채권합계액이 5%를 초과하더라도 금융업을 영위하지 않는 금융채권자에 대하여는 협의회 소집 통보를 배제할 수 있다.

소집을 통보받지 못한 금융채권자가 협의회에 참여를 원하는 경우 주채권은행은 해당 금융채권자를 협의회에서 배제할 수 없다. 이 경우 해당 금융채권자는 제1차 협의회의 소집을 통보받은 금융채권자로 보되, 그 전날까지 이루어진 협의회의 의결에 대하여 대항할 수 없다(제9조 제6항).

(3) 채권양도의 효과

제1차 협의회의 소집을 통보받은 금융채권자가 해당 기업에 대하여 보유하고 있는 금융채

---

51) 주채권은행이 신속하고 원활한 공동관리절차의 진행을 위하여 금융채권자협의회의 구성에서 배제할 필요가 있다고 판단하는 금융채권자를 말한다(시행령 제7조 제2항).

권(공동관리절차에서 출자 전환된 주식을 포함)을 제3자에게 양도한 경우 양도인은 그 사실을 지체 없이 주채권은행에게 통보하여야 한다. 이 경우 양수인은 협의회 의결로 달리 정하지 아니하는 한 양도인의 지위를 승계한다(제9조 제7항). 공동관리절차의 연속성을 유지하기 위함이다.

그럼에도 불구하고 금융채권의 양도 전에 기촉법 또는 협의회의 의결에 따라 양도인에게 발생한 의무는 양도인이 부담한다. 다만 협의회는 양도인과 양수인이 함께 요청하는 경우 그 의결로 양도인의 의무를 양수인이 승계하도록 할 수 있다(제9조 제8항).[52]

(4) 자료제공요청

주채권은행은 제1차 협의회의 소집을 위하여 필요한 경우에는 「금융실명거래 및 비밀보장에 관한 법률」 제4조, 「신용정보의 이용 및 보호에 관한 법률」 제32조 및 「개인정보 보호법」 제18조에도 불구하고 채권대차거래중개기관(「자본시장과 금융투자업에 관한 법률」에 따른 한국예탁결제원, 증권금융회사, 투자매매업자 또는 투자중개업자를 말한다)에 대하여 금융채권자의 성명·주소 및 전화번호와 금융채권자의 금융채권액에 관한 자료의 제공을 요청할 수 있다(제10조 제1항).

주채권은행은 제1차 협의회의 소집을 위하여 필요한 최소한의 범위로 한정하여 자료제공을 요청하여야 하며, 제공받은 자료를 제공받은 목적 외의 용도로 이용하여서는 아니 된다. 자료제공 요청을 받은 자가 주채권은행에게 자료를 제공하는 경우 대통령령으로 정하는 바에 따라 금융채권자에게 그 제공 사실을 알려주어야 하고,[53] 주채권은행은 제1차 협의회 소집을 위하여 제공받은 자료의 목적을 달성한 경우 「신용정보의 이용 및 보호에 관한 법률」에 따라 해당 자료를 관리·삭제하여야 하며, 자료제공을 요청받은 자는 직무상 알게 된 부실징후기업의 공동관리절차 개시 등에 관한 정보를 타인에게 누설하거나 부당한 목적으로 이용해서는 아니 된다(제10조 제2항 내지 제5항).

다. 금융채권 행사 유예[54]

주채권은행이 협의회 회의의 일시 및 장소 등(제9조 제2항)의 통보를 하는 경우에는 금융채권자에게 제1차 협의회의 종료시까지[55] 해당 기업에 대한 금융채권의 행사(상계, 담보권 행사, 추가 담보 취득을 포함하며, 시효중단을 위한 어음교환 회부는 제외한다)를 유예하도록 요구할 수 있다(제9조 제3항). 협의회의 소집 통보일로부터 채권금융기관의 권리행사가 제한된다. 금융채권 행사 유예요청이 법률상 채권금융기관을 구속하는 법적효력이 없지만,[56] 공동관리절차개시 후

---

52) 반대채권자가 매수를 청구하여 채권을 양도한 경우 누가 협의회의 의결을 이행하여야 하는가. 반대채권자로서는 제28조 제1항 괄호에 의하여 이행을 거절할 수 있고, 양수인은 제9조 제8항에 따라 이행을 거절할 수 있기 때문이다. 입법적 해결이 필요해 보인다.

53) 주채권은행에 자료를 제공한 자는 제공한 날로부터 10일 이내에 자료를 제공한 사실 및 이유를 해당 금융채권자에게 알려주어야 한다(시행령 제7조 제3항).

54) 기촉법에 의한 공동관리절차에서 채권행사는 공동관리절차개시 전에는 주채권은행의 통지에 의하여, 공동관리절차 개시 후에는 금융채권자협의회(제1차 협의회)의 의결에 의하여 유예된다.

55) 제1차 협의회 종료시 이후에는 협의회의 의결로 채권행사의 유예를 결정한다(제11조 제2항).

56) 대법원 2005. 9. 15. 선고 2005다15550 판결 참조. 따라서 주채권은행이 채권금융기관에 대하여 채권행사를 유예하

에는 원상회복의무까지 부과된 점 등을 고려하면 사실상 그 요청을 거부하기 어려울 것이다(이로 인해 관치금융의 논란이 있다).[57]

금융채권의 행사 유예를 요구받은 금융채권자가 금융채권을 행사한 때에는 공동관리절차의 개시 후 지체 없이 원상을 회복하여야 하며, 주채권은행은 협의회의 의결에 따라 해당 금융채권자에게 원상회복의 이행을 요청할 수 있다(제9조 제4항). 원상회복을 하지 아니한 경우 과태료에 처한다(제36조 제1항 제1호).

2. 금융채권의 신고 및 확정

가. 금융채권의 신고의무

주채권은행으로부터 제1차 협의회의 소집을 통보받은 금융채권자는 통보받은 날부터 5일 이내에 주채권은행에게 소집통보일 직전일을 기준으로 해당 기업에 대한 금융채권의 내용과 금액을 신고하여야 한다(제26조 제1항). 금융채권자가 금융채권을 신고하지 아니한 경우 과태료의 제재를 받는다(제36조 제1항 제3호). 신고된 채권에 대하여 다툼이 없는 경우 금융채권액은 확정된다. 금융채권자는 신고된 금융채권액에 비례하여 협의회에서 의결권을 행사한다(제26조 제2항).

나. 신고기간 내에 금융채권을 신고하지 않은 경우

(1) 제1차 협의회의 소집을 통보받은 금융채권자가 신고기간에 금융채권을 신고하지 아니한 경우에는 그 신고가 있을 때까지 해당 기업이 제출한 금융채권자의 목록에 기재된 금융채권액에 비례하여 의결권을 행사한다(제26조 제3항).

(2) 신고기간이 경과한 후에 금융채권액을 신고하는 자는 그 금액이 확정된[58] 날부터 의결권을 행사할 수 있으며, 그 확정일 전 협의회의 의결에 대하여 대항할 수 없다(제26조 제6항).

(3) 해당 기업이 제출한 금융채권자의 목록에 누락되어 금융채권액을 신고하지 못한 금융채권자에 대해서도 기촉법이 적용된다. 이 경우 채권매수청구기간(제27조 제1항)은 금융채권액이 확정된 날부터 계산한다(제26조 제7항).

다. 금융채권 존부에 대하여 다툼이 있는 경우

협의회는 금융채권자가 신고한 금융채권의 존재 여부 등에 관하여 다툼이 있는 경우 그 존재 여부 등이 확정될 때까지 그 의결권 행사를 제한할 수 있다. 의결권 행사가 제한된 금융채권자는 금융채권의 존재 여부 등이 확정된 날부터 의결권을 행사할 수 있으며, 그 확정일 전

도록 요청하였다 하더라도, 위 요청을 받은 채권금융기관은 부실징후기업에 대하여 부담하는 채무와 자신의 채권이 상계적상에 있는 경우 대등액에 관하여 상계할 수 있다.

57) 법원의 재판을 거치지 않고 주채권은행의 요구에 의해 금융채권자들의 권리행사를 중지시키는 것은 문제가 있다.

58) 채권금액의 확정은 다툼이 있는 경우 도산절차와 달리(도산절차에서는 채권조사확정절차가 마련되어 있다) 통상적인 민사소송절차에 따라 확정하여야 할 것이다.

협의회의 의결에 대하여 대항할 수 없다. 이 경우 채권매수청구기간은 금융채권의 존재 여부 등이 확정된 날부터 계산한다(제26조 제4항, 제5항).

이와 같이 채권금융기관이 신고한 신용공여액의 존재 여부 등에 관하여 다툼이 있어 채권금융기관의 의결권 행사를 제한하는 경우 나중에 그 신용공여액이 존재하는 것으로 확정된다고 하더라도 그 채권금융기관은 신용공여액 확정 이전의 협의회 의결에 구속되는 등으로 협의회 의결 과정에서의 절차적 권리가 제한되므로, 구 기촉법 제19조 제4항에서 정한 신용공여액의 존재 여부 등에 관한 다툼이 있다는 것은 신용공여액의 존재 여부 등에 관하여 의문을 제기하는 정도가 아니라 신용공여액의 존재 여부 등에 관한 다툼이 현실적으로 존재하는 것을 의미한다고 보아야 한다.

한편 의결권 행사의 제한과 관련하여 신용공여액의 존재 여부 등에 관한 다툼의 발생 시기 또는 의결권 행사를 제한할 수 있는 시기에 관한 규정이 없고, 채권금융기관은 공동관리절차를 개시하기 위한 협의회 개최 이후에도 신용공여액을 신고하여 그 금액이 확정되면 의결권을 행사할 수 있으므로(제26조 제1항, 제6항), 제26조 제4항에서 정한 '신용공여액의 존재 여부 등에 관한 다툼이 있는 경우'는 공동관리절차를 개시하는 협의회 개최 이전에 신고한 신용공여액의 존재 여부 등에 관한 다툼이 있는 경우만으로 한정되는 것은 아니고, 공동관리절차를 개시하기 위한 협의회 개최 이후에 신용공여액의 존재 여부 등에 관한 다툼이 생긴 경우도 포함된다.[59]

3. 금융채권재[제1차 협의회]의 의결

가. 금융채권자 구성 등에 대한 의결

금융채권자는 제1차 협의회의 소집의 통보를 받은 날부터 3개월의 범위에서 대통령령으로 정하는 기간[60]에 개최되는 제1차 협의회에서 ① 공동관리절차에 참여할 금융채권자의 구성, ② 공동관리절차의 개시, ③ 부실징후기업에 대한 채권행사유예 여부 및 유예기간의 결정, ④ 그 밖에 공동관리절차의 개시를 위하여 필요한 사항을 의결할 수 있다(제11조 제1항). 제1차 협의회에서는 주로 ① 내지 ③ 및 자산부채를 조사하기 위한 실사기관(회계법인 등 외부전문기관)을 선정하고(제12조) 의결권을 확정한다.

금융채권자의 구성에 관한 의결은 제1차 협의회의 소집을 통보받은 금융채권자의 총 금융채권액 중 4분의 3 이상의 금융채권액을 보유한 금융채권자의 찬성으로 한다(제11조 제4항). 나머지 사항에 대한 의결에 관하여는 제24조 제2항에 따른다(본서 2311쪽).

나. 채권행사 유예

채권행사 유예기간은 공동관리절차 개시일부터 1개월(제12조에 따른 자산부채의 실사가 필요한

---

59) 대법원 2023. 10. 12. 선고 2018다279330 판결 참조.

60) 아래 ①의 경우는 주채권은행으로부터 소집의 통보를 받은 날로부터 28일, ② 내지 ④의 경우는 14일 이내의 기간을 말한다(시행령 제8조).

경우에는 3개월)을 초과하지 아니하는 범위로 하되, 1회에 한정하여 1개월의 범위에서 협의회의 의결을 거쳐 연장할 수 있다(제11조 제2항). 최장 4개월의 채권행사유예가 가능한 셈이다. 주채 권은행의 요구에 의한 채권행사 유예에 반하여 채권을 행사한 경우에는 원상회복의 이행을 요 구할 수 있으나(제9조 제3항, 제4항), 협의회의 의결에 의한 채권행사 유예의 경우에는 명문의 규정이 없어 채권행사 유예와 관련된 내용으로 원상회복의무를 의결할 수 있는지에 대하여는 다툼의 여지가 있다.

다. 적용배제 금융채권자에 대한 공동관리절차 적용 여부

협의회의 의결에 따라 공동관리절차에 참여하지 아니하는 금융채권자(이하 '적용배제 금융채 권자'라 한다)에 대하여는 기촉법에 따른 공동관리절차가 적용되지 아니한다(제11조 제3항).

4. 공동관리절차개시

금융채권자는 부실징후기업으로부터 공동관리절차의 신청이 있는 때에는 자구계획서, 금융 채권자의 수 및 금융채권의 규모 등을 평가하여 기업개선의 가능성이 있다고 판단하는 경우 금융채권자협의회의 의결을 거쳐[61] 공동관리절차를 개시할 수 있다.[62] 금융채권자는 이에 관한 판단을 위하여 필요한 경우 주채권은행을 통하여 해당 기업이 제출한 자료의 보완을 요청할 수 있다(제8조 제1항, 제2항).

공동관리절차가 개시될 경우 공동관리절차개시에 반대하는 채권자는 반대매수청구권을 행 사함으로써 절차로부터 이탈할 수 있다(제27조 제1항 제1호).

5. 자산부채실사

협의회는 공동관리절차가 개시된 기업(공동관리기업)에 대하여 그 기업과 협의하여 선임한 회계법인 등 외부전문기관으로부터 자산부채실사 및 계속기업으로서의 존속능력평가 등을 받 도록 요청할 수 있다(제12조 제1항). 효과적인 구조조정을 위하여 기업의 상황을 객관적으로 파 악할 필요가 있으므로 전문적·객관적인 제3자에 의한 실사 절차를 도입한 것이다.

공동관리기업은 외부전문기관의 실사 및 평가에 대하여 필요한 자료를 제출하는 등 적극 협조하여야 한다(제12조 제2항). 기업의 협조를 의무화한 것은 실사를 신속하게 진행할 필요가

---

61) 금융채권자는 주채권은행으로부터 제1차 협의회 소집 통보를 받은 날로부터 14일 이내에 공동관리절차의 개시를 의결할 수 있다(제11조 제1항 제2호, 시행령 제8조).

62) 국토교통부장관은 항공운송사업자가 면허기준이나 등록기준에 미달한 경우 그 면허 또는 등록을 취소할 수 있다. 다만 금융채권자협의회가 채권금융기관 공동관리절차 개시의 의결을 하고 그 절차가 진행 중인 경우에는 면허기준 또는 등록기준에 미달하더라도 면허 또는 등록을 취소하지 않는다(항공사업법 제28조 제1항 제3호 다목). 국토교통 부장관은 건설업자가 자본금 기준에 미달한 경우 건설업 등록을 말소할 수 있다(건설산업기본법 제83조 제3호 본 문, 제10조). 다만 '채권자협의회가 금융채권자협의회에 의한 공동관리절차의 개시의 의결을 하고 그 절차가 진행중 인 경우'에는 등록기준의 미달이 단순히 일시적인 것에 그칠 여지가 많기 때문에 등록말소의 예외를 인정하고 있다 (건설산업기본법 제83조 제3호 단서, 건설산업기본법 시행령 제79조의2 제3호 다목).

있고, 기업도 구조조정의 당사자로서 성실하게 참여할 의무가 있기 때문이다.

실사기관은 자산·부채의 실재성 확인 및 담보·무담보채권의 구분, 계속기업가치와 청산가치의 산정 및 비교, 기업정상화방안의 실현가능성 확인 등의 업무를 수행한다.[63]

6. 기업개선계획 작성 등

가. 기업개선계획의 작성

주채권은행은 공동관리기업에 대한 외부전문기관의 자산부채실사 결과 등을 고려하여 공동관리기업의 기업개선을 위한 계획(이하 '기업개선계획'이라 한다)을 작성하여 협의회에 제출하여야 한다. 이 경우 주채권은행은 기업개선계획에 대하여 사전에 해당 기업과 협의하여야 하며, 기업개선계획에는 해당 기업의 부실에 상당한 책임있는 자 간의 공평한 손실분담 방안이 포함되어야 한다(제13조 제1항). 대주주 및 그 친족, 경영진, 근로자 등이 부실에 상당한 책임이 있는 경우 기업개선계획에 이들의 손실부담 방안을 마련할 필요가 있다.

여기에서 "해당 기업의 부실에 상당한 책임이 있는 자"가 누구인지, "공평한 손실분담방안"이 무엇인지가 문제이다. "부실에 상당한 책임이 있는 자"는 해당 기업에게 법적인 책임, 즉 이사 의무 위반 등으로 법적인 손해배상책임이 있는 자로 해석하고, "공평한 손실분담방안"이란 그 손해배상의무를 이행하는 것으로 좁게 해석하는 것이 타당하다고 본다. 따라서 이러한 손해배상책임이 있는 자가 그 이행을 하지 않는다면 해당 기업은 결국 소송을 제기하는 수밖에 없고, 이러한 경우에는 책임을 추궁하는 소송 수행이 바로 손실분담방안이라고 하여야 할 것이다.[64]

나. 기업개선계획의 내용

기업개선계획에는 ① 채무조정, ② 신규 신용공여, ③ 공동관리기업의 자구계획, ④ 채무조정 및 신규 신용공여의 사항을 이행하지 아니하는 금융채권자에게 부과하는 위약금, ⑤ 그 밖에 공동관리기업의 기업개선을 위하여 필요한 사항을 포함할 수 있다(제13조 제2항).

실무적으로 기업개선계획에는 ① 채권행사 유예기간, ② 신규자금지원규모 및 적용금리, 수수료, ③ 감자, 출자전환 등 자본관련 사항, ④ 반대채권매수청구권 행사시 처리방법 등이 포함된다.

이 중 채무조정과 신규 신용공여는 기촉법상 기업구조조정의 가장 기본이 되는 두 가지이다. 채무조정은 일부 채권자(금융채권자)를 대상으로 하는 다수결에 의한 채무조정이다. 신규 신용공여는 기촉법의 최대 장점이지만, 금융기관들이 감독기관의 관여 없이 자율적으로 신규 신용공여에 동의할 수 있는지 여부가 문제이다(관치금융의 우려).

---

63) 온라인투자연계금융업자에 대하여 기업구조조정 관리절차가 개시된 경우 온라인투자연계금융업자의 연계대출채권은 관리대상이 되는 재산을 구성하지 아니한다(온라인투자연계금융업 및 이용자 보호에 관한 법률 제28조 제3항).
64) 이은재, 전게 논문 "2016 기업구조조정 촉진법의 주요 내용", 15쪽.

(1) 채무조정(debt restructuring)

채무조정이란 금융채권자가 보유한 금융채권에 대하여 상환기일 연장, 원리금 감면, 채권의 출자전환 및 그 밖에 이에 준하는 방법으로 채무의 내용을 변경하는 것을 말한다(제2조 제9호).[65]

금융채권자는 공동관리기업의 기업개선을 위하여 필요하다고 판단하는 경우 협의회의 의결에 따라 해당 기업에 대한 채무조정을 할 수 있다. 이 경우 채무조정에 관한 협의회의 의결은 권리의 순위를 고려하여 공정하고 형평에 맞게 이루어져야 한다(제17조 제1항).

채무조정에 관한 협의회의 의결은 금융채권자의 담보채권(해당 자산의 청산가치 범위에서 유효 담보가액에 해당하는 채권) 총액 중 4분의 3 이상의 담보채권을 보유한 금융채권자가 찬성하여야 그 효력이 있다(제17조 제2항). 채무조정에 관한 협의회의 의결은 협의회 총 금융채권액 중 4분의 3 이상이 찬성한 경우(제24조 제2항)에도 담보채권 총액의 4분의 3 이상이 찬성해야 한다.

채무조정 중 금융채권의 상환기일 연장 및 원리금 감면은 협의회 의결로 달리 정하지 아니하는 한 그 의결이 공동관리기업에 통보되는 때부터 효력을 발생한다(제17조 제3항). 이와 관련하여 협의회의 채무조정 결의만으로 채무조정의 효력이 발생하는 것은 아니고, 대상 기업의 기업개선계획의 이행을 위한 약정 체결시 또는 약정에서 정한 날 채무 조정의 효력이 발생한다는 견해가 있다.[66] 그러나 원칙적으로 기업개선계획 이행 약정이 체결되어야 상환기일 연장 및 원리금 감면의 효과가 발생하지만, 기촉법은 위 약정 체결 이전부터 상환기일 연장 및 원리금 감면의 효력을 인정하여 주고 있다고 보아야 한다.

다만 협의회가 기업개선계획을 의결한 날로부터 1개월 이내에 기업개선계획의 이행을 위한 약정을 체결하지 못한 경우 그 다음 날부터 공동관리절차는 중단되고, 기업개선계획에 포함된 채무조정에 관한 사항은 소급적으로 효력을 상실한다(제14조 제3항).

(2) 신규 신용공여

(가) 금융채권자는 공동관리기업의 기업개선을 위하여 필요하다고 판단하는 경우 협의회의 의결에 따라 해당 기업에 대하여 신규 신용공여(기존 신용공여조건의 변경은 제외한다)를 할 수 있다. 이 경우 신규 신용공여 금액은 협의회 의결로 달리 정하지 아니하는 한 신고된 금융채권액에 비례하여 정한다(제18조 제1항). 통상 협의회의 신규 신용공여 결의는 채무자인 부실징후기업의 금융기관 채권자들이 모여 각자 보유채권액에 비례한 신규 신용공여 액수를 정하고, 여신기능이 있는 시중은행권 금융기관은 신규대출의 방법으로, 보증기관은 신규 보증서 발급의 방법으로, 여신기능이 없는 증권사 및 각종 비은행 금융기관, NPL(Non Performing Loan, 금

---

65) 온라인투자연계금융업자에 대한 기업구조조정 관리절차에 따라 채무의 면책·조정·변경이나 그 밖의 제한이 이루어진 경우에도 우선변제권에는 영향을 미치지 아니한다(온라인투자연계금융업 및 이용자 보호에 관한 법률 제28조 제6항). 우선변제권이란 투자자, 원리금수취권의 상환·유지 및 관리와 연계대출채권의 관리·처분 및 집행을 위한 비용채권, 수탁기관의 보수채권의 권리를 보유하는 자(우선변제권자)가 연계대출채권으로부터 제3자에 우선하여 변제받을 권리를 말한다(위 법률 제28조 제2항, 제4항, 제5항).

66) 노영보, 674쪽.

융회사의 부실채권)을 취급하는 유동화전문회사 등 제2금융권 기관은 이른바 '손실분담확약'의 방법으로 각각 신규 신용공여를 할 것을 결의한다. 한편 부실징후기업은 신규 신용공여의 혜택을 받는 당사자이지만 결의당사자는 아니며, '제3자를 위한 계약'의 수익자 지위와 유사하다.

협의회는 공동관리기업의 기업개선을 위하여 필요하다고 판단하는 경우 해당 기업의 요청에 따라 금융채권자가 아닌 자가 해당 기업에 대하여 신규 신용공여를 하는 것을 의결할 수 있다(제18조 제2항).

(나) 신규 신용공여로 인한 금융채권은 법정담보권 다음으로 협의회를 구성하는 다른 금융채권자(공동관리절차에 참여하는 금융채권자)의 금융채권에 우선하여 변제받을 권리를 가진다(제18조 제3항). 물론 이는 채권금융기관 사이에서 무담보채권에 대한 우선권을 인정한 것일 뿐이고, 채권금융기관 외의 다른 일반 채권자에게 효력을 미치지 않는다. 따라서 신규 신용공여로 인한 채권에 우선권이 있다고 하여도 그것은 금융기관채권자가 갖는 일반채권에 대한 상대적 효력을 가질 뿐이다. 즉 공동관리절차가 진행되는 동안 채권금융기관은 채권재조정 결과에 따라 변제를 받게 되고 신규 신용공여로 인한 채권은 기존의 채권에 비해 우선권이 있으므로 기존의 채권보다는 우선하여 변제를 받는 것이지만, 채권금융기관 외의 다른 채권자들은 변제기 유예 없이 변제기가 되면 변제를 받게 되므로 채권금융기관이 갖는 신규 신용공여로 인한 우선권이 있는 채권에 아무 영향을 받지 않는다.[67]

(다) 협의회가 금융채권자들 사이에 공동관리기업에 대한 신규 신용공여를 의결하는 때(제18조 제1항)에는 신규 신용공여를 하지 아니하는 금융채권자가 신규 신용공여를 하는 금융채권자에 대하여 부담하는 손실분담에 관한 사항을 정할 수 있다. 이 경우 신규 신용공여에 따른 손실분담은 공정하고 형평에 맞게 이루어져야 한다(제18조 제4항).

(라) 한편 신규 신용공여 계획의 수립에 관한 협의회의 의결은 협의회와 부실징후기업 사이의 기업개선계획의 이행을 위한 약정에 포함될 기업개선계획의 내용을 결정하기 위한 것으로서 특별한 사정이 없는 한 채권금융기관 사이의 신규 신용공여 계획 이행에 관한 청구권을 설정한 것으로 볼 수 없으므로, 신규 신용공여 계획에 관한 협의회의 의결을 이행하지 아니하는 채권금융기관이 기촉법 제28조 제4항에 따라 다른 채권금융기관에 대하여 손해배상책임을 부담하게 될 수 있음은 별론으로 하고, 협의회의 의결 자체로 채권금융기관이 다른 채권금융기관에 대하여 신용공여 계획의 이행을 청구할 권리를 갖게 된다고 할 수는 없다.[68] 따라서 금융채권자가 공동관리기업에 대하여 신규 신용공여를 할 의무는 금융채권자가 해당 기업과 신규 신용공여에 관한 약정을 체결하는 때에 발생한다(제18조 제5항). 다만 협의회가 기업개선계획을 의결한 날로부터 1개월 이내에 기업개선계획의 이행을 위한 약정을 체결하지 못한 경우 그 다음 날부터 공동관리절차는 중단되고, 기업개선계획에 포함된 신규 신용공여에 관한 사항은 소급적으로 효력을 상실한다(제14조 제3항).

---

67) 노영보, 675쪽.
68) 대법원 2014. 9. 4. 자 2013마1998 결정 참조.

다. 기업개선계획의 의결

협의회는 자산부채 실사를 통해 기업개선계획을 확정한다. 즉 협의회는 기촉법 또는 협의회의 의결에 다른 정함이 있는 경우를 제외하고 협의회 총 금융채권액 중 4분의 3 이상의 금융채권액을 보유한 금융채권자의 찬성으로 기업개선계획을 의결한다(제24조 제2항 본문). 다만 다수결원칙을 보완하여 소액채권자의 의사를 반영하기 위하여 단일 금융채권자가 보유한 금융채권액이 협의회 총 금융채권액의 4분의 3 이상인 경우에는 해당 금융채권자를 포함하여 협의회를 구성하는 총 금융채권자 수의 5분의 2 이상의 찬성으로 의결한다(제24조 제2항 단서, 제23조 제1항 제4호).

채무조정에 관한 협의회의 의결은 여기에 추가하여 금융채권자의 담보채권(해당 자산의 청산가치 범위에서 유효담보가액에 해당하는 채권) 총액 중 4분의 3 이상의 담보채권을 보유한 금융채권자가 찬성하여야 그 효력이 있다(제17조 제2항, 본서 2326쪽).

협의회가 채권행사 유예기간(최장 4개월)에 기업개선계획을 의결하지 못한 경우 그 다음 날부터 공동관리기업에 대한 공동관리절차는 중단된 것으로 본다(제13조 제3항). 채권행사 유예기간에는 기업개선계획의 작성과 협의회 의결을 마치는 기간을 포함한다.

라. 기업개선계획의 변경

주채권은행은 기업개선계획이 의결된 후에도 공동관리기업의 기업개선을 위하여 필요하다고 판단하는 경우 협의회의 의결에 따라 기업개선계획을 변경할 수 있다(제13조 제4항).

7. 기업개선계획의 이행을 위한 약정

가. 기업개선계획의 이행약정 체결

협의회는 기업개선계획을 의결한 날부터 1개월 이내에 공동관리기업과 기업개선계획의 이행을 위한 약정(MOU, 이하 '약정'이라 한다)을 체결하여야 한다(제14조 제1항). 약정에는 협의회가 의결한 기업개선계획 외에 공동관리기업의 기업개선 등을 위하여 ① 매출액·영업이익 등 해당 기업의 경영 목표수준, ② 목표수준을 달성하기 위하여 필요한 해당 기업의 인원·조직 및 임금의 조정 등 구조조정 계획과 신주의 발행, 자본의 감소 등 재무구조 개선 계획 등을 포함한 구체적인 이행계획(그 이행기간은 1년 이내로 하되, 협의회의 의결로 연장할 수 있다), ③ 목표수준을 달성하지 못할 경우 총 인건비의 조정 등 해당 기업이 추가적으로 추진할 이행계획, ④ 해당 기업의 주주 또는 노동조합 등 이해관계인의 동의가 필요한 사항에 대한 동의서, ⑤ 기업의 현금흐름에 중대한 영향을 미치는 투자 및 중요한 재산의 양수·양도 등에 관한 사항, ⑥ 제3자 매각, 경영위탁 등을 통하여 경영을 정상화할 경우 그 구체적인 계획, ⑦ 이사회의 구성 등 지배구조의 개선에 관한 사항, ⑧ 기업개선을 위하여 필요하다고 협의회에서 의결한 사항 및 향후 이행계획, ⑨ 기업이 약정을 미이행한 경우의 조치에 관한 사항, ⑩ 공동관리절차의 중단 및 종료에 관한 사항, ⑪ 그 밖에 기업개선을 위하여 필요한 사항으로서 협의회와 공동관리기업이 합의한 사항을 포함할 수 있다(제14조 제2항).

나. 약정체결기한

협의회가 기업개선계획을 의결한 날로부터 1개월 이내에 약정을 체결하지 못한 경우 그 다음 날부터 공동관리절차는 중단된 것으로 본다. 이 경우 기업개선계획에 포함된 채무조정 및 신규 신용공여에 관한 사항은 소급적으로 효력을 상실한다(제14조 제3항).

다. 약정의 효력

(1) 일반적 효력

기업개선계획의 이행을 위한 약정은 법원의 관여 없이 일부 채권자들인 채권금융기관들과 기업 사이의 사적 합의에 의하여 이루어지고 그러한 합의의 내용에 따른 효력을 갖는 것이다.

협의회가 부실징후기업과 체결한 약정에 정해진 사항이 채권재조정과 같이 약정 자체로서 권리, 의무를 설정하거나 변경 또는 소멸시키는 것에 해당하지 아니하고 대출계약이나 지급보증계약의 체결에 의한 신용공여와 같이 향후 별도의 계약 체결을 예정한 계획에 해당하는 경우에는, 특별한 사정이 없는 한 약정의 당사자 사이에서 약정만으로 기업개선계획으로 예정된 별도의 계약이 체결된 것이나 다름없는 법적 구속력을 부여하려는 의사가 있었다고 볼 수 없으므로, 부실징후기업이나 채권금융기관이 약정에 기하여 다른 채권금융기관에 대하여 신용공여 계획의 이행으로서 대출계약 등을 체결하거나 그에 관한 의사표시를 하도록 청구할 권리를 갖는다고 할 수도 없다.[69]

금융기관들 사이에 채무자인 기업에 부실징후가 발생할 경우 법원이 관여하는 법정 회생절차에 들어가는 대신 주채권은행 주도하에 기업개선작업에 착수하여 당해 기업에 대한 채권금융기관들로 구성된 협의회를 소집하여 채권액 기준 3/4 이상의 채권을 보유한 채권금융기관의 찬성으로 채권재조정 등을 내용으로 하는 기업개선작업안을 의결하고 나아가 주채권은행이 협의회 소속 다른 채권금융기관들의 대리인 겸 본인으로서 당해 기업과 사이에 위와 같이 확정된 의결 내용을 이행하기 위한 기업개선작업약정(기업개선계획의 이행을 위한 약정)을 체결하는 방식의 일종의 사적 정리에 관한 사전합의(기업구조조정협약)가 이루어진 상태에서, 채무자인 특정 기업에 대하여 부실징후가 발생하여 주채권은행이 사전합의된 바에 따라 관련된 채권금융기관들의 협의회를 소집하여 기업개선작업안을 의결하고 이어 주채권은행과 당해 기업과 사이에 그 의결 사항의 이행을 위한 기업개선작업약정이 체결되었다면, 이는 위와 같은 사전합의에 따른 것이어서 달리 무효로 볼 만한 특별한 사정이 없는 한 그 약정에 따른 채권재조정 등

---

69) 대법원 2014. 9. 4. 자 2013마1998 결정 참조.

권리변경의 효력은 채권금융기관협의회의 구성원으로서 결의에 참여하여 기업개선작업안에 반대한 채권금융기관에도 당연히 미친다고 할 것이다.[70]

(2) 보증인에 대한 효력

채권금융기관들과 재무적 곤경에 처한 주채무자인 기업 사이에 기업의 경영정상화를 도모하고 채권금융기관들의 자산 건전성을 제고하기 위하여 일부 채권을 포기하거나 채무를 면제하는 등 채무조건을 완화하여 주채무를 축소·감경하는 내용의 기업개선작업약정을 체결한 경우, 이를 규율하는 기촉법에서 보증채무의 부종성에 관한 예외규정을 두고 있지 아니할 뿐만 아니라, 기업개선작업약정은 법원의 관여 없이 일부 채권자들인 채권금융기관들과 기업 사이의 사적 합의에 의하여 이루어지고 그러한 합의의 내용에 따른 효력을 갖는 것으로서, 보증인으로서는 원래의 채무 전액에 대하여 보증채무를 부담한다는 의사표시를 하거나 채권금융기관들과 사이에 그러한 내용의 약정을 하는 등의 특별한 사정이 없는 한, 보증채무의 부종성에 의하여 기업개선작업약정에 의하여 축소·감경된 주채무의 내용에 따라 보증채무를 부담한다.[71] 따라서 출자전환으로 채무가 소멸되는 경우 보증인(대표이사 등)에 대하여도 동일한 금액이 소멸한다.[72]

8. 약정의 이행점검

약정의 당사자는 체결된 약정을 성실히 준수하여야 한다(제15조 제1항).

주채권은행은 약정의 이행실적을 분기별로 점검하여 그 결과를 협의회에 보고하여야 한다. 다만 공동관리기업이 중소기업(중소기업기본법 제2조)인 경우 협의회가 그 주기를 달리 정할 수 있다(제15조 제2항). 중소기업의 공동관리절차 활성화를 위하여 절차를 완화한 것이다.

또한 주채권은행은 대통령령(시행령 제9조 제1항)으로 정하는 바에 따라 기업개선계획의 진행상황을 연 1회 이상 공개하여야 한다. 다만 ① 영업비밀에 해당하거나 자산가치의 하락 등 원활한 기업개선의 추진에 어려움이 발생할 가능성이 있는 것으로 판단되는 정보나 ② 중소기업 중에서 「자본시장과 금융투자업에 관한 법률」 제159조 제1항의 사업보고서 제출대상법인이 아닌 기업의 이행점검 결과는 공개하지 아니할 수 있다(제15조 제2항). 정보공개의 주체는 주채

---

70) 대법원 2007. 4. 27. 선고 2004다41996 판결 참조.

71) 대법원 2004. 12. 23. 선고 2004다46601 판결 참조.

72) 대법원 2010. 9. 16. 선고 2008다97218 전원합의체 판결(당사자 쌍방이 가지고 있는 같은 종류의 급부를 목적으로 하는 채권을 서로 대등액에서 소멸시키기로 하는 상계계약이 이루어진 경우, 상계계약의 효과로서 각 채권은 당사자들이 그 계약에서 정한 금액만큼 소멸한다. 이러한 법리는 기업개선작업절차에서 채무자인 기업과 채권자인 금융기관 사이에 채무자가 채권자에게 주식을 발행하여 주고 채권자의 신주인수대금채무와 채무자의 기존 채무를 같은 금액만큼 소멸시키기로 하는 내용의 상계계약 방식에 의하여 이른바 출자전환을 하는 경우에도 마찬가지로 적용되며, 이와 달리 주식의 시가를 평가하여 그 시가 평가액만큼만 기존의 채무가 변제되고 나머지 금액은 면제된 것으로 볼 것은 아니다) 참조. 반면 회생절차에서는 부종성이 절단되고(제250조 제2항), 출자전환으로 채무가 소멸하는 경우 보증인에 대하여는 신주의 효력발생일의 신주 시가 상당액만 소멸한다. 관련 내용은 〈제12장 제4절 Ⅳ.〉(본서 894쪽)를 참조할 것.

권은행이며, 의무 미이행시 시정조치의 대상이 된다(제35조 제1항 제5호).

주채권은행은 점검을 위하여 필요한 업무 또는 재산에 관한 보고, 자료의 제출, 관계자의 출석 및 진술 등을 공동관리기업에 요청할 수 있으며, 요청받은 기업은 정당한 사유가 없으면 이에 따라야 한다(제15조 제3항). 주주나 노동조합 등 동의서를 제출한 자는 약정의 이행상황 및 계획에 대한 설명을 대통령령(시행령 제9조 제2항)으로 정하는 방법에 따라 공동관리기업을 통하여 주채권은행에 요청할 수 있으며, 주채권은행과 해당 기업은 정당한 사유가 없으면 지체 없이 이에 응하여야 한다(제15조 제4항).

9. 공동관리절차의 평가 및 공개

가. 사후평가

공동관리기업과 약정을 체결한 날부터 3년이 경과하는 날까지 공동관리절차가 종료되지 아니한 경우 주채권은행은 대통령령(시행령 제10조)으로 정하는 바에 따라 경영평가위원회를 구성하여 공동관리절차의 효율성, 해당 기업의 기업개선 가능성, 공동관리절차의 지속 필요성 등을 평가하고 그 결과를 협의회에 보고하여야 한다. 다만, 공동관리기업이 중소기업인 경우에는 주채권은행이 협의회의 의결에 따라 공동관리절차의 평가시기를 달리 정할 수 있다(제16조 제1항). 중소기업의 공동관리절차 활성화를 위한 조치이다.

나. 평가결과의 공개

주채권은행은 협의회에 대한 보고일부터 7일 이내에 그 평가결과를 대통령령(시행령 제11조)으로 정하는 방법에 따라 공개하여야 한다. 다만 ① 영업비밀에 해당하거나 자산가치의 하락 등 원활한 기업개선의 추진에 어려움이 발생할 가능성이 있는 것으로 판단되는 정보나 ② 중소기업 중에서 「자본시장과 금융투자업에 관한 법률」 제159조 제1항의 사업보고서 제출대상법인이 아닌 기업의 이행점검 결과는 공개하지 아니할 수 있다(제16조 제2항).

10. 기업구조조정 촉진을 위한 특례

가. 출자 및 재산운용제한 등에 대한 특례[73]

(1) 출자 및 재산운용제한 규정의 적용 배제

금융기관의 출자 및 재산운영에 대해서는 여러 가지 규제가 있는데, 채권금융기관이 출자전환을 포함하여 채권재조정을 하는 경우 그러한 출자 및 재산운영에 대한 규제와 충돌할 가

---

73) 감자, 출자전환에 관하여는 아래에서 설명하는 특례 이외에는 별도의 규정이 없으므로 상법이 적용된다. 실무적으로 출자전환은 채권금융기관의 채권을 상계 방식의 유상증자에 의하여 주식으로 전환한다. 한편 회생절차의 경우에는 감자나 출자전환은 회생계획으로 하여야 하고(제55조 제1항), 출자전환에 관하여는 별도의 규정이 있다(제205조, 제206조).

능성이 있다. 그래서 기촉법은 채권금융기관이 공동관리절차에서 채권을 출자전환하거나 채권 재조정을 하는 경우 출자 및 재산운용제한에 관한 규정의 적용을 배제하는 규정을 두고 있다. 채권금융기관이란 금융채권자 중 「금융위원회의 설치 등에 관한 법률」 제38조 각 호에 해당하는 기관[74] 및 ① 은행법 제59조에 따라 은행으로 보는 외국은행의 지점 또는 대리점, ② 한국산업은행, ③ 한국수출입은행, ④ 중소기업은행, ⑤ 「자산유동화에 관한 법률」에 따른 유동화전문회사, ⑥ 한국자산관리공사, ⑦ 예금보험공사 및 정리금융회사, ⑧ 신용보증기금, ⑨ 기술보증기금, ⑩ 산업발전법 제20조에 따른 기업구조개선 경영참여형 사모집합투자기구, ⑪ 한국무역보험공사를 말한다(제2조 제3호, 시행령 제2조 제1항).

채권금융기관이 기촉법에 따른 기업구조조정을 위하여 채권을 출자전환하거나 협의회 의결에 따라 채무조정을 하는 경우에는 ① 은행법 제37조 및 제38조 제1호, ② 보험업법 제106조·제108조 및 제109조, ③ 「자본시장과 금융투자업에 관한 법률」 제81조 제1항 제1호 가목부터 다목까지 및 제344조, ④ 「금융산업의 구조개선에 관한 법률」 제24조, ⑤ 「금융지주회사법」 제19조, ⑥ 「상호저축은행법」 제18조의2 제1항 제1호에 따라 금융위원회가 정하여 고시하는 동일회사 주식의 취득 제한 규정, ⑦ 그 밖에 출자 및 재산운용제한 등에 관한 법령 중 대통령령으로 정하는 법령의 규정[75]을 적용하지 아니한다(제33조 제1항).

위와 같은 법적용의 배제는 공동관리절차가 종료 또는 중단된 후 2년이 경과하는 날까지 적용되며, 금융위원회의 승인을 받아 2년의 범위 이내에서 연장할 수 있다. 이 경우 금융위원회는 주식소유한도를 초과하는 주식에 대한 향후 정리 계획 및 해당 채권금융기관의 경영상태를 고려하여 승인 여부를 결정한다(제33조 제3항, 시행령 제17조).

(2) 상법의 적용 배제

채권금융기관이 채권을 출자전환하는 경우 부실징후기업은 주주총회의 결의만으로 법원의 인가를 받지 아니하고도 주식을 액면미달의 가액으로 발행할 수 있다. 이 경우 그 주식은 주주총회에서 달리 정하는 경우를 제외하고는 주주총회의 결의일부터 1개월 이내에 발행하여야 한다(제33조 제2항).

나. 채권금융기관 등에 대한 면책 특례

채권금융기관 및 그 임직원이 고의 또는 중대한 과실 없이 기촉법 및 조정위원회의 결정에 따라 기업구조조정을 위하여 업무를 적극적으로 처리한 경우에는 그 결과에 대하여 기촉법, 감

---

74) ① 「은행법」에 따른 인가를 받아 설립된 은행, ② 「자본시장과 금융투자업에 관한 법률」에 따른 금융투자업자, 증권금융회사, 종합금융회사 및 명의개서대행회사, ③ 「보험업법」에 따른 보험회사, ④ 「상호저축은행법」에 따른 상호저축은행과 그 중앙회, ⑤ 「신용협동조합법」에 따른 신용협동조합 및 그 중앙회, ⑥ 「여신전문금융업법」에 따른 여신전문금융회사 및 겸영여신업자, ⑦ 「농업협동조합법」에 따른 농협은행, ⑧ 「수산업협동조합법」에 따른 수협은행, ⑨ 다른 법령에서 금융감독원이 검사를 하도록 규정한 기관, ⑩ 그 밖에 금융업 및 금융 관련 업무를 하는 자로서 대통령령으로 정하는 자.
75) 시행령 제17조 제1항.

사원법 또는 은행법 등 금융관련법령에 따른 징계·문책 또는 그 요구를 하지 않는 등 그 책임을 면제한다(제34조 본문).[76] 이는 기업구조조정 담당자들이 사후 책임문제를 의식해 소극적으로 업무를 처리하지 않고, 적극적이고 합리적인 태도로 기업구조조정을 위한 의사결정을 할 수 있도록 면책권을 부여한 것이다. 민형사상의 책임을 대상으로 하는 것은 아니다. 조정위원회의 결정에 따른 기업구조조정 업무의 수행의 경우에도 면책을 허용함으로써 조정위원회 조정결정 과정에서 워크아웃 절차가 보다 적극적인 방향으로 진행될 수 있도록 유도하고 있다.

다만, 그 업무처리에 있어 ① 기업구조조정의 절차와 관련한 법령을 준수하지 아니한 경우, ② 필요한 정보를 충분히 수집·검토하지 아니한 경우, ③ 부정한 청탁에 의한 경우, ④ 사적인 이해관계가 있는 경우에는 면책되지 않는다(제34조 단서).

한편 면책 특례 규정은 몇 가지 문제가 있다. 첫째 면책권이 인정되는 자는 채권금융기관 및 그 임직원으로 공무원은 적용되지 않는다. 이로 인해 면책조항을 둔 취지가 많이 퇴색되었다. 둘째 면책조항이 기촉법에 따른 기업구조조정에만 적용되고, 채무자회생법에 따른 회생절차 등 다양한 기업구조조정에는 적용되지 않아 자칫 기촉법에 따른 공동관리절차만 장려하는 결과가 초래될 수 있다.

다. 자본시장법 제172조 제1항(단기매매차익 반환제도)의 적용 배제

주권상장법인의 임원(상법 제401조의2 제1항 각 호의 자를 포함한다), 직원(직무상 제174조 제1항의 미공개중요정보를 알 수 있는 자로서 대통령령으로 정하는 자에 한한다) 또는 주요주주가 주식 등 금융투자상품(이하 "특정증권등"이라 한다)을 매수(권리 행사의 상대방이 되는 경우로서 매수자의 지위를 가지게 되는 특정증권등의 매도를 포함한다)한 후 6개월 이내에 매도(권리를 행사할 수 있는 경우로서 매도자의 지위를 가지게 되는 특정증권등의 매수를 포함한다)하거나 특정증권등을 매도한 후 6개월 이내에 매수하여 이익을 얻은 경우에는 그 법인은 그 임직원 또는 주요주주에게 그 이익(이하 "단기매매차익"이라 한다)을 그 법인에게 반환할 것을 청구할 수 있다(자본시장법 제172조 제1항 전문). 다만 임직원 또는 주요주주로서 행한 매도 또는 매수의 성격, 그 밖의 사정 등을 고려하여 대통령령(제198조)으로 정하는 경우 및 주요주주가 매도·매수한 시기 중 어느 한 시기에 있어서 주요주주가 아닌 경우에는 적용하지 아니한다(자본시장법 제172조 제6항).

자본시장법 제172조 제1항에서 정한 단기매매차익 반환제도는 주권상장법인의 내부자가 6개월 이내의 단기간에 그 법인의 주식 등을 사고 파는 경우 미공개 내부정보를 이용하였을 개연성이 크다는 점에서 거래 자체는 허용하되 그 대신 내부자가 실제로 미공개 내부정보를 이용하였는지 여부나 내부자에게 미공개 내부정보를 이용하여 이득을 취하려는 의사가 있었는지 여부를 묻지 않고 내부자로 하여금 그 거래로 얻은 이익을 법인에 반환하도록 하는 엄격한 책임을 인정함으로써 내부자가 미공개 내부정보를 이용하여 법인의 주식 등을 거래하는 행위

---

76) 감사원법 제34조의3에도 유사한 규정이 있다.

를 간접적으로 규제하려는 제도이다. 따라서 자본시장법 제172조 제1항이 적용되지 아니하는 경우로서 같은 조 제6항에 의하여 자본시장법 시행령 제198조에서 정한 예외사유는 한정적으로 열거된 것으로서 자본시장법 시행령에서 정하지 않는 사유로까지 그 반환책임의 예외사유를 넓힐 것을 예정한 것은 아니다. 다만 단기매매차익 반환제도의 입법목적, 자본시장법 시행령 제198조에 정해진 예외사유의 성격, 그리고 헌법 제23조가 정하는 재산권보장의 취지를 고려하면, 자본시장법 시행령 제198조에서 정한 예외사유에 해당하지 않더라도 객관적으로 볼 때 내부정보를 부당하게 이용할 가능성이 전혀 없는 유형의 거래에 대하여는 법원이 자본시장법 제172조 제1항의 매수 또는 매도에 해당하지 아니하는 것으로 보아 그 적용을 배제할 수 있다.[77]

한편 주권상장법인의 내부자가 6개월 이내에 그 법인의 주식 등을 사고 파는 거래를 한 경우, 선행거래와 후행거래 중 어느 한 거래라도 위 규정의 적용 예외사유에 해당하는 거래라면 특별한 사정이 없는 한 자본시장법 제172조 제1항의 단기매매차익 반환규정은 적용되지 않는다고 봄이 타당하다.

기촉법에 따른 공공관리절차에서 이루어진 출자전환에 따른 주식의 취득은 자본시장법 시행령 제198조의 예외사유에 포함되지는 않지만, 객관적으로 볼 때 내부정보의 이용가능성이 전혀 없는 유형의 거래에 해당하므로 자본시장법 제172조 제1항(단기매매차익 반환제도)은 적용되지 않는다.[78]

11. 공동관리절차의 중단 및 종료

가. 공동관리절차의 중단

(1) 당연중단사유

(가) 회생절차개시결정 또는 파산선고로 인한 중단

공동관리절차가 개시된 뒤에도 해당 기업 또는 금융채권자는 채무자회생법에 따른 회생절차 또는 파산절차를 신청할 수 있다. 이 경우 해당 기업에 대하여 회생절차의 개시결정 또는

---

77) 대법원 2024. 5. 9. 선고 2020다202616 판결, 대법원 2008. 3. 13. 선고 2006다73218 판결, 대법원 2004. 5. 28. 선고 2003다60396 판결 등 참조.

78) 원고(부실징후기업)에 대하여 기촉법에 따른 공동관리절차(워크아웃)가 진행되었고, 피고(주채권은행)는 그 과정에서 원고에 대한 경영정상화 방안으로 1, 2차 출자전환을 통해 기존채권을 주식으로 전환하였다. 이후 피고는 위와 같이 출자전환으로 취득한 주식을 매도하기 시작하였는데, 주식을 매도하던 중 원고의 상장유지를 위해 3차 출자전환이 불가피하였고, 이에 100억 원 규모의 채권을 추가로 출자전환('이 사건 출자전환')하였다. 원고는 피고가 이 사건 출자전환 전후 6개월 사이에 이루어진 주식 매도를 통하여 시세차익을 얻었다고 주장하면서, 피고를 상대로 자본시장법 제172조 제1항의 단기매매차익반환 규정에 따라 매매차익의 반환을 청구하였다. 앞에서 설시한 법리와 ① 상시적이고 신속한 기업구조조정의 필요성이라는 공익에 기반하고 있는 기촉법의 입법취지 등을 고려하면, 채권 재조정으로서 대출금의 출자전환에 따른 주식의 취득은 객관적으로 볼 때 내부정보의 이용가능성이 없는 유형의 거래에 해당하고, ② 공동관리절차 진행 중, 상장폐지를 위해 이 사건 출자전환이 불가피했던 것으로 보이는 점 등에 비추어 보면 자본시장법 제172조 제1항의 단기매매차익 반환규정이 적용될 수 없다(대법원 2024. 5. 9. 선고 2020다202616 판결 참조).

파산선고가 있으면 공동관리절차는 중단된 것으로 본다(제11조 제5항).

(나) 기업개선계획의 미의결로 인한 중단

협의회가 채권행사 유예기간에 기업개선계획을 의결하지 못한 경우 그 다음 날부터 공동관리기업에 대한 공동관리절차는 중단된 것으로 본다(제13조 제3항).

(다) 기업개선약정을 체결하지 못함으로 인한 중단

협의회가 기업개선계획을 의결한 날로부터 1개월 이내에 기업개선약정을 체결하지 못한 경우 그 다음 날부터 공동관리절차는 중단된 것으로 본다(제14조 제3항).

(2) 협의회의 의결에 따른 중단

협의회는 ① 공동관리기업이 제출한 금융채권자의 목록이나 자구계획서에 중요한 사항에 관하여 고의적인 누락이나 허위 기재가 있는 경우, ② 공동관리기업이 정당한 사유 없이 제12조에 따른 외부전문기관의 실사 및 평가에 협조하지 아니하는 경우, ③ 공동관리기업이 정당한 사유 없이 약정의 중요한 사항을 이행하지 아니하였거나 약정이 이행되기 어렵다고 판단되는 경우, ④ 기업개선계획의 이행을 위한 약정의 이행 점검 또는 제16조 제1항에 따른 평가의 결과 공동관리절차를 지속하는 것이 적절하지 아니하다고 판단되거나 공동관리기업의 부실징후가 해소될 가망이 없다고 판단되는 경우, ⑤ 공동관리기업이 중단을 요청하는 경우, ⑥ 그 밖에 약정에서 정한 공동관리절차의 중단사유가 발생한 경우에는 그 의결에 따라 공동관리절차를 중단할 수 있다(제19조).

(3) 중단으로 종전에 양보한 권리가 되살아나는지

사적 정리절차에 따른 기업개선작업약정(기업개선계획의 이행을 위한 약정)은 민법상 화해계약에 유사한 성질을 갖는 것이어서 채권금융기관들이 양보한 권리는 기업개선작업약정의 효력이 발생한 시점에 소멸하고 당해 기업 등은 그에 갈음하여 그 약정에 따른 새로운 권리를 취득하게 되는 것이므로, 보통 채권금융기관들이 기업개선작업의 성공을 기대하면서 양보를 하기 마련이라고 하더라도 채권금융기관들과 당해 기업 사이에 기업개선작업의 중단이 기존 양보한 권리에 미치는 효과에 관하여 달리 특별한 합의를 하였던 경우를 제외하고는[79] 기업개선작업이 중단되었다는 사정만으로 채권금융기관들이 종전에 양보한 권리가 당연히 되살아난다고 할 수는 없고, 이처럼 양보한 권리가 되살아나지 아니하여 채권금융기관들이 그만큼 손해를 보게 되어 채권금융기관협의회의 구성원이 아닌 다른 채권자들과의 사이에 불균형이 발생한다고 하더라도 이는 법원이 관여하는 법정 정리절차 대신 사적 정리절차를 선택할 때에 이미 감수하기로 한 위험이 현실화된 것에 불과하여 결론을 달리할 만한 사정이 되지 못한다. 만약 거꾸로 채권금융기관들이 종전에 양보하였던 권리가 되살아난다고 한다면, 채권재조정의 결과 신

---

79) 서울회생법원 2019. 9. 4. 선고 2019가합100641 판결[기업개선작업약정[경영정상화계획약정]에 "채권금융기관의 공동관리절차가 중단되는 경우 채권재조정계획에 따라 이미 발생한 채권재조정의 효력(이자율의 조정 또는 상환기간의 유예 등)은 소급하여 그 효력을 상실한다"고 규정하고 있는 사안에서, 위 소급효 규정에 따라 채권재조정 규정이 아닌 종전 규정에 따라 지연배상금을 인정한 사례).

용상태가 양호해진 것으로 알고 당해 기업과 거래한 제3자에게 예측하지 못한 손해를 입힐 염려가 있을 뿐만 아니라, 여기서 양보한 권리가 되살아난다는 원칙을 받아들이게 되면 향후 금융기관들이 채권재조정을 내용으로 하는 기업개선작업을 시행할 때에 중단으로 인한 영향을 우려한 제3자들이 당해 기업과의 거래를 회피할 가능성도 있어 오히려 기업개선작업을 저해하는 요인으로 작용할 수도 있을 것이다.[80]

나. 공동관리절차의 종료

협의회는 ① 공동관리기업의 부실이 해소되었다고 판단한 경우, ② 약정이 계획대로 이행된 경우, ③ 공동관리기업이 종료를 요청하는 경우, ④ 그 밖에 약정에서 정한 공동관리절차의 종료사유가 발생한 경우 그 의결에 따라 공동관리절차를 종료할 수 있다(제20조).

Ⅴ 금융위원회의 채권금융기관에 대한 감독

기업이 부실해지면 그 기업에 대출해 준 은행(금융기관)이 부실해지고, 한 은행의 부실은 연쇄적으로 다른 은행의 부실을 낳아 경제 전체에 시스템적 위험을 초래하므로 금융감독기구가 기업구조조정에 적극적으로 참여할 필요가 있다. 기촉법이 '상시적 기업구조조정을 촉진하고 금융시장의 안정과 국민경제의 발전에 이바지하는 것을 목적으로 한다'는 것(제1조)은 이를 나타내고 있다.

금융위원회는 채권금융기관이 ① 기촉법 제4조 제1항 또는 제3항을 위반하여 신용위험을 평가하지 아니한 때, ② 기촉법 제5조 제1항을 위반하여 정당한 사유 없이 통보를 하지 아니한 때, ③ 기촉법 제7조를 위반하여 필요한 조치를 강구하지 아니한 때, ④ 기촉법 제9조 제1항을 위반하여 정당한 사유 없이 협의회를 소집하지 아니한 때, ⑤ 기촉법 제15조 제2항을 위반하여 약정의 이행을 점검하지 아니하거나 기업개선계획의 진행상황을 공개하지 아니한 때, ⑥ 기촉법 제15조 제4항을 위반하여 정당한 사유 없이 약정의 이행상황 및 계획에 대한 설명요청에 응하지 아니한 때, ⑦ 기촉법 제16조 제1항 또는 제2항을 위반하여 경영평가위원회의 평가를 거치지 아니하거나 평가 결과를 공개하지 아니한 때에는 일정한 기간을 정하여 그 시정을 요구할 수 있다(제35조 제1항).

시정요구를 받은 채권금융기관이 정당한 사유 없이 기간 내에 시정요구를 이행하지 아니하면 금융위원회는 해당 채권금융기관에 대하여 ① 채권금융기관 또는 그 임직원에 대한 주의·경고·견책 또는 감봉, ② 임원의 직무정지 또는 임원의 직무를 대행하는 관리인의 선임, ③ 그 밖에 ① 및 ②에 준하는 조치로서 위반사항의 시정을 위하여 필요하다고 인정되는 조치를 요구하거나 명할 수 있다(제35조 제2항).

요컨대 기촉법에 따른 공동관리절차는 금융위원회의 통제를 받는다. 이로써 사실상 금융위원회가 채권금융기관의 의사결정을 강제하게 되는 것이다.

---

80) 대법원 2007. 4. 27. 선고 2004다41996 판결 참조.

Ⅵ 공동관리절차에서의 벌칙

금융위원회는 ① 제9조 제4항을 위반하여 원상회복을 하지 아니한 자, ② 제23조 제2항을 위반하여 공동관리기업의 경영인 및 제14조 제2항 제4호에 따른 동의서를 제출한 자에게 의견 개진의 기회를 부여하지 아니한 자, ③ 제26조 제1항을 위반하여 금융채권을 신고하지 아니한 자, ④ 제27조 제6항을 위반하여 채권매수청구권의 내용과 행사방법을 알리지 아니한 자에게 는 2천만 원 이하의 과태료를 부과·징수한다(제36조).

Ⅶ 주채권은행에 의한 관리절차

기촉법에 의한 기업구조조정절차는 앞에서 설명한 협의회에 의한 공동관리절차(제8조)와 주채권은행에 의한 관리절차(제21조)로 이원화되어 있다.

부실징후기업이라는 통보를 받은 기업은 주채권은행에 대하여 기업개선을 위한 자구계획서와 금융채권자목록을 첨부하여 주채권은행에 의한 관리절차(이하 '관리절차'라 한다)를 신청할 수 있다(제5조 제2항 제2호, 제21조). 주채권은행은 부실징후기업으로부터 주채권은행 관리절차의 신청이 있어 자구계획서 등을 평가하여 기업개선의 가능성이 있다고 판단하는 경우 단독으로 해당 기업에 관한 관리절차를 개시할 수 있다(제21조 제1항).

공동관리절차가 일부 배제 대상 금융채권자 이외에 모든 금융채권자가 참여하는 구조조정 절차임에 반하여, 관리절차는 주채권은행만 단독 참여하는 구조조정절차이다. 관리절차는 다른 채권자의 채권행사유예(상환유예)가 불필요하다는 판단 아래 주채권은행 단독으로 구조조정을 진행하는 것이다. 주채권은행의 관리절차는 하나의 채권자가 주관하는 것으로 금융채권자가 공동으로 진행하지 않음에도 기촉법에서 규정하고 있는 이유는 기촉법에 따른 특례(기촉법 제4장 등) 규정의 적용을 받게 하기 위함이다.

주채권은행 관리절차가 개시되는 경우에도 회생절차개시결정 또는 파산선고가 있으면 관리절차는 중단되고(제21조 제2항, 제11조 제5항), 공동관리절차와 마찬가지로 자산부채실사(제12조), 기업개선계획의 작성 등(제13조), 기업개선계획의 이행을 위한 약정(제14조), 약정의 이행점검(제15조), 채무조정(제17조), 신규 신용공여(제18조), 관리절차의 중단(제19조), 관리절차의 종료(제20조)에 관한 규정이 준용된다(제21조 제2항). 다만 관리절차의 사후평가 및 공개는 하지 않아도 된다.

Ⅷ 회생절차와 공동관리절차의 관계

1. 기업구조조정 촉진법에 의한 변제와 부인권

기촉법에 의한 공동관리절차(관리절차 포함)에서 이루어진 변제가 회생절차나 파산절차에서 부인권의 대상이 되는가. 2011. 5. 19. 제정된 기촉법(이하 '3차 기촉법'이라 한다)에 명시적으로 기촉법은 채무자회생법보다 우선적으로 적용되는 법률이 아니라는 규정을 두기 전에는 견해의 대립이 있었다. 3차 기촉법 이전에는 단순히 「이 법은 기업구조조정 등에 관하여 규정하고 있는 다른 법률에 우선하여 적용한다」고 규정하고 있었다(제3조). 그래서 위 규정을 근거로 기촉법에 의한 워크아웃절차(공동관리절차)에서 이루어진 변제는 회생절차에서 부인권의 대상이 되지 않는다고 주장하는 견해가 있었다.

이와 관련하여 대법원은 「기업구조조정 촉진법 제3조가 "이 법은 기업구조조정 등에 관하여 규정하고 있는 다른 법률에 우선하여 적용한다."고 규정하고 있으나, 위 법에 근거하는 기업개선작업{이른바 워크아웃(work out)}은 재무적 곤경에 처했으나 경제적으로는 회생가능성이 있는 기업을 대상으로 채권단과 당해 기업이 협력하여 재무구조와 사업구조를 조정함으로써 기업회생과 채권회수 증대를 꾀하는 일련의 과정으로서 민법상 화해계약에 유사한 성질을 갖는 사적 정리절차인바, 원칙적으로 채권금융기관협의회의 구성원에게만 그 약정에 따른 채권재조정 등 권리변경의 효력이 미치는 점에서 기업구조조정 촉진법 제3조가 채권금융기관뿐만 아니라 상거래채권자 등 모든 파산채권을 법원이 관여하는 법정 정리절차에서 집단적으로 취급하는 채무자 회생 및 파산에 관한 법률상 파산절차 중 채권자평등을 주된 목적으로 하는 부인권 규정을 배제한다고 볼 수 없다」고 판시함으로써,[81] 부인권의 대상이 되지 않는다는 주장을 받아들이지 않았다. 즉 기촉법에 의한 공동관리절차에서 이루어진 변제도 회생절차나 파산절차에서 부인권의 대상이 된다고 보았다.

3차 기촉법 이전에는 기촉법이 채무자회생법보다 우선하는 듯한 표현을 사용함으로써 오해를 초래하였다. 당시 정부에서도 기촉법에 의한 워크아웃이 회생절차 등 법적도산절차보다 우선한다고 보기보다는 법적도산절차를 보완하는 측면이 있다고 설명하였다. 이런 점에서 보면, 기촉법이 채무자회생법보다 우선적으로 적용되는 법률이 아닌 것은 분명하였다. 따라서 위와 같은 오해를 해소하기 위하여 3차 기촉법은 "이 법은 기업구조조정 등에 관하여 규정하고 있는 다른 법률(「채무자 회생 및 파산에 관한 법률」은 제외한다)에 우선하여 적용한다"고 개정하였다.[82]

2. 회생절차와 공동관리절차의 차이

회생절차는 채무를 동결하고 회생계획을 세워 채무자(기업)를 회생시키는 것이다. 이런 점에서 회생절차에서 회생은 구조조정과 다를 바 없다. 공동관리절차에서도 채권행사를 유예하고 채무조정 등을 하며 기업개선계획을 세워 기업을 회생시킨다. 이처럼 기업을 구조조정하여 회생시킨다는 점에서 두 절차는 기본적으로 목적을 같이 한다. 또한 회생절차나 공동관리절차는 법률에 근거하여 재정적 어려움에 처한 기업에 대한 사후적 구조조정으로 채무조정 등 재

---

81) 대법원 2010. 6. 10. 선고 2010다6024 판결. 위 판결은 파산절차에 관한 것이기는 하지만 회생절차에도 동일하게 적용된다고 할 것이다.

82) 이후 위 규정은 그대로 유지되어 왔다.

무적 구조조정을 함에 있어 채권자의 지원과 협조가 요구되는[83] 공통점이 있다.

그러나 아래 표에서 보는 바와 같이 2개의 절차는 근거 법률부터 진행까지 큰 차이가 있다. 실제 운용에 있어서도 큰 차이가 있다.

〈회생절차와 공동관리절차〉

	회생절차	공동관리절차
근거법률	채무자회생법	기업구조조정 촉진법
절차주도(주체)	법원(채무자 중심)	채권단(채권자 중심) 법원은 사후적·제한적 관여[84]
대상채권자	모든 채권자	금융채권자(금융기관 + 개인채권자, 상거래채권자 제외)
대상채무자	회생절차개시원인이 있는 모든 채무자	부실징후기업 * 공공기관·금융회사·외국기업 제외
절차진행	채무자의 모든 채무 동결 및 보전처분 후 법원의 관리하에 채권자·주주 등 이해관계 조정	금융채권자가 채권행사 유예 후 채권단 주도로 구조조정 진행
채권채무관계	모든 채권채무 동결	금융 채권채무 동결
채무조정	법률에 의한 권리변경	[채권단 사이의 협의(의결) + 해당 기업과의 기업개선계획 이행을 위한 약정 체결]을 통한 사적 조정
구조조정방식	채무조정	채무조정 + 신규 신용공여
신규자금지원	신규자금 지원 곤란	신규자금 지원 가능 * 일시적 유동성 위기에 처한 기업에 적합
신청권자[85]	채무자, 채권자, 주주·지분권자	통보를 받은 부실징후기업
회생계획·기업개선계획의 결의 (가결요건)	① 회생담보권자 3/4(4/5) 이상의 동의 ② 회생채권자 2/3 이상의 동의 ③ 주주·지분권자 1/2 이상의 동의	① 총 금융채권액 3/4 이상의 금융채권액을 보유한 금융채권자의 찬성 * 채무조정의 경우: ① + 담보채권총액의 3/4 이상의 담보채권을 보유한 금융채권자의 찬성(17조2항)
쌍방미이행 쌍무계약의 해제·해지권	관리인에게 선택권 부여(채무자회생법 119조)	×
부인권	관리인이 부인권 행사(채무자회생법 100조 등)	×(채권자가 사해행위취소권 행사)[86]

---

83) 회생절차나 공동관리절차와 같은 구조조정제도는 채무조정에 따른 채권자의 손실부담이 크므로 채권자와의 사전협의나 채권자의 지원 없이는 성공하기 어려운 것이 현실이다. 기본적으로 어떠한 구조조정절차이건 채권자의 희생(犧牲)을 전제로 한다. 그렇지만 경제학적 관점에서는 회생절차를 비롯한 구조조정절차가 채권자의 희생을 전제로 채무자를 회생시킨다는 것은 정확한 표현은 아니다. 회생절차는 작지만 확실한 청산가치에서 벗어나 크지만 불확실한 계속기업가치의 이익을 추구할 것인지에 관한 채권자의 의사결정과정으로 볼 수 있기 때문이다.

미신고채권	실효(채무자회생법 251조)	실효× (채권신고는 의결권 정하는 기준에 불과)
채권확정절차	채권조사확정재판 등 존재	×(확정될 때까지 의결권 행사 제한 가능) (26조4항)
보증인에 대한 효력	영향 ×(채무자회생법 250조2항1호)	민법상의 보증채무에 관한 법리(부종성) 그 대로 적용
개시원인	① 사업의 계속에 현저한 지장을 초래하 지 아니하고는 변제기에 있는 채무를 변제할 수 없는 경우 ② 파산원인사실이 생길 염려 (채무자회생법 34조1항)	통상적인 자금차입 외에 외부로부터 추가적 인 자금유입 없이는 금융채권자에 대한 차입 금 상환 등 정상적인 채무이행이 어려운 상 태에 있을 것(=부실징후)(5조2항, 2조7호)
진행기간	법에 정한 엄격한 절차에 따라야 하므 로 일반적으로 장기간 소요	금융채권자 사이의 협의를 통해 탄력적으로 대응하므로 신속한 절차 진행이 가능
상시화 여부	상시법	한시법(3년)
감독기관	법원	금융위원회
법률 소관부서	법무부	금융위원회

공동관리절차는 회생절차와 다른 중요한 몇 가지 장점이 있다. 첫째는 자동중지제도이다. 주채권은행이 금융채권자협의회를 소집하는 시점에 금융채권자는 채권행사가 금지된다(제9조 제3항). 미국 연방도산법의 automatic stay이다. 둘째 공동관리절차가 개시되더라도 기존의 경영진은 그대로 유지된다. 미국 연방도산법의 DIP(debtor in possession)이다. 셋째 공동관리절차 이후 필요한 자금을 제공하는 것이 공동관리절차의 주요 내용이다. 미국 연방도산법의 DIP financing이다. 공동관리절차는 현대 회생형절차의 모델인 미국 연방도산법의 중요한 법원칙들을 포섭하고 있다.

3. 회생절차와 공동관리절차의 연계 필요성

기촉법의 가장 큰 장점은 신규자금의 유입이 원활하게 이루어질 수 있다는 점에 있다. 반면 회생절차에서는 신규자금의 유입이 사실상 불가능하다.[87] 회생절차가 채무자 중심으로 운영

---

84) 금융채권자협의회 의결취소의 소(제25조), 금융채권자조정위원회 조정결정에 대한 불복소송(제32조 제3항).
85) 개시신청의 판단 주체도 다르다. 공동관리절차는 주채권은행이 거래하는 기업의 신용위험을 평가하여 부실징후기업으로 선정하나, 회생절차는 채무자 스스로 회생절차개시신청 여부를 판단한다.
86) 부인권이 법적도산의 적정한 절차 수행을 담보하는 기능을 하는 것처럼, 사적정리에 있어서 사해행위취소권을 적극적으로 이용하는 것에 의해 채권자가 한 책임재산의 감소행위를 시정하는 것이 가능하다면, 보다 적정한 사적정리를 실현할 수 있을 것이다. 법적절차에서 부인권은 도산절차개시 전의 행위를 대상으로 함에 반하여, 사적정리에서 사해행위취소권은 (공동)관리절차개시 전·후의 행위를 모두 대상으로 한다.
87) 회생절차에서 신규자금의 유입을 원활하게 하기 위해 공익채권으로 인정하고 우선변제권을 인정하는 등 여러 가지 제도를 마련하고 있지만(제179조 제1항 제5호, 제12호, 제180조 제7항 등), 현실적으로는 여전히 신규자금의 유입이 원활하지 못하다.

되다 보니 금융채권자 등 채권자의 의사가 충분히 반영되지 못한 측면이 있다. 채무자회생법은 경제상황의 악화를 배경으로 회생절차의 간소화·신속화, 공정성·실효성의 확보를 목적으로 지속적으로 개정되어 왔지만, 그 개정의 이념이 실제 회생실무에서 충분히 실현되지 못하고 있는 측면도 있으므로 실무 운용에 있어 점검이 필요하다.

기촉법에 의한 공동관리절차는 모든 금융채권자에게 적용된다는 점에서 독립된 도산절차 중 하나이다. 다만 기촉법 제3조에서 '이 법은 기업구조조정 등에 관하여 규정하고 있는 다른 법률(채무자회생법은 제외한다)에 우선하여 적용한다.'고 규정하고 있어서 기촉법 절차 진행 중에도 언제든지 채무자회생법에 따른 회생절차를 신청·개시할 수 있다는 점에서 일정한 한계가 있다. 또한 금융기관은 회생절차보다 공동관리절차(관리절차)에 따른 채무재조정을 통한 회생을 선호하고, 이로 인해 금융기관채무가 많은 기업으로서는 조기에 회생절차에 따른 근본적인 회생을 도모하지 못함으로써 조기신청·조기회생이라는 채무자회생법의 본래 취지의 실현을 곤란하게 하고 있다.

법조계에서는 관치금융의 폐해를 내세우며 기촉법의 폐지나 상시화에 반대하고 채무자회생법으로 통합할 것을 주장하고 있다. 반면 경제계에서는 기업의 선택권을 보장하고(현실적으로 기촉법에 의한 공동관리절차와 회생절차를 활용하는 기업이 모두 존재한다) 현실경제의 어려움과 구조조정의 신속을 위해 기촉법의 상시화를 주장하고 있다. 사실상 법조계와 경제계의 기업구조조정에 관한 주도권 다툼의 양상을 보이고 있다. 채무자회생법으로의 일원화나 기촉법 상시화 문제는 순수하게 법리적인 차원에서 접근할 것이 아니라 경제상황 및 기업 상황에 따라 적절하게 대처할 필요가 있다.[88] 나아가 장기적으로는 기촉법의 상시화(또는 재입법)에 대한 논쟁보다 채무자회생법을 개선[89]하여 기촉법에 따른 공동관리절차(관리절차)와 회생절차가 조화롭게 운용될 수 있도록 법적 토대를 마련할 필요가 있다.[90]

---

88) 궁극적으로 자본시장 플레이어(구조조정 대상기업에 자금을 공급할 수 있는 주체)가 보다 적극적으로 참여할 수 있는 기업구조조정시장의 형성 및 활성화를 통해 시장 친화적인 기업구조조정제도를 확립할 필요가 있다.

89) 채무자회생법은 채권자의 권리와 참여를 보다 강력히 보장하고, 상거래채권자에 대한 보호를 강화하였으며, 한국형 프리패키지 제도를 도입하는 등 워크아웃 제도의 장점을 기존 회생절차에 반영하는 방향으로 개정이 이루어졌다. 그러나 여전히 부족한 부분이 있다. 예컨대 회생절차에서도 신규자금 지원이 수월하도록 제도를 보완하고, 구조조정 과정에서 기존경영자 관리인 제도의 개선이 필요하다.

90) 국회도 현행 기촉법을 입법하면서 「국회는 부대의견으로 금융위원회는 2025년 12월 31일까지 법원 등 관계기관과 협의를 거쳐 기업구조조정제도 현황을 점검하고, 이를 토대로 법원의 인가·승인 등 역할 확대를 포함한 발전적 개편방안을 마련하여 국회 소관 상임위원회에 보고하도록 한다.」는 부대의견을 덧붙였다.
　　최근 일본에서도 사적정리절차와 법적정리절차의 연계가 논의되고 있다고 한다. 하나는 사적정리를 다수결로 통과시킬 수 없는가이고, 다른 하나는 법적정리에서도 상거래채권을 100% 변제할 수 없는가라고 한다. 전자는 법적정리절차에서 사용되고 있는 다수결을 사적정리절차로 넓힐 수 없는가의 논의이고, 후자는 상거래채권 100% 변제라는 사적정리의 방법을 법적정리절차에 도입할 수 없는가의 논의이다{山本 硏, "日本の會社更生及び企業民事再生制度の現狀と展望", 회생법학 통권 제16호(2018년 6월), (사)한국채무자회생법학회, 76쪽}.
　　한편 현재 회생실무는 회생절차를 신청한 채무자나 채권자가 자율구조조정 의사를 표시한 경우 이를 존중하고 있다. 보전처분이나 회생절차개시결정을 하지 않고 신청인이 자율적으로 구조조정을 할 수 있는 시간을 부여한다. 대표적으로 자율구조조정지원프로그램(ARS, Autonomous Restructuring Support Program)이 있다. 위 프로그램은 회생절차를 신청하면 법원, 채무자, 주요채권자, 회계법인 등이 '회생절차협의회'를 구성하여 자율구조조정 협의나 회생절차 진행방향 등에 관한 의견을 교환하도록 지원한다. 채무자와 채권자들 사이에 자율구조조정에 대한 합의가 되면 회생절차개시신청을 취하하고, 합의에 실패하면 통상의 회생절차와 마찬가지로 진행한다. 서울회생법원 2023회합100040 주식회사 에이디피그린, 2023회합100050 주식회사 이엔테크 사건 등에서 적용되었다. 위 사건들에서는 이해관계인들과 원만하게 합의되어 회생절차개시신청이 취하되었다. 다만 자율구조조정지원프로그램은 법적 근거가 없고, 원만하게 진행되지 못할 경우 구조조정을 지체시킬 수 있다는 한계가 있다.

　기촉법과 채무자회생법의 연계(일원화)와 관련하여 참고할 수 있는 제도로 사채권자집회를 통한 채무조정이 있다. 이는 사채권자집회에서 지급의 유예, 사채권원금 일부의 변제, 이자율의 인하 등을 결의한 후(상법 제490조) 법원의 인가를 받는 것이다(상법 제498조 제1항). 사채권자집회를 통한 채무조정의 사례로는 대우조선해양 사채권자집회를 들 수 있다. 이 사건에서 사채권자들은 2017. 4. 1. 사채권자집회의 결의를 거친 후 2017. 4. 21. 법원(창원지방법원 통영지원)의 인가를 받았다. 실무적으로 사채권자집회는 이미 기업구조조정의 한 방안으로 활용되고 있다.

부 록

회생절차에서의 시부인표 기재례

◉ 피담보채권이 담보평가액(감정평가액)을 초과하는 경우[1]

담보평가액(또는 채권최고액)을 초과하는 금액은 회생담보권에서 부인하고 회생채권으로 시인함

◉ 채무자가 물상보증만 제공한 경우

담보평가액(또는 채권최고액)을 초과하는 금액은 회생담보권에서 부인함

◉ 선순위 담보권 신고가 없고 후순위 담보권 신고만 있는 경우

선순위 담보권 신고가 없어 담보인정액을 알 수 없으므로 일응 부인함

◉ 신탁채권의 경우[2]

신탁물건으로서 채무자 소유가 아니므로 회생담보권에서 부인하고 회생채권으로 시인함

◉ 신고내용이 불명확한 경우

신고내용이 불명확하므로 부인함

◉ 채무발생 사실이 없는 경우

채무가 없으므로 부인함

◉ 채무가 변제되어 소멸한 경우

이미 변제하였으므로 부인함(변제일 2024. 8. 3.)

◉ 개시후이자를 회생담보권에 포함하여 신고한 경우

개시후이자는 회생담보권에서 부인하고 회생채권으로 시인하되 의결권은 부인함

◉ 개시후이자를 회생채권으로 신고한 경우

개시후이자는 시인하되 의결권은 부인함

---

1) 회생담보권으로 인정될 수 있는 권리가 있으면 그 가액을 평가해서 평가액(또는 채권최고액)까지만 회생담보권으로 시인한다. 담보목적물의 감정평가액이 피담보채권에 미치지 못할 경우, 평가액 초과분에 대해서는 회생담보권으로 부인하고 회생채권으로 시인한다. 회생담보권 신고에 회생채권의 예비적 신고도 포함된다고 볼 수 있기 때문이다.

2) 채무자가 위탁자인 경우 신탁재산은 채무자의 소유가 아니므로 그 재산에 담보권을 설정한 채권자의 회생담보권 신고에 대하여는 회생담보권을 부인하고 회생채권으로 시인하여야 한다.

◉ 신용보증기금법에 따라 연대보증채권이 감면된 경우

신용보증기금법 제30조의3에 따라서 감경되었으므로 부인함(주채무자 주식회사 ◇◇◇ 2024. 8. 3. 자로 회생계획 인가)

◉ 소송계속 중인 경우

소송계속 중이므로 부인함(수원지방법원 202○가단○○○, 원고 □□□ 피고 ㈜△△△)

◉ 공익채권 신고의 경우

근로자 급여로서 공익채권이므로 부인함

◉ 질권설정자의 채권신고의 경우[3]

질권자에게 직접청구권이 있으므로 부인함

◉ 전부채무자의 채권신고가 있는 경우

전부명령이 확정되었으므로 부인함(수원지방법원 202○타채○○○○, 전부채권자 □□□ 순번○○)

◉ 추심채무자의 채권신고가 있는 경우[4]

추심명령이 확정되었으므로 부인함(수원지방법원 202○타채○○○○, 추심채권자 △△△ 순번○○)

◉ 채권자가 신고하였고 개시 후 채권 일부만 대위변제한 구상권 신고의 경우

채권 전액을 변제하지 아니하였고 채권자○○은행의 채권 전액을 시인하였으므로 부인함 (채권자○○은행, 순번○○)

◉ 주채권자의 채권신고가 없는 경우 구상권 신고에 대하여

주채권자의 채권신고가 없으므로 채권은 시인하되 의결권은 부인함

◉ 주채권자의 채권신고가 있는 경우 장래구상권 신고에 대하여

주채권자 ○○은행의 채권을 시인하였으므로 부인함(주채권자 순번○○)

◉ 주채권자의 채권신고가 없는 경우 장래구상권 신고에 대하여

장래 구상권자의 신고이므로 시인하되 의결권은 부인함

◉ 보증기금의 미확정 구상채권 신고의 경우

미확정 구상채권이므로 시인하되 의결권은 부인함

---

3) 채권질권이 설정된 경우에는 질권자가 채권을 직접 청구할 수 있어(민법 제353조 제1항) 채권신고를 할 수 있고 변제를 받을 수도 있다. 따라서 질권자와 질권설정자의 채권신고가 있으면 질권자의 채권을 시인해야 한다. 관련 내용은 〈제2편 제9장 제2절 Ⅰ.2.가.〉(본서 730쪽)를 참조할 것.

4) 채무자를 제3채무자로 하는 추심명령이 확정되었다면 법률상 추심권한과 소제기권한이 추심채권자에게 이전되므로 채권신고를 할 권한도 추심채권자에게 있다. 채권조사의 대상은 추심채무자가 제3채무자(회생절차의 채무자)에게 가지는 피압류채권(회생채권)이다. 따라서 추심채권자의 신고에 의하여 추심채무자의 채권을 시인하고 추심채무자의 신고는 부인한다. 관련 내용은 〈제2편 제9장 제2절 Ⅰ.2.가.〉(본서 730쪽)를 참조할 것.

◉ 근저당권일부이전계약에 따라 담보권 배분이 필요한 경우
2024. 4. 5. 자로 체결된 근저당권일부이전계약에 따라서 금 ○○○원은 회생담보권으로 시인하고 나머지 금액은 회생담보권에서 부인하고 회생채권으로 시인하되 개시후이자는 의결권을 부인함

◉ 어음을 제시하지 않은 경우
어음 미제시로 부인함

◉ 어음을 분실하여 공시최고 신청을 한 경우
어음 미제시하였으나 공시최고 신청하였으므로 일응 부인함

◉ 어음채권과 원인채권의 신고가 병존하는 경우 원인채권 신고에 대하여[5]
어음채권을 신고하였으므로 원인채권에 대하여는 부인함
원인채권을 시인하고 어음채권을 부인함

◉ 담보설정행위가 부인대상 행위인 경우
채무자회생법 제100조 제1항 제1호, 제2호의 부인대상행위이므로 회생담보권에서 부인하고 회생채권으로 시인함(담보설정일: 202○. ○. ○., 부도일: 202△. △. △.)

◉ 보증계약체결이 부인대상 행위인 경우
채무자회생법 제100조 제1항 제1호의 부인대상행위이므로 부인함(보증계약체결일 202○. ○. ○.)

◉ 채권자목록 기재 확정 후 추후 보완 신고한 경우
목록기재액은 이미 시인하였으므로 부인함

◉ 입회금을 초과하는 회원권의 취득가액을 신고한 경우[6]
입회금(또는 입회보증금)을 초과하는 부분은 부인함

---

5) 관련 내용은 〈제2편 제9장 제2절 Ⅰ.1.가.〉(본서 723쪽)를 참조할 것.
6) 골프회원권은 골프장 시설을 우선적으로 이용할 수 있는 '골프장시설이용권'과 납입된 입회금을 반환받을 수 있는 '입회금반환청구권'이 결합된 권리이다. 입회금반환청구권은 금전채권으로서 회생채권이 분명하고, 골프장시설이용권도 비금전채권이지만 회생채권이다. 회생절차상 골프회원권자가 가지는 입회금반환채권은 쉽게 인정할 수 있으나, 골프장시설이용권에 대한 취급이 문제된다. 재무적으로는 입회금으로부터 창출되는 수익과 골프장시설이용권의 가치가 등가관계이고, 채무자는 입회금을 반환하여 시설이용을 중단시키고 회원권자는 그 입회금으로 다른 골프장의 회원권을 구입할 수 있는 기회를 얻게 되므로 입회금반환채권과 골프장시설이용권은 양립불가의 택일적 관계이다. 일반적으로 채무초과 상태의 골프장은 회원제 유지의 가능성이 불확실하여 시설이용권의 가치가 입회금반환채권을 초과한다고 보기 어려우므로 입회금반환채권을 시인하면 족하다. 또한 입회금을 상회하는 취득가액을 신고하는 경우도 있으나, 입회계약이 종료된 후 회원권자가 채무자에게 가지는 권리는 입회금반환채권이라고 보아야 하므로 입회금까지만 시인한다.

▣ 채무자회생법

제 6 조(회생절차폐지 등에 따른 파산선고) ③ 제1항 및 제2항의 규정에 의하여 파산선고를 한 경우 다음 각호의 어느 하나에 해당하는 등기 또는 등록의 촉탁은 파산의 등기 또는 등록의 촉탁과 함께 하여야 한다.

1. 제23조 제1항, 제24조 제4항·제5항의 규정에 의한 등기의 촉탁
2. 제27조에서 준용하는 제24조 제4항 및 제5항의 규정에 의한 등록의 촉탁

제23조(법인에 관한 등기의 촉탁) ① 법인인 채무자에 대하여 다음 각호의 어느 하나에 해당하는 사유가 있는 경우에는 법원사무관등은 직권으로 지체 없이 촉탁서에 결정서의 등본 또는 초본 등 관련 서류를 첨부하여 채무자의 각 사무소 및 영업소(외국에 주된 사무소 또는 영업소가 있는 때에는 대한민국에 있는 사무소 또는 영업소를 말한다. 이하 이 조에서 같다)의 소재지의 등기소에 그 등기를 촉탁하여야 한다.

1. 회생절차개시(제293조의5 제4항에 따라 회생절차가 속행된 경우를 포함한다)·간이회생절차개시 또는 파산선고의 결정이 있는 경우
2. 회생절차개시결정취소·간이회생절차개시결정취소, 회생절차폐지·간이회생절차폐지 또는 회생계획불인가의 결정이 확정된 경우
3. 회생계획인가 또는 회생절차종결·간이회생절차종결의 결정이 있는 경우
4. 제265조 및 제266조의 규정에 의한 신주발행, 제267조 및 제268조의 규정에 의한 사채발행, 제269조의 규정에 의한 주식의 포괄적 교환, 제270조의 규정에 의한 주식의 포괄적 이전, 제271조의 규정에 의한 합병, 제272조의 규정에 의한 분할 또는 분할합병이나 제273조 및 제274조의 규정에 의한 신회사의 설립이 있는 경우
5. 파산취소·파산폐지 또는 파산종결의 결정이 있는 경우

② 법인인 채무자에 대하여 제43조 제3항·제74조 제1항·제3항·제355조 또는 제636조 제1항 제4호의 규정에 의한 처분이 있는 때에는 법원사무관등은 직권으로 지체 없이 촉탁서에 그 처분의 등본 또는 초본을 첨부하여 그 처분의 등기를 채무자의 각 사무소 및 영업소의 소재지의 등기소에 촉탁하여야 한다. 등기된 처분이 변경 또는 취소된 때에도 또한 같다.

③ 제2항의 규정에 의한 처분의 등기(제74조 제3항 본문에 따른 처분의 등기는 제외한다)에는 관리인·보전관리인·파산관재인 또는 국제도산관리인의 성명 또는 명칭과 주소 또는 사무소

를 기재하여야 한다. 이 경우 기재사항이 변경된 때에는 법원사무관등은 지체 없이 그 변경의 등기를 채무자의 각 사무소 및 영업소의 소재지의 등기소에 촉탁하여야 한다.

④ 제2항에 따른 처분의 등기 중 제74조 제3항 본문에 따른 처분의 등기를 촉탁할 때에는 법인인 채무자의 대표자를 관리인으로 본다는 취지의 등기를 함께 촉탁하여야 한다. 이 경우 그 대표자의 성명 또는 주소가 변경된 때에는 법원사무관등은 지체 없이 그 변경의 등기를 채무자의 각 사무소 및 영업소의 소재지의 등기소에 촉탁하여야 한다.

⑤ 법원사무관등은 제1항부터 제4항까지에서 규정한 사항 외에 회생계획의 수행이나 이 법의 규정에 따라 회생절차 또는 파산절차가 종료되기 전에 법인인 채무자나 신회사에 관하여 등기할 사항이 생긴 경우에는 직권으로 지체 없이 촉탁서에 결정서의 등본 또는 초본 등 관련 서류를 첨부하여 채무자의 각 사무소 및 영업소의 소재지의 등기소에 그 등기를 촉탁하여야 한다.

⑥ 제5항에 따른 등기사항의 유형 및 범위 등에 관하여 필요한 사항은 대법원규칙으로 정한다.

제24조(등기된 권리에 관한 등기 등의 촉탁) ① 다음 각호의 경우 법원사무관등은 직권으로 지체 없이 촉탁서에 결정서의 등본 또는 초본을 첨부하여 회생절차개시·간이회생절차개시의 등기 또는 그 보전처분의 등기를 촉탁하여야 한다. 제2호 또는 제3호의 보전처분이 변경 또는 취소되거나 효력을 상실한 때에도 또한 같다.

1. 법인이 아닌 채무자에 대하여 회생절차개시 또는 간이회생절차개시의 결정이 있는 경우 그 채무자의 재산에 속하는 권리 중에 등기된 것이 있는 때
2. 처분대상인 채무자의 재산에 속하는 권리로서 등기된 것에 관하여 제43조 제1항의 규정에 의한 보전처분이 있는 때
3. 등기된 권리에 관하여 제114조 제1항 또는 제3항의 규정에 의한 보전처분이 있는 때

② 법원은 회생계획의 수행이나 이 법의 규정에 의하여 회생절차가 종료되기 전에 등기된 권리의 득실이나 변경이 생긴 경우에는 직권으로 지체 없이 그 등기를 촉탁하여야 한다. 다만, 채무자·채권자·담보권자·주주·지분권자와 신회사 외의 자를 권리자로 하는 등기의 경우에는 그러하지 아니하다.

③ 법원사무관등은 다음 각 호의 어느 하나에 해당하는 때에는 직권으로 지체 없이 촉탁서에 결정서의 등본 또는 초본을 첨부하여 파산등기 또는 보전처분의 등기를 촉탁하여야 한다. 제3호 또는 제4호의 보전처분이 변경 또는 취소되거나 효력을 상실한 때에도 또한 같다.

1. 법인이 아닌 파산선고를 받은 채무자에 관한 등기가 있는 것을 안 때
2. 법인이 아닌 파산선고를 받은 채무자의 파산재단에 속하는 권리로서 등기된 것이 있음을 안 때
3. 채무자의 재산에 속하는 권리로서 등기된 것에 관하여 제323조 제1항에 따른 보전처분이

있는 때

4. 등기된 권리에 관하여 제351조 제1항 또는 제3항에 따른 보전처분이 있는 때

④ 법원사무관등은 파산관재인이 파산등기가 되어 있는 권리를 파산재단으로부터 포기하고 그 등기촉탁의 신청을 하는 경우에는 촉탁서에 권리포기허가서의 등본을 첨부하여 권리포기의 등기를 촉탁하여야 한다.

⑤ 제1항 및 제3항의 규정은 제23조 제1항 제1호 내지 제3호·제5호의 경우에 관하여 준용한다.

⑥ 법원사무관등은 채무자의 재산에 속하는 권리로서 등기된 것에 대하여 개인회생절차에 의한 보전처분 및 그 취소 또는 변경이 있는 때에는 직권으로 지체 없이 촉탁서에 결정서의 등본 또는 초본을 첨부하여 그 처분의 등기를 촉탁하여야 한다.

⑦ 법원사무관등은 제636조 제1항 제3호 또는 제4호의 규정에 의한 처분이 있는 경우 채무자의 재산에 속하는 권리로서 등기된 것이 있음을 안 때에는 직권으로 지체 없이 촉탁서에 결정서의 등본 또는 초본을 첨부하여 그 처분의 등기를 촉탁하여야 한다. 제635조 제1항의 규정에 의하여 외국도산절차의 승인결정 전에 제636조 제1항 제3호의 처분이 있는 경우에도 또한 같다.

제25조(등기소의 직무) ① 등기소는 제23조 또는 제24조의 규정에 의한 등기의 촉탁을 받은 때에는 지체 없이 그 등기를 하여야 한다.

② 등기소는 회생계획인가의 등기를 하는 경우 채무자에 대하여 파산등기가 있는 때에는 직권으로 그 등기를 말소하여야 한다.

③ 등기소는 회생계획인가취소의 등기를 하는 경우 제2항의 규정에 의하여 말소한 등기가 있는 때에는 직권으로 그 등기를 회복하여야 한다.

제26조(부인의 등기) ① 등기의 원인인 행위가 부인된 때에는 관리인, 파산관재인 또는 개인회생절차에서의 부인권자는 부인의 등기를 신청하여야 한다. 등기가 부인된 때에도 또한 같다.

③ 제23조 제1항 제1호 내지 제3호 및 제5호의 규정은 제1항의 경우에 관하여 준용한다.

④ 법원은 관리인 또는 파산관재인이 제1항의 부인의 등기가 된 재산을 임의매각한 경우에 그 임의매각을 원인으로 하는 등기가 된 때에는 이해관계인의 신청에 의하여 제1항의 부인의 등기, 부인된 행위를 원인으로 하는 등기, 부인된 등기 및 위 각 등기의 뒤에 되어 있는 등기로서 회생채권자 또는 파산채권자에게 대항할 수 없는 것의 말소를 촉탁하여야 한다.

제27조(등록된 권리에의 준용) 제24조 내지 제26조의 규정은 채무자의 재산, 제114조 제1항이나 제351조 제1항에 따른 이사등의 재산, 파산재단 또는 개인회생재단에 속하는 권리로서 등록된 것에 관하여 준용한다.

제76조(관리인대리) ② 제1항의 규정에 의한 관리인대리의 선임은 법원의 허가를 받아야 한다.

④ 채무자가 법인인 경우 제2항의 규정에 의한 허가가 있는 때에는 법원사무관등은 직권으로 지체 없이 촉탁서에 결정서의 등본을 첨부하여 관리인대리의 선임에 관한 등기를 촉탁하여야 한다. 관리인대리의 선임에 관한 허가가 변경 또는 취소된 때에도 또한 같다.

제362조(파산관재인대리) ① 파산관재인은 필요한 때에는 그 직무를 행하게 하기 위하여 자기의 책임으로 대리인을 선임할 수 있다.

③ 채무자가 법인인 경우 제1항의 규정에 의한 허가가 있는 때에는 법원사무관등은 직권으로 지체 없이 촉탁서에 결정서의 등본을 첨부하여 대리인의 선임에 관한 등기를 촉탁하여야 한다. 대리인의 선임에 관한 허가가 변경 또는 취소된 때에도 또한 같다.

제578조의5(신탁재산 파산의 통지 등) ③ 유한책임신탁재산에 대하여 파산선고를 한 경우 등기의 촉탁 등에 관하여는 제23조부터 제27조까지의 규정을 준용한다.

제578조의8(파산선고 전의 보전처분) ① 법원은 파산선고 전이라도 이해관계인의 신청에 의하거나 직권으로 유한책임신탁재산에 관하여 가압류, 가처분, 그 밖에 필요한 보전처분을 명할 수 있다.

③ 유한책임신탁재산에 속하는 권리로서 등기된 것에 대하여 제1항에 따른 보전처분이 있는 경우 그 보전처분의 등기 촉탁에 관하여는 제24조 제1항을 준용한다.

제578조의9(수탁자등의 재산에 대한 보전처분) ① 법원은 유한책임신탁재산에 대하여 파산선고가 있는 경우 필요하다고 인정할 때에는 파산관재인의 신청에 의하거나 직권으로 수탁자, 전수탁자(前受託者), 신탁재산관리인, 검사인 또는 「신탁법」 제133조에 따른 청산수탁자(이하 "수탁자등"이라 한다)의 책임에 기한 손해배상청구권을 보전하기 위하여 수탁자등의 재산에 대한 보전처분을 할 수 있다.

③ 제1항에 따른 보전처분이 있는 경우 그 보전처분의 등기 또는 등록의 촉탁에 관하여는 제24조 제1항을 준용한다.

■ 채무자 회생 및 파산에 관한 규칙

제9조(법인에 관한 등기의 촉탁) ① 법[1] 제23조 제6항에 따라 법원사무관등이 법인인 채무자나 신회사에 관하여 직권으로 등기를 촉탁하여야 하는 등기사항의 유형 및 범위는 다음 각 호와 같다.

1. 법 제62조에 따라 회생계획인가 전 영업 또는 사업의 전부 또는 일부를 양도하는 경우
2. 법 제205조에 따라 회생계획에 의하여 자본을 감소하는 경우

---

1) '채무자 회생 및 파산에 관한 법률'을 말한다.

3. 법 제247조에 따라 회생계획인가결정이 취소되는 경우

4. 법 제263조에 따라 이사 등의 선임, 유임 등 변경이 있는 경우

② 법 제23조 제3항은 법 제76조에 따른 관리인대리, 법 제362조에 따른 파산관재인대리 및 법 제637조 제3항에 따라 준용되는 법 제76조 또는 제362조에 따른 국제도산관리인대리의 등기에 관하여 준용한다.

③ 제1항 및 제2항에서 규정한 사항 외에 법인에 관한 촉탁 등기의 절차에 관하여 필요한 사항은 대법원예규로 정한다.

▣ 지방세법

제26조(비과세) ② 다음 각 호의 어느 하나에 해당하는 등기·등록 또는 면허에 대하여는 등록면허세를 부과하지 아니한다.

1. 「채무자 회생 및 파산에 관한 법률」 제6조 제3항, 제25조 제1항부터 제3항까지, 제26조 제1항, 같은 조 제3항, 제27조, 제76조 제4항, 제362조 제3항, 제578조의5 제3항, 제578조의8 제3항 및 제578조의9 제3항에 따른 등기 또는 등록

▣ 농어촌특별세법

제1조(목적) 이 법은 농어업의 경쟁력강화와 농어촌산업기반시설의 확충 및 농어촌지역 개발사업을 위하여 필요한 재원을 확보함을 목적으로 한다.

제2조(정의) ① 이 법에서 "감면"이란 「조세특례제한법」·「관세법」·「지방세법」 또는 「지방세특례제한법」에 따라 소득세·법인세·관세·취득세 또는 등록에 대한 등록면허세가 부과되지 아니하거나 경감되는 경우로서 다음 각 호의 어느 하나에 해당하는 것을 말한다.

1. 비과세·세액면제·세액감면·세액공제 또는 소득공제

② 이 법에서 "본세"란 다음 각 호의 것을 말한다.

1. 제5조 제1항 제1호에 따른 농어촌특별세의 경우에는 감면을 받는 해당 소득세·법인세·관세·취득세 또는 등록에 대한 등록면허세

제3조(납세의무자) 다음 각 호의 어느 하나에 해당하는 자는 이 법에 따라 농어촌특별세를 납부할 의무를 진다.

1. 제2조 제1항 각 호 외의 부분에 규정된 법률에 따라 소득세·법인세·관세·취득세 또는 등록에 대한 등록면허세의 감면을 받는 자

제7조(신고·납부 등) ① 제5조 제1항 제1호에 따른 농어촌특별세는 해당 본세를 신고·납부(중간예납은 제외한다)하는 때에 그에 대한 농어촌특별세도 함께 신고·납부하여야 하며, 신

고·납부할 본세가 없는 경우에는 해당 본세의 신고·납부의 예에 따라 신고·납부하여야 한다. 다만, 제3항이 적용되는 경우에는 그러하지 아니하다.

제8조(부과·징수) ② 제7조에 따라 농어촌특별세의 신고·납부 및 원천징수 등을 하여야 할 자가 신고를 하지 아니하거나 신고내용에 오류 또는 누락이 있는 경우와 납부하여야 할 세액을 납부하지 아니하거나 미달하게 납부한 경우에는 다음 각 호에 따른다.

3. 제3조 제1호의 납세의무자 중 취득세 또는 등록에 대한 등록면허세의 감면을 받는 자와 제3조 제5호에 따른 납세의무자에 대하여는 시장·군수 및 자치구의 구청장(이하 "시장·군수"라 한다)이 해당 본세의 부과·징수의 예에 따라 부과·징수한다.

▣ 등기사항증명서 등 수수료규칙

제5조의2(부동산등기 신청수수료) ② 제1항의 경우를 제외한 나머지 부동산등기의 신청수수료 및 한국주택금융공사가 「한국주택금융공사법」 제28조의 규정에 의하여 취득한 저당권에 대하여 위 공사를 등기권리자로 하는 저당권이전등기의 신청수수료는 매 부동산마다 3,000원으로 한다. 다만 다음 각호의 1에 해당하는 등기는 그 신청수수료를 받지 아니한다.

3. 회생, 파산, 개인회생, 국제도산에 관하여 법원의 촉탁으로 인한 등기

제5조의3(상업등기 신청수수료) ② 제1항의 경우를 제외한 나머지 상업등기의 신청수수료는 매 등기의 목적마다 6,000원으로 한다. 다만, 다음 각호의 1에 해당하는 등기는 그 신청수수료를 받지 아니한다.

1. 법원의 촉탁에 의한 등기

찾아보기

[저자약력]

서울대학교 경영대학 경영학과 졸업
공인회계사시험 합격(제25회)
사법시험 합격(제38회)
사법연수원 수료(제28기)
삼일회계법인 근무(1993)
서울지방법원 서부지원 예비판사(1999)
서울지방법원 판사(2001)
광주지방법원 판사(2003)
의정부지방법원 고양지원 판사(2006)
서울행정법원 판사(2009)
서울고등법원 판사(2011)
사법연수원 교수(2012)
창원지방법원 파산부 부장판사(2014)
수원지방법원 파산부 부장판사(2017)
중국 청화대학(淸華大學) 법학원 장기해외연수(2007. 8.~2008. 8.)
사법시험(2차), 변호사시험, 법무사시험(2차) 출제위원
경희대학교 법무대학원 강사(2009~2018)
경상대학교 법무학과 강사(2015)
수원시 팔달구 선거관리위원회 위원장(2017~2018)
서울특별시 지방세심의위원회 위원장(2020~2022)
서울회생법원 부장판사(2019~2022)
한국자산관리공사(캠코) 기업구조혁신포럼 운영위원(2022~　)
서울대학교 전문분야 법학연구과정 제39기(공정거래법과정 제15기)(2022~2023)
한중법학회 부회장(영구회원)
㈜호반건설 부사장[준법경영실 대표](2022)
서울지방변호사회 이사(2023~　)
서울특별시 중구 고문변호사(2024~　)
대검찰청 검찰수사심의위원회 위원(2024~　)

현 변호사 | 공인회계사 | ㈜투데이아트 대표이사

[저작 및 논문]
도산, 일상으로의 회복[제3판](법문사, 2025년)
도산과 지방세[개정증보판](삼일인포마인, 2024년)
중국민사소송법(박영사, 2008년)
중국세법(광교이택스, 2008년)
중국민법(상), (하)(법률정보센타, 2009년)
차이나핸드북[개정증보판](김영사, 공저, 2018년)

면책불허가사유로서의 '낭비'의 개념에 관하여(2005년)
중국의 민사소송절차 – 통상절차를 중심으로 –(2009년)
중국의 법관연수제도(2009년)
중국의 최근 사법개혁 및 향후 개혁방향(2009년)
한국사법제도(중문어판, 2007년)

사례를 통하여 본 한중조세조약의 이해(2009년)

시행 50년의 민법전과 민법학에 대한 중국민법의 의미 - 중국민법의 내용과 그 특징을 중심으로 -

　(The significance of Chinese civil law on its civil code implemented for 50 years and the civil law jurisprudence: Focusing on the contents and distinct features of Chinese civil law)(2009년)

양도소득과세표준의 예정신고·확정신고와 관련된 법률상의 쟁점들(2010년)

중국의 사법해석에 관한 연구(2010년)

중국법상 섭외사건의 국제재판관할에 관하여(2011년)

관습상의 법정지상권에 관한 판례와 학설의 동향(2012년)

소비자, 근로자 등 경제적 약자의 보호를 위한 국제재판관할(International Jurisdiction for the protection of the Economically Weak including Consumers and Workers etc.)(2013년)

2012년 중국 민사소송법의 주요 개정 내용 - 입법배경과 시사점을 중심으로 -(2014년)

한국전력공사가 전기요금 미납을 이유로 회생회사에 대하여 한 전기 공급 중단이 채무자 회생 및 파산에 관한 법률에 위반되는지 여부(2015년)

회생계획에 따른 출자전환 후 무상 감자된 매출채권과 관련한 부가가치세 과세 문제(2017년)

[44일 간의 여정] 사례를 통하여 본 회생계획안 사전제출제도(P-plan) 및 출자전환에 따른 간주취득세·기업결합 신고 문제(2018년)

회생기업의 신규자금조달 방안과 그 지원 대책-신규자금 최우선변제권 도입 논의를 포함하여-(2019년)

채무자회생법 [제9판]

2016년	11월 30일	초판 발행	
2018년	1월 10일	제2판 발행	
2019년	1월 10일	제3판 발행	
2020년	1월 5일	제4판 발행	
2021년	1월 10일	제5판 1쇄 발행	
2021년	5월 20일	제5판 2쇄 발행	
2022년	1월 5일	제6판 발행	
2023년	1월 5일	제7판 발행	
2024년	1월 10일	제8판 발행	
2025년	1월 10일	제9판 1쇄 발행	

저　자　전　　　대　　　규

발 행 인　배　　　효　　　선

발행처　도서출판　法　文　社

주　소　10881 경기도 파주시 회동길 37-29
등　록　1957년 12월 12일 / 제2-76호 (윤)
전　화　(031)955-6500~6　FAX (031)955-6525
E-mail　(영업) bms@bobmunsa.co.kr
　　　　(편집) edit66@bobmunsa.co.kr
홈페이지　http://www.bobmunsa.co.kr
조　판　법　문　사　전　산　실

정가 100,000원　　　ISBN 978-89-18-91571-5